"El ministerio de John MacArthur ha tenido un impacto mundial. MacArthur y Mayhue exponen con claridad las doctrinas que conforman el núcleo central de este ministerio, que ha tocado a tantas personas. Sin duda, es un ministerio edificado sobre la verdad: la verdad de la Palabra de Dios y del evangelio. Un maravilloso recurso para estudiantes, pastores y profesores".
    Thomas R. Schreiner, profesor de Interpretación del Nuevo Testamento y de Teología Bíblica en la cátedra James Buchanan Harrison, The Southern Baptist Theological Seminary, Louisville, Kentucky

"Este libro es el resultado del estudio de toda una vida y de la sabiduría alcanzada a lo largo de los siglos. La combinación de la devoción a las Escrituras junto con el compromiso con la doctrina bíblica aborda una gran necesidad contemporánea. Las creencias firmes producen iglesias firmes. No siempre se estará de acuerdo con los estimados autores en todos los temas; sin embargo, nos sentimos agradecidos por un volumen lleno de rica y perdurable importancia".
    Iain H. Murray, autor, *Jonathan Edwards: A New Biography and Evangelical Holiness;* miembro fundador, Banner of Truth Trust

"Este nuevo recurso es una presentación rica y convincente de los fundamentos teológicos del cristianismo, que proporciona a los lectores una sistematización accesible y fascinante de la verdad bíblica. Mientras se erosionan los últimos vestigios de la influencia cristiana en Occidente, ricos recursos teológicos como *Teología sistemática* edificarán y fortalecerán a la iglesia para hacer frente a la rígida oposición del mundo".
    R. Albert Mohler Jr., presidente, y profesor de Teología Cristiana en la cátedra Joseph Emerson Brown, The Southern Baptist Theological Seminary

"Es un placer recomendar de todo corazón la *Teología sistemática* de John MacArthur y Richard Mayhue. Será reconocida por la claridad de su bosquejo y descripción de las doctrinas bíblicas. Es demasiado buena para perdérsela".
    Walter C. Kaiser Jr., presidente emérito, y profesor emérito distinguido de Antiguo Testamento en la cátedra Colman M. Mockler, Gordon-Conwell Theological Seminary

"El énfasis del ministerio de John MacArthur ha estado siempre en la predicación, en dar rienda suelta a la verdad de Dios mediante la predicación de su Palabra. Mientras tanto, su ministerio ha estado sustentado en la doctrina, una doctrina extraída con esmero y de forma sistemática de la Biblia. Sus millares de sermones expositivos son prueba de su fidelidad en la obra del predicador. *Teología sistemática* es prueba de su fidelidad en la obra del teólogo. Ojalá ambas cosas sean usadas para alentar a una nueva generación de predicadores-teólogos para que comprometan su vida al llamamiento supremo de la enseñanza y capacitación de la iglesia de Cristo".
    Tim Challies, bloguero, Challies.com

"La claridad debería ser un requisito fundamental para los libros de teología sistemática. ¡Y es lo que ofrece este! Un resumen exhaustivo de todo lo que el cristiano necesita saber; es lo que todo cristiano debería tener a su disposición, ¿no es así? Y está escrito por un nombre que epitomiza la ortodoxia y la verdad: John MacArthur. Sobran las palabras. Habla por sí solo".
    Derek W. H. Thomas, pastor titular, First Presbyterian Church, Columbia, Carolina del Sur; profesor Robert Strong de Teología Sistemática y Pastoral, Reformed Theological Seminary, Atlanta; decano del programa de Doctorado de Ministerio, Ligonier Academy

"Este volumen es el logro de una vida de casi cincuenta años de predicación en un púlpito, escrito por este expositor de talla mundial, John MacArthur. Una semana tras otra, incluso una década tras otra, ha estado sondeando las profundidades del texto bíblico, ha conectado sus verdades entre sí, y el resultado ha sido este cuerpo de divinidad bien construido. Es la joya de la corona de este brillante pastor y escritor que hará que la verdad de las Escrituras brille aún más refulgente ante nuestros ojos".

Steven J. Lawson, director del programa de Doctorado de Ministerio y profesor de
Predicación, The Master's Seminary; presidente y fundador, One Passion Ministries;
autor, *The Kind of Preaching God Blesses* y *The Heroic Boldness of Martin Luther*

"Durante décadas, John MacArthur ha ejemplificado la predicación expositiva, y ha presentado la Palabra de Dios a pantalla completa para el pueblo de Dios. Ahora, John MacArthur hace equipo con Richard Mayhue y los docentes de The Master's Seminary, y escribe una teología sistemática que demuestra cómo su exposición versículo a versículo florece de manera natural en un mosaico teológico robusto y lleno de colorido. Este libro es el postre teológico al final de una comida expositiva. Independientemente de la herencia teológica que se tenga, insto a cada cristiano a aprender de la enseñanza doctrinal de MacArthur y Mayhue. Con toda seguridad quedarán saturados de las Escrituras, en total sobrecogimiento, tras saborear la majestad y la gloria de nuestro misericordioso Dios".

Matthew Barrett, tutor de Teología Sistemática e Historia de la Iglesia, Oak Hill
Theological College

"Además de presentar una teología ortodoxa común a los protestantes históricos, MacArthur y Mayhue defienden una combinación inusual de opiniones que los evangélicos debaten, como el creacionismo de la tierra joven, la soteriología calvinista, el credobautismo, la política de un gobierno de ancianos, el complementarianismo, el cesacionismo y el dispensacionalismo tradicional (o lo que ellos denominan premilenialismo futurista). Argumentan de un modo claro y ordenado que el compromiso merece la pena, aun estando en desacuerdo".

Andrew David Naselli, profesor adjunto de Nuevo Testamento y Teología Bíblica,
Bethlehem College & Seminary, Minneapolis, Minnesota

"Como profesor de teología puedo recomendar este único volumen de teología sistemática de MacArthur y Mayhue a mis estudiantes, con la confianza de que es un libro que puedo avalar de principio a fin. Valoro de forma especial los aspectos dispensacionales de esta obra y la forma en que los autores basan las doctrinas, de un modo sistemático y firme, en el texto bíblico".

Kevin D. Zuber, profesor de Teología, Moody Bible Institute, Chicago, Illinois;
colaborador en *Evidence for the Rapture: A Biblical Case for Pretribulationism* y en el
Comentario bíblico Moody

A todos los fieles graduados de The Master's Seminary que están sirviendo a Cristo alrededor del mundo.

"Alma, bendice al Señor"

Alma, bendice al Señor, Rey potente de gloria;
de sus mercedes esté viva en ti la memoria.
¡Oh, despertad! Arpa y salterio entonad
himnos de honor y victoria.

Alma, bendice al Señor que los orbes gobierna,
y te conduce paciente con mano paterna;
te perdonó, de todo mal te libró,
porque su gracia es eterna.

Alma, bendice al Señor, de tu vida la fuente,
que te creó y en salud te sostiene clemente;
tu defensor en todo trance y dolor,
su diestra es omnipotente.

Alma, bendice al Señor por su amor infinito;
con todo el pueblo de Dios su alabanza repito:
Dios, mi salud, de todo bien plenitud,
¡seas por siempre bendito!

—Joachim Neander, 1650–1680
(trad. Federico Fliedner)

Contenido

Índice detallado de los capítulos 11
Lista de himnos 21
Índice de tablas y cuadros 23
Prefacio 25
Abreviaturas 29

  1 Introducción: Prolegómenos 33
  2 La Palabra de Dios: Bibliología 71
  3 Dios Padre: Teología propia 147
  4 Dios Hijo: Cristología 241
  5 Dios Espíritu Santo: Pneumatología 341
  6 El hombre y el pecado: Antropología y hamartiología 407
  7 La salvación: Soteriología 495
  8 Los ángeles: Angelología 679
  9 La iglesia: Eclesiología 755
10 El futuro: Escatología 845

Apéndice: El progreso de la revelación 939
Glosario básico 941
Bibliografía general 959
Acerca de los editores generales 963
Himno final de reflexión 965
Índice general 967
Índice de versículos 985

Índice detallado de los capítulos

1 Introducción 33
   ¿Qué es la teología? 34
   ¿Por qué estudiar teología? 35
   ¿Cuáles son los diversos tipos principales de teología? 35
   ¿Qué es la teología sistemática? 36
   ¿Cuáles son las categorías de la teología sistemática? 37
   ¿Qué relación existe entre la teología exegética, la bíblica y la sistemática? 37
   ¿Cuáles son los beneficios y las limitaciones de la teología sistemática? 39
      Beneficios 39
      Limitaciones 40
   ¿Qué relación existe entre la teología sistemática y la doctrina? 40
   ¿Cuál es el tema general y unificador de las Escrituras? 43
   ¿Cuáles son los temas principales de las Escrituras? 45
      La revelación del carácter de Dios 47
      La revelación del juicio divino por el pecado y la desobediencia .. 47
      La revelación de la bendición divina por la fe y la obediencia 48
      La revelación del Señor y Salvador, y su sacrificio por el pecado . 48
      La revelación del reino y la gloria del Señor y Salvador 49
   ¿Cómo se relaciona la teología sistemática con la cosmovisión de uno? ... 50
   ¿Cómo se relaciona la teología sistemática con la mente de uno? 53
      La mente redimida 53
      La mente renovada 53
      La mente iluminada 54
      La mente como la de Cristo 54
      La mente probada 55
      La mente provechosa 57
      La mente equilibrada 58
   ¿Cómo se relaciona la teología sistemática con la vida personal de uno? .. 59
      Intimidad y madurez 60
      Santidad 61
      Santificación 62
   ¿Cómo se relaciona la teología sistemática con el ministerio de uno? .. 64
   Oración 64
   Bibliografía 67
      Principales teologías sistemáticas 67
      Obras específicas 67

2 La Palabra de Dios 71
Inspiración de las Escrituras 72
Revelación e inspiración 73
Definición de inspiración 77
Preparación para la inspiración 84
Pruebas de la inspiración 88
Autoridad de las Escrituras 102
Fuentes secundarias 104
Fuente primaria 105
Inerrancia de las Escrituras 109
Adaptación e inerrancia 110
Infalibilidad e inerrancia 111
Jesús y la inerrancia 113
Explicación de la inerrancia 113
Preservación de las Escrituras 116
Explicación de la preservación 117
Canonicidad y preservación 121
Crítica textual y preservación 129
Enseñanza y predicación de las Escrituras 134
Enseñanza 134
Predicación 136
Obligación para con las Escrituras 138
Recibirlas 139
Orar con ellas 139
Alimentarnos de ellas 140
Obedecerlas 140
Honrarlas 140
Estudiarlas 140
Predicarlas/enseñarlas 140
Imponerlas 140
Discipular con ellas 141
Temblar ante ellas 141
Oración 141
Bibliografía 143
Principales teologías sistemáticas 143
Obras específicas 144

3 Dios Padre 147
La existencia de Dios 147
Afirmaciones bíblicas 148
La cognoscibilidad y la incompresibilidad de Dios 149
Evaluación de las "pruebas naturales" 151
Los nombres de Dios 158

- Jehová (Yahvé) y sus compuestos ... 159
- *El* y sus compuestos ... 162
- *Adon/adonai*: Señor ... 163
- *Tsur*: Roca ... 163
- *Ab*: padre ... 164
- Los atributos (perfecciones) de Dios ... 164
  - Método de identificación ... 165
  - Relación con la esencia de Dios ... 166
  - Clasificaciones ... 169
  - Las perfecciones incomunicables ... 173
  - Las perfecciones comunicables ... 184
- La Trinidad ... 193
  - Explicación ... 195
  - Indicaciones del Antiguo Testamento ... 198
  - Evidencias del Nuevo Testamento ... 205
  - Historia temprana del desarrollo teológico ... 212
- El decreto de Dios ... 215
  - Características ... 215
  - Respuestas a las objeciones ... 216
- La creación ... 217
  - Creación divina ... 218
  - Creacionismo por fíat ... 220
- Los milagros divinos ... 221
- La providencia divina ... 222
  - Alcance ... 223
  - Advertencia respecto a las "leyes de la naturaleza" ... 223
  - Preservación divina del universo ... 224
  - Concurrencia divina en todos los acontecimientos ... 224
  - Gobierno divino de todas las cosas para fines preordenados ... 226
- El problema del mal y la teodicea ... 226
  - Teodicea bíblica ... 227
  - Una perspectiva bíblica sobre el mal ... 228
  - Teodicea compatibilista ... 229
  - Teodicea en la evangelización ... 230
- La glorificación de Dios ... 231
  - Actividades dirigidas por Dios ... 231
  - Actividades dirigidas por el cristiano ... 233
  - Actividades dirigidas por el incrédulo ... 233
- Oración ... 234
- Bibliografía ... 236
  - Principales teologías sistemáticas ... 236
  - Obras específicas ... 237

4 Dios Hijo ... 241
El Cristo preencarnado ... 241
- La eternidad pasada ... 242
- El eterno Hijo de Dios ... 243
- Apariciones veterotestamentarias ... 246
- Actividades veterotestamentarias ... 247
- Profecías veterotestamentarias ... 251

El Cristo encarnado ... 261
- Encarnación ... 261
- Enseñanzas ... 284
- Milagros ... 291
- Arresto y juicios ... 293
- Muerte y expiación ... 311
- Resurrección y ascensión ... 322

El Cristo glorificado ... 328
- Intercesor celestial ... 329
- El arrebatamiento ... 329
- El tribunal de Cristo ... 330
- La Segunda Venida ... 330
- El reino milenial ... 331
- El juicio del gran trono blanco ... 332
- La eternidad futura ... 332

Oración ... 334
Bibliografía ... 336
- Principales teologías sistemáticas ... 336
- Obras específicas ... 337

5 Dios Espíritu Santo ... 341
Introducción al Espíritu Santo ... 341
- En el Antiguo Testamento ... 342
- En el Nuevo Testamento ... 342
- La realidad del Espíritu Santo ... 342
- Nombres y títulos ... 343
- Imágenes verbales del Espíritu Santo ... 344
- El ministerio del Espíritu Santo a Cristo ... 348
- Los ministerios del Espíritu Santo ... 348
- Pecados contra el Espíritu Santo ... 349

Deidad y triunidad ... 349
- Deidad ... 350
- Triunidad ... 353

La salvación ... 357
- La regeneración ... 358
- El bautismo ... 361
- El sellado ... 366

La santificación	367
Introducción	368
Morada	374
Llenura	378
Fruto	383
El servicio	388
Visión general de los dones	388
Dones temporales (reveladores/confirmatorios)	390
Dones permanentes (hablar/servir)	394
Preguntas importantes	395
La creación	396
Las Escrituras	397
Revelación e inspiración	397
Instrucción, iluminación y afirmación	398
Utilización	399
El ministerio profético	400
La regeneración	400
La resurrección	400
La semana setenta de Daniel	400
El milenio	401
La eternidad futura	401
Oración	401
Bibliografía	403
Principales teologías sistemáticas	403
Obras específicas	404
Temas carismáticos/pentecostales	405
6 El hombre y el pecado	**407**
El hombre	407
Introducción a la doctrina del hombre	407
Importancia de la antropología	407
Creacionismo repentino	410
Adán como persona histórica	413
Creado a imagen de Dios	415
El hombre creado directamente por Dios	415
El hombre como imagen de Dios (*Imago Dei*)	418
Jesús como imagen de Dios	422
El argumento de la Biblia y la imagen de Dios	424
La constitución humana	424
Cuerpo	424
Alma	426
Espíritu	427
Corazón	427

   Conciencia. 428
   Tres opiniones sobre la constitución humana. 429
  Origen del alma 433
   La preexistencia. 433
   El creacionismo 433
   El traducianismo 434
   Valoración de las tres opiniones 434
  Género. 434
   El género creado por Dios 435
   El género y el matrimonio 436
   El género y la procreación 437
   La homosexualidad 438
  La personeidad 441
   El inicio de la personeidad 441
   El final de la vida humana 443
   El destino tras la muerte 444
  El hombre y la sociedad 448
   Etnicidad y naciones 448
   El gobierno humano. 452
   La cultura humana 455
  La teología bíblica del hombre 458
El pecado 459
Introducción al pecado 459
   El pecado definido 461
   La relación del pecado con otras doctrinas. 463
   El origen del pecado 464
  Las consecuencias de la caída 466
   Consecuencias personales. 466
   El impacto de la caída sobre las relaciones 467
   Tres formas de muerte 468
   La transmisión del pecado de Adán 470
   El viejo hombre y el nuevo hombre 475
   Depravación total 476
  Cuestiones del pecado. 477
   ¿Son algunos pecados peores que otros? 477
   El pecado imperdonable 478
   El pecado que conduce a la muerte 479
   ¿Existen pecados mortales y veniales? 480
   El pecado y el cristiano 481
   La venida del hombre de pecado 481
   Dios y el problema del mal. 482
  La teología bíblica del pecado 484
  Oración 487

  Bibliografía 489
    Principales teologías sistemáticas: El hombre 489
    Principales teologías sistemáticas: El pecado 490
    Obras específicas 491
    Asuntos sociales 491

7 La salvación: Soteriología 495
  Introducción a la soteriología 495
    El propósito supremo de la salvación 496
    Gracia común 498
  El plan de redención 499
    El decreto de Dios 499
    El decreto de la elección 503
    El decreto de la reprobación 514
    Conclusión 522
  La realización de la redención 522
    El plan de salvación y la misión del Hijo 523
    La causa de la expiación 527
    La necesidad de la expiación 528
    La naturaleza de la expiación 530
    Teorías incompletas de la expiación 546
    La suficiencia perfecta de la expiación 550
    El alcance de la expiación 554
    La resurrección, la ascensión y la intercesión 577
  La aplicación de la redención 577
    El orden de la salvación 578
    El llamamiento externo: La proclamación del evangelio 583
    El llamamiento interno: La regeneración 588
    La conversión 602
    La unión con Cristo 615
    La justificación 622
    La adopción 637
    La santificación 645
    La perseverancia 657
    La glorificación 667
  Oración 673
  Bibliografía 676
    Principales teología sistemáticas 676
    Obras específicas 676

8 Los ángeles: Angelología 679
  Ángeles santos 679
    Introducción a los ángeles 680
    La realidad de los ángeles santos 681

      El carácter de los ángeles santos. 682
      La historia de los ángeles santos. 684
      La población de los ángeles santos 686
      La residencia de los ángeles santos. 687
      La organización de los ángeles santos 687
      El poder de los ángeles santos 688
      Los ministerios de los ángeles santos 688
      El destino de los ángeles santos 690
Satanás. 690
      La realidad de Satanás 690
      El carácter de Satanás 692
      La historia de Satanás 696
      El poder de Satanás 699
      Las intrigas de Satanás. 700
      El papel de siervo de Satanás 707
      Una defensa cristiana 714
      Los juicios de Satanás 718
Demonios. 721
      La realidad de los demonios 721
      El carácter de los demonios 723
      La historia de los demonios 725
      El poder de los demonios 728
      El papel de siervo de los demonios. 729
      Una defensa cristiana. 729
      La posesión demoníaca 730
      Juicios de los demonios 734
El ángel del Señor. 734
      Apariciones veterotestamentarias. 735
      Características de la divinidad 735
      Identificación 736
      Correlación del Nuevo Testamento 737
Preguntas y respuestas 738
      ¿Qué hay de los ángeles guardianes (Mt. 18:10)? 738
      ¿Se debería adorar a los ángeles (Col. 2:18)? 739
      ¿Quién hospedó ángeles (He. 13:2)?. 740
      ¿En qué cosas anhelan mirar los ángeles (1 P. 1:12)? 740
      ¿Las iglesias tienen ángeles (Ap. 1:16, 20)?. 740
      ¿Cómo juzgarán los cristianos a los ángeles (1 Co. 6:3)? 741
      ¿Isaías 14 y Ezequiel 28 se refieren a Satanás? 742
      ¿Lee la mente Satanás?. 742
      ¿Cómo se relacionan Cristo y Satanás? 743
      ¿Pueden Satanás o los demonios realizar milagros? 744
      ¿Están los demonios en el mundo hoy?. 744

¿Pueden los cristianos atar a Satanás? 745
¿Quiénes son los "hijos de Dios" de Génesis 6:1-4? 746
Oración 749
Bibliografía 751
   Principales teologías sistemáticas 751
   Obras específicas 752

9 La iglesia: Eclesiología 755
Definición de la iglesia 756
   El designio de Cristo para su iglesia 758
   La iglesia y el reino 760
   La iglesia visible e invisible 762
   La iglesia universal y las iglesias locales 763
   La distinción entre la iglesia e Israel 763
   Las metáforas bíblicas para la iglesia 765
Los propósitos de la iglesia 767
   Exaltar a Dios 767
   Edificar a los creyentes 768
   Evangelizar a los perdidos 769
Autoridad espiritual en la iglesia 769
   Líderes con dones 771
   Ancianos 775
   Diáconos 787
Dinámica bíblica de la vida de la iglesia 792
   Dedicados a Cristo 792
   Dedicados a las Escrituras 794
   Dedicados los unos a los otros 794
   Dedicados a la Santa Cena 795
   Dedicados a la oración 795
   Resultados de la devoción 795
Medios de gracia en el seno de la iglesia 796
   La Palabra de Dios 797
   El bautismo 799
   La Santa Cena 803
   La oración 806
   La adoración 807
   La comunión 809
   La disciplina de la iglesia 810
Unidad y pureza 811
Membresía de la iglesia 813
   La definición 814
   La base bíblica 814
   Los dones espirituales en el seno de la iglesia 816

        Clasificación de los dones..819
        Estudio de los dones...824
        Uso de los dones...835
    Un anticipo del cielo..836
    Oración 837
    Bibliografía.. 840
        Principales teologías sistemáticas................................ 840
        Obras específicas... 840
10 El futuro: Escatología...845
    Introducción a la escatología 845
        Definición de la escatología 845
        La escatología en los planes de Dios.................................847
        Modelos de escatología 848
        La escatología y la interpretación de la Biblia 850
        La escatología y Jesucristo..852
    La escatología personal 854
        La muerte..854
        El estado intermedio 857
        La resurrección 861
        El infierno 863
        El cielo 867
    La escatología cósmica...869
        El reino de Dios 869
        El premilenialismo futurista 875
        Israel y la iglesia..876
        El orden de la resurrección..881
        Juicios futuros 882
        Pactos...889
        Tiempo del cumplimiento de la profecía bíblica.......................899
        Puntos de vista sobre el milenio.....................................903
        La profecía de Daniel de las "setenta semanas" 912
        Sucesos por llegar...917
    Oración 934
    Bibliografía...936
        Principales teologías sistemáticas...................................936
        Obras específicas 937

Lista de himnos

Epígrafe
    "Alma, bendice al Señor" 8

1 Introducción: Prolegómenos
    "Sublime gracia" 32
    "Cantad alegres al Señor" 66

2 La Palabra de Dios: Bibliología
    "Santa Biblia para mí" 70
    "Cuán firme cimiento" 143

3 Dios Padre: Teología propia
    "Al Dios invisible" 146
    "Canta, canta, alma mía" 236

4 Dios Hijo: Cristología
    "Loores dad a Cristo el rey" 240
    "¡Oh que tuviera lenguas mil!" 335

5 Dios Espíritu Santo: Pneumatología
    "Alabad al Dios trino" 340
    "Oh Padre, eterno Dios" 403

6 El hombre y el pecado: Antropología y hamartiología
    "Hoy canto el gran poder de Dios" 406
    "Gracia admirable" 489

7 La salvación: Soteriología
    "Maravilloso es el gran amor"" 494
    "¡Cuán dulce el nombre de Jesús!" 675

8 Los ángeles: Angelología
    "Se oye un son en alta esfera" 678
    "Castillo fuerte es nuestro Dios" 751

9 La iglesia: Eclesiología
    "Es Cristo de su iglesia" 754
    "Estad por Cristo firmes" 839

10 El futuro: Escatología
"Levantado fue Jesús" 844
"Alcancé salvación" 935

Himno final de reflexión
"Sé tú mi visión" 965

Índice de tablas y cuadros

2.1	Símbolos de la Biblia	73
2.2	Revelación general y especial en las Escrituras	77
4.1	Cristo en los Salmos (Lc. 24:44)	252
4.2	Profecías mesiánicas del Antiguo Testamento	253
4.3	"El Renuevo" según los Evangelios	260
4.4	La semejanza divina de Jesús	263
4.5	Concilios de la iglesia primitiva	278
4.6	Las parábolas de Jesús	288
4.7	Los milagros de Jesús	292
4.8	Los juicios de Jesús	298
4.9	Cronología de la crucifixión de Cristo	306
4.10	Cristo en las ofrendas levíticas	316
4.11	Sacrificios veterotestamentarios comparados con el sacrificio de Cristo	316
4.12	Cristo es el cumplimiento de las festividades de Israel	316
4.13	Las apariciones de Cristo después de la resurrección	326
5.1	Imágenes verbales del Espíritu Santo	345
5.2	Ataques históricos contra la Trinidad y el Espíritu Santo	353
5.3	Referencias trinitarias que enmarcan ambos Testamentos	356
5.4	Comparación de los tres escenarios bautismales	364
5.5	Cuatro casos especiales de conversión	364
5.6	Grupos de palabras que describen la salvación	370
5.7	Aspectos de la santificación	371
5.8	Casos de empoderamiento del Espíritu Santo	376
5.9	Fruto conforme a Cristo	387
5.10	Dones espirituales	389
8.1	Satanás y Cristo contrastados	693
8.2	¿Serpiente o Satanás?	719
8.3	Contraste entre los demonios y el Espíritu Santo	723
8.4	Encuentros con demonios en el Antiguo Testamento	727
8.5	Encuentros de Jesús con demonios en los Evangelios	727
8.6	Otros encuentros con demonios en los Evangelios	727
8.7	Encuentros con demonios en Hechos	728
8.8	Encuentros con demonios en las Epístolas y Apocalipsis	728
8.9	El "ángel de Jehová" en las Escrituras	737
8.10	Capacidad intelectual del hombre caído	743

9.1	Listas de requisitos para un anciano.	779
9.2	Requisitos para ancianos y diáconos	790
9.3	Tres listas principales de dones espirituales	823
9.4	Lista maestra de los dones espirituales representativos.	823

Prefacio

El catedrático Eugene Merrill ha advertido a sus estudiantes que una teología que se derive de la Biblia es "un juego de viejo". Y explica:

> Con esto quiero decir que presupone tantas otras disciplinas y tanta acumulación de conocimiento que pocos eruditos están preparados para abordar la tarea, a menos que hayan invertido largos y duros años en la preparación de su realización.[1]

Coincidimos con su sabio consejo y hemos esperado hasta el ocaso de nuestra propia vida para realizar este volumen de teología.

Las cualidades siguientes dan forma al diseño y la formación general de la *Teología sistemática*:

1. *Bíblica* en contenido con vistas al progreso de la revelación escrituraria.
2. *Exegética* en metodología, porque el significado de las Escrituras está extraído de los textos de la Biblia.
3. *Sistemática* en su presentación, al centrarse en una síntesis ordenada de todo cuanto las Escrituras enseñan en cada ámbito de la doctrina.
4. *Exhaustiva* en amplitud, ya que trata de forma equitativa los principales elementos de la teología sistemática.
5. *Pastoral* en su aplicación, teniendo en cuenta la predicación expositiva y la vida santa.
6. *Práctica* en su asequibilidad, portabilidad y utilidad.

Cinco principios interpretativos guiaron nuestra explicación de la revelación y la doctrina bíblicas:[2]

1. *El principio literal*. Las Escrituras deberían entenderse en su sentido literal, natural y normal. Aunque la Biblia contiene figuras retóricas y símbolos, los mismos pretenden expresar la verdad literal. Sin embargo, la Biblia habla, en general, en términos literales y se le debe permitir hablar por sí misma.

---

1. Eugene H. Merrill, *Everlasting Dominion: A Theology of the Old Testament* (Nashville: Broadman, 2006), xv. Publicado en español por B&H con el título *Dominio eterno: Una Teología del Antiguo Testamento*.

2. Los cuatro primeros principios están sacados de John MacArthur, ed., *The MacArthur Study Bible: English Standard Version* (Wheaton, IL: Crossway, 2010), xxx. Las tablas y las notas de *The MacArthur Study Bible: English Standard Version* proceden de *The MacArthur Study Bible*, copyright © 1997 por Thomas Nelson. Usado con permiso de Thomas Nelson. www.thomasnelson.com.

2. *El principio histórico.* Un pasaje debería interpretarse en su contexto histórico. Lo que el autor pretendía y lo que el texto significó para su primera audiencia deben tenerse en cuenta. De esta forma se puede captar y articular una comprensión adecuada y contextual del significado original de las Escrituras.
3. *El principio gramatical.* Esta tarea requiere una comprensión de la estructura gramatical básica de cada frase en las lenguas originales. ¿A quién se refieren los pronombres? ¿Cuál es el tiempo del verbo principal? Al formular preguntas sencillas como estas, el significado del texto se hace más claro.
4. *El principio sintético.* Este principio, la *analogia Scriptura*, significa que las Escrituras deben ser su propio intérprete.[3] Da por sentado que la Biblia no se contradice a sí misma. Por eso, si la forma de entender un pasaje está en conflicto con la verdad enseñada en otro lugar de las Escrituras, esa interpretación no puede ser correcta. Las Escrituras deben compararse con ellas mismas para descubrir su precisión y su pleno significado.
5. *El principio de la claridad.* La intención de Dios era que las Escrituras se entendieran. Sin embargo, no todas las porciones de la Biblia son igual de claras. Por tanto, las de mayor claridad deberían utilizarse para interpretar las que lo son menos.

Aunque muchos nos tacharían de *fundamentalistas*, este término puede ser histórica y peyorativamente equívoco. Durante casi cuatro décadas hemos considerado de forma periódica que una palabra nos describiría mejor. *Futuristas, normalistas* y *soberanistas* han sido estimados, pero apartados, porque ninguno de estos capta de forma adecuada el elemento más esencial de nuestra teología. Aun no siendo un término perfecto, hemos escogido *biblicistas,* porque en el núcleo central de nuestras convicciones se halla la confianza inamovible en la Biblia inerrante e infalible de Dios, cuando se la interpreta de la forma correcta.

Este volumen está marcado por los siguientes rasgos distintivos:[4]

1. El acercamiento presuposicional a las Escrituras que afirme (1) la existencia eterna del Dios Todopoderoso y (2) su revelación progresiva escrita, recogida en el canon de sesenta y seis libros de las Escrituras, que es inerrante e infalible en los manuscritos.
2. La afirmación del creacionismo reciente, es decir, una tierra joven y un diluvio global.
3. El énfasis en los pactos bíblicamente derivados, construidos de forma no teológica.
4. La soteriología que refleja la soberanía de Dios en la redención de los pecadores.
5. La creencia en el cese de todos los dones milagrosos de señales a la terminación del canon bíblico, concurrente con el fin de la era apostólica.
6. Un entendimiento bíblicamente basado en la iglesia del Nuevo Testamento.
7. Un acercamiento complementario a los papeles de los hombres y las mujeres en el hogar y en la iglesia.

---

3. R. C. Sproul, "Biblical Interpretation and the Analogy of Faith", en *Inerrancy and Common Sense*, ed. Roger R. Nicole and J. Ramsey Michaels (Grand Rapids, MI: Baker, 1980), 119-135.

4. *Teología sistemática* contiene una marcada combinación de rasgos. Por lo general, estos contrastes siguen las huellas de hombres notables como Allan A. MacRae (1902-1997), James Montgomery Boice (1938-2000) y S. Lewis Johnson (1915-2004).

8. Un entendimiento futurista premilenial de la escatología, según el plan soberano de Dios para todo el mundo, incluido Israel.

Además, un depósito sustancial de referencias bibliográficas capacitará a los lectores para expandir sus estudios más allá de este volumen.

El diseño de la *Teología sistemática* tiene en mente a múltiples audiencias:

1. Profesores de seminarios, universidades e institutos bíblicos.
2. Estudiantes de seminarios, universidades e institutos bíblicos.
3. Predicadores nacionales e internacionales.[5]
4. Maestros de la iglesia local.
5. Personas laicas que quieran entender las Escrituras en su totalidad.

Todas las teologías deberían empezar con un contenido bíblico dispuesto de manera sistemática, que lleve a los cristianos a sentirse motivados a vivir vidas santas de obediencia a la Palabra de Dios para la gloria de Dios (1 Co. 10:31; Col. 4:17; 1 P. 4:11). Con este propósito, la *Teología sistemática* sale con nuestra esperanza de que

> extienda el conocimiento bíblico que, a su vez…
> capacite para un sano entendimiento de la doctrina, que…
> enriquezca la sabiduría divina, que…
> expanda la obediencia como la de Cristo, que…
> eleve la adoración santa.[6]

El valor de este volumen se verá destacado por el uso complementario de (1) la *Biblia de Estudio MacArthur* y (2) la serie *Comentarios MacArthur del Nuevo Testamento*. Una minibiblioteca compuesta de estas tres herramientas de estudio lo preparán a uno para ser un estudiante de las Escrituras durante toda la vida (2 Ti. 2:15).

Una obra de esta magnitud solo se produce como resultado de la participación de muchas personas. Agradecemos enormemente la visión y el aliento de Crossway, en especial del Dr. Lane Dennis (presidente), Dr. Justin Taylor (vicepresidente editorial ejecutivo), Dave DeWit (vicepresidente editorial), Dr. David Bashinger (editor, división de libros) y Jill Carter (administradora editorial). Nuestra gratitud a los miembros de la junta de The Master's University and Seminary, quienes alentaron con generosidad y oraron por este proyecto. Nuestros colegas de The Master's Seminary, el Dr. Michael Vlach y el catedrático Michael Riccardi, nos respaldaron produciendo borradores de varias secciones. Un agradecimiento especial para Jeremy Smith por su asesoramiento. Expresamos nuestra profunda gratitud a Michael Riccardi y Nathan Busenitz por su edición final exhaustiva de todo el volumen. Janice Osborne preparó con gusto innumerables borradores hasta llegar al definitivo, e incluido este, que se le presentó al editor.

---

5. R. Albert Mohler Jr., "The Pastor as Theologian", en *A Theology for the Church*, ed. Daniel L. Akin (Nashville: B&H Academic, 2007), 927–934; John Murray, "Calvin as Theologian and Expositor", en *The Collected Writings of John Murray* (Edinburgh: Banner of Truth, 1976), 1:305-311.

6. "El objetivo de la teología es la adoración de Dios. La postura de la teología es de rodillas. El modelo de la teología es el arrepentimiento". Sinclair B. Ferguson, citado en James Montgomery Boice y Philip Graham Ryken, *The Doctrines of Grace* (Wheaton, IL: Crossway, 2002), 179.

Ofrecemos este material y oramos,

para que el Dios de nuestro Señor Jesucristo, el Padre de gloria, os dé espíritu de sabiduría y de revelación en el conocimiento de él, alumbrando los ojos de vuestro entendimiento, para que sepáis cuál es la esperanza a que él os ha llamado, y cuáles las riquezas de la gloria de su herencia en los santos, y cuál la supereminente grandeza de su poder para con nosotros los que creemos, según la operación del poder de su fuerza (Ef. 1:17-19).

JOHN MACARTHUR,
doctor en divinidad, doctor en literatura,
pastor, Grace Community Church,
presidente, The Master's University and Seminary

RICHARD MAYHUE,
doctor en teología,
vicepresidente ejecutivo, decano y
catedrático emérito de investigación en Teología,
The Master's Seminary

Abreviaturas

Abreviaturas estándares

a.C.	antes de Cristo
ca.	en torno a, aproximadamente
cap.	capítulo
cf.	compárese
d.C.	después de Cristo
esp.	en especial
gr.	griego
heb.	hebreo
i.e.	*id est,* lat. "es decir"
lat.	latín
lit.	literalmente
p.	página
p. ej.	por ejemplo
v., vv.	versículo(s)

Abreviaturas de recursos

BECNT	Baker Exegetical Commentary on the New Testament
BETS	*Bulletin of the Evangelical Theological Society*
BSac	*Bibliotheca Sacra*
CMNT	Comentario MacArthur del Nuevo Testamento
CTR	*Criswell Theological Review*
EEC	Evangelical Exegetical Commentary
JETS	*Journal of the Evangelical Theological Society*
JTS	*Journal of Theological Studies*
MSJ	*The Master's Seminary Journal*
NAC	New American Commentary
NICNT	New International Commentary on the New Testament
NICOT	New International Commentary on the Old Testament
NIGTC	New International Greek Testament Commentary
NTC	New Testament Commentary
PNTC	Pilar New Testament Commentary
RevExp	*Review and Expositor*
SNTSMS	Society for New Testament Studies Monograph Series
TJ	*Trinity Journal*
WTJ	*Westminster Theological Journal*

Abreviaturas de los libros de la Biblia

Antiguo Testamento

Gn.	Génesis
Éx.	Éxodo
Lv.	Levítico
Nm.	Números
Dt.	Deuteronomio
Jos.	Josué
Jue.	Jueces
Rt.	Rut
1 S.	1 Samuel
2 S.	2 Samuel
1 R.	1 Reyes
2 R.	2 Reyes
1 Cr.	1 Crónicas
2 Cr.	2 Crónicas
Esd.	Esdras
Neh.	Nehemías
Est.	Ester
Job	Job
Sal.	Salmos
Pr.	Proverbios
Ec.	Eclesiastés
Cnt.	Cantares
Is.	Isaías
Jer.	Jeremías
Lm.	Lamentaciones
Ez.	Ezequiel
Dn.	Daniel
Os.	Oseas
Jl.	Joel
Am.	Amós
Abd.	Abdías
Jon.	Jonás
Mi.	Miqueas
Nah.	Nahúm
Hab.	Habacuc
Sof.	Sofonías
Hag.	Hageo
Zac.	Zacarías
Mal.	Malaquías

Nuevo Testamento

Mt.	Mateo
Mr.	Marcos
Lc.	Lucas
Jn.	Juan
Hch.	Hechos
Ro.	Romanos
1 Co.	1 Corintios
2 Co.	2 Corintios
Gá.	Gálatas
Ef.	Efesios
Fil.	Filipenses
Col.	Colosenses
1 Ts.	1 Tesalonicenses
2 Ts.	2 Tesalonicenses
1 Ti.	1 Timoteo
2 Ti.	2 Timoteo
Tit.	Tito
Flm.	Filemón
He.	Hebreos
Stg.	Santiago
1 P.	1 Pedro
2 P.	2 Pedro
1 Jn.	1 Juan
2 Jn.	2 Juan
3 Jn.	3 Juan
Jud.	Judas
Ap.	Apocalipsis

"Sublime gracia"

Sublime gracia del Señor,
que a un infeliz salvó,
yo ciego fui, mas veo ya
perdido y Él me halló.

Su gracia me enseñó a temer;
mis dudas ahuyentó.
Oh cuán precioso fue a mi ser,
cuando Él me transformó.

De mi maldad me libertó
mi Salvador me rescató.
Y como el mar fluye su amor
sublime gracia y amor.

En los peligros y aflicción,
que yo he tenido aquí,
su gracia siempre me libró
y me guiará feliz.

Y cuando en Sion por siglos mil,
brillando esté cual sol,
yo cantaré por siempre allí,
su amor que me salvó.

—John Newton (1725–1807)
quinta estrofa, John P. Rees (1828–1900)

1

Introducción

Prolegómenos

> **Principales temas del capítulo 1**
> ¿Qué es la teología?
> ¿Por qué estudiar teología?
> ¿Cuáles son los diversos tipos principales de teología?
> ¿Qué es la teología sistemática?
> ¿Cuáles son las categorías de la teología sistemática?
> ¿Qué relación existe entre la teología exegética, la bíblica y la sistemática?
> ¿Cuáles son los beneficios y las limitaciones de la teología sistemática?
> ¿Qué relación existe entre la teología sistemática y la doctrina?
> ¿Cuál es el tema general y unificador de las Escrituras?
> ¿Cuáles son los temas principales de las Escrituras?
> ¿Cómo se relaciona la teología sistemática con la cosmovisión de uno?
> ¿Cómo se relaciona la teología sistemática con la mente de uno?
> ¿Cómo se relaciona la teología sistemática con la vida personal de uno?
> ¿Cómo se relaciona la teología sistemática con el ministerio de uno?

El término *prolegómenos* se originó de la combinación de dos términos griegos, *pro*, que significa "antes" y *lego*, que significa "decir", y juntos transmiten el sentido general de "decir de antemano" o "decir con antelación". Un capítulo de prolegómenos sirve de prólogo o explicación preliminar que presenta y define el contenido central de la obra que sigue. Estos comentarios introductorios incluyen suposiciones, definiciones, metodología y propósitos, proporcionando así el contexto para entender el contenido posterior. Aquí, la explicación preliminar se organiza proporcionando respuestas a una serie de preguntas significativas que prepararán al lector para el material que sigue y que constituye el cuerpo principal de la *Teología sistemática*.

¿Qué es la teología?

Teología —del griego *theós,* "dios", y *logia* "palabra"— no es un término exclusivamente cristiano. El verbo griego *theologeo* alude al acto de hablar sobre un dios, mientras que el nombre *theologos* se refiere a una persona que se dedica a *theologe* , es decir, un *teólogo*. El adjetivo *theologikos* describe algo *teológico*, mientras que el sustantivo *theologia* significa "una palabra sobre dios", literalmente, *teología*. Estas palabras se usaron en los contextos religiosos paganos de los siglos anteriores al Nuevo Testamento. Ninguno de estos cuatro términos se encuentra en el Nuevo Testamento o en la Septuaginta. El uso cristiano más antiguo conocido de uno de dichos términos es una referencia al apóstol Juan como *theologos* a principios del siglo II d.C.

La teología cristiana es el estudio de la revelación divina en la Biblia. La pieza central perpetua es Dios, la Palabra de Dios como fuente y la piedad como objetivo. Como lo expresa Alva McClain:

> Todas las cosas proceden de Dios: Él es el origen. A través de Dios todas las cosas existen: Él es el sustentador de todo. Para Dios —de vuelta a Dios—: Él es la meta. Es el círculo de la eternidad: *fuera de, a través de y de regreso a.*[1]

David Wells ha elaborado una definición práctica notable de la teología cristiana:

> La teología es el esfuerzo sostenido de conocer el carácter, la voluntad y los actos del Dios trino según Él los ha desvelado e interpretado para su pueblo en las Escrituras… con el fin de que podamos conocerle, aprender a orientar nuestros pensamientos hacia Él, vivir nuestra vida en su mundo y según sus términos y proyectar su verdad mediante nuestro pensamiento y nuestros actos en nuestro propio tiempo y cultura.[2]

El apóstol Juan murió en torno al 98 d.C. El canon de las Escrituras se completó y se cerró con su escrito de Apocalipsis. Las generaciones siguientes no tardaron en empezar a escribir sobre la verdad bíblica. Algunos de los autores más relevantes y sus volúmenes incluyen los que citamos a continuación:

- Autor desconocido, la *Didajé* (*ca.* 110)
- Ireneo (*ca.* 120–202), *Demostración de la predicación apostólica*
- Clemente de Alejandría (*ca.* 150–*ca.* 215), *Stromata*
- Orígenes (*ca.* 184–*ca.* 254), *Sobre los primeros principios*
- Gregorio de Nacianceno (*ca.* 330–*ca.* 389), *Los cinco discursos teológicos*
- San Agustín (354–430), *Enchiridion*
- Juan de Damasco (*ca.* 675–*ca.* 749), *Exacta exposición de la fe ortodoxa*
- Pedro Lombardo (*ca.* 1095–*ca.* 1169), *Los cuatro libros de sentencias*
- Tomás de Aquino (1225–1274), *Suma Teológica*
- Juan Calvino (1509–1564), *Institución de la religión cristiana*
- Thomas Watson (*ca.* 1620–1686), *Cuerpo de Divinidad*

---

1. Alva J. McClain, *Romans: The Gospel of God's Grace* (Chicago: Moody Press, 1973), 204.
2. David Wells, "The Theologian's Craft", en *Doing Theology in Today's World: Essays in Honor of Kenneth S. Kantzer*, eds. John D. Woodbridge y Thomas Edward McComisky (Grand Rapids, MI: Zondervan, 1991), 172.

- Francis Turretin (1623–1687), *Instituciones de teología electante*
- John Gill (1697–1771), *Cuerpo de la Divinidad doctrinal*
- John Dick (1764–1833), *Conferencias sobre teología*

Destacadas teologías de los siglos xix, xx y xxi figuran en la bibliografía al final de este capítulo.

¿Por qué estudiar teología?

El pastor y teólogo escocés, John Dick, respondió a este penetrante interrogante con varias respuestas profundas. Difícilmente se lograría hallar una contestación mejor y más sucinta:[3]

1. Para determinar el carácter de Dios en su aspecto hacia nosotros.
2. Para contemplar el despliegue de sus atributos en sus obras y dispensaciones.
3. Para descubrir sus designios hacia el hombre en su estado original y presente.
4. Para conocer su ser poderoso, en la medida que se le puede conocer, que es el objetivo más noble del entendimiento humano.
5. Para saber cuál es nuestro deber hacia Él, el medio de disfrutar de su favor, las esperanzas que estamos autorizados a albergar y el maravilloso recurso por el cual nuestra raza caída es restaurada a la pureza y la felicidad.
6. Para amarle, el ejercicio más digno de nuestros afectos.
7. Para servirle, el propósito más honorable y encantador al que podemos dedicar nuestro tiempo y nuestros talentos.

¿Cuáles son los diversos tipos principales de teología?

1. *Teología bíblica*: La organización de las Escrituras de forma temática, mediante la cronología bíblica o por autor bíblico, con respecto a la revelación progresiva de la Biblia (un componente adecuado de la teología sistemática).
2. *Teología dogmática*: La organización de las Escrituras con un énfasis en los credos preferidos o escogidos de la iglesia.
3. *Teología exegética*: La organización metódica de las Escrituras mediante el trato exegético de los textos individuales de la Biblia (un componente adecuado tanto de la teología bíblica como de la teología sistemática).
4. *Teología histórica*: El estudio histórico de los desarrollos doctrinales tras la era apostólica y hasta el tiempo presente.
5. *Teología natural*: El estudio de lo que se puede saber sobre Dios por medio de la razón humana solamente, a través del estudio empírico del mundo natural.
6. *Teología pastoral/práctica*: La organización de las Escrituras con énfasis en la aplicación personal de la verdad doctrinal en la vida de la iglesia y de los cristianos individuales.
7. *Teología sistemática:* La organización de las Escrituras mediante una síntesis de enseñanza bíblica, resumida en categorías principales que abarcan la totalidad de la revelación escrita de Dios (desarrollada a partir de la teología exegética y bíblica).

---

3. John Dick, *Lectures on Theology* (Cincinnati, OH: Applegate, 1856), 6.

¿Qué es la teología sistemática?

El término *sistemático* procede de la palabra griega compuesta, formada por *sin*, "junto", e *histemi*, "disponer" y que significa "disponer junto" o "sistematizar". Como hemos mencionado más arriba, *teología* viene del término griego *theologia*, "una palabra sobre dios", que significa "teología". Etimológicamente, *la teología sistemática* implica el poner juntas y de forma ordenada palabras sobre Dios o una reunión de la teología de un modo organizado. Considere la respuesta de Carlos Spurgeon a aquellos que ponen objeciones a un acercamiento sistemático a la teología:

> La teología sistemática es a la Biblia lo que la ciencia es a la naturaleza. Suponer que todas las demás obras de Dios son ordenadas y sistemáticas, y que cuanto más grande es la obra, más perfecto es el sistema, y que la mayor de todas sus obras, en la que todas sus perfecciones se manifiestan de forma transcendental, no debería tener plan o sistema, es del todo absurda.[4]

La teología sistemática responde a la pregunta ¿qué enseña el canon acabado de las Escrituras sobre cualquier tema o asunto? Por ejemplo, ¿qué enseña la Biblia desde Génesis a Apocalipsis sobre la divinidad de Jesucristo? Una definición básica de la teología sistemática sería, pues, "la exposición ordenada de las doctrinas cristianas".[5]

La teología sistemática debe mostrar (1) integridad hermenéutica, (2) coherencia doctrinal, (3) relevancia ética, (4) explicabilidad de la cosmovisión y (5) continuidad tradicional. Cuando estas están presentes y operativas, se encontrará una buena sistematización que será de gran valor para el expositor. Conforme examine cuidadosamente cada detalle del texto al prepararse para exponerlo, la teología sistemática le permite visionar también la totalidad de la imagen teológica, esa que ha tenido en cuenta no solo las conclusiones estudiadas de la historia de la iglesia, sino también el progreso de la revelación que culminan en la revelación completa de Dios.[6] (Para una visión de conjunto cronológica del progreso de la revelación, véase el apéndice).

El entendimiento que cada uno tenga de la teología sistemática podría enmarcarse en las observaciones siguientes de John Murray:

> Cuando sopesamos de forma adecuada la propuesta de que las Escrituras son la garantía de la revelación especial, que son los oráculos de Dios, que en ellas Dios se encuentra con nosotros y se dirige a nosotros, nos desvela su majestad inabarcable, nos invita al conocimiento y al cumplimiento de su voluntad, nos desvela el misterio de su consejo y expone los propósitos de su gracia, entonces, la teología sistemática se ve como la más noble de las ciencias y de las disciplinas, no como una de fría e intensa reflexión, sino una que provoca la adoración del asombro y afirma el ejercicio más consagrado de todos nuestros poderes. Es el más noble de todos los estudios, porque su campo de acción es la totalidad del consejo de Dios y busca, como ninguna otra disciplina, exponer la riqueza de la revelación divina de la forma ordenada y

---

4. Carlos Spurgeon, tal como se cita en Iain H. Murray, *The Forgotten Spurgeon* (Londres: Banner of Truth, 1973), 9.
5. James L. Garrett, *Teología sistemática: Bíblica, histórica, evangélica*, tomo 1 (El Paso, TX: Casa Bautista de Publicaciones, 1996), 19-20.
6. Esta apreciación vino de nuestro colega Trevor Craigen, catedrático de teología, jubilado de The Master's Seminary.

abarcadora que es su método peculiar y su función. Todos los demás departamentos de disciplina teológica aportan sus descubrimientos a la teología sistemática y contribuyen con toda la riqueza de conocimiento derivada de estas disciplinas en la sistematización más inclusiva que aborda.[7]

La teología sistemática tiene por objeto exponer, de una forma global y temáticamente organizada, las doctrinas bíblicas enfocadas en las personas del Dios trino, sus propósitos y sus planes en relación con el mundo y la humanidad; comienza informando el intelecto (sabiendo y entendiendo). El intelecto da forma a aquello que creemos y amamos en nuestro corazón. Nuestra voluntad desea aquello que amamos y repudia lo que odiamos. Nuestros actos armonizan con lo que más queremos. La mente determina los afectos, que conforman la voluntad, que dirige los actos. La teología no está del todo acabada hasta que ha reconfortado el corazón (afectos) y provocado la volición (voluntad) para actuar en obediencia a su contenido.[8]

¿Cuáles son las categorías de la teología sistemática?

1. *Bibliología*: La doctrina de la inspiración, inerrancia, autoridad y canonicidad de la Biblia (gr. *biblíon*, "libro").
2. *Teología propia*: La doctrina de la existencia y el ser de Dios, incluida la trinidad de Dios (gr. *theós*, "Dios").
3. *Cristología*: La doctrina de la persona y la obra del Señor Jesucristo (gr. *jristós*, "Cristo").
4. *Pneumatología*: La doctrina de la persona y la obra del Espíritu Santo (gr. *pneúma*, "Espíritu").
5. *Antropología*: La doctrina de la humanidad (gr. *ánthropos*, "hombre").
6. *Hamartiología*: La doctrina del pecado (gr. *jamartía*, "pecado").
7. *Soteriología*: La doctrina de la salvación (gr. *sotería*, "salvación").
8. *Angelología*: La doctrina de los ángeles santos, Satanás y los ángeles caídos (gr. *ángelos*, "ángel").
9. *Eclesiología*: La doctrina de la iglesia, universal y local (gr. *ekklesía*, "asamblea" o "iglesia").
10. *Escatología*: La doctrina relativa a todo el ámbito de la profecía predictiva bíblica, en especial los acontecimientos del final de los tiempos, incluido el destino tanto de los salvos como de los no salvos, el cielo y el infierno (gr. *ésjatos*, "últimas cosas").

¿Qué relación existe entre la teología exegética, la bíblica y la sistemática?[9]

Toda la teología bíblica es de naturaleza sistemática: toda la teología sistemática es bíblica en contenido; y tanto la teología bíblica como la sistemática son exegéticas

---

7. John Murray, "Systematic Theology", en *The Collected Writings of John Murray* (Edimburgo: Banner of Truth, 1982), 4:4.

8. William Ames observa que la teología debería tener como fin la *eupraxia*, lit. "buena práctica". *The Marrow of Theology*, trad. y ed. John Dykstra Eusden (1629; reimp., Grand Rapids, MI: Baker, 1997), 78.

9. Los siguientes recursos representan algunas de las definiciones, distinciones y dependencias más claras de los tres énfasis teológicos objeto de debate: Richard B. Gaffin Jr., "Systematic Theology and Biblical Theology", *WTJ* 38, núm. 3 (1976): 281-299; Eugene Merrill, *Everlasting Dominion: A Theology of the Old Testament* (Nashville: Broadman, 2006), 1-27; Murray, "Systematic Theology", 4:1-21; Roger Nicole, "The Relationship between Biblical Theology and Systematic

en el proceso interpretativo. Por consiguiente, la pregunta clave no es cuál es el mejor acercamiento a la teología sino, más bien, cómo se interrelacionan las tres entre sí.

Por utilizar una metáfora de la construcción,

- la teología exegética provee el material de construcción para el fundamento y la estructura;
- la teología bíblica provee el apoyo fundamental para la estructura; y
- la teología sistemática sirve de estructura edificada sobre el fundamento.

La *teología exegética* implica la organización metódica de las Escrituras tratando de forma exegética los textos individuales de la Biblia. Esto es, adecuadamente, un componente inicial tanto de la teología bíblica como de la teología sistemática. Como resultado, cada palabra, frase y párrafo de las Escrituras se examina en detalle.

La *teología bíblica* se caracteriza por la organización de las Escrituras de forma temática según la cronología o el autor bíblicos con respecto a la revelación progresiva de la Biblia. Esto es, adecuadamente, un componente de la teología sistemática. Sirve de puente entre la teología exegética y la teología sistemática.

La *teología sistemática* es la organización de las Escrituras mediante una síntesis de enseñanza bíblica, resumida en categorías principales que abarcan la totalidad de la revelación escrita de Dios. La teología sistemática se desarrolla a partir de la teología exegética y bíblica y reúne toda la enseñanza de las Escrituras en conjunto. Una vez más, Murray es útil para darle sentido a estas conexiones:

> De ahí que la exposición de las Escrituras sea básica para la teología sistemática. Su tarea no consiste, sencillamente, en la exposición de pasajes particulares. Ese es el cometido de la exégesis. La sistemática debe coordinar la enseñanza de los pasajes particulares y sistematizar esta enseñanza bajo los temas adecuados. Existe, pues, una síntesis que pertenece a la sistemática, pero no a la exégesis como tal. Sin embargo, en la medida que la teología sistemática sintetiza la enseñanza de las Escrituras, y este es su principal propósito, está claro cuánto depende de la ciencia de la exégesis. No puede coordinar y relacionar la enseñanza de los pasajes particulares sin saber de qué enseñanza se trata. De modo que la exégesis es básica para su objetivo. Es necesario que este sea enfatizado. La teología sistemática ha sufrido gravemente; en realidad, ha desertado de su vocación cuando se ha divorciado de la meticulosa atención a la exégesis bíblica. Esta es una razón por la cual la acusación mencionada más arriba tiene que generar tanto apoyo a la crítica. La sistemática se vuelve carente de vida y fracasa en su mandato tan solo en la medida en la que se ha desligado de la exégesis. Y la garantía contra una dogmática estereotipada es que la teología sistemática se enriquece constantemente, profundiza y se expande por los tesoros que se sacan cada vez más de la Palabra de Dios. La exégesis no solo mantiene la sistemática en contacto directo con la Palabra, sino que siempre le imparte a la sistemática el poder que se deriva de la misma. La Palabra es viva y poderosa.[10]

Theology", en *Evangelical Roots: A Tribute to Wilbur Smith*, ed. Kenneth S. Kantzer (Nashville: Thomas Nelson, 1978), 185-193; y Charles Caldwell Ryrie, *Teología bíblica del Nuevo Testamento* (Grand Rapids, MI: Editorial Portavoz, 1999), 11-22.

10. Murray, "Systematic Theology", 4:17.

Se debería añadir otro acercamiento a la teología. La teología histórica examina qué tan exegéticas y teológicas son las convicciones desarrolladas con el tiempo. Toma en consideración las conclusiones alcanzadas por las generaciones anteriores de piadosos intérpretes de las Escrituras.

¿Cuáles son los beneficios y las limitaciones de la teología sistemática?

Beneficios
Limitaciones

Todas las Escrituras, examinadas de forma exegética en textos particulares o de manera categórica dentro del alcance total de la Biblia, son espiritualmente provechosas para cumplir al menos cuatro propósitos divinos (2 Ti. 3:16):

1. Para establecer la "enseñanza" o doctrina, es decir, la autorrevelación inspirada de Dios sobre sí mismo, su mundo creado y su plan redentor para salvar y santificar a los pecadores.
2. Para confrontar o "reprobar" el pecado, ya sea en forma de falsa enseñanza o de vida desobediente.
3. Para la "corrección" del error de pensamiento y conducta, de manera que quien se arrepienta pueda ser restaurado a la posición de agradar a Dios.
4. Para la "instrucción", de manera que los creyentes puedan ser constantemente formados para practicar la rectitud del Señor Jesucristo: pecar menos y obedecer más.

Las Escrituras proporcionan la única enseñanza completa, totalmente precisa y fidedigna sobre Dios, y efectuarán suficientemente estas cuatro tareas para preparar "al hombre de Dios" (2 Ti. 3:17).

Beneficios

La teología sistemática puede proveer varios beneficios:

1. Una recopilación íntegra de la verdad bíblica.
2. Una síntesis y un resumen ordenados de la doctrina bíblica.
3. Un imperativo para llevar el evangelio a los confines de la tierra.
4. Un repositorio de la verdad para la predicación y la enseñanza expositivas.
5. Una base bíblica para la conducta cristiana en la iglesia, el hogar y el mundo.
6. Una defensa de la doctrina bíblica contra la falsa enseñanza.
7. Una respuesta bíblica a la negligencia ética y social en el mundo.

Como lo expresa James Leo Garrett Jr.:

La teología sistemática es beneficiosa como extensión de la función de la enseñanza de las iglesias, para la formulación ordenada e integrada de las verdades bíblicas, para apoyar la predicación de los predicadores y de los cristianos laicos, para la defensa de la verdad del evangelio contra el error que ha invadido a las iglesias, para la legitimación del evangelio ante la filosofía y la cultura, como fundamento para la ética personal y social cristiana y para una propagación universal más eficaz del evangelio y la interacción con los partidarios de religiones no cristianas.[11]

Limitaciones[12]

Los siguientes factores pueden limitar la teología sistemática:

1. El silencio de la Biblia sobre un asunto en particular (Dt. 29:29; Jn. 20:30; 21:25).
2. El conocimiento/entendimiento parcial como teólogo de toda la Biblia (Lc. 24:25-27, 32; 2 P. 3:16).
3. Lo inadecuado del lenguaje humano (1 Co. 2:13-14; 2 Co. 12:4).
4. La finitud de la mente humana (Job 11:7-12; 38:1–39:30; Ro. 11:33-35).
5. La falta de discernimiento/crecimiento espiritual (1 Co. 3:1-3; He. 5:11-13).

¿Qué relación existe entre la teología sistemática y la doctrina?

La doctrina representa una enseñanza considerada autoritativa. Cuando Cristo enseñaba, las multitudes se asombraban de su autoridad (Mt. 7:28-29; Mr. 1:22, 27; Lc. 4:32). La declaración "doctrinal" de una iglesia contiene un cuerpo de enseñanza que se utiliza como patrón de ortodoxia autoritativa.

En el Antiguo Testamento, el término hebreo *lécakj* significa "lo que se recibe" o "enseñanza aceptada" (Dt. 32:2; Job 11:4; Pr. 4:2; Is. 29:24). Se puede traducir de distintas maneras como "instrucción", "aprendizaje" o "enseñanza".

En el Nuevo Testamento, dos palabras griegas se traducen como "doctrina", "instrucción", o "enseñanza": *didajé* (en referencia al contenido de la enseñanza) y *didaskalía* (referente a la actividad de enseñar). Pablo usó ambos términos juntos en 2 Timoteo 4:2-3 y Tito 1:9.

En latín, *docere*, "enseñar", *doctrina*, "lo que se está enseñando" y *doctor*, "aquel que está enseñando", todo contribuye al significado de la palabra *doctrina* en español. El contenido puede ser informativo (algo que se cree) o práctico (algo que se vive). No alude necesariamente a la verdad catalogada.

Bíblicamente hablando, el vocablo *doctrina* es un término más bien amorfo que solo adopta forma en contexto. Alude a la enseñanza general (sistematizada o no, verdadera o falsa), como la "enseñanza de Balaam" (Ap. 2:14) o las "enseñanzas humanas" (Col. 2:22), en contraste con la enseñanza bíblica como la de Cristo (Mt. 7:28) o la de Pablo (2 Ti. 3:10).

Por tanto, la doctrina bíblica se refiere a la enseñanza de las Escrituras, proclamativa, expositiva o categórica. Esto hace que toda las Escrituras sean "doctrinales", leídas, enseñadas, predicadas o sistematizadas en categorías teológicas. La doctrina bíblica sistemática (teología sistemática) se refiere al resumen categórico de la enseñanza bíblica que sigue a los temas o categorías normalmente empleados.

El estudio de las Escrituras muestra que, en general, toda doctrina o enseñanza puede clasificarse en una o dos categorías, dependiendo de su fuente:

---

11. James Leo Garrett Jr., "Why Systematic Theology?", *CTR* 3, nro. 2 (1989): 281.
12. Este material está adaptado de Augustus Hopkins Strong, *Systematic Theology: A Compendium and Commonplace-Book Designed for the Use of Theological Students* (Old Tappan, NJ: Fleming H. Revell, 1907), 34-36 (dominio público).

- con respecto al origen: de Dios el Creador (Jn. 7:16; Hch. 13:12) o de la creación de Dios (Col. 2:22; 1 Ti. 4:1),
- con respecto al contenido de la verdad (2 Ts. 2:11-12): verdadero o falso,
- con respecto a la fuente humana (1 Ts. 2:13): bíblica o no bíblica,
- con respecto a la calidad (1 Ti. 1:10; 6:3): fiable o no fiable,
- con respecto a la aceptabilidad (1 Ti. 1:3; He. 13:9): familiar o extraña,
- con respecto a la retención (Ap. 2:24): guardar o no guardar,
- con respecto al provecho (1 Ti. 4:6): bueno o malo,
- con respecto al valor (2 Ti. 3:16): útil o no útil.

El uso teológico moderno de la palabra *doctrina* es demasiado estrecho, distorsiona su uso bíblico primordial y puede inducir al error. Cuando se trata de *doctrina* es mucho mejor usar el término en su sentido más amplio de "enseñanza" (que, con toda certeza, incluye la verdad sistematizada, pero no se limita a este uso) en lugar de utilizarla en su sentido secundario como si fuera el único. La enseñanza de las Escrituras sirve de criterio, de calibre, de nivel, de paradigma, de patrón, de medida y de plomada por los cuales se determina si cualquier otra doctrina, sobre un tema en concreto, es verdadera o falsa, si se recibe o se rechaza, si es fiable o dudosa, ortodoxa o hereje.

La sana doctrina bíblica tiene muchas implicaciones para la vida de la iglesia de Cristo:

1. La sana doctrina expone y confronta el pecado y la falsa doctrina (1 Ti. 1:8-11, esp. 1:10; 4:1-6).
2. La sana doctrina señala a un buen siervo de Jesucristo (1 Ti. 4:6; véase también 1 Ti. 4:13, 16; Tit. 2:1).
3. La sana doctrina se recompensa con doble honor para los ancianos (1 Ti. 5:17).
4. La sana doctrina se ajusta a la piedad (1 Ti. 6:3; Tit. 2:10).
5. La sana doctrina está incluida en el ejemplo apostólico a seguir (2 Ti. 3:10).
6. La sana doctrina es fundamental para preparar a los pastores (2 Ti. 3:16-17).
7. La sana doctrina es el mandato continuo para los predicadores (2 Ti. 4:2-4).
8. La sana doctrina es un requisito elemental para los ancianos (Tit. 1:9).

Las Escrituras enseñan que siempre habrá oposición a la sana doctrina, tanto por parte de los seres humanos (Mt. 15:2-6; Mr. 11:18; 1 Ti. 1:3, 10; 2 Ti. 4:3; Tit. 1:9) como de Satanás y los demonios (1 Ti. 4:1). La Biblia bosqueja varios antídotos/correcciones a la falsa doctrina:

1. Profesar la verdad de la sana doctrina en amor (Ef. 4:15).
2. Enseñar la sana doctrina (1 Ti. 4:6; 2 Ti. 4:2).
3. Aferrarse a la sana doctrina (Tit. 1:9; Ap. 2:24-25).
4. Refutar la falsa doctrina (Tit. 1:9).
5. Rechazar a los maestros de la falsa doctrina y apartarse de ellos (Ro. 16:17; 2 Jn. 9-10).

Existe una relación directa e inseparable entre la sana doctrina y la vida piadosa, algo que las Escrituras enseñan clara y sistemáticamente (Ro. 15:4; 1 Ti. 4:16; 6:1, 3; 2 Ti. 3:10; Tit. 2:1-4, 7-10). Lo inverso también es cierto: donde hay falsa creencia, habrá una conducta pecaminosa (Tit. 1:16). A pesar del claro énfasis de las Escrituras tanto en la pureza de la doctrina como en la pureza de vida, han surgido numerosas nociones equivocadas respecto a la relación entre lo que una persona cree y cómo debería vivir. Estas ideas erróneas incluyen las siguientes:

1. La doctrina correcta conduce automáticamente a la piedad.
2. No importa cómo viva la persona siempre que tenga una doctrina correcta.
3. La doctrina mata, espiritualmente hablando.
4. No existe conexión entre lo que uno cree y su forma de vivir.
5. El cristianismo es vida, no doctrina.
6. La doctrina es irrelevante.
7. La doctrina divide.
8. La doctrina ahuyenta a las personas.

A diferencia de la negatividad dirigida a la doctrina, la ausencia de sana doctrina y la presencia de falsa doctrina siempre conducirán a una conducta pecaminosa. Sin una doctrina sana no hay base bíblica para discernir lo correcto de lo incorrecto, ninguna autoridad doctrinal para corregir el pecado ni estímulo bíblico que motive la vida piadosa.

Por otra parte, el valor espiritual de la sana doctrina es incalculable:

1. La sana doctrina es espiritualmente provechosa (2 Ti. 3:16-17).
2. Se prometen bendiciones espirituales para la obediencia (Ap. 1:3; 22:7).
3. La sana doctrina protege contra el pecado (p. ej., Job, José, Daniel, Cristo).
4. La sana doctrina discierne entre la verdad y el error (2 Co. 11:1-15; 2 Ti. 3:16-17).
5. La sana doctrina fue fundamental en el ministerio de Cristo (Mt. 7:28-29; Mr. 4:2; Lc. 4:32).
6. La sana doctrina fue fundamental en la iglesia primitiva (Hch. 2:42; 5:28; 13:12).
7. La sana doctrina fue fundamental en el ministerio apostólico (Pablo: Hch. 13:12; 17:19; Gá. 2:11-21; Juan: 2 Jn. 9-10).
8. Los mártires dieron su vida por la sana doctrina (Cristo: Mr. 11:18; Esteban: Hch. 7:54-60; Jacobo: Hch. 12:2; Pablo: 2 Ti. 4:1-8).
9. Cristo y los apóstoles dejaron el mandato de transmitir la sana doctrina a la generación siguiente (Cristo: Mt. 28:20; Pablo: 2 Ti. 2:2).
10. Las iglesias fueron elogiadas por la sana doctrina o condenada por la falta de ella (Éfeso, elogiada: Ap. 2:2, 6; Pérgamo y Tiatira, condenadas: Ap. 2:14-15, 20).
11. La sana doctrina arraigada anticipa y prepara para épocas en que esta está fuera de tiempo (2 Ti. 4:3).
12. La sana doctrina protege a la iglesia de los falsos maestros (Tit. 1:9).
13. La sana doctrina proporciona el verdadero adorno espiritual para los creyentes (Tit. 2:10).
14. La enseñanza bíblica y la doctrina bíblica sanas están inseparablemente conectadas a la "teología". Ya sea que se considere de forma expositiva en un texto de las Escrituras o categorizada de manera exhaustiva a partir de todas las Escrituras, la enseñanza bíblica no puede desconectarse de su identificación con la teología. Dicho de otro modo, toda enseñanza bíblica tiene una naturaleza teológica, y toda teología cristiana es bíblica en su contenido.

¿Cuál es el tema general y unificador de las Escrituras?[13]

El amplio tema de *rey/reino* (humano y divino) aparece a lo largo de la Biblia. Con las excepciones de Levítico, Rut y Joel, el Antiguo Testamento menciona este tema de forma explícita en treinta y seis de sus treinta y nueve libros. Excepto Filipenses, Tito, Filemón y 1, 2 y 3 Juan, el Nuevo Testamento lo menciona directamente en veintiuno de sus veintisiete libros. En total, cincuenta y siete de los sesenta y seis libros canónicos incluyen el tema del reino (86 por ciento).

Los términos hebreos para "rey", "reino", "reinado" y "trono" aparecen más de tres mil veces en el Antiguo Testamento, mientras que las palabras griegas para estos figuran 160 veces en el Nuevo Testamento. La primera mención veterotestamentaria consta en Génesis 10:10 y la última en Malaquías 1:14. Su aparición inicial en el Nuevo Testamento es en Mateo 1:6 y la última en Apocalipsis 22:5.

La expresión exacta "reino de Dios" no figura en el Antiguo Testamento. En el Nuevo Testamento, solo Mateo usa la frase "reino de los cielos", pero lo hace de manera indistinta con "reino de Dios" (Mt. 19:23-24). Y donde se usa "reino de los cielos" en pasajes paralelos a otros Evangelios, los autores de dichos Evangelios usan "reino de Dios" (cp. Mt. 13:11 con Lc. 8:10), estableciendo así la correspondencia entre estas dos frases.

Jesús no definió nunca con precisión, el "reino de los cielos/de Dios" en los Evangelios, aunque a menudo lo ilustró (p. ej., Mt. 13:19, 24, 44, 45, 47, 52). Sorprendentemente, nadie le pidió jamás a Cristo una definición. Podemos suponer que por lo menos pensaron que entendían la idea básica del Antiguo Testamento, aunque sus conceptos estuvieran equivocados.

Más reveladora es, quizá, la plétora de títulos de *Rey* atribuidos a Cristo en el Nuevo Testamento:

- "Rey de Israel" (Jn. 1:49; 12:13),
- "Rey de los judíos" (Jn. 18:39; 19:3, 19, 21),
- "Rey de reyes" (1 Ti. 6:15; Ap. 17:14; 19:16),
- "Rey de los siglos, inmortal, invisible" (1 Ti. 1:17),
- "Rey de las naciones" (Ap. 15:3).

Se dice que su reino es por los siglos de los siglos (Ap. 11:15; 22:5).

Un estudio bíblico del reino de Dios nos llevaría a concluir que es multifacético, multidimensional, multifocal, multifactorial y variopinto. Ciertamente no se le podría considerar de carácter monolítico.

La idea del reino de Dios abarca todas las etapas de la revelación bíblica. Por ejemplo:

- Dios es Rey de la eternidad (pre-Génesis 1, Apocalipsis 21–22, post-Apocalipsis 22),
- Dios es Rey de la creación (Génesis 1–2),
- Dios es Rey de la historia (Génesis 1–Apocalipsis 20),
- Dios es Rey de la redención (Génesis 3–Apocalipsis 20),
- Dios es Rey de la tierra (Génesis 1–Apocalipsis 20),
- Dios es Rey del cielo (pre-Génesis 1, Génesis 1–Apocalipsis 22, post-Apocalipsis 22).

---

13. Adaptado de Richard L. Mayhue, "The Kingdom of God: An Introduction", *MSJ* 23, nro. 2 (2012): 167-172. Usado con permiso de *MSJ*.

Todos los pasajes sobre el *reino de Dios* se pueden resumir reconociendo varios aspectos amplios. Primero está el *reino universal,* que incluye el gobierno de Dios que ha sido, es y por siempre será sobre todo lo que existe en el tiempo y el espacio. Segundo, el *reino mediador* de Dios, en el que Él gobierna en la tierra a través de representantes humanos divinamente escogidos. Tercero, *el aspecto espiritual o redentor del reino de Dios*, que trata de manera única la salvación de la persona y la relación personal con Dios a través de Cristo. Cuando las Escrituras usan el término "reino" en alusión al reino de Dios, podrían apuntar a cualquier aspecto del reino o a varias de sus partes juntas. Una cuidadosa interpretación en contexto determinará los detalles de un texto bíblico en concreto.

Con estas ideas en mente, se sugiere que *Dios como Rey* y *el reino de Dios* deberían considerarse juntos y seriamente como el gran tema predominante de las Escrituras. En el pasado se han considerado varias ideas nobles como la gloria de Dios, la redención, la gracia, Cristo, el pacto y la promesa. Cada posibilidad explica una parte del reino de Dios, pero solo el *reino de Dios* explica el todo.

Desde antes del principio hasta después del final, desde el inicio hasta el fin, tanto en el tiempo y en el espacio como más allá de ellos, Dios aparece como el Rey supremo. Dios es central y el núcleo de todas las cosas eternas y temporales. El reino de Dios puede calificarse, de manera convincente, como el tema unificador de las Escrituras.

John Bright expresa este pensamiento de forma sucinta y elocuente, como sigue:

> El Antiguo y el Nuevo Testamento se presentan, pues, juntos como dos actos de un único drama. El Primer Acto apunta a su conclusión en el Segundo Acto y, sin él, la obra está incompleta y es insatisfactoria. Sin embargo, el Segundo Acto debe leerse a la luz del Primer Acto, de lo contrario su significado se puede pasar por alto. Y es que la obra es una en naturaleza. La Biblia es un libro. Si tuviéramos que atribuirle un título, en justicia podríamos llamarlo "El libro de la venida del reino de Dios". Este es, de hecho, su tema central por todas partes.[14]

Los autores de este volumen solo editarían el brillante resumen del Dr. Bright borrando una palabra: "venida". Y es que el reino de Dios ha sido, es y será por siempre jamás.

El reino de Dios puede explicarse de esta manera: El eterno Dios trino creó un reino y dos ciudadanos para el mismo (Adán y Eva) que debían tener dominio sobre él. Pero un enemigo los engañó, los sedujo para que quebrantaran su lealtad al Rey y los provocó para que se rebelaran contra su Creador soberano. Dios intervino con las consiguientes maldiciones que existen hasta el día de hoy. Desde entonces, ha estado redimiendo a las personas pecadoras, rebeldes, para restaurarlas como ciudadanos cualificados del reino, tanto ahora en un sentido espiritual, como más tarde, en un sentido de reino terrenal. Finalmente, el enemigo será derrotado para siempre, y también el

---

14. John Bright, *The Kingdom of God: The Biblical Concept and Its Meaning for the Church* (Nueva York: Abingdon-Cokesbury, 1953), 197; véase también 7, 244. Véanse Alva J. McClain, *The Greatness of the Kingdom: An Inductive Study of the Kingdom of God* (Chicago: Moody Press, 1959), 4-53, publicado en español por Editorial Cordillera con el título *La grandeza del reino*; George N. H. Peters, *The Theocratic Kingdom of Our Lord Jesus, the Christ, as Covenanted in the Old Testament and Presented in the New Testament* (1884; reimp., Grand Rapids, MI: Kregel, 1978), 1:29-33; Erich Sauer, *De eternidad a eternidad* (Barcelona: Editorial Oasis, 2009), 124.

pecado. Así, Apocalipsis 21–22 describe la expresión final y eterna del reino de Dios, donde el Dios trino restaurará el reino a su pureza original, con la eliminación de la maldición y con el nuevo cielo y la nueva tierra convirtiéndose en la morada eterna de Dios y de su pueblo.

¿Cuáles son los temas principales de las Escrituras?[15]

La revelación del carácter de Dios
La revelación del juicio divino por el pecado y la desobediencia
La revelación de la bendición divina por la fe y la obediencia
La revelación del Señor y Salvador, y su sacrificio por el pecado
La revelación del reino y la gloria del Señor y Salvador

La Biblia es una colección de sesenta y seis libros inspirados por Dios. Estos documentos están reunidos en dos Testamentos, el Antiguo (treinta y nueve libros) y el Nuevo (veintisiete libros). Los profetas, los sacerdotes, los reyes y los líderes de la nación de Israel escribieron los libros del Antiguo Testamento en hebreo (con algunos pasajes en arameo). Los apóstoles y sus colegas escribieron los libros del Nuevo Testamento en griego.

El Antiguo Testamento recoge los orígenes, con la creación del universo y acaba alrededor de cuatrocientos años antes de la primera venida de Jesucristo. A lo largo del Antiguo Testamento, el flujo de la historia discurre en este sentido:

1. Creación del universo
2. La caída del hombre
3. El diluvio del juicio sobre la tierra
4. Abraham, Isaac, Jacob (Israel): padres de la nación escogida
5. La historia de Israel
    a. El exilio en Egipto (439 años)
    b. El éxodo y la deambulación por el desierto (40 años)
    c. La conquista de Canaán (7 años)
    d. La época de los jueces (350 años)
    e. El reino unido: Saúl, David, Salomón (110 años)
    f. El reino dividido: Judá e Israel (359 años)
    g. El exilio en Babilonia (70 años)
    h. Regreso y reconstrucción del territorio (140 años)

Los detalles de esta historia se explican en los treinta y nueve libros, que pueden dividirse en cinco categorías:

1. La Ley, 5 (Génesis–Deuteronomio)
2. Historia, 12 (Josué–Ester)
3. Sabiduría, 5 (Job–Cantares)
4. Profetas mayores, 5 (Isaías–Daniel)
5. Profetas menores, 12 (Oseas–Malaquías)

---

15. Esta sección está adaptada de John MacArthur, ed., *The MacArthur Study Bible: English Standard Version* (Wheaton, IL: Crossway, 2010), xi-xv. Las tablas y las notas de *The MacArthur Study Bible: English Standard Version* proceden de *The MacArthur Study Bible*, copyright © 1997 por Thomas Nelson. Usado con permiso de Thomas Nelson. www.thomasnelson.com.

A la terminación del Antiguo Testamento le siguieron cuatrocientos años de silencio, durante los cuales Dios no habló por medio de profetas ni inspiró Escritura alguna. Juan el Bautista rompió ese silencio cuando llegó anunciando que el Salvador prometido había venido. El Nuevo Testamento recoge el resto de la historia, desde el nacimiento de Cristo hasta la culminación de toda la historia y el estado eterno final. Por tanto, los dos Testamentos van desde la creación a la consumación, desde la eternidad pasada hasta la eternidad futura.

Mientras los treinta y nueve libros del Antiguo Testamento se especializan en la historia de Israel y en la promesa de la venida del Salvador, los veintisiete del Nuevo Testamento lo hacen en la persona de Cristo y el establecimiento de la iglesia. Los cuatro Evangelios recogen su nacimiento, su vida, su muerte, su resurrección y su ascensión. Cada uno de los cuatro escritores considera el mayor y más importante acontecimiento de la historia, la venida del Dios-hombre, Jesucristo, desde una perspectiva diferente. Mateo lo contempla a través de la perspectiva de su reino; Marcos, desde su condición de siervo; Lucas, desde su humanidad y Juan desde su divinidad.

El libro de Hechos narra la historia del impacto de la vida, la muerte y la resurrección de Jesucristo, el Señor y Salvador, desde su ascensión; la consiguiente venida del Espíritu Santo y el nacimiento de la iglesia por medio de los primeros años de predicación del evangelio por parte de los apóstoles y sus colegas. Hechos recoge el establecimiento de la iglesia en Judea, en Samaria y hasta dentro del Imperio romano.

Las veintiuna epístolas fueron escritas a las iglesias e individuos para explicar la relevancia de la persona y la obra de Jesucristo, con sus implicaciones para la vida y el testimonio, hasta que Él regrese.

El Nuevo Testamento acaba con Apocalipsis, que comienza describiendo la era presente de la iglesia y culmina con el retorno de Cristo para establecer su reino terrenal, traer juicio sobre los impíos, y gloria y bendición para los creyentes. Tras el reino milenial del Señor y Salvador llegará el último juicio, que conducirá al estado eterno. Todos los creyentes de la historia entran en la gloria eterna suprema preparada para ellos, y todos los impíos son relegados al infierno para ser castigados para siempre.

Para comprender la Biblia, es fundamental entender la trayectoria desde la creación a la consumación. También es crucial mantener el enfoque en el tema unificador de las Escrituras. El único asunto constante que se desarrolla a lo largo de toda la Biblia es este: Dios ha escogido crear y reunir un grupo de personas para sí, para su propia gloria, con el fin de que sean los súbditos de su reino eterno que lo alaben, lo honren y le sirvan para siempre y por medio de los cuales manifestará su sabiduría, su poder, su misericordia, su gracia y su gloria. Para juntar a sus escogidos, Dios debe redimirlos del pecado. La Biblia revela el plan de Dios para esta redención desde su comienzo, en la eternidad pasada, hasta su final en la eternidad futura. Los pactos, las promesas y las épocas son todos secundarios al único plan continuo de redención.

Hay un solo Dios. La Biblia tiene un solo Creador. Las Escrituras son un solo libro. Hay un solo plan de gracia, recogido desde el inicio por medio de la ejecución y hasta la consumación. Desde la predestinación hasta la glorificación, la Biblia es la historia de Dios redimiendo a su pueblo elegido para alabanza de su gloria.

Conforme se exponen el plan y los propósitos redentores de Dios en las Escrituras, se enfatizan constantemente cinco ideas recurrentes. Todo lo que se revela en las páginas del Antiguo Testamento y en el Nuevo se asocia con estas cinco categorías. Las Escrituras siempre enseñan o ilustran (1) el carácter y los atributos de Dios; (2) la tragedia del pecado y la desobediencia a las normas santas; (3) la bienaventuranza de la fe y la obediencia a las normas de Dios; (4) la necesidad de un Salvador por cuya justicia y sustitución pueden ser perdonados los pecadores, ser declarados justos y transformados para obedecer las normas de Dios; y (5) el fin glorioso venidero de la historia redentora en el reino terrenal del Señor y Salvador y el posterior reinado eterno y la gloria de Dios y Cristo. Mientras se lee la Biblia de principio a fin, se debería poder relacionar cada porción de las Escrituras con estos temas dominantes, reconociendo que lo que presenta el Antiguo Testamento también se aclara en el Nuevo Testamento. Considerando estas cinco categorías por separado proporciona una visión de conjunto de la Biblia.

La revelación del carácter de Dios

Por encima de todo lo demás, las Escrituras son la autorrevelación de Dios. Se revela a sí mismo como el Dios soberano del universo que ha escogido hacer al hombre y darse a conocer a este. En esta autorrevelación ha establecido su nivel de absoluta santidad. Desde Adán a Eva, pasando por Caín y Abel y hasta cualquier otro anterior y posterior a la ley de Moisés, en las Escrituras se ha establecido y sostenido el nivel de justicia, hasta la última página del Nuevo Testamento. La violación de esto produce juicio, tanto temporal como eterno.

En el Antiguo Testamento, Dios se revela a sí mismo a través de los medios siguientes:

1. La creación (los cielos y la tierra)
2. La creación de la humanidad, que fue hecha a su imagen
3. Los ángeles
4. Señales, prodigios y milagros
5. Visiones
6. Palabras pronunciadas por los profetas y otros
7. Las Escrituras escritas (Antiguo Testamento)

En el Nuevo Testamento, Dios se revela de nuevo por el mismo medio, pero de una forma más clara y completa:

1. La creación (los cielos y la tierra)
2. La encarnación del Dios-hombre, Jesucristo, que es la imagen misma de Dios
3. Los ángeles
4. Señales, prodigios y milagros
5. Visiones
6. Palabras pronunciadas por Cristo, los apóstoles y los profetas
7. Las Escrituras escritas (Nuevo Testamento)

La revelación del juicio divino por el pecado y la desobediencia

Las Escrituras tratan una y otra vez el asunto del pecado del hombre, que conduce al juicio divino. Relato tras relato demuestra los efectos mortíferos, en el tiempo y en la eternidad, de violar las normas de Dios. En la Biblia hay 1189 capítulos. Solo cuatro de ellos no involucran a un mundo caído: los dos primeros y los dos últimos, antes de la caída y después de la creación del nuevo cielo y de la nueva tierra. El resto hace una crónica de la tragedia del pecado y de la gracia redentora en Jesucristo.

En el Antiguo Testamento, Dios mostró el desastre del pecado, empezando por Adán y Eva, y siguiendo con Caín y Abel, los patriarcas, Moisés e Israel, los reyes, los sacerdotes, algunos profetas y las naciones gentiles. A lo largo del Antiguo Testamento tenemos el incesante registro de la devastación continua producida por el pecado y la desobediencia a la ley de Dios.

En el Nuevo Testamento, la tragedia del pecado se hace más clara. La enseñanza de Jesús y de los apóstoles comienza y acaba con un llamado al arrepentimiento. El rey Herodes, los líderes judíos y las naciones de Israel —junto con Pilato, Roma y el resto del mundo— rechazan al Señor y Salvador, desprecian la verdad de Dios y, así, se condenan a sí mismos. La crónica del pecado sigue constante hasta el fin de los siglos y hasta el regreso de Cristo en juicio. La desobediencia del Nuevo Testamento es incluso más flagrante que la del Antiguo Testamento, porque implica el rechazo al Señor y Salvador Jesucristo a la luz más brillante de la revelación del Nuevo Testamento.

La revelación de la bendición divina por la fe y la obediencia

Las Escrituras prometen, una y otra vez, maravillosas recompensas en el tiempo y en la eternidad para las personas que confían en Dios, y buscan obedecerlo. Dios mostró en el Antiguo Testamento la bienaventuranza del arrepentimiento del pecado, de la fe en Él y de la obediencia a su Palabra, desde Abel, pasando por los patriarcas, al remanente de Israel y hasta los gentiles que creyeron (como el pueblo de Nínive).

Siempre se dieron a conocer la voluntad de Dios, su ley moral y sus normas para el hombre. Aquellos que se enfrentaron a su impotencia de agradar a Dios con sus propias obras, y que le pidieron perdón y gracia, recibieron la clemente redención y bendición en el tiempo y en la eternidad.

En el Nuevo Testamento, Dios mostró de nuevo la plena bienaventuranza de la redención del pecado para los que se arrepienten. Unos respondieron a la predicación de Juan el Bautista respecto al arrepentimiento. Otros se arrepintieron escuchando hablar a Jesús. Hubo otros de Israel que obedecieron el evangelio a través de la predicación de los apóstoles. Y, finalmente, muchos gentiles de todos los rincones del Imperio romano creyeron el evangelio. A todos estos y a los que creerán a lo largo de toda la historia, Dios promete bendición en este mundo y también en el venidero.

La revelación del Señor y Salvador, y su sacrificio por el pecado

Este es el corazón del Antiguo Testamento, del cual Jesús dijo que hablaba de Él, tanto en tipo como en profecía, y del Nuevo Testamento, que proporciona el registro bíblico de su venida. La promesa de bendición depende de la gracia y la misericordia proporcionadas al pecador. Misericordia significa que ya no se tiene en cuenta el pecado. Semejante perdón se supedita al pago de la pena por el pecado para satisfacer la justicia santa, que exige un sustituto: alguien que muera en el lugar del pecador. El vicario escogido por Dios —el único cualificado— fue Jesús. La salvación se produce siempre por el mismo medio de gracia, ya fuera en los tiempos del Antiguo Testamento como del Nuevo Testamento. Cuando un pecador viene a Dios por fe y arrepentido, reconociendo que no tiene poder alguno para salvarse a sí mismo del merecido juicio de la ira divina, creyendo en Cristo y suplicando misericordia, se le concede la promesa del perdón de Dios. Entonces, Él lo declara justo por el sacrificio, y la obediencia de Cristo es acreditada en su cuenta. En el Antiguo Testamento, Dios justificaba a los pecadores de este mismo modo, en anticipación de la obra expiatoria de Cristo. Existe, por tanto, una continuidad de gracia y salvación a lo largo de toda la historia redentora. Los diversos pactos, promesas y épocas no alteran esa continuidad fundamental ni efectúa la discontinuidad entre la nación del testimonio del Antiguo Testamento, Israel, y el pueblo-testigo del Nuevo Testamento, la iglesia. En la cruz se centra la continuidad fundamental ya que esta no fue una interrupción en el plan de Dios, sino aquello mismo a lo que apunta todo lo demás.

El Antiguo Testamento promete, de principio a fin, el sacrificio-Salvador. En Génesis, es la simiente de la mujer que destruirá a Satanás. En Zacarías, es "aquel que traspasaron" a quien regresará Israel y a través del cual Dios abre la fuente de perdón a todos los que lamentan su pecado (Zac. 12:10). Él es el sustituto sufriente del que hablan los profetas. A lo largo del Antiguo Testamento, Él es el Mesías que moriría por las transgresiones de su pueblo; de principio a fin, el Antiguo Testamento presenta el tema del Señor y Salvador como sacrificio por el pecado. Solo por su perfecto sacrificio por el pecado perdona Dios, por gracia, a los creyentes arrepentidos.

En el Nuevo Testamento, el Señor Salvador vino y proveyó realmente el sacrificio prometido por el pecado en la cruz. Habiendo satisfecho toda justicia con su vida perfecta, también lo hizo con su muerte. Así, Dios mismo expió el pecado a un precio demasiado elevado para que la mente humana lo pueda llegar a entender. Ahora, Él suministra por gracia todo el mérito necesario para que su pueblo sea objeto de su favor. Este es el significado de la salvación por gracia de la que hablan las Escrituras.

La revelación del reino y la gloria del Señor y Salvador

Este componente crucial de las Escrituras lleva toda la historia a su consumación ordenada por Dios. La historia redentora está controlada por Dios a fin de que culmine en su gloria eterna, y acabará con la misma precisión y exactitud con la que comenzó. Las verdades de la escatología no son vagas ni poco claras; tampoco carecen de importancia. Como en cada libro, la historia acaba de un modo apasionante y críticamente importante; lo mismo ocurre con la Biblia. Las Escrituras observan varios rasgos muy específicos del final planeado por Dios.

En el Antiguo Testamento se hace repetida mención de un reino terrenal gobernado por el Mesías, el Señor Salvador que vendrá a reinar. Asociadas a este reino estarán la salvación de Israel, la salvación de los gentiles, la renovación de la tierra de los efectos de la maldición y la resurrección corpórea del pueblo de Dios que haya muerto ya. Finalmente, el Antiguo Testamento predice que Dios creará un nuevo cielo y una nueva tierra —que será el estado eterno de los piadosos— y un infierno final para los impíos.

El Nuevo Testamento aclara y amplía estas características. Rechazan al Rey y lo ejecutan, pero Él promete regresar en gloria; traerá juicio, resurrección y su reino para todos los que creen. Numerosos gentiles de cada nación serán incluidos entre los redimidos. Israel será salvo y volverá a injertarse en la raíz de bendición, del que ha sido temporalmente extirpado. Se disfrutará del reino prometido de Israel con el Señor y Salvador que reinará en el trono de la tierra renovada, y ejercerá poder sobre todo el mundo y recibirá el honor y la adoración debidos. A continuación de ese reino llegará la disolución de la creación renovada, pero aún manchada por el pecado y la posterior creación de un nuevo cielo y una nueva tierra; este será el estado eterno, separado para siempre de los impíos que estarán en el infierno.

¿Cómo se relaciona la teología sistemática con la cosmovisión de uno?[16]

¿Qué es la cosmovisión? La cosmovisión está formada por la colección de presuposiciones, de convicciones y de valores propios a partir de los cuales una persona intenta entender y hallarle sentido al mundo y a la vida. Como lo expresa Ronald Nash: "Una cosmovisión es un esquema conceptual por el cual colocamos o encajamos, consciente o inconscientemente, todo lo que creemos y mediante lo cual interpretamos y juzgamos la realidad".[17] De manera similar, Gary Phillips y William Brown explican: "La cosmovisión es, en primer lugar, *una explicación e interpretación del mundo* y, en segundo lugar, *una aplicación de esta visión a la vida*".[18]

¿Cómo se forma una cosmovisión? ¿Por dónde empieza? Toda cosmovisión empieza con *presuposiciones*, creencias que uno imagina ser ciertas sin una prueba de otras fuentes o sistemas que las apoye. Hallarle sentido a la realidad requiere, en parte o por completo que uno adopte una postura interpretativa, ya que no hay pensamiento "neutral" en el universo. Esto se convierte en el fundamento sobre el que uno edifica.

¿Cuáles son las presuposiciones de una cosmovisión cristiana firmemente arraigada y basada en las Escrituras? Carl F. H. Henry, un importante pensador cristiano de la segunda mitad del siglo xx, responde la pregunta con gran sencillez, afirmando que "la teología evangélica se atreve a cobijar una y solo una presuposición: el Dios vivo y personal que se conoce de forma inteligible en su revelación".[19] Esta presuposición principal, que subyace a una cosmovisión cristiana adecuada, se divide en dos partes. Primero: Dios existe eternamente como Creador personal, trascendente y trino. Segundo: Dios ha revelado su carácter, sus propósitos y su voluntad en las páginas infalibles e inerrantes de su revelación especial: la Biblia.

¿Qué es la cosmovisión cristiana? La definición siguiente se ofrece como modelo activo:

---

16. Esta sección está adaptada de Richard L. Mayhye, "Introduction", en *Think Biblically: Recovering a Christian Worldview*, ed. John MacArthur (Wheaton, IL: Crossway, 2003), 13-16. Usado con permiso de Crossway, ministerio editorial de Good News Publishers, Wheaton, IL 60187, www.crossway.org.

17. Ronald H. Nash, *Faith and Reason: Searching for a Rational Faith* (Grand Rapids, MI: Zondervan, 1988), 24.

18. W. Gary Phillips y William E. Brown, *Making Sense of Your World from a Biblical Viewpoint* (Chicago: Moody Press, 1991), 29.

19. Carl F. H. Henry, *God, Revelation, and Authority*, vol. 1, *God Who Speaks and Shows: Preliminary Considerations* (Waco, TX: Word, 1976), 212.

La cosmovisión cristiana ve y entiende a Dios el Creador y su creación —es decir, el hombre y el mundo— principalmente a través de la lente de la revelación especial de Dios, las sagradas Escrituras y, en segundo lugar, a través de la revelación natural de Dios en la creación tal como la interpreta la razón humana y conciliada por y con las Escrituras, con el propósito de creer y comportarse de acuerdo con la voluntad de Dios y, de ese modo, glorificarle con la mente y la vida, ahora y en la eternidad.

¿Cuáles son algunos de los beneficios de aceptar la cosmovisión cristiana? La cosmovisión bíblica proporciona respuestas convincentes a las preguntas más cruciales de la vida:

1. ¿Cómo se originaron el mundo y todo lo que hay en él?
2. ¿Bajo qué parámetro puedo determinar si la conclusión de una investigación es verdadera o falsa?
3. ¿Cómo funciona/debería funcionar el mundo?
4. ¿Cuál es la naturaleza de un ser humano?
5. ¿Cuál es el propósito de la existencia personal?
6. ¿Cómo se debería vivir?
7. ¿Existe alguna esperanza personal para el futuro?
8. ¿Qué le ocurre a la persona en el momento de su muerte y después?
9. ¿Por qué es posible saber algo?
10. ¿Cómo se determina lo que es correcto o incorrecto?
11. ¿Cuál es el significado de la historia humana?
12. ¿Qué depara el futuro?

En el siglo XXI, los cristianos se enfrentan a las mismas preguntas básicas respecto a este mundo y la vida que los primeros seres humanos de Génesis. Ellos también tuvieron que examinar cuidadosamente diversas cosmovisiones para responder a las preguntas anteriores. Esto ha sido así a lo largo de la historia. Considere qué afrontaron José (Gn. 37–50) y Moisés (Éx. 2–14) en Egipto, o Elías cuando confrontó a Jezabel y sus profetas paganos (1 R. 17–19), o Daniel en Babilonia (Dn. 1–6), o Nehemías en Persia (Neh. 1–2), o Pablo en Atenas (Hch. 17). Discernieron la diferencia entra la verdad y el error, lo correcto y lo incorrecto, porque depositaron su fe en el Dios vivo y en su Palabra revelada.

¿Qué distingue, de forma fundamental, la cosmovisión cristiana de otras cosmovisiones? En el meollo del asunto, la cosmovisión cristiana contrasta con las cosmovisiones conflictivas en que (1) reconoce al Dios de la Biblia como única fuente de toda verdad, y (2) relaciona toda verdad con entender a Dios y sus propósitos para esta vida y la siguiente.

¿Existen algunas percepciones erróneas comunes sobre la cosmovisión cristiana, en especial entre los cristianos? Hay al menos dos nociones equivocadas. La primera es que la visión cristiana del mundo y de la vida diferirá en todo de otras cosmovisiones. Aunque esto no siempre es verdad (por ej., todas las cosmovisiones aceptan la ley de la gravedad), la cristiana será diferente y única en la mayoría de los puntos importantes, sobre todo en su relación con el carácter de Dios, la naturaleza y el valor de las Escrituras y la exclusividad de Jesucristo como Salvador y Señor. La segunda percepción errónea es que la Biblia contiene todo lo que necesitamos saber en todos los sentidos. La lógica debería poner fin a este pensamiento mal dirigido; por ejemplo, las Escrituras no dan instrucciones para cómo cambiar el aceite de un auto. Sin embargo, es cierto que la Biblia sola contiene todo lo que los cristianos necesitan saber sobre su vida espiritual y su piedad mediante el conocimiento del único Dios verdadero, que es el nivel más alto y más importante de conocimiento (2 P. 1:2-4).

¿Cómo y en qué contextos de la vida la cosmovisión cristiana demuestra ser espiritualmente provechosa? Primero, en el mundo de la *erudición* no se ofrece la cosmovisión cristiana como una de muchas iguales o una de tantas posibilidades, sino como la exclusiva visión verdadera de la vida cuya única fuente de verdad y realidad es Dios el Creador. Así, sirve como una luz resplandeciente que refleja la gloria de Dios en medio de la oscuridad intelectual.

Segundo, la cosmovisión cristiana debe usarse como herramienta fundamental en la *evangelización* para responder a las preguntas y las objeciones de los incrédulos. Sin embargo, debe entenderse claramente que, en el análisis final, es el evangelio el que tiene poder para llevar al individuo a la salvación (Ro. 1:16-17).

Finalmente, la cosmovisión cristiana es fundamental en el ámbito del *discipulado* para informar y madurar al verdadero creyente en Cristo respecto a las implicaciones y las ramificaciones de la fe cristiana propia. Proporciona la estructura por la cual uno (1) puede entender el mundo y toda su realidad desde la perspectiva de Dios y (2) puede ordenar la vida propia según la voluntad de Dios.

¿Cuál debería ser el objetivo supremo de aceptar la cosmovisión cristiana? ¿Por qué merece la pena recuperar la cosmovisión cristiana? Jeremías transmite la respuesta directa de Dios:

> Así dijo Jehová: No se alabe el sabio en su sabiduría, ni en su valentía se alabe el valiente, ni el rico se alabe en sus riquezas. Mas alábese en esto el que se hubiere de alabar: en entenderme y conocerme, que yo soy Jehová, que hago misericordia, juicio y justicia en la tierra; porque estas cosas quiero, dice Jehová (Jer. 9:23-24).

El fin principal del hombre consiste en conocer y glorificar a Dios. A pesar de ello, el conocimiento de Dios es imposible fuera de la cosmovisión cristiana.

¿Dónde se intersectan la teología sistemática y la cosmovisión propia? Primero, ambas se erigen sobre la misma presuposición compartida con sus dos partes: (1) la existencia personal del Dios eterno y (2) su autorrevelación en las Escrituras. Segundo, la cosmovisión cristiana depende de la teología sistemática para conocer y entender la verdad de Dios, porque esta no es más que la organización de todo lo que Dios ha revelado para que se lo conozca de la forma correcta y se viva para Él. Tercero, la cosmovisión cristiana depende de la teología sistemática para conocer y aceptar la cosmovisión de Dios tal como la revelan las Escrituras, porque solo si pensamos de manera cristiana aprenderemos a tener los pensamientos propios de Dios, a su manera. Finalmente, la teología depende de la cosmovisión cristiana para aplicar de forma sistemática y adecuada la verdad de las Escrituras para vivir según la voluntad de Dios, para su gloria.

¿Cómo se relaciona la teología sistemática con la mente de uno?[20]

La mente redimida
La mente renovada
La mente iluminada
La mente como la de Cristo
La mente probada
La mente provechosa
La mente equilibrada

La teología sistemática trata totalmente sobre la mente de Dios tal como se encuentra en las Escrituras. No se ocupa de lo que los seres humanos piensan de manera independiente, al margen de la Biblia. Las características necesarias de la mente cristiana se exponen a continuación porque garantiza el aprendizaje y la enseñanza de la teología cristiana, cuya fuente es la Palabra y la pieza central el Dios trino.

La mente redimida

Como resultado de la salvación, la mente de la persona que acaba de ser redimida sabe y comprende la gloria de Dios (2 Co. 4:6). Considerando que esta persona estaba cegada anteriormente por Satanás (2 Co. 4:4), la misma posee ahora "el yelmo de salvación" (Ef. 6:17) para proteger la mente contra las "intrigas" (término relacionado con la mente en griego [Ef. 6:11]) de Satanás. Ya no está solo y vulnerable ante el diablo como antes de la salvación. Esta nueva persona (2 Co. 5:17) tiene ahora conocimiento de Dios y la voluntad de la que antes carecía (1 Jn. 5:18-20).

La mente renovada

Cuando una persona entra en una relación personal con Jesucristo, se convierte en una nueva creación (2 Co. 5:17) que canta "un cántico nuevo" (Sal. 98:1). La mente adquiere una nueva forma de pensar y la capacidad de dejar las antiguas y pecaminosas formas de pensar. Indiscutiblemente, Dios se dedica a renovar la mente de los cristianos (Ro. 12:2; Ef. 4:23; Col. 3:10).

La Biblia aconseja que "pon[gamos] la mira en las cosas de arriba, no en las de la tierra" (Col. 3:2). Pablo expresa este concepto en términos militares: "...derribando argumentos y toda altivez que se levanta contra el conocimiento de Dios, y llevando cautivo todo pensamiento a la obediencia a Cristo" (2 Co. 10:5). ¿Cómo hacemos esto? Las Escrituras revelan la mente de Dios (1 Co. 2:16), no toda ella, claro está, pero todo lo que Dios determinó revelarnos en su sabiduría. Para pensar como Dios hay que hacerlo según las Escrituras. Por esta razón, Pablo alentó a los colosenses a permitir que la Palabra de Cristo morara en ellos en abundancia (Col. 3:16).

---

20. Esta sección está adaptada de Mayhue, "La necesidad de cultivar un estilo bíblico de pensar", en MacArthur, *Piense conforme a la Biblia* (Grand Rapids: Editorial Portavoz, 2004), 35-54.

Harry Blamires, un inglés de extraordinario entendimiento sobre la mente cristiana, lo expresa muy bien:

> Pensar de forma cristiana es hacerlo en términos de Revelación. Para el secularista, Dios y la teología son los juguetes de la mente. Para el cristiano, Dios es real y la teología cristiana describe su verdad revelada a nosotros. Para la mente secular, la religión es básicamente una cuestión de teoría. Para la mente cristiana, el cristianismo es una cuestión de actos y hechos; actos y hechos que son la base de nuestra fe y están recogidos en la Biblia.[21]

En el momento de la salvación, los cristianos reciben una capacidad mental regenerada para comprender la verdad espiritual. Después, necesitan reajustar su forma de pensar, principalmente mediante una renovación de la mente, usando la Biblia como medio para ello. El objetivo supremo consiste en tener un conocimiento pleno de Dios y de su voluntad (Ef. 1:17-18; Col. 1:9-10).

La mente iluminada

La Biblia afirma que los creyentes necesitan la ayuda de Dios para entender su Palabra (1 Co. 2:12-13). Por consiguiente, el Espíritu de Dios ilumina la mente de los creyentes para que puedan comprender, aceptar y obedecer las verdades reveladas en las Escrituras. Los teólogos lo denominan *iluminación*.

Una gran oración que se puede ofrecer al estudiar las Escrituras es: "Abre mis ojos, y miraré las maravillas de tu ley" (Sal. 119:18). Reconoce la necesidad indispensable de la luz de Dios en las Escrituras. También lo hacen textos como Salmos 119:33-34: "Enséñame, oh Jehová, el camino de tus estatutos, y lo guardaré hasta el fin. Dame entendimiento, y guardaré tu ley, y la cumpliré de todo corazón" (véase también Sal. 119:102).

Dios quiere que los cristianos sepan, entiendan y obedezcan, de modo que les proporciona la ayuda que necesitan por medio de su Espíritu Santo. Los creyentes, como los hombres a los que Jesús habló en el camino de Emaús, requieren la ayuda de Dios: "Entonces les abrió el entendimiento, para que comprendiesen las Escrituras" (Lc. 24:45). El ministerio de iluminación por el cual Él arroja luz sobre el significado de la Biblia se afirma en textos como Salmos 119:130; Efesios 1:18-19 y 1 Juan 2:27.

La verdad de que Dios ilumina las Escrituras para los cristianos debería alentar enormemente al creyente. Aunque no elimina la necesidad del hombre de talento para enseñar (Ef. 4:11-12; 2 Ti. 4:2) o la dura tarea del estudio bíblico serio (2 Ti. 2:15), promete que no es necesario esclavizarse al dogma de la iglesia ni dejarse llevar por el mal camino de los falsos maestros. La dependencia principal para aprender las Escrituras tiene que estar en el autor de las Escrituras: Dios mismo.

La mente como la de Cristo

Cuando uno piensa y actúa como Dios quiere, recibirá la bendición divina por la obediencia (Ap. 1:3). En lo espiritual, el cristiano será ese hijo obediente, esa novia

---

21. Harry Blamires, *The Christian Mind: How Should a Christian Think?* (1962; reimp. Ann Arbor, MI: Servant Books, 1978), 110-111.

pura y esa oveja sana del rebaño de Cristo que experimenta la mayor intimidad con Dios.

Rechazar la mente de Dios en las Escrituras y adorar en el altar del pensamiento independiente propio es descarada idolatría. La mayor intimidad del creyente con el Señor se produce cuando los pensamientos de este último prevalecen y la conducta de la persona toma modelo de la de Cristo.

Los cristianos deberían alegrarse por completo y aceptar la mente cierta y verdadera de Dios Padre (Ro. 11:34), Dios Hijo (1 Co. 2:16), y Dios Espíritu (Ro. 8:27). Al contrario que Pedro, quien fue tentado por Satanás para poner su mente en las cosas del hombre, los creyentes deben establecer la suya en los asuntos de Dios (Mt. 16:23; Col. 3:2). Esto no tiene tanto que ver con distintas categorías o disciplinas de pensamiento, sino más bien con la forma en que se ven las cosas desde la perspectiva divina. Los cristianos deberían sentirse abrumados ante la mente de Dios, como le ocurrió al apóstol Pablo (Ro. 11:33-36).

La visión de Dios es la única verdadera que corresponde con precisión a toda realidad. Su mente establece el estándar por el que los creyentes han de esforzarse, pero que no lograrán jamás del todo. Dicho de otro modo, los pensamientos del hombre nunca excederán, igualarán ni se aproximarán siquiera a los de Dios. Hace más de dos mil quinientos años, el profeta Isaías afirmó esto mismo (Is. 55:8-9).

El patrón supremo de la mente cristiana es el Señor Jesucristo. Pablo declara: "Mas nosotros tenemos la mente de Cristo" (1 Co. 2:16). ¿Cómo puede ser esto? La tenemos con la Biblia, que es la revelación suficiente y especial de Dios (2 Ti. 3:16-17; 2 P. 1:3). En Filipenses 2:5, Pablo da la siguiente instrucción: "Haya, pues, en vosotros este sentir que hubo también en Cristo Jesús". El apóstol está señalando, de forma específica, la mentalidad de sacrificio de Cristo para gloria de Dios (Fil. 2:7) y de sumisión a la voluntad divina (Fil. 2:8). Al seguir el modelo de Cristo, los cristianos pueden ejercitar su mente para que llegue a parecerse más como la de Cristo.

La mente probada

La mente cristiana debería ser un repositorio de la verdad revelada de Dios. No debería temblar, flaquear, transigir ni inclinarse frente a las ideas opuestas ni los argumentos aparentemente superiores (2 Ti. 1:7). La verdad no se origina en los seres humanos, sino en Dios. Por tanto, los cristianos deberían ser los héroes de la verdad en un mundo lleno de mentiras disfrazadas, con engaño, de verdad y falsamente declaradas como tal.

Fue Dios quien invitó a la nación de Israel, diciendo: "Venid luego... y estemos a cuenta" (Is. 1:18). El asunto que se debía considerar era el arrepentimiento del pecado y la salvación (Is. 1:16-20). La misma invitación se extiende, por aplicación, a cada persona viva. Pero no se librará de los obstáculos de Satanás.

Debemos estar prevenidos, aunque el compromiso de pensar de forma cristiana honra a Cristo, no está exenta de oposición. Satanás querría que los creyentes pensaran de manera contraria a la Palabra de Dios y, a continuación, actuaran en desobediencia a su voluntad.

Recuerde que antes de que uno se convierta en cristiano, la mente está cegada por el diablo: "...en los cuales el dios de este siglo cegó el entendimiento de los incrédulos, para que no les resplandezca la luz del evangelio de la gloria de Cristo, el cual es la imagen de Dios" (2 Co. 4:4). Incluso después de la salvación, Satanás sigue provocando su desorden intelectual. Así, Pablo estaba sumamente preocupado por la iglesia corintia: "Pero temo que como la serpiente con su astucia engañó a Eva, vuestros sentidos sean de alguna manera extraviados de la sincera fidelidad a Cristo" (2 Co. 11:3). Eva había permitido que Satanás pensara un poco por ella. A continuación, tuvo su propia reflexión independiente de Dios. Cuando sus conclusiones resultaron ser distintas a las de Él, escogió actuar basándose en las propias y no en los mandamientos de Dios, y esto es pecado (Gn. 3:1-7).

Satanás apunta sus dardos ardientes (Ef. 6:16) a la mente de los creyentes (2 Co. 11:3), convirtiendo a su pensamiento en el campo de batalla para la conquista espiritual. Abundan los relatos bíblicos de aquellos que sucumbieron, como Eva (Gn. 3) y Pedro (Mt. 16:13-23). Otros salieron victoriosos de la lucha, como Job (Job 1:1–2:10) y Cristo (Mt. 4:1-11). Cuando los cristianos caen, lo más probable es que hayan olvidado llevar el yelmo de la salvación o blandir la espada de la verdad (Ef. 6:17).

Pablo advierte a los creyentes, en dos ocasiones, sobre la batalla constante e incesante contra Satanás, y les advierte sobre las intrigas o las intenciones del diablo. Utiliza dos palabras griegas, pero ambas están relacionadas con la mente (2 Co. 2:11; Ef. 6:11). Como nadie es inmune a estos ataques, el cristiano necesita prestar de verdad atención al firme estímulo de Pedro: "Por tanto, ceñid los lomos de vuestro entendimiento, sed sobrios, y esperad por completo en la gracia que se os traerá cuando Jesucristo sea manifestado" (1 P. 1:13; véase 3:15).

Hasta aquí, esta explicación se ha centrado en una postura militar preventiva o defensiva respecto a la mente. La mayor parte de las Escrituras trata con la protección personal. Sin embargo, Pablo también aborda cómo seguir adelante con la ofensiva intelectual (2 Co. 10:4-5). Estas "armas" ofensivas (10:4) presentan la Palabra de Dios, blandida por la mente del cristiano en el contexto de la guerra de cosmovisiones. En este contexto de la batalla de la mente, las "fortalezas" (10:4) son "argumentos" (10:5) y "toda altivez que se levanta contra el conocimiento de Dios" (10:5). En otras palabras, se debe afrontar sin dudarlo y con un agresivo y ofensivo plan de batalla cualquier filosofía, cosmovisión, apologética u otro tipo de enseñanza que socave, minimice, contradiga o intente eliminar la cosmovisión cristiana o alguna parte de ella. El fin que Dios pretende es la destrucción ("destruir" se usa dos veces en 10:4-5) de aquello que no corresponde a la clara enseñanza de las Escrituras respecto a Dios y su mundo creado.

En el contexto histórico de 2 Corintios, Pablo se opuso a cualquier enseñanza sobre cualquier tema relativo a la iglesia que no correspondiera a su instrucción apostólica. Fuera responsabilidad de un incrédulo o de un creyente, procediera de la idea de eruditos o de ignorantes, tuviera una amplia aceptación o no, todos los pensamientos u opiniones que no fueran *para* el conocimiento de Dios debían considerarse *en su contra*. Por tanto, debían ser considerados objetivos para la batalla intelectual y para su eliminación total. Así, en el contexto de hoy, todas las actividades intelectuales (por ej. leer, escuchar la radio, ver televisión y películas, estudiar en una academia formal, entablar conversaciones informales) deben siempre ejercerse usando la lente de filtrado de la cosmovisión teológica cristiana, para determinar si son aliadas de la verdad de las Escrituras o son enemigas de las que hay que desconfiar.

La mente provechosa

El Salmo 119 proporciona una visión detallada de la nueva relación del cristiano con la Biblia, que revela la mente de Cristo. En primer lugar, el creyente desarrollará un gran amor por las Escrituras y un tremendo deleite en ellas (119:47-48). En segundo lugar, el creyente en Cristo tendrá el firme deseo de conocer la Palabra de Dios como la mejor forma de conocer a Dios (119:16, 93, 176). En tercer lugar, conocer a Dios llevará al cristiano a obedecerle (119:44-45).

LA MEDITACIÓN

Para la mayoría de las personas no basta con escuchar algo una sola vez. Considerar brevemente algo profundo no concede el tiempo suficiente para captar y entender por completo su significado. Esto demuestra ser cierto en las Escrituras respecto a la mente de Dios. El Salmo 119 testifica de la importancia y de la bendición de pasar largo tiempo estudiando la Palabra de Dios.

La idea de la meditación se presta, en ocasiones, a equívoco. La meditación implica el pensamiento o la reflexión prolongados. La figura retórica estadounidense para la meditación es "masticar" un pensamiento. Algunos lo han comparado al proceso de rumia del sistema digestivo de cuatro estómagos de las vacas. La cafetera también nos proporciona una imagen gráfica. El agua sube por un pequeño tubo y va goteando a través del café molido. Después de varios ciclos, el sabor de los granos de café se ha transferido al agua, que en ese momento se denomina café. Tanto es así que los cristianos necesitan reciclar sus pensamientos a través del fundamento de la Palabra de Dios hasta empezar a pensar como Dios y, a continuación, a actuar de forma piadosa.

Las Escrituras ordenan a los creyentes que mediten en tres ámbitos:

1. Dios (Sal. 27:4; 63:6)
2. La Palabra de Dios (Jos. 1:8; Sal. 1:2)
3. Las obras de Dios (Sal. 143:5; 145:5)

Los 176 versículos del Salmo 119 ensalzan la virtud de vivir la mente de Dios. Se menciona la meditación, al menos siete veces, como la costumbre de alguien que ama a Dios y desea una intimidad más estrecha con Él: "¡Oh, cuánto amo yo tu ley! Todo el día es ella mi meditación… Se anticiparon mis ojos a las vigilias de la noche, para meditar en tus mandatos" (119:97, 148; véase también 119:15, 23, 27, 48, 78, 99). En contraposición, un aspecto del pecado de Eva puede atribuirse a que no meditara de la forma adecuada en la palabra clara y suficiente de Dios (Gn. 2:16-17).

Meditar en la Palabra de Dios purificará la mente de viejos pensamientos que no son de Dios y reforzarán nuevos pensamientos de las Escrituras. Pone, asimismo, un escudo protector alrededor de la mente para bloquear y rechazar las ideas entrantes que contradicen a Dios. Ese es el proceso bíblico de la renovación de la mente.

PIENSE EN ESTAS COSAS

Alguien ha sugerido que la mente es la raíz principal del alma. Siendo esto así, uno necesita alimentar su alma con cuidado y de forma nutricional hundiendo la raíz principal en profundidad en la mente de Dios en las Escrituras. Se podría preguntar: "¿Qué comida alimentará mi alma?". El menú gastronómico de Pablo para la mente incluye entradas de pensamiento que son (1) "verdaderos", (2) "honestos", (3) "justos", (4) "puros", (5) "amables", (6) "recomendables", (7) "excelentes", y (8) "dignos de alabanza" (Fil. 4:8). Al meditar en la Palabra de Dios y pensar en estas cosas, los cristianos evitarán poner su mente en las cosas terrenales (Fil. 3:19) e impedirán tener doble ánimo (Stg. 1:6-8).

La mente equilibrada

¿Acaso son la revelación divina y la razón humana como el aceite y el agua? ¿No se mezclan jamás? Los cristianos han alcanzado en ocasiones dos extremos erróneos al tratar con la revelación divina y la razón humana. En un extremo del espectro está el *antintelectualismo* que concluye, básicamente, que si un asunto no se trata en la Biblia, no es digno de un estudio o un pensamiento serios. Este planteamiento no bíblico de aprender y pensar conduce al retraimiento cultural e intelectual. En el extremo opuesto está el *hiperintelectualismo*, que acepta la revelación natural en un nivel más alto de valor y credibilidad que la revelación especial de Dios en las Escrituras; cuando ambas están en conflicto, la revelación natural es la fuente preferida de la verdad. Este acercamiento no bíblico resulta en retraimiento bíblico.

Ambos errores deben ser rechazados. El creyente debe adueñarse del conocimiento desde la revelación especial y general. Sin embargo, nuestras facultades para razonar y deducir, a través de las cuales estudiamos la creación (es decir, la revelación general), están caídas, son falibles y están corrompidas por el pecado. Por otra parte, las Escrituras son infalibles e inerrantes y, por tanto, deben tener prioridad sobre la revelación general. Donde la Biblia habla sobre una disciplina, su verdad es superior. Donde la Biblia no habla, Dios nos ha dado todo el mundo de la creación para que lo exploremos en busca de conocimiento, pero con la advertencia de que la capacidad del hombre para sacar conclusiones de la naturaleza no es infalible como la Palabra de Dios. Esto es especialmente verdad respecto a los pensadores que rechazan continuamente su necesidad de la salvación de Cristo. Esto no significa, de manera necesaria, que sus hechos sean erróneos o incluso que sus ideas básicas estén equivocadas. Sin embargo, no garantiza que su cosmovisión no sea según la perspectiva de Dios y, por tanto, sus conclusiones deberían estar sujetas a una valoración crítica de acuerdo con las Escrituras.

Sin lugar a duda, desde la perspectiva de una cosmovisión cristiana, los creyentes deben implicar su propia mente y la de los demás de la mejor forma posible y según lo permita la oportunidad. Sin embargo, se sugieren varias precauciones sabias:

1. Convertirse en un erudito e intentar cambiar la forma de pensar de su generación es secundario a convertirse en cristiano y cambiar la forma de pensar personal respecto a Cristo.

2. La educación formal en un abanico de disciplinas es secundaria a la educación del evangelio: a saber, obedecer la Gran Comisión (Mt. 28:18-20) y llevar el evangelio a los confines de la tierra, a toda criatura.
3. La revelación general *apunta* a un poder superior, mientras que la revelación especial *presenta de forma personal* a este poder superior como el Dios trino de las Escrituras, que creó el mundo y todo lo que hay en él (véase Is. 40–48, donde Yahvé le recuerda a Israel esta verdad crítica) y que proveyó al único Redentor en el Señor Jesucristo.
4. Saber la verdad no es ni cercanamente tan importante a estar en comunión, de forma personal y redentora, con la Verdad, Jesucristo (Jn. 14:6), que es la única fuente de vida eterna.
5. A la iglesia del Nuevo Testamento no se le mandó que intelectualizara su mundo ni tampoco fue esta su práctica. Más bien lo "evangelizaron" mediante la proclamación de la gracia salvífica de Jesucristo a todos, sin distinción, desde los líderes políticos claves como el rey Agripa (Hch. 25:23–26:32), hasta los humildes esclavos encarcelados como Onésimo (Flm. 10).
6. Moralizar, politizar o intelectualizar a la sociedad sin ver antes la conversión espiritual es garantizar tan solo un cambio breve y generalmente irregular que es superficial, no profundo; temporal, no duradero; y totalmente condenatorio, no salvífico.

Cabe repetir que tanto la revelación especial como la general son necesarias para cultivar una mentalidad bíblica. Sin embargo, el estudio de la revelación especial es la prioridad, seguida en segundo lugar por aprender de la revelación natural. Salomón, el hombre más sabio que vivió jamás (1 R. 3:12; 4:29-34), escribió el mismo consejo hace casi tres mil años. Sus declaraciones son las más autoritativas sobre el tema de la mente y el conocimiento, ya que forman parte de las Escrituras (Pr. 1:7; 9:10; véase también 1 Co. 1:20-21).

El alfa y la omega de la teología cristiana es el *conocimiento de Dios* (2 Co. 2:14; 4:6; Ef. 1:17; Col. 1:10; 2 P. 1:2-3, 8; 3:18) y el *conocimiento de la verdad* (1 Ti. 2:4; 2 Ti. 2:25; Tit. 1:1). Por encima de todo, en el centro mismo de la cosmovisión cristiana está el Señor Jesucristo, "en quien están escondidos todos los tesoros de la sabiduría y del conocimiento" (Col. 2:3). Nada puede entenderse por completo si no se conoce primero a Dios.

¿Cómo se relaciona la teología sistemática con la vida personal de uno?[22]

Intimidad y madurez
Santidad
Santificación

La piedad, ser como Cristo y la espiritualidad cristiana describen al cristiano que va siendo más como Dios. La forma más poderosa de efectuar este cambio es dejar que

---

22. Para más información sobre este tema, véase Benjamin B. Warfield, "The Religious Life of Theological Students", en *Selected Shorter Writings of Benjamin B. Warfield*, ed. John E. Meeter (Nutley, NJ: Presbyterian and Reformed, 1970), 1:411-425.

la Palabra de Dios more en uno de manera abundante (Col. 3:16). Cuando se aceptan las Escrituras sin reserva, la voluntad de Dios se efectuará con energía en la vida del creyente (1 Ts. 2:13). El proceso podría definirse, básicamente, como sigue:

> La espiritualidad cristiana implica crecer para ser como Dios en carácter y conducta sometiéndose personalmente a la obra transformadora de la Palabra y del Espíritu de Dios.

Intimidad y madurez

No hay mejor forma de saturar la mente con las Escrituras que con la predicación expositiva y el estudio de la teología sistemática; ambas acentuarán la madurez espiritual. El autor de Hebreos se regocijó de que los cristianos judíos hubieran acogido tan bien la intimidad de un niño (He. 5:12-13), pero deploró su falta de progreso hasta la madurez de la carne. De modo que exhortó: "Por tanto, dejando ya los rudimentos de la doctrina de Cristo, vamos adelante a la perfección" (He. 6:1). Pablo escribió a los corintios con una decepción similar (1 Co. 3:1-3).

La intimidad trata, de forma fundamental, con la relación personal con el Padre, el Hijo y el Espíritu Santo en dirección a Dios. Por otro lado, la madurez es el resultado de la intimidad que refleja la presencia permanente y creciente de Dios en los cristianos con respecto a la piedad (Jn. 15:1-11). Así como un bebé o un niño pequeño que sin ser todavía maduro puede disfrutar de intimidad con su padre o su madre, también la debería tener el nuevo cristiano con el Salvador que acaba de encontrar. Esta intimidad alimenta el proceso de maduración por el que un niño crece a semejanza de sus padres.

Intimidad sin madurez resulta en una conducta espiritualmente infantil en lugar de respuestas espiritualmente adultas. Por el contrario, madurez sin intimidad tiene por resultado un cristianismo sin gozo, rancio, que puede deteriorarse con facilidad, convertirse en legalismo y, en ocasiones, hasta tener una importante caída en el pecado. Sin embargo, las Escrituras enseñan que cuando la intimidad y la madurez se complementan y se alimentan la una a la otra, el resultado es una vida cristiana fuerte y vibrante. La espiritualidad genuina debe estar, pues, marcada tanto por la intimidad como por la madurez.

Los fundamentos para comprender la madurez espiritual realmente comienzas en las Escrituras. Jesús, Pablo y Santiago comunicaron, cada uno de ellos de forma directa, la clara y a menudo insistente exigencia de Dios de un desarrollo espiritual en el creyente verdadero, proporcionando palabras claves para entender la madurez espiritual. Debemos ser perfectos (Mt. 5:48), crecer hasta llegar a ser personas maduras (Ef. 4:11-13), ser presentados como maduros en Cristo (Col. 1:28), completos y preparados para toda buena obra (2 Ti. 3:16-17) sin que nos falte cosa alguna (Stg. 1:2-4).

La forma más rápida de comprender la esencia de la madurez es leer sobre la obediencia de personas como Abel, Noé, Abraham, Sara, Isaac, Jacob y José en Génesis. Pero uno no debería detenerse aquí. Otros sesenta y cinco libros más de la Biblia contienen emocionantes relatos adicionales de madurez espiritual. Este "salón de la fe" canónico sirve de ejemplo supremo de la afirmación de Dios respecto a la fe íntima y la fidelidad madura.

Hebreos 11 hace la mejor crónica de la madurez espiritual. Sin embargo, observe que a este capítulo le sigue, de inmediato, una exhortación que exige el mismo tipo de madurez en aquellos que recibieron la carta (12:1-3). Esa exhortación va acompañada de una advertencia sobre la disciplina del Padre hacia aquellos que persisten en la inmadurez (12:4-11). La imperfecta paternidad terrenal no es sino el reflejo de la respuesta sistemática y sin defecto de Dios a aquellos que, por fe en el Señor Jesucristo, han nacido de nuevo en la familia de Dios (Jn. 1:12-13).

Un santo de la antigüedad, Epafras, oró para que los cristianos de Colosas se mantuvieran firmes, perfectos y completos en toda la voluntad de Dios (Col. 4:12). Que Dios encomiende, del mismo modo, esas apremiantes verdades bíblicas sobre la madurez espiritual a administración de la adoración y la obediencia de uno para su gran gloria.

Santidad

Los cristianos han sido salvos para ser santos y vivir vidas santas (1 P. 1:14-16). ¿Qué significa ser santo? Tanto el término hebreo como el griego para "ser santo" (que aparecen unas dos mil veces en las Escrituras) significan, básicamente, "apartado para algo especial". Así, Dios es santo por cuanto Él mismo está separado de la creación, de la humanidad y de todos los dioses paganos por el hecho de su deidad y su condición sin pecado. Por esta razón, los ángeles cantan sobre Dios: "Santo, santo, santo" (Is. 6:3; Ap. 4:8) y las Escrituras declaran su santidad (Sal. 99:9; Is. 43:15).

Así, la idea de santidad adopta un sentido espiritual entre el pueblo de Dios, con base en el santo carácter de Dios. Por ejemplo, el sumo sacerdote de Dios llevaba inscrito en su diadema: "Santidad a Jehová" (Éx. 39:30). El sumo sacerdote estaba apartado, de forma especial, para Dios para interceder ante un Dios santo para que perdonara las transgresiones de una nación pecaminosa.

La santidad encarna la esencia misma del cristianismo. El Salvador santo ha salvado a los pecadores para que sean un pueblo santo (1 P. 2:4-10). Por esta razón, uno de los nombres bíblicos más comunes para un creyente es *santo*, que significa simple y maravillosamente "salvado y apartado" (Ro. 1:7; 1 Co. 1:2).

Cuando uno considera que un Dios santo salva, no nos asombra enterarnos de que Él le da su Espíritu Santo a cada creyente en la salvación. Un propósito primordial de este don es equipar a los creyentes con el poder de vivir una vida santa (1 Ts. 4:7-8; 1 Jn. 3:24; 4:13).

De modo que Dios quiere que los cristianos compartan su santidad (He. 12:10) y se presenten como esclavos de la justicia, lo que resultará en santidad (Ro. 6:19): "Así que, amados, puesto que tenemos tales promesas, limpiémonos de toda contaminación de carne y de espíritu, perfeccionando la santidad en el temor de Dios" (2 Co. 7:1). Así, el autor de Hebreos escribe: "Seguid la paz con todos, y la santidad, sin la cual nadie verá al Señor" (He. 12:14). La santidad es el núcleo central de la experiencia del cristiano.

La madurez espiritual brota de la santidad. El teólogo escocés, John Brown, reduce la santidad a una definición que todos podemos entender y perseguir:

La santidad no consiste en especulaciones místicas, fervores entusiastas o austeridades no controladas, sino en pensar como Dios lo hace y querer lo que Dios quiere. La mente y la voluntad de Dios deben conocerse a partir de su Palabra; y en la medida que yo entienda de verdad y crea la Palabra de Dios, su mente se convierte en la mía, su voluntad se vuelve la mía y, según la medida de mi fe, llego a ser santo.[23]

Santificación[24]

La *santificación* está estrechamente relacionada con la santidad. En muchos usos del Nuevo Testamento, la palabra significa "salvación" (Hch. 20:32; 1 Co. 1:2). La santificación, o ser apartado en salvación, debería tener por resultado que los creyentes sean apartados para una vida cristiana.

La santificación no solo incluye el acto y el hecho inmediato de la salvación, sino también una experiencia progresiva o creciente de más santidad y menos pecaminosidad. Expresa la voluntad de Dios y cumple el propósito de la llamada de Dios a la salvación (1 Ts. 4:3-7). La santificación incluye la responsabilidad de participar en la continuación de lo que el Espíritu de Dios comenzó en la salvación (2 Ti. 2:21; Ap. 22:11).

Se exhorta constantemente a los cristianos a buscar en su experiencia cristiana lo que Dios ha declarado ser cierto respecto a ellos en la salvación. A los creyentes también se les promete que aquello que ahora no es completo, Dios lo acabará por completo en la gloria (Fil. 2:12-13; 1 Ts. 5:23). Estos pasajes expresan una de las grandes paradojas de las Escrituras: Los cristianos deben convertirse en lo que ya son y en lo que serán un día. Esta certeza del futuro de los cristianos se capta en textos como estos:

Porque todo aquel que invocare el nombre del Señor, será salvo (Ro. 10:13).

Porque la palabra de la cruz es locura a los que se pierden; pero a los que se salvan, esto es, a nosotros, es poder de Dios (1 Co. 1:18).

Y esto, conociendo el tiempo, que es ya hora de levantarnos del sueño; porque ahora está más cerca de nosotros nuestra salvación que cuando creímos (Ro. 13:11).

La santificación implica el proceso espiritual que se describe mediante un cuerpo que crece hasta la adultez (He. 5:11-14) o un árbol que produce fruto (Sal. 1:3). El crecimiento no siempre es fácil ni uniforme; sin embargo, debería ser la dirección de una vida cristiana verdadera.

Durante toda su vida, el creyente se enfrenta a varios obstáculos. Los cristianos necesitan saber de ellos y estar en guardia para evitarlos o corregirlos si se convierten en parte de su pensamiento:

1. Se puede tener más alto concepto de uno mismo de lo que se debería tener, y no buscar la santidad como se debería (Ro. 12:3).
2. Se puede dar por sentada la salvación y suponer que como uno es salvo, la vida santa es opcional (Ro. 6:1-2).

---

23. John Brown, *Expository Discourses on the First Epistle of Peter* (Edimburgo: William Oliphant, 1866), 1:117.
24. Para una explicación más detallada de la santificación, véase "Santificación" en el cap. 7 (p. 645).

3. Se puede haber recibido una enseñanza errónea sobre la naturaleza de la vida cristiana y, por tanto, descuidar el señorío de Cristo (1 P. 3:15).
4. Se puede carecer del celo o de la energía de convertir la santidad en una prioridad (2 Co. 7:1).
5. Se puede pensar que se es salvo, cuando no es así, y entonces intentar vivir una vida santa en el poder de la carne (Mt. 13:5-7, 20-22).

La naturaleza enseña que el crecimiento es normal y debe esperarse; por el contrario, la falta del mismo debería hacer sonar una alarma, porque algo está muy mal. Las Escrituras enseñan también este principio en un sentido espiritual. Hechos informa a menudo que la iglesia primitiva creció y se expandió (véase 2:41; 4:4; 5:14; 6:7; 9:31, 35, 42; 11:21; 14:1, 21; 16:5; 17:12). Dios también tiene expectativas de crecimiento individual en la vida cristiana. Es necesario tomar en serio estas exhortaciones de las Escrituras (1 P. 2:2; 2 P. 3:18).

Los agentes principales para este crecimiento son la Palabra de Dios (Jn. 17:17; 1 P. 2:2) y el Espíritu de Dios (Ef. 5:15-21). Cuando se produce el crecimiento, se puede reconocer con rapidez a Dios como la causa (1 Co. 3:6-7; Col. 2:19). El Espíritu Santo juega un papel destacado a la hora de proveerle al creyente verdadero la seguridad de la salvación. Su seguridad se conecta directamente con el crecimiento (Ro. 8:16-17; 1 Jn. 3:24).

Al haber estado antes espiritualmente muerto, pero ahora vivo para Dios, el creyente puede comprobar sus signos vitales para corroborar el hecho de que está realmente vivo, porque camina en las obras que Dios ha preparado (Ef. 2:1-10). Para verificar la salud espiritual, veamos a continuación los signos vitales más importantes del verdadero cristiano:

1. El fruto cristiano (Jn. 15:8)
2. El amor por el pueblo de Dios (Jn. 13:35)
3. La preocupación por la santidad personal (1 P. 1:13-21)
4. El amor por la Palabra de Dios (1 P. 2:2-3)
5. El deseo de obedecer (Jn. 14:15, 21, 23)
6. Una sensación de intimidad con Dios (Ro. 8:14-17)
7. La perseverancia (Fil. 1:27-28)
8. La comunión con el pueblo de Dios (He. 10:24-25)
9. El deseo de glorificar a Dios (Mt. 5:13-16)
10. El testimonio de la realidad personal de Cristo (1 P. 3:15)

Como resultado de comprobar los signos vitales espirituales, los cristianos no deben persistir o permanecer en el nivel de la infancia, sino que deben crecer en todas las cosas. A medida que se produce esta madurez o crecimiento individual, se extiende a la edificación y el crecimiento del cuerpo corporativo de Cristo (Ef. 4:14-16).

La espiritualidad implica que el Espíritu de Dios tome la Palabra de Dios y madure al pueblo de Dios a través del ministerio de los siervos de Dios, para el crecimiento espiritual de los creyentes individuales, y esto resulta en el crecimiento del cuerpo de Cristo. Este es el objetivo supremo de la teología sistemática: pensar cada vez más y, después actuar según la voluntad de Dios conforme se madura en la fe cristiana.

¿Cómo se relaciona la teología sistemática con el ministerio de uno?

El célebre teólogo, Benjamín Warfield, respondió a esta pregunta vital de la siguiente forma:

> Si tal es el valor y el uso de la doctrina, el teólogo sistemático es un predicador del evangelio por excelencia; el fin de su obra no es, obviamente, la mera disposición lógica de las verdades que llegan a sus manos, sino conmover a los hombres, a través del poder de ellas, para que amen a Dios con todo el corazón y a su prójimo como a sí mismos; para que escojan su porción con el Salvador de su alma; para que se encuentren con Él y lo aprecien; y que reconozcan al Espíritu Santo que Él ha enviado y se sometan a sus dulces influencias. Con semejante verdad, no se atreverá a actuar con un espíritu frío y puramente científico, sino que permitirá de forma justa y necesaria que su valor inapreciable y su destino práctico determinen el espíritu con el que la maneje, y despierte el amor reverente que es el único con el que debería investigar sus relaciones recíprocas. Para ello, es necesario que le impregne, en todo momento, la sensación del indecible valor de la revelación que tiene delante de él como fuente de su material, y con las influencias personales de sus distintas verdades sobre su propio corazón y su vida; necesita haber tenido y estar teniendo una experiencia religiosa plena, rica y profunda de las grandes doctrinas con las que trata; necesitar estar viviendo cerca de su Dios, estar descansando siempre en el regazo de su Redentor, estar lleno en todo tiempo de las manifiestas influencias del Espíritu Santo. El estudiante de teología sistemática necesita una naturaleza religiosa muy sensible, un corazón consagrado de la forma más completa y un derramamiento tal del Espíritu Santo sobre él que lo llene de ese discernimiento espiritual sin el cual todo intelecto innato es en vano. Es necesario que no sea un mero estudiante, pensador, sistematizador o maestro; tiene que ser como el amado discípulo mismo en el más alto, verdadero y santo sentido, un teólogo.[25]

Oración[26]

Eterno Dios y Padre celestial,
    con el salmista repetimos: ¡Alabado sea el Señor!
No hemos puesto nuestra confianza en líderes humanos, en seres mortales;
    en ellos no hay salvación.
Sino que hemos depositado nuestra confianza en ti, el Señor nuestro Dios,
    Creador del cielo y de la tierra.
Eres por siempre fiel. Un día traerás la justicia perfecta
    a toda la tierra.

---

25. Benjamin B. Warfield, "The Idea of Systematic Theology", en *The Works of Benjamin B. Warfield*, vol. 9, *Studies in Theology* (1933; reimp., Grand Rapids, MI: Baker, 2003), 86-87.

26. El texto original en inglés de esta oración viene de John MacArthur, *At the Throne of Grace: A Book of Prayers* (Eugene, OR: Harvest House, 2011), 48-50. El texto original en inglés de las oraciones finales de cada capítulo de este volumen viene de *At the Throne of Grace*. Copyright © 2011 de John MacArthur. Publicado por Harvest House Publishers, Eugene, Oregon 97402, www.harvesthousepublishers.com. Usado con permiso de Harvest House.

Mientras tanto, suple todas las necesidades de tu pueblo.
Te damos gracias porque has saciado al hambriento, liberado a los cautivos,
 dado vista a los ciegos, levantado a los que están postrados
 y consolado a los oprimidos.
En verdad, ¡cuán bienaventurado es aquel cuya ayuda es el Dios de Jacob,
 cuya esperanza está en el Señor su Dios!
Te damos gracias porque tu amor es perfecto y eterno
 para con aquellos que están cubiertos por tu justicia.
Te adoramos, Señor, como Hacedor y Sustentador de todas las cosas.
¡Te damos gracias a ti, Oh Dios; te glorificamos por tus maravillosos hechos!

Aunque somos bienaventurados por estar bajo la cubierta de tu gracia,
 debemos confesar, sin embargo, que hemos pecado. Hemos quebrantado tu ley,
 que está escrita en nuestros corazones, así como en las Escrituras.
Hemos desatendido la voz de la conciencia y desdeñado
 la clara dirección de tu Espíritu. Peor aún, a veces hemos
 rechazado los claros mandamientos de tu santa Palabra.
A pesar de ello, tú muestras cada día gracia y paciencia para con nosotros,
 y en Cristo somos perdonados.
Purga nuestra vida de pecado,
 purifica nuestra alma de culpa,
 líbranos de afectos terrenales,
 aleja nuestros pasos de la senda de maldad,
 y haznos caminar por el camino de la justicia,
  por amor a tu santo nombre.
Que podamos buscar la belleza de tu santidad
 y la seguridad de la esperanza que has puesto delante de nosotros.
Que no perdamos nunca nuestra firme seguridad en una salvación que es para
 siempre.

Gracias por equiparnos con una armadura espiritual adecuada para protegernos
 de las artimañas del maligno.
Gracias por tan gran Sumo Sacerdote,
 que intercede siempre por nosotros.
Gracias por tu Palabra,
 que nos guía y nos enseña.
Empodéranos con tu gracia para que la atemos a nuestro corazón,
 y así establezcamos nuestra mente en ti.
Anhelamos entender tus verdades y observar cómo operas
 para que podamos ver bendición en cada prueba y gozo en cada tristeza.

¡Llena nuestro corazón de gratitud y alabanza,
 y que podamos ver tu designio en todo!

Haz, Señor, que proclamemos tu evangelio a todos lo que escuchen,
> y que podamos ganar mayor atención porque nuestra doctrina
> y nuestra práctica manifiesten la gloria de Cristo en su obra salvífica.

En toda condición de vida,
>> sea que luchemos o prosperemos,
>> suframos o nos regocijemos,
> que podamos saber que en tus manos
>> todas estas cosas obran
> para nuestro bien y para tu gloria eterna.

Tenemos el privilegio de ser llamados hijos tuyos, y derramamos nuestro corazón
> en oración a ti, amado Padre.

En el nombre de tu Hijo te lo pedimos. Amén.

"Cantad alegres al Señor"

Cantad alegres al Señor,
mortales todos por doquier;
servidle siempre con fervor,
obedecedle con placer.

Con gratitud canción alzad
al Hacedor que el ser nos dio;
a Dios excelso venerad,
que como Padre nos amó.

Su pueblo somos, salvará
a los que busquen al Señor;
y nunca él los dejará,
pues los ampara con su amor.

Siempre en sus atrios alabad,
su santo nombre bendecid;
eternamente es su bondad,
la buena nueva difundid.

Misericordia sin igual
nos muestra por la eternidad,
y su verdad será eternal
a toda la posteridad.

—William Kethe (¿?–1594)
  (trad. anónimo)

Bibliografía

Principales teologías sistemáticas

Bancroft, Emery H. *Fundamentos de teología bíblica*. Grand Rapids, MI: Editorial Portavoz, 1986. 9-17.

Buswell, James Oliver, Jr. *Teología sistemática*. 4 tomos. Miami, FL: Logoi, 2005. 1:13-32.

Culver, Robert Duncan. *Systematic Theology: Biblical and Historical*. Fearn, Ross-shire, Escocia: Mentor, 2005. 2-11.

Erickson, Millard J. *Teología sistemática*. Viladecavalls (Barcelona): Editorial Clie, 2008. 17-158.

*Grudem, Wayne. *Teología sistemática: Una introducción a la doctrina bíblica*. Miami, FL: Vida, 2007. 21-44.

Hodge, Charles. *Teología sistemática*. Terrassa (Barcelona): Editorial Clie, 1991. 1:21-158.

Lewis, Gordon R., y Bruce A. Demarest. *Integrative Theology*. 3 vols. Grand Rapids, MI: Zondervan, 1987–1994. 1:7-58.

Reymond, Robert L. *A New Systematic Theology of the Christian Faith*. Nashville: Thomas Nelson, 1998. xxv-xxxvi.

Shedd, William G. T. *Dogmatic Theology*. 3 vols. 1889. Reprint, Minneapolis: Klock & Klock, 1979. 1:3-58; 3:1-25.

Strong, August Hopkins. *Systematic Theology: A Compendium Designed for the Use of Theological Students*, ed. rev. Nueva York: Revell, 1907. 1-51.

Thiessen, Henry Clarence. *Introductory Lectures in Systematic Theology*. Grand Rapids, MI: Eerdmans, 1949. 23-46.

Turretin, Francis. *Institutes of Elenctic Theology*. 3 vols., editado por, James T. Dennison Jr., traducido por George Musgrove Giger. 1679–1685. Reimpresión, Phillipsburg, NJ: P&R, 1992–1997. 1:1-54.

*Indica la obra más útil.

Obras específicas

*Carson, D. A. "The Role of Exegesis in Systematic Theology". En *Doing Theology in Today's World: Essays in Honor of Kenneth S. Kantzer*, editado por John D. Woodbridge y Thomas Edward McComisky, 39-76. Grand Rapids, MI: Zondervan, 1991.

Gaffin, Richard B., Jr. "Systematic Theology and Biblical Theology". *Westminster Theological Journal* 38, no. 3 (1976): 281-299.

Garrett, James Leo, Jr. "Why Systematic Theology?" *Criswell Theological Review* 3, no. 2 (1989): 259-281.

Holmes, Arthur F. *Contours of a World View*. Grand Rapids, MI: Eerdmans, 1983.

Macleod, Donald. "Preaching and Systematic Theology". En *The Preacher and Preaching: Reviving the Art*, editado por Samuel T. Logan Jr., 246-72. Phillipsburg, NJ: P&R, 2011.

*McCune, Rolland. *A Systematic Theology of Biblical Christianity*. Vol. 1, *Prolegomena and the Doctrines of Scripture, God, and Angels*. Detroit, MI: Detroit Baptist Theological Seminary, 2009.

*Murray, John. "Systematic Theology". En *Collected Writings of John Murray*, 4:1-21. Edimburgo: Banner of Truth, 1982.

Phillips, W. Gary, y William E. Brown. *Making Sense of Your World from a Biblical Viewpoint*. Chicago: Moody Press, 1991.

Warfield, Benjamin B. "The Indispensibleness of Systematic Theology to the Preacher". En *Selected Shorter Writings of Benjamin B. Warfield*, editado por John E. Meeter, 2:280-288. Nutley, NJ: Presbyterian and Reformed, 1973.

Wells, David F. *No Place for Truth: Or, Whatever Happened to Evangelical Theology?* Grand Rapids, MI: Eerdmans, 1993.

*Indica las obras más útiles.

"Santa Biblia para mí"

Santa Biblia para mí
eres un tesoro aquí;
tú contienes con verdad
la divina voluntad;
tú me dices lo que soy,
de quién vine y a quién voy.

Tú reprendes mi dudar;
tú me exhortas sin cesar;
eres faro que a mi pie,
lo conduce por la fe
a las fuentes del amor
del bendito Salvador.

Eres infalible voz
del Espíritu de Dios,
que vigor al alma da
cuando en aflicción está;
tú me enseñas a triunfar
de la muerte y el pecar.

Por tu santa letra sé
que con Cristo reinaré;
yo, que tan indigno soy,
por tu luz al cielo voy;
¡Santa Biblia! para mí
eres un tesoro aquí.

—John Burton (1773–1822)
  (trad. Pedro Castro)

2

La Palabra de Dios

Bibliología

Principales temas del capítulo 2
Inspiración de las Escrituras
Autoridad de las Escrituras
Inerrancia de las Escrituras
Preservación de las Escrituras
Enseñanza y predicación de las Escrituras
Obligación para con las Escrituras

La doctrina de las Escrituras es la más absoluta y fundamental de todas las doctrinas puesto que identifica a la única fuente verdadera de toda la verdad cristiana.[1] Las Escrituras declaran reiteradamente que son la Palabra de Dios. Los profetas apelaron a ella como fundamento para las promesas y juicios divinos. Cristo y sus apóstoles fundamentaron en las Escrituras toda la doctrina cristiana. Solo en el Antiguo Testamento, la Biblia afirma más de 2500 veces que Dios es el autor de lo que está escrito en sus páginas (Is. 1:2). Esto es lo que afirma el Antiguo Testamento, de principio (Gn. 1:3) a fin (Mal. 4:3) y de forma constante a lo largo de todo el texto.

La expresión "la Palabra de Dios" aparece más de cuarenta veces en el Nuevo Testamento, y se equipara al Antiguo Testamento (Mr. 7:13). Es lo que Jesús predicó (Lc. 5:1), el mensaje que enseñaron los apóstoles (Hch. 4:31; 6:2), la palabra que recibieron los samaritanos (Hch. 8:14) y que les fue entregada por los apóstoles (Hch. 8:25). Fue el

---

[1]. Esta introducción es una adaptación de John MacArthur, *The MacArthur Study Bible: English Standard Version* (Wheaton, IL: Crossway, 2010), xvii–xviii. Las tablas y notas de *The MacArthur Study Bible: English Standard Version* proceden de *The MacArthur Study Bible*, copyright © 1997 por Thomas Nelson. Usado con permiso de Thomas Nelson. www.thomasnelson.com.

mensaje que recibieron los gentiles por la predicación de Pedro (Hch. 11:1) y la palabra que predicó Pablo en su primer viaje misionero (Hch. 13:5, 7, 44, 48-49; 15:35-36), en el segundo (Hch. 16:32; 17:13; 18:11) y en el tercero (Hch. 19:10). Fue el centro de atención de Lucas en el libro de los Hechos, en el relato de su amplia y rápida propagación (Hch. 6:7; 12:24; 19:20). Pablo se preocupó también de decirles a los corintios que les estaba transmitiendo la palabra que Dios le había dado, una palabra que no había sido adulterada, y que era una manifestación de la verdad (2 Co. 2:17; 4:2). Y Pablo la reconocía como la fuente de su predicación (Col. 1:25; 1 Ts. 2:13).

Los autores de los Salmos 19 y 119 y de Proverbios 30:5-6 hacen contundentes afirmaciones sobre la Palabra de Dios, distinguiéndola de cualquier otro texto o instrucción religiosa de la historia de la humanidad. Estos pasajes ofrecen los argumentos para que a la Biblia se la llame "sagrada" (2 Ti. 3:15) y "santa" (Ro. 1:2).

La Biblia reivindica una autoridad espiritual completa en materia de doctrina, reprobación, corrección e instrucción en justicia puesto que representa la Palabra inspirada del Dios Todopoderoso (2 Ti. 3:16-17). Las Escrituras afirman su suficiencia espiritual hasta el punto de reclamar exclusividad para su enseñanza (véase Is. 55:11; 2 P. 1:3-4).

La Palabra de Dios se declara inerrante (Sal. 12:6; 119:140; Pr. 30:5; Jn. 10:35) e infalible (2 Ti. 3:16-17). En otras palabras, puesto que es absolutamente verdadera, es completamente digna de confianza. Todas estas cualidades se derivan de que es Dios quien imparte las Escrituras (2 Ti. 3:16; 2 P. 1:20-21), lo cual garantiza su cualidad divina en su origen y en sus escritos originales.

A lo largo de las Escrituras, la persona y la Palabra de Dios se interrelacionan, tanto es así que lo que es cierto del carácter de Dios, lo es también de la naturaleza de su Palabra. Dios es verdadero, perfecto y confiable, y por tanto, lo es también su Palabra. Lo que alguien piensa sobre la Palabra de Dios refleja, de hecho, su opinión de Dios.

La Biblia posee muchas características importantes y singulares que la diferencian de cualquier texto meramente humano y la sitúan a una inmensa distancia de ellos. Siete de sus características más significativas nos la describen como, (1) activa (1 Ts. 2:13; He. 4:12); (2) verdadera (Is. 55:10-11; Lc. 16:17); (3) poderosa (Ro. 1:16-17; 1 Co. 1:18); (4) viva (Jn 6:63; He. 4:12; 1 P. 1:23); (5) purificadora (Ef. 5:26); (6) nutritiva (1 P. 2:2); y (7) santificadora (Jn. 17:17-19). La tabla 2.1 perfila los diferentes símbolos que utilizan las Escrituras para representar una serie de verdades espirituales en relación con la Palabra de Dios.

Inspiración de las Escrituras

Revelación e inspiración
Definición de inspiración
Preparación para la inspiración
Pruebas de la inspiración

Dios inició la revelación y manifestación de sí mismo a la humanidad (He. 1:1).[2] Lo hizo mediante vehículos diversos; unas veces por medio del orden creado y otras a través de

---

2. Los dos párrafos siguientes se han adaptado de MacArthur, *MacArthur Study Bible: English Standard Version*, xviii-xix. Usado con permiso de Thomas Nelson.

Tabla 2.1 Símbolos de la Biblia*

Símbolo	Realidad	Textos
Jesucristo	Personificación de la Palabra	Jn. 1:1; Ap. 19:13
Metales valiosos	Valor incalculable	Plata: Sal. 12:6 Oro: Sal. 19:10; 119:127
Semilla	Fuente de vida nueva	Mt. 13:10-23; Stg. 1:18; 1 P. 1:23
Agua	Purificación del pecado	Ef. 5:25-27; Ap. 21:6; 22:17
Espejo	Autoexamen	Stg. 1:22-25
Comida	Alimento para el alma	Leche: 1 Co. 3:2; 1 P. 2:1-3 Pan: Dt. 8:3; Mt. 4:4 Carne: 1 Co. 3:2; He. 5:12-14 Miel: Sal. 19:10
Ropa	Una vida vestida con la verdad	Tit. 2:10; 1 P. 3:1-5
Lámpara	Luz para dirección	Sal. 119:105; Pr. 6:23; 2 P. 1:19
Espada	Arma espiritual	Externamente: Ef. 6:17 Internamente: He. 4:12
Plomada	Criterio de realidad espiritual	Am. 7:8
Martillo	Juicio poderoso	Jer. 23:29
Fuego	Juicio doloroso	Jer. 5:14; 20:9; 23:29

*Adaptado de MacArthur, *MacArthur Study Bible: English Standard Version*, 873. Usado con permiso de Thomas Nelson.

visiones/sueños o el mensaje de los profetas (He. 1:1-3). Sin embargo, las revelaciones más completas y comprensibles de sí mismo fueron por medio de las proposiciones escritas de las Escrituras (1 Co. 2:6-16). La palabra escrita de Dios es singular si tenemos en cuenta que es la única revelación de Él que declara claramente la pecaminosidad del hombre y la divina provisión del Salvador.

La revelación de Dios se plasmó en los textos de las Escrituras mediante la *inspiración*, que tiene más que ver con el proceso por el que Dios se reveló a sí mismo que con el hecho en sí de revelarse. Esto es lo que afirma 2 Timoteo 3:16 cuando declara: "Toda la Escritura es inspirada por Dios". Pedro explica este proceso: "Ninguna profecía de la Escritura es de interpretación privada, porque nunca la profecía fue traída por voluntad humana, sino que los santos hombres de Dios hablaron siendo inspirados por el Espíritu Santo" (2 P. 1:20-21). De este modo, la Palabra de Dios fue guardada de error humano en su registro original por el ministerio del Espíritu Santo (cf. Dt. 18:18; Mt. 1:22). Zacarías describe el proceso de la inspiración de un modo muy claro, presentando a las Escrituras como "las palabras que Jehová de los ejércitos enviaba por su Espíritu, por medio de los profetas primeros" (Zac. 7:12). En los escritos originales, este ministerio del Espíritu se extiende tanto a las partes (las palabras) como al todo.

Revelación e inspiración

Por definición y en lo que a la revelación se refiere, la criatura finita y el Creador infinito son esencialmente distintos. Dios disfruta de un conocimiento infinito y perfecto, mientras que el de la humanidad es finito e imperfecto. Ciertamente, la humanidad no puede conocer completamente lo que revela la creación aparte de las Escrituras. La revelación implica que Dios (el Creador) comunica verdad sobre sí mismo a la humanidad. Según las Escrituras, esta revelación se nos presenta de dos formas: la revelación general (Sal. 19:1-6) y la revelación especial (Sal. 19:7-14)

REVELACIÓN GENERAL[3]

La revelación general es el testimonio que Dios da de sí mismo por medio de la creación de sus criaturas. David lo explica de este modo: "Los cielos cuentan la gloria de Dios, y el firmamento anuncia la obra de sus manos" (Sal. 19:1). Cuando una persona levanta su mirada al firmamento, el propio universo da fe de que tiene un Creador, ¡y que es un Creador sorprendente! Literalmente, el término "gloria" habla del peso o la trascendencia de Dios, y esto es exactamente lo que nos revela esa mirada al firmamento de día o de noche. Para crear todo esto, el Hacedor del universo ha de ser verdaderamente extraordinario y poderoso. El testimonio que la creación da de su Creador es continuo. Como escribe David: "Un día emite palabra a otro día, y una noche a otra noche declara sabiduría" (Sal. 19:2). Aunque se trata de un testimonio limitado —porque no es verbal—, el mismo, no obstante, es universalmente accesible a todos:

> No hay lenguaje, ni palabras,
> Ni es oída su voz.
> Por toda la tierra salió su voz,
> Y hasta el extremo del mundo sus palabras.
> (Sal. 19:3-4; cf. Hch. 14:17; 17:23-31; Ro. 1:18-25; 10:18)

A partir de la revelación general pueden discernirse cosas como la sabiduría y el poder de Dios. Cuanto más examinamos la inmensidad del espacio o las partículas más diminutas de su estructura molecular, más obligados nos sentimos a reconocer, sorprendidos y asombrados, la verdadera grandeza del Creador. Es como cuando observamos la obra de un gran maestro de la pintura y captamos su talento, admirando todos los aspectos de su trabajo, desde la elección de los colores hasta el ángulo de sus pinceladas. En la creación podemos, también, observar incontables pinceladas y elecciones de color. La inmensidad del océano, su insondable profundidad y el sonido y fuerza de cada ola cuando rompe en la orilla: todas estas cosas y muchas otras hablan del poder de Dios. Al mismo tiempo, la dinámica del ciclo del agua, que hidrata la tierra y preserva la vida, da fe de la bondad de su Creador. Que la misma lluvia caiga en el campo de quienes lo aman y adoran y en el de los que no lo hacen, revela el amor de Dios por todas sus criaturas (Mt. 5:45). Para los creyentes, la divina providencia que hace que todas las cosas obren para su bien puede también incluirse en la categoría de su revelación general (véase Ro. 8:28; aunque la doctrina de la providencia se deriva de promesas impartidas en la revelación especial). Todas estas cosas y muchas más dan fe de la grandeza del Creador.

Otra forma de revelación general complementa lo que puede observarse en la crea-

---

3. Si se desea considerar una exposición más completa sobre la revelación general, véase Richard Mayhue, "Is Nature the 67th Book of the Bible?", en *Coming to Grips with Genesis: Biblical Authority and the Age of the Earth,* eds. Terry Mortenson y Thane H. Ury (Green Forest, AR: Master Books, 2008), 105-129.

ción con algo que puede verse en el propio ser humano: el inherente conocimiento del bien y el mal y la obra de la conciencia, que acusa a los pecadores y los lleva a saberse condenados delante de su Creador y Juez. En palabras de Pablo: "Porque cuando los gentiles que no tienen ley, hacen por naturaleza lo que es de la ley, éstos, aunque no tengan ley, son ley para sí mismos, mostrando la obra de la ley escrita en sus corazones, dando testimonio su conciencia, y acusándoles o defendiéndoles sus razonamientos" (Ro. 2:14-15). La creación no solo da fe del infinito poder y sabiduría de su Creador, sino que actúa también, juntamente con esta innata comprensión que Dios ha puesto dentro del hombre, para producir en él una conciencia de pecado y juicio. Salomón afirma que el hombre sabe que la vida es algo más que la existencia física. Como explica en Eclesiastés, Dios ha puesto una conciencia de eternidad en el corazón del hombre (Ec. 3:11). Todos comenzamos con una comprensión interna de que, aunque el ser humano es finito, su existencia es más que esta realidad temporal.

Aunque la revelación general transmite muchas cosas sobre el poder, sabiduría, bondad, justicia y majestad del Creador, se limita a lo que el hombre pecaminoso es capaz de observar. El fin de la revelación general es dejar a los humanos sin excusa por no reconocer la naturaleza de su Creador. Pero no dice nada sobre cómo puede, un ser humano caído conseguir acceso a su Creador o reconciliarse con Él para evitar el juicio. Esta es la razón por la que Dios considera necesario revelarse también mediante una revelación especial. Lo hizo para que los seres humanos caídos conozcan (1) la plenitud de Dios, y sepan (2) cómo pueden ser redimidos de su ira hacia los pecadores, y (3) vivir para complacerle.

La Biblia nos permite hacer varias observaciones finales sobre la revelación general:

1. El alcance de su contenido es solo el conocimiento de Dios, no todo el conocimiento en general.
2. Abarca todo el tiempo, no solo las épocas más recientes.
3. Su testimonio es para todas las personas, no solo para quienes tienen una determinada formación científica.
4. Su contenido se adquiere mediante los sentidos y percepción visual, no por medio de equipamientos o técnicas científicas.
5. Todo el corpus de la revelación general estuvo disponible inmediatamente después de la creación; no se ha ido acumulando con el paso del tiempo y el progresivo acopio de conocimiento.

Por tanto, las Escrituras indican que el propósito de la revelación general en la naturaleza no debe extenderse o ampliarse más allá de lo que permite su revelación especial. Hacerlo, sería llevar a cabo lo impensable, a saber, añadir algo a las Escrituras sin la autorización divina. La revelación general no puede salvar a nadie (Ro. 10:5-17; 1 Co. 1:18-2:5).

REVELACIÓN ESPECIAL

Dios se sirve de la revelación especial cuando se revela a sí mismo directamente y en mayor detalle. Dios ha hecho esto por medio de (1) su intervención directa, (2) sueños y visiones, (3) la encarnación de Cristo y (4) las Escrituras. Dios se ha revelado, interviniendo directamente en varias ocasiones y formas a lo largo de la historia de la redención (He. 1:1). Habló directamente con Adán en el huerto de Edén (Gn. 2:16-17; 3:9, 11). Se dirigió a la nación de Israel de forma audible en el Sinaí (Dt. 5:4). Habló personalmente con Moisés y confirmó su testimonio por medio de poderosas señales y prodigios (Dt. 34:10-12). Dios hizo milagros en momentos claves de la historia de la redención para confirmar a sus testigos (Éx. 3–14), como cuando el Padre confirmó al Hijo en tres ocasiones (Mt. 3:17; 17:5; Jn. 12:28).

Dios también se reveló directamente a través de sueños y visiones. Le dio a Isaías una visión del Hijo de Dios en toda su gloria preencarnada (Is. 6:1-4). Daniel tuvo múltiples experiencias proféticas, entre ellas una como directa respuesta a su oración por la nación de Israel (Dn. 9:20-21). El apóstol Juan vio una visión del Señor Jesucristo resucitado en toda su gloria cuando estaba en la isla de Patmos (Ap. 1:10-16). En todos estos casos, Dios se reveló a un profeta humano para darle una revelación especial.

La decisiva manifestación de su revelación especial es la encarnación del Hijo. El Dios creador asumió las limitaciones propias de la humanidad y habitó entre sus criaturas (Jn. 1:1-5, 14). Aunque generalmente no se lo reconoció en su verdadera identidad (Jn 1:10-11), el Hijo reveló a los hombres la plenitud de la persona de Dios (Jn 14:9-10). A Jesús se lo describe como la "imagen del Dios invisible" (Col. 1:15) y "la expresión exacta de su naturaleza" (He. 1:3, LBLA). Jesús era una revelación perfecta de Dios a los hombres, la exacta representación de su identidad y carácter.

La Biblia es también una autoritativa forma de revelación especial. Mientras que el Verbo encarnado es una exacta personificación del divino Creador, las Escrituras son una revelación especial de Dios a los hombres (He. 1:1), un inconmovible testimonio escrito del Creador para sus criaturas. Fue redactado a lo largo de un período de más de mil quinientos años y por cuarenta autores humanos. Pero el resultado no fueron meros textos humanos, sino las inspiradas palabras del propio Dios. David da fe de su superioridad sobre la revelación general (Sal. 19:7-11). Las Escrituras le revelan al hombre la mente, la justicia y los caminos divinos, y la forma en que puede agradar a Dios. Es superior a la revelación general porque es específica y verbal. Es una revelación escrita de Dios por medio de sus apóstoles y profetas (Dt. 8:3; Mt. 4:4) y es por tanto un testimonio permanente y establecido de un Dios inmutable (2 S. 22:31; Sal. 18:30; Pr. 30:5-6; Jer. 26:2).

Para entender completamente las diferencias cualitativas y funcionales entre la revelación general y la especial, solo hemos de considerar los siguientes tres contrastes entre ellas. En primer lugar, los agentes de la revelación general en la naturaleza perecerán (Is. 40:8; Mt. 24:35; Mr. 13:31; Lc. 21:33; 1 P. 1:24; 2 P. 3:10), pero la Palabra de la revelación especial no pasará, porque es eterna (Sal. 119:89; Is. 40:8; Mt. 24:35; Mr. 13:31; Lc. 21:33; 1 P. 1:25). En segundo lugar, la naturaleza como medio de la revelación general fue maldita y está sujeta a la corrupción (Gn. 3:1-24; Ro. 8:19-23). No es, por tanto, el mundo perfecto que Dios creó inicialmente (Gn. 1:31). No obstante, la Palabra de la revelación especial es inspirada por Dios y, por tanto, siempre perfecta y santa (Sal. 19:7-9; 119:140; 2 Ti. 3:16; Ro. 7:12). En tercer lugar, el ámbito de la revelación general en la naturaleza es sumamente limitado en comparación con la extensión

Tabla 2.2   Revelación general y especial en las Escrituras

Revelación general en las Escrituras	Revelación especial en las Escrituras
Solo condena.	Condena y redime.
Concuerda con la revelación especial, pero no aporta nuevo material.	No solo realza y explica en detalle el contenido de la revelación general, sino que también va considerablemente más allá de esta explicación.
El mensaje que se percibe en ella debe ser confirmado por las Escrituras.	Su pretensión de ser la Palabra de Dios se autentica y confirma por sí sola.
Debe interpretarse de acuerdo con la revelación especial.	No requiere ninguna otra revelación para ser interpretada puesto que se interpreta a sí misma.
En las Escrituras, nunca se la equipara con las Escrituras.	No tiene igual.

multidimensional de la revelación especial en las Escrituras. En la tabla 2.2 se enumeran otras diferencias, con el fin de ampliar y clarificar esta línea de pensamiento.

Definición de inspiración

PUNTOS DE VISTA SOBRE LA INSPIRACIÓN

Los eruditos han propuesto numerosas teorías para explicar el proceso divino de la inspiración. A continuación, veremos un breve resumen de los puntos de vista más relevantes.

Teoría del dictado.[4] Este punto de vista sugiere que Dios impartió a los autores humanos de la Biblia las palabras exactas que debían escribir. El proceso de inspiración solo consistió en que ellos escribieron estas palabras literalmente. Los autores humanos eran solo instrumentos que Dios utilizó, como si fueran una pluma para consignar sus palabras en el papel. No cabe duda de que las Escrituras consignan casos de dictado divino, como cuando Dios le da instrucciones a Moisés para que escriba la ley en el monte Sinaí (Éx. 34:27), a Jeremías, para que se dirija a la nación en Jerusalén (Jer. 30:2), y a Juan, en la isla de Patmos, para que se dirija a las siete iglesias de Asia Menor (Ap. 2:1, 8, 12, 18; 3:1, 7, 14). En todos estos casos, Dios dictó las palabras exactas a los autores humanos. En estos casos la inspiración consistió en escribir, palabra por palabra, la revelación de Dios.

No obstante, si toda la Biblia hubiera sido dictada de este modo por Dios, cabría esperar que esta presentara un único estilo y un uso consistente del vocabulario de principio a fin. Sería un registro carente de las peculiaridades de lenguaje y estilo de los autores humanos. Pero en los textos de las Escrituras se observa precisamente lo contrario (Dt. 3:23-25; Ro. 9:1-3). El argumento clave contra el dictado mecánico es que cada libro de la Biblia muestra claras evidencias de la personalidad del escritor. Cada libro tiene un carácter y forma de expresión distintos. Cada autor tiene un estilo distinto. Dios podría haber utilizado exclusivamente el dictado y entregarnos de este modo la verdad.

---

4. Esta sección y la siguiente son adaptaciones de John MacArthur, *Why Believe the Bible?*, ed. de Baker Books (Grand Rapids, MI: Baker, 2015), 40, 43-44, copyright © 2015 de Baker Books, una división de Baker Publishing Group. Usado con permiso.

De hecho, ni siquiera hubiera tenido que utilizar a ningún ser humano. Pero los textos de la Biblia presentan distintos estilos, lenguajes y vocabularios. Cada autor expresa claramente su personalidad distintiva. Podemos incluso percibir las emociones de los autores humanos cuando consignan la Palabra de Dios en el papel.

Pero la pregunta sigue abierta, ¿cómo puede la Biblia ser la palabra de hombres como Pedro y Pablo, y al mismo tiempo ser también la Palabra de Dios? Parte de la respuesta a esta compleja pregunta es simplemente que, formando sus personalidades, Dios había convertido a Pedro, Pablo y demás escritores de las Escrituras en los hombres que Él quería que fueran. Dios controló su herencia y entorno vital. Dirigió sus vidas al tiempo que respetaba su libertad de elección y voluntad. Y cuando estos hombres eran exactamente lo que Él quería que fueran, Dios dirigió y controló su libre y voluntaria elección de las palabras para que escribieran las exactas palabras de Dios.

Dios los convirtió en la clase de hombres que podría usar para expresar su verdad, y después seleccionó, literalmente, las palabras de sus vidas y personalidades, vocabularios y emociones. Las palabras eran palabras de ellos, pero sus vidas habían sido tan formadas por Dios que eran en realidad las palabras de Él. Es, pues, posible afirmar cabalmente que Pablo escribió el libro de Romanos y también que lo escribió Dios, porque ambas cosas son ciertas.

Teoría de la inspiración parcial o conceptual. Algunos teólogos, predicadores, y otros eruditos bíblicos enseñan una inspiración conceptual. Dicho de otro modo, afirman que Dios no dio a los autores bíblicos las palabras exactas que debían escribir, sino las ideas o impresiones generales, y que estos las expresaron a su manera. Por ejemplo, Él habría sembrado el concepto del amor en la mente de Pablo, y un día el apóstol se sentó y redactó el decimotercer capítulo de 1 Corintios.

Esta idea de la inspiración afirma que Dios sugirió una tendencia general de revelación, pero los hombres tuvieron la libertad de decir lo que querían, lo cual explica (según los defensores de esta posición) que la Biblia contenga tantos errores. Se trata de una negación de la inspiración verbal y un rechazo de que Dios inspirara las palabras específicas de las Escrituras. Esta idea conceptual de la inspiración ha sido muy popular entre los teólogos neortodoxos, que creen que la Biblia contiene, pero no es, la Palabra de Dios.

Según esta teoría, Dios inspiró las ideas, pero no les dio a los escritores estos conceptos con palabras definidas. En otras palabras, Dios transmitió su verdad a los escritores, pero la inspiración no se aplica a las palabras sino solo a la doctrina que transmiten sus escritos. Este acercamiento permite que Dios sea veraz en lo que transmitió a los autores humanos, y al mismo tiempo deja margen de errores en lo que estos escribieron. Según este punto de vista, Dios se acomodó a las limitaciones de los autores humanos o les permitió transmitir su verdad en sus propias palabras, lo cual explica por qué lo que escribieron no es necesariamente riguroso.

No obstante, las Escrituras pretenden de forma reiterada ser completamente veraces (Sal. 119:43, 160; 2 Ti. 2:15). Jesús mismo afirma que la Palabra de Dios es verdad (Jn. 17:17). Por otra parte, la Biblia nunca limita la autoridad y mensaje de las Escrituras a los conceptos o ideas que transmite en general mediante las palabras escritas. Al contrario, Dios expresa una gran preocupación por su Palabra y prohíbe categóricamente cualquier manipulación (Dt. 4:2; 12:32). Las Escrituras confirman la inspiración de las palabras mismas cuando dice: "Toda palabra de Dios es limpia; Él es escudo a los que en él esperan. No añadas a sus palabras, para que no te reprenda, y seas hallado mentiroso" (Pr. 30:5-6). Esta preocupación se expresa con la misma seriedad tanto en el último libro de la Biblia como en la Ley de Moisés (Ap. 22:18-19). Un mandamiento parecido en Jeremías (26:1-2) convierte esta restricción divina en un notable elemento de las cuatro secciones principales de la revelación escrita: la Ley, los Profetas, los Escritos, y el Nuevo Testamento. Dios lo repite en cada sección importante, subrayándolo y dejándolo claro: Dios no está solo interesado en que los conceptos de su revelación sean verdaderos, sino también en que las palabras sean verdaderamente inspiradas. El objeto de la inspiración divina fueron las palabras.

La teoría natural. Aquellos que sostienen este punto de vista argumentan que los autores bíblicos no encontraron en Dios la inspiración para escribir las Escrituras sino dentro de sí mismos. En su redacción de las Escrituras los autores bíblicos se sintieron movidos de manera natural del mismo modo que los compositores, artistas, arquitectos y escritores se inspiran en sus grandes obras. Fueron hombres que consiguieron una sorprendente percepción espiritual mediante su sensibilidad y talento excepcionales. Por ello, puede decirse que sus escritos son inspirados.

La objeción obvia a este punto de vista es que, si bien reconoce la autoría humana de las Escrituras, niega o ignora la reivindicación bíblica de la autoría divina (2 Ti. 3:16; 2 P. 1:20-21). Este punto de vista exalta a los autores humanos de la Biblia, pero niega que Dios tuviera nada que ver con su paternidad literaria. Según este punto de vista, no fue Dios quien escribió la Biblia, sino hombres inteligentes y espirituales.

Una grave inconsistencia de este punto de vista es el hecho de que esta clase de hombres inteligentes y religiosos no escribirían nunca un libro que los condena a ellos y que proclama una salvación que solo procede de arriba, que ellos no pueden conseguir por sus esfuerzos. Todas las otras religiones promueven la letal mentira de que el hombre contribuye a su salvación con obras morales, caritativas o rituales. No quieren poner su confianza únicamente en el perfecto sacrificio del Hijo de Dios. Como nota final, ni siquiera los hombres más nobles podrían concebir jamás una personalidad como la de Jesucristo; ni las mentes más dotadas imaginar a un personaje que sobrepasara en sabiduría, pureza, amor, justicia y perfección a cualquier ser humano que haya vivido sobre la tierra.

El punto de vista bíblico: Inspiración plenaria y verbal. Por medio de su Espíritu, Dios inspiró cada palabra que escribieron los autores humanos de la Biblia en los documentos originales de sus sesenta y seis libros (esto es, los autógrafos). La palabra inspiración alude al proceso de causalidad divina que subyace tras la autoría de las Escrituras. Se refiere a aquella acción directa de Dios sobre el autor humano que genera la creación de una revelación perfectamente escrita. Hace referencia a la misteriosa obra del Espíritu Santo por la que este se sirve de la personalidad, lenguaje, estilo, y contexto histórico de cada escritor para producir unos escritos que llevan, al mismo tiempo, su divina autoridad. Estas obras eran el fiel producto del autor humano y del Espíritu Santo. Esto encaja con la palabra que Pablo usó en 2 Timoteo 3:16 (*theópneustos*). Esta palabra griega transmite el sentido de que "Dios respiró o sopló" las Escrituras por medio de los autores bíblicos. Es incluso posible que la traducción más exacta de 2 Timoteo 3:16 sea: "Toda la Escritura es exhalada por Dios". Lo más importante aquí es reconocer que lo que la Biblia reivindica como inspiración es una supervisión divina. Dios redactó las Escrituras influyendo en los pensamientos del autor humano. Esto hizo que en los autógrafos se consignaran palabras inerrantes y con autoridad divina.

EL PROCESO DE LA INSPIRACIÓN

Los procesos que llevaron a la redacción de los libros de la Biblia son muchos y diversos. Moisés escribió el Pentateuco bajo la supervisión directa de Dios. En ocasiones, Dios le dijo exactamente lo que debía escribir (Éx. 34:27); en otros casos, Moisés consignó sus pensamientos (Dt. 3:23-26). David escribió muchos cantos, que se compilaron en el libro de los Salmos. Algunos fueron fruto de determinados acontecimientos de su vida (Sal. 32; 51), mientras que otros surgieron de sus experiencias más generales (Sal. 23). Antes de escribir, algunos autores recabaron información sobre su tema. Salomón buscó y reunió muchos proverbios (Ec. 12:9), y después él y otros recopilaron lo que ahora es el libro de Proverbios (Pr. 1:1; 10:1; 25:1).

Mateo y Juan escribieron sus Evangelios basándose en sus experiencias personales con Jesús. Lucas no fue testigo presencial de los acontecimientos que consigna en su Evangelio, sino que lo investigó todo concienzudamente y luego lo puso por escrito con cuidado y en orden (Lc. 1:1-4). Casi con toda seguridad, esto significó entrevistar a muchos de los apóstoles y a otros testigos presenciales. Algunos autores bíblicos recibieron revelaciones especiales a través de sueños o visiones que luego plasmaron en las Escrituras. Durante su exilio en la isla de Patmos, el apóstol Juan tuvo una visión del Señor Jesús resucitado, y se le pidió que escribiera a las siete iglesias lo que se le dijo y lo que vio (Ap. 1:9-11).

Aun el propio proceso de redacción fue a veces único para los escritores y los libros que redactaron. Jeremías dictó las palabras que Dios le dio a su escriba, Baruc, quien realizó el manuscrito (Jer. 36:32). Pablo solía dictar sus cartas a un amanuense (es decir, una especie de secretario o escriba). Esta es la razón por la que, en varios casos, Pablo termina sus cartas con una nota escrita de su puño y letra para certificar que el escrito en cuestión procedía de él (1 Co. 16:21; Col. 4:18; 2 Ts. 3:17). Su carta a los creyentes de Roma consigna, incluso, un saludo de Tercio, el amanuense de Pablo en aquella ocasión (Ro. 16:22). En un par de ocasiones, Pablo escribió toda la carta de su puño y letra (Gá. 6:11; Flm. 19). Mediante estas numerosas y diversas características en la redacción, Dios Espíritu Santo supervisó todas las palabras de las Escrituras.

Pedro define mejor el proceso de inspiración en 2 Pedro 1. En el contexto de su inminente martirio, el apóstol habla en primer lugar de la necesidad de asirnos de la verdad (2 P. 1:12-14). Antes de su advertencia sobre los falsos maestros, Pedro declara el carácter fidedigno de las Escrituras puesto que las mismas no son el mero producto de autores humanos sino del Espíritu Santo a través de ellos. Comienza su explicación aludiendo a su experiencia personal como testigo de la transfiguración de Cristo (Mr. 9:1-13; 2 P. 1:18). Sobre esta base dice: "Tenemos también la palabra profética más segura, a la cual hacéis bien en estar atentos como a una antorcha que alumbra en lugar oscuro, hasta que el día esclarezca y el lucero de la mañana salga en vuestros corazones" (2 P. 1:19). Si tenemos en cuenta la explicación del versículo 20, la "palabra profética" es sin duda una referencia a las Escrituras. La expresión "más segura" puede entenderse de dos maneras: con un sentido confirmativo o uno comparativo. Si la consideramos con un sentido confirmativo (como un complemento predicativo), significa entonces que las experiencias personales de Pedro y otros autores hacen que la palabra sea aún más fidedigna. Estas señales hacen que la "palabra profética" sea, si cabe, más segura y creíble. Una mejor elección sería entender la expresión con un sentido comparativo (como un complemento atributivo). Aunque las experiencias como las de Pedro en el monte de la transfiguración son un sorprendente testimonio de Cristo, su "palabra profética", es decir, las Escrituras, es un testigo aún más confiable. La razón está en los medios que intervinieron en su redacción.

La "palabra profética" (las Escrituras) es más completa, más permanente, y posee más autoridad que la experiencia.[5] Más concretamente, la Palabra de Dios es una revelación más fidedigna de las enseñanzas sobre la persona de Jesucristo, su obra expiatoria y su Segunda Venida que, incluso, las experiencias personales de los apóstoles.

Pedro describe de este modo el proceso de redacción: "entendiendo primero esto, que ninguna profecía de la Escritura es de interpretación privada, porque nunca la profecía fue traída por voluntad humana, sino que los santos hombres de Dios hablaron siendo inspirados por el Espíritu Santo" (2 P. 1:20-21). La expresión "la profecía de la Escritura" identifica definitivamente "la palabra profética" como el texto bíblico. La frase "interpretación privada" significa que los autores bíblicos no se limitaron a consignar sus propias opiniones, ideas, o interpretaciones personales de los acontecimientos que vieron o los mensajes que redactaron. Lo que escribieron no fue traído "por voluntad humana". En otras palabras, la creación de los libros bíblicos no se debe a la iniciativa humana. Pedro afirma de forma muy directa que cuando los autores humanos redactaron sus textos era Dios quien hablaba a través de ellos. Algo parecido a lo que afirma David: "El Espíritu de Jehová ha hablado por mí, y su palabra ha estado en mi lengua" (2 S. 23:2). Fue un proceso milagroso que implicó directamente la atención personal y el poder del Espíritu Santo. La expresión "siendo inspirados" es la misma que se utiliza en Hechos para referirse a una embarcación impulsada por el viento (Hch. 27:15, 17). En la redacción de las Escrituras, el profeta comunicaba la Palabra de Dios por medio de su pluma y el Espíritu lo impulsaba constantemente para que pudiera hacerlo. El resultado final de este proceso es que lo escrito es plenamente la palabra de los autores humanos en su lenguaje, estilo y perspectivas personales, pero bajo la directa supervisión de Dios por su Espíritu, plasmando en las páginas de las Escrituras las propias palabras

---

5. Este párrafo es una adaptación de MacArthur, *MacArthur Study Bible: English Standard Version*, 1904. Usado con permiso de Thomas Nelson.

de Dios. El producto final es la Palabra de Dios inspirada, inerrante y autoritativa en cada página de los sesenta y seis libros de la Biblia.

UNA EXPLICACIÓN DE INSPIRACIÓN

Uno de los textos más importantes del Nuevo Testamento sobre la inspiración de las Escrituras es 2 Timoteo 3:16, donde Pablo afirma y reivindica tanto la inspiración de Dios, principalmente en los escritos veterotestamentarios (y por extensión del Nuevo Testamento), como una idea inerrante de las Escrituras. Sin embargo, la trascendencia de este texto ha propiciado que casi todas las palabras de la afirmación de Pablo hayan sido objeto de ataque por parte de los escépticos. La interpretación esencial de este versículo viene determinada por algunas decisiones específicas.

La primera tiene que ver con la expresión "toda la Escritura". En el texto original, el adjetivo singular femenino "toda" junto con el sustantivo "Escritura", también femenino singular pueden entenderse de varias formas. Pocas dudas puede haber de que el término que se traduce "Escritura" hace referencia al texto bíblico. No obstante, los comentaristas debaten sobre la extensión de este significado. ¿Alude acaso a un pasaje determinado, como algunos insisten, o es una referencia a las Escrituras en su conjunto, como afirman otros? La primera perspectiva tiene a su favor la ausencia de artículo determinado para apoyar su argumento en ambos casos. Si esta es la explicación correcta, Pablo estaría remarcando la utilidad de "todos los pasajes individuales que forman las Escrituras". No obstante, la segunda idea parece la mejor opción. Es cierto que, en griego, "toda" significa normalmente "cada" cuando esta palabra va unida a un sustantivo sin artículo, pero esta no es una regla absoluta. Un sustantivo puede ser determinado, aunque no lleve artículo. Esto es lo que sucede aquí casi con toda seguridad. La palabra "Escritura" (*grafé*, en griego) se utiliza, al menos otras dos veces (Ro. 1:2; 16:26), con un sentido determinado, aun sin ir acompañada de artículo. El uso de esta palabra por todo el Nuevo Testamento parece confirmar que se le da un sentido colectivo, como sustantivo que alude a la totalidad de la Biblia. Estas consideraciones hacen que la mejor opción sea traducir "toda la Escritura". Por ello, el testimonio de Pablo en este pasaje hace referencia en primer lugar a toda la Escritura. No obstante, aunque se adopte el punto de vista alternativo, hay poca diferencia real en sostener la inspiración de "toda" la Escritura o de sus "partes individuales". Lo que Pablo está diciendo, sin lugar a duda, es que toda la Escritura y sus partes, sin excepción, son inspiradas por Dios.

El segundo asunto importante a resolver es posiblemente el más crucial para este debate. Se trata de definir el *hápax legómenon* bíblico, que normalmente se ha traducido como "inspirada por Dios" (*theópneustos*), y en particular su significado en relación con la expresión "toda la Escritura". Este término es una palabra compuesta, y una mejor traducción sería "exhalada por Dios". De hecho, la idea de *inspiración* procede de la traducción de la palabra *inspirata* ("inspiración", en latín) de la Vulgata. Esta palabra describe, pues, la acción divina durante la redacción del texto bíblico.

Más allá de la definición del término en sí, el argumento se centra en su relación con la expresión anterior, "toda la Escritura". Algunos consideran que "exhalada por Dios" es un adjetivo atributivo. Si esto fuera así (y sintácticamente es una posibilidad), entonces la expresión sería "toda Escritura exhalada por Dios". Esta lectura implica, no obstante, que algunos pasajes de las Escrituras no son inspirados. El punto de vista correcto es entender la estructura como un adjetivo predicativo. En este caso, la expresión dice, como traducen la mayoría de las versiones modernas: "toda la Escritura es inspirada (exhalada) por Dios". Esta traducción recibe el apoyo de una evidencia sintáctica ligeramente más sólida, argumentos contextuales y muchas afirmaciones bíblicas similares. Así que, el testimonio de Pablo a Timoteo es que, toda la Escritura es exhalada por Dios. Y esta autoría divina permite afirmar, rotundamente, que es provechosa para el hombre de Dios. Por extensión, pues, esta misma autoría divina demanda inerrancia e infalibilidad. Concluir otra cosa es comprometer la integridad de Dios, a quien se le atribuye dicha autoría, y no solo de algunas partes de la Escritura sino de toda ella.

Sobre la extensión de la expresión "toda la Escritura", solo hay que mirar la primera carta de Pablo a Timoteo, donde este afirma: "Pues la Escritura dice: No pondrás bozal al buey que trilla; y: Digno es el obrero de su salario" (1 Ti. 5:18). Pablo cita la Ley de Moisés (Dt. 25:4) y el Evangelio de Lucas (Lc. 10:7), y asigna el título de Escritura a ambos textos. Aunque el acento principal del texto de 1 Timoteo no es la inspiración, no puede ignorarse que Pablo utiliza el término "Escritura" para referirse tanto al Antiguo Testamento como al Evangelio de Lucas. La implicación que surge, pues, rápidamente, es que la afirmación de Pablo en el sentido de que "toda la Escritura es exhalada por Dios" aplica la cualidad de autoría divina a los escritos de Lucas, poniéndolos al mismo nivel que el Antiguo Testamento. Esto está completamente en línea con la descripción que hace Pedro del proceso de la inspiración y la preautenticación del Nuevo Testamento por parte de Jesús.

OBJECIONES A LA INSPIRACIÓN

Es cierto que Dios se sirvió de hombres falibles para consignar las Escrituras, pero, al tiempo, impartió palabras infalibles e inerrantes por medio de ellos. Así como una persona puede trazar una línea recta con una vara torcida, Dios produjo una Biblia inerrante por medio de hombres imperfectos. El paralelismo más evidente y directo es la encarnación. Las Escrituras consignan la milagrosa concepción del inmaculado Hijo de Dios en la matriz de María (Mt. 1:18-25; Lc. 1:26-38). María era una pecadora como cualquier otro descendiente de Adán, y sin embargo Dios la utilizó para traer a Jesús a la tierra. El uso de instrumentos falibles y pecaminosos de ningún modo limitó la capacidad de Dios para traer al mundo al inmaculado Salvador (2 Co. 5:21). Jesús era plenamente hijo de María (Mt. 1:25) y plenamente Hijo de Dios (Jn. 1:14), incontaminado por la naturaleza pecaminosa de María. Del mismo modo, Dios utilizó instrumentos humanos para redactar las Escrituras, sin comprometer por ello la integridad de la revelación.

Esto es cierto aunque se sirviera de distintas clases de esfuerzos humanos durante el proceso de la redacción. Ya fuera que Moisés consignara las palabras que Dios le dictaba (Éx. 24:4; Lv. 1:1; 4:1; 6:1, 8, 24; Nm. 1:1; 2:1) o que escribiera proféticamente a partir de sus experiencias, todo lo hacía bajo la inspiración divina (Dt. 31:24-29).

Lucas escribió su obra en dos volúmenes basándose en su investigación personal (Lc. 1:1-4; Hch. 1:1-3). Mateo y Juan lo hicieron basándose en sus experiencias personales y sus recuerdos de lo que sucedió inspirados por el Espíritu (Jn 14:26). En ocasiones, Pablo integró con autoridad su razonamiento en la redacción de las Escrituras (1 Co. 7:25; 14:37). Dios utilizó medios humanos para escribir su Palabra inerrante. Pero la Biblia no es el mero producto de hombres falibles, sino también y al mismo tiempo, las palabras del infalible Espíritu Santo (1 Ts. 2:13; 2 Ti. 3:16; 2 P. 1:20-21).

Preparación para la inspiración

Tras la redacción de los sesenta y seis libros de la Biblia estaba la supervisión de Dios que, en su providencia, organizó cada aspecto de su creación. Una organización que lo abarcaba todo, desde la ocasión del escrito a la singular constitución y experiencias personales de los escritores. A medida que vayamos considerando estos factores, iremos comprendiendo y apreciando la magnitud del poder y sabiduría divinos desplegados en las Escrituras.

PREPARACIÓN DE LOS ESCRITOS

La preparación para la autoría de cada libro de la Biblia incluye evidentemente el contexto histórico en el que fue escrito. Muchos de estos contextos son fácilmente identificables. El Pentateuco lo escribió Moisés en el ambiente del éxodo y el principio de la conquista de la tierra prometida. Con frecuencia, los salmos se escribieron desde los contextos inmediatos de los autores humanos o como una expresión de adoración derivada de un determinado acto —o actos— que Dios llevó a cabo a favor de su pueblo. El libro de Eclesiastés nos ofrece un inspirado relato de las lecciones espirituales que Salomón aprendió a lo largo de su vida. Los libros proféticos consignan alusiones históricas que identifican los contextos en que se escribieron y los específicos asuntos, inmediatos y futuros, que trataban.

Un estudio de los libros neotestamentarios revela lo mismo. El de Lucas es el único de los cuatro Evangelios que identifica específicamente a su autor. Sin embargo, los cuatro presentan claramente la persona y la obra de Jesús como una demostración de que es el Cristo. Estos relatos también llevan al lector a la conclusión de que puede acceder a la salvación por medio de la fe en Él y su obra en la cruz. Solo Lucas señala que no escribe como testigo presencial sino basándose en una concienzuda investigación que llevó a cabo para redactar su obra en dos volúmenes (Lc. 1:1-4; Hch. 1:1-3). No obstante, basándonos en el contenido de los cuatro Evangelios, queda claro que estos surgen de los mismos acontecimientos históricos.

Todas las epístolas neotestamentarias proceden de un contexto histórico específico que motivó al autor humano en su redacción. Pablo escribió Romanos para presentarse a los creyentes de Roma y darles a conocer su ministerio del evangelio, en parte porque deseaba contar con su ayuda cuando viajara a España (Ro. 1:11-13; 15:22-25). La redacción de las dos epístolas corintias fue motivada por numerosas cuestiones que surgieron en el seno de la iglesia de Corinto. Pablo dirigió las epístolas pastorales (1 y 2 Timoteo y Tito) a algunos compañeros de ministerio. Cada una de ellas fue escrita desde una situación personal y ministerial distinta, y las tres dan instrucciones específicas relacionadas con la gestión de asuntos ministeriales en Éfeso y Creta. Incluso el libro de Apocalipsis fue escrito por Juan en el contexto de su exilio (Ap. 1) y de las situaciones históricas de las siete iglesias a las que Cristo se dirige a finales del siglo I d.C. (Ap. 2–3).

Dios se sirvió de todos estos escenarios históricos a fin de establecer el contexto para la redacción de su Palabra divinamente inspirada. La providencial disposición de todas las personas, problemas, alabanzas, personalidades, culturas, gobiernos y desafíos sociales y seculares —y todo lo demás— interactuando entre sí establece el contexto deseado por Dios para la redacción de cada libro de la Biblia.

PREPARACIÓN DE LOS ESCRITORES

Aparte de orquestar los acontecimientos de la historia que establecen el contexto para la redacción de los libros bíblicos, Dios preparó también a los propios escritores. Consideremos, como ilustración de este hecho, el libro de los Salmos. Este texto está entre los más emotivos, inspiradores y reverentes de la Biblia. Los Salmos describen vívidamente toda clase de experiencias, desde exclamaciones de alabanza hasta desesperadas súplicas de liberación. De manera explícita e implícita están escritos desde muchos y diversos contextos históricos. Algunos de ellos se redactaron desde circunstancias trágicas o de peligro mortal. Otros se escribieron específicamente para preparar la actitud del pueblo de Dios cuando se dirigían a Jerusalén para participar en la adoración. Todos ellos están impregnados de verdadera emoción y pensamiento humanos, surgidos de las experiencias de la vida real.

Un gran número de salmos fueron escritos por David, el dulce cantor de Israel. Por ello, cuando dice que el Espíritu del Señor habló por medio de él y que la palabra de Dios estaba en su lengua cuando redactaba sus salmos, pone de relieve que en el proceso de inspiración había más que la mera comunicación de las palabras que debía escribir (2 S. 23:2). De hecho, las palabras que estaban en la lengua de David y surgieron de su pluma, eran las palabras de Dios. Al mismo tiempo, aquellas eran las palabras del Espíritu de Dios por medio de un instrumento humano, David. Dios utilizó aquel instrumento con todos los elementos de su personalidad, lenguaje, experiencias, sentimientos, emociones y estilo.

Así, por ejemplo, en el Salmo 23 se expresan las propias palabras de David. Cuando, en los primeros versículos, este describe el tierno cuidado del Señor como el de su Pastor que lo hace descansar "en lugares de delicados pastos" se expresan al mismo tiempo la fe de David y las inspiradas palabras de Dios (Sal. 23:2). Cuando David pasa a la segunda persona y se dirige directamente a Dios, diciendo: "No temeré mal alguno, porque tú estarás conmigo" (Sal. 23:4), estas siguen siendo palabras de David, pero también las del Espíritu de Dios produciendo este texto inspirado. El proceso de la inspiración no viola en ningún momento la personalidad, lenguaje o estilo del autor humano. Ciertamente, incluye todos estos elementos, así como el inmediato contexto histórico en que se redactó el texto. Dios preparó a los autores humanos como instrumentos suyos para la redacción de su Palabra.

En su providencia, Él preparó a cada autor humano para que fuera el preciso y adecuado instrumento para redactar el libro (o libros) que escribió. Esto comienza con la creación del hombre a imagen de Dios. Esto le dio al hombre la capacidad innata para pensar y comunicarse con Dios de un modo que hace que la revelación divina sea posible y comprensible. Dios puede comunicarse con el hombre porque lo creó de tal manera que la interacción verbal y el pensamiento racional son posibles. Esta preparación tuvo en cuenta la genealogía de cada autor, así como sus experiencias vitales, inmediatas y remotas.

La providencia de Dios abarca los remotos antepasados de los autores. El legado personal de muchos de los autores bíblicos se hace frecuentemente evidente en los textos de las Escrituras. Es probable que todos los autores bíblicos, a excepción de Lucas, fueran judíos. Algunos eran de la descendencia sacerdotal. Otros procedían de la realeza. Todos fueron escogidos para sus ministerios divinamente ordenados mucho antes de venir a este mundo (Jer. 1:5; Gá. 1:15). Esto muestra que la selección de los autores humanos no fue una decisión de último momento. Dios dirigió incluso a todos los antepasados de los profetas para que fueran exactamente quienes quería que fueran. Lo hizo para poder transmitirles su palabra inspirada por medio de sus herencias únicas.

Esta preparación providencial infundió a cada escritor una singular perspectiva en casi todas las esferas de la vida. Cada escritor estaba condicionado por factores relacionados con el lugar y tiempo en que vivía. Cada uno de ellos tenía una herencia, ambiente, educación y crianza características, así como también sus peculiares intereses, experiencias y hasta relaciones personales. Influidos por todos estos factores, cada escritor tenía su vocabulario y estilo únicos.

Aparte de estas experiencias contextuales está la directa obra de Dios quien, en su providencia y a través del normal curso de la vida, estaba preparando y preservando a los autores bíblicos para que se convirtieran en su pueblo y en sus profetas. Dios proveía para las necesidades materiales de los profetas para que estos pudieran vivir y crecer en madurez. Los preservaba de cualquier mal que pudiera descalificarlos antes de su llamamiento. Refrenaba a quienes de otro modo podrían haberlos destruido. En el momento perfecto, los llamaba al ministerio que les había preparado. Y hacía todo esto después de haber organizado todas las circunstancias de sus vidas individuales para acercarlos a Él. Dios hacía que todas las cosas cooperaran para su bien, incluso la redacción de su Escritura inspirada (Ro. 8:28), para poder utilizarlos para este propósito. Warfield lo expresó con precisión, explicando que la preparación de los autores humanos por parte de Dios fue "física, intelectual, espiritual; una preparación que debía haberlos acompañado a lo largo de toda su vida y que, ciertamente, debió comenzar con sus antepasados, y cuyo efecto fue llevar a los hombres adecuados, a los lugares adecuados, en el momento adecuado, con las capacidades, impulsos y logros adecuados, para que escribieran, precisamente, los libros que había preparado para ellos".[6]

Un excelente ejemplo de todo este proceso es Moisés y la redacción del Pentateuco. Moisés nació en el seno de la tribu de Leví y sus padres eran esclavos en Egipto. No

---

6. Benjamin B. Warfield, *The Inspiration and Authority of the Bible* (Louisville: SBTS Press, 2014), 155.

obstante, el edicto de Faraón, anterior a su nacimiento fue lo que motivó su singular crianza y educación. Para preservar la vida de Moisés cuando no era más que un bebé, su madre se vio forzada a ponerlo sutilmente en manos de la hija de Faraón para que esta lo criara como hijo suyo. Este giro de los acontecimientos hizo que Moisés recibiera la mejor y más elevada educación que Egipto podía ofrecer durante los primeros cuarenta años de su vida (Hch. 7:22). No obstante, también conocía su ascendencia. Moisés vio personalmente el sufrimiento y las injusticias que Faraón impuso a su pueblo. Esto lo llevó a tomar cartas en el asunto, pero sus esfuerzos acabaron obligándolo a huir de Egipto, lo cual a su vez lo llevó a pasar los siguientes cuarenta años trabajando como pastor (Éx. 1–2).

En este punto se hace evidente la divina preparación de Moisés. En Éxodo 3, Dios se le apareció en una zarza ardiente y lo llamó para que fuera el instrumento por el que liberaría a su pueblo de su servidumbre en Egipto. No obstante, Moisés había sido humillado hasta tal punto que estaba convencido de no ser la persona adecuada para llevar a cabo esta misión. No cabe duda de que sus primeros ochenta años de vida le habían enseñado una cosa a Moisés, y es que él no podía llevar a cabo aquella misión con su propia fuerza. Aunque Dios lo había preparado completamente para su llamamiento, no sería Moisés sino Dios quien liberaría al pueblo de su servidumbre. No obstante, Él se sirvió de un instrumento humano que había sido completamente preparado para esta tarea durante más de ochenta años. Los libros de Éxodo, Levítico, Números y Deuteronomio relatan los siguientes cuarenta años de la vida y ministerio de Moisés. Son un registro de lo que Dios consiguió hacer por medio de un instrumento humano. Dios nunca dependió de Moisés para llevar a cabo su propósito, lo cual se evidencia claramente en su prohibición de entrar a la tierra prometida por causa de su pecado (Nm. 27:12-14). Dios no necesitaba que Moisés cumpliera sus buenos propósitos; era totalmente capaz de utilizar a un profeta humano falible y hasta pecaminoso para llevar a cabo su plan perfecto.

Esto mismo se aplica a la redacción del Pentateuco por parte de Moisés. La amplia educación formal que Moisés recibió por haber crecido en la casa de Faraón se refleja claramente en su redacción de la Torá. Los cinco libros de la ley están formalmente redactados como detallados documentos legales y registros históricos. Es posible que Moisés escribiera algunas partes del Génesis basándose en registros a los que habría tenido acceso durante sus estudios en Egipto. Es también posible que una parte de la formación de Moisés incluyera el estudio de otros tratados y códigos legales del antiguo Oriente Próximo que habrían influenciado hasta cierto punto su redacción de las secciones judiciales de la ley. Por otra parte, Moisés tuvo también una recurrente experiencia de acceso directo a Dios durante el tiempo en que escribió el Pentateuco. Por ello, no dependía, en última instancia, de fuentes externas. Los primeros cinco libros de la Biblia son obra de Dios y de Moisés al mismo tiempo. Las emociones que expresa Moisés muestran que el texto representa en gran medida sus propias palabras (p. ej., Dt. 1:37; 3:23-26), no obstante, estas palabras de la pluma de Moisés transmiten también, de forma perfecta, las palabras de Dios.

Las pruebas de esta doble paternidad literaria son múltiples y saltan claramente a la vista por toda la Biblia. Las Escrituras ponen visiblemente de relieve el carácter único de cada autor. Moisés fue educado en Egipto. Como alumno de Gamaliel, Pablo recibió formación rabínica de primer orden (Hch. 22:3) y tenía un profundo conocimiento de las filosofías griegas de los estoicos y los epicúreos. Lucas era médico (Col. 4:14). David fue pastor, soldado y rey. Salomón creció como príncipe y vivió como rey. Daniel fue formado como estadista. Pedro y Juan eran pescadores, Mateo, recaudador de impuestos. Santiago y Judas eran hijos de un carpintero. Cada escritor tuvo una herencia, crianza y trasfondo singulares. Cada uno de ellos es una amalgama configurada por las experiencias de la vida que Dios, en su providencia, les impartió. Y todos estos factores interactuaron para convertir a estos hombres en los instrumentos que Dios quería que fueran para redactar textos divinamente autoritativos. Esta singularidad se evidencia en cada libro de la Biblia. Por ejemplo, aunque cada uno de los cuatro Evangelios contiene relatos y temas similares, los mismos reflejan la singular perspectiva y decisiones de su autor, bajo la influencia y supervisión del Espíritu Santo. No existen contradicciones entre los autores humanos y el autor divino.[7]

Todos estos rasgos sociales, culturales, históricos, emocionales, experimentales, educativos y prácticos se reflejan en el lenguaje y estilo del trabajo de cada autor humano. Al mismo tiempo, una consistente influencia divina cubre los libros de las Escrituras, indicando que en la redacción de estos sesenta y seis libros Dios se sirvió de profetas humanos para redactar sus escritos divinamente autoritativos. Estos elementos preparatorios para la inspiración afirman necesariamente que las Escrituras conforman una obra totalmente providencial y milagrosa, una inerrante revelación escrita llevada a cabo por Dios.

Pruebas de la inspiración

PRUEBAS DE LA INSPIRACIÓN EN EL ANTIGUO TESTAMENTO

La naturaleza de la inspiración requiere que el proceso de verificación de dicha inspiración sea igualmente divino. Las propias Escrituras nos ofrecen múltiples pruebas de esta inspiración.

El Antiguo Testamento se identifica como las palabras de Dios. Las Escrituras afirman miles de veces que sus palabras son las de Dios. Muchas veces el texto afirma específicamente: "Dios dijo" (p. ej., Éx. 17:14; 19:3, 6-7; 20:1; 24:4; 34:27). Esdras llamó al Antiguo Testamento "las palabras del Dios de Israel" (Esd. 9:4; cf. 10:3). En los 176 versículos del Salmo 119, su autor llama veinticuatro veces a las Escrituras "palabra(s) del Señor", y ciento setenta y cinco exalta la Palabra de Dios utilizando distintos sinónimos. Los profetas identificaban incluso sus mensajes escritos como palabra del Señor con afirmaciones como "Oye, pues, palabra de Jehová" (1 R. 22:19; 2 R. 20:16) y expresiones similares. De principio a fin, todo el Antiguo Testamento se reivindica como la palabra de Dios. La mayoría de los teólogos alude a esta característica de toda la Escritura (es decir, todas las palabras) como *inspiración plenaria*.

---

7. Véase John MacArthur, *Una vida perfecta: La historia completa del Señor Jesús* (Nashville: Grupo Nelson, 2014), 13-15.

El Antiguo Testamento registra palabras directas de Dios. Al comienzo de su narración, el libro de Génesis afirma que Dios creó mediante declaraciones verbales directas. La mera expresión de su voluntad bastó para que algo llegara a existir y se originara de la nada (Gn. 1:3, 6, 9, 11, 14, 20, 24). El Antiguo Testamento incluye directrices de Dios que transmiten sus expectativas de manera autoritativa para sus criaturas (Gn. 1:26, 28-29; 2:16-17). Registra, asimismo, juicios divinos que recogen la evaluación de Dios sobre determinados actos cometidos por sus criaturas y revelan sus consecuencias (Gn. 3:13-19). Y se registran también varias conversaciones entre Dios y determinados individuos: Dios llamó a Abram de la tierra de Ur y le habló directamente y en múltiples ocasiones sobre los detalles del pacto que hizo con él (Gn. 12:1-3; 15:1-21). El llamamiento de Moisés es un detallado relato de la conversación que Dios tuvo con él, explicándole su papel en liberar a Israel de su esclavitud en Egipto (Éx. 3:1–4:23). Inmediatamente después de la muerte de Moisés, Dios habló directamente con Josué, instruyéndole sobre su papel en la conquista de la tierra prometida (Jos. 1:8-9). El Antiguo Testamento registra muchas afirmaciones o conversaciones directas que Dios tuvo con sus profetas (1 R. 14:5). Una parte de estas revelaciones son verbales (1 S. 3:21), mientras que otras se dan en visiones o sueños (1 R. 3:5). Todas ellas dejan constancia de las comunicaciones divinas.

El Antiguo Testamento registra comunicaciones proféticas de Dios. Comenzando con Moisés (Éx. 3:15), se reconoce a los profetas de Dios como sus autorizados mensajeros que hablan directamente por Él. Su autoridad era tal que lo que decían en el nombre de Dios se consideraba como sus propias palabras. A Moisés se le dijo que fuera directamente a Faraón y se dirigiera a él en el nombre de Dios diciéndole: "Jehová ha dicho así" (Éx. 4:22). Los profetas de Dios siguen este patrón a lo largo de todo el Antiguo Testamento (véase Josué, Jos. 7:13; 24:2, 27; Gedeón, Jue. 6:7-18; Samuel, 1 S. 2:27; 10:18; 15:2; Natán, 2 S. 12:7, 11; y muchos otros, 1 R. 11:31; 12:24; 13:1-2; 13:21; 14:3-7). Cuando los profetas hablan en el nombre de Dios, utilizan la típica fórmula "así dice el Señor", y en ocasiones estos pueden incluso hablar para Dios en primera persona (p. ej., 1 R. 20:13). La fórmula final normal es "dice Jehová el Señor" junto al repetido uso de afirmaciones en primera persona para demostrar que lo que dice el profeta, en realidad lo está diciendo Dios por medio de él (Ez. 20:1-45).

Del mismo modo que Dios impartió a Moisés las expresas palabras que quería que dijera o escribiera, capacitó también a otros profetas para que hablaran a su favor (Éx. 4:11-12). David reconoció que Dios estaba hablando a través de él cuando dijo: "El Espíritu de Jehová ha hablado por mí, y su palabra ha estado en mi lengua" (2 S. 23:2). El hecho de que los profetas hablaran directamente en el nombre de Dios es lo que demandaba que Dios impartiera instrucciones de cómo distinguir entre profetas verdaderos y profetas falsos (Dt. 12:32; 13:1-5; 18:15-22).

El Antiguo Testamento registra comunicaciones dictadas por Dios. Varios relatos del Antiguo Testamento se escribieron como palabras pronunciadas por Dios en su instrucción al pueblo (Éx. 34:27). Al final de su vida, a Moisés se le ordenó que escribiera en el último libro de la ley todas las palabras que el Señor le había ordenado (Dt.

31:24-26). En otras ocasiones, Dios se limitó a pedirle que escribiera lo que sucedió (Éx. 17:14). Ambas formas tienen la misma autoridad y están divinamente inspiradas en su redacción. En el caso de Jeremías, Dios le pidió que escribiera todas las palabras que Él le hablaba (Jer. 30:1-4). Aunque los salmos de David son claramente el fruto de sus pensamientos, palabras y emociones, cuando los redactó sabía que era Dios quien hablaba por medio de él. Fuera cual fuere el proceso de redacción, las palabras escritas se consideraban palabras de Dios, transmitidas por medio de su profeta humano. Lo que el profeta escribía, Dios se lo revelaba.

PRUEBAS DE LA INSPIRACIÓN EN EL NUEVO TESTAMENTO

El Nuevo Testamento ofrece un claro y consistente testimonio de la inspiración del Antiguo, cuyos escritos se consideran comunicación de Dios. Mateo afirma que las palabras escritas por Isaías sobre el Mesías las habló Dios por medio del profeta (Is. 7:14; Mt. 1:22-23). Una comparación con otras de sus citas muestra que desde la perspectiva de Mateo lo que escribieron los profetas era equivalente a la Palabra de Dios (véase Mt. 2:15, 17-18; 4:14-16). Esta inspiración divina de David por parte del Espíritu concierne a las palabras individuales (Sal. 110:1; Mt. 22:44-45; cf. Hch. 2:29-31). Aun los detalles menores citados en los textos proféticos del Antiguo Testamento se consideran cumplidos en Cristo (Mi. 5:2; Mt. 2:5).

Los autores del Nuevo Testamento consideran invariablemente que las narraciones históricas veterotestamentarias son relatos objetivos de los hechos, tanto los principales acontecimientos milagrosos (p. ej., la destrucción de Sodoma y Gomorra, 2 P. 2:6; Jud. 7; y el diluvio universal, He. 11:7; 1 P. 3:20; 2 P. 2:5), como los detalles menores (p. ej., David comiendo los panes de la proposición, Mt. 12:3-4). El discurso de Esteban consignado en Hechos 7 representa una clara afirmación de la historicidad de las Escrituras del Antiguo Testamento desde Abram hasta aquel momento. Jesús basó todas las razones para su obra de redención en el testimonio del Antiguo Testamento: la Ley de Moisés, los Profetas y los Salmos (Lc. 24:25-27, 44-47). La práctica universal de los escritores neotestamentarios sigue exactamente estos mismos criterios, desde la consignación de su predicación en el libro de los Hechos hasta los textos inspirados que escribieron y que constituyen el Nuevo Testamento. Basándonos en las prácticas de Jesús (registradas en los Evangelios), la predicación de los apóstoles (en el libro de los Hechos), y los escritos del Nuevo Testamento (en las Epístolas), no cabe duda de que para Cristo y sus apóstoles los treinta y nueve libros del Antiguo Testamento (de nuestro texto actual en español) estaban (1) inspirados por Dios y (2) constituían la totalidad de las Escrituras hasta aquel momento.

El Nuevo Testamento también da un claro testimonio de sí mismo como Palabra de Dios. Presenta varios relatos con comunicaciones directas de Dios, como su testimonio audible de Cristo en su bautismo (Mt. 3:16-17; Lc. 3:22) y transfiguración (Mt. 17:5-7; Mr. 9:7; Lc. 9:35). Juan registra la vindicación de la fidelidad de su Hijo por parte de Dios en un escenario público, aunque la mayoría solo lo percibió como truenos o un ángel que hablaba con Él (Jn. 12:27-30). Lucas relata el diálogo del Señor Jesús resucitado con Saulo en el camino a Damasco (Hch. 9:3-7). Aunque sus compañeros no vieron al

Señor, sí oyeron la voz. Inmediatamente después de esto, Lucas cuenta que el Señor le habló a Ananías en una visión, indicándole que recibiera a Saulo como discípulo (Hch. 9:10-16). Jesús se aparece también a Juan en una visión gloriosa, y por medio de él se dirige a las siete iglesias de Asia Menor, comunicándole a cada una determinados elogios y censuras relacionadas directamente con su situación (Ap. 1–3). Además, el Nuevo Testamento equipara las palabras de Jesús, antes aun de su ascensión, con las palabras de Dios (Lc. 5:1; Jn. 3:34; 6:63, 68). Esta misma autoridad y capacitación se les concedió en ocasiones especiales a los apóstoles (Hch. 4:29-31), tanto es así que Pablo afirma que Cristo habla a través de él cuando se dirige a las iglesias (2 Co. 13:2-3).

LA VISIÓN DE CRISTO RESPECTO A LAS ESCRITURAS

Para un cristiano, no puede haber mejor testimonio para comprender correctamente el carácter, naturaleza y autoridad de las Escrituras que Cristo mismo. Su visión debe ser la visión del creyente. A medida que analizamos el gran número de referencias que Jesús hace de las Escrituras, surge una clara perspectiva. Jesús utilizó las Escrituras para todas las cuestiones de doctrina y práctica, y basó en ellas su identidad y misión. Las definió personalmente como verdad. Todo esto confirma que Jesús entendió las Escrituras, en ambos Testamentos, como la Palabra de Dios inspirada, inerrante y autoritativa. Las Escrituras muestran que Jesús (1) identificó el Antiguo Testamento como Escrituras (afirmando su autoridad, inspiración e historicidad) y (2) autenticó de antemano el Nuevo Testamento como Escrituras.

Jesús afirmó la autoridad del Antiguo Testamento. Cada vez que usaba el Antiguo Testamento, Jesús afirmaba su autoridad y veracidad.

Jesús apeló a la autoridad de las Escrituras veterotestamentarias contra Satanás (Mt. 4:1-11; Lc. 4:1-13). Cuando este lo retó a convertir las piedras en pan, Jesús le respondió diciéndole: "no solo de pan vivirá el hombre" citando así Deuteronomio 8:3. Cuando Satanás hizo referencia al Salmo 91 y a la promesa de divina preservación para el que confía en Dios, Jesús le respondió con el mandamiento de Deuteronomio 6:16 de no tentar a Dios. Finalmente, Jesús despidió a Satanás diciéndole: "Vete, Satanás, porque escrito está: Al Señor tu Dios adorarás, y a él sólo servirás" (Mt. 4:10, citando Dt. 6:13; 10:20). En cada caso, la apelación de Jesús al Antiguo Testamento se presenta como la palabra final sobre el tema, puesto que es la autoritativa Palabra de Dios.

Jesús recurrió a la autoridad del Antiguo Testamento para resolver todas las cuestiones de fe y práctica. Cuando se acusó a sus discípulos de incumplir las leyes del sábado, Jesús aludió a principios derivados de la ley mosaica, citando 1 Samuel 21:6 como justificación bíblica de sus acciones (Mt. 12:1-8). Cuando lo interpelaron sobre el divorcio, Jesús respondió: "¿No habéis leído?", recurriendo después a Génesis 2:23-24 y Deuteronomio 24:1-4 para dar respuesta a sus interlocutores (Mt. 19:3-9). En ambos casos, Jesús utilizó las Escrituras, no solo para afirmar el principio en cuestión, sino también para confirmar la divina autoridad inherente en el propio texto del Antiguo Testamento. Cuando Jesús purificó el templo por segunda vez al final de su ministerio terrenal (Mt. 21:12-13), desarrolló un argumento compuesto a partir de dos pasajes veterotestamentarios para justificar sus acciones y condenar a la nación (Is. 56:7; Jer. 7:11). Jesús citó tan repetidamente el Antiguo Testamento utilizando expresiones como "¿No habéis leído?" que con ello afirmaba, no solo su acuerdo con él, sino también la autoridad divina de estos escritos. En todos estos casos (y muchos más), Jesús nunca corrigió un solo error factual ni una instrucción práctica, considerando al Antiguo Testamento como la fidedigna Palabra de Dios, poseedora de la autoridad divina.

Jesús recurrió a la autoridad del Antiguo Testamento para dar testimonio de su identidad. Cuando los líderes religiosos cuestionaron sus sanaciones en sábado, Jesús reivindicó su igualdad con Dios (Jn. 5:17-18) y, acto seguido, aportó varias pruebas para tales pretensiones. Comenzó mencionando el testimonio de Juan el Bautista (5:33-35) pero, puesto que no era un testimonio divino en este contexto, no se quedó aquí, sino que aportó tres testigos divinos de su persona: (1) el testimonio de sus obras (5:36); (2) el testimonio de su Padre celestial (5:37-38); y (3) el testimonio del Antiguo Testamento, concretamente de los libros de Moisés (5:39-47). De este modo, Jesús afirmaba que lo escrito por Moisés es lo mismo que lo dicho por Dios. Es un testimonio divino al mismo nivel que el de las palabras de Dios pronunciadas audiblemente desde el cielo, o las milagrosas obras de Dios hechas en la tierra. De hecho, al concluir la enseñanza sobre el rico y Lázaro, Jesús definió el testimonio del Antiguo Testamento como superior al de los milagros, aun a la resurrección (Lc. 16:27-31).

Jesús se sometió personalmente a la autoridad del Antiguo Testamento. En el Sermón del Monte, declaró que no había venido a abolir la ley o los profetas (es decir, las Escrituras del Antiguo Testamento) sino a cumplirlas (Mt. 5:17). El Señor siguió diciendo que, cualquier violación de las Escrituras o influencia en otros para que las incumplan tendría consecuencias eternas (Mt. 5:18-19). Jesús llegó incluso a definir la regla del oro como la cuestión esencial de las Escrituras (Mt. 7:12). Cuando terminaba de hablar, quienes lo oían reconocían que su instrucción era distinta de la de los escribas, porque les enseñaba como quien tiene autoridad (Mt. 7:28-29). Jesús hablaba con la autoridad divina inherente a su persona como Dios encarnado mientras que, al mismo tiempo, confirmaba constantemente la autoridad de las Escrituras y se conformaba a ella. Aun en el testimonio que dio de su identidad, Jesús se sometió a los principios y requisitos de las Escrituras del Antiguo Testamento. Así, en Juan 5:31 afirmó: "Si yo doy testimonio acerca de mí mismo, mi testimonio no es verdadero". Jesús no estaba negando la veracidad de su testimonio (véase Jn. 8:14-20), sino sujetándose a la petición veterotestamentaria de dos o tres testigos (Dt. 17:6; 19:15).

Jesús mantuvo la misma idea de las Escrituras del Antiguo Testamento antes y después de su resurrección. Lucas consigna dos ocasiones en que Jesús se encontró con sus discípulos inmediatamente después de la resurrección. La primera fue con dos de ellos en el camino que iba de Jerusalén a Emaús (Lc. 24:13-35). La segunda se produjo cuando regresó a Jerusalén en una habitación donde se habían reunido muchos de los discípulos (Lc. 24:36-47). En ambos casos, Jesús demostró las mismas convicciones por lo que respecta a la autoridad de las Escrituras y a la necesidad de su cumplimiento. En la primera ocasión, confirmó la necesidad de que se cumplieran todas las cosas escritas en el Antiguo Testamento sobre sí mismo, como sucedió en su muerte, sepultura y resurrección (Lc. 24:26-27). En la segunda ocasión, no solo declaró esto, sino también que el futuro testimonio de Él y de su obra, que habrían de dar sus seguidores, se basaba también en las Escrituras del Antiguo Testamento (Lc. 24:44-47). La idea que Jesús tenía del Antiguo Testamento, su inspiración, inerrancia y autoridad no cambió con su glorificación. Este es un hecho muy significativo para la refutación de las erróneas teorías de la adaptación.

Jesús afirmó la inspiración del Antiguo Testamento. Para Jesús, la autoridad del Antiguo Testamento descansaba en su naturaleza como Palabra inspirada de Dios.

Jesús afirmaba autoría divina y humana de la Biblia. Él reconoció repetidamente a los escritores del Antiguo Testamento, hablando directamente de Moisés (Jn. 5:45-47), David (Lc. 20:42), Isaías (Mt. 13:14) e, incluso, de Daniel (Mt. 24:15-16) como autores de los textos que citaba. Al mismo tiempo, no solo les atribuía sus escritos a ellos sino también a la obra del Espíritu Santo como autor divino. Jesús atribuyó tanto a David como al Espíritu Santo la autoría del Salmo 110 (Mr. 12:36), y aludió indistintamente a fragmentos del Antiguo Testamento como palabras de Dios y obra de escritores humanos como Moisés y Isaías (Mt. 15:1-11). Cuando se compara todo el uso del Antiguo Testamento que hace Cristo, queda claro que para Él no hay diferencia entre "Dios dice", "la Escritura dice", o "el mismo David dijo por el Espíritu Santo". Al citar tanto a los autores humanos de la Escritura como al escritor divino, Jesús confirmó lo que había declarado el propio David: "El Espíritu de Jehová ha hablado por mí, y su palabra ha estado en mi lengua" (2 S. 23:2).

Jesús afirmó la veracidad de la Biblia. El Antiguo Testamento contiene más que 3800 afirmaciones directas en el sentido de que lo que está escrito son las palabras de Dios. También hace varias afirmaciones universales sobre su veracidad (Sal. 19:7, 9; 119:43, 160; 138:2; Pr. 30:5). La prueba que se da para identificar a los falsos profetas estaba directamente relacionada con la veracidad de sus afirmaciones y con el hecho de que si sus palabras estaban o no en completa conformidad con el contenido de las Escrituras (Dt. 13:1-5; 18:20-22). Si lo que decía un profeta no se cumplía, este era falso. Si el milagro que predecía se producía pero sus palabras eran contrarias a las Escrituras, debía ser igualmente rechazado como falso profeta. Según el Antiguo Testamento, lo que dicen las Escrituras es verdadero, y su integridad y autoridad absolutamente permanentes.

El testimonio de Jesús sobre la veracidad del Antiguo Testamento es el mismo que dan las propias Escrituras veterotestamentarias. Él consideraba que las Escrituras eran las propias palabras y mandamientos de Dios y, como tal debían reconocerse como completamente autoritativas (Mt. 15:3-9). Su represión de los escribas y fariseos en este pasaje se alinea con el testimonio del Antiguo Testamento, que identifica como falsos a quienes niegan esta creencia, por ello Jesús los considera como "guías ciegos" (Mt. 15:14).

Al decir: "tu palabra es verdad" (Jn. 17:17), Jesús identificó personalmente a las Escrituras como verdad objetiva. Esto concuerda perfectamente con el testimonio de Salmos 119:160, porque la atestación del Señor y la del Antiguo Testamento están en perfecto acuerdo. Esta absoluta integridad, unida a la apelación a la autoridad veterotestamentaria de Jesús y de los autores del Nuevo Testamento, apoya el hecho de que Jesús consideraba el Antiguo Testamento como la inspirada Palabra de Dios. Como tal, Jesús no solo consideraba que la Palabra de Dios era veraz sino la verdad misma, llamándola explícitamente "verdad" (Jn. 17:17). Consideró cada testimonio veterotestamentario como una afirmación fehaciente, aun los acontecimientos más milagrosos. Jesús trató al Antiguo Testamento como la Palabra de Dios verdadera y veraz.

Jesús afirmó la inspiración plenaria y verbal de la Biblia. Como ya hemos dicho, los términos "verbal" y "plenaria" aluden, respectivamente, a *cada palabra* y *todas las palabras* de las Escrituras. Creer, por tanto, en la inspiración verbal y plenaria es asentir al hecho de que cada una de las palabras de las Escrituras, y toda ella en su conjunto, son inspiradas por Dios. Hay dos evidencias de que Jesús sostenía este punto de vista. En primer lugar, Él citó o aludió a muchos libros del Antiguo Testamento en numerosas formas y contextos. Citó pasajes de los cinco libros de Moisés y las obras de otros profetas. Hizo al menos ocho referencias directas a los Salmos. Mencionó de algún modo cada una de las principales divisiones de la Biblia hebrea (la Ley, los Profetas y los Escritos). Aun después de su resurrección, aludió a todo el Antiguo Testamento como un testimonio divinamente inspirado y fidedigno de su vida y ministerio (Lc. 24:27). En segundo lugar, Jesús basó determinados argumentos para defender ¡nada menos que su deidad! en palabras, expresiones y letras del texto veterotestamentario. Este uso del Antiguo Testamento por parte del Señor demuestra su afirmación de la inspiración divina y verbal de las Escrituras.

Jesús afirma en Mateo 5:17-18 que no pasarán ni una letra ni una tilde de las Escrituras hasta que se cumplan en su totalidad. Sin duda, no podría haberse expresado una valoración más elevada que esta de los detalles más pequeños de las Escrituras. Hay más ejemplos que merecen la pena observar.

En la fiesta de la dedicación, Jesús afirmó su deidad reivindicando su igualdad con el Padre (Jn. 10:22-30). Los judíos respondieron tomando piedras para lanzárselas por lo que ellos consideraban una afirmación blasfema. En Juan 10:34-35, Jesús defendió su afirmación dirigiendo la atención de sus oponentes a lo que podría considerarse una expresión oscura de los Salmos (82:6). El peso de su argumento se basa en una sola palabra del texto: "dioses". Jesús dice: "¿No está escrito en vuestra ley: Yo dije, dioses sois? Si llamó dioses a aquellos a quienes vino la palabra de Dios (y la Escritura no puede ser quebrantada), ¿al que el Padre santificó y envió al mundo, vosotros decís: Tú blasfemas, porque dije: Hijo de Dios soy?" (Jn. 10:34-36). En estos dos versículos Cristo utilizó tres palabras distintas para describir el Salmo 82. Se refirió a él como la "Ley", "la Palabra de Dios", y "la Escritura". La terminología sinónima demuestra una afirmación de la inspiración plenaria del texto. Cuando Jesús dijo, "la Escritura no puede ser quebrantada" (Jn. 10:35), estaba afirmando su completa unidad, de que habla Mateo 5:18: "Porque de cierto os digo que hasta que pasen el cielo y la tierra, ni una jota ni una tilde pasará de la ley, hasta que todo se haya cumplido". En este caso, Jesús basa todo su argumento en una sola palabra: "dioses". Si Dios usa esta palabra para referirse a ciertos jueces injustos que serán condenados por él, ¿no puede acaso utilizarla también para aludir a su Hijo eterno? Jesucristo presentó un argumento para su deidad a partir de esta palabra del Antiguo Testamento, mostrando que Jesús consideraba la inerrancia de sus detalles más pequeños como algo de gran trascendencia.

Cuando los saduceos lo cuestionaron sobre la resurrección de los muertos, Jesús basó toda su refutación en el tiempo de un verbo (Mt. 22:32). Los saduceos pretendían sorprender a Jesús presentándole un caso extremo sobre una ley del Antiguo Testamento acerca de la obligación del hermano de un hombre fallecido de casarse con su viuda si este no había tenido hijos con ella. Su pregunta era más ridícula aún que la ilustración, ya que preguntaron de quién sería esposa en la resurrección. Pero Jesús no solo respondió afirmando la autoridad y veracidad del mandamiento de Dios por medio de Moisés, sino señalando también que su error consistía en su falta de comprensión de las Escrituras. El Señor dijo: "Pero respecto a la resurrección de los muertos, ¿no habéis leído lo que os fue dicho por Dios, cuando dijo: Yo soy el Dios de Abraham, el Dios de Isaac y el Dios de Jacob? Dios no es Dios de muertos, sino de vivos" (Mt. 22:31-32). Lo que quería decir es que aquellos patriarcas seguían vivos, ya que aun después de su muerte Dios declara: "Yo soy" su Dios, no "yo fui" su Dios. Una vez más, la expresión "¿No habéis leído?" es una apelación a la autoridad del pasaje de Éxodo 3:6 que cita. Además, su argumento aquí es para confirmar una doctrina tan importante como la resurrección, y se basa en el sentido derivado de la conexión implícita (o verbo de conexión) de la cláusula nominal del texto hebreo. La expresión "yo soy" representa una comprensión literal y exacta de la construcción hebrea.

Por último, Jesús silencia al último de sus críticos cuando responde a los fariseos con una pregunta sobre la correcta comprensión de una palabra en Salmos 110:1. Mateo lo describe de este modo:

> "Y estando juntos los fariseos, Jesús les preguntó, diciendo: ¿Qué pensáis del Cristo? ¿De quién es hijo? Le dijeron: De David. Él les dijo: ¿Pues cómo David en el Espíritu le llama Señor, diciendo: Dijo el Señor a mi Señor: Siéntate a mi derecha, hasta que ponga a tus enemigos por estrado de tus pies? Pues si David le llama Señor, ¿cómo es su hijo?" (Mt. 22:41-45).

Jesús hace una profunda afirmación teológica en este texto sobre su deidad. Él descendía de la línea de David, lo cual significa que la única manera en que David podía llamarlo "Señor" era si su hijo era también superior a él. Su hijo solo puede ser superior a él si también es Dios. Jesús fundamentó todo su argumento en la palabra "Señor". David puede llamar "Señor" a su hijo puesto que, por su nacimiento humano es nada menos que el Señor, el Hijo de Dios encarnado. De nuevo, una sola palabra sirve de clave para establecer una doctrina tan importante como la deidad de Cristo.

Jesús constató la inspiración verbal del Antiguo Testamento cuando en otra ocasión reprendió a los fariseos con estas palabras: "Pero más fácil es que pasen el cielo y la tierra, que se frustre una tilde de la ley" (Lc. 16:17). Aunque la cuestión aquí es que las Escrituras se cumplirán hasta el más mínimo detalle, no podemos obviar el hecho de que es consecuentemente esencial que estas sean exactas y fidedignas hasta el más mínimo detalle. Esto se refleja asimismo en el Sermón del Monte, donde Jesús dijo que cada letra es perfectamente preservada en el cielo y se cumplirá (Mt. 5:17-18). No es solo que Jesús considerara inspiradas las porciones más pequeñas del texto, sino también cada letra. Jesús afirmó que aun la parte más pequeña de las Escrituras es eterna. Las implicaciones para la historicidad del texto son enormes. Si Jesús dio fe de este grado de exactitud, fiabilidad e integridad en el Antiguo Testamento, la Biblia debe, entonces, considerarse inspirada, inerrante y eternamente fiel, hasta la última palabra. En última instancia, el uso que Jesús hizo del Antiguo Testamento demuestra una absoluta confianza en la inspiración verbal y plenaria de las Escrituras: en su totalidad, en todas sus partes y en cada letra.

Jesús afirmó la necesidad de que las Escrituras se cumplieran. Constató repetidamente que tenía que cumplir personalmente todo lo que las Escrituras del Antiguo Testamento decían acerca de Él y su ministerio (Mt. 26:31; Mr. 9:12-13; 14:27, 49; Lc. 20:17; 24:25-27, 44-46; Jn. 5:39; 12:14; 13:18; 17:12). En el contexto de su traición, Jesús citó Zacarías 13:7, declarando que todos sus discípulos perderían la fe puesto que las Escrituras así lo afirmaban (Mt. 26:31). Aunque los discípulos respondieron a esta cita con grandes objeciones, Jesús siguió afirmando que aquello tenía que ocurrir porque las Escrituras se cumplirían. Aun mientras colgaba de la cruz, Jesús cumplió deliberadamente ciertos detalles de las Escrituras (Jn. 19:28-30). Juan llega al extremo de afirmar que durante su vida los discípulos no habían entendido cómo se estaba cumpliendo las Escrituras. Sin embargo, tras la resurrección de Cristo, Juan y el resto de los apóstoles recordaron lo que estaba escrito en el Antiguo Testamento y entendieron que Jesús había hecho exactamente lo que decían las Escrituras (Jn. 12:14-16). Jesús creía que todas las palabras de las Escrituras tenían que cumplirse. Esto es exactamente lo que los apóstoles constataron sobre lo que sucedió en la vida y ministerio de Jesucristo.

Jesús afirmó la historicidad del Antiguo Testamento. Además de afirmar la autoridad e inspiración del Antiguo Testamento, Jesús declaró su confianza en la veracidad de los relatos históricos que contiene.

Jesús afirmó la historicidad de las personas que aparecen en los relatos del Antiguo Testamento, puesto que en cada referencia que hacía a ellas las trataba como personas reales. Cuando habló del tema del divorcio, Jesús confirmó el carácter histórico, no solo del relato de la creación sino también de Adán y Eva. Por otra parte, Jesús desarrolló su argumento para la doctrina del matrimonio a partir de la veracidad histórica del Génesis (Mt. 19:4-5). Demostró una firme confianza en la autenticidad del relato de Génesis 4, constatando no solo la existencia de Abel sino también su asesinato (Mt. 23:35). Afirmó también el rigor histórico de numerosas personas del Antiguo Testamento, como Abraham, Isaac y Jacob (Mt. 8:11; 22:32; Lc. 13:28; Jn. 8:56); Lot y su esposa (Lc. 17:28, 32); Moisés (Jn. 3:14; 5:45; 7:19); David (Mt. 12:3; 22:43-45); Salomón (Mt. 6:29; Lc. 11:31); la reina de Saba (Mt. 12:42; Lc. 11:31); Elías y la viuda de Sidón (Lc. 4:25-26); Eliseo y Naamán (Lc. 4:27); Jonás (Mt. 12:39-41; Lc. 11:29-32); Zacarías (Mt. 23:35; Lc. 11:51); y Daniel (Mt. 24:15). Jesús habló de todos ellos como personajes históricos, y trató los detalles del registro bíblico sobre sus vidas como hechos históricos. Desde Adán y Noé hasta Jonás y Daniel, Jesús constató sin reservas la historicidad, no solo de las personas mismas, sino también de los acontecimientos sobre ellas consignados en el Antiguo Testamento. El hecho de que Jesús aludiera con naturalidad a estas personas para explicar un importante punto doctrinal, demuestra claramente que Él aceptaba la exactitud histórica de estos textos.

Jesús afirmó la historicidad de lugares y acontecimientos registrados en el Antiguo Testamento. El Señor aludió frecuentemente a los relatos veterotestamentarios en sus enseñanzas. En ocasiones utilizó estas referencias para demostrar algún aspecto, otras veces, como ilustraciones o confirmaciones de su enseñanza, pero siempre habló de ellas como lugares y acontecimientos reales. Es digno de mención que Jesús citó a menudo aquellos relatos caracterizados por consignar acontecimientos milagrosos. Constató la destrucción de Sodoma y Gomorra por parte de Dios tal como se consigna en Génesis 19 (Mt. 11:20-24). Confirmó los días que Jonás estuvo dentro del gran pez (Mt. 12:40) y el arrepentimiento de Nínive (Lc. 11:30-32). Afirmó la existencia de un diluvio literal y universal en los días de Noé (Mt. 24:38-39). Estaba convencido de que Dios proveyó a Israel maná del cielo de forma sobrenatural cuando el pueblo vagó por el desierto durante cuarenta años (Jn. 6:49). Jesús no aludió a estos acontecimientos de forma rápida; utilizó estas narraciones para fundamentar doctrinas tan eternamente significativas como su resurrección. Por ejemplo, Jesús relacionó el hecho de su resurrección con la veracidad histórica de Jonás 1:17 y con su relato del tiempo de este profeta y el gran pez (Mt. 12:38-42). Jesús no solo enseñó que las Escrituras eran inspiradas por Dios sino también, como necesario corolario, históricamente rigurosas.

Jesús afirmó la historicidad de la autoría del Antiguo Testamento. En varias ocasiones, Jesús citó a los autores humanos de los libros del Antiguo Testamento. Esto demuestra su confianza en la historicidad de la autoría humana de estas obras, desafiando así las posteriores afirmaciones en sentido contrario de la alta crítica. Por ejemplo, Cristo atribuyó a Moisés la autoría del Pentateuco (Mt. 8:4; Mr. 12:26; Jn. 5:45-46), planteando incluso a partir de Juan 5 que los escritos de Moisés daban testimonio de Él (Jesús vinculó directamente sus afirmaciones sobre sí mismo con la autoría mosaica del Pentateuco). Además, Jesús afirmó que David escribió el Salmo 110 (Mt. 22:43-44), que Isaías escribió el libro que lleva su nombre (Mt. 13:14-15) y Daniel, su profecía homónima (Mt. 24:15). Basándonos en su uso del Antiguo Testamento, es evidente que Cristo lo consideraba un registro históricamente riguroso, redactado por hombres divinamente inspirados que produjeron escritos divinamente fidedignos.

Jesús autenticó anticipadamente el Nuevo Testamento como Escritura. Mientras que Jesús afirmó la autoridad, inspiración e historicidad del Antiguo Testamento que ya había sido recibido, en el caso de los escritos que se redactarían y compilarían después de su ascensión para formar el Nuevo Testamento, el Señor los autenticó anticipadamente.

Jesús afirmó que sus palabras eran las del Padre. Cristo afirmó repetidamente que cuando Él hablaba, sus palabras eran las que el Padre le había dado. Situó sus palabras en el mismo plano de igualdad que las habladas por Dios y las propias Escrituras. Sobre esta base, puede decirse que el registro apostólico de sus palabras es un mensaje divinamente autoritativo de parte de Dios. Como dijo Jesús en Juan 8:26-28:

> Muchas cosas tengo que decir y juzgar de vosotros; pero el que me envió es verdadero; y yo, lo que he oído de él, esto hablo al mundo. Pero no entendieron que les hablaba del Padre. Les dijo, pues, Jesús: Cuando hayáis levantado al Hijo del Hombre, entonces conoceréis que yo soy, y que nada hago por mí mismo, sino que según me enseñó el Padre, así hablo.

Según Jesús, su crucifixión demostraría la veracidad de su identidad como Hijo del Hombre y la divina fuente de su mensaje al mundo (cf. Jn. 12:49-50).

En el aposento alto, Jesús informó a sus discípulos que sus palabras eran parte de las obras del Padre, y que estas no solo lo revelaban, sino que también verificaban la unidad entre Padre y el Hijo: "¿No crees que yo soy en el Padre, y el Padre en mí? Las palabras que yo os hablo, no las hablo por mi propia cuenta, sino que el Padre que mora en mí, él hace las obras" (Jn. 14:10). Finalmente, según la oración de Cristo la noche en que fue traicionado, lo que distinguía a los Once de Judas y del resto del mundo incrédulo era el hecho de que estos habían recibido sus palabras como del Padre. Jesús oró: "Ahora han conocido que todas las cosas que me has dado, proceden de ti; porque las palabras que me diste, les he dado; y ellos las recibieron, y han conocido verdaderamente que salí de ti, y han creído que tú me enviaste" (Jn. 17:7-8). Es evidente que las palabras que Jesús impartió a sus discípulos procedían de Dios Padre, quien concedió a los Once una comprensión de la verdadera naturaleza y misión de Jesucristo (véase Jn. 17:14, 17).

Jesús era un profeta "como" Moisés, pero mucho mayor que él. Dios le habló a Moisés cara a cara y se le reveló (Éx. 33:11; Dt. 34:10). Jesucristo es el Verbo encarnado y, como tal, la revelación de Dios. Sus palabras eran directamente las del Padre. Ver a Jesús era lo mismo que ver al Padre. Pero Jesús prometió a sus discípulos algo más que el recuerdo de la revelación divina que Él representaba y que les había dado: el Espíritu Santo les daría más revelación.

Jesús prometió más revelación a los apóstoles. Desde la confesión de Pedro (Mt. 16:16), Jesús comenzó a preparar a sus discípulos para su partida. En las últimas horas de su vida en la tierra, los reunió en el aposento alto a fin de prepararlos para la crucifixión. Anteriormente les había hablado mucho de esta cuestión, pero no le habían comprendido. Ni siquiera la noche anterior a su pasión sus discípulos habían entendido o aceptado su testimonio con respecto a los acontecimientos que iban a producirse (Jn. 13:12-38). En cualquier caso, Jesús procedió a prepararlos para su futuro ministerio haciéndoles tres importantes promesas.

En primer lugar, les prometió que el Espíritu les ayudaría a recordar fielmente sus palabras: "Mas el Consolador, el Espíritu Santo, a quien el Padre enviará en mi nombre, él os enseñará todas las cosas, y os recordará todo lo que yo os he dicho" (Jn. 14:26). El Espíritu Santo de Dios concedería una doble bendición especial a los Once: (1) Les enseñaría todas las cosas. El contexto parece implicar que Él les instruiría acerca de las cosas que Jesús les había enseñado, de modo que las comprenderían. (2) Les recordaría exactamente todo lo que Jesús había dicho. Esta es la promesa a aquellos once hombres del perfecto recuerdo de las palabras de Jesús. En este sentido, es una autenticación previa de la veracidad e inspiración de los Evangelios de Mateo, Marcos (basado en el testimonio de Pedro) y Juan.

En segundo lugar, Jesús prometió que estos darían testimonio de Él y que su testimonio vendría mediante la inspiración del Espíritu Santo: "Pero cuando venga el Consolador, a quien yo os enviaré del Padre, el Espíritu de verdad, el cual procede del Padre, él dará testimonio acerca de mí. Y vosotros daréis testimonio también, porque habéis estado conmigo desde el principio" (Jn. 15:26-27). Este texto nos plantea dos observaciones pertinentes para nuestra exposición: (1) El testimonio de los discípulos acerca de Cristo se basaría tanto en su testimonio presencial de los acontecimientos como en la revelación del Espíritu de verdad. La importancia de este doble aspecto radica en que, aunque sería un testimonio del Señor Jesucristo y procedente del Espíritu Santo, también tendría las características propias de un testimonio presencial. (2) Sería un testimonio veraz. Jesús subrayó específicamente la veracidad de este testimonio describiendo al Consolador en este contexto como el "Espíritu de verdad". Por tanto, aunque el testimonio de los Once sería el de ellos, sería también el inspirado testimonio del Espíritu Santo de verdad. (3) Jesús les prometió que recibirían otra revelación aparte de la que les había confiado personalmente. Como dijo a sus discípulos en el aposento alto:

> Aún tengo muchas cosas que deciros, pero ahora no las podéis sobrellevar. Pero cuando venga el Espíritu de verdad, él os guiará a toda la verdad; porque no hablará por su propia cuenta, sino que hablará todo lo que oyere, y os hará saber las cosas que habrán de venir. Él me glorificará; porque tomará de lo mío, y os lo hará saber (Jn. 16:12-14).

En este texto hay que hacer tres observaciones claves. En primer lugar, Jesús les dijo que tenía más revelación que darles, pero no podía hacerlo porque ellos eran entonces incapaces de asimilarla. No cabe duda de que esto alude a todo el Nuevo Testamento, incluso el libro de Apocalipsis, puesto que en el versículo 13 alude a las "cosas que habrán de venir". En segundo lugar, Jesús afirma que la fuente de esta revelación será el Espíritu de verdad. El acento en la *verdad* no puede pasarse por alto. Al autenticar de antemano el Nuevo Testamento, Jesús mostró que este se caracterizaría por la misma veracidad de Aquel que lo inspiraría. En última instancia, igual que el Antiguo Testamento, también el Nuevo glorificará al Hijo. Jesús consideraba el Antiguo Testamento como una impecable revelación de su persona y obra, incluso después de su resurrección. El Nuevo Testamento glorificaría la persona y obra del Hijo más que el Antiguo. Sería una revelación de Dios igualmente autoritativa, inspirada e inerrante, pero completaría el divino mensaje de las Escrituras. Sería, como el Antiguo Testamento, la Palabra de la Trinidad (Jn. 16:14-15). Jesús, pues, autenticó anticipadamente el Nuevo Testamento como Palabra de Dios inspirada verbal, plenaria y divina, y poseedora de su autoridad.

Jesús impartió personalmente otra revelación. El Nuevo Testamento tiene otro testimonio sobre Jesucristo que es pertinente para esta exposición. El Apocalipsis o Revelación de Jesucristo lleva este nombre porque consigna la revelación que el apóstol Juan recibió directamente de Cristo casi al final del siglo I. Aunque se trata ciertamente del testimonio de Juan bajo la inspiración del Espíritu Santo sobre las cosas que han de venir (es decir, directamente en línea con la promesa de Jn. 16:13), es también el testimonio del propio Jesús (Jn. 16:12, 14-15).

Jesús tenía más cosas que decirles personalmente a sus discípulos, y parece muy razonable concluir que consideraba su mensaje personal a Juan en el último libro del Nuevo Testamento como parte de esta revelación adicional que prometió. Esto puede observarse en Apocalipsis 1:10-18 donde Juan identifica la fuente de esta revelación como aquel que estuvo muerto y vive, algo que solo puede aplicarse al propio Señor Jesús. Esto significa que la revelación incluía el resto del libro que le dio a Juan: su mensaje personal a cada una de las siete iglesias (Ap. 2–3) y la otra revelación sobre el futuro derramamiento de la ira de Dios (Ap. 4–18), la culminación de la historia de la redención en la Segunda Venida (Ap. 19), el establecimiento del reino milenial (Ap. 20), y el establecimiento final de los nuevos cielos y la nueva tierra (Ap. 21–22).

Los autores del Nuevo Testamento confirmaron la idea de Cristo. El testimonio de los autores neotestamentarios ratifica la autenticación previa del Nuevo Testamento de parte de Jesús. Esto se hace rápidamente evidente cuando analizamos lo que estos dijeron sobre el Antiguo Testamento y el modo en que lo utilizaron. Algunos textos claves demostrarán, asimismo, que estos consideraban que sus escritos formaban parte de las Escrituras, en completa consonancia con la previa autenticación de Jesús.

Los autores del Nuevo Testamento reconocían la autoridad del Antiguo. Pablo basaba su evangelio en las Escrituras veterotestamentarias. El apóstol escribió estas palabras a los creyentes de Corinto: "Porque primeramente os he enseñado lo que asimismo recibí: Que Cristo murió por nuestros pecados, conforme a las Escrituras; y que fue sepultado, y que resucitó al tercer día, conforme a las Escrituras" (1 Co. 15:3-4). Las Escrituras a las que Pablo se refiere son el Antiguo Testamento, y lo que está, por tanto, afirmando es que la vida, muerte y resurrección de Cristo fueron un cumplimiento del Antiguo Testamento. Lo que dice el Antiguo Testamento debe considerarse una revelación de Dios. La valoración que Lucas hace de los bereanos confirma aún más esta conclusión. Lucas los describe como "más nobles" que los tesalonicenses porque cuando Pablo les predicó la Palabra la recibieron con buena disposición, como estos, pero además, los bereanos también cotejaban cada día el mensaje del apóstol con las Escrituras del Antiguo Testamento para verificar que lo que les decía encajaba con sus enseñanzas (Hch. 17:10-11). Esto es especialmente pertinente para esta exposición sobre el Nuevo Testamento, puesto que Pablo elogió a los tesalonicenses por haber recibido su mensaje como lo que era realmente: la Palabra de Dios (1 Ts. 2:13). Esto muestra que los autores del Nuevo Testamento reconocían la autoridad del Antiguo como Palabra de Dios y que creían que su mensaje procedía igualmente de Dios y estaba en conformidad con las Escrituras del Antiguo Testamento.

Los autores del Nuevo Testamento reconocían el Antiguo como Palabra de Dios. Pablo describió el Antiguo Testamento como "los oráculos de Dios" (Ro. 3:2), una frase que identifica a las Escrituras como mensajes directos de Dios. Los propios apóstoles afirmaban que el Antiguo Testamento tenía que cumplirse en todos sus puntos (Hch. 1:16; 2:15-16; 3:18; 4:8-12), y todos los autores del Nuevo Testamento siguieron de manera coherente esta práctica. Los Evangelios y las Epístolas contienen numerosas citas veterotestamentarias como base para el evangelio. Aparte de esto, los autores bíblicos aludieron repetidamente a las enseñanzas de Jesús o a las Escrituras del Antiguo Testamento, como base para las doctrinas o prácticas del Nuevo Testamento, demostrando que estas confirmaban una concepción del Antiguo Testamento y su autoridad que era coherente con la concepción de Jesús al respecto.

Todos los escritores del Nuevo Testamento demostraron una gran reverencia por las Escrituras del Antiguo Testamento, que a veces citaban diciendo: "la Escritura dice". Otras veces, sin embargo, atribuían el contenido de las Escrituras a Dios. Esta falta de distinción deja claro que para los autores del Nuevo Testamento no había distinción entre lo que dice Dios y lo que afirman las Escrituras. Estas dos ideas eran esencialmente sinónimas. Cuando, pues, los autores del Nuevo Testamento afirman: "la Escritura dice", es igualmente apropiado entender: "Dios dice", al margen de quien sea, en ese caso, el autor humano. Por ejemplo, en Romanos 9:17, Pablo describe el mensaje de Dios a Faraón como palabras de las Escrituras. No obstante, el texto de Éxodo 9:16 pone claramente de relieve que fue Dios mismo quien le habló por medio de Moisés. Las frases: *Dios dice*, *la Escritura dice*, o *un autor bíblico dice* equivalen a *Dios dice*.

Los autores del Nuevo Testamento reconocieron sus escritos como Escrituras. Mateo, Pedro, y Juan fueron testigos presenciales del Señor Jesús resucitado. Formaban parte, desde el principio, del escogido grupo de apóstoles de Cristo. Sus escritos son un inspirado relato de la vida y ministerio de Jesucristo, y basan frecuentemente su testimonio en citas o referencias a las Escrituras del Antiguo Testamento. Aunque estos Evangelios omiten cualquier reivindicación directa de inspiración, las promesas de autenticación por parte de Cristo, unidas a su selección de estos hombres como apóstoles, dan fe de su autoridad. Eran, de hecho, el oficio apostólico y el don de profecía los que transmitían la autoridad de Dios a los escritores y apóstoles neotestamentarios, de un modo muy parecido a lo que sucedió con los profetas del Antiguo Testamento. Pablo, por ejemplo, confirmó que su predicación provenía de Dios (1 Ts. 2:13), y declaró asimismo que sus escritos eran mandamientos de Dios. El apóstol amonestó con firmeza a los corintios, diciéndoles: "Si alguno se cree profeta, o espiritual, reconozca que lo que os escribo son mandamientos del Señor. Mas el que ignora, ignore" (1 Co. 14:37-38). Pablo no era el único que reivindicaba la autoridad de sus cartas; también Pedro reconocía que las cartas de Pablo eran Escrituras inspiradas cuando escribió: "Y tened entendido que la paciencia de nuestro Señor es para salvación; como también nuestro amado hermano Pablo, según la sabiduría que le ha sido dada, os ha escrito, casi en todas sus epístolas, hablando en ellas de estas cosas; entre las cuales hay algunas difíciles de entender, las cuales los indoctos e inconstantes tuercen, como también las otras Escrituras, para su propia perdición" (2 P. 3:15-16). Pedro no se limita a identificar las cartas de Pablo como documentos inspirados por Dios, sino que está también afirmando que el Nuevo Testamento no sería solo redactado por los apóstoles originales.

¿Qué hay de los autores neotestamentarios que no eran apóstoles? Algunos profetas neotestamentarios (creyentes que tenían el don de profecía) solo hablaban, pero otros redactaron textos de las Escrituras. Del mismo modo que algunos apóstoles no fueron autores de las Escrituras, tampoco lo fueron algunos profetas. Pablo explica que el misterio del evangelio "ahora es revelado a sus santos apóstoles y profetas por el Espíritu" (Ef. 3:5). Lucas dice que había profetas en Jerusalén que descendieron a Antioquía, como Agabo, quien predijo por el Espíritu la hambruna que se iba a producir (Hch. 11:27-28). El hecho de que, efectivamente, la hambruna se produjera muestra que el don de profecía estaba activo. Hechos 13:1 identifica a los dirigentes de la iglesia como profetas y maestros y en su lista consigna a Bernabé, Simeón, Lucio, Manaén y Saulo (es decir, el apóstol Pablo). Aunque el texto es bastante oscuro con respecto a si todos tenían el don de profecía o solo lo poseían algunos de ellos, eran una pluralidad.

Pablo también equiparó los escritos de Lucas con las Escrituras cuando escribió: "Pues la Escritura dice: No pondrás bozal al buey que trilla; y: Digno es el obrero de su salario" (1 Ti. 5:18). Pablo atribuye aquí el título de Escritura tanto a Deuteronomio (citando Dt. 25:4) como al Evangelio de Lucas (citando Lc. 10:7). Aunque el principal acento del texto no es la inspiración, no puede pasarse por alto que Pablo utiliza el término "Escritura" para hablar tanto del Antiguo Testamento como del Evangelio de Lucas. La clara implicación es que Pablo aplica la categoría de autoría divina a los escritos de Lucas situándolos en el mismo nivel que el Antiguo Testamento. Esto está totalmente en línea con la preautenticación del Nuevo Testamento que hace Jesús. Simplemente se amplía e incluye a un escritor no apostólico, igual que lo hace Pedro con Pablo.

A esta lista de escritores neotestamentarios no apostólicos e inspirados puede añadirse, junto a Pablo y Lucas, a Marcos, Santiago, el autor de Hebreos y Judas. Todos ellos estaban vinculados muy estrechamente con Cristo y sus apóstoles. Marcos fue compañero de Pablo en sus primeros viajes (Hch. 12:25; 13:5). Aunque el fracaso de Marcos produjo la ruptura entre Pablo y Bernabé (Hch. 15:37-39), el propio Pablo constató más adelante la madurez y progreso espiritual de Marcos (2 Ti. 4:11). El Evangelio de Marcos estaba estrechamente relacionado con la predicación de Pedro, pero su redacción fue fruto de la inspiración del Espíritu Santo, mediante el don de profecía. Lo mismo puede decirse de las Epístolas de Santiago y Judas. Santiago era considerado una columna en la iglesia primitiva (Gá. 2:9), y fue portavoz de la iglesia de Jerusalén durante el concilio de Hechos 15. Tanto él como Judas eran medio hermanos de Jesús y redactaron textos de las Escrituras bajo la inspiración del Espíritu Santo, mediante el don de profecía. Lo mismo se aplica al autor de Hebreos. Aunque la identidad de este autor sigue siendo desconocida, este documento fue redactado mediante el don de profecía y la inspiración del Espíritu Santo. Los veintisiete libros del Nuevo Testamento dan fe de su propia inspiración.

Autoridad de las Escrituras

Fuentes secundarias
Fuente primaria

La doctrina de la autoridad se resume en una pregunta esencial: ¿Cómo se convence uno de que la Biblia es realmente la Palabra de Dios?[8] O, ¿cómo podemos estar seguros de que las Escrituras son la verdad de Dios transmitida mediante el proceso de inspiración y que tiene, por ello, derecho a ejercer autoridad sobre nuestra vida?

Definir legítimamente la autoridad ha sido siempre un campo de batalla. Al principio del siglo XXI, las formas y expresiones ilegítimas de autoridad van desde el ejercicio ilegal y abusivo del autoritarismo o totalitarismo a la autoridad individual que surge de una egoísta mentalidad posmoderna.

El acercamiento apropiado a esta discusión comienza con una definición operativa general de la *autoridad*, especialmente de la autoridad legítima ejercida de un modo adecuado. Una definición representativa que consigna un diccionario afirma que autoridad es "el poder para imponer obediencia o el derecho a hacerlo; supremacía moral o legal; derecho a tomar o aplicar una decisión final".[9] El sustantivo del Nuevo Testamento que más comúnmente se traduce como "autoridad" (102 veces) —*exousia*— transmite una idea parecida: "poder ejercido por gobernantes u otras personas en una elevada posición en virtud de su cargo".[10]

Las cosmovisiones seculares nos ofrecen muchos acercamientos a la idea de autoridad:

- *Oligárquica*: autoridad ejercida por unos pocos que tienen mucho poder
- *Democrática*: autoridad ejercida por el pueblo
- *Hereditaria*: autoridad ejercida por los miembros de una determinada familia
- *Despótica*: autoridad ejercida perversamente por al menos una persona
- *Personal*: autoridad ejercida por una persona

No obstante, en una cosmovisión bíblica, la autoridad original y última reside en Dios y solo en Él. Dios no heredó su autoridad: no había nadie para legársela. Dios no recibió su autoridad: no había nadie para otorgársela. Dios no obtuvo su autoridad por el voto de nadie: no había nadie para votarlo. Dios no usurpó su autoridad: no había nadie a quien robársela. Dios no ganó su autoridad: ya era suya.

La autoridad de Dios se hace evidente e incuestionable cuando se consideran tres hechos. En primer lugar, Dios creó los cielos, la tierra y todo lo que hay en ellos (Gn. 1–2). Segundo, Dios es el propietario de la tierra, todo lo que contiene y los que moran en ella (Sal. 24:1). Tercero, en última instancia Dios destruirá todo lo que existe, como declaró: "Pero el día del Señor vendrá como ladrón en la noche; en el cual los cielos pasarán con grande estruendo, y los elementos ardiendo serán deshechos, y la tierra y las obras que en ella hay serán quemadas" (2 P. 3:10).

Entender y aceptar la autoridad de Dios es tan sencillo como aceptar el hecho mismo de su persona. Romanos lo expresa mejor: "Sométase toda persona a las autoridades superiores; porque no hay autoridad sino de parte de Dios, y las que hay, por Dios han

---

8. Esta introducción es una adaptación del artículo de Richard L. Mayhue, "The Authority of Scripture", *MSJ* 15, nro. 2 (2004): 228-229. Usado con permiso de *MSJ*.

9. *The New Shorter Oxford Dictionary*, 4a. ed. (Oxford: Oxford University Press, 1993), s.v. "authority".

10. Walter Bauer, *A Greek-English Lexicon of the New Testament and Other Early Christian Literature*, rev. y ed. por Frederick W. Danker, 3ra. ed., basada en las anteriores ediciones en inglés de W. F. Arndt, F. W. Gingrich y F. W. Danker (Chicago: University of Chicago Press, 2000), 353.

sido establecidas" (Ro. 13:1). Este *locus classicus* establece claramente la fuente de toda autoridad y articula el principio de la *delegación divina* (véanse Job 34:13; Jn. 19:11).

Numerosas declaraciones del Antiguo Testamento dan un testimonio explícito de la autoridad de Dios. Por ejemplo, Salmos 62:11 afirma que "de Dios es el poder", y 2 Crónicas 20:6 dice: "Jehová Dios de nuestros padres, ¿no eres tú Dios en los cielos, y tienes dominio sobre todos los reinos de las naciones? ¿No está en tu mano tal fuerza y poder, que no hay quien te resista?".

El Nuevo Testamento atribuye la misma autoridad al Señor Jesús, quien tras su resurrección afirmó: "toda potestad me es dada en el cielo y en la tierra" (Mt. 28:18). Pablo afirmó que, finalmente: "en el nombre de Jesús se dobl[ará] toda rodilla de los que están en los cielos, y en la tierra, y debajo de la tierra" (Fil. 2:10). Judas lo expresó de este modo: "Al único y sabio Dios, nuestro Salvador, sea gloria y majestad, imperio y potencia, ahora y por todos los siglos. Amén" (Jud. 25).

Fuentes secundarias

A lo largo de la historia de la iglesia se han presentado varias fuentes para establecer la autoridad de las Escrituras. Entre las más destacadas están (1) las pruebas racionales, (2) la autoridad de la iglesia, y (3) el impacto existencial de la Biblia en el lector. Cuando consideremos brevemente cada una de estas fuentes, se hará evidente que ninguna de ellas establece satisfactoriamente la autoridad de las Escrituras.

PRUEBAS RACIONALES

Las pruebas racionales son aquellas conclusiones que pueden alcanzarse observando el texto de las Escrituras y los hechos de la historia. Las pruebas arqueológicas ofrecen un significativo ejemplo. La Biblia hace muchas alusiones históricas a personas, lugares y acontecimientos, y un significativo número de tales referencias pueden verificarse mediante pruebas tangibles. Los arqueólogos han excavado minuciosa y exhaustivamente desde la ciudad de Jericó (han encontrado ciertas pruebas fehacientes de que los muros se desplomaron) hasta la estela de Tel Dan (que menciona por nombre al rey David). Entre estos descubrimientos hay objetos que confirman la existencia de determinadas personas y acontecimientos históricos mencionados en las Escrituras. Durante los últimos varios siglos, la mayoría de las acusaciones contra las supuestas inexactitudes históricas de la Biblia han sido refutadas mediante este tipo de hallazgos. Por otra parte, no se ha demostrado la falsedad de ningún acontecimiento histórico o persona de la Biblia. Se han respondido incluso aparentes incoherencias de un modo que confirma la veracidad histórica de las Escrituras.

Otro argumento racional supone el cumplimiento de la profecía. Basta con leer Isaías 53 para hallar abundantes pruebas de que Dios reveló detalles relacionados con la crucifixión que solo Él podía conocer. Este pasaje fue escrito aproximadamente setecientos años antes del nacimiento de Cristo. Isaías 44:28 hace también referencia a Ciro, rey de Persia, mencionando su nombre y declarando incluso que este daría la orden de reconstruir el templo de Jerusalén. Este texto se escribió más de cien años antes de la destrucción del templo. Daniel consigna el surgimiento y caída de los principales imperios desde Persia hasta Roma, y lo hace de tal forma que solo puede explicarse por una revelación de Dios a los hombres (Dn. 7–8). Si a esto añadimos las múltiples profecías del Antiguo Testamento que se han cumplido a lo largo de la historia de la redención, los argumentos a favor de la inspiración y autoridad de las Escrituras se hacen incontrovertibles. Estos y otros argumentos racionales parecidos pueden utilizarse para afirmar lógicamente que las Escrituras son la autoritativa Palabra de Dios.

LA AUTORIDAD DE LA IGLESIA

Una segunda fuente potencial de autoridad para las Escrituras es la autoridad de la iglesia, es decir, las declaraciones de los concilios, los padres de la iglesia, e importantes cuerpos eclesiásticos. La Iglesia católica se basa en este principio. Según su punto de vista, la Biblia es la Palabra de Dios porque la iglesia romana lo ha decretado. El principal problema con este argumento es este: ¿Quién autorizó a la iglesia en cuestión para hacer esta declaración? ¿Cuál es la fuente de la autoridad de la iglesia? Si las Escrituras son la base de la suprema autoridad de la iglesia (véase Ef. 2:20), entonces, tal autoridad queda invalidada porque descansa en un razonamiento circular. Si la autoridad suprema se basa en alguna otra fuente, como la sucesión apostólica, entonces hay que dar prueba de tal autoridad, pero en el caso de la Iglesia católica, no hay pruebas fehacientes para la sucesión apostólica. La iglesia puede afirmar la autoridad de las Escrituras, pero no puede ser el testigo decisivo de ella.

IMPACTO EXISTENCIAL

Un tercer argumento para la autoridad de las Escrituras es su impacto existencial en la vida de los creyentes. Esta idea hace referencia al tangible impacto en la vida del creyente que siempre acompaña a la fe que salva. En determinados círculos liberales se ha utilizado esta cuestión para afirmar que las Escrituras no son la Palabra de Dios, sino que se convierten en ella cuando tiene un impacto existencial en el lector. En cualquier caso, esto significa basar la convicción de que la Biblia es la Palabra de Dios en el efecto práctico o emocional que tiene su contenido en la vida de las personas.

El problema de todos estos argumentos es que son subjetivos, dejando que sea el propio individuo el que determine si las Escrituras son o no de Dios según sus propios criterios de evaluación. Aunque estos acercamientos ofrecen ciertamente argumentos secundarios de las Escrituras como la Palabra de Dios, son inadecuados como prueba principal o concluyente. Esta prueba principal ha de ser el testimonio de las propias Escrituras.

Fuente primaria

Las Escrituras abordan con frecuencia el asunto de la autoridad. Las descripciones de Dios y los títulos que se le aplican demuestran su absoluta autoridad sobre su creación. Se lo identifica desde el principio como Creador de todas las cosas (Gn. 1:1). Los títulos Señor (Dt. 10:17) y Dios Todopoderoso (Gn. 17:1) demuestran su autoridad y poder sobre todas las cosas. La naturaleza de Dios expresada por medio de sus atributos afirma asimismo su autoridad. La Biblia declara que Dios es eterno, inmortal y único (1 Ti. 1:17). Se lo describe como omnisciente (Sal. 139:1-6), omnipotente (Sal. 135:5; Jer. 32:17), omnipresente (Sal. 139:7-12), y justo (Sal. 92:15). Su sabiduría es inescrutable (Ro. 11:33-36). Su soberanía es sobre toda su creación (Gn. 1:1; Sal. 89:11; 90:2), ahora y para siempre (Sal. 104; 1 Co. 15:24-28). Esta autoridad se le transmite al hombre por medio de la Palabra de Dios y es un mensaje inalterable y autoritativo (Dt. 4:1-2; Pr. 30:5-6; Ap. 22:18-19).

EL TESTIMONIO DEL ESPÍRITU SANTO

Dada la naturaleza de Dios y su Palabra, solo Él está capacitado para establecer y confirmar la divina autoridad de las Escrituras. Esto es exactamente lo que hace mediante el testimonio interno del Espíritu Santo al creyente. Según la Biblia, el Espíritu Santo actúa a través de las Escrituras para confirmar su fiabilidad, dándole al creyente la certidumbre de que estas son la Palabra de Dios. La autoridad se deriva del ministerio espiritual del Espíritu Santo, no de la subjetiva decisión del creyente.

¿Cómo actúa el testimonio interno del Espíritu? Comienza con las afirmaciones objetivas que hacen las propias Escrituras. La Biblia es una declaración presuposicional de Dios al hombre. El primer versículo de la Biblia expresa una declaración de hechos: "En el principio creó Dios" (Gn. 1:1). Las Escrituras no intentan demostrar su veracidad al lector. No presentan listas de argumentos razonados como prueba de ella. La Palabra de Dios se limita a presentar la verdad como verdad, esperando y demandando al lector que la acepte como tal. Esto no significa que no existan pruebas que corroboren como cierto lo que afirma la Biblia. Las Escrituras presentan muchísimos hechos de carácter histórico, geográfico, científico, profético y hasta experimental que pueden confirmarse. Es más, un testimonio redactado por más de cuarenta escritores, durante un período de mil quinientos años, que de forma sistemática imparten un mismo mensaje, sin contradicciones o errores demostrables, es un fundamento persuasivo que permite derivar confianza de lo que esta dice.

No obstante, el hombre en su depravación siempre se rebelará esencialmente contra la Palabra de Dios como verdad que expresa el derecho divino de ejercer autoridad absoluta sobre él. Como atestigua Pablo en sus escritos, esta rebeldía es natural ya que el hombre nace espiritualmente muerto en su pecado (Ef. 2:1; Ro. 3:10-18; cf. Sal. 51:5), entenebrecido en su comprensión (Ef. 4:18), incapaz de sujetarse de corazón a la ley de Dios (Ro. 8:7) y renuente a aceptar las cosas de Dios porque estas solo pueden percibirse espiritualmente (1 Co. 2:14). Solo la regeneración puede rescatarle, por gracia, de esta situación. Cuando el Espíritu Santo regenera a un pecador perdido, le imparte "vida" en un sentido espiritual (Jn. 3:3; Ef. 2:4-5). Esta nueva vida trae también iluminación, es decir, una capacitación del Espíritu Santo para discernir que las Escrituras son, de hecho, la Palabra de Dios (1 Jn. 2:20, 27).[11] Jesús afirmó que la Biblia es verdadera (Jn. 17:17). También afirmó que para experimentar la confiada convicción de este hecho debe haber un corazón dispuesto a sujetarse a la voluntad

---

11. En el capítulo 5, "Dios Espíritu Santo", en la sección "Instrucción, iluminación y afirmación" se presenta otra exposición sobre la iluminación e interpretación de las Escrituras (p. 398).

de Dios (Jn. 7:17). Esto requiere un nuevo corazón que solo el Espíritu de Dios puede darle al hombre (Jn. 3:5-8).

El testimonio interno del Espíritu Santo ilumina al creyente para que este sepa que las Escrituras son la Palabra de Dios. La base bíblica para esta claridad procede de dos fuentes.[12] En primer lugar, las propias palabras de las Escrituras dan testimonio de su inspiración reivindicando ser de Dios (2 Ti. 3:16; 2 P. 1:20-21). En segundo lugar, el dinámico poder del Espíritu aplica la verdad de las Escrituras, lo cual da como fruto una confiada certeza en la propia Palabra (1 Co. 2:4-16). Este ministerio del Espíritu se activa mediante la lectura y proclamación de las Escrituras (Ro. 10:14, 17). Esto no significa que todo aquel que oye o lee vaya a creer (Ro. 10:14-21), pero sí que la fe de los que creen se debe a la obra del Espíritu Santo que lo ilumina y convence de pecado.

CLARIDAD Y SUFICIENCIA DE LAS ESCRITURAS

La iluminación no es una obra del Espíritu por la que las Escrituras cobran vida de un modo subjetivo en el creyente. Esta no aporta una nueva revelación al creyente además de lo que dice el propio texto. Tampoco garantiza que todas las palabras vayan a entenderse de forma inmediata. Es aquí donde la claridad (o perspicuidad) de las Escrituras entra en la discusión. La Biblia expresa claramente la verdad de Dios. No es una recopilación de misteriosos escritos o dichos cuya comprensión requiere una cierta clave para desentrañar su verdadero significado espiritual. La Biblia revela de manera correcta el mensaje de Dios y lo comunica claramente. No obstante, esto no exime a los lectores de la necesidad de estudio para poder entender correctamente la Palabra (2 Ti. 2:15). Aun los autores bíblicos hubieron de estudiar para discernir el significado de las Escrituras (Dn. 10:12; 1 P. 1:10-12). Hay misterios que no se revelan plenamente en las Escrituras (Dt. 29:29). Aunque el mensaje general está claro, Dios no ha revelado en su Palabra todo lo relativo a sus planes para la historia de la redención. Lo que la obra iluminadora del Espíritu sí imparte es (1) una receptividad a la autoridad de la Palabra de Dios, (2) una convicción de que esta es la veraz Palabra de Dios, y (3) una capacidad asistida por el Espíritu Santo para discernir el verdadero significado de la Palabra de Dios.

La Biblia constata también su propia suficiencia (Sal. 19:7-11).[13] Es lámpara a nuestros pies (Sal. 119:105). Es más confiable que las experiencias espirituales más sorprendentes (2 P. 1:19-20). Es capaz de guiar a las personas a una fe salvífica (2 Ti. 3:15). Instruye tanto a la élite religiosa como al creyente común (Dt. 6:4; Mr. 12:37; Fil. 1:1). Fue impartida por Dios para que los padres instruyan a sus hijos (Dt. 6:6-7) y es poderosa para llevar aun a los niños a una fe que salva (2 Ti. 3:14-15). Pablo afirmó que "toda la Escritura es inspirada por Dios y útil para enseñar, para redargüir, para corregir, para instruir en justicia" (2 Ti. 3:16-17).

Una mirada más detenida a cada una de estas cuatro características pone de re-

---

12. El artículo de Larry D. Pettegrew, "The Perspicuity of Scripture", *MSJ* 15, nro. 2 (2004): 209-225 presenta una amplia exposición de la base bíblica, teológica e histórica de la doctrina de la claridad de las Escrituras.

13. Quienes deseen considerar una extensa exposición de Salmos 19:7-14, véase John MacArthur, "The Sufficiency of Scripture", *MSJ* 15, no. 2 (2004): 165-174.

lieve la total suficiencia de las Escrituras para equipar al creyente para vivir la vida cristiana. La primera palabra, "enseñar", significa que la Biblia instruye al creyente en su forma de vivir, en lo que ha de creer y en lo que Dios espera de él. Es una palabra relacionada con el contenido y la doctrina. Este concepto encaja con el mandato de la Gran Comisión en el que Jesús pide que se enseñe a los nuevos discípulos a observar todo lo que Él mandó (Mt. 28:18-20). Las Escrituras instruyen al pueblo de Dios a vivir en obediencia a Él.

El segundo término, "redargüir", muestra el propósito reprobatorio de las Escrituras. Tiene que ver con señalar cuando una persona ha errado o se ha apartado de lo que Dios requiere. Las Escrituras pueden juzgar el corazón cuando un creyente se ha desviado en la doctrina o la práctica de la fe que ha sido una vez dada a los santos (He. 4:12). El siguiente término, "corregir", es compañero de redargüir. La Biblia no se limita a mostrar a las personas dónde se equivocan, también identifica la actitud, creencia o conducta que deberían implementar en lugar de las erróneas (Ef. 4:20-24).

El último término, "instruir en justicia", indica que la Biblia muestra cómo deben ponerse diariamente en práctica sus enseñanzas con ilustraciones y ejemplos (Ef. 4:25-32). Con las Escrituras y el Espíritu Santo que lo habita, el creyente no necesita ninguna otra revelación para estar informado de cómo ha de vivir la vida cristiana. Aunque los pastores y maestros (Ef. 4:11-12) tienen ayuda en su labor de hacer crecer a los creyentes hacia la madurez, incluso sus ministerios se fundamentan en la omnisuficiente Palabra de Dios y son informados por ella (2 P. 1:2-3; cf. 1 P. 5:2-3).

LA HUELLA AUTORITATIVA DE DIOS EN LAS ESCRITURAS[14]

Este principio sobre la verdad puede desarrollarse como un silogismo del siguiente modo:
1. Verdades conocidas:
   a. Las Escrituras pretenden ser la Palabra de Dios.
   b. Dios posee autoridad.
2. Conclusión: Las Escrituras poseen autoridad.

Las Escrituras establecen tanto la base ontológica de la autoridad de la Biblia (Dios es) como la epistemológica (Dios habla únicamente la verdad) (Gn. 1:1; Sal. 119:142, 151, 160). Así, la naturaleza misma de Dios y la veracidad de su Palabra no se determinan de manera inductiva, partiendo de la razón humana, sino deductivamente, a partir del testimonio de las Escrituras (cf. Sal. 119:89; Is. 40:8).

A menudo se plantea la objeción: "Si las Escrituras fueron escritas por hombres, ¡hay una enorme probabilidad de error en el texto!". Quiero presentar las siguientes observaciones para responder a esta crítica:

1. No se niega la participación humana en el proceso bíblico de la inscripturación.
2. No es necesario asumir la idea de un dictado formal, aunque algunas veces se produjo.
3. El trasfondo del autor humano no desaparece.

---

14. Esta sección es una adaptación del artículo de Richard L. Mayhue, "The Authority of Scripture", *MSJ* 15, no. 2 (2004): 232-34. Usado con permiso de *MSJ*.

4. No hay límites en el poder, propósitos y actuaciones de Dios Padre por medio de Dios Espíritu Santo.
5. En la redacción de los autógrafos de las Escrituras (sus manuscritos originales), hay un equilibrio perfecto entre la iniciación divina y la participación humana.

Sin embargo, dicho esto, las Escrituras son ante todo "la Palabra de Dios", no "palabra de hombres" (Sal. 19:7; 1 Ts. 2:13).

Puesto que el origen de las Escrituras puede explicarse finalmente por la inspiración divina (Zac. 7:12; 2 Ti. 3:14-17; 2 P. 1:20-21), del modo en que antes lo hemos definido, la autoridad de las Escrituras deriva directamente de la autoridad de Dios. Quienes no reconocen la autoridad de Dios en las Escrituras son condenados (Jer. 8:8-9; Mr. 7:1-13). Por otra parte, aquellos que honran debidamente la autoridad de Dios en las Escrituras y se sujetan a ella reciben elogios (Neh. 8:5-6; Ap. 3:8).

Por ello, el hombre de Dios —es decir, el heraldo de Dios— ha de predicar la palabra (2 Ti. 4:2). Esta declaración coloca la autoridad, no en el predicador sino en Dios (véase 2 Ti. 3:16-17). Pablo exhorta a Tito a comunicar la Palabra de Dios con toda autoridad (*epitagé*, en griego, con la autoridad de un comandante militar), de tal modo que nadie queda exento de la obediencia, ni siquiera el propio heraldo (Tit. 2:15).

El desarrollo de la autoridad de Dios en las Escrituras puede resumirse con una serie de declaraciones negativas (lo que no es) y positivas (lo que es):

1. *No* es una autoridad derivada otorgada por seres humanos, sino la autoridad *original* de Dios.
2. Es la *inalterable* autoridad de Dios y *no* cambia con el tiempo, la cultura, la nación o el trasfondo étnico.
3. *No* es una autoridad espiritual entre muchas posibles, sino la *exclusiva* autoridad espiritual de Dios.
4. *No* es una autoridad que pueda cuestionarse o deponerse legítimamente, sino la *permanente* autoridad de Dios.
5. *No* se trata de una autoridad relativa o subordinada, sino de la autoridad *final* de Dios.
6. *No* es una mera autoridad sugeridora, sino la autoridad *preceptiva* de Dios.
7. Por lo que respecta a sus resultados, *no* es una autoridad benigna, sino *consecuente*.

Inerrancia de las Escrituras

Adaptación e inerrancia
Infalibilidad e inerrancia
Jesús y la inerrancia
Explicación de la inerrancia

La inerrancia de las Escrituras es una doctrina que los no creyentes han cuestionado principalmente desde el período de la Ilustración (*ca.* 1650–1815 d.C.). Está directamente relacionada con la doctrina de la inspiración y la absoluta veracidad de la Palabra de

Dios. En este asunto están en juego nada menos que la veracidad y credibilidad de Dios: su carácter y naturaleza.

Adaptación e inerrancia

La distinción ontológica entre el Dios creador y el hombre creado requiere que este dependa de aquel para recibir revelación. El hombre depende epistemológicamente de Dios; lo que sabe sobre Dios es solo lo que Dios le revela. El Creador inicia personalmente la revelación de sí mismo a sus criaturas. Aunque la revelación general pone de relieve verdades observables sobre el Creador, la revelación especial transmite, por medio del lenguaje, verdades sobre Dios que no podemos discernir con solo observar la creación. Algunos sostienen que el lenguaje humano fuerza necesariamente a Dios a adaptarse a medios de comunicación falibles. Sin embargo, el lenguaje no es una invención humana. Es un medio creado por Dios para comunicarse con el hombre, y para que este se comunique con sus semejantes. Como tal, no hay ningún sentido en que el proceso de comunicación mediante formas verbales y escritas sea impropio para transmitir fielmente la verdad de Dios al hombre. Aun la confusión de las lenguas se produjo por una acción de Dios (Gn. 11:1-9). La revelación especial, impartida mediante el proceso de la inspiración, es una comunicación totalmente exacta, veraz, suficiente y confiable del Dios creador al hombre creado. Dios utilizó agentes humanos para producir escritos divinamente fidedignos por medio de su Espíritu Santo.

Históricamente, el término adaptación ha hecho referencia al hecho de que Dios se ha comunicado mediante las Escrituras, utilizando símbolos y expresiones significativas para el hombre: formas culturales, figuras literarias, expresiones antropomórficas y cosas de este tipo. Los reformadores vieron esta adaptación en el uso, por parte de Dios, de múltiples símbolos para comunicarse con la humanidad. Pero en días más recientes, quienes se oponen a la inerrancia han redefinido la adaptación como el hecho de que Dios se vio forzado a consignar errores en la redacción de las Escrituras, al utilizar autores humanos y lenguaje falibles. Estos defensores del error declaran que, puesto que Dios utilizó escritores humanos finitos y pecaminosos para escribir su Palabra, el texto es susceptible de todos los errores que pueden cometer seres humanos así. Llegan incluso a decir que el uso de estos medios de redacción humanos hace que los errores sean inevitables. Los errantistas concluyen que la Biblia es exacta en cuestiones de fe y práctica porque estas cosas se dan en el nivel de los principios generales. Sin embargo, sostienen que puede haber (y hay) errores factuales por toda la Biblia puesto que Dios utilizó instrumentos humanos falibles en la redacción del texto.

Las siguientes respuestas a las perspectivas de los errantistas modernos demuestran los puntos débiles de su argumentación. En primer lugar, esta perspectiva confunde finitud con pecado y error. La naturaleza humana no se anula si Dios supervisa la redacción de las Escrituras mediante la inspiración para protegerla de todo error. Es cierto que los hombres pecan, cometen errores y se equivocan de formas innumerables a lo largo de sus vidas. Sin embargo, no pecan o se equivocan siempre. Es posible que un ser humano falible escriba una frase sin equivocarse. Por una parte, la divina supervisión de las Escrituras no anula la naturaleza humana de los escritores. Por otra parte, el proceso de la inspiración comprende la obra de Dios salvaguardando a los escritores humanos para que no se equivocaran cuando escribían las Escrituras, palabra tras palabra y frase tras frase.

En segundo lugar, el testimonio unánime de las Escrituras pone de relieve su total veracidad. Afirma repetidamente ser veraz (Sal. 119:43, 160; Jn. 17:17; 2 Co. 6:7; Col. 1:5; 2 Ti. 2:15; Stg. 1:18). Se las identifica directamente con sus autores humanos y con Dios quien las inspiró. Los mandamientos directos por parte de Dios en cuanto a no alterar su contenido demuestran que lo que está escrito en ellas es exactamente lo que Dios pretendía decir (Dt. 4:2; 12:32; Pr. 30:5-6; Ap. 22:18-19). Dios no estaba de ningún modo limitado en su capacidad de transmitir la verdad absoluta en todas las palabras por el hecho de utilizar a escritores humanos falibles. La inspiración mediante la directa implicación del Espíritu facilitó el origen de la inerrante Palabra de Dios (2 P. 1:20-21).

Por último, la idea de adaptación errantista es intrínsecamente incoherente. ¿Cómo podemos estar seguros de que Dios puede transmitirle correctamente al hombre espiritual verdades sobre cuestiones de fe y práctica si no puede garantizar que los hechos de la historia hayan sido correctamente consignados? Si alguien afirma que la Biblia está libre de errores para llevar al hombre a un correcto conocimiento de Dios en la salvación, ¿qué le impide entonces afirmar la veracidad del resto? Si Dios puede guardar a los autores de cualquier error cuando se trata de verdades espirituales, no hay, pues, motivos razonables para concluir que no puede consignar un relato factual de cuestiones científicas e históricas.

Infalibilidad e inerrancia[15]

DEFINICIONES DE INERRANCIA E INFALIBILIDAD

Inerrancia significa literalmente "sin error". Cuando se aplica a las Escrituras, significa que la Biblia, en sus documentos originales, no tiene errores. Cuando se interpreta, pues, debidamente, no afirma nada que sea falso o contrario a los hechos.

Desde un punto de vista histórico, el término *infalibilidad* ha sido en general sinónimo de una idea evangélica de inerrancia. Infalible significa incapaz de conducir a conclusiones erradas o de cometer errores en el cumplimiento del divino propósito. El artículo 11 de la Declaración de Chicago sobre la Inerrancia Bíblica (1978) lo expresa de este modo: "Afirmamos que la Palabra de Dios, siendo impartida por inspiración divina, es absolutamente fidedigna, de modo que, lejos de confundirnos, es veraz y confiable en todas las cuestiones que trata".

Históricamente, la inerrancia y la infalibilidad han estado siempre ligadas. Sin embargo, a comienzos de la década de 1960, los que creen en una inerrancia limitada comenzaron a utilizar la palabra *infalibilidad* de una forma nueva. Se apropiaron de ella para decir que la Biblia es fidedigna en el sentido de que no enseña ninguna doctrina falsa o equívoca relacionada con la fe y la práctica. Sin embargo, según su punto de vista, esto no significa que las Escrituras hayan de ser objetivas y exactas en todas sus

---

15. El artículo fundamental sobre este tema es el de Paul D. Feinberg, "Infallibility and Inerrancy", *TJ* 6, nro. 2 (1977): 120-132.

palabras. La principal motivación que subyace tras la alteración de esta definición es el deseo de negar la inerrancia mientras se mantiene una identificación con el ámbito de la fe ortodoxa. Sin embargo, bíblicamente hablando, no es ortodoxo declarar infalibilidad aparte de inerrancia. La negación de la inerrancia está motivada por una indisposición a aceptar todo lo que declaran las Escrituras. Con tales esfuerzos, los negadores pretenden excusar el pecado y afirmar una conducta contraria a la Biblia.

BASE BÍBLICA PARA LA INERRANCIA

La afirmación directa de Pablo sobre la Escritura es que es inspirada por Dios (2 Ti. 3:16). Es fruto de la obra de Dios a través de autores humanos y por medio de su Espíritu (2 P. 1:20-21). Puesto que estas palabras escritas proceden del Dios de verdad, han de ser sin error. La inspiración tiene que ver con los medios usados para la redacción del texto, pero también implica directamente que ese texto es obra de Dios. Como tal, el producto final se le atribuye a Él. Independientemente de la implicación de agentes humanos en el proceso de redacción, en la doctrina de la inerrancia está en juego la integridad del Autor divino. Antes de los ataques de la alta crítica a la doctrina de las Escrituras en el siglo XIX, el hecho de la inspiración llevó necesariamente a la afirmación de que las palabras escritas del Dios que es verdad eran totalmente veraces y sin error en los autógrafos originales. Esto se corresponde con la posición que mantuvo el propio Jesús (Jn. 17:17).

La idea bíblica de su propia autoridad constata el hecho de la inerrancia. La recurrencia de la frase "así dice el Señor" crea una atmósfera en que la inerrancia se presupone por todo el Antiguo Testamento. Los autores del Nuevo Testamento dan universalmente por sentada la absoluta veracidad del Antiguo. Siguiendo un patrón establecido por Jesús, fundamentan su doctrina en la reproducción literal de los textos bíblicos que citan (p. ej., la referencia de Pablo a la "simiente", no "simientes", en Gá. 3:16). Más importante aún, basan su fe en la veracidad del Antiguo Testamento sobre el carácter del Dios trino. Para Pablo, el Padre es el Dios "que no miente" (Tit. 1:2). En el Evangelio de Juan, el Hijo no es solo el camino y la vida sino también la verdad (Jn. 14:6). Asimismo, el Espíritu Santo es el Espíritu de verdad (Jn. 14:17; 15:26; 16:13; 1 Jn. 5:6). Juan también consigna la afirmación de Jesús en el sentido de que la Palabra de Dios "es verdad" (Jn. 17:17). Este lenguaje coincide directamente con el testimonio veterotestamentario de que la Palabra de Dios es verdad y de que ha sido afirmada para siempre en el cielo (Sal. 119:89, 160); lo que es una constatación de que no es simplemente un testimonio de Dios temporal y terrenal, sino eterno y celestial. Si Dios es el autor de las Escrituras, como afirma el texto, ¿cómo puede haber errores en lo que afirman? Y si hay errores en lo que dice, ¿cómo puede Dios ser el Dios de verdad? Por otra parte, si esta es una Palabra eterna y permanente, como constatan las Escrituras, ¿cómo puede entonces el Dios de verdad permitir que esta propague falsedades? Lo que está en juego en la doctrina de la inerrancia es nada menos que el carácter e integridad de Dios. Puesto que Dios es fiel, lo es también su revelación en las Escrituras.

Jesús y la inerrancia

En la sección "Pruebas de la inspiración", ya se ha mostrado que Jesús creía en una Biblia inerrante. Sin embargo, como una prueba más, podemos observar que Jesús nunca cuestionó la exactitud o veracidad de un solo pasaje del Antiguo Testamento. De hecho, nunca mencionó siquiera la posibilidad de una Escritura falible porque siempre presupuso y repetidamente afirmó la integridad del texto. Cristo no dijo jamás nada que hiciera pensar en la necesidad de corregir alguna afirmación del Antiguo Testamento, más bien afirmó su veracidad hasta en los detalles más mínimos (Mt. 5:18; Jn. 10:35). Merece también la pena señalar que a pesar de que a Jesús se le preguntaron muchas cosas, nadie lo interpeló acerca de la inspiración del Antiguo Testamento; nadie le preguntó si contenía errores y nadie de entre sus discípulos, las multitudes o sus adversarios, cuestionó la inspiración e inerrancia de las Escrituras. Es más, las Escrituras no nos dan ningún dato que permita apoyar la idea de que Jesús creía o enseñaba una inspiración meramente conceptual. No hay pruebas de que Jesús creyera que las Escrituras contenían el más mínimo error. Aunque, generalmente, los argumentos de silencio no se consideran de los más sólidos, en este caso el silencio es ensordecedor. Si Jesús sabía que había errores en el texto (aunque fueran discrepancias factuales menores), es difícil entender que no tratara esta cuestión en alguna ocasión, especialmente con sus discípulos, para prepararles para estas dificultades doctrinales.

Sería igualmente inexplicable que Jesús nunca tratara este tema con sus oponentes. Durante su ministerio, Jesús nunca dio tregua a sus enemigos. Siempre cuestionó las conductas y doctrinas erróneas. Su práctica habitual y deliberada era confrontar sin concesiones las falsas doctrinas y prácticas rabínicas. Sin embargo, Jesús nunca cuestionó la veracidad de las Escrituras. Únicamente denunció la ignorancia y malas interpretaciones de los judíos. El Sermón del Monte fue una confrontación en toda regla con quienes habían malentendido o tergiversado la ley de Dios (Mt. 5–7). No obstante, a lo largo de su discurso Jesús solo corrigió la *interpretación errónea* de las Escrituras. Ni una sola vez cuestionó ni por asomo, la integridad del texto bíblico, y los Evangelios dejan claro que nunca titubeó cuando se trataba de confrontar el error. Jesús trataba sistemáticamente, aun las cuestiones más polémicas, con sus discípulos o líderes religiosos de su tiempo. Es, pues, poco razonable concluir que Jesús hubiera condescendido a las opiniones de sus enemigos o incluso de sus discípulos sobre este asunto. No puede plantearse ningún argumento convincente para explicar que si las Escrituras contenían errores Jesús hubiera evitado hablar de ello.

Explicación de la inerrancia

LA INERRANCIA NO PUEDE DEMOSTRARSE CIENTÍFICAMENTE

La doctrina de la inerrancia es compañera natural de la doctrina de la inspiración. Es también una conclusión razonable y necesaria basada en el carácter de Dios y las reivindicaciones de verdad por parte de las Escrituras. En muchos casos, puede confirmarse incluso por pruebas empíricas externas. Desde un punto de vista bíblico y teológico la inerrancia como tal se presupone.

Sin embargo, no es posible demostrar completamente esta doctrina en todos los casos con datos científicos. Esto se debe simplemente a que ciertas cosas no son hoy reproducibles para poder someterlas a un examen meticuloso. Los acontecimientos de la creación y el diluvio no pueden repetirse. Sin embargo, hubo un testigo ocular absolutamente confiable —Dios— que escribió un relato inerrante. No existen pruebas arqueológicas para confirmar cada hecho histórico que se afirma en la Biblia. En última instancia, los acontecimientos milagrosos consignados en las Escrituras solo pueden ser atestiguados por los relatos de testigos oculares dados por los propios autores bíblicos.

Al mismo tiempo, es igualmente cierto que no hay ninguna forma legítima de refutar el registro bíblico. Todos los desafíos históricos contra la veracidad de las Escrituras han demostrado ser falsos. En muchos casos, determinados testigos externos no solo han confirmado el relato bíblico en general sino también los propios detalles factuales. En otros casos, la exactitud del relato bíblico ha sido adecuadamente confirmada por una armonización o una solución interpretativa similar. Es más, las pruebas de la veracidad bíblica y la exactitud de los hechos van mucho más allá de las confirmaciones externas. El mismo cumplimiento de las Escrituras da fe de su veracidad y confiabilidad. Tanto las reivindicaciones de verdad de las Escrituras, como la doctrina de la inspiración y el uso del Antiguo Testamento por parte de los escritores neotestamentarios confirman la aceptación universal de la veracidad y fiabilidad del texto bíblico. Además, la doctrina de la inspiración demanda la aceptación del relato bíblico por encima de cualquier registro humano externo, puesto que se trata de la Palabra de Dios.

LA INERRANCIA SE APLICA A LOS AUTÓGRAFOS

Cada libro de la Biblia fue inicialmente redactado por un autor humano bajo la inspiración del Espíritu Santo. Estas obras originales —llamadas *autógrafos*— estaban totalmente libres de error siendo resultado de la inspiración divina. En nuestros días no disponemos de ninguno de estos manuscritos originales. En su momento se hicieron copias de los documentos originales y poco después se realizaron copias de las copias. A lo largo de los siglos se fueron transmitiendo estas copias y numerosas traducciones de ellas. Hablaremos de las doctrinas de la transmisión y preservación del texto más adelante, en este mismo capítulo, pero cabe señalar aquí que el proceso de transmisión del texto tenía un evidente potencial para que se introdujeran errores en el texto. Por ello, la doctrina de la inerrancia se limita a los autógrafos.

A diferencia de los manuscritos originales, y debido a la falible participación humana, las copias están sujetas a errores puesto que las Escrituras nunca hablan de que el Espíritu Santo supervisara la obra de los copistas. Si a esto le añadimos que no contamos con ningún manuscrito original que permita confirmar la exactitud de las copias, podría parecer que la doctrina de la inerrancia queda sin validez real. Esto podría extrapolarse al proceso de la traducción e incluirlo. Teniendo en cuenta que las traducciones (como las copias) no se realizan bajo inspiración, también estas están sujetas a error. ¿Cómo, pues, podemos confiar en las Escrituras si no contamos con el texto original que redactó el autor divinamente inspirado?

Aunque Dios ha decidido no extender el milagro de la inspiración a los procesos de copiado y traducción, en su providencia sí ha preservado las copias y las traducciones para que estas reproduzcan fielmente el contenido de los autógrafos originales. Como explicaremos más adelante, los datos de que hoy disponemos permiten afirmar a los eruditos textuales que las traducciones actuales se realizan sobre un texto que representa más del 99 por ciento de los autógrafos originales.[16] Las traducciones pueden cotejarse fácilmente con un texto crítico para confirmar cuán fielmente vierten los autógrafos bíblicos. Puede pues decirse que, como tales, las copias y traducciones reproducen fielmente la inerrante Palabra que consignaron en su origen los escritores divinamente inspirados. El proceso de copia supervisado por Dios preserva la inerrancia. Las traducciones pueden llamarse Palabra de Dios siempre que reflejen fielmente el contenido de los autógrafos originales.

LA INERRANCIA PERMITE EL LENGUAJE CORRIENTE

La doctrina de la inerrancia no supone que haya que excluir las leyes normales del lenguaje. En la Biblia se usan frecuentemente cifras aproximadas (1 Cr. 5:21; Is. 37:36), y estos números redondos no deben considerarse errores factuales. Las afirmaciones científicas imprecisas no son errores, sino expresiones normales del lenguaje corriente. Lo mismo se aplica a declaraciones relacionadas con distancias. Por otra parte, la inerrancia no demanda el uso de terminología técnica o científica. Los autores bíblicos no pretendían dar descripciones o explicaciones científicas con sus relatos. De hecho, en muchos casos el lenguaje técnico de su día hubiera sido erróneo. Sin embargo, el modo en que estas cosas se declaran en las Escrituras se corresponde con la realidad, aunque se exprese en un leguaje normal. Un ejemplo perfecto de esto es Job 26:7, donde se dice que Dios "cuelga la tierra sobre nada". Aunque no es una forma de expresión científica, sí es, no obstante, totalmente acertada, por lo que a los hechos se refiere. Tampoco el lenguaje fenomenológico viola en absoluto la inerrancia. Josué pidió en oración que el sol se detuviera y el siguiente versículo afirma que "el sol se detuvo y la luna se paró, hasta que la gente se hubo vengado de sus enemigos" (Jos. 10:12-13). Esta descripción geocéntrica de ningún modo viola la inerrancia. Se trata de una afirmación totalmente veraz desde una perspectiva terrenal. El lenguaje permite que la verdad se transmita desde la óptica del escritor o de la persona que habla.

La inerrancia deja margen para el uso de todo tipo de lenguaje, lo que incluye citas libres del Antiguo Testamento por parte de los escritores neotestamentarios. Los manuscritos griegos más antiguos no tienen signos de puntuación. Esto hace que a veces sea difícil identificar exactamente las citas de los autores. Puesto que el Antiguo Testamento se redactó en hebreo, los autores bíblicos del Nuevo tuvieron que utilizar una traducción existente o traducir ellos mismos el texto. Por otra parte, muchas veces se hace evidente que el autor no pretendía citar palabra por palabra sino solo consignar una referencia suficiente cercana al original para que el lector la reconociera. Esta es

---

16. Wayne Grudem, *Teología sistemática: Una introducción a la doctrina bíblica* (Miami, FL: Vida, 2007), 98. Hay una excelente introducción al tema de la crítica textual de los textos del Antiguo y Nuevo Testamentos en: Paul D. Wegner, *A Student's Guide to Textual Criticism of the Bible: Its History, Methods and Results* (Downers Grove, IL: IVP Academic, 2006).

una práctica común incluso en los escritos y predicación de nuestro tiempo. Las citas libres transmiten correctamente el sentido en el texto referenciado. Ninguna de estas prácticas viola la integridad del texto bíblico. En estos casos, es mejor referirse al uso neotestamentario del Antiguo Testamento como alusiones en lugar de citas puesto que, evidentemente, los escritores no pretendían repetirlas de forma literal. Puesto que el lector conocía el Antiguo Testamento original o tenía acceso a él, las citas libres no lo confundían ni comprometían la integridad del texto.

La inerrancia no requiere siempre una gramática perfecta ni una redacción exacta (*ipsissima verba*), ni siquiera exhaustividad en los detalles. Una declaración puede ser poco convencional gramaticalmente, y aun así, ser comprensible y veraz. Muchas veces las decisiones sintácticas y léxicas son un mero reflejo del estilo y capacidades de los autores humanos. Sus relatos son veraces, aunque no consignen todos los detalles históricos. En los relatos paralelos de ambos Testamentos y para mantener el enfoque de sus narraciones, los autores humanos tomaron ciertas decisiones que los llevaron, necesariamente, a consignar determinados detalles del relato y a omitir otros. La verdad es la suma de todos los relatos. Ninguno de estos factores niega el carácter factual de la Palabra escrita.

La Biblia es la inerrante e infalible Palabra de Dios. Es fruto de la inspiración divina, cuyo resultado son relatos autoritativos, factuales y veraces en lo que consignan. Esta doctrina se aplica directamente a los autógrafos originales y de manera indirecta a los textos y traducciones de nuestro tiempo.

Preservación de las Escrituras

Explicación de la preservación
Canonicidad y preservación
Crítica textual y preservación

¿Cómo podemos estar seguros de que la revelada e inspirada Palabra escrita de Dios, que la iglesia primitiva reconoció como canónica, se ha transmitido hasta nuestros días sin ninguna pérdida de material?[17] Por otra parte, puesto que uno de los primeros intereses del diablo es menoscabar la Biblia, podemos preguntarnos: ¿han sobrevivido las Escrituras a este inexorable ataque? En el principio, Satanás negó la Palabra de Dios a Eva (Gn. 3:4). Más adelante, en su encuentro con Cristo en el desierto, intentó distorsionarla (Mt. 4:6-7). Por medio del rey Joacim, pretendió incluso destruir las Escrituras de forma literal y física (Jer. 36:23). Aunque la batalla por la Biblia sigue candente, la Palabra de Dios ha sobrevivido y sobrevivirá a su archienemigo y demás adversarios.

Dios previó la malevolencia humana, satánica y demoníaca hacia las Escrituras y pronunció promesas de preservación de su Palabra. En Isaías 40:8 se garantiza la existencia continuada de las Escrituras: "Sécase la hierba, marchítase la flor; mas la palabra del Dios nuestro permanece para siempre" (cf. 1 P. 1:24-25). Esto significa también que no hay ninguna Escritura inspirada perdida en el pasado que deba ser redescubierta.

---

17. Esta introducción es una adaptación de MacArthur, *MacArthur Study Bible: English Standard Version*, xx. Usado con permiso de Thomas Nelson.

El contenido existente de las Escrituras será perpetuado, tanto en la tierra (Is. 59:21) como en el cielo (Sal. 119:89). Por tanto, los propósitos de Dios publicados en los escritos sagrados, no se verán jamás frustrados ni en el más mínimo detalle (cf. Mt. 5:18; 24:35; Mr. 13:31; Lc. 16:17).

Explicación de la preservación

DEFINICIÓN DE PRESERVACIÓN

Como doctrina, la preservación alude a los hechos de Dios por los que, a lo largo de los siglos, ha preservado el registro escrito de su revelación especial para su pueblo. Comienza con las instrucciones específicas que Él dio a su pueblo para preservar la revelación. La doctrina de la preservación incluye también la forma providencial en que Dios ha guardado fielmente su Palabra mediante los diligentes esfuerzos de sus agentes humanos a lo largo de los milenios. Esta preservación comenzó en el momento en que se escribieron los documentos, y ha seguido a través del tiempo a medida que estos se compilaban en la colección de escritos canónicos que tenemos hoy.

La Confesión de Westminster (1646 d.C.) expresa de este modo la doctrina de la preservación: "El Antiguo Testamento se escribió en hebreo… y el Nuevo Testamento en griego… fueron inspirados directamente por Dios, y guardados puros en todos los siglos por su cuidado y providencia especiales, y por eso son auténticos. Por esta razón debe apelarse fielmente a los originales en esos idiomas en toda controversia" (1.8). En otras palabras, Dios inspiró a los escritores durante la redacción del texto y ha actuado providencialmente, a lo largo de los siglos, para preservar sus escritos. Por ello, estos textos poseen autoridad divina y puede apelarse a ellos en sus idiomas originales como la palabra final sobre cualquier cuestión de fe y práctica.

La verdadera cuestión es: ¿afirma la Biblia esta doctrina? Y, si es así: ¿es esa preservación milagrosa o providencial? ¿Se aplica esta promesa de preservación a un manuscrito o a una serie de ellos, a una edición griega o hebrea? ¿Qué papel desempeñan las versiones (es decir, las traducciones de la Biblia a otros idiomas) en este proceso? ¿Qué impacto tienen los medios de preservación en la canonización?

ENSEÑANZA BÍBLICA SOBRE LA PRESERVACIÓN

¿Dicen algo las Escrituras sobre la preservación del texto a lo largo de los procesos de transmisión (de una generación a la siguiente) y traducción (de un idioma a otro)? Un análisis de lo que dice la Biblia indica que Dios ha prometido preservar su Palabra para siempre en el cielo (Sal. 119:160). Esto nos permite comprender que Dios ha preservado las Escrituras y confiar en ellas. Las promesas bíblicas apuntan a una preservación providencial, más que milagrosa, del texto en la tierra.

Argumentos para una preservación perfecta y eterna. La Biblia pronuncia una promesa directa sobre la preservación de la Palabra de Dios en el cielo. Salmos 119:89 declara: "Para siempre, oh Jehová, permanece tu palabra en los cielos". En el original, el término "permanece" significa literalmente estar cimentado o establecido en su lugar de manera permanente. Es como una columna ubicada permanentemente dentro de un edificio durante su construcción. La Palabra de Dios permanece, pues, para siempre. Pero la clave de este versículo es que afirma que la Palabra de Dios está establecida en el cielo, no en la tierra. Esto indica que Dios tiene un registro permanente y perfecto de su inspirada revelación escrita para la humanidad, pero que lo conserva en el cielo. El salmista sigue diciendo: "Hace ya mucho que he entendido tus testimonios" (Sal. 119:152). Una vez más, lo que dice es que la Palabra de Dios es permanente, inmutable y eterna, sin embargo, esta Palabra perfectamente preservada está en el cielo. Isaías contrasta la naturaleza transitoria del hombre con la perfección eterna y permanente de la Palabra de Dios cuando afirma: "sécase la hierba, marchítase la flor; mas la palabra del Dios nuestro permanece para siempre" (Is. 40:8). La Palabra de Dios es eterna, pero este texto no indica que esta eternidad incluya la promesa de una copia perfectamente preservada de esta Palabra en la tierra. Pedro hace también referencia a este versículo y dice: "Y esta es la palabra que por el evangelio os ha sido anunciada" (1 P. 1:25). Esta afirmación equipara el mensaje neotestamentario del evangelio con la Palabra de Dios del Antiguo Testamento y, por implicación, hace también de su preservación eterna una certidumbre. Pero aun así, Dios no promete explícitamente en las Escrituras que va a preservar su Palabra en la tierra en una copia o en una edición inspirada aparte de los autógrafos originales.

Las Escrituras afirman no solo la certidumbre de esta preservación de la Palabra de Dios sino también su cumplimiento. Jesús habla en estos términos de la naturaleza permanente de la Palabra de Dios: "Porque de cierto os digo que hasta que pasen el cielo y la tierra, ni una jota ni una tilde pasará de la ley, hasta que todo se haya cumplido" (Mt. 5:18). Quiero hacer dos importantes observaciones sobre estas palabras. La primera tiene relación con las palabras "jota" y "tilde". La jota es una referencia a la letra *yodh*, la más pequeña del alfabeto hebreo. Tilde traduce la palabra "gancho" y alude aquí a la grafía más pequeña que se traza para distinguir a una letra de otra. Podría compararse al trazo inclinado de la letra *R* que, en nuestro alfabeto, la distingue de la *P*. Lo que Jesús quiere subrayar está claro: lo que Dios ha dicho va en serio. Nada va a impedir que lo lleve a cabo, hasta los detalles más nimios.

Este texto se cita muchas veces como prueba de que Dios ha prometido preservar su Palabra escrita aquí en la tierra. Sin embargo, un examen minucioso del texto muestra que Cristo no está diciendo que esta vaya a ser necesariamente preservada, sino que todo lo que dice sucederá o se cumplirá. Aun así, esta afirmación parece implicar intrínsecamente que Dios va a preservar su revelación escrita. ¿Cómo puede ser un testimonio para la humanidad si no se preserva por escrito a fin de que pueda ser leída antes de que se cumpla, durante su cumplimiento y después del mismo? En cualquier caso, lo que se promete es su cumplimiento, no su preservación. Jesús da un paso más y hace esta misma afirmación sobre sus propias palabras cuando dice: "El cielo y la tierra pasarán, pero mis palabras no pasarán" (Mt. 24:35). Una vez más, la implicación es clara: las palabras de Jesús son tan permanentes y eternamente seguras y vinculantes como cuando Dios habla. No obstante, en este contexto Jesús hablaba del cumplimiento de todos los acontecimientos que se producirían en aquella generación y en la próxima era. No era una promesa relacionada directamente con el registro de sus palabras o las enseñanzas del Nuevo Testamento.

La Biblia afirma, pues, que Dios ha prometido cumplir cada palabra y promesa consignada en las Escrituras. Confirma también que Dios preservará su Palabra, inalterada para siempre, en el cielo. Pero no hay ninguna afirmación o garantía directas de que Él vaya a preservar una copia o copias del texto completamente libres de error en la tierra. Esto no significa que no haya preservado su Palabra en la tierra de un modo totalmente confiable, sino que ha decidido hacerlo de manera providencial por medio de diligentes esfuerzos humanos. Después de recuperar y comparar cuidadosamente miles de manuscritos del Antiguo y Nuevo Testamentos, los eruditos cristianos más solventes han concluido que, esencialmente, hemos recobrado y reconstruido el texto bíblico original.[18] La Palabra de Dios ha sido, pues, preservada perfectamente en el cielo y fielmente en la tierra.

Llamamiento a una diligente preservación terrenal. En el ámbito celestial, Dios ha prometido preservar su Palabra impecablemente para siempre. En la esfera terrenal, la ha preservado providencialmente por medio de su pueblo, que tiene la responsabilidad de protegerla y transmitirla. Esto se pone de relieve en primer lugar por los reiterados mandamientos que Dios dio a su pueblo de no añadir o quitar nada de su Palabra (Dt. 4:2; 12:32; Pr. 30:6; Jer. 26:2; Ap. 22:18-19). Este insistente cometido deja claro que lo que Dios dijo a través de los autores humanos era exactamente lo que quería decir. Su pueblo era responsable, no solo de obedecerlo todo sino también de preservarlo hasta el más mínimo detalle. Cuando estas declaraciones se unen a las palabras de Jesús en Mateo 5:18, se hace evidente que la norma final por la que todo ser humano será evaluado son los autógrafos inspirados. Es, pues, esencial que el pueblo de Dios copie, traduzca y produzca su Palabra con sumo rigor, además de poner toda diligencia en su interpretación. Dios ha establecido su Palabra en el cielo, pero pone sobre los creyentes la responsabilidad de retener y procurar su integridad en la tierra.

La mejor evidencia de que Dios ha conservado perfectamente su Palabra en el cielo al tiempo que confía a su pueblo la preservación del registro terrenal está en la propia Escritura. Éxodo dice que cuando Dios acabó de hablar, entregó a Moisés "dos tablas del testimonio, tablas de piedra escritas con el dedo de Dios" (Éx. 31:18). Dios, pues, escribió personalmente esta parte de las Escrituras en piedra y se la dio a Moisés. Sin embargo, cuando Moisés descendió del monte Sinaí con las tablas en la mano, vio el pecado del pueblo y, airado, arrojó las tablas y las quebró (Éx. 32:19). Dios permitió que Moisés destruyera la única copia de aquellos mandamientos, antes incluso de que el pueblo los hubiera visto u oído. En aquel momento y durante un breve período, no hubo ningún registro terrenal de estos mandamientos. No obstante, Dios pudo restaurar de forma completa y literal lo que se perdió por la acción de un hombre. Mandó a Moisés que cortara otras dos tablas como las primeras y subiera al monte Sinaí. Durante los cuarenta días siguientes, Dios hizo que Moisés escribiera en aquellas tablas los mismos

---

18. Wegner, *A Student's Guide*, 301.

mandamientos que Él les había dado en un principio (Éx. 34:1-2, 27-28). Dios encomienda a su pueblo el cuidado de su Palabra.

Él puede también restaurarla hasta el más mínimo detalle si se pierde. El ejemplo más extenso de la disposición de Dios, tanto de permitir que su Palabra sea destruida como de su capacidad para restaurarla, está en Jeremías 36. Era el cuarto año del mandato de Joacim como rey de Judá, y Dios le dijo a Jeremías que tomará un rollo y escribiera su palabra como un mensaje para llamar al rey al arrepentimiento. El texto dice: "Y llamó Jeremías a Baruc hijo de Nerías, y escribió Baruc de boca de Jeremías, en un rollo de libro, todas las palabras que Jehová le había hablado" (36:4). Entonces Baruc entregó aquel rollo a los funcionarios, quienes lo llevaron al rey. Cuando un siervo se lo leyó al rey, su respuesta al llamado de arrepentimiento de Dios fue clara: "Cuando Jehudí había leído tres o cuatro planas, lo rasgó el rey con un cortaplumas de escriba, y lo echó en el fuego que había en el brasero, hasta que todo el rollo se consumió sobre el fuego que en el brasero había" (36:23). Aquel rollo era la primera edición del libro de Jeremías. Dios permitió de nuevo que un hombre destruyera su Palabra. En este caso, no fue porque estuviera indignado contra el pecado (como sucedió con Moisés), ¡sino como una expresión de rechazo a la Palabra de Dios! El siguiente acontecimiento pone de relieve que la Palabra de Dios no fue destruida. Dios la restauró de nuevo palabra por palabra:

> Y vino palabra de Jehová a Jeremías, después que el rey quemó el rollo, las palabras que Baruc había escrito de boca de Jeremías, diciendo: Vuelve a tomar otro rollo, y escribe en él todas las palabras primeras que estaban en el primer rollo que quemó Joacim rey de Judá... Y tomó Jeremías otro rollo y lo dio a Baruc hijo de Nerías escriba; y escribió en él de boca de Jeremías todas las palabras del libro que quemó en el fuego Joacim rey de Judá; y aun fueron añadidas sobre ellas muchas otras palabras semejantes (36:27-28, 32).

Nuestro libro de Jeremías es el texto original destruido por el rey junto con otras revelaciones y juicios divinos, que consignan también el rechazo y destrucción del texto original por parte de Joacim. La Palabra de Dios permanece en el cielo, y Él puede recuperarla e inspirar a un profeta para que la escriba fielmente de nuevo.

Aunque es cierto que, en ocasiones, Dios ha actuado directamente para restaurar porciones de su Palabra que se han perdido o han sido destruidas en la tierra, también las ha retenido como juicio. Dios permitió que los sacerdotes del templo extraviaran el libro de la ley durante más de cincuenta años (2 R. 22:8-10; 2 Cr. 34:14-16). Por su infidelidad, el pueblo de Dios no tuvo acceso a su Palabra durante más de una generación. Y aunque toda una generación desconoció su Palabra, Dios los consideró responsables de ella, castigándolos por la maldad cometida durante este período de negligencia.

Considerando esta cuestión desde otro ángulo, la excepción confirma la regla. Por ejemplo, faltan al menos dos palabras en todas las copias existentes de Samuel que se remontan al menos dos mil años atrás (véase 1 S. 13:1). La importancia de estas omisiones es mínima. Las dos palabras que faltan son números relacionados con la edad de Saúl cuando comenzó a reinar y el número de años de su mandato. Es relativamente fácil hacer algunos ejercicios matemáticos y deducir un número limitado de potenciales lecturas que darían sentido al texto. Sin embargo, la mera ausencia de estas palabras en el texto demuestra que la preservación terrenal de las Escrituras no es un acto perpetuo y milagroso de Dios. Él ha confiado a su pueblo la responsabilidad de retener su Palabra mediante diligentes esfuerzos humanos. Las prácticas de los escribas, tanto en el Antiguo Testamento como en el Nuevo, demuestran precisamente este concienzudo escrutinio de los documentos existentes y del proceso de transcripción.

Si Dios no ha preservado su Palabra en la tierra —y ha puesto este asunto en manos de los hombres— ¿puede, aun así, considerarse que las copias son Escritura? La Biblia considera que las copias de las Escrituras son Palabra de Dios. Por ejemplo, Dios le dio instrucciones a Moisés con respecto a las prácticas que tenían que seguir los futuros reyes de Israel:

> Y cuando [el rey] se siente sobre el trono de su reino, entonces escribirá para sí en un libro una copia de esta ley, del original que está al cuidado de los sacerdotes levitas; y lo tendrá consigo, y leerá en él todos los días de su vida, para que aprenda a temer a Jehová su Dios, para guardar todas las palabras de esta ley y estos estatutos, para ponerlos por obra; para que no se eleve su corazón sobre sus hermanos, ni se aparte del mandamiento a diestra ni a siniestra; a fin de que prolongue sus días en su reino, él y sus hijos, en medio de Israel (Dt. 17:18-20).

De este pasaje pueden derivarse dos ideas claves. En primer lugar, la copia del rey debía llevarse a cabo bajo la vigilancia de los sacerdotes, lo cual indica que había que hacerla con extremo rigor y meticulosa precisión. Se le pide al rey que realice una copia tan exacta como sea posible, que sea después certificada por los sacerdotes como exacta. Dios espera que su pueblo sea celoso en la preservación de su Palabra, aun en el proceso de transcripción. En segundo lugar, la copia debía ser obedecida, y su obediencia llevaba aparejada las mismas promesas que el propio original. Haciendo esto, Dios ligaba las copias de las Escrituras con sus autógrafos. Las copias de las Escrituras son la Palabra de Dios en la medida en que se corresponden con el original.

Como se ha dicho, la obra de preservar el texto de las Escrituras no es una acción milagrosa sino providencial. Aunque, ocasionalmente, Dios ha intervenido directamente para restaurar una parte de su Palabra que había sido destruida, esta no ha demostrado ser su práctica habitual. La responsabilidad de reconocer, preservar y transmitir su Palabra la ha puesto sobre su pueblo fiel. Por ello, la preservación del texto conlleva dos operaciones distintas: la canonicidad y la crítica textual.

Canonicidad y preservación[19]

Aunque fue compuesta durante un período de mil quinientos años y por medio de más de cuarenta escritores, en realidad la Biblia es la obra de un Autor divino. Comenzando con el relato de la creación en Génesis 1–2, escrito por Moisés alrededor del año 1405 a.C., y extendiéndose hasta la descripción de la eternidad futura en Apocalipsis 21–22

---

19. Esta sección es una adaptación de MacArthur, *MacArthur Study Bible: English Standard Version*, xix-xx. Usado con permiso de Thomas Nelson.

por parte del apóstol Juan, escrita en torno al año 95 d.C., Dios ha revelado progresivamente su persona y propósitos en las Escrituras inspiradas.

Todo esto plantea una importante pregunta: ¿Cómo podemos saber qué escritos sagrados tenían que consignarse en el canon de las Escrituras y cuáles debían excluirse? A lo largo de los siglos, se utilizaron tres principios ampliamente reconocidos para validar los escritos que constituían la revelación divina e inspirada. En primer lugar, el documento en cuestión debía haberlo escrito un reconocido profeta o apóstol o alguien relacionado con este tipo de persona, como en el caso de los libros de Marcos, Lucas, Hebreos, Santiago y Judas. En segundo lugar, el escrito no podía disentir de textos anteriores o contradecirlos. En tercer lugar, la iglesia tenía que mostrar un consenso general en el sentido de que un determinado escrito era un libro inspirado. Por ello, en los varios concilios que se convocaron para tratar la cuestión del canon, la canonicidad de un determinado libro no se sometía a votación, sino que se reconocía universalmente —con posterioridad— que Dios era su autor y que formaba parte de la Biblia.

En cuanto al Antiguo Testamento, en el tiempo de Cristo la comunidad judía había recibido y reconocido todo el Antiguo Testamento. La redacción del último libro, Malaquías, había concluido allá por el 430 a.C. El canon del Antiguo Testamento reconocido en el tiempo de Cristo se conforma al Antiguo Testamento de las Biblias protestantes de nuestros días, y no contiene la Apócrifa, ese grupo de catorce libros extrabíblicos, escritos después de Malaquías y añadidos al Antiguo Testamento en la traducción griega del Antiguo Testamento hebreo llamada Septuaginta (*ca.* 200–150 a.C.). Aunque rechazados, estos textos espurios se consignan en ciertas versiones de la Biblia. No obstante, ningún autor del Nuevo Testamento cita un solo pasaje de los escritos apócrifos ni Jesús afirmó ninguno de estos escritos cuando reconoció el canon del Antiguo Testamento en su tiempo (cf. Lc. 24:27, 44).

En este período, el canon del Antiguo Testamento se había dividido en dos listas de veintidós o veinticuatro libros respectivamente, cada una de las cuales contenía el mismo material que los treinta y nueve libros que forman nuestras versiones protestantes modernas. En el canon de veintidós libros algunos de ellos se agruparon en uno; por ejemplo, el Libro de los Doce (que recogía los doce profetas menores), Jeremías y Lamentaciones, Jueces y Rut, y 1 y 2 Samuel.

Al Nuevo Testamento se le aplicaron los mismos tres criterios claves de canonicidad que al Antiguo. En el caso de Marcos y Lucas-Hechos, escritores no apostólicos que fueron considerados, de hecho, amanuenses de Pedro y Pablo, respectivamente. Los libros de Santiago y Judas los escribieron los medios hermanos de Cristo. Aunque Hebreos es el único libro neotestamentario cuya autoría se desconoce completamente, su contenido está tan en línea con el Antiguo y Nuevo Testamentos que la iglesia primitiva concluyó que debía haberlo escrito una persona relacionada con algún apóstol. Desde aproximadamente 350–400 d.C., los veintisiete libros del Nuevo Testamento se aceptaron universalmente como inspirados por Dios.

DEFINICIÓN DE CANONICIDAD

La idea de canonicidad alude al reconocimiento y aceptación por parte de la iglesia de los libros de las Escrituras como la inspirada Palabra de Dios. Este término procede de la palabra griega *kanón*, que en su origen significaba una "caña" o "vara". Puesto que las varas se utilizaban frecuentemente como instrumentos de medición, esta palabra comenzó a transmitir la idea de "estándar" o "regla". El término *kanón* aparece cuatro veces en el Nuevo Testamento, siempre con un sentido metafórico. Pablo lo utiliza tres veces en 2 Corintios 10 (vv. 13, 15-16) para aludir a un límite geográfico. En Gálatas 6:16, el apóstol lo usa para hacer referencia a una norma o estándar moral para la vida del creyente. Todo esto ilustra que a finales de la era apostólica esta palabra se entendía generalmente como una referencia metafórica a una regla, medida, límite o estándar.

Este término no comenzó a usarse para aludir a la autoritativa colección de libros reconocidos como un producto de la inspiración divina hasta la mitad del siglo IV d.C. De hecho, fue Atanasio (295-373) quien aplicó por primera vez el término *canon* a las Escrituras en la *Epístola sobre los decretos del Concilio de Nicea*, publicada poco después del 350 d.C. En este documento, Atanasio alude al *Pastor de Hermas* como una obra ajena al canon. Poco después, el Concilio de Laodicea usó las expresiones "canónico" y "no canónico" para aludir, respectivamente, a los libros aceptados como parte de la Biblia o rechazados como no inspirados por Dios. Este es el sentido en que este término se ha entendido en relación con las Escrituras.

Desde un punto de vista histórico, el canon se ha definido principalmente de dos formas. El punto de vista tradicional del catolicismo romano sostiene que la Biblia es una autorizada colección de escritos. Es decir, la Biblia contiene los libros que la iglesia ha recopilado y establecido autoritativamente como Escritura. Según este punto de vista, la iglesia decide qué libros forman o no parte de la Biblia.

El punto de vista bíblico entiende que el canon es una recopilación de escritos divinamente autorizados. No es la iglesia (o el pueblo de Dios) la que determina qué libros son o no inspirados por Dios y forman por tanto parte de las Escrituras. Los propios escritos están investidos de autoridad divina en virtud de su inspiración. Estos son las Escrituras porque fueron escritos bajo la inspiración del Espíritu. El pueblo de Dios (la iglesia en el Nuevo Testamento e Israel en el Antiguo) se limita a reconocer la autoridad intrínseca de los documentos. La canonicidad se basa en el hecho de la inspiración, no en el proceso o agencia que llevó a cabo la compilación.

NECESIDAD DEL CANON

Comenzando con la redacción de la Torá, hay un claro mandamiento de Dios de reconocer y preservar su revelación escrita. En el tiempo de Cristo, los treinta y nueve libros del Antiguo Testamento (agrupados quizá en un conjunto de veintidós en hebreo, con algunos como 1 y 2 Samuel en un solo rollo) eran universalmente reconocidos como las Escrituras. Se hace también evidente la necesidad de un canon del Nuevo Testamento equivalente al del Antiguo. Los apóstoles eran los representantes formales y autorizados de Cristo (Lc. 24:44-49; Jn. 20:19-23; Hch. 1:4-8, 15-26; 2:42). A medida que estos fueron desapareciendo (por muerte natural o martirio), se fue haciendo cada vez más necesario preservar sus enseñanzas. Aun los propios apóstoles se preocupaban de este asunto (1 Co. 11:2; 2 Ts. 2:15). Preservar el testimonio apostólico escrito se hizo incluso más importante a medida que se acercaba el final del siglo I. Este proceso providencial de preservación comenzó cuando las iglesias comenzaron a transcribir, compilar y compartir estos escritos. Más adelante, toda la iglesia reconoció formalmente los veintisiete libros del Nuevo Testamento como Escritura. Este proceso de reconocimiento no estableció el canon, sino que confirmó formalmente lo que ya había sido establecido por la inspiración.

El canon del Antiguo Testamento. El Antiguo Testamento se escribió a lo largo de un período de mil años, aproximadamente. Moisés terminó el Pentateuco inmediatamente antes de su muerte en 1405 a.C., a excepción del fragmento de Deuteronomio 34:5-12, que registra la muerte de Moisés, y que posiblemente lo escribió Josué, quien junto con los ancianos de Israel aceptaron resueltamente estos cinco primeros libros como la Palabra de Dios con autoridad divina y los colocaron en el arca (Dt. 31:24-26). Tras el regreso de la cautividad, en el siglo V a.C., Esdras estableció funcionalmente el canon del Antiguo Testamento. En general se reconoce que el canon del Antiguo Testamento se estableció siguiendo tres criterios. En primer lugar, el libro tenía que haberse escrito por el proceso de inspiración, algo que normalmente afirmaba el propio autor (2 S. 23:1-2; Is. 1:1; Jer. 1:1-2). En segundo lugar, los contemporáneos del profeta reconocían frecuentemente la obra en cuestión (Éx. 24:3; Jos. 1:8; Jer. 26:18; Dn. 9:2). En tercer lugar, los contemporáneos del profeta decidían preservar el libro como parte de la Palabra de Dios (Dt. 31:26; 1 S. 10:25; Pr. 25:1; 2 R. 23:24; Dn. 9:2). Además de estas consideraciones básicas, los dirigentes judíos comparaban cualquier nueva revelación con las Escrituras que existían en aquel momento, como lo demandaba la ley de Dios (Dt. 12:32; 13:1-5).

En el tiempo de Cristo, se reconoció una colección de libros, universalmente aceptados y establecidos, como el Antiguo Testamento canónico. Estos libros coinciden con los treinta y nueve que contiene el Antiguo Testamento protestante; Israel nunca aceptó como canónicos los escritos apócrifos. Los testimonios de Jesús y los apóstoles demuestran su absoluta aceptación del canon hebreo como Escritura. Jesús cita cada una de las principales secciones del Antiguo Testamento: Moisés y el Pentateuco (Mt. 4:1-11; Jn. 3:14; 5:45-47), David en los Salmos (Lc. 20:41-44) e Isaías (Mt. 13:13-15) y Jonás (Mt. 12:39-40) de los profetas. El Señor confirma cada una de estas secciones como parte de la autoritativa Escritura de Dios, basando doctrina y práctica en lo que dice. El testimonio de los apóstoles refleja el de Jesús. Estos citan el Antiguo Testamento en su predicación (Hch. 2:17-21, 25-28, 31, 34-35; 3:22, 25; 4:25-26). Frecuentemente desarrollan sus argumentos a favor del evangelio en el Nuevo Testamento a partir de citas veterotestamentarias (Mt. 1:22-23; 4:14-16; 8:17; 12:17-21; 13:35; 21:4-5; Jn. 12:38-41; 19:24; Ro. 1:16-17; 3:9-20; 4:1-12; 9:6-13, 15-17, 25-26, 27-29, 33). Incluso la práctica evangelizadora de Pablo de ir primero a los judíos en las sinagogas y razonar con ellos a partir de las Escrituras del Antiguo Testamento da fe de su completa aceptación del canon judío (Hch. 17:2-3).

Una evidente distinción entre el Antiguo Testamento hebreo y las Biblias modernas es la disposición de los libros. Jesús y los autores del Nuevo Testamento reconocían, generalmente, una doble o triple disposición de los libros veterotestamentarios: la Ley y los Profetas o la Ley, los Profetas, y los Escritos (Lc. 24:44). Da la impresión de que Jesús reconocía una disposición del Antiguo Testamento que comenzaba con Génesis y terminaba con los libros de Crónicas, basándonos principalmente en su referencia (Lc. 11:50-51) a la sangre de los profetas desde Abel (Gn. 4:1-16) a Zacarías (2 Cr. 24:20-22). Este orden es como el que encontramos en la edición definitiva del Antiguo Testamento hebreo, procedente del texto masorético. Aunque la disposición de nuestra Biblia se derivada principalmente de la Vulgata y, de forma secundaria, de la Septuaginta, las diferencias de nuestro texto con el del Antiguo Testamento hebreo no alteran de ningún modo el hecho de que contiene los mismos libros que se reconocen como canónicos en la Biblia hebrea (el orden es algo secundario).

El canon del Nuevo Testamento. El Nuevo Testamento se redactó a lo largo de un período de cincuenta años. Está formado por veintisiete libros redactados por ocho o nueve autores humanos y consta de cuatro Evangelios, el libro de los Hechos (volumen que acompaña al Evangelio de Lucas), veintiuna epístolas y el libro de Apocalipsis. El primer documento escrito fue la epístola de Santiago en el año 45 d.C. El último de ellos fue el libro de Apocalipsis, redactado por Juan hacia el año 95 d.C. Antes de estos libros del Nuevo Testamento, la iglesia no tenía escritos autoritativos aparte del Antiguo Testamento, que Jesús y los apóstoles reconocían como Palabra de Dios. Los libros del Nuevo Testamento fueron también reconocidos como inspirados por Dios y autoritativos como el Antiguo Testamento en el tiempo en que fueron escritos. Pedro aludió a las cartas de Pablo como Escritura (2 P. 3:14-16), y citó en una misma frase Deuteronomio y Lucas, aludiendo a ellos como Escritura (1 Ti. 5:18). Juan alega haber escrito el Apocalipsis a petición directa de Cristo como una revelación de Dios para su iglesia (Ap. 1:11, 19; 4:1; 22:8-13). Los libros del Nuevo Testamento fueron añadidos a la Escritura en el momento de su inspiración y redacción. Fueron canónicos desde el momento en que se escribieron, no cuando la iglesia los aceptó como tales. Hubo, no obstante, un proceso, con el transcurso del tiempo, en el que los veintisiete libros del Nuevo Testamento fueron individual y colectivamente reconocidos como Escritura por el pueblo de Dios. En este proceso de canonización del Nuevo Testamento hubo tres etapas históricas: circulación, recopilación y reconocimiento.

El período de circulación. La iglesia primitiva reconocía los treinta y nueve libros del Antiguo Testamento como Escritura, como una verdad establecida. La autoridad divina de estos libros era incuestionable. Este compromiso se demostraba con la consistente práctica de Cristo y sus apóstoles de citar el Antiguo Testamento identificándolo como la Palabra de Dios. En el período en que se escribieron los libros del Nuevo Testamento, las iglesias que inicialmente recibieron estos libros los reconocieron después como Escritura, y poco tiempo más adelante aquellas comunidades comenzaron a leer estos textos junto con las Escrituras veterotestamentarias en sus asambleas (1 Ts. 5:27; 1 Ti. 4:13; Ap. 1:3). La práctica de transcribir y compartir estos textos con otras comunidades locales acompañó al reconocimiento de estos libros como Escritura, puesto que algunos de ellos solicitaban incluso tales prácticas (Col. 4:16). Este temprano proceso de circulación y recopilación propició que a comienzos del siglo II d.C. la mayor parte de la iglesia estuviera familiarizada con la mayoría de los veintisiete libros del Nuevo Testamento. No obstante, en su comienzo, este proceso consistió principalmente en la circulación individual de estos textos.

El período de recopilación. Las reuniones de adoración de la iglesia primitiva seguían los patrones establecidos por la sinagoga. Ello incluía lecturas públicas de las Escrituras acompañadas de exposiciones u homilías (sermones) derivadas a menudo de estos textos (Lc. 4:16-21; Hch. 17:2-3; 1 Ti. 4:13). Con el tiempo, las iglesias copiaron, hicieron circular y recopilaron cada vez más libros del Nuevo Testamento, para poder leerlos y usarlos en las reuniones de adoración. Hacia el siglo II d.C., estas colecciones comenzaron a gozar de una aceptación cada vez más universal entre las iglesias, y estos textos comenzaron a compartirse más como colecciones que como libros individuales.

A mediados del siglo II se produjo la primera controversia importante acerca de la identificación del canon. El hereje Marción (*ca.* 85–160 d.C.) publicó su lista formal de lo que consideraba los escritos autoritativos del Nuevo Testamento. Su canon consignaba una forma abreviada del Evangelio de Lucas, y diez de las epístolas de Pablo (dejaba fuera a las Pastorales). Es posible que, más que cualquier otra cosa, fuera este acto de un hereje, lo que obligó a la iglesia ortodoxa a comenzar a responder formalmente la pregunta: ¿qué libros forman parte del canon del Nuevo Testamento?

La primera respuesta significativa de las iglesias ortodoxas se refleja en el fragmento de Muratori. A veces se lo ha llamado canon de Muratori (*ca.* 170 d.C.) porque enumera tanto los libros del Nuevo Testamento que deben aceptarse como autoritativos, como otros textos que deben excluirse. Este documento refleja muy probablemente una respuesta formal a Marción. Aunque el estado del documento hace que sea un testigo incompleto de los libros aceptados, sí identifica veintiuno o veintidós de los veintisiete libros de nuestro Nuevo Testamento. Los que faltan son Hebreos, Santiago y 1 y 2 Pedro. El canon de Muratori consigna las epístolas de Juan, pero no está claro si se alude a ellas como una sola epístola o si alguna fue excluida. Dejando a un lado el contenido que falta en este documento, está claro que los padres de la iglesia se vieron obligados, por las controversias y ciertas consideraciones prácticas, a llegar a un consenso en la identificación de los libros neotestamentarios portadores de la autoridad divina y que había que poner junto al canon del Antiguo Testamento.

El período de reconocimiento. A comienzos del siglo IV d.C. se produjo el final de la persecución de la iglesia y el establecimiento del cristianismo como religión del estado. Este período acabó con casi tres siglos de esfuerzos esporádicos e intensos para erradicar a la iglesia del Imperio romano. En la última persecución de Diocleciano (245–311 d.C.) y con su edicto del 303 d.C., este emperador había ocasionado la quema de incontables obras cristianas, entre ellas copias de libros del Nuevo Testamento. Cuando Constantino (272–337 d.C.) llegó al poder, no solo legalizó el cristianismo en el 313 d.C. sino que también comisionó a Eusebio (*ca.* 260–*ca.* 340 d.C.) para que supervisara la edición de cincuenta ejemplares del Nuevo Testamento. Este decreto fue el responsable de suscitar inmediatamente la identificación formal de los libros que configuran el canon del Nuevo Testamento.

Eusebio, que había experimentado personalmente la persecución de Diocleciano, se convirtió quizá en el historiador más importante de la iglesia primitiva. En su historia no solo consigna muchos datos y reflexiones relacionadas con los acontecimientos históricos sino también muchas cosas sobre los desafíos para identificar el canon del Nuevo Testamento. Eusebio dividió los escritos de la iglesia primitiva en tres categorías: libros reconocidos, libros cuestionados y libros heréticos. Como sugieren estas categorías, la lista de Eusebio comienza identificando aquellos libros aceptados universalmente como canónicos (es decir, poseedores de la autoridad divina). Se trata de todos los libros cuya autenticidad es indiscutible. Una de las cuestiones del procedimiento era que el autor fuera divinamente reconocido, es decir, que el libro en cuestión hubiera sido escrito por un apóstol o por alguien que tuviera una autoridad apostólica derivada (p. ej., Lucas). En el apartado de libros reconocidos, la lista de Eusebio consignaba todos los libros del Nuevo Testamento menos Santiago, 2 Pedro, 2 y 3 Juan y Judas. También establecía el Apocalipsis como cuestionable debido, principalmente, a su falta de circulación entre las iglesias orientales. Al final, los veintisiete libros del Nuevo Testamento fueron incluidos.

El proceso formal de identificar el canon del Nuevo Testamento fue completado, en gran medida, por Atanasio (295–373 d.C.). En sus cartas festivas de 365 d.C., Atanasio delimitaba la extensión del canon del Nuevo Testamento a los veintisiete libros de nuestro Nuevo Testamento. También prohibía estrictamente el uso de otros como canónicos, entre ellos la *Didajé* y el *Pastor de Hermas* (ambas obras fueron objeto de debate). Estas decisiones fueron ratificadas más adelante en el Concilio de Hipona en 393 d.C. Desde entonces, ha habido una aceptación universal de los veintisiete libros del Nuevo Testamento como canónicos por todo el cristianismo ortodoxo.

CRITERIOS PARA LA CANONICIDAD

Como ya se ha dicho, la canonicidad de los sesenta y seis libros de la Biblia se estableció sobre la base de la inspiración de los autores. Solo Dios Espíritu Santo puede dar testimonio de la autoridad de su Palabra. Esta es la realidad del testimonio que las Escrituras dan de sí mismas. Desde una perspectiva cristiana, el reconocimiento del canon veterotestamentario se estableció por la aceptación de los treinta y nueve libros del canon hebreo por parte de Jesús y los apóstoles. En el caso del Nuevo Testamento, aunque los primeros creyentes vivieron durante siglos por las verdades de los libros inspirados, el reconocimiento histórico llevó un cierto tiempo. No obstante, esto no significa que no hubiera canon. Solo quiere decir que un consenso sobre los límites de la colección hubo de imponerse sobre otras sugerencias y opciones.

Los criterios externos para aceptar cualquier libro como canónico eran los requisitos originales: (1) autoría apostólica o profética que evidenciara inspiración, (2) consistente acuerdo doctrinal con las Escrituras existentes, y (3) aceptación universal por parte del pueblo de Dios.

Las credenciales de los autores humanos son un criterio válido para la canonicidad. Dios produjo su Palabra mediante autores humanos divinamente autenticados. En el Antiguo Testamento, estos escritores sancionaron frecuentemente su mensaje llevando a cabo señales milagrosas o haciendo declaraciones proféticas que validaban su llamamiento divino. En el Nuevo Testamento, Dios compuso su Palabra mediante la agencia o autoridad de un apóstol ya autenticado (1 Co. 14:37-38; Gá. 1:9; 1 Ts. 2:13).

En segundo lugar, Dios expresó claramente desde el principio de que antes de ser aceptada como auténtica, cualquier revelación futura debía ser examinada de acuerdo con las Escrituras existentes (Dt. 13:1-5). Dios se ha revelado de manera consistente en los libros canónicos de modo que todos ellos están de acuerdo entre sí (Hch. 17:11). Además de esto, Dios limitó de forma directa ambos cánones cuando anunció su terminación. Para anunciar la conclusión del canon veterotestamentario, Dios anunció que el próximo profeta sería el Elías que había de venir (Mal. 4:4-6). En el caso del Nuevo Testamento, Jesús declaró definitivamente la conclusión del canon a Juan (Ap. 22:18-19). Con la muerte del último apóstol concluye la añadidura de cualquier otra revelación hasta el regreso del Señor.

En tercer lugar, las evidencias de la inspiración pueden dividirse en dos categorías: (1) el texto debe ser cierto y veraz en lo que dice, y (2) debe haber evidencias por la propia lectura de la Palabra de que esta es capaz de transmitir verdad y convencer de pecado al corazón humano (He. 4:12). Aparte de esto, la Palabra de Dios debe tener la cualidad de persuadir a su pueblo colectivamente para que reconozca y afirme la autenticidad de un determinado libro. Puesto que el Espíritu de Dios inspiró al autor para que escribiera un texto divinamente autoritativo, este mismo Espíritu ha dado testimonio de su inspiración en los corazones del pueblo de Dios.

En última instancia, solo Dios es apto para dar un adecuado testimonio de sí mismo y de lo que Él ha inspirado (Jn. 5:33-47; He. 6:13). La Palabra de Dios da testimonio de sí misma. Es esencial que el pueblo de Dios aprenda por sí mismo y a partir de las Escrituras a reconocer las obras que Dios ha inspirado. Por lo que respecta a los cánones del Antiguo y Nuevo Testamentos, existe una sorprendente, definitiva y unánime afirmación de que los sesenta y seis libros de la Biblia protestante, y no otros, son inspirados por Dios.

FINALIZACIÓN DE LA CANONICIDAD[20]

¿Cómo sabe la iglesia que Dios no modificará la Biblia actual añadiendo un sexagésimo séptimo libro inspirado? En otras palabras: ¿está cerrado el canon?

Los textos de las Escrituras advierten que nadie debe quitar o añadir nada a ella (Dt. 4:2; 12:32; Pr. 30:6). Viendo que después de estas advertencias llegaron otros libros canónicos, es inevitable concluir que aunque tales amonestaciones no permitían sustraer nada del texto, sí autorizaban la añadidura de escritos inspirados para completar el canon protegido por estos pasajes.

Consideradas en su conjunto, varias importantes observaciones han convencido a la iglesia a lo largo de los siglos de que el canon de las Escrituras está definitivamente cerrado. En primer lugar, el libro de Apocalipsis es único por su descripción incomparablemente detallada de los acontecimientos escatológicos que preceden a la eternidad

---

20. Esta sección es una adaptación de MacArthur, *MacArthur Study Bible: English Standard Version*, xxi-xxii. Usado con permiso de Thomas Nelson.

futura. Igual que Génesis inicia las Escrituras tendiendo un puente desde la eternidad pasada hasta la existencia espacio-temporal presente con el único relato detallado de la creación (Gn. 1–2), Apocalipsis nos introduce, fuera del tiempo y el espacio, a la eternidad futura (Ap. 20–22). Por su contenido, Génesis y Apocalipsis son los perfectos sujeta libros de las Escrituras.

En segundo lugar, igual que al concluir el canon del Antiguo Testamento con Malaquías hubo un silencio profético, desde que Juan escribió el libro de Apocalipsis ha habido un silencio análogo. Esto lleva también a la conclusión de que el canon del Nuevo Testamento quedó pues cerrado.

En tercer lugar, puesto que no ha habido ni hay profetas o apóstoles autorizados en el sentido del Antiguo Testamento ni del Nuevo, no hay más autores potenciales de otros escritos inspirados y canónicos. Nunca debe añadirse nada a la fe, "que ha sido una vez dada a los santos", sino que hay que contender abiertamente por ella (Jud. 3).

En cuarto lugar, de las cuatro exhortaciones bíblicas a no alterar las Escrituras, únicamente la de Apocalipsis 22:18-19 contiene advertencias de un severo juicio divino por desobedecer. Por otra parte, Apocalipsis es el único libro del Nuevo Testamento que termina con esta amonestación y fue el último en escribirse. Por tanto, estos hechos sugieren fuertemente que Apocalipsis es el último libro del canon y que la Biblia está completa; añadir o quitar algo del texto bíblico desagradaría profundamente a Dios.

Por último, la iglesia primitiva, aquellos que estuvieron más cerca de los apóstoles en el tiempo, creían que con Apocalipsis concluían los escritos inspirados por Dios, las Escrituras. Así, basándonos en un sólido razonamiento bíblico, podemos concluir que el canon está definitivamente cerrado. No habrá ningún sexagésimo séptimo libro de la Biblia.

Crítica textual y preservación[21]

Puesto que la Biblia se ha traducido a múltiples idiomas y distribuido por todo el mundo, ¿cómo podemos estar seguros de que no se han introducido errores, aunque sea de manera involuntaria? Es cierto que a medida que el cristianismo se ha ido extendiendo las personas han querido tener la Biblia en su idioma, lo cual ha requerido la traducción del texto desde los idiomas originales, hebreo y arameo, en el caso del Antiguo Testamento, y griego en el del Nuevo. El trabajo de los traductores no era el único ámbito potencial para los errores, ya que la transcripción a mano, hasta la llegada de la imprenta hacia el año 1450 d.C., era susceptible de constantes errores.

A lo largo de los siglos, quienes practican la crítica textual, una ciencia exacta para editar los manuscritos, han descubierto, preservado, catalogado, evaluado y publicado una sorprendente serie de copias bíblicas, tanto del Antiguo Testamento como del Nuevo. De hecho, el número de manuscritos bíblicos existentes se distancia de forma impresionante de los de cualquier otra obra de la antigüedad. Al comparar los textos, el crítico textual puede determinar con precisión qué decía el documento profético/apostólico original.

---

21. Esta sección es una adaptación de MacArthur, *MacArthur Study Bible: English Standard Version*, xx-xxi. Usado con permiso de Thomas Nelson.

Aunque los manuscritos del principal texto hebreo antiguo (masorético) son del siglo X d.C., existen otras dos importantes líneas de evidencia textual que refuerzan la confianza de los críticos textuales en el sentido de haber recuperado los originales.[22] En primer lugar, podemos comparar el texto masorético del siglo X d.C. con la Septuaginta, la versión griega traducida hacia 200–150 a.C., cuyos manuscritos más antiguos en existencia datan aproximadamente de 325 d.C. Existe, en general, una sorprendente consistencia entre ambos textos, lo cual muestra la exactitud de la transcripción del texto hebreo a lo largo de los siglos. En segundo lugar, el descubrimiento de los Rollos del Mar Muerto entre 1947 y 1956 (que datan de *ca.* 200–100 a.C.) demostró ser de una importancia monumental. Tras comparar los textos hebreos más antiguos con los posteriores, solo se encontraron ligeras variantes, que en ningún caso alteraban el significado del texto. Aunque algunos abogan por el desarrollo de una pluralidad de textos autoritativos en el caso del Antiguo Testamento, por las intermitentes y significativas diferencias entre la Septuaginta y el texto masorético, parece mucho más probable que, tras el exilio babilónico, los escribas hubieran mantenido un solo texto masorético base autoritativo. Aunque en los Rollos del Mar Muerto y en varias versiones se evidencian variantes, los registros existentes muestran una consistente conformidad con el texto masorético. Aunque el Antiguo Testamento se había traducido y copiado durante siglos, la última versión (el texto masorético) se constata rápidamente como una auténtica y autoritativa representación de los autógrafos originales.

Los hallazgos del Nuevo Testamento son aún más decisivos puesto que hay una cantidad mucho mayor de material para poder estudiarlos. Hay más de cinco mil manuscritos griegos del Nuevo Testamento, que van desde pequeños trozos de papiro con algunas palabras de un versículo hasta todo el texto del Nuevo Testamento. Algunos de los fragmentos se escribieron entre veinticinco y cincuenta años después del original. Generalmente, los eruditos textuales del Nuevo Testamento concluyen (1) que se ha recuperado más del 99 por ciento del texto original, y (2) que de las potenciales lecturas alternativas que quedan, no hay variantes que afecten sustancialmente ninguna doctrina cristiana. Se ha llegado a afirmar que si se aceptaran todas las variantes posibles, el mensaje de cada capítulo de la Biblia afectado por tales variantes sería esencialmente el mismo.

Con esta gran cantidad de manuscritos bíblicos en los idiomas originales y mediante la disciplinada actividad de los críticos textuales para establecer con exactitud casi perfecta el contenido de los autógrafos, muchos errores que introdujeron o perpetuaron los miles de traducciones a lo largo de los siglos pueden ahora identificarse y corregirse comparando la traducción o transcripción con el original restaurado. Mediante estos medios providenciales, Dios ha cumplido su promesa de preservar las Escrituras.

EXPLICACIÓN DE LA CRÍTICA TEXTUAL

Aunque los protestantes concuerdan universalmente sobre la identificación de los libros de la Biblia, algunas cuestiones relacionadas con su contenido siguen demandando nues-

---

22. Wegner, *A Student's Guide*, 298-301.

tra atención. Esto se debe a que hoy no disponemos de ninguna de las obras originales de los autores bíblicos. Hasta *ca.* 1450 d.C., cuando las imprentas comenzaron a producir masivamente Biblias impresas, los libros bíblicos se habían preservado y transmitido mediante copias manuscritas. Este proceso de transcripción a mano introdujo, como no podía ser de otro modo, errores en el texto bíblico, lo cual explica cuestiones relativas al vocabulario de ciertos pasajes y hasta algunos de los problemas textuales más importantes y controvertidos (p. ej., Mr. 16:9-20; Jn. 7:53–8:11).

En este punto, el proceso de la crítica textual viene en nuestra ayuda. Podríamos definir correctamente a la crítica textual como "el cuidadoso análisis de los antiguos manuscritos de las Escrituras para determinar cuáles son las copias más puras del texto original". Aunque el proceso como tal es de naturaleza científica, las decisiones valorativas fundamentales entran en la ecuación cuando hay que escoger una lectura en lugar de otra, y esto implica la aplicación de juicio humano. El proceso básico comienza con un cuidadoso examen de cada manuscrito confiable del texto bíblico en cuestión. El crítico textual considera varias lecturas alternativas e identifica la que tiene una evidencia textual más sólida como para ser la escrita por el autor bíblico. Si hay evidencias consistentes para más de una lectura, las secundarias se enumeran como lecturas marginales (a menudo en una nota al margen, o a pie de página en la mayoría de Biblias). Los principales factores a considerar en la crítica textual son la lectura más antigua, la más corta, la más ampliamente atestiguada geográficamente y la que mejor explica la variante o variantes. Cuando todos estos factores se valoran conjuntamente, el crítico textual puede tomar una informada decisión sobre la lectura que más probablemente refleja lo que escribió el autor bíblico.

El proceso de la crítica textual implica asuntos de distintos niveles de complejidad entre los dos Testamentos. Existe una enorme cantidad de evidencia textual para el Nuevo Testamento. Como se ha observado, algunos manuscritos griegos se escribieron durante la generación posterior a la redacción del texto. Esta evidencia cubre también una amplia zona geográfica y se confirma a lo largo de todo el marco temporal desde *ca.* 100 d.C. hasta *ca.* 1450, cuando las primeras imprentas comenzaron a publicar colecciones completas del Nuevo Testamento griego. A modo de comparación, el Antiguo Testamento se escribió durante un período de unos mil años entre 1400 y 400 a.C. Hay muchos menos testigos del texto del Antiguo Testamento que del Nuevo. Una buena parte de la evidencia textual dista más de mil años de los acontecimientos que se consignan. Incluso la confiabilidad de algunos de los testigos más antiguos (como los rollos de Qumrán) es objeto de debate. Todos estos factores en su conjunto contribuyen a una mayor dependencia de la evidencia versional para el texto del Antiguo Testamento.

No obstante, cuando se evalúa toda la evidencia textual para ambos Testamentos, la mayoría de los eruditos afirman que la Biblia está esencialmente de acuerdo, palabra por palabra, con el texto original de Génesis a Apocalipsis.[23] Aun sin tener esto en cuenta, cuando se examinan todas las variantes, la mayoría de ellas son de rápida identificación y fácil resolución. Entre ellas hay cosas tan evidentes e insignificantes como errores or-

---

23. Wegner, *A Student's Guide*, 301.

tográficos, omisión circunstancial y transposición de palabras, transposición de letras dentro de una palabra y cosas de este tipo. Otras variantes son obviamente inserciones explicativas o deliberadas alteraciones de los copistas por varias razones. Cuando se tienen en cuenta estas otras consideraciones, puede verse que la Biblia es confiable como una copia fielmente preservada de lo que escribieron originalmente los autores. En cuanto al resto, no hay duda sobre ninguna lectura importante, y ninguna de ellas altera o cuestiona siquiera ninguna doctrina bíblica. Dios ha inspirado la redacción de su Palabra y, en su providencia, también la ha preservado durante el proceso de transcripción.

Si la Biblia es realmente la Palabra de Dios, ¿por qué entonces no contamos hoy con los manuscritos originales de ninguno de sus sesenta y seis libros? Una rápida mirada a la carta original de Pablo a los romanos o a los rollos en que Moisés redactó el libro de Génesis, ¿no resolvería acaso, inmediatamente, cualquier pregunta sobre lo que la Biblia decía originalmente? ¿Por qué, pues, no se han preservado los autógrafos originales de los libros de la Biblia? La razón principal es que el pergamino, la vitela y otros materiales no se conservan fácilmente durante miles de años. Si a esto añadimos el deterioro normal causado por el uso repetido, la negligencia, el transporte, los desastres naturales, incluso la deliberada destrucción en tiempos de persecución, es fácil entender por qué no han llegado hasta nuestros días los documentos originales. Sin embargo, es posible que tras la pérdida de todos los autógrafos haya también una razón divina. Dicha carencia elimina la posibilidad de que se desarrolle una reverencia desmesurada, una veneración fanática hacia los documentos en lugar de hacia el Dios que los inspiró. Esta tendencia humana obligó a Ezequías a destruir la serpiente de bronce porque el pueblo comenzó a adorar este símbolo en lugar de al Dios que lo utilizó (2 R. 18:4).

TRADUCCIONES DE LA BIBLIA

Como hemos explicado antes, en su providencia, Dios unió las copias de las Escrituras a los autógrafos. Una copia de las Escrituras en los idiomas originales es la Palabra de Dios en la medida en que se corresponde con el texto original. Del mismo modo, una determinada versión (es decir, traducción) puede considerarse Palabra de Dios cuando se corresponde con el significado de las palabras expresadas en los idiomas originales. Esta es la razón por la que debe dedicarse la misma atención (si no más) al proceso de traducción. Las traducciones deben expresar en el idioma de destino lo que dice el texto original. Si se espera exactitud en el proceso de transcripción (la copia palabra por palabra de lo que dice el original), ¿cuánto más espera Dios de quienes traducen el texto original a otro idioma?

Esta es la razón por la que debe tenerse mucho cuidado en la elección de una versión bíblica. Es importante escoger una traducción legible. Dios pretende que su pueblo entienda lo que dice y lo que quiere decir. Al mismo tiempo, si una versión traduce mal o expresa erróneamente lo que la Palabra de Dios dice en el original, está confundiendo al pueblo de Dios. Puesto que Dios no cambia sus normas para que coincidan con los errores de los hombres, cuanto más literal sea una traducción y más exactamente transmita lo que dice el texto original, más confiable será como testigo para el pueblo de

Dios. Una buena traducción de las Escrituras a cualquier idioma es la Palabra de Dios puesto que refleja fielmente el significado transmitido en el idioma original. Las mejores son las traducciones formales, palabra por palabra. No hay, sin embargo, evidencias, desde un punto de vista bíblico o histórico, de que Dios haya inspirado milagrosamente ninguna traducción. Las traducciones son testimonios derivados de la Palabra de Dios, no correcciones o versiones actualizadas del original.

Las traducciones antiguas pueden desempeñar también un papel clave en la confirmación de una determinada lectura de un manuscrito en el idioma original. Esto se debe a que las versiones antiguas consignan lo que los traductores entendieron que significaba el texto en el idioma original. Puesto que, en algunos casos, estas versiones se escribieron muchos siglos antes que los manuscritos en idioma original de que disponemos, fueron traducidos a partir de textos más antiguos que los que tenemos hoy. Estas traducciones pueden, por tanto, ser muy útiles para confirmar la mejor lectura alternativa.

Las versiones antiguas más importantes son la Septuaginta griega, la Vulgata latina y la Peshita siríaca. La Septuaginta es la más notable de ellas por ser una traducción griega del Antiguo Testamento que los padres de la iglesia citaban frecuentemente. Puede incluso que la citen, a veces, los propios autores del Nuevo Testamento. Su origen se remonta a unos dos siglos antes del nacimiento de Cristo. La Vulgata comenzó como una revisión del latín antiguo por parte de Jerónimo. Se remonta al tiempo de los padres de la iglesia a comienzos del siglo v d.C. Su característica más notable es que Jerónimo se basó, para la mayor parte del Antiguo Testamento, en el examen de textos hebreos (no de traducciones griegas). Por ello, en algunos casos sigue el texto original más de cerca que la Septuaginta. La Peshita es una traducción de la Biblia al siríaco. Es la primera versión de toda la Biblia y la más antigua (el Antiguo Testamento *ca.* 150 d.C. y el Nuevo *ca.* 425 d.C.). Lo sorprendente de estas versiones es que todas ellas concuerdan esencialmente (en la mayoría de casos casi de forma literal) con el testimonio general de los manuscritos en los idiomas originales que tenemos hoy. Incluso en el caso de las variantes, más del 90 por ciento de ellas son insignificantes o fáciles de resolver (entre ellas cuestiones ortográficas y relativas al orden de las palabras). En su providencia, Dios ha preservado su Palabra mediante el diligente esfuerzo de su pueblo.

Dios quería que su Palabra permaneciera para siempre (preservación).[24] Por ello su manifestación escrita y proposicional (revelación) fue guardada de error en sus escritos originales (inspiración) y recopilada en los sesenta y seis libros del Antiguo y Nuevo Testamentos (canonicidad).

A lo largo de los siglos, se han llevado a cabo miles de copias y traducciones (transmisión) que han introducido ciertos errores. Sin embargo, puesto que hoy contamos con muchos manuscritos antiguos del Antiguo Testamento y del Nuevo, la rigurosa ciencia de la crítica textual ha podido reconstruir el contenido de los escritos originales (revelación e inspiración) en un grado sumo.[25]

---

24. Estos tres párrafos son una adaptación de MacArthur, *MacArthur Study Bible: English Standard Version*, xxi. Usado con permiso de Thomas Nelson.
25. Wegner, *A Student's Guide*, 301.

El sagrado Libro que los cristianos de hoy leen, estudian, obedecen y predican merece llamarse, sin reservas, la Biblia o Palabra de Dios puesto que su autor es Dios y, por tanto, es completamente veraz y digno de confianza, como lo es su fuente.

Enseñanza y predicación de las Escrituras

Enseñanza

Predicación

Separar la doctrina bíblica del ministerio cristiano es algo que no puede sustentarse desde un punto de vista bíblico. J. Gresham Machen llamó a esta forma de pensamiento "la hostilidad moderna a la llamada 'doctrina'".[26] El cristianismo se resiste a ser separado de la doctrina porque el movimiento cristiano es una forma de vida basada en el mensaje bíblico. Pablo expresa esta convicción cuando le pide a Timoteo que tenga cuidado de sí mismo y de la doctrina (1 Ti. 4:16).

Enseñanza[27]

En su día, Cristo expresó la misma desazón que Isaías (29:13): "Este pueblo de labios me honra; mas su corazón está lejos de mí. Pues en vano me honran, enseñando como doctrinas, mandamientos de hombres" (Mt. 15:8-9). Las personas del primer siglo tenían "comezón de oír" extrañas enseñanzas de todo tipo que las apartaban de la verdad, porque no podían soportar la sana doctrina (Ef. 4:14; 2 Ti. 4:3-4; He. 13:9).

Los cristianos deben reconsiderar la pregunta de Pilato: "¿Qué es la verdad?" (Jn. 18:38), y abrazar nuevamente la respuesta de Cristo a sus discípulos en el sentido de que la Palabra de Dios es verdad (Jn. 17:17). Si la meta es la verdad, las Escrituras, entonces, son la fuente. Reflexionemos en las palabras de Moisés, citadas más adelante por Jesús cuando resistió a Satanás en las tentaciones del desierto: "No sólo de pan vivirá el hombre, sino de toda palabra que sale de la boca de Dios" (Dt. 8:3; cf. Mt. 4:4). La verdad bíblica es la esencia de la vida.

Desde un punto de vista bíblico, la enseñanza cristiana es la verdad bíblica. Hay en el Nuevo Testamento dos palabras griegas que suelen traducirse como "doctrina", "enseñanza" o "instrucción": *didajé* y *didaskalía*. Si comparamos las cincuenta y una veces que aparecen, concluimos que la doctrina cristiana hace referencia a las Escrituras, leídas, explicadas o sistematizadas incluso teológicamente.

Puede que el moderno rechazo de la doctrina se deba parcialmente a que la palabra *doctrina* se ha entendido en términos demasiado estrechos, como una declaración doctrinal o ensayo teológico, más que en su sentido escritural más amplio de contenido bíblico. Las Escrituras nunca entienden la doctrina como una reflexión hecha desde la torre de marfil, sobre especulaciones o nimiedades teológicas.

Las Escrituras aluden siempre a "la sana doctrina" en relación con aquella doctrina cristiana que encuentra su fuente suprema en Dios, mientras que las demás doctrinas

---

26. J. Gresham Machen, *Cristianismo y liberalismo* (Tampa: Editorial Doulos, 2015), 24.
27. Esta sección es una adaptación del artículo de Richard L. Mayhue, "Editorial", *MSJ* 13, nro. 1 (2002): 1-4. Usado con permiso de *MSJ*.

son de hombres (Col. 2:22) o de demonios (1 Ti. 4:1). La doctrina cristiana es sana, pero todas las demás son insalubres (1 Ti. 1:10; 6:3), por tanto, mientras que esta es buena, y provechosa, aquellas son nocivas y sin valor (1 Ti. 4:6; 2 Ti. 3:16).

Puesto que la enseñanza cristiana tiene todo que ver con la verdad bíblica y esta con la Palabra de Dios, los cristianos deben tener un elevado concepto de las Escrituras y la doctrina. Pero deben conceder la misma importancia a hacer de las Escrituras la base, para que esta sana doctrina se convierta en vida piadosa, "para que en todo adornen la doctrina de Dios nuestro Salvador" (Tit. 2:10). Dicho con sencillez, la doctrina cristiana es la constitución de la vida piadosa. La doctrina resulta imprescindible para el cristianismo como el esqueleto lo es para el cuerpo o el oxígeno para la respiración. Sin doctrina, a los creyentes se les despoja de la verdad para practicar la fe.

Las epístolas del Nuevo Testamento abundan en exhortaciones a hacer de "la sana doctrina" el corazón de la fe y el ministerio cristianos. Pablo recuerda a los cristianos que deben: (1) ser buenos servidores de Cristo Jesús, nutridos con las verdades de la fe y la buena enseñanza (1 Ti. 4:6); (2) mantener como patrón de sana doctrina lo que habían oído de él (2 Ti. 1:13); (3) predicar la Palabra (2 Ti. 4:2); (4) asirse firmemente de su confiable mensaje y alentar a los demás con la sana doctrina (Tit. 1:9); y (5) enseñar aquello que está de acuerdo con la sana doctrina (Tit. 2:1). Es desconcertante imaginar dónde estaría el evangelio si Pablo no hubiera confrontado públicamente la errónea doctrina de Pedro (Gá. 2:11-21).

Tanto el ministerio de Cristo (Mt. 7:28-29) como el de los apóstoles (Hch. 5:29), y el de la iglesia primitiva (Hch. 2:42) giraban alrededor de la sana doctrina. Minimizar o cuestionar el valor de la doctrina empequeñece a Cristo, a los apóstoles y a la iglesia primitiva, así como a incontables mártires cristianos como Juan el Bautista (Mr. 6:21-29) y William Tyndale (1494–1536). ¿Qué razón hay para no abrazar completamente la sana doctrina cuando posee un legado tan glorioso, ofrece un valor eterno (2 Ti. 3:16) y promete la bendición de Dios cuando se obedece (Jos. 1:8; Ap. 1:3)?

¿Qué sucedería si la iglesia abandonara la norma de la sana doctrina? ¿Sobre qué base podría rechazarse a los falsos maestros (Ro. 16:17; 2 Jn 9-10) o refutarse la falsa enseñanza (Tit. 1:9)? ¿Cómo podrían los creyentes conocer aquello que es veraz y aferrarse a lo que merece la pena hacerlo (1 Ti. 3:9; Ap. 2:24)? ¿Cómo distinguirían los cristianos el bien del mal? ¿Cómo podría confrontarse y corregirse el pecado?

Debe impedirse a toda costa que se produzca un desastre espiritual de este tipo. Como sus antepasados espirituales, los cristianos de nuestro tiempo deben contender con fervor "por la fe que ha sido una vez dada a los santos" (Jud. 3). A lo largo de la historia, la indiferencia hacia la doctrina cristiana ha producido herejes, mientras que los héroes de la iglesia se han caracterizado por prestarle una gran atención. Por ello, la iglesia necesita volver con urgencia a la doctrina, no alejarse de ella.

Solo tomar en serio la doctrina hace justicia al mandamiento de Cristo a sus discípulos de enseñar a obedecer todo lo que Él les ordenó (Mt. 28:20). Consideremos los muchos ejemplos que se dan en el Nuevo Testamento:

1. El ministerio de Pablo de proclamar todo el consejo de Dios a los ancianos de Éfeso (Hch. 20:27).
2. El mandamiento del ángel a los apóstoles de que anunciaran "todas las palabras de esta vida" (Hch. 5:20).
3. El mandamiento de Pablo a Timoteo para que transmitiera las enseñanzas apostólicas a la siguiente generación (2 Ti. 2:2).
4. El elogio de Cristo a la iglesia de Éfeso por tomar en serio la doctrina (Ap. 2:2, 6).

Generaciones anteriores de cristianos han trabajado, padecido y dado su vida fielmente para transmitirnos la sana doctrina bíblica a los creyentes de hoy. Solo conservar sin mancha esta doctrina honrará a Cristo y será digna de nuestros antepasados espirituales.

Pedimos, pues, a Dios que este acercamiento utilitario al cristianismo concluya su improductivo curso y que aquellos que temporalmente lo han transitado se vuelvan ahora a su herencia de la verdad bíblica, que es la doctrina cristiana. Solo abrazando de todo corazón este compromiso conseguirán los creyentes proteger su herencia bíblica e impedir que esta sea dilapidada en una era poco inclinada a la sana doctrina.

Predicación[28]

La sana doctrina demanda una exposición rigurosa y una predicación convincente. Por ello, esta exposición comienza con cinco postulados lógicamente secuenciados y basados en la verdad bíblica que introducen y sustentan tres proposiciones subsiguientes:

1. Dios es (Gn. 1:1; Sal. 14; 53; He. 11:6).
2. Dios es verdadero (Éx. 34:6; Nm. 23:19; Dt. 32:4; Sal. 25:10; 31:5; Is. 65:16; Jer. 10:10; Jn. 14:6; 17:3; Tit. 1:2; He. 6:18; 1 Jn. 5:20-21).
3. Dios habla en armonía con su naturaleza (Nm. 23:19; 1 S. 15:29; Ro. 3:4; 2 Ti. 2:13; Tit. 1:2; He. 6:18).
4. Dios solo habla la verdad (Sal. 31:5; 119:43, 142, 151, 160; Pr. 30:5; Is. 65:16; Jn. 17:17; Stg. 1:18).
5. Dios habló su Palabra verdadera de forma consistente con su verdadera naturaleza, para que fuera comunicada a su pueblo (una verdad evidente ilustrada en 2 Ti. 3:16-17; He. 1:1).

Consideremos, pues, las siguientes proposiciones:

1. Dios dio su Palabra verdadera para que se comunicara enteramente como Él la entregó; es decir, debe predicarse todo el consejo de Dios (Mt. 28:20; Hch. 5:20; 20:27). Por tanto, cada parte de la Palabra de Dios ha de considerarse en vista de su totalidad.
2. Dios dio su Palabra verdadera para que se comunicara exactamente como Él la entregó. Ha de dispensarse exactamente como Dios la entregó, sin alterar su mensaje (Dt. 4:2; 12:32; Jer. 26:2).
3. Solo el proceso exegético que produce una proclamación expositiva cumplirá el sentido de las proposiciones 1 y 2.

---

28. Esta sección es una adaptación del artículo de John MacArthur, "The Mandate of Biblical Inerrancy: Expository Preaching", *MSJ* 1, no. 1 (1990): 3-15. Usado con permiso de *MSJ*.

Estas proposiciones pueden sustanciarse respondiendo a una serie de preguntas que han de canalizar el propio pensamiento desde la fuente de la revelación divina a su destino deseado. En primer lugar, ¿por qué predicar? Porque es un mandamiento de Dios (2 Ti. 4:2). La obediencia personal de los apóstoles los llevó precisamente a predicar (Hch. 5:27-32; 6:4). En segundo lugar, ¿qué debe predicarse? La Palabra de Dios, es decir, solo la Escritura y toda la Escritura (1 Ti. 4:13; 2 Ti. 4:2). En tercer lugar, ¿quién debe predicar? Santos hombres de Dios (Lc. 1:70; Hch. 3:21; Ef. 3:5; 2 P. 1:21; Ap. 18:20; 22:6). Isaías recibió la orden de predicar tras la purificación de sus labios por parte de Dios, no antes (Is. 6:6-13).

Más allá de estas cuestiones fundamentales, ¿cuál es la responsabilidad del predicador? El predicador ha de entender que la Palabra de Dios no es la suya. Debe reconocerse como mensajero, no autor (1 Ts. 2:13). Es un sembrador, no la fuente (Mt. 13:3, 19); un heraldo, no la autoridad (1 Ti. 2:7); un administrador, no el propietario (Col. 1:25); un guía, no el autor (Hch. 8:31). El predicador es quien sirve el alimento espiritual, no el chef (Jn. 21:15, 17).

El predicador debe considerar que la Escritura es *la Palabra de Dios*. Según J. I. Packer, cuando se compromete con esta asombrosa verdad y responsabilidad:

> su objetivo... será sujetarse a la Escritura, no ponerse por encima de ella y permitirle, por decirlo así, que esta hable a través de él, transmitiendo el mensaje bíblico, no el suyo. Esto es lo que siempre debería suceder en nuestra predicación. Neville Cardus escribió una nota necrológica sobre el gran director de orquesta alemán Otto Klemperer. Cardus hablaba de la forma en que Klemperer "ponía la música en movimiento" y mantenía siempre un estilo deliberadamente modesto para que las notas musicales pudieran expresarse a través de él con toda su integridad. Así debe ser en la predicación; es la Escritura la que debe decirlo todo; la tarea del predicador consiste, sencillamente, en "poner la Biblia en movimiento".[29]

Los predicadores de nuestro tiempo deben hacer como Cristo y los apóstoles: transmitir las Escrituras de tal manera que puedan decir: "Así dice el Señor". Su responsabilidad es transmitirla del mismo modo en que fue entregada y proyectada.

¿Cómo comenzó el mensaje del predicador? Comenzó como una verdadera palabra de Dios y fue entregada como verdad, porque el propósito de Dios era transmitir verdad. Dios la ordenó como verdad y fue impartida por su Espíritu en colaboración con santos hombres que la recibieron exactamente como Dios la había proyectado (2 P. 1:20-21). Los profetas y los apóstoles la recibieron como *Scriptura inerrantis*, es decir, sin apartarse de su formulación original en la mente de Dios. El término inerrancia expresa, pues, la cualidad con que los escritores de los libros canónicos recibieron el texto llamado Escritura.

¿Cómo ha de seguir el mensaje de Dios en su estado original y verdadero? Teniendo en cuenta que el mensaje de Dios es verdadero y ha de ser impartido como se ha recibido, ¿qué procesos interpretativos necesarios por los cambios de idioma, cultura y

---

29. James I. Packer, "Preaching as Biblical Interpretation", en *Inerrancy and Common Sense*, eds. Roger R. Nicole y J. Ramsey Michaels (Grand Rapids, MI: Baker, 1980), 203.

tiempo pueden aplicarse sin comprometer su pureza cuando este se predica en nuestro tiempo? La respuesta es que para una acertada exposición y predicación bíblica solo es aceptable un acercamiento exegético.

Resumiendo todo esto de forma práctica: ¿cuáles son los últimos pasos de la predicación? En primer lugar, el predicador debe usar el verdadero texto. Los cristianos están en deuda con los destacados eruditos que trabajan tediosamente en el campo de la crítica textual. Sus estudios recuperan el texto original de las Escrituras a partir del extenso volumen de manuscritos existentes, imperfectos por las variantes textuales. Este es el punto de partida. Sin el texto como Dios lo impartió, el predicador no podría exponerlo según el propósito de Dios.

A continuación, partiendo del texto original, el predicador debe interpretarlo fielmente. Esto requiere el uso de la ciencia *hermenéutica*. La verdadera hermenéutica trata de las reglas interpretativas que aplica la exégesis para encontrar el significado que Dios quiso transmitir a través del texto. Empleando los principios hermenéuticos de la interpretación literal, gramático-histórica, el estudiante puede entender dicho significado. La exégesis puede definirse como la competente aplicación de sanos principios hermenéuticos al texto bíblico, en los idiomas originales, a fin y efecto de discernir y declarar el sentido que el autor quería transmitir a sus receptores, tanto inmediatos como posteriores. Una tras otra y en conjunto, la hermenéutica y la exégesis se centran en el texto bíblico para determinar lo que se dijo y lo que esto significó inicialmente. Por tanto, en su sentido más amplio la exégesis incluirá varias disciplinas, como los estudios del contexto literario e histórico, el análisis gramatical y las teologías histórica, bíblica y sistemática. La correcta exégesis informará al estudiante de lo que el texto dice y significa, llevándolo a discernir adecuadamente sus implicaciones.

Finalmente, basándonos en este pensamiento, la predicación expositiva es realmente predicación exegética. Fruto de este proceso exegético, que comienza con un compromiso con la inerrancia, el expositor consigue un mensaje, propósito y aplicación verdaderos. La aplicación de este proceso aporta a su predicación una perspectiva histórica, teológica, contextual, literaria, sinóptica y cultural. Su mensaje es el que Dios pretendía impartir.

La tarea del expositor es, pues, predicar la mente de Dios tal como la encuentra en la inerrante Palabra de Dios. Este la entiende a través de las disciplinas de la hermenéutica y la exégesis, y la declara expositivamente como el mensaje que Dios pronunció y cuya proclamación comisionó.

La inerrancia exige una preparación exegética y una proclamación expositiva. Solo este acercamiento preserva plenamente la Palabra de Dios, protege el tesoro de la revelación y declara su significado con exactitud, como Él quería que fuera proclamado. La predicación expositiva es el resultado esencial del proceso exegético y de la inerrancia. Se nos manda preservar la pureza de la inerrante Palabra de Dios impartida originalmente, y proclamar todo el consejo de la redentora verdad de Dios (Hch. 5:20; 20:27).

Obligación para con las Escrituras

Recibirlas

Orar con ellas
Alimentarnos de ellas
Obedecerlas
Honrarlas
Estudiarlas
Predicarlas/enseñarlas
Imponerlas
Discipular con ellas
Temblar ante ellas

Por todos sus escritos, el apóstol Juan resume la obligación cristiana de obedecer las Escrituras. Juan expresó con claridad que vivir según la Palabra no era algo opcional.

En primer lugar, Cristo afirmó que si alguien lo ama, guardará sus mandamientos (Jn. 14:15, 21, 23). Por otra parte, aquellos que no lo aman no seguirán sus palabras (Jn. 14:24). La obediencia de los cristianos a la Biblia *demuestra* su amor a Cristo y la autenticidad de su salvación.

En segundo lugar, Juan declaró claramente que el deber del cristiano es vivir como lo hizo Cristo (1 Jn. 2:6). Dios *demanda* obediencia a su Palabra.

En tercer lugar, Juan *definió* a grandes rasgos el amor en términos inequívocos: "Y este es el amor, que andemos según sus mandamientos" (2 Jn. 6).

En cuarto lugar, Juan experimentaba un gran *deleite* cuando los cristianos obedecían la Palabra de Dios: "No tengo yo mayor gozo que este, el oír que mis hijos andan en la verdad" (3 Jn. 4).

Por último, Juan anunció la *distinción* final de un cristiano obediente: la bendición del Salvador (Ap. 1:3). Pero, para ser más específicos, las propias Escrituras trazan un perfil que comprende al menos diez características paradigmáticas de lo que Juan entendía como nuestras obligaciones hacia las Escrituras.

Recibirlas

Cuando Pablo predicó en Tesalónica, sus receptores no solo recibieron su palabra, sino que también la aceptaron. No la rechazaron; adoptaron lo que el apóstol proclamaba como Palabra de Dios, no del hombre:

> Por lo cual también nosotros sin cesar damos gracias a Dios, de que cuando recibisteis la palabra de Dios que oísteis de nosotros, la recibisteis no como palabra de hombres, sino según es en verdad, la palabra de Dios, la cual actúa en vosotros los creyentes (1 Ts. 2:13).

Orar con ellas

El salmista entendía que Dios era el autor de las Escrituras y que sería por tanto especialmente apropiado solicitar su ayuda para entenderla:

> Abre mis ojos, y miraré las maravillas de tu ley (Sal. 119:18; véase Hch. 6:4).

Alimentarnos de ellas
Las Escrituras se describen figurativamente como leche (1 P. 2:2), pan (Dt. 8:3; Mt. 4:4), carne (1 Co. 3:2) y miel (Sal. 19:10) para nutrir el alma. Job dio testimonio de la efectividad de este menú espiritual:

> Del mandamiento de sus labios nunca me separé; guardé las palabras de su boca más que mi comida (Job 23:12; véase Jer. 15:16).

Obedecerlas
Caleb demostró ser especial (en contraste con la nación desobediente) por su respuesta completamente sumisa a los mandamientos de Dios:

> Todos los que vieron mi gloria y mis señales que he hecho en Egipto y en el desierto, y me han tentado ya diez veces, y no han oído mi voz, no verán la tierra de la cual juré a sus padres; no, ninguno de los que me han irritado la verá. Pero a mi siervo Caleb, por cuanto hubo en él otro espíritu, y decidió ir en pos de mí, yo le meteré en la tierra donde entró, y su descendencia la tendrá en posesión (Nm. 14:22-24).

Honrarlas
Tras sus setenta años de cautividad en Babilonia, los judíos que regresaron a la tierra honraron gozosamente a Dios y su Palabra:

> Abrió, pues, Esdras el libro a ojos de todo el pueblo, porque estaba más alto que todo el pueblo; y cuando lo abrió, todo el pueblo estuvo atento. Bendijo entonces Esdras a Jehová, Dios grande. Y todo el pueblo respondió: ¡Amén! ¡Amén! alzando sus manos; y se humillaron y adoraron a Jehová inclinados a tierra (Neh. 8:5-6).

Estudiarlas
Esdras entendió que tenía que estudiar la Palabra de Dios. Pero antes de poder hablar, era imperativo que obedeciera lo que aprendía. Este principio se aplica tanto al predicador como a la congregación:

> Porque Esdras había preparado su corazón para inquirir la ley de Jehová y para cumplirla, y para enseñar en Israel sus estatutos y decretos (Esd. 7:10).

Predicarlas/enseñarlas
Jesús enseñó y predicó la preciosa Palabra de Dios dondequiera que iba:

> Y recorrió Jesús toda Galilea, enseñando en las sinagogas de ellos, y predicando el evangelio del reino, y sanando toda enfermedad y toda dolencia en el pueblo (Mt. 4:23; véase 2 Ti. 4:2).

Imponerlas
Apolos no predicaba tan solo para informar a sus oyentes, sino que proclamaba la verdad con pasión para convencerlos y convertirlos al camino de Dios:

Llegó entonces a Éfeso un judío llamado Apolos, natural de Alejandría, varón elocuente, poderoso en las Escrituras. Este había sido instruido en el camino del Señor; y siendo de espíritu fervoroso, hablaba y enseñaba diligentemente lo concerniente al Señor, aunque solamente conocía el bautismo de Juan. Y comenzó a hablar con denuedo en la sinagoga; pero cuando le oyeron Priscila y Aquila, le tomaron aparte y le expusieron más exactamente el camino de Dios. Y queriendo él pasar a Acaya, los hermanos le animaron, y escribieron a los discípulos que le recibiesen; y llegado él allá, fue de gran provecho a los que por la gracia habían creído; porque con gran vehemencia refutaba públicamente a los judíos, demostrando por las Escrituras que Jesús era el Cristo (Hch. 18:24-28).

Discipular con ellas

Pablo entendía el efecto permanente y acumulativo de la multiplicación; por ello se la recomendó de todo corazón a Timoteo, la tercera de cinco generaciones hasta aquel momento (Cristo, Pablo, Timoteo, hombres fieles y otros):

> Lo que has oído de mí ante muchos testigos, esto encarga a hombres fieles que sean idóneos para enseñar también a otros (2 Ti. 2:2).

Temblar ante ellas

Isaías fue un humilde creyente que tomaba muy en serio a Dios y su Palabra (véase Is. 6:1-13):

> Pero miraré a aquel que es pobre y humilde de espíritu, y que tiembla a mi palabra (Is. 66:2).

Oración[30]

Padre, que nuestras vidas y nuestra congregación se caractericen
    por obras de fe, trabajos de amor y constancia en la esperanza.
Por tu gracia, somos un pueblo santo, amado y escogido por ti;
    y cuando el evangelio llegó a nosotros,
    no lo hizo solo en palabra sino también en poder,
    en el Espíritu Santo y en plena convicción.
No somos suficientes en nosotros mismos
    para pretender que algo de lo que hacemos o somos proviene de nosotros:
    nuestra suficiencia procede de ti.
Tú llevaste a cabo nuestra salvación,
    convirtiéndonos de las cosas de este mundo que en otro tiempo idolatrábamos
        para servirte a ti, el Dios vivo y verdadero.
Fuiste tú quien nos despertaste para recibir tu Palabra,

---

30. El texto original en inglés de esta oración viene de John MacArthur, *At the Throne of Grace: A Book of Prayers* (Eugene, OR: Harvest House, 2011), 192-93. Usado con permiso de Harvest House.

no como palabra de hombres, sino como lo que es realmente:
la Palabra de Dios, que produce su obra perfecta
   en todo aquel que cree.

Nuestra salvación viene, pues, únicamente de ti.
Tú enviaste a tu Hijo para que muriera por nosotros
   cuando éramos todavía enemigos jurados de la justicia.
Por tu gracia nos quitaste las escamas de los ojos y nos atrajiste a la fe.
Abre nuestros ojos para que veamos más de tu verdad;
   abre también nuestros corazones para creerla con mayor fervor
   y nuestras bocas para proclamarla con más fidelidad.

Haznos imitadores de nuestro Señor Jesucristo
   y piadosos ejemplos los unos para los otros.
Ayúdanos a crecer en completa madurez y semejanza a Cristo.
Somos conscientes de que el necesario alimento
   para este tipo de crecimiento se encuentra solo en tu Palabra.
No podemos vivir solo de pan,
   sino de toda palabra que sale de tu boca.

Ayúdanos, pues, a escudriñar las Escrituras
   con diligencia y sencillez de corazón,
     porque sabemos que en ellas tenemos la vida eterna.
Estas nos señalan a Cristo.
Revelan su gloria y reflejan su santo carácter.
En ellas se nos habla de su sufrimiento, muerte, resurrección, ascensión,
   intercesión y glorioso regreso.
Por ellas tú nos hablas desde el cielo.
En ellas escuchamos la voz del Espíritu hablándonos con sencillez.

Danos corazones atentos.
Haznos oír tu verdad con toda humildad y obediencia.
Abre nuestros ojos para que veamos con claridad,
   y nuestros oídos para escuchar con entendimiento.
Ayúdanos a atender cada línea de tu Palabra con temor y temblor;
   y no solo las instrucciones y promesas,
     sino también las amonestaciones y advertencias.

Te bendecimos por permitir que tu santa Palabra se haya traducido
   a nuestro idioma para mostrarnos cómo hemos de vivir.
Ayúdanos a no tomar nunca este privilegio a la ligera,
   a no ser nunca negligentes
     con los ricos consejos que nos ofreces en sus páginas.
Haznos beber profundamente de su verdad

y nutre nuestras almas hambrientas con su alimento.

Y haz que, como el corazón de aquellos en el camino a Emaús,
    también los nuestros ardan dentro de nosotros cuando tú nos enseñas.
Te lo pedimos en el nombre de Jesús. Amén.

"Cuán firme cimiento"

¡Cuán firme cimiento se ha dado a la fe,
de Dios en su eterna palabra de amor!
¿Qué más Él pudiera en su Libro añadir
si todo a sus hijos lo ha dicho el Señor?

No temas por nada, contigo Yo soy;
tu Dios Yo soy, y tu ayuda seré;
tu fuerza y firmeza en mi diestra estarán,
y en ella sostén y poder te daré.

La llama no puede dañarte jamás
si en medio del fuego te ordeno pasar;
el oro de tu alma más puro será,
pues solo la escoria se habrá de quemar.

Al alma que anhele la paz que hay en mí,
jamás en sus luchas la habré de dejar;
si todo el infierno la quiere perder,
¡yo nunca, no, nunca, la puedo olvidar!

—Autor desconocido[31]
    (trad. Vicente Mendoza)

Bibliografía

Principales teologías sistemáticas

Bancroft, Emery H. *Fundamentos de teología bíblica*. Grand Rapids, MI: Editorial Portavoz, 1986. 9-41.
Buswell, James Oliver, Jr. *Teología sistemática*. Miami: Editorial Logoi, 1979. 1:175-206.
Erickson, Millard J. *Teología sistemática*. Terrassa: Editorial Clie, 2008. 177-284.
Grudem, Wayne. *Teología sistemática: Una introducción a la doctrina bíblica*. Miami, FL: Vida, 2007. 47-139.
Hodge, Charles. *Teología sistemática*. Terrassa, Editorial Clie, 2010. 1:117-144.

---

31. El himno apareció impreso por primera vez en *A Selection of Hymns* (1787) de John Rippon (1751–1836).

Lewis, Gordon R., y Bruce A. Demarest. *Integrative Theology*. 3 vols. Grand Rapids, MI: Zondervan, 1987–1994. 1:61-171.

Reymond, Robert L. *A New Systematic Theology of the Christian Faith*. Nashville: Thomas Nelson, 1998. 3-126.

Shedd, William G. T. *Dogmatic Theology*. 3 vols. 1889. Reimpr., Minneapolis: Klock & Klock, 1979. 1:61-147.

Strong, August Hopkins. *Systematic Theology: A Compendium Designed for the Use of Theological Students*. Ed. Rev. Nueva York: Revell, 1907. 111-242.

*Swindoll, Charles R., y Roy B. Zuck, eds. *Understanding Christian Theology*. Nashville: Thomas Nelson, 2003. 1-134.

Thiessen, Henry Clarence. *Introductory Lectures in Systematic Theology*. Grand Rapids, MI: Eerdmans, 1949. 78-115.

Turretin, Francis. *Institutes of Elenctic Theology*. 3 vols. Editado por James T. Dennison Jr. Traducido por George Musgrove Giger. 1679-1685. Reimpr., Phillipsburg, NJ: P&R, 1992–1997. 1:55-167.

*Indica la más útil.

Obras específicas

*Allison, Gregg R. "The Doctrine of the Word of God". En *Historical Theology: An Introduction to Christian Doctrine*, 35-184. Grand Rapids, MI: Zondervan, 2011.

*Barrick, William D. "Ancient Manuscripts and Biblical Exposition". *The Master's Seminary Journal* 9, nro. 1 (1998): 25-38.

Boice, James Montgomery, ed. *The Foundation of Biblical Authority*. Grand Rapids, MI: Zondervan, 1978.

Bruce, F. F. *El canon de la Escritura*. Terrassa: Editorial Clie, 2003.

Carson, D. A. *Collected Writings on Scripture*. Compilado por Andrew David Naselli. Wheaton, IL: Crossway, 2010.

Frame, John M. *The Doctrine of the Word of God*. A Theology of Lordship 4. Phillipsburg, NJ: P&R, 2010.

*Geisler, Norman L., ed. *Inerrancy*. Grand Rapids, MI: Zondervan, 1980.

Geisler, Norman L., y William E. Nix. *A General Introduction to the Bible*. Chicago: Moody Press, 1986.

Grier, James M., Jr. "The Apologetical Value of the Self-Witness of Scripture". *Grace Theological Journal* 1, nro. 1 (1980): 71-76.

*Harris, R. Laird. *Inspiration and Canonicity of the Scriptures*. Ed. rev. Greenville, SC: Attic, 1995.

Henry, Carl F. H. *God, Revelation, and Authority*. 6 vols. Waco, TX: Word, 1976–1983.

*Kaiser, Walter C., Jr. *Recovering the Unity of the Bible: One Continuous Story, Plan, and Purpose*. Grand Rapids, MI: Zondervan, 2009.

*Lightner, Robert P. *A Biblical Case for Total Inerrancy: How Jesus Viewed the Old Testament*. Grand Rapids, MI: Kregel, 1998.

Lillback, Peter A., y Richard B. Gaffin Jr., eds. *Thy Word Is Still Truth: Essential Writings on the Doctrine of Scripture from the Reformation to Today*. Phillipsburg, NJ: P&R, 2013.

*MacArthur, John, ed. *The Scripture Cannot Be Broken: Twentieth Century Writings on the Doctrine of Inerrancy*. Wheaton, IL: Crossway, 2015.

Mayhue, Richard L. "The Authority of Scripture". *The Master's Seminary Journal* 15, nro. 2 (2004): 227-36.

Metzger, Bruce M. *The Canon of the New Testament: Its Origin, Development, and Significance*. Oxford: Clarendon, 1997.

*_____. *The Text of the New Testament: Its Transmission, Corruption, and Restoration*. 3ra ed. Nueva York: Oxford University Press, 1992.

Packer, J. I. *"Fundamentalism" and the Word of God: Some Evangelical Principles*. Grand Rapids, MI: Eerdmans, 1958.

_____. "The Necessity of the Revealed Word". En *The Bible: The Living Word of Revelation*, ed. Merrill C. Tenney, 31-49. Grand Rapids, MI: Zondervan, 1968.

Radmacher, Earl D., y Robert D. Preus, eds. *Hermeneutics, Inerrancy, and the Bible*. Grand Rapids, MI: Zondervan, 1984.

Thomas, Robert L. *How to Choose a Bible Version*. Ed. rev. Fearn, Ross-Shire, Escocia: Mentor, 2005.

*Warfield, Benjamin B. *The Inspiration and Authority of the Bible*. Ed. Samuel G. Craig. Filadelfia: Presbyterian and Reformed, 1948.

Weeks, Noel. *The Sufficiency of Scripture*. Edimburgo: Banner of Truth, 1988.

*Wenham, John. *Christ and the Bible*. 3ra. ed. Eugene, OR: Wipf & Stock, 2009.

Woodbridge, John D. *Biblical Authority: A Critique of the Rogers-McKim Proposal*. Grand Rapids, MI: Zondervan, 1982.

*Young, E. J. *Thy Word Is Truth: Some Thoughts on the Biblical Doctrine of Inspiration*. Grand Rapids, MI: Eerdmans, 1957.

*Indica las más útiles.

"Al Dios invisible"

Al Dios invisible, al Rey inmortal,
que habita en la altura y en la santidad;
Anciano de días, Señor sin igual,
rendimos honores con sinceridad.

Sin prisa, ni pausa, constante y leal,
gobiernas el mundo con solicitud;
tú muestras a todos justicia imparcial;
abundas en gracia, amor y virtud.

De cada ser vivo tú eres autor;
sustentas la vida de todo mortal.
Nosotros morimos, cual por al calor;
mas tú permaneces por siempre inmortal.

Señor, te rodea infinito fulgor;
los ángeles cubren su rostro ante ti.
Nosotros con gran reverencia y fervor,
te damos sincera alabanza aquí.

—Walter Chalmers Smith (1824–1908)

3

Dios Padre

Teología propia

Principales temas del capítulo 3

La existencia de Dios

Los nombres de Dios

Los atributos (perfecciones) de Dios

La Trinidad

El decreto de Dios

La creación

Los milagros divinos

La providencia divina

El problema del mal y la teodicea

La glorificación de Dios

Tras establecer que la Biblia es el inspirado e inerrante fundamento para el conocimiento humano de Dios y de todas las cosas en su relación con Él, pasamos ahora a una exposición de la doctrina de Dios. En esta sección se expondrá la enseñanza bíblica sobre la existencia de Dios, sus atributos (perfecciones), triunidad y obras en su decreto, creación y gobierno sobre todas las cosas fuera de sí mismo.

La existencia de Dios

Afirmaciones bíblicas

La cognoscibilidad y la incomprensibilidad de Dios

Evaluación de las "pruebas naturales"

"En el principio… Dios" (Gn. 1:1). La Biblia no comienza con un argumento racionalista de la existencia de Dios; más bien presupone que existe, que existía antes del comienzo de todas las cosas, y que solo hay un Dios. Como en todos los demás ámbitos de la teología sistemática, la fuente adecuada para la teología propia es el testimonio mismo de Dios en su Palabra inspirada e inerrante, la Biblia. Nuestro concepto de Dios no proviene "de abajo", de los razonamientos humanos sobre el universo, porque la razón humana es finita en sus componentes y en sus operaciones, corrupta por el pecado que habita en nosotros y, por tanto, nunca puede obtener por sí misma una comprensión exacta del Dios que es infinito y santo. Las pruebas de la existencia de Dios deben proceder, ante todo, del testimonio que Él nos ofrece de sí mismo. En la Biblia, Dios nos ha dado pruebas irrefutables de su existencia.

Afirmaciones bíblicas

Este volumen no pretende demostrar la existencia de Dios desde razonamientos humanos; presupone, más bien, que el Dios de la Biblia existe y se esfuerza por presentar lo que esta enseña sobre Él. Las únicas pruebas confiables de la existencia del único Dios verdadero son sus propias afirmaciones al respecto y las de otros, en su Palabra inspirada. El testimonio de Dios sobre sí mismo no debe excluirse. Muy al contrario: impartido como está por su propia inspiración, su testimonio debe aceptarse como una evidencia singular y perfectamente confiable. Puesto que solo la Escritura es inspirada, o "soplada por Dios" (*theópneustos* en griego, 2 Ti. 3:16), el primer paso es buscar en ella aquellas evidencias honestas y que trascienden las limitaciones de la finitud y corrupción intelectual humanas. Hay otro tipo de pruebas de la existencia de Dios —por ejemplo, las del ámbito de la creación (Ro. 1:19-20)— que deben evaluarse y aceptarse solo en la medida en que concuerden con las afirmaciones bíblicas sobre Dios.

Las Escrituras afirman la existencia del "único Dios verdadero" (Jn. 17:3). La Biblia comienza con la presuposición fundamental de que Dios existía "en el principio" (Gn. 1:1). Por ello, toda declaración de la Biblia sobre la naturaleza y acciones de Dios es una prueba que Él nos brinda de su existencia.

PRUEBA DE LA EXISTENCIA DE DIOS A PARTIR DEL REQUISITO REDENTOR DE LA FE

Por ejemplo, la Biblia requiere que cualquiera que pretenda relacionarse debidamente con Dios crea primero que existe: "Porque es necesario que el que se acerca a Dios crea que le hay" (He. 11:6). No hacerlo nos convierte en necios. Las Escrituras llaman "necios" y "malos" a quienes no creen, en su corazón y su pensamiento, que Dios existe:

> Dice el necio en su corazón:
> No hay Dios (Sal. 14:1; 53:1).

> El malo, por la altivez de su rostro, no busca a Dios;
> no hay Dios en ninguno de sus pensamientos (Sal. 10:4).

PRUEBA A PARTIR DE LA AFIRMACIÓN DE QUE DIOS ES ETERNO

La Biblia afirma una y otra vez que Dios es eterno. Dios no tiene principio ni fin, y en su experiencia y conocimiento de sí mismo y de toda la realidad fuera de Él no hay sucesión de momentos. En la Biblia, a Dios se lo llama "el eterno Dios" (Dt. 33:27). El Salmo 90:2 afirma que Dios existía en un eterno presente antes de la creación del mundo: "Antes que naciesen los montes y formases la tierra y el mundo, desde el siglo y hasta el siglo, tú eres Dios". En Isaías 41:4, Dios declara: "Yo Jehová, el primero, y yo mismo con los postreros". Más adelante, Isaías añade: "Así dice Jehová Rey de Israel, y su Redentor, Jehová de los ejércitos: Yo soy el primero, y yo soy el postrero, y fuera de mí no hay Dios" (Is. 44:6), y en Isaías 57:15 afirma que Dios "habita la eternidad".

PRUEBA A PARTIR DE LA AFIRMACIÓN DE LA AUTOEXISTENCIA DE DIOS

Una última prueba de la existencia de Dios es su afirmación de que Él "es", sin depender para su vida de ninguna otra cosa. Dios le dijo a Moisés con qué nombre tenía que conocerlo Israel: "Y respondió Dios a Moisés: YO SOY EL QUE SOY. Y dijo: Así dirás a los hijos de Israel: YO SOY me envió a vosotros" (Éx. 3:14). Dios es. No depende, pues, de nada para su existencia. Esta deducción a partir de su nombre del pacto se refleja en las palabras del apóstol Pablo: "Porque de él, y por él, y para él, son todas las cosas" (Ro. 11:36) y en el libro de los Hechos dice: "El Dios que hizo el mundo y todas las cosas que en él hay, siendo Señor del cielo y de la tierra, no habita en templos hechos por manos humanas, ni es honrado por manos de hombres, como si necesitase de algo; pues él es quien da a todos vida y aliento y todas las cosas" (Hch. 17:24-25).

Podríamos seguir añadiendo pruebas bíblicas de la existencia de Dios a partir de todas las afirmaciones bíblicas sobre su ser y sus obras. No obstante, estas bastan para mostrar que Dios afirma su existencia en las declaraciones de la Biblia como prueba principal, fundamental y más destacada por la que las personas han de creer que Él existe.

La cognoscibilidad y la incomprensibilidad de Dios

Puesto que Dios ha revelado en las Escrituras el hecho de su existencia, ha dado a los seres humanos declaraciones por las que estos pueden tener al menos un cierto conocimiento de Él. La Biblia hace conocible a Dios para los seres humanos, en la medida en que su contenido revela la verdad acerca de Él. Las Escrituras enseñan que el hombre puede conocer verdaderamente a Dios, pero no de forma exhaustiva. Usando la terminología clásica, Dios es verdaderamente conocible pero no exhaustivamente comprensible.

LA NATURALEZA SUFICIENTEMENTE CONOCIBLE DE DIOS

Las Escrituras afirman que a Dios se lo puede conocer, incluso en el ámbito de una relación personal de amistad. Dios caminaba con Adán y Eva en el huerto del Edén (Gn. 3:8). Se apareció a Moisés en la zarza ardiente (Éx. 3:3-4); le dio su ley en el monte Sinaí (Éx. 19). En el antiguo Israel, Dios se hizo presente sobre el arca del pacto en el propiciatorio del tabernáculo y el templo (1 S. 4:4; 1 R. 8:10-11). Jesús dijo que a Dios se lo puede conocer de forma personal (Jn. 17:3).

Jesús es la encarnación de Dios (Col. 2:9). El Nuevo Testamento revela que Dios mora en su iglesia (1 Co. 3:16), habita dentro de los creyentes (Jn. 14:23), y es su amigo (Stg. 2:23).

LA NATURALEZA INCOMPRENSIBLE DE DIOS

Aunque a Dios se lo puede conocer de forma real, las Escrituras ponen también de relieve que para los seres humanos este conocimiento no puede ser exhaustivo ni abarcar todos los aspectos de su ser o sus acciones. Los seres humanos están limitados por el espacio y el tiempo, y en Adán están corrompidos por el pecado que está en su interior (Ro. 7:15-23), que los ha hecho rebeldes a Dios y que ha oscurecido su comprensión de la revelación divina en las Escrituras y la naturaleza (2 Co. 4:3-4; Ef. 4:17-19). Dios es eterno y santo, trasciende el espacio y el tiempo, es infinitamente omnisciente y absolutamente puro desde una perspectiva moral. Solo Dios es grande. La humanidad fue creada como un orden de seres distintos e inferiores. Ya en su estado original, la humanidad no podía conocer a Dios de forma exhaustiva, pero tras la caída de Adán, aun el conocimiento que esta *puede* tener de Dios está corrompido por el pecado.

Las Escrituras dejan constancia inequívoca de que Dios no puede ser plenamente conocido por los seres humanos, ni siquiera aparte del factor de su corrupción interna y pecaminosa. El hombre no puede ver a Dios y vivir (Éx. 33:20; Lv. 16:2). Dios "habita en luz inaccesible; a quien ninguno de los hombres ha visto ni puede ver" (1 Ti. 6:16; véase Jn. 1:18; 6:46). La forma espiritual de la esencia divina no ha sido revelada (Dt. 4:12, 15). Solo Dios conoce sus cosas profundas (1 Co. 2:11).

Yendo un paso más allá, Dios no puede ser analizado de forma exhaustiva. El Salmo 145:3 dice: "Grande es Jehová, y digno de suprema alabanza; y su grandeza es inescrutable". La palabra "inescrutable" es una traducción del hebreo *áyin khéquer*, "sin búsqueda". La raíz hebrea, *khacár*, de la que procede el sustantivo "búsqueda", se utiliza en el Antiguo Testamento para aludir a una "búsqueda exhaustiva". Por ejemplo, esta misma frase se encuentra en Isaías 40:28: "¿Acaso no lo sabes? ¿Es que no lo has oído? El Dios eterno, el Señor, el creador de los confines de la tierra no se fatiga ni se cansa. Su entendimiento es inescrutable" (LBLA). La misma raíz se utiliza en su forma verbal para aludir a los mineros que buscan minerales de forma exhaustiva en la tierra: "A las tinieblas ponen término, y examinan todo a la perfección, las piedras que hay en oscuridad y en sombra de muerte" (Job 28:3; cf. Job 11:7-8; 36:26). Comparemos otras expresiones veterotestamentarias sobre la naturaleza incomprensible de Dios:

> He aquí, estas cosas son sólo los bordes de sus caminos;
> ¡Y cuán leve es el susurro que hemos oído de él! (Job 26:14).

> Él hace grandes cosas, que nosotros no entendemos (Job 37:5b).

Además de la afirmación bíblica de la naturaleza incomprensible de Dios está el hecho de que Él no nos ha revelado todo lo que es o sabe. Deuteronomio 29:29 afirma: "Las cosas secretas pertenecen a Jehová nuestro Dios; mas las reveladas son para nosotros y para nuestros hijos para siempre, para que cumplamos todas las palabras de esta ley". En Apocalipsis 10:4, se nos dice que a Juan se le ordenó que no escribiera algo que había presenciado: "Cuando los siete truenos hubieron emitido sus voces, yo iba a escribir; pero oí una voz del cielo que me decía: Sella las cosas que los siete truenos han dicho, y no las escribas".

Por último, vemos la naturaleza incomprensible de Dios en las afirmaciones bíblicas respecto a que el pensamiento de Dios trasciende a las capacidades intelectuales de procesamiento y expresión del ser humano. El Salmo 139:6 afirma que el conocimiento de Dios "es demasiado maravilloso para mí; alto es, no lo puedo comprender"; y en los versículos 17-18 que sus pensamientos "se multiplican más que la arena". En el Salmo 147:5 se declara que "su entendimiento es infinito". Dios contrasta la superioridad de sus pensamientos con la inferioridad de los del hombre: "Como son más altos los cielos que la tierra, así son mis caminos más altos que vuestros caminos, y mis pensamientos más que vuestros pensamientos" (Is. 55:9). Esta naturaleza incomprensible del intelecto de Dios es lo que Pablo proclama en su explosión de alabanza de Romanos 11:33-34: "¡Oh profundidad de las riquezas de la sabiduría y de la ciencia de Dios! ¡Cuán insondables son sus juicios, e inescrutables sus caminos! Porque ¿quién entendió la mente del Señor? ¿O quién fue su consejero?".

Cuando intentamos discernir la naturaleza de Dios, descubrimos que está infinitamente más allá de nuestra comprensión o razonamiento. Esto se aplica a cualquier aspecto de la naturaleza de Dios. Grudem nos brinda un útil resumen:

> No solo es cierto que nunca podremos entender plenamente a Dios; también es cierto que *nunca podremos entender completamente ni una sola cosa en cuanto a Dios*. Su grandeza (Sal. 145:3), su entendimiento (Sal. 147:5), su conocimiento (Sal. 139:6), sus riquezas, sabiduría, juicios y caminos (Ro. 11:33), *todo* está más allá de nuestra capacidad de entender completamente... Así que podemos saber *algo* del amor, poder, sabiduría de Dios, y cosas por el estilo; pero nunca podremos conocer completa o *exhaustivamente* su amor. Nunca podremos conocer exhaustivamente su sabiduría, y etcétera, etcétera. A fin de conocer exhaustivamente una sola cosa en cuanto a Dios tendríamos que conocerla como [Él] mismo la conoce; es decir, tendríamos que conocerla en su relación a todo lo demás en cuanto a Dios y en su relación con todo lo demás en la creación ¡por toda la eternidad! Solo podemos exclamar con David: «Conocimiento tan maravilloso rebasa mi comprensión; tan sublime es que no puedo entenderlo» (Sal. 139:6, [NVI]).[1]

Evaluación de las "pruebas naturales"

La teología propia pretende fundamentar el conocimiento de la existencia de Dios en la Biblia y relegar cualquier otra prueba al respecto a un plano secundario, subordinado a la evaluación de las Escrituras. Aun así, Dios se ha revelado de manera universal, aparte de las Escrituras, a través de medios no verbales como la naturaleza, la conciencia y la historia. La Biblia afirma con claridad esta forma de comunicación llamada revelación *general* o *natural*. Sin embargo, el conocimiento de la revelación natural de Dios nunca debe considerarse independiente de las Escrituras, puesto que la Biblia muestra que, abandonado a su pensamiento, el hombre corromperá la revelación de Dios en la naturaleza. Aun el cristiano necesita la dirección de las Escrituras para evaluar como se debe la revelación de Dios en la naturaleza. Juan Calvino (1509–1564) describió

---

1. Wayne Grudem, *Teología sistemática: Una introducción a la doctrina bíblica* (Miami: Editorial Vida, 2007), 153.

gráficamente este último punto, comparando las Escrituras a unas "gafas" que imparten a las personas una clara manifestación del único Dios verdadero:

> Porque como los viejos o los lacrimosos o los que tienen cualquier otra enfermedad de los ojos; si se les pone delante un hermoso libro de bonita letra, aunque vean que hay algo escrito no pueden leer dos palabras, pero poniéndose anteojos comienzan a leer claramente; del mismo modo, las Escrituras recogen en nuestro entendimiento el conocimiento de Dios, que de otra manera sería confuso, y deshaciendo la oscuridad nos muestra muy a las claras al verdadero Dios.[2]

Por tanto, las llamadas "pruebas naturales" de la existencia de Dios no pueden presentarse como productos de la mera observación y razón humanas, aparte de la valoración que las Escrituras hacen de ellas. Al considerar estas "pruebas naturales", hemos de discernir si estas "demuestran" realmente al Dios de la Biblia, y si tienen o no alguna utilidad.

INADECUACIÓN DE LAS "PRUEBAS NATURALES"

Consideradas por sí mismas, las "pruebas naturales" no demuestran la existencia del Dios de la Biblia. De hecho, ni siquiera demuestran la existencia de algún dios. Los cristianos debemos esperar que estas "pruebas" no demuestren la existencia del único Dios verdadero puesto que, al menos algunas de ellas, proceden de filósofos paganos como Platón (*ca.* 428–348 a.C.) y Aristóteles (*ca.* 384–322 a.C.).

El argumento ontológico. El argumento ontológico afirma que el pensamiento del hombre, en el sentido de que Dios existe como ser perfecto, demuestra la existencia de Dios. En otras palabras, si el hombre es capaz de pensar que Dios existe como ser perfecto, entonces este Dios ha de existir, puesto que no existir lo convertiría en un ser imperfecto. Los cristianos deben tener en cuenta que el filósofo griego Platón sostenía una variante de este argumento, aunque concluía que este apuntaba a muchas "formas" personales, no a un solo Dios. Platón sostenía que los conceptos humanos de cosas perfectas no pueden derivarse de cosas de este mundo imperfecto; por tanto, estos conceptos proceden de cosas reales del trascendente "mundo de las formas".[3]

La forma cristiana clásica del argumento ontológico la presentó Anselmo de Canterbury (1033–1109) en sus obras *Monologion* y *Proslogion*. Anselmo defendía que podemos concebir algo absolutamente perfecto ("algo de lo cual no pueda pensarse nada mayor").[4] Pero si no existe, no es, entonces, absolutamente perfecto puesto que la existencia ha de ser un aspecto de la perfección. En este caso, podemos imaginar algo aún más importante: algo que no existe solo en nuestros pensamientos, sino también

---

2. Juan Calvino, *Institución de la religión cristiana* (Rijswijk: FELIRE, 1981), 1.6.1.

3. John M. Frame, *Apologetics to the Glory of God: An Introduction* (Phillipsburg, NJ: P&R, 1994), 115-116; John M. Frame, *A History of Western Philosophy and Theology* (Phillipsburg, NJ: P&R, 2015), 63-70; Frederick Copleston, *A History of Philosophy* (Londres: Search Press, 1946), 1:163-206; este último está disponible en español por Editorial Ariel con el título *Historia de la filosofía*.

4. Anselmo, *Proslogion*, 2, en Anselm of Canterbury, *The Major Works*, ed. Brian Davies y G. R. Evans, Oxford World's Classics (Oxford: Oxford University Press, 1998), 87. La obra *Proslogion* de Anselmo está disponible en español de Editorial Tecnos.

realmente. Así, Anselmo concluyó que debe existir necesariamente algo absolutamente perfecto, y esto es Dios.

Debemos mantener una cierta cautela puesto que algunos pensadores no evangélicos como René Descartes (1596–1650), Baruc Spinoza (1632–1677), Gottfried Wilhelm von Leibniz (1646–1716), George Hegel (1770–1831), y Charles Hartshorne (1897–2000) han sostenido también una forma de este argumento. El argumento ontológico no los condujo al Dios de la Biblia.

El argumento cosmológico. Otra "prueba natural" es el argumento que postula una Causa Última de todo a partir de lo creado. Tomás de Aquino (1225–1274) articuló este argumento en sus "Primera Vía", "Segunda Vía" y "Tercera Vía" para demostrar la existencia de Dios. Como enseñaba Tomás de Aquino, no puede haber una infinita secuencia de causas, por lo que debe existir un primer motor inmóvil ("primera vía"), una "primera causa" ("segunda vía"), un ser original y absolutamente necesario, capaz de producir todas las cosas creadas ("tercera vía"). Y esta "Causa Primera" es Dios.[5]

No obstante, puesto que el filósofo musulmán Al-Ghazali (1058–1111) utilizó una variante del argumento cosmológico para demostrar la existencia de Alá, hemos de utilizarlo con cautela. También el filósofo no evangélico de la Ilustración, Gottfried Wilhelm von Leibniz, sostuvo posteriormente este argumento.

El argumento teleológico. Otra "prueba natural" es el argumento teleológico, que razona a partir del diseño. Este argumento (la "quinta vía" de Tomás de Aquino) sostiene que la complejidad del orden, el diseño, el propósito y la inteligencia que vemos tras el universo muestran la obra de un diseñador inteligente y deliberado, que es Dios. Puesto que este argumento también lo han sostenido pensadores no cristianos como, Platón, Aristóteles y Emmanuel Kant (1724–1804), no conduce tampoco necesariamente al único Dios verdadero.

El argumento moral. El argumento moral propone que los fenómenos éticos que apreciamos en el hombre (conciencia, recompensa y castigo, valores morales y el temor a la muerte y al castigo) hablan de un ser moral que creó y sostiene el orden moral del mundo. La "cuarta vía" de Tomás de Aquino, que a partir de la gradación de los seres llega finalmente a un ser perfecto que es su causa, muestra una variante del argumento moral. Tomás creía que este ser último ha de ser la causa de todas las perfecciones que caracterizan a otros seres, sea la bondad, la verdad u otra cosa. Y a este ser último "lo llamamos Dios". Obsérvese, no obstante, que Emmanuel Kant, el filósofo de la Ilustración, propuso también una variante del argumento moral y negaba tanto la Trinidad como la encarnación.

Otros argumentos. Hay otros dos argumentos que merecen una breve mención. En primer lugar, el de "la universalidad de la religión" declara que, puesto que la mayoría de las personas del mundo cree en alguna forma de poder personal, y la mayoría de ellas adora a una deidad o deidades personales, o expresa su devoción en términos

---
5. Tomás de Aquino, *Suma Teológica* (Madrid: BAC, 2010), 1.2.3.

personales, esta universalidad de la religión apunta a algo de la naturaleza humana. La explicación más razonable del origen de este aspecto de la naturaleza humana es que un poder supremo ha creado al hombre como un ser religioso. En segundo lugar, el argumento del "progreso de la humanidad" sostiene que el evidente progreso de la civilización humana a lo largo de la historia indica que el hombre está en vías de cumplir el plan de un sabio y omnipotente soberano del mundo, que es Dios.

Respuesta a las "pruebas naturales". Todas las "pruebas naturales" representan una teología basada en la razón humana y no llevan necesariamente al único Dios verdadero. Dichas "pruebas naturales" son ejercicios para construir una teología "desde abajo", de medir a Dios por el pensamiento humano. Como se ha dado a entender con las anteriores llamadas a la cautela, estos argumentos no apuntan necesaria y lógicamente al Dios trino de la Biblia, puesto que muchos de quienes los han usado no creían en el único Dios verdadero. Por sí mismas, estas "pruebas naturales" no son evidencias de la existencia de un determinado dios sin presuponer primero de qué dios se trata.

A continuación presentamos algunas críticas generales de estas supuestas "pruebas":

1. Ninguno de estos argumentos requiere un solo Dios, y ninguno de ellos lleva necesariamente al Dios de la Biblia. Tales argumentos pueden apuntar con la misma facilidad a múltiples seres.
2. Ninguno de estos argumentos apunta necesariamente a algo que sea perfectamente bueno o inmutable, puesto que este mundo se caracteriza por la maldad y el cambio.
3. Ninguno de estos argumentos apunta forzosamente a algo perfecto, puesto que la perfección puede trascender lo que el hombre es capaz de pensar, ya que las ideas humanas están necesariamente solo en el hombre y no todas las personas tienen una idea de perfección común.
4. Ninguno de estos argumentos demuestra que sea intrínsecamente imposible una infinita secuencia de causas, y ninguno de ellos requiere que la causa o diseñador original sea un "dios", a no ser que primero se haya presupuesto una definición de "dios".

UTILIDAD DE LAS "PRUEBAS NATURALES" COMO ARGUMENTOS DE LAS ESCRITURAS

La respuesta anterior sobre el carácter inadecuado de las "pruebas naturales" para demostrar la existencia de Dios nos debe advertir de que carecen de valor inherente como pruebas derivadas humanamente de que Dios existe. Como argumentos de confección humana son inútiles, puesto que no demuestran la existencia del Dios trino de las Escrituras. Aun así, pueden tener una cierta utilidad. Cuando se derivan de las Escrituras, estos argumentos son formas de la verdad bíblica y el Espíritu Santo puede utilizarlos para convencer a las personas de su veracidad.

Al considerar la utilidad de tales argumentos de la existencia de Dios, primero hemos de hacernos varias preguntas:

1. ¿Es válido alguno de estos argumentos sin presuposiciones significativas?
2. ¿Qué presuposiciones hacen que cada argumento "funcione"?
3. ¿Es acaso su razonamiento tan convincente que cabría esperar que cualquiera de estos argumentos pueda persuadir a una persona de algún modo racional? ¿Requiere su razonamiento la consideración de que cualquier persona racional que lo rechace esté actuando de forma irracional?
4. ¿Pueden estos argumentos ser útiles en el ministerio evangélico? En caso afirmativo, ¿cómo?

Como "pruebas naturales" —es decir, como argumentos basados en la observación humana de la naturaleza y en sus razonamientos sobre ella— *per se* estas no demuestran lógicamente la existencia del único Dios verdadero. Louis Berkhof afirma: "Ninguno de ellos puede conducir hasta una absoluta convicción".[6] Naturalmente, este hecho no significa que la existencia de Dios sea contraria a la lógica, sino más bien que estos argumentos no la demuestran de forma persuasiva a quienes "detienen con injusticia la verdad" (Ro. 1:18). Tales argumentos deben, más bien, considerarse en concierto con las presuposiciones bíblicas, a saber, que el Dios de la Biblia existe, que es uno, y que es soberanamente poderoso sobre toda la creación. Aunque Dios ha dado suficientes pruebas de su existencia por medio de la creación y la conciencia, los no regenerados detienen con injusticia la verdad de la revelación general (Ro. 1:18-21). Así, todas las personas tienen en su interior la percepción de que Dios existe, pero en su depravación detienen y corrompen el conocimiento de Dios que se revela en la naturaleza.

Puesto que la depravación del hombre es total, la maldición del pecado llega también a su mente, de modo que sus pensamientos se hacen vanos, su comprensión se oscurece y él vive en ignorancia (Ef. 4:17-18). El pecado corrompe, pues, la facultad de razonamiento del hombre natural. Por ello, los creyentes no podemos ni deberíamos depender meramente de las "pruebas naturales" como evidencia de la existencia del único Dios verdadero.

De hecho, ha de producirse un cambio bastante más radical para que el hombre pecador llegue a un verdadero conocimiento del Dios trino de las Escrituras. Las personas que no creen, cuya mente ha sido cegada para ver la gloria de Dios manifestada en Cristo (2 Co. 4:4), no necesitan más pruebas, lógicas o empíricas, sino nuevos ojos con qué evaluar debidamente las que ya tienen y que son suficientemente claras. Deben experimentar el milagro de la regeneración por el que Dios aviva el corazón incrédulo y hace resplandecer en él la luz del conocimiento de su gloria (2 Co. 4:6). Esto solo sucede mediante la proclamación del evangelio que Jesucristo es Señor (2 Co. 4:5).

Por tanto, en última instancia solo el don de la fe salvífica, impartido por el Espíritu Santo mediante la Palabra de Dios (Ro. 10:17; Stg. 1:18; 1 P. 1:23-25), ofrece la base para el conocimiento de Dios (He. 11:1, 6). Como observa Berkhof con respecto a los cristianos: "No depende de ellos [los 'argumentos naturales'] nuestra convicción de la existencia de Dios, sino de que aceptamos con fe la revelación que de sí mismo ha

---

6. Louis Berkhof, *Teología sistemática* (Grand Rapids, MI: Libros Desafío, 2009), 29.

hecho Dios en la Escritura".[7] Los cristianos creen que Dios existe porque este ha hecho resplandecer en sus corazones la luz de su gloria por medio de su Palabra.[8]

No obstante, las "pruebas naturales" sirven, efectivamente, para válidos propósitos ministeriales cuando no se ven como pruebas de origen humano, sino como resúmenes bíblicos de la revelación natural y testimonios de la existencia del Dios de la Biblia impartidos por Él mismo. Como bien explica Berkhof:

> Tienen importancia como interpretaciones de la revelación general de Dios, y exhiben cuán racional es creer en un Ser divino. Todavía más; pueden servirnos de algo para hacer frente al adversario, aunque no prueben la existencia de Dios fuera de toda duda, como para obligar a su aceptación; pueden formularse en términos que establezcan una fuerte probabilidad, y en consecuencia silencien a muchos incrédulos.[9]

Al respecto, Bavinck añade: "Sin embargo, aunque como pruebas son débiles, como testimonios son fuertes. No fuerzan la mente del no creyente, pero son señales y testimonios que siempre producen una impresión en el alma de cualquier persona".[10] Por tanto, las "pruebas naturales" pueden instruir y animar al creyente, y silenciar al no creyente, pero solo cuando se extraen de las Escrituras y participan así de su unidad. Solo entonces podrán estos argumentos funcionar según su propósito de ser una parte válida en la proclamación del evangelio como testimonio de la existencia de Dios.

Un importante ejemplo de cómo argumentar debidamente la existencia de Dios se encuentra en el sermón de Pablo a los filósofos griegos en el Areópago (Hch. 17). Es importante observar, en primer lugar, que Pablo no se enzarzó en un diálogo, sino que predicó un sermón. El apóstol afirmó: "porque pasando y mirando vuestros santuarios, hallé también un altar en el cual estaba esta inscripción: AL DIOS NO CONOCIDO. Al que vosotros adoráis, pues, sin conocerle, es a quien yo os anuncio" (Hch. 17:23). Pablo predicó a los filósofos, y lo hizo inspirándose en la teología veterotestamentaria de Dios y la creación, y aplicándola a las falsas creencias del epicureísmo, el estoicismo y otras filosofías sobre Dios, la naturaleza, el propósito de la vida, la muerte y el pecado.

Por ejemplo, Pablo proclamó que Dios es el Creador trascendente, personal y soberano, y por su poder supremo "hizo el mundo y todas las cosas que en él hay, siendo Señor del cielo y de la tierra" (Hch. 17:24). Esta afirmación refleja la teología del Antiguo Testamento (cf. Gn. 1:1; Éx. 20:11; Is. 42:5) y contradice directamente la idea epicúrea de que todo se produjo por la fortuita concurrencia de átomos eternos.[11] La afirmación de Pablo también se oponía al concepto estoico de que todo lo que hay en el mundo se originó en un principio racional e impersonal (el *logos*).

Por otra parte, Pablo confrontó a los epicúreos con la verdad veterotestamentaria

---

7. Berkhof, *Teología sistemática*, 29. Hay un ejemplo de teólogos que dependen más de argumentos racionalistas y apologéticos en John Gill, *Body of Divinity* (1769–1770; reimpr., Atlanta, GA: Turner-Lassetter, 1950), 1-10.

8. Para más información sobre la gloria autoautentificadora de las Escrituras como fundamento de la fe, véase John Piper, *Una gloria peculiar: Cómo las Escrituras revelan su completa veracidad* (Grand Rapids, MI: Editorial Portavoz, 2017).

9. Berkhof, *Teología sistemática*, 30.

10. Herman Bavinck, *The Doctrine of God*, trad. por William Hendriksen (1951; reimpr., Edimburgo: Banner of Truth, 2003), 79.

11. Aquellos que deseen considerar un provechoso resumen de la filosofía epicúrea y estoica, véase Carl F. H. Henry, *Christian Personal Ethics* (Grand Rapids, MI: Eerdmans, 1957), 33-36, 74.

de que el Dios personal y soberano existe independientemente de los edificios hechos por el hombre: Dios "no habita en templos hechos por manos humanas" (Hch. 17:24). Pablo no negaba que Dios pudiera manifestar su presencia en edificios terrenales como el tabernáculo y el templo del Antiguo Testamento, sino que este necesitara edificios físicos en donde morar. Esta declaración era también una verdad veterotestamentaria. Reflexionando sobre el templo que Dios mandó construir a Salomón, este le dijo: "Pero ¿es verdad que Dios morará sobre la tierra? He aquí que los cielos, los cielos de los cielos, no te pueden contener; ¿cuánto menos esta casa que yo he edificado?" (1 R. 8:27). Y más adelante, Isaías transmitió este mensaje de Dios: "Jehová dijo así: El cielo es mi trono, y la tierra estrado de mis pies; ¿dónde está la casa que me habréis de edificar, y dónde el lugar de mi reposo?" (Is. 66:1). La utilización que hace Pablo de la teología veterotestamentaria se oponía a la creencia epicúrea de que los dioses vivían en templos hechos por manos humanas.

Pablo también dirigió la teología del Antiguo Testamento contra las ideas estoicas y epicúreas sobre el deber de los hombres de servir adecuadamente a los dioses. Los estoicos enseñaban que el hombre debe vivir aceptando desapasionadamente un destino impersonal y conformándose a él. Creían que debían vivir según el principio de la *apatheia* (desapasionada indiferencia). Los epicúreos enseñaban que el hombre debe servir a los dioses según el principio de la *atarxia* (placer mental) que, para ellos, era la ausencia de deseo de ningún placer. Aunque los estoicos y los epicúreos tenían distintos puntos de vista sobre cómo debía servirse a los dioses, ambos sistemas creían que estos necesitaban el servicio del hombre. Pablo no negaba que el hombre deba servir a Dios, pero sí que el Dios verdadero lo necesitara: "Ni es honrado por manos de hombres, como si necesitase de algo" (Hch. 17:25). Pablo también habría podido mostrar que el concepto veterotestamentario de deber hacia Dios era una cuestión de amor por Él (Dt. 6:4-25). Aun así, el apóstol predicaba claramente una teología veterotestamentaria. El Dios verdadero y soberano no necesita nada del hombre:

> No tomaré de tu casa becerros, ni machos cabríos de tus apriscos. Porque mía es toda bestia del bosque, y los millares de animales en los collados. Conozco a todas las aves de los montes, y todo lo que se mueve en los campos me pertenece. Si yo tuviese hambre, no te lo diría a ti; porque mío es el mundo y su plenitud (Sal. 50:9-12).

Un ejemplo más en que Pablo utiliza la teología veterotestamentaria para cuestionar las falsas creencias de los epicúreos y los estoicos se encuentra en su predicación cuando afirma que Dios, como Creador personal y soberano, gobierna la vida del hombre y el mundo por medio de su providencia. Él es quien da a todas las personas lo que necesitan para vivir: "él es quien da a todos vida y aliento y todas las cosas" (Hch. 17:25). Y Dios ha creado todas las naciones con su tiempo y sus límites: "Y de uno hizo todas las naciones del mundo para que habitaran sobre toda la faz de la tierra, habiendo determinado sus tiempos señalados y los límites de su habitación" (Hch. 17:26, LBLA). Este mensaje se oponía a la creencia epicúrea de que la vida surge de la fortuita concurrencia de los átomos y la historia del ejercicio humano del libre albedrío más la aportación de una naturaleza impersonal. La predicación de Pablo se oponía a las afirmaciones estoicas de que la vida se debe al principio impersonal y fatalista del *logos* y que, en última instancia, las naciones y todos los acontecimientos de la historia no tenían distinciones y surgían de un destino impersonal. Estas enseñanzas recordaban la teología veterotestamentaria. Dios creó personalmente todas las cosas, dio vida a todos los seres vivientes (Is. 42:5) y preordenó la existencia política y los límites de las naciones: "Cuando el Altísimo hizo heredar a las naciones, cuando hizo dividir a los hijos de los hombres, estableció los límites de los pueblos según el número de los hijos de Israel" (Dt. 32:8).

Al proclamar el evangelio basado en una teología veterotestamentaria de Dios y de la creación, Pablo expresó (1) que Dios es la Primera Causa personal y el diseñador de toda la creación, (2) que Él es independiente del mundo, pero soberano sobre él en la dirección de su curso determinado, (3) que toda la vida procede y depende de Él, (4) que Él es la fuente de la moralidad y Juez último de ella, y (5) que Él ha provisto un camino para que los pecadores puedan ser librados del juicio final mediante el arrepentimiento del pecado y la idolatría. Pablo utilizó, pues, determinados aspectos de varias "pruebas naturales", aunque no derivó tales conceptos de la razón humana, sino de la revelación de Dios en el Antiguo Testamento. Por ello, el apóstol se sirvió de una cita del poeta griego Epiménides (*ca.* siglo VI a.C.) no como fuente de verdad, sino para ilustrar a los areopagitas que sus propios íconos culturales conocían la verdad, aunque la negaran (Hch. 17:28; cf. Tit. 1:12). Proclamaba la revelación de Dios para refutar el falso teísmo de los filósofos griegos, demostrando que las "pruebas naturales" de la existencia de Dios no deben apelar, en última instancia, a la percepción o razón humana, sino a la revelación de Dios en las Escrituras.[12]

En resumen, Dios existe, y lo hace en los términos que manifiesta la Biblia. La razón por la que hemos de creer que existe es que Él mismo lo ha dicho. Su existencia no debe aceptarse en virtud de la razón humana, porque la misma está limitada por el espacio y el tiempo, y ha sido corrompida por el pecado que habita en el hombre. Dios se ha revelado suficientemente en la Biblia, pero no lo ha hecho de un modo exhaustivo. El hombre solo puede saber lo que Dios ha revelado en las Escrituras sobre su naturaleza y sus obras. Pero esto es suficiente para que las personas podamos conocerlo en el ámbito de una relación personal y salvífica. Una de las formas en que Dios se ha revelado de forma personal y suficiente al hombre en las Escrituras es presentándose con varios nombres distintos. Consideremos ahora los nombres de Dios.

Los nombres de Dios

Jehová (Yahvé) y sus compuestos
El y sus compuestos
Adon/Adonai: Señor
Tsur: Roca
Ab: Padre

El nombre de una persona simboliza todo lo que esta es y hace. El significado del nombre de las personas es más que la mera definición del diccionario, aunque muchos ni

---

12. Greg L. Bahnsen, *Always Ready: Directions for Defending the Faith*, ed. Robert R. Booth (Nacogdoches, TX: Covenant Media Foundation, 1996), 235-76.

siquiera conocen esta definición de sus propios nombres. El significado del nombre de alguien comprende el carácter, la posición y las acciones de dicha persona dentro de su contexto. El nombre de la persona es exclusivo de ella, puesto que esta le otorga un significado personal.

En la Biblia, sobre todo en el Antiguo Testamento, el nombre de la persona era importante porque el significado léxico del mismo reflejaba, o se esperaba que lo hiciera, algo sobre la persona. Para Dios y para el pueblo de Israel, los nombres de Dios eran especialmente importantes, puesto que revelaban aspectos de quién era Él en sí mismo, en sus obras dentro de sí mismo y en relación a su creación. Los nombres de Dios lo representaban tanto que el modo en que se trataba el nombre de Dios equivalía a cómo se lo trataba a Él mismo (cf. Mal. 1:6-7, 11-14). No es de extrañar que en la zarza ardiente Moisés anticipara que al anunciar a los hebreos en Egipto: "El Dios de vuestros padres me ha enviado a vosotros", estos responderían: "¿Cuál es su nombre?" (Éx. 3:13). Y no sorprende que Dios considere su nombre como santo y evalúe cuidadosamente las actitudes de las personas hacia dicho nombre. Dios ha prometido que en el futuro, cuando restaure a Israel, Él será "celoso" de su "santo nombre" (Ez. 39:25).

La siguiente exposición considera los nombres y los títulos de Dios en el Antiguo Testamento; sus nombres y títulos en el Nuevo Testamento deben considerarse como una continuación de los significados veterotestamentarios, aunque revelan de forma progresiva, cada vez más sus implicaciones para las acciones de Dios en el tiempo.

Jehová (Yahvé) y sus compuestos

JEHOVÁ

El nombre de Dios más común en el Antiguo Testamento es Jehová, que aparece más de 6800 veces y se deriva del tetragrámaton (las cuatro consonantes hebreas transliteradas en español como "YHWH"). En el episodio de la zarza ardiente, Dios reveló este nombre como "su nombre" y "mi nombre para siempre" (Éx. 3:13-15). YHWH alude a la eterna e inmutable naturaleza de Dios. Como puede observarse en Éxodo 3:15, el nombre YHWH constituye su respuesta a la pregunta de Moisés sobre el nombre de Dios en 3:13. Dios respondió diciendo: "YO SOY EL QUE SOY" y "YO SOY" (Éx. 3:14), identificando después a "Jehová" (YHWH) como "mi nombre para siempre" (Éx. 3:15). Aunque este nombre de Dios era conocido antes de la zarza ardiente (p. ej., Gn. 4:26; 5:29; 9:26; 14:22), según Éxodo 6:3 Dios le dijo a Moisés: "Y aparecí a Abraham, a Isaac y a Jacob como Dios Omnipotente, mas en mi nombre JEHOVÁ no me di a conocer a ellos". No hay ninguna contradicción entre estos pasajes de Génesis y Éxodo 6:3, puesto que el verbo "conocer" se refiere en este versículo muy probablemente a un tipo de conocimiento relacional. Cuando los patriarcas se dirigían a Dios como YHWH, no se relacionaban con Él sabiendo que YHWH era "su nombre". Otra posible explicación de Éxodo 6:3 es que "conocer" sea una referencia al conocimiento experimental, lo que daría a entender que los patriarcas no tenían "la plena experiencia de aquello que entraña el nombre".[13]

---

13. Gustav Friedrich Oehler, *Theology of the Old Testament*, 2a ed. (1884; reimpr., s.c.: HardPress, 2012), 97.

Tras el exilio babilónico, el pueblo de Israel comenzó a abstenerse de pronunciar el nombre de YHWH, y lo sustituyó en su pronunciación por el nombre hebreo *adonai* y por el nombre hebreo *elojím* cuando YHWH precedía o seguía a *adonai* en el texto escrito como el nombre de Dios. Este cambio en la lectura oral se debió probablemente a la reverencia por el nombre de Dios y al temor de blasfemar. Los traductores de la Septuaginta griega y los escritores del Nuevo Testamento (bajo la inspiración del Espíritu Santo) respetaron esta tradición judía, y escribieron la palabra griega *kúrios* ("Señor") cuando citaban un pasaje del Antiguo Testamento con el nombre de YHWH. Cuando los masoretas inventaron el sistema de puntuación de vocales para la Biblia hebrea, siguieron la tradición judía al puntuar el nombre de "YHWH" con las vocales de *adonai* (*a, o, a*). Aunque el nombre se escribía como "YHWH", debía pronunciarse como *adonai* ("Señor").

La puntuación masorética de "YHWH" llevó a los cristianos que hablaban latín a transliterar el tetragrámaton con sus marcas vocales como "Iehovah". Algunos han afirmado que Petrus Galatinus (*ca.* 1460–*ca.* 1539) introdujo esta transliteración en 1518; sin embargo, esta aparece en ciertos escritos cristianos latinos ya en el siglo XII d.C. La iglesia de la Edad Media acabó, pues, combinando las consonantes de "YHWH" (transliteradas como "IHVH") y las vocales de *adonai*, y produjo el nombre Iehovah. Los reformadores adoptaron esta transliteración y William Tyndale también la utilizó en algunos pasajes de su traducción del Antiguo Testamento (1530). Después, la Authorized Version (o King James) de 1611 (cf. Éx. 6:3) y la English Revised Version de 1885 utilizaron "Jehovah" en algunos pasajes, aceptando la *J* en lugar de la *I*, y esta fue la traducción habitual de YHWH en la American Standard Version de 1901. La Reina-Valera también sigue esta tradición utilizando el nombre de Jehová, pero la mayoría de las modernas versiones en inglés y algunas en español han respetado la tradición de no pronunciar el tetragrámaton traduciendo "YHWH" como "Señor", y por lo general consignan esta palabra en versalita para diferenciarla de *adonai*.

El significado de Yahvé es importante para la teología. Puesto que deriva del verbo hebreo ser (*javá*), especialmente con el trasfondo de Éxodo 3:14-15, el significado esencial de Yahvé es "él es" o "él será". Este nombre indica, pues, que Dios "es" y "quiere ser", da a entender que no tiene principio ni fin, y que vive en un permanente presente. Este nombre implica también que su ser surge de su autodeterminación de ser, y de ser quien es y lo que es, de modo que Dios es eternamente quien es y lo que es.

Puesto que Dios reveló este nombre a Moisés en una determinada circunstancia histórica, que actuó como Yahvé en anteriores acontecimientos, y que lo haría asimismo en actos futuros, su nombre indicaría la persistencia de su ser en medio de las condiciones cambiantes de su creación, en especial las de su pueblo. Por ejemplo, como Yahvé, Él había estado y seguiría estando presente como (1) Revelador de su persona y voluntad (2) Redentor (Gn. 1:1-2:3, cf. Gn. 2:4-25; 9:26-27; Éx. 3:15-16; 6:26; Dt. 7:9; Sal. 19:1-6 cf. Sal. 19:7-14; Is. 26:4), (3) el Eterno (Is. 41:4; 48:12), (4) Dador de vida (Gn. 2:4-25; Ez. 37:13-14, 27), y (5) el supremo Juez de toda la creación (Ez. 6:13-14; 7:27; 11:10; 12:16). Más adelante se especificarán las perfecciones (atributos) de Dios, pero es necesario saber, por medio del nombre Yahvé, que Dios es eterno, simple, autoexistente y que está presente en el tiempo y en cada acontecimiento.

COMPUESTOS DE YAHVÉ

En su Palabra, Dios revela la trascendencia de su nombre Yahvé para los seres humanos —en especial para su pueblo—, por medio de compuestos de su nombre, que se revelan en relación con las acciones de Dios.

Yahvé-sabaot. Dios es "Jehová de los ejércitos" o "tropas". Puesto que "es" y "será" quien es, Dios creó, gobierna y dirige los ángeles como "ejércitos" del cielo (Sal. 24:10; Is. 6:1-5; 9:7; Hag. 2:6-9; Zac. 4:6) y a su pueblo como sus "ejércitos" (Éx. 7:4; 12:41; 1 S. 17:45) para cumplir sus propósitos en su creación.

Yahvé-yiré. Dios es "Jehová proveerá" o "visitará" (Gn. 22:14). Puesto que "es" y "será" quien es, Dios visitará y proveerá todo lo necesario para cumplir su promesa. En Génesis 22:14, Abraham recordó a Dios por su nombre, porque había provisto un carnero para sacrificarlo en lugar de Isaac.

Yahvé-rofé. Dios es "Jehová tu sanador" (Éx. 15:26). Puesto que "es" y "será" quien es, Dios librará a su pueblo para que cumpla su voluntad. En Éxodo 15:22-26, Moisés recordó que Dios endulzó las aguas de Mara para que el pueblo pudiera beber y vivir. Se manifiestan la misericordia, la compasión y la entrañable bondad de Dios.

Yahvé-nisi. Dios es "Jehová-nisi (es mi estandarte)" (Éx. 17:15). Puesto que "es" y "será" quien es, Dios será el "estandarte" o "enseña" que conducirá a su pueblo a la victoria sobre sus enemigos. En Éxodo 17:15, Moisés adora a Dios como aquel que ha dado a su pueblo la victoria sobre Amalec y que erradicará de la tierra a esta tribu.

Yahvé-mekaddishkem. Dios es "Jehová que os santifico". Puesto que "es" y "será" quien es, Dios santificará o apartará a su pueblo del pecado y de las naciones circundantes para obedecerlo. Santificar o apartar los sábados sería una señal para el pueblo de que Dios los hace santos, apartados de las demás naciones, para pertenecerle y servirle de forma exclusiva (Éx. 31:13).

Yahvé-shalom. Dios es "Jehová-shalom" (Jue. 6:24). Puesto que "es" y "será" quien es, Dios, por medio de su ángel, envió a Gedeón para "salvar a Israel" de los madianitas (Jue. 6:14). El ángel del Señor dio una señal a Gedeón —la vara del ángel consumió con fuego el sacrificio de este— para asegurarle que él lo enviaba y le daría la victoria. La palabra hebrea para "paz", *shalom*, significa plenitud y bienestar. A través de Gedeón, Dios concedería plenitud a su pueblo: libertad de sus enemigos y bienestar en la tierra prometida.

Yahvé-roí. Dios es "Jehová es mi pastor" (Sal. 23:1). Puesto que Él "es" y "será" el que es, según el Salmo 23, Dios proveerá todo lo que su pueblo necesita en esta vida, en la muerte y para siempre. Él guiará y protegerá a su pueblo.

Yahvé-sidkenu. Dios es "Jehová es nuestra justicia" (Jer. 23:6). Puesto que Él "es" y "será" quien es, en el futuro Dios establecerá al Mesías como rey de la descendencia davídica, y "reinará como Rey, el cual será dichoso, y hará juicio y justicia en la tierra" (Jer. 23:5). Cuando este rey davídico reine en justicia, "será salvo Judá, e Israel habitará confiado" (Jer. 23:5-6).

Yahvé-sama. Dios es "Jehová-sama [el que está ahí]" (Ez. 48:35). Puesto que "es" y "será" quien es, Dios restaurará a Israel como una nación salva en la tierra prometida y levantará un nuevo templo en una Jerusalén renovada, que se llamará según el nombre "el Señor está ahí".

El y sus compuestos

EL, ELOÁJ Y ELOJÍM

Como nombres hebreos del único Dios verdadero, *el*, *eloáj* y *elojím* señalan a Dios como el poder, fuerza y potencia supremos. Cuando describe al único Dios verdadero, *el* se utiliza con artículo determinado (p. ej., Gn. 31:13; 46:3; Sal. 68:20; 77:14) o con otro modificador. Se lo llama, por ejemplo, "el Dios de tu padre" (Gn. 49:25), "Dios de mi alegría y de mi gozo" (Sal. 43:4), "El Dios de los cielos" (Sal. 136:26), "Dios fiel" (Dt. 7:9), "Dios eterno" (Gn. 21:33) y "Dios viviente" (Jos. 3:10; Sal. 42:2; 84:2). Dios se caracteriza por su fuerza y poder supremos; como tal, es vivo, eterno y fiel y, por ello, imparte alegría a quienes confían en Él.

El nombre *elojím* es un plural de la raíz *el* (aparece más de dos mil veces), y cuando hace referencia al único Dios verdadero, es probablemente un plural de intensidad,[14] lo cual indicaría que el poder de Dios es tan inmenso que le es apropiado el uso de un nombre plural (7:9; 24:19). Este es el nombre que aparece desde el principio de la revelación bíblica (Gn. 1:1) y se utiliza en muchos pasajes de manera intercambiable con el singular *el* y otros nombres divinos en singular (p. ej., Dt. 7:9; Jos. 24:19). Puesto que la forma plural *elojím* se utiliza en relación con un ser singular, la pluralidad debe aludir a múltiples seres. Esta forma plural no demuestra que Dios sea trino, pero es, sin duda, compatible con la revelación bíblica posterior de la triunidad de Dios (cf. Gn. 1:26; 3:22; 11:7).

COMPUESTOS DE *EL/ELOJÍM*

Como hemos dicho antes, cuando se utiliza para aludir al único Dios verdadero, el nombre hebreo *el* se utiliza con frecuencia con otros modificadores aparte del artículo, formando un nombre compuesto. Aquí van algunos ejemplos en que *el* aparece formando nombres compuestos que aluden a Dios.

El shaddái. Los eruditos han debatido cuál es la raíz lingüística de *shaddái*. Algunos de ellos sostienen que esta palabra procede de la raíz hebrea *shadá*, que indicaría la suficiencia de Dios como proveedor. Pero los argumentos más sólidos indican que este término procede de la raíz *shadád*, que alude al poder de Dios. En relación con el único Dios verdadero, el término *shaddái* se ha traducido tradicionalmente como "Todopoderoso", en alusión a su omnipotencia. En cualquier caso, siendo todopoderoso, Dios provee (Gn. 17:1; 28:3-4; 35:11; 43:14; 48:3-4; 49:25). Dios actúa también para proteger (Sal. 91:1) y castigar o destruir en juicio (Rt. 1:20-21; Job 5:17; 6:4; 21:20; Sal. 68:14; Is. 13:6; Jl. 1:15). El Nuevo Testamento confirma que este nombre veterotestamentario alude a la omnipotencia de Dios, al utilizar la palabra griega *pantokrátor* para aludir al concepto veterotestamentario de Dios como *shaddái* (cf. 2 Co. 6:18; Ap. 1:8; 4:8; 11:17; 15:3; 16:7, 14; 19:6, 15; 21:22).

El elión. Traducido como "Dios Altísimo", este título se refiere a la suprema soberanía de Dios. En el Antiguo Testamento, *el elión* se utiliza normalmente en relación con los

---

14. Heinrich Friedrich Wilhelm Gesenius, *Gesenius' Hebrew Grammar*, ed. E. Kautzsch, rev. A. E. Cowley, 2a ed. (1910; reimpr., Oxford, UK: Clarendon, 1976), 246.d.

gentiles y los enemigos de Dios y su pueblo (Gn. 14:18-22; Nm. 24:16; Dt. 32:8; Sal. 91:1, 9; 92:1; 97:9; Dn. 3:26; 4:2, 17, 24-25, 34; 5:18, 21; 7:25). Como tal, Dios tiene suprema autoridad sobre el cielo (Is. 14:13-14; Dn. 4:35, 37) y la tierra (Dt. 32:8; 2 S. 22:14-15; Sal. 9:2-5; 21:7; 47:2-4; 57:2-3; 82:6-8; 83:16-18; 91:9-12; Dn. 5:18-21). Como *el elión*, Dios divide a las personas en naciones y establece los límites de dichas naciones (cf. Hch. 17:26).

El/Elojei olám. Puesto que Dios es omnipotente, es también eterno. Él es "el Dios eterno" (Gn. 21:33). En Isaías 40:28, se utiliza la forma plural del nombre de Dios (cf. Sal. 90:2; 93:2; 103:17).

El/Elojím jayim/jay. La esencia de Dios es poder consumado, por lo cual Él es vida en y por sí mismo, es también fuente de vida para todos los seres vivos y ejerce autoridad sobre ellos. Es "el Dios vivo" (Dt. 5:26; Jos. 3:10; 1 S. 17:26, 36; 2 R. 19:4, 16; Sal. 42:2; 84:2; Is. 37:4, 17; Jer. 10:10; 23:36; Dn. 6:20, 26; Os. 1:10).

Adon/Adonai: Señor

Aunque el tetragrámaton, YHWH, se completa a menudo con las vocales de *adonai* ("mi Señor"), también aparece este nombre/título hebreo para aludir a Dios (o su forma absoluta, *adon* ["Señor"]). Puesto que este nombre/título se aplica también a seres humanos, esta palabra no alude intrínsecamente a la soberanía suprema. Muchas veces no tiene nada que ver con la soberanía, sino que se usa meramente como un tratamiento de respeto, parecido a nuestra palabra *señor* cuando alude a un hombre. Sin embargo, en la mayoría de sus usos, se dirige a alguien en cierto sentido superior: reconocimiento general de superioridad (Gn. 24:18; 32:5; 44:7; Rt. 2:13), amo (Éx. 21:4-8), gobernador (Gn. 45:8-9; Sal. 105:21), propietario (1 R. 16:24), padre (Gn. 31:35), marido (Gn. 18:12), rey (Gn. 40:1; Jue. 3:25; 1 S. 22:12; Jer. 22:18; 34:5), príncipe (Gn. 23:6; 42:10), capitán (2 S. 11:11), dirigente (Neh. 3:5) y profeta (1 R. 18:7; 2 R. 2:3; 4:16). Cuando se utiliza en relación con el único Dios verdadero, *adonai* indica que posee soberanía suprema y autoridad final sobre todas las cosas externas a sí mismo.

Tsur: Roca

La Biblia describe a Dios como "la Roca", comparándolo con una peña física para comunicar su fortaleza y, con ello, su perfecta confiabilidad (Dt. 32:4, 15, 18, 30-31; 2 S. 22:3; 23:3; Sal. 18:2, 31, 46; 19:14; 28:1; 31:2-3; 42:9; 62:2, 6-7; 71:3; 78:35; 89:26; 92:15; 94:22; 95:1; 144:1; Is. 17:10; 26:4; 30:29; 44:8; Hab. 1:12). La palabra hebrea *tsur* alude a un farallón o cantera (Is. 51:1). A veces las Escrituras utilizan una metáfora con tanta frecuencia o en términos tan definitorios que esta se convierte en un nombre o tratamiento. Por ejemplo, aunque "el Verbo" no es una expresión frecuente para aludir a Jesús, en el enunciado de tesis del Evangelio de Juan se lo llama así. Puesto que esta expresión se emplea del mismo modo en que "Dios" suele aludir al Padre, es legítimo concluir que "el Verbo" es un nombre o tratamiento de Jesús. Este mismo fenómeno podría también producirse con respecto a la expresión "la Roca" como nombre o tratamiento eterno de Dios. No obstante, en el Antiguo Testamento esta descripción de Dios parece más que metafórica. Según el apóstol Pablo, esta Roca que cuidaba de Israel era el Mesías preencarnado, la "roca espiritual que los seguía" (1 Co. 10:1-4). En el Antiguo Testamento, la "Roca" alude, pues, tanto a Yahvé como al Señor Jesús preencarnado.[15] Igual que Pablo declaró explícitamente que "la roca espiritual que los seguía... era Cristo" (1 Co. 10:4), asimismo, en varios pasajes veterotestamentarios, a Yahvé, el Dios de Israel, se lo llama "la Roca". Por ejemplo, Deuteronomio 32:3-4 afirma:

> Porque el nombre de Jehová proclamaré. Engrandeced a nuestro Dios. Él es la Roca, cuya obra es perfecta, porque todos sus caminos son rectitud; Dios de verdad, y sin ninguna iniquidad en él; es justo y recto.

Otro ejemplo lo tenemos en Habacuc 1:12:

> ¿No eres tú desde el principio, oh Jehová, Dios mío, Santo mío? No moriremos. Oh Jehová, para juicio lo pusiste; y tú, oh Roca, lo fundaste para castigar.

Ya que tanto Dios Padre como Dios Hijo son igualmente divinos dentro de la Trinidad, en la Biblia, los nombres de YHWH y "la Roca" pueden aplicarse y se aplican tanto al Padre como al Hijo.

Ab: Padre

Puesto que el Nuevo Testamento aplica el nombre "Padre" a la primera persona de la Trinidad, cuando el Antiguo Testamento describe a Dios como "padre", esta descripción hebrea debería considerarse como un nombre/título de Dios. Dios es el "padre" de Israel en Deuteronomio 32:6 (cf. 32:18; véanse también, Sal. 89:26; Is. 63:16; 64:8; Jer. 3:4, 19). El tema de Dios como Padre se amplía en el Nuevo Testamento, lo cual pone de relieve que la primera persona de la Trinidad es especialmente el Padre de la segunda: el Hijo de Dios (Mt. 7:21; 10:32-33; 11:26-27; 12:50; 15:13; 16:17; 18:10, 14, 19, 35; 25:34; 26:39, 42, 53; Jn. 5:17; Ro. 15:6; 1 Co. 15:24; 2 Co. 1:3; 11:31; Ef. 1:3; Col. 1:3; 1 P. 1:3; Ap. 2:27; 3:5, 21), y Padre de los creyentes (Mt. 5:45, 48; 6:8-9, 14-15, 18, 26, 32; 10:20, 29; Ro. 1:7; 8:15; 1 Co. 1:3; 8:6; 2 Co. 1:2; 6:18; Gá. 1:3-4; 4:6; Ef. 1:2; 4:6; Fil. 1:2; 4:20; Col. 1:2; 1 Ts. 1:3; 3:11, 13; 2 Ts. 1:1-2; 2:16; Flm. 3; Stg. 3:9; 1 P. 1:17).

Padre es un nombre eterno, que indica que nunca ha habido un momento en que la primera persona de la Trinidad no fuera Padre de la segunda, su Hijo Unigénito. Como padre no engendrado, la primera persona de la deidad es la eterna causa en todas sus relaciones y obras.

Los atributos (perfecciones) de Dios
   Método de identificación
   Relación con la esencia de Dios
   Clasificaciones
   Las perfecciones incomunicables
   Las perfecciones comunicables

---
15. Robert Duncan Culver, *Systematic Theology: Biblical and Historical* (Fearn, Ross-shire, Scotland: Mentor, 2005), 56.

Al considerar los nombres y títulos de Dios, ya hemos señalado muchos de sus atributos o perfecciones (p. ej., la eternidad, la omnipotencia). En la exposición siguiente, las consideraremos de un modo más completo a fin de describir lo indescriptible (Is. 40:28; Ro. 11:33) en términos básicos que los seres humanos puedan entender.

Los atributos de Dios son sus características, los diferentes aspectos de su esencia o naturaleza. El término *perfecciones*, derivado de la palabra griega *aretás* ("virtudes") que aparece en 1 Pedro 2:9, funciona mejor que *atributos*, por cuanto *perfecciones* especifica que las características de Dios son todas perfectas y distinguen intrínsecamente al Dios que es perfecto. El término *atributos* no especifica inherentemente características perfectas y puede sugerir que estas se originan en el concepto que alguien tiene de Dios y no en Dios mismo.

Propongo la siguiente definición general de *perfecciones*: Las perfecciones de Dios son características esenciales de su naturaleza. Puesto que tales características son necesarias para su naturaleza, todos sus atributos son absolutamente perfectos y, por ello, se denominan correctamente perfecciones. Por otra parte, ya que estas perfecciones son esenciales a la naturaleza de Dios, si alguna de ellas fuera negada, Dios no podría ser Dios.

Método de identificación

LAS ESCRITURAS: EL ÚNICO MÉTODO DIVINAMENTE ASEGURADO

Si tenemos en cuenta que estas perfecciones son características de Dios, no pueden ser descubiertas ni definidas por el hombre, sobre todo en su depravación, porque el hombre no puede por sí mismo conocer del todo a la divinidad. Es Dios quien ha de revelarse para que el ser humano pueda conocer con seguridad algo de Él, incluidas sus perfecciones. Dios se ha revelado en la naturaleza, pero la humanidad corrompe este conocimiento. Solo las Escrituras consignan información rigurosa sobre Dios y sus perfecciones. Aunque esta información no es exhaustiva, sí es veraz, puesto que forma parte del texto inspirado de las Escrituras.

MÉTODOS INCORRECTOS

Las personas han trabajado con métodos esencialmente humanos para descubrir las perfecciones de Dios. Louis Berkhof resume algunos de estos métodos que se usaron en la Edad Media y en nuestro tiempo.[16]

Métodos escolásticos. Durante la Edad Media, los teólogos escolásticos se esforzaban en colegir conocimiento de las perfecciones de Dios a partir de observaciones sobre la creación:

1. La vía de la causalidad (que abarca cuatro de las cinco vías de Tomás de Aquino): Observa el orden natural y moral de la creación e induce una todopoderosa y absolutamente moral Primera Causa que gobierna la creación.

---

16. Berkhof, *Teología sistemática*, 59-62.

2. La vía de la negación: Discierne las imperfecciones de las criaturas, las niega como características de Dios y atribuye a la deidad aquello que es perfectamente contrario a las imperfecciones de las criaturas (p. ej., independiente, infinito, incorpóreo).
3. La vía de la eminencia: Atribuye a Dios las buenas características del hombre solo que en grado supremo, y se basa en la suposición de que las buenas características más limitadas del hombre tienen su origen en una causa perfecta.

Métodos modernos. Por su parte, los teólogos modernos han intentado conocer las perfecciones de Dios a partir de observaciones basadas en razonamientos humanos:

1. La vía de la intuición: Comienza con certezas no razonadas de la experiencia personal y concluye las características de Dios de tales experiencias.
2. La vía de la necesidad: Comienza con las necesidades del hombre e induce las características de Dios de tales necesidades, se basa en la suposición de que Dios es absolutamente suficiente y puede dependerse de Él para que satisfaga las necesidades del hombre.
3. La vía de la acción: Percibe las características de Dios a partir de sus acciones en el orden natural.
4. La vía del amor (Albrecht Ritschl [1822–1899]): Comienza con la suposición de que Dios es amor y concluye que este es personal, tiene una voluntad soberana, es el Creador omnipotente y es eterno.

Problemas de estos métodos incorrectos. Todos los métodos escolásticos y modernos que acabamos de resumir son inadecuados, porque en lugar de partir de la revelación de Dios en las Escrituras, arrancan desde sus propias ideas humanas. En pocas palabras, desarrollan una "teología desde abajo". Construyen su concepto de Dios a partir de observaciones y razonamientos humanos, que en el mejor de los casos son finitos y, en el peor, malogrados por el pecado. La teología desde abajo presupone que lo que hay en el hombre está también en Dios, hace del primero la medida del segundo, y sugiere que el hombre puede descubrir a Dios sin la ayuda de este. Estos métodos dependen a menudo de las deficientes presuposiciones humanas sobre Dios, aunque puedan describirlo con terminología bíblica (y subrayar casi siempre su inmanencia a expensas de su trascendencia). Cuando provienen de las Escrituras y los emplean creyentes cuyas mentes han sido redimidas por la obra de Cristo, estos métodos escolásticos pueden servir para confirmar lo que las Escrituras enseñan sobre Dios. Pero en última instancia, solo las Escrituras son la autoridad infalible para descubrir quién y cómo es Dios.

Relación con la esencia de Dios

Antes de pasar a definir cada una de las perfecciones de Dios, hemos de preguntarnos qué relación tienen las perfecciones de Dios con su esencia o naturaleza. ¿Constituyen los atributos de Dios su esencia? ¿Equivalen tales atributos a la esencia o son algo distinto? ¿Hay alguna perfección que sobresalga como definitoria de todas las demás? Vamos a explorar estas preguntas.

CONCEPTOS DEFICIENTES DE LA RELACIÓN[17]

Perfecciones: ¿Partes de la esencia de Dios o algo distinto de ella? Los realistas de la Edad Media afirmaban que las perfecciones de Dios son partes de su esencia, puesto que cada una de ellas tiene un nombre distinto que se corresponde con realidades distintas. Un pensamiento parecido es que las perfecciones de Dios son distintas de su esencia. Herman Bavinck ha observado que estos puntos de vista plantean varios problemas:[18]

1. Si la justicia, el poder o el amor fueran solo partes de la esencia de Dios, no podría decirse que Dios es *plenamente* justo, poderoso o amoroso, sino solo parcialmente.
2. Si la justicia, el poder o el amor fueran solo partes de la esencia divina, no podría decirse que Dios es *absolutamente* justo, poderoso o amoroso, sino solo de manera relativa.
3. La esencia de Dios sería entonces mutable, puesto que los diferentes atributos que configuran su naturaleza estarían sujetos a fluctuaciones. Unas veces subrayaría su justicia, y otras su amor. No sería perfecta y absolutamente amoroso y justo en todo momento.

Perfecciones: Todo una misma cosa. Los nominalistas medievales afirmaban que todas las perfecciones eran lo mismo, puesto que los nombres de las perfecciones son solo distintos nominalmente, pero no en sus realidades correspondientes. Por ejemplo, estos maestros dirían que el amor de Dios *es* su justicia, la cual *es* su poder, que *es* su misericordia, etcétera. Algunos de los primeros teólogos luteranos y reformados —y, en un sentido panteísta, ciertos teólogos liberales (p. ej., Baruc Spinoza [1632–1677] y Friedrich Schleiermacher [1768–1834])— sostenían asimismo que, puesto que Dios es simple (no compuesto) y no puede tener distintos elementos, no puede haber una verdadera distinción entre sus perfecciones ni entre sus actos. Se decía que la variedad de los efectos de Dios en toda una serie de criaturas era la base de la diversidad de sus perfecciones. No obstante, Bavinck ha respondido con varias observaciones:[19]

1. El hombre no ha inventado los nombres de Dios, sino que Él se los ha revelado, y estos indican, ciertamente, sus atributos.
2. La esencia de Dios no es una realidad conceptual carente de propiedades, relaciones y características, sino una "plenitud de vida absoluta" e "infinitamente rica". No puede, por tanto, "verse con una sola mirada", sino que nos ha de ser "revelada primero en un aspecto, después en otra relación, ahora desde este ángulo y después desde otro".
3. Aunque las diferentes perfecciones de Dios constituyen una unidad de su esencia única y simple, existen, no obstante, verdaderas distinciones.
4. El gran número de nombres y atributos de Dios crean una impresión de su "Majestad completamente trascendente".

---

17. Charles Hodge, *Teología sistemática* (Terrassa: Editorial CLIE, 2010), 1:275-277.
18. Bavinck, *Doctrine of God*, 120-124.
19. Bavinck, *Doctrine of God*, 127-132.

Una perfección central como esencia de Dios, pero otras derivadas. Los teístas abiertos sostienen que solo el amor constituye la esencia de Dios y que todos los demás atributos se derivan de su amor y están subordinados a él (afirman que Dios no solo ama, sino que es el amor mismo, [1 Jn. 4:8]). Los teístas abiertos creen también que Dios ha decidido no conocer los actos futuros de la humanidad, puesto que dicho conocimiento determinaría las acciones de la gente, y ello anularía su libre albedrío. Estos creen además que Dios nunca determinaría las acciones del hombre, puesto que ello le impediría mantener una verdadera relación con él; Dios no podría responder en amor a la libre decisión del hombre de amarlo a Él. La idea del teísmo abierto en el sentido de que el amor es la perfección superior de Dios es errónea por las razones siguientes:

1. Las Escrituras no solo afirman que Dios *es* amor (1 Jn. 4:8), sino también que *es* luz (1 Jn. 1:5), y subraya así tanto su santidad como su amor (cf. Is. 6:3; Ap. 4:8).
2. Este punto de vista tiende a hacer que las otras perfecciones de Dios parezcan menos necesarias.
3. A lo largo de la historia —por ejemplo, entre los liberales del siglo XIX— esta idea ha tendido a empequeñecer la justicia de Dios, lo cual ha llevado al rechazo de la expiación de Cristo como castigo sustitutorio, legal y expiatorio.

EL VERDADERO CONCEPTO DE LA RELACIÓN

La esencia de Dios es idéntica a sus perfecciones. No hay ninguna distinción fundamental entre la esencia de Dios y sus perfecciones, ni tampoco entre estas. Cada perfección caracteriza toda la esencia de Dios sencilla y eternamente. Es decir, Dios es lo que tiene. No solo *posee* amor, justicia y bondad, sino que, eterna, completa y plenamente *es* estas cosas. Dios es eternamente todopoderoso, plenamente santo y amoroso.

Base lógica. Si las perfecciones de Dios no se identificaran con su esencia, sino que se entendieran más bien como las partes o propiedades que la componen, la sencillez de Dios quedaría menoscabada. Las propias perfecciones no serían entonces divinas, sino solo las partes que forman lo divino. Sin embargo, esto no está de acuerdo con la enseñanza de las Escrituras. Por otra parte, las Escrituras nunca consideran la esencia (ser) de Dios en abstracto, sino siempre en relación con sus perfecciones. Incluso la afirmación divina de su autoexistencia en Éxodo 3:14 está en el contexto de su visitación personal para recordar su pacto y redimir a su pueblo de la esclavitud. Por otra parte, términos y expresiones como "deidad" (Col. 2:9-10), "naturaleza divina" (Ro. 1:20; 2 P. 1:4), y "forma de Dios" (Fil. 2:6) hablan de la esencia de Dios en relación con perfecciones, como su "autoridad" (Col. 2:10), "poder" (Ro. 1:20), "gloria" (2 P. 1:3) y "amor" (Fil. 2:2). Las Escrituras aluden también a ciertas perfecciones con el verbo ser, e indican que Dios es por completo la perfección en cuestión; por ejemplo, 1 Juan 4:8 y 16 afirman que "Dios es amor" y 1 Juan 1:5 declara que "Dios es luz", lo cual alude a su santidad. Las Escrituras también especifican ciertas perfecciones en forma adjetiva (p. ej., "el Dios vivo", "el Dios eterno", "el Santo").

Ramificaciones. Esta comprensión de las perfecciones de Dios tiene varias ramificaciones:

Dios es completamente cada una de sus perfecciones. Lo que Dios es, lo es de forma completa en su esencia. Si Dios no es completa y absolutamente amor, o completa y absolutamente santo, o completa y absolutamente bueno, tampoco es completa y absolutamente Dios. Sus perfecciones deben caracterizarlo de forma completa, eterna e infinita porque, de no ser así, no sería inmutable ni simple. Su naturaleza cambiaría con el paso del tiempo, porque debería pasar de ser "amoroso" en un momento a ser "santo" después. Su esencia tampoco podría considerarse no compuesta y simple, puesto que sería solo parcialmente amor, parcialmente justicia, misericordia, etcétera. No, Dios *es* lo que *posee*; Él es todas sus perfecciones de forma total y completa.

Las perfecciones de Dios se califican entre sí. Puesto que Dios es cada una de sus perfecciones en toda su esencia, cada una de ellas complementa y califica a las demás. Por ejemplo, su justicia es santa, y su amor, justo.

Las perfecciones de Dios son activas. Todas las perfecciones de Dios son completamente activas en su esencia. Dios no está nunca pasivo o inactivo en ningún aspecto de su esencia. Si todas las perfecciones de Dios no están constante y completamente activas en su esencia, Dios no es activamente Dios en ningún aspecto, porque un determinado aspecto de su esencia no está activo y sus otras perfecciones carecen de una necesaria plenitud y complemento divinos. Todos los atributos de Dios han de estar perfectamente activos en su esencia.

Las perfecciones divinas deben estudiarse conjuntamente. Puesto que Dios es en grado sumo cada una de sus perfecciones, estas no deben estudiarse de forma aislada de las demás, sino integradas con todas las demás, complementadas y calificadas por ellas. Todas las perfecciones de Dios deben estudiarse contando con su influencia recíproca.

Las perfecciones de Dios son reflexivas. Otra ramificación de la completa identificación de las perfecciones de Dios con su esencia es que las perfecciones de Dios son reflexivas, es decir, se centran en Él; cada una de las perfecciones es activa hacia Dios como su objeto perfecto. Lo que Dios es, lo es para sí mismo antes de que sus perfecciones se dirijan hacia cualquier otro objeto.

Clarificación. Aunque Dios es eterna, infinita y totalmente todas sus perfecciones, los seres humanos nos centramos conscientemente solo en un atributo en un punto temporal en las Escrituras. Esta concentración en un solo atributo se debe a que Dios condesciende a revelarse a sí mismo en las Escrituras a personas finitas. Sin embargo, Dios sigue siendo de forma completa y activa todas sus perfecciones aun cuando se revela a sí mismo en el tiempo en una sola de ellas. Por ello, siempre que Dios revela una determinada perfección en cualquier acontecimiento o declaración de las Escrituras, está subrayando dicha perfección en aquel contexto específico, sin excluir las demás.

Clasificaciones

Antes de definir concretamente las perfecciones de Dios, deberíamos considerar otra cuestión. A lo largo de los años, los teólogos se han esforzado por categorizar las perfecciones divinas. Puesto que la Biblia no establece categorías de manera explícita, lo han hecho los teólogos. Este hecho debe advertir al estudiante de las Escrituras sobre el peligro de aceptar acríticamente cualquier clasificación. Sin embargo, puesto que a lo largo de la historia de la teología se han propuesto varios tipos de categorías, se hace necesaria una evaluación.

NEGATIVAS Y POSITIVAS

Siguiendo las tres vías de la escolástica para conocer a Dios (causalidad, negación, y eminencia), esta clasificación (negativa y positiva) se basa en (1) perfecciones negativas, o aquellas que son lo contrario de las limitaciones de las criaturas (p. ej., la infinitud, la incorporeidad) y (2) perfecciones positivas, o aquellas que están presentes en el hombre, pero que son características de Dios en grado infinito (p. ej., la bondad, la santidad, la rectitud, la justicia).

El problema de estas categorías es que se superponen. Cuando hacemos una afirmación negativa sobre Dios, tenemos en mente un concepto positivo, aunque no podamos expresarlo. Por ejemplo, decir que Dios es inmutable (cualidad negativa) supone saber conscientemente que Dios es constante y fiel (positiva). También lo contrario es cierto: en nuestras afirmaciones positivas sobre Dios, también hay implícita una afirmación negativa. Por ejemplo, decir que Dios es omnipresente (cualidad positiva) es decir que es infinito (negativa; es decir, no finito) con respecto al espacio.

NATURALES Y MORALES (GRANDEZA Y BONDAD; CONSTITUCIÓN Y PERSONALIDAD)

Las perfecciones naturales son aquellas que pertenecen a la constitución de Dios (p. ej., su autoexistencia, su simplicidad, su infinidad), mientras que las perfecciones morales son aquellas relativas a su voluntad y hacen de Él, por tanto, un ser moral (p. ej., la bondad, la verdad, el amor, la santidad).

El problema de esta clasificación es que los atributos morales son también aspectos de la esencia de Dios como los naturales. Las perfecciones de la bondad son también perfecciones de la grandeza de Dios (Sal. 145), y las de su personalidad son también de su constitución.

ABSOLUTAS Y RELATIVAS

Las perfecciones absolutas distinguen la esencia de Dios considerada en y por sí misma (p. ej., la autoexistencia, la infinidad, la espiritualidad), mientras que las relativas caracterizan su esencia considerada en relación de este con su creación (p. ej., omnisciencia, omnipresencia).

En este caso, el problema es que esta clasificación presupone que el hombre puede conocer cosas sobre Dios en su esencia, pero la verdad es que todas sus perfecciones son relativas, reveladas en relación con su creación. Incluso las así llamadas perfecciones relativas son absolutas, puesto que son eternamente activas en las relaciones entre los miembros de la Trinidad, en la existencia esencial de Dios.

INMANENTE/INTRANSITIVO/QUIESCENTE/SER VERSUS EMANANTE/TRANSITIVO/OPERATIVO/CAUSATIVO

Al explicar esta clasificación, es importante definir primero los términos siguientes:

inmanente: que existe o permanece en el interior; inherente.
emanante: que se origina en el interior, pero produce resultados externos.
intransitivo: que no requiere un objeto directo para completar su acción o significado.
quiescente: inactivo.

Según esta clasificación, las primeras son perfecciones que funcionan fuera de la esencia divina, pero permanecen inmanentes en Dios (p. ej., la inmensidad, la eternidad, la simplicidad), mientras estas últimas son perfecciones que producen cosas externas a Dios (p. ej., la omnipotencia, la excelencia, la justicia).

Al contrario de lo que presupone esta clasificación, el hombre no puede conocer ninguna característica de Dios tal como es esencialmente, sino solo cuando su carácter se manifiesta en sus obras. Por otra parte, en Dios las perfecciones operativas y causativas deben ser también inmanentes e intransitivas; de otro modo, para ser completo, Dios necesitaría algo fuera de sí mismo. Además, ninguna perfección de Dios puede ser inactiva o, de lo contrario, Dios no sería constante y activamente todo su ser/esencia.

INCOMUNICABLES Y COMUNICABLES

La mejor categorización es aquella que distingue las perfecciones incomunicables de las comunicables. Las perfecciones incomunicables son aquellas características singulares a Dios (p. ej., su autoexistencia, su simplicidad, su inmensidad), mientras que las comunicables son aquellas que pueden transferirse en parte a los seres humanos (p. ej., bondad, rectitud, amor).

Un problema de la categorización incomunicables/comunicables es que puesto que el hombre no puede conocer a Dios en su esencia aparte de sus relaciones con su creación, es imposible conocer ninguna característica de Dios aparte de estas relaciones. Incluso las perfecciones incomunicables son al menos hasta cierto punto características humanas, de no ser así nadie podría entender nada sobre las perfecciones de Dios. Por otra parte, las perfecciones comunicables de Dios no son completamente como las características humanas, o Dios no sería mayor que el hombre en cada atributo.

Por ejemplo, con respecto a su perfección incomunicable de la inmutabilidad, solo podemos tener una comprensión limitada porque, aunque sabemos qué es que otro humano piense y actúe de forma consistente durante un largo período de tiempo, esta comprensión será limitada, porque ningún humano sabe qué es que alguien no pueda cambiar de naturaleza y carácter. En cuanto a la perfección comunicable del amor, las personas tenemos una idea parcial porque, aunque sabemos lo que Dios ha revelado en las Escrituras sobre su amor en sus relaciones personales con los seres humanos, no conocemos lo que el amor de Dios es en sí mismo dentro de la Trinidad ni conocemos exhaustivamente lo que es el amor de Dios por las personas.

Empleamos aquí la clasificación de atributos incomunicables y comunicables por las razones siguientes:

1. Las clasificaciones pueden ser herramientas útiles en el estudio de las perfecciones de Dios, puesto que pueden ayudar a las personas a centrarse en el carácter único de Dios en comparación con la humanidad.
2. A lo largo de los años esta clasificación se ha mantenido entre teólogos de varias tradiciones.
3. Esta clasificación subraya tanto la trascendencia como la inmanencia de Dios y niega tanto el panteísmo como el deísmo.
4. Esta clasificación es más útil si no se establece una estricta división de los dos grupos de perfecciones, sino que entiende a los atributos incomunicables como complementos de los comunicables y viceversa.

ADVERTENCIAS SOBRE TODAS LAS CLASIFICACIONES

Aun esta clasificación de los atributos entre incomunicables y comunicables es una observación humana, por lo que ninguna clasificación debería aceptarse de forma acrítica. En todas las clasificaciones deben tenerse en cuenta las siguientes advertencias.

Dividir a Dios en dos. Todas las clasificaciones de las perfecciones de Dios parecen dividirlo en dos, no dejando ninguna armonía entre las perfecciones y, por ello, ninguna unidad visible en Dios. Esta debilidad puede superarse considerando la primera clase de perfecciones (incomunicables) como un complemento de la segunda (comunicables) y viceversa, para que pueda "afirmarse que Dios es uno, absoluto, inmutable e infinito en su conocimiento y sabiduría, en su bondad y amor, en su gracia y misericordia, en su justicia y santidad".[20]

Separar atributos negativos de positivos. Todas las clasificaciones tienden a separar las descripciones negativas de Dios de las positivas, aunque cuando se piensa en unas, se tienen en mente las otras. Bavinck explica:

> Si fueran totalmente incomunicables, serían también absolutamente incognoscibles. El hecho en sí de que podamos nombrarlos demuestra que, de uno u otro modo, fueron revelados por Dios en la creación. De ahí que los atributos negativos tengan un contenido positivo: aunque para concebir la eternidad de Dios necesitamos la idea del tiempo, la de espacio para formarnos una idea de su omnipresencia y la referencia de criaturas finitas y cambiantes para ser conscientes de su infinitud e inmutabilidad, no obstante, estos atributos negativos nos aportan un conocimiento positivo muy importante sobre Dios. Por ello, aunque no podemos comprender la eternidad de un modo positivo, es muy importante saber que Dios es exaltado por encima de las limitaciones del tiempo.[21]

Describir esencialmente a Dios. Todas las clasificaciones parecen implicar que podemos conocer a Dios en su esencia, considerado aparte de sus relaciones con sus criaturas.

---

20. Berkhof, *Teología sistemática*, 64.
21. Bavinck, *Doctrine of God*, 139.

Pero las personas no podemos conocer a Dios de este modo. Ninguna persona, aparte de Jesucristo, puede conocer ninguna característica divina en su perfección. Esta debilidad debe superarse considerando aun la primera clase de perfecciones, al menos en cierto modo, como características humanas activas en relación con las criaturas.

Las perfecciones incomunicables

Con estas observaciones preliminares sobre las perfecciones divinas y la forma de estudiarlas, podemos pasar ahora a definirlas basándonos en las Escrituras. Teniendo en cuenta que las perfecciones de Dios son idénticas a su esencia, y basándonos especialmente en las implicaciones de este hecho, no hemos de considerar estas perfecciones sin pensar conscientemente en cómo se integran activamente (es decir, se complementan y califican) entre sí. También hemos de recordar que estas perfecciones se dirigen primero hacia Dios antes que a nada o a nadie fuera de Él. Las siguientes definiciones de las perfecciones divinas van acompañadas de verdades bíblicas que constituyen su fundamento.[22]

INDEPENDENCIA (ASEIDAD)

Dios es independiente de todas las cosas. Él es perfectamente autosuficiente, no depende de nada aparte de sí mismo, y es por lo tanto el ser eterno y fundamental, la fuente de la vida y sostén para cualquier otro ser.

La lista siguiente presenta evidencias bíblicas para afirmar la aseidad de Dios:

1. Como Yahvé, Dios es autoexistente, y tiene vida en y por sí mismo (Éx. 3:14; Jn. 5:26).
2. Dios existe antes que todas las cosas, que solo tienen existencia a través de Él (Sal. 90:2; 1 Co. 8:6; Ap. 4:11).
3. Dios es Señor de todo (Dt. 10:17; Jos. 3:13).
4. Dios no depende de nada; todo depende de Él (Ro. 11:36).
5. Él es la fuente de todo (Dt. 32:39; Is. 45:5-7; 54:16; Jn. 5:26; 1 Co. 8:6).
6. Él hace lo que quiere (Sal. 115:3; Is. 46:10-11; 64:8; Jer. 18:6; Dn. 4:35; Ro. 9:19-21; Ef. 1:5; Ap. 4:11).
7. Su consejo es la base de todo (Sal. 33:10-11; Pr. 19:21; Is. 46:10; Mt. 11:25-26; Hch. 2:23; 4:27-28; Ef. 1:5, 9, 11).
8. Él hace todo por su nombre (Jos. 7:9; 1 S. 12:22; Sal. 25:11; 31:3; 79:9; 106:8; 109:21; 143:11; Pr. 16:4; Is. 48:9; Jer. 14:7, 21; Ez. 20:9, 14, 22, 44; Dn. 9:19).
9. Él no necesita nada, es todo suficiente (Job 22:2-3; Hch. 17:25).
10. Él es el primero y el último (Is. 41:4; 44:6; 48:12; Ap. 1:8; 21:6; 22:13).
11. Él es independiente en su mente (Ro. 11:33-35), voluntad (Dn. 4:35; Ro. 9:19; Ef. 1:5; Ap. 4:11), consejo (Sal. 33:11; Is. 46:10), amor (Os. 14:4) y poder (Sal. 115:3).

---

22. Las limitaciones de espacio obligan a un tratamiento necesariamente breve de las perfecciones de Dios. Quienes deseen considerar desarrollos más completos de los atributos de Dios pueden ver, Herman Bavinck, *Reformed Dogmatics* vol. 2, *God and Creation*, ed. John Bolt, trad. John Vriend (Grand Rapids, MI: Baker Academic, 2004); Stephen Charnock, *The Existence and Attributes of God* (1853; reimpr., Grand Rapids, MI: Baker, 1996); Arthur W. Pink, *Los atributos de Dios* (Londres: El Estandarte de la Verdad, 1997).

INMUTABILIDAD

La inmutabilidad de Dios es la perfecta inalterabilidad en su esencia, carácter, propósito y promesas.

Evidencia bíblica. La lista siguiente resume la enseñanza bíblica sobre la inmutabilidad de Dios:

1. Él es eternamente el mismo (Sal. 102:25-27).
2. Él es el primero y el último (Is. 41:4; 43:10; 44:6; 48:12).
3. Él es el que es (Éx. 3:14).
4. Él es incorruptible, el único que tiene inmortalidad y es siempre el mismo (Ro. 1:23; 1 Ti. 1:17; 6:15-16; He. 1:11-12).
5. Su pensamiento, su propósito, su voluntad y sus decretos son inmutables:
   a. Cumple sus amenazas y sus promesas (Nm. 23:19; 1 S. 15:29).
   b. No se arrepiente de sus dones ni de su llamamiento (Ro. 11:29).
   c. No abandona a aquellos con quienes ha hecho un pacto unilateral (Ro. 11:1).
   d. Glorifica a aquellos a quienes conoce de antemano (Ro. 8:29-30).
   e. Culmina aquello que comienza (Sal. 138:8; Fil. 1:6).
   f. Su fidelidad nunca se reduce (Lm. 3:22-23).
6. Él no cambia (Mal. 3:6; Stg. 1:17).

Preguntas sobre la inmutabilidad de Dios. El lector experimenta una cierta tensión al comparar pasajes que afirman la inalterabilidad de Dios con otros que declaran que se arrepiente (Gn. 6:6; Éx. 32:12; 1 S. 15:11, 35; Jer. 18:10; Am. 7:3, 6; Jon. 3:9-10; 4:2), cambia su propósito (Gn. 18:23-32; Éx. 32:10-14; Jon. 3:10), se indigna (Éx. 4:14; Nm. 11:1, 10; Sal. 106:40; Zac. 10:3), se aparta de su indignación (Éx. 32:14; Dt. 13:17; 2 Cr. 12:12; 30:8; Jer. 18:8, 10; 26:3), se relaciona de manera distinta con el no creyente que con el creyente (Pr. 11:20; 12:22), es puro para los puros, pero se opone a los impíos (Sal. 18:25-26), se encarna dentro del tiempo (Gá. 4:4), habita en la iglesia (1 Co. 3:16-17; Ef. 2:19-22; Col. 1:27), rechaza a Israel (Ro. 11:15), recibe a los gentiles tras rechazarlos durante muchos años (Hch. 11:18; Ro. 11:11-15), es unas veces irascible y otras, perdonador (Éx. 34:7; Nm. 14:18; Sal. 78); y cercano en un momento y distante en otro (Jer. 23:23).

Para resolver esta tensión, muchos, como los teístas abiertos, han dicho que Dios no cambia realmente de opinión, propósitos y promesas en respuesta a lo que hacen los seres humanos. Estos sostienen que no se pueden armonizar los "cambios" de Dios en las Escrituras con la doctrina tradicional de que es inmutable. Afirman que si los pecadores se apartan de su pecado y responden en fe y amor a Dios, este no ejecutará (se arrepentirá de, cambiará de opinión sobre) el juicio previsto y les impartirá bendición. De igual modo, si dejan de confiar en Él, este revocará cualquier promesa de bendición. Según los teístas abiertos, Dios no sabe cómo responderán a Él las personas y espera hasta verlo en cada momento antes de decidir cuál será su respuesta.

Muchos errores del teísmo abierto y otras falsas doctrinas que niegan la inmutabilidad de Dios, se refutan considerando esta cuestión desde su correcta perspectiva bíblica. Inmutabilidad no significa que Dios sea estático o inerte ni que no actúe claramente en el tiempo o posea auténticas emociones. Dios es impasible, no porque carezca de verdaderos sentimientos o emociones, sino en el sentido de que estas son expresiones activas y deliberadas de sus santas disposiciones, no pasiones involuntarias (como sucede muchas veces con las emociones humanas).

Una buena forma de entender los aparentes cambios de Dios en las Escrituras es considerar que este se nos revela en el marco de sus relaciones con las personas. Solo percibimos un aspecto de Dios en cada ocasión. Dios nunca cambia, pero sí lo hacen las criaturas, que perciben las perfecciones y acciones de Dios según su estado en cada momento. Por ello, las acciones de Dios no implican necesariamente un cambio de esencia ni de propósito.

Por ejemplo, el lenguaje alusivo a que Dios se "arrepienta" o "cambie" de alguna manera es antropopático (expresiones figurativas que le comunican al hombre, dentro de su nivel de comprensión, los cambios de disposición o acciones). Por ello, los "cambios" de Dios que percibimos se dan siempre en el contexto de su eterna omnisciencia y voluntad, y no se deben nunca a que la deidad se haya visto sorprendida y deba ajustar su respuesta. Tales cambios se producen en armonía con su verdad y fidelidad (véase 1 S. 15:29). Todos los actos que pueden percibirse como cambios son conocidos de antemano y predeterminados desde la eternidad.

INFINIDAD

La infinidad de Dios alude a su naturaleza, que trasciende perfectamente a todas las limitaciones de espacio y tiempo temporales y existe y actúa más allá de ellas. A la infinitud de Dios en relación con el tiempo se la llama eternidad u omnitemporalidad, y cuando alude al espacio recibe el nombre de inmensidad u omnipresencia.

ETERNIDAD

Dios trasciende perfectamente cualquier limitación de tiempo, de modo que no tiene principio ni fin, ni vive la experiencia de su ser ni su conciencia de cualquier otra realidad en una sucesión de momentos. En otras palabras, en su experiencia de sí mismo y de toda la realidad ajena a Él, Dios no está limitado por los momentos del tiempo.

Evidencia bíblica. La lista siguiente presenta pruebas bíblicas de la eternidad de Dios:

1. Él es, a la vez, el primero y el último (Is. 41:4; Ap. 1:8).
2. Él existía antes de la creación (Gn. 1:1; Jn. 1:1; 17:5, 24).
3. Él permanecerá para siempre (Sal. 102:26-27).
4. Él es Dios desde la eternidad y hasta la eternidad (Sal. 90:2; 93:2).
5. El número de sus años es inescrutable (Job 36:26).
6. Para Él, mil años son como un día, por su inmediata experiencia de todo el tiempo (Sal. 90:4; 2 P. 3:8).
7. Él es el Dios eterno (Is. 40:28).
8. Él habita la eternidad (Is. 57:15).
9. Él vive para siempre (Dt. 32:40; Ap. 10:6; 15:7).
10. Él es incorruptible e inmortal (Ro. 1:23; 1 Ti. 6:16).
11. Él era, es y ha de venir, todo al mismo tiempo (Éx. 3:14; Ap. 1:4, 8).

12. Su propósito es eterno (Ef. 3:11).
13. Él es el Rey eterno (1 Ti. 1:17).
14. Él existía y actuaba "antes de los tiempos eternos" (2 Ti. 1:9; Tit. 1:2).

La esencia de Dios como "intemporal". Algo importante con respecto a la eternidad de Dios es dilucidar si Dios existe solo en los momentos pasajeros del tiempo o también fuera de la sucesión de momentos del tiempo. ¿Es Dios "eterno", atemporal en su vida interior, o es su existencia temporal, solo dentro de los momentos del tiempo?

Dios está en el tiempo, puesto que interactúa con su creación y sus criaturas momento a momento. Pero Dios ha de trascender el tiempo, o estaría limitado por él. En otras palabras, la eternidad de Dios significa que Él es distinto del tiempo, aunque no está totalmente separado de él, sino presente (inmanente) en cada momento, controlándolo para sus propósitos y gloria. La afirmación bíblica: "En el principio creó Dios los cielos y la tierra" (Gn. 1:1) indica que Dios existía antes del "principio", cuando comenzó "el primer día" (Gn. 1:5). Dios existía antes del primer momento del "primer día" de toda la realidad fuera de sí mismo. Por tanto, la existencia de Dios está fuera de los límites del tiempo. De hecho, puesto que Dios comenzó "el principio" por medio de su acción creativa, es el creador del tiempo y, por su poder, lo sostiene en su totalidad y en cada uno de sus momentos. Dios está completamente presente en cada momento del tiempo, y conoce su totalidad y su sucesión de momentos. Sin embargo, Él no está nunca sujeto al tiempo, sino que lo hace su siervo para revelar sus perfecciones.

En su esencia, Dios existe en un "presente" eterno. Él está siempre con "el primero" del tiempo y con "el último" del tiempo (Is. 41:4; cf. 44:6). Dios se propuso impartir gracia salvífica a su pueblo elegido "antes de los tiempos eternos" (2 Ti. 1:9; Tit. 1:2), de modo que actuó antes del primer momento de los tiempos. Dios existe conscientemente fuera de los momentos del tiempo.

Dios no está confinado o condicionado por límites o espacios de tiempo (véanse Sal. 90:1-4; 2 P. 3:8). Dios es tanto principio como fin, y sigue siéndolo después de que el principio haya finalizado y antes de que el fin haya comenzado. En su esencia, Dios abarca tanto el principio como el fin, experimenta conscientemente ambas cosas, y estas son para Él realidades "presentes". Y puesto que la expresión "el principio y el fin" (Ap. 21:6; 22:13) es posiblemente un merismo (un recurso literario que expresa una completa serie de elementos mencionando solo los que marcan los límites opuestos del conjunto), Dios controla cada momento como realidades "presentes" que experimenta conscientemente. Dios *es*. Y *es* antes del principio del tiempo, antes del primer momento de "la eternidad". Dios en su esencia nunca comienza a ser. Nunca deviene.

Argumento a partir de la omnisciencia de Dios. Todas las perfecciones de Dios son coherentes con la afirmación de que Él existe sin sucesión de momentos en la experiencia de su ser y de su conciencia de cualquier otra realidad. Por ejemplo, Dios es omnisciente, o lo sabe todo, de modo que su conocimiento comprende todos los eventos como igualmente reales. Así, puesto que sus perfecciones son su esencia, en su experiencia de su esencia como tal, no hay pasado, presente o futuro. Aunque Dios experimenta la sucesión de tiempo (tanto porque Él creó dicha sucesión como porque Dios el Hijo la experimenta de manera especial por medio de la encarnación), y a pesar de que su pensamiento tiene una estructura lógica (que incluye premisas y conclusiones); no obstante, su experiencia de sucesión no controla, confina o condiciona su existencia y vida de modo que Él solo exista en los momentos de tiempo. Todo se percibe y experimenta como un "ahora eterno".

Argumento a partir de la inmensidad y la omnipresencia de Dios. Dios trasciende todas las limitaciones de espacio. Él existe fuera del espacio físico y, sin embargo, está presente en cada punto de él y lo experimenta con todo su ser. De modo que debe existir fuera de los momentos del tiempo o, de lo contrario, quedaría confinado dentro del espacio puesto que este solo existe en un momento del tiempo.

Argumento a partir de la inmutabilidad de Dios. Puesto que la esencia de Dios no puede cambiar, Él no debe estar condicionado por el tiempo cambiante. Si Dios solo existe en cada momento, ha de comenzar a existir en cada momento sucesivo: una conclusión que contradice su inmutabilidad.

Argumento a partir de la independencia de Dios. Puesto que la esencia de Dios no depende de nada para existir, sino que es, más bien, la fuente de toda existencia, Él no puede depender de los momentos de tiempo para ser. Porque si Dios solo existe momento a momento, depende entonces de la existencia de cada momento.

Argumento a partir de la omnipotencia de Dios. Puesto que Dios tiene un poder activo sobre todas las cosas, para ser omnipotente debe ejercer su poder en el futuro y en el pasado. Si existe solo en este momento, no tiene entonces un poder real en momentos pasados y futuros.

La inmensidad, la inmutabilidad, la independencia, la omnipotencia, la omnipresencia y la omnisciencia de Dios se ven comprometidas por el punto de vista de los "momentos sucesivos". Si Dios solo existiera momento a momento, su existencia terminaría de hecho en un momento y comenzaría en el siguiente. Por otra parte, tampoco tendría control sobre el cambio de momentos, sino que estaría condicionado por estos. No trascendería además el tiempo y el espacio, puesto que estaría confinado al momento actual y a su sola actuación en el espacio tal y como existe en el momento actual. Por último, aunque podría gobernar los acontecimientos actuales para llevarlos inflexiblemente hacia la consumación final de su plan, en el presente no controlaría de hecho los acontecimientos del futuro, puesto que tales eventos todavía no se han producido. Por tanto, teniendo en cuenta las diferentes consideraciones anteriores, es necesario ver a Dios como alguien que existe dentro y fuera del tiempo. El punto de vista "sucesivo" no se ajusta a la revelación que Dios nos imparte en las Escrituras.

INMENSIDAD Y OMNIPRESENCIA

Dios está perfectamente presente consigo mismo, trascendiendo todas las limitaciones de espacio, y presente, sin embargo, en cada punto del espacio con todo lo que Él es. La trascendencia de Dios significa que Él es mayor que la creación e independiente de ella. Su inmensidad alude a que Dios trasciende y llena todo el espacio. Su omnipresencia indica que está presente, con todo su ser, en cada punto del espacio.

Evidencias bíblicas. Las evidencias bíblicas de la inmensidad y la omnipresencia de Dios son visibles en las siguientes observaciones:

1. Él es el Creador y el poseedor de todas las cosas (Gn. 14:19, 22; Dt. 10:14; Col. 1:16; Ap. 10:6).
2. El cielo y la tierra no pueden contenerlo (1 R. 8:27; 2 Cr. 2:6; Is. 66:1; Hch. 7:48-49).
3. Dios llena el cielo y la tierra, de modo que nada está oculto de su presencia, y está a la vez cerca y lejos (Sal. 139:7-10; Jer. 23:23-24; Hch. 17:27-28).
4. Él se manifiesta de formas distintas en diferentes lugares:
   a. Habita y tiene su trono en el cielo (Dt. 26:15; 2 S. 22:7; 1 R. 8:32; Sal. 11:4; 33:13; 115:3, 16; Is. 63:15; Mt. 5:34; 6:9; Jn. 14:2; Ef. 1:20; He. 1:3; Ap. 1:4-5).
   b. Desciende del cielo (Gn. 3:8; 11:5, 7; 12:7; 15:1; 18:1; Éx. 3:7-8; 19:9, 11, 18, 20; Dt. 33:2; Jue. 5:4).
   c. Habita en medio de su pueblo (Éx. 20:24; 25:8; 40:34-35; Dt. 12:11; 1 S. 4:4; 2 S. 6:2; 1 R. 8:10-11; 2 R. 19:15).
   d. Está lejos (relacionalmente) de los impíos (Sal. 11:5; 50:16-21; 145:20).
   e. Está cerca (relacionalmente) de los justos (Sal. 11:7; 51:19; Is. 57:15).
   f. Cristo es la plenitud de la Trinidad corporal (Col. 2:9).
   g. Dios habita en la iglesia (Jn. 14:23; Ro. 8:9, 11; 1 Co. 3:16; 6:19; Ef. 2:22; 3:17).

Detalles de su inmensidad y omnipresencia. Dios trasciende el espacio. Es inherentemente inmenso y omnipresente, al margen de la existencia del tiempo y la materia, está siempre presente consigo mismo. Es también inmenso y omnipresente en relación con la creación. Puesto que el espacio es un elemento de la creación, no es parte de Dios. Estas perfecciones significan que Dios no está difuso por el espacio, de modo que solo parte de Él está en cada lugar. Por otro lado, Dios no está limitado a un solo lugar, sino plenamente presente en todas partes; sin embargo, este sostiene también el espacio mediante su inmensidad. Su inmensidad no significa que esté separado de la creación en un sentido deísta, aunque sí que es distinto y mayor que ella. Dios sostiene el orden creado estando presente con cada punto del espacio. Esto se aplica, por ejemplo, al cielo y al infierno (p. ej., Ap. 14:9-10), al justo y al impío. De hecho, es mejor decir que Dios está *con* el espacio y el tiempo, que *en* el espacio y el tiempo (en contra del concepto del liberalismo del siglo XIX en el sentido de que Dios es solo inmanente). Aunque ambas expresiones ("con" y "en") son correctas, siempre y cuando no veamos a Dios como *del* tiempo o limitado por él.

UNIDAD: INTEGRIDAD NUMÉRICA

La unidad de Dios es su perfecta singularidad de esencia, de modo que ni Él es más que una esencia ni existe más de una esencia divina.

La siguiente lista presenta pruebas bíblicas de la unidad de Dios:

1. Dios es solo una esencia (Dt. 6:4; Mr. 12:29).
2. Dios es único; hay un solo Dios (Dt. 4:35; 32:39; Sal. 18:31; Is. 40:18; 43:10-11; 44:6; 45:5).

3. Los ídolos son vanos y vacíos (Dt. 32:21; Sal. 96:5; Is. 41:29; 44:9-20; Jer. 2:5, 11; 10:14-15; 16:18; 51:17-18; Dn. 5:23; Hab. 2:19).
4. En el Nuevo Testamento, la unidad de Dios se manifiesta en Jesucristo (Jn. 17:3; Hch. 17:24; Ro. 3:30; 1 Co. 8:4-6; Ef. 4:5-6; 1 Ti. 2:5).

UNIDAD: SIMPLICIDAD

La simplicidad de Dios es su indivisibilidad, su perfecta falta de composición. Esto significa que cada una de sus perfecciones y todas ellas *son* su esencia.

Evidencias bíblicas. Esta perfección se da a entender mediante afirmaciones de que Dios es verdad, rectitud, sabiduría, espíritu, luz, vida, amor y santidad (Jer. 10:10; 23:6; Jn. 1:4-5, 9; 4:24; 14:6; 1 Co. 1:30; 1 Jn. 1:5; 4:8, 16). Estos pasajes revelan a Dios como la completa plenitud de cada cualidad respectiva.

Compatibilidad con la doctrina de la Trinidad. La simplicidad de Dios no contradice la doctrina de la Trinidad. La esencia de Dios no está compuesta por tres personas, sino que esta, sin mezcla ni división, existe en cada una de las tres personas. Las diferentes propiedades personales únicas a cada ser humano no son cosas añadidas a la esencia divina, sino solo distinciones de subsistencia y relación personal. En todas las obras externas de la Trinidad, cada persona actúa sin dividir la esencia divina.

OMNISCIENCIA[23]

La omnisciencia de Dios es su perfecto conocimiento de sí mismo, de todas las cosas reales fuera de Él y de todas las cosas que no se hacen realidad en un acto (ejercicio de energía) eterno y simple (sin partes, pero con distinciones). Obsérvese que esta definición no dice que Dios conozca cosas que son "posibles", porque en la mente y el plan eternos de Dios solo existen cosas reales, no cosas posibles. Sí sabe, ciertamente, lo que habría sucedido si las circunstancias hubieran sido distintas; sin embargo, puesto que en su mente y en su plan estas nunca van a ocurrir, no son "posibilidades". Solo aquello que está en el plan de Dios es "posible", porque solo esto puede hacerse real en el tiempo.[24]

Evidencias bíblicas. La siguiente lista muestra los objetos del conocimiento de Dios a partir de las Escrituras:

1. Él mismo como trino (Mt. 11:27; Jn. 1:18; 10:15; 1 Co. 2:10).
2. Todas las cosas (2 Cr. 16:9; Is. 40:13; Ro. 11:34; He. 4:13; 1 Jn. 3:20).
3. Todas las necesidades (Mt. 6:8, 32).
4. Aun las cosas físicas más pequeñas (Mt. 10:30).
5. El corazón del hombre (1 R. 8:39; Sal. 7:9; Pr. 15:11; Jer. 11:20; 17:9-10; 20:12; Lc. 16:15; Ro. 8:27; 1 Ts. 2:4; 1 Jn. 3:20).

---

23. Algunos teólogos como Herman Bavinck, Louis Berkhof, Charles Hodge y W. G. T. Shedd clasifican la omnisciencia como una perfección comunicable.

24. Rechazamos aquí todas las formas de conocimiento intermedio, ya sea la clásica concepción molinista o la llamada reformulación "compatibilista". Véase "La naturaleza del conocimiento de Dios" más adelante en esta misma obra (p. 180).

6. Los pensamientos y las meditaciones del hombre (Sal. 139:2; Ez. 11:5; 1 Co. 3:20).
7. El hombre en todo su ser y actos (Sal. 139).
8. El Seol y el Abadón (Pr. 15:11).
9. El pecado y la maldad del hombre (Sal. 69:5; Jer. 16:17; 18:23; 32:19).
10. Cosas que son contingentes desde una perspectiva humana (1 S. 23:10-13; 2 R. 13:19; Sal. 81:12-16; Jer. 26:2-7; 38:17-20; Ez. 3:4-6; Mt. 11:21).
11. Las personas antes de su concepción (Sal. 139:13-16; Jer. 1:5; Ro. 8:28-30; Ap. 13:8; 17:8).
12. Cosas futuras (Is. 41:22-26; 42:8-9; 43:9-12; 44:6-8; 46:9-11).
13. Los días y límites geográficos ordenados para cada ser humano (Sal. 31:15; 39:4-5; 139:7-16; Job 14:5; Hch. 17:26).

La eterna prioridad del conocimiento de Dios. El conocimiento de Dios es eterno y *a priori* ("de lo anterior", es decir, procedente de una causa conocida o asumida a un efecto necesariamente relacionado), no *a posteriori* ("de lo posterior", es decir, de los detalles a los principios, de los efectos a las causas). El conocimiento de Dios precede a todas las cosas fuera de Él mismo, y nunca se deriva de realidades externas a Él (Ro. 8:29; 1 Co. 2:7; Ef. 1:4-5; 2 Ti. 1:9). El conocimiento de Dios es también perfecto, nunca se incrementa (Is. 40:13-14; Ro. 11:34). Es específico; claramente definido, exacto, cierto, seguro e integral (Sal. 139:1-3; He. 4:13). Y el conocimiento de Dios es eternamente activo, nunca pasivo, porque la esencia de Dios es eternamente activa.

Los efectos del conocimiento de Dios. Puesto que el conocimiento de Dios es activo, produce efectos. Aunque estos son transitorios en la experiencia del hombre son una realidad siempre presente para Dios; "presente" no en el sentido temporal, puesto que en Él no hay sucesión de momentos, sino en el sentido de que Dios los percibe consciente y eternamente. Entre los principales efectos del conocimiento de Dios en el tiempo están la creación del reino físico (Sal. 104:24; 136:5); la formación de la iglesia (Ef. 3:10); todas las acciones de Dios en el tiempo, incluida la aplicación de la salvación (Ro. 11:33); y la adoración del hombre (Job 11:7-9; Sal. 139:17-18; Ro. 11:33).

La naturaleza del conocimiento de Dios. Hay dos aspectos del conocimiento de Dios. Su *conocimiento natural* es su conocimiento consciente de sí mismo. Su *conocimiento libre* es su conocimiento de (1) todas las cosas que se hacen realidad en el tiempo por su voluntad libre y soberana basada en su decreto, (2) todas las cosas que no se hacen realidad y (3) de cómo Él se manifiesta y no se manifiesta a través de todas las cosas fuera de sí mismo.

Es necesario distinguir entre el conocimiento natural de Dios y su conocimiento libre. No hacerlo nos llevaría al panteísmo, puesto que haría que el conocimiento que Dios tiene de sí mismo dependiera de su conocimiento de la creación. No obstante, Dios puede conocerse a sí mismo de forma perfecta, independientemente de su creación.

Su conocimiento natural no debe, sin embargo, separarse marcadamente del libre para no hacer de su decreto algo arbitrario. Dios no selecciona arbitrariamente algunas de sus ideas para hacerlas realidad, sino que su conocimiento natural produjo su conocimiento libre; es decir, el perfecto conocimiento de sí mismo incluye su conocimiento sobre cómo revelarse a las criaturas para su mayor gloria. Guiado por este principio de glorificarse a sí mismo hasta lo sumo, el conocimiento natural de Dios emana de su decreto eterno y exhaustivo, por el que este preordina todo lo que sucede. Puesto que Dios es quien es, hace lo que hace.

Los humanos podemos conocer a Dios a través de su conocimiento libre expresado en el orden creado, pero no por medio de su conocimiento natural, puesto que ello implicaría conocer a Dios como Él se conoce a sí mismo. El hombre puede poseer, hasta cierto punto, el conocimiento libre de Dios, pero Dios lo posee de forma perfecta, ya que su conocimiento es infinito.

El conocimiento de Dios es también arquetípico. Es el modelo original para todas las cosas fuera de sí mismo.[25] Dios conoce el universo en su idea eterna, lógicamente antes de su existencia finita en el tiempo y en el espacio. El conocimiento de Dios procede de sí mismo, independiente de cualquier fuente externa, y por lo tanto anterior a todas las cosas externas a Él.

El conocimiento que Dios tiene es intuitivo, inherente e inmediato, no surge de su observación y razonamiento en momentos sucesivos de tiempo. Al mismo tiempo, este tiene una estructura lógica. El conocimiento de Dios alude a su actividad, no solo a un determinado contenido, y es simple y simultáneo por lo que a su ejercicio se refiere. Él lo conoce todo completamente y al mismo tiempo, no de forma secuencial, una cosa a la vez. No obstante, también conoce las diferencias y el orden que existe entre todas las cosas.

El conocimiento de Dios es exhaustivo y totalmente consciente, mientras que el del hombre es parcial y principalmente inconsciente. El conocimiento de Dios es "acción pura", nunca pasivo (conocimiento basado en el aprendizaje) como el del hombre, sino eternamente decidido por Él. Y es inmediato, no deísta. Es decir, Dios no está alejado de las cosas que sabe, sino que tiene siempre una percepción directa e inmediata de ellas.

La presciencia de Dios en el Nuevo Testamento. A partir de la historia del verbo griego *proginósko* (el término que subyace tras el concepto neotestamentario de la presciencia de Dios) y las evidencias bíblicas de la omnisciencia divina, los teólogos extienden el concepto de presciencia para que abarque su íntimo e intencionado conocimiento de todas las cosas antes de que se hagan reales en el tiempo y el espacio. Como prueba de esta presciencia más general, podríamos señalar la profecía predictiva (p. ej., Is. 41:22-26; 42:9; 43:9-12; 44:7; 46:10).

Sin embargo, cuando se utiliza para describir la presciencia de Dios, el verbo *proginósko* y el sustantivo *prógnosis* se usan para aludir al conocimiento relacional perfectamente planificado que Dios tiene de todos aquellos que están dentro de su plan redentor antes de que tales personas existan en el tiempo y en el espacio. Entendida de esta forma, especialmente a partir del Nuevo Testamento, la presciencia de Dios es soteriológica. Dios conoció de antemano a los israelitas escogidos como su pueblo del pacto (Ro. 11:2); a Jesucristo crucificado y resucitado (Hch. 2:23-24; 1 P. 1:18-20); y a

---

25. Berkhof, *Teología sistemática*, 74.

todos los cristianos como predestinados, escogidos, llamados, creyentes, santificados, justificados y glorificados (Ro. 8:29; 1 P. 1:2). La presciencia de Dios no es pasiva, depende de la previsión de lo que harán los seres humanos, es, más bien, eternamente planeada por Dios. Pablo afirmó que Dios "de antemano conoció [LBLA]" (gr. *proginósko*) solo a aquellos a quienes también "predestinó", "llamó", "justificó" y "glorificó" (Ro. 8:29-30). Es importante observar que en Romanos 8:28, estas personas son llamadas "conforme a su propósito". En este contexto, el anticipado conocimiento de Dios está relacionado con su propósito, y tiene únicamente como objeto a aquellos que, en su momento, recibirían el llamamiento eficaz para ejercer una fe salvífica en Cristo. Cuando el Nuevo Testamento habla del anticipado conocimiento de *Dios*, no se refiere a hechos, sino siempre a personas que son, además, objetos de su redención.[26]

OMNIPOTENCIA[27]

La omnipotencia de Dios describe su capacidad para hacer cualquier cosa consistente con su naturaleza.

Evidencias bíblicas. Las evidencias bíblicas para la omnipotencia de Dios se ven en las siguientes observaciones:

1. Los nombres y títulos de Dios demuestran su poder: *el, elojím* (Dios), *el shaddái* ("Dios Todopoderoso"), *adonai*, YHWH, *YHWH-sabaot* ("Señor de los ejércitos"), "el Fuerte de Israel" (Is. 1:24), "Rey de reyes y Señor de señores" (1 Ti. 6:15; Ap. 19:16), "el Señor Todopoderoso" (2 Co. 6:18; cf. Ap. 1:8; 4:8; 11:17), y "el bienaventurado y solo Soberano" (1 Ti. 6:15).
2. Nada es demasiado difícil para Dios; nada es imposible (Gn. 18:14; Job 42:2; Jer. 32:27; Zac. 8:6; Mt. 3:9; 19:26; 26:53; Lc. 1:37; 18:27; Ef. 3:20).
3. Dios hace lo que quiere (Sal. 115:3; Is. 14:24, 27; 46:10; 55:11; Dn. 4:35).
4. Las obras de Dios revelan su omnipotencia (Sal. 8; 18; 19; 24; 29; 33; 104): la creación (Gn. 1; Sal. 8:3; Is. 42:5; 44:24; 45:12, 18; 48:13; Zac. 12:1; Ro. 1:20), la providencia (He. 1:3) y la redención (Ro. 1:16; 1 Co. 1:24).
5. El poder pertenece a Dios (Sal. 62:11; 96:7; Ap. 4:11; 5:12; 7:12; 19:1).

Lo que Dios no puede hacer. Las Escrituras afirman que hay cosas que Dios no puede hacer ya que ello contradeciría su carácter o su voluntad revelada: arrepentirse (en el sentido que se arrepienten los hombres) o mentir (Nm. 23:19; 1 S. 15:29; He. 6:18); negarse a sí mismo (2 Ti. 2:13); ser tentado (de modo que sucumba, Stg. 1:13); o cambiar en su esencia, propósitos o promesas (Stg. 1:17; Mal. 3:6).

---

26. Como objeciones a esta afirmación pueden presentarse dos pasajes. En Hechos 26:5, el verbo griego *proginósko* se utiliza para aludir al conocimiento pasado que tenían los judíos de Pablo. En 2 Pedro 3:17, el verbo se aplica a una serie de hechos que las personas conocen. Algunos han argumentado a partir de estos pasajes que la presciencia de Dios es solo un conocimiento intelectual y factual sobre alguien o algo anterior a un determinado punto temporal. Pero Hechos 26:5 y 2 Pedro 3:17 hablan solo del conocimiento que tiene un humano de otro, mientras que los pasajes anteriores aluden al conocimiento que *Dios* tiene de las personas en su plan redentor. Por otra parte, Hechos 26:5 puede implicar más que presciencia, implicando posiblemente un conocimiento relacional: ciertamente, los dirigentes judíos conocían bien al joven Saulo de Tarso. Quienes deseen leer más sobre la presciencia de Dios en su relación con la elección y la salvación, véase "La base de la elección" en el cap. 7 (p. 508).

27. Algunos teólogos, entre ellos Herman Bavinck, Louis Berkhof, Charles Hodge y W. G. T. Shedd, clasifican la omnipotencia como una perfección comunicable.

Distinciones correctas sobre el poder de Dios. Aunque se reconozcan ciertas distinciones en el poder de Dios, hemos de distinguir entre formas incorrectas y formas bíblicas de describirlas.

Distinción incorrecta. A lo largo de la historia del pensamiento, muchos han aseverado que Dios tiene un poder absoluto en el sentido de que puede hacer cualquier cosa, lo cual incluye pecar, sufrir, morir, convertirse en una piedra o en un animal, transformar pan en el cuerpo de Cristo, hacer cosas contradictorias, cambiar el pasado y convertir lo verdadero en falso y viceversa. Otros han dicho que Dios solo puede hacer lo que quiere hacer (poder ordenado).

Distinción bíblica. Las Escrituras revelan que (técnicamente) su poder le permite a Dios hacer más de lo que sucede realmente, pero que su poder opera dentro del contexto de su voluntad y todas sus demás perfecciones (Gn. 18:14; Jer. 32:27; Zac. 8:6; Mt. 3:9; 19:26; 26:53; Lc. 1:37; 18:27; Ef. 3:20). La correcta distinción en cuanto al poder de Dios está, por tanto, en que en teoría su poder es absoluto para hacer más de lo que hace en realidad, pero no puede hacer nada que sea incoherente con su esencia. El único poder divino real es su "poder ordenado", o sea, su capacidad para hacer todo lo que ha decretado. Puesto que el decreto de Dios es fruto de todas sus perfecciones, Él hará únicamente lo que ha decretado. Su capacidad está, pues, confinada a lo que eternamente quiere hacer.

PERFECCIÓN[28]

La perfección de Dios no solo habla de su perfección moral —es decir, que es perfectamente santo, justo y bueno—, sino también que Él es la suma total de todas las perfecciones concebibles.

La lista siguiente presenta la evidencia escritural de la perfección de Dios:

1. La grandeza de Dios trasciende, por completo, el descubrimiento humano (Sal. 145:3; Is. 40:28).
2. La misericordia de Dios hacia aquellos que le temen es mayor que la percepción del hombre (Sal. 103:11).
3. La obra de Dios es perfecta en que sus actos son perfectamente veraces y justos (Dt. 32:4).
4. El camino de Dios es perfecto, de modo que su Palabra es perfectamente verdad (2 S. 22:31).
5. Dios es moralmente perfecto (Mt. 5:48).

Herman Bavinck ilustra, de un modo muy útil, lo que significa que Dios sea perfecto: "Una criatura es perfecta... en su especie y en su forma de criatura finita, cuando la idea que es su norma se realiza por completo en ella. De manera similar, Dios es perfecto puesto que la idea de Dios corresponde del todo con su ser y su naturaleza".[29] Dios es absolutamente perfecto, nada dentro de sí mismo le incomoda ni le estorba

---

28. Algunos teólogos, entre ellos Herman Bavinck, Louis Berkhof, Charles Hodge y W. G. T. Shedd, clasifican la perfección como una perfección comunicable.

29. Bavinck, *Reformed Dogmatics*, 2:250.

nada externo. Es perfectamente autosuficiente. Bavinck resume más tarde que Dios es "la suma de todas las perfecciones concebibles, la perfección más alta en persona, apartado hasta lo sumo de todos los defectos y las limitaciones".[30] Por su perfección y su autosuficiencia absolutas, Dios es el ser más feliz que pueda concebirse. Así, la doctrina de la perfección divina implica la doctrina de la bienaventuranza divina (véase "Beatitud" [p. 193]).

Las perfecciones comunicables
ESPIRITUALIDAD E INVISIBILIDAD

La espiritualidad y la invisibilidad de Dios describen la perfecta carencia de materia en la esencia divina, de forma que los sentidos físicos no pueden percibirla.

Prueba bíblica. La lista siguiente resume la enseñanza bíblica sobre la espiritualidad y la invisibilidad de Dios:

1. Dios es eterno (Sal. 90:1-2), omnipresente (Sal. 139:7-12) e invisible (Ro. 1:20; Col. 1:15-16; 1 Ti. 1:17; He. 11:27; véase también Éx. 33:20).
2. Aunque Dios tenga una forma esencial (Fil. 2:6), esta no es visible (Dt. 4:12, 15; Jn. 1:18; 5:37; 6:46; 1 Ti. 6:16; 1 Jn. 4:12, 20), porque no es física.
3. Dios está presente en su creación de un modo espiritual (Gn. 2:7; Job 33:4; Sal. 33:5-6; 104:30; 139:7).
4. Jesucristo dijo que Dios es espíritu (Jn. 4:24).

¿Qué hay de la esperanza de ver a Dios? La invisibilidad de Dios parece contradecir la esperanza que tienen los creyentes de ver a Dios después de la resurrección (Job 19:26; Sal. 17:15; Mt. 5:8; 1 Jn. 3:2; Ap. 22:4). Los cristianos antiguos denominaron esta visión como "la visión beatífica". ¿Cómo es que, incluso después de recibir sus cuerpos de resurrección, los seres humanos "verán" el "rostro" de Dios? La respuesta debería tener en cuenta que incluso en sus cuerpos de resurrección las personas seguirán siendo humanas y, por tanto, todavía tendrán una forma y unas capacidades finitas. A pesar de ello, en el cielo y en el estado eterno, los creyentes no tendrán corrupción causada por el pecado que mora en ellos; por tanto, tendrán una mayor percepción de Dios, porque su visión espiritual será más grande. Las declaraciones sobre ver a Dios y su rostro en el futuro deberían interpretarse en relación a una visión espiritual comparativamente mayor de la revelación que Dios hace de sí mismo, y no una visión física de su esencia. En el estado eterno, la percepción espiritual que el creyente tiene de Dios llegará más allá de lo que puedan percibir los sentidos físicos. (Sobre esto, véase Jn. 14:7-9, donde Jesús describe cómo se puede ver a Dios de una forma mediada, sin ver cada aspecto de Él; cf. 1 Jn. 3:2). En las Escrituras (p. ej., Mt. 18:10), el "rostro" de Dios es un antropomorfismo de la mediación externa que Dios hace de su presencia. El "rostro" de Dios no es su esencia.[31]

---

30. Ibíd.
31. Para saber más sobre el objeto de la visión beatífica en lo referente a la invisibilidad de Dios, véase Michael Riccardi, "Seeking His Face: A Biblical and Theological Study of the Face of God" (tesis de maestría, The Master's Seminary, 2015).

SABIDURÍA

La sabiduría de Dios es su conocimiento perfecto de cómo actuar con destreza para llevar a cabo todo su beneplácito: glorificarse a sí mismo. Esta definición se basa en el término hebreo para "sabiduría", *hjocmá,* que puede significar "destreza".

La evidencia escritural de este atributo puede verse en que Dios creó por su sabiduría (Job 9:4; 37–38; Sal. 19:1-7; 104:1-34; Pr. 8:22-31; Is. 40:28; Jer. 10:12) y que Dios redime por su sabiduría (Dt. 4:6-8; Ro. 11:25-33 [esp. 11:33]; 16:25-27 [esp. 16:27]; 1 Co. 2:6-13; Ef. 3:10-11; Ap. 5:12). Dios es la fuente misma de la sabiduría (Pr. 2:6; 9:10; Stg. 1:5). Además, Él es omnisapiente, que significa omnisciente (Job 12:13; Sal. 147:5; Is. 40:28; Ro. 11:33; 16:27).

VERDAD Y FIDELIDAD

La verdad y la fidelidad de Dios son la correspondencia perfecta de la naturaleza de Dios con lo que Él debería ser, con la fiabilidad de sus palabras y hechos, y con la precisión de su conocimiento, pensamientos y palabras.

La lista siguiente presenta evidencias escriturales de este atributo:

1. Él es el único Dios real; por tanto, es verdadero en contraste con los falsos dioses (Dt. 32:21; Sal. 96:5; 115:4-8; Is. 44:9-10; Jn. 14:6; 17:3; 1 Jn. 5:20).
2. Él no puede mentir ni arrepentirse como el hombre, es decir, de manera que su palabra sea incierta (Nm. 23:19; 1 S. 15:29).
3. Él es el Dios de *kjésed* (heb. para "amor leal") y verdad (2 S. 2:6; 15:20; Sal. 40:11).
4. Todas las palabras de Dios son verdaderas y fieles (2 S. 7:28; Sal. 19:9; 25:10; 33:4; 111:7; 119:86, 142, 151; Dn. 4:37; Jn. 17:17; Ef. 1:13).
5. Dios es abundante en verdad (Éx. 34:6, NBLH).
6. La fidelidad de Dios se extiende hasta las nubes (Sal. 36:5).
7. Dios es una roca de refugio, por su firmeza confiable (Dt. 32:4, 15, 18, 30, 37; Sal. 18:2-3; 31:6; 36:5; 43:2-3; 54:7; 57:3; 71:22; 96:13; 143:1; 146:6; Is. 26:4).
8. Dios cumple sus pactos (Dt. 4:31; 7:9; Neh. 1:5; Sal. 40:11; Dn. 9:4).
9. Dios es fiel para dar una salvación completa (1 Co. 1:9; 10:13; 1 Ts. 5:24; 2 Ts. 3:3; He. 10:23; 11:11; 1 Jn. 1:9).
10. A todas las promesas de Dios en Cristo hay que responder "Sí" y "Amén" (2 Co. 1:18-20).

Dios es metafísicamente verdadero. Él es lo que Dios debería ser. No es como los falsos dioses, que son vanidades y mentiras (Sal. 96:5; 97:7; 115:4-8; Is. 44:9-10).

Dios es éticamente verdadero. Su revelación de sí mismo es del todo fiable (Éx. 34:6; Nm. 23:19; Dt. 32:4; Sal. 25:10; 31:6; Jer. 10:8, 10; Jn. 14:6; 17:3; Ro. 3:4; Tit. 1:2; He. 6:18; 1 Jn. 5:20-21). Esto significa que Dios es absolutamente fiel (Dt. 7:9; Sal. 89:33; Is. 49:7; Lm. 3:22-23; 1 Co. 1:9; 2 Ti. 2:13; He. 6:17-18; 10:23).

Dios es lógicamente verdadero. Lo sabe todo tal como es en realidad.

BONDAD

La bondad de Dios es que Él es la suma perfecta, la fuente y el estándar (para sí mismo y para sus criaturas) de lo que es sin menoscabo (conducente al bienestar), virtuoso, beneficioso y hermoso.

Evidencia escritural. La bondad de Dios es visible en la siguiente evidencia de la Biblia:

1. No hay nadie bueno, excepto Dios (Mt. 5:48; Mr. 10:18; Lc. 18:19).
2. Todas las criaturas están llamadas a alabar su bondad (1 Cr. 16:34; 2 Cr. 5:13; Sal. 106:1; 107:1; 118:1; 136:1; Jer. 33:11).
3. Se insta a las personas a confiar en el Señor y descubrir que Él es bueno (Sal. 34:8).

Explicación de la bondad de Dios. Dios es *el* bien absoluto (Mr. 10:18; Lc. 18:19). Como tal, no se le puede agradar con nada que no sea la absoluta perfección. De ahí que, en un sentido supremo, solo pueda agradarse de sí mismo. Por consiguiente, cuando Él ama a sus criaturas, las ama con una importante estima hacia sí mismo.[32] Él es absolutamente perfecto.

Dios es la fuente de todas las bendiciones de sus criaturas (Stg. 1:17). Él es el más alto bien (lat. *summum bonum*) para sus criaturas, el objetivo adecuado de todos los que se esfuerzan por la verdadera bondad.

AMOR

El amor perfecto de Dios es su determinación de entregarse a sí mismo y a los demás, y su afecto por sí mismo y por su pueblo. Esta definición afirma que Dios tiene afectos o emociones, pero de nuevo es necesario observar que los afectos de Dios no son pasiones que lo mueven, sino principios activos por los cuales Él expresa sus temperamentos santos. Dios no es insensible ni incapaz de compasión; sin embargo, imaginar que Dios se vea sorprendido por fluctuaciones emocionales es un entendimiento subbíblico de sus afectos.

La lista siguiente presenta el testimonio bíblico respecto al amor de Dios:

1. El Antiguo Testamento da abundante testimonio del amor de Dios (Dt. 4:37; 7:8, 13; 10:15; 23:5; 2 Cr. 2:11; Is. 43:4; 48:14; 63:9; Jer. 31:3; Os. 11:1, 4; 14:4; Sof. 3:17; Mal. 1:2).
2. Dios no solo ama a personas (Dt. 4:37; 7:8, 13; 23:5; Sal. 78:68; 146:8; Pr. 3:12; 2 Cr. 2:11; Jer. 31:3; Mal. 1:2), sino también a virtudes (como se imaginan en las personas) como la justicia y la rectitud (Sal. 11:7; 33:5; 37:28; 45:7).
3. El amor de Dios es, en última instancia, entre las tres personas de la Trinidad (Jn. 3:35; 5:20; 10:17; 14:31; 15:9; 17:24, 26). Que este amor incluye afecto es algo que se ve en el uso del verbo griego *fíleo* para el amor del Padre.
4. El amor de Dios se manifiesta en el sacrificio de Cristo por el pecado (Jn. 15:13), a favor del mundo y la iglesia (Jn. 3:16; Ro. 5:7-8; 8:37; 1 Jn. 4:9-10) y las personas (Jn. 14:23; 16:27; 17:23; Ro. 9:13; Gá. 2:20). En Juan 16:27, el amor de Dios Padre por los creyentes incluye el afecto, como se ve en el uso de del verbo griego *fíleo* para el amor del Padre.
5. La esencia de Dios es el amor (1 Jn. 4:8, 16).

GRACIA

La gracia de Dios lo describe a Él concediendo favor de un modo perfecto a aquellos que no pueden merecerlo, porque lo han rechazado y están bajo la sentencia de la con-

---

32. Véase "El propósito supremo de la salvación" en el cap. 7 (p. 496).

denación divina. La gracia es, sencillamente, "favor" (heb. *kjen*; gr. *járis*); por tanto, no incluye en sí misma base alguna en el mérito o en la falta de mérito. Dios siempre se favorece a sí mismo antes que a cualquier cosa o cualquier otro.

La lista siguiente resume la enseñanza bíblica sobre la gracia de Dios:

1. Su objeto es, principalmente, el pueblo de Dios (Gn. 6:8; Éx. 33:12, 17; 34:9; Pr. 3:34).
2. Israel fue escogido y bendecido por Dios solo por la gracia divina (Éx. 15:13, 16; 19:4; 34:6-7; Dt. 4:37; 7:7-8; 8:14, 17-18; 9:5, 27; 33:3; Is. 35:10; 43:1, 15, 21; 54:5; 63:9; Jer. 3:4, 19; 31:9, 20; Ez. 16:60-63; Os. 8:14; 11:1).
3. La gracia de Dios es abundante (Éx. 34:6; 2 Cr. 30:9; Neh. 9:17; Sal. 86:15; 103:8; 111:4; 116:5; Jon. 4:2; Jl. 2:13; Zac. 12:10).
4. En el Nuevo Testamento, la gracia de Dios es, de forma especial, su favor gratuito e inmerecido hacia los pecadores al darles la salvación del pecado (Ro. 3:24; 5:15; 6:23; Ef. 1:6-7; 2:5, 7-8; 2 Ts. 2:16; Tit. 3:7; 1 P. 5:10). Es una gracia especial, eficaz, a diferencia de la gracia común, que es el cuidado general de Dios por su creación. Y es favor otorgado por la voluntad soberana de Dios, sin consideración alguna de mérito o falta de este. Dios siempre da gracia, porque así lo quiere.
5. La gracia de Dios se manifiesta en Jesucristo (Jn. 1:14; 1 P. 1:13).
6. Los dones de bendiciones espirituales y terrenales de Dios son llamados "gracia" (Ro. 6:1; 12:6-8; Ef. 4:7-12; Fil. 1:2; Col. 1:2; Stg. 4:6).
7. La gracia de Dios es inmerecida; no da lugar a las obras de mérito (Jn. 1:17; Ro. 4:4, 16; 6:14, 23; 11:5-6; Gá. 5:3-4; Ef. 2:7-9).

MISERICORDIA

La misericordia divina describe la perfecta y profunda compasión que Dios siente por las criaturas (personas), como lo demuestra su benevolente bondad a los que están en una condición lastimosa o desdichada, aunque no lo merezcan. Esta definición se basa, en parte, en las palabras que se utilizan en el texto original de la Biblia para "misericordia" (heb. *rakjamim*; gr. *éleos, oiktirmós*). Como en el caso de la gracia, esta perfección no considera el mérito ni la falta de este en las personas a quienes Dios da misericordia.

La siguiente lista presenta las evidencias escriturales de la misericordia de Dios:

1. Es una perfección o atributo de Dios (Éx. 34:6; Dt. 4:31; 2 Cr. 30:9; Sal. 86:15; 103:8; 111:4; 112:4; 145:8).
2. Es múltiple (Éx. 20:6; Dt. 5:10; 2 S. 24:14; Neh. 9:19; Sal. 51:1-2; 57:10; 86:5; Dn. 9:9, 18).
3. No falla (Lm. 3:22).
4. Es un aspecto del afecto y el cuidado paternal de Dios (Sal. 103:13).
5. Se le concede a los pecadores después del castigo divino (Is. 14:1; 49:13-18; 54:8; 55:7; 60:10; Jer. 12:15; 30:18; 31:20; Os. 2:21-23; Mi. 7:19).
6. A Dios se le llama "Padre de misericordias" (2 Co. 1:3).
7. Dios mostró su misericordia en Cristo (Lc. 1:50-54).
8. Cristo mostró la misericordia de Dios en su vida sobre la tierra y como gran sumo sacerdote en el cielo (Mt. 9:36; 14:14; 20:34; He. 2:17).

9. Dios da misericordia proveyendo salvación en todos sus aspectos, incluido el sustento en la vida cristiana y en la salvación final cuando Cristo regrese (Ro. 9:23; 11:30; 1 Co. 7:25; 2 Co. 4:1; Ef. 2:4; Fil. 2:27; 1 Ti. 1:2, 13, 16; 2 Ti. 1:2, 16, 18; He. 4:16; 1 P. 1:3; 2:10; 2 Jn. 3; Jud. 2, 21).

PACIENCIA

La paciencia de Dios transmite que se siente perfectamente apacible en sí mismo y hacia los pecadores a pesar de la continua desobediencia y de la indiferencia de ellos hacia sus advertencias. Dios no "pierde los estribos", sino que actúa con calma y un afecto adecuado según su plan soberano eterno. La tranquilidad no implica que Dios carezca de afectos, sino que los suyos no lo abruman ni lo hacen actuar en contra de su naturaleza.

La evidencia escritural de la paciencia de Dios es visible en las observaciones siguientes:

1. Dios es paciente con aquellos que merecen el castigo divino (Éx. 34:6; Nm. 14:18; Neh. 9:17; Sal. 86:15; 103:8-9; 145:8; Jer. 15:15; Jl. 2:13; Jon. 4:2; Nah. 1:3).
2. Dios ya era paciente antes del tiempo de Cristo (Ro. 3:25; 1 P. 3:20).
3. La paciencia de Dios se muestra ahora a los pecadores, sobre todo a través de Jesucristo (Ro. 2:4; 9:22-23; 1 Ti. 1:16; 2 P. 3:9, 15).
4. Dios es paciente al no responder de inmediato a los gritos de venganza justificada (Ap. 6:9-11).

SANTIDAD

La santidad de Dios es su grandeza inherente y absoluta, que lo hace perfectamente inconfundible por encima de todo lo que hay fuera de Él mismo y está separada del pecado de un modo absolutamente moral. Esta definición se centra en el concepto de la separación indicada por los términos hebreo y griego para "santo" (heb. *cadósh*; gr. *jósios, jágios*). Existen dos aspectos de la santidad de Dios en las pruebas halladas en las Escrituras:

Santidad majestuosa. Alude a que Dios es inherentemente grande y se opone a toda transigencia de su carácter y, por tanto, es distinto a todas sus criaturas en majestad infinita, de un modo trascendental. Dios es único en majestad. Este sentido de la santidad de Dios caracteriza todos sus demás atributos, y todos estos caracterizan su santidad. Esta distinción trascendente queda aseverada por el Antiguo Testamento (Éx. 15:11; 1 S. 2:2; 2 Cr. 30:27; Sal. 5:7; 22:3; 48:1; 71:22; 89:18; 97:12; 98:1; 99:3, 5, 9; 103:1; 105:3; 145:21; Pr. 30:3; Is. 5:16; 6:3; 10:20; 29:23; 43:14-15; 49:7; 54:5; 57:15; Jer. 51:5; Os. 11:9; Hab. 1:12) y por el Nuevo Testamento (Mr. 1:24; Lc. 1:49; 4:34; Jn. 17:11; Ap. 4:8; 6:10; 15:4).

Santidad ética, moral. Dado que la grandeza de Dios es inherente a Él y lo hace, por tanto, distinto a todo lo externo a Él de una forma trascendente, con total certeza está apartado del pecado, y es moral y éticamente perfecto, aborrece el pecado y exige pureza en sus criaturas morales (Lv. 11:44; 19:2; 20:26; 22:32; Jos. 24:19; Job 34:10; Sal. 5:5; 7:11; Is. 1:12-17; Ez. 39:7; Am. 2:7; 5:21-23; Hab. 1:13; Zac. 8:17; 1 P. 1:15-16).

JUSTICIA

La justicia de Dios es perfecta y absoluta en y hacia sí mismo, en su prevención de cualquier violación de la justicia de su carácter y en su autorrevelación en los actos de justicia. Tanto el término hebreo del Antiguo Testamento (*tsedacá*) y el término griego del Nuevo Testamento (*dikaiosúne*) para "justicia" transmiten el sentido de conformidad a un estándar.

Categorización y evidencia escritural. La Biblia describe dos tipos de justicia:

Justicia rectoral. Es la rectitud de Dios (del lat. *Rectus*, "derecho") como Gobernador, Legislador y Juez moral del mundo, quien impone la ley con promesas de recompensa y castigo (Dt. 4:8; 2 S. 23:3; Sal. 9:4; 99:4; 119:7, 62, 75, 106; Is. 33:22; Lc. 1:6; Ro. 1:32; 2:26; 7:12; 8:4; 9:31; Stg. 4:12).

Justicia distributiva. Este aspecto de la justicia de Dios es su rectitud en la ejecución de la ley, en la distribución de la recompensa y el castigo (1 R. 8:32; 2 Cr. 6:23; Sal. 7:11; Is. 3:10-11; 11:4; 16:5; 31:1; Ro. 2:6; 2 Ti. 4:8; 1 P. 1:17). Dos categorías dentro de la justicia distributiva de Dios son su justicia retributiva y su justicia remunerativa. La justicia retributiva es que Dios inflige castigo por la desobediencia a su ley (2 Cr. 12:6; Esd. 9:15; Neh. 9:26-30; Sal. 129:4; Is. 5:15-16; Jer. 11:20; Ez. 28:22; 36:23; 38:16-23; 39:27; 43:8; Dn. 9:14; Os. 10:2; Sof. 3:5; Ro. 1:32; 2:9; 12:19; 2 Ts. 1:8; Ap. 15:3; 16:5, 7; 19:2, 11). La justicia remunerativa es la distribución de recompensas por parte de Dios por la obediencia a su ley (Dt. 7:9, 12-13; 2 Cr. 6:14-15; Sal. 58:11; Mi. 7:20; Mt. 25:21, 34; Ro. 2:7; He. 11:26). A Dios no se le requiere que dé recompensas por la obediencia, ya que al hombre se le exige obedecer a Dios. Sin embargo, Él las da por gracia (Job 41:11; Lc. 17:10; 1 Co. 4:7).

La santidad y la justicia de Dios en la salvación. Un Dios santo y justo exige santidad y justicia a las personas que quieran relacionarse con Él de la forma correcta (Lv. 11:44; Sal. 29:2; 1 P. 1:15-16). Dios está en oposición absoluta y fundamental al pecado, de modo que debe juzgarlo y castigarlo. En la salvación de los pecadores se revela la santidad y la justicia de Dios, porque en la salvación Dios juzga efectivamente al pecado e imputa la justicia a las personas para poder aceptarlas como santas, sin comprometer su santidad y su justicia sustanciales.

Dios manifestó su santidad y su justicia en la salvación pasada de Israel y hará lo mismo cuando salve en el futuro a su pueblo. Por ejemplo, en Ezequiel 39:21-29 Dios juzga y restaura a Israel para mantener y manifestar su santidad. Muchos pasajes muestran, de manera similar, que Dios manifiesta su santidad y su justicia apartando, juzgando y salvando a Israel (santidad: Lv. 20:26; Sal. 98:1; 99:9; 105:3; 106:47; 108:7; 111:9; Is. 10:20; 12:6; 41:14, 20; 43:3, 14; 45:11; 47:4; 49:7; 52:10; 55:5; Ez. 36:21-23; Os. 11:9; justicia: Neh. 9:8; Sal. 72:2; 85:13; 116:5; Is. 45:21-25; Jer. 33:15; Mal. 4:2). La santidad y la justicia de Dios se manifiestan de manera especial en la salvación por medio del Señor Jesucristo (Ro. 3:21-22, 24, 26, 30; 4:5, 25; 5:1, 9; 8:30, 33; 1 Co. 6:11; Gá. 2:16-17; 3:24).

CELOS

Los celos de Dios son su celosa protección de todo lo que le pertenece (Él mismo, su nombre, su gloria, su pueblo, su derecho exclusivo a recibir adoración y máxima obediencia, su tierra y su ciudad).

Los celos de Dios son visibles en las siguientes enseñanzas de las Escrituras:

1. El nombre de Dios es "Celoso" (Éx. 34:14).
2. Dios es celoso de ser el único Dios adorado y servido (Éx. 20:5; Dt. 4:24; 5:9; 6:15; 29:18-20; 32:16, 21; 1 R. 14:22; Sal. 78:58-59; 79:1-7; 1 Co. 10:22).
3. Dios es celoso de que lo sirvan como el Dios santo (Jos. 24:19; Stg. 4:5).
4. Dios castiga celosamente a su pueblo pecador (Sal. 79:1-7; Ez. 16:42; 23:25).
5. Dios restaura a su pueblo por su celo (2 R. 19:31; Is. 37:32; 63:15).
6. Dios es celoso de su santo nombre y de su gloria (Ez. 39:25).
7. Dios establecerá, por su celo, el reino davídico del Mesías (Is. 9:6-7).
8. Los celos de Dios toman venganza sobre sus enemigos (Is. 42:13; 59:16-20; Ez. 5:13; 36:5; 38:19; Nah. 1:2; Sof. 3:8).
9. Dios es celoso de la tierra de Canaán y de Jerusalén (Ez. 36:5-38; Zac. 1:14).

VOLUNTAD

La voluntad de Dios es su determinación perfecta y su ordenación soberana de todas las cosas, pertenecientes ambas a Él (incluidos sus decretos y sus actos) y a su creación (incluidos los acontecimientos de la historia y los pensamientos y los actos de las personas), todo para la magnificación de su mayor gloria.

Evidencia escritural. Todo depende de la voluntad de Dios:[33]

1. La creación y la preservación (Sal. 135:6; Jer. 18:6; Ap. 4:11).
2. El gobierno (Pr. 21:1; Dn. 4:17, 25, 32, 35).
3. La elección y la reprobación (Ro. 9:15-16, 18; Ef. 1:11-12).
4. El sufrimiento de Cristo (Lc. 22:42; Hch. 2:23; 4:27-28).
5. La regeneración (Jn. 1:13; Stg. 1:18).
6. La santificación (Fil. 2:13).
7. Los sufrimientos de los creyentes (1 P. 3:17).
8. La vida y el destino del hombre (Is. 45:9; Hch. 18:21; Ro. 15:32; Stg. 4:15).
9. Las cosas más pequeñas (Mt. 10:29).

La voluntad de Dios es soberanamente independiente de todo lo externo a él mismo:[34]

1. Él actúa según su beneplácito (Sal. 115:3; Pr. 21:1; Dn. 4:35).
2. No le rinde cuenta a nadie (Job 33:13; Is. 46:10; Mt. 20:15; Ro. 9:19-20).

---

33. Berkhof, *Teología sistemática*, 89.
34. Bavinck, *Doctrine of God*, 228-229.

3. Se le describe como alfarero y a sus criaturas como barro (Job 10:9; 33:6; Is. 29:16; 64:8; Jer. 18:1-10; Ro. 9:19-24).
4. Las naciones son "menos que nada" delante de Él (Is. 40:15-17).
5. Nadie puede impedirle que haga lo que le plazca (Job 9:2-13; 11:10; Is. 10:15; Dn. 4:35).
6. Él muestra misericordia o se endurece exclusivamente según su voluntad (Ro. 9:15-18).
7. El Espíritu Santo reparte los dones espirituales como Él quiere (1 Co. 12:11).
8. El hombre no tiene derecho a exigirle a Dios que exprese su voluntad de maneras particulares (Mt. 20:13-16; Ro. 9:20-21).

Pregunta: ¿Presenta, acaso, la enseñanza bíblica un problema con aparentes contradicciones en el seno de la voluntad de Dios?[35]

1. Dios quiere lo que el hombre debería hacer (Mt. 7:21; 12:50; Jn. 4:34; 7:17; Ro. 12:2), pero también lo que el hombre hace (Sal. 115:3; Dn. 4:17, 25, 32, 35; Ro. 9:18-19; Ef. 1:5, 9, 11; Ap. 4:11). En ocasiones, parece que la voluntad de Dios para el hombre está en conflicto con su voluntad en sus propios actos. Por ejemplo, Él quiere que el hombre obedezca, pero lo endurece en desobediencia e incredulidad (Éx. 4:21; 7:3-5; Ro. 9:17-19).
2. Dios quiere que Abraham sacrifique a su hijo y después le impide hacerlo (Gn. 22:1-14).
3. Dios quiere que Ezequías muera, pero después amplía su vida en quince años (2 R. 20:1-11; Is. 38:1, 5).
4. Dios quiere que el justo no sea condenado, pero Jesús fue entregado para ser crucificado por el propósito determinado y la presciencia de Dios, y este hizo responsable a Israel por el asesinado del Mesías (Hch. 2:23; 3:18; 4:27-28).
5. Dios odia el pecado y no desea que exista, según sus preceptos, pero ordenando, no obstante, que exista y controlándolo por medio de su meticulosa providencia (Éx. 4:21; Jos. 11:20; 1 S. 2:25; 2 S. 16:10; Hab. 1; Hch. 2:23; 4:27-28; Ro. 1:24, 26, 28; 2 Ts. 2:11). Incluso dispuso que Adán y Eva desobedecieran en el jardín y que Satanás afligiera a Job (Job 42:11; cf. Ef. 1:11).
6. Dios quiere, en un sentido, la salvación de todo el mundo (Ez. 18:23, 32; 33:11), pero en otro quiere que algunos tengan misericordia salvífica y que otros sean endurecidos.

La solución a estas aparentes contradicciones se encuentra en la distinción entre dos aspectos de la voluntad de Dios: su voluntad decretiva y su voluntad preceptiva.

La voluntad decretiva. Algunos la han denominado "voluntad secreta" de Dios y, aunque su magnitud está oculta, se revelan aspectos de ella (p. ej., la profecía predictiva).

Es el beneplácito de Dios, su consejo o decreto eterno, inalterable en el cual ha predestinado todas las cosas. La voluntad decretiva de Dios caracterizará la totalidad de la esencia de Dios, de manera que es eterna, inmutable, independiente y omnipotente (Sal. 33:11; 115:3; Is. 36:10; Dn. 4:25, 35; Mt. 11:25-26; Ro. 9:18; Ef. 1:4; Ap. 4:11). Esto no significa que Él sea la causa inmediata o eficiente de todas las cosas, sino que

---
35. Bavinck, *Doctrine of God*, 236.

todas ellas existen o suceden por su decreto soberano eterno. La voluntad decretiva de Dios corrobora todas las cosas, pero no coacciona a sus criaturas para que hagan algo. Decreta las elecciones libres de los hombres. Como declara la Confesión de Westminster (3.1): "Dios desde la eternidad, por el sabio y santo consejo de su voluntad, ordenó libre e inalterablemente todo lo que sucede. Sin embargo, lo hizo de tal manera, que Dios ni es autor del pecado, ni hace violencia al libre albedrío de sus criaturas, ni quita la libertad ni contingencia de las causas secundarias, sino más bien las establece".

De modo que el pecado está en el plan general de Dios. Él no condona la desobediencia de sus criaturas ni es la causa inmediata o eficiente del pecado (Stg. 1:13). No se deleita en la existencia del pecado en sí mismo, sino que la dispone mediante su decreto para lograr el fin más sabio y santo de traer la gloria suprema a sí mismo (Ro. 5:20-21; 9:17-24).

Se deberían tener en mente dos precauciones respecto a la voluntad decretiva de Dios. En primer lugar, cuando esta incluye el pecado, dicha transgresión ocurrirá con toda seguridad, pero se iniciará por la volición del pecador. Y, en segundo lugar, la meticulosa providencia de Dios lo incluye a Él apoyando los diversos procesos naturales y hasta elaborando (sin comprometer su santidad) las circunstancias de la decisión de pecar del individuo.[36]

La voluntad preceptiva. Consiste en los preceptos de Dios en la ley y en el evangelio para la conducta del hombre (Mt. 7:21; 12:50; Jn. 7:17; Ro. 12:2; 1 Ts. 4:3-8; 5:18; He. 13:21; 1 Jn. 2:17). Se le suele llamar la voluntad de Dios "revelada" o "indicada". En ocasiones, la voluntad decretiva y la voluntad preceptiva coinciden, pero Dios dispone a menudo, como parte de su voluntad decretiva, que la criatura desobedezca a su voluntad preceptiva. Dios revela su voluntad preceptiva mediante los mandamientos, las prohibiciones, las advertencias, los castigos y los juicios de las Escrituras. La voluntad preceptiva de Dios es su voluntad en un sentido prescriptivo solamente. Su voluntad decretiva es la perfección que resulta en sucesos reales. La voluntad preceptiva no revela lo que Dios hará, sino lo que Él exige de su pueblo.

Dios ha incluido el pecado en su plan, prohibiéndole al hombre pecar, pero sirviéndose del pecado como medio de traer la mayor cantidad de gloria a sí mismo (Gn. 50:20; Hch. 2:23). Tanto en su voluntad decretiva como en su voluntad preceptiva, Dios no toma placer en el pecado ni determina de forma absoluta salvar a todas las personas (p. ej., Ez. 33:11 debería clasificarse bajo la voluntad preceptiva de Dios). La voluntad decretiva de Dios se ejecuta por medio de su voluntad preceptiva.

La voluntad decretiva y la voluntad preceptiva de Dios deben mantenerse en tensión. Negar su voluntad preceptiva es cometer injusticia contra la santidad de Dios e ignorar la gravedad del pecado, pero negar la voluntad decretiva de Dios es negar su omnisciencia, su sabiduría, su omnipotencia y su soberanía.[37]

---

36. Para más sobre la relación entre la voluntad decretiva de Dios y el problema del mal, véase "El decreto de Dios y el problema del mal" (p. 502) y "La justificación de Dios" (p. 519), ambos en el capítulo 7.

37. Para más sobre estos dos aspectos de la voluntad divina, véase John Piper, "Are There Two Wills in God?", en *Still Sovereign: Contemporary Perspectives on Election, Foreknowledge, and Grace*, eds. Thomas R. Schreiner y Bruce A. Ware (Grand Rapids, MI: Baker, 2000), 107-131.

BEATITUD

La beatitud de Dios habla del deleite perfecto que Dios tiene en sí mismo. Esta definición refleja el término griego *macarios*, que significa la felicidad debida a una sensación de gran privilegio. Estas palabras están representadas por el término del latín *beatus*, palabra de la que se derivan palabras como *beatificar, beatitud* y *bendito*. Como Dios es absolutamente perfecto, soberano y sin trabas en todos sus propósitos y obras para glorificar su nombre, es supremamente feliz; es el ser más feliz que se pueda concebir. (Para más sobre este tema, véase "Perfección" [p. 183]).

La evidencia escritural es visible en 1 Timoteo, que describe a Dios como "el Dios bendito" (1 Ti. 1:11) y "el bienaventurado y solo Soberano" (1 Ti. 6:15).

GLORIA

La gloria de Dios alude a la hermosura consumada de la totalidad de sus perfecciones. Es su importancia y esplendor. Esta definición refleja los términos hebreos para "gloria", *kavod, jod* y *jadár*. La palabra *kavod* tiene el sentido de "peso" y, en extensión figurada, "importancia". Los vocablos *jod* y *jadár* tienen el sentido de "esplendor". El término griego para "gloria", *dóxa*, también tiene el significado principal de "esplendor" o "resplandor".

En cuanto a la evidencia escritural, la mayoría de los pasajes que se refieren a la gloria de Dios hablan de su gloria manifestada. Esta manifestación tiene su fuente en la gloria de la esencia de Dios (Ef. 3:16; Fil. 4:19; Ap. 15:8). Dios manifestó su gloria a la creación (1 Cr. 16:26-29; Sal. 29:3; 96:6; 104:1-5; 111:4; 113:4) y a Israel (Éx. 16:7, 10; 24:16; 33:18-23; Lv. 9:6, 23; Nm. 14:10; 16:19; Dt. 5:24). La gloria de Dios llenó el tabernáculo y el templo (Éx. 29:43; 40:34; 1 R. 8:11). El "esplendor" de Dios fue dado a Israel (Ez. 16:14). En el cielo, la gloria manifestada de Dios se asociaba a su santidad (Is. 6:3). En la tierra, la gloria de Dios se vio en forma de nube (1 R. 8:10-11; Is. 6:4) y como fuego consumidor (Éx. 24:17; Lv. 9:24). Más tarde, Dios manifestó su gloria en Cristo (Jn. 1:14; 2 Co. 4:4-6) y en la iglesia (Ro. 15:7; 2 Co. 3:18; Ef. 5:27).

En resumen, las perfecciones de Dios constituyen su esencia, o carácter, que supera de lejos en grandeza a todas las cosas creadas. La esencia de Dios es un todo indivisible, de manera que todas y cada una de sus perfecciones caracterizan de forma activa todo su ser. Se debe pensar en las perfecciones de Dios como activamente presentes siempre y juntas, e influyendo unas en otras de forma mutua sin jerarquía alguna, aun cuando no se mencionen todas en un pasaje concreto de las Escrituras. En su naturaleza fundamental, Dios trasciende en verdad el entendimiento humano, y las únicas respuestas adecuadas a estudiar, aunque solo sean los bordes de sus caminos (cf. Job 26:14), son el temor reverencial, la adoración, la confianza y el servicio.

La Trinidad[38]

Explicación

Indicaciones del Antiguo Testamento

---

38. Para una explicación suplementaria sobre la trinidad de Dios, consúltese "Deidad y triunidad" en el cap. 5, "Dios Espíritu Santo" (p. 349).

Evidencias del Nuevo Testamento
Historia temprana del desarrollo teológico

El sentido de la incomprensibilidad de Dios solo se acrecienta cuando el estudiante de las Escrituras considera la realidad de que Dios es eternamente trino. La doctrina cristiana clásica de la Trinidad está bien resumida en lo que se conoce como el Credo Atanasiano. Aunque lleva su nombre, Atanasio (295-373 d.C.) no lo escribió; más bien parece haber sido escrito, como muy pronto, en el siglo V o VI d.C. Las declaraciones determinantes están captadas en esta frase: "Adoramos a un Dios en la Trinidad, y a la Trinidad en Unidad; sin confundir a las Personas y sin dividir la Sustancia".[39] En pocas palabras, la doctrina de la Trinidad consiste en que Dios es absoluta y eternamente una esencia que subsiste en tres personas distintas y ordenadas, sin división y sin replicación de la esencia.

Como la mente humana no puede comprender la Trinidad, la doctrina de la Trinidad debe definirse mediante declaraciones negativas (a menudo denominado "teología apofática" o "teología negativa"). Por ejemplo, la frase "sin división y sin replicación de la esencia", utilizada más arriba, es una expresión de la teología negativa. Este tipo de frases y afirmaciones son necesarias para colocar las limitaciones adecuadas en las declaraciones positivas, como la que citamos arriba: "Dios es absoluta y eternamente una esencia que subsiste en tres personas distintas y ordenadas". Esta declaración positiva necesita límites para impedir que se interprete que cada una de las tres personas posee un tercio de la esencia divina (parcialismo) o una esencia divina completa distinta a la esencia plena, pero idéntica, de las otras dos personas (triteísmo). Si la esencia se dividiera entre las tres personas, ninguna de ellas sería divina. Y si la esencia fuera replicada en las tres personas, el resultado sería tres dioses.

Aunque diversas herejías históricas y grupos contemporáneos acusan a la Trinidad de ser una doctrina ilógica derivada de la filosofía humana, la trinidad de Dios no es nada de eso, porque es ante todo una doctrina bíblica. Aunque pueda resultar del todo incomprensible, no es contraria a la razón y la lógica, sino que se puede explicar, respaldar y entender de forma racional, a través de la revelación bíblica. Berkhof explica:

> Muy fuera de toda duda la doctrina de la Trinidad es una doctrina revelada. Es cierto que la razón humana puede sugerir algunos pensamientos para verificar la doctrina y que los hombres algunas veces sobre bases puramente filosóficas abandonaron la idea de la mera unidad de Dios e introdujeron la de movimiento de vida y autodiferenciación. Y también es cierto que la experiencia cristiana parecería demandar algo así como una formulación de la doctrina de Dios. Al mismo tiempo se trata de una doctrina que no habríamos conocido, ni hubiéramos sido capaces de sostenerla con algún grado de confianza, sobre la sola base de la experiencia, pues llegó a nuestro conocimiento mediante revelación especial del mismo Dios. Por tanto es de la mayor importancia que recojamos las pruebas escriturales de ella.[40]

---

39. Philip Schaff, *The Creeds of Christendom*, vol. 2, *The Greek and Latin Creeds* (Nueva York: Harper and Row, 1877), 66.
40. Berkhof, *Teología sistemática*, 99-100.

Explicación

UN DIOS SIMPLE

Solo hay un Dios, que está formado por una esencia simple (no compuesta e indivisible) (Dt. 6:4; Mr. 12:29; Jn. 17:3; Stg. 2:19; véanse "Unidad: Integridad numérica" y "Unidad: Simplicidad" [pp. 178-179]).

TRES PERSONAS

El Dios único existe eternamente como tres personas distintas (también conocidas como *subsistencias* e *hipóstasis*). Los siguientes pasajes revelan que hay tres personas divinas: Mateo 3:16-17; 4:1; Juan 1:18; 3:16; 5:20-22; 14:26; 15:26; 16:13-15. Las distinciones entre las personas se especifican de forma adicional en la siguiente ilustración antigua, a la que se alude de diversas formas, como "El escudo de la Trinidad" o "El escudo de la fe" (los primeros testimonios datan de principios del siglo trece d.C.).[41]

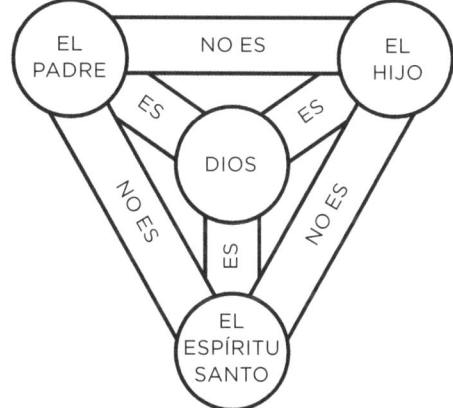

1. El Padre es Dios.
2. El Hijo es Dios.
3. El Espíritu Santo es Dios
4. El Padre no es el Hijo.
5. El Padre no es el Espíritu Santo.
6. El Hijo no es el Espíritu Santo.

COIGUALDAD ESENCIAL

Cada persona de la Trinidad (también conocida como la Deidad) posee toda la esencia simple (indivisa) de Dios. Este hecho significa que, aunque distintas entre sí, las tres personas son coiguales en toda perfección de la esencia divina. Son *esencialmente* coiguales. Es decir, con respecto a la esencia de Dios, las tres personas son iguales entre sí. Otra forma de decir esto es que las tres personas son ontológicamente iguales unas a otras (con respecto a su ser o esencia).

---

41. El "escudo de la Trinidad" (o "escudo de la fe") ha aparecido en diversas formas desde principios del siglo trece. Para una breve explicación sobre esta ilustración y otro ejemplo de ella, véase Frederick Roth Webber y Ralph Adams Cram, *Church Symbolism: An Explanation of the More Important Symbols of the Old and New Testament, the Primitive, the Mediaeval and the Modern Church*, 2da. ed. (1938; repr., Whitefish, MT: Kessinger, 2010), 44-46.

DISTINCIONES PERSONALES

Al poseer cada una de las tres personas de la Trinidad, de igual forma, la plena esencia divina no dividida y ser por tanto Dios por igual, surge la pregunta respecto a cómo pueden distinguirse estas personas unas de otras. La mejor respuesta es recurrir a las Escrituras y observar que la manera más común de hablar de las personas de la Trinidad es como "Padre", "Hijo" y "Espíritu Santo". Estas designaciones, también llamadas modos de subsistencia,[42] revelan las propiedades personales que distinguen a cada miembro de la Trinidad de los demás.

Cuando las Escrituras llaman "Padre" a la primera persona de la Trinidad (lat. *pater*), su intención es atribuirle la propiedad personal de la *paternidad* con respecto al Hijo. Al llamar "Hijo" a la segunda persona de la Trinidad (lat. *filius*), las Escrituras pretenden atribuirle la propiedad personal de la *filiación,* o la condición de Hijo con respecto al Padre. Al llamar "Espíritu" a la tercera persona de la Trinidad (lat. *spiritum*), las Escrituras pretenden atribuirle la propiedad personal de la *espiración,* o procesión, con respecto al Padre y al Hijo. En virtud de su paternidad, el Padre no es engendrado, sino que engendra eternamente (o "genera", gr. *gennáo*) al Hijo. En virtud de su filiación, el Hijo es engendrado, o generado eternamente, por el Padre. En virtud de su espiración, el Espíritu procede eternamente tanto del Padre como del Hijo. El Credo Atanasiano resume mejor estos conceptos:

> El Padre por nadie ha sido hecho; no ha sido creado, ni engendrado.
> El Hijo proviene únicamente del Padre, no ha sido hecho, creado, sino engendrado.
> El Espíritu Santo proviene del Padre y del Hijo, no ha sido hecho, ni creado, ni engendrado, sino que procede.
> Hay, por consiguiente, un solo Padre, no tres Padres; un solo Hijo, no tres Hijos, un solo Espíritu Santo, no tres Espíritus Santos.[43]

Estos tres modos distintos de relación establecen un orden definido (lat. *taxis*) en el seno de la Trinidad, de manera que es adecuado decir (solo con respecto a su relación y no a su esencia, su gloria o su majestad) que el Padre es primero, el Hijo es segundo y el Espíritu Santo es tercero.

Estos actos de generación y procesión eternas se denominan, a veces, la *opera ad intra,* o las obras internas de la Trinidad. Es decir, son actos eternos dentro de la vida interna de la Trinidad, que establece el modo de subsistencia personal de cada miembro de la Deidad. Difieren de la *opera ad extra,* o de las obras externas, que producen efectos fuera de la esencia de Dios, es decir, en la creación. Las Escrituras adscriben las diversas obras de Dios en la economía de la redención a un miembro particular de la Trinidad. Se destaca al Padre en especial como Creador (1 P. 4:19); al Hijo se le distingue como el Redentor y Mediador (Ro. 3:24; Ef. 1:7; 1 Ti. 2:5); y

---

42. El uso de la frase "modos de subsistencia" no debería confundirse con el error del monarquianismo modalista (o modalismo) que se rechaza, con razón, por ser una herejía. Véase la explicación sobre el modalismo bajo "Historia temprana del desarrollo teológico" (p. 212).

43. Schaff, *Creeds of Christendom*, 2:67-68. Para más sobre la generación y la procesión eternas, véase "Tres personas con relaciones divinas: Generación y procesión eternas" (p. 210).

el Espíritu Santo se identifica como el agente de santificación (2 Ts. 2:13; 1 P. 1:2).[44] Las obras externas de la Trinidad en la economía de la redención reflejan, por tanto, el orden establecido por las obras internas de la generación y la procesión eternas dentro de la vida divina. El Padre envía al Hijo en la economía de la redención, porque lo engendra de forma eterna. El Espíritu es enviado por el Padre y el Hijo *ad extra*, porque procede eternamente de ellos *ad intra*.

No obstante, en todas estas obras, las tres personas de la Trinidad obran juntas, de manera inseparable (cf. Jn. 14:10). Aunque una persona u otra pueda ser enfatizada en una obra particular, ninguna de ellas realiza obra alguna que excluya a las otras dos porque, como afirma la máxima clásica "las obras externas de la Trinidad no están divididas" (*opera Trinitatis ad extra indivisa sunt*). Obsérvese, por ejemplo, los pasajes siguientes que adscriben las obras bosquejadas más arriba a las demás personas de la Trinidad:

1. Creación y preservación
   a. Por medio del Hijo (Jn. 1:3, 10; Col. 1:16-17; 1 Co. 8:6; He. 1:2-3, 10)
   b. Por medio del Espíritu (Gn. 1:2; Job 26:13; 32:8; 33:4; 34:14-15; Sal. 104:30)
2. Redención
   a. Por medio del Padre (1 Cr. 17:21; Is. 63:16; Gá. 4:4-5)
   b. Por medio del Espíritu (He. 9:14; Ro. 8:11)
3. Santificación
   a. Por medio del Padre (Jn. 17:17; 1 Ts. 5:23)
   b. Por medio del Hijo (1 Co. 1:30; Ef. 5:25-27)

Un misterio. La Trinidad es un misterio en dos sentidos. Es un misterio en el sentido bíblico, por cuanto es una verdad que estaba escondida hasta que se reveló. Sin embargo, también es un misterio porque, en su esencia, es algo suprarracional que trasciende por completo la comprensión humana. Solo es inteligible en parte para el hombre, porque Dios lo ha revelado en las Escrituras y en Jesucristo. Pero no tiene analogía alguna en la experiencia humana, y sus elementos medulares (tres personas coiguales, que cada una posee la esencia divina completa y simple, y que están relacionadas entre sí eternamente sin subordinación ontológica) superan la razón humana.

Por consiguiente, la doctrina debe aceptarse por fe, basándose en cómo se revela a la Deidad en las Escrituras. Y debe articularse de tal forma que la esencia de Dios no esté dividida y que las distinciones y la coigualdad entre las tres personas no queden comprometidas. La doctrina de la Trinidad necesita tanto la teología positiva como la negativa.

Ilustraciones. La Trinidad no tiene analogías perfectas en la experiencia humana. Los teólogos han intentado hallar una ilustración perfecta de la Trinidad, pero todos estos intentos han dividido la esencia, comprometido la distinción entre las tres personas, o

---

44. Otra forma de afirmar esto es que el *plan* de redención se le atribuye al Padre, el *logro* de la redención se le atribuye al Hijo y la *aplicación* de la redención al Espíritu. Otra alternativa es decir que en la economía de la redención todas las cosas vienen *del* Padre, *por medio* del Hijo y *en* el Espíritu.

perdido de vista la esencia *personal* de Dios. Nada en la creación es exactamente igual a la Trinidad. Lo que sigue es una síntesis de estas ilustraciones junto con sus debilidades:[45]

1. Ilustraciones de la naturaleza inanimada:
   a. El agua de la fuente, el arroyo y el río
   b. La niebla, la nube y la lluvia
   c. La lluvia, la nieve y el hielo
   d. La raíz, el tronco y las ramas de un árbol
   Debilidad: La esencia total no está presente, sino que está dividida o distribuida.

2. Ilustraciones de la vida y la mente del hombre:
   a. La unidad psicológica de la memoria, los afectos y la voluntad (analogía de san Agustín)
   b. La unidad lógica de la tesis, la antítesis y la síntesis (analogía de Hegel)
   c. La unidad metafísica del sujeto, el objeto y el sujeto-objeto (analogía de Shedd)
   Debilidad: Estas carecen de cualquier unidad entre ellas.

3. Ilustraciones del amor: Necesita sujeto, objeto y la unión de ambos
   Debilidad: Dos personas (concretas) y una relación (abstracta) componen esta tríada, en lugar de las tres personas en la esencia divina. Asimismo, el amor no es una sustancia que se suela poseer por lo común, sino una cualidad.

Ninguna ilustración pude comunicar por completo la Trinidad, porque esta es Dios y siempre trasciende el orden creado en esencia, personas y relaciones. Sin embargo, mientras los maestros dejen claro que toda analogía será en cierta medida inadecuada, sigue resultando provechoso usar estas ilustraciones inapropiadas para explicar por qué y cómo no llegan a ser representaciones adecuadas de la Trinidad. Al entender que la Trinidad *no* es como los tres estados del H_2O (hielo, agua, vapor), el estudiante aprende a rechazar el modalismo. Cuando se aprende que la Trinidad no es como las tres hojas de un mismo trébol, evita el parcialismo. Comprendiendo que la Trinidad no es como la luz y el calor que emana del sol, desmiente el arrianismo.

Indicaciones del Antiguo Testamento

EL NOMBRE PLURAL *ELOJÍM*

Al ser una forma plural, el nombre divino hebreo *elojím* permite la pluralidad en Dios. Sin embargo, la forma plural no necesita esta pluralidad, porque existen razones para usar otro plural que no sea la de indicar más de una entidad (p. ej., mostrar honra o denotar intensidad). Mirando en retrospectiva, desde la claridad de la revelación del Nuevo Testamento, puede considerarse que *elojím* es, al menos, una preparación divina para la última y más completa revelación de Dios como trino.

OTROS TÍTULOS PLURALES PARA DIOS

En Eclesiastés 12:1, "tu Creador" traduce un participio hebreo plural, y en Isaías 54:5, "tu Hacedor" también vierte un participio hebreo plural. Una vez más, al tener los

---

45. Webber y Cram, *Church Symbolism*, 90. Véanse también los comentarios de Grudem sobre las limitaciones de todas las analogías en *Teología sistemática*, 249-250.

plurales diversos usos posibles en hebreo, estos títulos no demuestran que Dios sea más de una persona, aunque son compatibles con la revelación neotestamentaria más clara de la Trinidad, y prepara para ella.

DIOS HABLA DE SÍ MISMO EN PLURAL

Otras pruebas veterotestamentarias adicionales de que Dios es más de una persona se encuentran en pasajes donde Él habla de sí mismo sirviéndose de otras formas plurales. En Génesis 1:26, Dios dice: "Hagamos al hombre a nuestra imagen". El verbo en español traduce un verbo plural hebreo en primera persona. Dios se está refiriendo a sí mismo y no incluye a los ángeles, porque el versículo 27 indica: "creó Dios al hombre a su imagen". Otro verbo hebreo en primera persona del plural se refiere a Dios hablando de sí mismo en Génesis 11:7: "Ahora, pues, descendamos, y confundamos allí su lengua". Dios responde a la decisión del hombre de erigir la torre de Babel como un acto de rebeldía contra el mandamiento divino de dispersarse por toda la tierra. No hay indicación alguna en Génesis 11 de que haya alguien más aparte de Dios en el cielo.

En Génesis 3:22, Dios usa un pronombre plural en alusión a sí mismo: "He aquí el hombre es como uno de nosotros". De acuerdo con la declaración de Génesis 1:26, Génesis 3:22 también se refiere solo a Dios. Dios aplica otro pronombre en plural a sí mismo en Isaías 6:8, donde Dios habla para que Isaías pueda oírlo: "¿A quién enviaré, y quién irá por nosotros?". Aquí, el verbo hebreo en primera persona del singular para señalar que Dios envía va seguido de un pronombre plural en alusión a Dios.

Estos pasajes muestran a Dios hablando de sí mismo tanto en singular como en plural. Como en el caso del nombre *elojím*, estos plurales podrían ser plurales de intensidad. Sin embargo, la progresiva claridad del Nuevo Testamento respecto a la Trinidad indica más que esos plurales, considerados en combinación con verbos singulares y pronombres para Dios, constituyen las aseveraciones de Dios en cuanto a que Él es uno y, a pesar de ello, es plural.

MÁS DE UNA PERSONA COMO "DIOS"

Evidencias veterotestamentarias más contundentes respecto a que Dios es más de una persona aparecen en pasajes en los que se llama "Dios" o "Señor" a más de una persona. En Salmos 45:6-7, se alude al Mesías como "Dios" (*elojím*) y es entronizado una vez ungido por "Dios" (*elojím*):

> Tu trono, oh Dios, es eterno y para siempre;
> Cetro de justicia es el cetro de tu reino.
> Has amado la justicia y aborrecido la maldad;
> Por tanto, te ungió Dios, el Dios tuyo,
> Con óleo de alegría más que a tus compañeros.

En Hebreos 1:8-9, por inspiración del Espíritu Santo, el autor de Hebreos predice que "Dios" dirigirá las palabras de Salmos 45:6-7 al Hijo, que será entronizado como "Dios" por "Dios".

Salmos 110:1 es incluso más importante: "Jehová dijo a mi Señor: Siéntate a mi diestra, hasta que ponga a tus enemigos por estrado de tus pies". En este salmo mesiánico —el texto del Antiguo Testamento citado y aludido con mayor frecuencia en el Nuevo Testamento— Jehová le habla al Mesías como "mi Señor" (heb. *adonai*). Por inspiración, los escritores del Nuevo Testamento identifican a Jesús como el "Señor" a quien le habla el "Señor". Jesús mismo aseveró a los fariseos, de forma implícita, que en este salmo David llamó "Señor" al Mesías (Mt. 22:41-45; Mr. 12:35-37; Lc. 20:41-44). Jesús estaba afirmando ser divino y David se dirigió a Él como tal. En Hechos 2:32-36, Pedro dijo que Salmos 110:1 se había cumplido en la exaltación de Jesús tras su resurrección.

La importancia de estos pasajes para el trinitarianismo es que en el Nuevo Testamento Dios Espíritu Santo afirmó que Salmos 45:6-7 y 110:1 revelaban que existen al menos dos personas divinas, y una de ellas es "el Hijo", que es a la vez *elojím* y *adonai*.

EL HIJO DE JEHOVÁ

Existen pocos pasajes en el Antiguo Testamento que afirmen que Dios tiene un "hijo". Salmos 2:2, 6-7 predice que el "Ungido" de Dios será entronizado "sobre Sion", sobre la base del decreto de Dios que declara: "Mi hijo eres tú; yo te engendré hoy". De modo que este "Rey" será entronizado como "Hijo" de Dios, a causa de un decreto que lo menciona como "Hijo" de Dios. Aunque en el Antiguo Testamento Salmos 2:6-7 no afirme en sí y de por sí mismo que aquel al que se designa como "mi Hijo" es el eterno y divino Hijo de Dios, el Nuevo Testamento inspirado por el Espíritu aplica este pasaje a Jesús como el eterno y divino Hijo (He. 1:1-3).

"UNO" EN DEUTERONOMIO 6:4

La *Shemá* declara en Deuteronomio 6:4: "Oye, Israel: Jehová nuestro Dios, Jehová uno es". Este credo judío respecto a Jehová como el único Dios verdadero y como solo "uno", tiene en cuenta una pluralidad en Dios como uno solo. La palabra "uno" en Deuteronomio 6:4 traduce el adjetivo hebreo *ekjád*, que afirma la unidad de Dios, pero que puede considerar la pluralidad en esa unidad. Esta palabra también se usa en Génesis 2:24 para "una sola carne" en referencia del esposo y la esposa en el matrimonio. Cierto es que en otros usos de *ekjád* no se pretende dar la idea de una unidad compuesta. Pero si Deuteronomio 6:4 hubiera tenido la intención de afirmar que Dios es una sola persona, se habría utilizado sin lugar a duda otro término hebreo, a saber, *yakjíd*, que tiene el sentido de "solo, solitario" (véase Sal. 68:6). Deuteronomio 6:4 es una afirmación de monoteísmo, no de unitarianismo. No contradice la doctrina de la Trinidad (véase 1 Co. 8:6) y hasta considera que Dios sea más de una persona.

EL ÁNGEL DE JEHOVÁ (ÁNGEL DE DIOS)[46]

El Antiguo Testamento revela a esta persona como una persona divina a la que algunos pasajes se refieren como Jehová y Dios, y otros lo describen como hablar con Jehová. De modo que el Antiguo Testamento presenta al ángel de Jehová como Jehová y, sin embargo, también como algo distinto a Jehová.

---

46. Para una explicación más extensa respecto al ángel del Señor, véase "Ángel del Señor" en el cap. 8, "Ángeles" (p. 734).

Entre las pruebas de que el ángel de Jehová era divino están las siguientes:

1. Su nombre se usaba de forma intercambiable con el nombre de Dios (Gn. 16:7, 13; 21:17, 19-20; 22:11, 14; 31:11, 13; 48:15-16; Éx. 3:2, 4; Jue. 6:11, 14, 16, 20-21, 23; 13:3, 22-23).
2. Cuando el ángel de Jehová hacía promesas, Dios las hacía (Gn. 16:10; 22:15-17; cf. 12:2; 13:16).
3. El nombre de Jehová estaba en el ángel de Jehová (Éx. 23:20-21).
4. Las personas ofrecían sacrificios al ángel de Jehová (Gn. 22:11-13; Jue. 6:21; 13:16, 19-22).
5. Como ángel ("mensajero") anunciado del pacto, sería "el Señor" (heb. *adon*, Mal. 3:1).
6. Las personas que vieron al ángel de Jehová lo identificaron por su nombre como divino (Gn. 16:11-13; Jue. 6:22-23; 13:21-22).
7. El ángel de Jehová podía perdonar pecados (Éx. 23:21; Zac. 3:3-4).
8. El ángel de Jehová afirmó ser "Dios" (Gn. 31:11, 13; Éx. 3:2-6).

Lo que es especialmente importante para el trinitarianismo es que el Antiguo Testamento muestra que al ángel de Jehová se le llamaba Jehová y Dios, pero también era distinto de Jehová:

1. Jehová envió al ángel de Jehová (Éx. 23:20-23; 32:34; Nm. 20:16).
2. El ángel de Jehová y Jehová hablaron entre sí (Zac. 1:12-13).

La idea de esta sección es que la revelación veterotestamentaria del ángel de Jehová es la prueba de que el Antiguo Testamento incluye la verdad de que existe más de una persona en la Deidad. No es de extrañar que, a la luz de la revelación más clara del Nuevo Testamento respecto al Dios trino, muchos teólogos en la historia de la iglesia (p. ej., Justino Mártir, Ireneo, Tertuliano, Clemente de Alejandría, Origen, Cipriano, Hilario de Poitiers, Basilio de Cesarea y Juan Calvino) hayan identificado al ángel de Jehová del Antiguo Testamento como el Jesucristo preencarnado. Ellos no consideraron que los pasajes veterotestamentarios sobre el ángel de Jehová contradigan la doctrina de la Trinidad, sino que opinaron que la respaldan.

EL ESPÍRITU SANTO COMO DIVINO

El Antiguo Testamento también habla del Espíritu Santo como divino. Los pasajes veterotestamentarios aseveran que posee las perfecciones divinas. Según Isaías 11:2, Él es la fuente de la sabiduría, el poder y el conocimiento divinos, y Salmos 139:7 enseña que es omnipresente. El Antiguo Testamento también describe al Espíritu como involucrado en el acto original de la creación y en la obra de preservar lo que Dios ha creado (Gn. 1:2; Job 26:13; 34:14-15; Sal. 33:6; 104:30). El Espíritu de Dios incluso refrena el pecado (Gn. 6:3; Is. 63:10). Sea lo que Él fuere en la revelación veterotestamentaria, es personal y divino. Se podría argumentar que no puede construirse una doctrina del Espíritu como persona distinta y divina a partir de tales pasajes del Antiguo Testamento, y que esas porciones no son más que representaciones poéticas de la presencia de Dios. Sin embargo, esa parte de las Escrituras no está sola; el Nuevo Testamento la complementa con una revelación más plena de la doctrina de la Trinidad, incluido que el Espíritu Santo es una persona distinta y divina en la Deidad. Asimismo, se debería observar que los contemporáneos judíos de Jesús, y en especial sus discípulos, parecían entender que el Espíritu Santo es una persona distinta y divina (cf. Mt. 1:20; 3:11; Lc. 1:15, 35; 11:13; 12:10; Jn. 14:26; 20:22). Es obvio que sacaron este concepto del Antiguo Testamento o, al menos, lo consideraban del todo coherente con él.

LA PALABRA DE DIOS

Otro aspecto del Antiguo Testamento que prepara el camino para la revelación neotestamentaria más clara de la doctrina de la Trinidad es el concepto de la "palabra" de Dios (heb. *dabár*). Las siguientes verdades del Antiguo Testamento respaldan y presagian la revelación neotestamentaria del Hijo de Dios como "verbo" divino:

1. Dios creó mediante su palabra (Gn. 1:3, 6, 9, 11, 14, 20, 22, 24; Sal. 33:6, 9; 104:7; 147:18; 148:8).
2. Dios extiende un cuidado providencial mediante su palabra (Dt. 8:3; Sal. 106:9; 147:15-18).
3. Dios salva mediante su palabra: por ella, Dios proporciona vida (Dt. 32:47; Sal. 119:25), guía (Sal. 119:105), castiga (Is. 9:8), y salvará a la nación de Israel y restaurará al pueblo a su tierra (Is. 55:10-13).
4. La palabra de Dios tiene el poder de Dios: la palabra de Dios rompe y corta (Is. 9:8-10), consume como fuego (Jer. 5:14), destruye como martillo (Jer. 23:29), cumple el propósito de Dios (Is. 55:11) y sana (Sal. 107:20).

OTRAS INDICACIONES DEL ANTIGUO TESTAMENTO

Existen al menos otras tres facetas en el Antiguo Testamento que sirven como preparación para la doctrina neotestamentaria de la Trinidad.

La sabiduría divina. La revelación del Antiguo Testamento de la sabiduría de Dios es compatible con la enseñanza del Nuevo Testamento de que la sabiduría de Dios es una persona distinta y divina, a saber, Cristo. Así, 1 Corintios 1:24 llama a Cristo "la sabiduría de Dios" (cf. 1 Co. 1:30). En el Antiguo Testamento, la sabiduría de Dios es su medio de crear todas las cosas (Pr. 3:19). En Proverbios 8:22-36 se personifica poéticamente a la sabiduría de Dios como su posesión y su medio de dar vida, instrucción y gracia. De este modo, pasajes como Proverbios 8 y Job 28:12-28 describen la sabiduría de Dios como una entidad distinta. Quizá estos pasajes describan la sabiduría como una persona por medio de la personificación poética y, por tanto, no definen de forma literal a la sabiduría como una persona. Sin embargo, la posterior revelación apostólica de Cristo como "sabiduría de Dios" llevó a muchos padres de la iglesia a ver estos pasajes como una descripción de la segunda persona preencarnada de la Trinidad.

Tres entidades distintas y divinas. En Isaías existen unos cuantos pasajes en los que actúan tres entidades distintas. Isaías 61:1-2 describe de un modo profético al Mesías ("mí") diciendo:

> El Espíritu de Jehová el Señor está sobre mí, porque me ungió Jehová; me ha enviado a predicar buenas nuevas a los abatidos, a vendar a los quebrantados de corazón, a publicar libertad a los cautivos, y a los presos apertura de la cárcel; a proclamar el año de la buena voluntad de Jehová, y el día de venganza del Dios nuestro; a consolar a todos los enlutados.

Este pasaje contiene a "Jehová", "el Espíritu de Jehová el Señor", y al orador, que es el Mesías. Los editores de la RVR-1960 están en lo correcto al considerar que los comentarios del Mesías empiezan en el versículo 1 y continúan hasta el versículo 9, lo que significa que es Él quien afirma en el versículo 8: "Yo Jehová soy amante del derecho". En otras palabras, el Mesías es enviado por Jehová y se llama Jehová a sí mismo. Existen al menos dos personas divinas en este pasaje y, al mencionar "el Espíritu", este contexto anticipa la preparación para la doctrina de la Trinidad del Nuevo Testamento.

Otro pasaje a considerar es Isaías 63:7-10:

> De las misericordias de Jehová haré memoria, de las alabanzas de Jehová, conforme a todo lo que Jehová nos ha dado, y de la grandeza de sus beneficios hacia la casa de Israel, que les ha hecho según sus misericordias, y según la multitud de sus piedades. Porque dijo: Ciertamente mi pueblo son, hijos que no mienten; y fue su Salvador. En toda angustia de ellos él fue angustiado, y el ángel de su faz los salvó; en su amor y en su clemencia los redimió, y los trajo, y los levantó todos los días de la antigüedad.
>
> Mas ellos fueron rebeldes, e hicieron enojar su santo espíritu; por lo cual se les volvió enemigo, y él mismo peleó contra ellos.

Aquí se menciona a Jehová, "su santo espíritu" y "el ángel de su faz". Parece mejor ver a este último como el ángel de Jehová del que hablamos anteriormente. De ser esto así, en este contexto hay al menos dos personas divinas. Y el Espíritu Santo es aquí una persona, porque se "enoja". El Espíritu Santo, como tal, también es divino ya que es la rebelión del pueblo la que lo enoja y el resultado fue la retribución divina. Este pasaje sigue adelante hacia la plena doctrina de la Trinidad en el Nuevo Testamento.

Otro pasaje del Antiguo Testamento que podría especificar a las tres personas divinas es Isaías 48:12, 16:

> Óyeme, Jacob, y tú, Israel, a quien llamé: Yo mismo, yo el primero, yo también el postrero… Acercaos a mí, oíd esto: desde el principio no hablé en secreto; desde que eso se hizo, allí estaba yo; y ahora me envió Jehová el Señor, y su Espíritu.

Existen al menos dos entidades divinas en este pasaje: "Jehová el Señor" y "su Espíritu" (Is. 48:16). La personalidad del Espíritu no puede verse de inmediato en este contexto; pero cuando se combina con Isaías 63:7-10 es evidente que el Espíritu es una persona divina. Sin embargo, no queda absolutamente claro que en Isaías 48:12, 16 se describe a una tercera entidad divina. Las diversas traducciones están divididas respecto a si el orador del versículo 12, que es divino ("Yo mismo, yo el primero, yo también el postrero"), sigue hablando hasta el final del versículo 16. Algunas sostienen que ese es el caso, y es la opinión preferida. En esta versión, el Mesías está hablando; Él es el "Yo mismo" y ha sido "enviado" por "Jehová el Señor" y "su Espíritu". En una construcción así, el orador y "Jehová el Señor" son, ambos, personas divinas y "el Espíritu" también debe serlo ya que, en estas traducciones, se lo ve combinado con "Jehová el Señor" al enviar al Mesías.[47]

Énfasis en el número tres. Finalmente, el Antiguo Testamento coloca de diversas formas un énfasis en el número tres. Esto podría deberse a la intención divina de preparación para la doctrina más explícita de la Trinidad en el Nuevo Testamento. Algunos de estos hincapiés son fórmulas triples, como el serafín que alaba a Jehová en su trono del cielo como "santo, santo, santo" (Is. 6:3). Otro ejemplo es la triple bendición aarónica de Números 6:24-27:

> Jehová te bendiga, y te guarde;
> Jehová haga resplandecer su rostro sobre ti, y tenga de ti misericordia;
> Jehová alce sobre ti su rostro, y ponga en ti paz.

Peter Toon observa que la iglesia antigua consideró que esta triple bendición indica a las tres personas de la Trinidad, sobre todo porque a los apóstoles se les ordenó bautizar en el "nombre" (singular) de la Trinidad (Mt. 28:19). En Números 6:27 Jehová afirmó que esta triple bendición sería poner el "nombre" de Jehová sobre el pueblo de Israel.[48]

Una triple construcción más es la triple bendición de Jacob a José y sus hijos en Génesis 48:15-16:

> Y bendijo a José, diciendo: El Dios en cuya presencia anduvieron mis padres Abraham e Isaac, el Dios que me mantiene desde que yo soy hasta este día, el Ángel que me liberta de todo mal, bendiga a estos jóvenes; y sea perpetuado en ellos mi nombre, y el nombre de mis padres Abraham e Isaac, y multiplíquense en gran manera en medio de la tierra.

A la luz de la anterior exposición sobre el ángel de Jehová, bueno es observar que Jacob dice que "el Ángel" redimió a Jacob y que se uniría a "Dios" en bendecir a los hijos de José. Como la oración de Jacob tenían en vista que solo Dios podía "bendecir" a los muchachos, es mejor entender que "el Ángel" debe ser una persona distinta y divina que bendice juntamente con Dios Padre.

En los siguientes pasajes se pueden ver otros énfasis sobre el número tres: Génesis 15:9; 30:36; 40:10, 16; Éxodo 3:18; 19:11; 23:14; Levítico 19:23; Números 19:12; 22:23-41; 31:19; Jeremías 7:4 ("templo de Jehová" tres veces). Tal vez el uso del tres en la adoración ceremonial estaba destinado a testificar del Dios de Israel que era tres siendo uno.

A la luz del Nuevo Testamento, estos aspectos anteriores del Antiguo Testamento preparan poco a poco para la revelación más clara del Nuevo Testamento del Dios trino.

---

47. Sin embargo, algunas versiones que usan comillas las colocan antes de la última frase del versículo 16. Por tanto, las palabras "y ahora me envió Jehová el Señor, y su Espíritu" son palabras de Isaías respecto a sí mismo como profeta. En esta construcción, el orador del versículo 12 es "Jehová el Señor" y ha enviado a Isaías como profeta. Además, es probable que estas traducciones no entiendan que el Espíritu también ha enviado a Isaías, sino que "Jehová el Señor" ha enviado a Isaías y al Espíritu. Por tanto, al menos en estas traducciones de este pasaje no quedaría tan claro que el Espíritu es una persona divina, aunque por lo menos es una entidad distinta.

48. Peter Toon, *Our Triune God: A Biblical Portrayal of the Trinity* (Wheaton, IL: Victor, 1996), 102.

Benjamin B. Warfield hizo una útil explicación de cómo el Antiguo Testamento preparó de sobra para la revelación neotestamentaria más completa de la Trinidad:

> El resultado de todo ello es que se percibe, de una forma muy general que, de alguna manera, en el desarrollo veterotestamentario de la idea de Dios existe cierta sugerencia de que la Deidad no es una simple mónada, y que por tanto existe una preparación para la revelación de la Trinidad que está aún por llegar. Parece claro que, en la doctrina del Antiguo Testamento respecto a la relación de Dios con su revelación mediante la Palabra creativa y el Espíritu, debemos reconocer al menos el germen de las distinciones en la Divinidad más tarde dada a conocer por completo en la revelación cristiana. Y apenas podemos detenernos aquí. Después de todo lo dicho, a la luz de la posterior revelación, la interpretación trinitaria sigue siendo el más natural de los fenómenos que los escritores antiguos interpretaron abiertamente como insinuaciones de la Trinidad; en especial, en el caso de los relacionados con las descripciones del Ángel de Jehová no cabe duda alguna, pero también incluso en una forma tal de expresión como la que encontramos en el "Hagamos al hombre a nuestra imagen" de Gn. 1:26 y, desde luego, el versículo 27: "Y Dios creó al hombre a su imagen", que no nos alienta a tomar el versículo anterior como el anuncio de que el hombre iba a ser creado a imagen de los ángeles. Esta no es una interpretación espuria de las ideas del Nuevo Testamento en el texto del Antiguo Testamento; solo se trata de la interpretación del texto del Antiguo Testamento bajo el esclarecimiento de la revelación del Nuevo Testamento… El misterio de la Trinidad no se revela en el Antiguo Testamento; sin embargo, el misterio de la Trinidad subraya la revelación del Antiguo Testamento, y casi se vislumbran el aquí y el allá. Así, la revelación de Dios en el Antiguo Testamento no se ve corregida por la revelación más completa que le sigue, sino tan solo perfeccionada, enriquecida y ampliada.[49]

Evidencias del Nuevo Testamento

El Nuevo Testamento es fundamental para una presentación clara de la doctrina de la Trinidad. Como hemos explicado más arriba, diversos pasajes del Antiguo Testamento permiten, y hasta indican, que existe más de una persona divina en Dios, aunque solo haya un Dios. Sin embargo, las aseveraciones del Antiguo Testamento no revelan suficientes detalles para que los creyentes deriven una doctrina explícitamente trinitaria de Dios. La prueba concluyente se revela en el Nuevo Testamento. La doctrina de la iglesia respecto a la Trinidad apela al Antiguo Testamento para una prueba inspirada, pero siempre se ha basado principalmente en el progreso de toda la revelación de Dios.

SOLO UN DIOS

Como ya se ha mostrado con anterioridad en la sección sobre la perfección divina de la unidad (p. 179), la Biblia afirma que en términos numéricos Dios es solo uno. En el Nuevo Testamento, Jesús repite Deuteronomio 6:4 en Marcos 12:29: "Oye, Israel; el Señor nuestro Dios, el Señor uno es". En Juan 17:3 Jesús define a Dios Padre como "el único Dios verdadero". Otros pasajes también afirman el monoteísmo: "Dios es uno"

---

49. Benjamin Breckinridge Warfield, "The Biblical Doctrine of the Trinity", en *Biblical and Theological Studies*, ed. Samuel G. Craig (1952; reimpr., Filadelfia: Presbyterian and Reformed, 1968), 30-31.

(Ro. 3:30; Stg. 2:19); "no hay más que un Dios" (1 Co. 8:4); y "hay un solo Dios" (1 Ti. 2:5). En Romanos 3:30; 1 Corintios 8:4; y 1 Timoteo 2:5, "Dios" es Dios Padre, la primera persona de la Trinidad, pero como se demuestra más abajo, el Nuevo Testamento articula que solo hay un Dios, pero también alude a cada una de las tres personas de la Trinidad —el Padre, el Hijo y el Espíritu Santo— como divinas por igual en nombres, naturaleza, prerrogativas y obras.

MÁS DE UNA PERSONA ASOCIADAS A DIOS

En algunos pasajes, el orador o escritor asocia a dos personas con Dios. En Juan 5:17-18, Jesús afirmó tener la misma autoridad para obrar en el *sabat* que "mi Padre". A causa de esta declaración, los líderes religiosos judíos procuraron aún más acabar con Jesús, porque opinaban que había quebrantado el *sabat* y hasta "decía que Dios era su propio Padre, haciéndose igual a Dios" (Juan 5:18). En Juan 10:30, Jesús dijo: "Yo y el Padre uno somos". A causa de esta declaración, los líderes judíos tomaron piedras para lapidarlo, y lo acusaron de blasfemia, porque al afirmar que era uno con el Padre, ellos creyeron que se estaba deificando a sí mismo: "Tú, siendo hombre, te haces Dios" (Jn. 10:33). Jesús también dijo que Él tiene todo lo que el Padre tiene (Jn. 16:15; 17:10). Dios Padre y Jesucristo trabajaron juntos en la creación de todas las cosas (1 Co. 8:6), la gracia y la paz les llega a los creyentes de Dios Padre y del Señor Jesús (1 Co. 1:3; Ef. 1:2), y los creyentes reinarán en la tierra con Cristo durante mil años como sacerdotes de Dios Padre y de Cristo (Ap. 20:6).

Otros pasajes asocian a las tres personas de la Trinidad con Dios. Las Escrituras mencionan a las tres personas de forma divina e igual en las actividades siguientes:

1. Planificación eterna y provisión de la salvación a las personas (Ef. 1:3-14; 2:13-18; 1 P. 1:2).
2. Testimonio de Jesús como el Hijo de Dios y el medio para la vida eterna (1 Jn. 5:1-12).
3. Reconocimiento público de Jesús como el Salvador de Israel (Jn. 1:29-34).
4. Presentes con los discípulos de Jesús y transmitiéndoles la revelación de la verdad (Jn. 14:9-10, 26; 15:26; 16:7-15).
5. Provisión de fe, esperanza y amor en el corazón de los creyentes (Col. 1:3-8).
6. Redimen y justifican a los creyentes, y moran en ellos (Gá. 3:11-14).
7. Concesión de dones espirituales (1 Co. 12:4-6).
8. Unificación de la iglesia (Ef. 4:4-6).
9. Siguen bendiciendo a los creyentes (2 Co. 13:14).
10. Confirman a los creyentes en Cristo (2 Co. 1:20-22).

En el contexto del Nuevo Testamento, solo Dios puede proveer lo que el Padre, el Hijo y el Espíritu Santo proporcionan, según la revelación, para la salvación eterna de los creyentes en Cristo.

SE DECLARA QUE TRES PERSONAS SON DIOS

El Padre es Dios. El Nuevo Testamento especifica que cada una de las tres personas de la Trinidad es "Dios". El nombre Dios (gr. *theós*) combina con el nombre Padre en muchos pasajes (p. ej., Jn. 6:27; Ro. 15:6; 1 Co. 8:6; 15:24; Ef. 4:6; Stg. 3:9). Y, como ha demostrado Murray Harris, cuando aparece el nombre *theós* solo en el Nuevo Testamento, en referencia al Dios verdadero, suele designar a la primera persona de la Trinidad, a Dios Padre (p. ej., Stg. 1:5; 1 P. 3:18).[50]

Jesús es Dios. El Nuevo Testamento también declara de forma explícita que Jesús es Dios. Las palabras de Jesús afirman que es divino. Declara que Él es el Hijo de Dios (Mt. 26:63-64; Mr. 14:61-62; Lc. 22:67-71). Reivindica ser el "Yo soy" (gr. *egó eimí*), y que por tanto lleva el nombre divino Jehová del Antiguo Testamento. Muchas de estas declaraciones de "Yo soy" están ligadas a metáforas, como "Yo soy el pan de vida" (Jn. 6:35, 48), "Yo soy la luz del mundo" (Jn. 8:12), "Yo soy la puerta" (Jn. 10:9), "Yo soy el buen pastor" (Jn. 10:11, 14) y "Yo soy la resurrección y la vida" (Jn. 11:25). Sin embargo, muchas de estas declaraciones son absolutas, sin calificativos (p. ej., Mr. 14:62; Jn. 8:24, 28, 58; 13:19; 18:5-8). El uso absoluto en Juan 13:19 aparece en el contexto de cuando Jesús predijo que uno de sus discípulos lo iba a traicionar. Les dice a sus discípulos que hace esa afirmación "para que cuando suceda, creáis que yo soy". Las palabras griegas subyacentes a la traducción al español están tomadas de la versión Septuaginta de Isaías 43:10, que dice "para que podáis saber y creer y entender que Yo soy". Esta frase aparece en el contexto más amplio de Isaías 40–48, en el que Dios demuestra que Él es el único Dios verdadero, porque solo Él puede predecir el futuro. Así que Jesús está diciendo que cuando se cumpla su predicción de que uno de sus discípulos lo traicionará, se demostrará que Él es Dios.

Jesús afirma, asimismo, que el Padre lo envió, que Él vino del cielo y que tiene autoridad divina para realizar las obras del Padre (Jn. 3:13; 5:26-37; 6:31-58; 8:42; 16:28-30). Y Jesús indica que tiene una relación especial con "mi Padre" que nadie más tiene (p. ej., Mt. 7:21; 10:32-33; 11:25-27; Lc. 22:29; 24:49; Jn. 2:16; 5:19-23; 8:36-38; 10:29-30, 36-38; 14:2-3, 11-12, 23; 15:8-10, 15; 16:10, 26-28; 17:1-26; 20:17).

Juan el Bautista afirma que Jesús es "el Señor" (Jn. 1:15, 23, 30) y "el Hijo de Dios" (Jn. 1:34). Dios Padre llama a Jesús "mi Hijo amado" (Mt. 3:16-17; 17:5). Los ángeles anuncian que Jesús es "el Hijo del Altísimo" (Lc. 1:31-35) y "el Señor" (Lc. 2:11); en este último pasaje, "Señor" es un nombre divino, porque también lo es en el contexto cercano (Lc. 2:9, 15). En Mateo 14:33, los discípulos adoran a Jesús como "el Hijo de Dios". Pedro confiesa que Jesús es "el Hijo del Dios viviente" (Mt. 16:16), y Tomás confiesa que el Jesús resucitado es "Señor mío, y Dios mío" (Jn. 20:27-29). Antes de su nacimiento, Jesús es llamado "Señor" por Elisabet (Lc. 1:43) y Zacarías (Lc. 1:76). En la crucifixión, un centurión asevera: "¡Verdaderamente este hombre era el Hijo de Dios!" (Mr. 15:39).

Bajo la inspiración del Espíritu Santo, los escritores del Nuevo Testamento dicen que Jesús es divino. Mateo escribe que Jesús es "Dios con nosotros" (Mt. 1:23). Lucas cita a Pedro refiriéndose a Jesús como "Señor" en cumplimiento de Salmos 110:1 (Hch. 2:34-36) y también a Pablo que da a entender la divinidad de Jesús al hablar de "la

---

50. Murray J. Harris, *Jesus as God: The New Testament Use of* Theos *in Reference to Jesus* (Grand Rapids, MI: Baker, 1992), 21-50.

iglesia del Señor, la cual él ganó con su propia sangre" (Hch. 20:28). Pablo se refiere a Cristo con las palabras "el cual es Dios sobre todas las cosas, bendito por los siglos (Ro. 9:5). En Romanos 10:9 y 1 Corintios 12:3 leemos que la confesión salvífica es "Jesús es el Señor". En Romanos 14:8-9, Pablo declara que Cristo es "Señor"; de hecho, que es "Señor así de los muertos como de los que viven". Según Pablo, Jesucristo es el "Señor de gloria" (1 Co. 2:8), y "un Señor, Jesucristo, por medio del cual son todas las cosas, y nosotros por medio de él" (1 Co. 8:6). Pablo proclama que Jesús existió "en forma de Dios", pero "se despojó a sí mismo, tomando forma de siervo" (Fil. 2:6-7). Pablo prosigue diciendo que Jesús se humilló llegando a ser obediente hasta la muerte en la cruz, que Dios Padre lo ha "exaltado hasta lo sumo", y que un día todas las personas confesarán que "Jesucristo es el Señor" (Fil. 2:11). En Colosenses 2:9, Pablo afirma que en Jesús "habita corporalmente toda la plenitud de la Deidad".

Varios pasajes escritos por los apóstoles mencionan a Jesús como "Dios" usando la construcción gramatical griega para la que el gramático Granville Sharp (1735–1813) articuló una regla (que hoy lleva su nombre) y especificó su relevancia para la identidad divina de Jesucristo en el Nuevo Testamento. La regla establece que cuando el copulativo *kaí* conecta dos "nombres o participios" personales en singular y del mismo caso, y el primero lleva el artículo *ho*, pero el segundo no, "el segundo... denota una descripción más distante" de la persona que se describe en el primer nombre o participio.[51] Ejemplos clásicos de la construcción Granville Sharp son Tito 2:13 ("nuestro gran Dios y Salvador Jesucristo"), 2 Pedro 1:1 ("nuestro Dios y Salvador Jesucristo"), y 2 Pedro 2:20 ("el Señor y Salvador Jesucristo"). Según Sharp, la construcción en estos pasajes significa que Jesús no solo es "Salvador", sino también "Dios" y "Señor".

Otra manera en que los apóstoles identifican a Jesús como Dios es mediante la alusión a Jesús en los pasajes del Antiguo Testamento que se refieren a Jehová. En Juan 12:26-41, por inspiración del Espíritu Santo, Juan citó Isaías 53:1 e Isaías 6:10 como razones por las cuales los judíos "no creían en" Jesús a pesar de que Él "había hecho tantas señales delante de ellos" (Jn. 12:37). Juan explica que esta incredulidad es el cumplimiento de los dos pasajes del Antiguo Testamento que citó. En Juan 12:41, el evangelista concluye que "Isaías dijo esto cuando vio su gloria, y habló acerca de él". El antecedente de "su" y "él" en su versículo es el "él" del versículo 37, que se refiere a "Jesús" en el versículo 36. Así, Juan identifica a Jesús como el "Señor" (heb. *adonai*) de Isaías 6:1, a quien Isaías vio "sentado en un trono", y a "Jehová de los ejércitos" de Isaías 6:3, cuya "gloria" llena "toda la tierra". Por tanto, Jesús es el "Señor" y "Jehová" de Isaías 6:1-3.

Otros pasajes del Nuevo Testamento también se refieren a Jesús mediante el uso de pasajes del Antiguo Testamento que aluden a Jehová. Hechos 2:21 y Romanos 10:13 citan a Joel 2:32 para indicar que la frase "invocare el nombre de Jehová" significa creer y confesar que Jesús es el Señor. Hebreos 1:10-12 afirma que Dios "pronuncia" las palabras de Salmos 102:25-27 "al Hijo" (He. 1:8), e indica así que Jesús es el "Dios" [heb. *el*] y el "Señor" (Jehová) del Salmo 102. Y Efesios 4:7-8 usa las palabras

---

51. Granville Sharp, *Remarks on the Uses of the Definitive Article in the Greek Text of the New Testament* (Filadelfia: B. B. Hopkins, 1807), 3.

de Salmos 68:18 para expresar que cuando Cristo ascendió, dio dones a su iglesia. Sin embargo, el pasaje del Antiguo Testamento se refiere a *Dios* que asciende a su "monte" (Sal. 68:16) y "tom[ando] dones" (Sal. 68:18). Por tanto, al citar Efesios 4:7-8, Pablo quiere decir que Cristo fue divino en su ascensión y se le autorizó para que distribuyera dones a la iglesia.

El Espíritu Santo es Dios. El Nuevo Testamento también identifica al Espíritu Santo como divino. Sus títulos lo asocian con las demás personas de la Trinidad: "Espíritu de Dios" (Mt. 3:16); "El Espíritu del Señor" (Lc. 4:18); "Espíritu de vuestro Padre" (Mt. 10:20); "mi Espíritu" (Hch. 2:17-18); "Espíritu de Cristo" (Ro. 8:9); "el Señor, el Espíritu" (2 Co. 3:17-18, LBLA).

Existen otras aseveraciones incluso más explícitas respecto a que el Espíritu Santo es Dios. En Hechos 5:3-4, 9, Pedro afirma que al mentirle al Espíritu Santo, Ananías y Safira "no ha[bían] mentido a los hombres, sino a Dios". En 2 Corintios 3:17-18 (LBLA), Pablo declara: "El Señor es el Espíritu", y alude al Espíritu como "el Señor, el Espíritu". Pablo también asevera en 1 Corintios 3:16 que el "Espíritu de Dios" habita en la iglesia, porque esta es el "templo de Dios". Y en Efesios 2:22, Pablo declara que la iglesia está "juntamente edificad[a] para morada de Dios" y que esto es "en el Espíritu".

Además, el Nuevo Testamento afirma que el Espíritu Santo dictó las palabras de los pasajes del Antiguo Testamento, palabras que esos pasajes declaran que proceden directamente de Dios. En Hechos 28:25-27, Pablo indica que el Espíritu Santo habló "por medio del profeta Isaías" las palabras de Isaías 6:9-10, aunque en Isaías 6 fue "la voz de Jehová" la que pronunció estas palabras (Is. 6:8). La misma correspondencia entre los pasajes del Nuevo Testamento y los del Antiguo Testamento es visible en los siguientes versículos pareados: Hebreos 3:7-11 con Salmos 95:7-11; Hebreos 10:15-17 con Jeremías 31:31-34.

TRES PERSONAS CON PERFECCIONES DIVINAS

El Nuevo Testamento describe a cada una de las personas de la Trinidad con características que son perfecciones divinas, y lo son porque el Nuevo Testamento las confirma como normas por las cuales se miden las particularidades de los demás seres. Dios Padre es poderoso (Mt. 19:26), omnipresente (Mt. 6:4, 6), omnisciente (Mt. 6:4, 6, 8; Lc. 16:15), veraz (Jn. 3:33), justo (Jn. 17:25; cf. Hch. 10:34) y está vivo (Mt. 26:63; Jn. 5:26; 6:57).

Dios Hijo, encarnado como Jesucristo, es eterno (Jn. 1:1; 8:58; 17:5; Ap. 1:8; 21:6; 22:13), omnisciente (Jn. 1:47-48; 2:24-25; 16:30; 21:17; Ap. 2:23), omnipresente (Mt. 18:20; 28:20; Jn. 1:48-50), omnipotente (Mt. 8:26-27; 9:25; 21:19; 28:18; Mr. 5:11-15; Lc. 4:38-41; 7:14-15; Jn. 2:11; 5:36; 10:25, 38; 11:43-44; He. 1:3; Ap. 1:8), inmutable (He. 1:10-12; 13:8), amoroso (Ef. 5:2), santo (Lc. 1:35; Jn. 8:46; He. 7:26-27; 1 Jn. 3:5), vida (1 Jn. 1:2; 5:20) y verdad (Jn. 14:6).

Dios Espíritu Santo es eterno (He. 9:14), santo (Ef. 4:30), omnisciente (Jn. 14:26; 16:12-13; 1 Co. 2:10-11), omnipotente (Lc. 1:35, 37; 1 Co. 12:11; Ro. 15:19), glorioso (1 P. 4:14), vida (Ro. 8:2), verdad (Jn. 14:17; 15:26; 16:13; 1 Jn. 4:6) y gracia (He. 10:29).

TRES PERSONAS CON PRERROGATIVAS DIVINAS

Según el Nuevo Testamento, cada persona de la Trinidad tiene prerrogativas divinas. Son divinas, porque la Biblia las asigna como si fueran derechos que otros seres no tienen. Dios Padre tiene derecho de recibir adoración (Jn. 4:23; Stg. 3:9), da mandamientos (Jn. 14:31), perdona el pecado (Mt. 6:14) y juzga (Jn. 5:30). Dios Hijo tiene derecho de recibir adoración (Mt. 14:33; 28:9; Jn. 20:28; He. 1:6), da mandamientos (Jn. 15:12, 14), perdona el pecado (Mr. 2:8-12), juzga (Mt. 25:31-32; Jn. 5:22; Hch. 10:42; 17:31; Ro. 14:10-11; 2 Co. 5:10, 2 Ti. 4:1; 1 P. 4:1, 5; Ap. 19:11-15; 22:12-13), y a ser objeto de fe (Jn. 1:12; 20:31). Dios Espíritu Santo tiene derecho de recibir adoración (Ef. 4:30; 1 Ts. 5:19; He. 10:29),[52] conoce las cosas profundas de Dios (1 Co. 2:10), da mandamientos (Hch. 8:29; 10:19-20), y concede dones (1 Co. 12:4, 7-8, 11).

TRES PERSONAS QUE REALIZAN ACCIONES DIVINAS

El Nuevo Testamento especifica que cada persona de la Trinidad lleva a cabo actos divinos. Esos actos son divinos porque el Nuevo Testamento asevera que determinan toda otra realidad. Dios Padre crea (1 Co. 8:6), sustenta la vida (Mt. 6:26), revela la verdad (Mt. 16:17; He. 1:1-2), resucita a los muertos (Ro. 6:4), y juzga (Mt. 15:13; Hch. 17:31). Dios Hijo crea (Jn. 1:3, 10; 1 Co. 8:6; Ef. 3:9; Col. 1:16; He. 1:2), sustenta todas las cosas (Col. 1:17; He. 1:3), revela la verdad (Jn. 16:12-13), resucita a los muertos (Jn. 5:28-29; 10:17-18), y juzga (Jn. 5:22, 27; Hch. 10:42; 2 Ti. 4:1). Dios Espíritu Santo crea (Gn. 1:2; Job 26:13; Sal. 33:6), revela la verdad e inspira para escribirla (Jn. 16:13; 1 Co. 2:12-13; 2 P. 1:21), resucita a los muertos (Ro. 8:11), regenera (Jn. 3:5-6; Tit. 3:5), mora en las persona (2 Ti. 1:14), asegura mediante un sello (Ef. 1:13-14), proporciona el amor de Dios (Ro. 5:5) y guía (Ro. 8:14).

TRES PERSONAS CON RELACIONES DIVINAS: GENERACIÓN Y PROCESIÓN ETERNAS

Como ya se ha mencionado con anterioridad, existen relaciones eternas entre las personas de la Trinidad: el Padre, el Hijo de Dios y el Espíritu de Dios. El Padre engendra de forma eterna al Hijo y espira[53] al Espíritu Santo. El Hijo es engendrado eternamente por el Padre y espira eternamente al Espíritu Santo. El Espíritu procede de forma eterna del Padre y del Hijo.

La generación eterna del Hijo y la procesión eterna del Espíritu son dos de las doctrinas más malinterpretadas del trinitarianismo clásico, porque no existen analogías adecuadas en la esfera humana que puedan usarse para explicar o ilustrar la terminología. Aunque las Escrituras hablan de forma expresa de que el Padre engendra al Hijo (Sal. 2:7) y que el Espíritu procede del Padre (Jn. 15:26), la Biblia no proporciona una explicación clara y completa de lo que significan estas expresiones. De hecho, engendrar

---

52. Ninguno de los tres pasajes enumerados aquí afirma, de forma positiva, que el Espíritu Santo tenga la prerrogativa de ser adorado como Dios. Más bien, declaran que las personas no deberían "entristecer", "apagar" u "afrentar" al Espíritu Santo. Estas expresiones negativas, sin embargo, deberían inferirse como un mandamiento positivo a las personas de hacer justo lo opuesto a estas acciones; es decir, que obedezcan, honren y adoren al Espíritu Santo.

53. Esta es una palabra única usada por los teólogos para hablar del medio por el cual el Espíritu Santo "procede del Padre" (Jn. 15:26). El término viene del latín *spirare*, "respirar".

y respirar son actividades de las criaturas, de modo que el lenguaje solo es claramente inadecuado para expresar toda la maravilla y la gloria de las relaciones internas entre la Deidad eterna, inmutable e inefable. Las palabras deben, por tanto, entenderse (de la mejor manera que podemos) a la luz de todo lo que las Escrituras afirman sobre el Padre, el Hijo y el Espíritu Santo. (Esta sección debe leerse en sintonía con la sección anterior "Distinciones personales" [p. **191]).

A primera vista, *generación eterna* parece un oxímoron. En el discurso humano normal, las palabras *generar* y *engendrar* hablan de traer a alguien al mundo o hacer que algo exista. En la esfera humana, el engendramiento solo ocurre una vez, en un punto concreto en el tiempo. Emparejar la idea con el adjetivo *eterno* es cambiarlo del modo más radical. Y es absolutamente vital que se entienda y se afirme la diferencia entre el engendramiento de un hijo humano y la generación eterna del Hijo de Dios. Cuando decimos que Cristo ha sido eternamente engendrado por el Padre, no estamos hablando de su comienzo, ya que las Escrituras afirman con toda claridad: "Este era en el principio con Dios. Todas las cosas por él fueron hechas, y sin él nada de lo que ha sido hecho, fue hecho" (Jn. 1:2-3). No hubo nunca un tiempo en el que el Hijo no existiera. Él es "el Alfa y la Omega, el principio y el fin, el primero y el último" (Ap. 22:13).

¿Cómo puede, pues, Cristo ser engendrado eternamente por el Padre? La respuesta es sorprendentemente sencilla. Cuando se usan términos como *engendrar* o *generación* para hablar de la relación del Padre celestial con su Hijo (p. ej., Sal. 2:7; cf. Hch. 13:33; He. 1:5; 5:5), lo que esas palabras describen no es su principio (porque no tuvo ninguno), sino el establecimiento por toda la eternidad de la relación filial entre la primera y la segunda persona de la Trinidad. La expresión describe, pues, el acto eterno, necesario de autodiferenciación del Padre y del Hijo, por el cual genera la existencia personal del Hijo y, de este modo, le transmite toda la esencia divina (cf. Jn. 5:26).[54]

Esta relación es única; es aquello mismo que distingue al Hijo del Padre y del Espíritu. En otras palabras, el Espíritu no es engendrado; esta forma de subsistencia es *procesión*. Similar a la generación eterna, la procesión del Espíritu del Padre y del Hijo describe el acto eterno, necesario de autodiferenciación del Padre y del Hijo, por el cual espiran la existencia personal del Espíritu para, de este modo, comunicarle toda la esencia divina.[55] Las Escrituras no definen de forma explícita la diferencia entre generación y procesión, pero la terminología es acorde a los nombres del Hijo y del Espíritu. *Engendrar* tiene la connotación de filiación (es decir, aquello que es propio de la condición de hijo), y la *procesión* es una expresión adecuada que empareja con los conceptos de espíritu o respiración. Es evidente que la distinción entre *engendrar* y *proceder* es intencionada e importante, aunque no pueda explicar del todo cómo ambos modos de subsistencia difieren el uno del otro.[56]

Es bien sabido que la iglesia oriental se separó de la iglesia occidental por el asunto de si el Espíritu Santo procedía solo del Padre o del Padre *y del Hijo* (lat. *filioque*). En

---

54. Berkhof, *Teología sistemática*, 113.
55. Berkhof, *Teología sistemática*, 116.
56. John Owen preguntó acertadamente, tal vez haciéndose eco de Hechos 8:33 (cf. Is. 53:8 en la Septuaginta): "¿Quién puede declarar la generación del Hijo, la procesión del Espíritu o la diferencia entre ellos?". *On Temptation and the Mortification of Sin in Believers* (Filadelfia: Presbyterian Board of Publication, 1880), 268.

Juan 15:26, Jesús dice: "El Espíritu de verdad... procede del Padre". Y en Juan 20:22, en una de sus primeras apariciones a los discípulos, después de la resurrección, se declara que "sopló, y les dijo: Recibid el Espíritu Santo"; esto simboliza la idea misma sugerida por el lenguaje utilizado para hablar de la procesión del Espíritu. De modo que afirmamos —con el resto de la iglesia occidental— que el Espíritu Santo procede del Padre y del Hijo. El Credo Atanasiano (*Quicunque Vult*) establece las relaciones dentro de la Deidad en el lenguaje más sucinto posible: "El Padre no ha sido hecho por nadie, ni creado, ni engendrado. El Hijo procede solamente del Padre, no hecho, ni creado, sino engendrado. El Espíritu Santo procede del Padre y del Hijo, no hecho, ni creado, ni engendrado, sino procedente".[57]

Como mencionamos con anterioridad, estas *opera ad intra* establecen un orden definido (lat. *taxis*) en el seno de la Trinidad, de manera que es adecuado decir (con respecto a su relación solamente, no con respecto a su esencia, su gloria o su majestad) que el Padre es primero, el Hijo es segundo y el Espíritu es tercero. Las obras *ad intra* de generación y procesión eternas se convierten en la razón para el orden reflejado en las obras *ad extra* en la economía de la redención. El Hijo se somete al Padre en la economía de la redención (cf. Jn. 5:30; 6:38), porque fue generado de forma eterna por el Padre.[58] El Espíritu es enviado por el Padre y el Hijo (cf. Jn. 14:26; 15:26), porque procede eternamente del Padre y del Hijo. Sin embargo, nada de esto implica un rango o jerarquía de *esencia* dentro de la Trinidad, porque cada persona posee por completo la esencia divina íntegra. El Credo Atanasiano resume, del mismo modo, la clara enseñanza de las Escrituras en una extraordinaria economía de palabras: "Y en esta Trinidad nada hay anterior o posterior, nada mayor o menor: pues las tres personas son coeternas e iguales entre sí. De tal manera que, como ya se ha dicho, hemos de venerar la unidad en la Trinidad y la Trinidad en la unidad".[59]

Historia temprana del desarrollo teológico[60]

Como conclusión al estudio de la Trinidad, es importante observar brevemente (1) cómo se observa la doctrina de la Trinidad en las Escrituras y (2) cómo la articuló la iglesia antigua. La palabra *Trinidad* y otros términos técnicos (p. ej. *persona, esencia*) de la doctrina ortodoxa tradicional de la Trinidad no se hallan en las Escrituras, aunque se basan en la verborrea bíblica. La doctrina de la Trinidad fue formalmente vocalizada por los Concilios de Nicea (325 d.C.) y de Constantinopla (381 d.C.), pero estos concilios

---

57. Schaff, *Creeds of Christendom*, 2:67-68.

58. Esto es en contraste con la enseñanza de algunos que dicen que la sumisión *ad extra* del Hijo al Padre está arraigada en una clase de subordinación funcional eterna (*ad intra*) del Hijo al Padre. No puede haber relaciones eternas de autoridad y sumisión entre el Padre y el Hijo (*ad intra*) sin socavar la doctrina de la simplicidad divina, ya que el concepto de sumisión entraña la sujeción de la voluntad de una persona a la voluntad de otra. Sin embargo, dado que la facultad de voluntad es un predicado de la naturaleza, y dado que la naturaleza divina (o esencia) es única e íntegra entre las tres personas de la Trinidad, no puede haber sumisión ni sujeción desde la eternidad. El Hijo encarnado es capaz de someterse al Padre, porque ahora posee una naturaleza plenamente humana, posee una voluntad humana además de su voluntad divina (cf. Lc. 22:42; 1 Co. 15:28).

59. Schaff, *Creeds of Christendom*, 2:68.

60. Este resumen histórico está basado en Gregg R. Allison, *Historical Theology: An Introduction to Christian Doctrine* (Grand Rapids, MI: Zondervan, 2011), 231-243; Louis Berkhof, *Historia de las doctrinas cristianas* (Edimburgo: El Estandarte de la Verdad, 1969), 105-116; John D. Hannah, *Our Legacy: The History of Christian Doctrine* (Colorado Springs: NavPress, 2001), 71-86; and Robert Letham, *The Holy Trinity: In Scripture, History, Theology, and Worship* (Phillipsburg, NJ: P&R, 2004), 89-220.

no inventaron la doctrina; más bien presentaron un dogma (proclamación oficial) para contrarrestar las herejías predominantes. En la historia posneotestamentaria de la iglesia, la afirmación de la doctrina se remonta a las expresiones de los primeros padres apostólicos (*ca.* 90–150 d.C.). Estos hombres —como Clemente de Roma (*ca.* 88–99), Policarpo (*ca.* 69–155 d.C.) e Ignacio (*ca.* 50– *ca.* 110)— afirmaron la deidad del Padre, del Hijo y del Espíritu Santo sin especular sobre las relaciones entre sí. Durante este período, la iglesia empezó a experimentar la persecución romana, y algunos de los padres apostólicos murieron como mártires. La iglesia también comenzó a tratar con la herejía gnóstica.

El siguiente período de la iglesia antigua (150–300 d.C.) fue testigo de la creciente persecución romana y de las nuevas herejías, además de la proliferación del gnosticismo, que era monista y dualista, negaba las distinciones reales en la realidad, y trataba la materia y la carne como algo inherentemente malo, no creado por Dios, quien era protegido de la materia por una serie de emanaciones. Los gnósticos negaban la encarnación de Cristo ya que creían que Dios no se juntaría nunca con la materia ni vendría a la tierra, y produjeron sus propios libros espurios, incluidos falsos evangelios.

Otras herejías de ese período incluían diversas formas de monarquianismo (un unitarianismo temprano). El monarquianismo dinámico (adopcionista) enseñaba que solo el Padre es Dios y que Jesús solo era un hombre en el que residía una fuerza divina impersonal (el *Logos*), desde su nacimiento, su bautismo o su resurrección. Tenía una divinidad delegada a través de este divino poder que habitaba en Él, y su divinidad estaba limitada tan solo a este poder y no presentaba esencia divina alguna.

El monarquianismo modalista (modalismo, sabelianismo y patripasianismo) enseñaba que el Padre y el Hijo son una misma cosa. A Dios se lo llama Padre o Hijo según la figura de los tiempos. Nacido de una virgen, se lo llama Hijo; a aquellos que creyeron en Él, les reveló que Él era el Padre. El único Dios se metamorfoseó en forma externa conforme a la necesidad del momento. En otras palabras, solo hay un Dios que se presenta en formas diversas (Padre, Hijo o Espíritu) según le place. En esta herejía, estas formas son modos de manifestación y no modos de ser.

Los líderes de la iglesia de este período —como Justino Mártir (*ca.* 100–165), Ireneo (*ca.* 120–202), Tertuliano (*ca.* 160–*ca.* 220), Clemente de Alejandría (*ca.* 150–*ca.* 215) y Orígenes (*ca.* 184–*ca.* 254)— empezaron a escribir de manera más extensa como apologistas y teólogos para contrarrestar las falsas acusaciones que los paganos elevaban contra los cristianos y para oponerse al gnosticismo y al monarquianismo. Estos hombres fomentaron enormemente la explicación ortodoxa de la doctrina trinitaria. Ireneo escribió cinco libros contra el gnosticismo. Sus escritos fueron más detallados respecto a las relaciones del Padre, del Hijo y del Espíritu Santo. Tertuliano acuñó el término en latín *trinitas* para la Deidad y la palabra latina *persona* para las personas. Orígenes afirmó la deidad eterna del Hijo e identificó a las tres personas mediante el vocablo griego *hipóstasis* y la única esencia con la palabra griega *ousia*. Todos los apologistas afirman la esencia divina y la personalidad distinta de cada miembro de la Trinidad.

Un problema que sucedió cuando los apologistas escribieron sobre la Trinidad fue un creciente subordinacionismo ontológico. Justino, Ireneo y Tertuliano empezaron a escribir sobre la generación del Hijo como si fuera una producción eterna. Orígenes llegó incluso más lejos, y aseveró que el Hijo era un "Dios secundario", inferior al Padre.

El pensamiento de Orígenes respecto al Padre y al Hijo ayudó a preparar el camino para las enseñanzas de Arrio (250–336) en Alejandría, para ganar cierta aceptación, aunque este subordinó al Hijo en formas que Orígenes no hizo jamás. Arrio enseñó que Jesús solo era un hombre a quien vino el Logos. El Logos, el Hijo, era la primera y más elevada creación de Dios. Por tanto, el Hijo no era Dios, sino una criatura.

La contemplación teológica y la explicación avanzaron en el siguiente período (300–600) conforme la paz llegó por fin a la iglesia, e hizo posible que esta se ocupara de la herejía arriana, así como otras herejías cristológicas. Las persecuciones romanas alcanzaron su apogeo con una persecución por todo el imperio bajo el emperador Diocleciano, a principios del siglo IV. Las persecuciones tocaron a su fin bajo el emperador Constantino, quien tuvo gran celo por promover la iglesia. Con el final de las persecuciones también llegó el avance del arrianismo y de la división doctrinal en la iglesia. En el 325, Constantino convocó el primer concilio ecuménico, el Concilio de Nicea, para restaurar la unidad. A través de la influencia de Atanasio, secretario y futuro sucesor de Alejandro, obispo de Alejandría, el concilio emitió un credo que afirmaba que el Hijo es "Dios verdadero de Dios verdadero" y "de la misma sustancia" (*homoousios*) que el Padre. Sin embargo, había muchas facciones del concilio, incluidos los arrianos, y cada una tenía su propia interpretación de la palabra griega *homoousios*. Durante los cincuenta años siguientes, la semántica y el conflicto teológico prosiguieron. La herejía macedonia, derivada del arrianismo, argumentó que el Espíritu Santo también era un ser creado. Poco a poco, el criterio alejandrino respecto a las relaciones del Padre, el Hijo y el Espíritu Santo prevalecieron a medida que los eclesiásticos griegos y latinos debatieron y se pusieron de acuerdo sobre un lenguaje trinitario común. En el Concilio de Constantinopla (381), la fórmula nicena se reafirmó y se amplió. La mayoría sabía que afirmaba la total e igual deidad tanto del Hijo como del Espíritu, tal como lo demostraba el hecho de que este concilio especificara que el Espíritu Santo es "el Señor y Dador de la vida" y que debe ser "adorado y glorificado" por igual con el Padre y el Hijo.

En los años posteriores, las iglesias ortodoxas adoptaron el punto de vista de Nicea y Constantinopla, y aceptaron la doctrina de esos concilios, porque reflejaban lo que ellos ya creían. Entre el 399 y el 419, san Agustín de Hipona escribió un extenso volumen sobre la Trinidad para explicar mejor y defender el trinitarianismo ortodoxo en las iglesias donde se hablaba latín. Las iglesias occidentales practicaron un cambio formal al credo de Constantinopla en el Sínodo de Toledo, en el 589. El término latino *filioque* ("y el hijo") fue añadido al final de la afirmación de que el Espíritu Santo "procede del Padre" para indicar que también viene del Hijo. Las iglesias orientales de habla griega se resistieron a esta revisión del credo, porque creían que efectuaba dicho cambio sin la aprobación de toda la iglesia y ponía al Hijo en el mismo plano que el Padre, como "causa" de la Trinidad. Las iglesias occidentales instituyeron el cambio en el Credo niceno-constantinopolitano, porque querían enfatizar (en contra del arrianismo) la eterna y divina igualdad del Hijo con el Padre. El desacuerdo por este cambio fue un importante factor que condujo a la división permanente entre la iglesia oriental y la occidental, en 1054.

Es importante entender que, en medio de la política imperial y eclesiástica de 300–500, la motivación básica subyacente al objetivo de los líderes de la iglesia de explicar con mayor claridad la doctrina de la Trinidad fue que interpretaron las Escrituras de la forma correcta. El hecho que testifica de la influencia de las Escrituras es que la terminología griega del Credo de Nicena estaba basada en el lenguaje griego de 1 Corintios 8:6, que fue el foco de gran conflicto entre los obispos arrianos y los ortodoxos. En el fondo, la explicación de la doctrina de la Trinidad se desarrolló porque estos teólogos estaban en desacuerdo sobre el significado de las Escrituras. Más tarde, los principales reformadores reafirmaron la redacción de lo que se convirtió en el Credo niceno-constantinopolitano. La Reforma se convirtió en un avivamiento de la creencia en la Biblia y del estudio de esta en los idiomas originales. Los reformadores no habrían confirmado nunca la doctrina trinitaria niceno-constantinopolitana, a menos que creyeran que era conforme a las Escrituras, sentimiento este que se captura en esta declaración de Marín Lutero (1483–1546): "La Escritura demuestra así, claramente, que existen tres Personas y un solo Dios. Porque yo no creería ni a los escritos de san Agustín ni a los maestros de la iglesia, a menos que el Nuevo Testamento y el Antiguo Testamento mostraran con claridad esta doctrina de la Trinidad".[61]

El decreto de Dios
Características
Respuestas a las objeciones

El decreto de Dios es su plan eterno, por el cual, según su voluntad decretiva y para su gloria, predestinó todo lo que sucede.[62]

Características

La siguiente lista presenta las principales características del decreto de Dios:[63]

1. Singular: "...el designio de su voluntad" (Ef. 1:11).
2. Comprensivo: "...hace todas las cosas" (Ef. 1:11), incluida la ordenación de las buenas acciones de las personas (Ef. 2:10), así como los actos pecaminosos (Pr. 16:4; Hch. 2:23; 4:27-28), acontecimientos contingentes desde la perspectiva humana (Gn. 45:8; 50:20; Pr. 16:33), los medios y los fines de los actos (Sal. 119:89-91; Ef. 1:4; 2 Ts. 2:13), y la duración (Job 14:5; Sal. 39:4) y el lugar de la vida de una persona (Hch. 17:26).[64]
3. Incondicional y no basado en influencias externas: "...según el designio de su voluntad" (Ef. 1:11; véanse también Hch. 2:23; Ro. 8:29-30; Ef. 2:8; 1 P. 1:2).
4. Eterno: "...quien nos salvó y llamó con llamamiento santo, no conforme a nuestras obras, sino según el propósito suyo y la gracia que nos fue dada en Cristo Jesús antes de los tiempos de los siglos" (2 Ti. 1:9; véase también Ef. 1:4).

---

61. Martín Lutero, *D. Martin Luthers Werke: Kritische Gesamtausgabe* (Weimar, Alemania: H. Bóhlau, 1883), 39II:305, citado en Paul Althaus, *The Theology of Martin Luther*, trad. Robert C. Schultz (Filadelfia: Fortress, 1966), 199n1.
62. Para una explicación adicional sobre el decreto de Dios, véase "El decreto de Dios" en el cap. 7 (p. 499).
63. Larry D. Pettegrew, "The Doctrine of God", notas no publicadas (Sun Valley, CA: The Master's Seminary, s.f.), 169-171.
64. Berkhof, *Teología sistemática*, 126.

5. Efectivo: "...que anuncio lo por venir desde el principio, y desde la antigüedad lo que aún no era hecho; que digo: Mi consejo permanecerá, y haré todo lo que quiero" (Is. 46:10; véase también Sal. 33:11; Pr. 19:21).
6. Inmutable: "Pero si él determina una cosa, ¿quién lo hará cambiar?..." (Job 23:13-14; véanse también Sal. 33:11; Is. 14:24; 46:10; Hch. 2:23).
7. Ordena el pecado y controla sus efectos: "Dios los entregó a la inmundicia" (Ro. 1:24, 26, 28; véanse también Sal. 78:29; 106:15; Hch. 14:16; 17:30; Ro. 3:25).
8. Propósito del decreto: manifestar y alabar la gloria de Dios (Ro. 11:33-36; Ef. 1:6, 12, 14; Ap. 4:11).

Respuestas a las objeciones

OBJECIÓN 1: EL DECRETO DE DIOS ES CONTRARIO A LA LIBRE INTERMEDIACIÓN MORAL DEL HOMBRE

Respuesta: Puede decirse, y con razón, que los intermediarios son libres siempre que sus actos estén exentos de coacción. Las personas son libres de actuar dentro de los límites de su naturaleza. Todos los hombres están caídos en Adán, su naturaleza está corrompida por el pecado y, por lo tanto, no son libres de elegir la justicia. No obstante, siguen tomando libremente sus decisiones morales de acuerdo con sus pensamientos y sus deseos. Estas elecciones surgen de una naturaleza humana caída fundamentalmente opuesta a la obediencia a Dios. De modo que las personas actúan con libertad en su pecado y no son coaccionadas por Dios para que obren en contra de su naturaleza. El decreto de Dios se extiende a las opciones no coaccionadas de los agentes libres para actuar dentro de los límites de su naturaleza (cf. p. ej., Gn. 50:19-20; Hch. 2:23; 4:27-28).

OBJECIÓN 2: EL DECRETO DE DIOS DESALIENTA LAS BUENAS OBRAS HUMANAS

Respuesta: El decreto no está dirigido a los hombres "como una regla de acción" ni puede haber tal regla, porque el contenido del decreto no se conoce hasta después de que se hayan producido los hechos. Pero Dios ha ordenado una norma de vida y creencia en la Biblia para que el hombre tenga a su disposición la orientación para realizar obras justas. Una vez más, el hombre es libre en el decreto para obrar conforme a sus pensamientos y deseos, y Dios no ejerce coacción para impedirle hacer el bien. Además, el decreto de Dios incluye las libres elecciones humanas determinadas por Él para ocasionar sus fines ordenados:

> Y puesto que el decreto establece una interrelación entre medios y fines, y los fines están decretados solamente como resultado de los medios, éstos animan al esfuerzo en lugar de desalentarlo. La firme creencia en el hecho de que según los decretos divinos el éxito será la recompensa de la faena, constituye una invitación a valerosos y perseverantes esfuerzos.[65]

En la Biblia existe "una distinción teológica entre la certeza y la compulsión" (véase Hch. 2:23).[66] Solo porque Dios haya decretado un acontecimiento, convirtiéndolo así en

---
65. Berkhof, *Teología sistemática*, 126.
66. Pettegrew, "Doctrine of God", 172.

un suceso seguro, no significa que coaccione a las personas para que vayan en contra de sus pensamientos y sus deseos. Mientras no exista coacción en las condiciones que obliguen a una persona a actuar de una cierta manera, Dios puede determinar la acción humana y esta se producirá con toda certeza; sin embargo, la persona puede seguir siendo libre para hacer lo que le plazca.[67]

OBJECIÓN 3: EL DECRETO DE DIOS ES FATALISMO

Respuesta: El fatalismo es impersonal, no es inteligente ni pretende un fin último. Por el contrario, la determinación soberana de Dios respecto a su decreto es el acto personal del Dios, que es sabiduría perfecta, omnisciencia, justicia, amor y gracia. Además, uno de los fines del decreto es que las personas sean salvas del pecado y vivan para siempre en la bienaventuranza eterna. El fatalismo no permite acto libre alguno y lanza a la humanidad como impersonalmente coaccionada por las fuerzas cósmicas. Pero el decreto de Dios no incluye coacción moral alguna. El fatalismo tampoco distingue entre el bien y el mal ni tiene sentido moral en el universo. Pero el decreto de Dios se basa en su justicia eterna y perfecta, y resulta en que los creyentes vivan para siempre en una bondad moral impecable.

OBJECIÓN 4: EL DECRETO DE DIOS HACE QUE ÉL SEA LA CAUSA RESPONSABLE DEL PECADO

Respuesta: Debe admitirse que el pecado es una parte del plan eterno de Dios, porque Él "hace todas las cosas según el designio de su voluntad" (Ef. 1:11). Esto incluye el mayor pecado en la historia de la humanidad: el asesinato del Hijo de Dios (cf. Hch. 2:22-23; 4:27-28). Dios no solo permitió la crucifixión, sino que la ordenó de forma deliberada y sabia para su honra y gloria. Del mismo modo, no se limitó a permitir que los hermanos de José lo vendieran como esclavo en Egipto, sino que determinó su acción pecaminosa por sus más sabios y santos fines (Gn. 45:5-8; 50:20).

Sin embargo, aunque Dios ordena las malas decisiones de los agentes morales libres, no incurre en culpa ni maldad, porque no causa directa ni eficientemente mal alguno. Él lleva a cabo las malas acciones del hombre a través de la causalidad secundaria, de acuerdo con los propios deseos perversos de este. Dios es absolutamente soberano, y el hombre es del todo responsable de sus acciones.[68]

La creación[69]

Creación divina
Creacionismo por fíat

---

67. Aquí afirmamos la libertad compatibilista de inclinación y rechazamos la libertad libertaria de la indiferencia. Para más sobre el compatibilismo, véase "Teodicea compatibilista" (p. 229). Para más sobre la distinción entre la libertad de inclinación y la libertad de la indiferencia, véase Bruce A. Ware, *God's Greater Glory: The Exalted God of Scripture and the Christian Faith* (Wheaton, IL: Crossway, 2004), 61-95. Observamos nuestro descuerdo con el concepto de Ware del "conocimiento medio compatibilista" en otro lugar de este volumen, pero encuentro útil su exposición sobre la diferencia entre la libertad compatibilista y la libertaria.

68. Para un desarrollo más amplio, véanse "El problema del mal y la teodicea", más abajo (p. 226) y "El decreto de Dios y el problema del mal" en el cap. 7 (p. 502).

69. Para una exposición suplementaria de la creación, consultar cap. 6, "El hombre y el pecado".

La creación de Dios se define como su obra mediante su Palabra y para su gloria, al crear el universo de la nada, de modo que su condición original no tenía corrupción espiritual ni física. El propósito de este análisis no es exponer el modelo del decreto creacionista como interpretación adecuada de la narrativa bíblica de la creación.

Creación divina

Las siguientes características resumen las principales aserciones bíblicas respecto a la creación divina del universo.

EL COMIENZO DEL UNIVERSO Y DEL TIEMPO

El universo tuvo un principio, que se inició con el primer momento del tiempo (Gn. 1:1; Mt. 19:4, 8; Mr. 10:6; Jn. 1:1-2; 17:5; He. 1:10). Como Dios creó "en el principio", este principio también debe incluir el tiempo. Dios empezó a crear en el primer momento del tiempo, al principio del primer día (Gn. 1:5). Génesis 1:1 prueba que Dios existe fuera del tiempo y que Él es su Creador.

LA CREACIÓN FUE RÁPIDA Y SALIÓ DE LA NADA

Dios creó el universo en seis días literales de veinticuatro horas, y lo creó por su Palabra *ex nihilo* ("a partir de la nada") (Gn. 1:1; Sal. 33:6, 9; 148:5; Is. 45:18; Jn. 1:3; Hch. 4:24; 14:15; 17:24-25; Ro. 4:17; Col. 1:16; He. 11:3; Ap. 4:11; 10:6). Dios creó la primera energía física y la materia, porque ninguna de ellas existía cuando Él inició sus actos de creación. Dios es la única causa del principio del universo.

EL UNIVERSO ES DISTINTO DE DIOS Y DEPENDE DE ÉL

El universo fue creado por Dios y es distinto a Él, aunque depende de Él (Job 12:10; Sal. 104:30; 139:7-10; Is. 42:5; Jer. 23:24; Hch. 17:24-28; Ef. 4:6; Col. 1:15-17; He. 1:3). Dios es mayor que lo que creó.

EL UNIVERSO FUE CREADO POR EL DIOS TRINO

El Dios que creó el universo es el Dios trino revelado en la Biblia. Dios Padre inició la obra divina de la creación y la gobernó (1 Co. 8:6). Como medio en sumisión al Padre, Dios Hijo creó el universo (Jn. 1:3; 1 Co. 8:6; Col. 1:15-17; He. 1:10). Y el Espíritu Santo también participó en la obra divina de crear el universo (Gn. 1:2; Job 26:13; 33:4; Sal. 104:30; Is. 40:12-13). Esta obra no fue distribuida; más bien cada persona de la Trinidad actuó en concierto con las otras dos. A Dios Padre se le ve como la fuente; a Dios Hijo como el mediador de los actos de la creación; y al Espíritu Santo como el agente de dichos actos. Cada persona trabajó plenamente y de común acuerdo unos con otros.

LA CREACIÓN DE DIOS FUE UN ACTO LIBRE

En la creación, Dios actuó libremente (Ef. 1:11; Ap. 4:11). La creación no es necesaria para la esencia de Dios. Ni siquiera el decreto de Dios es esencial para Él, sino que más bien es un producto eterno inevitable de la esencia divina. La creación depende del decreto soberano de Dios, de manera que la creación no es en sí misma una necesidad de Dios para ser Dios. Sin embargo, es el resultado inevitable de la integración de todo lo que Dios es (sus perfecciones/su esencia).

EL HOMBRE FUE CREADO DE FORMA DIRECTA, CULMINANTE Y ESPECIAL

Dios creó a Adán y Eva de manera directa y especial, como apogeo de la obra divina de creación (Gn. 2:7, 21-23). Adán fue creado primero "del polvo de la tierra" y, después, Dios formó a Eva de una de las costillas del hombre. Eran personas individuales y fueron creadas en el sexto y último día de la creación; fue la culminación de la obra divina de creación. Dios no creó al hombre a partir de otros seres a lo largo de los tiempos, sino de la tierra, literalmente el sexto día de la creación. No lo creó a partir de animales muertos, sino de forma directa y del polvo de la tierra, a imagen de Dios (Gn. 1:27). Y cuando Dios formó a Eva a partir de Adán, fueron los primeros cónyuges y el patrón de todos los matrimonios (Gn. 2:24).

EL HOMBRE FUE CREADO PARA GOBERNAR LA TIERRA

Dios creó a Adán y a Eva, y les dio la orden de gobernar la tierra (Gn. 1:27-31). Eran los siervos de Dios para gobernar la tierra por Él.

TODAS LAS CRIATURAS DEBÍAN REPRODUCIRSE "SEGÚN SU ESPECIE"

Dios creó a cada criatura para que produjera "según su especie" (Gn. 1:11, 12, 21, 24, 25). Como resultado, habría unos límites inviolables en cada tipo de naturaleza genética.

TODAS LAS COSAS FUERON CREADAS MADURAS

Dios creó todas las cosas maduras, con el aspecto de la edad. Las cosas vivas fueron hechas listas para reproducirse, incluida la vida vegetal (Gn. 1:12), los animales (Gn. 1:20-25) y los seres humanos (Gn. 1:26-30). Adán y Eva fueron creados preparados para asumir el dominio sobre el mundo. De hecho, todo el universo fue creado con todos los sistemas en funcionamiento maduro. Por ejemplo, las estrellas fueron creadas con su luz que ya alcanzaba la tierra (Gn. 1:14-19).

EL UNIVERSO FUE CREADO "MUY BUENO"

Dios creó de una forma completa y perfecta; el universo era "muy bueno", según su estándar de perfección para la creación (Gn. 1:31). En ese momento, no había corrupción ni muerte. La evolución del mundo queda descartada por esta afirmación, ya que requiere decadencia y muerte.

LA CREACIÓN DEBÍA GLORIFICAR A DIOS

Dios creó para manifestar su gloria (Is. 43:7; 60:21; 61:3; Ez. 36:21-22; 39:7; Lc. 2:14; Ro. 9:17; 11:36; 1 Co. 15:28; Ef. 1:5-6, 9, 12, 14; 3:9-10; Col. 1:16).[70] Dios no habría planeado un fin supremo distinto a sí mismo, ya que Él es superior a todo lo que existe fuera de Él. Tener su propia gloria como propósito principal era lo único que preservaría

---

70. Berkhof, *Teología sistemática*, 162.

la independencia y la soberanía de Dios. Además, ningún otro objetivo supremo abarcaría todas las cosas, y cualquier propósito menor estaría sujeto al fracaso, ya que las criaturas son finitas.

Creacionismo por fíat

La explicación de la creación que mejor encaja en la doctrina bíblica de la divina creación es el *creacionismo por fíat*, que afirma que Dios creó el universo mediante fíat (o decreto). Este criterio asevera y argumenta que Dios lo creó todo en seis días literales de veinticuatro horas, y que creó al hombre como especial y distinto a todas las demás criaturas, a imagen de Dios. Que Dios creó de forma directa mediante su Palabra es algo que las Escrituras declaran explícitamente (Gn. 1:1-31; 2:7; Éx. 20:11; 31:17; Sal. 33:6; 148:1-6; Jn. 1:3; Col. 1:16; He. 1:2; 11:3; Ap. 4:11).

Los componentes básicos del creacionismo por fíat incluyen los siguientes principios:

1. La creación fue completa e inmediata por el fíat (decreto) del diseñador personal, omnisciente y omnipotente, en seis días literales.
    a. El uso principal del término hebreo *yom* ("día") es el de un día literal de veinticuatro horas, y se utiliza de este modo más de 1600 de las más de 2200 veces que aparece en el Antiguo Testamento.
    b. La palabra hebrea *yom* alude a un día literal de veinticuatro horas cuando está calificada por un número cardinal u ordinal, como en Génesis 1. Allí, los números ordinales también van acompañados por el artículo, que significa que son días literales lo que se tiene, sin duda, en mente.
    c. "Tarde" y "mañana" definen, por lo general, un día de veinticuatro horas.
    d. El orden de los seis días de la creación, seguidos de un día de descanso, es la base para la ley del *Sabbat* (Éx. 20:8-11; 31:15-17).
2. La creación se decidió con inteligencia. Todo fue deliberadamente planeado y creado por Dios para lograr sus objetivos específicos.
3. Génesis 1:1 resume los actos de creación de Dios, mientras que el resto del capítulo repite los detalles. Génesis 1:1 asevera todo el proceso de la creación; 1:2 describe la primera etapa de la creación como "desordenada y vacía"; y 1:3-31 desarrolla las etapas posteriores de la configuración de la creación original.
4. Los organismos vivos fueron creados completos y divididos en "especies" bien definidas, con una adaptabilidad innata a los cambios ambientales, una adaptabilidad en sí mismos, que no trasciende los límites de la "especie".
5. El hombre y la mujer fueron creados por Dios como apogeo de la creación. Fueron hechos completos y aparte del resto de la creación, a imagen de Dios, para tener dominio sobre el mundo (Gn. 1:26-30; 2:7, 18-25; Sal. 8:3-8; Mt. 19:4-5; Lc. 3:38; Ro. 5:12-14; 1 Co. 15:45-49; 2 Co. 11:3; 1 Ti. 2:12-14; Jud. 14). El cuerpo humano fue creado del polvo de la tierra, pero el alma/espíritu fue creado directamente por el acto inmediato de Dios. El hombre tiene, a la vez, aspectos materiales e inmateriales.
6. La creación fue seguida por procesos de conservación.
7. La tierra es relativamente joven; tal vez tiene menos de diez mil años.
8. Existe una neta disminución en la complejidad del orden creado a medida que el tiempo avanza.

9. La historia geológica está marcada por el catastrofismo global de la postcreación. La Biblia indica un diluvio a nivel mundial, con un trastorno atmosférico, topográfico y geológico creado (Gn. 6–8). Consistió en aguas que descendieron del cielo en torrentes, aguas encima y debajo de la tierra que se elevaron hasta cubrir por completo la tierra hasta tapar las montañas más altas que tenemos hoy en la tierra, y una rotura del terreno.

Los milagros divinos[71]

La Biblia define el milagro mediante diversas palabras que describen el "espectro de efectos" de un milagro. Cuatro palabras hebreas revelan, en el Antiguo testamento, las diversas sombras de un milagro:

1. *Péle* tiene la idea básica de "maravilla" (Éx. 15:11; Sal. 77:11).
2. *Ot* indica una "señal" que establece una certeza que no estaba presente previamente (Éx. 4:8-9; Nm. 14:22; Dt. 4:34).
3. *Gueburá* significa "fuerza" o "poder" (Sal. 145:4, 11-12; 150:2).
4. *Mofét* significa básicamente "prodigio", "señal" o "portento". Se usa con frecuencia en conjunción con *ot,* como en Deuteronomio 4:34; 6:22; Nehemías 9:10.

El Nuevo Testamento usa cuatro palabras en griego que corresponden exactamente a los términos hebreos veterotestamentarios:

1. *Téras* ("prodigio") describe el milagro que asusta o impone. Su carácter extraordinario indica la maravilla o el prodigio que el milagro inspira. *Téras* no aparece solo en el Nuevo Testamento, pero siempre es acompañado por *semeíon* ("señal"). Forma la contrapartida griega a *mofét* y *péle* (véase Dt. 4:34 en la Septuaginta). Cristo ilustra el uso en Hechos 2:22, y también lo hacen los apóstoles en Hebreos 2:4.
2. *Semeíon* ("señal") lleva a la persona más allá del milagro. No es valioso por lo que es en sí, sino más bien por aquello a lo que apunta. Es la contrapartida griega de *ot* (véase Nm. 14:22 en la Septuaginta).
3. *Dúnamis* ("poder" o "milagro") describe el poder que subyace al acto y apunta a un poder nuevo y superior. Corresponde a su equivalente hebreo *gueburá* (véase Sal. 144:4 en la Septuaginta).
4. *Érgon* ("obra") es un término que Jesús usa en los Evangelios para describir obras distintivas que nadie más realizó (véase Jn. 15:24).

Estos diversos elementos constituyen un milagro bíblico. Al integrar cada aspecto descriptivo, el milagro de Dios puede definirse como sigue:

> Un fenómeno observable producido directamente por Dios de un modo poderoso o por medio de un agente autorizado (*dúnamis*), cuyo carácter extraordinario capta la atención inmediata del espectador (*téras*), que apunta a algo más allá del fenómeno

---

[71]. Esta explicación de milagros divinos está adaptada de Richard Mayhue, *The Healing Promise: Is It Always God's Will to Heal?* (Fearn, Ross-shire, Escocia: Mentor, 1997), 164-173. Usado con permiso de Christian Focus. Para más sobre la naturaleza temporal y la función reveladora de los milagros, véase "Dones temporales (reveladores/confirmatorios)" en el cap. 5: "Dios Espíritu Santo" (p. 390).

(*semeíon*), y que es una obra distintiva cuya fuente no se le puede atribuir a nadie, sino a Dios (*érgon*).

Resumido a su significado esencial, el milagro se puede describir como la suspensión de las leyes naturales por parte de Dios, y su alcance personal en la vida de las personas para reordenarlas, tanto a ellas como a sus circunstancias, conforme a su voluntad.

El bosquejo siguiente describe las diversas obras de Dios. Con el uso de estas definiciones se puede evitar alguna confusión semántica:

I. Las obras de Dios que originaron la creación
II. Las continuas obras de providencia de Dios
    A. Sobrenaturales/milagrosas/inmediatas
       1. Sin intermediación humana
       2. Con intermediación humana
    B. Naturales/no milagrosas/mediadas
       1. Explicables/leyes conocidas
       2. Inexplicables/leyes desconocidas

Todas las obras indicadas más arriba implican la participación divina de Dios en algún nivel. Con respecto a la sanidad, por ejemplo, cualquier recuperación física puede denominarse *curación divina,* pero no toda sanación puede calificarse de *milagrosa*.

Según la definición bíblica, los milagros excluyen la necesidad de medios secundarios y no se ven limitados por las leyes de la naturaleza. Implican la intervención sobrenatural de Dios. Los milagros de Jesús nunca fueron limitados; jamás se dudó de ellos; se realizaron en público; fueron abundantes e instantáneos. Cualquier cosa que reivindique hoy el título de *milagro,* también debería poseer estas cualidades. Tristemente, la iglesia contemporánea tiende a trivializar la idea de los milagros, y le atribuye el adjetivo *milagroso* a cualquier cosa que se sale de lo ordinario.

Asimismo, los milagros no producen espiritualidad de forma automática en aquellos que los presencian. Una vez liberados de la esclavitud egipcia mediante milagros, los israelitas degeneraron con suma rapidez en adoradores de ídolos (Éx. 32), aun cuando los maravillosos milagros de Dios seguían frescos en su mente. Elías realizó milagros espectaculares de Dios; a pesar de ello, el remanente creyente de Israel se hizo tan pequeño (siete mil personas) que el profeta pensó que libraba él solo la batalla (1 R. 19). Después de que Jesús alimentara a los cinco mil y hablara del significado del milagro, muchos de sus discípulos se retiraron y no siguieron caminando con Él (Jn. 6:66).

Hoy ocurre justo lo contrario. Mientras que los testigos de los auténticos milagros de Cristo en el siglo I se apartaron de estos y de Él (Jn. 9:13-22), los cristianos del siglo XXI parecen curiosamente atraídos por experiencias que ni siquiera merecen ser comparadas con los milagros de Cristo.

La providencia divina

    Alcance
    Advertencia respecto a las "leyes de la naturaleza"
    Preservación divina del universo

Concurrencia divina en todos los acontecimientos
Gobierno divino en todas las cosas para fines preordenados

La providencia divina es la preservación de la creación por parte de Dios, su operación en cada acontecimiento del mundo y su dirección de las cosas del universo hacia el final que Él tiene asignado para ellas.

Alcance

La providencia de Dios abarca lo siguiente: el universo en su conjunto (Sal. 103:19; Dn. 4:35; Ef. 1:11), la esfera física (Job 37:1-13; Sal. 104:14; 135:6; Mt. 5:45), los animales (Sal. 104:21, 28; Mt. 6:26; 10:29), las naciones (Job 12:23; Sal. 22:28; 66:7; Hch. 17:26), el nacimiento y la vida del hombre (1 S. 1:19-20; Sal. 139:16; Is. 45:5; Gá. 1:15-16), los éxitos y los fracasos del hombre (Sal. 75:6-7; Lc. 1:52), las cosas que parecen accidentales o sin importancia (Pr. 16:33; Mt. 10:30), la protección de su pueblo (Sal. 4:8; 5:12; 63:8; 121:3; Ro. 8:28), la provisión para su pueblo (Gn. 22:8, 14; Dt. 8:3; Fil. 4:19), la respuesta a las oraciones (1 S. 1:9-19; 2 Cr. 33:13; Sal. 65:2; Mt. 7:7; Lc 18:7-8), y el juicio de los impíos (Sal. 7:12-13; 11:6).[72]

En el estudio de la providencia de Dios se efectúa una importante distinción entre su providencia general y su providencia especial/específica. La providencia general de Dios implica su control del universo en su conjunto (Sal. 103:19; Dn. 2:31-45; Ef. 1:11). Su providencia especial/específica abarca su control de los detalles del universo, incluidos los de la historia (Hch. 2:23) y los de la vida de las personas individuales, sobre todo de los escogidos (Ef. 1:3-12). Algunos teólogos, como los del teísmo abierto, están dispuestos a conceder que Dios tiene una providencia general, pero niegan su providencia específica en la vida de las personas. Sin embargo, Romanos 8:28-30 y Efesios 1:1-12 muestran que el control de Dios sí se extiende a la vida de las personas, en particular de sus elegidos.

Advertencia respecto a las "leyes de la naturaleza"

Antes de considerar los principales componentes de las obras de providencia de Dios, es importante notar que las "leyes de la naturaleza" no son normas que Dios esté sujeto a seguir. Más bien son lo que las personas han percibido como principios normales y procesos del universo. Desde la Ilustración de los siglos XVII y XVIII, muchos han negado la posibilidad de los milagros, porque violan las leyes de la naturaleza. En respuesta a tales argumentos, las Escrituras enseñan que Dios es el Creador, el gobernador y el sustentador de la naturaleza. Las leyes de la naturaleza son las formas normales en que Él sostiene el universo. Sin embargo, estas leyes están bajo el control soberano de Dios, de modo que Él tiene el derecho y el poder de suspenderlas al realizar milagros. Como Él es un Dios de orden, su operación del universo tiene regularidad. Sin embargo, las leyes de la naturaleza no deberían considerarse como independientes de Dios, ni cerrando el universo a su interferencia, sino como el medio personal que Dios ordenó

---

72. Philip Schaff, *History of the Christian Church* (Grand Rapids, MI: Associated Publishers & Authors, s.f.), 3:168. Véase también John M. Frame, *Systematic Theology: An Introduction to Christian Belief* (Phillipsburg, NJ: P&R, 2013), 146-170. Frame enumera lo siguiente, bajo el control universal de Dios: el mundo natural, la historia humana, la vida humana individual, las decisiones humanas, los pecados, la fe y la salvación.

para el funcionamiento normal del universo. Y las leyes de la naturaleza no deberían verse inviolables cuando producen los mismos efectos en todas las condiciones. En su lugar, deberían entenderse como la forma normal en que Dios produce efectos en el universo, aunque suele usarlas en combinaciones distintas que resultan en efectos diversos. Así, una "ley" no suele funcionar por sí misma, sino que Dios emplea múltiples circunstancias y combina "leyes" distintas, según le parece.

Preservación divina del universo[73]

El primer aspecto importante de la providencia de Dios es su preservación del universo. Esta preservación es la obra siempre activa del Dios trino por medio de Dios Hijo para mantener las cosas que Él creó, con todas las características y las dinámicas que Él les dio.

Dios Hijo siempre "sustenta [gr. *féro*, 'lleva activamente'] todas las cosas con la palabra de su poder" (He. 1:3). En Cristo, "todas las cosas... subsisten [gr. *sunístemi*, 'subsisten']" (Col. 1:17). El apóstol Pablo dijo que en Dios "vivimos, y nos movemos, y somos" (Hch. 17:28). Y Pedro afirmó que "los cielos y la tierra que existen ahora, están reservados por la misma palabra, guardados para el fuego en el día del juicio y de la perdición de los hombres impíos" (2 P. 3:7). Dios reveló que Él sostiene la respiración de las personas y de los animales, y que si "recogiese así su espíritu y su aliento, toda carne perecería juntamente y el hombre volvería al polvo" (Job 34:14-15). Y cuando Dios retira el aliento de los animales, "dejan de ser, y vuelven al polvo" (Sal. 104:29).

Dios preserva todas las cosas conforme a las propiedades propias de estas, mientras Él quiere que existan. Dios salvaguarda lo que Él creó; no crea nuevos átomos, moléculas ni energía. Dios protege la dinámica de la naturaleza en relativa estabilidad y predictibilidad, para que la ciencia y la tecnología sean posibles. Sin embargo, siempre retiene el derecho soberano de suspender o poner fin a los procesos normales de la naturaleza. En el futuro, dará a su pueblo cuerpos resucitados que nunca morirán, y los procesos presentes de la muerte y la decadencia dejarán de existir. Las "leyes de la naturaleza" serán diferentes en el estado eterno (Ap. 21:1–22:5).

Concurrencia divina en todos los acontecimientos[74]

El segundo aspecto importante de la providencia de Dios es su concurrencia en todos los sucesos. Es su operación con las cosas creadas, que las hace actuar (ya sea por medio de una actuación directa o de su ordenación a través de causas secundarias), según sus propiedades.

Los ejemplos abundan en las Escrituras. José afirmó que Dios, y no sus hermanos, lo enviaron a Egipto (Gn. 45:5-8). El Señor (Jehová) dijo que estaría con Moisés y que capacitaría su boca para que hablara en su nombre (Éx. 4:11-12). El Señor prometió librar de los enemigos a Josué y al pueblo de Israel; los israelitas aún tenían que atacar, pero el Señor les proporcionó una gran victoria (Jos. 11:6). Dios vuelve el corazón de

---

73. Grudem, *Teología sistemática*, 329-30. Véase también Frame, *Systematic Theology*, 174.
74. Berkhof, *Teología sistemática*, 202-207; Frame, *Systematic Theology*, 180-82; Grudem, *Teología sistemática*, 330-335. Grudem argumenta que Dios provoca la actuación de lo siguiente: la creación inanimada, los animales, los acontecimientos que parecen "aleatorios", los asuntos de las naciones y todos los aspectos de la vida de los individuos.

un rey para que haga lo que Él quiere (Pr. 21:1), y fue lo que hizo con el rey de Asiria para que ayudara al pueblo a edificar el templo (Esd. 6:22). El Señor le dio al pueblo de Israel la capacidad de adquirir riqueza (Dt. 8:18). Dios obra en los creyentes "así el querer como el hacer, por su buena voluntad" (Fil. 2:13). Dios ha ordenado los actos malvados, como cuando provocó que Simei maldijera a David (2 S. 16:11). Utilizó a Asiria para castigar a su pueblo (Is. 10:5). "Puso" un espíritu mentiroso en la boca de los profetas de Acab (1 R. 22:23).

La concurrencia de Dios en todos los acontecimientos no lo involucran en el pecado. Los hombres pecan conforme a la predeterminación de Dios en su decreto, pero por causas secundarias, de modo que Dios no provoca de forma directa ni efectiva los actos de pecado (Gn. 45:5-8; 50:19-20; Éx. 10:1, 20; 2 S. 16:10-11; Is. 10:5-7; Hch. 2:23; 4:27-28). Asimismo, Dios refrena a menudo el pecado (Job 1:12; 2:6) o convierte un acto malvado para que tenga buenos efectos (Gn. 50:20; Sal. 76:10; Hch. 3:13).

Que Dios use segundas causas (causas indirectas) ayuda a explicar su concurrencia en los acontecimientos. La dinámica de la naturaleza no funciona por sí misma, sino que Dios provee su energía en cada acto (contra el deísmo). Las causas secundarias son reales, no idénticas al poder de Dios, de lo contrario no hay concurrencia de la Primera Causa (Dios) con las secundarias (cosas creadas). Dios hace más que proveer sencillamente la energía a las segundas causas para que hagan algo; Él dirige las acciones de las segundas causas para el fin que Él pretende. De esta forma, Dios, y no el hombre, está en control. Por supuesto, Dios también puede trabajar por causalidad directa si así lo elige.

Esta concurrencia no es un sinergismo cooperativo, que involucraría la participación parcial tanto de Dios como del hombre. Más bien, ambos están totalmente ocupados en causar esta acción. En el fondo, la voluntad de Dios subyace al acto y Él proporciona energía. Sin embargo, el hombre, como segunda causa, inicia la acción a tiempo, en respuesta a la causalidad directa de Dios o en respuesta a los propios deseos del hombre según los estimulen las circunstancias. Dios inicia la concurrencia y tiene prioridad de acción; de otro modo, el hombre sería independientemente soberano en sus actos. Como es lógico, la concurrencia de Dios antecede a la acción humana y predetermina todo lo que está fuera de Él. La disposición no es que el hombre inicie un acto al que Dios se une después de que se haya originado. Él no provee energía en general, sino energía real para llevar a cabo los actos específicos de su decreto.

La concurrencia de Dios también es simultánea. El hombre no es independiente de Dios en nada de lo que hace. Con su voluntad eficaz, Dios siempre acompaña al hombre, aunque sin coaccionarlo para violar su naturaleza en acto alguno. Existe un obrar simultáneo y el acto es el producto de ambas causas (Dios y el hombre), aunque de formas distintas. Como lo describe Berkhof: "Esta actividad divina acompaña la acción del hombre en todo punto; pero sin despojar al hombre en ninguna forma de su libertad. La acción permanece como un acto libre del hombre, un acto por el que él se debe considerar responsable".[75]

---

75. Berkhof, *Teología sistemática*, 204.

Gobierno divino de todas las cosas para fines preordenados

El tercer aspecto importante de la providencia de Dios en el universo es su *gobierno divino de todas las cosas*. Esto involucra el gobierno activo continuo de Dios sobre todas las cosas para que, a través de ellas, Él cumpla su propósito supremo de su propia glorificación.

Dios gobierna como Rey del universo.[76] El tema principal de la Biblia es el reinado glorioso del Dios trino, de modo que su idea central es el reino de Dios sobre toda creación. Dios retiene y ejerce siempre el gobierno soberano en y sobre todos los asuntos del universo. Dios es Rey y, a la vez, Padre (Mt. 11:25; Hch. 17:24; 1 Ti. 1:17; 6:15; Ap. 1:6; 19:6).

Dios adapta su gobierno a la naturaleza de las criaturas. Él gobierna de forma general la esfera física mediante sus leyes de la naturaleza, y la mente por medio de las propiedades de estas. Dios gobierna de forma mediata a los seres humanos en sus elecciones morales, mediante "influencias morales, tales como circunstancias, motivos, instrucción y ejemplo", y también a través de la operación divina directa del Espíritu Santo en su naturaleza interna.[77]

El gobierno de Dios se extiende sobre todas sus obras, pasadas, presentes y futuras (Sal. 22:28-29; 103:17-19; Dn. 4:34-35; 1 Ti. 6:15). Se detalla, incluso sobre las cosas más pequeñas (Mt. 10:29-31), sobre las cosas que podrían atribuirse, por lo común, a la suerte (Pr. 16:33), y sobre los actos buenos y malos de los hombres (Fil. 2:13; Hch. 14:16). Dios es el Rey de Israel que salvará y restaurará a su pueblo (Is. 33:22), y el Rey sobre todas las naciones; Él tiene la autoridad suprema sobre toda la tierra (Sal. 47).

El problema del mal y la teodicea

Teodicea bíblica
Una perspectiva bíblica sobre el mal
Teodicea compatibilista
Teodicea en la evangelización

Uno de los argumentos más persistentes contra la existencia de Dios se basa en la existencia del mal físico y moral en el mundo. La pregunta a la que muchos incrédulos dan voz es: Si Dios es real, perfectamente bueno y omnipotente, ¿cómo puede existir el mal? John Frame detalla el clásico "problema del mal" como sigue:

Premisa 1: Si Dios fuera todopoderoso, sería capaz de impedir el mal.
Premisa 2: Si Dios fuera bueno, desearía impedir el mal.
Conclusión: Por tanto, si Dios fuera todopoderoso y bueno, no existiría el mal.
Premisa 3: Pero el mal existe.
Conclusión: Por lo tanto, no hay Dios todopoderoso y bueno.[78]

---

76. Para una exposición más amplia sobre la condición de rey de Dios, véase "¿Cuál es el tema general y unificador de las Escrituras?" en el cap. 1, "Introducción" (p. 43), y el cap. 10, "El futuro".

77. Berkhof, *Teología sistemática*, 207. Véase también Frame, *Systematic Theology*, 172-174; Grudem, *Teología sistemática*, 345-346.

78. John M. Frame, *Apologetics to the Glory of God: An Introduction* (Phillipsburg, NJ: P&R, 1994), 150.

El problema del mal tiene en cuenta tanto el mal físico (p. ej., las catástrofes, la enfermedad, el dolor, la muerte) como el mal moral (el pecado).

La respuesta cristiana al problema del mal se denomina teodicea, que viene de las palabras griegas *theós* y *diké*. Estas palabras combinadas significan "audiencia judicial de Dios" (para *diké*, véase 2 Ts. 1:9; Jud. 7), o la "justificación de Dios". La teodicea involucra la reivindicación de la justicia de Dios contra la acusación de que la presencia del mal en la creación muestra que Él es injusto, impotente, ambas cosas o que no existe. La teodicea declara que Dios es todopoderoso y bueno, aun cuando no parezca ser el caso, ya que el mal existe en la creación.

Teodicea bíblica

La única teodicea adecuada procede de la Biblia. Cuando Dios es el único acusado en el tribunal de la opinión humana, la Palabra de Dios provee suficiente defensa. Dios proporciona su propia teodicea a medida que su Palabra lo revela. John Frame ha expuesto principios que establecen a Dios y su Palabra como la teodicea que es la respuesta legítima al problema del mal.[79]

Las Escrituras no suponen nunca que Dios deba explicar sus acciones, más bien aseveran que Él tiene derecho a que se confíe en Él. En el relato de Génesis 3, respecto al principio del mal moral y físico, Dios no explica el origen del mal en Satanás ni cómo Adán y Eva pudieron pecar en un mundo perfecto. Adán insinuó que la culpa era de Dios, pero este no se defendió y, en su lugar, condenó al hombre. En la narrativa de Génesis 22, sobre el sacrificio de Isaac, Dios no explica de qué forma armoniza su orden de sacrificar al muchacho con su bondad. Según Éxodo 33:19, Dios no se someterá al juicio del hombre, sino que mostrará gracia y misericordia a quien Él quiera sin necesidad de explicar sus actos.

En Job 38–41, después de que los amigos de Job lo culparan de ser la causa de su sufrimiento, y tras haber expresado el patriarca su deseo de apelar a Dios, Dios formula preguntas y afirma que el hombre es incapaz de entender las obras de Dios en su distribución del bien y el mal. Dios no explica nunca por qué Job tuvo que sufrir. Y el libro de Job tampoco explica por qué tuvo que padecer como respuesta a las acusaciones de Satanás. Job quiso cuestionar a Dios, pero sucedió a la inversa. En Ezequiel 18:25-30 Dios no se defiende contra la acusación de injusticia de Israel, sino que condena a los israelitas por su injusticia.

En la parábola de los labradores de la viña, en Mateo 20:1-16, el amo presenta su palabra como fiable. La perspectiva adecuada muestra la generosidad del señor de la viña y ninguna injusticia por su parte.

De manera similar, en Romanos 3:4-6, Pablo no formula preguntas sobre la justicia de Dios, sino que reprende tales preguntas y hace valer los derechos de Dios como Señor soberano. En Romanos 9:15-20, Pablo afirma el derecho soberano de Dios a hacer lo que le plazca; cuestionar a Dios es una irrespetuosa "impertinencia". Según Pablo, el hombre es desobediente en sus quejas contra Dios, que no está obligado a explicar sus actos para satisfacer el intelecto humano con respecto al problema del mal. La soberanía

---

79. Frame, *Apologetics to the Glory of God*, 171-190. Las secciones siguientes sintetizan ampliamente los principios de Frame respecto a cómo se establece la teodicea bíblica.

de Dios debe reafirmarse siempre. La Palabra de Dios es absolutamente confiable, y las Escrituras son claras: Dios es santo, no injusto.

Una perspectiva bíblica sobre el mal

La teodicea bíblica adecuada reconoce el derecho de Dios de hacer lo que le plazca, de no explicarse, de condenar a los pecadores por el mal del mundo y de llamar a los pecadores a aceptarlo como remedio para el mal. Dios es justo y bueno, porque la justicia y la bondad son su naturaleza misma. Dios reivindica su justicia al ayudar a su pueblo a considerar la historia desde su perspectiva.

En primer lugar, Dios da perspectiva sobre el pasado. Él siempre se ha justificado a sí mismo al poner fin a los períodos de sufrimiento mediante un acto de gracia. Él proveyó a Moisés para que acabara con cuatrocientos años de esclavitud. Y hasta Moisés tuvo que aguardar cuarenta años para recibir esta encomienda. El viaje por el desierto fue un período de espera que culminó con la entrada en la tierra prometida. Incluso este trayecto tuvo temporadas de espera para recibir agua y comida, y todos acabaron mediante la preservación de Dios por gracia. La alternancia entre los períodos de espera y las visitaciones divinas continuaron en los ciclos de esclavitud y los de liberación bajo los jueces y en el reino dividido. Todo el período del Antiguo Testamento fue un tiempo para aguardar el cumplimiento del pacto abrahámico. En la etapa veterotestamentaria, la longitud de tiempo suponía una dialéctica entre la justicia y la misericordia que planteaba una pregunta sobre la coherencia de la justicia y la misericordia de Dios. La justicia se había predicho, pero Dios también prometió cumplir sus promesas. A pesar de ello, este hecho suscitó la pregunta de cómo podían reconciliarse y armonizar la justicia y la misericordia de Dios sin comprometer una de ellas o ambas. La justicia de Dios provocó preguntas respecto a su misericordia, y esta sobre su justicia.

Jesús resolvió el problema veterotestamentario del mal mediante la armonización de la justicia y la misericordia divinas. Por su muerte expiatoria, Él *es* la teodicea divina que reivindica en la cruz tanto la justicia divina como la misericordia (Ro. 3:26; 5:8-9, 20-21). La gracia reina por medio de la justicia, que se revela en el evangelio de gracia (Ro. 1:17). Así, a través de la gracia, Dios nos mueve a alabar su justicia. Muchos santos del Antiguo Testamento sufrieron con mayor dureza que cualquier creyente contemporáneo y, sin embargo, murieron antes de ver a Dios vencer el mal por medio de la cruz de Cristo. Tuvieron que confiar en que Dios se reivindicaría un día a sí mismo. ¡Cuánto más deberían confiar en Dios los creyentes del nuevo pacto para vindicar su justicia al regreso de Cristo, según sus fieles promesas!

En segundo lugar, Dios da perspectiva sobre el presente. Las Escrituras nos muestran que Dios siempre ha usado el mal, y ahora mismo sigue sirviéndose del mismo, para cumplir sus propósitos para el bien. La solución del problema del mal debe ser teocéntrico y no antropocéntrico. No debe tener por objetivo hacer al hombre más feliz ni más libre, sino glorificar a Dios. La defensa del bien superior solo es válida si se considera que ese bien mayor es lo que glorifica a Dios de un modo más pleno que el bien menor. La felicidad del hombre solo llega por medio de los caminos que glorifican a Dios: la obediencia, la abnegación y el sufrimiento mientras se anticipa la gloria final. Cuando se logra el bien superior de Dios, de la glorificación divina, los creyentes y toda la creación (excluidos los incrédulos) tendrán su propio bien mayor (Ro. 8:28).

Aunque no nos proporciona explicaciones exhaustivas sobre todo el mal y aunque nos pide que tengamos paciencia en medio de las adversidades, las Escrituras muestran algunas formas en que Dios usa el mal para favorecer sus propósitos: exhibir la gracia divina y la justicia (Ro. 3:26; 5:8, 20-21; 9:17); juzgar el mal en el presente y en el futuro (Mt. 23:35; Jn. 5:14); redimir a través de los sufrimientos de Cristo (1 P. 3:18); expandir el testimonio del evangelio por medio del sufrimiento del pueblo de Cristo (Col. 1:24); impresionar a los incrédulos, captar su atención y requerir un cambio de corazón (Zac. 13:7-9; Lc. 13:1-5; Jn. 9); disciplinar a los creyentes (He. 12:3-17); y reivindicar a Dios (Ro. 3:26).

Dios asegura que siempre tiene un propósito para la gloria de sí mismo y para el bien de su pueblo en todo acontecimiento (Ro. 8:28). Todas las evidencias de que Dios usa el mal para bien deberían alentar a su pueblo a confiar, con fe, en que los males que hoy no tienen explicación tienen el propósito divino de ser para bien.

En tercer lugar, Dios da perspectiva sobre el futuro. Las Escrituras prometen que Dios será finalmente reivindicado y los creyentes serán liberados por completo del mal. En el futuro, el sufrimiento acabará en gloria para los creyentes, y la prosperidad terminará en juicio para los impíos (Sal. 73; Is. 40; Mt. 25; Lc. 1:46-55). Cuando Dios parece injusto en el presente, es necesario esperar la gloria y el juicio de Dios (Hab. 2:2-3) y recordar sus hechos pasados (Hab. 3:1-18). En la consumación futura, nadie dudará de la justicia y la misericordia de Dios. No es que Él vaya a proporcionar una teodicea teórica final y exhaustiva, sino que cuando sea revelado a todos en el segundo advenimiento de Cristo, todas las dudas se transformarán en avergonzado silencio o alabanza reverencial. Y cuando Cristo reine en perfecta justicia, no existirá más el problema del mal. Si se cree en la reivindicación divina final, solo es necesario confiar ahora en que el problema del mal está resuelto en la mente y en el consejo soberano de Dios. Por tanto, las Escrituras no responden al problema del mal con un razonamiento filosófico, sino con la seguridad divina de la reivindicación divina final. Todos los cristianos deberían seguir este patrón a la hora de articular una teodicea para el mundo en el presente.

Finalmente, las Escrituras proporcionan la perspectiva adecuada al servir como medio por el cual Dios les proporciona un nuevo corazón a los creyentes. A través de la Palabra de Dios, el Espíritu salva y transforma la duda en fe, humilla a las personas de su orgullosa autonomía y los lleva a dar gracias por la misericordia de Dios. Por medio de su Palabra, Dios da un nuevo corazón con el cual se ve, se cree y se alaba a Cristo (1 Co. 2:12-13). El cambio de valores que se proporciona con el nuevo corazón eleva la mirada de la persona por encima de los males de esta vida y la deposita en el Dios que acabará poniéndole fin al mal y que incluso ahora lo usa para su propósito. Esta nueva perspectiva es la teodicea cristiana.

Teodicea compatibilista

El compatibilismo sostiene que, cuando el libre albedrío humano se define de la forma adecuada, este y el determinismo divino son ideas complementarias; es decir, que es posible aceptar ambos sin ser lógicamente incoherentes. El compatibilismo sostiene que el libre albedrío de la persona es libre dentro de las limitaciones de la propia naturaleza. La voluntad no regenerada del ser humano solo es libre dentro de las limitaciones de la finitud y la depravación humanas. Dado que el ser humano depravado no puede obedecer a Dios, los humanos caídos solo son libres para pecar. Las personas caídas pecan libremente porque quieren pecar, y lo hacen sin coacción. La teodicea bíblica está en consonancia con su visión compatibilista de la libertad humana.[80] La teodicea bíblica no supone que el hombre, en su estado caído, tenga la capacidad de obedecer a Dios, sino más bien que en su naturaleza corrupta los seres humanos caídos solo escogen lo que sirve a su propio placer y poder. Los siguientes principios bíblicos explican cómo puede ser verdad todo esto:

1. Dios predetermina todos los acontecimientos (Ef. 1:11).
2. La caída resultó en dificultades físicas y catástrofes (Is. 45:7; Ro. 8:20-22).
3. Dios predetermina el pecado, pero hace al hombre responsable del suyo (Hch. 2:23; 4:27-28; 14:16).
4. Dios endurece a los pecadores en el pecado (Ro. 9:18).
5. Dios nunca tienta a las personas para que pequen (Stg. 1:13).
6. En las Escrituras no se culpa nunca a Dios por el pecado ni se le describe como disfrutando del pecado que Él permite (Sal. 5:4).
7. Dios nunca coacciona al hombre para que peque, pero ordena que este peque libremente y, por tanto, sea culpable (Stg. 1:14-15).
8. Dios controla el pecado de las personas, y obra de forma misteriosa por medio de las causas secundarias (2 S. 24:1, 10; 1 Cr. 21:1).
9. Dios es justificado en su justicia cuando provoca calamidades y juzga el pecado (Is. 45:5-7; Ez. 28:22; Jn. 9:2-5).
10. Dios, por su gracia, ha provisto salvación del pecado para aquellos que crean en Cristo (Ro. 3:24-26).

Teodicea en la evangelización

Cuando los cristianos se relacionan con incrédulos, no deben pensar que pueden reivindicar a Dios mediante principios externos a la Palabra de Dios. En su lugar, deberían expresar la teodicea escrita e inspirada de Dios, mediante la articulación de sus principios. Estos principios bíblicos pueden ilustrarse con relatos personales, pero los principios deberían ser la base de la conversación. Fundamentar la teodicea en principios extrabíblicos no presenta a Dios como Él ha ordenado en las Escrituras.

Al ser la teodicea de Dios, la Biblia reivindica todas sus perfecciones por lo que Él ha revelado sobre lo que Él ha hecho en el pasado, lo que está haciendo en el presente, y lo que hará en el futuro. Al presentar la teodicea de Dios, no se debe caer en la trampa de condescender con lo que el hombre no salvo cree mejor para su felicidad, sino que debe procurar llamar a las personas de su pecaminoso egoísmo al humilde y sumiso arrepentimiento del pecado y a la fe en el Dios verdadero por medio de Jesucristo. No se debe permitir que el hombre no salvo establezca el bienestar humano según sus deseos humanos, y convierta el pensamiento humano en el estándar para la justicia y la misericordia divinas.

---

80. Pettegrew, "Doctrina de Dios", 214-217.

La glorificación de Dios[81]

Actividades dirigidas por Dios
Actividades dirigidas por el cristiano
Actividades dirigidas por el incrédulo

La gloria de Dios domina las Escrituras. Algunos han sugerido que la *gloria* es el tema unificador de la Biblia. Que el término aparezca más de cuatrocientas veces en las Escrituras respalda esta posibilidad. Sin embargo, dado que la gloria de Dios es completa, ¿cómo pueden los cristianos añadir algo a ella? ¿Por qué ordenan las Escrituras a los creyentes que le den gloria? Como explica 2 Corintios 3:18: "Nosotros todos, mirando a cara descubierta como en un espejo la gloria del Señor, somos transformados de gloria en gloria en la misma imagen, como por el Espíritu del Señor".

Por analogía, Dios es para los cristianos lo que el sol es a la luna. Así como el sol es la fuente exclusiva de luz, Dios es la única fuente de gloria; así como la luna refleja la luz, los creyentes reflejan la gloria de Dios. Al haber sido fracturada la imagen de Dios en el hombre por la caída, los seres humanos pecaminosos refractan más la gloria de Dios de lo que la reflejan de vuelta hacia Él. Sin embargo, una vez que empiezan los creyentes a ser transformados a la misma imagen en el momento de la salvación, reflejan más de lo que refractan. Así, la gloria de Dios se devuelve cada vez más a Él, así como Él la transmitió a sus amados. Así es como los cristianos pueden darle algo a Dios que Él solo posee y que no comparte con nadie (Is. 42:8; 48:11).

¿Qué se puede hacer para glorificar a Dios? Se pueden identificar y explorar tres esferas. Las actividades glorificantes del creyente aparecen bajo tres categorías: actividades (1) dirigidas por Dios, (2) dirigidas por el cristiano y (3) dirigidas por el incrédulo.

Actividades dirigidas por Dios

Por definición, ser Dios incluye ser glorioso. Muchos títulos reflejan la gloria de Dios:

1. "El Señor de gloria" (1 Co. 2:8)
2. "La magnífica gloria" (2 P. 1:17)
3. "El Rey de gloria" (Sal. 24:7-10)
4. "El glorioso Espíritu de Dios" (1 P. 4:14)

La mayoría de la gloria de Dios que los cristianos vuelven a reflejar hacia Él llega a través de los actos de devoción y adoración personales dirigidos por Dios. Más abajo se enumeran veinte actividades de adoración personal que glorifican a Dios, y que empiezan con aquellas que son dirigidas por Dios y, a continuación, las dirigidas por el cristiano y las dirigidas por el incrédulo.

1. Vivir con propósito: "Si, pues, coméis o bebéis, o hacéis otra cosa, hacedlo todo para la gloria de Dios" (1 Co. 10:31). El famoso predicador estadounidense del siglo XVIII, Jonathan Edwards (1703–1758) aplicó este pensamiento a su vida mediante la

---

[81]. Esta sección ha sido adaptada de Richard Mayhue, *Seeking God: The Pathway of True Spirituality* (2000; reimpr. Nashvilles: Lifeway, 2015), 228-233: Usado con permiso del autor.

siguiente resolución: "Voy a hacer todo aquello que piense que sea más para la gloria de Dios".[82] Enmarcó la imagen de su vida, en todos los aspectos, dentro de la gloria de Dios. Al imitar esta meta, los creyentes pueden ser una respuesta a la oración de Pablo por los filipenses (Fil. 1:9-11).

2. Confesar los pecados: "Entonces Josué dijo a Acán: Hijo mío, da gloria a Jehová el Dios de Israel, y dale alabanza, y declárame ahora lo que has hecho; no me lo encubras" (Jos. 7:19). Seguir en pecado es una afrenta a la santidad de Dios (Ap. 16:9), pero confesar los pecados reconoce la santidad de Dios y le da gloria.

3. Orar con expectación: "Y todo lo que pidiereis al Padre en mi nombre, lo haré, para que el Padre sea glorificado en el Hijo" (Jn. 14:13). Las oraciones en el nombre de Cristo glorifican al Padre. Sería sabio empezar a orar con la petición de Moisés: "Te ruego que me muestres tu gloria" (Éx. 33:18).

4. Vivir de una forma pura: "Huid de la fornicación. Cualquier otro pecado que el hombre cometa, está fuera del cuerpo; mas el que fornica, contra su propio cuerpo peca. ¿O ignoráis que vuestro cuerpo es templo del Espíritu Santo, el cual está en vosotros, el cual tenéis de Dios, y que no sois vuestros? Porque habéis sido comprados por precio; glorificad, pues, a Dios en vuestro cuerpo" (1 Co. 6:18-20). Glorifica a Dios vivir a la luz de su santo carácter.

5. Someterse a Cristo: "Por lo cual Dios también le exaltó hasta lo sumo, y le dio un nombre que es sobre todo nombre, para que en el nombre de Jesús se doble toda rodilla de los que están en los cielos, y en la tierra, y debajo de la tierra; y toda lengua confiese que Jesucristo es el Señor, para gloria de Dios Padre" (Fil. 2:9-11).

6. Alabar a Dios: "Porque todas estas cosas padecemos por amor a vosotros, para que abundando la gracia por medio de muchos, la acción de gracias sobreabunde para gloria de Dios" (2 Co. 4:15). El samaritano sanado de lepra glorificó a Dios con alabanza, como hicieron los ángeles cuando Cristo nació (Lc. 2:14; 17:11-19). La boca de los cristianos debería llenarse de alabanza y gloria al Señor todo el día (Sal. 71:8).

7. Obedecer a Dios: "Pues por la experiencia de esta ministración glorifican a Dios por la obediencia que profesáis al evangelio de Cristo, y por la liberalidad de vuestra contribución para ellos y para todos" (2 Co. 9:13).

8. Crecer en fe: "Tampoco dudó, por incredulidad, de la promesa de Dios, sino que se fortaleció en fe, dando gloria a Dios, plenamente convencido de que era también poderoso para hacer todo lo que había prometido" (Ro. 4:20-21).

9. Sufrir por amor a Cristo: "Así que, ninguno de vosotros padezca como homicida, o ladrón, o malhechor, o por entremeterse en lo ajeno; pero si alguno padece como cristiano, no se avergüence, sino glorifique a Dios por ello" (1 P. 4:15-16). Pedro sabía lo que escribía, porque años antes Cristo le había dicho con qué tipo de muerte glorificaría a Dios (Jn. 21:19).

10. Regocijarse en Dios: "Gloriaos en su santo nombre; alégrese el corazón de los que buscan a Jehová" (1 Cr. 16:10).

---

82. Jonathan Edwards, "Resolutions", en *The Works of Jonathan Edwards*, vol. 16, *Letters and Personal Writings*, ed. George S. Claghorn (New Haven, CT: Yale University Press, 1998), 753.

11. Adorar a Dios: "Todas las naciones que hiciste vendrán y adorarán delante de ti, Señor, y glorificarán tu nombre" (Sal. 86:9).

12. Llevar fruto espiritual: "En esto es glorificado mi Padre, en que llevéis mucho fruto, y seáis así mis discípulos" (Jn. 15:8).

Actividades dirigidas por el cristiano

La vida cristiana empieza cuando uno se reconcilia con Dios, pero no acaba ahí. Desde la dirección ascendente, ahora nos volvemos hacia dentro, a las formas en que los creyentes pueden glorificar a Dios en la iglesia y entre ellos mismos.

13. Proclamar la Palabra de Dios: "Por lo demás, hermanos, orad por nosotros, para que la palabra del Señor corra y sea glorificada, así como lo fue entre vosotros" (2 Ts. 3:1).

14. Servir al pueblo de Dios: "Cada uno según el don que ha recibido, minístrelo a los otros, como buenos administradores de la multiforme gracia de Dios. Si alguno habla, hable conforme a las palabras de Dios; si alguno ministra, ministre conforme al poder que Dios da, para que en todo sea Dios glorificado por Jesucristo, a quien pertenecen la gloria y el imperio por los siglos de los siglos. Amén" (1 P. 4:10-11).

15. Purificar la iglesia de Cristo: "A fin de presentársela a sí mismo, una iglesia gloriosa, que no tuviese mancha ni arruga ni cosa semejante, sino que fuese santa y sin mancha (Ef. 5:27).

16. Dar de manera sacrificial: "Pues por la experiencia de esta ministración glorifican a Dios por la obediencia que profesáis al evangelio de Cristo, y por la liberalidad de vuestra contribución para ellos y para todos" (2 Co. 9:13).

17. Unificar a los creyentes: "La gloria que me diste, yo les he dado, para que sean uno, así como nosotros somos uno" (Jn. 17:22). Como Cristo nos aceptó, así debemos aceptarnos los unos a los otros, para la gloria de Dios (Ro. 15:7).

Actividades dirigidas por el incrédulo

Primero hacia arriba, luego hacia dentro y ahora hacia fuera. Esto completa el ciclo. Alguien podría preguntar: ¿Cuáles de estas tres es la más importante? Todas tienen la misma importancia, pero el orden en el que se glorifica a Dios es crucial. En primer lugar, uno debe estar establecido en Él antes de ministrarse unos a otros. A continuación, a menos que se esté correctamente en el cuerpo de Cristo, no se puede esperar alcanzar a los perdidos con el evangelio de Cristo.

18. Proclamar la salvación a los perdidos: "Grande es su gloria en tu salvación; honra y majestad has puesto sobre él" (Sal. 21:5). El lenguaje de "para alabanza de su gloria" domina los comentarios de Pablo sobre la salvación (Ef. 1:6, 12, 14). Por tanto, la glorificación de Dios caracterizó la salvación de Pablo (Gá. 1:23-24) y de Cornelio (Hch. 11:18). Como todos han sido destituidos de la gloria de Dios (Ro. 3:23), ser salvos significa que nos restauren esa gloria.

19. Brillar con la luz de Cristo: "Así alumbre vuestra luz delante de los hombres,

para que vean vuestras buenas obras, y glorifiquen a vuestro Padre que está en los cielos" (Mt. 5:16).

20. Difundir el evangelio de Dios: "Porque todas estas cosas padecemos por amor a vosotros, para que abundando la gracia por medio de muchos, la acción de gracias sobreabunde para gloria de Dios" (2 Co. 4:15). Esto demostró ser la experiencia de Pablo en su primer viaje misionero. Cuando los gentiles oyeron el evangelio, se regocijaron, glorificaron a Dios y creyeron (Hch. 13:48).

Icabod, que significa "sin gloria" en hebreo sería lo peor imaginable para un creyente (1 S. 4:21). Es impensable que la gloria de Dios esté ausente del creyente o de la iglesia. Es necesario que la gloria de Dios sea la búsqueda dominante del cristiano.

Que la bienaventuranza del salmista y la doxología de Pablo se practiquen ahora y para siempre:

Bendito Jehová Dios, el Dios de Israel, El único que hace maravillas. Bendito su nombre glorioso para siempre, y toda la tierra sea llena de su gloria. Amén y Amén (Sal. 72:18-19)

Al Dios y Padre nuestro sea gloria por los siglos de los siglos. Amén (Fil. 4:20)

Oración[83]

Oh Padre, los cielos hablan claramente de tu gloria inabarcable,
    y su expansión declara una y otra vez la obra de tus manos:
    "Un día emite palabra a otro día, y una noche a otra noche declara sabiduría"
    sobre ti, nuestro asombroso Creador;
        y es una palabra que todos pueden entender.
El sol se mueve bajo tu dirección en un inmenso circuito.
Tu gloria se manifiesta por todo nuestro sistema solar y más allá,
    desde un extremo de los cielos al otro.
Estamos sobrecogidos ante tu poder incomprensible.

Para nosotros, sin embargo, más maravillosa aún que tu gloriosa creación
    es la revelación de ti mismo en las Escrituras:
    Tu ley, tu testimonio, tus preceptos, tus mandamientos y tus juicios,
    todos son perfectos, seguros, justos, puros, limpios y verdaderos.
Tu Palabra convierte el alma, nos hace sabios,
    nos trae gozo, nos ilumina
    y fomenta la justicia en nosotros.

---

83. El texto original en inglés de esta oración viene de John MacArthur, *At the Throne of Grace: A Book of Prayers* (Eugene, OR: Harvest House, 2011), 52-54. Usado con permiso de Harvest House.

Por ello, deseamos tu Palabra más que
  el oro, y nos parece más dulce que la miel.

Precioso Padre celestial, todo nuestro deleite está en ti.
Los anhelos más profundos de nuestro corazón son ver y celebrar tu gloria.
No estaremos satisfechos de verdad
  hasta contemplar tu rostro en justicia.
Por ello derramamos ahora nuestro amor y te adoramos en oración.
  Confiamos en tus promesas,
  nos regocijamos en tu fidelidad,
  nos gloriamos en tu bondad,
  esperamos en tu Palabra,
  creemos en tu Hijo,
  y descansamos en tu gracia.

Gracias por capacitarnos para descansar con plena tranquilidad.
Sabemos que el pasado, el presente y el futuro están, todos, en tu mano.
Confesamos con gozo que tu plan es mejor,
  tus mandamientos son justos,
  tu sabiduría es sin defecto,
  tu poder es supremo,
  y todos tus caminos son perfectos.
Estás lleno de benignidad, de misericordia, eres santo, recto y lleno de gracia;
  fuente de todo lo que es verdaderamente bueno.
Nos rendimos a ti como nuestro Rey y Redentor,
  y te pedimos que tu voluntad se cumpla en nosotros.

Danos un corazón que confíe sin suspirar ni quejarse
  de lo que tu providencia traiga a nuestra vida.
Báñanos de tu misericordia y tu gracia, como siempre haces,
  y haz que podamos vivir en constante gratitud.
Cuando pequemos y actuemos de un modo rebelde,
  ayúdanos a reconocer nuestra necedad con rapidez y a arrepentirnos.
Luego quita nuestra lúgubre tristeza y
  engalana nuestro corazón de alegría.
  Llénalo de santos cánticos de alabanza.
  Restáuranos para que podamos ser faros de tu gracia.
Venimos a adorarte, Padre, y dependemos de tu perdón y tu poder
  para poder entrar en tu presencia
  y ser acogidos como verdaderos adoradores.
Venimos en el nombre de nuestro Salvador. Amén.

"Canta, canta, alma mía"

Canta, canta, alma mía,
a tu Rey y tu Señor,
al que amante te dio vida
te cuidó y perdonó.
Canta, canta, alma mía,
canta al poderoso Dios.

Canta su misericordia,
que a tus padres protegió.
Cántale pues de su gloria,
te bendice con favor.
Canta, canta, alma mía,
Canta su fidelidad.

Como padre Él te conoce,
sabe tu debilidad.
Con su brazo te conduce,
te protege de maldad.
Canta, canta, alma mía,
prueba de cantar su amor.

Ángeles y querubines,
ayudadme a cantar,
y vosotros, sol y luna,
que los cielos domináis.
Todos juntos, alabemos,
y cantemos su loor. Amén.

—Henry F. Lyte (1793–1847)
 (trad. Roberto E. Ríos)

Bibliografía
Principales teologías sistemáticas

Bancroft, Emery H. *Fundamentos de teología bíblica*. Grand Rapids, MI: Editorial Portavoz, 1986. 42-125.

*Berkhof, Louis. *Teología sistemática*. Grand Rapids, MI: Libros Desafío, 2009. 19-116.

Buswell, James Oliver, Jr. *Teología sistemática*. 4 tomos. Miami, FL: Logoi, 2005. 1:13-173.

Culver, Robert Duncan. *Systematic Theology: Biblical and Historical*. Fearn, Ross-shire, Escocia: Mentor, 2005. 12-225.

Dabney, Robert Lewis. *Systematic Theology*. 1871. Reeditada, Edimburgo: Banner of Truth, 1985. 5-193.

Erickson, Millard J. *Teología sistemática*. Viladecavalls: Editorial Clie, 2008. 287-452.

*Grudem, Wayne. *Teología sistemática: Una introducción a la doctrina bíblica*. Miami, FL: Editorial Vida, 2007. 145-412.

Hodge, Charles. *Teología sistemática*. 2 vols. 1871-1873. Barcelona: Editorial Clie, 1991. 1:147-332, 381-422.

Lewis, Gordon R., y Bruce A. Demarest. *Integrative Theology*. 3 vols. Grand Rapids, MI: Zondervan, 1987–1994. 1:177-335.

Reymond, Robert L. *A New Systematic Theology of the Christian Faith*. Nashville: Thomas Nelson, 1998. 129-414.

Shedd, William G. T. *Dogmatic Theology*, 3 vols. 1889. Reeditado, Minneapolis: Klock & Klock, 1979. 1:151–546; 3:89-248.

Strong, August Hopkins. *Systematic Theology: A Compendium Designed for the Use of Theological Students*. Ed. rev. Nueva York: Revell, 1907. 52-110; 243-443.

Swindoll, Charles R. y Roy B. Zuck, eds. *Understanding Christian Theology*. Nashville: Thomas Nelson, 2003. 137-287.

*Thiessen, Henry Clarence. *Introductory Lectures in Systematic Theology*. Grand Rapids, MI: Eerdmans, 1949. 51-75, 119-188.

Turretin, Francis. *Institutes of Elenctic Theology*. 3 vols. Editado por James T. Dennison Jr. Traducido por George Musgrove Giger, 1679–1685. Reeditado, Phillipsburg, NJ: P&R, 1992–1997. 1:169–538.

*Indica las más útiles.

Obras específicas

*Allison, Gregg R. *Historical Theology: An Introduction to Christian Doctrine*. Grand Rapids, MI: Zondervan, 2011.

Ames, William. *The Marrow of Theology*. Traducido por John Dykstra Eusden. 3ª ed. 1629. Reeditado, Grand Rapids, MI: Baker, 1997.

*Bavinck, Herman. *The Doctrine of God*. Traducido por William Hendriksen, 1951. Reeditado, Edimburgo: Banner of Truth, 2003.

Beilby, James K. y Paul R. Eddy, eds. *Divine Foreknowledge: Four Views*. Downers Grove, IL: InterVarsity Press, 2001.

Berkhof, Louis. *Historia de las doctrinas cristianas*. Reimp., Banner of Truth Trust, Londres, 1969.

Bray, Gerald. *God Is Love: A Biblical and Systematic Theology*. Wheaton, IL: Crossway, 2012.

*Calvino, Juan. *Institución de la religión cristiana*. Grand Rapids, MI: Libros Desafío, 2012.

Carson, D. A. *Amordazando a Dios: El cristianismo frente al pluralismo*. Barcelona: Publicaciones Andamio, 1999.

Charnock, Stephen. *Discourses upon the Existence and Attributes of God*. 2 vols. 1853. Reimp., Grand Rapids, MI: Baker, 1979.

Feinberg, John S. *The Many Faces of Evil: Theological Systems and the Problems of Evil*. Ed rev. Wheaton, IL: Crossway, 2004.

_____. *No One Like Him: The Doctrine of God*. Foundations of Evangelical Theology. Wheaton, IL: Crossway, 2001.

*Frame, John M. *Apologetics to the Glory of God: An Introduction*. Phillipsburg, NJ: P&R, 1994.

_____. *The Doctrine of God. A Theology of Lordship*. Phillipsburg, NJ: P&R, 2002.

_____. *Systematic Theology: An Introduction to Christian Belief*. Phillipsburg, NJ: P&R, 2013.

Ganssle, Gregory E., ed. *God and Time: Four Views*. Downers Grove, IL: InterVarsity Press, 2001.

Geisler, Norman L. *Creating God in the Image of Man?* Minneapolis: Bethany House, 1997.

*Hannah, John D. *Our Legacy: The History of Christian Doctrine*. Colorado Springs: NavPress, 2001.

Harris, Murray J. *Jesus as God: The New Testament Use of* Theos *in Reference to Jesus*. Grand Rapids, MI: Baker, 1992.

Helm, Paul. *The Providence of God. Contours of Christian Theology*. Downers Grove, IL: InterVarsity Press, 1994.

Huffman, Douglas S., y Eric L. Johnson. *God under Fire: Modern Scholarship Reinvents God*. Grand Rapids, MI: Zondervan, 2002.

*Letham, Robert. *The Holy Trinity: In Scripture, History, Theology, and Worship*. Phillipsburg, NJ: P&R, 2004.

*MacArthur, John. *La batalla por el comienzo: La creación, la evolución y la Biblia*. Grand Rapids, MI: Editorial Portavoz, 2003.

Packer, J. I. *Conociendo a Dios*. Madrid: Editorial Oasis, 1989.

Pink, Arthur W. *Los atributos de Dios*. 1964. Londres: El Estandarte de la Verdad, 1964.

Piper, John, Justin Taylor y Paul Kjoss Helseth, eds. *Beyond the Bounds: Open Theism and the Undermining of Biblical Christianity*. Wheaton, IL: Crossway, 2003.

Sexton, Jason S., ed. *Two Views on the Doctrine of the Trinity*. Counterpoint: Bible and Theology. Grand Rapids, MI: Zondervan, 2014.

Toon, Peter. *Our Triune God: A Biblical Portrayal of the Trinity*. Wheaton, IL: Victor, 1996.

*Tozer, A. W. *El conocimiento del Dios santo*. Miami: Editorial Vida, 1996.

Ware, Bruce A. *Father, Son, and Holy Spirit: Relationships, Roles, and Relevance*. Wheaton, IL: Crossway, 2005.

*_____. *God's Lesser Glory: The Diminished God of Open Theism*. Wheaton, IL: Crossway, 2000.

_____. *Perspectives on the Doctrine of God: 4 Views*. Nashville: B&H Academic, 2008.

*Ware, Bruce A., y John Starke, eds. *One God in Three Persons: Unity of Essence, Distinction of Persons, Implications for Life*. Wheaton, IL: Crossway, 2015.

Warfield, Benjamin Breckinridge. *Estudios bíblicos y teológicos*. Terrassa (Barcelona): Editorial Clie, 1991.

*Indica las más útiles.

"Loores dad a Cristo el rey"

Loores dad a Cristo el rey,
suprema potestad;
de su divino amor la ley,
postrados aceptad.
De su divino amor la ley,
postrados aceptad.

Vosotros, hijos de Israel,
Residuo de la grey,
loores dad a Emmanuel
y proclamadle rey.
Loores dad a Emmanuel
y proclamadle rey.

Naciones todas, escuchad
y obedeced su ley;
mirad su amor y santidad
y proclamadle rey.
Mirad su amor y santidad
y proclamadle rey.

Dios quiera que con los que están
del trono en derredor,
cantemos por la eternidad
a Cristo el Salvador.
Cantemos por la eternidad
a Cristo el Salvador.

—Edward Perronet (1726–1792)
  adaptado por John Rippon (1751–1826)
  (trad. Thomas Westrup)

4

Dios Hijo

Cristología

> **Principales temas del capítulo 4**
> El Cristo preencarnado
> El Cristo encarnado
> El Cristo glorificado

El testimonio bíblico respecto al Señor y Salvador Jesucristo está entretejido como un hilo escarlata a lo largo de la totalidad de la Palabra escrita de Dios. Como segunda persona de la Deidad, la persona y la obra del Salvador constituyen el testimonio central de todas las Escrituras: "Adora a Dios; porque el testimonio de Jesús es el espíritu de la profecía" (Ap. 19:10).

El Cristo preencarnado
La eternidad pasada
El eterno Hijo de Dios
Apariciones veterotestamentarias
Actividades veterotestamentarias
Profecías veterotestamentarias

Las Escrituras hablan tanto de la deidad como de la humanidad de Cristo. Su persona es plenamente divina y completamente humana, un principio que la iglesia primitiva defendió una y otra vez. Solo una descripción del todo bíblica puede proporcionar una revelación precisa de la existencia del Hijo de Dios, desde la eternidad pasada a la eternidad futura. La disposición cronológica de la existencia de la segunda persona debe empezar por la eternidad pasada.

La eternidad pasada

TRIUNIDAD

A lo largo del Antiguo y el Nuevo Testamento, los escritores hacen referencia a las distinciones entre las personas de la Deidad. El Padre, el Hijo y el Espíritu Santo aparecen como personas distintas con funciones individuales.[1] Además, los autores bíblicos adscriben los atributos divinos a esas personas. Basándose en las pruebas bíblicas, la mente sin prejuicios no puede dudar de la existencia de una pluralidad de personas en la Deidad, sin impugnar la claridad, la inerrancia y la inspiración de las Escrituras. Cualquier exposición precisa sobre la Trinidad debe comenzar y acabar con lo que la Biblia declara.

La revelación que Juan recibió de Dios describía a la segunda persona como alguien que estaba "con Dios" (Jn. 1:1), una frase que indica una identidad distintamente separada. Además, solo una persona distinta de la Deidad puede recibir el amor de otra de ellas (Jn. 17:24). Sus identidades distintas también aparecen en la sumisión del Hijo de Dios al Padre en la economía de la redención (Fil. 2:6-7; He. 10:5-7; véase "Apariciones veterotestamentarias" [p. 246]). Se comunican, asimismo, entre sí y unos sobre otros: "Padre mío, si es posible, pase de mí esta copa; pero no sea como yo quiero, sino como tú" (Mt. 26:39). La formulación bautismal trinitaria indica coigualdad entre las tres personas de la Trinidad: "Por tanto, id, y haced discípulos a todas las naciones, bautizándolos en el nombre del Padre, y del Hijo, y del Espíritu Santo" (Mt. 28:19).

Al afirmar este testimonio bíblico sobre la triunidad de Dios, William G. T. Shedd identificó doce acciones y relaciones que demostraban que una persona de la Deidad puede hacer o experimentar algo de forma personal que es recibido por otra de ellas:

> Una Persona divina ama a otra, Juan 3:35; mora en otra, Juan 14:10, 11; sufre por otra, Zac. 13:7; conoce a otra, Mt. 11:27; se dirige a otra, He. 1:8; es el camino hacia otra, Juan 14:6; habla de otra, Lucas 3:22; glorifica a otra, Jn. 17:5; confiere con otra, Gn. 1:26, 11:7; planifica con otra, Is. 9:6; envía a otra, Gn. 16:7, Juan 14:26; recompensa a otra, Fil. 2:5-11; He. 2:9.[2]

PREEXISTENCIA

¿Qué clase de existencia tuvo Cristo antes de su encarnación? En otras palabras, ¿cuál era el estado de su preexistencia en su deidad sola, antes de adoptar la humanidad? La segunda persona de la Trinidad residía en el cielo y vino a la tierra, desde allí, en el momento de la milagrosa concepción de su naturaleza humana, en el vientre de la virgen María (Mt. 1:18-25; Lc. 1:26-38). Fue enviado por la primera persona de la Trinidad (Dios Padre), como resultado del amor de Dios por la humanidad: "Porque de tal manera amó Dios al mundo, que ha dado a su Hijo unigénito, para que todo aquel que en él cree, no se pierda, mas tenga vida eterna. Porque no envió Dios a su Hijo al mundo para condenar al mundo, sino para que el mundo sea salvo por él" (Jn. 3:16-17). El Hijo descendió del cielo (Jn. 3:31), cuando el Padre lo envió (Jn. 6:38; 17:3;

---

1. Este párrafo está adaptado de William D. Barrick, "Inspiration and the Trinity", *MSJ* 24, no. 2 (2013): 185-86. Usado con el permiso de *MSJ*.
2. William G. T. Shedd, *Dogmatic Theology* (1889; repr., Minneapolis: Klock & Klock, 1979), 1:279.

1 Jn. 4:9). La llegada del Hijo a la tierra en la encarnación demuestra que su existencia anterior fue en el cielo.

La segunda persona de la Deidad existió antes de la creación del universo. De hecho, la Biblia lo identifica como el Creador: "Todas las cosas por él fueron hechas, y sin él nada de lo que ha sido hecho, fue hecho" (Jn. 1:3; cf. 1:10; 1 Co. 8:6; Col. 1:16-17; He. 1:2, 10). El Creador de todas las cosas debe existir antes de su acto de creación, antes de la existencia de todas las cosas creadas. Así, las Escrituras testifican que Él poseía la gloria divina "antes que el mundo fuese" (Jn. 17:5). En esa existencia preencarnada dentro de la Deidad, la segunda persona de la Trinidad experimentó el amor de la primera persona (Jn. 17:24). Las personas de la Deidad ejercieron este atributo divino y comunicable entre ellos, durante la eternidad pasada.

La segunda persona de la Deidad es eterna en su naturaleza y su existencia. La declaración bíblica más clara aparece en Juan 1:1: "En el principio era el Verbo, y el Verbo era con Dios, y el Verbo era Dios". Para que el lector no piense que "el principio" se refiere, meramente, al comienzo de la creación, el escritor de la epístola a los Hebreos establece claros contrastes entre la existencia temporal y finita de la creación y la existencia permanente y eterna del Creador, el Hijo de Dios mismo: "Tú, oh Señor, en el principio fundaste la tierra, y los cielos son obra de tus manos. Ellos perecerán, mas tú permaneces; y todos ellos se envejecerán como una vestidura, y como un vestido los envolverás, y serán mudados; pero tú eres el mismo, y tus años no acabarán (He. 1:10-12; cf. Sal. 102:25-27). El Antiguo Testamento describe su existencia como "desde el principio, desde los días de la eternidad" (Mi. 5:2). Isaías le adscribe a Él los títulos "Poderoso Dios" y "Padre eterno" e indica que la encarnación del Dios-hombre no solo consistía en el nacimiento de un niño, sino también en la concesión de un hijo (Is. 9:6). Cristo siempre ha existido como el Hijo de Dios, pero solo se convirtió en un hijo en el momento de su milagrosa concepción.

El eterno Hijo de Dios[3]

La existencia eterna de la segunda persona surge de una pregunta respecto a la relación que tuvo en el seno de la Deidad. Como segunda persona de la Trinidad (o "el Verbo", según Jn. 1:1 se refiere a Él), existía desde la eternidad pasada. ¿Pero existió siempre en la eternidad pasada como *Hijo*? Han surgido dos importantes opiniones: la filiación eterna y la encarnacional.

A primera vista, Hebreos 1:5 parece hablar del engendramiento del Hijo por parte del Padre como un acontecimiento que tiene lugar en un momento del tiempo: "Mi Hijo eres tú, yo te he engendrado hoy" y "Yo seré a él Padre, y él me será a mí hijo". Ese versículo presenta algunos conceptos muy difíciles. El engendramiento suele hablar, por lo general, del origen de una persona. Además, los hijos suelen estar, en general, subordinados a sus padres. Por consiguiente, el texto parece hablar de algo incompatible

---

3. Está sección está adaptada de la revisión de MacArthur, de 1999, de su anterior postura respecto a la cuestión de la filiación, que se articula con mayor claridad en el artículo de MacArthur, "Reexamining the Eternal Sonship of Christ", *Journal for Biblical Manhood and Womanhood* 6, no. 1 (2001): 21-23. Usado con permiso de *Journal for Biblical Manhood and Womanhood*.

con una relación Padre-Hijo, que exige que la igualdad y la eternalidad perfectas deban existir entre las personas de la Trinidad. La filiación encarnacional del razonamiento concluye que *filiación* indica el lugar de la sumisión voluntaria a la que Cristo condescendió en su encarnación (cf. Jn. 5:18; Fil. 2:5-8).

La opinión de la filiación eterna reposa sobre la observación de que cuando se aplica a Cristo en las Escrituras el título de *Hijo de Dios* parece hablar siempre de su divinidad esencial y su absoluta igualdad con Dios, y no de su voluntaria subordinación. Los líderes judíos de la época de Jesús lo entendieron. Juan 5:18 afirma que buscaron la pena de muerte contra Jesús, y lo acusaron de blasfemia "porque no sólo quebrantaba el día de reposo, sino que también decía que Dios era su propio Padre, haciéndose igual a Dios". En aquella cultura, se estimaba que el hijo de un dignatario adulto era igual en estatus y privilegio que su padre. La misma deferencia exigida por un rey se le concedía a su hijo adulto. Después de todo, era de la misma esencia que su padre, heredero de todos los derechos y privilegios paternos y, por consiguiente, igual en todo aspecto significativo. Por tanto, cuando Jesús fue llamado "Hijo de Dios", todos lo entendieron, de forma categórica, como un título de la deidad que lo declaraba igual a Dios y (de manera más significativa), de la misma esencia que el Padre. Por esta razón precisa, los líderes judíos consideraron que el título *Hijo de Dios* era la blasfemia suprema.

Si la filiación de Jesús significa su deidad y su igualdad absoluta con el Padre, no puede ser un título que solo pertenece a su encarnación. De hecho, la idea principal de lo que se entiende por filiación (y, ciertamente, esto incluiría la esencia divina de Jesús) debe pertenecer a los atributos eternos de Cristo y no meramente la humanidad que adoptó.

La engendración de la que se habla en el Salmo 2 y en Hebreos 1 no es un acontecimiento que tenga lugar en el tiempo. Aunque a primera vista las Escrituras parecen emplear una terminología con matices temporales ("te he engendrado hoy"), el contexto de Salmos 2:7 se refiere con seguridad al "decreto" eterno de Dios. Es razonable concluir que la engendración de la que habla el Salmo 2 es también algo que pertenece a la eternidad y no a un momento en el tiempo. El lenguaje temporal debería, pues, entenderse como figurado y no literal.

Desde el Primer Concilio de Constantinopla (381), los teólogos ortodoxos han reconocido esto, y cuando tratan la filiación de Cristo emplean el término *generación eterna*, que es una expresión sin duda difícil. En palabras de Spurgeon, es un "término que no nos transmite un gran significado; sencillamente oculta nuestra ignorancia".[4] Aun así, el concepto mismo es bíblico. Las Escrituras se refieren a Cristo como el "unigénito del Padre" (Jn. 1:14; cf. 1:18; 3:16, 18). El término griego traducido "unigénito" es *monogenés*. La idea central de su significado tiene que ver con la total unicidad de Cristo. De manera literal, puede verterse "único en su especie" y, sin embargo, también señala con claridad que es de la misma esencia que el Padre. Por tanto, aunque *monogenés* no implica generación de forma explícita, se cohesiona con el concepto bíblico (cf. Sal. 2:7; Jn. 5:26), porque es precisamente su generación eterna la que hace de Cristo el único Hijo del Padre.

---

4. Charles H. Spurgeon, "Blessing for Blessing" (sermón 2266), en *The Metropolitan Tabernacle Pulpit* (Londres: Passmore & Alabaster, 1892), 38:352.

Decir que Cristo es "engendrado" es, en sí mismo, un concepto difícil. Dentro de la esfera de la creación, el término *engendrado* habla del origen de la descendencia de uno. Engendrar un hijo denota su concepción, el momento en el que él nace. Algunos suponen, pues, que "unigénito" se refiere a la concepción del Jesús humano en el vientre de la virgen María. Con todo, Mateo 1:20 atribuye la concepción del Cristo encarnado al Espíritu Santo y no a Dios Padre. La engendración aludida en Salmos 2:7 y Juan 1:14 alude, con claridad, a algo más que la concepción de la humanidad de Cristo en el vientre de María.

En realidad, la idea del *engendramiento* posee otra relevancia más vital que el mero origen de una prole propia. En el diseño de Dios, cada criatura engendra descendencia "según su especie" (Gn. 1:11-12, 21-25). El linaje lleva la misma semejanza de los padres. Que un hijo sea generado por el padre garantiza que comparte la misma naturaleza que él. Sin embargo, en su deidad, Cristo no es un ser creado (Jn. 1:1-3). No tuvo principio, sino que es tan atemporal como Dios mismo. Por tanto, el "engendramiento" mencionado en el Salmo 2 y sus referencias cruzadas no tienen nada que ver con el origen de su deidad ni de su humanidad. Pero tiene todo que ver con que comparta la misma esencia que el Padre. Debe entenderse que expresiones como "generación eterna", "unigénito Hijo", y otras que pertenecen a la filiación de Cristo, vienen a recalcar la unicidad absoluta de la esencia entre el Padre y el Hijo. En otras palabras, tales expresiones no pretenden evocar la idea de la procreación, sino transmitir la verdad sobre la unicidad esencial que comparten los miembros de la Trinidad.

La visión encarnacional de la filiación de Cristo da por sentado que las Escrituras utilizan la terminología padre-hijo de manera antropomórfica, y adapta las insondables verdades celestiales a nuestra mente finita mediante términos humanos. Sin embargo, las relaciones padre-hijo son meras imágenes terrenales de una realidad celestial infinitamente mayor. En la visión eterna de la condición de hijo, la única relación verdadera y típica padre-hijo existe de forma eterna en el seno de la Trinidad. Todas las demás son meras réplicas terrenales, imperfectas, porque están sujetas a la finitud de la humanidad, aunque ilustran una realidad eterna vital.

Si la filiación de Cristo tiene que ver con su deidad, alguien se preguntará por qué solo se aplica a la segunda persona de la Divinidad y no a la tercera. Después de todo, los teólogos no se refieren al Espíritu Santo como Hijo de Dios. Aun así, el Espíritu también es de la misma esencia que el Padre. La esencia completa, no diluida e indivisa de Dios, pertenece por igual al Padre, al Hijo y al Espíritu Santo. Dios es una sola esencia, aunque existe en tres personas. Las tres son coiguales, pero siguen siendo distintas. Las características principales que distinguen a las personas están envueltas en las propiedades que sugieren los nombres Padre, Hijo y Espíritu Santo. Los teólogos han etiquetado estas propiedades como paternidad, filiación y espiración. Que tales distinciones son vitales para nuestro entendimiento de la Trinidad es evidente en las Escrituras, pero el modo de explicarlas por completo sigue siendo, en cierto sentido, un misterio. En realidad, muchos aspectos de estas verdades pueden permanecer inescrutables para siempre, pero este entendimiento básico de las relaciones eternas dentro de la Trinidad representa, no obstante, el mejor consenso de la comprensión cristiana a lo largo de los siglos de la historia de la iglesia. Las doctrinas de la filiación eterna de Cristo y de su generación eterna deberían, por tanto, afirmarse aun cuando se las reconozca como misterios en los que no podemos esperar vislumbrar con demasiada profundidad.[5]

Los puntos de vista sobre la filiación encarnacional presentan, por lo general, un caso basado en declaraciones divinas respecto al Hijo en su nacimiento (Mr. 1:1; Lc. 1:32, 35), su bautismo (Mt. 3:17), su transfiguración (Mt. 17:5) o sobre la declaración apostólica sobre su resurrección (Hch. 13:30-33; Ro. 1:4). A la luz de los argumentos presentados más arriba contra la filiación encarnacional, las declaraciones divinas en su bautismo y su transfiguración expresan, meramente, la aprobación y el respaldo del Padre, no la designación inicial de la segunda persona de la Deidad respecto a la posición y la función del Hijo. La referencia en Lucas 1:35, cuando se considera a la vista de Lucas 3:38, podría ser la identificación de Jesús como el segundo Adán.[6] Los textos que mencionan su condición de hijo en el contexto de su resurrección, o en asociación con ella, no declaran que este hecho lo "convirtiera" en el Hijo de Dios. En su lugar, la resurrección reveló, de un modo poderoso, que Él era el Hijo de Dios y no un mero hombre, y fue la prueba que demostró su condición de hijo, y no su toma de posesión como Hijo. Como observa Schreiner con acierto: "Es crucial que recordemos que aquel a quien se exalta como Hijo de Dios en poder ya era el Hijo".[7] Los respaldos en su bautismo y su transfiguración apoyan esta conclusión, ya que aquellas ocasiones precedieron la resurrección de Jesús, pero declaran de manera enfática su condición de hijo. ¿Cuál fue, pues, el propósito de estos respaldos aprobatorios del Padre?

> Al denominar a Jesús su Hijo amado, el Padre no solo declaró una relación de la naturaleza divina, sino una relación de amor divino. Ellos tenían una relación de amor, compromiso e identificación mutuos, en todos los aspectos.
>
> Al decir "en quien tengo complacencia", el Padre declaró su aprobación de todo lo que el Hijo era, decía y hacía. Todo lo que concernía a Jesús estaba en perfecta sintonía con la voluntad y el plan del Padre.[8]

Apariciones veterotestamentarias[9]

Una de las principales ocasiones del fenómeno conocido como *teofanía* ("una aparición de Dios"), implica la presencia de Dios en el monte Sinaí (Éx. 19). Otros ejemplos de manifestación divina surgen con el ministerio de "el ángel del Señor [Jehová]", en pasajes como los siguientes:

1. Génesis 16:7-13: En este pasaje, el narrador (Moisés y no Agar) identifica al mensajero de Jehová como Jehová: "Entonces llamó el nombre de Jehová que con ella hablaba" (16:13).
2. Éxodo 3:2-4: Más adelante en la historia, el mensajero de Jehová se aparece a Moisés en una zarza ardiente, en el monte Horeb, en el desierto del Sinaí. El

---
5. Para más explicación sobre la generación eterna del Hijo, véase "Distinciones personales" en el cap. 3 (p. 196).
6. Darrell L. Bock, *Luke 1:1–9:50*, BECNT 3A (Grand Rapids, MI: Baker, 1994), 123.
7. Thomas R. Schreiner, *Romans*, BECNT 6 (Grand Rapids, MI: Baker, 1998), 42.
8. John MacArthur, *Mateo*, CMNT (Grand Rapids, MI: Portavoz, 2017), 92.
9. Esta sección está adaptada de William D. Barrick, "Inspiration and the Trinity", *MSJ* 24, no. 2 (2013): 182-184. Usado con permiso de *MSJ*.

narrador (de nuevo Moisés) declara que "lo llamó Dios de en medio de la zarza" (3:4).
3. Jueces 6:11-23: El autor del libro de Jueces (que no es Gedeón ni el mensajero de Jehová) informa que "mirándole Jehová, le dijo…" (6:14).

Estas apariciones parecen poseer un rasgo significativo: todas ellas, como explica James Borland, "revelan, al menos de forma parcial, algo sobre [Dios] sí mismo, o su voluntad, al destinatario".[10] ¿Deberíamos identificar a la persona divina en semejantes apariciones como el Hijo de Dios preencarnado (es decir, una cristofanía)? Borland defiende estas apariciones como "esas manifestaciones no buscadas, intermitentes y temporales, visibles y audibles, de Dios Hijo en forma humana, por medio de las cuales Dios comunicó algo a ciertos seres humanos conscientes, antes del nacimiento de Jesucristo".[11] Cuando el relato bíblico asocia "el ángel de Jehová" con una teofanía, "mensajero" podría proporcionar una traducción mejor que "ángel", porque este título denota la función u oficio del individuo, y no su naturaleza. Además, las Escrituras hablan de Él como siendo Dios en realidad. Lleva el nombre de "Jehová", habla como Dios y manifiesta atributos y autoridad divinos. Sin embargo, más relevante aún es que recibe adoración (Mt. 2:2, 11; 14:33; 28:9, 17). Dado que Juan 1:18 dice sobre el Hijo que "a Dios nadie le vio jamás; el unigénito Hijo, que está en el seno del Padre, él le ha dado a conocer"; las apariciones de Dios, en el Antiguo Testamento, deben de haber sido del Hijo y no del Padre. La frase "dado a conocer", en griego (*exegéomai*) es la palabra de la que se deriva el verbo *exegete* y su sustantivo cognado, *exegesis*. Literalmente, el Hijo de Dios "exegetó" al Padre a la humanidad.[12]

Actividades veterotestamentarias

Las obras de la segunda persona de la Deidad en el Antiguo Testamento incluyen la creación, la providencia, la revelación y el juicio. Son actos de divinidad y demuestran que Él es Dios. Las obras de Jesús en el Nuevo Testamento (p. ej., la resurrección) igualan las obras atribuidas a Él en el Antiguo Testamento y añaden de forma relevante a estas obras.

LA CREACIÓN

Obviamente, esta obra de la segunda persona de la Deidad tiene lugar en su estado preencarnado. Las referencias veterotestamentarias al Creador o Hacedor no distinguen de las demás personas divinas de la Deidad a aquella que realiza la acción de crear. Sin embargo, el Nuevo Testamento establece esa distinción de manera enfática:

> Todas las cosas por él fueron hechas, y sin él nada de lo que ha sido hecho, fue hecho (Jn. 1:3).

---

10. James A. Borland, *Christ in the Old Testament: Old Testament Appearances of Christ in Human Form*, rev. ed. (Fearn, Ross-shire, Scotland: Mentor, 1999), 24.
11. Borland, *Christ in the Old Testament*, 17.
12. Para una explicación más detallada respecto al "ángel del Señor", véase "El ángel del Señor" (p. 734) en el cap. 8, "Ángeles".

En el mundo estaba, y el mundo por él fue hecho; pero el mundo no le conoció (Jn. 1:10).

Porque en él fueron creadas todas las cosas, las que hay en los cielos y las que hay en la tierra, visibles e invisibles; sean tronos, sean dominios, sean principados, sean potestades; todo fue creado por medio de él y para él (Col. 1:16).

En estos postreros días nos ha hablado por el Hijo, a quien constituyó heredero de todo, y por quien asimismo hizo el universo (He. 1:2).

Tú, oh Señor, en el principio fundaste la tierra, y los cielos son obra de tus manos (He. 1:10).

El título del Hijo, "el Verbo" (Jn. 1:1), afirma que Dios creó todas las cosas por su palabra; a su orden, surgieron todas las cosas (véanse la repetición de "y dijo Dios" en Génesis 1:3, 6, 9, 11, 14, 20, 24 y las declaraciones directas en Salmos 33:6, en el Antiguo Testamento, y en Hebreos 11:3, en el Nuevo Testamento). Aunque las tres personas de la Deidad participaron de alguna forma en la creación, las Escrituras identifican al Hijo de Dios como quien da las órdenes y todo es creado.

LA PROVIDENCIA

La providencia involucra el cuidado de Dios sobre toda su creación. Incluye la ejecución de todos sus decretos para que Él, en última instancia, pueda ser glorificado en todo lo que ha hecho, es decir, en la ejecución de sus programas de reino y redención en todos sus detalles. Dado que la Trinidad actuó en conjunto para crear al hombre a imagen de Dios ("Hagamos al hombre a nuestra imagen, conforme a nuestra semejanza", Gn. 1:26), el Hijo de Dios, el Cristo preencarnado, participó en la iniciación del programa del reino. Cuando la humanidad se rebeló contra Dios, después del diluvio, de nuevo intervino la Trinidad (incluido el Hijo) en la historia del mundo para dirigir el resultado (dividir el idioma de la humanidad y dispersarla por toda la superficie de la tierra), y para asegurarse de que el programa divino en el mundo seguiría desarrollándose bajo la dirección de las tres personas de la Deidad (Gn. 11:7).

El Hijo de Dios, como Mesías, actúa de forma personal y directa para intervenir en la historia del mundo y establecer el reino de Dios en la tierra (cf. Dn. 2:31-46; Mt. 23:37–25:46; Ap. 11:15). Cristo estuvo involucrado en el rechazo del Israel incrédulo y en el establecimiento de la iglesia; y estará también implicado en la salvación de Israel (Ro. 11:13-36). Cristo también obra para redimir a las personas y establecerlas en toda buena obra (2 Ts. 2). Además, Cristo ha sostenido continuamente a la creación, la ha sustentado y dirigido en su papel relacionado con el programa del reino de Dios (He. 1:3), y no se ha limitado a conservar todas las cosas como en Colosenses 1:17. Y gobernó la ejecución del programa de Dios entre la humanidad.

Un aspecto relevante de la providencia de Dios se relaciona con su bondad. En el Antiguo Testamento, la bondad de Dios emerge en las acciones de quien parece ser la segunda persona de la Deidad. El Salmo 23 habla de Jehová como pastor, alguien que cuida y provee. Su bondad persigue a su pueblo todos los días de su vida (Sal. 23:6). Jesús se identifica a sí mismo como ese pastor (Jn. 10:11, "el buen pastor"). Hechos 14:17 describe, de forma similar, la bondad de Dios al demostrar que "haciendo bien, dándonos lluvias del cielo y tiempos fructíferos, llenando de sustento y de alegría nuestros corazones". A lo largo de los siglos, la obra de salvar a la humanidad de sus pecados fue la obra del Hijo de Dios, cuya bondad apareció en ese acto mismo de proveer para el perdón de los pecados:

> Pero cuando se manifestó la bondad de Dios nuestro Salvador, y su amor para con los hombres, nos salvó, no por obras de justicia que nosotros hubiéramos hecho, sino por su misericordia, por el lavamiento de la regeneración y por la renovación en el Espíritu Santo, el cual derramó en nosotros abundantemente por Jesucristo nuestro Salvador, para que justificados por su gracia, viniésemos a ser herederos conforme a la esperanza de la vida eterna (Tit. 3:4-7).

LA REVELACIÓN[13]

El término inspiración identifica la obra de Dios como la provisión de la revelación escrita a la humanidad. El texto bíblico clave respecto a la inspiración es 2 Timoteo 3:16: "Toda la Escritura es inspirada por Dios, y útil...". La frase "inspirada por Dios" es una sola palabra en griego, y es un adjetivo que modifica al sustantivo "Escritura". De hecho, el siguiente adjetivo ("útil") también modifica a "Escritura". Bíblicamente hablando, no son los autores sino las Escrituras las que poseen la cualidad de ser "inspiradas" o "exhaladas por Dios", así como "útil" también es una cualidad de las Escrituras y no de los autores. La idea que transmite el término para "inspirada por Dios" es que las Escrituras deben su "origen y contenido al aliento divino, el Espíritu de Dios".[14] Así, por la obra dirigida por el Espíritu de Dios, Pablo le escribe a Timoteo que la inspiración está directamente relacionada con la inscripturación (escribir las Escrituras).

Cada persona divina de la Deidad se involucró como autora y, a la vez, tema de las Escrituras. La segunda persona de la Deidad cumplió una función vital en la producción de la Biblia. Los escritores del Antiguo Testamento hablan con frecuencia de la aparición de Dios en alguna manifestación a su pueblo, con el propósito de liberarlo, dirigirlo o comunicarse con él (véase "Apariciones veterotestamentarias" [p. 246]). Estas teofanías revelan algo sobre Dios o sobre su voluntad para aquellos que son testigos de la aparición. Dado que estos acontecimientos consisten en apariciones del Hijo de Dios, revelan el papel de la segunda persona de la Deidad al proporcionar revelación que conduce a la producción de las Escrituras. Jesús mismo confirma que el Padre envió su palabra a través de su mensajero:

> Porque yo no he hablado por mi propia cuenta; el Padre que me envió, él me dio mandamiento de lo que he de decir, y de lo que he de hablar (Jn. 12:49).

> ¿No crees que yo soy en el Padre, y el Padre en mí? Las palabras que yo os hablo, no las hablo por mi propia cuenta, sino que el Padre que mora en mí, él hace las obras (Jn. 14:10).

---

13. Esta sección está adaptada de William D. Barrick, "Inspiration and the Trinity", *MSJ* 24, no. 2 (2013): 180-185. Usado con permiso de *MSJ*.

14. William Hendriksen, *Exposition of the Pastoral Epistles*, NTC (Grand Rapids, MI: Baker, 1957), 302.

> He manifestado tu nombre a los hombres que del mundo me diste; tuyos eran, y me los diste, y han guardado tu palabra. Ahora han conocido que todas las cosas que me has dado, proceden de ti; porque las palabras que me diste, les he dado; y ellos las recibieron, y han conocido verdaderamente que salí de ti, y han creído que tú me enviaste (Jn. 17:6-8).

> Yo les he dado tu palabra; y el mundo los aborreció, porque no son del mundo, como tampoco yo soy del mundo (Jn. 17:14).

El Hijo de Dios aparece tanto en el Antiguo Testamento como en el Nuevo, como alguien que le habla al pueblo de Dios. Así, la Biblia revela que el portavoz divino es el mismísimo Hijo de Dios. Aquel al que Juan describe como "el Verbo" en la apertura de su Evangelio: "En el principio era el Verbo, y el Verbo era con Dios, y el Verbo era Dios. Este era en el principio con Dios" (Jn. 1:1). El Dios que habla es la segunda persona de la Deidad, el Cristo preencarnado, el mismo que creó el universo con su palabra y todo lo que hay en este, en Génesis 1 (véanse Jn. 1:2-3, 10). Cuando Dios impartió la relevancia a los profetas, el Hijo de Dios estuvo a menudo presente de forma personal.

Génesis 15:1-16 recoge cómo "la palabra de Jehová" vino a Abram (15:1). Incluso sacó a Abram de su tienda para mostrarle personalmente las estrellas (15:5). Luego, el Señor se apareció como "horno humeando, y una antorcha de fuego" (15:17), que se paseaba entre las piezas de los sacrificios que Abram había preparado. La similitud del humo y la antorcha con la columna de nube, de día, y la columna de fuego, de noche, durante el éxodo de Israel de Egipto es relevante, en especial en este contexto, que contiene la profecía de que Dios sacaría de nuevo a Israel de Egipto (15:13-14). Estas apariciones personales de una persona de la Deidad testifican de la función del "ángel del Señor", el Cristo preencarnado en una teofanía. El encuentro de Moisés con Dios en la zarza ardiente, en el monte Sinaí (Éx. 3:1-12) es otra ocasión en que el "Ángel de Jehová" (Éx. 3:2; cf. Hch. 7:30, 35) proporcionó revelación por medio de su presencia personal. Otros incidentes como este se recogen en Jueces 6:11-18; Isaías 6 (cf. Jn. 12:41); y Jeremías 1:4-10.

El Espíritu también juega un papel clave en el registro que los profetas hacen de esa revelación. Por tanto, el Padre envía a su mensajero (el Hijo preencarnado) a su pueblo con el mensaje divino, y el Espíritu Santo supervisa la inscripturación de dicho mensaje. Aunque esta implicación trinitaria en la inspiración parece representar con fidelidad unas funciones básicas para cada persona, sigue habiendo algunos ámbitos de revelación e inscripturación en las que sus funciones se solapan. Por ejemplo, David afirma: "El Espíritu de Jehová ha hablado por mí, y su palabra ha estado en mi lengua" (2 S. 23:2).

EL JUICIO

El Hijo de Dios, como Hijo del hombre (título mesiánico de Dn. 7:13), juzgará a los impíos y a los justos: "Cuando el Hijo del Hombre venga en su gloria, y todos los santos ángeles con él, entonces se sentará en su trono de gloria… Entonces dirá también a los de la izquierda: Apartaos de mí, malditos, al fuego eterno preparado para el diablo y sus ángeles" (Mt. 25:31, 41). El Evangelio de Juan explica el nombramiento del Hijo de Dios como Juez de todo: "Porque el Padre a nadie juzga, sino que todo el juicio dio al Hijo, para que todos honren al Hijo como honran al Padre" (Jn. 5:22-23). La autoridad para traer juicio se apoya en que Él es el Hijo del Hombre (Jn. 5:27). ¿Quién mejor que la persona de la Deidad que es verdaderamente humana y que ha experimentado la vida como hombre en un mundo caído y sigue siendo intachable y sin pecado? El Hijo de Dios vino a este mundo para ser el Hijo del Hombre y ejecutar juicio (Jn. 9:39). Así, Pedro declara que Jesús les había mandado a sus discípulos que predicasen "al pueblo, y testific[aran] que él es el que Dios ha puesto por Juez de vivos y muertos" (Hch. 10:42). El apóstol Pablo confirma el nombramiento de Jesús como Juez cuando afirma: "Dios juzgará por Jesucristo los secretos de los hombres, conforme a mi evangelio" (Ro. 2:16).

Por otra parte, Jesús indica que, en su primera venida, no vino a juzgar a quienes no obedecieran sus palabras, porque no había "venido a juzgar al mundo, sino a salvar al mundo" (Jn. 12:47). Sin embargo, "en el día postrero", en su segunda venida, las palabras de Jesús juzgarán a quienes lo rechacen y no presten atención a lo que Él dice. Jesús no habló por su propia autoridad; el Padre le ordenó lo que tenía que decir (Jn. 12:49). Al ser uno con el Padre, su juicio siempre es justo (Jn. 5:30) y recto. Por consiguiente, el Padre "manda a todos los hombres en todo lugar, que se arrepientan; por cuanto ha establecido un día en el cual juzgará al mundo con justicia, por aquel varón a quien designó, dando fe a todos con haberle levantado de los muertos" (Hch. 17:30-31). Aquel que es el Verbo de Dios, por cuya palabra existieron las cosas, y que también pronuncia juicio, es Señor, primero como Creador y después como Salvador, y al final como Juez.

Aparte de juzgar a los injustos, Jesús también se sentará en un juicio evaluativo de los creyentes, con el propósito de recompensarlos: "Porque es necesario que todos nosotros comparezcamos ante el tribunal de Cristo, para que cada uno reciba según lo que haya hecho mientras estaba en el cuerpo, sea bueno o sea malo" (2 Co. 5:10). En otro lugar, Pablo habla de sí mismo como compareciente en el juicio de Cristo: "Por lo demás, me está guardada la corona de justicia, la cual me dará el Señor, juez justo, en aquel día; y no sólo a mí, sino también a todos los que aman su venida" (2 Ti. 4:8).

Profecías veterotestamentarias

Una muy buena razón para buscar investigar las profecías del Antiguo Testamento respecto a Cristo es que Jesús mismo declaró que los Profetas habían hablado sobre Él: "Escudriñad las Escrituras; porque a vosotros os parece que en ellas tenéis la vida eterna; y ellas son las que dan testimonio de mí" (Jn. 5:39). Tras su crucifixión y su resurrección, Jesús explicó parte de las Escrituras ("Moisés y todos los profetas", Lc. 24:27), con respecto a sí mismo, y afirmó: "Estas son las palabras que os hablé, estando aún con vosotros: que era necesario que se cumpliese todo lo que está escrito de mí en la ley de Moisés, en los profetas y en los salmos" (Lc. 24:44). Esta es la única vez en las Escrituras que se incluyen los Salmos con la Ley y los Profetas, en referencia al Mesías. La tabla 4.1 identifica qué salmos podría haber incluido Jesús en la enseñanza que impartió en el camino de Emaús.

Tabla 4.1 Cristo en los Salmos (Lc. 24:44)*

Salmos	Cita en el Nuevo Testamento	Significado
2:1-12	Hch. 4:25-26; 13:33; He. 1:5; 5:5	Encarnación, crucifixión, resurrección
8:3-8	1 Co. 15:27-28; Ef. 1:22; He. 2:5-10	Creación
16:8-11	Hch. 2:24-31; 13:35-37	Muerte, resurrección
22:1-31	Mt. 27:35-46; Jn. 19:23-24; He. 2:12; 5:5	Encarnación, crucifixión, resurrección
40:6-8	He. 10:5-9	Encarnación
41:9	Jn. 13:18, 21	Traición
45:6-7	He. 1:8-9	Deidad
68:18	Ef. 4:8	Ascensión, entronización
69:20-21, 25	Mt. 27:34, 48; Hch. 1:15-20	Traición, crucifixión
72:6-17	—	Reinado milenial
78:1-2, 15	Mt. 13:35; 1 Co 10:4	Teofanía, ministerio de enseñanza terrenal
89:3-37	Hch. 2:30	Reinado milenial
102:25-27	He. 1:10-12	Creación, eternalidad
109:6-19	Hch. 1:15-20	Traición
110:1-7	Mt. 22:43-45; Hch. 2:33-35; He. 1:13; 5:6-10; 6:20; 7:24	Deidad, ascensión, sacerdocio celestial, reino milenial
118:22-23	Mt. 21:42; Mr. 12:10-11; Lc. 20:17; Hch. 4:8-12; 1 P. 2:7	Rechazo como Salvador
132:12-18	Hch. 3:20	Reinado milenial

*Reproducido de John MacArthur, ed., *The MacArthur Study Bible: English Standard Version* (Wheaton, IL: Crossway, 2010), 835. Las tablas y notas de *The MacArthur Study Bible: English Standard Version* tienen su origen en *The MacArthur Study Bible*, copyright © 1997 por Thomas Nelson. Usada con permiso de Thomas Nelson. www.thomasnelson.com.

Los mismos judíos leían la Biblia hebrea de tal manera que muchos llegaban a entender sus profecías como predicciones directas respecto al Mesías que había de venir. Después de que Felipe fue llamado a servir como discípulo de Jesús (Jn. 1:43), buscó a Natanael para decirle que Jesús de Nazaret era verdaderamente aquel sobre el que habían escrito Moisés y los profetas (Jn. 1:45). Dicho esto, es necesario inyectar en este punto el reconocimiento de una corriente peligrosa que infiere al Señor Jesucristo en cada texto del Antiguo Testamento. Esta práctica ignora las verdaderas profecías, rechaza la hermenéutica esencial del propósito del autor, mata la auténtica exégesis y la exposición, y hace que el Antiguo Testamento resulte sin sentido para sus lectores judíos originales. Este no un acercamiento espiritual, sino más bien un ataque sobre el significado divino de la primera parte de la Biblia.

¿Cuáles son, pues, las profecías veterotestamentarias referentes a Cristo? ¿Qué reveló el Antiguo Testamento sobre la venida de Jesús y su obra? La tabla 4.2 presenta 120 de esas profecías, cuyo estudio constituiría por sí solo un amplio volumen.[15] No obstante, unos cuantos ejemplos clave bastarán para los propósitos de este libro.

---

15. Por ejemplo, véase el libro de Ernst Wilhelm Hengstenberg, *Christology of the Old Testament and a Commentary on the Messianic Predictions*, Kregel Reprint Library (1847; reimp., Grand Rapids, MI: Kregel, 1970).

*Tabla 4.2 Profecías mesiánicas del Antiguo Testamento**

Profecía	Referencias del Antiguo Testamento	Cumplimiento en el Nuevo Testamento
Simiente de la mujer	Gn. 3:15	Gá. 4:4; He. 2:14
A través de los hijos de Noé	Gn. 9:27	Lc. 3:36
Simiente de Abraham	Gn. 12:3	Mt. 1:1; Gá. 3:8, 16
Bendición por medio de Abraham	Gn. 12:3; 28:14	Gá. 3:8, 16; He. 6:14
Simiente de Isaac	Gn. 17:19; 21:12	Ro. 9:7; He. 11:18
Bendición a las naciones	Gn. 18:18; 22:18; 26:4	Gá. 3:8
De la tribu de Judá	Gn. 49:10	Ap. 5:5
Ningún hueso quebrado	Éx. 12:46	Jn. 19:36
Bendición para los primogénitos	Éx. 13:2	Lc. 2:23
Ningún hueso quebrado	Nm. 9:12	Jn. 19:36
Serpiente en el desierto	Nm. 21:8-9	Jn. 3:14-15
Estrella de Jacob	Nm. 24:17-19	Mt. 2:2; Lc. 1:33, 78; Ap. 22:16
Rey de reyes, Señor de señores	Dt. 10:17	1 Ti. 6:15; Ap. 17:14; 19:16
Como profeta	Dt. 18:15, 18-19	Jn. 6:14; 7:40; Hch. 3:22-23
Maldito el colgado de un madero	Dt. 21:23	Gá 3:13
El trono de David establecido para siempre	2 S. 7:12-13, 16, 25-26; 1 Cr. 17:11-14, 23-27; 2 Cr. 21:7	Mt. 19:28; 25:31; Mr. 12:37; Lc. 1:32; Hch. 2:30; 13:22-23; Ro. 1:3; 2 Ti. 2:8; He. 1:5, 8; 8:1; 12:2; Ap. 22:1.
El Redentor prometido	Job 19:25-27	Jn. 5:28-29; Gá. 4:4-5; Ef. 1:7, 11, 14
Se declara que es el Hijo de Dios	Sal. 2:1-12	Mt. 3:17; Mr. 1:11; Hch. 4:25-26; 13:33; He. 1:5; 5:5; Ap. 2:26-27; 19:15-16
Su resurrección	Sal. 16:8-10	Hch. 2:27; 13:35; 26:23
Objeto de burla e insultos	Sal. 22:7-8	Mt. 27:39-43, 45-49
Manos y pies traspasados	Sal. 22:16	Mt. 27:31, 35-36
Los soldados echan suertes sobre su manto	Sal. 22:18	Mr. 15:20, 24-25; Lc. 23:34; Jn 19:23-24
Acusado por falsos testigos	Sal. 27:12	Mt. 26:59-61; Mr. 14:57-58
Encomienda su espíritu	Sal. 31:5	Lc. 23:46
Ningún hueso quebrado	Sal. 34:20	Jn. 19:36
Acusado por falsos testigos	Sal. 35:11	Mt. 26:59-61; Mr. 14:57-58
Odiado sin razón	Sal. 35:19	Jn. 15:24-25
Los amigos se mantienen lejos de Él	Sal. 38:11	Mt. 27:55; Mr. 15:40; Lc. 23:49
Vino a hacer la voluntad del Padre	Sal. 40:6-8	He. 10:5-9
Traicionado por un amigo	Sal. 41:9	Mt. 26:47-50; Mr. 14:17-21; Lc. 22:21-23; Jn. 13:18-19
Conocido por su justicia	Sal. 45:6-7	He. 1:8-9

Profecía	Referencias del Antiguo Testamento	Cumplimiento en el Nuevo Testamento
Su resurrección	Sal. 49:15	Mr. 16:6
Traicionado por un amigo	Sal. 55:12-14	Jn. 13:18
Su ascensión	Sal. 68:18	Ef. 4:8
Odiado sin razón	Sal. 69:4	Jn. 15:25
Azotado por los vituperios	Sal. 69:9	Ro. 15:3
Le dieron a beber hiel y vinagre	Sal. 69:21	Mt. 27:34, 48; Mr. 15:23; Lc. 23:36; Jn. 19:29
Exaltado por Dios	Sal. 72:1-19	Mt. 2:2; Fil. 2:9-11; He. 1-8
Habla en parábolas	Sal. 78:2	Mt. 13:34-35
La simiente de David exaltada	Sal. 89:3-4, 19, 27-29, 35-37	Lc. 1:32; Hch. 2:30; 13:23; Ro. 1:3; 2 Ti. 2:8
El Hijo del Hombre viene en gloria	Sal. 102:16	Lc. 21:27; Ap. 12:5-10
Permanece siendo el mismo	Sal. 102:24-27	He. 1:10-12
Ora por sus enemigos	Sal. 109:4	Lc. 23:34
Otro para suceder a Judas	Sal. 109:7-8	Hch. 1:16-26
Un sacerdote como Melquisedec	Sal. 110:1-7	Mt. 22:41-45; 26:64; Mr. 12:35-37; 16:19; Hch. 7:56; Ef. 1:20; He. 1:13; 2:8; 5:6; 6:20; 7:21; 8:1; 10:11-13; 12:2
Principal piedra angular	Sal. 118:22-23	Mt. 21:42; Mr. 12:10-11; Lc. 20:17; Jn. 1:11; Hch. 4:11; Ef. 2:20; 1 P. 2:4
El Rey viene en el nombre del Señor	Sal. 118:26	Mt. 21:9; 23:39; Mr. 11:9; Lc. 13:35; 19:38; Jn. 12:13
El linaje de David reinará	Sal. 132:11; cf. 2 S. 7:12-13, 16, 25-26, 29	Mt. 1:1
Declarado Hijo de Dios	Pr. 30:4	Mt. 3:17; Mr. 14:61-62; Lc. 1:35; Jn. 3:13; 9:35-38; Ro. 1:2-4; 2 P. 1:17
Arrepentimiento para las naciones	Is. 2:2-4	Lc. 24:47
Los corazones están endurecidos	Is. 6:9-10	Mt. 13:14-15; Jn. 12:39-40; Hch. 28:25-27
Nacido de una virgen	Is. 7:14	Mt. 1:22-23
Dios con nosotros	Is. 7:14	Mt. 1:23
Una roca de ofensa	Is. 8:14-15	Ro. 9:33; 1 P. 2:8
La luz en la oscuridad	Is. 9:1-2	Mt. 4:14-16; Lc. 2:32
Lleno de sabiduría y poder	Is. 11:1-10	Lc. 2:52; 1 Co. 1:30
Reinar en el trono de David	Is. 16:4-5	Lc. 1:31-33
La llave de David	Is. 22:21-25	Ap. 3:7
La muerte sorbida en victoria	Is. 25:8	1 Co. 15:54
Una piedra en Sion	Is. 28:16	Ro. 9:33; 1 P. 2:6
Los sordos oyen, los ciegos ven	Is. 29:18	Mt. 11:5; Jn. 9:39
Sanidad para los necesitados	Is. 35:5-6	Mt. 9:30; 11:5; 12:22; 20:34; 21:14; Mr. 7:30; Jn. 5:9

Profecía	Referencias del Antiguo Testamento	Cumplimiento en el Nuevo Testamento
Preparar el camino del Señor	Is. 40:3-5	Mt. 3:3; Mr. 1:3; Lc. 3:4-5; Jn. 1:23
El Pastor muere por sus ovejas	Is. 40:11	Jn. 10:11; He. 13:20; 1 P. 2:24-25
El siervo manso	Is. 42:1-6	Mt. 12:17-21
Una luz para los gentiles	Is. 49:6	Lc. 2:32; Hch. 13:47; 2 Co. 6:2
Lo azotaron y lo escupieron	Is. 50:6	Mt. 26:67; 27:26, 30; Mr. 14:65; 15:15, 19; Lc. 22:63-65: Jn. 19:1
Rechazado por su pueblo	Is. 52:13–53:12	Mt. 27:1-2; Lc. 23:1-25
No creyeron su palabra	Is. 53:1	Jn. 12:37-38
Sufrió en lugar de otros	Is. 53:4-5, 11-12	Mt. 8:17; Jn. 11:49-52; Hch. 10:43; 13:38-39; Ro. 5:18-19; 1 Co. 15:3; Ef. 1:7; 1 P. 2:24; 1 Jn., 1:7
No abrió su boca cuando lo acusaron	Is. 53:7	Mt. 27:12-14; Mr. 15:3-4; Hch. 8:28-35; 1 P. 2:23
No hubo engaño en sus palabras	Is. 53:9	1 P. 2:22
Sepultado con los ricos	Is. 53:9	Mt. 27:57-60
Crucificado con los transgresores	Is. 53:12	Mt. 27:38; Mr. 15:27[-28]; Lc. 23:32-34, 39-41; Jn. 19:18
Jefe y maestro	Is. 55:4	Hch. 5:31; Ap. 1:5
Llamamiento a los que no son Israel	Is. 55:5	Jn. 10:16; Ro. 9:25-26
Libertador de Sion	Is. 59:20-21	Ro. 11:26-27
Las naciones caminan en la luz	Is. 60:1-3	Lc. 2:32
Ungido por el Espíritu	Is. 61:1	Lc. 4:18; Hch. 10:38
Ungido para predicar libertad	Is. 61:1-2	Lc. 4:17-19
Recibe un nombre nuevo	Is. 62:1-4, 12	Ap. 2:17; 3:12
Una vestidura salpicada de sangre	Is. 63:1-3	Ap. 19:13
Los elegidos heredarán	Is. 65:9	Ro. 11:5, 7
Nuevos cielos y nueva tierra	Is. 65:17-25	2 P. 3:13; Ap. 21:1
El Señor es nuestra justicia	Jer. 23:5-6	1 Co. 1:30; Fil. 3:9
Nacido Rey	Jer. 30:9	Jn. 18:37; Ap. 1:5
Masacre de niños	Jer. 31:15	Mt. 2:17-18
Concebido por el Espíritu Santo	Jer. 31:15	Mt. 1:20; Lc. 1:35
Un nuevo pacto	Jer. 31:31-34	Mt. 26:27-29; Mr. 14:22-24; Lc. 22:15-20; 1 Co. 11:25; He. 8:8-12; 10:15-17; 12:24; 13:20
Una casa espiritual	Jer. 33:15-17	Jn. 2:19-21; Ef. 2:20-21; 1 P. 2:5
Un árbol plantado por Dios	Ez. 17:22-24	Mt. 13:31-32
Ungido por el Espíritu	Ez. 21:26-27	Lc. 1:52

Profecía	Referencias del Antiguo Testamento	Cumplimiento en el Nuevo Testamento
Los humildes exaltados	Ez. 34:23-24	Jn. 10:11
Piedra cortada no con manos	Dn. 2:34-35	Hch. 4:10-12
Su reino triunfante	Dn. 2:44-45	Lc. 1:33; 1 Co. 15:24; Ap. 11:15
El Hijo del Hombre viene en las nubes en gloria	Dn. 7:13-14	Mt. 24:30; 25:31; 26:64; Mr. 14:61-62; Hch. 1:9-11; Ap. 1:7
El reino para los santos	Dn. 7:27	Lc. 1:33; 1 Co. 15:24; Ap. 11:15
Momento de su muerte	Dn. 9:24-27	Mt. 24:15-21; Lc. 3:1
Israel restaurado	Os. 3:5	Ro. 11:25-27
Huida a Egipto	Os. 11:1	Mt. 2:15
Promesa del Espíritu	Jl. 2:28-32	Hch. 2:17-21; Ro. 15:13
Oscurecimiento del sol	Am. 8:9	Mt. 24:29; Hch. 2:20; Ap. 6:12
Restauración del tabernáculo	Am. 9:11-12	Hch. 15:16-18
Israel reunido de nuevo	Mi. 2:12-13	Jn. 10:14, 26
El reino establecido	Mi. 4:1-8	Lc. 1:33
Nacido en Belén	Mi. 5:2	Mt. 2:1; Lc. 2:4, 10-11
La tierra llena del conocimiento de la gloria del Señor	Hab. 2:14	Ap. 21:23-26
El Cordero en el trono	Zac. 2:10-13	Ap. 5:13; 21:24; 22:1-5
Sacerdocio santo	Zac. 3:8	1 P. 2:5
Sumo sacerdote celestial	Zac. 6:12-13	He. 4:14; 8:1-2
El Rey viene	Zac. 9:9	Mt. 21:5
Entrada triunfal	Zac. 9:9	Mt. 21:4-5; Mr. 11:9-10; Lc. 19:38; Jn. 12:13-15
Vendido por monedas de plata	Zac. 11:12-13	Mt. 26:14-15
Con el dinero se compra el campo del alfarero	Zac. 11:12-13	Mt. 27:9-10
Cuerpo traspasado	Zac. 12:10	Jn. 19:34, 37
Pastor herido, ovejas dispersadas	Zac. 13:7	Mt. 26:31; Jn. 16:32
Precedido por un precursor	Mal. 3:1	Mt. 11:10; Mr. 1:2; Lc. 7:27
Nuestros pecados purgados	Mal. 3:3	He. 1:3
La luz del mundo	Mal. 4:2-3	Lc. 1:78; Jn. 1:9; 12:46; 2 P. 1:19; Ap. 2:28; 22:16
La venida de Elías	Mal. 4:5-6	Mt. 11:14; 17:10-12

*Este gráfico ha sido reproducido, con revisiones menores, de Ralph P. Martin, "Messiah", en *Holman Illustrated Bible Dictionary*, rev. ed., eds. Chad Brand y otros (Nashville: Holman Bible, 2003), 1112-14. Usado con permiso de Holman Bible.

EL MESÍAS ES LA SIMIENTE DE LA MUJER (GN. 3:15)

El veredicto de Dios respecto a la serpiente no se completó con la maldición de arrastrarse sobre su vientre, en Génesis 3:14. Prosiguió: "Y pondré enemistad entre ti y la mujer, y entre tu simiente y la simiente suya; ésta te herirá en la cabeza, y tú le herirás en el calcañar" (Gn. 3:15). Los efectos físicos y corporales de la maldición eran una cosa. El alejamiento de algún otro ser vivo era otra. La serpiente no solo se arrastraría toda su vida, sino que también entraría en una especie de guerra con Eva y su descendencia. Esta guerra duraría mucho más que la vida de una serpiente. Involucraría a su propia prole.

¿Qué se pretende decir por "tu simiente"? Algunos han sugerido que es una figura retórica que se refiere a los hombres malos. Creen que Génesis 3:15 describe un conflicto entre los hombres buenos y los perversos. Otros, sin embargo, creen que el significado es más amplio aún. Para ellos, existe un reino del mal sobre el que gobierna Satanás. Fue él quien empoderó a la serpiente y el responsable, en última instancia, de lo que sucedió. El Nuevo Testamento confirma esta interpretación en Romanos 16:20: "Y el Dios de paz aplastará en breve a Satanás bajo vuestros pies. La gracia de nuestro Señor Jesucristo sea con vosotros", y en Apocalipsis 12:9: "Y fue lanzado fuera el gran dragón, la serpiente antigua, que se llama diablo y Satanás, el cual engaña al mundo entero; fue arrojado a la tierra, y sus ángeles fueron arrojados con él".

Esta interpretación afirma que en la mente de Dios también estaba la descendencia de la mujer, en un sentido más amplio. Alude a un reino del bien sobre el cual llegará a gobernar, a la larga, algún descendiente de la mujer. Ese individuo futuro derrotará finalmente a Satanás y pondrá fin al conflicto entre los dos reinos: "Y pondré enemistad entre ti y la mujer, y entre tu simiente y la simiente suya; ésta te herirá en la cabeza, y tú le herirás en el calcañar" (Gn. 3:15). Como en el caso de Jesús cuando se dirigió a Satanás a través de Pedro en Mateo 16:23, Dios le habló a Satanás por medio de la serpiente. Satanás herirá al descendiente de la mujer en el talón. El ataque resultará en daño, pero no en derrota. Sin embargo, la simiente de la mujer hará más que atacar a Satanás: le aplastará la cabeza. Esto simboliza la derrota total. Los escritores del Nuevo Testamento entendieron que se trataba del Mesías (cf. Mt. 1:23; Gá. 4:4; 1 Ti. 2:15; He. 2:14; 1 Jn. 3:8). Semejante interpretación convierte este versículo en la primera profecía mesiánica de las Escrituras.

El resto de las Escrituras se hace eco de Génesis 3:15 con sus dos protagonistas de la *cabeza* y el *talón* (Sal. 22:16; Lc. 24:39-40; Ap. 13:3). Se ha recuperado un esqueleto de una crucifixión que se remonta, como poco, al siglo I y que proporciona la prueba de que los verdugos romanos colocaban los clavos de tal manera que la víctima no pudiera liberarse mediante el desgarro. Los pies se clavaban a través de la estructura del pie, por debajo del tobillo, en un lugar que se podía identificar como estrechamente relacionado con el talón; se clavaba cada pie a un lado del poste vertical o ladeando la parte inferior del cuerpo para clavar ambos pies con un solo clavo.[16]

La serpiente (que representa a Satanás) engañó a Eva. Por consiguiente, la mujer será la madre del vencedor supremo sobre Satanás. Cuando Dios pronuncia el castigo sobre la serpiente, justo en medio de la sentencia, Moisés escribe una nota de esperanza, un atisbo de la misericordia y la gracia de Dios. Un final al conflicto de los siglos que se inició con la caída del hombre. Así, algunos eruditos de la Biblia han denominado

---

16. Véanse Peter Connolly, *Living in the Time of Jesus of Nazareth: From Herod the Great to Masada* (Bnei Brak, Israel: Steimatzky, 1983), 51; Matti Friedman, "In a Stone Box, the Only Trace of Crucifixion", *The Times of Israel*, 26 marzo 2012, http://www.timesofisrael.com/in-a-stone-box-a-rare-trace-of-crucifixion/.

Génesis 3:15 el *protoevangelio,* ("el primer evangelio"), porque es la profecía más temprana que promete un libertador futuro.

EL MESÍAS ES EL HIJO DE DIOS (SALMO 2)

Muchos eruditos bíblicos tratan al Salmo 2 como una mera referencia a uno de los reyes davídicos y no como una profecía mesiánica. Sin embargo, el Nuevo Testamento considera dicho salmo como profético y mesiánico, y lo cita dieciocho veces (siete veces en los Evangelios, cinco veces en Apocalipsis, tres veces en Hebreos, dos veces en Hechos, y una en Filipenses). Los versículos 1-3 revelan una rebelión a nivel mundial contra el Señor y su rey, el ungido de Dios. En los versículos 4-6, Él confirma a su rey escogido sobre las naciones, y en los versículos 7-9, Dios confirma que su rey también es su Hijo. A continuación, invita al mundo para que contemple a su Hijo y le brinde completa obediencia (2:10-12). Ningún rey histórico de Judá, del linaje davídico, cumplió jamás los elementos de este salmo. El salmista describe al Hijo de Dios como quien ejerce dominio y juicio universales. En realidad, Dios exige que los líderes del mundo rindan servicio a su Hijo y le teman, mediante su sumisión. La bendición espiritual se acumula para quienes "se refugian en" el Hijo de Dios, algo que nunca se promete por someterse a un rey humano. La similitud del individuo y sus acciones en el Salmo 2 y en Isaías 9:6 indican que son individuos idénticos.

REFERENCIAS TRINITARIAS AL MESÍAS

Varios pasajes del libro de Isaías identifican tres personas distintas y divinas:

- Isaías 42:1: "Yo", "mi siervo" y "mi Espíritu"
- Isaías 48:16: "Yo", "Jehová el Señor" y "su Espíritu"
- Isaías 61:1: "El Espíritu de Jehová el Señor", "mí" y "Jehová"
- Isaías 63:7-10: "Jehová", "el ángel de su faz" y "su santo Espíritu"

En estos textos, el siervo del Señor será enviado por el Señor, y el Señor lo empoderará con su Espíritu. Jesús confirma que Isaías 61:1 habla de Él como siervo del Señor (Lc. 4:17-21). Tal especificidad respecto a personas distintas de la Deidad puede rastrearse hasta referencias mucho más tempranas del Antiguo Testamento a múltiples personas divinas. Los siguientes no son sino una breve muestra de dichas referencias:

- Génesis 1:1-2: Dios y el Espíritu de Dios
- Génesis 19:24: dos personas llamadas Jehová ("el Señor"), uno en el cielo y otro en la tierra (véase 18:17, 22-33)
- Josué 5:13-15: "el príncipe del ejército de Jehová" y "el Señor" mismo

EL MESÍAS ES EL MEDIADOR ENTRE DIOS Y EL HOMBRE (JOB 33:23-28)

La identificación que el apóstol Pablo hace de Jesús como Dios-hombre, que sirve de Mediador entre Dios y la humanidad (1 Ti. 2:5) concuerda con lo que había revelado con anterioridad el libro más primitivo del Antiguo Testamento. Job admitió que Dios era tan justo o recto que una persona no podría ser justa en su presencia (Job 9:2). La pregunta no consistía en cómo podía ser justificado el individuo, sino en cómo podría poseer la cualidad de ser justo. Las personas son pecadoras ante un Dios justo. No pueden tener tratos con su Dios justo y santo. Solo hay una manera en que la persona pueda comunicarse de forma efectiva con Dios: a través de un mediador. Job se enfrentaba a un futuro desesperanzado, a menos que alguien interviniera en su favor (Job 33:24-28). Estaba destinado al "sepulcro". La muerte acabaría por llevárselo y, entonces, sería necesario que compareciera ante el Dios santo. Ya en Job 19:25, Job había expresado su convicción respecto a que su Redentor vivía y que pondría sus pies en la tierra en los días postreros. ¿De quién se trata y en qué sentido se lo considera el Redentor de Job?

El Redentor-Mediador de Job debe ser, a la vez, Dios y hombre (Job 9:32-33; 16:21). Según Job 33:23, ese individuo es un "ángel" ("mensajero"), un "mediador", y "muy escogido" (lit. "uno entre mil", que significa "único en su especie", como el uso de *monogenés*, "unigénito", en el Nuevo Testamento, en textos como Juan 1:14, 18; 3:16; 1 Jn. 4:9). Este individuo es capaz de declarar lo que es correcto (Job 33:33) y librar a Job del sepulcro mediante la "redención" que este Mediador posee (Job 33:24). El resto de la imagen respecto a este Redentor-Mediador, en el libro de Job, incluye las siguientes descripciones:

1. Es el fiel testigo en el cielo (Job 16:19; cf. Ap. 1:5).
2. Posee un testimonio en las alturas (Job 16:19; cf. He. 9:16, 24).
3. Es Redentor (Job 19:25; 33:24, 28; cf. Gn. 48:16; Gá. 3:8-22).
4. Es un Mediador (Job 33:23; cf. 1 Ti. 2:5-6).
5. Es el Único (Job 33:23; cf. Jn. 3:16).
6. Es el Único que limpia del pecado (Job 9:30-31; cf. 1 Jn. 1:5–2:2).
7. Es el sanador (Job 33:25; cf. Stg. 5:16; 1 P. 2:24).
8. Es el dador de cánticos (Job 33:27; cf. Ef. 5:18-19; Col. 3:16).

EL MESÍAS ES PROFETA, SACERDOTE Y REY

La promesa del cometido profético del Mesías aparece por primera vez en Deuteronomio 18, en la revelación sobre un profeta "mayor que Moisés" (Dt. 18:15-22). Los profetas como Moisés (y otros que le sucedieron, desde Josué hasta Malaquías) cumplieron una función intercesora. El pueblo de Israel no podía acercarse ni soportar la gloriosa presencia del Señor. Su revelación hablada también trascendía la capacidad que tenían de conservar, propagar y obedecer, de forma adecuada, aquello que el Señor exigía de ellos. En Deuteronomio 5:23-27 se describe este estado de cosas con respecto a la presencia y a la palabra divinas. Israel necesitaba un mediador que pudiera actuar en su nombre, que se comunicara con Dios y que les transmitiera sus palabras. Este ministerio intercesor siguió siendo necesario para las generaciones posteriores con las que Dios estableció sus pactos.

La revelación y la aplicación del pacto exigen un representante divino, un gran Profeta. En Hechos 3:22-23, el apóstol Pedro declaró que el Mesías cumplía la profecía de Deuteronomio 18:15-22. Esteban confirmó este mismo cumplimiento y asoció al gran profeta con la teofanía de la zarza ardiente (Hch. 7:35-38; cf. Éx. 3:2). Los judíos del siglo I entendieron la profecía de Moisés como una referencia a su Mesías (Jn. 1:21,

Tabla 4.3 "El Renuevo" según los Evangelios

El título mesiánico	Los Evangelios
"David, un renuevo justo, un rey" (Jer. 23:5; 33:15)	El Evangelio de Mateo: aspecto de rey
"Mi siervo el Renuevo" (Zac. 3:8)	El Evangelio de Marcos: aspecto de siervo
"El varón, cuyo nombre es el Renuevo" (Zac. 6:12)	El Evangelio de Lucas: aspecto humano
"El Renuevo de Jehová" (Is. 4:2)	El Evangelio de Juan: aspecto divino

25), y los habitantes de Jerusalén reconocieron a Jesús como profeta (Mt. 21:11; cf. Lc. 7:16; 24:19). Jesús mismo identificó su propio cargo profético cuando declaró que debía morir en Jerusalén: "no es posible que un profeta muera fuera de Jerusalén" (Lc. 13:33).

En el futuro, ese profeta, el sumo sacerdocio y la monarquía sobre el pueblo de Dios se combinarán en *una* persona. El Antiguo Testamento anunció que esa persona también llevaría el título "el Renuevo" (Is. 4:2; 11:1; Jer. 23:5-6; 33:14-22; Zac. 3:8; 6:12). Zacarías 6:12-13 reveló, de manera específica, que este Mesías-Sacerdote-Rey edificaría el templo sobre el que Hageo había profetizado (Hag. 2:1-9). La tabla 4.3 presenta la recopilación de Walter C. Kaiser de estas referencias veterotestamentarias al "Renuevo", en comparación con los énfasis individuales de los cuatro Evangelios neotestamentarios.[17]

El futuro Sumo Sacerdote es, por supuesto, el Señor Jesucristo mismo. Hebreos 5:5-6 declara: "Así tampoco Cristo se glorificó a sí mismo haciéndose sumo sacerdote, sino el que le dijo: Tú eres mi Hijo, yo te he engendrado hoy. Como también dice en otro lugar: Tú eres sacerdote para siempre, según el orden de Melquisedec". Luego, en Hebreos 7:14, el escritor señala que David y sus descendientes son de la tribu de Judá: "Porque manifiesto es que nuestro Señor vino de la tribu de Judá, de la cual nada habló Moisés tocante al sacerdocio". El sumo sacerdocio de Jesús es mayor que ninguno de los sacerdocios que Israel experimentó jamás, y Él será rey para siempre (cf. Sal. 110). El Mesías es divino, el gran Sacerdote-Rey venidero.

Así, la monarquía y el sacerdocio mesiánicos se mueven a través de la revelación bíblica y la historia de Israel hasta que convergen en el Mesías, en las profecías de Zacarías. Jesús sacrificó su propia sangre de forma sacerdotal y propició la ira del Dios Todopoderoso, que había sido agitada por los pecados de su pueblo. A continuación, Jesús se levantó triunfante de la tumba para sentarse en un trono eterno desde el que gobierna para siempre el universo entero, e invita a todos a venir y doblar la rodilla en señal de fe y sumisión a Él, como el gran Sacerdote-Rey. La identificación de la entronización presente de Jesús tiene gran repercusión en un entendimiento preciso de sus intervenciones presentes y futuras en los asuntos de este planeta. Hoy, Jesús no está sentado en el trono de David que le fue prometido al mayor Hijo de David en 2 Samuel 7:13-16 (cf. Ap. 3:21). Hoy, Jesús es Rey sobre el reino universal de Dios. En el futuro, regresará para sentarse en el trono de David (Mt. 25:31) y reinará durante mil años

---

17. Walter C. Kaiser Jr. y Tiberius Rata, *Jeremiah and Lamentations*, EEC (Bellingham, WA: Lexham, de próxima publicación). Usado con permiso de Lexham Press.

como Rey davídico, que se ha denominado de varias maneras, "el reino mesiánico", "el reino intermedio" y "el reino milenial" (Ap. 20:1-6). El Antiguo y el Nuevo Testamento revelan las diferencias entre estos dos reinos distintos (eterno versus el de mil años), que tienen funciones distintas (el rey celestial versus el rey terrenal), y distintos propósitos (cumplir el programa del reino de Dios desde la creación en adelante versus cumplir los pactos con Israel).[18]

El Cristo encarnado
Encarnación
Enseñanzas
Milagros
Arresto y juicios
Muerte y expiación
Resurrección y ascensión

Encarnación

LA DEIDAD

Jesús era el Dios-hombre: verdadera y completamente Dios, a la vez que verdadera y completamente humano. En su encarnación manifestó de forma externa su esencia divina interna (gr. *morfé*, "forma", Fil. 2:6). Cristo poseía la gloria divina (Jn. 17:5; cf. Is. 42:8). Así, el escritor de Hebreos proclama, del modo más enfático, que Cristo era la representación exacta de la Deidad: "El cual, siendo el resplandor de su gloria, y la imagen misma de su sustancia, y quien sustenta todas las cosas con la palabra de su poder" (He. 1:3; cf. Col. 1:15). Como Dios, el Hijo es el recipiente digno de adoración: "Y otra vez, cuando introduce al Primogénito en el mundo, dice: Adórenle todos los ángeles de Dios" (He. 1:6; cf. Mt. 2:2; 14:33; Fil. 2:10-11). Las doxologías del Nuevo Testamento incluso adscriben gloria a Cristo de una forma que recuerda a la doxología veterotestamentaria de 1 Crónicas 29:10-11:

> Bendito seas tú, oh Jehová, Dios de Israel nuestro padre, desde el siglo y hasta el siglo. Tuya es, oh Jehová, la magnificencia y el poder, la gloria, la victoria y el honor; porque todas las cosas que están en los cielos y en la tierra son tuyas. Tuyo, oh Jehová, es el reino, y tú eres excelso sobre todos (1 Cr. 29:10-11).

> Y el Dios de paz que resucitó de los muertos a nuestro Señor Jesucristo, el gran pastor de las ovejas, por la sangre del pacto eterno, os haga aptos en toda obra buena para que hagáis su voluntad, haciendo él en vosotros lo que es agradable delante de él por Jesucristo; al cual sea la gloria por los siglos de los siglos. Amén (He. 13:20-21).

> ...para que en todo sea Dios glorificado por Jesucristo, a quien pertenecen la gloria y el imperio por los siglos de los siglos. Amén (1 P. 4:11).

---

18. Alva J. McClain's *The Greatness of the Kingdom: An Inductive Study of the Kingdom of God* (Chicago: Moody Press, 1968) expone estos argumentos de manera más convincente y exhaustiva que cualquier otro volumen de teología cristiana. Véase también Paul N. Benware, *Understanding End Times Prophecy: A Comprehensive Approach* (Chicago: Moody Press, 1995), 135-45, 279-89.

> Antes bien, creced en la gracia y el conocimiento de nuestro Señor y Salvador Jesucristo. A él sea gloria ahora y hasta el día de la eternidad. Amén (2 P. 3:18).
>
> Señor, digno eres de recibir la gloria y la honra y el poder; porque tú creaste todas las cosas, y por tu voluntad existen y fueron creadas (Ap. 4:11).
>
> Digno eres de tomar el libro y de abrir sus sellos; porque tú fuiste inmolado, y con tu sangre nos has redimido para Dios, de todo linaje y lengua y pueblo y nación; y nos has hecho para nuestro Dios reyes y sacerdotes, y reinaremos sobre la tierra (Ap. 5:9-10).

En otras palabras, Cristo debería ser adorado con una adoración equivalente a la que se le brinda al Dios del Antiguo Testamento. La segunda persona de la Trinidad no solo estuvo "con Dios" en la creación, sino que Él mismo era Dios (Jn. 1:1-3). Al crear el universo, la segunda persona realizó una obra que solo Dios podía llevar a cabo (nótese que el término hebreo *bará,* "crear", solo toma por sujeto a Dios).

La oración a Jesucristo constituye una prueba más de su deidad. Jesús les enseñó a sus discípulos que le oraran a Él (Jn. 14:14; 15:16; 16:23-24). Hechos 1:24-25 registra que los discípulos oraron a Cristo pidiéndole dirección a la hora de escoger a un sustituto para Judas Iscariote. Esteban expresa dos peticiones en oración a Jesús: "Señor Jesús, recibe mi espíritu" y "Señor, no les tomes en cuenta este pecado" (Hch. 7:59-60). En Damasco, Ananías le dio instrucciones a Saulo para que se bautizara e invocara el nombre de Jesús (Hch. 22:16). El apóstol Pablo escribió más tarde que "porque todo aquel que invocare el nombre del Señor, será salvo" (Ro. 10:13; cf. 1 Co. 1:2). Pablo también apeló a Cristo para que apartara de él al "mensajero de Satanás" (2 Co. 12:7-8). De hecho, el Nuevo Testamento acaba con una oración a Cristo: "¡Ven, Señor Jesús!" (Ap. 22:20).

La adoración incluye más que la mera oración; también implica alabanza. Efesios 5:18-20 trata el asunto de hablarse "[unos a otros] con salmos, con himnos y cánticos espirituales, cantando y alabando al Señor en vuestros corazones" (Ef. 5:19). El contexto distingue a "Dios Padre" de "nuestro Señor Jesucristo" (Ef. 5:20; cf. 5:21), y convierte a Cristo en el principal referente de "Señor". El cántico de alabanza de Apocalipsis 5:9-10 también se centra en el Señor Jesús, quien pagó el precio del rescate con su propia sangre. Dos himnos bíblicos en la voz de la iglesia primitiva alababan a Jesús por quien Él es y por lo que Él ha llevado a cabo: Filipenses 2:6-11 y 1 Timoteo 3:16. Estos himnos del credo se concentran en la doctrina de la cristología. Aunque el Antiguo Testamento contiene himnos cristológicos en forma de salmos mesiánicos, como los Salmos 2; 22; 24; 45; 72; y 110. Así, hasta los judíos precristianos cantaban alabanzas al y sobre el Mesías en el antiguo salterio, el himnario de Israel.

Un concepto central, asociado con el reconocimiento del creyente respecto a la deidad, consiste en lo que las Escrituras denominan "el temor del Señor" (2 Cr. 19:9; Sal. 111:10; cf. Dt. 6:2; 8:6; 10:12). Jesucristo también es objeto de semejante temor (Col. 3:22-24; cf. Ef. 5:21, "por reverencia a Cristo", NVI; LBLA: "en el temor de Cristo"), y ese temor piadoso forma una sección clave del "cántico del Cordero" (Ap. 15:3):

Tabla 4.4 La semejanza divina de Jesús

Características o atributos divinos	Referencias bíblicas
Eternalidad	Mi. 5:2; Jn. 1:1; 8:58; Col. 1:17
Gloria	Mt. 16:27; 24:30; Lc. 9:32; Jn. 17:5
Gracia	Jn. 1:14, 16-17; Ro. 1:7; 16:20
Santidad	Lc. 4:34; Jn. 6:69 (LBLA); He. 7:26
Inmutabilidad	He. 1:10-12 (cf. Sal. 102:25-27); 13:8
Vida	Jn. 1:4; 5:21; 11:25; 14:6; Hch. 3:15; Ap. 1:18
Amor	Mr. 10:21; Jn. 11:3, 5; 14:21, 31; 15:9-11
Misericordia	Mr. 5:19; 1 Ti. 1:2; He. 2:17
Omnipotencia	1 Co. 1:23-24; He. 1:2-3
Omnipresencia	Mt. 18:20; Ef. 4:10
Omnisciencia	Jn. 1:47-49; 21:17; Hch. 1:24; 1 Co. 4:5
Justicia	Hch. 3:14; 7:52; 22:14; 2 P. 1:1
Autoexistencia (aseidad)	Jn. 1:1-3; Col. 1:16-17; Rev. 1:8, 17-18
Soberanía	Ef. 1:21; Col. 2:10; 1 P. 3.22
Verdad	Jn. 1:14, 17; 14:6; Ef. 4:21

¿Quién no te temerá, oh Señor, y glorificará tu nombre? pues sólo tú eres santo; por lo cual todas las naciones vendrán y te adorarán, porque tus juicios se han manifestado (Ap. 15:4).

La segunda persona de la Deidad también exhibe y ejerce, plenamente, todas las características divinas y los atributos de Dios. La tabla 4.4 proporciona ejemplos de la extensa semejanza de Jesucristo con Dios.

Según los escritores del Nuevo Testamento, Jesús es "la imagen del Dios invisible" (Col. 1:15; cf. 2 Co. 4:4; He. 1:3). Por tanto, se podría decir que cualquiera que viera a Cristo había visto al Padre (Jn. 12:45; 14:7-10). En otras palabras, los atributos y las características del Padre también residen en la persona de su Hijo.

La Biblia menciona numerosos títulos para el Hijo de Dios. Sin embargo, muchos de los que figuran en la lista de James Large,[19] quien afirma identificar 280 títulos y símbolos de Cristo en la Biblia, son meros símbolos y son a veces subjetivos, tipológicos o figurados (p. ej., Aarón como imagen humana de las funciones sumo sacerdotales cumplidas en Cristo, o "porción" como referencia a la herencia que el creyente recibe de Cristo). Para el propósito de una cristología, una lista más teológica podría ser dividida mediante una cuidadosa selección de nombres referentes a la deidad de Jesús y nombres que aluden a su humanidad. Por tanto, los títulos relacionados más probablemente con su deidad se enumeran aquí y los relacionados con su humanidad aparecen más adelante (p. 269).

- "Príncipe del ejército de Jehová" (Jos. 5:14-15)

---

19. James Large, *Concise Names of Christ* (1888; reimp., Chattanooga, TN: AMG, 2009). Véase también David F. Wells, *The Person of Christ: A Biblical and Historical Analysis of the Incarnation*, Foundations for Faith (Westchester, IL: Crossway, 1984), 67-81.

- "Admirable" (Jue. 13:18)
- "Jehová de los ejércitos" (Sal. 24:10; Is. 6:3, 5 con Jn. 12:41; Is. 24:23; Stg. 5:4)
- "El Señor" o *Adonai* (Sal. 110:1 con Mt. 22:41-45; Ro. 10:9-10; Fil. 2:9-11)
- "Sabiduría", "Sabiduría de Dios" (Pr. 8; Lc. 11:49; 1 Co. 1:24)
- "Emanuel" o "Dios con nosotros" (Is. 7:14; Mt. 1:23)
- "Padre eterno" (Is. 9:6)
- "Dios fuerte" (Is. 9:6)
- "Admirable, Consejero" (Is. 9:6)
- "El Señor" o Jehová (Is. 40:3 con Mr. 1:3; Jl. 2:32 con Ro. 10:13)
- "Creador" (de Israel, Is. 43:15; de almas, 1 P. 4:19; y de todas las cosas, con este título insinuado, Jn. 1:3; Col. 1:16; He. 1:2)
- "El brazo de Jehová" (Is. 53:1)
- "El que abre brecha" (Mi. 2:13, LBLA)
- "El ángel [mensajero] de Jehová" (véase Zac. 1:11-21, donde 1:20 identifica al ángel como Jehová, mientras que 1:12-13 lo muestra orando a Jehová como a una persona distinta)
- "El esposo" (Mt. 9:15)
- "El Hijo de Dios" (Mr. 1:1; Jn. 3:18; 5:25; Ro. 1:4; Ef. 4:13; Ap. 2:18)
- "El Santo" (Mr. 1:24; Jn. 6:69; Hch. 3:14; Ap. 3:7)
- "El Hijo del Altísimo" (Lc. 1:32)
- "El Verbo" (Jn. 1:1)
- "El unigénito" (*monogenés* = único; Jn. 1:14, 18; 3:16, 18; 1 Jn. 4:9, LBLA)
- "Yo soy" (Jn. 6:35; 8:12; 10:7, 11; 11:25; 14:6; 15:1; cf. "Yo soy", Éx. 3:13-14)
- "El pastor" (Jn. 10:14; 1 P. 2:25; 5:4; cf. Sal. 23:1)
- "La vida" (Jn. 14:6)
- "La verdad" (Jn. 14:6)
- "El camino" (Jn. 14:6)
- "Dios" (Jn. 20:28; Ro. 9:5)
- "Autor de la vida" (Hch. 3:15)
- "El poder de Dios" (1 Co. 1:24)
- "El Señor de gloria" (1 Co. 2:8)
- "La cabeza de la iglesia" (Ef. 4:15; 5:23)
- "Bienaventurado y solo Soberano" (1 Ti. 6:15)
- "Rey de reyes" (1 Ti. 6:15; Ap. 17:14; 19:16; cf. Dn. 4:37)
- "Señor de señores" (1 Ti. 6:15; Ap. 17:14; 19:16)
- "Salvador" (Tit. 2:13; 2 P. 1:1)
- "Autor de la salvación" (He. 2:10)
- "Autor de eterna salvación" (He. 5:9)
- "Autor y consumador de la fe" (He. 12:2)
- "El Todopoderoso" (Ap. 1:8)
- "El Alfa y la Omega" (Ap. 1:8)
- "El Señor Dios" (Ap. 1:8, LBLA)
- "El primero y el último" (Ap. 1:17; 2:8, LBLA)
- "El verdadero" (Ap. 3:7)
- "Fiel y Verdadero" (Ap. 19:11)
- "El principio y el fin" (Ap. 21:6)

KÉNOSIS[20]

En su encarnación, Cristo rindió el ejercicio independiente de sus atributos divinos a la voluntad de su Padre celestial. La base bíblica para este hecho se encuentra en Filipenses 2:5-7:

> Haya, pues, en vosotros este sentir que hubo también en Cristo Jesús, el cual, siendo en forma de Dios, no estimó el ser igual a Dios como cosa a que aferrarse, sino que se despojó a sí mismo, tomando forma de siervo, hecho semejante a los hombres.

Apoyándose en el término griego para "despojó de sí mismo", *kenóo*, los teólogos han elegido referirse a este concepto como la "kénosis" o el "vaciado". El apóstol Pablo alude a un acto voluntario que involucra la encarnación mediante la cual el Hijo de Dios adoptó la forma de un esclavo (gr. *doulos*). La cláusula "siendo en forma de Dios" (Fil. 2:6) habla de este estado preexistente de Cristo, así como de su humillación.

La declaración de que Cristo tenía la "forma (*morfé*) de Dios" (Fil. 2:6) debe entenderse como una referencia a la realidad de la deidad de Cristo, así como "tomando forma (*morfé*) de siervo" (Fil. 2:7) habla sobre la realidad de su esclavitud. "Forma" (*morfé*) no significa que Cristo se convirtiera en un esclavo solo en apariencia ni que fuera meramente Dios en su aspecto externo. Pablo no usa aquí el término griego habitual para "ser". En su lugar, el apóstol usa otro término que recalca la esencia de la naturaleza de una persona: su estado o condición continuos. Usa, asimismo, la palabra griega para "forma" que denota de manera específica el carácter básico, inmutable de algo, lo que hay en él y es de sí mismo. La mente de Cristo "se revele en dos actos sublimes de autorrenuncia, uno que se describe como *kénosis*, el otro como una *tapeinósis*. En el primero, "se despojó a sí mismo" cuando descendió de Dios a la humanidad; en el segundo, cuando se "humilló" y descendió de la humanidad a la muerte".[21]

¿De qué se despojó el Hijo preencarnado en su encarnación? Esa pregunta ha sido respondida de varias formas desafortunadas por lo que ha llegado a conocerse como la teología kenótica. Con el nombre derivado del "despojamiento" del que habla la *kénosis*, los teólogos kenóticos han malentendido este concepto y han indicado que Cristo se vació de algún aspecto de su deidad durante su encarnación. En ciertas formas, esta enseñanza errónea afirma que Cristo retuvo lo que ellos llaman sus atributos esenciales de deidad (p. ej., santidad, gracia), pero que rindió lo que ellos denominan sus atributos relativos (p. ej., omnisciencia, inmutabilidad).

Sin embargo, por definición es imposible que el Dios eterno, inmutable cese de existir como Dios. Este hecho respecto al Señor Jesús se confirma por todo el Nuevo Testamento. Incluso en su estado de humillación, el Señor Jesús pudo afirmar: "Yo y el Padre uno somos" (Jn. 10:30). Lejos de ser una expresión metafórica de unidad de propósito o plan, esta era una declaración metafísica de que el Hijo compartía esencia con el Padre. Los judíos entendieron esto claramente, porque su reacción fue apedrear

---

20. Porciones de esta sección están adaptadas de John MacArthur, *Filipenses*, CMNT (Grand Rapids, MI: Portavoz, 2012), 121-132 y de Mike Riccardi, "On the Incarnation: Avoiding Heresy and Pursuing Humility", *The Cripplegate* (blog), 7 de junio de 2013, http://thecripplegate.com/on-the-incarnation-avoiding-heresy-and-pursuing-humility/ (usado con permiso del autor).

21. Alva J. McClain, "The Doctrine of the Kenosis in Philippians 2:5-8", *MSJ* 9, no. 1 (1998): 90.

a Jesús por blasfemia: "porque tú, siendo hombre, te haces Dios" (Jn. 10:33). Incluso como hombre, Jesús podía legítimamente afirmar que verle a Él era ver al Padre (Jn. 14:9), declarar que tenía autoridad sobre toda carne (Jn. 17:2), y recibir adoración de sus discípulos (Jn. 20:28). En el monte de la Transfiguración, la deidad encarnada del Hijo fue revelada de forma visible cuando, por así decirlo, retiró el velo de su humanidad, y permitió que la expresión de su propia esencia divina resplandeciera (Mt. 17:2; véase "Transfiguración" [p. 283]). Queda, pues, claro que el Hijo no se despojó de su deidad ni de sus atributos divinos en su encarnación.

La pregunta sigue siendo, por tanto, ¿de qué se despojó? A pesar de ello, esta pregunta misma parece malinterpretar el lenguaje de Pablo en Filipenses 2. Aunque el verbo *kenóo* sí significa "vaciarse", se usa de manera exclusiva en un sentido metafórico en el Nuevo Testamento. Nunca significa "derramar", como si Jesús estuviera vertiendo sus atributos divinos fuera de sí mismo. De haber sido esta la intención de Pablo, habría empleado la palabra *ekjéo* (p. ej., Lc. 22:20; Jn. 2:15; Tit. 3:6). En su lugar, *kenóo* significa "anular", "invalidar" o "dejar sin efecto". Pablo emplea el término en este sentido en Romanos 4:14, donde dice: "Porque si los que son de la ley son los herederos, vana [*kekenótai*] resulta la fe, y anulada la promesa". Con todo, no se pregunta de qué ha sido vaciada la fe, sino que Pablo pretende afirmar que si la justicia pudiera venir por la ley, la fe quedaría anulada; se malograría. De un modo similar, preguntar de qué se despojó Cristo a sí mismo es la pregunta errónea. Cristo mismo es el objeto de este vaciado; se anuló *a sí mismo*. Como lo traduce alguna versión en lengua inglesa, Él "renunció a su reputación" (Fil. 2:7).

El resto del versículo indica cómo Cristo se anuló a sí mismo en su encarnación: "tomando forma de siervo, hecho semejante a los hombres" (Fil. 2:7). Cristo renunció a su reputación, precisamente adoptando la naturaleza humana. Se vació, pero no derramó porciones de su deidad, sino que añadió a sí mismo la humanidad completa y verdadera. El suyo fue un despojamiento por adición y no por sustracción. Si en verdad renunció o abandonó sus atributos divinos, esto podría sugerir que dejó de ser Dios; pero esto resultaría en algo que no concuerda con la forma en que la Biblia lo identifica como plena y verdaderamente Dios (véase "Deidad" [p. 261]). A pesar de ello, al adoptar la naturaleza humana, el Hijo de Dios poseía por completo su naturaleza divina, sus atributos y sus prerrogativas.

¿Cuál fue, pues, su humillación? Para convertirse en un sumo sacerdote misericordioso y fiel, tuvo que rebajarse a ser como sus hermanos en todo (He. 2:17). Por tanto, aunque el Hijo de Dios poseía totalmente su naturaleza, sus atributos y sus prerrogativas divinos, no los expresó del todo. Estaban velados. En ocasiones los expresó, como cuando leía la mente de las personas (Mt. 9:4) e hizo milagros divinos (p. ej., Lc. 5:3-10). Sin embargo, el Amo se sometió de buen grado a la vida de un esclavo (Fil. 2:7; cf. 2 Co. 8:9). Renunció a las glorias preencarnadas de las que venía. Abandonó la adoración de los santos y los ángeles para ser despreciado y rechazado por los hombres (Is. 53:3), se sometió al malentendido, las negaciones, la incredulidad, las falsas acusaciones y a todo tipo de insultos y persecución. Como Dios el Hijo, tenía todo el derecho a ejercer a voluntad sus prerrogativas divinas. A pesar de ello, como siervo sufriente de Jehová, se rindió a la voluntad del Padre en todo (Jn. 5:19, 30). Así, aunque conocía a Natanael sin haberse encontrado con él (Jn. 1:47) y, en realidad, conocía a todos los hombres (Jn. 2:25), en la humildad de su encarnación desconocía la hora de su regreso (Mt. 24:36). Su gloria divina interna seguía estando presente, aunque velada de manera temporal por haberse hecho Él como siervo. Aunque era verdaderamente humano, también seguía siendo plenamente divino.

Ninguna conceptualización de la kénosis puede ser coherente con las Escrituras, si dicho concepto imposibilita que Cristo asevere "ser igual a Dios" (Fil. 2:6). Aunque igual a Dios, el Hijo de Dios se sometió voluntariamente a la humanidad y a la muerte como Aquel que posee por completo la voluntad soberana, libre, santa y amorosa de verse limitado por su elección de obedecer al Padre para los fines del programa de redención y de la gloria de la Deidad.

EL NACIMIENTO VIRGINAL

El anuncio del "renuevo" victorioso (o simiente) de la mujer en Génesis 3:15 implica que este individuo no es descendencia de un hombre (cf. Gá. 4:4). Así, la primera profecía mesiánica dirige la atención a la mujer, a diferencia de la genealogía de Génesis 5, que solo enumera a los padres. Al omitir cualquier relación con Adán, Dios sugiere que el vástago prometido no participará del pecado de este. Así como el primer Adán fue engendrado por Dios (cf. Lc. 3:38, "Adán, hijo de Dios"), también el segundo Adán, Jesucristo, fue engendrado por Él y no por un varón humano (Mt. 1:18-20). Mateo enfatiza esta yuxtaposición del primer Adán con el segundo Adán, en su forma de presentar su Evangelio: "Libro de la genealogía de Jesucristo…" (Mt. 1:1). Es la misma fraseología de otros lugares de Génesis 5:1: "Este es el libro de las generaciones [o genealogía] de Adán". Esta fraseología presenta, de un modo impresionante:

1. un nuevo libro de revelación: el Evangelio de Mateo como primer libro del Nuevo Testamento;
2. un nuevo mensaje: la buena nueva respecto a Jesús el Mesías y Salvador, quien es "Dios con nosotros" (Emanuel; Mt. 1:1, 23);
3. una nueva creación: un hijo varón nacido de una virgen (Mt. 1:18-23); y
4. un nuevo comienzo: un nuevo *génesis* (término griego para "nacimiento" en Mt. 1:18).

En el reino de Judá, en tiempos del rey Acaz, el profeta Isaías recibió una revelación de Dios que debía transmitir al monarca: "Por tanto, el Señor mismo os dará señal: He aquí que la virgen concebirá, y dará a luz un hijo, y llamará su nombre Emanuel" (Is. 7:14). Según Mateo 1:22-23, esa profecía se cumplió en la milagrosa concepción de Jesús en el vientre de la virgen María. Algunos se oponen a esta interpretación, e insisten en identificar a la "virgen" como la esposa de Isaías u otra joven mujer de ese tiempo. Sin embargo, el contexto mismo indica la precisión del propio comentario de Dios en el Nuevo Testamento:

1. En el contexto inmediato, Isaías 1–12 profetiza el juicio divino contra Israel y la paz final que el Mesías traerá sobre la nación y sobre todo el mundo.

2. Isaías no provee ningún cumplimiento contemporáneo específico: deja sin identificar a la "virgen".
3. Dado que Acaz se niega a pedir una señal para sí mismo y para su época (Is. 7:10-12), Dios anuncia una para la "casa de David", una que no se limite a Acaz ni a su tiempo (Is. 7:13-14).
4. El término "virgen" (heb. *almá*) se refiere a una mujer joven que no ha tenido relaciones íntimas con un hombre (cf. Gn. 24:43; Éx. 2:8; Cnt. 1:3). La sugerencia de que *betulá* es la palabra correcta en hebreo para "virgen" parece contradecirse con el uso del término en Génesis 24:16, que añade "a la que varón no había conocido" (Gn. 24:16) con el fin de hacer que *betulá* ("doncella") aluda a una virgen. La palabra *almá* no necesita una cualificación semejante. La Septuaginta, la antigua traducción judía del Antiguo Testamento al griego, vierte el término hebreo *parthenos*, el mismo vocablo que aparece en el Nuevo Testamento, en Mateo 1:23.

¿Qué es relevante respecto a la doctrina de la concepción virginal y del nacimiento de Jesús? En primer lugar, la integridad del registro de los Evangelios en cuanto a Jesús se basa en gran medida en la verdad del nacimiento virginal. Si los relatos de Mateo y Lucas no fueran fiables en sus relatos del embarazo de María, que se produjo sin el involucramiento de un varón humano, entonces todas sus historias sobre Jesús se vuelven sospechosas. Los científicos pueden alegar que una concepción virginal es imposible, pero la prueba del Evangelio sigue siendo auténtica y creíble a la luz del coherente testimonio de los escritores del Nuevo Testamento respecto a la naturaleza humana sin pecado de Jesús. En otras palabras, la falsedad respecto a la afirmación bíblica del nacimiento virginal pone en grave peligro la inerrancia y la infalibilidad de las Escrituras. Además, dado que el autor supremo de estas es Dios mismo, este riesgo constituye un ataque a la fiabilidad y la veracidad de Dios.

En segundo lugar, el nacimiento virginal permite la preexistencia de la persona y la naturaleza divinas. El eterno Hijo de Dios existía antes de la milagrosa concepción en el vientre de María. El proceso humano normal de la concepción habría producido una segunda persona, no solo un cuerpo y una naturaleza humanos. Como Dios-hombre, Jesús no es más que una persona con dos naturalezas. ¡Isaías lo expresó tan bien! "Porque un niño nos es nacido, hijo nos es dado" (Is. 9:6). El Hijo de Dios ya existía, como persona divina. La adición de una segunda personalidad en Jesús necesitaría la existencia de cuatro personas en la Deidad en lugar de preservar a las tres existentes. Aun siendo un ser humano sin pecado, esa cuarta persona sería inferior a las otras tres, por la finitud de su humanidad. La humanidad de Jesús no es eterna: tuvo un principio. (Véase "Humanidad" [p. 269], para una explicación adicional sobre la unión de las naturalezas divina y humana en la persona de Jesús).

En tercer lugar, sin la concepción virginal de Jesús no puede haber garantía de que fuera sin pecado. Los descendientes de Adán son pecadores, porque este pecó; los descendientes de Adán mueren (Ro. 3:23; 5:12-19; 6:23; cf. Sal. 51:5). La muerte puede producirse antes de que un bebé pueda discernir entre el bien y el mal, y antes incluso de que ese pequeño sea capaz de entender el evangelio de la salvación por medio de

Jesucristo. La muerte infantil necesita la doctrina del pecado original, porque no hay muerte aparte del pecado. El Jesús sin pecado solo puede experimentar la muerte de su cuerpo humano cuando Dios pusiera sobre Él todo el pecado y la culpa de los elegidos (2 Co. 5:21).

En cuarto lugar, la eliminación del nacimiento virginal compromete la totalidad de la vida y el ministerio de Jesús, así como de las doctrinas que los acompañan. Estas incluyen que sea por completo Dios y totalmente hombre, su vida sin pecado, sus hechos milagrosos, su enseñanza llena de verdad, su sacrificio voluntario en sustitución de los pecadores, su resurrección y su ascensión corporales, y su regreso futuro. Si fallara alguna doctrina individual, dentro de la enseñanza bíblica respecto a Jesús, esto conduciría a cuestionar todo lo que le concierne en el registro del Nuevo Testamento.

Por último, la concepción o el nacimiento virginal de Jesús debe formar parte de la confesión de fe del cristiano. Su nacimiento le proporcionó un cuerpo de carne. El espíritu del anticristo niega que Jesús viniera en carne (1 Jn. 4:1-3; 2 Jn. 7). La confesión del creyente declara que Jesús asumió carne y sangre (He. 2:14) con el fin de apartar el pecado (1 Jn. 3:5). Esa confesión aparece en la primera línea del himno cristiano primitivo citado por Pablo en 1 Timoteo 3:16: "Dios fue manifestado en carne".

LA HUMANIDAD

La Biblia menciona muchos títulos distintos para Jesús en su humanidad. Los que están relacionados con su deidad se enumeran más arriba (véase bajo "Deidad" [p. 261]). Los nombres proporcionan un conocimiento profundo de la persona y la obra de Jesús, y la forma en que las personas lo identifican y se relacionan con Él.

- La "descendencia" o simiente de la mujer (Gn. 3:15; Gá. 4:4)
- "Siloh" (Gn. 49:10)
- "Redentor" (Job 19:25-27; Gá. 3:13)
- "Mesías" o "Ungido" (heb.) y "Cristo" (gr.) (Sal. 2:2; Jn. 1:41; 4:25; Hch. 18:28)
- "El Renuevo" (Is. 4:2; Jer. 23:5; 33:15; Zac. 3:8; 6:12)
- "Siervo" (Is. 52:13; Hch. 4:27, LBLA)
- "El deseado de todas las naciones" (Hag. 2:7)
- "El sol de justicia" (Mal. 4:2)
- "Jesús" (Mt. 1:21)
- "Un nazareno" (Mt. 2:23)
- "Hijo de David" (Mt. 12:23; 21:9; Mr. 12:35-37; Ro. 1:1-4)
- "Hijo del Hombre" (Mr. 2:10; Jn. 12:34; Hch. 7:56; Ap. 1:13; cf. Dn. 7:13)
- "El Escogido" (Lc. 9:35, LBLA; cf. Mt. 12:18; 1 P. 1:20)
- "El Cordero de Dios" / "el Cordero" (Jn. 1:29; Ap. 5:6, 8, 12, 13)
- "Maestro" (Jn. 3:2)
- "Consolador" (Jn. 14:16, por implicación)
- "Jesucristo" (Hch. 2:38; 3:6)
- "Líder" (Hch. 5:31)
- "El primogénito" o el preeminente (Ro. 8:29; Col. 1:15; He. 1:6)
- "El postrer Adán" (1 Co. 15:45-49; cf. Ro. 5:14; 1 Co. 15:21-22)
- "La piedra del ángulo" (Ef. 2:20; 1 P. 2:4)

- "Mediador" (1 Ti. 2:5-6)
- "Hermano" (He. 2:11-12, por implicación)
- "Apóstol" (He. 3:1)
- "Legislador y juez" (Stg. 4:12; cf. Mt. 28:18)
- "El lucero de la mañana" (2 P. 1:19)
- "Abogado" (1 Jn. 2:1)
- "El testigo fiel" (Ap. 1:5; 3:14)
- "El Amén" (Ap. 3:14)
- "El principio de la creación de Dios" (Ap. 3:14)
- "El León de la tribu de Judá" (Ap. 5:5)
- "La raíz de David" (Ap. 5:5)
- "La estrella resplandeciente de la mañana" (Ap. 22:16)

La unión hipostática. En el 325 d.C., el Concilio de Nicea afirmó la revelación de las Escrituras respecto a que Jesús era verdaderamente Dios. Luego, en el 451 d.C., el Concilio de Calcedonia acordó que Jesús era a la vez humano y divino, con la implicación de una "unión hipostática" de las dos naturalezas sin confusión, sin cambio, sin división y sin separación.[22] El Credo de los Apóstoles (siglo v d.C.) entonces declara: "Creo en Jesucristo, su Unigénito Hijo, nuestro Señor, que fue concebido del Espíritu Santo, nacido de la virgen María". En otras palabras, la unión hipostática consiste de las dos naturalezas de Cristo en una persona teantrópica (Dios-hombre). Esta unión mantiene la deidad de Cristo sin menoscabo y su humanidad no exaltada.

La unión hipostática es distinta del nacimiento virginal y de la encarnación. La encarnación se refiere a todo el concepto de Dios quien se manifiesta a sí mismo en carne humana. El nacimiento virginal constituyó el medio por el cual se llevó a cabo la encarnación. Como explicó en una ocasión Charles Feinberg: "La unión hipostática es aquello que fue efectuado y traído a la vida por la encarnación".[23] La unión hipostática difiere de las teofanías en que había múltiples y temporales teofanías, mientras que la existencia de las dos naturalezas en Cristo, desde su encarnación, es eterna. Él es, ahora y para siempre, el Dios-hombre.

Aunque la naturaleza humana que recibió el Hijo de Dios en su encarnación le permite experimentar la humanidad, Él no existe como dos personas. Él es una sola persona con dos naturalezas: la divina y la humana. La deidad de Cristo efectúa la individualización (que implica carácter y personalidad) de su naturaleza humana. Dios

---

22. Resulta útil reproducir la totalidad de la definición del Concilio de Calcedonia respecto a la unión hipostática: "Nosotros, entonces, siguiendo a los santos Padres, todos de común consentimiento, enseñamos a los hombres a confesar a uno y el mismo Hijo, nuestro Señor Jesucristo, el mismo perfecto en Deidad y también perfecto en humanidad; verdadero Dios y verdadero hombre, de cuerpo y alma racional; cosustancial (coesencial) con el Padre de acuerdo a la Deidad, y cosustancial con nosotros de acuerdo a la Humanidad; en todas las cosas como nosotros, sin pecado; engendrado del Padre antes de todas las edades, de acuerdo a la Deidad; y en estos postreros días, para nosotros, y por nuestra salvación, nacido de la Virgen María, de acuerdo a la Humanidad; uno y el mismo, Cristo, Hijo, Señor, Unigénito, para ser reconocido en dos naturalezas, inconfundibles, incambiables, indivisibles, inseparables; por ningún medio de distinción de naturalezas desaparece por la unión, más bien es preservada la propiedad de cada naturaleza y concurrentes en una Persona y una Sustancia, no partida ni dividida en dos personas, sino uno y el mismo Hijo, y Unigénito, Dios, la Palabra, el Señor Jesucristo; como los profetas desde el principio lo han declarado con respecto a Él, y como el Señor Jesucristo mismo nos lo ha enseñado, y el Credo de los santos Padres que nos ha sido dado". Philip Schaff, *The Creeds of Christendom*, vol. 2, *The Greek and Latin Creeds* (Nueva York: Harper and Row, 1877), 62-63.

23. Charles Lee Feinberg, "The Hypostatic Union", *BSac* 92, no. 367 (1935): 262.

el Padre preparó el cuerpo humano físico de Cristo (He. 10:5-7; cf. Sal. 40:6-8) para la encarnación, de manera que el Hijo de Dios pudiera hacer la voluntad del Padre. Cada naturaleza posee su propia voluntad. En Juan 17:24, la divina voluntad de Cristo aparecerá en su relación trinitaria con el Padre antes de la fundación del mundo. Sin embargo, en el jardín de Getsemaní, Jesús conforma su voluntad humana a la del Padre (Mt. 26:39). Esta dualidad en el seno de una única persona puede verse también en los primeros años de la juventud de Jesús, cuando asombró a los maestros del templo con su sabiduría y el conocimiento de las Escrituras, al hablar desde su naturaleza divina, pero después se sometió su voluntad humana a los deseos de sus padres (Lc. 2:47, 51-52). No fue cuestión de personalidades contrapuestas, sino de dos naturalezas distintas, aunque perfectas.

La condición humana implica atravesar, no solo encontrarse, con lo que la humanidad suele experimentar. Desde el inicio de su vida encarnada, hasta el final de su viaje terrenal, Jesús experimentó el nacimiento (Mt. 2:1), el crecimiento (Lc. 2:40), el agotamiento (Jn. 4:6), el sueño (Mr. 4:38), el hambre (Mt. 4:2; 21:18), la sed (Jn. 4:7; 19:28), el enojo (Mr. 3:5), la tristeza (Mt. 26:37), el llanto (Lc. 19:41; Jn. 11:35), la compasión (Mt. 9:36), el amor (Mr. 10:21; Jn. 11:3, 5, 36), el gozo (Lc. 10:21; Jn. 15:11), la tentación (Mt. 4:1; He. 4:15), la oración (Mt. 14:23; He. 5:7), el sufrimiento (Mt. 16:21; Lc. 22:44; He. 2:18), y la muerte (Mr. 15:37-39; Lc. 23:44-46; Jn. 12:24, 33; Ro. 5:6, 8; Fil. 2:8). Asimismo, experimentó primero lo que experimentarán finalmente todos los seres humanos: la resurrección (Mt. 17:9; Jn. 2:22; 21:14; Hch. 3:15; 1 Co. 15:20). Jesús fue, en realidad, verdadera y completamente humano, a la vez que verdadera y completamente Dios (véase "Deidad" [p. 261] más arriba).

El escritor de la epístola a los Hebreos ha escrito, de la forma más sucinta y hermosa, sobre la necesidad de la humanidad de Cristo y de la gran bendición que le corresponde a la humanidad, por la condición humana de Él: "Por lo cual debía ser en todo semejante a sus hermanos, para venir a ser misericordioso y fiel sumo sacerdote en lo que a Dios se refiere, para expiar los pecados del pueblo. Pues en cuanto él mismo padeció siendo tentado, es poderoso para socorrer a los que son tentados" (He. 2:17-18). Él es "Jesús de Nazaret, varón aprobado por Dios" (Hch. 2:22). Él es el único "mediador entre Dios y los hombres, Jesucristo hombre" (1 Ti. 2:5). Sí: "¡He aquí el hombre!" (Jn. 19:5).

Respecto a este maravilloso misterio de la unión hipostática de las dos naturalezas de Cristo, John Walvoord observa que "aunque los atributos de una naturaleza nunca se atribuyen a la otra, los atributos de ambas se arrogan de la forma adecuada a su persona".[24] Este hecho requiere que los lectores de las Escrituras disciernan, correctamente, la supuesta comunicación de propiedades (lat. *communicatio idiomatum*) en el registro bíblico, con el fin de entender de la forma correcta quién es Jesús y lo que ha llevado a cabo. Es decir, todo lo que pueda decirse de una de las naturalezas de Cristo se puede decir, con acierto, de Cristo como persona completa. Por ejemplo, el comentario de Pablo en Hechos 20:28 no significa que la naturaleza divina tenga sangre, porque Dios es espíritu (cf. Jn. 4:24). Sin embargo, porque la "sangre" es una propiedad de la

---

24. John F. Walvoord, *Jesus Christ Our Lord* (Chicago: Moody Press, 1969), 116.

naturaleza humana de Cristo y "Dios" es una propiedad de su naturaleza divina, Pablo puede decir de Jesús que Dios compró la iglesia con su propia sangre. Las propiedades de ambas naturalezas pueden declararse en la sola persona de Cristo. Walwoord proporciona, de manera muy útil, siete clasificaciones, que se resumen más abajo, por las cuales se debe distinguir entre las referencias bíblicas las naturalezas y la persona de Cristo:[25]

1. Referencias bíblicas a la persona completa de Cristo, en la que ambas naturalezas son esenciales:

   Porque un niño nos es nacido, hijo nos es dado, y el principado sobre su hombro; y se llamará su nombre Admirable, Consejero, Dios Fuerte, Padre Eterno, Príncipe de Paz. Lo dilatado de su imperio y la paz no tendrán límite, sobre el trono de David y sobre su reino, disponiéndolo y confirmándolo en juicio y en justicia desde ahora y para siempre. El celo de Jehová de los ejércitos hará esto (Is. 9:6-7).

   Y dará a luz un hijo, y llamarás su nombre JESÚS, porque él salvará a su pueblo de sus pecados (Mt. 1:21).

   Por tanto, teniendo un gran sumo sacerdote que traspasó los cielos, Jesús el Hijo de Dios, retengamos nuestra profesión (He. 4:14).

2. Referencias a la persona total, pero los atributos son ciertos en el caso de su deidad:

   Pero Jesús mismo no se fiaba de ellos, porque conocía a todos, y no tenía necesidad de que nadie le diese testimonio del hombre, pues él sabía lo que había en el hombre (Jn. 2:24-25).

   Nadie subió al cielo, sino el que descendió del cielo; el Hijo del Hombre, que está en el cielo (Jn. 3:13).

   Y Jesús les respondió: Mi Padre hasta ahora trabaja, y yo trabajo (Jn. 5:17).

3. Referencias a la persona total, pero los atributos son verdaderos respecto a su humanidad:

   Entonces Jesús fue llevado por el Espíritu al desierto, para ser tentado por el diablo. Y después de haber ayunado cuarenta días y cuarenta noches, tuvo hambre (Mt. 4:1-2).

   Y dio a luz a su hijo primogénito, y lo envolvió en pañales, y lo acostó en un pesebre, porque no había lugar para ellos en el mesón (Lc. 2:7).

   Y el niño crecía y se fortalecía, y se llenaba de sabiduría; y la gracia de Dios era sobre él (Lc. 2:40).

   Y estaba allí el pozo de Jacob. Entonces Jesús, cansado del camino, se sentó así junto al pozo. Era como la hora sexta (Jn. 4:6).

---

25. Walvoord, *Jesus Christ Our Lord*, 117-118.

4. Aparente contradicción en las referencias que describen a la persona total, según un atributo de su naturaleza divina, pero basadas en su naturaleza humana:

Por tanto, mirad por vosotros, y por todo el rebaño en que el Espíritu Santo os ha puesto por obispos, para apacentar la iglesia del Señor [atributo divino], la cual él ganó por su propia sangre [atributo humano] (Hch. 20:28).

Cuando le vi, caí como muerto a sus pies. Y él puso su diestra sobre mí, diciéndome: No temas; yo soy el primero y el último; y el que vivo, y estuve muerto; mas he aquí que vivo por los siglos de los siglos, amén. Y tengo las llaves de la muerte y del Hades (Ap. 1:17-18).

5. Aparente contradicción en las referencias que describen a la persona completa, según un atributo de su naturaleza humana, pero basadas en su deidad:

¿Pues qué, si viereis al Hijo del Hombre [atributo humano] subir adonde estaba primero [atributo divino]? (Jn. 6:62).

De quienes son los patriarcas, y de los cuales, según la carne, vino Cristo, el cual es Dios sobre todas las cosas, bendito por los siglos. Amén (Ro. 9:5).

6. Referencias que describen a la persona completa, según su deidad, pero basadas en ambas naturalezas:

Entonces Jesús le dijo: De cierto te digo que hoy estarás conmigo en el paraíso (Lc. 23:43).

Y tomó Jesús aquellos panes, y habiendo dado gracias, los repartió entre los discípulos, y los discípulos entre los que estaban recostados; asimismo de los peces, cuanto querían (Jn. 6:11).

Sabiendo Jesús en sí mismo que sus discípulos murmuraban de esto, les dijo: ¿Esto os ofende? (Jn. 6:61).

Porque habéis muerto, y vuestra vida está escondida con Cristo en Dios. Cuando Cristo, vuestra vida, se manifieste, entonces vosotros también seréis manifestados con él en gloria (Col. 3:3-4).

7. Referencias que describen a la persona total, según su humanidad, pero basadas en ambas naturalezas:

Cerca de la hora novena, Jesús clamó a gran voz, diciendo: Elí, Elí, ¿lama sabactani? Esto es: Dios mío, Dios mío, ¿por qué me has desamparado? (Mt. 27:46; Dios no puede dejar ni abandonar a Dios. En su persona total, Jesús está en la cruz, sin embargo, el Padre lo abandona temporalmente conforme a su humanidad. Como Dios-hombre, Jesús muere con respecto a su humanidad, porque la naturaleza divina no puede morir).

Y también le dio autoridad de hacer juicio, por cuanto es el Hijo del Hombre (Jn. 5:27).

Así, la teología bíblica de la persona y las naturalezas de Cristo debe basarse en una cuidadosa lectura de las Escrituras, junto con un reconocimiento de nuestro entendimiento limitado. El lector con discernimiento prestará una estrecha atención a cada detalle del texto bíblico, para interpretarlo de la forma correcta, en relación al entendimiento teológico de quién es Jesucristo y de lo que Él ha hecho, está haciendo y hará.

El conocimiento limitado de Cristo. Marcos 13:32 presenta una cuestión a los lectores, que está relacionada con el conocimiento autolimitado de Cristo: "Pero de aquel día y de la hora nadie sabe, ni aun los ángeles que están en el cielo, ni el Hijo, sino el Padre". Jesús pronunció estas palabras durante el tiempo de su encarnación (a la que también se hace referencia como su humillación). Después de su resurrección, Hechos 1:6-7 parece indicar que Jesús sabía cuándo sería restaurado el reino a Israel, pero no se lo revelaría en ese momento a sus discípulos. La limitación del conocimiento de Cristo en el momento de la restauración no significa que sus declaraciones respecto a la historicidad de los acontecimientos del Antiguo Testamento, o la autoría mosaica del Pentateuco, debieran reconsiderarse también. Después de todo, él confiaba plenamente en el Antiguo Testamento como Palabra de Dios, y su humanidad podría haber derivado toda esta información directamente de las Escrituras. No obstante, incluso durante la encarnación, como Dios el Hijo, Jesús siguió siendo omnisciente (cf. Jn. 16:30). En este caso, su conocimiento limitado es el resultado de su entrega voluntaria al uso independiente de sus atributos divinos (véase "Kénosis" [p. 265]).

OPINIONES ERRÓNEAS

Los conceptos erróneos sobre Jesús surgen de la lectura descuidada y sin discernimiento de la Biblia. Por tanto, a través de semejante falta de atención agravada por la naturaleza caída del hombre y la enemistad de los incrédulos, la persona de Cristo ha estado bajo ataque desde el principio mismo. En la iglesia primitiva, el error respecto a la naturaleza y la persona de Cristo surgió incluso en el primer siglo y desafió la ortodoxia cristológica de quienes creían en la Biblia. Como ocurre con la moneda falsa, la mejor estrategia para identificar aquello que es falso llega mediante el enfoque en la verdad. Estudiar lo que las Escrituras afirman sobre Jesucristo expone el error de aquellos que procuran negar las verdades bíblicas u ofrecer un Cristo falsificado. Una breve consideración de las principales herejías cristológicas merece atención (la tabla 4.5 [p. 278] presenta un resumen de dichas herejías).

Ebionismo. Uno de los errores más tempranos que infectaron la iglesia insistía en la humanidad de Cristo hasta el punto de excluir su deidad, porque sus defensores negaban su preexistencia; esta opinión estaba influenciada por las enseñanzas judías del siglo I. Esta herejía llegó a conocerse como ebionismo. Para los ebionitas, Jesús fue un gran hombre, un profeta de Dios, alguien empoderado por el Espíritu de Dios y exaltado a la condición de rey, después de su muerte. Algunos de los ebionitas aceptaban la concepción milagrosa de Jesús, pero otros la rechazaban.

En torno al siglo V, este punto de vista había abandonado la iglesia. Es probable que algunos partidarios regresaran al judaísmo, mientras que otros se rindieron ante el punto de vista bíblico (o quizá ante otro criterio popular erróneo de la época) y permanecieron en la iglesia, y aunque esta dejó esta opinión atrás, el concepto islámico sobre Jesús es básicamente el del ebionismo, como observa Heick: "El sincretismo religioso evidente en este movimiento fue de gran relevancia histórica, por cuanto contribuyó al origen y al surgimiento del mahometismo como tercera religión monoteísta importante del mundo".[26]

Gnosticismo. Como movimiento con raíces anteriores a la iglesia neotestamentaria, el gnosticismo asimiló poco a poco elementos cristianos. Consistía en un culto ecléctico que combinaba la filosofía griega, el dualismo persa, el pensamiento del judaísmo, elementos de las religiones orientales de misterio y el cristianismo. El dogma principal del gnosticismo se hacía eco del concepto de Platón respecto a que la materia era mala y el espíritu bueno. Sus partidarios creían que una serie de emanaciones habían venido de Dios. Se las denominaba *eones*, y cada uno de ellos se convertía cada vez más en materia y menos en espíritu; por tanto, era más mala y menos buena. Dado que el Jehová del Antiguo Testamento era el Creador de todas las cosas (tan solo un eón más), el gnosticismo lo etiquetó como *Demiurgo*. El Demiurgo era un ser celestial subordinado a otro eón mayor, el Ser Supremo. Como creador y controlador del mundo físico, los gnósticos describían al Demiurgo como antagonista a lo que es espiritual. En el pensamiento gnóstico, Cristo era un fantasma que parecía aparecer en un cuerpo (véase "El Docetismo", más abajo), o un eón que se unió a Jesús en algún momento entre su bautismo y su muerte en la cruz. El concepto gnóstico de la salvación consistía en una *gnosis* (o conocimiento) especial, proporcionada por Cristo tan solo a la élite, por medio de un proceso intelectual.

Adopcionismo/modalismo. En la iglesia primitiva, algunos aceptaban una opinión que sostenía que Dios adoptó (de ahí el término *Adopcionismo*) como hijo al hombre Jesús, en algún momento después de su nacimiento, quizá en su bautismo o en su resurrección. Artemón fue asociado con frecuencia a esta herejía, pero se sabe poco sobre él. Pablo de Samósata (siglo III d.C.) y Teódoto el Curtidor (*fl. ca.* 190 d.C.) propagaron el punto de vista de los adopcionistas, a quienes podemos considerar uno de los grupos monarquianistas que negaron la Trinidad y se refirieron a un único Dios como gobernador o monarca. Este movimiento enfatizaba la unicidad de Dios, una visión unitarista. Sus partidarios entendían que las tres personas de la Deidad eran, meramente, tres modos distintos de una existencia y una obra únicas de Dios. Como no creían que el Padre y el Hijo fueran personas distintas, hablaban de patripasianismo, la noción de que Dios el Padre murió en la cruz del Calvario. Sabelio se convirtió en el defensor del movimiento modalista a principios del tercer siglo y, aunque fue excomulgado en el 217 d.C., el movimiento que surgió de su liderazgo se llegó a conocer como sabelianismo.

Docetismo. Los docetistas derivan su nombre de término griego *dokeúo*, que significa "parecer" o "aparecer". Este grupo adoptó el extremo opuesto de los adopcionistas e insistió en la deidad de Cristo, a la vez que rechazaban su humanidad. Para los docetistas,

---

26. Otto W. Heick, *A History of Christian Thought* (Filadelfia: Fortress, 1965), 1:67.

la existencia material es inherentemente mala; es la opinión propuesta por Platón. Por consiguiente, era imposible que el puro y santo Hijo de Dios asumiera carne pecaminosa. Ellos creían que el Hijo de Dios apareció en la tierra como una ilusión, una especie de teofanía. Jesús no tuvo cuerpo humano alguno ni pudo sufrir o experimentar una muerte real. Valentino (fl. *ca.* 136–*ca.* 165 d.C.) se convirtió en una destacada personalidad de este movimiento herético. Ireneo (*ca.* 120–122 d.C.) se opuso a Valentino y escribió una obra en cinco volúmenes contra los errores de los docetistas. Marción (*ca.* 85–*ca.* 160 d.C.) fue otro miembro célebre de la secta docetista, y Tertuliano (*ca.* 160–*ca.* 220 d.C.) tomó la pluma para librar batalla contra las enseñanzas de Marción (207–208 d.C.). Ignacio, padre de la iglesia (*ca.* 50–*ca.* 110 d.C.), obispo de Antioquía, insistió en el uso de "realmente" y "verdaderamente" como descripciones de las naturalezas divinas y humanas de Cristo, a diferencia del uso docetista de "aparentemente" para aludir a la humanidad de Cristo.

Arrianismo. La siguiente herejía que atacó a la persona y la obra de Cristo surgió de las enseñanzas de Arrio (250–336 d.C.), un anciano de la iglesia de Alejandría, en Egipto. Él y sus seguidores dieron por sentado que la sumisión temporal del Hijo a la voluntad del Padre en el programa de la redención implicó una desigualdad eterna entre el Padre y el Hijo. Los arrianos consideraban que Cristo era un mero ser creado, aunque fue la primera y más suprema de todas las criaturas. Cristo no era de la *misma* sustancia que Dios, sino de una sustancia *similar*. Por tanto, colocaron a Cristo en una esfera que se hallaba entre Dios y el hombre, como criatura a la que se debía adoración por la autoridad que Dios había delegado en Él.

Los Concilios de Nicea (325 d.C.) y Constantinopla (381 d.C.) respondieron a esta herejía. El debate se centró en la presencia o la ausencia de una *iota* ("i") en una única palabra griega: *homoiousia* ("sustancia similar") o *homoousia* ("misma sustancia"). La diferencia se reducía a si Cristo era verdaderamente Dios o no, y el concilio declaró su convicción, basándose en las Escrituras, de que Cristo era verdadera y completamente Dios y hombre. Atanasio (295–373 d.C.), quien más tarde se convirtió en obispo de Alejandría, se alzó en defensa del testimonio bíblico respecto a la verdadera deidad de Jesucristo. Los concilios resultaron en la confirmación de que Cristo era "Dios de Dios, Luz de Luz, Dios verdadero de Dios verdadero, engendrado, no creado, de la misma naturaleza del Padre".

Apolinarismo. El siguiente error que surgió en la iglesia primitiva afirmaba la verdadera deidad de Cristo, pero negaba su humanidad plena. Los apolinarianos —que tomaban su nombre de Apolinario (*ca.* 315–*ca.* 392 d.C.), obispo de Laodicea— creían que Cristo poseía un cuerpo real y un alma sensible inmortal, pero le negaban una mente verdaderamente humana (o un alma racional). De hecho, creían que Cristo era Dios disfrazado en carne humana. Por consiguiente, le atribuían todas las debilidades humanas de Jesús a esta deidad, cosas como la ignorancia, el sufrimiento, la obediencia y la adoración. En realidad, Apolinario también se había contagiado por el dualismo de Platón, quien enseñaba que el espíritu es bueno, pero que el cuerpo es malo. Apolinario sostenía que si Cristo hubiera sido Dios, no podría haber tenido una voluntad humana.

El Concilio de Constantinopla condenó las enseñanzas del apolinarismo por ser heréticas, en el 381 d.C., y el Concilio de Calcedonia actuó del mismo modo, en el 451 d.C. Aquellos que en la iglesia primitiva respondieron a Apolinario señalaron que él no pudo explicar la lucha entre la voluntad divina y la voluntad humana de Jesús, en un texto como Lucas 22:42. Asimismo, dado que el pecado afecta al cuerpo, la voluntad y la mente, la obra redentora completa de Jesús exigía que su mente estuviera involucrada en redimir la mente del creyente. Ciertamente, imaginar a un ser verdaderamente humano, sin mente, sería algo inconcebible.

Nestorianismo. Por culpa de las falsas enseñanzas de Nestorio de Constantinopla (*ca.* 381–*ca.* 451 d.C.), en la iglesia primitiva se produjo una importante división. Él le atribuía una personalidad dual a Cristo: dos personas y dos naturalezas, en lugar de una persona y dos naturalezas. Nestorio entendía, de forma correcta, que María no concibió la naturaleza divina de Cristo, aunque sugería en efecto que Jesús fue un hombre deificado. Comparó la relación de Jesús con el Padre como, básicamente, la misma entre un creyente y Cristo.

Algunos historiadores argumentan que Nestorio recibió una mala reputación por parte de quienes malentendían su opinión respecto a que la impasibilidad del Logos y la plena humanidad de Jesús debían preservarse. Incluso Martín Lutero defendió a Nestorio contra la acusación de que enseñaba que Cristo debería dividirse en dos personas o hipóstasis.[27] Nichols explica que Nestorio "recalcó tanto la humanidad y la divinidad de Cristo que casi llegó a afirmar que las dos naturalezas son tan claras en Cristo que es una persona dividida, una persona humana y una persona divina, que Cristo es dos personas y no meramente dos naturalezas".[28] Después de su condenación en los concilios celebrados tanto en Éfeso (431 d.C.) como en Calcedonia (451 d.C.), Nestorio insistió en que se le había malentendido y que él siempre se había aferrado a la idea de que Cristo existió en dos naturalezas y una sola persona. Por tanto, es posible que Nestorio no se hubiera adherido al sistema doctrinal erróneo que llegó a conocerse como nestorianismo. A pesar de ello, tal vez enfatizó tanto las dos naturalezas de Cristo que le restó importancia a la unidad de Cristo en una persona, y de ese modo provocó las críticas, con razón, de Cirilo, obispo de Alejandría, así como la represión de los Concilios de Éfeso y Calcedonia. Es evidente que los creyentes exigían doctrinas concretas con respecto al Señor Jesucristo.

Eutiquianismo. La opinión del apolinarismo condujo a otra controversia llamada monofisismo (creencia en "una naturaleza") o eutiquianismo, así llamado por su creador, Eutiquio de Constantinopla (*ca.* 378–*ca.* 454 d.C.). Este sostenía que la deidad y la humanidad de Cristo carecían de distinción: ambas estaban fusionadas en una tercera naturaleza que no era ni Dios ni hombre, sino algo entremedio. Dado que Jesús solo poseía una vida, una mente y una voluntad, debía poseer una sola naturaleza en una sola persona. La variación del eutiquianismo que se centraba en la voluntad única llegó a

---

27. Heick, *A History of Christian Thought*, 1:180.
28. Stephen J. Nichols, *For Us and for Our Salvation: The Doctrine of Christ in the Early Church* (Wheaton, IL: Crossway, 2007), 105.

Tabla 4.5 Concilios de la iglesia primitiva*

Concilio	Fecha	Cuestión
Nicea	325 d.C.	Defendió la deidad de Cristo; en oposición al arrianismo
Constantinopla I	381 d.C.	Defendió la deidad de Cristo; en oposición al arrianismo y el apolinarismo
Éfeso	431 d.C.	Defendió las dos naturalezas de Cristo; en oposición al nestorianismo
Calcedonia	451 d.C.	Defendió las dos naturalezas de Cristo; en oposición al apolinarismo, al nestorianismo y al eutiquianismo/monofisismo
Constantinopla II	553 d.C.	Defendió las dos naturalezas de Cristo; en oposición al eutiquianismo/monofisismo
Constantinopla III	680-681 d.C.	Defendió las dos naturalezas de Cristo; en oposición al monotelitismo
Nicea II	787 d.C.	Defendió el uso de íconos

*Adaptado de la tabla de Nichols, *For Us and for Our Salvation*, 56. Usado con permiso de Crossway, un ministerio editorial de Good News Publishers, Wheaton, IL 60187, www.crossway.org.

conocerse como monotelismo. El Concilio de Calcedonia condenó el eutiquianismo en el 451 d.C., y el Tercer Concilio de Constantinopla condenó el monotelismo en el 680 d.C.

EL BAUTISMO[29]

Dios escogió al precursor profetizado del Mesías para que bautizara a Jesús en el agua del río Jordán (Mr. 1:1-10; Jn. 1:19-31; Hch. 19:4). El propósito del bautismo consistía en revelar la presencia personal del Mesías en cumplimiento de las profecías veterotestamentarias. Juan el Bautista asoció aquella revelación del Mesías con la identificación de Cristo como "el Cordero de Dios que quita el pecado del mundo" (Jn. 1:29). Dado que su padre era sacerdote (Lc. 1:5), Juan fue el sacerdote y profeta "designado y proporcionado por Dios" que bautizó a Jesús.[30]

¿Por qué fue bautizado Jesús? Según su propia explicación: "Deja ahora, porque así conviene que cumplamos toda justicia" (Mt. 3:15). Al someterse al bautismo de Juan, Cristo obedeció la voluntad de Dios y se identificó con los pecadores. Al final, llevaría los pecados de estos para que su justicia perfecta pudiera serles imputada (2 Co. 5:21). Este acto de obediencia en el bautismo ejemplificó una parte necesaria de la vida justa que vivió, para que les fuera imputada a los creyentes. Este primer acontecimiento público en el ministerio de Jesús poseía profundidad de significado:

1. Prefiguraba la relevancia del bautismo cristiano.
2. Marcó su primera identificación pública con aquellos cuyos pecados Él llevaría (Is. 53:11; 1 P. 3:18).
3. Afirmaba de manera pública su mesianismo mediante el testimonio directo del cielo (Mt. 3:17, que combinó el lenguaje mesiánico del Sal. 2:7 e Is. 42:1).[31]

---

29. Adaptado de MacArthur, *MacArthur Study Bible: English Standard Version*, 1364. Usada con permiso de Thomas Nelson.
30. Lewis Sperry Chafer, *Systematic Theology* (1948; reimp., Dallas, TX: Dallas Seminary Press, 1969), 5:59.
31. Para más datos sobre la relevancia del bautismo de Jesús, véase "La obediencia de Cristo" en el cap. 7 (p. 530).

LA TENTACIÓN

Después de que Juan bautizara a Jesús (Mt. 3:13-17), el Espíritu Santo llevó a Jesús al desierto, donde fue tentado por Satanás (Mt. 4:1-11). El Espíritu Santo jugó un papel significativo en la vida y el ministerio de Jesús. Fue el agente por el cual María concibió a Jesús en su vientre (Mt. 1:20); ungió y empoderó a Jesús en su ministerio (Mt. 12:28; Lc. 4:18-19; cf. Is. 61:1); y también fue el agente activo en la resurrección de Jesús (Ro. 8:11). El involucramiento del Espíritu en conducir a Jesús a la situación con Satanás demuestra que esta prueba era conforme al propósito soberano de Dios en el programa de la redención.

Las tentaciones de Satanás atacaron a Jesús conforme a su humanidad, ya que Dios mismo (y, por tanto, Jesús según su naturaleza divina) "no puede ser tentado por el mal" (Stg. 1:13). De hecho, Dios nunca actúa siquiera como agente para tentar a alguien con el mal. Sin embargo, según su designio soberano, sí ordena que Satanás, los demonios u otros agentes humanos nos tienten cuando conviene a sus propósitos santos y sabios (Job 1–2; Lc. 22:31-32; 2 Co. 12:7-10). De acuerdo con las categorías enumeradas en 1 Juan 2:16, Satanás tentó a Jesús con el hambre como uno de "los deseos de la carne" (Mt. 4:2-3; 1 Jn. 2:16), y puso a Dios a prueba como una exhibición de "la vanagloria de la vida" (Mt. 4:5-6; 1 Jn. 2:16), y con la posesión de los reinos del mundo y toda su gloria para satisfacer "los deseos de los ojos" (Mt. 4:8-9; 1 Jn. 2:16). A lo largo de este período específico de prueba, como durante toda su vida terrenal, Jesús fue tentado "en todo según nuestra semejanza, pero sin pecado" (He. 4:15). Jesús podía ser tentado, pero no podía pecar.

La Biblia dice de forma explícita que Jesús *no* pecó (1 Jn. 3:5). Pero ¿*pudo* haber pecado, ya sea de pensamiento o de hecho? Esto plantea la cuestión de la pecabilidad o impecabilidad de Cristo. Aquellos que defienden la pecabilidad de Cristo —que pudo haber pecado, aunque no lo hizo— enfatizan dos puntos principales. Primero dicen que, dado que incluso los seres humanos no caídos son capaces de pecar (cf. Gn. 3:1-6), y puesto que, en su encarnación, Jesús asumió una naturaleza humana plena y verdadera, Él también debe haber sido capaz de pecar. Argumentar lo contrario, afirman, es comprometer la genuina humanidad de Cristo. Segundo, los defensores de la pecabilidad argumentan que la incapacidad de pecar socavaría la autenticidad de las tentaciones de Cristo; la capacidad de ser tentado implica la capacidad de pecar. Por tanto, argumentar que Jesús no pudo pecar es comprometer la clara enseñanza bíblica de que Él fue "tentado en todo según nuestra semejanza" (He. 4:15).

Sin embargo, las Escrituras testifican que Cristo no era capaz de pecar. En primer lugar, Jesús declaró que el príncipe de este mundo (Satanás, cf. Ef. 2:2; 1 Juan 5:19) "nada tiene en [Cristo]" (Jn. 14:30). Es decir, no había nada en Jesús más que pureza perfecta y disposición entusiasta para hacer la voluntad del Padre (Jn. 4:34). Para que Jesús fuera capaz de pecar, Satanás habría tenido que tener algo en Cristo —un deseo equivocado o una disposición a pecar—, para explotar con incentivos externos, pero no existía tal cosa. En segundo lugar, en Juan 5:19, Jesús dice: "De cierto, de cierto os digo: No puede el Hijo hacer nada por sí mismo, sino lo que ve hacer al Padre". Dado que es indiscutible que el Padre nunca podría pecar, que Jesús diga que "no puede... hacer nada" sino "lo que ve hacer al Padre" es afirmar de forma clara su propia incapacidad para pecar.

Esto no deslegitima la humanidad genuina de Jesús, como afirman los defensores de la pecabilidad. Aunque Adán y Eva eran capaces de pecar antes de la caída, su humanidad, a diferencia de la de Jesús, no estaba unida hipostáticamente a la naturaleza divina. Pero debido a que Jesús *era* plena y verdaderamente humano *y* plena y verdaderamente divino, y como Dios no puede pecar (Stg. 1:13), Jesús no pudo haber pecado. Argumentar lo contrario es sugerir que, por el hecho de ser verdaderamente humano, Jesús no pudo ser verdaderamente Dios. Se trata de circunscribir la deidad de Jesús por su humanidad y negar el principio fundamental de la unión hipostática. La capacidad de pecar no es absolutamente *esencial* para la humanidad; de lo contrario, dejaríamos de ser humanos en nuestro estado glorificado, cuando no seremos capaces de pecar.

El punto de vista de la impecabilidad tampoco socava la autenticidad de las tentaciones de Cristo. La postura de la pecabilidad concibe la tentación como si el tentado siempre debe ser atraído o seducido por el pecado en cuestión. Pero ser atraído o seducido por el pecado es, en sí mismo, pecado; el deseo de un fin ilícito es, en sí mismo, un deseo ilícito (cf. Mt. 5:27-28; Col. 3:5). Puesto que Jesús "fue tentado en todo según nuestra semejanza, pero *sin* pecado" (He. 4:15), las tentaciones de Jesús nunca incluyeron el impulso interno a la desobediencia que tan a menudo caracteriza nuestras tentaciones (cf. Stg. 1:14), porque Jesús lo consideró como su "comida" —su alimento y sustento— hacer la voluntad del Padre (Jn. 4:34). En lugar de ser internas, las tentaciones de Jesús fueron incentivos externos para pecar (cf. Mt. 4:1-11). La perfecta pureza de sus pensamientos, afectos y deseos significó que Jesús solo pudo haber salido victorioso de sus tentaciones. Las Escrituras hablan a menudo de cómo nuestras pruebas refinan nuestra fe por medio del fuego, igual que se refina el oro (cf. 1 P. 1:7). Sin embargo, si el oro es genuino, no hay ninguna posibilidad de que pueda ser consumido por el fuego de la prueba. La prueba demuestra la pureza del oro, y la incapacidad del oro para fallar la prueba no hace que el fuego sea menos real o intenso. Del mismo modo, la impecabilidad de Jesús tampoco hace menos genuinas sus tentaciones.

En realidad, al no haberse rendido nunca a las tentaciones, soportó toda la fuerza de estas. Así, para Jesús la tentación fue más real y poderosa que para cualquier otro ser humano. La comparación entre la tentación de Adán y la de Jesús revela grandes diferencias y hacen que la victoria de Jesús sea mucho más extraordinaria:

1. Adán se enfrentó a la tentación en el mejor de los entornos, el jardín del Edén; Jesús la afrontó en un ambiente inhóspito, el desierto de Judea.
2. Adán vivió en la perfección del mundo anterior a la caída; Jesús habitaba en un mundo profundamente corrupto, pecaminoso y caído.
3. Adán cedió a la primera tentación a la que se enfrentó; Jesús afrontó una tentación tras otra, a lo largo de su vida y su ministerio terrenal (He. 4:15), pero nunca cedió.

4. Adán entró en su momento de tentación alimentado de la forma adecuada, en un agradable jardín lleno de frutos y de agua fresca; Jesús, antes de su tentación en el desierto, estaba debilitado por cuarenta días de ayuno.
5. Las consecuencias de la caída de Adán ante la tentación fueron letales para toda la raza humana; las consecuencias del triunfo de Jesús sobre la tentación le permitieron completar con éxito el programa de la redención.

LA DEPENDENCIA DEL ESPÍRITU SANTO

El relato de la tentación de Jesús suscita la cuestión de la dependencia y la relación de Jesús con el Espíritu Santo. Varias profecías veterotestamentarias predecían que el Mesías dependería del Espíritu Santo:

> Y reposará sobre él el Espíritu de Jehová; espíritu de sabiduría y de inteligencia, espíritu de consejo y de poder, espíritu de conocimiento y de temor de Jehová. Y le hará entender diligente en el temor de Jehová (Is. 11:2-3).

> He aquí mi siervo, yo le sostendré; mi escogido, en quien mi alma tiene contentamiento; he puesto sobre él mi Espíritu; él traerá justicia a las naciones (Is. 42:1).

> El Espíritu de Jehová el Señor está sobre mí, porque me ungió Jehová; me ha enviado a predicar buenas nuevas a los abatidos, a vendar a los quebrantados de corazón, a publicar libertad a los cautivos, y a los presos apertura de la cárcel; a proclamar el año de la buena voluntad de Jehová, y el día de venganza del Dios nuestro; a consolar a todos los enlutados; a ordenar que a los afligidos de Sion se les dé gloria en lugar de ceniza, óleo de gozo en lugar de luto, manto de alegría en lugar del espíritu angustiado; y serán llamados árboles de justicia, plantío de Jehová, para gloria suya (Is. 61:1-3).

La dependencia de Cristo del Espíritu Santo puede verse en su concepción (Mt. 1:20), su bautismo (Mt. 3:16-17), y su tentación en el desierto (Mt. 4:1). Juan escribe que Cristo "las palabras de Dios habla; pues Dios no da el Espíritu por medida" (Jn. 3:34). En realidad, Cristo se apoyaba en el Espíritu para tener poder en su ministerio (Lc. 4:14) y, en especial, en su predicación (Lc. 4:17-22, en cumplimiento de Is. 61:1-2; Mt. 12:15-21, en cumplimiento de Is. 42:1-3). "Por el Espíritu", Cristo dio mandamientos a sus apóstoles escogidos (Hch. 1:2), y expulsó "demonios" (Mt. 12:28). Cuando Jesús sanó, lo hizo por el poder del Espíritu (Hch. 10:38).

Al final de su estancia terrenal, Jesús se ofreció a sí mismo como un sacrificio sobre la cruz a través del Espíritu: "¿Cuánto más la sangre de Cristo, el cual mediante el Espíritu eterno se ofreció a sí mismo sin mancha a Dios, limpiará vuestras conciencias de obras muertas para que sirváis al Dios vivo?" (He. 9:14). El Espíritu Santo capacitó a Jesús para que soportara las horas de prueba antes y durante la crucifixión: las agonías internas de Getsemaní, la humillación ante Pilato y Herodes, los azotes y la corona de espinas, el camino al Gólgota y la crucifixión. El Espíritu protegió a Jesús físicamente y además, lo ayudó a mantener su propósito de ofrecerse en la cruz como sacrificio sustitutivo por los pecadores, en sumisión a la voluntad del Padre. La decisión de Cristo, aunque empoderada por el Espíritu, era algo que Él tenía que hacer: "Por eso me ama el Padre, porque yo pongo mi vida, para volverla a tomar. Nadie me la quita, sino que yo de mí mismo la pongo. Tengo poder para ponerla, y tengo poder para volverla a tomar. Este mandamiento recibí de mi Padre" (Jn. 10:17-18).

En la resurrección de Cristo de los muertos, las tres personas de la Deidad jugaron un papel. El Padre y el Espíritu estaban involucrados: "Y si el Espíritu de aquel que levantó de los muertos a Jesús mora en vosotros, el que levantó de los muertos a Cristo Jesús vivificará también vuestros cuerpos mortales por su Espíritu que mora en vosotros" (Ro. 8:11). Y el pasaje citado más arriba (Jn. 10:17-18; cf. 2:19-22) demuestra el involucramiento del Hijo en su propia resurrección.

Desde la concepción, pasando por la resurrección y, por inferencia, incluso por medio de la glorificación, el Espíritu Santo siempre sostuvo a Jesús. Esto no admite debilidad alguna, sino que en el estado de sumisión de Cristo al Padre (en especial en su encarnación), el Espíritu capacitó su naturaleza humana para que llevara a cabo por completo la redención y todos los demás aspectos de su misión en la tierra. Tal condescendencia quedó confirmada cuando los líderes judíos determinaron que Jesús era satánico y, sin embargo, Él no los acusó de blasfemar contra Él, sino de hablar en contra del Espíritu Santo (Mt. 12:30-32).

TRANSFIGURACIÓN

Antes de que Jesús iniciara la serie de acontecimientos que conducirían a su crucifixión, su muerte, su sepultura, su resurrección y su ascensión al cielo, quiso asegurarles a sus discípulos que regresaría y establecería su reino. El suceso conocido como la transfiguración de Jesús les proporcionó a estos hombres esa seguridad. El enfoque del ministerio de Jesús en el reino había llegado a un punto de inflexión, marcado por Mateo 16:21: "Desde entonces comenzó Jesús a declarar a sus discípulos que le era necesario ir a Jerusalén y padecer mucho de los ancianos, de los principales sacerdotes y de los escribas; y ser muerto, y resucitar al tercer día". Jesús no se sometió a la transfiguración principalmente para demostrar su deidad, revelar su gloria celestial ni profetizar sobre su muerte inminente y su resurrección, sino que su intención fue la de proveer una visión previa de la gloria que manifestaría a su regreso para establecer su reino. Él mismo presentó esa verdad en Mateo 16:28: "De cierto os digo que hay algunos de los que están aquí, que no gustarán la muerte, hasta que hayan visto al Hijo del Hombre viniendo en su reino". Al referirse a la transfiguración, Pedro habla de ello de la manera siguiente:

> Porque no os hemos dado a conocer el poder y la venida de nuestro Señor Jesucristo siguiendo fábulas artificiosas, sino como habiendo visto con nuestros propios ojos su majestad. Pues cuando él recibió de Dios Padre honra y gloria, le fue enviada desde la magnífica gloria una voz que decía: Este es mi Hijo amado, en el cual tengo complacencia. Y nosotros oímos esta voz enviada del cielo, cuando estábamos con él en el monte santo (2 P. 1:16-18).

La brillante luz del rostro de Cristo en la montaña ("y se transfiguró delante de ellos, y resplandeció su rostro como el sol, y sus vestidos se hicieron blancos como la luz", Mt. 17:2) presagiaba la gloria del "Hijo del Hombre viniendo sobre las nubes del cielo, con poder y gran gloria" (Mt. 24:30). El apóstol Juan describió una visión similar de la gloria de Cristo, en Apocalipsis 1:14-16:

> Su cabeza y sus cabellos eran blancos como blanca lana, como nieve; sus ojos como llama de fuego; y sus pies semejantes al bronce bruñido, refulgente como en un horno; y su voz como estruendo de muchas aguas. Tenía en su diestra siete estrellas; de su boca salía una espada aguda de dos filos; y su rostro era como el sol cuando resplandece en su fuerza.

Esta visión ofrece similitudes con la descripción del Rey Jesús en Apocalipsis 19:11-16, cuando viene en juicio:

> Entonces vi el cielo abierto; y he aquí un caballo blanco, y el que lo montaba se llamaba Fiel y Verdadero, y con justicia juzga y pelea. Sus ojos eran como llama de fuego, y había en su cabeza muchas diademas; y tenía un nombre escrito que ninguno conocía sino él mismo. Estaba vestido de una ropa teñida en sangre; y su nombre es: EL VERBO DE DIOS. Y los ejércitos celestiales, vestidos de lino finísimo, blanco y limpio, le seguían en caballos blancos. De su boca sale una espada aguda, para herir con ella a las naciones, y él las regirá con vara de hierro; y él pisa el lagar del vino del furor y de la ira del Dios Todopoderoso. Y en su vestidura y en su muslo tiene escrito este nombre: REY DE REYES Y SEÑOR DE SEÑORES.

La gloria de Dios se manifiesta de una forma más plena y más clara en el Señor Jesucristo (He. 1:1-3). Así, el apóstol Pablo lo llamó "Señor de gloria" (1 Co. 2:8) y en 2 Corintios 4:3-6 declaró:

> Pero si nuestro evangelio está aún encubierto, entre los que se pierden está encubierto; en los cuales el dios de este siglo cegó el entendimiento de los incrédulos, para que no les resplandezca la luz del evangelio de la gloria de Cristo, el cual es la imagen de Dios. Porque no nos predicamos a nosotros mismos, sino a Jesucristo como Señor, y a nosotros como vuestros siervos por amor de Jesús. Porque Dios, que mandó que de las tinieblas resplandeciese la luz, es el que resplandeció en nuestros corazones, para iluminación del conocimiento de la gloria de Dios en la faz de Jesucristo.

El acontecimiento de la transfiguración demostró, de un modo más poderoso y radical, que Jesús era la verdadera gloria de Dios, aunque velada mientras caminó en la carne, en esta tierra. Las dos venidas de Cristo, la primera en humildad y revestido de carne, y la segunda en gloria y vestido de luz, son los dos grandes temas de la profecía bíblica.

Los dos compañeros de Jesús en su transfiguración, Moisés y Elías (Mt. 17:3), podrían ser símbolos de dos categorías de aquellos santos que entran en el reino: los que han muerto y los que no han pasado por la muerte, pero han sido transformados en el rapto. Sin embargo, una identificación más cierta de su relevancia nos llega en la visión de Zacarías 4. En ella, la lámpara de oro (menorá) y los dos olivos le proporcionan seguridad a Zorobabel respecto a que recibirá el empoderamiento divino para la tarea de reedificar el templo. Dios revela, asimismo, que suministrará su Espíritu y un poder infinito (Zac. 4:6), incluso hasta la gloria futura del reino de Dios y el templo. Los dos olivos "son los dos ungidos que están delante del Señor de toda la tierra" (Zac. 4:14). En la transfiguración, Jesús es el Señor de toda la tierra, y Moisés y Elías son los ungidos junto con Él. Juan identifica posteriormente a esos dos mismos olivos como los dos testigos que profetizan durante 1260 días durante el período de la tribulación (Ap. 11:3-4). Los milagros que realizan (Ap. 11:5-6) parecen confirmar que podrían ser Moisés y Elías:

> Aunque es imposible ser dogmático respecto a la identidad de estos dos testigos, varias observaciones sugieren que podrían ser Moisés y Elías: 1) como Moisés, hieren la tierra con plagas, y como Elías, tienen el poder de hacer que no llueva; 2) la tradición judía esperaba que tanto Moisés (cf. Dt. 18:15-18) como Elías (cf. Mal. 4:5-6) regresaran en el futuro (cf. Jn. 1:21); 3) tanto Moisés como Elías estaban presentes en la transfiguración, la visión previa de la segunda venida de Cristo; 4) tanto Moisés como Elías usaron medios sobrenaturales para provocar el arrepentimiento; 5) Elías fue arrebatado y fue vivo al cielo, y Dios enterró el cuerpo de Moisés donde nadie lo pudiera encontrar; y 6) la duración de la sequía que los dos testigos acarrean (tres años y medio; Ap. 11:3) es la misma que la provocada por Elías (Stg. 5:17).[32]

Enseñanzas

Las enseñanzas de Jesús revelan que Él era un maestro y un narrador experto que poseía conocimiento y sabiduría, y que superaba en sabiduría a cualquier otra persona. En todos los entornos y con cualquier oyente, Jesús manifestaba dominio en la comunicación. Dado que cada persona aprende de un modo distinto, empleaba toda una diversidad de métodos. A. B. Bruce habla del reto al que se enfrentaba Jesús al enseñar solo a sus doce discípulos:

> Los humildes pescadores de Galilea tenían mucho que aprender antes de poder satisfacer tan altos requisitos; tanto, que el tiempo de su aprendizaje para su obra apostólica parece demasiado breve, aunque lo computemos desde el comienzo mismo. Eran verdaderos hombres piadosos que ya habían demostrado la sinceridad de su piedad, al abandonarlo todo por amor a su Maestro. Sin embargo, en el momento de su llamado eran ignorantes en extremo, de mentalidad cerrada, supersticiosos, llenos de prejuicios judíos, de ideas erróneas y hostilidad. Tenían mucho que desaprender de lo que era malo, y mucho que aprender de lo bueno, y eran lentos tanto para lo uno como para lo otro. Las viejas creencias que ya estaban en posesión de su mente convertían la comunicación de nuevas ideas religiosas en una difícil tarea. Hombres de buen corazón sincero, la tierra de su naturaleza espiritual era adecuada para producir una abundante cosecha; pero era duro y necesitaba mucha labranza laboriosa antes de que rindiera su fruto.[33]

---

32. MacArthur, *MacArthur Study Bible: English Standard Version*, 1955.
33. Alexander Balmain Bruce, *The Training of the Twelve; O, Passages out of the Gospels, Exhibiting the Twelve Disciples of Jesus under Discipline for the Apostleship*, 4ta. ed. (Nueva York: A. C. Armstrong and Son, 1889), 14.

Que Jesús los entrenara, que encabezaran la predicación del evangelio de la posresurrección, y que escribieran dos de los cuatro Evangelios (Mateo y Juan), numerosas epístolas del Nuevo Testamento (1 y 2 Pedro y 1, 2 y 3 Juan), y el libro de Apocalipsis demuestra su exitosa preparación por parte del Maestro. Es posible que Pedro influenciara también al autor del Evangelio de Marcos, extendiendo así su involucramiento, aunque de forma indirecta, en la escritura del Nuevo Testamento.

JESÚS COMO MAESTRO EXPERTO

Los Evangelios revelan numerosos detalles significativos sobre Jesús como maestro experto. Lo que sigue es un muestreo de las observaciones que pueden hacerse a partir del texto bíblico:[34]

1. Jesús no era un maestro "profesional" remunerado: "Pero vosotros no queráis que os llamen Rabí; porque uno es vuestro Maestro, el Cristo, y todos vosotros sois hermanos" (Mt. 23:8).
2. Jesús escogió a sus alumnos (incluso al que lo traicionaría): "No hablo de todos vosotros; yo sé a quienes he elegido; mas para que se cumpla la Escritura: El que come pan conmigo, levantó contra mí su calcañar" (Jn. 13:18).
3. Jesús no estaba limitado a un lugar específico ni a un solo entorno; enseñó en el templo (Mt. 21:12-13), en la sinagoga (Mr. 1:21), en un monte (Mt. 5:1); en las barcas de los pescadores (Lc. 5:1-11); en una boda (Jn. 2:1-11), en un funeral (Lc. 7:11-17), junto a un pozo (Jn. 4:1-26), y muchos otros ambientes.
4. Jesús poseía una autoridad única: "Porque les enseñaba como quien tiene autoridad, y no como los escribas" (Mt. 7:29).
5. El currículo de Jesús era suyo propio, aunque estaba dirigido por el Padre: "Les dijo, pues, Jesús: Cuando hayáis levantado al Hijo del Hombre, entonces conoceréis que yo soy, y que nada hago por mí mismo, sino que según me enseñó el Padre, así hablo" (Jn. 8:28).
6. Jesús entendía a sus estudiantes:
    a. Conocía sus capacidades por completo y de una forma precisa: "¿Eres tú maestro de Israel, y no sabes esto?" (Jn. 3:10), y "Aún tengo muchas cosas que deciros, pero ahora no las podéis sobrellevar" (Jn. 16:12).
    b. Usó la repetición de forma eficaz, y enseñó múltiples parábolas del reino que repiten las mismas lecciones en Mateo 13 e hizo referencias al Espíritu Santo, una y otra vez, como el "Consolador" (Jn. 14:16, 26; 15:26; 16:7).
    c. Alentó a los estudiantes fervientes, a algunos los instruyó en privado respecto a las parábolas (Mt. 13:36-43) y prestó especial atención a Pedro, Juan y Santiago en su transfiguración (Lc. 9:28-36) y en el huerto de Getsemaní (Mt. 26:37-38).
    d. Garantizó una actitud correcta hacia sí mismo, como en su enseñanza a la mujer samaritana, en Juan 4:1-26.
    e. Estableció y mantuvo relaciones correctas entre sus alumnos: "Este es mi mandamiento: Que os améis unos a otros, como yo os he amado. Nadie tiene mayor amor que este, que uno ponga su vida por sus amigos" (Jn. 15:12-13).

---

34. Lo siguiente resume casi todo el contenido del libro de Clifford A. Wilson, *Jesus the Teacher* (Melbourne: Hill of Content, 1974), con unos cuantos ejemplos omitido de sus explicaciones.

7. Las cualidades y capacidades personales de Jesús mantenían su control de la clase:
   a. Tenía una extraordinaria capacidad para mantener el interés y la atención de los alumnos: "Y gran multitud del pueblo le oía de buena gana" (Mr. 12:37); y, "Y aconteció que tres días después le hallaron en el templo, sentado en medio de los doctores de la ley, oyéndoles y preguntándoles. Y todos los que le oían, se maravillaban de su inteligencia y de sus respuestas" (Lc. 2:46-47).
   b. Poseía gran paciencia, autocontrol y autodisciplina, como en su silencio ante sus acusadores, sus burladores y sus perseguidores (Mt. 26:63; 27:11-14; Lc. 23:9).
   c. Mantuvo una actitud solemne: "Entonces Jesús vino de Galilea a Juan al Jordán, para ser bautizado por él. Mas Juan se le oponía, diciendo: Yo necesito ser bautizado por ti, ¿y tú vienes a mí? Pero Jesús le respondió: Deja ahora, porque así conviene que cumplamos toda justicia. Entonces le dejó" (Mt. 3:13-15).
   d. Tenía una capacidad sobrenatural para dirigir: "Entonces Jesús les dijo claramente: Lázaro ha muerto; y me alegro por vosotros, de no haber estado allí, para que creáis; mas vamos a él. Dijo entonces Tomás, llamado Dídimo, a sus condiscípulos: Vamos también nosotros, para que muramos con él" (Jn. 11:14-16).
   e. Corrigió los pensamientos equivocados, como cuando les explicó a sus discípulos que no habían sabido reconocer una comida mayor que el sustento físico (Jn. 4:31-38).
   f. Le lanzó una mirada con efecto inmediato a Pedro, cuando el discípulo profirió su tercera negación de su relación con Cristo (Lc. 22:61).
   g. Pudo dirigir una dura reprensión cuando fue necesario: "Pero él, volviéndose, dijo a Pedro: ¡Quítate de delante de mí, Satanás!; me eres tropiezo, porque no pones la mira en las cosas de Dios, sino en las de los hombres" (Mt. 16:23).
   h. Advirtió de las consecuencias: "Porque os digo que si vuestra justicia no fuere mayor que la de los escribas y fariseos, no entraréis en el reino de los cielos" (Mt. 5:20).
   i. Ejemplificó el vivir con valentía basándose en la convicción bíblica, como cuando expulsó a los cambistas del templo (Mt. 21:12-13), y como cuando mandó salir a Judas de entre los discípulos (Jn. 13:27-30).
8. Jesús se sirvió de toda una variedad de elementos literarios y comunicativos en su enseñanza:
   a. Usó diferentes tipos de elementos y estilos lingüísticos para una comunicación eficaz, incluidos el simbolismo (Mt. 5:13), el paralelismo sinónimo (Mt. 12:30), el paralelismo antitético (Mt. 10:39), la metáfora (Mt. 15:26), la hipérbole (Mt. 5:29-30), la parábola (Mateo 13), y los proverbios (Lc. 4:23). Elementos lingüísticos adicionales aparecen en la lengua original (griego), que hacen inolvidables las enseñanzas de Jesús. La asonancia y la aliteración son elementos lingüísticos que no siempre pueden reproducirse en la traducción. Mateo 7:2 proporciona solo un ejemplo: "Porque con el juicio con que juzgáis, seréis juzgados, y con la medida con que medís, os será medido". En el texto griego, memorables tripletes culminantes integran las declaraciones en la mente de la audiencia de Jesús: *en hós gar krimati krinete krithésesthe, kaí en hós metró metreite metréthesetai jumín.*

b. Empleó ayudas visuales: "También les dijo una parábola: Mirad la higuera y todos los árboles. Cuando ya brotan, viéndolo, sabéis por vosotros mismos que el verano está ya cerca" (Lc. 21:29-30).
   c. Utilizó la novedad, como cuando envió a alguien a buscar una moneda en la boca de un pez, para poder pagar el impuesto del templo para él y otro más (Mt. 17:24-27).
   d. Convirtió el entorno de sus alumnos en ayudas visuales: "¿No decís vosotros: Aún faltan cuatro meses para que llegue la siega? He aquí os digo: Alzad vuestros ojos y mirad los campos, porque ya están blancos para la siega" (Jn. 4:35).
   e. Usó milagros como ayudas visuales, como cuando mandó que se secara la higuera en Mateo 21:18-22.
   f. Jesús mismo sirvió como ayuda visual: "Venid a mí todos los que estáis trabajados y cargados, y yo os haré descansar. Llevad mi yugo sobre vosotros, y aprended de mí, que soy manso y humilde de corazón; y hallaréis descanso para vuestras almas; porque mi yugo es fácil, y ligera mi carga" (Mt. 11:28-30).
9. Jesús empleó preguntas como método de enseñanza:
   a. Sus preguntas eran un punto de contacto: "Jesús le dijo: Mujer, ¿por qué lloras? ¿A quién buscas?" (Jn. 20:15).
   b. Sus preguntas suscitaban el interés y guiaron el pensamiento: "¿Qué es más fácil, decir: Tus pecados te son perdonados, o decir: Levántate y anda?" (Lc. 5:23).
   c. Sondeó con preguntas de examen: "Él les dijo: Y vosotros, ¿quién decís que soy yo?" (Mt. 16:15).
   d. Usó preguntas formuladas por sus alumnos: "Entonces se le acercó Pedro y le dijo: Señor, ¿cuántas veces perdonaré a mi hermano que peque contra mí? ¿Hasta siete?" (Mt. 18:21).

Jesús era, en realidad, el Profeta mayor que Moisés (Dt. 18:15-22; Jn. 1:17; He. 3:3), el Maestro profético (Is. 30:20; Mt. 26:18; Jn. 13:13), y el Pastor sabio que era mayor que Salomón (Ec. 12:11; Mt. 12:42). Estas tres descripciones del ministerio de enseñanza del Mesías surgieron de las tres principales secciones de la Biblia hebrea: la Ley, los Profetas y los Escritos. Jesús cumplió de verdad lo que el Antiguo Testamento anunciaba respecto al Mesías, no solo como Profeta, Sacerdote y Rey (véase "Profecías veterotestamentarias" [p. 251]), sino como Maestro.

LAS PARÁBOLAS DE JESÚS

Los antiguos judíos solían usar las parábolas como una forma de enseñanza. Consiste en lo que sería una larga analogía, pero se presenta bajo la forma de una historia que a menudo es breve e ingeniosamente simple, tomada de la vida cotidiana. Jesús se destacaba en el uso de las parábolas. Las suyas "personifican la clara y poderosa profundidad de su mensaje y de su estilo de enseñanza".[35] Dicho esto, numerosos intérpretes malinterpretan y tergiversan el método y el significado de las parábolas de Jesús.

---

35. John MacArthur, *Parables: The Mysteries of God's Kingdom Revealed through the Stories Jesus Told* (Nashville: Thomas Nelson, 2015), xiii.

*Tabla 4.6 Las parábolas de Jesús**

Parábola	Mateo	Marcos	Lucas
1. La luz debajo del almud	5:14-16	4:21-22	8:16-17; 11:33-36
2. El sabio que edificó sobre la roca y el necio que construyó en la arena	7:24-27		6:47-49
3. Remiendo de tela nueva en un vestido viejo	9:16	2:21	5:36
4. Vino nuevo en odres viejos	9:17	2:22	5:37-38
5. El sembrador	13:3-23	4:2-20	8:4-15
6. La cizaña	13:24-30		
7. La semilla de mostaza	13:31-32	4:30-32	13:18-19
8. La levadura	13:33		13:20-21
9. El tesoro escondido	13:44		
10. La perla de gran precio	13:45-46		
11. La red	13:47-50		
12. La oveja perdida	18:12-14		15:3-7
13. El siervo que no perdonó	18:23-35		
14. Los obreros de la viña	20:1-16		
15. Los dos hijos	21:28-32		
16. Los arrendatarios malvados	21:33-45	12:1-12	20:9-19
17. El banquete de boda	22:2-14		
18. La higuera	24:32-44	13:28-32	21:29-33
19. Las vírgenes sabias y las vírgenes necias	25:1-13		
20. Los talentos	25:14-30		
21. La semilla que crece		4:26-29	
22. El señor se va de viaje		13:33-37	
23. El prestamista y los dos deudores			7:41-43
24. El buen samaritano			10:30-37
25. Un amigo en necesidad			11:5-13
26. El rico necio			12:16-21
27. Los siervos vigilantes			12:35-40
28. El siervo fiel y el siervo malo			12:42-48
29. La higuera estéril			13:6-9
30. El gran banquete			14:16-24
31. Edificación de una torre y un rey que hace la guerra			14:25-33
32. La moneda perdida			15:8-10

33. El hijo pródigo			15:11-32
34. El administrador deshonesto			16:1-13
35. El rico y Lázaro			16:19-31
36. Los siervos inútiles			17:7-10
37. La viuda persistente			18:1-8
38. El fariseo y el publicano			18:9-14
39. Las diez minas			19:11-27

*Adaptado de MacArthur, *MacArthur Study Bible: English Standard Version*, 1383. Usado con permiso de Thomas Nelson.

En primer lugar, Jesús no habló en parábolas exclusivamente para hacer que su enseñanza fuera accesible para las multitudes.[36] Desde el principio de su ministerio, Jesús empleó muchas analogías gráficas (cf. Mt. 5:13-16), cuyo significado era bastante claro dentro del contexto de su enseñanza. Las parábolas exigían más explicación (cf. Mt. 13:36), y Jesús las utilizó para oscurecer la verdad de los incrédulos, como juicio, aunque al mismo tiempo las aclaró más para sus discípulos (Mt. 13:11-12). En un momento dado de su ministerio galileo, empezó a hablar a las multitudes solo en parábolas (Mt. 13:34). El que Jesús velara la verdad de los incrédulos actuó como juicio y misericordia a la vez. Fue juicio, porque los mantuvo en la oscuridad que ellos amaban (cf. Jn. 3:19), pero fue misericordia porque ya habían rechazado la luz, de modo que cualquier exposición a más cantidad de verdad no habría hecho más que aumentar su condenación eterna.

En segundo lugar, Jesús no usó las parábolas porque demostraran ser un método mejor de enseñanza que los discursos didácticos o la exhortación sermónica. En realidad, los cuatro Evangelios recogen más discursos (al menos cuarenta y cinco[37]) que parábolas (treinta y nueve, según la tabla 4.6).

Jesús empleó toda una diversidad de métodos para presentar la verdad proposicional. No enseñó historias alegóricas con significados ocultos y complejos. La interpretación de las parábolas de Jesús debería buscar su propósito principal y sencillo. No se debería deducir que los elementos menores en la narración posean algún significado simbólico o espiritual. Cuando el simbolismo de una parábola tiende a ser más complejo, Jesús suele explicarlo para sus oyentes, de manera que no se pierda su propósito principal.[38]

MARCAS DE LA ENSEÑANZA DE JESÚS

Una mirada al ministerio de enseñanza de Jesús descubre sus características relevantes:[39]

1. *Originalidad*: La enseñanza de Jesús fue más que un eco de los profetas y los sabios del Antiguo Testamento. Dijo cosas que Moisés y los profetas no habían

---

36. Este párrafo está adaptado de MacArthur, *MacArthur Study Bible: English Standard Version*, 1382. Usado con permiso de Thomas Nelson.
37. Véase la tabla en W. Graham Scroggie, *A Guide to the Gospels* (Old Tappan, NJ: Revell, s.f.), 556-557.
38. MacArthur, *Parables*, caps. 1–3.
39. Esta lista está adaptada de W. Graham Scroggie, *The Unfolding Drama of Redemption: The Bible as a Whole* (1953–1970; reimp., Grand Rapids, MI: Kregel, 1994), 2:143-46 (dominio público).

pronunciado, al menos no con la claridad con la que Él les habló. En el Sermón del Monte, Jesús declaró en seis ocasiones: "Oísteis que fue dicho... Pero yo os digo..." (Mt. 5:21-22, 27-28, 31-32, 33-34, 38-39, 43-44).

2. *Simplicidad*: Sus enseñanzas eran sencillas, porque usó el lenguaje común y habló en el contexto de la vida cotidiana. Su enseñanza era directa e iba al grano: "Cuando ayunéis, no seáis austeros, como los hipócritas; porque ellos demudan sus rostros para mostrar a los hombres que ayunan; de cierto os digo que ya tienen su recompensa" (Mt. 6:16).

3. *Profundidad*: La sabiduría de Jesús asombró y sorprendió a sus oyentes (Mt. 13:54; Mr. 6:2; Lc. 2:47). Su sabiduría superó a la de los sabios del Antiguo Testamento. No es de sorprender que dijera sobre sí mismo: "Mas la sabiduría es justificada por todos sus hijos" (Lc. 7:35), y "He aquí más que Salomón en este lugar" (Mt. 12:42).

4. *Imaginería*: Algunas de las fuentes para las imágenes que Jesús usó en sus enseñanzas incluyen fenómenos naturales (relámpagos, terremotos, truenos, luz, puestas de sol), animales (bueyes, ovejas, perros, lobos, pájaros, serpientes), plantas (flores silvestres, espinos, semillas), agricultura (cultivar la tierra, olivos, viñas, higueras, trigo), comercio (sastres, pescadores, mercaderes, constructores), y entornos sociales familiares (bodas, hospitalidad, banquetes, crianza de hijos, la hora en que la familia se va a la cama). Jesús era muy aficionado a observar la vida humana con todos sus retos, sus dolores y sus gozos.

5. *Funcionalidad*: El énfasis tanto en las parábolas como en los discursos recae en hacer algo: "Es lícito hacer el bien en los días de reposo" (Mt. 12:12); "Siempre tendréis a los pobres con vosotros, y cuando queráis les podréis hacer bien; pero a mí no siempre me tendréis" (Mr. 14:7); "Él entonces respondiendo, les dijo: Mi madre y mis hermanos son los que oyen la palabra de Dios, y la hacen" (Lc. 8:21); "Y tomó el pan y dio gracias, y lo partió y les dio, diciendo: Esto es mi cuerpo, que por vosotros es dado; haced esto en memoria de mí" (Lc. 22:19); y "De cierto, de cierto os digo: El que en mí cree, las obras que yo hago, él las hará también; y aun mayores hará, porque yo voy al Padre" (Jn. 14:12).

6. *Autoridad*: Cuando Jesús enseñaba, lo hacía con autoridad, no con suposiciones ni con intentos de tener razón: "Porque les enseñaba como quien tiene autoridad, y no como los escribas" (Mt. 7:29). Cuando Jesús expulsó demonios, ejerció su autoridad divina y las personas lo reconocían: "Y todos se asombraron, de tal manera que discutían entre sí, diciendo: ¿Qué es esto? ¿Qué nueva doctrina es esta, que con autoridad manda aun a los espíritus inmundos, y le obedecen?" (Mr. 1:27). Cuando Jesús enseñó en la sinagoga de Capernaum, las personas "se admiraban de su doctrina, porque su palabra era con autoridad" (Lc. 4:32).

7. *Finalidad*: En algunos sentidos, este aspecto de la enseñanza del Señor está relacionado con su autoridad. Los resultados que presagia son inevitables y seguros: "El que me rechaza, y no recibe mis palabras, tiene quien le juzgue; la palabra que he hablado, ella le juzgará en el día postrero" (Jn. 12:48).

Como maestro experto, Jesús gestionó asuntos complicados, mostró compasión y entendimiento hacia sus estudiantes, silenció a los críticos y a los perturbadores, señaló una y otra vez la divina revelación a sus oyentes. Se comunicó con cultos e incultos, con ricos y pobres, con la élite y con los marginados, con jóvenes y viejos. Fue la encarnación del Maestro divino: "Bien que os dará el Señor pan de congoja y agua de angustia, con todo, tus maestros nunca más te serán quitados, sino que tus ojos verán a tus maestros" (Is. 30:20).

Milagros

Jesús demostró su deidad y su función como Mesías por medio de los muchos milagros que realizó durante su ministerio terrenal (Mt. 11:4-5). Un milagro consiste en un acto del poder de Dios por medio del cual interviene en el mundo físico en suspensión y en contradicción con la ley natural. En otras palabras, un milagro es un acontecimiento sobrenatural en la esfera del mundo natural. Los profetas y los apóstoles también llevaron a cabo milagros, pero fue por un poder externo a ellos mismos (Éx. 14:13; Jos. 3:5; Hch. 3:12). Los milagros de Jesús se produjeron por medio de su poder inherente (Jn. 10:25, 37-38; 15:24). Aunque los Evangelios solo registran treinta y siete milagros, enumerados en la tabla 4.7, estos representan la explosión de su poder divino (Mt. 4:23-24; Jn. 20:30-31).

En ocasiones, los milagros que Jesús realizó resultaron en fe (Jn. 2:11; 9:30-33; 11:45) o crearon una disposición en los oyentes de Jesús a escuchar sus enseñanzas (Mr. 12:37; Lc. 5:15). Sin embargo, la inmensa mayoría lo rechazó, a pesar de sus milagros. Estos no convencieron necesariamente a las personas para creer en el Señor ni en su mensaje del evangelio (Mt. 13:58; Lc. 16:31; Jn. 2:23-25; 12:37; 15:24). Los que rechazaron (y ahora rechazan también) sus milagros serán juzgados con severidad (Mt. 10:1-15; Lc. 10:1-15).

Los milagros de Jesucristo demuestran su deidad, su origen sobrenatural, su poder como Creador y su autoridad como Señor soberano de toda la creación. Su ministerio confrontó la cosmovisión antisobrenatural de su época y, de igual manera, se enfrenta al mundo presente con la ceguera de venderse al naturalismo uniformitario de los científicos seculares. "Es imposible eliminar los elementos milagrosos de la vida [y la obra] de Jesús, como lo han intentado hacer los críticos antisobrenaturalistas. El Jesús de Nazaret histórico y el Cristo divino están ligados de manera inseparable, porque son exactamente la misma persona. Jesús fue y es el Dios-hombre".[40]

La boda en Caná se convirtió en la ocasión para el primer y más memorable ejemplo del poder que Jesús exhibió para hacer milagros durante su ministerio (Jn. 2:1-11). Jesús les ordenó a los criados que llenaran grandes tinajas de piedra (Jn. 2:7), de manera que ellos las colmaron hasta el borde. La gran cantidad de agua (500–680 litros) proveería abundancia de vino para el resto de la celebración de la boda. Jesús transformó el agua en vino de manera instantánea; los criados lo distribuyeron de inmediato a los invitados. El milagro consistió en crear, a partir de agua sin vida, un vino que solo podría proceder del fruto de vides vivas. El proceso normal de la fermentación, o envejecimiento, tuvo lugar al instante. Jesús demostró que Él era el mismo Creador que creó cosas vivas y maduras, en un abrir y cerrar de ojos, durante los seis días de la creación, a partir de

---

40. John MacArthur, *Juan*, CMNT (Grand Rapids, MI: Portavoz, 2006), 86.

Tabla 4.7 Los milagros de Jesús*

Milagro	Mateo	Marcos	Lucas	Juan
1. Limpiar a un leproso	8:2-4	1:40-45	5:12-14	
2. Curar al siervo de un centurión	8:5-13		7:1-10	
3. Curar a la suegra de Pedro	8:14-15	1:30-31	4:38-39	
4. Curar a los enfermos por la tarde	8:16	1:32-34	4:40	
5. Calmar la tempestad	8:23-27	4:35-41	8:22-25	
6. Demonios entrando en un rebaño de cerdos	8:28-34	5:1-20	8:26-39	
7. Curar a un paralítico	9:2-7	2:3-12	5:18-26	
8. Resucitar a la hija de un gobernante	9:18-19, 23-25	5:22-24, 35-43	8:41-42, 49-56	
9. Curar a una mujer con hemorragia	9:20-22	5:25-34	8:43-48	
10. Curar a dos ciegos	9:27-31			
11. Curar a un mudo endemoniado	9:32-33			
12. Curar a un hombre con la mano seca	12:9-14	3:1-6	6:6-11	
13. Curar a un endemoniado, ciego y mudo	12:22		11:14	
14. Alimentar a los 5000	14:13-21	6:30-44	9:10-17	6:1-15
15. Caminar sobre el mar	14:22-33	6:45-52		6:16-21
16. Curar a la hija de la mujer cananita	15:22-28	7:25-30		
17. Alimentar a los 4000	15:32-39	8:1-10		
18. Curar al muchacho endemoniado	17:14-20	9:14-29	9:37-43	
19. El impuesto de dos dracmas en la boca de un pez	17:24-27			
20. Curar a dos ciegos	20:29-34	10:46-52	18:35-43	
21. La higuera se seca	21:18-19	11:12-14, 20-25		
22. Expulsar a un espíritu inmundo		1:23-28	4:33-37	
23. Curar a un sordomudo		7:31-37		
24. Curar a un ciego en Betsaida		8:22-26		
25. Escapar de una multitud hostil			4:28-30	
26. Pescar milagrosamente			5:1-11	
27. Resucitar al hijo de la viuda de Naín			7:11-17	
28. Curar a la mujer paralítica y encorvada			13:10-17	
29. Curar a un hidrópico			14:1-6	
30. Curar a diez leprosos			17:11-19	
31. Curar la oreja de un siervo			22:50-51	

32. Convertir el agua en vino				2:1-11
33. Curar al hijo de un oficial del rey (de fiebre)				4:46-54
34. Curar a un hombre paralítico en Betesda				5:1-9
35. Curar a un ciego de nacimiento				9:1-7
36. Resucitar a Lázaro				11:1-44
37. Segunda pesca milagrosa				21:1-8

*Adaptado de MacArthur, *MacArthur Study Bible: English Standard Version,* 1423. Usado con permiso de Thomas Nelson.

una tierra inerte (Gn. 1:1-31). Si somos coherentes, negar la creación instantánea en Génesis 1 equivale a negar el milagro por el cual Jesús creó el vino en Caná. Refutar su milagro en Caná da lugar a rechazar a Jesús como Dios-hombre y como Redentor.

Arresto y juicios

¿Qué relevancia tienen el arresto y los juicios de Jesús para la doctrina bíblica de Cristo? ¿Pertenecen tales consideraciones, de un modo más adecuado, al estudio de la vida histórica de Jesucristo? El apóstol Pablo le recuerda a Timoteo que "toda la Escritura es inspirada por Dios, y útil para enseñar, para redargüir, para corregir, para instruir en justicia, a fin de que el hombre de Dios sea perfecto, enteramente preparado para toda buena obra" (2 Ti. 3:16-17). Por tanto, los relatos bíblicos del arresto y los juicios de Jesús no pueden ser meros datos históricos, sino que son pruebas explícitas de su mesianismo.

EL ARRESTO DE JESÚS

La descripción profética del Mesías acusado y conducido a juicio implica algo parecido a un arresto (Is. 53:8), y Él mismo lo anunció de antemano (Mt. 17:22; 20:18). Semejante cumplimiento de una revelación anterior demuestra la autenticidad de las afirmaciones de Jesús respecto a ser el Mesías. Su arresto también enfrenta a la humanidad caída (los descendientes del primer Adán) con el segundo Adán, intachable y sin pecado (Ro. 5:17-19). Por encima de todo, el arresto revela el plan perfecto de Dios y la voluntariosa obediencia de Cristo a ese plan, independientemente de las consecuencias para Él personalmente (Mt. 26:39; Hch. 2:23).

Los juicios de Jesús destacan su perfección sin pecado, su perfecta obediencia y la estridente injusticia que prevaleció desde el punto de vista meramente humano en comparación con la severa misericordia de Dios, desde el punto de vista divino. Antes de sus juicios, los líderes judíos ya habían tramado una conspiración para "prender con engaño a Jesús, y matarlo" (Mt. 26:4). Las hipócritas acusaciones de Jesús habían hecho mella en los líderes religiosos (Mt. 21:45; 23:1-36), y deseaban eliminarlo, asesinarlo. Su temor al pueblo, en medio del cual Jesús era muy popular, les impidió buscar un asesinato en público (Mt. 21:46). Los líderes estaban tan convencidos de que Jesús era un falso profeta y un blasfemo, que aceptaron de buen grado la responsabilidad de su muerte (Mt. 27:25).

Si únicamente los judíos fueran responsables de la muerte de Jesús, esa culpa no se imputaría a todas las personas. Por consiguiente, era necesario que los gentiles también estuvieran involucrados en su ejecución, para que todos pudieran ser hechos responsables. Como señalan Boice y Ryken: "un rey idumeo llamado Herodes entregó a Jesús a los romanos. Un gobernador romano llamado Poncio Pilato ordenó que Jesús fuera crucificado. Soldados romanos cumplieron las órdenes de Pilato, clavaron a Jesús en una cruz de madera y lo dejaron allí colgado hasta su muerte. Los judíos llevaron a Jesús a juicio, pero al final fueron los gentiles quienes lo ejecutaron". [41] El testimonio bíblico aparece en la oración de los creyentes que aguardaban la liberación de Pedro y Juan de la cárcel: "Porque verdaderamente se unieron en esta ciudad contra tu santo Hijo Jesús, a quien ungiste, Herodes y Poncio Pilato, con los gentiles y el pueblo de Israel" (Hch. 4:27).

El lado divino del arresto, los juicios y la crucifixión de Jesús también aparece en esa misma oración, que declara que estas personas se reunieron "para hacer cuanto tu mano y tu consejo habían antes determinado que sucediera" (Hch. 4:28). Como Isaías profetizó: "con todo eso, Jehová quiso quebrantarlo" (Is. 53:10). En realidad, todo fue según el plan de precreación del Dios omnisciente:

> ... sabiendo que fuisteis rescatados de vuestra vana manera de vivir, la cual recibisteis de vuestros padres, no con cosas corruptibles, como oro o plata, sino con la sangre preciosa de Cristo, como de un cordero sin mancha y sin contaminación, ya destinado desde antes de la fundación del mundo, pero manifestado en los postreros tiempos por amor de vosotros, y mediante el cual creéis en Dios, quien le resucitó de los muertos y le ha dado gloria, para que vuestra fe y esperanza sean en Dios (1 P. 1:18-21).

Dios no tiene un "plan B"; todo sigue operando según ese único plan para su redención y su reino.

Además de "sab[er] todas las cosas que le habían de sobrevenir" (Jn. 18:4), en el momento de su arresto Jesús proporcionó pruebas externas adicionales de su deidad. Preguntó a quién buscaban la compañía de soldados y los alguaciles de los principales sacerdotes, y ellos respondieron: "A Jesús nazareno" (Jn. 18:3-5). Tan pronto como se identificó, y dijo: "Yo soy", ellos "retrocedieron y cayeron a tierra" (Jn. 18:5-6). ¿Por qué reaccionaron de tal manera? No es descabellado suponer que tal vez recularon por temor a Jesús, dada su reputación como hacedor de milagros. ¿Pero por qué caerían todos al suelo? El poder de su palabra y su presencia pudo deberse muy bien a su forma de responder "Yo soy". La autodeclaración reveladora de Jesús fue simplemente "Yo soy", el mismo título de deidad que le fue revelado a Moisés en la zarza ardiente, en Éxodo 3:14. Esta es la autodeclaración final semejante a aquella que pronunció Jesús durante su ministerio terrenal (véase "Las declaraciones «Yo soy»", más abajo, para una lista de todas esas declaraciones en el Evangelio de Juan; otras manifestaciones similares solo ocurren tres veces en los demás Evangelios: Mt. 22:32; Mr. 6:50; 14:62). El poder de la palabra hablada de Jesús provocó que soldados y alguaciles cayeran postrados delante de Él. Hasta Judas, el traidor, cayó.

---

41. James Montgomery Boice y Philip Graham Ryken, *Jesus on Trial* (Wheaton, IL: Crossway, 2002), 26.

> ### *Las declaraciones "Yo soy"**
> Veintitrés veces encontramos el significativo "Yo soy" de nuestro Señor (*egó eimí*), en el texto griego de este Evangelio (Jn. 4:26; 6:20, 35, 41, 48, 51; 8:12, 18, 24, 28, 58; 10:7, 9, 11, 14; 11:25; 13:19; 14:6; 15:1, 5; 18:5, 6, 8). En varias de ellas, une su "Yo soy" con siete metáforas tremendas que expresan su relación salvadora hacia el mundo:
>
> "Yo soy el pan de vida" (Jn. 6:35, 41, 48, 51).
> "Yo soy la luz del mundo" (Jn. 8:12).
> "Yo soy la puerta de las ovejas" (Jn. 10:7, 9).
> "Yo soy el buen pastor" (Jn. 10:11, 14).
> "Yo soy la resurrección y la vida" (Jn. 11:25).
> "Yo soy el camino, y la verdad, y la vida" (Jn. 14:6).
> "Yo soy la vid verdadera" (Jn. 15:1, 5).
>
> *Traducido de MacArthur, *MacArthur Study Bible: English Standard Version*, 1550. Usado con permiso de Thomas Nelson.

Como si fuera insuficiente demostrar que Jesús es verdaderamente Dios, un incidente adicional subraya este punto. Cuando Pedro desenvainó su espada y le cortó la oreja a Malco, el criado del sumo sacerdote (Jn. 18:10), Jesús volvió a pegarla a la cabeza del hombre (Lc. 22:51). Además de ese milagro físico de curación, Jesús declaró: "¿Acaso piensas que no puedo ahora orar a mi Padre, y que él no me daría más de doce legiones de ángeles? ¿Pero cómo entonces se cumplirían las Escrituras, de que es necesario que así se haga?" (Mt. 26:53-54). Dios mismo había preordenado hasta los más mínimos detalles de cómo moriría Jesús (Hch. 2:23; 4:27-28). Por tanto, morir fue el acto de sumisión consumada a la voluntad del Padre. En todo esto, Jesús mismo tenía el control absoluto (cf. Jn. 10:17-18). Estos acontecimientos durante su arresto manifiestan su soberanía divina y el cumplimiento intencionado de las profecías del Antiguo Testamento respecto a Él.

LOS JUICIOS DE JESÚS

El Sanedrín. Como queda claro en los relatos de los Evangelios sobre los juicios de Jesús:

> Él fue juzgado en dos fases generales: primero, ante las autoridades religiosas (el Sanedrín judío), y, segundo, ante las autoridades políticas seculares (Roma, representada por el gobernador Poncio Pilato). Cada una de estas fases constó de tres partes: el interrogatorio preliminar, la lectura formal del acta de acusación y la sentencia formal. Ninguno de los escritores de los Evangelios proporciona un relato exhaustivo de todos los detalles y las etapas de estos juicios. Una imagen completa requiere que se combine el material de los cuatro Evangelios.[42]

Durante el período entre el Antiguo Testamento y el Nuevo, las autoridades judías establecieron el Gran Sanedrín en Jerusalén, como corte suprema de Israel.[43] Lo hicieron

---

42. John MacArthur, *One Perfect Life: The Complete Story of the Lord Jesus* (Nashville: Thomas Nelson, 2012), 437na.
43. La siguiente descripción del Gran Sanedrín y su sistema de juicio está adaptado del libro de John MacArthur, *The Murder of Jesus: A Study of How Jesus Died* (Nashville: Thomas Nelson, 2004), 102-105. Usado con permiso de Thomas Nelson. www.thomasnelson.com. Publicado en español por Editorial Portavoz con el título *El asesinato de Jesús*.

siguiendo el modelo del consejo de ancianos que Moisés convocó en Números 11:16: "Entonces Jehová dijo a Moisés: Reúneme setenta varones de los ancianos de Israel, que tú sabes que son ancianos del pueblo y sus principales; y tráelos a la puerta del tabernáculo de reunión, y esperen allí contigo". Junto a Moisés, aquellos setenta varones formaron un consejo de setenta y un ancianos, cuya tarea consistía en gobernar a los israelitas en el desierto.

Dado que el consejo de ancianos de Moisés sirvió de modelo para el Sanedrín, este también estaba formado por setenta y un miembros, entre los cuales se contaban veinticuatro principales sacerdotes (cabeza de las veinticuatro divisiones sacerdotales; véase 1 Cr. 24:4) y cuarenta y seis ancianos más, escogidos de entre los escribas, fariseos y saduceos. El sumo sacerdote actuaba como supervisor y miembro votante del Sanedrín, y así el número de ellos alcanzaba los setenta y uno. (El número impar aseguraba que las decisiones pudieran tomarse por voto mayoritario).

En la época de Jesús, el Sanedrín se había corrompido y se había convertido en un cuerpo con motivaciones políticas. Los hombres podían comprar un nombramiento del consejo con favores políticos y, en ocasiones, incluso con dinero. El favoritismo y el partidismo se diseminaron, y la conveniencia política determinaba, con frecuencia, quién subía o caía del poder dentro del Sanedrín. Roma ejercía el control supremo sobre el sumo sacerdocio, porque podía nombrar o destituir al sumo sacerdote. Tanto este como los sacerdotes que gobernaban en el templo eran todos saduceos, quienes negaban abiertamente los elementos sobrenaturales del Antiguo Testamento. Por las tensiones políticas que hervían entre las diversas facciones del Sanedrín, los ciudadanos de Israel, Roma y Herodes, el Sanedrín solía tomar decisiones motivadas por la política. De hecho, al margen de su obvia animosidad religiosa hacia las enseñanzas de Cristo, el motivo de la conspiración para arrestar y crucificar a Cristo y aplacar a los romanos fueron los intereses políticos (cf. Jn. 11:47-53).

Principios de justicia. A pesar de la corrupción omnipresente, las normas de las pruebas y los principios de imparcialidad que se habían establecido bajo Moisés seguían rigiendo el sistema de justicia. Esas reglas exigían que hubiera dos testigos creíbles para establecer la culpa. El acusado tenía derecho a un juicio público y a una defensa, incluido el derecho a llamar a testigos y presentar pruebas. Para disuadir a cualquiera de presentar falso testimonio contra un acusado, la ley de Moisés establecía el principio de un castigo por falsedad testimonial, equivalente a la pena para un acusado culpable (Dt. 19:16-19). Por tanto, si alguien daba falso testimonio contra el acusado de un crimen capital, el falso testigo mismo podía recibir la pena de muerte.

La tradición rabínica había añadido otra restricción en los casos de pena de muerte. El consejo tenía que observar un día completo de ayuno entre la emisión de la sentencia y la ejecución del criminal. Ese requisito no solo impedía los juicios y las ejecuciones apresuradas, sino que también mantenía fuera del orden del día los casos capitales durante las festividades. Tras el obligatorio día de ayuno, los miembros del consejo se volvían a entrevistar para ver si habían cambiado de opinión. Los veredictos de culpabilidad podían revocarse así, pero los de inocencia no podían revocarse.

Todos estos principios fueron establecidos para asegurar que los juicios fueran justos y misericordiosos. Para mantener la justicia, el consejo solo podía juzgar causas cuando un partido externo hubiera presentado los cargos. De haber sido los miembros del consejo quienes presentaban el caso, todos ellos habrían quedado descalificados para juzgar la causa. Todos los testigos tenían que dar un testimonio preciso y coherente respecto a la fecha, la hora y el lugar del suceso en cuestión. Mujeres, niños, esclavos y personas con deficiencias mentales no tenían permitido testificar. Las personas de carácter cuestionable también quedaban excluidas. El consejo tenía que presumir que el acusado era inocente hasta alcanzar un veredicto oficial de culpabilidad. Las causas penales no se celebraban de noche, y si un juicio estaba ya en curso cuando caía la noche, la sesión se suspendía hasta el día siguiente.

Casi todas estas normativas fueron violadas sin el menor recato en el juicio de Cristo. Su juicio fue injusto e ilegal según prácticamente todos los principios de la jurisprudencia conocidos en aquella época. Caifás, el sumo sacerdote, y el Sanedrín convirtieron su consejo en un tribunal desautorizado, con el propósito predeterminado de ejecutar a Jesús. El juicio que le impusieron fue un extenso acto de deliberada injusticia, el mayor error judicial de la historia del mundo. Los diversos juicios de Jesús, que condujeron a su ejecución, se resumen en la tabla 4.8, y se exponen en mayor detalle a continuación.

Los juicios religiosos. Jesús fue llevado primero ante Anás, antes de enfrentarse a su primer juicio legal (Jn. 18:12-14). Anás, suegro de Caifás, había ejercido con anterioridad como sumo sacerdote, del 6–15 d.C. aproximadamente (hasta que el predecesor de Pilato lo destituyó de su función sacerdotal). Siguió teniendo gran influencia sobre dicho cargo, incluso después de su mandato, muy probablemente porque los judíos lo seguían considerando como el verdadero sumo sacerdote, y porque cinco de sus hijos y yernos ostentaron dicha posición en diferentes momentos. El juicio bajo Anás consistió en un examen preliminar (Jn. 18:12-14, 19-23); la intención era, sin duda, que el Sanedrín pudiera reunirse a toda prisa. Anás interrogó a Jesús sobre sus discípulos y su enseñanza. Jesús respondió señalándole que para armar un caso contra Él necesitaba testigos que establecieran una causa justa. Uno de los oficiales que estaba cerca golpeó a Jesús por reprender a Anás. Cuando Jesús indicó que todos sabían que Él estaba en lo correcto, respecto a la necesidad de testigos, nadie respondió porque sus oponentes judíos no tenían intención alguna de ofrecerle un juicio justo (Jn. 11:47-57). Anás lo remitió a Caifás y al Sanedrín (Jn. 18:24).

A continuación, se celebró una sesión ante el Sanedrín; Caifás presidía el consejo formal (Mt. 26:57–27:2). El prefecto romano, Valerio Grato, había nombrado sumo sacerdote a Caifás en torno al 18 d.C., quien permaneció en su cargo hasta el 36 d.C., fecha en que los romanos lo destituyeron junto con Poncio Pilato. Tuvo un papel protagonista en este primer juicio formal y en la condenación de Jesús. En la residencia de Caifás, los principales sacerdotes (en su mayoría saduceos) y los fariseos se habían reunido "para prender con engaño a Jesús, y matarle" (Mt. 26:3-4). Ahora se habían juntado para justificar su procesamiento. Aunque habían buscado muchos testigos falsos, estos no se pusieron de acuerdo de ninguna manera sustancial que permitiera seguir

Tabla 4.8 Los juicios de Jesús*

Juicios	Pasajes de las Escrituras	Enfoque teológico
JUCIOS RELIGIOSOS		
Ante Anás: Vista preliminar sobre los discípulos de Jesús y su enseñanza	Jn. 18:12-14, 19-23	Enseñanza general
Ante Caifás y el Sanedrín: Primera vista formal en la que se halló a Jesús culpable de blasfemia y merecedor de la muerte	Mt. 26:57–27:2 (véase también Mr. 14:53–15:1; Lc. 22:54–23:1; Jn. 18:24)	La deidad de Jesús
JUCIOS CIVILES		
Ante Poncio Pilato, el gobernador romano, donde los judíos acusan a Jesús de sedición en lugar de blasfemia, pero Pilato lo declara inocente	Jn.- 18:28-38 (véase también Mt. 27:2, 11-14; Mr. 15:1-5; Lc. 23:1-5)	La humanidad de Jesús y su condición de rey
Ante Herodes Antipas, tetrarca de Galilea, donde, al parecer, Herodes llega a la misma conclusión de Pilato: Jesús es inocente del cargo de sedición	Lc. 23:6-12	La humanidad y la deidad de Jesús
Ante Poncio Pilato, gobernador romano, donde Pilato claudica ante los judíos y condena a Jesús a muerte	Jn. 18:39–19:16 (véase también Mt. 27:15-26; Mr. 15:6-15; Lc. 23:13-25)	

*Adaptado de John MacArthur, *The MacArthur Bible Commentary: Unlieashing God's Truth, One Verse at a Time* (Nashville: Thomas Nelson, 2005), 1330. Copyright © 2005 por John MacArthur. Usado con permiso de Thomas Nelson. www.thomasnelson.com.

adelante con el juicio. Jesús mantuvo silencio, ya que era evidente que los testigos no tenían nada fundamental que presentar contra Él, no vio la necesidad de defenderse contra un resultado tan débil. Finamente, Caifás le pidió que declarara si de verdad era "el Cristo, el Hijo de Dios" (Mt. 26:63). Jesús confirmó la identificación, mediante la apelación al Salmo 110:1 y Daniel 7:13, que tenían su cumplimiento en Él. Al oír esto, Caifás rasgó sus vestiduras y declaró a Jesús culpable de blasfemia, y el concilio expresó su conclusión y exigió que fuera ejecutado. En el sentido estricto, las palabras de Jesús no constituían blasfemia ni una irreverencia desafiante hacia Dios: Él decía la verdad respecto a su deidad. Entonces, los que lo rodeaban empezaron a escupirle y golpearlo, y le pedían que ejerciera su alegada deidad mediante la identificación frívola de quién le había pegado en secreto. Sin embargo, Jesús nunca usó los poderes de su deidad de un modo simplista ni los empleó para impedir su sufrimiento y su muerte cuando llegó la hora (aunque los había ejercido para impedir su muerte prematura, como en Nazaret, Lc. 4:28-30).

Los juicios civiles. Los juicios religiosos habían acabado. El tercer juicio tuvo lugar ante el gobernador romano, Poncio Pilato, y esto iniciaba la fase de los juicios civiles de Jesús (Jn. 18:28-38). Cuando Pilato preguntó a las autoridades judías cuál era la acusación por la que debería juzgar a Jesús, no mencionaron la blasfemia. Indicaron que ellos no tenían autoridad para ejecutarlo, porque estaban bajo la ley romana en lo que concernía a los delitos capitales. A continuación, mintieron con deliberación y acusaron a Jesús de aconsejar que no se pagaran los tributos al César (Lc. 23:2; cf. 20:20-25), y de afirmar que Él era rey; en otras palabras, cargos de sedición y no de blasfemia. Pilato se centró en la segunda de las acusaciones y le preguntó a Jesús si era el "Rey de los judíos" (Jn. 18:33). Jesús le respondió que su reino no era "de este mundo" (Jn. 18:36). De este modo, expuso el hecho de que el reino del Mesías no se originó con los esfuerzos de los seres humanos, sino con el Hijo del Hombre mismo que venció con contundencia y decisión el pecado en la vida de su pueblo. En la Segunda Venida, Jesús conquistará el sistema del mundo malvado y establecerá la forma terrenal temporal de su reino. Sin embargo, por aquel entonces su reino no representaba una amenaza física ni política para Israel ni para Roma.

Jesús no negó ser rey, sino que indicó un propósito más alto para su venida: "para dar testimonio a la verdad" (Jn. 18:37). Para un judío, la declaración de Jesús sobre su venida "al mundo" se habría entendido como otra afirmación de deidad. Sin embargo, Pilato era romano y no judío, de manera que se le pasó por alto este detalle más sutil. Pilato siguió adelante con una pregunta respecto a la verdad de lo que Jesús había dicho. Si respondió o no a esa pregunta, los Evangelios no lo revelan. Tal vez el gobernador no esperaba contestación, porque ya había tomado una decisión: no halló en Jesús culpa que mereciera la muerte (Jn. 18:38). Los judíos renovaron sus acusaciones y pidieron su ejecución, pero Jesús permaneció en silencio, para sorpresa de Pilato (Mt. 27:12-14). Jesús podría haber guardado silencio en cumplimiento de la profecía (Is. 42:1-2; 53:7), o porque Pilato lo había declarado inocente (Lc. 23:4; Jn. 18:38)... o ambas cosas.

El cuarto juicio de Jesús continuó en el ámbito político, con su comparecencia ante Herodes Antipas (Lc. 23:6-12).[44] A pesar de los desesperados intentos de los líderes judíos por acusar a Jesús, Pilato quedó satisfecho al ver que no era un insurgente. Sin embargo, ante la ferocidad del pueblo, temió exonerar a Jesús. Sintió alivio al enterarse de que Jesús era galileo, porque esto le proporcionaba una excusa para enviárselo a Herodes (Lc. 23:5-6). Herodes Antipas era uno de los gobernantes judíos nombrados por Roma sobre cuatro distritos de Israel. Antipas era tetrarca de Galilea, el hogar de Jesús. Herodes había venido a Jerusalén para las festividades, y Pilato aprovechó la oportunidad para liberarse de un dilema político, y envió a Jesús a su rival.

Nadie tenía más curiosidad ni avidez por poner sus ojos sobre Jesús que Herodes Antipas, miembro de la dinastía herodiana. Había ejecutado a Juan el Bautista uno o dos años antes (Mt. 14:1-12). El ministerio de Jesús cubrió toda la región de Galilea, pero las Escrituras nunca mencionan que visitara alguna vez Tiberias, la capital de Herodes Antipas. Es posible que Jesús estuviera manteniendo la distancia con él, de forma deliberada. Había rumores de que Herodes también procuraba matar a Jesús. Aunque es evidente que no se sentía intimidado por el tetrarca, sabía que debía morir en Jerusalén para que las Escrituras se cumpliesen (Lc. 13:31-33).

¡Qué diferente debió de resultar Cristo, el fuerte y profético hacedor de milagros, en comparación con lo que Herodes esperaba ver! Su rostro ya estaba muy magullado e

---

44. La siguiente descripción de la comparecencia de Jesus ante Herodes Antipas está adaptada del libro de MacArthur, *Murder of Jesus*, 176-178. Usado con permiso de Thomas Nelson, www.thomasnelson.com. Publicado en español por Editorial Portavoz con el título *El asesinato de Jesús*.

hinchado del maltrato sufrido. La saliva y la sangre se secaban en su pelo apelmazado. Cansado y físicamente debilitado por la noche sin dormir, compareció ante Herodes, atado y vigilado como un delincuente común. Herodes contempló a Jesús en su plena humanidad, que velaba su deidad a los ojos espiritualmente ciegos del tetrarca. Jesús se negó a realizar milagro alguno para el gobernante que pudiera revelarle que Él era más que un hombre. Herodes "le hacía muchas preguntas, pero él nada le respondió" (Lc. 23:9). Los miembros del Sanedrín seguían acosando a Cristo, de pie junto a él y le gritaban denuncias y acusaciones con vehemencia (Lc. 23:10). Pero Jesús se negó a decir una sola palabra (cf. Mt. 27:14), y no se permitió recriminar a sus acusadores ni decir nada en su autodefensa (1 P. 2:23).

Aun así, solo ante Herodes permaneció en total y completo silencio. ¿Por qué podría ser esto? En primer lugar, Herodes no tenía jurisdicción legítima alguna en Jerusalén. Si Herodes pretendía imponer alguna sentencia en este caso, habría sido necesario llevar primero a Jesús de regreso a Galilea y juzgarlo allí. Por tanto, Jesús no tenía ninguna obligación legal de responderle. Sin embargo, podría haber habido otra razón por la que Jesús no abrió su boca. El trato que Herodes había dispensado al precursor de Jesús, Juan el Bautista, evidenciaba cuál era su postura respecto a la verdad de Cristo. Para Jesús, responderle habría sido como dar algo santo a los perros o echar perlas a los cerdos. Herodes ya estaba preparado para volverse y hacer pedazos a Cristo (cf. Mt. 7:6). El silencio era la única respuesta adecuada en tales circunstancias.

Tras un breve tiempo, Herodes se cansó de interrogar a Jesús y decidió burlarse de Él: "Entonces Herodes con sus soldados le menospreció y escarneció, vistiéndole de una ropa espléndida; y volvió a enviarle a Pilato" (Lc. 23:11). Lucas añade una nota al pie histórica: "Y se hicieron amigos Pilato y Herodes aquel día; porque antes estaban enemistados entre sí" (Lc. 23:12). Fue una alianza impía, una amistad basada en aquello que tenían en común: el trato cobarde y desdeñoso que le habían dado a Cristo. Tanto Herodes como Pilato sabían que Cristo no suponía ninguna amenaza inmediata para sus intereses políticos. Su aspecto y su conducta hablaban por sí mismos. ¿Cómo podía un hombre así, aparentemente pasivo, sereno y frágil —cuyo salto a la fama era como maestro y sanador—, suponer una amenaza política para nadie? Para Herodes era tan evidente, como lo había sido para Pilato, que las acusaciones del Sanedrín eran fabricadas y malintencionadas. Sin embargo, Herodes se unió alegremente al juego. Vistió a Jesús con un espléndido manto y, a continuación, él y sus fuerzas de seguridad lo hicieron objeto de burla frente a la creciente multitud de espectadores.

Herodes Antipas envió de nuevo a Jesús a Pilato para el juicio final (Mt. 27:15-26; Mr. 15:6-15; Lc. 23:13-25; Jn. 18:39–19:16). Pilato anuncio que tanto Herodes como él habían hallado inocente a Jesús de todos los cargos judíos de sedición (Lc. 23:13-16). El gobernador romano procedió a buscar una forma de liberar a Jesús mediante el ofrecimiento de que fuese Él el prisionero que acostumbraban soltar con motivo de la Pascua, pero los judíos no quisieron permitirlo, y pidieron que el indultado fuera Barrabás (Mt. 27:18-22). Pilato preguntó a los judíos: "Pues ¿qué mal ha hecho?" (Mt. 27:23), pero ellos insistieron en la crucifixión de Jesús. Al lavarse las manos para simbolizar que él no tenía culpa, Pilato anunció que los judíos mismos eran culpables de la sangre de aquel hombre inocente (Mt. 27:24). El acto final de Pilato en este drama fue liberar a Barrabás, hacer que azotaran a Jesús y entregárselo a los verdugos romanos para la crucifixión (Mt. 27:26). La grave injusticia perpetrada contra el carácter intachable y sin pecado de Cristo, el Hijo del Hombre, culpabilizó a todos los que participaron en el juicio.

LA EJECUCIÓN DE JESÚS[45]

El sufrimiento anterior a la crucifixión. Los soldados romanos no tenían ni idea de a quién estaban atormentando. En lo que a ellos respecta, y bajo las órdenes de Pilato, su comandante en jefe, simplemente estaban crucificando a otro delincuente. Pilato había ordenado que azotaran y crucificaran a Jesús, pero la cruel burla que organizaron en torno a Él reveló la propia maldad de ellos. Cuando condujeron a Jesús de regreso al pretorio, lo convirtieron deliberadamente en un espectáculo para diversión de la insultante multitud. El tumulto atrajo a toda la guarnición de soldados para observar.

La cohorte (seiscientos soldados) estaba estacionada en la fortaleza Antonia (que tenía vistas al monte del templo, desde el norte). Era una unidad de élite, asignada al servicio del gobernador, y para mantener la paz tan frágil en aquella región sumamente inestable del Imperio romano. Dado que los judíos estaban exentos del servicio militar, todos aquellos soldados habrían sido gentiles. Es probable que dieran por sentado que Jesús merecía cualquier ridículo y tormento que ellos pudieran acumular sobre Él. Los prisioneros romanos condenados se consideraban presa fácil para un maltrato de este tipo, siempre que no murieran antes de poderse llevar a cabo la sentencia de crucifixión.

Jesús ya había sido maltratado y golpeado una y otra vez, incluso antes de ser entregado a Pilato, de modo que su rostro estaba sin duda hinchado y sangrante. Después de los azotes, su espalda sería una masa de heridas sanguinolentas y músculos temblorosos, y el manto que diseñaron para Él no haría más que aumentar el dolor de aquellas heridas. Lo despojaron de sus vestiduras, a excepción del manto que hicieron para Él. Es probable que lo hicieran a partir de una vestidura que uno de los soldados hubiera desechado. Mateo indica que era de escarlata (Mt. 27:28), pero Marcos y Juan lo denominan "púrpura" (Mr. 15:17; Jn. 19:2), y sugieren así que era una túnica desteñida. Probablemente fue lo más parecido a la púrpura (marca de la realeza) que los soldados pudieron encontrar.

Su objetivo era, claramente, burlarse por completo de su afirmación de ser rey. Con ese fin, también fabricaron una corona de espinas. César llevaba una corona de laurel; las espinas eran una cruel corrupción de aquella corona. Eran, sin lugar a duda, las espinas más largas y puntiagudas que pudieron encontrarse. En Jerusalén crecen muchas variedades de estas, hasta el día de hoy; algunas tenían púas hasta de cinco centímetros que penetrarían profundamente en su cabeza, cuando se ejercía fuerte presión sobre la

---

45. La siguiente descripción del sufrimiento y la crucifixión de Jesús está adaptada del libro de MacArthur, *Murder of Jesus*, 190-206. Usado con permiso de Thomas Nelson, www.thomasnelson.com. Publicado en español por Editorial Portavoz con el título *El asesinato de Jesús*.

corona. La caña de su mano, que representaba un cetro, era un intento más de satirizar su reivindicación real.

El silencio de Jesús podría haberlos convencido de que era tan solo un loco, y ellos mostraron su total desdén hacia Él al fingir el tipo de veneración que se mostraría hacia la realeza, inclinándose a sus pies, pero diciendo: "¡Salve, Rey de los judíos!" (Jn. 19:3), en tonos burlones. A continuación y como habían hecho los sacerdotes judíos, le escupieron, y uno de ellos tomó la caña de su mano y la usó para golpearlo una y otra vez en la cabeza. La caña, aun siendo un cetro muy ligero, habría sido lo bastante firme como para infligir gran dolor en su ya magullada cabeza. El apóstol Juan recoge que también lo golpearon con las manos (Jn. 19:3); es probable que lo abofetearan con la mano abierta, mientras se mofaban aún más de Él. Sin embargo, Jesús siguió en silencio. "Cuando le maldecían, no respondía con maldición; cuando padecía, no amenazaba, sino encomendaba la causa al que juzga justamente" (1 P. 2:23). Jesús sabía que estas cosas formaban parte del plan del Padre para Él, de modo que las sufrió todas de buen grado y con paciencia. Soportó la burla, los azotes, la humillación y la vergüenza:

> Di mi cuerpo a los heridores, y mis mejillas a los que me mesaban la barba; no escondí mi rostro de injurias y de esputos.
>
> Porque Jehová el Señor me ayudará, por tanto no me avergoncé; por eso puse mi rostro como un pedernal, y sé que no seré avergonzado (Is. 50:6-7).

"Después de haberle escarnecido, le quitaron el manto, le pusieron sus vestidos, y le llevaron para crucificarle" (Mt. 27:31). A las víctimas de la crucifixión se las obligaba a llevar un cartel en torno al cuello sobre el que rezaba el delito por el cual lo habían condenado. Era parte de la vergüenza que se les infligía de forma deliberada (cf. He. 12:2; 13:13). Eran llevados por las calles y tenían que caminar en medio de una procesión pública, para maximizar la humillación del espectáculo. Se los forzaba, asimismo, a llevar su propia cruz hasta el lugar de la ejecución. La cruz romana era lo bastante grande como para crucificar en ella a un hombre adulto, y podía pesar en torno a los noventa kilos, una carga extremadamente pesada de llevar en cualquier circunstancia. Pero para alguien en la debilitada condición de Jesús, habría sido prácticamente imposible arrastrar semejante carga desde el pretorio hasta el lugar de la crucifixión, fuera de los muros de Jerusalén. De hecho, Mateo registra que Jesús necesitó ayuda para transportar su cruz: "Cuando salían, hallaron a un hombre de Cirene que se llamaba Simón; a éste obligaron a que llevase la cruz" (Mt. 27:32).

El último mensaje público de Cristo se pronunció en el camino al Calvario. Lucas lo describe:

> Y le seguía gran multitud del pueblo, y de mujeres que lloraban y hacían lamentación por él. Pero Jesús, vuelto hacia ellas, les dijo: Hijas de Jerusalén, no lloréis por mí, sino llorad por vosotras mismas y por vuestros hijos. Porque he aquí vendrán días en que dirán: Bienaventuradas las estériles, y los vientres que no concibieron, y los pechos que no criaron. Entonces comenzarán a decir a los montes: Caed sobre nosotros; y a los collados: Cubridnos. Porque si en el árbol verde hacen estas cosas, ¿en el seco, qué no se hará? (Lc. 23:27-31).

Parte del mensaje era una referencia a Oseas 10:8: "Y dirán a los montes: Cubridnos; y a los collados: Caed sobre nosotros". Era una advertencia funesta del desastre que estaba por llegar. Dado que en aquella cultura el tener hijos se entendía como la bendición suprema que Dios podía darle a la mujer, solo la peor clase de plaga o calamidad podría hacer que alguien dijera: "Bienaventuradas las estériles, y los vientres que no concibieron, y los pechos que no criaron" (Lc. 23:29).

El árbol verde representaba una época de abundancia y bendición, y el árbol seco simbolizaba malos tiempos. Lo que Jesús estaba diciendo era que si una tragedia como esta podía suceder en buenos tiempos, ¿qué le acontecería a la nación en una mala época? Si los romanos crucificaban a alguien que ellos mismos reconocían inocente, ¿qué le harían a la nación judía cuando esta se rebelara? Cristo se estaba refiriendo a los sucesos que ocurrirían menos de una generación después, en el 70 d.C., cuando el ejército romano asediaría Jerusalén, destruiría por completo el templo y masacraría a miles y miles de judíos, una multitud de ellos mediante la crucifixión. Cristo había hablado antes del holocausto que estaba por llegar (cf. Lc. 19:41-44). Su conocimiento de la inminente catástrofe —y saber que algunas de esas mismas personas y sus hijos sufrirían durante la misma— era aún una pesada carga en su mente, mientras recorría el camino a la cruz.

En la mente judía, la crucifixión era una forma particularmente execrable de morir. Era similar a colgar de un árbol, algo que Moisés describió en Deuteronomio 21:22-23: "Si alguno hubiere cometido algún crimen digno de muerte, y lo hiciereis morir, y lo colgareis en un madero, no dejaréis que su cuerpo pase la noche sobre el madero; sin falta lo enterrarás el mismo día, porque maldito por Dios es el colgado". La ley mosaica también exigía que todas las ejecuciones tuvieran lugar fuera de los muros de la ciudad (Nm. 15:35; cf. He. 13:12). Los romanos tenían un concepto ligeramente diferente. Se aseguraban de que todas las crucifixiones se realizaran cerca de las carreteras principales para generar temor, convirtiendo así a la persona condenada en un ejemplo público para todos los transeúntes. De modo que la crucifixión de Jesús tuvo lugar fuera de la ciudad, pero en una ubicación de mucho tráfico, cuidadosamente seleccionada para convertirla en un espectáculo público.

Mateo escribe: "Y cuando llegaron a un lugar llamado Gólgota, que significa: Lugar de la Calavera, le dieron a beber vinagre mezclado con hiel; pero después de haberlo probado, no quiso beberlo" (Mt. 27:33-34). Marcos 15:23 explica que la amarga bebida era mirra, que actúa como suave narcótico. Es posible que los soldados se lo ofrecieran por su efecto adormecedor, justo antes de traspasarle la carne con los clavos. Jesús la escupió, porque no quería que sus sentidos fueran insensibilizados. Había venido a la cruz para ser portador del pecado, y quería sentir el pleno efecto del pecado con el que cargaba; soportaría la medida completa de su dolor. Su corazón seguía firmemente decidido a cumplir la voluntad del Padre, y no anestesiaría sus sentidos antes de haber realizado toda su obra.

El vinagre y la hiel cumplían la profecía mesiánica de Salmos 69:19-21:

> Tú sabes mi afrenta, mi confusión y mi oprobio;
> Delante de ti están todos mis adversarios.

El escarnio ha quebrantado mi corazón, y estoy acongojado.
Esperé quien se compadeciese de mí, y no lo hubo;
Y consoladores, y ninguno hallé.
Me pusieron además hiel por comida,
Y en mi sed me dieron a beber vinagre.

La crucifixión. La intensa vergüenza de la crucifixión iba acompañada de un dolor físico igualmente intenso; pero hasta en medio de un sufrimiento sin par, Cristo pronunció palabras de verdad y de gracia. Analizaremos esos asuntos más abajo.

Las profecías respecto a la crucifixión. Como ya se ha explicado con anterioridad, la "cabeza" y el "calcañar (o talón)" de los dos protagonistas de Génesis 3:15 presagian detalles importantes concernientes al conflicto entre la descendencia de Satanás y la de la mujer. La promesa respecto al victorioso renuevo ("simiente") de la mujer implicaba que fuera herido en el talón. Salmos 22:16 amplía esta imagen para incluir las manos, en referencia a las heridas sufridas en lo que parece ser una ejecución, unas heridas que encajan con el método de la crucifixión romana del siglo I: "Horadaron mis manos y mis pies". La Septuaginta griega respalda esta traducción casi doscientos años antes de Cristo. El texto hebreo podría leerse, de manera alternativa: "Como león, mis manos y mis pies". Sin embargo, incluso esa traducción tiene en cuenta las heridas que un león podría haber causado con sus mordiscos o sus zarpazos; ambas acciones podían "traspasar" manos y pies. Lucas 24:39-40 confirma que la crucifixión de Jesús dejó cicatrices en sus manos y pies: "Mirad mis manos y mis pies, que yo mismo soy; palpad, y ved; porque un espíritu no tiene carne ni huesos, como veis que yo tengo. Y diciendo esto, les mostró las manos y los pies". Que Salmos 22:16 conserva una profecía respecto a la ejecución del Mesías se hace bastante claro cuando aparecen repetidos paralelos entre los acontecimientos que rodearon la crucifixión de Jesús, tal como recogen los Evangelios y los sucesos que describe el Salmo 22. La tabla 4.9 identifica los paralelos.

El método y los efectos de la crucifixión. La crucifixión era una forma de ejecución que los romanos habían aprendido de los persas, quienes desarrollaron un método de crucificar a las víctimas empalándolas a un poste, levantándolas así muy por encima de la tierra, donde los dejaban morir. Hacia la época de Cristo, la crucifixión se había convertido en el método favorito de ejecución por todo el Imperio romano, sobre todo en Judea, donde se utilizaba con regularidad para hacer un espectáculo de los revoltosos y los insurgentes.

El proceso exacto empleado en la crucifixión de Jesús es cuestión de conjeturas. Ninguno de los Evangelios proporciona una descripción detallada del método utilizado con Él. Después de la crucifixión de Jesús, Tomás les había dicho a los demás discípulos: "Si no viere en sus manos la señal de los clavos, y metiere mi dedo en el lugar de los clavos, y metiere mi mano en su costado, no creeré" (Jn. 20:25). A partir de su observación, sabemos que Cristo fue clavado a la cruz, en lugar de ser atado con unas correas de cuero.

Los clavos tenían que traspasar las muñecas (no la palma de las manos), porque ni los tendones ni la estructura ósea de las manos podrían soportar el peso del cuerpo. En la palma de las manos, los clavos desgarrarían simplemente la carne entre los huesos.[46] Al traspasar las muñecas, por lo general los clavos rompían los huesos carpianos y desgarraban los ligamentos carpianos, pero la estructura de la muñeca era lo bastante fuerte como para aguantar el peso del cuerpo. Al penetrar el clavo en la muñeca, solía causar un grave daño en el nervio sensorimotor mediano y producía un intenso dolor en ambos brazos. Los esqueletos que se han recuperado de las crucifixiones del siglo I conservan la prueba de que los pies se clavaban a través de la estructura del pie, entre el hueso del tobillo y el del talón. Esto coincide con la descripción de Génesis 3:15, respecto a que la simiente de la mujer recibiría una herida en el "calcañar (o talón)".

Después de que la víctima fuera clavada a la cruz, varios soldados elevaban lentamente la parte superior de la cruz y deslizaban con cuidado la parte inferior de la misma en un profundo agujero de poste. La cruz caía de golpe y con una sacudida, lo que provocaba que todo el peso de la víctima repercutiera de inmediato en los clavos de las muñecas y los pies. Esto irradiaba un tremendo dolor por todo el cuerpo por el estiramiento de los huesos, ya que las principales articulaciones se retorcían de repente hasta salir de su posición natural. Es probable que fuera esto a lo que Cristo se refirió proféticamente en Salmos 22:14, que dice: "He sido derramado como aguas, y todos mis huesos se descoyuntaron".

Por lo general, la muerte solía producirse por asfixia. El cuerpo de la víctima colgaba de tal manera que el diafragma se oprimía gravemente. Para poder exhalar, tenía que empujarse hacia arriba con los pies para que el diafragma tuviera espacio y se moviera. En última instancia, el cansancio, el intenso dolor o la atrofia muscular le imposibilitaba a la víctima realizar este movimiento y acababa muriendo por la falta de oxígeno. Una vez perdida la fuerza o la sensación en las piernas, el reo era incapaz de empujar hacia arriba para respirar, y la muerte se producía con rapidez. Por esta razón, en ocasiones los romanos quebraban las piernas por debajo de las rodillas, para apresurar este proceso (cf. Jn. 19:31).

Las burlas por parte de los miembros del Sanedrín fue un intento desesperado de convencerse ellos mismos, y a todos los demás testigos, de que Jesús no era el Mesías del Israel. Creían que el Mesías no podría ser vencido. En lo que a ellos concernía, que Jesús colgara allí, indefenso y moribundo, era la prueba de que Él no era quien afirmaba ser. De modo que disfrutaban de su triunfo, se pavoneaban y fanfarroneaban en medio de la multitud de observadores; le anunciaban a todos y a nadie en particular: "A otros salvó, a sí mismo no se puede salvar; si es el Rey de Israel, descienda ahora de la cruz, y creeremos en él. Confió en Dios; líbrele ahora si le quiere; porque ha dicho: Soy Hijo de Dios" (Mt. 27:42-43). De haber sido el tipo de líderes espirituales que deberían haber sido, se habrían dado cuenta de que sus palabras eran el cumplimiento casi literal de la profecía de Salmos 22:8.

Estos eran los líderes espirituales de Israel. Tenían una relación profunda con la religión, pero ninguna con Dios. Por consiguiente, de entre todos los que participaron en la humillación de Cristo, ellos fueron los mayores culpables. Aunque pretendían

---

46. Véase Erich H. Kiehl, *The Passion of Our Lord* (Grand Rapids, MI: Baker, 1990), 126-131, para una descripción de la crucifixión romana.

Tabla 4.9 Cronología de la crucifixión de Cristo*

Hora	Versículos del NT	Sucesos	Salmo 22
9 de la mañana	Lucas 23:26	Jesús es llevado al Gólgota, el Lugar de la Calavera.	
	Lucas 23:33	Jesús es crucificado.	Salmos 22:16
10 de la mañana	Lucas 23:34a	Jesús ora: "Padre, perdónalos…"	
	Lucas 23:34b	Los soldados reparten sus vestidos.	Salmos 22:18
	Mateo 27:39-43	"Los que pasaban le injuriaban, meneando la cabeza".	Salmos 22:6-8
	Lucas 23:35	Los principales sacerdotes y los gobernantes se burlan de él diciendo: "A otros salvó…".	Salmos 22:12-13
	Lucas 23:39	Uno de los criminales lo insulta, diciendo: "Sálvate a ti mismo y a nosotros".	
11 de la mañana	Lucas 23:40, 42	El otro criminal suplica: "Acuérdate de mí…".	
	Lucas 23:43	Jesús le asegura: "Hoy estarás conmigo en el paraíso".	
	Juan 19:26-27	Jesús dice: "Mujer, he ahí tu hijo".	
Mediodía	Lucas 23:44	La tierra queda sumida en la oscuridad durante tres horas.	
1 de la tarde	Mateo 27:46	Jesús clama, diciendo: "Dios mío, Dios mío, ¿por qué me has desamparado?".	Salmos 22:1
	Juan 19:28	Jesús dice: "Tengo sed".	Salmos 22:14-15
2 de la tarde	Juan 19:30	Jesús declara: "Consumado es".	Salmos 22:31
	Lucas 23:46	Jesús clama, diciendo: "Padre, en tus manos encomiendo mi espíritu".	Salmos 22:19-21
3 de la tarde	Mateo 27:51	La tierra tiembla y el velo del templo se rasga en dos.	
	Mateo 27:52	Las tumbas se abren.	
	Mateo 27:54	Un centurión proclama: "Verdaderamente éste era Hijo de Dios".	
	Lucas 23:48	Los que presencian el sufrimiento de Jesús se golpean el pecho.	
	Juan 19:31-32	Los soldados quiebran las piernas de los dos criminales.	
	Juan 19:34	Un soldado atraviesa el costado de Jesús con una lanza.	
	Mateo 27:57-60	Jesús es sepultado.	Salmos 22:15
6 de la tarde		Comienza el día de reposo.	

* Adaptado de William D. Barrick, "Messianic Trilogy: Part One: Psalm 22—The Suffering Messiah", en *Psalms, Hymns, and Spiritual Songs: The Master Musician's Melodies* (apuntes de clase inéditos, Placerita Baptist Church, 2004), 5; disponible en http://drbarrick.org/files/studynotes/Psalms/Ps_022.pdf. Usado con el permiso del autor.

sentarse en la cátedra de Moisés (Mt. 23:2), no creyeron a Moisés (Jn. 5:46). Aunque afirmaban ser portavoces de Dios, en realidad eran hijos de Satanás (Jn. 8:44).

Como siempre, Jesús no injurió a quienes lo insultaban, sino que sus únicas palabras sobre sus atormentadores, mientras colgaba de la cruz, fue una tierna súplica a Dios en la que pedía misericordia para ellos (Lc. 23:34). Él había ido a la cruz de forma voluntaria, a sabiendas y en sumisa obediencia a Dios, para morir por los pecados de otros. Aunque el maltrato y la tortura que los hombres acumularon sobre él suponía una agonía que superaba su comprensión, esto no era nada en comparación con la ira de Dios contra el pecado que llevaba sobre sí, en beneficio de ellos.

Las siete últimas frases de Jesús en la cruz. Mientras Cristo colgaba de la cruz del Calvario, habló siete veces (véase la tabla 4.9 [p. 306]. Sus gritos desde la cruz tocaron la fibra sensible de los creyentes a lo largo de los siglos. Las últimas palabras pronunciadas por una persona antes de la muerte han tenido, a menudo, gran relevancia para sus seres queridos. Las que salieron de los labios de Cristo no tienen parangón por su riqueza. Las siete pueden presentarse de la forma siguiente:[47]

1. Una súplica de perdón: "Padre, perdónalos, porque no saben lo que hacen" (Lc. 23:34).
2. Una promesa de salvación: "De cierto te digo que hoy estarás conmigo en el paraíso" (Lc. 23:43).
3. Provisión para su madre: "Mujer, he ahí tu hijo… He ahí tu madre" (Jn. 19:26-27).
4. Una petición al Padre: "Dios mío, Dios mío, ¿por qué me has desamparado?" (Mt. 27:46).
5. Una súplica en busca de alivio: "Tengo sed" (Jn. 19:28).
6. Una proclamación de victoria: "Consumado es" (Jn. 19:30).
7. Una oración de consumación: "¡Padre, en tus manos encomiendo mi espíritu!" (Lc. 23:46).

Las siete frases de Jesús en la cruz están cargadas de una profunda relevancia teológica, que ayudan a los creyentes a comprender mejor su persona, su carácter, su sufrimiento y su obra redentora.

1. Una súplica de perdón: "Padre, perdónalos, porque no saben lo que hacen" (Lc. 23:34).

El perdón divino consiste en que Dios renuncia a su justa retribución que los pecadores merecen por los pecados cometidos contra Él. Jesús sufrió una violencia despiadada a manos de hombres impíos, antes y durante su crucifixión. Era justo exigir que fueran castigados por los delitos cometidos contra Él. Sin embargo, Jesús renunció de buen grado a ese derecho y escogió perdonarlos de manera incondicional. Los perdonó porque, en su deidad, sabía muy bien que ellos no entendían del todo quién era Él y lo que estaban haciendo.

Como Dios-hombre, el perdón de Cristo procede de una naturaleza humana compasiva y empática combinada con el poder, la justicia, la santidad, la misericordia y

---

47. MacArthur, *Murder of Jesus*, 209-224.

la gracia divina, a través de su deidad (cf. Éx. 34:6-7). Este clamor para pedir perdón revela la inexorable naturaleza del plan soberano de Dios para proveer un Salvador, cuyo sacrificio pudiera comprar el perdón que la sangre de los toros y los machos cabríos nunca podría proporcionar (He. 10:4; cf. Mt. 26:28; He. 9:22). Así, las primeras palabras de Jesús desde la cruz resaltan lo que Él había venido a hacer: "redención por su sangre, el perdón de pecados" (Col. 1:14), para quienes se arrepintieran (Ro. 2:4).

2. Una promesa de salvación: "De cierto te digo que hoy estarás conmigo en el paraíso" (Lc. 23:43).

La segunda frase desde la cruz llegó como respuesta a la sincera petición de uno de los criminales crucificados junto a Jesús:

> Y uno de los malhechores que estaban colgados le injuriaba, diciendo: Si tú eres el Cristo, sálvate a ti mismo y a nosotros. Respondiendo el otro, le reprendió, diciendo: ¿Ni aun temes tú a Dios, estando en la misma condenación? Nosotros, a la verdad, justamente padecemos, porque recibimos lo que merecieron nuestros hechos; mas éste ningún mal hizo. Y dijo a Jesús: Acuérdate de mí cuando vengas en tu reino (Lc. 23:39-42).

Una vez más, como en el caso de la primera frase, Jesús actuó como Dios-hombre, y exhibió los atributos de ambas naturalezas por medio de su empatía y su compasión humanas, y su omnisciencia divina. Sabía que las palabras de ese hombre revelaban un corazón verdaderamente arrepentido, herido por su propio pecado y deseoso de la misericordia y el perdón del Salvador. La promesa revela la deidad de Cristo en que solo Dios puede conocer el estado del corazón y el destino último de cualquier individuo. El relato del Evangelio indica que Jesús murió antes que los dos criminales; cuando los verdugos quebraron las piernas de aquellos dos hombres, descubrieron que Él ya había expirado (Jn. 19:31-34). Por consiguiente, Jesús le hizo esta promesa al delincuente arrepentido, sabiendo que llegaría primero al cielo y recibiría al hombre allí, cuando este se presentara. Jesús fue contado con los transgresores para que los pecadores como el ladrón pudieran formar parte de los redimidos.

3. Provisión para su madre: "Mujer, he ahí tu hijo... He ahí tu madre" (Jn. 19:26-27).

Uno de los episodios más conmovedores que sucedieron durante la crucifixión es cuando Jesús se dirige a la madre que le había dado su humanidad (Is. 49:1). La profecía de Simeón había tenido su amargo cumplimiento:

> Y los bendijo Simeón, y dijo a su madre María: He aquí, éste está puesto para caída y para levantamiento de muchos en Israel, y para señal que será contradicha (y una espada traspasará tu misma alma), para que sean revelados los pensamientos de muchos corazones (Lc. 2:34-35).

En esta frase de Jesús, el hijo de María centra toda su atención en ella y en su necesidad de cuidado. A Juan, el discípulo más cercano al corazón de Jesús, el Salvador le encomendó el cuidado de su relación terrenal más preciosa: su madre. En esto, el hombre perfecto demostró su cumplimiento del mandamiento de honrar a los padres (Éx. 20:12; Ef. 6:2-3). Les dejó a sus seguidores un magnífico ejemplo de lo que Él pretendía cuando les enseñaba a establecer la prioridad de cuidar de los padres, antes de presentar sus ofrendas a Dios:

> ¿Por qué también vosotros quebrantáis el mandamiento de Dios por vuestra tradición? Porque Dios mandó diciendo: Honra a tu padre y a tu madre; y: El que maldiga al padre o a la madre, muera irremisiblemente. Pero vosotros decís: Cualquiera que diga a su padre o a su madre: Es mi ofrenda a Dios todo aquello con que pudiera ayudarte, ya no ha de honrar a su padre o a su madre. Así habéis invalidado el mandamiento de Dios por vuestra tradición. Hipócritas (Mt. 15:3-7).

Mientras Jesús entregaba su vida por completo como sacrificio ante su Padre celestial, puso especial cuidado de no anular la Palabra de Dios por no honrar a su madre de la forma adecuada, y esto le exigía preocuparse por ella en sus últimos años. Antes de que su sacrificio hubiera terminado, tenía que ocuparse de su madre como debía; un acto de lo más urgente, ya que el silencio de las Escrituras respecto a José parece indicar que él ya había muerto y había dejado viuda a María.

4. Una petición al Padre: "Dios mío, Dios mío, ¿por qué me has desamparado?" (Mt. 27:46).

Ningún hombre puede comprender por completo la importancia de este grito de los labios de Jesús. En esto radica el misterio de la unión hipostática (véase "Humanidad" [p. 269]). La presencia de la oscuridad (Mt. 27:45) simbolizaba tanto la pérdida de la luz de la comunión y la realidad del abandono.

El Padre y el Hijo no se separaron en su ser ni en su esencia, a través de esta experiencia. La unidad de la Trinidad permaneció intacta. La oscuridad durante tres o cuatro horas se debió a la ira del Padre omnipresente, quien actuó con fidelidad en su función de producir la finalización del sacrificio perfecto y sustitutivo de Cristo.

Algunos intérpretes de la Biblia han concluido que, en ese momento, Jesús solo estaba recitando las palabras de Salmos 22:1. Sin embargo, dado que el Salmo 22 es una extensa profecía sobre la crucifixión, el Salmo presenta en realidad una anticipación profética del clamor del corazón de Jesús, al llevar en la cruz los pecados de los escogidos. Por tanto, su declaración no debería tomarse sencillamente como la recitación del salmo o una mera identificación con los sufrimientos humanos del salmista.[48]

Los dolores físicos de la crucifixión no eran nada comparados con la ira del Padre que se vertió sobre Jesús. En anticipación de este acontecimiento, Jesús sudó como sangre en el huerto de Getsemaní (Lc. 22:44). Jesús entendió todos los peores temores de la humanidad respecto a los horrores del infierno, al recibir el debido castigo por los pecados de todos los que creerían en Él. En ese período de oscuridad, de alguna forma incomprensible, el Padre lo había abandonado. "Aunque con toda seguridad no hubo

---

48. MacArthur, *Murder of Jesus*, 218.

interrupción en el amor del Padre hacia Él *como Hijo*, Dios, sin embargo, se apartó de Él y lo abandonó *como nuestro Sustituto*".[49]

Este aspecto sustitutivo de la muerte de Cristo no se basa tan solo en su muerte física. Cristo tuvo que soportar el derramamiento de la ira no mitigada de Dios contra el pecado, para satisfacer por completo la justicia. La verdadera expiación substitutiva implicó, por tanto, una dolorosa sensación de distanciamiento del Padre, expresada por Cristo, en su sincera petición de Mateo 27:46: "Dios mío, Dios mío, ¿por qué me has desamparado?". Aunque fue temporal, la agonía que Cristo experimentó al absorber la ira del Padre fue el equivalente completo al infierno.[50]

Este es el sufrimiento que Jesús anticipó en el huerto de Getsemaní cuando oró: "pase de mí esta copa" (Mt. 26:39). La "copa" se refiere al mayor de todos los sufrimientos para el Dios-hombre totalmente sin pecado; la ira de Dios se derramó sobre Él cuando se convirtió en ofrenda expiatoria. La copa suele ser el símbolo de la ira divina contra el pecado, en el Antiguo Testamento (Is. 51:17, 22; Jer. 25:15-17, 27-29; Lm. 4:21-22; Ez. 23:31-34; Hab. 2:16). Cristo "llevar[ía] los pecados de muchos" (He. 9:28), y la plenitud de la ira divina caería sobre Él (Is. 53:10-11; 2 Co. 5:21). Este fue el precio del pecado con el que cargó, que Él pagó por completo. Su grito de angustia en Mateo 27:46 reflejaba la amargura extrema de la copa de ira que pronto recibiría.

El sufrimiento de Jesús incluía, pues, su separación temporal del Padre (representada por las tres horas de oscuridad en la cruz), mientras experimentaba la plenitud de la ira divina antes de su muerte física. La séptima frase subsiguiente, desde la cruz: "¡Padre, en tus manos encomiendo mi espíritu!" (Lc. 23:46), exige esta cronología, ya que demuestra la restauración de la comunión eterna, porque la separación temporal había acabado. Esta secuencia encaja en la experiencia de aquellos por los que Jesús murió; todos están espiritualmente muertos antes de morir físicamente. Cristo logró primero la victoria sobre la muerte espiritual, mientras estaba aún en la cruz. Tres días después, vencería también a la muerte física y eterna, cuando resucitó de los muertos.

5. Una súplica en busca de alivio: "Tengo sed" (Jn. 19:28).

Esta quinta frase pronunciada en la cruz es una sola palabra en el texto griego, y revela la condición humana de esta experiencia: la sed física surge de un agotamiento intenso y de la agonía física. A pesar de ello, esta frase tan concisa revela más que su humanidad, desvela su conocimiento de las Escrituras y su determinación a cumplir todo lo que ellas afirmaban sobre Él. El salmista había escrito: "Me pusieron además hiel por comida, y en mi sed me dieron a beber vinagre" (Sal. 69:21). Juan pone empeño en decir que la frase de Jesús fue "para que la Escritura se cumpliese" (Jn. 19:28). Y Jesús mismo describió la sed como una característica de lo injusto de su experiencia después

---

49. MacArthur, *Murder of Jesus*, 221.
50. Esto tiene que distinguirse de las doctrinas herejes de ciertos líderes carismáticos que enseñan que, en la cruz, Jesús se convirtió realmente en un pecador, o que fue al infierno de forma literal a sufrir más castigo. Más bien, como sustituto nuestro, Jesús llevó el castigo mismo que correspondía a su pueblo: la ira del Padre en toda su plenitud. Aunque la ira derramada sobre los pecadores en el infierno es eterna, por la dignidad y el mérito de su persona, Jesús pudo extinguir la ira de Dios en solo tres horas de sufrimiento. En este sentido, Él llevó el peso completo de cada maldición y castigo que merecían nuestros pecados.

de la muerte (Lc. 16:24). Una vez más, aparte de la existencia de un infierno eterno, la obra de Cristo en la cruz no puede entenderse ni apreciarse por completo.

6. Una proclamación de victoria: "Consumado es" (Jn. 19:30).

La sexta frase de Jesús desde la cruz, como la anterior, es una sola palabra en el texto griego: ¡*Tetélestai!* Su grito fue triunfante y lleno de rico significado, ya que la forma griega implica que el grado de terminación continuaría. Jesús no se refería a que su vida terrenal había acabado, sino que había completado la obra que el Padre le había encomendado realizar. De hecho, la frase en Salmos 22:31 es "él hizo esto", que también es una sola palabra en hebreo. Jesús celebró el mayor triunfo en la historia del universo, porque su obra expiatoria estaba acabada. Todas las profecías de las Escrituras respecto a la obra redentora del Mesías se habían cumplido, y la justicia de Dios estaba plenamente satisfecha. El rescate del pecado se había pagado íntegramente; la paga del pecado estaba saldada para siempre y para todos los escogidos de Dios a lo largo de toda la historia. A Cristo solo le quedaba morir para poder resucitar de los muertos. Nada se puede añadir a la obra acabada de Cristo para la salvación.

7. Una oración de consumación: "¡Padre, en tus manos encomiendo mi espíritu!" (Lc. 23:46).

Cristo dirigió su fase final desde la cruz al Padre, como había hecho con la primera ("Padre, perdónalos, porque no saben lo que hacen", Lucas 23:34) y la cuarta ("Dios mío, Dios mío, ¿por qué me has desamparado?", Mateo 27:46). Estas tres eran oraciones, oraciones del Hijo del Hombre. En su humanidad, Jesús vivió como un hombre de oración, y murió como tal (cf. Mt. 14:23; 19:13; 26:36-44; He. 5:7).

Cristo murió como ningún otro hombre. En un sentido, fue asesinado por hombres impíos (Hch. 2:23). En otro sentido, el Padre lo envió a la cruz y lo sujetó a padecimiento (Is. 53:10). Sin embargo, todavía en otro sentido, nadie le quitó la vida a Jesús. Él mismo la entregó voluntariamente por aquellos a los que amaba, con generosidad y de manera sacrificial:

> Por eso me ama el Padre, porque yo pongo mi vida, para volverla a tomar. Nadie me la quita, sino que yo de mí mismo la pongo. Tengo poder para ponerla, y tengo poder para volverla a tomar. Este mandamiento recibí de mi Padre (Jn. 10:17-18).

Cuando entregó su último suspiro, no había lucha frenética alguna contra sus verdugos. Ningún testigo observó una desesperada agonía. Su pasaje final a la muerte fue un acto deliberado de su propia voluntad soberana. "Habiendo inclinado la cabeza, entregó el espíritu" (Jn. 19:30). Entregó su vida de una forma simple, en silencio, con sumisión y determinación, teniendo pleno control sobre el momento de su muerte.

Muerte y expiación

Las siete frases de la cruz presentan la muerte de Jesús como una experiencia a la que Él entró con determinación y de forma voluntaria. Cómo murió es una cosa; por qué lo hizo es infinitamente más importante. El hecho bíblico es que su muerte era necesaria, estaba determinada desde antes de la fundación del mundo y era una necesidad para la salvación de los pecadores.

LA MUERTE DE CRISTO

La teología cristiana se centra en la obra salvadora de Jesucristo en su muerte sustitutoria y en su resurrección de entre los muertos. Estas dos verdades forman el mensaje central del evangelio respecto a la salvación. El apóstol Pablo escribió:

> Además os declaro, hermanos, el evangelio que os he predicado, el cual también recibisteis, en el cual también perseveráis; por el cual asimismo, si retenéis la palabra que os he predicado, sois salvos, si no creísteis en vano.
>
> Porque primeramente os he enseñado lo que asimismo recibí: Que Cristo murió por nuestros pecados, conforme a las Escrituras; y que fue sepultado, y que resucitó al tercer día, conforme a las Escrituras; y que apareció a Cefas, y después a los doce (1 Co. 15:1-5).

Estos dos importantes elementos del evangelio también aparecen en la defensa de Pablo ante Agripa: "Pero habiendo obtenido auxilio de Dios, persevero hasta el día de hoy, dando testimonio a pequeños y a grandes, no diciendo nada fuera de las cosas que los profetas y Moisés dijeron que habían de suceder: Que el Cristo había de padecer, y ser el primero de la resurrección de los muertos, para anunciar luz al pueblo y a los gentiles" (Hch. 26:22-23).

Al hablar de "la salvación de vuestras almas" (1 P. 1:9), el apóstol Pedro bosquejó la misma obra en dos partes de Cristo con respecto al evangelio:

> Los profetas que profetizaron de la gracia destinada a vosotros, inquirieron y diligentemente indagaron acerca de esta salvación, escudriñando qué persona y qué tiempo indicaba el Espíritu de Cristo que estaba en ellos, el cual anunciaba de antemano los sufrimientos de Cristo, y las glorias que vendrían tras ellos. A éstos se les reveló que no para sí mismos, sino para nosotros, administraban las cosas que ahora os son anunciadas por los que os han predicado el evangelio por el Espíritu Santo enviado del cielo; cosas en las cuales anhelan mirar los ángeles (1 P. 1:10-12).

Debe observarse que "escudriñando qué persona y qué tiempo" (1 P. 1:11) también podría entenderse como "escudriñando qué tiempo o qué índole de tiempo", haciendo así que el único aspecto desconocido del cumplimiento mesiánico fuera el tiempo.[51] Los profetas comprendieron que hablaban del Mesías. Los profetas del Antiguo Testamento revelaron la persona del Mesías mediante una serie de profecías que lo vinculaban al linaje de Abraham (Gn. 12:3; cf. Gá. 3:8), a la nación de Israel (Nm. 24:17; cf. Mt. 2:2; Ap. 22:16), a la tribu de Judá (Gn. 49:10; cf. Mt. 1:2-3; 2:6; He. 7:14), al clan de Efrata, en la ciudad de Belén (Mi. 5:2; cf. Mt. 2:5-6; Lc. 2:11), a una concepción virginal (Is. 7:14; cf. Mt. 1:23), y al ministerio de Galilea de los gentiles (Is. 9:1-2; cf. Mt. 4:12-16).

---

51. Thomas R. Schreiner, *1, 2 Peter, Jude*, NAC 37 (Nashville: Broadman, 2003), 73-74.

Isaías 53 provee una detallada profecía del ministerio del Mesías, el rechazo, el juicio, la muerte, la resurrección y la exaltación.

LA EXPIACIÓN DE CRISTO

La revelación veterotestamentaria sobre el sacrificio.[52] La sustitución penal significa que Cristo se entregó para sufrir y morir, llevando Él mismo el castigo completo por el pecado, en lugar de todos los pecadores a los que Dios salva. Dios preparó a la humanidad para la expiación, el sacrificio sustitutivo de Cristo, proporcionando una temprana enseñanza sobre el sacrificio. El Antiguo Testamento presenta doce principios básicos respecto a los sacrificios de animales:

1. Solo los creyentes deberían ofrecer sacrificios veterotestamentarios; los creyentes que deberían se adoctrinados y obedientes (es decir, exhibir la enseñanza y la conducta correctas). Levítico 1:2-3 y 2:1 hablan de creyentes israelitas, mientras que Levítico 17:8 y 22:18, 25 lo hacen de creyentes extranjeros (cf. Nm. 15:14-16; Is. 56:6-8).
2. Los sacrificios veterotestamentarios deberían ser la demostración externa de una fe vital. Sin fe, los sacrificios son inútiles (He. 11:4; cf. 1 S. 15:22-23; Sal. 51:15-19; Is. 1:11-15; Mi. 6:6-8).
3. Los sacrificios veterotestamentarios no salvan del pecado ni lo perdonan. Los sacrificios levíticos no incluyen provisión para eliminar o acabar con la naturaleza pecaminosa de ningún individuo. Los sacrificios de animales son insuficientes para expiar de un modo completo y definitivo los pecados de los seres humanos; solo una vida humana puede expiar del todo una vida humana (cf. Lv. 1:3 con Sal. 49:5-9; cf. Gá. 3:10-14; He. 10:1-18; 1 P. 1:18-19).
4. Los sacrificios veterotestamentarios no eliminan el castigo temporal por el pecado, en especial el pecado voluntario y desafiante. Muchos pecados exigen el castigo capital: ningún sacrificio animal vale de nada ante tal pecado (Lv. 24:10-23; Nm. 15:30). El pecado premeditado, deliberado, exige la muerte del pecador. Por consiguiente, debido al patrón de pecado voluntario y deliberado, cada individuo se halla bajo sentencia de muerte, y dada la universalidad del pecado, la muerte reina como se demuestran las genealogías que recogen dichas muertes (Gn. 5:5, 8, 11, 14, 17, 20, 27, 31). "Murió", como término repetitivo, proporciona el epitafio para una persona tras otra (cf. Gn. 11:32; 23:2; 35:19; 50:26). Esto suscita un par de preguntas adecuadas: ¿Acaso no hay, realmente, un sacrificio para el pecado deliberado? Y ¿no hay perdón para tan deliberada rebeldía?
5. Los sacrificios veterotestamentarios tienen por objeto principal la comunión con Dios. En lo exterior, simbolizan el perdón por los pecados, que trajo una reconciliación mesurada con el Dios que cumple el pacto con Israel (Éx. 29:42-43; 30:36). Según John Oswalt:

> Aunque el castigo temporal por el pecado es grave y no debería desestimarse, no es en modo alguno tan grave como el castigo espiritual: la separación de Dios. De esto trata todo el sistema sacrificial: hacer posible que los seres humanos

---

52. Esta sección está adaptada de William D. Barrick, "Penal Substitution in the Old Testament", *MSJ* 20, no. 2 (2009): 2, 6-8. Usado con permiso de *MSJ*.

pecaminosos tengan comunión con un Dios santo. Los sacrificios no mitigan los efectos temporales del pecado; ¿qué hacen, pues? Se ocupan de los efectos espirituales del pecado; tratan las verdades que el alma que peca debe morir (y no solo físicamente; Ez. 18:4, 20), y que no hay perdón para el pecado aparte del derramamiento de sangre (Lv. 17:11; He. 9:22).[53]

6. Los sacrificios veterotestamentarios declaran, enfatizan y magnifican el pecado y sus consecuencias (Ro. 3:19-20; 5:20; 7:5-11; Gá. 3:21-22).
7. Los sacrificios veterotestamentarios declaran, enfatizan y magnifican la santidad, la justicia, el amor, la gracia, la misericordia y la soberanía de Dios (Sal. 119:62; Neh. 9:13; Mt. 23:23; Ro. 7:12). La combinación de esas dos declaraciones respecto al pecado, y el carácter de Dios expresa la función dual del sacrificio en el Antiguo Testamento. Por una parte, el pecado es básicamente "teófugo": *aparta a la humanidad de Dios*.[54] Por otra parte, el sacrificio, que por su derramamiento de sangre manifiesta la terrible naturaleza y las consecuencias del pecado, es teocéntrico, es decir vuelve la atención de los pecadores *hacia Dios*.
8. Los sacrificios veterotestamentarios demuestran que la legislación mosaica no le ofrece al creyente del Antiguo Testamento un acceso independiente a Dios (He. 9:8-10).
9. Los sacrificios veterotestamentarios demuestran que el deseo de Dios, con respecto a las ofrendas de su pueblo (el dar), no excede su capacidad normal. Los objetos sacrificiales (ganado, ovejas, cabras, palomas; harina, aceite, vino e incienso) están inmediatamente a disposición del israelita individual. Dios no exige que su pueblo presente algo exótico ni fuera de sus medios normales. No les pide que se estiren hasta el punto de la incomodidad financiera o el desastre (cf. 1 Co. 16:2; 2 Co. 8–9).
10. Los sacrificios veterotestamentarios enfatizan el ministerio del sacerdocio (Lv. 1:9; 2:8; 4:20; 6:6; He. 5–10; 1 P. 2:5).
11. Los sacrificios veterotestamentarios implican el reconocimiento del pacto de Dios con su pueblo (Lv. 2:13; Sal. 50:5, 16).
12. Dios ordena los sacrificios veterotestamentarios, en parte para sustentar el sacerdocio. El pacto de la comunidad provee para aquellos que ministran (Lv. 7:34-35; Neh. 13:5; Mal. 3:8-10).

En resumen, estos doce principios proporcionan pruebas de que los sacrificios se ocupan principalmente de la adoración corporativa. Son corporativos en el sentido de que los creyentes del Antiguo Testamento traen ofrendas públicas al santuario, donde los sacerdotes participan en los rituales que los acompañan. Los beneficios de los sacrificios podrían ser personales o individuales, pero no hay sacrificio privado. El cordero de la Pascua podría parecer privado, ya que involucra a una familia, pero los transeúntes pueden ver la sangre en los dinteles a la entrada de la casa, y el cordero se puede compartir con un vecino (Éx. 12:4). Los sacrificios veterotestamentarios son confesionales, porque demuestran una fe arrepentida en Jehová y obediencia a sus estatutos y sus leyes. Mediante la ofrenda de sacrificios, el creyente del Antiguo Testamento

---

53. John N. Oswalt, *The Book of Isaiah: Chapters 40–66*, NICOT (Grand Rapids, MI: Eerdmans, 1998), 385.
54. Norman H. Snaith, *The Distinctive Ideas of the Old Testament* (Nueva York: Schocken, 1964), 60.

lo identifica, de forma externa, con el pacto de Dios y con el pueblo de su pacto. Esta demostración externa debería ser el resultado de la fe verdadera. Sin embargo, cuando esa fe de iniciación está ausente, el sacrificio es inútil; es un simple gesto desprovisto de cualquier valor espiritual (esto es, una falsa confesión). Dios aborrece el falso sacrificio y no puede aceptarlo como adoración verdadera (cf. 1 S. 15:22; Sal. 50:7-15; Is. 1:13-15).

Con estos principios en mente, el lector puede considerar cómo trata el Antiguo Testamento con los sacrificios sustitutivos penales. El carnero proporcionado por el "ángel [mensajero] del Señor" como sustituto para Isaac en Génesis 22:1-14 ilustra la dación de vida como sustituto. Eugene Merrill ofrece un tratamiento excelente en su volumen sobre teología del Antiguo Testamento, donde declara que la propia muerte de Isaac "se efectuó a través de un sustituto, un animal cuya muerte literal proporcionó plena satisfacción a las exigencias de Dios".[55]

La revelación veterotestamentaria sobre el sacrificio sustitutivo de Cristo.[56] Los distintos sacrificios descritos y ordenados en el libro de Levítico proporcionaron a Israel las instrucciones de Dios respecto a la naturaleza del sacrificio, y los ayudó a prepararse para la necesidad del sacrificio sustitutivo del Mesías por el pecado. La tabla 4.10 identifica algunas de las lecciones que Dios pretendió que su pueblo aprendiera de los sacrificios en el Antiguo Testamento. La tabla 4.11 compara el propio sacrificio de Jesucristo con aquellos que se ofrecieron bajo la legislación mosaica.

Para entender la relación del sistema veterotestamentario sacrificial con la persona del Mesías es necesario examinar con mayor detenimiento los textos claves. Los textos más relevantes son Éxodo 12 (la fiesta de la Pascua), Levítico 16 (el día de la expiación) y, quizá el más importante de todos, Isaías 52:13–53:12. La Pascua y el día de la expiación representan dos de las principales festividades religiosas del calendario de Israel, que presentan conceptos implicados en la persona y la obra del Mesías (véase la tabla 4.12).

Éxodo 12: La Pascua. Al concluir las plagas, justo antes del éxodo de Israel al salir de Egipto, Dios instituyó la observancia de la Pascua en la que el cordero pascual servía de sacrificio sustitutivo para los hijos primogénitos israelitas. En Éxodo 12:3, el Señor instruye a Moisés respecto al sacrificio del cordero de la Pascua: "En el diez de este mes tómese cada uno un cordero según las familias de los padres, un cordero por familia". La frase "según las familias" podría implicar sustitución. De hecho, el sacrificio parece impedir la pena de muerte para los que están dentro de la familia, en especial los hijos primogénitos. Aunque el cordero indica sustitución, el texto no declara que la sangre compensa o expía el pecado; solo protege y preserva a la familia del juicio temporal.

En Éxodo 12:12, el Señor afirma que ejecutará sus juicios al pasar por la tierra de Egipto. Los israelitas que siguen las instrucciones y aplican la sangre del cordero sacrificado a los dinteles de la puerta de su casa escaparán a ese juicio (Éx. 12:13, 23, 27). Y los israelitas obedientes escapan efectivamente a la muerte (Éx. 12:30). ¿Qué han hecho los israelitas que merezca la muerte? ¿Por qué estarían sujetos a la muerte y el juicio

---

55. Eugene Merrill, *Everlasting Dominion: A Theology of the Old Testament* (Nashville: Broadman, 2006), 236.
56. Esta sección, a excepción de las tablas, está adaptada de William D. Barrick, "Penal Substitution in the Old Testament", *MSJ* 20, no. 2 (2009): 8-21. Usado con permiso de *MSJ*.

Tabla 4.10 Cristo en las ofrendas levíticas*

Ofrenda	Pasajes de las Escrituras	Provisión de Cristo	Carácter de Cristo
Holocaustos	Lv. 1:3-17; 6:8-13	Expiación	Naturaleza sin pecado de Cristo
Ofrendas de grano	Lv. 2:1-16; 6:14-23	Dedicación/consagración	Cristo estaba dedicado por completo a los propósitos del Padre
Ofrendas de paz	Lv. 3:1-17; 7:11-36	Reconciliación/comunión	Cristo estaba en paz con Dios
Ofrendas por el pecado	Lv. 4:1–5:13; 6:24-30	Propiciación	Muerte sustitutiva de Cristo
Ofrendas por las ofensas	Lv. 5:14–6:7; 7:1-10	Arrepentimiento	Cristo lo pagó todo para la redención

*Adaptado de MacArthur, *MacArthur Study Bible: English Standard Version*, 156. Usado con permiso de Thomas Nelson.

Tabla 4.11 Sacrificios veterotestamentarios comparados con el sacrificio de Cristo*

Levítico	Pasajes de las Escrituras	Hebreos
Viejo pacto (temporal)	He. 7:22; 8:6, 13; 10:20	Nuevo pacto (permanente)
Promesas obsoletas	He. 8:6-13	Promesas mejores
Una sombra	He. 8:5; 9:23-24; 10:1	La realidad
Sacerdocio aarónico (muchos)	He. 6:19–7:25	Sacerdocio de Melquisedec (uno)
Sacerdocio pecaminoso	He. 7:26-27; 9:7	Sacerdocio sin pecado
Sacerdocio limitado por la muerte	He. 7:16-17, 23-24	Sacerdocio para siempre
Sacrificios diarios	He. 7:27; 9:12, 25-26; 10:9-10, 12	Un sacrificio de una vez por todas
Sacrificios de animales	He. 9:11-15, 26; 10:4-10, 19	Sacrificio del Hijo de Dios
Sacrificios constantes	He. 10:11-14, 18	Los sacrificios ya no son necesarios
Expiación anual	He. 7:25; 9:12, 15; 10:1-4, 12	Propiciación eterna

*Reproducido de MacArthur, *MacArthur Study Bible: English Standard Version*, 158. Usado con permiso de Thomas Nelson.

Tabla 4.12 Cristo es el cumplimiento de las festividades de Israel*

Las festividades (Levítico 23)	El cumplimiento de Cristo
La Pascua (marzo/abril)	La muerte de Cristo (1 Co. 5:7)
Los panes sin levadura (marzo/abril)	La impecabilidad de Cristo (1 Co. 5:8)
Las primicias (marzo/abril)	La resurrección de Cristo (1 Co. 15:23)
Pentecostés (mayo/junio)	Derramamiento del Espíritu de Cristo (Hch. 1:5; 2:4)
Las trompetas (septiembre/octubre)	Cristo reúne a Israel (Mt. 24:31)
La expiación (septiembre/octubre)	El sacrificio sustitutivo de Cristo (Ro. 11:26)
Los tabernáculos (septiembre/octubre)	Reposo y reunión con Cristo (Zac. 14:16-19)

*Reproducido de MacArthur, *MacArthur Study Bible: English Standard Version*, 186. Usado con permiso de Thomas Nelson.

como los egipcios? Dos textos ayudan a explicar la cuestión. Éxodo 12:12 indica que la muerte de los primogénitos de Egipto acarreó juicio contra los dioses de los egipcios. Ezequiel 20:4-10 revela que los israelitas adoraron a los ídolos mientras estuvieron en Egipto (esp. 20:7-8), una realidad que confirma Josué 24:14: "Ahora, pues, temed a Jehová, y servidle con integridad y en verdad; y quitad de entre vosotros los dioses a los cuales sirvieron vuestros padres al otro lado del río, y en Egipto; y servid a Jehová". En realidad, la idolatría de los israelitas en Egipto hace que el Señor responda con ira, y derrame juicio sobre ellos (Ez. 20:8). Como los egipcios, los israelitas pasan a estar bajo sentencia de muerte. Qué sorpresa demuestra ser esto para los israelitas, quienes se sienten cómodos con la anterior secuencia de nueve plagas, siempre que sean los egipcios quienes sufran. Pero los israelitas habían pecado igual que los egipcios y, por tanto, en la décima plaga Dios revela los pecados de su pueblo, así como su provisión para la salvación de ellos. Los juicios de Jehová sobre los dioses de Egipto demuestran que solo Él puede liberarlo a uno de la pena de muerte por el pecado. El Salmo 49 enseña la misma verdad, pero se centra en que la humanidad es incapaz de conseguir semejante liberación: solo Dios puede proveer el pago del "rescate" que Él exige (Sal. 49:7-9, 15). Como indica Merrill con respecto a Salmos 49:14-15: "Un vistazo a la inmortalidad, por no decir a la resurrección, marca un punto culminante de la revelación del Antiguo Testamento con respecto a la cuestión del estado de los justos, después de la muerte y en el más allá".[57]

Al proveer el sacrificio de la Pascua, el Señor perdonó por gracia a los israelitas culpables, por medio de la sangre sacrificial de los animales y preserva su propia santidad, mediante el cumplimiento de sus promesas para liberar a su pueblo de Egipto (Éx. 12:12-13; cf. Lv. 22:32-33). Según Leon Morris: "El simbolismo obvio es que se ha producido una muerte, y esta muerte sustituye a la de los primogénitos".[58] Bruce Waltke concuerda al describir al cordero pascual como "sustitutivo y propiciatorio a la vez. *Anula* la ira de Dios contra el pueblo pecaminoso, porque *satisface* la santidad de Dios".[59] Una vez más, es evidente que la ira divina sobre los pecadores está relacionada con el aspecto del castigo de la sustitución penal. El Nuevo Testamento confirma la naturaleza sustitutiva del sacrificio de la Pascua. En 1 Corintios 5:7, Pablo establece, como mínimo, una analogía entre la naturaleza sustitutiva del cordero de la Pascua y la muerte sacrificial de Cristo en la cruz. Por tanto, no es de sorprender que Jesús fuera crucificado durante la Pascua (Mt. 26:2).

Levítico 16: El día de la expiación. Merrill Unger presenta la visión general siguiente sobre los tres primeros libros de la Torá: "Génesis es el libro de los comienzos, Éxodo es el libro de la redención y Levítico es el libro de la expiación y el andar santo. En Génesis vemos al hombre arruinado; en Éxodo, al hombre redimido; en Levítico, al hombre purificado en actitud de adoración y de servicio".[60] Levítico habla de algo

---

57. Merrill, *Everlasting Dominion*, 588.
58. Leon Morris, *The Apostolic Preaching of the Cross*, 3ra. ed. (Grand Rapids, MI: Eerdmans, 1965), 117.
59. Bruce K. Waltke, *An Old Testament Theology: An Exegetical, Canonical, and Thematic Approach*, con Charles Yu (Grand Rapids, MI: Zondervan, 2007), 382.
60. Merrill F. Unger, *Nuevo manual bíblico de Unger*, rev. Gary N. Larson (Grand Rapids, MI: Editorial Portavoz, 1985), 85.

más que la mera purificación de los pecadores y de la preparación para la adoración. Describe cómo pueden entrar las personas pecaminosas en la presencia del Dios santo. Levítico se ocupa de la relación espiritual de la humanidad con Dios, por medio de los rituales sacrificiales que prefiguran la muerte expiatoria de Cristo. Algunos se refieren a Levítico como el semillero de la teología del Nuevo Testamento. Por una parte, el tema de la santidad de Levítico revela la mala noticia de que la santidad de Dios no puede permitir que los seres humanos pecaminosos tengan acceso a Él. Por otra parte, sin embargo, Levítico presenta la buena nueva de que Dios provee un medio para que los pecadores sean aceptados y entren a su presencia a través de los sacrificios.

De todos los sacrificios y las festividades, el día de la expiación supera a todos los demás en su relevancia para la relación de Israel con Jehová. El entorno histórico de Levítico se encuentra en el juicio de Dios sobre los sacerdotes Nadab y Abiú (Lv. 10:1-20), un duro recordatorio de la santidad de Dios y su incompatibilidad con la pecaminosidad humana. El énfasis recae, por tanto, en la necesidad de expiación incluso para los pecados de los sacerdotes. Si estos se contaminan, no pueden mediar entre el pueblo y Dios. Sin mediadores, los pecaminosos israelitas no pueden acercarse a la presencia de Dios, y esta no puede seguir morando en medio de ellos.

El "chivo expiatorio" (Lv. 16:8-10, NTV) simboliza la eliminación del pecado de la presencia de la gloria de Dios en medio de su pueblo (cf. Sal. 103:12; Mi. 7:19). "Chivo expiatorio" (en inglés "scapegoat", traducción de William Tyndale del término hebreo *azazél*) no se menciona de nuevo en el Antiguo Testamento ni en el Nuevo Testamento. En el día de la expiación, tanto el macho cabrío que llevaba los pecados como el otro bastaban como ofrenda por el pecado (Lv. 16:5). Algunos intérpretes ven una alusión al chivo expiatorio en Isaías 53:6 y Hebreos 13:12.[61] Lo más probable es que *azazél* sea una referencia general al desierto al que se desterraba el cabrito. Se puede argumentar a favor de verter el término hebreo como "eliminación".[62] Cualquiera que sea el significado, no altera materialmente la naturaleza básica del ritual.

La descripción de imponer manos sobre la cabeza del macho cabrío (Lv. 16:21-22) representa el traslado de los pecados de Israel al macho cabrío vivo. Sirve de sustituto, condenado a morir en el desierto, aislado de Israel. El chivo expiatorio lleva sobre él "todas las iniquidades" de los israelitas (Lv. 16:22). Además, Levítico 16:24, 29-34 indica que todo el ritual provee expiación para los pecados de los sacerdotes, así como de las personas. Al exponer las opiniones del rabino Ishmael, Snaith menciona que "en todos los casos de pecado deliberado, el día de la expiación combina, a lo sumo, con el arrepentimiento para suspender el castigo, pero nunca es eficaz en sí mismo, ni siquiera para esto, y mucho menos para la expiación".[63] El rabino Ishmael está, en cierto modo, en lo cierto. Pablo escribió que Dios manifestó a Jesucristo "como propiciación por medio de la fe en su sangre, para manifestar su justicia, a causa de haber pasado por alto, en su paciencia, los pecados pasados" (Ro. 3:25). El día de la expiación anticipaba el

---

61. Por ejemplo, Mark F. Rooker, *Leviticus*, NAC 3A (Nashville: Broadman, 2000), 221, 226
62. Allen P. Ross, *Holiness to the Lord: A Guide to the Exposition of the Book of Leviticus* (Grand Rapids, MI: Baker Academic, 2002), 319.
63. Snaith, *Distinctive Ideas*, 68.

sacrificio propiciatorio del Mesías por su sangre. En consecuencia, habiéndolo planeado exactamente así (cf. He. 9:26; 1 P. 1:18-21; Ap. 13:8), Dios podía suspender el castigo a la luz de su eliminación suprema y completa por medio de la expiación perfecta y completa de Cristo. La suspensión del castigo temporal se aplica de igual manera a creyentes e incrédulos dentro de Israel, porque el "período de la gracia" implica los beneficios temporales de la sustitución remota, en comparación con la aplicación permanente y plena de la substitución íntima, después de la muerte de Cristo.

¿Indica el ritual del día de la expiación el aspecto penal de la sustitución de forma explícita o implícita? El término hebreo para "rescate" (*kófer*) representa el concepto de "sustituto", porque describe ese medio por el cual se transfiere el mal o la culpa y, de ese modo, lo elimina. El término conlleva este significado en las situaciones siguientes:

- la ley del censo en el cual el rescate evita el castigo de mortandad cuando se viola la ley (Éx. 30:12-16)
- las leyes respecto al homicidio en el que la muerte es el castigo por el delito (Nm. 35:31-33; Dt. 21:1-9)
- el asunto de los levitas que guardaban la santidad del santuario para evitar la ira, la plaga y la muerte sobre la congregación (Nm. 1:53; 8:19; 18:22-23; compárese esto con el caso de Finees en Nm. 25:11; Sal. 106:30-31)
- la incapacidad de Babilonia de rescatarse a sí misma del juicio divino (Is. 47:11; cf. Sal. 49:7-9)
- la relevancia expiatoria de la sangre del sacrificio (Lv. 17:11)

Así, el uso del término *kófer* como "rescate" se relaciona de forma explícita tanto con la sustitución como con el castigo.

El día de la expiación se erige como observancia central del sistema sacrificial en el libro de Levítico. Enfatiza, más que cualquier otra costumbre judía, la santidad de Dios y la pecaminosidad de su pueblo. Para Israel, el día de la expiación proveía la limpieza o purificación, para que pudieran tener acceso a la adoración de Jehová. Por tanto, el día de la expiación proporciona un símbolo de la expiación real por medio del Señor Jesús (He. 8–10). La idea principal de Hebreos (cf. He. 8:1) está en directo contraste con la idea principal de la ley mosaica (cf. He. 9:8). En resumen, el día de la expiación, *expió* de manera temporal, los pecados de la nación, *purificó* el santuario de la contaminación causada por estos pecados, y *quitó* esos pecados de la comunidad, para que Dios aceptara su adoración. Esto no era la salvación personal, que siempre es solo por fe (Ro. 4:13).

Isaías 52:13–53:12: El sacrificio del siervo sufriente. Este es, en realidad, el primer Evangelio, seguido por los otros cuatro, en el Nuevo Testamento. Revela, setecientos años antes de su venida, la vida y la obra del único Sacrificio verdadero y perfecto, que quitó realmente el pecado. Isaías describe, en primer lugar, los sufrimientos del siervo de Jehová, cuyos sufrimientos y aflicciones no son suyos. Ese hecho identifica los sufrimientos del siervo como sustitutivos: "Ciertamente llevó él nuestras enfermedades, y sufrió nuestros dolores" (Is. 53:4). El simbolismo sustitutivo de Isaías 53:6: "Mas Jehová cargó en él el pecado de todos nosotros", está sacado de Levítico 16. Los elementos vicarios de los sufrimientos de Cristo en su muerte están relacionados, de una forma bastante estrecha, con lo elementos sustitutivos de Isaías 52:13–53:12. En segundo lugar, el lenguaje de Isaías 53 incluye, con toda claridad, el aspecto penal (cf. 53:5: "herido... molido... castigo... llaga"). En tercer lugar, las referencias neotestamentarias claves incluyen un aparente eco de Isaías 53, como en Mateo 26:28: "esto es mi sangre del nuevo pacto, que por muchos es derramada para remisión de los pecados" (cf. Ro. 8:3; Gá. 1:4; He. 5:3; 10:8, 18, 26; 13:11; 1 P. 3:18; 1 Jn. 2:2; 4:10).

El siervo de Jehová llevó, voluntariamente, el castigo por las iniquidades de "muchos". Su muerte sacrificial no sucedió por algún tipo de abuso o acción forzada, sino que más bien Él decidió de forma deliberada, aceptó y se sometió a su sufrimiento. Isaías 53:10 ("cuando haya puesto su vida en expiación por el pecado") y 53:12 ("derramó su vida hasta la muerte") expone la misma idea respecto al sacrificio voluntario del siervo. Eugene Merrill declara que el profeta mismo entendió lo que estaba escribiendo:

> Mediante la reflexión sobre su persona y su experiencia, el profeta tuvo claro que este siervo del Señor estaba sufriendo de manera vicaria por nosotros, es decir, por Israel y, por extensión, por el mundo entero (vv. 4-6)... Y lo más asombroso de todo es que actuó en conformidad con la voluntad de Dios quien, por medio de la muerte de su siervo y su posterior resurrección (implícito en los vv. 10b-11a), justificará a los pecadores basándose en el papel sustitutivo del siervo (v. 11b). Luego, por fin, en el tiempo de Dios, Él reinará triunfante, una vez lograda la victoria sobre el pecado y la muerte (v. 12).[64]

En realidad, el siervo de Jehová cumple todos los requisitos para ser el sacrificio sustitutivo: (1) identificarse con los pecadores condenados ("por la rebelión de mi pueblo fue herido", Is. 53:8), (2) ser impecable y sin mancha ni arruga que estropeara su sacrificio ("nunca hizo maldad, ni hubo engaño", 53:9; "justo", 53:11), y (3) ser aceptable a Jehová ("Jehová quiso quebrantarlo", 53:10).

En el ritual del día de la expiación, el chivo expiatorio no podía ser sacrificado como ofrenda, porque llevaba los pecados de Israel y esto lo hacía inmundo. Si el siervo del Señor hubiera sido un mero ser humano (el profeta mismo o incluso la nación de Israel), surgiría el mismo problema. Esta es una de las razones por las que las personas pecaminosas no pueden servir como rescate o precio expiatorio por nadie (cf. Sal. 49:7-9). Semejantes verdades reveladas hacen necesario que el siervo de Jehová de Isaías 53 sea alguien sin mancilla, aunque sea por llevar o cargar con los pecados de muchos; en otras palabras, debe ser una persona de la Deidad. La muerte de Cristo corresponde al ritual del chivo expiatorio, porque Jesús (1) llevó los pecados de las personas (2 Co. 5:21; cf. Gá. 3:13; He. 9:28; 1 P. 2:24), y (2) murió fuera del campamento (He. 13:12; cf. Mt. 21:39; Lc. 20:15; Jn. 19:17).

Se debe observar, asimismo, que la frase "por cárcel y por juicio" (o "justicia", Is. 53:8) alude al aspecto judicial del castigo que el siervo llevó. Las traducciones varían en la línea "cuando haya puesto su vida en expiación por el pecado" (53:10). El siervo del Señor se convierte en una ofrenda por los pecados, un sacrificio que carga con el pecado

---

64. Merrill, *Everlasting Dominion*, 514.

y que imputa justicia. ¿Por qué identifica el profeta el sacrificio del siervo de Jehová como una ofrenda por el pecado (*ashám*)? Podría referirse, por lo general, a cualquier sacrificio expiatorio. David Baron distingue entre la ofrenda por la culpa y la ofrenda por el pecado, de la forma siguiente: "Aunque la ofrenda por el pecado consideraba el estado pecaminoso del oferente, la ofrenda por la culpa fue designada para satisfacer *las transgresiones reales*, el fruto del estado pecaminoso. La ofrenda por el pecado presenta la propiciación, la ofrenda por la culpa exhibe la satisfacción".[65] La satisfacción alude a que Cristo pagó, en representación de los elegidos, toda la deuda de pecado que estos tenían con Dios. La ofrenda de la culpa involucra tanto el pecado no intencional (Lv. 5:15-19) como el intencional (como el robo o el fraude, Lv. 6:1-5; 19:20-22). Dado que la mayoría de los sacrificios solo se ocupan del pecado no intencional, cualquier sacrificio expiatorio de suprema eficacia debe superar aquellos sacrificios para proveer la expiación del pecado deliberado. Sí, el perfecto sacrificio del siervo se encarga del pecado intencional y provee perdón para la rebeldía planeada. Además, la ofrenda por la culpa santifica más que purifica; vuelve a consagrar a Israel como nación santa, restaura al pueblo a la tierra y a su Dios. La ofrenda perfecta del siervo por la culpa satisface estas necesidades, que no han sido suplidas por el sistema levítico.

Motyer resume el versículo 11 y señala seis elementos separados de la obra expiatoria del siervo de Jehová:

> Isaías 53:11 es una de las declaraciones más completas de la teología de la expiación que jamás se hayan escrito. (i) El Siervo conoce las necesidades que se han de satisfacer y sabe lo que se debe hacer. (ii) Como "mi siervo justo" es plenamente aceptable para el Dios al que nuestros pecados han ofendido y ha sido señalado por Él para esta tarea. (iii) Como justo, Él está libre de toda contaminación por nuestro pecado. (iv) Se identificó de manera personal con nuestro pecado y nuestra necesidad. (v) El pronombre enfático "Él" subraya su compromiso personal con su función. (vi) Él lleva a cabo su tarea por completo. En lo negativo, porque lleva sobre sí la iniquidad; en lo positivo, en la provisión de justicia.[66]

Por tanto, no debería haber la más mínima duda de que el sacrificio del siervo fue vicario y sustitutivo (sustitución penal: sufrir el castigo por el pecado). Él fue el único sacrificio verdadero y satisfactorio para Dios.

Los escritores del Nuevo Testamento entendieron, con acierto, la intención inequívoca del profeta, y descubrieron todas las razones para tomar el texto como directamente mesiánico. Obsérvense los paralelos entre el pasaje del siervo en Isaías y Marcos 10:43-45 como un ejemplo: El siervo sufriente de Jehová (Is. 52:13) es el "siervo de todos" (Mr. 10:44; cf. Is. 53:6, "de todos nosotros"), quien es "grande" (Mr. 10:43), porque Él "será engrandecido y exaltado, y será puesto muy en alto" (Is. 52:13). Como "esclavo" se entregó a sí mismo (lit., "su alma") como ofrenda por la culpa (Is. 53:10), el equivalente directo de "para dar su vida [lit., alma] en rescate" (Mr. 10:45). La ofrenda del siervo

---

65. David Baron, *The Servant of Jehovah: The Sufferings of the Messiah and the Glory That Should Follow* (1920; reimp., Minneapolis: James Family, 1978), 121.

66. J. Alec Motyer, *The Prophecy of Isaiah: An Introduction and Commentary* (Downers Grove, IL: InterVarsity Press, 1993), 442.

por la culpa/rescate ascendió y trascendió al castigo del sacrificio para cubrir el pecado, intencional y no intencional, en el lugar de "muchos" (Mr. 10:45; Is. 52:14-15; 53:12).

La obra expiatoria de Cristo logró la salvación para los elegidos. Jesucristo es Salvador: "En ningún otro hay salvación; porque no hay otro nombre bajo el cielo, dado a los hombres, en que podamos ser salvos" (Hch. 4:12; cf. 2 Ti. 1:10; Tit. 2:13). Su sangre limpia del pecado (He. 13:12; 1 Jn. 1:7). Él es el Mediador del nuevo pacto (He. 12:24). Como Salvador, Cristo da vida a los creyentes en el presente (2 Co. 4:10; 2 Ti. 1:1) y es Él mismo el patrón para la resurrección futura de los creyentes (2 Co. 4:14; 1 Ts. 4:14). Por su obra expiatoria, Cristo es el Pastor que posibilita que los creyentes hagan buenas obras (He. 13:20-21). Él es Aquel en quien está situada y es bendecida la iglesia (Ef. 2:13).

Resurrección y ascensión

Sin la resurrección de Cristo, su muerte sacrificial no provee la base para la salvación del pecado (1 Co. 15:13-19). Por tanto, no considerar la enseñanza bíblica respecto a la obra de Cristo puede acabar con su muerte expiatoria.

LA REVELACIÓN VETEROTESTAMENTARIA SOBRE LA RESURRECCIÓN DE CRISTO

Dado que tanto Jesús como los escritores del Nuevo Testamento declaran que los hechos relevantes sobre Cristo ha habían sido revelados por medio de los profetas del Antiguo Testamento (Lc. 24:25-27, 44-47; Hch. 2:25-32; 1 Co. 15:3-4), es importante considerar las pruebas textuales que respaldan su afirmación. Otro factor que impone un desafío en ver la resurrección de Cristo en el Antiguo Testamento surge de la forma en que los escritores del Nuevo Testamento tienden a aludir a su resurrección de una forma oblicua, y hablan de su "gloria". Por ejemplo, Pedro explica que los profetas del Antiguo Testamento "escudriñando qué persona y qué tiempo indicaba el Espíritu de Cristo que estaba en ellos, el cual anunciaba de antemano los sufrimientos de Cristo, y las glorias que vendrían tras ellos" (1 P. 1:11). La manifestación de la gloria de Jesús se asocia con mayor frecuencia a este segundo advenimiento, y no a su resurrección. Sin la resurrección de los muertos, el Cristo crucificado no puede regresar en gloria: "¿No era necesario que el Cristo padeciera estas cosas, y que entrara en su gloria?" (Lc. 24:26; cf. Mt. 16:27; 24:30; 25:31; Mr. 10:37; Lc. 9:26; Jn. 17:5).

El apóstol Pablo correlaciona la resurrección de Jesús con la gloria divina —"como Cristo resucitó de los muertos por la gloria del Padre" (Ro. 6:4)—, que explica aún más la asociación de la gloria y la resurrección tanto en la mente de los profetas como en la de los apóstoles. De hecho, usa una analogía respecto a la gloria en su tratado sobre la resurrección, en 1 Corintios 15:40-41: "Y hay cuerpos celestiales, y cuerpos terrenales; pero una es la gloria de los celestiales, y otra la de los terrenales. Una es la gloria del sol, otra la gloria de la luna, y otra la gloria de las estrellas, pues una estrella es diferente de otra en gloria". El cuerpo resucitado "resucitará en gloria" (1 Co. 15:43), y la resurrección de los creyentes comparte esa misma gloria: "Cuando Cristo, vuestra vida, se manifieste, entonces vosotros también seréis manifestados con él en gloria" (Col. 3:4).

Por tanto, cuando se escudriña el Antiguo Testamento en busca de referencias a la resurrección del Mesías, los lectores deben prestar una atención adecuada a las referencias a su gloria. De modo que el Salmo 24 habla del Mesías en su papel de "Rey de gloria" (24:7-10), cuando viene a reinar como rey en Jerusalén. En ese momento, "la luna se avergonzará, y el sol se confundirá, cuando Jehová de los ejércitos reine en el monte de Sion y en Jerusalén, y delante de sus ancianos sea glorioso" (Is. 24:23).

Según Ezequiel, la gloria de Jehová abandonó el templo y la ciudad para reposar brevemente sobre el monte oriental de la ciudad: "Y la gloria de Jehová se elevó de en medio de la ciudad, y se puso sobre el monte que está al oriente de la ciudad" (Ez. 11:23). En el momento del futuro templo milenial, la gloria de Jehová volverá a entrar en el templo procedente de la misma dirección, desde el este:

> Y he aquí la gloria del Dios de Israel, que venía del oriente; y su sonido era como el sonido de muchas aguas, y la tierra resplandecía a causa de su gloria. Y el aspecto de lo que vi era como una visión, como aquella visión que vi cuando vine para destruir la ciudad; y las visiones eran como la visión que vi junto al río Quebar; y me postré sobre mi rostro. Y la gloria de Jehová entró en la casa por la vía de la puerta que daba al oriente. Y me alzó el Espíritu y me llevó al atrio interior; y he aquí que la gloria de Jehová llenó la casa (Ez. 43:2-5).

Zacarías expone esta profecía y especifica el monte de los Olivos como enclave al este de la ciudad, y al Mesías como aquel que tiene la gloria divina: "Y se afirmarán sus pies en aquel día sobre el monte de los Olivos, que está en frente de Jerusalén al oriente; y el monte de los Olivos se partirá por en medio, hacia el oriente y hacia el occidente, haciendo un valle muy grande; y la mitad del monte se apartará hacia el norte, y la otra mitad hacia el sur (Zac. 14:4). Esto coincide con exactitud con la declaración de los ángeles cuando Jesús ascendió desde el monte de los Olivos, tras su resurrección de entre los muertos: "Varones galileos, ¿por qué estáis mirando al cielo? Este mismo Jesús, que ha sido tomado de vosotros al cielo, así vendrá como le habéis visto ir al cielo" (Hch. 1:11).

Varias referencias veterotestamentarias a la resurrección del Mesías aparecen en Job y en el Salterio. El principal pasaje de Job, dice lo siguiente:

> Yo sé que mi Redentor vive,
> Y al fin se levantará sobre el polvo;
> Y después de deshecha esta mi piel,
> En mi carne he de ver a Dios;
> Al cual veré por mí mismo,
> Y mis ojos lo verán, y no otro,
> Aunque mi corazón desfallece dentro de mí (Job 19:25-27).

Dado que Job habla de ver a su Redentor, después de su propia muerte (implícita en la destrucción de su propia carne), y dado que lo ve con los pies en la tierra, la alusión implícita al tiempo tiene que ser después de la segunda venida del Mesías.

Otro texto importante aparece en Salmos 16:10:

> Porque no dejarás mi alma en el Seol,
> Ni permitirás que tu santo vea corrupción.

Tanto Pedro como Pablo explican este texto más adelante. En Hechos 2:22-31, Pedro declara:

> Varones israelitas, oíd estas palabras: Jesús nazareno, varón aprobado por Dios entre vosotros con las maravillas, prodigios y señales que Dios hizo entre vosotros por medio de él, como vosotros mismos sabéis; a éste, entregado por el determinado consejo y anticipado conocimiento de Dios, prendisteis y matasteis por manos de inicuos, crucificándole; al cual Dios levantó, sueltos los dolores de la muerte, por cuanto era imposible que fuese retenido por ella. Porque David dice de él:
>
> Veía al Señor siempre delante de mí;
> Porque está a mi diestra, no seré conmovido.
> Por lo cual mi corazón se alegró, y se gozó mi lengua,
> Y aun mi carne descansará en esperanza;
> Porque no dejarás mi alma en el Hades,
> Ni permitirás que tu Santo vea corrupción.
> Me hiciste conocer los caminos de la vida;
> Me llenarás de gozo con tu presencia.
>
> Varones hermanos, se os puede decir libremente del patriarca David, que murió y fue sepultado, y su sepulcro está con nosotros hasta el día de hoy. Pero siendo profeta, y sabiendo que con juramento Dios le había jurado que de su descendencia, en cuanto a la carne, levantaría al Cristo para que se sentase en su trono, viéndolo antes, habló de la resurrección de Cristo, que su alma no fue dejada en el Hades, ni su carne vio corrupción.

Al tratar Salmos 16:10, Pablo explica de un modo similar (Hch. 13:34-37):

> Y en cuanto a que le levantó de los muertos para nunca más volver a corrupción, lo dijo así: Os daré las misericordias fieles de David.
> Por eso dice también en otro salmo: No permitirás que tu Santo vea corrupción. Porque a la verdad David, habiendo servido a su propia generación según la voluntad de Dios, durmió, y fue reunido con sus padres, y vio corrupción. Mas aquel a quien Dios levantó, no vio corrupción.

Por tanto, según Pablo, la resurrección de Cristo fue un prerrequisito para que algún día Él ocupara el trono de David en la tierra.

Además, Pedro cita Salmos 110:1 justo después de su exégesis de Salmos 16:10:

> A este Jesús resucitó Dios, de lo cual todos nosotros somos testigos. Así que, exaltado por la diestra de Dios, y habiendo recibido del Padre la promesa del Espíritu Santo, ha derramado esto que vosotros veis y oís. Porque David no subió a los cielos; pero él mismo dice:
>
> Dijo el Señor a mi Señor:
> Siéntate a mi diestra,
> Hasta que ponga a tus enemigos por estrado de tus pies (Hch. 2:32-35).

En otras palabras, el hecho mismo de que el Mesías ocupe su asiento a la diestra del Padre, demuestra que ha resucitado de los muertos. Su exaltación (equivalente a su gloria) supone que ya no está en la tumba. Dado que David no está sentado a la derecha del Padre, para Pedro es evidente que David no hablaba de sí mismo, sino de su futuro descendiente, el mayor Hijo de David. Jesús ya usó Salmos 110:1 para revelarles a los fariseos que Él era de verdad el Señor (Mt. 22:41-46), de modo que Pedro está transmitiendo meramente lo que Jesús enseñó.

HISTORIA NEOTESTAMENTARIA DE LA RESURRECCIÓN DE CRISTO

Jesús mismo anunció de antemano que se levantaría de los muertos:

> Cuando descendieron del monte, Jesús les mandó, diciendo: No digáis a nadie la visión, hasta que el Hijo del Hombre resucite de los muertos (Mt. 17:9).

> Tomando Jesús a los doce, les dijo: He aquí subimos a Jerusalén, y se cumplirán todas las cosas escritas por los profetas acerca del Hijo del Hombre. Pues será entregado a los gentiles, y será escarnecido, y afrentado, y escupido. Y después que le hayan azotado, le matarán; mas al tercer día resucitará (Lc. 18:31-33).

> Respondió Jesús y les dijo: Destruid este templo, y en tres días lo levantaré. Dijeron luego los judíos: En cuarenta y seis años fue edificado este templo, ¿y tú en tres días lo levantarás? Mas él hablaba del templo de su cuerpo. Por tanto, cuando resucitó de entre los muertos, sus discípulos se acordaron que había dicho esto; y creyeron la Escritura y la palabra que Jesús había dicho (Jn. 2:19-22).

Los cuatro escritores de los Evangelios son unánimes a la hora de registrar que Jesús resucitó de entre los muertos, el primer día de la semana (Mt. 28:1-10; Mr. 16:1-11; Lc. 24:1-12; Jn. 20:1-10). La tabla 4.13 exhibe las apariciones posresurreccionales de Jesús.

DOCTRINA NEOTESTAMENTARIA DE LA RESURRECCIÓN DE CRISTO

Cuando Jesús resucitó de entre los muertos, experimentó una resurrección corporal que implicaba su plena humanidad. Su cuerpo resucitado le permitía digerir comida: "Y como todavía ellos, de gozo, no lo creían, y estaban maravillados, les dijo: ¿Tenéis aquí algo de comer? Entonces le dieron parte de un pez asado, y un panal de miel. Y él lo tomó, y comió delante de ellos" (Lc. 24:41-43; cf. Hch. 10:41). Otros seres humanos, que seguían en su carne mortal, pudieron tocar el cuerpo de Jesús: "He aquí, Jesús les salió al encuentro, diciendo: ¡Salve! Y ellas, acercándose, abrazaron sus pies, y le adoraron" (Mt. 28:9; cf. Lc. 24:38-40; Jn. 20:17). Las cicatrices de la crucifixión de Jesús seguían presentes y visibles en su cuerpo resucitado, como pudo atestiguar Tomás, el discípulo dubitativo:

> Le dijeron, pues, los otros discípulos: Al Señor hemos visto. Él les dijo: Si no viere en sus manos la señal de los clavos, y metiere mi dedo en el lugar de los clavos, y metiere mi mano en su costado, no creeré. Ocho días después, estaban otra vez sus discípulos dentro, y con ellos Tomás. Llegó Jesús, estando las puertas cerradas, y se puso en medio y les dijo: Paz a vosotros. Luego dijo a Tomás: Pon aquí tu dedo,

Tabla 4.13 Las apariciones de Cristo después de la resurrección

Aparición	Mateo	Marcos	Lucas	Juan	Hechos	1 Corintios
A María Magdalena junto a la tumba		16:9-11		20:11-18		
A las demás mujeres en el camino	28:9-10		24:9-11			
A los discípulos que viajaban a Emaús		16:12-13	24:13-32			
A Pedro			24:34			15:5a
A los diez discípulos reunidos			24:36-43	20:19-25		
A los once discípulos reunidos		16:14		20:26-31		15:5b
A los siete discípulos que pescaban				21:1-23		
A los once discípulos en Galilea	28:16-20	16:15-18				
A más de quinientas personas						15:6
A Jacobo, su hermano						15:7a
A todos los apóstoles			24:44-49		1:4-8	15:7b
A todos los discípulos en su ascensión		16:19	24:50-53		1:4-11	
A Pablo en el camino de Damasco					9:1-6; 18:9-10; 22:6-11; 26:12-18	15:8
A Pablo encarcelado en Jerusalén					23:11	

y mira mis manos; y acerca tu mano, y métela en mi costado; y no seas incrédulo, sino creyente. Entonces Tomás respondió y le dijo: ¡Señor mío, y Dios mío! Jesús le dijo: Porque me has visto, Tomás, creíste; bienaventurados los que no vieron, y creyeron (Jn. 20:25-29).

Jesús será por siempre plenamente Dios a la vez que por completo hombre. Es el postrer Adán, la Cabeza de la iglesia y la Cabeza representativa de toda la humanidad redimida. Este hecho de su continua humanidad es tan relevante para el cumplimiento de la redención como lo es su continua deidad. Cristo tenía que ser hombre para representar a los creyentes en vivir una vida santa sobre la tierra, que podría imputarse a los creyentes y ser su sustituto sacrificial en la cruz. También tenía que ser su líder a través de la muerte y la resurrección.

La resurrección de Cristo logró los siguientes inmensos y gloriosos resultados:

1. El cumplimiento de las profecías del Antiguo Testamento (véase "Revelación veterotestamentaria sobre la resurrección de Cristo" [p. 322])
2. El cumplimiento de las propias predicciones de Jesús (véase "Historia neotestamentaria de la resurrección de Cristo" [p. 325])

3. La confirmación de la deidad del Hijo (Ro. 1:4)
4. La exaltación del Padre, que manifiesta sus perfecciones (Hch. 2:23-24; Ro. 6:4)
5. La perfección de la obediencia de Jesús a la voluntad de su Padre (Jn. 10:17-18)
6. La prueba de que el Padre aceptó la obra expiatoria de Cristo en su muerte sacrificial en la cruz (Ro. 4:25)
7. La provisión de la regeneración para los elegidos (1 P. 1:3)
8. La seguridad de que los creyentes no perecerán por culpa de sus pecados (1 Co. 15:17-18)
9. La seguridad de la justificación de los creyentes y de que no serán nunca condenados por Dios (Ro. 8:1-11, 31-34)
10. La apertura del camino para que Cristo envíe el Espíritu Santo a morar en los creyentes y formar con ellos la iglesia, el cuerpo de Cristo (Jn. 16:7)
11. La declaración de Cristo como Cabeza de la iglesia y gobernador de la creación (Ef. 1:19-23; Col. 1:15-19)
12. El establecimiento del patrón de poder de Dios al resucitar espiritualmente a los creyentes de la muerte espiritual en sus delitos (Ef. 1:19-20; 2:1-6)
13. La motivación para la vida espiritual, ya que los creyentes están ya sentados con Cristo en el cielo y tienen la seguridad de estar con Él en gloria (Ef. 2:5-6; Col. 3:1-4)
14. La prestación de un servicio obligatorio, válido y fructífero para Cristo (Ro. 7:4; 1 Co. 15:14, 58)
15. El estímulo para establecer el primer día de la semana para adorar a Cristo y servirlo en las asambleas locales (Mt. 28:1; Jn. 20:19; Hch. 20:7; 1 Co. 16:2)
16. El establecimiento de un fundamento inamovible para la esperanza (confiada expectación) de que Dios cumplirá todas sus promesas (Ro. 8:23-25; 1 Co. 15:19-20; 1 P. 1:3)
17. La garantía de una vida futura de resurrección para todos los creyentes (Jn. 5:26-29; 14:19; Ro. 4:25; 6:5-10; 1 Co. 15:20, 23)
18. La confirmación del cumplimiento futuro del pacto davídico (Hch. 2:29-36; 13:34-37)
19. La garantía de que Cristo juzgará al mundo (Jn. 5:24-30; Hch. 17:31)
20. La glorificación y la exaltación del Hijo con la gloria que una vez compartió con el Padre (Jn. 17:5; Fil. 2:8-9; 1 P. 1:10-11, 20-21)

No existe acontecimiento mayor en la historia de la redención que la resurrección de Cristo, porque completa y valida su muerte sacrificial, y avanza el programa del reino con un Rey eternamente vivo. Para poder experimentar la salvación hay que creer en la resurrección (Ro. 10:9-10).

LA ASCENSIÓN DEL CRISTO RESUCITADO

Las Escrituras enseñan que Cristo ascendió de nuevo al cielo para sentarse a la diestra de su Padre, y esta enseñanza es fundamental, porque está asociada con la superioridad del Hijo de Dios:

> el cual, siendo el resplandor de su gloria, y la imagen misma de su sustancia, y quien sustenta todas las cosas con la palabra de su poder, habiendo efectuado la purificación

de nuestros pecados por medio de sí mismo, se sentó a la diestra de la Majestad en las alturas, hecho tanto superior a los ángeles, cuanto heredó más excelente nombre que ellos.

Porque ¿a cuál de los ángeles dijo Dios jamás:

> Mi Hijo eres tú,
> Yo te he engendrado hoy, y otra vez:
> Yo seré a él Padre,
> Y él me será a mí hijo?

Y otra vez, cuando introduce al Primogénito en el mundo, dice:

> Adórenle todos los ángeles de Dios.

Ciertamente de los ángeles dice:

> El que hace a sus ángeles espíritus,
> Y a sus ministros llama de fuego.

Mas del Hijo dice:

> Tu trono, oh Dios, por el siglo del siglo;
> Cetro de equidad es el cetro de tu reino.
> Has amado la justicia, y aborrecido la maldad,
> Por lo cual te ungió Dios, el Dios tuyo,
> Con óleo de alegría más que a tus compañeros (He. 1:3-9).

Jesús mismo les dijo a los discípulos que Él iba a ascender al Padre:

> Todavía un poco, y no me veréis; y de nuevo un poco, y me veréis; porque yo voy al Padre. Entonces se dijeron algunos de sus discípulos unos a otros: ¿Qué es esto que nos dice: Todavía un poco y no me veréis; y de nuevo un poco, y me veréis; y, porque yo voy al Padre? (Jn. 16:16-17; cf. 7:33-34; 8:21; 14:19, 28-29).

Jesús cumplió sus declaraciones, partió físicamente de la tierra y ascendió al cielo desde el monte de los Olivos (Hch. 1:9-11). El Padre lo recibió en su gloria (1 Ti. 3:16), y Cristo está ahora sentado en el trono del Padre (Ap. 3:21), a su diestra (Hch. 5:31; Ef. 1:19-20), el trono del reino de Dios universal y eterno (Mr. 16:19; Hch. 5:31; 7:55-56; Ef. 1:19-20). Su sesión en el trono del Padre testifica de la realidad de su obra de redención acabada (He. 10:12-13; 12:2).

La ascensión de Cristo quedó confirmada por las visiones de Esteban (Hch. 7:55-56), Pablo (Hch. 9:3-5; 22:6-8; 26:13-15), y Juan (Ap. 4:1; 5:6). Para Pablo, la ascensión de Jesús dejó una impresión duradera, y fue un elemento clave en su experiencia de la salvación: el Mesías vivo, resucitado, ascendido y celestial le habló desde el cielo.

El Cristo glorificado[67]

Intercesor celestial
El arrebatamiento

---

67. Para una explicación más exhaustiva de estos temas, véase el cap. 10, "El futuro".

El tribunal de Cristo
La Segunda Venida
El reino milenial
El juicio del gran trono blanco
La eternidad futura

Intercesor celestial

El ministerio presente de Cristo en gloria, en nombre de su pueblo, aparece en su intercesión celestial a favor de ellos. Él ha ascendido a la diestra del Padre, donde media como abogado y Sumo Sacerdote de los creyentes (Ro. 8:34; He. 7:25; 9:24; 1 Jn. 2:1). Allí, el Salvador "intercede por nosotros" (Ro. 8:34) y sirve como Sumo Sacerdote exaltado para todos los creyentes: "Ahora bien, el punto principal de lo que venimos diciendo es que tenemos tal sumo sacerdote, el cual se sentó a la diestra del trono de la Majestad en los cielos, ministro del santuario, y de aquel verdadero tabernáculo que levantó el Señor, y no el hombre" (He. 8:1-2). Así, la esperanza del piadoso Job se ha cumplido: "Mas he aquí que en los cielos está mi testigo, y mi testimonio en las alturas" (Job 16:19). Un ejemplo exquisito de su intercesión sacerdotal por los suyos figura en su oración al Padre, recogida en Juan 17.

El arrebatamiento

Todos los aspectos restantes del ministerio posresurreccional de Cristo están relacionados con su obra futura. Su iglesia espera el llamado de Cristo a la verdadera iglesia, que es su cuerpo, para que suba a estar con Él. Esto se ha denominado el "arrebatamiento" de la iglesia, que significa la reunión de los creyentes muertos y vivos en el cielo. La primera carta de Pablo a los tesalonicenses describe el arrebatamiento:

> Tampoco queremos, hermanos, que ignoréis acerca de los que duermen, para que no os entristezcáis como los otros que no tienen esperanza. Porque si creemos que Jesús murió y resucitó, así también traerá Dios con Jesús a los que durmieron en él. Por lo cual os decimos esto en palabra del Señor: que nosotros que vivimos, que habremos quedado hasta la venida del Señor, no precederemos a los que durmieron. Porque el Señor mismo con voz de mando, con voz de arcángel, y con trompeta de Dios, descenderá del cielo; y los muertos en Cristo resucitarán primero. Luego nosotros los que vivimos, los que hayamos quedado, seremos arrebatados juntamente con ellos en las nubes para recibir al Señor en el aire, y así estaremos siempre con el Señor. Por tanto, alentaos los unos a los otros con estas palabras (1 Ts. 4:13-18).

Así como Jesús murió y resucitó, lo mismo sucederá con los que han muerto en Cristo (1 Co. 15:51-58; 1 Ts. 4:14). No hay juicio conectado a este acontecimiento; es para los creyentes. Esta recogida inminente y divina de creyentes para llevarlos al cielo es un suceso sin señales, y es el que sigue en el programa redentor.

Los que están vivos y los que han muerto experimentarán que el Señor los reúna para llevarlos al cielo en cuerpos glorificados. Al parecer, los tesalonicenses estaban plenamente informados del juicio en el día del Señor (1 Ts. 5:1-2), pero no del acontecimiento precedente: el arrebatamiento de la iglesia. Hasta que Pablo lo recibió como revelación que Dios le dio, la única alusión anterior figura en la enseñanza de Jesús en Juan 14:1-3. Al desconocer Pablo el momento concreto de este suceso, vivía y hablaba como si pudiera ocurrir durante su vida. Como en el caso de los cristianos primitivos, él creía que era inminente (Ro. 13:11; 1 Co. 6:14; 10:11; 16:22; Fil. 3:20-21; 1 Ti. 6:14; Tit. 2:13).

La frase "el Señor mismo... descenderá" (1 Ts. 4:16) cumple la promesa de Jesús en Juan 14:1-3. Hasta entonces, permanece en el cielo (1 Ts. 1:10; He. 1:1-3). Los creyentes que han muerto resucitarán primero (1 Ts. 4:16; 1 Co. 15:52). Los que estén vivos en el momento del arrebatamiento acompañarán a esos muertos, que resucitan primero, y todos "recibir[án] al Señor en el aire" (1 Ts. 4:17).

El tribunal de Cristo[68]

El Señor Jesucristo es Aquel por medio del cual Dios juzgará a todas las personas (Jn. 5:22-23). Juzgará a los creyentes en lo que se denomina el tribunal de Cristo: "Porque es necesario que todos nosotros comparezcamos ante el tribunal de Cristo, para que cada uno reciba según lo que haya hecho mientras estaba en el cuerpo, sea bueno o sea malo" (2 Co. 5:10). La comparación de este texto con 1 Corintios 3:10-15 indica que la leña, el heno y la paja son inútiles, más que específicamente pecaminosos, por lo que no pasarán la prueba del valor eterno. Esto describe la motivación más profunda del creyente y su objetivo supremo al agradar a Dios, que cada cristiano llegue a comprender que tiene que rendir inevitable y totalmente cuentas ante Él.

El término "tribunal" alude de manera metafórica al lugar donde el Señor se sentará para evaluar la vida de los creyentes para el propósito de darles recompensas eternas. El tribunal (*béma*) era una plataforma elevada donde los atletas griegos victoriosos (por ejemplo, durante los Juegos Olímpicos) acudían a recibir sus coronas. El término también se usa en el Nuevo Testamento en alusión al lugar de juicio, como cuando Jesús compareció ante Poncio Pilato (Mt. 27:19; Jn. 19:13), pero Pablo lo usa con la analogía atlética. Corinto tenía una plataforma así donde se dispensaban tanto las recompensas atléticas como los veredictos legales (Hch. 18:12-16), así que los corintios entendían la referencia de Pablo. Cristo juzgará las acciones que se produzcan durante el tiempo de ministerio terrenal del creyente. Esto no incluye los pecados, ya que en la cruz se pagó por completo la pena correspondiente (Ef. 1:7). Pablo se estaba refiriendo a todas esas actividades que los creyentes realizan durante su vida, y que están relacionadas con su recompensa eterna y el elogio de Dios. Lo que los cristianos hacen para su gloria en su cuerpo temporal tendrá un impacto eterno en la valoración de Dios.

La Segunda Venida

El término griego *parousía* (Mt. 24:3, 27, 37, 39; 2 Ts. 2:8; Stg. 5:7-8) significa literalmente "presencia". En el Nuevo Testamento, este término describe la visitación de personas importantes. Así, esta palabra apunta a una "venida" única y distinta. Los escritores del Nuevo Testamento usan este término en ocasiones para designar la segunda

---

68. Esta sección está adaptada de MacArthur, *MacArthur Study Bible: English Standard Version*, 1723. Usado con permiso de Thomas Nelson.

venida de Cristo (también se utiliza en alusión al arrebatamiento en 1 Ts. 2:19; 3:13; 4:15; 5:23). Otro nombre griego, *apokálupsis* (1 Co. 1:7; 2 Ts. 1:7; 1 P. 1:7, 13; 4:13), que significa "descubrir o retirar el velo", también describe la revelación de la segunda venida de Cristo. Este glorioso regreso revelará a Cristo como Rey sobre todo.

Jesús volverá a la tierra con poder divino y gloria para juzgar a los habitantes vivos de la tierra (Mt. 24:30; 25:31-46; Lc. 9:26; cf. Dn. 7:13; Tit. 2:13; 2 P. 3:12; Jud. 14; Ap. 1:7). Los profetas del Antiguo Testamento hablan con frecuencia del juicio futuro de Dios. Uno de los profetas, Sofonías, describe de manera explícita el juicio de Dios y presenta al Mesías como "poderoso" que traerá salvación a la tierra (Sof. 3:17). Cristo mismo hizo alusiones a Sofonías (Sof. 1:3 en Mt. 13:41; Sof. 1:15 en Mt. 24:29), y relaciona aún más las profecías de Sofonías y la segunda venida de Cristo.

El Padre ya le ha dado toda la autoridad al Hijo para la ejecución del juicio: "Y también le dio autoridad de hacer juicio, por cuanto es el Hijo del Hombre" (Jn. 5:27; cf. Mt. 25:31-32). Con esta tarea en mente, Dios proveyó su revelación escrita con un gran broche final en el juicio final. Lo que el último libro de la Biblia, Apocalipsis, revela o desvela son los rasgos del regreso de Jesucristo en gloria.

El reino milenial[69]

Cuando regrese con su iglesia arrebatada y glorificada, Cristo establecerá su reino milenial en la tierra (Hch. 1:9-11; 1 Ts. 4:13-18; Ap. 20:1-6). Seis veces, en Apocalipsis 20, se hace mención al reinado de Cristo que durará mil años. No hay razón para no tomar estas referencias como un período literal de mil años durante el cual Jesucristo reinará en la tierra en cumplimiento de numerosas profecías, tanto del Antiguo Testamento (2 S. 7:12-16; Sal. 2; Is. 11:6-12; 24:23; Am. 9:8-15; Mi. 4:1-8; Zac. 14:1-11) como de la propia enseñanza de Jesús (Mt. 24:29-31, 36-44).

En el ámbito de la sociedad, Cristo abolirá la guerra y establecerá la paz (Is. 9:7; Mi. 4:3-4). La justicia prevalecerá sobre toda raza y casta de la humanidad (Sal. 72:4; Is. 65:21-22), y Dios reclamará los despojos sociales (Sal. 72:16; Is. 61:4). Cristo enseñará a la humanidad a enfatizar las relaciones que merecen la pena como, por ejemplo, a través de su trato amable de los oprimidos y de los que sufren (Is. 42:3) o de la curación de las relaciones entre padres e hijos (Mal. 4:6).

En el ámbito político, Cristo se establecerá como gobernante internacional absoluto (Sal. 2:8-10; Is. 2:2-4) y fundará su capital mundial en Jerusalén (Jer. 3:17). En su reino, Cristo pondrá fin a la animosidad de las naciones hacia los judíos (Zac. 8:13, 23). Como revocación de la maldición de Babel, la lengua dejará de ser una barrera para toda interacción y todas las relaciones humanas (Is. 19:18; Sof. 3:9).

Eclesiásticamente, Cristo reinará como Sacerdote-Rey sobre Israel y sobre la comunidad mundial (Sal. 110:4; Zac. 6:12-13). En el reino mesiánico, Israel se convertirá en el líder religioso del mundo (Éx. 19:6; Is. 61:6, 9), y la capital religiosa del mundo será Jerusalén (Zac. 14:16-17). Como resultado, el templo en Israel será el punto focal de adoración (Ez. 40–48; Hag. 2:6-9).

---

69. Esta sección está adaptada de William D. Barrick, "The Kingdom of God in the Old Testament", *MSJ* 23, no. 2 (2012): 179-180, 184. Usado con permiso de *MSJ*.

La caída interrumpió la bendición de la creación de Dios y su mandato para la humanidad. Por su desobediencia, Adán ya no podía ejercer su vicerregencia de la manera que Dios había pretendido. Cualquier ejercicio de ese dominio original se volvió, y sigue siendo, incompleto e imperfecto. El salmista se refiere a ese rol supremo y noble en el Salmo 8:3-9:

> Cuando veo tus cielos, obra de tus dedos,
> La luna y las estrellas que tú formaste,
> Digo: ¿Qué es el hombre, para que tengas de él memoria,
> Y el hijo del hombre, para que lo visites?
>
> Le has hecho poco menor que los ángeles,
> Y lo coronaste de gloria y de honra.
> Le hiciste señorear sobre las obras de tus manos;
> Todo lo pusiste debajo de sus pies:
> Ovejas y bueyes, todo ello,
> Y asimismo las bestias del campo,
> Las aves de los cielos y los peces del mar;
> Todo cuanto pasa por los senderos del mar.
>
> ¡Oh Jehová, Señor nuestro,
> Cuán grande es tu nombre en toda la tierra!

Con estas palabras, el salmista presenta el ideal para la humanidad, y no la realidad actual; el futuro designado del gobierno del reino del Señor, no el pasado y el presente desalentadores. Por supuesto, Jesucristo, como principal "hijo del hombre" (Sal. 8:4), cumplirá el papel de la humanidad como único representante perfecto de la raza humana. Hebreos 2:5-14 revela que "todavía no vemos que todas las cosas le sean sujetas" a Cristo (2:8), porque su reino no ha comenzado. Al final, hasta el príncipe que reina ahora en este mundo, Satanás (Jn. 12:31; Ef. 2:2) estará bajo el reinado y el poder del reino de Cristo. Mientras Satanás reine como príncipe de este mundo, el reino de Cristo estará aún por establecerse. Por esta razón, Jesús enseñó a sus discípulos a orar: "Venga a nosotros tu reino" (Mt. 6:10). "Amén. ¡Ven Señor Jesús!" (Ap. 22:20).

El juicio del gran trono blanco

Después del reino milenial, Cristo juzgará a los muertos incrédulos ante el gran trono blanco (Ap. 20:11-15). Como Mediador entre Dios y las personas (1 Ti. 2:5); la Cabeza de su cuerpo, la iglesia (Ef. 1:22; 5:23; Col. 1:18); y el Rey universal que viene reinará sobre el trono de David (Is. 9:6-7; Ez. 37:24-28; Lc. 1:31-33), Cristo es el Juez final de todos los que no depositen su confianza en Él como Señor y Salvador (Mt. 25:14-46; Hch. 17:30-31).

La eternidad futura

Al final de la historia de este mundo, Dios reunirá a los creyentes en el reino milenial, denominado en Efesios 1:10 como "la dispensación del cumplimiento de los tiempos", y que significa la conclusión de la historia (cf. Ap. 20:1-6). Después de esto, Dios lo recogerá todo en el nuevo cielo y la nueva tierra que Él creará (Ap. 21:1-5). El nuevo estado eterno será totalmente unificado bajo Cristo:

> Porque todas las cosas las sujetó debajo de sus pies. Y cuando dice que todas las cosas han sido sujetadas a él, claramente se exceptúa aquel que sujetó a él todas las cosas. Pero luego que todas las cosas le estén sujetas, entonces también el Hijo mismo se sujetará al que le sujetó a él todas las cosas, para que Dios sea todo en todos (1 Co. 15:27-28).

El paraíso de eternidad se revela, pues, como un reino magnífico donde el cielo y la tierra se unen en una gloria que supera los límites de la imaginación humana y las fronteras de las dimensiones terrenales. Sin embargo, la verdadera gloria de la eternidad futura se basa en el hecho de que todos los creyentes morarán en la presencia del Señor Jesucristo. Tendrán comunión con el Señor mismo en el cielo, una gloriosa comunión con Dios en Cristo, que es la perfección de la felicidad. Como los creyentes derivan su gracia del Cordero, así también derivarán su gloria. El hombre Jesucristo será el centro de la gloria divina en el cielo, desde donde se difunde a todos los santos. Las Escrituras expresan la felicidad del cielo al estar con Cristo: "De cierto te digo que hoy estarás conmigo en el paraíso" (Lc. 23:43). Este gozo parecer ser aquello que Cristo mismo desea y experimentará: "Padre, aquellos que me has dado, quiero que donde yo estoy, también ellos estén conmigo, para que vean mi gloria que me has dado; porque me has amado desde antes de la fundación del mundo" (Jn. 17:24). El apóstol Pablo, al hablar del inminente arrebatamiento de la iglesia, resume la relevancia del acontecimiento con estas palabras: "Y así estaremos siempre con el Señor. Por tanto, alentaos los unos a los otros con estas palabras" (1 Ts. 4:17-18).

De hecho, esta comunicación con Cristo parece ser el significado de las Escrituras cuando hablan conjuntamente de Dios y del Cordero (el Salvador inmolado), y revelan la felicidad de los santos en el cielo: "Porque el Cordero que está en medio del trono los pastoreará, y los guiará a fuentes de aguas de vida; y Dios enjugará toda lágrima de los ojos de ellos" (Ap. 7:17). Asimismo: "Y oí una gran voz del cielo que decía: He aquí el tabernáculo de Dios con los hombres, y él morará con ellos; y ellos serán su pueblo, y Dios mismo estará con ellos como su Dios. Enjugará Dios toda lágrima de los ojos de ellos; y ya no habrá muerte, ni habrá más llanto, ni clamor, ni dolor; porque las primeras cosas pasaron" (Ap. 21:3-4). La palabra vertida "tabernáculo" aquí es el mismo término que a veces se traduce "habitó" (Jn. 1:14), para indicar la carne de Cristo. Finalmente, el apóstol Juan declara: "Y no vi en ella templo; porque el Señor Dios Todopoderoso es el templo de ella, y el Cordero. La ciudad no tiene necesidad de sol ni de luna que brillen en ella; porque la gloria de Dios la ilumina, y el Cordero es su lumbrera" (Ap. 21:22-23).

Oración[70]

Misericordioso Dios nuestro, te damos las gracias por nuestro Abogado celestial,
    Jesucristo, el justo, cuya muerte en la cruz
    hizo propiciación por nuestros pecados,
    y satisfizo perfectamente toda exigencia de tu santa justicia.
Es Él quien nos sacó
    de la culpa al perdón,
    de las tinieblas a la luz,
    de nuestra rebeldía a tu amor,
    de la muerte a la vida.
Nos liberó de este mundo malo y nos llevó a tu glorioso reino.
¡Cuánto te alabamos por la maravilla de tu amor en Jesucristo!
Te damos gracias por enviar a tu Hijo, el Encarnado,
    quien fue menospreciado, rechazado, golpeado, escarnecido y crucificado,
        todo ello para expiar nuestro pecado.

En Él, tu amor ha sobrevivido a todos los demás amores.
Tu misericordia se extiende a los pecadores, más allá de la comprensión
    con el perdón completo y permanente de nuestros pecados
    a través de la fe en Jesucristo.
Por tanto, anhelamos amarte con un amor como el tuyo.
    Sabemos que no es posible, de modo que con el apóstol Pedro
        suplicamos que conozcas nuestro corazón, sabiendo que te amamos de verdad
            a pesar de lo que pueda parecer a menudo.
Nuestros corazones son semejantes a la piedra; pedimos que
    tú los derritas con tu gracia.
Nuestra vida privada está con mucha frecuencia cerrada y con la llave echada,
    como si pudiéramos dejarte fuera y, así, hacer lo que queramos.
¡Ayúdanos a abrir la puerta de par en par y perder la llave!
    que tu voluntad gobierne nuestra vida.

Te adoramos, Padre, por tu gran amor y el regalo de Jesucristo,
    tu Hijo unigénito, es decir, Dios el Hijo.
Te alabamos, Señor Jesús, por el maravilloso don de la salvación
    que provees para nosotros.
Te adoramos, bendito Espíritu, por revelarnos la verdad del evangelio
    y por convertir nuestro corazón en tu morada.
Padre celestial, haz que tu Hijo pueda ver en nosotros el fruto de la angustia
    de su alma y alegrarse.
Apártanos de todo aquello en lo que confiamos falsamente,
    y enséñanos a descansar solo en Él.

---

70. El texto original en inglés de esta oración viene de John MacArthur, *At the Throne of Grace: A Book of Prayers* (Eugene, OR: Harvest House, 2011), 20-22. Usado con permiso de Harvest House.

No permitas nunca que nos encallezcamos a la asombrosa grandeza del don de la salvación.
¡Haz que podamos buscar la santificación —la santidad
siempre creciente—, con toda nuestra fuerza!

Señor Jesús, Maestro, Redentor, Salvador toma
posesión de todas las partes de nuestra vida,
que es tuya por derecho, porque nos compraste.
Santifica cada facultad.
Llena nuestro corazón de esperanza.
Haz que podamos huir de las muchas tentaciones que nos acosan
y mortificar los pecados que nos infestan continuamente.
No permitas que haya hipocresía en nosotros.
Ayúdanos a confiar en ti en la hora de la aflicción.
Protégenos cuando los hacedores de maldad nos persigan.
Y líbranos del mal de este mundo presente.

Amado Padre de luces, en quien no hay variación ni sombras cambiantes,
confesamos que solo tú eres el dador de toda dádiva buena y perfecta,
y nos has dado tantas cosas
que nos proveen ricamente de cosas de las que disfrutar.
Y el pasaje [1 Jn. 2:1-19] nos recuerda que
el mayor regalo de todos es tu Hijo Jesucristo,
que sacrificó su propia vida para que
podamos ser libres de la esclavitud del pecado.
Llena nuestro corazón de gratitud y haz que nuestra vida
pueda reflejar una desbordante gratitud,
para que todos los que lo vean puedan honrarte.
En el nombre de Jesucristo, te lo pedimos. Amén.

"¡Oh, que tuviera lenguas mil!"

¡Oh, que tuviera lenguas mil!
del redentor cantar,
la gloria de mi Dios y Rey,
¡los triunfos de su amor!

Bendito mi Señor y Dios,
te quiero proclamar;
decir al mundo en derredor,
tu nombre sin igual.

Dulce es tu Nombre para mí,
pues quita mi temor;

en él halla salud y paz,
el pobre pecador.

Rompe cadenas del pecar;
al preso librará;
su sangre limpia al ser más vil,
¡gloria a Dios, soy limpio ya!

—Carlos Wesley (1707–1788)
  (trad. Roberto H. Dalke)

Bibliografía
Principales teologías sistemáticas

Bancroft, Emery H. *Fundamentos de teología bíblica*. Grand Rapids, MI: Editorial Portavoz, 1986. 144-244.

Berkhof, Louis. *Teología sistemática*. Grand Rapids, MI: Libros Desafío, 2009. 361-489.

Buswell, James Oliver, Jr. *Teología sistemática*. 4 tomos. Miami, FL: Logoi, 2005. 3:451-652.

Culver, Robert Duncan. *Systematic Theology: Biblical and Historical*. Fearn, Ross-shire, Escocia: Mentor, 2005. 419-638.

Dabney, Robert Lewis. *Systematic Theology*. 1871. Reed., Edimburgo: Banner of Truth, 1985. 182-93, 500-553.

Erickson, Millard J. *Teología sistemática*. Viladecavalls: Editorial Clie, 2008. 673-894.

*Grudem, Wayne. *Teología sistemática: Una introducción a la doctrina bíblica*. Miami, FL: Editorial Vida, 2007. 553-653.

Hodge, Charles. *Teología sistemática*. Terrassa (Barcelona): Editorial Clie, 1991. 1:333-366; 2:77-251.

Lewis, Gordon R., and Bruce A. Demarest. *Integrative Theology*. 3 vols. Grand Rapids, MI: Zondervan, 1987–1994. 2:251-496.

Reymond, Robert L. *A New Systematic Theology of the Christian Faith*. Nashville: Thomas Nelson, 1998. 545-801.

Shedd, William G. T. *Dogmatic Theology*, 3 vols. 1889. Reeditado, Minneapolis: Klock & Klock, 1979. 2A:261-349; 3:378-400.

Strong, August Hopkins. *Systematic Theology: A Compendium Designed for the Use of Theological Students*. Ed. rev. Nueva York: Revell, 1907. 669-776.

Swindoll, Charles R. y Roy B. Zuck, eds. *Understanding Christian Theology*. Nashville: Thomas Nelson, 2003. 291-387.

Thiessen, Henry Clarence. *Introductory Lectures in Systematic Theology*. Grand Rapids, MI: Eerdmans, 1949. 283-340.

Turretin, Francis. *Institutes of Elenctic Theology*. 3 vols. Editado por James T. Dennison Jr. Traducido por George Musgrove Giger, 1679–1685. Reeditado, Phillipsburg, NJ: P&R, 1992–1997. 1:282-302; 2:271-449.

*Indica la más útil.

Obras específicas

Banks, William L. *The Day Satan Met Jesus: The Temptation of Christ—Cast, Action and Effects of the Wilderness Drama*. Chicago: Moody Press, 1973.

Beilby, James K. y Paul R. Eddy, eds. *The Historical Jesus: Five Views*. Downers Grove, IL: IVP Academic, 2009.

*Berkouver, G. C. *The Person of Christ*. Studies in Dogmatics. 1954. Reprint, Grand Rapids, MI: Eerdmans, 1975.

Boettner, Loraine. "The Person of Christ". En *Studies in Theology*, 140-351. 12va. ed. N.p.: Presbyterian & Reformed, 1974.

*Boice, James Montgomery y Philip Graham Ryken. *Jesus on Trial*. Wheaton, IL: Crossway, 2002.

*Borland, James A. *Christ in the Old Testament: Old Testament Appearances of Christ in Human Form*. Ed. rev. Fearn, Ross-shire, Escocia: Mentor, 1999.

*Bowman, Robert M., Jr. y J. Ed Komoszewski. *Putting Jesus in His Place: The Case for the Deity of Christ*. Grand Rapids, MI: Kregel, 2007.

Charnock, Stephen. *Christ Crucified: The Once-for-All Sacrifice*. 1830. Reimpresión. Fearn, Ross-shire, Escocia: Christian Focus, 2012.

*Feinberg, Charles Lee. *Is the Virgin Birth in the Old Testament?* Whittier, CA: Emeth, 1967.

Gaffin, Richard B., Jr. *The Centrality of the Resurrection: A Study in Paul's Soteriology*. Grand Rapids, MI: Baker, 1978.

Geisler, Norman L. y F. David Farnell, eds. *The Jesus Quest: The Danger from Within*. [Maitland, FL]: Xulon Press, 2014.

*Gromacki, Robert Glenn. *The Virgin Birth: Doctrine of Deity*. Nashville: Thomas Nelson, 1974.

*Heick, Otto W. *A History of Christian Thought*. 2 vols. Filadelfia: Fortress, 1965.

*Hengstenberg, Ernst Wilhelm. *Christology of the Old Testament and a Commentary on the Messianic Predictions*. Kregel Reprint Library. 1847. Reprint, Grand Rapids, MI: Kregel, 1970.

Janowski, Bernd, y Peter Stuhlmacher, eds. *The Suffering Servant: Isaiah 53 en Jewish and Christian Sources*. Grand Rapids, MI: Eerdmans, 2004.

Kiehl, Erich H. *The Passion of Our Lord*. Grand Rapids, MI: Baker, 1990.

*Lawlor, George L. *When God Became Man*. Chicago: Moody Press, 1978.

*MacArthur, John. *El Jesús que no puedes ignorar: Lo que debes aprender de las confrontaciones descaradas de Cristo*. Nashville: Grupo Nelson, 2018.

*_____. *El asesinato de Jesús*. Grand Rapids, MI: Editorial Portavoz, 2005.

*_____. *Una vida perfecta: La historia completa del Señor Jesús*. Nashville: Grupo Nelson, 2014.

_____. *Our Sufficiency in Christ*. Dallas: Word, 1991.

*_____. *Parábolas: Los misterios del reino de Dios revelados a través de las historias que Jesús contó*. Nashville: Grupo Nelson, 2015.

_____. *El aposento alto*. El Paso, TX: Editorial Mundo Hispano, 2015.

MacArthur, John, y Richard Mayhue. *Christ's Prophetic Plans: A Futuristic Premillennial Primer*. Chicago: Moody Publishers, 2012.

*McClain, Alva J. "The Doctrine of the Kenosis in Philippians 2:5-8". *The Master's Seminary Journal* 9, no. 1 (1998): 85-96.

*Nichols, Stephen J. *For Us and for Our Salvation: The Doctrine of Christ in the Early Church*. Wheaton, IL: Crossway, 2007.

*Pentecost, J. Dwight. *The Words and Works of Jesus Christ: A Study of the Life of Christ*. Grand Rapids, MI: Zondervan, 1981.

Rydelnik, Michael. *The Messianic Hope: Is the Hebrew Bible Really Messianic?* NAC Studies in Bible and Theology 9. Nashville: B&H Academic, 2010.

Ryrie, Charles Caldwell. *Teología bíblica del Nuevo Testamento*. Grand Rapids, MI: Editorial Portavoz, 1999.

*Scroggie, W. Graham. *A Guide to the Gospels*. Old Tappan, NJ: Revell, s.f.

_____. *The Unfolding Drama of Redemption: The Bible as a Whole*. 3 vols. 1953–1970. Reimpresión, Grand Rapids, MI: Zondervan, 1976.

Thomas, Robert L., y F. David Farnell, eds. *The Jesus Crisis: The Inroads of Historical Criticism into Evangelical Scholarship*. Grand Rapids, MI: Kregel, 1998.

*Walvoord, John F. *Jesucristo nuestro Señor*. México: Ediciones Las Américas, 2002.

*Warfield, Benjamin B. *La Persona y la obra de Jesucristo*. Barcelona: Editorial Clie, 1993.

*Wells, David F. *The Person of Christ: A Biblical and Historical Analysis of the Incarnation*. Foundations for Faith. Westchester, IL: Crossway, 1984.

*Wilson, Clifford A. *Jesus the Teacher*. Melbourne: Hill of Content, 1974.

Wilson, William Riley. *The Execution of Jesus: A Judicial, Literary and Historical Investigation*. New York: Scribner, 1970.

*Indica las más útiles.

"Alabad al Dios trino"

Alabad al Padre por su misericordia,
Con ternura Él se preocupa por sus hijos descarriados;
Alabadle, vosotros sus ángeles, alábenlo en los cielos,
¡alabad a Jehová!

Alabad al Salvador: grande es su misericordia,
por gracia Él se preocupa por su pueblo escogido;
los jóvenes y también las doncellas, vosotros ancianos y niños,
¡alabad el Salvador!

Alabad al Espíritu Consolador de Israel,
enviado del Padre y del Hijo para bendecirnos;
alabad al Padre, Hijo y Espíritu Santo,
¡alabad al Dios triuno!

—Elizabeth R. Charles (1828–1896)

5

Dios Espíritu Santo

Pneumatología

> **Principales temas del capítulo 5**
> Introducción al Espíritu Santo
> Deidad y triunidad
> La salvación
> La santificación
> El servicio
> La creación
> Las Escrituras
> El ministerio profético

Este capítulo presenta al Espíritu Santo, la tercera persona de la Deidad trina, quien aparece a lo largo de todas las Escrituras, desde Génesis hasta Apocalipsis.

Introducción al Espíritu Santo
En el Antiguo Testamento
En el Nuevo Testamento
La realidad del Espíritu Santo
Nombres y títulos
Imágenes verbales del Espíritu Santo
El ministerio del Espíritu Santo a Cristo
Los ministerios del Espíritu Santo
Pecados contra el Espíritu Santo

En el Antiguo Testamento

El término hebreo *rúaj* aparece 378 veces en el Antiguo Testamento, aunque el término idéntico en arameo figura 11 veces (solo en Daniel). Principalmente significa "espíritu" (1 S. 16:14), "viento" (Éx. 10:13) o "aliento" (Gn. 6:17, LBLA). El contexto casi siempre determina la pretendida referencia y distingue, por ejemplo, entre el Espíritu de Dios (Gn. 6:3) y el espíritu del hombre (Job 10:12), o entre una actitud (Pr. 16:18) y la parte inmaterial del hombre (Sal. 31:5).

Este término, *rúaj*, aparece en la mayoría de los libros del Antiguo Testamento, excepto siete (Levítico, Rut, Ester, Cantar de los Cantares, Abdías, Nahúm, Sofonías), es decir, en un 82 por ciento aproximadamente. Sin embargo, solo en 79 de las 378 apariciones (21 por ciento) se refiere de forma específica al Espíritu Santo y únicamente en veintiuno de los treinta y nueve libros veterotestamentarios (51 por ciento): Génesis, Éxodo, Números, Deuteronomio, Jueces, 1 Samuel, 2 Samuel, 1 Reyes, 2 Reyes, 1 Crónicas, 2 Crónicas, Nehemías, Job, Salmos, Isaías, Ezequiel, Joel, Miqueas, Hageo, Zacarías y Malaquías.

Se alude al Espíritu Santo desde el momento de la creación (Gn. 1:2) y hasta el último libro del Antiguo Testamento (Mal. 2:15). El Espíritu de Dios aparece con mayor frecuencia en Isaías (15 veces), Ezequiel (15 veces), Números (7 veces), Jueces (7 veces), 1 Samuel (7 veces) y Salmos (5 veces).

En el Nuevo Testamento

La revelación neotestamentaria sobre el Espíritu Santo supera con creces a la del Antiguo Testamento. El término griego *pneuma* aparece 379 veces en el Nuevo Testamento (casi las mismas que el término hebreo *ruáj* en el Antiguo Testamento); aunque se refiere al Espíritu Santo en más de 245 ocasiones (65 por ciento), triplica el número de veces que el término hebreo *ruáj* signifique eso en el Antiguo Testamento. De las referencias combinadas del Antiguo y el Nuevo Testamentos a la traducción genérica "espíritu", cerca del 43 por ciento (324 de 757 veces) aluden al Espíritu Santo.

Pneuma aparece en veinticinco libros del Nuevo Testamento (93 por ciento), y se ausenta tan solo de 2 y 3 Juan. Hace referencia al Espíritu Santo en veintitrés de los libros (85 por ciento), a excepción de Filemón, Santiago, 2 Juan y 3 Juan.

El Espíritu Santo hace acto de presencia a lo largo del Nuevo Testamento, desde Mateo 1:18 hasta Apocalipsis 21:10. Se lo menciona con mayor frecuencia en Hechos (56 veces), Romanos (28 veces) y 1 Corintios (22 veces). Uno de los temas más dominantes es que el Espíritu Santo es un regalo de Dios para todo creyente (Ro. 5:5; 2 Co. 1:22; 5:5; Gá. 3:5; Ef. 1:13-14; 1 Ts. 4:8; 1 Jn. 3:24; 4:13).

La realidad del Espíritu Santo

Bíblicamente hablando, no cabe la menor duda respecto a la existencia del Espíritu Santo, por cuanto se lo menciona más de 320 veces. Sin embargo, ¿es el Espíritu Santo una persona, como Dios el Padre y Dios el Hijo? La personalidad no se mide por los elementos físicos como las partes del cuerpo: la carne, la sangre, los huesos. Más bien queda determinada por la posesión de tres características básicas: (1) cognición/intelecto,

(2) volición/voluntad y (3) emoción/afecto.[1] La Biblia proporciona pruebas más que suficientes de que el Espíritu Santo posee todos los elementos esenciales de la personalidad. Así, al Espíritu se lo puede clasificar como la tercera persona de la Deidad trina.

COGNICIÓN/INTELECTO

1. Aconseja (Is. 11:2).
2. Imparte sabiduría (Is. 11:2).
3. Inspira las Escrituras (Hch. 1:16; He. 3:7; 10:15; 1 P. 1:11; 2 P. 1:21).
4. Intercede (Ro. 8:26).
5. Sabe y conoce (Is. 11:2).
6. Posee una mente (Ro. 8:27; 1 Co. 2:10-13).
7. Hace recordar (Jn. 14:26).
8. Proporciona la verdad (Jn. 14:17, 26; 15:26; 16:13; 1 Jn. 4:6).
9. Habla (Hch. 8:29; 10:19; 11:12; 13:2; 28:25; Ap. 2:7–3:22).
10. Enseña (Lc. 12:12; Jn. 14:26; 1 Co. 2:13; He. 9:8).
11. Testifica (Jn. 15:26; 1 Jn. 5:7-8).

VOLICIÓN/VOLUNTAD

1. Contiende con los pecadores (Gn. 6:3; Hch. 7:51).
2. Dirige (Hch. 16:6-7).
3. Distribuye dones espirituales (1 Co. 12:11; He. 2:4).
4. Regenera (Jn. 3:7-8; Tit. 3:5).

AFECTO/EMOCIÓN

1. Experimenta gozo (1 Ts. 1:6).
2. Se lo puede afrentar (He. 10:29).
3. Sufre por el pecado (Is. 63:10; Ef. 4:30).
4. Ama (Ro. 5:5; 15:30; Gá. 5:22).

Nombres y títulos

Una de las pruebas principales de la trinidad de la Deidad involucra a los nombres que se usan en relación con el Espíritu Santo. Algunos están relacionados con el Padre, otros con el Hijo, aunque hay otros que son exclusivos del Espíritu Santo. Están enumerados en las cuatro secciones siguientes:

EL ESPÍRITU SANTO Y EL PADRE

"su Espíritu" (Nm. 11:29, LBLA; Ro. 8:11)
"mi Espíritu" (Gn. 6:3, LBLA)
"tu Espíritu" (Sal. 139:7)
"tu santo Espíritu" (Sal. 51:11)

---

1. Al usar el lenguaje de "emoción" y "afecto", no queremos insinuar que los afectos de Dios son pasiones involuntarias que lo impulsan, como suele ser el caso de las emociones humanas. Como declara la Confesión de Westminster, Dios no tiene "cuerpo, miembros o pasiones"; que es "inmutable" (2.1). Dios no se deja llevar por sus emociones, sino que sus afectos son las expresiones soberanas y deliberadas de sus santas disposiciones. Para ampliar esta explicación, véase "Inmutabilidad" en el cap. 3 (p. 174).

"la promesa del Padre" (Hch. 1:4)
"el Espíritu de Dios" (Gn. 1:2; Mt. 3:16; 1 Co. 2:11)
"el Espíritu de nuestro Dios" (1 Co. 6:11)
"el Espíritu del Dios vivo" (2 Co. 3:3)
"el Espíritu de aquel" (Ro. 8:11)
"el Espíritu de vuestro Padre" (Mt. 10:20)
"El Espíritu del Señor" (Jue. 3:10)
"El Espíritu de Jehová" (Jue. 3:10)
"El Espíritu del Señor" (Lc. 4:18)
"El Espíritu de Jehová el Señor" (Is. 61:1)
"el Señor, que es el Espíritu" (2 Co. 3:18)
"el Espíritu del Señor" (2 Co. 3:18)

EL ESPÍRITU SANTO Y EL HIJO

"el Espíritu de Jesús" (Hch. 16:7, LBLA)
"el Espíritu de Cristo" (Ro. 8:9; 1 P. 1:11)
"el Espíritu de Jesucristo" (Fil. 1:19)
"el Espíritu del Señor" (Hch. 5:9; 8:39)
"el Espíritu de su Hijo" (Gá. 4:6)

EXCLUSIVOS DEL ESPÍRITU SANTO

"el Espíritu" (Nm. 11:17, LBLA; Mt. 4:1)
"el Espíritu eterno" (He. 9:14)
"tu buen Espíritu" (Sal. 143:10, LBLA)
"el Espíritu Santo" (Mt. 1:18)
"un Espíritu" (Ef. 4:4; cf. 4:6, "un Dios y Padre", y 4:5, "un Señor")
"los siete Espíritus" (Ap. 1:4; 3:1; 4:5; 5:6, LBLA)

ATRIBUTOS DEL ESPÍRITU SANTO

"el Espíritu de consejo y de poder" (Is. 11:2, LBLA)
"el espíritu de fe" (2 Co. 4:13)
"el Espíritu de gloria" (1 P. 4:14, LBLA)
"el Espíritu de gracia" (He. 10:29; cf. Zac. 12:10, LBLA)
"el Espíritu de santidad" (Ro. 1:4)
"el Espíritu de conocimiento y de temor de Jehová" (Is. 11:2)
"el Espíritu de vida" (Ro. 8:2)
"el Espíritu Santo de la promesa" (Ef. 1:13)
"el Espíritu de verdad" (Jn. 14:17; 15:26; 16:13; 1 Jn. 4:6, RVA-2015; cf. 1 Jn. 5:6)
"el Espíritu de sabiduría y de revelación, para que lo conozcan mejor" (Ef. 1:17, NVI)
"el Espíritu de sabiduría y de entendimiento" (Is. 11:2, NTV)
"el Consolador" (Jn. 14:26; 15:26; 16:7)

Imágenes verbales del Espíritu Santo

La Biblia usa ocho imágenes verbales que relacionan al Espíritu Santo, de una forma clara y explícita, con la imagen en un sentido metafórico. Algunos de los emblemas pueden

Tabla 5.1 Imágenes verbales del Espíritu Santo

Vestir, revestir	Empoderamiento/capacitación por parte del Espíritu Santo
Paloma	Justicia del Espíritu Santo
Fuego	Presencia visible del Espíritu Santo
Aceite	Unción del Espíritu Santo
Promesa	Garantía del Espíritu Santo
Sello	Propiedad y seguridad del Espíritu Santo
Agua	Salvación, capacitación e inducción del Espíritu Santo
Viento	Salvación y empoderamiento invisible del Espíritu Santo

aparecer en otros lugares de las Escrituras, sin referirse necesariamente al Espíritu Santo, como el fuego, que también puede simbolizar juicio (Mt. 25:41; 1 Co. 3:13). Estas metáforas proceden del mundo natural (paloma, fuego, aceite, agua y viento), del mundo legal (promesa y sellado), y del mundo doméstico (vestir/revestir).

Los contextos de estos emblemas muestran que pueden representar el ministerio del Espíritu Santo a Cristo (paloma y aceite), a los apóstoles (vestir-revestir, fuego, aceite, agua y viento), y a los creyentes (aceite, promesa, sello, agua y viento). Las cinco imágenes relacionadas con los apóstoles se refieren a los diversos elementos que se produjeron el día de Pentecostés. Los símbolos para Cristo y para los creyentes están relacionados con el bautismo y la salvación respectivamente. El aceite implica a los tres sujetos (Cristo, los apóstoles y los creyentes); el agua y el viento se relacionan con los apóstoles y los creyentes; las cinco imágenes restantes solo se aplican a un sujeto o grupo.

Curiosamente, muy pocas de las imágenes aparecen con claridad en el Antiguo Testamento (solo el agua y el viento), mientras que las ocho se encuentran en el Nuevo Testamento. Se presentan en los Evangelios (vestir-revestir, promesa y sello), en las epístolas petrinas (viento) y en las juaninas (aceite). Las imágenes y las realidades que representan se resumen en la tabla 5.1.

VESTIR-REVESTIR (LC. 24:49, NVI)

El Hijo enseñó a los discípulos que el Padre enviaría "la promesa" (el Espíritu; cf. Jn. 14:16-17) para que pudieran ser "revestidos" (NVI; gr. *en dúo*) del "poder de lo alto" (Lc. 24:49). Esto fue anticipado (Hch. 1:4-5) y cumplido (Hch. 2:1-4), tal como dijo Jesús. Los discípulos fueron poderosamente capacitados por el Espíritu Santo para cumplir los propósitos de Cristo (Hch. 2:4). Esta imagen verbal consiste en que Dios viste, de forma soberana, a los seres humanos, y no que estos se vistan a sí mismos (cf. Col. 3:12-14). Esto explica cómo los apóstoles hicieron aquello que antes no podían hacer, como resultado de Pentecostés.

PALOMA (MT. 3:16; MR. 1:10; LC. 3:22; JN. 1:32)

¿Qué representa la paloma (gr. *peristerá*) respecto a la realidad del Espíritu Santo? La paloma es inocente y sin culpa (gr. *akéraios*, Mt. 10:16). En Romanos 16:19 y Filipenses 2:15 se describe a los creyentes con el mismo término griego (*akéraios*) para mostrar que son "ingenuos para el mal" e "hijos de Dios sin mancha", respectivamente. Por esa razón, en el sistema sacrificial veterotestamentario, a los pobres que no podían comprar un cordero se les permitía ofrecer una paloma (tórtola o palomino) como holocausto aceptable para cubrir sus pecados (Lv. 1:14; 5:7; Lc. 2:22-24). En las Escrituras, la paloma representa la justicia.

¿De qué forma se relaciona la *justicia* con el Espíritu Santo y el bautismo de Cristo? El contexto del bautismo de Cristo se centra, de forma particular, en la justicia. El Hijo identificó su ministerio como uno que cumplía toda justicia (Mt. 3:15). Por tanto, el Espíritu (ilustrado por la paloma que representaba la justicia) inauguró el ministerio de justicia de Cristo (Mt. 3:16). Como resultado, el Padre autentificó a Cristo como el Hijo justo (Mt. 3:17), con el testimonio del Espíritu.

FUEGO (HCH. 2:3)

La presencia de Dios se describe, de forma destacada, mediante el fuego (Éx. 3:2-6; 13:21; Lv. 9:24; Hch. 7:30-33). El uso del fuego en Hechos 2:3 aparece en el día de Pentecostés y, de forma más adecuada, retrata la presencia visible del Espíritu Santo. Pablo debió de tener este simbolismo en mente cuando, décadas más tarde, instó a los tesalonicenses a evitar apagar el Espíritu con el pecado (1 Ts. 5:19).

ACEITE (2 CO. 1:21; 1 JN. 2:20, 27)

En el Antiguo Testamento, el ungimiento con aceite simboliza el nombramiento a puestos importantes. Los sacerdotes veterotestamentarios eran ungidos para el sacerdocio (Éx. 40:12-15). David fue ungido por Samuel para ser rey de Israel (1 S. 16:13). Los discípulos del Nuevo Testamento eran ungidos para ser apóstoles (2 Co. 1:21).

De igual manera, Cristo —que significa "el ungido" en hebreo (*mashíaj*) y en griego (*Cristós*)— fue ungido por el Espíritu Santo (Hch. 4:27; 10:38) para el ministerio, algo que muy probablemente sucedió en el momento de su bautismo. Los creyentes, llamados a un real sacerdocio (1 P. 2:9), son ungidos con el Espíritu Santo para que puedan conocer la verdad sobre Cristo (1 Jn. 2:20, 27). Pablo fue ungido por el Espíritu Santo para su apostolado (2 Co. 1:21-22).

Así tuvo que ser con los apóstoles en el día de Pentecostés. Por inferencia, lo que le ocurrió a Pablo (2 Co. 1:21), también les sucedió a los discípulos cuando fueron ungidos con el Espíritu Santo para su apostolado, descrito en Hechos 2:1-4.

PROMESA (2 CO. 1:22; 5:5; EF. 1:14)

En tres textos del Nuevo Testamento (2 Co. 1:22; 5:5; Ef. 1:14), se dice que el Espíritu Santo le es dado a cada creyente como garantía (gr. *arrabón*) de su plena salvación, que no se cumpliría por completo hasta la resurrección. Este término podría describirse con muchos sinónimos como *señal, prenda* o *depósito,* que aseguraría que la promesa hecha e iniciada se cumpliría incuestionablemente y del todo en el futuro. El Espíritu Santo, que mora en el creyente, es la promesa de Dios: lo que Él comenzó en el momento en que la persona creyó en Cristo para vida eterna, acabará teniendo la vida eterna como resultado (Fil. 1:6).

SELLO (2 CO. 1:22; EF. 1:13; 4:30)

El Padre estampó su sello en el Hijo (Jn. 6:27). Dios pone su sello sobre los apóstoles (2 Co. 1:22). El Señor sella a los creyentes (Ef. 1:13; 4:30). El sello que Dios puso en todos los creyentes (gr. *sfragízo*) es el Espíritu Santo. Este sello redentor distingue a los creyentes como propiedad de Dios, quien los redimió y los sacó del dominio de la oscuridad y los puso en el reino de luz de Cristo (Col. 1:13). El sello indica que los creyentes recurren a Dios para su seguridad espiritual en esta vida y en la siguiente (véase "La salvación" [p. 357] para una ampliación de esta explicación).

AGUA (JN. 7:38-39; HCH. 1:5; 2:33; 1 CO. 12:13 [2 VECES]; TIT. 3:5-6)

Se describe al Espíritu Santo como (1) agua que da vida, es decir, salvación (Jn. 7:38-39; 1 Co. 12:13b; Tit. 3:5-6); (2) agua que permite la vida, es decir, empoderamiento (Hch. 1:5; 2:33); y (3) agua que sustenta la vida, es decir, inducción (1 Co. 12:13a).

Al usar la ilustración del agua, Cristo miraba hacia el futuro (Hch. 1:5) y Pedro miraba en retrospectiva (Hch. 2:33) a la poderosa capacitación de los discípulos por el Espíritu Santo en el día de Pentecostés. Los discípulos fueron "bautizados" (Hch. 1:5), y el Padre "derramó" la promesa del Espíritu Santo (Hch. 2:33).

En 1 Corintios 12:13b, Pablo habló salvíficamente del Espíritu Santo, como el agua que uno consume (cf. Jn. 4:14). Cristo habló del Espíritu Santo como ríos de agua viva (Jn. 7:38-39; cf. Ez. 36:25-27). Pablo representó al Espíritu Santo como agua que se derrama para el lavado de la regeneración (Tit. 3:5-6). En el momento del reino milenial de Cristo, Dios verterá su Espíritu de manera redentora sobre la casa de Israel (Is. 32:15; 44:3; Ez. 39:29; Jl. 2:28-29).

Cristo bautiza a los creyentes con el Espíritu Santo en el momento de la salvación, y los introduce en la iglesia (1 Co. 12:13a). Como la salvación y el empoderamiento, este ingreso en el cuerpo de Cristo es permanente y, por tanto, irreversible.

VIENTO (JN. 3:8; HCH. 2:2; 2 P. 1:21)

El término griego *pneuma* puede traducirse "espíritu" (Mt. 5:3), "Espíritu" (Mt. 1:18), "viento" (Jn. 3:8) o "aliento" (Ap. 13:15), según lo determine el contexto. En Juan 3:8, Jesús comparó el fenómeno del viento a la obra del Espíritu de Dios en la salvación en que es invisible, inesperado e impredecible, aunque a la vez cumple siempre su fin de manera poderosa (cf. Ez. 37:9-14).

Lucas describió el sonido de la venida del Espíritu Santo en Pentecostés como el estruendo de un viento recio (Hch. 2:2). Solo podía oírse, pero no se veía, y creó un efecto poderoso que culminó en la extraordinaria predicación de Pedro, aquel día. El Espíritu invisible empoderó el innegable e inolvidable comienzo de la iglesia de Jesucristo.

Pedro describió el proceso de la realización de las Escrituras usando el viento como un emblema de la obra de inspiración del Espíritu Santo (2 P. 1:21). Así como el viento arrastra a un barco en el mar, el Espíritu Santo llevó a los apóstoles a escribir la Biblia. Las embarcaciones se quedan "muertas en el agua" si el poder del viento no las propulsa y, de igual manera, los escritores de las Escrituras eran impotentes para escribir la Palabra de Dios sin las facultades correspondientes del Espíritu Santo.

El ministerio del Espíritu Santo a Cristo

El Espíritu Santo ministró a Cristo de muchas maneras:

1. Profetizó sobre sus ministerios (Is. 11:1-2; 42:1-4; 61:1-3; Zac. 12:10).
2. Implementó su concepción virginal y su nacimiento (Mt. 1:18, 20; Lc. 1:34-35).
3. Descendió sobre en Él en el bautismo (Mt. 3:13-17; Mr. 1:9-11; Lc. 3:21-22; Jn. 1:29-34).
4. Lo ungió para predicar (Mt. 12:15-21; Lc. 4:17-21).
5. Lo empoderó (Mt. 12:28; Lc. 4:14-15; 11:20; Hch. 10:38).
6. Lo llenó (Lc. 4:1-2; Jn. 3:34).
7. Lo dirigió (Mt. 4:1; Mr. 1:12; Lc. 4:1, 14; Hch. 1:2).
8. Se regocijó con Él (Lc. 10:21).
9. Lo ayudó a ofrecerse para la crucifixión (He. 9:14).
10. Lo levantó de los muertos (Ro. 1:4; 8:11).

Los ministerios del Espíritu Santo

Este resumen básico sobre los ministerios del Espíritu Santo demuestra lo que Cristo quería decir cuando les explicó a los discípulos que era ventajoso que el Hijo partiera, y así pudiera enviar al Espíritu Santo (Jn. 16:7):

1. Adopta (Ro. 8:15).
2. Bautiza (1 Co. 12:13).
3. Da testimonio (Hch. 5:32; Ro. 8:16; 9:1; 1 Jn. 5:6-8).
4. Llama al ministerio (Hch. 13:2-4).
5. Convence (Jn. 16:8-11).
6. Empodera (Éx. 31:1-3; Jue. 13:25; Hch. 1:8).
7. Llena (Lc. 4:1; Hch. 2:4; Ef. 5:18).
8. Garantiza (2 Co. 1:22; 5:5; Ef. 1:14).
9. Guarda (2 Ti. 1:14).
10. Consuela (Jn. 14:16, 26; 15:26; 16:7; 2 Ti. 1:14).
11. Ilumina (1 Co. 2:10-13).
12. Mora en los creyentes (Ro. 8:9-11; 1 Co. 3:16; 6:19).
13. Intercede (Ro. 8:26-27; Ef. 6:18; Judas 20; cf. 1 Jn. 5:14-15).
14. Guía (Sal. 143:10; Mt. 4:1; Mr. 1:12; Lc. 4:1; Hch. 20:22-23; Ro. 8:14).
15. Produce fruto (Gá. 5:22-23).
16. Proporciona carácter espiritual (Gá. 5:16, 18, 25).
17. Regenera (Jn. 3:5-6, 8; Tit. 3:5).
18. Recuerda (Jn. 14:26).
19. Constriñe/convence de pecado (Gn 6:3; Hch. 7:51; 2 Ts. 2:6-7).
20. Resucita (Ro. 1:4; 8:11).
21. Revela la verdad (2 S. 23:2; Neh. 9:30; Zac. 7:12; Jn. 14:17; 1 Co. 2:10; Ef. 3:5).
22. Santifica (Ro. 15:16; 1 Co. 6:11; 2 Ts. 2:13; 1 P. 1:2).
23. Sella (2 Co. 1:22; Ef. 1:13-14; 4:30).
24. Selecciona a los supervisores (Hch. 20:28).
25. Envía (Hch. 13:4).
26. Fortalece (Ef. 3:16).
27. Enseña (Jn. 14:26; Hch. 15:28; 1 Jn. 2:20, 27).

El Espíritu Santo también es la fuente de las siguientes realidades:

1. Comunión (2 Co. 13:14; Fil. 2:1)
2. Libertad (2 Co. 3:17-18)
3. Vida y paz (Ro. 8:6)
4. Poder (Ro. 15:13; 1 Co. 2:4; Ef. 3:16)
5. Dones espirituales (1 Co. 12:4-11)
6. Verdad (Jn. 14:17; 15:26; 1 Jn. 5:6)
7. Unidad (Ef. 2:18; 4:3-4)
8. Sabiduría (Is. 11:2)
9. Adoración (Fil. 3:3)

Pecados contra el Espíritu Santo

No queda del todo claro cómo se opone la voluntad del hombre a la de Dios. Sin embargo, es un hecho, tal como lo ilustran las Escrituras en muchos pasajes.

Los creyentes se oponen a la voluntad de Dios en los siguientes actos contra el Espíritu Santo:

1. Lo contristan (Ef. 4:30).
2. Le mienten (Hch. 5:3).
3. Lo descuidan (Gá. 3:3-6; 5:17).
4. Lo apagan (1 Ts. 5:19).
5. Lo ponen a prueba (Hch. 5:9).

Los incrédulos se oponen a la voluntad de Dios en las siguientes acciones contra el Espíritu Santo:

1. Blasfemar contra Él (Mt. 12:31; Mr. 3:29; Lc. 12:10)
2. Hacerlo enojar (Is. 63:10)
3. Afrentarlo/provocarlo (He. 3:10; 10:29)
4. Rebelarse contra Él/resistirlo (Gn. 6:3; Neh. 9:30; Is. 30:1; 63:10; Hch. 7:51; Gá. 5:17)
5. Tentarlo (Sal. 78:41; He. 3:8-9)

Tanto los creyentes como los incrédulos pueden pecar contra el Espíritu Santo de las siguientes formas:

1. Hacerlo enojar (Is. 63:10; Ef. 4:30)
2. Tentarlo (Sal. 78:41; Hch. 5:9; He. 3:8-9)

Deidad y triunidad[2]

Deidad
Triunidad

La deidad y la triunidad del Espíritu Santo han sido cuestionadas en ocasiones, pero no con frecuencia. Cuando esto ha ocurrido, se debió a que se ha hecho caso omiso al

---

2. Para una explicación más detallada sobre deidad y triunidad, le ruego que consulte el cap. 3, "Dios Padre" y el cap. 4, "Dios Hijo".

contenido de las Escrituras, ya sea porque la lógica humana ha suplantado erróneamente la impecable revelación de Dios en la Biblia o por clara y llana incredulidad. Lo que sigue revela pruebas relevantes que respaldan la deidad del Espíritu Santo y la triunidad de la Deidad.

Deidad

ATRIBUCIONES

En Hechos 5, Pedro se enfrenta a Ananías, y le pregunta: "¿Por qué llenó Satanás tu corazón para que mintieses al Espíritu Santo, y sustrajeses del precio de la heredad?" (5:3). A continuación, lo acusa: "No has mentido a los hombres, sino a Dios" (5:4). Al actuar así, el apóstol equipara el mentirle al Espíritu Santo con mentirle a Dios. De este modo identifica al Espíritu Santo como Dios.

Las palabras de Jehová en el Antiguo Testamento se atribuyen, en ocasiones, en el Nuevo Testamento, al Espíritu Santo. Por consiguiente, el Espíritu Santo, así como Jehová, es Dios. Compárese Salmos 95:8-11 con Hebreos 3:7-11; Isaías 6:8-10 con Hechos 28:25-27; y Jeremías 31:33-34 con Hebreos 10:15-17.

Se dice que los cristianos son el templo de Dios (1 Co. 3:16; 6:19) porque el Espíritu Santo es Dios y mora en ellos de forma individual (Ro. 8:9, 11; 2 Ti. 1:14). Así como la gloria de Dios moró en el lugar santísimo durante la época del Antiguo Testamento, también el Espíritu de Dios mora ahora en los verdaderos creyentes.

La obra de Dios, en la formación de la iglesia, el cuerpo de Cristo (1 Co. 12:18, 24, 28), también se atribuye al Espíritu Santo (1 Co. 12:11). Al confirmarse esto como la obra *de Dios*, la deidad del Espíritu Santo queda, pues, confirmada de nuevo.

En uno de los momentos más inolvidables del ministerio de Cristo en la tierra, afirmó: "Cualquiera que blasfeme contra el Espíritu Santo, no tiene jamás perdón, sino que es reo de juicio eterno" (Mr. 3:29; cf. Mt. 12:31-32; Lc. 12:10). Este pasaje demuestra, de nuevo, la deidad del Espíritu Santo, dado que solo se puede blasfemar contra Dios.[3]

APELACIONES

Véanse "El Espíritu Santo y el Padre" y "El Espíritu Santo y el Hijo" bajo "Nombres y títulos" (p. 343). Para nuestro propósito en este libro, los nombres del Espíritu Santo están relacionados tanto con Dios el Padre como con Dios el Hijo, ya que el Espíritu Santo posee la misma esencia divina que el Padre y el Hijo.

ATRIBUTOS

El Espíritu Santo posee las perfecciones de Dios, es decir, los atributos incomunicables de la deidad. Estas cualidades son únicas de Dios, en clase y extensión. Tales características certifican que el Espíritu Santo es, en realidad, Dios:

1. Eternalidad (He. 9:14)
2. Gloria (1 P. 4:14; cf. Is. 42:8; 48:11)
3. Santidad (Sal. 51:11; Is. 63:10-11; Mt. 1:18; Ro. 1:4)

---

[3]. Para una explicación sobre la naturaleza de la blasfemia del Espíritu Santo, véanse "La blasfemia contra el Espíritu Santo y la apostasía" (p. 360), y "El pecado imperdonable" en el cap. 6 (p. 478).

4. Omnipotencia (Gn. 1:1-2; Lc. 1:35; Ro. 1:4)
5. Omnipresencia (Sal. 139:7-10; cf. Jer. 23:24)
6. Omnisciencia (Is. 40:13; 1 Co. 2:10-11)
7. Verdad (Jn. 14:17; 15:26; 16:13)

ACCIONES

Solo Dios puede tomar parte en las siguientes actividades divinas. Por tanto, el Espíritu Santo es Dios y obra en perfecta armonía y unidad con Dios Padre y Dios Hijo:

1. Creación (Gn. 1:2; Job 26:13; 33:4)
2. Ayuda/consuelo (Jn. 14:16, 26; 15:26; 16:7)
3. Inspiración (2 P. 1:20-21)
4. Intercesión (Ro. 8:26-27; cf. Ef. 6:18; Jud. 20)
5. Milagros (Mt. 12:28; 1 Co. 12:9, 11)
6. Regeneración (Jn. 3:5-8; Tit. 3:5)
7. Resurrección (Ro. 8:11)
8. Santificación (2 Ts. 2:13; 1 P. 1:2)

ASOCIACIONES

Varios pasajes de las Escrituras asocian claramente al Espíritu Santo con la deidad:

1. Mateo 28:19: Estas instrucciones bautismales de Jesús unen al Padre, al Hijo y al Espíritu como participantes equivalentes en la salvación del creyente, representada en el bautismo por inmersión.
2. Juan 14:16, 26; 15:26; 16:7: En estos pasajes, Jesús se refiere al Espíritu de verdad, ese "otro Consolador" que le pedirá al Padre que envíe. El término griego para "otro", *álos*, significa "otro del mismo tipo", es decir, otro miembro de la Deidad trina. Jesús hace esto para que los discípulos no queden huérfanos cuando Cristo ascienda al cielo (Hch. 1:9). En el Evangelio de Juan se asocia, en cuatro ocasiones (14:16, 26; 15:26 [2x]), a Padre, Hijo y Espíritu Santo juntos como iguales.
3. 1 Corintios 2:10-13: Este pasaje muestra que el Padre y el Espíritu Santo se complementan el uno al otro de igual manera en la revelación, la iluminación y la interpretación de la Palabra de Dios.
4. 2 Corintios 13:14: Los tres miembros de la Deidad se mencionan y se sitúan en un plano de igualdad en esta bendición paulina trinitaria.
5. Apocalipsis 1:4-5: Esta invocación juanina trinitaria vincula al Padre al Espíritu y al Hijo como coiguales.

ATAQUES

Las herejías históricas más graves respecto al Espíritu Santo se dividen en dos categorías: (1) la negación de que el Espíritu Santo fuera una persona y (2) la negación de que el Espíritu Santo fuera Dios eterno que, por consiguiente, era una negación de la trinidad de Dios.

Sabelianismo. Esta herejía blasfema que data de finales del siglo II o principios del siglo III sugería que había un solo Dios en tres manifestaciones, modos, nombres o funciones.

Afirmaba la persona de Dios, pero negaba la personalidad de Cristo y del Espíritu Santo, por lo que rechazaba la trinidad de Dios.

El sabelianismo, también conocido como modalismo, enseñaba que el Padre es también el Hijo y el Espíritu Santo, dependiendo del modo o función que Dios esté asumiendo en un momento dado en el tiempo. En ocasiones, también se ha denominado monarquianismo, porque intentaba "proteger al único Dios", aunque a expensas de la trinidad de Dios, algo inaceptable. Una versión llegó incluso a llamarse patripasianismo ("el Padre sufrió"), porque, supuestamente, cuando asumió el modo/la función del Hijo, el Padre fue crucificado. Algunos enseñaban que este único Dios adoptó papeles sucesivos: primero como el Padre en la creación, después como el Hijo en la redención y, por último, como el Espíritu Santo en la regeneración y la santificación.

Estos falsos maestros buscaban proteger la doctrina de un Dios de la falsa acusación de que estaban enseñando que existían tres dioses, o politeísmo. Sin darse cuenta, este intento de proteger el monoteísmo resultó en el error, igualmente enorme, de negar a las personas de Cristo y del Espíritu Santo. Al actuar así, rechazaba la trinidad de Dios. La verdadera doctrina bíblica de la Deidad trina afirma que hay un Dios (no tres) en tres personas (no una), que coexisten, son coeternos y coiguales. La visión errónea del sabelianismo continúa en una forma modificada en el unitarismo moderno.

El arrianismo. Esta herejía de principios o mitad del siglo IV enseñaba que el único Dios creó a Cristo en la eternidad pasada quien, a su vez, creó al Espíritu Santo. Aunque esta falsa enseñanza afirmaba la personalidad tanto de Cristo como del Espíritu Santo (a diferencia del sabelianismo), negaba su deidad y, por consiguiente, la trinidad de Dios. Como el sabelianismo, el arrianismo enseñaba que la Deidad consistía en una persona con la esencia de la deidad. Esta falsa doctrina fue confrontada en el Concilio de Nicea (325 d.C.) y en el Concilio de Constantinopla (381 d.C.).

El socinianismo. Esta aberración del siglo XVI confirmaba la personalidad de Cristo, aunque negaba su deidad. Rechazaba, asimismo, la personalidad del Espíritu Santo, su deidad y, como resultado, también la trinidad de Dios. Varios movimientos unitaristas modernos afirman gran parte del socinianismo.

La tabla 5.2 resume los elementos claves de estos tres ataques históricos importantes contra la deidad del Espíritu Santo y la trinidad de Dios. El análisis de la tabla resulta en las siguientes declaraciones sumarias:[4]

1. Los tres puntos de vista afirmaban la personalidad de Dios Padre.
2. Solo el sabelianismo negaba la personalidad de Cristo.
3. Solo el arrianismo afirmaba la personalidad del Espíritu Santo.
4. Los tres puntos de vista afirmaban la deidad de Dios Padre.
5. Los tres puntos de vista negaban la trinidad de Dios.

---

4. Para detalles adicionales, consúltense George Smeaton, *The Doctrine of the Holy Spirit*, 2da. ed. (1889; reimp., Carlisle, PA: Banner of Truth, 1958); Henry Barclay Swete, *The Holy Spirit in the Ancient Church: A Study of the Christian Teaching in the Age of the Fathers* (1912; reimp., Grand Rapids, MI: Baker, 1966); John F. Walvoord, *The Holy Spirit: A Comprehensive Study of the Person and Work of the Holy Spirit* (1954; reimp., Grand Rapids, MI: Zondervan, 1991).

Tabla 5.2 Ataques históricos contra la Trinidad y el Espíritu Santo

		Sabelianismo*	Arrianismo	Socinianismo
Persona	Padre	Afirmada	Afirmada	Afirmada
	Hijo	Negada	Afirmada	Afirmada
	Espíritu Santo	Negada	Afirmada	Negada
Deidad	Padre	Afirmada	Afirmada	Afirmada
	Hijo	Afirmada	Negada	Negada
	Espíritu Santo	Afirmada	Negada	Negada
Triunidad		Negada	Negada	Negada

*Para que quede claro, el sabelianismo negaba la deidad de las *personas* del Hijo y del Espíritu en que negaba su personeidad; al mismo tiempo, afirmaba su deidad en la medida en que eran, realmente, manifestaciones de Dios Padre.

Triunidad[5]

La triunidad de Dios (trinitarismo) se presenta, de forma indiscutible, como hecho *sine qua non* o indispensable del cristianismo. Ha sido, es y será por siempre la creencia fundamental de la fe cristiana.

La declaración doctrinal del Seminario Master resume así, de forma sucinta, esta preciosa verdad: "Enseñamos que solo hay un Dios vivo y verdadero (Dt. 6:4; Is. 45:5-7; 1 Co. 8:4), un Espíritu infinito y omnisciente (Jn. 4:24), perfecto en todos sus atributos, uno en esencia, que existe eternamente en tres Personas —Padre, Hijo y Espíritu Santo (Mt. 28:19; 2 Co. 13:14)— cada una de las cuales merece adoración y obediencia por igual". De modo que hay un solo Dios en tres personas, distintas entre sí aunque indivisiblemente una, y que coexisten, son coeternas y coiguales.

Aunque la triunidad de Dios aparece implícita y explícitamente a lo largo de la Biblia, ningún texto declara ni explica la plenitud asociada con el incomprensible Dios trino (Is. 40:28). Sin embargo, la plétora de pruebas tanto en el Antiguo como en el Nuevo Testamento, además de los escritos de la iglesia primitiva, hacen de esto un principio abrumadoramente innegable de ortodoxia bíblica.

Nada más empezar el Antiguo Testamento, uno se encuentra de inmediato con Génesis 1:26 y 3:22 (cf. Gn. 11:5-7), donde Dios usa el pronombre plural "nosotros" en referencia a sí mismo:

> Entonces dijo Dios: Hagamos al hombre a nuestra imagen, conforme a nuestra semejanza; y señoree en los peces del mar, en las aves de los cielos, en las bestias, en toda la tierra, y en todo animal que se arrastra sobre la tierra (Gn. 1:26).

> Y dijo Jehová Dios: He aquí el hombre es como uno de nosotros, sabiendo el bien y el mal; ahora, pues, que no alargue su mano, y tome también del árbol de la vida, y coma, y viva para siempre. Y lo sacó Jehová del huerto del Edén, para que labrase la tierra de que fue tomado (Gn. 3:22-23).

---

5. Sección adaptada de Richard Mayhue, "Editorial: One God—Three Persons," *MSJ* 24, no. 2 (2013): 161-165. Usado con permiso de *MSJ*. Para una explicación más concienzuda de la triunidad de Dios, consúltese el cap. 3, "Dios Padre".

El mismo uso de "nosotros" también figura en Isaías 6:8: "Después oí la voz del Señor, que decía: ¿A quién enviaré, y quién irá por nosotros? Entonces respondí yo: Heme aquí, envíame a mí".

¿Pero cómo puede uno ser tres? Deuteronomio 6:4 hace alusión a la respuesta: "Oye, Israel: Jehová nuestro Dios, Jehová uno es". Aquí, el término hebreo traducido "uno" (*ekjád*), transmite con frecuencia la idea de unidad en la diversidad. Por ejemplo, véase Génesis 1:5 (un día en dos partes: mañana y tarde); Génesis 2:24 (una pareja en dos cónyuges: varón y hembra); Éxodo 24:3 (una voz en muchas personas); Éxodo 26:6 (un tabernáculo en múltiples partes); y Números 13:23 (un racimo de muchas uvas). Por tanto, no es sorpresa alguna ver a Dios revelar una alusión a un Dios en tres personas, en el último libro del Pentateuco.

Con mayor especificidad, Isaías escribe sobre tres personas cuando se refiere al único Dios de Israel: "Jehová el Señor", "yo" (es decir, Cristo), y "su Espíritu" (Is. 48:16). De manera similar, Isaías 61:1 afirma: "El Espíritu de Jehová el Señor está sobre mí", es decir, Cristo y, en realidad, Cristo interpretó este texto exactamente de esa forma, en Lucas 4:18-19.

En el progreso de la revelación escrita de Dios, las pruebas del Nuevo Testamento se vuelven más directas y frecuentes al mostrar que el Padre, el Hijo y el Espíritu Santo son de la misma esencia divina y coiguales, un Dios en tres personas que expresan unidad en la diversidad. Los tres aparecen juntos en numerosos textos del Nuevo Testamento:

> Y Jesús, después que fue bautizado, subió luego del agua; y he aquí los cielos le fueron abiertos, y vio al Espíritu de Dios que descendía como paloma, y venía sobre él. Y hubo una voz de los cielos, que decía: Este es mi Hijo amado, en quien tengo complacencia (Mt. 3:16-17).

> Por tanto, id, y haced discípulos a todas las naciones, bautizándolos en el nombre del Padre, y del Hijo, y del Espíritu Santo (Mt. 28:19).

> Respondiendo el ángel, le dijo: El Espíritu Santo vendrá sobre ti, y el poder del Altísimo te cubrirá con su sombra; por lo cual también el Santo Ser que nacerá, será llamado Hijo de Dios (Lc. 1:35).

> Pero cuando venga el Consolador, a quien yo os enviaré del Padre, el Espíritu de verdad, el cual procede del Padre, él dará testimonio acerca de mí (Jn. 15:26; cf. 14:16, 26; 16:7-10, 14-15).

> Y si el Espíritu de aquel que levantó de los muertos a Jesús mora en vosotros, el que levantó de los muertos a Cristo Jesús vivificará también vuestros cuerpos mortales por su Espíritu que mora en vosotros (Ro. 8:11).

> Pero os ruego, hermanos, por nuestro Señor Jesucristo y por el amor del Espíritu, que me ayudéis orando por mí a Dios (Ro. 15:30).

> La gracia del Señor Jesucristo, el amor de Dios, y la comunión del Espíritu Santo sean con todos vosotros (2 Co. 13:14).

Porque si la sangre de los toros y de los machos cabríos, y las cenizas de la becerra rociadas a los inmundos, santifican para la purificación de la carne, ¿cuánto más la sangre de Cristo, el cual mediante el Espíritu eterno se ofreció a sí mismo sin mancha a Dios, limpiará vuestras conciencias de obras muertas para que sirváis al Dios vivo? (He. 9:13-14).

En esto conoced el Espíritu de Dios: Todo espíritu que confiesa que Jesucristo ha venido en carne, es de Dios (1 Jn. 4:2).

Pero vosotros, amados, edificándoos sobre vuestra santísima fe, orando en el Espíritu Santo, conservaos en el amor de Dios, esperando la misericordia de nuestro Señor Jesucristo para vida eterna (Jud. 20-21).

Los textos neotestamentarios adicionales parecidos, enumerados más abajo, eliminan cualquier duda respecto a la trinidad de Dios, con el Espíritu Santo como tercer miembro:

Hechos 2:33	Efesios 2:19-22
Romanos 5:5-6	Efesios 3:16-19
Romanos 8:3-4	Efesios 4:4-6
Romanos 8:8-9	Efesios 5:18-20
Romanos 8:15-17	Filipenses 3:3
Romanos 8:26-29	1 Tesalonicenses 1:3-5
Romanos 15:16	2 Tesalonicenses 2:13-14
1 Corintios 2:2-5	Tito 3:4-6
1 Corintios 6:11	Hebreos 10:29-31
2 Corintios 1:21-22	1 Pedro 1:2
Gálatas 3:1-5	1 Pedro 4:14

El *magnum opus* de los pasajes trinitarios figura en Efesios 1:3-14, que habla del involucramiento de cada persona en la salvación de los creyentes:

- Dios Padre: 1:3-6
- Dios Hijo: 1:7-12
- Dios Espíritu Santo: 1:13-14

En realidad, y como era de esperar, los tres miembros de la única Deidad aparecen por alusión o por mención directa, al principio y al final tanto del Antiguo como del Nuevo Testamento, desde Génesis a Malaquías, y de Mateo a Apocalipsis, tal como se ilustra en la tabla 5.3.

Conforme transcurrió el tiempo más allá del canon completo de las Escrituras y de los apóstoles, los padres de la iglesia primitiva empezaron a escribir sobre la Trinidad en mayor detalle. Nótense estos tres ejemplos:

Ireneo (ca. 120–202 d.C.):
Y este es el diseño de nuestra fe, el fundamento del edificio y la consolidación de una forma de vida. Dios, el Padre, no creado, más allá de toda comprensión, invisible Dios único y hacedor de todo; este es el *artículo primero y principal* de

Tabla 5.3 Referencias trinitarias que enmarcan ambos Testamentos

Libro	Pasaje	Alusión/Mención
Génesis	1:26	"nosotros"
Malaquías	2:15	Espíritu Santo
	2:16	Padre
	3:1-2	Cristo
Mateo	1:18	Cristo
	1:18	Espíritu Santo
	1:22	Padre
Apocalipsis	22:17	Espíritu Santo
	22:18-19	Padre
	22:20-21	Cristo

nuestra fe. Sin embargo, *el segundo artículo* es el Verbo de Dios, el Hijo de Dios, Cristo Jesús nuestro Señor, quien fue manifestado por los profetas, según el designio de su profecía y conforme a la manera en que el Padre dispuso; y, por medio de Él fueron hechas todas las cosas. Él también, *al final de los tiempos,* para la recapitulación de todas las cosas, se ha convertido en un hombre entre los hombres, visible y tangible, con el fin de abolir la muerte, traer la vida a la luz y producir la comunión de Dios y el hombre. Y *el tercer artículo* es el Espíritu Santo, por medio de quien los profetas profetizaron y los patriarcas fueron adoctrinados sobre Dios, y los justos conducidos por la senda de la justicia, y quien *al final de los tiempos* ha sido derramado de una nueva forma sobre la humanidad, por toda la tierra, y ha renovado al hombre para Dios.[6]

Gregorio Nacianceno (ca. 330–ca. 389 d.C.):
El Hijo no es el Padre... sin embargo es todo lo que el Padre es. El Espíritu no es el Hijo... A pesar de ello, todo lo que el Hijo es, Él también. Los tres son un todo único en su Deidad y este todo único consta de tres personalidades.[7]

Agustín (354–430 d.C.):
Lo que fuere que... se hable de Dios respecto a Él mismo, se pronuncia de forma individual en relación a cada persona, es decir, del Padre, del Hijo y del Espíritu Santo; y de manera conjunta de la Trinidad misma, no en forma plural, sino singular.[8]

No solo eran hombres que escribieron como individuos, sino también grupos que empezaron a componer declaraciones dogmáticas. Varias de las más importantes y tempranas incluyen las siguientes:

---

6. Ireneo, *Proof of the Apostolic Preaching*, trad. Joseph P. Smith, Ancient Christian Writers 16 (Londres: Longmans, Green, 1952), 50. Las cursivas para los "artículos" numerados se han añadido para mayor énfasis; las cursivas para "al final de los tiempos" son originales.

7. Gregorio Nacianceno, *On God and Christ: The Five Theological Orations and Two Letters to Cledonius*, trads. Fredrick Williams y Lionel Wickham (Crestwood, NY: St. Vladimir's Seminary Press, 2002), 122-123.

8. Agustín de Hipona, *On the Holy Trinity*, en *A Select Library of the Nicene and Post-Nicene Fathers of the Christian Church*, ed. Philip Schaff (Nueva York: Charles Scribner's Sons, 1905), 3:92 (5.8.9).

El Credo niceno-constantinopolitano (ca. 381 d.C.):
Creemos en un Dios Padre Todopoderoso... Y en un solo Señor Jesucristo... Dios verdadero de Dios verdadero... Y en el Espíritu Santo... que con el Padre y el Hijo, recibe una misma adoración y gloria.[9]

El (pseudo) Credo Atanasiano (ca. 375–525 d.C.):
He aquí la fe católica: veneramos a un Dios en la Trinidad y a la Trinidad en la unidad; sin confundir las personas, sin dividir la Sustancia [Esencia].
    Una es, en efecto, la Persona del Padre, otra la del Hijo, otra la del Espíritu Santo.
    Pero el Padre, el Hijo y el Espíritu Santo tienen una misma divinidad, una gloria igual y una misma eterna majestad.[10]

Desde el tiempo del Credo Atanasiano, los teólogos han observado que al menos siete líneas de pensamiento pueden desarrollarse de toda la sección (párrafos 3–28):

1. El Padre es Dios.
2. El Hijo es Dios.
3. El Espíritu Santo es Dios.
4. El Padre no es el Hijo.
5. El Padre no es el Espíritu Santo.
6. El Hijo no es el Espíritu Santo.
7. Hay exactamente un Dios.[11]

Cuando se resumen, estas siete verdades enseñan que hay un Dios vivo y verdadero, uno en esencia y que existe eternamente en tres personas: Padre, Hijo y Espíritu Santo. No puede alcanzarse ninguna otra conclusión de forma bíblica ni lógica.

La salvación
    La regeneración
    El bautismo
    El sellado

Aunque la humanidad fue creada a imagen de Dios, perfectamente adecuada para tener comunión con Él, como resultado del pecado de Adán toda la raza humana nació en pecado, alejada de Dios y sujeta a su juicio. Como desbordamiento de su gracia, el Dios trino se propuso salvar a un remanente de su creación por medio de la obra expiatoria de Dios el Hijo. Las Escrituras enseñan, sin embargo, que los beneficios salvíficos comprados por la cruz de Cristo se aplican a los creyentes a través de la obra del Espíritu Santo. En esta sección, bosquejamos su obra con respecto a la salvación.[12]

---

9. Philip Schaff, *The Creeds of Christendom*, vol. 2, *The Greek and Latin Creeds* (Nueva York: Harper & Brothers, 1889), 58-59.
10. Schaff, *The Creeds of Christendom*, 2:66.
11. John S. Feinberg, *No One Like Him: The Doctrine of God*, Foundations of Evangelical Theology (Wheaton, IL: Crossway, 2001), 438.
12. Para más sobre la doctrina de la salvación, en particular con respecto a la obra de regeneración del Espíritu Santo, véase cap. 7, "La salvación", en especial "El llamamiento interno: La regeneración" (p. 588).

La regeneración

Cuando el Espíritu aplica la salvación, el primer paso es la regeneración. Las realidades de la muerte y la vida espirituales son fundamentales para entender la regeneración. Todos los seres humanos que hayan vivido han sufrido la inercia espiritual (Ro. 3:23; Ef. 2:1, 5). ¿Volverán a vivir de nuevo? Y si es así, ¿cuándo sucederá esto? Dios el Padre, Dios el Hijo y Dios el Espíritu Santo proporcionan nueva vida espiritual a aquellos que estaban anteriormente muertos en sus pecados (Ro. 8:2, 6, 10-11). La regeneración aborda, de forma directa, este acto de la gracia de Dios.

IMÁGENES VERBALES

Las Escrituras describen la regeneración mediante cuatro imágenes particulares: (1) el nacimiento espiritual, (2) la purificación espiritual, (3) la creación espiritual, y (4) la resurrección espiritual.

El nacimiento espiritual (Tit. 3:5). El término griego, por lo general traducido "regeneración" (*palingenesía*) solo aparece dos veces en el Nuevo Testamento (Mt. 19:28; Tit. 3:5). Mateo lo usa para referirse al milenio como un mundo regenerado, pero en Tito alude a la salvación. Una combinación de dos palabras, *palingenesía* significa literalmente "nacido de nuevo" (cf. Gá. 4:29). La misma idea aparece en 1 Pedro, en el término griego *anagennáo*, que también significa de manera literal "nacido de nuevo" (1 P. 1:3, 23) y se ha traducido así (véase la NVI). Cuando Jesús habló con Nicodemo, le dijo que era necesario "nacer de nuevo" y usó dos palabras griegas que significan literalmente "nacido de lo alto" y que se refieren a un renacer espiritual provocado por Dios, quien mora arriba (Jn. 3:3, 7; cf. Stg. 1:17). La primera epístola de Juan alude una y otra vez a nacer de Dios (1 Jn. 2:29; 3:9; 4:7; 5:1, 4, 18). En el acto de la regeneración, el Espíritu Santo ha producido convicción de pecado, de justicia y de juicio (Jn. 16:8-11) y, después, proporciona seguridad de salvación al darle testimonio al creyente de su realidad (Ro. 8:16; 1 Jn. 3:24).

Purificación espiritual (Tit. 3:5). Pablo usa en dos ocasiones el término griego *loutrón* en referencia a los que están sucios de pecado (Is. 64:6) y son lavados por la regeneración (Ef. 5:26; Tit. 3:5). Después de que Pablo hace un recuento de los muchos pecados odiosos de los corintios (1 Co. 6:9-10), usa el término griego *apoloúo* para describir que son lavados, algo que él asocia a la santificación y la justificación (1 Co. 6:11).

Creación espiritual (Tit. 3:5). Pablo usa el término griego *anakaínosis*, que significa literalmente "nuevo otra vez", y que se traduce "renovación". Es una palabra compuesta que usa *kainós*, que significa "nuevo en calidad", en contraste con *néos* que quiere decir "nuevo en relación al tiempo". En sus epístolas, Pablo empleó ambos términos para "nuevo". Al enfatizar la novedad respecto a la calidad de vida, escogió *kainós* para describir la creación redentora de Dios (2 Co. 5:17; Gá. 6:15; Ef. 4:24); cuando quería dar a entender la novedad en el tiempo de la renovación de la vida espiritual, se volcaba por *néos* (Col. 3:10). Por la regeneración en el sentido de una renovación espiritual, los cristianos tienen una nueva naturaleza (2 Co. 5:17), con nuevas capacidades espirituales (Ro. 6:18, 20; 1 Co. 12:3). El creyente regenerado y renovado ha sido agraciado con una condición incluso mejor que la que poseía Adán originalmente, antes de caer en el pecado y experimentar la maldición de Dios. Adán era inocente, pero al creyente regenerado se le declara justo; es la re-creación espiritual del Espíritu Santo, vivo para Dios.

Resurrección espiritual (Jn. 6:63). Tanto Pablo (2 Co. 3:6) como Juan (Jn. 6:63) declaran que el Espíritu da vida. En otros lugares, las Escrituras declaran que Dios imparte vida (Jn. 5:21; Ro. 4:17; 6:13; Ef. 2:5; Col. 2:13). Juan revela que Cristo proporciona vida (Jn. 5:21). Es obvio que el esfuerzo trinitario está involucrado en aportar vida espiritual a aquellos que, de otro modo, estarían espiritualmente muertos. Las Escrituras retratan así la regeneración como una resurrección espiritual.

EL ANTIGUO TESTAMENTO

¿Los creyentes del Antiguo Testamentos eran regenerados, o la regeneración empezó en Pentecostés? La respuesta es, de manera definitiva, que tanto los creyentes del Antiguo Testamento como los del Nuevo experimentaron la regeneración.

Dos líneas distintas de razonamiento revelan la misma conclusión afirmativa. En primer lugar, dado que solo aquellos que han "nacido de nuevo" —es decir, los regenerados— pueden estar en el reino de Dios (Jn. 3:3, 5, 7) y que, en segundo lugar, los creyentes veterotestamentarios estaban salvíficamente en el reino de Dios, los santos del Antiguo Testamento fueron, necesariamente, creyentes regenerados. Si lo planteamos desde un ángulo diferente, dado que es imposible que un creyente sea justificado por Dios sin ser regenerado, y dado que los creyentes veterotestamentarios fueron justificados (Ro. 4:1-12: véase Sal. 32:1-2), los santos del Antiguo Testamento fueron regenerados.

INVOLUCRAMIENTO TRINITARIO

Los tres miembros de la Deidad estuvieron involucrados en algún aspecto de la regeneración, ya que las Escrituras afirman que los tres imparten vida:

1. Dios el Padre (Jn. 1:13; 2 Co. 5:17-19; Ef. 2:4-6; Col. 2:13; Stg. 1:18; 1 P. 1:3; 1 Jn. 5:11)
2. Dios el Hijo (Jn. 1:12; 5:21)
3. Dios el Espíritu Santo (Jn. 3:3, 5-7; 6:63; Tit. 3:5)

Por esta razón, Jesús proporcionó la fórmula bautismal: "…bautizándolos en el nombre del Padre, y del Hijo, y del Espíritu Santo" (Mt. 28:19). Esta declaración reconoce a cada uno de los miembros de la Deidad por sus involucramientos, individuales y combinados, en la regeneración.

EL ESPÍRITU SANTO Y LA OBRA DE DIOS

La salvación solo llega por la voluntad de Dios y no por la del hombre (Jn. 1:13; Ef. 2:8-10; Stg. 1:18). Aunque los tres miembros de la Deidad hacen contribuciones únicas al esfuerzo de la regeneración, las Escrituras enfatizan que dicha regeneración tiene lugar por la interacción complementaria del Espíritu de Dios (Jn. 3:3, 5-7; Gá. 3:2-3, 14; 1 Ts. 1:5; Tit. 3:5) con la Palabra de Dios (Ro. 1:16; 1 Ts. 1:5; 2:13; 1 P. 1:23).

Por consiguiente, la regeneración involucra la impartición instantánea de la vida espiritual eterna, por parte de Dios, a las personas que estaban antes espiritualmente muertas, pero que han aceptado a Cristo por fe, por la gracia de Dios. Este acto de gracia eficaz se efectúa, en su totalidad, sin ayuda humana y lo realiza el Espíritu Santo a través de la Palabra de Dios. Esta creación de nueva vida resulta en que los creyentes sean nuevas criaturas con una nueva naturaleza, capacidades, deseos, relaciones y responsabilidades... para siempre.

LA BLASFEMIA CONTRA EL ESPÍRITU SANTO Y LA APOSTASÍA

A pesar de la gloria de la obra del Espíritu en la salvación, las Escrituras identifican dos casos en los que las personas se excluyen decisivamente de la obra regeneradora del Espíritu. En primer lugar están los que cometen el pecado imperdonable o inolvidable de la blasfemia contra el Espíritu Santo (Mt. 12:31-32: Mr. 3:28-30; Lc. 12:10). Jesús enseñó sobre esto cuando los fariseos lo confrontaron una y otra vez, y lo acusaron de quebrantar el día de reposo. Jesús explicó que su compasión por sus discípulos hambrientos (Mt. 12:1-7) y por el hombre que tenía la mano seca (Mt. 12:9-13) eran ejemplos del verdadero cumplimiento de la ley de Dios. Y no solo esto, sino que la afirmación de ser el Señor del día de reposo (Mt. 12:8), junto con las sanidades divinas (Mt. 12:13) y los exorcismos (Mt. 12:22), demuestran de forma innegable que Jesús era el Mesías divino (Mt. 12:23). Incapaces de negar su poder, los fariseos buscaban influir en las multitudes, e insistían en que Jesús hacía sus milagros por el poder de Satanás, y no por el poder de Dios. Jesús notó la absurdidad (Mt. 12:25-26) y la hipocresía de semejante acusación (Mt. 12:27). No tenían una buena razón para suponer que los milagros de Jesús fueran demoníacos; sencillamente no querían aceptar su autoridad divina.

En este contexto, Jesús identificó las acusaciones de los fariseos como blasfemia contra el Espíritu Santo (Mt. 12:31), porque Él realizaba sus obras por el Espíritu. Semejante blasfemia es imperdonable (Mt. 12:32). Aunque los fariseos habían recibido la revelación más clara de la autoridad de Jesús, sus corazones estaban tan endurecidos que se negaban a aceptar lo que sabían que era verdad, y lanzaron una acusación difamatoria en un malicioso intento de silenciarlo. Como resultado, Jesús declaró que habían superado el punto del arrepentimiento y del perdón. Lo que caracteriza a este pecado imperdonable es el rechazo endurecido y determinado, y la incredulidad, incluso frente a las pruebas más innegables. En resumen, el pecado imperdonable se comete al ser testigos de los actos del Espíritu de Dios en Jesús y, por tener un corazón duro de incredulidad, atribuírselos a Satanás.

En segundo lugar, las Escrituras también identifican a esas personas que falsifican su profesión de fe en Cristo, y dan externa y temporalmente la impresión de haber sido regeneradas por el Espíritu, para acabar cayendo y abandonando la fe (p. ej., He. 2:1-3; 3:7-13; 6:4-6; 2 P. 2:20). Esto es *apostasía*, un término que significa "alejarse". Los que profesan ser cristianos, que se identifican con Cristo, y que con posterioridad renuncian a Él, demuestran no haberse convertido nunca de verdad, y su apartamiento de la comunión de la fe indica que no estuvieron nunca realmente en Cristo (cf. 1 Jn. 2:19). Pedro escribió que para esos impostores espirituales su estado postrero será peor que el primero, y que mejor les hubiera sido no haber conocido el camino de la justicia, que después de haberlo conocido, volverse atrás (2 P. 2:20-21). Esto se debe a que es imposible que quien ha abandonado de verdad la fe, a la luz de la plena revelación, sea renovado de nuevo y se arrepienta (He. 6:4-6). De forma parecida a la blasfemia del Espíritu Santo, la apostasía consiste en el firme rechazo hacia Cristo procedente de un corazón duro, y en considerar que la verdad de Dios es falsa; por así decirlo, no hay vuelta atrás en esto. Aunque solo Dios puede conocer este punto, existe una clase de rechazo que excluye la posibilidad del arrepentimiento.

Con frecuencia, la conciencia sensible de los creyentes genuinos les produce preocupación respecto a si quizá han pecado de manera tan grave que hayan cometido el pecado imperdonable, o que hayan apostatado. Sin embargo, ambos actos atroces implican dureza de corazón y un odio extremo hacia el Salvador. Estas no son las marcas de quienes aman tanto a Cristo que temen alejarse de Él. Los creyentes que pecan deben seguir apartándose del pecado y confiar en la suficiencia de la vida, la muerte y la resurrección de Cristo para que los salven de la ira de Dios. Para quienes actúan así, Cristo ha prometido no abandonar jamás a los suyos (Mt. 28:20; He. 13:5) ni dejar que los arranquen de Él (Jn. 10:28-29). Dios promete acabar su obra de salvación (Fil. 1:6), de modo que nada pueda separar a los verdaderos creyentes del amor de Dios en Cristo (Ro. 8:38-39). Los creyentes temerosos deberían autoexaminarse, arrepentirse del pecado, acudir solo a Cristo en busca de justicia, regocijarse en la suficiencia de su amor salvador y seguirle con renovada fuerza.

El bautismo

Después de que el Espíritu de Dios regenera a aquellos que estaban anteriormente muertos en sus pecados (Ef. 2:1-3), de modo que hereden la vida eterna, se producen al menos seis mejoras espirituales relevantes que involucran al Espíritu:

1. Cristo *bautiza* al creyente con el Espíritu y lo integra en el cuerpo de Cristo (1 Co. 12:13).
2. El Padre *sella* al creyente con el Espíritu Santo como marca de propiedad y garantía de la salvación propia (Ef. 1:13).
3. El Espíritu *mora* en el creyente (1 Co. 3:16).
4. El Espíritu *llena/controla* al creyente (Ef. 5:18).
5. El Espíritu *produce* fruto espiritual en la vida del creyente (Gá. 5:22-23).
6. El Espíritu *capacita* al creyente para el servicio en la iglesia (1 Co. 12:4).

Estos rasgos se explicarán de manera consecutiva en esta sección y en las secciones "La santificación" (p. 367) y "El servicio" (p. 388) más abajo. Los seis aparecen al mismo tiempo con la salvación, pero las Escrituras trata cada uno de ellos individualmente.

El tiempo más adecuado para que comenzara la venida del Espíritu que Cristo había prometido (Jn. 14:16-17; Hch. 1:4-5) era Pentecostés (cincuenta días después de la Pascua, en mayo o junio) que celebraba la fiesta judía de las semanas (Éx. 34:22), también conocida como la fiesta de la cosecha (Éx. 23:16). Mientras los judíos celebraban las primicias de la cosecha física (Lv. 23:15-17), la era del nuevo pacto para la iglesia inauguró las primicias de la cosecha de salvación (véase Jn. 4:35 para el simbolismo) del Espíritu Santo (Hch. 2:1-4; cf. Ro. 8:23). El Espíritu ministra ahora bajo la autoridad del nuevo pacto, no del viejo (Ro. 7:6; 2 Co. 3:2-11; He. 8:6-7, 13; 9:15; 10:1).

CONSIDERACIONES BÍBLICAS

La *expectativa* del bautismo del Espíritu aparece en los cuatro Evangelios y en Hechos 1. La *experiencia* de este bautismo se inició en Hechos 2, como se nos recuerda en Hechos 11. La *explicación* del bautismo en el Espíritu vino más tarde, en 1 Corintios 12.

Expectativa. Mateo 3:11-12; Marcos 1:8; Lucas 3:16-17 y Juan 1:32-34, todos informan de la referencia de Juan el Bautista a que Cristo bautizaba con el Espíritu Santo. La preposición griega *en* debería traducirse "en" o "con", ya que esas interpretaciones se han usado con anterioridad en el sentido obvio de "por medio de", en alusión al agua.[13] Así como uno es sumergido (*baptízo*) "en", "con" o "por medio de" agua, también es bautizado "en", "con" o "por medio" del Espíritu Santo.

En estos textos aparecen tres tipos de bautismos: (1) el bautismo en agua, que indica el arrepentimiento previo; (2) el bautismo en el Espíritu, que señala la salvación y la entrada a la iglesia universal, el cuerpo de Cristo (1 Co. 12:13); y (3) el bautismo de fuego, que apunta al juicio de los incrédulos (Mt. 3:12; 25:41; Lc. 3:16; Jn. 15:6; Ap. 20:14-15).

En Mateo, Marcos y Lucas, este acontecimiento figura antes del bautismo de Cristo (*ca.* primavera del 26 d.C.), mientras Juan se refiere a otra ocasión, después del bautismo de Cristo (*ca.* otoño del 26 d.C.). Más de tres años más tarde, Cristo les dio a los discípulos unas instrucciones de última hora respecto al bautismo en el Espíritu (Hch. 1:4-5). Mientras se preparaba para ascender al cielo, desde el monte de los Olivos en la primavera del 30 d.C., el Señor les recordó lo que Juan el Bautista había dicho con anterioridad, y les indicó que en unos pocos días se produciría el cumplimiento inicial, mientras esperaran en Jerusalén (Hch. 1:4-5).

Experiencia. Diez días después, en Pentecostés, sucedió lo que Juan y Cristo habían anunciado previamente (Hch. 2:1-21). ¿Cómo puede sacarse esta conclusión si Lucas no lo recoge de manera explícita como tal? Alrededor de seis años después (*ca.* 36 d.C.), cuando Pedro visitó la casa de Cornelio, el centurión romano en Cesarea (Hch. 11:13-18), predicó el evangelio a esta familia gentil. Fueron salvos y recibieron el Espíritu Santo. Pedro recordaba (1) que fue como el día de Pentecostés en Hechos 2, y (2) que fue similar a la expectativa de las palabras de Cristo en Hechos 1:5. Así, concluyó que lo que ocurrió en Pentecostés también sucedió en la familia de Cornelio. Más tarde, en el Concilio de Jerusalén (*ca.* 49 d.C.), Pedro confirmó y repitió lo que había dicho trece años antes, en Cesarea (Hch. 15:6-11).

---

13. Daniel B. Wallace, *Greek Grammar Beyond the Basics: An Exegetical Syntax of the New Testament* (Grand Rapids, MI: Zondervan, 1996), 374.

Explicación. Los relatos históricos de los Evangelios y Hechos narran los hechos de la *expectación* y la *experiencia* del bautismo del Espíritu, pero no proporcionan *explicación* alguna respecto a su significado o relevancia. Sin embargo, Pablo escribió a la iglesia corintia (*ca.* 55 d.C.), y explicó la realidad resultante del bautismo del Espíritu: "Porque por un solo Espíritu fuimos todos bautizados en un cuerpo, sean judíos o griegos, sean esclavos o libres; y a todos se nos dio a beber de un mismo Espíritu" (1 Co. 12:13).

Para darle mayor sentido a los aspectos únicos del bautismo en el Espíritu, la tabla 5.4 muestra el patrón paralelo de seis factores esenciales para tres escenarios bautismales. Para resumirlo, el bautismo en el Espíritu se produce cuando Jesucristo, el Señor de su iglesia, desde Pentecostés en adelante y por medio del Espíritu, coloca a los cristianos en su cuerpo, la iglesia, en el momento en que una persona deposita su fe en Cristo como Salvador y Señor. Al hacer Cristo esto, los cristianos son sumergidos en el cuerpo universal de Cristo y participan de él, por la voluntad soberana del Salvador.

El libro de Hechos presenta algunos escenarios que, al compararlos con esta explicación, suscitan unas cuantas preguntas.[14] Jesús les había dicho a sus discípulos que predicaran el evangelio en Jerusalén, en Judea, en Samaria y hasta los confines de la tierra (Hch. 1:8). Los apóstoles obedecieron, y los hitos de esta expansión se narran en Hechos 2; 8; 10–11; y 19. Conforme procedieron desde Jerusalén hasta Éfeso, de los judíos a los gentiles, cada progreso quedó marcado por circunstancias especiales.

Hechos describe la llegada del Espíritu Santo en su función de Consolador prometido (Jn. 14:17) como acontecimiento audiovisual sorprendente (Hch. 2:1-13), que fue parcial y selectivamente repetido (Hch. 8:14-19; 10:44-48; 19:1-7). Estas repeticiones fueron casos especiales en los que se informa que los creyentes habían recibido el Espíritu o habían sido llenos de Él. Cada uno de estos casos carecía del sonido de un poderoso viento recio y de lenguas como de fuego, presentes en el acontecimiento original (Hch. 2:1-13); sin embargo, las personas hablaban en lenguas que no conocían, pero que otros sí reconocían. Esos sucesos no deberían tomarse como base para enseñar que los creyentes de hoy deberían esperar que esa misma prueba de las lenguas acompañara a la llenura del Espíritu Santo. Por ejemplo, una multitud de tres mil personas creyeron y fueron bautizadas el mismo día de Pentecostés, que empezó de una forma tan extraordinaria (Hch. 2:41), aunque las Escrituras no hagan mención alguna de las lenguas en su caso.

¿Por qué, pues, en algunos casos las lenguas acompañaban la confirmación de la fe? Que esto ocurriera en realidad demuestra, probablemente, que los creyentes eran sacados de grupos muy diferentes para entrar en la iglesia. Cada nuevo grupo recibió una bienvenida especial del Espíritu Santo. Así, samaritanos (Hch. 8:14-19), gentiles (Hch. 10:44-48) y creyentes del antiguo pacto (Hch. 19:1-7) fueron añadidos a la iglesia, y se estableció la unidad de la iglesia. Para demostrar esa unidad era imperativo tener alguna réplica en cada caso de lo que había ocurrido en Pentecostés, con los judíos creyentes, como la presencia de los apóstoles y la venida del Espíritu, indicado de forma manifiesta por las lenguas que se hablaron en Pentecostés. La tabla 5.5 resume los detalles de estos cuatro casos especiales.

---

14. Los tres párrafos siguientes están adaptados de John MacArthur, *The MacArthur Daily Bible: New King James Version* (Nashville: Thomas Nelson, 2003), 608. Usado con permiso de Thomas Nelson. www.thomasnelson.com.

Tabla 5.4 Comparación de los tres escenarios bautismales

	Bautismo de arrepentimiento	Bautismo en la iglesia local	Bautismo en el Espíritu
El bautista	Juan el Bautista	El pastor	Cristo
El medio	Agua	Agua	Espíritu Santo
El bautizado	La persona arrepentida antes de Pentecostés	El creyente desde Pentecostés en adelante	El creyente desde Pentecostés en adelante
La condición	El arrepentimiento	La fe en Cristo	La fe en Cristo
El modo	Inmersión en agua	Inmersión en agua	Inmersión en el Espíritu Santo
Los resultados	Reconocido como creyente veterotestamentario	Obediencia al mandamiento de Cristo en la iglesia local	Entrada al cuerpo universal de Cristo

Tabla 5.5 Cuatro casos especiales de conversión

Ubicación	Jerusalén/Judea	Samaria	Cesarea	Éfeso
Texto	Hch. 2:1-21	Hch. 8:14-24	Hch. 10:1–11:18	Hch. 19:1-7
Momento	Día de Pentecostés *ca.* 30 d.C.	*ca.* 31–32 d.C.	*ca.* 36 d.C.	*ca.* 52 d.C.
Personas	Judíos	Samaritanos	Gentiles	Discípulos de Juan el Bautista
Espíritu Santo	Bautizados y llenos del Espíritu Santo	Recibieron el Espíritu Santo	Recibieron el Espíritu Santo	Recibieron el Espíritu Santo
Señal	Hablaron en lenguas como señal para los judíos	No se recoge nada	Hablaron en lenguas como señal para los judíos	Hablaron en lenguas y profetizaron como señal para los judíos
Circunstancias	Se quedaron juntos	Imposición de manos	La predicación de Pedro	Imposición de manos

A lo largo de un período de aproximadamente dos décadas, el evangelio se extendió desde Jerusalén a Éfeso, de los judíos a los gentiles. Estos cuatro pasos significativos representan la expansión de la iglesia, que fue marcada por el bautismo del Espíritu, con el hablar en lenguas como signo que autentificara la veracidad del alcance del evangelio de Dios. Algunos han concluido que estas cuatro breves intervenciones históricas representaban entonces la norma que sigue hasta hoy. Sin embargo, las Epístolas en su totalidad dan el sentido muy distinto de que aquellos fueron momentos realmente extraordinarios que no se repetirían.

¿Qué acercamiento es correcto? Dos normas clásicas y habituales de la interpretación bíblica nos proporcionan la respuesta cuando se aplican a Hechos y a las Epístolas de forma objetiva y sistemática:

1. Emplear las Escrituras y no la experiencia personal para determinar la verdad doctrinal.

2. Usar las secciones de enseñanza (didácticas) de las Escrituras y no las porciones históricas (narrativas), para determinar lo que es prescriptivo en lugar de lo que es meramente descriptivo, lo excepcional comparado con aquello que debería considerarse como normativa.

La aplicación de estos principios conduce a creer que las experiencias esquematizadas en Hechos 2; 8; 10-11; y 19 eran excepciones a la norma, dadas para validar e ilustrar históricamente la difusión del evangelio durante el período único de la transición del judaísmo que temía a Dios, al nuevo pacto del cristianismo, tal como se registra en el libro de los Hechos. No han sido la expectación y las experiencias normativas del ministerio del evangelio a lo largo de los siglos posteriores y hasta el día de hoy.[15]

Existen otros cuatro textos neotestamentarios que hablan del bautismo de una forma tan vaga que los comentaristas mantienen opiniones considerablemente divergentes. Unas cuantas observaciones breves son procedentes:

1. Romanos 6:3: "bautizados en Cristo". Este pasaje trata la unión cristiana "con Cristo"; por tanto, no se referiría al bautismo en agua.
2. Gálatas 3:27: "bautizados en Cristo". Este texto enseña la misma verdad que Romanos 6.3, la preposición griega *eis,* no *en*, significa "una unión inseparable con y una sumisión total a".
3. Efesios 4:5: "un bautismo". Muy posiblemente, este texto se refiere al bautismo en agua "en Cristo". Al parecer, esto se aplica a todo cristiano sin excepción.
4. Colosenses 2:12: "sepultados con Él en el bautismo". Este lenguaje es bastante similar a Romanos 6:3-4, y lo más probable es que Pablo se refiera por tanto a la unión del cristiano "con Cristo".

La probabilidad mayor es que estas cuatro declaraciones paulinas se refieran a la unión cristiana "con Cristo".

RESUMEN POR CONTRASTES

Para que quede claro lo que es el bautismo en el Espíritu, y lo que no es, la lista siguiente proporciona una serie de declaraciones positivas y negativas en contraste:

1. El bautismo en el Espíritu es un don de Dios, por gracia; no es algo que se deba buscar, por lo cual atormentarse ni por lo cual orar.
2. El bautismo en el Espíritu está exclusivamente asociado a la regeneración/salvación; no es algo normativo como para ser asociado con la señal temporal del don de lenguas ni con otros dones milagrosos limitados a la era apostólica.
3. El bautismo en el Espíritu es un acontecimiento permanente, de una sola vez; no es un suceso reversible ni recurrente.
4. El bautismo en el Espíritu es la prueba de la salvación de la persona; no es, en sí mismo, la medida de su madurez espiritual.

---

15. Véase Walter C. Kaiser Jr., "The Baptism in the Holy Spirit as the Promise of the Father: A Reformed Perspective", en *Perspectives on Spirit Baptism: Five Views*, ed. Chad Owen Brand (Nashville: Broadman, 2004), 15-37.

5. El bautismo en el Espíritu es una bendición inicial y el resultado duradero de la salvación; no es una segunda obra de gracia ni una segunda bendición.
6. El bautismo en el Espíritu está inseparablemente vinculado a la salvación; no está desligado de la salvación ni es subsecuente a ella.
7. El bautismo en el Espíritu se inicia, de forma soberana, por Cristo; no se obtiene por ningún acto del creyente.
8. El Nuevo Testamento da por sentado que el bautismo del Espíritu es una experiencia proporcionada por Cristo a cada creyente; nunca se les ordena a los creyentes que lo consigan ni que lo retengan.
9. El bautismo en el Espíritu es algo que experimentan todos los cristianos desde Pentecostés hasta el día de hoy; no fue una experiencia para los creyentes del Antiguo Testamento ni para los de la era del evangelio.
10. El bautismo en el Espíritu incluye a cada creyente; no se limita a los espiritualmente maduros.
11. El bautismo en el Espíritu concede gratuitamente la entrada al cuerpo universal de Cristo; no se basa en los logros espirituales individuales posteriores.
12. El bautismo en el Espíritu es distinto, aunque asociado, a la permanencia o la llenura del Espíritu en el creyente; no se debe equiparar a ninguna de ellas.

El bautismo del Espíritu Santo es un acto posicional que tiene lugar en la vida de cada cristiano, al mismo tiempo que la regeneración. Los textos de Hechos que se refieren a un bautismo del Espíritu postconversión se asocian a la naturaleza transicional del período descrito en Hechos. En 1 Corintios 12:13 se recoge la doctrina normativa del bautismo en el Espíritu, y declara que resulta en una nueva posición en el cuerpo de Cristo para todos los cristianos, en el momento de la fe en Cristo. Por la naturaleza carnal de los cristianos corintios, a quienes iba dirigido este pasaje de Pablo, se puede deducir que no tiene necesariamente influencia alguna en la santidad subsecuente. La iglesia, el cuerpo espiritual de Cristo, se forma a medida que Cristo sumerge a los creyentes en el Espíritu y los une a todos los demás cristianos, comenzando desde Pentecostés. El bautismo del Espíritu Santo no es una experiencia que se busque, sino más bien una realidad de la salvación por la que darle gracias a Dios.

El sellado

El propio Espíritu de Dios viene a regenerar, a morar en el creyente y asegurar su salvación en el momento en que uno se arrepiente del pecado y cree, por fe, en la muerte, la sepultura y la resurrección de Jesucristo. El Espíritu de la promesa (Ef. 1:13) ha sido dado por Dios como garantía de la futura herencia del creyente en gloria.

Pablo desarrolló este tema del *sellado* usando dos términos griegos: *sfragízo*, "sellar" y *arrabón*, "arras" (2 Co. 1:21-22; 5:5 [55–56 d.C.]; Ef. 1:13-14; 4:30 [60–62 d.C.]). Ambos términos se originaron con un sentido secular, pero Pablo se apropió de ellos más tarde como imágenes verbales para especificar el ministerio relevante que involucra al Espíritu Santo. *Sfragízo*, o "sellar", representa la práctica antigua de colocar cera blanda en la correspondencia o la propiedad de uno, sobre la que a continuación se presionaba un sello con una marca única que identificaba, de manera inequívoca, al propietario u originador. Simbolizaba la seguridad, la protección, la propiedad, la autoridad y la autenticidad. *Arrabón*, o "garantía", era un depósito financiero o un depósito que se entregaba como prueba de buena fe de que los pagos restantes llegarían para completar una transacción de negocio. Comunicaba la idea de una promesa que fomentara certeza y seguridad.

En el contexto de la salvación, el sello apunta a que Dios es el propietario del creyente, quien ha sido comprado por precio: la sangre de Jesucristo, el Hijo de Dios (1 Co. 6:19-20). Dios sella al creyente (2 Co. 1:22; 5:5) con el Espíritu Santo, así como antes selló a Cristo (Jn. 6:27). Por tanto, el Espíritu Santo es el verdadero sello (2 Co. 1:22) que autentifica al cristiano como hijo de Dios.

Todos los verdaderos creyentes reciben el sello del Espíritu Santo, a causa de su salvación (Ro. 8:9). Así como uno es salvo por gracia, por medio de la fe en Cristo, también recibe por gracia el sello de Dios, que es el Espíritu Santo. En ningún momento se instruye a los creyentes que procuren el sellado o que se esfuercen por recibirlo. Siempre se da por sentado que son sellados a causa de su salvación. En cambio, se advierte a los cristianos que no entristezcan al Espíritu Santo con el cual han sido sellados por Dios (Ef. 4:30).

El propósito inmediato del sello es identificar a aquellos que un día recibirán el pleno y definitivo beneficio de la salvación, a saber, la resurrección (Ro. 8:20-23). Por esta razón, Romanos 8:23 habla de la vida presente del creyente como tener "las primicias del Espíritu", ya que hay mucho más por venir en el día futuro de la resurrección y de la redención del cuerpo del creyente (2 Co. 5:4-5; Ef. 1:14; 4:30). El sellado inmediato es presente, pero temporal, porque anuncia el resultado supremo que es aún futuro y permanente. Como creyente sellado por Dios con el Espíritu Santo, la salvación de uno es otorgada por la autoridad de Dios y es autentificada por la posesión del propio Espíritu de Dios. Al ser propiedad de Dios, los cristianos están espiritualmente a salvo y son protegidos por sus recursos espirituales omnipotentes e invencibles.

El Espíritu no solo es el sello de Dios en los creyentes, sino también su garantía (2 Co. 1:22; 5:5; Ef. 1:14) de que, en última instancia, cumplirá su promesa de vida eterna con un cuerpo resucitado y glorificado. El Espíritu es la prenda de Dios, las arras, y el depósito que certifican con impecable seguridad la certeza de que Dios completará también aquello que comenzó (Fil. 1:6). Por ello, Pablo se refería al Espíritu como "el Espíritu Santo de la promesa, que es las arras de nuestra herencia hasta la redención de la posesión adquirida, para alabanza de su gloria" (Ef. 1:13-14). El Espíritu es la garantía inmediata de recibir la promesa suprema de Dios (cf. Jn. 10:28-29; Ro. 8:31-39): la vida eterna.

La santificación[16]

Introducción
Morada
Llenura
Fruto

---

16. Para una explicación más detallada de la santificación, consúltese el cap. 7, "La salvación".

Introducción[17]

El Nuevo Testamento emplea una variedad de términos para aludir a los creyentes en el Señor Jesucristo. El término "cristiano" (gr. *cristianós*) se usa, con mayor frecuencia, en la terminología contemporánea. Sin embargo, este nombre solo aparece en tres ocasiones en las Escrituras (Hch. 11:26; 26:28; 1 P. 4:16). La connotación que se pretendía originalmente (positiva o negativa) sigue siendo incierta; sin embargo, solo se aplica a aquellos que han creído en Jesucristo y han seguido su camino.

El término favorito en los Evangelios y en Hechos era "discípulo" (gr. *mathetés*), que aparece más de 250 veces, y es usado casi siempre para los seguidores de Cristo. De su relación con los "cristianos" en Hechos 11:26, se puede concluir que el uso de "discípulo" precedió al de "cristiano" y, más importante aún, definía al cristiano como auténtico discípulo de Cristo.

A lo largo del Nuevo Testamento, se sugiere la imaginería familiar espiritual del *nuevo nacimiento* mediante el uso frecuente de "hermano" (gr. *adelfós*) y la rara aparición de "hermana" (gr. *adelfé*, Flm. 2, LBLA; 2 Jn. 13), en referencia a la relación espiritual en Cristo. Otra expresión llamativa es "esclavo" (gr. *doúlos*), en contraste con Cristo, como "Señor" (gr. *kúrios*).

Cada uno de los cinco términos mencionados más arriba parecen bastantes adecuados y obvios. Sin embargo, "santo" (gr. *ágios*) no es una referencia adicional al creyente. Es la más sorprendente, enigmática y menos merecida. Escasamente usada en los Evangelios y en Hechos, "santo" es la terminología preferida en las Epístolas y en Apocalipsis.

¿Por qué se llama "santos" o "los santos" a los cristianos, los discípulos, los hermanos, las hermanas y los esclavos? No eran santos antes de la salvación; no son santos durante su vida en la tierra, ya que solo Dios es santo; y no serán sin pecado hasta después de la muerte, en el cielo. Sin embargo, las Escrituras declaran con claridad, con frecuencia y de manera enfática que los creyentes son "santos" o "los santificados".

El concepto de ser santo o santificado sirve de principio y final en el canon: "Y bendijo Dios al día séptimo, y lo santificó" (Gn. 2:3); "... el que es justo, practique la justicia todavía; y el que es santo, santifíquese todavía" (Ap. 22:11). Más concretamente, Dios le ordenó a Moisés: "Santos seréis, porque santo soy yo Jehová vuestro Dios" (Lv. 19:2), y Pedro repitió el mandamiento: "Como aquel que os llamó es santo, sed también vosotros santos en toda vuestra manera de vivir; porque escrito está: Sed santos, porque yo soy santo" (1 P. 1:15-16). Esta idea de estar "separado", "dedicado a" o ser "santo" impregna todas las Escrituras, tanto el Antiguo como el Nuevo Testamento. Aunque no se limita a la obra del Espíritu Santo, la santificación suele asociarse directamente al Espíritu Santo (Ro. 8:23; 1 Co. 6:11; 1 Ts. 4:7-8; 2 Ts. 2:13; Tit. 3:5; 1 P. 1:2).

¿Por qué "santo"? Es el nombre de entre las seis designaciones mencionadas con anterioridad que se centra en el atributo de santidad de Dios (cf. Is. 6:1-8) y su designio de que todos los creyentes verdaderos en Cristo demuestren y emulen cada vez más

---

17. Esta sección está adaptada de Richard L. Mayhue, "Sanctification: The Biblical Basics", *MSJ* 21, no. 2 (2010): 143-157. Usado con permiso de *MSJ*.

esta cualidad como su marca de autenticidad cristiana (cf. He. 12:10). El Espíritu de santidad (Ro. 1:4), al que en otros lugares se alude como el Espíritu Santo (Sal. 51:11; Is. 63:11; Mt. 1:18; Jud. 20), personifica este atributo preeminente. Al centrarse en este título para los creyentes, la explicación que sigue explorará las implicaciones salvadoras de la santificación y de la santidad cuando aparecen en textos bíblicos tan familiares como los que siguen:

> Sed, pues, vosotros perfectos, como vuestro Padre que está en los cielos es perfecto (Mt. 5:48).

> Y sabemos que a los que aman a Dios, todas las cosas les ayudan a bien, esto es, a los que conforme a su propósito son llamados. Porque a los que antes conoció, también los predestinó para que fuesen hechos conformes a la imagen de su Hijo, para que él sea el primogénito entre muchos hermanos. Y a los que predestinó, a éstos también llamó; y a los que llamó, a éstos también justificó; y a los que justificó, a éstos también glorificó (Ro. 8:28-30).

> Estando persuadido de esto, que el que comenzó en vosotros la buena obra, la perfeccionará hasta el día de Jesucristo (Fil. 1:6).

> Amados, ahora somos hijos de Dios, y aún no se ha manifestado lo que hemos de ser; pero sabemos que cuando él se manifieste, seremos semejantes a él, porque le veremos tal como él es. Y todo aquel que tiene esta esperanza en él, se purifica a sí mismo, así como él es puro (1 Jn. 3:2-3).

> Y a aquel que es poderoso para guardaros sin caída, y presentaros sin mancha delante de su gloria con gran alegría, al único y sabio Dios, nuestro Salvador, sea gloria y majestad, imperio y potencia, ahora y por todos los siglos. Amén (Jud. 24-25).

Tres grupos de palabras distintos, en el Nuevo Testamento, describen de forma sinónima la salvación en términos de aquello que es pasado, presente y futuro. La tabla 5.6 ilustra este patrón con pasajes representativos de las Escrituras, y los datos que presenta pueden resumirse mejor con estas diez observaciones:

1. "Salvación", "santificación" y "completitud"/"perfección" pueden usarse de manera sinónima en las Escrituras como grupos de palabras con una importancia salvadora relevante.
2. La salvación es una parte de la santificación en su sentido más amplio, y esta, a su vez, es parte de la salvación en su sentido más pleno.
3. Por tanto, la salvación y la santificación son inseparables. No puedes tener la una sin la otra.
4. Cada uno de estos tres grupos de palabras puede describir el pasado, el presente o el futuro.
5. Cada uno de estos tres grupos de palabras puede describir la inauguración, la continuación o la culminación en el contexto de la redención.
6. Cada uno de estos tres grupos puede describir parte de la salvación o su totalidad.
7. A menos que uno acepte esta tensión bíblica, lo más seguro es que se puedan alcanzar conclusiones erróneas al desarrollar la soteriología.

Tabla 5.6 Grupos de palabras que describen la salvación

	Completitud/Perfección (gr. *teleióo, teleíos*)	Salvación (gr. *sózo, sotería, sotérios*)	Santificación (gr. *agiázo, agiasmós, ágios*)
Pasado	"Porque con una sola ofrenda *hizo perfectos* para siempre a los santificados" (He. 10:14).	"Nos *salvó*, no por obras de justicia que nosotros hubiéramos hecho, sino por su misericordia, por el lavamiento de la regeneración y por la renovación en el Espíritu Santo" (Tit. 3:5).	"Y esto erais algunos; mas ya habéis sido lavados, ya habéis sido santificados, ya habéis sido justificados en el nombre del Señor Jesús, y por el Espíritu de nuestro Dios" (1 Co. 6:11).
Presente	"Así que, amados, puesto que tenemos tales promesas, limpiémonos de toda contaminación de carne y de espíritu, *perfeccionando* la santidad en el temor de Dios" (2 Co. 7:1).	"Por tanto, amados míos, como siempre habéis obedecido, no como en mi presencia solamente, sino mucho más ahora en mi ausencia, ocupaos en vuestra *salvación* con temor y temblor" (Fil. 2:12).	"Pues la voluntad de Dios es vuestra *santificación*; que os apartéis de fornicación; que cada uno de vosotros sepa tener su propia esposa en santidad y honor... Pues no nos ha llamado Dios a inmundicia, sino a santificación (1 Ts. 4:3-4, 7).
Futuro	"Sino que os habéis acercado... a Dios el Juez de todos, a los espíritus de los justos hechos perfectos" (He. 12:22-23).	Y esto, conociendo el tiempo, que es ya hora de levantarnos del sueño; porque ahora está más cerca de nosotros nuestra *salvación* que cuando creímos (Ro. 13:11).	"Y el mismo Dios de paz os *santifique* por completo; y todo vuestro ser, espíritu, alma y cuerpo, sea guardado irreprensible para la venida de nuestro Señor Jesucristo" (1 Ts. 5:23).

8. Las Escrituras afirman que la persona ya es aquello en lo que la persona se está convirtiendo.
9. En la Biblia se le ordena a la persona que sea ahora lo que no puede ser por completo hasta la eternidad.
10. La clave para mantener la claridad en medio de la posible confusión interpretativa es identificar correctamente las partes individuales de cada texto bíblico.

Estos pensamientos introductorios tratan la santificación en sus diversas partes, y en su conjunto, para proveer el contexto para lo que sigue. La explicación posterior se centrará, a propósito y principalmente, en la *santificación progresiva*, es decir, en la que se produce en la vida cristiana después de la salvación. Sin pasar a la santificación progresiva con demasiada precipitación, sin embargo, la tabla 5.7 presenta diversos aspectos de la santificación para resaltar su complejidad.

Aunque uno pueda sentirse tentado a pensar que esta explicación de la santificación es poco práctica, la verdad es justamente lo contrario. La teología *sistemática* ofrece el esquema para la teología *espiritual*. La doctrina cristiana se traduce en vida cristiana. En un sentido muy real, toda la teología y todo el vivir cristiano puede explicarse, desarrollarse y discernirse mediante el estudio y la aplicación de lo que la Biblia expone respecto a la santificación.

Las listas siguientes permiten que las Escrituras hablen por sí mismas sobre las perspectivas en tres tiempos de la santificación: posicional, progresiva y perfectiva.

Tabla 5.7 Aspectos de la santificación

Agentes divinos principales	PADRE	HIJO	ESPÍRITU SANTO
	"Pues no nos ha llamado Dios a inmundicia, sino a *santificación*" (1 Ts. 4:7).	"A la iglesia de Dios que está en Corinto, a los *santificados* en Cristo Jesús, llamados a ser santos con todos los que en cualquier lugar invocan el nombre de nuestro Señor Jesucristo, Señor de ellos y nuestro..." (1 Co. 1:2).	"Pero nosotros debemos dar siempre gracias a Dios respecto a vosotros, hermanos amados por el Señor, de que Dios os haya escogido desde el principio para salvación, mediante la *santificación* por el Espíritu y la fe en la verdad" (2 Ts. 2:13).
Secuencia de tiempo	PASADO	PRESENTE	FUTURO
	"Y ahora, hermanos, os encomiendo a Dios, y a la palabra de su gracia, que tiene poder para sobreedificaros y daros herencia con todos los *santificados*" (Hch. 20:32).	"Que cada uno de vosotros sepa tener su propia esposa en *santidad* y honor" (1 Ts. 4:4).	"Para que sean afirmados vuestros corazones, irreprensibles en *santidad* delante de Dios nuestro Padre, en la venida de nuestro Señor Jesucristo con todos sus santos" (1 Ts. 3:13).
Principales medios	EVANGELIO	GLORIA/ESCRITURAS	RESURRECCIÓN
	"...para *santificarla*, habiéndola purificado en el lavamiento del agua por la palabra..." (Ef. 5:26).	"Por tanto, nosotros todos, *mirando a cara descubierta...* la gloria del Señor, somos transformados de gloria en gloria" (2 Co. 3:18). "*Santifícalos* en tu verdad; tu palabra es verdad" (Jn. 17:17).	"Y no sólo ella, sino que también nosotros mismos, que tenemos las primicias del Espíritu, nosotros también gemimos dentro de nosotros mismos, esperando la adopción, la *redención* de nuestro cuerpo" (Ro. 8:23).
Efectos	INAUGURACIÓN	CONTINUACIÓN	CULMINACIÓN
	"En esa voluntad somos *santificados* mediante la ofrenda del cuerpo de Jesucristo hecha una vez para siempre" (He. 10:10).	"Así que, amados, puesto que tenemos tales promesas, limpiémonos de toda contaminación de carne y de espíritu, perfeccionando la *santidad* en el temor de Dios" (2 Co. 7:1).	"El que es injusto, sea injusto todavía; y el que es inmundo, sea inmundo todavía; y el que es justo, practique la justicia todavía; y el que es santo, *santifíquese* todavía" (Ap. 22:11).
Principales resultados	POSICIÓN	PROGRESIÓN	PERFECCIÓN
	"...para que abras sus ojos, para que se conviertan de las tinieblas a la luz, y de la potestad de Satanás a Dios; para que reciban, por la fe que es en mí, perdón de pecados y herencia entre los santificados" (Hch. 26:18).	"Mas ahora que habéis sido libertados del pecado y hechos siervos de Dios, tenéis por vuestro fruto la *santificación*, y como fin, la vida eterna" (Ro. 6:22).	"Para que sean afirmados vuestros corazones, *irreprensibles en santidad* delante de Dios nuestro Padre, en la venida de nuestro Señor Jesucristo con todos sus santos" (1 Ts. 3:13).

Resultados personales	JUSTIFICACIÓN	SANTIFICACIÓN	GLORIFICACIÓN
	"Y esto erais algunos; mas ya habéis sido lavados, ya habéis sido *santificados*, ya habéis sido justificados en el nombre del Señor Jesús, y por el Espíritu de nuestro Dios" (1 Co. 6:11).	"Pues la voluntad de Dios es vuestra *santificación*; que os apartéis de fornicación" (1 Ts. 4:3).	"Y sabemos que a los que aman a Dios, todas las cosas les ayudan a bien, esto es, a los que conforme a su propósito son llamados. Porque a los que antes conoció, también los predestinó para que fuesen hechos conformes a la imagen de su Hijo, para que él sea el primogénito entre muchos hermanos. Y a los que predestinó, a éstos también llamó; y a los que llamó, a éstos también justificó; y a los que justificó, a éstos también *glorificó*" (Ro. 8:28-30).
Realidades espirituales	DECLARACIÓN LEGAL	SUMISIÓN OBEDIENTE	COMPLETITUD SOBRENATURAL
	"Porque con una sola ofrenda hizo perfectos para siempre a los *santificados*" (He. 10:14).	"Hablo como humano, por vuestra humana debilidad; que así como para iniquidad presentasteis vuestros miembros para servir a la inmundicia y a la iniquidad, así ahora para *santificación* presentad vuestros miembros para servir a la justicia" (Ro. 6:19).	"Y el mismo Dios de paz os *santifique* por completo; y todo vuestro ser, espíritu, alma y cuerpo, sea guardado irreprensible para la venida de nuestro Señor Jesucristo" (1 Ts. 5:23).

INAUGURACIÓN: SANTIFICACIÓN POSICIONAL (DEFINITIVA)

Y ahora, hermanos, os encomiendo a Dios, y a la palabra de su gracia, que tiene poder para sobreedificaros y daros herencia con todos los *santificados* (Hch. 20:32).

para que abras sus ojos, para que se conviertan de las tinieblas a la luz, y de la potestad de Satanás a Dios; para que reciban, por la fe que es en mí, perdón de pecados y herencia entre los *santificados* (Hch. 26:18).

A la iglesia de Dios que está en Corinto, a los *santificados* en Cristo Jesús, llamados a ser santos con todos los que en cualquier lugar invocan el nombre de nuestro Señor Jesucristo, Señor de ellos y nuestro (1 Co. 1:2).

Mas por él estáis vosotros en Cristo Jesús, el cual nos ha sido hecho por Dios sabiduría, justificación, *santificación* y redención (1 Co. 1:30).

Y esto erais algunos; mas ya habéis sido lavados, ya habéis sido *santificados*, ya habéis sido justificados en el nombre del Señor Jesús, y por el Espíritu de nuestro Dios (1 Co. 6:11).

Para *santificarla*, habiéndola purificado en el lavamiento del agua por la palabra (Ef. 5:26).

Pero nosotros debemos dar siempre gracias a Dios respecto a vosotros, hermanos amados por el Señor, de que Dios os haya escogido desde el principio para salvación, mediante la *santificación* por el Espíritu y la fe en la verdad (2 Ts. 2:13).

En esa voluntad somos *santificados* mediante la ofrenda del cuerpo de Jesucristo hecha una vez para siempre (He. 10:10).

Elegidos según la presciencia de Dios Padre en *santificación* del Espíritu, para obedecer y ser rociados con la sangre de Jesucristo: Gracia y paz os sean multiplicadas (1 P. 1:2).

CONTINUACIÓN: SANTIFICACIÓN PROGRESIVA

Santifícalos en tu verdad; tu palabra es verdad (Jn. 17:17).

Hablo como humano, por vuestra humana debilidad; que así como para iniquidad presentasteis vuestros miembros para servir a la inmundicia y a la iniquidad, así ahora para *santificación* presentad vuestros miembros para servir a la justicia (Ro. 6:19).

Mas ahora que habéis sido libertados del pecado y hechos siervos de Dios, tenéis por vuestro fruto la *santificación*, y como fin, la vida eterna (Ro. 6:22).

Por tanto, nosotros todos, *mirando* a cara descubierta como en un espejo *la gloria del Señor*, somos *transformados* de gloria en gloria en la misma imagen, como por el Espíritu del Señor (2 Co. 3:18).

Así que, amados, puesto que tenemos tales promesas, limpiémonos de toda contaminación de carne y de espíritu, perfeccionando la *santidad* en el temor de Dios (2 Co. 7:1).

Pues la voluntad de Dios es vuestra *santificación*; que os apartéis de fornicación (1 Ts. 4:3).

Que cada uno de vosotros sepa tener su propia esposa en *santidad* y honor (1 Ts. 4:4).

Pues no nos ha llamado Dios a inmundicia, sino a *santificación*. Así que, el que desecha esto, no desecha a hombre, sino a Dios, que también nos dio su Espíritu Santo (1 Ts. 4:7-8).

Así que, si alguno se limpia de estas cosas, será instrumento para honra, *santificado*, útil al Señor, y dispuesto para toda buena obra (2 Ti. 2:21).

CULMINACIÓN: SANTIFICACIÓN PERFECCIONADA

Para que sean afirmados vuestros corazones, irreprensibles en *santidad* delante de Dios nuestro Padre, en la venida de nuestro Señor Jesucristo con todos sus santos (1 Ts. 3:13).

Y el mismo Dios de paz os *santifique* por completo; y todo vuestro ser, espíritu, alma y cuerpo, sea guardado irreprensible para la venida de nuestro Señor Jesucristo (1 Ts. 5:23).

Las ocho descripciones siguientes resumen lo básico de lo que es la santificación, tal como lo enseñan las Escrituras:

1. Una obra salvadora inaugurada por Dios y en la que participan los tres miembros de la Deidad
2. Una obra salvadora continuada por Dios en esta vida hasta que se complete en el cielo
3. Una obra salvadora que no puede separarse de la justificación o glorificación[18]
4. Una obra salvadora empoderada por la Palabra y el Espíritu de Dios
5. Una obra salvadora de Dios que, una vez iniciada, no puede perderse, detenerse ni deshacerse
6. Una obra salvadora de Dios que impulsa una respuesta santa de obediencia bíblica a la obra del Espíritu Santo por parte de aquellos que son santos genuinos
7. Una obra salvadora de Dios que no erradica el pecado del creyente hasta la glorificación
8. Una obra salvadora que provee una esperanza confiada en esta vida por una cierta esperanza eterna para la próxima vida

Morada

Cuando se estudia al Espíritu Santo, uno se encuentra con dos conclusiones extremas. Primero, una continuidad radical que supone que sea lo que fuere que el Espíritu Santo hizo en el Nuevo Testamento, también se hizo con toda seguridad en el Antiguo Testamento. Por el contrario, la discontinuidad radical afirma que cualquier cosa que el Espíritu Santo haya hecho en el Nuevo Testamento era básicamente diferente de lo que hizo en el Antiguo Testamento. Estas conclusiones extremas siguen el mismo patrón, como otro conjunto de extremos, de polos opuestos: la idea de que el Espíritu Santo estuviera inactivo, de manera esencial, en el Antiguo Testamento, pero hiperactivo en el Nuevo Testamento, frente a la idea de que el Espíritu Santo estaba igual e idénticamente activo en ambos Testamentos.

Las posiciones polarizadas son, de forma particular, comunes cuando se explica el ministerio del Espíritu Santo al habitar en el creyente. Aunque es exacto afirmar que el Espíritu Santo moraba en los creyentes de ambos Testamentos, ahí es fundamentalmente donde acaba el consenso. Aquí es donde difieren los eruditos cristianos. Una parte fo-

---

18. J. C. Ryle explica: "En qué se parecen, pues, la justificación y la santificación: a. Ambas proceden, originalmente, de la gracia gratuita de Dios. Que los creyentes sean justificados o santificados es un regalo exclusivo de Él. b. Ambas forman parte de esa extraordinaria obra de salvación que Cristo acometió, en el pacto eterno, a favor de su pueblo. Cristo es la fuente de vida, de la que fluyen el perdón y la santidad. La raíz de cada una es Cristo. c. Ambas deben hallarse en las mismas personas. Aquellos que son justificados siempre son santificados, y quienes son santificados, siempre son justificados. Dios ha unido ambas cosas, y no pueden ser separadas. d. Ambas comienzan al mismo tiempo. En el momento en que la persona empieza a ser justificada, también comienza a ser una persona santificada. Tal vez no lo perciba, pero es un hecho. e. Ambas cosas son necesarias, por igual, para la salvación. Nadie ha alcanzado jamás el cielo sin un corazón renovado ni sin el perdón, sin la gracia del Espíritu ni sin la sangre de Cristo, sin ser adecuado para la gloria eterna ni para recibir un título. Lo uno es exactamente igual de necesario que lo otro". *Holiness* (1879; reimp. Old Tappan, NJ: Revell, s.f.), 30.

menta que la forma en que el Espíritu moraba en las personas en el Antiguo Testamento es la misma que en el Nuevo Testamento.[19] La otra parte sostiene la opinión de que el ministerio de residencia del Espíritu, que comenzó en Pentecostés, en Hechos 2, difería de manera relevante al del Antiguo Testamento.[20]

Antes de que el asunto se pueda entender de forma adecuada, procede echar un vistazo a lo que afirman el Antiguo y el Nuevo Testamento respecto a esta residencia del Espíritu. Una vez reunidas las pruebas se podrá alcanzar la conclusión apropiada.

EL ANTIGUO TESTAMENTO

En al menos cuatro ocasiones, se afirma que el Espíritu Santo moraba en varios creyentes del Antiguo Testamento. Primero, Josué es descrito como "varón en el cual hay espíritu" (Nm. 27:18), por la función futura de liderazgo que desempeñará como sucesor de Moisés. Segundo, las Escrituras revelan que el Espíritu entró en Ezequiel y lo preparó para enfrentarse a la extremadamente rebelde nación de Israel (Ez. 2:2; 3:24). Curiosamente, esto parece haber sucedido en dos ocasiones separadas, y significa que el Espíritu Santo partió después de la primera vez que moró en él, y que regresó por segunda vez; por tanto, la primera no fue una residencia permanente. Tercero, el Nuevo Testamento comenta sobre un tiempo veterotestamentario de actividad profética cuando el Espíritu de Cristo moraba de manera activa en los profetas (1 P. 1:10-11). La frase "Espíritu de Cristo" se refiere al Espíritu Santo (Hch. 16:7; Ro. 8:9; Gá. 4:6; Fil. 1:19), así como la frase "Espíritu de Dios" en Romanos 8:9, donde ambas se usan de forma intercambiable.

Se ha declarado que el Espíritu también moró en José y en Daniel (Gn. 41:38; Dn. 4:8-9, 18; 5:11-14; 6:3). Sin embargo, este testimonio llegó de varios reyes paganos (Faraón, Nabucodonosor, la reina esposa de Belsazar, Belsazar y Darío), quienes no sabían nada del Espíritu Santo de Dios y que, por tanto, no están cualificados para ser testigos periciales. Sin embargo, a su favor diremos que intentaban explicar los ministerios extraordinarios de estos dos hombres especiales de Dios. En estos ejemplos, no se puede determinar si el Espíritu moraba o no en José y Daniel.

Existen varios textos adicionales en el Antiguo Testamento que hablan de que Dios puso su Espíritu en el corazón de la nación de Israel (Ez. 11:19; 36:26-27; 37:14). Esta promesa divina será cumplida en el reino milenial de Cristo, después de su segunda venida.

En ocasiones mucho más numerosas, en lugar de hablar de que el Espíritu morara en las personas, el Antiguo Testamento indica que el Espíritu Santo venía "sobre" líderes particulares de Israel como un acto de empoderamiento. También fue este el lenguaje usado para Simeón, quien sostuvo en sus brazos a Cristo, cuando era un bebé, en el templo (Lc. 2:25-35). Este lenguaje, que imposibilita que el Espíritu habitara en las personas, aparece en el Antiguo Testamento desde Éxodo hasta Joel (véase la tabla 5.8).

En raras ocasiones, el Espíritu también físicamente reubicó a personas (1 R. 18:12;

---

19. Leon J. Wood, *The Holy Spirit in the Old Testament* (Grand Rapids, MI: Zondervan, 1976), 69-70.
20. James M. Hamilton Jr., *God's Indwelling Presence: The Holy Spirit in the Old and New Testaments* (Nashville: B&H Academic, 2006).

Tabla 5.8 Casos de empoderamiento del Espíritu Santo

Persona	Referencia bíblica
Bezaleel	Éx. 31:3; 35:30-31
Moisés	Nm. 11:17
Setenta ancianos	Nm. 11:25
Balaam	Nm. 24:2
Josué	Dt. 34:9
Otoniel	Jue. 3:10
Gedeón	Jue. 6:34
Jefté	Jue. 11:29
Sansón	Jue. 14:6, 19; 15:14
Saúl	1 S. 10:10; 11:6; 19:23
David	1 S. 16:13
Mensajeros de Saúl	1 S. 19:20
Amasai	1 Cr. 12:18
Azarías	2 Cr. 15:1
Jahaziel	2 Cr. 20:14
Zacarías	2 Cr. 24:20
Isaías	Is. 61:1
Ezequiel	Ez. 3:24; 11:5

2 R. 2:16; Ez. 3:12, 14; 8:3; 11:1, 24; 37:1; 43:5). Esto también ocurrió en la era post-pentecostés con Felipe y Juan (Hch. 8:39-40; Ap. 21:10).

Las características principales de la habitación del Espíritu en personas del Antiguo Testamento pueden ser resumidas como sigue:

1. Infrecuente
2. Involucrando solamente a líderes escogidos de Israel
3. Temporal
4. Un empoderamiento para el servicio

NUEVO TESTAMENTO

Los términos griegos *oikéo*, *enoikéo* y *katoiketérion* describen al Espíritu Santo como "morando en" los verdaderos creyentes. Sin esta residencia del Espíritu Santo, una persona no es un verdadero creyente (Ro. 8:9; Jud. 19). Los seis pasajes claves que explican que el Espíritu mora en los creyentes incluyen Romanos 8:9, 11; 1 Corintios 3:16; 6:19; Efesios 2:22 y 2 Timoteo 1:14. Tomados en contexto, todos los usos, excepto uno, se refieren a los creyentes como individuos. Sin embargo, Efesios 2:22 parece referirse a una residencia tanto en sentido individual como colectivo, y alude al cuerpo de Cristo, la iglesia. Dios moró en un templo físico en la Jerusalén del Antiguo Testamento; el Espíritu de Dios mora de forma individual en cada miembro del cuerpo neotestamentario, así como de manera colectiva en todos ellos juntos.

Las principales características de esa residencia en el Nuevo Testamento se pueden resumir como sigue:

1. Siempre en la salvación
2. Incluye a todos los creyentes de forma individual
3. Permanente
4. Cohesiva en el sentido colectivo de la iglesia universal
5. Un empoderamiento para un vivir santo y un servicio productivo

Al comparar las cualidades del morar del Espíritu en el Antiguo Testamento, con sus distintivos en el Nuevo Testamento, se pueden observar unos contrastes muy claros. Esto suscita, entonces, la pregunta respecto a si el Espíritu Santo moraba en los creyentes del Antiguo Testamento y en los de los Evangelios del mismo modo que en los creyentes de Pentecostés (Hechos 2) y en adelante.

¿MORÓ EL ESPÍRITU SANTO DE FORMA IDÉNTICA EN LOS CREYENTES DEL ANTIGUO Y DEL NUEVO TESTAMENTO?

La obra del Espíritu en el Antiguo Testamento no era exactamente la misma que presenta el Nuevo Testamento. Pentecostés marcó el inicio de ciertas diferencias distintivas. Cuando se examina la venida del Espíritu en Pentecostés, y desde allí en adelante, no significa que el Espíritu estuviera ausente de la escena antes de esto. Sin embargo, la situación fue significativamente diferente, por cuanto el Espíritu se instaló, de forma permanente, en los creyentes en Pentecostés.

Por las razones siguientes, parece seguro que el Espíritu Santo no moró en los creyentes del Antiguo Testamento del mismo modo que en los creyentes en Pentecostés, y más adelante:

1. Las principales características que difieren seriamente y que se han mencionado más arriba muestran un dramático contraste entre cómo moró el Espíritu en los creyentes en el Antiguo Testamento y en el Nuevo.
2. Aunque todos los creyentes del Antiguo Testamento, como los del Nuevo, fueron regenerados por el poder del Espíritu de Dios, en ningún lugar enseñan las Escrituras que dicha residencia del Espíritu Santo fuera un componente necesario de la salvación en el Antiguo Testamento.
3. En Juan 7:39, Jesús afirmó de manera explícita que el Espíritu Santo no había sido dado todavía en el sentido del bautismo, de la residencia y de la llenura del Espíritu para todos los creyentes.
4. En Juan 14:17, Cristo dijo del Espíritu Santo: "...porque mora con vosotros, y estará en vosotros". El verbo griego *méno*, traducido aquí "mora", se vertería de forma más adecuada como "permanecer", ya que no se usa *oikéo*, *enoikéo* ni *katoiketérion*. Además, aunque el tiempo futuro del verbo "ser" tiene una variante textual en el tiempo presente, las evidencias de los manuscritos que respaldan el tiempo futuro son muy superiores. Por tanto, Cristo estaba enseñando sobre un morar futuro del Espíritu (postpentecostés) que era distinto a la permanencia del Espíritu que Jesús estaba describiendo a sus discípulos en ese momento.
5. En Juan 13–17, Jesús les dijo a los discípulos que esperaran que ocurriera algo relevante, porque cuando Él partiera, sería enviado el Espíritu Santo en su lugar.

El antiguo pacto estaba siendo sustituido por el nuevo (Hebreos 8). La morada del Espíritu Santo formaría parte del nuevo.

6. No habría necesidad de que las Escrituras hablaran de forma explícita de las pocas personas en las que moró el Espíritu en el Antiguo Testamento, si Él hubiera residido en todos los santos del Antiguo Testamento.
7. En 1 Samuel 16:14 se dice que el Espíritu Santo se apartó de Saúl, y en Salmos 51:11, David ora para que Dios no aparte su Espíritu Santo de él. Estos pasajes parecen tener mayor sentido si uno entiende que hablan del empoderamiento del Espíritu Santo y no de la salvación ya que, de otro modo, el morar del Espíritu habría sido irreversible.
8. El morar del Espíritu en los creyentes no solo alude a individuos, sino también a la iglesia de forma corporativa. Dado que esta no se inició hasta Pentecostés, el Antiguo Testamento no habría tenido algo así como el morar del Espíritu en el Nuevo Testamento.
9. En 2 Corintios 6:16, y citando a Éxodo 29:45 y Levítico 26:12, se recoge que Dios afirma: "Habitaré y andaré entre ellos". Ninguno de estos tres textos declara que Dios, por medio de su Espíritu, morará "en" ellos, ya sea de forma nacional o individual, sino más bien que morará "entre" ellos, externamente.

Llenura

El ministerio de la llenura del Espíritu Santo tuvo lugar tanto en el Antiguo como en el Nuevo Testamento. Si leyéramos las Escrituras desde Génesis hasta Apocalipsis, las referencias a la llenura del Espíritu se encontrarían, por primera vez, en Éxodo 31:3 y por última vez en Colosenses 1:9. Utilizaremos tres períodos para explicar las variaciones de énfasis y de manifestación: (1) prepentecostés (de Génesis a Juan, *ca.* 1440 a.C.–30 d.C.), (2) Pentecostés (Hechos 1–2, 30 d.C.), y (3) postpentecostés (Hechos 3 hasta la ascensión, 30 d.C. hasta la ascensión). Ser lleno del Espíritu producía los efectos de unas capacidades reforzadas por el Espíritu o un carácter producido por Él.

El término hebreo *malé* (gr. *empíplemi* [Septuaginta]) se usa en el Antiguo Testamento. El Nuevo Testamento emplea tres términos griegos, pero de significado muy similar: (1) *pímplemi*, (2) *pléres* y (3) *pleróo*. Todas estas palabras conllevan la idea básica de dominio o de control total. Cuando describen la obra del Espíritu Santo, transmiten la idea general de la soberanía divina como causa, y la sumisión humana como efecto.

PREPENTECOSTÉS

Antiguo Testamento. La era prepentecostés puede dividirse en dos amplios períodos. El primero abarca el Antiguo Testamento, que describe un puñado de llenuras del Espíritu.

Ocasiones. Existen cinco menciones de "llenura" que se produjeron durante (1) la construcción del tabernáculo (*ca.* 1444 a.C.), (2) el liderazgo de Josué (*ca.* 1405 a.C.), (3) la edificación del templo de Salomón (*ca.* 966 a.C.), y (4) el ministerio de Miqueas (*ca.* 700 a.C.). Incluyen, de manera específica, los siguientes:

1. Bezaleel fue (explícitamente) preparado por el Espíritu Santo para construir el tabernáculo y su contenido (Éx. 31:2-3).

2. Bezaleel y Aholiab fueron (explícitamente) equipados por el Espíritu Santo con habilidades artísticas especiales para que trabajaran en el contenido del tabernáculo (Éx. 35:31-35).
3. Josué fue (implícitamente) dotado de sabiduría por el Espíritu Santo para que liderara a Israel como sucesor de Moisés (Dt. 34:9).
4. Hiram fue (implícitamente) equipado por el Espíritu Santo para ayudar a Salomón a construir el templo original en Israel (1 R. 7:14, 40, 45).
5. Miqueas fue (implícitamente) equipado por el Espíritu Santo para ser un profeta confrontacional (Mi. 3:8; cf. Zac. 4:6).

Observaciones. Las ocasiones de llenura en el Antiguo Testamento fueron notablemente infrecuentes, aunque es posible que el Espíritu llenara a otros sin que las Escritures mencionen tales ocasiones. La llenura en el Antiguo Testamento implicó tan solo la preparación o capacitación de líderes escogidos para que llevaran a cabo los planes de Dios en momentos especiales de la historia de Israel. Ninguno de estos acontecimientos de llenura involucró un carácter producido por el Espíritu. En términos de causa y efecto, la llenura del Espíritu Santo es muy parecida a estas otras descripciones del Antiguo Testamento: "sobre los cuales también reposó el espíritu" (Nm. 11:26), Jehová "pus[o] su espíritu sobre ellos" (Nm. 11:29), y "el Espíritu de Dios vino sobre él" (Nm. 24:2).

Los Evangelios. El segundo período anterior a Pentecostés es la época del ministerio de Jesús, que también presentó tan solo unos cuantos casos de llenura del Espíritu.

Ocasiones. La "llenura" se menciona, de forma explícita, tan solo cuatro veces en los Evangelios, todas ellas en Lucas. Estas, y dos llenuras implícitas, se produjeron durante un período de tiempo de treinta años, aproximadamente, e involucró a cuatro personas:

1. Juan el Bautista fue (explícitamente) "lleno del Espíritu" desde el momento de su concepción (Lc. 1:15).
2. Elisabet fue (explícitamente) "llena del Espíritu" durante el tiempo que llevó a Juan en su vientre (Lc. 1:41).
3. Zacarías fue (explícitamente) "lleno del Espíritu" para poder profetizar (Lc. 1:67).
4. Jesús fue (implícitamente) "llenado" siendo niño (Lc. 2:40).
5. Cristo fue (explícitamente) "lleno del Espíritu" en el comienzo de su ministerio adulto (Lc. 4:1; cf. Lc. 3:22).
6. Muy posiblemente, Cristo provocó (implícitamente) una llenura cuando sopló sobre los discípulos, diciendo: "Recibid el Espíritu Santo" (Jn. 20:22). Este acto se puede entender como la promesa de Cristo de que el Espíritu Santo vendría en Pentecostés, tal como Él había prometido (Jn. 14:26-27; Hch. 1:4; 2:4).

Observaciones. Como en el Antiguo Testamento, en los Evangelios la llenura solo involucraba a individuos escogidos para un ministerio muy único, que no se repetiría. Las llenuras implicaban la capacitación del Espíritu. Desde la primera mención veterotestamentaria de la "llenura" hasta la última mención en los Evangelios —todo el período prepentecostés, que duró unos 1475 años—, solo se cita a nueve individuos (excepto los once discípulos) como personas que fueron llenadas por el Espíritu Santo.

PENTECOSTÉS

Ocasión. Hechos 1-2 recoge la transición de un enfoque principal en la nación de Israel a un enfoque principal en la iglesia. Esta transición tuvo lugar el día de Pentecostés, después de la resurrección de Cristo y su ascensión al cielo (Hch. 1:1-11). Los once (a los que más tarde se les uniría Matías, Hch. 1:13, 15-26), los miembros cercanos de la familia (Hch. 1:14), y el resto de creyentes (Hch. 1:15) reunidos en Jerusalén para esperar y orar por aquello que Cristo prometió en el aposento alto (Jn. 13–17) y en Hechos 1:4-5, respecto al inminente ministerio del Espíritu Santo.

Cuando llegó el día de Pentecostés, también lo hizo el Espíritu Santo (Hch. 2:1-4). Los ciento veinte creyentes fueron bautizados por Cristo con el Espíritu Santo y los añadió a la iglesia (véase "El bautismo" [p. 361]; 1 Co. 12:13), y fueron llenos del Espíritu Santo (Hch. 2:3-4). Los ciento veinte fueron capacitados por el Espíritu para hablar en otras lenguas existentes que no habían conocido antes (Hch. 2:4-12). Además, todos fueron llenos del Espíritu Santo en el sentido del carácter producido por el Espíritu, que Pablo explicaría más tarde (Ef. 5:18-21).

Observaciones. La capacitación especial del Espíritu continuó, como había sido el patrón histórico en el Antiguo Testamento y los Evangelios. En Pentecostés, la llenura se convirtió en la experiencia de todos los cristianos, y no solo de unos cuantos individuos escogidos, para ocasiones considerablemente especiales. Una nueva dimensión que involucraba el carácter producido por el Espíritu para todos los cristianos también empezó en Pentecostés (Ef. 5:18-21).

POSTPENTECOSTÉS

El Espíritu Santo continuó capacitando a individuos escogidos y varios grupos selectos de personas para el ministerio, hasta el primer viaje misionero inclusive (Hch. 11:24; 13:9, 52). Se puede asumir que el Espíritu Santo siguió produciendo carácter piadoso en todos los cristianos, como empezó a ocurrir en Pentecostés y como lo explica Efesios 5:18-21.

Hasta ca. 48 d.C. El período que comienza en Pentecostés y cubre el primer viaje misionero de Pablo, proporciona ilustraciones adicionales de la llenura del Espíritu en la era de la iglesia. Las Escrituras registran ocho ocasiones de capacitación del Espíritu Santo, desde el 30 al 48 d.C.:

1. Pedro predicó en su lengua nativa, igual que en Hechos 2:14-40 (Hch. 4:8).
2. Los cristianos predicaban la Palabra de Dios con valentía en sus lenguas nativas (Hch. 4:31).
3. Siete hombres fueron escogidos para ayudar a los apóstoles (Hch. 6:3, 5).
4. Esteban predicó sin temor alguno (Hch. 7:55; cf. 6:10).
5. Pablo fue lleno del Espíritu poco después de su conversión (Hch. 9:17).
6. Bernabé ministró en Antioquía (Hch. 11:24).
7. Pablo reprendió a Elimas el mago (Hch. 13:9-11).
8. Pablo, Bernabé y sus discípulos ministraron en el primer viaje misionero (Hch. 13:52).

48 d.C. y años subsiguientes. Desde Hechos 14 hasta Apocalipsis 22, y más allá (al menos hasta el arrebatamiento de la iglesia), no hay mención alguna de "llenura" relacionada con la capacitación o el equipamiento, como había sido el caso en el Antiguo Testamento, los Evangelios, Pentecostés, el período posterior a Pentecostés y durante el primer viaje misionero. Se asume, por tanto, que la "llenura" descrita en Efesios 5:18-21 prevaleció como forma exclusiva de llenura, que comenzó con el segundo viaje misionero que se inició en Hechos 14.

Efesios 5:18-21.[21] Pablo escribió: "No os embriaguéis con vino, en lo cual hay disolución; antes bien sed llenos del Espíritu" (5:18). Dado que el apóstol empezó explicando lo que *no* es ser lleno, sería bueno iniciar esta exposición de igual manera.

En primer lugar, ser lleno del Espíritu Santo no es una experiencia dramática y esotérica de verse de repente vigorizado y espiritualizado en un estado permanente de piedad avanzada, mediante un segundo acto de bendición posterior a la salvación. Tampoco es un efecto temporal que resulta en un discurso eufórico o en visiones.

En segundo lugar, ser lleno del Espíritu no es una noción en el extremo opuesto: intentar hacer de forma estoica lo que Dios quiere que hagamos, con la bendición del Espíritu Santo, con nuestras propias fuerzas. No es meramente un acto humano que cuenta con la aprobación de Dios.

En tercer lugar, ser lleno no es lo mismo que poseer el Espíritu Santo o que Él more en uno, porque Él habita en todo creyente en el momento de la salvación. Pablo declara en Romanos 8:9: "Y si alguno no tiene el Espíritu de Cristo, no es de él". A diferencia de los creyentes antes de Pentecostés, sobre quien el Espíritu Santo vino de forma temporal (Jue. 13:25; 16:20; 1 S. 16:14; Sal. 51:11), todos los cristianos son habitados por el Espíritu permanentemente.

En cuarto lugar, ser lleno del Espíritu no describe el proceso de recibirlo progresivamente, por grados. Todos los cristianos no solo poseen el Espíritu Santo, sino que lo tienen en su plenitud. Dios no reparte el Espíritu, como si de algún modo se dividiera en varias porciones.

En quinto lugar, 1 Corintios 12:13 también deja claro que ser lleno del Espíritu no es lo mismo que el bautismo del Espíritu, porque cada creyente ha sido bautizado con el Espíritu y lo ha recibido. Aunque sus resultados se experimentan y se disfrutan, el bautismo y la recepción del Espíritu no son realidades que uno pueda sentir y, desde luego, no son experiencias reservadas solo para los creyentes especialmente bendecidos. El bautismo del Espíritu es una realidad espiritual que ocurre en cada creyente en el momento en que se convierte a Cristo y Él lo coloca en su cuerpo, por medio del Espíritu Santo, que entonces se instala en esa vida. La llenura puede quedar interrumpida por el pecado personal.

Pablo no acusó a los corintios de ser inmaduros y pecaminosos porque no tuvieran todavía el Espíritu Santo o porque no hubieran sido bautizados aún en la iglesia, y después los exhortó a buscar el Espíritu para remediar la situación (1 Co. 1:1-8). Más bien, les recordó que cada uno de ellos ya poseía el Espíritu Santo (1 Co. 12:7, 11).

---

21. Esta sección está adaptada de John MacArthur, *Efesios*, CMNT (Grand Rapids: Editorial Portavoz, 2002), 283-284.

Estaban pecando, no por la ausencia del Espíritu Santo, sino a pesar de la presencia de este. Incluso cuando un cristiano peca, el Espíritu Santo sigue morando en él, y este hecho mismo es lo que empeora aún más el pecado. Cuando un cristiano contrista al Espíritu (Ef. 4:30), o lo apaga (1 Ts. 5:19), contrista o apaga al Espíritu que mora en él.

Finamente, ser lleno del Espíritu no es lo mismo que estar sellado o asegurado por Él. Esto es un hecho consumado (Ef. 1:13). En ningún sitio se les ordena a los creyentes o se les exhorta a que el Espíritu Santo more en ellos, que sean bautizados o sellados por Él. El *único* mandamiento es que sean llenados.

Por otra parte, Pablo usa el término "llenar" con respecto a la salvación en Filipenses 1:11 ("fruto de justicia"; cf. Stg. 3:18). Emplea, asimismo "llenar" para explicar la santificación en Efesios 5:18-21 (cf. Col. 1:9-10). Efesios 1:23 y 3:19 son ecos de 5:18, aunque Romanos 15:13-14 y Colosenses 3:12–4:6 son paralelos al contexto más amplio de Efesios 5:15–6:9. El enfoque de Pablo es que da por sentada la salvación de los efesios y en 5:18-21 explica la responsabilidad que tienen en el proceso de santificación de ser llenos del Espíritu.

Mandamiento. A diferencia de todas las menciones anteriores de la "llenura del Espíritu", en Efesios 5:18, Pablo ordena a los creyentes que *sigan* siendo llenados o controlados por el Espíritu Santo. Emplea el imperativo para insistir en que se sometan de forma continua al control del Espíritu Santo, porque es la voluntad de Dios (Ef. 5:17).

Los seres humanos tienen dos opciones: ser llenados por la carne en incredulidad (Ro. 1:29-32; cf. Hch. 13:10, 45; 19:28-29) o ser llenos del Espíritu Santo en salvación y santificación (Ef. 5:18). Ser llenados autentifica la salvación genuina de la persona al permitir que la voluntad de Dios prevalezca en obediencia a la enseñanza de las Escrituras y la dirección del Espíritu Santo.

Condiciones. ¿Cómo puede el cristiano ajustarse a la voluntad de Dios? No entristeciendo al Espíritu Santo (Ef. 4:30) ni apagándolo (1 Ts. 5:19) con hábitos pecaminosos como embriagarse con vino (Ef. 5:18) o mentirle al Espíritu Santo, como hicieron Ananías y Safira (Hch. 5:3, 9).

Por otra parte, los cristianos necesitan caminar con sabiduría (Ef. 5:15). En otro lugar, Pablo exhorta a los creyentes a caminar y vivir en el Espíritu (Gá. 5:16, 25). La Palabra de Dios, aplicada por el Espíritu de Dios, vigoriza o empodera al cristiano para que actúe así. En Colosenses 3:16, Pablo insta a que la Palabra de Cristo more ricamente en los cristianos. La causa de las Escrituras produce el efecto de ser lleno del Espíritu (cf. Col. 3:12–4:6 con Ef. 5:15–6:9), y no es de sorprender.

Confirmaciones. La principal característica de la salvación de uno y la santificación posterior es una obediencia constante, habitual y creciente a la Palabra de Dios, que está empoderada por la habitación del Espíritu Santo, que controla el estilo de vida del verdadero cristiano. Efesios 5:19–6:9 ilustra algunos detalles principales.

En primer lugar, la evidencia de la llenura incluye la naturaleza de las conversaciones de uno (Ef. 5:19). Tienen que ser externas, desde uno hacia los demás. Tienen que ser internas, del corazón. Y tienen que ser ascendentes, hacia el Señor.

En segundo lugar, la respuesta continuamente agradecida al Señor, al margen de las circunstancias, demuestra el ministerio de llenura del Espíritu (Ef. 5:20; cf. 1 Ts. 5:18). Esta reacción ha de manifestarse siempre en todos los acontecimientos de la vida.

En tercer lugar, el ministerio del Espíritu en la vida de un cristiano influye con fuerza en la relación humilde de uno con los demás. Esto incluye a los cristianos con otros cristianos (Ef. 5:21), las esposas con sus maridos (Ef. 5:22-24), los maridos con sus esposas (Ef. 5:25-33), los hijos con los padres (Ef. 6:1-3), los padres con los hijos (Ef. 6:4), los empleados con sus jefes (Ef. 6:5-8), y a los patrones con sus empleados (Ef. 6:9).

Todos los indicadores representativos de Efesios 5–6 se amplían en otros textos neotestamentarios como 1 Corintios 13:4-7; Gálatas 5:22-23 y 2 Pedro 1:5-11. Es obligación del creyente ser lleno del Espíritu Santo de forma individual, corporativa, continua, normal, sumisa, voluntaria y obediente.

Fruto

Isaías profetizó que el Espíritu del Señor facultaría a Dios el Hijo con el fruto (Is. 11:1) de la sabiduría y el entendimiento, el consejo y la fuerza, el conocimiento y el temor del Señor, la justicia y la fidelidad (Is. 11:2, 5). Este ministerio tendrá lugar durante el cumplimiento del pacto davídico por parte del Mesías (2 S. 7:12-16) en el momento de su reinado milenial en la tierra (Is. 11:6-16).

Juan el Bautista instó a aquellos que afirmaban ser creyentes a producir buen fruto en su vida, adecuado a —es decir, que autentifique— su arrepentimiento (Mt. 3:8-10; Lc. 3:8-9). Según Cristo, el carácter inherente de un árbol se manifiesta externamente por el tipo de fruto que produce (Mt. 7:16-20; 12:33; Lc. 6:43-44). El salmista está de acuerdo (Sal. 1:3-6).

En Juan 15, Cristo compara una rama que no lleva fruto (Jn. 15:2, 6; cf. Mt. 13:18-22) con una que es productiva (Jn. 15:2, 5; cf. Mt. 13:23). Se podará la que da fruto para que sea aún más fructífera (Jn. 15:2) y acabe dando mucho fruto (Jn. 15:5). Pablo habló de esto como fruto de justicia (Fil. 1:11), como hizo Santiago (Stg. 3:18). La rama estéril será puesta a un lado por inútil y se quemará (Jn. 15:6).

En Gálatas, Pablo escribió extensamente sobre la obra del Espíritu. Primero explicó la obra de salvación del Espíritu Santo (Gá. 3:2-3, 5, 15; 4:6, 29; 5:5) y prosiguió con su obra de santificación (Gá. 5:16-18, 22-25). Allí compara los despojos de la carne (Gá. 5:19-21) con el fruto del Espíritu (Gá. 5:22-23). Más tarde, en Efesios, habló de forma similar de los hechos infructuosos de las tinieblas (Ef. 5:3-7, 11), y los comparó al fruto de la luz (Ef. 5:8-9).

En general, como ilustran estos diversos pasajes de las Escrituras, el fruto producido por el Espíritu puede definirse como el pensamiento y la vida cristianos en obediencia a las Escrituras, que honra a Dios. Se puede clasificar en seis categorías:

1. Fruto de actitudes (Gá. 5:22-23; Ef. 5:9)
2. Fruto de acciones (Col. 1:10; Tit. 3:8, 14)
3. Fruto de adoración (He. 13:15)
4. Fruto de hablar el evangelio (Ro. 1:13; Col. 1:5-6)
5. Fruto de decir la verdad (Ef. 5:9; 1 Jn. 4:2)
6. Fruto de dar en abundancia (Ro. 15:26-28; 2 Co. 9:6-8, 13; Fil. 4:17)

EL FRUTO DEL ESPÍRITU

Se instó a los gálatas a "andar en el Espíritu" (Gá. 5:16, 25), a ser "guiados por el Espíritu" (Gá. 5:18), a llevar "el fruto del Espíritu" (Gá. 5:22-23) y, al actuar así, a "vivir por el Espíritu" (Gá. 5:25). Este santo estilo de vida, encomiado por Pablo e inaugurado en la salvación, que trae la presencia del Espíritu Santo al interior de la persona (1 Co. 3:16; 6:19), debería manifestar el ser "llenos del Espíritu" (Ef. 5:18). Pablo concluyó Gálatas con el mismo pensamiento (Gá. 6:7-16).

Fruto (gr. *karpós*), en Gálatas 5:22, es singular, no plural, por cuanto los verdaderos creyentes pueden manifestar todos estos elementos de manera simultánea. Más tarde, Pablo describió esta obra santificadora como "el fruto de justicia" (Fil. 1:11). Por tanto, las nueve cualidades representativas (Gá. 5:23, "tales cosas") se refieren a toda la obra de la labor santificadora del Espíritu en la vida de aquel que ha sido justificado, es decir, de quien ha sido declarado justo por fe en el Señor Jesucristo. Esta imagen es de una clase similar a las quince facetas del diamante denominado "amor" en 1 Corintios 13:4-7, las cualidades de un anciano (1 Ti. 3:1-7; Tit. 1:6-9), y las cualidades recomendadas y ordenadas a los creyentes en Cristo (Col. 3:12-17; 2 P. 1:5-11).

Durante la cena en el aposento alto, la víspera de su crucifixión, Cristo declaró: "En esto conocerán todos que sois mis discípulos, si tuviereis amor los unos con los otros" (Jn. 13:35; cf. 15:8). No es de sorprender que Pablo empiece su explicación del fruto espiritual con la característica del amor.

Amor. La muerte sustitutiva de Cristo proveyó el ejemplo supremo del amor (gr. *agápe*). Afirmó: "Nadie tiene mayor amor que este, que uno ponga su vida por sus amigos" (Jn. 15:13). Pablo exigió que este amor supremo fuera la característica del amor de un marido por su esposa: "Maridos, amad a vuestras mujeres, así como Cristo amó a la iglesia, y se entregó a sí mismo por ella" (Ef. 5:25). Primera de Corintios 13:8 promete que "el amor nunca deja de ser".

Así, el amor es comunicable, un atributo divino que es central del carácter del Padre (1 Jn. 4:8), exhibido por Cristo en la cruz, y facultado en los creyentes por el Espíritu Santo. El amor puede definirse ampliamente como el compromiso consciente, sacrificial y volitivo por el bienestar de otra persona, en obediencia a la Palabra de Dios (2 Jn. 6), independientemente de la respuesta de esa persona o de lo que uno recibe o no del otro, o de lo que nos cueste ese amor. Este sentimiento de los cristianos hacia otros cristianos (Col. 1:8) es, como cabría esperar, la respuesta que más se recomienda de "los unos a los otros" en el Nuevo Testamento.

Gozo.[22] El gozo (gr. *jará*) es una felicidad basada en las inalterables promesas divinas y las eternas realidades espirituales. Es la sensación de bienestar que se experimenta cuando se sabe que todo está bien entre uno mismo y el Señor (1 P. 1:8). El gozo no es el resultado de las circunstancias favorables, sino que se produce incluso cuando esas

---

22. Esta sección está adaptada de John MacArthur, ed., *The MacArthur Study Bible: English Standard Version* (Wheaton, IL: Crossway, 2010), 1751. Las tablas y las notas de *The MacArthur Study Bible: English Standard Version* proceden de *The MacArthur Study Bible*, copyright © 1997 por Thomas Nelson. Usada con permiso de Thomas Nelson. www.thomasnelson.com.

circunstancias son las más dolorosas y graves (Jn. 16:20-22; 1 Ts. 1:6). El gozo es un regalo de Dios y, como tal, los creyentes no deben inventarlo, sino que han de deleitarse en las bendiciones que ya poseen (Fil. 4:4).

Al ser producido por el Espíritu Santo (Ro. 14:17), el gozo es adecuado tanto en los buenos tiempos (3 Jn. 4) como en los momentos de prueba (Stg. 1:2-4). El gozo es un agradecimiento profundo, interno y perdurable a Dios por su bondad, que no disminuye ni se interrumpe cuando se interponen en la vida propia unas circunstancias poco deseables.

Paz.[23] **El resultado de la paz** (gr. *eiréne*) es una respuesta ordenada, resuelta y tranquila a cualquier cosa que la vida ponga por delante. La paz que produce el Espíritu Santo sobrepasa el entendimiento humano (Fil. 4:6), es una calma interior que resulta de la confianza en la relación salvadora de uno con Cristo. La forma verbal del término griego denota una unión y se refleja en la expresión "tenerlo todo bajo control". La paz, como el gozo, no está determinada por las circunstancias propias (Jn. 14:27; Ro. 8:28; Fil. 4:7, 9). Durante las tormentas de la vida, la paz implica una tranquilidad y una confianza sinceras, ancladas en la abrumadora consciencia de que la vida de uno está en las manos del Dios soberanamente poderoso.

Paciencia. La paciencia (gr. *makrothumía*) implica un autocontrol que no toma represalias de forma reactiva. Soporta los agravios infligidos por otros, sin necesidad de venganza y acepta de buen grado las situaciones irritantes o dolorosas. *Ser sufrido* capta el sentido básico en una sola palabra.

Pablo manifestó su propia paciencia en el ministerio a los corintios, y atribuyó su capacidad de ser sufrido al Espíritu Santo (2 Co. 6:1-10, esp. 6:6). Santiago exaltó la paciencia en tiempos de sufrimiento por la fe (Stg. 5:7-11). Pedro les recordó a sus lectores la paciencia de Dios antes de su salvación (1 P. 3:20; 2 P. 3:15). La paciencia es un elemento de amor (1 Co. 13:4) y, al final, ha de demostrarse hacia todas las personas (Ef. 4:2; 1 Ts. 5:14).

Benignidad. La benignidad (gr. *jrestótes*) se expresa como una tierna y amable preocupación por los demás que activamente busca formas de servirles. El Padre (Ro. 2:4; Tit. 3:4) y el Hijo (Mt. 11:30) exhibieron benignidad en el acto de la salvación. Los creyentes deben ser benignos los unos con los otros (Ef. 4:32; Col. 3:12) y deben encomendarse a los demás por medio de la benignidad (2 Co. 6:6).

Bondad. La bondad (gr. *agathosúne*) manifiesta una capacidad activamente determinada de tratar con las personas buscando el mejor interés de la gloria de Dios, incluso cuando se requiere la confrontación y la corrección. La bondad está asociada al "fruto de la luz" (Ef. 5:9, NVI). El término griego para "bondad" no aparece en ningún lugar de la literatura griega, excepto en la Biblia, donde se afirma, en la traducción del Antiguo Testamento, la Septuaginta, que la "bondad" es un atributo de Dios (Neh. 9:25).

---

23. Esta sección está adaptada de MacArthur, *The MacArthur Study Bible: English Standard Version*, 1751. Usada con permiso de Thomas Nelson.

Fe. La fe (gr. *pístis*) es un compromiso interno que se expresa, de manera sistemática, como una lealtad externa que permanece fidedigna respecto a las convicciones espirituales propias. El capítulo once de Hebreos hace un recuento de la fe y la fidelidad de los santos del Antiguo Testamento. Dios ejemplifica la fidelidad en su propio carácter divino (Ro. 3:3). Y, en la septuagésima semana de Daniel, se insta a los santos a ser fieles frente a un posible martirio (Ap. 13:10; 14:12).

Mansedumbre. La mansedumbre (gr. *praútes*), a veces traducido "docilidad", describe básicamente la fuerza controlada expresada por un corazón humilde. En su antiguo sentido secular, el término griego significaba una suave brisa o una bestia domada, es decir, la fuerza utilizada para bien y no para mal. Pablo calificó así a Cristo (2 Co. 10:1; cf. Mt. 11:29). Y Cristo enseñó: "Bienaventurados los mansos, porque ellos recibirán la tierra por heredad" (Mt. 5:5). La mansedumbre describe tres actitudes: (1) sumisión a la voluntad de Dios (Col. 3:12); (2) educabilidad (Stg. 1:21) y (3) consideración por los demás (Ef. 4:2).

Templanza. El autocontrol (gr. *enkráteia*), que significa literalmente "en fuerza", se refiere a un control propio interno de los apetitos y las pasiones que resulta en el dominio espiritual que se somete de manera sistemática a la causa mayor de la voluntad de Dios y no de la del hombre. Es una cualidad elogiada de piedad (2 P. 1:6), una con la que Pablo describió la disciplina de un atleta ganador (1 Co. 9:25). Para la iglesia de Creta, pastoreada por Tito, Pablo incluyó la práctica sistemática de esta cualidad como uno de los rasgos del anciano (Tit. 1:8).

La tabla 5.9 resume la enseñanza bíblica sobre el fruto producido por el Espíritu, en términos de las exhortaciones neotestamentarias a la fecundidad y los ejemplos del Nuevo Testamento del fruto conforme a Cristo. De la explicación de Pablo sobre el fruto del Espíritu se pueden sacar seis conclusiones relevantes:

1. Esta enseñanza va dirigida a todos los creyentes verdaderos, como algo básico para su vida cristiana (2 Ti. 3:16-17).
2. Estas cualidades se ordenan en el contexto del encargo de "andar en el Espíritu" (Gá. 5:16, 25).
3. Estas cualidades facultadas por el Espíritu representan atributos comunicables de Dios que son marcas autentificadoras de la piedad cristiana (Gá. 5:22-23).
4. Al ser "fruto" y no "frutos", Pablo pretende que se entienda como un único fruto con múltiples características, que deben reflejar todas en cualquier momento dado.
5. Estos rasgos productivos (Gá. 5:22-23) certifican la autenticidad de un cristiano genuino en contraste con los desechos de la carne (Gá. 5:13, 16-17, 19-21), que condena a los incrédulos (Gá. 5:21).
6. Aunque la ley estaba completamente en contra de los hechos de la carne, no hay ley contra la obra del Espíritu Santo (Gá. 5:23). Este fruto representa la verdadera libertad espiritual para quien ha sido liberado de la ley (Gá. 5:18) y ahora vive en la era del nuevo pacto.

Tabla 5.9 Fruto conforme a Cristo*

El fruto	Exhortaciones a los cristianos	Ejemplos conforme a Cristo
Amor	Mt. 22:34-40 Jn. 13:34 1 Co. 16:14 Ef. 5:2 Col. 3:14 1 Jn. 4:7	Jn. 10:11-18; 13:1; 15:9-10, 13 Ef. 5:2
Gozo	Ro. 12:12, 15 Fil. 3:1; 4:4 Stg. 1:2 1 P. 4:13	Jn. 15:11; 17:13 Heb. 12:2
Paz	2 Co. 13:11 Ef. 4:3 Fil. 4:7-8 Col. 3:15 2 Ti. 2:22 1 P. 3:11	Jn. 14:27; 16:33; 20:19, 21
Paciencia	Ef. 4:2 Col. 3:12 1 Ts. 5:14 2 Ti. 4:2	1 Ti. 1:16 2 P. 3:15
Benignidad	Col. 3:12 2 Ti. 2:24	Mt. 11:30 Tit. 3:4
Bondad	Ro. 12:9, 21 Gá. 6:10 Ef. 4:28	Lc. 18:18-19 Jn. 7:12
Fe	Ap. 2:10	Ap. 1:5
Mansedumbre	Gá. 6:1 Ef. 4:2 Col. 3:12 1 Ti. 6:11	Mt. 11:29
Templanza	2 P. 1:5-6	Is. 53:7 1 P. 2:23

*Esta tabla está adaptada de otras dos en Keith H. Essex, "Sanctification: The Biblically Identifiable Fruit", *MSJ* 21, no. 2 (2010): 210-211. Usada con permiso de *MSJ*.

LOS DESPOJOS DE LA CARNE

Pablo precedió su explicación sobre el "fruto" con una exposición contrastante sobre la "carne" (Gá. 5:19-21). En contexto, enumeró actitudes y acciones que solo podrían justificarse por la carne no redimida de los incrédulos y no por la obra santificadora del Espíritu en los cristianos. Cubren las categorías de pecado sexual, espiritual, de actitud y relacional (cf. Ro. 1:24-32; 1 Co. 6:9-10).

El apóstol detalló quince ejemplos específicos para ilustrar su idea. La lista no pretendía ser exhaustiva, sino representativa. En otro lugar, adoptó, asimismo, un planteamiento ilustrativo, tanto en contextos positivos como negativos, mediante el uso de la frase "tales cosas" (Ro. 1:32; 2:2; Gá. 5:21, 23).

Pablo no enfatizó un pecado ocasional, sino más bien la práctica habitual, deliberada de muchos pecados, que indican un continuado estilo de vida impío. Llegó a la conclusión de que esta clase de personas merece morir; con esto se refería a la muerte segunda de Apocalipsis 20:11-15. Pablo razona del mismo modo en Gálatas 5: "los que practican tales cosas no heredarán el reino de Dios" (Gá. 5:21; cf. Mt. 5:20; Jn. 3:5; 1 Co. 6:10; Ef. 5:5).

En resumen, el Nuevo Testamento usa el simbolismo del fruto con dos variaciones para comparar a los cristianos con los que no lo son, y que carecen de la obra de santificación del Espíritu Santo. En primer lugar, la carencia de fruto identifica al incrédulo, mientras que la abundancia del mismo autentifica al verdadero creyente (Mt. 13:18-23; esp. 13:23; Jn. 15:2-6). En segundo lugar, los creyentes llevan buen fruto, mientras que los incrédulos producen un fruto podrido (Mt. 7:16-20; 12:33; Lc. 6:43-44; Gá. 5:19-23).

El servicio

Visión general de los dones
Dones temporales (reveladores/confirmatorios)
Dones permanentes (hablar/servir)
Preguntas importantes

En el Antiguo Testamento, solo unos cuantos elegidos fueron empoderados por el Espíritu Santo para el servicio espiritual. Sin embargo, en el Nuevo Testamento todo creyente está dotado para servir en el cuerpo de Cristo, la iglesia.

Varias palabras griegas del Nuevo Testamento nos ayudan a explicar cómo funciona esto. Primero, *járis* (Ro. 12:6; 1 P. 4:10), por lo general traducida "gracia", indica un favor inmerecido/no ganado. Es la base para el término *járisma* (Ro. 11:29; 12:6; 1 Co. 1:7; 12:4, 9, 28, 30-31; Ef. 4:7; 1 P. 4:10), que significa "don de gracia". Ambas palabras se usan juntas en Romanos 12:6 y en 1 Pedro 4:10 para proveer el sentido más pleno de los dones de la iglesia. En segundo lugar, *pneumatikós*, usado en 1 Corintios 12:1 y 14:1 en el contexto de los dones, añade la dimensión de ser *espiritual* en contraste con ser *natural* (cf. *psujikós* en 1 Co. 2:14-15; 15:46). En otras palabras, son dones asociados con el Espíritu Santo, que tienen una naturaleza espiritual y que son dados con un propósito espiritual. Finalmente, *merismós* (He. 2:4) transmite la idea de que el originador y el distribuidor de estos dones es Dios y no los seres humanos.

Los dones espirituales del Nuevo Testamento tienen una implicación trinitaria. Dios el Padre ha planeado y asignado los dones (1 Co. 12:18, 28). Dios el Hijo ha provisto estos dones (Ef. 4:7-8, 11). Dios el Espíritu Santo mora en el creyente y empodera a las personas con dones espirituales (1 Co. 12:11). Las tres personas de la Deidad están involucradas (1 Co. 12:4-6).

Visión general de los dones

En el Nuevo Testamento se pueden encontrar al menos siete listas de dones. No hay dos iguales; por tanto, son representativas, no exhaustivas (véase la tabla 5.10). Están ubicadas en 1 Corintios 12–13 (55 d.C.), Romanos 12 (56 d.C.), Efesios 4 (*ca.* 61 d.C.) y 1 Pedro 4 (*ca.* 64 d.C.).

Aunque las listas exponen principalmente los dones dados por el Espíritu Santo,

Tabla 5.10 Dones espirituales

1 Corintios 12:8-10	1 Corintios 12:28-30	1 Corintios 13:1-3	1 Corintios 13:8-9	Romanos 12:6-8	Efesios 4:11	1 Pedro 4:10-11
Palabras de sabiduría	Apóstoles	Lenguas	Profecía	Profecía	Apóstoles	Palabra
Palabras de ciencia	Profetas	Profetas	Lenguas	Servicio	Profetas	Servicio
Fe	Maestros	Ciencia	Ciencia	Enseñanza	Evangelistas	
Dones de sanidades	Los que hacen milagros	Fe		Exhortación	Pastores/maestros	
Hacer milagros	Dones de sanidad	Dar		Generosas contribuciones (dar)		
Profecía	Ayuda			Liderazgo		
Discernimiento de espíritus	Administrar			Misericordia		
Diversos géneros de lenguas	Diversos tipos de lenguas					
Interpretación de lenguas	Interpretación de lenguas					

varias de ellas hablan de dones y de funciones con dones. Los apóstoles, los profetas y los maestros están incluidos con los dones en 1 Corintios 12:28-30. Por el contrario, Efesios 4:11 enumera exclusivamente a apóstoles, profetas, evangelistas y pastores/maestros.

Las siguientes observaciones constituyen algunas de las descripciones y conclusiones más importantes de la revelación de Dios respecto a los dones espirituales:

1. La salvación es un don *járisma*, es decir, un don inmerecido por la gracia de Dios (Ro. 6:23; Ef. 2:8; Tit. 2:11).
2. El Espíritu Santo es también un don *járisma*, es decir, un don inmerecido por la gracia de Dios (Ro. 5:5; 1 Ts. 4:8; 1 Jn. 3:24; 4:13; cf. Hch. 2:38; 10:45; He. 6:4).
3. Como el bautismo del Espíritu, los dones espirituales acompañan a la salvación.
4. La voluntad de Dios, y no la de los seres humanos, determina los dones individuales (1 Co. 12:11, 18, 24; He. 2:4).
5. Los dones espirituales son permanentes e irrevocables (Ro. 11:29).
6. Los dones espirituales recibidos con la salvación deben distinguirse de los talentos naturales que se poseen desde el nacimiento físico (1 Co. 12:11). Sin embargo, el Espíritu Santo puede, con toda certeza, usar ambos tipos de dones para sus propios propósitos divinos.
7. Los dones espirituales solos no hacen necesariamente espiritual al cristiano, como queda demostrado por la iglesia corintia (1 Co. 14:20). El carácter espiritual es la prioridad suprema (Col. 1:28).
8. Todos los cristianos, sin excepción, tienen dones (1 Co. 12:7, 11; Ef. 4:7; 1 P. 4:10) e incluso pueden ser más de uno, con el resultado de una combinación única de dones.

9. El Espíritu Santo produce una variedad de dones (1 Co. 12:4), que los cristianos emplean en toda una diversidad de ministerios (1 Co. 12:5-6) y de resultados (1 Co. 12:6).
10. Los dones individuales mejoran el bien corporativo (1 Co. 12:7), por medio del servicio de los cristianos entre sí (1 P. 4:10).
11. Los dones han de ejercerse en amor (1 Co. 13:8, 13), porque sin amor es inútil la práctica de los dones (1 Co. 13:1-3).
12. Los dones difieren según la gracia recibida de Dios (Ro. 12:6; Ef. 4:7), y deben ser ministrados por los cristianos como buenos administradores de la gracia de Dios (1 P. 4:10).
13. Las Escrituras ordenan a los cristianos que ejerzan sus dones (Ro. 12:6; Ef. 4:11-14) como una responsabilidad y una obligación.
14. El propósito principal de los dones permanentes es para la edificación de la iglesia (1 Co. 14:4-5, 12, 17, 26; cf. Ef. 4:12-13).
15. El productivo ejercicio de los dones propios dan gloria a Dios (1 P. 4:11).

Dones temporales (reveladores/confirmatorios)[24]

La siguiente explicación aborda tanto los dones temporales que cesaron con la era apostólica[25] como los dones que siguen hasta el final de la era de la iglesia. Las siete listas de dones recogen estos dones temporales y permanentes de tres maneras. En primer lugar, dos listas enfatizan los dones temporales (1 Co. 12:8-10; 13:8-9). En segundo lugar, dos listas se enfocan en los dones permanentes (Ro. 12:6-8; 1 P. 4:10-11). Finalmente, tres listas enumeran una combinación de dones temporales y permanentes (1 Co. 12:28-30; 13:1-3; Ef. 4:11). Comenzaremos por los dones temporales, que sirvieron tanto para los propósitos reveladores como para los confirmadores al autentificar a los mensajeros especiales de Dios y a la inauguración de la era del nuevo pacto.

Tres declaraciones neotestamentarias hablan directamente sobre los milagros divinamente iniciados que involucraban dones temporales realizados por medio de personas. En primer lugar, considere el inspirado comentario de Pedro sobre el propósito de los milagros de Jesús en Hechos 2:22: "Varones israelitas, oíd estas palabras: Jesús nazareno, varón aprobado por Dios entre vosotros con las maravillas, prodigios y señales que Dios hizo entre vosotros por medio de él, como vosotros mismos sabéis". Aquí, Pedro se hace básicamente eco de Cristo, quien aseveró que sus obras certificaban su afirmación de ser el Dios-hombre (Jn. 11:47-48). Distinguían a Cristo, quien tenía unas credenciales milagrosas impecables, como el verdadero Mesías, en contraste con todos los falsos cristos a lo largo de la historia.

En segundo lugar, Pablo hizo una declaración directa sobre los milagros en relación con los apóstoles en 2 Corintios 12:12. Él observó con énfasis que las marcas (*semeía*) de un apóstol eran señales, prodigios y milagros. Dios usó esos fenómenos sobrenatu-

---

24. Gran parte de la siguiente exposición sobre milagros y dones temporales está adaptada de Richard Mayhue, *The Healing Promise: Is It Always God's Will to Heal?* (Fearn, Ross-shire, Escocia: Mentor, 1997), 167-172. Usado con permiso de Christian Focus.
25. Para una explicación más detallada respecto a los dones temporales específicos y su cese, consulte el cap. 9, "La iglesia". Consulte también los artículos de los dos números de *Master's Seminary Journal* dedicados al cesacionismo y a los dones reveladores: *MSJ* 14, no. 2 (2003): 143-327, y *MSJ* 25, no. 2 (2014): 17-93.

rales para autentificar al mensajero apostólico y, así, validar su mensaje (Hch., 2:43; 5:12; Ro. 15:19; He. 2:1-4). Dios utilizó un método muy similar para autentificar a los profetas del Antiguo Testamento: cumplió los mensajes que ellos transmitían y llevó a cabo milagros por medio de ellos (cf. Dt. 13:1-5; 18:21-22). Los milagros distinguían entre los profetas y apóstoles verdaderos y falsos.

En tercer lugar, el autor de Hebreos argumentó que Dios usó milagros para autentificar el mensaje de la salvación. Hebreos 2:3-4 declara que Dios dio testimonio de la verdadera salvación a través de los apóstoles, por medio de milagros.

Estos pasajes de Hechos, 2 Corintios y Hebreos enseñan que el principal propósito de Dios para los milagros que realizó por medio de hombres que tenían dones temporales era *autentificar a sus mensajeros, porque eran portadores de la revelación verdadera de Dios*. Esto es así en el caso de los dones temporales de revelación, como en el de los dones temporales de confirmación.

EL MODELO BÍBLICO DE MILAGROS AUTENTIFICADORES

Existen muchas ilustraciones de esta clase principal de propósito en el Antiguo Testamento. En Éxodo 3 y 4, Dios convenció finalmente a Moisés de que debería representarlo en Egipto. A cada una de sus objeciones, Dios respondió con una señal sobrenatural que autentificaría el encargo hecho a Moisés. En Éxodo 4:30-31, las señales se llevaron a cabo, y los judíos creyeron. Tras una señal y tres plagas, los magos de Faraón creyeron (Éx. 8:18-19). Después de diez plagas y del incidente del Mar Rojo, se puede suponer que Faraón creyó (Éx. 14:26-30), y la fe de los judíos volvió a prender (Éx. 14:31).

Después de alimentar a Elías con su último bocado, la viuda de Sarepta vio cómo se reabastecían sus provisiones de manera sobrenatural (1 R. 17:8-16). Cuando su hijo murió, ella dudó (1 R. 17:17-18), pero cuando su hijo fue devuelto a la vida de forma prodigiosa, ella creyó (1 R. 17:24). Un milagro de Dios había confirmado a Elías como profeta auténtico. Esto sucedió de nuevo en el monte Carmelo cuando, a la orden de Elías, descendió fuego del cielo e hizo que muchos del pueblo creyeran, en medio de la desenfrenada incredulidad y la idolatría flagrante (1 R. 18:30-40). La credibilidad de Eliseo convenció a Naamán después de haber sido sanado de la lepra (2 R. 5:14-15). Nabucodonosor supo de la fiabilidad de Daniel, después de que revisara e interpretara correctamente el sueño del rey (Dn. 2:46-47).

Con toda claridad, Dios usó milagros realizados por medio de hombres para autentificar a sus mensajeros. Los milagros no se usaron jamás meramente como exhibición, por frivolidad ni para exaltar al mensajero.

La revisión de la historia bíblica revela tres períodos principales durante los cuales Dios realizó milagros por medio de hombres. En comparación, tales milagros, realizados a través de agentes humanos, no sucedieron sino rara vez en otras eras. Estos tres períodos principales son los siguientes:

1. Los ministerios de Moisés y Josué, *ca.* 1450–1390 a.C.
2. Los ministerios de Elías y Eliseo, *ca.* 860–800 a.C.
3. Los ministerios de Cristo y sus apóstoles, *ca.* 30–60 d.C.

Aun así, en aquellos períodos, los milagros no fueron la norma para todos los siervos de Dios. Al referirse a Juan el Bautista, el Señor declaró: "Os digo que entre los nacidos de mujeres, no hay mayor profeta que Juan el Bautista; pero el más pequeño en el reino de Dios es mayor que él" (Lc. 7:28). A pesar de ello, el apóstol Juan escribe sobre el Bautista: "Juan, a la verdad, ninguna señal hizo; pero todo lo que Juan dijo de éste, era verdad" (Jn. 10:41). Más tarde, el mensaje de Juan fue reivindicado por los milagros de Cristo. Por tanto, la estatura de un hombre de Dios no se demostraba principalmente mediante señales y milagros, sino por la veracidad del mensaje.

ADVERTENCIA DE LA HISTORIA EXTRABÍBLICA

Los informes de milagros no se limitan a la historia bíblica o incluso al cristianismo. En realidad, si el mero número de los supuestos milagros se usara para medir la autenticidad de una religión, el cristianismo verdadero quedaría eclipsado por la religión falsa. El hecho de que pretendidos milagros ocurran fuera de la fe cristiana debería hacer que los cristianos no se fiaran de aquellos que afirman hacerlos.

La historia de los presuntos milagros en la esfera del cristianismo, desde el 100 d.C. es abundante en el ámbito de la sanidad. El notable teólogo, Benjamín Warfield, observó:

> Hay pocas o ninguna prueba de que se realizaran milagros durante los primeros cincuenta años de la iglesia postapostólica; son ligeras y sin importancia en los cincuenta años siguientes; se hacen más abundantes durante el siglo siguiente (el tercero); y solo son abundantes y precisas en el siglo IV, para aumentar más aún en el V, y más allá. Por tanto, si las evidencias no valen nada en absoluto, en lugar de una disminución progresiva y regular, hubo un aumento creciente y constante de milagros desde el principio en adelante.[26]

Sin embargo, ¿acaso el carácter y la calidad de los milagros postapostólicos declarados concuerdan con los que se recogen en las Escrituras? El eminente historiador de la iglesia, Philip Schaff, ofrece estas consideraciones de peso en contra de dichos milagros:[27]

1. Son de un "tono moral muy inferior" y "exceden con mucho" a los milagros bíblicos "en pompa externa".
2. No sirven "para confirmar la fe cristiana en general".
3. "Cuanto más distantes de la era apostólica, más numerosos son".
4. Los padres de la iglesia no informaron de verdad sobre todo lo que se debía saber acerca de los supuestos milagros.
5. Los padres de la iglesia admitieron que había "considerables fraudes".
6. "Los milagros nicenos se enfrentaron a la duda y la contradicción, incluso entre sus contemporáneos".
7. Los padres de la iglesia se contradijeron entre sí al enseñar que los milagros ya no se producían y, a continuación, informar que se producían milagros reales.

Es necesario que los cristianos presten atención a las advertencias de la historia, independientemente de su propia postura respecto a los milagros realizados por medio

---

26. Benjamin B. Warfield, *Counterfeit Miracles* (1918; reimp. Edimburgo: Banner of Truth, 1972), 10.
27. Philip Schaff, *History of the Christian Church* (Grand Rapids, MI: Associated Publishers & Authors, s.f.), 3:191-192.

de agentes humanos. Satanás hará todo lo posible para inducir al error y engañar a los cristianos, a lo largo del callejón sin salida de los supuestos milagros (2 Co. 11:13-15). Los que están en la senda se acercarán un día a Jesús con afirmaciones de haber realizado milagros en su nombre, pero Él les responderá: "Nunca os conocí; apartaos de mí, hacedores de maldad" (Mt. 7:23).

CESE DE LOS DONES REVELADORES Y CONFIRMATORIOS

¿Han seguido realmente los milagros y los dones temporales por medio de los hombres, más allá de la era apostólica? Las Escrituras enseñan que estos sirvieron para autentificar al mensajero de Dios y, en última instancia, el mensaje divino. Sin embargo, cuando Juan registró el libro de Apocalipsis, ya se había completado el canon del Nuevo Testamento y la revelación total de las Escrituras por parte de Dios. Después del 95 d.C., Dios no tuvo razón alguna de llevar a cabo milagros por medio de los hombres, porque ya no estaba revelando una verdad que tuviera que ser autentificada; el canon se cerró con la conclusión de Apocalipsis. Por consiguiente, la obra de milagros de Dios y los dones temporales a través de los hombres cesaron.

No existe ni una sola declaración bíblica clara y explícita que especifique si los milagros realizados por medio de hombres y los dones temporales cesaron con los apóstoles, o siguieron, pero si se consulta todo el consejo de Dios, se descubrirá la respuesta. A continuación, algunos indicadores neotestamentarios de que la era de los milagros por medio de hombres y los dones temporales cesaron realmente con la era apostólica.

Hechos 2:22; Romanos 15:18-19; 2 Corintios 12:12 y Hebreos 2:4 indican que Dios dio milagros y señales con el fin de autentificar al mensajero de Dios. Con la terminación del canon, esas señales ya no servían al propósito que Dios pretendía.

Tras el progreso histórico de los apóstoles, quienes escribieron sobre los dones milagrosos, los milagros disminuyeron en su alcance, a medida que el tiempo avanzaba.[28] En Hechos 19:11-12 (52 d.C.); 1 Corintios (55 d.C.) y Romanos (56 d.C.), los escritores informaron que estaban produciéndose milagros extraordinarios. Las epístolas posteriores indican que estos fenómenos eran cada vez menos. Pablo no sanó a Epafrodito (Fil. 2:27 [60 d.C.]). Pablo le prescribió vino a Timoteo por su dolencia estomacal (1 Ti. 5:23 [62–64 d.C.]), en lugar de recomendarle que se sometiera a alguien que pudiera sanar. Dejó a Trófimo enfermo en Mileto (2 Ti. 4:20 [66–67 d.C.]).

Santiago, quien escribió en torno al 45–49 d.C., exhortó a los creyentes que estaban gravemente enfermos a que llamaran a los ancianos para que los ungieran y oraran por ellos, en lugar de recurrir a alguien que tuviera la capacidad de curar. En las siete cartas a las siete iglesias (Apocalipsis 2–3 [95 d.C.]), no se hace mención alguna a dones de milagros y señales. Estas epístolas fueron las últimas y definitivas palabras bíblicas de Cristo a su iglesia.

Las Escrituras enseñan que los milagros realizados por medio de agentes humanos sirvieron a un propósito muy específico, que se centraba en la autentificación de los profetas y los apóstoles de Dios como mensajeros certificados, con una palabra firme

---

28. Los tres párrafos siguientes están adaptados de Richard L. Mayhue, "The Gifts of Healing", *MSJ* 25, no. 2 (2014): 21-22. Usado con permiso de *MSJ*.

del cielo (Hch. 2:22; 2 Co. 12:12; He. 2:1-4). Cuando se concluyó el canon de las Escrituras con el Apocalipsis de Juan, dejó de existir ya una razón divina para realizar milagros por medio de hombres. Por consiguiente, tales milagros cesaron junto con los dones temporales.

Los siete dones/oficios temporales y milagrosos siguientes sirvieron a propósitos reveladores o confirmadores, y cesaron al final de la era apostólica, porque sus propósitos ya se habían cumplido:

1. Apóstol (1 Co. 12:28; Ef. 4:11): Hombres directamente comisionados por el Cristo resucitado y enviados para fundar y establecer la iglesia
2. Discernimiento de espíritus (1 Co. 12:10): La capacitación divina para discernir las declaraciones verdaderas de las falsas pronunciadas por personas que afirmaban, de forma engañosa, que sus palabras eran revelaciones proféticas de Dios
3. Sanidad (1 Co. 12:9, 28, 30): Facultad divina de restaurar la salud inmediata de los enfermos, sin que sea necesaria la respuesta por fe de quienes están siendo sanados
4. Milagros (1 Co. 12:28): Capacitación divina para llevar a cabo obras de poder que contravienen o exacerban los procesos normales de la naturaleza
5. Profecía (1 Co. 12:10; Ef. 4:11): Capacitación divina de recibir y comunicar la revelación verbal directa de Dios al hombre
6. Lenguas (1 Co. 12:10, 28; 13:1): Capacitación divina de hablar en una lengua real y humana que no se haya aprendido con anterioridad
7. Interpretación de lenguas (1 Co. 12:10, 30; cf. 14:26-28): Capacitación divina de interpretar las palabras de alguien que hable en lenguas
8. Palabras de ciencia (1 Co. 12:8; 13:2, 8): Capacitación divina de comunicar una palabra directa de conocimiento profundo del Señor para guiar a la iglesia local en el entendimiento de una profecía (se considera un don de revelación, porque está ligado a la profecía en 13:8)
9. Palabra de sabiduría (1 Co. 12:8): Capacitación divina para transmitir una palabra directa del Señor para guiar con habilidad a la iglesia local, en una decisión específica (se considera un don revelador, porque está relacionado con la palabra de conocimiento que, a su vez, está vinculado a la profecía en 13:8)

Dones permanentes (hablar/servir)

Los siguientes dones/oficios permanentes siguientes implican propósitos de palabra y servicio que han continuado desde la era apostólica hasta el momento presente:

1. Evangelista (Ef. 4:11): Capacitación divina de explicar, exhortar y aplicar con eficacia el evangelio a aquellos que no son salvos
2. Exhortación (Ro. 12:8): Capacitación divina para estimular con eficacia la santidad práctica en el corazón y la acción a través del aliento, el consuelo, la amonestación y la súplica
3. Fe (1 Co. 12:9; 13:2): Capacitación divina para confiar en Dios en todos los detalles de su obra, incluso cuando el resultado parezca incierto. Este don produce una seguridad estelar de que Dios cumplirá sus propósitos.

4. Dar (Ro. 12:8; 1 Co. 13:3): Capacitación divina de dar al Señor bienes terrenales de manera generosa, gozosa y sacrificial para la obra del ministerio.
5. Ayudar/servir (Ro. 12:7; 1 Co. 12:28): Capacitación divina de ayudar de manera sacrificial y sumisa a suplir las necesidades de otros cristianos
6. Liderar/administrar (Ro. 12:8; 1 Co. 12:28): Capacitación divina para gobernar con celo a los cristianos y conducirlos a la meta de cumplir la voluntad de Dios
7. Misericordia (Ro. 12:8): Capacitación divina para detectar con alegría, empatizar con otras personas y ayudarlas supliendo sus necesidades físicas, emocionales y espirituales
8. Profecía/predicación (Ro. 12:6): Capacitación divina no reveladora de anunciar, es decir, proclamar las Escrituras
9. Pastor/maestro (Ef. 4:11): Capacitación divina para pastorear a los cristianos, mediante el liderazgo, la provisión, la alimentación, la protección y, en otras circunstancias, el cuidado de ellos
10. Discernimiento espiritual (1 Co. 12:10): Capacitación divina para identificar formas de error doctrinal y decepción religiosa. Esto representa el aspecto ministerial permanente del don. Como "padre de mentiras" (Jn. 8:44), Satanás busca continuamente falsificar la verdadera obra de Dios, y se disfraza de ángel de luz (cf. 2 Co. 11:14); obrando principalmente por medio de falsos maestros que imparten "doctrinas de demonios" (1 Ti. 4:1). Hay quienes forman parte de la iglesia de hoy y que han recibido una capacidad importante para identificar la falsedad, al contrastarla con la verdad bíblica
11. Enseñanza (Ro. 12:7; 1 Co. 12:28): Capacitación divina para interpretar con claridad, explicar y aplicar las Escrituras a los cristianos

Preguntas importantes

A continuación, cinco de las preguntas que se formulan con mayor frecuencia respecto a los dones espirituales, acompañadas por sus respuestas basadas en las Escrituras.

Pregunta 1: ¿Reciben los cristianos un solo don?
Respuesta: Lo más probable es que cada cristiano tenga una mezcla única de dones diversos y no solo un don exclusivo.

Pregunta 2: ¿Qué necesitan saber los cristianos sobre los dones espirituales?
Respuesta:
- La salvación es un *járisma*, es decir, un don gratuito (Ro. 6:23).
- El Espíritu Santo de Dios es un don como parte de la salvación (Ro. 5:5; 1 Ts. 4:8; 1 Jn. 3:24; 4:13).
- Cada creyente ha recibido un don espiritual; espiritual por su fuente y naturaleza (1 Co. 1:7; 7:7; 1 P. 4:10).
- La voluntad de Dios, y no la del hombre, es la base que determina quién recibe qué don (1 Co. 12:11, 18).
- Los dones espirituales son diversos (1 Co. 12:12-27), ya que de entre las varias listas de dones del Nuevo Testamento, ninguna es igual (Ro. 12:6-8; 1 Co. 12:8-10, 28-30; 13:1-3, 8; cf. 1 Co. 7:7).

- En las cualidades deseadas para los líderes de la iglesia y los creyentes maduros no se enfatizan los dones espirituales (Gá. 5:22-23; 1 Ti. 3:1-7; Tit. 1:5-9; cf. 1 Co. 13:4-7).
- El tipo de dones espirituales que las personas reciben no indica necesariamente su nivel de espiritualidad.

Pregunta 3: ¿Cómo pueden identificar los cristianos los dones espirituales?
Respuesta:
- Al creer que Dios dota exclusivamente a los individuos, uno debería enfocarse más en un don multifacético que en dones múltiples (1 P. 4:10).
- Que el creyente sea capaz de maximizar un ministerio particular con el mínimo esfuerzo es un claro indicador.
- Los dones espirituales se usarán de forma más eficaz en el contexto de la iglesia local donde, más tarde o más temprano, otros cristianos reconocerán y comentarán los dones espirituales de uno.
- Las inclinaciones personales y las observaciones de los demás conducirán a un ministerio fructífero.

Pregunta 4: ¿Qué deberían hacer los cristianos con los dones espirituales?
Respuesta: Deberían usar sus dones para edificar la iglesia (1 Co. 14:12) y servirse los unos a los otros (1 Co. 12:7; 1 P. 4:10).

Pregunta 5: ¿Qué errores deberían evitar los cristianos a la hora de ejercer los dones espirituales?
Respuesta:
- Autoedificación en lugar de la edificación de los demás (1 P. 4:10).
- Autoejercicio en lugar de ejercitarse en el Espíritu (1 P. 4:11).
- Autoexaltación en lugar de usar el don propio para la gloria de Dios (1 P. 4:11).

La creación[29]

En las Escrituras se ha escrito muy poco sobre el Espíritu Santo y la creación. A pesar de ello, la participación del Espíritu Santo aparece en el primer capítulo de la Biblia, exactamente donde uno esperaría encontrarlo. Cuando Dios propuso: "Hagamos al hombre a nuestra imagen", usó tres veces el pronombre plural (Gn. 1:26). Aquí, las Escrituras insinúan innegablemente que Dios el Padre, Dios el Hijo y Dios el Espíritu Santo estuvieron involucrados, los tres, en la creación. Génesis 1:2 describe, en realidad, un aspecto de la contribución del Espíritu Santo.

Los comentaristas han consultado otras partes de las Escrituras y han relacionado al Espíritu Santo con la creación en dos pasajes de Job (un libro escrito posiblemente antes que Génesis). Sin embargo, si se entiende en su contexto, ni Job 26:13 ni Job 33:4 parecen referirse a la creación original. Dos versículos de los Salmos (Sal. 33:6; 104:30) se han vinculado también, en ocasiones, al relato de la creación de Génesis 1–2. No obstante, el término hebreo *rúaj*, en el contexto de estos pasajes se traduciría mejor como "aliento", lo que significa que es improbable que se refieran a la creación.

Uno debería preguntar: ¿cuántas referencias bíblicas se requieren para establecer que

---

29. Para una explicación más detallada de la creación, consulte "La creación" en el cap. 3, "Dios Padre" (p. 217).

una enseñanza es cierta? En realidad, solo se necesita una que se interprete de forma clara y correcta, para instituir la verdad. En este caso, Génesis 1:2 y 1:26 son más que suficientes para establecer la irrefutable verdad de que Dios el Espíritu Santo se unió a Dios el Padre y a Dios el Hijo para crear los cielos y la tierra (Gn. 1:1).

Las Escrituras[30]
Revelación e inspiración
Instrucción, iluminación y afirmación
Utilización

El Espíritu de verdad (Jn. 14:17, 26; 15:26; 16:7, 13; 1 Jn. 4:6; 5:7) ha estado involucrado en todos los aspectos de mediación de la Palabra de Dios, tal como se ilustra más abajo:

Dios (quien da)	Los creyentes (quienes reciben)
Revelación	Salvación
Inspiración	Santificación
	Instrucción
	Iluminación
	Afirmación
	Utilización

Cristo enseñó a sus discípulos que el Espíritu de Dios era el *Paracleto*, el amigo divino que haría todo lo necesario para transmitir el mejor interés de Dios y conducir a otros al conocimiento de la verdad; luego, en ausencia de Cristo, el *Paracleto* acompañó a los apóstoles para dotarlos y exhortarlos a seguir enseñando lo que Cristo había enseñado (Jn. 14:16, 26), a ayudarlos a dar testimonio de Cristo (Jn. 15:26-27), y a condenar al mundo con su mensaje de verdad (Jn. 16:7-11). En estos cuatro pasajes del Evangelio de Juan, el término griego *parákletos* se traduce mejor como "Ayudador". En cada caso, como muestran los contextos inmediatos de estos versículos, el énfasis de Juan está en el *Paracleto* que ayuda a los discípulos, de forma específica, para que *sepan*, *recuerden* y *prediquen* la verdad sobre Cristo. Los cinco primeros capítulos de Hechos confirman además que el *Paracleto* vino y ayudó a los discípulos a conocer la verdad y a declararla con poder (Hch. 1:8; 2:4, 33; 4:8, 31; 5:32).

Esta obra del Espíritu con los apóstoles pone el fundamento del ministerio de este con relación a las Escrituras. Pablo habló de este aspecto del ministerio del Espíritu en 1 Corintios 2:10-16, cuando abordó la obra del Espíritu de revelación e inspiración (2:10-11), instrucción (2:12-13), esclarecimiento, afirmación y utilización (2:14-16).

Revelación e inspiración
El término *revelación* alude por regla general al desvelamiento divino, ya sea por medios ordinarios o especiales, de lo que era previamente desconocido para los seres humanos

---
30. Para una explicación más detallada de las Escrituras, consulte el cap. 2, "La Palabra de Dios".

(1 Co. 2:10-11). La inspiración solo se aplica a la Palabra escrita de Dios: por medio de ella, el Espíritu Santo protege la revelación de Dios del error a través de los escritores humanos, con el fin de proveer un escrito completamente veraz y fidedigno, hasta las mismísimas palabras usadas (2 Ti. 3:16-17). Pedro explicó también la inspiración, al exponer que la profecía de las Escrituras no se pronunció por un acto de la voluntad humana, sino más bien por hombres que fueron dirigidos por el Espíritu Santo (2 P. 1:20-21). Juan estaba en el Espíritu (Ap. 1:10) cuando recibió la revelación inspirada de los siete espíritus (Ap. 1:4), una expresión que alude a que el Espíritu Santo usa el número de la perfección (siete), que habla de su plenitud (cf. Ap. 4:5; 5:6).

La función del Espíritu Santo en la revelación halla confirmación de muchos de los que hablaron en nombre de Dios:

Profetas durante y después del éxodo (Neh. 9:20, 30; Is. 63:11, 14; Hag. 2:5)
David (2 S. 23:2)
Ezequiel (Ez. 3:24, 27)
Miqueas (Mi. 3:8)
Zacarías (Zac. 7:12)
Simeón (Lc. 2:26)
Los discípulos de Cristo (Mt. 10:20; Mr. 13:11; Lc. 12:12)
Agabo (Hch. 11:28)
Pablo (1 Co. 2:10)
Pedro (1 P. 1:10-12)

Un testimonio similar de otras personas confirma que el Espíritu Santo no solo prestó ayuda en la revelación, sino también en la inspiración:

Isaías (Is. 59:21)
Juan (Jn. 16:13; Ap. 1:4, 10)
Pablo (Ef. 3:5)

En ocasiones, los escritores bíblicos hablan específicamente de textos bíblicos que fueron revelados e inspirados por el Espíritu Santo:

Mateo (Mt. 22:43; Mr. 12:36, citando Sal. 110:1)
Lucas (Hch. 1:16, 20, citando Sal. 41:9; 69:25; 109:8)
Lucas (Hch. 4:25-26, citando Sal. 2:1-2)
Lucas (Hch. 28:25-27, citando Is. 6:9-10)
Pablo (1 Ti. 4:1, posiblemente citando Mt. 7:15; 24:24)
El autor de Hebreos (He. 3:7-11, citando Sal. 95:7-11)
El autor de Hebreos (He. 9:1-8, citando Éxodo 25–26)
El autor de Hebreos (He. 10:15-17, citando Jer. 31:33-34)
Juan (Ap. 2:7, 11, 17, 29; 3:6, 13, 22; 14:13, ejemplos generales)

Instrucción, iluminación y afirmación

Nehemías escribió: "Y enviaste tu buen Espíritu para enseñarles, y no retiraste tu maná de su boca, y agua les diste para su sed" (Neh. 9:20). Pablo testificó: "lo cual también hablamos, no con palabras enseñadas por sabiduría humana, sino con las que enseña el Espíritu" (1 Co. 2:13). Juan alentó a sus lectores: "No tenéis necesidad de que nadie os enseñe; así como la unción misma [véase "el Santo", 1 Jn. 2:20] os enseña todas las cosas…" (1 Jn. 2:27; cf. 1 Co. 2:14-16). Pablo oró por los efesios para que "el Dios de nuestro Señor Jesucristo, el Padre de gloria, os dé espíritu de sabiduría y de revelación en el conocimiento de él, alumbrando los ojos de vuestro entendimiento, para que sepáis…" (Ef. 1:17-18).

De todos los capítulos de la Biblia, el Salmo 119 menciona con mayor frecuencia la necesidad humana de instrucción divina. En nueve ocasiones, el salmista pregunta con insistencia: "Enséñame tus estatutos" (Sal. 119:12, 26, 33, 64, 66, 68, 108 ["juicios"], 124, 135). Se puede suponer que recurrió al Espíritu Santo en busca de instrucción. Lo que Cristo hizo por los discípulos al abrir sus mentes para que entendieran las Escrituras (Lc. 24:45), el Espíritu Santo lo hace por los cristianos.

Iluminación puede referirse a la salvación de uno (2 Co. 4:4, 6; cf. Hch. 26:18; He. 6:4) o a la necesidad del creyente de mayor entendimiento de la Biblia o de iluminación respecto a la Biblia. El salmista que oró para que el Espíritu Santo le enseñara, también pidió iluminación: "Abre mis ojos, y miraré las maravillas de tu ley" (Sal. 119:18; cf. 119:27, 34, 73, 125, 144, 169; Ef. 1:18). Entonces testificó sobre el beneficio de la iluminación: "La exposición de tus palabras alumbra; hace entender a los simples" (Sal. 119:130).

Aunque la iluminación del Espíritu Santo es indispensablemente útil, no es ciertas cosas y no puede hacer ciertas otras. Estas limitaciones les recuerdan a los creyentes que no esperen aquello que las Escrituras no prometen:

1. La iluminación no funciona fuera de la Palabra de Dios (Sal. 119:18; Lc. 24:45).
2. La iluminación no garantiza que todos los cristianos concuerden doctrinalmente, porque el elemento humano puede causar una falsa doctrina (Gá. 2:11-21).
3. La iluminación no significa que todo lo que respecta a Dios sea conocible (Dt. 29:29).
4. La iluminación no hace que sean innecesarios los maestros humanos (Ef. 4:11; 1 Ti. 3:2; 2 Ti. 4:2).
5. La iluminación no es un sustituto del estudio específico y personal de la Biblia (2 Ti. 2:15).
6. La iluminación no es una experiencia de una sola vez (2 Ti. 2:15).

Además de instruir e iluminar a los cristianos, el Espíritu Santo también da testimonio al creyente respecto a la veracidad y la fiabilidad de las Escrituras. Al menos tres textos del Nuevo Testamento hablan de este aspecto del ministerio del Espíritu con respecto a la Palabra de Dios (Hch. 5:32; He. 10:15; 1 Jn. 5:6). El testigo más estelar e intachable de la Biblia es el Espíritu de verdad (Jn. 14:17).

Utilización

El Espíritu no solo está involucrado en los aspectos de comunicación y enseñanza de las Escrituras (1 Co. 2:4-5; 1 Ts. 1:5), sino que también empodera a los creyentes en su obediencia. Los resultados muy similares de permitir que la palabra de Cristo more en el creyente (Col. 3:16-17) y de dejar que el Espíritu Santo controle la vida del creyente

(Ef. 5:18-20) ilustran que, además del lado intelectual de conocer las Escrituras, Él está igualmente involucrado en dinamizar la volición de los creyentes en obedecerlas.

Asimismo, el Espíritu provee a los cristianos el armamento espiritual para la lucha contra la oscuridad espiritual de Satanás y los demonios, y los ayuda a emplearlo. Una parte vital del armamento cristiano es "la espada del Espíritu, que es la palabra de Dios" (Ef. 6:17). Por tanto, ya sea que implique andar en el camino de Cristo o pelear para la gloria de Cristo, la conexión inseparable del Espíritu Santo con las Escrituras impulsa al creyente hacia adelante, a la victoria.

El ministerio profético[31]

La regeneración
La resurrección
La semana setenta de Daniel
El milenio
La eternidad futura

Relativamente hablando, las Escrituras dicen muy poco sobre la función del Espíritu en los asuntos proféticos. Lo que sigue es un resumen de lo que está escrito.

La regeneración

Personas de todas clases se convertirán durante la septuagésima semana de Daniel (Ap. 6:9-11; 7:9-17; 14:6) y el reino milenial de Cristo (Is. 25:9; 44:2-5; Jer. 24:6-7; Ez. 36:25-31). Desde Adán y Eva hasta la última persona salva, todos habrán sido vivificados espiritualmente por la obra regeneradora del Espíritu Santo (Jn. 3:1-15).[32]

La resurrección

Por el poder del Espíritu Santo, todo creyente, del primero (1 Ts. 4:13-18) al último (Ap. 20:5-6) resucitará de la tumba (Ro. 1:4; 8:11, 23).

La semana setenta de Daniel

Cristo recitó Isaías 61:1-2a en la sinagoga de Nazaret, y afirmó ser el cumplimiento de lo que leyó en aquel momento. Más tarde cumpliría Isaías 61:2b-3, en su segunda venida. En ambos casos, el Espíritu Santo es Aquel que lo empodera (cf. Lc. 4:17-21).

El Espíritu Santo ejecutará la voluntad de Dios en el juicio de las naciones (Is. 34:8-16, esp. 34:16). La obra de Dios, en ese momento, será empoderada por el Espíritu Santo (Zac. 4:3-6; cf. 4:11-14; Ap. 11:3-4).

En 2 Tesalonicenses 2:6 se habla de un detenedor. Se han hecho numerosas sugerencias respecto a la identidad de este freno: (1) el Imperio romano, (2) el gobierno humano, (3) el estado judío, (4) la predicación del evangelio, (5) el hecho de que Satanás esté atado, (6) los ángeles, (7) la providencia de Dios, (8) alguna persona profética como Elías o Pablo (9) la iglesia o (10) el Espíritu Santo.

El inicuo mencionado en este pasaje está empoderado por Satanás (2 Ts. 2:9; cf. Ap.

---

31. Para una explicación más detallada de la profecía, véase el cap. 10, "El futuro".

32. Para una explicación más detallada de la regeneración, véase "El llamamiento interno: La regeneración", en el cap. 7 (p. 588).

13:2, 4), por lo que la pregunta es: ¿quién o qué es lo bastante poderoso como para refrenar firmemente la influencia de Satanás durante miles de años? Si revisamos las alternativas, el Espíritu Santo parece ser el más probable. Anteriormente, en las Escrituras, el Espíritu Santo ejerció ese tipo de ministerio (Gn. 6:3), y no hay razón para creer que haya renunciado a él (cf. Jn. 16:8-11; Hch. 7:51). Solo Dios tiene el poder de controlar de forma eficaz a Satanás y su malvado delegado (cf. Judas 9, donde el arcángel Miguel se remite a Dios en un conflicto con Satanás). No se menciona de qué forma refrena el Espíritu Santo, aunque es posible que sea a través de una combinación de medios como el gobierno humano (Ro. 13:1-7) y los cristianos verdaderos, es decir, la iglesia.

El milenio

Isaías escribió sobre el reino milenial y la restauración de Israel al reino davídico prometido (Is. 11:2-16; cf. 2 S. 7:10-17). Durante ese tiempo, cuando Cristo reine, el Espíritu Santo lo empoderará (Is. 11:2). Isaías describe el propósito global del ministerio milenial de Cristo (Is. 42:1-4).

Sobre la nación de Israel, la Biblia hace tres tipos de referencias generales al Espíritu Santo. Primero, Dios "derramará" su Espíritu sobre la nación (Is. 32:15; 44:3; Ez. 39:29; Jl. 2:28-29; Zac. 12:10). En segundo lugar, Dios promete poner su Espíritu "dentro de ellos" (Ez. 11:19; 36:26-27; 37:14). En tercer lugar, Dios afirma que su Espíritu estará "sobre ellos" (Is. 59:21). Como tal, el Espíritu reunirá de nuevo a Israel en la tierra, en el momento escogido por Dios, en el futuro (Is. 34:16).

La eternidad futura

Las Escrituras no mencionan de manera específica al Espíritu Santo en relación con la eternidad futura. Sin embargo, la deidad del Espíritu y el Dios trino aseguran que Dios Espíritu Santo seguirá obrando en perfecta armonía con Dios Padre y Dios Hijo para siempre.

Oración[33]

Amado Padre celestial,
    bendito Hijo y Espíritu eterno,
    venimos a adorarlos: Dios en tres Personas,
        una en esencia,
        perfecta en todos los sentidos,
        único Dios verdadero.
Nuestros corazones están llenos de gratitud por la redención que nuestro Padre celestial
    nos ha proporcionado en Cristo, su Hijo
    y que el Espíritu Santo nos ha aplicado.

---

33. El texto original en inglés de esta oración viene de John MacArthur, *At the Throne of Grace: A Book of Prayers* (Eugene, OR: Harvest House, 2011), 55-57. Usado con permiso de Harvest House.

Aunque no somos merecedores, nos has acogido
   en tu Reino eterno
     para que podamos participar de tu gloria indecible.

Una vez más, Padre, te damos gracias porque, en la plenitud de tu gracia,
   nos has amado y has enviado a tu Hijo unigénito para que nos redimiera.

Señor Jesús, aunque existes eternamente en forma de Dios,
   no lo contaste como algo a qué aferrarte.
Te humillaste, tomaste forma de siervo,
   y adoptaste la semejanza de los hombres.
Como tal, te convertiste en siervo y fuiste obediente a la voluntad del Padre,
   incluso hasta la muerte en la cruz.
Ese sacrificio único expió nuestros pecados para siempre
   y nos proporcionó la cobertura que necesitábamos:
     la vestidura inmaculada de tu justicia perfecta.

Espíritu Santo, tú también nos has amado eternamente
   y, ahora, haces tu morada permanente en nuestros corazones,
     y permites que tu vida y tu poder fluyan a través de nosotros,
       produzcan un fruto abundante, y nos conformen
         a la imagen de Cristo.

Oh Dios —único Dios, aunque tres Personas—, te alabamos y te damos gracias
   por la misericordia tan inmerecida y por la gracia sin medida.
     tu bondad es inagotable;
     tus misericordias son para siempre;
     tu fidelidad se extiende a todas las generaciones;
     tu gloria se ve en todas tus obras;
     y tu amor incesante es nuestro cántico.

Venimos a ti, Dios trino,
     entronizado en nuestras vidas,
     que presides sobre el universo,
   y te pedimos humildemente que nos fortalezcas en nuestra debilidad,
   empezando por nuestros actos de adoración.
Tú, quien pronunciaste una sola palabra y el universo fue creado,
   eres Aquel que ha brillado en nuestros corazones
     para darnos la Luz del conocimiento de la gloria de Dios
     en el rostro de Cristo.
¡Cuántas gracias te damos, de nuevo, por ordenar la salvación en nuestro favor!

Señor, venimos ante ti en oración para brindarte nuestra alabanza.
Ordena nuestra vida ante ti,
   y renueva nuestro compromiso de amor y obediencia,
     util y fiel.

Que nuestras vidas te honren, te pedimos,
   en el nombre de Cristo. Amén.

"Oh Padre, eterno Dios"

¡Oh Padre, eterno Dios!
Alzamos nuestra voz
con santo ardor,
por cuanto tú nos das,
tu ayuda sin igual,
hallando nuestra paz
en ti, Señor.

¡Bendito Salvador!
Te damos con amor
el corazón.
Y tú nos puedes ver
que humildes a tu altar,
venimos a traer,
precioso don.

¡Espíritu de Dios!
Escucha nuestra voz;
y tu bondad
derrame en nuestro ser
divina claridad
para poder vivir
en santidad. Amén.

—Vicente Mendoza

Bibliografía
Principales teologías sistemáticas

Bancroft, Emery H. *Fundamentos de teología bíblica*. Grand Rapids, MI: Editorial Portavoz, 1986. 248-280.

Berkhof, Louis. *Teología sistemática*. Grand Rapids, MI: Libros Desafío, 2005. 111-116; 503-513.

Dabney, Robert Lewis. *Systematic Theology*. 1871. Reed., Edimburgo: Banner of Truth, 1985. 193-201.

Erickson, Millard J. *Teología sistemática*. Viladecavalls: Editorial Clie, 2008. 857-894.

*Grudem, Wayne. *Teología sistemática: Una introducción a la doctrina bíblica*. Miami, FL: Editorial Vida, 2007. 666-686.

Hodge, Charles. *Teología sistemática*. 2 vols. 1871-1873. Barcelona: Editorial Clie, 1991. 1:369-380.

Strong, August Hopkins. *Systematic Theology: A Compendium Designed for the Use of Theological Students*. Ed. rev. Nueva York: Revell, 1907. 304-352.

*Swindoll, Charles R. y Roy B. Zuck, eds. *Understanding Christian Theology*. Nashville: Thomas Nelson, 2003. 389-536.

Thiessen, Henry Clarence. *Introductory Lectures in Systematic Theology*. Grand Rapids, MI: Eerdmans, 1949. 144-146.

Turretin, Francis. *Institutes of Elenctic Theology*. 3 vols. Editado por James T. Dennison Jr. Traducido por George Musgrove Giger, 1679–1685. Reeditado, Phillipsburg, NJ: P&R, 1992–1997. 1:302-310.

*Indica las más útiles.

Obras específicas

Bickersteth, Edward Henry. *The Holy Spirit: His Person and Work*. 1869. Reeditado, Grand Rapids, MI: Kregel, 1976.

*Biederwolf, William Edward. *Study of the Holy Spirit*. 1903. Reeditado, Grand Rapids, MI: Kregel, 1985.

Carson, D. A. *Showing the Spirit: A Theological Exposition of 1 Corinthians 12–14*. Grand Rapids, MI: Baker, 1987.

Cole, Graham A. *He Who Gives Life: The Doctrine of the Holy Spirit*. Foundations of Evangelical Theology. Whearson, IL: Crossway, 2007.

*Cumming, James Elder. *Through the Eternal Spirit: A Bible Study on the Holy Ghost*. Nueva York: Revell, 1896.

Firth, David G. y Paul D. Wegner, *Presence, Power, and Promise: The Role of the Spirit of God in the Old Testament*. Downers Grove, IL: IVP Academic, 2011.

Hamilton, James M., Jr. *God's Indwelling Presence: The Holy Spirit in the Old and New Testaments*. Nashville: B&H Academic, 2006.

*MacArthur, John. *El Pastor silencioso: El cuidado, consuelo y corrección del Espíritu Santo*. Grand Rapids, MI: Editorial Portavoz, 2015.

Owen, John. *The Holy Spirit: His Gifts and Power*. Edición abreviada. Editado por George Burder, 1972. Reeditado, Grand Rapids, MI: Kregel, 1954. La obra completa de Owen, *Pneumatologia*, publicada por primera vez en 1674.

*Pache, René. *La persona y la obra del Espíritu Santo*. Tarrassa: Editorial Clie, 1990.

Smeaton, George. *The Doctrine of the Holy Spirit*. 2da. ed. 1889. Reimpresión, Carlisle, PA: Banner of Truth, 1958.

Swete, Henry Barclay. *The Holy Spirit in the Ancient Church: A Study of the Christian Teaching in the Age of the Fathers*. 1912. Reimpresión, Grand Rapids, MI: Baker, 1966.

_____. *The Holy Spirit in the New Testament: A Study of Primitive Christian Teaching*. 1910. Reimpresión, Grand Rapids, MI: Baker, 1964.

Thomas, Robert L. y F. David Farnell, eds. *The Jesus Crisis: The Inroads of Historical Criticism into Evangelical Scholarship*. Grand Rapids, MI: Kregel, 1999.

*Thomas, W. H. Griffith, *The Holy Spirit*. 1913. Reimpresión, Grand Rapids, MI: Kregel, 1986.

*Walvoord, John F. *The Holy Spirit: A Comprehensive Study of the Person and Work of the Holy Spirit*. 1954. Reimpresión, Grand Rapids, MI: Zondervan, 1991.

*Ware, Bruce A. *Father, Son, and Holy Spirit: Relationships, Roles, and Relevance*. Wheaton, IL: Crossway, 2005.

Wood, Leon J. *The Holy Spirit in the Old Testament*. 1976. Reimpresión, Eugene, OR: Wipf & Stock, 1998.

*Indica las más útiles.

Temas carismáticos/pentecostales

*Chantry, Walter J. *Signs of the Apostles: Observations on Pentecostalism Old and New*, 2da. ed. Edimburgo: Banner of Truth, 1976.

Edgar, Thomas R. *Satisfied by the Promise of the Spirit: Affirming the Fullness of God's Provision for Spiritual Living*. Grand Rapids, MI: Kregel, 1996.

Frost, Henry W. *Miraculous Healing: A Personal Testimony and Biblical Study*. 1931. Reimpresión. Londres: Evangelical Pres, 1972.

Gaffin, Richard B., Jr. *Perspectives on Pentecost: Studies in New Testament Teaching on the Gifts of the Holy Spirit*. Phillipsburg, NJ; P&R, 1979.

Gromack, Robert G. *The Modern Tongues Movement*. Ed. rev. Phillipsburg, NJ: P&R, 1972.

Grudem, Wayne A., ed. *¿Son vigentes los dones milagrosos? Cuatro puntos de vista*. Terrassa: Editorial Clie, 2004.

Hanegraaff, Hank. *Cristianismo en crisis: siglo 21*. Nashville: Grupo Nelson, 2010.

Horton Michael. *The Agony of Deceit*. Chicago: Moody Press, 1990.

Kole, André y Al Jansen. *Miracles or Magic?* Eugene, OR: Harvest House, 1987.

*MacArthur, John F., Jr. *Diferencias doctrinales entre los carismáticos y los no carismáticos*. Nashville, TN: Grupo Nelson, 2016.

*_____. *Fuego extraño: El peligro de ofender al Espíritu Santo con una adoración falsa*. Nashville: Grupo Nelson, 2014.

Masters, Peter. *The Healing Epidemic*. Londres: Wakeman, 1988.

*Mayhue, Richard, L. *The Biblical Pattern for Divine Healing*. 1979. Reimpresión, Winona Lake, IN: BMH, 2001.

*_____. *The Healing Promise: Is It Always God's Will to Heal?* Fearn, Ross-shire, Escocia: Mentor, 1997.

McConnell, D. R. *A Different Gospel: A Historical and Biblical Analysis of the Modern Faith Movement*. Peabody, MA: Hendrickson, 1988.

Moriarty, Michael G. *The New Charismatics: A concerned Voice Responds to Dangerous New Trends*. Grand Rapids, MI: Zondervan, 1992.

Napier, John. *Charismatic Challenge: Four Key Questions*. Homnevush West, Australia: Anzea, 1991.

Nolen, William A. *Healing; A Doctor in Search of a Miracle*. Greenwich, CT: Fawcett, 1976.

*Smith, Charles R. *Tongues in Biblical Perspective: A Summary of Biblical Conclusions concerning Tongues*. 2da. ed. Winona Lake, IN: BMH, 1973.

Tada, Joni Eareckson. *A Place of Healing: Wrestling with the Mysteries of Suffering, Pain, and God's Sovereignty*. Colorado Springs: Cook, 2010.

Torrey, R. A. *Divine Healing: Does God Perform Miracles Today?* 1924. Reed., Grand Rapids, MI: Baker, 1974.

*Warfield, Benjamin B. *Counterfeit Miracles*. 1918. Reed., Edimburgo: Banner of Truth, 1972.

*Indica las más útiles.

"Hoy canto el gran poder de Dios"

Hoy canto el gran poder de Dios;
los montes Él creó;
habló a los mares con fuerte voz;
los cielos extendió.
Su mente sabia cantaré;
poder al sol le dio.
Las luces de la noche, sé;
que Él las decretó.

De Dios hoy canto la bondad
que bienes proveyó,
para uso de la infinidad
de todo lo que creó.
Sus maravillas por doquier,
¡cuán numerosas son!
Mis ojos bien las pueden ver
en toda su creación.

Oh Dios, tu gloria, flores mil
demuestran por doquier;
los vientos y el turbión hostil
declaran tu poder.
En la natura, buen Señor,
la vida a todos das;
doquier que miro alrededor
allí presente estás.

—Isaac Watts (1674–1748)
   (trad. George P. Simmonds)

6

El hombre y el pecado

Antropología y hamartiología

Principales temas del capítulo 6

EL HOMBRE
- Introducción a la doctrina del hombre
- Creado a imagen de Dios
- La constitución humana
- Origen del alma
- Género
- La personeidad
- El hombre y la sociedad
- La teología bíblica del hombre

EL PECADO
- Introducción al pecado
- Las consecuencias de la caída
- Cuestiones del pecado
- La teología bíblica del pecado

EL HOMBRE

Introducción a la doctrina del hombre
Importancia de la antropología
Creacionismo repentino
Adán como persona histórica

Importancia de la antropología

Existe un antiguo dicho: "Cuidado con la esterilidad de una vida ocupada". La vida es con frecuencia ajetreada, y la mayoría de las personas rara vez contemplan lo que es más importante. Sin embargo, pocos asuntos son tan significativos como considerar quiénes somos y por qué existimos. El rey David era un hombre ocupado, pero cuando alzaba sus ojos al cielo y contemplaba la luna y las estrellas, reflexionaba detenidamente y preguntaba: "¿Qué es el hombre, para que tengas de él memoria, y el hijo del hombre, para que lo visites?" (Sal. 8:4). Contra el telón de fondo de la maravillosa creación de Dios, el hombre parecía pequeño e insignificante. Todos deberíamos considerar esta pregunta de David.

La pregunta del salmista, "¿Qué es el hombre?", guarda relación con la doctrina de la antropología. El término griego *ánthropos* significa "hombre" o "humanidad". Por tanto, la antropología es el estudio de la humanidad. Pero la antropología debe buscarse desde el punto de vista adecuado. Las universidades y escuelas seculares ofrecen cursos de antropología, pero lo hacen desde una perspectiva centrada en el hombre. Excluyen a Dios del debate y, con ello, pasan por alto quién es realmente el hombre y cómo encaja en este mundo. Para entender al hombre en la forma apropiada, la perspectiva tiene que estar centrada en Dios.

¿Por qué es tan importante la antropología? En primer lugar, la antropología es una materia en la que el estudiante se estudia a sí mismo. ¿Qué podría ser más personal y práctico? La antropología responde a preguntas fundamentales como ¿quién soy yo?, ¿por qué estoy aquí?, ¿por qué soy capaz de razonar y sentir?, ¿cuál es mi propósito en la vida?, ¿hacia dónde me dirijo?

En segundo lugar, por haber sido creado en último lugar, en el sexto día de la semana de la creación, el hombre es el punto culminante de la creación de Dios. Como destaca Louis Berkhof: "El hombre está representado como la cúspide de todos los órdenes de la creación. Está coronado como rey de la creación, y se le ha dado dominio sobre todas las criaturas inferiores".[1] La doctrina del hombre nos enseña que es único, y esto ayuda a conocer el papel del hombre en el orden creado.

En tercer lugar, la antropología nos ayuda a entender nuestra relación con Dios. Al ser el hombre una criatura a imagen de Dios, aprendemos cómo se supone que debe actuar y relacionarse con Él. Los interesados en la doctrina bíblica del hombre pueden aprender qué piensa y espera Dios de ellos.

En cuarto lugar, la antropología bíblica nos ayuda a tratar asuntos específicos como el aborto, la eutanasia, la homosexualidad, el transexualismo y el ecologismo. Gran parte del mundo actual está confundido, y actúa pecaminosamente en estos asuntos, ya que opera desde una visión deficiente de Dios y del hombre. Sin embargo, desde la perspectiva de Dios, la antropología nos instruye ciertamente en estos y otros asuntos. La antropología bíblica nos guía en la aplicación de una cosmovisión cristiana a los problemas críticos que afronta nuestro mundo.

En quinto lugar, la visión bíblica respecto al hombre refuta las filosofías falsas. El naturalismo secular afirma que no hay Dios, y que el universo es tan solo material. El hombre no es más que un conjunto accidental de moléculas, que evolucionaron de manera aleatoria a partir de formas de vida inferiores, sin un plan deliberado. Como el hombre está aquí por azar, nada de lo que hace tiene un valor real ni un sentido eterno. Es, sencillamente, una clase de animal superior. La humanidad misma expirará un día, y su existencia se desvanecerá.

---

1. Louis Berkhof, *Teología sistemática* (Grand Rapids, MI: Libros Desafío, 2005), 215.

Algunas filosofías del siglo pasado hacían hincapié en determinados aspectos de la humanidad. El comunismo insistía en que el hombre es principalmente un ser económico impulsado por las necesidades materiales. Declaraba que la historia es la progresión inevitable del hombre desde la esclavitud al feudalismo, al capitalismo y, finalmente, al ideal superior del comunismo, donde no existirá la propiedad privada, y el estado será dueño de todo. Sigmund Freud (1856–1939) afirmó que el hombre es principalmente un ser sexual, cuya conducta brota de la motivación sexual. El posmodernismo ha enseñado que las personas son producto de sus escenarios sociales, y que no existen realidades morales trascendentes. Las "verdades" supuestas son estructuras que solo tienen sentido para las personas de determinadas culturas. Las grandes historias, o metanarrativas, que ayudan a las personas a entender su lugar en una historia mayor se contemplan con desprecio.

Las religiones orientales, como el hinduismo y el budismo, han declarado que el destino del hombre es una unión espiritual o mística con una fuerza impersonal como Brahman. Como una gota de agua puesta en el océano, la meta del hombre consiste en perder la personalidad, los sentimientos y los deseos, con el fin de lograr la unión impersonal con lo divino, sea lo que sea.

No obstante, todas las falsas visiones del hombre se ven refutadas por una antropología bíblica que revela que el hombre es la creación directa de un Dios personal, que diseñó al hombre con dignidad y con el propósito de servirle a Él. Para saber qué hacer, debemos saber quiénes somos. Este es el beneficio de una doctrina del hombre basada en las Escrituras.

Al componerse la humanidad tanto de hombres como de mujeres, ¿es apropiado emplear el término *hombre* en referencia a la humanidad? El término hebreo traducido "hombre" en la Biblia, *adám*, se emplea tanto para la humanidad en general como para distinguir al varón de la mujer. El sentido universal de *adám* se encuentra en Génesis 1:27 y 5:1-2:

Y creó Dios al hombre [*adám*] a su imagen, a imagen de Dios lo creó; varón y hembra los creó (Gn. 1:27).

> Este es el libro de las generaciones de Adán [*adám*]. El día en que creó Dios al hombre [*adám*], a semejanza de Dios lo hizo. Varón y hembra los creó; y los bendijo, y llamó el nombre de ellos Adán [*adám*], el día en que fueron creados (Gn. 5:1-2).

En ambos pasajes, *adám* (u "hombre") incluye al varón y a la hembra. Sin embargo, *adám* (u "hombre") también se emplea para diferenciar al varón de la mujer, como revelan los siguientes dos ejemplos:

> Y de la costilla que Jehová Dios tomó del hombre [*adám*], hizo una mujer, y la trajo al hombre [*adám*] (Gn. 2:22).

> Y estaban ambos desnudos, Adán [*adám*] y su mujer, y no se avergonzaban (Gn. 2:25).

Por tanto, existe una base bíblica para usar *hombre* en referencia a la humanidad. Algunos piensan que hacerlo refleja un sesgo negativo contra la mujer y, por ello, solo debería utilizarse un término como *humanidad*. Estos vocablos pueden emplearse, ciertamente, para describir a la humanidad, pero *hombre* ha sido, durante mucho tiempo, una palabra adecuada para aludir a la humanidad y no debería evitarse. El uso de *hombre* para toda la humanidad también concuerda con el concepto de que el varón sea la cabeza de la familia y asuma el liderazgo en la iglesia. Tanto en 1 Corintios 11:2-16 como en 1 Timoteo 2:8-15, Pablo utilizó verdades de la creación para hacer hincapié en las distinciones funcionales entre los hombres y las mujeres en la iglesia. Este capítulo usará términos como *humanidad* y *personas* para referirse a la humanidad en general; no obstante, *hombre* en su sentido más amplio también es apropiado y se usará.[2]

Creacionismo repentino[3]

El origen del universo físico ha surgido como uno de los campos de batalla bíblicos más significativos en el siglo XX. Las comunidades seculares y cristianas debaten la veracidad de los relatos de la creación de Génesis 1–2. Incluso muchos cristianos cuestionan seriamente el relato bíblico, y prefieren con rotundidad las conclusiones científicas al testimonio de las Escrituras. En la actualidad, solo una minoría de teólogos defiende el *creacionismo repentino*, la opinión de que el proceso creativo descrito en Génesis 1 tuvo lugar en seis días literales y consecutivos. Muchos afirman que el universo tiene millones o incluso miles de millones de años de antigüedad y que existió un largo intervalo de tiempo entre el origen de la tierra y los primeros seres humanos.

Queda muy lejos del propósito de este capítulo una exposición completa de los diversos puntos de vista sobre la creación, pero la postura que aquí presentamos es el creacionismo repentino.[4] Este es el criterio de las Escrituras y el contexto para entender la creación del hombre en el sexto día. Las verdades fundamentales, incluidos la grandeza y el poder de Dios, se pierden cuando uno abandona el claro sentido de Génesis 1 y 2 respecto a que Dios creó directamente la tierra en seis días literales.

La creación del universo no fue un proceso largo, como tampoco lo fue la del hombre. El poder y la gloria de Dios se manifestaron en una creación repentina, que incluía tanto a la tierra como al hombre. Las declaraciones específicas sobre el poder de Dios en la creación tienen lugar a lo largo de las Escrituras:

> Tú solo eres Jehová; tú hiciste los cielos, y los cielos de los cielos, con todo su ejército, la tierra y todo lo que está en ella, los mares y todo lo que hay en ellos; y tú vivificas todas estas cosas, y los ejércitos de los cielos te adoran (Neh. 9:6).

> Así dice Jehová, tu Redentor, que te formó desde el vientre: Yo Jehová, que lo hago todo, que extiendo solo los cielos, que extiendo la tierra por mí mismo (Is. 44:24).

> ¡Oh Señor Jehová! he aquí que tú hiciste el cielo y la tierra con tu gran poder, y con tu brazo extendido, ni hay nada que sea difícil para ti (Jer. 32:17).

---

2. Véase Wayne Grudem, *Teología sistemática: Una introducción a la doctrina bíblica* (Miami, FL: Editorial Vida, 2007), 459-460.
3. Esta sección esté adaptada de Richard Mayhue, "Editorial: Scripture on Creation", *MSJ* 23, no. 1 (2012): 1-6. Usado con permiso de *MSJ*.
4. Para una información adicional sobre esta opinión, véase "La creación" en el cap. 3, "Dios Padre" (p. 217).

> Varones, ¿por qué hacéis esto? Nosotros también somos hombres semejantes a vosotros, que os anunciamos que de estas vanidades os convirtáis al Dios vivo, que hizo el cielo y la tierra, el mar, y todo lo que en ellos hay (Hch. 14:15).
>
> Tú, oh Señor, en el principio fundaste la tierra, y los cielos son obra de tus manos (He. 1:10).
>
> Señor, digno eres de recibir la gloria y la honra y el poder; porque tú creaste todas las cosas, y por tu voluntad existen y fueron creadas (Ap. 4:11).

Además de estas afirmaciones rotundas de que Dios creó el universo, la Biblia también hace declaraciones definitivas en relación a la naturaleza de la creación. Para ilustrar cómo debía celebrarse el cuarto mandamiento, Dios, por medio de Moisés, se refirió a la creación como modelo:

> Acuérdate del día de reposo para santificarlo. Seis días trabajarás, y harás toda tu obra; mas el séptimo día es reposo para Jehová tu Dios; no hagas en él obra alguna, tú, ni tu hijo, ni tu hija, ni tu siervo, ni tu criada, ni tu bestia, ni tu extranjero que está dentro de tus puertas. Porque en seis días hizo Jehová los cielos y la tierra, el mar, y todas las cosas que en ellos hay, y reposó en el séptimo día; por tanto, Jehová bendijo el día de reposo y lo santificó (Éx. 20:8-11).

El hombre tiene que trabajar durante seis días, porque Dios hizo el cielo y la tierra en seis días. Al medirse los días de trabajo en segmentos de veinticuatro horas, los períodos de la creación que servían de prototipo debían también ser de una duración equivalente. La misma lógica se aplica también al séptimo día de reposo. La ilustración no tendría sentido si no se estuviera hablando de días de igual duración.

El escritor de Hebreos habló de cómo llegó a existir el mundo: "Por la fe entendemos haber sido constituido el universo por la palabra de Dios, de modo que lo que se ve fue hecho de lo que no se veía" (He. 11:3). Dios habló para que el universo existiera (Sal. 33:6, 9). No utilizó materia ya existente (Ro. 4:17). Tampoco la materia es eterna. La creación fue *ex nihilo*: la creación material y espiritual surgió de la nada.

La majestad de la creación refleja el poder, la gloria y el dominio de Dios: "Los cielos cuentan la gloria de Dios, y el firmamento anuncia la obra de sus manos" (Sal. 19:1). Ningún proceso mecánico de evolución podía apuntar a la grandeza y el poder de Dios. Solo el creacionismo repentino da testimonio, desde el principio, de su poder. Pablo declaró: "Porque las cosas invisibles de él, su eterno poder y deidad, se hacen claramente visibles desde la creación del mundo, siendo entendidas por medio de las cosas hechas, de modo que no tienen excusa" (Ro. 1:20).

El acto repentino y divino de la creación queda respaldado por la verdad de que el hombre fue creado a imagen de Dios (Gn. 1:26). Los seres humanos no habrían podido evolucionar hasta la imagen de Dios, porque no hay un espacio de tiempo entre la creación del hombre y el momento en que fue hecho a imagen de Dios. De ahí que Génesis 5:1 declare: "Este es el libro de las generaciones de Adán. El día en que creó Dios al hombre, a semejanza de Dios lo hizo". En un momento dado del tiempo, Dios creó al hombre a su imagen. El proceso evolutivo no puede explicar la naturaleza única del hombre ni que el pecado infectara a la humanidad. Dios envió a su Hijo para redimir a esta y no a las demás formas múltiples de vida.

En Jesucristo hallamos también la prueba de un creacionismo repentino. Jesús mismo estuvo involucrado directamente en la creación: "Todas las cosas por él fueron hechas, y sin él nada de lo que ha sido hecho, fue hecho" (Jn. 1:3). Asimismo: "Porque en él fueron creadas todas las cosas, las que hay en los cielos y las que hay en la tierra, visibles e invisibles; sean tronos, sean dominios, sean principados, sean potestades; todo fue creado por medio de él y para él" (Col. 1:16). La mayoría de las explicaciones alternativas de la creación requieren un intervalo importante entre la creación de la materia y el origen del hombre. Pero Jesús afirmó: "Pero al principio de la creación, varón y hembra los hizo Dios" (Mr. 10:6). Jesús declaró que el hombre fue una parte de la creación desde el principio, y no un desarrollo posterior.

Los milagros creativos de Jesús también hablan de este asunto. Jesús creó vino a partir del agua (Jn. 2:1-11), y en dos ocasiones creó alimentos para alimentar a millares de personas (Mt. 14:13-21; 15:34-39). Estos milagros tuvieron lugar de forma inmediata, fuera de cualquier proceso o paso del tiempo.

Al considerar la glorificación venidera de los creyentes podemos recoger también pruebas del creacionismo repentino. En un momento, Dios resucitará y glorificará los cuerpos de los que forman su pueblo (Dn. 12:2; Jn. 5:29; Ro. 8:23; 1 Co. 15:51; 1 Ts. 4:16-17). Serán creados de nuevo, instantáneamente, del polvo de la tierra. Es como una repetición de la creación de Adán, solo que esta vez Dios no creará de nuevo un único cuerpo, sino millones de ellos. Si las multitudes recibirán un cuerpo recreado en la resurrección, ¡qué fácil debió resultarle a Dios crear solamente a Adán y a Eva en el principio!

Además, lo que Dios le hará a esta tierra al final de su existencia es una prueba del creacionismo repentino. En un rápido ejercicio de poder divino, Dios destruirá la tierra y el universo presentes, que están malditos, en una intensa implosión atómica. En su lugar creará "cielos nuevos y tierra nueva" (2 P. 3:10-13). Lo nuevo no evolucionará a partir de lo viejo. En un rápido ejercicio del poder divino, Dios destruirá y creará con rapidez y poder, y dará entrada a la era final. Si en su momento Dios creará repentinamente el nuevo universo de la nada, es razonable sostener que inició este universo actual de la misma manera.

Génesis 1–2 también constituye un respaldo para la creación de la tierra por parte de Dios en un corto período de tiempo. Primero, el término traducido "día" (heb. *yom*) en Génesis 1 se refiere al período de luz dentro de un ciclo de veinticuatro horas, o a todo el período de oscuridad y luz (veinticuatro horas). La única excepción es Génesis 2:4, donde "día" se refiere a todo el período de creación.

Segundo, la palabra hebrea para "día" (*yom*) nunca se emplea de forma figurada cuando viene acompañada por un adjetivo numérico como "tercer" o "cuarto" (esto es, un ordinal). Siempre es un período de veinticuatro horas. Además, el plural hebreo para "día" nunca se usa de forma figurada en el Antiguo Testamento fuera de un contexto de creación (p. ej., Éx. 20:9).

Tercero, los términos "tarde" y "mañana" en Génesis 1 nunca se emplean de forma figurada en el Antiguo Testamento. Siempre describen un día de veinticuatro horas. Dios define "día" en Génesis 1:5 como un período de luz al que le sigue otro de oscuridad. Tras crear la luz (Gn. 1:3) y provocar una separación espacial entre la oscuridad y la luz con respecto a la tierra (Gn. 1:5), Dios estableció el ciclo de luz y oscuridad como medida principal del tiempo: un día (Gn. 1:5). Este ciclo es una rotación completa de la tierra o un día de veinticuatro horas.

Todos estos puntos juntos muestran que Dios creó la tierra y todo lo que hay en ella, en seis días consecutivos de veinticuatro horas. La especie humana no evolucionó a partir de formas de vida inferiores, sino que fue creada por decreto divino a través del ejercicio de la voluntad divina de Dios, a partir del polvo inerte (Gn. 2:7; 3:19; Ec. 3:20; 12:7). Además, la hembra no evolucionó a partir del varón, sino que Dios le dio forma personal e inmediata (Gn. 2:21-23; 1 Co. 11:8, 12). Cuando la mujer (que constituiría una mutación en cualquier otro sistema de orígenes) vino del hombre, no hubo espacios de tiempo importantes para permitirle "desarrollarse". Que el varón y la mujer llegaran a existir en una corta secuencia de tiempo exige un poder creativo de Dios como el propuesto por el modelo del creacionismo repentino.

Como punto final, el testimonio del Nuevo Testamento de Génesis 1–2 confirma la declaración del Antiguo Testamento. El Nuevo cita directamente, o hace alusión a, Génesis 1–2 en más de treinta ocasiones. En cada ejemplo, los escritores neotestamentarios entendían el texto de Génesis en un sentido normal, no simbólico ni figurado (p. ej., Mt. 19:4; Ro. 5:12; 1 Co. 15:38; 2 Co. 4:6; Col. 3:10; 1 Ti. 2:13; 2 P. 3:5).[5]

Adán como persona histórica

Otro tema de debate es si en Génesis Adán era o no una persona real. La iglesia ha afirmado históricamente que Adán fue un hombre histórico; sin embargo, con la aceptación de la ciencia evolutiva, algunos declaran ahora que este no es el caso. Quienes creen que la tierra data de millones o miles de millones de años no aceptarán que Dios formó por completo al Adán humano, pocos días después de crear el universo. Sin embargo, Génesis presenta a Adán como un hombre histórico real, y no como el resultado de eones de evolución.

La interpretación más simple y natural de Génesis 1 declara que Dios creó a Adán, como persona específica, en el sexto día de la creación. Génesis 2 ofrece más detalles sobre la creación de Adán y Eva. La relación del primero con otras personas históricas apoya la declaración de que era realmente una persona específica. Adán es el padre de Caín, Abel, y Set (Gn. 4:1-2, 25; 5:1-3). También se dice que tuvo relaciones conyugales con su esposa Eva para tener a Caín y Set, y Génesis 5:3 declara además que Adán fue padre de Set a los 130 años de edad. Estos detalles no pueden identificarse legítimamente como un lenguaje poético o figurado que describe algo diferente a la realidad.

La larga lista de descendientes de Adán que vivieron y murieron hasta Noé, que encontramos en Génesis 5, confirma que Adán es una persona histórica específica. Así,

---

5. Para una defensa bíblica más exhaustiva de una tierra joven y del creacionismo de seis días literales, véase Terry Mortenson y Thane H. Ury, eds., *Coming to Grips with Genesis: Biblical Authority and the Age of the Earth* (Green Forest, AZ: Master Books, 2008).

Génesis 5:1 declara explícitamente: "Este es el libro de las generaciones de Adán". Adán es real, del mismo modo que aquellos que descendieron de él son personas reales. No solo se menciona la creación de Adán, sino también su muerte: murió a la edad de 930 años (Gn. 5:5).

La teología de la semilla en Génesis confirma a un Adán literal. El término hebreo para "semilla", *zéra*, se emplea seis veces en Génesis 1, todas ellas en relación con la vegetación. La presencia de la semilla significa que cada planta y árbol producirá otra según su especie. En Génesis 3:15, Dios promete que una futura "simiente de la mujer" derrotará finalmente al poder subyacente a la serpiente (Satanás). El resto de Génesis desarrolla el tema de la semilla conforme Dios desvela sus planes para salvar y restaurar a la humanidad. Noé, Sem, Abraham, Isaac y después Jacob forman parte del plan de la semilla de Dios. Son los descendientes de Adán, y así como ellos son personas reales también lo es Adán, su antepasado. Tampoco se debería aceptar la historicidad de Génesis 12–50 —incluidos Abraham, Isaac y Jacob—, y a continuación desconectar esta sección históricamente de las personas de Génesis 1–11. La línea de la semilla prometida de Génesis 3:15, y su relación con todo el Génesis, no permite dicha separación.

Los escritores del Nuevo Testamento también confirman a Adán como personaje histórico. La genealogía de Jesús en Lucas incluye a Adán (3:38). Esto concuerda con 1 Crónicas 1:1, en cuya genealogía también aparece. El apóstol Pablo creía sin duda en un Adán literal. En Romanos 5:12 y 14, Pablo declara: "El pecado entró en el mundo por un hombre [Adán]", y "reinó la muerte desde Adán hasta Moisés, aun en los que no pecaron a la manera de la transgresión de Adán". Pablo trata a Adán como persona, del mismo modo que lo hace con Moisés. Además, en Romanos 5:12-21, Pablo establece varias comparaciones entre Adán y Jesús, muestra que ambos son cabezas literales de la humanidad y que acarrean determinadas consecuencias para esta. El hombre Adán trae muerte, culpa y condenación a todos los que están en él (esto es, a todos los que poseen vida humana, excepto el Señor Jesús), mientras que el hombre Cristo trae vida, justicia y justificación a todos aquellos a quienes se les concede vida espiritual por medio de su fe-unión con Él. Si Adán no fuera una persona, la comparación se desbarata, incluido el papel de representante de la humanidad que ostenta Jesús como Salvador. Rechazar la historicidad de Adán socava verdaderamente el propio evangelio.

De un modo parecido, Pablo contrasta varias veces a Adán y a Jesús en 1 Corintios 15:

Porque así como en Adán todos mueren, también en Cristo todos serán vivificados (1 Co. 15:22).

Así también está escrito: Fue hecho el primer hombre Adán alma viviente; el postrer Adán, espíritu vivificante (1 Co. 15:45).

El primer hombre [Adán] es de la tierra, terrenal; el segundo hombre, que es el Señor, es del cielo (1 Co. 15:47).

Y así como hemos traído la imagen del terrenal, traeremos también la imagen del celestial (1 Co. 15:49).

La idea de Pablo es que de la misma manera que los seres humanos somos portadores de la imagen de Adán, con la glorificación venidera llevaremos la semejanza de Jesús. La comparación supone que tanto Adán como Jesús son personas históricas que representan a la humanidad. Como persona, Jesús solo podría ser el "postrer Adán" si Adán fuera también un ser humano real. Además, en 1 Timoteo 2:13, Pablo argumenta que las distinciones funcionales entre hombres y mujeres en la iglesia se deben a que "Adán fue formado primero, después Eva". Su idea no tendría sentido si Adán fuera una simple figura simbólica.

La historicidad de Adán no es un asunto trivial. Un Adán literal es fundamental para entender el origen y la historia de la raza humana, la naturaleza de la humanidad, el origen del pecado, el comienzo de la muerte humana y animal, la necesidad de salvación, la base de los acontecimientos históricos de Génesis, la razón para el orden funcional en la iglesia y hasta la existencia futura de la humanidad.[6]

Creado a imagen de Dios

El hombre creado directamente por Dios
El hombre como imagen de Dios (*Imago Dei*)
Jesús como imagen de Dios
El argumento de la Biblia y la imagen de Dios

El hombre creado directamente por Dios

La existencia del hombre es, por completo, el resultado de la creación divina. Dicho reconocimiento conduce a una antropología bíblica que aborda tres aspectos de la existencia del hombre: (1) la ontología o esencia del hombre, (2) las relaciones del hombre y (3) la función del hombre.

Génesis 1:1 declara: "En el principio creó Dios los cielos y la tierra". Dios es la eterna causa trascendente de todas las cosas. En seis días literales de veinticuatro horas, Él hizo todas las cosas materiales e inmateriales (cf. Col. 1:16). Génesis 1 está estructurado para destacar la creación del hombre en el sexto día. Ser creado en último lugar destaca la importancia del hombre. Asimismo, durante los primeros cinco días y el principio del sexto, se emplean las frases "Sea…" o "Haya…" o similar para describir los actos creativos de Dios (Gn. 1:3, 6, 9, 11, 14, 20, 24). Sin embargo, con la creación del hombre se usa una frase diferente: "Hagamos el hombre…" (Gn. 1:26). Este cambio acentúa que el hombre es único en la creación de Dios. Además, la palabra "entonces" en Génesis 1:26 —"*Entonces* dijo Dios: Hagamos al hombre…"— señala la creación del hombre como algo especial.

El propósito del hombre también se destaca en Génesis 1–2. La creación del sol, la luna, las estrellas, las plantas y las criaturas vivientes en Génesis 1 solo se menciona de pasada. Sin embargo, Génesis 2 está totalmente dedicado a la creación de la humanidad, incluida la forma en que fueron hechos el primer hombre y la primera mujer. Diversos

---

6. Para una defensa adicional de la historicidad de Adán, véase William D. Barrick, "A Historical Adam: Young-Earth Creation View", en *Four Views on the Historical Adam*, eds. Matthew Barrett y Ardel B. Caneday, Counterpoints: Bible and Theology (Grand Rapids, MI: Zondervan, 2013), 197-227.

términos como "hacer"/"hecho", "crear", y "formar" hacen asimismo hincapié en la involucración activa de Dios en la creación del hombre:

1. "Hacer"/"Hecho" (heb. *asá*)

Entonces dijo Dios: *Hagamos* al hombre (Gn. 1:26).

Y vio Dios todo lo que había *hecho* (Gn. 1:31).

Y dijo Jehová Dios: No es bueno que el hombre esté solo; le *haré* ayuda idónea para él (Gn. 2:18).

Este es el libro de las generaciones de Adán. El día en que creó Dios al hombre, a semejanza de Dios lo *hizo* (Gn. 5:1).

Y dijo Jehová: Raeré de sobre la faz de la tierra a los hombres que he creado, desde el hombre hasta la bestia, y hasta el reptil y las aves del cielo; pues me arrepiento de haberlos *hecho* (Gn. 6:7).

2. "Crear" (heb. *bará*)

Y *creó* Dios al hombre a su imagen, a imagen de Dios lo *creó*; varón y hembra los *creó* (Gn. 1:27).

Este es el libro de las generaciones de Adán. El día en que *creó* Dios al hombre, a semejanza de Dios lo hizo. Varón y hembra los *creó*; y los bendijo, y llamó el nombre de ellos Adán, el día en que fueron *creados* (Gn. 5:1-2).

3. "Formó" (heb. *yatsar*)

Entonces Jehová Dios *formó* al hombre del polvo de la tierra (Gn. 2:7).

Y Jehová Dios plantó un huerto en Edén, al oriente; y puso allí al hombre que había *formado* (Gn. 2:8).

A lo largo de las Escrituras se confirma que Dios creó al hombre de manera directa. Salmos 100:3 declara: "Reconoced que Jehová es Dios; él nos hizo, y no nosotros a nosotros mismos". Jesús preguntó: "¿No habéis leído que el que los hizo al principio [esto es, Dios], varón y hembra los hizo?" (Mt. 19:4). Santiago aludió a "hombres, que están hechos a la semejanza de Dios" (Stg. 3:9).

Que Dios creara al hombre conlleva importantes consecuencias lógicas. En primer lugar, los seres humanos no existen en un vacío. La condición previa para el hombre es Dios, y solo se lo puede entender desde el punto de partida del Creador. Cuando se dirigió a filósofos paganos en Atenas, Pablo comenzó por la creación, es decir, por "el Dios que hizo el mundo y todas las cosas que en él hay" (Hch. 17:24). A continuación, añadió que las personas solo existen y funcionan gracias a Dios: "En él vivimos, y nos movemos, y somos" (Hch. 17:28). La única razón por la que estamos vivos es porque Dios existe, nos creó y sustenta nuestra vida. Algunos intentan imaginar que no hay Dios pero, en realidad, si Él no existiera, tampoco habría acto alguno de imaginación ni personas para conjeturar. Algo no puede proceder de la nada. Nadie multiplicado por nada equivale a todo. Las personas no proceden de lo impersonal. Imaginar que no hay cielo ni Dios es no imaginar nada en absoluto. Dios es la condición previa para todo.

En segundo lugar, la creación directa significa que el hombre no es Dios, que no es divino ni tampoco el ser más supremo que existe. Entre Dios y el hombre existe un espacio metafísico u ontológico. El hombre nunca puede ser Dios ni debería buscar serlo. El líder mormón Lorenzo Snow declaró: "Tal como es el hombre ahora, Dios fue una vez; tal como Dios es ahora, el hombre puede ser".[7] Esto es falso. Dios nunca fue hombre (con la única excepción de la encarnación de Cristo como Dios-hombre), y el hombre nunca puede ser Dios. Oseas 11:9 declara: "Porque Dios soy, y no hombre, el Santo en medio de ti". Las criaturas siempre estarán bajo el Creador eterno que las hizo.

En tercer lugar, como criatura, el hombre está obligado a someterse a Dios. No es libre de hacer todo lo que desee, como si sus actos no tuvieran consecuencias delante de Dios (cf. Ec. 11:9). Todo lo que el hombre hace debe considerarse a la luz de la voluntad de Dios para él. Según Romanos 1, el problema principal con el hombre caído es que actúa al margen de su Creador. No le da la gloria a Dios, y sirve a las criaturas en lugar de al Creador. Pablo afirmó que las personas incrédulas "cambiaron la verdad de Dios por la mentira, honrando y dando culto a las criaturas antes que al Creador" (Ro. 1:25).

Para mostrar que las personas no pueden actuar independientemente de Dios, Jesús contó la parábola del hombre rico insensato, quien vivía para sí mismo, y se encontró con que Dios vendría a pedirle cuentas aquella misma noche: "Necio, esta noche vienen a pedirte tu alma; y lo que has provisto, ¿de quién será?" (Lc. 12:20). Las personas actúan con frecuencia de manera independiente, y se convencen a sí mismas de que pueden vivir apartadas de Dios y lo desafían; sin embargo, sin arrepentimiento y fe salvadora, acumulan ira sobre sí mismas. Pablo advierte que no se tomen a la ligera la paciencia y la longanimidad de Dios (Ro. 2:4), ya que hacerlo significa "atesora[r] para [uno] mismo ira para el día de la ira y de la revelación del justo juicio de Dios" (Ro. 2:5). En la nueva tierra venidera, incluso con condiciones perfectas, el pueblo de Dios servirá a Dios; no pasarán a ser Dios. Apocalipsis 22:3 declara: "El trono de Dios y del Cordero estará en ella [la nueva Jerusalén], y sus siervos le servirán". Hasta en el paraíso de la eternidad, los seres humanos sin pecado servirán y adorarán a Dios con gozo.

En cuarto lugar, el hombre tiene una función única en la creación de Dios. Génesis 1:26-28 revela que está llamado a multiplicarse, a llenar la tierra, y a sojuzgarla. El salmista declaró: "Los cielos son los cielos de Jehová; y ha dado la tierra a los hijos de los hombres" (Sal. 115:16). Incluso en la eternidad, el hombre reinará eternamente en la nueva tierra (cf. Ap. 21:1; 22:5).

En quinto lugar, el hombre fue creado para dar gloria a Dios. Isaías 43:6-7 describe cómo llama a sus "hijos" e "hijas" a venir a Él: "todos los llamados de mi nombre; para gloria mía los he creado, los formé y los hice". Dios declara aquí que su pueblo ha sido creado para su gloria. Pablo afirma que los cristianos han sido "predestinados

---

7. La Iglesia de Jesucristo de los Santos de los Últimos Días, "El gran destino de los fieles", capítulo 5 en *Teachings of Presidents of the Church: Lorenzo Snow*, consultado el 8 de abril de 2016, https://www.lds.org/manual/teachings-of-presidents-of-the-church-lorenzo-snow/chapter-5-the-grand-destiny-of-the-faithful?lang= eng.

conforme al propósito del que hace todas las cosas según el designio de su voluntad" (Ef. 1:11). Todo lo que el hombre hace debería ser para la gloria de Dios (1 Co. 10:31).

El hombre como imagen de Dios (*Imago Dei*)

Entender a la humanidad implica comprender que el hombre es la "imagen" y la "semejanza" de Dios. Tal como lo expresan Beck y Demarest: "Las implicaciones de los seres humanos creados a imagen de Dios son inmensas para la teología, la psicología, el ministerio y la vida cristiana. Las ramificaciones de la *imago* abarcan asuntos de la dignidad y del valor humanos, la ética personal y social, las relaciones entre los sexos, la solidaridad de la familia humana... y la justicia racial".[8] Los pasajes que se refieren explícitamente a la "imagen" (heb. *tselem*) o la "semejanza" (heb. *demut*) de Dios incluyen los siguientes:

> Entonces dijo Dios: Hagamos al hombre a *nuestra imagen*, conforme a *nuestra semejanza* (Gn. 1:26).

> Y creó Dios al hombre *a su imagen*, *a imagen de Dios* lo creó; varón y hembra los creó (Gn. 1:27).

> Este es el libro de las generaciones de Adán. El día en que creó Dios al hombre, *a semejanza de Dios* lo hizo. Varón y hembra los creó; y los bendijo, y llamó el nombre de ellos Adán, el día en que fueron creados (Gn. 5:1-2).

> El que derramare sangre de hombre, por el hombre su sangre será derramada; porque *a imagen de Dios* es hecho el hombre (Gn. 9:6).

> Porque el varón no debe cubrirse la cabeza, pues él es *imagen* y gloria *de Dios* (1 Co. 11:7).

> Con ella [la lengua] bendecimos al Dios y Padre, y con ella maldecimos a los hombres, que están hechos *a la semejanza de Dios* (Stg. 3:9).

El término hebreo para "imagen" significa "copia", pero también conlleva la idea de "representación". En el mundo antiguo, el rey o gobernante colocaba una imagen o un ídolo de sí mismo en su reino para simbolizar su soberanía allí. Cuando otros veían la imagen, sabían quién tenía el control. De igual manera, quienes llevan la imagen de Dios representan a este en el mundo. Pero, a diferencia de las estatuas sin vida, los portadores de la imagen de Dios están vivos. Estos deberían operar como representantes y mediadores de Dios en la tierra. Así pues, "imagen" tiene consecuencias lógicas para la majestad. Aunque Él es *el* Rey, Dios creó al hombre como *un* rey, un vicerregente y mediador sobre la creación, en nombre de Dios.

Como complemento de esta palabra, el término hebreo para "semejanza" (*demut*) puede referirse a "patrón" o "forma". Significa algo formado a partir de un patrón original. Su uso en Génesis 1:26 indica que el hombre ha sido formado a partir de

---

8. James R. Beck y Bruce Demarest, *The Human Person in Theology and Psychology: A Biblical Anthropology for the Twenty-First Century* (Grand Rapids, MI: Kregel, 2005), 131.

Dios; es un hijo de Dios. Génesis 5:3 apoya este entendimiento, que revela que Set era un hijo a la "semejanza" de su padre, Adán. Uniendo estos dos significados, podemos llegar a la conclusión de que el hombre puede hacer las veces de representante de Dios, porque es un hijo de Dios.

QUÉ IMPLICA QUE LOS SERES HUMANOS SEAN HECHOS A IMAGEN DE DIOS

Aunque los seres humanos no son divinos, que sean creados a "imagen" y "semejanza" de Dios conlleva verdades significativas. Primero, se afirma que la imagen de Dios es para todas las personas, varones y mujeres por igual. Génesis 1:27 declara: "Y creó Dios al hombre a su imagen, a imagen de Dios lo creó; varón y hembra los creó". Aunque de géneros distintos, tanto el varón como la mujer son iguales como personas y en su valía.

Segundo, incluso después de la caída (cf. Gn. 3) todas las personas siguen poseyendo la imagen y la semejanza de Dios. Génesis 5:1-3 afirma esto tanto para el varón como para la mujer, así como para los descendientes de Adán y Eva:

> Este es el libro de las generaciones de Adán. El día en que creó Dios al hombre, a semejanza de Dios lo hizo. Varón y hembra los creó; y los bendijo, y llamó el nombre de ellos Adán, el día en que fueron creados. Y vivió Adán ciento treinta años, y engendró un hijo a su semejanza, conforme a su imagen, y llamó su nombre Set.

Génesis 9:6 indica que la pena capital es el castigo apropiado para el asesinato ya que el hombre todavía es la imagen de Dios: "El que derramare sangre de hombre, por el hombre su sangre será derramada; porque a imagen de Dios es hecho el hombre". Después del diluvio, los humanos siguieron siendo la imagen de Dios. De forma parecida, Santiago 3:9 condena que se maldiga a los hombres, ya que "están hechos a la semejanza de Dios". Esto también confirma que las personas siguen llevando algo de la semejanza de Dios tras la caída. Los portadores de la imagen de Dios se vieron sin duda desfigurados por la maldición; no obstante, la imagen y la semejanza de Dios, aunque distorsionadas, no se eliminaron.

Tercero, la imagen de Dios explica la necesidad de la humanidad de vivir en relación con los demás. El Dios trino es tres personas en una: Padre, Hijo y Espíritu Santo. Esta es la definición fundacional de la naturaleza esencial de Dios. Durante toda la eternidad, los miembros de la Trinidad han disfrutado de una comunión personal perfecta entre sí. Si Dios fuera tan solo un ser solitario, impersonal —como los dioses falsos— no podría ser eternamente amoroso, porque antes de la creación no habría existido nadie a quien amar. Pero Dios es amor, y ese amor se expresó perfectamente en la eternidad pasada, en el seno de la Trinidad (Jn. 5:20; 17:24, 26).

El amor de Dios también va dirigido a su creación. Él ama al mundo (Jn. 3:16) y, en especial, a sus propios hijos (Jn. 13:1; 15:9; 16:27; 17:23, 26; Ro. 5:5), empoderados por Él para amar a sus enemigos (Mt. 5:42-48), a sus hermanos creyentes (Jn. 13:34-35; 15:12-13) y a Dios mismo (Jn. 14:21-24). Así pues, el hombre está diseñado a imagen de Dios como ser relacional, que no solo es capaz de relacionarse con otras personas y con Dios de una manera amorosa, sino que se le exige hacerlo con el fin de experimentar la realización (Gn. 2:18, 22-24).

Cuarto, la imagen de Dios está conectada con la tarea del hombre de "señorear" y "sojuzgar" la tierra en nombre de Dios. Inmediatamente después de declarar que el hombre fue hecho a imagen y semejanza de Dios, Él añade: "Señoree en los peces del mar, en las aves de los cielos, en las bestias, en toda la tierra, y en todo animal que se arrastra sobre la tierra" (Gn. 1:26). Después, Dios dice: "Fructificad y multiplicaos; llenad la tierra, y sojuzgadla, y señoread en los peces del mar, en las aves de los cielos y en todas las bestias que se mueven sobre la tierra" (Gn. 1:28). El término hebreo para "señorear", empleado dos veces en Génesis 1:26-28, es *radá* y significa "tener dominio", "gobernar", o "dominar".[9] Más adelante, en Salmos 110:2, el término se refiere al gobierno futuro del Mesías: "Jehová enviará desde Sion la vara de tu poder; domina [*radá*] en medio de tus enemigos". También, la palabra hebrea traducida "sojuzgar" en Génesis 1:28 es *kabásh*, que significa "traer a esclavitud", incluso por la fuerza. El término se emplea en 2 Samuel 8:11 en relación al sometimiento de las naciones por el rey David.

Tanto "señorear" como "sojuzgar" están vinculados con la autoridad monárquica y muestran, como observa Eugene Merrill, que "se crea al hombre para que reine de una manera que demuestre su señorío, su dominio (por la fuerza, si fuera necesario) sobre toda la creación".[10] Esta autoridad se percibe cuando el hombre pone nombre a los animales, una demostración de dominio (cf. Gn. 2:19-20). Por tanto, hay un aspecto real y monárquico en que el hombre esté creado a imagen de Dios.

Esta autoridad para dominar la creación no es la única posesión de Adán y Eva. Dios ordena: "Señoree" (Gn. 1:26). Esto podría referirse de manera específica a Adán y Eva, pero dicha limitación es improbable. Como Adán y Eva debían multiplicarse y llenar la tierra, es muy probable que este imperativo incluya a toda la humanidad descendiente de Adán. La humanidad, en su conjunto, recibió autoridad a través de Adán para dominar y someter a la creación de Dios.

El derecho del hombre a dominar la creación se afirma en Salmos 8:4-8:

> ¿Qué es el hombre, para que tengas de él memoria,
> Y el hijo del hombre, para que lo visites?
> Le has hecho poco menor que los ángeles,
> Y lo coronaste de gloria y honra.
> Le hiciste señorear sobre las obras de tus manos;
> Todo lo pusiste debajo de sus pies:
> Ovejas y bueyes, todo ello,
> Y asimismo las bestias del campo,
> Las aves de los cielos y los peces del mar;
> Todo cuanto pasa por los senderos del mar.

Hebreos 2:5-9 declara que en "el mundo venidero", la humanidad gobernará la tierra. Lo hará a través del hombre supremo, Jesús el Mesías, quien también compartirá su

---

9. Véase Francis Brown, S. R. Driver, y Charles A. Briggs, *A Hebrew and English Lexicon of the Old Testament* (Oxford: Clarendon, 1962), 921.

10. Eugene H. Merrill, "A Theology of the Pentateuch", en *A Biblical Theology of the Old Testament*, ed. Roy B. Zuck (Chicago: Moody Press, 1991), 15.

reinado con los que estén unidos a Él (cf. 1 Co. 15:27; Ap. 5:10). El hombre es el portador de la imagen de Dios, y hace las veces de mediador-rey en la tierra. Dios le encomienda la tarea de gestionar el mundo como representante suyo.

¿DE QUÉ MANERA ES EL HOMBRE, LA IMAGEN DE DIOS?

Se han ofrecido tres puntos de vista en respuesta a la pregunta: ¿De qué manera exactamente es el hombre imagen de Dios?: sustantivo, funcional y relacional. Primero, el punto de vista sustantivo afirma que la imagen de Dios es inherentemente estructural para el hombre. Es una característica dentro de su propia composición. La imagen es parte del hombre, y no solo algo que él hace. Algunos han afirmado que la imagen es el cuerpo físico del hombre o alguna característica física, como caminar erguido. Otros aseveran que la imagen es una cualidad psicológica o espiritual, como la razón, la memoria, la voluntad o la capacidad moral.

Segundo, el punto de vista funcional alega que la imagen de Dios es algo que los seres humanos hacen. Como Génesis 1:26-28 vincula la imagen a señorear y sojuzgar la tierra, algunos creen que se trata del dominio del hombre sobre la creación. El teólogo protestante alemán Hans Walter Wolff (1911–1993) declaró: "Precisamente en su función como gobernante, él [el hombre] es la imagen de Dios".[11]

Tercero, el punto de vista relacional declara que la relación es la imagen de Dios. Millard Erickson resume este punto y escribe: "Se puede decir que los humanos están hechos a imagen o que muestran la imagen [de Dios] cuando establecen una relación particular, que en realidad *es* la imagen".[12] Esta perspectiva fue popular entre los teólogos neortodoxos y existenciales. En la estrecha manera en que la imagen de Dios está conectada al hecho de que el hombre fuera creado varón y hembra se haya la base para el punto de vista relacional (Gn. 1:27). Al ser el concepto de la relación fundamental para la conexión del hombre con Dios y con las personas, se considera que la imagen es que el hombre esté en una relación.

¿Qué postura es, pues, la correcta? Las tres opiniones se encuentran estrechamente relacionadas con la imagen de Dios, y de cada una de ellas se puede obtener la verdad. Sin embargo, la mejor de ellas es que la imagen de Dios es sustantiva o estructural para el hombre. Función y relación son las *consecuencias* de que el hombre sea la imagen de Dios de manera estructural. Este punto de vista reconoce la importancia de la función y la relación, pero considera que la estructura es la base para conseguirlas. Como el hombre es la imagen de Dios, es capaz de ejercer relaciones de dominio y experiencia. Según Génesis 1:26-28, el hombre está hecho a imagen de Dios (Gn. 1:26a), y *después* se le encarga la tarea de dominar, someter la tierra y relacionarse (Gn. 1:26b-28).

¿Cuál es esta estructura que convierte al hombre en la imagen de Dios? Es mejor no reducir la estructura a ninguna otra característica o cualidad. La imagen impregna el ser del hombre. La estructura se compone, probablemente, de las complejas cualidades y atributos del hombre que lo hacen humano. Esto incluye sus componentes físicos y espirituales. La imagen también podría vincularse a la condición de persona y la

---

11. Hans Walter Wolff, *Anthropology of the Old Testament* (Filadelfia, PA: Fortress, 1974), 160-161.
12. Millard J. Erickson, *Teología sistemática* (Barcelona: Editorial Clie, 2008), 520, cursivas en el original.

personalidad, así como a los poderes para relacionarse, y operar. Podría relacionarse con el pensamiento y la razón. Grudem puede aproximarse mucho, cuando expresa: "Toda forma en que el hombre es como Dios es parte del hecho de ser a la imagen y semejanza de Dios".[13] Todo lo que hace de uno una persona humana tiene relación con la imagen de Dios. Las siguientes características ayudan a definir más al hombre como un portador de la imagen:

Ontológicamente, el hombre es un ser vivo, personal, autoconsciente, y activo con personalidad. Es una unidad compleja de alma/espíritu y cuerpo. Mientras que Dios es espíritu (Jn. 4:24) y concede un espíritu al hombre, el componente corporal del hombre tiene relación con la imagen de Dios. Robert Culver destaca: "Hay algo acerca del cuerpo humano que es análogo a algo en la Trinidad... Es evidente que aunque el cuerpo humano en sí mismo no es en absoluto una imagen del Dios de la Biblia, toda la naturaleza física del hombre fue creada originalmente para llevar esa imagen".[14]

En el plano *volitivo*, el hombre tiene una voluntad y la capacidad de elegir entre diversas opciones. Puede discernir lo correcto de lo incorrecto. Este aspecto volitivo separa al hombre de los animales y de las demás criaturas mencionadas en Génesis 1-2.

Intelectualmente, el hombre tiene una mente racional. Es consciente de sí mismo, de su entorno, de los demás y de Dios. Puede pensar de forma crítica y lógica. Posee memoria, imaginación, creatividad y capacidades lingüísticas para comunicarse y entender los pensamientos de los demás.

Emocionalmente, el ser humano experimenta un amplio abanico de emociones y sentimientos como el miedo, la ira, la culpa, la ansiedad, el remordimiento, la vergüenza, la felicidad y el gozo. Puede reír y llorar. Asimismo, la emocionalidad humana es compleja, ya que las personas pueden experimentar dos o más emociones de forma casi simultánea. Por ejemplo, los padres pueden sentir tristeza, orgullo, nerviosismo y felicidad cuando su hija abandona la ciudad para ir a la universidad.

Relacionalmente, el hombre está equipado para participar en relaciones con Dios y con otras personas. Jesús indicó que los mayores mandamientos son amar a Dios y a los demás (Mt. 22:36-40). Solo las personas pueden dar y recibir amor.

Funcionalmente, el hombre tiene lo que necesita para llenar, gobernar, y sojuzgar la tierra en nombre de Dios y para su gloria. Varones y mujeres tienen cuerpos capaces de reproducirse e interactuar con un entorno físico. La humanidad posee el ingenio de implementar una estrategia exitosa para la tierra.

Aunque no es Dios mismo, el hombre refleja la imagen y la semejanza de Dios de maneras maravillosas, complejas y misteriosas.

Jesús como imagen de Dios

La mejor forma de entender la imagen de Dios es considerar al Señor Jesús, en quien está perfectamente revelada. Pablo se refiere a Jesús como el "postrer Adán" (1 Co. 15:45) y, con ello, lo conecta con la humanidad. También declara: "Él [Jesús] es la

---

13. Grudem, *Teología sistemática,* 464.
14. Robert Duncan Culver, *Systematic Theology: Biblical and Historical* (Fearn, Ross-shire, Scotland: Mentor, 2005), 251-252.

imagen del Dios invisible" (Col. 1:15). El término griego para "imagen" es *eikón* y se compara con el término hebreo para imagen, *tsélem*. Expresa tanto "representación" como "manifestación". Dios es espíritu y, por tanto, es invisible; sin embargo, como Dios-hombre Jesús es la imagen del Dios invisible.

Además, Hebreos 1:3 declara que Jesús es "el resplandor de su gloria, y la imagen misma de su sustancia". En este versículo, el término griego para "imagen", *caraktér*, se refiere a un "sello" o "impresión" en una moneda o sello. Por tanto, Jesús, como el postrer Adán es la impresión o el sello perfecto de Dios. Cuando miramos a Jesús, vemos todo lo que Dios tenía planeado para el hombre. Jesús señaló: "El que me ha visto a mí, ha visto al Padre" (Jn. 14:9).

Jesús manifestó plenamente la imagen divina en tres relaciones: con Dios, con las personas, y con la creación. Al hacerlo, Jesús muestra a la humanidad cómo manifestar de manera adecuada la imagen. Primero, Jesús manifestó la naturaleza fundamental del Dios trino por medio de su relación con el Espíritu Santo y su comunión con el Padre. Amaba y obedecía de manera perfecta al Padre, en el poder del Espíritu Santo. Segundo, Jesús amaba a las personas. Amaba a quienes lo aborrecían. Y Juan 13:1 dice de Jesús: "Como había amado a los suyos que estaban en el mundo, los amó hasta el fin". La frase "hasta el fin" traduce la expresión griega *eís télos*, que significa "infinitamente" o "eternamente" (cf. Jn. 17:23). El mayor mandamiento para el hombre es amar a Dios y amar a las personas (Mt. 22:36-40). Jesús mostró un amor perfecto por ambos. Y tercero, Él puso de manifiesto su señorío sobre la creación con sus milagros y curaciones. Cuando caminó sobre el agua, multiplicó el pan y los peces, o calmó una tormenta, Jesús demostró tener un control absoluto sobre la naturaleza, un dominio que se manifestará plenamente en su reino milenial venidero en la tierra (Is. 11; 35).

El Señor Jesús hizo visible la imagen de Dios. Dios está llamando y salvando a los pecadores para que se conformen y transformen a imagen de su Hijo. Pablo dice: "Porque a los que [Dios] antes conoció, también los predestinó para que fuesen hechos conformes a la imagen de su Hijo" (Ro. 8:29). Y también declara: "Por tanto, nosotros todos, mirando a cara descubierta como en un espejo la gloria del Señor, somos transformados de gloria en gloria en la misma imagen" (2 Co. 3:18). Dios está obrando en los creyentes para hacerlos más como su Hijo. En consecuencia, estos evidencian cada vez más cuál debe ser la imagen de Dios. Crecer más como Cristo en santificación es manifestar la imagen de Dios. Esto no es alguna doctrina misteriosa y abstracta. Jesús es la imagen de Dios en acción y el modelo a seguir.

Cuando los cristianos sean glorificados en el retorno de Jesús, el proceso transformador se habrá completado. Como 1 Juan 3:2 dice: "Amados, ahora somos hijos de Dios, y aún no se ha manifestado lo que hemos de ser; pero sabemos que cuando él se manifieste, seremos semejantes a él, porque le veremos tal como él es". En su exposición de la resurrección venidera, Pablo declaró: "Y así como hemos traído la imagen del terrenal, traeremos también la imagen del celestial" (1 Co. 15:49). Antes de la venida de Jesús, estamos siendo transformados a la imagen de Cristo, pero en su venida, en un momento, seremos como Él.

El argumento de la Biblia y la imagen de Dios

La imagen de Dios tiene relación con el argumento de la Biblia de las siguientes formas:

Creación: El hombre, incluidos tanto el varón como la mujer, es creado a imagen de Dios. Como su Creador, el hombre evidencia unidad y diversidad en una relación de amor. "Hombre" comprende tanto al varón como a la mujer, aunque estos son distintos en género y tienen papeles diferentes. En la creación, el hombre operaba en relaciones apropiadas con Dios, otros humanos, y la creación.

Caída: El hombre violó la distinción Creador/criatura al actuar de forma autónoma y rebelarse contra Dios. La imagen de Dios se deterioró, pero no se perdió. Las relaciones triples del hombre sufrieron: (1) con respecto a Dios, el hombre está espiritualmente muerto; (2) con respecto a los humanos, la tensión fastidia a hombres y mujeres, y estas deben sufrir dolores en el parto; (3) con respecto a la creación, la tierra obra ahora contra el hombre y lo frustra, y se lo tragará en la muerte.

Encarnación (Jesucristo): Jesús, el Dios-hombre, es la imagen perfecta de Dios. Él manifiesta la imagen de manera exacta no solo amando perfectamente a Dios y a las personas, sino también ejerciendo la autoridad sobre la naturaleza. Los que pertenecen a Jesús a través de la fe salvadora pasan a ser nuevas criaturas, y por medio de su amor exhiben la imagen restaurada de Dios, aunque de forma imperfecta antes de la resurrección final. La santificación es el proceso por el cual los cristianos están siendo conformados a la imagen de Cristo, quien es en sí mismo la imagen perfecta de Dios.

Restauración: Cuando Jesús vuelva, los cristianos serán glorificados y hechos como Jesús. Manifestarán perfectamente la imagen de Dios para siempre.

La constitución humana

Cuerpo
Alma
Espíritu
Corazón
Conciencia
Tres opiniones sobre la constitución humana

Las Escrituras usan diversos términos para referirse a las personas humanas. Cinco de los términos más comunes incluyen *cuerpo*, *alma*, *espíritu*, *corazón*, y *conciencia*. Es útil examinar cada uno de ellos.

Cuerpo

La constitución del hombre incluye un componente físico. Según Génesis 2:7: "Jehová Dios formó al hombre del polvo de la tierra". Existe un vínculo entre la tierra y el hombre. El hombre viene de la tierra. Del mismo modo que la creación es material, la imagen de los portadores de la imagen de Dios posee un elemento material, llamado frecuentemente "cuerpo".

En el Antiguo Testamento, dos términos hebreos principales se refieren al "cuerpo". *Gueviyá* aparece doce veces para un cuerpo vivo (Gn. 47:18; Neh. 9:37) o un cadáver

(1 S. 31:10, 12). *Basar*, traducido frecuentemente "carne", aparece en 266 ocasiones. Se refiere a (1) un familiar sanguíneo (Gn. 29:14; 2 S. 5:1); (2) la humanidad colectivamente (Gn. 6:12-13; Job 34:15); (3) toda cosa viviente (Gn. 9:15-17); (4) la esencia material del cuerpo (Gn. 2:23; 17:14; Job 19:26); (5) toda la persona (Lv. 17:11; Sal. 16:9; 63:1; Ec. 4:5); y (6) la persona débil, dependiente, y temporal (Gn. 6:3; 2 Cr. 32:8; Sal. 78:39; Is. 40:6).

En el Nuevo Testamento, la palabra griega para "cuerpo" es *sóma*. Puede referirse a (1) el cuerpo físico (Mr. 5:29; Ro. 8:11; Gá. 6:17; Stg. 2:16); (2) toda la persona (Ro. 12:1; Ef. 5:28; Fil. 1:20); y (3) la naturaleza caída, carnal (Ro. 6:6; 8:13; Fil. 3:21).

Génesis 1:31 declara que todo lo que Dios hizo fue "bueno en gran manera". Esto incluye el cuerpo humano. La creación del mundo físico es el contexto para la formación del hombre. Dios dio al hombre un cuerpo físico para gobernar un mundo material (Gn. 1:26, 28). Los cuerpos de los cristianos son también la residencia del Espíritu Santo. Pablo preguntó: "¿O ignoráis que vuestro cuerpo es templo del Espíritu Santo, el cual está en vosotros?" (1 Co. 6:19). El cuerpo es tan esencial para el hecho de ser humano que Dios dará a las personas un cuerpo resucitado apropiado para su morada eterna (Jn. 5:25-29; Ro. 8:23).

A lo largo de la historia, muchos han rechazado que el cuerpo sea bueno. Las tradiciones filosóficas dualistas conectadas con Platón convencieron a muchos de que el cuerpo humano –y en realidad, toda la materia– es inferior. Sócrates, por ejemplo, creía que el cuerpo humano era una prisión para el alma. Anhelaba la muerte para poder ser liberado eternamente de su marco carnal. El gnosticismo amenazaba al cristianismo con sus puntos de vista sobrespiritualizados y antimateriales. Las religiones orientales como el hinduismo y el budismo enseñan que el cuerpo humano y las realidades materiales son ilusiones (*Maya*). Incluso muchos en las sociedades occidentales creen actualmente que el cielo o el ideal supremo es una existencia eterna, incorpórea.

Sin embargo, la visión bíblica del cuerpo humano contrasta marcadamente con estas filosofías no bíblicas. El cuerpo de Adán en la creación era sin pecado ni muerte, pero el pecado trajo un cambio dramático al cuerpo humano. Dios prometió la muerte por el pecado, y con el pecado de Adán, su cuerpo experimentó el declive que conduce a la muerte, y pasó su corrupción a todos los cuerpos humanos. El cuerpo presente es el "cuerpo de la humillación" (Fil. 3:21) y un "cuerpo de muerte" (Ro. 7:24). Los anhelos y los deseos corporales contribuyen al estado pecaminoso del hombre, y por tanto el cuerpo necesita disciplina (1 Co. 9:27; 1 Ti. 4:8). Anhela la redención de la corrupción (Ro. 8:23). Aunque los cuerpos no glorificados no pueden entrar en el reino de Dios (1 Co. 15:50), hay esperanza para el cuerpo. Jesús murió y resucitó corporalmente, y Él es las primicias de la resurrección a la vida eterna y la garantía de que otros también resucitarán corporalmente (1 Co. 15:20-24).

Pablo vinculó la existencia sin el cuerpo a la desnudez (2 Co. 5:3). Anheló un cuerpo glorificado cuya fuente es el cielo (2 Co. 5:1-5). La iglesia experimentará la resurrección del cuerpo en el arrebatamiento (1 Ts. 4:13-18). Esta es una gran esperanza para los cristianos que "esperamos al Salvador, al Señor Jesucristo; el cual transformará el cuerpo de la humillación nuestra, para que sea semejante al cuerpo de la gloria suya"

(Fil. 3:20-21). Los santos del Antiguo Testamento y los martirizados durante el período de la tribulación resucitarán en el tiempo del reino de Jesús (Dn. 12:2; Ap. 20:4).

La resurrección, claro, no es solo para los creyentes. Los impíos resucitarán para el castigo eterno (Dn. 12:2). Jesús dijo: "No os maravilléis de esto; porque vendrá hora cuando todos los que están en los sepulcros oirán su voz; y los que hicieron lo bueno, saldrán a resurrección de vida; mas los que hicieron lo malo, a resurrección de condenación" (Jn. 5:28-29). Del mismo modo que los santos justos resucitan, también los impíos resucitarán y recibirán un cuerpo apropiado para el castigo en el lago de fuego (Ap. 20:11-15). En esta era presente, la muerte trae una separación temporal entre el cuerpo y el espíritu (Stg. 2:26), pero con el programa de resurrección de Dios, todas las personas –creyentes e incrédulos– poseerán un cuerpo adecuado para la vida eterna en la nueva tierra o para la separación eterna de Dios en el lago de fuego.

Alma

Otro aspecto importante de la naturaleza del hombre es el *alma*. La palabra hebrea para "alma", *néfesh*, aparece unas 750 veces en el Antiguo Testamento. Con respecto a los humanos, *néfesh* se refiere frecuentemente a una persona en su totalidad como ser viviente. Génesis 2:7 declara que después de formar al hombre a partir del polvo de la tierra, Dios "sopló en su nariz aliento de vida, y fue el hombre un ser [*néfesh*] viviente". En Éxodo 4:19, Dios dijo a Moisés: "Ve y vuelve a Egipto, porque han muerto todos los hombres que buscaban tu vida [*néfesh*]" (LBLA). Una vez más, *néfesh* es aquí sinónimo de ser una persona.

También hay lugares en los que *néfesh* tiene el sentido menos amplio de referirse únicamente a la parte inmaterial de una persona. Mientras daba a luz a Benjamín, el alma de Raquel abandonó su cuerpo: "Y aconteció que al salírsele el alma [*néfesh*] (pues murió)..." (Gn. 35:18). En este ejemplo, el alma se distingue del cuerpo ya que lo abandona. En ocasiones *néfesh* se refiere al principio vital que da vida al cuerpo. Levítico 17:11 declara: "Porque la vida [*néfesh*] de la carne en la sangre está". También puede vincularse con las funciones interiores de la persona, como el intelecto, la voluntad, y las emociones: "Lo tendré aún en memoria, porque mi alma [*néfesh*] está abatida dentro de mí" (Lm. 3:20).

La palabra del Nuevo Testamento griego para "alma" es *psujé* y aparece unas 110 veces. Se traduce "alma", "vida", y "yo". Este término denota (1) toda la persona (Hch. 2:41; Ro. 13:1; 2 Co. 12:15); (2) el ser esencial o la sede de la identidad personal, frecuentemente en relación con Dios y la salvación (Mt. 10:28, 39; Lc. 1:46; Jn. 12:25); (3) la vida interior del cuerpo (Hch. 20:10; Ef. 6:6); (4) el intelecto (Hch. 14:2; Fil. 1:27); (5) la voluntad (Mt. 22:37; Ef. 6:6); (6) las emociones (Mt. 26:38; Mr. 14:34); y (7) la vida moral y espiritual (He. 6:19; 1 P. 1:22; 3 Jn. 2).

En la muerte física, el alma sobrevive y está inmediatamente en la presencia de Dios. En la parábola del hombre rico, Dios dijo al rico insensato: "Necio, esta noche vienen a pedirte tu alma" (Lc. 12:20). El rico moriría, pero su alma estaría en la presencia de Dios para rendir cuentas. De forma parecida, en Apocalipsis 6:9, los santos asesinados en la tierra encuentran sus almas en el cielo: "Vi bajo el altar las almas de los que habían sido muertos por causa de la palabra de Dios y por el testimonio que tenían" (Ap. 6:9). Así pues, el alma vuelve a Dios en la muerte física.

Finalmente, todas las almas se unirán con cuerpos resucitados. En el regreso de Jesús a la tierra, los mártires de Apocalipsis 6:9-11 resucitarán de forma que puedan reinar en el reino de Jesús en la tierra (Ap. 5:10). Apocalipsis 20:4 declara: "Y vi las almas de los decapitados por causa del testimonio de Jesús y por la palabra de Dios, los que no habían adorado a la bestia ni a su imagen, y que no recibieron la marca en sus frentes ni en sus manos; y vivieron y reinaron con Cristo mil años". Las almas en el cielo recibirán un día un cuerpo físico, glorificado.

Espíritu

También se hace referencia a la parte inmaterial del hombre como "espíritu". La palabra hebrea para "espíritu" es *rúaj*, y aparece 378 veces en el Antiguo Testamento. El término se usa para el viento (Gn. 8:1; Am. 4:13), el aliento físico (Job 9:18; Sal. 135:17), el Espíritu de Dios (Sal. 51:11; 106:33; Is. 42:1), y la fuerza vital de las criaturas inferiores (Gn. 6:17; Ec. 3:19, 21).

En relación a los seres humanos, *rúaj* se refiere a (1) toda la persona (Sal. 31:5; Ez. 21:7); (2) el poder vital de la vida de Dios que da vida al cuerpo (Gn. 2:7; Jue. 15:19; Job 27:3); (3) la vida interior, incluyendo la sede del intelecto (Gn. 41:8; Ez. 20:32), el entendimiento espiritual (Job 20:3; 32:8), la sabiduría (Éx. 28:3), la voluntad (Dn. 5:20), y las emociones (1 S. 1:15; Pr. 15:13); y (4) la transparencia del alma ante Dios (Sal. 51:10; Is. 26:9).[15]

El término griego para "espíritu" es *pneúma*. Como con *rúaj*, la palabra *pneúma* puede referirse a diversas realidades. En un sentido antropológico, connota la fuerza vital que da vida al cuerpo y se pierde en la muerte (Mt. 27:50; Hch. 7:59; Stg. 2:26; Ap. 11:11). Se refiere al ser que interactúa con Dios. *Pneúma* hace frecuentemente referencia a la interacción con Dios y el ámbito espiritual (Ro. 1:9; 8:16; 1 Co. 14:14; Ap. 21:10). Y se usa habitualmente para el Espíritu Santo (Gá. 5:18).

En resumen, *rúaj* y *pneúma* se emplean en las Escrituras para referirse a (1) el viento o el aliento (Gn. 8:1; Jn. 3:8), (2) una actitud o disposición (Mt. 5:3), (3) el Espíritu Santo (Gn. 1:2; Mt. 1:18, 20), (4) espíritus angélicos (1 S. 16:14; Mt. 8:16; Lc. 7:21), y (5) el espíritu humano (Gn. 41:8; Hch. 17:16). El sentido más habitual de *rúaj* en el Antiguo Testamento es "viento", mientras que en el Nuevo Testamento *pneúma* se refiere más frecuentemente al Espíritu Santo. Con respecto a los seres humanos, "espíritu" representa a menudo la capacidad de los humanos de estar en relación con Dios, y "espíritu" se usa en ocasiones indistintamente con "alma" (Sal. 31:5; Ec. 12:7; He. 12:23; Lc. 1:46-47).

Corazón

La Biblia dice mucho sobre el corazón; no el órgano físico, sino el centro de control de una persona y la sede de los pensamientos, las actitudes, las motivaciones, y las acciones. Las palabras hebreas para "corazón" son *leb* (598 veces) y *lebáb* (252 veces).

---

15. Véase Beck y Demarest, *The Human Person*, 132.

Con respecto a los humanos, estos dos términos pueden referirse a toda la persona (Sal. 22:26) o al núcleo de la vida interior (Éx. 7:3, 13; Sal. 9:1; Jer. 17:9). Del corazón "mana la vida" (Pr. 4:23). Tanto los pensamientos buenos como los malos brotan del corazón (Gn. 6:5; 1 R. 3:12; Job 8:10). Las intenciones vienen del corazón (Éx. 35:5; Dn. 5:20), al igual que las emociones y las pasiones (Dt. 19:6; 1 S. 1:8). La conciencia está vinculada con el corazón (1 S. 24:5; Job 27:6). Las acciones son del corazón. Isaías 32:6 declara: "Porque el ruin hablará ruindades, y su corazón fabricará iniquidad".

La palabra griega para "corazón" es *kardía*. Se refiere a la facultad de gobierno de la persona (Mt. 18:35; Ro. 6:17; 2 Co. 5:12). Jesús reafirmó la enseñanza del Antiguo Testamento de que todos los pensamientos y hechos fluyen del corazón: "Porque del corazón salen los malos pensamientos, los homicidios, los adulterios, las fornicaciones, los hurtos, los falsos testimonios, las blasfemias" (Mt. 15:19). También dijo: "El hombre bueno, del buen tesoro de su corazón saca lo bueno; y el hombre malo, del mal tesoro de su corazón saca lo malo; porque de la abundancia del corazón habla la boca" (Lc. 6:45). El corazón también es la fuente del intelecto: "Y conociendo Jesús los pensamientos de ellos, dijo: ¿Por qué pensáis mal en vuestros corazones?" (Mt. 9:4; cf. Hch. 8:22).

Todas las personas nacen con un corazón oscuro y malvado. La evaluación que Dios hizo de la humanidad en el diluvio global fue esta: "Todo designio de los pensamientos del corazón de ellos era de continuo solamente el mal" (Gn. 6:5). Dios también dijo: "El intento del corazón del hombre es malo desde su juventud" (Gn. 8:21). Jeremías 17:9 declaró de forma parecida: "Engañoso es el corazón más que todas las cosas, y perverso; ¿quién lo conocerá?". En cuanto a los incrédulos, Pablo observó: "Su necio corazón fue entenebrecido" (Ro. 1:21).

Dios cambia los corazones malvados sustituyéndolos por unos nuevos. En el pasaje del nuevo pacto de Ezequiel 36:26, Dios declaró: "Os daré corazón nuevo, y pondré espíritu nuevo dentro de vosotros; y quitaré de vuestra carne el corazón de piedra, y os daré un corazón de carne". Asimismo, Jeremías 31:33 prometió que Dios escribiría su ley sobre esos nuevos corazones. Jesús mismo declaró: "Bienaventurados los de limpio corazón" (Mt. 5:8), y también dijo: "Mas la que cayó en buena tierra, éstos son los que con corazón bueno y recto retienen la palabra oída, y dan fruto con perseverancia" (Lc. 8:15). Pablo hacía referencia a "los que de corazón limpio invocan al Señor" (2 Ti. 2:22), mientras el escritor de Hebreos proclamó: "Acerquémonos con corazón sincero, en plena certidumbre de fe, purificados los corazones de mala conciencia" (He. 10:22). El cristiano experimenta un nuevo corazón que ama a Dios, desea obedecerle, está purificado, y produce buen fruto.

Conciencia

Dios ha creado a todos con una conciencia, la facultad de evaluar moralmente con respecto a lo correcto y lo incorrecto, el bien y el mal. Relacionada con el conocimiento de uno mismo y la capacidad racional, la conciencia alerta a una persona en lo concerniente a la moralidad de sus acciones. La conciencia funciona como un árbitro moral divino. La incapacidad de escucharla conduce frecuentemente a la culpa y la vergüenza.

Aunque el concepto está sin duda en él, el Antiguo Testamento no tiene un término específico para "conciencia". Por ejemplo, Salomón pidió a Dios un "corazón entendido" para "discernir entre lo bueno y lo malo" (1 R. 3:9). Abigail le dijo a David que no debía tener "motivo de pena ni remordimientos por haber derramado sangre sin causa" (1 S. 25:31).

El término griego para "conciencia" es *suneídesis*, que aparece en treinta ocasiones en el Nuevo Testamento, con más de dos tercios de estas apariciones en los escritos de Pablo. Romanos 2:14-15 explica la conciencia. Allí, Pablo dice que los gentiles que no tienen acceso a la ley mosaica escrita saben también lo que Dios exige de ellos. ¿Cómo? "Mostrando [los gentiles] la obra de la ley escrita en sus corazones, dando testimonio su conciencia, y acusándoles o defendiéndoles sus razonamientos" (Ro. 2:15). Como portadoras de la imagen de Dios, todas las personas nacen con un conocimiento innato de lo correcto y lo incorrecto basado en la ley de Dios. La conciencia reacciona a la conducta en base a su conformidad con esa ley moral o su violación de la misma. Mientras manifestaba su amor por sus hermanos judíos, Pablo declaró: "Verdad digo en Cristo, no miento, y mi conciencia me da testimonio en el Espíritu Santo" (Ro. 9:1).

Las mentiras y el error pueden anular la ley moral que Dios ha dado a cada persona y eso informa mal a la conciencia. El pecado también puede embotar y cauterizar la conciencia. Estas cosas llevan a situaciones peligrosas y mortales. Pablo declaró: "Todas las cosas son puras para los puros, mas para los corrompidos e incrédulos nada les es puro; pues hasta su mente y su conciencia están corrompidas" (Tit. 1:15). El apóstol también mencionó a los "mentirosos", que tienen "cauterizada la conciencia" (1 Ti. 4:2). La luz de advertencia de la conciencia no debería violarse nunca.

En 1984, un avión de la compañía Avianca se estrelló en España.[16] La caja negra recuperada con las grabaciones de la cabina reveló que varios minutos antes del impacto, el sistema automático de advertencia del aparato advirtió en varias ocasiones a la tripulación: "¡Ascender! ¡Ascender!". El piloto, pensando que el sistema no estaba funcionando bien, gritó: "¡Cierra el pico, gringo!" y apagó el sistema. Minutos después, el avión chocó con una montaña. Todos los que iban a bordo murieron. Esta trágica historia ilustra los resultados catastróficos de informar mal a la conciencia o ignorar sus advertencias.

Tres opiniones sobre la constitución humana

En general, el hombre se describe con varios términos: *cuerpo*, *alma*, *espíritu*, *corazón*, y *conciencia*. Pero ¿cuántos componentes o elementos reales posee una persona? ¿Uno? ¿Dos? ¿Tres? ¿Más de tres? Los principales puntos de vista de la constitución humana se consideran seguidamente.

MONISMO

El monismo es la opinión de que la persona humana es un elemento. El hombre es un ser unificado, no una combinación de múltiples partes. El materialismo secular afirma que la materia es la única sustancia en el universo. No existe ningún Dios ni entidades

---

16. Este párrafo está adaptado de John MacArthur, *The Vanishing Conscience: Drawing the Line in a No-Fault, Guilt-Free World* (Nashville: Thomas Nelson, 1994), 36. Usado con permiso de Thomas Nelson. www.thomasnelson.com.

espirituales. Nadie tiene alma o partes inmateriales. Todas las actividades mentales y espirituales son productos químicos del cerebro. El hombre es una masa de materia pensante. En la muerte física, no hay una parte inmaterial que sobrevive. El idealismo, una visión monista menos seguida, declara que toda la realidad se compone simplemente de mente o ideas. George Berkeley (1685–1753) propugnó la noción de que las ideas o las percepciones son las únicas realidades existentes.

John A. T. Robinson, en su obra *The Body: A Study in Pauline Theology* (1952) [El cuerpo: un estudio en la teología paulina], argumentó que no hay distinción entre el alma y el cuerpo. Robinson declaró que los antiguos hebreos tenían una visión unitaria de la persona humana y carecían de una palabra para "cuerpo" comparable al término griego *sóma*. Supuestamente, la distinción entre cuerpo y alma es una idea griega ajena al pensamiento hebreo y bíblico. Con esta perspectiva, cuerpo y alma no son realidades contrarias; en su lugar, son sinónimos intercambiables. Se afirma lo mismo para términos como "carne" (gr. *sárx*), "alma" (gr. *psujé*), y "espíritu" (gr. *pneúma*). Estos son sinónimos para la totalidad de la persona. Así pues, en este punto de vista la Biblia no enseña una distinción entre cuerpo y alma.

DICOTOMISMO

El dicotomismo sostiene que el hombre es un ser de dos partes que se compone de un cuerpo y de un elemento inmaterial llamado "alma" o "espíritu". No existe una distinción real entre los dos términos, que son indistintos. Por tanto, el dicotomismo afirma a la persona humana como una combinación de cuerpo y alma/espíritu. Esta visión difiere del monismo materialista, ya que el dicotomismo afirma que la realidad y la humanidad se componen de más que materia; también existe un elemento espiritual. Aunque una persona tiene un cuerpo físico, el alma/espíritu da vida al mismo y sobrevive a la muerte física.

Los dicotomistas cristianos apuntan a Génesis 2:7, donde la creación del hombre por Dios implicó que este formó a aquel a partir de la tierra (material) y de infundirle el aliento de vida (inmaterial). Jesús también ratificó una distinción entre cuerpo y alma en Mateo 10:28: "Y no temáis a los que matan el cuerpo, mas el alma no pueden matar; temed más bien a aquel que puede destruir el alma y el cuerpo en el infierno". Adicionalmente, la Biblia dice que el elemento inmaterial sobrevive a la muerte física. Las almas de los santos martirizados aparecen en el cielo en Apocalipsis 6:9-11. Tanto el hombre rico como Lázaro existen tras su muerte, según Lucas 16:19-31. Y cuando lo estaban apedreando, Esteban esperaba que Jesús recibiera su espíritu (Hch. 7:59).

TRICOTOMISMO

El tricotomismo también afirma que el hombre se compone de múltiples partes, pero sostiene que es un ser de tres partes que comprende el cuerpo, el alma, y el espíritu. El término *tricotomía* procede de la combinación de los términos griegos *tría*, "tres", y *témno*, "cortar". El primer elemento del hombre es el cuerpo, que es la parte material de una persona. La segunda parte es el alma, que es el elemento psicológico del hombre y la parte que permite la interacción con las personas y el mundo natural. El alma es la base de la razón, la emoción, la personalidad, y la interacción social. La tercera parte es el espíritu, que se identifica habitualmente como el elemento religioso que percibe y responde a los asuntos espirituales y a Dios. Mientras se dice que el alma interactúa con áreas horizontales relacionadas con la experiencia del hombre y la naturaleza, el espíritu lo hace con los asuntos verticales como la experiencia del hombre con Dios. La presencia del espíritu distingue supuestamente a los humanos de los animales.

Se emplean frecuentemente dos pasajes para apoyar el tricotomismo. Primera de Tesalonicenses 5:23 declara: "Y el mismo Dios de paz os santifique por completo; y todo vuestro ser, espíritu, alma y cuerpo, sea guardado irreprensible para la venida de nuestro Señor Jesucristo". Aquí los tres componentes —"espíritu", "alma" y "cuerpo"— se mencionan lado a lado. Hebreos 4:12 también menciona tanto el alma como el espíritu: "Porque la palabra de Dios es viva y eficaz, y más cortante que toda espada de dos filos; y penetra hasta partir el alma y el espíritu".

El tricotomismo fue popular entre los padres alejandrinos de la iglesia primitiva, especialmente Clemente de Alejandría (*ca.* 150–*ca.* 215) y Orígenes (*ca.* 184–*ca.* 254). Este punto de vista pasó por un declive general hasta el siglo XIX, cuando se hizo más popular.

EVALUACIÓN DE LOS TRES PUNTOS DE VISTA

El monismo materialista debe rechazarse ya que niega la existencia de Dios y todas las realidades espirituales. El monismo idealista también debe rechazarse. La realidad no es simplemente todo mente o espíritu o ideas. Dios creó un universo físico con criaturas materiales y las declaró buenas "en gran manera" (Gn. 1:31). Además, Dios no creó nuestros sentidos con el fin de engañarnos para que pensemos que interactuamos con un mundo material.

Las formas cristianas de monismo afirman acertadamente que la persona humana es un ser unificado, pero son incapaces de reconocer la diversidad dentro de la unidad. La Biblia ratifica una distinción entre cuerpo y alma (Mt. 10:28) y una parte inmaterial que sobrevive a la muerte física (Ap. 6:9-11). Pablo esperaba que la muerte física lo llevara a la presencia de Jesús (Fil. 1:23), y Jesús dijo que el ladrón arrepentido en la cruz estaría con Él ese día en el paraíso (Lc. 23:43). La realidad de un estado intermedio refuta las variaciones cristianas del monismo.

Tanto el dicotomismo como el tricotomismo afirman correctamente que el hombre se compone de más que materia. La controversia se centra en si existe o no una distinción sustantiva entre alma y espíritu. La evidencia bíblica indica que no. "Alma" y "espíritu" se usan indistintamente en las Escrituras, y ambos términos indican funciones similares en relación con Dios, otras personas, y la naturaleza. Por tanto es difícil argumentar que son partes distintas de una persona. Algunos versículos incluso colocan juntos "alma" y "espíritu" en una forma paralela, mostrando que se está considerando el mismo concepto:

> Por tanto, no refrenaré mi boca;
> Hablaré en la angustia de mi espíritu [*rúaj*],
> Y me quejaré con la amargura de mi alma [*néfesh*] (Job 7:11).

> Con mi alma [*néfesh*] te he deseado en la noche, y en tanto que me dure el espíritu [*rúaj*] dentro de mí, madrugaré a buscarte (Is. 26:9).

> Entonces María dijo:
> Engrandece mi alma [*psujé*] al Señor;
> Y mi espíritu [*pneúma*] se regocija en Dios mi Salvador (Lc. 1:46-47).

Estos pasajes demuestran que "alma" y "espíritu" en la Biblia son indistintos y abordan las mismas realidades. En Isaías 26:9 y Lucas 1:46-47, el alma está incluso interactuando con Dios, lo que significa que tal actividad no se limita al espíritu.

Los siguientes dos ejemplos también revelan que "alma" y "espíritu" se refieren a la misma entidad. Primero, Jesús expresa aflicción por su sufrimiento futuro:

> Ahora está turbada mi alma [*psujé*]; ¿y qué diré? ¿Padre, sálvame de esta hora? (Jn. 12:27).

> Habiendo dicho Jesús esto, se conmovió en espíritu [*pneúma*] (Jn. 13:21).

Segundo, dos pasajes describen a los santos en el cielo:

> A la congregación de los primogénitos que están inscritos en los cielos, a Dios el Juez de todos, a los espíritus [*pneúma*] de los justos hechos perfectos... (He. 12:23).

> Cuando abrió el quinto sello, vi bajo el altar las almas [*psujé*] de los que habían sido muertos por causa de la palabra de Dios (Ap. 6:9).

¿Pero qué hay de 1 Tesalonicenses 5:23 y Hebreos 4:12? ¿Debe entenderse que estos textos defienden el tricotomismo? No. Las Escrituras dan diferentes términos al aspecto inmaterial de la persona, pero no toda designación significa una parte distinguible. En ocasiones, los términos pueden acumularse o combinarse para hacer hincapié. En Lucas 10:27, por ejemplo, Jesús menciona amar a Dios con todo el "corazón", el "alma", las "fuerzas", y la "mente". Usa cuatro términos y ni siquiera menciona al "espíritu". ¿Deberíamos llegar entonces a la conclusión de que existen cuatro o cinco o incluso más partes en la persona humana? No, la parte inmaterial de la persona puede llamarse "alma", "espíritu", o "mente", pero en ocasiones estas designaciones pueden referirse a toda la persona. Así pues, estos conceptos se solapan, no son partes distinguibles. Por tanto, la posición del dicotomismo tiene la base escritural más sólida.

¿Hay, sin embargo, una designación mejor que el dicotomismo? Como las Escrituras presentan a la persona como un ser unificado pero complejo, se prefiere la designación "unidad compleja".[17] Lo material (el cuerpo) y lo inmaterial (alma/espíritu) funcionan juntos en una persona, y engloban tanto la unidad como la diversidad. Esta unidad compleja es condicional, ya que la muerte en un mundo caído separa el cuerpo y el espíritu (Stg. 2:26). Pero esta separación es temporal, ya que todas las personas se dirigen a la resurrección, una reunión de cuerpo y espíritu en formas eternas. El concepto de unidad compleja incluso es análogo a otras realidades. Por ejemplo, hay un Dios, pero

---

17. Véase Beck y Demarest, *The Human Person*, 137.

Dios es también pluralidad. Dios es Trinidad: Padre, Hijo y Espíritu Santo. Asimismo, Jesús es una persona, pero es tanto Dios como hombre.

El hombre como unidad compleja también cubre todos los aspectos de las necesidades físicas y espirituales. Mientras expone la importancia de la fe salvadora, Santiago menciona la importancia de suplir las necesidades físicas: "Y si un hermano o una hermana están desnudos, y tienen necesidad del mantenimiento de cada día, y alguno de vosotros les dice: Id en paz, calentaos y saciaos, pero no les dais las cosas que son necesarias para el cuerpo, ¿de qué aprovecha?" (Stg. 2:15-16). Asimismo, la salvación de Dios trae finalmente restauración a toda la persona. El Espíritu Santo regenera a los pecadores muertos, volviéndolos espiritualmente vivos para Dios (Tit. 3:5), pero Jesús también redimirá y glorificará sus cuerpos (Ro. 8:23; Fil. 3:20-21).

Origen del alma
La preexistencia
El creacionismo
El traducianismo
Valoración de las tres opiniones

La personeidad —la cualidad de ser persona— es la expresión de un alma/espíritu inmaterial. ¿Pero cuál es su origen? ¿Es el alma creada directamente por Dios en la concepción, o se transmite de los padres de uno por medio de procesos naturales? Existen tres puntos de vista principales que conciernen al origen del alma: la preexistencia, el creacionismo, y el traducianismo.

La preexistencia
Algunos, como los antiguos griegos, han creído que las almas existían ya antes de la concepción. El teólogo de la iglesia primitiva Orígenes (*ca.* 184–*ca.* 254) enseñaba que Dios creó originalmente un número fijo de espíritus, algunos de los cuales se unieron a cuerpos materiales y se volvieron humanos. El islamismo también defiende una forma de preexistencia antes del nacimiento. Esta visión no tiene base bíblica y los cristianos ortodoxos la han rechazado acertadamente, a excepción de Orígenes.

El creacionismo
El creacionismo enseña que Dios crea cada alma individual en algún momento entre la concepción y el nacimiento en lugar de que la misma se transmita de los antepasados de uno, tal como ocurre con el cuerpo. La base escritural para este punto de vista se extrae de Génesis 2:7, que declara que Dios creó el alma de Adán y la unió a su cuerpo. De igual manera, Eclesiastés 12:7 declara que al morir, el espíritu vuelve "a Dios que lo dio". Isaías 42:5 describe a Dios como Creador del cielo y la tierra, "que da aliento al pueblo que mora sobre ella, y espíritu a los que por ella andan". Zacarías 12:1 dice que Dios "forma el espíritu del hombre dentro de él". También, Dios es "el Padre de los espíritus" (He. 12:9). Podemos encontrar una importante base para el punto de vista creacionista en la historia de la iglesia; Jerónimo (*ca.* 340–420), Tomás de Aquino (1225–1274), y Juan Calvino (1509–1564) ratificaron esta opinión.

El traducianismo

El traducianismo dice que el alma se transmite de padres a hijos por el proceso natural de procreación, tal como ocurre con el cuerpo. Aunque Dios es sin duda el Creador del hombre y Él creó directamente el cuerpo y el alma de Adán, la constitución de todas las personas después de Adán se transmite por medio de la procreación humana ordenada por Dios. No se requiere la creación directa de cada cuerpo y alma. Dios usa el medio secundario de la procreación humana. Los traducianistas argumentan que no se puede usar a Adán como base para el creacionismo ya que él es único como primer hombre y su situación no es normativa para sus descendientes. Génesis 5:3 declara que Adán tuvo "un hijo a su semejanza, conforme a su imagen", y esto probablemente incluya al alma. Los seguidores del traducianismo en la historia de la iglesia incluyen a Tertuliano (*ca.* 160– *ca.* 220), Gregorio de Nisa (*ca.* 330–*ca.* 395) y Martín Lutero (1483–1546).

Valoración de las tres opiniones

La posición traducianista parece la mejor. Un importante punto débil del creacionismo es que dice que los actos de creación directa de Dios habían cesado en el sexto día de la creación. Si el creacionismo fuera cierto, Dios habría estado continuamente implicado en actos de creación "de la nada" desde el sexto día de la creación. Pero esta noción va en contra del hecho de que Dios descansara de crear en el séptimo día (Gn. 2:1-2).

Además, no hay evidencias escriturales para llegar a la conclusión de que mientras los cuerpos humanos se crean por medios humanos, Dios crea directamente las almas. La opinión creacionista introduce un elemento asimétrico innecesario en el origen de una persona humana. Aunque es verdad que varios versículos hablan de que Dios hace el alma o el espíritu de una persona, eso también es cierto para el cuerpo. David declaró: "Porque tú formaste mis entrañas; tú me hiciste en el vientre de mi madre… No fue encubierto de ti mi cuerpo, bien que en oculto fui formado, y entretejido en lo más profundo de la tierra" (Sal. 139:13, 15). Estas declaraciones no significan que el cuerpo sea creado directamente por Dios aparte de la procreación natural. Dios es el Creador del hombre, pero Él también ordenó la procreación humana para que la tierra se llenara (Gn. 1:28). Dios usa medios naturales para la procreación, pero Él es la Causa Final del proceso. Como una unidad compleja de cuerpo y alma/espíritu, todo nuestro ser, incluyendo el alma, es un resultado del proceso de procreación ordenado por Dios.

Género

El género creado por Dios
El género y el matrimonio
El género y la procreación
La homosexualidad

La sociedad moderna está confundiéndose cada vez más con el género y los roles de género. Esto es triste ya que el género es estratégico para los propósitos de Dios para la humanidad y porque Él ya ha revelado claramente su voluntad sobre el asunto. La sección fundamental para la creación y el propósito del género se encuentra en Génesis 1–2. Otros pasajes suplementan las verdades que encontramos allí.

El género creado por Dios

Dios creó el género y la sexualidad humana. Génesis 1:27 declara: "Y creó Dios al hombre a su imagen, a imagen de Dios lo creó; varón y hembra los creó". Jesús repitió esta verdad: "¿No habéis leído que el que los hizo al principio, varón y hembra los hizo?" (Mt. 19:4). El género no es confuso, flexible, o determinado personalmente por la preferencia, ni aparece por accidente o a través de un proceso evolutivo.

Génesis 2 añade detalles a la creación del primer hombre y la primera mujer. Dios formó primero al hombre a partir del polvo de la tierra, y seguidamente le sopló el aliento de vida. Con este aliento, "fue el hombre un ser viviente" (Gn. 2:7). Después, tomó una costilla del hombre y formó una mujer a partir de ella (Gn. 2:21-22). Así pues, Dios creó al primer hombre y la primera mujer como parte de la creación que era "buena en gran manera" (Gn. 1:31).

Además de ser creados por Dios, el hombre y la mujer lo fueron de forma diferente. Dios formó al hombre del polvo, pero no creó a la mujer de la misma manera. Tomó una costilla de Adán para hacer a la mujer (Gn. 2:22). Por tanto, la mujer fue hecha del hombre. Lejos de ser una simple anécdota, este hecho es importante para las distinciones funcionales entre hombres y mujeres. Cuando habló acerca del orden entre hombres y mujeres en la iglesia, Pablo destacó esta idea diciendo: "Porque el varón no procede de la mujer, sino la mujer del varón" (1 Co. 11:8). Cuando explicó por qué los hombres deben encargarse de la enseñanza en la iglesia, Pablo declaró: "Porque Adán fue formado primero, después Eva" (1 Ti. 2:13). Los roles que hombres y mujeres tienen en la sociedad, la familia, y la iglesia se fundamentan en las diferencias entre hombres y mujeres que Dios instituyó en la creación.

El género está profundamente incrustado en la identidad humana y se establece en la concepción. Cuando un espermatozoide que contiene un cromosoma X fertiliza el óvulo, se concibe una niña, mientras que un cromosoma Y da lugar a un niño. Cuando nace un bebé, la primera reacción es frecuentemente: "¡Es un niño!" o "¡Es una niña!". En el nacimiento, todos reconocen que el género existe. Los padres no eligen el género de su hijo o dicen que eso no importa. Tampoco tienen que esperar para ver si el niño se convertirá más adelante en una niña o viceversa. El género se define permanentemente en la concepción y se revela en el nacimiento.

Tanto la creación del género por parte de Dios como la realidad biológica del mismo muestran que la sexualidad es objetiva. No es subjetiva, como si pudiera determinarse por los caprichos de individuos y sociedades. Ninguna persona puede declarar legítimamente que es realmente de otro género, ni puede cambiarlo realmente. La confusión del género se aborda en Deuteronomio 22:5: "No vestirá la mujer traje de hombre, ni el hombre vestirá ropa de mujer; porque abominación es a Jehová tu Dios cualquiera que esto hace". Dios ordena a las mujeres presentarse como tales, y a los hombres hacerlo como tales. Que una mujer se vista como un hombre o viceversa se considera una "abominación", una ofensa extrema contra Dios. Esto muestra que Dios espera que la persona viva de acuerdo con el género concedido por Él al nacer.

Tristemente, la transexualidad se está aceptando más en algunas sociedades. Esto ocurre cuando una persona se identifica, viste, o presenta de forma contraria al género biológico dado por Dios. Esto incluye el travestismo. Así, a pesar de lo que es verdadero y obvio, el género se considera subjetivo cada vez más en la cultura moderna. Supuestamente, un varón puede declararse mujer o viceversa, y la sociedad debe aceptar esa reivindicación. Algunos emplean incluso tecnologías médicas para intentar la alteración del género. Pero la confusión y la alteración del género atacan a los propósitos creativos de Dios para la humanidad. La cosmovisión cristiana ratifica que el género y la estructura biológica de nuestros cuerpos importan. Tienen un propósito concedido por Dios. No son el producto de un accidente evolutivo sin implicaciones morales, sino dones de Dios cuyo fin es ser usados para sus propósitos y gloria. Como Dios hizo al varón y a la mujer, Él es el punto de partida para definir el género. Desviarse de los planes de Dios para el género y la sexualidad es rebelión contra Dios (cf. Ro. 1:24-27).

El género y el matrimonio

El varón y la mujer fueron creados para tener relación, no para aislarse. Cuando Dios evaluó al recién creado varón, dijo: "No es bueno que el hombre esté solo; le haré ayuda idónea para él" (Gn. 2:18). Por tanto, Dios haría una "ayuda" (heb. *ézer*) para Adán. Las demás criaturas eran maravillosas, pero no eran adecuadas para el hombre. Desear compañía humana no es por tanto incorrecto, como si fuera un desarrollo posterior a la caída. Adán no estaba haciendo mal por desear compañía humana y ello no es un desafío a la relación del hombre con Dios. Dios deseaba las relaciones humanas y diseñó al hombre para las mismas.

Cuando Dios hizo a la mujer a partir de la costilla de Adán, la trajo delante de él, y este exclamó entonces:

> Esto es ahora hueso de mis huesos y carne de mi carne; ésta será llamada Varona, porque del varón fue tomada (Gn. 2:23).

Adán se dio cuenta inmediatamente de que la mujer era la compañera adecuada para él. Su incompletitud dio paso a la plenitud. Esta mujer era como él. Era "hueso de mis huesos" y "carne de mi carne". Pero ella era diferente. Fue diseñada para complementarlo y traer plenitud a su vida. Ella trajo feminidad para complementar su masculinidad. Él la llamó "Varona", porque vino del varón.

Génesis 2:24 resume después el propósito de Dios para el hombre y la mujer: "Por tanto, dejará el hombre a su padre y a su madre, y se unirá a su mujer, y serán una sola carne". La relación del matrimonio implica dejar al padre y a la madre para ser "una sola carne" en el matrimonio. El término para "dejar" (heb. *ázab*) es contundente y significa "abandonar". Asimismo, la palabra para "unirse" (heb. *dabác*) significa "fuerte apego personal y devoción". Se emplea más adelante para prescribir cómo debería mostrar Israel su compromiso con Dios: "Mas a Jehová vuestro Dios seguiréis [*dabác*]" (Jos. 23:8). El resultado de esta unión matrimonial es ser "una sola carne". Esta unidad implica sin duda la unión sexual en el corazón de "ser uno", así como los hijos que son uno partiendo de dos. Sin embargo, va más allá de eso ya que implica una dependencia mutua en todas las áreas de la vida. La idea de uno y la intimidad deberían impregnar la relación.

El matrimonio es una institución benévola y buena creada por Dios. Su propósito es ser una bendición. Primera de Pedro 3:7 lo llama "la gracia de la vida". Proverbios 18:22 declara: "El que halla esposa halla el bien, y alcanza la benevolencia de Jehová". En Mateo 19:4-6, Jesús reafirma la unión en una sola carne del hombre y la mujer en el matrimonio. Pablo también dice: "Pero a causa de las fornicaciones, cada uno tenga su propia mujer, y cada una tenga su propio marido" (1 Co. 7:2). Finalmente, el matrimonio apunta a Cristo y a la iglesia: "Por esto dejará el hombre a su padre y a su madre, y se unirá a su mujer, y los dos serán una sola carne. Grande es este misterio; mas yo digo esto respecto de Cristo y de la iglesia" (Ef. 5:31-32). El matrimonio debería ilustrar la relación amorosa de Cristo y su iglesia, con el marido amando a su esposa como Cristo ama a la iglesia, y la esposa respondiendo al liderazgo amoroso de su esposo como la iglesia responde a Cristo (Ef. 5:22-33). Aunque el matrimonio está sujeto a la maldición tras la caída del hombre, los cristianos bajo el control del Espíritu Santo deberían experimentar matrimonios apacibles, productivos, y plenos. Los creyentes solo deben casarse con otros creyentes (1 Co. 7:29; 2 Co. 6:14).

El matrimonio solo tiene una definición, y está sancionada por Dios: la unión de un hombre y una mujer (Gn. 2:23-24). El matrimonio debe ser un pacto público, formal, y reconocido oficialmente entre un hombre y una mujer. Una cohabitación conyugal prolongada no establece el matrimonio ni es equivalente al mismo (Jn. 4:18). Cuando se ha establecido un matrimonio válido antes de la fe en Cristo, la pareja debe mantener el pacto y permanecer casada (1 Co. 7:24).

El género y la procreación

La relación hombre-mujer en el matrimonio está diseñada para la procreación. Según Génesis 1:28, Dios bendijo al varón y a la mujer y dijo: "Fructificad y multiplicaos; llenad la tierra…". Las estructuras biológicas del varón y la mujer diseñadas por Dios producen hijos.

La humanidad debía expandirse más allá del primer hombre y la primera mujer y reproducirse de forma que la tierra se llenara con otros portadores de la imagen de Dios. También se esperaba que estos hijos se multiplicaran a su vez y llenaran la tierra. Dios emplearía la procreación para salvar a la humanidad y restaurar la creación tras la caída. Cuando Adán y Eva pecaron, Dios dijo al poder detrás de la serpiente (Satanás): "Y pondré enemistad entre ti y la mujer, y entre tu simiente y la simiente suya; ésta te herirá en la cabeza, y tú le herirás en el calcañar" (Gn. 3:15). Los "descendientes" de la mujer experimentarían una batalla continua que culminaría en un "Él" que daría un golpe mortal al poder detrás de la serpiente. Cuando Eva dio a luz a su primer hijo, Caín, declaró: "Por voluntad de Jehová he adquirido varón" (Gn. 4:1). Algunos creen que esto podría traducirse: "He tenido un hombre; incluso el Señor". De ser así, Eva pudo haber creído que su primer hijo, Caín, era el libertador que Dios prometió en Génesis 3:15. Más adelante, Lamec pensó que su hijo Noé podía ser el libertador prometido: "Vivió Lamec ciento ochenta y dos años, y engendró un hijo; y llamó su nombre Noé, diciendo: Este nos aliviará de nuestras obras y del trabajo de nuestras manos, a causa de la tierra que Jehová maldijo" (Gn. 5:28-29). Ambas expectativas de un libertador quedaron sin cumplirse. Caín asesinó a su hermano Abel. Y Noé, aunque Dios lo usó en gran manera, también fue un pecador y no fue apto para ser el Salvador prometido (Gn. 9:20-23). Finalmente, el hijo de María, Jesús, nació para ser el "descendiente" prometido, o la "simiente", que restauraría todas las cosas (Hch. 3:21; Gá. 3:16).

La orden de procreación dada a Adán se repitió a Noé: "Bendijo Dios a Noé y a sus hijos, y les dijo: Fructificad y multiplicaos, y llenad la tierra" (Gn. 9:1; cf. Gn. 9:7). Esta orden fue necesaria después del diluvio global, en el que murieron todas las personas excepto ocho. Sin embargo, una importante amenaza para la multiplicación y el llenado de la tierra era el asesinato de congéneres humanos. Por tanto, con el pacto noético Dios sancionó la pena capital para los que asesinan a los portadores de la imagen de Dios: "El que derramare sangre de hombre, por el hombre su sangre será derramada; porque a imagen de Dios es hecho el hombre" (Gn. 9:6). Dios dio al hombre el derecho de proteger la vida ejecutando a aquellos que matan a los que portan como ellos la imagen de Dios. Esto muestra cuán valiosa considera Dios que es la vida humana.

Tras la caída, la maldición sobre la mujer significaba que dar a luz sería doloroso. Dios dijo a Eva: "Multiplicaré en gran manera los dolores en tus preñeces; con dolor darás a luz los hijos" (Gn. 3:16). La procreación, con todas sus bendiciones, es dolorosa para la mujer en un mundo caído y está frecuentemente llena de tragedia. Raquel murió mientras daba a luz a Benjamín (Gn. 35:16-18). Algunos niños mueren en la matriz, otros ven su vida interrumpida por el aborto. Algunas mujeres que desean tener hijos serán estériles (Gn. 30:1).

Los peligros de dar a luz serán eliminados durante el reino venidero del Mesías tras el regreso de Cristo. Isaías profetizó de ese tiempo, y declaró: "No habrá allí niño que muera de pocos días" (Is. 65:20), y "No trabajarán en vano, ni darán a luz para maldición; porque son linaje de los benditos de Jehová, y sus descendientes con ellos" (Is. 65:23). El reino milenial de Jesús revertirá las consecuencias dolorosas y trágicas de la caída para mujeres y niños (Ap. 20:1-6). Como no habrá matrimonio en el estado eterno después del milenio, tampoco habrá procreación (Mt. 22:30).

La homosexualidad[18]

Satanás y los hombres intentan continuamente pervertir todo lo que es bueno en la creación de Dios, incluyendo el género y el matrimonio. Esta corrupción apareció rápidamente en Génesis. Una vez que Adán y Eva pecaron, tomaron conciencia inmediatamente de su desnudez: "Entonces fueron abiertos los ojos de ambos, y conocieron que estaban desnudos; entonces cosieron hojas de higuera, y se hicieron delantales" (Gn. 3:7). La inocencia se sustituyó por culpa y vergüenza (Gn. 3:8-10). Incluso el regalo divino de su relación física, sexual, se contaminó. Su pureza desapareció. Llegaron los pensamientos impíos e impuros. La primera pareja intentó cubrir su vergüenza cosiendo hojas de higuera, y desde entonces, vestirse ha sido una expresión universal de pudor humano.

La perversión sexual también se extendió rápidamente. La poligamia aparece en Génesis 4:19. La perversión sexual demoníaca, en Génesis 6:2. Otras desviaciones in-

---

18. Esta sección está adaptada de John MacArthur, "God's Word on Homosexuality: The Truth about Sin and the Reality of Forgiveness", *MSJ* 19, no. 2 (2008): 153-174. Usado con permiso de *MSJ*.

cluyen la lascivia (Gn. 9:22), el adulterio (o casi adulterio) (Gn. 12:15-19), la fornicación (Gn. 16:4), el incesto (Gn. 19:36), la violación (Gn. 34:2), la prostitución (Gn. 38:15), y el acoso sexual (Gn. 39:7). La homosexualidad aparece a gran escala en Génesis 19.

El matrimonio es bueno y santo, pero la homosexualidad es una rebelión perversa que amenaza el propósito de Dios para el matrimonio y la familia. Dios no creó a los hombres para que se involucraran en actos sexuales con otros hombres, ni las mujeres con mujeres. En épocas recientes la homosexualidad ha alcanzado un nivel de aceptabilidad sin parangón en la historia humana. Sociedades que una vez la consideraron como la desviación que es, la promueven, ahora, como aceptable. Cuando comenzó el siglo XXI, ningún país había legalizado el matrimonio homosexual. Pero desde entonces, varios países lo han hecho, incluyendo a los Estados Unidos de América, que legalizó el matrimonio del mismo sexo en 2015.

La Biblia presenta la homosexualidad como pecado y declara explícitamente que los homosexuales practicantes no heredarán el reino de Dios (1 Co. 6:9-10). La homosexualidad pervierte el designio de Dios de que el matrimonio refleje la relación de Cristo con su iglesia: "Por esto dejará el hombre a su padre y a su madre, y se unirá a su mujer, y los dos serán una sola carne. Grande es este misterio; mas yo digo esto respecto de Cristo y de la iglesia" (Ef. 5:31-32). El matrimonio ilustra la relación del Señor Jesús con su iglesia; el liderazgo amoroso de un marido representa el de Cristo sobre su esposa, y la sumisión gozosa de una esposa representa la de la iglesia al Señor. Al alterar los participantes en el matrimonio, la actividad o el matrimonio homosexual distorsionan la imagen del evangelio que Dios pretendía que el mismo retratara. Desafía la voluntad del Creador, amenaza a lo que es bueno, y hiere a los que se involucran en esta práctica.

En Génesis 1:27, las palabras hebreas para "varón" y "hembra" son enfáticas, y dan el sentido de "el único varón y la única hembra". En el principio solo existieron un hombre y una mujer, por lo que el matrimonio monógamo y heterosexual podía tener lugar. Este es el paradigma del matrimonio de Dios. En base a este paradigma de un hombre y una mujer establecido en la creación, el resto de las Escrituras prohíbe estrictamente cualquier actividad sexual fuera del matrimonio, incluyendo toda fornicación (Hch. 15:29; 1 Co. 6:9; He. 13:4), adulterio (Éx. 20:14; Lv. 20:10; Mt. 19:18), zoofilia (Éx. 22:19; Lv. 18:23; 20:15-16; Dt. 27:21), y homosexualidad (Lv. 18:22; 20:13; Ro. 1:26-27).

Las uniones homosexuales no pueden, correctamente, llamarse "matrimonios", ya que involucran solamente a un género, no poseen la capacidad de procrear, y no pueden proveer la clase de compañía sexual que Dios pretendió. Tampoco representan la relación entre Jesús y su iglesia. La homosexualidad no es otra opción consensuada para dos adultos; es una aberración del diseño de Dios para la procreación, el placer, y la preservación de la raza humana. En 1 Timoteo 1:9-10, Pablo denunció a los "fornicarios" y a los "sodomitas" como aquellos que son "transgresores y desobedientes" y actúan en contra de "la sana doctrina". La palabra griega que empleó para los "sodomitas", *arsenokoítais*, significa literalmente "varones en el lecho matrimonial" y parece proceder de la terminología de la Septuaginta (Lv. 18:22; 20:13). Este término en sí mismo subraya que los actos homosexuales se desvían de la norma de Dios para el lecho matrimonial.

LA HOMOSEXUALIDAD EN GÉNESIS

La oposición de Dios a la conducta homosexual se ilustra en su respuesta a los hombres de Sodoma en Génesis 19. Durante una misión angélica de rescate para salvar a Lot, los habitantes de Sodoma demostraron la espantosa dimensión de su lujuria. Una muchedumbre salvaje de todas las partes de la ciudad fue consumida por la lujuria inmoral. Incluso después de quedar ciegos, buscaban la puerta a tientas (Gn. 19:10-11). Lot reconoció sus pasiones homosexuales como inherentemente impías (Gn. 19:7), y Dios los destruyó por su gran iniquidad (Gn. 18:20-33; 19:23-29).

Algunos dicen que el incidente fue simplemente un quebrantamiento de las antiguas leyes de la hospitalidad, pero esa idea ignora el contexto. La multitud no quería "conocer" (Gn. 19:5) a los invitados de Lot de una manera social. Sus intenciones eran totalmente sexuales, algo puesto en evidencia por la condena de Lot en el versículo 7, donde califica sus acciones como "maldad". Asimismo, Lot ofreció a sus hijas en el versículo 8, donde se emplea el mismo verbo "conocer". Aunque su violencia merecía condenación, su lujuria homosexual era particularmente despreciable para Dios, una idea que Judas 7 y 2 Pedro 2:6-7 certifican. Así pues, no es simplemente una condena de la violencia o incluso la violación homosexual, sino de cualquier acto o estilo de vida homosexual. Como los sodomitas eran tan perversos, el Señor destruyó toda la ciudad con fuego y azufre. El término *sodomía*, procedente de este incidente, hace referencia a la conducta homosexual practicada por los sodomitas.

Tanto Judas 7 como 2 Pedro 2:6 afirman que la perversión sexual era la principal característica de la ciudad y la razón primordial por la que fue juzgada. Judas escribe de "Sodoma y Gomorra y las ciudades vecinas" que habían "fornicado e ido en pos de vicios contra naturaleza". Con el uso de una palabra para "habiendo fornicado" (gr. *ekporneúo*, "inmoralidad sexual", NVI), Judas revela que su conducta homosexual era especialmente despreciable a ojos de Dios. Los "vicios contra naturaleza" que buscaban eran los invitados angélicos de Lot, que los hombres de la ciudad pensaban eran visitantes varones (Gn. 19:5). Pedro dijo que Sodoma y Gomorra se caracterizaban por "la nefanda conducta de los malvados" y fueron por tanto condenadas a la "destrucción" (2 P. 2:6-7). Lot, sin embargo, fue considerado justo porque "afligía cada día su alma justa, viendo y oyendo los hechos inicuos de ellos" (2 P. 2:8). Lot y sus hijas se salvaron, mientras las personas que quedaron en Sodoma y "las ciudades vecinas" murieron destruidas.

Sodoma establece que los hombres depravados no pueden buscar la sensualidad y la impiedad y escapar del juicio de Dios (Mt. 25:41; Ro. 1:18; 2:5, 8; Ef. 5:6; 1 Ts. 2:16; 2 Ts. 1:8; He. 10:26-27; Ap. 6:17). Las Escrituras hacen referencia a Sodoma y Gomorra más de veinte veces, como una ilustración y una advertencia de lo que acontecerá a los que viven vidas tan impías (cf. Mt. 10:14-15; 11:23-24; Lc. 17:28-32).

LA HOMOSEXUALIDAD Y EL CÓDIGO MOSAICO

El código legal mosaico declara que la homosexualidad es detestable a la vista de Dios. Levítico 18:22 declara: "No te echarás con varón como con mujer; es abominación". Y las consecuencias son igualmente claras: "Porque cualquiera que hiciere alguna de todas estas abominaciones, las personas que las hicieren serán cortadas de entre su pueblo"

(Lv. 18:29). La prohibición también se reitera más adelante en Levítico: "Si alguno se ayuntare con varón como con mujer, abominación hicieron; ambos han de ser muertos; sobre ellos será su sangre" (Lv. 20:13).

La homosexualidad se menciona en Levítico 18 y 20 en el contexto de otros pecados sexuales y se trata como moralmente igual al adulterio, al incesto, y a la zoofilia. El hecho de que los cristianos ya no estén más bajo el código mosaico no significa que las actitudes de Dios hacia estos pecados sexuales, incluyendo la homosexualidad, hayan cambiado. El Nuevo Testamento reafirma que la actividad homosexual es pecado.

La visión de Dios de la conducta homosexual se revela en la palabra "abominación". Esta aparece repetidamente en este contexto (Lv. 18:22, 26, 27, 29, 30; 20:13) y también es un término encontrado frecuentemente en el libro de Deuteronomio (cf. Dt. 7:25; 12:31; 17:1, 4; 18:9-14; 27:15). Del mismo modo que la idolatría es una ofensa perpetua para el carácter moral de Dios, también lo es cualquier perversión del designio de Dios para el matrimonio.

LA HOMOSEXUALIDAD Y ROMANOS 1

El apóstol Pablo reitera la prohibición contra la homosexualidad en Romanos 1:26-27:

> Por esto Dios los entregó a pasiones vergonzosas; pues aun sus mujeres cambiaron el uso natural por el que es contra naturaleza, y de igual modo también los hombres, dejando el uso natural de la mujer, se encendieron en su lascivia unos con otros, cometiendo hechos vergonzosos hombres con hombres, y recibiendo en sí mismos la retribución debida a su extravío.

Este pasaje considera tanto la homosexualidad masculina como el lesbianismo. El juicio de Dios cae sobre ambos porque implican actos no naturales. La palabra traducida "uso" ("relaciones", NVI, gr. *jrésis*) era una forma común de hablar de relaciones sexuales y en este contexto se refiere a actos homosexuales. Esa conducta brota de las "pasiones vergonzosas" impulsadas por la lujuria egoísta, no el amor. Son una expresión torcida del diseño creativo de Dios. Cuando el hombre abandona al autor de la naturaleza, inevitablemente abandona el orden de la naturaleza.

El matrimonio es una institución sagrada, y cualquier actividad sexual con otra persona que no sea el cónyuge está estrictamente prohibida por Dios (Gá. 5:19; He. 13:4). Esto no solo incluye la fornicación y el adulterio, sino cualquier forma de homosexualidad, ya que estas son contrarias al diseño divino establecido en la creación.

La personeidad*

El inicio de la personeidad
El final de la vida humana
El destino tras la muerte

El inicio de la personeidad

Como en el tema del género, la sociedad moderna también ha distorsionado los puntos de vista sobre la personeidad humana, y les niega frecuentemente la personeidad a aquellos

---

* "Personeidad" es un término filosófico que significa "la cualidad de ser persona, el carácter estructural de la persona".

a quienes la Biblia considera como tales. Según la Biblia, todos los seres humanos son personas que poseen dignidad porque están hechos a imagen de Dios. Esto incluye a los muy jóvenes, los muy ancianos, y todos los que están en medio.

¿Cuándo comienza la personeidad? Hay varios puntos de vista en relación a ello. Solo uno es bíblico. La personeidad comienza en la concepción.

La experiencia científica demuestra que la vida humana comienza en la concepción, cuando se completan los veintitrés pares de cromosomas. El óvulo fecundado contiene entonces una estructura genética fija (ADN).[19] Entre los días doce y veintiocho, un corazón empieza a latir. Las células sanguíneas se forman en el decimoséptimo día, y los ojos empiezan a hacerlo en el decimonoveno. Entre las semanas cuatro y seis, se pueden medir las ondas cerebrales. Al mes, el embrión luce como una persona humana distintiva. Las huellas dactilares existen a los dos meses. El esqueleto, el sistema circulatorio y el muscular se completan en la octava semana. La manifestación de la personeidad aparece rápidamente después de la concepción.

Sin embargo, no todos asocian la personeidad humana con la vida biológica humana. Algunos suponen que la personeidad comienza después de la concepción, pero antes del nacimiento, quizá con el desarrollo de las ondas cerebrales o de la viabilidad del feto. En 1973, con su tristemente célebre decisión del caso *Roe contra Wade*, el Tribunal Supremo de los Estados Unidos declaró que el concepto de "persona", tal como se emplea en la Constitución de los Estados Unidos, solo es aplicable al nacer. Como consecuencia, millones de personas han muerto asesinadas en la matriz porque se las ha considerado "no personas". El bioético Michael Tooley incluso argumentó que la personeidad no comienza hasta la conciencia de uno mismo, mucho después del nacimiento. En su obra *Abortion and Infanticide* [Aborto e infanticidio], Tooley argumentó que la personeidad plena no se logra hasta alrededor del año de vida.[20]

La Biblia se refiere a los bebés en el vientre como personas, sin que se indique que haya algún proceso después de la concepción, antes de que comience la personeidad. Por ejemplo, cuando Isaac oró para que su esposa estéril, Rebeca, pudiera tener hijos, se nos dice: "Y lo aceptó Jehová, y concibió Rebeca su mujer. Y los hijos luchaban dentro de ella" (Gn. 25:21-22). Aquí existe una estrecha conexión entre "concibió" e "hijos". Job conectó de forma parecida la concepción con la personeidad cuando declaró: "Perezca el día en que yo nací, y la noche en que se dijo: Varón es concebido" (Job 3:3). Por tanto, Job era una persona, un "varón" en el momento de su concepción. Lucas 1:41 dice de igual manera: "Y aconteció que cuando oyó Elisabet la salutación de María, la criatura saltó en su vientre". Elisabet dijo entonces: "Porque tan pronto como llegó la voz de tu salutación a mis oídos, la criatura saltó de alegría en mi vientre" (Lc. 1:44). Se llama "criatura" al que está en el vientre de Elisabet (Juan el Bautista) y se dice que expresa emoción: "alegría". Dios también se refirió a Jeremías como una persona antes de su nacimiento: "Antes que te formase en el vientre te conocí, y antes que nacieses te santifiqué" (Jer. 1:5). Otros pasajes hacen referencia al conocimiento íntimo y al involucramiento de Dios con personas en el vientre (p. ej., Job 10:8-11; Sal. 139:13-16; Is. 44:24).

---

19. Beck y Demarest, *The Human Person*, 43.
20. Michael Tooley, *Abortion and Infanticide* (Oxford: Clarendon, 1983), 424.

Además, Éxodo 21:22-25 muestra rotundamente que los aún no nacidos deben considerarse personas:

> Si algunos riñeren, e hirieren a mujer embarazada, y ésta abortare, pero sin haber muerte, serán penados conforme a lo que les impusiere el marido de la mujer y juzgaren los jueces. Mas si hubiere muerte, entonces pagarás vida por vida, ojo por ojo, diente por diente, mano por mano, pie por pie, quemadura por quemadura, herida por herida, golpe por golpe.

Este pasaje indica que si un hombre golpea a una mujer encinta y el niño nace vivo sin sufrir daño, aquel debe pagar una multa. Pero si el niño sufre daño, debe ejecutarse la ley de la represalia, incluyendo la muerte, si el niño muere ("pagarás vida por vida"). El bebé en el vientre debe ser una persona, ya que se exige la pena de muerte si este muere. Cualquier bebé en el vientre es una persona y se lo debería tratar como tal.

La personeidad no es un desarrollo; es un acontecimiento. Los intentos de separar la personeidad de la vida humana biológica no son científicos, son arbitrarios y peligrosos. Todo lo que constituye físicamente a una persona es hecho inmediatamente en la concepción. La vida biológica humana significa que la personeidad existe. Una vida humana es una persona. Separar la vida humana de la personeidad ha desembocado en el asesinato de personas en el vientre por medio del aborto e incluso de bebés después de nacer. Beck y Demarest destacan que deben existir cuatro condiciones para que un acto se considere asesinato:

1. Se debe matar a una persona.
2. Se debe matar a la persona intencionadamente.
3. La víctima debe ser inocente.
4. Debe existir un motivo ilegal o pecaminoso en la muerte.

También llegan a una conclusión acertada: "El aborto que se practica habitualmente hoy cumple estos criterios".[21]

El final de la vida humana

En un mundo caído, la muerte humana es la dura e inevitable realidad final. La muerte implica la separación del espíritu del cuerpo (Stg. 2:26). En la muerte física el cuerpo regresa a la tierra, donde se descompone. Excepto en el caso de los que estén vivos en el arrebatamiento que serán llevados al cielo sin morir, y en los raros ejemplos de Enoc y Elías, la muerte sobreviene a todos. Dios dijo a Adán que si pecaba, la muerte vendría (Gn. 2:17). Romanos 5:12 declara que "el pecado entró en el mundo por un hombre [Adán], y por el pecado la muerte". Génesis 5 parece un cementerio, ya que recoge los descendientes de Adán que vivieron y murieron después. Salomón declaró que hay "tiempo de nacer, y tiempo de morir" (Ec. 3:1-2) y que un día "la cadena de plata" de la vida se quebraría y el cuerpo regresaría a la tierra (Ec. 12:6-7).

La muerte es el "rey de los espantos" (Job 18:14) y Satanás la utiliza para provocar miedo y esclavitud (He. 2:15). Pablo se refería a la muerte como un "enemigo" al que

---

21. Beck y Demarest, *The Human Person*, 45.

se debe derrotar (1 Co. 15:26). La muerte no solo extingue la vida, sino que deja detrás la masacre del dolor. Cuando Sara murió, Abraham lloró y lamentó por ella (Gn. 23:2). Cuando Jacob murió, su hijo José "se echó... sobre el rostro de su padre, y lloró sobre él, y lo besó" (Gn. 50:1).

Aunque se considera frecuentemente como algo natural, la muerte es una intrusión en la creación de Dios. Él creó a los humanos para la vida, no para la muerte. En su estado original, el hombre no fue creado para morir, aunque la muerte era sin embargo una posibilidad, si el hombre se rebelaba contra su Creador. Jesús conquistó a la muerte por medio de su resurrección, y el hecho de que la muerte se eliminará finalmente en el estado eterno futuro (Ap. 21:4) demuestra que la misma no es inherente al ser humano.

Dios mantiene un control soberano sobre la vida y la muerte. Primera de Samuel 2:6 declara: "Jehová mata, y él da vida; Él hace descender al Seol, y hace subir". Job dijo: "En su mano está el alma de todo viviente, y el hálito de todo el género humano" (Job 12:10). En el futuro, Dios echará a la muerte al lago de fuego, después del juicio del gran trono blanco y antes del estado eterno (Ap. 20:14).

La Biblia vincula la muerte con el aliento final de una persona (Job 14:10). Génesis 25:8 dice: "Y exhaló el espíritu, y murió Abraham". Se dice lo mismo de Ismael (Gn. 25:17). Sobre la cruz, "Jesús, dando una gran voz, expiró" (Mr. 15:37).

La realidad de la personeidad comienza en la matriz y se extiende hasta su aliento final, el fin de la vida. Hasta la muerte, la Biblia trata a todos los seres humanos como personas con dignidad. Dado que ser a imagen de Dios es algo estructural a ser humano, nunca llega un punto en el que una persona se vuelve algo menos que una persona completa. Esto incluye a los ancianos y a los gravemente discapacitados. Algunos argumentan que la personeidad solo existe si la persona puede funcionar con una determinada capacidad. Pero eso hace que la personeidad dependa de lo que el humano hace en lugar de lo que es. Entender esta idea descarta la matanza de personas que la sociedad podría considerar indignas de vivir. Un entendimiento bíblico de la vida humana coloca una barrera delante de la terminación de una vida simplemente porque esa persona no puede "contribuir a la sociedad", independientemente de cómo pueda definirse eso. Desde la concepción hasta el último aliento, todos los seres humanos son creaciones de Dios y se los debería tratar como tales.

El destino tras la muerte

¿Qué le ocurre a una persona cuando muere? Las consecuencias son importantes en este asunto, ya que impactan grandemente en cómo deberíamos vivir en el presente. Hay varias opiniones.

CESE DE LA EXISTENCIA

Los que se aferran al punto de vista naturalista creen que la muerte significa el cese de la existencia. Como los naturalistas creen que la realidad y los humanos solo se componen de materia, la muerte del cuerpo significa un final permanente de la existencia de uno. Como la conciencia y los pensamientos solo están vinculados al tejido cerebral, una vez que el cuerpo humano muere, toda conciencia y todo pensamiento cesan totalmente.

Nada se lleva a la siguiente vida. El cuerpo es enterrado o incinerado, y ese es el final. Las personas solo viven en los recuerdos de aquellos que las conocían. E incluso estos recuerdos se desvanecen cuando los que las conocían mueren también. En esta opinión, el universo se dirige a la extinción final.

El antiguo filósofo Epicuro (341–270 a.C.) es uno de los que negaba el más allá. Para él, no se debería temer a la muerte porque es el cese de la existencia. No espera ningún juicio divino, y como la muerte es el final de la conciencia de uno mismo, no es un problema. El ateo Richard Dawkins, que afirma de forma parecida que la muerte es la no existencia, argumenta que las personas deberían estar satisfechas por vivir. Dawkins dice que saber que han vivido indica que son los "afortunados", que "ganaron la lotería del nacimiento contra todo pronóstico".[22]

CONTINUACIÓN DEL ALMA SOLAMENTE

Algunos creen que las personas poseen un alma inmaterial que sobrevive a la muerte física para existir en otra esfera: en el cielo o en alguna existencia del alma. Sin embargo, el cuerpo físico es temporal y no resucitará. Solo el alma es inmortal. El filósofo griego Sócrates (*ca.* 470–399 a.C.) creía que el cuerpo era una cárcel para el alma. Anhelaba la muerte física para que su alma pudiera ser liberada de su encierro carnal y se trasladara a una existencia espiritual mayor. Platón (*ca.* 428–348 a.C.) también creía que solo el alma sobrevivía a la muerte. Algunos adeptos del liberalismo protestante han promovido esta visión de la inmortalidad del alma. Harry Emerson Fosdick (1878–1969) dijo: "Creo en la persistencia de la personalidad después de la muerte, pero no creo en la resurrección de la carne".[23]

ANIQUILACIONISMO

El aniquilacionismo enseña que solo algunas personas dejarán de existir. A diferencia del punto de vista cesacionista, los aniquilacionistas afirman que los creyentes vivirán eternamente y experimentarán la resurrección del cuerpo. Sin embargo, los impíos dejarán de existir en algún punto. Los que abogan por esto sugieren que ocurrirá en la muerte física, en un juicio venidero, o después de un período finito de castigo en el infierno.

Este punto de vista propone una relación asimétrica en el destino de los salvos y los perdidos. Los primeros recibirán inmortalidad y vida eterna, mientras los perdidos dejarán de existir. Supuestamente, los pasajes que hablan de castigo "eterno" o "para siempre" para los perdidos no hacen referencia a un tormento interminable y consciente. Solo las consecuencias de extinguirse duran para siempre. Philip Edgcumbe Hughes (1915–1990) declaró: "La destrucción eterna es destrucción sin fin..., la destrucción de la obliteración".[24] Para Edward Fudge, el lenguaje bíblico de un lago de fuego es un símbolo de "aniquilación irreversible".[25]

Dos supuestas creencias teológicas sostienen el punto de vista de la aniquilación.

---

22. Richard Dawkins, *Destejiendo el arco iris: Ciencia, ilusión y el deseo de asombro* (Buenos Aires: Tusquets, 2013).
23. Harry Emerson Fosdick, *The Modern Use of the Bible* (Nueva York: Macmillan, 1924), 99.
24. Philip Edgcumbe Hughes, *The True Image: The Origin and Destiny of Man in Christ* (Grand Rapids, MI: Eerdmans, 1989), 405.
25. Edward W. Fudge, *The Fire That Consumes: A Biblical and Historical Study of Final Punishment* (Fallbrook, CA: Verdict, 1982), 117.

La primera es que el carácter de Dios no concuerda con el castigo consciente, eterno. Supuestamente, el amor de Dios no puede armonizarse con ese destino. El segundo es que la inmortalidad no es inherente a la existencia del hombre. La inmortalidad se concede a aquellos que confían en Dios, mientras que se le niega a los que están perdidos. Es una recompensa para aquellos que reciben la salvación, pero se retira de los que no lo hacen.

EL SUEÑO DEL ALMA

La noción de sueño del alma, o *psicopaniquia*, afirma que la muerte física pone un final temporal a la existencia consciente de la persona hasta un día posterior, el de la resurrección. Así como se puede dormir un sueño profundo durante muchas horas, sin recordar ese período, en la consciencia entre la muerte y la resurrección se produce un vacío. Este punto de vista niega un estado intermedio de existencia consciente después de la muerte, y afirma que el alma de los creyentes duerme en vez de ir directamente al cielo. Sus partidarios reivindican el apoyo bíblico para el sueño del alma en Eclesiastés 9:5: "Porque los que viven saben que han de morir; pero los muertos nada saben, ni tienen más paga; porque su memoria es puesta en olvido", y Daniel 12:2: "Y muchos de los que duermen en el polvo de la tierra serán despertados, unos para vida eterna, y otros para vergüenza y confusión perpetua". Los defensores del sueño del alma incluyen a los testigos de Jehová, los adventistas del séptimo día, y los cristadelfianos.

LA REENCARNACIÓN

La reencarnación, o transmigración del alma, afirma que en el momento de la muerte física el alma de una persona mora en otra entidad, como otro ser humano o un animal. Se relaciona con mayor frecuencia con la religión oriental del hinduismo, y es la creencia de que todas las cosas vivientes experimentan un ciclo de nacimientos, muertes, y nuevos nacimientos hasta que consiguen una unión impersonal con la realidad más elevada. En el hinduismo, esta realidad más elevada es Brahman. Con posterioridad, el ciclo de la reencarnación acaba. Como la unión con lo divino es muy difícil, la mayoría experimenta la reencarnación miles de veces y más. La ley del karma gobierna, supuestamente, el proceso de la reencarnación. El karma funciona como una ley de causa y efecto que determina la existencia de uno en la siguiente vida. Si se actúa de forma adecuada, la deuda kármica se puede saldar, y se puede alcanzar una forma más elevada de existencia. Sin embargo, comportarse de la forma inapropiada incrementa la deuda kármica, y rebaja la existencia propia en la vida siguiente, llegando a ser, incluso, una criatura inferior como, por ejemplo, un gusano.

Millones de hindúes, budistas y jainistas creen en la reencarnación. El cada vez mayor pluralismo religioso ha traído la reencarnación a las sociedades occidentales. Encontramos formas de reencarnación en el neopaganismo, la brujería, el ocultismo y las filosofías de la Nueva Era. La encuesta realizada en 2009 por el *Pew Research Center*, "Muchos estadounidenses mezclan múltiples creencias", reveló que el veinticuatro por ciento de los estadunidenses cree en la reencarnación.[26]

---

26. "Many Americans Mix Multiple Faiths", Pew Research Center, consultado el 14 de julio de 2016, http://www.pewforum.org/2009/12/09.

ENTRADA A UN ESTADO INTERMEDIO EN ESPERA DE LA RESURRECCIÓN

El punto de vista cristiano tradicional es que el alma/espíritu vive en un estado intermedio entre la muerte y la resurrección corporal. Aunque el ser humano es una unidad compleja de cuerpo y alma/espíritu, la muerte provoca una separación temporal entre el cuerpo y el alma. El cuerpo regresa a la tierra, mientras que el alma reside en otra esfera. El alma del creyente reside con Dios en el cielo, pero la del incrédulo se separa de Él y va al infierno. En la resurrección venidera, el alma y el cuerpo de todas las personas estarán unidos para siempre en el cielo, o en el infierno, definitivamente.

EVALUACIÓN DE LOS PUNTOS DE VISTA

La evidencia bíblica se alinea rotundamente con el punto de vista de que las almas entran en un estado intermedio a la espera de la resurrección. Los argumentos en contra de las demás opiniones se encuentran mayormente en las pruebas categóricas de esta interpretación, que se basa en tres verdades: (1) el ser humano posee un alma inmaterial; (2) existe un estado intermedio; y (3) hay una resurrección futura.

En secciones anteriores sobre el alma y la constitución humana, ya expusimos que el ser humano posee un alma inmaterial. En relación al estado intermedio, Pablo afirmó que estar separado del cuerpo significaba estar con el Señor (2 Co. 5:8). También añadió que partir y estar con Cristo era mejor que su vida en la tierra (Fil. 1:22-24). La presencia de Moisés y Elías en la transfiguración de Jesús revela su existencia consciente más allá de sus trayectorias terrenales (Lc. 9:30-31). Tanto el hombre rico como Lázaro existían después de morir (Lc. 16:19-31), y Jesús le indicó al ladrón en la cruz que aquel mismo día estaría con Él en el paraíso (Lc. 23:43). Esteban también oró y rogó, mientas lo apedreaban, que Jesús recibiera su espíritu (Hch. 7:59-60). Estos ejemplos refutan las perspectivas del cese de la existencia, de la reencarnación y del sueño del alma. La vida consciente existe después de la muerte física.

Múltiples pasajes enseñan también sobre una resurrección futura del cuerpo. Job expresó esperanza en su resurrección corporal en relación con la presencia de su Redentor en la tierra: "Yo sé que mi Redentor vive, y al fin se levantará sobre el polvo; y después de deshecha esta mi piel, en mi carne he de ver a Dios" (Job 19:25-26). Respecto al reino venidero de Dios, Isaías declaró: "Tus muertos vivirán; sus cadáveres resucitarán. ¡Despertad y cantad, moradores del polvo! porque tu rocío es cual rocío de hortalizas, y la tierra dará sus muertos" (Is. 26:19). Daniel afirmó: "Y muchos de los que duermen en el polvo de la tierra serán despertados, unos para vida eterna, y otros para vergüenza y confusión perpetua" (Dn. 12:2). Como Daniel, Jesús advirtió sobre la resurrección corporal de los justos y los impíos en Juan 5:28-29. Pablo dijo que los cristianos esperamos "la redención de nuestro cuerpo" (Ro. 8:23) y que Jesús "transformará el cuerpo de la humillación nuestra, para que sea semejante al cuerpo de la gloria suya" (Fil. 3:21). Además, se describe a Jesús como las primicias de la resurrección (1 Co. 15:23); dado que Él resucitó corporalmente de la tumba, ya se ha producido una resurrección histórica.

La clara enseñanza de la Biblia sobre la resurrección corporal venidera refuta el punto de vista de que solo el alma continúa después de la muerte. Además, esta noción no explica lo bueno de la esfera material en la creación de Dios, incluido el cuerpo (Gn. 2:7).

Más bien, sostiene que el destino del hombre es una existencia puramente espiritual y trata al cuerpo como un estorbo que debe descartarse con alegría.

La perspectiva de la aniquilación rechaza el testimonio de las Escrituras respecto a que los impíos experimentarán un tormento eterno y consciente. La Biblia usa el lenguaje del "fuego eterno" (Mt. 25:41) y declara que "el humo de su tormento sube por los siglos de los siglos" (Ap. 14:11) y que "no tienen reposo de día ni de noche" (Ap. 14:11). No tener reposo indica autoconciencia. Finalmente, Jesús puso la vida y el castigo eternos uno al lado del otro en Mateo 25:46: "E irán éstos al castigo eterno, y los justos a la vida eterna". Así como la vida eterna no tiene fin para los creyentes, el castigo eterno tampoco lo tendrá para los incrédulos. La relación entre ambos es simétrica, no asimétrica.

El hombre y la sociedad

Etnicidad y naciones
El gobierno humano
La cultura humana

Etnicidad y naciones

Una parte importante, pero con frecuencia descuidada, de la antropología bíblica concierne a la etnicidad y a las naciones. En la actualidad, en la tierra existen aproximadamente ciento noventa y seis naciones, que se componen de miles de grupos étnicos. ¿Cómo encajan los diversos grupos de personas en los propósitos de Dios?

Del mismo modo que Dios es unidad (un Dios) y pluralidad (tres personas) a la vez, la imagen de los portadores de la imagen de Dios evidencia unidad y diversidad. La humanidad se unifica, ya que todos los seres humanos son descendientes de Adán, pero existen muchos grupos étnicos y naciones. Pablo se refería tanto a la unidad como a la diversidad en la humanidad cuando declaró: "Y de una sangre [Adán] ha hecho [Dios] todo el linaje de los hombres, para que habiten sobre toda la faz de la tierra" (Hch. 17:26). Las personas proceden de "una sangre" (unidad), pero esto conduce a "todo el linaje" (diversidad/pluralidad).

Adán, que trasciende la diversidad étnica y las naciones, era la cabeza de la raza humana. Dios creó a Adán y Eva con la capacidad genética de producir una multiplicidad de razas y diversos colores de piel. Dios le ordenó al hombre que se multiplicara y llenara la tierra (Gn. 1:26-28). Una revelación posterior deja claro que esta multiplicación y la población de la tierra involucrarían a diferentes grupos de personas. Génesis 10–11 menciona a diversos pueblos que surgieron de los tres hijos de Noé. Pablo explica que Dios prefijó "el orden de los tiempos, y los límites de su [es decir, de las naciones] habitación" (Hch. 17:26).

Después del diluvio global, Noé representó a la humanidad como aquel de quien emergería de nuevo la diversidad. Los hijos de Noé —Cam, Sem y Jafet— pasaron a ser las cabezas de diversos pueblos en el mundo. Génesis 9:19 declara: "Estos tres son los hijos de Noé, y de ellos fue llena toda la tierra". Frecuentemente malentendida, la maldición de Canaán en Génesis 9:18-27 era una predicción de la victoria final de Israel sobre los habitantes cananeos de la tierra prometida. No era una maldición sobre Cam, el hijo de Noé, ni una predicción de que los descendientes de piel oscura de Cam serían esclavos de otros grupos.

La tabla de las naciones de Génesis 10–11 es fundamental para entender la importancia de los grupos étnicos. Usar a Abraham para bendecir a todas las naciones también es el telón de fondo para el plan de Dios (Gn. 11:27–12:3). El catalizador de la diversidad es el acontecimiento de la Torre de Babel, descrito en Génesis 11:1-9. Personas pecadoras se asentaron en la tierra de Sinar y edificaron una torre para hacerse un gran nombre para sí mismos y permanecer localizados en un lugar (Gn. 11:4), y se rebelaron así contra el mandato de Dios de llenar la tierra (Gn. 9:1). Dios frustró sus planes confundiendo su lenguaje. Este fue el origen de las múltiples lenguas, y provocó que las personas se dispersaran por toda la tierra.

La dispersión está relacionada con la diseminación de los descendientes de los tres hijos de Noé. Génesis 10 menciona a los de Jafet (Gn. 10:2-5), a los hijos de Cam (Gn. 10:6-20) y, finalmente, a los hijos de Sem (Gn. 10:21-31). Esta genealogía de los descendientes de los hijos de Noé tiene lugar antes del relato de la Torre de Babel en Génesis 11, lo que indica que la diseminación de grupos de personas no fue el juicio de Dios, sino una parte de su plan desde el principio.

Finalmente, la composición étnica del Antiguo Testamento reflejaría diversidad. Había asiáticos (Israel y sus primos semíticos: cananeos, moabitas, edomitas, amonitas), africanos negros (cusitas/etíopes), africanos negros asiáticos (egipcios) e indoeuropeos (filisteos, hititas). El Antiguo Testamento se centra principalmente en Israel, pero que Dios llamara a Abraham (del linaje de Sem) revela su propósito de bendecir el mundo. Una "gran nación", Israel, descenderá de Abraham, cuyo propósito y el de Israel es la bendición generalizada: "Y serán benditas en ti todas las familias de la tierra" (Gn. 12:3). La promesa posterior de Dios a Abraham en Génesis 22:18 acentúa el concepto más amplio de "naciones" benditas.

Las unidades de personas pueden variar, y van de familias y tribus a clanes, grupos mayores y naciones. Israel mismo pasó de Abraham a la familia de este a través de Isaac y Jacob, y después creció hasta ser un grupo mayor (los hebreos) y, finalmente, una nación (Israel). Apocalipsis 5:9 promete que la salvación de Dios se extenderá a "todo linaje y lengua y pueblo y nación".

Desde Génesis 12 hasta Malaquías, el Antiguo Testamento hace hincapié en Israel, pero también expone bendiciones a otros grupos. Génesis 49:8-10 revela que un líder de la tribu de Judá será aquel a quien las naciones obedecerán. Durante el éxodo de Egipto, una gran "multitud de toda clase de gentes" viajaba con el pueblo de Israel (Éx. 12:38), que probablemente se componía de extranjeros, incluidos algunos egipcios, y familias que eran una mezcla de pueblos egipcios y hebreos. El propio Moisés se casó con una cusita, una mujer africana de las proximidades de Etiopía (Nm. 12:1).

Éxodo 19:6 declara que Israel iba a ser un reino de sacerdotes para Dios en el mundo. Si Israel actuaba correctamente, atraería a otras naciones hacia el Dios de Israel (Dt. 4:5-6). La ley mosaica ordenaba que las personas de Israel trataran bien a los extranjeros. No debían abusar de ellos ni oprimirlos (Éx. 22:21), sino que debían tratar a los extranjeros como a los israelitas nativos: "Como a un natural de vosotros tendréis al extranjero que more entre vosotros, y lo amarás como a ti mismo; porque extranjeros fuisteis en la tierra de Egipto. Yo Jehová vuestro Dios" (Lv. 19:34).

En el Antiguo Testamento, algunos gentiles creían en el Dios de Israel. Rahab, la ramera, una mujer cananea, ayudó a Israel y se convirtió en un ejemplo de gentil con fe (He. 11:31). Rut, una mujer moabita, expresó fe y pasó a ser antepasada de Jesús (Mt. 1:5). En la época de Jonás, el pueblo de Nínive se arrepintió y evitó la ira de Dios durante un tiempo.

Sin embargo, el Mesías tenía que llegar para que los gentiles participaran en los pactos y promesas de Israel como tales, sin convertirse al judaísmo. Pablo recordó a los creyentes gentiles: "Por tanto, acordaos de que en otro tiempo vosotros, los gentiles en cuanto a la carne, erais llamados incircuncisión por la llamada circuncisión hecha con mano en la carne. En aquel tiempo estabais sin Cristo, alejados de la ciudadanía de Israel y ajenos a los pactos de la promesa, sin esperanza y sin Dios en el mundo" (Ef. 2:11-12). La muerte de Jesús y su nuevo pacto rompieron la barrera divisoria entre judíos y gentiles (Ef. 2:14-16).

Trágicamente, Israel no obedeció a Dios en la era del Antiguo Testamento. No solo fue incapaz de ser un testimonio para otras naciones, sino que en realidad adoró a sus dioses. Como consecuencia, Dios hizo que el pueblo fuera cautivo de Asiria y Babilonia, y más adelante de Medopersia, Grecia y Roma. Pero los profetas predijeron una restauración futura del reino a Israel, y prometieron bendiciones a las naciones. Isaías anunció un día en el que Dios establecería la armonía internacional desde Jerusalén, y las naciones vendrían a aprender la ley de Dios (Is. 2:2-4). Enseñó que Dios levantaría un siervo supremo del Señor, un israelita sobresaliente que restauraría a la nación de Israel, y traería bendiciones a los gentiles (Is. 49:1-6). Isaías también presagió que los extranjeros serían incluidos entre el pueblo de Dios (Is. 56). Y Amós pronosticó que la restauración del reino davídico en Israel significaría bendiciones para las naciones del mundo (Am. 9:11-15).

Con el comienzo del Nuevo Testamento, Jesús es quien bendecirá tanto a Israel como a los gentiles. De ahí que Simeón profetizara que Jesús sería "luz para revelación a los gentiles, y gloria de [su] pueblo Israel" (Lc. 2:31-32). El ángel Gabriel le anunció a María que su hijo Jesús reinaría sobre Israel, desde el trono de David, para siempre (Lc. 1:32-33); y cuando los magos visitaron a Jesús en Mateo 2:1-12, los gentiles adoraron al Rey de Israel. En Mateo 8:5-13, Jesús alabó la fe de un centurión romano e indicó que los gentiles participarían en el banquete del reino de Dios antes que los líderes judíos incrédulos.

Al principio de su ministerio, Jesús dirigía el mensaje del reino únicamente a Israel (Mt. 10:5-7), pero después de su muerte y resurrección, el evangelio se proclamó al mundo entero, y el propio Jesús ordenó a sus seguidores: "Id, y haced discípulos a todas las naciones" (Mt. 28:19). El día de su ascensión, Jesús afirmó la expectativa de un reino restaurado para el Israel nacional, pero proclamó la necesidad de llevar el evangelio a todos los grupos de personas del mundo (Hch. 1:6-8). Como recoge el libro de Hechos, el evangelio se difundió desde Jerusalén a Samaria, y hasta el más amplio mundo gentil. El Concilio de Jerusalén también dio testimonio de que el resucitado Hijo de David trajo salvación mesiánica a los gentiles como tales (Hch. 15:13-18), y esto significaba que no necesitaban incorporarse a Israel ni observar la ley mosaica.

El apóstol Pablo reflejó estos acontecimientos históricos, e impartió una enseñanza clara en sus epístolas respecto a la etnicidad en la iglesia. Así pues, Gálatas 3:28 explica que los creyentes comparten de igual manera la salvación y las bendiciones espirituales en Cristo, independientemente de la raza, el género o el estatus social. Efesios 2:11–3:6 declara que los gentiles creyentes son iguales que los judíos creyentes en el pueblo de Dios, y participan juntos en los pactos y las promesas mediadas a través de Israel. Los gentiles creyentes no se convierten en judíos espirituales, sino que judíos y gentiles comparten una vida común, juntos en la iglesia. La unidad entre judíos y gentiles se basa en la muerte de Jesús y la eliminación de la ley mosaica (Ef. 2:13-16). Y así, Colosenses 3:9-11 habla de una renovación en Cristo "donde no hay griego ni judío, circuncisión ni incircuncisión, bárbaro ni escita, siervo ni libre". La salvación es igualmente accesible a todos los grupos.

El último libro de la Biblia también describe las bendiciones universales. Cristo salvará a representantes de toda tribu, lengua, pueblo y nación, y estos reinarán cuando el reino venga a la tierra (Ap. 5:9-10). Apocalipsis 7:4-9 revela la salvación tanto de las tribus de Israel como de los pueblos de todas las naciones. Apocalipsis 21:3 usa el término griego *laoí* para referirse a los "pueblos" de Dios, y mostrar así la diversidad étnica en la nueva tierra. Apocalipsis 21:24, 26 da testimonio de que las naciones con sus reyes traerán contribuciones a la Nueva Jerusalén. Y Apocalipsis 22:2 declara que las hojas del árbol de la vida mantienen la curación y la armonía entre las naciones. Nunca más existirán la hostilidad étnica o nacional, solo la armonía.

La teología bíblica de la etnicidad y las naciones revela las siguientes verdades y principios:

1. Todas las personas de todas las etnias son hechas a imagen de Dios.
2. Ningún grupo de personas es superior o inferior a otro.
3. El racismo es un pecado atroz que niega la personeidad plena a determinados grupos de seres humanos y, por tanto, viola la dignidad de todos los portadores de la imagen de Dios.
4. Israel fue escogido para ser la nación por medio de la cual Dios restauraría a la humanidad caída, y traería salvación y restauración a todo el mundo.
5. Se provee salvación para todos a través del israelita supremo, Jesús el Mesías, quien restaurará la nación de Israel y traerá bendiciones a los gentiles por medio de la salvación.
6. La muerte de Cristo y el establecimiento del nuevo pacto traen unidad a todos los que se identifican con Jesús. La verdadera unidad y armonía racial solo se encuentran en Jesús el Mesías, no simplemente en la educación, la reforma social, la legislación ni cualquier otro intento centrado en el hombre.
7. La iglesia debería evidenciar la armonía racial, y servir de ejemplo del propósito de Dios al mundo.
8. Cuando Jesús vuelva, gobernará a todas las naciones desde Israel, y las bendecirá (Is. 27:6; Ro. 11:12).
9. En el estado eterno, las naciones y los líderes gubernamentales existirán en armonía.

El gobierno humano

Dios es un Dios de orden, no de caos. El gobierno humano es una institución creada por Dios para proveer orden social en el mundo.

PRINCIPIOS BÍBLICOS DE GOBIERNO

La exposición más extensa sobre el propósito del gobierno se encuentra en Romanos 13:1-7:

> Sométase toda persona a las autoridades superiores; porque no hay autoridad sino de parte de Dios, y las que hay, por Dios han sido establecidas. De modo que quien se opone a la autoridad, a lo establecido por Dios resiste; y los que resisten, acarrean condenación para sí mismos. Porque los magistrados no están para infundir temor al que hace el bien, sino al malo. ¿Quieres, pues, no temer la autoridad? Haz lo bueno, y tendrás alabanza de ella; porque es servidor de Dios para tu bien. Pero si haces lo malo, teme; porque no en vano lleva la espada, pues es servidor de Dios, vengador para castigar al que hace lo malo. Por lo cual es necesario estarle sujetos, no solamente por razón del castigo, sino también por causa de la conciencia. Pues por esto pagáis también los tributos, porque son servidores de Dios que atienden continuamente a esto mismo. Pagad a todos lo que debéis: al que tributo, tributo; al que impuesto, impuesto; al que respeto, respeto; al que honra, honra.

Pedro expresó la misma opinión sobre gobierno humano en 1 Pedro 2:13-14:

> Por causa del Señor someteos a toda institución humana, ya sea al rey, como a superior, ya a los gobernadores, como por él enviados para castigo de los malhechores y alabanza de los que hacen bien.

En estos dos pasajes hallamos varias verdades.

1. Dios ha escogido el gobierno humano (Ro. 13:1-2) como su "servidor" (Ro. 13:4). El gobierno es parte del bien común de Dios para la humanidad.
2. Como Dios escogió el gobierno, resistirlo es resistir a Dios. Quienes resisten su autoridad serán juzgados (Ro. 13:2).
3. Un propósito del gobierno es castigar a "los malhechores" (1 P. 2:14). Por tanto, quien ostenta la autoridad es "vengador para castigar al que hace lo malo" (Ro. 13:4). El gobierno funciona como mediador de Dios para reprimir el mal.
4. El gobierno tiene derecho a ejecutar la pena capital: "No en vano lleva la espada" (Ro. 13:4). Cuando Pilato informó a Jesús de que tenía la autoridad para crucificarlo (Jn. 19:10), Él no lo discutió, pero le hizo saber a Pilato que dicha autoridad procedía de Dios: "Ninguna autoridad tendrías contra mí, si no te fuese dada de arriba" (Jn. 19:11).
5. Otra función del gobierno es aprobar y alabar a quienes hacen el bien (Ro. 13:3; 1 P. 2:14). Los ciudadanos pacíficos, que respetan la ley, no deben temer a las autoridades. Pocos gobiernos harán daño a quienes obedecen sus leyes; en su lugar, buscan honrarlos.
6. El gobierno es una causa de "temor" para quienes hacen cosas malas (Ro. 13:3). Los que quebrantan la ley deben temer al consiguiente castigo. Incluso los gobiernos más impíos pueden impedir la conducta criminal.

7. Todas las personas, y en especial los cristianos, deben "someterse" al gobierno humano (Ro. 13:1, 5; 1 P. 2:13). El verbo "someterse" se usaba para la obediencia absoluta de un soldado a su superior. La única excepción surge de si obedecer una orden civil significa desobedecer un mandato de Dios (Éx. 1:7; Dn. 3:16-18; 6:7, 10). En este caso, "es necesario obedecer a Dios antes que a los hombres" (Hch. 5:29).
8. Obedecer al gobierno alivia la conciencia (Ro. 13:5).
9. Las personas deben pagar impuestos y mostrar respeto a las autoridades gobernantes (Ro. 13:7). Jesús ratificó los impuestos cuando dijo: "Dad, pues, a César lo que es de César" (Mt. 22:21).

EL GOBIERNO HUMANO EN EL DESARROLLO DE LA HISTORIA DE LAS ESCRITURAS

Aunque las sociedades existieron después de la creación, Dios estableció el poder del gobierno como institución mediadora después del diluvio. Caín mató a su hermano Abel y tuvo miedo de la retribución personal, pues dijo: "Seré errante y extranjero en la tierra; y sucederá que cualquiera que me hallare, me matará" (Gn. 4:14). Sin embargo, Dios protegió a Caín poniendo una marca sobre él que advertía de venganza contra cualquiera que tratase de matarlo (Gn. 4:15). Lamec también mató a un joven que lo golpeó (Gn. 4:23-24). Caín y Lamec fueron asesinos que temían la retribución, pero no por parte de un juez civil. Caín se trasladó a una ciudad el este del Edén, en la tierra de Nod, y le puso el nombre de su hijo Enoc (Gn. 4:16-17). Esta es la primera ciudad mencionada en la Biblia.

El poder y la amenaza definitiva del gobierno comenzaron después del diluvio, cuando Dios introdujo la pena capital. Declaró: "Demandaré la vida del hombre" y "El que derramare sangre de hombre, por el hombre su sangre será derramada" (Gn. 9:5-6). Aquí, Dios concedió al gobierno el derecho de infligir la pena capital a quienes matan a una persona hecha a imagen de Dios, algo que no debe llevarse a cabo en actos de venganza personal, sino por un gobierno establecido al que se le ha otorgado la responsabilidad y el derecho de castigar a los malhechores.

En Génesis 11:1-9 encontramos un intento de gobierno humano centralizado. Los que edificaban la Torre de Babel en la tierra de Sinar querían hacerse un nombre al permanecer en un lugar, y desobedecieron así el mandato de Dios de llenar la tierra (Gn. 9:1). Dios consideró que sus planes soberbios desafiaban su voluntad, y los confundió introduciendo diferentes lenguas de forma milagrosa. La larga lista de grupos étnicos en Génesis 10–11 fue el resultado de la dispersión de Babel.

En la época de los patriarcas de Israel, las interacciones sociales tenían lugar en un nivel menor a través de las familias o grupos de familias reunidos en tribus. Más adelante, el creciente pueblo hebreo que descendía de Abraham, Isaac, y Jacob cayó en la esclavitud del gobierno de Egipto, la superpotencia de aquella época. Después del éxodo de Egipto, el pueblo hebreo pasó a ser un reino (Éx. 19:6), y el pacto mosaico operó como constitución de Israel. Bajo el liderazgo de Josué se entregó la tierra en la que Israel haría efectivo su gobierno. Génesis 17:6 reveló el propósito de Dios respecto a que Israel tuviera finalmente un rey, y Saúl pasó a ser el primero de ellos. El siguiente monarca, David, recibió el pacto davídico, que prometía un reino eterno sobre Israel y el mundo, con un heredero de David que reinaría eternamente (2 S. 7:12-19; Lc. 1:32-33).

Sin embargo, Israel se caracterizó por su desobediencia, que condujo a la cautividad y a la dispersión. El reino de Israel, tanto los líderes como el pueblo, fue incapaz de desarrollar un gobierno justo. El reino alcanzó su punto culminante en 1 Reyes 8–10, cuando la presencia de Dios llenó el templo, y cuando las promesas abrahámicas de tierra, semilla y bendición universal parecían dirigirse hacia su cumplimiento. Incluso los gobiernos ajenos a Israel buscaban la sabiduría de su rey, Salomón (1 R. 10:1-13, 23-25). Pero la idolatría del monarca (1 R. 11) situó el reino de Israel en una trayectoria que llevó a la división de las doce tribus en dos reinos, y quedar finalmente dispersadas por todas las naciones. El gobierno de Israel acabó en fracaso, no solo por los hebreos, sino también por el mundo al que debía bendecir. Este monumental fracaso sería devastador, pero no terminal.

En un mundo caído, los gobiernos humanos están siempre mezclados con la corrupción y la maldad. En particular, Babilonia fue una ciudad que representaba la glorificación propia, la soberbia y la oposición a los propósitos de Dios, tanto religiosa como políticamente. Los gobiernos de Egipto y Asiria eran impíos, aunque Dios seguía usándolos como instrumentos suyos. Mientras interpretaba el sueño de la estatua del monarca babilónico Nabucodonosor, Daniel reveló que cinco gobiernos sucesivos —Babilonia, Medopersia, Grecia, Roma y un futuro Imperio romano restablecido— gobernarían el mundo hasta que el reino de Dios llegara desde el cielo de una forma rotunda, y aplastara a estos gobiernos gentiles. Después, el reino de Dios, centrado en Israel, sería el poder global preeminente en la tierra (Dn. 2). Isaías predijo que cuando se estableciera el reino de Dios, hasta los enemigos tradicionales, como Egipto y Asiria, pasarían a ser el pueblo de Dios junto a Israel (Is. 19:24-25).

Para este gobierno justo es fundamental un líder justo. En relación al Mesías venidero, Isaías predijo: "El principado sobre su hombro... Lo dilatado de su imperio y la paz no tendrán límite, sobre el trono de David y sobre su reino" (Is. 9:6-7). En referencia a este líder davídico "del tronco de Isaí", Isaías también dijo: "Será la justicia cinto de sus lomos" (Is. 11:5), y "Juzgará con justicia a los pobres, y argüirá con equidad por los mansos de la tierra" (Is. 11:4).

Cuando Jesús llegó, se lo identificó como el descendiente legítimo de Abraham y David, que gobernaría sobre Israel (Mt. 1:1; Lc. 1:32-33). Pero las personas no creyeron en Él y, por tanto, que su reino gobernase a las naciones queda emplazado a su segunda venida. En ese tiempo futuro, Él vendrá con sus ángeles para juzgar a las naciones de la tierra (Mt. 25:31-46) y establecer su reinado. Los doce apóstoles gobernarán entonces bajo su mandato y con la iglesia sobre la nación de Israel restaurada (Mt. 19:28; Ap. 2:26-27; 5:10).

No obstante, poco antes del retorno de Jesús, Satanás estará ejerciendo su dominio sobre las naciones a través del anticristo, a quien empoderará (2 Ts. 2:3-12; Ap. 13), y la ciudad de Babilonia le servirá de capital (Ap. 17–18). Pero cuando Jesús regrese, herirá "a las naciones, y él las regirá con vara de hierro" (Ap. 19:15).

Existirán naciones y gobiernos durante el reino milenial de Jesús, ya que Apocalipsis

20:3 dice que Satanás será eliminado de la tierra en ese momento "para que no engañase más a las naciones". Esto significa que las naciones existirán en esa era. Isaías 2:2-4 revela que el Señor tomará entonces decisiones ejecutivas en favor de las naciones y establecerá la armonía internacional. Cuando el reinado de mil años de Jesús se acerque a su fin, Satanás será liberado de su prisión y "saldrá a engañar a las naciones" (Ap. 20:7-8). Aquellos de entre las naciones, que se unan a él, serán destruidos con fuego del cielo (Ap. 20:9-10).

Las naciones también existirán en el estado eterno. Apocalipsis 21:24, 26 hace referencia a "naciones" y "reyes de la tierra" que "traerán su gloria" a la nueva Jerusalén. Las hojas del árbol de la vida mantendrán la armonía entre estas naciones (Ap. 22:2), que reinarán sobre la nueva tierra, en la presencia de Dios Padre y su Hijo Jesús (Ap. 22:1-5).

La cultura humana

La cultura humana tiene raíces en Génesis 1–2. Se hace frecuente referencia a la orden dada al hombre para que gobierne y someta a la tierra y a sus criaturas (Gn. 1:26, 28) como "el mandato cultural", ya que el hombre debía usar sus capacidades y estatus como portador de la imagen de Dios para controlar la creación en su nombre. Esto incluía la tierra, la vegetación, los animales, las aves y las criaturas acuáticas. En Génesis 2:15, Dios puso a Adán "para que lo labrara y lo guardase". Se le proporcionó al hombre una vocación terrenal, y esto creó la cultura.

La cultura incluye obras, arte, música, educación y todos los ámbitos en los que el hombre interactúa con su entorno. Dios es el Creador de la cultura, y el hombre está llamado a llevarla a cabo en nombre de Dios. La caída de Génesis 3 dañó la capacidad humana de desarrollar una cultura que honre a Dios. El hombre cayó bajo sentencia de muerte, y tanto su entorno como todos sus componentes fueron malditos. El ser humano trabajaría duro, pero la tierra obraría contra él con espinos y cardos, y acabaría consumiéndolo en muerte (Gn. 3:17-19).

Aun así, la cultura se desarrolló con los acontecimientos de Génesis 4. Jabal, descendiente de Enoc a través de Lamec, llegó a ser el primer ganadero con rebaños. Fue "padre de los que habitan en tiendas y crían ganados" (Gn. 4:20). El hermano de Jabal, Jubal, fue el primero que compuso y tocó música. Fue "padre de todos los que tocan arpa y flauta" (Gn. 4:21). Otro hijo de Lamec, Tubal-caín, fue el primero en especializarse en los metales. Fue "artífice de toda obra de bronce y de hierro" (Gn. 4:22).

Incluso con estos desarrollos culturales, el período anterior al diluvio global de la época de Noé se caracterizó por la predominante maldad (Gn. 6:5). Después del diluvio, el pacto noético prometió estabilidad en la naturaleza como fundamento para llevar a cabo los planes de Dios. Esto tendría resultados positivos para la ganadería y la agricultura: "Mientras la tierra permanezca, no cesarán la sementera y la siega, el frío y el calor, el verano y el invierno, y el día y la noche" (Gn. 8:22).

Noé se centró en la agricultura: "Después comenzó Noé a labrar la tierra, y plantó una viña" (Gn. 9:20). Pero la pecaminosidad de Noé se manifestó cuando "bebió del vino, y se embriagó, y estaba descubierto en medio de su tienda" (Gn. 9:21). La cultura también se adaptó para usos colectivos, aunque infames, como en Génesis 11, cuando se reunieron numerosas personas en la tierra de Sinar (actualmente Irak) para edificar una torre que llegara al cielo:

> Y se dijeron unos a otros: Vamos, hagamos ladrillo y cozámoslo con fuego. Y les sirvió el ladrillo en lugar de piedra, y el asfalto en lugar de mezcla. Y dijeron: Vamos, edifiquémonos una ciudad y una torre, cuya cúspide llegue al cielo; y hagámonos un nombre, por si fuéremos esparcidos sobre la faz de toda la tierra (Gn. 11:3-4).

Los detalles de "ladrillo en lugar de piedra" y "asfalto en lugar de mezcla" muestran destreza cultural en la arquitectura, aunque aquí los hombres la usaron para hacerse un gran nombre y seguir ubicados en un área en contra del mandato de Dios de multiplicarse (Gn. 9:1). Dios se preocupó tanto por este acto rebelde que descendió del cielo para frustrar sus planes, confundió su lengua y provocó la dispersión por toda la tierra (Gn. 11:5-9). Dios sigue interviniendo en juicio para frustrar el ingenio cultural del hombre, si este se opone a sus propósitos (cf. Ro. 1:18-32).

Durante el tiempo de los patriarcas de Israel, la cultura se centró en pastorear rebaños (Gn. 37:13-17). Se construían moradas temporales en invierno, y en primavera se buscaban pastos para los rebaños. Más adelante, el pueblo hebreo se cruzó con Egipto, cuya cultura era sofisticada para su época. Mientras estuvo encarcelado, José interactuó con el "copero" y el "panadero" de Faraón (Gn. 40:1-2). Cuando llegó al liderazgo en Egipto, José ayudó a los egipcios a reunir grano para la inminente sequía (Gn. 41:53-57). Cuando el pueblo hebreo fue esclavizado en Egipto, se le encargó la tarea de edificar "ciudades de almacenaje" para Faraón (Éx. 1:11).

Moisés fue educado en la cultura de Egipto (Hch. 7:22), aunque su lealtad estuvo con el pueblo de Dios: los hebreos. Cuando estos fueron liberados de Egipto en el éxodo, saquearon la riqueza de los egipcios (Éx. 12:36). El pacto mosaico del Sinaí contenía instrucciones culturales, como la edificación del tabernáculo, que ocuparía el centro de la vida de adoración de Israel. Dos artesanos dotados, Bezaleel y Aholiab, dirigirían esta obra, y Éxodo 31:2-6 expone su gran habilidad:

> Mira, yo he llamado por nombre a Bezaleel hijo de Uri, hijo de Hur, de la tribu de Judá; y lo he llenado del Espíritu de Dios, en sabiduría y en inteligencia, en ciencia y en todo arte, para inventar diseños, para trabajar en oro, en plata y en bronce, y en artificio de piedras para engastarlas, y en artificio de madera; para trabajar en toda clase de labor. Y he aquí que yo he puesto con él a Aholiab hijo de Ahisamac, de la tribu de Dan; y he puesto sabiduría en el ánimo de todo sabio de corazón, para que hagan todo lo que te he mandado.

Pero el uso malvado de la cultura, por parte de Israel, se manifestó cuando el pueblo construyó un becerro de oro para adorarlo (Éx. 32). El contraste entre Éxodo 31 y 32 destaca la cultura en un mundo caído. Como portadores de la imagen de Dios, los hombres son capaces de realizar grandes obras culturales, pero lejos de la voluntad de Dios, la cultura puede utilizarse para la idolatría y la impiedad.

La cultura destacaba en la vida de David. Era un músico y salmista dotado. Su ejemplo muestra que deberían emplearse instrumentos para alabar al Señor, incluidos trompetas, panderetas, cuerdas, flautas y címbalos (Sal. 150:3-5). Salomón también invirtió mucho esfuerzo artístico y materiales en la construcción del glorioso y hermoso primer templo (1 R. 7–8). Cuando la reina de Sabá vio la sabiduría de Salomón, el templo, la comida en su mesa, el orden de sus siervos y sus ropas, quedó sin aliento (1 R. 10:4-5). Estaba abrumada por la belleza y el orden de la cultura de Israel, en aquel momento cumbre del reino de Israel.

Tristemente, tanto Salomón como el pueblo de Israel se enamoraron de las culturas idólatras de otras naciones. Esto conduciría al juicio divino en forma de dispersión y esclavitud. La conquista de Israel por parte de Babilonia acarreó la destrucción del templo, y el saqueo de su oro y de sus valiosos artículos (2 R. 24:13). Mientras se encontraban cautivos, Daniel y tres amigos fueron un ejemplo de ser educados en las costumbres de la cultura babilónica, sin poner en peligro su devoción al Dios de la Biblia. Se negaron a comer de los alimentos del rey o adorar a una estatua de oro (Dn. 1 y 3).

Mientras clamaban contra la desobediencia al pacto de Israel, los profetas de la nación también predijeron una restauración futura de Israel con gloria cultural. Isaías 60:5-7 describe este próspero tiempo:

> Entonces verás, y resplandecerás; se maravillará y ensanchará tu corazón, porque se haya vuelto a ti la multitud del mar, y las riquezas de las naciones hayan venido a ti. Multitud de camellos te cubrirá; dromedarios de Madián y de Efa; vendrán todos los de Sabá; traerán oro e incienso, y publicarán alabanzas de Jehová. Todo el ganado de Cedar será juntado para ti; carneros de Nebaiot te serán servidos; serán ofrecidos con agrado sobre mi altar, y glorificaré la casa de mi gloria.

Las condiciones del reino también incluirían la agricultura, la arquitectura y la interacción con el reino animal, según Isaías 65:17-25.

Cuando Jesús llegó, proclamó la cercanía del reino de Dios en todas sus dimensiones (Mt. 4:17), pero tanto los líderes como el pueblo de Israel lo rechazaron (Mt. 11–12). Sin embargo, la muerte de Jesús expió los pecados y estableció la base para la reconciliación y restauración de Israel, todas las naciones, y todas las cosas (Hch. 3:21; Col. 1:20; Ap. 5:9-10). Cuando Jesús venga de nuevo en gloria, habrá un "nuevo mundo". Quienes lo dejaron todo para seguirlo recibirán casas, miembros de la familia, y tierras en su reino (Mt. 19:28-29).

Durante la era presente, Satanás es el gobernante de este sistema mundial malvado (Ef. 2:2). Sigue robando, matando, y destruyendo (cf. Jn. 8:44; 1 P. 5:8). El punto culminante de su engaño llegará durante el período de la tribulación futura, cuando la ciudad de Babilonia llevará a cabo una rebelión religiosa, económica, y política (Ap. 17–18). Esa es la cultura inspirada por Satanás en su peor forma. Pero la última Babilonia llegará a un triste final cuando el Señor Jesús vuelva. Satanás será eliminado de la tierra (Ap. 20:1-3), y las naciones prosperarán bajo el liderazgo de Cristo (Is. 2:2-4). El reino venidero de Jesús incluirá una restauración de la cultura (Is. 11; 35; 65–66). Incluso el estado eterno poseerá la mejor cultura humana, cuando las naciones y los reyes de la tierra traigan su "gloria" a la nueva Jerusalén. Esta "gloria" se refiere probablemente a las contribuciones culturales de las naciones. Durante este tiempo, toda la cultura existirá para la gloria de Dios, y su cuartel general será la nueva Jerusalén, hecha de oro puro y valiosas joyas (Ap. 21:9-21).

En resumen, Dios creó la cultura. Él hizo un mundo diverso y le encomendó al hombre la tarea de gobernarlo, y someterlo para su gloria. No hay dicotomía entre Dios y la cultura o el hombre y la cultura. Dios espera que el hombre gobierne con éxito su creación (Sal. 8:4-8), aunque el cumplimiento completo de esta expectativa espera el reino de Jesús en el "mundo venidero" (He. 2:5-8). En este mundo caído, la cultura está infestada de pecado, por lo que también debe haber una purga con fuego de todos los resquicios negativos de un mundo caído, incluida la cultura humana caída (2 P. 3:8-13). En la nueva tierra, la cultura siempre apuntará a la gloria de Dios. La cultura del cielo cumplirá esta función con absoluta perfección santa.

La teología bíblica del hombre

La doctrina del hombre puede resumirse como sigue:

En la culminación de una creación de seis días literales, Dios creó al hombre en dos géneros, varón y mujer. A partir del primer hombre (Adán) y de la primera mujer (Eva), a la humanidad se le ordenó que se multiplicara, llenara la tierra, que dominara y sometiera a la creación en nombre de Dios. Estas son las principales responsabilidades del hombre.

El hombre fue creado a "imagen" y "semejanza" de Dios, lo que significa que en algunos sentidos es como Dios y que lo representa en la tierra. El hombre es a la vez rey e hijo, pero al mismo tiempo no es Dios. Aunque es el pináculo de la creación de Dios, el hombre está inherentemente vinculado a la tierra y al orden creado. La humanidad está situada en tres relaciones: (1) con Dios, (2) con otros humanos y (3) con la creación. Como portador de la imagen de Dios, el hombre está hecho para relacionarse de forma eficaz con los tres. Cada ser humano es una compleja unidad de cuerpo y alma/espíritu. Como ser volitivo y racional, el hombre está llamado a amar a Dios y a mostrar su lealtad mediante la obediencia.

Sin embargo, el hombre desobedeció a Dios y no cumplió el mandato del reino de gobernar y someter a la creación. Murió espiritualmente, y se inició el proceso de muerte física. Su relación con otros humanos sufrió, como también lo hizo su relación con la tierra, que comenzó a funcionar en contra de él. El hombre seguía siendo la imagen de Dios, pero el pecado deterioró y distorsionó esa imagen. El hombre se volvió totalmente corrupto en su ser, y no pudo hacer nada para salvarse. No obstante, no se perdió la esperanza, ya que Dios inició un plan para salvar a la humanidad y revertir la maldición, a través de una simiente futura de la mujer. La humanidad cayó, pero vendría un hombre específico quien sería el Salvador del mundo. Adán y Eva, y sus descendientes, anunciaron a este Libertador futuro, aunque desconocían el tiempo de su llegada (cf. Gn. 4:1; 5:28-29). El derecho del hombre a gobernar la tierra se afirmó incluso después de la caída (Sal. 8:4-8), aunque en esta era presente no lo está haciendo con éxito. Esa capacidad aguarda al "mundo venidero" (He. 2:5-8).

Dios levantó personas, salvas por gracia por medio de la fe, para impulsar su plan de salvar a la humanidad y a la creación. Esto incluyó a cabezas de pacto como Noé, Abraham, Moisés y David. Pero cada uno de estos hombres era pecador e incapaz de ser el Salvador. Como nación, Israel sería usado para fomentar los propósitos de Dios, aunque como nación también demostró ser una nación pecadora. Ocurría lo mismo con los reyes del linaje de David, quienes debían ser un modelo de obediencia y justicia en Israel, pero también fracasaron.

Cuando arribó, Jesús fue el "postrer Adán" (1 Co. 15:45), el Mesías y la simiente suprema de la mujer (Gá. 3:16). En otras palabras, Él era (y es) el hombre supremo, el varón de Dios. Era la imagen perfecta de Dios, que manifestó su propósito para la humanidad. Jesús cumplió los planes divinos para el hombre. Era justo y obediente. Relacionalmente, Jesús amó a Dios y a las personas de un modo infinito. En lo funcional, mostró su dominio sobre la tierra con sus milagros.

Jesús se presentó él mismo como Rey, y a su reino como algo cercano (Mt. 4:17). Pero las personas no lo recibieron. Con su muerte, Jesús expió los pecados de los portadores de la imagen de Dios, y estableció la base para el reino de Dios y la restauración de todas las cosas (Col. 1:20; He. 2:5-9; Ap. 5:9-10). Jesús ascendió al cielo como Mesías exaltado, y se sentó a la diestra de Dios en el cielo; gobernó su reino espiritual de salvación a la espera de su gobierno terrenal desde su trono davídico en su segunda venida (Sal. 110:1-2; Mt. 25:31; Ap. 3:21).

En base a la obra expiatoria de Cristo y al establecimiento del nuevo pacto en la cruz, los que están unidos a Jesús reciben salvación y están siendo conformados a la imagen de Cristo, que es la imagen perfecta de Dios. La santificación es el proceso por el cual el pueblo de Dios en esta era se hace más como Cristo, y manifiesta cada vez más cuál se supone que debe ser la imagen de Dios. Pero este mundo sigue siendo malvado, y el dominio exitoso del hombre sobre la tierra espera el reino de Jesús a su regreso. Cuando Jesús regrese a la tierra, atará a Satanás y eliminará su presencia de la tierra. Entonces, con aquellos que le pertenecen, Cristo gobernará durante un milenio sobre un reino terrenal que cumple el mandato del reino de Génesis 1:26-28. Jesús gobernará a las naciones (Sal. 2), y compartirá su dominio con sus santos (Ap. 2:26-27; 3:21).

Cuando Jesús cumpla el destino del hombre sobre la tierra, y por fin tenga un éxito completo donde fracasó el primer Adán, su reino se trasladará al del Padre, en el estado eterno (1 Co. 15:24-28; Ap. 20–21). Como consecuencia de la obra de Jesús, el hombre supremo, la tierra habrá sido gobernada y sometida con éxito; Satanás habrá sido derrotado, los incrédulos juzgados, y la maldición eliminada para siempre. Los santos de Dios disfrutarán eternamente de una relación perfecta con Dios, con otras personas, y con la nueva creación. ¡La tarea del hombre será un éxito gracias a Jesús! El último versículo que describe la actividad en la nueva tierra proclama: "Y reinarán por los siglos de los siglos" (Ap. 22:5). Lo que ha sido imposible durante miles de años ocurrirá: ¡la historia termina bien para la humanidad redimida!

EL PECADO

Introducción al pecado
    El pecado definido
    La relación del pecado con otras doctrinas
    El origen del pecado

La pecaminosidad universal del hombre es obvia y verificable. El pecado impregna cada aspecto de nuestra existencia. Nos impacta de manera individual y social. Está profundamente arraigado en nosotros, y se manifiesta de forma continua. Sin embargo, desde la Ilustración, la civilización occidental se ha vuelto cada vez más contraria a la realidad del pecado, en especial tal como se lo define bíblicamente. Existen cuatro razones principales para este cambio.

Primera, la modernidad tiende a considerar a los seres humanos como naturalmente buenos. Antes de los cambios filosóficos del siglo XVIII prevalecía un entendimiento general de la depravación humana. La Reforma protestante, por ejemplo, tuvo relación con la angustia de Martín Lutero por su propia pecaminosidad. Con la llegada de la era moderna, sin embargo, la visión tradicional de la pecaminosidad humana comenzó a disiparse, y se consideró que el hombre era inherentemente bueno. Los problemas y el sufrimiento humanos se vinculaban a la ignorancia. En la falsa euforia de la Ilustración, a partir de los avances en la educación, la ciencia y la tecnología, muchos concluyeron que el hombre era inherentemente bueno y que, al tener educación, el mundo mejoraría. Es evidente que el siglo XX destruyó esa ilusión, y la depravación del hombre se manifestó cuando el mundo explotó con guerras y el derramamiento de sangre a mayor escala de la historia, incluidas dos guerras mundiales devastadoras, el holocausto y la guerra fría. Hasta ahora, el siglo XXI también ha sido prolífico en guerras, naciones inestables que buscan tener o tienen armas nucleares, y el creciente terrorismo islámico. Los medios de comunicación han dejado al descubierto, de un modo exponencial, la depravación humana a un nivel inimaginado. La educación, la ciencia y la tecnología que trajeron grandes avances médicos y comodidades han elaborado, al mismo tiempo, armas de destrucción masiva. Las sociedades son cada vez más contrarias a los estándares de Dios, y hasta llegan a redefinir aspectos básicos de la identidad humana como el género y el matrimonio. En contra de la mentalidad moderna y la posmoderna, la realidad del pecado está viva y totalmente presente.

Segunda, las visiones deterministas de la humanidad han desafiado el entendimiento bíblico del pecado. Las personas se consideran principalmente productos de su entorno, su formación social, impulsos o carencias psicológicas. La sociedad ha ido tan lejos al acomodar su propia depravación que es reticente a considerar moralmente culpable a nadie por casi ninguna conducta. Este acomodamiento es coherente con la visión de que el hombre es básicamente una máquina que hace aquello para lo que está programado.

Tercera, con el auge del posmodernismo, nuestra sociedad ha cambiado de dirección y tiende ahora hacia el relativismo moral. Hoy, lo correcto y lo incorrecto, lo bueno y lo malo, no se definen en términos absolutos, sino que se consideran de forma subjetiva. Se considera que son los individuos y las sociedades, y no Dios, quienes tienen la autoridad para determinar qué es incorrecto. Una gran mayoría de personas cree ahora que la verdad y la moral son flexibles, subjetivas, no fijas, y no tienen interés alguno en lo que declaran las Escrituras.

Cuarta, el pecado en un asunto desagradable. En nuestra era de la autoestima y la subjetividad, a las personas no les gusta pensar que son malas. Millard Erickson destaca: "Hablar de los humanos como pecadores es como gritar una blasfemia o una obscenidad en una reunión muy formal, digna y distinguida, o incluso en una iglesia. Está prohibido. Esta actitud general es casi un nuevo tipo de legalismo, cuya prohibición principal podría ser: 'No digas nada negativo'".[27]

El pecado definido

De los sesenta y seis libros y 1189 capítulos de la Biblia, solo dos libros y cuatro capítulos no mencionan el pecado o a los pecadores. Génesis 1–2 y Apocalipsis 21–22 son los únicos que relatan la creación antes del pecado, así como el nuevo cielo y la nueva tierra, que nunca se infectarán con el mismo. El resto de la Biblia, desde Génesis 3:1 hasta Apocalipsis 20:15, contiene abundantes referencias a los temas del pecado humano y la necesidad de salvación. El pecado es una doctrina principal.

El estudio del pecado se llama *hamartiología*. Esta designación procede de la palabra griega para "pecado", *hamartía*. Varios términos y conceptos relacionados indican que el pecado es una realidad compleja y polifacética. En el hebreo del Antiguo Testamento, *jatá* se traduce a menudo "pecar" o "pecado" (Gn. 20:6; Éx. 10:16). La palabra también está vinculada con errar el blanco (Jue. 20:16). Proverbios 19:2 declara: "Aquel que se apresura con los pies, peca [*jatá*]". Este término está estrechamente relacionado con el nombre griego *hamartía* ("pecado") y su forma verbal *hamartáno*, que significa "no dar en el blanco", "errar", o "estar equivocado". La forma verbal se encuentra en Romanos 3:23: "Por cuanto todos pecaron [*hamartáno*], y están destituidos de la gloria de Dios".

Pashá es otro término hebreo rotundo para el pecado en el Antiguo Testamento. La palabra significa "rebelarse", "transgredir" o "traicionar". Se usa para la revuelta de Israel contra Dios en Isaías 1:2: "Y ellos se rebelaron [*pashá*] contra mí". Asimismo, la palabra hebrea *abár* significa "transgredir" o "pasar por alto". En un contexto moral se refiere a transgredir un mandamiento o violar un pacto. Moisés preguntó: "¿Por qué quebrantáis el mandamiento de Jehová? Esto tampoco os saldrá bien" (Nm. 14:41). En Jueces 2:20, Dios estaba enojado con Israel, porque "este pueblo traspasa [*abár*] mi pacto que ordené a sus padres, y no obedece mi voz".

Existen diversos términos griegos para "pecado" en el Nuevo Testamento. La palabra *adikía* significa "impiedad" o "injusticia" (Ro. 1:18). Pablo aludió a ciertas personas "que no creyeron a la verdad, sino que se complacieron en la injusticia [*adikía*]" (2 Ts. 2:12). El término *planáo* hace hincapié en "vagar" o "descarriarse" (2 Ti. 3:13; 2 P. 3:17). El pecado es también *anomía*, que significa "ilegalidad", esto es, rechazar la ley de Dios. Primera de Juan 3:4 simplemente declara: "El pecado es infracción de la ley".

Apeithéo conlleva el sentido de ser desobediente y voluntariamente obstinado hacia la voluntad de Dios (Ro. 11:31; Jn. 3:36). *Asébeia* puede traducirse "impiedad" o "maldad". Judas dijo: "En el postrer tiempo habrá burladores, que andarán según sus malvados [*asébeia*] deseos" (Judas 18). *Ágnoia* se refiere a la ignorancia o la ausencia de entendimiento. Pablo afirmó que los incrédulos estaban entenebrecidos en su entendimiento "por la ignorancia [*ágnoia*] que en ellos hay" (Ef. 4:18). *Parábasis* es una

---

27. Erickson, *Teología sistemática*, 578.

violación de la ley de Dios o una desviación de esta. Romanos 2:23 declara: "Tú que te jactas de la ley, ¿con infracción [*parábasis*] de la ley deshonras a Dios?".

La anterior no es una lista exhaustiva, pero juntos estos términos bíblicos representativos demuestran la naturaleza multidimensional del pecado, que es claramente incorrecto en muchas maneras. ¿Pero hay un elemento central o esencial del pecado? Se han ofrecido diversas respuestas a esta pregunta. Agustín afirmó que la soberbia es el corazón del pecado, porque es el motivo subyacente al intento del hombre de vivir su vida en el poder de sí mismo. Otros han postulado que la carencia de *shalóm*, o paz, es el núcleo del pecado, ya que siempre trae trastorno y dolor. El egoísmo y la idolatría son otras sugerencias. El egoísmo es amarse a uno mismo más que a Dios. La idolatría es adorar a una criatura en lugar del Creador. El primer mandamiento advierte contra la idolatría: "Yo soy Jehová tu Dios… No tendrás dioses ajenos delante de mí" (Éx. 20:2-3). Ciertamente, todos los conceptos analizados con anterioridad son componentes de la complejidad de la depravación humana.

El pecado debe entenderse desde un punto de vista teocéntrico o centrado en Dios. En esencia, el pecado es una violación de la relación Creador-criatura. El hombre solo existe porque Dios lo hizo, y está obligado en todos los sentidos a servir a su Creador. El pecado hace que el hombre asuma el papel de Dios, y declare la autonomía para sí mismo aparte del Creador. Por tanto, la visión más global de la fuente del pecado es la exigencia de autonomía.

Como Dios es el Creador de todas las cosas, todas las criaturas están obligadas a obedecerlo y vivir según su voluntad. Las caídas de Satanás, y después de Adán y Eva, están vinculadas con actuar de forma autónoma y desobediente al procurar ser como Dios. A través de un rey humano, Satanás declaró: "Seré semejante al Altísimo" (Is. 14:14). Más adelante, la serpiente, inspirada por Satanás, incitó a Eva: "El día que comáis de él, serán abiertos vuestros ojos, y seréis como Dios, sabiendo el bien y el mal" (Gn. 3:5). Eva y después Adán, sin consideración por el mandato de Dios, lo creyeron y actuaron en consecuencia: "Y vio la mujer que el árbol era bueno para comer, y que era agradable a los ojos, y árbol codiciable para alcanzar la sabiduría; y tomó de su fruto, y comió; y dio también a su marido, el cual comió así como ella" (Gn. 3:6).

En los casos de Satanás, Adán y Eva, ninguno de ellos estaba satisfecho con obedecer a Dios. Fueron creados para amar a Dios con todo su ser, y para interpretar el mundo desde su perspectiva. Pero no desearon amar a Dios a través de la obediencia. Actuaron de forma autónoma, y se apartaron por su cuenta en un esfuerzo de ser como Dios. Esta pretensión malvada se repite con cada pecado. En lugar de decir: "Que sea la voluntad de Dios", el pecador dice: "Que sea mi voluntad". Por tanto, el pecado es actuar de manera autónoma y usurpar la autoridad de Dios.

En su detallado tratado sobre la pecaminosidad de la humanidad, en Romanos 1–3, Pablo explicó cómo las criaturas pecadoras violaron su relación con el Creador: "Cambiaron la verdad de Dios por la mentira, honrando y dando culto a las criaturas antes que al Creador, el cual es bendito por los siglos. Amén" (Ro. 1:25). Por tanto, la idolatría se produce cuando la persona cambia la adoración a Dios por la adoración a las criaturas. La paz y la plenitud que solo proceden de adorar al Dios verdadero se pierden cuando la adoración se dirige a las criaturas en vez de a Creador. Al rechazar a Dios, el corazón incrédulo busca satisfacerse a sí mismo con aquello que no puede proporcionar un gozo duradero ni una realización verdadera: posesiones materiales, éxito, admiración, relaciones inmorales, drogas, alcohol, juego u otros muchos sustitutos. Quienes se entregan a tales cosas, se vuelven esclavos de ellas (2 P. 2:19).

En el contexto de Romanos 1, Pablo aclaró que las personas necias, de corazón entenebrecido, "cambiaron la gloria del Dios incorruptible en semejanza de imagen de hombre corruptible, de aves, de cuadrúpedos y de reptiles" (Ro. 1:23). Destacó la homosexualidad tanto de hombres como de mujeres: "Pues aun sus mujeres cambiaron el uso natural por el que es contra naturaleza, y de igual modo también los hombres, dejando el uso natural de la mujer, se encendieron en su lascivia unos con otros, cometiendo hechos vergonzosos hombres con hombres, y recibiendo en sí mismos la retribución debida a su extravío" (Ro. 1:26-27).

A la luz de estos factores ofrecemos esta breve definición del pecado: *El pecado es cualquier falta de conformidad con la voluntad de Dios en actitud, pensamiento o acción, cometida activa o pasivamente. El centro de todo pecado es la autonomía, que es la sustitución de Dios por uno mismo. Sus productos están siempre estrechamente relacionados con el pecado: la soberbia, el egoísmo, la idolatría, y la falta de paz (shalóm).*

La relación del pecado con otras doctrinas

LA DOCTRINA DE DIOS

La doctrina del pecado es inseparable de todas las demás doctrinas bíblicas. Está vinculada con Dios, ya que el pecado es principalmente contra Dios. Salmos 51:4 declara: "Contra ti, contra ti solo he pecado, y he hecho lo malo delante de tus ojos". Además, únicamente Dios puede tomar la iniciativa de eliminar la enemistad entre el hombre y Dios (2 Co. 5:19).

LA DOCTRINA DEL HOMBRE

La doctrina del pecado define directamente a la humanidad como caída y afecta a todos ya que el pecado caracteriza cada vida en el nacimiento; corrompe la relación de todos con Dios, con otras personas y con la creación; y lleva todo a la muerte. El pecado tiene impacto en toda nuestra constitución y existencia humanas, y distorsiona cada aspecto de nuestro ser, cuerpo y alma. El pecado también afecta la capacidad de gobierno pleno del hombre y de su sometimiento de la creación. Solo un hombre justo —Jesús— puede tener éxito de forma perfecta donde Adán y la humanidad fracasaron. Únicamente el Hijo del Hombre puede revertir la maldición, y lo hará.

LA DOCTRINA DE LA SALVACIÓN

La doctrina del pecado afecta obviamente a la doctrina de la salvación, ya que los pecadores necesitan ser rescatados, pero son incapaces de salvarse a sí mismos. Como pecan de forma profunda y generalizada, los pecadores necesitan la salvación por gracia. Sin esta, el hombre no solo fracasa en las relaciones y las funciones que Dios pretende, sino que también queda a merced de su ira eterna.

LA DOCTRINA DE CRISTO

La doctrina del pecado tiene relación con Jesucristo, porque Jesús es el postrer Adán, el siervo que sufre, el Mesías y la simiente de la mujer: Aquel que conquista el pecado y todas sus formas y efectos, redime a los creyentes, restaura la creación, y derrota a Satanás. Jesús hace todo esto expiando los pecados de su pueblo. Sin su muerte perfecta y sustitutoria no habría salvación del pecado. Y sin su resurrección y exaltación como Señor de todo, el hombre no sería capaz de gobernar la creación como Dios prometió y espera.

LA DOCTRINA DE LOS ÁNGELES

Tanto Satanás como los ángeles caídos pecaron contra Dios y fueron eliminados de su presencia. No hay salvación para Satanás y los demonios que lo siguieron. Mientras los ángeles santos son espíritus que ministran y sirven a las personas que heredan la salvación (He. 1:14), Satanás y sus espíritus malignos son engañadores que tientan a la humanidad para que desobedezca a Dios. Satanás y todos los ángeles caídos serán castigados con la morada eterna en el lago de fuego preparado para ellos.

LA DOCTRINA DE LA IGLESIA

La iglesia es la comunidad de personas salvadas del pecado en esta era. Es, asimismo, la embajadora global de Dios para proclamar la reconciliación a los pecadores. La iglesia proclama el evangelio del perdón de los pecados que se halla en Jesucristo. La gracia de Dios en los cristianos quebranta el poder del pecado en sus vidas; deben experimentar la victoria sobre el pecado al obedecer la Palabra de Dios en el poder del Espíritu Santo, que da testimonio del poder de Dios en la salvación.

LA DOCTRINA DE LA ESCATOLOGÍA

Este mundo caído está dominado por el pecado y sus efectos. Pero esto podría ser peor, y será peor, porque viene un tiempo en que el Espíritu Santo dejará de contener al pecado como lo hace ahora. Cuando llegue ese momento, la figura del anticristo aparecerá, y será el hombre de Satanás que personifica la maldad (cf. 2 Ts. 2:3-4; Ap. 13:1-10). Demonios que han estado atados desde hace mucho tiempo serán liberados del abismo y vendrán a la tierra a tentar y atormentar (Ap. 9:1-11). A su regreso a la tierra, Jesús derrotará al anticristo y sus seguidores (Ap. 19:19-21). Satanás y sus demonios estarán atados durante el período milenial (Ap. 20:1-6); en última instancia, Dios los lanzará al lago de fuego (Ap. 20:10), y el pecado y sus efectos se eliminarán finalmente con el estado eterno venidero. Con respecto a la nueva tierra, Apocalipsis 21:4 declara: "Enjugará Dios toda lágrima de los ojos de ellos; y ya no habrá muerte, ni habrá más llanto, ni clamor, ni dolor; porque las primeras cosas pasaron".

El origen del pecado

SATANÁS

La Biblia culpa al primer hombre, Adán, del pecado y la muerte en el mundo (Ro. 5:12). Sin embargo, en Génesis 3 y su relato de la caída del hombre, una oscura figura espiritual acecha con malvadas intenciones. Esta criatura tentó a los portadores de la imagen de Dios, y puso en duda lo que Él les había dicho. Los sedujo para interpretar el mundo desde su perspectiva y no desde la de Dios. Aunque esta criatura era una serpiente literal (Gn. 3:1), la fuerza subyacente a ella era el ángel caído, Lucifer, ahora conocido como Satanás, que significa "adversario".

Génesis no describe la caída de Satanás, pero el demonio principal llega en el capítulo 3 como un ser caído y en encarnizada oposición a Dios. Es probable que Ezequiel 28 e Isaías 14 aludan a la caída de Satanás. Ambos pasajes hablan de reyes humanos (de Tiro y Babilonia), pero lo que se describe va mucho más allá de cualquier monarca humano. En su lugar, ambos pasajes describen el primer pecado en el cosmos. Ezequiel 28:13 dice: "En Edén, en el huerto de Dios estuviste". Se nos explica que Satanás era "querubín grande, protector... en el santo monte de Dios" (Ez. 28:14). La referencia al "querubín" significa que Satanás era un ángel en la presencia de Dios. Ezequiel 28:15 declara a continuación: "Perfecto eras en todos tus caminos desde el día que fuiste creado, hasta que se halló en ti maldad". Por tanto, Satanás pasó de la "perfección" a la "maldad". Dios no es la causa imputable de la iniquidad. Esta se encontraba en Satanás; la culpa recae sobre él. Isaías 14:14 señala que el deseo de ser como Dios (el "Altísimo") fue la razón de la rebelión del líder de la adoración angélica (Is. 14:11-12).

ADÁN Y EVA

La serpiente se acercó a Eva con engaño: comer del árbol del conocimiento del bien y del mal le aportaría esclarecimiento y la haría como Dios. La mentira sedujo a Eva, quien comió primero del árbol, y después le entregó la fruta a Adán (Gn. 3:6). Aun así, las Escrituras responsabilizan principalmente a Adán, ya que él, no Eva, era la cabeza representativa de la humanidad. Adán y Eva se volvieron de inmediato pecadores, y se escondieron por su sentimiento de culpa y su miedo. Dios llamó de manera específica a Adán: "Mas Jehová Dios llamó al hombre, y le dijo: ¿Dónde estás tú?" (Gn. 3:9). Pablo indica que tanto Adán como Eva pecaron, pero la diferencia es que "Adán no fue engañado, sino que la mujer, siendo engañada, incurrió en transgresión" (1 Ti. 2:14). Romanos 5:12 culpa explícitamente a Adán, la cabeza representativa, del pecado y de la muerte en el mundo: "El pecado entró en el mundo por un hombre [Adán], y por el pecado la muerte".

Existen paralelismos entre las dos primeras rebeliones. Satanás y Adán pecaron después de ser creados sin pecado, y experimentaron directamente la presencia de Dios. Satanás estaba en la presencia de Dios, en el cielo, mientras que Adán caminaba con Dios en el huerto del Edén (Gn. 3:8). Ambos estaban insatisfechos con sus condiciones perfectas y, en su rebeldía, deseaban ser como su Creador (Gn. 3:5). Sin embargo, en lugar de hacerlos como Dios, su rebelión los hizo mucho menos como Dios de lo que ya habían sido y los separó de Él.

Como Dios no puede ser el autor del pecado ni tienta a nadie a pecar (Stg. 1:13), y como Lucifer, los ángeles que lo siguieron, Adán y Eva fueron todos creados sin pecado, surge la siguiente pregunta: ¿de dónde se originó el pecado? Muchos creen que al ser Dios Todopoderoso, la culpa del pecado debe ser suya. Esto es falso. Sin duda, el origen del pecado es un misterio profundo y oscuro, pero Dios no es la causa imputable del mismo. Debido a que las personas creadas pecaron, la capacidad de pecar tenía que existir en ellas como una posibilidad. El pecado tuvo lugar porque Satanás, Adán, y Eva escogieron ejercer su voluntad de desobedecer a Dios en lugar de amarlo. En consecuencia, como criaturas, no pueden escapar a la responsabilidad ante su Creador.

El pecado no sorprende a Dios. Él es capaz de vencer el pecado e incluso lo ha ordenado para exhibir su gloria de forma más plena; pero la culpa del pecado descansa sobre las personas que eligen desobedecer. La soberanía absoluta de Dios no socava en absoluto la responsabilidad del hombre.[28] Esto es cierto para Satanás, para los ángeles caídos y para Adán y Eva, quienes transmitieron su pecaminosidad a todos sus descendientes.

Las consecuencias de la caída

Consecuencias personales
El impacto de la caída sobre las relaciones
Tres formas de muerte
La transmisión del pecado de Adán
El viejo hombre y el nuevo hombre
Depravación total

Consecuencias personales

El pecado siempre decepciona y nunca satisface. Adán y Eva afrontaron de inmediato esta realidad. Las secuelas de su acto pecaminoso revelan las consecuencias del pecado. Al aceptar la mentira de la serpiente, Adán y Eva esperaban ser como Dios, iluminados y realizados.

Sin embargo, ocurrió lo contrario. Cuando Eva y Adán comieron del árbol prohibido, sus ojos "fueron abiertos" pero no de la forma que ellos esperaban (Gn. 3:7). No descubrieron el contentamiento y la felicidad. En su lugar, experimentaron culpa y vergüenza. Fueron de repente conscientes de su desnudez, y cosieron hojas de higuera para cubrir su condición (Gn. 3:7). La pureza y la inocencia de su estado anterior a la caída desaparecieron. Todo cambió de golpe. Se abrió la caja de Pandora de la perversión y de las consecuencias negativas. Eran totalmente diferentes de Dios.

Satanás le prometió a Eva que comer del árbol produciría conocimiento del bien y del mal (Gn. 3:5), y esto se hizo realidad de una forma que Eva nunca hubiera esperado. Adán y Eva conocían ahora el mal por experiencia, junto con sus devastadoras consecuencias. Además de la vergüenza, hubo otra consecuencia: el miedo. Cuando la pareja oyó a Dios pasear por el huerto, "se escondieron de la presencia de Jehová Dios entre los árboles del huerto" (Gn. 3:8). Adán respondió: "Tuve miedo" (Gn. 3:10). El pecado provoca miedo y lo lleva a uno a esconderse de Dios. Cuando Adán y Eva comieron del árbol, dejaron a Dios de lado y se centraron en sus deseos. Pero actuar de forma autónoma no significaba escapar de Dios. Su santo Creador vino en busca de ellos y, por primera vez, con el pecado en su mente, estaban asustados.

---

28. Para profundizar sobre cómo la soberanía de Dios sobre el pecado y el mal no lo convierte en causa imputable de ambos, véanse "El decreto de Dios y el problema del mal" (p. 502) y "La justificación de Dios" (p. 519), ambos en el capítulo 7.

Otra consecuencia del pecado fue la culpa. Cuando Dios le pidió explicaciones a Adán, este pareció culpar a Eva: "La mujer que me diste por compañera me dio del árbol, y yo comí" (Gn. 3:12). En realidad, Adán culpaba a Dios cuando dijo: "La mujer que *tú* me diste por compañera…". Después, cuando Dios le preguntó a Eva qué había hecho, ella culpó al animal, y contestó: "La serpiente me engañó, y comí" (Gn. 3:13). La posición universal por defecto entre las personas caídas es culpar a otros de su pecado.

Estas consecuencias personales del pecado son duras. El pecado promete esclarecimiento y paz, pero en su lugar trae vergüenza, miedo y culpa, así como muerte (Gn. 2:17). Y como muestra la siguiente sección, las consecuencias llegan incluso más lejos que esto.

El impacto de la caída sobre las relaciones

Las consecuencias negativas del pecado van más allá de la inquietud y la desesperación personales. El hombre fue creado para relacionarse con Dios, con otras personas y con la creación. La caída del hombre dañó las tres conexiones.

DIOS

Lo primero y más importante es que la relación del hombre con Dios quedó rota. El hombre murió espiritualmente. (Más adelante ampliaremos las implicaciones de la muerte espiritual [p. 468]).

Además, el pecado acarrea la ira de Dios, que es el desagrado justo que Él siente hacia el mismo. Romanos 1:18 declara: "Porque la ira de Dios se revela desde el cielo contra toda impiedad e injusticia de los hombres que detienen con injusticia la verdad" (cf. Col. 3:5-6). Efesios 5:6 afirma: "Por estas cosas viene la ira de Dios sobre los hijos de desobediencia". La ira de Dios pende sobre todos los que están en rebelión contra Él y se manifestará en el día futuro del Señor y el juicio final en el lago de fuego (Ap. 20:11-15). Pablo advirtió a los no arrepentidos: "Atesoras para ti mismo ira para el día de la ira y de la revelación del justo juicio de Dios" (Ro. 2:5).

El pecado también invita al castigo de Dios. Como Él es santo y justo, debe castigar el pecado. Jesús señaló que los malvados irán "al castigo eterno" (Mt. 25:46). La gravedad del castigo del pecado se demostró cuando el Hijo de Dios tomó sobre sí mismo, en la cruz, el castigo por los pecados de todos los elegidos de Dios.

El pecado crea enemistad, una situación hostil entre partes. Romanos 5:10 afirma que antes de la salvación en Cristo, las personas son "enemigos" de Dios. Los incrédulos son "ajenos de la vida de Dios" (Ef. 4:18). Asimismo, "los designios de la carne son enemistad contra Dios" (Ro. 8:7). La responsabilidad por la enemistad recae únicamente en el hombre.

LAS PERSONAS

Después, el pecado alteró todas las relaciones humanas. En primer lugar, Dios pronosticó que la mujer daría a luz en medio de grandes dolores, de forma que hasta procrear a otra persona sería difícil: "A la mujer dijo: Multiplicaré en gran manera los dolores en tus preñeces; con dolor darás a luz los hijos" (Gn. 3:16a).

En segundo lugar, también habría tensión entre el hombre y la mujer en la unión básica y necesaria del matrimonio. Dios le anunció a Eva: "Tu deseo será para tu marido, y él se enseñoreará de ti" (Gn. 3:16b). Aunque "deseo" podría referirse a un deseo físico por su marido, es probable que implique también el deseo de controlar. Génesis 4:7, que tiene una construcción paralela, usa "deseo" con un sentido controlador: "Si no hicieres bien [Caín], el pecado está a la puerta; con todo esto, a ti será su deseo, y tú te enseñorearás de él". Así pues, Génesis 3:16 predice lucha y conflicto dentro del matrimonio, la más íntima relación de amor.

En tercer lugar, se promete y se materializa el conflicto en general entre las personas en la sociedad. Caín mató a su hermano Abel por envidia (Gn. 4:8). Lamec mató a un joven que lo golpeó (Gn. 4:23). La historia de la humanidad manifiesta odio, conflicto, asesinatos y guerra continuamente.

LA CREACIÓN

El pecado del hombre afectó negativamente su relación con la creación. El mandato al hombre de dominar y sojuzgar la tierra y sus criaturas no se revoca (Sal. 8:4-8), pero la creación obra ahora contra el hombre y frustra sus esfuerzos. Dios le dijo a Adán: "Maldita será la tierra por tu causa; con dolor comerás de ella todos los días de tu vida" (Gn. 3:17). La tierra maldita conducirá al hombre al "dolor". También se le comunica a Adán: "Espinos y cardos te producirá, y comerás plantas del campo. Con el sudor de tu rostro comerás el pan" (Gn. 3:18-19a). Así pues, la interacción del hombre con la tierra será difícil, y esta lo consumirá a su muerte (Gn. 3:19b). La expectativa de Dios para un gobierno exitoso del hombre sigue sin cumplirse. Hebreos 2:5-8 reafirma que Dios creó al hombre para dominar la creación, pero reconoce que "todavía no vemos que todas las cosas le sean sujetas" (He. 2:8). Hará falta el postrer Adán, Jesús (1 Co. 15:45), y los que creen en Él, para gobernar con éxito la tierra (Ap. 5:10). Esto ocurrirá cuando Jesús vuelva y establezca su reino milenial (Ap. 20:1-6).

En resumen, Adán y sus descendientes no solo padecerán y morirán como individuos, sino que también sufrirán sus relaciones. Únicamente el Señor Jesús será capaz de restaurar la relación de la humanidad con Dios, con los demás y con la creación. Como el "postrer Adán" (1 Co. 15:45), amará a Dios y a las personas de forma perfecta y manifestará un control absoluto sobre la creación.

Tres formas de muerte

Las consecuencias generalizadas y devastadoras del pecado pueden resumirse en una palabra: muerte. Dios le advirtió a Adán: "Mas del árbol de la ciencia del bien y del mal no comerás; porque el día que de él comieres, ciertamente morirás" (Gn. 2:17). La muerte es el castigo por la desobediencia. Es un concepto complejo que implica (1) la muerte espiritual, (2) la muerte física y (3) la muerte eterna.

MUERTE ESPIRITUAL

Cuando Adán y Eva pecaron, la muerte física no tuvo lugar de inmediato. Adán vivió novecientos treinta años (Gn. 5:5). Sin embargo, la muerte espiritual se produjo al instante. La muerte espiritual es el estado de distanciamiento espiritual de Dios. Como resultado del pecado de Adán, todas las personas nacen espiritualmente muertas (a excepción del Señor Jesucristo). Pablo alude a la muerte espiritual en Efesios 2:1: "Estabais muertos en vuestros delitos y pecados". En Efesios 2:5, Pablo afirma que los no salvos están "muertos en [sus] pecados". Para Adán y Eva, el pecado provocó la separación de Dios, el destierro de su presencia y la pérdida de la vida espiritual (Gn. 2:23-24). Todos sus descendientes han nacido, de igual manera, en un estado de muerte espiritual, que también deja a una persona sin respuesta a la verdad espiritual (Ro. 8:7-8; 1 Co. 2:14; 2 Co. 4:4; Ef. 4:17-18). Solo por el milagro divino de la regeneración, Dios pone fin a la muerte espiritual y crea de nuevo a los pecadores, y los vivifica para sí (2 Co. 4:6).

MUERTE FÍSICA

Aunque Dios no impuso de inmediato la muerte física sobre Adán y Eva, el proceso de esta comenzó cuando ellos pecaron. Dios le dijo a Adán: "Con el sudor de tu rostro comerás el pan hasta que vuelvas a la tierra, porque de ella fuiste tomado; pues polvo eres, y al polvo volverás" (Gn. 3:19).

Dios formó a Adán a partir del polvo, pero aquí se presenta una trágica ironía. Debido al pecado, él volvería al polvo y la tierra se lo tragaría en la muerte. La muerte física tendría lugar desde que Adán y Eva fueron apartados del árbol de la vida (Gn. 3:24).

Asimismo, incluso antes de que cualquier humano muriera, la muerte animal tuvo lugar al matar Dios a un animal para vestir a Adán y Eva con su piel (Gn. 3:21). La muerte humana se produjo por primera vez cuando el primer hijo de Adán y Eva —Caín— asesinó a su hermano Abel (Gn. 4:8). La lista de los descendientes de Adán, en Génesis 5, revela con claridad que la muerte pasó a ser el final de toda vida humana, al repetir después del nombre de cada persona: "… y murió" (Gn. 5:5, 8, 11, 14, 17, 20, 27, 31). Además de las pasadas excepciones de Enoc y Elías, y las futuras de los que estén vivos en el momento del arrebatamiento (1 Ts. 4:13-18), la muerte física consumirá a todos los descendientes de Adán. El escritor de Hebreos declara: "Está establecido para los hombres que mueran una sola vez, y después de esto el juicio" (He. 9:27). La vida física se volvió breve después del diluvio. Moisés expresó: "Los días de nuestra edad son setenta años; y si en los más robustos son ochenta años, con todo, su fortaleza es molestia y trabajo, porque pronto pasan, y volamos" (Sal. 90:10).

MUERTE ETERNA

La muerte eterna espera a aquellos que mueren físicamente mientras están espiritualmente muertos. Los que mueren en la incredulidad se enfrentarán para siempre al lago de fuego (Ap. 20:11-15). Juan se refiere a esto como "la segunda muerte" (Ap. 20:6). Aunque no provoca que las personas dejen de existir, la muerte eterna sigue siendo una clase de muerte, ya que implica destrucción eterna, castigo por los pecados y separación de la presencia de Dios que bendice. Solo aquellos que son liberados por la obra misericordiosa del Señor Jesús escapan de la muerte eterna. Apocalipsis 20:6 declara: "Bienaventurado y santo el que tiene parte en la primera resurrección; la segunda muerte no tiene potestad sobre éstos".

La transmisión del pecado de Adán

¿Cómo afecta el pecado del primer hombre a todos los nacidos después de él? Los teólogos se refieren con frecuencia a esta realidad como el *pecado original*, del latín *peccatum originale*. En un sentido, el pecado original hace referencia al primer pecado cometido por Adán, pero también engloba el estado y la condición pecaminosos de todas las personas por causa de su relación con Adán, que es la razón por la que las personas son depravadas y están manchadas por el pecado desde la concepción.

Varios versículos sostienen el concepto de pecado original, incluido Salmos 51:5: "He aquí, en maldad he sido formado, y en pecado me concibió mi madre", y Efesios 2:3: "Nosotros… éramos por naturaleza hijos de ira, lo mismo que los demás". Asimismo, el pecado de Adán está vinculado con la pecaminosidad del hombre en Romanos 5:12-21, el pasaje más detallado de las Escrituras sobre este tema. Este pasaje también es una de las secciones más debatidas en Romanos, ya que se han presentado varias opiniones con respecto a cómo impacta el pecado de Adán en la humanidad.

Romanos 5:12 declara: "Por tanto, como el pecado entró en el mundo por un hombre, y por el pecado la muerte, así la muerte pasó a todos los hombres, por cuanto todos pecaron". Aquí se declaran cuatro verdades. Primero, el pecado entró en el mundo "por un hombre", Adán. Segundo, el pecado trajo la muerte. Tercero, la muerte se extendió a todas las personas. Cuarto, la razón por la que la muerte se extendió a todas las personas es "por cuanto todos pecaron". Este último concepto es el más discutido. Agustín empleó traducciones latinas de Romanos 5:12 que interpretaban la frase griega *eph hó* con el sentido de *in quo* ("en quien"), y esto traduce la última parte del versículo "en quien [esto es, Adán] todos pecaron". La mayoría de las traducciones actuales optan, en su lugar y con acierto, por un sentido causal: "Por cuanto todos pecaron".

¿Pero cómo han pecado todos en Adán? ¿Se está refiriendo Pablo a que todas las personas cometen actos de pecado? ¿O "todos pecaron" conecta de alguna forma el pecado de Adán con que todas las personas sean pecadoras? En Romanos 5:18-19, Pablo explica que "por la transgresión de uno vino la condenación a todos los hombres" y que "por la desobediencia de un hombre los muchos fueron constituidos pecadores". En Romanos 5:15, también declara: "Por la transgresión de aquel uno murieron los muchos". Además, el tiempo aoristo para "pecaron" (gr. *hémarton*), al final de Romanos 5:12, apunta a un acontecimiento histórico específico. Por tanto, existe una conexión directa entre el pecado de Adán y la pecaminosidad de sus descendientes. ¿Pero cuál es esta conexión? Se han ofrecido varias respuestas.

SOLIDARIDAD NO EXPLICADA

Una opinión es que Romanos 5:12-21 revela una solidaridad confusa no explicada entre Adán y todas las personas. Supuestamente existe alguna conexión, pero los defensores de esta idea opaca sugieren que no puede conocerse con certeza. Debemos contentarnos con no saber. Esta posición de solidaridad no explicada parece ser la predeterminada para quienes no están satisfechos con las demás opiniones mencionadas seguidamente.

MAL EJEMPLO

Algunos sostienen que el pecado de Adán es un mal ejemplo para todas las personas. Cuando estas pecan, siguen el mal precedente de Adán. Los humanos no son realmente culpables por el pecado de Adán ni heredan una naturaleza pecaminosa de él. En su lugar, escogen seguir el mal ejemplo de Adán. No existe transmisión directa de pecado entre las personas y Adán. Esta opinión, de Adán como mal ejemplo, está vinculada históricamente con Pelagio (*ca.* 354–*ca.* 420), el monje británico que rechazó la doctrina de que todos los humanos poseen una naturaleza de pecado. Él enseñó que las personas eran capaces de obedecer a Dios sin la gracia divina. Por tanto, todas las personas son como Adán cuando este fue creado, y todas son libres de obedecer o desobedecer a Dios.

Este punto de vista del mal ejemplo es erróneo, ya que no comprende de forma adecuada la pecaminosidad de las personas tras la caída de Adán (Ef. 2:1, 5). Tampoco hace justicia a la comparación entre Adán y Cristo en Romanos 5:12-21. Además, si Adán es solo un mal ejemplo, ¿significa esto que Cristo es tan solo un buen ejemplo, y que se nos deja para que nos salvemos a nosotros mismos? Si juzgamos a través de la confianza de Pelagio en la libertad de la voluntad humana para la salvación, uno tiene que responder afirmativamente. Su condena por herejía en el Concilio de Éfeso en 431 está por tanto justificada.

NATURALEZA PECAMINOSA HEREDADA

La idea de una naturaleza pecaminosa heredada afirma que todas las personas reciben una naturaleza corrupta y pecaminosa de Adán. Los hijos de este son concebidos con un carácter inclinado hacia el pecado. Esta interpretación da lugar a una conexión real entre Adán y la transmisión de la pecaminosidad. Adán transmite realmente una naturaleza corrupta a la raza humana. Pero su culpa no se imputa sobre otros. Por consiguiente, la contaminación o corrupción de Adán se transmite a una persona de forma natural, pero no así su culpa. Algunos que sostienen este punto de vista reconocen que la naturaleza pecaminosa heredada es suficiente para hacer pecadora a una persona condenada por Dios, pero mantienen que tal condenación no se debe a que la culpa de Adán se impute a sus descendientes ni que se les tenga en cuenta a ellos.

Existen variaciones de esta perspectiva entre los arminianos, quienes han afirmado que tanto la culpa como la corrupción de Adán se transmiten a todos sus descendientes, pero que la gracia preveniente elimina la culpa y la depravación que vienen de él. A nadie, aparte de Adán, se le considera responsable por lo que él hizo. Una persona solo se vuelve responsable como pecador cuando elige pecar.

Este punto de vista ha recibido críticas por no ir suficientemente lejos. Aunque afirma con acierto que todas las personas tienen una naturaleza corrupta a partir de Adán, no reconoce que el pecado de este traiga directamente la culpa a todas las personas. Pablo explicó: "Por la transgresión de uno vino la *condenación* a todos los hombres" (Ro. 5:18), un término inherentemente legal que establece la culpa. Este versículo enseña, por tanto, que las personas reciben más que una simple naturaleza corrupta, ya que la transgresión de Adán conduce a la condenación. Todos los seres humanos son constituidos pecadores por su acción (Ro. 5:19). Asimismo, el concepto arminiano de la gracia previniente, que elimina o neutraliza la culpa que viene de Adán, no tiene base bíblica.

REALISMO

También conocido como el punto de vista agustino o seminal, el realismo afirma que toda la humanidad estaba físicamente presente en Adán cuando este pecó. Como primer hombre, representaba de forma colectiva a la naturaleza humana, de la cual forman parte todos sus descendientes. Y todos estaban en Adán en forma de simiente cuando él pecó. Esto significa que sus descendientes se encontraban en sus lomos, y participaban de su pecado. Y como todos tomaron parte en el pecado de Adán, todas las personas son moralmente culpables y condenadas por hacerlo. Por ello, tanto la naturaleza corrupta como la culpa se trasmiten de forma natural desde Adán.

La base para el realismo se obtiene de Hebreos 7:9-10: "Y por decirlo así, en Abraham pagó el diezmo también Leví, que recibe los diezmos; porque aún estaba en los lomos de su padre cuando Melquisedec le salió al encuentro". Leví era biznieto de Abraham, pero pagó diezmos a través de su bisabuelo, ya que "aún estaba en los lomos de su padre [Abraham] cuando Melquisedec le salió al encuentro". Aquí se dice que un descendiente lejano de Abraham ha pagado activamente diezmos por medio de este. La acción de Abraham fue la de Leví, y esto también podía ser cierto para los descendientes de Adán, que pecaron cuando este lo hizo.

El punto de vista del realismo afirma que la conexión entre el pecado de Adán y el de la humanidad es más que un simple mal ejemplo de Adán o una naturaleza de pecado heredada. En su lugar, todas las personas participaron realmente en el pecado de Adán. Así que la culpa y la condenación son merecidas, porque todos pecaron en realidad. El realismo ofrece una explicación sobre cómo pueden todas las personas ser apropiadamente culpables por el pecado de Adán. Cuando este pecó, todos lo hicieron en él. Si esto es así —argumentan los defensores de esta opinión—, nadie puede acusar a las personas "inocentes" de ser erróneamente imputadas con el pecado de Adán, ya que todas participaron realmente en su transgresión.

Sin embargo, no somos nosotros quienes debemos juzgar lo "adecuado" de las declaraciones legales de Dios. La suposición de que sería injusto imputarle el pecado de Adán al hombre, a no ser que hubiéramos "participado realmente" en su transgresión estropea el paralelismo entre Adán y Cristo en Romanos 5:12-21. Nadie cuestiona que la imputación forense de justicia a los pecadores sea "adecuada". No diríamos que los pecadores son incorrectamente imputados con la justicia de Cristo, a no ser que participaran real y seminalmente en su obediencia.

Y, por supuesto, no lo hicimos. La unión entre Cristo y su pueblo no es una unión seminal, porque Cristo no fue padre de ningún hijo físico. En su lugar, es una unión legal. Dios cuenta —imputa legalmente o cuenta judicialmente— la obediencia de Cristo, nuestro representante, como nuestra obediencia. Para que el paralelismo entre el primer y el postrer Adán se sostenga (Ro. 5:12-21; cf. 1 Co. 15:45), el pecado de Adán debe transmitirse de la misma manera que la justicia de Cristo. Por tanto, así como Adán era el representante de toda la humanidad, Dios cuenta —imputa legalmente o cuenta judicialmente— su desobediencia como la de todos los que estaban en él. Quienes adujeran que tal imputación es errónea o inadecuada, porque no todos participaron realmente en el pecado de Adán, muestran su incoherencia cuando no aducen lo mismo contra la imputación de la justicia de Cristo. Lo primero provoca objeciones, porque es castigo, mientras que lo segundo se excusa, porque es un regalo. Como John Murray explica:

> La analogía instituida en Romanos 5:12-19 (cf. 1 Co. 15:22) presenta una formidable objeción a la construcción realista. Los realistas admiten que no hay unión "realista" entre Cristo y los justificados... Por tanto, en base a las premisas realistas, se puede suponer una disparidad radical entre el carácter de la unión existente entre Adán y su posteridad, por un lado, y la existente entre Cristo y los suyos, por otro... Pero no hay atisbo de que esa clase de discrepancia se materializara si la distinción entre la naturaleza de la unión en ambos casos fuera tan radical como debe suponer el realismo... [Y] el caso no es simplemente que no haya atisbo de esta clase de diferencia; el paralelismo sostenido milita contra cualquier suposición así... Este hincapié no solo sostenido en el hombre único Adán y el hombre único Cristo, sino también sobre la transgresión de uno y el acto justo del otro, apunta a una identidad básica en lo que se refiere a *modus operandi*.[29]

LIDERAZGO REPRESENTATIVO

La postura más aceptable es que el pecado de Adán se imputa a todos los que se unieron a él como el representante de la humanidad. La culpa de Adán es nuestra culpa. Aunque afirma que una naturaleza corrupta se transmite desde Adán, el liderazgo representativo enseña que todas las personas son condenadas por su relación directa con Adán.

El punto de vista del liderazgo representativo (a menudo denominado *liderazgo federal*) afirma que la acción de un representante es determinante para todos los miembros unidos a él. Cuando Abraham pecó, representaba a todas las personas; por tanto, su pecado se adjudica a sus descendientes.

Un ejemplo de liderazgo que afecta a otros se encuentra en Josué 7, con Acán y su familia. La derrota de Israel en Hai se atribuyó a Acán, quien desobedeció a Dios y se apropió de forma indebida de plata y oro que escondió en su tienda. Aunque solo él había cometido este acto pecaminoso, sus hijos e hijas fueron apedreados con él, y cargaron con el castigo junto a Acán por su acto (Jos. 7:24-25). De forma parecida, la culpa del pecado de Adán se imputa o coloca sobre el resto de la familia de la humanidad.

Los que ratifican el punto de vista del liderazgo representativo apelan primero a los paralelismos establecidos con Jesús en Romanos 5:12-21 (expuestos con anterioridad bajo el punto de vista del realismo). Romanos 5:18 declara que "por la justicia" de Jesús "vino a todos los hombres la justificación de vida". El acto de Jesús, de morir en la cruz, trae justificación a los pecadores. Romanos 5:19 añade: "Porque así como por la desobediencia de un hombre los muchos fueron constituidos pecadores, así también por la obediencia de uno, los muchos serán constituidos justos". La obediencia de Jesús se imputa a otros y se les cuenta como justicia. Aquí, la lógica sugiere que si la justificación y la justicia del Señor Jesús se imputan a quienes están en Él, ocurre lo mismo con la

---

29. John Murray, "The Imputation of Adam's Sin: Second Article", *WTJ* 19, no. 1 (1956): 36.

culpa del pecado de Adán respecto a aquellos a los que él representaba. Como ya se ha declarado, el paralelismo Adán-Cristo, en Romanos 5:12-21, se explica mejor por medio de la idea de la representación. Así como se considera que los cristianos son justos, porque la justicia ajena de Cristo (es decir, una justicia externa al creyente) se imputa a todos los que son de Cristo, la culpa de Adán se imputa a todos sus descendientes, aunque no pecaran personalmente cuando él lo hizo.

Los adeptos a este punto de vista también apelan a 1 Corintios 15:22, que afirma: "Porque así como en Adán todos mueren, también en Cristo todos serán vivificados". Este versículo muestra que la muerte y la vida están vinculadas con Adán y Cristo como dos representantes de la humanidad. Además, Romanos 5:14 declara que "reinó la muerte desde Adán hasta Moisés, aun en los que no pecaron a la manera de la transgresión de Adán". Este versículo muestra explícitamente que los descendientes de Adán no cometieron el pecado de este. Así pues, se lo relaciona con sus descendientes como su cabeza representativa y, por tanto, el acto de Adán se imputa a otros, aunque estos no cometieran en realidad su pecado.

En resumen, ambos hombres —Adán y Cristo— se ven como representantes de la humanidad y, para ambos, los efectos de sus acciones se transmiten a los demás. Adán es el representante de la humanidad pecadora, y Jesús lo es de la humanidad justa. Significativamente, aunque este punto de vista hace hincapié en la imputación vía liderazgo en el caso de Adán, también engloba la corrupción heredada de él y transmitida a toda la humanidad.

Johannes Cocceius (1603–1669) fomentó el punto de vista representativo que se popularizó entre muchos en la tradición de la teología del pacto, y que conecta esta perspectiva con un supuesto "pacto de obras". En dicho pacto, a Adán como cabeza de la raza humana se le encomendó una obediencia perfecta con el objetivo de obtener la vida eterna. Cuando Adán quebrantó el supuesto pacto de obras, fracasó en nombre de toda la humanidad, de manera que su pecado fue contado como el fracaso de todos sus descendientes. Sin embargo, no todos los pactistas que afirman el liderazgo federal lo vinculan a un pacto de obras. Por ejemplo, Anthony Hoekema expresó: "Aunque... yo rechacé la doctrina del pacto de obras, esto no implica el rechazo de la imputación directa, siempre que mantengamos que Adán era realmente la cabeza y el representante de la raza humana".[30] Hoekema acertó al rechazar un pacto de obras como principio orientador para el liderazgo federal, ya que las Escrituras no lo mencionan.

Aunque históricamente se hace referencia a ella como *liderazgo federal*, la etiqueta *liderazgo representativo* es preferible, porque transmite mejor que tanto Adán como Cristo actúan como representantes legales de aquellos a los que se considera en cada uno de ellos. Como se explicó anteriormente, esta postura tiene mayor sentido a partir de los paralelismos entre Adán y Cristo articulados en Romanos 5 y 1 Corintios 15.

Algunos sugieren que el punto de vista del liderazgo representativo es contrario al sólido testimonio bíblico de que los hijos no serán considerados responsables de los pecados de sus padres. Por ejemplo, Deuteronomio 24:16 declara: "Los padres no morirán

---

30. Anthony A. Hoekema, *Created in God's Image* (Grand Rapids, MI: Eerdmans, 1994), 161n65.

por los hijos, ni los hijos por los padres; cada uno morirá por su pecado". Ezequiel 18:20 añade: "El alma que pecare, esa morirá; el hijo no llevará el pecado del padre, ni el padre llevará el pecado del hijo; la justicia del justo será sobre él, y la impiedad del impío será sobre él". Sin embargo, no hay conexión real entre la doctrina del pecado original y estos pasajes, que abordan la culpa y el castigo por el pecado *personal*.

El viejo hombre y el nuevo hombre

La relación de Adán y Jesús con la humanidad también está conectada con los conceptos del "viejo hombre" y el "nuevo hombre", que se encuentran dos veces en las cartas de Pablo:

> … despojaos del viejo hombre, que está viciado conforme a los deseos engañosos, y renovaos en el espíritu de vuestra mente, y vestíos del nuevo hombre, creado según Dios en la justicia y santidad de la verdad (Ef. 4:22-24).

> No mintáis los unos a los otros, habiéndoos despojado del viejo hombre con sus hechos, y revestido del nuevo, el cual conforme a la imagen del que lo creó se va renovando hasta el conocimiento pleno (Col. 3:9-10).

La palabra griega para "hombre" en ambos pasajes es *ánthropos*. Algunos traducen esto de forma justificable "vieja naturaleza" y "nueva naturaleza".

Pablo está presentando un contraste con implicaciones significativas. En Colosenses 3:9-10, les recuerda a sus lectores cristianos que uno se desviste del viejo hombre para revestirse del nuevo. Esto es una declaración de hecho, no un mandato. Los cristianos ya no son el viejo hombre, sino el nuevo. Este cambio se produjo cuando creyeron en Cristo.

Con respecto a Efesios 4:22-24, existe un debate respecto a si Pablo les está ordenando a sus lectores que se desvistan del viejo hombre para vestirse del nuevo o si se trata de la aseveración de que los cristianos ya son un nuevo hombre, de forma muy parecida a Colosenses 3:9-10. Como quiera que sea, Pablo está haciendo hincapié en que se ha obrado una transformación en Cristo. Los cristianos han pasado del viejo hombre al nuevo, y deben vivir a la luz de esta realidad.

¿Pero qué pretende transmitir Pablo con "viejo hombre" y "nuevo hombre", y qué relación tiene esto con las doctrinas del hombre y el pecado? El viejo hombre es la naturaleza no regenerada y conectado con Adán. Engloba todo lo que una persona es en Adán, antes de la unión con Cristo. El nuevo hombre es la naturaleza regenerada, unida con Cristo, que sustituye al viejo hombre. Cuando una persona se convierte, se viste del nuevo hombre y pasa a ser una "nueva criatura" en Cristo (2 Co. 5:17). Deja de ser el viejo hombre. El hombre no regenerado en Adán ha desaparecido para siempre. El nuevo hombre en Cristo es realidad. Pero como no se ha producido la glorificación del cuerpo y los cristianos siguen luchando con la carne, los creyentes deben dejar de lado continuamente los deseos carnales. Tienen que andar en el poder del Espíritu Santo de manera a no satisfacer "los deseos de la carne" (Gá. 5:16).

Estos paradigmas del "viejo hombre" y el "nuevo hombre" son distinciones importantes que contrastan la humanidad en Adán y la humanidad en Cristo. Se está en Adán o en Cristo; no existe otra opción. Según Romanos 5:18-19, estar en Adán significa muerte, culpa y condenación. Sin embargo, estar en Cristo significa vida, justificación y justicia.

Depravación total

La Biblia enseña lo que se ha denominado depravación total (o generalizada) para describir la corrupción y la contaminación del pecado transmitido desde Adán. La depravación total hace hincapié en el impacto devastador del pecado sobre la persona, y cubre tres conceptos relacionados: (1) la contaminación y corrupción de todos los aspectos de la persona; (2) la incapacidad total de la persona de agradar a Dios; y (3) la universalidad en la que todos son concebidos, y nacen como pecadores. Juntas, estas cosas muestran el terrible estado de la humanidad no redimida, incapaz de glorificar a Dios y sin disposición alguna a hacerlo.

La depravación total no significa que las personas no salvas actúen siempre tan mal como les sea posible. Tampoco significa que no puedan realizar actos de relativa bondad. Los incrédulos pueden hacer buenas cosas por la sociedad, por sus amigos y por su familia. Pueden detener una pelea, hacer caridad, realizar una cirugía que salve una vida. Pueden ayudar a un niño perdido a encontrar a sus padres. Estos actos son de una bondad relativa, que se corresponde con lo que Jesús dijo: "Pues si vosotros, siendo malos, sabéis dar buenas dádivas a vuestros hijos..." (Mt. 7:11).

En cuanto a la primera característica, el pecado es total o generalizado por cuanto todos los componentes de una persona están contaminados por el pecado. Así como el humo de un fuego lo impregna todo en una habitación, la totalidad de la persona está corrompida por el pecado. No hay parte en el hombre que escape a ello. Esto incluye los aspectos materiales e inmateriales de la persona: cuerpo y alma. El cuerpo está en decadencia y se dirige a la muerte física; a lo largo del camino, funciona como instrumento para la actividad malvada. La parte espiritual del hombre también está totalmente corrompida. Esto incluye el pensamiento, la razón, los deseos y los afectos del hombre. De ahí que Pablo concluya: "Para los corrompidos e incrédulos nada les es puro; pues hasta su mente y su conciencia están corrompidas" (Tit. 1:15). En referencia a los impíos, Pablo habla de "la vanidad de su mente" (Ef. 4:17). El corazón también es inmoral; por tanto Jeremías 17:9 dice: "Engañoso es el corazón más que todas las cosas, y perverso; ¿quién lo conocerá?". Jesús también enseña que los hechos impíos se producen desde el corazón (Mr. 7:21-23). En múltiples ocasiones, la Biblia aborda tanto el pensamiento corrupto como el corazón malvado. Pablo afirmó que quienes no están en Cristo tienen "el entendimiento entenebrecido, ajenos de la vida de Dios por la ignorancia que en ellos hay, por la dureza de su corazón" (Ef. 4:18). Asimismo, los hombres pecadores "se envanecieron en sus razonamientos, y su necio corazón fue entenebrecido" (Ro. 1:21). Juan Calvino declaró con acierto: "Estamos tan completamente controlados por el poder del pecado, que toda la mente, todo el corazón y todas nuestras acciones se encuentran bajo su influencia".[31]

En segundo lugar, el pecado es total porque el hombre es incapaz de agradar a Dios

---

31. Juan Calvino, *Commentaries on the Epistle of Paul the Apostle to the Romans*, trad. John Owen, vol. 19 de *Calvin's Commentaries* (Edimburgo: Calvin Translation Society, 1849), 261.

por sí mismo. Pablo declara: "Por cuanto los designios de la carne son enemistad contra Dios; porque no se sujetan a la ley de Dios, ni tampoco pueden; y los que viven según la carne no pueden agradar a Dios" (Ro. 8:7-8). Y Jesús afirma: "Separados de mí nada podéis hacer" (Jn. 15:5).

En tercer lugar, el pecado es universal porque todos los seres humanos son pecadores. En 1 Reyes 8:46 leemos: "Porque no hay hombre que no peque". Y el Salmo 14:3 amplía: "Todos se desviaron, a una se han corrompido; no hay quien haga lo bueno, no hay ni siquiera uno". Toda la sección de Romanos 1:18–3:20 se dedica a mostrar que todas las personas son pecadoras e incapaces de salvarse a sí mismas, y llega a la conclusión de que "todos pecaron, y están destituidos de la gloria de Dios" (Ro. 3:23).

Por tanto, espiritualmente el hombre no se halla en un estado de neutralidad relativa, donde es capaz de aceptar o rechazar a Dios y su evangelio. Él aborrece a Dios de forma activa (Ro. 8:7), y no puede aceptar la verdad espiritual (1 Co. 2:14). La depravación total del hombre demuestra la soberanía absoluta de Dios en la salvación. El hombre no puede hacer nada. Dios debe realizarlo todo como un don de gracia soberana.

Cuestiones del pecado

¿Son algunos pecados peores que otros?
El pecado imperdonable
El pecado que conduce a la muerte
¿Existen pecados mortales y veniales?
El pecado y el cristiano
La venida del hombre de pecado
Dios y el problema del mal

¿Son algunos pecados peores que otros?

¿Son todos los pecados iguales a los ojos de Dios, o algunos pecados son peores que otros? Todos los pecados son equivalentes en el sentido de que cada uno de ellos hace a la persona culpable y digna de la ira de Dios. La raíz de todo pecado es la autonomía y la sustitución de Dios por uno mismo. Por muy pequeño que pueda parecer un pecado, es una afirmación de que la persona está actuando independientemente de Dios. Comer la fruta de un árbol en un huerto, como hicieron Adán y Eva, podría no parecer inmoral y dar la sensación de ser algo menor en comparación con otros crímenes, pero fue un acto de iniquidad con graves consecuencias para la raza humana. Quebrantar cualquier mandamiento es un ataque contra el Legislador divino. Santiago declaró: "Porque cualquiera que guardare toda la ley, pero ofendiere en un punto, se hace culpable de todos. Porque el que dijo: No cometerás adulterio, también ha dicho: No matarás. Ahora bien, si no cometes adulterio, pero matas, ya te has hecho transgresor de la ley" (Stg. 2:10-11). Grudem tiene razón en que "en términos de nuestra situación legal delante de Dios, cualquier pecado, aun el que pueda parecernos muy pequeño, nos hace legalmente culpables ante Dios y, por tanto, digno de castigo eterno".[32] Hasta un único pecado contra un Dios infinitamente santo exige un castigo infinito.

---

32. Grudem, *Teología sistemática*, 525.

Al mismo tiempo, las Escrituras hablan de la realidad de que algunos pecados se consideran mayores que otros. Cuando se le muestran a Ezequiel las abominaciones del templo, Dios le advierte: "Verás abominaciones mayores que hacen éstos" (Ez. 8:13). Aquí, algunas abominaciones eran "mayores" que otras. Jesús explicó que quienes lo entregaron a Pilato cometieron un "mayor pecado" (Jn. 19:11). En Mateo 11:20-24, Jesús dijo que a las ciudades judías que oyeron el mensaje del reino les iría peor en el día del juicio que a las gentiles que no lo hicieron. Un conocimiento mayor conlleva una responsabilidad mayor. En Lucas 12:47-48, Jesús enseñó que un siervo que conociera la voluntad del Señor, pero no la hiciera sería tratado con mayor dureza que quien no la conociera. Asimismo, Santiago declaró que a los maestros les espera un juicio más estricto: "Hermanos míos, no os hagáis maestros muchos de vosotros, sabiendo que recibiremos mayor condenación" (Stg. 3:1).

Estas dos realidades bíblicas se armonizan al considerar que existe un aspecto cuantitativo a la vez que cualitativo en el pecado y el castigo. Toda la humanidad es culpable de pecar contra un Dios de santidad infinita. Por tanto, todos los que mueren sin arrepentirse ni confiar en Cristo se enfrentan al mismo castigo cuantitativamente eterno por sus pecados. Y así, al ser Dios estrictamente justo, castigará a quienes han cometido ofensas cualitativamente mayores con un castigo cualitativamente mayor. El carácter de su sufrimiento será de una proporción exacta a los crímenes que han cometido (p. ej., 2 P. 2:17; Jud. 13).

El pecado imperdonable

Jesús dice que hay un pecado que nunca será perdonado:

> Por tanto os digo: Todo pecado y blasfemia será perdonado a los hombres; mas la blasfemia contra el Espíritu no les será perdonada. A cualquiera que dijere alguna palabra contra el Hijo del Hombre, le será perdonado; pero al que hable contra el Espíritu Santo, no le será perdonado, ni en este siglo ni en el venidero (Mt. 12:31-32).

¿Cuál es este pecado imperdonable? Las confrontaciones con los beligerantes fariseos son el contexto para la declaración de Jesús en ese pasaje. En Mateo 12:1-21, Jesús fue acusado de actuar ilegalmente en el día de reposo; al contestar a los fariseos, Él declaró que tenía autoridad sobre el día de reposo, porque era el Señor del mismo (12:8). En 12:22-24, los fariseos acusaron a Jesús de echar fuera demonios por el poder de Satanás. Jesús respondió en varios niveles. En primer lugar, destacó que si Él echara fuera demonios por Satanás, este obraría contra sí mismo. Esta estrategia no solo era un sinsentido, sino que estaba condenada al fracaso (12:25-26). En segundo lugar, los exorcistas judíos también expulsaban demonios (12:27). ¿Por qué aceptaban, pues, los líderes judíos a estos exorcistas, pero no a Jesús? En tercer lugar, la verdad era que Jesús echaba fuera demonios por el poder del Espíritu Santo, para demostrar que el reino había venido sobre las personas (12:28). Este era el sentido correcto de sus milagros. Expulsar demonios por el Espíritu Santo demostraba que el reino de Dios estaba obrando por medio del Mesías.

Jesús habló entonces del pecado imperdonable (12:30-32), que implicaba blasfemar contra el Espíritu Santo. Este pecado no podía perdonarse en la era presente ni en la venidera. Este pecado era mucho más que hacer declaraciones improvisadas y despectivas sobre Jesús o el Espíritu Santo, desde la distancia o desde la ignorancia. Implicaba desacreditar las claras obras que el Espíritu Santo estaba realizando por medio del Hijo de Dios. *Por tanto, el pecado imperdonable es el rechazo voluntario y final hacia el Espíritu Santo, quien está obrando por medio de Jesús, al atribuir a Satanás la obra de Dios en Cristo.* En el caso de los hostiles líderes religiosos de Mateo 12, se trataba de una incredulidad decidida y definitiva frente a la clara revelación. Tras ver de primera mano lo que el Señor había hecho y oír su enseñanza, estos líderes llegaron a la conclusión final de que Él era satánico, algo exactamente opuesto a la verdad. Ese rechazo definitivo no podía perdonarse. Al limitarse las condiciones necesarias para cometer el pecado imperdonable al ministerio terrenal de Jesús, el pecado en sí mismo se limitaba al período de tiempo de su carrera en la tierra.

¿Pero hay algún paralelismo con el pecado imperdonable, más allá del ministerio terrenal de Jesús? La respuesta podría ser sí. El problema principal con el pecado imperdonable era la incredulidad endurecida y voluntaria a pesar del claro testimonio del Espíritu Santo. Hebreos 6:4-6 alude a los que "una vez fueron iluminados" y han sido hechos "partícipes del Espíritu Santo", pero se les advierte contra apartarse de la fe, ya que "es imposible" que "sean otra vez renovados para arrepentimiento". Este pasaje se refiere a personas que tenían un gran conocimiento del Espíritu Santo. Lo vieron hacer milagros por medio de los apóstoles (He. 2:3-4), pero se quedaron lejos de comprometerse con Jesús. Persistieron en la incredulidad, con lo que corrían el peligro de alcanzar el punto de no retorno. Incluso hoy, es posible que personas que conocen el evangelio, lo rechacen continuamente. Esas personas son apóstatas que están más allá del arrepentimiento y la gracia (He. 10:26-31).

La realidad es que todos los que rechazan al Señor Jesús en esta vida, que no lo aceptan con fe salvadora, no pueden ser perdonados, ya que el perdón solo se ofrece a quienes creen en Él. Aunque el pecado imperdonable descrito en Mateo 12 implicaba una dureza de corazón definitiva contra Jesús, cuando Él estaba en la tierra, el rechazo impenitente hacia el Señor Jesucristo es siempre un pecado que queda sin perdonar, ya que el perdón solo se encuentra a través de la fe y el arrepentimiento en Cristo. Por el contrario, cualquiera que viene a Cristo con verdadero arrepentimiento y una fe genuina será perdonado (cf. Jn. 6:37; Ro. 10:9).

El pecado que conduce a la muerte

En 1 Juan 5:16, el apóstol menciona dos tipos de pecados respecto al "hermano" cristiano. En primer lugar, declara que hay un pecado que no conduce a la muerte. Y, en segundo lugar, habla de un pecado que sí lo hace:

> Si alguno viere a su hermano cometer pecado que no sea de muerte, pedirá, y Dios le dará vida; esto es para los que cometen pecado que no sea de muerte. Hay pecado de muerte, por el cual yo no digo que se pida.

El "pecado de muerte" es de particular interés. ¿Qué pecado es este? Una de las respuestas que se dan es que Juan se está refiriendo a un creyente practicante que demuestra a través del pecado habitual que no es un cristiano auténtico (1 Jn. 3:6). Por tanto, el pecado en cuestión concierne al pecado de un incrédulo que conduce a la muerte eterna. Tal rechazo de Jesús tiene la misma consecuencia que el pecado cometido por los líderes judíos que atribuyeron los milagros de Jesús al poder de Satanás (Mt. 12:31-32). La apostasía es imperdonable. En este caso, orar por la restauración es inútil, porque Dios ya ha establecido el futuro de aquel que rechaza (He. 6:6).

Según otra opinión, el pecado de muerte podría referirse a un verdadero creyente cuya vida, como la de algunos en Corinto (1 Co. 11:29-30), trajo vergüenza a Cristo y, por tanto, la disciplina de Dios desembocó en muerte prematura. El pecado del cristiano es tan grave que Dios toma la vida de la persona. Por ejemplo, Ananías y Safira murieron al instante cuando mintieron al Espíritu Santo ante la iglesia (Hch. 5:1-11). De forma parecida, en 1 Corintios 5:5, Pablo ordenó poner en disciplina a un miembro de la iglesia implicado en un pecado de inmoralidad: "El tal sea entregado a Satanás para destrucción de la carne, a fin de que el espíritu sea salvo en el día del Señor Jesús". Si un cristiano está bajo la disciplina de la iglesia, los miembros de la congregación no deberían orar para que se eliminen las consecuencias de dicha disciplina, hasta que el pecador se arrepienta. Para ello, la entrega al ámbito de Satanás. En 1 Jn. 5:16, el pecado de muerte no es uno en particular, sino cualquiera que el Señor decida que es suficientemente grave como para merecer un castigo drástico.

Ambos puntos de vista reflejan la verdad bíblica, y cuesta saber con certeza cuál de ellos tenía Juan en mente. En ambos casos, concluye que la oración por los que cometen un pecado de muerte no acabará como podría anticipar, porque no es conforme a la voluntad de Dios (1 Jn. 5:14-15).

¿Existen pecados mortales y veniales?

La Iglesia católica fomenta los conceptos de pecados mortales y veniales. Supuestamente, los pecados mortales desembocan en la muerte espiritual del alma. Son pecados intencionales y graves como el asesinato, el adulterio y la fornicación. Si una persona muere con un pecado mortal sobre su alma, está perdida para siempre. El remedio para un pecado mortal es el sacramento de la penitencia, que restaura su relación con Dios. Un pecado venial es un pecado menor o perdonable que no rompe la comunión con Dios ni desemboca en la separación eterna de Dios. Por ejemplo, aunque la difamación intencional es un pecado mortal, la persona que dice algo desagradable en el momento, sin reflexionar mucho, podría ser culpable de un pecado venial.

La Biblia no ratifica las ideas católicorromanas de pecados mortales y veniales ni del contexto sacramental y penitente en el que se entienden. Todos los pecados establecen una culpa legal y, sin fe en Cristo, los pecadores son dignos de la separación eterna de Dios. Ambas categorías de pecados mortales y veniales operan dentro de una visión incorrecta de la salvación, en el que la justificación se considera un proceso durante el cual una persona puede cometer ciertos pecados que la eliminan de tener una relación con Dios, mientras que otros pecados no la perjudican. El punto de vista bíblico es que en el momento de la fe salvadora, el cristiano es declarado justo por la justicia imputada de Cristo (Ro. 4:3-5). Se perdonan todos los pecados, de forma que nada pueda separar al cristiano de la comunión con Dios (Ro. 8:1, 38-39). Además, la idea católicorromana de la penitencia meritoria, como algo necesario para la eliminación de un pecado mortal, es un error que ataca a la suficiencia del sacrificio expiatorio de Jesús por el pecado. En lugar de mirar a sus propios actos de penitencia, el cristiano recurre al sacrificio de Cristo como pago completo por la totalidad de su pecado (He. 10:10-18).

El pecado y el cristiano

¿Qué efecto tiene el pecado de un cristiano? La Biblia no enseña el perfeccionismo en esta vida o antes de la resurrección; por tanto, los cristianos pecarán. En 1 Juan 1:8 leemos: "Si decimos que no tenemos pecado, nos engañamos a nosotros mismos, y la verdad no está en nosotros".[33] Pero cuando una persona confía en Cristo, recibe tanto el perdón de los pecados como la justicia de Cristo. Por consiguiente, Pablo declara: "Ahora, pues, ninguna condenación hay para los que están en Cristo Jesús" (Ro. 8:1). Cristo murió por nuestros pecados (1 Co. 15:3), por lo que todos los pecados —pasados, presentes y futuros— son perdonados. Dios, quien comenzó una buena obra en nosotros, será fiel en completar lo que empezó (Fil. 1:6). El pecado no apartará al cristiano del amor de Dios; de hecho, Pablo afirma que nada "nos podrá separar del amor de Dios, que es en Cristo Jesús Señor nuestro" (Ro. 8:39).

Sin embargo, mientras que los casos de pecado personal no pueden romper la *unión* del creyente con Cristo, sí tienen un impacto negativo sobre la *comunión* del creyente con Cristo. Cuando los cristianos pecan, contristan al Espíritu Santo (Ef. 4:30). El pecado también acarrea la disciplina de Dios. Jesús advirtió: "Yo reprendo y castigo a todos los que amo; sé, pues, celoso, y arrepiéntete" (Ap. 3:19). Además: "Porque el Señor al que ama, disciplina, y azota a todo el que recibe por hijo" (He. 12:6). Los cristianos deberían autoexaminarse por el pecado, y estar abiertos a la exhortación amorosa y la represión por parte de otros creyentes (Gá. 6:1). Jesús instituyó un proceso de disciplina de la iglesia para ocuparse del pecado en la vida de un cristiano practicante (Mt. 18:15-20). El pecado sin arrepentimiento debería llevar a la expulsión de la iglesia, de manera que esta mantenga su pureza (1 Co. 5:13).

El pecado es un asunto serio en la vida del cristiano. Daña el crecimiento espiritual y el testimonio de uno para Cristo. Aunque los cristianos no se enfrentarán nunca al castigo judicial por los pecados, comparecerán ante el tribunal de Cristo para rendir cuentas de los actos realizados estando en el cuerpo, sean buenos o malos (2 Co. 5:10). Se quema la escoria, y la recompensa eterna reflejará lo que quede (1 Co. 3:12-15).

La venida del hombre de pecado

El pecado tiene un impacto devastador y mortal, tanto en el pasado y como en el presente de la humanidad. ¿Será diferente el futuro? Antes de la segunda venida de Cristo, la Biblia predice la venida de un "hombre de pecado" específico, una figura definitiva del anticristo, que será la personificación consumada del pecado y del mal. Durante el venidero día del Señor, esta persona será una imitación del Señor Jesús por parte de

---

33. Para más detalles sobre la refutación bíblica de la doctrina del perfeccionismo, véase "Santificación perfeccionada" en el capítulo 7 (p. 649).

Satanás (2 Ts. 2:3-4). Jesús es el Dios-hombre que es la personificación de la justicia y del amor. Pero el hombre de Satanás será lo contrario. Pablo lo llamó "el hombre de pecado" (2 Ts. 2:3).

Las condiciones que rodean a este "hombre de pecado" se detallan en 2 Tesalonicenses 2. Allí, Pablo refutó la creencia errónea de que el "día del Señor" ya había comenzado. Él reveló que dos acontecimientos coincidirían con la llegada del día del Señor, y como ninguno de ellos se había producido, el día del Señor no podía haber llegado. El primer acontecimiento sería una rebelión masiva en la que se produciría una gran apostasía contra Dios. El segundo sería la llegada del hombre de pecado que se opondría a Dios, y exigiría ser adorado:

> Nadie os engañe en ninguna manera; porque no vendrá sin que antes venga la apostasía, y se manifieste el hombre de pecado, el hijo de perdición, el cual se opone y se levanta contra todo lo que se llama Dios o es objeto de culto; tanto que se sienta en el templo de Dios como Dios, haciéndose pasar por Dios (2 Ts. 2:3-4).

La palabra para "pecado" significa "contra la ley" o "ilegal", y en este contexto significa "ser contrario a la ley y a los propósitos de Dios". El hombre de pecado que vendrá personificará la rebelión flagrante contra Dios y será conocido como "el hijo de perdición" (2 Ts. 2:3). Con anterioridad, Jesús declaró que Satanás viene a "hurtar y matar y destruir" (Jn. 10:10); su representante también lo hará.

El pasaje de 2 Tesalonicenses prosigue, y describe la actividad de este hombre de pecado: se opondrá a Dios y se autoexaltará por encima de todo objeto de adoración, incluido el Dios verdadero. Exigirá que solo se lo adore a él (2 Ts. 2:4). También se sentará en el templo de Dios en Jerusalén y declarará ser Dios (cf. Dn. 9:27; Mt. 24:15). Aunque el Espíritu Santo refrena ahora la aparición de este personaje malvado, él se manifestará "a su debido tiempo", cuando el Espíritu deje de contenerlo (2 Ts. 2:6). Esto no significa que el pecado no esté operando ya, porque "ya está en acción el misterio de la iniquidad" (2 Ts. 2:7), pero cuando se quite a Aquel que lo contiene, "se manifestará aquel inicuo" (2 Ts. 2:8). Su obra englobará estas actividades: "cuyo advenimiento es por obra de Satanás, con gran poder y señales y prodigios mentirosos, y con todo engaño de iniquidad para los que se pierden, por cuanto no recibieron el amor de la verdad para ser salvos" (2 Ts. 2:9-10). El hombre de pecado escatológico desempeñará su actividad "por obra de Satanás". Así como Jesús, que realizó sus milagros en el poder del Espíritu Santo, este hombre será empoderado por Satanás. Vendrá con "señales y prodigios mentirosos" que intensificarán el "engaño de iniquidad" de las personas que están pereciendo.

El hombre de pecado tendrá una carrera corta: "Y se manifestará aquel inicuo, a quien el Señor matará con el espíritu de su boca, y destruirá con el resplandor de su venida" (2 Ts. 2:8). El hombre de Satanás será echado al lago de fuego, y su reinado de maldad sustituido por el reino de justicia gobernado por el Señor Jesucristo (Is. 11; Zac. 4).

Dios y el problema del mal

Algunos usan la realidad del mal y el sufrimiento como razón para rechazar a Dios. Supuestamente, si Dios fuera totalmente bueno y todopoderoso, el mal y el sufrimiento no existirían, pero en vez de refutar a Dios, la existencia de estos dos solo puede explicarse de un modo adecuado desde una visión cristiana del mundo, arraigada en la perspectiva bíblica de la creación y la caída. Se puede encontrar más acerca de la teodicea —la defensa de Dios, a la luz del problema del mal— en el capítulo 3 ("El problema del mal y la teodicea", p. 226) y en el capítulo 7 ("El decreto de Dios y el problema del mal", p. 502; "La justificación de Dios", p. 519). Pero algunos comentarios son apropiados aquí a la luz de la función del pecado en la producción del mal y del sufrimiento.

Uno debe recordar que Dios es el Rey soberano del universo, que hace lo que desea sin tener que responder al hombre (Ro. 9:20). Dios no está siendo juzgado, y cualquier contradicción aparente entre la existencia de Dios y la realidad del mal no es más que eso, algo aparente, no real. Cuando se entiende esta realidad, varios puntos pueden ayudarnos a entender el mal y el sufrimiento.

En primer lugar, Dios creó el mundo y declaró que todo lo que había en él era "bueno en gran manera" (Gn. 1:31). El pecado y la muerte no existían durante la semana de la creación. Adán los introdujo más adelante (Gn. 3; Ro. 5:12). Dios le advirtió a Adán que comer del árbol del conocimiento del bien y del mal acarrearía la muerte (Gn. 2:15-17), pero Adán desobedeció voluntariamente a su Creador, a quien tenía que rendir cuentas. La responsabilidad por el pecado le corresponde al hombre pecador. Dios no es la causa imputable del mal (cf. Ro. 3:5-6; 9:14).

En segundo lugar, al desobedecer a Dios, Adán introdujo tanto el mal natural como el moral en el mundo. Al pecar contra Dios, el hombre trajo hostilidad en las relaciones humanas y el mal moral en la creación. El pecado también afectó al orden natural. Como el hombre era el pináculo de la creación y se le había encomendado la tarea de dominar y sojuzgar al resto de ella, su pecado impactó en toda la naturaleza. Dios maldijo la tierra por el pecado del hombre y, así, la naturaleza obra ahora contra el hombre (Gn. 3:17). Pablo explica que "la creación fue sujetada a vanidad, no por su propia voluntad" (Ro. 8:20). Por tanto, la responsabilidad de un mundo caído radica en el hombre, y no en Dios.

¿Pero por qué no repara Dios sencillamente el mundo o interviene para detener las tragedias o los actos de maldad? La respuesta es, en parte, que la humanidad está experimentando las consecuencias del pecado. Se está enfrentando al desorden que creó. Dios hizo al hombre su vicerregente, y este poseía todo lo necesario para gobernar la tierra con éxito. Pero al pecar, Dios ya no estaba obligado a protegerlo de las consecuencias de su rebelión.

En tercer lugar, Dios no dejó al hombre solo para que se hundiera en la miseria y sufriera sin esperanza. Introdujo la promesa de restaurar la creación y derrotar al poder maligno subyacente a la serpiente (Gn. 3:15), un plan que culmina en última instancia en Jesucristo y que se cumplirá en su primera y segunda venidas. Asimismo, Dios trae un bien común no merecido a la humanidad (Mt. 5:45). Refrena el mal (2 Ts. 2:7); instituyó la conciencia para limitar la libertad del pecador (Ro. 2:14-15) y el gobierno humano para castigar a los hacedores de maldad (Ro. 13:1-7). Dios mismo experimentó también los efectos de un mundo caído cuando Jesús pasó a ser el "varón de dolores" (Is. 53:3) quien vivió, sufrió y murió en una cruz como portador del pecado, bajo la ira divina.

La muerte y resurrección de Jesús establecieron el fundamento para la restauración venidera de todas las cosas (Col. 1:20; Ap. 5:9-10). Nadie puede decir, sin errar, que Dios es un mero observador lejano del mal y del sufrimiento. Jesús abandonó el cielo, y sufrió como ninguna otra persona lo ha hecho, con el fin de liberar a los pecadores del sufrimiento eterno.

Finalmente, llegará un día de juicio en el que Dios pondrá todas las cosas en orden. Él recompensará lo correcto, y castigará lo incorrecto. Todos los pensamientos y las acciones de todas las personas serán juzgados de inmediato. Pablo destacó que cuando Jesús venga, "aclarará también lo oculto de las tinieblas, y manifestará las intenciones de los corazones; y entonces cada uno recibirá su alabanza de Dios" (1 Co. 4:5). Los justos, que han recibido la salvación en Cristo, experimentarán la gloria que supera con creces los sufrimientos de esta vida. Pablo expresó: "Pues tengo por cierto que las aflicciones del tiempo presente no son comparables con la gloria venidera que en nosotros ha de manifestarse" (Ro. 8:18). Esta verdad proporciona una perspectiva eterna a nuestros sufrimientos personales en este mundo caído. Llegará un día en el que todas las lágrimas de aflicción serán eliminadas y la muerte no será más (Ap. 21:3). Los creyentes experimentarán eternamente las alegrías de una nueva tierra, y el pecado cesará para siempre. Como Pablo explicó: "El aguijón de la muerte es el pecado... Mas gracias sean dadas a Dios, que nos da la victoria por medio de nuestro Señor Jesucristo" (1 Co. 15:56-57). Y Dios amará por siempre a todos sus hijos, como siempre ha amado a su Hijo eterno (Jn. 17:24-26).

La teología bíblica del pecado

En este capítulo hemos examinado ya muchos asuntos relativos al pecado, pero es importante concluir con un resumen de la doctrina bíblica del pecado. Tanto los ángeles como los seres humanos fueron creados con voluntad y con la capacidad de obedecer o pecar contra Dios. Satanás cometió el primer pecado en el cosmos al aspirar y desear elevarse por encima de Dios. Una tercera parte de los ángeles, ahora conocidos como demonios, escogieron seguirlo en su rebelión. El pecado de Satanás no trajo el pecado y la muerte al mundo, pero él tentaría al hombre para que pecara, y esto lo conduciría a la muerte.

Dios le advirtió a Adán que si desobedecía y comía del árbol del conocimiento del bien y del mal, moriría. Dios no tentó a Adán ni le obligó a pecar en contra de su voluntad, sino que le brindó la opción de obedecer o desobedecer. En Génesis 3 apareció la serpiente tentadora, empoderada por el ya caído ángel Satanás. La serpiente tentó a Eva para que pecara, le sembró dudas sobre la Palabra de Dios y le argumentó que si comía del árbol prohibido sería como Dios. Eva, y más tarde Adán, comieron del árbol. Este acto desobediente de autonomía condujo al miedo, a la vergüenza, a evitar a Dios, y a culparse el uno al otro. El pecado introdujo la muerte y la maldición en el mundo.

Adán y Eva murieron espiritualmente, y sus cuerpos pasaron a estar sujetos a la decadencia y la muerte. También se introdujo el conflicto en la relación entre el hombre y la mujer, así como en todas las demás relaciones, tal como se ve cuando el primogénito de ellos asesinó a su segundo hijo. Además, la creación fue maldita, y la capacidad de cumplir su comisión de dominar la tierra se convirtió en un fracaso continuo. En lugar de gobernar una tierra sumisa y manejable, el hombre vio cómo el suelo luchaba para frustrarlo y consumirlo en su muerte. El pecado convierte al hombre en un fracaso, tanto en sus relaciones como en su capacidad de funcionar como gobernador de la tierra en nombre de Dios.

Génesis 3:15 ofreció la primera promesa de esperanza para el hombre maldito. Dios predijo que una futura simiente de la mujer revertiría la maldición y derrotaría al poder satánico subyacente en la serpiente. El pecado desembocó en una lucha entre la simiente de la mujer y la de la serpiente, pero Satanás y sus seguidores serían derrotados un día por una persona que procedería de Eva. Ella pensó que su primer hijo, Caín, podría ser el hombre que liberaría a la raza humana (Gn. 4:1), pero Caín mismo era un asesino. El padre de Noé, Lamec, creía que su hijo podía ser el salvador prometido (Gn. 5:28-29). Sin embargo, aunque Dios usó a Noé en gran manera, era pecador y no fue apto para ser el libertador prometido de Génesis 3:15.

La genealogía de muerte en Génesis 5 revelaba que, a excepción de Enoc, todos los descendientes de Adán murieron. En la época de Noé, la evaluación que Dios realizó del hombre fue que siempre era malvado (Gn. 6:5, 11-13). Dios juzgó a la humanidad pecadora por medio del diluvio global, y solo salvó a Noé, su familia y una pareja de cada animal (Gn. 7–8). Con el pacto noético, Dios prometió no destruir al hombre pecador, de forma que su reino y sus planes de salvación pudieran desarrollarse (Gn. 8:20–9:17). Después del diluvio, el hombre se rebeló contra Dios en la torre de Babel. Hombres pecadores se reunieron para hacerse un nombre para sí mismos, y permanecieron asentados en un lugar, en contra del mandato de Dios de cubrir la tierra (Gn. 11:1-9); pero Dios castigó a la raza humana y separó a los hombres lingüísticamente.

La secuencia de acontecimientos en Génesis 1–11 reveló que el pecado seguía siendo el problema principal de la humanidad. El diluvio global castigó al mundo de los pecadores, pero no pudo eliminar el pecado, porque moraba en el corazón de los hombres. La espera de un Libertador y Salvador del pecado proseguía. El plan para derrotar al pecado progresó cuando Dios escogió a Abraham y a la gran nación (Israel) que descendería de él. Juntos, fueron los medios escogidos por Dios para bendecir y salvar al mundo (Gn. 12:2-3; 22:18). Abraham fue un gran hombre, pero él también era pecador e incapaz de ser el salvador (Gn. 20:2). El pueblo de Israel se multiplicó en número y, tras el éxodo de Egipto, recibió el pacto mosaico y pasó a ser una nación. El acontecimiento de la Pascua, en el cual la sangre de un cordero protegió al pueblo de la muerte, representaba el sacrificio venidero del Libertador, el Señor Jesucristo (1 Co. 5:7).

Israel fue llamado a ser un reino de sacerdotes para las naciones, y su obediencia a Dios tendría que haber sido un testimonio a las naciones (Éx. 19:6; Dt. 4:5-6). En su lugar, Israel pecó de forma atroz contra Dios en la adoración del becerro de oro, y continuó violando el pacto mosaico. La nación se deterioró en gran manera después de la idolatría de Salomón (1 Reyes 11) y tomó el camino hacia la división y la dispersión. No solo fracasó el pueblo de Israel, sino que también los reyes del linaje de David —que debían ser un modelo de obediencia a Dios— demostraron ser pecadores fracasados.

Los profetas reprendieron a Israel por desobedecer continuamente el pacto mosaico y, por tanto, a Dios mismo. Predijeron que los israelitas serían dispersados por las naciones. Sin embargo, llegó la esperanza cuando Isaías predijo la llegada de un siervo futuro de Israel, quien expiaría en sacrificio los pecados de la nación, y traería salvación a los gentiles (Is. 49:3-6; 52:13–53:12). La solución al problema del pecado del hombre era que el siervo justo lo remediara al cargar sobre sí mismo la culpa de los pecados de los demás. Él sufriría el juicio divino en lugar del hombre (Is. 53).

Este siervo apareció al principio del Nuevo Testamento en la persona de Jesús, el Libertador y Salvador sin pecado. Descendiente de Abraham y de David, Jesús es a la vez Mesías y Rey. Y Juan el Bautista declaró: "He aquí el Cordero de Dios, que quita el pecado del mundo" (Jn. 1:29). Juan el Bautista y Jesús predicaron la misma palabra: "Arrepentíos, porque el reino de los cielos se ha acercado" (Mt. 3:2; 4:17). Este mensaje mostraba que la entrada al reino del Mesías exigía el arrepentimiento del pecado. Jesús declaró que había venido para dar su vida en rescate por muchos (Mr. 10:45) y, con su muerte, expió los pecados de su pueblo como sustituto sacrificial (2 Co. 5:21; 1 P. 2:24).

El apóstol Pablo reveló que todas las personas, judías o gentiles, son pecadoras e incapaces de salvarse a sí mismas (Ro. 1:18–3:20). La salvación del pecado puede encontrarse y recibirse, pero solo a través de la fe en Jesús y de la justicia que Él proporciona (Ro. 3:21–5:21). El sufrimiento de Jesús y el nuevo pacto establecido por su muerte destruyen el poder del pecado para todos los que están unidos con Él (Ro. 6:1–8:17). Los creyentes en el Señor Jesús son salvos del pecado y reciben vida espiritual y eterna. Son una nueva creación (2 Co. 5:17). Sin embargo, la eliminación de la muerte y de los efectos del pecado sobre el cuerpo físico espera el retorno del Salvador y la resurrección (Ro. 8:23; 1 Co. 15:20-24).

Aunque Jesús conquistó a la muerte en la cruz, la derrota final del pecado espera en el futuro. El día venidero del Señor será un tiempo en el que Dios juzgue y castigue a los pecadores sobre la tierra (Is. 13:9, 11). Un inminente hombre de pecado y maldad aparecerá en conexión con el día del Señor; el Espíritu Santo cesará su ministerio de contención y permitirá que este hombre de pecado sea revelado y que la maldad tenga rienda suelta (2 Ts. 2:1-12). Pero cuando Jesús vuelva a la tierra, destruirá a este hombre de pecado, junto con todos aquellos que lo siguen (Ap. 19:11-21).

El reino del Señor Jesús se caracterizará positivamente por la justicia y las bendiciones a las naciones. Será, asimismo, un gobierno con vara de hierro (Sal. 2:9), y todos los que desobedecen al Rey Jesús serán castigados (Is. 65:20; Zac. 14:16-19). El reinado milenial del Mesías y sus santos será el cumplimiento del reinado exitoso del reino que Dios esperaba de Adán y de la humanidad en la creación (Gn. 1:26-28). Después del reinado de mil años de Jesús, tendrá lugar una rebelión final, cuando Satanás es liberado del abismo para liderar una última revuelta contra el Señor en Jerusalén. El remanente de incrédulos se unirá a esta revuelta, pero el fuego del cielo los destruirá a todos al instante (Ap. 20:7-10). Incluso con la presencia de Satanás eliminada y el orden perfecto establecido durante el reino milenial, los corazones de los pecadores estarán corrompidos, y cuando tengan la oportunidad, los que rechazan a Cristo en ese período se unirán en esa rebelión final. Después, todos los incrédulos se reunirán para el juicio del gran trono blanco. Su juicio se basará en los hechos, pero como las obras no pueden salvar, Dios los enviará a todos eternamente al lago de fuego. El pecado no tendrá más lugar, y los santos de Dios reinarán para siempre en su presencia sobre la nueva tierra (Ap. 22:3-5). El pecado y sus efectos se eliminarán eternamente (Ap. 21:3-4). Todo será gloria, paz, gozo y amor.

Oración[34]

Padre, gracias por la verdad vital
    respecto a que tu Espíritu nos transforma.
Sabemos que la vida transformada es un fruto,
    no la causa, de nuestra salvación.
Tú eres quien nos escogió y atrajo,
    y Cristo es el Autor y el Consumador de nuestra fe.
Su obra es la única base y razón de nuestra justificación.
No nos salvamos por mérito alguno ni por bondad nuestra,
    porque nada de eso tenemos.

Pero, de igual manera, sabemos que cuando tú nos das un estatus por la fe en Cristo,
    nos transformas por completo.
Si alguien está en Cristo, es una nueva criatura;
    las cosas viejas pasaron; he aquí, han venido cosas nuevas.
Tu Espíritu nos da un nuevo corazón.
Desde el momento de nuestra conversión, Él mora en nosotros,
    y por medio de su presencia viva en nuestros corazones,
        tú nos estás conformando firmemente a la imagen de Cristo.

Entendemos, por supuesto,
    que nunca alcanzaremos la perfección sin pecado en esta vida;
    porque no seremos totalmente como Cristo
        hasta que lo veamos finalmente cara a cara.
Pero cuando pecamos, sabemos que tenemos un Abogado con el Padre,
    Jesucristo el justo.
Te agradecemos que Él esté suplicando por nosotros incluso ahora,
    y busque nuestro bienestar ante tu trono
        con oraciones que avergüenzan nuestras oraciones insignificantes.
Tu Espíritu intercede igualmente por nosotros,
    con gemidos indecibles.

Señor, somos cada vez más conscientes de nuestra culpa,
    y nos avergonzamos de nuestro pecado.

---

34. El texto original en inglés de esta oración viene de John MacArthur, *At the Throne of Grace: A Book of Prayers* (Eugene, OR: Harvest House, 2011), 160-162. Usado con permiso de Harvest House.

Ayúdanos, pues, a bendecirte más y más
    por tu amor inquebrantable por nosotros.
Empodéranos más y más
    para servirte con fidelidad y gozo.
Sobre todo, haznos cada vez más como Cristo.
Recuérdanos, Señor, que ahora somos esclavos de la justicia
    en lugar de esclavos del pecado.
Venimos ante ti humildemente,
    agradecidos por tu misericordia y por la transformación
        que ha provocado que amemos y hagamos las cosas que te agradan.

Oh Dios, Creador y Señor nuestro,
    nos deleitamos en tu justicia y sabiduría.
Hemos sido bendecidos por tu misericordia y tu gracia.
Nos gozamos en tu misericordia y compasión
    hacia los pecadores como nosotros.
Aunque somos totalmente indignos de tu favor,
    tú nos salvaste misericordiosamente de la culpa y la condenación
        de nuestro pecado.
Nuestro juicio se depositó en Cristo en el Calvario;
    Él borró nuestros pecados por el sacrificio de sí mismo,
    y tú lo resucitaste de entre los muertos
        como afirmación de su gran logro.

Tu misericordia y tu gracia fueron así aseguradas para nosotros
    por Cristo nuestro Salvador.
Por eso deseamos honrarlo por medio de nuestro servicio.
Que nunca pensemos que nuestras obras son meritorias;
    ni siquiera suplementos dignos de su obra acabada.
Confesamos que nuestro mejor servicio
    es totalmente improductivo,
    y cuando hemos entregado nuestra mejor obediencia,
    seguimos siendo simplemente esclavos indignos
        que no han hecho más que lo que deberían hacer.

Haz que solo nos apoyemos, pues, en Cristo,
    que confiemos en Él,
    que lo honremos,
    y le sirvamos fiel pero humildemente.
Repudiamos nuestros pecados, y confiamos en tu purificación y perdón continuos.
Capacítanos para vivir de una forma
    que atraiga a otros a las glorias de Cristo,
    en cuyo nombre oramos. Amén.

"Gracia admirable"

¡Gracia admirable del Dios de amor
que excede a todo nuestro pecar!
Cristo en la cruz por el pecador
Su vida ha dado. ¡Qué amor sin par!

Coro:
¡Gracia! (¡Gracia de Dios!) ¡Gracia! (¡Gracia sin par!)
¡Gracia de Dios que nos da perdón!
¡Gracia! (¡Gracia de Dios!) ¡Gracia! (¡Gracia sin par!)
¡Gracia que limpia el corazón!

Negras las olas de la maldad
me amenazaron con perdición;
pudo en la gracia de Dios hallar
dulce refugio mi corazón.

Nunca tu mancha podrás limpiar
sino en la sangre del buen Jesús;
en ella, sí, la podrás lavar,
hoy sin cesar fluye de la cruz.

Gracia infinita recibirá
todo el que cree en Cristo el Señor;
si del pecado cansado estás,
ven, gracia ofrece tu Salvador.

—Julia H. Johnston (1849–1919)
    (trad. por G. P. Simmonds)

Bibliografía
Principales teologías sistemáticas: El hombre

Bancroft, Emery H. *Fundamentos de teología bíblica*. Grand Rapids, MI: Editorial Portavoz, 1986. 281-294.

Berkhof, Louis. *Teología sistemática*. Grand Rapids, MI: Libros Desafío, 2005. 213-259.

Buswell, James Oliver, Jr. *Teología sistemática*. 4 tomos. Miami, FL: Logoi, 2005. 2:217-436.

Culver, Robert Duncan. *Systematic Theology: Biblical and Historical*. Fearn, Ross-shire, Escocia: Mentor, 2005. 227-335.

Dabney, Robert Lewis. *Systematic Theology*. 1871. Reed., Edimburgo: Banner of Truth, 1985. 292-305.

Erickson, Millard J. *Teología sistemática*. Viladecavalls: Editorial Clie, 2008. 475-572.

*Grudem, Wayne. *Teología sistemática: Una introducción a la doctrina bíblica*. Miami, FL: Editorial Vida, 2007. 459-512.

Hodge, Charles. *Teología sistemática*. 2 vols. Barcelona: Editorial Clie, 2010. 1:455-512.

Lewis, Gordon R. y Bruce A. Demarest. *Integrative Theology*. 3 vols. Grand Rapids, MI: Zondervan, 1987–1994. 2:17-180.

Reymond, Robert L. *A New Systematic Theology of the Christian Faith*. Nashville: Thomas Nelson, 1998. 415-440.

*Shedd, William G. T. *Dogmatic Theology,* 3 vols. 1889. Reed., Minneapolis: Klock & Klock, 1979. 2A:3-147; 3:249-331.

Strong, August Hopkins. *Systematic Theology: A Compendium Designed for the Use of Theological Students*. Ed. rev. Nueva York: Revell, 1907. 465-532.

Swindoll, Charles R. y Roy B. Zuck, eds. *Understanding Christian Theology*. Nashville: Thomas Nelson, 2003. 641-722.

Thiessen, Henry Clarence. *Introductory Lectures in Systematic Theology*. Grand Rapids, MI: Eerdmans, 1949. 214-237.

Turretin, Francis. *Institutes of Elenctic Theology*. 3 vols. Editado por James T. Dennison Jr. Traducido por George Musgrove Giger, 1679–1685. Reeditado, Phillipsburg, NJ: P&R, 1992–1997. 1:569-589.

*Indica las más útiles.

Principales teologías sistemáticas: El pecado

Bancroft, Emery H. *Fundamentos de teología bíblica*. Grand Rapids, MI: Editorial Portavoz, 1986. 297-305.

Berkhof, Louis. *Teología sistemática*. Grand Rapids, MI: Libros Desafío, 2005. 260-312.

Buswell, James Oliver, Jr. *Teología sistemática*. 4 tomos. Miami, FL: Logoi, 2005. 1:243-314.

Culver, Robert Duncan. *Systematic Theology: Biblical and Historical*. Fearn, Ross-shire, Escocia: Mentor, 2005. 337-417.

Dabney, Robert Lewis. *Systematic Theology*. 1871. Reed., Edimburgo: Banner of Truth, 1985. 306-351.

*Erickson, Millard J. *Teología sistemática*. Viladecavalls: Editorial Clie, 2008. 575-670.

*Grudem, Wayne. *Teología sistemática: Una introducción a la doctrina bíblica*. Miami, FL: Editorial Vida, 2007. 513-539.

Hodge, Charles. *Teología sistemática*. 2 vols. Barcelona: Editorial Clie, 2010. 1:513-640.

Lewis, Gordon R. y Bruce A. Demarest. *Integrative Theology*. 3 vols. Grand Rapids, MI: Zondervan, 1987–1994. 2:183-245.

Reymond, Robert L. *A New Systematic Theology of the Christian Faith*. Nashville: Thomas Nelson, 1998. 440-458.

*Shedd, William G. T. *Dogmatic Theology,* 3 vols. 1889. Reed., Minneapolis: Klock & Klock, 1979. 2A:148-257; 3:331-377.

Strong, August Hopkins. *Systematic Theology: A Compendium Designed for the Use of Theological Students*. Ed. rev. Nueva York: Revell, 1907. 533-664.

Swindoll, Charles R. y Roy B. Zuck, eds. *Understanding Christian Theology*. Nashville: Thomas Nelson, 2003. 723-800.

Thiessen, Henry Clarence. *Introductory Lectures in Systematic Theology*. Grand Rapids, MI: Eerdmans, 1949. 238-272.

Turretin, Francis. *Institutes of Elenctic Theology.* 3 vols. Editado por James T. Dennison Jr. Traducido por George Musgrove Giger, 1679–1685. Reed., Phillipsburg, NJ: P&R, 1992–1997. 1:591-685.

*Indica las más útiles.

Obras específicas

Barrick, William D. "A Historical Adam: Young-Earth Creation View". En *Four Views on the Historical Adam,* editado por Matthew Barrett y Ardel B. Caneday, 197-254. Grand Rapids, MI: Zondervan, 2013.

Berkouwer, G. C. *Man: The Image of God.* Grand Rapids, MI: Eerdmans, 1962.

———. *Sin,* Studies in Dogmatics 11. Grand Rapids, MI: Eerdmans, 1972.

Clark, Gordon H. *The Biblical Doctrine of Man.* Trinity Paper 7. Jefferson, MD: Trinity Foundation, 1984.

*Hoekema, Anthony A. *Creados a la imagen de Dios.* Grand Rapids, MI: Libros Desafío, 2015.

Hughes, Philip Edgcumbe. *The True Image: The Origin and Destiny of Man in Christ.* Grand Rapids, MI: Eerdmans, 1989.

Laidlaw, John. *The Biblical Doctrine of Man.* 1895. Reed., Minneapolis: Klock & Klock, 1983.

*MacArthur, John. *La batalla por el comienzo,* Grand Rapids, MI: Editorial Portavoz, 2003.

———. *The Vanishing Conscience.* Dallas: Word, 1994.

Machen, J. Gresham. *The Christian View of Man.* 1937. Reed., Edimburgo: Banner of Truth, 1984.

Mortenson, Terry y Thane H. Ury, eds. *Coming to Grips with Genesis: Biblical Authority and the Age of the Earth.* Green Forest, AR: Master Books, 2008.

Pink, Arthur W. *Gleanings from the Scriptures: Man's Total Depravity.* Chicago: Moody Press, 1969.

Ramm, Bernard, *Offense to Reason: A Theology of Sin.* San Francisco: Harper & Row, 1985.

Whitcomb, John Clement. *The Early Earth: An Introduction to Biblical Creationism.* 3ra. ed. Winona Lake, IN: BMH, 2010.

*Indica las más útiles.

Asuntos sociales

*Clouse, Robert G., ed. *War: Four Christian Views.* Ed. rev. Downers Grove, IL: InterVarsity Press, 1991.

*DeYoung, Kevin. *What Does the Bible Really Teach about Homosexuality?* Wheaton, IL: Crossway, 2015.

*Feinberg, John S. y Paul D. Feinberg. *Ethics for a Brave New World.* 2da. ed. Wheaton, IL: Crossway, 2010.

Köstenberger, Andreas J. *God, Marriage, and Family: Rebuilding the Biblical Foundation* con David W. Jones. 2da. ed. Wheaton IL: Crossway, 2010.

*MacArthur, John. *Distintos por diseño.* Grand Rapids, MI: Editorial Portavoz, 2004.

*———. *El dilema del divorcio: La Palabra de Dios para un compromiso permanente.* El Paso, TX: Editorial Mundo Hispano, 2013.

*Murray, John. *Principles of Conduct: Aspects of Biblical Ethics*. Grand Rapids, MI: Eerdmans, 1957.

*Piper, John y Wayne Grudem, eds. *Recovering Biblical Manhood and Womanhood: A Response to Evangelical Feminism*. Wheaton, IL: Crossway, 1991.

Strauch, Alexander. *Hombres y mujeres: Iguales, pero diferentes*. Puebla: Ediciones Las Américas, 2002.

Young, Curt. *The Least of These: What Everyone Should Know about Abortion*. Chicago: Moody Press, 1983.

*Indica las más útiles.

"Maravilloso es el gran amor"

Maravilloso es el amor,
que Cristo derramó en mí.
Siendo rebelde pecador,
yo de su muerte causa fui.
¡Grande inmensurable amor!
Por mi murió el Salvador.

Coro
¡Oh maravilla de su amor, por mí murió el Salvador!
¡Oh maravilla de su amor, por mí murió el Salvador!

Él su hogar abandonó
dejando gloria y honor.
De todo ello se despojó
por rescatar al pecador.
Misericordia Él mostró,
su gran amor me alcanzó.

En vil prisión yo padecí,
yo estaba en oscuridad.
Entonces me resplandeció
la clara luz de su verdad,
y mis cadenas destruyó;
quedé ya libre Gloria a Dios.

No temo la condenación;
Jesús hoy ya es mi Señor.
Vivo en Él, mi Salvador;
vestido en su justicia voy.
Libre acceso gozo ya
y entrada al trono celestial.

—Carlos Wesley (1707–1788)
   (trad. Esteban Sywulka B.)

7

La salvación

Soteriología

Principales temas del capítulo 7

Introducción a la soteriología
El plan de redención
La realización de la redención
La aplicación de la redención

Introducción a la soteriología

El propósito supremo de la salvación
Gracia común

Al llegar a la doctrina de la soteriología, el estudioso de las Escrituras llega al pináculo de la teología cristiana, porque los temas y los asuntos que se tratan en el estudio de la salvación tienen muchísimo que ver con el corazón mismo del evangelio y con el núcleo central de la historia redentora. Como se ha demostrado en el capítulo 6, el hombre fue creado a imagen de Dios, y se le encargó que gobernara sobre la creación como representante de Dios en la tierra. Sin embargo, el hombre ha fracasado por completo en dicha encomienda, ha pecado contra Dios en la desobediencia de Adán y ha caído del estado original de la bendita comunión que experimentó en el jardín. Como resultado, todos los descendientes de Adán son concebidos en pecado, y nacen como enemigos de Dios. El hombre está, por naturaleza, apartado de Dios y es, a la vez, judicialmente responsable ante Él; es incapaz de disfrutar de la comunión con Dios para la que fue creado y también se le exige que pague la pena por quebrantar las leyes de Dios y menospreciar su gloria: es decir, la muerte.

Y, aun así, Dios es el Salvador, quien ha actuado por gracia salvadora para redimir del pecado y de la muerte a aquellos que crean. Su plan de redención comenzó en la eternidad pasada, cuando Dios Padre puso su amor elector en los pecadores que no lo merecían, y determinó rescatarlos de la caída y de las merecidas consecuencias de su desobediencia. Designó al Señor Jesucristo, Dios Hijo, para que llevara a cabo la redención en beneficio de los elegidos mediante su encarnación como hombre, su perfecta obediencia a Dios como hombre, y su muerte sustitutoria en lugar de su pueblo, para pagar la pena por su pecado. El Padre y el Hijo han enviado a Dios Espíritu Santo para que aplique a los elegidos todos los beneficios salvadores que el Hijo compró para su pueblo. Por tanto, este capítulo sigue una forma trinitaria en la que el plan de redención del Padre, el cumplimiento de la redención del Hijo y la aplicación de dicha redención por el Espíritu se desarrollan uno tras otro, y arrojan luz sobre las siguientes doctrinas: la elección y la reprobación, la expiación, el llamado y la regeneración, el arrepentimiento y la fe, la unión con Cristo, la justificación, la adopción, la santificación, la perseverancia de los santos y la glorificación.

El propósito supremo de la salvación

Antes de tratar la doctrina de la soteriología, es necesario considerar que el propósito para el cual Dios salva a su pueblo está de acuerdo con su propósito supremo para todas las cosas, es decir, traer gloria y honra a sí mismo. Al recibir los creyentes tan inmensas bendiciones de la mano de la gracia salvadora de Dios, es un concepto erróneo común suponer que el aspecto principal de Dios en la salvación son los pecadores mismos. El privilegio de ser escogido por Dios para salvación en base a nada en uno mismo, que se provea un sustituto de tal valor y honor como el Hijo de Dios mismo, recibir el don del nuevo nacimiento aparte de cualquier obra de uno mismo, ser unido a Cristo, declarado justo al margen de las obras, adoptado en la familia de Dios y conformado a su imagen, progresivamente en la tierra y de forma perfecta en el cielo; el flujo de beneficios por gracia que el hombre disfruta en la salvación tienta al estudioso de las Escrituras a creer que el amor salvador de Dios concluye en última instancia en el hombre. Sin embargo, las Escrituras revelan que la salvación no está centrada en el hombre, sino en Dios. Él salva a los pecadores "para alabanza de la gloria de su gracia" (Ef. 1:6).

Las Escrituras están repletas de testimonios del compromiso fundamental de Dios de buscar la gloria de su nombre. El arquetipo veterotestamentario de la salvación de Dios es la redención de Israel de la esclavitud en Egipto. El salmista se refiere a este pináculo terrenal de la liberación salvadora de Dios, y comenta: "No obstante, los salvó por amor de su nombre, para manifestar su poder" (Sal. 106:8, LBLA). Aunque Dios tuvo sin duda compasión de la difícil situación de su pueblo, y deseó verlos libres de su yugo de esclavitud (cf. Éx. 2:23-25; 3:7-8, 16), y aunque inequívocamente deseó acarrear justicia sobre Egipto por su cruel opresión (cf. Éx. 3:9; 6:1-9), su preocupación suprema en la redención de Israel fue, sin embargo, honrar su nombre (cf. Éx. 9:16; 14:4, 17-18). Más tarde, como Dios prometió la venida de su siervo lleno del Espíritu para establecer justicia en la tierra, para abrir los ojos de los ciegos y libertar a los prisioneros de la oscuridad (Is. 42:1-7), proclama: "Yo soy Jehová, ese es mi nombre. Y mi gloria a otro no daré" (Is. 42:8, trad. del autor). Es como si dijera: "No permitiré que la honra y la alabanza que pertenecen a mi nombre le sean dadas a nadie más. Yo soy Jehová y, por tanto, seré alabado". De manera similar, en respuesta a la obstinación de Israel, Dios declara: "Por amor de mi nombre diferiré mi ira, y para alabanza mía la reprimiré para no destruirte" (Is. 48:9). Aunque Israel recibe la misericordia de la ira de Dios reprimida, la motivación suprema de Dios es exaltar su persona. Enfatiza este propósito aún más en Isaías 48:11: "Por mí, por amor de mí mismo lo haré, para que no sea amancillado mi nombre, y mi honra no la daré a otro". El lector escucha la lógica que afianza el razonamiento de Dios: Él actuará por su propio bien, porque es impensable que no recibiera la gloria de la que es merecedor. Además, la centralidad de la salvación en Dios se extiende hasta su decisión de no solo retrasar su ira, sino también de salvar finalmente de ella. Ante el precipicio del exilio babilónico, Dios declara que finalmente rescatará y restaurará a Israel, aunque niega de forma explícita que los salvará por ellos mismos:

> ... No lo hago por vosotros, oh casa de Israel, sino por causa de mi santo nombre... Y santificaré mi grande nombre, profanado entre las naciones, el cual profanasteis vosotros en medio de ellas; y sabrán las naciones que yo soy Jehová... cuando sea santificado en vosotros delante de sus ojos (Ez. 36:22-23).

Dios ha asociado su nombre de tal manera a su pueblo que la destrucción de este mancharía su reputación (cf. Éx. 32:7-14; Dn. 9:18-19). Por consiguiente, liberará a su pueblo por su propia gloria. En última instancia, el Dios salvador borrará nuestras transgresiones por amor a sí mismo (Is. 43:25); Él perdona los pecados por amor a su nombre (1 Jn. 2:12).

No hay mayor testimonio del principal compromiso de Dios con su gloria en la salvación que la que declara el glorioso himno de alabanza de Pablo al Dios Salvador revelado en Efesios 1. Al exaltar al divino Dador de toda bendición espiritual, Pablo declara que todos los aspectos de la salvación del hombre —la elección por parte del Padre (1:4-6), la redención realizada por el Hijo (1:7-12), y el ministerio del sellado del Espíritu Santo (1:13-14)— se han llevado a cabo "para alabanza de la gloria de su gracia" (1:6), "para alabanza de su gloria" (1:12), "para alabanza de su gloria (1:14). Aunque el hombre es el receptor del gran amor de Dios en la salvación (Ro. 5:8; Ef. 2:4), no es la máxima preocupación de la gracia salvadora de Dios. Él mismo y la gloria de su nombre son lo principal en la gracia salvadora de Dios. Cualquier opinión sobre la salvación que exalta al hombre como principal miramiento de Dios denigra, necesariamente, la gloria de Dios.[1]

---

1. Para detalles adicionales sobre el principal compromiso de Dios con su gloria en todos los actos de la creación, la providencia y la redención, véase Jonathan Edwards, *Dissertation on the End for Which God Created the World*, en *The Works of Jonathan Edwards*, ed. Edward Hickman (1834; reed., Carlisle, PA: Banner of Truth, 1974), 1:94-121. El tratado de Edwards se ha reeditado con una útil introducción y notas explicativas en John Piper, *God's Passion for His Glory: Living the Vision of Jonathan Edwards* (Wheaton, IL: Crossway, 1998), 115-251.

Gracia común

Otro asunto preliminar es el tratamiento de la doctrina de la gracia común. Estrictamente hablando, no es soteriológico, porque la gracia común no es gracia salvadora.[2] Como expresión de la bondad universal y la benevolencia de Dios (Sal. 145:9), todas las personas sin excepción experimentan la gracia común, incluidas aquellas que nunca recibirán la salvación (cf. Sal. 33:5; 52:1; 107:8; 119:68). Es distinta a la *gracia especial*, o *gracia salvadora*, por la cual Dios rescata a sus elegidos del castigo y del poder del pecado (Ef. 2:5; Col. 1:13-14), los regenera y los santifica por medio de la obra del Espíritu Santo (2 Co. 5:17; Tit. 3:5). La gracia común no imparte, pues, perdón por el pecado ni regenera los corazones incrédulos. Aunque revela verdades sobre el Creador (Ro. 1:18-20) y produce convicción de pecado (Ro. 2:15), no puede conducir por sí misma a la salvación al margen de la gracia salvadora. Por esta razón, se podría haber tratado también en el capítulo 3, "Dios Padre", como expresión de los atributos de la gracia y de la misericordia de Dios. No obstante, porque la gracia común es preparatoria para el disfrute de la gracia salvadora, se trata aquí.

La gracia común de Dios provee al menos tres beneficios a la raza humana. En primer lugar, refrena temporalmente el pecado y acciona contra sus efectos perjudiciales. Aparte de la gracia divina, la expresión total de la naturaleza caída de la humanidad se desataría sobre la sociedad, con resultados catastróficos. Aunque los pecadores son totalmente depravados, lo que significa que el pecado afecta a cada aspecto de su ser (Ro. 3:10-18, 23; cf. Jer. 17:9; Ef. 2:1; Tit. 3:3), la manifestación plena de esa pecaminosidad se reprime por medio de la conciencia, lo que capacita a los pecadores para que entiendan la diferencia entre el bien y el mal (Ro. 2:15); la autoridad de los padres, quienes enseñan y disciplinan a los hijos (Pr. 2:1-5; 3:1-2; 13:1-2, 24; 19:18); y el gobierno civil, que mantiene el orden de la sociedad humana (Ro. 13:1-5).

En segundo lugar, la gracia común permite que los incrédulos disfruten de la belleza y la bondad en esta vida (Sal. 50:2). Tanto el justo como el injusto experimentan numerosas bendiciones físicas de la mano de Dios (Sal. 104:14-15; Mt. 5:45; Hch. 14:15-17; 17:25). Cada respiración, cada bocado que se come, cada belleza terrenal y cada momento saludable, solo es posible por la provisión de Dios por gracia (cf. Job 12:10; Hch. 17:28). Él es la única fuente de toda bondad (Sal. 106:1; Mr. 10:18; 1 Ti. 4:4; Stg. 1:17). Por consiguiente, todo lo que es bueno y provechoso procede de su benevolente mano. Aunque este mundo había sido devastado por la maldición del pecado (Ro. 8:20-22), la gracia común de Dios permite que los pecadores gusten su abundante y amorosa bondad (cf. Sal. 34:8).

En tercer lugar, la gracia común permite que los pecadores tengan tiempo para escuchar el evangelio, para que puedan sentirse motivados al arrepentimiento. Aunque

---

2. Esta comprensión de la gracia común es distinta del concepto arminiano de la misma, que considera la gracia común como que Dios le da a todas las personas sin excepción la capacidad de arrepentirse y de creer en el evangelio. En ese sentido, es sencillamente el principio de la gracia salvadora, y es prácticamente sinónimo de la doctrina arminiana de la gracia preveniente, de la que se dice que vence los efectos de la depravación total en todos los pecadores, y los lleva a un lugar de neutralidad moral, y por la cual pueden escoger aceptar o rechazar a Cristo por sí mismos. Con todo, la gracia de Dios que se extiende a todas las personas sin excepción, no es salvadora en sentido espiritual alguno, porque todas las bendiciones de la salvación están almacenadas solamente en Cristo, el Salvador (Ef. 1:3). Al no poderse decir jamás, en sentido alguno, que los incrédulos están "en Cristo", no participan de ninguna de las bendiciones de la salvación.

Dios podría, con razón, ejecutar juicio contra los pecadores de manera instantánea, contiene temporalmente el castigo que ellos deberían recibir (cf. Ez. 18:4, 32; Ro. 6:23; 9:22-23; 1 Ti. 4:10). Como explicó el apóstol Pablo: "¿O menosprecias las riquezas de su benignidad, paciencia y longanimidad, ignorando que su benignidad te guía al arrepentimiento?" (Ro. 2:4; cf. 2 P. 2:5; 3:9, 15). Aunque, en su injusticia, los pecadores suprimen la verdad del evangelio, la gracia común de Dios hace que este rechazo hacia Él sea inexcusable (Ro. 1:18-20).

Aunque la gracia común expresa la bondad y el favor de Dios a toda la humanidad, en las desbordantes bendiciones de su gracia especial es donde se manifiesta por completo el carácter de Dios como Salvador. El resto de este capítulo detalla la revelación y la operación de la gracia soberana y salvadora de Dios.

El plan de redención
El decreto de Dios
El decreto de la elección
El decreto de la reprobación
Conclusión

El resultado de la gracia salvadora en los pecadores empieza mucho antes de que cualquier pecador individual experimente los beneficios de dicha gracia. Antes de la conversión y de la justificación del pecador, antes de la expiación sustitutiva del Salvador, e incluso antes de la creación del mundo mismo, la gracia redentora de Dios tiene su origen en la eternidad pasada, en el consejo soberano de la voluntad del Dios trino. Como le escribió Pablo a Timoteo, Dios salva a su pueblo conforme a su propio propósito eterno, y los ha colmado de gracia "en Cristo Jesús antes de los tiempos de los siglos" (2 Ti. 1:9). En soberana libertad, exclusivamente por el desbordamiento de su amorosa bondad y su gracia, Dios ha puesto su amor en individuos particulares, los escogió para que fueran salvos del pecado y de la muerte, y se propuso que fueran restaurados a una relación correcta con Él, por medio de la obra redentora de su Hijo, aplicada por su Espíritu. Por consiguiente, tanto el cumplimiento de la redención por parte del Hijo y la aplicación de la redención por el Espíritu se llevan a cabo según el plan eterno de redención del Padre (Ef. 3:11).

El decreto de Dios
Al ser el decreto de la elección un subconjunto del decreto general de Dios (cf. 1 Co. 2:7), por el cual ha determinado de manera infalible todo lo que va a ocurrir,[3] y según el cual obra todas las cosas (Ef. 1:11), es necesario revisar brevemente la enseñanza bíblica sobre el decreto de Dios, porque todo lo que es verdadero en su decreto en general, debe ser cierto en su decreto para elegir y salvar.[4] Las Escrituras emplean diversos términos para identificar el decreto de Dios, incluido su propósito eterno

---

3. Como se ha descrito, de forma excelente, en la Confesión de Fe de Westminster: "Dios ordenó desde la eternidad todo lo que sucede, por su propia iniciativa libremente sin cambio alguno y por medio del más sabio y santísimo consejo de su propia voluntad" (3.1).

4. Para un resumen del decreto de Dios en el contexto de su providencia, véase cap. 3, "Dios Padre".

(Ef. 3:11; cf. Is. 46:10; Ro. 8:28; 9:11; Ef. 1:9; 2 Ti. 1:9; He. 6:17), su plan definitivo (Hch. 2:23; 4:28), su consejo (Sal. 33:11; Is. 5:19; 46:10), el consejo de su voluntad (Ef. 1:11), el propósito de su voluntad (Ef. 1:5), su beneplácito (Lc. 12:32; Fil. 2:13), y su voluntad (Ro. 9:19).

EL CARÁCTER DEL DECRETO DE DIOS[5]

El estudio de estos y otros pasajes ofrece las características claves del decreto de Dios. En primer lugar, las Escrituras presentan el decreto de Dios como algo determinado antes de la creación del tiempo y, por tanto, se dice que es eterno. David alaba a Dios, porque todos sus días fueron ordenados y escritos en el libro de Dios, antes de que ninguno de ellos llegara a suceder (Sal. 139:16). Pablo explica que el plan de salvar a los gentiles se cumplió conforme al propósito eterno de Dios (Ef. 3:11), un misterio que "Dios predestinó antes de los siglos" (1 Co. 2:7). Enseñó también, explícitamente, que Dios escogió salvar a los suyos "antes de la fundación del mundo" (Ef. 1:4; cf. 2 Ti. 1:9), y así Jesús puede afirmar que el reino ha sido preparado para los elegidos "desde la fundación del mundo" (Mt. 25:34). En Isaías 46:10, Jehová asevera que cumplirá todo su beneplácito y establecerá todas las cosas conforme a su propósito. Pablo hace una declaración similar en Efesios 1:11, cuando observa que los creyentes han sido "predestinados conforme al propósito del que hace todas las cosas según el designio de su voluntad". Así, todas las acciones providenciales de Dios en el tiempo se ajustan a un propósito fijo que lo precede.

En segundo lugar, una relevante implicación de la eternidad del decreto de Dios es que es necesariamente incondicional. Es decir, porque el Dios trino, eterno y que existe por sí mismo fue la única entidad presente en la eternidad pasada (Is. 43:10; 44:24), es imposible que algo externo a Él lo moviera a decretar una cosa opuesta a otra, porque no *había* nada externo a Él (Gn. 1:1; Jn. 1:1-3). Por tanto, cada decisión que forma parte del decreto de Dios fue una decisión no influida y libre, según el "beneplácito" de Dios, o aquello que complace a Dios (Sal. 115:3; 135:6; Is. 46:10; 48:14; Fil. 2:13). Lejos de que este decreto dependa de las elecciones o de las acciones de los hombres, las Escrituras proclaman: "Todos los habitantes de la tierra son considerados como nada; y él hace según *su* voluntad en el ejército del cielo, y en los habitantes de la tierra, y no hay quien detenga su mano, y le diga: ¿Qué haces?" (Dn. 4:35).

En tercer lugar, el decreto de Dios es inmutable y, por tanto, eficaz. Así como nada podría influir en el decreto soberano de Dios, desde su principio en la eternidad pasada, tampoco puede cambiarlo nada en el tiempo. Ninguna criatura puede alterar lo que Dios ha determinado llevar a cabo; más bien, el salmista declara que es *Dios* quien anula el consejo de la *criatura*, y frustra incluso los planes de las personas (Sal. 33:10). El versículo posterior cimenta esa realidad: "El consejo de Jehová permanecerá para siempre; los pensamientos de su corazón por todas las generaciones" (Sal. 33:11). Nabucodonosor confiesa que "no hay quien detenga su mano" ni quien le pida cuentas por sus actos (Dn. 4:35); cuando Dios pone su mano para llevar a cabo algo, ya no se puede revertir.

---

5. Esta sección está adaptada de Mike Riccardi, "I Will Surely Tell of the Decree of the Lord", *The Cripplegate* (blog), 28 de agosto, 2015, http://thecripplegate.com/i-will-surely-tell-of-the-decree-of-the-lord/. Usado con permiso del autor.

De manera similar, Dios mismo se mofa de las naciones, y pregunta: "Porque Jehová de los ejércitos lo ha determinado, ¿y quién lo impedirá? Y su mano extendida, ¿quién la hará retroceder?" (Is. 14:27). Y después de recibir la que podría ser la represión más mordaz y enérgica de todas las Escrituras, Job resume la inmutabilidad del decreto de Dios: "Yo conozco que todo lo puedes, y que no hay pensamiento que se esconda de ti" (Job 42:2). A menudo, los planes del hombre necesitan ser revisados, porque los hombres carecen de sabiduría o de capacidad para llevar a cabo sus planes. Sin embargo, Dios no carece ni de la sabiduría ni del poder para hacer que su consejo infinitamente sabio se produzca. Su decreto es inmutable y, por tanto, eficaz, porque afirma: "Mi consejo permanecerá, y haré todo lo que quiero... Yo hablé, y lo haré venir; lo he pensado, y también lo haré" (Is. 46:10-11).

Finalmente, el decreto eterno, incondicional, inmutable y eficaz de Dios también es exhaustivo. "Dios hace que *todas las cosas* cooperen... conforme a su propósito" (Ro. 8:28, NTV), y hace "*todas las cosas* según el designio de su voluntad" (Ef. 1:11). El salmista repite que el Señor hace *todo lo que* le place (Sal. 115:3; 135:6). Dios mismo declara: "haré *todo* lo que me propongo" (Is. 46:10, DHH).

Además, esta exhaustividad no apunta meramente a un control general, sino también al providencial gobierno específico y meticuloso de todas las cosas. Las Escrituras declaran que Dios es la causa de que diversas clases de tiempo: nieve, lluvia, hielo, vientos y relámpagos, todos "por sus designios se revuelven las nubes en derredor, para hacer sobre la faz del mundo, en la tierra, lo que él les mande. Unas veces por azote, otras por causa de su tierra, otras por misericordia las hará venir" (Job 37:12-13; cf. 37:6-11; Sal. 148:8). Dios hace que el sol —que Jesús denomina *su* sol— brille sobre justos e injustos (Mt. 5:45), y esto a su vez provoca el crecimiento de la hierba y produce el fruto de la tierra (Sal. 104:14). Determina el tiempo de vida incluso del más pequeño de los pájaros (Mt. 10:29), y provee alimento para los animales que deambulan por su creación (Sal. 104:27; Mt. 6:26). Determina las fronteras de las naciones (Hch. 17:26), reina sobre ellas (Sal. 22:28), quita y pone reyes (Dn. 2:21), y hasta inclina sus corazones como Él desea (Pr. 21:1). Que Dios los haga cambiar de parecer indica que ordena hasta los deseos y las libres elecciones de los hombres, ya sea para bien (Ef. 2:10) o para mal (Gn. 45:5-8; 50:20; 1 S. 2:25; 2 S. 24:1; Is. 10:1-8; Hch. 2:23; 4:27-28). Incluso los acontecimientos que parecen aleatorios están determinados por Dios, porque "la suerte se echa en el regazo; mas de Jehová es la decisión de ella" (Pr. 16:33). Ni siquiera los sucesos de la vida personal de los hombres escapan al decreto soberano de Dios, porque Él suple cada una de sus necesidades (Fil. 4:19; Stg. 1:17), determina la extensión de su vida (Job 14:5; Sal. 139:16), y hasta dirige sus pasos individuales (Pr. 16:9; Jer. 10:23). Tal vez la mayor declaración resumida de la exhaustividad del decreto de Dios se encuentra en la doxología de Pablo en Romanos 11:36: "Porque de él, y por él, y para él, son *todas* las cosas".[6] Sean fines, medios, contingencias, deseos, elecciones, y hasta las acciones buenas y malas de los hombres, nada escapa al gobierno providencial del decreto de Dios.

---

6. Para un excelente estudio de la obra de Dios en la providencia, véase Wayne Grudem, *Teología sistemática: Una introducción a la doctrina bíblica* (Miami: Editorial Vida, 2007), 328-351.

EL DECRETO DE DIOS Y EL PROBLEMA DEL MAL[7]

La objeción natural que surge a la doctrina de la soberanía exhaustiva es que parece hacer a Dios moralmente culpable del pecado. Sin embargo, aunque se dice con toda propiedad que Él ordena —y, por tanto, es la Causa Suprema de— todas las cosas, nunca es la causa imputable propiamente dicha del mal. Las Escrituras distinguen entre (1) la Causa Suprema de una acción y (2) las causas inmediatas y eficientes de una acción. Además, también tienen en cuenta el motivo para una mala acción. Aunque Dios ordena las malas elecciones de los agentes morales libres, no los coacciona, sino que ellos actúan conforme a su propia libertad de inclinación. Porque Dios no es nunca la causa eficiente del mal, y porque Él siempre ordena el mal por bien, no incurre en culpa alguna.

Esta teodicea está fundamentada en numerosos pasajes de la Biblia, como el papel de Dios al enviar a José a la esclavitud (Gn. 45:5-8; 50:20), al enviar a Asiria para destruir a Israel (Is. 10:1-8), y al incitar a David para que realizara el censo de Israel (2 S. 24:1; 1 Cr. 21:1). Pero el más claro ejemplo llega del registro apostólico del acontecimiento más funesto de la historia: el asesinato del Hijo de Dios. Si se puede absolver a Dios del delito de ordenar el mayor mal, entonces no puede haber objeción alguna a su justicia cuando ordena males menores.

Por ejemplo, Herodes, Poncio Pilato, los gentiles y el pueblo de Israel fueron justamente culpados por la crucifixión de Cristo (Hch. 4:27). De hecho, Pedro acusó públicamente a los hombres de Israel por su crimen (Hch. 2:23, 36). Sin embargo, Pedro también afirmó de manera explícita que semejante mal se cumplió por decreto de Dios, es decir, "por el determinado consejo y anticipado conocimiento de Dios" (Hch. 2:23). En realidad, Herodes, Pilato, los judíos y los gentiles se habían unido contra Jesús "para hacer cuanto [la] mano [de Dios] y [su] consejo habían antes *determinado* que sucediera" (Hch. 4:27-28).

Se puede observar, primero, que Dios es la Causa *Suprema* de la crucifixión, ya que predestinó cada circunstancia que condujo a su suceso y, por tanto, lo hizo cierto. En segundo lugar, los judíos fueron la causa *inmediata,* porque incitaron a los romanos para que crucificaran a Cristo. En tercer lugar, Herodes, Pilato y otros hombres impíos fueron la causa *eficiente,* porque la crucifixión fue llevada a cabo por la autoridad romana. Los judíos fueron considerados responsables como causa inmediata; así lo afirmó Pedro: "[*vosotros*] prendisteis y matasteis [a Jesús] *por manos de* inicuos, crucificándole" (Hch. 2:23). Que fueran los romanos quienes en realidad clavaron a Jesús a una cruz no hizo que los judíos fueran menos culpables de ese crimen. Sin embargo, Dios, por cuya mano ocurrieron todas estas cosas en última instancia, no es la causa imputable de ningún mal, porque, aunque las intenciones de los perpetradores eran malvadas, el propósito de Dios era para bien. Como explica Jonathan Edwards (1703–1758):

> [Resulta coherente afirmar] que Dios ha decretado cada acción de los hombres, sí, cado acto que ellos hacen y que es pecaminoso, y cada circunstancia de estos hechos; [que] Él determina que sean en todos los aspectos tal como son después;

---

7. Esta sección está adaptada de Mike Riccardi, "God and Evil: Why the Ultimate Cause Is Not the Chargeable Cause", *The Cripplegate* (blog), 9 de octubre, 2015, http://thecripplegate.com/god-and-evil-why-the-ultimate-cause-is-not-the-chargeable-cause/. Usado con permiso del autor.

[que] Él establece que haya tales acciones, y así obtiene que sean tan pecaminosas como son; y, sin embargo, que Dios no decreta los actos que son pecaminosos como tal, sino que [los] decreta como buenos... [Por] decretar un acto como pecaminoso, quiero decir decretarlo en aras de la pecaminosidad de la acción. Dios decreta que será pecaminoso por el bien que Él hace surgir de la pecaminosidad, mientras que el hombre lo decreta por el mal que hay en ello.[8]

De este modo, Herodes, Pilato, Judas y los judíos conspiraron para que la crucifixión tuviera lugar porque querían deshacerse de ese hombre que los condenaba por su pecado. Pero Dios ordenó el mal de la cruz *por el bien* que provocaría, es decir, la salvación de su pueblo de su pecado. Es posible que semejante explicación no satisfaga toda objeción del hombre caído, pero tal es la teodicea que surge de las Escrituras mismas. Sobre esta base, debe aceptarse que aunque Dios es la Causa Suprema de todas las cosas, Él no es la causa imputable del mal.

EL DECRETO DE DIOS Y LA PREDESTINACIÓN

Al ser el decreto de Dios tan exhaustivo, su soberanía se extiende hasta el plan de redención. En realidad, la doctrina del decreto eterno y universal de Dios y la doctrina de la predestinación no son doctrinas separadas; la última es un subconjunto de la primera. Por consiguiente, lo que caracteriza el decreto de Dios para llevar a cabo todas las cosas, también caracteriza su decreto respecto a la salvación y la condenación del hombre. La predestinación del hombre es, pues, eterna, incondicional, inmutable y eficaz. El término *predestinación* se utiliza con frecuencia como sinónimo para el decreto de Dios, ya que Él predestina todas las cosas. Sin embargo, también se emplea de forma más restringida para resumir los tratos de Dios con el hombre caído, respecto a la salvación y, en ese sentido, tiene un doble significado: la doctrina de la predestinación concierne la decisión de Dios de elegir a algunos para salvación (elección) y su decisión de pasar por alto a otros y castigarlos por sus pecados (reprobación). Semejante verdad necesita, una explicación de la elección y de la reprobación una detrás de la otra.

El decreto de la elección

El decreto de la elección es el escogimiento libre y soberano de Dios, realizado en la eternidad pasada, para poner su amor en ciertos individuos y, sobre la base de nada en ellos mismos, sino exclusivamente por el beneplácito de su voluntad, para escogerlos para ser salvos del pecado y de la condenación, y para heredar las bendiciones de la vida eterna a través de la obra mediadora de Cristo.

EL CONCEPTO BÍBLICO DE LA ELECCIÓN

La doctrina de la elección es una de las doctrinas más controvertidas de la teología cristiana. Las ideas erróneas de la naturaleza de Dios, una concepción no bíblica del amor y las nociones de la humanidad caída respecto a la justicia han causado que muchos se muestren reacios ante la idea de que Dios escoge incondicionalmente a unos y no a

---

8. Jonathan Edwards, "The 'Miscellanies' no. 85," en *The "Miscellanies": Entry Nos. a–z, aa–zz, 1–500*, ed. Thomas A. Schafer, vol. 13 de *The Works of Jonathan Edwards* (New Haven, CT: Yale University Press, 1994), 250.

otros para recibir la salvación. Debido a que la libertad soberana de Dios escandaliza a la mente humana subversiva, algunos teólogos han negado por completo la enseñanza bíblica respecto a la elección y la predestinación.

Sin embargo, tanto la terminología como el concepto de la elección se enseñan de forma explícita a lo largo de las Escrituras. En Efesios 1:4-5, Pablo escribe que el Padre nos "*escogió* [gr. *eklégomai*] en él [Cristo] antes de la fundación del mundo, para que fuésemos santos y sin mancha delante de él, en amor habiéndonos *predestinado* [gr. *proorízo*] para ser adoptados hijos suyos". En Romanos 8:29-30, declara: "Porque a los que [el Padre] antes conoció [gr. *proginosko*], también los predestinó [gr. *proorízo*] para que fuesen hechos conformes a la imagen de su Hijo, para que él sea el primogénito entre muchos hermanos. Y a los que predestinó [gr. *proorízo*], a éstos también llamó". En el siguiente capítulo, Pablo ilustra la absoluta libertad de Dios en la salvación, señalando su elección discriminatoria entre los mellizos Jacob y Esaú:

> (pues no habían aún nacido, ni habían hecho aún ni bien ni mal, para que el propósito de Dios conforme a la elección [gr. *jé kát ekloguén próthesis tou theu*, lit. "el propósito de Dios respecto a la elección"] permaneciese, no por las obras sino por el que llama), se le dijo: El mayor servirá al menor. Como está escrito: A Jacob amé, mas a Esaú aborrecí (Ro. 9:11-13).

Tal vez la declaración más clara sobre la elección soberana de Dios en la salvación se encuentra en las observaciones de Pablo a los tesalonicenses: "Dios os haya *escogido* [gr. *jairéomai*] desde el principio *para salvación* [gr. *eis sotérian*], mediante la santificación por el Espíritu y la fe en la verdad" (2 Ts. 2:13).

Además de estas referencias a la elección soberana y predestinadora de Dios, el Nuevo Testamento también reconoce una categoría de individuos designados como "los elegidos" (gr. *joy éklektoi*). Son los objetos específicos de la elección salvadora de Dios. Es costumbre que los apóstoles se refieran a todos los creyentes como los "escogidos de Dios" (Col. 3:12; cf. Tit. 1:1) o los "elegidos" (1 P. 1:2; cf. 1 Ts. 1:4). "Los elegidos de Dios" son aquellos por los que Cristo fue entregado a la muerte; por este medio son justificados y salvados de todas las acusaciones y condenaciones (Ro. 8:32-34). Dios no se demora en hacer "justicia a sus escogidos, que claman a él día y noche" (Lc. 18:7), porque son suyos. "Por causa de los escogidos", los días de la gran tribulación serán acortados (Mt. 24:22; Mr. 13:20), para que Cristo pueda regresar con sus ángeles y "[junte] a sus escogidos, de los cuatro vientos" para que estén con Él (Mt. 24:31; Mr. 13:27). Y, "por causa de los elegidos", el apóstol Pablo soporta tantas dificultades ministeriales, para que los que han sido escogidos por Dios en la eternidad pasada puedan llegar, por fin, a "[obtener] la salvación que es en Cristo Jesús con gloria eterna" (2 Ti. 2:9-10). El lector de las Escrituras sencillamente no puede negar que la doctrina de la elección es una enseñanza bíblica que impregna las páginas de la revelación divina.

LAS CATEGORÍAS DE LA ELECCIÓN

Las Escrituras emplean la terminología de la elección en varios sentidos. En primer lugar, se dice que Dios escoge o elige a ciertas personas para un cargo, o para llevar a cabo una tarea o servicio específicos. Él escogió a personas para el liderazgo sobre la nación de Israel, como en el caso de Moisés (Nm. 16:5-7) y Zorobabel (Hag. 2:23). Las Escrituras indican que Dios eligió a aquellos que le plació para el ministerio sacerdotal de Israel, tanto de la tribu de Leví en general (Dt. 18:1-5; 21:5; 1 Cr. 15:2) como a hombres individualmente (p. ej., 1 S. 2:27-28). Como con el oficio de sacerdote, Dios también eligió a sus escogidos para que sirvieran en los cargos de rey (Dt. 17:15; 1 S. 10:24; 1 Cr. 28:4-6; 29:1) y como profeta (Jer. 1:10). También el Padre, de un modo especial, eligió al Hijo para la tarea de llevar a cabo la salvación de los escogidos (Is. 42:1; Lc. 9:35; 1 P. 1:20; 2:4, 6). Después, durante su ministerio terrenal, el Señor Jesús mismo escogió a doce de sus discípulos para la misión del servicio y la predicación apostólicos (Mr. 3:13-15; Lc. 6:13; Jn. 6:70; 13:18; 15:16, 19; Hch. 1:2, 24).

En segundo lugar, las Escrituras también hablan de una elección corporativa: la elección de ciertas naciones o grupos para que disfrutaran de privilegios especiales o realizaran servicios especiales para Dios. Nunca es tan evidente como la elección de Israel por parte de Dios para que fuera receptora de su pacto de amor y de bendiciones. Cuando Moisés declaró la ley de Dios a la segunda generación de israelitas, y los preparó para entrar en la tierra prometida, insistió en que su relación de pacto con Jehová estaba arraigada en su elección soberana:

> Jehová tu Dios te ha escogido [heb. *bakjar*] para serle un pueblo especial, más que todos los pueblos que están sobre la tierra. No por ser vosotros más que todos los pueblos os ha querido [heb. *kjashác*] Jehová y os ha escogido [heb. *bakjar*], pues vosotros erais el más insignificante de todos los pueblos (Dt. 7:6-7).

> Solamente de tus padres se agradó Jehová para amarlos [heb. *kjashác*], y escogió [heb. *bakjar*] su descendencia después de ellos, a vosotros, de entre todos los pueblos (Dt. 10:15; cf. 4:37; 1 R. 3:8; Is. 41:8; 44:1; 45:4; Am. 3:2).

Dios pone su amor y su afecto de elección sobre Israel para que sea su especial tesoro entre todas las naciones de la tierra. Estableció un pacto con ellos y, como tal, su elección de esa nación es irrevocable. Aunque la inmensa mayoría de la nación judía es en la actualidad enemiga del evangelio y cortó las bendiciones del pacto, viene sin embargo un tiempo en el que "todo Israel será salvo" (Ro. 11:26), porque "no ha desechado Dios a su pueblo, al cual desde antes conoció [gr. *proginósko*]" (Ro. 11:2). "En cuanto a la elección [gr. *eklogué*], son amados por causa de los padres. Porque irrevocables son los dones y el llamamiento de Dios" (Ro. 11:28-29).

Finalmente, además de la elección para el servicio y la elección corporativa, las Escrituras enseñan con claridad que Dios elige a ciertos individuos para salvación. Algunos teólogos apuntan a los diversos pasajes bíblicos que enseñan la elección vocacional o corporativa con el fin de argumentar en contra de la doctrina de la elección individual incondicional. Sin embargo, semejante argumento no es válido. No se discute que las Escrituras empleen la terminología de la elección en múltiples sentidos, pero la mera aparición en un sentido no es en sí misma un argumento que refute la legitimidad de cualquier otro significado. De hecho, las Escrituras están repletas de referencias a la elección individual para salvación. En el Antiguo Testamento, Nehemías proclamó que Dios escogió a Abram e hizo pacto con él (Neh. 9:7), algo que Dios mismo declaró desde el principio: "Yo lo he elegido para que instruya a sus hijos y a su familia, a fin de que se mantengan en el camino del Señor y pongan en práctica lo que es justo y recto. Así el Señor cumplirá lo que le ha prometido" (Gn. 18:19, NVI). Él también eligió a Isaac por encima de Ismael (Gn. 17:19-21; 21:12; cf. Ro. 9:7-9) y a Jacob por encima de Esaú (Ro. 9:10-13) para que fueran hijos de la promesa.

El Nuevo Testamento es especialmente claro respecto a que Dios ha escogido a individuos particulares para salvación. En primer lugar, explicita la relación entre la elección y la salvación. La presciencia de Dios y la predestinación están íntimamente vinculadas con los demás aspectos de la aplicación de la redención, incluidos el llamado eficaz, la justificación, la santificación y la glorificación (Ro. 8:29-30). Pablo declara que la esfera de la elección de Dios está *en Cristo* (Ef. 1:4), de modo que aquellos que son receptores de la elección de Dios son escogidos en unión con el Mediador de su salvación. Además, indica que el propósito de la elección de Dios es para aquellos a quienes Él ha escogido para que se presenten santos y sin mancha delante de Él como hijos adoptados (Ef. 1:5), y vincula claramente la elección a la soteriología. Lucas narra la conversión de los gentiles de Antioquía de Pisidia, al observar que "creyeron todos los que estaban ordenados [gr. *tásso*] para vida eterna" (Hch. 13:48), una afirmación explícita de que los individuos creen porque están ordenados para vida eterna. Con un lenguaje similar, Pablo declaró a los tesalonicenses que Dios los había "[destinado]... a recibir la salvación [gr. *etheto... eis peripoiésin soterías*]" (1 Ts. 5:9). Y se lo proclama explícitamente a ellos: "Dios os [ha] escogido desde el principio para salvación" (2 Ts. 2:13). En el caso de la nación de Israel, aunque la mayoría había rechazado al Mesías, y estaban endurecidos, "los escogidos" habían alcanzado la salvación por la gracia de Dios (Ro. 11:7).

Puesto que no cabe duda de que la elección está íntimamente vinculada a la salvación, los oponentes a esta doctrina cuestionan los objetos propiamente dichos de la elección. Es decir, aunque admiten que la elección concierne claramente a la salvación, afirman que esta elección es corporativa más que individual. En otras palabras, Dios no escoge a personas específicas para que reciban la salvación, sino que más bien elige salvar a una clase o categoría de personas que confían en Cristo. Así como en el Antiguo Testamento Dios escogió a la nación de Israel, de forma corporativa, ahora, en la era del nuevo pacto, Él elige a la iglesia como cuerpo corporativo. Por tanto, afirman, cuando Pablo declara que Dios "*nos* escogió en [Cristo] antes de la fundación del mundo" (Ef. 1:4), el "nos" es plural y, por consiguiente, alude a la iglesia como cuerpo corporativo y no a individuos.[9]

Sin embargo, es un alegato débil, ya que el pronombre de la primera persona del plural era la única opción que no confundiría la intención de Pablo. De haber usado la primera persona del singular *me* habría comunicado que Dios lo había escogido solo a él, lo que no era en absoluto su intención. Tampoco habría utilizado la segunda persona del singular *tú*, porque les estaba escribiendo a todos los santos (gr. *toi jágioi*, Ef. 1:1) de

---

9. William G. MacDonald, "The Biblical Doctrine of Election", en *The Grace of God, the Will of Man: A Case for Arminianism*, ed. Clark H. Pinnock (Grand Rapids, MI: Zondervan, 1989), 219-226.

Éfeso, y no solamente a un individuo. Además, si hubiera empleado la segunda persona del plural *vosotros*, se podría haber malentendido y entender que solo los efesios eran los elegidos, y esa tampoco era su intención. La primera persona del plural *nosotros* era la única opción que transmitiría que Dios había escogido a cada creyente individual en Cristo según su beneplácito soberano. Así, este argumento aislado a favor de la elección corporativa sobre la base de la pluralidad del objeto directo en Efesios 1:4 no logra revocar la clara enseñanza de las Escrituras.

Sobre la declaración paulina respecto a que los creyentes son escogidos en Cristo se construye otro argumento a favor de la elección corporativa. Al ser Cristo el elegido arquetípico de Dios (Is. 42:1; Lc. 9:35; 1 P. 1:20; 2:4, 6), Él ha escogido solo a Cristo como individuo; los creyentes se vuelven parte del elegido en el momento de la fe en virtud de su unión con Cristo.[10] Varios problemas surgen desde esta posición. En primer lugar, no hace justicia al hecho de que Pablo afirma que Dios "*nos* escogió" en Cristo (Ef. 1:4); el objeto directo de la elección de Dios es "nosotros", no "él". En segundo lugar, la elección corporativa es ajena al contexto, porque son individuos quienes reciben cada una de las bendiciones salvadoras perfiladas en Efesios 1:3-14. En la salvación, los individuos reciben bendiciones espirituales (1:3); los individuos son hechos santos y sin mancha (1:4); los individuos son adoptados como hijos e hijas de Dios (1:5); los individuos reciben la gracia concedida de forma gratuita (1:6); y los individuos han sido redimidos (1:7-8) y sellados con el Espíritu (1:13). Estas dos bendiciones finales son incuestionablemente personales e individuales; cada creyente individual, y no solo un grupo indefinido, ha sido rescatado por Cristo y sellado por el Espíritu. Del mismo modo, los individuos son el objeto adecuado de la bendición espiritual de la elección. En tercer lugar, Pablo enseña en otro lugar que Dios escoge a los necios, los débiles y los individuos viles —no solo a una masa anónima y sin rostro—, con el fin de que ningún individuo pueda jactarse ante Él (1 Co. 1:27-31). Dios no escogió a Cristo y dejó que la humanidad se uniera con Cristo por fe. Como expone Boettner, un esquema así "hace que los propósitos del Dios Todopoderoso estén condicionados por las voluntades precarias de hombres apóstatas y hace de los acontecimientos temporales la causa de sus actos eternos".[11] A pesar de ello, Pablo enseña que Dios nos escogió en Cristo "antes de la fundación del mundo" (Ef. 1:4), y no en el momento de nuestra fe. Por *su* hacer —no por el nuestro— estamos en Cristo Jesús (1 Co. 1:30).

Por consiguiente, aunque es ciertamente verdad que Dios ha escogido a su pueblo para que sea una fraternidad, el cuerpo corporativo de la iglesia está formado de miembros individuales a quienes Dios conoce personalmente por su nombre (Éx. 33:12, 17; Is. 45:4). Jesús, como el buen Pastor, insistió en que conocía a sus ovejas de forma personal (Jn. 10:14) —incluso aquellas que todavía no existían (Jn. 17:20-21)—, que le fueron dadas por el Padre (Jn. 10:28; cf. 6:37, 39, 44, 65; 17:2). Incluso le dijo al Padre de sus

---

10. Karl Barth, *Church Dogmatics*, trads. G. T. Thompson, G. W. Bromiley, et al., ed. G. W. Bromiley y T. F. Torrance, vol. 2, parte 2 (Edimburgo: T&T Clark, 1957), 94-194; Markus Barth, *Ephesians 1–3: A New Translation with Introduction and Commentary*, Anchor Bible 34, ed. William Foxwell Albright y David Noel Freedman (Garden City, NY: Doubleday, 1974), 107-109.

11. Loraine Boettner, *The Reformed Doctrine of Predestination* (1932; reimp., Phillipsburg, NJ: Presbyterian and Reformed, 1991), 101.

ovejas: "A los que me diste del mundo les he revelado quién eres. Eran tuyos; tú me los diste" (Jn. 17:6, NVI). Desde toda la eternidad, el Padre ha escogido de tal manera a individuos particulares que de ellos se afirma que son suyos, y son estas preciosas ovejas las que Él encomienda al Pastor. La elección es tan íntimamente personal que los nombres de aquellos a los que el Padre ha escogido están anotados en el libro de la vida desde antes de la fundación del mundo (Ap. 13:8; 17:8; 21:27). Es evidente que Dios ha elegido a individuos para salvación.

LA BASE DE LA ELECCIÓN

En la anterior definición de la elección, se declaró que la elección de ciertos individuos por parte de Dios no se efectúa en base a nada que haya en estos individuos mismos, sino exclusivamente por el beneplácito de la soberana voluntad de Dios. Esto significa que esa elección es *incondicional*; que Dios escoja a individuos para salvación no se basa en una virtud o mérito que Dios ve en ellos. Como Moisés le dijo al pueblo de Israel: "No por ser vosotros más que todos los pueblos os ha querido Jehová y os ha escogido, pues vosotros erais el más insignificante de todos los pueblos" (Dt. 7:7). Dicho de otro modo, no había nada en Israel que lo recomendara ante Dios como razón para escogerlo. Más bien, prosiguió, "sino por cuanto Jehová os amó, y quiso guardar el juramento que juró a vuestros padres" (Dt. 7:8). Moisés es casi repetitivo: Dios puso su amor en su pueblo escogido, porque lo ama. Cuando se formula la pregunta, ¿por qué elige Dios a una persona por encima de otra?, la respuesta no puede ser porque esa persona hizo esto o aquello, sino más bien porque Dios actuó según la libertad soberana de su voluntad (Ef. 1:5).

La doctrina arminiana de la elección condicional. Los teólogos arminianos rechazan la enseñanza de la elección incondicional. Sostienen que sería injusto que Dios salvara a unos y no a otros, ya que están en igualdad de condiciones. En su lugar, sobre la base del comentario de Pablo sobre la presciencia en Romanos 8:29, postulan que Dios ha escogido a aquellos que salvará, porque en la eternidad pasada Él miró al futuro y previó quién creería en Cristo y quién lo rechazaría. A Dios se le suele representar como "mirando a los pasadizos del tiempo" y descubriendo a quienes, según su libre albedrío, creerían en Cristo, aquellos a quienes Él escogió salvar sobre la base de su fe prevista. Al descubrir que el resto rechazaría a Cristo, decidió no salvarlos por su falta de fe. Por esta razón, a esta visión se le llama con frecuencia visión de la *fe prevista*, visión *presciente* o visión *de la presciencia simple* respecto a la elección. Así, el concepto arminiano de la elección coloca a la causa suprema de la salvación en el hombre, no en Dios; la elección es, sencillamente, la ratificación de Dios respecto a las elecciones que Él previó que los individuos harían.

Existen varios problemas relevantes con la opinión presciente de la elección. En primer lugar, supone que los acontecimientos de la realidad están de algún modo desconectados de Dios mismo. Se afirma que cuando Dios "mira al futuro" descubre lo que ocurrirá, independientemente de su decreto soberano, y después toma las decisiones basándose en aquello de lo que se entera mediante su presunta presciencia. Al margen de socavar de manera fundamental la omnisciencia de Dios, esta postura malinterpreta que los acontecimientos del futuro tienen lugar precisamente porque Dios así lo ha decretado. Como se ha demostrado más arriba, Dios "hace todas las cosas según el designio de su voluntad" (Ef. 1:11; cf. Sal. 115:3; 135:6; Is. 46:10; Dn. 4:35). Así, Dios no forma su decreto porque conozca el futuro, sino que conoce el futuro, porque ha decretado el futuro.[12]

En segundo lugar, la visión presciente de la elección también malinterpreta fundamentalmente la naturaleza del conocimiento previo de Dios, en especial como enseña Romanos 8:29. Para empezar, este versículo no declara que Dios conociera de antemano los hechos correspondientes a las acciones o elecciones de sus criaturas, sino a las personas particulares mismas: "Porque *a los que* antes conoció" —es decir, "los que aman a Dios" y "los que conforme a su propósito son llamados"— "también los predestinó" (Ro. 8:28-29). Si el conocimiento previo del que habla Romanos 8:29 debe, como mantienen los arminianos, ser equiparado sencillamente con "conocer de antemano" (es decir, conocimiento previo simple), ¿qué sentido tendría hablar de un subconjunto de personas dentro del conjunto más amplio de aquellos a los que Dios ha conocido de antemano? Si Él es omnisciente, debe haber conocido previamente a todos y no solo a aquellos a quienes ha predestinado para ser conformados a la imagen de Cristo. Con todo, si "aquellos a los que antes conoció" incluye a todos los individuos de la historia sin excepción, uno debe comprometerse con la doctrina universal, la salvación final. Y es que Romanos 8:29-30 enseña que a aquellos a quienes antes conoció también los predestinó para ser conformados a la imagen de Cristo, y aquellos a los que predestinó los llamó de forma eficaz mediante su Espíritu, y a aquellos a los que llamó los justificó y los glorificó. La interpretación arminiana ensarta, pues, a sus defensores en los cuernos de un dilema: para ser coherentes con su interpretación de la presciencia, deben (a) negar la omnisciencia de Dios (es decir, afirmar que Él solo conoció de antemano a aquellos que son salvos), o (b) aceptar la salvación final universal (es decir, afirmar que todos aquellos a los que antes conoció, o sea a todos, serán finalmente justificados y glorificados). El arminiano niega, con razón, estas dos conclusiones que violentan a las Escrituras, aunque lo hace al costo de la coherencia del sistema arminiano.

En realidad, el verbo griego *proginósko* en Romanos 8:29 no habla de una simple presciencia, sino del conocimiento que caracteriza a una íntima relación personal. En el Nuevo Testamento existen otros dos lugares en los que *proginósko* se refiere a la presciencia de Dios. En el primero, el apóstol Pedro escribe: "... ya destinado [Cristo] desde antes de la fundación del mundo, pero manifestado en los postreros tiempos por

---

12. El conocimiento de Dios que está "basado" en su decreto es su libre conocimiento, que tiene que distinguirse de su conocimiento necesario. Berkhof proporciona un resumen útil: "En Dios hay... un conocimiento necesario, que incluye todas las causas posibles y sus resultados. Este conocimiento proporciona el material para el decreto, y es la fuente de donde Dios extrajo los pensamientos que deseaba objetivar. De entre este conocimiento de todas las cosas posibles, y mediante un acto de su perfecta voluntad dirigido por sabias consideraciones seleccionó lo que quería ejecutar, y de este modo formó su propósito eterno. El decreto de Dios es consecutivamente el fundamento de su libre conocimiento o *scientia libera*. Es el conocimiento de las cosas tal como se realizan en el curso de la historia. Mientras que el conocimiento necesario de Dios lógicamente precede al decreto, a este lo sigue el conocimiento libre. Esto tiene que sostenerse en contra de todos aquellos que creen en una predestinación condicional (como los semipelagianos y arminianos) puesto que hacen depender las predeterminaciones de Dios de su presciencia". Louis Berkhof, *Teología sistemática* (Grand Rapids, MI: Libros Desafío, 2009), 120.

amor de vosotros" (1 P. 1:20). Si la presciencia no significa nada más que el que Dios mire hacia adelante para ver lo que va a ocurrir, este versículo no tiene sentido. Por ser coherente con la definición del conocimiento previo simple, uno tendría que afirmar que este versículo significa que Dios miró por los corredores del tiempo, descubrió que Cristo entregaría su vida voluntariamente por los pecadores, y sobre esta base decidió nombrarlo Mediador entre Dios y el hombre. En su lugar, la intención de Pedro es apuntar al conocimiento íntimo de la relación personal entre el Padre y el Hijo en el consejo trinitario de la redención. La otra aparición se produce en Romanos 11:2, donde Pablo utiliza el término con respecto a Israel, y dice: "No ha desechado Dios a su pueblo, al cual desde antes conoció". Una vez más, no podemos concluir que Israel fuera el único pueblo de quien Dios era consciente; más bien la idea de Pablo es enfatizar la relación íntima entre Dios e Israel, fundada en los pactos de promesa.

Este entendimiento de *proginósko* se sustancia en su contraparte hebrea del Antiguo Testamento *yadá* que, aunque con frecuencia es un término utilizado en alusión al conocimiento simple, muchas veces lleva la connotación del conocimiento íntimo personal. Quizá la ilustración más gráfica de este significado es el uso de *yadá* en las Escrituras en referencia a las relaciones sexuales entre un hombre y una mujer. Los relatos de Génesis recogen: "Conoció [*yadá*] Adán a su mujer Eva, la cual concibió y dio a luz a Caín" (Gn. 4:1), "y conoció [*yadá*] de nuevo Adán a su mujer, la cual dio a luz un hijo, y llamó su nombre Set" (Gn. 4:25; cf. 4:17; 19:5, 8; 24:16; 38:26; Jue. 11:39; 19:25; 21:11-12; 1 S. 1:19). El conocimiento que connota *yadá* es tan personal e íntimo que describe adecuadamente la unión sexual entre marido y mujer. ¡Ningún mero "conocimiento simple" resulta en la concepción de los hijos! Además, cuando Dios contempla el ocultarle a Abraham la destrucción de Sodoma, declara: "Yo lo he elegido [*yadá*] para que instruya a sus hijos y a su familia, a fin de que se mantengan en el camino del Señor y pongan en práctica lo que es justo y recto. Así el Señor cumplirá lo que le ha prometido" (Gn. 18:19, NVI). El conocimiento que connota *yadá* con tanto acierto describe la elección personal y soberana de Dios que todas las traducciones modernas traducen como "escogido" (NVI, LBLA, NTV, RVA-2015). Una dinámica similar está en juego en Amós 3:2, donde Dios le dice a Israel: "A vosotros solamente he conocido de todas las familias de la tierra". Como en Romanos 11:2, esto no puede significar que Israel fuera el único grupo de personas *del* que Dios tuviera conocimiento, sino que más bien apunta a la relación íntima del pacto entre Dios e Israel, basada en su elección soberana de ellos (Dt. 7:6-8). En realidad, varias traducciones traducen *yadá* como "escogido" para resaltar adecuadamente la fuerza del verbo (NVI, DHH).

Más aún, cuando Moisés suplica que la presencia de Dios acompañe a Israel, Él le responde: "También haré esto que has dicho, por cuanto has hallado gracia en mis ojos, y te he conocido por tu nombre" (Éx. 33:17; cf. 33:12). Aquí, el concepto de ser conocido por nombre es paralelo a haber hallado favor a los ojos de Dios. Por supuesto, Él conoce a cada individuo por nombre en el sentido literal, porque Él es omnisciente. Sin embargo, en este sentido, que Dios lo conozca a uno por su nombre es sinónimo de que Él ha agraciado a la persona con su favor. Un comentario similar concluye el primer salmo, donde el salmista declara: "Porque Jehová conoce el camino de los justos; mas la senda de los malos perecerá" (Sal. 1:6). En virtud de su omnisciencia, Dios conoce el camino de cada hombre. Sin embargo, la intención del salmista es afirmar que Dios favorece por gracia al justo y protege su camino de la perdición. Finalmente, la conexión entre este conocimiento y este amor íntimos se basa en el paralelismo sinónimo de Salmos 91:14, donde Dios habla del creyente: "*Por cuanto en mí ha puesto su amor*, yo también lo libraré; le pondré en alto, *por cuanto ha conocido mi nombre*".

El término *yadá* es la contraparte hebrea no solo de *proginósko*, sino también de su cognado *ginósko*, que puede tener también un significado similar. A aquellos que nombraron a Cristo, pero nunca hicieron la voluntad de su Padre, Jesús les declara: "Nunca os conocí [*ginósko*]" (Mt. 7:23). En 1 Corintios 8:3, Pablo define al creyente y amante de Dios como alguien que es "conocido [*ginósko*] por Dios" (cf. Gá. 4:9), y en 2 Timoteo 2:19, declara: "Conoce [*ginósko*] el Señor a los que son suyos" (cf. Jn. 10:15, 27). Si uno acepta el concepto arminiano de la presciencia simple, el conocimiento en estos versículos no sería el conocimiento íntimo de la relación, sino el conocimiento básico. Sin embargo, esto imposibilitaría que Jesús dijera: "Nunca os conocí" (Mt. 7:23), porque el Señor conoce a todos los hombres; Él es omnisciente (Jn. 16:30; 21:17). Nuevamente, se demuestra que la doctrina de la presciencia simple violenta a la omnisciencia de Dios.

Por tanto, el testimonio de *proginósko*, su cognado *ginósko* y su contraparte del Antiguo Testamento *yadá* confirman que el sentido del conocimiento de Dios usado en Romanos 8:29 no habla de un simple conocimiento de los hechos, sino más bien de una relación íntima de pacto basada en la elección soberana y marcada por su favor y su amor. Cuando Pablo declara que Dios ha *conocido de antemano* a los individuos, está indicando que Dios ha determinado poner su amor electivo y su favor en ellos, los ha apartado para mantener una relación íntima, personal y salvadora con ellos. Conocer de antemano es "amar con antelación". En este sentido, tanto la presciencia de Romanos 8:29 como la predestinación que Pablo introduce en la siguiente frase son simples sinónimos de la elección de Dios. La predestinación habla de la elección desde la perspectiva de la soberanía de Dios, aunque la presciencia alude a la elección desde la perspectiva de su amor. Así, la doctrina arminiana del simple conocimiento con antelación no puede sostenerse a partir de Romanos 8:29 y, sin ella, no hay apoyo bíblico para la doctrina de la elección condicional basada en la fe prevista.

El amor incondicional y electivo de Dios. No solo no hay base bíblica para la elección condicional, sino que también las Escrituras testifican explícitamente lo contrario. Tras identificar tanto a los beneficiarios de la elección (es decir, cada creyente individual), en Efesios 1:4, y la esfera de la elección (es decir, la unión con Cristo), Pablo comenta el momento de la elección, a saber, "antes de la fundación del mundo". La elección del Padre era un decreto eterno, que antedataba a la creación y a la historia. Así como el Padre amó al Hijo "antes de la fundación del mundo" (Jn. 17:24) y lo predestinó "antes de la fundación del mundo" (1 P. 1:20), los escogidos fueron amados y predestinados antes de la fundación del mundo, en virtud de que Dios los escogiera; esta "gracia nos fue dada en Cristo Jesús *antes de los tiempos de los siglos*" (2 Ti. 1:9). Una importante implicación de esta realidad —de hecho, la finalidad de Pablo al explicar el momento de la elección— es descartar el mérito personal como su razón. Ninguna circunstancia temporal o características personales influyeron en la elección que hizo el Padre de su pueblo, porque fue un decreto pronunciado antes de que comenzara el tiempo.

Pablo pasa a continuación a declarar, de forma explícita, la base de la elección de Dios: "En amor nos predestinó para ser adoptados como hijos suyos por medio de Jesucristo, según el buen propósito de su voluntad [gr. *katá tén eudokían toú thelématos autau*]" (Ef. 1:4-5, trad. del autor). La frase preposicional "según" (*katá* más el acusativo) indica el estándar o base de una acción.[13] Así, Pablo explica que la predestinación se lleva a cabo según el estándar o sobre la base del buen propósito de la voluntad de Dios. Aunque *eudokía* ("buen propósito") o *thélema* ("voluntad") habrían expresado en sí mismos de manera adecuada la intención de Pablo, él empleó ambos términos en una repetición sinónima, con el fin de enfatizar la absoluta libertad de elección de Dios. Esto le propina el golpe fatal a la suposición de que la elección estaba condicionada por la fe, o por cualquier otra cosa que el pecador pudiera pensar o hacer. Si la base de la elección de Dios era la fe prevista o las acciones de aquellos a los que Él escogió, Pablo habría tenido que escribir que Dios "nos predestinó... según su precognición de nuestra fe". Sin embargo, él asevera explícitamente que la razón de su elección fue el buen propósito de la voluntad *de Dios*, y no la voluntad del hombre. Simple y llanamente, si la elección estuviera condicionada a la fe, como sostienen los arminianos, Pablo ha hablado indebidamente en Efesios 1:5. Por el contrario, y de manera parecida a los comentarios de Moisés a Israel en Deuteronomio 7:6-8, la razón por la cual el Señor ha puesto su amor en los suyos no es porque ellos se recomendaron directamente a Él en modo alguno, sino tan solo porque, en el ejercicio de su libertad soberana, Él determinó amarlos de forma salvadora.

Pablo desarrolla e ilustra aún más este concepto en Romanos 9:6-18. Vuelve a narrar los tratos de Dios con Isaac por encima de Ismael, y de Jacob por encima de Esaú, para ilustrar su libertad soberana de escoger a los suyos para la salvación. Si bien su elección de Isaac por encima de Ishmael aclara que es un Dios que discrimina, su elección de Jacob por encima de Esaú proporciona una perspectiva específica de la naturaleza incondicional del escogimiento. Pablo escribe: "(Pues no habían aún nacido, ni habían hecho aún ni bien ni mal, para que el propósito de Dios conforme a la elección permaneciese, no por las obras sino por el que llama), se le dijo [a Rebeca]: El mayor servirá al menor. Como está escrito: A Jacob amé, mas a Esaú aborrecí" (Ro. 9:11-13). Igual que hizo Pablo cuando declaró en Efesios 1:4 que la elección se produjo "antes de la fundación del mundo", aquí hace ver que la elección de Dios es anterior a Jacob y Esaú, precisamente para descartar el mérito personal como razón de su decisión. En el momento de la elección de Dios, ellos no habían hecho nada bueno ni malo; ninguna de las maldades de Esaú hizo que Dios tuviera prejuicios en su contra, y ninguna de las acciones justas de Jacob hizo que Dios estuviera predispuesto a su favor. Más bien, Dios eligió a Jacob por encima de Esaú "para que el propósito de Dios conforme a la

---

13. Walter Bauer, *A Greek-English Lexicon of the New Testament and Other Early Christian Literature*, rev. y ed. Frederick W. Danker, 3ª ed., basado en ediciones anteriores en inglés de W. F. Arndt, F. W. Gingrich, y F. W. Danker (Chicago: University of Chicago Press, 2000), 404, 512.

elección permaneciese" (Ro. 9:11), y vuelve a basar la elección de Dios en su propio propósito soberano.

Pablo se pone más claro a medida que prosigue. Añade una negación y procede a afirmar que la elección de Dios "no [es] por las obras sino por el que llama" (Ro. 9:11). A la declaración de que Dios había escogido a Jacob por encima de Esaú, *antes* de que hubieran hecho algo bueno o malo, algunos replican que, aun siendo esto verdad, Dios podría haber basado su elección en las acciones *futuras* previstas de Jacob y Esaú. Aquí, sin embargo, Pablo repudia esta noción. Expone de manera inequívoca que la elección *no* fue en absoluto ni en sentido alguno a causa de las obras, sino por *aquel* que llama.

Esta declaración es la anulación de la elección condicional basada en la fe prevista. A lo largo de las cartas de Pablo, él contrasta las obras y la fe con regularidad:

> ¿Dónde, pues, está la jactancia? Queda excluida. ¿Por cuál ley? ¿Por la de *las obras*? No, sino por la ley de la *fe*. Concluimos, pues, que el hombre es justificado por *fe* sin las *obras* de la ley (Ro. 3:27-28)

> ¿Qué, pues, diremos? Que los gentiles, que no iban tras la justicia, han alcanzado la justicia, es decir, la justicia que es por fe; mas Israel, que iba tras una ley de justicia, no la alcanzó. ¿Por qué? Porque iban tras ella no por *fe*, sino como por *obras* de la ley (Ro. 9:30-32)

> Sabiendo que el hombre no es justificado por las *obras* de la ley, sino por la *fe* de Jesucristo, nosotros también hemos creído en Jesucristo, para ser justificados por la *fe* de Cristo y no por las *obras* de la ley (Gá. 2:16)

> ¿Recibisteis el Espíritu por las *obras* de la ley, o por el oír con *fe*?... Aquel, pues, que os suministra el Espíritu, y hace maravillas entre vosotros, ¿lo hace por las *obras* de la ley, o por el oír con *fe*? (Gá. 3:2, 5)

Por tanto, cuando uno llega a esta declaración de Romanos 9:11, y lee que la elección "no [es] por las obras", es natural esperar que añada "sino por causa de la fe". Si el Espíritu hubiera deseado transmitir que la base condicionante de la elección era la fe, no habría habido mejor oportunidad para revelarlo que en este pasaje. A pesar de ello, el apóstol deja su sistemático patrón de contrastar las obras y la fe, precisamente porque la elección no está basada en esta. Más bien declara que "no [es] por las obras sino por *el* que llama". De nuevo, la base de la decisión selectiva está anclada en Dios mismo, lo que significa que esa elección está fundamentada en el buen propósito de la voluntad propia de Dios (cf. Ef. 1:5). Aunque la fe es una condición para la justificación, no es la condición de la elección. Esta es incondicional.[14]

Pablo reconoce que cuando su doctrina confronta el razonamiento humano caído, la respuesta será acusar a Dios de injusticia (Ro. 9:14). Esto es importante, porque la doctrina arminiana de la elección condicional nunca hace esta objeción. ¿Quién acusaría a Dios de ser injusto por elegir salvar a las personas en base a su aceptación o rechazo previstos de Jesús? Solo la doctrina de la elección incondicional de algunos y no de otros

---

14. John Piper, *The Justification of God: An Exegetical and Theological Study of Romans 9:1-23* (Grand Rapids, MI: Baker, 1983), 51-53.

suscita acusaciones de injusticia. Pero Pablo no afloja. Cita la propia declaración de Dios a Moisés: "Tendré misericordia del que yo tenga misericordia, y me compadeceré del que yo me compadezca" (Ro. 9:15; cf. Éx. 33:19), y concluye: "Así que no depende [la elección] del que quiere [gr. *oú toú thélontos*], ni del que corre [gr. *oudé toú tréjontos*], sino de Dios que tiene misericordia" (Ro. 9:16). Este versículo debería bastar para poner fin a la controversia respecto a la salvación y la voluntad del hombre. Pablo niega inequívocamente que la voluntad y el esfuerzo humanos tengan algo que ver con la base de la elección de Dios para salvación. Ni la fe nacida de la voluntad humana ni las obras de amor surgidas de la salvación humana constituyen la base de la elección que Dios hace de su pueblo. Más bien, la elección depende de *Dios* quien tiene misericordia, de nuevo una afirmación de que la base decisiva para la elección es la propia voluntad soberana de Dios. La elección es incondicional.

El problema final respecto a la doctrina de la elección condicional es que es incapaz de escapar a la acusación de socavar la doctrina de la salvación por gracia solamente (*sola gratia*). Al basar el propósito electivo de Dios en la fe prevista del hombre, y no en la voluntad soberana de Dios, los arminianos convierten en última instancia al hombre en la causa determinante de la salvación y no a Dios. En esta opinión, lo que diferencia en el fondo a la persona salvada de la que no salvada no es algo que Dios haya hecho, sino algo que ha hecho el hombre. A la pregunta de Pablo en 1 Corintios 4:7: "Porque ¿quién te distingue?", si el arminiano tiene que ser coherente, debe responder en definitiva: "Yo marco la diferencia. Dios me escogió a mí y no a mi prójimo, porque vio con antelación que yo creería libremente y mi vecino no". En ese caso, el creyente tiene razones para jactarse. A pesar de ello, Pablo responde que Dios ha escogido a los necios, los débiles y lo viles —y no a los sabios, los fuertes ni los fieles— "a fin de que nadie se jacte en su presencia. Mas por él estáis vosotros en Cristo Jesús" (1 Co. 1:29-30). Grudem lo resume de un modo útil:

> ¿Qué es lo que al *final* marca la diferencia entre los que creen y los que no creen? Si nuestra respuesta es que está en definitiva basada en algo que Dios hace (esto es, su decisión soberana de los que serán salvos), vemos que la salvación en su nivel más fundamental está basada *solo en la gracia*. Por otro lado, si respondemos que la diferencia determinante entre los que son salvos y los que no lo son la establece algo *en el hombre* (una tendencia o disposición a creer o no creer), la salvación depende en última instancia de una combinación de la gracia y de la habilidad humana.[15]

El decreto de la reprobación

Las bendiciones salvadoras que fluyen de la elección soberana de Dios no las disfrutan todos los que son hechos a su imagen. El Señor Jesús afirma que pocos entrarán por la puerta estrecha que conduce a la vida, pero que muchos transitarán por el amplio camino a la destrucción (Mt. 7:13-14). Enseña que habrá ovejas y también cabritos; los que heredarán la vida eterna y otros que irán al castigo eterno (Mt. 25:46). De manera más sucinta, declara que "muchos son llamados, y pocos escogidos" (Mt. 22:14). Así,

---

15. Grudem, *Teología sistemática*, 701. Las cursivas son originales.

las Escrituras enseñan que, en su inescrutable sabiduría, Dios no ha escogido salvar a todos los hombres. Su elección es particular, no universal. Dicho esto, debemos indagar el destino de aquellos a los que Él no ha elegido salvar.

Debido a que el decreto de Dios es exhaustivo, la doctrina de la predestinación no solo se extiende a su decisión de elegir a unos para salvación, sino también a la de no escoger a otros y, por tanto, abandonarlos a la destrucción que sus pecados merecen. Así como Dios ha determinado el destino eterno de aquellos pecadores que acabarán siendo salvos, también ha decidido el destino de aquellos que se perderán finalmente. El primero es el decreto de la elección; el segundo es el decreto de la reprobación.

LA DECLARACIÓN DE LA DOCTRINA

El decreto de reprobación es la elección libre y soberana de Dios, elaborado en la eternidad pasada, de pasar por alto a ciertos individuos y escoger no poner su amor salvífico en ellos, sino determinar castigarlos por sus pecados para la manifestación de su justicia.[16]

La doctrina de la reprobación es una enseñanza difícil de aceptar. No resulta fácil contemplar las miserias del sufrimiento eterno en y por sí mismas, y menos aún considerar que el Dios que es amor y un Salvador por naturaleza, ha determinado soberanamente consignar a los pecadores a un final tan desdichado. Por la facilidad con la que se ofenden las sensibilidades del hombre caído, muchos cristianos que aceptan la doctrina de la elección rechazan, no obstante, por completo la de la reprobación. Se da también el caso, por la facilidad y la frecuencia con que se malinterpreta la doctrina. Por esta razón, es necesario declarar con precisión lo que creemos, y lo que no creemos, respecto a la doctrina de la reprobación.

En primer lugar, la reprobación suele mezclarse con frecuencia con la doctrina de la ultimidad equivalente, que enseña que las acciones de Dios en la elección y la reprobación son perfectamente simétricas, de manera que Dios es tan activo en producir incredulidad en el corazón de los reprobados como lo es en producir fe en el corazón de los elegidos. Representa a Dios en la eternidad pasada contemplando a toda la humanidad todavía no caída y moralmente neutral, y decidiendo de manera arbitraria producir pecado e incredulidad en los reprobados con el fin de tener la justificación de consignarlos al castigo eterno. Aunque esto es lo que muchos piensan cuando oyen los términos *reprobación* o *doble predestinación*, es una burda caricatura de la doctrina bíblica de reprobación que es totalmente ajena a las Escrituras, que es repugnante para el amor y la justicia de Dios y que es una aberración del calvinismo histórico que ha sido rechazada a lo largo de la ortodoxia reformada.[17]

En su lugar, las Escrituras enseñan sobre una ultimidad desigual con respecto a la elección y la reprobación, es decir, aunque Dios decreta ciertamente tanto la salvación de algunos como la condenación de otros, existe una asimetría necesaria en dichos decretos. La misma asimetría se observa en Romanos 9:22-23, por ejemplo, donde Pablo usa la voz activa en referencia a la involucración de Dios en la elección ("vasos de misericordia

---

16. Berkhof, *Teología sistemática*, 136.
17. Sproul observa, con razón, que se la ha identificado con el hipercalvinismo que él prefiere denominar "subcalvinismo" o "anticalvinismo". R. C. Sproul, *Chosen by God* (Wheaton, IL: Tyndale House, 1986), 142.

que él preparó de antemano para gloria"), y la voz pasiva para aludir a su involucración en la reprobación ("vasos de ira preparados para destrucción"). Cuando Dios escogió a unos y no a otros para salvación, no los consideró como moralmente neutrales, sino como criaturas ya caídas. Con esto no quiero decir que ya habían sido creados y caídos, porque el decreto de Dios es eterno y, por tanto, pretemporal, sino que desde la eternidad, antes de que nadie hubiera sido creado, Dios imaginó o contempló a todas las personas a la luz de su caída en Adán y, por consiguiente, como criaturas pecaminosas.[18] En el caso de los elegidos, Él interviene de forma activa: pone su amor en ellos, determina nombrar a Cristo como su Salvador y enviar al Espíritu para que, en su soberanía, los despierte de la muerte espiritual a una nueva vida en Cristo. Sin embargo, en el caso de los no elegidos no interviene, sino que se limita a pasar de largo, a dejarlos en su estado de pecaminosidad y, después, castigarlos por su pecado. Aunque Él es la causa eficiente de la bienaventuranza de los elegidos, no lo es de la desdicha de los no elegidos, sino que los predestina a la destrucción por medio de causas secundarias.[19] Así, los elegidos reciben misericordia, porque no son castigados como merecen sus pecados, pero los no elegidos reciben justicia, porque son correctamente condenados como merecen sus pecados. No se puede acusar a Dios de injusticia por ninguna de estas dos razones, ya que todos son culpables y porque Él no está obligado a mostrar gracia para con nadie.

En ocasiones, con el fin de distinguir de forma correcta entre la reprobación y la ultimidad equivalente, las personas hacen declaraciones inexactas precisamente respecto a cómo la elección y la reprobación son desiguales o asimétricas. En particular, con frecuencia afirman de manera errónea que la elección es positiva e incondicional, mientras que la reprobación es negativa y condicionada al pecado del hombre. Aunque estas declaraciones pueden ser ciertas, dependiendo de lo que uno pretenda decir, son confusas porque no distinguen entre ambos elementos del decreto de reprobación: (1) la decisión de pasar por alto a alguien, que se denomina *preterición*, y (2) la determinación de condenar a aquellos a los que son dejados de lado, llamada *precondenación*. Con respecto a la distinción positiva-negativa, la preterición es en realidad una acción negativa o pasiva por parte de Dios; Él sencillamente pasa por alto al hombre y lo deja en su estado de

---

18. Es decir, los decretos de elección y reprobación siguieron lógicamente a los decretos de la creación y de la caída. En esto, nos atenemos a un orden infralapsariano de los decretos. Aunque el decreto de Dios es un único acto atemporal dentro de sí mismo, en la eternidad pasada, los límites del pensamiento y del lenguaje humanos nos obligan a hablar de varios aspectos o elementos de su decreto que, aunque no permite un orden cronológico, puede disponerse no obstante en un orden lógico. El supralapsarianismo (que significa "por encima de la caída") enseña que a los decretos de la elección y de la reprobación de Dios preceden, lógicamente, sus decretos para crear y ordenar la caída. El infralapsarianismo es preferible por varias razones. Parece inevitable que Dios hubiera tenido que determinar lógicamente *crear* a hombres y mujeres antes de que pudiera decidir salvarlos o condenarlos. ¿Cómo podría escoger a personas cuya existencia no hubiera decretado aún? De manera similar, parece inevitable que los decretos para *salvación* y *castigo* presupongan de manera necesaria que hay *pecado* del que ser salvado o por el que ser castigado. Así, el decreto de la creación y el de ordenar la caída del hombre deben preceder, lógicamente, al decreto de escoger a alguien para que sea salvo del pecado. Finalmente, cuando Pablo habla de los decretos de elección y reprobación de Dios, representa a Dios como un alfarero que da forma a unos vasos de ira y otros de misericordia, a partir del mismo montón de arcilla (Ro. 9:19-23). Al denominar a los elegidos "vasos de *misericordia*", es correcto deducir que contempla la arcilla como un montón pecaminoso, ya que solo se puede sentir misericordia hacia las vasijas inherentemente no merecedoras de ella. Para una útil introducción a la doctrina del orden de los decretos divinos, véanse Berkhof, *Teología sistemática*, 117-124; Boettner, *The Reformed Doctrine of Predestination*, 126-132.

19. Véase "El decreto de Dios y el problema del mal" anteriormente en este capítulo (p. 502), que explica por qué aunque Dios es la Causa Suprema de todas las cosas, no se le puede acusar de maldad. Véase también Ro. 9:19-23, donde Pablo enseña que la reprobación de los vasos de ira manifiesta la riqueza de la gloria de Dios a los vasos de misericordia, un motivo suficientemente bueno y amoroso incluso para la reprobación.

pecaminosidad. Sin embargo, la precondenación es una acción positiva en la que Dios determina castigar el pecado de forma activa. Las "vasos de ira" están "preparados para destrucción" (Ro. 9:22), destinados a desobediencia (1 P. 2:8), y "designados para esta condenación" (Jud. 4).[20] Con respecto a la distinción incondicional-condicional, la precondenación es en realidad condicional, porque Dios asigna hombres a la condenación basándose en su pecado y su culpa. La preterición, sin embargo, es incondicional. El pecado no puede ser la base sobre la cual Dios pasa por alto a algunos hombres, porque todos ellos sin excepción son pecadores. Como la elección, la decisión de Dios de no escoger a alguien para salvación no se basa en nada propio de ese individuo, sino que es más bien un acto soberano del beneplácito de Dios. Por tanto, la preterición es pasiva e incondicional, mientras que la precondenación es activa y condicional. Afirmar que la elección es positiva, mientras que la reprobación es negativa, es dejar de enfatizar de la forma adecuada la naturaleza activa de la precondenación. Y declarar que la elección es incondicional, mientras que la reprobación es condicional no enfatiza apropiadamente la naturaleza incondicional de la preterición. Evitar estas dos aseveraciones imprecisas asegurará una compresión exacta de la doctrina de la reprobación.

LA JUSTIFICACIÓN DE LA DOCTRINA

Una vez entendido lo que se pretende decir o no por reprobación, es fundamental demostrar la corrección de esta doctrina a partir de las Escrituras. De nuevo, se reconoce que la reprobación es una doctrina difícil, una que Calvino mismo definió como *decretum horribile*, "un decreto aterrador".[21] No obstante, la doctrina de la reprobación *se* enseña en la Biblia y, por tanto, estamos obligados a someter nuestra mente y nuestras emociones con reverencia a la sabiduría infinita de la revelación de Dios, con la confianza de que lo que Él dice y hace es correcto y justo (Ro. 3:4).

En primer lugar, la reprobación es una implicación necesaria de la enseñanza bíblica respecto a la elección. Si Dios ha escogido solo a algunos pecadores para salvación, necesariamente no ha elegido salvar a otros. La existencia misma de una categoría de personas llamadas *elegidos* (Mt. 24:22; Lc. 18:7; Ro. 8:33; 11:7; 2 Ti. 2:10; 1 P. 1:1) implica por necesidad una categoría de personas que son los *no elegidos*. La decisión de no escoger es, en sí misma, una elección determinativa. Así, como concluye Boettner con acierto:

> Aquellos que sostienen la doctrina de la elección pero niegan la de la reprobación son inconsistentes. Sostener la primera y negar la segunda convierte el decreto de la predestinación en un decreto ilógico y desproporcionado. El credo que sostiene la

---

20. Aunque estos son verbos pasivos, son lo que los gramáticos llaman "pasivos divinos", que indican que Dios es el agente implícito. Véase Daniel B. Wallace, *Greek Grammar Beyond the Basics: An Exegetical Syntax of the New Testament* (Grand Rapids, MI: Zondervan, 1996), 437-438. Los autores usan la voz pasiva precisamente para ilustrar la ultimidad equivalente entre la elección y la reprobación, que Dios no es tan activo en la reprobación como en la elección, y que no es la causa eficiente de la maldad en el reprobado, ya que Él es la causa eficiente de la bienaventuranza en los elegidos, en lugar de provocar reprobación a través de causas secundarias. Sin embargo, sería un error concluir a partir de esto que Él no es en sentido alguno el agente de esta obra.

21. Juan Calvino, *Institución de la Religión Cristiana*, traducido por Eusebio Goicochea, Nueva Creación, Buenos Aires. Eerdmans, Grand Rapids: 1988, 3.23.7. Es importante notar, sin embargo, como lo hace Grudem, que "su [Calvino] palabra latina *horribilis* no significa 'odioso', sino más bien 'aterrador'". Grudem, *Teología sistemática*, 718n23.

primera pero niega la segunda lo podemos comparar con un águila herida tratando de volar con una sola ala.[22]

La reprobación no solo está implícita en la doctrina bíblica de la elección, sino que también se enseña de forma explícita en el Nuevo Testamento. En su primera epístola, el apóstol Pedro habla de los incrédulos que "tropiezan en la palabra, siendo desobedientes; a lo cual fueron también destinados" (1 P. 2:8). De manera significativa, Pedro no afirma meramente que su tropiezo o su desobediencia estaban predestinados, aunque esto es por supuesto cierto. Más bien, utiliza la tercera persona del verbo en plural (gr. *etéthesan*), y dice que estas mismas personas estaban destinadas a desobedecer y tropezar. Cuando uno pregunta por quién fueron, pues, destinadas, la única respuesta razonable es que fueron destinadas por Aquel que lo destina todo: Dios mismo. De manera similar, Judas habla de los falsos maestros que turbaban a la iglesia con su enseñanza respecto a que la salvación por gracia permite libertinaje y sensualidad. Los describe como "algunos hombres... que desde antes habían sido destinados para esta condenación" (Jud. 4). El término griego traducido "habían sido destinados" es *prográfo*, que literalmente significa "escrito de antemano". Judas representa la reprobación que Dios hace de estos falsos maestros como las anotaciones de un guion en la eternidad pasada, y que debía ocurrir en su tiempo, al final del cual está su condenación. Se encuentran entre aquellos "cuyos nombres no [han sido] escritos en el libro de la vida del Cordero que fue inmolado desde el principio del mundo" (Ap. 13:8; cf. 17:8; 20:15; 21:27).

La porción de las Escrituras que con mayor claridad afirma la doctrina de la reprobación es Romanos 9, donde Pablo expone la libertad soberana de Dios en una elección incondicional. Así como Dios ha amado a Jacob (elección), también ha aborrecido a Esaú (reprobación) (9:13). Pablo prosigue y usa los tratos de Dios con Faraón para ilustrar la verdad de que "de quien quiere, tiene misericordia, y al que quiere endurecer, endurece" (9:18), y que actúa así para demostrar su poder y proclamar su nombre por toda la tierra (cf. 9:17, 22). Habiendo enseñado, pues, que Dios determina de forma inviolable el destino, tanto de los salvos como de los perdidos, sin tener en cuenta la voluntad, el esfuerzo ni el mérito humanos (cf. 9:11, 16), Pablo anticipa la objeción: "Pero me dirás: ¿Por qué, pues, inculpa? porque ¿quién ha resistido a su voluntad?" (9:19). Si nadie puede resistirse a la voluntad o el decreto soberanos de Dios, ¿cómo puede pedir cuentas a las personas, de una forma justa, respecto a lo que no son capaces de hacer?[23] Pablo responde a quienes le harían reproches a Dios, y les recuerda

---

22. Boettner, *La predestinación*, 63. Él prosigue, de un modo útil: "En los intereses de un 'calvinismo suave' algunos se han inclinado a abandonar la doctrina de la reprobación, y este término (es en sí mismo muy inocente) ha sido la brecha por la que han entrado los perjudiciales ataques contra el calvinismo puro y simple. "Calvinismo suave" es sinónimo de calvinismo enfermo y, cuando no se cura, la enfermedad es el principio del fin".

23. Es necesario considerar que las doctrinas arminianas de la elección condicional y la libre voluntad libertaria no pueden entender esta objeción. El porqué Dios sigue poniendo reparos en aquellos que no ha escogido no sería misterio alguno, si esta elección se basara en última instancia en la decisión de *ellos*. Postulan que la voluntad de Dios es, de hecho, resistible, exactamente lo que Pablo *no* asume que sea el caso. Él pregunta, de forma retórica: "¿Quién ha resistido a su voluntad?", indicando que la respuesta obvia es: "¡Nadie!". La única forma de que esto tuviera algún sentido para que Pablo haga una objeción en este punto de su argumento es si (1) Dios les ordena a los hombres que se arrepientan y crean, (2) los hombres carecen de la capacidad moral de hacerlo, y (3) Dios sigue pidiendo cuentas a los hombres para que se arrepientan y crean, y

que unos meros mortales no están en situación de exigirle responsabilidades a Dios: "Mas antes, oh hombre, ¿quién eres tú, para que alterques con Dios? ¿Dirá el vaso de barro al que lo formó: ¿Por qué me has hecho así?" (9:20). Pablo continúa entonces con esta analogía, describe a Dios como alfarero, asemeja la elección de algunos como dar forma a un vaso de arcilla para un uso honroso y compara la reprobación de los demás al moldear otro vaso de arcilla para un uso deshonroso (9:21). Al defender la libertad de Dios para hacer lo que quiere con lo suyo (Mt. 20:15), Pablo pasa a describir, a continuación, a los elegidos como "vasos de misericordia que él preparó de antemano para gloria", y a los reprobados como "vasos de ira preparados para destrucción" (Ro. 9:22-23). Estos vasos solo podrían haber sido "preparados" por el alfarero mismo, y Pablo indica claramente que aquellos a los que Él endurece (9:18) son aquellos a los que Él ha preparado para destrucción.

Aunque con estos pasajes basta para justificar la doctrina de la reprobación, las Escrituras también hablan con claridad de los medios que Dios emplea para provocar la destrucción que ha decretado para los reprobados. Al utilizar Pablo los tratos de Dios con Faraón para ilustrar la reprobación, es adecuado considerar el que Dios endureciera el corazón del monarca como prueba de los medios de reprobación (Éx. 4:21; 8:19; 9:7; 10:1; 11:10; 14:4, 8). El propósito de Dios era manifestar la gloria de su poder redentor en la liberación de Israel de la esclavitud; para ello, endureció el corazón de Faraón en numerosas ocasiones (cf. también Dt. 2:30; Jos. 11:20; 1 S. 2:25). Del mismo modo, su propósito en la reprobación también consiste en castigar con justicia los pecados de aquellos que no ha elegido salvar, endureciendo sus corazones como medio para alcanzar dicho fin. Pablo enseña esta idea explícitamente en 2 Tesalonicenses 2:11-12: "Por esto Dios les envía un poder engañoso, para que crean la mentira, a fin de que sean condenados todos los que no creyeron a la verdad, sino que se complacieron en la injusticia". Porque Dios había decretado la condenación de esos incrédulos, también había ordenado el medio por el cual se produciría esa condenación, en este caso, engañándolos deliberadamente. En otro lugar se dice que cegó los ojos y endureció el corazón de los incrédulos, precisamente para que no vieran ni entendieran, ni se arrepintieran (Jn. 12:37-40; cf. Is. 6:9-10). La propia respuesta de Jesús a esta realidad es dar gracias en público al Padre por esconder la verdad de los sabios y de los entendidos, y revelársela a los niños, algo que no atribuye a otra base que el beneplácito de la voluntad del Padre (Mt. 11:25-26). Así, queda claro que Dios ha predestinado tanto los fines como los medios de la reprobación.

LA JUSTIFICACIÓN DE DIOS[24]

Como se ha mencionado, la principal acusación esgrimida contra la doctrina de la reprobación es que es incompatible con la justicia de Dios. A pesar de ello, hay que recordar que Él no está sujeto a nociones caídas de justicia ni será juzgado en el banquillo de los

---

los castigará por no hacerlo. En términos filosóficos, la objeción de Pablo solo es lógica si "deberían" no implica "pueden"; es decir, si la responsabilidad no implica necesariamente una capacidad moral.

24. Esta sección está adaptada de Mike Riccardi, "Good and Evil: Why the Ultimate Cause Is Not the Chargeable Cause", *The Cripplegate* (blog), 9 de octubre 2015, http://thecripplegate.com/god-and-evil-why-the-ultimate-cause-is-not-the-chargeable-cause/. Usado con permiso del autor.

acusados por razones humanas. La represión de Pablo para quienes presentaran tales cargos es adecuada: "Oh hombre, ¿quién eres tú, para que alterques con Dios?" (Ro. 9:20). Todas estas acusaciones nacen de la errónea presunción de que si Dios da gracia a cualquiera de sus criaturas, debe darla a todas. Boettner declara: "Muchas personas hablan como si la salvación fuera una cuestión de derecho de nacimiento de la humanidad. Y, olvidando que el hombre ha perdido su ocasión supremamente favorable en Adán, nos hacen saber que Dios sería injusto si no les diera a todas las criaturas culpables la oportunidad de ser salvas".[25] Sin embargo, suponer que la gracia es algo que se les *debe* a los seres humanos pecaminosos socava la naturaleza misma de la gracia. En realidad, la pregunta respecto al decreto de predestinación de Dios no es ¿por qué no escogió a *todos*?, sino ¿cómo puede ser que este Dios supremamente santo escogiera a *alguien*? ¡Maravilla de maravillas, que el Rey de reyes, cuya gloria se exalta por encima de los cielos, levante un dedo para rescatar aunque solo sea a uno de esos viles traidores de los hijos de Adán! Saber, además, que este Rey infinitamente digno se haya propuesto redimir no solo a uno, sino a incontables multitudes, al precio de la vida de su propio y amado Hijo, hace que el corazón del pecador se incline en humilde admiración. A quienes tengan ojos para ver, todas las objeciones a estas difíciles doctrinas quedan respondidas en las revelaciones de semejante gloria.

Y esta es, precisamente, la defensa que Pablo proporciona en Romanos 9:22-23. Se reprende con severidad al arrogante objeto, y se le indica que se tape la boca con la mano. Sin embargo, al adorador sumiso e inquisitivo a quien lo último que se le ocurriría es encontrarle defectos a Dios, que simplemente quiere conocer a su Dios y adorarlo por quien Él es, Pablo da otra respuesta respecto a cómo Dios sigue hallando fallos en aquellos que no pueden resistirse a su voluntad. Afirma: "¿Y qué, si Dios, queriendo mostrar su ira y hacer notorio su poder, soportó con mucha paciencia los vasos de ira preparados para destrucción, y para hacer notorias las riquezas de su gloria, las mostró para con los vasos de misericordia que él preparó de antemano para gloria?". Dios ha dispuesto el pecado y el mal —incluso el castigo eterno de los impíos— para manifestarles a los elegidos las plenas glorias de su nombre. Nadie lo ha explicado mejor que Jonathan Edwards:

> Es cosa adecuada y excelente que la gloria infinita de Dios resplandezca; y, por la misma razón, es apropiado que el resplandor de su gloria sea completo, es decir que todas las partes de su gloria brillen, que cada belleza sea proporcionalmente refulgente, que quien la contempla pueda tener una noción correcta de Dios. No fue adecuado que una gloria fuera sumamente manifestada y otra no lo fuera en absoluto... Así, es necesario que la asombrosa majestad de Dios, su autoridad y su grandeza, su justicia y su santidad temibles [fueran manifestadas]; y esto no podía ser así a menos que se manifestaran, o a menos que pudieran decretarse, el pecado y el castigo. Para que la gloria que resplandeciera fuera muy imperfecta, tanto porque esas partes de gloria divina no brillarían del modo en que lo hacen las demás, como [porque] en ese caso la gloria de su bondad, su amor y su santidad sería tenue sin ellas; no, apenas podrían resplandecer.

---

25. Boettner, *The Reformed Doctrine of Predestination*, 116.

Si no fuera correcto que Dios decretara, permitiera y castigara el pecado... no existiría manifestación alguna de la santidad de Dios en el odio del pecado ni mostrando preferencia alguna en su providencia de piedad frente a él.

No habría manifestación alguna de la gracia ni de la verdadera bondad de Dios para ser libre de todo tipo de mal, porque sería absolutamente imposible que las cosas fueran de otro modo; y, por mucha felicidad que concediera, su bondad no sería tan apreciada ni admirada, ni la sensación de ella sería tan grande...

Y, así como [es] necesario que exista el mal, porque la gloria de Dios solo sería imperfecta e incompleta sin él, también es necesario para la felicidad de la criatura, en aras de la completitud de esa comunicación de Dios para la cual Él creó el mundo; porque la felicidad de la criatura consiste en el conocimiento de Dios y en el sentido de su amor, y si el conocimiento de Él fuera imperfecto, la felicidad debería ser proporcionalmente imperfecta.[26]

Dios ha decretado todo lo que ocurre —incluso la preparación de los vasos de ira para destrucción—, con el fin de que su pueblo pueda disfrutar de la manifestación más completa de su gloria. Aquellos que le reprocharían a Dios haber ordenado el destino de los impíos para su propia gloria deben recordar que, lejos de un narcisismo megalómano, la búsqueda de Dios de su propia gloria es, como afirma Edwards: "para la felicidad de la criatura... porque la felicidad de la criatura consiste en el conocimiento de Dios". Nuestro conocimiento de Dios sería imperfecto si no viéramos la plena expresión de sus atributos: gracia, misericordia, perdón, justicia, rectitud, y el resto del abanico de sus perfecciones. Sin embargo, ninguno de esos atributos podría expresarse por completo de no haber pecado que castigar y perdonar, o pecadores con quienes tener gracia o ejercer justicia. Dios no es menos glorioso por haber dispuesto el mal, todo lo contrario, y cuanto más magnifica su gloria, mayor es su amor hacia su pueblo. Por descontado, no se puede acusar a Dios de injusticia por hacer aquello que equivale al mayor beneficio para los que son suyos.

La realidad de que a todos se les ha ordenado que se arrepientan y crean en el evangelio tampoco socava las doctrinas de la elección y la reprobación. Aquellos que suponen que la elección soberana de Dios es incompatible con la responsabilidad del hombre de creer no le hacen justicia a la totalidad de la revelación de Dios. De hecho, inmediatamente después de la que es la doctrina más exaltada respecto a la divina soberanía en Romanos 9, Pablo instruye con la misma claridad sobre la responsabilidad humana en Romanos 10. Declara que "todo aquel que invocare el nombre del Señor, será salvo" (10:13), encarga que los predicadores del evangelio sean enviados para llamar a todos al arrepentimiento (10:14-17), describe la amorosa paciencia de Dios hacia los obstinados, y lo representan como alguien que extiende sus manos y los llama a la salvación (10:21). Las Escrituras no enseñan nunca que la soberanía absoluta de Dios obvie la responsabilidad del pecador de apartarse de sus pecados y confiar en Cristo. Tampoco se exhorta al pecador a determinar si Dios lo ha escogido para salvación o no. Su responsabilidad no consiste en discernir los consejos secretos del decreto de Dios, sino más bien en hacer caso a los claros mandamientos de las Escrituras al arrepentimiento y a creer en el evangelio (Mr. 1:15; Hch. 17:30).

---

26. Edwards, "The 'Miscellanies' no. 348", en *The "Miscellanies": Entry Nos. a–z, aa–zz, 1–500*, 419-421.

Conclusión

Pablo concluye su tratamiento de las doctrinas de la elección y la reprobación inclinándose en adoración ante la magnificencia de este Dios soberano: "¡Oh profundidad de las riquezas de la sabiduría y de la ciencia de Dios! ¡Cuán insondables son sus juicios, e inescrutables sus caminos!" (Ro. 11:33). Meditar en estas verdades hizo que, en los primeros versículos de su carta a los efesios, estallara en alabanza al Dios quien "nos bendijo con toda bendición espiritual en los lugares celestiales en Cristo, según nos escogió en él antes de la fundación del mundo, para que fuésemos santos y sin mancha delante de él" (Ef. 1:3-4). Debe ser igual para nosotros, quienes somos los beneficiarios de semejante gracia gloriosa. Por encima de todo lo demás, las doctrinas de la elección y la reprobación soberanas deberían llevarnos a inclinar nuestra mente en humilde admiración del Dios cuya sabiduría es inescrutable, y cuya gracia es tan abundante como para salvar a unos rebeldes desdichados como nosotros. Hemos sido agraciados con toda bendición espiritual, no por alguna cualidad elogiable o redimible en nosotros, sino por la libre y soberana misericordia del Dios que se deleita en poner su amor en aquellos que no lo merecen. Una verdad así debe provocar la alabanza desde las profundidades de nuestra alma: "A él sea la gloria por los siglos. Amén" (Ro. 11:36).

Sin embargo, la espléndida administración de la gracia de Dios no se detuvo al escogernos en la eternidad pasada. Dios no solo planeó nuestra redención, sino que también envió al Señor Jesucristo para llevarla a cabo. Ahora pasamos al cumplimiento de dicha redención.

La realización de la redención

El plan de salvación y la misión del Hijo
La causa de la expiación
La necesidad de la expiación
La naturaleza de la expiación
Teorías incompletas de la expiación
La suficiencia perfecta de la expiación
El alcance de la expiación
La resurrección, la ascensión y la intercesión

Prácticamente todas las religiones tienen algún concepto de la *expiación*, un medio por el cual se efectúan reparaciones, se expía el pecado, se satisface a la deidad y se logra la reconciliación entre esta y el pecador. Las religiones creadas por el hombre proponen algunos medios por los cuales el pecador debe hacer una expiación aceptable para ganar el mérito que compensará o borrará el pecado, quitará la culpa mediante buenas obras, un ritual religioso, restitución, el pago de una penalización, ofrecer un sacrificio o algún tipo de autohumillación. La enseñanza distintiva del cristianismo bíblico es que Dios mismo ha hecho una expiación completa por los pecadores, y la efectuó por medio del sacrificio sustitutivo de su propio Hijo en la cruz. Los pecadores no contribuyen en modo alguno con su mérito ni con un sacrificio para expiación.

Esta doctrina es el fundamento mismo del evangelio. Dios es perfectamente justo y, por tanto, por definición no puede consentir una justicia inferior a la perfección para nadie que quiera tener comunión con Él (Mt. 5:48; 1 Jn. 1:5). Por definición, los pecadores ya han violado la ley y se han rebelado contra Él; porque el pecado ha infectado el núcleo central mismo de su ser, no tienen forma alguna de pagar por el pecado ni de asegurarse la justicia necesaria para estar ante Él. No tienen inclinación ni capacidad alguna de someterse a la autoridad de Dios (Ro. 8:7-8), y están condenados a enfrentarse al justo castigo del derramamiento de la justa ira de Dios (Jn. 3:36; 2 Ts. 1:9). La línea divisoria entre la depravación del pecador y la inalcanzable santidad de Dios es tan inmensa que ni siquiera con sus más nobles esfuerzos puede el pecador tener esperanza de mantener una relación correcta con el Dios santo. La única esperanza de salvación viene —como debe ser— de fuera del pecador. Se encuentra en la propia provisión de Dios de una expiación completa y gratuita del pecado. Esa gloriosa provisión satisface la justicia y libera la gracia del perdón.

En 1 Corintios 15, el apóstol Pablo nos dice que el corazón mismo del evangelio es "que Cristo murió por nuestros pecados, conforme a las Escrituras" (1 Co. 15:3-4). Como se ha demostrado en el capítulo 6, la depravación del hombre ha establecido la *necesidad* de la salvación. Y, como se ha observado en la primera porción del presente capítulo, la elección incondicional del Padre ha formado el *plan* de salvación. Pero es la expiación de Dios Hijo la que *lleva a cabo* esa redención en el espacio y en el tiempo. Si nos vamos a comprometer fundamentalmente con el evangelio, debemos dedicarnos a una comprensión exacta, contundente y bíblica de la expiación.

El plan de salvación y la misión del Hijo

En la exposición anterior, examinamos la enseñanza bíblica respecto al plan de redención del Padre: su intención de rescatar a sus criaturas del pecado y de la muerte y restaurarlos a una relación correcta consigo mismo. Ese plan de gracia se materializó en el decreto de Dios de una elección incondicional: su decisión libre y soberana de poner su amor en ciertos individuos y, sin basarse en nada de ellos mismos, sino exclusivamente por el beneplácito de su voluntad, escogerlos para recibir su salvación. Sin embargo, en su sabiduría, Dios no decretó que su salvación se realizara y se aplicara al pecador meramente por esta elección soberana. En su lugar, el Dios trino ideó un plan eterno en el que la salvación del hombre se llevaría a cabo mediante la obra redentora de Dios Hijo, y en la que los beneficios salvadores asegurados por dicha obra redentora serían aplicados por Dios Espíritu. El segundo miembro de la Trinidad llevaría sobre sí toda la debilidad y la enfermedad (aunque no el pecado) de la naturaleza humana, y aseguraría para su pueblo la justicia, el perdón y la purificación que ellos no podrían obtener nunca por sí mismos. Viviría como un hombre en perfecta obediencia al Padre, moriría en la cruz como sacrificio sustitutivo, para expiar los pecados de aquellos a quienes el Padre había escogido, y levantado de nuevo en victoria sobre el pecado y la muerte, todo ello en el poder del Espíritu Santo. La redención se efectuaría mediante la encarnación milagrosa, la vida vicaria, la muerte penal-sustitutiva y la resurrección que derrota a la muerte del Dios-hombre, el Señor Jesucristo.

Para el estudioso de las Escrituras es imperativo entender que la misión del Hijo de realizar la redención nace de este plan trinitario de salvación. La expiación efectuada por el Hijo está inextricablemente arraigada en el propósito del Padre de salvar a aquellos a quienes ha escogido. Por tanto, al asumir pagar por el pecado, y proveer justicia, Cristo no estaba "siendo un rebelde" ni se embarcó al azar en una misión ideada por Él mismo. Declaró de forma explícita que no había venido a hacer su propia voluntad, sino la de Aquel que lo envió (Jn. 6:38). Es decir, que estaba actuando estrictamente conforme a un plan específico, acordado, ideado en los consejos eternos de la Trinidad.[27]

Varios pasajes de las Escrituras dan testimonio de este plan pretemporal y determinado de la salvación. En primer lugar, ciertos pasajes identifican la obra expiatoria del Hijo como algo divinamente predeterminado. Pablo habla de ello como el "propósito eterno [del Padre] que hizo en Cristo Jesús nuestro Señor" (Ef. 3:11). Este versículo afirma claramente que la obra que Cristo efectuó durante su misión terrenal fue realizada conforme a un plan predeterminado, según el propósito del Padre que fue ideado en la eternidad (cf. Ef. 1:9, 11). De manera similar, cuando Jesús predijo su traición en la Última Cena, declaró: "A la verdad el Hijo del Hombre va, según lo que está determinado [gr. *katá tó jorisménon*, lit. «según la determinación»]" (Lc. 22:22). Aunque sería traicionado por Judas, la muerte del Mesías había sido decretada en la eternidad pasada. Por esta razón, se dice que Jesús fue "destinado desde antes de la fundación del mundo" (1 P. 1:20) y Aquel en quien la gracia fue concedida desde toda la eternidad, según el "propósito" (gr. *próthesis*) de Dios (2 Ti. 1:9). En realidad, la crucifixión misma es meramente la ejecución del propósito eterno de Dios, porque Pedro afirma que Jesús fue "entregado por el determinado propósito [gr. *té jorismené boulé*] y el previo conocimiento de Dios" (Hch. 2:23, NVI), y toda la iglesia confiesa a Dios que Herodes, Pilato, los gentiles e Israel solo hicieron "cuanto tu mano y tu consejo habían antes determinado [gr. *proórise*] que sucediera" (Hch. 4:27-28).

Además de estas declaraciones generales de predeterminación, se suele hablar de la misión del Hijo como una cuestión de obediencia a la voluntad del Padre, e indica que Él le había dado a conocer su voluntad al Hijo en un acuerdo anterior. Cuando Jesús habla de entregar su vida como sacrificio por el pecado, declara: "Este mandamiento recibí de mi Padre" (Jn. 10:18). En otro lugar habla de ofrecerse como sacrificio por el pecado, y de estar dispuesto a hacer la voluntad del Padre (He. 10:7). Cuando ora al Padre la noche en que fue entregado, alude a la comunión eterna que disfrutó con Él (Jn. 17:5), declara que ha cumplido la obra que Él le encomendó (Jn. 17:4), e indica que ha actuado en obediencia, conforme al plan del Padre. Cada uno de estos ejemplos muestra que Jesús actuaba en coherencia con una directriz previa de su Padre. Así, Pablo caracteriza la obra redentora de Jesús como una cuestión de obediencia: "Y estando en

---

27. Muchos teólogos aluden a esto de distintas formas. Algunos de ellos lo denominan sencillamente el plan eterno, el propósito, o el decreto de salvación de Dios según una frase en latín, *pactum salutis*, que significa "acuerdo de salvación". Otros, sin embargo, hablan de ello como un pacto, ya sea el pacto de la redención o el pacto de la creación. Por dos razones, sostienen que es inexacto describir como pacto este acuerdo pretemporal, intratrinitario. En primer lugar, el término *pacto* se usa en las Escrituras para señalar un acuerdo entre dos partes desiguales: un señor soberano y un vasallo (o persona inferior). Aunque existe una diversidad de funciones dentro de la Deidad, las personas de la Trinidad son, no obstante, enteramente iguales. No hay relación señor-vasallo que caracterice un acuerdo de pacto. En segundo lugar, las Escrituras parecen indicar que un pacto se instituye con sangre (He. 9:16-18), algo que ciertamente no describe el *pactum salutis*. Por consiguiente, este acuerdo intratrinitario es claramente diferente de un pacto bíblico. Es más exacto verlo como un aspecto del decreto eterno de Dios.

la condición de hombre, se humilló a sí mismo, haciéndose obediente hasta la muerte, y muerte de cruz" (Fil. 2:8).

Un tercer aspecto de este plan eterno fue la promesa del Padre de recompensar al Hijo una vez completada su obra. En un diálogo entre el Padre y el Hijo, este habla del *decreto* del Padre en el que le prometió al Hijo, como galardón por su obediencia: "Te daré por herencia las naciones, y como posesión tuya los confines de la tierra" (Sal. 2:7-8). En la profecía del siervo sufriente, Isaías comenta los términos de este acuerdo con respecto a la obediencia y la recompensa:

> Con todo eso, Jehová quiso quebrantarlo, sujetándole a padecimiento. Cuando haya puesto su vida en expiación por el pecado, verá linaje, vivirá por largos días, y la voluntad de Jehová será en su mano prosperada.
> Verá el fruto de la aflicción de su alma, y quedará satisfecho; por su conocimiento justificará mi siervo justo a muchos, y llevará las iniquidades de ellos.
> Por tanto, yo le daré parte con los grandes, y con los fuertes repartirá despojos; por cuanto derramó su vida hasta la muerte, y fue contado con los pecadores, habiendo él llevado el pecado de muchos, y orado por los transgresores (Is. 53:10-12).

Por tanto, en este consejo intratrinitario, el Padre le encargó al Hijo que entregara su vida por los pecadores, como ofrenda sacrificial, y le prometió la recompensa de heredar las naciones —habitadas con su descendencia espiritual a la que él justificaría— y el disfrute de la prosperidad del Señor. Inmediatamente después de que Pablo menciona la obediencia de Cristo hasta la muerte, declara: "Por lo cual —es decir, por esta razón— Dios también le exaltó hasta lo sumo, y le dio un nombre que es sobre todo nombre" (Fil. 2:9). Como resultado de su obediencia a esta eterna comisión divina, el Padre recompensa al Hijo con el título exaltado de "Señor", ante cuyo nombre, toda rodilla se doblará y toda lengua confesará que Aquel que fue crucificado como un esclavo se ha convertido en el Señor de todo (Fil. 2:10-11).

Finalmente, quizá el aspecto más significativo del plan eterno de salvación es que el Padre le da al Hijo unos individuos específicos, a cuyo favor Él tiene que llevar a cabo la redención. Es decir, que el Padre le encarga al Hijo que sea el sacrificio representativo y sustitutivo de unas personas en particular, a saber, todos aquellos —y exclusivamente ellos— que el Padre ha escogido para salvación. Varios comentarios de Jesús en el Evangelio de Juan lo confirman, cuando Él habla de las personas que el Padre le ha dado:

> *Todo lo que el Padre me da*, vendrá a mí; y al que a mí viene, no le echo fuera. Porque he descendido del cielo, no para hacer mi voluntad, sino la voluntad del que me envió. Y esta es la voluntad del Padre, el que me envió: *Que de todo lo que me diere*, no pierda yo nada, sino que lo resucite en el día postrero. Y esta es la voluntad del que me ha enviado: Que todo aquél que ve al Hijo, y cree en él, tenga vida eterna; y yo le resucitaré en el día postrero (Jn. 6:37-40).

> Yo soy el buen pastor; y conozco mis ovejas, y las mías me conocen, así como el Padre me conoce, y yo conozco al Padre; y pongo mi vida por las ovejas… Mi Padre *que me las dio*, es mayor que todos, y nadie las puede arrebatar de la mano de mi Padre (Jn. 10:14-15, 29).

Padre, la hora ha llegado; glorifica a tu Hijo, para que también tu Hijo te glorifique a ti; como le has dado potestad sobre toda carne, para que dé vida eterna *a todos los que le diste.* Y esta es la vida eterna: que te conozcan a ti, el único Dios verdadero, y a Jesucristo, a quien has enviado... He manifestado tu nombre *a los hombres* que del mundo *me diste; tuyos eran, y me los diste,* y han guardado tu palabra... Yo ruego por ellos; no ruego por el mundo, sino por los que *me diste; porque tuyos son...* Padre, aquellos *que me has dado,* quiero que donde yo estoy, también ellos estén conmigo, para que vean mi gloria que me has dado; porque me has amado desde antes de la fundación del mundo (Jn. 17:1-3, 6, 9, 24).

En estos pasajes del Evangelio de Juan, Jesús declara que Él no ha venido a la tierra a cumplir su propia voluntad, sino la de su Padre, que lo envió (6:38; 17:4). Así, una vez más, Jesús afirma que su misión está relacionada con el propósito eterno del Padre e impulsada por Él. En el contexto de este plan de salvación trinitario y eterno, Jesús afirma que el Padre le ha dado un grupo de individuos a cuyo favor Él lleva a cabo su obra redentora. Los denomina suyos (10:14) y sus ovejas (10:15). Jesús, como el buen Pastor, nunca perderá a esas ovejas (6:39) ni permitirá que las arrebaten de su mano (10:29). Porque son atraídas a Cristo de manera eficaz por el Padre (6:44, 65), las ovejas vienen a Él (6:37), acuden a Él por fe (6:40), lo conocen íntimamente (10:14), reciben vida eterna de Él (6:40; 10:28; 17:2), disfrutan del beneficio único de su intercesión que le es negada al mundo (17:9), acaban participando de la resurrección de los muertos (6:40) y moran con Jesús por siempre, en admiración de su gloria (17:24). Y el Señor declara que cuando el Padre le encargó al Hijo que efectuara la redención como parte del plan eterno de salvación, le dio esos individuos en particular al Hijo. Ellos son los elegidos, aquellos a quien el Padre escogió para salvación (Ef. 1:4), es decir, aquellos a los que conoció de antemano, a los que predestinó, llamó, justificó y glorificó en Cristo (Ro. 8:29-30; cf. 8:33). Aquellos a los que el Padre ha escogido, se los da al Hijo para que sean su esposa (Ap. 19:7; cf. Jn. 3:29; Ef. 5:23-24), a quien el Hijo purificaría al precio de su propia vida (Ef. 5:25-27; Tit. 2:14), quien le será presentada en perfecta santidad como regalo de amor del Padre para que lo ame, lo honre, lo adore y lo sirva por toda la eternidad (Ap. 21:2, 9; 22:17).

Este plan eterno e intratrinitario de salvación moldea y condiciona cada aspecto de la misión del Hijo cuando este aborda la ejecución de la redención. El Padre se ha propuesto salvar a los suyos, y el medio por el cual llevará a cabo la redención de estos es entregándoselos al Hijo. Una vez que se los ha confiado, le encarga al Hijo que nazca como Dios-hombre por medio del Espíritu Santo (Mt. 1:18; Lc. 1:35), que lleve una vida de obediencia perfecta al Padre, en el poder del Espíritu (Mt. 3:15; Ro. 5:18-19), que ponga su vida como sacrificio por los pecados de su pueblo (Jn. 10:14-15; He. 9–10; Ap. 5:9) y que resucite de nuevo como primicia y garantía de la resurrección de ellos (Ro. 4:25; 1 Co. 15:22-23, 42-57). John Murray proporciona un resumen útil: "Le agradó a Dios establecer su amor invencible y eterno sobre una incontable multitud y es el propósito determinado de este amor lo que logra la expiación".[28]

---

28. John Murray, *La redención consumada y aplicada* (Grand Rapids, MI: Libros Desafío, 2007), 12.

La causa de la expiación

¿Cuál fue la motivación del Dios trino para concebir este plan de redención? Con frecuencia, los adversarios reprochan el concepto de una expiación penal-sustitutiva, en la que el Hijo debe morir en lugar de los pecadores para apaciguar la ira del Padre, y los amigos lo malinterpretan. Para muchos, esta visión de la expiación representa al Padre como inherentemente enojado y airado contra el hombre, y conquistado solo de forma renuente por el sacrificio de amor del Hijo. Sin embargo, es precisamente al revés. El Padre no ama a su pueblo basándose estrictamente en que Jesús murió por ellos, sino que Jesús murió por su pueblo, porque el Padre los amó.[29] En este sentido, el amor de Dios no es, pues, el resultado de la muerte de Cristo, sino más bien su causa, ya que es porque Dios *amó* tanto al mundo que dio a su Hijo unigénito para ser sacrificado en la cruz (Jn. 3:16). Dios mismo *es* amor (1 Jn. 4:8), y que enviara al Hijo para que fuera la propiciación por los pecados del hombre es la consecuencia, la expresión y la demostración del amor de Dios a su pueblo (Ro. 5:8; 1 Jn. 4:9-10). En otras palabras, el plan de redención nace del beneplácito del amor electivo gratuito y soberano del Padre (Ef. 1:4-5, 9). Porque el Señor "se encariñó… y… eligió" a su pueblo (Dt. 7:7, NVI), decretó efectuar su redención por medio de la obra expiatoria de Cristo. El amor de Dios es causa y fuente de la expiación de Cristo.

Además de su amor, la justicia de Dios también obliga, en un sentido real, la expiación de Cristo. Una vez que el Dios trino hubo decretado en su amor reconciliar consigo a aquellos a los que había escogido, fue necesario que determinara llevar esto a cabo de un modo que fuera coherente con su justicia.[30] Por culpa del pecado, la humanidad es culpable de quebrantar la ley de Dios, ha provocado su justa ira y, por consiguiente, está separada de Él. Aunque el amor de Dios lo motiva para salvar y perdonar, el pecado del hombre no puede pasarse sencillamente por alto. Para que Dios reconcilie consigo a esos pecadores culpables, el pecado debe ser castigado, hay que satisfacer la ley quebrantada y la ira de Dios ha de ser justamente apaciguada. Todos estos objetivos se saldan en la persona y la obra del Señor Jesucristo, quien cumplió la ley (Mt. 3:15; Ro. 5:18-19; Gá. 4:4-5), pagó la pena por el pecado (1 P. 2:24) y apagó la ira de Dios (He. 2:17) en nombre de los elegidos. Como afirma Pablo, el Padre ofrece a su Hijo "como propiciación por medio de la fe en su sangre, para manifestar su justicia" (Ro. 3:25). La ira de Dios queda satisfecha por la cruz, porque sobre ella Jesús llevó en su propia persona el pleno ejercicio de la justa ira del Padre contra los pecados de su pueblo. El pecado no se pasa por alto, sino que se castiga en Cristo y, por tanto, Dios "[manifiesta] en este tiempo su justicia, a fin de que él sea el justo, y el que justifica al que es de la fe de Jesús" (Ro. 3:26).

---

29. John Stott escribió: "No cabe ninguna duda de que el amor de Dios es la fuente, no la consecuencia, de la expiación… Dios no nos ama porque Cristo murió por nosotros; más bien, Cristo murió por nosotros porque Dios nos ama. Si fue la ira de Dios lo que requería la propiciación, fue el amor de Dios mismo el que obró la propiciación". *La cruz de Cristo* (Barcelona: Ediciones Certeza, 1996), 194.

30. La insuficiencia del lenguaje y la limitación de nuestras mentes finitas hacen que hablemos de forma un tanto imprecisa con respecto a la sucesión lógica en el decreto de Dios. Como se demuestra en "El plan de redención" (p. 499), el decreto de Dios es eterno e inmutable y, por tanto, es un acto único y atemporal. Así, cuando hablamos del decreto de Dios para salvar como antecedente de su decreto para salvar de un cierto modo, tan solo estamos hablando de una sucesión lógica y no cronológica.

Por consiguiente, el amor y la justicia de Dios constituyen la doble causa de la expiación llevada a cabo por el Hijo. Es su amor el que lo mueve a actuar de manera salvadora, y es su justicia la que se asegura de que Él efectúe la salvación de un modo coherente con su santidad. Ninguna de las dos cosas puede pasarse por alto. No enfatizar el amor de Dios como la motivación para la salvación reduce la expiación a una transacción impersonal o, peor aún, a un despliegue arbitrario de revanchismo y odio. Sin embargo, no hacer hincapié en la justicia de Dios como aquello que guía y obliga su amor oscurece la plenitud de su carácter y reduce la relevancia de la cruz a algo inteligible, porque la propiciación —la satisfacción de la justa ira— es el pináculo de la expresión del amor de Dios (1 Jn. 4:10). Como bien se ha afirmado: "Si embotamos los bordes afilados de la cruz, apagamos el reluciente diamante del amor de Dios".[31]

La necesidad de la expiación

La libertad del beneplácito de Dios por salvar a los pecadores ha llevado a muchos a suscitar la pregunta de la necesidad de la expiación de Cristo. En otras palabras, ¿hubiera sido posible que Dios llevara a cabo la salvación para su pueblo de cualquier otra forma, o estaba sujeto a hacerlo por medio de la muerte sustitutiva de su Hijo? ¿Podía Dios haberse limitado a ejercer su inagotable poder para destruir el pecado de otra manera? ¿Podía Él, en virtud de su infinita autoridad, haber declarado a su pueblo salvo mediante un simple fíat divino? ¿O hay algo inherente a la persona y la obra de Cristo que hace que la cruz no sea meramente la única forma *real* de salvación, sino también la única *posible*?[32] Aunque los estudiosos de las Escrituras han respondido a estas preguntas de numerosas maneras, podemos ocuparnos tan solo de las dos opiniones más populares.

Varios de los padres de la iglesia (p. ej., Atanasio, Agustín), teólogos medievales (p. ej., Tomás de Aquino) y los primeros Reformadores (p. ej., Juan Calvino) propugnaron lo que se conoce como la opinión de la *necesidad hipotética* de la expiación. Este criterio enseña que, basándose en la libertad soberana del Dios para quien nada es imposible, Él podría haber elegido salvar a su pueblo por otro medio distinto a la expiación vicaria de Cristo. Aunque Él *ha* decretado, en última instancia, salvar mediante el derramamiento de la sangre de Cristo, no hay nada inherente en la naturaleza de Dios ni en la naturaleza del perdón que lo haga absolutamente necesario.

Por el contrario, una abrumadora mayoría de teólogos (p. ej., Ireneo, Anselmo, John Owen, Francis Turretin, Charles Hodge, A. A. Hodge, Louis Berkhof, John Murray) sostienen lo que se denomina la postura de la *consecuente y absoluta necesidad* de la expiación. Este punto de vista reconoce que no es absolutamente necesario que Dios

---

31. Steve Jeffery, Michael Ovey y Andrew Sach, *Pierced for Our Transgressions: Rediscovering the Glory of Penal Substitution* (Wheaton, IL: Crossway, 2007), 153. El contexto para la cita anterior es el siguiente: "Un entendimiento penal sustitutivo de la cruz nos ayuda a entender el amor de Dios y apreciar su intensidad y su belleza. Las Escrituras magnifican el amor de Dios por su negativa a disminuir nuestra difícil situación como pecadores que merecen la ira de Dios y por su retrato intransigente de la cruz como el lugar donde Cristo llevó ese castigo en lugar de su pueblo. Si embotamos los lados afilados de la cruz, apagamos el reluciente diamante del amor de Dios".

32. Esta explicación de la necesidad de la expiación no es lo mismo que preguntar: ¿Pueden los hombres ser salvos sobre alguna otra base que no sea la muerte sustitutiva de Cristo? Aquellos que niegan la necesidad absoluta de la expiación no enseñan necesariamente múltiples formas de salvación. Al estipular que la cruz *es* necesaria para la salvación, los defensores de esta opinión sopesan sencillamente si Dios hubiera podido decretar que hubiera sido de otro modo.

salvara a nadie del pecado, un hecho que se ilustra por su condenación inmediata de los ángeles que pecaron, para quienes no se hizo jamás provisión de salvación (2 P. 2:4; cf. He. 2:16). Como en el caso de los ángeles caídos, Dios tenía todo el derecho de abandonar a la humanidad pecadora a la desventura y reivindicar su justicia, relegándolos a todos al infierno. En este sentido, la expiación no era absolutamente necesaria; que Dios haya escogido, por gracia, rescatar a alguien es un acto libre del buen propósito de su voluntad (Ef. 1:5). Sin embargo, una vez que Dios *hubo* determinado salvar al hombre, la cruz de Cristo fue, por consiguiente, absolutamente necesaria. Murray explica: "En resumidas cuentas, aunque Dios no tenía la inherente obligación de salvar a nadie, sin embargo, debido a que la salvación había sido ya propuesta, era necesario concretarla por medio de una satisfacción que podía ser alcanzada solo por medio del sacrificio sustitutivo y de la redención adquirida con sangre".[33]

Las Escrituras justifican claramente esta última opinión, ya que hablan con frecuencia de la necesidad de la cruz de Cristo. En Hebreos 2:10, el autor declara que fue adecuado —es decir, fue coherente con la naturaleza de Dios, con el pecado y la salvación— que el Padre, al llevar a muchos hijos a la gloria, perfeccionara a Cristo por medio de aflicciones. Unos cuantos versículos después, añade que no solo fue apropiado, sino también necesario: Jesús "*debía* ser en todo semejante a sus hermanos, para venir a ser misericordioso y fiel sumo sacerdote en lo que a Dios se refiere, para expiar los pecados del pueblo" (He. 2:17). El hombre no podría haber sido salvado por los sacrificios levíticos, "porque la sangre de los toros y de los machos cabríos no puede quitar los pecados" (He. 10:4). En su lugar, fue "*necesario* que las figuras de las cosas celestiales fuesen purificadas así; pero las cosas celestiales mismas, con mejores sacrificios que estos" (He. 9:23). Debido al estándar de la santidad de Dios, nadie que carezca de la justicia perfecta puede tener comunión alguna con Él (Mt. 5:48; 1 Jn. 1:5). Sin embargo, el hombre no podía alcanzar su propia justicia mediante el cumplimiento de los dictados de la ley de Dios, porque no se había dado ley alguna que fuera capaz de dar vida (Gá. 3:21). En vez de ello, la ley solo sirvió como nuestro ayo para conducirnos a Cristo, cuya justicia se acredita como don por medio de la fe en su obra expiatoria (Gá. 3:22-27). Además, el Señor Jesús mismo deja claro que, de no haber amado Dios al mundo enviando a su único Hijo para ser levantado como sacrificio por el pecado, toda la humanidad habría perecido en sus pecados (Jn. 3:14-16; cf. Nm. 21:6-9).

Finalmente, el amor y la justicia de Dios que causan la expiación son también la razón de su necesidad. Las Escrituras indican que el sacrificio sustitutivo de Cristo para hacer propiciación en beneficio de los pecadores es la demostración suprema del amor de Dios hacia el hombre (Ro. 5:8; 1 Jn. 3:16; 4:10). La magnitud del amor de Dios se manifiesta mediante el extraordinario precio que Él está dispuesto a asumir con el fin de efectuar nuestro rescate. Aun así, es impensable que el Padre desatara la plenitud de su justa furia sobre su Hijo amado, en el cual se complacía, de no ser absolutamente necesario, de no ser este precio el único medio de asegurar su fin deseado. Además, la justicia y la veracidad de Dios mismo requieren que el pecado sea castigado. Dios ha

---

33. Murray, *La redención consumada y aplicada*, 14.

declarado que Él "de ningún modo tendrá por inocente al malvado" (Éx. 34:7). Dios no puede mentir (He. 6:18) y, por tanto, la plenitud de su justa ira debe derramarse contra el pecado. Es precisamente por medio de la cruz de Cristo como Dios reivindica su justicia, porque el pecado del hombre se castiga en su sustituto (Ro. 3:25; Gá. 3:13). La inquebrantable exigencia de justicia por parte de Dios requería que la salvación se efectuara mediante un sacrificio propiciatorio, porque de ninguna otra forma podía ser Dios, a la vez, "el justo y el que justifica" a su pueblo (Ro. 3:26).

Como pueblo de Dios, contemplamos el resplandor especial de la gloria y el mérito infinitos de la expiación de Cristo, cuando consideramos que ni siquiera el mismo Dios Todopoderoso podía haber llevado a cabo nuestra salvación de ninguna otra forma. Si alguien debía disfrutar de la gracia salvadora y de la benéfica misericordia del Dios que salva, la cruz de Cristo era absolutamente necesaria.

La naturaleza de la expiación

Las Escrituras emplean varios temas para describir lo que Cristo logró en la cruz. La obra de Cristo fue una obra de sacrificio sustitutivo, en el que el Salvador llevó la pena del pecado en el lugar de los pecadores (1 P. 2:24); es una obra de propiciación, en la que la ira de Dios contra el pecado se satisface plenamente y se agota en la persona de nuestro sustituto (Ro. 3:25); es una obra de reconciliación en la que la separación entre el hombre y Dios se vence y se hace la paz (Col. 1:20, 22); es una obra de redención en la que aquellos que están esclavizados al pecado son rescatados por el precio de la preciosa sangre del Cordero (1 P. 1:18-19); y es una obra de conquista en la que el pecado, la muerte y Satanás son derrotados por el poder de un Salvador victorioso (He. 2:14-15). Cada uno de estos temas es digno de estudio y será el tema de la exposición de esta sección.

LA OBEDIENCIA DE CRISTO

Sin embargo, existe un principio unificador en las Escrituras que abarca las muchas facetas de la expiación de Cristo: la obediencia.[34]

Existen tres sentidos en los que la obediencia encapsula la totalidad de la obra sustitutiva de Cristo. En primer lugar, la Escrituras caracterizan la obra de Cristo como obediencia al plan divino de salvación, que ha sido perfilado arriba. El Padre ha enviado al Hijo desde el cielo a la tierra para cumplir la misión divina de la redención, y el Hijo declara que "[he] descendido del cielo, no para hacer mi voluntad, sino la voluntad del que me envió" (Jn. 6:38; cf. 12:49). Con respecto a ofrecerse a sí mismo como sacrificio final, el Mesías le declara al Padre: "He aquí que vengo... para hacer tu voluntad" (He. 10:7, 9), porque Él siempre hace las cosas que son agradables para su Padre (Jn. 8:29). Él entrega su vida libre y voluntariamente como sacrificio por el pecado, porque afirma: "...Este mandamiento recibí de mi Padre" (Jn. 10:17-18), y "como el Padre me mandó, así hago" (Jn. 14:31). Así, en el himno de alabanza de Pablo respecto a la encarnación y

---

34. Calvino escribe: "Si alguno pregunta de qué manera Cristo, al destruir el pecado, ha suprimido la diferencia que había entre Dios y nosotros, y nos ha alcanzado la justicia que nos le ha vuelto favorable y propicio, se puede responder de una manera general que ha cumplido esto con la obediencia durante el transcurso de su vida". *Institución*, 2.16.5.

la expiación del Hijo de Dios, él describe la obra de Cristo como "haciéndose obediente hasta la muerte, y muerte de cruz" (Fil. 2:8). La obra expiatoria de Cristo fue una obra de obediencia al Padre.

En segundo lugar, fue necesario que Cristo fuera obediente a todos los mandamientos del Padre con el fin de que fuera el sacrificio sustitutivo adecuado para los pecadores. En el sistema sacrificial levítico era imperativo que cualquier animal ofrecido al Señor no tuviera defecto: "Ninguna cosa en que haya defecto ofreceréis, porque no será acepto por vosotros... para que sea aceptado será sin defecto" (Lv. 22:20-21; cf. 1:3, 10; 3:1, 6; 22:18-25). Lo mismo ocurre con el cordero pascual de Israel; para ser aceptado como el sustituto adecuado, Dios estipuló: "El animal será sin defecto" (Éx. 12:5). Si el castigo por los pecadores debía ejecutarse sobre un sustituto, se requería que este no tuviera mancha ni defecto. El mismo principio se extiende al sacrificio expiatorio de Cristo, el cumplimiento de los sacrificios levíticos (He. 9:23). Cristo mismo es nuestro Cordero Pascual (1 Co. 5:7; cf. Is. 53:7; Jn. 1:29; Ap. 5:12) y, por tanto, somos redimidos por su preciosa sangre, "como de un cordero sin mancha y sin contaminación" (1 P. 1:18-19). Para que Cristo fuera el sustituto adecuado para llevar el castigo por el pecado en el lugar de los pecadores, Él mismo tenía que ser sin pecado: santo, inocente, inmaculado y apartado de los pecadores (He. 7:26). Por esta razón, las Escrituras vinculan la vida de Cristo, en la que "por lo que padeció aprendió la obediencia" (He. 5:8), con su aptitud para convertirse en "autor de eterna salvación para todos los que le obedecen" (He. 5:9). Por supuesto, que aprendiera la obediencia no fue un proceso de despojarse del pecado y de crecer en justicia práctica, como es nuestro caso. Sin embargo, antes de su encarnación, Jesús nunca supo lo que era obedecer al Padre en la flaqueza de la carne humana, con todas las debilidades y las tentaciones a las que se enfrentan hombres y mujeres mientras luchan por obedecer a Dios. No obstante, al experimentar el sufrimiento de la vida en un mundo caído, aprendió a obedecer como hombre sufriente, exactamente como nosotros. Y, "en cuanto él mismo padeció siendo tentado, es poderoso para socorrer a los que son tentados" (He. 2:18; cf. 4:15). Habiendo aprendido la obediencia por medio de los sufrimientos que la vida humana producía, estuvo preparado para ser obediente en los sufrimientos que la muerte también provocaría.

Finalmente, era necesario que Cristo fuera obediente a la ley de Dios, con el fin de proveer la justicia que es la base de la justificación. El nivel perfecto de la justicia de Dios, expresada en su ley, consistía de dos aspectos claves: los mandamientos prescriptivos que requerían una obediencia completa, y las sanciones penales por quebrantar dichos decretos. El hombre pecaminoso no solo no ha obedecido las exigencias positivas de la ley de Dios, sino que no tiene forma de pagar la pena estipulada por su desobediencia, ya que la paga del pecado es la muerte (Ro. 6:23; cf. Tit. 3:5). Por tanto, para ser nuestro Salvador, Cristo tuvo que suplir ambas necesidades. Al hacerse obediente hasta la muerte en una cruz (Fil. 2:8), "Cristo nos redimió de la maldición de la ley, hecho por nosotros maldición" (Gá. 3:13; cf. Dt. 21:23); es decir, al soportar la plenitud de la ira divina contra Él mismo. Sin embargo, si este fue el final de la obra de nuestro sustituto, nunca habríamos podido ser salvos. En ese caso, las sanciones penales de la ley habrían sido satisfechas, y nuestra culpa eliminada, pero seguiríamos careciendo de la justicia positiva que la ley nos exigía. Nos habríamos quedado en el estado de Adán antes de la caída: inocente, pero sin la justicia positiva que Dios requería para tener comunión con Él (cf. Mt. 5:20, 48). Por tanto, el hombre tiene necesidad de un sustituto que no solo muera obedientemente en nuestro lugar para perdonar los pecados, sino que también viva en obediencia en nuestro lugar para proveer la justicia que se nos acredita a nosotros por medio de la fe (Ro. 4:3-5; Fil. 3:9). Por esta razón, Pablo contrasta al primer Adán con Cristo, el postrer Adán (1 Co. 15:22, 45), y afirma: "Porque así como por la desobediencia de un hombre los muchos fueron constituidos pecadores, así también por la obediencia de uno, los muchos serán constituidos justos" (Ro. 5:19; cf. Gá. 4:4-5). El pecado de Adán proporciona un registro de desobediencia humana real y vivida que, contado como nuestro por medio de nuestra unión con él, se convierte en la base sobre la cual Dios declara justamente culpables a todos los hombres (Ro. 5:12). Del mismo modo, la obediencia vicaria de Cristo proporciona el registro real, vivido, de la justicia humana que, contada como nuestra por medio de nuestra unión con Él, se convierte en la base sobre la cual Dios declara justos a pecadores culpables. Los pecadores justificados no son justos en sí mismos, sino que el registro de la vida perfecta de Cristo se les aplica por medio de su unión con Él por medio de la fe: "Mas por él [Dios] estáis vosotros *en* Cristo Jesús, el cual nos ha sido hecho... *justificación*" (1 Co. 1:30; cf. Ro. 10:4; 2 Co. 5:21).

El Señor Jesucristo hizo más que morir por nuestros pecados; también vivió para cumplir nuestra justicia. La interacción de Jesús con Juan el Bautista en su bautismo, evidencia este hecho. Juan el Bautista fue a la región contigua al Jordán "predicando el bautismo del arrepentimiento para perdón de pecados" (Lc. 3:3; Mt. 3:11). Ese bautismo, que se desarrolló originalmente durante el período intertestamentario, era un rito ceremonial para los gentiles que se convertían al judaísmo, y mediante el cual confesaban su impureza y su necesidad de purificación espiritual. En la época de Juan, Israel había multiplicado tanto su impiedad —es decir, tenían necesidad de una purificación así— que los judíos étnicos los sometían al bautismo prosélito para significar su arrepentimiento.[35] Los habitantes de Jerusalén, toda Judea y toda la región del río Jordán vinieron a confesar sus pecados y a ser bautizados (Mt. 3:5-6). Por tanto, cuando Jesús acudió a su primo para ser bautizado, Juan se sentía incrédulo, y con razón: "Mas Juan se le oponía, diciendo: Yo necesito ser bautizado por ti, ¿y tú vienes a mí?" (Mt. 3:14). Juan sabía que Jesús era el Hijo de Dios sin pecado (Jn. 1:29; cf. Lc. 1:41); ¿por qué debería Él pedir el bautismo de arrepentimiento? La breve respuesta de Jesús está

---

35. Este bautismo era "algo totalmente distinto de los lavamientos levíticos, que consistían en lavarse manos, pies y cabeza. Los esenios, un grupo de judíos ascetas que vivían en la orilla noroccidental del Mar Muerto, practicaban un tipo de lavado ceremonial que se parecía más al bautismo. Pero tanto los lavados levíticos como los esenios eran repetitivos; los de los esenios se realizaban varias veces al día o incluso cada hora. Representaban purificación repetida para el pecador arrepentido. Sin embargo, el lavado de Juan era por una sola vez. El único lavado de una sola vez que los judíos realizaban era para los gentiles, y significaba su llegada como forasteros a la verdadera fe del judaísmo. Un judío que se sometía a tal rito demostraba en realidad que era un forastero que buscaba entrada al pueblo de Dios, una admisión sorprendente para un judío. ¡Miembros de la raza escogida de Dios, descendientes de Abraham, herederos del pacto de Moisés, venían a Juan para ser bautizados como gentiles! Tal acto simbolizaba ante el mundo el hecho de que comprendían que su descendencia nacional y racial, o incluso su llamado como escogidos de Dios y pueblo del pacto, no podían salvarlos. Tenían que arrepentirse, abandonar el pecado y confiar en el Señor para salvación". John MacArthur, *Comentario MacArthur del Nuevo Testamento: Mateo* (Grand Rapids, MI: Editorial Portavoz, 2017), 69.

llena de significado: "Deja ahora, porque así conviene que cumplamos toda justicia" (Mt. 3:15). Jesús no tenía necesidad alguna de pasar por el rito de un bautismo prosélito de arrepentimiento. Él no tenía pecados de los que arrepentirse. Su divina justicia inherente lo habría cualificado para ser un sacrificio justo; de no haber sido bautizado, no habría sido menos adecuado para ser el inmaculado Cordero de Dios. Se sometió a este bautismo "para cumpl[ir] toda justicia"; no por su propio bien, sino para beneficio de su pueblo, que necesitaba que se cumpliera la justicia en su nombre. Desde el comienzo de su vida, Jesús siguió amasando un registro perfecto de justicia humana que sería imputada a los pecadores que creyeran en Él para salvación (Ro. 4:4-5). De esta forma, "por la obediencia de uno, los muchos serán constituidos justos" (Ro. 5:19).[36]

Así, las Escrituras identifican ambos aspectos de la obra sustitutiva de Cristo —a saber, el pago por el pecado y la provisión de justicia— como logrados por su obediencia al Padre. Por su obediencia, cumplió toda justicia, se convirtió en un sumo sacerdote comprensivo, demostró ser adecuado como sacrificio perfecto por los pecadores y se sometió a esa muerte sacrificial. Como concluye John Murray: "Él consiguió nuestra salvación mediante su obediencia, porque fue por obediencia que pudo realizar la obra que logró".[37]

SUSTITUCIÓN PENAL

Tras la rúbrica de la obediencia al Padre, la descripción más fundamental que uno pueda adscribirle a la expiación es que se trata de una obra de sustitución penal. Es decir, en la cruz, Jesús sufrió la pena por los pecados de su pueblo (de ahí que sea *penal*), como sustituto del mismo (de ahí que sea una *sustitución*). Cuando el hombre pecó contra Dios, su pecado levantó una barrera legal y relacional entre él y Dios. La ley divina fue quebrantada; el hombre incurrió así en su culpa y se le requiere que pague la pena de la muerte espiritual. La santidad de Dios se vio ofendida y, por tanto, se provocó la ira de Dios contra el pecado. Esto deja al hombre alienado de Dios; la comunión rota, y hasta la hostilidad marca la relación entre Dios y el hombre, quien es esclavo del pecado y de la muerte. Si ha de haber redención alguna del pecado y reconciliación con Dios, el pecado del hombre debe ser expiado. Sin embargo, la muerte espiritual del hombre y su depravación hacen que sea incapaz de pagar la pena por el pecado. Sin embargo, Dios, en su amor, ha designado al Señor Jesucristo para que ocupe el lugar de los pecadores y lleve su pecado, su culpa y su castigo y, de ese modo, satisfaga la ira de Dios en su nombre.

Por esta razón, Isaías caracteriza al siervo sufriente como aquel que "llevó nuestras enfermedades y sufrió nuestros dolores" (Is. 53:4), quien "llev[ó] el pecado de muchos" (Is. 53:12). "Jehová cargó en él el pecado de todos nosotros" (Is. 53:6) y, así, "llevará las iniquidades de ellos" (Is. 53:11). Por tanto, cuando Jesús viene al mundo, Juan el Bautista lo anuncia como "el Cordero de Dios que quita el pecado del mundo" (Jn. 1:29), es decir, al tomar el pecado sobre sí mismo. El apóstol Pablo declara que "por nosotros, [el Padre] lo *hizo* pecado [a Jesús]" (2 Co. 5:21a), lo que no puede significar

---

36. Para más sobre lo que se denomina tradicionalmente la obediencia activa de Cristo, véase "La razón de la justificación: La justicia imputada" (p. 627).

37. Murray, *La redención consumada y aplicada*, 25.

que el Padre convirtiera a Jesús *en* pecado en un sentido ontológico, sino que lo hizo pecado en el mismo sentido en el que hace que nos convirtamos en la justicia de Dios (2 Co. 5:21b): por imputación; es decir, al contar nuestra culpa como suya. La maldición de la ley bajo la cual estábamos fue llevada por Cristo, quien se convirtió en maldición por nosotros (Gá. 3:13). El apóstol Pedro afirma: "Quien llevó él mismo nuestros pecados en su cuerpo sobre el madero, para que nosotros, estando muertos a los pecados, vivamos a la justicia". Luego, citando el relato de Isaías sobre el siervo sufriente, añade: "Por cuya herida fuisteis sanados" (1 P. 2:24; cf. He. 9:28). El Señor Jesucristo llevó el castigo de los pecados de su pueblo y, de esta forma, les trajo bendición: "Mas él herido fue por nuestras rebeliones, molido por nuestros pecados; el castigo de nuestra paz fue sobre él, y por su llaga fuimos nosotros curados" (Is. 53:5).

Además de estas claras afirmaciones, el Nuevo Testamento añade el concepto de sustitución penal a la cruz de Cristo, mediante el uso de cuatro preposiciones griegas que tienen, todas ellas, fuerza sustitutiva: *perí* ("por", "con respecto a"), *diá* ("a causa de", "por el bien de"), *antí* ("en lugar de" o "en vez de"), y *júper* ("en nombre de"). Primero, Cristo "padeció... por los pecados" (gr. *perí jamartión*, 1 P. 3:18) y, por tanto, es "la propiciación de nuestros pecados" (gr. *perí tón jamartión jemón*, 1 Jn. 2:2; 4:10). Estos textos nos enseñan que nuestros pecados exigían que sufriéramos bajo la ira de Dios, pero que Cristo ha hecho esto en nuestro lugar. En segundo lugar, se afirma que Jesús murió "por amor a vosotros" (gr. *dí' jumás*, 2 Co. 8:9; cf. 1 Co. 8:11), otro claro indicador de sustitución.

En tercer lugar, la preposición *antí* es, quizá, el indicador más fuerte de sustitución, que significa literalmente "en lugar de". Este sentido es más claro en Mateo 2:22, donde dice que "Arquelao reinaba en Judea en lugar de [*antí*] Herodes su padre". Mateo 5:38 también usa *antí* para traducir la *ley del talión* —"Ojo por [*antí*] ojo y diente por [*antí*] diente"—, que ordenaba que un ofensor fuera privado de su ojo o de su diente en lugar del ojo o del diente que hubiera despojado a otro. Jesús usa esta frase con respecto a su propia muerte cuando declara: "El Hijo del Hombre no vino para ser servido, sino para servir, y para dar su vida en rescate por muchos" (gr. *antí póllon*, Mt. 20:28; Mr. 10:45). Es decir, aunque los pecadores merecían morir por culpa de su pecado, Jesús entregó su vida como precio del rescate en lugar de la vida de su pueblo, para que ellos pudieran quedar en libertad.

Finalmente, aunque *antí* tiene las connotaciones más fuertes de sustitución, *júper* es un segundo significado muy cercano a "en nombre de". Es, asimismo, la preposición de lejos más común para indicar la relación sustitutiva entre Cristo y su pueblo. El cuerpo de Cristo "por vosotros es dado" (*jupér jumón*, Lc. 22:19; cf. 1 Co. 11:24) y (*jupér tés toú kósmou zoés*, Jn. 6:51), y la sangre del nuevo pacto se derrama "por muchos" (gr. *jupér póllon*, Mr. 14:24), y "por vosotros" (gr. *júper jumón*, Lc. 22:20). Es decir, el cuerpo y la sangre de Cristo se entregan como sacrificio sustitutivo a favor de los pecadores, para que puedan evitar la ira y el castigo. Como buen Pastor, Jesús entrega su vida a favor de las ovejas (gr. *júper tón probáton*, Jn. 10:11, 15; cf. 1 Jn. 3:16), y murió por nosotros, los impíos (gr. *júper asebón*, Ro. 5:6; *júper jemón*, Ro. 5:8; 1 Ts. 5:10). Se dio a sí mismo por su esposa, la iglesia (Ef. 5:25), algo que Pablo describe tanto de forma colectiva (Ef. 5:2; Tit. 2:14) como personal (Gá. 2:20). Por nosotros (gr. *júper jemón*) Él fue hecho pecado (2 Co. 5:21), se convirtió en una maldición (Gá. 3:13), y probó la muerte (He. 2:9). El Justo sufrió la pena del pecado por los injustos (gr. *díkaios júper adíkon*) para que pudiera reconciliar a esos pecadores con Dios (1 P. 3:18).

Como muestran los pasajes más arriba, no hay doctrina más fidedigna en todo el Nuevo Testamento que el sufrimiento vicario del Señor Jesucristo a favor de su pueblo. La expiación penal-sustitutiva está entretejida en la tela de la revelación del nuevo pacto de principio a fin, porque es el corazón mismo del mensaje del evangelio. En libre y voluntaria obediencia a su Padre, el Señor Jesucristo ha ocupado el lugar de los pecadores, ha muerto como sacrificio por el pecado y la culpa de ellos, ha propiciado la ira del Padre hacia ellos, los ha reconciliado con el Dios por quien fueron creados, los redimió de la esclavitud del pecado y de la muerte y ha vencido el dominio del pecado y de Satanás en sus vidas. Cada uno de estos temas —sacrificio, propiciación, reconciliación, redención y conquista— es una faceta distinta de la obra sustitutiva de Cristo y merece un examen ulterior.

Sacrificio.[38] El Nuevo Testamento identifica explícitamente la muerte de Cristo como sacrificio por los pecados: "De otra manera le hubiera sido necesario padecer muchas veces desde el principio del mundo; pero ahora, en la consumación de los siglos, se presentó una vez para siempre por el sacrificio de sí mismo para quitar de en medio el pecado" (He. 9:26). Semejante simbolismo se inspira en la historia de Israel y en las prescripciones del Antiguo Testamento para la adoración sacrificial a Dios. El libro de Hebreos identifica de manera explícita la obra expiatoria de Cristo como el antitipo y el cumplimiento de los sacrificios levíticos instituidos bajo el pacto mosaico (He. 9:23). Por esta razón, para comprender de la forma debida la relevancia de la muerte de Cristo como sacrificio, debemos acudir a la ley levítica.

El libro de Levítico empieza inmediatamente después de que la gloria de Dios llenara el tabernáculo acabado (Éx. 40:34-38), y simboliza que la presencia espiritual del Señor mora ahora en medio de su pueblo. En realidad, el término hebreo para "tabernáculo", *mishkán*, significa "residencia". Así, la presencia de Dios es un tema clave en el libro de Levítico, tal como lo confirman las cincuenta y nueve veces que aparece en el libro la frase en hebreo traducida generalmente como "delante de Jehová" (heb. *lifnái Yejová*, lit. "ante el rostro de Yahvé", que significa presencia). Levítico también enseña que este Dios, quien está presente, es fundamentalmente *santo*; el término hebreo para "santo" y sus cognados aparecen ciento cincuenta veces en los veintisiete capítulos del libro, con mayor frecuencia que en cualquier otro libro. La pregunta que Levítico procura responder es, pues, ¿cómo puede morar la presencia de Dios en medio de un pueblo pecaminoso? La respuesta a esa pregunta es que los pecadores tienen que hacer sacrificios al Señor que expíen su pecado y los haga aceptables en su presencia: "Lo ofrecerá [su sacrificio]… a la puerta del tabernáculo de reunión delante de Jehová. Y pondrá su mano sobre la cabeza del holocausto, y será aceptado para expiación suya" (Lv. 1:3-4).

---

38. Puede encontrar una extensa explicación en el apartado "Muerte y expiación" del capítulo 4, "Dios Hijo: Cristología" (p. 311).

Aunque no todo sacrificio levítico se prescribe para expiar el pecado, las ceremonias del día de la expiación, lo son sin duda. Una vez al año, el sumo sacerdote de Israel debía entrar en el Lugar Santísimo con el fin de "[hacer] la expiación por sí, por su casa y por toda la congregación de Israel" (Lv. 16:17; cf. 16:24, 32-34). Se debían ofrecer dos machos cabríos: uno para el sacrificio y otro como chivo expiatorio que llevara los pecados del pueblo, y que se desterraría de la presencia del Señor (Lv. 16:8-10). La sangre del macho cabrío sacrificial debía rociarse sobre el propiciatorio, la tapadera del arca del pacto donde se hacía la expiación (Lv. 16:15-19). Al estar "la vida de la carne en la sangre,... [Dios la ha] dado para hacer expiación sobre el altar por vuestras almas; y la misma sangre hará expiación de la persona" (Lv. 17:11). Después de esto, el sumo sacerdote debía ocuparse del chivo expiatorio:

> Y pondrá Aarón sus dos manos sobre la cabeza del macho cabrío vivo, y confesará sobre él todas las iniquidades de los hijos de Israel, todas sus rebeliones y todos sus pecados, poniéndolos así sobre la cabeza del macho cabrío, y lo enviará al desierto por mano de un hombre destinado para esto. Y aquel macho cabrío llevará sobre sí todas las iniquidades de ellos a tierra inhabitada; y dejará ir el macho cabrío por el desierto (Lv. 16:21-22).

Al imponer sus manos sobre la cabeza del chivo expiatorio y confesar todos los pecados de Israel sobre él, el sumo sacerdote simbolizaba que Dios había considerado que el pecado y la culpa del pueblo se transferirían al animal. En lugar de llevar su propia iniquidad (cf. Lv. 5:1, 17; 7:18; 17:16; 19:8; 20:17, 19; 22:16) y, de este modo, sufrir el castigo de ser desterrado de la santa presencia de Dios (es decir, "cortad[o] de entre su pueblo", cf. Lv. 7:20-27; 17:4, 9, 10, 14; 18:29; 19:8; 20:3-6, 17-18; 22:3; 23:29), el pueblo de Israel había imputado su pecado a un sustituto. El chivo expiatorio inocente llevaba el pecado, la culpa y el castigo del pueblo, y era desterrado en su lugar. Al rociar la sangre sacrificial de un sustituto sobre el propiciatorio, y en virtud de la imputación del pecado a un segundo sustituto, los sacerdotes expiaban los pecados de Israel, y el pueblo era liberado del castigo.

Otra imagen del sacrificio del Antiguo Testamento —el otro único sacrificio que rivaliza con el día de la expiación en relevancia para Israel— es el sacrificio de la Pascua de Éxodo 12. La manera en que Dios redimió a su pueblo y lo sacó de la esclavitud en Egipto se convirtió en la imagen de cómo redimiría finalmente a su pueblo de la esclavitud del pecado y de la muerte. Dios había prometido matar a cada hijo y cada animal primogénito de todo Egipto. Aunque Israel había sido librado de las nueve primeras plagas, no fueron automáticamente exentos de la décima, porque habían caído en la idolatría, y habían adorado a los dioses de Egipto (Ez. 20:8). Con el fin de ser librados de su ira, Dios exigió que cada familia de Israel matara a un cordero sin defecto, y que untaran su sangre en los dinteles de la casa. Declaró: "Y la sangre os será por señal en las casas donde vosotros estéis; y veré la sangre y pasaré de vosotros, y no habrá en vosotros plaga de mortandad cuando hiera la tierra de Egipto" (Éx. 12:13). El cordero de la Pascua murió como sustituto en lugar de los primogénitos de Israel. La ira de Dios fue apaciguada por la sangre de un cordero sin mancha. Israel tenía que "guarda[r] esto por estatuto para [ellos] y para [sus] hijos para siempre" (Éx. 12:24) para conmemorar el perdón del Señor sobre sus pecados, por medio del sacrificio sustitutivo (Éx. 12:27).

Ambos sacrificios levíticos, tal como se epitomizan en el día de la expiación, y el rito de la Pascua retratan la obra sacrificial del Señor Jesucristo. La comida pascual fue el entorno de la Última Cena de Jesús con sus discípulos, donde instituyó el nuevo pacto, y declaró que su cuerpo sería quebrado y su sangre se derramaría por ellos (Mt. 26:17-29; Mr. 14:12-25; Lc. 22:7-20). De este modo, declaró que su muerte sería el cumplimiento de la festividad de la Pascua: "Considerando que la antigua Pascua se centraba en el cuerpo y la sangre de un cordero, ofrecido como sacrificio penal sustitutivo por la redención de Israel, la Santa Cena se enfoca en el cuerpo y la sangre de Cristo, quien se entregó a sí mismo como sacrificio penal sustitutivo por su pueblo".[39] Jesús es "el Cordero de Dios, que quita el pecado del mundo" (Jn. 1:29; cf. 1:36). Es por "la sangre preciosa de Cristo, como de un cordero sin mancha y sin contaminación" que el pueblo de Dios es redimido (1 P. 1:18-19). Pablo identifica explícitamente a Jesús como el cumplimiento de la Pascua cuando afirma: "Porque nuestra pascua, que es Cristo, ya fue sacrificada por nosotros" (1 Co. 5:7). Así como la sangre del cordero sacrificado protegió a Israel de la ejecución del juicio de Dios, así también la sangre del Cordero ofrecido, Jesús, protege a su pueblo de la ira del Padre contra su pecado.

De manera similar, el Nuevo Testamento identifica a Jesús como el cumplimiento del sacerdocio levítico y el sistema sacrificial. Aunque Dios se permitió ser temporalmente propiciado por los sacrificios de Israel, eso nunca cambió que aquellos sacrificios "no pueden hacer perfecto, en cuanto a la conciencia, al que practica ese culto" (He. 9:9):

> Porque la ley, teniendo la sombra de los bienes venideros, no la imagen misma de las cosas, nunca puede, por los mismos sacrificios que se ofrecen continuamente cada año, hacer perfectos a los que se acercan... porque la sangre de los toros y de los machos cabríos no puede quitar los pecados (He. 10:1, 4).

Por tanto, el autor de Hebreos nos instruye:

> Pero estando ya presente Cristo, sumo sacerdote de los bienes venideros, por el más amplio y más perfecto tabernáculo, no hecho de manos, es decir, no de esta creación, y no por sangre de machos cabríos ni de becerros, sino por su propia sangre, entró una vez para siempre en el Lugar Santísimo, habiendo obtenido eterna redención (He. 9:11-12).

El simbolismo paralelo es asombroso. Así como el sumo sacerdote entraba más allá del velo, al Lugar Santísimo, también Cristo es el gran Sumo Sacerdote (cf. He. 3:1; 4:15; 7:26; 8:1), quien ha traspasado el velo del tabernáculo celestial (al que las Escrituras caracterizan como su propia carne, He. 10:20), hasta la presencia misma de Dios. Y aunque el sumo sacerdote rociaba de la sangre del macho cabrío sacrificial sobre el propiciatorio para hacer expiación, el Señor Jesús derramó su propia sangre (He. 9:21-22; 12:24; 1 P. 1:2) y, puesto que esta es infinitamente más valiosa que la de machos cabríos y becerros, aseguró así una redención eterna. Él es, por tanto, el cumplimiento tanto

---

39. Jeffery, Ovey y Sach, *Pierced for Our Transgressions*, 39.

del sumo sacerdote como del sacrificio; es, a la vez, el oferente y la ofrenda, porque "se ofreció a sí mismo sin mancha a Dios" (He. 9:14; cf. Ef. 5:2; He. 7:27; 9:23, 26, 28; 10:10, 12, 14).

Jesús no solo es el cumplimiento del sumo sacerdote y del sacrificio, sino que también lo es del propiciatorio mismo. Al sumo sacerdote se le ordenó rociar la sangre sobre el propiciatorio (heb. *kapóret*; gr. *jilastérion* [Septuaginta]), único lugar donde se manifestaba la santa presencia de Dios para tener comunión con Israel (Éx. 25:22; 30:6). Dios mismo advirtió que cualquiera que se acercara allí, aparte del sumo sacerdote en el día de la expiación, moriría, "porque —advirtió— yo apareceré en la nube sobre el propiciatorio" (Lv. 16:2). Aun así, el apóstol Pablo declara que Dios puso a Jesús "como propiciación [gr. *jilastérion*]... en su sangre" (Ro. 3:25), y usa el mismo término griego para "propiciación" que se usa para "propiciatorio" en la versión Septuaginta de Éxodo. Así como el propiciatorio era el lugar donde se hacía expiación y se evitaba la ira de Dios contra el pecado, ahora Jesús es el lugar donde se efectúa la expiación y se aparta la ira de Dios contra el pecado. Jesús es el Sumo Sacerdote, que ofrece el sacrificio, el sacrificio ofrecido y el propiciatorio sobre el que se ofrece el sacrificio.

Finalmente, Jesús también cumple a la perfección el papel del chivo expiatorio. La imputación del pecado de Israel sobre este macho cabrío se epitomiza al imponer el Padre sobre Él la iniquidad de todos nosotros (Is. 53:6), y haciéndolo pecado en nuestro lugar (2 Co. 5:21), de manera que Él ha llevado nuestros pecados en su cuerpo sobre el madero (1 P. 2:24). Cuando el sol del mediodía quedó envuelto en oscuridad, por así decirlo, el Padre estaba poniendo sus manos sobre la cabeza del Hijo, y confesaba sobre Él los pecados de su pueblo. Como resultado de llevar el pecado de ellos, el Hijo fue desterrado de la presencia del Padre, y lo dejaron padecer fuera de la puerta (He. 13:12), y experimentar el aterrador abandono de su Padre (Mt. 27:46).[40] "Fuera del campamento", lejos de la presencia del Señor y de su pueblo, era el lugar donde debían echar los restos de los sacrificios (Lv. 4:12, 21; 6:11; 8:17; 9:11; 16:27; cf. He. 13:11); era en aquel lugar solitario donde se aislaba a los leprosos para que llevaran su vergüenza (Lv. 13:46), y donde debían ser apedreados los blasfemos (Lv. 24:14, 23). A ese lugar de vergüenza y aislamiento fue desterrado el Hijo de Dios, para que pudiera ser acogido en la santa presencia de Dios.

Propiciación. Las Escrituras no representan meramente la muerte de Cristo como un sacrificio, sino como sacrificio *propiciatorio*. Es decir, que al recibir el pleno ejercicio de la ira del Padre contra los pecados de su pueblo, Cristo satisfizo el justo enojo de Dios contra el pecado y, así, apartó su ira de nosotros quienes, de no haber sido por nuestro sustituto, estábamos sujetos a sufrirlo por nosotros mismos. El Nuevo Testamento identifica explícitamente la obra de Cristo como propiciación en cuatro textos:

---

40. Este abandono es el misterio de los misterios. El grito de abandono de Jesús es, como ha predicado Albert Martin, la expresión que la eternidad nunca interpretará para nosotros. A pesar de ello, debemos observar que esta separación entre el Padre y el Hijo fue relacional y no ontológica. El Hijo no podía ser apartado jamás ontológicamente de la esencia de la Trinidad, porque entonces el Dios trino dejaría de ser. Cristo siguió siendo Dios; la Trinidad permaneció intacta e inmutable. No obstante, de un modo que nuestra mente no puede comprender del todo, Dios Padre abandonó a Dios Hijo, cuando puso sobre Cristo la iniquidad de todos nosotros, y lo abandonó para que soportara toda su furia desatada contra los pecados de su pueblo.

Siendo [nosotros] justificados gratuitamente por su gracia, mediante la redención que es en Cristo Jesús, a quien Dios puso como propiciación [gr. *jilastérion*] por medio de la fe en su sangre (Ro. 3:24-25).

Por lo cual debía ser en todo semejante a sus hermanos, para venir a ser misericordioso y fiel sumo sacerdote en lo que a Dios se refiere, para expiar [gr. *eís tó jiláskesthai*] los pecados del pueblo (He. 2:17).

Y él es la propiciación [gr. *jilasmós*] por nuestros pecados; y no solamente por los nuestros, sino también por los de todo el mundo (1 Jn. 2:2).

En esto consiste el amor: no en que nosotros hayamos amado a Dios, sino en que él nos amó a nosotros, y envió a su Hijo en propiciación [gr. *jilasmós*] por nuestros pecados (1 Jn. 4:10).

Aunque las Escrituras son muy directas al identificar la obra de Cristo con el término griego *jilasmós* (del grupo de palabras *jiláskomai*), algunos han insistido en que "propiciación" es una traducción inadecuada del término. En lugar de hablar de un sacrificio que satisface y aparta la ira de Dios, han argumentado que alude a la expiación, la cancelación o eliminación del pecado.[41] La erudición evangélica ha ofrecido respuestas muy apropiadas que justifican el entendimiento tradicional del grupo de palabras de *jiláskomai* con el significado de propiciación.[42] Aunque está fuera de nuestro alcance el entrar de lleno en este debate, existe no obstante una clara justificación bíblica para interpretar *jiláskomai* como sacrificio que evita la ira.

El grupo de palabras de *jiláskomai* también traduce el término hebreo *kafár*, que posee una gama de significados, incluidos "perdonar" (p. ej., Lv. 4:20, 26, 31; 19:22), "purificar" (p. ej., Lv. 14:18-20, 29-31; 15:19-30; 16:16, 18-19, 30), y "rescatar" (p. ej., Éx. 30:11-16; Nm. 35:29-34).[43] Sin embargo, los textos claves muestran que *kafár* puede también aludir a la propiciación, el concepto de evitar la ira de Dios. En primer lugar, cuando Israel cometió su primer acto de descarada idolatría con el becerro de oro, Dios respondió con ira, y le dijo a Moisés: "Ahora, pues, déjame que se encienda mi ira en ellos, y los consuma; y de ti yo haré una nación grande" (Éx. 32:10). Al siguiente día, Moisés le comunicó al pueblo sus intenciones de interceder ante Dios en su favor. Declaró: "Vosotros habéis cometido un gran pecado, pero yo subiré ahora a Jehová; quizá le aplacaré [heb. *kafár*; gr. *ejiláskomai* (Septuaginta)] acerca de vuestro pecado" (Éx. 32:30). Moisés comprendió claramente el problema: la ira de Dios se había encendido contra el pecado de su pueblo. Su solución instintiva consistió en procurar "hacer expiación" por el pecado de ellos; es decir, buscó apartar la ira de Dios de su pueblo. Esto sugiere, de forma evidente, que la propiciación es un concepto inherente a la enseñanza bíblica sobre la expiación, y el significado transmitido por el término hebreo *kafár*.

En segundo lugar, en Números 25, Israel se encontró en una ciénaga similar de idolatría.

---

41. De manera más notable, C. H. Dodd, "*Hilaskesthai*. Its Cognates, Derivatives, and Synonyms, in the Septuagint", *JTS* 32, no. 128 (1931): 352-360; reimpreso en *The Bible and the Greeks* (Londres: Hodder & Stoughton, 1935).

42. Véanse Leon Morris, *The Apostolic Preaching of the Cross*, 3rd ed. (Grand Rapids, MI: Eerdmans, 1965); Roger Nicole, "C. H. Dodd and the Doctrine of Propitiation", *WTJ* 17, no. 2 (1955): 117-157.

43. Jeffery, Ovey y Sach, *Pierced for Our Transgressions*, 44-45.

El pueblo había cometido inmoralidad sexual con mujeres moabitas, y habían empezado a adorar a los dioses de Moab. Una vez más, el Señor respondió con ira: "Y el furor de Jehová se encendió contra Israel" (Nm. 25:3). Dios manifestó la ira en forma de plaga que acabó llevándose veinticuatro mil vidas (cf. Nm. 25:8-9), y le dio instrucciones a Moisés para que matara a los líderes de Israel, de manera que su ira pudiera apartarse (Nm. 25:4). Justo entonces, otro israelita trajo a una mujer madianita a la tienda de su familia, al parecer con la intención de seguir la inmoralidad sexual del resto del pueblo. Finees, uno de los sacerdotes, se indignó tanto por la descarada rebeldía, que "tomó una lanza en su mano; y fue tras el varón de Israel a la tienda, y los alanceó a ambos, al varón de Israel, y a la mujer por su vientre" (Nm. 25:7-8). Como resultado del celo de Finees, la ira de Dios fue aplacada y la plaga cesó (Nm. 25:8). El Señor elogió a Finees por su justa indignación:

> Finees hijo de Eleazar, hijo del sacerdote Aarón, *ha hecho apartar mi furor* de los hijos de Israel, llevado de celo entre ellos; por lo cual yo no he consumido en mi celo a los hijos de Israel. Por tanto diles: He aquí yo establezco mi pacto de paz con él; y tendrá él, y su descendencia después de él, el pacto del sacerdocio perpetuo, por cuanto tuvo celo por su Dios e *hizo expiación* [heb. *kafár*; gr. *ejiláskomai* (Septuaginta)] por los hijos de Israel (Nm. 25:11-13).

Aquí, apartar la ira de Dios es sinónimo a hacer expiación. Esto indica con claridad que la propiciación es inherente a los conceptos denotados por el *kafár* hebreo y el *jiláskomai* griego.

El ejemplo final viene en Números 16, cuando Israel murmuraba contra Moisés en el desierto en respuesta a la muerte de Coré y sus hombres. Respecto al motín del pueblo contra Moisés y Aarón, la ira del Señor se encendió contra Israel, de nuevo en forma de plaga, que terminó con la vida de catorce mil setecientas personas (cf. Nm. 16:48-49). Ordenó a Moisés y a Aarón: "Apartaos de en medio de esta congregación, y los consumiré en un momento" (Nm. 16:45). Moisés le indicó a Aarón: "Toma el incensario, y pon en él fuego del altar, y sobre él pon incienso, y ve pronto a la congregación, y haz expiación por ellos, porque el furor ha salido de la presencia de Jehová; la mortandad ha comenzado" (Nm. 16:46). Aarón hizo conforme a lo que dijo Moisés: "Y él puso incienso, e hizo expiación [heb. *kafár*; gr. *ejiláskomai* (Septuaginta)] por el pueblo, y se puso entre los muertos y los vivos; y cesó la mortandad" (Nm. 16:47-48). Una vez más surge un claro paralelismo entre hacer expiación y apartar la ira de Dios contra el pecado, tal como se ejerce en forma de plaga. Aunque no todos los casos de *kafár* hablen quizá de propiciación, en ciertos ejemplos este significado es inequívoco.

Por tanto, cuando los escritores del Nuevo Testamento usan el grupo de palabras del *jiláskomai* griego —es decir, el mismo grupo de términos usado para traducir el hebreo *kafár* en la Septuaginta—, es razonable esperar que denote propiciación exactamente como en el Antiguo Testamento, sobre todo dado los contextos en los que se usa este vocablo. Por ejemplo, el primer uso de "propiciación" en el Nuevo Testamento procede de Romanos 3:25, después de que Pablo haya dedicado dos capítulos a detallar cómo se enciende la ira de Dios contra el pecado de toda la humanidad, tanto de los gentiles (Ro. 1:18-32) como de los judíos (Ro. 2:1–3:20). Dios ha manifestado esta justa ira entregando a los gentiles a sus "deseos" e "impurezas", a sus "pasiones deshonrosas" y a "una mente reprobada" (Ro. 1:24, 26, 28). A los judíos, que tienen la ley y siguen sin arrepentirse, Pablo advierte: "Atesoras para ti mismo ira para el día de la ira y de la revelación del justo juicio de Dios" (Ro. 2:5; cf. 2:8; 3:5). El hilo de la ira divina se ha entrelazado tanto a lo largo de esta sección de apertura de la carta que el lector casi espera ser confrontado con la forma en que Dios proveerá para su aplacamiento. Esto lo vemos precisamente en Romanos 3:21-26: Dios ha puesto a su Hijo, el Señor Jesucristo, "como propiciación por medio de la fe en su sangre" (Ro. 3:25). Dios ha satisfecho su ira contra el pecado al rociar la sangre del Cordero sin mancha sobre el propiciatorio del altar celestial (He. 9:11-15, 23-24). Ha castigado los pecados de su pueblo en un sustituto y, así, su ira se ha apartado de ellos.[44]

En última instancia, negar el componente propiciatorio de la expiación de Cristo es negar que la ira de Dios se encienda contra el pecado, o que deba ser aplacada para que al hombre se le conceda la salvación. Con todo, una suposición así violenta toda la amplitud de la revelación bíblica. El pequeño ejemplo de textos que hemos considerado ha demostrado esta idea con claridad. La respuesta de Dios al pecado del hombre —ya sea la idolatría, la inmoralidad sexual o la murmuración contra sus líderes— es encenderse en justa ira. Leer, a continuación, en términos tan universales que "la ira de Dios se revela desde el cielo contra toda impiedad e injusticia de los hombres" (Ro. 1:18) es eliminar toda duda. Y dado que Dios es santo, debe ejercer su ira contra el pecado. Como expresa Murray: "Por cuanto se ama a sí mismo supremamente no puede tolerar que lo que pertenece a la integridad de su carácter y gloria sea puesto en peligro o reducido. Ésta es la razón para la propiciación".[45]

La relevancia de la propiciación es, pues, que identifica la obra de Cristo como un sacrificio que carga con la ira. No se puede pasar meramente por alto el pecado, sino que debe ser castigado siempre, ya sea en el pecador en el infierno o en Cristo, el sustituto, en la cruz. Dios no ha relajado su justicia, porque Él mismo declara que bajo ningún concepto dejará al culpable sin castigo (Éx. 34:7). Cada pizca de ira merecida por el pecador elegido —toda la ira que Dios habría ejercido sobre el pecador en tormentos eternos del infierno— se derramaron por completo en nuestro sustituto, en aquellas terribles horas en el Calvario. A causa de esto, ya no queda ira para el pueblo de Cristo. Dios es propicio hacia ellos, porque se ha pagado por su pecado.

Reconciliación. El pecado del hombre no solo ha traído sobre él culpa y ha encendido la ira de Dios, sino que también ha producido una enemistad y una separación entre Dios y el hombre. Ese distanciamiento se describe a lo largo de las Escrituras, y de forma

---

44. Se puede armar un caso similar para la aparición del término griego *jilasmós* en 1 Juan 2:2. Reymond escribe: "En 1 Juan 2:1, la referencia a Jesús como nuestro Abogado delante del Padre cuando pecamos, específicamente en su carácter como el *Justo*, implica que Aquel ante quien Él intercede por nuestra causa —quien representa a la Deidad Trina ofendida— está disgustado con nosotros. Por consiguiente, la descripción de Jesús que viene inmediatamente después en 1 Juan 2:2 sugiere, sin duda, que es su defensa ante el Padre, de manera específica en su carácter como *jilasmós* nuestro, que elimina ese desagrado divino". Robert L. Reymond, *A New Systematic Theology of the Christian Faith*, 2a. ed. (Nashville: Thomas Nelson, 2010), 638. Las cursivas son originales. Y aunque los contextos de Hebreos 2:17 y 1 Juan. 4:10 podrían permitir la expiación o la propiciación, estos otros casos muestran un precedente para interpretar que el grupo de palabras de *jiláskomai* denota propiciación.

45. Murray, *La redención consumada y aplicada*, 32.

más notable en el huerto, donde el inmediato instinto de Adán y Eva después de haber pecado fue esconderse de Dios, y evitar la comunión con Él (Gn. 3:8), de la que son expulsados (Gn. 3:22-24). En la historia de Israel, la separación del hombre pecaminoso se ilustra con fuerza por la triple barrera del tabernáculo y el templo: el atrio exterior, accesible tan solo a quienes traían sacrificios; el Lugar Santo, al que solo podían entrar los sacerdotes que ofrecían sacrificios por el pueblo; y el Lugar Santísimo, cuya entrada solo le estaba franqueada al sumo sacerdote en el día de la expiación, para hacer propiciación por los pecados de la nación. Esto tiene poco que ver con hablar con Dios cara a cara, al aire del día (Gn. 3:8). El profeta Isaías comenta sobre la naturaleza de la relación rota, cuando declara: "Vuestras iniquidades han hecho división entre vosotros y vuestro Dios, y vuestros pecados han hecho ocultar de vosotros su rostro para no oír [vuestras oraciones]" (Is. 59:2). Dios se ha convertido en enemigo del hombre (gr. *ejthrós*, Ro. 5:10), y la mente de este es "enemistad" (gr. *éjthra*) contra Dios (Ro. 8:7).

Por esta razón, las Escrituras también hablan de la expiación como una obra de reconciliación, por medio de la cual se elimina la razón de la enemistad entre Dios y los hombres —a saber, la culpa del pecado y el castigo de la ira de Dios— y se trata con ella, logrando así la paz. Los siguientes textos claves con los términos griegos resaltados establecen este asunto:

> Porque si siendo enemigos [*ejthroí*], fuimos reconciliados [*katelágemen*] con Dios por la muerte de su Hijo, mucho más, estando reconciliados [*katalagéntes*], seremos salvos por su vida. Y no sólo esto, sino que también nos gloriamos en Dios por el Señor nuestro Jesucristo, por quien hemos recibido ahora la reconciliación [*katalagén*] (Ro. 5:10-11).

> Y todo esto proviene de Dios, quien nos reconcilió [*katalájantos*] consigo mismo por Cristo, y nos dio el ministerio de la reconciliación [*katalagés*]; que Dios estaba en Cristo reconciliando [*én... katalásson*] consigo al mundo, no tomándoles en cuenta a los hombres sus pecados, y nos encargó a nosotros la palabra de la reconciliación [*katalagés*] (2 Co. 5:18-19).

> Y [que Cristo pueda] mediante la cruz reconciliar [*apokataláxe*] con Dios a ambos en un solo cuerpo, matando en ella las enemistades [*tén éjthran*] (Ef. 2:16).

> [A Dios le plugo] por medio de él reconciliar [*apokatalaxai*] consigo todas las cosas, así las que están en la tierra como las que están en los cielos, haciendo la paz mediante la sangre de su cruz. Y a vosotros también, que erais en otro tiempo extraños [*apellotrioménous*] y enemigos [*ejthrós*] en vuestra mente, haciendo malas obras, ahora os ha reconciliado [*apokatálaxen*] en su cuerpo de carne, por medio de la muerte, para presentaros santos y sin mancha e irreprensibles delante de él (Col. 1:20-22).

Varias características de la doctrina de la reconciliación surgen de estos textos. En primer lugar, la reconciliación es una obra de Dios, llevada a cabo en la persona de Cristo por medio de la eficacia de su sangre (2 Co. 5:18; Col. 1:20). El hombre no efectúa esta reconciliación mediante un acto que elimine la hostilidad de Dios hacia su pecado. Más bien, los pecadores reciben la reconciliación como don, de forma pasiva, por medio de la obra de Cristo (Ro. 5:11). En segundo lugar, las Escrituras presentan la reconciliación como obra acabada y realizada por el sacrificio de Cristo. Cada uno de los pasajes anteriores indica que la reconciliación se produjo en el pasado por medio de la muerte de Cristo, una vez y para siempre. En tercer lugar, la reconciliación es fundamentalmente legal. Esto queda demostrado por el paralelismo de Romanos 5, donde la frase "fuimos reconciliados con Dios mediante la muerte de su Hijo" es paralela a "estando ya justificados en su sangre" en el versículo inmediatamente precedente (Ro. 5:9-10). Dado que la justificación es legal, y paralela a la reconciliación, es probable que esta también debiera entenderse en términos legales. Pablo elimina toda duda en 2 Corintios 5:19, cuando identifica explícitamente la obra de la reconciliación como que Dios "no tom[ó] en cuenta [los] pecados [del mundo]". "Tomar" viene aquí del término griego *logízomai*, término neotestamentario más común para "imputación" (p. ej., Ro. 4:1-25). Al imputar nuestros pecados a Cristo, nuestro chivo expiatorio, ejerciendo su ira sobre Él como sustituto nuestro, e imputándonos su justicia a nosotros (2 Co. 5:21), Dios ha eliminado la razón de su enemistad contra nosotros, es decir, la culpa del pecado. Así como la propiciación es el aplacamiento de la ira de Dios contra los pecadores, la reconciliación es la anulación de su enemistad contra ellos.

Esto significa que, como el sacrificio y la propiciación, que hablan de "en lo que a Dios se refiere" (He. 2:17; 5:1), el concepto bíblico de la reconciliación es principalmente más objetivo que subjetivo; es decir, tiene su efecto fundamental en Dios y no en el hombre. La separación entre Dios y el hombre tiene doble filo. Sin duda, el hombre es hostil a Dios, por la depravación de su mente y de su corazón, pero Dios también es hostil al hombre porque, en su santidad, Él odia el pecado. Cuando consideramos (1) que la Biblia describe la reconciliación como un acto legal que Dios realiza en Cristo de forma decisiva, y (2) que los pecadores elegidos que todavía no han venido a la fe permanecen hostiles a Dios, resulta evidente que la reconciliación "no se refiere a la eliminación de la enemistad subjetiva de la persona de la que se dice que ha sido reconciliada, sino el alejamiento de parte de la persona a la que se dice que somos reconciliados".[46] Por tanto, la paz mutua efectuada por el acto de la reconciliación se experimenta como resultado de la reconciliación, cuando la obra regeneradora del Espíritu Santo vence la hostilidad del hombre hacia Dios, al aplicar el Espíritu la obra objetiva de Cristo a los pecadores y concederles la fe justificadora por medio de la cual tienen paz con Dios (Ro. 5:1). A causa de la expiación de Cristo, los pecadores que una vez estuvieron separados de Dios pueden ser ahora restaurados a una amorosa comunión con Él para conocerlo y adorarlo, propósito para el cual fueron creados: "Cristo sufrió por nuestros pecados una sola vez y para siempre. Él nunca pecó, en cambio, murió por los pecadores para llevarlos a salvo con Dios. Sufrió la muerte física, pero volvió a la vida en el Espíritu" (1 P. 3:18, NTV).

Redención. Como sacrificio, la expiación de Cristo es adecuada para eliminar la culpa y la pena del pecado. Como la propiciación, es apropiada para aplacar la ira provocada por el pecado. Como la reconciliación, está hecha para quitar la separación y la enemistad generadas por el pecado. Además, la expiación de Cristo se caracteriza como

---

46. Murray, *La redención consumada y aplicada*, 37.

redención, aquello mediante lo cual el hombre es redimido de la esclavitud del pecado y de la ley, por el pago de la sangre derramada de Cristo como rescate.

La implicación más relevante de caracterizar la expiación de Cristo como redención es que el lenguaje de esta es fundamentalmente comercial. Los términos griegos *agorázo* y *exagorázo* proceden del sustantivo *agorá*, que significa "plaza del pueblo" (Mt. 20:3; Lc. 7:32; Hch. 17:17). Por tanto, redimir es comprar y sacar del mercado. *Lutróo*, otro término griego para "redención", alude a comprar mediante el pago de un rescate (*lútron*). Por ejemplo, cuando un israelita se había empobrecido tanto que tenía que venderse como esclavo, la ley de Dios establecía disposiciones para que su familia lo redimiera (heb. *gaal*; gr. *lutroómai* [Septuaginta]) de la esclavitud mediante el pago de precio (Lv. 25:47-55). De manera similar, pues, los pecadores se han hallado en la esclavitud del pecado (Ro. 6:6), y Cristo los ha redimido mediante el precio de rescate de su vida. Él mismo declara que vino "para dar su vida en rescate [*lútron*] por muchos" (Mt. 20:28; Mr. 10:45; cf. 1 Ti. 2:6). Jesús caracteriza la misión de su encarnación como una obra de rescate, de la que su vida fue el precio del rescate que se pagaría "en el lugar de" (gr. *antí*) los muchos pecadores cuya libertad Él compró. Por esta razón, Pablo puede exhortar a los creyentes a glorificar a Dios en su cuerpo, porque "habéis sido comprados [gr. *agorázo*] por precio" (1 Co. 6:20; cf. 7:23). El apóstol Pedro habla de manera similar cuando les dice a los creyentes que fueron "rescatados [gr. *lutróo*; "redimidos" en algunas versiones]... no con cosas corruptibles, como oro o plata, sino con la sangre preciosa de Cristo, como de un cordero sin mancha y sin contaminación" (1 P. 1:18-19). Contrastada aquí con plata y oro, la sangre de Cristo se identifica de manera explícita como el precio por el cual se compra la redención. Así, cuando el apóstol Juan describe a las criaturas que en el cielo adoran al Cristo ascendido, observa que lo alaban por su obra expiatoria: "Digno eres... porque tú fuiste inmolado, y con tu sangre nos has redimido [gr. *agorázo*; en otras versiones: "comprados"] para Dios, de todo linaje y lengua y pueblo y nación" (Ap. 5:9; cf. Hch. 20:28). Al pueblo de Cristo —es decir, a "los que siguen al Cordero por dondequiera que va"— se los denomina, por tanto, los "redimidos" (Ap. 14:3-4), los comprados, porque "[tienen] redención por su sangre" (Ef. 1:7; cf. Col. 1:14).

Es evidente, pues, que Cristo ha redimido a los pecadores de la esclavitud al pagar el precio del rescate, su sangre. Sin embargo, debemos preguntar ¿a quién entregó ese pago? Uno podría esperar que se tuviera que pagar el rescate a Satanás, porque él es el custodio del pecado y de la muerte (He. 2:14-15), a los que los hombres están esclavizados. Por esta razón, varios padres de la iglesia concibieron la expiación como un rescate a Satanás.[47] Sin embargo, Dios Hijo no está en deuda con Satanás para que tuviera que hacerle pagos; Satanás mismo es el principal cautivo de Dios y, por tanto, no está en posición de hacerle exigencias a Dios. El rescate de la sangre de Cristo fue pagado a Dios, cuya santidad exigía un pago justo por la pena del pecado. Una vez más se observa la naturaleza fundamentalmente objetiva, y la dirección "hacia Dios" de la expiación: la sangre del Cordero se roció sobre el propiciatorio del altar celestial como sacrificio, como propiciación y como rescate por los pecadores.

---

47. Véase "Teorías incompletas de la expiación" (p. 546).

Sin embargo, la redención también tiene una dirección "hacia el hombre", porque mientras Dios es propiciado y reconciliado, el hombre es redimido. En primer lugar, "Cristo nos redimió de la maldición de la ley" (Gá. 3:13; cf. 4:4-5). La ley de Dios siempre ha traído consigo bendiciones prometidas por la obediencia y maldiciones por la desobediencia (cf. Dt. 27–28). En realidad, en el pasaje de Gálatas 3, Pablo cita la maldición prometida por la desobediencia tan solo unos pocos versículos antes: "Porque todos los que dependen de las obras de la ley están bajo maldición, pues escrito está: Maldito todo aquel que no permaneciere en todas las cosas escritas en el libro de la ley, para hacerlas" (Gá. 3:10; cf. Dt. 27:26). Para aquellos que procuran alcanzar la justicia por sus obras, la ley exige una obediencia perfecta (Stg. 2:10). Porque "todos pecaron y están destituidos de la gloria de Dios" (Ro. 3:23), todos están bajo la maldición de la ley. Cristo ha redimido a su pueblo de esta maldición de la muerte espiritual y de la destrucción. Él ha hecho esto convirtiéndose en maldición por nosotros, es decir, llevando las sanciones penales de dicha maldición en nuestro lugar.

En segundo lugar, Cristo nos ha redimido del pecado. Los pecadores están esclavizados por el pecado (Jn. 8:34; Ro. 6:6, 16-17; 2 P. 2:19) y, por tanto, ha "interv[enido] muerte para la remisión de las transgresiones" (He. 9:15). Por su muerte sustitutiva, Cristo ha redimido a su pueblo de la culpa del pecado, mediante el pago de su pena (cf. Ro. 6:23). Por tanto, por la redención que viene por medio de su sangre, tenemos el perdón de los pecados (Mt. 26:28; Ef. 1:7; Col. 1:14). Pero Cristo también ha redimido a su pueblo del poder del pecado en la carne. Habiendo sido redimidos del poder esclavizador del pecado, se han convertido en "siervos de la justicia" (Ro. 6:18), y así Pablo concluye: "Mas ahora que habéis sido libertados del pecado y hechos siervos de Dios, tenéis por vuestro fruto la santificación, y como fin, la vida eterna" (Ro. 6:22). La redención del poder del pecado se convierte, pues, en el terreno en el que los creyentes se despojan del pecado y se visten de justicia (1 P. 1:17-19), porque Cristo "se dio a sí mismo por nosotros para redimirnos de toda iniquidad y purificar para sí un pueblo propio, celoso de buenas obras" (Tit. 2:14).

Finalmente, varios textos de las Escrituras hablan de la redención del hombre en un sentido escatológico en el que, por fin, no solo somos liberados de la pena y del poder del pecado, sino incluso de su presencia. En Romanos 8:23, Pablo comenta sobre cómo los creyentes esperamos con ansias "la adopción, la redención de nuestro cuerpo". Con esto no sugiere que la redención comprada en la cruz sea en cierto modo ineficaz hasta la glorificación de los creyentes, sino más bien que la redención perfectamente eficaz de Cristo aplicada al alma del creyente en su justificación también será al fin aplicada al cuerpo en su glorificación. En otras palabras, la cruz ha asegurado nada más y nada menos que la consumación de nuestra salvación, y no solo su inauguración. Por esta razón, ese día final se denomina "vuestra redención" (Lc. 21:28) y el "día de la redención" (Ef. 4:30).

Conquista. Aunque la redención de su pueblo no consistía en pagar un rescate a Satanás, la redención que Cristo logró sí afecta a Satanás. Al pagar la pena del pecado y liberar a su pueblo del pecado y de la muerte, Jesús también ganó una victoria de conquista sobre

Satanás y los gobernantes, las autoridades, los poderes cósmicos y las "huestes espirituales de maldad en las regiones celestes" (Ef. 6:12). Dado que "el mundo entero está bajo el maligno" (1 Jn. 5:19), quien es "el dios de este siglo" (2 Co. 4:4) y el "príncipe de la potestad del aire" (Ef. 2:2), vencer la pena y el poder del pecado en la vida de su pueblo es triunfar sobre Satanás, entrar en "la casa del hombre fuerte, y saquear sus bienes" (Mt. 12:29; cf. Lc. 11:21-22). Por esta razón, conforme se acercaba al final de su ministerio terrenal, Jesús declaró: "Ahora es el juicio de este mundo; ahora el príncipe de este mundo será echado fuera" (Jn. 12:31), y varios días después proclamó: "El príncipe de este mundo ha sido ya juzgado" (Jn. 16:11). Es decir, por su obra redentora en la cruz, Cristo le propinó el golpe mortal decisivo a Satanás y a su reino de oscuridad, y cumplió —es decir, inauguró aunque no consumó todavía— el propósito para el cual vino al mundo: "para deshacer las obras del diablo" (1 Jn. 3:8). Cuando nos perdonó "todos los pecados, anulando el acta de los decretos que había contra nosotros, que nos era contraria, quitándola de en medio y clavándola en la cruz", eliminó la base de las acusaciones de Satanás en contra de nosotros (Col. 2:13-14). Por tanto, Pablo escribe: "Y despojando a los principados y a las potestades, los exhibió públicamente, triunfando sobre ellos en la cruz" (Col. 2:15). A través del triunfo paradójico de su muerte, Él "destru[yó] por medio de la muerte al que tenía el imperio de la muerte, esto es, al diablo, y libr[ó] a todos los que por el temor de la muerte estaban durante toda la vida sujetos a servidumbre" (He. 2:14-15). Y, al tercer día, Jesús exhibió su victoria sobre el poder del pecado y de la muerte, al resucitar de la tumba. Era imposible que lo retuvieran las garras de la muerte (Hch. 2:24) porque, al haberla derrotado, "las llaves de la muerte y del Hades" le pertenecen (Ap. 1:17-18).

Resumen. Este es, pues, el carácter de la expiación penal sustitutiva de Cristo. La culpa de nuestro pecado exigía la pena de muerte; por tanto, el Cordero de Dios fue el sacrificado como ofrenda expiatoria por nosotros. La ira de Dios se encendió contra nuestro pecado y, por ello, Cristo fue presentado como propiciación para cargar con esa ira en lugar de nosotros. La contaminación de nuestro pecado nos separó de Dios, provocó su santa enemistad contra nosotros y, así, mediante la expiación por el pecado, Cristo ha reconciliado a Dios con el hombre. Obediente al pecado, el hombre era esclavo del pecado a través de la ley, que manifestó el pecado en nuestras vidas, y por ello Cristo ha pagado el precio de rescate de su preciosa sangre a Dios Padre, con el fin de redimirnos de dicha esclavitud. Al hacerlo, ha saqueado la casa de Satanás, ha vencido a la muerte y a su capitán, mediante el ejercicio de su propio poder.

Teorías incompletas de la expiación[48]

Como se ha demostrado, la naturaleza de la expiación concierne al corazón mismo del evangelio de Cristo. Por esta causa, malinterpretar el carácter de la obra de Cristo puede resultar en un grave error teológico en algunos casos, y hasta en herejía. La historia de la iglesia ha proporcionado ejemplos de ambas cosas, ya que se han presentado diversas

---

48. Esta sección está adaptada de Mike Riccardi, "Theories of the Atonement: What Happened on the Cross?", *The Cripplegate* (blog), 26 de junio 2015, http://thecripplegate.com/theories-of-the-atonement-what-happened-on-the-cross/. Usado con permiso del autor.

opiniones y teorías respecto a lo que ocurrió realmente en la cruz. Por esta razón, es importante conocer algunos de los conceptos históricos principales de la expiación, y contrastar cada uno de ellos con las Escrituras.

LA TEORÍA DEL RESCATE

Primero, los proponentes del rescate, o la teoría clásica de la expiación, sostienen que en la batalla cósmica entre el bien y el mal y entre Dios y Satanás, Satanás había mantenido a la humanidad cautiva al pecado. Por tanto, a fin de salvar a la humanidad, Dios tuvo que rescatarla del poder de Satanás entregándole a Jesús en intercambio de las almas en cautiverio. Los proponentes de la teoría del rescate a menudo recurren a la declaración del Jesús de que Él vino "a dar su vida en rescate por muchos" (Mt. 20:28; Mr. 10:45). Una variante contemporánea de la teoría del rescate se hizo conocida como la teoría del Cristo vencedor, que enfatiza la expiación de Cristo que logra una victoria sobre las fuerzas cósmicas del pecado, la muerte, el mal y Satanás.

Aunque Cristo dio su vida en rescate por muchos, y aunque su muerte ciertamente desarmó a los poderes de la oscuridad (Col. 2:15), dejando al diablo sin poder, quien "tenía el imperio de la muerte" (He. 2:14), esta visión de la expiación le otorga más poder a Satanás del que él realmente tiene. Satanás nunca ha estado en posición de hacer demandas a Dios. Además, es la santidad de Dios, no la supuesta soberanía de Satanás, la que requiere que se pague una justa pena por el pecado. Las Escrituras dejan en claro que Jesús pagó el precio de la cruz a fin de rescatar a los pecadores del justo castigo de la santa ira de Dios (Ro. 5:9). En el sentido más profundo, Jesús nos salvó de Dios, no solamente del poder del pecado y Satanás.

LA TEORÍA DE LA SATISFACCIÓN

La teoría de la satisfacción, defendida principalmente por Anselmo de Canterbury (1022–1109), respalda la idea de que la muerte de Cristo es una satisfacción al Padre por el pecado. Sin embargo, al tomar ejemplo del paradigma del feudalismo que caracterizaba a la sociedad de aquella época, Anselmo se centró más en la noción de satisfacer la honra herida de Dios que en el aplacamiento de su justa ira.

Desde luego es verdad que se menosprecia la gloria de Dios cuando sus criaturas cometen pecado. De hecho, el pecado es sinónimo de no *honrar* a Dios y darle gracias (Ro. 1:21), y ser destituido de su *gloria* (Ro. 3:23). Así, cualquier teoría adecuada de la expiación proveerá la reivindicación de la justicia de Dios y la restauración de su honor. Sin embargo, Cristo cumplió esta vindicación de la justicia de una forma particular, a saber, al convertirse en sustituto de los pecadores y soportar en su cuerpo el castigo que su pueblo merecía justamente (1 P. 2:24). Al presentar a Jesús como propiciación de la ira santa, Dios se ha manifestado como justo y, a la vez, justificador de aquel que tenga fe en Cristo (Ro. 3:26).

LA TEORÍA DE LA INFLUENCIA MORAL

La teoría de la influencia moral de la expiación considera la obra de Cristo como poco más que un hermoso ejemplo de amor y conducta cristiana sacrificial. Propugnada por primera vez por Pedro Abelardo (1079-1142), y más adelante adaptada por los socinianos y posteriores teólogos liberales, la teoría de la influencia moral postula que la muerte de Jesús no cumplió nada objetivo, porque Dios no exigió que se pagara pena alguna por el pecado. Dios no estaba airado contra la humanidad y, porque Dios es libre, no había necesidad en absoluto de que su justicia fuera satisfecha. En su lugar, la muerte de Cristo fue un mero ejemplo de cómo debería actuar la humanidad. Mediante la demostración de semejante amor, se dijo que su muerte ganó los corazones de los pecadores impenitentes y, así, los atrajo a vivir una vida moral como la de Jesús; de ahí la designación *influencia moral*. Los partidarios también han recalcado que la cruz fue la forma en que Dios se identificó compasivamente con sus criaturas, porque compartió sus sufrimientos.

Aunque estos son hermosos sentimientos, y aun siendo verdad que el sacrificio de Jesús es el *ejemplo* del amor y del servicio cristiano (cf. Jn. 15:12; Ef. 5:1-2; 1 P. 2:24; 1 Jn. 3:16), reducir la expiación a un *mero* paradigma le resta su carácter de amor verdadero, a saber, que Cristo pagó por nuestros pecados de forma objetiva y suficiente, apaciguó la santa ira de un Dios profundamente ofendido, que se convirtió en nuestro enemigo mortal por culpa de nuestro pecado (Ro. 5:10; 8:7-8), y eliminó así nuestra culpa y nuestra separación. No se pueden negar estas verdades fundamentales del pecado y de la gracia inherente a la expiación sin socavar básicamente el evangelio de Jesucristo.

LA TEORÍA GUBERNAMENTAL

La teoría gubernamental de la expiación fue defendida, por primera vez, por Hugo Grocio (1583-1645), alumno de Jacobo Arminio (1560-1609). La teoría gubernamental le resta importancia a la noción de que Cristo pagó en realidad una pena que correspondía a los pecados particulares del hombre. En su lugar, la muerte de Cristo sirvió como muestra de sufrimiento por los pecados en general, y demostró que se debe pagar un castigo cuando las leyes se quebrantan, pero no una pena específica real impuesta contra infracciones específicas. De hecho, los defensores de la teoría gubernamental sostienen que la justicia de Dios no *exigía* en absoluto un pago por el pecado.[49] Al aceptar un mero sufrimiento de muestra, Dios dejó a un lado o relajó su ley, ya que Él no está "sujeto a ley alguna".[50] No obstante, escogió castigar a Cristo para mantener el orden moral y el gobierno del universo (de ahí el nombre). El castigo de Cristo también actúa como elemento disuasivo contra el pecado futuro, ya que muestra el temible punto hasta el que Dios llegará con tal de defender el gobierno moral del mundo.

Este es otro ejemplo de captar una parte de la imagen, pero al no reflexionar en toda la amplitud del testimonio bíblico no presenta un concepto verdaderamente bíblico de la expiación. Cristo pagó, de hecho, la pena por los pecados específicos (1 Co. 15:3; He. 2:17). Sus sufrimientos no fueron un mero ejemplo de la antipatía de

---

49. Así, Grocio habría rechazado tanto la *necesidad hipotética* como *la absoluta necesidad consiguiente* de las opiniones de la expiación presentadas más arriba. En su lugar, enseñó que la expiación no era necesaria para el propósito salvífico de Dios. Véase Berkhof, *Teología sistemática*, 461-462.

50. Hugo Grocio, *A Defense of the Catholic Faith concerning the Satisfaction of Christ against Faustus Socinus*, trad. Frank Hugh Foster (Andover, MA: Warren F. Draper, 1889), 100.

Dios hacia el mal, como si tan solo le repugnara el mal en general, pero lo tolerara en conjunto. No; la justicia de Dios es meticulosa; en Cristo Él ha provisto un pago totalmente suficiente para el pecado. Sin un pago particular por los pecados particulares, la justicia absoluta de Dios no se satisface y, por tanto, los pecadores no tienen esperanza de perdón.

EL NÚCLEO BÍBLICO CENTRAL: LA SUSTITUCIÓN PENAL

En última instancia, el único concepto de la expiación que le hace justicia a la plenitud de la revelación bíblica del evangelio es la sustitución penal. Cada uno de los versículos precedentes contiene alguna verdad. Es justo afirmar que la muerte y la resurrección de Cristo derrotaron a la muerte y rescataron a los pecadores; sin embargo, debemos calificar que ese rescate se le pagó a Dios y no a Satanás. Es correcto afirmar que la muerte de Cristo satisfizo la honra herida de Dios, pero debemos apresurarnos a añadir que también satisfizo su justa ira y su justicia, mediante la provisión de un pago suficiente por el pecado. Además, la cruz es ciertamente un maravilloso ejemplo moral de conducta cristiana, pero nos quedamos tristemente cortos si no reconocemos que es muchísimo más que esto. Finalmente, la expiación fue desde luego un ejemplo del gobierno moral de Dios sobre el universo, aunque fue más específico de lo que Grocio y los demás expresaron. Sin que el concepto de la sustitución penal afiance todas estas imágenes de la expiación no le hacemos justicia a la totalidad de la revelación bíblica de Jesús como portador del pecado y sustituto propiciador de la ira en nombre de los pecadores.[51]

En su muerte, el Señor Jesucristo pagó la pena que todos nuestros pecados merecían, mediante el sufrimiento vicario como sustituto nuestro. La justa ira que nuestros pecados provocaron en Dios se ejerció plenamente sobre el siervo sufriente cuando el Padre "cargó en él el pecado de todos nosotros" (Is. 53:6). El Salvador, nuestro Cordero pascual (Jn. 1:29; 1 Co. 5:7; Ap. 5:12), quien no conocía pecado, fue hecho pecado por nosotros (2 Co. 5:21) y, por tanto, se convirtió en maldición (Gá. 3:13); apaciguó así la ira del Padre contra nuestro pecado (He. 2:17). Por este sacrificio suficiente y la provisión de la justicia de Cristo considerada nuestra (Ro. 4:3-5; 5:18-19; cf. Mt. 3:15), nuestros pecados pueden ser justamente perdonados (Ro. 3:25-26), y nosotros ser reconciliados con Dios (Ro. 5:10). Esto es fundamentalmente de lo que trata la cruz. No es una *mera* demostración del amor de Dios ni un ejemplo de ética cristiana, aunque también es ambas cosas (Ro. 5:8; 1 P. 2:21). En el fondo, la relevancia de la cruz es que el Hijo de Dios, inocente y justo, cargó con los pecados de su pueblo, fue aplastado bajo la justa ira del Padre y soportó el castigo en su lugar, quitando así su pecado. Si se niega la naturaleza de la cruz, que carga con la ira y es sustitutiva —o no se enfatiza de la forma adecuada— se malinterpreta fundamentalmente el evangelio mismo, que se halla en el núcleo central de la fe cristiana.

---

51. Jeffery, Ovey y Sach escriben: "Por supuesto, la idea de que Jesús muriera en lugar de los pecadores y cargara con el castigo de la ira de Dios que ellos merecían a causa de su rebeldía no es lo *único* que la Biblia enseña respecto a la crucifixión… El retrato bíblico de la expiación tiene muchas facetas. Nuestra tarea aquí consiste, sencillamente, en mostrar que la sustitución penal es una de ellas, y tiene tal prominencia que no se puede dejar a un lado". *Pierced for Our Transgressions*, 33-34.

La suficiencia perfecta de la expiación[52]

Si hay que aplicar una descripción a la naturaleza de la expiación penal, sustitutiva de Cristo, es que es un sacrificio perfectamente suficiente. Varios rasgos establecen su perfecta suficiencia.

En primer lugar, es una expiación objetiva. Aquellos que se han aferrado a la suficiencia de la expiación siempre han tenido que defender esta sana doctrina contra los ataques de la falsa enseñanza. A lo largo de la historia de la iglesia, el espíritu de la época siempre ha llevado a los hombres a autoexaltarse con arrogancia hasta la posición de ser su propio cosalvador. El engaño natural del pecaminoso corazón humano consiste en que el hombre mismo ha retenido suficiente bondad para al menos colaborar con la obra salvadora del Señor Jesucristo: que los pecadores pueden y deben asociarse con el Salvador para efectuar su propia expiación. De ahí fluyen las corrientes contaminadas de toda falsa religión, según lo que el hombre le añade a la obra de Cristo su propia actuación religiosa: asegurar su salvación. La teología liberal no solo ha abrazado semejante idolatría, sino que la ha canonizado como uno de los pocos dogmas sobre los que se apoya: el hombre es básicamente bueno y, para ser aceptado ante Dios, solo necesita responder a la influencia moral de la muerte de Cristo e imitar su ejemplo de autosacrificio. De esta forma se argumenta, aunque nunca tan explícitamente, que Dios se agradará de nosotros y no considerará nuestros pecados en contra de nosotros.

Sin embargo, el Señor Jesús posee plenamente la naturaleza misma de Dios, quien afirmó: "Yo, yo Jehová, y fuera de mí no hay quien salve" (Is. 43:11), y "Yo Jehová; este es mi nombre; y a otro no daré mi gloria, ni mi alabanza a esculturas" (Is. 42:8; cf. 48:11). El nombre de nuestro Señor es celoso (Éx. 34:14), y no compartirá con otros la gloria que se le debe a Él como único Salvador del hombre. La expiación que Él efectuó es *objetiva*, una obra realizada de manera independiente y aparte de aquellos que acabarán participando de sus beneficios. Ninguna obra o respuesta a la gracia añade a esta razón de nuestra salvación ni la activa. Que no quepa duda de que aquellos que experimentan de forma subjetiva los beneficios de la expiación deben responder en arrepentimiento y fe, pero tales respuestas pertenecen a la *aplicación* de la redención —no a su *cumplimiento*—, y son ellos mismos comprados por la obra perfecta que Cristo ha efectuado. "¡Consumado es!", fue el grito triunfante desde la cruz, y no "Ha comenzado". Como con la obra de elección del Padre, que "no depende del que quiere, ni del que corre" (Ro. 9:16), y con la de aplicación del Espíritu, en la que Él sopla donde desea (Jn. 3:8), así ocurre también con la obra redentora del Hijo. La salvación es del Señor (Jon. 2:9) y, por tanto, se ha realizado perfectamente *por* Él, hace dos mil años, y es ajena a aquellos que cosecharán sus bendiciones divinas.[53]

---

52. Esta sección sigue la útil presentación de John Murray en *La redención consumada y aplicada*, 49-55.

53. Murray escribe: "Cristo nos ha dejado un ejemplo para que sigamos sus huellas. Pero nunca se propone que esta emulación de nuestra parte deba extenderse a la obra de la expiación, propiciación, reconciliación y redención que él cumplió. Solo tenemos que definir la expiación en términos escriturarios para reconocer que solo Cristo la llevó a cabo... Desde cualquier ángulo que contemplemos su sacrificio encontramos que su singularidad es tan inviolable como la singularidad de su persona, de su misión y de su oficio. ¿Quién es Dios-hombre sino él solo? ¿Quién es el gran sumo sacerdote para ofrecer tal sacrificio, sino solo él? ¿Quién derramó aquella sangre de la expiación, sino solo él? ¿Quién entró una vez por todas en el santuario, habiendo obtenido eterna redención, sino solo él?". *La redención consumada y aplicada*, 53-54.

En segundo lugar, la suficiencia de la expiación se establece por su finalidad. Es una obra única, acabada e irrepetible. La Iglesia Católica Romana enseña precisamente lo contrario, y degrada la suficiencia de la obra de Cristo al sugerir repetir su sacrificio en la ceremonia de la misa. Con blasfema franqueza, el teólogo católico Ludwig Ott escribe lo siguiente:

> En el Sacrificio de la Misa, y en el Sacrificio de la Cruz, el Don Sacrificial y el Principal Sacerdote que ofrece el sacrificio son idénticos; solo la naturaleza y el modo de la ofrenda son diferentes... Según la opinión tomística, *en cada Misa, Cristo también efectúa una actividad sacrificial inmediata real* que, sin embargo, no debe concebirse como una totalidad de muchos actos sucesivos, sino como un acto sacrificial ininterrumpido del Cristo transfigurado. El propósito de este sacrificio es el mismo que el Sacrificio de la Misa, y que en el Sacrificio de la Cruz; primeramente, la glorificación de Dios, en segundo lugar, la *expiación,* la acción de gracias y el llamamiento.[54]

Contrastemos esto, sin embargo, con el incesante testimonio del libro de Hebreos respecto a la finalidad del sacrificio de Cristo:

> Porque tal sumo sacerdote nos convenía: santo, inocente, sin mancha, apartado de los pecadores, y hecho más sublime que los cielos; que no tiene necesidad cada día, como aquellos sumos sacerdotes, de ofrecer primero sacrificios por sus propios pecados, y luego por los del pueblo; porque esto lo hizo *una vez para siempre*, ofreciéndose a sí mismo. Porque la ley constituye sumos sacerdotes a débiles hombres; pero la palabra del juramento, posterior a la ley, al Hijo, hecho perfecto *para siempre* (He. 7:26-28).

> Pero estando ya presente Cristo, sumo sacerdote de los bienes venideros, por el más amplio y más perfecto tabernáculo, no hecho de manos, es decir, no de esta creación, y no por sangre de machos cabríos ni de becerros, sino por su propia sangre, entró *una vez para siempre* en el Lugar Santísimo, habiendo obtenido *eterna* redención (He. 9:11-12).

> *No* para ofrecerse *muchas veces*, como entra el sumo sacerdote en el Lugar Santísimo cada año con sangre ajena. De otra manera le hubiera sido necesario padecer muchas veces desde el principio del mundo; pero ahora, en la consumación de los siglos, se presentó *una vez para siempre* por el sacrificio de sí mismo para quitar de en medio el pecado. Y de la manera que está establecido para los hombres que mueran una sola vez, y después de esto el juicio, así también Cristo fue *ofrecido una sola vez* para llevar los pecados de muchos; y aparecerá por segunda vez, sin relación con el pecado, para salvar a los que le esperan (He. 9:25-28).

---

54. Ludwig Ott, *Fundamentals of Catholic Dogma*, ed. James Canon Bastible, trad. Patrick Lynch, 4ª ed. (Rockford, IL: TAN Books, 1974), 408, énfasis añadido. Aquí nos basamos en la investigación de Wayne Grudem, *Teología Sistemática*, 606n16. Igual de impresionante es la declaración siguiente del sacerdote católico romano John O'Brien: "Cuando el sacerdote pronuncia las tremendas palabras de la consagración, mete su mano en los cielos, baja a Cristo de su trono, y lo coloca sobre nuestro altar para ser ofrecido de nuevo como la Víctima por los pecados del hombre... Aunque la bendita Virgen fue el medio humano por el cual Cristo se encarnó una única vez, el sacerdote baja a Cristo del cielo y lo hace presente en el altar como Víctima eterna por los pecados del hombre, no una sola vez, ¡sino mil veces! Los sacerdotes hablan y he aquí que Cristo, el Dios eterno y omnipotente, inclina su cabeza en humilde obediencia a la orden del sacerdote". John A. O'Brien, *The Faith of Millions: The Credentials of the Catholic Religion*, ed. rev. (Huntington, IN: Our Sunday Visitor, 1974), 256.

> En esa voluntad somos santificados mediante la ofrenda del cuerpo de Jesucristo hecha *una vez para siempre*. Y ciertamente todo sacerdote está día tras día ministrando y ofreciendo muchas veces los mismos sacrificios, que nunca pueden quitar los pecados; pero *Cristo, habiendo ofrecido una vez para siempre un solo sacrificio por los pecados*, se *ha sentado* a la diestra de Dios, de ahí en adelante esperando hasta que sus enemigos sean puestos por estrado de sus pies; porque *con una sola ofrenda* hizo perfectos *para siempre* a los santificados (He. 10:10-14).

Estos pasajes niegan de un modo explícito que Cristo tuviera que ofrecerse una y otra vez (He. 9:25). Sugerir tal cosa es impugnar el carácter de Cristo mismo, porque fue la *debilidad* de los sumos sacerdotes —que ellos mismos fueran pecaminosos y nunca pudieran presentar un sacrificio perfecto para expiar los pecados— la que exigía sus *ofrendas* una y otra vez (He. 7:28). Sin embargo, en nuestro Sumo Sacerdote no hay semejante debilidad; Él es el Hijo eternamente perfecto: santo, inocente, sin mancha y apartado de los pecadores (He. 7:26).

Además, muchas piezas de santo mobiliario adornaban el tabernáculo y el templo, como la fuente, la mesa de los panes de la proposición, el candelero y el arca. Sin embargo, un mueble que no se podía encontrar en ningún lugar era una silla. El sacerdote de Israel no se sentaba nunca, sino que estaba constantemente de pie, porque su obra nunca estaba acabada. El pecado estaba siempre presente y, por tanto, el sacrificio era siempre necesario. Pero por diferente que sea el nuevo pacto del antiguo, nuestro Gran Sumo Sacerdote también es distinto de los sacerdotes de Israel. Y es que Cristo entró en el tabernáculo perfecto no hecho con manos (He. 9:11; cf. 8:2), ofreció un único sacrificio y *se sentó* (He. 10:12), porque su ofrenda no era como la de ellos. Él no presentó la sangre de toros y machos cabríos, que nunca pueden quitar los pecados (He. 10:4), sino su propia sangre preciosa, mediante la cual aseguró "una redención eterna" (He. 9:12). Y puesto que el Hijo de Dios es intrínsecamente digno, su sacrificio fue *mejor* (He. 9:23; cf. 8:6), de tal naturaleza que *perfecciona* —para siempre— a aquellos por quienes fue ofrecido (He. 10:14). ¿Se pueden violentar estos textos hasta el punto de sugerir que el sacrificio de Cristo tiene que repetirse? Una doctrina tan perversa drena la cruz de su poder salvador mismo, porque "donde hay remisión de estos [los pecados], no hay *más* ofrenda por el pecado" (He. 10:18; cf. Ro. 6:10). Si quedara una ofrenda por hacer, no habría habido perdón de pecados.

Finalmente, la suficiencia de la expiación se establece en su eficacia. Es decir, al morir en la cruz, Cristo ha salvado *realmente* a su pueblo. Él no vino a realizar una salvación hipotética, posible, o meramente disponible, sino a "salv[ar] a su pueblo de sus pecados" de verdad (Mt. 1:21). Él no vino a hacer que los hombres fueran redimibles, sino a redimirlos. No murió de forma potencial, sino real, y por tanto no efectuó una expiación provisional, sino efectiva. Cuando el Señor de gloria se preparó para entregar su espíritu al cuidado del Padre, consciente de que había llevado a cabo la obra que vino a hacer, declaró: "Consumado es" (Jn. 19:30). La redención se había realizado. Nuestro Sumo Sacerdote había efectuado de verdad la purificación por los pecados y, una vez acabada su obra, se sentó (He. 1:3). El buen Pastor había quitado de verdad los pecados de sus ovejas (1 Jn. 3:5) y había cargado con ellos sobre su propio cuerpo (1 P. 2:24).

Había apaciguado de verdad el pleno ejercicio de la ira del Padre (Ro. 3:25), y se había convertido realmente en una maldición por nosotros (Gá. 3:13) y había pagado así, de un modo exhaustivo, la totalidad de la pena por nuestros pecados. Al hacerlo, compró de verdad la redención de su pueblo mediante el precio del rescate de su propia sangre (Hch. 20:28; Ap. 5:9). Cada uno de estos pasajes es una declaración de cumplimiento eficaz. Insertar de manera artificial el concepto de provisión o de potencialidad en alguno de estos textos es forzar la teología propia en el significado llano de las Escrituras.

De hecho, este elemento de eficacia ha sido inherente en el concepto bíblico de la expiación desde su principio en le ley levítica. El verbo hebreo *kafár* es el más común del Antiguo Testamento para el concepto de "hacer expiación", y más de la mitad de sus apariciones están en Levítico. En muchas de ellas, el término aparece sin frase modificativa alguna (p. ej., Lv. 16:32). Sin embargo, en varios casos el orador comenta sobre la expiación que acaba de prescribir y, cada vez que lo hace, declara la eficacia de la expiación:

> Así hará el sacerdote expiación por ellos, y obtendrán perdón (Lv. 4:20).

> Así el sacerdote hará por él la expiación de su pecado, y tendrá perdón (Lv. 4:26, 31, 35; 5:10, 13, 16, 18; 6:7; 19:22).

> Y el sacerdote hará expiación por ella, y será limpia (Lv. 12:8).

> Y hará subir el sacerdote el holocausto y la ofrenda sobre el altar. Así hará el sacerdote expiación por él, y será limpio (Lv. 14:20).

> Así hará expiación por la casa, y será limpia (Lv. 14:53).

La repetición de las leyes para el sacrificio habría grabado de forma indeleble en la mente del israelita fiel que cuando el sacerdote hacía expiación, realizaba una verdadera reparación, y esa expiación producía su efecto pretendido del perdón de pecados.[55] Por tanto, cuando el mismo grupo de palabras griegas (*jiláskomai, jilasmós, jilastérion*) que se usó para traducir *kafár* en la Septuaginta, aparece en el Nuevo Testamento para describir la obra expiatoria del Mesías, el lector entiende naturalmente que la misma eficacia es inherente al concepto de la expiación de Cristo. La muerte de Jesús no hizo que los pecados fueran perdonables; llevó a cabo el perdón. Su expiación no fue hipotética, potencial ni provisional; fue una expiación eficaz.

Nada de esto pretende sugerir que los elegidos fueron justificados ni que se les concedió la fe salvadora y el arrepentimiento en el momento de la muerte de Cristo en el siglo I. Tampoco sugiere que alguien sea salvo al margen de la fe. Suponer esto es confundir la realización de la redención con su aplicación. Más bien, hablar de la expiación definitiva y de la salvación realizada es afirmar que Cristo ha soportado todo el castigo de la ira de Dios contra los pecados de su pueblo, ha pagado la pena completa por ellos y

---

55. Por supuesto, con esto no queremos afirmar que los pecados fueran perdonados de otra forma que no fuera por medio de la expiación de Cristo, porque todos los sacrificios del antiguo pacto miraban al futuro, y derivaban su eficacia del sacrificio final de Cristo (Ro. 3:24-26; He. 9:11–10:18). No obstante, en base a la obra de Cristo, por gracia Dios se permitió ser temporalmente propiciado por los sacrificios que le prescribió a Israel.

ha satisfecho la totalidad de la ira de Dios. Significa que Él ha hecho todo lo necesario para asegurar por completo la salvación de aquellos por los que murió: hacer que sea cierta y definitiva la aplicación de los beneficios de la salvación a todos aquellos para quienes Cristo los compró. Finalmente, quiere decir que no se puede añadir nada a la obra de Cristo para investirla de poder o eficacia, sino que por haber llevado nuestro sustituto realmente toda la pena de la condenación del pecado, "ahora, pues, ninguna condenación hay para los que están en Cristo" (Ro. 8:1).

El alcance de la expiación

Una vez comprendida la gloriosa naturaleza de la obra expiatoria de Cristo, ahora es preciso responder la pregunta respecto a su alcance. ¿Por quién murió Cristo? ¿En beneficio de quién se ofreció Él como sacrificio penal sustitutivo? ¿Por quién propició la ira de su Padre? ¿A quién reconcilió Cristo con Dios y a quién redimió de la esclavitud al pecado y a Satanás?[56]

En el principio mismo, se debe observar que este asunto no es una mera objeción de poca monta sobre la que los teólogos doctrinales son los únicos en especular por deporte. Las respuestas a las preguntas anteriores no son las meditaciones poco prácticas y esotéricas de los académicos desde su pedestal. Es un debate intensamente práctico, porque la naturaleza de la obra de la cruz de Cristo llega al corazón mismo del evangelio; no está lejos del núcleo central de la fe cristiana preguntar por quién ha efectuado Cristo estas cosas. Aunque es una pena que la cuestión del alcance de la expiación haya sido a menudo un tema de intenso desacuerdo y desunión entre creyentes quienes, de otro modo, serían de un mismo pensar, es mayor lástima que algunos, con poca paciencia por el debate teológico disciplinado, lo hayan considerado como un debate inútil y se hayan burlado de quienes insisten en una postura fuera de la convicción bíblica. Si el Hijo de Dios ha destruido el poder del pecado, y ha comprado la redención por la cual los pecadores pueden ser liberados del juicio divino, ¿puede haber alguna pregunta más importante que formular que por quién ha hecho Él esto? Esta es una pregunta a la que el estudioso de las Escrituras debe dedicarse para contestar según la Biblia.

Las respuestas dadas a esta pregunta vital suelen dividirse, típicamente, en dos categorías generales. La escuela de pensamiento universalista responde que Cristo ha pagado por los pecados de todas las personas sin excepción que hayan vivido jamás. A esto se le suele denominar *expiación general, ilimitada* o *universal*.[57] Por el contrario,

---

56. Dos guías indispensables en este debate son John Owen, *Salus Electorum, Sanguis Jesu: Or, The Death of Death in the Death of Christ*, en *The Works of John Owen*, vol. 10, *The Death of Christ*, ed. William H. Goold (1854–1855; reimp., Edimburgo: Banner of Truth, 1967), 139-428 (publicado originalmente en 1648); y David Gibson y Jonathan Gibson, eds., *From Heaven He Came and Sought Her: Definite Atonement in Historical, Biblical, Theological, and Pastoral Perspective* (Wheaton, IL: Crossway, 2013).

57. Aunque *universalista* es una designación común para aquellos que creen que todas las personas, sin excepción, serán finalmente salvas, esto no es lo que se pretende aquí. En el debate sobre el alcance de la expiación, el término se refiere a aquellos que creen que la expiación tiene un alcance universal; es decir, que Cristo murió por todos sin excepción, aun cuando su aplicación se limitará solo a los elegidos. Esto incluye a los arminianos, los amiraldianos e, hipotéticamente, a los universalistas. Los comentarios de Trueman son útiles para distinguir estas opiniones en el contexto del debate contemporáneo: "El universalismo hipotético alude a aquellas posturas que argumentan a favor de una expiación potencialmente general, ilimitada o universal... El arminianismo se refiere a aquellas escuelas de pensamiento cristiano que consideran la expiación como el factor universal y decisivo en la eficacia individual de esta, que se encuentra en el acto de fe no coaccionado del individuo. Amiraldismo se ha convertido en un término moderno para quienes se consideran calvinistas o reformados,

los *particularistas* enseñan que Cristo murió como sustituto de los elegidos: solo para aquellos individuos particulares a quienes el Padre escogió en la eternidad pasada y se los entregó a su Hijo. Aunque esta postura se ha conocido desde hace mucho tiempo como *expiación limitada* —que la expiación de Cristo se limita a los escogidos—, muchos defensores han opinado que semejante etiqueta puede malinterpretarse fácilmente, y han preferido *expiación definitiva* o *redención particular*.[58] A lo largo de la exposición de la soteriología en el presente volumen, la redención particular ha sido afirmada. En esta sección serán las Escrituras quienes la defiendan.

Que debatir este tema genere, con demasiada frecuencia, más vehemencia que luz se debe a dos factores principales. En primer lugar, la pregunta precisa que está bajo consideración suele malinterpretarse. Formular la pregunta de por quién murió Cristo no equivale a inquirir a quién debería predicarse el evangelio. Tanto los particularistas como los universalistas reconocen de buen grado que el evangelio debería proclamarse a todas las personas sin excepción; Cristo se ofrece genuinamente como Salvador a cualquiera que quiera apartarse de sus pecados y confiar en Él para justicia. Tampoco es preguntar: ¿para el perdón de los pecados de quién es suficiente la obra de Cristo? Ambas partes concuerdan en que, de haber elegido Dios salvar a más pecadores de los que ha elegido en realidad, Cristo no habría tenido que sufrir más de lo que lo hizo con el fin de salvarlos. La pregunta tampoco es ¿quién será finalmente salvo? Ambos estipulan que los beneficios de la salvación de Cristo solo se aplicarán a aquellos que se arrepienten y creen en Él. Así, tanto los particularistas como los universalistas pueden suscribirse al dicho popular de que la expiación es "suficiente para todos, aunque eficaz solo para los elegidos".[59] Eso no es, en modo alguno, una disputa respecto a si alguno de los beneficios no salvadores que resultan de la expiación corresponde a los no elegidos. Si Dios no tenía intención de salvar a los pecadores por medio de la expiación de Cristo, es probable que hubiera infligido juicio de inmediato al hombre pecaminoso como lo hizo con los ángeles caídos (2 P. 2:4). Aun así, porque Dios pretendió salvar a su pueblo por medio de Cristo en la plenitud del tiempo, incluso aquellos a los que Él no salvará en última instancia habrán disfrutado de los beneficios de la gracia común, de la paciencia divina y de un aplazamiento temporal del juicio divino. Por consiguiente, para evitar la confusión y la contención innecesarias, se debería reconocer que la postura

---

pero rechazan la noción tradicional de una expiación limitada. En realidad, técnicamente hablando, el amiraldismo es una forma específica de la teología del pacto que sitúa el decreto de nombrar a Cristo mediador, lógicamente antes del decreto de la elección; así, Cristo es nombrado mediador para todos, aun cuando no todos se beneficiarán de ella. El uso contemporáneo de amirald[ismo] es, pues, en general, una apropiación un tanto falta de rigor e imprecisa del término. Lo más probable es que los "amiraldianos" modernos sean universalistas hipotéticos: creen sencillamente que Cristo murió por todos, aunque la elección de Dios sea restrictiva y particular". Carl R. Trueman, "Definite Atonement View", en *Perspectives on the Extent of the Atonement: 3 Views*, ed. Andrew David Naselli y Mark A. Snoeberger (Nashville: B&H Academic, 2015), 21-22n4.

58. De ahí que usemos la etiqueta *particularista* para referirnos a la opinión tradicional reformada del alcance de la expiación. A esta postura se la ha apodado a menudo "calvinismo de cinco puntos", indicando que uno cree en las cinco doctrinas de la gracia, incluida la de la expiación limitada, que es la más controvertida de las cinco.

59. Naselli escribe, con profundo conocimiento: "No resulta útil describir la postura de uno sobre el alcance de la expiación, si no contrasta significativamente con las demás. De manera específica, no es útil cuando las personas definen su postura con la frase 'suficiente para todos, eficaz para los elegidos'... Los arminianos, los universalistas hipotéticos y los calvinistas por igual han usado esa frase elástica para describir sus posturas; por tanto, utilizarla para definir la postura propia resulta en confusión y no en claridad y precisión". Andrew David Naselli, "Conclusion", en *Perspectives on the Extent of the Atonement*, 219.

propia sobre el alcance de la expiación no tiene por qué afectar a la respuesta de uno a estas otras preguntas. En su lugar, la pregunta es ¿el lugar de quién ocupó Cristo como sacrificio sustitutivo cuando cargó con toda la furia de la justa ira del Padre contra el pecado? La respuesta es: solo de aquellos que nunca soportarán esa ira, a saber, únicamente los elegidos.

Otra razón de que este debate a menudo conduce a la frustración tiene que ver con la metodología. Con demasiada frecuencia los universalistas citan varios versículos sueltos que contienen las palabras "todos" o "mundo", consideran el tema cerrado, y declaran que la interpretación particularista es una violación de la "simple lectura" del texto. A pesar de ello, este tipo de planteamiento no tiene en cuenta el contexto de estos textos aislados junto con el resto de la enseñanza de las Escrituras y, por tanto, demuestra que lo que se reivindica a menudo como la "simple lectura" no es más que una lectura superficial.

Numerosos pasajes de las Escrituras contienen un lenguaje universalista, aunque no hablan de cada individuo sin excepción. Por ejemplo, Romanos 5:18 declara: "Así que, como por la transgresión de uno vino la condenación a todos los hombres, de la misma manera por la justicia de uno vino a todos los hombres la justificación de vida". La supuesta "simple lectura" de este texto parecería requerir que las dos frases con "todos" se interpretaran de idéntica forma en ambas mitades del versículo. Semejante postura conduce, sin embargo, a afirmar la doctrina de la salvación universal o a negar la doctrina del pecado original. Todos sin excepción están condenados en Adán (Ro. 5:12), aunque no todos reciben la justificación y la vida indiscriminadamente (Mt. 7:13, 22-23; Ap. 21:8). En Romanos 5:12-21, Pablo contrasta a Adán con Cristo, como las dos cabezas representativas de la humanidad, y esto arroja luz sobre su intención en 5:18. Así como los actos de Adán afectan a todos los hombres que están en él, las acciones de Cristo también afectan a todos aquellos que están en Él. Por tanto, la consideración del contexto puede corregir una lectura superficial de un pasaje aislado de las Escrituras.

En otros ejemplos, el lenguaje universal es sencillamente la tradición del lenguaje común. Cuando los fariseos le dijeron a Jesús: "Mirad, el mundo se va tras él" (Jn. 12:19), no querían decir que todos los seres humanos vivos de la tierra, en ese momento, hubieran empezado a seguir a Cristo. Cuando Pablo declaró: "Todas las cosas me son lícitas" (1 Co. 6:12; cf. 10:23) no afirmaba tener la libertad de hacer cualquier cosa y sin excepción, porque reconocía que no estaba sin ley, sino "bajo la ley de Cristo" (1 Co. 9:21). Por tanto, la presencia del lenguaje universal no debería interpretarse de forma automática como "todo sin excepción". Como cualquier otra cosa, es necesario interpretar el lenguaje universal del modo adecuado, según su contexto, y conforme a la totalidad de la enseñanza bíblica.

En lugar de bombardear textos sueltos a diestra y siniestra, es fundamental considerar la clara enseñanza de las Escrituras respecto a la *naturaleza* de la misión de Cristo para llevar a cabo la redención. La enseñanza bíblica acerca de la naturaleza de la expiación tiene una influencia relevante sobre la comprensión adecuada de su alcance. Para apoyar el criterio particularista de la expiación se han de considerar varias líneas del testimonio bíblico.

PARTICULARISMO TRINITARIO

El comienzo de este capítulo presenta la enseñanza bíblica respecto al plan divino de salvación y su relación con la misión del Hijo. Se demostró que la decisión de que el Hijo adoptara carne humana y rescatara a los pecadores de la muerte y del juicio no fue tomada de manera unilateral, sino de acuerdo con un plan trinitario aprobado. En perfecta unidad, el Padre le encargó al Hijo que fuera, en el poder del Espíritu Santo, para salvar a los pecadores. El Padre *envió* al Hijo con un propósito específico, para que cumpliera una misión particular. Por ello, Jesús describe continuamente su ministerio como hacer la voluntad del Padre que lo envió, y llegó incluso a decir: "Mi *comida* es que haga la voluntad del que me envió, y que acabe su obra" (Jn. 4:34; cf. 6:38; 17:4; He. 10:7). Cuando habló de su muerte expiatoria, declaró que su Padre le había ordenado que entregara su vida (Jn. 10:17-18); por tanto, la totalidad de su misión se caracteriza con razón como un acto de obediencia al Padre (Fil. 2:8). Todo lo que el Hijo pretendió lograr en su misión salvadora fue precisamente ese propósito para el cual lo había enviado el Padre. Existe una unidad perfecta de propósito y de intención en la voluntad salvadora del Padre y del Hijo.[60]

Sin embargo, es evidente que el Padre no ha escogido a todos para salvación. A aquellos en los que depositó su amor electivo también los predestinó, y a los que predestinó también llamó de manera eficaz, y a los que llamó también justificó en Cristo, y a los que justificó también los glorificó (Ro. 8:29-30, 33; cf. Ef. 1:4-5). Dado que no todos son justificados y glorificados, resulta que no todos habían sido conocidos previamente ni predestinados por el Padre para salvación. Él preparó "vasos de ira" para destrucción, y "vasos de misericordia" para gloria (Ro. 9:22-23). La elección del Padre no es universal; por tanto, si es particular y si el Padre y el Hijo están perfectamente unidos en su voluntad y su propósito salvadores, es imposible que la expiación del Hijo tuviera que ser universal y no particular. Como escribe Reymond:

> Es impensable creer que Cristo dijera: "Reconozco, Padre, que tu elección y tus intenciones salvadoras acaban tan solo en una porción de la humanidad, pero como mi amor es más inclusivo y expansivo que el tuyo, no me satisface morir solo por aquellos que tú has elegido. Voy a morir por todos".[61]

Sin embargo, esta es la inevitable conclusión de aquellos que niegan la redención particular. Expresado de otro modo, si la expiación es universal, entonces la elección es universal o el Padre y el Hijo tienen intenciones contradictorias entre sí. Pero las Escrituras han refutado ambas nociones. La voluntad salvadora del Padre se expresa en su elección particular (que ha escogido a algunos, y no a todos, para que sean salvos), y el Hijo ha venido a hacer la voluntad de su Padre, quien lo envió.

¿Cuál es esa voluntad? Jesús explicó de manera explícita: "Y esta es la voluntad del Padre, el que me envió: Que de *todo lo que me diere*, no pierda yo nada, sino que

---

60. Trueman argumenta, de forma útil, que semejante unidad de voluntad y propósito entre el Padre y el Hijo dan a entender su consustancialidad: "De manera significativa, *homoousian* significa que la interacción entre Padre e Hijo no puede interpretarse en términos que pudieran insinuar la más mínima relación contradictoria"; esto sería "tender claramente al triteísmo". Trueman, "Definite Atonement View", 25.

61. Reymond, *Systematic Theology*, 678.

lo resucite en el día postrero" (Jn. 6:39). Existe un grupo de individuos escogidos que el Padre le ha dado al Hijo, y Él ha efectuado su obra redentora a favor *de estos*. Ellos son todos aquellos que acabarán viniendo a Él (Jn. 6:37) y creerán (Jn. 6:40), porque han sido atraídos con eficacia por el Padre (Jn. 6:44, 55-65); son las ovejas por quien el Hijo entrega su vida (Jn. 10:14-15, 27), y a quienes Él da vida eterna (Jn. 6:40; 10:28; 17:2). Cristo afirma claramente: "Tuyos eran, [Padre], y me los diste, y han guardado tu palabra" (Jn. 17:6; cf. 17:9, 24). Estos individuos que pertenecían al Padre antes de la fundación del mundo no pueden ser otros que los elegidos, a quienes Él ha escogido para salvación. Son, por lo tanto, estos y solo estos aquellos que el Padre le da al Hijo; y, así, estos y solo estos son aquellos por los que el Hijo efectúa la redención.

Por consiguiente, no es de sorprender que leamos las muchas formas en que las Escrituras identifican a unas personas *en particular* como los beneficiarios de la obra de Cristo en la cruz. Él ha entregado su vida como rescate por *muchos* (Mt. 20:28; Mr. 10:45; cf. Is. 53:12; Mt. 26:28), no por todos. Él es el buen Pastor, quien da su vida por sus *ovejas* (Jn. 10:11-15), no para las cabras que no son suyas (cf. Jn. 10:26). Él es aquel que ama a los hermanos y da su vida por sus *amigos* (Jn. 15:13). Él es gran Redentor, quien compró a la *iglesia* de Dios con su propia sangre (Hch. 20:28). Él es el esposo de la *iglesia* (Ap. 19:7; cf. Jn. 3:29), a quien amó y por quien se entregó (Ef. 5:25). Fue entregado por los *elegidos* (Ro. 8:32-33), por quienes sigue intercediendo (Ro. 8:34; con Jn. 17:9). Y es el santificador de "*un pueblo propio*, celoso de buenas obras" (Tit. 2:14).

Es consabido que los universalistas responden que un lenguaje tan particularista no descarta el universalismo; es decir, que Cristo pudo haber muerto por sus ovejas, pero de ello no se desprende que no muriera también por las cabras. Sin embargo, esta defensa de la redención particular es mucho más que limitarse a presentar numerosos versículos sueltos, aislados y particularistas; es contextualizar esos textos en la unidad explícita donde las Escrituras definen la voluntad salvadora del Padre y del Hijo como particular y no universal. Además, existen pruebas de que al menos algunas de estas designaciones particularizantes son necesariamente exclusivas. Pablo identifica como "elegidos de Dios" a aquellos a los que el Padre entregó a su Hijo (Ro. 8:32-33), una categoría que excluye necesariamente a los no escogidos y que ya ha sido establecida como no universal. Jesús declara que Él da su vida por sus ovejas (Jn. 10:14-15), a las que se define como aquellos que el Padre le ha dado (Jn. 10:29), convirtiendo así al término "ovejas" sencillamente en otra designación para los elegidos. Añadimos a esto la observación de Jesús a los fariseos: "Pero vosotros no creéis, porque no sois de mis ovejas, como os he dicho" (Jn. 10:26). Dado que Jesús declaró: "Yo pongo mi vida" por las ovejas solo unos momentos antes de indicarles a los fariseos "no sois de mis ovejas", es legítimo deducir que Él no había entregado su vida por aquellos fariseos. Finalmente, cuando Pablo convierte el amor sacrificial de Cristo por la iglesia en el patrón para el amor del marido por su esposa, nos conduce a una comprensión particularista del amor de Cristo por su esposa (Ef. 5:25-27). Es evidente que los maridos deberían amar a sus esposas de un modo especial y diferente a como aman a todos los demás. Si (1) Cristo amó incluso a los no elegidos, y se entregó por ellos precisamente de la misma manera en que se dio por su propia esposa, y si (2) los maridos fueran llamados a amar a sus esposas conforme a ese modelo, entonces los maridos deben amar a sus esposas de una forma que no difiera de cómo aman a otras mujeres. Con toda seguridad, esa no era la intención de Pablo. Así, podemos deducir sin equivocarnos que el amor de Cristo hasta la muerte por su iglesia es único y distintivo.

En resumen, en virtud de su propia unidad de esencia, el Padre, el Hijo y el Espíritu Santo están perfectamente unidos con respecto a su voluntad y su propósito salvador. Cristo fue enviado por la autoridad del Padre y en el poder del Espíritu Santo para salvar ni más ni menos que a las personas escogidas por el Padre y regeneradas por el Espíritu (cf. Ef. 1:3-14). El Padre ha elegido a algunos, no a todos; el Espíritu regenera a unos, no a todos. Sugerir que Cristo ha hecho expiación por todos, y no solo por algunos, es poner a las personas de la Trinidad en completo desacuerdo entre sí; es verse forzado a decir que la voluntad del Hijo no es la del Padre ni la del Espíritu. Esto no solo amenaza la consustancialidad de las personas de la Trinidad, sino que contradice rotundamente las propias declaraciones explícitas de Cristo respecto a que había abordado su misión salvadora exactamente para hacer la voluntad de su Padre. Así como el Padre le ha dado al Hijo unas personas en particular de entre todo el mundo, Cristo dio su vida por ellas: sus ovejas, los suyos, la iglesia. La unidad en la Trinidad exige una expiación particular.

EXPIACIÓN EFICAZ

Tal vez el argumento más común de aquellos que se aferran a alguna forma de expiación ilimitada es que Cristo murió por todos sin excepción, en un sentido *provisional*. Cristo murió para *proveer* salvación para todos, aunque no para asegurarla de manera infalible para cualquiera en particular. Se afirma que Él ha muerto *potencialmente* por todos, de manera que existe el potencial de que se apliquen a cualquiera los beneficios de su sacrificio, por medio del arrepentimiento y de la fe. Rara vez se argumenta esta naturaleza provisional de la expiación basándose en la exégesis de las Escrituras; más bien se presenta como un constructo teológico para explicar textos que hablan de la muerte de Cristo en términos universalistas. El argumento suele adoptar la forma siguiente:

1. Las Escrituras hablan de la muerte de Cristo en términos universalistas; por tanto, Cristo murió por todos sin excepción.
2. No todos reciben los beneficios salvadores de la muerte de Cristo; algunos perecen en el infierno.
3. Por tanto, Cristo murió por todos solo en un sentido provisional o potencial; a la expiación se le concede su eficacia mediante la decisión del pecador de arrepentirse y creer.

La totalidad de este argumento depende de la suposición no demostrada del primer punto, a saber, que el sentido del lenguaje universalista debe interpretarse como "todos sin excepción". Sin embargo, no es esta suposición la que se desprende. Si se puede demostrar (1) que en el lenguaje universalista contextualizado pueden interpretarse adecuadamente como "todos sin distinción", y (2) que toda la enseñanza bíblica no identifica la expiación como algo provisional, sino como inherentemente eficaz, el argumento universalista fracasa. Lo primero se tratará más abajo.[62] Ahora nos ocuparemos de lo segundo.

La clave del argumento universalista consiste en formular la expiación de Cristo como algo intrínsecamente ineficaz. Sin embargo, en el tratamiento anterior de la perfecta suficiencia de la expiación se estableció a partir de las Escrituras que el atributo de la eficacia es inherente y fundamental para el concepto bíblico de la expiación. Reconsiderando, las Escrituras enseñan que Cristo ha llevado a cabo realmente —no de forma potencial, provisional ni hipotética, sino real— la salvación de su pueblo en virtud de su obra en la cruz. Es casi tautológico afirmar que cuando las Escrituras aseveran que nuestro sustituto "llevó él mismo nuestros pecados en su cuerpo sobre el madero" (1 P. 2:24), significa que Él llevó nuestros pecados en su cuerpo sobre el madero de manera *real*, no potencial. Cuando las Escrituras declaran: "Mas él herido fue por nuestras rebeliones, molido por nuestros pecados; el castigo de nuestra paz fue sobre él, y por su llaga fuimos nosotros curados" (Is. 53:5), sería exegéticamente monstruoso concluir que solo fue potencialmente traspasado o molido, que su castigo solo produjo una paz potencial o que sus heridas provocaron tan solo una sanidad potencial. Sería inyectar artificialmente el concepto de la *potencialidad* en unos textos que hablan de un logro eficaz y objetivo. No; Cristo fue *realmente* traspasado, molido, castigado y herido y, por tanto, consiguió una paz y una sanidad reales. Las Escrituras no afirman: "Por sus llagas fuisteis hechos sanables". No aseveran: "Por sus llagas fuisteis llevados a un estado en el que *podríais* ser sanados si cumplís ciertas condiciones que activen el alcance hipotéticamente universal de las llagas de Cristo".[63] El texto expresa simplemente: "por cuya herida fuisteis sanados" (1 P. 2:24). Es decir que el sufrimiento y la muerte objetivos y sustitutivos consiguieron realmente la sanidad espiritual de aquellos por quienes Él murió; aquellos quienes, por la intrínseca valía y eficacia del sacrificio de Cristo, "no solo puedan ser salvos, sino que lo sean, que deben serlo, y que no pueden por ninguna posibilidad correr el riesgo de ser otra cosa que salvos".[64]

Ejemplos como este podrían multiplicarse a lo largo de las Escrituras. Como ya se ha mencionado, empezando por la ley levítica, la expiación siempre se ha presentado como inherentemente eficaz, y ha cumplido siempre su pretendido efecto (cf. Lv. 4:20, 26, 31, 35; 5:10, 13, 16, 18; 6:7; 12:7-8; 14:20, 53; 19:22). Así, cuando el Nuevo Testamento aplica la terminología veterotestamentaria para la expiación a la obra del Mesías, es adecuado considerar la expiación de Cristo con la misma eficacia inherente. Y es precisamente así como la describen los escritores del Nuevo Testamento: Jesús expió nuestros pecados (1 Jn. 3:5), propició la ira del Padre contra nosotros (Ro. 3:25; He. 2:17-18), nos reconcilió con Dios (Col. 1:22) y compró nuestra redención (Hch. 20:28; Ap. 5:9), y todo esto lo hizo realmente. No vino a posibilitar la salvación, sino

---

62. Véase "Encontrarles sentido a los textos universalistas" (p. 566).
63. Tomamos prestado el lenguaje de Trueman, "Definite Atonement View", 42.
64. Charles Spurgeon, "Particular Redemption", en *The New Park Street Pulpit* (Londres: Alabaster and Passmore, 1856), 4:135. Como escribe Motyer: "Las implicaciones teológicas son profundas: la expiación *misma*, y no algo fuera de ella [p. ej., la decisión del pecador] es la causa de toda conversión. Los recursos para la conversión se encuentran en la muerte del Siervo; fluyen de ella. Por tanto, es la expiación la que activa la conversión y no viceversa (cf. Tit. 3:3-5)". J. Alec Motyer, "'Stricken for the Transgression of My People': The Atoning Work of Isaiah's Suffering Servant", en Gibson y Gibson, *From Heaven He Came and Sought Her*, 261-262.

a salvar decisivamente a su pueblo (Mt. 1:21). En su obra expiatoria, Cristo no proveyó una salvación hipotética, sino que más bien aseguró de un modo infalible la salvación de aquellos por quienes murió al soportar realmente su castigo. Packer escribe de un modo conmovedor:

> El propósito salvador de Dios en la muerte de su Hijo [no] fue un mero deseo ineficaz, que depende de la disposición a creer del hombre para su cumplimiento, de manera que por mucho que Dios pudiera hacer, Cristo podría haber muerto y no haberse salvado nadie en absoluto… La Biblia ve la cruz como la revelación del poder de Dios para salvar, y no de su impotencia. Cristo no ganó una salvación hipotética para creyentes hipotéticos, una mera posibilidad de salvación para cualquiera que pudiera creer, sino una salvación real para su propio pueblo escogido. Su preciosa sangre nos salva a todos realmente; los pretendidos efectos de su autosacrificio le siguen de hecho, solo porque la cruz fue lo que fue. Su poder salvador no depende de que se *le* añada la fe; su poder salvador es tal que la fe fluye *de* ella. La cruz *aseguró* la plena salvación de todos aquellos por los que Cristo murió.[65]

Dado que la expiación de Cristo es, pues, inherentemente eficaz y como se ha convenido que no todos serán finamente salvos, el alcance de la expiación debe limitarse. La otra única opción es sugerir que Dios exige primero el pago de la pena por el pecado a Cristo en la cruz y, después a los pecadores incrédulos en el infierno. Pero, con toda seguridad, este doble enjuiciamiento es del todo incoherente con la justicia de Dios. En su memorable himno "¿Por qué hay dudas y temor?", Augustus Toplady (1740–1779) captó esta verdad de un modo hermoso:

> Pues Él mi libertad compró,
> y en el Calvario padeció
> la ira de su Dios.
> Dos veces no demanda Dios
> el pago; antes a Jesús,
> y ahora al que en Él cree.

Las Escrituras afirman que Jesús soportó con eficacia "toda la ira divina" en el lugar de aquellos por los que Él murió. Si hubiera quedado ira por derramar sobre el pecador incrédulo, entonces esa ira no habría sido satisfecha por la obra de Cristo. Si al pecador le quedara una pena que pagar en el infierno, entonces ese castigo no habría sido pagado por Cristo en la cruz. Esto nos deja solo dos opciones: o (1) el sacrifico de Cristo fue impotente e ineficaz, o (2) el poderoso y eficaz sacrificio de Cristo se llevó a cabo por

---

65. J. I. Packer, "Saved by His Precious Blood: An Introduction to John Owen's *The Death of Death in the Death of Christ*", en J. I. Packer y Mark Dever, *In My Place Condemned He Stood: Celebrating the Glory of the Atonement* (Wheaton, IL: Crossway, 2007), 123, énfasis añadido. Murray también resume bien la idea: "Se disminuye el concepto de redención como logro eficaz de liberación mediante precio y por poder cuando se lo presenta como algo menos que el eficaz cumplimiento que asegura la salvación de aquellos que son su objeto. Cristo no vino para poner a los seres humanos en una situación redimible sino para redimir un pueblo para sí. Tenemos el mismo resultado cuando analizamos de manera apropiada el significado de expiación, propiciación y reconciliación. [Cristo no vino para hacer que los pecados fueran expiables.] Él vino a expiar los pecados… (He. 1:3). Cristo no vino para hacer reconciliable a Dios. Él nos reconcilió para Dios por medio de su propia sangre". *La redención consumada y aplicada*, 60-61.

un número específico de personas. Dado que la primera es blasfema y explícitamente contraria a las Escrituras, el estudioso de la Palabra de Dios se ve obligado a abrazar la segunda.

Dado que la expiación de Cristo es, pues, por su propia naturaleza, una sustitución eficaz —es decir, dado que Él satisfizo realmente toda la ira del Padre contra los pecados de aquellos por los que murió—, no se puede afirmar una expiación universal y, a la vez, negar la salvación universal, sin vaciar la expiación de su poder salvador. Una vez más, Packer argumenta:

> Todos aquellos que adopten esta postura deben redefinir la sustitución en términos imprecisos si, en realidad, no omiten del todo el término, porque se están comprometiendo a negar que el sacrificio vicario de Cristo asegura la salvación de cualquiera... Si vamos a afirmar la sustitución penal para todos sin excepción, debemos inferir una salvación universal o, si no, eludir la eficacia salvadora de la sustitución para cualquiera; y si vamos a afirmar la sustitución penal como acto salvador eficaz de Dios, debemos deducir una salvación universal o, de otro modo, evitar esta inferencia, restringir el alcance de la sustitución y convertir esta última en una sustitución para algunos y no para todos.[66]

Resulta evidente, pues, que a menos que alguien crea en una salvación final universal, "todos" limita la expiación. El particularista limita su extensión, mientras que el universalista restringe su eficacia. Con todo, una expiación ineficaz no solo contradice la enseñanza bíblica respecto a la naturaleza de la expiación (como se perfila más arriba), también socava fundamentalmente el evangelio mismo, porque una expiación ineficaz no es expiación en absoluto. Una expiación ineficaz es una expiación que no expía.

Las implicaciones de esta forma de pensar son desastrosas. Si Cristo ha provisto la misma "expiación potencial" para todos, entonces la diferencia decisiva entre los salvos y los perdidos no es la gracia omnipotente del Salvador, sino la voluntad depravada del pecador. Llevado a su lógica conclusión, esto es afirmar que "Cristo nos salva con nuestra ayuda; y, si se piensa, significa que nos salvamos a nosotros mismos con la ayuda de Cristo".[67] Sin embargo, esta no es la expiación perfectamente suficiente ni el evangelio salvador todopoderoso revelado en las páginas de las Escrituras. Muy lejos de *socavar* el libre ofrecimiento del evangelio, como se suele acusar tan a menudo, la doctrina de la expiación definitiva lo *establece*.[68] Una expiación universal no puede ofrecer a los pecadores más que la *posibilidad* de la salvación, la mera oportunidad de ponerlo en una condición salvable. De hecho, ¿qué significa para el universalista declararles a los pecadores: "Cristo murió por ti" cuando, según él, aquellos por los que Cristo murió pueden muy bien perecer en el infierno? Sin una sustitución eficaz, ¿qué sustancia salvadora se puede ofrecer, si es que hay alguna? Solo una expiación perfectamente eficaz ofrece una salvación completa a la que no es necesario añadir nada, un regalo que solo

---

66. J. I. Packer, "What Did the Cross Achieve? The Logic of Penal Substitution", en *In My Place Condemned He Stood*, 90-91.
67. Packer, "Saved by His Precious Blood", 129.
68. Para más sobre cómo el particularismo en la elección, en la expiación y en la aplicación de la redención no contradice el ofrecimiento universal *bona fide* del evangelio, véase "El llamado externo: La proclamación del evangelio" (p. 583).

se recibe por fe.⁶⁹ Por tanto, debemos concluir con Spurgeon que el universalista puede mantener su expiación ineficaz:

> Los arminianos afirman que Cristo murió por todos los hombres. Pregúntales qué quieren decir con esto. ¿Murió Cristo para asegurar la salvación de todos los hombres? Ellos responden: "No, desde luego que no". Les formulamos la siguiente pregunta: ¿Murió Cristo para asegurar la salvación de algún hombre en particular? Contestan: "No". Si son coherentes, estarán obligados a admitir esto. Ellos niegan: "No; Cristo ha muerto para que cualquier hombre pueda ser salvo si"… y a continuación enumeran ciertas condiciones de la salvación. Entonces decimos que volvemos a la vieja declaración: Cristo no murió para asegurarle la salvación a nadie, más allá de toda duda, ¿no es así? Usted tiene que replicar: "No"; está obligado a reconocerlo… Ahora bien, ¿quién limita la muerte de Cristo? Usted mismo. Afirma que Cristo no murió para asegurar infaliblemente la salvación de nadie. Perdón, pero cuando señala que limitamos la muerte de Cristo, respondemos: "No, mi querido señor, es usted quien lo hace". Afirmamos que Cristo murió para asegurar infaliblemente la salvación de una multitud incontable, quien por medio de la muerte de Cristo no solo puede ser salva, sino que es salvada, debe ser salvada, y no puede en modo alguno correr el riesgo de ser otra cosa que salvada. Gracias por su expiación; puede guardársela. Nosotros no renunciaremos nunca a la nuestra solo porque sí.⁷⁰

LA UNIDAD DE LA OBRA SUMO SACERDOTAL DE CRISTO

Las Escrituras hablan con frecuencia de Cristo como el gran sumo sacerdote de su pueblo (He. 2:17; 3:1; 4:14-15; 5:1, 5, 10; 6:19-20; 8:1-6; 9:11-12, 25), y toman prestada la estructura conceptual del sistema sacrificial veterotestamentario como fundamento para entender la obra de expiación de Cristo. Así, excepto cuando el Nuevo Testamento contrasta, de forma explícita, el ministerio sacerdotal de Cristo con el de los sacerdotes del Antiguo Testamento (p. ej., He. 7:27), existe una continuidad básica entre ellas. La obra de los sacerdotes levíticos arroja, pues, luz sobre la extensión de la expiación en la inseparable unidad entre la obra de sacrificio del sacerdote y su obra de intercesión.

En el día de la expiación, el sumo sacerdote debía matar un macho cabrío como sacrificio por los pecados del pueblo de Israel (Lv. 16:9). Sin embargo, la muerte sacrificial no era el fin de la obra sacrificial. Después de degollar al animal, se le exigía que "llevar[a] la sangre detrás del velo adentro", al Lugar Santísimo, y "la sangre… esparcir[la] sobre el propiciatorio y delante del propiciatorio" (Lv. 16:15; cf. 16:18-19). Es esta doble obra —tanto el degollamiento del macho cabrío como el rociado intercesor de su sangre— la que efectuaba la expiación por los pecados de Israel. Este no solo fue el caso del día de la expiación, sino también de todos los sacrificios que requerían la muerte de animales.

---

69. Murray escribe: "¿Qué es lo que se les ofrece a los seres humanos en el evangelio? No es la posibilidad de la salvación, no es sencillamente una oportunidad de salvación. Lo que se ofrece es la *salvación*. Para ser más específicos, es Cristo mismo en toda la gloria de su persona y en toda la perfección de su obra consumada lo que se ofrece… Pero él no podría ser ofrecido en esa calidad ni carácter si no hubiese asegurado la salvación y consumado la redención. No podría ser ofrecido como Salvador y como aquel que encarna en sí mismo la plena y libre salvación si tan solo hubiese hecho posible la salvación de todos los seres humanos o sencillamente hubiese hecho provisión para la salvación de todos. Es la misma doctrina de que Cristo logró y aseguró la redención la que reviste a la libre oferta del evangelio de riqueza y poder. Es solo esta doctrina la que permite una presentación de Cristo que es digna de la gloria de su logro y de su persona". *La redención consumada y aplicada*, 62.

70. Spurgeon, "Particular Redemption", 4:135.

El sacerdote debía matar primero al animal y, a continuación, "ofrec[er] la sangre, y [rociarla] alrededor sobre el altar" (Lv. 1:5; cf. 1:11; 3:2, 8, 13; 4:6-7, 17-18, 25, 30, 34; 5:9; 7:2; 17:6). La observación que debemos hacer de estos rituales es que el alcance del sacrificio del sacerdote es idéntico al de su intercesión. El tema no es que el sumo sacerdote sacrificara al macho cabrío por todas las personas en todo el mundo gentil, y que luego rociara su sangre solo por Israel. No, el sacrificio y la intercesión eran dos lados de la misma moneda expiatoria, y ambas cosas eran solo por Israel.

El mismo principio se aplica a la unidad del doble ministerio sumo sacerdotal de Cristo. El autor de Hebreos describe a Cristo como nuestro gran sumo sacerdote, quien se ofreció a sí mismo como el sacrificio perfecto y, a la vez, entró en el Lugar Santísimo para interceder por su pueblo: "Porque no entró Cristo en el santuario hecho de mano, figura del verdadero, sino en el cielo mismo para presentarse ahora por nosotros ante Dios" (He. 9:24). En otras palabras, la ofrenda sacrificial que Cristo hizo de sí mismo está inextricablemente vinculada a su obra intercesora por su pueblo, en la presencia de Dios (He. 4:14-15; 7:25; 1 Jn. 2:1). Es decir, Cristo intercede por todos aquellos por los que murió, y murió por todos aquellos por los que intercede.

Esa conclusión también se respalda por Romanos 8:29-39, donde Pablo explica la redención de principio a fin, desde la elección del Padre en la eternidad pasada (8:29-30), a la muerte y resurrección de Cristo (8:32-34), pasando por la aplicación de la redención a los pecadores tanto en la justificación (8:33) como en la perseverancia hasta la glorificación (8:35-39). El comentario de Pablo en Romanos 8:34 es de particular interés, cuando vincula la muerte de Cristo y la resurrección con su intercesión presente: "Cristo es el que murió; más aún, el que también resucitó, el que además está a la diestra de Dios, el que también intercede por nosotros". La pregunta es ¿a quién se refiere "nosotros"? El antecedente más próximo se encuentra en Romanos 8:32: "El que no escatimó ni a su propio Hijo, sino que lo entregó *por todos nosotros*, ¿cómo no *nos* dará también con él todas las cosas?". Por tanto, aquellos por los que Cristo intercede ahora son aquellos por los que el Padre entregó a Cristo a la muerte.

Una vez más se observa que Cristo intercede por todos aquellos por los que murió, y que murió por todos aquellos por quienes intercede. La pregunta clave es: ¿intercede Cristo ante el Padre por todos los hombres sin excepción, o solo por los elegidos? Con toda seguridad, es esto último. ¿Está orando Cristo al Padre por la salvación y la bendición de los no elegidos, una petición que el Padre le negará a su Hijo porque no tiene intención de salvar a estos? ¿Están tan divididas las personas de la Trinidad? Una vez más, la doctrina de la expiación ilimitada abre una brecha entre la voluntad del Padre y la de Hijo, y esto tiene implicaciones desastrosas para el trinitarianismo bíblico.[71] Además, Cristo mismo responde a esta pregunta en la oración sumosacerdotal de Juan 17. Aquí, el Gran Sumo Sacerdote está intercediendo ante el Padre por aquellos por quienes pronto se ofrecerá como sacrificio, y afirma explícitamente: "Yo ruego *por ellos*;

---

71. Trueman observa con gran perspicacia: "El Padre y el Hijo no pueden tener voluntades contradictorias, porque eso les exigiría ser dioses diferentes; tampoco puede el Padre gobernar sencillamente al Hijo en contra de su voluntad, porque eso requeriría una situación en la que el Hijo esté claramente subordinado al Padre, una especie de arrianismo". "Definite Atonement View", 47.

no ruego por el mundo, sino por los que me diste; porque tuyos son" (Jn. 17:9). Jesús ofrece su intercesión sumosacerdotal solo a aquellos a quienes el Padre le ha dado (cf. Jn. 6:37, 39, 44, 65; 10:29; 17:2, 6, 20, 24), a saber, los "elegidos" de Romanos 8:33. Dado que la obra sacerdotal de sacrificio y la intercesión están inextricablemente vinculadas y, dado que es impensable que Cristo se negara a interceder por aquellos por quienes Él derramó su preciosa sangre, debemos concluir que la extensión de la expiación —como la intercesión de Cristo— se limita a los elegidos.

EL ARGUMENTO DE ROMANOS 8:29-39

Volviendo a Romanos 8, los comentarios de Pablo en este pasaje son, en sí mismos, un argumento bíblico a favor de la redención particular. Habla explícitamente de la extensión de la expiación en 8:32, cuando afirma que el Padre no escatima a su Hijo, sino que lo entregó "por todos nosotros". ¿Quiénes son esos "todos nosotros" por quienes Cristo fue entregado a la muerte? Pablo responde esta pregunta de varias maneras. En primer lugar, si buscamos un antecedente para "por todos nosotros" (8:32), hallamos otro "nosotros" en 8:31, en alusión a aquellos de los que Dios está a *favor*. Si proseguimos nuestra búsqueda de un antecedente, descubrimos que se trata de aquellos a los que Dios antes conoció, predestinó, llamó, justificó y glorificó (8:29-30). Si avanzamos, vemos que aquellos por los que Cristo fue entregado son aquellos a quienes Dios dará, por gracia, todos los beneficios de la salvación comprados por la muerte de Cristo, porque "¿cómo no nos dará también con él todas las cosas?" (8:32). Romanos 8:33 identifica, pues, de manera explícita a esas personas como "los elegidos de Dios", y aquellos a los que justifica; y 8:34 los identifica como aquellos por quienes Cristo intercede. Finalmente, aquellos por quienes Cristo murió son los que nunca podrán ser separados del amor de Cristo (8:35-39).

De estas observaciones se deberían extraer varias conclusiones. En primer lugar, dado que los no elegidos no reciben todos los beneficios de la salvación de la gracia de Dios, como promete Romanos 8:32 (en particular el ser rescatados del castigo eterno), no forman parte de "todos nosotros" por quienes Cristo fue entregado. En segundo lugar, dado que Pablo identifica el "todos nosotros" por quienes Cristo fue entregado como los "escogidos de Dios" en 8:33, Cristo no fue entregado por todos los no elegidos. En tercer lugar, dado que todos aquellos por los que Cristo fue entregado también serán los beneficiarios de su ministerio intercesor a la diestra del Padre, y dado que Cristo no intercede por los no elegidos, ellos no están incluidos en el "todos nosotros", por quienes Cristo fue entregado. En cuarto lugar, dado que todos aquellos por los que Cristo fue entregado no pueden ser separados del amor de Cristo en castigo eterno, y que los no elegidos serán, de hecho, separados del amor de Cristo en castigo eterno, estos últimos no están incluidos en el "todos nosotros" por quienes Cristo fue entregado. Una vez más, la extensión de la expiación de Cristo demuestra estar necesariamente limitada a los elegidos.[72]

---

72. Los universalistas hipotéticos pueden responder argumentando a este efecto: "Sí, Pablo está hablando de aquellos por quienes Cristo murió en Romanos 8:28-39, pero no de *todos* aquellos por los que Cristo murió. Él también murió por otros, a saber, los no elegidos; sencillamente no los menciona aquí". Esta línea de razonamiento fracasa por dos razones. En primer lugar, es prácticamente tautológico afirmar que cuando Pablo dice que Cristo fue entregado por "todos nosotros", se está refiriendo a *todos* aquellos por los que Cristo fue entregado. Si Pablo pretendiera aludir solo a un subconjunto de

ENCONTRARLES SENTIDO A LOS TEXTOS UNIVERSALISTAS

Los argumentos positivos precedentes son suficientes para establecer la redención particular como doctrina bíblica. Sin embargo, la objeción más común contra limitar la extensión de la expiación procede de varios pasajes de las Escrituras que parecen contradecirla explícitamente mediante el uso de un lenguaje universalista en relación con la muerte de Cristo: "Porque de tal manera amó Dios al *mundo*, que ha dado a su Hijo unigénito, para que todo aquel que en él cree, no se pierda, mas tenga vida eterna" (Jn. 3:16); Cristo Jesús "se dio a sí mismo en rescate por *todos*" (1 Ti. 2:6), etc. Por tanto, con el fin de que el caso de la redención particular se sostenga, estos textos universalistas deben explicarse de un modo que (1) armonice con los preceptos de la redención particular, y (2) resulte coherente con la interpretación contextual, gramatical-histórica. Esta sección examinará, pues, tres categorías de textos que se usan para respaldar una expiación universal, los interpretará en sus contextos, y demostrará cómo ninguno de ellos contradice la doctrina de la redención particular, sino que en algunos casos proporcionan más pruebas a favor de la doctrina.

Cristo murió por "todos". Como se ha mencionado más arriba, uno de los aspectos más decepcionantes al debatir la extensión de la expiación se produce cuando los universalistas apelan a textos que contienen la palabra "todos", y declaran sencillamente la suposición injustificada de que "todos" debe siempre significar "todas las personas sin excepción". Con toda seguridad, hay ejemplos en los que este es el caso: todos, sin excepción, han "peca[do] y están destituidos de la gloria de Dios" (Ro. 3:23; sin embargo, aquí hay una excepción: el Señor Jesucristo). Pero como se ha demostrado, en varios pasajes de las Escrituras, la palabra "todos" puede no referirse simplemente a todas las personas sin excepción. Negar esto es convertir a Jesús en mentiroso (Mt. 10:22; Jn. 18:20), y comprometerse con la salvación final de todos sin excepción (Ro. 5:18; 11:32). Pablo mismo limita, necesariamente, el lenguaje universalista cuando comenta sobre el Salmo 8:6 en 1 Corintios 15:27: "Y cuando dice que todas las cosas han sido sujetadas a él, claramente se exceptúa aquel que sujetó a él todas las cosas". Es decir, en este caso, "todas las cosas" no significa "todas las cosas sin excepción". Por tanto, "todo" no es una expresión autodefinitoria. Aunque se pueda entender legítimamente como una alusión a cada persona que haya vivido jamás (es decir, todas sin excepción), también puede comprenderse justificadamente como refiriéndose a todos los tipos de personas de todo el mundo (es decir, todas sin distinción). El factor determinante del sentido adecuado de "todos" no son las suposiciones que uno pueda hacer *a priori*, sino más bien el contexto del pasaje particular en el que aparece el término. Cuando esos pasajes estén sujetos al escrutinio de la exégesis contextual, queda claro que ninguno de ellos respalda una expiación ilimitada.

---

aquellos por los que Cristo murió, es improbable que hubiera añadido el "todos" universalista cuando podría haberlo dejado en "por nosotros". En segundo lugar, todo el argumento de Pablo pretende proporcionar aliento y seguridad a aquellos que son los beneficiarios del sacrificio expiatorio de Cristo. Para ello, enumera los beneficios que se les ofrecen en virtud de la muerte de Cristo. Si esos beneficios no se les garantiza a todos aquellos por quienes Cristo murió (como no ser separados nunca del amor de Cristo), ¿por qué convertiría Pablo la muerte de Cristo en la base misma de su consolación? No sería ningún consuelo. Los santos afligidos se limitarían a responder: "¿Qué tiene que ver la muerte de Cristo con mi seguridad? Él murió por todos sin excepción, ¡y hay millones de personas separadas del amor de Cristo!". Es incuestionable que "todos nosotros" en Ro. 8:32 se refiere a *cada uno* de aquellos por quien Cristo fue entregado.

En Juan 12:32 Jesús declaró: "Y yo, si fuere levantado de la tierra [es decir, crucificado; Jn. 12:33; cf. 3:14], a todos atraeré a mí mismo". Los universalistas enseñan que la frase "a todos" se refiere a todos sin excepción y postulan que esa "atracción" de Dios alude a la gracia universal que elimina los efectos de la depravación para todos, y lleva a todos los hombres a un estado de neutralidad por el cual pueden aceptar o rechazar a Cristo. A esto se le llama con frecuencia *gracia preveniente*, que significa una gracia que "viene antes". Con el fin de mantener que lo que ellos creen es el significado simple de "todas las personas", merece la pena observar que los universalistas deben distorsionar más allá de todo reconocimiento el significado llano de "atraeré", porque las Escrituras no hablan en ningún lugar de una gracia preveniente inútil, sino solo del llamamiento eficaz del Dios soberano y todopoderoso (Jn. 6:37, 44, 65). Aparte de esto, el contexto de Juan 12:32 favorece, sin embargo, la interpretación de "todos" como "todos sin distinción". Unos cuantos versículos antes en Juan 12:20-21, Juan informa de que unos cuantos griegos vinieron y pidieron ver a Jesús. En respuesta a esto, Él explica la necesidad cierta de su muerte (Jn. 12:22-28), y entonces les declara que por medio de esta acercará a todos los hombres a sí, es decir, no solo a sus paisanos judíos, sino también a gentiles como aquellos que lo buscaban.

Los universalistas también apelan a 2 Corintios 5:14-15. Allí, Pablo escribe: "Porque el amor de Cristo nos constriñe, pensando esto: que si uno murió por todos, luego todos murieron; y por todos murió, para que los que viven, ya no vivan para sí, sino para aquel que murió y resucitó por ellos". Los universalistas afirman que la frase "uno murió por todos" indica que Cristo ha muerto por todos los hombres sin excepción. A pesar de ello, esta interpretación no carece de problemas relevantes. Pablo prosigue, de inmediato, y añade: "Por tanto" —o sea, en base a la muerte de Cristo por ellos— "todos murieron". Es decir, ellos han muerto en y con Cristo (Ro. 6:8; Col. 2:20; 3:3) y, por tanto, han muerto a sí mismos y ahora viven por Cristo (2 Co. 5:15). Además, Cristo no solo murió por su pueblo, sino que también fue resucitado por ellos (2 Co. 5:15). Si la unión con Cristo en su muerte efectúa necesariamente la muerte espiritual de aquellos por los que Él murió, también deberá concluirse que Cristo, en su resurrección, también efectúa necesariamente su resurrección espiritual. Pablo afirma esto de manera explícita en Romanos 6:5: "Porque si fuimos plantados juntamente con él en la semejanza de su muerte, así también lo seremos en la de su resurrección". Sin embargo, a menos que uno acepte la salvación final universal, sencillamente no puede afirmarse que todas las personas sin excepción, incluidos los incrédulos, han muerto a sí mismos, han resucitado en una vida nueva, y ahora viven para Cristo. En su lugar, Pablo usa el lenguaje de la solidaridad corporativa —que Uno murió por los muchos—, para enfatizar la unión entre Cristo y su pueblo. Él ha muerto *por* ellos, y ellos han muerto *en* Él al pecado y al "yo", de manera que ahora viven para su honra y su gloria.

La declaración universal de Hebreos 2:9 debería manejarse de manera similar. Al afirmar que Cristo ha gustado la muerte por todos, los universalistas argumentan que la expiación es ilimitada. Sin embargo, varias consideraciones contextuales se oponen a semejante interpretación. En primer lugar, en el versículo siguiente el autor proclama la eficacia de la muerte de Jesús: por sus sufrimientos llevó muchos hijos a la gloria.

Esta declaración es incoherente con una expiación de extensión universal, pero limitada en su eficacia. Él no llevó a muchos hijos a una condición en la que pudieran acogerse hipotéticamente a la gloria, sino que por la eficacia de sus sufrimientos al margen de cualquier respuesta por parte de ellos Él los estaba llevando de verdad a la gloria. En segundo lugar, aquellos por quienes Él sufrió se caracterizan como sus "hermanos" (He. 2:11-12); nadie sino los elegidos puede hacer una designación tan íntima y familiar. En tercer lugar, el autor caracteriza a los beneficiarios de la muerte de Cristo como los "hijos que Dios me dio" (He. 2:13). El lenguaje de que el Padre le dé a un cierto grupo de individuos al Hijo evoca la oración sumosacerdotal de Jesús: "[Tú, Padre,] le has dado [al Hijo] potestad sobre toda carne, para que dé vida eterna a *todos los que le diste*" (Jn. 17:2; cf. 6:37, 39; 10:29; 17:6, 9, 20, 24), a saber, los elegidos. Finalmente, Hebreos 2:16 declara que Jesús "socorrió a la descendencia de Abraham" de forma salvadora. Si todas las personas sin excepción fueran los objetos del designio salvador de Jesús, el lector habría esperado leer que el Hijo ayuda a la descendencia de Adán. Sin embargo, el autor de Hebreos restringe la ayuda del Hijo al pueblo escogido de Dios, los hijos de la promesa. Por tanto, el lenguaje universalista de Hebreos 2:9 debe condicionarse por varios comentarios particularistas en el contexto inmediato y, por tanto, se debe entender que enfatiza la solidaridad corporativa entre el Uno y los muchos por quienes Él ha intercedido.

Los universalistas hipotéticos recurren con frecuencia a Colosenses 1:20, que afirma que a Dios le agradó "por medio de él [Jesús] reconciliar consigo todas las cosas, así las que están en la tierra como las que están en los cielos, haciendo la paz mediante la sangre de su cruz". "Todas las cosas" pertenece, según la gramática, al género neutro y, por consiguiente, lo más probable es que se refiere a todo el orden creado. Al realizarse dicha reconciliación por la sangre de la cruz de Cristo, los universalistas hipotéticos argumentan en retrospectiva que Cristo debió morir, en cierto sentido, por todos. Sin embargo, si argumentamos en base a este texto que Cristo ha expiado, de algún modo, por el orden creado confunde la expiación con los resultados de la expiación. La creación está maldita (y, por ello, está en necesidad de reconciliación con Dios), no por sus propios pecados, sino más bien como consecuencia del pecado humano (Gn. 3:17; Ro. 8:20). Del mismo modo, pues, "la creación misma será libertada de la esclavitud de corrupción" (Ro. 8:21) como consecuencia de la redención humana. Por esta razón, Pablo denomina la liberación de la creación "la libertad gloriosa de los hijos de Dios" (Ro. 8:21). Por consiguiente, Colosenses 1:20 no enseña que Cristo expió por los pecados del orden creado, sino más bien que la redención particular que Cristo llevó a cabo por los hombres conlleva implicaciones cósmicas. Las consecuencias de la expiación no deberían combinarse con la expiación en sí. Colosenses 1:20 no provee, pues, base alguna para la expiación universal. Jonathan Gibson argumenta, de manera convincente, lo siguiente:

> El enfoque [de Pablo] es el impacto escatológico de la cruz de Cristo, no la extensión sustitutiva de ella. Argumentar en retrospectiva, a partir de los efectos escatológicos de la muerte de Cristo y remontarse a una expiación universal es una deducción falsa. De hecho, el pasaje paralelo, Romanos 8:19-23, muestra que lo que subyace a la renovación *cósmica* no es una provisión universal realizada por la expiación de

Cristo, sino la redención consumada de un grupo *particular* de personas: "los hijos de Dios".[73]

Otro texto que suele presentarse para respaldar una expiación ilimitada es 1 Timoteo 2:3-6, que habla de "Dios nuestro Salvador, el cual quiere que todos los hombres sean salvos y vengan al conocimiento de la verdad. Porque hay un solo Dios, y un solo mediador entre Dios y los hombres, Jesucristo hombre, el cual se dio a sí mismo en rescate por todos, de lo cual se dio testimonio a su debido tiempo". Si Dios desea que todas las personas sean salvas, y si Cristo se ha entregado como rescate por todos, ¿cómo podemos negar una expiación universal? De nuevo, este pasaje debe leerse en su contexto. Cuando Pablo escribió 1 Timoteo, ciertas personas enseñaban una "doctrina diferente" (1:3), desviaban de la sana doctrina y apartaban a necia palabrería (1:6). Estos falsos maestros ambicionaban ser "maestros de la ley" (1:7), y su especulación respecto a las genealogías (1:4), y prohibición del matrimonio y ciertos alimentos (4:1-3), indica que su falsa doctrina consistía en un elitismo judío exclusivo.

Las declaraciones universalistas de Pablo, a lo largo de la epístola (cf. 1 Ti. 2:2, 4, 6; 4:10) tienen perfecto sentido a la luz del contexto de esta falsa doctrina elitista. Él no enseña que Cristo muriera por todos sin excepción, sino más bien que, al contrario de la falsa enseñanza, Cristo murió por todos sin distinción.[74] Esta conclusión se refuerza cuando insta a que se ore "por todos los hombres" (1 Ti. 2:1); con esto no quiere decir todas las personas del mundo entero (porque esto sería imposible), sino más bien todas las clases de personas: "por los reyes y por todos los que están en eminencia, para que vivamos quieta y reposadamente en toda piedad y honestidad" (1 Ti. 2:2). Asimismo, justo después del pasaje en cuestión, Pablo habla de su nombramiento apostólico como maestro de los gentiles (1 Ti. 2:7), e indica además que su intención es hablar de todos sin distinción (es decir, no solo a los judíos, sino también a los gentiles). Finalmente, hay que recordar que el rescate que Jesús pagó no fue potencial, sino real y eficaz. Si aceptamos la interpretación universalista de 1 Timoteo 2:6, debemos (1) abrazar la salvación final universal o (2) denigrar la eficacia de la expiación. En su lugar, la interpretación particularista parece el más sensato de todos los datos bíblicos. Pablo usa la palabra "todos" en alusión a todas las clases de personas con el fin de socavar el elitismo judío hereje que se había apoderado de Éfeso.

La misma conclusión merece la declaración de Pablo en Tito 2:11. Dado que Pablo había provisto instrucción respecto a distintas clases de personas —hombres y mujeres mayores, hombres y mujeres jóvenes, y esclavos (Tit. 2:2-6, 9-10)— ese "todos los hombres" a quienes la gracia ha traído salvación se refiere a todas las personas sin distinción, y no a todas ellas sin excepción. Esta interpretación se respalda con la declaración de

---

73. Jonathan Gibson, "For Whom Did Christ Die? Particularism and Universalism in the Pauline Epistles", en Gibson y Gibson, *From Heaven He Came and Sought Her*, 310.

74. Hasta I. Howard Marshall, quien sostenía una expiación ilimitada, escribió: "Lo más probable es que este impulso universalista sea la respuesta correctiva a una comprensión elitista exclusiva de la salvación, relacionada con la falsa enseñanza... El contexto muestra que la inclusión de los gentiles junto con los judíos en la salvación es, aquí, la principal cuestión". *A Critical and Exegetical Commentary on the Pastoral Epistles*, en colaboración con Philip H. Towner, ICC (Edimburgo: T&T Clark, 2006), 420, 427.

la eficacia de la expiación en Tito 2:14, donde se afirma que Cristo se ha entregado para redimir, y también para purificar a un pueblo particular para su propia posesión.

Un pasaje que ha sido objeto de gran debate es 1 Timoteo 4:10, donde Pablo describe a Dios como "el Salvador de todos los hombres, mayormente de los que creen". Los universalistas enseñan que Jesús es el Salvador de todas las personas en el sentido de que murió por todos, pero que es especialmente el Salvador de los creyentes, porque los beneficios de la salvación solo se aplican a ellos. Sin embargo, merece la pena observar que el Hijo no es el antecedente más próximo a "Salvador" en este pasaje, sino que el enfoque está aquí en Dios Padre, "el Dios vivo". Este versículo no habla de la expiación de Cristo en particular, sino de la naturaleza de Dios como Salvador. Pablo está, pues, perfilando dos formas en que se expresa la naturaleza salvadora de Dios. Él es el Salvador de todos los hombres en un sentido temporal; es decir, aunque todos los hombres han pecado contra Él, han incurrido en culpa y pagarán por sus pecados en el infierno, Dios no ejerció su juicio sobre ellos como hizo con los ángeles caídos (cf. Ro. 3:25; 2 P. 2:4). Hasta los reprobados disfrutan de un sobreseimiento provisional de ejecución y así experimentan los disfrutes de la vida en un mundo infundido por la gracia común de Dios (Mt. 5:44-45). Con todo, la naturaleza salvadora de Dios también se expresa de un modo más profundo para quienes son suyos. Él es el Salvador de todos los hombres en un sentido temporal, pero el Salvador de los elegidos —es decir, aquellos que acaban viniendo a la fe salvadora—, en un sentido eterno.

Finalmente, aunque 2 Pedro 3:9 no habla explícitamente de la expiación, los universalistas argumentan que revela una voluntad salvadora universal en Dios que contradice una redención particular. Pedro escribe: "El Señor no retarda su promesa, según algunos la tienen por tardanza, sino que es paciente para con nosotros, no queriendo que ninguno perezca, sino que todos procedan al arrepentimiento". Como Dios no desea que nadie perezca, sino que todos se arrepientan, se argumenta que Dios ha hecho todo lo posible para proveer salvación en la expiación universal de Cristo, y que ahora le toca al pecador apropiarse de la salvación mediante la fe y el arrepentimiento. Sin embargo, sencillamente ello no significa que como Dios no disfruta con la muerte de los impíos (Ez. 18:31-32; 33:11), Cristo ha expiado por todos sin excepción.

Se pueden dar dos respuestas al acercamiento universalista de este texto. La primera tiene que ver con la complejidad de la voluntad divina. ¿Qué significa que Dios desee que todos sin excepción se arrepientan, cuando Él mismo ha expresado su voluntad salvadora al escoger a algunos y no a todos para salvación? ¿Y qué significa que el Dios que hace todo lo que quiere (Is. 46:9-10; Sal. 115:3; 135:6; Ef. 1:11), y cuyo propósito nadie puede frustrar (Job 42:2), desee la salvación de todos, cuando no ejerce su voluntad soberana para llevarlos a todos finalmente a la salvación? En lugar de negar la absoluta soberanía de Dios, como hacen los universalistas, lo correcto es observar una distinción en la forma en que las Escrituras hablan de la voluntad de Dios.[75] La voluntad *decretiva* de Dios es su "buen propósito" en consonancia con su decreto soberano. Isaías habla

---

75. John Piper argumenta esto de forma magistral en "Are There Two Wills in God?", en *Still Sovereign: Contemporary Perspectives on Election, Foreknowledge, and Grace*, eds. Thomas R. Schreiner y Bruce A. Ware (Grand Rapids, MI: Baker, 2000), 107-131.

de este aspecto de la voluntad de Dios cuando profetiza de la crucifixión de Cristo, y señala: "Jehová quiso quebrantarlo" (Is. 53:10). Esta voluntad soberana y eficaz es la que nunca puede ser frustrada y que siempre llega a suceder. Por otra parte, la voluntad *preceptiva* de Dios es ese aspecto de su voluntad que se expresa en los preceptos o los mandamientos de las Escrituras. Dios emite a todas las personas el mandamiento o precepto de arrepentirse y creer en el evangelio (Hch. 17:30). A diferencia de su voluntad decretiva, la voluntad preceptiva de Dios se frustra cada vez que alguien desobedece alguno de los mandamientos de Dios. En tercer lugar, las Escrituras también hablan a veces de la voluntad de Dios para describir su temperamento: lo que le agrada o aquello en lo que se deleita. Podríamos definirlo como su voluntad *optativa*.[76]

¿Cuál de estos sentidos encaja en la declaración de 2 Pedro 3:9? No puede ser su voluntad decretiva, porque si Dios ha determinado el arrepentimiento de todos sin excepción, todos sin excepción se arrepentirían. Sin embargo, la salvación final se contradice con la enseñanza bíblica. Tampoco es conveniente caracterizar esto como una declaración de su voluntad preceptiva, porque esto sería afirmar que Dios prohíbe que alguien perezca. En este sentido, "perezca" iría en contra de la ley de Dios, y Él tendría que castigar a las personas por perecer. Es mejor entender este versículo como una expresión de la voluntad optativa de Dios. Pedro describe la misma verdad sobre Dios que Ezequiel cuando este recogió las palabras de Dios: "No quiero la muerte del impío, sino que se vuelva el impío de su camino, y que viva" (Ez. 33:11). Aun cuando Dios no ha escogido a todos, y aunque el Hijo no ha expiado por todos, Dios desea sinceramente el bien de todas sus criaturas. Y aunque Él se regocija en el ejercicio de su justicia contra el pecado y el mal, Él no se goza con malicia al imponer castigo contra sus criaturas. Así, Dios quiere el arrepentimiento de todas las personas en este sentido optativo. Sin embargo, al ser Dios absolutamente soberano, y porque no todas las personas se arrepienten en realidad, Él no ha decretado que todos debieran arrepentirse. Por tanto, Dios no quiere el arrepentimiento de todas las personas en este sentido decretivo. Aunque es posible que no entendamos la complejidad de la voluntad de Dios, no debemos redefinir su soberanía para acomodar nuestra falta de entendimiento.[77]

Aunque esta respuesta refuta la interpretación universalista de 2 Pedro 3:9, y aunque es verdad que Dios desea el arrepentimiento de todos, según su voluntad optativa (cf. Ez. 18:23, 32; 33:11), exista una forma incluso mejor de entender el comentario de Pedro. Los receptores de la carta petrina y el contexto inmediato de este pasaje deben tenerse en cuenta. En este mismo versículo, Pedro se dirige a aquellos a quienes habla y les escribe que el Señor es "paciente para con *nosotros*". Cuando se considera que el "nosotros" de quienes él habla son los "amados" de 2 Pedro 3:8, "los que habéis alcanzado, por la justicia de nuestro Dios y Salvador Jesucristo, una fe igualmente preciosa que la nuestra" (2 P. 1:1), se debe reconocer que Pedro se está dirigiendo al pueblo de

---

76. *Optativo* es un término gramatical que describe el modo de los verbos que expresan deseo o anhelo (p. ej., 2 Ts. 3:16; 1 P. 1:2).

77. Se debería observar que las voluntades decretivas y preceptivas de Dios no son dos voluntades distintas, sino más bien dos aspectos distinguibles de la voluntad única de Dios. Calvino explica de un modo muy útil: "La voluntad de Dios... [es] una y simple en Él", pero "se nos muestra a nosotros múltiple... debido a la corta capacidad de nuestro entendimiento". Calvino, *Institución*, 1.18.3.

Dios. El Señor Jesús retrasa su regreso, porque es paciente con aquellos que son suyos, aquellos que el Padre le ha dado, y por quienes Él ha muerto, pero que todavía no han venido a la fe. Por tanto, este pasaje no habla de todas las personas sin excepción, como afirman los universalistas, sino que el contexto lo restringe a los elegidos, algo coherente con la visión particularista de la expiación.

Cristo murió por el "mundo". Así como con el término "todos", los textos que hablan de la muerte de Jesús con respecto al "mundo" deben interpretarse también según su contexto. En los casos en los que se usan para describir la extensión de la expiación, se interpretan de la forma adecuada con el significado de "todos sin distinción", en lugar de "todos sin excepción".

Los universalistas afirman, con frecuencia, que Juan 3:16 resuelve decisivamente la cuestión de la extensión de la expiación. Jesús declara: "Porque de tal manera amó Dios al mundo, que ha dado a su Hijo unigénito, para que todo aquel que en él cree, no se pierda, mas tenga vida eterna". Ellos aseveran que al entregar a su Hijo unigénito a una muerte sustitutiva y sacrificial, Dios ha expresado su amor por el mundo entero, que ellos entienden como una alusión a todos los individuos que habrán vivido sobre la tierra. Sin embargo, en este pasaje nada exige que "mundo" se interprete como "todos sin excepción". En realidad, existe una buena razón para entender que se trata de "todos sin distinción". Jesús está explicándole la salvación de forma particular a Nicodemo, "un hombre de los fariseos... [y] principal entre los judíos" (Jn. 3:1). Los fariseos, como casi todo Israel en la época de Jesús, consideraban a los gentiles impuros y apartados del pacto de las promesas de Dios. Cuando Jesús habla de la salvación con este gobernante de los judíos, le indica que el amor de Dios no acaba en Israel solamente, sino también en los hombres y las mujeres de todo el mundo, tanto gentiles como judíos. Además, se debe observar el propio particularismo de Jesús en este mismo versículo. Cristo ha sido entregado para que todo aquel que *cree* (gr. *pás jó pisteúon*, lit. "los creyentes") no se pierda, mas tenga vida eterna. Jesús limita claramente el alcance a su muerte expiatoria a aquellos que acabarán creyendo en Él para salvación.

La alternativa universalista crearía numerosos problemas. Por ejemplo, si Cristo hubiera sido enviado para expiar por cada individuo sin excepción, ¿no habría incluido esto a aquellos pecadores que ya habían muerto y que estaban pagando por sus pecados en el infierno? ¿Pero por qué razón? ¿Para darles una oportunidad de arrepentirse? Sin embargo, esa oportunidad ya había pasado, porque ya habían experimentado el juicio divino (cf. He. 9:27). Un problema aún mayor sería que al manifestar que Cristo expió por personas que por fin perecerían en el infierno, el universalista limita, necesariamente, la eficacia del sacrificio de Cristo. Si Él puede expiar por los pecados de alguien y cabe la posibilidad que esa persona vaya todavía al infierno, entonces algo que no es la expiación de Cristo es responsable en última instancia de la salvación.

Ocurre lo mismo en el caso de la declaración de Juan el Bautista: "He aquí el Cordero de Dios, que quita el pecado del mundo" (Jn. 1:29). Si Cristo quita el pecado de todos, sin excepción, y aun así algunos perecen en el infierno, ¿qué significaría afirmar que su pecado ha sido eliminado? Llegado a este punto, el universalista debe articular una suposición no expresada: "quitar" se ha redefinido como "quitar potencialmente". Sin embargo, no es esto lo que declara el texto. Una vez más, la expiación que Cristo efectuó no fue un mero ofrecimiento ni un potencial; Él aseguró la salvación de aquellos por quienes murió. Por tanto, para evitar socavar fundamentalmente la naturaleza de la expiación, se debe interpretar "mundo" como una alusión a judíos y gentiles, todos sin distinción, pero no todos sin excepción.[78]

En 1 Juan 2:2 hay varias cuestiones similares en juego. Juan escribe: "Y él es la propiciación por nuestros pecados; y no solamente por los nuestros, sino también por los de todo el mundo". Aquí tenemos una declaración de la naturaleza de la expiación (propiciación), seguida de otra respecto al alcance o extensión de dicha obra (el mundo entero). La lectura superficial del texto parece dejar al lector en tensión, en un principio, porque la propiciación —es decir, la verdadera satisfacción de la ira de Dios contra nosotros— para todos sin excepción exigiría una salvación final universal. Una vez más, porque las Escrituras nos enseñan que finalmente no todos serán salvos (Mt. 7:13, 23; 25:31-46; 2 Ts. 1:9; Ap. 21:8), dicha interpretación es insostenible.

A estas alturas, existen dos opciones. En primer lugar, los universalistas aceptan la interpretación superficial de "todo el mundo" como "todos sin excepción" y, por tanto, modifican la *naturaleza* propiciatoria de la expiación atribuyéndole el sentido de "una propiciación potencial". Este movimiento interpretativo va, sin embargo, en contra de todo lo que las Escrituras enseñan respecto a la naturaleza eficaz de la propiciación. No hay base exegética para semejante interpretación. La segunda opción es la del particularista. Este interpreta la naturaleza de la propiciación conforme al resto de la enseñanza bíblica y busca un modo de entender que "todo el mundo" evita agredir la gramática, el contexto y la intención del autor de 1 Jn. 1–2, y a la vez impedir las implicaciones problemáticas del universalismo. Esta manera está disponible. Significa comprender "todo el mundo" como una referencia a "todos sin distinción", en lugar de "todos sin excepción". Esta opción encaja mejor en el léxico porque respeta la definición uniforme que la Biblia hace de *jilasmós* como satisfacción eficaz de la ira. También es más adecuada al contexto, porque Juan está escribiendo a iglesias acosadas por la falsa enseñanza del perfeccionismo sin pecado (1 Jn. 1:6-10), probablemente vinculado a un incipiente gnosticismo que promete que la clave para la victoria espiritual se encontraba en un conocimiento secreto que solo poseían los gnósticos. Así, cuando Juan escribe sobre el alcance del logro del Salvador, repudia todos los vestigios del exclusivismo: Cristo no es la propiciación por nuestros pecados solamente, seamos judíos en lugar de gentiles, gnósticos en vez de otros cristianos, o creyentes de Asia Menor y no de todo el resto del mundo. No, Él es la propiciación por los pecados del pueblo de Dios dispersado por todo el mundo.

Una interpretación así solo se confirma mediante el paralelo sintáctico de Juan 11:49-52. Allí, Juan recoge la profecía de Caifás sobre la muerte de Cristo: "que un hombre muera por el pueblo" (Jn. 11:50). Juan comenta a continuación: "Esto no lo dijo por sí mismo, sino que como era el sumo sacerdote aquel año, profetizó que Jesús

---

78. Se debería hacer el mismo acercamiento a Juan 6:33 y Juan 6:51.

había de morir por la nación; y no solamente por la nación, sino también para congregar en uno a los hijos de Dios que estaban dispersos (Jn. 11:51-52). Nótese el paralelismo:

> Juan 11:51-52: "...que Jesús había de morir por la nación y no solamente por la nación, sino también para congregar en uno a los hijos de Dios que estaban dispersos".

> 1 Juan 2:2: "Y él es la propiciación por nuestros pecados; y no solamente por los nuestros, sino también por los de todo el mundo".

Por tanto, este otro comentario de la pluma de Juan respaldaría la interpretación de "todo el mundo" en 1 Juan 2:2 como "todos sin distinción", es decir, los hijos de Dios dispersados por todo el mundo (cf. Jn. 10:16). De hecho, en Apocalipsis 5:9 Juan también escribe de forma explícita sobre la expiación particular de Cristo, que Él describe como para todos sin distinción, porque los santos cantan: "Digno eres de tomar el libro y de abrir sus sellos; porque tú fuiste inmolado, y con tu sangre nos has redimido para Dios, de todo linaje y pueblo y nación". Juan no afirma que el Cordero rescató a toda tribu y lengua y pueblo y nación, algo que encajaría en la interpretación universalista, sino que rescató a gente *de* toda tribu y lengua y pueblo y nación; es decir, no todos sin excepción, sino todos sin distinción.

Con respecto a 1 Juan 2:2, la interpretación particularista de "todo el mundo" encaja, pues, en el lenguaje, el contexto y la intención del autor del pasaje no contradice ningún otro pasaje de las Escrituras, es paralelo a otros pasajes escritos por Juan y evita las conclusiones interpretativas indeseables de una salvación final universal o una propiciación ineficaz, una de las cuales es inevitable en la interpretación universalista. Así, la interpretación particularista es bíblica y teológicamente preferible.

Finalmente, debemos ocuparnos del comentario de Pablo en 2 Corintios 5:19. Él escribe: "Dios estaba en Cristo reconciliando consigo al mundo, no tomándoles en cuenta a los hombres sus pecados, y nos encargó a nosotros la palabra de la reconciliación". Una vez más, el contexto inmediato guía al intérprete a no leer "mundo" como "todos sin excepción", sino "todos sin distinción de todo el mundo". Pablo define de inmediato la acción de reconciliación de Dios como "no tomándoles en cuenta a los hombres sus pecados". Las únicas personas cuyos pecados Dios no tiene en cuenta contra ellas son aquellas que reciben la bendición de la salvación (Ro. 4:6-8). A menos que se esté preparado para adoptar la salvación final universal, esto debe de referirse a los elegidos solamente. El versículo anterior también confirma esta interpretación, ya que en 2 Corintios 5:19 "el mundo" es coextensivo con el "nos" de 5:18; es decir, aquellos de nosotros a quienes Dios ha reconciliado consigo por medio de Cristo. Una vez más, el lenguaje universalista demuestra complementar una extensión limitada de la expiación.

Cristo murió por aquellos que finalmente perecerán. Debe ser consultado un conjunto final de textos. Estos textos sugieren que aquellos que son objeto de la muerte de Cristo pueden perecer finalmente por sus pecados en el infierno. Pablo parece exponer la misma idea en dos textos:

> Pero si por causa de la comida tu hermano es contristado, ya no andas conforme al amor. No hagas que por la comida tuya se pierda [gr. *apólue*] aquel por quien Cristo murió (Ro. 14:15).

> Y por el conocimiento tuyo, se perderá [gr. *apólutai*] el hermano débil por quien Cristo murió (1 Co. 8:11).

Aquí, la preocupación de Pablo es que un creyente, cuya fuerte conciencia le permita disfrutar de la libertad cristiana de comer carne sacrificada a los ídolos pueda hacer que un hermano más débil tropiece. En ambos casos, al hermano más débil se le describe como alguien "por quien Cristo murió", y en ambos casos el hermano se enfrenta a la posibilidad de ser destruido. Para este concepto de destrucción, Pablo emplea el término griego *apólumi*, que usa con frecuencia para describir el perecer en el castigo eterno (cf. Ro. 2:12; 1 Co. 1:18; 15:18; 2 Co. 2:15; 4:3; 2 Ts. 2:10).

Aunque esta línea de pensamiento parecería ofrecer un reto significativo, uno debe tener en mente que los autores de las Escrituras "pueden referirse [a menudo] a aquellos que pueden finalmente perecer como creyentes que, durante un tiempo, poseen visiblemente todas las descripciones de quien lo es genuinamente".[79] Smeaton lo define como "el juicio de caridad".[80] Es decir, se representaban a sí mismos como pertenecientes a la comunidad del pacto y, por tanto, se los consideraba y se hablaba de ellos como verdaderos creyentes, mientras permanecían en la iglesia. De esta forma, Juan habla de Judas como uno de los discípulos de Jesús (Jn. 12:4); el autor de Hebreos dirige sus muchas advertencias a los "hermanos", aunque la iglesia incluye una mezcla de creyentes e incrédulos (p. ej., He. 3:12–4:7); y Pedro se refiere a los falsos maestros como aquellos que el Señor soberano compró (2 P. 2:1). Sin embargo, su salida final de la comunidad del pacto demuestra que nunca pertenecieron de verdad a Cristo, porque nada puede separar al verdadero creyente del amor de Cristo (Ro. 8:35-39; cf. Jn. 10:27-30; Fil. 1:6). Por tanto, aunque el abuso de la libertad cristiana tiene el potencial de "contristar" (Ro. 14:15) y "herir la conciencia" (1 Co. 8:12) del hermano más débil, un hermano verdadero por quien Cristo murió jamás se perderá finalmente. Si una persona así cae de la fe, en primer lugar queda manifiesto que no había sido nunca un verdadero hermano (1 Jn. 2:19).

El comentario de Pedro sobre los falsos maestros en 2 Pedro 2:1 está relacionado con esto: "Pero hubo también falsos profetas entre el pueblo, como habrá entre vosotros falsos maestros, que introducirán encubiertamente herejías destructoras, y aun negarán al Señor que los rescató, atrayendo sobre sí mismos destrucción repentina". Aquí, Pedro indica que los falsos maestros fueron "comprados" o "rescatados" (gr. *agorázo*) por el Señor (gr. *despótes*) y, no obstante, se enfrentarán a la destrucción eterna. Por tanto, los universalistas argumentan que Cristo el Señor murió por todos sin excepción, y que hasta compró a los falsos maestros, pero que por no haber sido nunca salvos en realidad, finalmente no participaron de los beneficios de la salvación de la muerte de Cristo.

---

79. Gibson, "For Whom Did Christ Die?", 322.
80. George Smeaton, *The Apostles' Doctrine of the Atonement* (1870; reimp., Carlisle, PA: Banner of Truth, 2009), 447.

Sin embargo, al menos cinco consideraciones nos impulsan a rechazar esta interpretación. Primero, en todos los casos excepto uno del Nuevo Testamento (Jud. 4), el término "Señor" (gr. *despótes*) no se usa para indicar al Hijo, sino al Padre. Así, la obra redentora de Cristo en la cruz no se tiene probablemente presente. Segundo, Long explica:

> De sus treinta apariciones en el Nuevo Testamento, *agorázo* no se usa nunca en un contexto soteriológico (a menos que 2 P. 2:1 sea la excepción), sin que el término técnico "Price" (*timés*, un término técnico para la sangre de Cristo) o su equivalente sean establecidos o hechos explícitos en el contexto (cf. 1 Co. 6:20; 7:23; Ap. 5:9; 14:3, 4).[81]

Es decir, es muy probable que Pedro esté utilizando *agorázo* en un sentido no soteriológico. En tercer lugar, Pedro está aludiendo claramente a Deuteronomio 32:6, que reprende: "¿Así pagáis a Jehová, pueblo loco e ignorante? ¿No es él tu padre que te creó? Él te hizo y te estableció". El lenguaje de "negar al Señor quien los compró" sirve para identificar a los falsos maestros de la época de Jesús con los falsos profetas de Israel. En cuarto lugar, es probable que Pedro esté concediendo, pongamos por caso, la premisa de que los falsos maestros son creyentes verdaderos. En otras palabras, como expresa Schreiner: "*Parecía como si* el Señor hubiera comprado a los falsos maestros con su sangre [2 P. 2:1], aunque en realidad no pertenecían de verdad al Señor".[82] Pedro es, por tanto, sarcástico al decir: "Aquellos que afirman ser redimidos niegan por sus hechos y su doctrina al Señor que, según afirman, los ha comprado. Ellos no son mejores que los falsos profetas de Israel". En quinto lugar, si se lleva a su conclusión lógica, la interpretación universalista no solo niega una redención eficaz —que las Escrituras afirman explícitamente (Ef. 1:7; Col. 1:14)—, sino también la doctrina de la perseverancia de los santos, es decir, que quien es verdaderamente redimido no puede perderse (Jn. 10:27-30; Ro. 8:31-39; 1 Jn. 2:19).

RESUMEN

En resumen, aunque varios textos de las Escrituras empleen el lenguaje universalista con respecto al alcance de la muerte de Cristo, ni un solo texto bajo análisis exegético apoya una expiación ilimitada. Más bien, cuando se interpretan en contexto, los pasajes referidos a la muerte de Cristo por "todos" y por "el mundo" se usan para hablar de todos sin distinción y no de todos sin excepción, y los pasajes que puedan parecer indicar que aquellos por quienes Cristo murió pueden perecer finalmente en sus pecados demuestran no enseñar tal cosa.

Porque las Escrituras revelan (1) que las tres personas de la Trinidad están enteramente unidas en su voluntad y su propósito salvadores, (2) que la expiación no es nunca potencial ni provisional, sino siempre real y eficaz, (3) que el ministerio del sacrificio sumosacerdotal de Cristo es coextensivo con su ministerio sumosacerdotal de interce-

---

81. Gary D. Long, *Definite Atonement* (Nutley, NJ: Presbyterian and Reformed, 1976), 72.
82. Thomas R. Schreiner, "'Problematic Texts' for Definite Atonement in the Pastoral and General Epistles", en Gibson y Gibson, *From Heaven He Came and Sought Her*, 390.

sión, (4) que varios pasajes de las Escrituras hablan de la obra expiatoria de Cristo en términos particularistas, y (5) que ningún pasaje de las Escrituras enseña que Cristo expió para todos sin excepción; por tanto, ellas enseñan que la extensión de la expiación de Cristo no es universal, sino que está limitada tan solo a los elegidos.

La resurrección, la ascensión y la intercesión

Asimismo, es necesario mencionar que la obra intercesora de Cristo no se agotó en la cruz. Él no solo "fue entregado por nuestras transgresiones"; también fue "resucitado para nuestra justificación" (Ro. 4:25). Además, también ascendió a la diestra del Padre para gobernar sobre todas las cosas (Ef. 1:20-23), donde se dice que los creyentes están sentados con Él (Ef. 2:6). Porque Él ascendió, envió al Espíritu Santo a morar de forma permanente en cada miembro de su iglesia (Jn. 14:17; 16:7) y empoderarnos para santidad y servicio. Aún más, Él intercede ahora por nosotros a la diestra del Padre (Ro. 8:34; He. 7:25), ora para nuestro mayor beneficio espiritual, nos defiende de nuestro Acusador, santifica nuestras oraciones y nos ministra en nuestro tiempo de necesidad (cf. He. 4:15).[83]

La culminación de nuestro estudio de la realización de la redención debe ser la adoración al Dios trino por la obra del Hijo. Una teología precisa debe resultar en una doxología trascendente. Satanás tiene una excelente teología de la expiación; los demonios creen y tiemblan (Stg. 2:19). Aunque Satanás y los demonios puedan ser excelentes estudiantes de la obra de Cristo, no son beneficiarios de la expiación del Hijo. Pero nosotros, su pueblo, *somos* los beneficiarios. Y así concluimos nuestro estudio de la expiación de Cristo con el cántico de los santos y los ángeles en Apocalipsis 5:9-13:

> Digno eres de tomar el libro y de abrir sus sellos; porque tú fuiste inmolado, y con tu sangre nos has redimido para Dios, de todo linaje y lengua y pueblo y nación; y nos has hecho para nuestro Dios reyes y sacerdotes, y reinaremos sobre la tierra... El Cordero que fue inmolado es digno de tomar el poder, las riquezas, la sabiduría, la fortaleza, la honra, la gloria y la alabanza... Al que está sentado en el trono, y al Cordero, sea la alabanza, la honra, la gloria y el poder, por los siglos de los siglos.

La aplicación de la redención

El orden de la salvación
El llamamiento externo: La proclamación del evangelio
El llamamiento interno: La regeneración
La conversión
La unión con Cristo
La justificación
La adopción
La santificación
La perseverancia
La glorificación

---

83. Para ver más sobre la resurrección, la ascensión y la intercesión presente de Cristo, véase el cap. 4, "Dios Hijo".

Una de las características más relevantes de la obra salvadora del Señor Jesucristo es que su obra es suficiente y eficaz. El Hijo de Dios no es un Salvador potencial. Él no se limitó a "cumplir con su parte" para asegurar la salvación de su pueblo, y dejarles a ellos la determinación decisiva. De hecho, cuando oró a su Padre la noche en que fue traicionado y arrestado, declaró que había acabado decisivamente la obra que el Padre le había dado que hiciese (Jn. 17:4). En la cruz, cuando no solo bebió de la vasija de vinagre, sino también de la copa amarga de la ira de su Padre, y absorbió en su propia persona el castigo completo por los pecados de su pueblo (2 Co. 5:21; Gá. 3:13; 1 P. 2:24), lanzó el grito de victoria: "¡Consumado es!" (Jn. 19:30). En ese momento, el Salvador del mundo aseguró de forma infalible la salvación de su pueblo de una vez por todas (Ro. 6:10; He. 7:27; 10:10). La misión de redención del Hijo se cumplió por completo.

Por la suficiencia de la obra expiatoria de Cristo, si se le pregunta a un creyente cuándo lo salvó Dios, existe un sentido en el que debería responder: "Hace dos mil años". Y, sin embargo, nadie viene a este mundo siendo salvo. Todos somos concebidos en iniquidad (Sal. 51:5), muertos en nuestros delitos y pecados (Ef. 2:1), por naturaleza hijos de ira (Ef. 2:3) y enemigos de Dios (Ro. 5:10; 8:7-8). Aunque todas las bendiciones de la salvación fueron compradas de una vez por todas en la cruz, el pueblo de Dios no disfruta de los beneficios de la obra de Cristo hasta que el Espíritu Santo los aplica a los creyentes individuales, hasta que nacen del Espíritu para arrepentimiento y fe, son unidos a Cristo y, de ese modo, son justificados, adoptados y apartados para una vida de santidad y servicio de Dios. Por esta razón debemos distinguir entre la realización y la aplicación de la redención.

En la sabiduría de Dios, el Espíritu Santo no aplica de inmediato al creyente, en la conversión, toda la plenitud de los beneficios asegurados por la obra de Cristo. En su lugar, estas bendiciones se nos imparten poco a poco, en etapas. Por ejemplo, la santificación se promete, pero es progresiva; no recibimos la bendición espiritual de la glorificación en el mismo momento en que nos convertimos. Aunque pudiéramos haber preferido ser liberados de inmediato de la presencia del pecado en el momento de creer, Dios ha planeado que la glorificación sea la consumación del viaje de toda una vida de santificación progresiva. Además, incluso esos aspectos de la salvación que se aplican de manera simultánea deben distinguirse, no obstante, de forma adecuada los unos de los otros. Por ejemplo, aunque somos justificados y adoptados en el mismo momento (es decir, cuando se nos concede la fe salvadora), tanto la justificación como la adopción son bendiciones únicas. Hacer que una de ellas se integre a la otra le roba a cada una su gloria distintiva. Como un precioso diamante, la gloria de la aplicación de la redención es multifacética, y solo se comprende del todo cuando cada faceta individual contribuye a la brillantez del conjunto. Así, el estudio de soteriología se ocupa de explorar el carácter distintivo de cada aspecto de la aplicación de la redención.

El orden de la salvación

Estos aspectos de la salvación no solo son diferentes entre sí, sino que también están interrelacionados de forma lógica y, en ocasiones, de manera cronológica. El *ordo salutis*, una expresión latina que significa "orden de salvación", pretende definir estas relaciones lógicas y cronológicas entre las diversas etapas de la aplicación de la redención.[84]

Algunos han cuestionado si es adecuado intentar siquiera una cosa así, ya que sostienen que la Biblia no nos provee un *ordo salutis* detallado. Sin embargo, aunque no hay un texto dedicado explícitamente a detallar el orden de la salvación, existe una base bíblica relevante para reconocer dicho orden. En algunos casos, la definición bíblica de una doctrina particular insiste incluso en un orden cronológico. Por ejemplo, la doctrina de la glorificación describe la aplicación de la salvación en su consumación, cuando Cristo "el cual transformará el cuerpo de la humillación nuestra, para que sea semejante al cuerpo de la gloria suya" (Fil. 3:21). Esta no es una realidad presente para los creyentes, sino una perspectiva que aguardamos con ansiedad (Ro. 8:23; Fil. 3:20). Cuando el Espíritu declara: "Porque ahora está más cerca de nosotros nuestra salvación que cuando creímos" (Ro. 13:11), esto reconoce un orden definido con respecto a la glorificación; es la última de las bendiciones de la salvación que se debe aplicar al pueblo de Dios. En otros casos, la relación de dos o más de estos aspectos de la salvación se define explícitamente en el texto. Un ejemplo de esto aparece en Juan 1:12, donde Juan indica: "Mas a todos los que le recibieron [a Jesús], a los que creen en su nombre, les dio potestad de ser hechos hijos de Dios". Este texto enseña que el derecho legal de llegar a ser hijos de Dios —es decir, que reciban la gracia de la adopción— queda condicionado a recibir y creer en Jesús. Por tanto, aunque se confiera la gracia de la adopción en el preciso momento en que uno cree, la fe es, no obstante, *lógicamente* anterior a la adopción. De manera similar, numerosos pasajes de las Escrituras dan testimonio de que se es justificado por fe (p. ej., Ro. 3:28; 5:1), lo que significa que la fe es la causa instrumental de la justificación. Así, la fe debe preceder lógicamente a la justificación, así como precede a la adopción.

Estos pocos ejemplos demuestran con claridad que el concepto de un orden de salvación no es ajeno al texto bíblico. En realidad, sugerir que la glorificación no es la última etapa en la aplicación de la redención o insinuar que la fe se recibe con posterioridad a la justificación sería agredir el simple sentido de los pasajes anteriores. Por tanto, hablar de orden lógico o de prioridad no es endilgarle al texto de las Escrituras la "lógica humana" de una forma poco natural, sino leer el texto de la lógica divina y el orden que el Espíritu de Dios mismo ha revelado sencillamente. Este es el objetivo del *ordo salutis* bíblico.

EL *ORDO SALUTIS* Y ROMANOS 8:29-30

El texto más claro que habla del orden de la salvación es Romanos 8:29-30. Allí, Pablo escribe: "Porque a los que antes conoció, también los predestinó para que fuesen hechos

---

84. Es importante reconocer esta distinción entre el orden lógico y el cronológico. Por ejemplo, cuando los teólogos postulan que la regeneración precede a la fe en el *ordo salutis*, en la mayoría de los casos no sugieren que una brecha de tiempo separa a ambos, como si alguien pudiera nacer de nuevo durante varios meses y, después, venir a la fe en Cristo. Más bien están afirmando que existe una relación causal entre los dos, a saber, que la regeneración es la causa lógica de la fe. Aunque son temporalmente simultáneos, y ocurren en el mismo momento exacto, son lógicamente distintos. Aseverar que la regeneración precede a la fe es, pues, afirmar meramente que uno debe nacer de nuevo con el fin de creer, y no que debe creer con el fin de nacer de nuevo. Se ha de tener en cuenta esta distinción entre el orden lógico y el cronológico, si se quiere tener alguna esperanza de comprender el *ordo salutis*.

conformes a la imagen de su Hijo, para que él sea el primogénito entre muchos hermanos. Y a los que predestinó, a éstos también llamó; y a los que llamó, a éstos también justificó; y a los que justificó, a éstos también glorificó". A medida que examinemos este texto, descubriremos los principios del *ordo salutis*.

En primer lugar, se debe observar que los acontecimientos de la salvación perfilados en este pasaje exceden las fronteras de la mera aplicación de la redención, porque el conocimiento previo y la predestinación de los elegidos mencionados aquí se remontan al plan eterno de redención del Padre.[85] No obstante, encajan de forma natural en un orden definido. Incluso el prefijo de ambas palabras (gr. *pro*) habla de que el conocimiento previo y la predestinación son antecedentes de los últimos aspectos de la redención. Su uso en otros lugares de las Escrituras también da testimonio de este orden, ya que ambos términos aparecen con la frase "antes de la fundación del mundo" en otros contextos de la salvación (Ef. 1:4-5; 1 P. 1:20). Por tanto, el consejo eterno de la Trinidad, en la que el Padre establece su amor electivo en aquellos a quienes pretende salvar, ancla toda la actividad salvadora que tiene lugar en la realización y la aplicación de la redención.

En segundo lugar, Pablo menciona la glorificación en el último lugar de esta secuencia. Ya hemos demostrado que la glorificación es el rasgo final en la aplicación de la redención, ya que describe la erradicación del pecado y de la enfermedad de nuestro cuerpo actual, y nos salva de una manera verdadera y consumada del pecado y de todos sus efectos (Ro. 8:19-25; 1 Co. 15:50-57; Fil. 3:20-21). Por consiguiente, independientemente de cómo se relacionen entre sí otros elementos de la salvación, es seguro que la glorificación debe ser la última en el *ordo salutis*. El llamamiento y la justificación deben preceder a la glorificación.

¿Cuál es, pues, la relación entre el llamamiento y la justificación? En primer lugar, se debe observar que el llamado que Pablo tenía en mente aquí es el llamado eficaz de Dios, que resulta en la salvación (p. ej., 1 Co. 1:9, 24, 26; 2 Ti. 1:9; 2 P. 1:3, 10; cf. Jn. 11:43-44),[86] y no en un llamado general que pueda ser rechazado (p. ej., Mt. 22:14; Hch. 7:51). Esto es así, porque él afirma que todos aquellos que son así llamados, también son justificados y glorificados (Ro. 8:30). Nadie que escuche este llamado deja de recibir las bendiciones salvadoras de la justificación y de la glorificación. En segundo lugar, dado que Pablo pone el conocimiento previo y la predestinación en primer lugar, y la glorificación en el último, tenemos motivos para concluir que tiene un orden definido en mente cuando enumera estos diversos aspectos de la salvación. Por tanto, porque menciona el llamado antes de la justificación, es adecuado entender que el llamamiento precede a la justificación. Por consiguiente, el orden de la aplicación de la redención, tal como se presenta en Romanos 8:30, es el llamado eficaz, la justificación y después la glorificación.

---

85. Para un desarrollo concienzudo de las doctrinas del conocimiento previo y de la predestinación, así como de su lugar en el plan divino de redención, véase "El decreto de la elección" (p. 503).

86. Aunque una definición y una exposición del *llamamiento eficaz* aguarda hasta que se trate la doctrina del llamamiento, podemos definirlo aquí como el llamado de Dios al pecador para que salga de su inercia y, por el poder creativo de dicho llamado, impartirle vida espiritual, y capacitarlo para creer en Cristo para salvación.

EL *ORDO SALUTIS* Y OTROS TEXTOS DEL NUEVO TESTAMENTO

Romanos 8:29-30 no trata exhaustivamente cada aspecto de la aplicación de la redención. No hay mención alguna a la regeneración, la fe o la santificación entre otros beneficios de la salvación. Para entender dónde encajan estas otras doctrinas en el orden de salvación, debemos examinar el resto del Nuevo Testamento.[87]

En primer lugar, puede resultar más fácil situar el don de la fe en el orden de la salvación, ya que las Escrituras son claras en que esta es la condición para la justificación. Se dice que los pecadores son justificados "por fe" (Ro. 3:28; 5:1; Gá. 3:24), "mediante la fe" (Gá. 2:16, LBLA), y "por la fe" (Fil. 3:9). El pecador no será declarado justo a los ojos de Dios, a menos que crea; y solo por medio de la instrumentalidad de la fe tomar posesión de la justicia de Dios en Cristo. Por tanto, es adecuado situar la fe antes de la justificación, y porque la fe es ella misma la causa[88] instrumental de la justificación, nada debería interponerse entre ellas. Por consiguiente, podemos añadir la fe a nuestro *ordo salutis* como sigue: el llamamiento eficaz, la fe, la justificación y, después, la glorificación.

Además, debemos considerar también que la fe salvadora es siempre una fe penitente, porque la fe que acude a Cristo para salvación se aparta necesariamente del pecado y de la santurronería (Hch. 26:17-18; 1 Ts. 1:9). Por esta razón, el evangelio se predica como llamado tanto a arrepentirse como a creer (Mr. 1:14-15; Hch. 20:21), porque el uno no puede existir sin el otro. El arrepentimiento es tan vital para la fe salvadora que el apóstol Santiago declara que cortarlos es matar la fe, porque esta sin obras (es decir, "frutos dignos de arrepentimiento", Lc. 3:8) está muerta (Stg. 2:17, 26). Una fe así no es verdadera ni salvadora, sino del todo inútil (Stg. 2:20). Además, la fe y el arrepentimiento están tan íntimamente vinculados entre sí que las Escrituras hablan con frecuencia de cuando ambos están implícitos. Por ejemplo, cuando los hombres fueron convencidos por el sermón de Pedro en Pentecostés, y le preguntaron qué debían hacer para ser salvos, él respondió: "Arrepentíos, y bautícese cada uno de vosotros en el nombre de Jesucristo para perdón de los pecados; y recibiréis el don del Espíritu Santo" (Hch. 2:38). Sin embargo, cuando el carcelero de Filipo también se persuade y le formula a Pablo y a Silas la misma pregunta, ellos responden: "Cree en el Señor Jesucristo, y serás salvo" (Hch. 16:31). A menos que se esté preparado para aceptar la absurda noción de que Pedro y Pablo predicaban evangelios distintos, es evidente que el arrepentimiento que salva es el arrepentimiento que cree, y que la fe que salva es la fe del penitente (cf. Mt. 4:17; Lc. 24:47; Jn. 3:16; 20:31). Así, el arrepentimiento y la fe son dos caras de la misma moneda, y juntas constituyen la conversión (cf. Hch. 15:3). Y al tener que apartarse lógicamente *de* algo, antes de poder acudir *a* otra cosa, el arrepentimiento va colocado antes de la fe. Por tanto, nuestro orden queda como sigue: el llamado eficaz, la conversión (el arrepentimiento y la fe), la justificación y, después, la glorificación.

Un desacuerdo relevante rodea la relación entre la regeneración y la fe, aunque las Escrituras parecen presentar claramente la fe como consecuencia del nuevo nacimiento. En primer lugar, al estar el hombre natural muerto en pecado (Ef. 2:1-3) y, por tanto,

---

87. De nuevo, una definición y exposición completa de cada una de estas doctrinas aguarda su turno para ser tratada más adelante en este capítulo.

88. Véase Wallace, *Greek Grammar Beyond the Basics*, 431-435.

ser incapaz de entender y aceptar las cosas del Espíritu de Dios (1 Co. 2:14) es absolutamente incapaz de fe hasta que el Espíritu dinamiza la vida espiritual en él. Por esta razón, Jesús advierte: "Ninguno puede venir a mí, si no le fuere dado del Padre" (Jn. 6:65). En segundo lugar, Jesús declara que el nuevo nacimiento es el prerrequisito para ver (Jn. 3:3) y entrar (Jn. 3:5) en el reino de Dios. Sin duda, ver el reino es una figura retórica para ejercer la fe salvadora (cf. He. 11:1), y no se puede rebatir que se entra al reino en la conversión (es decir, cuando el pecador se arrepiente y cree en el evangelio). Resulta, pues, que el nuevo nacimiento es lógicamente anterior a la fe. En tercer lugar, el apóstol Juan declara: "Todo aquel que cree que Jesús es el Cristo, es nacido de Dios; y todo aquel que ama al que engendró, ama también al que ha sido engendrado por él" (1 Jn. 5:1). En este versículo, los tiempos verbales son significativos. "Todo aquel que cree" (gr. *Pás jó pisteúon*) es un participio presente que describe una acción presente continuada. "Es nacido de Dios" (gr. *ek toú theou gegenétai*) traduce un indicativo perfecto que describe una acción en el pasado, cuyos resultados siguen en el presente. Así, Juan asevera que todos los que ahora creen en Jesús *han sido* nacidos de Dios. La misma relación (como se evidencia en las construcciones gramaticales idénticas) existe entre el nuevo nacimiento y la práctica de la justicia (1 Jn. 2:29), el amor (1 Jn. 4:7), y vencer al mundo (1 Jn. 5:4). Sin embargo, ninguno de estos precede —y menos aún causa— la regeneración. Finamente, existe una buena razón para creer que el llamamiento y la regeneración hablan de dos aspectos de la misma realidad, a saber, el llamado a la vida espiritual por una parte, y la impartición de la vida espiritual por la otra.[89] Si el llamamiento y la regeneración pueden identificarse, pues, entre sí, es comprensible que cuando Pablo habla de llamado en Romanos 8:30, no necesite incluir la regeneración, porque los concibe como un solo y mismo acto. Dado que ya se ha demostrado que la fe es posterior al llamamiento, es lógico concluir que, aunque son temporalmente simultáneos, la regeneración precede lógicamente y engendra la fe. Por consiguiente, podemos seguir construyendo nuestro *ordo salutis*: llamado eficaz/regeneración, conversión (arrepentimiento y fe), justificación y, después, glorificación.

A estas alturas, los aspectos restantes de la aplicación de la redención son relativamente fáciles de situar. Como con la justificación, se dice que los creyentes toman posesión de la gracia de la adopción por fe (Jn. 1:12; Gá. 3:26). Esta es una buena causa para considerar la justificación y la adopción como bendiciones contemporáneas. Sin embargo, es adecuado que la adopción siga lógicamente a la justificación. De hecho, los creyentes no podrían recibir en justicia los derechos legales de la vida en la familia de Dios mientras permanecieran destituidos del estatus correcto ante Él. Dios debe declararnos justos primero, antes de acogernos en la familia de Aquel "cuyo nombre es Santo" (Is. 57:15). Además, la fe por la cual nos apropiamos de la justificación y de

---

89. En 2 Corintios 4:6, Pablo compara la creación del mundo por la palabra de Dios (cf. Gn. 1:3; Sal. 33:6) a la regeneración del pecador mediante la palabra de Dios (cf. Stg. 1:18; 1 P. 1:23, 25). Cuando se habla de la creación del mundo, no distinguimos el mandamiento de Dios de crear de su acto de creación. Él hizo existir el universo literalmente por su palabra. Deberíamos adoptar el mismo acercamiento a la creación de la vida espiritual en el pecador. El mismo llamamiento crea la vida que ordena. Así, el llamado eficaz debería identificarse con la regeneración. Para una excelente defensa de esta opinión, véase el apéndice 3 de Matthew Barrett, *Reclaiming Monergism: The Case for Sovereign Grace in Effectual Calling and Regeneration* (Phillipsburg, NJ: P&R, 2013).

la adopción es una fe que obra continuamente por medio del amor (Gá. 5:6). Aunque la regeneración, la conversión, la justificación y la adopción ocurren, todas ellas, de manera instantánea, la santificación es un proceso progresivo que tiene lugar a lo largo de la vida cristiana (2 Co. 3:18). Por tanto, la santificación es posterior a la adopción, pero anterior a la glorificación. El proceso de la santificación está marcado por la perseverancia del creyente en la fe (Mt. 24:13), y su crecimiento en la seguridad de la salvación (2 P. 1:10; 1 Jn. 5:13).

Por tanto, basándonos en el análisis bíblico anterior, descubrimos que las Escrituras proporcionan el siguiente *ordo salutis*:

1. Conocimiento previo/predestinación/elección (Dios escoge a algunos para salvación)
2. Llamamiento eficaz/regeneración (nuevo nacimiento)
3. Conversión (arrepentimiento y fe)
4. Justificación (declaración de un estatus legal correcto)
5. Adopción (situados en la familia de Dios)
6. Santificación (crecimiento progresivo en santidad)
7. Perseverancia (permanecer en Cristo)
8. Glorificación (recibir un cuerpo de resurrección)

La primera de estas bendiciones salvadoras es pretemporal y precede incluso la aplicación de la redención. Las etapas dos a cinco aparecen simultáneamente en el momento en que uno se convierte en cristiano. Las fases seis y siete se producen a lo largo del resto de la vida cristiana. Finalmente, el paso ocho completa la aplicación de la redención al regreso de Cristo. Ahora pasamos a una explicación más concienzuda de estas doctrinas respecto a la aplicación de la redención.

El llamamiento externo: La proclamación del evangelio

Como hemos mencionado antes, cuando Pablo habla de la doctrina del llamamiento divino en Romanos 8:30, tiene en mente el llamado eficaz, o regeneración, por el cual Dios invita, soberanamente, al pecador a salir de la muerte espiritual para entrar en la vida espiritual. De hecho, cuando las Epístolas del Nuevo Testamento hablan del llamamiento divino, en todos los casos se refieren a este llamado interno y eficaz. Sin lugar a duda, los Evangelios hablan de otro llamamiento que se suele denominar llamado externo, llamamiento general o llamamiento del evangelio. Esto alude a la proclamación verbal del mismo, por el cual todos los pecadores son llamados a apartarse de su pecado y confiar en Cristo para salvación (Mt. 22:14). En otras palabras, existe una distinción entre el llamamiento de Dios (llamado interno) y el llamamiento del predicador (llamado externo). El llamado interno solo es para los elegidos, y siempre conduce al pecador a la salvación. Por el contrario, el llamado externo es para todas las personas sin distinción, y es a menudo rechazado. Por esta causa, el llamado externo no pertenece propiamente dicho al *ordo salutis*, porque los beneficios de la redención de Cristo se aplican siempre y exclusivamente de manera eficaz a los escogidos. No obstante, por ser el llamado externo del evangelio el medio por el cual Dios emite el llamado eficaz de la regeneración, es un componente necesario en el estudio de la aplicación de la redención.

LA NECESIDAD DEL LLAMAMIENTO EXTERNO

Romanos 10:13 declara que el llamado externo es básicamente para que el pecador "clame" al Señor pidiendo salvación:

> porque todo aquel que invocare el nombre del Señor, será salvo. ¿Cómo, pues, invocarán a aquel en el cual no han creído? ¿Y cómo creerán en aquel de quien no han oído? ¿Y cómo oirán sin haber quien les predique? ¿Y cómo predicarán si no fueren enviados? Como está escrito: ¡Cuán hermosos son los pies de los que anuncian la paz, de los que anuncian buenas nuevas! Mas no todos obedecieron al evangelio; pues Isaías dice: Señor, ¿quién ha creído a nuestro anuncio? Así que la fe es por el oír, y el oír, por la palabra de Dios (Ro. 10:13-17).

Este texto indica con claridad que proclamar el mensaje del evangelio es absolutamente imperativo para que las personas sean salvas. El pecado ha penetrado hasta el núcleo central del ser humano, de manera que no solo es pecador por elección, sino por naturaleza (cf. Ro. 8:7; 1 Co. 2:14; Ef. 2:3; 4:17-18). A causa de esto, con la revelación que Dios hizo de sí mismo en el mundo natural (Ro. 1:19-20) basta para que todos sean inexcusablemente culpables ante Dios, y para convencer a los hombres de su pecaminosidad y del juicio venidero, tanto temporal (1:21-31) como eterno (1:32). Sin embargo, la solución para la condición espiritual condenatoria de la humanidad no se encuentra en la revelación natural ni en que el pecador mire dentro de sí mismo ni a sus propios recursos. Para que la salvación llegue a alguien, el mensaje del evangelio respecto a la vida, la muerte, la sepultura y la resurrección del Hijo de Dios, enviado desde el cielo para salvar a los pecadores por gracia, por medio de la fe al margen de las obras, debe serles proclamado.

Oigamos lo que el Espíritu de Dios señala en 1 Corintios 1:18-21:

> Porque la palabra de la cruz es locura a los que se pierden; pero a los que se salvan, esto es, a nosotros, es poder de Dios. Pues está escrito: Destruiré la sabiduría de los sabios, y desecharé el entendimiento de los entendidos. ¿Dónde está el sabio? ¿Dónde está el escriba? ¿Dónde está el disputador de este siglo? ¿No ha enloquecido Dios la sabiduría del mundo? Pues ya que en la sabiduría de Dios, el mundo no conoció a Dios mediante la sabiduría, agradó a Dios salvar a los creyentes por la locura de la predicación.

Esto es así, porque la palabra de verdad es el medio por el cual Dios produce el nuevo nacimiento (Stg. 1:18). Como declara el apóstol Pedro: "Siendo renacidos, no de simiente corruptible, sino de incorruptible, por la palabra de Dios que vive y permanece para siempre" (1 P. 1:23). Dos versículos después, añade: "Mas la palabra del Señor permanece para siempre. Y esta es la palabra que por el evangelio os ha sido anunciada" (1 P. 1:25). Así, la predicación del evangelio es un prerrequisito para la salvación, porque es por medio del mensaje predicado que los pecadores son despertados a nueva vida. Por esta razón se aclama al evangelio como "el poder de Dios para salvación" (Ro. 1:16-17; cf. 1 Co. 1:18). Dios se complace en salvar a aquellos que creen por la locura del mensaje predicado. Por consiguiente, debemos enviar predicadores del evangelio.

LOS ELEMENTOS DEL LLAMAMIENTO EXTERNO

A la luz de que el llamamiento externo del evangelio es esencial para la salvación de los pecadores, es imperativo que comprendamos lo que constituye de verdad este llamamiento. Al menos tres elementos deben comunicarse en la proclamación del evangelio. En primer lugar, el predicador del evangelio debe explicar los hechos de la santidad de Dios, de la pecaminosidad del hombre y de la obra de Cristo en la realización de la redención. Dios es el Creador de todas las cosas (Sal. 24:1), y como criatura suya, el hombre tiene que rendirle cuentas a Dios, su Juez. Él es perfectamente santo (Mt. 5:48); es la esencia de todo lo bueno, tanto que no puede tener comunión alguna con nadie que no llegue a la perfección moral (1 Jn. 1:5; cf. Stg. 2:10). Aun así, las Escrituras declaran que todas las personas han pecado contra Dios al quebrantar su ley y, por tanto, no alcanzan el nivel perfecto de justicia requerido para tener comunión con Él (Ro. 3:23). El veredicto pronunciado sobre la totalidad de la humanidad es: "No hay justo, ni aún uno" (Ro. 3:10), y la sentencia resultante es la muerte: "Porque la paga del pecado es muerte" (Ro. 6:23). El pecado contra un Dios infinitamente santo exige un castigo infinito; por tanto, esta muerte no es meramente física o temporal, sino también espiritual y eterna. El justo castigo para todo el pecado es el infierno: el tormento consciente por siempre, lejos de la presencia salvadora del Señor (Mt. 13:50; 25:46; 2 Ts. 1:9; Ap. 14:11).

En este estado miserable de cosas, Dios da un paso adelante en su gracia soberana. Aunque el hombre estaba indefenso bajo el peso del pecado, sin manera de pagar su pena y escapar a sus resultados (Ro. 5:6), Dios Hijo se hizo hombre (1) para vivir la vida perfectamente justa que los hijos de Adán no han sido capaces de vivir y (2) para morir una muerte sustitutiva en lugar de su pueblo (Ro. 5:6, 8) y absorber en su propia persona la pena completa de la ira del Padre contra su pecado (Is. 53:6; 2 Co. 5:21; 1 P. 2:24). Después de morir en lugar de los pecadores fue sepultado, y al tercer día resucitó de entre los muertos triunfando sobre la muerte y el pecado (Ro. 4:25; 1 Co. 15:4; He. 2:14-18), y ascendió a la diestra del Padre en el cielo (Ef. 1:20-23). A menos que un predicador explique con precisión la difícil situación del hombre en el pecado y en la encarnación, la expiación sustitutiva de Cristo y la resurrección del Señor Jesús, el evangelio no ha sido predicado.

Aunque creer estos hechos del evangelio es absolutamente esencial para la salvación, esto no es suficiente; de hecho, incluso los demonios creen los hechos verdaderos de Dios y su evangelio (Stg. 2:19). Para que un pecador tenga un interés salvador en Cristo, debe responder a estos hechos apartándose del pecado y confiando en Cristo para justicia. Por tanto, un segundo elemento fundamental del llamamiento externo es el llamamiento más formal para que el pecador se arrepienta y crea. El Señor Jesús mismo fue modelo de esta clase de predicación del evangelio; Marcos afirma que Él vino "proclamando el evangelio de Dios, y diciendo: El tiempo se ha cumplido, y el reino de Dios se ha acercado; arrepentíos, y creed en el evangelio" (Mr. 1:14-15, LBLA). El mensaje apostólico del evangelio se caracteriza como "arrepentimiento para con Dios" y "fe en nuestro Señor Jesucristo" (Hch. 20:21; cf. 1 Ts. 1:9). Es decir, la presentación bíblica del evangelio llama a los pecadores a (1) reconocer su pecado y culpa delante de Dios (Lc. 15:18), (2) abandonar toda esperanza de alcanzar el perdón mediante buenas obras (He. 6:1), (3) renunciar a su vida gobernada por el pecado y el "yo" (Is. 55:7; Lc. 9:23), y (4) depositar toda su confianza en la justicia de Cristo solamente para ser aceptado por Dios y reconciliado con Él (Ro. 10:4, 9; Fil. 3:4-9). Solo por la fe y el arrepentimiento puede el pecador tomar posesión de los beneficios objetivamente comprados por Cristo. Además, al ser esta la única esperanza del pecador para la vida y la salvación, este llamado al arrepentimiento y a creer debe transmitirse con mayor urgencia. Los predicadores no deben presentar a Cristo al pecador de un modo frío y desinteresado; más bien, impulsado por el temor del Señor (2 Co. 5:11), tienen que persuadir a los hombres e implorarles con empeño: "Reconciliaos con Dios" (2 Co. 5:20).

Un tercer elemento necesario del llamamiento externo es la promesa del perdón de los pecados y de la vida eterna. Cuando llamamos a los pecadores al arrepentimiento y la fe, debemos presentarles las incomparables bendiciones prometidas a quienes son obedientes al llamado del evangelio. Como con los demás elementos, vemos ejemplos de este elemento en la predicación de Jesús y de los apóstoles. En Juan 3:16, Jesús promete que aquel que cree en Él no perecerá, sino que tendrá vida eterna. En su sermón de Pentecostés, después de que emitió el llamamiento al arrepentimiento, Pedro proclamó a los judíos la promesa del perdón de los pecados (Hch. 2:38; cf. 3:19). Y Pablo lo declaró de forma explícita en su sermón en Antioquía de Pisidia: "Sabed, pues, esto, varones hermanos: que por medio de él se os anuncia perdón de pecados, y que de todo aquello de que por la ley de Moisés no pudisteis ser justificados, en él es justificado todo aquel que cree" (Hch. 13:38-39). En última instancia, la mayor promesa del evangelio es que los pecadores, una vez alejados de Dios, pueden ser reconciliados en una relación correcta con Él (Ef. 2:18; 1 P. 3:18). Esta reconciliación es tan íntima que al pecador se le da el derecho de convertirse en hijo de Dios (Jn. 1:12). Por tanto, una presentación del evangelio centrada en Dios no solo proclamará las magníficentes promesas de perdón y de vida eterna, sino que también declarará que la vida eterna consiste en el conocimiento del trino Dios y en la comunión con Él (Jn. 17:3), y lo presentará a Él, el Dador, como el mayor regalo del evangelio.

LAS CARACTERÍSTICAS DEL LLAMAMIENTO EXTERNO

El llamamiento externo a la salvación, tal como se presenta en el evangelio, está marcado por varias características claves. En primer lugar, es un llamamiento general o universal. Es decir, las buenas nuevas del arrepentimiento y la fe para el perdón de los pecados deben proclamarse a todas las personas sin distinción. Mientras que el llamamiento interno a la regeneración solo se dirige a los elegidos, el llamado externo del evangelio se debe predicar de manera indiscriminada a elegidos y reprobados por igual. Algunos, en su deseo de exaltar la absoluta soberanía de Dios, contradicen esta enseñanza e insisten que como Dios pretende salvar solo a los elegidos, sus predicadores deberían proclamar el evangelio solo a ellos. Sin embargo, esto no solo es imposible (porque no tenemos manera de distinguir a los elegidos del resto de la humanidad), sino que es patentemente contrario a las Escrituras. Dios se representa a sí mismo con el deseo ferviente de que los impíos se arrepientan (Ez. 18:23, 32; 33:11; cf. 2 Co. 5:20) y, conforme a ese deseo, llama desbordante de entusiasmo a todas las personas: "A todos los sedientos: Venid a las aguas; y los que no tienen dinero, venid, comprad y comed. Venid, comprad sin dinero y sin precio, vino y leche... Inclinad vuestro oído, y venid a mí; oíd, y vivirá vuestra alma" (Is. 55:1, 3). Les ruega a los pecadores que lo busquen, y está ansioso por tener compasión de ellos y perdonarlos (Is. 55:6-7). Él ordena, sin discriminación, que "todos los términos de la tierra" acudan a Él y sean salvos (Is. 45:22). Asimismo, la compasión divina, en su profundidad y amplitud, es plenamente manifiesta en Aquel que es la representación exacta de la naturaleza del Padre. Si fuera el caso que los predicadores del evangelio debieran limitar el llamado externo solo a los elegidos, con seguridad encontraríamos un ejemplo en el ministerio de Jesús, porque, a diferencia de nosotros, Él sabía muy bien quiénes eran los escogidos. Sin embargo, nuestro Señor no hacía discriminaciones, sino que predicaba el evangelio incluso a aquellos que lo rechazaban (Mt. 22:2-14; Lc. 14:16-24) e invitaba a todos los cansados a hallar descanso en Él (Mt. 11:28-30). Esta universalidad está representada en la Gran Comisión de la iglesia de "hacer discípulos de todas las naciones" (Mt. 28:19, LBLA; cf. Lc. 24:47) y a predicar "el evangelio a toda criatura" (Mr. 16:15). Por tanto, no es de sorprender verlo modelado en la predicación apostólica, cuando Pablo declaró a los filósofos de la colina de Marte que Dios "manda a todos los hombres en todo lugar, que se arrepientan" (Hch. 17:30). En realidad, la universalidad del evangelio no puede negarse.

La segunda característica del llamamiento externo es que es un ofrecimiento sincero, *bona fide*. Algunos objetan que porque Dios solo pretende salvar a aquellos a quienes ha elegido, para concederles arrepentimiento y fe, el llamamiento universal del evangelio no puede ser genuino por parte de Dios. Esto es ni más ni menos que una acusación blasfema de quienes han exaltado su propio razonamiento por encima de la revelación de Dios. Como se ha demostrado, Dios llama de verdad a todos al arrepentimiento, y se representa a sí mismo con el deseo sincero de que los impíos se arrepientan. Pregunta: "¿Quiero yo la muerte del impío? dice Jehová el Señor. ¿No vivirá, si se apartare de sus caminos?" (Ez. 18:23; cf. 18:32; 33:11). ¿Puede alguien dudar de la sinceridad del Dios que exclama: "¡Oh si me hubiera oído mi pueblo, si en mis caminos hubiera andado Israel!"? (Sal. 81:13). En realidad, Él declara respecto a Israel: "Todo el día extendí mis manos a un pueblo rebelde y contradictor" (Ro. 10:21). Aunque pueda resultar difícil entender cómo se pueden reconciliar las declaraciones de compasión hacia los no elegidos con las doctrinas de la elección soberana, y la redención particular, ¡no es una opción concluir que Dios no quiere decir lo que afirma! Como comenta Berkhof:

> El llamamiento externo es un llamamiento de buena fe, un llamamiento hecho con seriedad. No se nos adjunta la invitación con la esperanza de que no la aceptaremos. Cuando Dios llama al pecador para que acepte a Cristo por la fe, ardientemente lo desea; y cuando promete la vida eterna a los que se arrepienten y creen, su promesa es condicionada. Esto se deduce de la naturaleza íntima de Dios, de su veracidad. Es una blasfemia pensar que Dios fuera culpable de equivocación y de engaño, que quiera decir una cosa dando a entender otra, que ardientemente suplicara que el

pecador se arrepienta y crea para salvación, y al mismo tiempo no lo deseara en ningún sentido de la palabra.[90]

El Dios que "de quien quiere, tiene misericordia" y "al que quiere endurecer, endurece" (Ro. 9:18) es el Dios que no se complace en la muerte de los impíos. Razonar que lo primero es incompatible con lo segundo no es una opción para el cristiano que cree en la Biblia. El ofrecimiento de la salvación, comunicado en el llamamiento externo del evangelio, está condicionado al arrepentimiento y la fe. Para que sea un ofrecimiento genuino y bien intencionado por parte de Dios, solo tiene que estar sinceramente dispuesto a proveer las bendiciones prometidas una vez satisfechas las condiciones del ofrecimiento.[91] Y este es precisamente el caso; si alguno se arrepiente y confía en Cristo, Dios lo *perdonará* y lo salvará. Sin embargo, tales arrepentimiento y fe son imposibles para el hombre natural (Ro. 8:7-8; 1 Co. 2:14). Al margen de la gracia regeneradora, ningún hombre se arrepentirá jamás ni creerá. Así, en el caso de los no elegidos, las condiciones del ofrecimiento no se satisfarán nunca. Sugerir que el ofrecimiento de Dios no es sincero —en realidad, ¡que finge sinceridad!—, porque no proporciona la gracia necesaria para vencer la depravación del hombre, es suponer que Dios está obligado a tener gracia para con todos. A este tipo de noción, el Señor mismo responde: "¿No me es lícito hacer lo que quiero con lo mío? ¿O tienes tú envidia, porque yo soy bueno?" (Mt. 20:15). El alfarero tiene potestad sobre el barro "para hacer de la misma masa un vaso para honra y otro para deshonra" (Ro. 9:21). Dios no está obligado a dar gracia a ningún hombre, y menos aún a todos ellos. La deficiencia en el llamado del evangelio radica en la depravación del hombre y no en una supuesta parquedad en la gracia de Dios. Sugerir semejante cosa es similar a las más altas tendencias de la blasfemia.

Finalmente, la tercera característica del llamamiento externo es que en y por sí mismo no es eficaz. A diferencia del llamamiento eficaz en el que al hombre se lo invita de un modo irresistible a la vida espiritual (p. ej., 1 Co. 1:9; cf. Jn. 6:44, 65), es necesariamente justificado y acaba siendo glorificado (Ro. 8:30), uno se puede resistir al llamamiento externo. Jesús hace esta distinción en su conclusión de la parábola del banquete de boda: "Porque muchos son llamados, y pocos escogidos" (Mt. 22:14). Es decir, muchos están invitados a participar del banquete de las bendiciones de vida eterna, pero como el Padre solo ha escogido a unos cuantos y no a todos, pocos son llamados con eficacia. Por tanto, muchos de los invitados rechazan el llamado externo. Cualquier caso en el que se predica y se rechaza el evangelio es la prueba de la ineficacia del llamamiento externo (p. ej., Jn. 3:18; 6:64; 12:37; Hch. 7:51; 17:32). Por esta misma razón, el llamamiento externo es insuficiente para la salvación.

El llamamiento interno: La regeneración

Por las deficiencias del llamamiento externo, los pecadores necesitan un llamamiento soberanamente eficaz, inherentemente poderoso para vencer los efectos de la depravación

---

90. Berkhof, *Teología sistemática*, 551.
91. Nicole razona: "El prerrequisito fundamental para un ofrecimiento sincero [es] sencillamente este: que si los términos del ofrecimiento se cumplen, lo que se ofrece está realmente garantizado". Roger R. Nicole, "Covenant, Universal Call and Definite Atonement", *JETS* 38, no. 3 (1995): 403-412.

y que pueda llevarlos al arrepentimiento y a la fe salvadora. En su estado natural, el hombre se caracteriza por la muerte espiritual (Ef. 2:1). Por naturaleza, él es un cadáver espiritual, del todo insensible a la verdad espiritual proclamada en el llamamiento externo del evangelio. Por esta razón, el hombre natural siempre rechazará el evangelio, porque las cosas del Espíritu de Dios "para él son locura, y no las puede entender, porque se han de discernir espiritualmente" (1 Co. 2:14). El pecado ha impregnado tanto al hombre que todas sus facultades están corrompidas por él. Está espiritualmente ciego, porque "el dios de este siglo cegó el entendimiento de los incrédulos, para que no les resplandezca la luz del evangelio de la gloria de Cristo" (2 Co. 4:4; cf. Ro. 1:21-22; Ef. 4:17-18). Cuando la gloria de Cristo se presenta en el evangelio, el hombre natural no la ve, porque los ojos de su corazón han sido cegados. También está espiritualmente sordo; "sus oídos son incircuncisos" (Jer. 6:10) y, por tanto, no puede percibir la sabiduría, la gracia y la verdad anunciadas en el evangelio de la gracia (Is. 6:9-10; Mt. 13:15; Jn. 8:43). Aún más, la voluntad y los afectos del hombre están totalmente desordenados porque, como atestigua el profeta Jeremías: "Engañoso es el corazón más que todas las cosas, y perverso" (Jer. 17:9).[92] En realidad, el hombre natural está desprovisto de vida espiritual, porque las Escrituras declaran que su corazón es de piedra (Ez. 11:19; 36:26), frío y no responde al significado y la gloria de la verdad divinamente revelada.

"Pero Dios, que es rico en misericordia, por su gran amor con que nos amó, aun estando nosotros muertos en pecados, *nos dio vida* juntamente con Cristo" (Ef. 2:4-5). En el ejercicio de su placer soberano, Dios emitió un llamamiento eficaz en el corazón de los elegidos. Él invita poderosamente al pecador a salir de su muerte y su ceguera espirituales y, en virtud del poder creador de su palabra, le imparte una nueva vida espiritual; le da un nuevo corazón junto con ojos para ver y oídos para oír, y así lo capacita para arrepentirse y creer en Cristo para salvación (Ro. 8:30; 1 Co. 1:24; 2 Ti. 1:9; 1 P. 5:10; 2 P. 1:3). Él llama de forma eficaz a su pueblo "de las tinieblas" y "a su luz admirable" (1 P. 2:9), para "cuantos el Señor... llamare" (Hch. 2:39), "a la comunión con su Hijo" (1 Co. 1:9), para que pertenezcan a Cristo (Ro. 1:6), y "a su reino y gloria" (1 Ts. 2:12). Este es el milagro divino de la regeneración, o del nuevo nacimiento.

EL AUTOR DE LA REGENERACIÓN

Como evidencia la exposición anterior, el autor de este cambio radical en la naturaleza del hombre no puede ser él mismo, sino más bien el Creador de toda vida, incluida la vida eterna: solo Dios. Algunos otros aspectos de la aplicación de la redención requieren que los creyentes participen activamente. En la conversión, por ejemplo, aunque el arrepentimiento y la fe sean en sí mismos dones soberanos de Dios (Hch. 11:18; Ef. 2:8), nosotros mismos debemos apartarnos del pecado y confiar en Cristo. Aunque Dios nos concede la fe, Él no cree en el evangelio por nosotros. De manera similar, aunque el crecimiento cristiano en santidad es una obra soberana del Espíritu de Dios (Fil. 2:13; cf. 2 Co. 3:18; Gá. 5:16-17, 22-23), somos llamados a beneficiarnos de los medios por los cuales el Espíritu nos santifica, y resuelve nuestra salvación con temor y temblor

---

92. En el lenguaje hebreo, el "corazón" representa el asiento controlador de las emociones y la vida espiritual propia. Es una forma de hablar de la voluntad, los deseos y las emociones.

(Fil. 2:12), y hacer todo lo posible por suplementar nuestra fe con virtud (2 P. 1:5-8). La obra de la regeneración es, sin embargo, diferente de esos otros aspectos de la aplicación de la redención. En la regeneración, el hombre es totalmente pasivo; Dios es el único agente activo que produce el milagro creativo del nuevo nacimiento.

Es relevante que las Escrituras usen el simbolismo de nacer de nuevo para describir esta obra de regeneración (Jn. 3:3-8; 1 P. 1:3, 23; 1 Jn. 3:9). En la esfera física, un niño no contribuye en nada a su concepción ni a su nacimiento. No existe y, por tanto, depende por completo de la voluntad de sus padres para venir al mundo. Del mismo modo, Jesús escoge esta analogía para ilustrar la realidad de que los pecadores muertos y depravados no pueden contribuir a su renacimiento a la vida espiritual, sino que dependen por completo de la voluntad soberana de Dios para la regeneración. Jesús declaró estas cosas a Nicodemo, "un hombre de los fariseos" y "un principal entre los judíos", a quien describió como "un maestro de Israel" (Jn. 3:1, 10). Era miembro de la secta más estricta y devota del judaísmo, se sentaba en el órgano de gobierno del Sanedrín, y como *el* maestro de Israel, ocupaba un lugar único de prominencia en el sistema religioso. A este hombre que había ascendido al pináculo de la devoción religiosa fue a quien Jesús le declaró: "[Te] es necesario nacer de nuevo" (Jn. 3:7). Y esto no se limita a Nicodemo, porque Jesús habla de la humanidad en general cuando declara: "De cierto, de cierto te digo, que el que no naciere de nuevo, no puede ver el reino de Dios" (Jn. 3:3). El pecado ha infectado y corrompido tanto a la humanidad que se requiere nada más y nada menos que la renovación total del alma para la salvación. No bastará con reorganizar la vida, modificar la conducta propia o multiplicar las conductas religiosas. Algo está tan drástica e irreversiblemente mal en la humanidad que debemos nacer de nuevo. Cuando Nicodemo pregunta cómo puede ocurrir esto, Jesús no le proporciona una lista de deberes religiosos con los que poder colaborar con la gracia de Dios. En su lugar, apunta a la voluntad soberana de Dios y declara: "El viento sopla de donde quiere" (Jn. 3:8). Como observa John Murray: "El viento no está a nuestra disposición ni supeditado a nuestra voluntad. Tampoco la operación regeneradora del Espíritu".[93]

Aparte del simbolismo del nuevo nacimiento, las Escrituras afirman de forma explícita que la regeneración es un acto exclusivo de Dios. El apóstol Juan declara que los hijos de Dios nacidos en regeneración "no son engendrados de sangre, ni de voluntad de carne, ni de voluntad de varón, sino de Dios" (Jn. 1:13). El hombre no nace de nuevo por sangre, lo que significa que el nuevo nacimiento no se transmite de forma hereditaria, por líneas de sangre, sino que es del todo sobrenatural. Aunque la unión de la sangre de un padre y una madre produce la vida física, no puede producir vida espiritual. La herencia o el linaje ancestral de la persona no afectan a la regeneración. Tampoco el hijo de Dios nace de la voluntad de la carne. Sencillamente no decide nacer de nuevo como ejercicio de su voluntad. Ningún esfuerzo moral o actividad religiosa puede inducir el nuevo nacimiento, porque la carne solo puede dar a luz a la carne (Jn. 3:6). Al ser el nuevo nacimiento espiritual, no puede proceder de la voluntad de la carne. Finalmente, Juan afirma que el hijo de Dios no nace de la voluntad de varón, lo

---

93. Murray, *La redención consumada y aplicada*, 98.

que establece que ninguna religión o sistema sacramental creados por el hombre pueden producir la regeneración.

Más bien, los hijos de Dios son nacidos *de Dios* (Jn. 1:13). Las Escrituras no vacilan a la hora de emplear el lenguaje más activo con respecto al papel de Dios en la regeneración. Lejos de depender de la voluntad del hombre, los pecadores son dados a luz en la vida espiritual por el ejercicio de la voluntad *de Dios* (Stg. 1:18). Aunque el hombre estaba muerto en sus pecados, totalmente indefenso para traerse él mismo a la vida, "Dios... nos dio vida juntamente con Cristo" (Ef. 2:4-5; cf. Col. 2:13). Según la gran misericordia del Padre, "nos hizo renacer" (1 P. 1:3). Por medio del profeta Ezequiel, Dios prometió un tiempo en el que traería regeneración a su pueblo:

> Esparciré sobre vosotros agua limpia, y seréis limpiados de todas vuestras inmundicias; y de todos vuestros ídolos os limpiaré. Os daré corazón nuevo, y pondré espíritu nuevo dentro de vosotros; y quitaré de vuestra carne el corazón de piedra, y os daré un corazón de carne. Y pondré dentro de vosotros mi Espíritu, y haré que andéis en mis estatutos, y guardéis mis preceptos, y los pongáis por obra (Ez. 36:25-27).

La obra monergista[94] de Dios en la regeneración está inequívocamente en este texto. En tan solo estos tres versículos, Dios usa el tiempo futuro seis veces, e insiste que este trasplante espiritual de corazón es por completo obra suya. En el siguiente capítulo, Dios ilustra su propia soberanía y la impotencia del hombre mediante la descripción de la regeneración futura de Israel como insuflar vida a un valle lleno de huesos secos (Ez. 37:1-11). Aunque esto es, claramente, una profecía de la regeneración y la salvación de los judíos antes del regreso de Cristo, da por sentado que Dios es quien regenera a los individuos; en el caso de Israel, toda una nación de ellos (Ez. 37:11). Tal es el estado de depravación natural del hombre; tiene la misma incapacidad de darse vida él mismo como una pila de huesos muertos y secos. Una vez ilustrada esta promesa, Dios declara a continuación: "He aquí yo abro vuestros sepulcros, pueblo mío, y os haré subir de vuestras sepulturas... Y pondré mi Espíritu en vosotros, y viviréis" (Ez. 37:12, 14).

Estos pasajes en Ezequiel apuntan al papel del Espíritu Santo en la regeneración. Muchos textos mencionan de manera explícita a la persona del Padre como agente de la regeneración (Stg. 1:18; 1 P. 1:3; cf. Ro. 8:30; 1 Co. 1:9). Sin embargo, las Escrituras también indican que el Espíritu Santo participa en esta obra. Cuando Jesús departe sobre el nuevo nacimiento con Nicodemo, le señala que el hijo de Dios es "nacido del Espíritu" (Jn. 3:5, 6, 8). Más adelante, prosigue y afirma que "el Espíritu es el que da vida" (Jn. 6:63), un concepto que se convirtió en una máxima de la enseñanza apostólica (2 Co. 3:6;

---

94. *Monergismo* es una palabra derivada del griego *monos* que significa "uno", y *ergos*, que significa "obra". Habla de que hay un agente en funcionamiento. Los teólogos han empleado este término para describir la visión de la regeneración sobre la que se argumenta aquí, que Dios es el único agente en funcionamiento en la regeneración, mientras que el hombre es totalmente pasivo. Por otra parte, el *sinergismo* habla de "trabajar juntos", y describe una visión de la regeneración en la que el hombre colabora con Dios. John Miley, teólogo wesleyano y sinergista, escribió: "La regeneración no es una obra absoluta del Espíritu... Existen prerrequisitos que no pueden satisfacerse sin nuestra propia mediación libre. Debe haber una ferviente vuelta del alma a Dios, un profundo arrepentimiento por el pecado y una verdadera fe en Cristo. Tales son los requisitos de nuestra propia intermediación. No hay regeneración para nosotros sin ellos". *Systematic Theology* (Nueva York: Hunt & Eaton, 1892), 2:336. Una enseñanza así contradice por completo el énfasis sobre la actividad de Dios y la impotencia del hombre respecto a la regeneración. Para una defensa magistral de la regeneración monergista, véase Matthew Barrett, *Salvation by Grace: The Case for Effectual Calling and Regeneration* (Phillipsburg, NJ: P&R, 2013).

cf. Ro. 8:2). El apóstol Pablo declara que Cristo nos salva mediante "el lavamiento de la regeneración y por la renovación en el Espíritu Santo" (Tit. 3:5). Podemos concluir, por tanto, que aunque el Padre es el agente supremo de la regeneración, y nos invita a pasar de la muerte a la vida, el Espíritu Santo es la causa eficaz de la regeneración, que lleva a cabo la voluntad del Padre al darnos vida espiritual.

LA NATURALEZA DE LA REGENERACIÓN

El término griego para "regeneración" (gr. *palingenesía*) solo aparece dos veces en el Nuevo Testamento. En la primera, en Mateo 19:28, Jesús les dice a sus discípulos: "De cierto os digo que en la regeneración, cuando el Hijo del Hombre se siente en el trono de su gloria, vosotros que me habéis seguido también os sentaréis sobre doce tronos, para juzgar a las doce tribus de Israel". Usa el término "regeneración" para aludir a la renovación de la creación, que empezará en el reino milenial, y llegará a la consumación en los nuevos cielos y la nueva tierra. La segunda aparición de "regeneración" en el Nuevo Testamento se produce en Tito 3:5: "Nos salvó, no por obras de justicia que nosotros hubiéramos hecho, sino por su misericordia, por el lavamiento de la regeneración [gr. *palingenesía*] y por la renovación en el Espíritu Santo". Aquí, Pablo usa el término para hablar sobre la salvación del hombre del pecado, e indica que la regeneración se caracteriza tanto por el lavamiento como por la renovación. Esta forma de entender la regeneración es similar a Juan 3:5, donde Jesús afirma que el nuevo nacimiento consiste en "nac[er] de agua y del Espíritu", una referencia a la profecía de Ezequiel 36:25-26, que describe metafóricamente la regeneración como ser rociado con agua limpia y recibir un nuevo corazón. De los usos del término bíblico podemos concluir, pues, que la regeneración habla de una purificación del pecado y de la creación de la vida espiritual. Es una renovación purificadora.

Al nivel más fundamental, la regeneración es la impartición divina de vida espiritual eterna al pecador espiritualmente muerto. Las Escrituras emplean numerosas imágenes para ilustrar el llamamiento eficaz de Dios a la regeneración. Como hizo con el valle de los huesos secos, por el poder creativo de su palabra, Dios infundirá vida espiritual en los corazones muertos de los judíos; insuflará, por así decirlo, la vida divina sobre los huesos secos de sus almas y los revivirá. Cuando Jesús se encontraba ante la tumba de su amigo, que llevaba cuatro días muerto, gritó a gran voz: "¡Lázaro, ven fuera!" (Jn. 11:43). Con estas palabras, Jesús invitó autoritativamente a Lázaro a salir de la muerte y entrar a la vida, porque "el que había muerto salió" (Jn. 11:44) de la tumba, dando traspiés, todavía envuelto en su mortaja. Así también le ordena Dios al cadáver espiritualmente sin vida del pecador que "salga" de su muerte y, mediante esa palabra, lo trae a la vida de forma eficaz. Más impresionante es, quizá, la comparación que el apóstol Pablo establece entre la regeneración y la creación del mundo por parte de Dios. Señala: "Porque Dios, que mandó que de las tinieblas resplandeciese la luz, es el que resplandeció en nuestros corazones, para iluminación del conocimiento de la gloria de Dios en la faz de Jesucristo" (2 Co. 4:6). En el principio, Dios hizo existir el mundo de la nada, por su palabra (Sal. 33:6; 148:5): "Y *dijo* Dios: Sea la luz; y fue la luz" (Gn. 1:3) al instante y "llama las cosas que no son como si ya existieran" (Ro. 4:17, NVI). En la regeneración, Dios une el llamado externo de la predicación del evangelio a su llamamiento soberano y eficaz a nueva vida. A unos corazones oscurecidos y muertos, Él dirige el mandamiento: "Hágase la luz" y, al instante, nace en nosotros la luz de la vida espiritual eterna donde no había existido.[95]

La impartición de vida espiritual no se limita a la parte inmaterial del hombre, sino que es la recreación fundamental de la totalidad de la persona. Pablo explica con claridad: "De modo que si alguno está en Cristo, nueva criatura es; las cosas viejas pasaron; he aquí todas son hechas nuevas" (2 Co. 5:17). La nueva creación no solo es el espíritu o el alma del pecador, sino él mismo, la totalidad de su persona. Así como la depravación del hombre es total —es decir, así como el pecado ha impregnado tanto la naturaleza del hombre como para no dejar parte alguna en él sin tocar por la corrupción del pecado—, así también la regeneración alcanza la totalidad del hombre. La mente del hombre natural está cegada (2 Co. 4:4); está oscurecida en su entendimiento (Ef. 4:18) y, por tanto, es incapaz de escuchar (Jn. 8:43) o comprender la verdad espiritual (1 Co. 2:14). Sus afectos están totalmente desordenados, hasta el punto de amar la oscuridad y odiar la luz (Jn. 3:19-20), de deleitarse en lo que es objetivamente repulsivo y de sentir repugnancia por lo que es objetivamente deleitable. De modo que, dirigido por sus afectos, rechazará con obstinación a Cristo y la gloria de su evangelio (Jn. 5:40). El hombre es cautivo del pecado en su mente, en sus emociones y en su voluntad. Por consiguiente, la renovación del hombre en la regeneración es tan extensa como su depravación.

En la regeneración, el Espíritu abre los ojos ciegos de la mente (Hch. 26:18; 2 Co. 4:4, 6; Ef. 1:18), reemplaza, por así decirlo, la mente de la carne por la del Espíritu (Ro. 8:5-9) —en realidad, con la mente de Cristo mismo (1 Co. 2:16)—, de manera que el hombre regenerado aprecia todas las cosas que una vez no pudo entender (1 Co. 2:15; cf. 1 Jn. 2:20, 27). El Espíritu quita el corazón de piedra del pecador e implanta en él un corazón de carne capaz de percibir y amar la verdad espiritual (Ez. 11:19; 36:26; cf. Dt. 30:6). Los afectos son, pues, renovados a semejanza de Cristo, para que el nuevo hombre odie el pecado (Mt. 5:4), ame la justicia (Mt. 5:6; Jn. 3:21), tenga sed del Dios a quien una vez aborreció (Sal. 27:4; 42:1-2), ame y se regocije en Cristo a quien una vez consideró una locura (1 P. 1:8; cf. 2 Co. 5:16). Con renovados afectos, la voluntad del pecador está finalmente liberada de la esclavitud del pecado para ser libre en la justicia. Ahora quiere lo que Dios quiere (Sal. 40:8), porque el Espíritu de Dios está produciendo dentro de él "el querer como el hacer, por su buena voluntad" (Fil. 2:13; cf. Ez. 36:27). La mente, el corazón y la voluntad del hombre, una vez sujetos en pecado, son ahora renovados para vida. Ferguson resume, de forma útil: "La regeneración... todo lo impregna, igual que la depravación... [M]ientras que el individuo regenerado no es aún tan santo como podría serlo, no hay parte de la vida que permanezca sin influenciar por esta obra renovadora y purificadora".[96] El pecador regenerado es verdaderamente un "nuevo hombre, creado según Dios en la justicia y santidad de la verdad" (Ef. 4:24).

---

95. Así, el llamado eficaz de la regeneración crea la vida misma que ordena. John Murray explica: "La citación queda investida de la eficacia por la que somos llevados al destino designado; somos eficazmente introducidos en la comunión de Cristo. Hay algo determinado en el llamamiento de Dios; por su poder y gracia soberanos no puede dejar de cumplir su voluntad". *La redención consumada y aplicada*, 90.

96. Sinclair B. Ferguson, *The Holy Spirit*, Contours of Christian Theology (Downers Grove, IL: InterVarsity Press, 1996), 122-123.

La imagen de la regeneración proporcionada en 2 Corintios 4 es especialmente útil para ilustrar las verdades claves sobre la naturaleza del nuevo nacimiento. En este pasaje, Pablo describe el estado del hombre natural cuando declara: "El dios de este siglo cegó el entendimiento de los incrédulos, para que no les resplandezca la luz del evangelio de la gloria de Cristo, el cual es la imagen de Dios" (2 Co. 4:4). Esto es lo que Pablo quiere decir cuando describe a los incrédulos como "muertos en [sus] delitos y pecados" (Ef. 2:1; cf. Col. 2:13). No quiere decir que están inmóviles o estancados, sino que están desprovistos de la vida espiritual que les permita ver el verdadero valor de la gloria de Cristo revelada en el evangelio. La esencia de la muerte espiritual es la ceguera espiritual.[97] La percepción espiritual del hombre está tan desordenada por el pecado que no tiene gusto por lo que es objetivamente deleitable (es decir, el evangelio de la gloria de Cristo), pero está infatuado por lo que es objetivamente repulsivo y repugnante (es decir, el pecado y la gloria del "yo"). El hombre no regenerado persigue lo que es inútil, porque está ciego a su perjuicio, y rechaza lo que es más preciso, porque está ciego a su valor. Así, cuando la belleza objetiva de Cristo se presenta en el mensaje del evangelio, el hombre no regenerado no ve gloria en él y, por tanto, abandonado a sí mismo, todas y cada una de las veces escogerá rechazar el evangelio.

¿Cuál es, pues, el remedio para tan miserable condición? No hay esperanza en la voluntad esclavizada del hombre, sino solo en la gracia soberana y el poder dador de vida de Dios. Pablo responde que el remedio para la ceguera espiritual del hombre es la regeneración monergista: "Porque Dios, que mandó que de las tinieblas resplandeciese la luz, es el que resplandeció en nuestros corazones, para iluminación del conocimiento de la gloria de Dios en la faz de Jesucristo" (2 Co. 4:6). Dios hace brillar la luz de la vida en el corazón ciego. Nos proporciona nuevos ojos espirituales para que veamos finamente el pecado tal como es —en toda su fealdad objetiva—, y así ver finalmente a Cristo como quien es, en toda su hermosura y su gloria objetivas. Y cuando los pecadores tienen por fin ojos espirituales que funcionan y la luz necesaria para ver las cosas como son en realidad, se apartan con asco de la suciedad del pecado (arrepentimiento) y aceptan con avidez al Cristo cuya gloria pueden ver al fin (fe).

Por esta razón, los teólogos hablan de la gracia regeneradora de Dios como irresistible.[98] No es que uno no pueda resistirse nunca a la gracia de Dios; siempre hay resistencia a su gracia común, tal como se expresa en el llamamiento externo del evangelio (Hch. 7:51). Más bien, en la irresistible gracia de la regeneración Dios vence la resistencia natural del hombre al evangelio, iluminando su corazón y abriendo sus ojos a la gloria de Jesús. La gracia irresistible no significa, pues, que el hombre esté coaccionado o forzado al arrepentimiento y la fe; no se violenta su voluntad. En su lugar, esta gracia *libera* la voluntad del hombre; abre nuestros ojos para que podamos comparar con precisión la gloria del pecado con la gloria de Cristo. La Confesión de Westminster explica:

---

97. Esto se confirma por el frecuente uso de la luz en las Escrituras como metáfora de la vida espiritual y la oscuridad como metáfora para la muerte espiritual y la incredulidad (Jn. 12:46; Hch. 26:18; Ef. 5:8; 1 P. 2:9). Además, las Escrituras también ponen en paralelo sistemáticamente la vista y la vida espirituales (Jn. 6:40; He. 11:27; 1 Jn. 3:6).

98. La *gracia irresistible* es la *I* del acrónimo TULIP (por sus siglas en inglés) que resume las doctrinas de la gracia. Las demás letras representan *la depravación total, la elección incondicional, la expiación limitada y la perseverancia de los santos.*

> A todos aquellos a quienes Dios ha predestinado para vida, y a ellos solamente, le agradó en su tiempo señalado y aceptado, llamarlos eficazmente, por medio de su Palabra y Espíritu, de aquél estado de pecado y muerte en el que están por naturaleza, al estado de la gracia y salvación por medio de Jesucristo; iluminando sus mentes espiritual y salvíficamente para entender las cosas de Dios, quitándoles el corazón de piedra y dándoles uno de carne; renovando sus voluntades, y determinándoles a hacer lo que es bueno por su poder todopoderoso y acercándoles eficazmente hacia Jesucristo; *de tal manera que viene a Él más libremente, pues por su gracia son hechos dispuestos.*[99]

Es imposible que alguien, con la vista espiritual restaurada por medio de la regeneración pudiera ver el pecado y a Cristo, uno al lado del otro, y no apartarse del pecado y aceptar a Cristo con fe salvadora. Así, en la regeneración, la voluntad del hombre no se ve agredida, sino transformada. En el análisis final, la gracia regeneradora es irresistible, porque *Cristo* también lo es, y porque la gracia regeneradora abre nuestros ojos espirituales a su irresistibilidad.

LOS MEDIOS DE REGENERACIÓN[100]

Al ser el Padre el agente supremo de la regeneración, y el Espíritu su causa eficaz, las Escrituras identifican la palabra de Dios misma —de manera específica el mensaje del evangelio— como causa o medio instrumental de la regeneración. Santiago destaca el papel del Padre y el de la palabra cuando menciona: "El [es decir, el Padre], de su voluntad, nos hizo nacer por la palabra de verdad, para que seamos primicias de sus criaturas" (Stg. 1:18). La voluntad del Padre es la causa suprema de nuestro nuevo nacimiento, pero Él ha realizado este milagro por medio de la palabra de verdad. Pedro afirma que los hijos de Dios "siendo renacidos, no de simiente corruptible, sino de incorruptible, por la palabra de Dios que vive y permanece para siempre" (1 P. 1:23). A continuación, dos versículos después, el apóstol identifica esta palabra que vive y permanece como "la palabra que por el evangelio [buenas nuevas] os ha sido anunciada" (1 P. 1:25). De manera similar, Pablo asegura que el llamado eficaz de Dios a la regeneración se lleva a cabo "mediante nuestro evangelio" (2 Ts. 2:14). Así, por medio del evangelio predicado, el Espíritu de Dios obra poderosamente para abrir los ojos de nuestro corazón a la gloria de Cristo. Para ser claro, el llamado externo no es eficaz en sí mismo; aunque el evangelio predicado es el medio de regeneración, no es eficaz a menos que se una a la obra del Espíritu en el llamamiento interno. No obstante, aunque el llamamiento externo sea insuficiente para la regeneración, es absolutamente necesario, porque el llamamiento externo de la predicación del evangelio es el vehículo para el llamamiento interno de la regeneración. Por esta razón, Pablo asevera: "Así que la fe", que es el resultado inmediato de la regeneración, viene "por el oír, y el oír, por la palabra de Dios" (Ro. 10:17), esto es, el mensaje del evangelio respecto a Cristo.

---

99. Philip Schaff, ed. *The Creeds of Christendom*, vol. 3, *The Evangelical Protestant Creeds* (1877; reimpr. Grand Rapids, MI: Baker, 1998), 624-625. Cursivas añadidas.

100. Se han adaptado porciones de esta sección de John MacArthur, *Comentario MacArthur del Nuevo Testamento: Juan* (Grand Rapids, MI: Editorial Portavoz, 2011), 109-110.

Dado que las Escrituras identifican la palabra del evangelio como el medio de la generación, cualquier opinión sacramental de la regeneración resulta ser no bíblica. El catolicismo romano, la ortodoxia oriental y hasta algunas corrientes del luteranismo y del anglicanismo enseñan la regeneración bautismal: que la gracia del nuevo nacimiento es mediada a través del sacramento del bautismo.[101] Los defensores de la regeneración bautismal apelan a menudo a Juan 3:5, donde Jesús advierte: "De cierto, de cierto te digo, que el que no naciere de agua y del Espíritu, no puede entrar en el reino de Dios". La referencia al agua, argumentan, es una referencia al bautismo cristiano.

Sin embargo, existen numerosas razones por las que no deberíamos entender "naciere de agua" como alusión al bautismo. En primer lugar, Jesús no lo menciona en ningún momento de su interacción con Nicodemo. Aunque resulta poco sólido dar automáticamente por sentado que "agua" se refiere en primer lugar al bautismo, esa enseñanza queda aún más socavada cuando se considera que el resto del capítulo no hace mención alguna del bautismo. Jesús habla de forma continua de la necesidad de la fe para la salvación (Jn. 3:15, 16, 18, 36), pero no dice nada sobre el bautismo. De ser el instrumento necesario para nacer de nuevo, resulta difícil explicar por qué Jesús no dice nada más al respecto mientras explica la salvación. En segundo lugar, una comprensión tan sacramental del bautismo no es conforme a la declaración de Jesús en Juan 3:8 de que, con respecto al nuevo nacimiento, el Espíritu es como el viento que sopla donde quiere. Este lenguaje describe la libertad soberana del Espíritu, una imagen incongruente con vincular la regeneración a un acto ritual y físico de la voluntad humana. Piper observa con acierto que, en ese caso, "el viento estaría muy limitado por el sacramento".[102] En tercer lugar, Jesús espera que Nicodemo, el maestro de Israel, entienda su enseñanza sobre el nuevo nacimiento (Jn. 3:10). Sin embargo, el bautismo cristiano no existía aún en ese tiempo. Tiene poco sentido amonestarlo por no entender una práctica que todavía no había sido instituida.

En su lugar, uno esperaría que Jesús amonestara a Nicodemo por no comprender la enseñanza del Antiguo Testamento sobre la cuestión y, en realidad, esta es la explicación más probable de sus palabras. El Antiguo Testamento suele utilizar el simbolismo del agua y del Espíritu para representar la purificación espiritual y la renovación, nunca el bautismo (cf. Nm. 19:17-19; Is. 4:4; 32:15; 44:3; 55:1; Jl. 2:28-29; Zac. 13:1). En la

---

101. El Catecismo de la Iglesia Católica manifiesta: "El bautismo no solamente purifica de todos los pecados, hace también del neófito «una nueva criatura», un hijo adoptivo de Dios, que ha sido hecho «partícipe de la naturaleza divina», miembro de Cristo, coheredero con él y templo del Espíritu Santo" *Catecismo de la Iglesia Católica* (Ciudad del Vaticano: Biblioteca del Vaticano [CIC 1265]).

El Catecismo Mayor de la Iglesia Oriental enseña: "El bautismo es un sacramento en el que el hombre... muere a la vida carnal del pecado, y nace de nuevo del Espíritu Santo". Philip Schaff, ed., "The Longer Catechism of the Eastern Church", en *The Creeds of Christendom*, 2:491.

El Catecismo Menor de Lutero explica: "El santo bautismo es el único medio por el que los bebés, quienes también deben nacer de nuevo, pueden ser generalmente regenerados y traídos a la fe". *Luther's Small Catechism*, trans. Kleine Katechismus, ed. rev. (St. Louis, MO: Concordia, 1965), 172-73 (Q. 251b).

El Libro de Oración Común, de los anglicanos, da las siguientes instrucciones: "Te damos gracias, Padre, por el agua del Bautismo. En ella, somos sepultados con Cristo en su muerte. Por ella, participamos de su resurrección. Mediante ella, nacemos de nuevo por el Espíritu Santo. Por tanto, en gozosa obediencia a tu Hijo, traemos a su comunión a los que, por fe, se acercan a él, bautizándolos en el Nombre del Padre, y del Hijo y del Espíritu Santo". *The (Online) Book of Common Prayer* (Nueva York: The Church Hymnal Corporation, s.f.), 306, consultado el 3 de mayo, 2016, http://www.bcponline.org/.

102. John Piper, *Más vivo que nunca* (Grand Rapids, MI: Editorial Portavoz, 2009), 40.

profecía de Ezequiel sobre el nuevo pacto, encontramos la célebre frase sobre el agua y el Espíritu en el contexto de la regeneración:

> Esparciré sobre vosotros agua limpia, y seréis limpiados de todas vuestras inmundicias; y de todos vuestros ídolos os limpiaré. Os daré corazón nuevo, y pondré espíritu nuevo dentro de vosotros; y quitaré de vuestra carne el corazón de piedra, y os daré un corazón de carne. Y pondré dentro de vosotros mi Espíritu, y haré que andéis en mis estatutos, y guardéis mis preceptos, y los pongáis por obra (Ez. 36:25-27).

Sin duda, esta era la verdad que Jesús tenía en mente cuando habló de ser nacido de agua y del Espíritu. Estaba declarando que la regeneración era una verdad revelada por todo el Antiguo Testamento (p. ej., Dt. 30:6; Jer. 31:31-34; Ez. 11:18-20) y, por tanto, una verdad con la que Nicodemo debería haber estado familiarizado. Contra este telón de fondo veterotestamentario, el argumento de Cristo era inequívoco: sin el lavado espiritual del alma, una purificación realizada por el Espíritu Santo (Tit. 3:5) y únicamente por medio de la palabra del evangelio (Ef. 5:26; 1 P. 1:23-25), nadie puede entrar en el renio de Dios.[103] Dado este entendimiento adecuado de Juan 3:5, se demuestra que la doctrina de la regeneración bautismal no tiene base bíblica. El evangelio mismo es el único instrumento del nuevo nacimiento.

LA RELACIÓN DE LA REGENERACIÓN CON LA FE

Una de las preguntas más comunes relacionadas con la soteriología evangélica concierne a la relación entre la regeneración y la fe. ¿Qué produce qué? ¿Cree el pecador en Cristo para salvación y, como resultado de su fe, experimenta el nuevo nacimiento? O, por otra parte, ¿nace el pecador de nuevo a la fe salvadora? ¿Qué acción induce a la otra? ¿Produce el acto de fe del hombre la obra de regeneración del Espíritu, o es la obra de regeneración del Espíritu la que produce el acto de fe del hombre? Las Escrituras responden de múltiples maneras a favor de esto último: la regeneración es la causa, no la consecuencia, de la fe salvadora.

Al principio, es importante que se nos recuerde la definición de la regeneración que se ha expresado a partir de las Escrituras. La regeneración es el acto soberano de Dios, mediante el Espíritu Santo y a través del evangelio predicado por el cual imparte, de forma instantánea, vida espiritual al pecador, lo saca de la muerte espiritual y lo lleva a la vida espiritual. Muchos evangélicos que creen que la fe precede a la regeneración no definen al nuevo nacimiento de esta forma. En su lugar, tienden a confundir la regeneración con los *resultados* de la regeneración y consideran la regeneración como prácticamente equivalente a la santificación: el proceso constante por el cual la naturaleza del pecador es progresivamente "regenerada" cada vez más, para reflejar la imagen de Cristo. Si tuviéramos que definir así la regeneración, sería inevitable concluir que la regeneración va después de la fe, porque la santificación es un resultado de la fe salvadora. Sin embargo, las Escrituras nos aconsejan en contra de definir la regeneración en términos de sus resultados. Jesús asevera que la regeneración es, en sí misma, misteriosa,

---

103. Para un examen minucioso de diversas interpretaciones de "nacido de agua", véase D. A. Carson, *The Gospel according to John*, PNTC (Grand Rapids, MI: Eerdmans, 1991), 191-196.

desapercibida e incontenible, como el viento que sopla donde quiere (Jn. 3:8). Podemos percibir los efectos del viento como oír una fuerte ráfaga o ver cómo los árboles se sacuden de un lado a otro. Sin embargo, estos resultados del viento no son el viento en sí. Del mismo modo, los resultados de la regeneración no son la regeneración. Aunque la santificación del creyente está vinculada orgánicamente a su nuevo nacimiento —en un sentido, la regeneración empieza por la santificación, y la santificación es la regeneración continuada—, esta relación íntima no debe conducir no obstante a la combinación de ambas. El continuo progreso del creyente en santidad es el *resultado* de la regeneración, no un aspecto de la regeneración en sí.

Otra observación preliminar en esta exposición es observar que la distinción entre regeneración y fe no tiene que definirse en términos de tiempo, sino de causalidad lógica. Algunos sinergistas rechazan la noción de que la regeneración provoca la fe, porque quieren evitar decir que alguien pudiera ser regenerado *sin* fe salvadora. Sin embargo, aunque algunos monergistas han defendido que la regeneración precede temporalmente a la fe,[104] la mayoría ha aclarado que están hablando de un orden lógico y no cronológico. Desde la perspectiva temporal, la regeneración y la fe se producen de manera simultánea; en el momento exacto que el hombre nace de nuevo, se arrepiente y cree en el evangelio. Sin embargo, esta simultaneidad no descarta la causalidad. Aunque dos acontecimientos pueden ocurrir a la vez, uno puede seguir siendo la causa del otro. Para ilustrar esto, consideremos el simbolismo que Pablo emplea cuando define la regeneración como la apertura de los ojos espirituales cegados del pecado, para que vea la luz de la gloria de Cristo (2 Co. 4:4, 6). Pablo describe la regeneración como la apertura de los ojos ciegos y la fe como la percepción espiritual de la gloria de Cristo (cf. Jn. 3:3; He. 11:1). Ahora bien, el hombre percibe luz en el momento mismo que abre sus ojos; no transcurre tiempo entre la apertura de sus ojos y su percepción de la luz. Sin embargo, su percepción de la luz es causalmente dependiente de que abra sus ojos. Ver no provoca que abra sus ojos; su visión es la *consecuencia* de que sus ojos hayan sido abiertos. Del mismo modo, aunque se producen en el mismo instante exacto, la fe del pecador no provoca su regeneración, sino que la apertura de sus ojos espirituales en la regeneración es la causa de la vista espiritual de la fe.

Además, la enseñanza de la Biblia respecto a la incapacidad espiritual natural del hombre excluye cualquier concepto de sinergismo en la regeneración. En su estado de muerte espiritual (Ef. 2:1-3), el hombre es hasta incapaz de entender las cosas del Espíritu, y menos aún de recibirlas (1 Co. 2:14). La mente del pecador es tan hostil a Dios que es literalmente incapaz de someterse a la ley de Dios (Ro. 8:7) y, por tanto, no puede agradar a Dios en sentido alguno (Ro. 8:8), incluido el ejercicio de la fe (He. 11:6). El hombre está ciego al valor de la gloria de Dios revelada en Cristo y está irremediablemente enamorado del pecado, a pesar de su inutilidad. Sugerir que un pecador en semejante estado podría, al margen de la gracia regeneradora del Espíritu Santo,

---

104. Por ejemplo, Louis Berkhof argumenta a favor de un período de tiempo entre la regeneración y la fe con el fin de sostener este paedobautismo. Esto explica el estatus de un bebé bautizado como "hijo del pacto", incluso antes de ejercer la fe salvadora. Berkhof, *Teología sistemática*, 342-343. Sin embargo, las Escrituras no hacen provisiones de este tipo. Véase Matt Waymeyer, *A Biblical Critique of Infant Baptism* (The Woodlands, TX: Kress, 2008).

sacar del interior de su propia falta de vida la fe salvadora que Dios declara ser su don soberano (Ef. 2:8) es subestimar por completo la naturaleza deprimente de la depravación humana. Como explica Murray: "La fe es un acto de toda el alma de confianza amante y de entrega propia".[105] Sin embargo, el hombre natural es totalmente incapaz de tan noble acto espiritual aparte del nuevo nacimiento. De hecho, Jesús le dice a Nicodemo: "El que no naciere de nuevo, no puede ver el reino de Dios" (Jn. 3:3). La visión del reino de Dios no puede referirse a nada que no sea la visión espiritual de la fe salvadora (He. 11:1, 27; cf. 2 Co. 4:18), y Jesús afirma que ese tipo de visión es imposible al margen del nuevo nacimiento. En otro lugar, Él indica: "Ninguno puede venir a mí, si el Padre que me envió no le trajere; y yo le resucitaré en el día postrero" (Jn. 6:44), y: "Por eso os he dicho que ninguno puede venir a mí, si no le fuere dado del Padre" (Jn. 6:65). Venir a Jesús es sinónimo de creer en Él —porque es esta forma de venir que resulta en salvación (Jn. 5:40)— y esta "atracción" de Juan 6:44 es el don del que habla Juan 6:65, ambos en alusión al llamado eficaz e irresistible de Dios en la regeneración. Por consiguiente, Jesús está enseñando que por la depravación del pecador, nadie puede venir a Él en fe salvadora, a menos que el Padre le conceda el don de ser atraído de manera eficaz en la regeneración.[106]

En su primera epístola, el apóstol Juan también comenta explícitamente sobre la relación entre la regeneración y la fe. Aunque la intención de Juan no consiste en enseñar una lección de teología sobre el *ordo salutis*, sino más bien en instruir a las iglesias de Asia respecto al amor mutuo entre los creyentes, sus comentarios revelan no obstante su comprensión de la relación entre la regeneración y la fe. En 1 Juan 5:1, escribe: "Todo el que cree [gr. *Pás jó pisteúon*, un participio activo presente] que Jesús es el Cristo ha nacido de Dios [gr. *jék toú theou gegénnetai*, pasivo perfecto del indicativo], y todo el que ama al padre ama también a sus hijos" (NVI). El participio presente griego *jó pisteúon* indica una acción continua presente, aunque el pasivo perfecto del indicativo *gegénnetai* habla de una acción pasada cuyos resultados siguen en el tiempo presente.[107] En otras palabras, todos los que creen actualmente que Jesús es el Cristo *han nacido* de Dios. Juan representa, pues, la fe como la consecuencia, no la causa, del nuevo nacimiento.

Esta interpretación de la gramática de 1 Juan 5:1 se confirma mediante el examen de una sección de paralelos gramaticales en la misma carta. Existen otros dos casos en los que Juan emplea un participio activo presente en concierto con un pasivo perfecto del indicativo para ilustrar la relación entre el nuevo nacimiento y sus hechos concomitantes:

> Si sabéis que él es justo, sabed también que todo el que hace [gr. *pás jó poión*], justicia es nacido de él (1 Jn. 2:29).

---

105. Murray, *La redención consumada y aplicada*, 85.
106. Algunos sinergistas objetan que es incoherente describir la atracción del Padre como eficaz, ya que "atraer" connota persuasión más que determinación. Con frecuencia argumentan que "atraer" no significa "arrastrar". Curiosamente, el término griego *jélco*, traducido "atrae" en Juan 6:44, alude a menudo a un movimiento decisivo, eficaz como arrastrar. Otras apariciones neotestamentarias de *jélco* se refieren a pescadores que tiran de una red de pescar (Jn. 21:6, 11), un soldado que saca su espada de la vaina en mitad de la batalla (Jn. 18:10), hombres furiosos que arrastran a un extranjero ante el tribunal (Hch. 16:19), y una multitud que arrastra a un traidor fuera de su ciudad con la intención de matarlo (Hch. 21:30). Lejos de una seducción inefectiva, la atracción del Padre en Juan 6:44 es el llamamiento efectivo y decisivo de la regeneración.
107. Wallace, *Greek Grammar Beyond the Basics*, 573.

> Amados, amémonos unos a otros; porque el amor [gr. *pás jó agapón*] es de Dios. Todo aquel que ama, es nacido de Dios [gr. *jék toú theoú gegénnetai*], y conoce a Dios (1 Jn. 4:7).

Estos dos pasajes consisten, precisamente, de la misma construcción gramatical que aparece en 1 Juan 5:1. En el primer texto, Juan enseña que un patrón habitual de justicia practicada es una indicación del nuevo nacimiento. La relación causal entre la práctica de la justicia y el nuevo nacimiento debería ser obvia. ¡Sin duda el hombre no ha nacido de nuevo como resultado de hacer buenas obras! Pablo contradice claramente un pensamiento así en Tito 3:5, donde se opone explícitamente al nuevo nacimiento contra la salvación sobre la base de unos hechos justos. La relación es clara: la impartición de nueva vida espiritual en la regeneración es la causa de una práctica continuada de buenas obras (cf. Ef. 2:10). En el segundo texto, Juan destaca una buena obra en particular: todo aquel que ama ha nacido de Dios. Aquí, una vez más, la relación entre el amor y la regeneración es evidente: el amor no causa el nuevo nacimiento, sino que es la consecuencia del mismo. Sugerir otra cosa socava fundamentalmente el evangelio de la salvación solo por gracia. Por consiguiente, si debemos concluir que practicar la justicia (1 Jn. 2:29) y amar a los hermanos (1 Jn. 4:7) son consecuencias, y no causas, de la regeneración, no podemos llegar a otra conclusión que no sea que la fe es también una consecuencia de la regeneración, ya que 1 Juan 2:29; 4:7 y 5:1 son gramaticalmente idénticos.

Merece la pena considerar un último texto. En 1 Juan 5:4, al apóstol escribe: "Porque todo lo que es nacido de Dios vence al mundo; y esta es la victoria que ha vencido al mundo, nuestra fe". Aunque la construcción gramatical no sea idéntica a la de los tres pasajes debatidos con anterioridad es, no obstante, similar. Aquí Juan habla del nuevo nacimiento en tiempo perfecto ("todo lo que es nacido de Dios", gr. *pán tó gegenneménon*), y un hecho concomitante del nuevo nacimiento en el tiempo presente ("vence al mundo", gr. *niká tón kósmon*). De nuevo, la relación causal entre ambos es clara: uno no vence al mundo con el fin de nacer de nuevo, sino como consecuencia de haber nacido de nuevo. En la siguiente frase, Juan identifica la victoria (gr. *niké*) que vence (gr. *nikésasa*) al mundo: nuestra fe. Una vez más, la fe se identifica como la consecuencia del nuevo nacimiento.

Dada la claridad de las imágenes bíblicas de la regeneración, las implicaciones de la depravación total del hombre y los explícitos comentarios de Jesús y el apóstol Juan, el estudioso de las Escrituras tiene que concluir que aunque la regeneración y la fe se experimentan de forma simultánea, la regeneración precede lógicamente a la fe y es su causa. Los pecadores no creen en Cristo con el fin de nacer de nuevo, sino más bien al revés.

LOS RESULTADOS DE LA REGENERACIÓN

A partir de la exposición anterior, es evidente que la fe salvadora es el primer y principal resultado de la regeneración. Cuando la luz divina resplandece en el corazón del pecador, al abrir sus ojos a lo repulsivo del pecado y la hermosura de Cristo (2 Co. 4:6), el alma nacida de nuevo se aparta asqueada del pecado y se aferra a Cristo con el abrazo de la fe salvadora. Sin embargo, la vida divina nacida en el alma del hombre en la regeneración no queda estancada después del momento de la conversión. En la abundante gracia de Dios, el Espíritu sigue fortaleciendo progresivamente el carácter santo nacido en la regeneración en toda la vida del creyente. Es decir, después del arrepentimiento y la fe, el resultado de la regeneración es la santificación. Aunque una exposición completa de la santificación espera su trato respectivo en el *ordo salutis*, merece la pena mencionar ahora varios aspectos de ella que las Escrituras identifican explícitamente como resultados del nuevo nacimiento.

En primer lugar, el creyente regenerado convierte necesariamente la justicia en una práctica, como afirma el apóstol Juan: "Si sabéis que él es justo, sabed también que todo el que hace justicia es nacido de él" (1 Jn. 2:29). El tenor dominante de la vida del creyente es de creciente santidad (Ro. 6:4; Ef. 2:10; 4:24). Para ponerlo negativamente: "Todo aquel que es nacido de Dios, no practica el pecado, porque la simiente de Dios permanece en él; y no puede pecar, porque es nacido de Dios" (1 Jn. 3:9). Así como el nacimiento humano resulta de una semilla implantada que crece en una nueva vida física, también la "semilla" de la vida divina está implantada en el corazón del creyente a través de la obra regeneradora (1 P. 1:23). Su naturaleza ha cambiado fundamentalmente de la muerte en el pecado a la vida en Cristo; lo viejo ha pasado y lo nuevo ha llegado (2 Co. 5:17), y así no convierte el pecar en una práctica. Esto no significa que el hijo de Dios haya cesado por completo de pecar en el momento de la regeneración, ya que el principio del pecado sigue morando en nuestra carne (Ro. 7:14-25) y, por tanto, debe hacerlo morir constantemente (Ro. 8:12-13). Estos textos no hablan de perfección, sino de dirección. La vida del creyente se caracteriza por hábitos de gracia para apartar los patrones de pecado y adoptar los de justicia (Ef. 4:22-24). Aquellos que profesan ser salvos, pero no progresan en patrones cultivados de la vida en obediencia a los mandamientos de Cristo no pueden reivindicar con legitimidad ser verdaderos hijos de Dios. Cualquier cosa que pronuncien sus labios, sus vidas revelan un corazón que sigue sin regenerar. Al ser el nuevo nacimiento la obra del Espíritu (Jn. 3:5, 6, 8; 6:63; Tit. 3:5; cf. Ro. 8:2; 2 Co. 3:6), los que han nacido de nuevo llevan necesariamente el fruto del Espíritu y se caracterizan cada vez más por el amor, el gozo, la paz, la paciencia, la benignidad, la bondad, la fe, la mansedumbre, la templanza (Gá. 5:22-23).

En segundo lugar, la vida regenerada está marcada por vencer las influencias malignas del sistema de este mundo. El apóstol Juan escribe: "Porque todo lo que es nacido de Dios vence al mundo; y esta es la victoria que ha vencido al mundo, nuestra fe" (1 Jn. 5:4). Anteriormente, en esta carta, Juan comenta que el mundo está lleno de los deseos de la carne, los deseos de los ojos, y la vanagloria de la vida (1 Jn. 2:15-17), todas estas cosas son herramientas de Satanás, en cuyo poder yace todo el mundo (1 Jn. 5:19). Él maneja esas herramientas como instrumentos de tentación en la vida de los creyentes profesantes, con el ferviente deseo de causar un naufragio de fe y, así, manchar el nombre de Cristo (1 Ti. 1:19; cf. Stg. 2:17). Sin embargo, Juan declara que el hijo regenerado de Dios resiste a las presiones y las tentaciones de este "presente siglo malo" (Gá. 1:4), y las vence por medio de una fe perseverante que camina en obediencia al Señor. Nunca se rinde final y decisivamente a las tentaciones de Satanás, porque "todo aquel que ha nacido de Dios, no practica el pecado, pues Aquel que fue engendrado por Dios le guarda, y el maligno no le toca" (1 Jn. 5:18). Los creyentes no necesitan vivir con el temor de perder su salvación, ya que perseverar en la fe es la herencia de aquellos que nacen verdaderamente de lo alto.

El hijo de Dios obedece de buen grado y con deleite, porque como afirma Juan unos versículos antes: "sus mandamientos no son gravosos" (1 Jn. 5:3). Aquí tenemos una gran indicación de que la pecaminosa hipocresía humana no puede fabricar ni imitar el milagro soberano de la regeneración. Los moralistas santurrones pueden, mediante una potente fuerza de voluntad, ser capaces de llevar su conducta a una conformidad con los principios externos de la Palabra de Dios (cf. Mt. 15:8), pero esta tarea les resulta una tarea gravosa. No pueden exclamar con el salmista: "¡Oh cuánto amo yo tu ley!" (Sal. 119:97), y "El hacer tu voluntad, Dios mío, me ha agradado, y tu ley está en medio de mi corazón" (Sal. 40:8). Deleitarse en la obediencia requiere un nuevo corazón, una nueva naturaleza recreada a semejanza de Dios (Ef. 4:24). Por la gracia de Dios, este es el derecho de nacimiento de todo hijo verdadero de Dios. El creyente regenerado no está esclavizado a realizar el deber que odia; más bien, en virtud de la obra del Espíritu, su corazón está liberado para amar la ley que se le ordena obedecer.

En tercer lugar, el hijo de Dios no solo experimenta el amor de Dios que deriva en un estilo de vida de obediencia voluntaria, sino también el amor de sus hermanos en la fe que acaba en una vida de servicio sacrificial. Juan escribe: "Amados, amémonos unos a otros; porque el amor es de Dios. Todo aquel que ama, es nacido de Dios, y conoce a Dios" (1 Jn. 4:7). Dios mismo es amor (1 Jn. 4:8, 16); es su naturaleza misma. Aquellos que son nacidos de Dios comparten su naturaleza (2 P. 1:4) y, por tanto, reflejarán su naturaleza sirviendo y beneficiando a los demás (1 Jn. 3:16-18). Quienes de verdad han nacido de nuevo manifiestan un amor evidente por la iglesia, porque el hijo de Dios ama a los hijos de Dios (1 Jn. 5:1), y se dedica a satisfacer las necesidades de sus hermanos y hermanas en Cristo.

La conversión

La porción anterior examinaba la primera fase de la aplicación de la redención: el llamado eficaz de la redención de Dios, por medio de la predicación del evangelio, en el que Él imparte vida espiritual al pecador, cambia su naturaleza y lo lleva de la muerte a la vida. El primer acto de la naturaleza renovada del pecador regenerado es la conversión (cf. Hch. 15:3), la decisión consciente de arrepentirse del pecado y de creer en Cristo para salvación. Regresar a la ilustración de Pablo del despertar espiritual nos ayuda a entender la conversión. Cuando Dios prende la luz de la regeneración en el corazón del pecador, abre los ojos espirituales del hombre para que pueda ver la decadencia del pecado y la valía de Cristo (Hch. 26:18; 2 Co. 4:6), quien es perfectamente adecuado para perdonar nuestros pecados y proveer la justicia que necesitamos para vida eterna. Finalmente equipada como está con la capacidad de percibir la realidad, el alma nacida de nuevo se aparta necesaria e inmediatamente del pecado con repulsión, y ávidamente corre para aceptar a Cristo. Esa vuelta desde el pecado y la incredulidad es arrepentimiento, y esa avidez para abrazar a Cristo como Salvador del pecado y como Señor sobre la propia vida es fe. Juntos, el arrepentimiento y la fe forman el acto único de la conversión.

Debería ser aparente que el arrepentimiento y la fe están íntimamente relacionados y que, incluso, son inseparables el uno de la otra. Son, en realidad, dos caras de una misma moneda. En primer lugar, su conexión sigue una lógica simple: es imposible que alguien se aparte de algo sin acudir a otra cosa. Por el contrario, uno no puede acudir a algo sin apartarse de aquello que antes ocupaba su atención. Además, es imposible mirar en dos direcciones a la vez. Sin embargo, la inseparabilidad del arrepentimiento y la fe también es una necesidad teológica. Es inconcebible que alguien que por fin percibe el pecado y a Cristo, tal como son en realidad, debería perseguir a Cristo sin abandonar el pecado, o abandonar el pecado sin abrazar a Cristo. Recordemos que la regeneración es un trasplante espiritual de corazón, una renovación radical de los gustos, los deseos y los afectos del hombre. Para un corazón renovado como este, la belleza de la gloria de Cristo es irresistiblemente convincente, y eclipsa las falsas glorias del pecado así como el resplandor del sol de mediodía hace que las estrellas sean invisibles. Sugerir que uno podría aceptar a Cristo sin proponerse repudiar el pecado de forma decisiva es sugerir que el pecado es más objetivamente deseable que Cristo para el corazón regenerado. Por el contrario, para el pecador que acaba de despertar, Cristo es un tesoro de inestimable valor, y para conseguirlo, se renuncia a todo con deleite (Mt. 13:44-46; Fil. 3:8). Así, la fe que salva es una fe contrita, como el arrepentimiento que salva es un arrepentimiento que cree.

Por esta razón, el llamamiento del evangelio a la salvación es una invitación tanto a arrepentirse como a creer. Según Marcos, el contenido de "el evangelio de Dios" que el Señor Jesús proclamó puede resumirse como sigue: "El tiempo se ha cumplido, y el reino de Dios se ha acercado; arrepentíos, y creed en el evangelio" (Mr. 1:15). Los apóstoles siguieron las pisadas de su Señor, porque en las palabras de despedida de Pablo a los ancianos de Mileto, caracterizó su ministerio como "testificando a judíos y a gentiles acerca del arrepentimiento para con Dios, y de la fe en nuestro Señor Jesucristo" (Hch. 20:21). Este fue el encargo que Pablo recibió de Cristo mismo, quien, según Pablo le contó a Agripa, lo envió para que abra "sus ojos [de los gentiles], para que se conviertan de las tinieblas a la luz, y de la potestad de Satanás a Dios" (Hch. 26:18). Y fue esta doble conversión realizada en la experiencia de la salvación de los tesalonicenses, quienes se convirtieron "de los ídolos a Dios, para servir al Dios vivo y verdadero" (1 Ts. 1:9). En la verdadera conversión hay un apartamiento *del* pecado (arrepentimiento) y una simultánea vuelta *a* Dios en Cristo (fe). Es imposible que una cosa suceda sin la otra.[108]

No obstante, al examinar lo que las Escrituras tienen que decir sobre la naturaleza de esos dos elementos de la conversión, debemos analizar cada uno por separado. Aunque son actos simultáneos, en cada caso en el que se mencionan juntos, el Nuevo Testamento enumera el arrepentimiento en primer lugar (Mr. 1:15; Hch. 19:4; 20:21; He. 6:1), e indica una prioridad lógica. Por esta razón, trataremos primero el arrepentimiento y después la fe.

---

108. Así, Berkhof escribe: "El verdadero arrepentimiento nunca existe a menos que se presente en conjunción con la fe, en tanto que, por otra parte, dondequiera que hay fe verdadera, también hay arrepentimiento verdadero. Los dos no son más que otros tantos aspectos el mismo regreso —un regreso del pecado para tomar la dirección hacia Dios... los dos son inseparables; son nada más partes complementaria del mismo proceso". *Teología sistemática*, 581-582.

EL ARREPENTIMIENTO

Para comprender la plenitud del concepto bíblico del arrepentimiento, es necesario examinar los diversos términos que las Escrituras emplean para describirlo. En primer lugar, el término hebreo *nakjám* se usa con frecuencia para comunicar el componente emocional del arrepentimiento. Sus significados más básicos incluyen "lamentar algo o estar apesadumbrado", "apenado" y "pesaroso". Tomado como un término onomatopéyico, incluso, la fonología de *nakjám* comunica la idea de respirar profundamente, o suspirar, de pesar o tristeza. Por ejemplo, *nakjám* describe el luto de una familia por la muerte de un ser amado (Gn. 37:35; 38:12). Cuando el Señor acarreó juicio sobre la tribu de Benjamín, por su crueldad con la concubina del levita (Jue. 19:1-30), los israelitas lamentaron [*nakjám*] la pérdida de sus conciudadanos (Jue. 21:6, 15). No resulta difícil ver cómo se cruza el lamento con el arrepentimiento cuando uno considera que el Señor pronunció una bendición sobre quienes lloran por su pecado (Mt. 5:4). Además de lamentar, *nakjám* expresa el pesar por el pecado, como en el caso de Job, quien declaró desde el montón de cenizas: "Por tanto me aborrezco, y me arrepiento [*nakjám*] en polvo y ceniza" (Job 42:6). Semejante pesar puede también ir acompañado de la vergüenza y la humillación adecuadas (Jer. 31:19), y con frecuencia conduce a la acción, como ceder a un curso de maldad (Jer. 8:6). Por tanto, *nakjám* enseña que las emociones tienen un lugar en el arrepentimiento. Quienes se arrepienten tendrán un genuino pesar y remordimiento por sus hechos y, en ocasiones, experimentan tal pesar que demostrarán su pesadumbre en la acción.

El término hebreo más común del Antiguo Testamento para "arrepentimiento" es *shub*, cuyo significado más básico es "volverse" o "regresar". Los eruditos hebreos afirman que "mejor que cualquier otro verbo, combina en sí mismo los dos requisitos del arrepentimiento: apartarse del mal y regresar al bien".[109] Describe el arrepentimiento bíblico como apartarse del pecado (1 R. 8:35), transgresión (Is. 59:20) e iniquidad (Dn. 9:13), y como eliminar la injusticia de la propia tienda (Job 22:23). El arrepentimiento señalado por *shub* incluye renunciar a una senda de impiedad y corregir los hechos propios, alejarse de los planes de un corazón malvado (Jer. 18:11-12; 25:5; 26:3; 35:15). Semejante arrepentimiento implica repudiar todos los pecados conocidos y guardar los mandamientos de Dios (Ez. 18:21). De hecho, el arrepentimiento y el pecado son mutuamente excluyentes, porque los hechos pecaminosos propios no permiten que se regrese [*shub*] a Dios (Os. 5:4). Por tanto, el arrepentimiento no es un mero alejamiento *del* pecado, sino también un volver *a* Dios. Se dice que los individuos arrepentidos buscan al Señor (Is. 9:13) y su favor (Dn. 9:13), tiemblan ante su bondad y se sienten inducidos a reconciliarse con Él (Os. 3:5), y a desechar la adoración idólatra y comprometerse a adorar solamente a Dios (Jer. 4:1-4; cf. 1 S. 7:3). Por tanto, el arrepentimiento incluye un cambio que resulta en obediencia, y requiere que el pecador se "conv[ierta] ahora cada uno de su mal camino, y mejor[e] sus caminos y sus obras" (Jer. 18:11), y a guardar los mandamientos de la ley de Dios (2 R. 17:13; 23:25). Una obediencia con arrepentimiento como esta nunca es meramente externa, sino que sale del corazón (Dt. 30:2; 1 R. 8:48; Jer. 3:10; Jl. 2:12-13).

---

109. Victor P. Hamilton, "*šub*", en *Theological Wordbook of the Old Testament*, eds. R. Laird Harris, Gleason L. Archer Jr. y Bruce K. Waltke (Chicago: Moody Press, 1980), 2:909.

En el Nuevo Testamento, el término griego *metamélomai* representa el componente emocional del arrepentimiento denotado por el *nakjám* hebreo. Describe "lamento" (2 Co. 7:8; cf. 7:10-11) y "arrepentimiento" (Mt. 21:32; 27:3), por la mala conducta. De manera similar, el término griego *epistréfo* y sus cognados significan el mismo concepto general de "volverse" que el *shub* hebreo. Cuando habla de arrepentimiento, describe cómo se cambia la dirección de la vida, apartándose del pecado y de la idolatría para adorar y servir al verdadero Dios (Hch. 14:15; 1 Ts. 1:9). Acudir así al Señor se usa de manera sinónima a renunciar a un corazón endurecido de incredulidad y venir a Dios por fe para salvación (Mt. 13:15; Lc. 1:16-17; Hch. 3:19; 9:35; 11:21; 26:18, 20; 2 Co. 3:16).

El verbo griego más común del Nuevo Testamento para arrepentimiento es *metanoéo* (sustantivo: *metánoia*) que significa "arrepentirse". Indica, en primer lugar, que el arrepentimiento implica reconocer el pecado propio. Juan el Bautista vino y "predicaba el bautismo de arrepentimiento [gr. *metánoia*] para perdón de pecados" (Mr. 1:4; Lc. 3:3). Si el arrepentimiento es *para* el perdón de los pecados, aquellos que se someten al bautismo del arrepentimiento deben haber reconocido que eran pecadores con necesidad de perdón. En realidad, Cristo vino a llamar a los pecadores, no a los justos, al arrepentimiento (Lc. 5:32). Un reconocimiento así también implica un cambio de actitud fundamental hacia el pecado, y el propósito de apartarse de él. Tal es el ineludible significado de la acusación de Pedro al mago Simón (Hch. 8:22), y la de Pablo a los corintios que practicaban la impureza, la inmoralidad sexual y la sensualidad (2 Co. 12:21). Cristo mismo requiere esto cuando une íntimamente el mandamiento a arrepentirse con una exhortación a "ha[cer] las primeras obras" (Ap. 2:5). Esto implica, obviamente, un cambio de actitud que deriva en un cambio completo de rumbo que resulta en una vida cambiada. De hecho, después de reconocer el pecado propio, y el juicio merecido, y tras alterar el rumbo apartándose de los pecados, se exhorta al pecador a "hace[r], pues, frutos dignos de arrepentimiento" (Lc. 3:8; cf. 3:10-14), y a "hac[er] obras dignas de arrepentimiento" (Hch. 26:20). Por tanto, el "cambio de mente" señalado por *metanéo* no es una mera alteración intelectual. La "mente" (gr. *noús*) cambiada alude a la consciencia interna de la totalidad del hombre, y no meramente a las facultades mentales. Respecto a *metanoéo*, Berkhof observa sabiamente:

> Aunque sostengamos que la palabra denota ante todo un cambio de mente, no debemos perder de vista el hecho de que su significado no queda limitado a lo intelectual, al conocimiento teórico, sino que incluye también el conocimiento moral, la conciencia. Ambas, mente y conciencia, están manchadas, Tito 1:15, y cuando la *noús* de una persona queda cambiada, no solo recibe conocimiento nuevo, sino también dirección para su vida consciente, su cualidad moral también sufre cambio.[110]

---

110. Berkhof, *Teología sistemática*, 574. Goetzman declara asimismo: "El entendimiento predominantemente intelectual de *metanóia* como un cambio de mente juega un papel muy pequeño en el NT. Más bien, se recalca la decisión de la totalidad del hombre de cambiar de rumbo. Es evidente que no nos preocupa un cambio puramente externo, ni un cambio de ideas meramente intelectual". J. Goetzman, "Conversion", en *New International Dictionary of New Testament Theology*, ed. Colin Brown (Grand Rapids, MI: Zondervan, 1986), 1:358. Behm concuerda: "Afecta a la totalidad del hombre, primero y principalmente el centro de la vida personal, después lógicamente su conducta en todo tiempo y situaciones, sus pensamientos, sus palabras y sus actos (Mt. 12:33ss. par.; 23:26; Mr. 7:15 par.)". J. Behm, "*Metánoia*", en *Theological Dictionary of the New Testament*, ed. Gerhard Kittel, trad. Geoffrey W. Bromiley (Grand Rapids, MI: Eerdmans, 1967), 4:1002.

Para resumir el análisis léxico anterior, el arrepentimiento bíblico no es un mero cambio de forma de pensar, aunque sí implica un reconocimiento intelectual del pecado y un cambio de actitud hacia él. Tampoco es meramente vergüenza o pesar por el pecado, aunque el arrepentimiento genuino siempre implica un elemento de remordimiento. El verdadero arrepentimiento bíblico también es una redirección de la voluntad humana, una decisión intencionada de renunciar a toda injusticia y perseguir, en su lugar, la justicia. Por tanto, el arrepentimiento genuino implica la mente, el corazón y la voluntad.[111]

Intelectualmente, el arrepentimiento empieza con un reconocimiento del pecado. Debemos comprender la verdadera naturaleza impía del pecado y, como resultado, reconocer humildemente que somos pecadores que hemos quebrantado la ley de Dios, estamos destituidos de su gloria y, por lo tanto, somos culpables ante Él. Experimentar el aspecto intelectual del arrepentimiento es declarar con Job: "Yo hablaba lo que no entendía" (Job 42:3; cf. 42:6), y confesar como hizo David: "Pequé contra Jehová" (2 S. 12:13; cf. Sal. 51:3-4). Es confesar con humildad la necesidad propia de gracia y de misericordia, y pedir perdón (Sal. 51:1-2).

Emocionalmente, el arrepentimiento genuino está marcado por un pesar, un remordimiento y hasta un lamento sinceros por el pecado propio (cf. Mt. 5:4). Los santos del Antiguo Testamento representaban con frecuencia su apesadumbrado arrepentimiento, golpeándose el muslo (Jer. 31:19), sentándose sobre un montón de cenizas (Job 42:6), y vistiendo cilicio y sentándose sobre cenizas (Jon. 3:5-6; cf. Mt. 11:21). Cierto, la tristeza del arrepentimiento es algo distinto de lo que Pablo denomina "tristeza del mundo", que produce muerte (2 Co. 7:10). Este fue el caso de Judas, quien "sintió remordimiento" (Mt. 27:3, NVI) por traicionar a Cristo, incluso hasta el punto de confesar: "Yo he pecado entregando sangre inocente" (Mt. 27:4). Sin embargo, el suyo era un pesar mundano que producía muerte, porque "fue y se ahorcó" (Mt. 27:5). De manera similar, el joven noble rico "se fue triste" (Mt. 19:22), pero no se arrepintió, porque se aferró al ídolo de sus posesiones en lugar de vender todo lo que tenía para ganar a Cristo (cf. Mt. 13:44). No obstante, aunque la pesadumbre no debería equipararse estrictamente al arrepentimiento, es un componente necesario del mismo, y con frecuencia un poderoso impulso para apartarse genuinamente del pecado. Como declara Pablo: "La tristeza que es según Dios produce arrepentimiento para salvación, de que no hay que arrepentirse" (2 Co. 7:10). Por tanto, el verdadero arrepentimiento siempre incluirá al menos algún elemento de contrición; no es el pesar por haber sido pillado ni tristeza por las consecuencias, sino un espíritu quebrantado por la sensación de haber pecado contra Dios y el anhelo de ser restaurado a la comunión con Él (Sal. 51:12, 17).

Finalmente, el arrepentimiento implica un cambio de dirección, una transformación

---

111. Vos escribe: "La noción del arrepentimiento de nuestro Señor es tan profunda y exhaustiva como su concepto de la justicia. De las tres palabras usadas en los Evangelios griegos para describir el proceso, uno enfatiza el elemento emocional de pesar, tristeza por el pasado rumbo perverso de la vida, *metamélomai;* Mateo 21:29-32; el segundo expresa una reversión de toda la actitud mental, *metanoéo,* Mateo 12:41; Lucas 11:32; 15:7, 10; el tercero denota un cambio en la dirección de la vida, una meta sustituida por otra, *epistréfomai;* Mateo 13:15 (y paralelos); Lucas 17:4; 22:32. El arrepentimiento no se limita a una única facultad de la mente: implica la totalidad del hombre, el intelecto, la voluntad y los afectos... De nuevo, en la nueva vida que sigue al arrepentimiento, la supremacía absoluta de Dios es el principio controlador. Aquel que se arrepiente se aparta del servicio de mamón y del "yo" para el servicio de Dios". Geerhardus Vos, *The Teaching of Jesus concerning the Kingdom of God and the Church* (1903; reimp., Nutley, NJ: Presbyterian and Reformed, 1972), 92-93.

de la voluntad. Lejos de ser tan solo un cambio de mente, el arrepentimiento constituye la determinación de abandonar la obcecada desobediencia y rendir la voluntad a Cristo. Esto queda poderosamente ilustrado en los ministerios de los profetas del Antiguo Testamento, quienes caracterizaron el arrepentimiento en términos del impío que renuncia a sus malos pensamientos (Is. 55:7), se vuelve de su maldad y practica "el derecho y la justicia" (Ez. 33:19), y se aparta de sus perversos caminos (Jon. 3:10; cf. 2 Cr. 7:14). Es el rechazo resuelto de uno mismo y del propio modo de vida pecaminoso, y la aceptación de Cristo para justificar y santificar la justicia. Como tal, el arrepentimiento genuino resultará inevitablemente en un cambio de conducta. Es importante observar, sin embargo, que el cambio de conducta en sí mismo no es arrepentimiento. El llamado al arrepentimiento no es un llamado a limpiar la propia vida y prepararnos para la salvación. Esto convertiría el arrepentimiento en una obra de mérito y socavaría el evangelio de gracia. La salvación es un don soberano de la gracia de Dios que el pecador recibe solo por fe (Ro. 3:28; Ef. 2:8), precisamente porque es imposible que los pecadores satisfagan las exigencias de la justicia de Dios con sus hechos (Tit. 3:5). Sin embargo, aunque el arrepentimiento no debe definirse estrictamente como un cambio de conducta, una vida cambiada *es* el fruto que el arrepentimiento genuino producirá inevitablemente. Aunque los pecadores no son salvos *mediante* buenas obras, lo son *para* ellas (Ef. 2:10; Tit. 2:14; 3:8).

Por tanto, en su ministerio, el apóstol Pablo proclamó a judíos y gentiles "que se arrepintiesen [gr. *metanoéo*] y se convirtiesen [gr. *epistréfo*] a Dios, haciendo obras dignas de arrepentimiento" (Hch. 26:20). De manera similar, Juan el Bautista exigió que quienes profesaban arrepentirse llevaran "frutos dignos de arrepentimiento" (Lc. 3:8). Cuando sus oyentes preguntaron cómo era una vida de arrepentimiento, él contestó diciendo que el hombre debería dejar de ser codicioso e indiferente al sufrimiento de su prójimo y cambiar su rumbo prestando con generosidad (Lc. 3:11). Llamó a los recaudadores para que se apartaran de su extorsión: "No exijáis más de lo que os está ordenado" (Lc. 3:13). Respondió que los soldados no debían extorsionar mediante amenazas y falsas acusaciones, sino contentarse con su salario (Lc. 3:14). Tanto Pablo como Juan el Bautista se apoyaban en profetas como Isaías, quien identificó el fruto del arrepentimiento para la corrupta nación de su época: "Lavaos y limpiaos; quitad la iniquidad de vuestras obras de delante de mis ojos; dejad de hacer lo malo; aprended a hacer el bien; buscad el juicio, restituid al agraviado, haced justicia al huérfano, amparad a la viuda" (Is. 1:16-17). Se observa la progresión en una lista así: el arrepentimiento comienza internamente con una purificación y, a continuación, se manifiesta en las actitudes y las acciones justas. En otras palabras, habrá un cambio sincero en la conducta propia. La persona que se ha arrepentido genuinamente dejará de hacer el mal y empezará a vivir con rectitud. Cuando no hay una diferencia observable en la conducta, no puede haber confianza alguna de que se haya producido el arrepentimiento (Mt. 3:8; 1 Jn. 2:3-6; 3:17).[112]

En resumen, las Escrituras enseñan, pues, que el arrepentimiento empieza cuando

---

112. John MacArthur, *The Gospel according to Jesus: What is Authentic Faith?*, ed. rev. (Grand Rapids, MI: Zondervan, 2008), 180, 182.

el pecador reconoce humildemente su pecado y su necesidad de perdón. Entender la ofensividad de su pecado ante Dios produce gran pesar, tristeza y hasta vergüenza y humillación. Su repugnancia hacia sí mismo y su injusticia lo conducen a repudiar su impiedad, y a apartarse con decisión de una vida de pecado. Al apartarse de su anterior forma de vida, pasa a confiar y servir al Dios que es digno de toda adoración. En Cristo encuentra perdón y se restaura la comunión con su Creador. Finalmente, no considera ese perdón como la etapa final, sino que amorosamente se propone desde el corazón vivir en obediencia a la voluntad revelada de Dios, empoderado por la obra del Espíritu Santo. La prueba de su arrepentimiento interno se manifiesta, pues, en sus hechos externos.

El arrepentimiento es un elemento básico de conversión y, por tanto, es un elemento indispensable del mensaje del evangelio. No solo es el arrepentimiento mencionado junto a la fe en la proclamación del evangelio (Mr. 1:15; Hch. 20:21; He. 6:1), sino también muchos pasajes en las Escrituras llaman al arrepentimiento solo para apropiarse de la salvación. Esto no contradice la verdad de que la fe es el único instrumento de la justificación, sino más bien que ilustra que los autores del Nuevo Testamento consideraban que la relación entre el arrepentimiento y la fe es tan íntima que la mención del uno implicaba la otra: que uno no puede apartarse del pecado sin acudir a Cristo en fe, y viceversa. Por tanto, aunque Marcos recoge la primera proclamación que hizo Jesús del evangelio cuando llamó a sus oyentes a "arrepenti[rse] y cree[r] en el evangelio" (Mr. 1:15), Mateo registra lo mismo cuando Jesús llama a "arrepent[irse], porque el reino de los cielos se ha acercado" (Mt. 4:17). Jesús caracterizaría más tarde el objetivo de su ministerio como llamar a los pecadores al arrepentimiento (Lc. 5:32) y demostraría esta verdad al declarar: "Si no os arrepentís, todos pereceréis igualmente" (Lc. 13:3, 5). El único registro de la Gran Comisión en el que se nos proporcionan las palabras de Jesús respecto al contenido del mensaje que los discípulos han de predicar, resume el evangelio como la proclamación del "arrepentimiento y el perdón de pecados" en su nombre (Lc. 24:47). Y los discípulos fueron obedientes a este encargo. Cuando los hombres de Israel escucharon el sermón de Pedro, en el día de Pentecostés, la convicción se apoderó de ellos y preguntaron: "Varones hermanos, ¿qué haremos?". Pedro respondió llamándolos al arrepentimiento: "Arrepentíos, y bautícese cada uno de vosotros en el nombre de Jesucristo para perdón de los pecados" (Hch. 2:38). En su sermón en el pórtico de Salomón, concluyó con el mismo llamado: "Así que, arrepentíos y convertíos, para que sean borrados vuestros pecados" (Hch. 3:19). Cuando Pablo predicó el evangelio a los atenienses en la colina de Marte, el culmen de su mensaje fue un llamamiento al arrepentimiento: "Pero Dios, habiendo pasado por alto los tiempos de esta ignorancia, ahora manda a todos los hombres en todo lugar, que se arrepientan" (Hch. 17:30). Las Escrituras son inequívocamente claras: el arrepentimiento no es un elemento opcional, sino un componente básico del verdadero evangelio. Aquellos que insisten en que es posible confiar salvadoramente en Cristo sin arrepentirse del pecado —creer en Jesús como Salvador, pero no someterse a Él como Señor— se encuentran en directa contradicción con el evangelio, según Jesús y los apóstoles.[113]

---

113. Para una exposición detallada de la controversia sobre "el señorío de Cristo en la salvación", así como una rigurosa refutación de la presunta teología de la "gracia gratuita", véanse John MacArthur, *El Evangelio según Jesucristo*

FE

Aunque se podría describir el arrepentimiento como el aspecto negativo de la conversión —es decir, el acto de apartarse del pecado—, la fe puede describirse como el aspecto positivo, la vuelta del alma *a* Dios y la confianza en la persona y la obra de Cristo para proveer perdón, justicia y vida eterna. A medida que el milagro del nuevo nacimiento destierra la ceguera de la muerte espiritual, los ojos del corazón recreado del pecador se fijan en la gloria de Jesús, y se deleitan en encontrar en Él al supremo y suficiente Salvador, con perfecta capacidad para purificar de pecado, proporcionar justicia perfecta y satisfacer el alma. Al contemplar la gloria de Dios en el rostro de Cristo (2 Co. 4:6), el pecador acepta a Jesús de todo corazón, se encomienda a todo lo que Cristo es y se compromete con ello. Así, la fe salvadora es el compromiso fundamental de la totalidad de la persona con la totalidad de Cristo; el creyente acepta con su mente, su corazón y su voluntad a Jesús como Salvador, Abogado, Proveedor, Sustentador, Consejero, Dios y Señor.

Por tanto, como el arrepentimiento —su contraparte— la fe salvadora se compone de elementos intelectuales, emocionales y volitivos: conocimiento (lat. *notitia*), consentimiento (lat. *assensus*), y confianza (lat. *fiducia*) respectivamente. La mente abraza el conocimiento, el reconocimiento y la comprensión de la verdad respecto a la persona y la obra de Cristo. El corazón da su consentimiento, o la confianza y la afirmación establecidas de que la salvación de Cristo es adecuada para la necesidad espiritual propia. La voluntad responde con la confianza, el compromiso personal a Cristo y la apropiación de Él como única salvación eterna.[114] Cada uno de estos componentes requiere una ilustración adicional.

Conocimiento. El elemento más básico de la fe es el conocimiento. El pensamiento cultural contemporáneo, dominado por el secularismo humanista, concibe la fe como lo opuesto al conocimiento: que la fe es lo que entra en funciones cuando uno no tiene suficiente conocimiento. Es común escuchar decir: "Bueno, en realidad no puedo *saberlo*, pero me limito a *creerlo*". Sin embargo, el concepto bíblico de la fe no es un salto existencial en la esfera oscura o una esperanza sentimental del tipo de "pedir un deseo a una estrella fugaz". Lejos de ser una alternativa al conocimiento, la verdadera fe está basada en el conocimiento; tiene su fundamento seguro y sólido en el conocimiento de la verdad divinamente revelada.

Las Escrituras testifican de esto numerosas veces. En primer lugar, la Biblia representa a menudo el conocimiento de verdades particulares como la razón causal de la fe. Por ejemplo, la fe en Cristo para salvación no está basada en "sab[er] que el hombre no es justificado por las obras de la ley, sino por la fe de Jesucristo" (Gá. 2:16). Es *porque sabemos* que las obras no justifican que creamos en Cristo para salvación. De manera

---

(El Paso, TX: Casa Bautista de Publicaciones, 1991) y MacArthur, *El evangelio según los apóstoles* (El Paso, TX: Casa Bautista de Publicaciones, 2016). El segundo capítulo de este último volumen, "Introducción a la controversia del señorío de Cristo en la salvación" es especialmente útil. Para un análisis adicional, véanse Robert Lescelius, *Lordship Salvation: Some Crucial Questions and Answers* (Asheville, NC: Revival Literature, 1992) y Richard P. Belcher, *A Layman's Guide to the Lordship Controversy* (Southbridge, MA: Crowne, 1990). En Grudem, *Teología sistemática*, 750n5 también hallamos una breve, aunque útil, perspectiva general.

114. MacArthur, *The Gospel according to the Apostles*, 27.

similar, Pablo basa la fe del creyente en su futura resurrección en el conocimiento de la resurrección de Cristo: "Y si morimos con Cristo, creemos que también viviremos con él; sabiendo [es decir, 'porque sabemos'[115]] que Cristo, habiendo resucitado de los muertos, ya no muere" (Ro. 6:8-9; cf. 2 Co. 4:13-14; 1 P. 5:9). Estos pasajes dejan en claro que la fe bíblica y el conocimiento de la verdad no son enemigos, sino que el segundo es la base de la primera. Además, las Escrituras testifican de esta relación entre la fe y el conocimiento, mediante el frecuente empleo de la frase "creemos que…", seguido de las afirmaciones de la verdad proposicional que identifican el contenido de la fe salvadora.[116] Uno debe creer que Jesús es Dios (Jn. 8:24; 13:19, donde Jesús aplica a sí mismo el nombre divino "Yo soy"; cf. Éx. 3:14) y que es uno con el Padre (Jn. 14:10-11), que es el Mesías y el Hijo de Dios (Jn. 11:27; 20:31; 1 Jn. 5:1, 5), que fue enviado por el Padre (Jn. 11:42; 16:27, 30; 17:8, 21), que murió por los pecados y que resucitó de entre los muertos (1 Ts. 4:14; cf. Ro. 10:9), que Dios existe y que "es galardonador de los que le buscan" (He. 11:6), y que los pecadores son salvos por gracia tan solo por medio de la fe (Hch. 15:11; cf. 15:9). El apóstol Pablo resume el asunto cuando declara que la fe salvadora viene del oír el mensaje del evangelio respecto a Cristo (Ro. 10:17), de manera que es imposible creer sin oír el mensaje (Ro. 10:14). El conocimiento del mensaje del evangelio —es decir, los hechos divinamente revelados de la santidad de Dios, de la pena del pecado, de la identidad de Cristo y de lo que Él ha efectuado por los pecadores— es la razón misma de la fe salvadora. Es evidente, pues, que la verdadera fe salvadora tiene una sustancia objetiva. Creer no es un salto a ciegas en la oscuridad ni una especie de confianza etérea al margen del conocimiento. La verdad del mensaje del evangelio, tal como se revela en Cristo y en las Escrituras, proporciona una base fáctica, histórica, intelectual para nuestra fe. Por tanto, no creemos conforme a nuestros caprichos subjetivos; debemos creer la verdad (2 Ts. 2:11-12; cf. Jn. 8:46; 1 Ti. 4:3). La fe que no está basada en esta verdad objetiva y proposicional no es fe en absoluto.[117]

Consentimiento. Aunque conocer los hechos es necesario para la fe, no es suficiente. Conocer la verdad sin creerla ni abrazarla es del todo posible. Muchos predicadores, eruditos y teólogos han comprendido intelectualmente grandes verdades de las Escrituras, como el nacimiento virginal de Cristo y su resurrección corporal y, a pesar de ello, han rechazado dichas doctrinas por creerlas falsas. Muchas personas entienden, asimismo, las verdades del evangelio —que el hombre es culpable ante un Dios santo y que perecerá en sus pecados, que Cristo ha llevado el castigo de su pueblo al morir y resucitar en su lugar, y que los beneficios de su obra han de recibirse por fe al margen de las obras—, y aun así no se arrepienten ni confían en Él. Por esta razón, se dice que la fe conlleva un elemento emocional y otro intelectual. La fe no solo conoce la verdad, sino que también da crédito a la verdad tal como la revelan las Escrituras y la acepta. La verdad es conocida y creída.

El autor de Hebreos habla de este consentimiento como un componente de la fe, cuando la define como "la certeza de lo que se espera, la convicción de lo que no se ve"

---

115. El participio *eidótes* (lit., "conociendo") tiene aquí una fuerza causal: "porque conocemos". Véase Wallace, *Greek Grammar Beyond the Basics*, 631.
116. Reymond, *Systematic Theology*, 727.
117. MacArthur, *The Gospel according to the Apostles*, 29-30.

(He. 11:1). El término traducido "certeza" es la palabra griega *jupóstasis*, formada por *stasis* "estar de pie" y *jupó* "bajo". Alude a un fundamento, el suelo sobre el que se ha construido algo. El escritor lo usa aquí para describir la fe como una certeza sobrenatural, una convicción producida por Dios respecto a la verdad de las promesas bíblicas y a la fiabilidad de Cristo. El autor sigue y añade que la fe es la convicción de lo que no se ve; es decir, lo que no se puede ver con los ojos físicos se desvela a los ojos espirituales por la fe. Hebreos 11:27 caracteriza precisamente así la fe de Moisés: "Por la fe dejó a Egipto, no temiendo la ira del rey; porque se sostuvo como viendo al Invisible". La fe de Moisés consistió en la resuelta convicción de que la riqueza de la gloria de Cristo era más valiosa que los tesoros de Egipto (He. 11:24-26). No se limitó a comprender con el intelecto que Cristo era más precioso; estaba persuadido en lo profundo de su corazón de que esto era verdad. La convicción de Pablo, resuelta y colmada de fe respecto a la soberanía de Cristo, fue la que alimentó su resistencia frente al sufrimiento más intenso, porque él afirmó: "Yo sé a quién he creído, y estoy seguro de que es poderoso para guardar mi depósito para aquel día" (2 Ti. 1:12).

Con respecto a la conversión, aquel que posee la fe salvadora acepta, pues, de todo corazón, la verdad de su propia pecaminosidad y de lo adecuado que es Cristo para salvarlo. Cuando Bartimeo oyó que Jesús pasaba por allí, su resuelta convicción de que el Hijo de David era perfectamente apropiado para suplir su necesidad lo hizo abandonar el decoro y clamó para que Jesús le restaurara la vista. Jesús respondió: "Vete, tu fe te ha salvado" (Mr. 10:46-52). Del mismo modo, el creyente recién despertado está absolutamente convencido de que es impotente de ocuparse de la inevitable miseria de su condición espiritual, y acude a Cristo con la segura convicción de que su suficiencia es la respuesta perfecta a su fracaso espiritual. Esta fe salva al pecador.

Confianza. En la fe de Moisés, Pablo y Bartimeo había algo más que un mero conocimiento y una simple aceptación de la verdad. Santiago nos indica que los demonios conocen y creen la verdad del monoteísmo (Stg. 2:19). Nicodemo creía que Jesús era un maestro enviado de Dios (Jn. 3:2). Agripa creía que el Antiguo Testamento contenía la verdad (Hch. 26:27). Judas estaba convencido de que Jesús era el Cristo (Mt. 27:3-5). Aun así, ninguno de ellos poseía la fe salvadora. La fe empieza por el conocimiento (*notitia*) y el consentimiento (*assensus*), pero no se detiene hasta alcanzar la confianza en Cristo para la salvación personal (*fiducia*). Como observa Murray con gran perspicacia: "La fe es conocimiento que se torna en convicción y convicción que se torna en confianza. Es imposible para la fe llegar a las puertas de la entrega a Cristo y detenerse. La fe logra su cometido de transferir la confianza que tenemos en nosotros mismos y en todos los recursos humanos a la confianza de obtener salvación solo por medio de Cristo. Es recibir de [Él] y luego experimentar una confianza plena".[118] Es decir, la fe salvadora va más allá de "creer *que*" y llega a "creer *en*"; supera el asentir mentalmente a la verdad *sobre* Cristo y alcanza la confianza personal *en* Cristo y la dependencia *de* Él para el perdón de los pecados y la reconciliación con Dios.

El apóstol Pablo narra la historia de su propia conversión en Filipenses 3. Caracteriza

---

118. Murray, *La redención consumada y aplicada*, 110.

al cristiano verdadero como alguien que no deposita su confianza en la carne (Fil. 3:3), que no mira en su interior —a sus privilegios heredados o sus logros religiosos— para adquirir la justicia que Dios requiere. En efecto, en su vida de fariseo había puesto una confianza plena en su carne: en su herencia, su posición social, su ritualismo, su tradicionalismo, su dedicación y su sinceridad, y hasta en la observancia externa de los mandamientos de Dios (Fil. 3:4-6). Confió en estas credenciales carnales para que lo elevaran al estándar de la justicia de Dios. Pero ese error desapareció después de su encuentro con el Cristo resucitado, en el camino a Damasco. Como él afirmó: "Pero cuantas cosas eran para mí ganancia, las he estimado como pérdida por amor de Cristo" (Fil. 3:7). Cuando Dios le abrió los ojos del corazón en la regeneración, Pablo llegó a considerar como pérdida toda la santurronería que antes contaba como ganancia. Lo consideró todo como pérdida con el fin de "ser hallado en él, no teniendo mi propia justicia, que es por la ley, sino la que es por la fe de Cristo, la justicia que es de Dios por la fe" (Fil. 3:8-9). Había pasado de depender de sí mismo para justicia a confiar solo en Cristo para justicia (cf. Ro. 10:4; 2 Co. 5:21).

Quien tiene fe salvadora no solo confía en Cristo para justicia, sino que también lo recibe a Él como un tesoro. Pablo consideraba el conocer a Jesús personalmente como un valor tan incomparable que estaba dispuesto a perderlo todo en su vida con tal de ganarlo a Él (Fil. 3:8). Jesús mismo habló de la conversión como hallar un tesoro: "El reino de los cielos es semejante a un tesoro escondido en un campo, el cual un hombre halla, y lo esconde de nuevo; y gozoso por ello va y vende todo lo que tiene, y compra aquel campo" (Mt. 13:44; cf. 13:45-46). El hombre cuyo corazón ha sido despertado en la regeneración es como aquel que se tropieza con un tesoro enterrado, de valor incalculable. Por el valor incalculable del tesoro que es Cristo Jesús, el pecador renuncia de buen grado a todo lo que tiene para poder hacerse con el Salvador, a quien considera supremamente precioso (Lc. 9:23; 14:26-33; cf. Mt. 10:37-39). Estos textos deberían advertir al estudioso de las Escrituras contra concebir la fe salvadora como aquello que usa a Cristo simplemente para escapar del castigo. La fe salvadora es, por excelencia, la ávida aceptación de una *persona*: la recepción sincera y muy agradable de Cristo por la plenitud de quien Él es, es decir, la fuente de toda justicia, vida y satisfacción para el alma recién nacida (Mt. 5:6; Jn. 4:13-14; 6:35).

Finalmente, en este aspecto volitivo de la fe, uno no solo confía en Cristo sino que también se encomienda a sí mismo *a* Él, porque creer en una persona involucra un compromiso personal. Aquel que confía en Cristo se coloca bajo su custodia tanto para vida como para muerte. El creyente se fía del consejo del Señor, confía en su bondad, y se encomienda a su tutela por toda la eternidad. Entonces, la fe salvadora es el pecador, en la integridad de su ser, que acepta la totalidad de Cristo. Por esta razón, las Escrituras suelen usar metáforas para la fe como alzar la mirada a Él (Jn. 3:14-15; cf. Nm. 21:9), comer su carne y beber su sangre (Jn. 6:50-58; cf. 4:14), recibirlo (Jn. 1:12) y venir a Él (Mt. 11:28; Jn. 5:40; 6:35, 37, 44, 65; 7:37-38). Uno no demuestra su fe en que el pan satisface el hambre con solo confesar: "El pan satisface", sino cuando lo come. Del mismo modo, tampoco se demuestra la fe en Cristo solo con afirmar "¡Creo!", sino al venir a Cristo, recibir todo lo que Él es, y encomendándolo todo lo que el creyente es.

En resumen, la fe es apoyarse por completo en Cristo: para la redención, la justicia, el consejo, la comunión, el sustento, la dirección, el socorro, para su señorío y para todo aquello que en la vida pueda satisfacer de verdad.

Esto significa que la verdadera fe salvadora funciona en amorosa obediencia (cf. Gá. 5:6). El capítulo once de Hebreos está dedicado a ilustrar este principio único. Tras definir la naturaleza de la fe verdadera en los primeros versículos, el autor repasa toda la historia redentora para demostrar que la fe surte efecto. Por fe, Abel ofreció un sacrificio aceptable (He. 11:4); por fe, Enoc caminó con Dios y escapó a la muerte misma (11:5); por fe, Noé construyó un arca (11:7); por fe, Abraham obedeció (11:8), vivió en tierra extranjera (11:9), y ofreció a Isaac a Dios (11:17-19); por fe, Isaac y Jacob bendijeron a sus hijos (11:20-21); por fe, José habló del éxodo (11:22); por fe, los padres de Moisés lo escondieron de Faraón (11:23); por fe, Moisés rechazó los placeres pasajeros de Egipto, aceptó la reprensión de Cristo y partió sin temor (11:24-27); por fe, Moisés observó la Pascua (11:28); por fe, Israel cruzó el Mar Rojo (11:29) y conquistó Jericó (11:30). La fe ofrece, camina, construye, bendice, esconde, se marcha y conquista. En resumen, la fe obedece. Obliga a actuar conforme a la verdad que se profesa creer. En la conversión, la fe salvadora no hace nada, sino recibir de forma pasiva la provisión de Cristo. Sin embargo, la fe verdadera no permanece nunca pasiva; se pone de inmediato manos a la obra, no como medio de ganar el favor divino, sino como consecuencia de haber recibido la gracia de Dios que obra de manera poderosa en nuestro interior (Col. 1:29). Conforme nos ocupamos de nuestra salvación con temor y temblor, es Dios quien obra en nosotros tanto el querer como el hacer por su buena voluntad (Fil. 2:12-13).[119]

LOS DONES QUE SIGUEN DANDO

No podemos dejar de mencionar otros dos rasgos del arrepentimiento y la fe. En primer lugar, tanto el arrepentimiento como la fe son dones soberanos de Dios mismo. Aunque es cierto que la fe de arrepentimiento se ofrece a los pecadores como su responsabilidad y la condición para su justificación, la corrupción de su mente, de sus afectos y de su voluntad imposibilitará que se arrepientan de verdad y crean. La obra soberana del Espíritu en la regeneración, la renovación del corazón del hombre y la apertura de sus ojos espirituales son lo único que lo capacitan para apartarse del pecado y del "yo", y confiar solo en Cristo para justicia.

Por esta razón, las Escrituras no hablan de la fe de arrepentimiento como una decisión soberana de la voluntad humana, sino como aquello que se concede de manera

---

119. MacArthur explica: "¿Mezcla esto la fe y las obras, como a algunos les gusta decir? En absoluto. Que no haya confusión sobre esto. La fe es una realidad *interna* con consecuencias *externas*. Cuando afirmamos que la fe abarca la obediencia, estamos aludiendo a la *actitud* de obediencia recibida de Dios, y no intentando convertir las *obras* en parte de la definición de la fe. Dios transforma el corazón creyente en un corazón obediente; es decir, un corazón ávido por obedecer. La fe misma es completa antes de que se produzca una sola obra. Pero no nos equivoquemos: la fe real siempre producirá obras justas. La fe es la raíz; las obras son el fruto. Al ser Dios mismo el viñador, el fruto está garantizado. Por ello, cada vez que las Escrituras presentan ejemplos de fe —como aquí en Hebreos 11—, inevitablemente se la ve obediente, en funcionamiento y activa". MacArthur, *The Gospel according to the Apostles*, 34. Para una discusión más profunda de los asuntos en juego en la controversia de "el señorío de Cristo en la salvación", véanse MacArthur, *El evangelio según Jesucristo*, y MacArthur, *El evangelio según los apóstoles*.

sobrenatural como don de la gracia de Dios.[120] En el caso del arrepentimiento, Pedro declaró al Sanedrín que Dios llevó a cabo la muerte y la resurrección de Cristo con el fin de "dar a Israel arrepentimiento y perdón de pecados" (Hch. 5:31). Cuando Pedro testificó más tarde a los judíos respecto a que el Espíritu había descendido sobre los gentiles, concluyeron que Dios también les había dado este don a los gentiles: "¡De manera que también a los gentiles ha dado Dios arrepentimiento para vida!" (Hch. 11:18). De manera similar, Pablo instruyó a Timoteo para que corrigiera con mansedumbre a aquellos que se oponían a él, con la esperanza de que "quizá Dios les conceda que se arrepientan para conocer la verdad" (2 Ti. 2:25).

En consecuencia, las Escrituras identifican la fe como don de la gracia de Dios. Tal vez el pasaje más familiar sobre el tema sea Efesios 2:8-9, donde Pablo declara: "Porque por gracia sois salvos por medio de la fe; y esto no de vosotros, pues es don de Dios; no por obras, para que nadie se gloríe". Aquí, Pablo se refiere a la totalidad de la salvación como don de Dios, que necesariamente incluye la fe por la cual es justificado el pecador.[121] Además, Lucas caracteriza a los cristianos como "a los que por la gracia habían creído" (Hch. 18:27). Así, la fe solo viene por medio de la gracia de Dios y, por lo tanto, es un don. Pablo enseña explícitamente esta idea a los filipenses cuando les explica: "Porque a vosotros os es concedido a causa de Cristo, no sólo que creáis en él, sino también que padezcáis por él" (Fil. 1:29). Junto con el sufrimiento por causa del evangelio, la fe en Cristo se concede como un don de Dios.

Como don divino, la fe de arrepentimiento que salva nunca podría ser, pues, pasajera ni temporal. Tiene una cualidad perdurable que garantiza que durará hasta el final, de manera que el arrepentimiento y la fe caracterizan el estilo de vida del verdadero cristiano. En la primera de sus "Noventa y cinco tesis", Martín Lutero (1483–1546) escribió la célebre frase: "Cuando nuestro Señor y Maestro Jesucristo dijo 'Arrepentíos', pretendía que toda la vida de los creyentes fuera arrepentimiento".[122] Así, cuando Pedro le preguntó a Jesús cuántas veces debía perdonar a un hermano que pecara contra él (Mt. 18:21), Jesús respondió: "Si tu hermano pecare contra ti, repréndele; y si se arre-

---

120. Es necesario evitar un potencial malentendido. Que el arrepentimiento y la fe sean dones de Dios no implica que no sean también hechos de los hombres. Dios no se arrepiente del pecado ni cree en Cristo *por* el creyente, como enseñó Karl Barth (véase G. C. Berkouwer, *Faith and Justification* [Grand Rapids, MI: Eerdmans, 1954], 172-175). En su lugar, Dios despierta soberanamente al pecador en la regeneración para que él mismo, en su concienciación personal, y conforme a su naturaleza renovada, se aparte necesariamente del pecado y confíe en Cristo. Dios proporciona la fe y el hombre la pone en práctica, pero el acto del hombre depende de forma absoluta del don de Dios.

121. Existe cierto desacuerdo respecto al referente adecuado de "esto"; ¿qué es exactamente lo que no procede del hombre, sino que es don de Dios? Aunque "fe" sea el antecedente más próximo, "esto" aparece en género neutro, y "fe" es un sustantivo femenino. Normalmente, el género de un pronombre concuerda con su antecedente. Al no ser el caso aquí, muchos concluyen que el don de Dios no se refiere a la fe. Tampoco puede referirse, pues, a la "gracia", que también es femenino. Sugerir que está relacionado con "por gracia sois salvos" es enfrentarse al mismo problema, porque es un participio masculino. Algunos lo toman como una frase adverbial usada de forma enfática, como en 3 Juan 5. Tal vez la mejor explicación sea que el antecedente de "esto" es toda la frase anterior: "Por gracia sois salvos por medio de la fe". No es inusual que el pronombre demostrativo aparezca en género neutro cuando se refiere a múltiples antecedentes de diversos géneros. Por ejemplo, en Filipenses 1:28, Pablo indica: "Para ellos, ciertamente es indicio [gr. *éndeixis*, fem.] de perdición [gr. *apóleias*, fem.], mas para vosotros de salvación [gr. *soterías*, fem.]; y esto [gr. *toúto*, neut.] de Dios". "Esto" alude al indicio tanto de la destrucción de los oponentes como de la salvación de los creyentes. Pablo los considera una unidad, y afirma que ambos son de Dios. Donde habría tenido sentido usar el femenino, Pablo usa el neutro para comentar sobre los múltiples antecedentes de una vez. Para más, véanse Wallace, *Greek Grammar Beyond the Basics*, 334-335, y Ernest Best, *A Critical and Exegetical Commentary on Ephesians*, ICC (Edimburgo: T&T Clark, 1998), 226.

122. Martín Lutero, *Martin Luther's Ninety-Five Theses*, ed. Stephen J. Nichols (Phillipsburg, NJ: P&R, 2002), 23.

pintiere, perdónale. Y si siete veces al día pecare contra ti, y siete veces al día volviere a ti, diciendo: Me arrepiento; perdónale" (Lc. 17:3-4). El principio es que uno debería arrepentirse con la misma frecuencia con la que peca. En sus cartas a las iglesias de Asia, Cristo dio instrucciones a los creyentes (es decir "a todos los que amo") en la iglesia de Laodicea de que fueran "celoso[s] y [se] arrepi[ntieran]" (Ap. 3:19), lo que demuestra que el arrepentimiento no solo es un acontecimiento de una sola vez en la conversión, sino que se espera incluso de los verdaderos cristianos. El Señor también enseñó a sus discípulos que tuvieran la costumbre de orar pidiendo perdón (Mt. 6:12), algo que necesariamente exige un arrepentimiento continuo. El apóstol Juan declara, de forma similar: "Si confesamos [gr. *jomologuéo*] nuestros pecados, él es fiel y justo para perdonar nuestros pecados, y limpiarnos de toda maldad" (1 Jn. 1:9). El tiempo presente de *jomologuéo* indica una actividad constante. Así, los creyentes muestran que ellos son aquellos a los que Dios ha perdonado y purificado, porque están confesando sus pecados continuamente. En resumen, aunque la justificación libera al creyente de la pena del pecado, la presencia del pecado sigue permaneciendo en su carne irredenta. Por consiguiente, al seguir pecando contra Dios y los demás, debemos seguir arrepintiéndonos. En la vida del creyente, el espíritu de arrepentimiento debe ser tan residente como lo es su pecado que permanece.[123]

Esto mismo es cierto en el caso de la fe.[124] Las familiares palabras de Habacuc 2:4: "El justo por su fe vivirá" (cf. Ro. 1:18; Gá. 3:11; He. 10:38), no hablan de un acto momentáneo de creer, sino de una confianza viva y perdurable en Dios. Hebreos 3:14 enfatiza la permanencia de la fe genuina. Su durabilidad misma es la prueba de su realidad: "Porque somos hechos participantes de Cristo, con tal que retengamos firme hasta el fin nuestra confianza del principio". La fe que Dios proporciona no puede evaporarse nunca. Y la obra de salvación no puede ser frustrada a la larga (1 Co. 1:8; Fil. 1:6; Col. 1:22-23).[125] El apóstol Pablo resume la totalidad de la vida cristiana cuando declara: "Con Cristo estoy juntamente crucificado, y ya no vivo yo, mas vive Cristo en mí; y lo que ahora vivo en la carne, lo vivo en la fe del Hijo de Dios, el cual me amó y se entregó a sí mismo por mí" (Gá. 2:20; cf. He. 10:39). La vida cristiana debe distinguirse por la confesión diaria del pecado, lamentarse y apartarse de él, así como una fe perseverante en la persona de Cristo y las promesas de Dios.

La unión con Cristo

Una de las verdades más preciosas de todas las Escrituras es la doctrina de la unión del creyente con el Señor Jesucristo. El concepto de estar unidos a Él habla de la intimidad espiritual más vital que se pueda imaginar entre el Señor y su pueblo. Aunque Cristo se relaciona con los creyentes como Señor, Amo, Salvador y Maestro, no están

---

123. Christopher Jenkins explica: "En la conversión, el pecador se propone apartarse del pecado, concebido de forma general (es decir, como principio dominante de vida) y, sin embargo, a lo largo de la vida santificada también se aleja de los pecados específicos conforme aparecen". "What is Repentance? Settling the Debate", *Journal of Modern Ministry* 5, no. 2 (2008): 7-19, 21-28.

124. Este párrafo está adaptado de John MacArthur, "The Lordship Controversy", Grace to You, consultado el 14 de abril, 2016, http://www.gtycanada.org/Resources/Articles/A293.

125. MacArthur, *The Gospel according to Jesús*, 189.

meramente asociados con Él como objeto de su gracia salvadora y su amor. No es que los cristianos adoren simplemente a Jesús, lo obedezcan u oren a Él, aunque estos privilegios serían desde luego suficientes. En su lugar, se identifican tan íntimamente con Él y Él con ellos, que las Escrituras aseveran que están unidos: Él está en ellos y ellos están en Él. El Señor y su pueblo comparten una vida espiritual común, de tal manera que Pablo pudo afirmar que nuestra vida está escondida con Cristo en Dios (Col. 3:3), que Cristo mismo es nuestra vida (Col. 3:4), y que Cristo vive en nosotros (Gá. 2:20). Unido a su pueblo de esta forma, Cristo actúa como representante y sustituto de ellos; es decir, Dios considera que aquello que Cristo ha realizado en nombre de su pueblo ha contado para ellos como si lo hubieran hecho ellos mismos. Por la unión con Cristo, los creyentes han sido crucificados con Él (Gá. 2:20), han muerto con Él (Ro. 6:8; Col. 2:20), han sido sepultados con Él (Ro. 6:3), han resucitado con Él (Ef. 2:5-6; Col. 3:1), y hasta han sido entronizados en el cielo con Él (Ef. 2:6). Él es, pues, el Mediador de todos los beneficios de la salvación, porque Dios nuestro Padre "nos bendijo con toda bendición espiritual en los lugares celestiales *en Cristo*" (Ef. 1:3).

Una unión espiritual tan íntima es exclusiva del cristianismo. En ninguna otra religión se afirma que el objeto de adoración se convierte en la vida del adorador. Los musulmanes no hablan de estar en Alá ni en Mahoma; los budistas no afirman nunca estar en Buda. Pueden seguir las enseñanzas de sus respectivos líderes, pero los cristianos son los únicos de quienes se puede aseverar que están *en* Cristo, unidos a Él como su representante, sustituto y mediador.

Este concepto de unión con Cristo es tan dominante como precioso. Representado en la mayoría de los casos por la diminuta preposición "en", la unión de los creyentes con Cristo impregna el Nuevo Testamento. Se suele decir a menudo estar "en Cristo" (1 Co. 1:30; 2 Co. 5:17), "en el Señor" (Ro. 16:11), y "en Él" (1 Jn. 5:20). De manera similar, también se menciona que Cristo está con su pueblo (Ro. 8:10; 2 Co. 13:5; Ef. 3:17), una noción que Pablo define como la mismísima "esperanza de gloria" (Col. 1:27). En ocasiones, ambos aspectos de unión con Cristo se presentan en el mismo texto, solo para enfatizar más la intimidad de la mutua residencia de Cristo y del creyente (p. ej., Jn. 6:56; 15:4; 1 Jn. 4:13). Claramente, la importancia de la unión del creyente con Cristo no puede exagerarse.

LA UNIÓN CON CRISTO Y LA SOTERIOLOGÍA

La relación entre la doctrina de la unión con Cristo y el resto de la soteriología ha sido, desde hace mucho tiempo, tema de debate. Esto se debe a que no es otra mera fase en la aplicación de la redención, como la regeneración, la fe o la justificación. En su lugar, la unión con Cristo es la matriz de la que fluyen todas las demás doctrinas soteriológicas. De hecho, como expresa Pablo en Efesios 1:3, nuestra unión con Cristo es la fuente de toda bendición espiritual que recibimos: desde la elección del Padre en la eternidad pasada, a la tarea redentora del Hijo a través de su vida, muerte, sepultura y resurrección, hasta llegar a la glorificación de los santos con Cristo en el cielo. Por esta razón, el gran teólogo John Murray denominó la unión del creyente con Cristo "la verdad central de toda la doctrina de salvación".[126] Es el principio unificador de toda la soteriología, que se extiende desde la eternidad pasada a la futura.

En primer lugar, la elección del Padre está arraigada en Cristo. Pablo declara que "[el Padre] nos escogió en Él [Cristo] antes de la fundación del mundo" (Ef. 1:4). También nos indica en 2 Timoteo 1:9 que Dios nos proporcionó gracia "en Cristo Jesús antes de los tiempos de los siglos". Aunque la obra de elección del Padre se produjo antes de nuestra existencia, su elección para salvar a su pueblo es no obstante en Cristo. Esto significa que nunca hubo un tiempo en el que Dios contemplara a sus elegidos al margen de su unión vital con Cristo.

En segundo lugar, las Escrituras enseñan que Dios consideró que los escogidos estaban unidos con Cristo durante el acto mismo de la realización de la redención por parte del Hijo. En Él tenemos redención y perdón (Ef. 1:7; Col. 1:14). Estamos unidos a Él en su perfecta vida de obediencia. Cuando Él "cumpli[ó] toda justicia" (Mt. 3:15), los que están unidos a Él también están vestidos de su justicia (Gá. 3:27), es decir, se les acredita su obediencia (Ro. 5:19; 1 Co. 1:30; 15:22). Esta unión también fue la base sobre la que nuestro pecado pudo ser justamente imputado a Cristo. El Padre cuenta a los elegidos como habiendo vivido la vida de Jesús, porque considera que este ha vivido la nuestra y, por lo tanto, lo castigó de la forma adecuada (2 Co. 5:21; 1 P. 2:24). Por tanto, se afirma que hemos muerto con Cristo (Ro. 6:8; Col. 2:20; cf. Col. 3:3; 2 Ti. 2:11), que nuestro viejo yo ha sido crucificado juntamente con Él (Ro. 6:6). Y no solo esto, sino que fuimos sepultados con Él (Ro. 6:4; Col. 2:12), resucitados de entre los muertos con Él (Ef. 2:6; Col. 2:12; 3:1), e incluso estamos sentados "en los lugares celestiales con Cristo Jesús" (Ef. 2:6). Su vida es nuestra vida, su castigo es el nuestro, su muerte es la nuestra, su resurrección es la nuestra, su ascensión y glorificación, las nuestras. En resumen, aunque no habíamos nacido aún, Dios consideró a su pueblo en unión con su Salvador, a lo largo de la realización de su obra redentora. Cristo no vivió, murió y resucitó por un grupo sin rostro y anónimo; la redención fue extraordinariamente personal, ya que siempre se reconoció que el cuerpo estaba unido a la cabeza (Ef. 5:23, 25).

En tercer lugar, así como el plan y la realización de la redención se producen en Cristo, también la aplicación de la redención. Los creyentes nacen de nuevo a la fe salvadora en unión con Cristo. Pablo describe la regeneración del creyente cuando afirma que "nos dio vida juntamente con Cristo" (Ef. 2:5), y somos "creados en Cristo Jesús" (Ef. 2:10). Si alguien está unido a Cristo, es una nueva criatura (2 Co. 5:17), que es otra forma de decir que se ha nacido de nuevo en unión con Cristo. Esta impartición de la nueva vida espiritual emerge de inmediato en fe de arrepentimiento, el instrumento por el cual uno se apropia de forma subjetiva de todas las bendiciones espirituales planeadas por el Padre y adquiridas por el Hijo (Gá. 2:20). Unidos con Cristo por fe, los creyentes se apropian de su justicia (Fil. 3:9) y, por tanto, son justificados en Él (Gá. 2:17), porque no hay condenación para los que están en Cristo Jesús (Ro. 8:1). Declarados, pues, justos en Cristo, los creyentes son adoptados en la familia de Dios, por medio de Cristo (Ef. 1:5; cf. Gá. 3:26), y son santificados en Él para santidad y servicio a Dios (1 Co. 1:2).

---

126. Murray, *La redención consumada y aplicada*, 157.

La unión con Cristo es, asimismo, la fuente de la santificación progresiva y de la perseverancia del creyente. A Cristo se lo denomina nuestra santificación, porque esta fluye de Él (1 Co. 1:30). Solo producimos fruto de justicia mientras estamos conectados a nuestra vida (Jn. 15:4-5). Los miembros del cuerpo crecen hasta alcanzar la madurez mientras reciben la comunicación de vida de su cabeza (Ef. 4:15-16). Por tanto, los creyentes "[murieron] a la ley mediante el cuerpo de Cristo", porque solo cuando son "de otro, del que resucitó de los muertos" pueden caminar en su vida de resurrección y, de ese modo, "llev[ar] fruto para Dios" (Ro. 7:4; cf. 6:4-11). Crecer en santidad es imposible al margen de la unión con Cristo. Además, es en base de esta unión como los creyentes verdaderos perseveran siempre hasta el final (Jn. 10:27-28), porque mientras están en Cristo, nada los puede separar del amor del Padre (Ro. 8:38-39). En realidad, ni siquiera la muerte corta esta unión, porque los cristianos que mueren son definidos como muertos en Cristo (1 Ts. 4:14, 16).

Finalmente, en base a esta unión con Cristo, los creyentes serán resucitados de entre los muertos. Él es la primicia de nuestra resurrección, como reconforta Pablo a los corintios: "Mas ahora Cristo ha resucitado de los muertos; primicias de los que durmieron es hecho. Porque por cuanto la muerte entró por un hombre, también por un hombre la resurrección de los muertos. Porque así como en Adán todos mueren, también en Cristo todos serán vivificados" (1 Co. 15:20-22). En otro lugar, Pablo razona: "Porque si fuimos plantados juntamente con él en la semejanza de su muerte, así también lo seremos en la de su resurrección" (Ro. 6:5; cf. 8:17).

Es, pues, evidente que la unión de los creyentes con Cristo abarca cada fase de la salvación, desde la elección en la eternidad pasada hasta la glorificación en la eternidad futura. Aquellos a los que Dios ha escogido, Cristo los ha comprado; y a quienes el Espíritu da vida, nunca se contemplan al margen de su unión con Cristo. Aun así, esta unión no se realiza en la experiencia del cristiano antes de su conversión, porque el apóstol Pablo habla de un tiempo en el que los creyentes estaban "sin Cristo, alejados de la ciudadanía de Israel y ajenos a los pactos de la promesa, sin esperanza y sin Dios en el mundo" (Ef. 2:12). Y prosigue: "Pero ahora en Cristo Jesús, vosotros que en otro tiempo estabais lejos, habéis sido hechos cercanos por la sangre de Cristo" (Ef. 2:13). Es decir, el pecador pasa de la separación a la unión con Cristo cuando se convierte en participante del evangelio comprado por la sangre de Jesús, de cuyos beneficios se apropia solo por fe (Ro. 3:25; 4:24; Gá. 3:24). Por esta razón tratamos nuestra unión con Cristo en este punto, al ocuparnos de la aplicación de la redención.

LA NATURALEZA DE LA UNIÓN DE LOS CREYENTES

Una vez vista la relevancia y la amplitud de la unión del creyente con Cristo, ahora es adecuado indagar en la naturaleza misma de esta unión. ¿Qué significa exactamente que los creyentes están unidos a Cristo? Las Escrituras responden al ilustrar la intimidad de esta unión con numerosas metáforas. Al entenderlas podemos alcanzar conclusiones sanas, bíblicas, respecto a la naturaleza de nuestra unión con Cristo.

En primer lugar, las Escrituras usan la imagen de un edificio y su fundamento. En Efesios 2:19-22, Pablo habla de la iglesia como una familia, un edificio espiritual establecido sobre el fundamento de la revelación divina comunicada por los apóstoles y los profetas. La piedra angular de este cimiento es Cristo mismo (cf. 1 P. 2:5-7), y en Él es donde "todo el edificio, bien coordinado, va creciendo para ser un templo santo en el Señor" (Ef. 2:21). El término griego traducido "bien coordinado" habla de la unión de cada componente de dicho edificio. Así como cada piedra de un edificio literal está cortada con precisión para encajar bien, ajustada, con fuerza y a la perfección con todas las demás partes, y descansar sobre el fundamento; así también la unidad y la estabilidad de la iglesia dependen de Cristo, su cimiento. Solo construidos sobre Cristo y permanentemente unidos a Él, nuestra piedra angular, los creyentes hallan su existencia, su apoyo y su seguridad espirituales para estar bien fundados.

En segundo lugar, la unión del creyente con Cristo se describe como la unión entre la vid y sus ramas. Jesús enseñó: "Como el pámpano no puede llevar fruto por sí mismo, si no permanece en la vid, así tampoco vosotros, si no permanecéis en mí. Yo soy la vid, vosotros los pámpanos; el que permanece en mí, y yo en él, éste lleva mucho fruto; porque separados de mí nada podéis hacer" (Jn. 15:4-5). Así como las ramas dependen de la vid para su vida, su fuerza y su sustento, el creyente también depende de la unión con Cristo para todo alimento y crecimiento espirituales. Aparte de Cristo, la vid, nosotros, las ramas, no podemos producir fruto; somos del todo inútiles, desprovistos de cualquier vitalidad espiritual, a menos que permanezcamos conectados con nuestra vid.

En tercer lugar, las Escrituras también usan la metáfora del matrimonio para describir la unión entre Cristo y su iglesia. A esta se la representa a menudo como la esposa de Cristo (2 Co. 11:2; Ap. 19:7; 21:9), y a Cristo como el esposo y la cabeza de la iglesia (Ef. 5:22-33). En Efesios 5, Pablo basó todas sus instrucciones para la relación marido-mujer en la de Cristo con *su* esposa. Al final de esta exposición, Pablo citó el primer sermón de boda, Génesis 2:24, donde Dios ordenó: "Por esto, dejará el hombre a su padre y a su madre, y se unirá a su mujer, y los dos serán una sola carne" (Ef. 5:31). A continuación, Pablo añadió: "Grande es este misterio; mas yo digo esto respecto de Cristo y de la iglesia" (Ef. 5:32).

La metáfora del matrimonio tiene gran relevancia para entender la unión del creyente con Cristo. Primero, habla de la intimidad de esta unión. La asociación en una sola carne del marido y la esposa es la relación más privada, personal e íntima entre la humanidad, y su principal propósito consiste en ser una imagen de la unión entre Cristo y la iglesia. Segundo, habla de la naturaleza orgánica de esta unión. La nueva vida creada mediante la unión en una carne del marido y la esposa retrata la mutualidad y la vitalidad de la unión de la iglesia con su esposo. Tercero, esta figura ilustra la legalidad de esta unión, Como el matrimonio une legalmente al marido con la esposa, también la unión del creyente con Dios capacita a este para actuar en su lugar como representante legal (se explica más abajo). Finalmente, el matrimonio ilustra el vínculo inquebrantable que existe entre Cristo y la iglesia. "Se unirá" traduce el término griego *proskolláo*, cuyo sentido literal es "estar pegado o cimentado juntos". El designio de Dios para el matrimonio es que sea permanente (Mal. 2:16; Mt. 19:6) e ilustra, por tanto, la permanencia de la unión entre Cristo y la iglesia.

Cuarto, quizá la mayor metáfora proporcionada para ilustrar la unión con Cristo es la unión de la cabeza y el cuerpo (Ro. 12:5; 1 Co. 12:12-13, 27; Ef. 1:22-23). También ilustrado en el texto del matrimonio de Efesios 5, Pablo dice: "Cristo es cabeza de la iglesia, la cual es su cuerpo" (Ef. 5:23). Aquel que nutre y aprecia su propio cuerpo se ama a *sí mismo* (Ef. 5:28-30), por la unión tan íntima que existe entre la cabeza y el cuerpo. Los cuerpos de los creyentes son miembros del propio cuerpo de Cristo, hasta el punto de que unirse a una prostituta es unir a Cristo con una ramera (1 Co. 6:15-16). Por tanto, lo que le sucede a la cabeza le ocurre al cuerpo, y a la inversa.

Esta metáfora sienta las bases para entender la naturaleza legal y representativa de la unión del creyente con Cristo, donde Él obedece (Ro. 5:18-19; cf. 1 Co. 1:30), muere (Col. 2:20), resucita (Col. 3:1), y asciende (Ef. 2:6) en su lugar, de tal manera que se considera que ellos han realizado todas estas cosas. Al ser esta unión legal —es decir, porque Cristo es la cabeza representativa de su pueblo— no hay elemento de la vida, la muerte, la sepultura, la resurrección y la ascensión terrenales en las que el creyente no participa por estar en Él. Así, 1 Corintios 15:22 manifiesta: "Porque así como en Adán todos mueren, también en Cristo todos serán vivificados". Es decir, toda la humanidad se considera unida con Adán como nuestro representante, de tal forma que su desobediencia se cuenta como nuestra y acarreó condenación sobre nosotros (Ro. 5:12, 18, 19). Del mismo modo, todos los que están en Cristo están unidos al postrer Adán (1 Co. 15:45) como su representante, de modo que su obediencia cuenta como nuestra y trae justicia y justificación de vida a todos los que están en Él (Ro. 5:18, 19).

En resumen, podemos hablar, pues, de al menos cinco características de la unión del creyente con Cristo. En primer lugar, es una unión orgánica. Es decir, Cristo y los creyentes forman un cuerpo, del cual Él es la cabeza y ellos los miembros. Así, lo que es cierto respecto a la cabeza, también lo es respecto al cuerpo. En segundo lugar, es una unión legal, que hace a Cristo adecuado para ser la cabeza representativa de su pueblo y que prepara a este para ser el beneficiario de su obra sustitutiva de salvación. En tercer lugar, es la unión vital en la que toda vida y vitalidad espirituales fluyen de la vid a las ramas, de tal manera que la vida de Cristo se convierte en el principio que domina y anima la vida de los creyentes (Gá. 2:20). En cuarto lugar, se la puede llamar unión espiritual no solo porque se comunica vida espiritual, y se fortalece dentro del creyente, sino también porque esta unión tiene su fuente en el Espíritu Santo que es su mediador (Ro. 8:9-10; 1 Co. 12:13; Jn. 14:17-18). Finalmente, es una unión permanente que nunca puede cortarse, ya que nada puede separarnos del amor de Dios que es en —es decir, que es nuestro en unión de— Cristo Jesús, Señor nuestro (Ro. 8:38-39).

CONCEPTOS ERRÓNEOS DE LA UNIÓN CON CRISTO

Algunos conceptos de unión con Cristo han fallado el blanco de la imagen bíblica. Primero, la unión con Cristo no es tan solo hablar del amor y de la compasión que Jesús siente por los suyos. No es que los creyentes estén simplemente en contacto con Jesús en un nivel moral como nuestro maestro o amigo. Este fue el error de los socinianos y los primeros arminianos. Ese concepto falla en relación al compartir la vida espiritual común que es tan vívidamente ilustrado por las metáforas de la vid y los pámpanos y la de la cabeza y el cuerpo. Como fue mencionado antes, los cristianos no están meramente asociados con Cristo; nuestra vida está escondida en Él, de tal manera que Él mismo es nuestra vida (Col. 3:3-4; Gá. 2:20).

Por otra parte, otros teólogos cometen el error contrario al suponer que la unión con Cristo habla de la unión del creyente con su esencia. Esto se ha vuelto especialmente popular entre ciertos teólogos luteranos, que creen que el hombre se diviniza en la justificación.[127] Sin embargo, es imposible para cualquier ser humano llegar a ser uno con Cristo en su esencia, porque esto eliminaría todas las distinciones entre el creyente y la persona de Cristo. No nos convertimos en uno con Cristo de tal manera que Él ya no es Él mismo ni nosotros tampoco, como la unión del marido con la esposa no provoca que dejen de ser dos personas. Esto destruiría la personalidad distinta del Hijo y deificaría efectivamente al creyente, dos cosas contrarias a las Escrituras.

Otro error más es el sacramentalismo: que la unión con Cristo se logra mediante la participación en el bautismo o en la Santa Cena, como enseña la Iglesia Católica Romana. Sin embargo, esto es socavar el corazón mismo del evangelio, porque sugiere que los rituales físicos y tangibles son necesarios para que el creyente se apropie de una participación salvadora en Cristo. Sin embargo, las Escrituras reservan este papel tan solo para la fe (Ro. 3:28; 4:3-5; Ef. 2:8-9; Fil. 3:9). De hecho, las ordenanzas del bautismo y la comunión presuponen que esa unión con Cristo ya existe, al ser prácticas exclusivas de los creyentes. Como escribió A. H. Strong: "Solo la fe recibe y retiene a Cristo; y la fe es el acto de comprensión del alma de aquello que es puramente invisible y supersensible: no es el acto del cuerpo que se somete al bautismo o participa en la Santa Cena".[128]

IMPLICACIONES DE LA UNIÓN DEL CREYENTE CON CRISTO

El estudio precedente proporciona un número de implicaciones con respecto a la unión de los creyentes con Cristo. En primer lugar, dado que el Hijo está unido al Padre y al Espíritu, por su participación en Cristo los creyentes también son hechos uno con Dios Padre y Dios Espíritu Santo. Jesús ora, por tanto, para que la unidad de la iglesia refleje la unidad que comparte con su Padre: "…para que todos sean uno; como tú, oh Padre, en mí, y yo en ti, que también ellos sean uno en nosotros" (Jn. 17:21). Así, se afirma que estamos en el Padre (1 Ts. 1:1) y el Padre en nosotros (1 Jn. 4:15). De manera similar se dice que los creyentes están en el Espíritu (Ro. 8:9) y el Espíritu en nosotros (2 Ti. 1:14). En un misterio indecible, nosotros que una vez estuvimos apartados, aislados y sin Dios en el mundo, somos recogidos en la vida divina del Dios trino mismo (2 P. 1:4). Este es un gran motivo de adoración.

En segundo lugar, quienes son uno con Cristo también son uno con todos los demás que son uno con Cristo. Esto habla de la unidad fundamental de todos los creyentes en Cristo. Se ha vuelto popular hablar de la "relación personal" de uno con Jesús, pero una expresión más precisa sería que los cristianos tienen una relación *corporativa* con

---

127. Al hacer esto, regresan a un concepto básicamente ortodoxo oriental de la doctrina de la justificación. Para más, véase Carl E. Braaten y Robert W. Jenson, eds., *Union With Christ: The New Finnish Interpretation of Luther* (Grand Rapids, MI: Eerdmans, 1998).

128. Augustus Hopkins Strong, *Systematic Theology* (1907; reimp, Old Tappan, NJ: Fleming H. Revell, 1970), 800.

Cristo, porque estamos unidos a todos aquellos que lo están con Él. Somos los miembros unificados de su cuerpo (Ro. 12:5; 1 Co. 12:26; Ef. 5:23), las piedras vivas de la casa espiritual de Dios edificada sobre Cristo, el fundamento (Ef. 2:19-22; 1 P. 2:4-5). Sugerir que se puede estar unido a Jesús al margen de su iglesia es arrancar la cabeza del cuerpo. No hay unión con Cristo que no derive en la comunión con su iglesia (1 Co. 1:9; cf. 1 Jn. 1:3). En realidad, la unidad de la Trinidad es la base de la oración de Jesús por la unidad de su iglesia (Jn. 17:21). ¡Qué motivación para perseguir con diligencia la unidad del Espíritu en el vínculo de la paz entre todos los creyentes (Ef. 4:3)!

Finalmente, debemos entender la relevancia de que cada beneficio espiritual recibido en la salvación solo viene por medio de Cristo. Como escribió John Owen, esta unión "es la causa de todas las demás gracias de las que somos hechos partícipes; todas se nos comunican en virtud de nuestra unión con Cristo. Es el caso de nuestra adopción, nuestra justificación, nuestra santificación, nuestra productividad, nuestra perseverancia, nuestra resurrección, nuestra gloria".[129] Solo conforme compartimos en Cristo tenemos una participación en lo que Él es. No se halla bendición espiritual alguna en todo el mundo, si no es en Jesús. Por consiguiente, si debemos tener interés en las bendiciones de Cristo, debemos tener interés en su persona. Los dones solo están inmersos en el Dador.

La justificación

En la sección anterior, examinamos cómo la unión del creyente con Cristo es la fuente de la que fluye toda bendición espiritual. El resultado inmediato de esa unión es el don gratuito de Dios que es la justificación, por la cual Él declara justos a los creyentes, por su unión con el Justo, el Señor Jesús. La aplicación de la redención sigue desplegándose. En la regeneración, Dios lleva a cabo esa operación divina en el alma del pecador por la cual produce nueva vida espiritual en él. En la conversión, Dios concede los dones necesarios del arrepentimiento y de la fe mediante los cuales estamos unidos a Cristo, y nos adueñamos de las bendiciones de la salvación. Luego, en la justificación, Dios declara legalmente que ya no somos vistos como culpables bajo la ley divina, sino que somos perdonados y considerados justos a los ojos de Dios.

En la justificación Dios provee la respuesta a la pregunta teológica y religiosa más básica a la humanidad: ¿Cómo pueden los pecadores llegar a una correcta relación con el santo Dios del universo? Dios es perfectamente justo (Mt. 5:48). Él es luz, afirma el apóstol Juan, y en Él no hay oscuridad (1 Jn. 1:5). Es decir, Él es totalmente santo, libre de todo defecto moral o impureza. Por otra parte, toda la humanidad ha pecado contra Dios y, por tanto, está destituida de ese santo estándar (Ro. 3:23). Por nuestro pecado, el hombre se ha convertido en la oscuridad misma que no tiene comunión con el Dios de luz. Todos han quebrantado su ley y así han dado lugar a la pena por sus crímenes: muerte y condenación (Ro. 5:16; 6:23). Para que los pecadores puedan tener una buena noticia, las consecuencias creadas por quebrantar la ley y estar apartados de Dios deben ser superadas. ¿Pero cómo puede ser esto?

En cada era de la historia humana, la religión ha respondido que podemos llegar

---

129. John Owen, *An Exposition of the Epistle to the Hebrews*, vol. 21 en *The Works of John Owen*, 150.

al cielo si somos buenas personas. Los diversos sistemas religiosos del mundo inventan listas de rituales y ceremonias que deben ser realizados para conseguir una medida de justicia que puede ser útil en el tribunal de Dios. Sin embargo, la respuesta que Jesús mismo proporciona a esta pregunta no deja de desconcertar a sus oyentes: "Porque os digo que si vuestra justicia no fuere mayor que la de los escribas y fariseos, no entraréis en el reino de los cielos" (Mt. 5:20). En la época de Jesús, los escribas y los fariseos eran el parangón de la justicia ceremonial de Israel. Ellos eran la élite religiosa; todos en la sociedad judía habrían esperado que los escribas y los fariseos hubieran alcanzado la justicia que Dios requiere. Sin embargo, Jesús afirma que para que el hombre entre al cielo, necesita una justicia que supere incluso a las personas religiosas más devotas. En realidad, va más allá que eso, pues tan solo unos pocos versículos después asevera: "Sed, pues, vosotros perfectos, como vuestro Padre que está en los cielos es perfecto" (Mt. 5:48). Para que el hombre pueda reconciliarse con Dios, no necesita tan solo ser una buena persona; es necesario que sea una persona perfecta. Tiene que tener una justicia perfecta, porque Dios mismo es perfecto y requiere perfección.

Desde el mismo comienzo, es necesario entender que la salvación es una cuestión de justicia. Las personas están condenadas a la muerte espiritual eterna porque carecen de la justicia que un Dios perfectamente santo posee y exige para la comunión con Él. Y la única forma en que los pecadores se reconcilien con Dios es que reciban la justicia que le pertenece a Dios mismo. Por esta razón, la presentación del argumento principal del libro de Romanos —el tratamiento más exhaustivo de la justicia en todas las Escrituras— retoma este tema de la justicia. El evangelio es "poder de Dios para salvación a todo aquel que cree" precisamente porque "en el evangelio la justicia de Dios se revela por fe y para fe" (Ro. 1:16-17). El evangelio salva, porque Dios le da su propia justicia al hombre. El resto del Nuevo Testamento también da testimonio de esta verdad. Pablo resume la esencia del evangelio catalogándola como "la justicia de Dios por medio de la fe en Jesucristo, para todos los que creen en él" (Ro. 3:22; cf. 3:20-26). Que Israel no alcanzara la salvación surgió por ignorar "la justicia de Dios, y procur[ar] establecer la suya propia" (Ro. 10:3). A Cristo mismo se le describe como "el fin de la ley... para justicia a todo aquel que cree" (Ro. 10:4). El propósito explícito para el cual el Padre hizo que su Hijo fuera pecado en la cruz es "para que nosotros fuésemos hechos justicia de Dios en él [Cristo]" (2 Co. 5:21). En realidad, Jesús tenía que morir precisamente porque la ley solo podía condenar; nunca podría proveer la justicia que trae salvación y vida (Gá. 2:21; 3:21-24). Al hablar de su propia conversión, Pablo define la naturaleza del cristianismo mismo en términos de justicia cuando se describe a sí mismo, como el verdadero creyente, como "no teniendo mi propia justicia, que es por la ley, sino la que es por la fe de Cristo, la justicia que es de Dios por la fe" (Fil. 3:9).

Es, pues, evidente que la doctrina de la justificación fluye del centro mismo del corazón del evangelio y del alma del cristianismo mismo. Es, como declaró Martín Lutero, el artículo por el cual la iglesia está firme o cae,[130] ya que concierne a la única forma en

---

130. "Porque si este artículo [es decir, la justificación] permanece firme, la iglesia también; si este artículo se derrumba, la iglesia también". Martín Lutero, *D. Martin Luthers Werke: Kritische Gesamtausgabe* (Weimar, Germany: H. Böhlau, 1883–1993), 40:3.352.3.

que el hombre pecaminoso puede ser declarado justo a los ojos de Dios.[131] La respuesta del hombre es intentar siempre ordenar su vida mediante algún estándar moral o ritual; si lo hace con éxito, puede contribuir en algo a su salvación y, por tanto, alcanzar una justicia aceptable para su dios. Sin embargo, la Biblia niega sistemáticamente que alguien pueda ser justificado por obras. En su lugar, la salvación es la justicia de Dios imputada al creyente por gracia, solo por medio de la fe en Cristo:

> Pero ahora, aparte de la ley, se ha manifestado la justicia de Dios, testificada por la ley y por los profetas; la justicia de Dios *por medio de la fe* en Jesucristo, para todos los que creen en él. Porque no hay diferencia, por cuanto todos pecaron, y están destituidos de la gloria de Dios, siendo *justificados gratuitamente por su gracia*, mediante la redención que es en Cristo Jesús, a quien Dios puso como propiciación *por medio de la fe* en su sangre, para manifestar su justicia, a causa de haber pasado por alto, en su paciencia, los pecados pasados, con la mira de manifestar en este tiempo su justicia, a fin de que él sea el justo, y *el que justifica al que es de la fe de Jesús*. ¿Dónde, pues, está la jactancia? Queda excluida. ¿Por cuál ley? ¿Por la de las obras? No, sino por la ley de la fe. Concluimos, pues, que el hombre es *justificado por fe sin las obras de la ley* (Ro. 3:21-28).

> Sabiendo que el hombre no es justificado por las obras de la ley, sino *por la fe de Jesucristo*, nosotros también hemos creído en Jesucristo, para ser *justificados por la fe de Cristo* y no por las obras de la ley, por cuanto por las obras de la ley nadie será justificado (Gá. 2:16).

> ¿Luego la ley es contraria a las promesas de Dios? En ninguna manera; porque si la ley dada pudiera vivificar, la justicia fuera verdaderamente por la ley. Mas la Escritura lo encerró todo bajo pecado, para que la promesa que es *por la fe en Jesucristo* fuese dada *a los creyentes*. Pero antes que viniese la fe, estábamos confinados bajo la ley, encerrados para aquella fe que iba a ser revelada. De manera que la ley ha sido nuestro ayo, para llevarnos a Cristo, a fin de que fuésemos *justificados por la fe*. Pero venida la fe, ya no estamos bajo ayo, pues todos sois hijos de Dios *por la fe en Cristo Jesús* (Gá. 3:21-26).

La distinción no podría ser más clara. En estos pasajes, el apóstol Pablo está contrastando el cristianismo bíblico con el judaísmo en particular, porque lo que afirma sobre este se puede aplicar a cualquier otro sistema religioso del mundo. Solo han existido siempre dos religiones: la del logro humano, por el cual el hombre se esfuerza para contribuir a su propia justicia, y la religión del logro divino, por el cual Dios efectúa la justicia por la vida santa y la muerte sustitutiva del Hijo de Dios y, después proporciona gratuitamente esa justicia como don, por medio de la fe solamente. La religión del logro humano abarca cualquier otro sistema religioso en la historia de la humanidad: desde la búsqueda del nirvana en el budismo, los cinco pilares del Islam, los sacramentos

---

131. Para el lector actual, es posible que la íntima relación entre "justicia" y "justificación" no sea tan obvia como habría sido para un lector griego. En el lenguaje original del Nuevo Testamento, los términos "justo", "justicia", "justificar" y "justificación", todos derivan de la misma palabra raíz y aparecen en las siguientes formas respectivas *díkaios, dikaiosúne, dikaióo, dikaíosis* (y en hebreo: *tsaddíc, tsédec/tsedacá, tsadóc, tsadác*). Ser justificado significa, pues, sencillamente, ser declarado justo a los ojos de Dios, como desarrollaremos más abajo de un modo más completo.

y los actos de penitencia del catolicismo romano. El cristianismo bíblico es la única religión de logro divino. Al ser los cristianos justificados solo por la fe, su estatus ante Dios no está en modo alguno relacionado con el mérito personal. Las buenas obras y la santidad práctica no son las bases para la aceptación de Dios. Él recibe como justos a aquellos que creen, no por alguna cosa buena que vea en ellos —ni siquiera por su propia obra santificadora en sus vidas—, sino exclusivamente sobre la base de la justicia de Dios que se cuenta por gracia a su favor, tan solo por medio de la fe. Como expresa Pablo: "Al que no obra, sino cree en aquel que justifica al impío, su fe le es contada por justicia" (Ro. 4:5).[132]

Por consiguiente, podemos definir la justificación como ese acto instantáneo de Dios, por el cual le imputa al pecador que cree, como don de su gracia, la justicia plena y perfecta de Cristo por medio de la fe solamente y lo declara legal y perfectamente justo a sus ojos, y perdona al pecador de toda injusticia, liberándolo así de toda condenación.[133] Desglosaremos los elementos de esta definición a lo largo del resto de esta sección.

LA NATURALEZA DE LA JUSTIFICACIÓN: UNA DECLARACIÓN LEGAL

Antes de examinar cualquier aspecto particular de la justificación, debemos tener claro lo que la Biblia enseña respecto a la naturaleza de la justificación misma. La justificación es una declaración legal o forense de justicia y no una impartición o infusión de justicia. Describe aquello que Dios *declara* sobre el creyente, no lo que *hace para cambiarlo*. En realidad, la justificación misma no efectúa cambio real alguno en la naturaleza o el carácter del pecador.[134] Es un cambio instantáneo del estatus de uno ante Dios, y no una transformación gradual que se produce dentro de aquel que es justificado.[135]

Declaraciones legales como esta son bastante comunes en la vida cotidiana. Cuando un ministro declara: "Por el poder que se me ha concedido, yo os declaro marido y mujer", existe un cambio al instante en el estado legal de la pareja que tiene ante él. Segundos antes, la ley los consideraba dos individuos distintos. Sin embargo, en base a este pronunciamiento, su estatus legal ante Dios y ante la sociedad cambia por completo. Y aunque esta declaración tiene implicaciones profundas que transforman la vida, nada en el carácter o la naturaleza de esa pareja cambia como resultado de las palabras del ministro. Solo es una declaración legal. Por poner otro ejemplo, cuando el portavoz de un jurado anuncia al tribunal que el acusado no es culpable, el estatus legal de este cambia instantáneamente. Segundos antes, la ley lo consideraba como "el acusado", inocente hasta que se demuestre lo contrario. Sin embargo, como resultado del veredicto del portavoz, no es culpable a los ojos de la ley. Con todo, el veredicto del jurado no *hace* al hombre no culpable; sus propios actos son la base de su culpabilidad o su inocencia. Tampoco declara su vida libre de toda maldad. El anuncio del portavoz declara, simplemente, el estatus del acusado ante la ley. De manera similar, la justificación de la que hablan las Escrituras es el veredicto divino de "no culpable–totalmente

---

132. MacArthur, *The Gospel according to the Apostles*, 69-70.
133. MacArthur, *The Gospel according to Jesus*, 196.
134. MacArthur, *The Gospel according to the Apostles*, 70.
135. MacArthur, *The Gospel according to Jesus*, 196.

justo" pronunciado sobre el pecador. En el caso de la justificación, no se trata de que el acusado sea inocente, sino de que otro ha pagado por completo la pena por sus delitos.

El desacuerdo respecto a la naturaleza de la justificación fue uno de los debates claves de la Reforma protestante, y sigue dividiendo el cristianismo bíblico y el catolicismo romano hasta el día de hoy. La teología católica romana enseña que la justificación no es meramente forense, sino transformadora. En otras palabras, según esta doctrina, "justificar" no significa "*declarar* justo", sino "*hacer* justo". Ahora bien, es cierto que la gracia salvadora de Dios es transformadora; aquellos que son declarados justos en la conversión serán hechos progresivamente justos durante el transcurso de su vida cristiana. Sin embargo, esta transformación progresiva no define la justificación bíblica, sino la de la santificación. Cuando no se distinguen estas dos aplicaciones íntimamente relacionadas, aunque distintas, de la redención, el catolicismo romano hunde la santificación en la justificación. La consecuencia inevitable es que la propia justicia imperfecta del creyente sustituye la perfecta justicia de Cristo como única razón de la justificación. El resultado es "mi propia justicia, que es por la ley" que, como Pablo indica en Filipenses 3:9, no es la justicia salvadora de Dios. Por causa de esto, no entender la naturaleza de la justificación como una declaración legal y, en su lugar, tergiversarla en un proceso transformador, destruye el fundamento mismo del evangelio.

Las Escrituras mismas testifican de esta verdad, ya que los escritores bíblicos usan con frecuencia los términos justificación y rectitud de un modo que debe ser declarativo en lugar de transformador.[136] En el Antiguo Testamento, el grupo de palabras de *tsaddíc* se emplea a menudo en contextos judiciales. Deuteronomio 25:1 es un claro ejemplo de ello: "Si hubiere pleito entre algunos, y acudieren al tribunal para que los jueces los juzguen, éstos absolverán al justo, y condenarán al culpable..." (cf. Éx. 23:7; 1 R. 8:31-32; Job 9:15; Is. 43:9, 26; Jer. 12:1). Como se ha explicado más arriba, los jueces no *hacen* justas o malvadas a las personas. No realizan ningún acto transformador que infunda justicia o maldad en la naturaleza o el carácter de la persona. En su lugar, el juez declara meramente que un acusado es inocente o culpable. En realidad, Dios pronuncia desgracia sobre aquellos "que justifican al impío mediante cohecho" (Is. 5:23), porque "el que justifica al impío, y el que condena al justo, ambos son igualmente abominación a Jehová" (Pr. 17:15). Si la justificación fuera transformadora, ¿cómo podría decirse que hacer justo al impío es una abominación? ¡Transformar el carácter de una persona impía e infundirle justicia sería un acto justo! Así, un entendimiento transformador de la justificación viola el sentido de estos textos. Justificar al impío no es hacerlo justo, sino declararlo justo cuando no lo es.

El Nuevo Testamento presenta pruebas adicionales de la naturaleza declarativa de

---

136. Con esto no queremos afirmar que las Escrituras no usen nunca estos términos en un sentido ético. En Salmos 11:7, se dice que Jehová ama la justicia (heb. *tsedacá*; gr. *dikaiosúnas* [Septuaginta]), aunque queda claro que esto no se refiere a su amor por un estatus justo, sino por aquello que es correcto, de actos justos. De manera similar, el consejo de Pablo a Timoteo de "seguir la justicia" (gr. *dikaiosúnen*, 1 Ti. 6:11) es una exhortación a no trabajar por la justificación, sino seguir la justicia práctica, la santificación sin la cual nadie verá al Señor (He. 12:14). Sin embargo, como observa Schreiner: "El uso ético del término en algunos contextos no necesita la conclusión de que el término no es forense en otros... textos". Thomas Schreiner, *Faith Alone: The Doctrine of Justification: What the Reformers Taught... and Why It Still Matters*, The Five Solas (Grand Rapids, MI: Zondervan, 2015), 158n1. La pregunta es, en esos textos que describen la justicia salvadora de Dios concedida a los pecadores, ¿apoya el contexto al entendimiento forense de la justificación? Nuestra respuesta es afirmativa.

la justificación. En primer lugar, la justificación demuestra ser declarativa y no transformadora en aquellos casos en los que se dice que Dios es quien es justificado. En Lucas 7:29, leemos: "Y todo el pueblo y los publicanos, cuando lo oyeron, justificaron a Dios" (gr. *edikaíosan tón theón*: "justificaron a Dios"). Si el sentido de la justificación fuera transformador, esto sería ni más ni menos que una blasfemia, porque la noción de que el pueblo y los recaudadores de impuestos pudieran haber efectuado una transformación moral positiva en Dios es un disparate. La LBLA presenta adecuadamente el sentido en la traducción "reconocieron la justicia de Dios". Es decir, la justicia de Dios fue reivindicada y demostrada (cf. Ro. 3:26). En segundo lugar, la justificación suele contrastarse claramente con la condenación, y esto habla de un modo obvio de una declaración legal. En Romanos 8:33-34, leemos: "¿Quién acusará a los escogidos de Dios? Dios es el que justifica. ¿Quién es el que condenará?" (cf. Ro. 5:18; 2 Co. 3:9; cf. Job 9:20; Sal. 94:21; Pr. 17:15). El acto justificador de Dios contrasta claramente con acusar y condenar. Pero condenar a alguien no significa hacer a esa persona impía; quiere decir emitir un veredicto y declarar que es impía. Para que se sostenga el paralelo entre la justificación y la condenación, también debemos entender que la justificación no significa hacer justo, sino declarar justo.

Por consiguiente, cuando vamos a los textos que hablan de que Dios justifica al creyente en un sentido salvador (p. ej., Ro. 3:20-28; 4:4-5; 5:1; Gá. 2:16; 3:11, 21-26; 5:4), deberíamos comprenderlos como alusión a la declaración instantánea de Dios respecto a que el pecador se encuentra en un estado de aceptación ante Él. Estos pasajes enseñan que Dios declara justo al creyente como don de su gracia, que el creyente recibe por fe solamente, al margen de las obras.

LA RAZÓN DE LA JUSTIFICACIÓN: LA JUSTICIA IMPUTADA

¿Pero en qué sentido es justa esa declaración de Dios? Proverbios 17:15 declara: "El que justifica al impío [es] abominación a Jehová". Toda la humanidad es impía. Somos quebrantadores de la ley, merecemos la condenación de Dios, "por cuanto todos pecaron y están destituidos de la gloria de Dios" (Ro. 3:23), y "la paga del pecado es la muerte" (Ro. 6:23). De hecho, Romanos 4:5 afirma explícitamente que Dios "justifica al *impío*". ¿Cómo puede Dios declarar justos a aquellos que son realmente culpables, sin participar en algo abominable como declara Proverbios 17:15? ¿Cómo puede Dios ser, a la vez, "el justo y el que justifica al que es de la fe de Jesús" (Ro. 3:26)? La respuesta a esa pregunta es la doctrina de la imputación.[137] El acto declarativo de Dios de la justificación se basa en su acto constitutivo de la imputación.[138] Es un doble acto; Dios imputa —es

---

137. Schreiner ofrece un resumen útil de la imputación: "Con frecuencia encontramos en Pablo la expresión de que la fe se acredita o se cuenta (*logízomai*) como justicia (*dikaiosúne*, Ro. 3:28; 4:3, 5, 9, 10, 11, 22, 23, 24; Gá. 3:6). El término 'contar' o 'acreditar' se puede usar de dos formas. Se puede poner algo en la cuenta de alguien, porque le pertenece verdaderamente. Así, el acto de Finees se le contó por justicia, porque él era justo (Sal. 106:31). Pero también se puede contar como verdad, sin que sea realmente el caso. Labán contó a las mujeres de Jacob como extrañas, aunque eran en realidad sus hijas (Gn. 31:15)". La imputación de justicia al creyente encaja en esta última categoría: "Los pecadores que no son justos son contados como justos, y considerados justos, aunque no lo sean en sí mismos. Se les cuenta como algo que no es suyo de forma inherente". *Faith Alone*, 165.

138. Murray comenta con gran perspicacia: "La justificación es un acto a la vez declarativo y constitutivo proveniente de la libre gracia de Dios. Es constitutivo a fin de que pueda ser realmente declarativo. Dios debe constituir la nueva relación y declararla una realidad. El acto constitutivo consiste en la imputación a nosotros de la obediencia y justicia de Cristo. La

decir, cuenta, acredita o reconoce— nuestro pecado a Cristo y lo castiga a Él en nuestro lugar, e imputa la justicia de Cristo a los creyentes, concediéndoles vida eterna en Él.

Perdón de pecados: La imputación de nuestro pecado a Cristo. En primer lugar, Dios le imputa nuestro pecado a Cristo: "Al que no conoció pecado, por nosotros lo hizo pecado, para que nosotros fuésemos hechos justicia de Dios en él" (2 Co. 5:21). Ahora bien, ¿en qué sentido "hizo" el Padre "pecado" al Hijo por nosotros? Tan solo en uno: el Padre consideró como que Jesús había cometido todos los pecados de aquellos que se arrepentirían y creerían en Él. En realidad, no convirtió a Jesús en pecador; sería una blasfemia sugerir que el Dios-hombre hubiera sido hecho pecador, porque Dios no puede pecar. En su lugar, dado que la justificación es una declaración legal (como se establece en la sección previa), el Padre considera judicialmente que Cristo ha cometido los pecados de aquellos por quienes se estaba entregando como sustituto. Así como el chivo expiatorio llevaba la culpa de Israel cuando Aarón confesaba los pecados del pueblo sobre su cabeza (Lv. 16:21), así "Jehová cargó en él el pecado de todos nosotros" (Is. 53:6), de manera que en realidad Cristo: "llevó él mismo nuestros pecados en su cuerpo sobre el madero" (1 P. 2:24; cf. Is. 53:4-6). Y así como la sangre del macho cabrío de la ofrenda por el pecado se rociaba sobre el propiciatorio (gr. *jilastérion* [Septuaginta]) para propiciar la ira de Dios (Lv. 16:15), también Cristo "[fue puesto por Dios] como propiciación [gr. *jilastérion*] por medio de la fe en su sangre" (Ro. 3:25). Aunque innumerables pecadores escaparán al castigo divino, ningún pecado quedará jamás sin castigo, porque cada pecado de los elegidos se le ha acreditado a Cristo y se castigó en Él en la cruz. De este modo, la justicia divina está satisfecha. El pecado no se ha descartado meramente ni se ha barrido bajo la alfombra; ha sido castigado justamente en un sustituto. Este es el evangelio por medio del cual Dios demuestra su justicia, "a fin de que él sea el justo, y el que justifica al que es de la fe de Jesús" (Ro. 3:26).

Por tanto, porque los pecados del creyente han sido imputados a y castigados en Cristo, ya no se le tienen en cuenta. Cuando Pablo cita las palabras de David en el Salmo 32: "Bienaventurados aquellos cuyas iniquidades son perdonadas, y cuyos pecados son cubiertos. Bienaventurado el varón a quien el Señor no inculpa de pecado [gr. *logízomai*]" (Ro. 4:7-8). Al haberle sido contados, o imputados, los pecados del creyente a Cristo, ya no se le imputan a (ni se cuentan contra) él. Están perdonados y cubiertos. Por tanto, el creyente justificado no se enfrenta a la condenación (Ro. 8:1, 33-34), sino que disfruta de la paz con Dios (Ro. 5:1), y la esperanza cierta de la vida eterna (Ro. 8:30; Tit. 3:7).

Provisión de justicia: La imputación de la justicia de Cristo a nosotros. Sin embargo, el perdón de los pecados no agota la obra de Dios en la justificación. De hecho, si el único beneficio que reciben los creyentes en la justificación fuera el perdón de los pecados, podríamos no ser salvos. La antigua definición de la justicia de la escuela dominical —"como si yo no hubiera pecado nunca"— es inadecuada, porque la salvación no es meramente un asunto de no pecaminosidad o de inocencia, sino de justicia (Mt. 5:20, 48).

---

obediencia de Cristo debe ser, por tanto, considerada como la *base* de la justificación; Dios no solo considera la justicia, sino que la incluye a nuestro favor cuando justifica a los impíos". *La redención consumada y aplicada*, 121.

La ley de Dios, que el hombre quebrantó, incurriendo así en la pena de muerte (Ro. 6:23), conlleva tanto exigencias positivas como sanciones penales. Es decir, la ley de Dios requiere tanto (1) que sus criaturas lleven a cabo ciertos deberes adecuados a su justicia y (2) que pasen por un cierto castigo si no los realizan. El hombre no ha hecho ninguna de estas cosas. No vivimos una vida de perfecta justicia ni caminamos en obediencia a Dios en todas las cosas, ni lo amamos a Él con todo nuestro corazón, alma, mente y fuerza, ni a nuestro prójimo como a nosotros mismos. Tampoco podríamos pagar la pena que nuestra desobediencia exige, sin perecer eternamente en el infierno. Por tanto, para que seamos salvos, nuestro sustituto no solo debe pagar nuestra pena, y absorber la ira de Dios contra nuestro pecado, sino también obedecer todas las exigencias positivas de la ley que se nos requerirían a nosotros. A esta doble naturaleza de la obra sustitutiva de Cristo se alude, en ocasiones, como *su obediencia pasiva* y *su obediencia activa*. John Murray explica:

> La ley de Dios tiene a la vez sanciones penales y demandas positivas. Exige no solo el pleno cumplimiento de sus preceptos, sino también la imposición de la pena debido a todas las infracciones e incumplimientos. Es esta doble exigencia de la ley de Dios la que se tiene en cuenta cuando se habla de la obediencia activa y pasiva de Cristo. Cristo como vicario de su pueblo quedó bajo la maldición y condena debido al pecado, y también cumplió la ley de Dios en todas sus demandas positivas. En otras palabras, afrontó la culpa del pecado y cumplió a la perfección las demandas de la justicia. Cumplió a la perfección las demandas penales y preceptivas de la ley de Dios. La obediencia pasiva se refiere a lo primero, y la obediencia activa a lo último.[139]

Sin la provisión positiva de justicia, el mero perdón nos habría dejado en un estado de inocencia o neutralidad moral, como el de Adán antes de la caída; se consideraría que no hemos pecado nunca, pero como si tampoco hubiéramos obedecido jamás.

Por esta razón, las Escrituras hablan de que el pecador justificado sea contado como justo, además de ser perdonado. El pueblo de Dios da testimonio de esto en Isaías 61:10: "En gran manera me gozaré en Jehová, mi alma se alegrará en mi Dios; porque me vistió con vestiduras de salvación, me rodeó de manto de justicia, como a novio me atavió, y como a novia adornada con sus joyas". De hecho, se describe la salvación en términos de justicia imputada ya cuando Dios trataba con Abraham. Génesis 15:6 afirma que Abraham "creyó a Jehová, y le fue contado por justicia" (gr. *elogísthe autó eís dikaiosúnen* [Septuaginta]). El apóstol Pablo cita este mismo versículo en Romanos 4:3 para sustanciar su argumento a favor de la justificación, en base a una justicia imputada. A continuación, comenta: "Pero al que obra, no se le cuenta el salario como gracia, sino

---

139. Murray, *La redención consumada y aplicada*, 23. Algunos teólogos objetan la terminología de *obediencia activa y pasiva*, y se reconoce que el lenguaje puede ser un tanto confuso. Denominar los sufrimientos de Cristo como su *obediencia pasiva* no pretende implicar que Él fuera menos activo en su obediencia al Padre en ese momento de su ministerio que en cualquier otro. Después de todo, nadie le quitó la vida, sino que Él la entregó voluntariamente —se podría incluso decir activamente—, por su cuenta (Jn. 10:17-18). Él *fue* ofrecido (He. 9:28) en sentido pasivo, y se ofreció (He. 7:27) activamente. Tampoco pretende esta distinción repartir los aspectos de la obra redentora de Cristo en categorías totalmente exclusivas. Murray prosigue: "Toda la obra de obediencia del Señor, en todas sus fases y etapas, es la que se describe como activa y pasiva". *La redención consumada y aplicada*, 23. La terminología está sencillamente abreviada para que represente de forma adecuada ambos aspectos de la obediencia de Cristo: el pago de una pena y la provisión de justicia.

como deuda; mas al que no obra, sino cree en aquel que justifica al impío, su fe le es contada por justicia" (gr. *logízetai... eis dikaiosúnen,* Ro. 4:4-5).

En el capítulo siguiente, Pablo identifica la justicia que se les imputa a los creyentes como la propia justicia de Cristo. En Romanos 5:12-19, Pablo compara y contrasta las dos cabezas representantes de la humanidad: (1) Adán y (2) Cristo, el postrer Adán (1 Co. 15:45). Su argumento alcanza el clímax en los versículos 18-19:

> Por tanto, como por la transgresión de un hombre [Adán] resultó en la condenación de todos los hombres, así también, por la justicia[140] de uno [de Cristo] llegó la justificación de vida a todos los hombres. Porque así como a través de la desobediencia de un hombre los muchos fueron constituidos[141] pecadores, también por la obediencia de un hombre los muchos serán constituidos justos (trad. del autor).

El principal argumento de Pablo es el siguiente: Adán desobedeció a Dios, y su desobediencia fue contada para condenación de todos los que estaban en él. Del mismo modo, Cristo obedeció a Dios, y su obediencia se acreditó para justicia a todos los que están en Él. Muy lejos de una "ficción legal", tanto la imputación del pecado como la imputación de la justicia tienen base en las acciones reales y vividas de Adán y Cristo.[142]

Por tanto, con respecto a la justificación Dios no solo satisface las exigencias penales de la ley por imputar nuestro pecado a Cristo y castigarlo en nuestro lugar, sino que también santifica las exigencias positivas de la ley al imputarnos la justicia de Cristo. Pablo describe este gran intercambio en 2 Corintios 5:21: "Al que no conoció pecado, por nosotros lo hizo pecado, para que nosotros fuésemos hechos justicia de Dios en

---

140. Alguna versión traduce la frase griega *di' jenós didiaiómatos* de Romanos 5:18, como "un acto de justicia", porque *dikaióma* se refiere a menudo a "un hecho justo" (p. ej., Ro. 1:32; Ap. 19:8). Sin embargo, *dikaióma* también puede utilizarse en un sentido exhaustivo de hablar del "justo requisito de la ley" como en Romanos 8:4, o de "la declaración de justicia", como en Romanos 5:16. Así, puede ser que Pablo no pretenda aislar un acto justo particular en la vida de Cristo (es decir, su obediencia hasta la muerte, Fil. 2:8), sino hablar de toda la vida de justicia de Cristo considerada de forma exhaustiva en su conjunto. No obstante, incluso si uno traduce *dikaiómatos* como "un acto", resulta difícil identificar incluso la muerte de Cristo como un acto único de obediencia. Piper pregunta de forma incisiva: "¿Acaso no hubo muchos actos de obediencia en los últimos días y horas de Jesús? ¿Debemos pensar en la obediencia de Getsemaní, o la obediencia cuando la multitud se lo llevó, o cuando fue interrogado, o la obediencia cuando fue coronado de espinas o la obediencia cuando fue azotado, o la obediencia de cuando fue clavado a la cruz, o cuando pronunció palabras de amor a sus enemigos, o cuando ofreció su espíritu a su Padre?". John Piper, *Counted Righteous in Christ: Should We Abandon the Imputation of Christ's Righteousness?* (Wheaton, IL: Crossway, 2002), 112. ¿Dónde tenemos que trazar la línea? Dado que, en especial, el término más genérico "obediencia" se usa en el versículo siguiente, parece mejor entender *dikaiómatos* como una alusión a toda la vida de obediencia de Cristo.

141. Alguna versión traduce el término griego *kathístemi* "hacer" en ambos casos, en Ro. 5:19. Sin embargo, el término suele significar inequívocamente "designar". Los apóstoles usan esta palabra para comisionar a la iglesia para designar diáconos (Hch. 6:3); Pablo lo usa cuando le encarga a Tito que designe ancianos (Tit. 1:5); y este es el término usado para describir la designación del sumo sacerdote de Israel (He. 5:1; 7:28; 8:3). Por tanto, Romanos 5:19 se podría traducir: "por la desobediencia de un hombre los muchos fueron constituidos pecadores", es decir fueron establecidos legalmente como pecadores. Semejante "constitución" es parecida, sino idéntica, a la imputación. Cf. Piper, *Counted Righteous in Christ*, 108-109.

142. Piper observa de forma muy útil: "Es significativo que Pablo no diga en Romanos 5:19 que 'Por la desobediencia de un hombre muchos fueron hechos *culpables*'. Esto es cierto. Sin embargo, es importante ver que lo que él afirma en realidad es: 'Por la desobediencia de un hombre, muchos fueron hechos *pecadores* [*jamartóloi*]'. Esto es importante, porque la imputación del pecado de Adán es más que la imputación de un 'estatus'. Somos considerados como habiendo *pecado* en Adán. Por consiguiente, cuando Pablo prosigue y afirma 'así también, mediante la obediencia de un hombre muchos serán hechos justos', no solo significa que el *estatus* de Cristo se nos imputó a nosotros. En su lugar, en Cristo somos contados como habiendo realizado toda la justicia que Dios requiere. La imputación no es conferir un estatus sin una razón real de justicia moral imputada. Es acreditar una justicia ajena, real, moral y perfecta, a saber, la de Cristo, como nuestra". John Piper, *The Future of Justification: A Response to N. T. Wright* (Wheaton, IL: Crossway, 2007), 170-171.

él".¹⁴³ En la justificación, la perfecta justicia que Dios requiere (Mt. 5:20, 48) no obra en nosotros de un modo transformador, sino que se nos acredita por medio de nuestra unión con Cristo, el Justo, quien ha cumplido toda justicia por nosotros (Mt. 3:15; Gá. 3:27). Así, Pablo afirma: "Porque la meta de la ley es Cristo para justicia de todos los que creen" (Ro. 10:4, trad. del autor). Cuando somos "hallados en Él", no tenemos una justicia propia obtenida por medio del cumplimiento de los mandamientos; más bien nos aferramos a la justicia ajena (es decir, que no nos pertenece a nosotros, sino a otra persona) de Dios, que viene por medio de la fe en Cristo (Fil. 3:9).¹⁴⁴ Mediante la obra de Dios, somos unidos a Cristo, "el cual nos ha sido hecho por Dios sabiduría, *justificación*, y santificación y redención" (1 Co. 1:30).

En resumen, en Cristo tenemos un sustituto que ha pagado nuestra pena *y*, a la vez, ha logrado nuestra justicia. Cristo proporcionó perdón mediante la expiación de nuestros pecados en la cruz. Así como nuestros pecados fueron acreditados a su cuenta cuando Él murió en la cruz, del mismo modo su justicia se cuenta como nuestra. Su perfecta justicia es, pues, la base sobre la que nos afirmamos ante Dios. Los pecadores no son justificados por haber algo bueno en ellos; Dios puede declararnos justos —puede justificar al impío, y aun así seguir siendo justo—, porque nos imputa por gracia la perfecta justicia de su propio Hijo amado. Así, la única base de justificación es la justicia de Cristo, que se nos acredita como don por gracia solamente (cf. Ro. 3:24; Ef. 2:8-9; Tit. 3:7).

EL MEDIO DE JUSTIFICACIÓN: FE SOLAMENTE

La realización de la redención por parte de Cristo —tanto en el pago por el pecado como en la provisión de justicia— ocurrió hace dos mil años, al margen de cualquier influencia humana. Esta obra fue objetiva, externa a usted y a mí. Por tanto, la pregunta que se debe contestar es ¿cómo puede aplicarse a mí personalmente la obra objetiva de Cristo? ¿Por qué medio pueden imputarse mis pecados a Cristo, y su justicia a mí? La respuesta sistemática de las Escrituras es que somos justificados por medio de la fe sola, aparte de las obras. La fe nos une a Cristo en su muerte y su resurrección, de manera que su castigo cuenta como nuestro, y su justicia como nuestra.

La exposición más clara de la doctrina de *sola fide*, "fe sola", aparece en las cartas de Pablo, y sobre todo en el libro de Romanos. Cuando Pablo presenta las buenas nuevas de salvación en Romanos 3, proyecta el evangelio como la manifestación de "la justicia de Dios por medio de la fe en Jesucristo, para todos los que creen en él" (3:22). Prosigue afirmando que el don de la justificación debe recibirse "por medio de la fe" (3:25), y que Dios es "el que justifica al que es de la fe de Jesús" (3:26). Resume su argumento con

---

143. Nos "convertimos" en la justicia de Dios en Cristo del mismo modo en que Cristo fue "hecho" pecado: por medio de una consideración judicial, es decir, por imputación (véase "La naturaleza de la justificación: una declaración legal" [p. 625]).

144. Algunos teólogos objetan que porque Pablo usa la frase "la justicia de Dios" no se refiere por tanto a la obediencia de Cristo. La justicia imputada a los creyentes es la justicia de Dios *precisamente porque* es la justicia de Cristo (cf. Ro. 1:17; 3:21-22; 10:3-4). Como argumenta Murray: "Es la justicia del Dios-hombre, una justicia que llega a las demandas de nuestra situación pecadora y maldecida por el pecado, una justicia que cumple todas las demandas de una justificación completa e irrevocable, y una justicia que cumple todas estas demandas porque es una justicia de propiedad y carácter divinos, una justicia incontaminada e inviolable". *La redención consumada y aplicada*, 124.

total franqueza: "Concluimos, pues, que el hombre es justificado por fe sin las obras de la ley" (3:28). Tras ilustrar la verdad de *sola fide* por medio del ejemplo de Abraham, en Romanos 4 (expuesto más arriba), ofrece otro resumen del evangelio en Romanos 5:1: "Justificados, pues, por la fe, tenemos paz para con Dios por medio de nuestro Señor Jesucristo". Más adelante, retoma el asunto de nuevo en su epístola, y declara que la justicia salvadora viene por fe (9:30; 10:6), que Cristo es justicia para todo aquel que cree (10:4), y que "con el corazón se cree para justicia" (10:10).

Pablo también explica este tema cuando les escribe a los gálatas, cuando afirma: "El hombre no es justificado por las obras de la ley, sino por la fe de Jesucristo, nosotros también hemos creído en Jesucristo, para ser justificados por la fe de Cristo y no por las obras de la ley, por cuanto por las obras de la ley nadie será justificado" (Gá. 2:16). Así, es evidente que uno cree con el fin de ser justificado. En el siguiente capítulo, Pablo niega que la justicia venga mediante el cumplimiento de la ley:

> Mas la Escritura lo encerró todo bajo pecado, para que la promesa que es por la fe en Jesucristo fuese dada a los creyentes… De manera que la ley ha sido nuestro ayo, para llevarnos a Cristo, a fin de que fuésemos justificados por la fe… pues todos sois hijos de Dios por la fe en Cristo Jesús (Gá. 3:22, 24, 26).

Aunque Jesús nunca explicó formalmente la doctrina de la justificación (como lo hace Pablo en Romanos), la doctrina de *sola fide* subraya e impregna toda su predicación del evangelio.[145] Por ejemplo, en Juan 5:24, Jesús declaró: "El que oye mi palabra… ha pasado de muerte a vida". Sin experimentar sacramento o ritual alguno, y sin período de espera o purgatorio alguno, el creyente pasa de la muerte a la vida. El ladrón en la cruz es el ejemplo clásico. Basándose en la prueba más escasa de su fe, Jesús le aseguró: "De cierto te digo que hoy estarás conmigo en el paraíso" (Lc. 23:43). Para procurar la salvación no se le exigió ningún sacramento u obra. Además, las muchas sanidades que Jesús llevó a cabo fueron pruebas físicas de su poder para perdonar pecados (Mt. 9:5-6). Cuando Él sanó, declaró a menudo: "Tu fe te ha salvado" (Mt. 9:22; Mr. 5:34; 10:52; Lc. 8:48; 17:19; 18:42). Todas esas curaciones fueron lecciones objetivas de la justificación solo por fe.

Sin embargo, la única ocasión en la que Jesús declaró realmente "justificado" a alguien, nos proporciona la mejor apreciación en su forma de enseñar la doctrina:

> A unos que confiaban en sí mismos como justos, y menospreciaban a los otros, dijo también esta parábola: Dos hombres subieron al templo a orar: uno era fariseo, y el otro publicano. El fariseo, puesto en pie, oraba consigo mismo de esta manera: Dios, te doy gracias porque no soy como los otros hombres, ladrones, injustos, adúlteros, ni aun como este publicano; ayuno dos veces a la semana, doy diezmos de todo lo que gano. Mas el publicano, estando lejos, no quería ni aun alzar los ojos al cielo, sino que se golpeaba el pecho, diciendo: Dios, sé propicio a mí, pecador. Os digo que éste descendió a su casa *justificado* antes que el otro; porque cualquiera que se enaltece, será humillado; y el que se humilla será enaltecido (Lc. 18:9-14).

---

145. Los tres párrafos siguientes están adaptados de John MacArthur, "Jesus' Perspective on *Sola Fide*", *Grace to You*, consultado el 14 de abril, 2016, http://www.gty.org/resources/Articles/A192/JesusPerspective-on-Sola-Fide.

Los oyentes de Jesús "confiaban en sí mismos como justos" (Lc. 18:9) —la definición misma de la santurronería— y, por tanto, no es de extrañar que situara a un odioso recaudador de impuestos en mejor posición espiritual que a un fariseo que oraba. Sin ahondar en la teología abstracta, Jesús pintó la imagen con claridad: el pecador es declarado justo solo por fe.

Observemos primero que la justificación de este recaudador de impuestos fue una realidad instantánea. No hubo proceso ni lapso de tiempo, ni temor al purgatorio. Además, "descendió a su casa justificado" (Lc. 18:14), no por algo que hubiera hecho, sino por lo que se había realizado por él. Nótese también que el recaudador de impuesto entendió su propia impotencia. Tenía una deuda imposible y sabía que no podría pagarla. Lo único que podía hacer era arrepentirse y suplicar misericordia. Sabía que incluso sus mejores obras eran pecado y, por tanto, no ofreció hacer nada para Dios. Sencillamente suplicó la misericordia divina. Estaba buscando que Dios hiciera por él lo que él mismo no podía hacer. Esa es la naturaleza misma del arrepentimiento al que Jesús llamó. Finalmente, fijémonos en que este hombre se marchó justificado sin llevar a cabo obras de penitencia, sacramentos o rituales. Su justificación fue completa sin obras de ninguna clase, porque se le concedió únicamente por medio de la fe. Todo lo necesario para expiar por su pecado y proveer perdón ya se había realizado en su favor, y él buscó fuera de sí mismo para recibirlo como regalo. Mientras que el fariseo que obraba permanecía sin justificar, el publicano que creyó recibió la justificación completa solo por fe.

Tal vez la más clara afirmación de la justificación por fe solamente aparece en Romanos 4, cuando Pablo utiliza los tratos de Dios con Abraham para ilustrar que su evangelio tenía raíces antiguas. En el versículo 3 cita Génesis 15:6: "Porque ¿qué dice la Escritura? Creyó Abraham a Dios, y le fue contado por justicia". Dios le imputó justicia a Abraham por medio de la fe de Abraham. Sus obras no tuvieron nada que ver en ello, en absoluto, porque Pablo sigue diciendo: "Pero al que obra, no se le cuenta el salario como gracia, sino como deuda; mas al *que no obra*, sino cree en aquel que justifica al impío, su fe le es contada por justicia" (Ro. 4:4-5). Aquí, Pablo niega explícitamente la enseñanza de que las obras constituyan parte alguna de la base de la justificación. Si tuviéramos que hacer alguna buena obra para nuestra salvación —ya sea el bautismo, la membresía de la iglesia, leer la Biblia, orar o incluso la fe—, a la justicia que resultaría no se la podría denominar nunca como un "don". El obrero gana un salario. Sin embargo, quien recibe la salvación es justificado "gratuitamente por su gracia [de Dios]" (Ro. 3:24), y un regalo solo puede darse al margen de cualquier obra. La gloriosa consecuencia de esta preciosa doctrina es que la salvación es totalmente gratuita. Con la mano vacía, el pecador se aferra a la justicia de Cristo solo por medio de la fe.

Es importante declarar que la fe en Cristo no es la *base* de la justicia del creyente, sino meramente el *medio* o instrumento a través del cual la recibimos.[146] Esta es una

---

146. Aunque Grudem reconoce sus defectos, su ilustración de la diferencia entre (1) *el instrumento* o *el medio* y (2) *la razón* o *la base* es útil: "Un ejemplo de la vida ordinaria lo podemos ver cuando se recibe un cheque de salario por trabajo que se le ha hecho a un empleador. El "medio" o "instrumento" que uso para conseguir este cheque de pago es la acción de extender mi mano y recoger el sobre del buzón de correos, y luego abrirlo y sacar el cheque. Pero mi empleador no me paga por hacer ninguna de estas acciones. El importe del cheque es todo por trabajo que hice antes de eso. En realidad, recoger el cheque no me llevó a ganar ni un centavo del dinero recibido fue solo el *instrumento* o *medio* que usé para tomar posesión de

importante distinción, porque muchas personas suponen, erróneamente, que la fe es la base de nuestra justicia. Su esperanza del cielo reposa sobre el hecho de que tuvieron el buen juicio de creer el evangelio. Pero un entendimiento así socava la verdad de que somos salvos solo por gracia. La justicia no puede basarse en mi fe sin que esta justicia se convierta en "mi propia justicia" (Fil. 3:9). Si la justicia salvadora está basada en que el pecador haga algo —incluso creer— ya no es una justicia ajena dada como un don y, por tanto, no puede ser la justicia de Dios que se requiere para salvación. En este caso, la fe se convertiría en una obra, y la "gracia ya no es gracia" (Ro. 11:6). Si contribuimos al fundamento de nuestra justicia de alguna manera, entonces ya no hay buenas nuevas, y todos estamos condenados en nuestros pecados. La santidad de Dios es tan magníficamente perfecta —su estándar tan alto y nuestra depravación tan dominante— que toda nuestra justicia tiene que ser un don gratuito de su gracia soberana, porque jamás podríamos ganarla. Así, Dios declara justos a los pecadores, no porque su fe les haya conseguido la justicia, sino porque Cristo la logró y porque Dios les ha dado a los pecadores ese don por medio de la fe.[147]

¿Qué tiene la fe que la hace tan adecuada para ser el instrumento por medio del cual recibimos la justificación? Pablo nos proporciona una respuesta en Romanos 4:16, donde hace un comentario que expone la "lógica interna" de la salvación. Él afirma: "Por tanto, [su salvación] es por fe, para que sea por gracia". En otras palabras, hay algo inherente en la naturaleza de la fe que se corresponde únicamente con el don gratuito de la gracia soberana de Dios. Más adelante en Romanos, Pablo afirma que si las obras tienen alguna parte en la salvación, "la gracia ya no es gracia" (Ro. 11:6). En lugar de ser la base de nuestra justicia, la fe es "algo que mira fuera de uno mismo, y recibe los dones gratuitos del cielo, siendo lo que son: un favor totalmente inmerecido... La fe justifica, no en una forma de mérito, no en razón de algo en sí mismo..., sino como uniéndonos a Cristo".[148] Muy lejos de ser la moneda con la que compramos la salvación de Dios, la fe es únicamente adecuada para la gracia, porque no es nada más que el brazo extendido y la mano vacía que reconoce: "¡No tengo nada! ¡Estoy en bancarrota de cualquier recurso espiritual o capacidad! Señor, recibo tu regalo de salvación en Cristo".

EL RESULTADO DE LA JUSTIFICACIÓN: BUENAS OBRAS

Quizá la objeción más común a la doctrina de la *sola fide* sea la acusación de que el apóstol Santiago la contradice explícitamente. Santiago 2:24 afirma: "Vosotros veis,

---

mi dinero. Del mismo modo, la fe es el *instrumento* para recibir la justificación de parte de Dios, pero no gana en sí misma ningún mérito para con Dios". Grudem, *Teología sistemática*, 767n13. Las cursivas son originales.

147. Las famosas observaciones de Warfield son dignas de una afirmación sincera: "El *poder salvador* de la fe reside... no en sí misma, sino en el Salvador Todopoderoso sobre quien descansa. Nunca es por causa de su naturaleza formal como acto psíquico, de que en las Escrituras se concibe que la fe es salvadora, como si este estado de ánimo o actitud de corazón fuera en sí mismo una virtud con reclamaciones sobre la recompensa de Dios... No es la fe la que salva, sino la fe en Jesucristo... Estrictamente hablando, no es ni siquiera la fe en Cristo la que salva, sino Cristo quien salva por medio de la fe. El poder salvador reside exclusivamente, no en el acto de fe ni en la actitud de fe, ni en la naturaleza de la fe, sino en el objeto de la fe... no podríamos comprender más radicalmente mal [el concepto bíblico de la fe] que cuando se le transfiere a la fe incluso la más pequeña fracción de esa energía salvadora que se le atribuye exclusivamente a Cristo mismo en las Escrituras". Benjamin Breckinridge Warfield, *The Works of Benjamin B. Warfield*, vol. 2, *Biblical Doctrines* (1932; reimp., Grand Rapids, MI: Baker, 2000), 504.

148. Andrew Fuller, "Sermons and Sketches", en *The Complete Works of the Rev. Andrew Fuller* (Boston: Lincoln, Edmands, 1833), 2:285.

pues, que el hombre es justificado por las obras, y no solamente por la fe". ¿Cómo puede reconciliarse el comentario de Santiago con la doctrina de la justificación solo por la fe? La respuesta es que Santiago usa el término "justificado" (gr. *dikaióo*) en un sentido distinto a como lo emplea Pablo en los textos ya citados. En particular, Santiago habla de la justificación en el sentido de la "vindicación" o "la demostración de la justicia".

Las Escrituras usan a menudo la palabra "justificación" en este sentido. Por ejemplo, cuando un intérprete de la ley se propuso probar a Jesús, preguntándole qué debía hacer para ganar la vida eterna, Jesús le dio instrucciones de que amara a su prójimo como a sí mismo. Lucas nos dice que, en respuesta, el intérprete de la ley "queriendo justificarse a sí mismo, dijo a Jesús: ¿Y quién es mi prójimo?" (Lc. 10:29). Al decir esto, el intérprete de la ley no estaba buscando un pronunciamiento legal de su justicia; intentaba demostrar a los demás que él ya era justo. En otras palabras, buscaba reivindicar su propia justicia. De manera similar, leemos en una confesión de la iglesia primitiva que Cristo "fue manifestado en carne" y "justificado [gr. *edikaióthe*] en el Espíritu" (1 Ti. 3:16). Ciertamente, el Señor Jesús no tenía necesidad alguna de justificación forense, de ser legalmente declarado justo. En su lugar, este pasaje habla de la justificación de Cristo por parte del Espíritu, mediante los muchos milagros que efectuó (Hch. 2:22), así como la vindicación suprema de la resurrección (Ro. 1:4). Del mismo modo, Santiago usa el término "justificado" en el sentido de "vindicado" o "demostrado".

Que él hace eso no solo se confirma de forma léxica, sino también contextual. En este pasaje, Santiago está comentando el sacrificio de Isaac por parte de Abraham, según el mandamiento de Dios (Stg. 2:21; cf. Gn. 22:1-14), un suceso que ocurrió muchos años después de que fuera declarado que Abraham "creyó a Jehová, y le fue contado por justicia" (Gn. 15:6). Por el contrario, cuando Pablo desea ilustrar la verdad de la imputación de la justicia por medio de la fe solamente, al margen de las obras (Ro. 4:6), escoge este ejemplo anterior de la vida de Abraham antes de que hubiera cualquier ley que pudiera seguir (Ro. 4:9-13). Sin embargo, Santiago no se está refiriendo a la justificación forense y a la imputación de la justicia. No está hablando de buenas obras que son la base de nuestra salvación. La fe de Abraham, que le fue acreditada como justicia al margen de cualquier cosa que hubiera hecho, fue justificada por sus obras. En otras palabras, las obras de Abraham demostraron que su fe era verdadera, y no una fe muerta (cf. Stg. 2:17, 26). La verdadera fe se demuestra por sus obras (Stg. 2:18), pero esas obras son la prueba y el resultado de nuestra justificación y nuestra santificación inicial, y no la razón de nuestra justificación.

Lejos de refutar la doctrina de la *sola fide* a favor de los legalistas, el argumento de Santiago defiende la doctrina del ataque del error opuesto: el antinomianismo. Esta palabra viene del prefijo *anti-* y la palabra griega *nómos*, que significa "ley". El antinomianismo habla, pues, de aquellos que están "en contra de la ley", de manera específica, en su sentido teológico, aquellos que niegan que la santificación es el fruto necesario de la justificación. Considerando que el legalismo no distingue entre la justificación y la santificación, el antinomianismo corta la unión vital entre ambas. Mientras que el legalismo socava el evangelio, insistiendo en que debemos añadir nuestra obediencia a la obra de Cristo con el fin de ser justificado, el antinomianismo pervierte el evangelio restando eficacia a la obra de Cristo, negando que quienes reciben a Cristo como Salvador deben también someterse a Él como Señor. Santiago echa abajo por completo esta sugerencia. Explica que la "fe" de quienes profesan ser cristianos y no hacen progresos en la santidad práctica, que siguen caminando en patrones de injusticia, no es fe verdadera y salvadora en absoluto. La suya es una fe muerta (Stg. 2:17, 26), una fe demoníaca (Stg. 2:19), y una fe inútil (Stg. 2:20) que los señala como aquellos que declaran a Jesús como Señor, pero a quienes Él dice de forma escalofriante: "Nunca os conocí; apartaos de mí, hacedores de maldad" (Mt. 7:23).

En realidad, Juan Calvino, el gran reformador y creyente en *sola fide*, se apoyó en la enseñanza de Santiago 2, cuando escribió: "Es, pues, la fe sola la que justifica y, sin embargo, la fe que justifica no está sola".[149] En otras palabras, la salvación no es el resultado de las buenas obras (Ef. 2:9), pero sí resulta necesariamente en buenas obras. Este es el propósito mismo de nuestra salvación: "Porque somos hechura suya, creados en Cristo Jesús *para buenas obras*, las cuales Dios preparó de antemano para que anduviésemos en ellas" (Ef. 2:10). Cristo no solo se entregó por nosotros para redimirnos de forma forense de toda maldad, sino también para "purificar para sí un pueblo propio, celoso de buenas obras" (Tit. 2:14). Aquellos que niegan que las buenas obras son el fruto necesario de la justificación recibida por medio de la fe solamente, convierten al Señor Jesucristo en medio Salvador: uno que salva de la pena del pecado, pero no de su poder. Sin embargo, las Escrituras nos enseñan que estamos unidos con Cristo no solo en su muerte, sino también en su resurrección, cuyo resultado necesario es una vida santa (Ro. 6:3-6; 2 Co. 5:14-15). Todos los cristianos verdaderos han sido "liberados" de la esclavitud del pecado y se han convertido en "esclavos de Dios", lo que resulta en santificación (Ro. 6:1-14, 22). Por consiguiente, aunque es solamente la fe la que salva, esta nunca está sola sino que va siempre acompañada del fruto de justicia (Fil. 1:11), producido por el Espíritu Santo en la vida del creyente (Gá. 5:22-25; cf. Jn. 15:8).[150]

OBSERVACIONES CONCLUYENTES RESPECTO A LA JUSTIFICACIÓN

En resumen, la justificación es ese aspecto de la aplicación de la redención en la que Dios declara legalmente que el pecador es justo a sus ojos. La base de esta declaración es la justicia de Cristo que llevó a cabo en lugar del pecador al (1) morir para proveer el perdón de los pecados y (2) caminar en perfecta obediencia a su Padre con el fin de proporcionar la justicia requerida para la comunión con Dios. Solo por gracia, Dios imputa nuestro pecado a Cristo para que pueda llevar verdaderamente nuestro castigo, y nos imputa la justicia de Cristo para que podamos comparecer ante Él en santidad perfecta. Esta imputación es tan solo por medio de la fe; se recibe aparte de cualquier obra por parte de pecador. Las buenas obras que necesariamente le siguen a la justificación son las pruebas —no la base— de la fe verdadera y salvadora.

La doctrina de la justificación va directamente al corazón mismo del evangelio.

---

149. Tomado de Calvino, "Acts of the Council of Trent with the Antidote" (1547), citado en Schreiner, *Faith Alone*, 62.
150. Para un ejemplo bíblico más detallado contra el antinomianismo, representado de forma especial en la doctrina del "no señorío" de Zane Hodges y Charles Ryrie, véanse John MacArthur, *El evangelio según Jesucristo*, y John MacArthur, *El evangelio según los apóstoles*.

Ofrece la única esperanza de salvación a los pecadores culpables quienes, aparte de Cristo, no tienen la esperanza de una relación restaurada con el Dios santo del universo, pero que en Él están vestidos de la perfecta justicia del amado Hijo de Dios. La buena noticia del evangelio bíblico es que esta bendición se ofrece gratuitamente a todos los que la reciben, al margen de las obras, solo por medio de la fe. La doctrina de la justificación es el fundamento mismo de la promesa del evangelio de Juan 3:16: "De tal manera amó Dios al mundo, que ha dado a su Hijo unigénito, para que todo aquel que en él cree, no se pierda, mas tenga vida eterna", y de Romanos 8:1: "Ahora, pues, ninguna condenación hay para los que están en Cristo Jesús".

La adopción

Conforme el hijo de Dios medita en las múltiples bendiciones espirituales que se reciben en unión con Cristo, no puede evitar desbordarse en alabanza a Dios por su sabiduría, su bondad y su gracia reveladas en la salvación. Tal como Pablo contempla estas bendiciones espirituales, no es de sorprender que estalle en adoración: "Bendito sea el Dios y Padre de nuestro Señor Jesucristo, que nos bendijo con toda bendición espiritual en los lugares celestiales en Cristo" (Ef. 1:3). El Padre nos ha escogido (Ef. 1:4), el Hijo nos ha redimido (Ef. 1:7), y el Espíritu nos ha regenerado (Jn. 3:3-8; Ef. 1:13-14), y ha engendrado vida divina espiritual en nosotros (Jn. 6:63; cf. Ez. 36:27; 37:14), nos ha dado ojos para ver la gloria de Cristo y la perdición del pecado (2 Co. 4:4, 6). Como resultado de ese nuevo nacimiento, experimentamos la conversión al habernos dado los dones del arrepentimiento (Hch. 11:17-18; 2 Ti. 2:25) y de la fe (Ef. 2:8). Por medio de la fe, estamos íntimamente unidos a Cristo, de tal manera que todo lo que es de Él se vuelve nuestro. Somos justificados: perdonados de todos nuestros pecados y del castigo eterno que merecíamos, con razón, con la justicia plena de Cristo mismo, de manera que podemos comparecer confiadamente ante nuestro Dios santo. ¡Bendito sea Dios!

Aunque pueda parecer imposible mejorar dones como la regeneración, la conversión, la unión y la justificación, la Palabra de Dios habla de otra bendición espiritual en la aplicación de la redención: la adopción de los creyentes por parte de Dios como hijos suyos.[151]

El concepto de la adopción nos resulta familiar, porque sigue siendo común en nuestro mundo actual, y es un caso raro cuando la historia de cualquier adopción en particular no calienta el corazón.[152] Ansiosos por amar y cuidar a un niño al que no han conocido

---

151. El antecedente para el concepto neotestamentario de la adopción procede de la práctica de la adopción en la antigua Roma, bosquejada de forma conveniente en John MacArthur, *Slave: The Hidden Truth about Your Identity in Christ* (Nashville: Thomas Nelson, 2010), 155-157: "El proceso de adopción consistía en varios procedimientos legales específicos. El primer paso ponía fin por completo a las relaciones sociales y a la conexión legal del hijo adoptado con su familia natural. El segundo paso lo convertía en un miembro permanente de su familia nueva. Adicionalmente, se eliminaba cualquier obligación financiera previa, como si nunca hubiera existido. Para que la transacción se formalizara legalmente, se requería la presencia de siete testigos de reputación. Si era necesario, su testimonio podía refutar cualquier impugnación potencial a la adopción luego de que el padre muriera. Una vez completada la adopción, el nuevo hijo o hija, estaba entonces totalmente bajo el cuidado y control del nuevo padre. El padre anterior no tenía ya ninguna autoridad sobre su antiguo hijo. En las familias romanas, la autoridad del paterfamilias («padre de familia») era definitiva y absoluta. Esa autoridad se extendía a los adoptados en la familia, comenzando en el momento de su adopción".

152. Este párrafo está adaptado de MacArthur, *Slave*, p. 163-164. Usado con permiso de Thomas Nelson. www.thomasnelson.com.

nunca, y que no puede hacer nada para corresponderles, los padres potenciales rellenan montañas de formularios, incurren en gastos importantes y, con frecuencia, recorren miles de kilómetros para acoger a un niñito o niñita en su familia. Tras meses, y a veces años, de preparación, todo cambia en un momento, cuando el juez declara legalmente al niño miembro de su nueva familia, con todos los derechos y privilegios necesarios. En muchos casos, si los niños adoptados se hubieran quedado en un orfanato, o al cuidado de unos padres naturales abusivos y negligentes, el resultado habría sido probablemente trágico. Sin embargo, mediante la intervención de un benefactor compasivo, los niños adoptados son acogidos en el amoroso hogar de una nueva familia ansiosa de proveer protección, instrucción y la esperanza de un futuro.

El Nuevo Testamento amplía esta bendición de la adopción humana, usándola como analogía para describir el amor paternal de Dios por nosotros. Éramos huérfanos espirituales bajo la cruel opresión del pecado y de Satanás. Por naturaleza éramos "hijos de ira" (Ef. 2:3), "hijos de desobediencia" (Ef. 2:2; 5:6), y hasta hijos del diablo mismo (Jn. 8:44). Nuestro único hogar era este mundo maldecido por el pecado que pasa rápidamente (1 Jn. 2:17). Nuestro único guardián era el enemigo declarado de nuestras almas (1 P. 5:8). Nuestro único futuro era la expectativa aterradora del juicio del infierno (He. 10:27).

Pero Dios, ansioso por manifestar la gloria de su gracia, intervino en nuestro favor:

> En amor habiéndonos predestinado para ser adoptados hijos suyos por medio de Jesucristo, según el puro afecto de su voluntad, para alabanza de la gloria de su gracia, con la cual nos hizo aceptos en el Amado (Ef. 1:5-6).

> Pero cuando vino el cumplimiento del tiempo, Dios envió a su Hijo, nacido de mujer y nacido bajo la ley, para que redimiese a los que estaban bajo la ley, a fin de que recibiésemos la adopción de hijos (Gá. 4:4-5).

El eterno Hijo de Dios mismo recorrió la infinita distancia entre el cielo y la tierra, unió la naturaleza de Dios y la del hombre en su propia persona, y fue abandonado por su Padre para que pudiéramos ser acogidos como hijos. A un gran precio por su parte, Dios tomó cada medida legal para rescatarnos del pecado y hacernos parte de su familia. Como fue planeado en la eternidad pasada, el Hijo compró a los creyentes en el Calvario, y finalmente ellos asieron la bendición de la adopción en el momento de la conversión, "pues —como afirma el apóstol Pablo— todos sois hijos de Dios por la fe en Cristo Jesús" (Gá. 3:26; cf. Jn. 1:12). En la adopción, Dios coloca legalmente a los pecadores regenerados y justificados en su familia, para que se conviertan en hijos e hijas de Dios y así disfrutar de todos los derechos y privilegios de quien es miembro de la familia eterna de Dios.

LA BENDICIÓN ÚNICA DE LA ADOPCIÓN

Aunque se ha confundido con frecuencia, o contemplado tan solo como un aspecto más de la justificación, la bendición espiritual de la adopción es un privilegio único en la economía de la redención de Dios. Como observa Grudem: "Podríamos pensar inicialmente que llegamos a ser hijos de Dios por la regeneración, puesto que la imagen de «nacer de nuevo» en la regeneración nos lleva a pensar en hijos que nacen en el seno de una familia humana. Pero... la idea de la *adopción* es lo opuesto a la idea de nacer en una familia".[153] Aunque están íntimamente relacionadas, las Escrituras distinguen no obstante estas dos bendiciones con respecto al autor, a la naturaleza y al medio de cada una. En primer lugar, la regeneración es una obra del Espíritu (Jn. 3:5-6, 8; 6:63), mientras que la adopción es un acto del Padre (Ef. 1:5). En segundo lugar, la regeneración es transformadora; es una obra en el corazón del hombre que transforma fundamentalmente su naturaleza (Ez. 36:26-27; 2 Co. 5:17). La adopción, por otra parte, es declarativa; no cambia el carácter del hombre. En su lugar, es un acto fundamentalmente legal en el que Dios les da a aquellos que reciben a Cristo "el derecho" —es decir, la autoridad legal—[154] "ser hechos hijos de Dios" (Jn. 1:12). En tercer lugar, se dice que la Palabra de Dios es el medio de la regeneración (Stg. 1:18; 1 P. 1:23-25), aunque la bendición de la adopción se obtiene por medio de la fe en Cristo (Jn. 1:12; Gá. 3:26). Es evidente, pues, que la adopción es distinta a la regeneración.

Además, la adopción no debería considerarse tan solo un subconjunto de la obra de justificación. Aunque tanto la justificación como la adopción son actos declarativos por medio de la fe, son bendiciones distintas. La justificación es la declaración legal de que uno es justo con respecto a las exigencias de la ley de Dios. Sin embargo, la adopción es la declaración legal del Juez divino de que aquel que es justificado ha sido hecho miembro de su familia.

Que se nos conceda una nueva vida espiritual en la regeneración es una bendición indecible. De modo que también es un extraordinario privilegio ser liberados de la pena del pecado y declarados justos en Cristo. Si el otorgamiento de los dones de Dios se hubiera detenido en la regeneración y la justificación, nadie cuestionaría su bondad ni consideraría que su gracia es deficiente. Sin embargo, la gloria peculiar de la adopción es la sobreabundancia de la gracia de Dios.[155] En una extravagante expresión de amor, Dios adopta a los creyentes en su familia, para que no solo podamos relacionarnos con Él como el dador de la vida espiritual y proveedor de la justicia legal, sino también como nuestro Padre amoroso y compasivo. Por esta razón, la adopción ha sido designada, con razón, "el más alto privilegio que ofrece el evangelio"[156] y "el punto culminante de la gracia y del privilegio" que "abruma la imaginación, a causa de su asombrosa compasión y amor".[157] En realidad, cuando el apóstol Juan consideró la realidad de la adopción del creyente, se vio llevado a otro estallido apostólico de alabanza: "Mirad cuál amor nos ha dado el Padre, para que seamos llamados hijos de Dios; por esto el mundo no nos conoce, porque no le conoció a él" (1 Jn. 3:1). ¡Extraordinario en verdad!

---

153. Grudem, *Teología sistemática*, 775.

154. Leon Morris, *The Gospel according to John*, ed. rev., NICNT (Grand Rapids, MI: Eerdmans, 1995), 87. Véanse también Juan 5:27 y 19:11 para casos en los que se usa la misma frase griega (*dídomi... exousía*) en sentidos inequívocamente legales.

155. No debemos pensar en la adopción como una especie de relación de segunda clase, como algunos puedan percibirlo en nuestra época. En su lugar, en los tiempos antiguos el hijo adoptado era con frecuencia el más querido y honrado, escogido en muchos casos porque era único y deseado.

156. J. I. Packer, *Knowing God*, ed. rev. (Downers Grove, IL: InterVarsity Press, 1993), 206.

157. Murray, *La redención consumada y aplicada*, 131.

CLARIFICACIÓN DE LOS MALENTENDIDOS DE LA ADOPCIÓN

Cuando se habla de hombres pecaminosos que se convierten en hijos de Dios, es necesario distinguir entre los hijos y las hijas adoptivos del Padre, por una parte, y su único Hijo, el Señor Jesucristo, por la otra. En un sentido, no debemos restar importancia a los privilegios radicales de la adopción. Somos hechos partícipes de la naturaleza divina (2 P. 1:4), el Espíritu de Dios mismo viene a morar en nosotros (Ro. 8:14-16; Gá. 4:6), y somos coherederos con Cristo de la vida eterna (Ro. 8:17, 23; 1 P. 1:4). Los creyentes han sido tan supremamente exaltados que a Cristo se le llama adecuadamente nuestro hermano (Ro. 8:29; He. 2:17). En realidad, porque Cristo, el santificador, y nosotros, los santificados, tenemos un Padre, al Señor Jesús no le da vergüenza llamarnos hermanos (He. 2:11-12).

Nuestra posición exaltada no elimina, sin embargo, la unicidad de la relación de Cristo con el Padre como su Hijo eterno. El Señor mismo mantuvo, claramente, esta distinción cuando le dio instrucciones a María de que les dijera a los discípulos: "Subo a mi Padre y a vuestro Padre, a mi Dios y a vuestro Dios" (Jn. 20:17). Si la unicidad de la filiación de Jesús no debía distinguirse de la nuestra, semejante declaración sería aparatosa y redundante; podría haber dicho sencillamente "... a nuestro Padre y nuestro Dios". Sin embargo, al distinguir entre "mi Padre" y "vuestro Padre", enfatizaba que, aunque estamos relacionados con Dios como hijos e hijas verdaderos, su posición como Hijo era de un carácter distinto y único. Después de todo, Él es *tón juíon tón monogené*: el "unigénito" de Dios (Jn. 3:16). El término griego *monogenés* deriva de los términos *mónos* ("único") y *génos* ("clase", "tipo"; p. ej., Mr. 9:29) y, por tanto, habla de "único en su especie". En ningún sentido, pues, nuestra adopción como hijos nos lleva a la unión de esencia con Cristo, de manera que participamos en la vida interna de la Trinidad, como algunos enseñan. Podemos convertirnos en hijos de Dios mediante la adopción, pero Cristo es el único Hijo eterno del Padre.

En segundo lugar, la noción de que los creyentes *se convierten* en los hijos de Dios en el momento de la conversión le propina el golpe de muerte a la doctrina de la paternidad universal de Dios: la enseñanza liberal protestante de que todos los seres humanos son hijos de Dios por defecto. Es cierto que las Escrituras hablan a veces de la paternidad de Dios en términos universales. Cuando Pablo razona con los filósofos en la colina de Marte, cita al poeta Arato (*ca.* 315–*ca.* 245 a.C.), quien declaró: "Porque linaje suyo somos" (Hch. 17:28), y después comenta con aprobación: "Siendo, pues, linaje de Dios..." (Hch. 17:29). Sin embargo, el contexto de esta declaración indica con claridad que Pablo estaba hablando de la realidad de que Dios es el Creador de toda la humanidad y, por tanto, es el Padre universal solo en este sentido. Él es "Padre de los espíritus" (He. 12:9), "quien da a todos vida y aliento y todas las cosas" (Hch. 17:25), y Él "de una sangre ha hecho todo el linaje de los hombres" (Hch. 17:26). Por tanto, "en él vivimos, y nos movemos, y somos" (Hch. 17:28). Esta puede ser también la intención de Malaquías cuando reprende a los sacerdotes pecaminosos de su época, y pregunta: "¿No tenemos todos un mismo padre? ¿No nos ha creado un mismo Dios?" (Mal. 2:10). Sin embargo, dada su referencia al "pacto de nuestros padres" al final del versículo, es más probable que se esté refiriendo a la paternidad de Dios respecto a Israel como nación del pacto (Jer. 31:9; Os. 11:1).

No obstante, que Dios sea el Creador común de todos los seres humanos no significa que todos sean sus hijos en el sentido relacional indicado por la doctrina de la adopción. Jesús mismo habla con mayor severidad sobre esta cuestión, y observa que todos los incrédulos son hijos de Satanás mismo. Distingue con claridad entre su Padre y el padre de los fariseos (Jn. 8:38), niega que Dios sea el Padre de ellos (Jn. 8:42), y declara de forma explícita: "Vosotros sois de vuestro padre el diablo" (Jn. 8:44). El apóstol Juan comenta esta distinción entre los hijos de Dios y los hijos del diablo, y observa que estos últimos son aquellos que no practican la justicia (1 Jn. 3:10). Las Escrituras diferencian entre los hijos de la carne y los de Dios (Ro. 9:8), los hijos de la esclava y los hijos de la mujer libre (Gá. 4:22-31), y los hijos de luz y los de la oscuridad (Ef. 5:8). Estos pasajes se oponen a cualquier entendimiento de la paternidad universal de Dios. En realidad, en lugar de ser hijo de Dios, al hombre natural se lo describe como "los hijos de desobediencia" (Ef. 2:2; 5:6). Lejos de relacionarse naturalmente con Dios como hijos, todos los seres humanos caídos son "por naturaleza hijos de ira" (Ef. 2:3). A menos que algo drástico suceda —de hecho, nada menos radical que ser vivificados de entre los muertos (Ef. 2:4-5)—, el hombre en su condición natural no conocerá las bendiciones de un Padre amoroso, sino que más bien experimentará la ira de un Juez justo. Solo aquellos que reciben a Jesús y creen en su nombre reciben la potestad de convertirse en hijos de Dios (Jn. 1:12), porque todos los hijos adoptivos de Dios son "hijos de Dios por la fe en Cristo Jesús" (Gá. 3:26) como resultado de su obra de redención (Gá. 4:5).

Por tanto, más que una paternidad *esencial* de Dios o una paternidad *creativa* universal de Dios, estos pasajes sobre la adopción hablan de la paternidad *redentora* de Dios, en la que los pecadores justificados se convierten en hijos e hijas del Padre con todos los derechos y privilegios de los que disfruta un miembro de su familia.

LOS PRIVILEGIOS DE LA ADOPCIÓN

¿Cuáles son, pues, esos derechos y privilegios de los que disfrutan los miembros de la familia de Dios? En primer lugar, la principal bendición de nuestra adopción es que el Espíritu Santo mismo establece residencia permanente en nuestros corazones, nos libera del pecado y fomenta nuestra comunión con Dios. Después de hablar de la adopción efectuada por la redención de Cristo, Pablo añade: "Y por cuanto sois hijos, Dios envió a vuestros corazones el Espíritu de su Hijo, el cual clama: ¡Abba, Padre! Así que ya no eres esclavo, sino hijo" (Gá. 4:6-7). En otro lugar habla de que los creyentes han "recibido el espíritu de adopción, por el cual clamamos: ¡Abba, Padre! El Espíritu mismo da testimonio a nuestro espíritu, de que somos hijos de Dios" (Ro. 8:15-16). Aunque estábamos esclavizados al pecado y a la idolatría (Gá. 4:8), el Espíritu de adopción nos ha liberado de nuestra esclavitud a "la libertad gloriosa de los hijos de Dios" (Ro. 8:21; cf. 2 Co. 3:17). Ya no somos esclavos de un amo, sino hijos permanentes de nuestro Padre (Jn. 8:35), y el Espíritu mismo da testimonio en nuestros corazones para asegurarnos de que esta nueva relación es genuina. Tan íntimo es nuestro vínculo con el Dios del universo que el Espíritu nos impulsa a clamar a Él con el afecto de un hijo: "¡Abba! ¡Padre!". El término arameo para "padre", *Abba*, señala la ternura y la intimidad más entrañables entre un padre y un hijo. Al margen de estos dos pasajes, solo aparece una vez más en el Nuevo Testamento: en los labios de Jesús mismo durante la hora más oscura de su periplo terrenal. En Getsemaní, cuando el Hijo derramó su corazón ante el Padre, y suplicó que la copa de la ira divina fuera apartada de Él, se dirigió a Él como "Abba" (Mr. 14:36). Cuanto menos resulta sorprendente pensar que a nosotros, que una vez estuvimos alejados de Dios por culpa de nuestro pecado (Ef. 4:18), se nos ha dado el privilegio de clamar al Padre como lo hizo su Hijo amado. La gloria de este pensamiento solo se ve superada por la realidad de que su grito de "Abba" fue ignorado para que el nuestro fuera oído.

Debido a que podemos relacionarnos con Dios como nuestro Padre, compartimos la riqueza de su amorosa compasión, protección, provisión y beneficencia. Su disposición hacia nosotros es la del padre con sus hijos, ávido por manifestar bondad y actuar en nuestro mayor interés. El salmista nos asegura: "Como el padre se compadece de los hijos, se compadece Jehová de los que le temen" (Sal. 103:13). El Señor mismo ilustra esta disposición a la compasión, cuando pregunta:

> ¿Qué padre de vosotros, si su hijo le pide pan, le dará una piedra? ¿o si pescado, en lugar de pescado, le dará una serpiente? ¿O si le pide un huevo, le dará un escorpión? Pues si vosotros, siendo malos, sabéis dar buenas dádivas a vuestros hijos, ¿cuánto más vuestro Padre celestial dará el Espíritu Santo a los que se lo pidan? (Lc. 11:11-13).

Sin embargo, Dios no solo nos dará su Espíritu; como lo expresa el pasaje paralelo, Dios nos dará también las "buenas cosas" que le pedimos (Mt. 7:11). A causa de esto, no tenemos necesidad de angustiarnos por nuestras necesidades diarias, porque al Padre le agrada proveer estas cosas para nosotros: "Vosotros, pues, no os preocupéis por lo que habéis de comer, ni por lo que habéis de beber. Porque... vuestro Padre sabe que tenéis necesidad de estas cosas" (Lc. 12:29-30). Inmediatamente después de este consuelo por parte de nuestro Señor, nos reconforta con la beneficencia del Padre con las que podrían ser las palabras más tiernas que pronunció jamás: "No temáis, manada pequeña, porque a vuestro Padre le ha placido daros el reino" (Lc. 12:32). Dios no es un mero benefactor distante, indiferente aunque generoso. Así como un padre se deleita —se deleita con sumo interés— en bendecir a sus hijos con una herencia; su buen propósito es hacernos partícipes de la plenitud de su reino mismo.

En su entusiasmo por bendecir a sus hijos adoptados va implícita la realidad de que podemos acercarnos al Señor de gloria en oración. Como afirmó Jesús, nuestro Padre está preparado para dar "buenas dádivas... a los que le pidan" (Mt. 7:11; Lc. 11:13), y proveer para las necesidades de la vida cuando buscamos primero su reino (Lc. 12:30), algo que se hace principalmente por medio de la oración. Por esta razón, cuando el Señor enseñó a sus discípulos a orar a Dios, los instruyó para que se dirigieran a Él así: "Padre nuestro que estás en los cielos" (Mt. 6:9). ¡Qué privilegio acercarse al trono de gracia con la confianza de que el Señor soberano es nuestro Padre celestial, que está ansioso por escuchar nuestras peticiones y bendecirnos desde su abundancia!

Otro privilegio de nuestra adopción como hijos es la amorosa disciplina paternal que recibimos de Dios. El autor de Hebreos nos aconseja: "Hijo mío, no menosprecies la disciplina del Señor, ni desmayes cuando eres reprendido por él; porque el Señor al que ama, disciplina, y azota a todo el que recibe por hijo" (He. 12:5-6; cf. Pr. 3:11-12). Cuando nos apartamos de la voluntad de Dios y nos hundimos en pensamientos y actos pecaminosos, Él ordenará providencialmente diversas dificultades y aflicciones en nuestras vidas para advertirnos de las consecuencias del pecado, para llevarnos al arrepentimiento, y para cultivar una mayor madurez espiritual (p. ej., 2 S. 12:10-12; 1 Co. 11:30). El autor de Hebreos prosigue y explica que cuando experimentamos esta disciplina: "Dios [nos] trata como a hijos; porque ¿qué hijo es aquel a quien el padre no disciplina?... entonces sois bastardos, y no hijos" (He. 12:7-8). En realidad, cuando Dios retira su disciplina, es la indicación más grave de su juicio, ya que está entregando a su pueblo a su pecado y a sus consecuencias (Ro. 1:25-28). En la esfera humana, las Escrituras afirman que los padres que retienen la disciplina de sus hijos los odian (Pr. 13:24) y desean su muerte (Pr. 19:18). Por tanto, que Dios nos discipline como a sus hijos es un testimonio seguro de su ferviente amor y de su deseo sincero de nuestro mayor beneficio. Como sigue señalando el autor de Hebreos: "[Él nos disciplina] para lo que nos es provechoso, para que participemos de su santidad" (He. 12:10). Aunque en el momento "ninguna disciplina... parece ser causa de gozo, sino de tristeza... después da fruto apacible de justicia a los que en ella han sido ejercitados" (He. 12:11). Cuando consideramos que existe una "santidad, sin la cual nadie verá al Señor" (He. 12:14), nos vemos obligados a valorar la amorosa disciplina de nuestro Padre, porque es adecuada para tener comunión con Él. ¡Qué privilegio que el Dios de los cielos se haya tomado un interés personal en nuestro bienestar espiritual, no solo para declararnos justos, sino también para obrar en nosotros una justicia práctica por su extraordinaria gracia!

Otro privilegio adicional de nuestra adopción en la familia de Dios es la unidad de la que disfrutamos con nuestros hermanos y hermanas en Cristo. La iglesia no es un mero club social ni una organización política entrelazada con intereses comunes o pasatiempos compartidos. En virtud de la obra electiva del Padre, la obra redentora del Hijo y la obra regeneradora del Espíritu, estamos objetivamente unidos unos a otros como miembros de la misma familia. No es de sorprender que los primeros cristianos se trataran entre sí como hermanos y hermanas (p. ej., Hch. 1:15-16; Ro. 12:1; 16:14; Fil. 4:1; 1 Ti. 5:1-2; cf. Mt. 12:46-50). Ahora bien, una familia no es un mero grupo de personas con algunos intereses compartidos y un aprecio subjetivo los unos por los otros. En su lugar, los hermanos y las hermanas están vinculados por algo mucho más profundo: por la unión objetiva que resulta del amor compartido por sus padres. Y aunque puedan no relacionarse siempre unos con otros en los mejores términos, no hay desacuerdo ni conflicto que pueda quebrantar el vínculo objetivo que comparten. Esto mismo ocurre en el seno de la familia de Dios. Pueden surgir tensiones y desacuerdos entre nosotros y nuestros hermanos y hermanas en Cristo. Sin embargo, así como nada nos puede separar de la amorosa unión que compartimos individualmente con Cristo (Ro. 8:38-39), tampoco se nos puede apartar de la unión que compartimos unos con otros de forma corporativa. En base a esta unión objetiva es como buscamos "la unidad del Espíritu en el vínculo de la paz" (Ef. 4:3). Siempre que los cristianos hagan esto, nunca estaremos solos. Siempre nos perteneceremos los unos a los otros. Por la gracia de la adopción por parte de nuestro Padre, afrontamos las pruebas más oscuras junto con nuestros hermanos y hermanas, como familia de Dios.

Además de todos esos privilegios de los que disfrutamos en el momento presente, nuestra adopción como hijos de Dios también nos garantiza una participación en la herencia futura de la vida eterna. Pablo escribe que si somos hijos adoptados, también debemos ser necesariamente herederos. Ya no somos esclavos, sino hijos, "y si hijo, también heredero de Dios" (Gá. 4:7); de hecho, "herederos de Dios y coherederos con Cristo" (Ro. 8:17). En las relaciones humanas, los hijos y las hijas heredan el patrimonio de sus padres cuando estos fallecen. Todo lo que pertenecía a los padres se les lega a los hijos, y ellos siguen adelante con el legado familiar. Del mismo modo, aunque por naturaleza no teníamos un derecho legítimo a todas las riquezas del reino de Dios, por gracia nos hemos convertido en los hijos adoptivos de Dios y, por tanto, herederos legales de "una herencia incorruptible, incontaminada e inmarcesible, reservada en los cielos" para nosotros (1 P. 1:4). Tan genuina es nuestra herencia que se nos describe como coherederos con Cristo (Ro. 8:17). Todo lo que Cristo recibirá por derecho divino como Hijo natural de Dios, nosotros lo recibiremos por la gracia divina como hijos adoptivos de Dios.[158] Porque Cristo es el Hijo de Dios, todo lo que posee el Padre le pertenece a Él. Y porque estamos en Cristo, todo lo que es de Cristo es nuestro, "sea el mundo, sea la vida, sea la muerte, sea lo presente, lo por venir" (1 Co. 3:22), todo les pertenece a los hijos de Dios. Los redimidos están seguros de disfrutar de todas las bendiciones del cielo en la presencia de Dios, porque Él promete que "el que venciere heredará todas las cosas, y yo seré su Dios, y él será mi hijo" (Ap. 21:7). La principal de estas bendiciones celestiales es la promesa de un cuerpo glorificado a semejanza del cuerpo de la resurrección de Cristo, libre de todo pecado y enfermedad (1 Co. 15:23, 42-44; Fil. 3:20-21). Aunque es esta morada gemimos bajo los efectos de la maldición del pecado (2 Co. 5:2), esperamos la consumación de nuestra adopción como hijos e hijas de Dios, la redención de nuestros cuerpos (Ro. 8:23).

En un sentido, esta glorificación ha empezado en esta vida presente en forma de santificación progresiva, un privilegio más de nuestra adopción. Así como los hijos imitan a su padre, también se nos exhorta a "Se[r], pues, imitadores de Dios como hijos amados" (Ef. 5:1). Una de las más ricas bendiciones de la gracia de Dios en la salvación es que Él le atribuye su nombre a su pueblo. Por gracia, Él busca el bienestar de su pueblo con el mismo celo con el que defiende el honor de su reputación, porque ellos llevan su nombre (cf. Jos. 7:9; 1 S. 12:22; Jer. 14:7, 9; Dn. 9:17-18). Como hijos de Dios, llevamos el "nombre de la familia" de Dios y, como declara Isaías, su nombre es Santo (Is. 57:15; cf. 1 Cr. 29:16; Sal. 33:21; Is. 47:4; Lc. 1:49). Así, el apóstol Pedro nos insta "como hijos obedientes, no os conforméis a los deseos que antes teníais estando en vuestra ignorancia; sino, como aquel que os llamó es santo, sed también vosotros santos en toda vuestra manera de vivir; porque escrito está: Sed santos, porque yo soy santo" (1 P. 1:14-16). Si clamamos a este Santo como Padre, deberíamos vivir una vida parecida a su santidad (1 P. 1:17), y comportarnos como

---

158. John MacArthur, *Comentario MacArthur del Nuevo Testamento: Romanos* (Grand Rapids, MI: Editorial Portavoz, 2010), 495.

"irreprensibles y sencillos, *hijos de Dios* sin mancha en medio de una generación maligna y perversa" (Fil. 2:15).

La conclusión al estudio de la doctrina de la adopción debe ser un llamamiento a la santidad. La promesa de Dios para nosotros es: "Y seré para vosotros por Padre, y vosotros me seréis hijos e hijas" (2 Co. 6:18). Si disfrutamos de tan exaltada posición como hijos adoptados en la familia de Dios, gozamos de todos los derechos y privilegios como hijos e hijas del Todopoderoso mismo, debemos responder tal como nos indica Pablo en el siguiente versículo: "Así que, amados, puesto que tenemos tales promesas, limpiémonos de toda contaminación de carne y de espíritu, perfeccionando la santidad en el temor de Dios" (2 Co. 7:1). Por tanto, ahora dirigimos nuestra atención a la doctrina de la santificación.

La santificación[159]

Habiendo llegado a este punto en este estudio de la aplicación de la redención, hemos considerado los beneficios adquiridos por la obra de Cristo que el Espíritu aplica de inmediato a los creyentes en el comienzo de la vida cristiana. En la regeneración, el pecador es vivificado, se le concede arrepentimiento y fe, se lo une a Cristo, se lo declara justo en base a la justicia imputada de Cristo, y es adoptado en la familia de Dios. Sin embargo, la bendición de la santificación es un beneficio de la aplicación de la redención que, aunque comienza en la regeneración, se aplica a lo largo de la totalidad de la vida del cristiano. En la santificación, Dios, que obra de forma especial por medio del Espíritu Santo, aparta al creyente para sí (cf. 1 Co. 1:2), y lo hace cada vez más santo, lo transforma progresivamente a imagen de Cristo (Ro. 8:29; 2 Co. 3:18) al someter el poder del pecado en su vida y capacitarlo para llevar el fruto de la obediencia en su vida.[160]

LA RELACIÓN ENTRE LA JUSTIFICACIÓN Y LA SANTIFICACIÓN

La santificación está íntimamente conectada a la justificación, ya que ambos beneficios se disfrutan en virtud de la unión del creyente con Cristo. No obstante, la santificación no debe confundirse con la justificación ni reducirla a la justificación, como en la teología católica romana. La justificación es la declaración judicial de justicia de una vez por todas, que define la posición legal del hombre ante Dios. Por otra parte, la santificación es una transformación gradual, constante de su naturaleza. Con respecto a la justificación, Cristo ha asegurado la justicia forense *para* el creyente; en la santificación, el Espíritu obra progresivamente una justicia práctica *en* el creyente. La justificación concierne a la *imputación* de justicia, mientras que la santificación tiene que ver con la *impartición* de la justicia. Confundirlas es, fundamentalmente, socavar el evangelio.[161]

---

159. Para una explicación adicional de la santificación, véase cap. 5, "Dios Espíritu Santo".

160. La definición de Berkhof es un complemento útil: "La santificación puede definirse como *aquella operación bondadosa y continua del Espíritu Santo, mediante la cual Él, al pecador justificado lo liberta de la corrupción del pecado, renueva toda su naturaleza a la imagen de Dios y lo capacita para hacer buenas obras*". Teología sistemática, 637. Las cursivas son originales.

161. Para más sobre la relación entre la justificación y la santificación, véase "La naturaleza de la justificación: una declaración legal" (p. 625) y "El resultado de la justificación: buenas obras" (p. 634).

LA SANTIFICACIÓN POSICIONAL (DEFINITIVA)

Aunque principalmente la santificación se entiende como un proceso en el que el creyente es conformado a la imagen de Cristo (p. ej., las Escrituras hablan de los creyentes como "a los que *está santificando*" (He. 10:14, NVI), ese proceso tiene un comienzo definitivo en la regeneración. Al aspecto presente de la santificación se lo denomina con frecuencia santificación progresiva, mientras que al aspecto pasado se le puede llamar santificación inicial, posicional o definitiva.

Como se ha explicado antes, la regeneración no solo es la impartición de la vida espiritual, sino también una purificación definitiva del pecado.[162] Por esta razón, en Juan 3:5 Jesús habla del nuevo nacimiento como nacer de *agua* y del Espíritu. En ese pasaje, Jesús alude a la profecía de Ezequiel respecto a la regeneración, en la que Dios no solo promete darle a su pueblo un nuevo corazón, y hacer que su Espíritu more en ellos, sino que también rocía agua limpia sobre ellos para purificarlos de su impureza (Ez. 36:25-27). Al reflejar el simbolismo de Ezequiel, Pablo designa la regeneración como un lavamiento y una renovación a la vez (Tit. 3:5). Así, cuando el Espíritu imparte vida espiritual al alma del pecador muerto, abriendo sus ojos a la suciedad del pecado y a la gloria de Jesús (2 Co. 4:4, 6), la naturaleza del hombre es santificada, transformada definitivamente de la muerte espiritual a la vida espiritual, de tal manera que las Escrituras lo llaman una nueva creación (2 Co. 5:17). La santa disposición que es fortalecida a lo largo de la santificación progresiva del creyente es esa misma disposición santa nacida en el creyente en la regeneración. En este sentido, la regeneración es el principio de la santificación.

Por esta razón, el Nuevo Testamento emplea a menudo la terminología de la santificación en tiempo pasado, y caracteriza al cristiano como aquel que ha sido inicialmente santificado por Dios. En su discurso de despedida a los ancianos efesios de Mileto, Pablo habló de la herencia que compartían "con todos los santificados" (Hch. 20:32). En su defensa ante Agripa, narró su experiencia de conversión en el camino a Damasco, cuando Jesús le encomendó a los gentiles, "para que reciban, por la fe que es en mí, perdón de pecados y herencia entre los santificados" (Hch. 26:18). Que semejante designación no se refiere a algún estado completo de santificación progresiva queda establecido en la carta de Pablo a los miembros de la pecaminosa iglesia de Corinto, a quienes se dirigió como "los santificados en Cristo Jesús" (1 Co. 1:2). Los corintios eran un grupo variopinto de creyentes profesantes que se estaban dividiendo en facciones (1 Co. 1:11-13), a quienes Pablo solo podía tratar de carnales (1 Co. 3:1), entre quienes existía una clase de inmoralidad que ni siquiera se nombraba entre los gentiles (1 Co. 5:1), que se denunciaban unos a otros ante jueces incrédulos (1 Co. 6:1-7), que defraudaban en la Santa Cena para satisfacer su glotonería y su embriaguez (1 Co. 11:20-22), y que estaban haciendo un mal uso de los dones del Espíritu Santo (1 Corintios 12–14). Si ser santificado significaba haber alcanzado un estado de santidad práctica exaltada, ¡esa descripción apenas se podía hacer respecto a ellos! Y, sin embargo, Pablo habló de su santificación definitiva: "Mas ya habéis sido lavados, ya habéis sido santificados, ya habéis sido justificados en

---

162. Véase "La naturaleza de la regeneración" (p. 592) y la explicación de Ezequiel 36:25-27 y Juan 3:5 en "Los medios de la regeneración" (p. 595).

el nombre del Señor Jesús, y por el Espíritu de nuestro Dios" (1 Co. 6:11).[163] Por esta misma razón, tanto el Antiguo como el Nuevo Testamento identifican a todo el pueblo de Dios como santos, literalmente: "los santos" (p. ej., Sal. 16:3; 34:9; Dn. 7:18-27; Mt. 27:52; Hch. 9:13, 32, 41; Ro. 1:7; 8:27; 1 Co. 1:2; 2 Co. 1:1; Ef. 1:1; 6:18; Fil. 1:1; Col. 1:2; Jud. 3; Ap. 19:8). Lejos de identificarlos como espiritualmente personas de élite en base a sus méritos personales, como enseña la Iglesia Católica Romana, lo que santifica a un creyente no es su justicia práctica, sino su justicia posicional. Todos los creyentes son santos, porque todos los creyentes han sido apartados por un Dios santo, y han sido unidos al santo Señor Jesús. Este es precisamente el concepto de la santificación definitiva.

La realidad más relevante en la santificación definitiva es que, mediante la unión con Cristo, el creyente es liberado del dominio del pecado. Aunque la rectitud y la justificación imputadas le conceden la libertad al cristiano de la pena del pecado, la santificación inicial le otorga la libertad del poder del pecado. Esta es precisamente la idea de Pablo en Romanos 6:1–7:6. Allí declara que los creyentes han "muerto al pecado" (6:2) en virtud de su unión con Cristo en su muerte y resurrección (6:3-5), y que "nuestro viejo hombre fue crucificado juntamente con él [Cristo], para que el cuerpo del pecado sea destruido, a fin de que no sirvamos más al pecado" (6:6-7). Porque Cristo murió y resucitó, el pecado y la muerte ya no tienen dominio sobre Él (6:9-10). Los creyentes "[han] muerto a la ley mediante el cuerpo de Cristo, para que se[an] de otro [es decir, unidos a otro]" (7:4), y dado que la ley a la que murieron "se enseñorea del hombre entre tanto que éste vive" (7:1), deben "consider[arse] muertos al pecado, pero vivos para Dios en Cristo Jesús" (6:11), el derecho legal del pecado para gobernar sobre ellos se ha roto. Por esta razón, Pablo declara: "Porque el pecado no se enseñoreará de vosotros; pues no estáis bajo la ley, sino bajo la gracia" (6:14), y "libertados del pecado, vinisteis a ser siervos de la justicia" (6:18). Todo esto les asegura a los cristianos que aunque una vez estuvieron sujetos al poder esclavizador del pecado y sin esperanza, ahora poseen el poder de la resurrección de Cristo para resistir a la tentación, mortificar el pecado y buscar cada vez más la santidad. Sin duda el pecado permanece presente en su carne (7:14-25; 1 Jn. 1:8), pero su poder ha sido derrotado mediante la eficacia de la muerte de Cristo y la virtud de su resurrección.[164] Por tanto, aunque el creyente puede luchar vigorosamente con el pecado, nunca debe adoptar una actitud pesimista en la que se resigna a aceptar la realidad del pecado en su vida. Actuar así es hacer las paces con un enemigo destronado, someterse al dominio del pecado que, no obstante, ha sido vencido.

La libertad del cristiano del dominio del pecado mediante la unión con Cristo es el fundamento necesario para todo el progreso en la santificación gradual. Solo porque

---

163. Hasta el orden de los tres verbos indica que, mediante el uso del término griego *jagiázo*, Pablo pretendía aludir a la santificación definitiva, porque si su intención fuera hablar de la santificación progresiva —que le sigue a la justificación en el *ordo salutis*—, es poco probable que hubiera colocado "habéis sido santificados" antes de "habéis sido justificados". El orden deja claro que está aludiendo primero al lavamiento de la regeneración (cf. Tit. 3:5), segundo a la santificación definitiva, y tercero a la justificación forense.

164. Murray, *La redención consumada y aplicada*, 139. Y sigue diciendo: "Aunque el pecado permanece, no por ello debe ejercer el dominio. Existe una diferencia radical entre el pecado que aún sobrevive y el pecado que reina... Una cosa es que el pecado viva en nosotros; otra que nosotros vivamos en pecado. Una cosa es que el enemigo ocupe la capital; otra que su ejército derrotado hostigue las guarniciones del reino". *La redención consumada y aplicada*, 141.

el reinado del pecado haya sido derrocado, se exhorta a los creyentes diciendo: "No reine, pues, el pecado en vuestro cuerpo mortal, de modo que lo obedezcáis en sus concupiscencias; ni tampoco presentéis vuestros miembros al pecado como instrumentos de iniquidad, sino presentaos vosotros mismos a Dios como vivos de entre los muertos, y vuestros miembros a Dios como instrumentos de justicia" (Ro. 6:12-13). Los creyentes solo pueden obedecer a estos imperativos porque la unión con Cristo resulta en la realidad indicativa de la libertad del pecado. En realidad, es la contemplación del creyente del final del dominio del pecado ("*consideraos* muertos al pecado", 6:11) lo que da base al mandamiento de no dejar que el pecado reine ("No reine, *pues*, el pecado", 6:12). Y, a continuación, Pablo repite el fundamento de gracia de nuestra batalla contra el pecado en Romanos 6:14: "*Porque* el pecado no se enseñoreará de vosotros". Este paradigma indicativo-imperativo es la diferencia entre la ética verdaderamente bíblica y distintivamente cristiana, y el moralismo de la religión legalista o la filosofía naturalista. Solo por lo que Cristo ha efectuado en su muerte y su resurrección históricas, y solo porque estamos unidos a Él *en* su muerte y su resurrección mediante la gracia de Dios, el creyente puede vivir una vida de obediencia fiel sobre la única base de que ha sido realmente crucificado con Cristo y que Él vive ahora de verdad en él (Gá. 2:20). Solo porque *ya* ha sido escogido, es santo y amado el creyente puede revestirse de misericordia, benignidad, humildad, mansedumbre y paciencia (Col. 3:12).

Por consiguiente, cualquier intento de mejorar moralmente al margen de la obra de la gracia sobrenatural de Dios concedida por medio de la unión del creyente con Cristo es una falsificación fabricada por el hombre de la obra de la santificación que no halla favor con Dios, y que es del todo ineficaz (Ro. 8:8; 14:23; He. 11:6). El cristiano va en pos de la santidad práctica, no para entrar en una relación con Dios ni ganar su amor; busca la santidad práctica porque ya ha entrado en una relación con Dios por gracia, por medio de la fe en Cristo, y porque ya es el receptor del amor de Dios y del favor en Cristo. Adorando a Cristo como la roca firme sobre la que se encuentra, la iglesia canta acertadamente: "Rompe cadenas del pecar; al preso liberará".[165] La única clase de pecado cuyo poder está quebrantado en la vida de las personas es el pecado *cancelado*, el que ya ha sido castigado en la muerte de Cristo y perdonado por medio de la fe. Así, es necesario luchar contra el pecado con la fuerza y en la libertad de esa bondadosa realidad. Los creyentes en Cristo pueden ser victoriosos sobre el pecado solo porque —y deben ser victoriosos sobre el pecado precisamente porque— Cristo ha vencido al pecado en ellos en virtud de su muerte y su resurrección.

SANTIFICACIÓN PROGRESIVA

Como ya hemos insinuado, aunque el creyente disfrute de esta victoria decisiva sobre el dominio del pecado, que es resultado de la unión con Cristo, su corazón y su vida no están, sin embargo, totalmente purificados. Aunque se ha pagado la pena del pecado, y el poder de este ha sido quebrantado, su presencia permanece en la carne del creyente y, por tanto, debe matarlo de continuo. Así, la santificación que comienza de forma

---

165. Tomado del himno de Carlos Wesley, "Oh que tuviera lenguas mil" (1739).

definitiva en la regeneración prosigue necesariamente a lo largo de toda la vida del cristiano. Este aspecto continuo de la santificación se denomina santificación progresiva.

La naturaleza incesante y progresiva de la santificación se sustancia en los numerosos llamados de la Biblia a la santidad en tiempo presente, que indican una acción en curso y continuada. Pablo ordena a los creyentes, por ejemplo, que no se conformen al mundo, sino que se "transform[en] [gr. *metamorfoústhe*, lit. 'estar continuamente siendo transformados'] por medio de la renovación de [su] mente" (Ro. 12:2). El autor de Hebreos conmina a los cristianos a que "busquen [gr. *diókete*, lit. 'estar buscando continuamente'] la paz con todos, y la santidad sin la cual nadie verá al Señor" (He. 12:14, NVI). Matar las obras de la carne es la acción característica de aquel en quien mora el Espíritu de Dios (Ro. 8:13; cf. 8:9). Además, varios pasajes afirman explícitamente la naturaleza progresiva de la santificación. Pablo observa que su propia santificación es incompleta, por lo que prosigue "a la meta, al premio del supremo llamamiento de Dios en Cristo Jesús" (Fil. 3:12-14). Aunque el creyente se ha despojado del viejo "yo" de una vez por todas en la conversión, el nuevo está siendo renovado [gr. *anakainoúmenon*] de forma continua en el conocimiento, "conforme a la imagen del que lo creó" (Col. 3:9-10). Pablo ora para que el amor del creyente "cre[zca] y abund[e]" (1 Ts. 3:12) y que "abunde aun más y más" (Fil. 1:9). Pedro encarga a los creyentes que "crezc[an] para salvación" (1 P. 2:2) y que "cre[zcan] en la gracia y el conocimiento de nuestro Señor y Salvador Jesucristo" (2 P. 3:18); el concepto del crecimiento indica un proceso incesante. Y, de un modo más claro, Pablo declara que cuando los creyentes contemplan la gloria de Cristo con los ojos del corazón, están siendo así "transformados [gr. *metamorfoúmetha*] de gloria en gloria [gr. *apó doxés eís dóxan*] en la misma imagen, como por el Espíritu del Señor" (2 Co. 3:18). Los creyentes no son conformados a la imagen de Cristo en un instante, sino que experimentan una transformación progresiva gradual a su imagen. Por tanto, la obra del Espíritu Santo en los creyentes hará que aumenten en santificación a lo largo de su vida cristiana.

SANTIFICACIÓN PERFECCIONADA

Del mismo modo que la santificación tiene un comienzo definitivo en la regeneración, y aumenta a lo largo de la vida, también será llevada en algún momento a su completitud, a saber, al final de la vida del creyente. En 2 Corintios 3:18 se perfila la relación directamente proporcional en la santificación progresiva entre contemplar la gloria de Cristo y ser transformados a la imagen de su gloria; según el grado en que contemplamos su gloria, a ese grado somos santificados. Dado que en esta vida vemos a Jesús de un modo imperfecto, aunque verdadero (1 Co. 13:12), la perfección de nuestra santificación aguarda el día en que lo veremos cara a cara. En 1 Juan 3:2 se muestra explícitamente que esta relación directamente proporcional prosigue hasta que la santificación se perfecciona en la glorificación: "Pero sabemos que cuando él se manifieste, seremos semejantes a él, *porque* le veremos tal como él es".

Sin embargo, para todos aquellos que hayan muerto en la fe antes del regreso de Cristo, la perfección de la santificación se produce en dos etapas: el alma es plenamente santificada en el momento de la muerte, mientras que el cuerpo espera su santificación perfeccionada en la segunda venida de Cristo. Cuando los creyentes parten de esta vida presente, su espíritu se separa del cuerpo (2 Co. 5:8), y entra en la presencia del Señor (Fil. 1:23). Así, el autor de Hebreos habla de los ciudadanos glorificados del cielo como "los espíritus de los justos hechos perfectos" (He. 12:23). Son glorificados en el sentido de que la santificación está completa, pero son sus espíritus de manera específica los que experimentan esta perfección, ya que sus cuerpos experimentan la corrupción vinculada al pecado y a la muerte. Sin embargo, el Señor Jesús no provee una salvación a medias. Él ha comprado la redención no solo del alma de los hombres, sino también de su cuerpo (Ro. 8:23). Por esta razón, Pablo afirma que aguardamos con ansiedad que Cristo regrese desde el cielo, momento en que "transformará el cuerpo de la humillación nuestra, para que sea semejante al cuerpo de la gloria suya, por el poder con el que puede también sujetar a sí mismo todas las cosas" (Fil. 3:20-21). El cuerpo natural, perecedero, ignominioso y débil resucitará y se transformará en un cuerpo espiritual imperecedero, glorioso y poderoso (1 Co. 15:42-44; cf. 15:22-23). Esta es la glorificación, el aspecto final de la salvación.

En contra de varias nociones a lo largo de la historia de la iglesia, la santificación nunca puede completarse en esta vida. La doctrina del *perfeccionismo* sostiene que es posible y necesario que el creyente alcance en esta vida presente un nivel de perfección moral. Diversos argumentos usados para sustanciar este error deben ser refutados a partir de la Biblia.

En primer lugar, se argumenta que las Escrituras exhortan a los creyentes a la santidad en un lenguaje que suena muy absoluto. Jesús ordena a sus oyentes: "Sed, pues, vosotros perfectos, como vuestro Padre que está en los cielos es perfecto" (Mt. 5:48), y Pedro cita de forma similar el código de santidad levítico: "Como aquel que os llamó es santo, sed también vosotros santos en toda vuestra manera de vivir; porque escrito está: Sed santos, porque yo soy santo" (1 P. 1:15-16; cf. Lv. 11:44). Si se nos conmina así, razonan los perfeccionistas, debemos tener la capacidad de obedecer a estos mandamientos.

Sin embargo, esto no es más que la suposición no demostrada de que la responsabilidad implica capacidad, que *debería* significa *puede,* una hipótesis que las Escrituras contradicen de manera explícita. Por ejemplo, Jesús proclama la incapacidad moral de los seres humanos cuando afirma que "no puede el buen árbol dar malos frutos, ni el árbol malo dar frutos buenos" (Mt. 7:18). Sin embargo, de inmediato señala que la incapacidad moral del inconverso (representado por el árbol malo) de producir buen fruto no lo absuelve de (1) su responsabilidad de hacerlo, y (2) de las consecuencias ciertas de no hacerlo: "Todo árbol que no da buen fruto, es cortado y echado en el fuego" (Mt. 7:19). Además, solo porque el hombre sea moralmente incapaz de arrepentirse y creer en Cristo para salvación (Ro. 8:7-8; 1 Co. 2:14) esto no lo exime de su responsabilidad de hacerlo. A todas las personas, de todas partes, se las hace responsables de arrepentirse y creer en el evangelio (Hch. 17:30; cf. Mr. 1:15), algo que, según afirman las Escrituras en otro lugar, son incapaces de hacer. Por tanto, se demuestra que suponer que la existencia de un mandamiento implica necesariamente la capacidad de obedecer contradice las Escrituras.[166]

---

166. Para otro ejemplo de cómo indican las Escrituras que *debería* no implica *puede* cuando se refiere a la elección y la reprobación, véase "La justificación de la doctrina" (p. 517). Véase también Bruce A. Ware, "Effectual Calling and Grace", en *Still Sovereign: Contemporary Perspectives on Election, Foreknowledge, and Grace*, eds. Thomas R. Schreiner y Bruce A. Ware (Grand Rapids, MI: Baker, 2000), 213-215.

Los perfeccionistas apelan también a pasajes como 1 Tesalonicenses 5:23, donde Pablo ora para que Dios santifique a la iglesia por completo, y Santiago 1:4, que habla de la resistencia que hace a los creyentes "perfectos y cabales, sin que [les] falte cosa alguna" (cf. Col. 1:28; 2:10; 2 Ti. 3:17). Se recurre de forma especial a las declaraciones del apóstol Juan en su primera epístola como "Todo aquel que permanece en él, no peca; todo aquel que peca, no le ha visto, ni le ha conocido" (1 Jn. 3:6), y "Todo aquel que es nacido de Dios, no practica el pecado, porque la simiente de Dios permanece en él; y no puede pecar, porque es nacido de Dios" (1 Jn. 3:9).

Tomar estos pasajes como una referencia a la santificación perfeccionada es una interpretación errónea. En 1 Tesalonicenses 5:23, la santificación completa alude a la santificación en la totalidad de la naturaleza del hombre, que Pablo menciona explícitamente en la frase siguiente ("vuestro ser, espíritu, alma y cuerpo"). Está orando para que Dios sostenga la fe de ellos a lo largo de su vida y, finalmente, lleve su obra santificadora a buen término, y perfeccione tanto el espíritu/alma como el cuerpo, cuando Cristo regrese (cf. Fil. 3:21). Los pasajes que hablan de que los creyentes son "perfectos" (gr. *téleios*) no se refieren a la santificación total, sino a la madurez espiritual, como se traduce a menudo el término en otros lugares (p. ej., 1 Co. 2:6; He. 5:14). Y las declaraciones de Juan respecto a que nadie que ha nacido de Dios y que permanece en Cristo peca se entienden correctamente cuando se traduce como es debido el tiempo verbal de las palabras de Juan. En lugar de enseñar que los cristianos no cometen nunca actos de pecado, Juan está enseñando que ningún cristiano verdadero sigue con un modo o patrón de vida de pecado como cuando su estado no era regenerado. Alguna versión capta con mayor precisión el aspecto continuo de estos verbos, al traducir 1 Juan 3:6 como "Nadie que more en él *sigue* pecando [gr. *jamartánei*]", y 3:9 como "Nadie nacido de Dios *acostumbra a* pecar [gr. *jamartían... poieí*]". En realidad, los demás comentarios de Juan en la misma carta excluyen enfáticamente cualquier noción de perfección sin pecado en esta vida, porque nos indica: "Si decimos que no tenemos pecado, nos engañamos a nosotros mismos, y la verdad no está en nosotros" (1 Jn. 1:8). Los que creen haber alcanzado la santificación completa en esta vida se han engañado a sí mismos, "porque —como afirma Salomón— no hay hombre que no peque" (1 R. 8:46) y, también: "Ciertamente no hay hombre justo en la tierra, que haga el bien y nunca peque" (Ec. 7:20). El concepto del perfeccionismo es digno de la burla retórica, como se ve en Proverbios 20:9: "¿Quién podrá decir: Yo he limpiado mi corazón, limpio estoy de mi pecado?". Santiago comenta que "todos ofendemos muchas veces" (Stg. 3:2) y, como cometemos pecados a diario, el Señor Jesús nos indica que oremos cada día y pidamos perdón (Mt. 6:11-12; cf. 1 Jn. 1:9).

Lejos de pensar en alcanzar la perfección en esta vida, todos los creyentes deberían gritar con Pablo:

> No que lo haya alcanzado ya, ni que ya sea perfecto; sino que prosigo, por ver si logro asir aquello para lo cual fui también asido por Cristo Jesús. Hermanos, yo mismo no pretendo haberlo ya alcanzado; pero una cosa hago: olvidando ciertamente lo que queda atrás, y extendiéndome a lo que está delante, prosigo a la meta, al premio del supremo llamamiento de Dios en Cristo Jesús (Fil. 3:12-14).

Luego, en una manifestación de ironía apostólica, añade la exhortación: "Así que, todos los que somos perfectos [gr. *téleios*], esto mismo sintamos; y si otra cosa sentís, esto también os lo revelará Dios" (Fil. 3:15). Los que son "perfectos" (es decir, verdaderamente maduros en lo espiritual) son los que entienden que no son perfectos, y reconocen la necesidad perenne de agotar esfuerzos en la búsqueda de la santidad personal.

EL CARÁCTER DE LA SANTIFICACIÓN PROGRESIVA[167]

Gran parte de la confusión sobre cómo buscar la santificación de un modo adecuado y exitoso procede, fundamentalmente, de malinterpretar la naturaleza de la santificación. Los seguidores de Cristo deben, por tanto, entender el carácter de esta santidad que se les ordena buscar. Aunque varios pasajes de las Escrituras deban consultarse para aclarar esta verdad, dos textos primordiales destacan como especialmente pertinentes:

> Por tanto, amados míos, como siempre habéis obedecido, no como en mi presencia solamente, sino mucho más ahora en mi ausencia, ocupaos en vuestra salvación con temor y temblor, porque Dios es el que en vosotros produce así el querer como el hacer, por su buena voluntad (Fil. 2:12-13).

> Por tanto, nosotros todos, mirando a cara descubierta como en un espejo la gloria del Señor, somos transformados de gloria en gloria en la misma imagen, como por el Espíritu del Señor (2 Co. 3:18).

Estos y otros textos establecen varias conclusiones respecto a la naturaleza, el autor, los medios y la dinámica de la santificación progresiva.

La naturaleza de la santificación. En primer lugar, la santificación es, fundamentalmente, la obra sobrenatural de Dios realizada en la naturaleza interna del hombre. Pablo declara que Dios está obrando *en* los creyentes, para producir en estos no solo el querer, sino también el hacer por su buena voluntad (Fil. 2:13). Es decir, Dios obra para que el creyente no se limite a santificar sus acciones externas, sino también sus deseos internos. Además, en 2 Corintios 3:18, Pablo habla de la santificación como que el creyentes está "siendo transformado" [gr. *metamorfoúmetha*] a la imagen de Cristo, un término que describe un cambio interno en el carácter fundamental.[168] En otro lugar, Pablo indica que semejante transformación requiere la renovación de la propia mente (Ro. 12:2), y ora por los creyentes para tal fin (Ef. 4:23), a la vez que pide que sean "fortalecidos con poder en el hombre interior por su Espíritu" (Ef. 3:16); todo esto testifica, fundamentalmente, de la naturaleza interna de la santificación. Charles Hodge comenta las

---

167. Gran parte de esta sección está adaptada de Michael Riccardi, *Sanctification: The Christian's Pursuit of God-Given Holiness* (Sun Valley, CA: Grace Books, 2015). Usado con permiso de Grace Books.

168. Bauer, *A Greek-English Lexicon*, 639. Hasta la etimología del término griego *metamorfoó* respalda una denotación fundamentalmente interna. La raíz de *metamorfoó* es *morfé* que, aunque se traduce a menudo "forma", no se refiere meramente a "los rasgos externos por los cuales se reconoce algo, sino de aquellas características y las cualidades esenciales para ello. De ahí que signifique *aquello que de verdad caracteriza una realidad en concreto*". Gordon Fee, *Paul's Letter to the Philippians*, NICNT (Grand Rapids, MI: Eerdmans, 1995), 204. Por ejemplo, cuando Pablo explica que Jesús existía en la *morfé* de Dios, y después adoptó la *morfé* del hombre (Fil. 2:6-7), no está diciendo que Jesús tuviera la apariencia de Dios y del hombre, sino que era en "su naturaleza" (NVI) misma tanto Dios como hombre. Del mismo modo, *metamorfoó* describe un cambio interno.

exhortaciones a los creyentes para que sean renovados en el espíritu de su mente (Ef. 4:23), y observa con razón que

> la santificación... no consiste exclusivamente en una serie de nuevos actos de bondad. Es hacer que el árbol sea bueno con el fin de que el fruto también lo sea. Implica un cambio esencial de carácter. Como la regeneración no es un acto del sujeto de la obra, sino un nuevo nacimiento, una nueva creación, un avivamiento o comunicar nueva vida en el lenguaje de la Biblia... en su naturaleza básica la santificación no son actos santos, sino tal cambio en el estado del alma que los actos pecaminosos se vuelven más infrecuentes, y las acciones santas cada vez más habituales y dominantes.[169]

Por tanto, los creyentes no deberían concebir la santidad como la reforma de las conductas externas en las que las personas inclinan sus voluntades a efectuar deberes sin que su motivo sea hacerlo por Dios; en su lugar, los creyentes deben reconocer que la santificación consiste fundamentalmente en la milagrosa transformación interna de los afectos. Para usar la metáfora de Hodge, no es tomar el fruto y engraparlo a la rama del árbol, sino más bien arraigar la rama en la vid, para que produzca el fruto en virtud de la unión vital del creyente con el Señor Jesucristo. Aunque la persona santa ciertamente efectúa lo que Dios ordena, lo hace porque ama a Dios y ama aquello que Dios ama. La santificación es la transformación espiritual de la mente y de los afectos que, a su vez, redirige la voluntad y los actos.

El autor de la santificación. Dado que la santificación no es básicamente externa, sino más bien una obra interna y sobrenatural en el corazón del hombre, su autor debe ser Dios. Pablo, coherente con este entendimiento, declara que es "*Dios* es el que en vosotros produce así el querer como el hacer, por su buena voluntad" (Fil. 2:13), y en otro lugar adscribe toda la obra de la santificación de Dios (1 Ts. 5:23). Ruega al Dios de paz que prepare a su pueblo para que puedan "ha[cer] su voluntad" y producir en ellos "lo que es agradable delante de él" (He. 13:20-21). Por esta razón, las Escrituras suelen emplear la voz pasiva en los textos claves sobre la santificación, y no les ordena a los creyentes que se transformen, sino que *sean transformados* (p. ej., Ro. 12:2; 2 Co. 3:18). Así, Berkhof concluye que la santificación "consiste fundamental y principalmente en una operación *divina* en el alma".[170]

De manera más específica, las Escrituras identifican al Espíritu Santo como el miembro de la Deidad que es el agente divino de la santificación. Pedro habla de la "santificación del Espíritu" (1 P. 1:2). Él es "el Espíritu de santidad" (Ro. 1:4) que presenta batalla directamente contra los deseos de la carne (Gá. 5:17), mientras se afirma que esas virtudes que constituyen el carácter de santidad e integridad son el fruto del Espíritu (Gá. 5:22-23). No es de sorprender, pues, que Pablo declare que la transformación del creyente a imagen de Cristo es "por la acción del Señor, que es el Espíritu" (2 Co. 3:18, NVI).

---

[169]. Charles Hodge, *Systematic Theology* (1871–1873; reimp., Grand Rapids, MI: Eerdmans, 1968), 3:226. De manera similar, Dabney afirma: "En el sentido del evangelio, la santificación no solo significa la purificación de la culpa, aunque la presupone, ni la consagración, aunque la incluye, ni la reforma de la moral y la vida, aunque la produce, sino fundamentalmente la purificación del alma". R. L. Dabney, *Syllabus and Notes of the Course of Systematic and Polemic Theology*, 2da. ed. (St. Louis, MO: Presbyterian Publishing Company of St. Louis, 1878), 661.

[170]. Berkhof, *Teología sistemática*, 638. Cursivas añadidas.

El medio de la santificación. Sin embargo, aunque se afirma que la santificación propiamente dicha es una obra interna del Espíritu, no quiere decir que el creyente no tenga algo que hacer en este asunto, ya que las Escrituras están repletas de exhortaciones e imperativos para que el creyente persiga la santidad. Pablo le ordena a la iglesia "ocupaos en vuestra salvación con temor y temblor", precisamente porque Dios está obrando dentro de ellos (Fil. 2:12-13). Lejos de ser una excusa para no esforzarse, la obra santificadora de Dios en los creyentes es la base misma del esfuerzo de ellos. Pedro declara que, por la obra de Cristo, a los creyentes se les ha concedido "todas las cosas que pertenecen a la vida y a la piedad" y que han "huido de la corrupción que hay en el mundo a causa de la concupiscencia" (2 P. 1:3-4). Y sigue estos preciosos indicativos con un llamado entusiasta a la acción: "vosotros también, poniendo toda diligencia por esto mismo, añadid a vuestra fe virtud" (2 P. 1:5). Como escribe John Murray:

> La obra de Dios en nosotros no se detiene porque nosotros obremos. Tampoco es la relación estrictamente de cooperación, como si Dios hiciese su parte y nosotros hiciésemos la nuestra de manera que la conjunción o coordinación de ambas produjese el resultado deseado. Dios obra en nosotros, y nosotros también obramos. Pero la relación consiste en esto: debido a que Dios obra, nosotros obramos. Toda obra realizada por nosotros y que nace de nuestra salvación es el resultado de Dios obrando en nosotros.[171]

Por tanto, debemos "bus[car]... la santidad, sin la cual nadie verá al Señor" (He. 12:14, NVI), "hac[er] morir las obras de la carne" (Ro. 8:13), "huir de la fornicación" (1 Co. 6:18), "[seguir] la justicia" (2 Ti. 2:22), y hasta "limpi[arnos] de toda contaminación de carne y de espíritu, perfeccionando la santidad en el temor de Dios" (2 Co. 7:1).

Por tanto, aunque los creyentes no pueden efectuar directamente la transformación interior de la santificación de su alma, y aunque se diga con acierto que es la obra del Espíritu, los creyentes no son del todo pasivos en la santificación. En su lugar, el Espíritu Santo efectúa su transformación santificadora en el corazón de los creyentes a través del uso de medios que deben ser adecuados. El puritano escocés Henry Scougal provee una ilustración eficaz:

> Todo el arte y la industria del hombre no pueden formar la más diminuta hierba ni hacer crecer un tallo de maíz en el campo; es la energía de la naturaleza y las influencias del cielo las que producen este efecto; es Dios quien "hace producir el heno para las bestias, y la hierba para el servicio del hombre" (Sal. 104:14); y, aun así, nadie dirá que los esfuerzos del [agricultor] sean inútiles o innecesarios.[172]

En otras palabras, aunque es cierto que Dios es quien hace crecer la hierba y que la tierra produzca cosechas, solo un agricultor necio aguarda pasivamente que la tierra rinda su producto por fíat divino. En su lugar, reconoce que Dios crea frutas y hortalizas de la tierra por medio de los esfuerzos del agricultor, mediante el cultivo del terreno, la

---

171. Murray, *La redención consumada y aplicada*, 143-144.
172. Henry Scougal, *The Life of God in the Soul of Man: Real Religion* (1677; reimp., Fearn, Ross-shire, Escocia: Christian Focus, 2012), 78-79.

siembra de la semilla y la exposición de la planta a la luz del sol y el agua. De manera similar, en de por sí, el creyente es tan impotente para efectuar la santidad en su corazón, porque es la obra de Dios. Con todo, solo la persona necia espera pasivamente que su corazón crezca en justicia por fíat divino. En su lugar, el cristiano fiel reconoce que Dios hace crecer el fruto de la santidad mediante los esfuerzos del creyente. Los repetidos llamados al esfuerzo, a la acción y a la obediencia son mandamientos para que los creyentes se pongan en el camino de los canales de la gracia santificadora que el Espíritu emplea para conformar al pueblo de Dios a su imagen.

Los medios de santificación incluyen lo siguiente:

1. Leer y meditar en la Palabra de Dios (Sal. 1:2-3; 19:7-11: 119:105; Jn. 17:17; Hch. 20:32; 2 Ti. 3:16-17; He. 4:12; Stg. 1:23-25)
2. Orar (Sal. 119:37; Lc. 11:9; Fil. 4:6-7; He. 4:16; Stg. 4:2; 1 Jn. 1:9)
3. Tener comunión con los santos en el contexto de la iglesia local (Pr. 27:17; 1 Co. 12:7; Ef. 4:11-16, 25; He. 3:12-13; 10:24-25)
4. Interpretar las experiencias de la providencia de Dios según las Escrituras (Ro. 8:28-29), en especial las experiencias de las pruebas (Sal. 119:71; Ro. 5:3-5; 8:17; Fil. 3:10-11; He. 12:10; Stg. 1:2-4; 1 P. 1:3-7)
5. Guardar los mandamientos de Dios (Jn. 15:10)

La gracia santificadora fluye a través de todos estos canales y, por tanto, es responsabilidad de los cristianos ponerse en el camino de estas bendiciones. Aunque los creyentes no pueden efectuar la operación divina de la santificación de su propia alma, deben buscar no obstante la santidad aprovechando los medios por los cuales el Espíritu de Dios realiza esta operación divina.[173]

La dinámica de la santificación. La cuestión de la dinámica de la santificación concierne a cómo funciona esta en realidad. ¿Por qué la lectura y el estudio de la Palabra de Dios santifican? ¿De qué forma es la oración un medio de gracia? ¿Por qué la comunión con otros creyentes empuja al pueblo de Dios a una mayor santidad? Una vez más, las respuestas a estas preguntas aparecen en 2 Corintios 3:18, donde las Escrituras revelan un sexto medio de santificación que se encuentra en el fundamento de los restantes y los hace eficaces. Pablo escribe: "Por tanto, nosotros todos, *mirando* a cara descubierta como en un espejo la gloria del Señor, somos transformados de gloria en gloria en la misma imagen, como por el Espíritu del Señor". Si resumimos esta compleja frase a otra más sencilla, declara: "Todos nosotros, mirando la gloria del Señor, estamos siendo transformados". Cuando los creyentes en Cristo contemplan su gloria, tal como se revela en la Palabra, con los ojos del corazón (Ef. 1:18), van siendo de este modo conformados a su imagen.

Este tema de la vista espiritual no está aislado en este único texto, sino que está establecido por toda la enseñanza del Nuevo Testamento respecto a la santificación. El autor de Hebreos declara que la vida cristiana es una carrera que se realiza con paciencia (perseverancia), al fijar los creyentes sus ojos en Jesús, el autor y consumador

---

173. Para una explicación adicional sobre los medios de gracia, véase "Medios de gracia en el seno de la iglesia" en el capítulo 9 (p. 796).

de la fe (He. 12:2). La fe en sí misma es visión espiritual que ve la verdad y la cree, "la certeza de lo que se espera" y "la convicción de lo que no se ve" (He. 11:1); es decir, lo que no se puede ver con los ojos físicos está desvelado para los ojos espirituales de la fe. De esta forma, la fe de Moisés fue fortalecida para resistir a todo tipo de tentación, "porque tenía puesta la mirada en el galardón" (11:26), y "porque se sostuvo como viendo al Invisible" (11:27). Pablo alienta a los corintios con el pensamiento de que la aflicción temporal de esta vida está produciendo un eterno peso de gloria para el pueblo de Dios, a condición de que miren, con los ojos de la fe, lo que es invisible: la verdad espiritual que revela la gloria del Salvador (2 Co. 4:17-18). Y, una vez más, el apóstol Juan nos indica que nuestro ser perfeccionado a la imagen de Cristo resultará de verlo finalmente sin estorbo: "Pero sabemos que cuando él se manifieste, seremos semejantes a él, porque le veremos tal como él es" (1 Jn. 3:2).

El peso acumulativo de estos textos nos obliga a entender la vista espiritual que contempla la gloria de Cristo como el medio fundamental de la santificación. John Owen resume esta enseñanza bíblica:

> Vivamos en la contemplación constante de la gloria de Cristo, y la virtud procederá de Él para reparar todas nuestras decadencias, para renovar un espíritu correcto en nuestro interior, y hacernos abundar en todos los deberes de obediencia... Eso fijará el alma a ese objeto adecuado para dar deleite, complacencia y satisfacción... Cuando la mente esté llena de pensamientos de Cristo y su gloria, cuando el alma acto seguido se apegue a Él con intensos afectos, ellas expulsarán o no admitirán esas causas de debilidad e indisposición espirituales... Y nada entusiasmará y alentará más nuestras almas a tal efecto que la visión constante de Cristo y de su gloria.[174]

En otras palabras, cuando el creyente comprende la gloria de Cristo con los ojos de la fe, la visión de su hermosura satisface su alma de tal manera que no sigue buscando satisfacción en los placeres falsos y efímeros del pecado. Como en la regeneración, cuando el Espíritu hizo brillar en el corazón de los pecadores la luz del conocimiento de la gloria de Dios en el rostro de Cristo (2 Co. 4:6), venció la ceguera espiritual al despertar las almas a la suciedad del pecado y a la belleza de Cristo, así también obra el Espíritu en la santificación progresiva, y fortalece esa santa disposición creada en la regeneración. La comprensión espiritual de la gloria de Cristo conforma los afectos de los creyentes a la divina voluntad, y los hace odiar el pecado y amar la justicia. Entonces, los afectos santificados dirigen la voluntad de tal manera que desea la justicia que ha llegado a amar y repudia el pecado que ha llegado a odiar. Finalmente, la transformación interna da fruto externamente al resultar la voluntad santificada en una vida santa.

Por consiguiente, conforme el creyente se aprovecha de los diversos medios por los cuales tomar posesión de la gracia santificadora del Espíritu, debe mirar con los ojos de la fe la gloria transformadora de Cristo revelada por medio de estos recursos. La Palabra de Dios es un vehículo para la gloria de Dios (Éx. 33:18; 34:5-7; 1 S. 3:1, 21). La oración es la ocasión para la comunión personal con Dios, en la que el adorador

---

174. John Owen, *Meditations and Discourses on the Glory of Christ*, en *The Works of John Owen*, vol. 1, *The Glory of Christ*, 460-461.

busca el rostro de Dios (2 Cr. 7:14; Sal. 24:6; 27:8; 105:4; Os. 5:15) con el fin de poder contemplar su belleza transformadora (Sal. 27:4). La comunión en la iglesia local es una oportunidad de escuchar la Palabra predicada con destreza, de cantar cánticos de adoración con letras santificadoras sacadas de la verdad bíblica, de orar corporativamente como cuerpo de Cristo y de ver el evangelio representado en las ordenanzas del bautismo y de la comunión. Aparte de esto, cualquiera que sea el grado de la imperfecta conformación de los cristianos a la imagen de Cristo (Ro. 8:29; 2 Co. 3:18), ese será el grado en que reflejen la imagen de su gloria unos a otros. Finalmente, la obediencia misma es la vía para una mayor revelación de la gloria de Cristo a los ojos del corazón (Jn. 14:21). Cuando se ven confrontados a las tentaciones del pecado, los creyentes deben razonar consigo mismos, y considerar que el pecado nunca procura la satisfacción que promete. Deben considerar que la obediencia proporciona revelaciones más plenas del Salvador, quien es la fuente de todo placer y satisfacción verdaderos. Y, llevados por el deseo de un placer superior que se encuentra en Cristo, deben dedicarse a (1) la obra de mortificación, hacer morir los hechos del cuerpo (Ro. 8:13), es decir, dejar a un lado el viejo "yo" (Ef. 4:22) y el pecado que con tanta facilidad enreda (He. 12:1), y que nubla la vista de la gloria de Cristo; y (2) a la obra de vivificación, revistiéndose del nuevo "yo" (Ro. 13:14; Ef. 4:24), es decir, disciplinarse con deleite para contemplar a Cristo en las Escrituras, en la oración, en la comunión, en la providencia y en la obediencia que fomenta una comunión más profunda con Él.

Al luchar por contemplar la gloria de Jesús por todos los medios de gracia, el seguidor de Cristo será poco a poco transformado a su imagen, desde adentro hacia afuera. Se comportará, pues, de un modo digno del evangelio (Fil. 1:27) y del Señor mismo (Col. 1:10), y se ocupará de su salvación con temor y temblor, tal como ordenan las Escrituras (Fil. 2:12). Como declara 2 Timoteo 2:21: "Así que, si alguno se limpia de estas cosas, será instrumento para honra, santificado, útil al Señor, y dispuesto para toda buena obra".

La perseverancia

Una pregunta sincera (y con frecuencia desconcertante) entre los cristianos profesantes tiene que ver con si la salvación en Cristo es eternamente segura o no. ¿Perseveran en la fe aquellos que conocen de verdad a Jesucristo como Salvador y Señor por fe, hasta el final de sus vidas? ¿O existe una posibilidad de que un cristiano genuino pudiera perder su salvación? ¿Pueden abandonar más tarde su fe quienes confían de forma genuina en Cristo para salvación y perder, así, en última instancia la vida eterna? La enseñanza unificada de la totalidad de las Escrituras responde con un enfático *no* a cada una de estas preguntas. Todos aquellos que han nacido verdaderamente del Espíritu, o están unidos a Cristo por fe, se mantienen seguros en Él por el poder de Dios y, así, perseveran en la fe hasta que vayan a estar con Cristo cuando mueran. Esta doctrina suele etiquetarse, a menudo, como la perseverancia de los santos.[175]

---

175. Para un tratamiento más completo de la seguridad y la tranquilidad del creyente, véase John MacArthur, *Salvos sin lugar a dudas* (Grand Rapids, MI: Editorial Portavoz, 2015).

EL PODER PRESERVADOR DEL DIOS TRINO

La seguridad eterna del verdadero creyente en Cristo se funda, en definitiva, en la naturaleza preservadora del Dios trino. En primer lugar, la seguridad del creyente se basa en el amor inmutable, en el poder infinito y en la voluntad salvadora del Padre. La salvación comenzó en la eternidad pasada, cuando Dios puso su amor salvador en sus elegidos y les concedió gracia en Cristo Jesús (2 Ti. 1:9), y nombró a Cristo para que fuera su Mediador. Las Escrituras describen este decreto como que el Padre le entregó los elegidos al Hijo (cf. Jn. 6:37, 39; 10:29; 17:2, 6, 9, 24), y los predestinó a ser conformados a la imagen del Hijo (Ro. 8:29). Es imposible que aquellos a quien el Padre ha predestinado a la semejanza de Cristo no alcancen este fin, porque "a los que predestinó, a éstos también llamó; y a los que llamó, a éstos también justificó; y a los que justificó, a éstos también glorificó" (Ro. 8:30). En estos versículos, Pablo presenta los acontecimientos de la redención como una cadena irrompible de la gracia soberana de Dios. La consumación final de la salvación del creyente es tan cierta y segura que Pablo puede hablar de los justificados como si ya hubieran sido glorificados. Todos aquellos a quienes Dios escogió, los justificó en base a la obra de justicia del Hijo, y a todos aquellos a quienes justificó también los glorificó. Es imposible que alguien que ha sido unido a Cristo y le fuera concedida su justicia en la justificación no sea también glorificado. El Padre no dejará de llevar la plenitud de su propósito electivo a su fin designado. A este pensamiento Pablo añade que ninguno de aquellos por los que Cristo murió está sujeto a condenación (Ro. 8:31-34; cf. 8:1). Declara que nada en toda la creación separará a los verdaderos creyentes del amor de Dios en Cristo:

> ¿Quién nos separará del amor de Cristo? ¿Tribulación, o angustia, o persecución, o hambre, o desnudez, o peligro, o espada?... Antes, en todas estas cosas somos más que vencedores por medio de aquel que nos amó. Por lo cual estoy seguro de que ni la muerte, ni la vida, ni ángeles, ni principados, ni potestades, ni lo presente, ni lo por venir, ni lo alto, ni lo profundo, ni ninguna otra cosa creada nos podrá separar del amor de Dios, que es en Cristo Jesús Señor nuestro (Ro. 8:35, 37-39).

El Señor Jesús menciona este mismo punto respecto a la voluntad salvadora del Padre cuando declara:

> Todo lo que el Padre me da, vendrá a mí; y al que a mí viene, no le echo fuera. Porque he descendido del cielo, no para hacer mi voluntad, sino la voluntad del que me envió. Y esta es la voluntad del Padre, el que me envió: Que de todo lo que me diere, no pierda yo nada, sino que lo resucite en el día postrero. Y esta es la voluntad del que me ha enviado: Que todo aquél que ve al Hijo, y cree en él, tenga vida eterna; y yo le resucitaré en el día postrero (Jn. 6:37-40).

La voluntad del Padre es que Cristo no pierda a *ninguno* de aquellos que Él le ha dado, y que cada creyente elegido posea la vida eterna, y sea resucitado para gloria eterna en el día postrero. Y la voluntad del Padre no puede ser anulada por nada ni nadie (Job 42:2; Sal. 33:10-11; 115:3; Is. 46:9-10; Dn. 4:35), porque Él no solo está dispuesto por su gracia hacia su pueblo, sino que también es soberanamente poderoso para llevar a cabo sus fines deseados. Como afirma Jesús: "Yo les doy [a mis ovejas] vida eterna; y no perecerán jamás, ni nadie las arrebatará de mi mano. Mi Padre que me las dio, es mayor que todos, y nadie las puede arrebatar de la mano de mi Padre" (Jn. 10:28-29). Mediante el más fuerte lenguaje negativo disponible en griego, Jesús declara enfáticamente que quienes pertenecen a Cristo por fe "no perecerán jamás" [gr. *oú mé apolóntai*, Jn. 10:28), sino que tendrán vida eterna (Jn. 3:16). Basa la seguridad eterna de las ovejas de Cristo en el poder soberano del Padre quien las sostiene en su mano. El Padre es tan grande y poderoso que nadie podría arrancar de su mano a aquellos a los que Él sostiene para siempre.

Por esta razón, Pablo expresa su confianza de que "el que comenzó en vosotros la buena obra, la perfeccionará hasta el día de Jesucristo" (Fil. 1:6). Sin ninguna duda, Dios acaba lo que empieza. Dado que fue la gracia soberana del Padre —y no la libre voluntad del hombre— la que *comenzó* la obra de salvación en la vida de los pecadores (cf. Hch. 11:18; 16:14; Ef. 2:4-9; Fil. 1:29; Stg. 1:18), también ejercerá Dios el mismo poder soberano para llevar su extraordinaria obra a buen fin. Los creyentes pueden estar confiados en que perseverarán por el poder preservador del Padre.

En segundo lugar, la seguridad del creyente está basada en los méritos de la obra salvadora de Cristo y en la eficacia de su intercesión presente. Por esta razón, Pablo escribe: "¿Quién acusará a los escogidos de Dios? Dios es el que justifica. ¿Quién es el que condenará? Cristo es el que murió; más aun, el que también resucitó, el que además está a la diestra de Dios, el que también intercede por nosotros" (Ro. 8:33-34). La muerte, la resurrección y la actual intercesión de Cristo constituyen la base sobre la cual ninguna acusación contra su pueblo prevalecerá. Porque Él ha muerto, ha resucitado y está intercediendo ante el Padre, nadie nos separará de su amor (Ro. 8:35-39).

Así como el propósito de la predestinación del Padre logra por completo su fin deseado, también la obra redentora del Hijo lleva a cabo su designio con perfecta eficacia. Como sustituto de su pueblo, el Hijo de Dios ocupó el lugar de los pecadores elegidos en la cruz, y llevó la plenitud del castigo divino contra los pecados de ellos (1 P. 2:24). Al hacerlo, ha propiciado del todo la ira del Padre contra su pueblo (Ro. 3:25; He. 2:17; 1 Jn. 2:2; 4:10), comprándolos y retirándolos del mercado de esclavos del pecado con el precio de su propia sangre (Hch. 20:28; Ap. 5:9). No solo esto sino que, al resucitar a Cristo de los muertos, el Padre ha certificado también que su muerte ha expiado de forma suficiente por el pecado. La resurrección fue la gran justificación y validación de Cristo (1 Ti. 3:16), y verificó que el Padre había aprobado su obra completa, y que ya no quedaba más pena por pagar ni más ira que soportar para aquellos que están en Él. Por tanto, sugerir que los pecadores por los que Cristo se ofreció a sí mismo como propiciación pueden sufrir aún la pena eterna de la ira de Dios es menospreciar el mérito de su sacrificio redentor y contradecir el testimonio del Padre en la resurrección. Además, mediante la aplicación que el Espíritu hace de la obra redentora de Cristo, se le acredita al pecador la justicia de Cristo en la justificación. Es impensable que el Espíritu aplicara solo una porción de esos beneficios salvadores comprados por la redención de Cristo, de modo que el alma declarada justa en base a la obra de Cristo debería, en algún momento, ser despojada de esa justicia para experimentar la pena de la condenación de la que había sido redimida. No hay condenación para los que están unidos a Cristo Jesús (Ro. 8:1; cf. Hch. 13:38-39).

Además, Cristo no solo ha ofrecido un sacrificio infinitamente digno a favor de su pueblo, sino que también intercede continuamente por su pueblo ante el Padre, en el tiempo presente (Ro. 8:34). Él ora, en particular, para asegurar la salvación eterna de los elegidos, como afirma Hebreos 7:25: "Por lo cual, puede también salvar perpetuamente a los que por él se acercan a Dios, *viviendo siempre para interceder por ellos*". El escritor es tan enfático como puede: Jesús no salva a su pueblo de un modo en que la salvación puede ser decomisada o perdida. No, Él salva "hasta el extremo" (gr. *eís tó pantelés*) —perfecta, completa y eternamente—, e intercede para asegurar que la salvación no fallará, con una intercesión que siempre es eficaz. Cuando Satanás había exigido zarandear a Pedro como trigo, Jesús respondió asegurándole al discípulo: "Pero yo he orado por ti para que no falle tu fe" (Lc. 22:31-32). La oración intercesora de Jesús es suficiente para asegurar la preservación de la salvación de Pedro, porque Él continúa: "Y tú, *cuando* —no «si»— te hayas vuelto a mí, fortalece a tus hermanos" (Lc. 22:32, NVI). Todos los creyentes son beneficiarios de la intercesión perfectamente eficaz de su Gran Sumo Sacerdote, y así son guardados por el poder de Dios (1 P. 1:5).

En tercer lugar, la seguridad del creyente está basada en el ministerio sellador del Espíritu Santo. Pablo escribe: "En él también vosotros, habiendo oído la palabra de verdad, el evangelio de vuestra salvación, y habiendo creído en él, fuisteis sellados con el Espíritu Santo de la promesa, que es las arras de nuestra herencia hasta la redención de la posesión adquirida, para alabanza de su gloria" (Ef. 1:13-14; cf. 4:30). En la época de Pablo, imprimir el sello propio a algo expresaba los conceptos de seguridad, autentificación y propiedad. Dios sella a su pueblo con el Espíritu Santo mismo, proporcionando su propio Espíritu para que more personalmente en cada creyente como prenda de la herencia futura de la salvación (2 Co. 1:22; 5:5). El término griego traducido "arras" es *arrabón*, un término comercial que se refiere a un depósito formal, un "primer plazo con la garantía de que el resto viene después".[176] Una vez más, Dios no imprimiría su sello de propiedad en su pueblo ni haría que el Espíritu Santo mismo morara en ellos como promesa de su fidelidad formal para llevarlos a su herencia prometida y, a pesar de ello, fallar en cumplir por completo su promesa de vida eterna. Como declara Grudem: "Todos los que tienen el Espíritu Santo en ellos, todos los que han nacido verdaderamente de nuevo, tienen la promesa inmutable de Dios y garantía de que la herencia de la vida eterna en el cielo con toda certeza será suya. La propia fidelidad de Dios está comprometida a hacerlo así".[177]

LA FE PERSEVERANTE DEL HIJO DE DIOS

Aunque todos los verdaderos creyentes son soberanamente preservados en su salvación por el poder todopoderoso de Dios, su soberanía no elimina en modo alguno su responsabilidad de perseverar en la fe a lo largo de su vida. Como la soberanía de Dios en la conversión no mitiga la responsabilidad de arrepentirse y creer (Ro. 9:14-18; cf. Ro.

---

176. Harold W. Hoehner, *Ephesians: An Exegetical Commentary* (Grand Rapids, MI: Baker Academic, 2002), 241.
177. Grudem, *Teología sistemática*, 831.

10:11-21), y así como la soberanía de Dios en la santificación no descarta la necesidad del esfuerzo sostenido en la búsqueda de la santidad (p. ej., Fil. 2:12-13; 2 P. 1:3-5), tampoco está la preservación soberana de Dios en desacuerdo con la necesidad de la perseverancia del creyente. Todos los creyentes verdaderos son "guardados por el poder de Dios mediante la fe, para alcanzar la salvación que está preparada para ser manifestada en el tiempo postrero" (1 P. 1:5). El poder de Dios es la fuerza preservadora decisiva, pero su poder guarda a su pueblo *por medio de la fe*, es decir, mediante la fe continua y perseverante que obra por medio del amor en cada creyente (Gá. 5:6).

Por tanto, las Escrituras emiten numerosos llamados a perseverar en la fe, e indican que no perseverar resultará en no asir la salvación final. Jesús advierte a sus seguidores de la inevitable persecución que sus seguidores están sujetos a afrontar en un mundo hostil a la verdad y a la justicia. Frente a esa hostilidad, llama a la resistencia: "Seréis aborrecidos de todos por causa de mi nombre; mas el que persevere hasta el fin, éste será salvo" (Mt. 10:22). Él habla de manera similar de esos creyentes vivos en la tribulación: "Y por haberse multiplicado la maldad, el amor de muchos se enfriará. Mas el que persevere hasta el fin, éste será salvo" (Mt. 24:12-13). Jesús exhortó a los judíos que habían hecho profesión externa de fe en Él a que demostraran la autenticidad de su fe por la obediencia: "Dijo entonces Jesús a los judíos que habían creído en él: Si vosotros permaneciereis en mi palabra, seréis verdaderamente mis discípulos" (Jn. 8:31). Así, los que no perseveran en su Palabra demuestran ser falsos discípulos, o "falsos hermanos" (2 Co. 11:26; Gá. 2:4), quienes afirman pertenecer a Jesús, pero no producen el fruto necesario que testifica de la conversión genuina. Por tanto, Pablo busca proporcionar seguridad a aquellos por los que Cristo ha muerto, aunque sugiere que algunos que afirman estar entre estos, no lo están. Explica que Cristo "[os] presenta[rá] santos y sin mancha e irreprensibles delante de él [el Padre]; *si en verdad permanecéis fundados y firmes en la fe*, y sin moveros de la esperanza del evangelio que habéis oído, el cual se predica en toda la creación que está debajo del cielo" (Col. 1:22-23). De manera similar, el autor de Hebreos nos asegura que "somos hechos participantes de Cristo, *con tal que retengamos firme hasta el fin nuestra confianza del principio*" (He. 3:14).

Estos pasajes indican con claridad que el creyente profesante debe perseverar en fe y obediencia, si ha de venir finalmente a la salvación. Aunque algunos les aseguran a los cristianos profesantes que el cielo es suyo independientemente de cómo vivan después de profesar la fe —como es popular en formas de antinomianismo, quietismo y la teología de la presunta "gracia gratuita"—, tales conceptualizaciones del poder preservador de Dios están en firme oposición a la enseñanza de las Escrituras.

Una implicación de esta verdad es que muchas personas pueden mostrar señales externas de devoción a Cristo y su iglesia, y no ser interiormente verdaderos cristianos. Ilustrado mediante la semilla que cayó en suelo pedregoso, algunos que profesan ser cristianos parecen recibir la Palabra de Dios con gozo. Sin embargo, no tienen raíz, de modo que cuando llegan la tribulación y la persecución, se apartan de Cristo y abandonan su profesión de fe (Mt. 13:3-9, 18-23). Jesús advierte que algunos que hacen una entusiasmada profesión de fe en Cristo, y hasta parecen ejercer dones milagrosos del Espíritu Santo, llegarán al día del juicio esperando heredar la salvación, pero en su lugar serán enviados a la destrucción:

> No todo el que me dice: Señor, Señor, entrará en el reino de los cielos, sino el que hace la voluntad de mi Padre que está en los cielos. Muchos me dirán en aquel día: Señor, Señor, ¿no profetizamos en tu nombre, y en tu nombre echamos fuera demonios, y en tu nombre hicimos muchos milagros? Y entonces les declararé: Nunca os conocí; apartaos de mí, hacedores de maldad (Mt. 7:21-23).

Curiosamente, Jesús no declara: "Una vez os conocí, pero no perseverasteis y os apartasteis de la fe". En su lugar, afirma: "*Nunca* os conocí", e indica que incluso aquellos que hacen las más sinceras profesiones de fe, pero no la suplementan con el fruto del Espíritu (2 P. 1:5-10; Gá. 5:22-24), para empezar, nunca fueron verdaderos cristianos. Esto es significativo, porque muchos objetan a la doctrina de la perseverancia de los santos en base a la experiencia de ver que un amigo o familiar que hizo profesión de fe en Cristo, más tarde se apartó. La experiencia, en concierto con varios pasajes de las Escrituras que amenazan con la perdición final por no perseverar, les sugiere que los verdaderos cristianos pueden perder realmente su salvación. Sin embargo, las Escrituras enseñan que quienes no perseveran hasta el final revelan que nunca fueron verdaderos cristianos. El apóstol Juan escribe: "Salieron de nosotros" —lo que significa que ciertas personas se asociaron con la iglesia, pero más tarde abandonaron—, "pero no eran de nosotros; porque si hubiesen sido de nosotros, habrían permanecido con nosotros; pero salieron para que se manifestase que no todos son de nosotros" (1 Jn. 2:19).

Aquellos que enseñan que los cristianos pueden perder su salvación también apuntan a pasajes como Hebreos 6:4-10 y 10:26-31, que en una lectura superficial puede parecer sugerir que la vida eterna se puede perder. Hebreos 6:4-10 declara:

> Porque es imposible que los que una vez fueron iluminados y gustaron del don celestial, y fueron hechos partícipes del Espíritu Santo, y asimismo gustaron de la buena palabra de Dios y los poderes del siglo venidero, y recayeron, sean otra vez renovados para arrepentimiento, crucificando de nuevo para sí mismos al Hijo de Dios y exponiéndole a vituperio. Porque la tierra que bebe la lluvia que muchas veces cae sobre ella, y produce hierba provechosa a aquellos por los cuales es labrada, recibe bendición de Dios; pero la que produce espinos y abrojos es reprobada, está próxima a ser maldecida, y su fin es el ser quemada. Pero en cuanto a vosotros, oh amados, estamos persuadidos de cosas mejores, y que pertenecen a la salvación, aunque hablamos así. Porque Dios no es injusto para olvidar vuestra obra y el trabajo de amor que habéis mostrado hacia su nombre, habiendo servido a los santos y sirviéndoles aún.

Sin embargo, en un examen más detenido, el escritor de Hebreos está contrastando claramente al menos dos clases de oyentes del mismo mensaje del evangelio. Un grupo, ilustrado en el versículo 7 como tierra madura sobre la que cae la lluvia de la semilla del evangelio, produce el fruto de la salvación eterna. Sin embargo, según el versículo 8, el segundo grupo, presumiblemente miembros de la misma congregación, escucha el mismo mensaje y, sin embargo, la verdad del evangelio produce en ellos espinas inútiles y abrojos destinados a ser quemados. El escritor está advirtiendo a este segundo grupo de oyentes que corren el peligro de no haber respondido nunca de la forma correcta a la semilla del evangelio. Por esta razón, en el versículo 9 afirma: "Aunque hablamos así [es decir, al emitir estas graves advertencias en el versículo 8 a aquellos que están en peligro de rechazar el evangelio], en cuanto a vosotros, oh amados [es decir, aquellos en el versículo 7 que creen genuinamente en Cristo], estamos persuadidos de cosas mejores, y que pertenecen a la salvación".

Por tanto, la clave para interpretar este pasaje (así como los demás pasajes de advertencia de Hebreos, como 10:26-31) es determinar a quién se está advirtiendo y por qué. Quienes responden positivamente al evangelio al principio, para rechazar a Cristo más tarde —aunque se asocien con el pueblo de Dios y se ocupen de los menesteres externos de la religión— no son verdaderos creyentes que renunciaron a su salvación, sino apóstatas que nunca ejercieron la fe salvadora. A la luz de la revelación completa de la verdad, abandonaron la fe y renunciaron a Cristo por una incredulidad resuelta e insensible. El escritor de Hebreos declara: "Porque es imposible... sean otra vez renovados para arrepentimiento, crucificando de nuevo para sí mismos al Hijo de Dios y exponiéndole a vituperio" (He. 6:4-6). A la luz del testimonio bíblico anterior, es imposible aplicar semejante lenguaje a verdaderos creyentes que han sido unidos a Cristo por la fe. Así, estos pasajes de advertencia son solo eso: graves advertencias a aquellos de entre la congregación de cristianos profesantes quienes, por no perseverar en fiel obediencia a Cristo, están en peligro de apostasía y condenación.[178]

SEGURIDAD DE LA SALVACIÓN[179]

¿Cómo puede uno, entonces, estar seguro de que es un creyente verdadero en Cristo y que no se apartará un día, revelando que nunca fue un verdadero cristiano? Las Escrituras llaman a estos que profesan la fe en Cristo a que se autoexaminen. Pablo insta a los corintios: "Examinaos a vosotros mismos si estáis en la fe; probaos a vosotros mismos" (2 Co. 13:5). De manera similar, Pedro exhorta a las iglesias que están bajo su cuidado: "Por lo cual, hermanos, tanto más procurad hacer firme vuestra vocación y elección" (2 P. 1:10). El apóstol Juan dedicó toda su primera epístola a este tema, y lo declaró al final: "Estas cosas os he escrito a vosotros que creéis en el nombre del Hijo de Dios, para que sepáis que tenéis vida eterna, y para que creáis en el nombre del Hijo de Dios" (1 Jn. 5:13). Los autores de las Escrituras deseaban claramente que los creyentes estuvieran seguros de su salvación, mediante el examen de sus vidas para tener pruebas de una vida espiritual genuina. Consideremos las siguientes once líneas de evidencias —ampliamente sacadas de las pruebas definidas en 1 Juan—, por las cuales los cristianos pueden ganar seguridad de que su fe y su salvación son verdaderas.

Pruebas de la relación del cristiano con Dios. En primer lugar, un cristiano verdadero disfruta de la comunión con el Padre y el Hijo por medio del Espíritu Santo. Al principio

---

178. Para un tratamiento adicional de los pasajes de advertencia en el libro de Hebreos, véase John MacArthur, *Comentario MacArthur del Nuevo Testamento: Hebreos y Santiago* (Grand Rapids, MI: Editorial Portavoz, 2014).

179. Esta sección está adaptada de MacArthur, *Saved without a Doubt: Being Sure of Your Salvation*, 67-91. Copyright © 2011 por John MacArthur. Usado con permiso de David C. Cook. Para reproducir este texto se requiere el permiso de la editorial. Todos los derechos reservados.

de su carta, Juan señala a sus lectores que les está proclamando el evangelio para que puedan experimentar la misma comunión con Dios de la que él disfruta. Afirma: "Lo que hemos visto y oído, eso os anunciamos, para que también vosotros tengáis comunión con nosotros; y nuestra comunión verdaderamente es con el Padre, y con su Hijo Jesucristo" (1 Jn. 1:3). En realidad, aquel que es nacido de Dios ama tanto al Padre como al Hijo (1 Jn. 5:1). Del mismo modo, Pablo describe la salvación como ser "llamados a la comunión [con Cristo]" (1 Co. 1:9), y caracteriza su vida cristiana como vivir por fe en Jesús, quien vive en él (Gá. 2:20). La salvación es gustar y ver personalmente que el Señor es bueno (Sal. 34:8); caminar con Dios, conocerlo íntimamente como el "Dios de toda consolación" (2 Co. 1:3), "el Dios de toda gracia" (1 P. 5:10), y el Dios que suple todas nuestras necesidades según sus riquezas en Cristo (Fil. 4:19). Él es Aquel a quien nos acercamos en momentos de aflicción (He. 4:16), y clamamos "¡Abba, Padre!" (Ro. 8:15). Aquellos que experimentan con regularidad esta comunión con Dios en amor, en gozo, en oración y en el descubrimiento de la verdad bíblica pueden regocijarse en la seguridad de que su fe es genuina.

La segunda prueba de la salvación genuina es el ministerio del Espíritu Santo en el corazón. Juan escribe: "En esto conocemos que permanecemos en él, y él en nosotros, en que nos ha dado de su Espíritu" (1 Jn. 4:13). Cuando un pecador confiesa que Jesús es el Hijo de Dios y el Salvador del mundo, y le encomienda su vida a Él, es obra del Espíritu. Este también ilumina la mente del creyente para que comprenda las Escrituras, como afirma Juan: "Pero la unción que vosotros recibisteis de él permanece en vosotros... [y] os enseña todas las cosas" (1 Jn. 2:27; cf. 1 Co. 2:10, 12). El Espíritu convence, alienta y aporta gozo al corazón del creyente verdadero cuando estudia la Biblia. Además, el Espíritu produce fruto en la vida del cristiano genuino, de tal manera que su vida está marcada por el "amor, gozo, paz, paciencia, benignidad, bondad, fe, mansedumbre [y] templanza" (Gá. 5:22-23).

La tercera, que los cristianos pueden ganar seguridad respecto a la salvación en la oración contestada. Juan declara: "Y esta es la confianza que tenemos en él, que si pedimos alguna cosa conforme a su voluntad, él nos oye" (1 Jn. 5:14; cf. 3:22). El verdadero creyente ora según la voluntad de Dios, pide perdón y una consciencia limpia, valor para proclamar el evangelio y contentamiento en los tiempos de dificultad. El corazón del pueblo de Dios es fortalecido y alentado cuando su Padre responde a esas oraciones para su gloria y el beneficio de su pueblo.

La cuarta, que el verdadero ciudadano del cielo anhela con ansiedad el regreso de Cristo (Fil. 3:20). La característica fundamental del verdadero cristiano es el amor por Cristo (1 Co. 16:22). Ese amor le hace aguardar con avidez el día en que verá a su Salvador cara a cara y, por tanto, ser conformado a su imagen a la perfección (Fil. 3:21; 1 Jn. 3:1-3). Esto es una indicación de la presencia de una nueva naturaleza, que suspira por ser liberada del cuerpo de pecado y llegar a ser como el Cristo perfecto. Tales anhelos y afectos santos son una señal de la salvación genuina.

Pruebas de la vida y el crecimiento espirituales del cristiano. Una quinta prueba de la salvación es el discernimiento espiritual. Los que han nacido de nuevo son capaces de discernir entre la verdad espiritual y el error: probar los espíritus para ver si proceden de Dios (1 Jn. 4:1-3). Los adeptos a los falsos sistemas religiosos intentan socavar la verdad bíblica respecto a la persona y la obra de Jesucristo (2 P. 3:16), pero Dios equipa a sus hijos para reconocer y rechazar a los falsos maestros, y aferrarse a una enseñanza sana (1 Jn. 2:12-19; 4:5-6). Aunque incluso los demonios pueden creer en la sana doctrina y ser destituidos de la fe salvadora (Stg. 2:19), no se disfrutará de una seguridad verdadera sin creer en la sana doctrina (1 Ts. 5:21; 1 Ti. 6:3-5; 2 Ti. 2:13-14).

La sexta es una consciencia aguda de la santidad de Dios y de la culpa del pecado propio que siempre acompaña a la salvación genuina. Juan escribe: "Si decimos que no tenemos pecado, nos engañamos a nosotros mismos, y la verdad no está en nosotros. Si confesamos nuestros pecados, él es fiel y justo para perdonar nuestros pecados, y limpiarnos de toda maldad. Si decimos que no hemos pecado, le hacemos a él mentiroso, y su palabra no está en nosotros" (1 Jn. 1:8-10). Una característica que identifica a los incrédulos es que no se consideran pecadores. No reconocen la perfección moral absoluta de Dios: que Él es luz y que en Él no hay tinieblas (1 Jn. 1:5). Al no verse en la luz, no reconocen hasta qué punto están contaminados por la oscuridad del pecado. Sin embargo, los verdaderos creyentes tienen un agudo sentido de su pecaminosidad, y sus vidas se caracterizan por despojarse cada vez más del pecado y revestirse de justicia. Cuando pecan, experimentan el pesar piadoso de una conciencia purificada, que los conduce al arrepentimiento (2 Co. 7:10), confiesan su pecado, y buscan el perdón en Cristo. El testimonio personal de Pablo en Romanos 7:14-25 es un ejemplo de la sensibilidad del creyente y de su aversión al pecado. Como el apóstol, los hijos verdaderos de Dios pecan de diversas maneras, pero confiesan su pecado y buscan la restauración de la comunión con Dios. El falso cristiano ignora y esconde el pecado, pero el creyente genuino exclama con Pablo: "¡Miserable hombre de mí! ¿Quién me librará de este cuerpo de muerte?" (Ro. 7:24). El hijo de Dios está agotado por la carga del pecado, y anhela una comunión restaurada con el Padre, mediante la confesión y el arrepentimiento.

La séptima manifestación de la salvación genuina es el patrón decreciente del pecado en la vida propia. No solo es sensible el hijo de Dios a su pecado restante, pero por la gracia de Dios y el poder del Espíritu también tendrá una victoria progresiva sobre esos pecados. Juan escribe: "Todo aquel que es nacido de Dios, no practica el pecado, porque la simiente de Dios permanece en él; y no puede pecar, porque es nacido de Dios" (1 Jn. 3:9). Independientemente de la profesión de fe de uno, los patrones ininterrumpidos del pecado marcan a los no regenerados (1 Jn. 3:8), y no a los hijos de Dios. Cuando el pecador es regenerado, el dominio del pecado se rompe y el Espíritu produce santos afectos en el nuevo converso. El pecado que mora en nosotros permanece, pero el amor al pecado se ha quebrantado. El verdadero cristiano ya no está esclavizado al pecado, sino que es esclavo de la justicia (Ro. 6:14-18).

La octava es que a medida que los patrones del pecado decrecen, los de la obediencia aumentan. Juan no podría ser más claro: "Y en esto sabemos que nosotros le conocemos, si guardamos sus mandamientos" (1 Jn. 2:3). El término griego traducido "guardamos" (*teréo*) habla de una obediencia alerta, cuidadosa y esmerada, no solo las manos sino también el corazón. La obediencia del verdadero cristiano es una salvaguarda dispuesta y habitual de la Palabra, tanto en la letra como en el espíritu. El verdadero creyente obedece los mandamientos de las Escrituras (Jn. 8:31), y los patrones de obediencia sostenida producen confianza en que se tiene una relación salvadora con Dios.

Pruebas de las relaciones del cristiano con las demás personas. La novena prueba de la salvación genuina es un creciente rechazo de la mundanalidad que domina la vida humana. En 1 Juan 2:15, Juan escribe sobre los afectos más profundos del cristiano verdadero, sus mayores deseos y sus metas supremas, y nos manda: "No améis al mundo, ni las cosas que están en el mundo. Si alguno ama al mundo, el amor del Padre no está en él" (cf. Stg. 4:4). "El mundo" habla del perverso sistema mundial manejado por Satanás (cf. 2 Co. 4:4; Ef. 2:2; 1 Jn. 5:19), que abarca la falsa religión, la filosofía errante, el delito, la inmoralidad, el materialismo y cosas por el estilo. Aunque estas cosas dominan los afectos y la voluntad de todos los incrédulos, le repugnan al verdadero creyente. Es cierto que los cristianos pueden, en ocasiones, verse atraídos por cosas mundanas, pero un pecado así acarrea convicción, confesión y arrepentimiento. Aunque el pecado que permanece resulta frustrante y desalentador, los verdaderos creyentes pueden sentirse agradecidos de que el pecado sea una realidad que han conseguido odiar, y que han dejado de amar (Ro. 7:15). La nueva vida en Cristo nutre el amor por Dios y sus cosas. Así, quienes se autoexaminan deben preguntarse si rechazan el sistema de este mundo malo, junto con todas sus falsas ideologías, sus religiones que condenan, sus estilos de vida impíos, y sus vanas búsquedas y, en su lugar, aman a Dios, su verdad y su pueblo. Tales afectos no son naturales ni atractivos para la humanidad depravada (Jn. 3:19-20; 8:44) y, por tanto, son pruebas de la gracia del Espíritu que obra en el corazón.

La décima es que el cristiano genuino no solo rechaza al mundo, sino que también es repudiado *por* él. Por esta razón, Juan escribe: "Hermanos míos, no os extrañéis si el mundo os aborrece" (1 Jn. 3:13). Cuando el pueblo de Dios está aparte del mundo —rechaza sus valores pecaminosos y está a favor de la justicia— la maldad de este queda expuesta. Dado que la oscuridad odia la luz (Jn. 3:19-20), reacciona con animosidad y hostilidad hacia esas influencias que la exponen. En el versículo precedente, Juan observa que Caín odiaba a su hermano, y que lo asesinó precisamente porque la justa conducta de Abel manifestó su perversa rebeldía (1 Jn. 3:12). El pueblo de Dios experimentará, pues, el ostracismo, el rechazo, y hasta la persecución por parte del mundo por pertenecer a Cristo, quien también sufrió por causa de la justicia (Mt. 5:10-12; Jn. 15:18-21; Fil. 1:29; 2 Ti. 3:12; 1 P. 4:12-14). Aquellos que buscan seguridad deben preguntarse si son fácilmente aceptados por el mundo o si, como aquellos que son conformados a la imagen de Cristo, atraen el mismo rechazo que Cristo mismo provocó en los enemigos de la justicia (Jn. 7:7).

Finalmente, lo antitético al odio y el rechazo por el perverso sistema del mundo es el amor del verdadero creyente por sus hermanos cristianos. En 1 Jn. 3:10 leemos: "En esto se manifiestan los hijos de Dios, y los hijos del diablo: todo aquel que no hace justicia, y que no ama a su hermano, no es de Dios" (cf. 1 Jn. 2:9-11). Amar a los hermanos cristianos le surge de forma natural al creyente. Como Pablo le dijo a la iglesia tesalonicense: "Pero acerca del amor fraternal no tenéis necesidad de que os escriba, porque vosotros mismos habéis aprendido de Dios que os améis unos a otros" (1 Ts. 4:9). Jesús llegó tan lejos como para afirmar que el amor de sus discípulos, los unos por los otros, sería la prueba ante todas las personas de que eran sus seguidores (Jn. 13:35). Por tanto, los que son fríos, poco compasivos e indiferentes hacia los demás creyentes revelan un egoísmo que indica incredulidad, pero quienes se deleitan en la comunión de sus hermanos y hermanas en Cristo, y desean con ansiedad suplir las necesidades de los santos pueden estar seguros de pertenecer a la verdad (1 Jn. 3:16-19).

La glorificación

El acto divino final en la aplicación de la redención es la glorificación. Dada su inmensa importancia, al comienzo es apremiante distinguir la glorificación de los demás acontecimientos escatológicos. No debe confundirse con el estado intermedio. Para aquellos que mueren en la fe antes del regreso de Cristo, sus almas van de inmediato a estar con el Señor (Lc. 23:43; 2 Co. 5:8; Fil. 1:23). Dado que la glorificación involucra tanto el cuerpo como el alma, no ocurre cuando el alma del creyente entra en el estado intermedio actual del cielo, sino más bien en la segunda venida de Cristo. Tampoco se debe confundir la glorificación con la restauración de la tierra. Aunque saber que toda la tierra será restaurada (Hch. 3:21) es una promesa maravillosa —así como la creación fue maldita como resultado del pecado del hombre, también será redimida como consecuencia de la redención de un hombre (Ro. 8:20-21; cf. Is. 65:17; 2 P. 3:7; Ap. 21:1)—, estas acciones no deben mezclarse. La glorificación alude a la salvación final de las personas, no a la redención de los objetos inanimados. Por último, no todos los creyentes serán glorificados al mismo tiempo. Los muertos en Cristo y quienes vivan en el momento de su venida serán glorificados en un abrir y cerrar de ojos a su regreso (1 Co. 15:23, 52; cf. 1 Ts. 4:16-17). Pero también están aquellos que se arrepientan y acudan a Cristo durante el período de la tribulación, mientras los santos estén celebrando el banquete con Cristo en la cena de las bodas del Cordero (Ap. 19:7-10). Los santos de la tribulación esperarán sus cuerpos glorificados hasta el reinado milenial de Cristo (Ap. 20:4; cf. Is. 26:19-20; Dn. 12:2). Aquellos que mueran durante el milenio pueden muy bien ser transformados instantáneamente en el momento de su muerte en cuerpos y espíritus eternos.[180]

La glorificación es la transformación radical del cuerpo y del alma de los creyentes, que los perfecciona en santidad y, por este medio, los hace aptos para la vida eterna en la nueva tierra en perfecta comunión con el Dios trino. Murray describe de un modo útil la glorificación como "la redención completa y final de la persona en su totalidad, cuando el pueblo de Dios será transformado, en la integridad del cuerpo y espíritu, según la imagen del Redentor resucitado, exaltado y glorificado, cuando el mismo cuerpo de la humillación de ellos será transformado según el cuerpo de la gloria de Cristo" (cf. Fil. 3:21).[181]

---

[180]. El resto de este tratamiento de la glorificación concierne a la doctrina de la resurrección desde una perspectiva soteriológica. Para una explicación adicional de la resurrección en el contexto de la escatología, incluida la programación de los acontecimientos, el efecto sobre la creación física y el destino de los incrédulos, véase cap. 10, "El futuro".

[181]. Murray, *La redención consumada y aplicada*, 170.

LA CONSUMACIÓN DE LA SALVACIÓN

La resurrección del cuerpo es la consumación de nuestra salvación, cuando el Espíritu se aplica a la terminación de la redención que el Padre planeó y que Cristo compró. En Romanos 8:30 se presenta la glorificación como el clímax de la redención: "Y a los que predestinó, a éstos también llamó; y a los que llamó, a éstos también justificó; y a los que justificó, a éstos también *glorificó*". A aquellos sobre quienes el Padre puso su amor electivo, los predestinó para salvación; y estos —cuya redención Cristo compró al morir en su lugar como propiciación por sus pecados— disfrutan de los beneficios de esa redención. En la justificación, son liberados de la pena del pecado, y en la santificación, son librados de la presencia misma del pecado tanto en el cuerpo como en el alma.

Cristo mismo indicó que las intenciones salvadoras del Dios trino llegaron más allá del alma del hombre, hasta la resurrección del cuerpo, y declaró:

> Y esta es la voluntad del Padre, el que me envió: Que de todo lo que me diere, no pierda yo nada, sino que lo *resucite* en el día postrero. Y esta es la voluntad del que me ha enviado: Que todo aquél que ve al Hijo, y cree en él, tenga vida eterna; y yo le *resucitaré* en el día postrero (Jn. 6:39-40; cf. 6:44, 54).

La glorificación también es el cumplimiento del deseo de Jesús de ver a su iglesia purificada de toda mancha, arruga o cosas por el estilo (cf. Ef. 5:27), que more con Él por toda la eternidad. Jesús ora explícitamente por esto en su oración sumo sacerdotal, diciendo: "Padre, aquellos que me has dado, quiero que donde yo estoy, también ellos estén conmigo, para que vean mi gloria que me has dado; porque me has amado desde antes de la fundación del mundo" (Jn. 17:24). Finalmente, la glorificación consuma el objetivo de la salvación, a saber, glorificar a Cristo convirtiéndolo en el primogénito entre muchos hermanos (Ro. 8:29). Al ser la glorificación la consumación de la santificación, en la cual los creyentes son perfectamente conformados a la imagen de Cristo, la glorificación magnifica a Cristo de manera especial como la fuente preeminente de la hermosura de la santidad que se refleja en sus hermanos perfeccionados.

Las Escrituras consideran la doctrina de la glorificación como absolutamente fundamental para la fe cristiana, tanto es así que el apóstol Pablo afirma que si no fuera verdad, nosotros, de entre todas las personas, seríamos los más dignos de lástima (1 Co. 15:12-19). Fue la esperanza de un cuerpo glorificado la que impulsó a Pablo a rendir por completo su cuerpo natural al maltrato y a la persecución que acompañaban la vida del ministro del evangelio. Afirmó: "Porque sabemos que si nuestra morada terrestre, este tabernáculo, se deshiciere, tenemos de Dios un edificio, una casa no hecha de manos, eterna, en los cielos" (2 Co. 5:1; cf. 4:14-18). "Las aflicciones del tiempo presente no son comparables con la gloria venidera que en nosotros ha de manifestarse" y, por tanto, los creyentes aceptan de buen grado los padecimientos de Cristo si eso significa que "juntamente con él se[remos] glorificados" (Ro. 8:17-18; cf. Fil. 3:10-11). Por tanto, aunque la vida en un mundo y en un cuerpo que están ambos maldecidos por el pecado nos hace gemir, ese gemido se suaviza mediante la ansiosa anticipación de "la redención de nuestro cuerpo" (Ro. 8:23).

La resurrección no solo es la anhelante anticipación del cristiano del Nuevo Testamento, sino también la gran esperanza del creyente del antiguo pacto en Jehová. Cuando Job fue abandonado por sus hermanos y conocidos, sus parientes y sus íntimos amigos, su esposa y los demás miembros de su casa, y sus socios y aquellos a quien él amaba (Job 19:13-19), puso su esperanza en la comunión con Dios en una nueva tierra en un cuerpo de resurrección: "Yo sé que mi Redentor vive, y al fin se levantará sobre el polvo; y después de deshecha esta mi piel, en mi carne he de ver a Dios; al cual veré por mí mismo, y mis ojos lo verán, y no otro, aunque mi corazón desfallece dentro de mí" (Job 19:25-27). La confiada esperanza de Job era que *después* de que hubiera muerto y su cuerpo quedara destruido por la decadencia, él vería sin embargo a Dios en su carne. Su Redentor lo justificaría en la gloria de una resurrección corporal en la que disfrutaría de una perfecta comunión con Dios. Como otro ejemplo, al final de la profecía de Daniel, él declaró: "Y muchos de los que duermen en el polvo de la tierra serán despertados, unos para vida eterna, y otros para vergüenza y confusión perpetua" (Dn. 12:2; cf. Jn. 5:28-29; Ap. 20:4-6).

Que la resurrección del cuerpo para su glorificación se enseñaba en el Antiguo Testamento queda probado por el testimonio del Nuevo Testamento de que los judíos esperaban una resurrección futura. Cuando Marta le suplicó a Jesús que ejerciera su poder divino con respecto a la muerte de Lázaro, Jesús le respondió indicándole que su hermano resucitaría de nuevo. Con astucia, Marta replicó: "Yo sé que resucitará en la resurrección, en el día postrero" (Jn. 11:24). Cuando Pablo compareció en juicio ante Félix, declaró que una "resurrección de los muertos, así de justos como de injustos" estaba "[escrita] en la ley y en los profetas" (Hch. 24:14-15). Y Hebreos 11:10 enseña que los santos del Antiguo Testamento esperaban heredar una ciudad física que solo podía ser posible mediante la resurrección corporal (cf. He. 11:16).[182]

Basándose en este fundamento del Antiguo Testamento, el lector puede considerar la enseñanza explícita de las epístolas del Nuevo Testamento sobre la resurrección del cuerpo como una elaboración y un desarrollo bien recibidos de la antigua esperanza viva del pueblo de Dios. Pablo revela que así como la condenación de Adán acarreó culpa a la raza humana y corrupción hasta la muerte, del mismo modo, la unión con el segundo Adán hará que todos los creyentes venzan al pecado y a la muerte y sean vivificados en Él (1 Co. 15:22, 45). Esto tiene lugar "en su debido orden: Cristo, las primicias; luego los que son de Cristo, en su venida. Luego el fin" (1 Co. 15:23-24). A los tesalonicenses, preocupados de que sus hermanos y hermanas perdieran esta resurrección gloriosa, Pablo les ofreció el siguiente consuelo:

> … Así también traerá Dios con Jesús a los que durmieron en él. Por lo cual os decimos esto en palabra del Señor: que nosotros que vivimos, que habremos quedado hasta la venida del Señor, no precederemos a los que durmieron. Porque el Señor mismo con voz de mando, con voz de arcángel, y con trompeta de Dios, descenderá del cielo; y los muertos en Cristo resucitarán primero. Luego nosotros los que vivimos, los que hayamos quedado, seremos arrebatados juntamente con ellos en las nubes para recibir al Señor en el aire, y así estaremos siempre con el Señor (1 Ts. 4:14-17).

---

182. De manera similar a la caracterización que Pablo hace de la resurrección del cuerpo como algo espiritual, que la ciudad futura sea "celestial" no significa que es inmaterial, como si perteneciera al cielo intermedio. Más bien, habla de una ciudad caracterizada por y en perfecta armonía con la inmediata morada de Dios.

De hecho, los muertos en Cristo y los que estén vivos en el momento de su venida serán glorificados en un abrir y cerrar de ojos, cuando Él regrese:

> He aquí, os digo un misterio: No todos dormiremos; pero todos seremos transformados, en un momento, en un abrir y cerrar de ojos, a la final trompeta; porque se tocará la trompeta, y los muertos serán resucitados incorruptibles, y nosotros seremos transformados. Porque es necesario que esto corruptible se vista de incorrupción, y esto mortal se vista de inmortalidad (1 Co. 15:51-53).

En ese tiempo, la muerte misma —el último enemigo— será destruida (1 Co. 15:26; cf. Hch. 2:24; He. 2:14-15; Ap. 1:17-18), lo que será la causa de una celebración victoriosa:

> Y cuando esto corruptible se haya vestido de incorrupción, y esto mortal se haya vestido de inmortalidad, entonces se cumplirá la palabra que está escrita: Sorbida es la muerte en victoria. ¿Dónde está, oh muerte, tu aguijón? ¿Dónde, oh sepulcro, tu victoria? ya que el aguijón de la muerte es el pecado, y el poder del pecado, la ley. Mas gracias sean dadas a Dios, que nos da la victoria por medio de nuestro Señor Jesucristo (1 Co. 15:54-57).

Obviamente, el cristianismo simplemente no es cristianismo sin la resurrección. La glorificación se prometió en la ley y en los profetas, y también por medio de Jesús y de los apóstoles, y Pablo escribió que sin ella el cristiano no tiene esperanza verdadera (1 Co. 15:16, 19). Negar esta obra final de Dios en el plan de salvación sería negar el mensaje cristiano de paz y gozo en la gloria final.

LA NATURALEZA DEL CUERPO GLORIFICADO[183]

Pablo no solo identifica la glorificación como la consumación de la esperanza de la salvación del cristiano, sino que también proporciona detalles en cuanto a la naturaleza del cuerpo glorificado. Aunque el cuerpo natural difiere en numerosas maneras del cuerpo espiritual, se debe observar que existe una continuidad fundamental entre ellos. Es decir, el cuerpo que heredamos en la glorificación no será un cuerpo totalmente nuevo, sino que será de alguna manera el cuerpo que habitamos ahora en esta vida. Las Escrituras declaran que Dios "vivificará también vuestros cuerpos mortales por su Espíritu que mora en vosotros" (Ro. 8:11). Esto es, Él no *sustituirá* nuestro cuerpo actual; lo *renovará*. Nuestro cuerpo será *cambiado,* no *intercambiado* (1 Co. 15:51). Pablo afirma: "*Esto* corruptible [es decir, el cuerpo que él habitó durante su vida en la tierra] se vista de incorrupción, y *esto* mortal [el cuerpo] se vista de inmortalidad" (1 Co. 15:53). Además, dado que Cristo mismo es las primicias de la resurrección (1 Co. 15:23), y como las Escrituras afirman que Él transforma el cuerpo de los creyentes "para que sea semejante al cuerpo de la gloria suya" (Fil. 3:21), es acertado sacar inferencias sobre la naturaleza del cuerpo glorificado, mediante la consideración de la naturaleza del cuerpo glorificado de Cristo. Y Él resucitó en el mismo cuerpo en el que murió, algo

---

183. Esta sección está adaptada de Mike Riccardi, "The Heavenly Citizen's Prospect", *The Cripplegate* (blog), 22 de mayo 2015, http://thecripplegate.com/the-heavenly-citizens-prospect/. Usado con permiso del autor.

que Tomás reconoció cuando vio las heridas que habían infligido en el cuerpo de Jesús durante su crucifixión (Jn. 20:27; cf. 20:20). Así, cualquier trauma que el cuerpo del creyente pudiera experimentar al sucumbir en la maldición del pecado y de la muerte en esta vida, Dios omnipotente resucitará ese cuerpo a la perfección y lo unirá con el alma en la resurrección.

No obstante, aunque el cuerpo de la resurrección tendrá continuidad con el cuerpo natural, ambos cuerpos son significativamente diferentes entre sí. En 1 Corintios 15:42-44, Pablo perfila cuatro contrastes entre el cuerpo de resurrección y el cuerpo actual y natural:

> Así también es la resurrección de los muertos. Se siembra en corrupción, resucitará en incorrupción. Se siembra en deshonra, resucitará en gloria; se siembra en debilidad, resucitará en poder. Se siembra cuerpo animal, resucitará cuerpo espiritual. Hay cuerpo animal, y hay cuerpo espiritual.

Cada uno de estos cuatro contrastes proporciona una nueva percepción del misterio que el cuerpo glorificado entrañará.

En primer lugar, el cuerpo de resurrección será imperecedero. En esta vida, es dolorosamente obvio que nuestros cuerpos están sujetos a la enfermedad y el deterioro, y que acabarán sucumbiendo a la inevitabilidad universal de la muerte (He. 9:27). Sin embargo, Pablo enseña que nuestro cuerpo de resurrección no estará sujeto a la corrupción y la decadencia a las que están destinados nuestros cuerpos presentes. No envejecerán ni se gastarán, no contraerán enfermedades ni dolencias. Así, es apropiado concluir que nuestros cuerpos no se harán viejos, sino que "tendrán todas las características de un ser humano joven pero maduro para siempre".[184]

En segundo lugar, Pablo afirma que el cuerpo natural se caracteriza por la deshonra, pero que el cuerpo de la resurrección estará marcado por la gloria. El cuerpo no es inherentemente deshonroso, pero ha sido deshonrado por la maldición del pecado, y es el instrumento de los actos pecaminosos del hombre, vehículo mediante el cual los pecadores deshonran a Dios y complacen los deseos pecaminosos (Ro. 6:13). El cuerpo que debería ser apartado y consagrado como templo del Espíritu Santo (1 Co. 6:19) está entregado al pecado como instrumento de injusticia, que deshonra tanto a Dios como al cuerpo. Incluso el creyente más fiel experimentará la deshonra suprema de la muerte, el cuerpo en un estado de deshonra, de imperfección y de incompletitud. Sin embargo, ese cuerpo imperfecto y deshonrado resucitará un día en gloria. A lo largo de la eternidad, los cuerpos inmortales de los cristianos también serán puros y honorables, perfectamente adecuados para agradar, alabar y disfrutar plenamente del Creador que los hizo y del Redentor que los restauró.

En tercer lugar, el cuerpo natural está sembrado en debilidad, pero el cuerpo glorificado será resucitado en poder. Es solo cuestión de tiempo antes de que la realidad de las limitaciones físicas de nuestros cuerpos nos confronte con lo que es ser débil. Si vive lo suficiente, incluso el más fuerte de entre los fuertes experimentará la disminución de

---

184. Grudem, *Teología sistemática*, 873.

su fuerza. Las Escrituras incluso asocian la carne con la debilidad moral (Mt. 26:41). Este no será el caso con los nuevos cuerpos, porque serán resucitados en poder. Esto no quiere decir necesariamente que los creyentes poseerán una fuerza sobrehumana, sino que los cuerpos glorificados tendrán el "poder y la fuerza humana plenos y completos" que Dios "quería que los seres humanos tuvieran en sus cuerpos" cuando los creó. "Por consiguiente, será una fuerza suficiente para hacer todo lo que deseemos hacer en conformidad a la voluntad de Dios".[185]

Finalmente, Pablo contrasta el cuerpo "natural" y el cuerpo "espiritual". Es importante observar que por "espiritual" Pablo no quiere decir "inmaterial", porque la resurrección de los cuerpos de los creyentes seguirá el patrón de la resurrección del cuerpo de Cristo, quien es las primicias de la resurrección material (1 Co. 15:23). Una vez más, Pablo ha afirmado que Cristo transformará los cuerpos de los creyentes "para que sea[n] semejante[s] al cuerpo de la gloria suya" (Fil. 3:21), y es indudable que Cristo resucitó corporalmente de la tumba. Él mismo declaró que "un espíritu no tiene carne ni huesos, como veis que yo tengo" (Lc. 24:39) y comió un trozo de pescado para demostrar su materialidad, porque los espíritus incorpóreos no tienen estómago ni tracto digestivo (Lc. 24:36-43). No, Jesús resucitó de los muertos en su cuerpo, y los creyentes también resucitarán de forma corpórea. Al denominar el cuerpo de la resurrección como "espiritual", Pablo quiere enseñar que estarán totalmente sometidos y en perfecta armonía con el Espíritu Santo. En la perfección de su santificación, los creyentes tendrán un corazón no perturbado por los engañosos deseos del pecado, por las ambiciones y las aspiraciones verdaderamente piadosas, y un cuerpo físico capaz de llevar a cabo esos impulsos santos sin un momento de distracción o de cansancio y, por tanto, serán capaces de disfrutar plenamente de las abundancias de la nueva creación que Dios ha hecho para su pueblo. John Murray tenía razón al observar que semejante destino "es el fin más elevado concebible para los seres creados, el fin más elevado concebible no solo por los hombres, sino también por Dios mismo. Él no pudo contemplar ni determinar un destino más elevado para sus criaturas".[186]

Nos regocijamos en la esperanza de la gloria de Dios (Ro. 5:2), y bendecimos al Dios y Padre de nuestro Señor Jesucristo porque, según su gran misericordia, Él ha hecho que nazcamos de nuevo a esta esperanza viva de "una herencia incorruptible, incontaminada e inmarcesible, reservada en los cielos para [nosotros], que so[mos] guardados por el poder de Dios mediante la fe, para alcanzar la salvación que está preparada para ser manifestada en el tiempo postrero" (1 P. 1:3-5).

Frente a una salvación tan grande, que dura desde la eternidad pasada hasta la eternidad futura, la única conclusión adecuada es añadir nuestras voces al coro celestial, esa "gran multitud, la cual nadie podía contar, de todas naciones y tribus y pueblos y lenguas, que estaban delante del trono y en la presencia del Cordero, vestidos de ropas blancas, y con palmas en las manos" (Ap. 7:9). Debemos clamar en adoración con ellos:

---

185. Grudem, *Teología sistemática*, 874.
186. John Murray, "The Goal of Sanctification", en *The Collected Writings of John Murray* (Edimburgo: Banner of Truth, 1977), 2:316.

"La salvación pertenece a nuestro Dios que está sentado en el trono, y al Cordero" (Ap. 7:10). ¡Gracias sean dadas a Dios por su don inefable!

Oración[187]

Nuestro amoroso Padre celestial,
    por tu gracia nos diste a tu Hijo como sacrificio por nuestros pecados.
Obedientemente, llevó nuestros pecados a la cruz,
    donde soportó un juicio indecible por nosotros
        según tu perfecta voluntad.
Y, ahora, a través de tu precioso Espíritu
    invitas de todo corazón a todos los hambrientos y todos los sedientos
    a venir (arrepentidos, pero con valentía) a participar gratuitamente
        del pan del cielo y del agua de vida,
            sin dinero y sin precio.

Estas bendiciones se nos dan gratuitamente;
    pero no fueron obtenidas sin costo para ti.
Te costaron a tu Hijo unigénito, y a Él le costaron su vida.
Llevó la maldición provocada por nuestro pecado.
Cuando la ley tronó contra nosotros, como en el monte Sinaí
    —amenazándonos con la condenación,
    pronunciando nuestra sentencia,
    y consignándonos a la oscuridad del infierno—
        Cristo silenció la reclamación de la ley en nuestra contra
            al tomar sobre sí mismo nuestra condenación.
Pagó, de una vez por todas, el horrible precio.
Nunca habríamos podido cumplir con esta deuda según tu justicia,
    aunque hubiéramos sufrido una eternidad de tormento en el infierno.

Por tanto, le debemos a Él todo lo que somos.
Estábamos profundamente manchados,
    culpables de innumerables pecados (tanto por descuido como deliberados).
Nuestros pecados nos habían separado del cielo,
    nos excluyeron de la riqueza común de Israel,
        nos dejaron como absolutos extranjeros del pacto de la promesa
            sin esperanza y sin Dios en el mundo.
Pero, después, llegaron hasta nosotros las benditas buenas nuevas.
El evangelio nos declaró el camino de la vida.

---

187. El texto original en inglés de esta oración viene de John MacArthur, *At the Throne of Grace: A Book of Prayers* (Eugene, OR: Harvest House, 2011), 138-140. Usado con permiso de Harvest House.

Ciertamente es el poder de Dios para salvación
    a todo aquel que cree.
Tu Espíritu nos atrajo por gracia a la familia de la fe
    y nos adoptaste en la familia
        de tus hijos redimidos.

La mente humana sencillamente no puede imaginar
    la magnitud de nuestra deuda hacia tu gracia.
Tampoco es capaz la lengua humana de expresar de forma adecuada
    la plenitud de nuestra gratitud por tantas misericordias inmerecidas.

Sabemos que no hay mérito ni valor expiatorio
    en nuestras buenas obras, nuestras oraciones,
        nuestras lágrimas o nuestras buenas intenciones.
Solo la sangre expiatoria de Cristo
    pudo haber realizado la satisfacción adecuada por nuestros pecados
        ante ti.

Por tanto, no fuimos redimidos con cosas perecederas,
    como plata u oro,
    sino con esa preciosa sangre
    derramada por el cordero sin mancha de Dios.
Este fue el plan de salvación que tú ordenaste
    antes de la fundación del mundo, por amor a nosotros.

Cuando meditamos cuidadosamente en estas verdades,
    nos asombra que quisieras salvar a unos pecadores rebeldes.
¿Por qué unos malhechores culpables como nosotros
    deberían lavarse en la sangre expiatoria de tu Hijo
        y vestirse de su justicia?
¿Por qué se nos debería permitir
    irradiar la resplandeciente gloria que solo te pertenece a ti?
¿Por qué deberíamos ser llevados a tan alto y eterno estado?
¿Por qué quisiste escogernos para adoptarnos como tus hijos,
    incluso antes de la fundación del mundo?
Este conocimiento es demasiado maravilloso para nosotros;
    es alto; no podemos alcanzarlo.

Pero podemos darte las gracias por tu bondad.
solo podemos hacerlo de una forma débil e inadecuada.
Pero en el nombre de Cristo nuestro Salvador
    ofrecemos lo que podemos de nuestra sincera gratitud.

Te ruego que recibas nuestra adoración, que sueltes nuestras lenguas,
    santifica nuestros labios, y ensancha nuestros corazones
        para que te adoremos de un modo más adecuado de lo que ahora podemos.
Y haz que nuestro servicio sea aceptable a tus ojos. Amén.

"¡Cuán dulce el nombre de Jesús!"

¡Cuán dulce el nombre de Jesús
es para el hombre fiel!
Consuelo, paz, vigor, salud
halla el creyente en Él.

Al pecho herido, fuerzas da,
y calma el corazón;
al alma hambrienta es cual maná,
y alivia su aflicción.

Tan dulce nombre es para mí
de dones plenitud,
raudal que nunca exhausto vi
de gracia y de salud.

Jesús, mi amigo y mi sostén,
mi Rey y Salvador,
mi vida y luz, mi eterno bien,
acepta mi loor.

Es pobre ahora mi cantar
mas cuando en gloria esté,
y allí te pueda contemplar,
mejor te alabaré.

En tanto, dame que tu amor
proclame sin cesar,
y torne en gozo mi dolor
tu nombre, al expirar.

—John Newton (1725–1807)
    (trad. Juan Bautista Cabrera)

Bibliografía

Principales teologías sistemáticas

Bancroft, Emery H. *Fundamentos de teología bíblica*. Grand Rapids, MI: Editorial Portavoz, 1986. 301-370.

*Berkhof, Louis. *Teología sistemática*. Grand Rapids, MI: Libros Desafío, 2005. 493-658.

Buswell, James Oliver, Jr. *Teología sistemática*. 4 tomos. Miami, FL: Logoi, 2005. 3:509-652.

Culver, Robert Duncan. *Systematic Theology: Biblical and Historical*. Fearn, Ross-shire, Escocia: Mentor, 2005. 639-797.

Dabney, Robert Lewis. *Systematic Theology*. 1871. Reeditada, Edimburgo: Banner of Truth, 1985. 553-713.

Erickson, Millard J. *Teología sistemática*. Viladecavalls: Editorial Clie, 2008. 897-1030.

*Grudem, Wayne. *Teología sistemática: Una introducción a la doctrina bíblica*. Miami, FL: Editorial Vida, 2007. 689-894.

Hodge, Charles. *Teología sistemática*. 2 vols. Terrassa: Editorial Clie, 2010. 2:19-73, 163-220.

Lewis, Gordon R. y Bruce A. Demarest. *Integrative Theology*. 3 vols. Grand Rapids, MI: Zondervan, 1987–1994. 3:17-236.

*Reymond, Robert L. *A New Systematic Theology of the Christian Faith*. Nashville: Thomas Nelson, 1998. 461-502.

Shedd, William G. T. *Dogmatic Theology*. 3 vols. 1889. Reprimpresión, Minneapolis: Klock & Klock, 1979. 2B:353-587; 3:401-70.

Strong, August Hopkins. *Systematic Theology: A Compendium Designed for the Use of Theological Students*. Ed. rev. Nueva York: Revell, 1907. 665-894.

Swindoll, Charles R. y Roy B. Zuck, eds. *Understanding Christian Theology*. Nashville: Thomas Nelson, 2003. 801-1075.

Thiessen, Henry Clarence. *Introductory Lectures in Systematic Theology*. Grand Rapids, MI: Eerdmans, 1949. 341-99.

Turretin, Francis. *Institutes of Elenctic Theology*. 3 vols. Editado por James T. Dennison Jr. Traducido por George Musgrove Giger. 1679–1685. Reprimpresión, Phillipsburg, NJ: P&R, 1992–1997. 2:501-724.

*Indica las más útiles.

Obras específicas

*Barrett, Matthew. *Salvation by Grace: The Case for Effectual Calling and Regeneration*. Phillipsburg, NJ: P&R, 2013.

*Boettner, Loraine. *La predestinación*. Grand Rapids, MI: Libros Desafío, 2005.

Calvino, Juan. *Institución de la religión cristiana*. Grand Rapids, MI: Libros Desafío, 2012.

Gibson, David y Jonathan Gibson, eds. *From Heaven He Came and Sought Her: Definite Atonement in Historical, Biblical, Theological, and Pastoral Perspective*. Wheaton, IL: Crossway, 2013.

Hoekema, Anthony A. *Saved by Grace*. Grand Rapids, MI: Eerdmans, 1989.

*Jeffery, Steve, Michael Ovey y Andrew Sach. *Pierced for Our Transgressions: Rediscovering the Glory of Penal Substitution*. Wheaton, IL: Crossway, 2007.

MacArthur, John. *El evangelio según Jesucristo*. El Paso, TX: Casa Bautista de Publicaciones, 1991.

_____. *El evangelio según los apóstoles*. El Paso, TX: Casa Bautista de Publicaciones, 2016.

_____. *Esclavo: La verdad escondida sobre tu identidad en Cristo*. Nashville: Grupo Nelson, 2011.

Morris, Leon. *The Apostolic Preaching of the Cross*. 3ª ed. Grand Rapids, MI: Eerdmans, 1965.

*Murray, John. *La redención consumada y aplicada*. Grand Rapids, MI: Libros Desafío, 2009.

Owen, John. *Salus Electorum, Sanguis Jesu: Or, The Death of Death in the Death of Christ*. En *The Works of John Owen*, editado por William H. Goold, 10:139-428. 1648. Reimpresión, Edinburgh: Banner of Truth, 1967.

Packer, J. I. y Mark Dever. *In My Place Condemned He Stood: Celebrating the Glory of the Atonement*. Wheaton, IL: Crossway, 2007.

Piper, John. *Counted Righteous in Christ: Should We Abandon the Imputation of Christ's Righteousness?* Wheaton, IL: Crossway, 2002.

_____. *Más vivo que nunca*. Grand Rapids, MI: Editorial Portavoz, 2010.

_____. *The Future of Justification: A Response to N. T. Wright*. Wheaton, IL: Crossway, 2007.

Riccardi, Michael. *Sanctification: The Christian's Pursuit of God-Given Holiness*. Sun Valley, CA: Grace Books, 2015.

Schreiner, Thomas. *Faith Alone: The Doctrine of Justification: What the Reformers Taught... and Why It Still Matters*. The Five Solas. Grand Rapids, MI: Zondervan, 2015.

Schreiner, Thomas R. y Bruce A. Ware, eds. *Still Sovereign: Contemporary Perspectives on Election, Foreknowledge, and Grace*. Grand Rapids, MI: Baker, 2000.

Sproul, R. C. *Escogido por Dios*. Graham, NC: Publicaciones Faro de Gracia, 2002.

White, James R. *The God Who Justifies: A Comprehensive Study of the Doctrine of Justification*. Bloomington, MN: Bethany House, 2001.

*Indica las más útiles.

"Se oye un son en alta esfera"
Se oye un son en alta esfera:
"¡En los cielos gloria a Dios!
¡Al mortal paz en la tierra!".
Canta la celeste voz.
Con los cielos alabemos,
al eterno Rey cantemos
a Jesús, que es nuestro bien,
con el coro de Belén;
canta la celeste voz:
"¡En los cielos gloria a Dios!".

El Señor de los señores,
el Ungido celestial,
a salvar los pecadores
vino al mundo terrenal.
Gloria al Verbo encarnado,
en humanidad velado;
gloria al Santo de Israel,
cuyo nombre es Emanuel;
canta la celeste voz:
"¡En los cielos gloria a Dios!".

Príncipe de paz eterna,
gloria a ti, Señor Jesús;
entregando el alma tierna,
tú nos traes vida y luz.
Has tu majestad dejado,
y buscarnos te has dignado;
para darnos el vivir,
a la muerte quieres ir.
canta la celeste voz:
"¡En los cielos gloria a Dios!".

—Carlos Wesley (1707–1788)
  (trad. Federico Fliedner)

8

Los ángeles

Angelología

Principales temas del capítulo 8
Ángeles santos
Satanás
Demonios
El ángel del Señor
Preguntas y respuestas

Por regla general, las teologías suelen ignorar o tratar con brevedad la angelología. Sin embargo, la Biblia contiene una gran cantidad de información sobre este tema. Por consiguiente, esta sección intenta captar todo lo que las Escrituras revelan respecto a los ángeles, tanto los que son santos como los que son malignos.

Ángeles santos
Introducción a los ángeles
La realidad de los ángeles santos
El carácter de los ángeles santos
La historia de los ángeles santos
La población de los ángeles santos
La residencia de los ángeles santos
La organización de los ángeles santos
El poder de los ángeles santos
Los ministerios de los ángeles santos
El destino de los ángeles santos

Introducción a los ángeles

El término hebreo del Antiguo Testamento, *malák*, (aparece 213 veces) y el término griego del Nuevo Testamento, *ángelos* (aparece 176 veces), pueden traducirse generalmente "mensajero", "enviado" o "embajador" cuando se refieren a una tarea o función (aparece 389 veces en total en cuarenta y dos libros). El mensajero puede ser humano en naturaleza, como los mensajeros de Jacob (Gn. 32:3, 6), los mensajeros de Juan el Bautista (Lc. 7:24), los mensajeros de Cristo (Lc. 9:52) o pastores (Ap. 1:20; 2:1, 8, 12, 18; 3:1, 5, 7, 14). Con frecuencia, el mensajero es un ser creado no humano, sobrenatural, al que se suele aludir como "ángel" (2 Cr. 32:21; Mt. 1:20, 24) o el "ángel del Señor" (Gn. 16:7). Estos términos del hebreo y del griego aparecen desde Génesis 16:7 a Malaquías 3:1, en el Antiguo Testamento, y desde Mateo 1:20 a Apocalipsis 22:16, en el Nuevo Testamento.

El contexto en el que aparecen estas palabras determina si se refieren a (1) seres humanos, (2) los ángeles santos, (3) Satanás, (4) demonios, o (5) el ángel del Señor. Consúltese "El carácter de los ángeles santos" (p. 682), para otros dieciséis nombres usados para los ángeles santos, "El carácter de Satanás" (p. 692), para veintiocho nombres adicionales para Satanás, "El carácter de los demonios" (p. 723), para diecisiete nombres más, identificados con los demonios, y "El ángel del Señor" (p. 734) para otras cinco variaciones asociadas con el ángel del Señor.

ANTIGUO TESTAMENTO

"*Malák*" aparece 213 veces en veinticuatro de los treinta y nueve libros del Antiguo Testamento. La mayoría de las veces (157 veces, o un 74 por ciento) figura en los libros históricos (Génesis a Ester). Los libros proféticos presentan el término 41 veces (19 por ciento), mientras que los poéticos solo lo mencionan 15 veces (7 por ciento).

La categoría más amplia de referencias habla de mensajeros humanos (100 veces; 47 por ciento), con alusiones al ángel del Señor en una cercana segunda posición (89 veces; 42 por ciento). En solo 24 ocasiones (11 por ciento) el término se refiere a los ángeles santos. En el Antiguo Testamento no se alude a Satanás ni a los demonios como a "ángeles".

El uso de "ángel" en alusión a los ángeles santos está diseminado en el Antiguo Testamento de la siguiente manera:

1. Libros históricos: 7 veces (29 por ciento) en Génesis, 1 Reyes y 2 Crónicas.
2. Libros poéticos: 5 veces (21 por ciento) en Job y Salmos.
3. Libros proféticos: 12 veces (50 por ciento) en Zacarías 1:9–6:5.

NUEVO TESTAMENTO

"*Ángelos*" aparece 176 veces en dieciocho de los veintisiete libros del Nuevo Testamento, todos excepto Efesios, Filipenses, 1 Tesalonicenses, 2 Timoteo, Tito, Filemón, 1 Juan, 2 Juan y 3 Juan. De estos nueve libros, solo Filipenses, Tito, Filemón, 2 Juan y 3 Juan no hacen mención a mensajeros humanos, ángeles santos, Satanás, demonios ni al ángel del Señor, por su nombre o título.

El término "*ángelos*" aparece 55 veces (31 por ciento) en los Evangelios, con un fuerte énfasis en Mateo (20 veces) y Lucas (26 veces). Lo encontramos 21 veces en Hechos (12 por ciento), mientras que las Epístolas se refieren a "ángel[es]" 33 veces (diecinueve por ciento), Hebreos (13 veces) es el más dominante. Apocalipsis usa "ángel[es]" más que ninguna otra sección del Nuevo Testamento (67 veces; 38 por ciento), y en diecinueve de los veintidós capítulos (excepto los capítulos 4, 6 y 13). Los libros que los usan con mayor frecuencia son, pues, Mateo, Lucas, Hechos, Hebreos y Apocalipsis, en un total de 147 veces, o el 84 por ciento de sus apariciones en el Nuevo Testamento.

A diferencia del Antiguo Testamento, el mayor uso del término griego para "ángel" o "mensajero" en el Nuevo Testamento es, de lejos, en referencia a los ángeles santos (152 veces; 86 por ciento). Las restantes veces aluden a seres humanos (14 veces; 8 por ciento), demonios (6 veces; 3,5 por ciento), a Satanás (2 veces; 1 por ciento), y al ángel del Señor (2 veces; 1 por ciento). Cuando señala a seres humanos, el término se utiliza para tres grupos: (1) los pastores de la iglesia (8 veces), (2) los mensajeros humanos (5 veces) y (3) los espías (una vez).

La realidad de los ángeles santos

En la época de Cristo y de Pablo, los saduceos (miembros de una influyente facción judía, que incluía al sumo sacerdote y creía que solo el Pentateuco estaba inspirado por Dios) negaban la existencia de los ángeles, porque pensaban, erróneamente, que los ángeles no aparecían en los libros de Moisés (Hch. 23:8). De hecho, la innegable existencia de los ángeles puede corroborarse por los cientos de referencias que las Escrituras hacen a ellos desde Génesis 3:24 (el querubín que guardaba el jardín del Edén) hasta Apocalipsis 22:16 (el ángel de Cristo que tanto le reveló a Juan).[1]

PERSONEIDAD

Los ángeles poseen los tres rasgos identificables de la personeidad (cualidad de ser persona): intelecto, emociones y voluntad. En primer lugar, los ángeles son seres sabios (2 S. 14:20) que pueden conversar (Mt. 28:5), cantar (Job 38:7) y adorar (He. 1:6). En segundo lugar, tienen capacidad para la emoción. Los ángeles se gozan por el arrepentimiento de los pecadores (Lc. 15:10). Temen a Dios en adoración con sobrecogimiento, admiración y respeto (He. 1:6). Él es, para ellos, preeminentemente digno de alabanza (Sal. 148:2; Lc. 2:13-14). En tercer lugar, los ángeles poseen una voluntad con la que escogen adorar a Dios (He. 1:6; Ap. 5:11). Tienen, asimismo, un fuerte deseo (gr. *epithuméo*) por entender las cosas relacionadas con la salvación (1 P. 1:10-12).

CUALIDADES PERSONALES

Los ángeles son seres creados por Dios (Neh. 9:6; Sal. 148:2-5; Col. 1:16) y, por esa razón, se los llama "hijos de Dios" (Job 1:6; 2:1; 38:7). Son seres espirituales ("espíritus que ministran", He. 1:14). Tanto a Satanás (un "espíritu de mentira", 1 R. 22:22-23) como a los demonios ("espíritus malignos", Lc. 7:21) se los describe como espíritus. Según la definición de Cristo, un *espíritu* es inmaterial, sin carne ni huesos (Lc. 24:39).

---

1. Véase "Introducción a los ángeles" (p. 680) para un relato detallado de las pruebas bíblicas respecto a los ángeles.

Los ángeles fueron creados moralmente puros y así permanecen a perpetuidad, y se los llama santos (Mr. 8:38; Lc. 9:26). Los ángeles santos son ángeles elegidos (1 Ti. 5:21) que no necesitan ser redimidos de un estado caído (He. 2:14-16). Por el contrario, Satanás y los demonios, que fueron creados puros, posteriormente se rebelaron, pecaron y se volvieron malvados (Ez. 28:15; Jud. 6). No hay salvación para los ángeles caídos (Mt. 25:41).

Al no estar sujetos al espacio físico, los ángeles tienen movilidad hasta el punto de poder viajar desde el cielo hasta la tierra y regresar de nuevo allí (Gn. 28:12; Jn. 1:51). Por ejemplo, los ángeles viajaron entre el cielo y la tierra para ministrar a Daniel (Dn. 9:20-23; 10:1-13, 20) y a Cristo (Jn. 1:51). Y Jacob mismo fue testigo de esta movilidad angélica (Gn. 28:12).

Los ángeles pueden ser también visibles o invisibles. Por ejemplo, fueron visibles en su visita a Sodoma (Gn. 18:2; He. 13:2) y en la tumba de Cristo (Jn. 20:11-12). Fueron invisibles al principio para Balaam (Nm. 22:31) y para el criado de Eliseo (2 R. 6:15-17).

Como espíritus que son, los ángeles no tienen género (Mt. 22:30; Mr. 12:25; Lc. 20:35-36), y no pueden reproducirse según su especie. Cuando aparecen en una angelofanía, adoptan la forma de hombres, nunca de mujeres (Gn. 18:2; Dn. 10:16, 18; Mr. 16:5).

Los ángeles son plurilingües. En las Escrituras vemos que se comunican en la lengua que entiende el destinatario de su mensaje. Cuando Pablo escribió sobre "lenguas angélicas" (1 Co. 13:1), lo más probable es que razonara de forma hipotética ya que el texto bíblico no menciona un lenguaje angélico en lugar alguno.

Los ángeles no tienen edad y son inmortales en el futuro. Los ángeles santos no pueden morir, porque no han pecado (Lc. 20:36). Los ángeles caídos no morirán, sino que serán castigados eternamente en el lago de fuego (Ap. 20:10).

Los ángeles son mensajeros de la verdad de Dios (Ap. 1:1). Pablo advirtió que, si un espíritu afirmaba ser un ángel santo de Dios, pero comunicaba un evangelio falso, en realidad era un demonio que debía ser anatema (Gá. 1:8).

El carácter de los ángeles santos

Las Escrituras se refieren a los ángeles por sus nombres, títulos y funciones. Diecisiete designaciones se refieren a los "mensajeros" de Dios. Estas referencias definen quiénes son los ángeles y cuál es su cometido.

1. *Ángel*: Véase "Introducción a los ángeles" (p. 680).
2. *Arcángel* (Dn. 10:13, NTV; 1 Ts. 4:16; Jud. 9): En Daniel se alude a Miguel como "uno de los principales príncipes", equivalente veterotestamentario de "arcángel". Que sea uno de ellos significa que son al menos dos, probablemente más. Un arcángel anónimo gritará en el momento del arrebatamiento de la iglesia (1 Ts. 4:16). Miguel también contendió con Satanás por el cuerpo de Moisés (Jud. 9).
3. *Carro(s)* (Sal. 68:17): Este lenguaje militar indica que el número de ángeles no puede calcularse, de manera muy parecida a Apocalipsis 5:11. El término "carros" se usa de manera figurada para describir a los ángeles que desempeñan misiones para Dios al estilo militar (2 R. 2:11; 6:17). En Job 25:3, Bildad el suhita pregunta: "¿Tienen sus [de Dios] ejércitos número?" (cf. Job 19:12). La respuesta implícita es ¡no!

4. *Ejército(s)* (Dt. 4:19; Neh. 9:6; Sal. 33:6; Lc. 2:13): Este título describe a Dios como comandante militar de un ejército enorme de soldados listos para ejecutar las órdenes de su superior (cf. Mt. 26:53). Los ángeles son las "huestes" o los "ejércitos" y Dios es el "Señor de los ejércitos" (1 S. 17:45; Sal. 89:8).
5. *Elojím* (Sal. 8:5; cf. He. 2:7): El término hebreo *elojím* o "dios(es)" se usa aquí en referencia a los ángeles en el sentido más básico de "seres superiores", en una comparación de los ángeles con los seres humanos.
6. *Estrellas del alba* (Job 38:7): A Satanás se lo llama "Lucero" (Is. 14:12), y a los ángeles se los denomina, en general, "estrellas del cielo" (Ap. 12:4).
7. *Gabriel* (Dn. 8:16; 9:21; Lc. 1:19, 26): Gabriel, que significa "el poderoso de Dios", aparece solo en Daniel y Lucas. Vino como mensajero de Dios para proporcionarle a Daniel un entendimiento de sus múltiples visiones. De manera similar, Zacarías y María recibieron entendimiento respecto a las intenciones de Dios mediante Gabriel.
8. *Hijos de Dios* (Job 1:6; 2:1; 38:7): Es natural entender que al Creador de los ángeles se lo consideraría un padre con sus hijos. En otro lugar se usa un lenguaje similar para describir a los ángeles como "hijos de los poderosos" (Sal. 29:1; 89:6, LBLA). También se los denomina "poderosos" (Sal. 103:20) o "fuertes"(Jl. 3:11).
9. *Hombres* (Gn. 18:2; Mr. 16:5; Hch. 1:10): Aunque los ángeles son fundamentalmente espíritu en su naturaleza, pueden aparecerse en raras ocasiones en forma humana. Cuando esto sucede, se les describe siempre como hombres.
10. *Miguel* (Dn. 10:13, 21; 12:1; Jud. 9; Ap. 12:7): Véase "Arcángel" más arriba. Miguel significa: "¿Quién es como Dios?".
11. *Ministros o espíritus ministradores* (Sal. 103:21; 104:4; He. 1:14): Los ángeles sirven o ministran haciendo la voluntad de Dios (Sal. 103:21). Los ángeles pueden ser el instrumento de Dios para juicio (Sal. 104:4) o para bendecir en el servicio a los santos (He. 1:14).
12. *Príncipe(s)* (Dn. 10:13, 20, 21; 12:1): A Miguel se lo llama "vuestro príncipe" (Dn. 10:21) y el "gran príncipe" (Dn. 12:1), en referencia a su ministerio a favor de Israel como "uno de los principales príncipes" (Dn. 10:13). El término "príncipe" también se usa para los coconspiradores de Satanás (Dn. 10:20). Véase "Miguel" más arriba.
13. *Querubín* (Gn. 3:24; Éx. 25:18-22; 37:8; Ez. 1:4-28; 10:1-20; 28:14, 16): Este título expresa un servicio diligente. Ezequiel escribió que Satanás era, en origen, un "querubín protector" (Ez. 28:14, 16). Esto explicaría que hubiera un querubín que guardaba la entrada al Edén (Gn. 3:24) y el modelo de dos querubines en el propiciatorio que protegía el arca del pacto (Éx. 25:18-22; 37:8; cf. He. 9:5). Es bastante probable que los doce ángeles en las doce puertas de la Nueva Jerusalén sean querubines (Ap. 21:12). Ezequiel usa un lenguaje figurado extremo para describir a las criaturas vivientes de Ezequiel 1, que posteriormente se denominan querubines en Ezequiel 10:15.
14. *Santo(s)* (Dt. 33:2-3; Job 5:1; 15:15; Sal. 89:5, 7; Dn. 4:13, 17, 23; 8:13; Zac. 14:5; Jud. 14): A los ángeles que no han pecado se los describe como santos. Se deleitan en alabar a Dios, quien es "santo, santo, santo" (Is. 6:3; Ap. 4:8). El título "los santos" o "santos" puede aplicarse también a los seres humanos (1 Ts. 3:13).

15. *Serafines* (Is. 6:2, 6): Esta clase de ángeles solo aparece en Isaías 6. Con un nombre que significa "seres ardientes", al menos dos serafines (Is. 6:3) estaban relacionados con la santidad de Dios. Algunos han pensado que los querubines, los seres vivientes y los serafines podrían ser versiones distintas del mismo tipo de ángel.[2] Véanse "Querubines" más arriba y "Seres vivientes" a continuación.
16. *Seres vivientes* (Ap. 4:6, 19:4): Aunque a los cuatro seres vivientes de Ezequiel 1:5-14 se los identifica más tarde como querubines (Ez. 10:20-22), los de Apocalipsis 4:8 parecen y actúan más como serafines (Is. 6:1-4) por cuanto tienen seis alas y están involucrados en una notable adoración. Los seres vivientes de Apocalipsis están implicados en la adoración (Ap. 4:6-11; 5:6-14; 7:11; 14:3; 19:4) y el juicio (Ap. 6:1-7; 15:7).
17. *Vigilantes* (Dn. 4:13, 17, 23): Este término solo aparece en Daniel y parece un tanto vago. La forma en que se relacionan estos "vigilantes" angélicos con la omnipresencia de Dios queda poco clara.

La historia de los ángeles santos

La Biblia incluye solo veintiséis encuentros históricos específicos con ángeles, diez en el Antiguo Testamento y dieciséis en el Nuevo. Esto cubre alrededor de 2100 años, desde el *ca.* 2025 a.C. hasta el *ca.* 95 d.C. Las apariciones empezaron con Abraham (Génesis 18) y continuaron hasta la época de las visiones proféticas de Juan en Apocalipsis.

LA CREACIÓN

Dios creó a todos los ángeles (Neh. 9:6; Sal. 148:2-5; Col. 1:16). Job 38:7 declara que los ángeles cantaban durante la creación, y esto indica que fueron creados en el principio. La caída de Satanás (Ez. 28:15) y la rebeldía de los demonios (Ap. 12:4) habría sucedido después de Génesis 2 (el séptimo día de la creación), pero antes de Génesis 3 (el engaño de Eva y la desobediencia de Adán). Después de la debacle en el jardín, Dios colocó querubines en el extremo oriental del huerto para que guardaran el camino al árbol de la vida (Gn. 3:24).

ANTIGUO TESTAMENTO

Diez encuentros históricos específicos se produjeron a lo largo de unos 1500 años (*ca.* 2025–*ca.* 480 a.C.), desde el tiempo de Abraham, (Génesis 18) hasta los días de Zacarías. Estos acontecimientos involucraron a patriarcas y profetas:

1. Génesis 18:1–19:22: Abraham, Lot y Sodoma (*ca.* 2025 a.C.)
2. Génesis 28:1-17: El sueño de Jacob (*ca.* 1950 a.C.)
3. Génesis 32:1-2: Jacob en Mahanaim (*ca.* 1950 a.C.)
4. 1 Reyes 19:5: Elías (*ca.* 860 a.C.)
5. Isaías 6:1-4; Isaías y el trono de Dios (*ca.* 740 a.C.)
6. Daniel 8:13-27: Daniel y Gabriel (*ca.* 551 a.C.)
7. Daniel 9:20-27: Daniel y Gabriel (*ca.* 538 a.C.)
8. Daniel 10:10-21: Daniel y un ángel (*ca.* 536 a.C.)

---

2. Para una explicación más detallada de los querubines, los seres vivientes y los serafines, consúltese C. Fred Dickason, *Los ángeles: Escogidos y malignos* (Grand Rapids, MI: Editorial Portavoz 2012), 73-81.

9. Daniel 12:5-13: Daniel y los ángeles (*ca.* 522 a.C.)
10. Zacarías 1:9–6:5 (doce veces): Zacarías y el ángel que habló con él (*ca.* 480 a.C.)

NUEVO TESTAMENTO

En el Nuevo Testamento se produjeron al menos dieciséis encuentros históricos específicos con ángeles, a lo largo de un centenar de años (*ca.* 5 a.C.–*ca.* 95 d.C.), desde el momento del nacimiento de Cristo a los días de las visiones proféticas de Juan en Apocalipsis. (La mayoría de las distintas versiones de la Biblia omiten "un ángel del Señor... agitaba el agua" en Juan 5:4, porque no está incluido en los manuscritos más antiguos y mejores del Nuevo Testamento). Estos acontecimientos se presentan en los Evangelios, los Hechos y Apocalipsis:

1. Lucas 1:8-23: Zacarías (*ca.* 5 a.C.)
2. Lucas 1:26-38: María y Gabriel (*ca.* 5 a.C.)
3. Mateo 1:18-24: José (*ca.* 5 a.C.)
4. Lucas 2:8-20: Los pastores (*ca.* 5 a.C.)
5. Mateo 2:13-15: José (*ca.* 5 a.C.)
6. Mateo 2:19-23: José (*ca.* 4 a.C.)
7. Mateo 4:11: Jesús (*ca.* 27 d.C.)
8. Lucas 22:43: Jesús (*ca.* 30 d.C.)
9. Mateo 28:1-10; Lucas 24:1-12; Juan 20:11-18: encuentros junto a la tumba (*ca.* 30 d.C.)
10. Hechos 1:10-11: Los apóstoles (*ca.* 30 d.C.)
11. Hechos 5:19: Los apóstoles (*ca.* 31 d.C.)
12. Hechos 8:26: Felipe (*ca.* 32 d.C.)
13. Hechos 10:3-8, 22; 11:13: Cornelio (*ca.* 36 d.C.)
14. Hechos 12:7-11: Pedro (*ca.* 44 d.C.)
15. Hechos 27:23-26: Pablo (*ca.* 58 d.C.)
16. Apocalipsis 1–22: Juan (*ca.* 27 d.C.)

Estas visitas documentadas no niegan la posibilidad de otros encuentros que el texto canónico no recoge. Significa que esos sucesos poco frecuentes del Antiguo Testamento y del Nuevo representarían cualquier otra visita. Así, ellos estarían reservados para acontecimientos sumamente relevantes y limitados a personas muy importantes para Dios.

TIEMPOS DEL FIN

Apocalipsis 6–19 hace la crónica de una visión general de los notables acontecimientos que se desarrollarán en el transcurso de los siete años de la séptima semana de Daniel, de manera especial en los últimos tres años y medio. Al final de este tiempo, Cristo descenderá del cielo a la tierra con sus ángeles con el fin de conquistar el mundo y establecer su reino de mil años en la tierra (Mt. 13:39, 41, 49; 16:27; 24:31; 25:31; Mr. 8:38; 2 Ts. 1:7).

Apocalipsis 20 explica brevemente el reino milenial de Cristo, incluida la encarcelación angélica de Satanás (20:1-3), el reinado de Cristo (20:4-7), la liberación de Satanás al final para el castigo eterno (20:7-10), y el juicio final de todos los inconversos ante el gran trono blanco (20:11-15; cf. Lucas 12:8-9). Apocalipsis 21–22 provee un resumen de los principios básicos implicados en el nuevo cielo y la nueva tierra, la Nueva Jerusalén y la eternidad futura, incluyendo a los ángeles en las puertas de la ciudad (Ap. 21:12).

La población de los ángeles santos

A diferencia de los seres humanos, los ángeles no procrean (Mt. 22:30) ni mueren. La población angélica se fijó en el momento de su creación (Neh. 9:6), no siendo así necesario un censo periódico. Apocalipsis 12:4 indica que Satanás engañó a un tercio de la población angélica para que desertara y se uniera a su rebelión contra Dios. Estos se convirtieron en ángeles malignos. Dos tercios de los ángeles han permanecido fieles a Dios como ángeles elegidos (1 Ti. 5:21).

La Biblia no proporciona en ningún lugar un número exacto de la cantidad de ángeles. Sin embargo, existen suficientes descripciones inexactas de la población angélica que nos proveen una idea general, mediante la consideración de estos indicios.

1. *1 Reyes 22:19; 2 Crónicas 18:18*: Micaías vio al Señor sentado en su trono con toda la hueste celestial de pie en torno a Él. La imagen gráfica describe una escena en la que los ángeles del cielo parecen tan innumerables como las estrellas del cielo (Gn. 15:5; Job 38:7; Sal. 103:21; 148:2).
2. *2 Reyes 19:35 (cf. Is. 37:36)*: Una noche, el ángel del Señor mató a 185 000 soldados asirios del ejército de Senaquerib, lo que obligó al rey a batirse en retirada, derrotado. Esta ratio de matanza magnifica la fuerza de un solo ángel.
3. *Daniel 7:10*: En la visión de Daniel de la sala del trono de Dios, él vio a millares de millares y millones de millones de ángeles.
4. *Mateo 26:53*: Cristo le dijo a Pedro en el jardín de Getsemaní que, si Él lo pedía, Dios enviaría a "más de doce legiones de ángeles" que lo rescataran. Este cálculo arrojaría un total aproximado de seis mil soldados (ángeles) por legión multiplicados por doce, es decir, al menos setenta y dos mil ángeles. En realidad, el número excedería esta cantidad. Da la sensación de que un ejército de ángeles abrumadoramente grande sería despachado al instante para derrotar a los más de seiscientos soldados aproximadamente de una cohorte romana, y la multitud acompañante que apareció para arrestar a Cristo.
5. *Lucas 2:13*: En la narración del nacimiento de Cristo, Lucas describe a una "multitud" (gr. *pléthos*) de la hueste celestial que apareció de repente y entonó una doxología adecuada a aquel momento. En Hebreos 11:12, este mismo término griego se usa para describir el alcance numérico de todas las estrellas del cielo, que empieza a hacer más evidente la enormidad del ejército angélico.
6. *Hebreos 12:22, NTV*: El escritor de Hebreos describe el tamaño de la corte angélica del cielo como "incontables". Esto es una traducción del término griego *muriás*, que significa literalmente "diez mil", un número más allá del cual los antiguos no contaban ni concebían.
7. *Apocalipsis 5:11*: La escena angélica en el cielo se describe así: "Su número era millones de millones" que significaba, en otras palabras, un número que excede de lejos diez mil veces diez mil (o cien millones) y mil veces mil (o un millón). Es la declaración más impresionante de las Escrituras que describe el número de

los ángeles santos como extremadamente incalculable (Dt. 33:2; Sal. 68:17; Dn. 7:10; Jud. 14).

La población de ángeles santos es, obviamente, el doble que la de los ángeles malignos. No se revela el número de ellos, por lo que debe de trascender nuestro entendimiento. Sobra decir que no hay carencia de ángeles a disposición de Dios para materializar su voluntad y rendir una adoración y una alabanza adecuadas a su Creador.

La residencia de los ángeles santos

En la Biblia, el término traducido "cielo" describe tres niveles de elevación por encima del planeta Tierra. Por orden descendente, en primer lugar, tenemos el "tercer cielo" o paraíso, que es el cielo de la presencia de Dios (2 Co. 12:2-3; cf. Sal. 123:1). Se alude a él como (1) "los cielos más altos" (1 R. 8:27, NTV; Sal. 148:4), (2) los "cielos de los cielos" (Dt. 10:14), (3) "la habitación de su santuario, [e]l cielo" (2 Cr. 30:27), y (4) "por encima de todos los cielos" (Ef. 4:10). En segundo lugar, está el cielo estelar del sol, la luna y las estrellas, denominado el *segundo cielo* (Gn. 15:5; Sal. 8:3; Is. 13:10; He. 4:14). Finalmente, está el *primer cielo*, o la atmósfera de la tierra (Gn. 8:2; Dt. 11:11; 1 R. 8:35).

Desde la creación (Job 38:4-7) hasta el final de la septuagésima semana de Daniel, los ángeles santos moran en el tercer cielo, excepto cuando lo abandonan por una misión temporal para servir a Dios en otro lugar. Esto es cierto en el caso de los serafines (Is. 6:1-4), los cuatro seres vivientes (Ap. 4:6-11; 5:8; 14:3), Gabriel (Lc. 1:19) y los ángeles no caídos en general (1 R. 22:19; 2 Cr. 18:18; Dn. 7:10; Mt. 18:10; 22:30; 24:36; 28:2; Mr. 12:25; 13:32; Lc. 2:13, 15; 12:8; 15:10; Jn. 1:51; He. 12:22; Ap. 5:11; 7:1-12; 20:1). Porque residen, generalmente, en el tercer cielo, todos los ángeles toman parte en la adoración (He. 1:6).

Durante el reino milenial de Cristo, aquellos ángeles que vendrán con Él a conquistar la tierra se quedarán aquí para servirle (Mt. 25:31). Los que permanecen en el cielo siguen adorando a Dios, y sirven allí a sus propósitos. Después, todos los ángeles vivirán con Dios y con todos los redimidos en el nuevo cielo y la nueva tierra (Ap. 20:1–22:21, esp. 21:12).

La organización de los ángeles santos

Los ángeles están organizados en una poderosa jerarquía celestial para llevar a cabo su obra. Palabras como "ángeles", "autoridades", "dominios", "potestades", "príncipes" y "tronos" pueden describir jerarquías angélicas santas o malignas en las Escrituras. Romanos 8:38; 1 Corintios 15:24; Efesios 2:2; 6:12; y Colosenses 2:15 se refieren, más probablemente, a diversos rangos o niveles entre los ángeles malignos, es decir, la jerarquía demoníaca. Efesios 1:21; 3:10; Colosenses 1:16; y 1 Pedro 3:22 alude, con toda probabilidad, a los distintos rangos o niveles de la jerarquía de los ángeles santos.

Las Escrituras nunca profundizan en los detalles de estas jerarquías para explicar su orden ni su función. Dado que Satanás imita y falsifica el carácter de Dios y las características del reino, parece probable que exista una jerarquía funcional autoritativa para los ángeles santos que adoran a Dios, y una jerarquía paralela de imitación para los demonios, quienes dan su lealtad a Satanás.

Se utilizan múltiples títulos descriptivos para posibles clases distintas de ángeles. Véanse "Querubines", "Seres vivientes", y "Serafines" en "El carácter de los ángeles santos" (p. 682). Solo se identifican a tres ángeles por su nombre; véanse "Gabriel" y "Miguel" en "El carácter de los ángeles santos", más arriba, y "Satanás" en "El carácter de Satanás" (p. 692).

El poder de los ángeles santos

El poder de los ángeles aparece tanto en el Antiguo Testamento como en el Nuevo. En el Antiguo, los ángeles causaron ceguera, rescataron a personas y destruyeron ciudades (Gn. 19:1-26). Fulminaron a setenta mil hombres de Jerusalén (2 S. 24:10-17). Los ángeles parecen estar constantemente en guerra con los demonios en los cielos (Dn. 10:13, 20-21).

En el Nuevo Testamento, un ángel apartó una piedra extremadamente grande de la entrada de la tumba de Cristo (Mt. 28:2; Mr. 16:3-4), y liberó a Pedro de la cárcel (Hch. 12:7-11). Un ángel hirió a Herodes con una enfermedad mortal de gusanos (Hch. 12:20-23). Pablo se refirió a los ángeles como "poderosos" (2 Ts. 1:7, NVI), y Pedro los definió como "mayores en fuerza y en potencia" que los seres humanos (2 P. 2:11).

En Apocalipsis, los ángeles ejercerán poder sobre la naturaleza (Ap. 7:1-3). Ejecutarán los juicios de las siete trompetas (Ap. 8:2, 6) y de las siete copas (Ap. 16:1-21). Desalojarán a Satanás y a sus ángeles de forma permanente del cielo (Ap. 12:7-9). Un ángel cegará y encarcelará a Satanás mientras dure el reino milenial de Cristo (Ap. 20:1-3).

En resumen, los ángeles son más fuertes que los seres humanos, pero no omnipotentes como Dios (Sal. 103:20; 2 P. 2:11). Los ángeles son mayores en conocimiento que los seres humanos, pero no son omniscientes como Dios (Mt. 24:36). Los ángeles son más veloces y móviles que los seres humanos, pero no omnipresentes como Dios (Dn. 9:21-23; 10:10, 14).

Los ministerios de los ángeles santos

Desde el tiempo de la creación (Job 38:7) hasta la consumación (Ap. 21:12), los ángeles han figurado de manera destacada en la ejecución de los propósitos de Dios. Los siguientes resúmenes resaltan los ministerios de los ángeles para (1) Dios, (2) Cristo, (3) los cristianos, (4) la iglesia, (5) los incrédulos y (6) las naciones.

DIOS

Los ángeles adoran y alaban a Dios (Job 38:7; Sal. 148:2; Is. 6:1-4; Ap. 4:6-11; 5:8-13; 7:11-12), y también sirven a Dios (Sal. 103:20-21; He. 1:7). Los ángeles se congregan como los hijos de Dios ante Él (Job 1:6; 2:1) en la "congregación de los santos" (Sal. 89:5) y en la "asamblea de los santos" (Sal. 89:7, RVA).

Estos siervos ministradores también entregan mensajes de Dios. El Señor usó a ángeles para transmitir su ley a Moisés (Hch. 7:38, 53; Gá. 3:19; He. 2:2), y Gabriel le llevó la palabra de Dios a Daniel (Dn. 8:16; 9:21), a Zacarías (Lc. 1:19), y a María

(Lc. 1:26). Los ángeles se comunicaron frecuentemente con Juan en Apocalipsis (Ap. 1:1–22:16).

Los ángeles sirvieron como instrumentos del juicio de Dios sobre Sodoma (Gn. 19:1, 12-13), y desalojarán a Satanás y sus ángeles en la mitad de la septuagésima semana de Daniel (Ap. 12:7-9). Estarán directamente involucrados en el juicio de las trompetas (Ap. 8:6–11:19) y las copas de juicios sobre el mundo (Ap. 16:1-21) durante la septuagésima semana de Daniel.

CRISTO

Los ángeles participaron en el anuncio del nacimiento de Cristo a María (Lc. 1:26-38), a José (Mt. 1:18-23), y a los pastores (Lc. 2:8-15). Protegieron a Cristo durante su infancia (Mt. 2:13-15, 19-21).

Los ángeles ministraron a Cristo desde el principio de su ministerio público (Mt. 4:11) hasta el final del mismo (Lc. 22:43), y le ministraron en general a Cristo durante su ministerio en la tierra (Jn. 1:51; 1 Ti. 3:16). Ayudaron a que las personas entendieran la resurrección de Cristo (Mt. 28:1-2, 6; Lc. 24:5-8) y la ascensión (Hch. 1:11). Hebreos 1–2 enumera las razones por las cuales los ángeles ministran a Cristo con múltiples comparaciones para justificar que Él es superior a ellos.

Cuando Cristo regrese a la tierra en el arrebatamiento de la iglesia, los ángeles también estarán activos (1 Ts. 4:16): Acompañarán a Cristo en su segunda venida (Mt. 25:31), reunirán a los creyentes (Mt. 13:39-43; 24:31), y acarrearán juicio sobre los incrédulos (2 Ts. 1:7). Un ángel atará y encarcelará a Satanás mientras dura el reino milenial de Cristo (Ap. 20:1-3).

LOS CRISTIANOS

Los ángeles ministran en general a los creyentes (He. 1:14), y esto incluye regocijarse por la salvación del creyente (Lc. 15:10) y proporcionar protección (Sal. 34:7; 35:5-6; 91:11-12; Mt. 18:10) según Dios lo ordena. Dado que lo más probable es que el episodio del hombre rico y Lázaro (Lc. 16:19-31) sea una parábola, no debería usarse con absoluta certeza para argumentar que los ángeles transportan a todos los creyentes al cielo, en el momento de la muerte (Lc. 16:22).

LA IGLESIA

Los ángeles pueden estar involucrados en la iglesia en relación (1) al liderazgo (1 Co. 4:9), (2) a las mujeres (1 Co. 11:10), (3) a la pureza de los pastores (1 Ti. 5:21) y (4) a su propia búsqueda del entendimiento de la salvación (1 P. 1:12).

LOS INCRÉDULOS

Como Cristo explica en una de sus parábolas, los ángeles separarán la "cizaña" (los no creyentes) del "trigo" (los creyentes) (Mt. 13:27-30, 36-43). Un ángel predicará el evangelio a todo el mundo durante la septuagésima semana de Daniel (Ap. 14:6-7). Participarán en el juicio de los incrédulos, en el juicio de la segunda venida de Cristo (Mt. 16:27; 2 Ts. 1:7).

LAS NACIONES

Los ángeles sirven a los propósitos de Dios para las naciones en general (Dn. 10:13, 20), y para Israel en particular (Dn. 10:21; 12:1; Ap. 7:1-3). También traen un importante juicio sobre todas las naciones, de forma específica, antes de la segunda venida de Cristo (Ap. 8:6–11:19; 16:1-21).

El destino de los ángeles santos

Los ángeles santos no enfrentarán ningún juicio, porque nunca pecarán. Esto es en contraste con Satanás y los demonios, quienes serán juzgados (2 P. 2:4; Jud. 6) y destinados a pasar toda la eternidad futura en el lago de fuego (Mt. 25:41; Ap. 20:10).

Después del juicio final del gran trono blanco (1 Co. 15:24-28; Ap. 20:11-15), habrá un nuevo cielo y una nueva tierra (Ap. 21:1). La morada de Dios estará con el hombre en la ciudad santa, la Nueva Jerusalén (Ap. 21:2). Donde Dios esté, allí estarán también sus ángeles santos, y doce de ellos estarán a cargo de las doce puertas de la ciudad (Ap. 21:12). El pueblo redimido de Dios y sus ángeles lo adorarán en justicia para siempre.

Al final, el Edén volverá a ser visitado. Dios contemplará todo lo que recrea y lo encontrará muy bueno, como hizo en el principio (Gn. 1:31).

Satanás

La realidad de Satanás
El carácter de Satanás
La historia de Satanás
El poder de Satanás
Las intrigas de Satanás
El papel de siervo de Satanás
Una defensa cristiana
Los juicios de Satanás

La realidad de Satanás

El razonamiento filosófico solo no puede probar ni refutar la existencia de Satanás. No obstante, la existencia incontrovertible del mal debe tener un perpetrador real. Las afirmaciones experienciales no pueden demostrar, por sí mismas, la realidad de Satanás, porque carece de cualquier estándar objetivo por el cual puedan justificarse las alegadas experiencias.

Sin embargo, un relato histórico fiable de la historia humana serviría para establecer la facticidad de Satanás si el autor fuera creíble. En realidad, existe un libro así: la Biblia, cuyo autor es el Dios de la creación, el originador de la verdad sin error, y el Creador de Satanás. Así, la Biblia es el único testimonio irrecusable para el cristiano de la existencia real de Satanás.

HECHOS BÁSICOS

La revelación de la existencia de Satanás se encuentra solo en ocho libros del Antiguo Testamento, aunque es completamente coherente con las referencias más frecuentes del

Nuevo Testamento. El término hebreo para Satanás significa básicamente "adversario" u "opositor". De las 27 veces que aparece en el Antiguo Testamento, 18 aluden directamente a Satanás (una vez en 1 Cr. 21; 14 veces en Job 1–2; 3 veces en Zacarías 3), aunque 9 se refieren a adversarios que no son él. Además, 2 Corintios 11:3 y Apocalipsis 12:9; 20:2 dan testimonio de la realidad de Satanás en Génesis 3, donde está disfrazado de serpiente. En 1 Reyes 22:21-22 y 2 Crónicas 18:20-21 se hace referencia a él como "espíritu de mentira". Isaías 14 y Ezequiel 28 aluden a Satanás como poder subyacente a los reyes de Babilonia y Tiro, respectivamente.

Por otra parte, en el Nuevo Testamento abundan las referencias. Los términos generalmente traducidos "Satanás" o "diablo" se refieren al "maligno" en 74 ocasiones. Cada escritor del Nuevo Testamento lo menciona, y aparece en diecinueve libros neotestamentarios (a excepción de Gálatas, Filipenses, Colosenses, Tito, Filemón, 2 Pedro, 2 Juan y 3 Juan). Es asombroso, pero 28 de 30 referencias en los Evangelios implican encuentros directos con Satanás o los mencionan.

CARACTERÍSTICAS BÁSICAS

Satanás presenta las tres características básicas asociadas con la personeidad: intelecto, emoción y voluntad. Con su inteligencia tentó a Cristo (Mt. 4:1-11) y conspira contra los cristianos (2 Co. 2:11; Ef. 6:11; 1 Ti. 3:7; 2 Ti. 2:26). Emocionalmente, manifiesta orgullo (1 Ti. 3:6) y enojo (Ap. 12:12, 17). El diablo también ejerce su voluntad contra los cristianos (Lc. 22:31; 2 Ti. 2:26).

Cinco cualidades personales adicionales completan el perfil elemental de este adversario mentiroso y asesino. En primer lugar, es un ángel creado. Según Pablo, Dios creó todas las cosas (Col. 1:16), y esto incluye a los ángeles. La respuesta de Dios a Job equipara "estrellas del alba" con "hijos de Dios" (Job 38:4-7; cf. 1:6; 2:1), las filas angélicas creadas en primer lugar, que cantaron y se regocijaron por el resto de la creación. Al poder maligno detrás del rey de Tiro se lo menciona como el "querubín grande, protector" (Ez. 28:14, 16) quien fue creado (Ez. 28:13, 15). Originalmente creado como ángel principal al nivel del arcángel Miguel (Jud. 9), Satanás lidera ahora en rebeldía a una banda de ángeles malignos (Mt. 25:41; Ap. 12:9). Aunque es un ángel de oscuridad, se disfraza de ángel de luz (2 Co. 11:14).

En segundo lugar, Satanás es un ente espiritual (1 R. 22:21-23; 2 Cr. 18:20-22; Ef. 2:2), aunque aparece en ocasiones como persona física (Mt. 4:3-11), igual que los ángeles santos (Mr. 16:5). Aunque el escritor de Hebreos alude a los ángeles como "espíritus ministradores" (He. 1:14), Cristo caracterizó a los demonios de "inmundos" (Lc. 4:36) y espíritus "malos" (Lc. 8:2). Lo mismo se puede decir del príncipe de los demonios.

En tercer lugar, Satanás posee una movilidad extraordinaria. Tanto Job 1:7 como Job 2:2 lo retratan como "rodea[ndo] la tierra y and[ando] por ella", del mismo modo que 1 Pedro 5:8, que se refiere a Satanás como alguien que "anda alrededor" del mundo. En cuarto lugar, Satanás puede funcionar tanto en el cielo (1 R. 22:21-22; Job 1–2; Ap. 12:10) como en la tierra (Mt. 4:3-11). Finalmente, Dios hará responsable a Satanás por sus hechos malvados y traicioneros (Mt. 25:41; Ap. 20:10).

CONTRASTES BÁSICOS

El entendimiento teológico de Satanás refleja un estudiado contraste con el Señor Jesucristo (véase tabla 8.1). Esto no es de sorprender, ya que Cristo es el Creador y Satanás no es más que una mera criatura.

El carácter de Satanás

Familiarizarse con Satanás requiere que se revisen sus diversos nombres y títulos. Satanás ("adversario") y diablo ("calumniador") son, de lejos, los términos más frecuentes utilizados para Satanás, pero varios otros también advierten de las intenciones y de las actividades de Satanás. Las veintinueve atribuciones siguientes ofrecen vislumbres de su carácter diabólico:

1. *Abadón* (Ap. 9:11): Este término hebreo transliterado se asocia por lo general con la muerte y la destrucción en los seis textos veterotestamentarios donde aparece (Job 26:6; 28:22; 31:12; Sal. 88:11; Pr. 15:11; 27:20). Abadón, y su equivalente griego, Apolión, aluden a Satanás como el rey angélico con dominio sobre los demonios en el pozo del abismo, en Apocalipsis 9:1. Véanse "Ángel del pozo del abismo", "Apolión", "Beelzebú", "Dios de este mundo", "Estrella", "Maligno", "Príncipe de la potestad del aire" y "Rey", abajo.
2. *Acusador* (Zac. 3:1; Ap. 12:10): Satanás actúa como abogado de la acusación en el cielo, ante Dios, como aquel que acusa (heb. *satán*; gr. *kategorón*) al sumo sacerdote de Israel, Josué (Zac. 3:1), y a los cristianos (Ap. 12:10) de ser indignos de la gracia de Dios en la redención y en el servicio. Aunque algunos han identificado al "acusador" en Salmos 109:6 como Satanás, el contexto (109:4, 20, 28) parece referirse a los acusadores humanos de David.
3. *Adversario* (1 P. 5:8): La función antagónica de Satanás (gr. *antídikos*) de oponerse a los creyentes en Cristo se describe como un león feroz que ruge y merodea buscando a su presa. Véanse "Enemigo" y "Satanás" abajo.
4. *Ángel del abismo sin fondo* (Ap. 9:11, NTV): Del mismo modo en que Miguel es el arcángel del cielo (Ap. 12:7), Satanás es el "rey" del abismo. En la tierra hay demonios que no quieren ir allí (Lc. 8:31). Hay otros que están en el abismo y que serán liberados por Satanás durante un breve tiempo (Ap. 9:1-2, 11). Algunos demonios han sido confinados allí durante una porción considerable de la historia humana, y no serán soltados hasta el juicio final (2 P. 2:4; Jud. 6), cuando sean lanzados al lago de fuego con Satanás y el resto. Durante el reinado milenial de Cristo en la tierra, Satanás será encarcelado en el abismo (Ap. 20:1-6). Véanse "Abadón" arriba, y "Apolión" abajo.
5. *Apolión* (Ap. 9:11): Este nombre representa el paralelo griego del hebreo *Abadón*, mejor traducido "destructor". Solo aparece una vez en el Nuevo Testamento. Véanse "Abadón" y "Ángel del abismo sin fondo" arriba, y "Beelzebú", "Estrella" y "Rey" abajo.
6. *Beelzebú* (Mt. 12:24; Mr. 3:22; Lc. 11:15): Los líderes judíos acusaron a Cristo de expulsar demonios por el poder del líder (gr. *árjon*) de los demonios, cuyo nombre significaba "señor, príncipe", y quien había sido originalmente la deidad patrona de la ciudad costera de Ecrón (2 R. 1:2-3). Tras argumentar que Satanás no se opondría a los demonios, porque sería como autoderrotarse, Jesús

Tabla 8.1 Satanás y Cristo contrastados

Satanás	Cristo	Satanás	Cristo
temporal	eterno	taimado	sincero
oscuridad	luz	oprime	alivia
muerte	vida	calumnia	intercede
mentiroso	verdad	orgulloso	humilde
imitación	auténtico	esclaviza	libera
malo	justo	pecaminoso	santo
enemigo	amigo	destructor	constructivo
fuerte	el más fuerte	ladrón	benefactor
encarcela	libera	odia	ama
acusa	defiende	debilita	sana
imita	origina	homicida	Salvador

reconoció que aunque Satanás era fuerte (Lc. 11:21) Él lo era mucho más (Lc. 11:22) y que prevalecería. Véanse "Abadón" y "Apolión" arriba, y "Dios de este mundo", "Estrella", "Maligno", "Príncipe de la potestad del aire", "Príncipe de este mundo" y "Rey", abajo.

7. *Belial* (2 Co. 6:15): Este término hebreo transliterado aparece veintisiete veces en el Antiguo Testamento (cf. Dt. 13:13; Jue. 19:22; 1 S. 2:12; 1 R. 21:13; Pr. 6:12) y alude a canallas y alborotadores viles, impíos e inútiles. Es bastante posible que Nahúm 1:15 use esta palabra para aludir a Satanás. Ciertamente, la intención de Pablo era retratar a Satanás como la criatura más vil, impía e inútil, sin parangón o superior.

8. *Diablo* (cf. Mt. 4:1–Ap. 20:10): Este término aparece treinta y ocho veces en el Nuevo Testamento, de las que treinta y cuatro se refieren a Satanás. Es el segundo término más usado para Satanás en la Biblia. En la Septuaginta, la antigua traducción griega del Antiguo Testamento, diablo (*diávolos*) se utiliza en referencia a Satanás en Job 1–2, donde el diablo acusa de forma calumniosa a Job de tener unos motivos nada nobles para servir a Dios. También difama a Josué, el sumo sacerdote judío (Zac. 3:1). Sin embargo, la calumnia suprema es contra Dios, cuando Satanás le cuenta a Eva que no morirá, aunque Dios haya dicho que la muerte es segura si come del fruto del árbol del conocimiento del bien y del mal (Gn. 2:17; 3:4). Satanás difama a Dios ante el hombre, y al hombre ante Dios.

9. *Dios de este siglo* (2 Co. 4:4): Por la ordenanza soberana de Dios, Satanás es el poder superior, pero no la deidad (gr. *theos*, como en Sal. 82:6 [Septuaginta]; Jn. 10:33-36) de este siglo (1 Jn. 5:19). Este título viene en virtud de su posición, no de su naturaleza. Todo comenzó en el Edén, y continuará así hasta que se revierta la maldición (Ap. 22:3). En última instancia, Satanás está detrás de todas las religiones falsas (Ap. 2:9; 3:9). Véanse "Abadón", "Apolión", "Beelzebú" arriba, y "Estrella", "Maligno", "Príncipe de las potestades del aire", "Príncipe de este mundo" y "Rey" abajo.

10. *Dragón* (Is. 27:1; Ap. 12:3, 7, 9; 20:2): Juan emplea la figura de un monstruo apocalíptico trece veces en Apocalipsis 12; 13; 16 y 20 para retratar a Satanás. Este término (gr. *drákon*) alude inequívocamente a Satanás, ya que tanto Apocalipsis

12:9 como 20:2 identifican al "dragón" como "la serpiente antigua", "el diablo" y "Satanás". Véanse "Leviatán" y "Serpiente" abajo.

11. *Enemigo* (Mt. 13:25, 28, 39; Lc. 10:19): En la parábola de la cizaña, Cristo cuenta del enemigo (gr. *ejthrós*) que plantó cizaña, una mala hierba parecida al trigo, en un trigal. Mateo 13:39 identifica al enemigo como el diablo. Véanse "Adversario" arriba, y "Satanás" abajo.

12. *Espíritu* (1 R. 22:21-23; 2 Cr. 18:20-22; Ef. 2:2): Satanás está claramente marcado como un "espíritu" en contraste con un ser humano.

13. *Espíritu mentiroso* (1 R. 22:22-23; 2 Cr. 18:21-22): Al mantener la propensión de Satanás a mentir (Jn. 8:44), Dios lo usa a él y a cuatrocientos demonios mentirosos para engañar a Acab, rey de Israel, para que vaya a la batalla. Como resultado, el monarca muere (1 R. 22:37-38) según la promesa de Dios (1 R. 21:17-26). Satanás fue usado por Él como "poder engañoso" (2 Ts. 2:11). Véanse "Padre de mentiras" y "Mentiroso" abajo.

14. *Estrella* (Ap. 9:1, 11): Todos los ángeles son seres creados (Neh. 9:6; Sal. 148:2, 5; Col. 1:16). Se describe a los ángeles como estrellas (Job 38:7) que fueron creadas de forma temprana en la secuencia de la creación, y que cantaron alabanzas a lo largo de los días siguientes. Los ángeles impíos, es decir, los demonios (o estrellas del cielo) fueron obligados por Satanás a prestar servicio (Ap. 12:4). Apocalipsis 9:1 describe a Satanás como una "estrella caída del cielo" y 9:11 lo identifica como "rey" sobre los demonios, "el ángel del pozo sin fondo", "Abadón" y "Apolión" (cf. Is. 14:13). Véanse "Abadón", "Apolión", "Beelzebú", "Dios de este mundo" arriba, y "Lucifer", "Maligno", "Príncipe de la potencia del aire", "Príncipe de este mundo" y "Rey", abajo.

15. *Hombre fuerte* (Mt. 12:29; Mr. 3:27; Lc. 11:21): Aunque Jesús reconoció que Satanás era un "hombre fuerte" (gr. *isjurós*), aseveró ser más fuerte (Lc. 11:22) y, por tanto, capaz de vencer a las fuerzas del mal que Satanás gobernaba.

16. *Homicida* (Jn. 8:44): Jesús afirmó: "Él ha sido homicida desde el principio". Como resultado de la mentira de Satanás a Eva, ella comió del árbol, y se cumplió la promesa de Dios en Génesis 2:17: "Porque el día que de él comieres, ciertamente morirás". Satanás había envenenado la mente de Eva con mentiras para que comiera y, al hacerlo, ella murió de inmediato: es decir, quedó separada espiritualmente de Dios. Más tarde, moriría físicamente y, aparte de la gracia redentora de Dios, acabaría muriendo definitiva y eternamente a Dios. Toda su descendencia siguió sus pisadas, incluido Caín, que era del maligno y mató a su hermano (1 Jn. 3:12).

17. *León rugiente* (1 P. 5:8): Véase "Adversario" arriba.

18. *Leviatán* (Is. 27:1): Véanse "Dragón" arriba, y "Serpiente" abajo.

19. *Lucifer* (Is. 14:12): La tradición, especialmente visible en algunas traducciones, ha popularizado este título. De manera literal, el término hebreo (*jeilél*) se traduce mejor como "portador de luz" o "estrella del día". Parece más probable que esta descripción se use en referencia al rey de Babilonia que a Satanás en este contexto. Isaías comparó al rey con la estrella de la mañana que anuncia un nuevo día, pero da rápidamente paso a la gloria del sol.[3] Véase "Estrella" arriba.

---

3. Véase Robert L. Alden, "Lucifer, Who or What?", *BETS* 11, no. 1 (1968): 35-39.

20. *Maligno* (Mt. 5:37; 6:13; 13:19, 38; Jn. 17:15; Ef. 6:16; 2 Ts. 3:3; 1 Jn. 2:13-14; 3:12; 5:18-19): Aparte de Satanás y diablo, maligno (gr. *ponerós*) es la tercera apelación de uso más frecuente. El mal está en contraste con la justicia (gr. *dikaiosúne*), ya que Satanás está en contraste diametral con Cristo. La totalidad del mundo está en poder del maligno (1 Jn. 5:19). Véanse "Abadón", "Apolión", "Beelzebú", "Dios de este mundo" y "Estrella" arriba, y "Príncipe de este mundo", "Príncipe de la potestad del aire" y "Rey" abajo.
21. *Mentiroso* (Jn. 8:44): Cristo es la verdad (Jn. 14:6) y Satanás es el prevaricador. Todos los mensajes y las actividades de Satanás están construidos sobre un engaño global (Ap. 12:9; 20:3, 8, 10). Satanás es el "espíritu de mentira" de 1 Reyes 22:22-23 y 2 Crónicas 18:21-22. Elimas el mago estaba lleno de engaño y, por tanto, se lo catalogó como "hijo del diablo" (Hch. 13:10). Este mentiroso reina sobre los espíritus engañosos que extienden la enseñanza de los demonios (1 Ti. 4:1). Su primer acto de traición con los seres humanos consistió en engañar a Eva (2 Co. 11:3; 1 Ti. 2:14). Se disfraza de ángel de luz (2 Co. 11:14). Desde el principio (Génesis 3) hasta el final (Apocalipsis 20), Satanás se ha opuesto a la verdad de Dios con las mentiras y los engaños del infierno. Véanse "Espíritu de mentira" arriba y "Padre de mentira" abajo.
22. *Padre de mentira* (Jn. 8:44): Satanás no solo es un mentiroso perpetuo, sino que es quien origina las mentiras. Cuando el diablo engañó a Eva (Gn. 3:1-6; 2 Co. 11:3; 1 Ti. 2:14) para que desobedeciera, engendró, en un sentido, a toda la raza humana, caracterizada por mentiras, hijos pecaminosos que siguen las huellas de su primogenitor (Ro. 3:10-11, 13). El simbolismo de la familia sigue en Hechos 13:10, donde Pablo llama a Elimas, el hechicero, "hijo del diablo" que trastorna "los caminos rectos del Señor". De igual manera, Juan cataloga de "hijos del diablo" a todos los que no practican la justicia ni aman a su hermano (1 Jn. 3:10). La "cizaña" de Mateo 13:38 se la menciona como "hijos del malo", es decir, falsos creyentes. Al anticristo se le denomina "hijo de perdición" (2 Ts. 2:3), y alude a Satanás como Abadón (véase más arriba). Esto mismo es verdad en el caso de Judas (Jn. 17:12). Véanse "Espíritu de mentira" y "Mentiroso" arriba.
23. *Príncipe de la potestad del aire* (Ef. 2:2): Satanás gobierna "el poder" de los demonios, algunos de los cuales moran temporalmente entre el cielo de Dios y la tierra. Pablo amplió este concepto, y escribió sobre "las fuerzas espirituales de maldad en los lugares celestes" (Ef. 6:12). Véanse "Abadón", "Apolión", "Beelzebú", "Dios de este siglo", "Estrella" y "Maligno" arriba, y "Príncipe de este mundo" y "Rey" abajo.
24. *Príncipe de los demonios* (Mt. 9:34; 12:24; Mr. 3:22; Lc. 11:15): Véase "Beelzebú" arriba.
25. *Príncipe de este mundo* (Jn. 12:31; 14:30; 16:11): Por la ordenanza soberana de Dios, Satanás es el príncipe espiritual (gr. *arjón*) de este mundo (gr. *kósmos*). El término "mundo" se usa aquí en el sentido de sistema global hostil a Dios bajo el dominio de Satanás (1 Jn. 5:19). Este gobierno comenzó en el Edén (Génesis 3), con malos resultados que continuarán hasta el juicio final (Ap. 20). Véanse "Abadón", "Apolión", "Beelzebú", "Dios de este siglo" y "Estrella" arriba, y "Maligno", "Príncipe de la potestad del aire" y "Rey" abajo.

26. *Rey* (Ap. 9:11): En contexto, Satanás es el rey sobre los demonios, como también es el "príncipe de los demonios" en Mateo 12:24. Véanse "Abadón", "Apolión" y "Beelzebú" y "Estrella" arriba.
27. *Satanás* (Mt. 4:10–Ap. 20:7): Este es el nombre usado con mayor frecuencia en alusión al diablo, que aparece dieciocho veces en el Antiguo Testamento y treinta y seis en el Nuevo Testamento. Básicamente significa adversario, enemigo u oposición. Desde el momento de la caída espiritual/moral de Satanás (Is. 14:12-14) hasta su juicio final (Ap. 20:7-10), Satanás ha sido el principal iniciador, instigador y perpetrador de la agresión maligna, tanto en contra como en el seno de los propósitos y de los planes de Dios. Véanse "Adversario" y "Enemigo" arriba.
28. *Serpiente* (Gn. 3:1, 4, 13-14; Is. 27:1; 2 Co. 11:3; Ap. 12:9; 20:2): Aunque los nombres Satanás, diablo y maligno no se usan en Génesis 3, el simbolismo de la astuta serpiente antigua (Gn. 3:1) se identifica inequívocamente con el diablo o Satanás en cuatro ocasiones posteriores. Véanse "Dragón" y "Leviatán" arriba.
29. *Tentador* (Mt. 4:1, 3; Mr. 1:13; Lc. 4:2, 13; 1 Co. 7:5; 10:13; 1 Ts. 3:5): Véanse "Espíritu de mentira", "Mentiroso" y "Padre de mentiras" arriba.

La historia de Satanás

Como hemos visto, numerosas referencias bíblicas a Satanás, con toda una diversidad de nombre, títulos y descripciones, perfilan las actividades del diablo desde el principio hasta el final de los tiempos, pero las Escrituras narran muy pocos acontecimientos históricos específicos en los que él haya estado implicado. Esos escasos momentos lo retratan en oposición a Dios o centrado en imitarlo con falsificaciones.

SU OPOSICIÓN A DIOS

Estas limitadas referencias bíblicas no significan que el diablo haya estado inactivo durante los dos milenios pasados.[4] Las pocas menciones son representativas de un patrón diabólico continuado, que implica al siempre activo "príncipe de este mundo" (Jn. 12:31; 14:30; 16:11), quien está constantemente manos a la obra en la tierra durante el presente siglo. No solo "anda alrededor buscando a quien devorar" (1 P. 5:8), sino que también está involucrado en un sinfín de otras actividades: dice mentiras (Jn. 8:44); influye en las personas para que mientan (Hch. 5:3); se disfraza de ángel de luz (2 Co. 11:13-15); arranca el evangelio de los corazones incrédulos (Mt. 13:19; Mr. 4:15; Lc. 8:12); mantiene a los incrédulos bajo su poder (Ef. 2:2; 1 Jn. 3:8-10; 5:19); pone trampas a los incrédulos y los engaña, los retiene cautivos para que hagan su voluntad (2 Ti. 2:26), tienta a los creyentes para que pequen (1 Co. 7:5; Ef. 4:27); busca engañar a los hijos de Dios (2 Co. 11:3); se aprovecha de los creyentes (2 Co. 2:11); procura destruir la fe de los creyentes (Lc. 22:31); atormenta a los siervos de Dios (2 Co. 12:7); frustra el progreso del ministerio (1 Ts. 2:18) y libra batalla contra la iglesia (Ef. 6:11-17).

Gran parte de la obra de Satanás está encubierta. Sin embargo, cuando el Señor Jesús apareció, hizo salir a los demonios de sus escondites en las personas. Satanás y sus secuaces demoníacos estuvieron ocupados con mayor intensidad durante el ministerio

---

4. Este párrafo está adaptado de Matt Waymeyer, "The Binding of Satan in Revelation 20", *MSJ* 26, no. 1 (2015): 21. Usado con permiso de *MSJ*.

terrenal de Cristo. Si miramos hacia adelante, sus maniobras irán de nuevo in crescendo durante la septuagésima semana de Daniel, especialmente en la segunda mitad. El resumen siguiente resalta las incursiones satánicas individuales a lo largo del tiempo.

Antiguo Testamento. De los once acontecimientos veterotestamentarios, cuatro (el 36 por ciento) tratan de la creación de Satanás, de su caída moral, de su engaño a Eva y de la maldición edénica. De las veinticinco ocasiones en total, en toda la Biblia, esas cuatro del Antiguo Testamento y seis más en el Nuevo Testamento, aluden al comienzo o al final de los tiempos (40 por ciento). Los acontecimientos veterotestamentarios incluyen los siguientes:

1. La creación de Satanás: el principio de la creación (Neh. 9:6; Job 38:7; Sal. 148:2, 5; Ez. 28:13, 15; Col. 1:16)
2. La caída moral de Satanás: la poscreación (Is. 14:12-13; Ap. 12:4)
3. El engaño a Eva: caída posmoral (Gn. 3:1-6; 2 Co. 11:1-3; 1 Ti. 2:14; Ap. 12:9; 20:2)
4. La maldición edénica: el posengaño (Gn. 3:15; Jn. 16:11; Ro. 16:20)
5. La acusación a Job: *ca.* 2250 a.C. (Job 1–2)
6. La disputa con Miguel: *ca.* 1405 a.C. (Jud. 9)
7. La provocación a David: *ca.* 975 a.C. (1 Cr. 21:1)
8. La mentira a Acab: *ca.* 853 a.C. (1 R. 22:1-40; 2 Cr. 18:1-34)
9. Influyó al rey de Babilonia: *ca.* 700–681 a.C. (Is. 14:12-14)
10. Influyó al rey de Tiro: *ca.* 590–570 a.C. (Ez. 28:12-17)
11. La acusación al sumo sacerdote: *ca.* 480–470 a.C. (Zac. 3:1-2)

Algunos han sugerido que el Salmo 82 está relacionado con la represión que Dios hace del gobierno de Satanás o de los demonios. Sin embargo, parece mejor entender que este salmo implica que Dios confronta a los gobernantes terrenales y humanos, por (1) la naturaleza de los salmos; (2) su lenguaje, que se entiende de forma más natural como humano; y (3) el uso que Cristo hace de Salmos 82:6 en Juan 10:34, que apunta a los gobernantes humanos terrenales y no a seres espirituales.

Nuevo Testamento. De los catorce acontecimientos neotestamentarios, cinco tratan de la vida de Cristo desde el nacimiento hasta la crucifixión, y seis describen el final de los tiempos, juntos suman casi el 80 por ciento de las entradas del Nuevo Testamento. Los sucesos neotestamentarios incluyen los siguientes:

1. El nacimiento de Cristo: *ca.* 5–4 a.C. (Ap. 12:4)
2. La tentación de Cristo: *ca.* 27–28 d.C. (Mt. 4:1-11; Mr. 1:12-13; Lc. 4:1-13)
3. Debilitó a una mujer: *ca.* 29–30 d.C. (Lc. 13:16)
4. Zarandeó a Pedro: *ca.* 30 d.C. (Lc. 22:31)
5. La deserción de Judas: *ca.* 30 d.C. (Lc. 22:3; Jn. 13:2, 27)
6. Influyó en la mentira de Ananías: *ca.* 31–32 d.C. (Hch. 5:3)
7. Estorbó a Pablo: *ca.* 51 d.C. (1 Ts. 2:18)
8. Aguijoneó a Pablo: *ca.* 55–56 d.C. (2 Co. 12:7)

9. Expulsión final del cielo: en la mitad de la septuagésima semana de Daniel (Ap. 12:7-13)
10. Empoderamiento del anticristo y del falso profeta: en la mitad de la septuagésima semana de Daniel (Ap. 13:2, 4)
11. Realización de falsas señales: en la segunda mitad de la septuagésima semana de Daniel (Ap. 16:13-14)
12. Encarcelamiento milenial: reino milenial de Cristo (Ap. 20:1-3)
13. Batalla final: fin del reino milenial de Cristo (Ap. 20:7-9)
14. Juicio final: fin del reinado milenial de Cristo (Is. 27:1; Ap. 20:10)

IMITA A DIOS

Satanás opera como incomparable experto del disfraz (gr. *metasjematízo*, 2 Co. 11:13-15). Hace que lo malo parezca bueno. Decora la conducta pecaminosa para que parezca justa. Sus mentiras suenan atractivamente mejor que la verdad. Predica de forma convincente la distorsión de que lo malo es bueno, y lo correcto es incorrecto. Sigue siendo el mensajero de la oscuridad, aunque se hace pasar por un ángel de luz. Proporciona un aspecto falsamente pulido de autenticidad a todo lo que es una imitación espiritual.

El diablo sustituye las cosas santas que le brindan gloria eterna a Dios por otras mundanas que les proporcionan a las personas un placer instantáneo. Camufla sus mentiras diabólicas para que sean tan atractivas que los seres humanos rechacen la verdad de Dios. Eleva los pensamientos respecto al "yo" hasta tal punto que las personas llegan a adorar a la criatura en lugar de al Creador (Ro. 1:25).

Satanás remeda e imita las cosas santas y divinas mientras que, a la vez, sus sustitutos baratos siguen siendo las cosas abominables del príncipe de las tinieblas. Durante el período de la Reforma, los predicadores denominaban a Satanás "el simio de Dios", que remedaba a Dios disfrazando lo falso para que pareciera genuino, lo usaba como señuelo para atraer a los pecadores a sí mismo y alejarlos de Dios.[5]

Las principales falsificaciones de Satanás enumeradas en las Escrituras incluyen las siguientes:

1. La Trinidad, como (1) dragón/Satanás (Ap. 13:4), (2) la bestia/el anticristo (Ap. 13:4), y (3) el falso profeta (Ap. 13:11; cf. 16:13)
2. El reino, pero en realidad la "potestad de las tinieblas" (Col. 1:13)
3. Los ángeles (Mt. 25:41; 2 Co. 11:14; 12:7; Ap. 12:7)
4. El trono (Ap. 2:13)
5. Las iglesias (Ap. 2:9; 3:9)
6. La adoración (Ro. 1:25; Ap. 13:4)
7. Los obreros (2 Co. 11:13, 15)
8. Los cristos (Mt. 24:5, 24; Mr. 13:22; 1 Jn. 2:18, 22)
9. Los profetas (Mt. 7:15; 24:11, 24; Mr. 13:22; 2 P. 2:1)
10. Los apóstoles (2 Co. 11:13; Ap. 2:2)
11. Los maestros (2 P. 2:1)
12. Los creyentes (Mt. 13:38, 40; 2 Co. 11:26; Gá. 2:4)

---

5. Thomas Watson, *A Body of Practical Divinity* (1692; reimp., Aberdeen: George King and Robert King, 1838), 46.

13. El evangelio (Gá. 1:6-7)
14. La teología (1 Ti. 4:1)
15. Los misterios (2 Ts. 2:7; Ap. 2:24)
16. Los milagros (Mt. 7:21-23; 2 Ts. 2:9; Ap. 16:13-14)
17. La comunión (1 Co. 10:20-21)

El poder de Satanás

Satanás posee el más alto poder de los seres creados, pero este no tiene ni punto de comparación con el de Dios, quien es omnipotente (Jer. 32:17), omnisciente (Sal. 139:1-6), omnipresente (Sal. 139:7-10), inmutable (Sal. 102:27), soberano (1 Cr. 29:11-12), eterno (Sal. 90:2), inmortal (1 Ti. 1:17), grande (Sal. 135:5) y autoexistente (Is. 44:6). Satanás no posee ninguno de estos atributos, que pertenecen únicamente al Creador.

El poder de Satanás puede, al menos, ser igual al de Miguel el arcángel (Dn. 10:13, 21; 12:1; Jud. 9; Ap. 12:7). Ningún ser humano posee el poder sobrenatural que le pertenece a Satanás. Es poderoso en el cielo (1 R. 22:19-23; 2 Cr. 18:18-22; Job 1–2; Zac. 3:1-5; Ap. 12:7) y en la tierra (Job 1:7; 1 P. 5:8).

Es evidente que Satanás elabora maquinaciones (gr. *nóema*, 2 Co. 2:11; 11:3). Es un experto en tácticas (gr. *methodeía*, Ef. 6:11). Se destaca en engañar y entrampar (gr. *planáo*, Ap. 12:9; 20:8; *pagís*, 1 Ti. 3:7; 2 Ti. 2:26).

Satanás gobierna (gr. *arjón*) el sistema pecaminoso de este mundo (Jn. 12:31; 14:30; 16:11; Ef. 6:12; Ap. 13:2, 4-5, 7). Es, asimismo, el "príncipe de la potestad del aire", es decir, el gobernante (gr. *arjón*) sobre su ejército demoníaco (Mt. 25:41; Ap. 12:7, 9), que mora principalmente en la esfera entre la tierra y el tercer cielo. Satanás acusa a los creyentes de forma constante ante Dios, en el cielo (Ap. 12:10). Durante la segunda mitad de la septuagésima semana de Daniel, prestará su poder al anticristo para que realice falsas señales y prodigios (2 Ts. 2:9-10), y también usará al falso profeta (Ap. 13:13-14) y a los demonios (Ap. 16:13-14).

Satanás tiene el poder de la muerte, pero Cristo lo ha dejado impotente hacia los creyentes en Cristo (He. 2:14). Satanás tiene la capacidad de engañar (2 Co. 11:3, 14-15), pero Cristo lo ha dejado al descubierto (2 Co. 2:11) y ha destruido el efecto de su obra (1 Jn. 3:8). Satanás tiene el poder de encarcelar a las personas (Ap. 2:10), pero la Palabra de Dios no puede apresarse (2 Ti. 2:9); puede morar en una ciudad (Ap. 2:13), pero solo Dios puede morar dentro del creyente (1 Jn. 4:4); puede hacer acusaciones personales y difamar (Ap. 12:10), pero Cristo es el abogado del creyente, a la diestra de Dios Padre (1 Jn. 2:1), e intercede de continuo por aquellos que creen (Ro. 8:33-34; He. 7:25). Ningún poder de Satanás, por grande que sea, apartará al verdadero creyente del amor de Dios (Ro. 8:35-39). Satanás es fuerte (Lc. 11:21), pero Cristo lo es más (Lc. 11:22).

En ocasiones, Dios incluso limita el poder de Satanás (Job 1:6-12; 2:1-6). Cristo rechazó su poder y su autoridad (Mt. 4:1-11) y sanó a los oprimidos por el diablo (Hch. 10:38). Pablo fue empoderado para esclarecer la mente de los incrédulos para que pudieran convertirse "de la potestad de Satanás a Dios" (Hch. 26:18). Los creyentes pueden vencer su poder (Stg. 4:7; 1 Jn. 2:13-14). En última instancia, el poder del diablo será revocado permanentemente (1 Co. 15:24; Ap. 12:9-10; 20:1-3, 7-10).

Las intrigas de Satanás

Satanás ha pecado (1 Jn. 3:8), engañado (2 Co. 11:3) y matado desde el principio (Jn. 8:44). Aunque Dios representa la luz, la vida y la verdad, Satanás es el símbolo de la oscuridad, la muerte y el engaño. Su *modus operandi* ha sido engañar a todo el mundo, a lo largo de la historia, desde el principio con Adán y Eva (Gn. 3:1-24) hasta el fin de los tiempos (Ap. 12:9; 20:3, 8).

Las Escrituras usan tres palabras para describir cómo opera Satanás: (1) "atrapar" o "cazar con trampa" (gr. *pagís*), como lo haría un cazador para después matar al animal (1 Ti. 3:7; 2 Ti. 2:26); (2) "maquinaciones" o "estrategias" (gr. *nóema*), es decir, el plan de batalla de un hábil comandante militar (2 Co. 2:11); y (3) "estrategias" o "tácticas específicas" (gr. *methodeía*), que los soldados ejecutarían en una batalla real (Ef. 6:11). Mediante mentiras y engaños, el diablo intenta llevar todo el mundo a su pensamiento pervertido y alejarlo de la verdad pura de Dios.

Satanás gobierna como el comandante general del ejército adversario. Cada día, intenta burlarse de los creyentes y ser más listo que ellos en la guerra espiritual. La astucia colorea el carácter y la conducta de Satanás. Es un soldado de guerrilla, que se disfraza de ángel de luz (2 Co. 11:14). Para complicar más la batalla, Satanás libra una guerra espiritual invisible y se sirve de las tácticas más engañosamente ingeniosas jamás concebidas. Está comprometido con el espionaje espiritual. Parece un amigo por fuera, pero por dentro sigue siendo el enemigo engañador. Sus frases mentirosas, adornadas con la verdad, son veneno para el alma. Sus siervos se presentan falsamente como ministros de justicia (2 Co. 11:15).

Aunque todo esto suena desalentador, y hasta abrumador, Pablo escribe a los corintios que no deberían dejar que Satanás "gane ventaja alguna sobre [ellos]; pues no ignoramos sus maquinaciones" (2 Co. 2:11). Explorar las intrigas del diablo nos ayuda a prepararnos para resistirlo.

EL OBJETIVO DE SATANÁS[6]

¿Hacia dónde apunta Satanás sus dardos de fuego (Ef. 6:16)? Pablo proporciona una clara respuesta en 2 Corintios 11:3: "Pero temo que como la serpiente con su astucia engañó a Eva, vuestros sentidos sean de alguna manera extraviados de la sincera fidelidad a Cristo".

Las palabras griegas traducidas "maquinaciones" en 2 Corintios 2:11 y "asechanzas" en Efesios 6:11 se refieren a la manipulación que Satanás ejerce sobre la mente. Juega con la mente de los cristianos. La mente humana es el principal objetivo de Satanás. El pensamiento interno del cristiano se convierte en el campo de batalla para la conquista espiritual. Esta verdad se ve reforzada por las frecuentes declaraciones sobre la importancia de que los creyentes poseen una mente espiritualmente fuerte (Mt. 22:37; Ro. 12:2; 2 Co. 4:4; 10:5; Fil. 4:8; Col. 3:2; 1 P. 1:13).

Dado que Satanás apunta a la mente del cristiano, ¿qué es lo que quiere lograr? Antes de responder tan relevante pregunta, consideremos dos versículos:

---

6. Esta sección está adaptada de Richard Mayhue, *Desenmascaremos al diablo* (Grand Rapids, MI: Editorial Portavoz, 2003), 20-22.

Porque cual es su pensamiento en su corazón, tal es él (Pr. 23:7).

Como en el agua el rostro corresponde al rostro, así el corazón del hombre al del hombre (Pr. 27:19).

Quien uno es en su interior determina quién es uno en lo exterior. Por tanto, Satanás intenta corromper las mentes para poder contaminar las vidas. *La principal actividad de Satanás en la vida de los cristianos consiste en provocar que piensen de forma contraria a la Palabra de Dios y, así, actúen con desobediencia a la voluntad de Dios.* Thomas Watson, predicador puritano del siglo xvii, lo expresa de esta forma: "Esta es la obra maestra de Satanás... si él puede impedir que crean la verdad, tiene la seguridad de evitar que la obedezcan".[7]

Todo líder militar devora informes de inteligencia sobre el enemigo antes de entrar en batalla, y el de Satanás está en la Biblia. Por tanto, la ignorancia respecto al adversario no será nunca una excusa válida para la derrota. Dios les ha dado a los cristianos una indudable ventaja en la contienda, con información adelantada sobre el enemigo.

LOS DARDOS DE FUEGO DE SATANÁS[8]

Satanás alcanzará sus metas mediante el empleo de varias estrategias bien escogidas e impías en la vida del cristiano. Tiene cuatro objetivos principales contra el creyente. Si consigue realizar uno o más, avanza hacia sus propósitos. Es importante entender estos objetivos, porque sus ataques recaerán sobre uno o más de estos cuatro ámbitos más amplios.

En primer lugar, Satanás intentará *distorsionar o negar la verdad de la Palabra de Dios*. Así es como Satanás hizo tropezar a Pedro en Mateo 16. Sin embargo, ya Jesús había puesto de manifiesto antes el engaño de Satanás, quien había fracasado en su intento con Cristo (Mt. 4:1-11). El diablo llegará incluso a negarles a los incrédulos el acceso a la Palabra de Dios, como lo ilustra la semilla que cae en terreno duro en la parábola del sembrador narrada por Cristo (Mt. 13:3-4, 18-19).

En segundo lugar, Satanás intentará *desacreditar el testimonio del pueblo de Dios*. Esta estrategia tuvo éxito con Ananías y Safira (Hch. 5:1-11). Satanás también lo intentó con los líderes cristianos (1 Ti. 3:7).

A continuación, Satanás *deprime o destruye el entusiasmo del creyente por la obra de Dios*, y así asalta el alma de la persona. El león rugiente del infierno lo intentó con Pablo (2 Co. 12:7-10) y con Pedro (Lc. 22:31-34).

En cuarto lugar, si Satanás puede *debilitar la efectividad del pueblo de Dios*, progresará hacia sus metas. David (1 Cr. 21:1-8) conocía el dolor infligido por este tipo de ataque, como también los nuevos conversos a la fe (1 Ti. 3:6).

Para cada estrategia, Satanás emplea una variedad de tácticas o técnicas de guerra espiritual específica para conseguir la victoria. La Biblia identifica más de veinte tácticas en las narrativas históricas y en las porciones de enseñanza de las Escrituras. Si los creyentes piensan como Dios y frustran los ardides de Satanás, él no se aprovechará de

---

7. Watson, *A Body of Practical Divinity*, 287.
8. Esta sección está adaptada de Mayhue, *Desenmascaremos al diablo*, 23-24.

ellos. Se promete la victoria si los cristianos dejan que la Palabra de Dios more ricamente en ellos (Col. 3:16).

La Biblia pone de manifiesto las actitudes diabólicas que Satanás ha intentado endosar a varias personas a lo largo del tiempo. Nótese cuidadosamente que todas ellas son una gran parte del pensamiento secular actual. Las tácticas de Satanás, tal como se revelan en la Biblia, están enumeradas y personalizadas más abajo, organizadas bajo las cuatro principales estrategias del diablo. Por cada táctica venenosa diseñada para engañar, se proporciona el antídoto de la verdad de Dios.

La primera estrategia del adversario. Satanás intentará *distorsionar o negar la verdad de la Palabra de Dios*.

1. *El sensualismo*: Lo atractivo y lo deseable han sustituido la Palabra de Dios como mi estándar para determinar lo mejor de Dios en mi vida (Gn. 3:1-6).
   La verdad de Dios: 2 Timoteo 3:16-17
2. *El sensacionalismo*: Creo que el éxito inmediato es más deseable que el éxito en el tiempo de Dios (Mt. 4:1-11).
   La verdad de Dios: 1 Corintios 1:18-25
3. *El universalismo*: Porque vivimos juntos en el mismo mundo, con la misma clase de imperfecciones, viviremos juntos en la eternidad (Mt. 13:24-30).
   La verdad de Dios: Juan 1:12-13; 3:36; 5:24
4. *El racionalismo*: Sustituiré la fe simple como la de un niño, anclada en la Palabra de Dios, por la razón humana (Mt. 16:21-23).
   La verdad de Dios: Isaías 55:9
5. *El existencialismo*: Yo soy el amo de mi destino y el capitán de mi alma (2 Co. 4:4).
   La verdad de Dios: Juan 3:16-21
6. *El ilusionismo*: Creo que todo lo que parece o afirma ser de Dios lo es, sin más investigación (2 Co. 11:13-15).
   La verdad de Dios: Deuteronomio 13:1-5; 1 Juan 4:1-4
7. *El ecumenismo*: Creo que todas las religiones sinceras implican expresiones válidas de adoración al Dios verdadero (Ap. 2:9; 3:9).
   La verdad de Dios: Hechos 4:12
8. *El humanismo*: Yo solo puedo derrotar a Satanás sin la ayuda de Dios (Jud. 9).
   La verdad de Dios: Juan 15:5

La segunda estrategia del adversario. Satanás intentará *desacreditar el testimonio del pueblo de Dios*.

1. *El situacionalismo*: Creo que la Palabra de Dios es lo bastante flexible como para ceder cuando estimo que la situación lo exige (Hch. 5:1-11).
   La verdad de Dios: Salmos 119:89
2. *El individualismo*: Mi responsabilidad principal como casado es satisfacerme yo, no a mi compañera (1 Co. 7:1-5).
   La verdad de Dios: Efesios 5:22-25
3. *El aislacionismo*: Mi reputación no tendrá efecto en nadie más que en mí (1 Ti. 3:7).

La verdad de Dios: 2 Samuel 12:14; 1 Timoteo 6:1; Tito 2:5
4. *El hedonismo*: Debido a que Dios eliminó mis responsabilidades domésticas, soy libre de satisfacerme mientras la iglesia me mantiene (1 Ti. 5:14-15).
La verdad de Dios: 2 Tesalonicenses 3:10

La tercera estrategia del adversario. Satanás buscará *deprimir o destruir el entusiasmo del creyente por la obra de Dios*.

1. *El materialismo*: Valoro las bendiciones materiales y físicas por encima de mi relación espiritual con Jesucristo (Job 1:1–2:13).
La verdad de Dios: Mateo 6:33
2. *El derrotismo*: He fracasado, y ya no soy útil en el servicio del Rey (Lc. 22:31-34).
La verdad de Dios: Salmo 32:1-7
3. *El negativismo*: Mi debilidad me impide ser eficiente para Dios (2 Co. 12:7-10).
La verdad de Dios: Filipenses 4:13
4. *El pesimismo*: Las circunstancias difíciles en mi vida me hacen dudar de que llegue a realizar jamás algo relevante para Dios (1 Ts. 2:17–3:2).
La verdad de Dios: Salmos 37:23-24

La cuarta estrategia del adversario. Satanás apuntará a *diluir la efectividad del pueblo de Dios*.

1. *El egotismo*: Atribuiré lo que soy o lo que consiga a mis propios logros, y no a las actividades de Dios en mi vida (1 Cr. 21:1; 1 Ti. 3:6).
La verdad de Dios: Jeremías 9:24-25; 1 Pedro 5:6
2. *El nominalismo*: Debido a que soy salvo y que mis pecados están perdonados, mi actual estilo de vida no es importante (Zac. 3:1-5).
La verdad de Dios: 1 Juan 2:1-6
3. *El cultismo*: Mi salvación se basará en las obras y no en la fe en Jesucristo (Lc. 22:3-6).
La verdad de Dios: Efesios 2:8-9
4. *El uniformismo*: Mi relación con los creyentes que pequen será la misma, a pesar de su arrepentimiento y cambio de corazón hacia Dios (2 Co. 2:5-11).
La verdad de Dios: Efesios 4:32
5. *El asertivismo*: Es saludable para mí descargar mi enojo con frecuencia y durante largos períodos de tiempo (Ef. 4:26-27).
La verdad de Dios: Santiago 1:19-20

EL ATAQUE PROTOTÍPICO[9]

El ataque más masivo y de mayor alcance jamás lanzado por Satanás fue el inicial, sobre Adán y Eva. Aunque solo involucró a dos personas, el episodio afectó a toda la raza humana a lo largo de todos los tiempos, ya que desde entonces todos han nacido muertos en pecado (Ef. 2:1-3). Por esta razón, Jesús se refirió a Satanás como "padre de mentira" y un "homicida desde el principio" (Jn. 8:44). Este fue el medio o la causa

---

9. Esta sección está adaptada de Richard Mayhue, *Bible Boot Camp: Spiritual Battles in the Bible and What They Can Teach You* (Fearn, Ross-shire, Escocia: Christian Focus, 2005), 44-53. Usado con permiso de Christian Focus.

indirecta de todo pecado, que conduce al curso inmediato o presente de la actividad pecaminosa contemporánea.

El mayor de todos los embaucamientos, con el efecto más devastador sobre la humanidad, se recoge en Génesis 3. Satanás, el maestro del engaño, timó a Eva para que rechazara la veracidad de Dios y que, después, actuara con independencia de Él. Los primeros padres, Adán y Eva, fueron engañados por la trampa del diablo, y todas las personas han sufrido desde entonces las consecuencias. Los cinco aspectos de ese asalto han constituido el método prototípico de Satanás para atacar a la humanidad desde ese momento.

Disfraz. En Génesis 3:1, Satanás llegó, y se disfrazó astutamente de serpiente. La palabra "astuto" puede usarse tanto de manera positiva como negativa. En este contexto, se utiliza en sentido negativo. La misma palabra se emplea en Josué 9:4 respecto a los gabaonitas, personas astutas que engañaron a Josué y al liderazgo de Israel. Del mismo modo, Satanás se presentó a Eva disfrazado de serpiente.

Diálogo. Satanás le habló a la mujer. A primera vista, parecía una inocente conversación religiosa, pero Satanás intentaba engañarla. En realidad, el diablo dijo: "Solo una pregunta, Eva. Quiero asegurarme de haberlo entendido bien. ¿De verdad les dijo Dios que no comieran de ningún árbol del jardín?". Lo que ella no sabía era que se las estaba viendo con el mayor soldado de guerrilla de todos los tiempos.

Hacia el final de Génesis 3:1, Satanás usó tres tácticas con Eva que, más tarde, demostraron ser fatales. Primero, dividió para vencer. No tomó a Adán y Eva como marido y mujer. Apartó a Eva y entabló un diálogo aparentemente inocente con ella. Esto apunta a la alta valoración que Dios atribuye a la unicidad del marido y la mujer, porque se fortalecen, alientan, edifican y levantan el uno al otro.

En segundo lugar, sorprendió a Eva con un encuentro obviamente espectacular no programado. Es decir, hizo algo tan sorprendente e inesperado que le hizo perder el equilibrio. En ese momento, Eva no estaba acostumbrada a la presencia de Dios, porque de haber sido así, no cabe duda de que habría comprendido el peligro.

En tercer lugar, hizo una pregunta aparentemente inocente. Vino con la simulada necesidad de saber lo que Dios había dicho. La construcción hebrea sugiere, pues, que la pregunta formulada no era de investigación, sino más bien de ridículo. Se podría parafrasear mejor así: "¿De verdad ha dicho Dios…?". Hoy día se podría redactar así: "¿Bromeas o qué, Eva? *En realidad*, Dios no dijo que no pudieras comer de ningún árbol del huerto, ¿no es así?".

Duda. Esta pregunta es fácil de contestar, porque la respuesta se recoge en Génesis 2:16-17. Dios no dijo que no podían comer de cualquier árbol del jardín. En realidad, Él había creado un entorno inmaculado para que ellos vivieran allí; todo era absolutamente perfecto. Solo había una prohibición.

Sin embargo, en su paráfrasis de las palabras originales de Dios, Eva había empezado a cuestionar en su propia mente la certeza de la muerte y del juicio. Podemos ver el golpe magistral de Satanás, quien plantó la semilla de la duda y observó cómo Eva la cultivaba. Pronto se convirtió en la negación patente de la veracidad, la aplicabilidad y la fiabilidad de Dios.

Negación. En Génesis 3:4-5, Satanás alimentó a Eva con mentiras disfrazadas de verdad a medias. La primera fue su afirmación de que Eva no moriría. Como resalta el texto hebreo, Satanás negó enfáticamente que comer del árbol prohibido resultaría en muerte. La verdad del asunto es que, cuando comieron, no murieron de inmediato en un sentido físico. Sin embargo, en el acto murieron espiritualmente a su relación con Dios. *Muerte* significa separación. Adán y Eva solo pensaron en la esfera física. No obstante, cuando comieron, quedaron espiritualmente separados de Dios por su pecado. Esa muerte espiritual los condujo a su posterior muerte física.

La segunda mentira puede deducirse de Génesis 3:4. Satanás dio a entender que si Dios señaló que morirían, pero no murieron, entonces la palabra de Dios no era fiable. Y si esto era así, no había una buena razón para creerla ni para vivir rigiéndose por ella. La duda se tradujo con rapidez en negación, y Eva pasó decisivamente a abandonar la autoridad de la palabra de Dios. Al hacerlo, no solo cambió el curso de su vida y de la familia, sino de toda la raza humana.

Entonces llegó la tercera mentira: "Sino que sabe Dios que el día que comáis de él, serán abiertos vuestros ojos, y seréis como Dios, sabiendo el bien y el mal" (Gn. 3:5). La mayor parte de lo que Satanás afirmó era cierto, pero omitió un hecho importante. Adán y Eva no eran inmutablemente santos por naturaleza, como Dios, sino que eran susceptibles de pecar si la desobediencia llegaba a ser parte de su vida. Ellos desobedecieron y comieron del fruto. Pecaron y Dios los juzgó. Fueron maldecidos junto con la serpiente y el mundo. Desde entonces, toda la humanidad ha sido maldita por el pecado. Ellos, y todos los demás, han conocido "el bien" y "el mal" por experiencia. La suprema intención de la mentira de Satanás consistía en humanizar a Dios y deificar al hombre, aseverar que Dios puede llegar a ser como el hombre y que este puede convertirse en Dios. Esa mentira sigue existiendo hoy en muchas sectas.

La cuarta mentira también aparece en Génesis 3:5. Satanás procuró forzar la apertura de la mente de Eva mediante el pensamiento de que Dios deseaba mantener celosamente su unicidad, que quería preservar su deidad y no compartirla con nadie. Insinuó que esto era malo, no bueno. Además, con dicha prohibición, Dios no protegía en realidad la impecabilidad del hombre, sino su propia deidad.

Una falsedad final ha demostrado ser la madre de todas las mentiras: "Yo, Satanás, velo por tus intereses. Créeme a mí, no a Dios". Esta es la conclusión de esta conversación. En las cinco mentiras, Satanás ha entretejido un ataque inmenso para "apalear" a Eva con el pensamiento de que la palabra de Dios es incierta, poco fiable y que, por tanto, ella debería seguir los deseos de su propio corazón en lugar de los dictados que salen de la boca de Dios.

Deliberación. El método científico no afloró en el siglo xix. No se originó con la revolución industrial, sino que sus raíces se remontan a Génesis 3, cuando Eva concluyó que la única forma de poder decidir si Dios tenía razón o si estaba equivocado era ponerlo a prueba con su mente y sus sentidos. La investigación empírica autónoma se originó con Eva, en el Edén.

Pablo lo expresa de este modo en Romanos 1:25, cuando habla de aquellos que seguirían la senda de Eva, y después de Adán: "Ya que cambiaron la verdad de Dios por la mentira, honrando y dando culto a las criaturas antes que al Creador". A esas alturas, Eva había creído básicamente las mentiras de Satanás y le pareció que ahora le tocaba elegir a ella. Podía escoger comer o refrenarse. La palabra de Dios ya había dejado de ser autoritativa en su vida; ya no dictaba lo que era bueno o malo para ella. Ya no la obligaba porque, de repente, había alternativas.

En Génesis 3:6 se describe el proceso mental de Eva: "Y vio la mujer que el árbol era bueno para comer, y que era agradable a los ojos, y árbol codiciable para alcanzar la sabiduría; y tomó de su fruto, y comió; y dio también a su marido, el cual comió, así como ella". Aquí aparece el "método científico", la investigación empírica autónoma en sus orígenes. Eva decidió poner el árbol a prueba para comprobar quién tenía razón, Dios o Satanás.

Sometió al árbol a un trío de pruebas, siendo la primera de ellas la del valor físico. Lo observó, y vio que era bueno para comer. Tenía valor nutricional ("los deseos de la carne", 1 Jn. 2:16).

En base a esta respuesta positiva, pasó a la segunda prueba. Eva descubrió que era un deleite para los ojos ("los deseos de los ojos", 1 Jn. 2:16). No solo beneficiaría su cuerpo en lo nutricional, sino que tenía un valor emocional y estético. Era agradable. No le producía una mala sensación. Por traducirlo al lenguaje moderno, la contemplación del árbol le produjo una buena sensación.

Pero todavía no estaba del todo satisfecha. Tal vez pensaría: "Voy a dar un paso más". Con su tercera prueba miró y vio, pues, que el árbol era deseable porque la haría sabia. Tenía un valor intelectual. Le permitiría poseer sabiduría como Dios ("la vanagloria de la vida", 1 Jn. 2:16).

En medio de su deliberación, Eva estaba probando a Dios. Vio que el árbol era realmente bueno. Suplía sus necesidades físicas, estéticas e intelectuales. Esto la condujo a la desobediencia, porque Eva rechazó las instrucciones de Dios y tomó del fruto y comió (Gn. 3:6).

La batalla de Génesis 3 fue, en primer lugar, para la mente y, a continuación, para el alma. Su propósito era hacer que Eva pensara de forma contraria a la Palabra de Dios. Cuando creyó ese pensamiento incorrecto, cedió a los motivos equivocados, a las respuestas erróneas y a las acciones extraviadas. Aceptó el ardid de la sensualidad, el intento de hacer que el atractivo y la conveniencia sustituyeran la verdad como la métrica para determinar lo mejor de Dios en la vida. Las implicaciones del sensualismo son increíblemente importantes para una sociedad hambrienta de dinero, consumista y que busca el placer.

La batalla de Satanás es, primero, por la mente. Atrae a las personas y les imbuye sus propios pensamientos y, a continuación, mediante la duda y la negación, hace que dejen a un lado la Palabra de Dios y prueben la vida con sus propios sentidos, aunque las conclusiones tergiversen la verdad de Dios.

Muerte. "Entonces fueron abiertos los ojos de ambos, y conocieron que estaban desnudos; entonces cosieron hojas de higuera, y se hicieron delantales" (Gn. 3:7). La mente de Adán y Eva se vio afectada, y de repente percibieron el mal. De inmediato supieron que estaban desnudos, y desearon cubrir su desnudez. Antes, cuando estaban desnudos en el jardín, todo era puro, como nos indica Génesis 2:25: "Y estaban ambos desnudos, Adán y su mujer, y no se avergonzaban". Sin embargo, después, estaban desnudos y avergonzados.

La culpa había entrado en la raza humana. "Mas Jehová Dios llamó al hombre, y le dijo: ¿Dónde estás tú?" (Gn. 3:9). Dios no preguntó dónde estaban porque lo desconociera; solo quería alertar a Adán de que Él estaba allí. "Y él respondió: Oí tu voz en el huerto, y tuve miedo, porque estaba desnudo; y me escondí". Y Dios le dijo: "¿Quién te enseñó que estabas desnudo? ¿Has comido del árbol de que yo te mandé no comieses?" (Gn. 3:10-11). El mal los había descubierto. Estaban separados espiritualmente de Dios.

El conflicto también surgió entre el hombre y la mujer. Empezaron a culparse el uno al otro: "Y el hombre respondió: La mujer que me diste por compañera me dio del árbol, y yo comí. Entonces Jehová Dios dijo a la mujer: ¿Qué es lo que has hecho? Y dijo la mujer: La serpiente me engañó, y comí" (Gn. 3:12-13). En realidad, la mujer protestó: "No es culpa mía; no me culpes a mí, porque la serpiente me engañó y yo comí". Ella experimentó una gran culpa.

Las consecuencias del pecado se extienden mucho más allá de aquel que peca. Por esta razón, la Palabra de Dios hace una declaración relevante sobre la santidad y la vida de los creyentes (1 P. 1:14-16). La Palabra de Dios cita un ejemplo tras otro de cómo el pecado cometido por un individuo, o una pareja, puede acabar afectando a naciones enteras.

El papel de siervo de Satanás

Satanás se ha ganado, con razón, su título de "adversario". Ha sido el enemigo de Dios desde el incidente del jardín. Usurpar la autoridad soberana de Dios sigue siendo el objetivo principal del diablo. En ocasiones, parecería que "el dios de este siglo" pudiera vencer al Dios de la creación y de la redención. Se realiza una crónica de la historia de su constante oposición a Dios, desde la trampa a Adán y Eva en el huerto del Edén (Génesis 3) hasta el ataque final contra el reino terrenal de Cristo (Ap. 20).

Sin embargo, la soberanía de Dios ha invalidado y vencido lo peor que Satanás podría ejecutar. Así, Pablo le escribe a la iglesia en Roma que "todas las cosas les ayudan a bien" en lo que concierne a los verdaderos creyentes (Ro. 8:28) y, después, formula la pregunta: "Si Dios es por nosotros, ¿quién contra nosotros?" (Ro. 8:31). La respuesta en Romanos 8:32-39 garantiza inequívocamente que nadie, ¡ni siquiera Satanás!

A decir verdad, hasta los peores ataques de Satanás sirven a los propósitos más justos de Dios. A nivel humano, José les dijo a sus nada cariñosos hermanos: "Vosotros pensasteis mal contra mí, mas Dios lo encaminó a bien, para hacer lo que vemos hoy, para mantener en vida a mucho pueblo" (Gn. 50:20). Los hermanos fueron, en realidad, siervos de Dios. Del mismo modo, Nabucodonosor, el rey pagano de Babilonia, llevó a cabo los propósitos de Dios (Jer. 25:9; 43:10), como también sucedió con Ciro, rey de Persia (Is. 44:28; 45:1). Esos poderosos monarcas sirvieron a Dios. Y, al menos en catorce ocasiones mencionadas en las Escrituras, también usó a Satanás o sus demonios.

JUECES 9

Dios envió un mal espíritu entre Abimelec y los hombres de Siquem. Este acto iniciado divinamente (Jue. 9:56-57) castigó a ambas partes por su idolatría y por la matanza perpetrada (9:1-22).

JOB 1-2

Dios le dio autoridad a Satanás para que tocara todo lo que Job tenía (posesiones y familia), pero no a Job mismo (Job 1:12). Aunque perdió todos sus bienes y a sus hijos (1:13-19), Job no maldijo a Dios, sino que lo adoró. Entonces Dios le otorgó a Satanás la autoridad de tocar a Job físicamente, pero le prohibió matarlo (2:6). Poco después, Job sufrió horriblemente (2:7-8). Aunque su esposa lo alentó a hacerlo, Job no maldijo a Dios ni pecó con sus palabras (2:9-10). En ambos casos, Job honró a Dios y demostró que las acusaciones de Satanás respecto a que Job solo le era fiel a Dios por interés eran falsas. Al final, Dios bendijo doblemente a Job por su sincera fidelidad hacia Dios, puesta a prueba por Satanás (42:10).

1 SAMUEL 16

Después de que el Espíritu de Dios se apartara de Saúl (1 S. 16:14), un espíritu maligno o dañino (demonio) lo atormentó en al menos cuatro ocasiones (16:14-16, 23; 18:10; 19:9). Solo lo aliviaba que David tocara el arpa, y esto hizo que amara mucho a David y lo hiciera su escudero. Como resultado, en el momento adecuado, David estuvo listo a matar a Goliat (17:26-49). Por consiguiente, David halló gran favor entre el pueblo de Israel, sobre todo con Jonatán, el hijo de Saúl. Todo esto llevó a que después David se convirtiera en rey (2 S. 2:11; 5:4-5), que había sido el plan de Dios todo el tiempo, y aquí es ayudado por uno o más de los soldados de Satanás (Ap. 12:7).

1 REYES 22 / 2 CRÓNICAS 18[10]

Estos dos textos dan lugar al reto de identificar el "espíritu de mentira" (1 R. 22:21-23), de un modo que cuentan mejor la realidad de la falsa profecía en 1 Reyes 22:6. Satanás encaja de manera adecuada con este "espíritu". La actividad demoníaca, supervisada por Dios y, sin embargo, realizada por mediación de Satanás es la dinámica más probable e inmediata subyacente a esta falsa profecía. Algunos objetan que Satanás no es omnipresente ni podría afectar a cuatrocientos profetas de forma simultánea, pero la respuesta a esta objeción se centra en la función de Satanás como príncipe de los demonios (Mt. 25:41). Esta relación entre las actividades conocidas de Satanás provee la explicación más teológicamente coherente para identificar "al espíritu" como Satanás y a los demonios como los obreros de Satanás en boca de los falsos profetas de Acab.

La influencia de Satanás sobre los cuatrocientos profetas de Israel, mediante el uso

---

10. Esta sección está adaptada de Richard L. Mayhue, "False Prophets and the Deceiving Spirit", *MSJ* 4, no. 2 (1993): 135-63. Usado con permiso de *MSJ*.

de cuatrocientos demonios, sirvió a los propósitos de Dios al menos de dos formas. Primero, demostró que Micaías era un profeta auténtico, porque sus palabras negativas se hicieron realidad respecto a Acab, en contraste con el mensaje uniformemente positivo de los cuatrocientos profetas falsos. Segundo, la derrota y la muerte de Acab cumplieron la palabra profética de Dios, a través de Elías, en cuanto a la muerte del rey (1 R. 22:37-38; cf. 21:17-19).

1 CRÓNICAS 21 / 2 SAMUEL 24

En 1 Crónicas 21:1 se declara: "Pero Satanás se levantó contra Israel, e incitó a David a que hiciese censo de Israel". Los últimos años de David carecieron de la gloria y los éxitos de su juventud. Pecó en su participación con Urías y Betsabé (2 S. 11–12). A continuación, se produjo el conflicto entre Amnón y Absalón (2 S. 13), seguido de la sublevación de Absalón y el propio desalojo por parte de David de su trono y de la capital (2 S. 14–18). Como remate, Seba instituyó una campaña de difamación pública contra el rey (2 S. 20).

Incluso después de todo esto, David creyó que su éxito estaba más motivado por su propia capacidad que por la fidelidad de Dios en cumplir sus promesas a Israel. David parece haber sentido que podía confiar más en el tamaño de su ejército que en el poder de Dios, sobre todo a la luz de la presión por parte del pueblo.

David llamó, pues, a Joab, su sobrino y general del ejército real, y le ordenó: "Id, haced censo de Israel desde Beerseba hasta Dan, e informadme sobre el número de ellos para que yo lo sepa" (1 Cr. 21:2). David cedió ante la presión de la situación, el empuje del pueblo y el martilleo incesante de Satanás. Joab respondió a la petición de David: "Añada Jehová a su pueblo cien veces más, rey señor mío; ¿no son todos éstos siervos de mi señor? ¿Para qué procura mi señor esto, que será para pecado a Israel?" (1 Cr. 21:3). Joab se opuso firmemente al censo, pero la voluntad del rey prevaleció.

David se saltó dos prevenciones designadas por Dios para evitar semejante desastre. En primer lugar, David hizo caso omiso al principio de Dios de buscar a múltiples consejeros:

> Donde no hay dirección sabia, caerá el pueblo; mas en la multitud de consejeros hay seguridad (Pr. 11:14).

> Porque con ingenio harás la guerra, y en la multitud de consejeros está la victoria (Pr. 24:6).

En segundo lugar, David no siguió el consejo de Dios. Quizá escribió estas palabras para sí mismo: "El rey no se salva por la multitud del ejército, ni escapa el valiente por la mucha fuerza. Vano para salvarse es el caballo; la grandeza de su fuerza a nadie podrá librar" (Sal. 33:16-17). David pecó al confiar en sí mismo y en su ejército, y no en Dios, quien lo había librado en tantas ocasiones anteriores. Ahí es donde Satanás logró la victoria, cuando la egolatría dominó el pensamiento de David. Dios se sirvió de Satanás (2 S. 24:1; cf. 1 Cr. 21:1) para probar la humildad del rey, y este fracasó rotundamente.

ZACARÍAS 3

En varias ocasiones, Satanás ha comparecido ante Dios, en la corte celestial, para afirmar que el pueblo del Señor es indigno de Él. Así acusó a Job de motivos pecaminosos (Job 1:9-11; 2:4-5) y a los creyentes de no ser merecedores de la salvación (Ap. 12:10-11). En Zacarías 3 acusó a Israel de ser indigno de recibir la bendición de Dios.

El escenario adopta un carácter judicial. Satanás se encontraba a la derecha, el lugar de la acusación bajo la ley (cf. Sal. 109:6), y acusó a Josué, el sumo sacerdote, que regresó a su país en el primer grupo de exiliados, bajo el mando de Zorobabel (cf. Esd. 3:2; 5:2; Hag. 1:1). Que Josué representaba a la nación es evidente en (1) el énfasis sobre la nación en estas visiones, (2) que la reprensión en Zacarías 3:2 no se basa en Josué, sino en la elección de Jerusalén por parte de Dios, (3) la identificación en Zacarías 3:8 de Josué y de sus hermanos sacerdotes como futuro simbólico de Israel, y (4) la referencia a la tierra en Zacarías 3:9.

El malicioso adversario acusador compareció en la presencia del Señor para proclamar los pecados de Israel y su falta de mérito para recibir el favor de Dios.[11] La situación era crucial: si Josué era justificado, Israel sería aceptado; si Josué era rechazado, Israel también lo sería. El resultado revelaría todo el plan de Dios para la nación. Las esperanzas de Israel serían destruidas o confirmadas.

Al usar la expresión "ropas sucias" (Zac. 3:3-4, NVI) —el término más repugnante y vil para la suciedad, una referencia a los excrementos—, el profeta describía el sacerdocio y la condición de contaminación habitual del pueblo (Is. 4:4; 64:6). Esto se convirtió en la base de la acusación de Satanás respecto a que la nación era moralmente impura e indigna de la protección y de la bendición de Dios.

Dios respondió que aunque Él cumpliría su promesa de justificar a Israel y de reinstaurar la nación como su pueblo sacerdotal para que sirviera en su casa, cuidara sus atrios y tuviera acceso total a su presencia —todo esto basado en su amor soberano y electivo, y no por mérito ni obras de hombre—, esto no ocurriría hasta que Israel le fuera fiel al Señor. La promesa aguardaba el cumplimiento de Zacarías 12:10–13:1. El Señor usó la ocasión de las acusaciones de Satanás para declarar que Israel no había perdido su derecho a las promesas que Dios hizo a Abraham y a David.

MATEO 4[12]

Nunca es Dios mismo el agente inmediato de la tentación (Stg. 1:13), pero aquí —como en el libro de Job— Dios ordena y usa la tentación satánica para que sirva a sus propósitos. Cristo fue tentado en todos los aspectos de la debilidad humana (He. 4:15; 1 Jn. 2:16): Satanás lo tentó con "los deseos de la carne" (1 Jn. 2:16; cf. Mt. 4:2-3), "los deseos de los ojos" (1 Jn. 2:16; cf. Mt. 4:8-9), y la "vanagloria de la vida" (1 Jn. 2:16; cf. Mt. 4:5-6).

---

11. Este párrafo está adaptado de John MacArthur, ed., *The MacArthur Study Bible: English Standard Version* (Wheaton, IL: Crossway, 2010), 1310–1311. Las tablas y las notas de *The MacArthur Study Bible: English Standard Version* proceden de *The MacArthur Study Bible*, copyright © 1997 por Thomas Nelson. Usadas con permiso de Thomas Nelson. www.thomasnelson.com.

12. Esta sección está adaptada de MacArthur, *The MacArthur Study Bible: English Standard Version*, 1364-1365. Usada con permiso de Thomas Nelson.

Cuando Satanás lo provoca: "Si eres Hijo de Dios..." (Mt. 4:3, 6), el "si" condicional conlleva el sentido de "ya que" en este contexto. En la mente de Satanás no cabía la menor duda de quién era Jesús, pero su designio era conseguir que violara el plan de Dios, y empleara el poder divino que había dejado a un lado en su humillación (cf. Fil. 2:7).

Las tres respuestas de Jesús al diablo están tomadas de Deuteronomio. La primera, de Deuteronomio 8:3, declara que Dios permitió que Israel pasara hambre para poder alimentarlo de maná y enseñarle a confiar en Él para su provisión. Por tanto, el versículo es directamente aplicable a las circunstancias de Jesús y es una respuesta adecuada a la tentación de Satanás de que Jesús cumpliera sus deseos de la carne.

En el segundo caso, Satanás también citó las Escrituras (Mt. 4:6; cf. Sal. 91:11-12), pero distorsionó por completo su significado mediante el empleo de un pasaje sobre confiar en Dios para justificar el ponerlo a prueba. Cristo contestó (Mt. 4:7) con otro versículo de la experiencia de Israel en el desierto (Dt. 6:16), que recordaba la experiencia en Masah, donde los israelitas murmuraron y probaron al Señor y, enojados, exigieron que Moisés sacara agua de donde no la había (Éx. 17:2-7).

Finalmente, Cristo citó Deuteronomio 6:13-14, de nuevo en contra de relacionar las experiencias de los israelitas en el desierto. Como ellos, Cristo fue conducido al desierto para ser probado (cf. Dt. 8:2). A diferencia de ellos, Él soportó cada aspecto de la feroz prueba.

El fracaso de Satanás en tentar a Cristo para que pecara demostró al menos tres verdades fundamentales respecto a la deidad de Cristo: su impecabilidad, su lealtad inquebrantable a la verdad de la Palabra de Dios, y su superioridad y autoridad sobre Satanás.

LUCAS 22

Satanás exigió zarandear a Pedro como trigo, y Cristo le concedió su petición (Lc. 22:31). Sin embargo, Cristo también oró para que Pedro se recuperara, que fuera fortalecido espiritualmente por la experiencia y que fuera capacitado para dirigir a los discípulos (22:32). Aunque Pedro no podía ni imaginar que le fallaría a Cristo (22:33), Jesús declaró con énfasis que el discípulo lo negaría en breve tres veces (22:34).

Después de que el discípulo negara a Cristo tres veces, salió y lloró amargamente (22:62). Sin embargo, Pedro debió sentirse sacudido por la sensación del amor, de la misericordia y de la gracia de Dios, porque varios días después regresó a la comunión de los discípulos. Los once se volvieron a reunir tras la crucifixión de Cristo, y cuando las mujeres les informaron sobre su resurrección (24:10-11), Pedro y Juan corrieron a la tumba para ver si esto podía ser cierto (24:12). Pedro había enfrentado su caída y, por tanto, podía reincorporarse con los discípulos. Estos lo acogieron con los brazos abiertos, no solo por su honesta admisión, sino también porque las palabras de Cristo les habían hecho saber que Satanás le había tendido una trampa.

Pedro estaba allí cuando Cristo se apareció más tarde, aquella noche, cuando los discípulos estaban reunidos a puerta cerrada (24:36-43). Pudo mirar al Salvador a la cara, porque había dejado atrás su negación, la había admitido, y había regresado tal como Cristo le había indicado que hiciera. Más adelante, Cristo restituyó a Pedro al ministerio. En medio de un desayuno a la orilla del mar, Jesús le pidió a Pedro: "Apacienta mis corderos... Pastorea mis ovejas... Apacienta mis ovejas" (Jn. 21:15-17). El Maestro reafirmó su confianza en Pedro y en su capacidad de ministrar.

Como el aguijón de Pablo tenía dos lados, uno para Satanás y otro para Dios, la sacudida de Pedro también. Ahora estaba preparado para entender tanto la furia de Satanás que casi destruyó su ministerio, como el poder de Dios que lo sostuvo en la batalla. No es de sorprender, pues, que el día de Pentecostés Pedro diera un paso al frente, sin temor, como principal portavoz de Dios. Resalta como figura destacada en el establecimiento de la iglesia, tal como se recoge en Hechos 1–12.

JUAN 13

Satanás sirvió a Dios de un modo totalmente inusual e inesperado con respecto a la muerte de Cristo. Antes de la cena pascual, Satanás entró en Judas (Lc. 22:3-6; cf. Jn. 13:2), quien empezó a conspirar con los principales sacerdotes sobre cómo traicionarlo. Durante la cena, Satanás volvió a entrar en Judas, a quien Cristo envió a que llevara a cabo rápidamente su traicionero ardid (Jn. 13:27). Dios usó a Satanás para que iniciara los acontecimientos que sucedieron temprano a la mañana que llevaron a la muerte de Cristo.

No es de sorprender que Satanás estuviera involucrado, no Judas. Pero este es el ejemplo supremo de que Dios usó a Satanás como su siervo para que fuera el catalizador de algo que Dios había planeado, en realidad, en la eternidad pasada. Asombrosamente, este caso resultaría en que los creyentes fueran liberados del dominio diabólico en el reino de la oscuridad:

> Varones israelitas, oíd estas palabras: Jesús nazareno, varón aprobado por Dios entre vosotros con las maravillas, prodigios y señales que Dios hizo entre vosotros por medio de él, como vosotros mismos sabéis; a éste, entregado por el determinado consejo y anticipado conocimiento de Dios, prendisteis y matasteis por manos de inicuos, crucificándole; al cual Dios levantó, sueltos los dolores de la muerte, por cuanto era imposible que fuese retenido por ella (Hch. 2:22-24).

HECHOS 5

No resulta chocante leer que "el padre de mentira" (Jn. 8:44) llenara el corazón de Ananías para que engañara al Espíritu Santo (Hch. 5:3). Ananías tenía una cómplice: su esposa Safira. Como resultado, Dios los mató ante la asamblea de Jerusalén (Hch. 5:5, 10).

¿Por qué fue Dios tan severo? ¿Por qué no es tan duro con los incrédulos que mienten? Pedro escribió que el juicio empieza primero por la casa de Dios (1 P. 4:17). Pablo advirtió más tarde a los corintios que al haber profanado la Santa Cena, algunos estaban débiles y enfermos, y otros habían "muerto" por la mano de juicio de Dios (1 Co. 11:29-30). Juan atrajo la atención al hecho aleccionador de que el pecado puede conducir a la muerte física (1 Jn. 5:16).

Dios usó a Satanás para que grabara, en la mente y en la memoria de los presentes (Hch. 5:11), de los oyentes (5:5, 11) y de los incrédulos de la ciudad (5:13) las indelebles consecuencias de mentirle a Dios. Un nuevo nivel aumentado de temor a Dios invadió a todos los que allí estaban, y a cada uno de los que han leído sobre el incidente desde entonces. "¡Horrenda cosa es caer en manos del Dios vivo!" (He. 10:31).

1 CORINTIOS 5

La iglesia corintia había tolerado la relación incestuosa de un hombre con su madrastra (1 Co. 5:5). Por tanto, Pablo entregó o cedió (gr. *paradídomi*; cf. Lc. 24:20) a este practicante de perversión extrema a Satanás, es decir, la persona fue quitada de la iglesia (1 Co. 5:13) para que fuera tratado como un inconverso (cf. Mt. 18:17; 1 Co. 5:11; 2 Ts. 3:14). Lo mismo se afirma de los blasfemos Himeneo y Alejandro (1 Ti. 1:20). Ya sea mediante la perversión de la conducta santa o las creencias santas, Satanás puede servir a los propósitos de Dios en el ámbito de la disciplina de la iglesia, cuando el arrepentimiento permanece ausente. Ambos casos conllevan una sensación de esperanza positiva de que esas personas acabarán depositando su fe en Cristo.

2 CORINTIOS 12

En 2 Corintios 12:7 Pablo describe cómo su visión del tercer cielo resultó en "un aguijón en mi carne, un mensajero de Satanás que me abofetee". Por una parte, Dios usaría al mensajero de Satanás para evitar que Pablo se enorgulleciera. Por la otra, el diablo se esforzaría en desalentar su fe con este aguijón, que era en realidad una estaca grande, afilada, que se usaba para herir de gravedad o mutilar a un enemigo.

¿Qué es el aguijón? Este se identifica, por lo general, como un problema físico ya que era "en la carne". Malaria, epilepsia, dolores de cabeza o problemas oculares son los que se sugieren. Sin embargo, según el uso del Antiguo Testamento, otras posibilidades se postulan firmemente. Esta figura retórica aparece cuatro veces en el Antiguo Testamento (Nm. 33:55; Jos. 23:13; Ez. 28:24; Os. 2:6). Tres veces alude a personas y una a las circunstancias de la vida. Como en Oseas 2:6, el aguijón de Pablo podría haber sido las circunstancias adversas que experimentó mientras servía al Señor (2 Co. 11:23-28). No obstante, en vista a su uso mayoritario en el Antiguo Testamento y el contexto en 2 Corintios, el aguijón de Pablo parece aludir a personas que son "una espina en el ojo", "un dolor de cabeza", muy posiblemente por ser falsos maestros e incrédulos endemoniados. Alejandro el calderero (2 Ti. 4:14), Himeneo y Fileto (2 Ti. 2:17-18), y Elimas (calificado por Pablo como "hijo del diablo" en Hch. 13:10), todos parecen dar la talla, como también los corintios mismos.

Satanás pretendía que fuera para mal, pero Dios lo había ordenado y usado para bien. Pablo ganó de ambas maneras. Lo llevaba de regreso a la realidad mejor expresada por Pedro: "Humillaos, pues, bajo la poderosa mano de Dios, para que él os exalte cuando fuere tiempo; echando toda vuestra ansiedad sobre él, porque él tiene cuidado de vosotros" (1 P. 5:6-7).

El sufrimiento de Pablo lo llevó a orar (1 Co. 12:8). Como Jesús oró tres veces en Getsemaní, Pablo también. Pidió que el aguijón —ya fueran circunstancias físicas o personas— fuera quitado. Lo veía como un estorbo en su ministerio y en la causa del Señor. Necesitó una nueva dimensión de comprensión añadida por el Señor, quien usaría el aguijón satánico para el provecho espiritual de Pablo con nuevos niveles de humildad personal y dependencia de Dios.

2 TESALONICENSES 2

Dios afirma que llegará un tiempo en que enviará un "poder engañoso" (2 Ts. 2:11; literalmente "una forma de engaño"), haciendo que quien lo detiene se aparte (2:6-7) y dejará que la mentira de Satanás no diluida e incontrolada ejerza su influencia en la tierra (2:9-12). Satanás experimentará de forma temporal una mayor libertad para darle a las personas exactamente aquello que quieren creer: una mentira (Jn. 8:44; Ro. 1:25; 1 Jn. 2:21). La población no será refrenada (2 Ts. 2:7) y creerá el engaño supremo de Satanás: la mentira de que el anticristo es Dios y que la salvación viene por medio de él.

APOCALIPSIS 13

A mitad de la septuagésima semana de Daniel (Ap. 13:5), se presentará la trinidad satánica. Este trío de personajes malignos incluye a Satanás (el dragón de 13:2-4; cf. 12:9; 20:2), al anticristo (la bestia de 13:1-10) y al falso profeta (la "otra bestia" de 13:11-17). Satanás capacita al anticristo con sus poderes antagonistas (13:2, 4).

El engaño global proseguirá durante cuarenta y dos meses (13:5) hasta que la segunda venida de Cristo (19:11–20:3) acaba con su diabólico dominio, y el Rey Jesús reina durante mil años (20:4-6). En todo esto, Satanás funciona como siervo de Dios y establece la ocasión para el triunfante advenimiento de Cristo y la inauguración de su reino milenial en la tierra.

En resumen:

> La Biblia describe a Satanás como el enemigo implacable de Dios, cuyos designios sobre la humanidad son maliciosos; sin embargo, no lo representa como igual a Dios ni como a alguien que actúa con independencia del control divino. En el prólogo de Job, el texto más antiguo que habla de... Satanás..., lo describe con toda claridad como alguien subordinado a Dios y que solo opera dentro de los parámetros que Él ha establecido para él... Esta noción básica de que Satanás está bajo el control divino aparece una y otra vez. Puede existir un cierto grado de tensión entre este motivo y el concepto de Satanás como fuerza hostil, pero es un tema persistente en el registro bíblico. Satanás es enemigo de Dios, pero también es un siervo suyo.[13]

Una defensa cristiana

LA PROTECCIÓN DE DIOS[14]

El texto principal que habla de la armadura y el armamento espiritual es Efesios 6:10-20, en especial de toda la armadura de Dios (gr. *panoplía*). En otros pasajes, Pablo también se refiere a las armas de la luz (Ro. 13:12), las armas de justicia (2 Co. 6:7), y las armas de nuestra milicia (2 Co. 10:4).

El cinto (o cinturón) de la verdad. En la época de Pablo, los soldados vestían túnica, un gran trozo cuadrado de tela con agujeros para la cabeza y los brazos. La tela era suelta y lo suficientemente larga para que el soldado pudiera sujetarla alrededor de su cintura

---

13. Sydney H. T. Page, "Satan: God's Servant", *JETS* 30, no. 3 (2007): 465.
14. Esta sección está adaptada de John MacArthur, *Standing Strong: How to Resist the Enemy of Your Soul*, 3a. ed. (Colorado Springs: David C. Cook, 2012), 97-98, 117-18, 128-29, 140-42, 154-57, 180. Copyright © 2012 por John MacArthur. Usado con permiso de David C. Cook. Se requiere el permiso del editor para su reproducción. Reservados todos los derechos.

con un cinturón. Cuando estaba listo para pelear, se remangaba las cuatro puntas de la túnica y las introducía en el cinturón, ciñendo así sus lomos. Le proporcionaba al soldado la movilidad y flexibilidad necesarias para el combate cuerpo a cuerpo.

Por lo general, el soldado romano solía llevar una correa por encima del hombro que iba enganchada a la parte delantera y trasera del cinto. La espada y las decoraciones o medallas por las batallas iban enganchadas en esta correa. Una vez colocado el cinturón, el soldado romano abrochaba la correa, se enganchaba la espada, y ya estaba preparado para la pelea.

En la esfera espiritual, los cristianos deben ceñir sus lomos con la "verdad" (Ef. 6:14). Esto puede referirse al contenido de la verdad (es decir, las Escrituras) o a una actitud de veracidad, sinceridad, honestidad e integridad. Dado que Pablo se refiere a las Escrituras como un arma espiritual en Efesios 6:17, esto significa que aquí se refería a la actitud cristiana. Los creyentes que van ceñidos de la verdad están dispuestos para la batalla, por su compromiso con Cristo y su causa.

La coraza de justicia. Los soldados romanos vestían diferentes tipos de corazas. Algunas estaban fabricadas con densas tiras de lino bastante largas. Del lino colgaban trozos de metal o finas lonchas de pezuñas y cuernos de animales, que se enganchaban en manojos.

Sin embargo, el tipo más familiar de coraza era la placa pectoral de metal moldeado que cubría las partes vitales del torso, desde la base del cuello hasta la parte superior de los muslos. El soldado tenía que proteger esa zona, porque gran parte de la lucha era con espada corta (gr. *májaira*) en el combate cuerpo a cuerpo.

La coraza cubría dos zonas claves: el corazón y los órganos vitales, a los que el pueblo judío se refería como "las entrañas" (cf. Is. 59:17; 1 Ts. 5:8). En la cultura hebrea, el corazón representaba simbólicamente la mente o el proceso del pensamiento (p. ej., Pr. 23:7), mientras que las entrañas se convirtieron en una referencia a las emociones por la forma en que pueden afectar los órganos intestinales de la persona. La mente y las emociones abarcan todo lo que hace actuar al ser humano.

Dios ha provisto la coraza de justicia (Ef. 6:14) para que proteja tanto la mente como las emociones. ¿Qué es esta justicia de manera específica? Es la justicia práctica y personal del verdadero creyente nacida en él en el momento de la regeneración, y que después es fortalecida por Dios el Espíritu, para que el cristiano sea cada vez más como Cristo (2 Co. 3:18; 2 P. 3:18).

El calzado del apresto. En la época de Pablo, el calzado normal del soldado romano era una especie de semibota de gruesa suela y tachuelas. Anchas tiras de cuero la aseguraban al pie. Pequeños trozos de metal que sobresalían como puntas de la suela le proporcionaban al soldado firmeza al caminar, para que pudiera mantenerse en pie en la batalla, defender su posición y realizar rápidos movimientos sin resbalar, deslizarse ni caer.

El calzado no solo le servía al soldado como base segura, sino que también lo protegía en las largas marchas para recorrer enormes cantidades de terreno. Además, por lo general, el enemigo solía poner palos afilados como cuchillas en el suelo que traspasaban los pies de los soldados, cuando estos avanzaban. Hasta el mejor soldado queda inutilizado si su pie ha sido lesionado.

En la guerra espiritual resulta vital que el creyente lleve el tipo adecuado de calzado. Uno puede ceñirse la cintura con el compromiso y adornar la coraza con una vida santa, pero a menos que se tenga un calzado seguro existe una gran posibilidad de caer. Por ello, en Efesios 6:15, Pablo afirma que los pies tienen que estar calzados con el "apresto del evangelio de la paz".

Aquí, Pablo está describiendo una armadura defensiva, y cuando escribe "con el apresto del evangelio de la paz", se está refiriendo a haber aceptado el evangelio. Si uno está equipado con las buenas nuevas de la paz, el combatiente espiritual está protegido y estará capacitado para resistir a las tretas del enemigo (Ef. 6:11, 13).

El escudo de la fe. El ejército romano usaba varios tipos de escudos. Un modelo era redondo con el borde curvo. El soldado de a pie se lo sujetaba al antebrazo. Era ligero para permitirle mayor movilidad en el campo de batalla. En la otra mano llevaba su espada para poder golpear, a la vez que paraba el ataque de su oponente con su escudo.

Sin embargo, esta no es la clase de escudo al que Pablo se refiere en Efesios 6:16. En su lugar, aludía a un gran escudo rectangular, que medía un metro treinta y cinco centímetros por setenta y cinco centímetros. Hecho de una tabla gruesa de madera, estaba cubierto por fuera con metal o cuero muy gruesos. El metal desviaría las flechas en llamas, mientras que el cuero se trataría para extinguir la brea ardiente de las flechas.

Espiritualmente hablando, cuando vuelan los dados de fuego del maligno, el creyente estará protegido al levantar el escudo de la fe salvadora (Ef. 6:16; cf. Sal. 18:35). El escudo será tan eficaz, que las armas de Satanás se extinguirán, porque los creyentes bien equipados vencen de forma abrumadora en la batalla (Ro. 8:37).

El yelmo de la salvación. En los tiempos de los romanos, los yelmos se hacían de dos materiales: metal sólido o cuero con parches de metal. El casco protegía la cabeza del soldado de las flechas, pero su principal función consistía en desviar los golpes de las espadas de dos filos. Esta espada (gr. *jromfaía*) medía entre noventa centímetros y un metro veinte de largo, y tenía un mango macizo que se sostenía con ambas manos a modo de bate de beisbol. El soldado tenía que alzarla por encima de su cabeza y asestar el golpe sobre la cabeza del adversario. El yelmo era necesario para desviar semejante golpe mortal en el cráneo.

En el ámbito espiritual, el creyente debe llevar el yelmo de la salvación (Ef. 6:17). ¿A qué se refiere aquí la salvación? Existen tres posibilidades: el aspecto pasado, el aspecto presente y el aspecto futuro de la salvación. Pablo no se estaba refiriendo al aspecto pasado de la salvación. Su intención no era indicar: "Después de ceñirse los lomos con la verdad, de colocarse la coraza de justicia, de calzarse los pies con el evangelio de la paz, y de tomar el escudo de la fe, uno debería —por cierto— ser salvo". Pablo supone que el acto pasado de la salvación ya es una realidad. En su lugar, está aludiendo al aspecto presente y al aspecto futuro de nuestra salvación. Es, a la vez, la seguridad de la obra continua de Dios en la vida cristiana y la confianza de una salvación plena y definitiva por venir. En otro lugar, el apóstol mencionó el yelmo de la salvación, en 1 Tesalonicenses 5:8-9 (cf. Is. 59:17).

La espada del Espíritu. Pablo escribió sobre "la espada del Espíritu" (Ef. 6:17). El término griego (gr. *májaira*) hace alusión a una daga de entre quince y cuarenta y cinco centímetros de largo. El soldado la llevaba en una vaina o funda en el costado, y la podía usar en el combate cuerpo a cuerpo, tanto de forma defensiva como ofensiva.

La espada del Espíritu no es, por tanto, una espada de doble filo (gr. *jromfaía*, cf. Ap. 1:16; 2:12, 16; 19:15, 21) que uno agita con la esperanza de infligir algún daño. Es incisiva; debe herir en un lugar vulnerable, o no será eficaz. En otro lugar de las Escrituras, también se habla de la Palabra de Dios con este mismo término griego (cf. He. 4:12).

Toda la armadura (gr. *panoplía*) de Dios demuestra ser eficaz contra las estratagemas de Satanás. No es opcional, sino obligatoria. No es parcial, sino completa. No es negociable, sino que es una orden. Con ella, el creyente será fuerte (Ef. 6:10) y estará capacitado para mantenerse firme (Ef. 6:11, 13-14).

El arsenal de la oración. Las seis piezas de la armadura espiritual pueden clasificarse como principalmente defensivas por naturaleza. Ahora, Pablo convierte el recurso ofensivo más eficaz disponible: la oración (Ef. 6:18, LBLA). Él describe seis características:

1. "En todo tiempo" habla de la frecuencia y la duración.
2. "En el Espíritu" se refiere a la sumisión de la persona a la voluntad del Espíritu de Dios.
3. "Con toda oración y súplica" pone en juego todas las variedades de oración.
4. "Velando en ello" exige un constante enfoque en la situación entre manos.
5. "Con toda perseverancia" es necesaria tanto en los momentos positivos como en los negativos.
6. "Por todos los santos" puede incluir orar con respecto a uno mismo y por los demás creyentes.

El poder de la oración representa el arma más eficaz de la armadura espiritual del creyente, y debe emplearse tal como Pablo enseñó.

LAS PROVISIONES DE DIOS

El Nuevo Testamento le recuerda con frecuencia al lector que Dios ha provisto múltiples medios por los cuales el cristiano puede ser victorioso sobre Satanás en esta vida. Las diez provisiones siguientes se centran en las verdades más importantes y alentadoras halladas en la Biblia con este fin.

La victoria del Salvador en el Calvario. El príncipe de este mundo será expulsado (Jn. 12:31). Por medio de su muerte, Cristo destruirá al diablo, aquel que tiene el poder de la muerte (He. 2:14). Los creyentes han vencido al acusador de los hermanos, por la sangre del Cordero (Ap. 12:11).

La promesa del vencedor. Los creyentes vencerán en última instancia al maligno y su sistema mundial (1 Jn. 2:13; 5:4-5).

La oración intercesora de Cristo. En su función sumo sacerdotal en el aposento alto, Jesús oró para que el Padre apartara a los creyentes del maligno (Jn. 17:15, 20; véase 10:28-29).

La protección de Cristo. Todos los verdaderos creyentes serán protegidos por Cristo para que el maligno no pueda infligirles un daño eterno (1 Jn. 5:18).

El poder del Espíritu que mora en nosotros. Los creyentes vencerán a Satanás, porque el poder del Espíritu Santo, que está en su interior, es mayor que el poder externo del diablo (1 Jn. 4:4).

El conocimiento de las estratagemas de Satanás. Dios ha prevenido a los creyentes de los planes malignos de Satanás en las Escrituras para que los cristianos estén preparados cuando estalla la batalla espiritual (2 Co. 2:11; 1 P. 5:8).

La oración del creyente. La oración modelo de Cristo instó a los creyentes a orar: "Líbranos del maligno" (Mt. 6:13, NVI). Pablo les mandó a los creyentes que estuvieran en constante oración por la victoria sobre las fuerzas espirituales del mal (Ef. 6:12, 18).

Instrucciones bíblicas para derrotar a Satanás. En primer lugar, "someteos... a Dios" (Stg. 4:7a), y "acercaos a Dios y él se acercará a vosotros" (Stg. 4:8). En segundo lugar, "resistid al diablo y huirá de vosotros" (Stg. 4:7b; 1 P. 5:9).

Los pastores que fortalecen y alientan a la iglesia. Los pastores deben establecer y exhortar al rebaño de Dios en la fe (1 Ts. 3:2), para que el tentador fracase en sus tentaciones (1 Ts. 3:5).

La confianza en que Cristo ha ganado la victoria suprema. Al final del reino milenial de Cristo en la tierra, Él echará a Satanás en el lago de fuego para que sea atormentado durante toda la eternidad futura (Ap. 20:10).

Los juicios de Satanás

Desde poco después de que Dios declarara que su creación era buena "en gran manera" (Gn. 1:31) hasta justo antes de la eternidad futura en el nuevo cielo y la nueva tierra (Ap. 20:10), Dios ha pronunciado, y pronunciará, múltiples juicios sobre el rebelde Satanás. El último será completo y definitivo. Dios, quien declaró el fin desde el principio (Is. 46:10), ha dado una idea de la historia judicial de Satanás en las Escrituras.

EL JUICIO ORIGINAL DE SATANÁS

Satanás no fue creado originalmente como el maligno en el cual él eligió convertirse. ¿Cuándo se rebeló, pues, el diablo contra su santo Señor? En Génesis 1–3 no se narra la ocasión, sino que más bien se da por sentada. Una vez declaró Dios que la creación era buena "en gran manera" (Gn. 1:31), a continuación, describió a una criatura engañosa, en Génesis 3, quien se propuso embaucar a los primeros seres humanos para que sirvieran a sus propios propósitos, y no a los de Dios.

No hay ni un solo pasaje claro y directo en las Escrituras que informe explícitamente de esta traición celestial. Sin embargo, varios lugares aluden a ello. En primer lugar, Apocalipsis 12:3-4 habla del dragón rojo, el antiguo engañador, cuyos esfuerzos fueron globales (Ap. 12:9), que reclutó a un tercio del ejército celestial para que se uniera

Tabla 8.2 ¿Serpiente o Satanás?

Génesis	Comentario	Identificación
3:1	Se compara a la serpiente con las bestias del campo.	Serpiente
3:1	Normalmente, las serpientes no pueden hablar ni conocer sobre Dios.	Satanás
3:2	Normalmente, las serpientes no entablan conversaciones con las personas.	Satanás
3:4	Normalmente, las serpientes no razonan.	Satanás
3:13	Normalmente, las serpientes no engañan verbalmente a las personas.	Satanás
3:14	Satanás no repta sobre su vientre.	Serpiente
3:15	Es difícil determinar a los destinatarios.	Serpiente/Satanás

a él en la rebelión espiritual contra Dios y, así, se convirtieron en ángeles impuros, o demonios. No ha habido, ni habrá, otra deserción de ángeles después de esta. Tampoco habrá redención para ninguno de los demonios.

Esta breve declaración en Apocalipsis se remonta a Ezequiel 28:11-19, dirigida al antiguo rey de Tiro y a la satánica influencia de su reino. Aquí resulta difícil distinguir con claridad entre ambos, pero es bastante obvio que se tiene a los dos en mente.[15] Varios hechos deben ser inferidos sobre Satanás:

1. Satanás es un ser creado (28:13).
2. Satanás fue creado como un ángel justo (28:13-14).
3. Satanás escogió una forma de vida perversa (28:15).
4. Satanás fue, posteriormente, expulsado por Dios de forma deshonrosa del cielo, del santo servicio en nombre de su Creador (28:16).

Aunque se refiere al futuro rey de Babilonia, Isaías 14:4-21 parece aludir también a Satanás, así como lo hace Ezequiel. Es muy parecido a cuando Cristo habló sobre Pedro y Satanás en la misma frase (Mt. 16:23). El juicio de Dios se emite sobre la base de las cinco jactancias en tiempo futuro de Satanás (Is. 14:13-14) que evidencian su abominable orgullo. Pablo advierte, asimismo, a los líderes de la iglesia respecto al pecado original de Satanás (1 Ti. 3:6-7). Aunque Satanás y un tercio de los ángeles del cielo quedaron descalificados de la honorable función de servir a Dios en el cielo, no fueron desterrados por completo de la presencia celestial (cf. Job 1:6; 2:1).

EL JUICIO EDÉNICO DE SATANÁS

¿En Génesis 3:1-5 estaba Eva hablando con una serpiente literal o con Satanás? El breve análisis de la tabla 8.2 clasifica la evidencia. El Nuevo Testamento (2 Co. 11:3; Ap. 12:9; 20:2) revela que la serpiente está asociada con Satanás. A partir del análisis de dicha tabla, al parecer, se tiene en mente a la serpiente en unos casos y a Satanás en otros.

Se diría que es una criatura poseída por Satanás, similar a la descripción de cuando

---

15. Para una explicación más detallada de Satanás en Isaías 14:4-21, en especial 14:12-14 y Ezequiel 28:1-19, sobre todo 28:11-19, consúltese Dickason, *Los ángeles: Escogidos y malignos*, 140-165.

Satanás entró en Judas, en Lucas 22:3 y Juan 13:27. Este mismo fenómeno habría sido ciertamente posible con la serpiente. Bíblicamente, es razonable sostener que los seres no racionales son capaces de hablar cuando los activa un poder sobrenatural. El asna de Balaam (Nm. 22:28-30; 2 P. 2:16) es suficiente prueba bíblica de establecer la realidad histórica de este fenómeno. No parece haber duda de que una serpiente real está implicada. Tampoco cabe duda de que Satanás estuviera directamente implicado.

¿Está Dios maldiciendo al poseedor, al poseso, o a ambos? Elegir al uno o al otro resulta difícil. No parece razonable que Satanás quedara fuera de la maldición, ya que fue el instigador. Así, parece mejor concluir que Dios se está dirigiendo aquí a la serpiente y a Satanás.

Después de maldecir al ser físico, Dios se vuelve al ser espiritual, Satanás, y lo maldice.[16] El mensaje de Dios es un "primer evangelio" (o *protoevangelium*) y es profético respecto a la lucha que se inició en el jardín, y cuyo resultado entre "tu simiente" —Satanás y los incrédulos, que son llamados hijos del diablo en Juan 8:44— y la simiente de la mujer: Cristo, descendiente de Eva, y los que están en Él. En medio del pasaje de la maldición brilla un mensaje de esperanza: la descendencia de la mujer, denominada "él", es Cristo, quien un día derrotará a la serpiente. Satanás solo "herirá" el talón de Cristo (le provocará dolor), aunque Cristo aplastará la cabeza de Satanás (lo destruirá de un golpe fatal). En un pasaje con fuertes reminiscencias de Génesis 3, Pablo alienta así a los creyentes de Roma: "El Dios de paz aplastará en breve a Satanás bajo vuestros pies" (Ro. 16:20; cf. Jn. 16:11). Este *protoevangelium* de Génesis 3:15 anticipa la victoria redentora de Cristo en la cruz sobre Satanás y los demonios.

EL JUICIO DE SATANÁS EN EL CALVARIO

Durante su ministerio, Cristo hizo declaraciones respecto a la derrota y el juicio de Satanás que validaron su grito de victoria en la cruz: "Consumado es" (Jn. 12:31; 16:11; 19:30). El poder de Cristo sobre los demonios certificó su dominio de Satanás (Mt. 12:22-29). La autoridad de Cristo, que delegó en los discípulos, reflejaba la derrota espiritual de Satanás (Mt. 10:1; Mr. 3:13-15; Lc. 9:1). Las declaraciones del Nuevo Testamento respecto a la salvación comprada por la muerte de Cristo, que tuvo el poder de liberar a los creyentes del dominio de Satanás para Dios, reafirmaron el fracaso de Satanás (Hch. 26:18; Col. 1:13; 2:15). Cristo vino a destruir las obras del diablo (1 Jn. 3:8). Una vista previa de lo que cabía esperar sucedió cuando los discípulos se sorprendieron del poder sobre los demonios (Lc. 10:17); Cristo respondió: "Yo veía a Satanás caer del cielo como un rayo"; con esto se refería a que el poder del diablo ya había disminuido, como demostraba su victoria terrenal sobre los demonios (Lc. 10:18). Por medio de su muerte en la cruz, Cristo destruyó a aquel que tiene el poder de la muerte: el diablo (He. 2:14).

La pieza central de la sentencia de Satanás será para siempre la cruz. Aunque Satanás continuaría en la tierra mucho después del Calvario, sus intentos de matar espiritualmente a toda la raza humana (p. ej., cuando tentó a Cristo para evitar la cruz,

---

16. Este párrafo está adaptado de MacArthur, *MacArthur Study Bible: English Standard Version*, 22. Usado con permiso de Thomas Nelson.

Mt. 16:21-23) habían sido frustrados por el Salvador, y en Cristo se había proporcionado un remedio redentor.

EL JUICIO TRIBULACIONAL DE SATANÁS

Apocalipsis 12:7-13 hace una crónica del destierro físico final de Satanás y sus ángeles de la presencia de Dios en el cielo. Habrán sido derrotados en el cielo, y no quedará lugar alguno para ellos allí (Ap. 12:8-9). Esto ocurrirá a mitad de la septuagésima semana, o a los tres años y medio en la última semana del séptimo año. Desde este punto en adelante, Satanás ya no podrá acusar a los creyentes de pecado en la presencia de Dios (Ap. 12:12; cf. Is. 24:21).

EL JUICIO MILENIAL DE SATANÁS

Cuando Cristo venga a reclamar su reino en la tierra (Ap. 19:11-21), Satanás será atado y encarcelado durante mil años en el abismo sin fondo (Ap. 20:1-3). Durante un milenio, la tierra estará libre de que Satanás ronde por ella (cf. 1 P. 5:8). Cristo reinará sin interferencia alguna del "príncipe de este mundo" (Jn. 12:31). Aunque la Biblia no lo afirma de forma explícita, se puede suponer que todos los demonios serán encarcelados con Satanás durante ese tiempo (Is. 24:21-22).

EL JUICIO ETERNO DE SATANÁS

Al final, Satanás (Mt. 25:41; Ap. 20:10) y sus ángeles malignos (Mt. 25:41; 2 P. 2:4; Jud. 6) se unirán al anticristo y al falso profeta, quienes ya han residido en el lago de fuego durante mil años (Ap. 19:20). En Mateo 8:29 (cf. Lc. 8:31), cuando los demonios le preguntaron a Cristo: "¿Has venido acá para atormentarnos antes de tiempo?", lo más probable es que tuvieran en mente el juicio eterno. Poco después, todos los incrédulos a lo largo del tiempo también llegarán allí como resultado del juicio del gran trono blanco (Mt. 25:41; Mr. 9:48; Ap. 20:14-15).

Demonios
   La realidad de los demonios
   El carácter de los demonios
   La historia de los demonios
   El poder de los demonios
   El papel de siervo de los demonios
   Una defensa cristiana
   La posesión demoníaca
   Juicios de los demonios

La realidad de los demonios

La realidad objetiva de los demonios se hace creíble por el considerable número de veces que se mencionan en la Biblia (más de un centenar de veces). Debido a que la Biblia funciona como único testimonio incontestable para el cristiano de la existencia misma de los demonios, los creyentes pueden confiar con toda seguridad en la verdad que ella presenta. El autor de la Biblia, el Dios Todopoderoso, ha sido y siempre será veraz (Sal. 12:6; 119:160) y fidedigno (Pr. 30:5; 2 Ti. 3:14-17).

HECHOS BÁSICOS

La evidencia para los términos "demonio", "espíritu" y "espíritu impuro" en el Antiguo Testamento es mínima en comparación con el Nuevo Testamento. De las dieciséis apariciones, seis están en 1 Samuel, tres en Isaías, tres en los Salmos y una en Deuteronomio, en Jueces y en Zacarías. Esto equivale al 13 por ciento de las ciento veinte veces que aparecen en toda la Biblia.

Las otras ciento cuatro ocasiones, o el 87 por ciento, son en el Nuevo Testamento. Los demonios se mencionan en los cuatro Evangelios, que usan los términos genéricos "demonio", "espíritu", "espíritu maligno" y "espíritu engañador" ochenta y tres veces, y es en Lucas donde se mencionan la mayoría de las veces. En Hechos se habla de ellos nueve veces, siete en las Epístolas y cinco en Apocalipsis.

La enseñanza bíblica general sobre el tema de los demonios demuestra el deseo de Dios de evitar lo extraño y lo increíble. No contiene ninguna de las ideas exageradas ni espectaculares que se encuentran en la mayoría de la literatura externa a la Biblia.

CARACTERÍSTICAS BÁSICAS

Los demonios manifiestan las tres cualidades más básicas que definen la personalidad. Que reconocieran a Jesús y conversaran con Él ilustra su intelecto (Lc. 8:26-39), como también su capacidad de saber la verdad sobre Cristo (Stg. 2:19) y su capacidad de escribir falsa doctrina (1 Ti. 4:1). Los demonios exhiben emociones cuando tiemblan al pensar en Cristo (Stg. 2:19) o temen lo que Él pueda hacerles (Mt. 8:29; Mr. 1:24; 5:7). Al requerirle a Cristo: "Si nos echas fuera, permítenos ir a aquel hato de cerdos", los demonios ejercen su voluntad (Mt. 8:31).

Cuatro cualidades personales adicionales completan este bosquejo básico al describir a los "espíritus impuros". En primer lugar, son *ángeles* creados por cuanto son ángeles de Satanás (Mt. 25:41; Ap. 12:9). Dado que Cristo creó todas las cosas (Col. 1:16), los demonios son ángeles *creados* (Neh. 9:6; Job 1:6; 2:1; 38:4-7).

En segundo lugar, son seres espirituales. El Antiguo Testamento se refiere a ellos como espíritus (Jue. 9:23; 1 S. 16:14-16, 23; 18:10; 19:9). Del mismo modo, el Nuevo Testamento se refiere a ellos como "espíritus" (Mt. 8:16, LBLA), "espíritus malos" (Lc. 7:21) y "espíritus inmundos" (Mt. 10:1).

En tercer lugar, se describe bíblicamente a los demonios como seres móviles. Así como Satanás vaga por la tierra (1 P. 5:8) se puede esperar que los demonios lo acompañen. Pueden residir en los seres humanos, ser expulsados y regresar más tarde (Mt. 12:43-45). Los demonios también pueden visitar el cielo, de donde serán subsecuentemente desterrados (Ap. 12:4, 9). Y llevan a cabo la voluntad de Satanás en la tierra (Mr. 1:34).

Finalmente, Dios responsabilizará moralmente a los demonios por sus malvados hechos. Son juzgados tanto durante la historia en la tierra (2 P. 2:4; Jud. 6) como al final del tiempo (Mt. 25:41; Ap. 20:10).

Tabla 8.3 Contraste entre los demonios y el Espíritu Santo

Demonios	Espíritu Santo
impuros	santo
malignos	justo
engañadores	veraz
fuertes	el más fuerte
temporales	eterno
creados	Creador
falsificados	auténtico

Demonios	Espíritu Santo
oprimen	tranquiliza
esclavizan	libera
destructivos	constructivo
enemigos	amigo
falsos	verdadero
astutos	sincero

CONTRASTES BÁSICOS

La teología de los demonios presenta un firme contraste con la del Espíritu Santo. Algunos de los más llamativos están enumerados en la tabla 8.3.

El carácter de los demonios

Un estudio de los nombres y títulos descriptivos para los demonios en el Antiguo y el Nuevo Testamento proporciona un entendimiento general de cómo son, a quién pertenece su lealtad y cómo y por qué sirven a Satanás.

El Nuevo Testamento contiene una riqueza de información sobre los "espíritus malignos". Los Evangelios y Apocalipsis hablan con frecuencia de los demonios en la época de Cristo, y en los tiempos del fin. Por otra parte, el Antiguo Testamento solo se refiere indirectamente a la existencia de los demonios. Tomados juntos, los dos Testamentos comunican, sin embargo, todo lo que Dios pretendía que los cristianos supieran sobre esos malvados emisarios de Satanás, quien extendió el poder y el alcance del diablo, que no es omnipresente como Dios.

EL ANTIGUO TESTAMENTO

1. *Demonio*: El Antiguo Testamento griego (la Septuaginta) usa el término neotestamentario para demonio (*daimónion*) ocho veces para traducir distintas palabras hebreas, ya que dicha lengua no poseía un vocablo único referido de manera uniforme a los demonios. Las traducciones varían, pero siempre aluden a alguna forma de actividad demoníaca o adoración idólatra, con frecuencia descrita como inmoralidad espiritual (Jer. 3:8-10; Ez. 16:23-43; 23:22-30; cf. Ap. 17:1-5), que el Antiguo Testamento condena y prohíbe estrictamente (Lv. 17:7; 20:27; Dt. 18:10-12). Estas diversas traducciones incluyen las siguientes: "demonios" (Dt. 32:17; Sal. 106:37); "quemando incienso" (Is. 65:3); "destrucción" (Sal. 91:6, LBLA; cf. "Abadón" y "Apolión", Ap. 9:11); "fortuna" (Is. 65:11; cf. "copa" y "mesa" de "los demonios", 1 Co. 10:21); "ídolos" (Sal. 96:5); y "cabras salvajes" (Is. 13:21; 34:14).

2. *Mal espíritu o espíritu malo* (Jue. 9:23; 1 S. 16:14-16, 23; 18:10; 19:9): Este es también el principal título descriptivo usado respecto a los demonios en el Nuevo Testamento, y enfatiza su carácter siniestro.

3. *Espíritu de mentira* (1 R. 22:22-23; 2 Cr. 18:22): El "espíritu de mentira" (Satanás; cf. "padre de mentira", Jn. 8:44) envía a cuatrocientos espíritus mentirosos

(demonios) para entregar un mensaje falso a los cuatrocientos profetas de Acab. Como no es omnipresente, lo que Satanás no podía hacer a la misma vez, podía lograrlo al mandar a cuatrocientos demonios que impactaran en cuatrocientos profetas falsos.

4. *Príncipe... de Grecia, Príncipe de Persia* (Dn. 10:13, 20): Esta es una breve mención de algún tipo de batalla espiritual celestial entre Miguel, el principal ángel santo y los príncipes demoníacos de Persia y Grecia (Dn. 10:21; 11:2; Jud. 9; Ap. 12:7). En el contexto, se refiere a Persia que cede su gobierno del mundo a Grecia en el futuro (Dn. 8:1-8, 20-22). Puede decirse que parece que el poder mundial gobernante tiene a un demonio como defensor para luchar contra Miguel, el defensor de Israel (Dan. 10:21; 12:1). De estos pocos versículos no se puede entender ni extrapolar nada más. No existe base bíblica para la enseñanza errónea de los demonios territoriales de la época moderna a nivel mundial.

5. *Espíritu de inmundicia* (Zac. 13:2): El Antiguo Testamento griego (Septuaginta) usa *akáthartos* una sola vez, mientras que el Nuevo Testamento utiliza el mismo término con frecuencia para hablar de los demonios. Parece dirigirse al poder espiritual (demonios) subyacente a los falsos profetas y los idólatras. Estos parecen ser los mismos espíritus impuros y demoníacos a los que se refiere Apocalipsis 16:13-14.

6. *Ángeles destructores* (Sal. 78:49): La frase "un ejército de ángeles destructores" en Salmos 78:49 podría referirse, posiblemente, a demonios. Sin embargo, parece más probable que el salmista personificara poéticamente la ira de Dios como ángeles o mensajeros.

NUEVO TESTAMENTO

1. *Demonio(s)* (gr. *daimónion,* Mt. 7:22–Ap. 18:2): Esta designación es, de lejos, el término más común del Nuevo Testamento para los ángeles caídos, y aparece sesenta y tres veces. Unas pocas variaciones también se usan, pero siempre con alguna referencia directa a los demonios (Mt. 8:31; Stg. 3:15). Aunque el Antiguo Testamento puede, en ocasiones, ser impreciso con este término, el Nuevo Testamento es inequívocamente claro y coherente cuando se refiere a seres espirituales malignos.

2. *Ángel* (Mt. 25:41; 2 Co. 12:7; 2 P. 2:4; Jud. 6; Ap. 12:7, 9): En los seis ejemplos en los que el Nuevo Testamento llama a los demonios "ángeles", se entienden como "mensajeros" asociados con Satanás y el mal.

3. *Espíritus engañadores* (1 Ti. 4:1): Estos espíritus engañadores (gr. *plános*) diseminarán las falsas enseñanzas o las doctrinas de los demonios.

4. *Espíritu(s) maligno(s)* (Mt. 12:45; Lc. 7:21; 8:2; 11:26; Hch. 19:12, 13, 15-16): Este título es paralelo al otro idéntico en el Antiguo Testamento. Los demonios reproducen la naturaleza maligna de Satanás.

5. *Ranas* (Ap. 16:13-14): Los demonios parecen como ranas cuando emergen del territorio satánico de Satanás, del anticristo y del falso profeta al final de la septuagésima semana de Daniel. Aquí también se los denomina "espíritus inmundos" y "espíritus de demonios".

6. *Ejército de los cielos* (Is. 24:21; 34:4): Este término puede usarse para (1) los cuerpos físicos en el cielo (Sal. 33:6; Is. 40:26), (2) los ángeles santos (1 R. 22:19; Neh. 9:6; Lc. 2:13) y (3) los ángeles malignos (Dt. 4:19; 17:2-3; 2 R. 17:16; 21:3, 5; 23:4-5). Al escribir Isaías que "Jehová castigará al ejército de los cielos"

(Is. 24:21) y que "todo el ejército de los cielos se disolverá" (34:4), esto no puede referirse a los cuerpos físicos ni a los ángeles santos. Por tanto, debe aludir a los demonios, que son el poder subyacente a la idolatría y a la falsa adoración.

7. *Langostas* (Ap. 9:3): En la mitad de la septuagésima semana de Daniel, Satanás ("una estrella que cayó del cielo") liberará una porción de los demonios (representados por langostas), que han sido encarcelados en el abismo, desde la caída moral original (Ap. 12:4).
8. *Espíritu mudo y sordo* (Mr. 9:25): Cuando Jesús expulsó a un demonio permanentemente de un niño, se dirigió a él como "espíritu mudo y sordo" y también como un "espíritu inmundo".
9. *Espíritu* (Mt. 8:16; 12:45; Mr. 9:17, 20; Lc. 9:39; 10:20; 11:26; Hch. 16:16, 18; Ap. 16:14): Esta es la característica esencial de todos los ángeles, tanto electos como malignos.
10. *Espíritu de adivinación* (Hch. 16:16): Una adivinadora poseída por un demonio, en Filipos, es exorcizada al instante por Pablo.
11. *Estrellas* (Ap. 12:4): Este término genérico para todos los ángeles, tanto santos como malignos, se usa en el contexto de Apocalipsis 12 para describir a un tercio de todos los ángeles que rechazaron a Dios y se alinearon con Satanás.
12. *Espíritu(s) inmundo(s)* (Mt. 10:1–Ap. 18:2): En veintitrés ocasiones se describe a los demonios como moralmente impuros (gr. *akáthartos*). Son lo opuesto a los ángeles santos.

La historia de los demonios

LA CREACIÓN

Véase "La historia de Satanás" (p. 696).

LA CAÍDA

Véase "La historia de Satanás" (p. 696).

JUICIOS INTERMEDIOS

Véase "La historia de Satanás" (p. 696), "Los juicios de Satanás" (p. 718), y "Juicios de los demonios" (p. 734).

DE LA CAÍDA A LA TRIBULACIÓN

Encuentros específicos. La revelación de Dios en la Biblia es la única información fiable sobre Satanás y los demonios. Poco se dice respecto a los demonios en las Escrituras, al margen de los Evangelios. Los resúmenes bíblicos de las tablas 8.4–8.8 se enfocan en relatos claros e históricos de la involucración humana con los demonios.[17]

Descripciones generales. Podemos hacer numerosas observaciones sobre las actividades de los demonios en los Evangelios y en Hechos. Se enumeran aquí sin un orden especial de importancia.

---

17. Estas tablas están adaptadas de Richard Mayhue, *La promesa de sanidad* (Grand Rapids, MI: Editorial Portavoz, 1995).

1. Juan el Bautista fue acusado de estar endemoniado (Mt. 11:18; Lc. 7:33).
2. Jesús fue acusado de estar endemoniado (Mt. 9:34; 12:24; Mr. 3:22, 30; Lc. 11:15; Jn. 7:20; 8:48-49; 10:20).
3. Nombres de Jesús usados por los demonios:
   a. Hijo de Dios (Mt. 8:29; Mr. 3:11; Lc. 4:41)
   b. Jesús nazareno (Mr. 1:24; Lc. 4:34)
   c. El Santo de Dios (Mr. 1:24; Lc. 4:34)
   d. Jesús, Hijo del Dios Altísimo (Mr. 5:7; Lc. 8:28)
4. Título para Pablo y Silas usado por los demonios: siervos del Dios Altísimo (Hch. 16:17).
5. Otros, aparte de Cristo, que expulsaron demonios:
   a. Los Doce (Mt. 10:1-8; Mr. 3:14-15; 6:7-13)
   b. Persona anónima (Mr. 9:38; Lc. 9:49-50)
   c. Los setenta y dos (Lc. 10:17-20, NVI)
   d. Pedro y los apóstoles (Hch. 5:16)
   e. Felipe (Hch. 8:7)
   f. Pablo (Hch. 16:16-18; 19:11-12)
6. Algunos afirmaron falsamente exorcizar demonios:
   a. Gente anónima (Mt. 7:22)
   b. Los hijos de Esceva (Hch. 19:13-16)
7. Síntomas físicos de posesión demoníaca:
   a. Violencia (Mt. 8:28; Hch. 19:16)
   b. Mudez (Mt. 9:32-33; Mr. 9:17)
   c. Epilepsia (Mt. 17:15; Mr. 9:18, 20)
   d. Gritos (Mr. 1:23-26; 5:5)
   e. Fuerza sobrehumana (Mr. 5:4)
   f. Masoquismo (Mr. 5:5)
   g. Desnudez (Mr. 5:15)
   h. Discapacidad física (Lc. 13:10-13)
   i. Adivinación (Hch. 16:16)
8. Preocupaciones de los demonios:
   a. Que Jesús los destruyera (Mr. 1:24)
   b. Que Jesús los atormentara antes de tiempo (Mt. 8:29; Mr. 5:7)
   c. Que Jesús los enviara fuera de la región (Mr. 5:10)
   d. Que pudieran permanecer encarnados, aunque fuera en cerdos (Mt. 8:31; Mr. 5:12)
9. Múltiples demonios en una persona:
   a. Muchos (Mr. 5:9)
   b. Al menos ocho demonios (Mt. 12:45)
   c. Siete demonios en María Magdalena (Lc. 8:2)
10. Los demonios tienen nombres (p. ej., "Legión", Mr. 5:9).
11. Algunos demonios solo son expulsados después de orar y ayunar (Mr. 9:14-29).
12. Los demonios pueden regresar después de ser desalojados (Mt. 12:43-45; Lc. 8:29).
13. Echar fuera demonios es secundario a la muerte de Cristo y la salvación (Lc. 10:20).
14. Nunca se describe el aspecto físico de los demonios en los Evangelios, Hechos, o las Epístolas.

Tabla 8.4 Encuentros con demonios en el Antiguo Testamento

Encuentro	Pasajes del Antiguo Testamento
Abimelec y los hombres de Siquem	Jueces 9:23-24, 56-57
Saúl	1 Samuel 16:14-23
Saúl	1 Samuel 18:10
Saúl	1 Samuel 19:9
Los profetas de Acab	1 Reyes 22:22-23; 2 Crónicas 18:18-22

Tabla 8.5 Encuentros de Jesús con demonios en los Evangelios

Encuentro	Mateo	Marcos	Lucas	Juan
Multitudes	4:24	1:39	—	—
Multitudes	8:16	1:29-34	4:38-41	—
Hombre gadareno	8:28-34	5:1-20	8:26-39	—
Hombre mudo	9:32-34	—	—	—
Hombre ciego y mudo	12:22	—	—	—
Muchacha gentil	15:21-28	7:24-30	—	—
Epiléptico	17:14-21	9:14-29	9:37-43	—
Hombre	—	1:23-28	4:33-37	—
Multitudes	—	3:11	—	—
María Magdalena	—	16:9	8:2	—
Multitudes	—	—	6:18	—
Multitudes	—	—	7:21	—
Hombre	—	—	11:14	—
Mujer	—	—	13:10-17	—
Multitudes	—	—	13:32	—

Tabla 8.6 Otros encuentros con demonios en los Evangelios

Encuentro	Mateo	Marcos	Lucas	Juan
Los Doce	10:1, 8	6:7, 13	9:1	—
Los Doce	—	3:15	—	—
Discípulo anónimo	—	9:38	9:49	—
Los Doce	—	16:17	—	—
Los setenta y dos	—	—	10:17-20 (NVI)	—

Tabla 8.7 Encuentros con demonios en Hechos*

Encuentro	Hechos
Multitudes	5:16
Multitudes	8:7
Pablo y la esclava	16:16-18
Pablo y las multitudes	19:11-12
Los hijos de Esceva	19:13-17

*El incidente de Ananías y Safira (Hch. 5:1-11) no está incluido, porque la frase "¿por qué llenó Satanás tu corazón para que mintieses?" (5:3) habla específicamente de Satanás, y no de ser invadido por demonios.

Tabla 8.8 Encuentros con demonios en las Epístolas y Apocalipsis

Encuentro	Epístolas y Apocalipsis
No hay encuentros específicos.*	

*El caso del fornicador impenitente de 1 Corintios 5:1-13 se omite porque (1) no hay pruebas del involucramiento de demonios, y (2) existe una fuerte posibilidad de que fuera un falso creyente (cf. "llamándose hermano" [5:11] y "perverso" [5:13] como indicadores).

LA SEPTUAGÉSIMA SEMANA DE DANIEL

Apocalipsis incluye seis descripciones de la actividad demoníaca en la segunda mitad de la septuagésima semana de Daniel:

1. Algunos de los demonios encerrados originalmente en el abismo son liberados (Ap. 9:1-3, 11).
2. Cuatro demonios especiales son liberados en el río Éufrates al final (Ap. 9:13-15).
3. Se fomenta la adoración idólatra a los demonios (Ap. 9:20).
4. Los demonios son desterrados de forma permanente del cielo (Ap. 12:7-13).
5. Los demonios realizan falsas señales (Ap. 16:13-14).
6. Los demonios habitan en Babilonia (Ap. 18:2).

JUICIOS FINALES

Se puede suponer, con toda seguridad, que los tres juicios concluyentes de Satanás también incluyen a todos los demonios. Esto implica (1) el juicio de la tribulación (Ap. 12:7-13), (2) el juicio milenial (Ap. 20:7-9) y (3) el juicio final (Is. 27:1; Ap. 20:10), por el cual Satanás y sus ángeles encuentran residencia eterna en el lago de fuego (Mt. 25:41; 2 P. 2:4; Jud. 6; Ap. 20:10, 14-15). Véase "Los juicios de Satanás" (p. 718).

El poder de los demonios

Los demonios poseen el gran poder de los ángeles (Ro. 8:38; 1 Co. 15:24), mayor que el de los seres humanos, pero mucho menor que el de su Creador. Tienen el poder de llevar a cabo las acciones siguientes:

1. Habitan en seres humanos y animales (Mr. 5:1-16)
2. Afligen físicamente a las personas (Mr. 9:17, 22)
3. Aterrorizan a los seres humanos (1 S. 16:14-15; 18:10; 19:9; Hch. 19:13-16; 2 Co. 12:7)
4. Inician la falsa adoración (1 Co. 10:20-21)
5. Fomentan las falsas doctrinas (1 Ti. 4:1)
6. Realizan señales y prodigios falsos (2 Ts. 2:9; Ap. 16:13-14)
7. Engañan a los profetas (1 R. 22:19-23)
8. Alientan la idolatría (Dt. 32:17; Sal. 106:37)
9. Urden la muerte (Jue. 9:23, 56-57)

Los demonios obran desde una poderosa jerarquía celestial para ejecutar sus hechos perversos. Palabras como "ángeles", "autoridades", "gobernadores", "dominios", "poderes", "príncipes" y "tronos" pueden usarse para describir las jerarquías de los ángeles santos o malignos. En su contexto, Romanos 8:38; 1 Corintios 15:24; Efesios 2:2; 6:12; y Colosenses 2:15 se refieren, con mayor probabilidad, a diversos rangos o niveles entre los ángeles perversos, es decir, la jerarquía demoníaca. En su contexto, Efesios 1:21; Colosenses 1:16; y 1 Pedro 3:22 se refieren muy posiblemente a diversos rangos o niveles en la jerarquía de los ángeles santos.

Las Escrituras no detallan nunca los pormenores de esas jerarquías para explicar su orden o su función. Dado que Satanás imita y falsifica el carácter de Dios y las características del reino, es muy posible que exista una jerarquía funcional autoritativa para los santos ángeles que adoran a Dios y una jerarquía falsificada paralela para los ángeles perversos que prestan su lealtad a Satanás.

Sin embargo, por fuertes que pudieran ser los demonios, también tienen graves debilidades y vulnerabilidades:

1. Involuntariamente, sirven a los propósitos de Dios (Jue. 9:23).
2. Cristo y el evangelio los aterrorizan (Mt. 8:29; Mr. 1:24; Stg. 2:19).
3. Obedecieron a Cristo (Mt. 8:32).
4. Obedecieron a los Doce (Mt. 10:1-8) y a los setenta y dos (Lc. 10:17-20, NVI).
5. No pueden apartar a los creyentes en Cristo del amor de Dios (Ro. 8:38).
6. Pueden ser refrenados por el Espíritu Santo (2 Ts. 2:6; 1 Jn. 4:4).
7. Ya han sido juzgados por Dios (2 P. 2:4; Jud. 6) y lo serán de nuevo en el futuro (Ap. 20:10).

El papel de siervo de los demonios

Véase la explicación de "El papel de siervo de Satanás" (p. 707) que documenta de forma global cómo usa Dios a Satanás y a los demonios para realizar sus propósitos divinos, sin violar su carácter perfectamente santo y justo.

Una defensa cristiana

Véanse las notas sobre "Una defensa cristiana" contra Satanás (p. 714), que se aplica por igual a los demonios.

La posesión demoníaca

¿Qué significa la posesión demoníaca y qué implica? ¿Pueden experimentar este fenómeno los cristianos y los inconversos? ¿Puede ser algo interno y externo por naturaleza? ¿Cuál es el remedio bíblico para la posesión demoníaca? Estas importantes preguntas se debatirán y se responderán en lo que sigue. La pregunta suprema a resolver es: ¿Pueden los cristianos ser demonizados —es decir, habitados espacialmente—, y que esto conduzca a la necesidad de que un demonio (o demonios) sean expulsados, tal como se observa en los Evangelios y los Hechos?

Un escritor enmarcó el asunto como sigue:

> Tal vez, la cuestión más polémica que deba suscitarse sea: «¿Puede un verdadero creyente estar endemoniado?». Observe que no estoy hablando de posesión demoníaca, sino de *demonización*. *Posesión* implica propiedad y control absoluto. Los cristianos, incluso aquellos desobedientes, pertenecen a Dios y no a Satanás. Por lo tanto, el diablo no puede controlarlos por completo. La *demonización*, sin embargo, es algo distinto. Por demonización entiendo que Satanás, a través de sus demonios, ejerce un control parcial directo sobre una o más áreas de la vida de un cristiano o un no cristiano. ¿Puede realmente sucederles eso a los cristianos?[18]

La explicación respecto a lo que la Biblia enseña se abordará en cinco líneas de pensamiento: léxico, bíblico, histórico, teológico y práctico. Solo entonces se puede hacer una declaración concluyente y convincente.

EVIDENCIA LÉXICA

El Nuevo Testamento usa cuatro frases diferentes en treinta y dos ocasiones para describir la influencia demoníaca sobre los seres humanos en los Evangelios y Hechos:

1. que alguien "tenga" un demonio (gr. *éjo*, 16 veces)
   a. Mateo 11:18
   b. Marcos 3:30; 5:15; 7:25; 9:17
   c. Lucas 4:33; 7:33; 8:27
   d. Juan 7:20; 8:48-49, 52; 10:20
   e. Hechos 8:7; 16:16; 19:13
2. alguien que está "endemoniado" (gr. *daimonízomai*, 13 veces)
   a. Mateo 4:24; 8:16, 28, 33; 9:32; 12:22; 15:22
   b. Marcos 1:32; 5:15-16, 18
   c. Lucas 8:36
   d. Juan 10:21
3. alguien "con espíritu inmundo" (gr. *en*, 2 veces): Marcos 1:23; 5:2
4. alguien "atormentado" con un espíritu inmundo (gr. *ojléomai*, 1 vez): Hechos 5:16

Los dos primeros usos (que totalizan 29 de las 32 apariciones) se refieren al mismo fenómeno. Por ejemplo, Lucas 8:27 (uso 1) y 8:36 (uso 2) ambos se refieren a una situación idéntica. Del mismo modo, Juan 10:20 (uso 1) y 10:21 (uso 2) se refieren a la

---

18. Ed Murphy, *Manual de guerra espiritual* (Nashville: Grupo Nelson, 1995), xii.

misma situación. Y, asimismo, Marcos 5:15 emplea tanto el uso 1 como el 2 en el mismo versículo, refiriéndose a la misma situación. Todo importante léxico griego del Nuevo Testamento define *daimonízomai* como "ser poseído por un demonio". El lenguaje de los usos 3 y 4 implican lo que los usos 1 y 2 significan explícitamente.

El lenguaje que se usa para indicar que los demonios "entran en", "salen de" o son "expulsados" se emplea de forma sistemática con respecto a personas demonizadas (Mt. 8:16, 32; 9:33; 12:22-24; Mr. 1:34; 5:8, 13). Si estos términos significan algo, sugieren la idea de un demonio que establece residencia de forma real y que influye de manera poderosa en el interior del cuerpo de una persona endemoniada. Entender el término "endemoniar" en otro sentido que no sea el de alguien que tiene un demonio en su interior es malinterpretar las Escrituras.

El término "endemoniado" en las Escrituras se refiere a "la invasión del cuerpo de una víctima por parte de un demonio (o demonios), en que este ejerce un control vivo y dominante sobre la víctima, al que esta no puede resistirse con éxito".[19] Los elementos de que los demonios moren en uno y la incapacidad de resistirse a su voluntad son lo que hacen de la demonización algo distinto de las formas menores de la influencia demoníaca. El Nuevo Testamento usa este término solo en el sentido estricto de la posesión demoníaca. Así, otras formas de influencia externa no pueden denominarse "posesión demoníaca" de forma adecuada ni demonización. Más bien se puede referir a ellas como opresión o acosamiento demoníacos. Por consiguiente, en lo que respecta al léxico, en los treinta y dos casos en los que los Evangelios y Hechos hablan de personas involucradas con demonios, se refieren a seres humanos dentro de los cuales habita un demonio, o demonios.

RELATOS BÍBLICOS

La Biblia recoge quince ocasiones específicas en las que los demonios moran en los seres humanos:[20]

1. Antiguo Testamento (4 incidentes particulares):
    a. 1 Samuel 16:14-23: Saúl
    b. 1 Samuel 18:10: Saúl
    c. 1 Samuel 19:9: Saúl
    d. 1 Reyes 22:22-23: los cuatrocientos profetas de Acab
2. Los Evangelios (9 incidentes particulares):
    a. Mateo 8:28-34; Marcos 5:1-17; Lucas 8:26-37: el endemoniado gadareno
    b. Mateo 9:32-34: hombre endemoniado en Capernaum (mudo)
    c. Mateo 12:22-29: el endemoniado ciego y mudo
    d. Mateo 15:21-28; Marcos 7:24-30: la mujer sirofenicia y su hija
    e. Mateo 17:14-20; Marcos 9:14-29; Lucas 9:37-43: bajando del monte de la Transfiguración
    f. Marcos 1:21-28; Lucas 4:31-37: el hombre endemoniado en la sinagoga de Capernaum

---

19. Alex Konya, *Demons: A Biblically Based Perspective* (Schaumburg, IL: Regular Baptist, 1990), 21-22.
20. Véase Dickason, *Los ángeles: Escogidos y malignos*.

      g. Marcos 16:9; Lucas 8:2: María Magdalena
      h. Lucas 11:14-26: el hombre mudo y endemoniado
      i. Lucas 13:10-17: la mujer encorvada
3. Hechos (2 incidentes particulares):
      a. Hechos 16:16-18: la adivinadora de Filipos
      b. Hechos 19:11-17: los hijos de Esceva
4. Las Epístolas y Apocalipsis (ninguno)

¿Existen algunos ejemplos bíblicos claros de creyentes verdaderos poseídos por demonios en los pasajes de las Escrituras indicados más arriba? Una revisión de los datos bíblicos elimina once de las quince posibilidades: solo quedan Saúl en el Antiguo Testamento (3 veces) y la mujer encorvada de Lucas 13:10-17.

ASPECTOS HISTÓRICOS

Solo existen cuatro casos históricos que pueden verificarse bíblicamente, donde las personas con involucración demoníaca podrían ser verdaderos creyentes. Son Saúl en 1 Samuel 16, 18 y 19, y la mujer afligida durante dieciocho años de Lucas 13.

¿Era Saúl un verdadero creyente? Por el bien de esta exposición, se supone que confiaba de verdad en la gracia de Dios para la salvación. Como prueba, nótense las ocho veces en que Saúl recibió la distinción de "el ungido del Jehová" (1 S. 24:6, 10; 26:9, 11, 16, 23; 2 S. 1:14, 16). Samuel también le anunció a Saúl que, en la muerte, ambos estarían juntos (1 S. 28:19).

Dado que Saúl parece, al menos, haber sido creyente, se puede preguntar: ¿estaba poseído por demonios que tenían que ser expulsados? El lenguaje siguiente describe la forma en que el "espíritu maligno" afectaba a Saúl:

1. "lo atormentaba" (1 S. 16:14-15)
2. "sobre ti" (1 S. 16:16)
3. "sobre Saúl" (1 S. 16:23)
4. "se apoderó de Saúl" (1 S. 18:10, NVI)
5. "sobre Saúl" (1 S. 19:9)

Ninguna de estas frases sugiere que el espíritu maligno o dañino existía *dentro* de Saúl. En cada caso, el texto habla de tormento externo. En realidad, el lenguaje hebreo tiene la palabra en pretérito perfecto (*bo*) que, ciertamente, se habría usado si Saúl hubiera estado poseído. Pero no fue usada. Sin embargo, esa es la palabra que usó Ezequiel cuando afirmó: "Entró el Espíritu en mí" (Ez. 2:2; 3:24), en un claro caso de posesión por parte del Espíritu Santo.

Con respecto a la mujer encorvada de Lucas 13:10-17, nadie puede cuestionar que llevara dieciocho años sufriendo por culpa de un espíritu (Lc. 13:11) identificado como Satanás (Lc. 13:16). ¿Pero era ella creyente? Quienes así lo afirman se basan en que Cristo se refirió a ella como una "hija de Abraham" (Lc. 13:16). Sugieren un paralelo con Zaqueo quien, al convertirse en creyente, fue denominado por Jesús como un "hijo de Abraham". Sin embargo, una mirada cercana a Lucas 19:9 pinta una imagen distinta.

La salvación llegó *porque* Zaqueo era un "hijo de Abraham" y *porque* "el Hijo del Hombre vino a buscar y a salvar lo que se había perdido" (Lc. 19:10). Jesús vino a salvar a su pueblo (los judíos) de sus pecados (Mt. 1:21). Zaqueo no llegó a ser un "hijo de Abraham" como resultado de la salvación en el sentido de Gálatas 3:7, que afirma que "los que son de fe, éstos son hijos de Abraham". Más bien era un judío —también conocido como un "hijo de Abraham"— y porque Jesús vino a salvar a su pueblo, atrajo a Zaqueo a la creencia salvadora. Zaqueo había sido siempre un "hijo de Abraham"; solo después creyó en el Señor Jesucristo para salvación.

Del mismo modo, la mujer de Lucas 13, una hija de Abraham, era una incrédula que había estado atada a una dolencia física procedente de Satanás y, posiblemente, de los demonios. Ella fue liberada de su tormento a través del ministerio de Jesús. No experimentó el mal residente como creyente, sino como incrédula.

Por tanto, no hay un solo caso en las Escrituras donde residieran Satanás o los demonios dentro de un creyente verdadero y necesitaran ser expulsados.

LOS FACTORES TEOLÓGICOS

Las Epístolas del Nuevo Testamento no advierten nunca a los creyentes sobre la posibilidad de la posesión demoníaca, aunque se hable de Satanás y de los demonios con bastante frecuencia; tampoco enseñan cómo expulsar demonios de un creyente ni de un incrédulo. Es bíblicamente inconcebible que un verdadero creyente pudiera ser poseído por demonios cuando la Biblia no presenta un ejemplo histórico claro ni proporciona advertencias ni instrucciones para una experiencia espiritual tan seria.

Al menos otros cinco factores teológicos confirman esta conclusión:

1. La idea central de 2 Corintios 6:14-18 descarta pensar que el Espíritu Santo y los espíritus inmundos puedan cohabitar en los creyentes verdaderos, incluso de forma temporal.
2. La salvación, tal como se describe en Colosenses 1:13, habla de la verdadera "liberación" de Satanás y de la transferencia al reino de Cristo.
3. Cuando se combinan los siguientes pasajes, los mismos conforman una poderosa declaración que refutan la idea de que los demonios posean a los cristianos:
    a. Romanos 8:37-39: vencemos de forma abrumadora por medio de Cristo.
    b. 1 Corintios 15:57: Dios nos da la victoria por medio de nuestro Señor Jesucristo.
    c. 2 Corintios 2:14: Dios siempre nos lleva en su triunfo en Cristo.
    d. 1 Juan 2:13-14: Hemos vencido al maligno.
    e. 1 Juan 4:4: El poder mayor reside en nosotros.
4. El ministerio sellador del Espíritu Santo protege a los cristianos contra la invasión demoníaca (2 Co. 1:21-22; Ef. 4:30).
5. La promesa de 1 Juan 5:18 convierte la idea de la invasión demoníaca en un concepto no bíblico y en una imposibilidad para un creyente verdadero.

LAS PREOCUPACIONES PRÁCTICAS

No cabe duda de que los demonios residen, en ocasiones, en el interior de los seres humanos. De otro modo, no habría necesidad de expulsarlos (gr. *ekbálo*). Las Escrituras también afirman que cuando los demonios moran en los seres humanos, con frecuencia debilitan al anfitrión humano. La residencia demoníaca ha resultado en problemas físicos como epilepsia (Mt. 17:14-18), ceguera (Mt. 12:22), sordera (Mr. 9:25) e incapacidad de hablar (Mt. 9:32-33). Cuando el demonio es desalojado, el problema físico también se va, y la persona queda sanada.

Una vez entendidas estas cosas, ¿pueden los verdaderos creyentes ser poseídos por demonios y tener la necesidad de que estos sean desalojados? Tras un estudio completo de los versículos adecuados, la respuesta es no. La demonización (gr. *daimonízomai*) solo alude a los incrédulos en quienes reside un demonio. La Biblia concluye que la liberación de un cristiano de los demonios que moran en él es un oxímoron.

La Biblia permanece suprema como única fuente de revelación divina sobre el mundo espiritual de Satanás y los demonios. Las experiencias clínicas y de consejería nunca serán iguales a las Escrituras, y no deberían usarse jamás para sacar conclusiones que no se enseñen primero con claridad en la Palabra de Dios.

La Biblia revela de un modo convincente que los verdaderos creyentes no pueden ser habitados por Satanás o los demonios. Sin embargo, pueden ser atormentados, oprimidos y acosados externamente, incluso hasta un punto grave, como Saúl (o, siglos más tarde, como Pablo, en cuyo caso se permitió que soportara un aguijón satánico en la carne, 2 Co. 12:7). Si de verdad se descubriera que los demonios moran en una persona, esta sería la prueba de que dicha persona carece de la salvación genuina, independientemente de la firmeza con la que esa persona, un consejero o un pastor, o incluso un demonio, argumenten lo contrario. Si uno se encuentra con una persona verdaderamente endemoniada, entonces deberá reconocer la fuerza del enemigo, apelar a Dios en oración (cf. Jud. 9), y usar el poder de las Escrituras (Ro. 1:16) —en especial del evangelio— para tratar la situación.

Juicios de los demonios

Con anterioridad hablamos de "los juicios de Satanás" (véase p. 718), y el trato allí de los juicios edénico, en el Calvario, tribulacional, milenial y eterno de Satanás se aplica igualmente a los demonios. Sin embargo, parecería que el juicio original sobre los demonios tuvo unas cuantas variaciones. Una porción de todo el grupo que se rebeló inicialmente con Satanás (Ap. 12:4) fue expulsado del cielo y lanzado directamente al abismo (2 P. 2:4; Jud. 6; cf. Lc. 8:31). Otra parte del grupo desterrado del cielo y echado directamente al abismo será liberado en la mitad de la septuagésima semana de Daniel (Ap. 9:1-11). También parece haber un grupo especial de cuatro demonios atados junto al río Éufrates que serán liberados al final de la septuagésima semana de Daniel (Ap. 9:13-15). Otros que fueron originalmente arrojados del cielo junto a Satanás, lo acompañarán durante su tiempo en el cielo y en la tierra para presentar sus traicioneros ofrecimientos (Is. 24:21; Ap. 12:7-9).

Durante el juicio/confinamiento milenial de Satanás, todos los demonios también serán encarcelados con él. Finalmente, cuando Satanás sea liberado y, a continuación, eternamente juzgado, parece seguro que todos los demonios estarán con él entonces y para siempre (Is. 24:22; Mt. 25:41; 2 P. 2:4; Jud. 6; Ap. 20:10).

El ángel del Señor

Apariciones veterotestamentarias
Características de la divinidad
Identificación
Correlación del Nuevo Testamento

El término hebreo *malák* del Antiguo Testamento y el término griego *ángelos* del Nuevo Testamento pueden, por lo general, traducirse "mensajero", "enviado" o "embajador" cuando se refieren a la tarea o la función. El mensajero puede ser humano en su naturaleza, como los mensajeros de Jacob (Gn. 32:3, 6), los mensajeros de Juan el Bautista (Lc. 7:24), o los mensajeros de Cristo (Lc. 9:52). Con frecuencia, el mensajero es un ser no humano, sobrenatural o creado al que se suele referir como un "ángel" (2 Cr. 32:21; Mt. 1:20, 24).

La expresión "ángel del Señor" solo aparece en el Antiguo Testamento, nunca en el Nuevo, y alude a un enviado singular, único en su especie. Incluso "el ángel del Señor" en Mateo 1:24 indica un ser angélico creado sin relevancia extraordinaria ya que este texto usa el artículo definido que señala a Mateo 1:20, que dice "un ángel del Señor". En Hechos 7:30-35, Esteban cita Éxodo 3:1-10, que alude a la aparición histórica del ángel a quien Isaías identifica como "el ángel de su faz" (Is. 63:9).

Esta persona especial se menciona en el Antiguo Testamento con múltiples títulos:

1. "el ángel del Señor" (Gn. 16:7)
2. "el ángel de Dios" (Gn. 21:17)
3. "su ángel" (Gn. 24:7, 40)
4. "mi ángel" (Éx. 23:23)
5. "el ángel de su faz" (Is. 63:9)
6. "el ángel del pacto" (Mal. 3:1)

Con estas observaciones generales como antecedente, esta última pregunta exige una respuesta: ¿Quién es el misterioso ángel del Antiguo Testamento? A lo largo de los siglos se han ofrecido al menos cuatro identidades posibles: (1) un "ángel" del cielo, posiblemente el arcángel Miguel; (2) Melquisedec; (3) el Señor (Jehová) mismo (una teofanía); o (4) una cristofanía o *juiofanía* (del gr. *juíos*, "hijo"), es decir, una aparición preencarnada del Señor Jesucristo en la tierra. Con el fin de determinar cuáles de estas posibilidades es la identidad correcta, se deben presentar varias líneas de evidencia bíblica. Después de esto, se ofrecerá una identificación concluyente.

Apariciones veterotestamentarias

El nombre hebreo para "ángel" (o "mensajero") aparece unas 213 veces en el Antiguo Testamento. En unos noventa usos aproximadamente, la mayoría en los libros históricos se refiere al "ángel de Jehová". En este sentido aparece por primera vez en Génesis 16:7 y continúa hasta su uso final en Malaquías 3:1, y figura en dieciséis de los treinta y nueve libros del Antiguo Testamento. En otras ocasiones, solo se utiliza "ángel" y, entonces, la identidad no es tan segura (Dn. 3:28; 6:22). Con frecuencia, se tienen en mente a los mensajeros humanos (alrededor del cincuenta por ciento de las veces). La tabla 8.9 proporciona un ejemplo representativo de los encuentros o menciones del "ángel de Jehová".

Características de la divinidad

El "ángel de Jehová" exhibe cualidades que solo se pueden asociar con la deidad:

1. El "ángel de Jehová" reivindica una naturaleza divina (Éx. 3:2-5; Jue. 13:17-18).
2. El "ángel de Jehová" exhibe atributos divinos (Éx. 23:21; 33:14; Is. 63:9).
3. Las Escrituras equiparan al "ángel de Jehová" con el Señor (Jehová), incluso con Dios (Gn. 16:11-13; 22:9-18; 32:24-30; véanse Gn. 48:15-16; Éx. 3:2-6; 13:21-22 [en comparación con 14:19]; 32:34; 33:2; Nm. 22:35 [en comparación con 23:5]; Jue. 6:11-16; 13:21-23; Os. 12:4).
4. A pesar de ello, el Señor (Jehová) y el "ángel de Jehová" no son la misma persona. Por ejemplo, el Señor envía al ángel (Éx. 23:20-23). En otras ocasiones, el "ángel de Jehová" habla de Jehová (Zac. 1:12), y Jehová le responde al ángel (Zac. 1:13).
5. El "ángel de Jehová" es el principal protector de Israel (Éx. 14:19-20; 23:20-23; Jos. 5:13-15; Sal. 34:7; 35:5-6).
6. El "ángel de Jehová" posee el nombre de "Jehová" (Éx. 3:14; Jue. 13:17-18; véase Is. 9:6).
7. El "ángel de Jehová" recibe adoración (Éx. 3:5; Jos. 5:15; Jue. 13:20).
8. El "ángel de Jehová" perdona el pecado (Gn. 48:16; Éx. 23:21).

Identificación

El "ángel de Jehová" ha sido identificado por algunos como un ángel creado y especial, a quien no se nombra en los anales bíblicos. En los escritos de los padres apostólicos (*ca.* 150 d.C.), se identifica en ocasiones al "ángel de Jehová" como el arcángel Miguel.[21] Comentaristas posteriores siguieron ocasionalmente el ejemplo. Sin embargo, ningún ángel creado, aunque fuera un arcángel, poseyó jamás los rasgos de la deidad observados con anterioridad en el registro bíblico; la opción de que fuera un ángel debe descalificarse.

Una propuesta que no se encuentra con frecuencia sugiere que el "ángel de Jehová" del Antiguo Testamento es el rey de Salem, Melquisedec (Gn. 14:18), el misterioso sumo sacerdote de cuyo orden se dice que procede el Señor Jesucristo (Sal. 110:4; He. 5:6, 10; 6:20; 7:17). Esta idea presupone que Melquisedec es el Cristo preencarnado, algo que se descarta con facilidad, porque no hay pruebas bíblicas sustanciales que apoye esta idea. Melquisedec, el histórico rey de Salem en la época de Abraham, no pudo haber sido Cristo, quien más tarde se convirtió en sumo sacerdote según su propio orden.[22]

Otra posibilidad podría ser que el "ángel de Jehová" sea una automanifestación del Señor (Jehová) mismo, es decir, una verdadera teofanía.[23] Aunque este planteamiento reconoce los atributos divinos del ángel, no explica la evidencia de al menos dos personajes de muchos de los relatos bíblicos —el "ángel de Jehová" y "el Señor"—, que está en perfecta armonía con la composición trina de la Deidad (Dios Padre, Ef. 1:3-6; Dios Hijo, Ef. 1:7-12; y Dios Espíritu Santo, Ef. 1:13-14).

La única identificación del "ángel de Jehová" que satisface todas las características en el registro bíblico es la aparición preencarnada (una cristofanía o *juiofanía*) de la

---

21. *El pastor de Hermas*, 3.8.3.
22. Para una refutación convincente, véase James A. Borland, *Christ in the Old Testament*, ed. rev. (Fearn, Ross-shire, Escocia: Christian Focus, 1999), 139-147.
23. Thomas E. McComiskey, "Angel of the Lord", en *Evangelical Dictionary of Theology*, ed. Walter A. Elwell (Grand Rapids, MI: Baker, 1984), 48.

Tabla 8.9 El "ángel de Jehová" en las Escrituras

Personas	Pasajes
Agar	Gn. 16:7-14; 21:17
Abraham	Gn. 22:11-18
Eliezer	Gn. 24:7, 40
Jacob	Gn. 31:11-13; 32:22-32 (cf. Gn. 48:15-16; Os. 12:3-4)
Moisés	Éx. 3:1-7 (cf. Hch. 7:30-35); Éx. 12:23 ("el heridor", cf. He. 11:28); Éx. 14:19-20 (cf. Nm. 20:16); Éx. 23:20-23 (cf. Is. 63:9)
Balaam	Nm. 22:22-35
Josué	Jos. 5:13-15 (cf. Éx. 3:5); Jue. 2:1-4
Gedeón	Jue. 6:11-18
Manoa y su esposa	Jue. 13:2-22
David	2 S. 24:16-17; 1 Cr. 21:15-18, 27
Elías	1 R. 19:4-8; 2 R. 1:3-4, 15-16
Ezequías	2 R. 19:35 (cf. 2 Cr. 32:21; Is. 37:36)
Sadrac, Mesac y Abednego	Dn. 3:25, 28
Daniel	Dn. 6:22
Zacarías	Zac. 1:11-12; 3:1-10
Malaquías	Mal. 3:1

segunda persona de la Deidad trina, el eterno Hijo de Dios, el Señor Jesucristo.[24] No es de sorprender, pues, que las identificaciones más tempranas del "ángel de Jehová" fueran la de una Cristofanía.[25]

Correlación del Nuevo Testamento

El punto de vista del "Cristo preencarnado" del Antiguo Testamento encaja con precisión con la explicación del Nuevo Testamento sobre el Hijo eterno de Dios, el Señor Jesucristo. En primer lugar, al tomar el nombre de "Jehová" (Gn. 16:11-13; 22:9-18), el "ángel de Jehová" afirma su cualidad de ser eterno. La *eternalidad* era la aseveración misma del Señor Jesucristo (Jn. 1:1; 8:58; 17:5).

En segundo lugar, Cristo afirmó ser Dios, y las Escrituras declaran que en efecto Él es Dios (Jn. 1:1; 5:18; 10:33; 2 P. 1:1; 1 Jn. 5:20). Esta afirmación armoniza con la *deidad* del "ángel de Jehová" (Éx. 3:2-6; Jue. 13:17-18).

En tercer lugar, al afirmar su deidad (Éx. 3:2-6; Jue. 13:17-18) y ser un individuo distinto a "Jehová" (Éx. 23:20-23; Is. 6:1, 8 [con Jn. 12:41-42]; Zac. 1:12-13), el "ángel de Jehová" asevera que más de una persona puede ser Dios. Solo Cristo, la segunda persona de la Deidad trina, podría hacer una declaración así, que corresponde a la perfección con la *trinidad* de Dios (Mt. 28:19; Mr. 1:9-11; Jn. 15:26; 2 Co. 13:14).

---

24. Para la presentación bíblica más convincente de esta postura, véase C. Goodspeed, "The Angel of Jehovah", *BSac* 36, no. 144 (1879): 594-615.

25. Para una documentación sustancial, véase Günther Juncker, "Christ as Angel: The Reclamation of a Primitive Title", *TJ*, n.s., 15, no. 2 (1994): 221-250.

En cuarto lugar, en su encarnación neotestamentaria (como en sus apariciones preencarnadas veterotestamentarias), Cristo cumplió su *responsabilidad* de demostrar una revelación y explicación de Dios Padre que, de otro modo, habría superado la comprensión humana (Jn. 1:18; 10:30; 12:45; 14:7, 9; 2 Co. 4:4; Col. 1:15, 19; 2:9; He. 1:3).

Así, los atributos y las actividades del "ángel de Jehová" en el Antiguo Testamento son perfectamente comparables a los del Cristo encarnado del Nuevo Testamento. En términos de la eternalidad, la deidad, la trinidad y la responsabilidad de Cristo, la evidencia bíblica confirma de un modo abrumador que los episodios del "ángel de Jehová" veterotestamentario involucraban de manera incuestionable al Señor Jesucristo preencarnado.

Preguntas y respuestas

¿Qué hay de los ángeles guardianes (Mt. 18:10)?
¿Se debería adorar a los ángeles (Col. 2:18)?
¿Quién hospedó ángeles (He. 13:2)?
¿En qué cosas anhelan mirar los ángeles (1 P. 1:12)?
¿Las iglesias tienen ángeles (Ap. 1:16, 20)?
¿Cómo juzgarán los cristianos a los ángeles (1 Co. 6:3)?
¿Isaías 14 y Ezequiel 28 se refieren a Satanás?
¿Lee la mente Satanás?
¿Cómo se relacionan Cristo y Satanás?
¿Pueden Satanás o los demonios realizar milagros?
¿Están los demonios en el mundo hoy?
¿Pueden los cristianos atar a Satanás?
¿Quiénes son los "hijos de Dios" de Génesis 6:1-4?

Algunas preguntas que se formulan con frecuencia no se han respondido en las exposiciones anteriores. Por consiguiente, a continuación, se tratan las interrogantes relevantes que quedan en el aire.

¿Qué hay de los ángeles guardianes (Mt. 18:10)?

El razonamiento humanista y supersticioso, combinado con el sentimentalismo, tienen mucho que ver con la idea de ángeles guardianes individuales. Aunque se afirma que este concepto tiene una base bíblica, un análisis más profundo de los textos que se suelen usar de apoyo demuestra lo contrario.

Se han utilizado los casos de Jacob (Gn. 48:16) y del salmista (Sal. 34:7) para respaldar la idea del ángel guardián. Sin embargo, estos pasajes hablan del "ángel de Jehová" de forma indirecta (Jacob se refiere en Gn. 48:16 a su encuentro en Gn. 32:24-30) o en forma directa (el salmista comenta de forma general las múltiples apariciones en la historia de Israel, desde Génesis hasta Jueces). Ninguno de estos textos alude a ángeles guardianes personales.

Después de que Pedro escapara de la cárcel con ayuda de un ángel (Hch. 12:6-11), se dirigió a casa de María, la madre de Juan Marcos (12:12). La criada, Rode, informó al grupo de oración que Pedro estaba en la puerta, pero ellos insistían: "¡Es su ángel!" (12:13-15). Existen dos posibles explicaciones para esta respuesta, y ninguna de ellas implican a un "ángel guardián". En primer lugar, es probable que dieran por sentado que Pedro había sido decapitado como Jacobo (12:1-2), y que esta era una aparición de Pedro desde el más allá (según la superstición judía). En segundo lugar, también es posible que el uso del término griego *ángelos* aquí (12:15) se refiera a un mensajero humano que viniera a informar de la muerte de Pedro, a pesar de sus oraciones para que el resultado fuera otro.

El texto bíblico que con mayor probabilidad enseña sobre los ángeles guardianes es Mateo 18:10: "Porque os digo que sus ángeles en los cielos ven siempre el rostro de mi Padre que está en los cielos". Sin embargo, esto no sugiere que cada creyente tenga un ángel guardián individual, sino más bien que los ángeles sirven a los creyentes de forma colectiva y en general; con frecuencia, múltiples ángeles ayudan a una persona a la vez, como el grupo de ángeles que llevaron a Lázaro al cielo (Lc. 16:22), el ejército de ángeles que peleó a favor de Israel (2 R. 6:17), y los ángeles a los que Dios les ordenó que protegieran a aquellos que buscan refugio a la sombra del Todopoderoso (Sal. 91:11).

La Biblia no nos indica de manera específica cómo funciona esto, para quién ni cuándo. Sin embargo, aunque las Escrituras afirmen con claridad que los ángeles son espíritus ministradores (He. 1:14), no está aseverando aquí que haya ángeles guardianes individuales para cada persona viva en el mundo, en algún momento.

¿Se debería adorar a los ángeles (Col. 2:18)?

No se debe adorar a los ángeles (Col. 2:18); los ángeles deben adorar a Dios (He. 1:6). Una forma de seres creados (humanos) no debe adorar a otras formas de la creación de Dios (ángeles, animales, naturaleza, estrellas del cielo). En las Escrituras, siempre se ve a los ángeles adorando a Dios, sin aprobar que los adoren a ellos (Is. 6:1-4; Ap. 5:8-14).

A principios de la historia de Israel, no solo se exhortó al pueblo a adorar únicamente a Dios, sino que también se le prohibió adorar cualquier objeto (Éx. 20:1-5; 34:14; Dt. 11:16; 30:17; Sal. 31:6; 97:7). El castigo por la desobediencia siempre demostró ser severo (Éx. 32:1-10).

Cristo fue tentado por Satanás (un ser creado) en el desierto. Satanás le ofreció todos los reinos del mundo y su gloria, si se postraba y lo adoraba. Cristo rechazó de inmediato la oferta, y citó Deuteronomio 6:13. Además, Jesús le respondió: "Vete Satanás" (Mt. 4:10; Lc. 4:8).

Más adelante, en el Nuevo Testamento, el pueblo intentó adorar primero a Pedro (Hch. 10:25-26), y después a Pablo y Bernabé (Hch. 14:9-15). En ambos casos, la adoración mal dirigida se rechazó de inmediato. Casi al final de la vida de Juan, se sintió tan abrumado por la presencia angélica que intentó adorarlos en dos ocasiones. En ambos casos, los ángeles rehúsan la adoración de Juan y lo redirigen a adorar a Dios (Ap. 19:9-10; 22:8-9).

Ya sea que se consideren los preceptos bíblicos o las prácticas bíblicas, la adoración angélica se prohíbe como idolatría. Dios es el único que debe ser adorado.

¿Quién hospedó ángeles (He. 13:2)?[26]

La enseñanza en Hebreos 13:2 de que "algunos, sin saberlo, hospedaron ángeles" no se proporciona como motivación suprema para la hospitalidad, sino más bien para revelar que uno nunca sabe el amplio alcance que puede tener un acto de bondad (cf. Mt. 25:40, 45). Esto es exactamente lo que les sucedió a Abraham y a Sara (Gn. 18:1-3), Lot (Gn. 19:1-2), Gedeón (Jue. 6:11-24), y Manoa (Jue. 13:6-20). El autor de Hebreos no está sugiriendo que los creyentes deberían esperar visitas angélicas. En su lugar, está insinuando de forma gráfica que cuando se practica la hospitalidad bíblica (1 Ti. 3:2; Tit. 1:8), en ocasiones se puede experimentar una bendición inesperada, como se ilustra en las primeras porciones del Antiguo Testamento.

¿En qué cosas anhelan mirar los ángeles (1 P. 1:12)?[27]

No es que los ángeles no hayan participado en el plan de salvación de Dios. Ellos anunciaron el nacimiento de Cristo (Lc. 1:26-35; 2:10-14), lo ministraron durante sus momentos de prueba (Mt. 4:11; Lc. 22:43), estuvieron junto a la tumba cuando Él resucitó de entre los muertos (Mt. 28:5-7; Mr. 16:4-7; Lc. 24:4-7), y estuvieron presentes cuando ascendió al cielo (Hch. 1:10-11).

Desde entonces, los ángeles se regocijan por los pecadores que se arrepienten (Lc. 15:7, 10). Los apóstoles se convirtieron en un espectáculo para los ángeles (1 Co. 4:9). Los ángeles se preocupan por los pastores que pecan habitualmente (1 Ti. 5:21). Son espíritus ministradores enviados a servir a favor de aquellos que han de heredar la salvación (He. 1:14). Después de la muerte, los creyentes se unirán a los ángeles para la adoración celestial (Ap. 5:11-14).

Los ángeles están lo suficientemente cerca como para observar a los apóstoles, servir a los santos, adorar con los creyentes en el cielo y regocijarse por la salvación de un individuo, pero hay algo adicional en lo que están intensamente centrados. Como Pedro, Juan y María, que se inclinaron para mirar dentro de la tumba vacía (Lc. 24:12; Jn. 20:5, 11), o como quien mira atentamente en la perfecta ley (Stg. 1:25), los ángeles se esfuerzan por ver el fruto de la salvación que resulta del sufrimiento de Cristo en la cruz, su resurrección de entre los muertos y su ascensión al cielo.

Los ángeles tienen una curiosidad santa por entender la clase de misericordia y gracia que nunca experimentarán. Los santos ángeles no necesitan ser salvados, y los ángeles caídos no pueden ser salvos. Sin embargo, los santos ángeles procuran entender la salvación para poder glorificar a Dios de un modo más pleno, que es su principal razón para existir (Job 38:7; Sal. 148:2; Is. 6:3; Lc. 2:13-14; He. 1:6; Ap. 5:11-12; 7:11-12).

¿Las iglesias tienen ángeles (Ap. 1:16, 20)?

Las siete "estrellas" (Ap. 1:16) son los "mensajeros" de las siete iglesias (Ap. 1:20). La mayoría de las traducciones usan "ángeles" en lugar de "mensajeros" para traducir el

---

26. Esta sección está adaptada de MacArthur, *MacArthur Study Bible: English Standard Version*, 1871. Usado con permiso de Thomas Nelson.

27. Esta sección está adaptada de John MacArthur, *1 Pedro a Judas* (Grand Rapids, MI: Editorial Portavoz, 2017), 67.

término griego *ángelos*. Sin embargo, aquí es mejor usar el sentido más general de esta palabra, a saber, "mensajeros", y dejar que el contexto interprete su significado.

Ángelos puede referirse a los ángeles buenos (Ap. 5:11) o a los ángeles malignos (Mt. 25:41). Con frecuencia, en el Nuevo Testamento también se emplea para los mensajeros humanos (Mt. 11:10; Mr. 1:2; Lc. 7:24; Stg. 2:25). En la Biblia, "estrellas" puede referirse a muchas cosas, como una estrella real (Ap. 6:13), demonios (Ap. 9:1), seres humanos (Ap. 12:1), Cristo (Ap. 22:16), o ángeles (Job 38:7). En la literatura antigua era común que "estrella" representara a una persona importante (Dn. 12:3). La sociedad incluso tiene hoy sus propias "estrellas" y "superestrellas".

Con esto en mente, existen tres interpretaciones razonables de "estrella". Algunos afirman que se refiere a la "actitud" de la iglesia. Otros aseveran que habla de ángeles reales. Sin embargo, en este contexto, la idea de un ser humano parece más satisfactoria.

En primer lugar, "estrellas" y "mensajeros" se usan tanto en el Antiguo Testamento como en el Nuevo Testamento para referirse a seres humanos. En segundo lugar, en ningún sitio de la Biblia se sitúa a los ángeles en la posición de liderazgo sobre la iglesia. En tercer lugar, la eclesiología bien establecida ha concluido que Cristo no le está escribiendo aquí a ángeles sino a seres humanos (Ap. 2:1, 8, 12, 18; 3:1, 7, 14). Finalmente, los seres humanos, y no los ángeles, son responsables ante Dios por la conducta de la iglesia (He. 13:17); los ángeles están fuera y miran hacia dentro con curiosidad (1 P. 1:12).

Los siete "mensajeros" representan en realidad al liderazgo humano de la iglesia, que abarca a los ancianos y a los supervisores. Que se encuentren a la diestra de Cristo representa el poder de este sobre sus iglesias. Les recuerda a los líderes que dirigen por la autoridad de Cristo, y no por la suya.

¿Cómo juzgarán los cristianos a los ángeles (1 Co. 6:3)?

El verbo griego *kríno* en 1 Corintios 5:12, 13; 6:1, 2 y 3 significa principalmente "juzgar", "decidir" o "determinar". ¿En qué sentido y para qué ángeles traerán juicio los cristianos en el futuro?

Algunos han sugerido que el verbo hebreo (*sháfat*) se traduce *kríno* en la Septuaginta con el sentido alternativo de "gobernar sobre" (1 S. 8:20). Por tanto, sería posible que en el Nuevo Testamento se usara del mismo modo, en el sentido de que los cristianos han de gobernar a los santos ángeles, ya que estos son siervos de los creyentes (He. 1:14). Sin embargo, el contexto de 1 Corintios 5:9–6:11 transmite claramente la idea de pronunciamiento, y no puede emplearse en el sentido secundario de gobernar.

Dado que *kríno* se usa aquí en un sentido judicial, esto suscita algunas preguntas intermedias. En primer lugar, ¿de qué forma es necesario juzgar a los ángeles santos? Por su naturaleza misma, no precian ser juzgados. Las Escrituras tampoco proporcionan la más ligera indicación mediante declaración o ejemplo que recibieran jamás juicio ni que lo vayan a recibir.

En segundo lugar, ¿cómo juzgarán los cristianos a los ángeles malvados? En el presente ellos esperan el juicio del gran día (2 P. 2:4; Jud. 6), que debe coincidir con el juicio de Satanás, cuando será lanzado al lago de fuego (Ap. 20:10), y sus ángeles se unirán a él (Mt. 25:41). Al habérseles prometido a los creyentes que se sentarán con Cristo en su trono (Ap. 3:21), y que tendrán autoridad para juzgar (Ap. 20:4), es posible que juzguen con Cristo a los ángeles malvados, en el juicio del gran día. A este acontecimiento es al que Pablo se refiere en 1 Corintios 6:3.

¿Isaías 14 y Ezequiel 28 se refieren a Satanás?

Así como las Escrituras relacionan indirectamente a los ídolos con los demonios (Dt. 32:17; Sal. 106:37-38) y a un impulsivo Pedro con Satanás (Mt. 16:23), así el rey de Babilonia (Is. 14:4-21) y el rey de Tiro (Ez. 28:1-19) están relacionados indirectamente a Satanás. Los reyes paganos que fomentaron la falsa adoración, e incluso insistieron en que por naturaleza eran en realidad una deidad, sirvieron como seres humanos sustitutos para Satanás. Así ocurrió con estos dos reyes.

Isaías 14:12-14 proporciona un vislumbre de Satanás a través de la vida del rey de Babilonia. Describe a alguien que quiso ponerse al nivel de Dios (Is. 14:13-14), pero que fracasó (Is. 14:12) en su intento de autoexaltación. Esto fue así en el caso del monarca babilonio, y repitió de un modo muy similar la anterior caída del maligno.

Ezequiel 28:2, 6, 12-17 también muestra cómo el rey de Tiro se comportó en su reino de manera similar a Satanás en el pasado. Este monarca imitó las actitudes y las acciones anteriores de Satanás.

Por tanto, uno debe ser equilibrado cuando interpreta estos dos pasajes: cuidadoso de no ignorar a Satanás, precavido de no tratar los pasajes como si Satanás fuera el sujeto exclusivo y prudente en la comprensión de que la intención principal o directa de los autores era pronunciar el juicio de Dios sobre los reyes reales, mientras usaban los antecedentes de Satanás para ilustrar la maldad de sus gobiernos. Este planteamiento parecería confirmarse en el Nuevo Testamento, que revela con abundancia la verdad sobre el diablo sin citar directamente Isaías 14 ni Ezequiel 28.

¿Lee la mente Satanás?[28]

¿Tiene el diablo el poder de saber lo que están pensando las personas? La respuesta es "no", por las siguientes razones.

En primer lugar, Satanás es un ser creado (Jn. 1:3; Col. 1:16). Por tanto, no comparte con Dios el atributo divino de la omnisciencia. En segundo lugar, las Escrituras no proporcionan el más mínimo indicio respecto a que el maligno sepa cada cosa en todo momento, pasado, presente y futuro.

En tercer lugar, Satanás es la causa mediata, no inmediata, del pensamiento corrupto del hombre. A la finalización de la creación, Dios vio "todo lo que había hecho, y he aquí que era bueno en gran manera. Y fue la tarde y la mañana el día sexto" (Gn. 1:31). Adán y Eva mantenían una comunión correcta con Dios, y se les había dado dominio sobre toda la creación de Dios (Gn. 1:26-30). Una vida de dicha terrenal describía su potencial futuro y el de su descendencia antes de que el pecado entrara en escena.

Génesis 3:1-7 describe el golpe transcendental y devastador a la mente humana, que afectaría a todo ser humano que viviera desde ese momento en adelante. Sin duda,

---

28. Esta sección está adaptada de Richard L. Mayhue, "Cultivating a Biblical Mind-Set", en *Think Biblically: Recovering a Christian Worldview*, ed. John MacArthur (Wheaton, IL: Crossway, 2003), 39-41. Usado con permiso de Crossway.

Tabla 8.10 Capacidad intelectual del hombre caído

"reprobado"	Ro. 1:28	"engañado"	Col. 2:4
"embotado"	2 Co. 3:14	"cautivado"	Col. 2:8 (LBLA)
"cegado"	2 Co. 4:4	"vanamente hinchado"	Col. 2:18
"vanidad"	Ef. 4:17	"corrupto"	1 Ti. 6:5
"entenebrecido"	Ef. 4:18	"depravado"	2 Ti. 3:8 (LBLA)
"enemigo"	Col. 1:21	"corrompido"	Tit. 1:15

Satanás libró una guerra contra Dios y la raza humana en este pasaje monumental, en el que el campo de batalla resultó ser la mente de Eva. Al final, ella intercambió la voluntad de Dios (Gn. 2:17) por la mentira de Satanás (Gn. 3:4-5), y la mente humana no ha vuelto a ser la misma jamás.

En cuarto lugar, la extensión de esta corrupción mental se ilustra mediante las muchas palabras negativas del Nuevo Testamento que describen la ruina de la capacidad intelectual del hombre como resultado del pecado original (véase la tabla 8.10).

Como resultado, los dos seres humanos originales creados, y cada uno de sus descendientes, experimentaron una reversión brutal en su relación con Dios y su mundo:

1. Ya no estarían interesados de los pensamientos de Dios, sino del pensamiento de los hombres (Sal. 53:1; Ro. 1:25).
2. Ya no tendrían vista espiritual, sino que quedarían cegados por Satanás a la gloria de Dios (2 Co. 4:4).
3. Ya no serían sabios, sino necios (Sal. 14:1; Tit. 3:3).
4. Ya no estarían vivos para Dios, sino muertos en sus pecados (Ro. 8:5-11).
5. Ya no pondrían sus afectos en las cosas de arriba, sino en las de la tierra (Col. 3:2).
6. Ya no caminarían en la luz, sino en las tinieblas (Jn. 12:35-36, 46).
7. Ya no vivirían en la esfera del Espíritu, sino en la de la carne (Ro. 8:1-5).
8. Ya no poseerían vida eterna, sino que se enfrentarían a la muerte espiritual, es decir, la separación eterna de Dios (2 Ts. 1:9).

Por tanto, Satanás puede degenerar, en general, la calidad del pensamiento de una persona como resultado de su engañosa intriga en su confrontación con Eva en el jardín, pero no puede conocer los detalles como resultado de leer las mentes. Las dos conversaciones de Satanás con Dios y el encuentro con Job (Job 1–2) ilustran este punto. Satanás fingió estar al tanto del pensamiento de Job, pero los sucesos posteriores demostraron que el diablo es inepto e incapaz de saber correctamente los detalles de la mente de Job, porque no puede leer la mente.

¿Cómo se relacionan Cristo y Satanás?

Cristo creó todas las cosas, y al margen de Él nada más ha llegado a existir (Jn. 1:3, 10; 1 Co. 8:6; Col. 1:16; He. 1:2). Satanás es un ser creado y, por tanto, no es igual o superior a Cristo. Satanás no creó nada, y siempre es un ser inferior al divino señorío y voluntad de Jesús (1 Jn. 3:8).

En Job 1:12 y 2:6, Satanás tuvo que someterse a la voluntad de Dios. En Mateo 4:10, Cristo exigió que Satanás se apartara de Él. Al final, Cristo derrotará a Satanás, lo juzgará y su veredicto será: culpable de crímenes y alta traición, y lo sentenciará a una eternidad en el lago de fuego (Jn. 16:11; Ap. 20:9-10).

Cristo es el Creador de quien Satanás recibió vida. Cristo es el soberano a quien Satanás debe someterse. Cristo es el Juez de quien Satanás, culpable de los cargos, recibirá su juicio final y su sentencia eterna al infierno.

¿Pueden Satanás o los demonios realizar milagros?

Los seres creados, como Satanás y los demonios, no tienen el poder milagroso del Dios omnipotente. Es innegable que Él ha obrado milagros por medio de Cristo (Jn. 11:47-48), y los apóstoles (Hch. 4:16), pero nunca de igual manera en nombre de Satanás ni los demonios.

Una de las principales estrategias de Satanás consiste en engañar (Ap. 12:9; 13:3, 12, 14; 19:20; 20:3, 8, 10), es decir, hacer que un acto no milagroso parezca ser tan poderoso como uno realizado por Dios. Sin embargo, solo es una apariencia y no una realidad.

Aunque Satanás tiene poderes más allá de los humanos (Job 1:12; 2:6), están limitados por Dios. Los magos de la corte de Faraón igualaron en apariencia las tres primeras plagas de Dios (Éx. 7:11-12, 22; 8:7), pero no pudieron seguir desde la cuarta en adelante (Éx. 8:18-19); admitieron que la omnipotencia de Dios excedía de lejos sus poderes. Satanás empoderará falsas señales y prodigios, en la segunda mitad de la septuagésima semana de Daniel, para el anticristo (2 Ts. 2:9-10), el falso profeta (Ap. 13:13-14) y los demonios (Ap. 16:13-14).

¿Pueden Satanás o los demonios sanar como Jesús o los apóstoles? Ni Satanás ni los demonios poseen el poder creativo y, por tanto, tampoco pueden sanar milagrosamente como lo hace Dios. Sin embargo, cuando los demonios se apartan de los incrédulos (por su propia voluntad), la enfermedad también podría alejarse. Esto daría la impresión de ser algo milagroso.

Parece que una respuesta negativa a la pregunta "¿pueden sanar los demonios?" era una verdad manifiesta para los palestinos del siglo i. Jesús había sido acusado de tener un demonio en al menos seis ocasiones: (1) Mateo 9:32-34; (2) Mateo 12:22-29; Marcos 3:30; (3) Lucas 11:14-26; (4) Juan 7:20; (5) Juan 8:48-49, 52; y (6) Juan 10:20-21. Aquellos que mejor conocieron el fruto del ministerio de Cristo, respondieron a esta acusación con la afirmación: "¿Puede acaso el demonio abrir los ojos de los ciegos?" (Jn. 10:21). Por tanto, los demonios pueden proporcionar la convincente apariencia de sanar, pero no de curar milagrosamente en realidad. Son espíritus engañadores (1 Ti. 4:1), cuyas señales no son de Dios (Ap. 16:14).

¿Están los demonios en el mundo hoy?

¿Por qué reciben los demonios a veces tanta atención de los medios? ¿Son los informes bíblicamente correctos, o tan solo son las meditaciones de personas no informadas que ven un demonio detrás de cualquier arbusto y bajo cualquier piedra? ¿Se ha acelerado la actividad demoníaca en el mundo? ¿Cómo se puede saber qué conceptos son bíblicamente precisos y cuáles no?

Este tema merece todo un libro, pero aquí solo lo resumiremos. Consideremos varias observaciones preliminares y generales:

1. Afirmamos la realidad histórica de Satanás y de los demonios, tanto en el pasado como en el presente, tal como lo verifica la Biblia.
2. Afirmamos que la Biblia advierte a los cristianos que Satanás y los demonios operan ahora como lo hicieron tanto en la época del Antiguo Testamento como en la del Nuevo Testamento (1 P. 5:6-11).
3. Afirmamos que la Biblia enseña que al vivir la vida cristiana se experimenta la verdadera batalla espiritual con Satanás y su ejército de demonios.
4. Afirmamos que solo las Escrituras, independientemente de la experiencia personal o de los datos clínicos, determinan con veracidad la realidad de las experiencias demoníacas y proporcionan la comprensión de los encuentros con Satanás y los demonios.
5. Afirmamos que las instrucciones de las Epístolas del Nuevo Testamento respecto a cómo dirigir la guerra espiritual no se limitan al siglo I (Ef. 6:10-20).

En las Escrituras, Satanás y los demonios se involucraron de forma destacada en la oscuridad espiritual (Ef. 6:12), el engaño (2 Co. 11:13-15) y la muerte (Jn. 8:44). Prosperan en estas clases de entornos. Los Estados Unidos han acelerado con rapidez hacia estas condiciones a lo largo de las últimas décadas, como dan fe los aumentos de falsas religiones, idolatría, inmoralidad sexual y perversiones, el uso de drogas, actividades de ocultismo, interés en el satanismo, la impiedad, la desvergüenza respecto al pecado, la maldad, la devaluación de la vida humana y los intentos sociales de suprimir la verdad bíblica.

El mundo no solo es el escenario donde Satanás y los demonios florecen, sino que también la comunidad cristiana, involuntariamente, está lista para el gran engaño. En la iglesia, esto tiene dos extremos: un énfasis excesivo o un subénfasis en el mundo espiritual.

Gran parte de la comunidad cristiana de hoy presta muy poca atención a las enseñanzas y las advertencias bíblicas respecto a Satanás y los demonios. Y es que al producirse mucha de la actividad demoníaca en el mundo de manera invisible, las personas dan por sentado que no existe. Para algunos cristianos, la ignorancia de las Escrituras combinada con una actitud de materialismo produce una indiferencia insana hacia la guerra invisible con las tinieblas. Para otros, domina una actitud poco realista de la invencibilidad espiritual. Esto hace que muchos cristianos, sin percatarse de ello, sean ignorantes, vulnerables y sin preparación para el aumento actual de la guerra espiritual.

¿Pueden los cristianos atar a Satanás?

Solo unos pocos pasajes del Nuevo Testamento podrían ayudar a responder a este interrogante. Mateo 12:22-29; Marcos 3:27 y Lucas 11:14-23 enfrentan espiritualmente al hombre fuerte (Satanás, Mt. 22:29) con el hombre más fuerte (Cristo, Lc. 11:22). Este texto no tiene nada que ver con que los creyentes aten a Satanás; solo Cristo ata —es decir, tiene el mayor poder sobre— a Satanás.

Mateo 16:16-19 (en especial 16:19) habla metafóricamente sobre los apóstoles que perdonan o no los pecados mediante los términos "atado" para "prohibido"/"no perdonado" y "desatado" para "permitido"/"perdonado". Los rabinos antiguos usaban estos términos exactamente de esta forma en este contexto. El pasaje está totalmente relacionado con la autoridad para ocuparse del pecado y no tiene nada que ver con Satanás. Juan 20:23(NVI) expone la misma idea y emplea los términos directos "perdonar" y "no perdonar". Mateo 18:15-18 debería entenderse de forma similar en el contexto de disciplinar a un hermano que ha pecado.

Apocalipsis 20:1-3 habla del reino milenial de Cristo donde al principio Satanás es atado físicamente y encarcelado por un ángel del cielo, durante mil años completos. Este texto es específico en el tiempo y solo se refiere al ángel de Apocalipsis 20:1, Satanás, y los mil años del reinado futuro de Cristo en la tierra.

Esta revisión de tan pocos pasajes bíblicos que podrían relacionarse, posiblemente, con la pregunta debería hacernos concluir que ninguno de ellos trata remotamente con el interrogante que nos ocupa. La sencilla respuesta es, por tanto, que no; los cristianos no pueden atar a Satanás, porque no existe enseñanza bíblica que conduzca a una respuesta afirmativa.

¿Quiénes son los "hijos de Dios" de Génesis 6:1-4?

Génesis 6:1-4 demuestra ser uno de los textos más misteriosos y escurridizos de la Biblia, y uno de los más difíciles para interpretar. Por lo tanto, uno no debería ser exageradamente dogmático, ya que solo sigue siendo uno de entre un puñado de textos con una amplia gama de opiniones divergentes, incluso entre los intérpretes quienes, por lo general, concuerdan en casi todas las demás cuestiones. Por tanto, más vale no atribuirle posibles implicaciones doctrinales ni prácticas.

Existen varias razones para que se encuentre un texto de semejante dificultad tan al principio de las Escrituras:

1. El único contexto bíblico inmediato es Génesis 1–5.
2. Los detalles del texto son exiguos y oscuros.
3. No existen textos claros y explícitos en relación con Génesis 6:1-4 en los pasajes veterotestamentarios o neotestamentarios posteriores, excepto Mateo 24:37-39 y Lucas 17:26-27.
4. El entorno es postcaída y prediluvio, y existen pocos hechos bíblicos y demasiado separados entre sí.

A pesar de ello, la tentadora oscuridad de este pasaje lo hace fascinantemente atractivo para los inquisitivos estudiantes de las Escrituras.

Aquí surgen numerosas preguntas muy importantes: ¿Quiénes son los "hijos de Dios" (Gn. 6:2)? ¿Quiénes son los "gigantes" (Gn. 6:4)? ¿Están involucrados aquí los demonios?

Haremos unas cuantas suposiciones para adaptar esta concisa exposición:

1. Génesis 6:1-4 no es mitología antigua, sino más bien historia revelada veraz y precisa.
2. Este pasaje tiene que ser interpretado en el contexto de Génesis 1–5.

3. Los gigantes de Génesis 6:4 no son necesariamente descendientes de los hijos de Dios y las hijas de los hombres. De hecho, los gigantes aparecen más tarde en el entorno del éxodo postdiluvial (Nm. 13:33).
4. Los demonios no pueden emparejarse con los seres humanos directamente, ya que la reproducción es según la propia especie (Gn. 1:20-25). Además, los seres espirituales no pueden reproducirse, ni siquiera entre ellos (cf. Mt. 22:30; Mr. 12:25).
5. Aunque la reproducción directa ángeles-seres humanos no es realista, uno debe considerar la posibilidad de una relación indirecta de este tipo que tiene lugar entre los hombres poseídos por los demonios y las mujeres.
6. Algunos han descubierto supuestos vínculos en el Nuevo Testamento con Génesis 6:1-4 en 1 Pedro 3:19-20; 2 Pedro 2:4 y Judas 6. Aunque esto es una posibilidad, existen otras interpretaciones igualmente satisfactorias de estos textos neotestamentarios que no exigen una conexión en retrospectiva con Génesis 6. Por tanto, cualquiera que sea nuestro punto de vista, no debería depender de estos pasajes del Nuevo Testamento como prueba principal de la relación.

Con estos pensamientos introductorios como antecedentes, a continuación, veremos una breve explicación y evaluación de los tres puntos de vista más comunes. El lector puede decidir después cuál de las opiniones tiene mayor respaldo y menos problemas.

PUNTO DE VISTA DE QUE SON "SETITAS PECAMINOSOS"

John Murray y Gleason Archer han optado por esta opinión.[29] Sostienen que la línea piadosa de Set se desvió, de forma pecaminosa, del plan de Dios y se casó con las mujeres impías de la descendencia de Caín. Así, el linaje de Set se contaminó por estos matrimonios mixtos profanos, y esto explica por qué Noé y su familia (los setitas) fueron protegidos del diluvio, aunque otros cayeron bajo el juicio universal de Dios sobre la raza humana.

Estos son los rasgos más atractivos de este punto de vista:

1. El equivalente de "hijos de Dios" alude, en otros lugares de las Escrituras, a hombres piadosos (Dt. 14:1; Sal. 73:15; Is. 43:6; Os. 1:10).
2. La base del juicio del diluvio fue el pecado humano y no el demoníaco (Gn. 6:5-7), lo que explica por qué el Espíritu de Dios no moraría en los hombres ni contendería con ellos para siempre (Gn. 6:3).
3. El contexto de Génesis 1–5 se correlaciona bien con este criterio.
4. Contraer matrimonio fuera de la fe resultaría en matrimonios mixtos y en la contaminación del piadoso linaje de Set, y esto explica la gravedad del diluvio sobre toda la raza humana, a excepción de la familia de Noé.
5. "Hijos de Dios" parece referirse a una línea piadosa, y las "hijas de los hombres" a una línea pecaminosa.
6. Esta opinión establece una buena correlación con las condiciones que existían en la época de Noé, tal como describen los Evangelios (Mt. 24:37-39; Lc. 17:26-27), que describen la vida como la ignorancia general de las cosas santas de Dios con el fin de buscar las cosas rutinarias de los hombres como comer, beber y casarse.

---

29. John Murray, *Principles of Conduct: Aspects of Biblical Ethics* (Grand Rapids, MI: Eerdmans, 1957), 243-249; Gleason Archer, *Encyclopedia of Bible Difficulties* (Grand Rapids, MI: Zondervan, 1982), 79-80.

A continuación, los rasgos más problemáticos de esta opinión:

1. "Hombres" no se corresponde exactamente con "hijos de Dios".
2. No existe indicación explícita de que las "hijas de los hombres" se limite al linaje de Caín.
3. No hay indicación explícita de que los "hijos de Dios" se refiera a la línea de Set.

PUNTO DE VISTA DE QUE SON "HOMBRES POSEÍDOS POR DEMONIOS"

Duane Garrett y Willem VanGemeren han adoptado este criterio.[30] Sostienen que los demonios (ángeles malignos) tomaron residencia corporal en los hombres, quienes fueron entonces impulsados a vivir de forma impía, licenciosa, con las mujeres del mundo. La contaminación moral demostró ser tan grande y tan universal que Dios destruyó a toda la raza humana, excepto a Noé y su familia.

Estos son los rasgos más atractivos de esta opinión:

1. La frase exacta "hijos de Dios" se refiere, en otros lugares del Antiguo Testamento, a ángeles (Job 1:6; 2:1; 38:7).
2. La visión explica el aludido contraste entre "hijos de Dios" e "hijas de los hombres".
3. Este criterio es uno de los más antiguos de las explicaciones conocidas de Génesis 6:1-4.

Estos son los rasgos más problemáticos de esta opinión:

1. Esta opinión parece presentar de forma artificial a los demonios que, de otro modo, no se los encuentra en el contexto de Génesis 1–5.
2. El juicio de Dios no era contra los ángeles malignos, sino contra los seres humanos, y esto explica por qué el Espíritu de Dios se centró en ellos y no en los demonios.
3. La frase "hijos de Dios" no se refiere nunca a los demonios.
4. La antigua tradición no es el equivalente de las Escrituras en precisión histórica.
5. "Ángel" formaba parte del vocabulario de Moisés (Gn. 19:1, 15; 28:12; 32:1), de modo que parece inexplicable que usara "hijos de Dios", sobre todo al referirse a los ángeles malignos.
6. Este criterio no corresponde a las descripciones bíblicamente explícitas de las condiciones en la época de Noé (Mt. 24:37-39; Lc. 17:26-27), que no mencionan a los demonios.

PUNTO DE VISTA DE QUE SON "GOBERNANTES SIN ESCRÚPULOS"

Walter Kaiser y Meredith Kline han adoptado esta opinión.[31] Sostienen que "hijos de Dios" era una antigua expresión para describir a los gobernantes y sus descendientes varones, que se los representaba como quienes tienen una conexión directa con la deidad,

---

30. Duane A. Garrett, *Angels and the New Spirituality* (Nashville: Broadman, 1995), 46-47; Willem VanGemeren, "The Sons of God in Genesis 6:1-4 (An Example of Evangelical Demythologization)", *WTJ* 43, no. 2 (1981): 320-348. Véase también MacArthur, *1 Pedro a Judas* (Grand Rapids, MI: Editorial Portavoz, 2017), 208-212.

31. Walter C. Kaiser Jr., *Pasajes difíciles de la Biblia* (Casa Bautista de Publicaciones, 2010), 95-100; Meredith Kline, "Divine Kingship and Genesis 6:1-4", *WTJ* 24, no. 2 (1962): 187-204.

y que asolaban y abusaban de las mujeres de la época, algo que distorsionaba el santo designio de Dios para el matrimonio, y hasta resultaba en una poligamia desenfrenada.

Estos son los rasgos más atractivos de esta opinión:

1. "Hijos de Dios" era usado bíblicamente respecto a los gobernantes humanos (Sal. 82:6; Jn. 10:33-36).
2. Este criterio encaja en el contexto de juicio de Dios sobre los hombres, y no sobre los ángeles malignos.
3. Este criterio está en correlación con la descripción general de la época de Noé tal como se describe en los Evangelios (Mt. 24:37-39; Lc. 17:26-27), donde los hombres parecen ignorar con tanta facilidad y pecaminosidad las exigencias más importantes de Dios.

Estos son los rasgos más problemáticos de esta opinión:

1. Esta opinión supone más detalles de los que ofrece Génesis 6:1-4.
2. Las Escrituras no describen a los reyes como asociados con la deidad en este período de la historia mundial.

Oración[32]

Amado Padre, esta es la gran gloria del evangelio:
    que por medio de la obra de tu amado Hijo en la cruz
        nos rescataste del dominio de las tinieblas
            y nos llevaste a tu reino de luz celestial,
                haciéndonos adecuados para participar de la herencia de los santos.

Uno de los ejemplos más impresionantes de esto en tu Palabra
    es el testimonio del apóstol Pablo,
        que se convirtió en un poderoso abogado de la fe
            que antes había intentado destruir.
Todos los que creen pueden, asimismo, testificar
    que tú nos has rescatado de la esclavitud del pecado,
    nos has dado nueva vida,
    y nos has equipado por completo para tu servicio;
        aunque como Saulo de Tarso,
            una vez fuimos blasfemos y desobedientes.
Honramos tu nombre, por tu poder transformador en nuestras vidas.
Has puesto un cántico nuevo en nuestra boca,
    un cántico de alabanza perpetua a ti.

---

32. El texto original en inglés de esta oración viene de John MacArthur, *At the Throne of Grace: A Book of Prayers* (Eugene, OR: Harvest House, 2011), 124-126. Usado con permiso de Harvest House.

Te damos gracias por la obra del Espíritu Santo que mora en nosotros,
    que transforma vidas desde adentro hacia afuera.
Nos regocijamos en la seguridad de que nuestros pecados son perdonados.
Somos profundamente conscientes de nuestra deuda eterna con Cristo,
    que pagó un precio incomprensible para liberarnos.
Y sabemos que ahora somos verdaderamente libres:
    libres de la esclavitud de la ley,
    benditamente liberados de la esclavitud al pecado.
Capacítanos, te ruego, para que nos mantengamos firmes en esa libertad.
Salvaguarda nuestros corazones y sella nuestra liberación,
    para que nunca volvamos a estar sujetos a un yugo
        que no sea el de Cristo, fácil y ligero.

Sabemos que, aparte de tu empoderamiento por gracia,
    todos nuestros intentos de amor piadosos y servicio fiel
        son totalmente fútiles.
Separados de la capacitación del Espíritu Santo
    no podríamos ni querríamos honrar a Jesús como Señor.
Separados de la obra intercesora de Cristo,
    sabemos que flaquearíamos.
Separados de la gracia que nos das para perseverar,
    con seguridad decaeríamos.
Y separados del poder purificador de tu Palabra,
    nunca podríamos ser adecuados para el cielo.

Confesamos nuestra profunda vergüenza,
    que nuestros corazones son propensos a la frialdad.
Nuestro amor por ti es demasiado superficial y voluble
    para honrarte de un modo digno.
Nuestra sumisión a Cristo demuestra, demasiado a menudo, ser frágil y errática.
Nuestro caminar es tambaleante e incoherente.
Somos demasiado susceptibles
    al encanto del mundo,
    a los deseos de nuestra propia carne,
    y a las artimañas del diablo.

Concédenos más gracia
    para ser diligentes en nuestros deberes,
    fieles en nuestra devoción a Cristo,
    diligentes en la obra del evangelio,
    claros en nuestro testimonio al mundo,
    constantes en nuestra defensa de la verdad
    e incansables en nuestro servicio a ti.

Que toda nuestra conducta sea digna del evangelio de Cristo.
Que cada aspecto de nuestras vidas brinde honra a nuestro Salvador,
   nuestro Señor Jesucristo, en cuyo nombre te lo pedimos. Amén.

"Castillo fuerte es nuestro Dios"

Castillo fuerte es nuestro Dios, defensa y buen escudo;
con su poder nos librará en todo trance agudo.
Con furia y con afán acósanos Satán,
por armas deja ver astucia y gran poder;
cual él no hay en la tierra.

Nuestro valor es nada aquí, con él todo es perdido;
mas por nosotros luchará de Dios, el Escogido.
Es nuestro Rey Jesús, el que venció en la cruz,
Señor y Salvador, y siendo Él solo Dios,
Él triunfa en la batalla.

Y si demonios mil están prontos a devorarnos,
No temeremos, porque Dios sabrá cómo ampararnos.
¡Que muestre su vigor Satán, y su furor!
Dañarnos no podrá, pues condenado es ya
por la Palabra Santa.

Esa palabra del Señor, que el mundo no apetece,
por el Espíritu de Dios muy firme permanece.
Nos pueden despojar de bienes, nombre, hogar;
el cuerpo destruir, mas siempre ha de existir
de Dios el reino eterno.

—Martín Lutero (1483–1546),
   (trad. J. B. Cabrera)

Bibliografía

Principales teologías sistemáticas

*Bancroft, Emery H. *Fundamentos de teología bíblica*. Grand Rapids, MI: Editorial Portavoz, 1986. 384-418.

Berkhof, Louis. *Teología sistemática*. Grand Rapids, MI: Libros Desafío, 2005. 165-176.

Buswell, James Oliver, Jr. *Teología sistemática*, 4 tomos. Miami, FL. Logoi, 1979-1980. 1:119-123.

Culver, Robert Duncan. *Systematic Theology: Biblical and Historical*. Fearn, Ross-shire, Escocia: Mentor, 2005. 176-190.

Dabney, Robert Lewis. *Systematic Theology*. 1871. Reeditada, Edimburgo: Banner of Truth, 1985. 264-275.

Erickson, Millard J. *Teología sistemática*. Viladecavalls: Editorial Clie, 2008. 453-471.

*Grudem, Wayne. *Teología sistemática: Una introducción a la doctrina bíblica*. Miami, FL: Editorial Vida, 2007. 415-427.

Hodge, Charles. *Teología sistemática*. 2 vols. Terrassa: Editorial Clie, 1991. 1:443-453.

Reymond, Robert L. *A New Systematic Theology of the Christian Faith*. Nashville: Thomas Nelson, 1998. 461-502.

Strong, August Hopkins. *Systematic Theology: A Compendium Designed for the Use of Theological Students*. Ed. rev. Nueva York: Revell, 1907. 665-894.

*Swindoll, Charles R. y Roy B. Zuck, eds. *Understanding Christian Theology*. Nashville: Thomas Nelson, 2003. 801-1075.

Thiessen, Henry Clarence. *Introductory Lectures in Systematic Theology*. Grand Rapids, MI: Eerdmans, 1949. 190-212.

*Turretin, Francis. *Institutes of Elenctic Theology*. 3 vols. Editado por James T. Dennison Jr. Traducido por George Musgrove Giger. 1679–1685. Reed. Phillipsburg, NJ: P&R, 1992–1997. 1:539-567.

*Indica las más útiles.

Obras específicas

*Borland, James A. *Christ in the Old Testament: Old Testament Appearances of Christ in Human Form*. Ed. rev. Fearn, Ross-shire, Escocia: Mentor, 1999.

Brooks, Thomas. *Precious Remedies against Satan's Devices*. 1652. Reimpresión, Carlisle, PA: Banner of Truth, 1984.

*Dickason, C. Fred. *Los ángeles: Escogidos y malignos*. Grand Rapids, MI: Editorial Portavoz, 2012.

Joppie, A. S. *The Ministry of Angels*. Grand Rapids, MI: Baker, 1953.

*Konya, Alex. *Demons: A Biblically Based Perspective*. Schaumburg, IL: Regular Baptist Press, 1990.

Leahy, Frederick S. *Satan Cast Out: A Study in Biblical Demonology*. Carlisle, PA: Banner of Truth, 1975.

Lockyer, Herbert. *All the Angels in the Bible*. Peabody, MA: Hendrickson, 1995.

Lowe, Chuck. *Territorial Spirits and World Evangelization? A Biblical, Historical, and Missiological Critique of Strategic-Level Spiritual Warfare*. Fearn, Ross-shire, Escocia: Christian Focus, 1998.

*MacArthur, John. *How to Meet the Enemy*. Wheaton, IL: Victor, 1992.

*Mayhue, Richard. "Demons and Sickness". En *The Healing Promise: Is It Always God's Will to Heal?*, 129–39. Fearn, Ross-shire, Escocia: Mentor, 1997.

*_____. *Desenmascaremos al diablo* (Grand Rapids, MI: Editorial Portavoz, 2003).

*_____. "False Prophets and the Deceiving Spirit (1 Kings 22:19-23)". En *The Master's Perspective on Difficult Passages*, editado por Robert L. Thomas, 15-43. The Master's Perspective 1. Grand Rapids, MI: Kregel, 1998.

Noll, Stephen F. *Angels of Light, Powers of Darkness: Thinking Biblically about Angels, Satan, and Principalities*. Downers Grove, IL: InterVarsity Press, 1998.

Page, Sydney H. T. *Powers of Evil: A Biblical Study of Satan and Demons*. Grand Rapids, MI: Baker, 1995.

Powlison, David. *Power Encounters: Reclaiming Spiritual Warfare*. Grand Rapids, MI: Baker, 1995.

Rhodes, Ron. *Angels among Us*. Eugene, OR: Harvest House, 1994.

Richards, Larry. *Every Good and Evil Angel in the Bible*. Nashville: Thomas Nelson, 1998.

Unger, Merrill F. *Biblical Demonology: A Study of Spiritual Forces at Work Today*. 1952. Reimpresión, Grand Rapids, MI: Kregel, 2012.

*Indica las más útiles.

"Es Cristo de su iglesia"
Es Cristo de su iglesia el fundamento fiel,
por fe y la Palabra, hechura es ella de Él;
su esposa para hacerla del cielo descendió,
Él la compró con sangre cuando en la cruz murió.

De todo pueblo electa, perfecta es en unión;
y una fe confiesa, Cristo es su salvación;
bendice un solo nombre, la Biblia es su sostén;
con paso firme avanza, con gracia y todo bien.

En medio de su lucha y gran tribulación,
la paz eterna espera con santa expectación;
pues Cristo desde el cielo, un día llamará,
su iglesia invicta, entonces, con Él descansará.

Con Dios, aquí en la tierra, mantiene comunión,
y con los ya en el cielo forma una sola unión;
oh Dios, haz que en sus pasos podamos caminar,
que al fin contigo, oh Cristo, podamos habitar.

—Samuel Stone (1839–1900)
 (trad. George P. Simmonds)

9

La iglesia

Eclesiología

> **Principales temas del capítulo 9**
> Definición de la iglesia
> Los propósitos de la iglesia
> Autoridad espiritual en la iglesia
> Dinámica bíblica de la vida de la iglesia
> Medios de gracia en el seno de la iglesia
> Unidad y pureza
> Membresía de la iglesia
> Los dones espirituales en el seno de la iglesia
> Un anticipo del cielo

La iglesia es "el lugar más preciado de la tierra". Esta elocuente descripción pronunciada por el célebre predicador del siglo XIX, Carlos Spurgeon, capta una adecuada perspectiva respecto a la iglesia. Para todos los que conocen y aman al Señor Jesucristo, ningún lugar en el mundo debería ser más dulce ni más apreciado que la iglesia.

La iglesia es preciosa por muchas razones, y principalmente porque el Señor Jesús murió por ella (Ef. 5:25). Porque Cristo la ama, debería ser valorada por todos aquellos que le pertenecen a Él. Como sigue explicando Spurgeon:

> Nada en el mundo es más amado por el corazón de Dios que su iglesia; por tanto, siendo suyos, pertenezcamos a ella, para que, por nuestras oraciones, por nuestras ofrendas y por nuestras labores, podamos sustentarla y fortalecerla. Si aquellos que son de Cristo se abstuvieran de contarse entre su pueblo aun por una generación,

no habría ninguna iglesia visible ni se mantendrían las ordenanzas y me temo que habría muy poca predicación del evangelio.[1]

A la luz de su vital importancia, los creyentes tienen mucho que ganar mediante el cuidadoso estudio de lo que Dios ha revelado respecto a la iglesia en su Palabra.

Definición de la iglesia

El designio de Cristo para su iglesia
La iglesia y el reino
La iglesia visible e invisible
La iglesia universal y las iglesias locales
La distinción entre la iglesia e Israel
Las metáforas bíblicas para la iglesia

A lo largo del Nuevo Testamento, la iglesia se designa con el término griego *ekklesía*, vocablo que significa "los que son llamados".[2] En el mundo antiguo, la *ekklesía* aludía a un grupo de ciudadanos que habían sido "llamados" para administrar asuntos cívicos o defender la comunidad en la batalla. Usada de un modo general, no técnico, esta palabra llegó a aludir a cualquier "asamblea" o "congregación". Fue en este sentido como Esteban hizo referencia (en Hch. 7:38) a "la congregación" de Israel como aquellos que habían sido llamados de la esclavitud de Egipto bajo el liderazgo de Moisés (cf. Éx. 19:17). En Hechos 19:32 y 41, Lucas empleó el término en alusión a una multitud enojada que se reunió en Éfeso tras haber sido incitada por los plateros de allí.

Cuando el término es utilizado en el sentido específico del Nuevo Testamento, la iglesia de Dios (Hch. 20:28; 1 Co. 1:2; 10:32; 11:16, 22; 15:9; 2 Co. 1:1; Gá. 1:13; 1 Ts. 2:14; 2 Ts. 1:4; cf. Ro. 16:16) alude a la comunidad de aquellos que han sido liberados por Dios de su esclavitud al pecado, por medio de la fe en Jesucristo (Ro. 1:7; 1 Co. 1:2; Ef. 4:1; 1 Ts. 2:12; 2 Ti. 1:9; 1 P. 5:10; cf. Ro. 8:28). Ellos son a quienes Él predestinó en la eternidad pasada, llamó y justificó en esta vida presente, y prometió glorificar en el futuro (Ro. 8:30; Ef. 1:11). Por consiguiente, la iglesia no es el edificio físico donde se reúnen los cristianos, una institución religiosa, una organización ética ni una asociación sociopolítica. Más bien, es la asamblea de los redimidos, aquellos que han sido llamados por Dios Padre para salvación como don a su Hijo (Jn. 6:37; 10:29; 17:6, 9, 24). Es la reunión corporativa de quienes han sido transferidos desde el dominio de la oscuridad al reino de Cristo (Col. 1:13), para que sean ciudadanos del cielo, y no de este mundo (Fil. 3:20; 1 P. 2:11).

La iglesia nació el día de Pentecostés (Hch. 2:1-21, 38-47); había sido comprada por el Cristo crucificado y resucitado (Hch. 20:28; cf. Col. 3:1-4), quien ascendió a la diestra del Padre, quien "sometió todas las cosas bajo sus pies, y lo dio por cabeza sobre todas las cosas a la iglesia" (Ef. 1:22). Tras la venida del Espíritu Santo en Pentecostés,

---

[1]. Carlos H. Spurgeon, "The Best Donation", sermón núm. 2234, predicado el 5 de abril de 1891, en *The Metropolitan Tabernacle Pulpit: Containing Sermons Preached and Revised* (Pasadena, TX: Pilgrim, 1975), 37:633, 635.

[2]. El término "iglesia" en inglés [*church*] deriva de forma específica del término griego *kuriakos*, en referencia a "aquellos que pertenecen al Señor".

la iglesia aumentó constantemente en número, conforme el evangelio se proclamaba con fidelidad por todo el mundo (Hch. 2:41; 4:4; 5:14; 6:7; 9:31, 42; 11:21, 24; 14:1; 16:5). Las almas se añadieron a la iglesia, de una en una, mediante el poder regenerador del Espíritu, a medida que el Señor atraía a sí, por su gracia, a los pecadores individuales (Hch. 2:39). Por tanto, fue "el Señor [quien] añadía cada día a la iglesia los que habían de ser salvos" (2:47). En el primer viaje misionero de Pablo, los gentiles que respondieron a la predicación del evangelio "se regocijaban y glorificaban la palabra del Señor, y creyeron todos los que estaban ordenados para vida eterna. Y la palabra del Señor se difundía por toda aquella provincia" (Hch. 13:48-49). El poder del mensaje del evangelio para convertir a las personas a Cristo no se encontraba en la genialidad ni en la persuasión del predicador (cf. 1 Co. 2:4; 1 Ts. 1:5), sino en que Dios llamó a sí mismo un remanente que respondería con fe salvadora. El progreso de evangelio, que se describe en el libro de Hechos, ha seguido a lo largo de los siglos de la historia de la iglesia, conforme las buenas nuevas de salvación han sido anunciadas por generaciones de fieles creyentes por todo el globo.

Un día, la era de la iglesia alcanzará su gloriosa plenitud cuando Cristo venga a arrebatar a los suyos (1 Co. 15:51-53; 1 Ts. 4:13-18). En aquel tiempo...

> ...el Señor mismo con voz de mando, con voz de arcángel, y con trompeta de Dios, descenderá del cielo; y los muertos en Cristo resucitarán primero. Luego nosotros los que vivimos, los que hayamos quedado, seremos arrebatados juntamente con ellos en las nubes para recibir al Señor en el aire, y así estaremos siempre con el Señor (1 Ts. 4:16-17).

Desde este punto en adelante, la iglesia estará en la presencia de su Salvador durante toda la eternidad (cf. Ap. 22:3-5).

A lo largo de su historia, la iglesia ha soportado períodos de grave persecución por parte de fuerzas externas (Jn. 15:18-25; 1 P. 1:6-7; 1 Jn. 3:13), mientras se enfrentaba también a amenazas internas de los falsos maestros (2 P. 2:1; Jud. 3-4). A pesar de tales peligros, tanto los de adentro como los de afuera, la verdadera iglesia no puede ser derrotada ni extinguida jamás. El Señor Jesús les aseguró a sus discípulos que Él edificaría su iglesia, y que las puertas del hades no la vencerían (Mt. 16:18). Las "puertas del hades" son una metáfora de la muerte y, por extensión, del poder de Satanás (He. 2:14). La promesa de Cristo en Mateo 16:18 garantiza que el cuerpo universal de creyentes bajo su jefatura tendrá un testimonio perdurable que el mundo, Satanás o la muerte misma no pueden destruir (cf. 1 Co. 15:54-57). Independientemente de lo legalista o apóstata que puedan ser sus superficiales adherentes, y de lo decadente u hostil que pueda llegar a ser el resto del mundo, Cristo ha prometido que Él edificará su iglesia. Aunque sus circunstancias externas puedan parecer desesperanzadoras o imposibles desde la perspectiva humana, el pueblo de Dios pertenece a una causa que no puede fracasar. Como arquitecto, constructor, dueño y Señor de su iglesia, Cristo conforta a sus seguidores con la verdad de que son su posesión personal (cf. Tit. 2:14), los objetos de su amor inagotable y de su cuidado divino (cf. Ef. 5:2, 25).

El designio de Cristo para su iglesia[3]

En Mateo 16:18, Jesús pronuncia siete principios distintivos para edificar su iglesia. Nadie debería lanzarse a empezar una nueva iglesia, ni asumir el reto de revitalizar una iglesia desgastada, hasta que las verdades decisivas de este versículo se hayan aferrado al corazón y la mente de la persona.

UN FUNDAMENTO PERMANENTE

La característica inicial implica un fundamento permanente: "Tú eres Pedro, y *sobre esta roca* edificaré mi iglesia; y las puertas del Hades no prevalecerán contra ella" (Mt. 16:18). Cristo persiguió con entusiasmo el fruto perdurable de la eternidad. En su promesa, se ocupó explícitamente de un legado eterno. No tenía en mente lo temporal, lo efímero ni el "hoy aquí, mañana ya no". Apuntó a la iglesia como algo que tiene relevancia *para siempre.*

El fundamento no era Pedro, porque Cristo distingue aquí entre una roca movible, separada (significado básico de Cefas y Pedro [gr. *petros*]) y el fundamento sólido, inamovible, adecuado para la iglesia. El término que Cristo usó para "roca" (gr. *petra*), quiere decir cimientos o masa de roca como la que usó el edificador sabio (Mt. 7:24-25).

¿Qué o quién es, pues, la roca? El Antiguo Testamento describe a Dios como la roca en quien los creyentes hallan fuerza y refugio:

No hay santo como Jehová;
Porque no hay ninguno fuera de ti,
Y no hay refugio como el Dios nuestro (1 S. 2:2).

Jehová, roca mía y castillo mío, y mi libertador;
Dios mío, fortaleza mía, en él confiaré;
Mi escudo, y la fuerza de mi salvación, mi alto refugio (Sal. 18:2).

Porque ¿quién es Dios sino sólo Jehová?
¿Y qué roca hay fuera de nuestro Dios? (Sal. 18:31).

Pablo identificó a Cristo como la roca en el desierto (1 Co. 10:4). Con anterioridad, en 1 Corintios, el apóstol escribió: "Porque nadie puede poner otro fundamento que el que está puesto, el cual es Jesucristo" (3:11). Curiosamente, un versículo antes, Pablo había afirmado: "Yo... puse el fundamento" (1 Co. 3:10). ¿Cómo "puso" Pablo a Cristo como fundamento? Tuvo que ser en su predicación de Cristo (1 Co. 2:1-2). Ahora, si el testimonio que Pablo dio de Cristo es el fundamento que nadie más puede establecer, entonces parece mejor entender que la *roca de fundamento* de la iglesia sea el testimonio que Pedro dio respecto a Cristo: "Tú eres el Cristo, el Hijo del Dios viviente" (Mt. 16:16). Fue la declaración de Pedro la que impulsó la promesa de Jesús.

Dado que es prácticamente imposible separar el testimonio de Cristo de la realidad de Cristo, podemos identificar a la "roca" como Cristo mismo en la plenitud de su

---

3. Esta sección está adaptada de Richard Mayhue, *What Would Jesus Say about Your Church* (Fearn, Ross-shire, Escocia: Christian Focus, 1995), 16-20. Usado con permiso de Christian Focus.

deidad, su papel de Redentor, y su condición de cabeza de la iglesia. Solo Cristo es la roca de redención sobre la cual está edificada la iglesia (Hch. 4:11-12).

INVOLUCRACIÓN PERSONAL

En segundo lugar, Cristo prometió su involucración personal: "*Yo* edificaré mi iglesia" (Mt. 16:18). No se nos ha abandonado ante la tarea. Cristo está con su pueblo (Mt. 28:20), y en ellos (Col. 1:27). Él está constantemente en medio de su iglesia (Ap. 1:12-13, 20). Pablo le dijo a la iglesia corintia: "Porque nosotros somos colaboradores de Dios" (1 Co. 3:9). ¡Qué privilegio ser compañeros de Cristo en la edificación de su iglesia! ¡Cuán consolador es saber que Él edifica la iglesia a lo largo de su historia, y que seguirá haciéndolo durante todo el futuro de esta! La participación de Cristo demuestra ser indispensable para levantar su iglesia.

UNA EXPECTATIVA POSITIVA

"[Yo] *edificaré* mi iglesia" (Mt. 16:18). Esto no es un sueño vano sobre lo que podría ser. La confiada aseveración de Cristo garantiza que la iglesia tiene una expectativa positiva. En tiempos en los que el futuro de la iglesia parece sombrío, y su condición incierta, esta poderosa promesa debería levantar el espíritu de los creyentes. La iglesia será triunfante, porque Cristo empezó a edificar la iglesia con la intención de completarla (Ef. 5:26-27).

UN PROGRESO IMPACTANTE

Jesús afirmó que su iglesia tendría un progreso impactante: "*edificaré* mi iglesia" (Mt. 16:18). La iglesia experimentó un comienzo explosivo con tres mil miembros añadidos el primer día (Hch. 2:41). "Y el Señor añadía cada día a la iglesia los que habían de ser salvos" (Hch. 2:47).

Lo que contiene Mateo 16 en una mera frase se multiplica como hongos en una realidad expansiva cuando llegamos al Apocalipsis de Juan. Antes del final del Nuevo Testamento, las iglesias se habían propagado por toda la faz del Imperio romano. Incluían localidades como Antioquía, Berea, Cesarea, Colosas, Corinto, Creta, Chipre, Derbe, Éfeso, Galacia, Iconio, Jope, Laodicea, Listra, Pérgamo, Filadelfia, Filipos, Sardis, Esmirna, Tesalónica y Tiatira, alcanzando desde Jerusalén hasta Roma. Los esfuerzos edificadores de Cristo prosiguen hasta esta misma hora, en todas partes del mundo, exactamente como era su intención (cf. Mr. 16:15; Lc. 24:47).

UNA PROPIEDAD PAGADA EN SU TOTALIDAD

Cristo compró la iglesia con su propia sangre y, por tanto, es una propiedad pagada en su totalidad por Él: "edificaré *mi* iglesia" (Mt. 16:18; cf. Hch. 20:28). Cristo es Señor; nosotros somos sus siervos (2 Co. 4:5). Pablo escribe a los creyentes en Roma: "Os saludan todas las iglesias de Cristo" (Ro. 16:16). Los cristianos no tienen ninguna reclamación individual ni corporativa respecto a la propiedad de la iglesia. Esta le pertenece únicamente a su Redentor (1 Co. 3:23; 6:19-20). Cristo es la Cabeza de la iglesia (Ef. 1:22; 5:23). El principal Pastor es el dueño del rebaño al que guía (Jn. 10:14-15).

UNA PRIORIDAD CENTRADA EN LAS PERSONAS

Para Cristo, la prioridad de la iglesia está centrada en las personas: "Edificaré mi *iglesia*" (Mt. 16:18). La iglesia consta de una congregación de personas que han creído en Jesucristo para vida eterna (Hch. 4:32). Jesús usa piedras vivas —personas individuales— para edificar su iglesia (1 P. 2:5). El mandato de evangelización es llevar el evangelio a todas las naciones (Lc. 24:47). El objetivo de la edificación es presentar a cada creyente completo en Cristo (Col. 1:28).

El término griego traducido "iglesia" significa literalmente la congregación que ha sido llamada. Las imágenes neotestamentarias de la iglesia se componen de aquellos que han sido liberados del reino de las tinieblas y trasladarlos al reino de Cristo (Col. 1:13). Los tesalonicenses, por ejemplo, se habían apartado de los ídolos para servir al Dios vivo y verdadero (1 Ts. 1:9). La iglesia había sido llamada a la comunión con Jesucristo (1 Co. 1:9). El llamamiento de Cristo ha sacado a sus redimidos de las tinieblas y los ha llevado a su luz admirable (1 P. 2:9).

UNA PROMESA DE ÉXITO

Jesús había prometido el éxito de la iglesia: "Edificaré mi iglesia; y *las puertas del Hades no prevalecerán contra ella*" (Mt. 16:18). ¿Cómo se debe entender este éxito? En el Antiguo Testamento, "puertas de" se usa con Seol (Is. 38:10) y con muerte (Job 38:17; Sal. 9:13; 107:18), ambas en referencia a la muerte física. Sin embargo, como aclara la promesa de Jesús, ni siquiera la amenaza de la muerte puede vencer a su iglesia.

El autor de Hebreos alienta a los creyentes a saber que, a través de la muerte, Cristo dejó impotente a aquel que ostentaba el poder de la muerte, es decir, el diablo (He. 2:14). Pablo escribió este cántico cristiano de victoria a los corintios:

> Y cuando esto corruptible se haya vestido de incorrupción, y esto mortal se haya vestido de inmortalidad, entonces se cumplirá la palabra que está escrita: Sorbida es la muerte en victoria. ¿Dónde está, oh muerte, tu aguijón? ¿Dónde, oh sepulcro, tu victoria? ya que el aguijón de la muerte es el pecado, y el poder del pecado, la ley. Mas gracias sean dadas a Dios, que nos da la victoria por medio de nuestro Señor Jesucristo (1 Co. 15:54-57; cf. Jn. 11:25).

La iglesia y el reino

Durante su ministerio terrenal, el Señor Jesús demostró una y otra vez que era el Mesías y Rey prometido de Israel. A pesar de ello, la nación se negó a recibirlo (Jn. 1:11; 5:43). Aunque el pueblo judío había esperado su llegada durante siglos, y anhelado el tiempo de la restauración y la renovación mesiánica anunciadas por los profetas (Hch. 3:19-26), rechazaron a su Rey de pleno derecho y el reino que ofrecía (Hch. 2:22-23). Por consiguiente, Jesús les dijo a los líderes religiosos judíos de su tiempo: "Por tanto os digo, que el reino de Dios será quitado de vosotros, y será dado a gente que produzca los frutos de él" (Mt. 21:43). Aquellas palabras de reprensión subrayaron el juicio divino que recaería sobre los líderes de Israel, de corazones endurecidos, y sobre la nación que ellos representaban.

Sin embargo, el rechazo de Israel no socavó las promesas que Dios hizo, por gracia, en el Antiguo Testamento. Esas promesas del reino se cumplirán un día literalmente, cuando el pueblo judío acepte a su Rey en fe salvadora (Ro. 11:25-26). En la segunda venida de Cristo, la nación recibirá a su Mesías (Zac. 12:10; 14:8-9), y su reino se establecerá físicamente en la tierra durante mil años (Ap. 20:1-6; cf. 2 Ti. 4:1). Esa realidad está aún en el futuro. Mientras tanto, Dios está realizando los propósitos de su reino por medio de otras personas, como aclaran las palabras de Cristo en Mateo 21:43. Esa entidad es la iglesia (cf. Ro. 9:25-26; 1 P. 2:9).

Los profetas del Antiguo Testamento anunciaron detalles tanto respecto al sufrimiento del Mesías (Is. 53:1-12) como de su reino terrenal (cf. Is. 2:1-4; 9:6-7; Zac. 14:8-21). A pesar de ello, no indicaron que transcurriría un período prolongado de tiempo entre estas dos realidades. La noción de un período intermedio entre la primera y la segunda venida de Cristo, durante el cual los gentiles serían incorporados al pueblo de Dios junto a los creyentes judíos (Ro. 11:11-20), fue un misterio no revelado hasta el Nuevo Testamento (cf. Ef. 3:4-7).

Aunque el reino físico de Cristo en la tierra aguarda su cumplimiento futuro, el Señor Jesús introdujo un reino interno, espiritual, en su primera venida (cf. Mt. 13:3-52; Lc. 17:20-21). Ese reino puede definirse como el reino de la salvación. Solo está abierto a quienes han sido regenerados por el Espíritu Santo (Jn. 3:3; cf. Mt. 13:11-16), una vez arrepentidos de sus pecados (Mt. 3:2; 4:17; cf. 5:3) y después de aceptar al Señor Jesús con una fe como la de un niño (Mt. 19:13-14). No se puede alcanzar por medio de la santurronería ni del legalismo (Mt. 5:20; 23:13), sino que se caracteriza por "justicia, paz y gozo en el Espíritu" (Ro. 14:17). El Nuevo Testamento describe a los creyentes como aquellos que han sido librados "de la potestad de las tinieblas, y trasladado[s] al reino de su amado Hijo, en quien [ellos tienen] redención por su sangre, el perdón de pecados" (Col. 1:13-14). En la salvación, se convierten en ciudadanos del cielo (Fil. 3:20-21) y en esclavos reales al servicio de su Rey (cf. Mt. 25:21, 23; 1 Ts. 2:12). El Señor Jesús reina en los corazones de su pueblo cuando se someten a su voluntad y le honran con sus vidas (Tit. 2:14). La magnífica realidad de la salvación es que, por medio de la fe, los pecadores pueden entrar en el reino divino, donde el Dios trino mismo establece su residencia en sus corazones (Jn. 14:17, 23).

El reino espiritual de Cristo crece y avanza por medio de la predicación del evangelio (Mr. 1:14-15; cf. Mt. 22:1-14; 2 Co. 7:9-11), a medida que los hijos de las tinieblas son transformados en hijos de luz (Ef. 5:5, 8). El evangelio proclamado por la iglesia es, ni más ni menos que "el evangelio del reino de Dios y el nombre de Jesucristo" (Hch. 8:12; cf. Mt. 4:23; 9:35; 13:19; 24:14). Después de predicar el evangelio en varias ciudades, en su primer viaje misionero, Pablo y Bernabé regresaron para fortalecer "los ánimos de los discípulos, exhortándoles a que permaneciesen en la fe, y diciéndoles: Es necesario que a través de muchas tribulaciones entremos en el reino de Dios" (Hch. 14:22). En su tercer viaje misionero, Pablo "entr[ó] en la sinagoga, habló con denuedo por espacio de tres meses, discutiendo y persuadiendo acerca del reino de Dios" (Hch. 19:8; cf. 20:25). El apóstol dio, a continuación, testimonio a un grupo de líderes judíos que lo visitaron en Roma, "y les testificaba el reino de Dios desde la mañana hasta la tarde, persuadiéndoles acerca de Jesús, tanto por la ley de Moisés como por los profetas" (Hch. 28:23; cf. 28:31). En consecuencia, Pablo se autodescribe como obrero del reino de Dios (Col. 4:11), explica que "el reino de Dios no consiste en palabras, sino en poder" (1 Co. 4:20), y advierte que "los injustos no heredarán el reino de Dios" (1 Co. 6:9; cf. Gá. 5:21; Ef. 5:5).

Como reino espiritual suyo, la iglesia se somete a Jesucristo como su Cabeza, su Dueño, su Señor y su Rey (Ef. 1:22; Col. 1:18). Su ley es la norma de ella (cf. Gá. 6:2). Su Palabra es el credo de ella (cf. Col. 3:16). Su voluntad es el mandato de ella (cf. He. 13:20-21). Y su gloria es la mayor ambición de ella (cf. 2 Co. 5:9). Así, Pedro pudo alentar a sus lectores cristianos:

> Mas vosotros sois linaje escogido, real sacerdocio, nación santa, pueblo adquirido por Dios, para que anunciéis las virtudes de aquel que os llamó de las tinieblas a su luz admirable; vosotros que en otro tiempo no erais pueblo, pero que ahora sois pueblo de Dios; que en otro tiempo no habíais alcanzado misericordia, pero ahora habéis alcanzado misericordia (1 P. 2:9-10).

La iglesia visible e invisible

El Nuevo Testamento reconoce que no todo el que se asocie externamente con la iglesia es un creyente verdadero (Mt. 13:24-30; Jud. 4). Por consiguiente, no todos los que forman parte de la iglesia visible (la compañía de aquellos que profesan de boca la fe en Cristo) son, en realidad, miembros de la iglesia invisible (la comunidad de aquellos que de verdad poseen la fe salvadora en Él). Siempre hay falsos maestros e hipócritas que se junten con la iglesia visible. Jesús mismo advirtió que muchos afirmarán que lo conocen, cuando en realidad no es así:

> No todo el que me dice: Señor, Señor, entrará en el reino de los cielos, sino el que hace la voluntad de mi Padre que está en los cielos. Muchos me dirán en aquel día: Señor, Señor, ¿no profetizamos en tu nombre, y en tu nombre echamos fuera demonios, y en tu nombre hicimos muchos milagros? Y entonces les declararé: Nunca os conocí; apartaos de mí, hacedores de maldad (Mt. 7:21-23).

A la luz de la aleccionadora advertencia de Cristo, los que profesan tener fe en Cristo deberán autoexaminarse para tener la seguridad de estar de verdad en la fe (2 Co. 13:5; cf. 1 Jn. 2:3-11).

El Nuevo Testamento también avisa sobre los falsos maestros quienes deliberadamente buscan amenazar a la iglesia desde dentro (Mt. 7:15; Mr. 13:22; 2 P. 2:1; 1 Jn. 4:1; Jud. 3-4). Como indicó Pablo a los ancianos efesios: "Porque yo sé que después de mi partida entrarán en medio de vosotros lobos rapaces, que no perdonarán al rebaño. Y de vosotros mismos se levantarán hombres que hablen cosas perversas para arrastrar tras sí a los discípulos" (Hch. 20:29-30). Cuando las iglesias locales, o incluso denominaciones enteras y supuestos movimientos cristianos, aceptan la falsa enseñanza —abandonando así la pureza del evangelio (Gá. 1:6-9), y negando la autoridad de Jesucristo (Tit. 1:16; 2 P. 2:1; Jud. 4)— se les etiqueta con razón de "apóstatas", "herejes" y "falsos". Tales iglesias son una abominación para el Señor (cf. Ap. 2:20-24; 3:1-4). Por el contrario, la verdadera iglesia exalta el señorío de Cristo, se somete a la autoridad de su Palabra y defiende la verdad de su evangelio.

La iglesia universal y las iglesias locales

La iglesia universal incluye a todos los cristianos genuinos a lo largo de toda la era de la iglesia. Son miembros de "la congregación de los primogénitos que están inscritos en los cielos" (He. 12:23), que han sido declarados justos porque sus pecados han sido lavados por la sangre de Jesucristo (Ap. 1:5). Todos los creyentes verdaderos, a lo largo de la historia de la iglesia —tanto los que están vivos hoy como los que ya están en el cielo— forman la iglesia universal.

El Nuevo Testamento da instrucciones a quienes forman parte de la iglesia universal en cada generación, dispersados por todo el mundo, que se reúnan con regularidad en asambleas locales. Este era claramente el patrón de la iglesia primitiva (cf. Hch. 14:23, 27; 20:17, 28; 1 Co. 11:18-20; Gá. 1:2; 1 Ts. 1:1). Conforme a este paradigma, el autor de Hebreos ofrece esta directriz: "Considerémonos unos a otros para estimularnos al amor y a las buenas obras; no dejando de congregarnos, como algunos tienen por costumbre, sino exhortándonos; y tanto más, cuanto veis que aquel día se acerca" (He. 10:24-25).

La iglesia local está designada para preparar a los creyentes: los alimenta por medio de la enseñanza de la Palabra de Dios (Hch. 2:42; 1 Ti. 4:13), los dirige en la alabanza y la adoración corporativa (Ef. 5:18-20; He. 13:15), los protege bajo el pastoreo y la supervisión de líderes piadosos (Hch. 20:28; He. 13:7, 17; 1 P. 5:1-4) y les proporciona oportunidades de servirse los unos a los otros (1 P. 4:10-11). Con arreglo al designio de Dios, la involucración activa en la iglesia local es imperativa para los creyentes, mientras procuran vivir de un modo que honre a Jesucristo. Solo por medio del ministerio de la iglesia local los cristianos pueden recibir la enseñanza regular, la responsabilidad y el aliento necesario para que puedan estar firmes en la fe que están llamados a proclamar. Dios le ha ordenado a la iglesia local que provea la clase de entorno en el que una vida de sólidos estándares pueda florecer conforme su pueblo crece espiritualmente por medio de la enseñanza de la Palabra (1 P. 2:2-3).

La distinción entre la iglesia e Israel[4]

Al definir a la iglesia es necesario entender la relación entre la iglesia del Nuevo Testamento y el Israel del Antiguo Testamento. Los partidarios de la teología del reemplazo (también denominada supersesionismo) insisten en que la iglesia es el nuevo Israel. Según este punto de vista, las bendiciones prometidas a la nación judía en el Antiguo Testamento han sido totalmente transferidas a la iglesia. Sin embargo, esta postura no reconoce la distinción entre la iglesia e Israel que se mantiene a lo largo del Nuevo Testamento (cf. 1 Co. 10:32). En él se presenta a la iglesia como una nueva entidad (Ef. 2:15), un misterio que no se revela plenamente hasta esta era (Ef. 3:1-6; 5:32; Col. 1:26-27). Esto es coherente con la descripción que Jesús hace de la iglesia como una realidad que, antes de su muerte y de su resurrección, todavía estaba en el futuro (Mt. 16:18).

De los más de dos mil usos del término Israel en las Escrituras, más de setenta se encuentran en el Nuevo Testamento. Los comentaristas bíblicos concuerdan en que

---

4. Para más sobre este tema, véase Michael J. Vlach, *Has the Church Replaced Israel? A Theological Evaluation* (Nashville: B&H Academic, 2010). Consúltese también el cap. 10, "El futuro".

la mayoría de estas apariciones se refieren al Israel étnico (ya sea la nación en su conjunto o un grupo de judíos). Sin embargo, algunos argumentan que en ciertas ocasiones los autores del Nuevo Testamento aplican el nombre de Israel a la iglesia. A pesar de ello, cuando los pasajes en cuestión se estudian cuidadosamente, queda de manifiesto que solo tratan de israelitas étnicos. Por consiguiente, se pueden exponer argumentos convincentes a favor de esto para demostrar que, cada vez que los escritores del Nuevo Testamento usan el término Israel, lo reservan de forma exclusiva para el Israel nacional.

Dos pasajes neotestamentarios, Romanos 9:6 y Gálatas 6:16, son los blancos principales de debate respecto al significado del término Israel. En Romanos 9:6, el apóstol Pablo explica que "no todos los que descienden de Israel son israelitas". El contexto de Romanos 9 indica que Pablo no está aludiendo a la totalidad de la iglesia, sino de los creyentes judíos, un remanente distintivo de israelitas étnicos en el seno de la más amplia nación de incrédulos (cf. Ro. 11:5). Que el apóstol tiene en mente a los descendientes físicos de Abraham es evidente en Romanos 9:3, donde declara directamente que se está refiriendo a sus "parientes según la carne". Además, estos versículos figuran dentro de una sección más extensa del argumento de Pablo en esta epístola, en la que está afirmando que Dios no ha abandonado a la nación de Israel, a pesar de su incredulidad (Romanos 9–11). A la luz tanto del contexto más amplio como del más estrecho, el versículo 6 solo puede aludir a los israelitas étnicos. Son el "verdadero Israel" en el sentido de que son de la etnia israelita que se han conducido como el pueblo genuino de Jehová al aceptar a su Mesías.

El otro pasaje que se debate es Gálatas 6:16. Allí, Pablo extiende la salutación siguiente a sus lectores: "Y a todos los que anden conforme a esta regla, paz y misericordia sea a ellos, y al Israel de Dios". Algunos han sugerido que "el Israel de Dios" en este pasaje se refiere a la iglesia en su conjunto, pero esta interpretación es poco convincente. Tanto la gramática como el contexto del versículo sugieren que "el Israel de Dios" se refiere a los cristianos judíos y no a la totalidad de la iglesia. Gramaticalmente, en este versículo Pablo está hablando con toda claridad de dos grupos distintos de personas, con el pronombre "ellos" en alusión a un grupo y "el Israel de Dios" a otro.[5] Una interpretación directa del versículo sugiere que "ellos" alude a creyentes gentiles de las iglesias gálatas (cf. Hch. 13:46-48), quienes se sometían a la instrucción apostólica que Pablo había articulado en esta epístola. En particular, no estaban influenciados por la falsa enseñanza de los judaizantes que insistían en que los cristianos gentiles debían ser circuncidados (Gá. 6:12-15; cf. Hch. 15:1; Gá. 2:3). Si el primer grupo se refiere a

---

5. Aunque los defensores de la teología del reemplazo argumentan en favor de un uso explicativo de *kai* en este versículo (que se traduciría "incluso"), esto es muy improbable. Como explica Robert Saucy: "Este sentido explicativo no es común, en especial en los escritos de Pablo. Por tanto, a menos que existan fuertes razones contextuales el copulativo habitual (es decir, "y") debería retenerse". Robert L. Saucy, "Israel and the Church: A Case for Discontinuity", en *Continuity and Discontinuity: Perspectives on the Relationship between the Old and New Testaments: Essays in Honor of S. Lewis Johnson, Jr.*, ed. John S. Feinberg (Wheaton, IL: Crossway, 1988), 246. Para un modelo detallado de por qué el "Israel de Dios" en Gálatas 6:16 solo puede referirse a judíos, véanse Ernest DeWitt Burton, *Galatians*, ICC (Edimburgo: T&T Clark, 1920); Peter Richardson, *Israel in the Apostolic Church* SNTSMS 10 (Cambridge: Cambridge University Press, 1969); F. F. Bruce, *The Epistle to the Galatians*, NIGTC (Grand Rapids, MI: Eerdmans, 1982); S. Lewis Johnson Jr., "Paul and 'the Israel of God': An Exegetical and Eschatological Case-Study", en *Essays in Honor of J. Dwight Pentecost*, eds. Stanley D. Toussaint y Charles H. Dyer (Chicago: Moody Press, 1986); Hans Dieter Betz, *Galatians*, Hermeneia (Filadelfia: Fortress, 1979), 323.

los creyentes gentiles, resulta que el segundo grupo, que se ha distinguido del primero, alude a los cristianos judíos étnicos. Al haber sido circuncidados en sus corazones, y no solo físicamente (cf. Ro. 2:28-29), ellos eran los verdaderos israelitas, el mismo grupo a quien Pablo se refirió en Romanos 9:6 (cf. Ro. 4:12; Fil. 3:3). Contextualmente, el elogio que el apóstol hizo a los cristianos judíos sirvió como importante nota de cierre al final de esta carta en la que denunció sin rodeos a los judaizantes. La firme refutación de Pablo respecto a la idea de que las obras de la ley mosaica fueran necesarias para la salvación puede haber llevado a algunos a concluir que Dios había acabado completa y definitivamente con la nación judía (que estaba tan estrechamente asociada a la observancia de la ley). La nota especial de saludo de los apóstoles a los creyentes israelitas ilustraba la realidad de que este no era el caso (cf. Ro. 11:1, 26).

Al distinguir el Nuevo Testamento entre la iglesia e Israel, es necesario que los creyentes mantengan esa misma distinción. La combinación de ambas cosas puede conducir a problemas hermenéuticos e interpretativos importantes, en los que las promesas y las directrices que se le dieron de manera específica a la nación de Israel se espiritualizan o alegorizan, y se aplican de forma incorrecta a los creyentes gentiles de la iglesia. Aunque Dios está obrando por medio de la iglesia internacional en esta era presente (Gá. 3:28; Col. 3:11), y aunque la iglesia participa en las bendiciones del nuevo pacto (Lc. 22:20; 2 Co. 3:3-8; He. 8:7-13; 9:15), en el futuro Dios volverá a prestar su atención a la nación de Israel en cumplimiento de las promesas que le hizo (Ro. 11:25-26; cf. Dn. 9:24-27).

Las metáforas bíblicas para la iglesia[6]

El Nuevo Testamento usa muchas analogías para describir la relación de Dios con su pueblo. Él es su Rey; ellos son sus súbditos (Mt. 25:34; 1 Co. 4:20; Fil. 3:20; Col. 1:13-14). Él es el Creador, ellos son sus criaturas (2 Co. 5:17; Ef. 2:10). Él es el Pastor; ellos son sus ovejas (Jn. 10:3, 11, 14, 26; He. 13:20; 1 P. 2:25; 5:2-4). Él es el Señor; ellos son sus esclavos (Mt. 10:24-25; Ro. 14:4; Ef. 6:9; Col. 4:1; 2 Ti. 2:21; Jud. 4). Él es su Padre (Mt. 6:9; Ro. 1:7); ellos son sus hijos adoptivos (Jn. 1:12; Ro. 8:16-17, 21; Fil. 2:15; 1 Jn. 3:1-2; cf. Ro. 8:14, 19; 2 Co. 6:18; Gá. 3:26; 4:6; He. 12:7) y los miembros de su casa (Gá. 6:10; Ef. 2:19; 1 Ti. 3:15; 1 P. 4:17), hasta el punto de que el Señor Jesús "no se avergüenza de llamarlos hermanos" (He. 2:11) y "Dios no se avergüenza de llamarse Dios de ellos" (He. 11:16).

Además, a la iglesia se la describe como la esposa de Cristo (2 Co. 11:2; Ef. 5:23-32; Ap. 19:7-8; 21:9), y el cuerpo de Cristo (Ro. 12:4-5; 1 Co. 12:12, 27; Ef. 4:12, 25; 5:23, 30; Col. 1:24), del cual Él es la Cabeza (Ef. 1:22-23; 4:15; Col. 1:18; 2:19). Estas dos metáforas enfatizan la unión espiritual que existe entre Cristo y los suyos (cf. Gá. 2:20). Las Escrituras hablan de que los creyentes están en Cristo, y Él en ellos (Jn. 17:23; cf. 2 Co. 5:17; Col. 1:27). Más que estar sencillamente *con* su iglesia, el Señor Jesús está *en* su iglesia, y ella está *en* Él. La iglesia es un todo orgánico, la manifestación viva de Jesucristo que late con la vida eterna de Dios. El denominador común de todos los

---

6. Esta sección está adaptada de John MacArthur, *Juan*, CMNT (Grand Rapids: Editorial Portavoz, 2012), 601.

creyentes es que poseen la vida divina. Jesús afirmó "porque yo vivo, vosotros también viviréis" (Jn. 14:19). El resto del Nuevo Testamento se hace eco de esta verdad: "El que tiene al Hijo, tiene la vida" (1 Jn. 5:12), porque "el que se une al Señor, un espíritu es con él" (1 Co. 6:17).

El simbolismo del cuerpo es único a la hora de ilustrar la relación entre Cristo y la iglesia.[7] Dios creó el cuerpo humano como un organismo maravillosamente complejo, con una interrelación y una armonía intrincadas y elaboradas. Como un todo interdependiente y unificado, no puede funcionar si se divide en partes. Del mismo modo, el cuerpo de Cristo es un conjunto unificado. Existen muchas organizaciones y funciones religiosas, pero solo la iglesia es el cuerpo de Cristo, del cual todo creyente verdadero en Cristo es miembro. El Señor Jesús no puede separarse de su cuerpo como tampoco la cabeza puede estar aparte de su cuerpo. Por el contrario, aquellos que forman parte de su iglesia no pueden alejarse de Él (Jn. 10:28-29; Ro. 8:38-39) ni los unos de los otros (1 Co. 12:12-27).

Otra metáfora neotestamentaria que ilustra la unión vital que los creyentes comparten con Cristo es la de la vid y los pámpanos (Jn. 15:1-11; cf. Ro. 11:17). Del mismo modo que una rama depende por completo de la vid para su vida, su nutrición y su crecimiento, los creyentes dependen por completo del Salvador como fuente de su vitalidad espiritual. Una rama que no esté conectada a la vid no puede dar fruto. Apartados de su unión con Cristo, los creyentes tampoco pueden producir fruto espiritual (Jn. 15:4-10). Los cristianos solo morando en Él pueden manifestar frutos de arrepentimiento (Mt. 3:8), y el fruto del Espíritu (Gá. 5:22-24; Ef. 5:9).

La comunión íntima que la iglesia disfruta con Dios por medio de Cristo (Jn. 17:21; 1 Co. 1:9; 1 Jn. 1:3; 2:24) se simboliza, además, por la descripción neotestamentaria de la iglesia como templo de Dios. En el Antiguo Testamento, el templo era la pieza central de la adoración de Israel. Era el lugar al que se dirigía el pueblo de Dios para adorarlo con la mediación de un sacerdote. Un velo separaba a las personas del Lugar Santísimo, en el que la presencia de Dios se manifestaba (Éx. 26:31-35). Sin embargo, el Nuevo Testamento revela que los creyentes mismos son el templo de Dios, y que cada cristiano tiene acceso a Él por medio de Cristo (He. 4:14-16; 10:19-23). Edificados sobre el fundamento del Señor Jesús (1 Co. 3:10-11; 1 P. 2:7), los cristianos son descritos como piedras vivas que forman el templo de Dios (1 P. 2:4-8). También se les representa como un reino de sacerdotes (1 P. 2:9-10; Ap. 1:6; 5:10). El apóstol Pablo usa la imaginería del templo para retratar a los creyentes, tanto de forma individual (1 Co. 6:19-20) como corporativa (1 Co. 3:16-17; Ef. 2:21-22). Cristo es el constructor (Mt. 16:18); los creyentes son el edificio (Ef. 2:20-22; cf. He. 3:3-6). La iglesia es, pues, un edificio espiritual (1 P. 2:5), la morada del Espíritu Santo (1 Co. 3:16-17; 2 Co. 6:16), el lugar donde se manifiesta la gloria de Dios con mayor claridad en la tierra y el núcleo de la enseñanza espiritual y corporativa de la adoración para los redimidos. A diferencia de

---

7. Algunas de las metáforas aquí expuestas también se aplican a Israel en el Antiguo Testamento. Por ejemplo, la imagen de la vid, el rebaño y la esposa pueden hallarse en el Antiguo Testamento (p. ej., Is. 5:1-7; 40:11; Ez. 16:32; Os. 3:1-5). También se alude a otras imágenes, como la del reino, la familia y el templo, en el Antiguo Testamento. Sin embargo, la metáfora del cuerpo es exclusiva de la iglesia, y no tiene equivalente en el Antiguo Testamento.

los edificios hechos de piedra, la iglesia es una construcción levantada con carne viva. Los creyentes son piedras vivas en el templo de Dios, que le ofrecen sacrificios espirituales (cf. Ro. 12:1; He. 13:15-16).

Los propósitos de la iglesia

Exaltar a Dios
Edificar a los creyentes
Evangelizar a los perdidos

Cuando se la considera desde el punto de vista de la historia de la salvación, la iglesia existe para exhibir la sabiduría y la misericordia de Dios en esta era (Ef. 3:10; cf. Ro. 9:23-24; 11:33; 1 Co. 1:20-31) mediante la proclamación del evangelio de Jesucristo por todo el mundo (Mt. 28:19-20; Hch. 1:8; 1 P. 2:9), de manera que los pecadores de todos los trasfondos étnicos (Ap. 5:9-10) puedan ser rescatados del dominio de las tinieblas, e introducidos en el reino de Dios (Col. 1:12-13), y para que el Israel incrédulo pueda ser provocado a celos y al arrepentimiento (Ro. 10:19; 11:11). Con vistas al futuro, el Nuevo Testamento también promete que la iglesia reinará un día con Cristo en gloria (1 Co. 6:2; cf. 2 Ti. 2:11-13; Ap. 20:4-6).

Desde la perspectiva de cómo se relaciona la iglesia con sus miembros, su propósito podría expresarse como sigue: la iglesia existe para glorificar a Dios (Ef. 1:5-6, 12-14; 3:20-21; 2 Ts. 1:12) mediante la edificación activa de sus miembros en la fe (Ef. 4:12-16), la fiel enseñanza de la Palabra (2 Ti. 2:15; 3:16-17) y la observancia regular de las ordenanzas (Lc. 22:19; Hch. 2:38-42), fomentar la comunión de manera proactiva entre los creyentes (Hch. 2:42-47; 1 Jn. 1:3) y comunicar con valentía la verdad del evangelio a los perdidos (Mt. 28:19-20). Este propósito puede resumirse bajo los tres titulares siguientes.

Exaltar a Dios

Dios es celoso de su gloria (Is. 48:9-11; cf. Is. 43:6-7; 49:3), por lo que el deseo de glorificarlo y exaltarlo debería consumir del mismo modo a su pueblo (1 Co. 10:31; cf. 6:20). Por consiguiente, una iglesia fiel debería centrarse en Dios y no en el hombre. La iglesia ha sido redimida para que los creyentes puedan glorificarlo a Él sirviéndose unos a otros (1 P. 4:11), y también proclamando "las virtudes de aquel que [los] llamó de las tinieblas a su luz admirable" (1 P. 2:9).

Una de las principales formas en que la iglesia exalta a Dios es por medio de la adoración y la alabanza. Cuando ella se reúne, la adoración debería ser la prioridad suprema (cf. Jn. 4:23-24). La adoración consiste en atribuirle a Dios la honra que se le debe, declarar su gloria en palabras de alabanza (p. ej., Sal. 29:2; 95:6; 99:5, 9; He. 12:28), y mediante actos de obediencia (Ro. 12:1). La verdadera adoración incluye, necesariamente, la exaltación de Jesucristo a quien el Padre ha exaltado al proporcionarle un nombre que es sobre todo nombre (Fil. 2:9; cf. Hch. 5:31). Cristo ha sido "hecho más sublime que los cielos" (He. 7:26). Los redimidos alabarán su nombre por toda la eternidad (cf. Ap. 4:10; 5:12-13; 7:12; 14:7; 15:4). Mientras tanto, la iglesia es la única esfera en la tierra donde se exalta el nombre de Cristo de forma verdadera y genuina.

Edificar a los creyentes

En 1 Corintios 14, Pablo describió una reunión típica de la iglesia primitiva, con estas palabras: "Cuando os reunís, cada uno de vosotros tiene salmo, tiene doctrina, tiene lengua, tiene revelación, tiene interpretación. Hágase todo para edificación" (14:26). De manera similar, les dio instrucciones a los creyentes tesalonicenses de que "[se animen] unos a otros, y se [edifiquen] unos a otros así como lo hac[en]" (1 Ts. 5:11). Una edificación así tiene lugar por medio del ministerio de la Palabra (Hch. 20:32; 2 Ti. 3:15-17; 1 P. 2:2), tener mentores que sean líderes piadosos (Ef. 4:11-12), el ejercicio generoso de los dones espirituales (1 Co. 12:7; 1 P. 4:10), y la práctica de los mandamientos neotestamentarios del tipo "los unos a los otros". En la lista de estos figuran los siguientes:

1. Amarse los unos a los otros (Ro. 12:10; 13:8; 1 Ts. 3:12; 4:9; 2 Ts. 1:3; 1 P. 1:22; 4:8; 1 Jn. 3:11, 23; 4:7, 11-12; 2 Jn. 5).
2. Vivir en armonía unos con otros (Ro. 12:16; 15:5; cf. Gá. 5:26; 1 Ts. 5:13).
3. Recibirse los unos a los otros (Ro. 15:7; cf. Ro. 16:16).
4. Amonestarse los unos a los otros (Ro. 15:14; Col. 3:16).
5. Preocuparse los unos por los otros (1 Co. 12:25).
6. Servirse los unos a los otros (Gá. 5:13; 1 P. 4:10).
7. Soportar los unos las cargas de los otros (Gá. 6:2).
8. Ser pacientes unos con otros (Ef. 4:2; Col. 3:13).
9. Ser amables unos con otros (Ef. 4:32).
10. Perdonarse los unos a los otros (Ef. 4:32; Col. 3:13).
11. Cantar alabanzas unos con otros (Ef. 5:19; Col. 3:16).
12. Estimar cada uno a los demás como superiores a él mismo (Fil. 2:3).
13. Decirse la verdad unos a otros (Col. 3:9).
14. Alentarse unos a otros (1 Ts. 4:18; 5:11; He. 3:13; 10:25).
15. Seguir lo bueno unos para con otros (1 Ts. 5:15).
16. Estimularse unos a otros al amor y a las buenas obras (He. 10:24; cf. 1 Ti. 6:17-18).
17. Confesarse los pecados unos a otros (Stg. 5:16).
18. Orar unos por otros (Stg. 5:16).
19. Ser hospitalarios unos con otros (1 P. 4:9).
20. Ser humildes unos con otros (1 P. 5:5).

El contexto bíblico de estos mandamientos indica que su intención es, principalmente, la de regir la relación de los creyentes con los demás cristianos en el seno de la iglesia. Al poner estas directrices en práctica, el pueblo de Dios cumple el segundo Gran Mandamiento, amar al prójimo como a uno mismo (Mr. 12:31; cf. Jn. 13:34; 15:12), y de ese modo edificar el cuerpo de Cristo (cf. Ro. 14:19; 15:2) y ejemplificar el amor de Cristo ante un mundo que observa (Jn. 13:35). Esto hace visible y verificable la transformación del evangelio, de manera que el mensaje demuestra ser tan poderoso como pretende.

Evangelizar a los perdidos

Una iglesia que busca con entusiasmo la gloria de Dios pondrá, de igual modo, un fuerte énfasis en la evangelización, tanto local como por todo el mundo. Jesús mismo articula la comisión evangelizadora de la iglesia en Mateo 28:18-20. Allí, les dio a sus seguidores las instrucciones con estas palabras:

> Toda potestad me es dada en el cielo y en la tierra. Por tanto, id, y haced discípulos a todas las naciones, bautizándolos en el nombre del Padre, y del Hijo, y del Espíritu Santo; enseñándoles que guarden todas las cosas que os he mandado; y he aquí yo estoy con vosotros todos los días, hasta el fin del mundo.

La Gran Comisión indica que la verdadera evangelización implica hacer discípulos (no convencer meramente a los incrédulos a tomar decisiones). Cuando los pecadores responden con fe salvadora al mensaje del evangelio, tienen que ser iniciados en la iglesia por medio del bautismo y discipulados por la iglesia mediante una enseñanza sana. El patrón de hacer discípulos fue establecido por Jesús mismo, quien buscó hacer discípulos durante su ministerio terrenal (Mr. 1:16-22; 2:14; Jn. 8:31). Su ejemplo tiene que ser seguido por su pueblo. Los verdaderos seguidores de Cristo se convierten en "pescadores de hombres" (Mt. 4:19), lo que significa que quienes se convierten en sus discípulos son, ellos mismos, hacedores de discípulos.

En la iglesia primitiva, los creyentes se caracterizaban por el entusiasmo al predicar el evangelio y hacer discípulos (cf. Hch. 2:47; 14:21). Su celo hizo que sus enemigos tomaran nota. Los líderes judíos hostiles les dijeron a Pedro y a los demás apóstoles: "Habéis llenado a Jerusalén de vuestra doctrina" (Hch. 5:28). Pablo y sus compañeros misioneros fueron acusados, de manera similar, de trastornar el mundo entero (Hch. 17:6). Su valiente declaración de salvación por medio de Jesucristo resonó por todo el mundo conocido (cf. Hch. 1:8; 19:10). La iglesia debería caracterizarse por ese mismo celo valeroso en todas las épocas.

Porque entienden la esperanza de la salvación eterna (Tit. 1:2; cf. Jn. 3:16; 11:25) y la realidad opuesta del inminente juicio de Dios (2 Co. 5:11, 20; cf. 2 P. 3:11-15; He. 9:27), los creyentes deberían estar ansiosos por proclamar las buenas nuevas de la salvación. Aunque la iglesia seguirá exaltando a Cristo y edificándose unos a otros en la gloria celestial, la evangelización es algo que solo puede hacerse en esta vida. El Nuevo Testamento presenta la evangelización como la responsabilidad de los líderes de la iglesia (2 Ti. 4:5; cf. Ef. 4:11), de los cristianos individuales (1 P. 3:15) y de la iglesia en su conjunto (1 P. 2:9). La salvación de los pecadores brinda gloria a Dios e infunde a su pueblo de un gozo contagioso (cf. Lc. 15:7, 10). Por el contrario, las iglesias que ignoran o devalúan la evangelización experimentarán un estancamiento y el declive.

Autoridad espiritual en la iglesia

Líderes con dones
Ancianos
Diáconos

Dado que el Nuevo Testamento enseña que Jesucristo es la Cabeza de la iglesia (Ef. 1:22; 4:15; 5:23; Col. 1:18; 2:19; cf. 1 Co. 11:3), habiéndole concedido el Padre su señorío soberano (Mt. 11:27; Jn. 3:35; 5:22; Hch. 2:36; Fil. 2:9-11), Él es la autoridad suprema de la iglesia; como Jesús les dijo a sus discípulos cuando los comisionó: "Toda potestad me es dada en el cielo y en la tierra" (Mt. 28:18). El Antiguo Testamento describe de un modo similar la autoridad absoluta del Mesías prometido (cf. Is. 9:6-7). En Daniel 7:13-14, el profeta Daniel habla de Cristo:

> Miraba yo en la visión de la noche, y he aquí con las nubes del cielo venía uno como un hijo de hombre, que vino hasta el Anciano de días, y le hicieron acercarse delante de él. Y le fue dado dominio, gloria y reino, para que todos los pueblos, naciones y lenguas le sirvieran; su dominio es dominio eterno, que nunca pasará, y su reino uno que no será destruido (cf. Mt. 24:30; 26:64).

Una y otra vez, el Señor Jesús exhibió autoridad divina durante su ministerio terrenal. Demostró su poder soberano sobre los demonios (Mt. 8:32; 12:22), la enfermedad (Mt. 4:23-24), el pecado (Mt. 9:6) y la muerte (Mr. 5:41-42; Jn. 11:43-44), exhibiendo su poder sobre la muerte especialmente en su crucifixión y su resurrección (Jn. 10:18). Al haber ascendido a la diestra del Padre, Cristo —quien creó y sustenta todas las cosas que existen (Jn. 1:1-4; Col. 1:16-17; He. 1:3)— posee la autoridad para gobernar el cielo y la tierra (Ef. 1:20-21), para juzgar a la humanidad (Jn. 5:27-29; 17:2), para derrotar a Satanás y sus ejércitos (Ap. 19:20; 20:10) y para destruir a la muerte para siempre (1 Co. 15:25-26). Un día, toda la creación reconocerá la supremacía de Jesucristo, incluso aquellos que en la actualidad lo rechazan. Como Pablo les indicó a los filipenses: "Por lo cual Dios también le exaltó hasta lo sumo, y le dio un nombre que es sobre todo nombre, para que en el nombre de Jesús se doble toda rodilla de los que están en los cielos, y en la tierra, y debajo de la tierra; y toda lengua confiese que Jesucristo es el Señor, para gloria de Dios Padre" (Fil. 2:9-11).

La sumisión al señorío soberano de Cristo no es opcional para los creyentes, sino que su llamamiento más elevado y su obligación suprema consisten en someterse con gozo a sus mandamientos (p. ej., Jn. 14:15, 21, 23; 15:10; 1 Jn. 5:3; 2 Jn. 6). Ese sometimiento se expresa tanto de forma individual como corporativa. Los pensamientos, las actitudes, las palabras y los actos de cada creyente deberían conformarse a la voluntad de Cristo, tal como está delineado en las Escrituras (Ro. 12:1-2; 1 P. 1:14-15). Lo mismo debería ser verdad en todo lo que sucede en la reunión corporativa de la iglesia, cuando la congregación se somete a la palabra de Cristo (cf. Col. 3:16).

Como Cabeza de la iglesia, el Señor Jesús no solo es su autoridad suprema, sino también la fuente de su salvación. Él es "el autor y consumador de la fe" (He. 12:2), por medio de su muerte compró "para sí un pueblo propio, celoso de buenas obras" (Tit. 2:14). Cristo es la piedra angular sobre la que se fundamenta la iglesia (1 P. 2:4-8). Esta fue establecida por Él (Mt. 16:18) y está edificada sobre el testimonio apostólico de la verdad sobre Él (Ef. 2:20). Así, el apóstol Pablo escribe: "Nadie puede poner otro fundamento que el que está puesto, el cual es Jesucristo" (1 Co. 3:11).

Líderes con dones

El reinado absoluto de Cristo como Cabeza de la iglesia se administra por medio de líderes piadosos que Él ha provisto para liderar a su pueblo (1 Ts. 5:12-13; He. 13:7, 17). En Efesios 4:11, Pablo afirma, respecto al Cristo ascendido, que puso a "apóstoles, profetas, evangelistas, pastores y maestros" (cf. 1 Co. 12:28). Dos de los grupos perfilados en este versículo estaban limitados al comienzo de la historia de la iglesia, a saber, los apóstoles y los profetas, cuyo ministerio jugaba un papel fundamental único en el establecimiento de la misma.[8] Pablo ya mencionó este punto con anterioridad, en Efesios, cuando explicó que los creyentes forman parte de la familia de Dios, y que han sido "edificados sobre el fundamento de los apóstoles y profetas, siendo la principal piedra del ángulo Jesucristo mismo" (Ef. 2:20). Al identificar a los apóstoles y los profetas con la etapa del establecimiento del fundamento de la iglesia. Pablo indicó que aquellos cargos estaban limitados a las primeras fases de la historia de la iglesia. El cimiento de un edificio se pone una vez, al principio de la construcción. Así también, la era de los apóstoles y los profetas se produjo al principio de la historia de la iglesia, y no se ha repetido desde entonces.

De acuerdo con su papel fundacional, los apóstoles y los profetas declararon la revelación de la Palabra de Dios (Ef. 3:5; cf. Hch. 11:28; 21:10-11), y confirmaron su mensaje con señales milagrosas (2 Co. 12:12; cf. Hch. 8:6-7; He. 2:3-4). Del mismo modo en que la superestructura de un edificio descansa sobre su fundamento, todas las generaciones posteriores de la iglesia se han construido sobre el cimiento revelador establecido por los apóstoles y los profetas al escribir el Nuevo Testamento (cf. 2 P. 1:19-21). Los otros grupos —evangelistas y pastores-maestros— han seguido edificando sobre el fundamento a lo largo de la historia de la iglesia, mediante la ferviente proclamación del evangelio de gracia y la fiel predicación de la Palabra de verdad (cf. 2 Ti. 4:1-5).

APÓSTOLES

El término griego *apóstolos*, traducido "apóstol", significa "enviado" y se aplica a un embajador, representante o mensajero. En ocasiones, el vocablo se usa en el Nuevo Testamento en un sentido general en alusión, por ejemplo, a los mensajeros de las iglesias locales (2 Co. 8:23; Fil. 2:25). Sin embargo, el uso principal neotestamentario del título se aplica a los "apóstoles de Jesucristo" (p. ej., Gá. 1:1; 1 P. 1:1; Jud. 17), aquellos hombres específicos a quien Jesús seleccionó personalmente para ser sus representantes autorizados. Ese grupo limitado incluía a los Doce (con Matías que sustituyó a Judas Iscariote en Hch. 1:26) y Pablo, quien recibió el encargo de Cristo de ser un apóstol para los gentiles (Gá. 1:15-17; cf. 1 Co. 15:7-9; 2 Co. 11:5).

Los apóstoles de Jesucristo cumplían tres requisitos básicos. En primer lugar, fueron escogidos directamente por el Señor Jesús (Mr. 3:14; Lc. 6:13; Hch. 1:2, 24; Gá. 1:1).

---

8. Para una explicación sobre el don del apostolado, en respuesta a las afirmaciones carismáticas, véase John MacArthur, *Fuego extraño: El peligro de ofender al Espíritu Santo con una adoración falsa* (Nashville: Grupo Nelson, 2014), 85-103. Para una respuesta específica a aquellos que afirman que la declaración de Pablo en Efesios 4:11-13 implica que los cinco ministerios enumerados aquí prosiguen a lo largo de la historia de la iglesia, véase *Fuego extraño*, 100-102. Para una visión general de la perspectiva de los padres de la iglesia sobre la unicidad del apostolado, véase *Fuego extraño*, 96-99.

En segundo lugar, fueron capaces de realizar las señales de un apóstol, siendo autentificados por milagrosas "señales, prodigios y milagros" (2 Co. 12:12; cf. Mt. 10:1-2; Hch. 1:5-8, 2:43; 4:33; 5:12; He. 2:3-4). En tercer lugar, con sus propios ojos fueron testigos del Cristo resucitado (Hch. 1:21-25; 10:39-41; 1 Co. 9:1; 15:7-8). En 1 Corintios 15:8; Pablo declara explícitamente que él era la última persona que había satisfecho este tercer requisito, lo cual indica que no ha habido apóstoles genuinos desde Pablo. Además, este consideró el apostolado como algo único y extraordinario (1 Co. 15:8-9); no era un patrón normativo para que lo emularan las generaciones posteriores de cristianos. Una evaluación sincera de las reivindicaciones modernas del cargo demuestra, de forma concluyente, que no existen hoy apóstoles y que no los ha habido en la historia de la iglesia desde el siglo I.

Los apóstoles del Nuevo Testamento fueron los agentes reveladores autoritativos de Cristo. En el aposento alto, el Señor Jesús prometió que, aun después de que Él ya no estuviera físicamente presente con ellos, seguiría revelándoles su verdad por medio del Espíritu Santo (Jn. 14:26; 15:26-27; 16:12-15). En consecuencia, la iglesia primitiva reconoció que la enseñanza de los apóstoles tenía la autoridad misma de Cristo. Como los escritos apostólicos eran inspirados, se les atribuyó el mismo peso que a las Escrituras del Antiguo Testamento (cf. Hch. 2:42; 1 Co. 14:37; 1 Ts. 2:13; 2 Ti. 3:16-17; 2 P. 3:16).

PROFETAS

El término traducido "profeta", del griego *profétes*, significa "aquel que habla en lugar de" o "un portavoz". Los profetas del Nuevo Testamento fueron, pues, portavoces de Dios, aunque segundos en rango después de los apóstoles (1 Co. 12:28). Como en el Antiguo Testamento, los profetas de la iglesia primitiva se distinguieron principalmente por su recepción y entrega de la nueva revelación de Dios (Hch. 11:27-28), aunque a veces expusieran en profundidad la verdad anteriormente revelada (cf. Hch. 13:1).

Por la constante amenaza de los falsos profetas (Mt. 7:15; Hch. 20:29-31; Jud. 3-4), el mensaje del profeta debía probarse con respecto a la verdad anteriormente revelada (1 Co. 14:29; 1 Ts. 5:20-22). La genuinidad del ministerio del profeta en el Nuevo Testamento, como sus contrapartidas veterotestamentarias, podía determinarse por su precisión doctrinal (Dt. 13:1-5; Hch. 20:29-30; 2 P. 2:1). Además, los verdaderos profetas se caracterizaban por la pureza moral (Mt. 7:15-17; 2 P. 2:2-3; cf. Jer. 23:14-16) y la precisión reveladora (Dt. 18:20-22; Ez. 13:3-9). Aquellos que enseñaban falsa doctrina, quienes vivieron en una lujuria y una avaricia sin freno, o que transmitieron una supuesta revelación de Dios inexacta y falsa, debían ser ignorados por el pueblo de Dios como falsos profetas.[9]

Cuando la revelación del canon del Nuevo Testamento se completó, el cargo profético ya no era necesario y salió del escenario (cf. Ap. 22:18-19). Como a los apóstoles, les tocaba a los profetas establecer el fundamento revelador para la iglesia (Ef. 2:20). Una vez establecido ese fundamento, la obra de los apóstoles y profetas en la era de la

---

9. Para una explicación más larga respecto al don de la profecía, en respuesta a las afirmaciones carismáticas modernas, véase MacArthur, *Fuego extraño*, 105-132.

iglesia ya se había completado. Sin embargo, la proclamación de la palabra profética (2 P. 1:19-21) sigue por medio de la fiel predicación de las Escrituras. En el futuro, una vez finalizada la era de la iglesia, Dios levantará de nuevo a profetas que cumplan sus propósitos reveladores (cf. Ap. 11:3).

EVANGELISTAS

Aunque a todos los creyentes se les ordena que lleven las buenas nuevas del evangelio a los inconversos (Mt. 28:18-20; Hch. 1:8), algunos tienen un don especial como evangelistas. Al margen de Efesios 4:11, el término "evangelista" solo aparece dos veces en el Nuevo Testamento. En Hechos 21:8 (cf. Hch. 8:4-40) se describe a Felipe como un evangelista, y a Timoteo se le dan instrucciones para que "ha[ga] obra de evangelista", en 2 Timoteo 4:5. Aun así, la evangelización es un tema importante en el Nuevo Testamento. El término griego *euanguélion* ("buenas nuevas" o "evangelio") se usa en más de setenta y cinco ocasiones, y el verbo cognado *euangelízo* ("declarar las buenas nuevas"), más de cincuenta veces.

Los evangelistas están llamados a proclamar las buenas nuevas de la salvación, por medio de la fe en Cristo, al mundo incrédulo. El ejemplo de Felipe demuestra que los primeros evangelistas cristianos predicaron a veces el evangelio a grupos de personas marginadas (como los samaritanos). De acuerdo con la Gran Comisión, su objetivo consistía en hacer discípulos, incorporarlos a la iglesia por medio del bautismo y edificarlos en la fe, por medio de la enseñanza (Mt. 28:18-20). El ejemplo de Timoteo ilustra la estrecha conexión que debería existir entre el evangelista y el líder de la iglesia local.

Los evangelistas poseen un don único que procede de Dios para alcanzar a los pecadores perdidos, con la verdad salvadora del evangelio. Su ministerio debería priorizarse en todas las iglesias, fomentar la evangelización en la comunidad local y apoyar la obra misionera alrededor del mundo.

PASTORES-MAESTROS

En Efesios 4:11, el término griego *poimén* puede traducirse "pastor" o "apacentador". Describe el liderazgo, la protección y el cuidado que los pastores manifiestan hacia los miembros de su rebaño. El Señor Jesús es el gran Pastor (He. 13:20-21; 1 P. 2:25); aquellos que Él le ha dado a la iglesia como pastores deben ser sus "apacentadores" (1 P. 5:2). Su función principal es la de alimentar a las ovejas (cf. Jn. 21:15-17), una responsabilidad que cumplen mediante la enseñanza de la Palabra (cf. 2 Ti. 3:16-17; 1 P. 2:2-3). Aunque la enseñanza se puede identificar como su propio ministerio (1 Co. 12:28), es mejor considerar que en Efesios 4:11 "pastores y maestros" describen dos facetas de un único oficio de liderazgo pastoral. Otros textos neotestamentarios indican que se espera que los pastores sean apacentadores (Hch. 20:28; 1 P. 5:2) y maestros (1 Ti. 3:2; 5:17).

Como los apóstoles, los pastores deberían entregarse de forma primordial a "la oración y… el ministerio de la palabra" (Hch. 6:4), ya que han convertido el proclamar a Cristo en su misión, "amonestando a todo hombre, y enseñando a todo hombre en toda sabiduría, a fin de presentar perfecto en Cristo Jesús a todo hombre" (Col. 1:28). El pastor-maestro diligente es un "buen ministro de Jesucristo" (1 Ti. 4:6), es aprobado como "obrero que no tiene de qué avergonzarse, que usa bien la palabra de verdad" (2 Ti. 2:15; cf. 4:2), y lucha en oración por su pueblo (cf. Col. 4:12).

Aunque la estructura y la administración tienen su lugar, el verdadero poder en la iglesia viene por medio de la oración y del ministerio de la Palabra. Por consiguiente, el pastor-maestro debe priorizar la oración y la predicación en lugar de llegar a estar extremadamente ocupado con la gerencia de otras cuestiones administrativas (cf. Hch. 6:2, 4). No se sirve mejor a las ovejas con programas elaborados o presentaciones impecables, sino con una enseñanza coherente y sólida. La imagen del "apacentador" acentúa el cuidado espiritual y la alimentación bíblica que los pastores proveen para su gente mientras la dirigen. El corazón de un "apacentador" es esencial en aquellos que aspiran a ser pastores y maestros del pueblo de Dios.

El Nuevo Testamento usa otros dos términos para denotar el oficio de pastor. El primero es "obispo" (del gr. *epískopos*), que significa "supervisor" o "guardián". Esta palabra aparece cinco veces en el Nuevo Testamento (Hch. 20:28; Fil. 1:1; 1 Ti. 3:2; Tit. 1:7; 1 P. 2:25). En el mundo secular de habla griega, el término designaba a un delegado nombrado por el emperador para proporcionar liderazgo y supervisión política a la municipalidad que acababa de ser fundada o recientemente capturada. De manera similar, los obispos operan bajo la autoridad del Rey Jesús, cuando lideran en la iglesia, aunque por medio de un servicio humilde y no de un control autoritario (Mr. 10:42-43). El supervisor espiritual es responsable tanto de alimentar (1 Ti. 3:2) como de proteger al rebaño (Hch. 20:28), a su cargo.

El otro término es "anciano" (del gr. *presbúteros*), que habla de la madurez espiritual sazonada de quienes dirigen en la iglesia. En el Nuevo Testamento, *presbúteros* puede usarse en sentido genérico, para aludir a personas de edad avanzada (Hch. 2:17; cf. 1 Ti. 5:2), y también puede referirse a los líderes de Israel del siglo I (Mt. 15:2; 27:3, 41; Mr. 7:3, 5; Lc. 22:52; Hch. 4:8). Sin embargo, en un contexto eclesiológico, el título designa un oficio específico de liderazgo espiritual dentro de la iglesia (p. ej., Hch. 11:30; 14:23; 15:2, 4, 6, 22; 16:4; 20:17; 21:18).

El concepto neotestamentario del cargo de anciano está principalmente sacado del judaísmo veterotestamentario (cf. Éx. 12:21; 19:7; Nm. 11:16; Dt. 27:1; 1 S. 11:3; 16:4). Los ancianos de Israel eran hombres maduros que manifestaban firmes convicciones morales, al caracterizarse por la verdad, la integridad, el valor y el temor del Señor (Éx. 18:21-22; cf. Nm. 11:16-17). Sabios y con discernimiento, enseñaban, intercedían, y juzgaban con justicia e imparcialidad (Dt. 1:13-17). La interpretación que el Nuevo Testamento hace de ancianos en la iglesia incluye esos mismos atributos de fuerza personal, madurez espiritual e integridad moral.

Que la iglesia primitiva estaba dirigida por ancianos es algo claramente demostrado a lo largo del Nuevo Testamento. Por ejemplo, la iglesia de Jerusalén tenía ancianos (Hch. 11:29-30), como también ocurría con las iglesias que Pablo plantó en sus viajes misioneros (Hch. 14:23; 20:17). Las iglesias por toda Asia Menor a las que Pedro dirigió sus epístolas también estaban lideradas por ancianos. Así, Pedro pudo escribir: "Ruego a los ancianos que están entre vosotros, yo anciano también con ellos… Apacentad la grey de Dios que está entre vosotros" (1 P. 5:1-2). Además, el libro de Apocalipsis indica que veinticuatro ancianos representarán a los redimidos en la eternidad futura (p. ej., Ap. 4:4, 10; 5:5-6, 8, 11, 14; 7:11).

Las pruebas textuales indican que los tres términos neotestamentarios ("pastor", "obispo" y "anciano") aluden al mismo cargo del liderazgo de la iglesia. La comparación de 1 Timoteo 3:1-7 con Tito 1:6-9 demuestra que los requisitos para el obispo y el anciano son los mismos, y sugieren que ambos cargos son idénticos. En Tito 1:5-7, Pablo incluso usa ambos títulos para aludir a la misma persona. Los tres términos se encuentran juntos en 1 Pedro 5:1-2:

> Ruego a los ancianos [plural de *presbúteros*] que están entre vosotros, yo anciano también con ellos, y testigo de los padecimientos de Cristo, que soy también participante de la gloria que será revelada: Apacentad [gr. *poimaíno*] la grey de Dios que está entre vosotros, cuidando [plural de *epískopos*] de ella, no por fuerza, sino voluntariamente; no por ganancia deshonesta, sino con ánimo pronto.

Hechos 20 también ilustra la naturaleza intercambiable de estos tres términos. Tras reunir a los ancianos (plural de *presbúteros*, 20:17) de la iglesia efesia, Pablo les advierte con estas palabras: "Por tanto, mirad por vosotros, y por todo el rebaño en que el Espíritu Santo os ha puesto por obispos, para apacentar la iglesia del Señor, la cual él ganó por su propia sangre" (20:28).

Aunque los tres términos son sinónimos, cada uno tiene un énfasis único dentro del contexto bíblico: "anciano" hace hincapié en la madurez y en el carácter personal de un hombre; "obispo" habla de su papel de liderazgo como protector del rebaño; y "pastor" enfatiza su preocupación sincera por las personas a las que sirve. Lamentablemente, a lo largo de la historia de la iglesia, se ha abusado de algunos de estos títulos (como *obispo* e incluso *pastor*) por parte de las jerarquías eclesiásticas no bíblicas y de los líderes espirituales hambrientos de poder. Como resultado, el título *anciano* puede ser preferible en algunos contextos porque, en general, no lleva las connotaciones culturales que, en ocasiones, se han impuesto a los otros dos títulos. Analizaremos el cargo de anciano con mayor detalle en la sección siguiente.

Ancianos

Por designio de Dios, las iglesias dependen de un fiel liderazgo para ser fuertes, saludables, productivas y fructíferas. Las Escrituras enseñan que Dios le ha dado ancianos a cada congregación local con el fin de supervisar y liderar a su pueblo. Como quienes tienen por tarea alimentar y proteger al rebaño, los ancianos rendirán un día cuenta ante el Señor por las almas bajo su cuidado espiritual. De hecho, a diferencia del liderazgo mundano, la autoridad espiritual se caracteriza por una humildad como la de Cristo y por el deseo de servir (Mr. 10:43-45). Cualquiera que desee liderar en la iglesia debe demostrar santidad personal, pureza doctrinal, autosacrificio, disciplina espiritual y una dedicación centrada en Cristo. El cargo de anciano entraña una responsabilidad que no debe tomarse a la ligera (cf. Lc. 12:48), como se resalta en las aleccionadoras advertencias de Santiago 3:1: "Hermanos míos, no os hagáis maestros muchos de vosotros, sabiendo que recibiremos mayor condenación".

RESPONSABILIDADES

En 1 Timoteo 3:5, Pablo indica que una de las responsabilidades de un *epískopos* es cuidar "de la iglesia de Dios". Como parte de esa responsabilidad general, los ancianos ostentan una autoridad que les ha sido delegada por Cristo, la Cabeza, para proveer liderazgo y proporcionar supervisión a los asuntos de la iglesia local. Pablo escribe: "Los ancianos que gobiernan bien, sean tenidos por dignos de doble honor, mayormente los que trabajan en predicar y enseñar" (1 Ti. 5:17). El término traducido "gobiernan" (gr. *proistémi*) se aplica varias veces a los ancianos a lo largo del Nuevo Testamento (Ro. 12:8; 1 Ts. 5:12; 1 Ti. 3:4-5, 12; 5:17). Designa la posición de la supervisión que les ha sido confiada por Cristo mismo, e indica que no hay autoridad terrenal en la iglesia local superior a la de ellos.

Sin embargo, su autoridad no se obliga por fuerza o intimidación, sino que es una autoridad basada en el precepto y el ejemplo al que la iglesia se somete de buena gana (cf. He. 13:17). Aunque los ancianos están llamados a liderar la iglesia local, es importante recalcar que la congregación no les pertenece. No es su rebaño. Más bien, los miembros de la iglesia constituyen el "rebaño de Dios" (1 P. 5:2), al que Él compró (Hch. 20:28), y al que los ancianos sirven como cuidadores y administradores.

Como hemos observado más arriba, los ancianos son quienes han recibido de Dios la responsabilidad de la predicación y de la enseñanza (1 Ti. 5:17). Por esta razón, los ancianos deben ser "aptos para enseñar" (1 Ti. 3:2), exhibiendo la capacidad de instruir en la sana doctrina, refutar el error y la falsedad (Tit. 1:9). Una enseñanza de este tipo implica, necesariamente, la cuidadosa exposición de las Escrituras (1 Ti. 4:13; 2 Ti. 2:15; cf. Neh. 8:8) y es el principal medio por el cual se alimenta y se nutre espiritualmente al rebaño (1 P. 2:2; cf. Sal. 1:2-3; He. 5:12-13). Como Pablo le recordó a Timoteo: "Toda la Escritura es inspirada por Dios, y útil para enseñar, para redargüir, para corregir, para instruir en justicia, a fin de que el hombre de Dios sea perfecto, enteramente preparado para toda buena obra" (2 Ti. 3:16-17). Por lo tanto, Timoteo debía "predi[car] la palabra; [instar] a tiempo y fuera de tiempo; redarg[üir], repren[der], exhor[tar] con toda paciencia y doctrina" (2 Ti. 4:2).

Más allá de la enseñanza, los ancianos también son responsables de determinar el gobierno de la iglesia (cf. Hch. 15:22), ordenar a otros ancianos (1 Ti. 4:14), ser un ejemplo que las ovejas sigan (1 P. 5:1-3; He. 13:7), proteger al rebaño del error doctrinal (Hch. 20:28-30), y orar por los miembros de la iglesia (Stg. 5:14). Por designio de Dios, los ancianos juegan un papel central en la salud y el funcionamiento de la iglesia.

Apocalipsis 2–3 contiene las cartas de Cristo a las siete iglesias de Asia Menor.[10] Son los únicos relatos bíblicos de sus críticas directas a sus iglesias locales. En ellas, elogia lo que está bien, y condena lo que está mal. Las observaciones de Cristo siguen siendo profundamente importantes para que cada generación recuerde su voluntad para su iglesia, tanto positiva como negativa.

La Palabra de Dios ha conservado esas cualidades que Él elogia y condena. Tomadas en conjunto, sirven de "plomada" de los principios perfectos que Cristo ha establecido para la iglesia, con los que cotejar su realidad actual. Es responsabilidad de todo an-

---

10. Adaptado de Mayhue, *What Would Jesus Say about Your Church?*, 213-216. Usado con permiso de Christian Focus.

ciano (y una práctica encomiable incluso para todo cristiano) considerar esta pregunta fundamental: Si Jesucristo tuviera que escribirle una carta a mi iglesia, como hizo en las Escrituras, ¿qué diría?, ¿qué elogiaría?, ¿qué condenaría? Los ancianos deben guiar a la iglesia en la búsqueda de lo que Jesús elogia y en evitar aquello que Él condena.

El Señor elogió estas características:

- Las obras de Dios
- El esfuerzo
- La resistencia
- El discernimiento
- El sufrimiento
- La fidelidad hasta el final
- Aferrarse al nombre de Cristo
- No negar la fe
- El amor
- La fe
- El servicio
- Una vida de justicia
- Cumplir la Palabra de Cristo
- La sumisión
- El arrepentimiento
- La paciencia
- Aceptar la Palabra de Dios
- Permanecer firme
- Agradar a Dios
- Amar a los hermanos
- La oración
- El fervor en la evangelización
- El énfasis bautismal
- Una enseñanza/predicación firme
- El liderazgo espiritual
- La dependencia de Dios
- Actitudes gozosas
- La generosidad
- La valentía
- El crecimiento
- El ministerio del Espíritu Santo
- El discipulado
- El sacrificio
- Las prioridades espirituales
- El potencial espiritual
- La sumisión a la soberanía de Dios
- La adoración verdadera

Por el contrario, el Señor condenó las características siguientes:

- El amor perdido
- La ausencia de los primeros hechos
- La transigencia
- Tolerar el pecado
- La inmoralidad
- La idolatría
- La falta de vida
- Los hechos incompletos
- La tibieza
- La hipocresía
- La falsa enseñanza
- La vida indisciplinada
- La desunión
- El pecado
- Las divisiones arrogantes
- La prolongada inmadurez espiritual
- Denunciarse unos a otros
- Hacer un mal uso de la libertad cristiana
- Profanar la Santa Cena
- Apropiarse de forma indebida de los dones espirituales
- Poca disposición a perdonar
- Lentitud para dar
- Criticar el liderazgo

REQUISITOS

El apóstol Pablo define los requisitos para los ancianos en 1 Timoteo 3:1-7 y Tito 1:6-9. En ambos lugares, el estándar global para un anciano es que debe ser "irreprochable", y esto significa que sea un hombre de carácter espiritual y moral impecables. Al margen de la aptitud para enseñar, los requerimientos que Pablo indica solo amplifican el principio fundamental de que los ancianos tienen que ser hombres cuyas vidas están característicamente libres de cualquier corrupción o mancha que puedan acarrear reproche sobre el evangelio.

En cada ámbito de la vida —el matrimonio, la familia, la comunidad y la iglesia—, los ancianos deben estar por encima de toda recriminación. Tiene que ser "marido de una sola mujer" (1 Ti. 3:2), que podría traducirse literalmente "hombre de una sola mujer". Este requisito es mucho más que una mera prohibición de poligamia. Habla de la integridad moral y de la fidelidad sexual del hombre en su papel como esposo; está plenamente entregado a la única esposa que Dios le ha dado. Si no está casado, su vida debería ser un ejemplo de pureza moral, libre de fornicación y sin fama de tener una conducta insinuante.

Los ancianos han de ser "sobrios" y "prudentes" (1 Ti. 3:2). Sus pensamientos deberían caracterizarse por la sabiduría y la madurez, mientras que sus acciones deben manifestar templanza y moderación. Un anciano debería conducirse de una forma "respetable" hacia aquellos que lo conocen (1 Ti. 3:2), de acuerdo con su papel como uno de los líderes representativos de la iglesia de Cristo. Al mismo tiempo, debe ser "hospitalario" hacia las demás personas de la iglesia, incluidos aquellos que no lo conocen (1 Ti. 3:2). El término "hospitalario" habla del "amor por los extranjeros", indicando que un anciano es acogedor y amable hacia todos.

En 1 Timoteo 3:3, Pablo sigue enumerando varios rasgos negativos que deben estar ausentes de la vida de un anciano: "No dado al vino, no pendenciero, no codicioso de ganancias deshonestas, sino amable, apacible, no avaro". Como siervo de Cristo, un anciano no debe estar dominado por adicciones pecaminosas (p. ej., embriaguez, Ef. 5:18), pasiones desordenadas (p. ej., enojo y beligerancia, Ef. 4:26-27), o las ambiciones económicas (p. ej., amor por el dinero, 1 Ti. 6:9-10). Quienes están esclavizados a sus propios deseos (2 P. 2:19) se muestran indignos del liderazgo espiritual en la iglesia.

En 1 Timoteo 3:4 se explica, además, que un anciano "gobierne bien su casa, que tenga a sus hijos en sujeción con toda honestidad". El primer ámbito en el que un potencial anciano debe demostrar una conducta irreprochable es en su hogar, en presencia de aquellos que lo conocen de la forma más íntima. Su aptitud en la gestión de su familia establece un precedente respecto a su capacidad para apacentar a la iglesia, "pues el que no sabe gobernar su propia casa, ¿cómo cuidará de la iglesia de Dios?" (1 Ti. 3:5).

A la luz de este alto nivel, es comprensible que un recién convertido no pueda ser anciano (1 Ti. 3:6). Por lo general, han de transcurrir muchos años hasta que un hombre alcance el nivel de madurez personal y espiritual requerido para un anciano. Además, debe pasar un tiempo adecuado para que los demás observen su vida y confirmen su cualificación. Como Pablo le advirtió a Timoteo, los que son elevados a la posición de anciano de manera prematura son altamente propensos a pecar de orgullo.

Pablo sigue en 1 Timoteo 3:7 y declara: "También es necesario que tenga buen testimonio de los de afuera, para que no caiga en descrédito y en lazo del diablo". Más allá de su familia y de la congregación local de creyentes, un anciano debe tener también

Tabla 9.1 Listas de requisitos para un anciano

1 Timoteo 3:2-7	Tito 1:6-9
Irreprensible (3:2)	Irreprensible (1:6)
Marido de una sola mujer (3:2)	Marido de una sola mujer (1:6)
Sobrio (3:2)	
Prudente (3:2)	Dueño de sí mismo (1:8)
Decoroso (3:2)	
Hospedador (3:2)	Hospedador (1:8)
Apto para enseñar (3:2)	Retenedor de la Palabra fiel, que pueda enseñar con sana enseñanza, y que convenza a los que contradicen (1:9)
No dado al vino (3:3)	No dado al vino (1:7)
Amable y apacible (3:3)	No iracundo (1:7)
No pendenciero (3:3)	No pendenciero (1:7)
No avaro (3:3)	No codicioso de ganancias deshonestas (1:7)
Que gobierne bien su casa (3:4)	Irreprensible como administrador de Dios (1:7)
Que tenga a sus hijos en sujeción con toda honestidad (3:4)	Que tenga hijos creyentes que no estén acusados de disolución ni de rebeldía (1:6)
No un neófito, no sea que se envanezca (3:6)	No soberbio (1:7)
Buen testimonio de los de fuera (3:7)	
	Amante de lo bueno (1:8)
	Justo (1:8)
	Santo (1:8)

una reputación excelente con los de fuera de la iglesia. Tanto en sus asuntos como en los compromisos sociales con incrédulos, está llamado a estar por encima de todo reproche.

El apóstol Pablo reitera una lista similar de requisitos en Tito 1:6-9. Como en 1 Timoteo 3, un anciano debe ser marido de una sola mujer. Además, Pablo explica que sus hijos deberían ser "creyentes que no estén acusados de disolución ni de rebeldía" (Tit. 1:6). Al reflejarse la conducta de los hijos de un anciano sobre el liderazgo espiritual de este en el hogar, no deben caracterizarse por ser disolutos o rebeldes.

"Como administrador de Dios", un anciano "debe ser irreprensible"; no debe ser "soberbio", "pendenciero", "dado al vino", "iracundo" ni "codicioso de ganancias deshonestas" (Tit. 1:7). Por el contrario, debe ser "hospedador, amante de lo bueno, dueño de sí mismo, justo, santo" y disciplinado (Tit. 1:8). Además de esto, debería ser un estudiante diligente de la Palabra de Dios, que "pueda exhortar con sana enseñanza", a la vez que reprende "a los que contradicen" (Tit. 1:9). La comparación de ambas listas demuestra sus consistentes paralelos (véase tabla 9:1).

Se debería observar que el Nuevo Testamento no hace provisión para que las mujeres sirvan como ancianas o pastoras. Como explica Pablo en 1 Timoteo 2:11-12: "La mujer aprenda en silencio, con toda sujeción. Porque no permito a la mujer enseñar, ni ejercer dominio sobre el hombre, sino estar en silencio". El verbo "enseñar" en 1 Timoteo 2:12 podría traducirse mejor "ser maestra". Indica que las mujeres no deben ocupar posiciones de enseñanza sobre los hombres en la iglesia, y las excluye del oficio de anciano (ya que enseñar a la congregación es una de las responsabilidades principales de los ancianos). Así, el patrón bíblico es que solo los hombres pueden servir como ancianos y pastores. Esta estipulación no nace del sesgo cultural ni del prejuicio paulino. Más bien se basa tanto en el orden creado como en los acontecimientos de la caída. Como Pablo explica: "Porque Adán fue formado primero, después Eva; y Adán no fue engañado, sino que la mujer, siendo engañada, incurrió en transgresión" (1 Ti. 2:13-14).

La enseñanza de 1 Timoteo 2 muestra que no se les permite a las mujeres ocupar el cargo de pastor o maestro en la iglesia (cf. Hch. 13:1; 1 Co. 12:28; Ef. 4:11). Sin embargo, esto no impide que una mujer enseñe en otros contextos adecuados, como impartir la enseñanza a otras mujeres (Tit. 2:3-4) o a niños (2 Ti. 1:5; 3:14-15). La Biblia indica con claridad que las mujeres son espiritualmente iguales a los hombres, y que el ministerio de las mujeres es fundamental para el cuerpo de Cristo. Sin embargo, por designio de Dios, las mujeres están excluidas del liderazgo sobre los hombres en la iglesia.

ORDENACIÓN

En el Nuevo Testamento, los ancianos eran apartados de forma excepcional para su cargo. El término griego *kathístemi*, que significa "ordenar", se usaba normalmente para describir el nombramiento de ancianos. El proceso de ordenación indica un llamamiento divino y un apartamiento para el liderazgo espiritual reconocido oficialmente por la iglesia.

Pablo ofrece importantes detalles sobre el proceso de ordenación cuando le ordena a Timoteo: "No descuides el don que hay en ti, que te fue dado mediante profecía con la imposición de las manos del presbiterio" (1 Ti. 4:14). La práctica de imponer manos sobre un hombre que está siendo ordenado halla sus raíces en el sistema sacrificial veterotestamentario. Cuando los israelitas llevaban sacrificios para ofrecérselos al Señor, ponían sus manos sobre el sacrificio con el fin de identificarse con él (Lv. 1:4; 3:2-13; 4:4-33; 8:14, 18, 22; 16:21). La ordenación en el Nuevo Testamento describe de manera similar la solidaridad entre los ancianos y el hombre que está siendo ordenado.

En el Antiguo Testamento, la imposición de manos también se usaba para simbolizar una transferencia de autoridad (Nm. 27:18-23; Dt. 34:9) o para trasladar una bendición dada de una parte a otra (Gn. 48:13-20; 2 R. 13:16; Job 9:33; Sal. 139:5). La autoridad y la bendición también se reflejan en la ordenación del Nuevo Testamento, cuando el liderazgo de la iglesia confirma al anciano recién ordenado en sus deberes.

Es necesario que la solidaridad representada por la ordenación no se lleve a cabo con premura. Como Pablo le advirtió a Timoteo: "No impongas con ligereza las manos a ninguno, ni participes en pecados ajenos. Consérvate puro" (1 Ti. 5:22). A la luz de esta recomendación, los hombres que están siendo considerados para la ordenación deben ser puestos a prueba de forma adecuada, y demostrar que están cualificados para servir en el ministerio pastoral. Deben estar por encima de todo reproche, ser moralmente puros, doctrinalmente sanos y unos líderes y maestros capaces. Cuando los dirigentes actuales de la iglesia recurran a la siguiente generación, deberían procurar levantar a hombres más jóvenes que puedan empezar a prepararse, en oración, para convertirse en ancianos en el futuro (cf. 2 Ti. 2:2).

Según el modelo del Nuevo Testamento, el proceso de ordenación era supervisado y administrado por el liderazgo reconocido de la iglesia. Por ejemplo, en Hechos 14:23, fueron Pablo y Bernabé quienes "constituyeron ancianos en cada iglesia". En Tito 1:5, Pablo le dio instrucciones a Tito para que estableciese "ancianos en cada ciudad". En 1 Timoteo 4:14 se indica que los ancianos mismos debían ordenar a otros ancianos. Ya sea que el nombramiento fuera hecho por un apóstol, un delegado apostólico o un equipo de ancianos de la iglesia local, el principio es claro: la ordenación de nuevos ancianos es responsabilidad de quienes sirven como parte del liderazgo espiritual reconocido de la iglesia.

Quienes aseveran que es responsabilidad de la congregación escoger y aprobar nuevos ancianos suelen apelar a Hechos 6:2-6 para respaldar este concepto. Lucas escribe allí:

> Entonces los doce convocaron a la multitud de los discípulos, y dijeron: No es justo que nosotros dejemos la palabra de Dios, para servir a las mesas. Buscad, pues, hermanos, de entre vosotros a siete varones de buen testimonio, llenos del Espíritu Santo y de sabiduría, a quienes encarguemos de este trabajo. Y nosotros persistiremos en la oración y en el ministerio de la palabra. Agradó la propuesta a toda la multitud; y eligieron a Esteban, varón lleno de fe y del Espíritu Santo, a Felipe, a Prócoro, a Nicanor, a Timón, a Parmenas, y a Nicolás prosélito de Antioquía; a los cuales presentaron ante los apóstoles, quienes, orando, les impusieron las manos.

En este texto es necesario considerar al menos dos observaciones. En primer lugar, a los siete hombres seleccionados no se los denomina ancianos. Fueron elegidos para servir mesas, no para dirigir la iglesia. (En la historia de la iglesia, estos hombres estaban más estrechamente relacionados con la función de un diácono). En segundo lugar, la congregación llevó a esos hombres a los apóstoles para que dieran el visto bueno, y no al revés. Los apóstoles no solo iniciaron el proceso (Hch. 6:3), sino que también fueron ellos quienes nombraron en última instancia a estos hombres para que ministraran (Hch. 6:6). La responsabilidad final correspondía a los líderes de la iglesia y no a la congregación. Aunque en la actualidad no hay apóstoles en la iglesia, el modelo establecido en las Escrituras sigue vigente: los nuevos líderes de la iglesia deben ser ordenados por otros líderes reconocidos.

Al identificar a los líderes futuros, el punto de partida es un deseo puesto por Dios en el corazón del individuo. Pablo explica: "Si alguno anhela obispado, buena obra desea" (1 Ti. 3:1). Expresado de forma negativa, aquellos que no deseen el cargo de anciano no están cualificados para desempeñarlo. Los potenciales ancianos no deberían ser coaccionados ni manipulados para que procuren el cargo, ya que servir en dicho oficio empieza por la humilde y sincera disposición para liderar. Como les recuerda Pedro a sus compañeros ancianos, a los que les escribe: "Apacentad la grey de Dios que está entre vosotros, cuidando de ella, no por fuerza, sino voluntariamente; no por ganancia deshonesta, sino con ánimo pronto" (1 P. 5:2).

Antes de que la ordenación llegue a su fin, los ancianos deben buscar en oración la voluntad del Señor con respecto al nombramiento. El precedente bíblico de esto se encuentra en Hechos 14:23: "Y constituyeron ancianos en cada iglesia, y habiendo orado con ayunos, los encomendaron al Señor en quien habían creído". Como entendían lo que estaba en juego, Pablo y Bernabé buscaron al Señor en oración como parte del proceso de ordenación (cf. Hch. 13:2). Nombrar ancianos en una actitud de oración reconoce con razón que, a la postre, Dios es Aquel que da los dones, llama y les encomienda el liderazgo espiritual. Como Pablo exhortó a los ancianos efesios: "Por tanto, mirad por vosotros, y por todo el rebaño en que el Espíritu Santo os ha puesto por obispos, para apacentar la iglesia del Señor" (Hch. 20:28). Al ser el llamado más elevado de Dios en la vida de la iglesia local, el liderazgo espiritual no debe tomarse a la ligera ni procurarse de un modo superficial. Las selecciones y los nombramientos deberían hacerse en el contexto de una cuidadosa consideración, con sabiduría y mucha oración (cf. Stg. 1:5).

En resumen, los ancianos constituyen un grupo de hombres maduros y piadosos que desean liderar, y alimentar al rebaño de Dios. El Señor mismo los ha llamado especialmente, y les ha encargado el ministerio. Una vez que hayan aspirado al cargo, y cumplan los requisitos bíblicos necesarios, los demás ancianos los nombran tras mucha oración y, posteriormente, colaboran todos como líderes espirituales de la iglesia.

APOYO

El Nuevo Testamento indica que es adecuado que los ancianos reciban compensación económica por parte de la iglesia por sus labores ministeriales. Pablo expresa este principio cuando escribe: "Los ancianos que gobiernan bien, sean tenidos por dignos de doble honor, mayormente los que trabajan en predicar y enseñar. Pues la Escritura dice: No pondrás bozal al buey que trilla; y: Digno es el obrero de su salario" (1 Ti. 5:17-18). El término traducido "honor" en 5:17 (del gr. *timé*) alude a la remuneración, como dejan en claro las alusiones bíblicas en 5:18.

El apóstol amplía este tema en 1 Corintios 9:4-9:

> ¿Acaso no tenemos derecho de comer y beber? ¿No tenemos derecho de traer con nosotros una hermana por mujer como también los otros apóstoles, y los hermanos del Señor, y Cefas? ¿O sólo yo y Bernabé no tenemos derecho de no trabajar? ¿Quién fue jamás soldado a sus propias expensas? ¿Quién planta viña y no come de su fruto? ¿O quién apacienta el rebaño y no toma de la leche del rebaño? ¿Digo esto sólo como hombre? ¿No dice esto también la ley? Porque en la ley de Moisés está escrito: No pondrás bozal al buey que trilla. ¿Tiene Dios cuidado de los bueyes...?

Al soldado lo paga su nación; el agricultor disfruta de una porción de su propia cosecha; el pastor recibe leche de su rebaño; y hasta al buey se le permite comer mientras trilla el grano. Pablo establece un paralelo con el ministerio pastoral, y sostiene que es aceptable que los pastores sean mantenidos por la congregación a la que ministran. El apóstol sigue mencionando esta idea en el versículo 13: "¿No sabéis que los que trabajan en las cosas sagradas, comen del templo, y que los que sirven al altar, del altar participan?". Si a los sacerdotes del Antiguo Testamento se les permitía vivir de las ofrendas presentadas por el pueblo, entonces también es lícito que los ministros del nuevo pacto sean mantenidos por los que constituyen la iglesia.

Sin embargo, como Pablo insinúa en el versículo 6, este tipo de subsidio es un derecho, no un mandato. Como apóstol y ministro del evangelio, él tenía claramente el derecho de recibir ayuda económica de la iglesia. Sin embargo, Pablo decidió no ejercer su derecho, y en su lugar escogió trabajar como fabricante de tiendas (Hch. 18:3), y así poder proclamar el evangelio sin añadir carga económica alguna a la iglesia (1 Co. 9:18; cf. 1 Ts. 2:9).

Es probable que, entre un grupo de ancianos, algunos sean mantenidos por la iglesia, mientras que otros se ganen la vida por otros medios. Ambas situaciones son bíblicamente lícitas, y ninguna de ellas afecta a la cualificación de un hombre para el liderazgo pastoral. Con frecuencia, se alude a los ancianos pagados por la iglesia como *clero* (o *ancianos contratados*), mientras que aquellos que se ganan la vida fuera de la iglesia son llamados *ancianos laicos*. Aunque estas designaciones pueden resultar útiles en ciertas situaciones, es importante comprender que en las Escrituras no se encuentra semejante distinción. La Biblia no establece diferencia cualitativa alguna entre un pastor laico y un pastor pagado por la iglesia. Cada anciano es responsable de proveerle al rebaño liderazgo, cuidado, supervisión, protección, enseñanza sana y un ejemplo piadoso. Como quienes han sido apartados por Dios y ordenados por la iglesia, todos son llamados al mismo nivel de rendición de cuentas ante el Señor, reciban o no remuneración económica de la iglesia.

PLURALIDAD

Las Escrituras presentan el ministerio pastoral como un esfuerzo de equipo, que implica una pluralidad de ancianos en cada congregación local. El término *presbúteros* casi siempre aparece en plural cuando se usa en el Nuevo Testamento (p. ej., Hch. 11:30; 14:23; 15:2; 20:17; Tit. 1:5; Stg. 5:14). Las pocas excepciones ocurren cuando un autor bíblico se aplica el término a sí mismo (p. ej., 1 P. 5:1; 2 Jn. 1; 3 Jn. 1), o cuando un anciano en particular es escogido de un grupo mayor (1 Ti. 5:19). La clara norma era que las iglesias del siglo I eran gobernadas por múltiples ancianos. Por consiguiente, Pablo puede dirigirse a los creyentes en Filipos mediante el saludo "a todos los santos en Cristo Jesús que están en Filipos, con los obispos [plural de *epískopos*] y diáconos" (Fil. 1:1). De manera significativa, el Nuevo Testamento no menciona nunca a una congregación con un solo pastor.[11]

Una iglesia gobernada por una pluralidad de ancianos piadosos disfruta de todos los beneficios pertenecientes a la intención divina, incluidos su conocimiento, su sabiduría y su experiencia combinados. Esto no solo proporciona una riqueza de consejo para apacentar el rebaño (Pr. 11:14; 15:22), sino que también protege a la congregación de las preferencias egoístas de un único individuo.

---

11. Algunos apelan a Apocalipsis 1–3 para respaldar el modelo de un solo pastor, y argumentan que "los ángeles [lit., 'mensajeros'] de las siete iglesias" (1:20) aluden a los pastores de cada iglesia. Sin embargo, el texto no declara cuántos ancianos operaban en cada asamblea. Teniendo en cuenta el modelo del Nuevo Testamento, que con claridad describe una pluralidad de líderes piadosos en cada congregación local (cf. Hch. 14:23; Tit. 1:5), es probable que esos mensajeros fueran líderes claves que representaban a un grupo de ancianos en cada iglesia.

En su liderazgo de la congregación local, los ancianos deberán operar sobre el principio de la unanimidad con sus compañeros ancianos. Esta clase de unidad refleja que todos ellos tienen la mente de Cristo y son guiados por el mismo Espíritu (1 Co. 1:10; Ef. 4:3; Fil. 1:27; 2:2). En las ocasiones en que discrepen sobre una decisión, los ancianos deberían esperar y buscar la voluntad de Dios mediante oración adicional, y estudiar hasta que sean capaces de alcanzar un consenso. De este modo, el equipo de liderazgo no solo manifestará un frente unificado, sino que también será un modelo de la armonía que debería caracterizar al conjunto de la congregación (cf. Ro. 15:5; 2 Co. 13:11; 1 P. 3:8).

Obviamente, existirá diversidad en el seno del equipo de ancianos, cuando cada uno de ellos emplee su talento único para beneficio de todos. La diversidad de dones y aptitudes sirve para fortalecer el liderazgo de la iglesia que, a su vez, edifica a toda la congregación. Algunos de los ancianos pueden tener un don particular como consejeros, otros como predicadores y otros como administradores. Unos pueden ministrar en una función altamente visible, mientras que otros sirven entre bastidores. Tanto la diversidad como la unidad reflejada en el grupo de ancianos ilustra la forma en que el cuerpo de Cristo, en conjunto, debería funcionar (cf. 1 Co. 12:4-28).

Dentro de cada grupo de líderes espirituales, algunos recibirán un papel de liderazgo más visible o abierto. El Nuevo Testamento da fe de ello. Entre los apóstoles, Pedro se destacó como portavoz de todo el grupo (cf. Mt. 15:15; 16:16-17; Mr. 11:21; Lc. 12:41; Jn. 6:68). Este modelo siguió hasta después del nacimiento de la iglesia en el día de Pentecostés. En los primeros capítulos de Hechos, Pedro y Juan ministraron a menudo juntos, aunque la narrativa bíblica da a entender que solo Pedro predicó algún sermón (Hch. 2:14-40; 3:12-26; 4:8-12; 5:29-32). En el Concilio de Jerusalén, en Hechos 15, vemos que Jacobo, el hermano de Jesús, es quien desempeña la función de portavoz de la iglesia de Jerusalén (Hch. 15:13-21), aunque Pedro también habló en esa ocasión (Hch. 15:7-11). En sus viajes misioneros, el apóstol Pablo fue el principal orador del grupo de hombres con quienes viajó (cf. Hch. 14:12). Aunque su papel pudo haber sido más visible, estos líderes entre líderes no eran espiritualmente superiores a sus colaboradores en el ministerio (cf. 1 P. 5:1). Su cargo, su honor, sus privilegios y sus responsabilidades eran iguales, aunque su función fuera única.

El precedente bíblico es claro. Aunque las funciones específicas de cada líder diferirán según sus dones, el ministerio de la iglesia es un esfuerzo de equipo. El apóstol Pablo elogió con prontitud a sus colaboradores en el evangelio. Algunos sirvieron junto a él como predicadores y evangelistas. Otros respaldaron el ministerio de formas menos visibles. Todas sus contribuciones fueron vitales, porque su papel único en el liderazgo contribuyó a la fuerza global del ministerio. Además, esto ponía freno al desempeño de un posible liderazgo rebelde y despótico deególatras como Diótrefes, quienes siempre se ponían ellos mismos en primer lugar (3 Jn. 9).

EL GOBIERNO DE LA IGLESIA

Como pastores del rebaño, los ancianos han de liderar mediante directrices y, al mismo tiempo, con su ejemplo personal; deben alimentar a través de la enseñanza de la Palabra de Dios, y protegiendo a las personas del error. Al operar bajo la autoridad de Cristo, el Pastor principal, representan el nivel supremo de autoridad espiritual en el seno de la iglesia local y deben rendirle cuentas a Él (1 P. 5:2-4). Por consiguiente, cada congregación local debería ser gobernada por sus propios ancianos (cf. Tit. 1:5), sin coacción por parte de jerarquías externas ni organizaciones paraeclesiásticas. Las iglesias son libres de colaborar entre sí, pero deberían hacerlo a criterio de los ancianos, según los principios bíblicos. Como líderes de la iglesia ordenados por Dios, los ancianos deberían determinar los asuntos de políticas, membresía y disciplina, mientras buscan en oración la orientación de las Escrituras (cf. Hch. 15:19-31; 20:28; 1 Co. 5:4-7, 13; 1 P. 5:1-4).

Los valores políticos democráticos suelen inducir a los feligreses a sospechar del gobierno de los ancianos, y a optar en su lugar por una forma de gobierno congregacional de la iglesia. Sin embargo, esto va en contra del claro paradigma de liderazgo espiritual neotestamentario en el seno de la iglesia, que les exige a los ancianos asumir la principal responsabilidad de servir y dirigir al pueblo de Dios.

Históricamente, las diversas formas de gobierno de la iglesia incluyen la episcopal, la presbiteriana y la congregacional.[12] Una forma episcopal de gobierno eclesiástico sitúa la principal responsabilidad de liderazgo con el *epískopos* u "obispo". Las variaciones de esta estructura eclesiástica se hallan en el metodismo, el anglicanismo y el catolicismo romano, y pueden implicar múltiples niveles de jerarquía (p. ej., sacerdotes, obispos, arzobispos). Aunque se destacó a lo largo de gran parte de la historia de la iglesia, este sistema tiene al menos dos debilidades relevantes. En primer lugar, crea una distinción posicional entre el *epískopos* ("obispos") y el *presbúteros* ("anciano"), que no se encuentra en el Nuevo Testamento. Por consiguiente, no se puede presentar un argumento bíblico satisfactorio para esta forma de gobierno de la iglesia. En segundo lugar, esta forma de gobierno de la iglesia es especialmente vulnerable a la corrupción por su estructura jerárquica de liderazgo eclesiástico, que puede enfocarse de forma errónea en los títulos y las posiciones de autoridad, y no en los requisitos espirituales para el ministerio pastoral. Este tipo de corrupción no es tan evidente en ningún lugar como en el catolicismo romano, con su historia de corrupción papal, su desviación doctrinal y sus abusos espirituales.[13]

La forma presbiteriana de gobierno de la iglesia se centra en el papel del *presbúteros*, o "anciano", y observa que los términos "obispo" y "anciano" son intercambiables en el Nuevo Testamento (cf. 1 Ti. 3:1-2; Tit. 1:7). Este acercamiento se halla principalmente en las denominaciones presbiteriana y reformada. El énfasis en el gobierno de los ancianos se afirma con toda claridad en el Nuevo Testamento (1 Ts. 5:12; He. 13:17). Sin embargo, las estructuras jerárquicas extrabíblicas históricamente asociadas con esta forma de gobierno de la iglesia (p. ej., sesiones de la iglesia local, presbiterios regionales, sínodos mayores, asambleas generales) no tienen precedente ni respaldo en el Nuevo Testamento.

---

12. Para una explicación más detallada de estas formas de gobierno de iglesia, véase el útil estudio en Millard J. Erickson, *Teología sistemática* (Viladecavalls: Clie, 2008), 1075-1093.

13. Cf. William Webster, *The Church of Rome at the Bar of History* (Carlisle, PA: Banner of Truth, 1997); E. R. Chamberlin, *The Bad Popes* (Stroud, UK: Sutton, 2003).

Las formas congregacionales del gobierno de la iglesia enfatizan la autoridad individual de cada congregación local. Los grupos denominacionales como los bautistas, los congregacionalistas y muchos luteranos se caracterizan por variaciones del congregacionalismo. Por una parte, este enfatiza la autonomía de cada iglesia local, y observa que el Nuevo Testamento retrata este tipo de imagen de la iglesia del siglo I. Por tanto, la forma congregacional del gobierno de la iglesia rechaza de manera correcta la jerarquía eclesiástica representada por los otros dos sistemas. Por otra parte, muchas formas de congregacionalismo también insisten en un acercamiento democrático al liderazgo, en el que todos los miembros de la iglesia (y no solo los ancianos) están involucrados en la toma de decisiones de la misma. Aunque la iglesia estadounidense popular, donde los valores democráticos se reflejan en la política secular, ese tipo de normas congregacionales ignora la prerrogativa y la responsabilidad que el Nuevo Testamento les da a los ancianos para liderar y apacentar al rebaño.

AUTORIDAD

Tanto por su posición de liderazgo como por su responsabilidad por el rebaño, los ancianos deberían ser tratados con gran respeto. Como Pablo les pidió a los creyentes de Tesalónica: "Os rogamos, hermanos, que reconozcáis a los que trabajan entre vosotros, y os presiden en el Señor, y os amonestan; y que los tengáis en mucha estima y amor por causa de su obra" (1 Ts. 5:12-13). Los miembros de la iglesia deben tener a sus líderes en alta estima, por el llamamiento que han recibido de su Dios.

Los creyentes no solo deben valorar a sus líderes, sino que también deben emularlos. El autor de Hebreos escribe: "Acordaos de vuestros pastores, que os hablaron la palabra de Dios; considerad cuál haya sido el resultado de su conducta, e imitad su fe" (He. 13:7). A los miembros de la iglesia se les da instrucciones de seguir el ejemplo piadoso de sus líderes espirituales, ya que los ancianos son el modelo de lo que significa vivir de un modo que honre a Cristo (cf. 1 Co. 4:16; 11:1).

La actitud de la iglesia hacia su liderazgo se describe además en Hebreos 13:17: "Obedeced a vuestros pastores, y sujetaos a ellos; porque ellos velan por vuestras almas, como quienes han de dar cuenta; para que lo hagan con alegría, y no quejándose, porque esto no os es provechoso". La congregación debe someterse al liderazgo de los ancianos, reconocer que ellos son responsables ante el Señor de aquellos que están bajo su cuidado espiritual. Cuando los miembros de la iglesia responden a sus líderes con una actitud de ansiosa determinación y sincero agradecimiento, la responsabilidad de los ancianos para liderar se transforma: deja de ser un trabajo penoso y se convierte en un gran deleite.

Aunque los ancianos han de ser respetados, no están por encima de la ley divina. No se deberían ignorar las acusaciones creíbles de pecado contra un anciano ni tratarse a la ligera. En 1 Timoteo 5:19-21 leemos:

> Contra un anciano no admitas acusación sino con dos o tres testigos. A los que persisten en pecar, repréndelos delante de todos, para que los demás también teman. Te

encarezco delante de Dios y del Señor Jesucristo, y de sus ángeles escogidos, que guardes estas cosas sin prejuicios, no haciendo nada con parcialidad.

Cuando los ancianos pecan, están sujetos al mismo proceso de la disciplina de la iglesia que cualquier otro miembro de la iglesia (cf. Mt. 18:15-17). Su papel de liderazgo no los exime de la misma norma de santidad que todos los creyentes deben mantener. En todo caso, su responsabilidad respecto a ese estándar es superior, no inferior, por la naturaleza visible de su función de liderazgo. Cuando una iglesia ignora deliberadamente el pecado en la vida de sus líderes, su testimonio ante un mundo que observa también se resiente en consecuencia. Además, la pureza de las personas se ve afectada de un modo negativo, conforme empiezan a emular la actitud permisiva hacia el pecado que observan en su liderazgo (cf. Lc. 6:40). La desobediencia en la iglesia a este respecto invitará al juicio castigador de Dios, en lugar de su bendición (cf. He. 12:3-11; Ap. 2:20-23; 3:19).

Diáconos

Al definir el oficio de diácono, el Nuevo Testamento pone el peso principal en el carácter moral de la persona. Por esta razón, las Escrituras revelan más sobre los requisitos espirituales para los diáconos que de la naturaleza específica de su función en la iglesia local. Bíblicamente hablando, el énfasis no está en la estructura organizacional, sino en la integridad moral, la madurez espiritual y la pureza doctrinal de quienes sirven en un cargo oficial.

Los términos griegos *diákonos* ("siervo"), *diakonía* ("servicio"), y *diakonéo* ("servir") se usan para describir el ministerio de un diácono. En un principio, este grupo de palabras puede haberse aplicado de un modo específico a servir comida y atender mesas (cf. Lc. 4:39; 10:40; 17:8; 22:27; Jn. 2:5, 9; 12:2; Hch. 6:2), pero llegó a incluir cualquier servicio o ministerio que pudiera realizarse para suplir las necesidades de otras personas (cf. Jn. 12:26; Ro. 13:3-4). Estas palabras también se usaban para describir el servicio espiritual al Señor por parte de un creyente, incluidos actos de obediencia o de servicio a favor de la iglesia (cf. Hch. 20:19; Ro. 12:6-7; 15:25; 1 Co. 12:5; 16:15; 2 Co. 4:1; 8:3-4; 9:1; Ap. 2:19).

FUNCIÓN

Más allá de las descripciones generales del servicio, 1 Timoteo 3:8-13 usa el término "diácono" para referirse también a una función específica en el seno de la iglesia. Allí, el apóstol Pablo escribe:

> Los diáconos asimismo deben ser honestos, sin doblez, no dados a mucho vino, no codiciosos de ganancias deshonestas; que guarden el misterio de la fe con limpia conciencia. Y éstos también sean sometidos a prueba primero, y entonces ejerzan el diaconado, si son irreprensibles. Las mujeres asimismo sean honestas, no calumniadoras, sino sobrias, fieles en todo. Los diáconos sean maridos de una sola mujer, y que gobiernen bien sus hijos y sus casas. Porque los que ejerzan bien el diaconado, ganan para sí un grado honroso, y mucha confianza en la fe que es en Cristo Jesús.

El adverbio "asimismo" en el versículo 8 nos retrotrae al versículo 1, donde Pablo presenta los requisitos para "el cargo de obispo". La implicación es que los diáconos descritos en los versículos 8-13 desempeñan una función reconocida en la iglesia, igual que los líderes. En el ejercicio de la dirección de la iglesia, los ancianos son ayudados en su ministerio por los diáconos.

En la enumeración de requisitos para el diaconado, Pablo enfatiza el carácter personal y la madurez espiritual del individuo. Los diáconos deben ser "honestos", de conducta honorable y de reputación respetable. Al ser coherentes y veraces en su discurso, no deben ser "calumniadores", lo que significa que no insisten en que algo sea cierto respecto a alguien y distinto en el caso de otro. Que no sean "dados a mucho vino", sino que se les conozca por ser de mente sobria y llenos del Espíritu (cf. Ef. 5:18). Los diáconos no deben ser "codiciosos de ganancias deshonestas" ni estar motivados por el amor al dinero (1 Ti. 6:9-10), sobre todo porque su servicio en la iglesia podría implicar el manejo de fondos. A lo largo de la historia de la iglesia, a los diáconos se les ha encomendado a menudo levantar la ofrenda. Este tipo de mayordomía financiera exige una fiabilidad absoluta.

Los diáconos deberían basarse teológicamente en sus convicciones doctrinales. Como explica Pablo: "que guarden el misterio de la fe con limpia conciencia" (1 Ti. 3:9). No solo aceptan la sana doctrina ("el misterio de la fe"), sino que también la aplican de forma sistemática a sus actos, razón por la que su conciencia es limpia. En sus vidas debería ser evidente un historial de fidelidad. Por tanto, deberían ser "sometidos a prueba primero, y entonces ejerzan el diaconado, si son irreprensibles" (1 Ti. 3:10). Del mismo modo en que los ancianos tienen que estar por encima de cualquier reproche, los diáconos también deben demostrar un patrón coherente de vida que sea irreprochable. Esto está en consonancia con su capacidad oficial del servicio visible, en el seno de la iglesia de Jesucristo.

Según 1 Timoteo 3:12, los diáconos deben ser "maridos de una sola mujer". Como en el caso de los ancianos, esto no es una mera prohibición de poligamia, sino que alude a la pureza sexual y a la integridad moral que debería poseer todo diácono. No se trata sencillamente de que tenga una esposa, sino de que sea completamente fiel a esa mujer. Su vida marital se caracteriza por la consagración total y la entrega pura a ella. La coherencia de su caminar cristiano también se manifiesta en su papel como padre, ya que los diáconos deben gobernar "bien sus hijos y sus casas" (1 Ti. 3:12). Al dirigir bien a su familia demuestra que también es capaz de servir en las funciones claves de responsabilidad en el seno de la iglesia (cf. 1 Ti. 3:5).

La función del anciano es principalmente de supervisión espiritual: liderar y alimentar al rebaño. La posición de diácono es principalmente de servicio espiritual: ayudar a los ancianos para suplir las necesidades de los miembros de la iglesia. Aunque ambos cargos difieren, los requisitos para ambos se superponen con toda claridad. En realidad, los requisitos perfilados para los diáconos en 1 Timoteo 3:8-13 abarcan metas espirituales que todos los creyentes deberían perseguir. Se reconozca o no de manera oficial que desempeñan la función de diácono, están llamados a ser siervos fieles del Señor Jesucristo (cf. Mt. 25:23). En ese sentido, todos deberían aspirar a servir de todo corazón a su Señor, mediante el servicio a su pueblo en la iglesia. La promesa que Pablo articula para los diáconos en este pasaje se aplica ciertamente a todos los que sirven al

Señor con fidelidad: "Porque los que ejerzan bien el diaconado, ganan para sí un grado honroso, y mucha confianza en la fe que es en Cristo Jesús" (1 Ti. 3:13).

DIACONISAS

En 1 Timoteo 3:11, se indica que la función del diácono no solo estaba disponible para los hombres, sino también para las mujeres (es decir, diaconisas). Allí, Pablo escribe: "Las mujeres asimismo sean honestas, no calumniadoras, sino sobrias, fieles en todo". Algunos interpretan este versículo como una referencia a las esposas de los diáconos, pero esto es improbable al menos por tres razones. Primero, aunque algunas traducciones lo inserten, Pablo no coloca un pronombre posesivo ("sus") delante de la palabra "mujeres" (o "esposas"). Por consiguiente, la gramática sugiere que las mujeres a las que se alude en 3:11 son relacionalmente distintas de los hombres a los que se hace referencia en los versículos anteriores.

Segundo, el apóstol no se dirige a las esposas de los ancianos en este mismo contexto (3:2-7). Si la intención de Pablo era explicar en detalle la conducta de la esposa de un diácono, parece extraño que descuidara el dirigirse a las esposas de los ancianos en la misma línea. Sin embargo, si las mujeres aludidas en 3:11 son diaconisas, y no las esposas de los diáconos, entonces el patrón de Pablo tiene todo el sentido. El apóstol no necesitaba dirigirse a las mujeres en su formulación de los requisitos para el anciano, por el simple hecho de que no hay ancianas. Sin embargo, sí alude a las mujeres en 3:11, porque hay diaconisas.

Tercero, la descripción de Febe en Romanos 16:1 proporciona un probable ejemplo de una mujer que servía como diaconisa. Pablo escribe allí: "Os recomiendo además nuestra hermana Febe, la cual es diaconisa [una forma de *diákonos*] de la iglesia en Cencrea". Al parecer, Febe servía en alguna capacidad reconocida dentro de su congregación local, y esto impulsa a Pablo a atraer la atención sobre ella. Si es así, probablemente ella sea un ejemplo de diaconisa en el Nuevo Testamento. Como sus homólogos varones, las diaconisas deben ser irreprochables en toda su conducta (concepto que Pablo da por sentado mediante el uso del término "asimismo" en 1 Ti. 3:11). De manera específica, deben "[ser] honestas, no calumniadoras, sino sobrias, fieles en todo".

HECHOS 6 Y LOS DIÁCONOS

A lo largo de la historia de la iglesia muchos han entendido Hechos 6:1-6 como el ejemplo de diáconos del Nuevo Testamento. En este pasaje, Lucas escribe:

> En aquellos días, como creciera el número de los discípulos, hubo murmuración de los griegos contra los hebreos, de que las viudas de aquéllos eran desatendidas en la distribución diaria [*diakonía*]. Entonces los doce convocaron a la multitud de los discípulos, y dijeron: No es justo que nosotros dejemos la palabra de Dios, para servir [una forma de *diakonéo*] a las mesas. Buscad, pues, hermanos, de entre vosotros a siete varones de buen testimonio, llenos del Espíritu Santo y de sabiduría, a quienes encarguemos de este trabajo. Y nosotros persistiremos en la oración y en el ministerio [*diakonía*] de la palabra. Agradó la propuesta a toda la multitud; y eligieron a Esteban, varón lleno de fe y del Espíritu Santo, a Felipe, a Prócoro, a Nicanor, a

Tabla 9.2 Requisitos para ancianos y diáconos

Ancianos	Diáconos
Irreprensibles (1 Ti. 3:2; Tit. 1:6)	Irreprochabilidad demostrada (1 Ti. 3:10)
Maridos de una sola esposa (1 Ti. 3:2; Tit. 1:6)	Maridos de una sola esposa (1 Ti. 3:12)
Sobrios (1 Ti. 3:2)	Sobrias [diaconisas] (1 Ti. 3:11)
Prudentes, dueños de sí mismos (1 Ti. 3:2; Tit. 1:8)	
Respetables (1 Ti. 3:2)	Honestos (1 Ti. 3:8)
Hospedadores (1 Ti. 3:2; Tit. 1:8)	
Retenedor de la Palabra (Tit. 1:9)	Que guarden el misterio de la fe con limpia conciencia (1 Ti. 3:9)
Apto para enseñar (1 Ti. 3:2); que pueda exhortar con sana enseñanza y convencer a los que contradicen (Tit. 1:9)	
No dado al vino (1 Ti. 3:3; Tit. 1:7)	No dados a mucho vino (1 Ti. 3:8)
No pendenciero, sino amable (1 Ti. 3:3; Tit. 1:7)	
No soberbio ni iracundo (1 Ti. 3:3; Tit. 1:7)	
No codiciosos de ganancias deshonestas (1 Ti. 3:3; Tit. 1:7)	No codiciosos de ganancias deshonestas (1 Ti. 3:8)
Que gobierne bien su casa (1 Ti. 3:4)	Que gobiernen bien sus casas (1 Ti. 3:12)
Que tenga a sus hijos en sujeción con toda honestidad (1 Ti. 3:4); que tenga hijos creyentes que no estén acusados de disolución ni de rebeldía (Tit. 1:6)	Que gobiernen bien sus hijos (1 Ti. 3:12)
Irreprensible, como administrador de Dios (Tit. 1:7)	Fieles en todas las cosas [diaconisas] (1 Ti. 3:11)
No un neófito, no sea que se envanezca (1 Ti. 3:6); no soberbio (Tit. 1:7)	Deben ser sometidos a prueba primero (1 Ti. 3:10)
Que tenga buen testimonio de los de afuera (1 Ti. 3:7)	(insinuado en 1 Ti. 3:8)
Amante de lo bueno (Tit. 1:8)	
Justo (Tit. 1:8)	(insinuado en 1 Ti. 3:10)
Santo (Tit. 1:8)	(insinuado en 1 Ti. 3:10)
	Sin doblez (1 Ti. 3:8)
	No calumniadoras [diaconisas] (1 Ti. 3:11)

Timón, a Parmenas, y a Nicolás prosélito de Antioquía; a los cuales presentaron ante los apóstoles, quienes, orando, les impusieron las manos.

Quienes interpretan este pasaje como una referencia a los diáconos observan que se usan los dos términos griegos *diakonía* y *diakonéo*. Sin embargo, el uso de estos términos no es concluyente en este contexto, ya que *diakonía* se aplica también al ministerio de los apóstoles en 6:4. Por tanto, ¿deberían considerarse los siete hombres mencionados en Hechos 6:5 como los primeros diáconos de la iglesia?

En respuesta a esa pregunta es importante observar que el Nuevo Testamento nunca se refiere de forma específica a ellos como "diáconos". Aunque se cita a Esteban y a Felipe más tarde en Hechos (6:8-15; 7:1-60; 8:5-12, 26-40), tampoco se los llama diáconos. Se los ve predicando y evangelizando, y no atendiendo mesas, y se sugiere que gestionaban la distribución de los alimentos en Jerusalén solo de forma temporal. Así, parece mejor concluir que la situación en Hechos 6:1-6 implicó un dilema temporal en la iglesia primitiva, y que estos siete hombres fueron seleccionados para resolver una crisis concreta (en lugar de nombrarlos para una función permanente).[14] Por consiguiente, los términos *diakonía* y *diakonéo* en Hechos 6 deberían interpretarse en el sentido general de "servicio" y "servir".

Aunque los siete hombres de Hechos 6 no pueden clasificarse como diáconos en un sentido oficial, ellos sí anticipan la función de diáconos de tres formas distintas. En primer lugar, estos siete hombres ayudaron a los apóstoles a realizar una tarea administrativa de un modo muy parecido a cómo deberían ayudar los diáconos a los ancianos en una iglesia local, para que ellos puedan permanecer centrados en sus principales responsabilidades espirituales de enseñar y orar (cf. Hch. 6:4). En segundo lugar, los requisitos previos y las aptitudes para su servicio estaban relacionados con su carácter espiritual. De manera muy parecida a la lista de requisitos de 1 Timoteo 3:8-13, el énfasis en Hechos 6:3 está en la virtud moral de estos hombres: tenían que ser "de buen testimonio, llenos del Espíritu Santo y de sabiduría". En tercer lugar, estos requisitos sugieren que su función abarcaba más que la mera organización e implementación de la distribución de alimentos. Se les encargó que resolvieran un conflicto, uno en el que sin duda proporcionarían mucho consejo bíblico al tratar los sufrimientos de aquellos que habían sido descuidados. Al proveer cuidado físico a los miembros de la congregación, su papel también entrañaba una sensibilidad hacia el estado espiritual de los individuos a quienes ministraban. Esto también debería caracterizar a todo aquel que ocupe la función de diácono.

REQUISITOS

En términos de requisitos espirituales, la principal diferencia entre los diáconos y los ancianos es que estos últimos deben poseer la aptitud de enseñar (1 Ti. 3:2), aunque la función de diácono no cuente con semejante requisito previo. No obstante, los diáconos contribuyen al ministerio de enseñanza de los ancianos ayudándolos con otras tareas y liberándolos de esta forma para el ministerio de la Palabra. La comparación de los requisitos para cada cargo en 1 Timoteo 3 y Tito 1 demuestra los estrechos paralelos entre ambos (véase tabla 9.2).

Aunque los diáconos comparten los mismos requisitos espirituales de los ancianos, no realizan la misma función en la iglesia. Los diáconos cuidan al rebaño bajo la supervisión de los ancianos, organizan y ejecutan tareas administrativas y otros ministerios orientados al servicio. Su fidelidad en servir ejemplifica el tipo de grandeza espiritual que Jesús elogió cuando les advirtió a sus discípulos: "Mas entre vosotros no será así, sino que el que quiera hacerse grande entre vosotros será vuestro servidor, y el que quiera ser el primero entre vosotros será vuestro siervo; como el Hijo del Hombre no vino para ser servido, sino para servir, y para dar su vida en rescate por muchos" (Mt.

---

14. También podría observarse que algunos años después, cuando se produjo una hambruna en Judea y la iglesia de Jerusalén recibía ayuda de la iglesia en Antioquía, la distribución de alimentos pasó a estar bajo el cuidado de los ancianos, sin mención alguna a diáconos (Hch. 11:29-30). Que los hombres escogidos en Hechos 6 no se mencionan en Hechos 11 respalda además la conclusión de que su papel fue temporal.

20:26-28). La función del diácono es servir a los demás con altruismo, papel del que Cristo mismo fue el modelo perfecto (Fil. 2:3-7). La recompensa de semejante servicio no consiste en riqueza temporal ni fama mundana, sino en términos medidos de las bendiciones eternas que aguardan a aquellos que sirven a su Señor celestial con fidelidad (1 Ti. 3:13; cf. Mt. 25:21, 23).

Dinámica bíblica de la vida de la iglesia

Dedicados a Cristo
Dedicados a las Escrituras
Dedicados los unos a los otros
Dedicados a la Santa Cena
Dedicados a la oración
Resultados de la devoción

Una de las descripciones más precisas de la iglesia primitiva se halla en Hechos 2:41-47. Cuando describe a la iglesia de Jerusalén en su infancia, Lucas perfila varios distintivos claves que caracterizaron la devoción de aquella extraordinaria congregación. Al menos cuatro marcas de esta fiel iglesia establecen un importante precedente que las iglesias de hoy deberían procurar emular. Estas particularidades se desarrollarán en mayor detalle en la sección "Medios de gracia en el seno de la iglesia" (p. 796).

Dedicados a Cristo

Según Hechos 2:41, en torno a tres mil personas respondieron en fe salvadora al sermón de evangelización que Pedro predicó el día de Pentecostés (Hch. 2:14-40). Fueron bautizados e incorporados a la iglesia, y con su continua dedicación a Cristo demostraron que su profesión de fe era genuina. En Hechos 2:42, el verbo griego traducido "perseveraban" (una forma de *proskartéreo*) transmite la idea de una dedicación constante y de un afecto duradero. Frente al ridículo, el rechazo y la persecución, estos creyentes manifestaron un amor valiente por el Señor Jesús y por su iglesia. Hicieron gala de un compromiso perdurable con Cristo que caracteriza a los creyentes genuinos (Jn. 15:1-4; cf. Mt. 13:3-9, 21; 1 Jn. 2:19) y demuestra que son en verdad sus discípulos (Jn. 8:31).

Es importante, y hasta parece obvio, observar que la primera iglesia se componía de individuos salvos. Demasiadas iglesias modernas están dominadas por inconversos. Algunos incluso centran más atención en atraer a los inconversos que de preocuparse por los redimidos. Sin embargo, esto no encaja en el modelo bíblico. Las iglesias que se dedican con valentía al Señor Jesús se caracterizarán por la pureza tanto de vida como de doctrina (cf. 1 Ti. 4:16), y provocan con frecuencia que el mundo se resista a ellos o los evite (cf. Hch. 5:13-14). Su prioridad será honrar a Cristo, la Cabeza de la iglesia, mediante la preparación de sus miembros tanto para realizar la obra del ministerio (Ef. 4:12) como para evangelizar a los perdidos, conforme van viviendo su vida cotidiana (Mt. 28:19).

Es evidente que los incrédulos son bienvenidos a los cultos de la iglesia, a exponerse a la alabanza que honra a Dios y a la predicación bíblica, con la esperanza de que se convencerán y se arrepentirán (1 Co. 14:24-25). Sin embargo, el propósito de un culto en la iglesia es edificar y preparar a los santos cuando se reúnen para adorar de forma corporativa, mediante los cánticos, las oraciones congregacionales y la enseñanza de la Palabra de Dios, así como la observancia de las ordenanzas. Además, cualquier forma de membresía o culto en la iglesia se restringe a los creyentes. Aquellos que no forman parte de la iglesia universal invisible no pueden tener una función legítima de liderazgo o servicio en la iglesia local visible (2 Co. 6:14-15).

El Nuevo Testamento elogia a las iglesias que demuestran un compromiso cristocéntrico de pureza moral y doctrinal. Consideremos la aprobación de Pablo respecto a la iglesia tesalonicense:

> Damos siempre gracias a Dios por todos vosotros, haciendo memoria de vosotros en nuestras oraciones, acordándonos sin cesar delante del Dios y Padre nuestro de la obra de vuestra fe, del trabajo de vuestro amor y de vuestra constancia en la esperanza en nuestro Señor Jesucristo. Porque conocemos, hermanos amados de Dios, vuestra elección; pues nuestro evangelio no llegó a vosotros en palabras solamente, sino también en poder, en el Espíritu Santo y en plena certidumbre, como bien sabéis cuáles fuimos entre vosotros por amor de vosotros. Y vosotros vinisteis a ser imitadores de nosotros y del Señor, recibiendo la palabra en medio de gran tribulación, con gozo del Espíritu Santo, de tal manera que habéis sido ejemplo a todos los de Macedonia y de Acaya que han creído. Porque partiendo de vosotros ha sido divulgada la palabra del Señor, no sólo en Macedonia y Acaya, sino que también en todo lugar vuestra fe en Dios se ha extendido, de modo que nosotros no tenemos necesidad de hablar nada; porque ellos mismos cuentan de nosotros la manera en que nos recibisteis, y cómo os convertisteis de los ídolos a Dios, para servir al Dios vivo y verdadero, y esperar de los cielos a su Hijo, al cual resucitó de los muertos, a Jesús, quien nos libra de la ira venidera (1 Ts. 1:2-10).

La iglesia tesalonicense se caracterizaba por su fe genuina, su amor abnegado y su esperanza constante. Cuando oyeron predicar las buenas nuevas de salvación, creyeron y resistieron con valentía por amor a Cristo frente a la persecución, para que el ejemplo de su fidelidad alentara a otros creyentes e hiciera resonar un poderoso testimonio para el evangelio. Era, con toda claridad, una congregación que se definía por la devoción a Cristo.

No se puede afirmar lo mismo respecto a las iglesias de Pérgamo y Sardis, tan dominadas por la influencia de los incrédulos que el Señor las reprendió con severidad (Ap. 2:14-16; 3:1-3). Su avenencia con mundo permitió que la idolatría, la inmoralidad y la hipocresía corrieran de forma desenfrenada. La dura advertencia de Cristo a esas congregaciones subraya su preocupación por la pureza de cualquier iglesia, en cualquier época.

Aunque la iglesia debería demostrar amor y compasión por los incrédulos, nunca debe aceptarlos como parte de la congregación hasta que se arrepientan y crean en el evangelio. Por designio de Dios, la iglesia es una asamblea de adoradores redimidos que están creciendo juntos en una santidad como la de Cristo. Quien intente convertirla en algo distinto, incluso en nombre de la evangelización, actúa en contradicción con lo que enseñan las Escrituras.

Dedicados a las Escrituras

En Hechos 2:42, Lucas explica que los creyentes de la iglesia de Jerusalén "perseveraban en la doctrina de los apóstoles". El contenido de esa instrucción incluía exposiciones de las Escrituras veterotestamentarias (Hch. 6:4; cf. Lc. 24:44-49), enseñanzas de la vida y del ministerio de Jesús (Jn. 14:26; 1 Co. 11:23-26) y la nueva revelación impartida por el Espíritu Santo a los apóstoles (Jn. 16:12-15). La enseñanza de los apóstoles, que ahora está recogida en las Escrituras neotestamentarias, consiste en ser el enfoque del ministerio de la predicación y de la enseñanza de toda iglesia.

El compromiso con la enseñanza de los apóstoles es fundamental para el desarrollo espiritual y el bienestar de todos los creyentes. La exposición a la Palabra de Dios renueva la mente (cf. Ro. 12:2), a través del poder esclarecedor del Espíritu Santo (1 Co. 2:10-16), y produce crecimiento espiritual (1 Ti. 4:6; 1 P. 2:2). Por esta razón, el Nuevo Testamento enfatiza la importancia de leer y enseñar las Escrituras (1 Ti. 4:13), y les encarga a los pastores que prediquen la Palabra con fidelidad y sin componenda (2 Ti. 4:1-2). Según las instrucciones que Pablo les dio a los miembros de la iglesia colosense: "La palabra de Cristo more en abundancia en vosotros, enseñándoos y exhortándoos unos a otros en toda sabiduría, cantando con gracia en vuestros corazones al Señor con salmos e himnos y cánticos espirituales" (Col. 3:16).

Las iglesias que descuidan la predicación de la Palabra de Dios dejan a su gente espiritualmente malnutrida (cf. Os. 4:6), y susceptible tanto de tentación como de error, porque está mal preparada para usar la "espada del Espíritu" (Ef. 6:17). Por el contrario, quienes proclaman fielmente lo que enseñan las Escrituras establecen con firmeza sus congregaciones en la verdad (cf. Sal. 1:1-3; 1 Jn. 2:12-14).

Dedicados los unos a los otros

El relato de Hechos 2 prosigue, y explica que los miembros de la iglesia primitiva estaban también consagrados a "la comunión" (Hch. 2:42). Estos primeros cristianos se distinguieron por una devoción sistemática y un compromiso sacrificial para con los demás miembros del cuerpo de Cristo. El término "comunión" (gr. *koinonía*) alude a "compartir" o a la "participación". Cada creyente está en comunión permanente con el Señor Jesucristo por medio de la fe en Él (Jn. 17:21; 1 Co. 1:9). Como resultado, los creyentes también están en comunión unos con otros (1 Jn. 1:3). Demuestran esa comunión por medio de un amoroso compromiso de servir a sus hermanos creyentes y alentarlos al amor y a buenas obras. Una persona también manifiesta esa comunión en su deseo de ser un miembro activo del cuerpo local de creyentes. Así, el autor de Hebreos escribe: "Y considerémonos unos a otros para estimularnos al amor y a las buenas obras; no dejando de congregarnos, como algunos tienen por costumbre, sino exhortándonos; y tanto más, cuanto veis que aquel día se acerca" (He. 10:24-25). Como indican estas palabras, la vida cristiana no debe vivirse en aislamiento, sino en constante comunión con Cristo y su pueblo. De la misma forma en que cada miembro de una iglesia local debería formar parte de la iglesia universal, cada miembro de la iglesia universal debería ser un miembro fiel y participativo de una congregación local.

Dedicados a la Santa Cena

Según Hechos 2:42, la primera iglesia también estaba dedicada "a partir el pan", una referencia a la celebración de la Santa Cena. Jesús mismo les ordenó a sus seguidores que conmemoraran su muerte de forma sistemática (1 Co. 11:24-29), y recordaran de forma continua la salvación proporcionada por medio de este sacrificio que fue de una vez y para siempre (cf. He. 9:26, 28; 1 P. 3:18). La comunión simboliza la unión del creyente con Cristo (cf. Ro. 6:5) y la unidad que los creyentes comparten unos con otros (cf. Ef. 4:5). Como explicó Pablo en 1 Corintios 10:16-17: "La copa de bendición que bendecimos, ¿no es la comunión de la sangre de Cristo? El pan que partimos, ¿no es la comunión del cuerpo de Cristo? Siendo uno solo el pan, nosotros, con ser muchos, somos un cuerpo; pues todos participamos de aquel mismo pan".

Celebrar la Santa Cena también hace que los creyentes examinen sus corazones, confiesen y se arrepientan de cualquier pecado conocido. De esta forma, funciona como una influencia purificadora en la iglesia, al reflexionar los creyentes en la cruz y abandonar su pecado. Aquellos que participan en la Santa Cena de una forma indigna invitan el juicio castigador del Señor (1 Co. 11:27-32).

Dedicados a la oración

Finalmente, Hechos 2:42 explica que la iglesia primitiva también se dedicaba a las "oraciones". Al reconocer la necesidad de la sabiduría y la ayuda divina (cf. Jn. 14:13-14; Stg. 1:5), esos creyentes se caracterizaban por el compromiso incesante de la oración corporativa (cf. Hch. 1:14, 24; 4:24-31). Esa misma prioridad debería marcar a la iglesia hoy, ya que los creyentes confían en el cuidado providencial y el poder soberano de Dios. Las congregaciones que no están en comunión con el Señor por medio de la oración se caracterizarán de manera inevitable por la debilidad y la apatía espirituales. Por el contrario, el Nuevo Testamento llama una y otra vez a los creyentes a orar con fervor y de forma continua (Lc. 18:1; Ro. 12:12; Ef. 6:18; Col. 4:2; 1 Ts. 5:17).

Resultados de la devoción

La iglesia de Hechos 2:42 entendió la importancia vital de perseguir las prioridades correctas. Estaban dedicados a Cristo, a su Palabra, a su pueblo, a la conmemoración de su muerte y a la práctica de la oración. Estas expresiones únicas de la vida de esa primera iglesia deberían ser los rasgos distintivos de toda iglesia. Representan los medios por los cuales Dios moldea y hace crecer la iglesia hasta llegar a lo que Él quiere que sea.

En Hechos 2:43-47, Lucas detalla los resultados que fluyeron de la devoción manifestada por estos creyentes del siglo I. Escribe:

> Y sobrevino temor a toda persona; y muchas maravillas y señales eran hechas por los apóstoles. Todos los que habían creído estaban juntos, y tenían en común todas las cosas; y vendían sus propiedades y sus bienes, y lo repartían a todos según la ne-

cesidad de cada uno. Y perseverando unánimes cada día en el templo, y partiendo el pan en las casas, comían juntos con alegría y sencillez de corazón, alabando a Dios, y teniendo favor con todo el pueblo. Y el Señor añadía cada día a la iglesia los que habían de ser salvos.

Conforme Dios obraba por medio de esta comunidad de creyentes, ellos experimentaron una sensación de santo temor al presenciar las señales milagrosas que realizaban los apóstoles (Hch. 2:43). Su congregación también se caracterizaba por la compartición sacrificial y la generosidad desinteresada (Hch. 2:44-45). Debería observarse que, aunque ansiosos por vender sus pertenencias para suplir las necesidades de los demás, la iglesia primitiva no practicaba el comunismo ni el comunalismo. El tiempo imperfecto de los verbos "vender" y "distribuir" indica que eran acciones continuas, y significan que los creyentes vendían lo que tenían, en respuesta al impulso del Espíritu, y según surgían las necesidades individuales (cf. 1 Co. 16:1-2). Además, Hechos 2:46 deja claro que estos creyentes retenían la propiedad de sus casas. Y la posterior narrativa en Hechos revela que la propiedad personal solo se vendía de forma voluntaria (Hch. 5:4; cf. 2 Co. 8:13-14). Por supuesto, que estuvieran deseando apartarse de sus posesiones materiales en aras de servir a los demás (Hch. 4:34-36) demuestra la genuinidad de su amor los unos por los otros.

Esta congregación primitiva también experimentaba un gozo sobrenatural (Hch. 2:46). La generosidad de su sincero amor los unos por los otros producía una alegría incontenible que brotaba en alabanza a Dios (Hch. 2:47). También expandía su testimonio a los incrédulos de su entorno, quienes respondían favorablemente a la irrefutable transformación y las generosas virtudes que observaban en la vida de esos creyentes. Como resultado, muchos más llegaron a aceptar al Señor Jesús en fe salvadora, conforme Dios usaba el testimonio de esta fiel iglesia para atraer a sí mismo a los pecadores incrédulos (Hch. 2:47). Los incrédulos eran continuamente salvos al observar cómo estos primeros seguidores de Jesús manifestaban una unidad gozosa y llena del Espíritu. El impacto supremo de la búsqueda espiritual de la iglesia primitiva y el carácter como el de Cristo fue un evangelismo efectivo.

Una iglesia saludable de cualquier época se caracterizará por la misma búsqueda espiritual que la que se describe en Hechos 2:42-47. Al dedicarse los creyentes a las prioridades adecuadas, el Espíritu producirá un carácter como el de Cristo en su interior (cf. Ro. 5:4; 2 Co. 3:18). Esto, a su vez, proporcionará un testimonio convincente al mundo del poder transformador del evangelio, un testimonio que Dios puede usar para alcanzar a muchos incrédulos con la verdad de la salvación.

Medios de gracia en el seno de la iglesia[15]

La Palabra de Dios
El bautismo
La Santa Cena
La oración

---

15. Para una explicación adicional respecto a los medios de gracia en su relación con la santificación del creyente, véase "El carácter de la santificación progresiva" en el cap. 7 (p. 652).

La adoración
La comunión
La disciplina de la iglesia

Como ilustró la iglesia de Jerusalén en Hechos 2, Dios usa diversos medios para traer bendición, fortalecer la fe y cultivar el crecimiento espiritual en la vida de su pueblo. Históricamente, a esto se le ha llamado "medios de gracia".[16] Son los instrumentos por medio de los cuales el Espíritu de Dios hace que los creyentes crezcan, por gracia, a semejanza de Cristo, conforme Él los fortalece en la fe y los conforma a la imagen del Hijo (2 Co. 3:17-18). Aunque algunos limitan estos medios de gracia a la predicación de la Palabra y a la observancia de las ordenanzas (el bautismo y la Santa Cena), el Nuevo Testamento enseña que Dios también fomenta el bienestar espiritual de su pueblo a través de otros medios, incluidos la oración, la adoración, la comunión y el proceso de disciplina de la iglesia. En ese sentido, todas estas cosas podrían considerarse correctamente los medios de gracia y de bendición espiritual.[17]

La Palabra de Dios

El principal medio del Espíritu de Dios para hacer crecer a los creyentes en santificación es su Palabra. Como les explica Pedro a sus lectores: "Desechando, pues, toda malicia, todo engaño, hipocresía, envidias, y todas las detracciones, desead, como niños recién nacidos, la leche espiritual no adulterada, para que por ella crezcáis para salvación, si es que habéis gustado la benignidad del Señor" (1 P. 2:1-3). El Señor Jesús subraya en su oración sumo sacerdotal la relación entre la santificación del creyente y las Escrituras; al hacer alusión a los creyentes, le pidió al Padre: "Santifícalos en tu verdad; tu palabra es verdad" (Jn. 17:17). La comparación de los pasajes paralelos en Efesios 5:18–6:9 y Colosenses 3:16–4:1 revela que "estar llenos del Espíritu" (Ef. 5:18) es que "la palabra de Cristo more en abundancia en vosotros" (Col. 3:16). Si ponemos estos dos pasajes juntos, se hace evidente que conforme los creyentes saturan su mente de la Palabra de Dios, pasan a estar bajo el control del Espíritu (cf. Ro. 8:14; Gá. 5:16-18), y de esta forma producen el fruto del Espíritu (Gá. 5:22-23). Las Escrituras son una parte clave de la armadura del Espíritu contra el pecado y la tentación (Ef. 6:17; cf. Mt. 4:4, 7, 10).

El Espíritu Santo inspiró las Escrituras por medio de la superintendencia de los autores humanos (2 P. 1:21; cf. 1 S. 19:20; 2 S. 23:2; Is. 59:21; Ez. 11:5, 24; Mr. 12:36; Jn. 14:17, 26; 16:13-15; Hch. 1:16; 1 P. 1:11). Y sigue esclareciendo las Escrituras en los

---

16. "Los medios de gracia" no deberían confundirse con los "sacramentos" del catolicismo romano. De acuerdo con su teología, los sacramentos incluyen el bautismo, la confirmación, la Eucaristía, los actos de penitencia, la extremaunción (o "últimos derechos"), la ordenación al sacerdocio ("órdenes sagradas") y el matrimonio. Como señala Wayne Grudem de forma adecuada: "No solo existe una diferencia en las listas proporcionadas por católicos y protestantes; también hay una diferencia en el significado fundamental: Los católicos consideran estas cosas como "medios de salvación" que hacen a las personas más adecuadas para recibir la justificación de Dios. Sin embargo, en el punto de vista protestante, los medios de gracia son sencillamente medios de bendición adicional en la vida cristiana, y no añade a nuestra aptitud para recibir la justificación de Dios. Los católicos enseñan que los medios de gracia imparten gracia haya o no fe subjetiva por parte del ministro o del receptor, mientras que los protestantes sostienen que Dios solo imparte gracia cuando hay fe por parte de las personas que reciben estos medios. Y aunque la Iglesia Católica Romana restringe firmemente la administración de los sacramentos al clero, nuestra lista de medios de gracia incluye muchas actividades que todos los creyentes llevan a cabo". Wayne Grudem, *Teología sistemática* (Miami, FL: Editorial Vida, 2007), 1000-1001.

17. Para una lista similar de los "medios de gracia", véase Grudem, *Teología sistemática*, 1000.

corazones y la mente de los creyentes, capacitándolos para entender y obedecer lo que Él ha revelado (1 Co. 2:14-16; cf. Sal. 119:18; 2 Co. 4:6; 1 Jn. 2:27). El Espíritu no solo inspiró y esclareció las Escrituras, sino que también les da vida. Motiva la predicación del evangelio (1 P. 1:12), de manera que su Palabra convence los corazones y la mente de los pecadores (He. 4:12) y producen regeneración en los inconversos (cf. Ef. 5:26; Tit. 3:5; Stg. 1:18). Pablo reiteró esta verdad cuando les indicó a los creyentes tesalonicenses: "Nuestro evangelio no llegó a vosotros en palabras solamente, sino también en poder, en el Espíritu Santo y en plena certidumbre" (1 Ts. 1:5). De manera similar, les señaló a los corintios: "Y ni mi palabra ni mi predicación fue con palabras persuasivas de humana sabiduría, sino con demostración del Espíritu y de poder, para que vuestra fe no esté fundada en la sabiduría de los hombres, sino en el poder de Dios" (1 Co. 2:4-5). El poder soberano del Espíritu Santo se ilustra aún más en la divina promesa de Isaías 55:11: "Así será mi palabra que sale de mi boca; no volverá a mí vacía, sino que hará lo que yo quiero, y será prosperada en aquello para que la envié".

Tanto la evangelización de los inconversos (Ro. 10:14-15) como la edificación de los santos (Hch. 20:32) dependen de la fiel proclamación de las Escrituras empoderada por el Espíritu. El apóstol Pablo resumió la necesidad vital de las Escrituras cuando le dijo a Timoteo: "Toda la Escritura es inspirada por Dios, y útil para enseñar, para redargüir, para corregir, para instruir en justicia, a fin de que el hombre de Dios sea perfecto, enteramente preparado para toda buena obra" (2 Ti. 3:16-17). Lo único que los creyentes necesitan para caminar en justicia y santificación se encuentra en las páginas de la Palabra de Dios. El conocimiento de Dios revelado en las Escrituras es lo único que se requiere para la vida y para la piedad (2 P. 1:3). Por consiguiente, los creyentes tienen hambre de la Palabra de Dios, porque reconocen que alimenta su alma (Job 23:12; 1 P. 2:2).

Es fundamental que las iglesias prioricen el ministerio vital de la Palabra, como hicieron los mismos apóstoles (Hch. 6:4). Este ministerio se realiza principalmente por medio de la lectura, la predicación y la enseñanza de las Escrituras. Según las instrucciones que Pablo le dio a Timoteo: "Entre tanto que voy, ocúpate en la lectura, la exhortación y la enseñanza" (1 Ti. 4:13). La predicación que honra a Dios empieza con el cuidadoso estudio de la Palabra, de manera que el predicador interpreta el texto con precisión. Este es el deber de un obrero fiel, que maneja de forma correcta la Palabra de verdad (2 Ti. 2:15). Una vez estudiado el texto con esmero, el predicador debe proclamarlo por completo, de una forma clara y con valentía a la congregación. El apóstol Pablo, tras destacar la suficiencia de las Escrituras en 2 Timoteo 3:16-17, desafió de inmediato a su protegido espiritual con estas palabras: "Te encarezco delante de Dios y del Señor Jesucristo, que juzgará a los vivos y a los muertos en su manifestación y en su reino, que prediques la palabra; que instes a tiempo y fuera de tiempo; redarguye, reprende, exhorta con toda paciencia y doctrina" (2 Ti. 4:1-2). Independientemente de las consecuencias o de la marea de opinión popular, Timoteo debía proclamar toda la verdad de las Escrituras sin transigir ni rendirse. Los pastores y los ancianos en la iglesia actual comparten este mismo mandato divino; ellos también son responsables ante Dios mismo de cumplir fielmente esta principal responsabilidad (cf. Stg. 3:1).

El bautismo

Tanto por el ejemplo como por la instrucción, el Señor Jesús le dio a la iglesia dos ordenanzas que se deben observar: el bautismo (Mt. 3:13-17; 28:19) y la celebración de la Santa Cena (Lc. 22:19-20). El término *bautizar* (del gr. *baptízo*) significa "sumergirse". Cuando se usa de forma literal, el término alude a acciones como meter tela en tinte o la inmersión de una persona en agua. Sin embargo, también se usa de manera figurada en el Nuevo Testamento para enfatizar la estrecha identidad y solidaridad entre dos personas. Por ejemplo, en 1 Corintios 10:2, Pablo explica que el Israel del Antiguo Testamento fue bautizado en Moisés. Ese uso figurado del término subrayó la solidaridad de los israelitas con su portavoz y líder ordenado por Dios.

EL BAUTISMO EN EL ESPÍRITU

De un modo infinitamente más profundo, el Nuevo Testamento enseña que todos los creyentes están sumergidos en Cristo Jesús en el momento de la conversión (Ro. 6:3; Mt. 3:11); son bautizados por Cristo con su Espíritu Santo. Por medio de este bautismo (que es enteramente obra de Dios), los creyentes están unidos con Cristo (1 Co. 6:17; 2 Co. 5:17; Gá. 3:27) y colocados en su cuerpo, la iglesia (1 Co. 12:13). Esta realidad espiritual es a la que Pedro se refiere cuando escribe: "El bautismo que corresponde a esto ahora nos salva (no quitando las inmundicias de la carne, sino como la aspiración de una buena conciencia hacia Dios) por la resurrección de Jesucristo" (1 P. 3:21). Como aclara este versículo, no es la acción externa del agua la que salva (la "eliminación de la suciedad del cuerpo"), sino la realidad interna de la "apelación a Dios para una buena conciencia" que solo es posible por medio de la fe en la muerte y la "resurrección de Jesucristo" (cf. Ro. 10:9-10; He. 9:14; 10:22).

El bautismo del Espíritu ocurre solo una vez, en el momento de la salvación, y no debería procurarse como experiencia secundaria posterior a la conversión. Ese bautismo singular del Espíritu se produce en la conversión, cuando el creyente nace de nuevo y es situado en la esfera del poder santificador del Espíritu y la presencia que mora en el interior. En 1 Corintios 12:13, Pablo escribe: "Porque por un solo Espíritu fuimos todos bautizados en un cuerpo, sean judíos o griegos, sean esclavos o libres; y a todos se nos dio a beber de un mismo Espíritu". Aquí, Pablo hace hincapié en la unidad y la igualdad que los creyentes poseen por haber sido todos ellos incorporados por Cristo a la iglesia, por medio de su Espíritu. Los que hoy insisten en que el bautismo del Espíritu es una experiencia secundaria, una que separa la élite espiritual de los cristianos corrientes, invierten este versículo. Contrariamente a tales nociones desacertadas, las Epístolas del Nuevo Testamento enseñan con claridad que todos los creyentes reciben el Espíritu Santo en su plenitud en el momento de la salvación (cf. Ro. 6:3, 5; Gá. 3:27; Ef. 2:18).

Algunos recurren al libro de Hechos para defender su criterio de que los creyentes deberían procurar el bautismo del Espíritu Santo después de la conversión. Sin embargo, tales esfuerzos no consiguen justificar la naturaleza transicional de lo que estaba sucediendo en Hechos. Al comentar sobre 1 Corintios 12:13, MacArthur explica que...

las Escrituras no contienen ningún mandamiento, sugerencia o método para que los creyentes busquen o reciban el bautismo del Espíritu. Usted no busca o pide lo que ya posee... [Los] sucesos [especiales, transicionales], no representan la norma [en Hechos de quienes esperaron recibir el bautismo del Espíritu], como nuestro texto deja bien en claro, pero sucedieron para indicar a todos que el cuerpo era uno (Hch. 11:15-17).[18]

EL BAUTISMO, UN SÍMBOLO PARA LOS CREYENTES

Con el fin de simbolizar la realidad interna de la salvación, el Nuevo Testamento llama a los creyentes a ser bautizados en agua como testimonio público de su fe en el Señor Jesús y su solidaridad con Él. El bautismo en agua es, pues, la demostración externa posterior a la conversión de una realidad interna que ya ha sucedido en la conversión. El bautismo de Juan el Bautista simbolizaba el arrepentimiento del pecado y el volverse a Dios (Mt. 3:6; cf. Hch. 19:4-5). En Cristo, el bautismo no solo significa el apartamiento del pecado, sino que también sirve de afirmación pública de la identificación y la unión propias con Él en su muerte, su sepultura y su resurrección.

Las Escrituras presentan el bautismo como el primer paso de obediencia para los creyentes después de haber aceptado al Señor Jesús en fe salvadora. Aunque el bautismo no salva en sí mismo, Cristo mismo lo ordena (Mt. 28:19). Los que no están dispuestos a confesar a su Señor y Salvador de forma pública por medio del bautismo están viviendo en desobediencia y, por tanto, cuestionan la genuinidad de su fe, porque no quieren obedecer (cf. Mt. 10:32-33).

La forma adecuada del bautismo es por inmersión, como indica el término griego *baptízo*. La inmersión también sirve como símbolo de la sepultura y la resurrección propia, señalando así la realidad espiritual de que los creyentes han muerto al pecado y han resucitado con Cristo (cf. Ro. 6:4, 10).

Aunque impregna toda la historia de la iglesia, la práctica del bautismo de niños carece de un claro respaldo en el Nuevo Testamento, ya que la fe salvadora precede al bautismo, y no a la inversa. En las Escrituras, solo se habla de creyentes bautizados.[19] La definición neotestamentaria del bautismo exige, en realidad, que las realidades internas del arrepentimiento y la fe precedan el símbolo externo. En Hechos 2:38, solo quienes creían y se arrepentían eran llamados a ser bautizados. Según Colosenses 2:12, quienes han sido bautizados en Cristo (una realidad espiritual representada por el bautismo en agua) han sido "resucitados mediante la fe" (LBLA). Primera de Pedro 3:21 explica que el bautismo simboliza "la aspiración de una buena conciencia". Sin embargo, ninguna de estas realidades —el arrepentimiento, la fe o una apelación consciente a Dios para una buena conciencia— puede manifestarse en un niño.[20] De ahí que la práctica del

---

18. John MacArthur, *1 y 2 Corintios*, CMNT (Grand Rapids, MI: Editorial Portavoz, 2015), comentario sobre 1 Co. 12:13.

19. Los argumentos a favor del bautismo de niños en los pasajes de las "casas" de Hch. 10:34-48; 11:14; 16:11-15 y 1 Co. 1:4-16 no son convincentes. No solo no se mencionan a infantes o niños (argumentando desde el silencio), sino que es más que evidente en cada caso que los receptores del bautismo escucharon primero el evangelio y creyeron.

20. Para una explicación adicional de estos textos y otros similares, véase la respuesta concisa al paidobautismo en John Piper, *Hermanos, no somos profesionales* (Viladecavalls, Barcelona: Editorial Clie, 2015), 143-152. Como Piper señala, la circuncisión era una señal del antiguo pacto al que se entraba mediante el nacimiento físico. Sin embargo, el bautismo

bautismo infantil (o paidobautismo) deba rechazarse. El bautismo del creyente (o credobautismo) parece haber sido la práctica prevaleciente de la iglesia primitiva hasta el siglo III por lo menos, cuando aparecen con mayor frecuencia atestados explícitos de paidobautismo en la literatura cristiana existente.[21]

BAUTISMO Y SALVACIÓN

Lo más importante es que el bautismo en agua no juega parte alguna en la obra de la salvación, sino que es un símbolo de la unión del creyente con Cristo y del bautismo en el Espíritu. El ladrón en la cruz proporciona un ejemplo inequívoco de alguien que fue salvo sin haber sido bautizado (Lc. 23:40-43). De manera similar, Cornelio fue claramente salvo y recibió el Espíritu Santo antes de ser bautizado en agua (Hch. 10:44-48). El apóstol Pablo pudo decirles a los corintios: "Doy gracias a Dios de que a ninguno de vosotros he bautizado, sino a Crispo y a Gayo, para que ninguno diga que fuisteis bautizados en mi nombre… Pues no me envió Cristo a bautizar, sino a predicar el evangelio; no con sabiduría de palabras, para que no se haga vana la cruz de Cristo" (1 Co. 1:14-17). Desde luego, Pablo no habría hecho jamás una declaración como esta si el bautismo en agua hubiera sido necesario para la salvación. Esta conclusión queda confirmada por la descripción posterior del evangelio, en la misma epístola, donde no menciona en absoluto el bautismo (1 Co. 15:1-4).

Además, aunque es probable que no forme parte del Evangelio original de Marcos, Marcos 16:16 recoge que Jesús les dijo a sus discípulos: "El que creyere y fuere bautizado, será salvo; mas el que no creyere, será condenado". Dejando de lado preguntas respecto a la autenticidad del texto,[22] es evidente que la primera mitad de este versículo enfatiza la estrecha conexión entre la fe salvadora y la posterior identificación del creyente con Cristo en las aguas del bautismo. Sin embargo, como aclara la segunda mitad del versículo, los pecadores son condenados por la incredulidad y no por no ser bautizados. El resto de las Escrituras indica una y otra vez que el perdón divino se concede sobre la base de la gracia de Dios recibida solo por fe y arrepentimiento (Hch. 3:19; 5:31; 26:20; Ro. 3:28; 4:4-5; Ef. 2:8-9), excluyendo de esta forma el acto posterior del bautismo en agua como prerrequisito necesario para la salvación.

A pesar de la claridad de las Escrituras respecto a lo que es necesario para la salvación (Hch. 16:30-31), algunos insisten erróneamente en que el símbolo del bautismo en agua es, en realidad, el medio de salvación más que una demostración externa de la misma. Al confundir el símbolo del bautismo en agua con la realidad de la gracia de Dios en la salvación, eliminan la realidad, y añaden obras al evangelio (cf. Ro. 11:6).

Quienes enseñan que el bautismo produce salvación (visión que se conoce como "re-

---

en agua es una señal del nuevo pacto, al que se entra mediante el nacimiento espiritual. Por consiguiente, el bautismo solo debería administrarse a quienes primero han experimentado un nacimiento espiritual.

21. Para una explicación detallada de este concepto, véase Everett Ferguson, *Baptism in the Early Church: History, Theology, and Liturgy in the First Five Centuries* (Grand Rapids, MI: Eerdmans, 2009). Véase también Hendrick Stander y Johannes Louw, *Baptism in the Early Church*, ed. rev. (Leeds: Carey, 2004).

22. Para una explicación adicional respecto a la autenticidad de Marcos 16:9-20, véase John MacArthur, *Marcos*, CMNT (Grand Rapids, MI: Editorial Portavoz, 2016), 672-682.

generación bautismal") suelen apuntar a las palabras de Pedro en el día de Pentecostés.[23] Allí instó a su audiencia: "Arrepentíos, y bautícese cada uno de vosotros en el nombre de Jesucristo para perdón de los pecados; y recibiréis el don del Espíritu Santo" (Hch. 2:38). Sin embargo, concluir que Pedro estaba haciendo que la salvación dependiera del bautismo no solo va en contra de la enseñanza global de las Escrituras, en la que la salvación es exclusivamente por fe (cf. Jn. 1:12; 3:16; Hch. 16:31; Ro. 3:21-30; 4:5; 10:9-10; Gá. 2:16; Fil. 3:9), sino que también ignora el contexto inmediato del sermón de Pedro. La audiencia judía ante quien Pedro habló se arriesgaba al ridículo público y al rechazo si se identificaban con Cristo (cf. Jn. 9:22; 12:42-43). Por consiguiente, Pedro los desafió a demostrar la autenticidad de su arrepentimiento mediante la identificación pública con el Señor Jesús, a través del bautismo. De manera similar, Jesús invitó al joven rico a demostrar la sinceridad de su arrepentimiento con el reparto de su riqueza (Lc. 18:18-27). Sin embargo, nadie concluiría a partir de este texto que la pobreza voluntaria sea necesaria para la salvación. El agua o la riqueza no son condiciones previas para la gracia de Dios. Sin embargo, el arrepentimiento siempre se manifestará en obediencia a la voluntad del Señor.

Desde el punto de vista léxico, la preposición griega *eís* ("para") puede significar "con el propósito de", pero también "a causa de" o "con ocasión de".[24] Un ejemplo de este segundo significado se halla en Mateo 12:41, donde Jesús explica que los ninivitas se arrepintieron, por la predicación de Jonás. Así, cuando Pedro dijo: "Bautícese... para [*eís*] perdón de los pecados" el término "para" debería traducirse correctamente "debido a". Pedro estaba instando a que se realizara el bautismo en agua "debido a" la remisión de los pecados, y no para producirla. Como aclara el resto de Hechos, el bautismo sigue al arrepentimiento, y no viceversa (cf. Hch. 8:12, 34-39; 10:34-48; 16:31-33). Todo creyente disfruta de la completa remisión de pecados desde el momento de la conversión (cf. Mt. 26:28; Lc. 24:47; Ef. 1:7; Col. 2:13; 1 Jn. 2:12). El bautismo de agua es meramente una demostración externa de lo que ya sucedió en el corazón, por medio del poder regenerador del Espíritu Santo.

Aunque el bautismo no produce salvación, está estrechamente asociado con ella (cf. Ef. 4:5). En el libro de los Hechos, quienes creían eran bautizados de inmediato (Hch. 2:41; 8:38; 9:18; 10:48; 18:8; 19:1-5), indicando así que después debería venir una profesión genuina de fe.[25] Los creyentes deben ser bautizados "en el nombre del Padre y del Hijo y del Espíritu Santo" (Mt. 28:19). Esto no es una fórmula sacramental, sino el reconocimiento exhaustivo de la unión que los creyentes tienen con el Dios trino, por medio de la fe en Cristo.

---

23. Otra prueba de versículo suelto para la regeneración bautismal es Hechos 22:16. Sin embargo, una interpretación así contradice la clara enseñanza de Pablo respecto al evangelio de gracia por medio de la fe, a lo largo de sus epístolas (cf. Ro. 3:22, 24-26, 28, 30; 4:5; 10:9-10; Gá. 2:16; Ef. 2:8-9; Fil. 3:9; Tit. 3:4-7), y también ignora la gramática del versículo: "La frase 'lavar vuestros pecados' debe relacionarse con 'invocar el nombre del Señor', ya que vincularlo con 'ser bautizado' deja el participio *epikalesámenos* ('invocar') sin antecedente. Los pecados de Pablo no fueron lavados mediante el bautismo sino invocando el nombre del Señor (cf. Ro. 10:13). La traducción literal del versículo dice: Levántate, hazte bautizar y tus pecados lavados, habiendo invocado su nombre". Ambos imperativos reflejan la realidad de que Pablo ya había invocado el nombre del Señor, que es el acto que salva. El bautismo y el lavado de los pecados viene después. John MacArthur, *Hechos*, CMNT (Grand Rapids, MI: Editorial Portavoz, 1996), 567. Las citas bíblicas en negrilla en el original llevan comillas en esta cita.

24. A. T. Robertson, *Word Pictures in the New Testament* (1930; reimp., Grand Rapids, MI: Baker, 1982), 3:35-36; H. E. Dana y J. R. Mantey, *A Manual Grammar of the Greek New Testament* (Toronto: Macmillan, 1957), 104.

25. Puede resultar difícil determinar la genuinidad de la profesión de fe de un niño pequeño. En tales casos, con frecuencia es sabio posponer el bautismo hasta un momento en que sea evidente que el niño ha entendido la fe, el arrepentimiento y las verdades del evangelio de la forma adecuada.

La Santa Cena

Una segunda ordenanza que la iglesia debe observar es la Santa Cena (o Mesa del Señor). A diferencia del bautismo, que se debe realizar una sola vez después de la conversión, la Santa Cena debe celebrarse una y otra vez a lo largo de la vida cristiana.

ANTECEDENTES Y PRÁCTICA

La noche anterior a su muerte, el Señor Jesús celebró una última cena de Pascua con sus discípulos, y la transformó en una celebración de importancia infinitamente mayor. Aunque la Pascua conmemoraba la liberación de Israel de la esclavitud en Egipto (Éx. 12:1-14), la Santa Cena apunta a la liberación suprema del pueblo de Dios de la esclavitud del pecado y de la muerte. La Pascua miraba en retrospectiva al rescate temporal de la esclavitud física; la Santa Cena conmemora la liberación eterna y espiritual que provee el nuevo pacto. Los corderos degollados durante la Pascua anunciaban meramente el sacrificio del Cordero sin mancha de Dios, quien murió en la cruz para redimir a los pecadores de una vez y para siempre (1 P. 1:18-19; cf. He. 9:25-26).

La observancia de la comunión fue practicada por la iglesia desde su comienzo, en el día de Pentecostés (Hch. 2:42). La iglesia primitiva también fomentó comidas congregacionales que llegaron a conocerse como ágapes (Jud. 12), que solían concluir con la celebración de la Santa Cena. Estas comidas estaban diseñadas para fomentar la comunión y el cuidado mutuo entre los miembros de la iglesia. Sin embargo, algunos utilizaron esas comidas como oportunidad para mostrar parcialidad y embriagarse (1 Co. 11:18, 21; cf. 2 P. 2:13). Cuando vincularon semejante conducta a la Santa Cena, profanaron por completo la santa ordenanza. En este contexto es donde Pablo ofreció esta severa advertencia:

> De manera que cualquiera que comiere este pan o bebiere esta copa del Señor indignamente, será culpado del cuerpo y de la sangre del Señor. Por tanto, pruébese cada uno a sí mismo, y coma así del pan, y beba de la copa. Porque el que come y bebe indignamente, sin discernir el cuerpo del Señor, juicio come y bebe para sí. Por lo cual hay muchos enfermos y debilitados entre vosotros, y muchos duermen. Si, pues, nos examinásemos a nosotros mismos, no seríamos juzgados; mas siendo juzgados, somos castigados por el Señor, para que no seamos condenados con el mundo (1 Co. 11:27-32).

Aunque los creyentes deberían buscar la santidad en todo tiempo (1 P. 1:15-17), la celebración de la Santa Cena es una ocasión en la que deberían examinar cuidadosamente sus corazones, confesarse ante el Señor y arrepentirse de cualquier pecado. Quienes participan en la comunión sin arrepentirse del pecado conocido profanan la celebración e invitan al castigo de Dios.

Con anterioridad, en 1 Corintios 11, Pablo ofrece una explicación de la ordenanza misma. Escribe:

> Porque yo recibí del Señor lo que también os he enseñado: Que el Señor Jesús, la noche que fue entregado, tomó pan; y habiendo dado gracias, lo partió, y dijo: Tomad, comed; esto es mi cuerpo que por vosotros es partido; haced esto en memoria de

mí. Asimismo tomó también la copa, después de haber cenado, diciendo: Esta copa es el nuevo pacto en mi sangre; haced esto todas las veces que la bebiereis, en memoria de mí. Así, pues, todas las veces que comiereis este pan, y bebiereis esta copa, la muerte del Señor anunciáis hasta que él venga (1 Co. 11:23-26).

Porque 1 Corintios podría haberse escrito antes que los cuatro Evangelios, estas palabras de Pablo podrían representar el registro anterior escrito de la comida de la última Pascua del Señor.

Durante la comida tradicional de la Pascua, se pasaban cuatro copas de vino alrededor de la mesa. Después de beber la primera, se mojaban hierbas amargas en una salsa de fruta y se comían mientras se pronunciaba un mensaje que explicaba el significado de la Pascua. Entonces se cantaba la primera parte del Hallel (que consistía en los Salmos 113-118; Hallel es el término hebreo para "alabanza"). Una vez pasada la segunda copa, se partía el pan sin levadura y se compartía. Este habría sido el momento en que Jesús "tomando el pan, habiendo dado gracias lo partió y les dio, diciendo: Esto es mi cuerpo que por vosotros es dado. Haced esto en memoria de mí" (Lc. 22:19, RVA). El verbo griego traducido "habiendo dado gracias" es la forma participial de *eujaristéo* que se translitera al español como "eucaristía", nombre que se ha venido usando históricamente para designar la celebración de la comunión.

Tras el partimiento del pan durante la Pascua, se comía el cordero asado. Después de la oración, se pasaba la tercera copa y se entonaba el resto del Hallel. Fue esta tercera copa la que Jesús transformó en la copa de comunión. Lucas escribe: "De igual manera, después que hubo cenado, [Jesús] tomó la copa, diciendo: Esta copa es el nuevo pacto en mi sangre, que por vosotros se derrama" (Lc. 22:20). La cuarta y última copa de la Pascua, que aguarda con interés el reino venidero, se pasaba justo antes de la despedida.

OPINIONES SOBRE EL SIGNIFICADO DE LA COMUNIÓN

La repetida instrucción de Jesús: "Haced esto en memoria de mí" indica que la celebración de la Santa Cena no es opcional. Todo creyente debería observarla de forma habitual, y no hacerlo por mucho tiempo constituye un pecado. Jesús instituyó su Cena como memoria perpetua para sus seguidores, de manera que pudieran reflexionar una y otra vez en la relevancia eterna de su muerte. Además, cuando los creyentes celebran la Santa Cena, tienen comunión con el Cristo resucitado que mora en ellos y está espiritualmente presente con su pueblo (1 Co. 10:16). Aunque algunos insisten en que el pan y la copa se transforman en el cuerpo y la sangre reales de Jesús, que se ofrecen de nuevo en sacrificio, esta idea lleva severamente las palabras de Cristo más allá de su pretendido significado. El pan y la copa son símbolos escogidos por el Señor mismo para denotar y conmemorar su muerte expiatoria. Celebrar la comunión no es ofrecer un nuevo sacrificio y, así, confundir la expiación, sino que es regocijarse en el sacrificio que el Señor Jesús hizo una vez y para siempre (cf. Ro. 6:10; He. 9:26-28; 1 P. 3:18).

A lo largo de la historia de la iglesia se pueden delinear cuatro importantes puntos de vista respecto a la Santa Cena: la opinión católica romana de la transubstanciación; la opinión luterana de la consubstanciación o presencia real; la opinión reformada que enfatiza la presencia espiritual de Cristo y la opinión zwingliana de la celebración memorial.[26] La visión católica da a entender que la sustancia de los elementos se transforma en el cuerpo y la sangre físicos de Cristo en el momento de la bendición del sacerdote. Por consiguiente, la celebración católica de la eucaristía se considera un sacrificio real. Sin embargo, esta opinión sobre la comunión debe rechazarse por dos razones, al menos. En primer lugar, no reconoce la relevancia simbólica de las declaraciones de Cristo "Este es mi cuerpo" y "Esta es mi sangre" (Mt. 26:26-28). Cuando Jesús declaró: "Yo soy el pan de vida", en Juan 6:35 (versículo que los católicos romanos suelen usar como respaldo de su manera de entender la eucaristía), su afirmación debería interpretarse del mismo modo que sus demás declaraciones de "Yo soy", como "Yo soy la luz del mundo" (Jn. 8:12), "Yo soy la puerta" (Jn. 10:9), "Yo soy el buen pastor" (Jn. 10:11) y "Yo soy la vid" (Jn. 15:1). Estas expresiones metafóricas ilustran la verdad del evangelio de formas profundas, pero no deben entenderse en términos inexpresivamente literalistas. En segundo lugar, al considerar la eucaristía como un sacrificio repetido y constante, la opinión católica socava la realidad de que la muerte de Cristo en la cruz fue un sacrificio de una vez y para siempre (Ro. 6:10; He. 9:28; 10:10; 1 P. 3:18) que se completó en su totalidad en el Calvario (Jn. 19:30).[27]

Aunque Martín Lutero rechazó la noción católico-romana de la transubstanciación y la idea de que la eucaristía fuera un sacrificio propiciatorio, él, no obstante, mantenía que el cuerpo y la sangre de Cristo están realmente presentes "en, con y bajo" los elementos de la comunión. Esta opinión, a la que se alude como consubstanciación o presencia real, representa una suavización de la postura católica romana. A pesar de ser preferible al criterio católico por razones obvias, la insistencia de Lutero sobre la "presencia real" de Cristo siguió ignorando la naturaleza simbólica de las declaraciones de Jesús.

Otros reformadores como Ulrico Zuinglio y Juan Calvino se distanciaron más que Lutero de la postura católica romana. Para Zuinglio, la Santa Cena era principalmente una celebración conmemorativa de la obra de Cristo en la cruz. Que la intención de Jesús para esta celebración era que sirviera de conmemoración es evidente en la instrucción que da: "Haced esto en *memoria* de mí" (1 Co. 11:24-25). Además de influir en la tradición reformada, la postura de Zuinglio fue adoptada por numerosos grupos anabautistas. Juan Calvino enseñaba que, aunque Cristo no está físicamente presente en la celebración de la comunión, no obstante, está espiritualmente presente. Si bien Calvino enfatizó este punto más que Zuinglio, sus puntos de vista no necesariamente excluían los de Zuinglio. Por lo tanto, cuando Calvino se reunió con Heinrich Bullinger (sucesor de Zuinglio en Zurich) en 1549, los dos estuvieron de acuerdo en que sus puntos de vista sobre la naturaleza de la Santa Cena eran generalmente compatibles.

Por una parte, no es incorrecto afirmar que el Señor Jesús esté espiritualmente presente con su pueblo cuando celebra la comunión, dado que está con los creyentes en todo tiempo (Mt. 28:20; He. 13:5). Por otra parte, el lenguaje de la *presencia espiritual* puede ser potencialmente confuso e inútil, y tal vez provoque que algunos piensen en términos de encuentros místicos, experiencias extáticas o la presencia real de un modo luterano o incluso católico romano. Cuando se consideran todos los textos bíblicos,

---

26. Para un estudio más detallado de esta historia, véase Erickson, *Teología sistemática*, 1111-1130.
27. Para más sobre esta idea, véase "La suficiencia perfecta de la expiación", en el cap. 7 (p. 550).

la Santa Cena se entiende mejor como celebración conmemorativa que fortalece a los creyentes en su caminar con Cristo, porque (1) conmemora el sacrificio sustitutivo de Jesús (simbolizado por los elementos del pan y la copa); (2) les recuerda a los creyentes las verdades históricas del evangelio, incluidas la encarnación, la muerte, la resurrección y la ascensión de Cristo; (3) impulsa al creyente a arrepentirse de cualquier pecado conocido; (4) hace que se regocijen en su redención del pecado y en su unión salvadora con Cristo; (5) los motiva para seguir caminando en amorosa obediencia al Señor; y (6) les recuerda que tengan esperanza en su inminente regreso.

ANTICIPACIÓN

La comunión no solo impulsa a los creyentes a mirar atrás en conmemoración, sino que también les recuerda que miran al futuro con anticipación. Por tanto, Pablo declara: "Así, pues, todas las veces que comiereis este pan, y bebiereis esta copa, la muerte del Señor anunciáis hasta que él venga" (1 Co. 11:26). La Santa Cena les recuerda a los creyentes que, aunque Jesús murió no permaneció en la tumba. Tras haber resucitado y ascendido a la diestra del padre, volverá de nuevo. Como prometió a sus discípulos, la noche anterior a su muerte: "Y si me fuere y os preparare lugar, vendré otra vez, y os tomaré a mí mismo, para que donde yo estoy, vosotros también estéis" (Jn. 14:3). Esa misma noche, también añadió: "De cierto os digo que no beberé más del fruto de la vid, hasta aquel día en que lo beba nuevo en el reino de Dios" (Mr. 14:25). La celebración de la Santa Cena anticipa la esperanza del regreso de Jesús, los gozos del cielo, y las glorias futuras de la cena de las bodas del Cordero (Ap. 19:9).

La oración[28]

Aunque se suele descuidar en muchas iglesias, la oración (tanto corporativa como privada) es un medio de gracia vital que Dios usa para hacer crecer a su pueblo en santidad (cf. He. 4:16). En 1 Tesalonicenses 5:17 Pablo le enseña a la iglesia de Tesalónica que debe "or[ar] sin cesar". Ese imperativo designa la actitud del corazón que debería caracterizar a toda congregación. El mandamiento "orar" (del gr. *proseújomai*; cf. Mt. 6:5-6; Mr. 11:24; Lc. 5:16; 11:1-2; Hch. 10:9; Ro. 8:26; 1 Co. 14:13-15; Ef. 6:18; Col. 1:9; 2 Ts. 3:1; Stg. 5:13-14, 16) incluye todas las facetas de la oración: la dependencia, la adoración, la confesión, la intercesión, la acción de gracias y la súplica. La frase "sin cesar" se refiere a una forma constante de vida que se caracteriza por una actitud de oración, y no a una sarta interminable de palabras (cf. Mt. 6:7).

El ejemplo perfecto de este tipo de oración fue el Señor Jesús mismo, cuya ferviente vida de oración se describe en los cuatro Evangelios (Mt. 14:23; 26:38-46; Mr. 1:35; 6:46; Lc. 9:18, 28-29; 22:41, 44; Jn. 6:15; 8:1-2; 17:1-26). Jesús también enseñó a sus discípulos cómo orar (Mt. 6:5-14; Lc. 11:2-4) e ilustró la importancia de la oración persistente en sus palabras (Lc. 11:5-10; 18:1-8). Este sincero compromiso con la oración fue ejemplificado por la iglesia primitiva (Hch. 2:42; cf. 1:14; 4:23-31; 12:11-16), incluidos los apóstoles, quienes la priorizaron junto con el ministerio de la Palabra (Hch. 6:4).

---

28. Esta sección está adaptada de John MacArthur, *1 y 2 Tesalonicenses, 1 y 2 Timoteo, Tito*, CMNT (Grand Rapids, MI: Editorial Portavoz, 2015), 179-182.

El ministerio de Pablo se caracterizó, de manera similar, por una constante actitud de oración (cf. Ro. 12:12; Ef. 6:18-19; Fil. 4:6; Col. 4:2; 2 Ts. 3:1; 1 Ti. 2:8).

La oración que honra a Dios está motivada por varios factores, incluido el anhelo de tener comunión con el Señor y darle gloria (Sal. 27:4; 42:1-2; 63:1-2; 84:1-2; cf. Jn. 14:13-14), la dependencia en Dios por su provisión (Mt. 6:11; cf. Lc. 11:9-13; 1 Jn. 5:14-15), la necesidad de sabiduría celestial en medio de las pruebas (Stg. 1:5; cf. Mt. 6:13; 1 Co. 10:13), la súplica de liberación frente a los problemas (cf. Sal. 20:1; Jon. 2:1-2), el deseo de hallar alivio de la angustia y el temor (Fil. 4:6-7; cf. Sal. 4:1), el afán de expresar agradecimiento a Dios por su bondad (Sal. 44:1-4; Fil. 1:3-5), la necesidad de confesar el pecado (Sal. 32:5; Pr. 28:13; 1 Jn. 1:9), la aspiración a ver la salvación de los incrédulos (1 Ti. 2:1-4; cf. Mt. 9:37-38; Ro. 10:1) y el ansia por el crecimiento espiritual tanto de uno mismo como de los demás cristianos. El deseo del apóstol Pablo por ver crecer a los creyentes a semejanza de Cristo fue una motivación principal en su vida de oración. Como él mismo explicó:

> Por esta causa doblo mis rodillas ante el Padre de nuestro Señor Jesucristo, de quien toma nombre toda familia en los cielos y en la tierra, para que os dé, conforme a las riquezas de su gloria, el ser fortalecidos con poder en el hombre interior por su Espíritu; para que habite Cristo por la fe en vuestros corazones, a fin de que, arraigados y cimentados en amor, seáis plenamente capaces de comprender con todos los santos cuál sea la anchura, la longitud, la profundidad y la altura, y de conocer el amor de Cristo, que excede a todo conocimiento, para que seáis llenos de toda la plenitud de Dios (Ef. 3:14-19; cf. 1:15-19; Col. 1:9-12).

La adoración

La adoración es el tema de la historia de la salvación, el propósito supremo para el cual fueron redimidos los creyentes (Jn. 4:23) y la ocupación con la que estarán eternamente embelesados (Ap. 22:3-4; cf. 19:1-6). Adorar al Señor es atribuirle la honra, la gloria, la adoración, la alabanza, la reverencia y la devoción que le son debidas, tanto por su grandeza como por su bondad. Como Creador soberano del universo, solo el Dios trino —Padre, Hijo y Espíritu Santo— es digno de adoración (cf. Is. 42:8; 48:11; Mt. 4:10; Ap. 14:7). La veneración o adoración a los ángeles, los santos u otras supuestas deidades constituyen idolatría y está estrictamente prohibida en las Escrituras (Éx. 20:3-5; cf. Col. 2:18; Ap. 19:10; 22:9). Es la negativa inexcusable a adorar al Dios verdadero que hace caer su juicio sobre el mundo no regenerado (Ro. 1:18-32).

La verdadera adoración debe empezar en el corazón y en la mente del adorador. De ahí que no pueda equipararse a los elaborados cultos, los edificios ornamentados, las elocuentes oraciones o la hermosa música. Esas cosas pueden ser expresiones externas de la adoración genuina, pero Dios solo acepta aquello que fluye de la sincera devoción hacia Él. Aunque muchos asocian la adoración de la iglesia con su programa de música, este no es más que una vía a través de la cual se puede expresar la adoración. Estas formas de adoración pueden incluir la oración, expresiones de alabanza y agradecimiento (He. 13:15), y servir a los demás por amor a Cristo (He. 13:16; cf. Fil. 4:18). Durante el culto de adoración mismo, la congregación se une en adoración corporativa, y alaba a Dios con cánticos, le implora en adoración y escucha la lectura y la predicación de su Palabra. Contribuir económicamente a la iglesia mediante la dación es también una expresión de adoración cuando procede de un corazón de gozo. Como Pablo les dijo a los corintios:

> El que siembra escasamente, también segará escasamente; y el que siembra generosamente, generosamente también segará. Cada uno dé como propuso en su corazón: no con tristeza, ni por necesidad, porque Dios ama al dador alegre. Y poderoso es Dios para hacer que abunde en vosotros toda gracia, a fin de que, teniendo siempre en todas las cosas todo lo suficiente, abundéis para toda buena obra... para que estéis enriquecidos en todo para toda liberalidad, la cual produce por medio de nosotros acción de gracias a Dios. Porque la ministración de este servicio no solamente suple lo que a los santos falta, sino que también abunda en muchas acciones de gracias a Dios; pues por la experiencia de esta ministración glorifican a Dios por la obediencia que profesáis al evangelio de Cristo, y por la liberalidad de vuestra contribución para ellos y para todos; asimismo en la oración de ellos por vosotros, a quienes aman a causa de la superabundante gracia de Dios en vosotros. ¡Gracias a Dios por su don inefable! (2 Co. 9:6-15).

Para los creyentes, el acto supremo de la adoración es ofrecer todo de sí mismos como sacrificio vivo al Señor (cf. Mt. 22:37). Pablo exhorta, pues, a los romanos con estas palabras:

> Así que, hermanos, os ruego por las misericordias de Dios, que presentéis vuestros cuerpos en sacrificio vivo, santo, agradable a Dios, que es vuestro culto racional. No os conforméis a este siglo, sino transformaos por medio de la renovación de vuestro entendimiento, para que comprobéis cuál sea la buena voluntad de Dios, agradable y perfecta (Ro. 12:1-2).

La adoración abarca, pues, mucho más que la porción de cánticos de un culto en la iglesia; es una forma de pensar y vivir para la honra y la gloria de Dios.

Aunque la adoración pueda ser apasionada, debe basarse siempre en la verdad. Como explicó Jesús: "Mas la hora viene, y ahora es, cuando los verdaderos adoradores adorarán al Padre en espíritu y en verdad; porque también el Padre tales adoradores busca que le adoren. Dios es Espíritu; y los que le adoran, en espíritu y en verdad es necesario que adoren" (Jn. 4:23-24; cf. Fil. 3:3). Hoy, muchos en la iglesia confunden el emocionalismo con la adoración. Sin embargo, las experiencias emocionales que no están gobernadas por la verdad teológica no honran al Señor. La adoración genuina involucra la mente, no la deja al margen (cf. 1 Co. 14:15, 19). Además, las expresiones de adoración que honran a Dios se caracterizan por la decencia y el orden (1 Co. 14:40). Las iglesias no deberían fomentar prácticas sin sentido, caóticas o mundanas en nombre de la adoración. Tales prácticas socavan en lugar de promover el tipo de adoración que honra a Dios.

La comunión

Como se observó más arriba, el término *comunión* procede del vocablo griego *koinonía*, que significa "participación" o "compartir". La base para la comunión es la salvación. Al estar los creyentes en comunión con el Señor Jesús, también lo están los unos con los otros. Como explica el apóstol Juan: "Lo que hemos visto y oído, eso os anunciamos, para que también vosotros tengáis comunión con nosotros; y nuestra comunión verdaderamente es con el Padre, y con su Hijo Jesucristo" (1 Jn. 1:3; cf. 1 Co. 6:17). La práctica de la comunión (es decir, lo que hacen los creyentes) está basada en su posición de comunión en Cristo (es decir, quiénes son los creyentes en Él). Al estar unidos al Señor Jesús en fe, están unidos los unos a los otros en amor (cf. Jn. 13:35; 17:21).

La práctica de la comunión consiste en el servicio sacrificial hacia otros miembros del cuerpo de Cristo (Fil. 2:1-4; cf. Hch. 4:32-37). Pablo usa la metáfora de un cuerpo humano para explicar cómo debería contribuir cada miembro de la iglesia a la vida del conjunto:

> Porque así como el cuerpo es uno, y tiene muchos miembros, pero todos los miembros del cuerpo, siendo muchos, son un solo cuerpo, así también Cristo. Porque por un solo Espíritu fuimos todos bautizados en un cuerpo, sean judíos o griegos, sean esclavos o libres; y a todos se nos dio a beber de un mismo Espíritu.
>
> Además, el cuerpo no es un solo miembro, sino muchos. Si dijere el pie: Porque no soy mano, no soy del cuerpo, ¿por eso no será del cuerpo? Y si dijere la oreja: Porque no soy ojo, no soy del cuerpo, ¿por eso no será del cuerpo? Si todo el cuerpo fuese ojo, ¿dónde estaría el oído? Si todo fuese oído, ¿dónde estaría el olfato? Mas ahora Dios ha colocado los miembros cada uno de ellos en el cuerpo, como él quiso. Porque si todos fueran un solo miembro, ¿dónde estaría el cuerpo? Pero ahora son muchos los miembros, pero el cuerpo es uno solo.
>
> Ni el ojo puede decir a la mano: No te necesito, ni tampoco la cabeza a los pies: No tengo necesidad de vosotros. Antes bien los miembros del cuerpo que parecen más débiles, son los más necesarios; y a aquellos del cuerpo que nos parecen menos dignos, a éstos vestimos más dignamente; y los que en nosotros son menos decorosos, se tratan con más decoro. Porque los que en nosotros son más decorosos, no tienen necesidad; pero Dios ordenó el cuerpo, dando más abundante honor al que le faltaba, para que no haya desavenencia en el cuerpo, sino que los miembros todos se preocupen los unos por los otros. De manera que si un miembro padece, todos los miembros se duelen con él, y si un miembro recibe honra, todos los miembros con él se gozan.
>
> Vosotros, pues, sois el cuerpo de Cristo, y miembros cada uno en particular (1 Co. 12:12-27).

Es una magnífica metáfora que ilustra la vida común que los creyentes comparten bajo su Cabeza, el Señor Jesús. Esta es la clase de unidad, de los intereses en común y de la solidaridad que debería caracterizar la comunión en cada iglesia (Ro. 12:16). Las expresiones de comunión incluyen el discipulado (Mt. 28:19-20; 2 Ti. 2:2), la rendición mutua de cuentas (Gá. 6:1-2; He. 10:24-25) y el servicio gozoso (1 Co. 15:58; Ef. 4:12; Ap. 22:12). Los mandamientos de "unos a otros" en el Nuevo Testamento (enumerados en la p. 768) explican más en detalle cómo debería expresarse la comunión en la congregación (cf. Ro. 12:10, 16; 13:8; 15:5, 7, 14; 16:16; 1 Co. 12:25; Gá. 5:13, 26; 6:2; Ef. 4:2, 32; 5:19; Fil. 2:3; Col. 3:9, 13, 16; 1 Ts. 3:12; 4:9, 18; 5:11, 13, 15; 2 Ts. 1:3; He. 3:13; 10:24-25; Stg. 5:16; 1 P. 1:22; 4:8-10; 5:5; 1 Jn. 3:11, 23; 4:7, 11-12; 2 Jn. 5).

La comunión de los creyentes no solo proporciona un contexto para el culto cristiano, sino también la protección espiritual de sus miembros. La vida cristiana no debe vivirse en aislamiento, sino en común con los demás creyentes al "estimular[se] [unos a otros] al amor y a las buenas obras" (He. 10:24). Como ovejas que se separan del resto del rebaño, los cristianos que se aíslan de la iglesia se convierten en presa más fácil de la tentación y el pecado. Por consiguiente, el Nuevo Testamento enseña a los creyentes a asistir con regularidad y participar en la iglesia local (He. 10:25).

La disciplina de la iglesia

Aunque la palabra *disciplina* tiene connotaciones negativas, la práctica de la disciplina de la iglesia debería ser motivada por un deseo positivo y amoroso, tanto de preservar la pureza de la iglesia (2 Co. 7:1; cf. Hch. 5:11; 1 Co. 5:1-13; 2 Ts. 3:6-15; 1 Ti. 1:19-20; Tit. 1:10-16), como de restaurar a los hermanos y hermanas que hayan pecado a la comunión (cf. Lc. 15:3-8; Jud. 23). La disciplina de la iglesia no debería estar nunca motivada por el orgullo santurrón, los programas políticos, el deseo de ejercer poder de una forma no bíblica ni el intento de avergonzar a las personas. Más bien, debería estar supervisada por los ancianos quienes, como pastores del rebaño, anhelan sinceramente ver cómo se arrepienten las ovejas errantes, regresan y son restauradas (cf. Gá. 6:1).

El Señor Jesús bosqueja el proceso de la disciplina de la iglesia, en Mateo 18:15-17:

> Por tanto, si tu hermano peca contra ti, ve y repréndele estando tú y él solos; si te oyere, has ganado a tu hermano. Mas si no te oyere, toma aún contigo a uno o dos, para que en boca de dos o tres testigos conste toda palabra. Si no los oyere a ellos, dilo a la iglesia; y si no oyere a la iglesia, tenle por gentil y publicano.

Este pasaje describe un proceso de cuatro pasos respecto a cómo deben lidiar las iglesias con el pecado entre sus miembros. En primer lugar, los creyentes deben ocuparse del pecado a nivel individual, y acercarse a la parte ofensora con un espíritu de amabilidad y humildad. Si el hermano que peca responde a esa confrontación en privado con arrepentimiento, el proceso de disciplina de la iglesia llega a su fin. Es perdonado y restaurado (Mt. 18:15). Sin embargo, si se niega a arrepentirse, el proceso pasa a una segunda etapa, en la que uno o dos creyentes más se unen para confrontar al hermano que ha pecado. Estos testigos (cf. Nm. 35:30; Dt. 17:6; 19:15; Jn. 8:17; 2 Co. 13:1; 1 Ti. 5:19; He. 10:28) confirman, principalmente, que el pecado se cometió y observan, asimismo, cómo responde la parte ofensora tras ser confrontada por segunda vez (Mt. 18:16). Cabe esperar que el peso añadido de la represión del grupo bastará para provocar un cambio de corazón en el hermano pecador.

Si se negara a arrepentirse tras habérsele dado el tiempo adecuado, el proceso pasa a la tercera etapa. A la luz de la persistente dureza de corazón del hermano que ha pecado, los testigos deben llevar el asunto ante la iglesia (Mt. 18:17), y notificárselo a los ancianos quienes, a su vez, se lo comunican a la congregación. Por la naturaleza pública de esta fase, los ancianos deben ejercer la debida diligencia para confirmar los hechos de la situación —que el miembro de la iglesia ha pecado, que ha sido confrontado y que se ha negado a arrepentirse—, antes de anunciárselo a toda la congregación. El propósito de alertar a la iglesia es doble: recordarles a los demás miembros la gravedad del pecado (cf. 1 Ti. 5:20) y alentarlos a enfrentarse al hermano pecador con la esperanza de que se arrepienta y sea restaurado.

Si el hermano confrontado sigue negándose al arrepentimiento, el paso final de la disciplina de la iglesia es apartarlo formalmente y aislarlo de la comunión. La persona impenitente ya no debe ser tratada como hermano, sino como "gentil y publicano" (Mt. 18:17), y debe ser considerada como alguien de fuera a quien ya no se le extienden los beneficios y las bendiciones de la membresía de la iglesia. La motivación no consiste en castigar a la persona, sino en verla recuperar el juicio y arrepentirse (cf. 2 Ts. 3:11-15). Por consiguiente, el único contacto con semejantes individuos debería tener el propósito de amonestarlos y llamarlos al arrepentimiento. En la iglesia primitiva, los creyentes ni siquiera debían compartir una comida con aquellos que persistían en el pecado sin arrepentirse (1 Co. 5:11; cf. 2 Ts. 3:6, 14). Expulsarlos de la iglesia protege la pureza de los restantes miembros (1 Co. 5:6) y salvaguarda el testimonio de la congregación a los ojos del mundo.

La autoridad para practicar la disciplina de la iglesia de esta manera procede del Señor Jesús mismo. Inmediatamente después de bosquejar el proceso de disciplina, Jesús explicó:

> De cierto os digo que todo lo que atéis en la tierra, será atado en el cielo; y todo lo que desatéis en la tierra, será desatado en el cielo. Otra vez os digo, que si dos de vosotros se pusieren de acuerdo en la tierra acerca de cualquiera cosa que pidieren, les será hecho por mi Padre que está en los cielos. Porque donde están dos o tres congregados en mi nombre, allí estoy yo en medio de ellos (Mt. 18:18-20).

Las frases "atado en el cielo" y "desatado en el cielo" eran expresiones rabínicas que hablaban, respectivamente, de acciones prohibidas o permitidas a la luz de la verdad de Dios. En este contexto, la intención del Señor es clara. Cuando la iglesia sigue el procedimiento bíblico para la disciplina de la iglesia, su veredicto está en armonía con la voluntad revelada de Dios. Por consiguiente, las iglesias que excomulgan a miembros no arrepentidos, después de seguir el proceso adecuado de disciplina, pueden descansar sabiendo que sus acciones cuentan con la aprobación autoritativa de Dios. La disciplina de la iglesia es, por consiguiente, una expresión terrenal de la santidad del cielo.

Unidad y pureza

El énfasis del Nuevo Testamento sobre la comunión subraya el llamado bíblico a perseguir el amor y la unidad espiritual en la iglesia. Como Jesús les dijo a sus discípulos: "Un mandamiento nuevo os doy: Que os améis unos a otros; como yo os he amado, que también os améis unos a otros. En esto conocerán todos que sois mis discípulos, si tuviereis amor los unos con los otros" (Jn. 13:34-35). Al mismo tiempo, las instrucciones del

Señor para la disciplina de la iglesia en Mateo 18:15-20 les recuerda a los creyentes que Él desea que su iglesia sea pura tanto en doctrina como en práctica. Ambas cualidades, unidad y pureza, deben mantenerse cuando los creyentes consideran cómo relacionarse con otros cristianos profesantes.

Por otra parte, el Nuevo Testamento llama una y otra vez a los creyentes a vivir en armonía unos con otros (Ro. 12:16; 15:5; Col. 3:14). Deben "ser todos de un mismo sentir" (1 P. 3:8), mientras buscan con entusiasmo "guardar la unidad del Espíritu en el vínculo de la paz" (Ef. 4:3). Se les ordena a los creyentes que se amen unos a otros (Ro. 12:10; 13:8; 1 Ts. 3:12; 4:9; 2 Ts. 1:3; 1 P. 1:22; 4:8; 1 Jn. 3:11, 23; 4:7; 11:12; 2 Jn. 5), siguiendo el generoso y sacrificial ejemplo de Cristo, mostrando preferencia por los demás (Fil. 2:5). Por tanto, Pablo les dijo a los filipenses:

> Por tanto, si hay alguna consolación en Cristo, si algún consuelo de amor, si alguna comunión del Espíritu, si algún afecto entrañable, si alguna misericordia, completad mi gozo, sintiendo lo mismo, teniendo el mismo amor, unánimes, sintiendo una misma cosa. Nada hagáis por contienda o por vanagloria; antes bien con humildad, estimando cada uno a los demás como superiores a él mismo; no mirando cada uno por lo suyo propio, sino cada cual también por lo de los otros (Fil. 2:1-4).

Los que causan divisiones en la iglesia deben ser confrontados (cf. Ro. 16:17; 1 Co. 1:10), y disciplinados si no se arrepienten (Tit. 3:10-11; cf. Stg. 3:14-18).

Por otra parte, el Nuevo Testamento también les señala a los creyentes que guarden la verdad (1 Ti. 6:20; 2 Ti. 1:14), que contiendan ardientemente por la fe (Jud. 3), y que tengan cuidado de sí mismos y de la doctrina (1 Ti. 4:16). Las Escrituras advierten una y otra vez a los cristianos que estén alerta contra el pecado (Ef. 6:10-18; 1 P. 5:8; 1 Jn. 2:15-17) y contra el error (2 Ti. 3:1-9; 2 P. 2:1-2; 1 Jn. 4:1-3). No deben asociarse con personas inmorales (1 Co. 5:9; Ef. 5:11; 2 Ts. 3:6, 14) ni con aquellos que propagan el error (2 Jn. 10; cf. Gá. 1:8-9; Tit. 3:10). En realidad, el Nuevo Testamento reserva sus más duras condenaciones para los falsos maestros que buscarían socavar la sana doctrina y fomentar la conducta inmoral (cf. 2 P. 2:1-3). Esos proveedores del error son condenados de diversas formas, como "lobos rapaces" (Mt. 7:15; Hch. 20:29), "el perro" que vuelve a su propio vómito (2 P. 2:22; cf. Fil. 3:2), "inmundicias y manchas" (2 P. 2:13), "hijos de maldición" (2 P. 2:14), "esclavos de corrupción" (2 P. 2:19), puercas que regresan a "revolcarse en el cieno" (2 P. 2:22), "animales irracionales" (Jud. 10; cf. 2 P. 2:12), "manchas" (Jud. 12), "nubes sin agua" (Jud. 12; cf. 2 P. 2:17), "árboles… sin fruto" (Jud. 12), "fieras ondas del mar que espuman su propia vergüenza" (Jud. 13), y "murmuradores… cuya boca habla cosas infladas" (Jud. 16).

Por el contrario, la iglesia debería ser un lugar donde se defienda la justicia y la verdad, y que nunca transija. Así, Pablo describe "a la iglesia del Dios viviente" como "columna y baluarte de la verdad" (1 Ti. 3:15). Sus líderes deben "exhortar con sana enseñanza y convencer a los que contradicen" (Tit. 1:9). Y, frente a la falsedad, los creyentes deben utilizar la verdad para "derriba[r] argumentos y toda altivez que se levanta contra el conocimiento de Dios, y lleva[r] cautivo todo pensamiento a la obediencia a Cristo" (2 Co. 10:5).

Cuando los llamamientos bíblicos a la unidad se consideran junto con los mandamientos para la pureza y la verdad, queda claro que la unidad descrita en las Escrituras no es una unidad superficial que hace la vista gorda a las cuestiones doctrinales fundamentales o morales. Más bien, la verdadera unidad se basa en un compromiso compartido con el señorío de Cristo y la verdad de su evangelio. El Nuevo Testamento rechaza cualquier supuesta unidad que diluya la pureza doctrinal o moral. Cuando los creyentes se apartan de los apóstatas y de los falsos maestros, no están siendo divisivos; están siguiendo un mandato divino. Como Pablo les explicó a los corintios:

> No os unáis en yugo desigual con los incrédulos; porque ¿qué compañerismo tiene la justicia con la injusticia? ¿Y qué comunión la luz con las tinieblas? ¿Y qué concordia Cristo con Belial? ¿O qué parte el creyente con el incrédulo? ¿Y qué acuerdo hay entre el templo de Dios y los ídolos? Porque vosotros sois el templo del Dios viviente, como Dios dijo:
>
> > Habitaré y andaré entre ellos,
> > y seré su Dios,
> > y ellos serán mi pueblo.
>
> Por lo cual,
>
> > Salid de en medio de ellos, y apartaos, dice el Señor,
> > y no toquéis lo inmundo;
> > y yo os recibiré,
> > y seré para vosotros por Padre,
> > y vosotros me seréis hijos e hijas,
> > dice el Señor Todopoderoso (2 Co. 6:14-18).

Dado el clima moderno de ecumenismo y lo políticamente correcto, los líderes de la iglesia se enfrentan a la tentación de ignorar las desviaciones doctrinales fundamentales y las perversiones morales por el bien de la "unidad" y el "amor". Sin embargo, el amor que honra a Cristo "no se goza de la injusticia, mas se goza de la verdad" (1 Co. 13:6), y la verdadera unidad está basada en la sana doctrina (cf. 1 Ti. 6:3-4; 2 Ti. 4:3-4). A nivel de la iglesia local, este compromiso con la pureza se manifiesta principalmente por medio de la predicación fiel de la Palabra (donde los pecados se tratan y se confrontan), y por medio de la práctica de la disciplina de la iglesia (cf. Mt. 18:15-20; 2 Ts. 3:6, 14). Fuera del contexto de la iglesia local, los líderes de esta deberían reconocer que no pueden asociarse con organizaciones o instituciones que hayan abandonado su compromiso con la sana doctrina o los estándares bíblicos de moralidad. Aunque los creyentes puedan unirse en el ministerio con otros cristianos que defiendan y ejemplifiquen la pureza del evangelio, no deberían unirse a grupos o individuos que socaven la verdad del evangelio en modo alguno.

Membresía de la iglesia[29]

La definición
La base bíblica

---

29. Esta sección está adaptada de Grace Community Church, "Church Membership: A Grace Community Church Distinctive" (Sun Valley, CA: Grace Community Church, 2002). Usado con permiso de Grace Community Church.

En una época en que el compromiso es un raro producto, no debería sorprendernos que tantos creyentes conviertan la membresía en una prioridad tan baja. Tristemente, no es poco común que los cristianos vayan de una iglesia a otra, sin someterse a la amorosa supervisión de los ancianos y sin comprometerse jamás con un grupo de hermanos creyentes.

Descuidar —o rechazar— el unirse a una iglesia como miembro formal refleja, sin embargo, que no se ha comprendido bien la responsabilidad del creyente con el cuerpo de Cristo. Y también corta a la persona de las muchas bendiciones y oportunidades que fluyen de este compromiso. Es fundamental que cada cristiano entienda lo que es la membresía de la iglesia, y por qué importa.

La definición

Cuando un individuo es salvo, se convierte en un miembro del cuerpo de Cristo (1 Co. 12:13). Al estar unido a Cristo y a los demás miembros del cuerpo de esta forma, está por tanto cualificado para convertirse en un miembro de la expresión local de dicho cuerpo.

Convertirse en miembro de una iglesia es comprometerse con un cuerpo identificable y local de creyentes, que se han unido para unos propósitos específicos y divinamente ordenados. Esos propósitos incluyen recibir instrucción de la Palabra de Dios (1 Ti. 4:13; 2 Ti. 4:2), servirse y edificarse unos a otros por medio del uso adecuado de los dones espirituales (Ro. 12:3-8; 1 Co. 12:4-31; 1 P. 4:10-11), participar en las ordenanzas (Lc. 22:19; Hch. 2:38-42) y proclamar el evangelio a los que están perdidos (Mt. 28:18-20). Además, cuando alguien se convierte en miembro de una iglesia, se somete al cuidado y a la autoridad de los ancianos bíblicamente cualificados a quienes Dios ha colocado en esa asamblea.

La base bíblica

Aunque las Escrituras no contienen un mandamiento explícito de unirse formalmente a una iglesia local, el fundamento bíblico para la membresía de la iglesia impregna el Nuevo Testamento. Esta base bíblica puede verse con mayor claridad en (1) el ejemplo de la iglesia primitiva, (2) la existencia del gobierno de la iglesia, (3) el ejercicio de la disciplina de la iglesia y (4) la exhortación para la edificación mutua.

EL EJEMPLO DE LA IGLESIA PRIMITIVA

En la iglesia primitiva, venir a Cristo significaba asistir a la iglesia. La idea de experimentar la salvación sin pertenecer a una iglesia local es extraña al Nuevo Testamento. Cuando los individuos se arrepentían y creían en Cristo, eran bautizados e incorporados a la iglesia (Hch. 2:41, 47; 5:14; 16:5). Más que vivir simplemente un compromiso privado con Cristo, esto significaba unirse de manera formal con otros creyentes en una asamblea local, y entregarse a la enseñanza de los apóstoles, a la comunión, al partimiento del pan y a la oración (Hch. 2:42).

Las Epístolas del Nuevo Testamento fueron escritas a iglesias. En el caso de los pocos escritos a individuos —1 y 2 Timoteo, Tito y Filemón—, estos hombres eran líderes de iglesias. Como demuestran las epístolas del Nuevo Testamento, el Señor dio por sentado que los creyentes se comprometerían con una asamblea local. El Nuevo Testamento también demuestra que, así como había una lista de viudas elegibles para darles apoyo económico (1 Ti. 5:9), también pudo haber habido una lista de miembros que se iba haciendo más extensa conforme las personas eran salvas (cf. Hch. 2:41, 47; 5:14; 16:5). En realidad, cuando un creyente se mudaba a otra ciudad, su iglesia solía escribir una carta de recomendación a su nueva iglesia (Hch. 18:27; Ro. 16:1; Col. 4:10; cf. 2 Co. 3:1-2). Dichas cartas serían imposibles de escribir si esos creyentes no fueran conocidos por sus líderes espirituales y responsables ante ellos.

En el libro de Hechos, gran parte de la terminología solo encaja con el concepto de la membresía formal de la iglesia. Frases como "a toda la asamblea" (Hch. 6:5, NVI), "la iglesia que estaba en Jerusalén" (Hch. 8:1), "los discípulos" de Jerusalén (Hch. 9:26), "en cada iglesia" (Hch. 14:23), "toda la iglesia" (Hch. 15:22), y "los ancianos de la iglesia" en Éfeso (Hch. 20:17), todas sugieren una membresía reconocible de la iglesia con límites bien definidos (cf. 1 Co. 5:4; 14:23; He. 10:25), porque a menos que se sepa quiénes son los miembros de la iglesia no se puede afirmar que "toda la iglesia" está presente. En otras palabras, saber que "toda la iglesia" se ha reunido implica que el liderazgo está al tanto de todos aquellos que pertenecen a esa congregación local, lo que a su vez implica una membresía reconocida.

LA EXISTENCIA DEL GOBIERNO DE LA IGLESIA

El Nuevo Testamento manifiesta un sistemático patrón de pluralidad de ancianos que supervisan a cada cuerpo local de creyentes. Los deberes específicos dados a esos ancianos presuponen un grupo claramente definido de miembros de la iglesia bajo su cuidado.

Entre otras cosas, esos hombres piadosos son responsables de apacentar al pueblo de Dios (Hch. 20:28; 1 P. 5:2), de trabajar con diligencia en medio de ellos (1 Ts. 5:12), estar a cargo de ellos (1 Ts. 5:12; 1 Ti. 5:17) y cuidar de sus almas (He. 13:17). Las Escrituras enseñan que los ancianos rendirán cuentas a Dios por los individuos asignados a su cargo (He. 13:17; 1 P. 5:3-4).

Esas responsabilidades exigen que haya una membresía distinguible, consensual en la iglesia local. Los ancianos solo pueden apacentar a su pueblo, proveerle supervisión y rendir cuenta a Dios por su bienestar espiritual si saben quiénes forman parte del rebaño y quiénes no.

Por el contrario, las Escrituras enseñan que los creyentes deben someterse a sus ancianos. Hebreos 13:17 ordena: "Obedeced a vuestros pastores, y sujetaos a ellos". La pregunta para cada creyente es: "¿Quiénes son tus líderes?". Aquel que se ha negado a unirse a una iglesia local y a encomendarse al cuidado y a la autoridad de los ancianos no tiene líderes. Para esa persona, la obediencia a Hebreos 13:17 es imposible. Por expresarlo de un modo simple, este versículo implica que todo creyente sabe a quién debe someterse, lo que a su vez da por sentada una membresía de iglesia claramente definida.

EL EJERCICIO DE LA DISCIPLINA DE LA IGLESIA

Como se ha observado más arriba, Mateo 18:15-17 bosqueja cómo debe buscar la iglesia la restauración de un creyente que haya caído en pecado, un proceso de cuatro pasos que se conoce por lo general como la disciplina de la iglesia.[30] Según Mateo 18 y otros pasajes (1 Co. 5:1-13; 1 Ti. 5:20; Tit. 3:10-11), el ejercicio de esta disciplina presupone que los ancianos de una iglesia saben quiénes son sus miembros. Sin ningún tipo de relación formal entre la congregación y sus líderes no habría base para la rendición espiritual de cuentas que el Nuevo Testamento requiere. Además, una vez disciplinados, los individuos impenitentes deben ser excluidos precisamente de la *membresía* de la iglesia.

LA EXHORTACIÓN PARA LA EDIFICACIÓN MUTUA

El Nuevo Testamento enseña que la iglesia es el cuerpo de Cristo y que Dios ha llamado a cada miembro a una vida dedicada al crecimiento del cuerpo. En otras palabras, las Escrituras exhortan a todos los creyentes a edificar a los demás miembros mediante la práctica de los mandamientos de "unos a otros" del Nuevo Testamento (p. ej., He. 10:24-25), y a ejercer sus dones espirituales (Ro. 12:6-8; 1 Co. 12:4-7; 1 P. 4:10-11). La edificación mutua solo puede tener lugar en el contexto del cuerpo corporativo de Cristo. Las exhortaciones a esta clase de ministerio presuponen que los creyentes se han comprometido con los demás creyentes de una asamblea local específica. Sencillamente, la membresía de la iglesia es la manera formal de establecer este compromiso.

Vivir en un compromiso con la iglesia local implica muchas responsabilidades: ser ejemplo de un estilo de vida piadoso en la comunidad, ejercer los dones espirituales propios en el servicio diligente, contribuir económicamente a la obra del ministerio, dar y recibir amonestación con mansedumbre y en amor y participar con fidelidad en la adoración corporativa. Se espera mucho, porque hay mucho en juego, porque solo cuando cada creyente es fiel a este tipo de compromiso, la iglesia es capaz de vivir según su llamado como representante de Cristo en la tierra.

Los dones espirituales en el seno de la iglesia

Clasificación de los dones
Estudio de los dones
Uso de los dones

Pocos ámbitos de la doctrina son más controvertidos o confusos en la iglesia actual que los dones espirituales. Esto también era así en el siglo I, al menos en Corinto, lo que explica por qué el apóstol Pablo trató el asunto tan a conciencia en 1 Corintios 12–14.[31] Aunque se puede abusar de ellos, y de hecho se abusa, y hasta falsearlos, los dones espirituales (gr. *jarísmata*, o "dones de gracia") juegan un papel vital en el cuerpo de Cristo. Dado que cada miembro contribuye de un modo único a la edificación del conjunto, es esencial entender lo que la Palabra de Dios enseña sobre la naturaleza y el ejercicio de los dones espirituales.

Cristo no solo ha dotado a su iglesia de hombres de talento para preparar a los santos

---

30. Para más sobre este tema, véase "La disciplina de la iglesia" (p. 810).
31. Para una interpretación cesacionista de 1 Corintios 12–14, véase Robert L. Thomas, *Entendamos los dones espirituales: Un estudio versículo por versículo de Primera Corintios 12 al 14* (Grand Rapids, MI: Editorial Portavoz, 2002). Véase también MacArthur, *1 Corintios*, CMNT (Grand Rapids, MI: Editorial Portavoz, 2003).

(Ef. 4:11-12), sino que su Espíritu también les concede a todos los creyentes capacidades espirituales para edificarse los unos a los otros en la iglesia (Ro. 12:5-8; 1 Co. 12:4-31; 1 P. 4:10-11). El Dios trino es la fuente de esos dones. Como Pablo explica en 1 Corintios 12:4-6, los da el "mismo Espíritu", el "mismo Señor", y el "mismo Dios" (NVI).

Como todos los creyentes sin excepción son bautizados con el Espíritu en el momento de la conversión (1 Co. 12:13), todos sin excepción reciben dones sobrenaturales para el servicio en el seno de la iglesia, según la prerrogativa soberana del Espíritu (1 Co. 12:4, 6-11). Estos dones espirituales no se limitan a un selecto grupo de cristianos. Como todos los creyentes están dotados de manera sobrenatural, todos están obligados a ejercer su talento en el ministerio a los demás.

Como los dones espirituales equipan a cada creyente de un modo único para que ministre al cuerpo corporativo de Cristo, el resultado es que los que están en la iglesia se edifican unos a otros dando un testimonio efectivo del poder de Dios ante un mundo que observa. Cuando los creyentes ejercen sus dones, también manifiestan una conducta como la de Cristo. Como Dios encarnado, el Señor Jesús posee estas cualidades en perfecta completitud. Los creyentes exhiben estos dones cuando los emplean para beneficio de su cuerpo, la iglesia, por medio del poder de su Espíritu.

El principal término griego asociado a los dones espirituales es *járisma*, que significa "don de gracia". Casi siempre se usa en el Nuevo Testamento para designar un don que ha sido libremente conferido por Dios, incluyendo al don de la salvación (Ro. 5:15-16; 6:23), las bendiciones inmerecidas de Dios (Ro. 1:11; 11:29) y las capacitaciones divinas para el ministerio (Ro. 12:6; 1 P. 4:10). Al ser Dios quien los otorga por su gracia a los creyentes (1 Co. 12:4, 7, 11, 18), estas capacidades no pueden ganarse, aprenderse ni fabricarse. Se dan como "dones de gracia", según su divina voluntad, para que los creyentes estén agradecidos por el don que han recibido.

Otro término griego importante, *pneumatikós* ("pertinente al Espíritu"), se encuentra en 1 Corintios 12:1. Esta palabra, que significa literalmente "espirituales" o "espiritualidades", se refiere a aquello que tiene características espirituales o que está bajo el control espiritual. Aunque puede aplicarse a personas o cosas, el contexto de 1 Corintios 12:1 indica que allí se refiere a cosas espirituales, a saber, los dones de gracia que el Espíritu Santo concede a los creyentes (cf. 1 Co. 12:4, 9, 28, 30-31; 14:1). A excepción de Efesios 6:12, donde habla de fuerzas espirituales hostiles, este término se usa siempre en el Nuevo Testamento en alusión a aquello relacionado con el Espíritu Santo. Cuando se aplica a los dones espirituales, designa el hecho de que esas capacidades otorgadas por el Espíritu se deben utilizar bajo su control, para la gloria de Cristo.

A diferencia de las capacidades o talentos naturales, que pueden exhibir los creyentes y los incrédulos por igual, los dones espirituales solo pueden recibirse en el momento de la salvación. El Espíritu Santo los concede a los creyentes para que puedan ministrarse unos a otros de manera efectiva, por medio de su capacitación divina.

Los creyentes son dotados de forma única para que la diversidad de sus dones cubra todo lo necesario para contribuir a la unidad del cuerpo. Como Pablo explica en 1 Corintios 12:7-27, el cuerpo no funcionaría de un modo adecuado si cada miembro tuviera la misma función. El Espíritu Santo dota a los creyentes con una variedad de dones para que al ejercer cada miembro su don todo el cuerpo obre en conjunto de forma productiva. Los creyentes han de ser fieles administradores de los dones que reciben (1 P. 4:10), emplear su talento único para glorificar a Dios y edificar a sus hermanos creyentes. Al hacerlo, el cuerpo se moldea a imagen de la Cabeza, el Señor Jesucristo (cf. Ef. 4:11-13).

Los dones espirituales no son signos de prestigio o privilegio ni deberían producir orgullo espiritual, sino que son dados para que los creyentes sirvan con un espíritu de generosidad (Fil. 2:2-4) y humildad (Ro. 12:3). El ejercicio de los dones espirituales no debería causar trastorno ni división dentro de la iglesia (1 Co. 14:40).

El propósito de los dones espirituales no es la autoedificación, sino la edificación de los demás (1 P. 4:10; cf. Ef. 4:11-12). Pablo declara explícitamente que son proporcionados "para el bien de los demás" (1 Co. 12:7, NVI). Por consiguiente, la intención de Dios es que los creyentes usen sus dones espirituales en relación con los demás creyentes y no para sí mismos en privado.[32] Sin lugar a duda, los creyentes son bendecidos de forma personal cuando usan su don para servir a los demás, pero esa bendición es un subproducto y no el propósito de emplear sus dones.

Usar el don que se tiene para autoedificarse va claramente en contra de toda la idea de Pablo en 1 Corintios 12-14, donde hace repetido énfasis en la prioridad del amor hacia los demás como fundamental para el adecuado ejercicio de los dones espirituales (1 Co. 12:7-10; 13:1-7; 14:12, 26). El apóstol usa ejemplos extremos para exponer su argumento, y escribe:

> Si yo hablase lenguas humanas y angélicas, y no tengo amor, vengo a ser como metal que resuena, o címbalo que retiñe. Y si tuviese profecía, y entendiese todos los misterios y toda ciencia, y si tuviese toda la fe, de tal manera que trasladase los montes, y no tengo amor, nada soy. Y si repartiese todos mis bienes para dar de comer a los pobres, y si entregase mi cuerpo para ser quemado, y no tengo amor, de nada me sirve (1 Co. 13:1-3).

Y estas palabras demuestran que el ejercicio de cualquier don sin amor (independientemente de lo elevado o extremo que sea) anula su valor espiritual. Sin embargo, cuando los dones espirituales se emplean de la forma apropiada, impulsados por el amoroso deseo de edificar a otros creyentes, son de edificación para la iglesia, Cristo es manifestado y se glorifica a Dios (cf. 1 Co. 12:4-27).

---

32. Algunos podrían objetar, señalando 1 Co. 14:4, donde Pablo escribió: "El que habla en lengua extraña, a sí mismo se edifica; pero el que profetiza, edifica a la iglesia". Sin embargo, este versículo no valida la autoedificación como un fin legítimo en sí mismo. De ser así, iría en contra de la enseñanza de Pablo a lo largo de los capítulos 12-14. En realidad, Pablo está exponiendo exactamente lo contrario. Está demostrando la superioridad de la profecía sobre las lenguas, porque edifica a otras personas de inmediato, sin necesidad de ser interpretada primero (1 Co. 14:5). Por esta razón, el apóstol insistió en la traducción de las lenguas extranjeras que fueran habladas (14:27-28), de manera que el don de lenguas podría cumplir su propósito de edificar a los demás (12:7). Está diciendo: "El que habla en lengua extraña [sin intérprete] se edifica [solamente] a sí mismo, [y esto no es deseable y es contrario al propósito de los dones espirituales], pero el que profetiza, edifica a la iglesia... [Por tanto,] mayor es el que profetiza que el que habla en lenguas, a no ser que alguien las interprete para que la iglesia reciba edificación".

Clasificación de los dones

El Nuevo Testamento proporciona unas cuantas listas de dones espirituales (Ro. 12:6-8; 1 Co. 12:8-10, 28-30; cf. 1 Co. 13:1-3, 8-9; Ef. 4:11; 1 P. 4:10-11). Al no ser idénticas (véase tabla 9.3 [p. 823]), es mejor interpretarlas como recopilaciones representativas (más que listas exhaustivas) de las formas en que el Señor dota a su pueblo para el ministerio. El apóstol Pedro afirma que cada creyente ha recibido "un don" (1 P. 4:10), pero que esa capacitación divina individual puede ser la combinación de aptitudes espirituales como las que se enumeran en Romanos 12 y 1 Corintios 12. Pedro también los divide en las categorías generales de dones de palabra y dones de servicio (1 P. 4:11).

Debido a la singular manera en que el Espíritu Santo dota a cada creyente para el servicio espiritual, puede ser contraproducente categorizar los dones espirituales de un modo demasiado estrecho o rígido. Por ejemplo, tomar un examen escrito para determinar los dones de cada uno (basándose en tales categorizaciones) suele resultar útil, ya que cada creyente recibe del Espíritu Santo una mezcla única de capacidades que constituyen su don. La mejor manera de descubrir el talento espiritual que se tiene es involucrarse en el ministerio según los deseos que Dios haya puesto en la persona, las oportunidades de servir y la respuesta de quienes son servidos. Conforme se ministran los creyentes unos a otros, sus ámbitos de dones se van haciendo aparentes tanto para ellos como para los demás.

En un amplio sentido, los dones podrían categorizarse bajo dos títulos principales: los dones milagrosos temporales y los dones ministeriales permanentes. Los dones milagrosos incluyen los dones de señales apostólicas (He. 2:3-4; cf. 2 Co. 12:12) y los dones de revelación por medio de los cuales Dios proporcionó nueva revelación a su iglesia. Estos dones estaban limitados a la era apostólica de la iglesia (véase exposición más abajo). Los dones ministeriales, incluidos los de palabra y servicio (1 P. 4:10-11), siguen siendo otorgados por el Espíritu Santo a su iglesia con el propósito de la edificación, el crecimiento y el testimonio.

DONES MILAGROSOS

En momentos críticos a lo largo de la historia redentora, Dios autentificó a sus mensajeros mediante el empoderamiento para realizar señales milagrosas. Durante el éxodo de Egipto y el establecimiento de la nación de Israel, Dios validó las funciones de Moisés y Josué por medio de hechos sobrenaturales que llevó a cabo a través de ellos (Éx. 4:3-4, 30; 7:10, 12; 17:5-6; Nm. 16:46-50; Jos. 10:12-14). Frente a la apostasía de siglos después, los ministerios de Elías y Eliseo fueron autenticados de manera similar mediante señales y prodigios (1 R. 17:9-24; 18:41-45; 2 R. 1:10-12; 2:8, 14; 4:1-7, 18-41; 5:1-19; 6:6, 17).

En el Nuevo Testamento, el ministerio de Jesucristo también se confirmó con milagros y sanidades (Jn. 2:11, 23; 3:2; 4:54; 6:2, 14; 7:31; 10:37-38; 12:37; 20:30). Así, Jesús pudo decirles a los líderes religiosos incrédulos: "Jesús les respondió: Os lo he dicho, y no creéis; las obras que yo hago en nombre de mi Padre, ellas dan testimonio de mí" (Jn. 10:25; cf. 5:36; 10:38; 14:11). Más tarde, Pedro les recordó a las multitudes en Pentecostés que Jesús era un "varón aprobado por Dios entre vosotros con las maravillas, prodigios y señales que Dios hizo entre vosotros por medio de él, como vosotros mismos sabéis" (Hch. 2:22). Las señales y prodigios que Jesús realizó demostraron que Él era quien afirmaba ser.

El nacimiento de la iglesia también estuvo marcado por señales milagrosas, incluida la capacidad de los discípulos de hablar con fluidez en distintos idiomas (Hch. 2:4-11). Durante el ministerio de Jesús, Él les había dado a sus discípulos poder para sanar y echar fuera demonios (Mt. 10:1, 8; Mr. 6:12-13). Después de su ascensión, los apóstoles siguieron manifestando este poder sobrenatural (Mr. 16:20; Hch. 2:43; 4:30; 5:12; 6:8; 8:6, 13; 14:3; 15:12). El mensaje que proclamaban quedaba validado por las señales y prodigios que realizaban.

Durante la época apostólica, Dios les dio a muchos creyentes dones extraordinarios para demostrar que estaba obrando a través de la iglesia recién establecida. Los conversos gentiles (como Cornelio en Hch. 10:46) recibieron el mismo don de lenguas que los apóstoles habían manifestado en el día de Pentecostés (Hch. 11:17). Esa capacidad sobrenatural sirvió de señal para los incrédulos (y sobre todo al Israel incrédulo) de que el evangelio era verdad (1 Co. 14:22; cf. Is. 28:11) y esta es la verdad que se debe proclamar por el mundo entero (cf. Mt. 28:18-20; Hch. 1:8). Otros, como Esteban y Felipe demostraron la capacidad de realizar milagros y sanidades (Hch. 6:8; 8:5-7) y confirmaron públicamente la legitimidad de sus ministerios de evangelización.

Tan extraordinarios dones fueron necesarios para validar que la iglesia era una obra verdadera de Dios, y autenticar a los apóstoles como sus mensajeros escogidos. Las señales y los prodigios demostraron que Dios mismo confirmó el evangelio que ellos proclamaban. Como explica el autor de Hebreos al respecto: "¿Cómo escaparemos nosotros, si descuidamos una salvación tan grande? La cual, habiendo sido anunciada primeramente por el Señor, nos fue confirmada por los que oyeron, testificando Dios juntamente con ellos, con señales y prodigios y diversos milagros y repartimientos del Espíritu Santo según su voluntad" (He. 2:3-4). El apóstol Pablo explica, de manera similar, que su ministerio evangelizador a los gentiles fue validado "con potencia de señales y prodigios" (Ro. 15:19). Como les indicó a los corintios: "las señales de apóstol han sido hechas entre vosotros en toda paciencia, por señales, prodigios y milagros" (2 Co. 12:12).

Este nivel de autenticación milagrosa fue necesario en un tiempo en el que la iglesia estaba siendo establecida y el canon de las Escrituras no estaba aún completo. Como aquellos que recibieron la revelación divina por medio del Espíritu Santo (Jn. 14:26; 16:12-15; cf. 1 Ts. 2:13; 2 P. 3:15-16), los apóstoles y los profetas estaban poniendo el fundamento doctrinal para la iglesia (Ef. 2:20; cf. Hch. 2:42). Los dones reveladores eran obviamente necesarios para completar aquella tarea, y los dones de señales también lo eran para autentificar su afirmación de ser los portavoces de Dios (cf. 2 Co. 12:12). Una vez acabada la era apostólica y acabado el canon del Nuevo Testamento, los dones asociados únicamente con los cargos de apóstol y profeta dejaron de ser necesarios y desaparecieron. Ahora, el canon completo de la Escritura suficiente afirma su propia autenticación, porque es la revelación completa de la mente y de la voluntad de Dios.

LA NATURALEZA TEMPORAL DE LOS DONES MILAGROSOS[33]

El *cesacionismo* es la opinión de que los dones de señal (p. ej., realizar milagros, dones de sanidad, hablar en lenguas) y los dones de revelación (es decir, la recepción y la proclamación de una nueva revelación de Dios) cesaron cuando acabó la etapa de fundación de la iglesia. Ese tipo de fenómenos milagrosos no siguió más allá de la era apostólica y, por tanto, los creyentes no los han recibido desde entonces. Los dones milagrosos no regresarán hasta el período de la tribulación, después de que la iglesia haya sido arrebatada, y durante el ministerio de los dos testigos (cf. Ap. 11:3-11). En contraste con el cesacionismo, la postura *carismática* o *continuacionista* asevera que los dones milagrosos y reveladores siguen hoy en funcionamiento.

Un planteamiento para defender la postura cesacionista empieza con el reconocimiento de que no hay apóstoles en la iglesia hoy,[34] hecho que se afirma ampliamente a lo largo de la historia de la iglesia y reconocido por muchos no cesacionistas modernos. Como se observa más arriba, hoy nadie puede cumplir los requisitos necesarios para el apostolado (que incluye el ver al Cristo resucitado con los ojos físicos; cf. Hch. 1:22; 9:1-9). Pablo declara de un modo explícito que el Jesús resucitado se le apareció "último de todos" a él (1 Co. 15:8). De ahí que no hubiera más apóstoles después de Pablo.

Que esto haya sido así desde el siglo I es relevante por, al menos, tres razones: (1) demuestra que no era intención de Dios que todo lo que caracterizó a la iglesia primitiva fuera normativo para el resto de la historia de la iglesia; (2) demuestra que al menos una función significativa del ministerio enumerado en 1 Corintios 12:28-30 ha cesado; y (3) verifica que el canon de las Escrituras está en realidad cerrado, ya que un apóstol debe autorizar un libro para que sea reconocido como canónico.

La cesación del apostolado también es relevante por su estrecha relación con el oficio neotestamentario de profeta. En Efesios 2:20, Pablo vincula estos dos cargos y explica que la iglesia fue edificada "sobre el fundamento de los apóstoles y profetas", con Jesús como piedra angular. (En Ef. 3:5 y 4:11 es evidente que Pablo tiene en mente a los profetas del Nuevo Testamento). Antes de que se completara el canon de las Escrituras, el fundamento doctrinal de la iglesia —que consiste de la revelación divina comunicada por medio de los apóstoles y los profetas—, estaba aún siendo establecido. Sin embargo, una vez puesto ese fundamento con la conclusión del Nuevo Testamento, el propósito de esas funciones se cumplió y desaparecieron. Por seguir la metáfora de Pablo, el fundamento no se reconstruye en cada fase de la edificación; se coloca una sola vez al principio del proceso de construcción.

La era apostólica llega a su fin cuando muere Juan, el último apóstol que quedaba vivo. De manera significativa, Juan fue también el último profeta canónico (cf. Ap. 1:3; 22:18-19), con el libro de Apocalipsis que completa las Escrituras del Nuevo Testamento.

---

33. Esta sección está adaptada de los comentarios de MacArthur en su entrevista con Tim Challies, "John MacArthur Answers His Critics", *Challies.com: Informing the Reforming* (blog), 4 de noviembre, 2013, http://www.challies.com/interviews/john-macarthur-answers-his-critics. Usado con permiso de Tim Challies.

34. Por ejemplo, este es el acercamiento de Samuel E. Waldron, *To Be Continued? Are the Miraculous Gifts for Today?* (Merrick, NY: Calvary Press, 2005). Véase también Thomas R. Edgar, *Satisfied by the Promise of the Spirit* (Grand Rapids, MI: Kregel, 1996), 52-88; MacArthur, *Fuego extraño*, 85-103.

Por consiguiente, el papel revelador de los profetas neotestamentarios, como el de los profetas, se cumplió, y los dones asociados con dicha función dejaron de ser necesarios.

La revelación de Dios completada en su Palabra escrita es tan poderosa y gloriosa que ya no precisa de confirmación milagrosa. Como explica Pedro, la palabra profética es incluso *más segura* que la más extraordinaria de las experiencias de testigos presenciales (2 P. 1:16-21). En las Escrituras totalmente suficientes, la verdad de Dios da testimonio de sí misma y es autoevidente, como confirma el poder esclarecedor del Espíritu Santo (He. 4:12). En consecuencia, las señales y maravillas de la era apostólica ya no son indispensables. La Biblia es lo único necesario para validar el mensaje de quienes afirman ser los portavoces de Dios.

La postura cesacionista se confirma, además, mediante la comparación de los "dones carismáticos" modernos con las realidades descritas en el Nuevo Testamento. Las Escrituras proveen una clara imagen de los dones milagrosos de señales y revelación, pero cuando los fenómenos carismáticos modernos se comparan con el estándar bíblico, no dan la talla. Aunque los carismáticos usan la terminología bíblica para describir sus experiencias, nada relacionado con los "dones milagrosos" modernos iguala la realidad bíblica.

Por ejemplo, la Palabra de Dios afirma explícitamente que los verdaderos profetas deben adherirse a un estándar de precisión del cien por cien (Dt. 18:20-22), y nada en el Nuevo Testamento los exime de esto. El libro de Hechos describe el don de lenguas como la producción de idiomas humanos reales (Hch. 2:6-11), y no hay nada en 1 Corintios que necesite redefinirlo como algo distinto. El Nuevo Testamento describe, además, las milagrosas sanidades de Jesús y de los apóstoles (incluso la sanidad de enfermedades orgánicas como la parálisis, la ceguera y la lepra) como algo inmediato, completo e innegable (p. ej., Mr. 1:42; 10:52). Estos y otros muchos pasajes bíblicos demuestran la cualidad verdaderamente extraordinaria de los dones bíblicos. (Véase más abajo una exposición más amplia sobre estos dones).

En cambio, las falsificaciones modernas del movimiento carismático sencillamente no están a la altura de sus contrapartidas bíblicas. La "revelación profética" moderna es falible y está llena de errores. Las "lenguas" modernas consisten en un lenguaje ininteligible que no se ajusta a ningún idioma humano. Los "dones de sanidad" modernos no se comparan a los milagros de Jesús y de los apóstoles. Increíblemente, muchos eruditos continuacionistas reconocen esta discontinuidad y argumentan a favor de unos dones de menor calidad o de una categoría más baja de dones en la que colocar estas expresiones carismáticas modernas. Sin embargo, tales reconocimientos proporcionan un reconocimiento tácito de que los verdaderos dones de señales (como describen las Escrituras) no han continuado.[35]

---

35. Algunos comentaristas apelan a 1 Corintios 13:10 para respaldar su postura a favor o en contra del cesacionismo. Sin embargo, actuar así lleva el propósito de este texto más allá de la intención de Pablo. Aunque los comentaristas han debatido ampliamente el significado del término griego "perfecto" (*teleión*), "de las posibles interpretaciones, la entrada del creyente a la presencia del Señor encaja mejor con el uso que Pablo hace de 'perfecto' en 1 Corintios 13:10". Por tanto, es importante observar que el propósito paulino en este capítulo no era identificar hasta cuándo continuarían los dones espirituales en los siguientes siglos de la historia de la iglesia, ya que habría sido básicamente un sinsentido para los lectores originales de esta carta. Más bien estaba exponiendo un argumento que pertenecía específicamente a su audiencia del siglo I: cuando ustedes, creyentes corintios, entren en la glorificada perfección de la eternidad en el cielo, los dones espirituales que ustedes tanto

Tabla 9.3 Tres listas principales de dones espirituales

Romanos 12:6-8	1 Corintios 12:8-10	1 Corintios 12:28-30
Profecía	Palabra de sabiduría	Apostolado (apóstoles)
Servicio	Palabra de ciencia	Profecía (profetas)
Enseñanza	Fe	Enseñar (maestros)
Exhortación	Dones de sanidad	Realizar milagros
Dar (contribuir)	Obrar milagros	Dones de sanidad
Liderar	Profecía	Ayudar
Actos de misericordia	Discernimiento de espíritus	Administrar
	Hablar en lenguas	Hablar en lenguas
	Interpretar las lenguas	Interpretar las lenguas

Tabla 9.4 Lista maestra de los dones espirituales representativos

Categoría		Don espiritual	Pasajes
Dones milagrosos	Dones de señales y dones reveladores	Apostolado	1 Co. 12:28-29; cf. Ef. 4:11
		Hacer milagros	1 Co. 12:10, 28-29
		Dones de sanidad	1 Co. 12:9, 28, 30
		Hablar en lenguas	1 Co. 12:10, 28, 30; cf. 1 Co. 13:1; 14:22
		Profecía	1 Co. 12:10, 28-29; cf. Ef. 4:11
		Palabras de sabiduría	1 Co. 12:8; cf. 13:2
		Palabras de ciencia	1 Co. 12:8; cf. 13:2
		Interpretar las lenguas	1 Co. 12:10, 28, 30; cf. 14:6-18
		Discernimiento de espíritus	1 Co. 12:10
Dones ministeriales	Dones de la palabra y dones de servicio	Predicación*	Ro. 12:6; cf. 1 Ti. 4:13-14; 1 P. 4:11
		Enseñanza	Ro. 12:7; 1 Co. 12:28-29
		Exhortación	Ro. 12:8
		Servicio y ayuda	Ro. 12:7; 1 Co. 12:28; 1 P. 4:11
		Liderar y administrar	Ro. 12:8; 1 Co. 12:28
		Dar	Ro. 12:8; cf. 1 Co. 13:3
		Mostrar misericordia	Ro. 12:8
		Fe	1 Co. 12:9; cf. 13:2
		Discernimiento espiritual	1 Co. 12:10
		Evangelización	Ef. 4:11
		Pastorear y enseñar	Ef. 4:11

*Predicar es similar al ejercicio no revelador del don de profecía.

valoran ahora ya no serán necesarios (ya que la revelación parcial que proporcionan se habrá completado). Sin embargo, el amor tiene un valor eterno, de modo que persigan el amor porque es superior a cualquier otro don (v. 13)... Para determinar el punto de la historia de la iglesia en que los dones milagrosos y reveladores desaparecerían, debemos mirar en otros lugares distintos a 1 Corintios 13:10, a sitios como Efesios 2:20, donde Pablo indicó que los oficios proféticos solo fueron para la

El hecho es que las experiencias carismáticas modernas no se ajustan a lo que la Biblia describe como dones milagrosos y reveladores del período neotestamentario. No hay nada extraordinario en la profecía falible, las lenguas irracionales ni los milagros falsificados por los curanderos modernos. Qué contraste con los dones genuinos que recogen las páginas de las Escrituras, que producían admiración, asombro y adoración en los corazones de aquellos que los presenciaban (cf. Mr. 1:27; 2:12; Lc. 4:36; 8:56; Hch. 2:7, 12; 8:13; 10:45). El cesacionismo está, pues, motivado por la preocupación de honrar al Espíritu Santo y salvaguardar el entendimiento verdadero de su milagrosa obra, tal como describen las Escrituras.

DONES MINISTERIALES

Aunque los dones de señales y los dones de revelación se limitaron a la era fundacional de la iglesia, el Espíritu Santo sigue dotando a los creyentes para edificación en la iglesia, por medio de lo que se podría denominar sus *dones ministeriales permanentes*. Estos incluyen los dones de palabra y los dones de servicio. Así, Pedro explicó en 1 Pedro 4:10-11:

> Cada uno según el don que ha recibido, minístrelo a los otros, como buenos administradores de la multiforme gracia de Dios. Si alguno habla, hable conforme a las palabras de Dios; si alguno ministra, ministre conforme al poder que Dios da, para que en todo sea Dios glorificado por Jesucristo, a quien pertenecen la gloria y el imperio por los siglos de los siglos. Amén.

Los dones de palabra proclaman la verdad de las Escrituras a través de la predicación, la enseñanza, el estímulo, la exhortación, etc. Los dones de servicio ministran a los demás de un modo parecido al de Cristo, mediante acciones como ayudar, dar, administrar y mostrar misericordia.

Estudio de los dones

Dentro de las amplias categorías mencionadas más arriba, el Nuevo Testamento identifica varios dones espirituales específicos. Las tres listas principales, en Romanos 12:6-8, 1 Corintios 12:8-10 y 12:28-30, se comparan en la tabla 9.3. La combinación de los dones de estos tres pasajes produce la "lista maestra" de los dones espirituales representativos en la tabla 9.4. Con estos dones descritos en estas dos tablas, ahora podremos considerar cómo funciona cada uno de ellos.

EL APOSTOLADO

El término griego *apóstolos* se refiere a un embajador, un emisario o alguien enviado a una misión, aunque se usa en ocasiones en el Nuevo Testamento en un sentido general para designar a los "apóstoles de las iglesias" (2 Co. 8:23; cf. Fil. 2:25), se usa principalmente para referirse a un grupo específico de "apóstoles de Jesucristo". Como ya hemos

---

era fundacional de la iglesia. No obstante, el principio más amplio de Pablo, que el amor es superior a los dones espirituales, sigue aplicándose a los creyentes modernos, ya que nosotros también esperamos nuestra glorificación celestial". MacArthur, *Fuego extraño*, 148-149. Cf. Edgar, *Satisfied by the Promise of the Spirit*, 246.

explicado con anterioridad, el título "apóstol de Jesucristo" (cf. 1 Co. 1:1; 1 P. 1:1) se refiere específicamente a los doce discípulos (con Matías, que había sustituido a Judas, Hch. 1:26) y Pablo, quien fue escogido especialmente como el apóstol de los gentiles (Gá. 1:15-17; cf. 1 Co. 15:7-9). Estos hombres fueron seleccionados por el Señor (cf. Mr. 3:13; Hch. 26:16) y fueron testigos presenciales del Cristo resucitado (Hch. 1:22; 9:1-9), un requisito previo necesario para ser apóstol. Al declarar Pablo que el Jesús resucitado se le apareció a él, como el "último de todos" (1 Co. 15:8), no hubo más apóstoles después de él.

Los apóstoles de Jesucristo tenían tres responsabilidades principales. En primer lugar, fueron usados por el Señor para poner el fundamento doctrinal de la iglesia (Ef. 2:20). En segundo lugar, fueron nombrados para recibir, predicar y escribir la revelación divina (cf. Hch. 2:42; 6:4; Ef. 3:5). En tercer lugar, fueron llamados a confirmar esa Palabra divina por medio de "señales, prodigios y milagros" (2 Co. 12:12; cf. He. 2:3-4). Cuando Juan, el último apóstol vivo, murió y la era apostólica llegó a su fin, se nombraron a ancianos para liderar la iglesia (Tit. 1:5; cf. 2 Ti. 2:2). El registro de la historia de la iglesia demuestra que quienes vinieron después de los apóstoles no se consideraban a sí mismos apóstoles. Más bien, consideraban a los apóstoles y la era apostólica como únicos e irrepetibles.

El Nuevo Testamento identifica el apostolado como una función y, a la vez, un don. Efesios 4:11 se refiere a los apóstoles (junto con los profetas, los evangelistas, los pastores-maestros) como dones que Jesucristo dio a la iglesia, y 1 Corintios 12 incluye "apóstoles" en la lista de dones carismáticos descritos en ese capítulo (1 Co. 12:4-5, 28-31). La inclusión que Pablo hace del apostolado en 1 Corintios 12 es significativa, porque demuestra que no todo lo que incorpora en este pasaje haya seguido a lo largo de la historia de la iglesia, hasta el día de hoy.

HACER MILAGROS

Entre las señales que validan el ministerio de los apóstoles estaba el "hacer milagros" (1 Co. 12:10, 28-29). Un *milagro* podría definirse ampliamente como una obra extraordinaria de Dios en la que Él suspende o invalida los cursos normales de la naturaleza, de manera que el resultado no pueda explicarse por ninguna causa natural. Los milagros son distintos de los actos de providencia en los que Dios obra a través de medios naturales para realizar sus propósitos soberanos. De manera más específica, hacer milagros era un don que involucraba la intermediación humana. Aquellos a quienes se les concedió este don fueron empoderados por Dios para efectuar señales y prodigios sobrenaturales. La realización de milagros los validó como portavoces de Dios (cf. Hch. 2:22; 14:3; 2 Co. 12:12; He. 2:3-4).

A lo largo de su ministerio terrenal, el Señor Jesús llevó a cabo milagros para manifestar su gloria (Jn. 2:11) y autentificar su mensaje (Jn. 5:36; 10:38; 14:11). Los milagros de Jesús demostraron su poder sobre la naturaleza (p. ej., convertir el agua en vino, crear alimentos, calmar el viento y las olas), los demonios, la enfermedad y la muerte. El Nuevo Testamento no registra que alguno de los apóstoles hiciera milagros sobre la naturaleza, pero sí manifestaron poder sobre los demonios, la enfermedad y la muerte (cf. Hch. 9:41-42; 20:7-12).

En ese primer sentido, en la autoridad sobre los demonios, es como se usa el término "milagros" en 1 Corintios 12:10, 28-29. La palabra griega para "milagro" (*dúnamis*) significa "poder" y, a menudo, está relacionado en los Evangelios con la expulsión de demonios (p. ej., Lc. 4:36; 6:18-19). Jesús les dio poder a sus discípulos sobre los demonios (Lc. 9:1; 10:17-19), y los apóstoles siguieron demostrando esa autoridad después de Pentecostés (p. ej., Hch. 13:6-12; 16:16-18). Otros evangelistas tempranos, como Felipe y Esteban, también recibieron la capacidad otorgada por el Espíritu para autenticar su mensaje (Hch. 6:8; 8:7).

De nuevo, este milagroso poder fue una señal que validó la predicación del evangelio durante la era apostólica solamente. El Nuevo Testamento advierte incluso con severidad a quienes podrían fingir ostentar semejante autoridad (cf. Hch. 19:14-16; Jud. 8-10). Así, es evidente que este poder no es una aptitud dada a los creyentes en la iglesia desde los días de los apóstoles.

DONES DE SANIDAD

Si hacer milagros está relacionado con la autoridad concedida por Dios sobre los demonios, el término "dones de sanidad" (1 Co. 12:9, 28) se refiere al poder sobrenatural sobre la enfermedad. La sanidad milagrosa se manifestó en los ministerios de Cristo (Mt. 8:16-17), de los apóstoles (Mt. 10:1), de los setenta y dos (Lc. 10:1, 9, NVI) y de algunos colaboradores (Hch. 8:5-7). El registro neotestamentario de sanidades efectuadas por estos individuos demuestra que eran inmediatas, innegables y siempre completas (cf. Mt. 8:2-3; 9:1-8; 20:29-34; 21:14; Mr. 1:42; 8:22-26; 10:52; Lc. 17:11-21; Jn. 5:1-9; Hch. 3:8; 14:8-18). Una comparación con las supuestas sanidades realizadas por "curanderos" modernos revela que la falsificación contemporánea no puede estar a la altura de la realidad bíblica.[36] Mientras duró su ministerio, Jesús y los apóstoles desterraron la enfermedad y las dolencias de las localidades en las que predicaban, un logro que ningún "curandero" moderno podría reivindicar jamás.

Las sanidades milagrosas sirvieron para autenticar al mensajero de Dios (cf. Jn. 10:38; Hch. 2:22; Ro. 15:18-19; 2 Co. 12:12; He. 2:3-4), y no solo para restaurar la sanidad física de los enfermos. Esto explica por qué Pablo no se sanó a sí mismo (cf. Gá. 4:13) ni a algunos de sus amigos más cercanos (Fil. 2:27; 1 Ti. 5:23; 2 Ti. 4:20). Cuando Pablo sanó al cojo de Listra (Hch. 14:9-10) o cuando Pedro resucitó a Tabita (Hch. 9:41) fue para que las personas escucharan y creyeran el evangelio (cf. Hch. 9:42).

Como uno de los dones apostólicos extraordinarios, las sanidades milagrosas cesaron cuando la era apostólica llegó a su fin. Aunque los creyentes ya no poseen estas aptitudes sobrenaturales, sí tienen derecho de pedirle a Dios que los sane, y saber que Él escucha y contesta las oraciones de su pueblo (Stg. 5:13-16; cf. Lc. 18:1-6; 1 Jn. 5:14-15). En respuesta a sus oraciones, el Señor puede escoger sanar una enfermedad de manera providencial, aunque no está obligado a hacerlo.

Los creyentes pueden y deben regocijarse cuando Dios sana a alguien como resultado de una oración contestada. Sin embargo, es importante observar que tales respuestas a

---

36. Para más sobre este punto, véase MacArthur, *Fuego extraño*, 155-176. Véase también Richard Mayhue, *La promesa de sanidad* (Grand Rapids, MI: Editorial Portavoz, 1995).

la oración no son lo mismo que los dones de sanidad ejemplificados en los ministerios neotestamentarios de Cristo y de los apóstoles. Que hoy nadie posea un don así es evidente ya que nadie puede sanar como lo hicieron Jesús y los apóstoles: restaurar por completo la salud de los enfermos y los heridos, de inmediato y de forma permanente, tan solo con una palabra o un toque.

HABLAR EN LENGUAS E INTERPRETARLAS[37]

El término griego para "lenguas" (*glóssa*) se traduce mejor "idiomas". El ejercicio de este don se ve con mayor claridad en el día de Pentecostés, tal como lo describe Lucas en Hechos 2:4-11. Allí, los apóstoles, junto con algunos de los 120 que estaban reunidos en el aposento alto (Hch. 1:15), empezaron a hablar con fluidez en idiomas y dialectos que no conocían.

Para las multitudes incrédulas judías en Pentecostés (cf. 1 Co. 14:22), esta señal no solo captó la atención de las personas (Hch. 2:12), sino que también ilustró la realidad de que el evangelio debía predicarse por todo el mundo (cf. Hch. 1:8). Por consiguiente, el don de lenguas consistía en la capacidad sobrenatural de algunas personas de hablar con fluidez en una lengua extranjera que no hubieran estudiado ni hablado con anterioridad. Era, obviamente, un don sobrenatural especialmente útil en la causa de la evangelización, ya que los incrédulos oían cómo se alababa a Dios en su propio idioma (Hch. 2:8). Cuando se utilizaba en la iglesia, la lengua extranjera exigía traducción para que quienes estuvieran en la congregación y no conocieran dicho idioma pudieran ser edificados (1 Co. 14:5-17, 27-28). Aunque muchos afirman hoy hablar en lenguas, es evidente que nadie posee una aptitud como la que demostraron los apóstoles el día de Pentecostés.

Algunos comentaristas recientes han intentado distanciar el don de lenguas descrito en Hechos 2 (que consistía claramente en lenguas extranjeras reales) del don de lenguas descrito en 1 Corintios 12–14, en un intento de abrir un lugar para las declaraciones ininteligibles que caracterizan la *glossolalia* moderna (o el hablar en lenguas). Sin embargo, las pruebas exegéticas indican que el hablar en lenguas del que se habla en 1 Corintios era el mismo fenómeno básico que encontramos en Hechos 2. En ambos lugares, el don genuino de las lenguas resultaba en la capacidad sobrenatural de hablar lenguas extranjeras.[38] Como observa MacArthur:

> En defensa del habla sinsentido, la mayoría de los carismáticos se remonta al libro de 1 Corintios, alegando que el don descrito en 1 Corintios 12–14 es categóricamente diferente al de Hechos. No obstante, una vez más el texto no permite hacer esta afirmación. Un simple estudio de las palabras lo demuestra de una manera efectiva, ya que ambos pasajes utilizan la misma terminología para describir el don milagroso. En Hechos, Lucas usa *laléo* («hablar») en combinación con *glóssa* («lenguas») en

---

37. Esta sección está adaptada de Nathan A. Busenitz, "Are Tongues Real Foreign Languages? A Response to Four Continuationist Arguments", *MSJ* 25, núm. 2 (2014): 63-84. Usado con permiso de *MSJ*.

38. Se debería tener en cuenta que la mención que Pablo hace de las "lenguas angélicas" en 1 Corintios 13:1 es una expresión hiperbólica que se aclara mediante los demás ejemplos extremos que usa en los versículos 2-3. La idea del apóstol es que si alguien tuviera que hablar lenguas extranjeras humanas (las "lenguas de los hombres") o incluso los lenguajes de los ángeles (escenario hipotético diseñado a expresar una idea retórica), seguiría sin tener sentido si el amor estuviera ausente.

cuatro ocasiones (Hch. 2:4, 11, 10:46, 19:6). En 1 Corintios 12-14, Pablo usa formas de esa misma combinación trece veces (1 Co. 12:30; 13:1, 14:2, 4, 5 [dos veces], 6, 13, 18, 19, 21, 27, 39).

Estos paralelismos lingüísticos conllevan una importancia añadida si se considera que Lucas fue compañero de viaje y un estrecho colaborador de Pablo, escribiendo incluso bajo la autoridad apostólica de Pablo. Debido a que se escribió el libro de los Hechos alrededor del año 60 d.C., aproximadamente cinco años *después* de que Pablo escribiera su primera Epístola a los Corintios, Lucas habría sido muy consciente de la confusión que ellos tenían sobre el don de lenguas. Ciertamente, Lucas no querría aumentar la confusión. Por lo tanto, no habría usado en Hechos la misma terminología exacta que Pablo empleaba en 1 Corintios, a menos que lo que hubiera sucedido en Pentecostés fuera idéntico al auténtico don que Pablo describe en su epístola.

El hecho de que Pablo mencionó «diversos géneros de lenguas» en 1 Corintios 12:10 no significa que unas sean lenguas reales y otras simplemente galimatías. Más bien, la palabra griega para géneros es *génos*, que se refiere a una familia, grupo, raza o nación. Los lingüistas a menudo se refieren a «familias» o «grupos» de lenguajes, y ese es precisamente el punto de Pablo: hay varias familias de lenguajes en el mundo, y este don les permitió a algunos creyentes que hablaran en una variedad de ellos. En Hechos 2, Lucas enfatizó la misma idea en los versículos 9-11, donde explicó que las lenguas que se hablaban procedían de al menos dieciséis regiones diferentes.

Se pueden establecer otros paralelismos entre Hechos y 1 Corintios 12-14. En ambos lugares, la fuente del don es la misma: el Espíritu Santo (Hch. 2:4, 18; 10:44-46; 19:6; 1 Co. 12:1, 7, 11 y otros). En ambos lugares la recepción del don no se limita a los apóstoles, sino también participan los laicos de la iglesia (cf. Hch. 1:15; 10:46; 19:6; 1 Co. 12:30; 14:18). En ambos lugares el regalo se describe como un don del habla (Hch. 2:4, 9-11; 1 Co. 12:30; 14:2, 5). En ambos lugares el mensaje resultante se puede traducir y por lo tanto entender, tanto por parte de los que ya conocen el idioma (como en el día de Pentecostés, Hch. 2:9-11) como por alguien dotado con la capacidad de traducir (1 Co. 12:10, 14:5, 13).

En ambos lugares, el don fue una señal milagrosa para los judíos incrédulos (Hch. 2:5, 12, 14, 19, 1 Co. 14:21-22; cf. Is. 28:11-12). En ambos lugares, el don de lenguas se asoció estrechamente con el don de la profecía (Hch. 2:16-18; 19:6; 1 Co. 14). Y en ambos lugares, los no creyentes que no entendían lo que se estaba hablando respondieron con burla y escarnio (Hch. 2:13; 1 Co. 14:23). Ante tantos paralelos, es exegéticamente imposible e irresponsable afirmar que el fenómeno descrito en 1 Corintios fue diferente al de Hechos 2. Dado que el don de lenguas consistía en auténticos lenguajes extranjeros en el día de Pentecostés, lo mismo era cierto para los creyentes en Corinto.[39]

Por su dramática naturaleza, junto con el hecho de que fue el primer don que ejercieron los apóstoles en el día de Pentecostés, los corintios le atribuyeron un valor por encima de los demás. Sin embargo, Pablo señala en 1 Corintios 14:6-19 que un mensaje trans-

---

39. MacArthur, *Fuego extraño*, 138-139. Obsérvese toda la exposición respecto al don de lenguas desde 132-151.

mitido en una lengua extranjera y no traducido no edifica a los demás miembros de la congregación, porque no entienden lo que se está diciendo.

Por esta razón, la persona que se expresara en una lengua extranjera tenía que tener a alguien que interpretara (tradujera) para que los oyentes pudieran ser edificados. El don de la interpretación de lenguas era, pues, la capacidad de traducir al idioma de la audiencia cualquier mensaje que se transmitiera en una lengua extranjera, con el fin de que pudieran comprenderlo y ser edificados. Todos los dones deben ejercerse por amor, y con el propósito de la edificación mutua, de manera que dicha interpretación era absolutamente necesaria (1 Co. 14:26-27). Si no había intérprete, al orador se le indicaba que guardara su mensaje para sí mismo (1 Co. 14:28).

PROFECÍA Y PREDICACIÓN

Tanto en 1 Corintios 12:28 como en Efesios 4:11, Pablo menciona a los "profetas" inmediatamente después de los "apóstoles". Como el apostolado, la profecía abarcaba tanto el oficio como el don. Al haber recibido revelación divina, los profetas del Nuevo Testamento ayudaron a los apóstoles a establecer el fundamento doctrinal de la iglesia (Ef. 2:20).

Como en el caso de los profetas del Antiguo Testamento, a los del Nuevo Testamento se los tenía en los más altos niveles de precisión reveladora (cf. Dt. 18:20-22; Ez. 13:3-9), pureza doctrinal (cf. Dt. 13:1-5; 2 P. 2:1) y de integridad moral (cf. Jer. 23:14-16; 2 P. 2:2-3).[40] Esto era especialmente importante a causa de la continua amenaza que los falsos profetas representaban para la iglesia primitiva (cf. Mt. 7:15; 24:11; 2 Ti. 4:3-4; 2 P. 2:1-3; 1 Jn. 4:1; Jud. 4), que explica por qué tenía que ser comprobada la ortodoxia doctrinal de las profecías (cf. 1 Co. 14:29; 1 Ts. 5:20-22; 1 Jn. 4:1-6). Según Romanos 12:6, el contenido de la profecía debía cotejarse contra "la fe"; esto significa que debía evaluarse frente al cuerpo de verdad cristiana que Dios el Espíritu Santo había revelado con anterioridad (cf. 1 Ti. 3:9; 4:1, 6; Jud. 3, 20).

Por una parte, el don de profecía implicaba la recepción y declaración de la nueva revelación de Dios (cf. Hch. 11:27-28; 1 Ti. 4:14; 2 P. 1:21) que, en ocasiones, era predictiva por naturaleza (cf. Hch. 11:27-28; 21:10-11). Por otra parte, este don también incluía el proclamar y reiterar en público aquello que antes había sido revelado, una función que se sobrentiende en la conexión que tienen los profetas con los maestros en Hechos 13:1 (cf. Hch. 15:32). El don de profecía se ejercía, pues, a través de la proclamación de la verdad divina revelada, ya fuera nueva o antigua (cf. Ro. 12:6). El verbo griego *profeteúo* (profetizar), que significa literalmente "proclamar" o "comunicar", así lo transmite. Aquellos que profetizaban o predicaban en nombre de Dios declaraban la verdad de su Palabra oralmente "a los hombres para edificación, exhortación y consolación" (1 Co. 14:3). Como todos los demás dones, la profecía debía ejercerse en amor (cf. Ef. 4:15).

---

40. Respecto a los profetas del Nuevo Testamento, es importante reconocer que "el Nuevo utiliza una terminología idéntica al describir tanto a los profetas del Antiguo como del Nuevo Testamento. En el libro de Hechos, los profetas del Antiguo Testamento se mencionan en 2:16; 3:24-25; 10:43; 13:27, 40; 15:15; 24:14; 26:22, 27 y 28:23. Las referencias a los profetas del Nuevo Testamento se intercalan con el mismo vocabulario, sin ninguna distinción, comentario o advertencia (cf. Hch. 2:17-18; 7:37; 11:27-28; 13:1; 15:32; 21:9-11).

Aunque los corintios elevaban el don de lenguas por encima del de profecía, Pablo explica que este último es en realidad superior, porque no requiere de traducción para exponer la verdad de Dios a las personas (1 Co. 14:1-5). Como con el apostolado, el oficio de profeta salió de escena poco después de que el canon del Nuevo Testamento se hubiera completado (cf. Ap. 22:18-19) y el fundamento doctrinal de la iglesia estuviera establecido (Ef. 2:20). Los profetas veterotestamentarios desaparecieron después de que el canon del Antiguo Testamento hubiese concluido, de modo que también los del Nuevo Testamento dejaron de ser necesarios una vez acabado este.

Sin embargo, la profecía ha seguido en la historia de la iglesia, en un sentido, por medio de la predicación de las Escrituras, la Palabra profética (Ro. 12:6; 2 P. 1:19). Desde la clausura del canon, Dios ha cesado su obra reveladora en la iglesia. No obstante, aquellos que proclaman la verdad de la Palabra de Dios con fidelidad, cumplen una función que manifiesta el carácter profético. Como Pablo le recordó a Timoteo:

> Toda la Escritura es inspirada por Dios, y útil para enseñar, para redargüir, para corregir, para instruir en justicia, a fin de que el hombre de Dios sea perfecto, enteramente preparado para toda buena obra.
>
> Te encarezco delante de Dios y del Señor Jesucristo, que juzgará a los vivos y a los muertos en su manifestación y en su reino, que prediques la palabra; que instes a tiempo y fuera de tiempo; redarguye, reprende, exhorta con toda paciencia y doctrina (2 Ti. 3:16–4:2).

PALABRAS DE SABIDURÍA Y CONOCIMIENTO

Se nos proporciona pocos detalles respecto a la "palabra de sabiduría" y la "palabra de ciencia" (1 Co. 12:8), pero es evidente que involucraban a un individuo que recibía y declaraba la revelación de Dios. Se diría que quienes recibían una "palabra de sabiduría" eran capaces de entender correctamente la verdad divina revelada y articular la aplicación adecuada de la misma para la vida cotidiana (cf. Mt. 13:54; Mr. 6:2; Hch. 6:10; Stg. 1:5; 3:17; 2 P. 3:15). Quienes comunicaban una "palabra de ciencia" proporcionaban una percepción de las profundas verdades de la Palabra de Dios (cf. Ef. 3:3; Col. 1:26; 2:2).

En 1 Corintios 13:2, el apóstol parece citar esos dones cuando escribe: "Y si... entendiese todos los misterios y toda ciencia". Por consiguiente, quienes tenían el don de la sabiduría y la ciencia eran capaces de comprender los misterios de la revelación divina, a la vez que entendían cómo aplicar dicha verdad a nivel práctico.

Cualquier aspecto revelador asociado con estos dones cesó cuando el canon del Nuevo Testamento se hubo completado y al final de la era apostólica. Sin embargo, Dios les concede a algunos de sus hijos una capacidad superior para entender y articular la verdad de su Palabra. Quienes tienen este don hoy están preparados de un modo especial para descubrir las verdades de las Escrituras y así ayudar a los demás a entenderlas y aplicarlas.

DISTINGUIR ENTRE ESPÍRITUS

Con este don divino, Dios capacita a alguien para que discierna las declaraciones verdaderas de las falsas que puedan hacer algunas personas al afirmar con engaño que sus palabras eran revelaciones proféticas de Dios (1 Co. 12:10). El ejercicio de este don se ilustra a través de Pedro, cuando reconoció la duplicidad espiritual de Ananías (Hch. 5:3), y también de Pablo, quien percibió que una muchacha esclava estaba poseída por un espíritu maligno (Hch. 16:16-18). Esto representa el aspecto temporal y milagroso del don. Desde que el canon del Nuevo Testamento quedó completado, la operación de este don ha implicado principalmente la capacidad de identificar lo falso comparándolo con la verdad bíblica (cf. Hch. 17:11; 1 Ts. 5:20-22).

ENSEÑANZA

Otro grupo que Pablo identifica en 1 Corintios 12:28 es el de los "maestros" (cf. Ro. 12:7; Ef. 4:11). Como el apostolado y la profecía, la enseñanza puede referirse a un oficio y a un don. El don de la enseñanza implica la capacidad concedida por el Espíritu de interpretar y articular la verdad de la Palabra de Dios de forma clara y precisa, para que los demás puedan entender y aprender (cf. Hch. 18:24-25; 2 Ti. 2:2). Aunque este don es un requisito necesario para los ancianos (1 Ti. 3:2; Tit. 1:9; cf. 1 Ti. 4:16), no se reserva de forma exclusiva para los pastores.

La iglesia apostólica se caracterizó por la enseñanza regular de la Palabra de Dios (Hch. 2:42; 15:35; 18:24-25; 2 Ti. 1:11). Esto debería caracterizar a todas las iglesias, ya que la enseñanza es una parte necesaria para hacer discípulos. Como Jesús encomendó a sus seguidores: "Por tanto, id, y haced discípulos a todas las naciones… enseñándoles que guarden todas las cosas que os he mandado" (Mt. 28:19-20). Pablo, quien reconoció la vital importancia de esta obra espiritual, le hizo un encargo a Timoteo con estas palabras: "Lo que has oído de mí ante muchos testigos, esto encarga a hombres fieles que sean idóneos para enseñar también a otros" (2 Ti. 2:2). Los líderes fieles de la iglesia son aquellos que analizan correctamente la Palabra de Dios (2 Ti. 2:15) e imparten su verdad a la congregación. Muchas personas laicas también han recibido esta capacitación, para instaurar una enseñanza sana en toda la comunión de la iglesia.

EXHORTACIÓN

Los términos griegos *parakaléo* ("exhortar") y *paráklesis* ("exhortación") en Romanos 12:8 se componen, ambos, de *para* ("junto con") y *kaléo* ("llamar"). Estas mismas palabras se juntan para constituir el título *parákletos* ("paracleto", "abogado", "consolador", "ayudador"), usado en referencia tanto al Señor Jesús (1 Jn. 2:1) como al Espíritu Santo (Jn. 14:16, 26; 15:26; 16:7). El don de la exhortación implica, pues, acercarse a los hermanos creyentes para ayudarlos y alentarlos en el camino de la piedad (cf. He. 10:24-25). Dependiendo de la situación, puede manifestarse mediante la amonestación a aquellos sorprendidos en pecado, en la corrección de quienes son tentados por el error, en el consuelo a los que sufren o en el fortalecimiento del débil. La exhortación es necesaria en una variedad de contextos del ministerio, y en cada uno de ellos puede parecer distinta. Como Pablo les indicó a los tesalonicenses: "También os rogamos, hermanos, que amonestéis a los ociosos, que alentéis a los de poco ánimo, que sostengáis a los débiles, que seáis pacientes para con todos" (1 Ts. 5:14; cf. 2 Co. 1:3-5; 2 Ti. 3:16-17; 4:2).

Pablo y Bernabé ejemplificaron el ministerio de la exhortación en su primer viaje misionero. Tras predicar el evangelio en las ciudades del sur de Galacia, ellos "volvieron a Listra, a Iconio y a Antioquía, confirmando los ánimos de los discípulos, exhortándoles a que permaneciesen en la fe, y diciéndoles: Es necesario que a través de muchas tribulaciones entremos en el reino de Dios" (Hch. 14:21-22). Quienes tengan el don de exhortación deberían asegurarse de ejercerlo en amor (Ef. 4:15). También deberían alentar a partir de las Escrituras, y reconocer que toda la Palabra de Dios es "útil para enseñar, para redargüir, para corregir, para instruir en justicia" (2 Ti. 3:16). Si consideramos que la predicación declara la verdad de la Palabra de Dios y que la enseñanza la explica, la exhortación llama a los hermanos cristianos a ser "hacedores de la Palabra y no tan solamente oidores" (Stg. 1:22).

SERVICIO Y AYUDA

El don del "servicio" (Ro. 12:7) y el de "ayudar" (1 Co. 12:28) son prácticamente sinónimos. "Servicio" deriva del mismo término griego traducido "diácono" (*diakonía*). Es un término amplio que puede referirse a cualquier tipo de asistencia práctica o ayuda (cf. Hch. 20:35). "Ayudar" (del gr. *antilémpsis*) es también una palabra amplia, y alude a cualquier tipo de servicio o ayuda prestados a favor de los demás. Con frecuencia, esos actos de servicio implican realizar tareas rutinarias y poco glamurosas. Sin embargo, son fundamentales para la vida y para la constante eficacia de la iglesia. Al llevar a cabo dichos quehaceres, los ayudadores dotados en los ámbitos de servicio liberan a quienes tienen otros dones para que se dediquen a aquello para lo que el Espíritu los ha preparado de forma especial. Este principio se ilustra mediante los siete hombres escogidos para administrar los alimentos para las viudas, de manera que los apóstoles pudieran concentrarse en la oración y el ministerio de la Palabra (Hch. 6:3-4).

En su carta a los filipenses, Pablo describe a Epafrodito como su "hermano y colaborador y compañero de milicia, vuestro mensajero, y ministrador de mis necesidades… [quien] por la obra de Cristo estuvo próximo a la muerte, exponiendo su vida para suplir lo que faltaba en vuestro servicio por mí" (Fil. 2:25-30). Es evidente que parte del don espiritual de Epafrodito incluía el deseo y la capacidad sobrenaturales de ayudar y servir. Su fidelidad hacia el Señor se expresó en el servicio sacrificial a Pablo. Aunque no se destacan en público, quienes sirven con generosidad en la iglesia, entre bastidores, serán un día recompensados delante de todos por el Señor (cf. Col. 3:22-24).

DIRIGIR Y ADMINISTRAR

Quienes tienen el don del liderazgo (Ro. 12:8) o de "administrar" (1 Co. 12:28) son responsables de guiar a la congregación, tanto en lo espiritual como en las tomas de decisiones cotidianas. La frase "el que preside" traduce la forma participial del término griego *proístemi* ("estar delante"). Se usa en el Nuevo Testamento para describir el liderazgo, tanto en el hogar (1 Ti. 3:4-5, 12) como en la iglesia (1 Ti. 5:17). "Administrar" procede del término griego *kubérnesis*, que significa "guiar". Hechos 27:11 y Apocalipsis 18:17 usan el mismo término para referirse a un piloto que maneja el timón de un barco. Así se ilustra la forma en que los líderes dotados ayudan a los demás en la vida y en el ministerio, guiándolos con sabiduría y buen consejo (cf. Pr. 12:5; Ez. 27:8, donde se emplea el mismo término griego en la Septuaginta). Aunque este don no se limita a un cargo en particular, el don del liderazgo en la iglesia pertenece claramente a los pastores y ancianos a quienes Dios ha ordenado apacentar al rebaño. Alimentan y guían al rebaño de Dios.

Romanos 12:8 indica que quienes tienen esta capacidad deberían liderar con "solicitud". Ese término (del gr. *spoudé*) puede traducirse también "diligencia". Más que manifestar pereza o apatía, el liderazgo espiritual se caracteriza por la seriedad y el entusiasmo. Al mismo tiempo, la humildad y la generosidad deberían ser también las marcas del liderazgo espiritual (cf. Mr. 10:42-45). El apóstol Pedro enfatizó esa verdad cuando encargó a sus compañeros ancianos:

> Apacentad la grey de Dios que está entre vosotros, cuidando de ella, no por fuerza, sino voluntariamente; no por ganancia deshonesta, sino con ánimo pronto; no como teniendo señorío sobre los que están a vuestro cuidado, sino siendo ejemplos de la grey. Y cuando aparezca el Príncipe de los pastores, vosotros recibiréis la corona incorruptible de gloria (1 P. 5:2-4).

DAR

En Romanos 12:8 Pablo describe el don de dar con estas palabras: "El que reparte, con liberalidad". El término griego traducido "repartir" es una forma del verbo *metadídomi*, que también podría traducirse como "dar" o "compartir". Habla de la generosidad sacrificial al dar para suplir las necesidades de otros (cf. 2 Co. 8:2-5). Aunque todo creyente está llamado a compartir y dar (Ef. 4:28; cf. Lc. 3:11), quienes tienen el don de dar están preparados de manera particular con el fuerte deseo y el entusiasmo de contribuir sacrificialmente para los demás. Por consiguiente, experimentan la medida plena de saber que "Dios ama al dador alegre" (2 Co. 9:7).

El término "liberalidad" deriva de la palabra griega *japlotés* y alude a una generosidad sincera. Esta forma de dar no solo está alimentada por un motivo ulterior, sino por el amor genuino hacia los demás y, en última instancia, hacia el Señor. No es algo hipócrita, como la pomposa generosidad de los fariseos (Mt. 6:2) ni el engañoso ardid de Ananías y Safira (Hch. 5:1-11). El deseo genuino de dar y de compartir era el distintivo de la iglesia primitiva (Hch. 2:44-45). Esa actitud todavía caracteriza a quienes tienen ese don.

MOSTRAR MISERICORDIA

La lista de dones de Romanos 12 concluye con estas palabras: "El que hace misericordia, con alegría" (12:8). El verbo griego *eleéo* ("hacer actos de misericordia") transmite tanto una actitud de compasión hacia quienes sufren, como la capacidad de consolarlos y alentarlos de manera eficaz. Los que están dotados de misericordia tienen una sensibilidad sobrenatural para apenarse y sufrir, y están equipados de un modo especial por el Espíritu Santo para confortar y consolar a los abatidos. El don de la misericordia va más allá de un simple sentimiento de pesar por las personas; salta a la acción y halla formas de levantar a los demás. Este tipo de don suele manifestarse mediante actos de bondad hacia los desamparados, los ancianos, los enfermos, los discapacitados, los que sufren y los afligidos.

Quienes ejercen este don no lo consideran una carga pesada ni un mero deber, sino que se deleitan grandemente en extender su mano con alegría, en el nombre del Dios de misericordia y gracia (cf. 1 P. 5:10). El Señor Jesús manifestó esta cualidad de manera sistemática durante su ministerio terrenal, y respondió con gracia y compasión hacia las personas que sufrían y los necesitados que acudían a Él (cf. Lc. 4:18-19). Los que muestran misericordia y bondad hacia los demás siguen las huellas del ejemplo supremo de Jesús.

FE

El don de la fe, que Pablo menciona en 1 Corintios 12:9, se refiere a la capacidad extraordinaria de confiar en Dios frente a la dificultad y a los apuros. La "fe" de la que habla Pablo no es la fe salvadora, sino más bien la confianza inquebrantable en el poder y las promesas de Dios. Quienes tienen el don de la fe se caracterizan por la oración persistente y por confiar en saber que Dios oye las súplicas de su pueblo (cf. Stg. 5:16-18). Se identifican con la verdad de las palabras de Jesús: "De cierto os digo que si tuviereis fe como un grano de mostaza, diréis a este monte: Pásate de aquí allá, y se pasará; y nada os será imposible" (Mt. 17:20; cf. 1 Co. 13:2).

Toda la congregación se fortalece cuando quienes poseen este don ejercen la fe en medio de las pruebas y de las tribulaciones. Esta cualidad de confianza inquebrantable en las promesas de Dios marcó a los santos del Antiguo Testamento mencionados en Hebreos 11. Por medio de su ejemplo de fe, y de fijar sus ojos en Cristo, han proporcionado "tan grande nube de testigos" para que las generaciones posteriores de creyentes los siguieran (He. 12:1-2). De manera similar, a lo largo de la historia de la iglesia, innumerables creyentes con este don han respondido a las dificultades, los peligros y hasta la muerte con impavidez y confianza en Dios. Desde humildes hombres y mujeres laicos, firmes en la fe, a los entregados misioneros y los nobles mártires, los testimonios de los fieles han seguido animando a las generaciones posteriores de cristianos, a lo largo de los siglos.

DISCERNIMIENTO ESPIRITUAL

La "capacidad de distinguir entre los espíritus" (1 Co. 12:10) alude al don permanente del discernimiento espiritual, la capacidad empoderada por el Espíritu para identificar formas de errores doctrinales y engaños religiosos. Como "el padre de mentiras" (Jn. 8:44), Satanás busca continuamente falsificar la verdadera obra de Dios y se disfraza de "ángel de luz" (2 Co. 11:14). Lo hace principalmente por medio de los falsos maestros, quienes imparten las "doctrinas de demonios" (1 Ti. 4:1). Por esta razón, el apóstol Juan advirtió a sus lectores: "Amados, no creáis a todo espíritu, sino probad los espíritus si son de Dios; porque muchos falsos profetas han salido por el mundo" (1 Jn. 4:1).

EVANGELIZACIÓN

El oficio o don de evangelista, que menciona en tercer lugar Efesios 4:11, implica la capacitación divina de explicar, exhortar y aplicar el evangelio a los no cristianos. En sus cartas, Pablo empleó el verbo griego *euangelízo* ("predicar el evangelio") en veintiuna ocasiones. Instó a Timoteo a "ha[cer] la obra de evangelista" (2 Ti. 4:5) en general, y en Éfeso en particular (cf. Cesarea de Filipo en Hch. 21:8). Así, el evangelista parece ser principalmente un plantador de iglesia, cuyo deber consiste en establecer nuevas iglesias por medio de la predicación del evangelio. Una vez que nace una congregación, un pastor-maestro dirigirá la iglesia, mientras que el evangelista pasa a una nueva obra en una nueva localidad.

PASTOREAR Y ENSEÑAR

Este oficio o don, mencionado en cuarto lugar en Efesios 4:11, implica la capacidad divina de pastorear, es decir, dirigir, alimentar, proteger y cuidar de otras maneras a los creyentes de las iglesias locales. Por ejemplo, el contenido de la carta de Pablo a Tito describe el tipo de instrucciones que cabría esperar que recibiese para ser un pastor-maestro fructífero. Al ser Tito la única epístola paulina que no contiene el verbo griego *euangelízo* ni su sustantivo cognado *euangélion* ("evangelio"), se puede suponer que el contenido de la carta se refiere a la obra de crecimiento y madurez en una iglesia local, una vez bien establecida por un evangelista.

Uso de los dones

En el estudio de los dones espirituales enumerados a lo largo del Nuevo Testamento resalta la diversidad de las capacidades otorgadas por el Espíritu, que Dios ha dado a los creyentes para que se edifiquen unos a otros en el cuerpo de Cristo (cf. 1 Co. 12:4-29). Aunque los creyentes deberían considerar las formas en que Dios los ha dotado para el servicio, no deberían centrarse básicamente en sus dones, sino en el Dador. Conforme edifican a otros creyentes mediante el ejercicio de sus dones, glorifican simultáneamente al Señor de la iglesia. De este modo, se convierten en sacrificios vivos de adoración, santos y aceptables a Dios (Ro. 12:1). Reiterando las palabras de Pedro:

> Cada uno según el don que ha recibido, minístrelo a los otros, como buenos administradores de la multiforme gracia de Dios. Si alguno habla, hable conforme a las palabras de Dios; si alguno ministra, ministre conforme al poder que Dios da, para que en todo sea Dios glorificado por Jesucristo, a quien pertenecen la gloria y el imperio por los siglos de los siglos. Amén (1 P. 4:10-11).

En resumen, se diría que las categorías de dones no milagrosos para el ministerio son muy generales y amplias. El Nuevo Testamento no los define en un sentido estrecho, que conduzca a entender que el Espíritu Santo aplica esas capacidades de un modo único en la vida de cada creyente.

Dado que Pedro afirma que cada creyente ha recibido "un don", es justo presumir que el don que cada uno recibe es una combinación o mezcla de las capacidades y facultades necesarias para servir al cuerpo de Cristo con eficacia. Este virtuosismo está especialmente diseñado por Dios para preparar a cada creyente para el ministerio en la iglesia. Como un hábil pintor usa la paleta de colores, el Espíritu Santo mezcla esos dones de forma única en cada creyente. Por esta razón, no sirve de nada definir en exceso la capacitación que se tiene. Lo útil es servir con un corazón abierto y una mano abierta, regocijándonos en todas las formas en que el Señor usa a los creyentes para que su imagen sea gloriosa en la iglesia.

Un anticipo del cielo

Al concluir la exposición sobre la iglesia, es adecuado recordar que esta proporciona a los creyentes un anticipo del cielo. Aunque imperfecta, la iglesia representa el único lugar en el que las actividades del cielo se reflejan en la tierra.

La iglesia se asemeja al cielo de varias formas importantes. En la iglesia, el pueblo de Dios desea someterse a su voluntad moral tal como la expresa su Palabra (Mt. 6:10). Procura obedecerlo por su amor y su devoción hacia Él (Jn. 14:15; 1 Jn. 2:3). En el cielo, los creyentes le sirven de un modo perfecto (Ap. 22:3-5), y esa esperanza futura motiva su búsqueda de la santidad en esta vida (1 Jn. 3:2-3).

En la iglesia, los creyentes ofrecen adoración continua a Dios como sacrificio de alabanza (He. 13:15). Tales expresiones de adoración caracterizan la vida del cielo. El apóstol Juan proporciona un vislumbre de la adoración celestial perpetua en Apocalipsis 4:8-11:

> Y los cuatro seres vivientes tenían cada uno seis alas, y alrededor y por dentro estaban llenos de ojos; y no cesaban día y noche de decir: Santo, santo, santo es el Señor Dios Todopoderoso, el que era, el que es, y el que ha de venir. Y siempre que aquellos seres vivientes dan gloria y honra y acción de gracias al que está sentado en el trono, al que vive por los siglos de los siglos, los veinticuatro ancianos se postran delante del que está sentado en el trono, y adoran al que vive por los siglos de los siglos, y echan sus coronas delante del trono, diciendo: Señor, digno eres de recibir la gloria y la honra y el poder; porque tú creaste todas las cosas, y por tu voluntad existen y fueron creadas.

Por toda la eternidad, los creyentes exaltarán al Señor Jesús por su obra de redención (Ap. 5:11-14; cf. Fil. 2:9-11). La adoración que se repite por los salones de las iglesias que exaltan a Cristo aquí en la tierra seguirá resonando sin fin por todas las salas del cielo.

En la iglesia, aunque sus miembros no son aún perfectos, uno empieza a vislumbrar la santidad y la pureza que caracteriza al cielo. La absoluta santidad del cielo queda subrayada en Apocalipsis 21:8 y 22:14-15, pasajes que explican que la gloria eterna de la nueva tierra estará libre de inmoralidad, idolatría y de cualquier forma de impureza. La iglesia refleja esta santidad cuando sus miembros caminan en justicia (Ef. 4:1; Fil. 1:27; Col. 1:10; 1 P. 1:16; cf. Sal. 15:2) y cuando son fieles para disciplinar a aquellos que persisten en el pecado impenitente (Mt. 18:15-20; 1 Co. 5:13).

En la iglesia, el pueblo de Dios también disfruta de una rica comunión unos con otros. Esa comunión es un anticipo de la comunión perfecta que compartirán un día con todos los santos y con su Salvador, el Señor Jesús (cf. 1 Jn. 1:3; 3:2). Cuando se reúnen los creyentes en la iglesia, se les recuerda que son ciudadanos del cielo (Fil. 3:20-21) y que este mundo no es su hogar (cf. 1 Jn. 2:15-17). Forman parte de la comunión de los santos, y pertenecen "a la congregación de los primogénitos que están inscritos en los cielos" (He. 12:23).

La sumisión a la voluntad de Dios, la adoración cristocéntrica, la búsqueda de la santidad y la comunión con los demás creyentes son solo algunas de las formas en que la iglesia en la tierra anuncia las glorias del cielo. Estas anticipaciones deberían provocar el crecimiento en los creyentes, tanto en su amor por la iglesia como en su anhelo por el cielo. Como explicó el apóstol Pablo a los corintios: "Ahora vemos por espejo, oscuramente; mas entonces veremos cara a cara. Ahora conozco en parte; pero entonces conoceré como fui conocido" (1 Co. 13:12). A la luz de esta clase de perspectiva celestial, ¡qué gozo para los creyentes formar parte de la compañía de los redimidos que, con ansiedad, está "aguardando la esperanza bienaventurada y la manifestación gloriosa de nuestro gran Dios y Salvador Jesucristo, quien se dio a sí mismo por nosotros para redimirnos de toda iniquidad y purificar para sí un pueblo propio, celoso de buenas obras" (Tit. 2:13-14)!

Oración[41]

Padre nuestro, gracias porque has
    diseñado un plan de redención
        que rescata a los indignos y los culpables de su difícil situación,
            y los coloca en tu reino.
Ese reino no solo existe como esfera celestial y eterna;
    también tiene una presencia vital ahora en esta tierra.
Nos regocijamos que hayas proyectado edificar tu reino
    por medio de tu Cuerpo, la iglesia,
        y que cada miembro tenga una función importante que desarrollar.

Pensando en el apóstol Pablo, reconocemos los dones y las capacidades únicas
    que recibió para promover tu reino,
        aunque nos sentimos enormemente alentados a comprender
            que las Sagradas Escrituras honran a quienes lo ayudaron
                en tu gran obra, y menciona sus nombres.

Gracias, Señor, por un ejemplo como el del
    Cuerpo de Cristo colaborando.
Se nos recuerda que tú no solo salvas a los pecadores;
    también los reúnes en un Cuerpo

---

41. El texto original en inglés de esta oración viene de John MacArthur, *At the Throne of Grace: A Book of Prayers* (Eugene, OR: Harvest House, 2011), 226-228. Usado con permiso de Harvest House.

bajo el poder de tu Espíritu,
para llevar a cabo tus gloriosos propósitos.
Tu gracia es abundante en todas las maneras.
Te bendecimos por el evangelio y todo lo que conlleva:
salvación,
liberación,
sanidad,
completitud
y esperanza.
Gracias porque disfrutas de nosotros y nos combinas
en esta entidad maravillosa denominada Cuerpo de Cristo.

Confesamos que hay veces
en que no somos tan útiles como deberíamos ser;
y, en ocasiones, somos incluso un estorbo para tu obra.
Entristecemos al Espíritu Santo. Buscamos los placeres del mundo.
Vivimos sin prestar atención a nuestros deberes.
Jugueteamos con cosas que son malas.

Confesamos, además, que a veces somos
indiferentes, insensibles, orgullosos, egoístas, impacientes,
con una mente demasiado terrenal, y enormemente apáticos
hacia aquello que de verdad importa.
Cuán desesperadamente necesitamos venir ante ti
para ser lavados, y olvidar todas esas cosas.
Haz que podamos mortificar nuestros pecados en cuanto aparezcan
y que no les permitamos nunca persistir.
Nuestro sincero deseo es manifestar a Cristo en su gran gloria.
Somos el Cuerpo del cual Él es la Cabeza.
Haz que podamos honrarlo como es debido
en todo lo que hagamos y enseñemos.

Por todas las veces que te hemos ofendido, Señor,
pedimos tu perdón con humildad.
¡Cuán agradecidos estamos que estés dispuesto a perdonar
a los pecadores arrepentidos,
y a restaurarnos para el servicio útil!
Nuestro ferviente deseo es ser instrumentos adecuados en tus manos.
Haz que seamos fieles en tu servicio.
Amplía nuestra capacidad para la obra del evangelio,
e intensifica el reflejo de tu gloria en nuestro rostro.

Tú, Señor, eres todo lo que necesitamos;

haz que no deseemos nada más.
Eres nuestra fortaleza y nuestro Libertador.
Nuestra fuerza y nuestra esperanza.
Eres nuestro Guía y nuestro Protector.
Eres el único Dios verdadero y la Roca de nuestra salvación.
Toda tu gracia abunda para con nosotros;
    siempre tenemos plena suficiencia en todo.
En realidad, tenemos abundancia para toda buena obra.
No permitas que desperdiciemos tan exquisitas bendiciones.

Purifícanos, para que podamos reflejar con mayor claridad
    la gloria de Cristo.
Ayúdanos, ahora mismo, a presentar una expresión más perfecta
    de la alabanza que ocupará nuestro corazón por toda la eternidad.
Como siempre, traemos todas estas peticiones en su bendito nombre.
Haz que sean oídas y contestadas,
    porque son coherentes con tu voluntad. Amén.

"Estad por Cristo firmes"

¡Estad por Cristo firmes!, soldados de la cruz;
alzad hoy la bandera en nombre de Jesús.
Es vuestra la victoria con Él por Capitán,
por Él serán vencidas las huestes de Satán.

¡Estad por Cristo firmes! Hoy llama a la lid;
con Él, pues a la lucha, ¡soldados todos, id!
Probad que sois valientes luchando contra el mal;
si es fuerte el enemigo, Jesús es sin igual.

¡Estad por Cristo firmes! Las fuerzas son de Él.
El brazo de los hombres por débil no es fiel.
Vestíos la armadura, velad en oración.
Deberes y peligros demandan más tesón.

¡Estad por Cristo firmes! Bien poco durarán
la lucha y la batalla; victoria viene ya.
A todo el que venciere corona se dará;
y con el Rey de gloria, por siempre vivirá.

—George Duffield Jr. (1818–1888)
    (trad. por James C. Clifford)

Bibliografía

Principales teologías sistemáticas

Bancroft, Emery H. *Fundamentos de teología bíblica*. Grand Rapids, MI: Editorial Portavoz, 1986. 371-383.

Berkhof, Louis. *Teología sistemática*. Grand Rapids, MI: Libros Desafío, 2005. 661-721.

Buswell, James Oliver, Jr. *Teología sistemática*. 4 tomos. Miami, FL. Logoi, 1979-1980. 655-720.

Culver, Robert Duncan. *Systematic Theology: Biblical and Historical*. Fearn, Ross-shire, Escocia: Mentor, 2005. 799-1006.

Dabney, Robert Lewis. *Systematic Theology*. 1871. Reimpresión, Edinburgh: Banner of Truth, 1985. 758-817.

Erickson, Millard J. *Teología sistemática*. Viladecavalls: Editorial Clie, 2008. 1031-1055.

Grudem, Wayne. *Teología sistemática: Una introducción a la doctrina bíblica*. Miami: Editorial Vida, 2007. 895-1148.

Hodge, Charles. *Teología sistemática*. 2 vols. 1991. Terrassa: Editorial Clie, 1991. 2:497-560.

Lewis, Gordon R., y Bruce A. Demarest. *Integrative Theology*. 3 vols. Grand Rapids, MI: Zondervan, 1987–1994. 3:241-363.

Reymond, Robert L. *A New Systematic Theology of the Christian Faith*. Nashville: Thomas Nelson, 1998. 805-976.

Strong, August Hopkins. *Systematic Theology: A Compendium Designed for the Use of Theological Students*. Ed. rev. Nueva York: Revell, 1907. 887-980.

*Swindoll, Charles R. y Roy B. Zuck, eds. *Understanding Christian Theology*. Nashville: Thomas Nelson, 2003. 1077-1242.

*Thiessen, Henry Clarence. *Introductory Lectures in Systematic Theology*. Grand Rapids, MI: Eerdmans, 1949. 403-437.

Turretin, Francis. *Institutes of Elenctic Theology*. 3 vols. Editado por James T. Dennison Jr. Traducido por George Musgrove Giger. 1679–1685. Reimpresión, Phillipsburg, NJ: P&R, 1992–1997. 3:1-560.

*Indica las más útiles.

Obras específicas

Adams, Jay. *Handbook of Church Discipline: A Right and Privilege of Every Church Member*. Grand Rapids, MI: Zondervan, 1984.

Amandus, Dave, ed. *Fundamentals of the Faith: 13 Lessons to Grow in the Grace and Knowledge of Jesus Christ*. Chicago: Moody Publishers, 2009.

Dever, Mark. *The Church: The Gospel Made Visible*. Nashville: B&H Academic, 2012.

_____. *Una iglesia saludable: Nueve características*. México: Publicaciones Faro de Gracia Crossway, 2009.

Dever, Mark, y Paul Alexander. *La iglesia deliberante*. México: Publicaciones Faro de Gracia, 2009.

DeYoung, Kevin y Ted Kluck. *Why We Love the Church: In Praise of Institutions and Organized Religion*. Chicago: Moody Publishers, 2009.

Duncan, Ligon, y Susan Hunt. *Women's Ministry in the Local Church*. Wheaton, IL: Crossway, 2006.

Edgar, Thomas R. *Satisfied by the Promise of the Spirit: Affirming the Fullness of God's Provision for Spiritual Living.* Grand Rapids, MI: Kregel, 1996.

Gilley, Gary E. *This Little Church Went to Market: Is the Modern Church Reaching Out or Selling Out?* Ed. rev. Darlington, UK: Evangelical Press, 2005.

Gordon, T. David. *Why Johnny Can't Preach: The Media Have Shaped the Messengers.* Phillipsburg, NJ: P&R, 2009.

Grudem, Wayne y Dennis Rainey, eds. *Pastoral Leadership for Manhood and Womanhood.* Foundations for the Family. Wheaton, IL: Crossway, 2003.

Hughes, R. Kent, y Douglas Sean O'Donnell. *The Pastor's Book: A Comprehensive and Practical Guide to Pastoral Ministry.* Wheaton, IL: Crossway, 2015.

*Jefferson, Charles. *The Minister as Shepherd: The Privileges and Responsibilities of Pastoral Leadership.* 1912. Reimpresión, Charleston, SC: BiblioLife, 2006.

Lawson, Steven J. *Famine in the Land: A Passionate Call for Expository Preaching.* Chicago: Moody Publishers, 2003.

_____. *La predicación que Dios bendice.* Medellín (Colombia): Poiema Publicaciones, 2017.

Leeman, Jonathan. *La disciplina en la iglesia.* Washington DC: 9Marks, 2016.

_____. *La membresía de la iglesia.* Washington DC: 9Marks, 2016.

Lloyd-Jones, D. Martyn. *La predicación y los predicadores.* Moral de Calatrava (Ciudad Real): Editorial Peregrino, 2ª ed., 2010.

* MacArthur, John. *Adorar: ¡la prioridad máxima!* El Paso, TX: Editorial Mundo Hispano, 2013.

_____. *Avergonzados del evangelio.* Grand Rapids, MI: Editorial Portavoz, 2001.

_____. *Comentario MacArthur del Nuevo Testamento: 1 y 2 Tesalonicenses, 1 y 2 Timoteo, Tito.* Grand Rapids, MI: Editorial Portavoz, 2015.

*_____, ed. *La evangelización.* John MacArthur: La Biblioteca del Pastor. Nashville, TN: Grupo Nelson, 2011.

*_____. *Fuego extraño: El peligro de ofender al Espíritu Santo con una adoración falsa.* Nashville, TN: Grupo Nelson, 2014.

*_____, ed. *El ministerio pastoral: Cómo pastorear bíblicamente.* John MacArthur La Biblioteca del Pastor. Nashville, TN: Grupo Nelson, 2009.

*_____. *El plan del Señor para la Iglesia.* Grand Rapids, MI: Editorial Portavoz, 2005.

*_____, ed. *La predicación: Cómo predicar bíblicamente.* John MacArthur La Biblioteca del Pastor. Nashville, TN: Grupo Nelson, 2009.

_____. *Reckless Faith: When the Church Loses Its Will to Discern.* Wheaton, IL: Crossway, 1994.

_____. *Welcome to the Family: What to Expect Now That You're a Christian.* Nashville: Thomas Nelson, 2004.

*MacArthur, John y Wayne A. Mack, eds. *La consejería: Cómo aconsejar bíblicamente.* John MacArthur La Biblioteca del Pastor. Nashville, TN: Grupo Nelson, 2009.

Marshall, Colin, y Tony Payne. *The Trellis and the Vine.* Kingsford, NSW, Australia: Matthias Media, 2009.

*Mayhue, Richard. *La promesa de sanidad,* Grand Rapids, MI: Editorial Portavoz, 1995.

_____. *What Would Jesus Say about Your Church?* Fearn, Ross-shire, Escocia: Christian Focus, 1995.

Mohler, R. Albert, Jr. *Proclame la verdad: Predique en un mundo postmoderno*. Grand Rapids, MI: Editorial Portavoz, 2010.

Montoya, Alex. *Predicando con pasión*. Grand Rapids, MI: Editorial Portavoz, 2003.

Piper, John. *Hermanos, no somos profesionales*. Viladecavalls (Barcelona): Editorial Clie, 2015.

Piper, John, y Wayne Grudem, eds. *Recovering Biblical Manhood and Womanhood: A Response to Evangelical Feminism*. Wheaton, IL: Crossway, 2012.

*Radmacher, Earl D. *What the Church Is All About: A Biblical and Historical Study*. Chicago: Moody Press, 1978.

*Saucy, Robert L. *The Church in God's Program*. Chicago: Moody Press, 1972.

Schreiner, Thomas R. y Matthew R. Crawford, eds. *The Lord's Supper: Remembering and Proclaiming Christ until He Comes*. NAC Studies in Bible and Theology 10. Nashville: B&H Academic, 2011.

Schreiner, Thomas R. y Shawn D. Wright, eds. *Believer's Baptism: Sign of the New Covenant in Christ*. NAC Studies in Bible and Theology 2. Nashville: B&H Academic, 2007.

Spurgeon, Charles H. *Discursos a mis estudiantes*. Moral de Calatrava (Ciudad Real): Editorial Peregrino, 2015.

*Strauch, Alexander. *El diácono del Nuevo Testamento*. Cupertino, CA: Editorial DIME, 2001.

_____. *Liderazgo bíblico de ancianos*, Cupertino, CA: Editorial DIME, 2001.

_____. *Meetings That Work: A Guide to Effective Elders' Meetings*. Littleton, CO: Lewis and Roth, 2001.

Thomas, Robert L. *Entendamos los dones espirituales: Un estudio versículo por versículo de Primera Corintios 12 al 14*. Grand Rapids, MI: Editorial Portavoz, 2002.

Waldron, Samuel E. *To Be Continued? Are the Miraculous Gifts for Today?* Merrick, NY: Calvary Press, 2005.

Wright, David F. *Baptism: Three Views*. Downers Grove, IL: IVP Academic, 2009.

*Indica las más útiles.

"Levantado fue Jesús"
Levantado fue Jesús
en la vergonzosa cruz
para darme el perdón.
¡Aleluya! ¡Gloria a Cristo!

Soy yo indigno pecador;
Él es justo Salvador;
dio su vida en mi favor.
¡Aleluya! ¡Gloria a Cristo!

Por mis culpas yo me vi
en peligro de morir;
mas Jesús murió por mí.
¡Aleluya! ¡Gloria a Cristo!

El rescate a Dios pagó.
"Consumado es", declaró.
Dios por eso me aceptó.
¡Aleluya! ¡Gloria a Cristo!

Cuando venga el Rey glorioso,
llevará a su hogar los rescatados.
En ese día entonaré gozoso,
¡Aleluya! ¡Gloria a Cristo!

—Philip P. Bliss (1838–1876)
  (trad. Enrique Turall)

10

El futuro

Escatología

Principales temas del capítulo 10
Introducción a la escatología
La escatología personal
La escatología cósmica

Las teologías suelen minimizar la explicación de los acontecimientos futuros, en especial cuando están relacionados con las promesas veterotestamentarias para la nación de Israel. Como los sucesos del fin de los tiempos sirven de culminación de los propósitos redentores de Dios, este capítulo tiene por objetivo resumir todo lo que Dios ha revelado sobre la escatología, tanto personal como profética.

Introducción a la escatología
Definición de la escatología
La escatología en los planes de Dios
Modelos de escatología
La escatología y la interpretación de la Biblia
La escatología y Jesucristo

Definición de la escatología
¿Acaso no nos gusta que una historia extraordinaria tenga un final emocionante? Conforme prosigue la narración y se va construyendo la trama, uno se pregunta: ¿cómo va a acabar esto? ¿Qué sorpresas y giros esperan más adelante? ¿Ganará el bien sobre el mal? La Biblia presenta la mayor historia jamás contada. El comienzo es espectacular:

"En el principio creó Dios los cielos y la tierra" (Gn. 1:1). Los personajes son fascinantes: Adán, Eva, Abraham, Moisés, David, los apóstoles, el anticristo, y otros. El argumento supremo es el bien contra el mal, la gran batalla cósmica entre Dios y Satanás. Hay un héroe —Jesús— que surge de unos orígenes humildes para llevar a cabo la mayor misión de rescate de la historia. Y está la iglesia, que lleva el mensaje de Jesús en medio de la persecución de Satanás y del mundo. Pero ¿qué viene a continuación?

La historia ha experimentado tres de las cuatro partes principales en el argumento de la Biblia: la creación, la caída y la redención. La última en presentarse es la *restauración*, que implica la derrota del mal y el establecimiento del reino de Dios en la tierra. ¿Cómo no se sentiría ilusionado cualquier cristiano respecto al futuro? A pesar de ello, algunos cristianos se resisten a veces a estudiar lo que la Biblia afirma respecto a los acontecimientos por venir. Tal vez crean que las cuestiones de los últimos días tengan una importancia secundaria, o sean demasiado difíciles de comprender. En realidad, alrededor de una cuarta parte de la Biblia era profecía en el momento en que se escribió. Sin embargo, el final es lo que más importa. ¡Es el propósito de todo lo demás!

La Biblia presenta el glorioso final que vendrá como la fuente de esperanza y aliento supremos para el cristiano. Después de hablarles a los corintios sobre la resurrección y la transformación venideras del cuerpo, Pablo declaró: "Así que, hermanos míos amados, estad firmes y constantes, creciendo en la obra del Señor siempre, sabiendo que vuestro trabajo en el Señor no es en vano" (1 Co. 15:58). Asimismo, cuanto más viva el cristiano a la luz de la venida de Jesús, más debería aumentar su piedad. Como prometió Juan: "Amados, ahora somos hijos de Dios, y aún no se ha manifestado lo que hemos de ser; pero sabemos que cuando él se manifieste, seremos semejantes a él, porque le veremos tal como él es. Y todo aquel que tiene esta esperanza en él, se purifica a sí mismo, así como él es puro" (1 Jn. 3:2-3). El cristiano puede regocijarse también en que las dificultades de esta vida acabarán. La muerte será derrotada (1 Co. 15:54-55). Se producirá el reencuentro con nuestros seres queridos ya fallecidos (1 Ts. 4:17). Veremos el rostro de Dios (Ap. 22:3-4).

Sin embargo, la historia no acabará bien para todos. Los acontecimientos de los últimos días sirven de advertencia para aquellos que aún no han confiado en Jesús para salvación. El juicio está en camino. Los no creyentes deben "huir de la ira venidera" (Lc. 3:7) confiando en Jesús. Los no cristianos deben arrepentirse para que el día del Señor no caiga repentinamente sobre ellos (1 Ts. 5:2-3). Quienes rechacen el plan de salvación serán cortados de las glorias del reino y desterrados de la presencia de Dios para siempre (2 Ts. 1:9; Ap. 21:8). Por tanto, el estudio de la escatología implica rastrear lo que Dios está haciendo en la historia a un gran nivel cósmico, aunque intensamente práctico, ya que el destino de cada uno está involucrado. ¡Hay mucho en juego! ¡El final de la historia constituye todo su propósito!

En el amplio estudio de las creencias cristianas, la escatología es la categoría final de la doctrina. Algunos piensan, erróneamente, que *último* significa de *menor* importancia. Por el contrario, la escatología revela los acontecimientos venideros asociados con la "restauración [final] de todas las cosas" (Hch. 3:21). El término *escatología* procede del vocablo griego *ésjatos*, que significa "último", "fin" o "final". Así, la escatología implica el estudio de las últimas cosas. En el contexto de la doctrina cristiana, la escatología es el estudio de los últimos tiempos y de los sucesos asociados con el regreso de Jesús, incluidos la tribulación, la resurrección, los juicios y el reino.

Los acontecimientos futuros están vinculados al carácter de Dios. Los seres humanos intentan predecir cosas que están basadas acertadamente en modelos pasados, pero sus anuncios son con frecuencia erróneos. Incluso con los avances tecnológicos, las personas carecen de la capacidad de afectar el futuro y del conocimiento para entenderlo. Por otra parte, Dios es todopoderoso y omnisciente. Al ser soberano, ostenta el control directo de cada detalle del universo. Y al ser omnisciente (que todo lo sabe), sabe y asegura con exactitud lo que Él quiere que suceda. Tales verdades son reconfortantes para los cristianos, ya que son conscientes de que los propósitos de Dios se cumplirán. Prevalecerá la justicia. El mal será derrotado. La Biblia presenta a Dios en pleno control del principio y del final. Como Dios mismo afirma: "Acordaos de las cosas pasadas desde los tiempos antiguos; porque yo soy Dios, y no hay otro Dios, y nada hay semejante a mí, que anuncio lo por venir desde el principio, y desde la antigüedad lo que aún no era hecho; que digo: Mi consejo permanecerá, y haré todo lo que quiero" (Is. 46:9-10).

Existen dos categorías principales de escatología: la personal y la cósmica. La escatología personal trata el futuro de la persona humana y asuntos como la muerte, el estado intermedio, la resurrección, el juicio, y dónde residirá la persona eternamente. Responde a la pregunta de cuál es el destino de la persona. La escatología cósmica o profética se ocupa de cuestiones más amplias, como los pactos bíblicos, el arrebatamiento, el período de la tribulación, la segunda venida de Jesús, el milenio y el estado eterno. Mientras que la escatología personal se centra de un modo más conciso en el destino de los seres humanos individuales, la escatología cósmica enfoca asuntos más amplios y la forma en que Dios tratará con su creación en conjunto, ya sea en el cielo o en la tierra.

La escatología en los planes de Dios

El argumento de la Biblia tiene un flujo histórico. Hay un principio, un medio y un final o culminación. En el principio, Dios creó un universo maravilloso. Luego se produce un giro oscuro cuando una fuerza engañosa y tentadora (Satanás) se presenta en forma de serpiente. Los portadores de la imagen de Dios creen la mentira de Satanás y pecan contra su Creador, y esto trae pecado, muerte y maldiciones al mundo. Entonces Dios implementa un plan a través de promesas y pactos, por medio de los cuales tiene la intención de restaurar la creación, incluida la humanidad, a través de un hombre y Salvador supremo: Jesucristo (Gn. 3:15; 12:2-3). Tras muchos siglos, llega este Salvador y Rey prometido. Jesús viene a su pueblo, pero es rechazado (Jn. 1:11). La muerte violenta que padeció voluntariamente proporciona la expiación como fundamento para la reconciliación de todas las cosas (Col. 1:20). Después regresa al cielo y, desde allí, derrama al Espíritu Santo sobre los creyentes, y construye su iglesia.

En el futuro, este Rey desatará la ira divina sobre el mundo, en preparación de su retorno personal y físico a la tierra (Ap. 19:11-16). Cuando venga de nuevo, resucitará a los santos muertos y recompensará a sus seguidores con un reino y gobierno de mil años en la tierra (Ap. 20:4). Tras este exitoso reinado, Satanás y todos los impíos serán por fin juzgados y sentenciados al lago eterno de fuego (Ap. 20:11-15). A continuación, se iniciará un estado eterno perfecto en un nuevo cielo y una nueva tierra (Ap. 21:1–22:5). Los santos redimidos y glorificados de Dios le servirán, y reinarán para siempre (Ap. 22:5). La escatología se centra, de manera particular, en "el final o culminación" y en los acontecimientos que sucederán en torno a ello.

Modelos de escatología

Al contrastar suposiciones respecto a los propósitos de Dios suelen producirse distintas opiniones de escatología. Las creencias previas respecto a cómo obra Dios pueden influir en la forma de acercarse a los textos proféticos y a la trama de la Biblia. Las hipótesis erróneas distorsionan lo que Dios ha revelado. El cristiano debe asegurarse de que su entendimiento de los propósitos de Dios surge de la Biblia y no de otras cosmovisiones o filosofías.

Existen dos modelos de acercamiento para considerar los propósitos de Dios: el modelo de la visión espiritual y el modelo de la nueva creación.[1] Estos modelos funcionan como enfoques generales para examinar los propósitos de Dios.

MODELO DE LA VISIÓN ESPIRITUAL

El modelo de la visión espiritual eleva las realidades "espirituales" por encima de los asuntos físicos. Según esta opinión, existe un fuerte dualismo entre lo espiritual y lo material, y lo espiritual se valora más que lo físico. Las realidades materiales se perciben como malas, inferiores o malignas. El modelo de la visión espiritual adopta la cosmovisión del filósofo griego Platón (*ca.* 428–348 a.C.) y las filosofías que surgen de sus opiniones. Platón enseñó la superioridad de lo espiritual sobre lo material. Con frecuencia, las variaciones religiosas del platonismo presentan, como ideal u objetivo supremo, que el alma abandone el cuerpo y pase a una existencia puramente espiritual. El gnosticismo, que fue una importante amenaza para la iglesia primitiva, era una forma de platonismo. El gnosticismo denigraba la bondad del mundo material.

Aunque la mayoría de los cristianos primitivos no eran platonistas ni gnósticos, las ideas de Platón se infiltraron a menudo en la iglesia primitiva. Orígen (*ca.* 184–*ca.* 254 d.C.) llegó casi a negar la resurrección corporal. El influyente teólogo Agustín (*ca.* 354–430 d.C.) creía que la idea de un reino terrenal de Jesús era carnal y optó por pensar que el reino de Dios es una entidad espiritual: la iglesia. Su criterio espiritual del reino de Dios, como explica en su obra *Ciudad de Dios,* llegó a conocerse como el *amilenianismo*. Estos dos influyentes teólogos restaron importancia a los aspectos físicos de la profecía bíblica y elevaron su aspecto espiritual. La Iglesia Católica Romana de la Edad Media, que abrazó la perspectiva amilenialista de Agustín, también operó según unas suposiciones exageradamente espiritualizadas del reino de Dios.

La mezcla no bíblica de las ideas de Platón con el cristianismo se ha denominado

---

1. Para más detalles sobre los conceptos del modelo de la visión espiritual y el modelo de la nueva creación, véase Craig A. Blaising, "Premillennialism", en *Three Views on the Millennium and Beyond*, ed. Darrell L. Bock (Grand Rapids, MI: Zondervan, 1999), 160-181.

"cristoplatonismo".[2] Un enfoque así de los propósitos de Dios puede verse en declaraciones como "a Dios le interesa salvar el alma, no el cuerpo", o "el reino de Dios es espiritual, no físico", o "el destino eterno del cristiano es el cielo, no la tierra". El pensamiento del modelo de visión espiritual puede detectarse en creencias que afirman que las promesas físicas, respecto al territorio y a la nación a Israel en el Antiguo Testamento tienen que cumplirse de forma espiritual en la iglesia, o deben absorberse en la persona de Cristo. Esto es evidente cuando las personas piensan en su destino eterno como en una existencia incorpórea en la bóveda celeste, o estar sentadas en una nube todo el día, sin nada que hacer. Por poner un ejemplo cultural, la famosa tira cómica de Gary Larson, *The Far Side* representó un día a un hombre en el cielo, sobre una nube, con alas en su espalda y una aureola en la cabeza. Aburrido como una ostra, se decía a sí mismo: "Tendría que haberme traído una revista". Moraleja: El futuro en el cielo es mortalmente aburrido.

Durante gran parte de la historia de la iglesia se adoptaron visiones espiritualizadas del futuro. La existencia en el cielo se consideraba un escape del mundo físico carnal. Incluso hoy, muchos opinan que el destino final del hombre será una existencia espiritual estática en el cielo, alejado de cualquier dimensión física. Sin embargo, existe una forma mejor: la bíblica.

MODELO DE LA NUEVA CREACIÓN

El modelo de la nueva creación confirma, por otra parte, la bondad de toda la creación de Dios, incluidos sus elementos materiales. Pablo declara: "Porque en él fueron creadas todas las cosas, las que hay en los cielos y las que hay en la tierra, visibles e invisibles" (Col. 1:16). La creación se compone de realidades espirituales y materiales, y ambas son importantes para Dios. Ambas se vieron negativamente afectadas por el pecado y por la caída del hombre, y acabarán siendo restauradas por Dios. Pedro habló de la "restauración [venidera] de todas las cosas" en Hechos 3:21. El enfoque de la nueva creación no niega la importancia de las verdades ni de las realidades espirituales; las ratifica. Sin embargo, se opone a los esfuerzos por espiritualizar las realidades físicas o tratarlas como inferiores. Las bendiciones espirituales y físicas vienen juntas.

Pasajes como Isaías 11; 25; 65; 66; Romanos 8 y Apocalipsis 21 aseveran que los planes futuros de Dios implican realidades materiales. Hablan de una tierra regenerada y de asuntos tangibles como las naciones, los reyes, la economía, la agricultura, el reino animal y las cuestiones sociopolíticas. Estos asuntos no se borran con el reino de Cristo, sino que se restauran. Al referirse a las glorias de la nueva tierra, Dios declara: "He aquí, yo hago nuevas todas las cosas" (Ap. 21:5). Las consecuencias negativas que resultaron del pecado, como la muerte, la decadencia y la maldición, serán eliminadas, pero lo básico del entorno de la creación será redimido. El destino final del pueblo de Dios no es una presencia espiritual etérea en el cielo, sino una existencia tangible en una tierra nueva.

El modelo de la nueva creación confirma la importancia continuada tanto de los

---

2. Randy C. Alcorn, *El cielo* (Wheaton, IL: Tyndale, 2004), 37-38.

individuos como de las entidades nacionales. Dios persigue la salvación de los seres humanos individuales, y también juzga y bendice a las naciones como entidades nacionales. La nación de Israel es el más claro ejemplo (Mt. 19:28; Hch. 1:6). Asimismo, la tabla de las naciones en Génesis 10-11 muestra que Dios es soberano sobre todos los grupos de personas y que se preocupa por ellos. El pacto abrahámico revela que los propósitos de Dios se extienden para incluir el bendecir a todas las naciones (Gn. 12:3; 22:18).

La Biblia también enseña que Dios usará a Israel como medio para bendecir a las naciones (Gn. 12:2-3). Israel fue el vehículo por medio del cual vino Jesús el Mesías, y es el centro del reino mesiánico en el que Israel liderará tanto en el servicio como en la función (Is. 2:2-4; Hch. 3:25; Ro. 11:11-12, 15). Isaías 19:16-25 nos habla del día en que Egipto y Asiria se convertirán en el pueblo de Dios junto a Israel, que también es el pueblo de Dios. Las naciones, incluso con sus reyes, existen en la nueva tierra (Ap. 21:24, 26). Por lo tanto, los planes de Dios involucran a las naciones, incluido Israel. Jesús trae armonía entre judíos y gentiles, pero no borra las etnicidades (Ef. 2:11-22; 3:6). Se debería evitar, pues, "la parcialidad de las naciones" a la hora de determinar qué referencias proféticas a Israel o a otras naciones deberían ser espiritualizadas para esta era de la iglesia.

El modelo de la nueva creación también relaciona escatología y protología. La *escatología* trata las "últimas cosas", mientras que la *protología* se ocupa de las "primeras cosas". Si se entienden los propósitos originales de Dios para el hombre y la creación, se está en mejor posición para comprender lo que aún está por venir. Dios creó un mundo tangible en seis días, y después estimó que era "bueno en gran manera" (Gn. 1:31). Lo "bueno" de todas las partes de la creación de Dios refuta las religiones orientales como el hinduismo y el budismo que consideran el mundo físico como una ilusión (*maya*) y como algo que debe ser vencido para lograr esclarecimiento. Este pensamiento también se da en todas las formas del platonismo y sus criterios negativos de la esfera material. Aunque el universo consiste de realidades materiales e inmateriales (Col. 1:16), no existe dualismo esencial en el que se considere al espíritu inherentemente superior a lo físico. El hombre mismo es una unidad compleja de cuerpo y alma, material e inmaterial. Dios hizo al hombre como entidad física que viviera en una tierra física. Los propósitos de Dios incluyen, pues, la esfera física.

Que los propósitos del reino de Dios están relacionados con esta tierra es algo que se ve en los mandamientos que recibe Adán en Génesis 1:26-28, donde se le indica que "señoree", y "llen[e]" la tierra. Dios creó el mundo y, a continuación, designó al hombre como un mediador que lo gobernara para su gloria. Adán fracasó en esto y no cumplió la intención de Dios para la humanidad. El hombre quedó sujeto a la muerte, y la tierra fue maldecida y expuesta a la futilidad (Gn. 3:17-19; Ro. 8:20). La humanidad se caracteriza hoy por el pecado, y la creación obra en contra del hombre. Pero el plan de Dios consiste en restaurar y regenerar esta tierra (Mt. 19:28; Hch. 3:21).

La escatología y la interpretación de la Biblia

El uso correcto de los principios interpretativos es fundamental para entender la profecía y la escatología bíblicas. Esto implica un uso consistente de la interpretación gramático-histórica a todas las áreas de la Biblia, incluidas sus secciones proféticas. Este enfoque busca entender el significado original de los escritores bíblicos, y lo que habrían comprendido los lectores originales, y considera que los textos bíblicos tienen un único sentido, y no significados múltiples, escondidos y alegóricos. Afortunadamente, la mayoría de los cristianos que creen en la Biblia usan la interpretación gramático-histórica para la mayoría de los pasajes de las Escrituras. Sin embargo, la larga historia de abandono injustificado de la interpretación gramático-histórica respecto a las secciones escatológicas es lamentable. Un acercamiento espiritual a la profecía ha conducido, a menudo, a creer que la iglesia es el nuevo Israel o que las promesas de territorio del Antiguo Testamento no son más que bendiciones espirituales para la iglesia.

Por ejemplo, Isaías 2:2-4 habla de una era venidera en que las personas de las naciones se dirigirán a la ciudad de Jerusalén para aprender sobre Dios. Durante este tiempo no habrá guerra, solo paz, mientras el Señor reine sobre la tierra. Esta era de armonía internacional entre las naciones no ha sucedido aún, pero algunos espiritualizan este pasaje, y consideran que se ha cumplido en esta era, cuando personas de distintos países creen en el evangelio y se unen a la iglesia. Sin embargo, aquí no está la iglesia en mente. Por usar otro ejemplo, Apocalipsis 7:4-8 habla de 144 000 personas judías, doce mil de cada una de las doce tribus de Israel. Este grupo se contrasta con un gran número de gentiles salvos "de todas naciones y tribus y pueblos y lenguas" (Ap. 7:9). El grupo de Apocalipsis 7:4-8 es claramente judío, pero algunos lo toman como una descripción de la iglesia, no de Israel. Este enfoque no encaja con la hermenéutica gramático-histórica ya que no hay razones contextuales para entender este pasaje como una alusión a otra cosa que no sean los representantes del Israel étnico.

Abandonar la interpretación gramático-histórica también conduce a descartar lo que la Biblia afirma respecto al reino milenial venidero de Jesús. Aun los que niegan un reino terrenal futuro de Jesús admiten que un enfoque literal de la profecía del Antiguo Testamento debe guiar a un reino venidero, literal y terrenal. Por ejemplo, O. T. Allis concedió que "si se interpretan las profecías del Antiguo Testamento de manera literal no se puede considerar que se hayan cumplido ni que se puedan cumplir en esta era".[3] Y Floyd E. Hamilton reconoció: "Ahora bien, debemos admitir con franqueza que una interpretación literal de las profecías del Antiguo Testamento nos proporciona precisamente una imagen del reinado terrenal del Mesías como las descripciones premilenialistas".[4]

El enfoque gramático-histórico de la interpretación encaja con el medio normal de la comunicación. Se ve, asimismo, respaldado por el hecho de que muchas profecías respecto a la primera venida de Jesús se cumplieron en un sentido normal, literal. Jesús nació de una virgen (Is. 7:14), en Belén (Mi. 5:2) y murió de una muerte espantosa en favor de su pueblo (Is. 53). Si las profecías de la primera venida de Jesús se cumplieron de manera literal, lo mismo sucederá con las correspondientes a su segunda venida.

---

3. O. T. Allis, *Prophecy and the Church: An Examination of the Claim of Dispensationalists That the Christian Church Is a Mystery Parenthesis Which Interrupts the Fulfilment to Israel of the Kingdom Prophecies of the Old Testament* (1945; reimp., Nutley, NJ: Presbyterian and Reformed, 1977), 238.

4. Floyd E. Hamilton, *The Basis of the Millennial Faith* (Grand Rapids, MI: Eerdmans, 1942), 38.

La escatología y Jesucristo

Jesús es el centro del programa del reino de Dios. Es el Rey supremo. Tanto el Rey (Jesús) como la esfera de su reino están sujetos a muchas profecías del Antiguo Testamento. El primer versículo del Nuevo Testamento declara: "Libro de la genealogía de Jesucristo, hijo de David, hijo de Abraham" (Mt. 1:1). Jesús no solo es el descendiente de David y de Abraham de pleno derecho, sino que también está cualificado para cumplir los pactos davídico y abrahámico. Todas las profecías y los pactos de la Biblia hallan su cumplimiento en Jesús. Por tanto, Pablo declara: "Porque todas las promesas de Dios son en él Sí, y en él Amén, por medio de nosotros, para la gloria de Dios" (2 Co. 1:20).

Sin embargo, los cristianos suelen estar confundidos respecto al papel de Jesús en el cumplimiento de las promesas del Antiguo Testamento. Algunos creen que las promesas veterotestamentarias concernientes a Israel y a su territorio se cumplen en Jesús o se absorben en Él, de tal manera que uno no debería esperar un cumplimiento literal futuro de estos asuntos. Supuestamente, dado que Jesús es el israelita supremo o verdadero, quien sustituyó a Israel, ya no existe relevancia teológica alguna para la nación. Pero este es el enfoque incorrecto. Jesús es el punto focal de los propósitos de Dios, y a través de Él se cumplirán todas las promesas, las profecías y los pactos. Esto sucede por medio del cumplimiento literal de lo prometido. Los detalles específicos de las promesas y las profecías del Antiguo Testamento importan y deben cumplirse como se predijeron.

Cuando hablaba sobre la percepción errónea de que estaba aboliendo las Escrituras hebreas, Jesús respondió:

> No penséis que he venido para abrogar la ley o los profetas; no he venido para abrogar, sino para cumplir. Porque de cierto os digo que hasta que pasen el cielo y la tierra, ni una jota ni una tilde pasará de la ley, hasta que todo se haya cumplido (Mt. 5:17-18).

Cuando Jesús se refirió a "la ley o los profetas", aludía a las Escrituras hebreas en su conjunto, incluidas sus profecías. En el Antiguo Testamento, "todo" tenía que "llevarse a cabo". Esto incluía cada "jota" y "tilde" del abecedario. En otras palabras: todo. Cualquier cosa predicha en las Escrituras hebreas tenía que suceder tal como se había predicho.

Que Jesús esperaba un cumplimiento literal de las profecías del Antiguo Testamento se ve en la sección profética de Mateo 24–25. Jesús declaró: "Por tanto, cuando veáis en el lugar santo la abominación desoladora de que habló el profeta Daniel..." (Mt. 24:15) y, a continuación, aclaró cómo este terrible suceso significaba que los habitantes de Judea tendrían que huir de la persecución (Mt. 24:16-21). Aquí, Jesús contaba con un entendimiento literal y contextual de Daniel 9:27, que habla de un inminente arrasamiento del templo judío por parte de un príncipe malvado. Jesús no espiritualizó este texto del Antiguo Testamento ni afirmó que sus detalles ya hubieran dejado de importar, ni que quedaran absorbidos en su persona, sino que aguardaba un cumplimiento literal de este acontecimiento. Jesús aseveró, asimismo, que las señales cósmicas predichas en Isaías 13:10 sucederían (Mt. 24:29). También se apoyó en Daniel 7:13 para declarar que el Hijo del Hombre vendría en las nubes de gloria (Mt. 24:30). Una y otra vez, Jesús consideró los detalles de las profecías del Antiguo Testamento como algo que necesariamente debía cumplirse tal y como lo aseveraba el Antiguo Testamento. Si Jesús consideró que los detalles de las profecías veterotestamentaria seguían necesitando cumplirse, los cristianos también deberían pensar lo mismo.

Como Jesús, los escritores neotestamentarios también estimaron que las profecías del Antiguo Testamento exigían un cumplimiento exacto después de la primera venida de Jesús. Tanto Pablo como Pedro afirmaron que el día del Señor tiene que producirse todavía (1 Ts. 5:2; 2 P. 3:10). En línea con Daniel 9:27, Pablo esperaba la figura venidera del anticristo, el "hombre de pecado", quien entraría en el templo judío autoexaltándose y autoproclamándose Dios (2 Ts. 2:3-4). Pablo también declaró una salvación futura para la nación de Israel en relación con las promesas del nuevo pacto para la nación (Ro. 11:26-27). El Nuevo Testamento no trasciende ni altera la expectativa profética veterotestamentaria, sino que considera que las profecías del Antiguo Testamento necesitan cumplirse en el curso de las dos venidas de Jesús.

El Antiguo Testamento predijo a un Mesías que reinaría sobre un reino mundial (Zac. 14:9), pero que también sufriría por los pecados de su pueblo (Isaías 53). Sin embargo, en esa parte de la Biblia, pocas cosas indicaban dos venidas de este Mesías. La verdad de dos llegadas distintas del Mesías se reveló en el Nuevo Testamento.

Tanto Juan el Bautista como Jesús proclamaron que Jesús era el Rey y que el reino de los cielos estaba cerca (Mt. 3:2; 4:17). Las sanidades, los exorcismos, las palabras y los milagros naturales confirmaron esta afirmación. Pero Jesús experimentó oposición por parte del pueblo de Israel. Las ciudades no creían en Él (Mt. 11:20-24), y los líderes religiosos israelitas blasfemaron al acusar a Jesús de obrar con Satanás (Mt. 12:22-32). Poco después, Jesús empezó a hablar en parábolas para ocultar la verdad de aquellos que se negaban a creer y a revelarles la verdad a quienes tenían fe (Mt. 13:10-17). Conforme se van desarrollando los Evangelios va quedando más claro que serán necesarias dos venidas de Jesús. En Lucas 19:11-27, Jesús se compara a un noble que viajó a un país remoto para recibir un reino, y que regresó para gobernar. Jesús tenía que marcharse por un tiempo antes de que tuviera lugar su reinado. Justo antes de su muerte, declaró: "Os conviene que yo me vaya; porque si no me fuera, el Consolador no vendría a vosotros" (Jn. 16:7).

Es importante comprender las dos venidas de Jesús para entender el cumplimiento de la profecía bíblica. Que sean dos venidas significa que el cumplimiento de las profecías relacionadas con Él también se produce por fases. Algunas profecías se cumplieron con la primera venida de Jesús, mientras que otras aguardan su regreso. Por ejemplo, en Hechos 3:18, Pedro les dijo a los habitantes de Jerusalén: "Pero Dios ha cumplido así lo que había antes anunciado por boca de todos sus profetas, que su Cristo había de padecer". Esto demuestra que las profecías del sufrimiento de Jesús y la expiación se realizaron en su primera venida. A pesar de ello, Pedro siguió afirmando que el cielo debe recibir a Jesús durante un tiempo "hasta los tiempos de la restauración de todas las cosas, de que habló Dios por boca de sus santos profetas que han sido desde tiempo antiguo" (Hch. 3:21). La "restauración de todas las cosas" que los profetas predijeron estaba aún en el futuro y sucedería cuando el Padre enviara a Jesús, el Cristo designado para ellos (Hch. 3:20).

Comprender la escatología también implica discernir qué detalles de la profecía se cumplieron con la primera venida de Jesús, y cuáles esperan su segunda venida. Si se ve demasiado cumplimiento en la primera venida de Jesús, se perderán asuntos relevantes que todavía tienen que ocurrir cuando Él regrese. Por otra parte, si se le atribuye demasiada relevancia a la segunda venida de Jesús, podría pasarse por alto el cumplimiento significativo que se produjo con su primer advenimiento.

En resumen, las profecías relacionadas con la persona de Jesús y con su identidad como Mesías y siervo sufriente del Señor se cumplieron con su primera venida. Lo mismo ocurrió con las profecías relacionadas con la obra de Jesús en la cruz como expiación por el pecado. Además, la inauguración del nuevo pacto por parte de Jesús con su muerte es el principal cumplimiento de la profecía del Antiguo Testamento. Pero es necesario que ocurran muchas cosas. Las profecías relacionadas con la septuagésima semana de Daniel, el día del Señor, la salvación de Israel, el anticristo, el milenio y otros acontecimientos aguardan el momento de la segunda venida de Jesús.

La escatología personal

La muerte
El estado intermedio
La resurrección
El infierno
El cielo

¿Qué ocurre cuando uno muere? La respuesta a esta pregunta está relacionada con la escatología personal. Dado que la Biblia nos enseña los importantes destinos tanto para los incrédulos como para los creyentes, esta parte trata la escatología personal desde el punto de vista de estos dos grupos.

La muerte

La muerte es un tema desagradable, pero las Escrituras enseñan lo que la mayoría sabe por intuición: la muerte es el destino de los seres humanos. Aunque todos reconocen la contundente realidad de la muerte, solo la Biblia revela su origen, su relevancia y lo que debe suceder para que sea derrotada. La muerte no es la no existencia. El principal significado de la muerte es separación. Así, Génesis 35:18 declara respecto a Raquel: "Al salírsele el alma (pues murió)". Tras la muerte, su alma siguió viviendo, aunque separada de su cuerpo.

La Biblia habla de tres tipos de muerte. En primer lugar, la *muerte física* implica el cese de la vida corporal. Cuando los órganos claves como el cerebro y el corazón dejan de funcionar, se produce la muerte física. En este punto ocurre una separación entre el cuerpo de la persona y su alma/espíritu. Santiago declaró: "El cuerpo sin espíritu está muerto" (Stg. 2:26). Respecto a la muerte física, Eclesiastés 12:7 explica: "El polvo [cuerpo] vuelve a la tierra, como era, y el espíritu vuelv[e] a Dios que lo dio".

En segundo lugar, *la muerte espiritual* implica la separación de Dios. Una persona puede estar físicamente viva, aunque muerta en espíritu. En realidad, todas las personas son concebidas y nacen en un estado de separación espiritual de Dios (Sal. 51:5).

Esto ocurre por el pecado imputado de Adán y una naturaleza de pecado heredada de nuestros antepasados. Pablo trató la muerte espiritual cuando les dijo a los efesios: "Y él os dio vida a vosotros, cuando estabais muertos en vuestros delitos y pecados" (Ef. 2:1). Al hablar de su condición previa antes de Cristo, Pablo observó que los efesios estaban físicamente vivos, pero espiritualmente separados de Dios.

En tercer lugar, *la muerte eterna* es el castigo y exclusión de la presencia de Dios por toda la eternidad. Esto les ocurre a quienes mueren físicamente mientras están espiritualmente muertos. Los impenitentes experimentarán una separación eterna y consciente de la presencia de Dios para bendecir (2 Ts. 1:9). El lago de fuego es su destino (Ap. 21:8). No obstante, no todos experimentarán la muerte eterna; quienes creen en Jesús la evadirán.

Las Escrituras enseñan otras verdades importantes sobre la muerte. En primer lugar, el pecado es la causa de la muerte. En contra de la cosmovisión secular, la muerte no es el resultado de los procesos naturales que surgen de un universo aleatorio y casual. La muerte sucede porque el primer hombre, Adán, pecó contra el Creador. Se le dijo que moriría si comía del árbol del conocimiento del bien y del mal (Gn. 2:15-17), y Romanos 5:12 explica que "el pecado entró en el mundo por un hombre [Adán], y por el pecado la muerte". En su núcleo central, la muerte es un asunto espiritual que tiene consecuencias de amplio espectro y largo alcance.

En segundo lugar, la muerte es real, no una ilusión. Existe una separación real entre el cuerpo y el alma. Aunque los cristianos reconocen esta verdad, algunos cultos y sectas cuasicristianos han negado la realidad de la enfermedad y la muerte.

En tercer lugar, la muerte no es natural. Dios no creó al hombre para morir, y la muerte no era parte original de la creación (Génesis 1–2). Por esta razón lloramos, y las lágrimas se asocian con la muerte en la Biblia (Gn. 50:1, 3). Jesús lloró por Lázaro con lágrimas reales (Jn. 11:35). La muerte es una interrupción de la vida. No se la debería hacer parecer más atractiva ni tampoco restarle importancia. En este mundo caído, la muerte puede parecer natural ya que nos rodea por todas partes. Sin embargo, Dios no creó al hombre para morir, y llegará un día en que la muerte será derrotada. La muerte no estará presente en el nuevo cielo y la nueva tierra (Ap. 21–22; esp. 21:4). Por tanto, la muerte es una intrusión en el universo de Dios, una enemiga que tiene que ser vencida. Respecto al reinado futuro de Jesús en su reino, Pablo declaró: "Y el postrer enemigo que será destruido es la muerte" (1 Co. 15:26). Asimismo, el apóstol Juan reveló que la "muerte" será "lanza[da] al lago de fuego" (Ap. 20:14). La muerte se dirige hacia la derrota, a causa de Jesús. El creyente puede regocijarse con Pablo, y afirmar:

> Sorbida es la muerte en victoria. ¿Dónde está, oh muerte, tu aguijón? ¿Dónde, oh sepulcro, tu victoria? (1 Co. 15:54-55).

En cuarto lugar, en esta era, la muerte es una realidad inescapable que nos lleva a rendir cuentas ante el Creador.[5] Hebreos 9:27 declara: "Y de la manera que está establecido para los hombres que mueran una sola vez, y después de esto el juicio". La

---

5. Las excepciones a esto serán los creyentes que estén vivos en el momento del arrebatamiento (1 Ts. 4:13-18) y los vivos cuando Jesús regrese en su segunda venida a la tierra (Mt. 25:31-46).

muerte no es la transición garantizada a una no existencia apacible o nirvana. Tampoco es el cielo el destino por defecto de todos los que mueren. Para los incrédulos, la muerte es algo temible, y su proximidad debería hacer que todos se arrepintieran. En la parábola del rico insensato, Jesús habló de un hombre rico que en su avaricia no cesaba de adquirir graneros, granos y bienes sin pensar en usar su riqueza para Dios. Entonces, un día, "Dios le dijo: Necio, esta noche vienen a pedirte tu alma; y lo que has provisto, ¿de quién será?" (Lc. 12:20). De forma inesperada, el rico insensato estaría cara a cara con Dios.

En quinto lugar, la muerte es una transición de un estado de existencia a otro. No es la transferencia desde la existencia a la no existencia. Los creyentes efectuarán una transición al cielo intermedio donde residen Dios, el Jesús resucitado, los ángeles y los creyentes fallecidos con anterioridad (Ap. 6:9-11). Los no creyentes se dirigirán al Hades, un lugar temporal de castigo para los impíos (Lc. 16:19-31). Más abajo explicaremos con mayor detalle cómo son el cielo intermedio y el Hades.

LA MUERTE Y EL INCRÉDULO

La muerte es una fuente de temor solo para aquellos que no conocen a Dios. Para el incrédulo, la muerte no solo pone fin a la vida presente y física de la persona, sino que también la lleva a la rendición de cuentas directa ante Dios por la vida vivida alejada de Él (He. 9:27). Jesús advirtió que las personas deberían temer a Dios "que puede destruir el alma y el cuerpo en el infierno" (Mt. 10:28).

Mientras están vivas, todas las personas, incluyendo las no creyentes, experimentan la gracia común de Dios en bendiciones como la comida, el aire, el resplandor del sol y las relaciones. Pablo alude a esto cuando pregunta: "¿O menosprecias las riquezas de su benignidad, paciencia y longanimidad, ignorando que su benignidad te guía al arrepentimiento?" (Ro. 2:4). Sin embargo, Pablo también advierte en cuanto a rechazar la bondad de Dios: "Pero por tu dureza y por tu corazón no arrepentido, atesoras para ti mismo ira para el día de la ira y de la revelación del justo juicio de Dios" (Ro. 2:5). Experimentar las bendiciones de Dios sin darle honra aumenta la ira hacia la persona. Asimismo, quienes mueren en incredulidad experimentarán la muerte eterna sin oportunidad de indulto ni escapatoria. Aunque la sentencia al lago de fuego no llegará hasta el juicio final, el destino de los no salvos está sellado en el momento de la muerte. No hay una segunda oportunidad *post mortem*. Proverbios 11:7 resume lo que significa la muerte para los impíos: "Cuando muere el hombre impío, perece su esperanza".

LA MUERTE Y EL CREYENTE

Los creyentes en Cristo no se salvan de las consecuencias de la muerte física. Hasta para el cristiano la muerte puede ser repentina, el resultado de un accidente trágico o el final de una larga y dolorosa enfermedad. Por una parte, los cristianos son una nueva criatura (2 Co. 5:17) y han experimentado una renovación interior por medio de la obra del Espíritu Santo, pero, por otra parte, su cuerpo físico sigue decayendo. Como Pablo declaró: "Aunque este nuestro hombre exterior se va desgastando, el interior no obstante se renueva de día en día" (2 Co. 4:16). Por razones que solo Él conoce, Dios ha decidido que la eliminación de la muerte aguarde al futuro (Is. 25:8). ¿Cómo se relaciona, pues, la muerte con el creyente en Cristo?

La muerte es un resultado del pecado, pero el cristiano es perdonado de todos sus pecados: "Ahora, pues, ninguna condenación hay para los que están en Cristo Jesús" (Ro. 8:1). Por consiguiente, la muerte no es un castigo para el cristiano, de la manera en que lo es para el no creyente. En su lugar, la muerte física se produce porque vivimos en un mundo caído que sigue aguardando la restauración de todas las cosas (Hch. 3:21). El proceso de decadencia y muerte les recuerda a los cristianos su fragilidad y su total dependencia de Dios. El sufrimiento y la muerte también ayudan a los cristianos a identificarse con Jesús y acercarse más a Él, que es la razón por la que Pablo afirmó que deseaba "conocerle [a Jesús], y el poder de su resurrección y... participa[r] de sus padecimientos, llegando a ser semejante a él en su muerte" (Fil. 3:10).

Aunque el cristiano está en el camino que conduce a la muerte física, no tiene por qué temer a la muerte, porque Cristo la ha vencido (Ap. 1:18). Por medio de su muerte sacrificial Jesús puede "librar a todos los que por el temor de la muerte estaban durante toda la vida sujetos a servidumbre" (He. 2:14-15). Pablo afirmó: "Por lo cual estoy seguro de que ni la muerte, ni la vida... nos podrán separar del amor de Dios, que es en Cristo Jesús Señor nuestro" (Ro. 8:38-39). En realidad, Pablo consideró las opciones de continuar su ministerio presente en la tierra o partir para estar con Cristo como una elección difícil: "Mas si el vivir en la carne resulta para mí en beneficio de la obra, no sé entonces qué escoger. Porque de ambas cosas estoy puesto en estrecho, teniendo deseo de partir y estar con Cristo, lo cual es muchísimo mejor; pero quedar en la carne es más necesario por causa de vosotros" (Fil. 1:22-24). Pablo sabía que Dios quería que él permaneciera en la tierra y sirviera a los demás, aunque él deseaba estar presente con Cristo en el cielo. No detestaba la muerte, porque significaba estar de inmediato con Jesús.

Pablo les dijo a los corintios: "Pero confiamos, y más quisiéramos estar ausentes del cuerpo, y presentes al Señor" (2 Co. 5:8). Una vez más, para Pablo, el partir del cuerpo (la muerte física) era preferible ya que estaría con Jesús. Además de ser un estímulo para el creyente, estos versículos refutan el concepto no bíblico del sueño del alma, en el que la muerte física significa la no existencia hasta la resurrección. El creyente no está nunca separado de Cristo.

La muerte es, ciertamente, un enemigo temible al que hay que vencer. Sin embargo, a causa de la muerte de Jesús, el poder del pecado y de la muerte ha sido quebrantado para el cristiano. La eliminación final de la muerte espera el regreso de Jesús, aunque en este mundo caído los cristianos saben que la muerte física no es el final, sino que introduce al cristiano de forma inmediata y eterna a la presencia de Jesús. Proverbios 14:32 resume el firme contraste entre lo que es la muerte para los incrédulos y para los creyentes: "Por su maldad será lanzado el impío; mas el justo en su muerte tiene esperanza".

El estado intermedio

El estado intermedio alude a la existencia consciente de las personas entre la muerte física y la resurrección del cuerpo. Se aplica tanto a los creyentes como a los incrédulos, aunque los destinos de estos dos grupos son diferentes. Dado que el enfoque del Nuevo Testamento está en el inminente regreso de Jesús y en el reino de Dios en la tierra (Is. 11; 65:17-25; Ap. 20–22), los datos bíblicos respecto al estado intermedio son breves. No obstante, existe suficiente información para que se pueda tener un conocimiento real sobre este tema.

EL ESTADO INTERMEDIO DEL INCRÉDULO

El estado intermedio de los incrédulos implica el tormento consciente en un lugar llamado *Hades*, de *jades*, término griego para la morada de los muertos.[6] En la Septuaginta se usaba para traducir el término hebreo *sheól*, que se refería al reino de los muertos en general, sin distinguir necesariamente entre las almas justas e injustas. Sin embargo, en el Nuevo Testamento, el Hades alude al lugar de los impíos antes del juicio final en el lago de fuego (Ap. 20:13). El Hades sirve, por tanto, para describir un lugar temporal de tormento consciente para los impíos.

La explicación más explícita del Hades se encuentra en Lucas 16:19-31, el relato del hombre rico y Lázaro. Al hombre rico, vestido con lujo, no le importaba en lo más mínimo el pobre mendigo Lázaro. Cuando murió el rico, su cuerpo fue sepultado (16:22); sin embargo, su parte inmaterial fue trasladada al Hades, donde "esta[ba] en tormentos" (16:23). Clamó a Abraham pidiéndole misericordia: "Estoy atormentado en esta llama" (16:24). El rico estaba en agonía. También tenía memoria, y no solo recordaba a Abraham y a Lázaro, sino que deseaba ayudar a sus cinco hermanos vivos. Era consciente de que su presencia en el Hades era merecida. Abraham también apeló a la memoria del rico: "Hijo, acuérdate que recibiste tus bienes en tu vida, y Lázaro también males" (16:25). Todos los detalles revelan un lugar de tormento con autoconciencia y memoria.

¿Hasta qué punto debería entenderse este relato de forma literal, y qué verdades se pueden recoger del mismo respecto al estado intermedio? ¿Describe esta parábola una narración real o ficticia? No se puede afirmar que la mención de los nombres (Lázaro y Abraham) indique que el relato sea de personas de verdad. Aunque sea una parábola, el Señor la diseñó para explicar las circunstancias reales posteriores a la muerte.

EL ESTADO INTERMEDIO DEL CREYENTE

El destino intermedio del creyente difiere drásticamente del de los incrédulos. Implica una existencia consciente y apacible en el cielo con Jesús entre la muerte física y la resurrección del cuerpo. El alma del creyente se traslada de inmediato a la presencia de Jesús en el cielo en el momento de la muerte física (2 Co. 5:8; Fil. 1:22-24). Cuando apedreaban a Esteban, él invocaba a Jesús a quien veía en el cielo: "Señor Jesús, recibe mi espíritu" (Hch. 7:59). Al ladrón arrepentido en la cruz, Jesús le prometió: "De cierto te digo que hoy estarás conmigo en el paraíso" (Lc. 23:43).

Cuando se produce la muerte, el cuerpo es sepultado, mientras que el alma es llevada

---

6. Este párrafo está adaptado de John MacArthur, ed., *The MacArthur Study Bible: English Standard Version* (Wheaton, IL: Crossway, 2010), 1510. Las tablas y las notas de *The MacArthur Study Bible: English Standard Version* proceden de *The MacArthur Study Bible*, copyright © 1997 por Thomas Nelson. Usado con permiso de Thomas Nelson. www.thomasnelson.com.

de inmediato al cielo. Pablo afirmó que estar con el Señor Jesús en este estado es "muchísimo mejor" (Fil. 1:23) que la vida física en un mundo caído (2 Co. 5:8). Sin embargo, también declaró que la condición intermedia es comparable a estar "desnudo" (2 Co. 5:3), dado que los seres humanos no fueron creados para ser incorpóreos. Los seres humanos son más completos cuando están revestidos de un cuerpo físico. Lo que Pablo anhela más es la glorificación del cuerpo resucitado (2 Co. 5:1-2). Para el cristiano, la resurrección es mejor que el estado intermedio, que es mejor que la vida en este mundo caído.

El estado intermedio también significa el descanso de los afanes de esta vida. En Apocalipsis 14:13 Juan declara: "Oí una voz que desde el cielo me decía: Escribe: Bienaventurados de aquí en adelante los muertos que mueren en el Señor. Sí, dice el Espíritu, descansarán de sus trabajos, porque sus obras con ellos siguen". Apocalipsis 6:9-11 ofrece la información más detallada respecto al estado intermedio. El apóstol Juan presencia una escena donde las almas aparecen en el cielo, bajo un altar. Son "los que habían sido muertos por causa de la palabra de Dios y por el testimonio que tenían" (6:9). Son mártires cristianos cuyas almas aparecen ahora en el cielo. Los versículos 10-11 declaran:

> Y clamaban a gran voz, diciendo: ¿Hasta cuándo, Señor, santo y verdadero, no juzgas y vengas nuestra sangre en los que moran en la tierra? Y se les dieron vestiduras blancas, y se les dijo que descansasen todavía un poco de tiempo, hasta que se completara el número de sus consiervos y sus hermanos, que también habían de ser muertos como ellos.

Aquí se pueden recoger varias verdades sobre el estado intermedio de los creyentes. En primer lugar, mientras están en el cielo, estos santos tienen una intensa autoconciencia y conocimiento de los demás y de las circunstancias del mundo. Saben que los mataron por su testimonio de Jesús, y quieren que sus asesinos sean juzgados en la tierra. Esos santos recuerdan experiencias pasadas y tienen esperanza para el futuro. En segundo lugar, tienen presente la distinción entre cielo y tierra. Incluso después de llegar al cielo no olvidan la tierra en general ni actúan como si el cielo fuera lo único que importara. En tercer lugar, el cielo no es su destino final. Aunque están en el cielo, los santos anhelan justicia en la tierra, una justicia que llegará con el regreso de Jesús y de los santos, en Apocalipsis 19:11-21. El cielo intermedio no es su hogar definitivo. La verdad de Apocalipsis 5:10 se aplica a esos santos: "Reinaremos sobre la tierra".

En cuarto lugar, los santos martirizados parecen tener una especie de forma corporal. Juan puede verlos ("vi… las almas", Ap. 6:9). Tienen un elemento audible, por cuando pueden hablar y ser oídos ("Y clamaban a gran voz", 6:10). Asimismo, pueden estar vestidos ("Y se les dieron vestiduras blancas", 6:11). Y operan dentro de los confines del tiempo ("Se les dijo que descansasen todavía un poco de tiempo", 6:11). Queda claro, pues, que los santos en estado intermedio en el cielo tienen una existencia real. Sin embargo, no es una existencia corporal; la muerte física se ha producido, y sus cuerpos permanecen en la tierra aguardando la resurrección. Además, la resurrección del cuerpo sigue siendo futura. A pesar de todo, la presencia real y localizada de los creyentes en el cielo parece ser la realidad.

RELEVANCIA DEL ESTADO INTERMEDIO

¿Qué papel juega el estado intermedio en los planes cósmicos más amplios de Dios? Las almas de los incrédulos están en el Hades. Las almas de los santos fallecidos y del Jesús resucitado están en el cielo. Por tanto, el estado intermedio es de vital importancia en los planes de Dios. Sin embargo, se deberían evitar los extremos en cuanto a la relevancia del estado intermedio.

Un extremo resta importancia a la relevancia o incluso a la existencia del estado intermedio. Algunos enseñan que no hay una existencia en estado intermedio para los creyentes o los incrédulos, y optan por lo que se denomina *sueño del alma*. En esta opinión, cuando una persona muere, deja de existir hasta que Jesús regrese y su cuerpo resucite. Entonces la persona vuelve a la vida. Sin embargo, múltiples pasajes, incluidos los que se han explicado más arriba, describen una existencia consciente para las personas entre la muerte física y la resurrección del cuerpo.

En el otro extremo, el estado intermedio puede ser sobreenfatizado de dos maneras. La primera se produce cuando el cielo intermedio se considera el estado final de los creyentes. Cuando los cristianos piensan que su destino eterno es el cielo presente, y no el nuevo cielo y la nueva tierra (Ap. 21:1), están haciendo un hincapié exagerado en el cielo presente. Algunos himnos populares como "Yo volaré" —con frases como "a una tierra donde el gozo no acabará jamás, yo volaré"— podrían dar la impresión de que el destino del cristiano está "ahí afuera" para siempre, y que la "tierra" que Dios promete es el cielo. Sin embargo, el cielo intermedio no es el destino supremo de los creyentes, sino la nueva tierra. De modo que Pedro declaró: "Pero nosotros esperamos, según sus promesas, cielos nuevos y tierra nueva, en los cuales mora la justicia" (2 P. 3:13).

Una segunda perspectiva errónea consiste en considerar el estado intermedio como el reinado milenial de Jesús y los santos en el cielo, en esta era. Algunos amilenialistas sostienen esto.[7] Sin embargo, la Biblia no presenta el reinado milenial de Jesús y de los santos como algo que ocurra en el cielo, sino que se llevará a cabo en la tierra, desde y sobre la esfera donde Dios le encomendó originalmente al hombre que gobernara (Gn. 1:26-28). El reinado de Jesús y de los santos es necesario en la tierra, no en el cielo, que ya posee el reinado universal del reino de Dios. Los santos mártires que aparecen en el cielo, en Apocalipsis 6:9-11, se describen como anhelando la justicia en la tierra. No están reinando todavía, pero aguardan el momento de hacerlo, una espera que quedará satisfecha con la resurrección y el reinado de los santos después del regreso de Jesús (Ap. 20:4). En resumen, el reinado milenial de Jesús y de los santos no es un reinado oculto desde el cielo, sino uno visible y tangible en la esfera donde Dios creó a la humanidad para que gobernara: la tierra.

El estado intermedio es para los creyentes muertos, en el cielo, o los incrédulos, en el Hades, durante esta era anterior a la segunda venida de Jesús y a la resurrección del cuerpo. Sin embargo, no son el estado ni el destino finales para los seres humanos.

---

7. Un ejemplo es el amilenialista Sam Storms, quien afirma: "Ahora estoy convencido de que Apocalipsis 20:4-6 se ocupa exclusivamente de *la experiencia de los mártires en el estado intermedio*". Sam Storms, *Kingdom Come: The Amillennial Alternative* (Fearn, Ross-Shire, Escocia: Mentor, 2013), 451. Las cursivas son originales. Declara, asimismo: "En Apocalipsis 20, él [Juan]... describe el estado intermedio como *almas vivas y reinantes con* Cristo". *Kingdom Come*, 461. Las cursivas son originales.

La resurrección

Dios creó a los seres humanos como una unidad compleja de cuerpo y alma. En este siglo, la muerte física resulta en la separación del cuerpo de la persona de su alma. Sin embargo, este estado no dura para siempre. Todos están destinados a una resurrección del cuerpo adecuada para su destino eterno.

Dado que la mayoría de las personas mueren físicamente antes del regreso de Jesús, se suele referir a la resurrección como una salida de la tumba. Por ejemplo, Daniel declaró que tras un "tiempo [específico] de angustia... muchos de los que duermen en el polvo de la tierra serán despertados, unos para vida eterna, y otros para vergüenza y confusión perpetua" (Dn. 12:1-2). Los que han muerto y han sido sepultados, "serán despertados" un día. Es una resurrección física del cuerpo. Jesús afirma esta misma verdad en Juan 5:28-29:

> No os maravilléis de esto; porque vendrá hora cuando todos los que están en los sepulcros oirán su voz; y los que hicieron lo bueno, saldrán a resurrección de vida; mas los que hicieron lo malo, a resurrección de condenación.

En una sección posterior explicaremos el momento y las fases del programa de resurrección de Dios, pero aquí el enfoque está en lo que la resurrección significa tanto para los creyentes como para los incrédulos. La resurrección se produce para ambos grupos, pero no todos despiertan al mismo destino. Dado que las Escrituras proporcionan más detalles sobre la resurrección de los creyentes, iniciaremos aquí nuestra exposición.

LA RESURRECCIÓN DEL CREYENTE

Los creyentes en Dios están destinados a la resurrección del cuerpo. Una de las figuras bíblicas más tempranas, Job, expresó confianza en la resurrección:

> Yo sé que mi Redentor vive,
> y al fin se levantará sobre el polvo;
> y después de deshecha esta mi piel,
> en mi carne he de ver a Dios (Job 19:25-26).

Job sabía que su "piel" sería "deshecha" (muerte física), pero que esto no sería el fin. Su "Redentor" pondría sus pies en la tierra y, al final, Job vería "a Dios" en su "carne". La resurrección física es real y se produce por el Redentor. Isaías también anunció la resurrección del cuerpo para los salvos:

> Tus muertos vivirán; sus cadáveres resucitarán. ¡Despertad y cantad, moradores del polvo! Porque tu rocío es cual rocío de hortalizas, y la tierra dará sus muertos (Is. 26:19).

La exposición más extendida de la naturaleza del cuerpo de resurrección para los creyentes se encuentra en 1 Corintios 15:35-49. Pablo trata las preguntas "¿Cómo resucitan los muertos?" y "¿Con qué clase de cuerpo vienen?" (15:35). A continuación, contrastó los cuerpos defectuosos y mortales que ahora tenemos con los cuerpos glorificados que recibiremos en la era venidera. Los cuerpos glorificados serán imperecederos.

No decaerán ni morirán como nuestros cuerpos perecederos actuales (15:42). Nuestros cuerpos futuros no estarán manchados por la vergüenza del pecado. Serán poderosos, no débiles (15:43). Serán cuerpos espirituales, no naturales (15:44). Jesús es el prototipo de los cuerpos glorificados, aunque nuestros cuerpos naturales se asemejan a Adán (15:45-46).

La mención de cuerpos "espirituales" no significa inmateriales o fantasmagóricos. Son espirituales, porque su fuente es Dios, por medio de la resurrección y la glorificación. Pablo enseñó que los cuerpos glorificados eran cuerpos físicos, cuando afirmó: "gemimos... esperando... la redención de nuestro cuerpo" (Ro. 8:23). Declaró, asimismo, que cuando Jesús venga "transformará el cuerpo de la humillación nuestra, para que sea semejante al cuerpo de la gloria suya" (Fil. 3:21). Así como Jesús tuvo una existencia tangible y física cuando resucitó de entre los muertos, también la tendrán sus seguidores. Después de todo, Él es la "primicia" de quienes mueren en Él (1 Co. 15:20). Se requieren cuerpos glorificados para entrar en el reino eterno de Dios (1 Co. 15:50).

La resurrección implica que el cuerpo vuelve a la vida y se reúne con el alma. Cuando explica el arrebatamiento de la iglesia en 1 Tesalonicenses 4:13-18, Pablo declara: "traerá Dios con Jesús a los que durmieron en él" (1 Ts. 4:14), en referencia a las almas de los cristianos fallecidos que están en el cielo. Por tanto, en el momento del arrebatamiento, Dios traerá a las almas de los cristianos ya muertos y las unirá a sus cuerpos resucitados (1 Ts. 4:16).

Dado que el destino final de los creyentes es la nueva tierra, los cuerpos resucitados son perfectamente adecuados para la vida eterna en la nueva tierra, que ya no experimentará maldición, decadencia ni muerte. Y quienes vivan en ella tampoco sufrirán estas cosas. El creyente tiene mucho por lo que esperar ansiosamente.

LA RESURRECCIÓN DE LOS INCRÉDULOS

Las Escrituras proporcionan menos detalles respecto a la naturaleza del cuerpo de resurrección de los perdidos, pero es posible sacar algunas conclusiones. Daniel 12:2 afirma que los no salvos "serán despertados... para vergüenza y confusión perpetua". Los incrédulos experimentan una resurrección corporal tangible. Como vimos en Daniel 12:2 y Juan 5:28-29, salen de la tumba. Por tanto, el cuerpo que murió y fue enterrado es el mismo que sale de la sepultura. Ha sido resucitado, pero la persona es la misma, de modo que existe una correspondencia exacta.

En segundo lugar, el cuerpo de resurrección de los no salvos es adecuado para experimentar el lago de fuego. Así como los creyentes recibirán un cuerpo para vivir en la nueva tierra (Ap. 21:1–22:5), que es un lugar real, los no creyentes recibirán un cuerpo apropiado para sufrir el lago de fuego, que también es un sitio real. Apocalipsis 20:15 declara: "Y el que no se halló inscrito en el libro de la vida fue lanzado al lago de fuego". En Isaías 66:22-24 se explica este tipo de paralelo entre creyentes e incrédulos; se describen primero las condiciones de la nueva tierra para los creyentes (66:22-23) y, a continuación, para los no salvos (66:24): "Y saldrán, y verán los cadáveres de los hombres que se rebelaron contra mí; porque su gusano nunca morirá, ni su fuego se apagará, y serán abominables a todo hombre". Esto indica una existencia tangible para los perdidos.

Tanto Apocalipsis 20:15 como Isaías 66:24 revelan el espantoso destino de los impenitentes. Estos textos muestran un juicio sin fin de fuego ardiente. El apóstol Juan reveló que el incrédulo "también beberá del vino de la ira de Dios, que ha sido vaciado puro en el cáliz de su ira; y será atormentado con fuego y azufre delante de los santos ángeles y del Cordero; y el humo de su tormento sube por los siglos de los siglos. Y no tienen reposo de día ni de noche" (Ap. 14:10-11). Esto revela una existencia desdichada: un tormento eterno consciente caracterizado por la inexistencia de descanso para quienes moran allí.

El infierno

La Biblia presenta la realidad eterna del infierno. Es un lugar real de ardiente tormento para los impenitentes, que durará para siempre. De las doce referencias al "infierno" en la Biblia, la inmensa mayoría procede de la boca misma de Jesús.[8] A continuación un ejemplo de las palabras de Jesús sobre este tema.

> Y cualquiera que le diga: Fatuo, quedará expuesto al infierno de fuego (Mt. 5:22).

> Y no temáis a los que matan el cuerpo, mas el alma no pueden matar; temed más bien a aquel que puede destruir el alma y el cuerpo en el infierno (Mt. 10:28).

> ¡Serpientes, generación de víboras! ¿Cómo escaparéis de la condenación del infierno? (Mt. 23:33).

> Si tu mano te fuere ocasión de caer, córtala; mejor te es entrar en la vida manco, que teniendo dos manos ir al infierno, al fuego que no puede ser apagado (Mr. 9:43).

El término griego traducido "infierno" en los pasajes anteriores es *géenna*, que aparece doce veces en el Nuevo Testamento y está relacionado con el valle de Hinom, al sur y al este de Jerusalén. En ese lugar se sacrificaban niños al dios Moloc (2 R. 23:10; Jer. 7:31-32). Algunos sostienen que dicho valle era también el lugar donde se quemaban los cadáveres de criminales y animales.[9] Jesús y los escritores del Nuevo Testamento usaron este horrible lugar de flamígera condenación para simbolizar el lugar futuro de castigo para los impíos. Estas referencias muestran que el infierno es real. Las personas deberían esforzarse por evitar este temible sitio. Aunque no usan el término "infierno", otros pasajes describen además el fuego eterno que aguarda a los impíos:

> Entonces [Jesús] dirá también a los de la izquierda: Apartaos de mí, malditos, al fuego eterno preparado para el diablo y sus ángeles (Mt. 25:41).

> Y el tercer ángel los siguió, diciendo a gran voz: Si alguno adora a la bestia y a su imagen, y recibe la marca en su frente o en su mano, él también beberá del vino de la ira de Dios, que ha sido vaciado puro en el cáliz de su ira; y será atormentado con

---

8. Para un tratamiento más riguroso del infierno, véanse los siguientes artículos de *Master's Seminary Journal* 9, no. 2 (1998): Richard L. Mayhue, "Hell: Never, Forever, or Just for a While?", 129-145; Robert L. Thomas, "Jesus' View of Eternal Punishment", 147-167; James E. Rosscup, "Paul's Concept of Eternal Punishment", 169-189; Trevor Craigen, "Eternal Punishment in John's Revelation", 191-201; Larry Dean Pettegrew, "A Kinder, Gentler Theology of Hell?", 203-217.

9. Véase Paul Enns, *Compendio Portavoz de teología* (Grand Rapids, MI: Editorial Portavoz, 2011), 381.

fuego y azufre delante de los santos ángeles y del Cordero; y el humo de su tormento sube por los siglos de los siglos. Y no tienen reposo de día ni de noche (Ap. 14:9-11).

Y el que no se halló inscrito en el libro de la vida fue lanzado al lago de fuego (Ap. 20:15).

El llameante tormento del infierno no tiene fin. Tampoco se trata meramente de un "estado de ánimo" ni de una especie de existencia espiritual. El lenguaje usado no puede atribuirse solamente a la metáfora.

El infierno se asocia con tres consecuencias negativas eternas: (1) el castigo, (2) la destrucción y (3) la expulsión. Ninguno de estos conceptos explica todo lo que es el infierno, pero juntos ofrecen una comprensión multidimensional de por qué es tan terrible. En primer lugar, los impíos son castigados y reciben la justa retribución por sus acciones (Lc. 12:47-48). El castigo de Dios no es vengativo, sino la justa paga por los errores cometidos. En segundo lugar, el infierno implica destrucción (2 Ts. 1:9), que entraña los conceptos de perdición y desperdicio. Quienes mueren en incredulidad han desaprovechado las oportunidades de vivir una vida que importaba para Dios. Son enemigos suyos, y la pérdida y la perdición son su destino (Mt. 7:19). En tercer lugar, el infierno incluye la expulsión. Los impíos no solo son castigados, y no solo sufren perdición, sino que también son expulsados de las bendiciones del reino de Dios, y se les niega el acceso a las glorias de la nueva tierra. Dios, como Rey, los ha apartado sin esperanza de entrar en su presencia (Ap. 22:14-15).

EL SEOL

En la Biblia, otros términos están relacionaos con el infierno. El vocablo hebreo *sheól* se encuentra sesenta y cinco veces en el Antiguo Testamento. Dependiendo del contexto, el término se traduce "tumba", "foso" o "infierno". En general, Seol se refiere a la morada de los muertos. Salmos 88:3 declara: "Porque mi alma está hastiada de males, y mi vida cercana al Seol". Estar en el Seol significa que se está separado de los vivos, sin acceso a los asuntos de la tierra. Sin embargo, Seol no significa escapar de la presencia de Dios. Como expresa Salmos 139:8: "Y si en el Seol hiciere mi estrado, he aquí, allí tú estás".

EL TÁRTARO

En 2 Pedro 2:4 se halla otra referencia al infierno: "Porque si Dios no perdonó a los ángeles que pecaron, sino que arrojándolos al infierno los entregó a prisiones de oscuridad, para ser reservados al juicio". El término griego para "arrojándolos al infierno" no es aquí *géenna* ni *hadés*. Es *tartaróo*, del cual deriva *tártaro*, y es la única vez que se usa en el Nuevo Testamento. En la mitología griega el tártaro era un reino subterráneo, incluso más bajo que el Hades, donde se castigaba a los impíos. Según la mitología romana, el tártaro era el lugar al que se desterraba a los enemigos de los dioses. Los judíos acabaron por usar este término para describir el sitio al que se enviaba a los ángeles caídos. Era el infierno más bajo, el abismo más profundo y el lugar más terrible de tortura. De acuerdo con 2 Pedro 2:4, cuando los ángeles pecaron fueron enviados al tártaro. Esto podría referirse a los ángeles ("hijos de Dios") de Génesis, quienes pecaron al intentar pervertir la raza humana mediante la cohabitación con las hijas de los hombres (Gn. 6:2).

EL ABISMO

Aunque no se identifica como "infierno", otro término empleado para el confinamiento en la Biblia es *Abismo* (gr. *ábusos*). Es una prisión para los ángeles caídos que les impida tener cualquier acceso a la tierra o influencia en ella. En Lucas 8:31, cuando Jesús estaba a punto de expulsar a muchos demonios de un hombre, se nos dice que los demonios "le rogaban que no los mandase ir al abismo". Los demonios temían al abismo, ya que supondría el cese total de sus actividades en la tierra. En Apocalipsis 9, las criaturas como los demonios son liberados del abismo para infligir daño a las personas de la tierra (Ap. 9:1-2), y es esta liberación la que les permite perjudicar a las personas, ya que mientras están en el abismo no pueden tocar a los habitantes de la tierra.

En Apocalipsis 20:1-3 se menciona de nuevo el abismo. Es un "foso" al que Satanás será echado tras la segunda venida de Jesús. Una vez que Satanás es encarcelado en el abismo, será "encerrado" y "[se pondrá un] sello sobre él" para que no pueda engañar a las naciones durante mil años (Ap. 20:3). El abismo funciona a modo de prisión para retener a la persona de Satanás. Como resultado, él mismo y sus actividades engañosas cesarán por completo en la tierra, ya que la cautividad en el abismo elimina del todo su influencia en la tierra. Una vez completados los mil años, Satanás será liberado del abismo para engañar una vez más a las naciones, pero será inmediatamente destruido y enviado al lago de fuego para siempre (Ap. 20:7-10).

OPINIONES DESVIADAS SOBRE EL INFIERNO

Un infierno real, de tortura y sin final para los perdidos es tan horrible de contemplar que muchos se niegan a creer en él. Algunos han ofrecido alternativas a la doctrina bíblica del infierno. A continuación, algunas de las distorsiones de esta realidad.

El universalismo. La noción de que todos acabarán en el cielo, y que nadie se perderá en el infierno para siempre, es cada vez más popular. Este punto de vista se denomina *universalismo* ya que afirma que todas las personas serán salvas. El universalismo puede adoptar varias formas. En primer lugar, algunos creen que la obra expiatoria de Cristo se aplicará a todas las personas, crean o no. Por tanto, todas entrarán en la presencia de Dios. En segundo lugar, otros sostienen que las personas que mueran en incredulidad, o sin haber oído hablar de Jesús, recibirán una oportunidad *post mortem* de creer en Jesús a la que todas responderán de forma positiva. Una tercera forma de universalismo asevera que las personas serán castigadas durante un tiempo en el infierno, pero finalmente serán recibidas en el cielo.

Múltiples declaraciones de las Escrituras contradicen el universalismo, al afirmar que no todos son salvos y que algunos experimentarán el castigo eterno (Mt. 25:41, 46; Ap. 20:11-15). Cuando explica las glorias de la nueva tierra (Ap. 21:1-7), Juan dejó en claro que no todos experimentarían este lugar: "Pero los cobardes e incrédulos, los abominables y homicidas, los fornicarios y hechiceros, los idólatras y todos los mentirosos tendrán su parte en el lago que arde con fuego y azufre, que es la muerte segunda" (Ap. 21:8). Contrariamente al universalismo, la historia no acaba bien para todos. Creer en Cristo es un prerrequisito para quienes entrarán en la gloria (Jn. 3:36). Quienes no creen se enfrentarán al juicio por sus pecados para siempre.

El aniquilacionismo. Otra distorsión de la doctrina del infierno es el aniquilacionismo, la idea de que los impíos dejarán de existir. Esto podría producirse en el momento de la muerte física, en un juicio inminente o después de un período finito de castigo en el infierno. Supuestamente, los impíos alcanzarán un punto cuando dejarán de existir. ¿Cómo responden los aniquilacionistas a las descripciones bíblicas de que el infierno es "para siempre" o "eterno"? Para ellos, la persona no existe en el infierno para siempre, sino que la consecuencia de ser eliminada dura para siempre. La perdición eterna se refiere a ser retirado de la existencia como castigo perpetuo. El aniquilacionismo está en ocasiones vinculado con la creencia en la inmortalidad condicional.

Desde esta perspectiva, la humanidad no posee una inmortalidad inherente. La muerte significa que la persona ya no existe más. Solo a quienes creen en Jesús se les concede la inmortalidad como don de Dios, mientras que a los impíos no se les permite proseguir con su existencia. Sin embargo, el lenguaje bíblico como "fuego eterno" (Mt. 25:41), "el humo de su tormento sube por los siglos de los siglos" (Ap. 14:11), y "no tienen reposo de día ni de noche" (Ap. 14:11) revela un tormento sin fin más que un cese. No tener descanso indica autoconsciencia. Además, la vida y el castigo eternos son paralelos entre sí. Jesús señaló: "E irán éstos [los impíos] al castigo eterno, y los justos a la vida eterna" (Mt. 25:46). Así como la vida eterna es infinita para el creyente, el castigo eterno también lo es para el incrédulo. El aniquilacionismo tampoco le hace justicia a la gravedad del pecado, ya que este es una ofensa perpetua contra un Dios infinitamente santo y exige, por tanto, un castigo ilimitado. Es un asunto eterno que no puede vencerse con un castigo temporal. Si fuera posible, el pecado contra Dios sería una cuestión finita. Sin embargo, un castigo finito para el pecado indicaría finitud en la santidad de Dios. Precisamente porque Él es infinitamente santo, una sola ofensa contra su santidad requiere un castigo infinito. La eternidad de infierno no puede, por tanto, ser rechazada sin socavar la santidad de Dios.

Castigo espiritual. Algunos sostienen que los perdidos experimentarán un castigo eterno y consciente, pero que este castigo no es físico en un lugar literal de fuego. Para ellos, el fuego no es literal, sino que más bien representa la separación de Dios. El infierno es, principalmente, la separación espiritual de Dios y no una angustia física en un lago de fuego tangible.

Sin embargo, este punto de vista no justifica la realidad de que tanto los justos como los impíos resucitarán corporalmente de los muertos, y que se les concederá un cuerpo adecuado para su destino eterno. Si el lago de fuego es tan solo la metáfora de un estado no literal de existencia, ¿significa esto que la nueva tierra es solo metafórica y un estado espiritual de existencia para los creyentes? Es mejor entender que tanto los justos como los impíos reciben cuerpos aptos para su destino eterno, ya sea en una nueva tierra tangible o en un lago real de fuego.

Condiciones negativas en esta vida. Algunos relegan el infierno a una figura retórica o metáfora para las dificultades en esta vida. Declaraciones como "Mi vida es un infierno" reflejan este pensamiento. Este tipo de perspectiva trivializa lo que es en realidad el infierno, y puede llevar a las personas a pensar que esta vida es lo peor que puede haber. Aunque pueden ocurrir muchas cosas terribles en este mundo caído, nuestras experiencias están mezcladas con la bondad común de Dios como el amor, las relaciones personales, los alimentos, la lluvia y la luz del sol. Sin embargo, en el infierno, la bondad común de Dios y su gracia son eliminadas, y el perdido debe enfrentarse a la ira pura de Dios. El infierno es muchísimo más que una metáfora de los tiempos difíciles en esta vida, por lo que es peligroso confundir ambas cosas.

El cielo[10]

El término "cielo" se usa aproximadamente unas seiscientas veces en la Biblia. El término hebreo, que suele traducirse "cielo" (*shamáyin*) significa de forma literal "las alturas". La palabra griega (*ouranós*) se refiere a aquello que es elevado o alto. La Biblia usa estos términos para referirse a tres lugares: el cielo atmosférico, el cielo planetario y el tercer cielo.

EL CIELO ATMOSFÉRICO

El cielo atmosférico, o primero, es la bóveda celeste o troposfera, la región de la atmósfera respirable que cubre la tierra. Génesis 7:11-12 se refiere a esto: "Y las cataratas de los cielos fueron abiertas, y hubo lluvia sobre la tierra cuarenta días y cuarenta noches". Aquí "cielos" se refiere a la manta de atmósfera alrededor del mundo, que es donde se produce el ciclo hidrológico. Salmos 147:8 declara que Dios "cubre de nubes los cielos". Dios usa el cielo atmosférico para proveer buenas cosas a todas las personas: "haciendo bien, dándonos lluvias del cielo y tiempos fructíferos, llenando de sustento y de alegría nuestros corazones" (Hch. 14:17).

EL CIELO PLANETARIO

El cielo planetario, o segundo, es donde existen el sol, la luna, los planetas y las estrellas. Génesis 1:14-17 se refiere a este entendimiento del cielo:

> Dijo luego Dios: Haya lumbreras en la expansión de los cielos para separar el día de la noche; y sirvan de señales para las estaciones, para días y años, y sean por lumbreras en la expansión de los cielos para alumbrar sobre la tierra. Y fue así. E hizo Dios las dos grandes lumbreras; la lumbrera mayor para que señorease en el día, y la lumbrera menor para que señorease en la noche; hizo también las estrellas. Y las puso Dios en la expansión de los cielos para alumbrar sobre la tierra.

El cielo planetario o estelar sirve a varios propósitos. Las luces de ese cielo separan el día de la noche, y existe para las señales y las estaciones. Las festividades de Israel

---

10. Esta sección está adaptada de John MacArthur, *The Glory of Heaven: The Truth about Heaven, Angels, and Eternal Life* (Wheaton, IL: Crossway, 1996), 55-56. Usado con permiso de Crossway, un ministerio editorial de Good News Publishers, Wheaton, IL 60187, www.crossway.org. Publicado en español por Editorial Portavoz con el título *La gloria del cielo: La verdad acerca del cielo, los ángeles y la vida eterna*.

estarían más tarde vinculadas al cielo planetario (Nm. 10:10; 28:14), que también revela la gloria de Dios (Sal. 19:1-4). Además, los cuerpos cósmicos del cielo planetario testifican del compromiso perdurable de Dios con la nación de Israel. Así, inmediatamente después de mencionar al sol, la luna y las estrellas en Jeremías 31:35, Dios declara: "Si los cielos arriba se pueden medir, y explorarse abajo los fundamentos de la tierra, también yo desecharé toda la descendencia de Israel por todo lo que hicieron, dice Jehová" (31:37). El cielo planetario desempeñará un papel importante en el período venidero de la tribulación, como declara Mateo 24:29: "E inmediatamente después de la tribulación de aquellos días, el sol se oscurecerá, y la luna no dará su resplandor, y las estrellas caerán del cielo, y las potencias de los cielos serán conmovidas". La sacudida del cielo planetario durante el período de la tribulación revela que la ira de Dios ha caído en ese tiempo sobre el mundo incrédulo (Ap. 6:12-17).

EL TERCER CIELO

El tercer cielo es la morada de Dios, de los ángeles santos y de los santos fallecidos. Pablo aludió a este tercer cielo en 2 Corintios 12:2-4:

> Conozco a un hombre en Cristo, que hace catorce años (si en el cuerpo, no lo sé; si fuera del cuerpo, no lo sé; Dios lo sabe) fue arrebatado hasta el tercer cielo. Y conozco al tal hombre (si en el cuerpo, o fuera del cuerpo, no lo sé; Dios lo sabe), que fue arrebatado al paraíso, donde oyó palabras inefables que no le es dado al hombre expresar.

Afirmar que Dios habita en el tercer cielo no significa que Dios esté contenido allí. En 1 Reyes 8:27 se declara: "He aquí que los cielos, los cielos de los cielos, no te pueden contener". Dios es omnipresente, y su presencia se extiende a cada esfera. Sin embargo, el tercer cielo es el hogar de Dios de manera exclusiva. Es el puesto de mando y el centro de operaciones de su reino universal, desde donde gobierna sobre todo lo que hay en el universo (Sal. 103:19). El trono de Dios reside en el cielo, y es allí donde es adorado (Ap. 4). Este tercer cielo es también el lugar desde donde descenderá a la tierra la Nueva Jerusalén, tras el milenio. En su visión, el apóstol Juan vio "la gran ciudad santa de Jerusalén, que descendía del cielo, de Dios" (Ap. 21:10; cf. 3:12).

En cuanto a sus habitantes, Dios Padre es el centro del tercer cielo. Jesús indicó que debíamos orar: "Padre nuestro que estás en los cielos, santificado sea tu nombre" (Mt. 6:9). Enseñó asimismo a su pueblo a orar para que la voluntad de Dios se haga en la tierra como ocurre en el presente en el cielo (Mt. 6:10). En Apocalipsis 4:2 Juan vio que había "un trono establecido en el cielo, y en el trono, uno sentado", y que todos los que rodeaban el trono decían continuamente: "Santo, santo, santo es el Señor Dios Todopoderoso" (Ap. 4:8). Salmos 2:4 declara que Dios Padre "mora en los cielos" y que "se reirá" de las naciones rebeldes de la tierra que desafían su autoridad.

El Jesús resucitado también está en el tercer cielo. Cuando Él ascendió, dos ángeles declararon: "Varones galileos, ¿por qué estáis mirando al cielo? Este mismo Jesús, que ha sido tomado de vosotros al cielo, así vendrá como le habéis visto ir al cielo" (Hch. 1:11). Mientras era apedreado, Esteban clamó: "He aquí, veo los cielos abiertos, y al

Hijo del Hombre que está a la diestra de Dios" (Hch. 7:56). La presencia de Jesús en el cielo está vinculada a Salmos 110:1-2 y su predicción de que el Mesías estaría un tiempo a la diestra de Dios, antes de reinar desde Jerusalén (cf. He. 8:1). Hebreos 9:24 declara que, con su ministerio sacerdotal, Cristo ha entrado al cielo por nosotros.

Los hermanos y hermanas que han muerto en Cristo también están en el tercer cielo. Hebreos 12:23 habla de "la congregación de los primogénitos que están inscritos en los cielos". En cuanto a los santos vivos, sus "nombres están escritos en los cielos" (Lc. 10:20), y su "ciudadanía está en los cielos" (Fil. 3:20). Su recompensa está, asimismo, en el cielo (Mt. 5:12).

Por glorioso que sea el presente tercer cielo, no es el dominio definitivo de Dios y de sus santos. En 2 Pedro 3:13 leemos: "Pero nosotros esperamos, según sus promesas, cielos nuevos y tierra nueva, en los cuales mora la justicia". Apocalipsis 21:1-2 revela que la Nueva Jerusalén descenderá del cielo a la tierra. Allí morará Dios con su pueblo (Ap. 21:3). Él secará sus lágrimas y eliminará todos los remanentes negativos del mundo anteriormente maldito (Ap. 21:3-7). Así, el cielo descenderá a la tierra del modo más completo. No habrá enfermedad, hambre, problema ni tragedia, solo el gozo absoluto y bendiciones eternas.

La escatología cósmica

El reino de Dios
El premilenialismo futurista
Israel y la iglesia
El orden de la resurrección
Juicios futuros
Pactos
Tiempo del cumplimiento de la profecía bíblica
Puntos de vista sobre el milenio
La profecía de Daniel de las "setenta semanas"
Sucesos por llegar

El reino de Dios[11]

Aunque la Biblia contiene muchos temas, el reino de Dios parece ser el asunto central que los mantiene unidos. Como ya hemos argumentado en el capítulo 1, *el reino de Dios* debería considerarse el gran tema dominante de las Escrituras que abarca todas las demás cuestiones importantes de la Biblia.[12] Aquí queremos exponer sobre esa idea mediante el análisis en mayor detalle de lo que enseñan tanto el Antiguo Testamento como el Nuevo sobre el reino de Dios. Antes de entrar en cada uno de estos asuntos,

---

11. Esta sección está adaptada de Richard L. Mayhue, "The Kingdom of God: An Introduction", *MSJ* 23, no. 2 (2012): 167-171; William D. Barrick, "The Kingdom of God in the Old Testament", *MSJ* 23, no. 2 (2012): 173-192; F. David Farnell, "The Kingdom of God in the New Testament", *MSJ* 23, no. 2 (2012): 193-208. Usado con permiso de *MSJ*. Para un estudio más exhaustivo de esta cuestión, véanse estos tres artículos y los siguientes del mismo número de la revista (*MSJ* 23, no. 2 [2012]): Keith Essex, "The Mediatorial Kingdom and Salvation", 209-223; Michael J. Vlach, "The Kingdom of God and the Millennium", 225-254; Nathan Busenitz, "The Kingdom of God and the Eternal State", 255-274; Dennis M. Swanson, "Bibliography of Works on the Kingdom of God", 275-281.

12. Véase "¿Cuál es el tema general y unificador de las Escrituras?" (p. 43).

consideremos primero la multifacética naturaleza del reino de Dios por medio de los contrastes siguientes que se hallan en las descripciones que hacen las Escrituras del reino:[13]

1. Ciertos pasajes presentan el reino como algo que siempre ha existido (Sal. 10:16; 145:11-13), aunque en otro lugar, el reino tiene un comienzo histórico definido (Dn. 2:44).
2. El reino se describe como universal en su alcance (Sal. 103:19), pero también se revela como reino local en la tierra (Is. 24:23).
3. En ocasiones, el reino se describe como el gobierno directo de Dios (Sal. 22:28; 59:13); otras veces se presenta como el gobierno de Dios por medio de un mediador (Sal. 2:4-6; Dn. 4:17, 25).
4. En algunos lugares la Biblia describe el reino como totalmente futuro (Zac. 14:9; Mt. 6:10), aunque en otros lugares se lo representa como una realidad presente (Sal. 29:10; Dn. 4:3).
5. Por una parte, el reino de Dios se presenta como el gobierno soberano e incondicional de Dios (Dn. 4:3, 34-35); por otra parte, parece basarse en un pacto entre Dios y el hombre (Sal. 89:27-29).
6. Se afirma que el reino de Dios es eterno (Dn. 4:3), pero Dios llevará parte del mismo a su fin (Os. 1:4).
7. El reino no es comer y beber (Ro. 14:17) ni lo pueden heredar la carne y la sangre (1 Co. 15:50), aunque también se habla de él en sentidos terrenales y tangibles (Sal. 2:4-6; 89:27-29).
8. El reino está entre los judíos (Lc. 17:21), aunque Jesús también les dijo a sus discípulos que oraran para que viniera (Mt. 6:10).
9. Pablo predicó "el reino de Dios" (Hch. 28:31), aunque los cristianos están ahora en "la era de la iglesia" (Hch. 2).
10. Los hijos del reino pueden ser echados al infierno (Mt. 8:12), pero solo los justos heredarán el reino (1 Co. 6:9-10).
11. El dominio terrenal ha sido entregado de forma temporal a Satanás (Lc. 4:6), aunque toda la tierra es del Señor (Sal. 24:1).
12. El reino es para Israel (2 S. 7:11-13), pero Cristo también se lo dio a las naciones (Mt. 21:43).

EL REINO EN EL ANTIGUO TESTAMENTO

El programa del reino de Dios comenzó en Génesis 1, cuando el Rey del universo creó el mundo en seis días. Hay un Rey: Dios. Y existe un reino del Rey: la tierra. Al hombre, creado el sexto día como portador de la imagen divina, se le asignó una tarea en el reino: llenar, sojuzgar y señorear la tierra para la gloria de Dios (Gn. 1:26-28). El verbo "gobernar" (heb. *radá*) es un término real que se usó más tarde en Salmos 110:2 respecto al futuro reinado del Mesías: "¡Que el Señor extienda desde Sión el poder de tu cetro! ¡Domina tú en medio de tus enemigos!" (NVI).

Sin embargo, el hombre fracasó en su tarea del reino cuando Adán pecó contra Dios (Gn. 3). La caída interrumpió la orden de creación de Dios para la humanidad.

---

13. Los cinco contrastes iniciales fueron presentados por Alva J. McClain, *The Greatness of the Kingdom: An Inductive Study of the Kingdom of God* (Chicago: Moody Press, 1959), 19-20.

Trágicamente, el cumplimiento del potencial prometido a la humanidad ya no podía alcanzar su expresión más completa a causa de la naturaleza caída del hombre. Cualquier ejercicio de ese dominio original ha demostrado ser incompleto e imperfecto. El salmista se refirió a ese papel elevado y noble en Salmos 8:3-9, que reafirmó el derecho del hombre "coron[ándolo]... sobre las obras de [sus] manos", incluyendo a las ovejas, los bueyes, las bestias del campo, las aves del cielo y los peces del mar. El salmista presentó el ideal para la humanidad, no la realidad actual: el futuro diseñado del gobierno del reino y no el pasado o el presente menoscabados. Por supuesto, el Mesías, como "Hijo del Hombre", cumpliría la función de la humanidad como único representante perfecto de la raza humana (cf. He. 2:5-14). Reinaría sobre la tierra y tendría éxito como postrer Adán en el ámbito en el que el primer Adán fracasó (cf. 1 Co. 15:20-28, 45).

El medio para restaurar el reino mediatorial de Dios en la tierra llegaría a través de cuatro pactos bíblicos eternos e incondicionales: el pacto noético, el abrahámico, el davídico y el nuevo. Juntos, estos pactos les han revelado tanto a los reyes como al Rey (Jesús) los planes y los detalles del reino de Dios. El pacto noético prometió la estabilidad de la naturaleza para que los propósitos del reino de Dios pudieran realizarse en la historia (Gn. 8:21-22). El pacto abrahámico garantizó un linaje que involucraba a Abraham y al pueblo de Israel, que se estaba desarrollando y que sería el vehículo y el medio para bendecir a los grupos étnicos del mundo (Gn. 12:2-3). Este pacto también prometió un territorio para Israel (Gn. 12:6-7) que serviría de base para el gobierno del reino terrenal de Dios y como microcosmos de lo que Dios haría para todas las naciones (Is. 2:2-4; 27:6). El pacto davídico explicó directamente el papel de David y de sus descendientes en el establecimiento del reino de Dios en la tierra, que bendeciría tanto a Israel como a los gentiles (2 S. 7:12-19). El nuevo pacto reveló los planes de Dios para posibilitar que su pueblo lo amara y le sirviera con un nuevo corazón y mediante el Espíritu Santo que mora en él (Jer. 31:31-34; Ez. 36:26-27).

El reino de Dios en la tierra se estableció con la liberación de los israelitas de Egipto, la entrega del pacto de Moisés y la posesión de la tierra de Canaán. En el monte Sinaí, Dios le dijo al pueblo de Israel: "Y vosotros me seréis un reino de sacerdotes, y gente santa" (Éx. 19:6). Finalmente, Israel recibió monarcas a través de Saúl, David y Salomón. Fue a través de David que se proveyó el pacto davídico (2 S. 7:12-16). El punto culminante del reino de Israel se produjo durante el reino de Salomón, en 1 Reyes 8–10, cuando los descendientes y el territorio de Israel eran amplios y prósperos, y cuando los líderes gentiles buscaban la sabiduría del rey de Israel (1 R. 10:23-25). Sin embargo, la condición de Israel se deterioró a partir de entonces. Desde la época de 1 Reyes 11 en adelante, Salomón cometió idolatría, e Israel lo acompañó en la desobediencia a Dios. Las maldiciones prometidas en el pacto mosaico se cumplieron. Israel se dividió en dos reinos que se dirigieron al cautiverio y a la dispersión. Las diez tribus de Israel fueron conquistadas por Asiria en el 722 a.C., y Babilonia conquistó a Judá y destruyó el templo en el 586 a.C.

En el decadente, y después cautivo, reino de Israel, los profetas ocuparon el escenario central como portavoces de Dios. Reprendieron a los líderes y al pueblo israelita por apartarse de Dios y quebrantar el pacto mosaico. A pesar de ello, también anunciaron un reino bajo el gobierno del Mesías "en lo postrero de los tiempos" (Is. 2:2-4). Este reino implicaría la restauración del reino davídico a las órdenes del Mesías en Israel y bendiciones para las naciones bajo el rey de Israel (cf. Am. 9:11-12). El reino restaurado tendría requisitos espirituales, ya que la fe y un corazón dispuesto a servir a Dios eran necesarios para entrar en él, aunque este reino incluiría la prosperidad física y material para Israel y las naciones. Esta esperanza quedó pendiente de realizar en la época del Antiguo Testamento. Aunque algunos segmentos del pueblo de Israel regresarían a su tierra y acabarían reedificando el templo, permanecieron bajo el reinado y la dirección de poderes gentiles (cf. Dn. 2; 7). Solo el Mesías podía traer la necesaria liberación espiritual y nacional.

EL REINO EN EL NUEVO TESTAMENTO

En el principio de la era neotestamentaria, había gran anticipación respecto al Mesías y al reino de Dios. El ángel Gabriel informó a María que tendría un Hijo que sería grande y que se sentaría en el trono de su padre David. Él reinaría sobre Israel para siempre (Lc. 1:32-33). Zacarías profetizó que Dios recordaba el pacto abrahámico y liberaría a Israel de sus enemigos (Lc. 1:72-74). Repitiendo el mensaje del Señor también declaró que el hijo que su esposa Elisabet iba a tener sería el precursor del Mesías para la preparación de su venida (Lc. 1:16-17). En Jerusalén, el justo Simeón "aguardaba con esperanza la redención de Israel", cuando el Espíritu Santo vino sobre él (Lc. 2:25). La profetiza Ana fue una de varias quienes "esperaban la redención en Jerusalén" (Lc. 2:38). Las expectativas respecto al reino mesiánico eran altas, y esta esperanza no quedaría sin cumplir.

La esperanza del Rey davídico prometido se cumplió en Jesús. El primer versículo del Nuevo Testamento declara: "Libro de la genealogía de Jesucristo, hijo de David, hijo de Abraham" (Mt. 1:1). Tanto Jesús como su precursor, Juan el Bautista, proclamaron el mismo mensaje: "Arrepentíos, porque el reino de los cielos se ha acercado" (Mt. 3:2; 4:17). Como no se había proporcionado ninguna definición ni redefinición del reino, el que ellos predicaban era el mismo que proclamaron los profetas del Antiguo Testamento, es decir, un reino terrenal bajo el gobierno del Mesías con un Israel restaurado y bendiciones para las naciones (Mt. 19:28). El arrepentimiento era la condición para entrar a este reino.

Jesús explicó lo que esperaba de quienes entraran a su reino (Mateo 5–7). Realizó asimismo milagros para demostrar sus credenciales como Rey. Sus milagros en la naturaleza, sus sanidades físicas, sus exorcismos y resucitar a los muertos cumplieron la profecía del Antiguo Testamento, y demostraron que el reino había venido sobre el pueblo (Isaías 35; Mt. 11:2-5; 12:28). El mensaje del reino en ese tiempo iba dirigido únicamente al pueblo de Israel (Mt. 10:5-7). Sin embargo, el pueblo de Israel no se arrepintió. Las ciudades israelitas rechazaron el mensaje del reino (Mt. 11:20-24), y los líderes blasfemaron contra el Espíritu Santo y atribuyeron los milagros de Jesús al poder de Satanás (Mt. 12:22-32). Fue un rechazo nacional al por mayor por parte de Israel hacia su Mesías, un acto que acarrearía juicio sobre Israel en la forma de la destrucción de Jerusalén en el año 70 d.C. (Mt. 23:37-39; Lc. 19:41-44). En respuesta,

Jesús empezó a hablar del reino como algo que vendría en el futuro, tras su regreso al cielo (Lc. 19:11), y después de los sucesos del período de la tribulación (Lc. 21:31).

Jesús habló de los "misterios del reino de los cielos" en forma de parábolas (Mt. 13:11). Estas revelaron nuevas verdades respecto al programa del reino entre la primera y la segunda venidas de Jesús. El Antiguo Testamento no enseñó de forma explícita sobre las dos venidas del Mesías con un importante intervalo entre ambas. Esto era nuevo en la verdad revelada. Aunque el reino mismo no se establecería hasta el regreso de Jesús, varias verdades relacionadas con el reino empezarían a existir en la época de la iglesia. La parábola del sembrador reveló que el evangelio del reino se predicaría, y recibiría diversas respuestas (Mt. 13:3-9, 18-23). La parábola del trigo y la cizaña demostró que los hijos del reino y los hijos del diablo coexistirían en esta época y que solo serían separados cuando Jesús volviera, al final de la era con sus ángeles (Mt. 13:24-30, 36-43). Las parábolas de la semilla de mostaza y la levadura indicaban que, por medio de su mensaje y de sus hijos, el reino empezaría siendo pequeño y se haría grande (Mt. 13:31-33).

En la última parte del ministerio de Jesús, su mensaje se centró mayormente en su inminente muerte sacrificial (Mt. 16:21). Sin embargo, siguió anunciando la venida del reino: "De cierto os digo que en la regeneración, cuando el Hijo del Hombre se siente en el trono de su gloria, vosotros que me habéis seguido también os sentaréis sobre doce tronos, para juzgar a las doce tribus de Israel" (Mt. 19:28). Aquí, Jesús anunció que se sentaría en el glorioso trono davídico y que sus discípulos reinarían con Él sobre un Israel nacional restaurado y unido en el momento de la renovación cósmica, que está claramente en el futuro. Asimismo, respecto a su segunda venida, Jesús declaró: "Cuando el Hijo del Hombre venga en su gloria, y todos los santos ángeles con él, entonces se sentará en su trono de gloria" (Mt. 25:31). Jesús aclaró, pues, que su reinado terrenal desde el trono de David se produciría cuando regresara con sus ángeles.

Con su muerte, su resurrección y su ascensión, Jesús había sido exaltado como Mesías a la diestra de Dios Padre, donde posee toda autoridad en el cielo y en la tierra (Mt. 28:18; Ef. 1:20-22). Sin embargo, el verdadero ejercicio de su autoridad del reino en la tierra aguarda al futuro. Por lo tanto, el escritor de Hebreos declara: "Cristo… se ha sentado a la diestra de Dios… esperando hasta que sus enemigos sean puestos por estrado de sus pies" (He. 10:12-13). La sesión de Jesús a la diestra del Padre llevará, a continuación, a un reinado sobre la tierra desde Jerusalén (Sal. 110:1-2). El día de su ascensión, los apóstoles de Jesús preguntaron si en ese momento sería restaurado el reino a Israel (Hch. 1:6). Jesús afirmó que solo el Padre conocía el momento de ese acontecimiento, y que los discípulos debían centrarse en la proclamación del evangelio hasta lo último de la tierra (Hch. 1:7-8).

Las Epístolas del Nuevo Testamento revelan que los beneficios salvadores del reino se aplican a los creyentes en esta era de la iglesia. Los cristianos experimentan las bendiciones espirituales de un nuevo corazón y la residencia del Espíritu Santo, recogidas en el nuevo pacto (2 Co. 3:6). Ellos son posicionalmente transferidos al reino del Hijo de Dios (Col. 1:13) y experimentan la justicia del reino en sus vidas (Ro. 14:17). A pesar de ello, el *reinado* terrenal de Jesús y sus santos se presenta como algo futuro. Pablo explicó que la resistencia fiel de los cristianos conducirá ahora a un "reinado" futuro en el reino de Jesús: "Si sufrimos, también reinaremos con él; si le negáremos, él también nos negará" (2 Ti. 2:12). Esta era presente se caracteriza por pruebas, pero para quienes resisten, el reino es su recompensa. Pablo encargó a los tesalonicenses que anduviesen "como es digno de Dios, que [l]os llamó a su reino y gloria" (1 Ts. 2:12). Casi al final de su vida, Pablo declaró: "El Señor me librará de toda obra mala, y me preservará para su reino celestial" (2 Ti. 4:18). Pedro aconsejó a sus lectores que se aseguraran de su llamamiento y de su elección: "Porque de esta manera os será otorgada amplia y generosa entrada en el reino eterno de nuestro Señor y Salvador Jesucristo" (2 P. 1:10-11). Por lo tanto, el reino se presenta en las Epístolas como recompensa futura para quienes resisten y perseveran para Dios, durante esta era presente de pruebas y persecuciones.

En el libro de Apocalipsis se presenta a Jesús como "el soberano de los reyes de la tierra" (Ap. 1:5), un gobierno que será restaurado con su segunda venida a la tierra y su reinado tal como se describe en Apocalipsis 19:11–20:6. Se exhorta a las iglesias de Apocalipsis 2–3 a estar firmes para Jesús en este presente siglo, sabiendo que detrás vendrá una recompensa del reino. A los que perseveren, Jesús les dará "autoridad sobre las naciones" (2:26). También se sentarán con Jesús en su trono (3:21). Apocalipsis 5:9-10 afirma que quienes han sido comprados con la sangre de Jesús y forman el núcleo del reino de Dios reinarán sobre la tierra: "Y nos has hecho para nuestro Dios reyes y sacerdotes, y reinaremos sobre la tierra".

Con este regreso a la tierra, Jesús gobernará a las naciones (19:11-15). Destruirá a sus enemigos y establecerá su reino milenial en la tierra (19:17–20:6). Esto implicará que Satanás sea atado en el abismo (20:1-3), y la resurrección de los santos mártires, quienes empezarán entonces a reinar sobre la tierra (20:4). El final del milenio culminará en un acto dramático de juicio, cuando Dios destruirá a Satanás, recién liberado, y a aquellos de entre las naciones que lancen un ataque contra la amada ciudad de Jerusalén (20:7-10). Este reinado milenial de Jesús conducirá al reino eterno descrito en Apocalipsis 21:1–22:5, donde la plena presencia de Dios se manifestará en la Nueva Jerusalén. El Padre y el Hijo estarán en el trono, y el pueblo de Dios reinará por siempre y para siempre (22:1-5).

Más adelante ampliaremos la exposición sobre el reino en porciones sobre el milenio y el estado eterno. En resumen, el reino de Dios puede explicarse de esta manera: el divino y eterno trino Dios creó literalmente un reino y dos ciudadanos para el mismo, quienes debían ejercer dominio sobre él. Pero un enemigo usurpó su lealtad legítima al Rey, y capturó a los ciudadanos originales del reino. Dios intervino con las maldiciones consiguientes que existen hasta el día de hoy. Desde entonces, Dios ha estado redimiendo a personas pecaminosas y rebeldes, para que sean restauradas como ciudadanos cualificados del reino, tanto ahora en un sentido espiritual como después en el sentido de un reino sobre la tierra. Finalmente, el enemigo será derrotado para siempre, y el pecado también. Por tanto, Apocalipsis 21–22 describe la expresión final y eterna del reino de Dios en el que el eterno Dios trino restaurará el reino a su pureza original, eliminará la maldición, y establecerá el nuevo cielo y la nueva tierra como morada eterna de Dios y de su pueblo.

El premilenialismo futurista[14]

Se han presentado muchos enfoques distintos de la escatología cósmica. El que nos parece más fiel a las Escrituras es el premilenialismo futurista. Como el refinamiento del premilenialismo dispensacional, el futurista afirma una opinión futurista sobre la septuagésima semana de Daniel (Dn. 9:27), que incluye los acontecimientos de Mateo 24 y los juicios de los sellos, las trompetas y las copas descritas en Apocalipsis 6-18. El reino milenial de Apocalipsis 20 no es lo único futuro: el período de la tribulación que precede al milenio también lo es. Este entendimiento futurista de la septuagésima semana de Daniel contrasta con otros planteamientos escatológicos como el amilenialismo y el posmilenialismo, que sitúan la septuagésima semana y el período de la tribulación en esta era presente.

El premilenialismo futurista está basado en tres creencias principales. En primer lugar, está en consonancia con el uso sistemático del método de interpretación gramático-histórico para todos los ámbitos de la Biblia, incluidos sus pasajes proféticos y escatológicos. Esto significa que los pasajes proféticos deben entenderse de acuerdo con su sentido normal y natural. Este enfoque toma en cuenta los diversos géneros que se encuentran en la Biblia y el uso de símbolos que comunican verdades literales. Como resultado, el premilenialismo futurista espera un cumplimiento literal de todas las bendiciones físicas, nacionales, territoriales y espirituales recogidas en la Biblia, incluidas las de Israel y las de las naciones.

En segundo lugar, el premilenialismo futurista mantiene la distinción bíblica entre Israel y la iglesia, y entiende que la Biblia no las confunde. La identidad de Israel en la Biblia siempre incluye a los descendientes físicos de Abraham, Isaac y Jacob. En realidad, los setenta y siete usos de Israel en el Nuevo Testamento se refieren al Israel étnico. En ocasiones, el término Israel solo se usa para los creyentes judíos (Ro. 9:6; Gá. 6:16), pero nunca para hablar de una comunidad espiritual independientemente de su etnicidad. Asimismo, a la iglesia nunca se la llama Israel. Por ejemplo, en el libro de Hechos, Lucas alude a la iglesia diecinueve veces y veinte a Israel, pero jamás llama Israel a la iglesia. Esto demuestra de un modo convincente la intención de Dios al conservar estas identidades distintas.

El premilenialismo futurista rechaza todas las formas de teología o supersesionismo en el que se considera a la iglesia como el reemplazo o el cumplimiento de las promesas al Israel nacional, de tal manera que elimina la relevancia teológica de Israel en los planes de Dios. Afirma la gran importancia de la iglesia en los propósitos del reino de Dios, aunque espera el cumplimiento futuro de las promesas del pacto de Dios a Israel y a las naciones en un futuro reino milenial. Israel será salvo y restaurado, y tendrá un papel de liderazgo respecto a las naciones. El premilenialismo futurista entiende que la identidad de Israel no se expande para incluir a los gentiles. En su lugar, el "pueblo de Dios" se ensancha para abarcar a los gentiles junto al Israel creyente (Is. 19:24-25). El premilenialismo futurista también afirma que el cumplimiento de las promesas de

---

14. Para un tratamiento considerablemente expandido, véase John MacArthur y Richard Mayhue, eds. grals., *Christ's Prophetic Plans: A Futuristic Premillenial Primer* (Chicago: Moody Publishers, 2012).

Dios se produce por etapas. Lo que no se cumplió con la primera venida de Jesús debe realizarse con los sucesos que llevan a su segunda venida y la incluyen.

En tercer lugar, el premilenialismo futurista reconoce que las Escrituras presentan un cumplimiento futuro de la septuagésima semana de Daniel, un período de tribulación de siete años que ocurre antes del reino milenial terrenal de Jesús (Dn. 9:27). Aunque en esta era la iglesia se enfrenta a la tribulación en general, un futuro período especial de tribulación implicará los juicios únicos y catastróficos, así como la ira de toda la tierra (Ap. 6–19). Esta tribulación incluye los juicios de los sellos, las trompetas y las copas descritos en Apocalipsis 6–16. Esta tribulación venidera culmina con el regreso de Jesús y el establecimiento de su reino de mil años en la tierra. El premilenialismo futurista contrasta con las creencias teológicas que, con frecuencia, consideran esta era presente entre las dos venidas de Jesús como el período de tribulación anunciado y el reino de Jesús. Para el premilenialismo futurista la tribulación de Apocalipsis 6–18 precede a la venida de Cristo, el establecimiento de su reino (Ap. 19–20) y el estado eterno (Ap. 21–22).

Israel y la iglesia

Para entender la escatología es necesario saber cómo obra Dios por medio de Israel y de la iglesia.

ISRAEL

Israel es la nación y el pueblo que surge del linaje de Abraham, Isaac y Jacob. La historia de Israel empieza en Génesis 12 con el llamamiento de Abraham (entonces conocido como Abram). El telón de fondo es Génesis 10–11, que describe el acontecimiento de la torre de Babel y la dispersión de los grupos étnicos y las naciones por todo el mundo. Con todo, las naciones siguieron siendo pecaminosas y sin esperanza aparte de la intervención de Dios. Génesis 12:2-3 revela que Abraham y la "gran nación" que saldría de él serían el instrumento para bendecir a las naciones de la tierra (cf. 22:18).

Israel será una bendición a las naciones de dos maneras principales. En primer lugar, Israel será el vehículo por medio del cual llegará el Salvador (Mesías). Después de la caída, Dios prometió que un específico "él" de la simiente de la mujer llegaría, revertiría la maldición y derrotaría al poder detrás de la serpiente, es decir, Satanás (Gn. 3:15). Esto se cumple en Jesús, la simiente suprema (Gá. 3:16). En Génesis 49:8-12 se halla una esperanza mesiánica en la que Jacob afirma que de su hijo Judá saldría un rey que bendeciría al mundo. Se lo llamaría "Siloh" o "el verdadero rey [un reinado real]", a quien sería la "obediencia de los pueblos" (Gn. 49:10, NVI). Por tanto, de Israel saldrá un Salvador que también será Rey del mundo.

En segundo lugar, Israel está destinado a cumplir una función de servicio y liderazgo a las demás naciones del mundo. Dado que Dios ha planeado un reinado exitoso en la tierra (Is. 52:13), Dios usará a Israel como nación, bajo su Mesías, para llevar a cabo un papel representativo ante las naciones (Is. 2:2-4). Israel es un medio de bendiciones globales. La intención es que, como nación y como pueblo, Israel y su territorio funcionen como microcosmos de lo que Dios hará para todas las naciones. Asimismo, Israel será una plataforma para las bendiciones de las naciones. Como Dios bendice a Israel en la Tierra Prometida, Dios bendecirá a las demás naciones en sus territorios. Isaías 27:6 predice: "Días vendrán cuando Jacob echará raíces, florecerá y echará renuevos Israel, y la faz del mundo llenará de fruto".

Para entender la función futura de Israel como nación, se debe comprender su pasado. Hemos visto aspectos de esta historia en nuestra explicación del reino de Dios, pero merece la pena volver a narrar la historia de manera particular, desde el punto de vista de Israel. Con el éxodo desde Egipto, el creciente pueblo de Israel fue liberado de la esclavitud para perseguir su destino de convertirse en un "reino de sacerdotes, y gente santa" (Éx. 19:6). Un sacerdote es el representante de los demás ante Dios, e Israel fue llamado por Él como nación santa para representar a las demás naciones ante Él. Deuteronomio 4:5-6 prometió que si Israel obedecía los mandamientos de Dios, los pueblos de la tierra "oirán todos estos estatutos" y dirán: "Ciertamente pueblo sabio y entendido, nación grande es esta". La intención era que la obediencia de Israel sirviera de testimonio a las naciones, que serían atraídas al Dios de Israel.

Parecía que ellos estaban logrando su propósito durante el punto culminante del reino de Israel bajo Salomón (1 R. 8–10). Los descendientes de Israel fueron muchos, y las fronteras del territorio israelita amplias. Durante ese tiempo, los líderes y las naciones extranjeros, ilustrados por la reina de Sabá, buscaban la sabiduría del rey de Israel, Salomón (1 R. 10:1-10, 24). La promesa de que las naciones de la tierra serían bendecidas por medio de los descendientes de Abraham (Gn. 22:18) parecía a punto de cumplirse. Sin embargo, la idolatría de Salomón (1 R. 11) detuvo este progreso y puso a Israel en la trayectoria hacia la desobediencia y la dispersión. En lugar de ser una nación santa que atrajera positivamente a las naciones a Dios, Israel adoró a los dioses de estas y pronto fue tomado cautivo por las naciones. Después de Salomón, el reino se dividió y, finalmente, tanto las tribus norteñas de Israel como las sureñas de Judá fueron llevadas a la cautividad. Algunos judíos regresarían a su tierra, pero siempre bajo la autoridad de los poderes gentiles, y nunca con la libertad y el esplendor de los primeros años del reinado de Salomón.

Tras el final de la monarquía en Israel, los profetas se convirtieron en los actores centrales. Sus mensajes se centraron en tres ámbitos claves: (1) la represión a Israel por quebrantar el pacto mosaico (p. ej., Ez. 1–24; Mi. 1–3); (2) las advertencias y predicciones para las naciones (p. ej., Is. 13–23; Ez. 25–32) y (3) las promesas de un reino glorioso en el que Israel sería restaurado bajo su Mesías, y las naciones de la tierra serían bendecidas (p. ej., Is. 2:2-4; 19:24-25; Am. 9:11-15).

Cuando Jesús apareció, llegó como simiente de Abraham y de David (Mt. 1:1), que presentó el reino de los cielos que los profetas del Antiguo Testamento predijeron (Mt. 4:17). A pesar de ello, las ciudades de Israel rechazaron al Rey y su reino (Mt. 11:20-24), y los líderes de Israel rechazaron a Jesús al atribuir sus obras a Satanás (Mt. 12:24). Esto intensificó el pecado de incredulidad de Israel. La consecuencia de este rechazo hacia el Mesías de Israel fue la dispersión y la destrucción del templo de Israel en el 70 d.C., algo que ya predijeron Daniel (Dn. 9:26) y Jesús (Mt. 23:38; Lc. 19:41-44; 21:20-24). Dada la destrucción de Jerusalén en el 70 d.C., Israel ha seguido experimentando "los tiempos de los gentiles" (Lc. 21:24), durante el cual Israel ha sido oprimido por los poderes gentiles.

¿De qué forma se relaciona Israel con la escatología? El primer propósito de Israel —ser el instrumento para el Salvador y Mesías— se ha cumplido. Jesús, el israelita supremo (Is. 49:3; Gá. 4:4-5) y la simiente de Abraham (Gá. 3:16) llegó trayendo perdón y salvación a todos lo que creen en Él, al margen de su nacionalidad. El perdón de los pecados y la residencia del Espíritu Santo se les han dado a los judíos creyentes y a los gentiles en esta era, entre las dos venidas de Jesús. Sin embargo, la función de Israel en dirigir y servir a las demás naciones aguarda su cumplimiento (Is. 2:2-4). La imagen de Israel que ofrecieron los profetas como de una nación prominente en el reinado terrenal del Mesías sigue siendo futura (cf. Is. 60). En Mateo 19:28, Jesús afirmó que durante el tiempo venidero de renovación cósmica ("en la regeneración"), Él se sentaría en "el trono de su gloria", y que los apóstoles "también [se sentarían] sobre doce tronos, para juzgar a las doce tribus de Israel". Esta palabra habla de una nación restaurada y unificada de Israel. Asimismo, tras cuarenta días de instrucción sobre el reino por parte del Jesús resucitado, los apóstoles le preguntaron: "Señor, ¿restaurarás el reino a Israel en este tiempo?" (Hch. 1:3, 6). Jesús asumió la exactitud de su creencia respecto a una restauración del reino de Israel, pero les indicó que solo el Padre conocía el momento de ese acontecimiento (Hch. 1:7). Esta declaración también afirma un reino restaurado para Israel.

Pablo declaró una salvación futura de Israel cuando expresó: "Y luego todo Israel será salvo" (Ro. 11:26). Esta salvación de Israel traerá bendiciones aún mayores para el mundo. En Romanos 11:12 Pablo afirmó: "Y si su transgresión [de Israel] es la riqueza del mundo, y su defección la riqueza de los gentiles, ¿cuánto más su plena restauración?". A continuación, añadió: "Porque si su exclusión es la reconciliación del mundo, ¿qué será su admisión, sino vida de entre los muertos?" (11:15). En Romanos 11 Pablo se dirigió al pueblo incrédulo de Israel en la era de la iglesia. Aunque existe un remanente de personas judías que creen, el pueblo en su conjunto mora en la incredulidad. Sin embargo, cuando Israel sea salvo, las bendiciones para el mundo serán incluso mayores que ahora. Entonces el mundo verá la renovación cósmica que los profetas del Antiguo Testamento anunciaron (Is. 11; 65:17-25).

Sin embargo, el camino hacia este glorioso futuro para Israel no será directo ni llano. Israel está experimentando en la actualidad un endurecimiento temporal y se está enfrentando a las consecuencias de rechazar al Mesías. Jesús declaró que Israel no conoció el tiempo de su "visitación" y, por ello, tuvieron que pasar por el juicio de la destrucción de Jerusalén en el 70 d.C., y ahora están viviendo los "tiempos de los gentiles" (Lc. 19:41-44; 21:20-24). No obstante, en esta era existe un remanente de judíos creyentes (Ro. 11:5), a quienes Pablo denomina el "Israel de Dios" (Gá. 6:16). Este remanente fiel y elegido sirve de recordatorio de una salvación futura de "todo Israel", de acuerdo con las profecías del Antiguo Testamento (Ro. 11:26-27). Zacarías predijo que llegaría un día en el que Dios derramaría un "espíritu de gracia" sobre el pueblo de Israel para que "mira[ran]... a quien traspasaron" y se "afligie[ran] por él" (Zac. 12:10). Esto habla de la salvación y la restauración nacional de Israel y de su entrada a las bendiciones del nuevo pacto.

En el futuro, habrá un período de siete años (Dn. 9:27) durante el cual se retomará el plan de Dios de restaurar a Israel. La segunda mitad de este período incluirá una persecución sin precedentes y la ira del anticristo, quien cometerá un acto abominable en el templo de Jerusalén (Mt. 24:15; 2 Ts. 2:3-4). Jeremías afirma que será un período único, "tiempo de angustia para Jacob", pero que "de ella será librado" (Jer. 30:7). Las naciones se levantarán contra Jerusalén para destruirla, pero el Señor Jesús rescatará a los habitantes de Jerusalén a su regreso, y establecerá su reino en la tierra (Zac. 14:1-9). Entonces, las naciones subirán a Jerusalén y experimentarán las bendiciones de los juicios reales del Mesías, quien reinará desde allí (Is. 2:2-4; 9:7).

Dios cumplirá todas las promesas y los pactos bíblicos con Israel, tal como afirmó. Él no lo hará porque Israel sea tan grande, sino porque Dios es impecablemente fiel a su nombre y a las promesas que hizo a los patriarcas israelitas (Dt. 7:6-9). Como Pablo aseveró enfáticamente en Romanos 11:1: "Digo, pues: ¿Ha desechado Dios a su pueblo? En ninguna manera". A continuación, vincula la salvación de Israel a los propósitos electores de Dios: "Así que en cuanto al evangelio, son enemigos por causa de vosotros; pero en cuanto a la elección, son amados por causa de los padres. Porque irrevocables son los dones y el llamamiento de Dios" (Ro. 11:28-29). Israel es, por tanto, fundamental para los propósitos de Dios, y no puede ser descartado sin denigrar la fidelidad de Dios a sus promesas.

LA IGLESIA

En el Antiguo Testamento no se predice la iglesia de forma explícita, sino que es una importante fase del programa del reino de Dios y está relacionada con los pactos de la promesa (es decir, abrahámico, davídico y el nuevo pacto). El mayor y supremo Hijo de David (Jesús) llegó trayendo salvación para todos los que creyeran en Él. En Gálatas 3, Pablo declaró que los cristianos gentiles están conectados a las promesas abrahámicas de Génesis 12:3 y 22:18, que declararon que las bendiciones de Dios llegarían un día a los gentiles. Los miembros de la iglesia son hijos espirituales de Abraham, y están relacionados con el pacto abrahámico (Gá. 3:7-9, 29). La muerte de Jesús produjo la inauguración del nuevo pacto, y quienes confían en Él se benefician del nuevo pacto. Esto incluye la promesa del nuevo pacto de la residencia del Espíritu Santo, que posibilita que los cristianos obedezcan a Dios como deberían (Hch. 2:4, 17; Ro. 8:3-4). Los cristianos son también proclamadores de este pacto (2 Co. 3:6; cf. He. 8:8-13). Y la unidad espiritual judío-gentil bajo el Mesías de Israel ya está sucediendo (Hch. 15:14-18; Ef. 2:11-22; 3:6). De modo que, aunque el Antiguo Testamento no predijo la iglesia con su estructura y misión para esta era, está relacionada con las promesas relativas a la salvación, el ministerio del Espíritu Santo residente en el creyente y la unidad redentora entre judíos y gentiles.

La iglesia tiene una misión única antes de que Jesús regrese a gobernar a las naciones. Es el instrumento para la proclamación del reino, mientras Israel está pasando un endurecimiento temporal (Ro. 11:11). Está llamada a llevar el evangelio y el mensaje del reino a las naciones. Esta es su Gran Comisión (Mt. 28:19-20). Los que creen en Jesús se convierten en "hijos del reino" (Mt. 13:38), y deben manifestar la justicia del reino en sus vidas (Mt. 5–7).

La iglesia es una minoría perseguida en esta era. Se enfrenta a la persecución de Satanás y de quienes hacen su voluntad. La enseñanza de Dios respecto a lo venidero motiva a la iglesia que opera en este presente siglo malo con la promesa de la recompensa (Gá. 1:4). La resistencia en esta era conducirá al gobierno de un reino en el futuro. Pablo declaró: "Si sufrimos, también reinaremos con él" (2 Ti. 2:12). Juan le prometió a la iglesia de Tiatira: "Al que venciere y guardare mis obras hasta el fin, yo le daré autoridad sobre las naciones, y las regirá con vara de hierro" (Ap. 2:26-27). Quienes perseveran haciendo lo que Jesús quiere compartirán su gobierno sobre las naciones cuando Él vuelva. Jesús también prometió: "Al que venciere, le daré que se siente conmigo en mi trono" (Ap. 3:21). La iglesia se enfrenta a dificultades y problemas en esta era entre las dos venidas de Jesús, pero Él la recompensará con posiciones de autoridad en su gobierno de reino sobre las naciones. El compromiso radical con Jesús ahora conduce a una increíble recompensa en el futuro.

No obstante, la iglesia no es la fase final del programa del reino de Dios antes del estado eterno. Todavía queda mucho por cumplirse, incluido el reinado internacional del Mesías en y sobre la tierra. Israel todavía no ha sido salvo ni restaurado como nación. Como entidades nacionales, las naciones no sirven a Dios (Is. 19:24-25), ni está experimentando la armonía internacional y la eliminación de la guerra (Is. 2:2-4). La renovación del planeta (Mt. 19:28; Ro. 8:19-23) y la armonía en el reino animal (Is. 11:6-9) deben producirse aún. Satanás sigue engañando activamente al mundo y persigue a los santos de Dios (Ap. 12–13). La creación sigue obrando en su conjunto contra el hombre, ya que permanece bajo la maldición (Gn. 3:17). Terremotos, tornados, mordeduras de serpientes, malaria, mortalidad infantil y otras muchas experiencias negativas les recuerdan a todos que la creación no está subyugada. Aunque se le sigue requiriendo a la humanidad que gobierne la tierra para Dios (Sal. 8:6), todavía no lo está haciendo de un modo exitoso para la gloria de Dios (Gn. 1:26-28; He. 2:5-8). Estas condiciones no encajan con las características del reino predichas por los profetas. Tiene que haber un reinado triunfante de Jesús el Mesías y de sus santos en la tierra antes de que Jesús le entregue el reino al Padre, y comience el estado eterno (1 Co. 15:24-28). Aunque los cristianos ya celebran muchas bendiciones espirituales, sigue habiendo mucho más por venir.

Es necesario entender que la iglesia no es la fase final del programa del reino de Dios, para evitar las opiniones erróneas de la escatología. Algunas posturas escatológicas han considerado esta era como el principal cumplimiento del gobierno del reino de Jesús y han afirmado que la iglesia es el cumplimiento o el reemplazo de Israel. Muchas profecías del Antiguo Testamento han sido espiritualizadas para encajar en esta era actual, cuando en realidad describen las condiciones del reino venidero en la tierra. En el presente, la iglesia es un instrumento estratégico de los propósitos del reino de Dios en este siglo, y tiene la tarea de llevar el evangelio a las naciones. Los miembros de la iglesia, tanto los vivos como los muertos, están destinados al acontecimiento del arrebatamiento de 1 Tesalonicenses 4:14-17, en el que Jesús arrebatará a todos los cristianos desde el aire para que estén con Él y eviten la ira de Dios en el día venidero del Señor (1 Ts. 1:10). Cuando Jesús venga a la tierra, la iglesia regresará con Él y participará en el reinado del reino milenial de Jesús gobernando a las naciones (Ap. 2:26-27). En resumen, la iglesia está experimentando muchas bendiciones extraordinarias, aunque sigue aguardando gobernar con Jesús en su reino milenial venidero.

El orden de la resurrección

Más arriba hemos explicado lo que significa la resurrección para los individuos. Aquí tratamos los planes de resurrección de Dios de un modo más amplio respecto al momento y los sujetos de diversas resurrecciones en las Escrituras. Pasajes como Daniel 12:2; Juan 5:28-29 y Romanos 2:5-8 expresan de forma explícita que habrá una resurrección de los justos y de los impíos. Pero, ¿significa esto que la resurrección de ambos grupos se produce al mismo tiempo? Algunos piensan que sí, pero nosotros opinamos que no. El programa de la resurrección sucede en etapas. Del mismo modo que existen fases en los demás aspectos del programa de Dios, como los pactos, el reino, la salvación y el día del Señor, los juicios de las Escrituras acontecen también por etapas.

Dos pasajes revelan explícitamente un orden en el programa de resurrección. En primer lugar, Pablo menciona tres fases en 1 Corintios 15:22-24: "Porque así como en Adán todos mueren, también en Cristo todos serán vivificados. Pero cada uno en su debido orden: Cristo, las primicias; luego los que son de Cristo, en su venida. Luego el fin, cuando entregue el reino al Dios y Padre, cuando haya suprimido todo dominio, toda autoridad y potencia". El "orden" de las fases de la resurrección es como sigue:

Fase 1: Cristo, las primicias
Fase 2: Después de esto, los que le pertenecen a Cristo en su venida
Fase 3: Entonces llega el fin

En segundo lugar, el apóstol Juan habla de dos resurrecciones separadas por mil años. En Apocalipsis 20:4-5 escribe respecto a ciertos mártires: "vivieron y reinaron con Cristo mil años. Pero los otros muertos no volvieron a vivir hasta que se cumplieron mil años". Nótese que un grupo vuelve a la vida (es decir, es resucitado) y reina con Cristo durante mil años, y después hay otro grupo denominado "los otros muertos", que no resucita hasta que los mil años tocan a su fin. Esto muestra dos resurrecciones separadas por mil años. Por tanto, dos pasajes bíblicos enseñan que hay fases en el programa de resurrección. Cuando se consideran en conjunto, describen cuatro etapas de actividad en la resurrección.

Respecto a 1 Corintios 15:20-24, la resurrección de Jesucristo en torno al 30 d.C. fue la primera fase del programa de resurrección, las "primicias" de lo que está por venir. Su resurrección corporal sirve de modelo y garantía para la resurrección de todos los que creen en Él.

La segunda fase de la resurrección —"los que son de Cristo, en su venida"— involucra a los que son resucitados en relación con la segunda venida de Jesús. Esto incluye a los santos de la iglesia resucitados, muertos y vivos, en el momento del arrebatamiento, tal como se describe en 1 Tesalonicenses 4:14-17. En ese momento, los muertos en Cristo resucitarán primero, y después los santos vivos serán "tomados" para encontrarse con Jesús en el aire.

Aunque no sucede en el momento del rapto, esta tercera fase incluye a los santos del Antiguo Testamento resucitados (Dn. 12:2) y los santos martirizados durante el período de la tribulación (Ap. 20:4). Experimentan la resurrección como resultado de la venida de Jesús a la tierra. Apocalipsis 6:9-11 habla de los mártires que dieron su vida por el testimonio de Jesús. Estas almas en los cielos claman pidiendo que se vengue su sangre en la tierra, pero se les indica que esperen un poco más. Apocalipsis 20:4 es el cumplimiento de su expectativa: "Vivieron y reinaron con Cristo mil años".

La cuarta fase de la resurrección es lo que Pablo denomina "el fin" y se produce después del reinado milenial de Jesús. Según Apocalipsis 20:5, esto involucra a "los otros muertos", quienes en este contexto son incrédulos, los que están destinados al juicio del gran trono blanco de Apocalipsis 20:11-15. Por tanto, los incrédulos están presentes en la resurrección después del reinado de mil años de Cristo.

Pero ¿experimentan algunos creyentes la resurrección en esta cuarta etapa del programa de resurrección? Esto resulta más difícil de responder, pero podría ser por la razón siguiente. Los santos no glorificados entrarán en el reino milenial como resultado de haber sido salvados durante el período de tribulación de siete años. Son santos no glorificados que tuvieron hijos con cuerpos no glorificados durante el reino milenial (Is. 65:20, 23). Sin embargo, dado que 1 Corintios 15:50 expone que los cuerpos no glorificados no pueden entrar en el reino eterno de Dios, estos santos deben recibir cuerpos glorificados en algún momento. Es probable que esos santos no glorificados reciban cuerpos resucitados inmediatamente en el momento de la muerte o al final del milenio.

Con el fin de reunir todo esto, se pueden presentar cinco conclusiones respecto al orden de las resurrecciones:

1. La Biblia habla de la resurrección de los redimidos como "la primera resurrección" (Ap. 20:5), la "resurrección de vida" (Jn. 5:29), "vida eterna" (Ro. 2:7), o "vivir por siempre" (Dn. 12:2, NVI).
2. Esta "primera resurrección" de los redimidos se produce en tres fases: (a) Cristo, las primicias (1 Co. 15:23); (b) los santos de la iglesia (1 Co. 15:23, 50-58; 1 Ts. 4:13-18); (c) los santos del Antiguo Testamento (Ez. 37:12-14; Dn. 12:2) y los santos de la tribulación (Ap. 20:4).
3. La Biblia no usa el término "segunda resurrección", pero se refiere a la resurrección de los no redimidos como "resurrección de condenación" (Jn. 5:29) o "la segunda muerte" (Ap. 20:6, 14; 21:8).
4. La Biblia no proporciona justificante alguno que nos lleve a concluir que solo habrá una resurrección general de los justos al final.
5. Por tanto, existen cuatro tiempos reconocidos de resurrección en las Escrituras: (a) La resurrección de Cristo (1 Co. 15:23); (b) la resurrección de los santos (1 Co. 15:23, 50-58; 1 Ts. 4:13-18); (c) la resurrección de los santos del Antiguo Testamento (Ez. 37:12-14; Dn. 12:2) y los santos de la tribulación (Ap. 20:4); y (d) la resurrección de los irredentos de todos los tiempos (Ap. 20:5).

Juicios futuros

La Biblia enseña claramente que todas las personas enfrentarán un día de juicio ante Dios, cuando dicho juicio será lo único que importe. Se aproxima el día de rendición de cuentas en el que todos comparecerán ante el Creador, para responder de cada pensamiento y acción.

Dios es el Creador soberano, santo y justo del universo. El hombre es su creación, un ser volitivo obligado a servir a Dios y a vivir según sus justas leyes y mandamientos. El hombre no es un ser autónomo. Todo lo que es y hace debe compararse con su Creador. Al ser Dios perfectamente santo, no puede permitir que el pecado no sea castigado. Por tanto, el juicio es una necesidad divina. Las criaturas morales deben presentarse ante Dios un día para rendir cuentas de sus acciones y sus motivos: "Y no hay cosa creada que no sea manifiesta en su presencia; antes bien todas las cosas están desnudas y abiertas a los ojos de aquel a quien tenemos que dar cuenta" (He. 4:13).

Como con otros aspectos de la escatología, los juicios de Dios son multifacéticos y se producen por etapas. Algunos juicios de Dios, como el juicio global del diluvio, su juicio sobre Sodoma y Gomorra y los juicios históricos pasados sobre Israel y Judá, ya han ocurrido. Los juicios descritos en Romanos 1:18-32 se han sucedido a lo largo de toda la historia humana, cuando la ira de Dios ha caído sobre las sociedades corruptas. Además, hay un sentido en el que la ira divina ya permanece en el incrédulo (Jn. 3:36). El enfoque de esta sección está, sin embargo, en los juicios futuros.

EL TRIBUNAL DE CRISTO

Todos los cristianos se encaminan a un día de juicio ante Jesucristo. Las Escrituras mencionan explícitamente el tribunal de Cristo en dos lugares; en cada uno de ellos, Pablo se dirige a los cristianos:

> Porque es necesario que todos nosotros comparezcamos ante el tribunal de Cristo, para que cada uno reciba según lo que haya hecho mientras estaba en el cuerpo, sea bueno o sea malo (2 Co. 5:10).

> Pero tú, ¿por qué juzgas a tu hermano? O tú también, ¿por qué menosprecias a tu hermano? Porque todos compareceremos ante el tribunal de Cristo (Ro. 14:10).

En ambos casos, el término griego para "tribunal" es *béma*. En los tiempos antiguos, un *béma* era una plataforma elevada o un escalón utilizado en los ámbitos atléticos o políticos.[15] Los gobernantes o jueces subían al *béma* para pronunciar un dictamen en los casos legales. Pilato juzgó a Jesús desde su asiento del *béma* (Mt. 27:19; Jn. 19:13). En los acontecimientos de atletismo, una figura de autoridad subía a un *béma* para juzgar la competición y recompensar a los ganadores.

Las Escrituras revelan varias verdades respecto al tribunal de Cristo. En primer lugar, Jesús es el Juez que preside sobre este *béma* de juicio. En 2 Corintios 5:10 se declara que esto es un "tribunal de Cristo". Asimismo, dado que el Padre ha concedido todo juicio al Hijo (Jn. 5:22, 27), poca duda existe de que el "tribunal de Dios" en Romanos 14:10 (NVI) también involucra a Jesús.

En segundo lugar, los sujetos de este juicio son los cristianos. Tanto en 2 Corintios

---

15. Consúltese Samuel L. Hoyt, *The Judgment Seat of Christ: A Biblical and Theological Study*, ed. rev. (Duluth, MN: Grace Gospel, 2015).

5:10 como en Romanos 14:10, Pablo se dirige a los cristianos en Corinto y Roma. Habrá otros juicios, incluido el del gran trono blanco para los incrédulos en un tiempo posterior (Ap. 20:11-15), pero el juicio aquí es para los cristianos. En 1 Corintios 3:11-15 Pablo habla de un juicio para los cristianos que tienen a Jesucristo como su fundamento.

Este juicio resulta en recompensas por lo que el cristiano haya hecho con su vida, por las obras buenas o malas (2 Co. 5:10). Es la evaluación de toda una vida. Lo "bueno" alude a las obras realizadas en el poder del Espíritu Santo que dan gloria a Dios. Lo "malo" se refiere a las acciones inútiles que no brindan honra a Dios, a las obras hechas en la carne (Gá. 5:19-21). Esta evaluación de las buenas y malas obras se explica adicionalmente en 1 Corintios 3:12-15:

> Y si sobre este fundamento alguno edificare oro, plata, piedras preciosas, madera, heno, hojarasca, la obra de cada uno se hará manifiesta; porque el día la declarará, pues por el fuego será revelada; y la obra de cada uno cuál sea, el fuego la probará. Si permaneciere la obra de alguno que sobreedificó, recibirá recompensa. Si la obra de alguno se quemare, él sufrirá pérdida, si bien él mismo será salvo, aunque así como por fuego.

El "oro, [la] plata [y las] piedras preciosas" son aquí lo "bueno" de 2 Corintios 5:10. Del mismo modo, la "madera, [el] heno [y la] hojarasca" representan lo "malo". Con su juicio de fuego, el Señor Jesús probará "la obra de cada uno cuál sea" (1 Co. 3:13). Las buenas obras conducirán a una recompensa (1 Co. 3:14), pero las malas se quemarán en el fuego. No pueden llevar a un galardón. De hecho, las obras malas o inútiles están vinculadas a sufrir "pérdida" (1 Co. 3:15). ¿Cuál es esa pérdida? No puede ser perder la salvación, ya que Pablo afirma "si bien él mismo será salvo, aunque así como por fuego" (1 Co. 3:15). Tampoco puede ser una pérdida punitiva que procede del juicio por el pecado. El cristiano no está bajo condenación por el pecado, dado que Jesús ha expiado sus pecados (Ro. 8:1). La "pérdida" podría ser darse cuenta o tomar conciencia de las oportunidades perdidas para Cristo, y de un profundo remordimiento por desperdiciar valiosas ocasiones de brindar gloria a Dios y ganar mayor recompensa eterna. Aun así, la comparecencia del cristiano ante Jesús es un acontecimiento gozoso. Pablo les dice a los corintios que "esper[en] la manifestación de nuestro Señor Jesucristo" (1 Co. 1:7-8). A pesar de ello, el cristiano debería esforzarse por evitar la sensación de vergüenza y pérdida. Juan advirtió sobre esto cuando instó: "Y ahora, hijitos, permaneced en él, para que cuando se manifieste, tengamos confianza, para que en su venida no nos alejemos de él avergonzados" (1 Jn. 2:28).

El tribunal de Cristo no se detiene en una evaluación de las acciones, sino que profundiza hasta las motivaciones. Primera de Corintios 4:5 afirma que el Señor "aclarará también lo oculto de las tinieblas, y manifestará las intenciones de los corazones; y entonces cada uno recibirá su alabanza de Dios". Así, el juicio ante Jesús es tan penetrante que también se evalúan las motivaciones subyacentes a las acciones. No solo importa lo que hacemos, sino también por qué lo hacemos.

El *béma* de Jesús también tiene implicaciones corporativas para la iglesia. La iglesia resucitada y recompensada regresará victoriosa con Jesús en su segunda venida a la tierra (Ap. 19:14). También se le concederá el derecho de compartir el reinado en el trono davídico de Jesús (Ap. 3:21) y de gobernar con Él a las naciones (Ap. 2:26-27). Por lo tanto, el fiel servicio de esta era influye en la posición del cristiano en el reino venidero de Jesús. No todos los cristianos recibirán una recompensa y una autoridad iguales; según Lucas 19:11-27, a algunos se les concederá más autoridad de gobierno que a otros.

JUICIO DE ISRAEL

Jesús regresará a la tierra y establecerá su reino (Zac. 14:4, 9), aunque solo aquellos que son redimidos pueden entrar en el reino (Jn. 3:3), debe haber juicios para determinar quién entrará. Uno de estos juicios involucra a los judíos que vivan en el momento del regreso de Jesús. Ezequiel 20:33-38 explica de forma explícita este acontecimiento:

> Vivo yo, dice Jehová el Señor, que con mano fuerte y brazo extendido, y enojo derramado, he de reinar sobre vosotros; y os sacaré de entre los pueblos, y os reuniré de las tierras en que estáis esparcidos, con mano fuerte y brazo extendido, y enojo derramado; y os traeré al desierto de los pueblos, y allí litigaré con vosotros cara a cara. Como litigué con vuestros padres en el desierto de la tierra de Egipto, así litigaré con vosotros, dice Jehová el Señor. Os haré pasar bajo la vara, y os haré entrar en los vínculos del pacto; y apartaré de entre vosotros a los rebeldes, y a los que se rebelaron contra mí; de la tierra de sus peregrinaciones los sacaré, mas a la tierra de Israel no entrarán; y sabréis que yo soy Jehová.

Este juicio venidero de Israel será un poderoso acto de Dios. Con "enojo derramado", Dios ha de "reinar" sobre Israel (Ez. 20:33). Él reunirá a los judíos de "entre los pueblos" donde fueron dispersados (Ez. 20:34). El entorno para esta escena de juicio será el "desierto de los pueblos", y será una reunión real cara a cara que será paralela al encuentro que Dios tuvo con Israel en el desierto de Egipto (Ez. 20:35-36). Israel pasará por la vara real del Señor como la de un pastor para entrar en los "vínculos del pacto" (Ez. 20:37). Esto no se refiere al pacto mosaico, sino a la entrada del Israel nacional en las bendiciones del nuevo pacto. Pablo habla de esto en Romanos 11:26-27, donde la salvación de "todo Israel" está relacionada con los pasajes del nuevo pacto de Isaías 59:20-21 y Jeremías 31:31-34. El nuevo pacto se inauguró con la muerte de Jesús (Lc. 22:20), y algunas de sus bendiciones espirituales se experimentan en esta era presente, pero Israel entrará en el pacto cuando Jesús establezca su reino en la tierra. Aun así, no todos los israelitas entrarán en este reino. El Señor declara: "Apartaré de entre vosotros a los rebeldes (Ez. 20:38a). Incluso para Israel, el nacimiento espiritual es el requisito previo para entrar en el reino de Dios. Los impíos no entrarán en el reino. Aunque hayan sido reunidos de entre las naciones para este juicio, "a la tierra de Israel no entrarán" (Ez. 20:38b).

Este juicio de Israel podría producirse durante el período de tribulación venidero o en el entorno específico de juicio, inmediatamente después del retorno de Jesús a la tierra. El juicio de Israel en el regreso de Jesús también es posible que se tenga en mente en las parábolas de las diez vírgenes (Mt. 25:1-13) y los talentos (Mt. 25:14-30). En estas parábolas, la venida de Jesús encuentra a personas que son necias o sabias respecto a su venida, pero el contexto judío de Mateo 24–25 aplica probablemente estas parábolas a Israel, dado que el juicio de las ovejas y los cabritos descrito en Mateo 25:31-46 se centra de manera específica en las naciones gentiles.

EL JUICIO DE LAS NACIONES

El regreso de Jesús a la tierra también resulta en un juicio de los gentiles vivos. Dos pasajes tratan esto directamente: Joel 3:1-16 y Mateo 25:31-46. En primer lugar, el profeta Joel predijo:

> Porque he aquí que en aquellos días, y en aquel tiempo en que haré volver la cautividad de Judá y de Jerusalén, reuniré a todas las naciones, y las haré descender al valle de Josafat, y allí entraré en juicio con ellas a causa de mi pueblo, y de Israel mi heredad (Jl. 3:1-2a).

El contexto de este pasaje son los juicios del día del Señor de Joel 2, que involucran la salvación y la bendición de Israel. En ese "tiempo", cuando Dios restaure a Israel, "reunir[á] a todas las naciones" y las juzgará en nombre de Israel. Las naciones gentiles serán juzgadas por dispersar al pueblo judío y dividir la tierra de Israel, así como por otras atrocidades (Jl. 3:2b-3). El enclave de este juicio es específico: "[e]l valle de Josafat". Desde allí, Dios juzgará "a todas las naciones de alrededor" (Jl. 3:12). En resumen, Joel 3 revela que Dios juzgará a las naciones que dañaron a Israel.

A continuación, Mateo 25:31-46 también describe un juicio general de las naciones gentiles:

> Cuando el Hijo del Hombre venga en su gloria, y todos los santos ángeles con él, entonces se sentará en su trono de gloria, y serán reunidas delante de él todas las naciones; y apartará los unos de los otros, como aparta el pastor las ovejas de los cabritos (Mt. 25:31-32).

A este juicio de los gentiles se suele mencionar como *el juicio de las ovejas y los cabritos*, ya que se asemeja a los creyentes a "ovejas" y a los impíos a "cabritos". El propósito de este juicio consiste en determinar quién está cualificado para entrar en el reino terrenal de Jesús y quién no. Las ovejas justas entran al reino de Jesús, mientras que los impíos son excluidos de él y ejecutados.

La base de este juicio es cómo trataron los pueblos gentiles a los demás. Aquellos que trataron "a uno de estos... más pequeños" (Mt. 25:40, 45) con bondad y misericordia estaban tratando realmente así a Jesús, aun cuando no eran conscientes de ello. Del mismo modo, el maltrato o ignorar a los demás mostraban desprecio hacia Jesús. Este juicio, basado en actos de compasión, no indica que la salvación esté fundamentada en las obras, sino que más bien aclara que estas revelan el carácter con precisión (cf. Ro. 2:5-11). La fe o la falta de ella se manifiestan con obras.

Aunque el trato hacia el grupo llamado estos "más pequeños" tiene implicaciones para todas las personas, este pasaje también puede tener en mente el trato hacia el pueblo judío. Joel 3, que es el antecedente para el juicio de Mateo 25:31-46, declara que el juicio de las naciones era en nombre de Israel y reflejaba el trato que estas le proporcionaron. Podría ser, asimismo, el caso de Mateo 25, en especial considerando la persecución de los judíos descrita en Mateo 24:15-28.

Mateo 25 no hace mención alguna de una resurrección de los muertos para quienes experimenten este juicio. Por tanto, es para los gentiles vivos en el momento del regreso de Jesús. Tampoco habla de la glorificación. Las "ovejas" entran en el reino terrenal de Jesús en sus cuerpos mortales, mientras que los "cabritos" son ejecutados y entran en el fuego eterno (Mt. 25:41, 46).

EL JUICIO A SATANÁS Y LOS DEMONIOS

Para más información sobre el juicio a Satanás y los demonios en la historia, consúltese la exposición en "Los juicios de Satanás" (p. 718) y "Juicios de los demonios" (p. 734) en el capítulo 8. En esta sección, el enfoque solo está en los juicios futuros a Satanás y todos sus demonios.

Satanás y sus demonios sufrieron el juicio original cuando Satanás pecó contra Dios en el cielo (Ap. 12:1-4). También experimentaron un juicio en el Calvario cuando su poder fue derrotado por Jesús en la cruz (Col. 2:14-15). Sin embargo, tres juicios aguardan a Satanás y los demonios: el tribulacional, el milenial y el eterno.

En Apocalipsis 12:7-13 se nos habla de un juicio tribulacional cuando Satanás y sus demonios serán lanzados del cielo a la tierra. En ese momento se eliminará para siempre el acceso de Satanás al cielo, y él volverá su atención a perseguir a Israel en la tierra. Esto sucederá alrededor del punto medio de la septuagésima semana de Daniel (Dn. 9:27) dado que este suceso está vinculado al período denominado "un tiempo, y tiempos, y la mitad de un tiempo" (Ap. 12:14), que son tres años y medio. Desde este momento en adelante, Satanás ya no podrá acusar de pecado a los creyentes en la presencia de Dios (Ap. 12:10-11).

Satanás está activo en la actualidad, se opone a los planes de Dios, engaña a las naciones y persigue a los santos de Dios. Sin embargo, Apocalipsis 20:1-3 hace la crónica de un juicio milenial venidero, tras el regreso de Jesús a la tierra (Ap. 19:11-21), cuando Satanás será atrapado, atado y lanzado al abismo. Este foso no es el lago de fuego, sino una prisión espiritual que le quitará por completo el acceso a la tierra y su capacidad de engañar. Es probable que todos los demonios sean encarcelados con Satanás durante ese tiempo, mientras Jesús y sus santos reinan en la tierra durante mil años, sin que él y sus corruptos ángeles caídos interfieran (Ap. 20:4).

El juicio final de Satanás y de los demonios tendrá lugar en el juicio eterno tras el milenio (Ap. 20:7-10). Las fuerzas del infierno serán liberadas para una rebelión final, aunque condenada al fracaso. Satanás, los demonios y una multitud necia de entre las naciones que rechazan a Cristo intentarán atacar la amada ciudad de Jerusalén, pero el fuego del cielo los consumirá instantáneamente en juicio. En ese momento, Satanás y todos los demonios (Mt. 25:41; 2 P. 2:4; Jud. 6) se unirán al anticristo y al falso profeta en el lago de fuego (Ap. 20:10). Este es el juicio final de Satanás y sus demonios, cuando serán retirados para siempre de la oposición al reino y al pueblo de Dios.

EL JUICIO DEL GRAN TRONO BLANCO

Todos los incrédulos están destinados, en última instancia, al juicio del gran trono blanco. Este acontecimiento aterrador se describe en Apocalipsis 20:11-15:

> Y vi un gran trono blanco y al que estaba sentado en él, de delante del cual huyeron la tierra y el cielo, y ningún lugar se encontró para ellos. Y vi a los muertos, grandes y pequeños, de pie ante Dios; y los libros fueron abiertos, y otro libro fue abierto, el cual es el libro de la vida; y fueron juzgados los muertos por las cosas que estaban escritas en los libros, según sus obras. Y el mar entregó los muertos que había en él; y la muerte y el Hades entregaron los muertos que había en ellos; y fueron juzgados cada uno según sus obras. Y la muerte y el Hades fueron lanzados al lago de fuego. Esta es la muerte segunda. Y el que no se halló inscrito en el libro de la vida fue lanzado al lago de fuego.

Esta sentencia final de los perdidos es el pasaje más serio, formal y trágico de la Biblia. Es la última escena de la historia en una sala de justicia.

El día del juicio de este gran trono blanco tiene lugar tras el reinado de mil años de Cristo y sus santos (Ap. 20:4-7). Aquel que está presente en el trono no es otro que el Dios Todopoderoso (Ap. 4:2-11), que debe referirse sin lugar a duda a Jesús, ya que a Él se le ha concedido todo juicio (Jn. 5:22, 26-27).

El propósito de este juicio es declarar a quién se enviará al lago de fuego (Ap. 20:15), al que también se lo menciona como "la segunda muerte" (Ap. 20:6). Los sujetos del juicio del gran trono blanco son incrédulos cuyos cuerpos han resucitado de la "muerte y el Hades" para este juicio (Ap. 20:13).

La base del juicio del gran trono blanco son las obras (Ap. 20:13), y la prueba está contenida en libros que revelan el carácter y las acciones de cada persona. La referencia a "los libros fueron abiertos" puede incluir registros de las acciones de quienes están ante el trono. A continuación, se abre "otro libro" identificado como "el libro de la vida". En este se enumera a aquellos que han sido salvados por Jesús. El libro de la vida es un testimonio contra los no salvos, cuyos nombres no figuran en él. Estos son "lanzados al lago de fuego", que es el destino final de los perdidos.

¿ES EL JUICIO DE LAS OVEJAS Y LOS CABRITOS LO MISMO QUE EL JUICIO DEL GRAN TRONO BLANCO?[16]

Algunos teólogos consideran que el juicio de las ovejas y los cabritos de Mateo 25:31-46 y el juicio del gran trono blanco de Apocalipsis 20:11-15 son el mismo acontecimiento. Sugieren que ambos describen una escena de juicio y un destino de fuego para los impíos. Sin embargo, un examen más minucioso revela que estos dos juicios no pueden ser lo mismo. En primer lugar, el *momento* del juicio de las ovejas y los cabritos se produce con bastante proximidad a la segunda venida de Jesús (cf. Mt. 25:31-32). Jesús viene en gloria con sus ángeles y se sienta en su glorioso trono (es decir, su trono davídico), y

---

16. Esta sección está adaptada de Michael Vlach, "Why the Sheep/Goat Judgment and Great White Throne Judgment Are Not the Same Event", *Mike Vlach* (blog), 23 de julio, 2011, http://mikevlach.blogspot.com/2011/06/why-sheepgoat-judgment-and-great-while.html. Usado con permiso del autor.

después todas las naciones se reúnen delante de Él para el juicio. Por tanto, el juicio de las ovejas y los cabritos está estrechamente relacionado con la segunda venida de Jesús. Por otra parte, el juicio del gran trono blanco tiene lugar después del reinado de mil años de Jesús y de sus santos (Ap. 20:4-7). Pasados los mil años (Ap. 20:7) se celebra el juicio del gran trono blanco (Ap. 20:11-15). Este punto solo ya muestra que son juicios distintos. Uno se produce al principio del gobierno del reino de Jesús, mientras que el otro ocurre después del milenio, en la transición al estado eterno. Las resurrecciones, separadas por mil años (cf. Ap. 20:4-5) sugieren firmemente también que son dos juicios diferentes.

Además del momento, existen diferencias en los detalles de estos juicios. El *propósito* del juicio de las ovejas y los cabritos consiste en ver quién heredará el reino (Mt. 25:34) y quién no (Mt. 25:41). El propósito del juicio del gran trono blanco es ver quién será enviado al lago de fuego (Ap. 20:15). Sus propósitos son diferentes, y en el del gran trono blanco no se ofrece esperanza alguna.

Del mismo modo, los *sujetos* del juicio de las ovejas y los cabritos (Mt. 25:32) son creyentes e incrédulos. Sin embargo, los del gran trono blanco solo son incrédulos. Aunque Apocalipsis 20:11-15 no excluye que los creyentes estén presentes como espectadores en este juicio, no los menciona. Los sujetos del juicio de las ovejas y los cabritos son aquellos que estén vivos en el momento de la segunda venida de Jesús, pero el juicio del gran trono blanco implica la resurrección de los perdidos (Ap. 20:13). El mar y el Hades entregan a sus muertos para este juicio. Estas diferencias indican que cada uno de los dos juicios es único y se producen en momentos separados.

Pactos[17]

Los pactos son fundamentales para los planes de Dios, y constituyen los instrumentos a través de los cuales se desvelan los propósitos de su reino. Un pacto es un acuerdo formal o un tratado entre dos partes, con obligaciones y normas. La inmensa mayoría de los pactos de la Biblia (1) son incondicionales o irrevocables en que una vez que el pacto es ratificado, debe cumplirse, y (2) se refiere a ellos como eternos. Los pactos incondicionales incluyen el noético, el abrahámico, el sacerdotal, el davídico y el nuevo pacto. El único pacto condicional y temporal es el pacto mosaico. Son pactos bíblicos pues se encuentran explícitamente en las Escrituras. Los planes de los pactos de Dios pueden entenderse por medio del estudio de estos pactos bíblicos.

Algunos teólogos afirman que los pactos bíblicos deberían entenderse a través de pactos teológicamente derivados. La teología del pacto afirma tres pactos de este tipo: (1) el pacto de las obras, (2) el pacto de la gracia y (3) el pacto de la redención. Aunque pueda haber ciertas verdades asociadas a estos pactos teológicos, como que Dios tenga un plan de salvación desde la eternidad y que obre con su pueblo sobre la base de la gracia después de la caída de Adán, no son pactos reales que se hallen en la Biblia. Su inclusión en las exposiciones del programa de pacto de Dios implica afirmar más de lo que las Escrituras han presentado de forma explícita y pueden llevar a confusión y a opiniones erróneas.

---

17. Para una exposición más detallada de los pactos, consúltense los artículos en *MSJ* 10, no. 2 (1999): 173-280.

Los pactos teológicamente derivados impuestos en los pactos bíblicos pueden alterar la revelación que estaba en la intención de Dios. Por ejemplo, la teología del pacto ha usado con frecuencia la idea extrabíblica del pacto de la gracia para negar la distinción bíblica entre Israel y la iglesia. Supuestamente, si todas las personas son salvas por gracia, por medio de la fe solamente, entonces no puede haber distinción alguna entre Israel y la iglesia. Pero no es así. La afirmación de este pacto de la gracia ha conducido a menudo a la falsa posición de la teología del reemplazo o supersesionismo en la que la iglesia se considera como la sustituta o el cumplimiento de Israel, de tal manera que Dios ya no obra en Israel como nación. Sin embargo, aunque los santos de todas las eras son salvos solo por gracia y a través de la fe, existen distinciones en el pueblo de Dios.

El premilenialismo futurista, por otra parte, asevera que los planes de los pactos de Dios deben anclarse en un entendimiento adecuado de los pactos bíblicos, y cómo se desarrollan en la historia de la salvación. No es necesario presentar los pactos teológicos, ya que se puede entender el programa de los pactos de Dios por medio de pactos bíblicos. Este enfoque permite que se capten verdades como la salvación solo por gracia y a través de la fe para todas las personas que creen, a la vez que se entiende que también existen discontinuidades respecto a la identidad, la estructura y la función para Israel, las naciones y la iglesia.

EL PACTO NOÉTICO

El hombre fue creado con la inmediata obligación de adorar y servir a Dios su Creador (Gn. 1–2). Por tanto, el hombre ha poseído obligaciones inherentes para con Dios desde el principio. A pesar de ello, la primera aparición del término "pacto" (*berít*) se halla en un contexto posterior a la caída en Génesis 6:18, donde Dios le indica a Noé: "Mas estableceré mi pacto contigo". Así, el primer pacto bíblico es el pacto noético, también llamado "pacto eterno" en Génesis 9:16.

El establecimiento o la confirmación del pacto noético se menciona en Génesis 6:18; 9:9, 11, 12, 13, 15, 16, 17. La sustancia del pacto se encuentra en Génesis 8:20–9:17. El contexto del pacto noético es (1) la creación (Gn. 1–2), (2) la pecaminosidad del hombre (Gn. 6:5-13), (3) el favor que Noé halló con Dios (Gn. 6:8) y (4) los sacrificios de Noé (Gn. 8:20-21).

El pacto noético hace varias previsiones para la humanidad. En primer lugar, Dios se compromete a proporcionar la estabilidad de la naturaleza: "Mientras la tierra permanezca, no cesarán la sementera y la siega, el frío y el calor, el verano y el invierno, y el día y la noche" (Gn. 8:22). Esta promesa es tranquilizadora ya que garantiza la estabilidad de la naturaleza de manera que la humanidad pueda funcionar sin la amenaza de una catástrofe global. Siempre que "la tierra permanezca", los seres humanos pueden contar con el ciclo de las estaciones. Esto no solo es una bendición para toda la creación, animada e inanimada, sino que también permite que los planes del reino de Dios se desarrollen en la historia. Así, el pacto noético funciona como plataforma sobre la cual se llevan a cabo los planes del reino y la salvación de Dios.

En segundo lugar, a Noé se le ordena que se multiplique y llene la tierra (Gn. 9:1, 7), se vuelve a emitir el mandamiento que se le dio primero a Adán (Gn. 1:28).

Inmediatamente después del diluvio global, Noé y sus hijos funcionaron de forma muy parecida a como lo hizo Adán como representante inicial de la humanidad a quien se le encargó la procreación. En tercer lugar, Dios hace que los animales, las aves y los peces le teman al hombre (Gn. 9:2). En cuarto lugar, los animales se convierten en alimento para el hombre, como ocurría con las plantas en la creación, aunque los seres humanos no deben comer carne que contenga sangre (Gn. 9:3-4). En quinto lugar, la vida del hombre es sagrada; ni el hombre ni ningún animal puede matar a un ser humano (Gn. 9:5). Esto confirma la dignidad del hombre como portador de la imagen de Dios, incluso después de la caída de la humanidad. En sexto lugar, el castigo capital se instaura como castigo para quienes asesinen a un portador de la imagen de Dios (Gn. 9:6). En séptimo lugar, Dios promete no volver a destruir al mundo con agua (Gn. 9:15).

El pacto noético es un pacto incondicional y eterno que sigue en vigor hoy. El hombre sigue experimentando la estabilidad de la naturaleza para los resultados de los propósitos de Dios y la relación del hombre con otras personas y con los animales.

EL PACTO ABRAHÁMICO

El pacto noético es la plataforma inicial para los propósitos de Dios, aunque el pacto abrahámico detalla cómo planea Dios salvar a las personas y restaurar todas las cosas. Esta restauración se producirá por medio de tres grandes promesas: (1) tierra para Abraham, (2) un gran número de descendientes de Abraham y (3) las bendiciones universales para las naciones.

Este pacto abrahámico es también la base para los demás pactos que Dios instituirá. Las promesas iniciales y fundamentales del pacto abrahámico se encuentran en Génesis 12:1-3:

> Pero Jehová había dicho a Abram: Vete de tu tierra y de tu parentela, y de la casa de tu padre, a la tierra que te mostraré. Y haré de ti una nación grande, y te bendeciré, y engrandeceré tu nombre, y serás bendición. Bendeciré a los que te bendijeren, y a los que te maldijeren maldeciré; y serán benditas en ti todas las familias de la tierra.

Aquí están contenidas varias promesas. Primero, Dios promete hacer de Abraham una "nación grande". Esta nación se convertirá en Israel, formado por los descendientes de Abraham, Isaac y Jacob. Segundo, Dios le promete a Abraham que será bendecido y que su nombre se hará grande. Tercero, Abraham, será una bendición para los demás. Cuarto, Dios tratará a los demás según se porten ellos con Abraham, ya sea para bendición o para maldición. Quinto, Abraham y la nación que de él surgirá serán una bendición para "todas las familias de la tierra". Así, Abraham e Israel serán usados por Dios como medio para traer bendiciones a los gentiles. Con el pacto abrahámico los planes de Dios incluyen tanto a Israel como a los gentiles.

Otros capítulos amplían las promesas abrahámicas. Génesis 12:6-7 promete tierra a los descendientes de Abraham, y Génesis 13:14-17 les promete esa tierra "para siempre". En Génesis 15, Dios se compromete a proteger y recompensar a Abraham (15:1). Los descendientes de Abraham serán tan numerosos como las estrellas (Gn. 15:5). La ratificación unilateral del pacto tiene lugar en Génesis 15:7-17, donde Dios pasa entre los sangrientos trozos de animales para señalar que se obliga incondicionalmente a cumplir este pacto. Dios proporciona las dimensiones específicas de la promesa de territorio en Génesis 15:18-21: desde el río de Egipto al río Éufrates (Gn. 15:18).

Génesis 17 ofrece incluso más detalles. Dios multiplicará los descendientes de Abraham (Gn. 17:2), y este será el padre de muchas naciones (Gn. 17:5). Reyes descenderán de Abraham (Gn. 17:6), en anticipación de la llegada del pacto davídico que resalta la importancia de la línea real en el programa de Dios (2 S. 7:12-16). El pacto abrahámico se considera "eterno" (Gn. 17:7). Se le promete a Abraham toda la tierra de Canaán (Gn. 17:8). La circuncisión es la señal del pacto (Gn. 17:10-14). En Génesis 22:15-18 Dios reafirma su pacto con Abraham mediante la declaración de que sus descendientes serán innumerables (Gn. 22:17), y que las naciones de la tierra serán bendecidas por medio de su simiente (Gn. 22:18).

Con el pacto abrahámico, Dios se obliga a traer bendiciones a tres partes. Le da algunas promesas a Abraham, algunas a la nación de Israel y otras a las familias de la tierra. Abraham será personalmente bendecido, ya que Dios engrandecerá su nombre y lo convertirá en el padre de muchas naciones. Israel será bendecido, ya que se convierte en una nación que hereda un territorio para siempre, y experimenta paz con sus enemigos. Los pueblos gentiles también serán bendecidos, ya que Dios los introduce en su pacto y los bendice como pueblo de Dios junto con Israel.

Aunque los pactos se enfocan principalmente en Israel, lo importante es que no se restringen a él ni se considera que se apliquen solo a él. Como revelan Génesis 12:3 y 22:18, la intención de Dios era incluir a los gentiles en las promesas del pacto. Pablo afirma esto en Gálatas 3:7-9, donde vincula a los gentiles a la salvación en la iglesia a lo que Dios le prometió a Abraham en Génesis 12:3 y 22:18 respecto a las bendiciones a los gentiles. Pablo también se inspira en la relevancia del pacto abrahámico en Romanos 4. Además de revelar a Abraham como el ejemplo principal de la justicia imputada por medio de la fe solamente (cf. Ro. 4:3 con Gn. 15:6), Pablo afirma que el momento de la fe de Abraham es importante. Se le contó como justo antes de ser circuncidado para que pudiera ser el padre de los dos grupos: los gentiles que son salvos por fe, y los judíos que creen (cf. Ro. 4:10-12). Los gentiles y los judíos creyentes retienen sus identidades étnicas, pero ambos están unidos a Abraham por medio de la fe, y se los identifican como descendientes suyos (cf. Gá. 3:29). El pacto abrahámico afirma, por tanto, que todas las clases de personas serán salvas por gracia, por medio de la fe, como Abraham, pero que los judíos y los gentiles retendrán sus identidades étnicas en el seno del pueblo de Dios.

En Mateo 1:1 se declara a Jesús como "hijo de Abraham". María declaró que Dios estaba socorriendo a "Israel su siervo, acordándose de la misericordia de la cual habló a nuestros padres, para con Abraham y su descendencia para siempre" (Lc. 1:54-55). Zacarías, el padre de Juan el Bautista, fue "lleno del Espíritu Santo", y profetizó que Dios estaba recordando "su santo pacto, del juramento que hizo a Abraham nuestro padre, que nos había de conceder que, librados de nuestros enemigos, sin temor le serviríamos" (Lc. 1:67, 72-74). Tanto María como Zacarías expresaron la esperanza de que Dios salvaría a Israel y lo libraría de sus enemigos. Estas verdades respecto a la salvación nacional y a la liberación para la nación de Israel no necesitan espiritualizarse como alusión a la iglesia de hoy. En su lugar, serán cumplidas por Jesús en su segunda venida (cf. Zac. 14; Ro. 11:26).

EL PACTO MOSAICO

El pacto mosaico es la ley que Dios le dio a Israel por medio de Moisés para gobernar la vida y la conducta de Israel en la tierra prometida de Canaán (Éx. 19:5-6). Este pacto mosaico dado a Israel tras el éxodo de Egipto incluía mandamientos (Éx. 20:1-17) junto con normas que gobernaban la vida social de Israel (Éx. 21–23) y un sistema de adoración (Éx. 25–31). En conjunto, el pacto mosaico consistía de 613 mandamientos, de los cuales el Decálogo es un resumen (Éx. 20:1-17). El día de reposo era la señal de este pacto (Éx. 31:16-17).

Este pacto era bilateral, condicional y revocable, y estaba supeditado a la obediencia de Israel a Dios. La adhesión al pacto mosaico era el medio por el cual Israel podía permanecer conectado a las bendiciones del pacto abrahámico. Guardar el pacto mosaico por amor a Dios conduciría a la prosperidad espiritual y material, pero la desobediencia resultaría en juicio, e incluiría perder la tierra y ser dispersados por todas las naciones (Dt. 28–29).

El pacto mosaico era un pacto de gracia. No era un medio de salvación, sino la manera en que Dios quería que Israel mostrara su amor y su compromiso con Él. Aunque Israel prometió obedecer (Éx. 24:1-8), el registro bíblico demuestra que Israel desobedeció a Dios y se enfrentó a maldiciones por haber quebrantado el pacto. Además de violar continuamente la ley, Israel la pervirtió de dos formas principales. En primer lugar, muchos judíos distorsionaron erróneamente el pacto para convertirlo en un medio de salvación por obras y justicia (Ro. 9:30-32). En segundo lugar, muchos enfatizaron los rituales externos del pacto a expensas del corazón de amor (Mi. 6:6-8).

El pacto mosaico era santo, justo y bueno (Ro. 7:12). Por tanto, el problema que surgió con él estaba en los corazones de las personas y no en el pacto mismo. El pacto mosaico también reveló la pecaminosidad del pueblo:

> Por las obras de la ley ningún ser humano será justificado delante de él; porque por medio de la ley es el conocimiento del pecado (Ro. 3:20).

> Pero la ley se introdujo para que el pecado abundase; mas cuando el pecado abundó, sobreabundó la gracia (Ro. 5:20).

> Entonces, ¿para qué sirve la ley? Fue añadida a causa de las transgresiones, hasta que viniese la simiente a quien fue hecha la promesa; y fue ordenada por medio de ángeles en mano de un mediador (Gá. 3:19).

Como Israel falló y quebrantó el pacto mosaico, Dios prometió que sería sustituido por uno mejor, un nuevo pacto. Como proclama Jeremías 31:31-32:

> He aquí que vienen días, dice Jehová, en los cuales haré nuevo pacto con la casa de Israel y con la casa de Judá. No como el pacto que hice con sus padres el día que

tomé su mano para sacarlos de la tierra de Egipto; porque ellos invalidaron mi pacto, aunque fui yo un marido para ellos, dice Jehová.

El final del pacto mosaico como norma de vida se produjo con la muerte de Jesús, porque Él satisfizo sus exigencias, y estableció el nuevo pacto con su sangre (Lc. 22:20). Pablo explicó: "Porque el fin de la ley es Cristo, para justicia a todo aquel que cree" (Ro. 10:4). Explicó, asimismo, que Cristo se convirtió en nuestra paz "aboliendo en su carne las enemistades, la ley de los mandamientos expresados en ordenanzas" (Ef. 2:14-15). El escritor de Hebreos declaró de forma similar: "Al decir: Nuevo pacto, ha dado por viejo al primero [el pacto mosaico]; y lo que se da por viejo y se envejece, está próximo a desaparecer" (He. 8:13).

Dado que el pacto mosaico se le dio solo a Israel (Éx. 19:3; 34:27), y dado que Cristo puso fin al pacto con su muerte (Ef. 2:14-15), los cristianos no están bajo el pacto mosaico y sus leyes:

> Porque el pecado no se enseñoreará de vosotros; pues no estáis bajo la ley, sino bajo la gracia (Ro. 6:14).

> ¿Qué, pues? ¿Pecaremos, porque no estamos bajo la ley, sino bajo la gracia? En ninguna manera (Ro. 6:15).

> Pero si sois guiados por el Espíritu, no estáis bajo la ley (Gá. 5:18).

Que los cristianos no estén bajo la ley mosaica no significa que sean libres de pecar. Están unidos a Cristo y están bajo el nuevo pacto. Por tanto, en 1 Corintios 9:20-21, Pablo declaró que ahora estaba bajo la ley de Cristo, no la de Moisés:

> Me he hecho a los judíos como judío, para ganar a los judíos; a los que están sujetos a la ley (aunque yo no esté sujeto a la ley) como sujeto a la ley, para ganar a los que están sujetos a la ley; a los que están sin ley, como si yo estuviera sin ley (no estando yo sin ley de Dios, sino bajo la ley de Cristo), para ganar a los que están sin ley.

Pablo también declaró: "Pero ahora estamos [los cristianos] libres de la ley, por haber muerto para aquella en que estábamos sujetos, de modo que sirvamos bajo el régimen nuevo del Espíritu y no bajo el régimen viejo de la letra" (Ro. 7:6). El cristiano es liberado de la ley mosaica para servir en el nuevo camino del Espíritu Santo. El cristiano no está, pues, fuera de la ley, sino bajo una ley mejor: la de Cristo y el nuevo pacto. Solo que esta vez, el Espíritu capacita a la persona para que obedezca a Dios de buen grado.

Que los cristianos no están bajo el pacto mosaico es evidente, ya que los castigos por quebrantar este pacto ya no están en vigor. Por ejemplo, la inmoralidad sexual era una ofensa capital bajo el código mosaico (Lv. 20:10-16); sin embargo, en un caso de incesto en 1 Corintios 5 Pablo no le encargó a la iglesia que ejecutara a esta persona, sino que dijo: "Quitad, pues, a ese perverso de entre vosotros" (1 Co. 5:13).

No obstante, esto no afirma que el pacto mosaico no sea relevante hoy, porque desde luego lo es. "Toda la Escritura es inspirada por Dios, y útil para enseñar, para redargüir, para corregir, para instruir en justicia" (2 Ti. 3:16). El pacto mosaico revela los atributos y las verdades inmutables respecto al carácter de Dios, que es la base de los principios que Él requiere para la vida. Pablo a veces cita la legislación mosaica como sabiduría para la vida correcta (Ef. 6:1-2). Además, los mandamientos morales de Dios en el Antiguo Testamento muestran gran continuidad con lo que Dios espera de los creyentes en esta era. Nueve de los Diez Mandamientos originales se retoman y vuelven a aplicarse como parte de la ley de Cristo en el Nuevo Testamento; la única excepción es el que se refiere al día de reposo. Las diversas respuestas a los israelitas a la ley mosaica también ofrecen ejemplos que motivan a los creyentes a perseguir una vida piadosa. En cuanto a los israelitas en el desierto, Pablo exhortó: "Mas estas cosas sucedieron como ejemplos para nosotros, para que no codiciemos cosas malas, como ellos codiciaron" (1 Co. 10:6). Asimismo, declaró: "Porque las cosas que se escribieron antes, para nuestra enseñanza se escribieron, a fin de que por la paciencia y la consolación de las Escrituras, tengamos esperanza" (Ro. 15:4).

EL PACTO SACERDOTAL[18]

Con el pacto sacerdotal de Números 25, Dios prometió un sacerdocio perpetuo en el linaje de Finees que continuaría hasta el templo terrenal milenial del Señor. En un tiempo en el que el Señor estaba tratando con muchos en Israel que se habían unido a Baal Peor, Finees, un sacerdote, tomó una espada y traspasó a un hombre israelita y una mujer madianita que habían cometido una inmoralidad en una tienda ante la congregación de Israel. El Señor honró a Finees con un pacto de paz que implicaba un sacerdocio perpetuo para él y sus descendientes:

> Entonces Jehová habló a Moisés, diciendo: Finees hijo de Eleazar, hijo del sacerdote Aarón, ha hecho apartar mi furor de los hijos de Israel, llevado de celo entre ellos; por lo cual yo no he consumido en mi celo a los hijos de Israel. Por tanto diles: He aquí yo establezco mi pacto de paz con él; y tendrá él, y su descendencia después de él, el pacto del sacerdocio perpetuo, por cuanto tuvo celo por su Dios e hizo expiación por los hijos de Israel (Nm. 25:10-13).

Este pacto dado a Finees también incluía a sus descendientes (Nm. 25:13). Dios le prometió a él y su descendencia un sacerdocio perpetuo, y destacó su naturaleza perdurable. La línea genealógica de Finees seguirá hasta el reinado milenial a través de Sadoc (1 Cr. 6:50-53). Ezequiel indica que los únicos sacerdotes a quienes se les permitirá ministrar en el templo milenial serán los del linaje de Sadoc (Ez. 44:15; 48:11). A los sacerdotes no sadoquianos se les prohibirá el oficio sacerdotal, por su pasada actividad idólatra (Ez. 44:10).

La naturaleza perpetua del pacto sacerdotal sugiere que representa un pacto aparte, y que no forma parte del pacto mosaico que es temporal. En primer lugar, la terminología empleada es similar a los pactos realizados con Noé, Abraham, David y el nuevo pacto. En segundo lugar, que permanezca cuando el pacto mosaico quedó obsoleto habla incluso más alto de su condición de pacto separado. El pacto mosaico fue abrogado

---

18. Esta sección está adaptada de Irvin A. Busenitz, "Introduction to the Biblical Covenants: The Noahic Covenant and the Priestly Covenant", *MSJ* 10, no. 2 (1999): 173-189. Usado con permiso de *MSJ*.

por el nuevo pacto, pero la promesa dada a Finees continúa hasta el milenio. En tercer lugar, el lenguaje de Jeremías 33:20-21 sitúa su permanencia junto al pacto davídico, y afirma que sigue en vigor mientras dure el ciclo del día y la noche: "Así ha dicho Jehová: Si pudiereis invalidar mi pacto con el día y mi pacto con la noche, de tal manera que no haya día ni noche a su tiempo, podrá también invalidarse mi pacto con mi siervo David, para que deje de tener hijo que reine sobre su trono, y mi pacto con los levitas y sacerdotes, mis ministros".

EL PACTO DAVÍDICO

El pacto davídico es el siguiente pacto incondicional de promesa. El contexto del mismo fue el deseo de David de edificar una morada adecuada para la presencia divina. Dios no permitiría que David construyera una casa para Él, porque era un hombre de guerra, pero le prometió la perpetuidad de sus descendientes en el trono de Israel. Aunque varios pasajes revelan verdades respecto a este pacto, el núcleo central del pacto davídico se halla en 2 Samuel 7:12-16:

> Y cuando tus días sean cumplidos, y duermas con tus padres, yo levantaré después de ti a uno de tu linaje, el cual procederá de tus entrañas, y afirmaré su reino. Él edificará casa a mi nombre, y yo afirmaré para siempre el trono de su reino. Yo le seré a él padre, y él me será a mí hijo. Y si él hiciere mal, yo le castigaré con vara de hombres, y con azotes de hijos de hombres; pero mi misericordia no se apartará de él como la aparté de Saúl, al cual quité de delante de ti. Y será afirmada tu casa y tu reino para siempre delante de tu rostro, y tu trono será estable eternamente.

Este pasaje bosqueja algunas provisiones del pacto davídico. El nombre de David será engrandecido (7:9). Se proveerá un hogar para Israel (7:10). Israel disfrutará de un descanso ininterrumpido de todos sus enemigos (7:10-11). Una casa o dinastía del linaje de David perdurará (7:11). Vendrá un hijo que establecerá este reino (7:12). Salomón edificará el templo (7:13). El reino de Salomón será establecido para siempre (7:13). Dios será padre de Salomón y, cuando este desobedezca, Dios no le quitará el reino como hizo con Saúl (7:14-15). La dinastía y el reino de David durarán para siempre, y el trono de David será establecido eternamente (7:16).

En 2 Samuel 7:18-29, David eleva una oración de gratitud al Señor. Este pacto que Dios está haciendo con él es su "plan para con los hombres" (7:19, NVI). El término para "plan" es *torá* ("ley"), y la frase podría traducirse "ley para la humanidad". Esto significa que el pacto davídico tendrá un impacto positivo en los gentiles, y reafirmará la promesa del pacto abrahámico respecto a que las bendiciones de Dios incluirán a los gentiles (cf. Gn. 12:3; 22:18). El pacto davídico también hace avanzar los planes de Dios centrándose en los descendientes reales que proceden de la más amplia categoría de los descendientes nacionales de Abraham vía Isaac y Jacob. Aunque 2 Samuel 7 no menciona el término *pacto*, el vocablo se encuentra en Salmos 89:3-4: "Hice pacto con mi escogido; juré a David mi siervo, diciendo: Para siempre confirmaré tu descendencia, y edificaré tu trono por todas las generaciones".

Cuando llega la era del Nuevo Testamento, Jesús se manifiesta como el supremo

Hijo de Dios. "Libro de la genealogía de Jesucristo, hijo de David" (Mt. 1:1). Jesús fue reconocido como el Hijo de David durante todo su ministerio terrenal (cf. Mt. 9:27; 15:22; 21:15). La iglesia primitiva creía que el Jesús crucificado y resucitado era el cumplimiento de la simiente prometida de David y que, a causa de esto, tenía que ser resucitado de entre los muertos (cf. Hch. 2:30-36; 13:34-37). En Apocalipsis, Juan identificó a Jesús como "el que tiene la llave de David" (Ap. 3:7), y Jesús se refirió a sí mismo como "la raíz y el linaje de David" (Ap. 22:16).

El pacto davídico contiene promesas que se cumplieron con la primera venida de Jesús, mientras que otras promesas aguardan su realización en su segunda venida. La manifestación de Jesús como Rey del linaje de David es una materialización de su primera venida. Los que creen en Él son posicionalmente transferidos al reino (Col. 1:13). La propagación de la salvación mesiánica a los gentiles es también un cumplimiento del pacto davídico (Hch. 15:14-18). Sin embargo, la asunción suprema de Jesús al trono de David y su gobierno del reino aguardan su segunda venida en gloria (Mt. 25:31), cuando la tierra sea renovada y Él gobierne con los apóstoles sobre una nación de Israel unida y restaurada (Mt. 19:28).

EL NUEVO PACTO

El pacto abrahámico le prometió a Abraham muchos descendientes y una gran nación que vendría después de él. Su nación y él serían el medio de bendiciones al mundo (Gn. 12:2-3). A continuación, el pacto davídico prometió un linaje real a partir de David que reinaría a Israel (2 S. 7:12-16) y, en última instancia, la tierra (Zac. 14:9; Mt. 25:31-34). Pero los corazones de las personas siguen necesitando ser cambiados. ¿De qué servirían los descendientes, la tierra y un rey sin personas que amaran a Dios y desearan obedecerle? Aquí es donde el nuevo pacto cobra relevancia. El nuevo pacto es un pacto incondicional y eterno por el cual Dios capacita y empodera a su pueblo para que le sirva de buen grado y permanezca en sus bendiciones. El pasaje fundamental que describe este pacto es Jeremías 31:31-34:

> He aquí que vienen días, dice Jehová, en los cuales haré nuevo pacto con la casa de Israel y con la casa de Judá. No como el pacto que hice con sus padres el día que tomé su mano para sacarlos de la tierra de Egipto; porque ellos invalidaron mi pacto, aunque fui yo un marido para ellos, dice Jehová. Pero este es el pacto que haré con la casa de Israel después de aquellos días, dice Jehová: Daré mi ley en su mente, y la escribiré en su corazón; y yo seré a ellos por Dios, y ellos me serán por pueblo. Y no enseñará más ninguno a su prójimo, ni ninguno a su hermano, diciendo: Conoce a Jehová; porque todos me conocerán, desde el más pequeño de ellos hasta el más grande, dice Jehová; porque perdonaré la maldad de ellos, y no me acordaré más de su pecado.

El contexto histórico de esta promesa era un tiempo de apostasía en Judá. El profeta Jeremías advirtió a Judá del inminente juicio sobre el pueblo, porque no habían guardado el pacto mosaico. El receptor del nuevo pacto era Israel, aunque todos los pactos incondicionales (abrahámico, davídico, nuevo) pretendieran acabar extendiéndose también a los gentiles (Gn. 12:3; 2 S. 7:19; Is. 52:15). Dios deseó que Israel fuera el instrumento de los planes del pacto de Dios, pero al ser bendecido Israel también lo fueron los gentiles. Dios contrastó el nuevo pacto con el pacto mosaico en el que el nuevo pacto no era "como el pacto" que Dios hizo en el momento del éxodo (Jer. 31:32). El pacto mosaico era condicional y revocable, e Israel lo quebrantó constantemente. Dios fue fiel al pacto, pero Israel no. La sustancia del nuevo pacto fue que Dios pondría su ley en su pueblo, y "la escribi[ría] en su corazón" (Jer. 31:33). Ellos serían el pueblo de Dios y obedecerían su ley de todo corazón. Ya no necesitarían ser obligados por una amenaza externa. La obediencia sería interna, y todos los que participaran en este pacto conocerían a Dios y lo obedecerían.

Un nuevo corazón es el centro del nuevo pacto. Aunque la ley mosaica era "santa", "justa" y "buena" (Ro. 7:12), no capacitaba al pueblo para obedecer. Sin embargo, el nuevo pacto faculta al pueblo de Dios para servirle con amor. Ezequiel 36:26-27 incluye la residencia del Espíritu Santo como parte de este pacto, cuyos rasgos redentores se hicieron efectivos en el 30 d.C.:

> Os daré corazón nuevo, y pondré espíritu nuevo dentro de vosotros; y quitaré de vuestra carne el corazón de piedra, y os daré un corazón de carne. Y pondré dentro de vosotros mi Espíritu, y haré que andéis en mis estatutos, y guardéis mis preceptos, y los pongáis por obra.

Al poner Dios al Espíritu Santo en medio de su pueblo, hará que "anden" en sus "estatutos" y "guarden" sus "preceptos".

Otros pasajes también enseñan sobre el nuevo pacto. Deuteronomio 30:1-6 predijo la reunificación y la restauración de Israel con un nuevo corazón para obedecer a Dios como base de las bendiciones materiales y territoriales. Ezequiel 16:53-63 vincula el nuevo pacto con el perdón nacional para Israel. Ezequiel 37:21-28 revela que Dios reunirá, unificará y restaurará a la nación de Israel bajo el David supremo, quien será rey sobre Israel, que vivirá entonces en paz y prosperidad. Según Isaías 32:15-20, el Espíritu Santo se derramará sobre Israel, y habrá justicia, prosperidad y paz bajo el rey davídico (Is. 32:1). Estos textos revelan la importante conexión entre el pacto davídico y el nuevo pacto. Las bendiciones de este último se conceden en relación con el mayor Rey davídico, el Mesías. Como muestra Isaías 59:20-21, cuando el Redentor venga a Sion, Dios pondrá su Espíritu Santo sobre Israel. Pablo cita este texto en su explicación sobre la salvación futura de Israel en Romanos 11:26-27.

Los diversos pasajes sobre el nuevo pacto revelan bendiciones espirituales y físicas. Un nuevo corazón, la residencia del Espíritu Santo y el perdón de los pecados son las bendiciones espirituales que ocupan el centro del pacto. Sin embargo, también hay bendiciones nacionales y materiales, como un Israel unido y restaurado en la tierra prometida, la reedificación de Jerusalén y la prosperidad material para Israel (Is. 61:8; Jer. 32:41; Ez. 34:25-27). Las promesas espirituales, físicas y nacionales son todas importantes, y todas tienen que cumplirse.

El nuevo pacto está basado de manera incondicional en el "Yo haré" de Dios (Jer. 31:31-34; Ez. 16:60-62). Asimismo, en múltiples ocasiones se define el pacto como eterno (Is. 24:5; 61:8; Jer. 31:36, 40; 32:40; 50:5; Ez. 37:26). Es tan cierto como eterno.

El nuevo pacto presenta a Jesús como el Hijo de David, quien es el Mediador del nuevo pacto y Aquel que trae las bendiciones del nuevo pacto. Juan el Bautista declaró que el Mesías "os bautizará en Espíritu Santo y fuego" (Mt. 3:11). Dado que el ministerio del Espíritu Santo estaba estrechamente vinculado con el nuevo pacto, Juan declaró que Jesús era Aquel que traería el nuevo pacto a los creyentes. En la Última Cena, Jesús relacionó explícitamente su muerte con el nuevo pacto: "Esta copa es el nuevo pacto en mi sangre, que por vosotros se derrama" (Lc. 22:20). Pablo mencionó este acontecimiento en 1 Corintios 11:25: "Asimismo tomó también la copa, después de haber cenado, diciendo: Esta copa es el nuevo pacto en mi sangre; haced esto todas las veces que la bebiereis, en memoria de mí". Jesús ratificó el nuevo pacto con su muerte sacrificial y su identidad como siervo sufriente del Señor (Is. 53:3-6).

El nuevo pacto está en vigor en esta era de la iglesia. El Espíritu Santo mora en aquellos que confían en Jesús el Mesías, y que participan en las plenas promesas del nuevo pacto. Los que proclaman el evangelio en esta era están presentando el nuevo pacto. Pablo afirmó que Dios "nos hizo ministros competentes de un nuevo pacto, no de la letra, sino del espíritu" (2 Co. 3:6). Cuando en Hebreos 8:8-12 se cita el pasaje del nuevo pacto en Jeremías 31:31-34, el autor de Hebreos explica que el nuevo pacto es superior al antiguo, "que se da por viejo" (He. 8:13). Hebreos 9:15 y 12:24 afirman que Jesús es el "mediador de un nuevo pacto". Sin embargo, aunque las bendiciones espirituales del nuevo pacto están en vigor para la iglesia, las promesas nacionales y físicas del nuevo pacto respecto a Israel tienen que ser cumplidas aún. Así, el Señor declaró: "He aquí vienen días" (Jer. 31:27, 31, 38) cuando Israel recibirá la salvación prometida en el nuevo pacto. Esto sucederá cuando Jesús regrese.

Tiempo del cumplimiento de la profecía bíblica

El estudio de la escatología implica entender cuándo se cumplen las diversas profecías. Algunas se materializaron en tiempos del Antiguo Testamento, otras con la primera venida de Jesús y otras aguardan a su segunda venida. Sin embargo, cuando se trata de importantes secciones proféticas como Daniel 9:24-27; Mateo 24–25; Lucas 21; 2 Tesalonicenses 2 y Apocalipsis 6–20, existe desacuerdo entre los teólogos cristianos. Unos se aferran al cumplimiento pasado de estos pasajes, algunos a la consumación presente y otros a su realización futura. Asimismo, otros aseveran que el tiempo ni siquiera es un tema en esos pasajes. Las cuatro opiniones respecto al tiempo de las secciones proféticas claves son el preterismo, el historicismo, el idealismo y el futurismo. La posición que aquí se afirma es el futurismo, pero resulta útil resumir los cuatro puntos de vista.

EL PRETERISMO

El término *preterismo* se basa en la palabra latina *preter*, que significa "pasado". El preterismo afirma que la mayoría o todos los pasajes escatológicos que describen la tribulación y el regreso de Jesús se cumplieron con los acontecimientos del siglo I en torno a la destrucción de Jerusalén en el 70 d.C.[19]

---

19. Para más sobre el preterismo, consúltese Richard L. Mayhue, "Jesus: A Preterist or Futurist?", *MSJ* 14, no. 1 (2003): 9-22.

El entendimiento preterista depende en gran medida de los indicadores de tiempo del Nuevo Testamento como "cercano", "pronto", "se acerca" y "esta generación". Se atribuye gran énfasis a las palabras de Jesús en Mateo 24:34: "No pasará esta generación hasta que todo esto acontezca". Para los preteristas, "esta generación" se refiere a aquellos que están vivos en el momento de las palabras de Jesús. Así, la mayor parte de los acontecimientos, o todos, descritos en Mateo 24 tienen que suceder en el siglo I, y lo mismo ocurre con las demás declaraciones que identifican la venida de Jesús como "se acerca" o "pronto" (Stg. 5:8; Ap. 1:1, 3; 2:16; 22:10, 20). La opinión preterista sostiene que el período de la tribulación se produjo durante el asedio de Jerusalén, a finales de la década del 60 d.C., y que Jesús vino en forma de los ejércitos romanos en el 70 d.C. para destruir Jerusalén y el templo, y poner fin a la era judía.

Existen dos principales formas de preterismo. En primer lugar, el preterismo pleno o coherente afirma que toda la profecía de la Biblia respecto a la segunda venida de Jesús se cumplió con los acontecimientos en torno al año 70 d.C. Esto incluye la segunda venida de Jesús, la resurrección y el estado eterno. No deberíamos esperar, por tanto, una venida futura de Jesús, porque Él ya vino en el 70 d.C. Por consiguiente, en la actualidad estamos en el nuevo cielo y la nueva tierra de Apocalipsis 21–22. En segundo lugar, el preterismo parcial o moderado afirma que gran parte del discurso del monte de los Olivos y de Apocalipsis se cumplieron en los sucesos que giraron en torno a la destrucción de Jerusalén en el 70 d.C., pero que unos cuantos pasajes como Hechos 1:9-11; 1 Corintios 15:51-53; y 1 Tesalonicenses 4:16-17 hablan de un regreso futuro corpóreo de Jesucristo. Algunos preteristas parciales afirman que una importante parte del discurso del monte de los Olivos, en Mateo 25:32-46, que describe el juicio de las naciones, aguarda un cumplimiento futuro.

El preterismo tiene características que descalifican su veracidad. En primer lugar, está atado a una fecha inverosímil para la composición de Apocalipsis. Dado que los preteristas creen que Apocalipsis es una profecía predictiva concerniente a los sucesos que condujeron a la destrucción de Jerusalén en el 70 d.C., dicho libro tuvo que haberse escrito antes del 67 d.C. Sin embargo, la opinión consensual de la historia de la iglesia es que Apocalipsis se escribió durante el reinado de Domiciano, en torno al 95 d.C. Por ejemplo, Ireneo (*ca.* 180 d.C.) afirmó que Apocalipsis se escribió casi al final del reinado de Domiciano. De haberse compuesto después del 67 d.C., algo altamente probable, todas las formas de preterismo se vienen abajo.

En segundo lugar, el entendimiento que el preterista tiene de los indicadores de tiempo como "esta generación", "cercano" y "se acerca" es cuestionable. Estos no exigen que Jesús tuviera que regresar en unos cuantos años o décadas. En dos ocasiones, Jesús declaró que solo el Padre sabía cuándo se cumplirían los sucesos proféticos. Él señaló: "Pero del día y la hora nadie sabe, ni aun los ángeles de los cielos, sino sólo mi Padre" (Mt. 24:36). Asimismo, cuando le preguntaron cuándo sería la restauración del Israel nacional, Jesús respondió: "No os toca a vosotros saber los tiempos o las sazones, que el Padre puso en su sola potestad" (Hch. 1:7).

Cuando Jesús declaró que "De cierto os digo, que no pasará esta generación hasta que todo esto acontezca", no se estaba refiriendo a que los sucesos proféticos de Mateo

24–25 tuvieran que producirse en pocos años o décadas. Estaba proyectando en el futuro dentro de un contexto profético. La generación de las personas que vivieran cuando empezaran a suceder los acontecimientos escatológicos futuros de Mateo 24, cuando quiera que eso fuera, serían quienes testificarían de la segunda venida de Jesús a la tierra. Se desconoce cuándo sucederá, pero cuando los eventos de Mateo 24 se desplieguen, la vuelta de Jesús ocurrirá pronto.

Del mismo modo, los términos "cercano" y "se acerca" no significan "en unos pocos años", sino que más bien transmiten la idea de la inminencia. Dado que solo Dios sabe cuándo sucederá el período de la tribulación, cada generación debería vivir con la inminente expectativa de que esos acontecimientos podrían irrumpir en cualquier momento. La inminencia no requiere que los eventos tengan lugar en un breve período de tiempo, sino que advierte que podrían producirse en cualquier momento. Por esta razón, estas advertencias de la cercanía de la venida de Jesús pueden aplicarse a cualquier grupo de cristianos en la historia, el siglo I, el siglo XXI, o cualquier otro.

En tercer lugar, los sucesos predichos en el discurso del monte de los Olivos pronunciado por Jesús y en Apocalipsis sencillamente no ocurrieron en el siglo I. Jesús predijo que "muchos" vendrían y afirmarían "Yo soy el Cristo" (Mt. 24:5), pero el siglo I no fue testigo de muchos que afirmaran ser el Mesías. El evangelio no se proclamó a todo el mundo antes del 70 d.C. (Mt. 24:14). Las señales cósmicas respecto al oscurecimiento del sol, a que la luna no reflejara su luz y a que las estrellas cayeran del cielo no se han producido (Mt. 24:29). Jesús no ha regresado en las nubes del cielo con poder y gran gloria (Mt. 24:30). Tampoco ha venido en gloria con todos sus ángeles para sentarse en el trono davídico (Mt. 25:31). Las naciones no han sido reunidas ante Jesús para juicio, los justos no han entrado al reino de Jesús y los impíos no han sido lanzados al fuego eterno (Mt. 25:32-46). No hemos visto los juicios a escala mundial de los sellos, las trompetas y las copas de Apocalipsis 6–18. Por tanto, el preterismo no puede ser cierto.

EL HISTORICISMO

El historicismo afirma que los acontecimientos profetizados en el discurso del monte de los Olivos y el libro de Apocalipsis describen la historia tal como se ha desarrollado a lo largo de los siglos, desde la primera venida de Cristo. Eventos como terremotos, persecuciones, guerras y falsos profetas que suceden en esta era se han considerado a menudo como cumplimientos de la profecía bíblica. Las profecías de Apocalipsis sobre el dragón, la bestia, el falso profeta, y la ramera de Babilonia se refieren a Satanás obrando por medio del Imperio romano y de la Iglesia Católica Romana, incluyendo el papado. Durante el tiempo de la Reforma, algunos como Martín Lutero creyeron que el papa y el papado eran el anticristo anunciado. Aunque el historicismo puede hallarse a lo largo de gran parte de la historia de la iglesia, se hizo popular desde el siglo XVI hasta el siglo XIX, pero ha decaído considerablemente en el último siglo, a pesar de que siga teniendo algunos defensores.

EL IDEALISMO

A diferencia del preterismo, el historicismo y el futurismo, la postura del idealismo no hace hincapié en el cumplimiento pasado, presente o futuro de la profecía bíblica.

En su lugar, ignora las realidades bíblicas y considera estos pasajes proféticos como la enseñanza de verdades y principios atemporales para los cristianos de todas las generaciones. Todos los cristianos deben soportar las pruebas y las dificultades sabiendo que serán recompensados por Dios, quien está en control de todas las cosas. Existe una batalla real entre el bien y el mal, pero el bien ganará al final. Los idealistas sostienen que las verdades proféticas no son tan solo para los cristianos del siglo I (es decir, los preteristas) ni para la última generación de cristianos (los futuristas), sino para todos los cristianos de todas las eras.

El atractivo del idealismo es que convierte Apocalipsis en un libro relevante para todas las generaciones de cristianos. Sin embargo, el futurismo puede hacer la misma afirmación, aunque con un énfasis distinto. Además, el idealismo no le hace justicia a que Jesús afirme que el libro de Apocalipsis está relacionado con el pasado, el presente y el futuro: "Escribe las cosas que has visto, y las que son, y las que han de ser después de estas" (Ap. 1:19). El idealismo falla en que Apocalipsis habla de acontecimientos históricos reales con encuadres temporales como 42 meses y 1260 días que no pueden reinterpretarse para que signifiquen verdades generales para los creyentes de todos los siglos. Son sucesos verdaderos que deben producirse en la historia.

EL FUTURISMO

El futurismo afirma que las profecías respecto a la tribulación, el surgimiento del anticristo, la salvación de Israel, el regreso de Jesús, el milenio y el estado eterno aguardan el cumplimiento futuro. Los eventos de Daniel 9:24-27; Mateo 24-25 y Apocalipsis 6-20 se realizarán en una era futura. El futurismo no asevera que todas las profecías de la Biblia sigan siendo futuras, porque muchas ya se han materializado, pero afirma que existen profecías importantes que tienen que cumplirse aún, así como otras se produjeron en el pasado.

El argumento a favor del futurismo es fuerte. En primer lugar, muchos acontecimientos proféticos sencillamente no han ocurrido. En 2 Tesalonicenses 2 Pablo predijo la llegada de un hombre de pecado que entraría en el templo de Dios y declararía ser Dios, atrayendo así la ira del Hijo de Dios a su regreso, quien destruiría a esa persona maligna (2 Ts. 2:3-4, 8). Este acontecimiento no ha ocurrido aún en la historia. En 2 Pedro 3, Pedro habló de un día venidero del Señor en el que la tierra sería purgada con fuego. Apocalipsis 6-19 detalla juicios globales en la tierra que no se han producido aún. Asimismo, el regreso de Jesús permanece en el futuro.

El futurismo sostiene que la septuagésima semana de Daniel (Dn. 9:27), y que los eventos que describe siguen estando todavía en el futuro. Los futuristas también entienden que grandes áreas de cumplimiento coinciden con ambas venidas de Jesús. Así como la primera venida de Jesús llevó muchas esferas de la profecía del Antiguo Testamento a su cumplimiento, también lo hará su segunda venida (Hch. 3:18-21). En ocasiones, los críticos afirman que si el libro de Apocalipsis se refiere a eventos que no ocurrirían durante miles de años, sería irrelevante para la audiencia original de Juan. Esto es inexacto. Los acontecimientos presentados en Apocalipsis están vinculados a la inminencia, y esto significa que podrían entrar en escena en cualquier momento, y que los cristianos deben estar espiritualmente preparados. Mirando en retrospectiva, ahora sabemos que estos sucesos no se cumplieron para los lectores originales de Apocalipsis, pero esto no significa que las advertencias de dicho libro fueran irrelevantes para la audiencia original. Los avisos y las descripciones son relevantes para todas las generaciones, incluyendo la nuestra, aunque el Señor retrasara su venida.

El futurismo coincide con la opinión favorita de que el apóstol Juan escribió el libro de Apocalipsis en la década de los 90 d.C., mucho después de la destrucción de Jerusalén en el 70 d.C. Esto significa que, desde su punto de vista en la historia, la tribulación sobre la que escribió no podía haberse cumplido en el 70 d.C., sino que debía realizarse en el futuro.

Puntos de vista sobre el milenio

El milenio es una de las cuestiones más debatidas en la escatología. El debate se centra en el significado de los "mil años" mencionados seis veces en Apocalipsis 20:1-7. Estos "mil años" aluden al gobierno del reino de Jesús con sus santos. Durante ese tiempo, Satanás está atado (Ap. 20:1-3), y los santos resucitados reinarán con Jesús durante mil años (Ap. 20:4). Transcurridos mil años, Satanás es liberado y dirige una rebelión contra Jerusalén, pero es destruido de inmediato (Ap. 20:7-10). A este período se lo denomina "milenio", de los términos en latín *mille*, que significa "mil", y *annum*, "año". El milenio es un período de mil años. A pesar de la claridad del texto, se ha producido un prolongado debate respecto a cómo entender los mil años de Apocalipsis 20:1-7. Tres principales opiniones han surgido: el amilenialismo, el posmilenialismo y el premilenialismo.

EL AMILENIALISMO

El amilenialismo afirma que el milenio de Apocalipsis 20 se está cumpliendo espiritualmente en la presente era, entre las dos venidas de Jesús, y que no tiene nada que ver con mil años reales. El término *amilenialismo* es un tanto confuso. El prefijo *a* significa "no". Sin embargo, quienes afirman el amilenialismo no están diciendo que no haya milenio, sino que aseveran que el reino milenial de Jesús y de los santos se está produciendo ahora. Por tanto, el milenio está sucediendo en la actualidad. Algunos amilenialistas creen que el milenio se está cumpliendo desde el cielo en Jesús y que está perfeccionando a los santos para que reinen desde allí. Otros creen que el gobierno del reino implica a la iglesia en la tierra o el reino de Dios en la vida de los creyentes. Algunos combinan ambas ideas.

Con el fin de enseñar que el milenio es presente y espiritual, el amilenialismo tiene que depender firmemente de una opinión recapitulativa de Apocalipsis. En este enfoque, dicho libro no presenta acontecimientos secuenciales, sino que más bien capta acontecimientos entre las dos venidas de Jesús desde múltiples ángulos (tal vez hasta siete) que describen el mismo período de tiempo. Este entendimiento recapitulativo permite que los amilenialistas consideren la segunda venida de Apocalipsis 19 como algo que se produce al final de los mil años mencionados en Apocalipsis 20 y no antes. Por tanto, Apocalipsis 20 no sigue cronológicamente a Apocalipsis 19, sino que lleva al lector de vuelta al principio de la era, entre las dos venidas de Jesús, un tiempo que incluye el momento en que Satanás es atado (Ap. 20:1-3) y el reinado de los santos (Ap. 20:4). Para los amilenialistas, Satanás es atado en esta era en el sentido de que fue derrotado en la cruz por Cristo y que es incapaz de detener la expansión del evangelio a las naciones. Y los santos de Dios están reinando en la actualidad con Jesús. Cuando esta era del reino milenial llegue a su fin, entonces regresará Jesús desde el cielo. En ese momento, se producirá una resurrección y un juicio generales de los justos y de los impíos, y empezará el estado eterno. Para el amilenialismo es importante que tanto la tribulación como el gobierno del reino milenial de Cristo se produzcan de forma simultánea en esta era. Son eventos presentes, no futuros.

El premilenialismo, y no el amilenialismo, era la opinión predominante en los primeros doscientos años de la historia de la iglesia. Sin embargo, la iglesia primitiva no dio indicio alguno de lo que más tarde se convertiría en el amilenialismo. Por ejemplo, Orígenes (*ca.* 184–*ca.* 254 d.C.) popularizó el enfoque alegórico para interpretar las Escrituras y, al hacerlo, estableció la base hermenéutica para el criterio de que el reino prometido de Cristo era de naturaleza espiritual, no terrenal. Eusebio (*ca.* 260–*ca.* 340 d.C.), vinculado al emperador Constantino, consideró que el reinado de este era el banquete mesiánico, y se aferró a criterios antipremilenialistas. Ticonio (m. *ca.* 390 d.C.), un donatista africano del siglo IV, fue uno de los primeros teólogos en retar el premilenialismo. Rechazó la opinión escatológica y futurista de Apocalipsis 20, y estimó que la primera resurrección de Apocalipsis 20:4 era espiritual, y la identificó con el nuevo nacimiento. Agustín de Hipona (354–430 d.C.), a quien se alude a menudo como "padre del amilenialismo", popularizó las opiniones de Ticonio. Abandonó el premilenialismo a causa de lo que él consideraba como los excesos y las carnalidades de esta opinión. Agustín fue el primero en identificar a la iglesia en su forma visible con el reino de Dios. Para él, el reinado milenial de Cristo estaba teniendo lugar en y por medio de la iglesia. Su libro *Ciudad de Dios* fue relevante para fomentar el amilenialismo que no tardó en convertirse en la doctrina prevaleciente de la Iglesia Católica Romana, sobrevivió a la Reforma y hoy sigue siendo sostenida por muchos.

El amilenialismo tiene problemas que lo descalifican. En primer lugar, es una postura espiritualizada en exceso y no se adhiere a un uso coherente de la interpretación gramático-histórica. Sin una justificación exegética, transforma las promesas físicas y nacionales a Israel en promesas espirituales para la iglesia, y mantiene que esta se ha convertido en el nuevo o verdadero Israel. El amilenialismo tampoco encaja en el guion bíblico ni hace justicia a lo que las Escrituras afirman sobre el reino de Jesús. El reinado del postrer Adán —Jesús (1 Co. 15:45)— debe producirse desde la misma esfera sobre la que se le encomendó gobernar al primer Adán, pero fracasó. El plan de Dios es que el hombre reine con éxito sobre la tierra (Gn. 1:26-28), extraordinariamente mejorada por la presencia del Mesías (Is. 11). Sin embargo, el amilenialismo ofrece un reino espiritual desde el cielo con poca, o ninguna, influencia en la tierra. Postula un reino milenial de Jesús sin cambio alguno en la tierra, y donde los enemigos de Dios proliferan en rebeldía. Apocalipsis 5:10 refuta esto al afirmar que el reinado de Jesús y de los santos será "en la tierra" con los enemigos de Dios derrotados (Ap. 19:20–20:3).

El reino de Jesús no será un reino escondido. Cuando esté operativo, todos sabrán de él y se someterán a él (Zac. 14:9).

En segundo lugar, la separación del amilenialismo de Apocalipsis 20 de los eventos de la segunda venida de Apocalipsis 19 no está justificada. Apocalipsis 19 describe el regreso de Jesús con la derrota de sus enemigos, incluyendo a los reyes de la tierra, la bestia y el falso profeta. A continuación, Apocalipsis 20 describe la encarcelación del mayor enemigo de Dios: Satanás. Los tres enemigos están involucrados en ese momento. Asimismo, es mejor considerar Apocalipsis 20:1-3 como el encarcelamiento de Satanás en la segunda venida de Jesús. El lenguaje de atar, sellar y encerrar en el abismo indica un aprisionamiento personal y el cese completo de las actividades de Satanás. El escenario amilenial sostiene de manera extraña que Apocalipsis 20 lleva al lector de nuevo a la primera venida de Cristo y permite que Satanás esté muy activo, excepto en una actividad: engañar a las naciones. E incluso en este punto existe un problema, ya que Apocalipsis 12 y 13 declaran que Satanás está engañando en efecto a las naciones de la tierra entre las dos venidas de Jesús. Resulta extraño postular un escenario en el que los reyes de la tierra, la bestia y el falso profeta son juzgados al regreso de Jesús, pero la encarcelación de Satanás está separada del juicio de estos otros grupos. Es mejor considerar que todos estos grupos, incluido Satanás, serán juzgados cuando Jesús vuelva.

En tercer lugar, la afirmación amilenialista basada en Apocalipsis 20:4, respecto a que los santos están reinando en esta era, es algo inexacta. Apocalipsis 20:4 describe el reino victorioso de los mártires en la tierra (Ap. 5:10), quienes fueron asesinados por su testimonio de Jesús, según Apocalipsis 6:9-11. Las Escrituras presentan sistemáticamente a la iglesia como perseverante bajo las pruebas y la persecución de las personas impías y de Satanás en este siglo (Ap. 2–3). La iglesia no está reinando ahora, pero se le ha prometido reinar en el futuro si permanece fiel en esta era (Ap. 2:26-27; 3:21).

En cuarto lugar, el amilenialismo realiza una distinción nada natural entre la primera y la segunda resurrección de Apocalipsis 20:4-5. Los amilenialistas afirman que la primera resurrección es espiritual para salvación o regeneración, mientras que la segunda es corporal. Aunque el término griego para "vivieron" y "volvieron a vivir" (*ézesan*) es el mismo en ambos casos. Resulta difícil argumentar de forma persuasiva que este vocablo aluda a la resurrección espiritual en 20:4, cuando en 20:5 significa con toda claridad la resurrección corporal. La mejor respuesta es que ambos usos de *ézesan* se refieren a la resurrección física. Dado que este es el caso, el amilenialismo no puede ser correcto, porque ninguna resurrección corporal se ha producido todavía (excepto la de Jesús) y, por tanto, ambas deben ser futuras a partir de nuestra posición en la historia.

EL POSMILENIALISMO

El posmilenialismo también afirma que el milenio de Apocalipsis 20 (cuyo significado no se considera "mil") se produce entre las dos venidas de Jesús. A través del reinado de Jesús desde el cielo y del evangelio bendecido por el Espíritu Santo, el reino de Dios empezará siendo pequeño, pero irá creciendo, expandiéndose y llegará a tener una influencia dominante en el mundo. No solo se salvarán más personas, sino que también se transformarán todos los ámbitos de la sociedad. El mundo experimentará una era dorada de paz, prosperidad y bendición. Tras un largo período de un mundo ampliamente cristianizado, este reinado milenial conducirá al regreso de Jesús desde el cielo. En ese momento, Jesús resucitará y juzgará a toda la humanidad, incluyendo a los justos y los impíos.

El posmilenialismo interpreta que Apocalipsis 20:1-6, con Satanás atado y el reinado de los santos, sucede en la era presente. Sin embargo, a diferencia del amilenialismo, la opinión posmilenialista es optimista por cuando ve que este milenio acaba transformando el mundo para Cristo. El reino que empieza como una realidad espiritual-redentora acaba impregnado a la creación, y la trae a la conformidad con los justos principios de Dios. Solo después de esta era dorada de paz y prosperidad regresará Jesús.

Los posmilenialistas ofrecen varias líneas de apoyo de las Escrituras. Usan salmos y profecías del Antiguo Testamento que describen condiciones prósperas y apacibles en la tierra como prueba de un milenio antes del retorno de Jesús (p. ej., Sal. 72; Is. 65:17-25). La Gran Comisión (Mt. 28:19-20) se entiende como el instrumento para la transformación de las naciones. Además, las parábolas de la semilla de mostaza y la levadura (Mt. 13:31-33) muestran un crecimiento progresivo del reino, aunque grande, tras un pequeño comienzo.

Varios problemas importantes descalifican la postura posmilenial. Afirma con razón que el reino milenial de Jesús resulta en una transformación de todos los aspectos de la creación e implica más que la salvación personal. En este sentido, es mejor que el amilenialismo que considera el reino de Jesús como algo que afecta poco o nada a la tierra. Su mayor defecto es, sin embargo, su aseveración de que el reino milenial de Jesús y la transformación de todos los aspectos de la sociedad se producen antes de la segunda venida de Jesús. Sencillamente no hay pruebas bíblicas de que el mundo vaya a ser cristianizado antes de la segunda venida de Jesús. Tanto el premilenialismo como el amilenialismo afirman con razón que esta era presente, anterior al regreso de Jesús, será testigo de un empeoramiento de las condiciones en la tierra. Lejos de enseñar que el mundo se dirige a una era cristiana dorada antes del regreso de Jesús, la Biblia presenta condiciones que se van deteriorando. Esto se ve en los juicios divinos y en la persecución de Satanás en Apocalipsis 6–18. Pablo escribió también: "También debes saber esto: que en los postreros días vendrán tiempos peligrosos" (2 Ti. 3:1). Observó, asimismo, que los cristianos seguirán siendo perseguidos y que "los malos hombres y los engañadores irán de mal en peor" (2 Ti. 3:12-13). Jesús esperaba malas condiciones en el futuro cuando preguntó: "Cuando venga el Hijo del Hombre, ¿hallará fe en la tierra?" (Lc. 18:8). Las pruebas bíblicas de que el mundo se irá empeorando antes del regreso de Cristo son significativas.

Los posmilenialistas citan con frecuencia textos del Antiguo Testamento que hablan de que la tierra está siendo transformada como evidencia de su visión, pero los premilenialistas también reivindican los mismos pasajes. La cuestión no es *si* el reino del Mesías lo transformará todo, que sí lo hará. El asunto principal es *cuándo* ocurrirán esas condiciones. El posmilenialismo carece de evidencia respecto a que la tierra será transformada antes de la vuelta de Jesús y sin la presencia física del Mesías en la tierra. Pasajes como Salmos 72, Isaías 11 y Zacarías 14 hablan ciertamente de bendiciones terrenales, pero estas suceden con la presencia terrenal del Mesías. Las Escrituras no enseñan que las condiciones del mundo mejorarán en gran medida sin que el Mesías reine en la tierra.

Otro problema importante al que se enfrenta el posmilenialismo es que casi dos mil años de historia de la iglesia no han producido nada parecido a la era cristiana dorada que el pensamiento posmilenialista pronostica. Aunque las Escrituras, y no la experiencia, es la base para evaluar cualquier opinión teológica, el mundo no se está volviendo cada vez más cristiano. Las condiciones siguen empeorando en lugar de mejorar. Incluso los ámbitos que una vez estuvieron impregnados por el evangelio, como las principales partes de Europa durante la Reforma o el nordeste estadounidense en el período del Gran Avivamiento, poseen ahora una cosmovisión secular. En general, tanto en los Estados Unidos como en el mundo, la influencia del cristianismo ha disminuido. Las cosmovisiones no cristianas y las filosofías como el islam y el secularismo están creciendo de forma espectacular. Aunque los avances en la tecnología han hecho que el mundo sea más soportable y conveniente en ocasiones, tales progresos también han traído mayores oportunidades para la calamidad. Las armas de destrucción masiva son uno de los ejemplos.

El posmilenialismo sufre de muchos de los mismos problemas que debilitan el amilenialismo. También depende de la improbable opinión de que los eventos de Apocalipsis 20 preceden a los eventos de la segunda venida de Apocalipsis 19. El posmilenialismo también lucha en su entendimiento de que Satanás está atado en esta era presente. Afirma erróneamente que el reinado de los santos descrito en Apocalipsis 20:4 está sucediendo hoy. Estos problemas estructurales hacen que el posmilenialismo sea insostenible.

EL PREMILENIALISMO

Los premilenialistas siguen la clara cronología secuencial del Apocalipsis de Juan, y afirman que el reino de Apocalipsis 20:1-7 acontece en la tierra después de la segunda venida de Jesús descrita en Apocalipsis 19:11-21, pero antes del estado eterno de Apocalipsis 21:1–22:5. La razón por la que esta opinión se denomina premilenialista es porque Jesús regresa antes (*pre-*) del milenio. Por tanto, este es futuro y terrenal. Es futuro por cuanto no se produce en esta era presente, y es terrenal porque es el gobierno de un reino en la tierra. A veces se suele referir al milenio como un reino intermedio, ya que llega entre esta era presente y el estado eterno (Ap. 21:1–22:5). La mayoría de los premilenialistas creen que este reino intermedio dura "mil años" literales. Lo que une a todos los premilenialistas es la creencia de que habrá un reino de Jesús en la tierra con sus santos después de esta era presente, pero antes del estado eterno.

El premilenialismo enseña también que mil años separan la primera y la segunda resurrección de Apocalipsis 20:5. Apocalipsis 20:4 declara que los mártires por Cristo "vivieron y reinaron con Cristo mil años", pero Apocalipsis 20:5 declara a continuación: "Pero los otros muertos no volvieron a vivir hasta que se cumplieron mil años". El premilenialismo sostiene que estas dos resurrecciones son en cuerpo y están separadas por un período de mil años. El orden es (1) la resurrección corporal de los santos, (2) un período de mil años y (3) la resurrección corporal de los perdidos.

Respaldo bíblico para el premilenialismo. El premilenialismo tiene el respaldo de las Escrituras. En primer lugar, ofrece el entendimiento más claro de Apocalipsis 19:11–21:8, que incluye una secuencia de acontecimientos con un indicador cronológico de tiempo: *kaí eídon* (término griego traducido como "entonces vi", "y vi" o "vi" en Ap. 19:11, 17, 19; 20:1, 4, 11, 12; 21:1). Estos marcadores indican una progresión de acontecimientos que empiezan con un período de tribulación, y van seguidos de la segunda venida de Jesús, su reinado de mil años y, por fin, el estado eterno.

En segundo lugar, Satanás es atado según describe Apocalipsis 20:1-3, lo que debe ser una realidad futura y no una presente.[20] El lenguaje de 20:1-3 indica el dramático encarcelamiento de la persona de Satanás en un lugar específico: el abismo. Mucho más que una restricción de las actividades engañosas de Satanás, se trata de la encarcelación de Satanás mismo. Satanás no está atado hoy. De hecho, su capacidad de engañar al mundo es evidente en esta era presente. Pablo declara que "el dios de este siglo cegó el entendimiento de los incrédulos, para que no les resplandezca la luz del evangelio de la gloria de Cristo" (2 Co. 4:4). Pedro advierte: "Sed sobrios, y velad; porque vuestro adversario el diablo, como león rugiente, anda alrededor buscando a quien devorar" (1 P. 5:8). Juan declara: "Sabemos que somos de Dios, y el mundo entero está bajo el maligno" (1 Jn. 5:19). Estos pasajes, escritos por tres apóstoles tras la muerte, resurrección y ascensión de Jesús, revelan que Satanás está activamente involucrado en el engaño a nivel mundial. Además, Apocalipsis 12:9 declara que antes de que Jesús regrese, Satanás estará engañando enérgicamente a las naciones con gran éxito: "Y fue lanzado fuera el gran dragón, la serpiente antigua, que se llama diablo y Satanás, el cual engaña al mundo entero".

En tercer lugar, el reinado de los santos mencionado en Apocalipsis 20:4 encaja mejor en el gobierno de un reino futuro tras la segunda venida de Jesús. Este pasaje afirma que los santos mártires "vivieron", y esto se refiere a la resurrección física. Estos santos aparecieron por primera vez en Apocalipsis 6:9-11 como aquellos a quienes mataron por su testimonio de Jesús. Venir a la vida significa la resurrección del cuerpo para esos fieles santos, y dado que la resurrección física no se ha producido aún, "vivieron" en Apocalipsis 20:4 se refiere a la resurrección tras el regreso de Jesús. Asimismo, Apocalipsis 5:10 afirma la venida del reino de los santos a la tierra: "reinaremos sobre la tierra". Sin embargo, la experiencia de la iglesia en esta era es la persecución, no el reinado (Ap. 2–3). Reinar se mantiene como motivación para quienes resistan hasta el regreso de Jesús (Ap. 2:26-27).

En cuarto lugar, varios pasajes del Antiguo Testamento apuntan a un reino intermedio mucho mejor que esta era presente, aunque todavía no tan perfecto como el estado eterno final. Por ejemplo, Isaías 65:17-25 predice un período de incomparables prosperidad, paz y armonía de creación, aunque sigue habiendo un tiempo en que la muerte es posible. Isaías 65:20 declara: "No habrá más allí niño que muera de pocos días, ni viejo que sus días no cumpla; porque el niño morirá de cien años, y el pecador de cien años será maldito". La razón por la que Isaías 65:20 apunta a un futuro reino

---

20. Este párrafo está adaptado de Michael J. Vlach, "The Kingdom of God and the Millennium", *MSJ* 23, no. 2 (2012): 246-249. Usado con permiso de *MSJ*.

terrenal es que las condiciones aquí descritas no encajan en esta era presente en que la esperanza de vida está en torno a los ochenta años. Tampoco encaja con el estado eterno venidero, cuando el pecado ya no existirá y nadie morirá. Sin embargo, sí concuerda con un reino intermedio como el que se describe en Apocalipsis 20. Algunos han especulado que Isaías podría estar usando un "lenguaje ideal" para indicar una larga vida sin que se produzca una muerte real, pero esto es improbable. En Isaías 25:8, el profeta predice de forma explícita la erradicación de la muerte ("Destruirá a la muerte para siempre"), y muestra que Isaías sabía cómo expresar que la muerte sería eliminada por completo.

Zacarías 14 también describe condiciones coherentes con un futuro reino milenial. Estos primeros versículos describen un gran asedio de Jerusalén por parte de las naciones de la tierra (Zac. 14:1-2). Pero esto va seguido por la pelea del Señor en nombre de Jerusalén, que conduce a que los pies del Señor toquen el monte de los Olivos (Zac. 14:4). Después de esto, el Señor reinará sobre la tierra: "Y Jehová será rey sobre toda la tierra. En aquel día Jehová será uno, y uno su nombre" (Zac. 14:9). A pesar de ello, durante este tiempo del reinado del Señor sobre la tierra, las naciones todavía pueden pecar y sufrir las consecuencias. Zacarías 14:16-19 describe un escenario así:

> Y todos los que sobrevivieren de las naciones que vinieron contra Jerusalén, subirán de año en año para adorar al Rey, a Jehová de los ejércitos, y a celebrar la fiesta de los tabernáculos. Y acontecerá que los de las familias de la tierra que no subieren a Jerusalén para adorar al Rey, Jehová de los ejércitos, no vendrá sobre ellos lluvia. Y si la familia de Egipto no subiere y no viniere, sobre ellos no habrá lluvia; vendrá la plaga con que Jehová herirá las naciones que no subieren a celebrar la fiesta de los tabernáculos. Esta será la pena del pecado de Egipto, y del pecado de todas las naciones que no subieren para celebrar la fiesta de los tabernáculos.

Este pasaje describe un período en el que se les pedirá a las naciones que suban a Jerusalén. Quienes no lo hagan, como Egipto, se enfrentarán a la posibilidad de que "no llueva", que haya "plaga" y "castigo". Las condiciones en que viajan las naciones de la tierra a Jerusalén, con la posibilidad del castigo por la desobediencia no encaja en esta era presente o en el estado eterno venidero. Estas condiciones no se cumplen hoy, ya que ninguna nación de la tierra sirve al Señor ni intenta siquiera peregrinar a Jerusalén. Tampoco serán ciertas estas condiciones en el estado eterno en el que no existe la posibilidad de pecado ni de consecuencias por pecar. Sin embargo, los eventos de Zacarías 14 concuerdan bien con un reino terrenal.

En Isaías 24 también hallamos un telón de fondo veterotestamentario para un reino intermedio. Los veinte primeros versículos de Isaías 24 describen juicios globales en la tierra por transgredir las leyes de Dios (Is. 24:5). A continuación, se menciona un juicio en dos fases a los enemigos de Dios en Isaías 24:21-23: "Acontecerá en aquel día, que Jehová castigará al ejército de los cielos en lo alto, y a los reyes de la tierra sobre la tierra. Y serán amontonados como se amontona a los encarcelados en mazmorra, y en prisión quedarán encerrados, y serán castigados después de muchos días. La luna se avergonzará". Tanto las fuerzas espirituales de maldad ("el ejército de los cielos") como las fuerzas humanas de maldad ("los reyes de la tierra") serán juzgadas. Asimismo, habrá una encarcelación. Serán "amontonados como se amontona a los encarcelados en mazmorra" y "en prisión quedarán encerrados". Pero se nos indica que "serán castigados después de muchos días". El orden de los eventos es, aquí, el encarcelamiento durante muchos días y, a continuación, el castigo. La expresión "después de muchos días" coincide perfectamente con el concepto de un reinado intermedio de mil años en Apocalipsis 20, que afirma que Satanás será atado en el abismo durante mil años, y a continuación será liberado por un breve tiempo y, por fin, será sentenciado al lago de fuego (Ap. 20:1-3, 7).

Una quinta razón para el premilenialismo es que esta opinión encaja mejor con el argumento redentor de la Biblia. Dios creó al primer Adán para que gobernara desde la tierra y sobre ella. Adán fracasó, pero los cristianos cuentan ahora con el postrer Adán (1 Co. 15:45) para que tenga éxito donde Adán falló. La tarea del hombre desde Génesis 1:26-28 consistía en gobernar desde la tierra y sobre ella. En el escenario premilenialista, esto es exactamente lo que hace Jesús. Él reina con éxito desde la tierra y sobre ella con un reinado extenso que todos reconocen. Cuando Jesús haga esto, entrega a continuación el reino a Dios Padre para que el reino eterno pueda comenzar (1 Co. 15:24, 28). Los que pertenecen a Jesús están destinados a gobernar un reino en la tierra. La persecución terrenal es la norma para los santos de esta era, pero viene un tiempo en que los santos reinarán en la esfera en la que son perseguidos en el presente (Dn. 7:26-27; Ap. 2:26-27; 5:10).

Dos formas de premilenialismo. Existen dos formas de premilenialismo: el futurista (cf. "El futurismo", p. 902) y el histórico.

El premilenialismo futurista. En primer lugar, el premilenialismo futurista sostiene que la septuagésima semana de Daniel, y los juicios de los sellos, las trompetas y las copas de Apocalipsis 6–18 son futuros desde la perspectiva presente en la historia. Por tanto, el reino milenial no solo es futuro, sino que el período especial de tribulación con sus juicios divinos también es futuro. Esto explica por qué el premilenialismo futurista es "futurista".

El premilenialismo futurista también sostiene que la nación de Israel tendrá una identidad y una función importantes en el período de tribulación venidero y en el reino milenial. Las profecías del Antiguo y el Nuevo Testamento respecto a Israel y a su papel en el futuro deben cumplirse de manera literal respecto a la nación de Israel. Así, el premilenialismo futurista rechaza todas las formas de teología de reemplazo o supersesionismo que considera a la iglesia como la sustitución o el cumplimiento de Israel de cualquier forma que niegue la relevancia teológica futura de las promesas divinas a Israel como nación. No solo Dios tiene un plan para los individuos y la iglesia, sino que también lo tiene para las naciones de la tierra, e Israel tiene una función de liderazgo y servicio a las naciones en el reino de Jesús (Is. 2:2-4). El milenio será un tiempo en que todos los aspectos de los pactos y las promesas hechas a Israel serán cumplidos por Israel.

El premilenialismo histórico. Una segunda forma de premilenialismo es el premilenialismo histórico. Esta opinión tiene sus raíces en la iglesia primitiva, pero su representante más significativo en los tiempos modernos fue George Eldon Ladd (1911–1982), cuyos criterios sobre el reino tienen muchos seguidores hoy.[21]

Como el premilenialismo futurista, el histórico considera el reino milenial de Apocalipsis 20 como futuro y terrenal, pero difiere del premilenialismo futurista en cuatro ámbitos. En primer lugar, los premilenialistas históricos consideran a veces la septuagésima semana de Daniel y los juicios de Apocalipsis 6–18 como algo que ocurre a lo largo de la era presente. Muchos premilenialistas históricos creen también que el reinado davídico de Jesús está sucediendo en un sentido del "ya" en esta era. Así, abogan por la presencia actual tanto del período de la tribulación como del reinado davídico de Jesús.

En segundo lugar, aunque afirma una futura salvación de Israel, algunos premilenialistas históricos ven a Israel como incorporado a la iglesia con poca o ninguna función única para la nación de Israel en el reino terrenal futuro. Así, aunque se aferran a una salvación del Israel étnico en los últimos días, los premilenialistas históricos (en la tradición de Ladd) suelen defender una forma de teología de reemplazo, y creen que la iglesia es la sustitución de Israel y que recibe el cumplimiento de las promesas que se le hicieron. Cualquiera que sea el papel de Israel en los futuros propósitos de Dios, no existe función alguna para Israel aparte de la iglesia.

En tercer lugar, el premilenialismo histórico en la tradición de Ladd cree que el Nuevo Testamento reinterpreta en ocasiones el Antiguo Testamento, y que esas promesas físicas hechas a Israel pueden cambiarse en bendiciones espirituales para la iglesia. Como declaró Ladd:

> El Antiguo Testamento debe ser interpretado por el Nuevo Testamento. En principio es bastante posible que las profecías dirigidas originalmente al Israel literal, y que describían bendiciones físicas, tengan su cumplimiento exclusivamente en las bendiciones espirituales disfrutadas por la iglesia. Asimismo, es posible que la expectativa veterotestamentaria de un reino en la tierra pudiera reinterpretarse en las bendiciones neotestamentarias globales en la esfera espiritual.[22]

Ladd llegó incluso a escalar el concepto de la "reinterpretación" para pasar a la "interpretación radical". Con respecto al entendimiento que Pedro tenía de la ascensión de Jesús en Hechos 2, Ladd declaró: "Esto implica una reinterpretación radical de las profecías del Antiguo Testamento, pero no tanto como la reinterpretación completa del plan redentor de Dios por parte de la iglesia primitiva".[23] Los premilenialistas futuristas rechazaron firmemente este lenguaje de "reinterpretación radical", ya que no hay razón para reinterpretar la revelación previamente inspirada.

En cuarto lugar, los premilenialistas históricos creen que la iglesia pasa por la tribulación y no es arrebatada antes de ella. Así, afirman un punto de vista postribulacional del rapto.

---

21. No todos los que se identifican con el premilenialismo histórico aceptan los puntos de vista de George Ladd. Algunos ven una función futura para Israel y no creen que el Nuevo Testamento reinterprete al Antiguo. Sin embargo, la mayoría de los adeptos académicos del premilenialismo histórico en la segunda mitad del siglo se han identificado con muchos de los criterios de Ladd, mejor presentados en su obra *The Presence of the Future: The Eschatology of Biblical Realism* (Grand Rapids, MI: Eerdmans, 1974).

22. George Eldon Ladd, "Revelation 20 and the Millennium", *RevExp* 57, no. 2 (1960): 167.

23. George Eldon Ladd, *Teología del Nuevo Testamento* (Viladecavalls: Editorial Clie, 2002), 353.

El premilenialismo histórico debe elogiarse por afirmar un reino milenial futuro y la salvación de los judíos étnicos en los tiempos del fin. Sin embargo, yerra al adoptar una comprensión "histórica" de la septuagésima semana de Daniel y del reino davídico de Jesús. Esos acontecimientos son futuros desde nuestra perspectiva presente. Asimismo, se equivoca al confundir a Israel con la iglesia, y no ver la relevancia teológica de la nación de Israel en el futuro (Mt. 19:28; Hch. 1:6). Lo más inquietante, sin embargo, es la creencia de que el Nuevo Testamento "reinterpreta" en ocasiones el Antiguo Testamento y espiritualiza las promesas físicas y nacionales a la iglesia. El premilenialismo histórico también yerra al ver que la iglesia experimenta la septuagésima semana de Daniel. Por estas razones, el premilenialismo futurista es el punto de vista mucho más preferible.

La profecía de Daniel de las "setenta semanas"

Daniel 9:24-27 con su profecía de las "setenta semanas" es uno de los pasajes proféticos más importantes de la Biblia. Se ha mencionado a menudo a este texto como "la columna vertebral de la profecía bíblica", y con razón, dado que varios pasajes proféticos del Nuevo Testamento se apoyan con firmeza en su contenido (Mt. 24:15; 2 Ts. 2; Ap. 11–13). Jesús, Pablo y Juan se refieren a esta sección. La correcta interpretación de este texto es la bisagra del entendimiento de la profecía bíblica:

> Setenta semanas están determinadas sobre tu pueblo y sobre tu santa ciudad, para terminar la prevaricación, y poner fin al pecado, y expiar la iniquidad, para traer la justicia perdurable, y sellar la visión y la profecía, y ungir al Santo de los santos. Sabe, pues, y entiende, que desde la salida de la orden para restaurar y edificar a Jerusalén hasta el Mesías Príncipe, habrá siete semanas, y sesenta y dos semanas; se volverá a edificar la plaza y el muro en tiempos angustiosos. Y después de las sesenta y dos semanas se quitará la vida al Mesías, mas no por sí; y el pueblo de un príncipe que ha de venir destruirá la ciudad y el santuario; y su fin será con inundación, y hasta el fin de la guerra durarán las devastaciones. Y por otra semana confirmará el pacto con muchos; a la mitad de la semana hará cesar el sacrificio y la ofrenda. Después con la muchedumbre de las abominaciones vendrá el desolador, hasta que venga la consumación, y lo que está determinado se derrame sobre el desolador.

DEFINICIÓN DE LAS "SETENTA SEMANAS"

El contenido de este pasaje es el conocimiento que Daniel tiene de la profecía de Jeremías respecto a que el asolamiento de Jerusalén a manos de los babilonios acabará después de setenta años (Dn. 9:2; cf. Jer. 25:12; 29:10). Levítico 25 ordenaba que cada séptimo año, el pueblo de Israel tenía que darle descanso a la tierra. Sin embargo, Israel no observó el descanso del Sabbat de la tierra en setenta ocasiones. El septuagésimo año del cautiverio babilónico fue la forma en que Dios le proporcionó a la tierra el descanso que Él quería que tuviera. Cuando Daniel contempló la profecía de Jeremías, oró por su pueblo pecaminoso, Israel (Dn. 9:3-19). El ángel Gabriel vino entonces a Daniel y le transmitió una visión respecto al futuro de Israel.

Las "setenta semanas" de Daniel 9:24 forma el núcleo central de esta profecía y concierne al "pueblo" de Daniel y a la "santa ciudad". El "pueblo" de Daniel debe ser

Israel, ya que el cautiverio babilónico afectó al pueblo de Israel, y la oración de este varón judío era por Israel. La "santa ciudad" ha de referirse a Jerusalén, ya que la profecía de Jeremías se refería al final de "las desolaciones de Jerusalén" (Dn. 9:2). Interpretar que Israel y Jerusalén son alguna otra cosa no le hace justicia al contexto.

¿Pero qué son las "setenta semanas" a las que se refiere Gabriel? En hebreo, "setenta semanas" significa literalmente "setenta sietes". Setenta sietes (o setenta veces siete) equivalen a 490. Pero ¿490 qué? ¿Días? ¿Meses? ¿Años? El contexto indica que se tiene en mente 490 años ya que las violaciones del año sabático fueron la razón de la expulsión de Israel y de los setenta años de cautividad babilónica resultantes. (El año de los antiguos constaba de 360 días). Asimismo, un período de 490 días o 490 meses quedaría sumamente corto para el cumplimiento de las seis predicciones de 9:24.

Este período de 490 años de Daniel 9:24 proporcionaría seis resultados: (1) "terminar la prevaricación", (2) "poner fin al pecado", (3) "expiar la iniquidad", (4) "traer la justicia perdurable", (5) "sellar la visión y la profecía" y (6) "ungir al Santo de los santos". Los tres primeros efectos se centran en derrotar el pecado en Israel. Los tres finales se enfocan en desarrollos positivos respecto al reino, y en traer la justicia con el reino del Mesías, el cumplimiento de todas las profecías en las Escrituras y ungir el templo de Jerusalén. La base para los tres primeros se cumplió con la primera venida de Jesús y con su muerte, aunque su aplicación a Israel como nación sigue estando en el futuro. Los tres últimos aguardan su cumplimiento en la segunda venida de Jesús. En este punto de la historia, la justicia eterna no ha llegado ni se han cumplido aún todas las profecías de las Escrituras, y el templo de Jerusalén no ha sido ungido. Pero estas cosas sucederán cuando Jesús establezca su reino milenial.

Las setenta semanas (490 años) empiezan con "la salida de la orden para restaurar y edificar a Jerusalén" (Dn. 9:25). Esta restauración se cumplió probablemente en el *ca.* 445 a.C., cuando el rey Artajerjes decretó que los judíos podían regresar y reedificar Jerusalén (Neh. 2:1-8). A continuación, las "siete semanas" o cuarenta y nueve años pueden referirse a la conclusión de la tarea de Nehemías en la reedificación de "la plaza y el muro", así como al final del ministerio de Malaquías y el final del Antiguo Testamento. Tras esos cuarenta y nueve años, otras "sesenta y dos" semanas más o 434 años (sesenta y dos veces siete) se añaden al plazo. Reunidos, esos 483 años tras el decreto de Artajerjes en el *ca.* 445 a.C. culminan en la entrada de Jesús en Jerusalén en marzo del 30 d.C.

Daniel 9:26 declara que "después" de sesenta y dos semanas, que en realidad son sesenta y nueve semanas (siete más sesenta y dos), "se le quitará la vida al príncipe elegido. Éste se quedará sin ciudad y sin santuario" (NVI). Días después de entrar en Jerusalén, Jesús es crucificado. Que el Mesías "se quede sin ciudad y sin santuario" resulta chocante. El Mesías de Israel viene, lo matan y muere sin nada. No se ha producido justicia alguna del reino ni justicia eterna. El resto del versículo 26 describe otros acontecimientos "después" de las sesenta y nueve primeras semanas: "El pueblo de un príncipe que ha de venir destruirá la ciudad y el santuario; y su fin será con inundación, y hasta el fin de la guerra durarán las devastaciones". Esta declaración predice la destrucción de Jerusalén y del templo judío con la invasión romana de Jerusalén, en el 70 d.C. (Lc. 21:20-24).

El "pueblo" en Daniel 9:26 se refiere a los romanos, ya que fueron quienes destruyeron Jerusalén en el 70 d.C. De ese "pueblo" llegará un día el "príncipe que ha de venir". Es la maligna figura del anticristo, quien llegará algún tiempo después de la destrucción de la ciudad y del santuario. Que es una persona malvada, y no Jesús el Mesías, es afirmado por las descripciones de Daniel 9:27, en las que él comete un acto abominable en el templo y es destruido por sus devastaciones. Asimismo, establecerá pacto con el pueblo de Israel durante una semana (siete años), algo que Jesús nunca hizo. Por tanto, el contexto apunta a la maligna figura del anticristo, a quien también se identifica como el "cuerno pequeño" de Daniel 7:8 y el obstinado rey de Daniel 11:36. Las declaraciones "hasta el fin de la guerra" y "durarán las devastaciones" (Dn. 9:26) revelan que las pruebas y los lamentos de Jerusalén continuarán incluso después de la destrucción de Jerusalén. Sin lugar a dudas, las cosas han sido así, como muestra la tumultuosa historia de Israel desde el 70 d.C. Jesús mismo predijo que los "tiempos de los gentiles" continuarían incluso después de la destrucción de Jerusalén en el 70 d.C. (Lc. 21:24).

Daniel 9:27 prosigue y afirma que el príncipe malvado de los romanos y "por otra semana confirmará el pacto con muchos". Así como las sesenta y nueve primeras semanas eran literales, también lo es la última semana de siete años. Interpretar la semana final de cualquier otra manera que no sea un período de siete años es violar el contexto. Que este pacto es futuro desde nuestro punto de vista queda verificado por el hecho de que no se haya producido en la historia pacto alguno de siete años entre un líder del Imperio romano y el pueblo judío.

"A la mitad de la semana" (tres años y medio), ese líder quebranta el pacto con Israel, y "hará cesar el sacrificio y la ofrenda". En otras palabras, detiene el sistema de adoración judío. Esto sucede en "las abominaciones" y será cuando "vendrá el desolador". Este desolador pondra la abominación en una parte del templo. Jesús hace uso de los mismos términos cuando dice: "Por tanto, cuando veáis en el lugar santo la abominación desoladora de que habló el profeta Daniel" (Mt. 24:15).

Sin embargo, este desolador se dirige hacia la destrucción. Lleva a cabo sus "abominaciones" solo "hasta que venga la consumación, y lo que está determinado se derrame sobre el desolador" (Dn. 9:27). La ira de Dios caerá sobre este príncipe malvado. Pablo se basa en Daniel 9:27 cuando se refiere a la venida del "hombre de pecado" (2 Ts. 2:3) a quien Jesús matará en su venida: "Y entonces se manifestará aquel inicuo, a quien el Señor matará con el espíritu de su boca, y destruirá con el resplandor de su venida" (2 Ts. 2:8).

INTERVALO ENTRE LA SEXAGÉSIMA NOVENA Y LA SEPTUAGÉSIMA SEMANAS

Muchos intérpretes concuerdan en que las sesenta y nueve semanas (483 años de 360 días cada una) de la profecía de Daniel se cumplieron con la primera venida de Jesús y su muerte alrededor del 30 d.C. Sin embargo, algunos disienten respecto a si la última semana de años, un período de siete años, se cumplió inmediatamente después de que expiraran las primeras sesenta y nueve semanas o si hay una brecha de tiempo entre el fin de la semana sesenta y nueve y el comienzo de la semana setenta. En otras palabras,

¿expiró la septuagésima semana de Daniel a finales de la década de los 30 —es decir, en los siete años que siguieron al final de la semana sesenta y nueve en torno al 30 d.C.— o se cumplirá la septuagésima semana de Daniel en el futuro? El punto de vista correcto es el segundo.

Quienes se oponen a un intervalo suelen preguntar dónde vemos en Daniel 9:24-27 cualquier prueba de un lapso mayor entre la sexagésima novena semana y la septuagésima. Sin embargo, las pruebas de esto son muy fuertes. Las razones siguientes explican por qué existe un espacio de tiempo.

1. *Existe un intervalo entre la primera y la segunda venida de Jesús.* La profecía bíblica se entiende mejor en el contexto de las dos venidas de Jesús. Existe un lapso significativo de tiempo entre la primera y la segunda venida de Jesús. Al ser este el caso, es razonable esperar un espacio de tiempo en el cumplimiento de las profecías sobre Jesús. Por ejemplo, Zacarías 9:9 predijo que el Mesías iría a Jerusalén humildemente montando en un asno. Esto se cumplió con la entrada triunfal de Jesús a Jerusalén (Mt. 21:1-8). Sin embargo, Zacarías 9:10 también declaró un reinado mundial del Mesías en la tierra: "Hablará paz a las naciones, y su señorío será de mar a mar, y desde el río hasta los fines de la tierra". Este versículo se cumplirá con la segunda venida de Jesús y, ciertamente, no siguió de inmediato a su entrada a Jerusalén a lomos de un asno, en el siglo I. Por tanto, el versículo 9 está separado del versículo 10. Los lapsos de tiempo en los pasajes proféticos como Zacarías 9:9-10 indican que podría haber un intervalo en Daniel 9:24-27. Algo parecido debe esperarse respecto a las dos venidas de Jesús.

2. *Daniel 9:26 declara que el Mesías morirá "después" de las sesenta y nueve semanas.* El uso que hace Daniel de la palabra "después" revela un intervalo. Daniel 9:26 señala: "Después de las sesenta y dos semanas, se le quitará la vida al príncipe elegido [el Mesías]. Éste se quedará sin ciudad y sin santuario" (NVI). El Mesías no es ejecutado al "final" de las sesenta y nueve semanas ni al "principio" de la septuagésima semana, sino "después" de las sesenta y nueve semanas. Por tanto, dentro del texto un término indica un intervalo entre la sexagésima novena y la septuagésima semanas.

3. *La destrucción de Jerusalén predicha en Daniel 9:26 sucedió décadas después de la culminación de la sexagésima novena semana.* Daniel 9:26 declara que "después de las sesenta y dos semanas" el príncipe que vendrá "destruirá la ciudad y el santuario", una referencia a Jerusalén y el templo. Esta destrucción tuvo lugar en el 70 d.C. Si la totalidad de la profecía de las setenta semanas continuara sin intervalo, la septuagésima semana habría expirado en la década de los 30 d.C. Sin embargo, Jerusalén y el templo no fueron destruidos entonces. Dado que esta destrucción se produjo casi cuatro décadas después del final de la sexagésima novena semana, es necesario que exista este espacio de tiempo entre ambas semanas para incluir la destrucción del 70 d.C.

4. *Las seis predicciones de Daniel 9:24 no se han cumplido aún.* En Daniel 9:24, el profeta menciona seis predicciones importantes que resultarán del decreto de las setenta semanas: (1) "terminar la prevaricación", (2) "poner fin al pecado", (3) "expiar la iniquidad", (4) "traer la justicia perdurable", (5) "sellar la visión y la profecía" y (6) "ungir al Santo de los santos". Si alguien sostiene que las setenta semanas expiraron en el siglo I, las seis predicciones deberían haberse cumplido por completo en la década

de los 30 d.C. Sin embargo, no fue así. La base para que se realizaran las tres primeras se dio con la primera venida de Jesús. Sin embargo, el pecado de Israel contra Dios no se ha revertido todavía. De manera que, aunque la muerte de Jesús ya ha expiado el pecado, Israel no ha experimentado todavía este beneficio. La salvación de Israel está aún por llegar (cf. Zac. 12:10; Ro. 11:26). Existen, pues, otros asuntos que no se han producido aún. La justicia eterna no ha sido establecida. No se han cumplido todas las profecías. El ungimiento del templo en el reino del Mesías tampoco ha tenido lugar. Como algunas de las predicciones de Daniel 9:24 tienen que ocurrir aún, esto tendrá que suceder en el futuro.

5. Lo que se describe para la septuagésima semana de Daniel 9:27 no se ha cumplido aún. La falta de cumplimiento de Daniel 9:27 en este momento de la historia es la prueba de que la septuagésima semana de Daniel se cumplirá en un tiempo futuro. Ningún príncipe maligno procedente del Imperio romano ha hecho un pacto de siete años con el pueblo judío. No se ha producido violación alguna de un pacto de siete años, transcurridos tres años y medio. Ninguna figura del anticristo ha cometido abominaciones en el templo. Tampoco ha sido destruido aquel que ha cometido tal profanación. Estos sucesos no se han llevado a cabo en la década de los 30 d.C. y, por tanto, aguardan su cumplimiento futuro.

6. Jesús se refiere a la abominación de la desolación de Daniel 9:27 como algo futuro y posterior a su primera venida. En Mateo 24–25 Jesús predijo acontecimientos por venir. En Mateo 24:15 Jesús declaró: "Por tanto, cuando veáis en el lugar santo la abominación desoladora de que habló el profeta Daniel (el que lee, entienda)...". Este es el mismo suceso predicho en Daniel 9:27: "Con la muchedumbre de las abominaciones vendrá el desolador". Este acontecimiento era, sin embargo, futuro desde la perspectiva de Jesús y no se cumplió en la década de los 30 d.C.

7. En la década de los 50 d.C., Pablo habló de los acontecimientos de Daniel 9:27 como algo futuro. En 2 Tesalonicenses 2, Pablo escribe sobre la manifestación de un "hombre de pecado" que entra en el templo y declara ser Dios (2 Ts. 2:3-4). Asimismo, habla de este hombre impío que se enfrenta a la ira del Señor Jesús, quien acaba con él a su regreso: "Y entonces se manifestará aquel inicuo, a quien el Señor matará con el espíritu de su boca, y destruirá con el resplandor de su venida" (2 Ts. 2:8). Pablo se apoya en Daniel 9:27 para establecer que habrá una abominación futura de desolación por parte de una persona malvada, y que esta será destruida por Dios. Que Pablo esté prediciendo estos acontecimientos en la década de los 50 d.C. muestra que estos acontecimientos son futuros desde su perspectiva, y que no se habían cumplido en la década de los 30 d.C. El inspirado comentario de Pablo sobre Daniel 9:27 muestra que los acontecimientos de la septuagésima semana de Daniel están situados en el futuro.

8. La revelación sitúa el marco de tiempo de Daniel 9:27 en el futuro. Daniel 9:27 habla de un período de siete años en el que un príncipe que vendrá establecerá un pacto "con muchos" durante una semana (siete años). Sin embargo, a la mitad de esta semana, transcurridos tres años y medio, quebrantará este tratado. El apóstol Juan, que escribió en la década de los 90 d.C., se refirió en múltiples ocasiones a un período venidero de tres años y medio. En Apocalipsis 11:2 afirma que la "santa ciudad" [Jerusalén] será hollada durante "cuarenta y dos meses". "Cuarenta y dos meses" son tres años y medio. Y dado que Daniel 9:27 también habla de un evento de "abominaciones" en Jerusalén, Juan está relacionando claramente su declaración con Daniel 9:27. Como Juan está escribiendo varias décadas después de la década de los 30 d.C., debe ver que la segunda parte de la septuagésima semana de Daniel está en el futuro desde su posición ventajosa. De ser así, tiene que haber un intervalo entre la sexagésima novena semana y la septuagésima. Juan también predijo que la nación de Israel huiría al desierto durante "mil doscientos sesenta días" (Ap. 12:6). Este marco de tiempo equivale a tres años y medio. En Apocalipsis 13:4-5, Juan describe a un "bestia" maligna que habla con arrogancia y blasfema durante "cuarenta y dos meses". Esto es paralelo a Daniel 9:27 y a la asociación de una figura maligna con un período de tres años y medio. En resumen, dado que Juan se refiere al marco de tiempo y a los acontecimientos de Daniel 9:27 que necesitan cumplirse en el futuro, esto muestra que los sucesos de este período deben ser futuros.

Sucesos por llegar

Varios sucesos proféticos aguardan su cumplimiento futuro. Estos incluyen el arrebatamiento, el período de tribulación, la venida del anticristo, el día del Señor, la segunda venida de Jesús, el milenio, la sublevación final de Satanás y el estado eterno.

EL ARREBATAMIENTO[24]

El arrebatamiento es uno de los acontecimientos reconocibles de la escatología. Los libros y las películas populares lo han convertido en un tema de debate para muchos. Algunos se obsesionan con esta cuestión, y otros lo ignoran o lo tratan con burla. Sin embargo, ¿cuál es el criterio bíblico sobre el arrebatamiento o rapto?

El término *rapto* procede del latín *raptura*, que las Biblias en latín traducen de la palabra griega *jarpázo*. Este término griego significa "quitar de forma repentina" o "arrebatar". El Nuevo Testamento lo usa en referencia a robar o saquear (Mt. 11:12; 12:29; 13:19; Jn. 10:12, 28, 29) y apoderarse de (Jn. 6:15; Hch. 8:39; 23:10; Jud. 23). Un tercer uso se centra en ser agarrado y llevado al cielo, como se hace visible en la experiencia de Pablo en el tercer cielo (2 Co. 12:2-4) y en la ascensión de Cristo (Ap. 12:5). *Jarpázo* también describe el tomar a la iglesia de la tierra al cielo como primera parte de la segunda venida de Cristo (1 Ts. 4:17). Sin embargo, esta palabra no contiene indicio alguno del momento del arrebatamiento en relación con la septuagésima semana de Daniel. El momento del rapto debe determinarse por otros factores.

En 1 Tesalonicenses 4:16-17 habla de un arrebatamiento escatológico por naturaleza. Aquí, *jarpázo* se traduce "arrebatados":

> Porque el Señor mismo con voz de mando, con voz de arcángel, y con trompeta de Dios, descenderá del cielo; y los muertos en Cristo resucitarán primero. Luego nosotros los que vivimos, los que hayamos quedado, seremos arrebatados juntamente con ellos en las nubes para recibir al Señor en el aire, y así estaremos siempre con el Señor.

---

24. Esta sección está adaptada de Richard L. Mayhue, "Why a Pretribulational Rapture?", *MSJ* 13, no. 2 (2002): 241-253. Usado con permiso de *MSJ*.

Aunque no utiliza *jarpázo,* 1 Corintios 15:51-52 se refiere al mismo suceso escatológico que 1 Tesalonicenses 4:16-17:

> He aquí, os digo un misterio: No todos dormiremos; pero todos seremos transformados, en un momento, en un abrir y cerrar de ojos, a la final trompeta; porque se tocará la trompeta, y los muertos serán resucitados incorruptibles, y nosotros seremos transformados.

Las Escrituras apuntan, pues, a un rapto escatológico aun cuando ninguno de estos textos fundamentales contiene ningún indicador explícito de tiempo.

Opiniones sobre el momento del arrebatamiento. Los pasajes citados más arriba mencionan un arrebatamiento y una transformación de los cristianos, pero no declaran cuándo se produce este suceso. Existen cuatro opiniones al respecto, que tratan cuándo se producirá el arrebatamiento en relación con la futura septuagésima semana de Daniel.

En primer lugar, el arrebatamiento pretribulacional asevera que la iglesia será arrebatada antes de la septuagésima semana de Daniel. Dado que todo el período de la tribulación es la "ira de Dios", la iglesia debe ser rescatada con anterioridad, para cumplir la promesa de Dios respecto a que la iglesia escapará a la ira divina (1 Ts. 1:9-10; Ap. 3:10). El arrebatamiento pretribulacional funciona como misión de rescate por la cual Jesús libera a su iglesia de la ira divina de la tribulación.

En segundo lugar, el arrebatamiento midtribulacionista argumenta que la iglesia será arrebatada a la mitad de la septuagésima semana de Daniel. La iglesia pasa por la primera mitad de la tribulación, pero después es arrebatada para evitar la ira más severa de Dios, que caracteriza el último período de la septuagésima semana de Daniel. La perspectiva midtribulacional no considera de forma arbitraria la primera mitad de la tribulación como ira divina; mantiene que la ira del hombre y la de Satanás se producen, pero no la de Dios.

En tercer lugar, el rapto anterior a la ira enseña que el arrebatamiento se producirá en algún momento de la última parte de la tribulación, y aparta a la iglesia de los juicios de las trompetas y las copas, que define como la ira de Dios. El rapto sucede transcurrida la mitad de la tribulación, pero antes de la segunda venida de Jesús a la tierra.

En cuarto lugar, el rapto postribulacional afirma que el arrebatamiento ocurrirá en el momento de la segunda venida, y que es la fase inicial del regreso físico de Jesús. La iglesia, que pasa por el período de la tribulación, es tomada en el aire para encontrarse con el Jesús que regresa, y quien a continuación desciende a la tierra con su pueblo. El escenario postribulacional es como los súbditos de un rey que salen corriendo de una ciudad para recibir a su rey victorioso que vuelve y, después, regresan de inmediato a la localidad. Esta es la única visión del rapto que considera que la iglesia pasa por todo el período de la tribulación.

Pruebas para el pretribulacionismo. El pretribulacionismo tiene el mayor respaldo bíblico, y creemos que es la opinión correcta por varias razones. En primer lugar, Jesús declara que la iglesia será tomada antes de la hora de la prueba, que cae sobre toda la tierra: "Por cuanto has guardado la palabra de mi paciencia, yo también te guardaré de la hora de la prueba que ha de venir sobre el mundo entero, para probar a los que moran sobre la tierra" (Ap. 3:10). Jesús promete una recompensa por la "paciencia". Este galardón es ser librado de un período único: "la hora de la prueba que ha de venir sobre el mundo entero". Esto ayuda a responder el porqué del arrebatamiento. Es una promesa o recompensa para la iglesia, por resistir con paciencia durante el sufrimiento. La iglesia que resista las pruebas de la era presente será librada de la hora especial de prueba para el pueblo de la tierra.

¿Significa la expresión "te guardaré de" (gr. *teréo ek*) en Apocalipsis 3:10 "un estado seguro continuado fuera de" o "emerger a salvo de"? Lo primero sería coherente con un rapto pretribulacional; lo segundo, con un arrebatamiento postribulacional. La preposición *ek* transmite en ocasiones la idea de emergencia, pero esto no siempre es así. En 2 Corintios 1:10 y 1 Tesalonicenses 1:10 encontramos dos ejemplos notables. En el pasaje de 2 Corintios, Pablo repite cómo Dios lo rescató de la muerte. Aquí, el apóstol no emergió de un estado de muerte, sino que fue rescatado de un peligro potencial. Más convincente aún es 1 Tesalonicenses 1:10, donde Pablo declara que Jesús rescatará a los creyentes de la ira venidera. La idea no es emerger después de experimentar algo, sino más bien la protección para no entrar en ello.

Asimismo, si Apocalipsis 3:10 se refiere a la protección divina en la hora de la prueba, entonces ¿qué sucederá con quienes mueran por Jesús durante este tiempo? ¿No estaban protegidos? El martirio generalizado de los santos durante las exigencias de la tribulación requiere que la promesa signifique "mantener fuera de" la hora de la prueba, y no "proteger en la prueba".

En segundo lugar, la iglesia sigue sin mencionarse en Apocalipsis 6–18. El término neotestamentario común para "iglesia" es *ekklesía*. Se usa diecinueve veces en Apocalipsis 1–3 en relación con la iglesia histórica del siglo I. Sin embargo, "iglesia" aparece solo una vez más en Apocalipsis, en el epílogo del libro (Ap. 22:16). En ningún lugar de Apocalipsis 6–18 se menciona a la "iglesia". ¿Por qué es relevante? Es improbable que Juan pasara de unas instrucciones detalladas para la iglesia en Apocalipsis 1–3 a un silencio absoluto sobre ella durante trece capítulos, si esta siguiera durante la tribulación. Si la iglesia experimentará la tribulación, sin lugar a duda el estudio más detallado de los sucesos de la tribulación incluiría su función durante este período. Sin embargo, no lo hace. Un arrebatamiento pretribulacional explica mejor la ausencia total de la "iglesia" de la tierra durante los acontecimientos de Apocalipsis 6–18.

En tercer lugar, el arrebatamiento pierde su trascendencia si la iglesia pasa por la tribulación. Si Dios protege milagrosamente a la iglesia durante la tribulación, ¿para qué tiene que haber un rapto? Si es para evitar la ira de Dios en el Armagedón, ¿por qué no seguiría Dios protegiendo, pues, a los santos en la tierra (como postula el postribulacionismo) como protegió a la iglesia en los acontecimientos que condujeron al Armagedón o como protegió a Israel de las plagas de Egipto (Éx. 8:22; 9:4, 26; 10:23; 11:7)?

Asimismo, si el arrebatamiento se produce en relación con una venida postribulacional, la posterior separación de las ovejas de los cabritos en Mateo 25:31-46 sería redundante. La separación ya habría tenido lugar en el momento del rapto, sin necesidad de otra. Más aún, si todos los creyentes de la tribulación son arrebatados y glorificados justo antes del reino milenial, ¿quién poblará el reino? Cada creyente tendría un cuerpo glorificado en ese tiempo, mientras que las Escrituras indican que los no creyentes vivos serán juzgados al final de la tribulación y quitados de la tierra (Mt. 13:41-42; 25:41). Estas realidades no se correlacionan con la enseñanza bíblica de que a los creyentes les nacerán hijos durante el milenio y que esos hijos serán capaces de pecar y de revelarse (Is. 65:20; cf. Ap. 20:7-10), algo que no sería posible si todos los creyentes de la tierra hubieran sido glorificados durante un arrebatamiento postribulacional.

Además, el paradigma postribulacional del arrebatamiento de la iglesia y de que sea traída de inmediato y de nuevo a la tierra no deja tiempo para el juicio del *béma* de Cristo (1 Co. 3:10-15; 2 Co. 5:10) o para las bodas del cordero (Ap. 19:6-10). Por lo tanto, un arrebatamiento postribulacional no tiene sentido cronológicamente hablando. Es incongruente con el juicio de la nación de ovejas y cabritos, y dos acontecimientos críticos del fin de los tiempos. El arrebatamiento pretribulacional evita estas dificultades.

En cuarto lugar, las Epístolas no contienen advertencias preparatorias para una tribulación inminente para los creyentes de la era de la iglesia. Las instrucciones de Dios para la iglesia en las Epístolas contienen una diversidad de avisos, pero a los creyentes no se los exhorta a prepararse para entrar a la tribulación y resistir. El Nuevo Testamento advierte enérgicamente sobre el error futuro y los falsos profetas (Hch. 20:29-30; 2 P. 2:1; 1 Jn. 4:1-3; Jud. 4). Avisa contra una vida impía (Ef. 4:25–5:7; 1 Ts. 4:3-8; He. 12:1). El Nuevo Testamento amonesta a los creyentes para resistir en medio de la tribulación presente (1 Ts. 2:13-14; 2 Ts. 1:4). Sin embargo, en cuanto a la preparación de la iglesia para la tribulación global y catastrófica descrita en Apocalipsis 6–18, solo hay silencio. Resulta difícil considerar que las Escrituras guarden silencio sobre tan traumático acontecimiento para la iglesia, si esta tiene que soportar este período. Si la iglesia experimentara cualquier parte del período de tribulación, cabría esperar que las Epístolas enseñaran la existencia, el propósito y la conducta de la misma mientras este dura. Sin embargo, no hay enseñanza alguna sobre este asunto. Solo un arrebatamiento pretribulacional explica satisfactoriamente esta falta de instrucciones para la iglesia.

En quinto lugar, 1 Tesalonicenses 4:13-18 exige un arrebatamiento pretribulacional. Supongamos que algún otro criterio respecto al rapto fuera verdad, ¿qué esperaríamos, pues, encontrar en 1 Tesalonicenses 4? Lo contrario a las preocupaciones allí reflejadas. Para empezar, cabría esperar que los tesalonicenses se regocijaran de que sus seres queridos estuvieran en el hogar con el Señor, y no soportaran los horrores de la tribulación. Pero, en su lugar, descubrimos que los tesalonicenses se lamentan en realidad porque temen que sus seres amados se perderán el rapto. Solo un arrebatamiento pretribulacional justificaría este dolor. Asimismo, esperaríamos que los tesalonicenses se lamentaran por su propia prueba inminente y no por sus seres queridos que han escapado a ella. Además, esperaríamos que fueran inquisitivos respecto a su propio futuro. Sin embargo, los tesalonicenses no tienen temores ni preguntas sobre la tribulación venidera. Esperaríamos que Pablo hubiera provisto instrucciones y exhortaciones para una prueba tan suprema. Pero no hallamos indicación de ninguna tribulación inminente.

En sexto lugar, los estrechos paralelos entre Juan 14:1-3 y 1 Tesalonicenses 4:13-18, dos textos referentes a la segunda venida de Cristo, encajan con el arrebatamiento pretribulacional:

1. La promesa de la presencia con Cristo:

    "Para que donde yo estoy, vosotros también estéis" (Jn. 14:3).

    "Así estaremos siempre con el Señor" (1 Ts. 4:17).

2. La promesa de consuelo:

    "No se turbe vuestro corazón" (Jn. 14:1).

    "Por tanto, alentaos los unos a los otros con estas palabras" (1 Ts. 4:18).

Jesús enseñó a sus discípulos que Él iba a la casa de su Padre (el cielo) para preparar un lugar para ellos. Les prometió que regresaría y los recibiría, para que ellos pudieran estar con Él dondequiera que Él estuviese (Jn. 14:1-3). Aunque la frase "donde yo estoy" implica una presencia continua en general, aquí significa la presencia en el cielo en particular. Nuestro Señor les dijo a los fariseos, en Juan 7:34: "Me buscaréis, y no me hallaréis; y a donde yo estaré, vosotros no podréis venir". No estaba hablando de su morada presente en la tierra, sino de su presencia resucitada a la diestra del Padre. En Juan 14:3, "donde yo estoy" debe significar "en el cielo", o la intención no tendría sentido.

El arrebatamiento postribulacional exige que los santos se encuentren con Cristo en el aire y desciendan, inmediatamente, a la tierra sin experimentar lo que el Señor prometió en Juan 14. Dado que dicho capítulo alude al arrebatamiento y no alude al juicio, solo un arrebatamiento pretribulacional satisface el lenguaje de Juan 14:1-3, y permite que los santos arrebatados moren durante un tiempo significativo con Cristo en la casa de su Padre.

En séptimo lugar, los sucesos del regreso de Cristo a la tierra después de la tribulación difieren del rapto. Si se compara lo que sucede en el arrebatamiento en 1 Tesalonicenses 4:13-18 y en 1 Corintios 15:50-58 con lo que ocurre en los acontecimientos finales de la segunda venida de Cristo en Mateo 24–25, se pueden observar al menos ocho contrastes o diferencias significativos que exigen que el arrebatamiento y la segunda venida de Cristo se produzcan en momentos distintos:

1. En el arrebatamiento, Cristo viene en el aire y regresa al cielo (1 Ts. 4:17), mientras que, en el acontecimiento final de la segunda venida, Cristo viene a la tierra a morar y reinar (Mt. 25:31-32).
2. En el arrebatamiento, Cristo reúne a los suyos (1 Ts. 4:16-17), mientras que, en la segunda venida, los ángeles reúnen a los elegidos (Mt. 24:31).
3. En el arrebatamiento, Cristo viene a recompensar (1 Ts. 4:17), mientras que, en la segunda venida, Cristo viene a juzgar (Mt. 25:31-46).
4. En el arrebatamiento, la resurrección se destaca en la venida de Jesús (1 Ts. 4:15-16), mientras que en la segunda venida no se menciona resurrección alguna con el descenso de Cristo.

5. En el arrebatamiento, los creyentes parten de la tierra (1 Ts. 4:15-17), mientras que, en la segunda venida, los incrédulos son tomados de la tierra (Mt. 24:37-41).
6. En el arrebatamiento, los incrédulos permanecen en la tierra (implícito), mientras que, en la segunda venida, los creyentes permanecen en la tierra (Mt. 25:34).
7. En el arrebatamiento no se hace mención del reino de Cristo en la tierra, mientras que, en la segunda venida, se establece el reino de Cristo en la tierra (Mt. 25:31, 34).
8. En el arrebatamiento, los creyentes recibirán cuerpos glorificados (cf. 1 Co. 15:51-57), mientras que, en la segunda venida, nadie que esté vivo recibe un cuerpo glorificado.

Por otra parte, varias de las parábolas de Cristo en Mateo 13 confirman diferencias entre el rapto y la segunda venida de Cristo a la tierra. En la parábola del trigo y la cizaña, la cizaña (los incrédulos) es separada del trigo (los creyentes) en el apogeo de la segunda venida (Mt. 13:30, 40), mientras que los creyentes son quitados de entre los incrédulos en el arrebatamiento (1 Ts. 4:15-17). En la parábola de la red, los peces malos (los incrédulos) son apartados de los buenos (los creyentes) en la culminación de la segunda venida de Cristo (Mt. 13:48-50), mientras que los creyentes son sacados de entre los incrédulos en el rapto (1 Ts. 4:15-17). Finalmente, no se hace mención alguna al arrebatamiento en los detallados textos sobre la segunda venida de Mateo 24 y Apocalipsis 19.

EL PERÍODO DE LA TRIBULACIÓN

Jesús prometió a sus seguidores que experimentarían tribulación en el mundo (Jn. 16:33). Esto ha sucedido, desde luego, ya que muchos cristianos han sufrido y han muerto por causa de Cristo. Sin embargo, Jesús también predijo un tiempo único que sería el más severo y difícil de la historia humana: "Porque habrá entonces gran tribulación, cual no la ha habido desde el principio del mundo hasta ahora, ni la habrá" (Mt. 24:21). Este tiempo único se denomina la tribulación o período de tribulación, en base al uso que Jesús hizo de este término en Mateo 24:9, 21. La tribulación es un período de juicios divinos antes del regreso de Jesucristo, y del establecimiento de su reino en la tierra. Este período durará siete años, según la septuagésima semana futura de Daniel, que dura siete años (Dn. 9:27).

La Biblia revela más sobre la tribulación futura que sobre cualquier otro suceso profético por venir. El Antiguo Testamento predice un tiempo de tribulación para Israel en relación con la reunificación de Israel desde las naciones. En Deuteronomio 4:30, Dios le dice a Israel: "Cuando estuvieres en angustia, y te alcanzaren todas estas cosas, si en los postreros días te volvieres a Jehová tu Dios, y oyeres su voz". Jeremías predice un "tiempo de angustia para Jacob" (Jer. 30:7). Sofonías predice un "día de angustia y de aprieto" (Sof. 1:15). Isaías denomina esto un "día de venganza" un "año de retribuciones en el pleito de Sion" (Is. 34:8).

Mateo 24–25 (junto con Mr. 13; Lc. 21) y Apocalipsis 6–19 ofrecen una información más detallada respecto al período de tribulación en el Nuevo Testamento. Jesús habla de "principio de dolores" como guerras, rumores de guerras, hambre y terremotos en varios lugares (Mt. 24:4-8). La persecución de los seguidores de Jesús será intensa (Mt. 24:9). La apostasía y la traición se producirá (Mt. 24:10). Muchos falsos profetas se levantarán (Mt. 24:11), y la maldad aumentará (Mt. 24:12). Sin embargo, en medio de ese terrible período, el evangelio del reino será proclamado a todo el mundo (Mt. 24:14) y tanto los judíos como los gentiles serán salvos (Ap. 7:4-9).

Algo estratégico en este período es el cumplimiento de "la muchedumbre de las abominaciones", un suceso del que se habla por primera vez en Daniel (Dn. 9:27). Según la cronología de Daniel, este acontecimiento distintivo se produce a la mitad de la tribulación, o a los tres años y medio, y describe el quebrantamiento del pacto con Israel por parte del anticristo, en el que intenta detener el sistema de adoración judío en el templo. Pablo observa que este "hombre de pecado" entra en el templo y declara ser Dios (2 Ts. 2:3-4). Este evento inaugura una severa persecución en Israel, razón por la cual Jesús advierte a los habitantes de Judea que huyan sin pensar en regresar en busca de nada (Mt. 24:16-20). El final de este período trae señales cósmicas: "E inmediatamente después de la tribulación de aquellos días, el sol se oscurecerá, y la luna no dará su resplandor, y las estrellas caerán del cielo" (Mt. 24:29). Jesús regresa a la tierra con poder y gloria (Mt. 24:30), y reúne a sus elegidos (Mt. 24:31). El regreso de Jesús en gloria con sus ángeles conduce al juicio de las naciones para ver quién entrará en su reino (Mt. 25:31-46).

Apocalipsis 6–19 detalla los juicios que ocurren durante la tribulación en forma de sellos, trompetas y copas. Estos juicios masivos son predominantemente secuenciales y revelan unos juicios de Dios que van en aumento contra un mundo incrédulo y contra el reino del anticristo. Dado que Jesús es Aquel que abre los juicios de los sellos, todos los demás juicios son la ira de Dios y de Jesús (Ap. 6:1). Los seis sellos incluyen (1) la llegada del anticristo, (2) guerra, (3) hambre, (4) muerte, (5) martirio y (6) terremotos (Ap. 6:2-12). Estos se corresponden estrechamente con las condiciones de los "principios de dolores" que se hallan en Mateo 24:4-7. En el momento del sexto sello (terremoto), el pueblo de la tierra entiende que se está enfrentando a la gran ira de Dios y del Cordero (Ap. 6:16-17). La ira de Dios no empieza en ese momento, ya que comenzó con el primer sello, pero esta vez los moradores de la tierra comprenden con certeza que están experimentando la ira de Dios.

A continuación, el séptimo sello acarrea la segunda ola de juicios, las siete trompetas:

1. Primera trompeta: Un tercio de la tierra, árboles y hierba se queman (Ap. 8:7).
2. Segunda trompeta: Un tercio de las criaturas del mar muere, y los barcos son destruidos (8:8-9).
3. Tercera trompeta: Un tercio de las aguas se contaminan y esto hace que muchos mueran (8:10-11).
4. Cuarta trompeta: Un tercio del sol, la luna y las estrellas se oscurece (8:12).
5. Quinta trompeta: Las langostas/demonios son liberados para atormentar a las personas (9:1-11).
6. Sexta trompeta: Cuatro demonios atados son liberados para matar a un tercio de la humanidad (9:13-19).
7. Séptima trompeta: Se proclama el gobierno del reino de Cristo (11:15-18).

El conjunto final de juicios son los juicios de las copas. Estos llegan más tarde, durante el período de la tribulación, en rápida sucesión y que son extremadamente graves:

1. Primera copa: Dolorosas llagas hieren a las personas (Ap. 16:2).
2. Segunda copa: El mar se convierte en sangre y todo lo que hay en el mar muere (16:3).
3. Tercera copa: Los ríos y los manantiales de agua se convierten en sangre (16:4-7).
4. Cuarta copa: El sol abrasará a las personas con fuego y calor (16:8-9).
5. Quinta copa: La oscuridad y el intenso dolor afligen a la humanidad (16:10-11).
6. Sexta copa: El río Éufrates se seca para preparar el camino a los reyes del Este (16:12-16).
7. Séptima copa: Varios terremotos dividen la gran ciudad en tres partes, las ciudades caen, y un intenso granizo cae del cielo (16:17-21).

La tribulación tiene un doble propósito. En primer lugar, Dios usará la tribulación para salvar a Israel. Esto implica la conclusión de los propósitos de Daniel 9:24, como ocuparse por fin del pecado de Israel, traer justicia eterna y ungir el templo. Asimismo, Jeremías 30:7 afirma que habrá "un tiempo de angustia para Jacob [Israel]", aunque Israel "de ella será librado". Israel entra en la tribulación al hacer el pacto con el anticristo, pero acaba este período clamando a su Mesías.

En segundo lugar, Dios usará la tribulación para juzgar al mundo incrédulo. Apocalipsis 3:10 se refiere a la tribulación como "la hora de la prueba que ha de venir sobre el mundo entero para probar a los que moran sobre la tierra". Isaías 24 describe esto como un tiempo de juicio global en el que "Jehová vacía la tierra y la desnuda, y trastorna su faz, y hace esparcir a sus moradores" (Is. 24:1). La razón es la pecaminosidad del hombre: "Porque traspasaron las leyes, falsearon el derecho, quebrantaron el pacto sempiterno" (Is. 24:5). La tribulación es, pues un tiempo de intensa ira global de Dios sobre un mundo pecaminoso y rebelde.

EL ANTICRISTO

La Biblia predice la llegada del anticristo, un representante de Satanás que es la encarnación del mal. El término *anticristo* (gr. *antíjristos*) se encuentra en 1 Juan 2:18: "Hijitos, ya es el último tiempo; y según vosotros oísteis que el anticristo viene, así ahora han surgido muchos anticristos". Juan se refiere a un anticristo específico venidero, aunque también menciona a otros "anticristos" que ya han venido. No son *el* anticristo, sino que funcionan con su espíritu, se oponen a quien Jesús es y a los que Él representa. Podemos esperar a muchos que poseen el espíritu del anticristo, aunque sepamos que un anticristo personal también vendrá.

El prefijo *anti-* puede significar "contra" o "en lugar de". ¿Está, pues, el anticristo que vendrá abiertamente "en contra" de Jesús, o es una imitación que finge ser una figura mesiánica? Ambas cosas podrían ser ciertas. Es una imitación del Mesías por cuanto hará un tratado engañoso con el pueblo de Israel (Dn. 9:27) y fingirá ser su salvador. Sin embargo, está en contra de Jesús y se opone a Él y a sus santos. Perseguirá asimismo a Israel a la mitad de la septuagésima semana de Daniel. En suma, es a la vez una imitación y alguien que se opone a Cristo.

Daniel ofrece la información detallada sobre el anticristo en el Antiguo Testamento. Esta persona maligna es el gobernante político blasfemo, el "cuerno pequeño" que habla palabras elocuentes y jactanciosas, y libra guerra contra los santos de Dios (Dn. 7:8, 21). Él es el "príncipe" perverso que surge de los romanos (Dn. 9:26). Este príncipe hace un pacto con el pueblo judío por siete años, pero rompe este tratado transcurrida la mitad del tiempo, detiene el sistema sacrificial judío y asola el templo (Dn. 9:27). En Daniel 11:36-45 es el rey obstinado que se autoexalta, habla contra Dios, rechaza a cualquier dios rival y confía en su poder militar.

El apóstol Pablo se refiere al anticristo como el "hombre de pecado" (2 Ts. 2:3). Apoyándose en Daniel 9:26-27 y 11:36-45, Pablo revela que este hombre malvado llega en relación con el día del Señor (2 Ts. 2:1-2). Esta persona "se opone y se levanta contra todo lo que se llama Dios o es objeto de culto; tanto que se sienta en el templo de Dios como Dios, haciéndose pasar por Dios" (2 Ts. 2:4). Su presencia en el templo de Dios se asocia con la desolación del templo que predijo Daniel 9:27. Jesús se refiere a este suceso como ver "en el lugar santo la abominación desoladora de que habló el profeta Daniel" (Mt. 24:15). Este horrible evento de desolación conduce a una intensa persecución en Judea, sobre la que Jesús advierte en Mateo 24:16-22.

La explicación más detallada sobre el anticristo le fue revelada al apóstol Juan, y se recoge en Apocalipsis 13. Juan se refiere a este individuo como "una bestia". Procede de las naciones y Satanás la empodera (Ap. 13:1-2). Se recupera de una herida mortal con alguna especie de resurrección que hace que el mundo se maraville ante él (Ap. 13:3). Blasfema contra Dios (Ap. 13:5-6), libra guerra contra los santos, y ejerce autoridad sobre la tierra (Ap. 13:7-8). Intenta establecer un reino permanente en la tierra para Satanás.

Existe un debate respecto a si el anticristo será judío o gentil. En Daniel 11:37 existe una posible prueba de que sea judío, cuando afirma que "del Dios de sus padres no hará caso". Algunas traducciones tienen a "Dios" en singular. De ser este el caso, estaría rechazando al Dios de los patriarcas judíos. La mayoría de las traducciones, sin embargo, lo vierten como "dioses", y hace que sea probable que se tenga en mente a los dioses gentiles. Esta opinión posterior es el caso más probable. De modo que el anticristo surge de entre las naciones europeas (Dn. 7:7-8, 23-25; cf. Ap. 13:1). Asimismo, dado que es el príncipe que viene del pueblo que destruyó Jerusalén y el templo en el 70 d.C. (Dn. 9:26), debe de venir del Imperio romano, porque fueron los romanos quienes destruyeron Jerusalén y el templo. Asimismo, la predicción de Daniel respecto a Antíoco IV Epífanes (215–164 a.C.) en Daniel 8:9-14, 23-25 respalda la opinión de que el anticristo será un gentil. Antíoco era un sirio que profanó el templo judío en torno al 167 a.C., instituyó la adoración a Zeus en Jerusalén, e hizo sacrificar un cerdo en el templo. Este acto desolador parece prefigurar lo que hará el anticristo de Daniel 9:27. Dado que Antíoco era gentil, el anticristo también lo será probablemente.

Aunque es una figura espantosa y poderosa, el anticristo tiene una breve carrera y es destruido. Pablo declara que Jesús "matará [al hombre de pecado] con el espíritu de su boca, y [lo] destruirá con el resplandor de su venida" (2 Ts. 2:8). Daniel afirma que "lo que está determinado se derram[ará] sobre el desolador" (Dn. 9:27) y que "llegará a su fin, y no tendrá quien le ayude" (Dn. 11:45). Esta "bestia" es echada en el lago de fuego al regreso de Jesús, donde su destino quedará sellado para siempre (Ap. 19:20).

EL DÍA DEL SEÑOR[25]

La frase bíblica "el día del Señor" (o "el día de Jehová") representa un término clave para entender la revelación de Dios sobre el futuro. El uso que los escritores del Nuevo Testamento hacen de "el día del Señor" se apoyaba en su entendimiento de los profetas del Antiguo Testamento. Un estudio del Antiguo Testamento indica que los profetas lo usaron cuando hablaban de los acontecimientos históricos cercanos y los sucesos escatológicos del futuro lejano y que implicaban la ira de Dios. Los autores del Nuevo Testamento recogieron el uso escatológico y lo aplicaron al "día del Señor", tanto al juicio que alcanzará su apogeo durante el período de la tribulación como al juicio que introducirá la nueva tierra.

La frase específica "el día del Señor/Jehová", o una variante cercana, aparece diecinueve veces en el Antiguo Testamento (Abd. 15; Jl. 1:15; 2:1, 11, 31; 3:14; Am. 5:18 [2 veces], 20; Is. 2:12; 13:6, 9; Sof. 1:7, 14 [2 veces]; Ez. 13:5; 30:3; Zac. 14:1; Mal. 4:5). "El día del Señor" aparece en cuatro pasajes neotestamentarios indiscutibles: Hechos 2:20; 1 Tesalonicenses 5:2; 2 Tesalonicenses 2:2 y 2 Pedro 3:10. En cuatro ocasiones se refiere a este período como el "día de la venganza" (Is. 34:8; 61:2; 63:4; Jer. 46:10[NVI]). El Nuevo Testamento lo llama el "día de la ira" (Ro. 2:5), el "día de la visitación" (1 P. 2:12), y el "gran día del Dios Todopoderoso" (Ap. 16:14).

Desde la caída del hombre en Génesis 3, la humanidad ha estado en rebeldía contra su Creador, pero viene un tiempo en el que Dios juzgará a todo el mundo con ira calamitosa para preparar el establecimiento de su reino. El día del hombre dará paso al día del Señor. Ese día final del Señor es el momento de la suprema ira divina contra los pecadores por su rebeldía contra Dios.

Los profetas del Antiguo Testamento escribieron mucho más sobre el día del Señor, y proporcionaron el fundamento para las referencias neotestamentarias, mediante el uso de la frase en referencia tanto al cumplimiento histórico cercano como a los eventos escatológicos de un futuro lejano. Por ejemplo, Joel 1:15 se refiere a un día histórico del Señor que implica una grave plaga de langostas en Israel tal como se describe en Joel 1. Sin embargo, el día del Señor en Joel 2 y 3 se refiere a un día del Señor futuro en el que Israel es restaurado y bendecido, y las naciones gentiles son juzgadas basándose en cómo trataron al pueblo de Dios, Israel. El día histórico del Señor sirve de presagio para un día del Señor mayor que está por venir.

Los autores del Nuevo Testamento retomaron el uso escatológico y aplicaron la frase tanto al juicio que alcanzará su apogeo con el período de la tribulación como al juicio que introducirá la nueva tierra. El día del Señor se produce por medios providenciales (Ez. 30:3), o directamente por la mano de Dios (2 P. 3:10). En ocasiones, el cercano cumplimiento (Jl. 1:15) prefigura el cumplimiento lejano (Jl. 3:14). Dos períodos del día del Señor están aún por cumplirse en la tierra: (1) el juicio que llega a su punto culmi-

---

25. Esta sección está adaptada de Richard L. Mayhue, "The Bible's Watchword: Day of the Lord", *MSJ* 22, no. 1 (2011): 65-88. Usado con permiso de *MSJ*. Para una explicación más completa sobre el tema, véase el artículo.

nante en el período de la tribulación (2 Ts. 2:2; Ap. 16–18) y (2) el juicio consumador de esta tierra tras el milenio que introduce la nueva tierra (2 P. 3:10-13; Ap. 20:7–21:1).

En resumen, el día del Señor puede resumirse en seis afirmaciones:

1. El día del Señor involucra solo juicio, no juicio y bendición.
2. El día del Señor sucede dos veces en el plan profético de Dios, no una.
3. El día del Señor ocurre al final del período de la tribulación, no a lo largo de este.
4. El día del Señor ocurre de nuevo al final del milenio, no durante el mismo.
5. El día del Señor, tal como se define aquí, no demuestra necesariamente el pretribulacionismo, sino que lo permite de forma cierta y fácil.
6. El día del Señor respalda el premilenialismo futurista.

LA SEGUNDA VENIDA DE JESÚS

El punto focal de los eventos proféticos que están aún por venir es la segunda venida de Jesucristo. Aunque el lenguaje específico de la "segunda venida" es escaso en las Escrituras, el concepto está bien establecido (Mt. 25:31; Jn. 14:3; Hch. 1:11). Creer en el regreso de Jesús es una doctrina indispensable del cristianismo ortodoxo. El Nuevo Testamento declara la necesidad de una segunda venida de Jesús. La palabra "segunda" se usa en Hebreos 9:28: "Así también Cristo fue ofrecido una sola vez para llevar los pecados de muchos; y aparecerá por segunda vez, sin relación con el pecado, para salvar a los que le esperan". La segunda venida de Jesús pondrá fin a la era presente y a la septuagésima semana de Daniel, que presenta un reinado del anticristo inspirado por Satanás. La segunda venida es también el punto de partida del reino milenial de Jesús en la tierra. El regreso de Jesús funciona como importante punto de transición desde este presente siglo malo al justo reino de Jesús.

El Antiguo Testamento no reveló explícitamente dos venidas del Mesías separadas por un considerable período de tiempo. Predijo tanto a un siervo sufriente como a un rey reinante, pero no explicó que esas funciones se cumplirían a lo largo de dos venidas. La prueba de un intervalo podría existir en el Salmo 110, que declara que el Señor de David, el Mesías, tendrá un lugar a la diestra de Dios "hasta" que el Mesías reine sobre sus enemigos desde Jerusalén (Sal. 110:1-2). Sin embargo, las Escrituras no proporcionan indicación alguna de que los santos del Antiguo Testamento o incluso los discípulos de Jesús antes de la cruz esperaran una separación entre la primera y la segunda venida de Jesús. Con el testimonio de la revelación progresiva y la visión retrospectiva de la historia, podemos contemplar el Antiguo Testamento y ver que los pasajes del reino todavía necesitan cumplirse en la segunda venida de Jesús.

Zacarías 14 trata la segunda venida. El contexto es el asedio de Jerusalén que conduce al regreso del Señor: "Después saldrá Jehová y peleará con aquellas naciones, como peleó en el día de la batalla. Y se afirmarán sus pies en aquel día sobre el monte de los Olivos, que está en frente de Jerusalén al oriente" (Zac. 14:3-4). Dado que esta profecía no sucedió con la primera venida de Jesús, esto debe referirse al acontecimiento de su segunda venida. Jesús ascendió desde el monte de los Olivos (Hch. 1:12) y regresará al mismo lugar.

La segunda venida se detalla en varias secciones del Nuevo Testamento. Jesús explicó su regreso a la tierra en su discurso del monte de los Olivos (Mt. 24–25; Mr. 13; Lc. 21). Sus discípulos le preguntaron: "¿Qué señal habrá de tu venida? (Mt. 24:3). Jesús pormenorizó varios sucesos, pero a continuación declaró: "Inmediatamente después de la tribulación de aquellos días" las tribus de la tierra "verán al Hijo del Hombre viniendo sobre las nubes del cielo, con poder y gran gloria" (Mt. 24:29-30). Asimismo, afirmó: "Cuando el Hijo del Hombre venga en su gloria, y todos los santos ángeles con él, entonces se sentará en su trono de gloria" (Mt. 25:31). En el Evangelio de Lucas, Jesús explicó que después de las señales cósmicas, "verán al Hijo del Hombre, que vendrá en una nube con poder y gran gloria" (Lc. 21:27). En su juicio religioso, Jesús le dijo al sumo sacerdote Caifás: "Os digo, que desde ahora veréis al Hijo del Hombre sentado a la diestra del poder de Dios, y viniendo en las nubes del cielo" (Mt. 26:64). Otro pasaje clave de la segunda venida es Hechos 1:9-11:

> Y habiendo dicho estas cosas, viéndolo ellos, fue alzado, y le recibió una nube que le ocultó de sus ojos. Y estando ellos con los ojos puestos en el cielo, entre tanto que él se iba, he aquí se pusieron junto a ellos dos varones con vestiduras blancas, los cuales también les dijeron: Varones galileos, ¿por qué estáis mirando al cielo? Este mismo Jesús, que ha sido tomado de vosotros al cielo, así vendrá como le habéis visto ir al cielo.

El mismo Jesús que estuvo físicamente entre sus discípulos durante cuarenta días después de su resurrección fue tomado al cielo. Sin embargo, regresará del mismo modo en que se marchó. El sermón de Pedro en Hechos 3 revela la relevancia de las dos venidas de Jesús y es uno de los pasajes más claros que explican ambas venidas. Pedro declaró: "Pero Dios ha cumplido así lo que había antes anunciado por boca de todos sus profetas, que su Cristo había de padecer" (Hch. 3:18). De manera que Jesús "cumplió" lo que predijeron los profetas del Antiguo Testamento respecto a su sufrimiento. A continuación, Pedro aludió a la segunda venida y su reino en Hechos 3:19-21:

> Así que, arrepentíos y convertíos, para que sean borrados vuestros pecados; para que vengan de la presencia del Señor tiempos de refrigerio, y él envíe a Jesucristo, que os fue antes anunciado; a quien de cierto es necesario que el cielo reciba hasta los tiempos de la restauración de todas las cosas, de que habló Dios por boca de sus santos profetas que han sido desde tiempo antiguo.

Este pasaje revela la necesidad de enviar a Cristo en el futuro y de la restauración de todas las cosas, que está relacionado con el mensaje de los "santos profetas", que son los profetas del Antiguo Testamento. Así, mientras muchos pasajes del Antiguo Testamento se aplican a la segunda venida de Jesús, la doctrina de una segunda venida es principalmente una cuestión de revelación neotestamentaria.

La segunda venida de Jesús se produce en dos fases. Jesús descenderá del cielo para arrancar o arrebatar a su iglesia en el aire para que esté con Él en el cielo durante los siete años de la tribulación. El propósito de su venida es una misión de rescate para evitar que la iglesia experimente la ira divina de este período. La segunda fase es el regreso personal y corporal de Jesús a la tierra para establecer su reino en la tierra.

EL MILENIO

El milenio es el reino venidero de mil años de Jesús y de sus santos en la tierra después de esta era presente y antes del estado eterno. Tiene lugar poco después de la septuagésima semana de Daniel y del regreso de Jesús, y es el momento en que la humanidad, por medio del postrer Adán, Jesús, cumple el mandato de gobernar y subyugar la tierra con éxito en nombre de Dios (Gn. 1:26-28). Jesús el Mesías también cumple la promesa de que el supremo Hijo de David reinará en el trono davídico sobre Israel (Lc. 1:32-33) y sobre toda la tierra (Zac. 14:9). Los enemigos de Jesús, que se opusieron a Él durante la tribulación han sido derrotados (Ap. 19:20-21). Satanás está atado (Ap. 20:1-3). Los santos del Antiguo Testamento fallecidos y los mártires del período de la tribulación resucitan y reinan con Cristo (Dn. 12:2; Ap. 20:4). Jesús reina y comparte su gobierno del reino con la iglesia de la era en curso, que permaneció fiel durante la persecución (Ap. 2:26-27; 3:21; 5:10).

El reino milenial es un tiempo de renovación, prosperidad justicia y paz en la creación (Mt. 19:28; Is. 2:2-4; 11; 65:17-25). Es, asimismo, el período en el que todas las promesas del pacto, tanto espirituales como físicas, llegan a su completo cumplimiento para Israel y para las naciones. Israel es salvo y ha sido restaurado, y cumple su función de liderazgo y servicio a las naciones desde la capital, Jerusalén (Is. 2:2-4). Las naciones, que también se han convertido en el pueblo de Dios, experimentan bendiciones espirituales y físicas junto a Israel (Is. 19:16-25; 27:6). Aunque el estado eterno manifestará sin duda estas características a la perfección, estos asuntos necesitan cumplirse primero bajo el gobierno mediatorial humano con el hombre supremo: Jesús. Cuando el postrer Adán complete su misión, Jesús le entregará el reino a Dios Padre, y comenzará el reino eterno del Padre (1 Co. 15:24-28).

El milenio debe venir también por una razón cristocéntrica. Debe existir un reinado sostenido, reconocido y visible de Jesús en la esfera (la tierra) donde Jesús experimentó rechazo en su primera venida. Entonces, Jesús vino a los suyos, pero estos no lo recibieron (Jn. 1:11). Fue repudiado y ejecutado. El Jesús que compareció atado ante los hombres, en su pasión, regresará en gloria en las nubes del cielo para reinar sobre la tierra (Mt. 26:63-66). El reino milenial subraya el reconocimiento de Jesús como Rey. Reinará en gloria durante un extenso período antes de entregarle su reino al Padre en triunfo, y se inicie el estado eterno (1 Co. 15:24-28). Ese es también el momento en que los santos de Dios serán justificados y reinarán en la esfera en la que experimentaron la persecución de Satanás y el mundo (Ap. 6:9-11; 20:4).

En ocasiones se suele aludir a este milenio como un reino intermedio ya que llega después de esta era presente, aunque antes del estado eterno. Es dramáticamente mejor que este siglo actual, pero no es perfecto todavía como el estado eterno venidero. Por ejemplo, la mortalidad infantil no existirá y la esperanza de vida se alargará enormemente, pero seguirá existiendo la posibilidad de la muerte. Se pensará que quien muera a la edad de cien años está maldito (Is. 65:20). Asimismo, y a diferencia de hoy o del estado venidero eterno, el milenio presenta a las naciones que sirven a Dios, aunque habrá habitantes que sigan siendo capaces de pecar, y que recibirán castigo (Zac. 14:16-19).

LA SUBLEVACIÓN FINAL DE SATANÁS

Al final del milenio, Satanás es liberado de su encarcelamiento en el abismo, y dirige una sublevación deliberada contra la santa ciudad de Jerusalén. Quienes estén involucrados en esta rebelión serán inmediatamente destruidos con fuego del cielo, y Satanás será enviado al lago de fuego para siempre (Ap. 20:7-10). El núcleo de esta sublevación procede de quienes han nacido durante el reino milenial y que no confían en Cristo como su Salvador. Cuando se les dé la oportunidad de unir fuerzas con el recién liberado Satanás, lo harán con mucho gusto. Este evento no indica debilidad de Dios, sino que es más bien la ocasión para una devastadora exhibición de fuerza divina contra sus enemigos. Aunque los participantes estarán esperando una guerra, el resultado será más parecido a una ejecución, ya que serán vencidos de inmediato.

Esta rebelión destaca dos verdades importantes. En primer lugar, la presencia de incrédulos en el milenio, aunque Satanás está atado en el abismo, demuestra que el principal problema del hombre es su corazón perverso, esté Satanás presente o no. Incluso bajo condiciones ideales, con Jesús físicamente presente en la tierra, algunos escogen rebelarse en pecado. En segundo lugar, la sublevación ofrece un despliegue del poder de Dios contra el mal antes de que tenga lugar el juicio del gran trono blanco (Ap. 20:11-15) y de que empiece el estado eterno (Ap. 21:1–22:5). Es una manifestación espectacular del poder del reino sobre la sublevación final contra Dios en la historia humana.

EL ESTADO ETERNO

El nuevo cielo y la nueva tierra son el destino final de la humanidad redimida. El milenio es pasado. El juicio del gran trono blanco ha tenido lugar. Satanás y todos los incrédulos han sido echados al lago de fuego para siempre. Un glorioso destino aguarda a los santos de Dios cuando vivan en una nueva tierra con acceso directo a Dios, quien entonces vivirá en medio de ellos. Esto es lo que el apóstol Juan explica: "Vi un cielo nuevo y una tierra nueva; porque el primer cielo y la primera tierra pasaron, y el mar ya no existía más" (Ap. 21:1).

Este lenguaje del "cielo nuevo" y la "tierra nueva" aparece otras tres veces en la Biblia: Isaías 65:17; Isaías 66:22 y 2 Pedro 3:13. La última referencia revela que este cielo y esta tierra nuevos son lo que los creyentes anticipan en última instancia: "Pero nosotros esperamos, según sus promesas, cielos nuevos y tierra nueva, en los cuales mora la justicia" (2 P. 3:13). Hebreos 12:26-27 también alude a la eternidad futura. Por tanto, la esperanza y el destino supremos del creyente no son el cielo actual, sino la nueva tierra.

La reflexión más extendida del nuevo cielo y la nueva tierra, con frecuencia denominado estado eterno, se encuentra en Apocalipsis 21:1–22:5. El lenguaje de Juan indica que el "cielo nuevo" y la "tierra nueva" tienen similitudes y diferencias con el cielo y la tierra actuales. Aunque es "nuevo", sigue habiendo un cielo (o bóveda celeste) y una tierra en la que morarán las personas. Sin embargo, se contrasta con el cielo y la tierra presentes por cuando el cielo y la tierra antiguos han "pasado".

La nueva tierra: ¿Completamente nueva o restaurada? Este cielo nuevo y esta tierra nueva, ¿serán completamente nuevos, otra creación desde la nada de parte de Dios, después de que el primer cielo y la primera tierra fueran aniquilados? ¿O serán el cielo nuevo y la tierra nueva una restauración y renovación del presente planeta? El lenguaje bíblico que describe la destrucción del antiguo orden argumenta en favor de un planeta completamente nuevo, porque lo viejo ha dejado de existir. Juan escribe que el primer cielo y la primera tierra "pasaron" (Ap. 21:1). Hay un lenguaje violento en la encendida destrucción en 2 Pedro 3:

> Los cielos y la tierra que existen ahora, están reservados por la misma palabra, guardados para el fuego (3:7).

> Pero el día del Señor vendrá como ladrón en la noche; en el cual los cielos pasarán con grande estruendo, y los elementos ardiendo serán deshechos, y la tierra y las obras que en ella hay serán quemadas (3:10).

> Puesto que todas estas cosas han de ser deshechas... (3:11).

> Los cielos, encendiéndose, serán deshechos, y los elementos, siendo quemados, se fundirán (3:12).

Como respaldo adicional de la aniquilación del universo presente tenemos la declaración de Jesús: "Cielos y tierra pasarán, pero mis palabras no pasarán" (Mt. 24:35). El Salmo 102 afirma que la tierra y los cielos "perecerán" y que "como una vestidura se envejecerán" (Sal. 102:25-26). Isaías 24:20 asevera: "Temblará la tierra como un ebrio, y será removida como una choza... y caerá, y nunca más se levantará". En su primera epístola, Juan escribe: "Y el mundo pasa" (1 Jn. 2:17).

Por otra parte, entre los argumentos a favor de la renovación de esta tierra se encuentran los siguientes. Primero, Pablo enseña que la creación anhela la glorificación, no la aniquilación. Él declara que "el anhelo ardiente de la creación es el aguardar la manifestación de los hijos de Dios" (Ro. 8:19) y que "la creación fue sujetada a vanidad", pero "en esperanza" (Ro. 8:20). A continuación, añade: "Porque también la creación misma será libertada de la esclavitud de corrupción, a la libertad gloriosa de los hijos de Dios" (Ro. 8:21). Esta imagen retrata a la creación anticipando la glorificación, no la aniquilación.

Segundo, la anticipación de la creación por la glorificación está vinculada a la glorificación del pueblo de Dios (Ro. 8:23). Existe un paralelo. Los creyentes no son aniquilados, sino resucitados. Como Jesús, quien resucitó corpóreamente de la tumba, hay una correspondencia entre los creyentes de ahora y cómo serán en el futuro. Si el destino de la tierra es paralelo al de la humanidad creyente, entonces la creación que existe ahora también estará en el futuro, aunque en forma glorificada. Así como la creación sufrió cuando el hombre cayó por culpa del pecado, también la creación será restaurada cuando el pueblo de Dios reciba cuerpos glorificados.

Tercero, la Biblia usa un lenguaje de renovación para describir la tierra. Jesús predijo una "regeneración" venidera del cosmos (Mt. 19:28). Pedro anunció una restauración futura de todas las cosas (Hch. 3:21). Todo lo que hay en el cielo y en la tierra se está reconciliando con Jesús por la sangre de su cruz (Col. 1:20). Esta terminología indica que el universo se dirige hacia una renovación en la que la tierra dañada se repara y resulta mejor que nunca. El punto de vista de la renovación afirma que Dios, y no Satanás, logra la victoria final sobre la creación buena "en gran manera" de Dios (Gn. 1:31).

¿Qué podemos decir del lenguaje de destrucción de 2 Pedro 3? Quienes sostienen un punto de vista de renovación razonan que la destrucción no significa aniquilación. El mismo pasaje habla de un mundo que fue destruido por agua en la época de Noé (2 P. 3:6), pero que no fue aniquilado con el diluvio. Asimismo, la mejor traducción de 2 Pedro 3:10 no es que la tierra será "quemada" como aparece en algunas versiones, sino que "la tierra y todas las cosas que hay en ella quedarán expuestas" (PDT). La idea es ser "hallada" o "manifestada", de forma muy parecida al metal que pasa por el fuego del refinador, y que no se aniquila, sino que se purifica (Mal. 3:2-3).

La vida en la nueva tierra. Sea la nueva tierra un planeta totalmente nuevo o un planeta renovado, será un lugar tangible donde los creyentes morarán con un cuerpo físico real. Dios hizo al hombre como una unidad compleja de cuerpo y alma para vivir en un entorno físico, y su destino en la nueva tierra incluirá residir en un planeta físico.

En términos generales, existen diez características que hacen que la nueva tierra sea nueva y destaque la gloria del estado eterno venidero. Juan las resume en Apocalipsis 21:1–22:5.

1. Un cielo y una tierra nuevos (21:1)
2. Una nueva Jerusalén (21:2, 9-21)
3. Un nuevo pueblo de Dios (21:3)
4. Una nueva compasión (21:4)
5. Un nuevo orden (21:5-8)
6. Un nuevo templo (21:22)
7. Una nueva luz (21:23)
8. Una nueva población (21:24-27)
9. Una nueva vida (22:1-2)
10. Una nueva gloria (22:3-5)

La Biblia habla de una nueva Jerusalén que será la capital de la nueva tierra. Juan afirma: "Vi la santa ciudad, la nueva Jerusalén, descender del cielo, de Dios, dispuesta como una esposa ataviada para su marido" (Ap. 21:2). Es una ciudad real donde Dios vivirá en medio de su pueblo (21:3). La ciudad tiene "un muro grande y alto con doce puertas" (21:12). Está establecida en un cuadrado de aproximadamente 2255 km de largo y de ancho (21:16). Estas dimensiones deberían entenderse de forma literal ya que se menciona "de medida de hombre" (21:17). El muro de la ciudad está hecho de jaspe y la ciudad es "de oro puro, semejante al vidrio limpio" (21:18). "Los cimientos del muro de la ciudad estaban adornados con toda piedra preciosa" (21:19). El tamaño, la hermosura y el esplendor de esta ciudad resultan difíciles de comprender, pero esto no resta valor a su verdadera naturaleza.

No hay templo alguno en la nueva Jerusalén. Tanto Dios como Jesús funcionan como su templo (21:22). Como la gloria de Dios ilumina la ciudad, no hay necesidad de que la luz del sol o de la luna resplandezcan sobre ella (21:23). Las naciones y los reyes de la tierra serán atraídos a la ciudad por su luz, y "traerán su gloria y honor a ella" (21:24, 26). La presencia de las naciones y de los líderes mundiales muestra que existen naciones literales en la nueva tierra, y que hay actividad fuera de la nueva Jerusalén. Aunque existe un pueblo de Dios en lo que respecta a la salvación, la presencia de naciones revela la diversidad étnica y nacional en la nueva tierra. Las mejores contribuciones culturales de estas ciudades se traen a la nueva Jerusalén. Estas naciones actúan en completa armonía, ya que las hojas del árbol de la vida, que aparece por primera vez desde la caída del hombre en Génesis 3, funcionan "para la sanidad de las naciones" (Ap. 22:2). El acceso a la ciudad está siempre abierto, ya que "sus puertas nunca serán cerradas", y allí no existirá nunca la noche (21:25). Desde el trono de Dios y de Jesús, el Cordero, fluye el "río del agua de vida" (22:1). El árbol de la vida, visto por última vez en Génesis 3:24, está presente de nuevo. Produce "doce frutos, dando cada mes su fruto" (Ap. 22:2). La mención de "cada mes" indica que el tiempo existe en la nueva tierra.

A pesar de toda la belleza de esta ciudad, lo mejor es la presencia de Dios y del Cordero, que están en el trono (21:3; 22:3). Los siervos de Dios lo adorarán y "verán su rostro" en una comunión eterna e inquebrantable (22:3-4). No quedará barrera entre Dios y su pueblo. La descripción final de la nueva Jerusalén revela que los santos "reinarán por los siglos de los siglos" (22:5). Génesis 1:26-28 revelaba que Dios creó al hombre para gobernar y subyugar la tierra, y el último versículo que describe la nueva tierra explica que el pueblo de Dios estará reinando. Entonces no habrá engaño de Satanás (Génesis 3), ni potencial para pecar. Todos los que están allí habrán sido lavados en la sangre del Cordero, y servirán al Creador de todo corazón. Los impíos no entrarán jamás a esta ciudad (Ap. 21:27), y la historia acaba bien para el pueblo de Dios.

El destino al que se dirigen los creyentes no es un cuento de hadas, y será tan real como el planeta actual donde habita ahora la humanidad. El nuevo cielo y la nueva tierra darán perspectiva a por qué existen los cristianos y sirven a Dios en la era presente. Este mundo caído actual no existirá para siempre. El pecado, la maldición y la muerte serán eliminados para siempre (Ap. 22:3). El hombre será restaurado por completo en sus relaciones defectuosas con Dios, con las personas y con la creación. Esta imagen expresa la esperanza suprema de la escatología. Es la conclusión verdadera y emocionante de una historia realmente extraordinaria. Por tanto, nuestra sincera respuesta al final de la historia, que anticipamos con ansiedad y por la que luchamos con energía, debería ser la del apóstol Juan: "¡Sí, ven, Señor Jesús!" (Ap. 22:20).

Oración[26]

Padre, te damos gracias por la verdad revelada en tu Palabra escrita
    que nos da testimonio de tu Hijo,
        el Señor Jesucristo.
Te damos gracias también por el testimonio del Espíritu Santo,
    quien testificó de Cristo con muchos milagros y maravillas
        en los albores de la era del evangelio.
Te damos gracias, asimismo, por el testimonio audible que
    diste en el momento del bautismo de Jesús:
        "Este es mi Hijo amado, en quien tengo complacencia".
Y, por encima de todo, te damos gracias por la sangre de Cristo,
    la prueba suprema de que Cristo siempre hace
        aquello que te complace a ti.
Esa preciosa sangre es el sacrificio más satisfactorio
    por todos los pecados de quienes alguna vez crean
        estos testimonios respecto a Cristo.
Afirmamos que todos esos testimonios impecables son verdad,
    y confesamos que Cristo es, en efecto,
        el Hijo de Dios y el único Salvador,
            y que creyendo en Él tenemos vida eterna.

Te damos gracias, oh Dios, porque nos
    concedes esta vida eterna por tu misericordia.
Uno de los frutos de ese don para nosotros en el gozo eterno.
¡Qué amor tan asombroso, que enviaste a tu Hijo
    a afligirse, a sufrir y a morir para que nosotros pudiéramos conocer el *gozo*!
¿Cómo podríamos agradecerte lo suficiente?

Nos has ordenado que nos regocijemos siempre y en toda circunstancia,
    y hasta tus pruebas son una ocasión para gozarnos.
¡El gozo es un deber tan deleitable!
    y, sin embargo, confesamos humildemente que, por ser débiles y pecaminosos,
        la murmuración y las quejas parecen brotar como la respuesta más natural
            a los problemas de la vida.
Perdónanos por tan sombría e ingrata respuesta
    a la gracia que nos muestras cada día,
        y ayúdanos incluso ahora a ser alegres participantes del gozo celestial.

Al convertir el gozo tanto en un privilegio como en un deber
    en nuestra vida cotidiana,
        y prepararnos para un gozo eterno aún mayor,
        demuestras ser un Dios de alegría y consuelo.

---

26. El texto original en inglés de esta oración viene de John MacArthur, *At the Throne of Grace: A Book of Prayers* (Eugene, OR: Harvest House, 2011), 80-82. Usado con permiso de Harvest House.

Aunque la tristeza es una parte inevitable de la experiencia humana,
    por culpa de nuestro pecado,
        tú haces frente a nuestra aflicción con innumerables razones
            para estar agradecidos y contentos,
            llenos de esperanza y de regocijo.
Nuestro llanto puede durar toda la noche,
    pero el gozo llega por la mañana.

Tus misericordias son igualmente nuevas cada mañana.
¡Cuánta gracia y cuánta misericordia tienes
    para con los pecadores y para quienes un día fueron tus enemigos!
Somos totalmente indignos,
    pero aun así escogiste bendecirnos con una salvación tan grande.
Has convertido nuestro lamento en baile;
    soltaste nuestro cilicio y nos vestiste de alegría.
Aun en nuestra aflicción hallamos nuestro camino hacia el gozo, al pensar en
    tu amor
    tu perdón
    tus tiernas misericordias,
    tu empatía hacia nuestras debilidades,
    y la esperanza de la eternidad en tu presencia.

Aguardamos con alegre expectativa
    ese gozo perfecto y sin fin que será nuestro
        cuando nos encontremos contigo cara a cara.

Llena nuestros corazones incluso ahora con el cielo, amado Señor.
Que podamos vivir libres de los fracasos
    que echan a perder nuestra vida e invalidan nuestro gozo terrenal.
Señor, sácanos de esas cosas
    y llévanos al lugar de la obediencia y la fidelidad.
Te damos gracias por las promesas de
    tu poder y tu cuidado.
En el nombre de Cristo, nuestro Salvador, te lo rogamos. Amén.

"Alcancé salvación"
De paz inundada mi alma ya esté,
o cúbrala un mar de aflicción,
mi suerte cualquiera que sea, diré:
¡Alcancé, alcancé salvación!

CORO
¡Alcancé… salvación…!
¡Alcancé, alcancé salvación!

> Ya venga la prueba o me tiente Satán,
> no amenguan mi fe ni mi amor;
> pues Cristo comprende mis luchas, mi afán,
> y su sangre vertió en mi favor.
>
> Feliz yo me siento al saber que Jesús
> libróme de yugo opresor;
> quitó mi pecado, clavólo en la cruz;
> gloria demos al buen Salvador.
>
> La fe tornaráse en feliz realidad
> al irse la niebla veloz;
> desciende Jesús con su gran majestad,
> ¡aleluya, estoy bien con mi Dios!
>
> —Horatio G. Spafford (1828–1888)
>   (trad. Pedro Grado)

Bibliografía
Principales teologías sistemáticas

Bancroft, Emery H. *Fundamentos de teología bíblica*. Grand Rapids, MI: Editorial Portavoz, 1986. 420-483.

Berkhof, Louis. *Teología sistemática*. Grand Rapids, MI: Libros Desafío, 2005. 791-884.

Buswell, James Oliver, Jr. *Teología sistemática*. 4 tomos. Miami, FL. Logoi, 2005. 734-967.

Culver, Robert Duncan. *Systematic Theology: Biblical and Historical*. Fearn, Ross-shire, Escocia: Mentor, 2005. 799-1006

Dabney, Robert Lewis. *Systematic Theology*. 1871. Reimpresión, Edimburgo: Banner of Truth, 1985. 758-817.

Erickson, Millard J. *Teología sistemática*. Viladecavalls: Editorial Clie, 2008. 1151-1243.

Grudem, Wayne. *Teología sistemática: Una introducción a la doctrina bíblica*. Miami: Editorial Vida, 2007. 1149-1230.

Hodge, Charles. *Teología sistemática*. 2 vols. 1991. Terrassa: Editorial Clie, 1991. 2:571-646.

Lewis, Gordon R. y Bruce A. Demarest. *Integrative Theology*. 3 vols. Grand Rapids, MI: Zondervan, 1987–1994. 3:241-363.

Reymond, Robert L. *A New Systematic Theology of the Christian Faith*. Nashville: Thomas Nelson, 1998. 805-976.

Shedd, William G. T. *Dogmatic Theology*. 3 vols. 1889. Reimpresión, Minneapolis: Klock & Klock, 1979. 2B:591-754; 3:471-528

Strong, August Hopkins. *Systematic Theology: A Compendium Designed for the Use of Theological Students*. Ed. rev. Nueva York: Revell, 1907. 887-980.

*Swindoll, Charles R. y Roy B. Zuck, eds. *Understanding Christian Theology*. Nashville: Thomas Nelson, 2003. 1077-1242.

*Thiessen, Henry Clarence. *Introductory Lectures in Systematic Theology*. Grand Rapids, MI: Eerdmans, 1949. 403-437.

Turretin, Francis. *Institutes of Elenctic Theology*. 3 vols. Editado por James T. Dennison Jr. Traducido por George Musgrove Giger. 1679–1685. Reimpresión, Phillipsburg, NJ: P&R, 1992–1997. 3:1-560.

*Indica las más útiles.

Obras específicas

Benware, Paul N. *Entienda la profecía de los últimos tiempos*. Grand Rapids, MI: Editorial Portavoz, 2010.

Diprose, Ronald E. *Israel in the Development of Christian Thought*. Roma: Instituto Bíblico Evangélico Italiano, 2000.

Erdmann, Martin. *The Millennial Controversy in the Early Church*. Eugene, OR: Wipf & Stock, 2005.

*Feinberg, Charles L. *Millennialism: The Two Major Views: The Premillennial and Amillennial Systems of Biblical Interpretation Analyzed and Compared*. 3a. ed. 1980. Reimpresión, Winona Lake, IN: BMH, 2006.

Fruchtenbaum, Arnold G. *Israelology: The Missing Link in Systematic Theology*. Ed. rev. Tustin, CA: Ariel Ministries, 2001.

*Horner, Barry E. *Future Israel: Why Christian Anti-Judaism Must Be Challenged*. NAC Studies in Bible and Theology 3. Nashville: B&H, 2007.

House, H. Wayne, ed. *Israel: The Land and the People: An Evangelical Affirmation of God's Promises*. Grand Rapids, MI: Kregel, 1998.

*Ice, Thomas y Timothy J. Demy, eds. *When the Trumpet Sounds*. Eugene, OR: Harvest House, 1995.

LaHaye, Tim y Ed Hindson, eds. *The Popular Encyclopedia of Bible Prophecy*. Eugene, OR: Harvest House, 2004.

Larsen, David L. *Jews, Gentiles, and the Church: A New Perspective on History and Prophecy*. Grand Rapids, MI: Discovery House, 1995.

MacArthur, John. *Gloria del cielo: La verdad acerca del cielo, los ángeles y la vida eterna*. Grand Rapids, MI: Editorial Portavoz, 1997.

_____. *Mateo*. CMNT. Grand Rapids, MI: Editorial Portavoz, 2017.

*_____. *La segunda venida: Una exploración del regreso y reinado de Cristo*. Grand Rapids, MI: Editorial Portavoz, 1999.

*MacArthur, John y Richard Mayhue. *Christ's Prophetic Plans: A Futuristic Premillennial Primer*. Chicago: Moody Publishers, 2012.

Mayhue, Richard L. *1 & 2 Thessalonians: Triumphs and Trials of a Consecrated Church*. Fearn, Ross-Shire, Escocia: Christian Focus, 2005.

_____. *Snatched before the Storm! A Case for Pretribulationism*. The Woodlands, TX: Kress Christian Publications, 2008.

*McClain, Alva J. *The Greatness of the Kingdom: An Inductive Study of the Kingdom of God*. 1959. Reimpresión, Winona Lake, IN: BMH, 2007.

Pentecost, J. Dwight. *Eventos del porvenir: Estudios de escatología bíblica*. Miami, FL: Vida, 1984.

*Peterson, Robert A. *Hell on Trial: The Case for Eternal Punishment*. Phillipsburg, NJ: P&R, 1995.

Saucy, Robert L. *The Case for Progressive Dispensationalism: The Interface between Dispensational and Non-Dispensational Theology*. Grand Rapids, MI: Zondervan, 1993.

*Showers, Renald E. *There Really Is a Difference: A Comparison of Covenant and Dispensational Theology*. Bellmawr, NJ: Friends of Israel Gospel Ministry, 1990.

Thomas, Robert L. *Revelation 1–7: An Exegetical Commentary*. Chicago: Moody Press, 1992.

———. *Revelation 8–22: An Exegetical Commentary*. Chicago: Moody Press, 1995.

*Vlach, Michael J. *Has the Church Replaced Israel? A Theological Evaluation*. Nashville: B&H Academic, 2010.

Walvoord, John F. *Daniel*. Revisado y editado por Charles H. Dyer y Philip E. Rawley. The John Walvoord Prophecy Commentaries. Chicago: Moody Publishers, 2012.

*Indica las más útiles.

Apéndice

El progreso de la revelación[1]

Antiguo Testamento		
LIBRO	FECHA APROXIMADA DE ESCRITURA	AUTOR
Job	Desconocida	Desconocido
Génesis	1445–1405 a.C.	Moisés
Éxodo	1445–1405 a.C.	Moisés
Levítico	1445–1405 a.C.	Moisés
Números	1445–1405 a.C.	Moisés
Deuteronomio	1445–1405 a.C.	Moisés
Salmos	1410–450 a.C.	Autores múltiples
Josué	1405–1385 a.C.	Josué
Jueces	*ca.* 1043 a.C.	Samuel
Rut	*ca.* 1030–1010 a.C.	Samuel (?)
Cantar de los Cantares	971–965 a.C.	Salomón
Proverbios	971–686 a.C.	principalmente Salomón
Eclesiastés	940–931 a.C.	Salomón
1 Samuel	931–722 a.C.	Desconocido
2 Samuel	931–722 a.C.	Desconocido
Abdías	850–840 a.C.	Abdías
Joel	835–796 a.C.	Joel
Jonás	*ca.* 775 a.C.	Jonás
Amós	*ca.* 750 a.C.	Amós
Oseas	750–710 a.C.	Oseas
Miqueas	735–710 a.C.	Miqueas
Isaías	700–681 a.C.	Isaías
Nahúm	*ca.* 650 a.C.	Nahúm
Sofonías	635–625 a.C.	Sofonías
Habacuc	615–605 a.C.	Habacuc
Ezequiel	590–570 a.C.	Ezequiel
Lamentaciones	586 a.C.	Jeremías
Jeremías	586–570 a.C.	Jeremías
1 Reyes	561–538 a.C.	Desconocido
2 Reyes	561–538 a.C.	Desconocido

1. Estas tablas están adaptadas de John MacArthur, ed., *The MacArthur Study Bible: English Standard Version* (Wheaton, IL: Crossway, 2010), xxiv–xxv, procedentes originalmente de *The MacArthur Study Bible*, copyright © 1997 por Thomas Nelson. Usadas con permiso de Thomas Nelson. www.thomasnelson.com.

Antiguo Testamento

LIBRO	FECHA APROXIMADA DE ESCRITURA	AUTOR
Daniel	536-530 a.C.	Daniel
Hageo	ca. 520 a.C.	Hageo
Zacarías	480-470 a.C.	Zacarías
Esdras	457-444 a.C.	Esdras
1 Crónicas	450-430 a.C.	Esdras (?)
2 Crónicas	450-430 a.C.	Esdras (?)
Ester	450-331 a.C.	Desconocido
Malaquías	433-424 a.C.	Malaquías
Nehemías	424-400 a.C.	Esdras

Nuevo Testamento

LIBRO	FECHA APROXIMADA DE ESCRITURA	AUTOR
Santiago	44-49 d.C.	Santiago
Gálatas	49-50 d.C.	Pablo
Mateo	50-60 d.C.	Mateo
Marcos	50-60 d.C.	Marcos
1 Tesalonicenses	51 d.C.	Pablo
2 Tesalonicenses	51-52 d.C.	Pablo
1 Corintios	55 d.C.	Pablo
2 Corintios	55-56 d.C.	Pablo
Romanos	56 d.C.	Pablo
Lucas	60-61 d.C.	Lucas
Efesios	60-62 d.C.	Pablo
Filipenses	60-62 d.C.	Pablo
Colosenses	60-62 d.C.	Pablo
Filemón	60-62 d.C.	Pablo
Hechos	62 d.C.	Lucas
1 Timoteo	62-64 d.C.	Pablo
Tito	62-64 d.C.	Pablo
1 Pedro	64-65 d.C.	Pedro
2 Timoteo	66-67 d.C.	Pablo
2 Pedro	67-68 d.C.	Pedro
Hebreos	67-69 d.C.	Desconocido
Judas	68-70 d.C.	Judas
Juan	80-90 d.C.	Juan
1 Juan	90-95 d.C.	Juan
2 Juan	90-95 d.C.	Juan
3 Juan	90-95 d.C.	Juan
Apocalipsis	94-96 d.C.	Juan

Glosario básico[1]

Adán, postrer o segundo. Referencia a Jesucristo en 1 Corintios 15 y Romanos 5, donde se lo compara con Adán (el primero).

Adonai. Nombre hebreo para Dios, que significa básicamente "Señor".

adopción. Esa parte de la salvación en la que Dios adopta al pecador alejado y le otorga los beneficios de ser hijo suyo. El término connota un favor positivo, en comparación con el mero perdón y la remisión de pecados.

adopcionismo. Tipo de cristología según la cual Jesús, un ser humano, fue escogido por Dios para ser elevado a la filiación divina.

adoración. Ofrecer honra, honor y alabanza a Dios.

advenimiento. La venida de Cristo. El primer advenimiento se refiere a su venida inicial en la encarnación. El segundo advenimiento es la segunda venida futura.

alma, criterio creacionista del origen del. La creencia de que en forma directa y especial Dios crea cada alma individual en su nacimiento; en otras palabras, no son los padres quienes transmiten el alma.

alma, criterio traducianista del origen del. La creencia de que el alma y el cuerpo se propagan en la concepción por parte de los padres.

amilenialismo. Criterio según el cual no habrá período alguno de reinado terrenal de Cristo ni antes ni después de la segunda venida. Los mil años de Apocalipsis 20:1-7 se consideran simbólicos: ya sea la completitud del reinado de Cristo o la dicha de los creyentes en el cielo.

analogia Scriptura. La creencia de que al ser las Escrituras una unidad, el significado de un pasaje se esclarece mediante el estudio de otras porciones.

anciano. Un líder en la sinagoga, en la iglesia primitiva o en una congregación local de algunas denominaciones de hoy. Los requisitos para el cargo se establecen en 1 Timoteo 3:1-7 y Tito 1:5-9.

ancianos laicos. Oficiales que ostentan posiciones de liderazgo en la iglesia, pero que no son ministros ordenados formalmente.

ángeles caídos. Los ángeles que al desobedecer a Dios cayeron del lugar donde le servían y ahora están al servicio de Satanás, jefe de dichos ángeles caídos, es decir, de los demonios.

ángeles malvados. Los ángeles que se rebelaron contra Dios y, por tanto, cayeron. Bajo su líder, Satanás, ahora se dedican a oponerse a la obra de Dios. También se les conoce como demonios.

ángeles santos. Aquellos ángeles que no han caído de su posición de obediencia.

---

1. Este glosario procede, con ligeras revisiones, de Millard J. Erickson, *The Concise Dictionary of Christian Theology*, ed. rev. (Wheaton, IL: Crossway, 2001). Usado con permiso de Crossway, un ministerio editorial de Good News Publishers, Wheaton, IL 60187, www.crossway.org.

angelofanías. Adopción por parte de los ángeles de una forma visible, en ocasiones especiales.

angelología. Estudio o doctrina de los ángeles.

aniquilacionismo. Creencia de que al menos algunos seres humanos dejarán de existir de forma permanente al morir o en algún momento posterior.

anticristo. Oponente que se hace pasar por Cristo. Según 1 Juan 2:18, 22 y 4:3, el anticristo parece ser un espíritu presente a lo largo de la era de la iglesia. Algunos han intentado identificar a personas o cargos específicos como el anticristo. Los reformadores y otros pensaron que se trataba del papado. Al parecer, en el mundo existe un espíritu o principio de rebeldía que se consumará en forma personal en los últimos días.

antinomianismo. Oposición a la ley; específicamente el rechazo de la idea de que la vida del cristiano tiene que ser gobernada por leyes o normas.

antitipo. Realidades del Nuevo Testamento de las cuales ciertas personas, prácticas y objetos veterotestamentarios son tipos o figuras.

antropocentrismo. Concepción que considera a los seres y los valores humanos, y no Dios y sus valores, como el hecho central del universo.

antropología. El estudio de la naturaleza y la cultura humanas. La antropología teológica es la interpretación teológica de la humanidad.

antropomorfismo. Concebir a Dios como alguien con forma o características humanas.

antropopatismo. Concebir a Dios como alguien con emociones humanas.

apolinarismo. Interpretación del siglo IV de la persona de Cristo: el divino Cristo no adoptó por completo una naturaleza humana, sino solo su carne; su alma humana (racionalidad o *noús*) fue sustituida por el Logos o Verbo.

apostasía. "Alejamiento", usualmente el abandono deliberado y total de la fe que se ha mantenido con anterioridad.

arcángeles. Ángeles principales. El único que se nombra en las Escrituras es Miguel (Jud. 9). La otra única referencia a "arcángel" (1 Ts. 4:16) no menciona nombre alguno. Al otro ángel que se menciona por su nombre en las Escrituras, Gabriel (Dn. 8:16; 9:21; Lc. 1:19, 26), no se le identifica como arcángel.

argumento cosmológico a favor de Dios. Argumento a favor de la existencia de Dios; dado que toda cosa existente en el universo debe tener una causa, tiene que haber un Dios.

argumento moral a favor de Dios. Prueba de la existencia de Dios: Dios es necesario como explicación de los valores morales y del impulso moral.

argumento ontológico a favor de Dios. Argumento inspirado en el puro pensamiento lógico en vez de la observación sensorial del universo físico, para demostrar la existencia de Dios. Una forma usual es que Dios es el más grande de todos los seres concebibles. Tiene que existir un ser así, porque de lo contrario se podría concebir aún un ser mayor, es decir, un ser idéntico que también tenga el atributo de la existencia. Anselmo y René Descartes son dos de los defensores más famosos del argumento ontológico.

argumento teleológico a favor de Dios. Argumento que defiende la existencia de Dios: el orden del universo debe de ser la obra de un diseñador supremo.

arminianismo. Criterio que contradice el entendimiento calvinista de la predestinación. El arminianismo sostiene que la decisión de Dios de proporcionar salvación a ciertas personas, y a otras no, se basa en su presciencia de quiénes creerán. Incluye, asimismo, la idea de que las personas regeneradas genuinamente pueden perder su salvación y que, en realidad, algunas la pierden. El arminianismo tiene, a menudo, una visión menos estricta de la depravación humana que el calvinismo.

arrebatamiento en mitad de la tribulación. Doctrina que afirma que la iglesia pasará por la mitad de la tribulación, y después será arrebatada por Cristo.

arrebatamiento postribulacional. Doctrina que afirma que la iglesia pasará por la gran tribulación, y después será arrebatada por Cristo.

arrebatamiento pretribulacional. Doctrina que afirma que Cristo se llevará a la iglesia del mundo antes de la septuagésima semana de Daniel.

arrepentimiento. Tristeza piadosa por el pecado propio y decisión de apartarse de él.

arrianismo. Opinión de la persona de Cristo según la cual Él es el más alto de los seres creados y, por tanto, se alude a Él apropiadamente como dios, pero no como *el* Dios.

ascensión de Cristo. La partida corporal de Jesús de la tierra y su regreso al cielo, cuarenta días después de su resurrección (Lc. 24:51; Hch. 1:9).

aseidad. Referencia a que la base de la vida de Dios está en sí mismo y no está causada por nada externo.

ateísmo. Creencia de que no hay Dios.

atributos de Dios. Características o cualidades de Dios que lo constituyen como lo que Él es. No se debería pensar en ellos como algo atribuido o derivado de Él, como si algo pudiera añadirse a su naturaleza, sino que son inseparables de su ser.

atributos de Dios, comunicables. Los atributos de Dios cuyas características correspondientes pueden hallarse en la naturaleza humana.

atributos de Dios, incomunicables. Los atributos de Dios cuyas características correspondientes no pueden hallarse en la naturaleza humana.

bautismo de los creyentes. Bautismo en el que se requiere, en primer lugar, una profesión creíble de fe. En ocasiones se suele aludir a él como credobautismo.

bautismo de niños. Práctica de bautizar a los niños.

bautismo del Espíritu Santo. Acto de Jesucristo, desde Pentecostés en adelante, de colocar en la iglesia, en el momento de la salvación, a todo creyente verdadero que tenga al Espíritu Santo (1 Co. 12:13).

Biblia, autoridad de la. Enseñanza que afirma que como fue Dios, la autoridad suprema, quien nos ha dado la Biblia por inspiración divina, esta tiene derivativamente derecho a determinar la creencia y los actos de los cristianos.

Biblia, canon de la. Colección de libros aceptados por la iglesia como autoritativos.

Biblia, inspiración de la. Acto del Espíritu Santo sobre los escritores bíblicos que garantizó que lo que escribieron preservó la revelación divina con fidelidad e hicieron que la Biblia fuera, en efecto, la Palabra de Dios.

biblicismo. Compromiso muy fuerte y hasta incuestionable con la autoridad de la Biblia.

bibliología. La doctrina de las Escrituras.

blasfemia. Expresiones irreverentes e insultantes o difamatorias contra Dios.

cabeza. Parte del cuerpo más prominente que ejerce control sobre el resto. De ahí que se hable de Cristo como cabeza de la iglesia y de todas las cosas (Ef. 1:10, 22-23).

caída. Pecado inicial de desobediencia de Adán y Eva, como resultado del cual perdieron su posición de favor con Dios (Gn. 3).

caída, punto de vista literal de la. Creencia de que la caída fue un acontecimiento real de espacio-tiempo que les sucedió a dos personas históricas.

calvinismo. El pensamiento de Juan Calvino. El término se aplica, particularmente, a la doctrina de la predestinación, según la cual Dios escoge de manera soberana a algunos para salvación, no por mérito alguno ni por una fe prevista, sino tan solo por su libre voluntad y su gracia inmerecida.

canon. Colección de libros aceptados por la iglesia como autoritativos.

canonización de las Escrituras. El proceso de reconocer el canon de las Escrituras.

carne. Naturaleza humana. En la Biblia, el término posee tanto un significado literal como figurado: se usa respecto a la naturaleza física y también respecto a la naturaleza pecaminosa de los seres humanos.

castigo eterno. La naturaleza incesante del castigo que experimentarán los pecadores no redimidos después de esta vida.

cielo. Morada futura de los creyentes. Un lugar de completa felicidad y gozo, que se distingue especialmente por la presencia de Dios.

conciencia. Sensación de estar obligado a hacer lo correcto y evitar lo incorrecto; en algunas opiniones es una facultad real de la naturaleza humana.

Cordero de Dios, el. Referencia de Juan el Bautista a Cristo como aquel que quita el pecado del mundo, al llevar en su propia persona el castigo del pecado (Jn. 1:29, 36; 1 Co. 5:7 (NVI); 1 P. 1:18-19).

Cordero de Dios, sin mancha. Jesús, el sacrificio perfecto.

cosmovisión. Amplia síntesis conceptual que forma la perspectiva propia sobre la totalidad de la realidad.

creatio ex nihilo. Literalmente, "creación a partir de la nada", la idea de que Dios creó sin el uso de materiales que existían previamente.

Cristo. Literalmente, "el ungido", título que designa a Jesús como el Mesías.

Cristo, como profeta. Referencia a uno de los tres oficios de Jesucristo; su obra de revelación.

Cristo, como rey. Referencia a uno de los tres oficios de Jesucristo; su poder gobernante.

Cristo, como sacerdote. Referencia a uno de los tres oficios de Jesucristo; su obra expiatoria e intercesora.

Cristo, como sustituto. La idea de que la muerte de Cristo fue en lugar de aquellos que creyeran en Él.

Cristo, la deidad de. Idea de que Cristo es Dios, como lo es el Padre.

Cristo, la humanidad de. La idea de que Jesús fue tan plenamente humano como nosotros, excepto que Él no tuvo una naturaleza pecaminosa ni pecado real.

Cristo, la impecabilidad de. La idea de que Cristo era incapaz de pecar.

Cristo, la muerte vicaria de. Doctrina que afirma que la muerte de Cristo tuvo valor a favor de los verdaderos creyentes.

Cristo, la preexistencia de. El concepto de que la persona que nació en Belén como Jesús de Nazaret era la segunda persona preexistente de la Trinidad.

Cristo, las dos naturalezas de. Doctrina que afirma que Jesús era una sola persona, divina y humana a la vez.

Cristo encarnado. El estado de Cristo desde el tiempo en que se convirtió en un ser humano.

cristología. Estudio doctrinal de la persona y la obra de Cristo.

cristológico. Perteneciente al Cristo o, más específicamente, la doctrina de Cristo.

crucificado con Cristo. Referencia a la identificación del creyente con Cristo en su muerte (Gá. 2:20).

cuerpo glorificado. Cuerpo de la resurrección o perfeccionado del futuro.

cuerpo perecedero. La naturaleza física de los seres humanos que está sujeta a la muerte y la decadencia.

decreto de Dios. La decisión de Dios, hecha en la eternidad, que hace cierto todo lo que ocurre en el tiempo.

deísmo. La creencia en un Dios que creó, pero que no tiene una involucración continuada con el mundo y sus acontecimientos.

demonios. Los ángeles caídos que ahora hacen el mal, bajo el liderazgo de su jefe, Satanás.

depravación total. Referencia a la creencia de que los seres humanos inician la vida con todos los aspectos de su naturaleza corrompidos por los efectos del pecado; así, todos sus actos carecerán por completo de motivos puros. Esto no significa, sin embargo, que sean tan perversos como podrían llegar a ser.

destino eterno. El estado futuro de la persona, ya sea en el cielo o en el infierno, con Dios o separada de Él.

dicotomismo. Criterio respecto a la naturaleza humana que la considera formada por dos componentes, por lo general un elemento material (el cuerpo) y uno espiritual (el alma).

Dios, aseidad de. Referencia a que la base de la vida de Dios está en sí mismo, y no la causa nada externo.

Dios, autoexistencia de. Atributo de Dios por el cual Él existe sencillamente por sí mismo, sin necesidad de fuerza o causa externa alguna.

Dios, eternidad de. El hecho de que Dios no tiene principio ni tendrá final. Siempre ha sido y siempre será.

Dios, gloria de. Esplendor, grandeza y magnificencia de Dios.

Dios, gracia de. Trato de Dios con su pueblo que no se basa en aquello que merecen, sino sencillamente en términos de su bondad y generosidad respecto a sus necesidades.

Dios, incomprensibilidad de. Referencia a que la grandeza de Dios resulta en que nunca seremos capaces de entenderle de un modo completo y exhaustivo.

Dios, inmanencia de. La presencia y la actividad de Dios en el mundo creado de la naturaleza.

Dios, inmutabilidad de. Doctrina respecto a que Dios es inmutable. En algún pensamiento griego, esta enseñanza se convirtió casi es una visión estática de Dios. Sin embargo, entendida de la forma adecuada, es un simple énfasis sobre el carácter inmutable y la fiabilidad de Dios.

Dios, inspirada por. Referencia a la inspiración divina de la Biblia (2 Ti. 3:16).

Dios, ira de. El desagrado de Dios por el mal; se expresa en juicio y castigo.

Dios, perfección de. La absoluta completitud y plenitud de Dios. Él no carece de nada ni tiene imperfección moral alguna.

Dios, santidad de. Separación de Dios de todo lo demás y particularmente de todo el mal.

Dios, soberanía de. Supremacía y control meticuloso de Dios sobre todo lo que ocurre.

Dios, trascendencia de. La separación y superioridad de Dios en relación a la creación y la historia.

Dios, unicidad de. El hecho de que, aunque en tres personas, Dios es solamente uno en esencia.

Dios, unidad de. Referencia a que Dios es un solo Dios, no muchos ni está compuesto por partes, sino que es sencillo y no compuesto.

Dios-hombre. La segunda persona encarnada de la Trinidad, Jesucristo.

Divinidad. El Dios trino: Padre, Hijo y Espíritu Santo.

docetismo. La creencia de que la humanidad de Jesús no era genuina; sencillamente parecía ser humano.

doctrinas cristianas. Las enseñanzas del cristianismo sobre la naturaleza de Dios, su obra y su relación con su creación.

ebionismo. Una herejía cristológica temprana que pensaba que Jesús era humano, pero no divino.

eclesiología. Estudio doctrinal de la iglesia.

edificación. Literalmente, "construir"; fortalecimiento de la vida espiritual de los cristianos y las congregaciones.

El shaddái. Nombre hebreo para Dios, que enfatiza su poder.

elección. La decisión de Dios al escoger a un grupo especial o a ciertas personas para salvación o servicio. El término se usa especialmente para la predestinación de los receptores individuales de la salvación.

elección incondicional. Referencia al criterio calvinista respecto a que la elección que Dios hace de ciertas personas para salvación no depende de que Él ya haya visto virtud o fe de parte de ellos.

elegidos. Aquellos especialmente escogidos por Dios. El término puede referirse a la nación de Israel o a los individuos designados para la salvación o para cargos especiales de servicio.

elojím. Nombre muy común hebreo para la deidad, de naturaleza genérica, de manera que se aplica tanto a dioses paganos como al verdadero Dios de los israelitas.

Emanuel. Nombre para Jesús, que significa "Dios con nosotros".

escatología: En general, el estudio de las últimas cosas o de las futuras.

Escrituras. Literalmente, "lo escrito"; los libros canónicos del Antiguo y el Nuevo Testamento.

Escrituras, autoridad de las. El derecho de las Escrituras, como mensaje de Dios para nosotros, para prescribir la fe y la práctica para los creyentes cristianos.

Espíritu de Dios. En el Antiguo Testamento, expresión que se suele entender como una referencia al Espíritu Santo e identificada así por Pedro en su cita de Joel 2:29 (cf. Hch. 2:18).

Espíritu, llenura del. Perteneciente a los creyentes tan controlados por el Espíritu Santo que toda su vida es espiritual en su naturaleza.

Espíritu, sello del. Referencia a la obra de Dios de marcar al creyente con el Espíritu Santo (Ef. 1:13).

Espíritu Santo. La tercera persona de la Trinidad, plenamente divina y totalmente personal.

Espíritu Santo, habitación. La presencia del Espíritu Santo en la vida del creyente.

espiritualidad. Profundo compromiso y semejanza a Dios como resultado de la obra regeneradora y de la influencia santificadora del Espíritu Santo.

espiritualmente muerto. Estado de los incrédulos, que a causa del efecto del pecado no responden a los asuntos espirituales (1 Co. 2:14), y son totalmente incapaces de agradar a Dios (Ro. 8:7-8).

espíritus malignos. Demonios.

esposa de Cristo. Un término para la iglesia.

estado final. Estado del individuo después de la resurrección, en el cielo o en el infierno.

estado intermedio. La condición de las personas entre el momento de su muerte y la resurrección.

eutiquianismo. Enseñanza de que Jesús solo tenía una naturaleza.

evangelio. El mensaje de salvación ofrecido por Dios a todos los que creen; asimismo, cuando se escribe con mayúscula, uno de los cuatro libros del Nuevo Testamento que narran la vida y las enseñanzas de Jesús.

evangelio de Cristo. Término paulino para el mensaje de salvación (Ro. 15:19; 1 Co. 9:12; 2 Co. 2:12; 9:13; 10:14; Gá. 1:7; Fil. 1:27; 1 Ts. 3:2).

evolución. El proceso de desarrollo desde una forma hasta otra; en particular, la teoría biológica de que todas las formas vivientes se han desarrollado desde formas más simples, mediante una serie de pasos graduales.

exégesis. Obtención del significado de un pasaje al extraer su sentido del texto, en lugar de interpretarlo.

exégesis gramático-histórica. Interpretación de la Biblia que enfatiza que un pasaje debe explicarse a la luz de su sintaxis, su contexto y su entorno histórico.

expiación. El aspecto de la obra de Cristo y, en particular, de su muerte que asegura la restauración de la comunión entre los creyentes individuales y Dios.

expiación, día de la. Día en el que el sacerdote del Antiguo Testamento hacía expiación por todos los pecados del pueblo (Lv. 16).

expiación, teoría de la influencia moral de la. El criterio incompleto de la expiación respecto a que el efecto de la muerte de Cristo fue demostrarnos el amor de Dios y, por tanto, inducirnos a responder a su ofrecimiento de salvación.

expiación, teoría de la satisfacción de la. Criterio incompleto de que la expiación de la muerte de Cristo fue un sacrificio a Dios para satisfacer su honor herido que resultó del mal que los seres humanos han hecho contra Él.

expiación, teoría de la sustitución penal de la. Postura respecto a que la muerte de Cristo es un sacrificio ofrecido en pago del castigo por nuestros pecados. Dios Padre lo acepta como satisfacción, en lugar del castigo merecido por los creyentes en Cristo.

expiación, teoría del ejemplo de la. Opinión incompleta de la expiación respecto a que esta tuvo efecto por medio del ejemplo que Jesús nos dio en cuanto a su entrega al Padre, y que nosotros deberíamos emular.

expiación, teoría del rescate de la. Criterio erróneo sobre la expiación, respecto a que la sangre de Cristo fue un rescate pagado a Satanás para liberar a los seres humanos de su control.

expiación, teoría gubernamental de la. Creencia según la cual el efecto más importante de la muerte de Cristo fue demostrar la santidad de la ley de Dios y las terribles consecuencias por transgredirla.

expiación ilimitada. Doctrina según la cual Cristo murió por todas las personas, elegidas o no.

expiación limitada. Interpretación de la expiación que afirma que Cristo solo murió por los elegidos. También se alude a ella como una redención particular.

expiación vicaria. Criterio según el cual la muerte expiatoria de Cristo fue por los pecadores.

exposición. Interpretación, explicación y aclaración de un pasaje bíblico.

extrabíblico. Que pertenece a un material que no se halla en la Biblia.

fíat del creacionismo. Creencia de que Dios creó mediante un acto directo. Con frecuencia incluye también la idea de que la creación tuvo lugar en un breve período de tiempo, y que no ha existido desarrollo natural alguno de formas intermedias.

fruto del Espíritu. Grupo de virtudes espirituales a las que Pablo se refiere en Gálatas 5:22-23; por ejemplo, amor, gozo y paz.

futurista. Perteneciente al futuro.

***gehena*.** Transliteración del hebreo para el valle del Hinón (2 R. 23:10). Llegó a representar el estado espiritual final de los impíos (Mt. 10:28; Mr. 9:43).

generación eterna. El acto eterno, necesario y autodiferenciador de Dios Padre, por el cual genera la subsistencia personal del Hijo y le trasmite al Hijo la totalidad de la esencia divina.

glorificación. El paso final en el proceso de la salvación; implica la culminación de la santificación y la eliminación de todos los defectos espirituales.

gnosticismo. Movimiento de principios del cristianismo que comenzó ya en el siglo I, que (1) enfatizaba una verdad superior especial que solo los más iluminados recibían de Dios, (2) enseñaba que la materia es mala, y (3) negaba la humanidad de Jesús.

gracia común. Gracia que se extiende a todas las personas mediante la providencia general de Dios; por ejemplo, su provisión de la luz del sol y la lluvia para todos.

gracia eficaz. Referencia al hecho de que todos aquellos escogidos por Dios para la vida eterna creerán indefectiblemente y vendrán a la salvación.

gracia irresistible. La gracia de Dios en el acto de la regeneración por la cual Dios abre, de forma eficaz, los ojos ciegos a la gloria de Cristo, y comunica la vida espiritual al corazón muerto de los pecadores. En ocasiones también se alude a la doctrina como gracia eficaz.

gracia, medios de. Canales por los cuales Dios transmite sus bendiciones a los seres humanos.

guerra espiritual. La lucha cristiana contra las fuerzas del mundo sobrenatural (Ef. 6:10-17).

hamartiología. Estudio del pecado.

herejía. Creencia o enseñanza que contradice las Escrituras y la teología cristiana.

hermenéutica. Ciencia de la interpretación de las Escrituras.

hipóstasis. Procede de la palabra griega para "sustancia" o "naturaleza", la naturaleza real o esencial de algo según se distingue de sus atributos. En el pensamiento cristiano, el término se usa en referencia a cualquiera de las tres personas distintas de la Trinidad y, en especial, a Cristo, la segunda persona de la Trinidad, en sus naturalezas divina y humana.

hipostática, unión. La unión de las naturalezas divina y humana en una persona, sin confusión, sin cambio, división ni separación.

hombre de pecado. Así se vierte a veces la referencia de Pablo en 2 Tesalonicenses 2:3 al anticristo. "Hombre de maldad" es una mejor traducción.

hombre natural. El ser humano en la condición no redimida, fuera de la salvación en Jesucristo.

hombre nuevo. Término que Pablo usa para el ser humano regenerado (Ef. 4:22-24; Col. 3:9-10, NVI).

hombre viejo. Término que Pablo usa para el ser humano no regenerado o al margen de la salvación en Cristo (Ro. 6:6; Ef. 4:22-24; Col. 3:9-10); contrasta con el nuevo hombre.

homilética. Ciencia y arte de la preparación y la predicación de sermones.

homoousios. Término usado por los cristianos ortodoxos, en particular Atanasio y sus seguidores, para insistir en que Jesús es de la mismísima naturaleza que el Padre.

iglesia, la. Aquellos que son verdaderos creyentes en Cristo. Se usa el término en el Nuevo Testamento en un sentido universal (de todos los creyentes) y también en un sentido local (grupo particular de creyentes reunidos en un lugar).

iglesia, disciplina de la. Dirección activa por parte de la iglesia de la conducta de sus miembros. El término posee, con frecuencia, varias connotaciones, a saber, la instrucción dirigida a la corrección o incluso la excomunión.

iglesia, padres de la. Los líderes de la iglesia en el período inmediatamente posterior al inicio de la era neotestamentaria.

iluminación. La obra del Espíritu Santo que proporciona entendimiento cuando se escuchan o se leen las Escrituras.

imagen de Dios. Aquello que distingue a los seres humanos del resto de las criaturas de Dios: el ser humano es creado a la propia imagen de Dios (Gn. 1:26).

imago dei. Término en latín para "imagen de Dios".

impíos. Los que no han sido justificados y perdonados.

imputación. Aplicar de manera legal o transferir de un modo forense el pecado o la justicia de una persona a otra.

imputación, doctrina de la. La justificación de los creyentes sobre la base de la justicia de Cristo o la condenación de los incrédulos en base al pecado de Adán.

imputación de la justicia de Cristo. Acto por el cual Dios acredita la justicia de Cristo a los pecadores que confían en Él para salvación.

incrédulo. Desde la perspectiva cristiana, una persona no cristiana o no regenerada.

inerrancia. Concepción de que la Biblia es completamente verdad y fiable en todo lo que enseña.

infalibilidad. Referencia a la doctrina que afirma que la Biblia es infalible en su propósito.

infierno. El lugar de castigo futuro de los impíos o incrédulos; es un lugar de gran angustia, del que Dios está ausente para bendecir y solo está presente para traer juicio.

infralapsarianismo. Una forma de calvinismo que enseña que el decreto de la caída precedió lógicamente al de la elección. El orden de los decretos de Dios es, pues (1) crear a los seres humanos; (2) permitir la caída; (3) salvar a unos y condenar a otros; y (4) proveer salvación solo para los elegidos.

inmanencia. La presencia y la actividad de Dios en la creación y la historia humana.

inminencia. La condición de algo que podría ocurrir en cualquier momento o que está a punto de suceder. Cuando se aplica a la segunda venida, el término significa que Cristo podría regresar en cualquier instante.

inmortalidad condicional. Variedad de aniquilacionismo según la cual la inmortalidad es un don especial para los creyentes; los incrédulos sencillamente dejan de existir cuando mueren.

inmutabilidad de Dios. Doctrina que afirma que Dios es inmutable. En algún pensamiento griego, esta enseñanza se convirtió casi en una visión estática de Dios. Sin embargo, entendida de la forma apropiada, es sencillamente un énfasis sobre el carácter inmutable y la fiabilidad de Dios.

inscripturación. La preservación por parte de Dios de su revelación al escribirla por medio del proceso de la inspiración, a través del Espíritu Santo.

inspiración. Acto del Espíritu Santo sobre los escritores bíblicos que aseguró que lo que escribieran fuera la Palabra de Dios.

inspiración, plenaria. Opinión de que todas las Escrituras, y no solo ciertos libros, porciones de libros o tipos de material, son inspiradas.

inspiración, teoría verbal de la. La doctrina que afirma que el Espíritu Santo guio de tal forma a los escritores bíblicos que hasta las palabras y los detalles individuales son lo que Dios pretendió que se escribiese.

intercesión de Cristo. Referencia a la doctrina de que el ministerio actual de Cristo a favor de los creyentes incluye mediar por ellos ante el Padre (Ro. 8:34; He. 7:25).

interpretación alegórica. Método de interpretación bíblica que intenta hallar un significado más profundo que el literal.

ira de Dios. La oposición y el odio de Dios hacia el mal, junto con su intención de castigarlo.

Jehová (Yahvé). Transliteración del principal nombre hebreo de Dios.

Jerusalén, la nueva. En Apocalipsis 3:12 y 21:2, referencia al estado supremo de la iglesia.

Jesucristo. Nombre compuesto para la segunda persona encarnada de la Trinidad: *Jesús* alude al hombre de Nazaret, y *Cristo* es el término griego para "Mesías", que significa "ungido". En Hechos 5:42, se hace referencia a Él como Jesús el Cristo; al parecer, esto se abrevió a la forma *Jesucristo*.

Jesús de Nazaret. Nombre que recibió el niño nacido de la Virgen María, quien había concebido bajo la influencia del Espíritu Santo.

justicia. El estado de ser justo o moralmente puro, tanto por la fuerza propia de uno o en base a la virtud imputada.

justificación por la fe. Declaración de que la persona ha sido restaurada al estado de justicia a través de la creencia y la confianza en la obra de Cristo, y no sobre la base de los logros propios.

kénosis. Cristo renunció a sí mismo al adoptar la naturaleza humana (Fil. 2:7), y se subordinó así de forma funcional al Padre; veló sus atributos divinos, aunque no se despojó de ellos.

lago de fuego. Lugar de castigo eterno para los impíos. Se menciona seis veces en el libro de Apocalipsis (19:20; 20:10; 20:14 [2 veces]; 20:15; 21:8), y se alude a él también como "lago de fuego y azufre" y "el lago de fuego que arde con azufre".

liberalismo. Cualquier movimiento abierto para redefinir o cambiar las doctrinas y las prácticas tradicionales del cristianismo.

libertad compatibilista. La idea de que la libertad humana no es incompatible con la determinación soberana de Dios de todos los acontecimientos, incluidos los pensamientos, las elecciones y las acciones.

literalismo. Traducción o interpretación bíblica que toma el significado del lenguaje en su sentido más claro, obvio y, a menudo, concreto.

llamado. Invitación de Dios a los seres humanos para la salvación o posiciones especiales de servicio.

llamamiento eficaz. Gracia de Dios irresistible y salvadora que obra sobre los elegidos para que respondan en fe.

llenura del Espíritu Santo. El control del Espíritu Santo sobre la vida total del cristiano. La llenura del Espíritu Santo puede repetirse y, con frecuencia, necesita que así sea. Debe distinguirse del bautismo del Espíritu Santo que ocurre una sola vez, en el momento de la regeneración.

maligno, el. Satanás.

mediador. Aquel que actúa entre dos partes para intentar reconciliarlas. Jesucristo es el único Mediador salvador entre Dios y la raza humana.

milenio. Período de mil años de reinado de Cristo sobre la tierra.

misterio. Aquello que es desconocido o que no se comprende del todo. Pablo declara que Dios ha revelado sus misterios para que dejen de ser incomprendidos (p. ej., Ef. 1:9; 3:3).

modalismo. La opinión de que los tres miembros de la Trinidad son modos distintos de la actividad de Dios, en lugar de personas distintas.

monarquianismo. Planteamiento que subrayaba la unidad de Dios, particularmente un movimiento de los siglos II y III. Adoptó dos formas: el monarquianismo dinámico y el monarquianismo modalista.

monarquianismo dinámico. Opinión de que Jesús no era de la esencia de Dios, sino que Dios obraba en Él.

monarquianismo modalista. Movimiento que interpretaba la Trinidad como revelaciones sucesivas de Dios: primero como Padre, después como Hijo y, por fin, como Espíritu Santo. Se inició en el siglo III.

monergismo. Doctrina que afirma que la regeneración se logra exclusivamente por la obra de Dios.

monismo. Filosofía o teología que lo explica todo en términos de un solo principio; criterio de que toda la realidad es finalmente una.

muerte espiritual. Separación de Dios.

muerte eterna. La finalización de la muerte espiritual; la separación permanente entre el pecador y Dios.

muerte primera. Muerte física.

muerte segunda. El estado final de aquellos que mueren fuera de la salvación ofrecida por Dios. El término se encuentra en Apocalipsis 2:11; 20:6, 14 y 21:8.

muerte sustitutoria. Referencia a la idea de que la muerte de Jesús fue en lugar de los elegidos.

nacimiento virginal. Referencia a la enseñanza de que la concepción de Jesús tuvo lugar mediante la obra milagrosa del Espíritu Santo sin que María hubiera tenido relación sexual alguna con un varón.

nestorianismo. Opinión hereje que en efecto divide a Cristo en dos personas, la divina y la humana.

nueva creación. Referencia a la regeneración que se produce en el creyente y también a la reconstrucción y la restauración de toda la creación.

nueva tierra. Aquello que, junto con el nuevo cielo, se realizará en el futuro por la obra de Dios (Ap. 21:1).

nuevo hombre. La persona regenerada o creyente.

nuevo nacimiento. Regeneración; Dios le da una nueva vida al creyente.

nuevo pacto. La dispensación y la economía cristianas presentadas por Cristo y los apóstoles. En algunos casos, el nuevo pacto es un sinónimo del evangelio de Cristo.

obispo. Traducción literal del término griego para "supervisor", alguien a quien se le otorga la responsabilidad de supervisar la obra de la iglesia.

obra de Cristo. El ministerio de Cristo, en particular su vida y su muerte redentoras.

obra intercesora del Espíritu Santo. El concepto de que el Espíritu Santo intercede por nosotros cuando no sabemos cómo orar (Ro. 8:26-27).

oficios de Cristo. Los papeles o funciones de Cristo, tradicionalmente profeta, sacerdote y rey.

omnipotencia de Dios. La capacidad de Dios de hacer todas las cosas que son objeto de poder propiamente dicho.

omnipresencia de Dios. Referencia a que Dios está presente en todas partes y tiene acceso a todas las porciones de la realidad.

omnisciencia de Dios. El conocimiento que Dios tiene de todas las cosas que son objeto de conocimiento, propiamente dicho, incluidos todos los acontecimientos futuros.

orden de salvación (*ordo salutis*). Secuencia tradicional de discusiones de los distintos aspectos de la salvación; por ejemplo: la regeneración, la conversión, la justificación, la santificación.

ousía. Término para el ser, que se refiere especialmente a la naturaleza indivisa de Dios.

pacto abrahámico. Pacto que Dios hizo con Abraham, en Génesis 12.

pacto davídico. Pacto en el que Dios le concedió el reino a David y sus descendientes para siempre (2 S. 7; cf. 2 Cr. 13:5).

pacto incondicional de Dios. Acuerdo con la humanidad que Dios cumplirá sencillamente porque así lo ha prometido. Contrasta con un pacto condicional, cuyo cumplimiento depende de algún acto o respuesta por parte de los seres humanos.

pacto mosaico. Cuerpo de leyes dado por Dios a través de Moisés.

paidobautismo. Práctica de bautizar a los niños.

Palabra de Dios. Mensaje que procedió de Dios. Los escritores del Nuevo Testamento y Jesús se refieren al Antiguo Testamento como la Palabra de Dios (cf. Jn. 10:35). Hoy se habla de la Biblia, en su totalidad, como la Palabra de Dios.

panteísmo. La creencia de que todo es divino, eliminando la distinción entre criatura y Creador.

Paracletos. Término griego usado en referencia al Espíritu Santo (Jn. 14:16, 26; 15:26; 16:7). Se suele traducir "Consejero" o "Consolador".

patripasianismo. La idea de que el Hijo era en realidad Dios Padre manifestado en una forma diferente y que, por tanto, el Padre sufrió y murió en la cruz, en la persona del Hijo.

pecado, universalidad del. Referencia a que todas las personas son pecadoras y que el pecado se encuentra en todas las culturas, razas y clases sociales.

pecado de Adán. El pecado inicial de Adán en el jardín del Edén. Constituyó la caída y ha tenido consecuencias de largo alcance para la raza humana.

pecado imperdonable. La blasfemia contra el Espíritu Santo, un pecado que Jesús declaró "eterno", en contraste con los pecados que pueden ser perdonados (Mt. 12:31-32; Mr. 3:28-29; Lc. 12:10). Jesús hizo esta declaración después de que los fariseos le hubieran atribuido a Beelzebú la obra que Jesús había hecho por el poder del Espíritu Santo.

pecado mortal. Pecado que causa la muerte espiritual. En la teología católicorromana, el pecado mortal extingue la vida de Dios en el alma, mientras que el pecado venial meramente debilita esa vida. Con el pecado mortal existe una determinación deliberada e intencional de resistirse a Dios en todo lo que uno hace, pero en el pecado venial hay una tensión entre la acción incorrecta y la persona que la comete.

pecado original. El efecto del pecado de Adán sobre aquellos unidos a él. Afecta a nuestra conducta independiente y anterior a cualquier acto nuestro, y habla tanto de la culpa imputada como de la corrupción heredada por todas las personas del pecado de Adán, a excepción de Jesús.

pecado venial. En el sistema católicorromano, el pecado que no causa la muerte espiritual. El pecado venial se escoge, pero no con el propósito de resistirse a Dios en todo lo que uno hace.

pelagianismo. Herejía que surge del pensamiento de Pelagio, que enfatiza la capacidad humana y el libre albedrío, en lugar de la depravación y la pecaminosidad. En opinión de la mayoría de los pelagianos, es posible vivir sin pecado. El efecto del pecado de Adán sobre sus descendientes fue simplemente el de un mal ejemplo.

perfección de Dios. La completitud y plenitud absolutas de Dios. Él no carece de nada ni tiene imperfección moral alguna.

perfecciones absolutas. Aquellos atributos de Dios que son independientes de su relación con los objetos y las personas creados.

perfeccionismo. La opinión no bíblica de que es posible alcanzar un estado en el que el creyente ya no peca en esta vida.

perseverancia. La enseñanza de que quienes son creyentes genuinos resistirán en la fe hasta el final.

piedad. Semejanza a Dios en carácter moral y espiritual.

pneumatología. Estudio del Espíritu Santo.

politeísmo. Creencia en más de un Dios.

posesión demoníaca. Condición de ser habitado y dominado por demonios.

posmilenialismo. Enfoque escatológico que cree que Cristo regresará después del reinado de mil años. Esto significa que Él reinará sin estar físicamente presente.

predestinación. En general, la determinación eterna y no influenciada de Dios de todas las cosas; específicamente, la elección eterna por parte de Dios de aquellos que serán salvos y de quienes serán pasados por alto y condenados por su pecado.

preexistencia. Estado de existencia anterior a esta vida. El cristianismo clásico usa el término para la segunda persona preencarnada de la Trinidad, quien se encarnó como Jesús de Nazaret.

premilenialismo. Creencia de que Cristo regresará y entonces establecerá su reinado terrenal durante un período de mil años.

preservación. Aspecto de la providencia divina que se refiere al hecho de que Dios mantiene en existencia a todo lo que ha creado.

preterismo. Interpretación de la escatología y, en particular, del libro de Apocalipsis, que sostiene que los acontecimientos aludidos ya habían tenido lugar o estaban ocurriendo en el momento de escribirse.

primera muerte. Muerte física.

procesión del Espíritu. Acto eterno, necesario y autodiferenciante del Padre y del Hijo, por medio del cual sustentan la subsistencia personal del Espíritu y le transmiten toda la esencia divina. La Iglesia Ortodoxa Oriental se separó de la Iglesia Occidental al objetar una frase de la versión occidental del Credo Niceno, que declara que el Espíritu Santo procede del Padre y del Hijo (*filioque*).

profecía. Por lo general, declaración autoritativa o mensaje en nombre de Dios, similar a la predicación; más específicamente, declaración infalible de la revelación divina, con frecuencia relacionada a predecir lo que sucederá, aunque no se limita a esto.

prolegómenos. Estudio de los asuntos teológicos preliminares.

propiciación. Referencia a la idea de que la expiación de Cristo satisface la ira de Dios.

providencia, divina. El cuidado de Dios por la creación; implica que Él protege su existencia y la guía meticulosamente hacia los fines que Él pretende.

regeneración. La obra del Espíritu Santo en la creación de una nueva vida en la persona pecaminosa, acto por el cual la persona se arrepiente y llega a creer en Cristo.

reino de Dios. El reino de Dios, ya sea internamente dentro del corazón de los seres humanos o de forma externa sobre la tierra.

reino milenial. En el premilenialismo, el reino que Cristo establecerá en la tierra durante los mil años siguientes a la segunda venida.

resistencia. La capacidad del cristiano, mediante el empoderamiento de Dios por gracia, de perseverar a través de pruebas, tentaciones y aflicciones.

resurrección de Cristo. Acontecimiento histórico y doctrina de la vuelta de Cristo a la vida el domingo siguiente a su crucifixión.

revelación. Dar a conocer lo que es desconocido; desvelamiento de aquello que está velado.

revelación especial. Manifestación que Dios hace de sí mismo en momentos y lugares particulares, por medio de acontecimientos concretos; por ejemplo, el éxodo y la visión de Isaías en el capítulo 6; también, las Escrituras.

revelación general. Revelación disponible para todas las personas en todos los tiempos, en particular por medio del universo físico.

revelación progresiva. Referencia a la doctrina de que la revelación posterior está construida sobre la revelación más temprana. Por tanto, contiene verdades que se desconocían con anterioridad.

sabelianismo. Herejía que deriva del pensamiento de Sabelio, fundamentalmente un monarquianismo modalista: Dios es un ser, una persona, quien adopta tres formas o manifestaciones distintas de forma sucesiva.

salvación. Acto divino de liberar al creyente del poder y la maldición del pecado y, a continuación, restaurar al individuo a la comunión con Dios que se pretendió en el principio.

salvación, seguridad de la. Confianza que el creyente recibe de Dios respecto a ser verdaderamente salvo.

salvación de señorío. La enseñanza de que la fe salvadora se caracteriza por el arrepentimiento del pecado y la aceptación de Jesucristo como Señor y Salvador.

salvación personal. La salvación considerada en términos de la relación del individuo con Dios, y no en términos de cambiar las estructuras de la sociedad.

salvación por gracia. La salvación entendida como regalo gratuito e inmerecido por el receptor.

santificación. Referencia a la salvación inicial, al crecimiento progresivo posterior a semejanza de Cristo y, en última instancia, a la santificación o glorificación final.

Satanás. El diablo, una criatura angélica superior que se rebeló contra Dios y que por ello fue expulsado del cielo. Se convirtió en el líder de la oposición a Dios y a las fuerzas celestiales.

segunda muerte. El estado final de aquellos que mueren fuera de la salvación ofrecida por Dios. El término se encuentra en Apocalipsis 2:11; 20:6, 14 y 21:8.

seguridad del creyente. Criterio de que los cristianos son guardados por el poder de Dios hasta la salvación final. También se alude a la doctrina como a la "perseverancia de los santos".

seguridad eterna del creyente. La doctrina de que los creyentes verdaderamente regenerados no perderán nunca su salvación, sino que perseverarán en la fe por la gracia de Dios.

señorío de Cristo. Autoridad y gobierno de Jesucristo sobre todas las cosas, sobre todo tal como se refleja en la vida del cristiano.

serpiente. Ser que tentó a Eva en el jardín del Edén. Por lo general se piensa que esta es una de las apariencias de Satanás, ya que el término se usa respecto a él en otro lugar de las Escrituras (Ap. 20:2).

sinergismo. La idea de que en ciertos aspectos de la salvación las obras humanas actúan junto con Dios, sobre todo en la regeneración, que se califica del esfuerzo cooperativo de ayuda divina y fe humana.

soberanía de Dios. El gobierno y la autoridad de Dios sobre todas las cosas.

socinianismo. Sistema hereje de doctrina que deriva del pensamiento de Fausto Socino y que enfatizaba la moralidad; negaba la deidad de Cristo, la predestinación, la presciencia divina y el pecado original; consideraba, asimismo, la expiación de Cristo como un ejemplo y no como la satisfacción pagada al Padre.

solidaridad de la raza humana. Referencia a la idea de que todos los seres humanos descienden de los mismos antepasados y que están afectados por los actos de Adán, en particular, el primer pecado en el jardín del Edén.

soteriología. El estudio de la salvación.

subordinación funcional. La idea de que el Cristo encarnado, la segunda persona de la Trinidad, aunque no deja de ser igual al Padre en cuanto a lo que era, se sujetó al Padre en lo que hizo.

supralapsarianismo. Opinión de que los decretos de Dios ocurrieron (lógicamente) en el orden siguiente: (1) salvar a algunos seres humanos y condenar a otros; (2) crear tanto a los elegidos como a los reprobados; (3) permitir la caída de todos los seres humanos; (4) proveer salvación solo para los elegidos.

sustitución. Acto de ocupar el lugar de otro.

teísmo. Creencia en un Dios personal.

teísmo abierto. Esta teoría, que rechaza la opinión clásica de la inmutabilidad y la omnisciencia de Dios, sostiene que Dios crece, descubre cosas que no sabe, y cambia de opinión. Dios ha asumido el riesgo de crear a seres humanos cuyos actos Él no puede necesariamente conocer de antemano.

teocéntrico. Perteneciente a algo que se enfoca en Dios como valor supremo.

teodicea. Intento de mostrar que Dios no es acusable ni culpable del mal.

teofanía. Aparición o manifestación visible de Dios, en particular en el Antiguo Testamento.

teología bíblica. Organización de las enseñanzas teológicas que considera las porciones de la Biblia donde aparecen, más que por su tema. La teología bíblica no intenta reafirmar en absoluto las expresiones bíblicas en una forma contemporánea.

teología histórica. Estudio del desarrollo cronológico del pensamiento teológico; en el caso del cristianismo, el estudio del desarrollo de la teología cristiana desde los tiempos bíblicos hasta el presente.

teología natural. Teología desarrollada al margen de la revelación especial de las Escrituras; intenta demostrar ciertos elementos de teología solamente a partir de la experiencia y de la razón.

teología propia. Estudio de la doctrina de Dios.

teología reformada. Teología que enfatiza la soberanía de Dios, en especial con respecto al asunto de la salvación, particularmente asociada con la tradición teológica que surge de la Reforma del siglo XVI y de la que, en ocasiones, se alega que abarca las doctrinas de la gracia.

teología sistemática. Disciplina que intenta disponer el contenido doctrinal de las Escrituras de un modo coherente.

tierra, nueva. El universo completamente redimido del futuro; se alude a ello como "nuevos cielos y una nueva tierra" (2 P. 3:13).

tipo. Evento histórico o persona real que en ciertas formas simboliza o anticipa un suceso posterior; en particular, un presagio en el Antiguo Testamento de un evento del Nuevo Testamento.

traducianismo. Creencia de que el alma humana se recibe por la transmisión de los progenitores.

trascendencia de Dios. La alteridad o separación de Dios de la creación y de la raza humana.

tricotomía. Creencia de que la naturaleza humana está formada de tres partes, por lo general identificada como espíritu, alma y cuerpo.

Trinidad. Referencia a la doctrina de que Dios es uno y que, aun así, existe eternamente en tres personas: Padre, Hijo y Espíritu Santo.

trono de juicio. Plataforma sobre la cual se sienta el magistrado civil durante los procesos judiciales. El término se usa respecto al juicio final de los verdaderos creyentes que celebrará Jesucristo.

unicidad de Dios. Aunque son tres personas, Dios es solo uno en esencia.

unión con Cristo. Dimensión básica de la doctrina de la salvación: al identificarse con Cristo en su muerte expiatoria, así como en el poder de su resurrección, la justicia de Cristo se acredita a los creyentes, y estos participan de su santidad.

unitarianismo. Creencia en Dios como una sola persona rechazando la doctrina de la Trinidad.

universalismo. La creencia no bíblica de que al final, todos los seres humanos serán salvos y reconciliados con Dios.

verbal, inspiración. Referencia a la doctrina de que el Espíritu Santo guio de tal manera a los autores de las Escrituras que incluso su elección de palabras individuales se conformaban a la intención de Dios.

vida eterna. La vida espiritual dada al creyente; supera a la vida natural en calidad y también se extiende más allá de esta vida, y hacia la eternidad.

viejo hombre. La persona antes del nuevo nacimiento.

voluntad decretiva de Dios. Las decisiones de Dios que, en realidad, hacen que ocurra cada acontecimiento que se produce.

voluntad soberana. La referencia a que las elecciones y las decisiones de Dios no están, en modo alguno, obligadas por factores externos a Él mismo; Dios tiene también derecho a escoger sin tener que responder ante nadie ni nada, aparte de sí mismo.

Bibliografía general

Teologías sistemáticas principales

Bancroft, Emery H. *Fundamentos de teología bíblica*. Grand Rapids, MI: Editorial Portavoz, 1986.

Berkhof, Louis. *Teología sistemática*. Grand Rapids, MI: Libros Desafío, 2005.

Buswell, James Oliver, Jr. *Teología sistemática*. 4 tomos. Miami, FL: Logoi, 2005.

Culver, Robert Duncan. *Systematic Theology: Biblical and Historical*. Fearn, Ross-shire, Escocia: Mentor, 2005.

Dabney, Robert Lewis. *Systematic Theology*. 1871. Reimpresión, Edimburgo: Banner of Truth, 1985.

Erickson, Millard J. *Teología sistemática*. Viladecavalls: Editorial Clie, 2008.

Grudem, Wayne. *Teología sistemática: Una introducción a la doctrina bíblica*. Miami, FL: Editorial Vida, 2007.

Hodge, Charles. *Teología sistemática*. 2 vols. Terrassa: Editorial Clie, 2010.

Lewis, Gordon R. y Bruce A. Demarest. *Integrative Theology*. 3 vols. Grand Rapids, MI: Zondervan, 1987–1994.

Reymond, Robert L. *A New Systematic Theology of the Christian Faith*. Nashville: Thomas Nelson, 1998.

Shedd, William G. T. *Dogmatic Theology*, 3 vols. 1889. Reeditado, Minneapolis: Klock & Klock, 1979.

Strong, August Hopkins. *Systematic Theology: A Compendium Designed for the Use of Theological Students*. Ed. rev. Nueva York: Revell, 1907.

Swindoll, Charles R. y Roy B. Zuck, eds. *Understanding Christian Theology*. Nashville: Thomas Nelson, 2003.

Thiessen, Henry Clarence. *Introductory Lectures in Systematic Theology*. Grand Rapids, MI: Eerdmans, 1949.

Turretin, Francis. *Institutes of Elenctic Theology*. 3 vols. Editado por James T. Dennison Jr. Traducido por George Musgrove Giger, 1679–1685. Reimpresión, Phillipsburg, NJ: P&R, 1992–1997.

Teologías bíblicas

Todo el canon

Kaiser, Walter C., Jr. *Toward an Exegetical Theology: Biblical Exegesis for Preaching and Teaching*. Grand Rapids, MI: Baker, 1981.

Schreiner, Thomas R. *The King in His Beauty: A Biblical Theology of the Old and New Testaments*. Grand Rapids, MI: Baker Academic, 2013.

Vos, Geerhardus. *Biblical Theology: Old and New Testaments*. Grand Rapids, MI: Eerdmans, 1948.

Antiguo Testamento

Kaiser, Walter C., Jr. *Hacia una teología del Antiguo Testamento.* Miami: FL: Vida, 2000.

Merrill, Eugene H. *Everlasting Dominion: A Theology of the Old Testament.* Nashville: Broadman & Holman, 2006.

Payne, J. Barton. *The Theology of the Older Testament.* Grand Rapids, MI: Zondervan, 1962.

Zuck, Roy B., ed. *A Biblical Theology of the Old Testament.* Chicago: Moody Press, 1991.

Nuevo Testamento

Guthrie, Donald. *New Testament Theology.* Downers Grove, IL: InterVarsity Press, 1981.

Ladd, George Eldon. *Teología del Nuevo Testamento.* Viladecavalls: Editorial Clie, 2002.

Schreiner, Thomas R. *New Testament Theology: Magnifying God in Christ.* Grand Rapids, MI: Baker Academic, 2008.

Zuck, Roy B., ed. *A Biblical Theology of the New Testament.* Chicago: Moody Press, 1994.

Historia de la doctrina

Allison, Gregg R. *Historical Theology: An Introduction to Christian Doctrine.* Grand Rapids, MI: Zondervan, 2011.

Berkhof, Louis. *Historia de las doctrinas cristianas.* Edimburgo: El Estandarte de la Verdad, 1965.

Bray, Gerald. *God Has Spoken: A History of Christian Theology.* Wheaton, IL: Crossway, 2014.

González, Justo L. *Historia del pensamiento cristiano.* 2 tomos. Nashville, TN: Grupo Nelson, 1991.

Hannah, John D. *Our Legacy: The History of Christian Doctrine.* Colorado Springs: NavPress, 2001.

Heine, Ronald E. *Classical Christian Doctrine: Introducing the Essentials of the Ancient Faith.* Grand Rapids, MI: Baker Academic, 2013.

Kelly, J. N. D. *Primitivos credos cristianos,* 5a. ed. Salamanca: Secretariado Trinitario, 2016.

Pelikan, Jaroslav. *The Christian Tradition: A History of the Development of Doctrine.* 5 vols. Chicago: University of Chicago Press, 1971–1989.

Schaff, Philip. *The Creeds of Christendom.* 3 vols. Nueva York: Harper & Brothers, 1877.

Shedd, William G. T. *A History of Christian Doctrine.* 2 vols. Nueva York: Charles Scribner, 1863.

Manuales de teología

Boice, James Montgomery. *Fundamentos de la fe cristiana: Una teología exhaustiva y comprensible.* Miami, FL: Unilit, 1996.

Chafer, Lewis Sperry. *Grandes temas bíblicos: 52 Doctrinas clave de la Biblia sintetizadas y explicadas.* Grand Rapids, MI: Editorial Portavoz, 1976.

Enns, Paul. *Compendio Portavoz de teología.* Grand Rapids, MI: Editorial Portavoz, 2010.

Evans, William. *Grandes doctrinas de la Biblia.* Grand Rapids, MI: Editorial Portavoz, 1974.

Lightner, Robert P. *Handbook of Evangelical Theology: A Historical, Biblical, and Contemporary Survey and Review.* Grand Rapids, MI: Kregel, 1995.

Milne, Bruce. *Know the Truth: A Handbook of Christian Belief*. 3a. ed. Downers Grove, IL: InterVarsity Press, 2009.
Packer. J. I. *Teología concisa: Una guía a las creencias del cristianismo histórico*. Miami: Unilit, 1998.
Watson, Thomas. *Tratado de teología*. Edimburgo: El Estandarte de la Verdad, 2013.

Diccionarios teológicos

Bercot, David W., ed. *A Dictionary of Early Christian Beliefs: A Reference Guide to More Than 700 Topics Discussed by the Early Church Fathers*. Peabody, MA: Hendrickson, 1998.
Cairns, Alan. *Dictionary of Theological Terms: A Ready Reference of over 800 Theological and Doctrinal Terms*. 3a. ed. Greenville, SC: Ambassador-Emerald International, 2002.
Elwell, Walter A., ed. *Diccionario teológico de la Biblia*. Nashville, TN: Editorial Caribe, 2005.
Erickson, Millard J. *The Concise Dictionary of Christian Theology*. Ed. rev. Wheaton, IL: Crossway, 2001.
Holloman, Henry W. *Kregel Dictionary of the Bible and Theology: Over 500 Key Theological Words and Concepts Defined and Cross-Referenced*. Grand Rapids, MI: Kregel Academic & Professional, 2005.
Huey, F. B., Jr. y Bruce Corley, eds. *A Student's Dictionary for Biblical and Theological Studies*. Grand Rapids, MI: Zondervan, 1983.

Otras teologías

Akin, Daniel L., ed. *A Theology for the Church*. Nashville: B&H Academic, 2007.
Ames, William. *La médula de la sagrada teología*. Createspace Independent Pub., 2015.
Boyce, James P. *Abstract of Systematic Theology*. 1887. Reimpresión, Hanford, CA: den Dulk Christian Foundation, s.f.
Chafer, Lewis Sperry. *Teología sistemática*. 2 vols. Barcelona: Editorial Clie, 2009.
Dagg, J. L. *Manual of Theology*. 1857. Reprint, Harrisonburg, VA: Sprinkle, 2009.
Dick, John. *Lectures on Theology*. Cincinnati, OH: Applegate, 1856.
Frame, John M. *Systematic Theology: Introduction to Christian Belief*. Phillipsburg, NJ: P&R, 2013.
Gill, John. *A Body of Doctrinal Divinity*. 1769. Reprint, Paris, AR: Baptist Standard Bearer, 1984.
Kuyper, Abraham. *Encyclopedia of Sacred Theology: Its Principles*. Nueva York: C. Scribner's Sons, 1898.
McCune, Rolland. *A Systematic Theology of Biblical Christianity*. 3 vols. Allen Park, MI: Detroit Baptist Theological Seminary, 2009–2010.
Ussher, James. *A Body of Divinity, or, The Sum and Substance of Christian Religion*. 3a. ed. Londres: Thomas Downes and George Badger, 1649.

Acerca de los editores generales

John MacArthur, DD, LittD

El Dr. John MacArthur es pastor titular de Grace Community Church en Sun Valley, California (1969–presente), y presidente de The Master's University and Seminary, así como autor, conferencista y maestro destacado en el ministerio mediático de Grace to You. En 1985 se convirtió en presidente de The Master's College (anteriormente Los Angeles Baptist College), en la actualidad una acreditada universidad de artes liberales desde hace cuatro años, en Santa Clarita, California. En 1986, John fundó The Master's Seminary, una escuela para graduados dedicada a la formación de hombres para las funciones pastorales a tiempo completo y la obra misionera.

Desde que terminó de escribir su primer libro de éxito en ventas, *El evangelio según Jesucristo*, publicado en inglés en 1988, el Dr. MacArthur ha escrito casi cuatrocientos libros y guías de estudio, entre los que se incluyen *Avergonzados del evangelio*, *El Jesús que no puedes ignorar*, *El asesinato de Jesús*, *Una vida perfecta*, *Esclavo*, *Fuego extraño*, *Memorias de dos hijos*, *Verdad en guerra* y *Doce hombres comunes y corrientes*. Los títulos de John se han traducido a más de dos docenas de idiomas. La *Biblia de Estudio MacArthur*, el recurso principal de su ministerio está disponible en árabe, chino, inglés (ESV, NASB, NIV y NKJV), francés, alemán, italiano, portugués, ruso y español. La serie *Comentarios MacArthur del Nuevo Testamento* se completó en inglés en el año 2015 y en español en el 2017.

Si desea saber más sobre el ministerio del Dr. MacArthur, consulte Iain H. Murray, *John MacArthur: Servant of the Word and Flock* (Edimburgo: Banner of Truth, 2011), y *The Master's Seminary Journal* 22, núm. 1 (2011), un homenaje en honor del Dr. John MacArthur.

Richard Mayhue, ThD

Desde 1980 a 1984, el Dr. Richard Mayhue fue miembro del personal pastoral en Grace Community Church donde sirvió como adjunto del Dr. MacArthur en el ministerio de la enseñanza y como director de la conocida Shepherds' Conference. Desde 1984 a 1989, pastoreó la histórica Grace Brethren Church de Long Beach, California. El Dr. Mayhue se unió a la facultad de The Master's Seminary en 1989 y fue nombrado decano del seminario al año siguiente (1990–2014). El Dr. Mayhue sirvió asimismo como rector de The Master's College del 2000 al 2008. Ha escrito, colaborado en la edición, o editado más de treinta libros, entre los que se incluyen *1 & 2 Thessalonians*, *Bible Boot Camp*, *Christ's Prophetic Plans*, *La promesa de sanidad*, *Cómo interpretar la*

Biblia uno mismo, Practicing Proverbs, Seeking God, Desenmascaremos al diablo y *¿Qué diría Jesús de tu iglesia?*, así como numerosos artículos de revistas.

En 2016, el Dr. Mayhue completó más de cuarenta años de ministerio pastoral y de seminario, y se retiró como vicepresidente ejecutivo, decano y profesor de investigación de teología emérito en The Master's Seminary. Si desea saber más sobre el ministerio del Dr. Mayhue, lea *The Master's Seminary Journal 25* (2014), un tributo al Dr. Richard Mayhue, y visite su página web personal: RichardMayhue.net.

Himno final de reflexión

"Sé tú mi visión"

Oh, Dios de mi alma, sé tú mi visión,
nada te aparte de mi corazón.
Noche y día pienso yo en ti,
y tu presencia es luz para mí.

Sabiduría sé tú de mi ser,
quiero a tu lado mi senda correr;
como tu hijo oh tenme, Señor,
siempre morando en un mismo amor.

Riquezas vanas no anhelo, Señor,
ni el hueco halago de la adulación;
tú eres mi herencia y tú mi porción,
Rey de los cielos, tesoro mejor.

Oh, Dios de gloria, de triunfo, al final
déjame el gozo del cielo alcanzar;
Alma de mi alma, oh Dueño y Señor,
en vida y muerte sé tú mi visión.

~antiguo himno irlandés
Traducido por Mary E. Byrne (1880–1931)
Versificado por Eleanor H. Hull (1860–1935)
Traducción al español por Federico J. Pagura.

Índice general

Ab, 164
Abadón. *Véase* Satanás
Abelardo, Pedro, 548
abismo, 865, 930
aborto, 408
Abraham, 444, 485
    hijo de, 892
aceite, ungir con 346
adám, 409
Adán
    como cabeza representativa de la humanidad, 414, 465, 620
    como persona histórica, 413
    descendientes de, 267
    muerte a través de, 850
    pecado de, 470, 630
    postrer, 246, 414, 459, 464, 532, 630, 871, 904, 910, 929
    segundo. *Véase* Adán, postrer
Adán y Cristo, paralelo entre, 537
Adán y Eva
    caída de, 462-64, 466-67
    pecado de, 466-67
    tentación de Satanás a, 700
    vergüenza de, 466
adaptación, 110-11
adicciones, 778
administración, don de la 823, 832-33
Adonai, 158, 163, 941
adopción, 578, 579, 582-83, 637-45, 941
    como declaración legal, 637-38
    privilegios de la, 638-39
    y la unión con Cristo, 615-22
adopcionismo, 275, 941
adoración, 767, 807-08, 941
    a Jesucristo, 261
    emocionalismo en la, 808
advenimiento, 941
adventistas del séptimo día, 446
afectos (corazón), 37
afectos y la regeneración, 593
ágapes, 803
agricultura, 457
agua
    bautismo en, 362, 799, 800-01
    y el Espíritu, 596, 657
Agustín, 34, 214, 356, 462, 470, 528, 848, 904
aislacionismo, 702
Alejandro (obispo de Alejandría), 214
Al-Ghazali, 153
Allis, O. T., 851
alma, 426, 429, 445
    como preexistente, 433
    continuación después de la muerte, 445
    frente al espíritu, 430
    origen del, 433
    sueño del, 446, 857
    totalmente santificada en el momento de la muerte, 646
    unidad compleja con el cuerpo, 422
amilenialismo, 848, 903-05, 906-07, 941
amiraldianos, 554n57
amor, 384, 387, 424, 658
analogia scriptura, 26, 941
Ananías, 831
Anás, 297
ancianos, 775-87, 810-11, 941
    apoyo para los, 782-83
    autoridad de los, 786-87
    en el Antiguo Testamento, 296, 774
    laicos, 783, 941
    ordenación de los, 780-82
    pluralidad de los, 783-84, 815
    requisitos para los, 777-80, 782
    responsabilidades de los, 776-77
    sumisión a los, 815
ángel del abismo sin fondo, 692
ángeles, 679-749
    caídos, 682, 941
    como estrellas del alba, 683
    como mensajeros, 682
    como vigilantes, 684
    creación de los, 684
    destino de los, 690
    guardianes, 738-39
    historia de los, 684-86
    hospedar, 740
    jerarquía entre los, 687-88
    juicio de los, 741-42
    malignos, 686, 687, 721, 741, 947
    ministerio de los, 688-90
    no deben ser adorados, 739
    personalidad de los, 681-84
    población de los, 686-87
    poder de los, 688
    realidad de los, 681-82
    referencias bíblicas a los, 680-81
    residencia de los, 687
angelofanías, 682, 942
angelología, 37, 679-753, 942
ángelos, 680
anglicanismo, 785
    sobre la regeneración bautismal, 596
aniquilacionismo, 445-46, 448, 866, 942
Anselmo, 152, 528, 547
anticristo, 454, 481, 714, 721, 744, 846, 879, 901, 914, 924-26, 942
Antiguo Testamento
    ancianos en el, 774
    ángeles en el, 680, 684-85

aparición del ángel del Señor en el, 735
autoría del, 97
autoridad del, 89-90, 100
canon del, 121-22
demonios en el, 723-24, 727
Espíritu Santo en el, 342, 375-76, 377-78
historicidad del, 96
profecías en el, 251-56, 851, 878
regeneración en el, 358, 656-57
reino de Dios en el, 869-70
revelación del, 45
sacrificios en el, 313-14, 316
Satanás en el, 697
señala al reino intermedio, 907-09
tipos y profecías del, 48-49
tres (número), en el, 204-205
Trinidad en el, 198-205
y la inspiración, 88-90, 93-96
antinomianismo, 635-36, 942
antintelectualismo, 58
Antíoco IV Epífanes, 925
antitipo, 942
antropocentrismo, 228, 942
antropología, 37, 407-459, 942
antropomorfismo, 184, 942
antropopatismo, 175, 942
apathéia, 157
apócrifos, 122
Apolinario, 276
apolinarismo, 276, 277, 942
Apolión, 692-96
apostasía, 360-62, 663, 942
apóstoles, 771-72, 823, 824-25
    como don revelador/confirmatorio, 394
    y la canonicidad, 125
apóstoles y profetas, papel fundacional en la iglesia, 771, 824
apostólica, sucesión (Iglesia Católica Romana), 105
aprobación (fe salvífica), 609-610
árbol del conocimiento del bien y del mal, 483, 855
arcángeles, 682, 942
Archer, Gleason, 747
Aristóteles, 152, 153
arminianismo, 471, 942
    sobre la elección condicional, 508-11, 513, 514, 518n23
    sobre la expiación ilimitada, 554-55n57, 555n59, 563n69
    sobre la gracia común, 498n2
Arminio, Jacobo, 548
arqueología, 104
arrebatamiento, 329-30, 757, 917-22, 928, 943
    midtribulacionista, 918, 943
    postribulacional, 911, 918-22, 943
    pretribulacional, 918-21, 943
arrepentimiento, 496, 581, 604-08, 613-15, 943
    fruto de, 605, 607
    y la fe, 581-83, 586-89, 604-08

arrianismo, 198, 214-15, 276, 278, 352-53, 564n71, 943
Arrio, 214, 276
asertivismo, 703
assensus, 609, 611
Atanasio, 123, 127, 194, 214, 276, 528
atar y desatar, 847
atarxia, 157
ateísmo, 445, 943
atributos/perfecciones
    absolutos, 170
    causativos, 171
    comunicables, 171, 184-93, 943
    emanantes, 171
    incomunicables, 171, 173-84, 943
    inmanentes, 171
    intransitivos, 171
    morales, 170
    naturales, 170
    negativos, 170, 172
    operativos, 171
    positivos, 170, 172
    quiescentes, 171
    relativos, 170
    transitivos, 171
autocontrol, 385, 386, 778
autógrafos, 114-15, 118-19, 132
autoridad, 102-03
    democrática, 103
    despótica, 103
    hereditaria, 103
    oligárquica, 103
    personal, 103
ayuda/servicio, don de, 389, 832

Babilonia, 450, 454
Baron, David, 321
Barrabás, 300
Barth, Karl, 614n120
Bartimeo, 611
bautismo, 799-803
    de Jesús, 278
    de los creyentes, 800-01, 943
    en las casas, 800n19
    infantil, 598n104, 801, 943
    inmersión como forma adecuada de, 799
    y la salvación, 801-03
bautistas, 786
Bavinck, Herman, 156, 167, 173, 179, 182-83
beatitud, 193
Beck, James R., 418
Beelzebú, 692-96
Behm, J., 605n110
Belial, 693
béma, 883-84
bendición espiritual, 797. *Véase también* medio de gracia
benignidad, 385, 387
Berkeley, George, 430

Berkhof, Louis, 155-56, 165, 181n25, 194, 225, 408, 509n12, 587, 598n104, 603n108, 605, 645n160
bestia, 925
Biblia. *Véase* Escrituras
biblicismo, 26, 943
bibliología, 37, 71-146, 943
  guerra espiritual, 714-717, 959
Blamires, Harry, 54
blasfemia, 206, 297-99, 943
Boettner, Loraine, 507, 517, 520
Boice, James Montgomery, 294
Borland, James A., 247
bondad, 385, 387
Brahman, 446
Bright, John, 44
Brown, John, 61
Brown, William, 50
Bruce, A. B., 284
budismo, 409, 425, 446, 616, 624
Bullinger, Heinrich, 805
Burton, John, 70

cabeza, 256, 944
caída, 458, 846, 944
  consecuencias de la, 466-77
  dominio/gobierno sobre la, 468, 485-87, 869
  relaciones afectadas por la, 468, 483-485
  y la procreación, 437-38
  y la imagen de Dios, 415-424, 429
Caifás, 297-98
Caín, 453, 485
calvinismo, 515, 518n22, 944
  cinco puntos del, 555n58
  suave, 518n22
Calvino, Juan, 34, 151-52, 433, 476, 517, 528, 636, 805
calzado del apresto, 715-16
canon, canonicidad, 123-30, 944
  criterio para el, 127-28
  finalización del, 34, 128-30, 820
canon de Muratori, 126
carismáticos, 821-22, 827
carismáticos, dones, 822
carne, 387, 430, 944
  deseos de la, 279
  despojos de la, 387-88
carro, 682
castigo
  capital, 313, 388
  espiritual, 866
  eterno, 426, 448, 855, 865-66, 944
causa inmediata, 502
causas secundarias, 224, 225
causa suprema, 502-03
cesacionismo (dones milagrosos), 821-24
cese
  de los dones reveladores y confirmatorios, 393-395
  de los dones temporales, 390-91
  de los milagros, 26
Charles, Elizabeth R., 340
chivo expiatorio, 318, 320, 536, 538
cielo, 430, 592
  atmosférico, 867
  intermedio, 667, 856, 859-60
  planetario, 867-68
  primer, 687, 930
  segundo, 687, 867-68
  tercer, 687, 713, 868-69
cinto de verdad, 714-15
Cirilo de Alejandría, 277
Clemente de Alejandría, 34, 213, 431
Clemente de Roma, 213
clero, 783
Cocceius, Johannes, 474
complementarianismo (funciones de hombres y mujeres), 26
comunalismo, 796
comunicación de propiedades (*communicatio idiomatum*), 271
comunión. *Véase* Santa Cena
comunismo, 409, 796
concepción y personeidad, 442
conciencia, 75, 428-29, 944
Concilio de Calcedonia (451), 270, 277, 278
Concilio de Constantinopla (381), 212, 214, 244, 276-77, 352
Concilio de Constantinopla (680), 278
Concilio de Éfeso (431), 277-78, 471
Concilio de Jerusalén, 450
Concilio de Nicea (325), 123, 212, 214, 270, 276, 352
concilio intratrinitario (plan de redención), 525-26
concurrencia (providencia), 224-25
Confesión de fe de Westminster, 117, 499n3, 594
confianza (fe salvadora), 611-13
congregacionalistas, 786
conocimiento
  a posteriori, 180
  a priori, 180
  arquetípico, 181
  de Dios, 59
  de la verdad, 59
  (fe salvadora), 609-10
  necesario, 509n12
  relacional, 182n26
conquista del pecado y de Satán, 535, 545-46,
Constantino, 126, 214, 904
consubstanciación, 805
consumación de la historia redentora, 47, 49
"contar" como imputar, 534
continuacionismo (dones milagrosos), 821-22
contrición, 606
conversión, 578, 581-83, 602-03
copas, juicios de las, 923-24
corazón, 427-28
  de carne, 428, 591, 593
  de piedra, 428

Coré, 540
Cordero de Dios, 944
cordero pascual, 315, 317, 531, 549
corrección política, 813
cosmovisión, 50–53, 944
    cristiana, 50-53, 58-59
creación, 217-21
    aniquilación de la, 931
    caída, redención y restauración de la, 849
    como "buena en gran manera", 219, 435, 483
    como revelación general, 74-75
    del hombre, 415-18
    divina, 218-20
    dominio/gobierno sobre la, 219, 226, 332, 420, 869
    espiritual, 358-59
    ex nihilo, 218, 411, 944
    los seis días de la, 291
    restauración de la, 849, 928
    y el Espíritu Santo, 396-97
    y el pecado, 468
    y la imagen de Dios, 424
creacionismo, 410-13
    (origen del alma), 433, 941
    reciente, 26
    repentino, 410-13
Creador-criatura, distinción, 110-11, 462
    crecimiento espiritual, 63
Credo atanasiano, 194, 196, 212, 357
Credo niceno-constantinopolitano, 214, 215, 357
"creer que" y "creer en", 611
creyente
    en el estado intermedio, 858-59
    muerte del, 856-58
    resurrección del, 861-62
criaturas vivientes, 683
cristadelfianos, 446
cristiano (término), 368
Cristo. *Véase también* Jesucristo
    apariciones preencarnadas de, 735
    como el postrer Adán, 269, 422-23, 459, 464, 532, 630, 871, 904, 910
    crucificado con, 648, 945
    encarnado, 261-328, 945
    glorificado, 328–33
    mente como la de, 54-55
    méritos de, y la perseverancia del creyente, 659-61
    obediencia pasiva de, 629
    preencarnado, 241-61
    señorío de, 63, 207, 423, 762, 956
Cristo (título), 298, 344, 944
cristología, 37, 241-340, 945
cristoplatonismo, 849
crítica textual, 129-34, 138
crucifixión, 300, 301-311
cuerpo, 424-26, 430-33
    aguarda la santificación perfeccionada en la segunda venida de Cristo, 649-52
    glorificación del, 667

    perecedero, 650, 945
cuerpo glorificado, 425, 670-73, 861-62, 945
    como cuerpo espiritual, 670
    resucitado con poder, 669
cuerpo de resurrección, 400, 426
    como imperecedero, 671
    marcado por la gloria, 671
cuerpo y alma, 430
    glorificación del, 667
    glorificado, 427, 667, 859, 948
    redención del, 650
cuerpo y alma/espíritu, 434, 447, 458
cultismo, 703
cultura, 455-58
    humana, 455-58
culpa, 467, 471, 707
    del pecado de Adán, 465, 471-76
    ofrenda por la, 321
    sacrificio por la, 321
Culver, Robert, 422
"curanderos" modernos, 824, 826

Dabney, Robert L., 653n169
dar, don de 389, 395, 833
David, hijo de, 897
Dawkins, Richard, 445
de Aquino, Tomás, 34, 153, 165, 433
decreto de Dios, 183, 215-217, 483, 523, 945
    como eterno, 499-501
    como incondicional, 500
    como inmutable y eficaz, 500-01
    cumplido por Cristo, 280
    y el problema del mal, 502-03
decretum horribile, 517
Deidad, 195-97, 944
deísmo, 225, 945
Demarest, Bruce, 418
demiurgo, 275
demonios, 679, 721-34, 945
    como siervos de Dios, 729
    en el mundo de hoy, 744-45
    historia de los, 725-28
    jerarquía de los, 687-88
    juicio contra los, 734, 887
    poder de los, 728-29
depravación total, 476-77, 594n98, 600, 945
derrotismo, 703
Descartes, René, 153
desolación, abominación de la, 852, 912, 914, 916, 925
destino eterno, 515, 860, 945
determinismo, 230-231, 460
devoción
    a Cristo, 792-94
    a la oración, 795
    a la Santa Cena, 795
    a las Escrituras, 794
    los unos por los otros, 794-95
día
    como de veinticuatro horas, 411-13

de la expiación, 315, 317-20, 536, 537, 542, 563, 947
de la redención, 545
del Señor, 846, 853, 880, 926-27
día de reposo, 411
    no se vuelve a aplicar en el Nuevo Testamento, 895
    como señal del pacto mosaico, 893
diaconisas, 789
diakonía, 787, 832
diáconos, 787, 832
Dick, John, 35
dicotomismo, 430, 945
didajé, 34, 127, 134
Diez mandamientos, 893, 895
diluvio, 485, 883
    global, 26, 448, 485
dinero, amor al, 788
Diocleciano, 126, 214
Dios
    amor de, 186, 419, 527, 528, 529
    amor electivo de, 511
    argumento a favor de Dios sobre la "universalidad de la religión", 154
    argumento cosmológico a favor de, 153, 942
    argumento moral a favor de, 153, 942
    argumento ontológico a favor de, 152-53, 942
    argumento teleológico a favor de, 153, 942
    armadura de, 714-717
    arrepentimiento de o cambio de, 120
    aseidad de, 173, 263, 943, 945
    atributos de, 164–93, 943
    autoexistencia de, 168, 945
    beatitud de, 193
    bondad de, 185-86
    carácter de, 47
    celos de, 190
    cognoscibilidad de, 149-51
    como "atemporal", 176
    como autor de la regeneración, 589-92
    como autor de la santificación, 652, 653
    como causa del pecado, 217
    como causa suprema de todas las cosas, 502-03
    como la verdad, 185
    como no autor del pecado, 465-66
    como Rey, 43-44
    como Salvador, 496
    comunión con, 622, 623, 636, 657
    conocimiento de, 179-82
        como "acción pura", 181
    conocimiento libre de, 509n12
    conocimiento natural de, 180-81
    conocimiento necesario de, 509n12
    cumplir los mandamientos de, 650
    disciplina de, y la adopción, 642-643
    doctrina de, y el pecado, 463
    enemistad con, 467
    esencia de, 166, 168
    eternidad de, 149, 175-77, 184, 945
        opinión de los momentos "sucesivos" de la, 177
    existencia de, 147-58
        pruebas "naturales" de la, 154-58
    fidelidad de, 185
    gloria de, 193, 231-33, 497, 945
    glorificar a, 219-20, 231-33
    gracia de, 186-87, 945
    incomprensibilidad de, 147, 149-51, 194, 945
    independencia de, 173
    infinidad de, 175
    inmanencia de, 945
    inmensidad de, 171, 177-78
    inmutabilidad de, 172, 174-75, 177, 263, 945
    interpretar las experiencias de la providencia de, 655
    intimidad con, 60-61
    ira de, 307, 317, 467, 530, 533, 534, 538-41, 546, 846, 946, 950
    juicios de, 882
    justicia de, 189-90, 519, 527-29, 534
    métodos modernos sobre el conocimiento de las perfecciones de, 166
    misericordia de, 187-88
    nombres de, 158-64
    no se arrepiente de pecado, 614n120
    omnipotencia de, 177, 182-83, 952
    omnipresencia de, 175, 177-78, 952
    omnisciencia de, 176, 179-82, 847, 952
    paciencia de, 188
    paternidad redentora de, 641
    paternidad universal de, 640-41
    perfección de, 183-84, 946, 954
    perfecciones de, 165-93, 209. *Véase también* Dios, atributos de
    personas de,
        actos de las, 210
        perfecciones de las, 209
        prerrogativas de las, 210
    poder ordenado de, 183
    presciencia de, 181-82
    pronombre plural en referencia a, 199
    sabiduría de, 185, 202
    santidad de, 188-89, 533, 543, 665, 946
    semejanza de, 418-22
    simplicidad de, 179, 195
    soberanía de, 521
        en la redención, 26
        sobre Satanás, 707
        y la responsabilidad humana, 521
    trascendencia de, 946, 957
    trinidad de, 193-215, 242, 343, 351-57
    unicidad de, 946, 957
    unidad de, 205, 946
    usa el mal para bien, 229, 502
    ver a, 184
    voluntad de, 190-92
    voluntad decretiva de, 191-92, 570, 571n77, 957

voluntad preceptiva de, 192, 571n77
voluntad secreta de. *Véase* voluntad decretiva
voluntad soberana de, 187, 514, 590, 958.
    Véase también voluntad decretiva
Dios-hombre, 261, 946
discernimiento espiritual, don de, 395, 664, 834
discipulado, 52, 141, 809
Discurso del monte de los Olivos, 900, 901, 928
distinguir los espíritus, don para, 389, 394, 830-31
docetismo, 275-76, 946
doctrina, 40-42
    hostilidad a la, 134
    y la vida, 41-42
dolor, 468
Domiciano, 900
dones espirituales, 388-91, 816-836
dones permanentes, 394-95
dragón, Satanás como, 693
dualismo (lo material versus lo espiritual), 425, 848, 850
Duffield, George, Jr., 839
dúnamis, 826

ebionismo, 274-75, 946
eclesiología, 37, 755-837, 946
ecologismo, 408
ecumenismo, 702, 813
edificación, 768, 814, 816, 946
    mutua, 814, 816
Edwards, Jonathan, 231, 497n1, 502, 520-21
egotismo, 703
ejército(s), 683
ekklesía, 756, 919
el, 162-63
elección, 503-14, 522, 946
    como condicional (arminianismo), 508-11, 513, 514
    como incondicional, 508, 511-14, 523, 594n98, 946
    corporativa, 505-07
    en Cristo, 506-07
    implica reprobación, 514-22
    individual, 505-07
elegido, 517, 946
Elías, milagros de, 391, 819
    en la transfiguración de Jesús, 283-84
Eliseo, milagros de, 819
Elojím, 160, 162-63, 683, 946
el shaddái, 162, 182, 946
Emanuel, 946
eminencia, vía de la, 166, 170
emociones, 426
encarnación
    como revelación especial, 75-77
    y la imagen de Dios, 424
enemistad entre Dios y el hombre, 543
engendrado, 245
English Revised Version, 160
enseñanza, 134-36, 777

don de la, 823, 831
    como don permanente, 395
    de las Escrituras, 134-36
Epafrodito, 832
epicúreos, 156-57
Epicuro, 445
Epiménides, 158
epískopos, 774
Erickson, Millard, 421, 460, 941n1
erudición, 52, 58
escatología, 37, 845-933, 946
    cósmica, 847, 869-933
    definición de, 845-47
    personal, 854
    y el pecado, 464
    y Jesucristo, 852-54
    y la interpretación bíblica, 850-51
esclavitud, liberación de la, por medio de la adopción, 641
escolasticismo, 165-66, 170
Escrituras,
    acercamiento presuposicional a las, 26
    alimentarse de las, 140
    autores humanos de las, 81, 110, 116, 125-27
    autoridad de las, 102-09, 943, 946
    canon de las, 121-34, 820-21, 944
    claridad de las, 26, 107-08
    como fidedignas, 39
    como Palabra de Dios, 71
    como revelación especial, 75
    contexto histórico para los libros de las, 84-85
    dan testimonio de sí mismas, 107
    doble paternidad literaria, 87-88
    enseñanza de las, 134-36
    estudio de las, 138
    honrar las, 140
    impresión autoritativa de Dios en las, 102-4
    inerrancia de las, 71, 109-16, 950
    infalibilidad de las, 83, 111-112, 950
    inspiración de las, 71-102, 950
    inspiración plenaria de las, 94-96
    inspiración verbal de las, 94-96
    inspiradas por Dios, 82
    leer y meditar en las, 655
    obligación para con las, 138-41
    para redargüir, 108
    predicación de las, 136-38
    preservación de las, 117-34
    preservación terrenal de las, 119-21
    recepción de las, 139
    símbolos para las, 72-73
    suficiencia de las, 107-8
    temblor ante las, 141
    traducción de las, 132-34
esenios, 532n35
espiración (propiedad personal), 196, 245
espíritu, 427, 429-33
    como inmaterial, 681
"Espíritu de verdad", 99

Espíritu Santo, 427, 947
- acciones del, 351
- agente de regeneración, 591
- apagar el, 346, 382
- aplica la redención, 499
- atributos del, 344, 350-51
- bautismo en el, 362-66, 380-81, 799-800, 943
- blasfemia contra el, 360-62, 478
- como aceite, 345-46
- como agua, 345, 347
- como Consolador, 98-99, 344, 351, 363
- como fuego, 345-46
- como paloma, 345-46
- como persona, 342-43
- como promesa, 344, 345-46, 660
- como sello, 345, 347, 366-67, 660, 947
- como viento, 342, 345, 347
- deidad del, 213, 350-57
- dones del, 388-95, 824-35
- entristecer al, 382
- espada del, 702
- fruto del, 384-87, 600-02, 948
- imágenes verbales del, 344-47
- llenura del, 377-83, 947
- ministerios del, 348-49
- ministra al Cristo encarnado, 281-82, 348
- morada del, 374-75, 378, 947
- obra intercesora del, 952
- pecados contra el, 349
- procesión del, 210-12, 954
- revestido del, 345
- testimonio interno del, 106-7
- y el Hijo, 344, 350
- y el nuevo pacto, 897-99
- y el Padre, 343-44, 350
- y la creación, 396
- y la iluminación, 397-99
- y la inspiración de las Escrituras, 72-102, 249-50, 397-98
- y la instrucción, 398-99
- y la Palabra de Dios, 360
- y la perseverancia, 657
- y la revelación, 397-398
- y la santificación, 371, 653
- y la seguridad, 660
- y la victoria del creyente sobre Satanás, 718

espiritualidad, 59, 60, 63, 947
espíritus inmundos, 722
espíritus malignos. *Véase* demonios
estado eterno, 930-33
estado final, 947
estado intermedio, 447, 857-61, 947
Esteban, 789
escritos extrabíblicos, 122, 948
esterilidad, 383
estoicos, 157
eternidad futura, 332-33, 401
etnicidad, 448-51, 850
eucaristía, 804

Eusebio, 126-27, 904
eutanasia, 408
Eutiquio de Constantinopla, 277-78
eutiquianismo, 277-78, 947
Eva
- creación de, 435-36
- engañada por Satanás, 465
- deseo para su esposo, 468

evangelio, 947
- oferta gratuita del, 563n69
- proclamación del. *Véase* llamamiento externo

evolución, 408, 411-13, 947
exégesis, 138, 247, 947
"exhalada por Dios", 80, 82, 249, 946
exhortación, don de la, 389, 394, 831-32
existencialismo, 702
- teólogos del, 421

éxodo, 485, 877
expiación, 311-22, 522-23, 550n53, 947
- alcance de la, 554-56
- causa de la, 527-28
- como lo que apacigua la ira de Dios, 538-41
- definitiva, 555
- eficacia de la, 552-54, 558-62
- ilimitada, 559, 948
- limitada, 555, 574, 594n98, 948, y los textos universalistas, 566, 576-77
- naturaleza de la, 530
- necesidad absoluta consecuente de la, 528
- necesidad de la, 528-30
- necesidad hipotética de la, 528
- suficiencia de la, 550-54, 578
- teoría de la influencia moral de la, 547-48, 947
- teoría de la satisfacción de la, 547, 947
- teoría del ejemplo de la, 547-48, 948
- teoría del rescate de la, 547, 948
- teoría gubernamental de la, 548-49, 948
- teorías de la, 546-49
- vicaria, 320, 528, 535, 948

"expiación potencial", 562

falso Profeta, 698, 714, 721, 744
falsos maestros, 54, 518, 575-76, 757, 812-13, 834
falsos profetas, 93, 772, 901
familia, administrar la, 778
fariseos, 93
fatalismo, 217
fe, 609-13
- como medio, 624
- don de la, 389, 394, 613, 834
- elemento emocional de la, 610
- elemento intelectual de la, 610
- escudo de la, 716
- relación con la regeneración, 597-600
- y la adopción, 579
- y la justificación, 579, 581, 622-25
- y la obediencia, 47, 48, 613

Febe, 789
Feinberg, Charles Lee, 270
felicidad, 193
Felipe, 781
Ferguson, Sinclair, 593
fiat, creacionismo por, 220-21, 948
fiducia, 609, 611
filiación, eterna y encarnacional, 243-46
filiación (propiedad personal), 196, 243
filioque, 211, 214
filosofía griega, 152, 156, 275
fidelidad, 383, 386
Finees, 540, 895
finitud frente al pecado y el error (en la infalibilidad bíblica), 110
Fosdick, Harry Emerson, 445
Frame, John M. 223n72
Freud, Sigmund, 409
Fudge, Edward, 445
fuego,
    bautismo de, 362
    eterno, 448, 863, 866
    lago de, 444, 469, 855, 858, 951
fundamentalistas, 26
futurismo (visión del cumplimiento profético), 899, 902-03
futuristas, 26

Gabriel, 683
Galatinus, Petrus, 160
Garrett, Duane, 748
Garrett, James Leo, 39
géenna, 863-64, 948
generación eterna, 210-11, 244-46, 948
género, 434-41
generosidad, 832
gentiles,
    salvación de los, 49, 451, 486, 892
    tiempos de los, 878, 914
Gibson, Jonathan, 568
Gill, John, 35
glorificación, 372, 374, 412, 578, 580, 582, 583, 667, 931, 948
    y adopción, 644-45
glossolalia, 827
gnosticismo, 213, 275, 425, 848, 948
gobierno divino (providencia), 226
gobierno humano, 452-55
Goetzman, J., 605n110
Gólgota, 303, 306
gozo, 384-85, 387
    en la iglesia, 796
gracia, 187-88, 613, 948.
    eficaz, 360, 948
    común, 483, 498-99, 555, 856, 948
    irresistible, 594, 594n98, 948
    preveniente, 471-72, 498n2, 567
gran avivamiento, 907
Gran Comisión, 59, 108, 587, 608, 769, 906
Grato, Valerio, 297

Gregorio de Nacianceno, 34, 356
Gregorio de Nisa, 434
Grocio, Hugo, 548
Grudem, Wayne, 151, 224n73, 514, 551n54, 633n146, 638
gueviyá, 424

Hades, 856, 858, 864
Hallel, 804
hamartiología, 37, 461, 949
Hamilton, Floyd E., 851
Harris, Murray, 207
Hartshorne, Charles, 153
hedonismo, 703
Hegel, George, 153
Heick, Otto W., 275
Henry, Carl F. H., 50
herejía, 949
herejía macedonia, 214
herejías cristológicas, 214
herencia y adopción, 642
hermanos y hermanas, 368, 643
hermenéutica, 138, 949
Herodes Antipas, 298-300
Hijo de Dios, 200, 206-07, 242-58
    como Mesías, 248
    como Verbo de Dios, 251
    en el Antiguo Testamento, 250-61
    en la creación, 243, 247-48
    misión del, 523-26
    preexistencia del, 242-43
    realiza la redención, 497, 522-77
    títulos del, 263-64
    y el juicio, 250-51
    y la providencia, 248-49
    y la santificación, 367-88
hijo de Dios, fe perseverante del, 660-63
Hijo del Hombre, 332, 869
hijos de Dios, 683, 746-49
"hijos de Dios" de Génesis 6, puntos de vista respecto a, 746-49
    "gobernantes sin escrúpulos", 748-49
    "hombres poseídos por demonios", 748
    "setitas pecaminosos", 747-48
hijos de ira, 638
himnos
    "Al Dios invisible", 146
    "Alabad al Dios trino", 340
    "Alma, bendice al Señor", 8
    "Alcancé salvación", 935-36
    "Canta, canta, alma mía", 236
    "Cantad alegres al Señor", 66
    "Castillo fuerte es nuestro Dios", 751
    "¡Cuán dulce el nombre de Jesús!", 675
    "Cuán firme cimiento", 143
    "Es Cristo de su iglesia", 754
    "Estad por Cristo firmes", 839
    "Gracia admirable", 489
    "Hoy canto el gran poder de Dios", 406
    "Levantado fue Jesús", 844

"Loores dad a Cristo el rey", 240
"Maravilloso es el gran amor", 494
"Oh Padre, eterno Dios", 403
"Oh que tuviera lenguas mil", 335, 648
"Santa Biblia para mí", 70
"Sé tú mi visión", 965
"Se oye un son en alta esfera", 678
"Sublime gracia", 32
hinduismo, 409, 425, 446
hipercalvinismo, 515n17
hiperintelectualismo, 58
hipóstasis, 195, 213, 611, 949
historia (Antiguo Testamento), libros de, 45
historia redentora, glorioso fin de la, 47, 49-50
historicismo (visión del cumplimiento profético), 901
Hodge, A. A., 528
Hodge, Charles, 179n23, 528, 652
Hoekema, Anthony, 474
hombre
    como unidad compleja de cuerpo y alma, 432
    creación directa y especial del, 219, 415
    intermediación moral libre del, 216
    natural, 588-89, 593, 594, 949
    nuevo, 475-76, 949
    teología bíblica del, 458-59
    y el pecado, 459-66
    y la sociedad, 448-58
hombre de pecado, 481-82, 853, 902, 914, 916, 949
homilética, 949
homoiousia, 276
homoousia, 276
homoousios, 214, 949
homosexualidad, 408, 438-41
    código legal mosaico sobre la, 440-41
hospitalidad, 740
Hughes, Philip Edgcumbe, 445
humanidad, 408-10, 414-15
    unidad y diversidad en la, 448-51
humanismo, 702

idealismo (personalidad humana), 430
idealismo (visión del cumplimiento profético), 901-02
Icabod, 234
iglesia, 949
    autoridad en la, 769-92
    como cuerpo de Cristo, 765-66
    como esposa de Cristo, 619, 765
    como familia de Dios, 641
    como reino espiritual, 761-62
    como templo de Dios, 766
    comunión en la, 622, 655, 657, 794, 809-10
    definición de la, 756-57
    devoción en la, 795-96
    disciplina de la, 787, 810-11, 812, 949
    edifica a los creyentes, 768
    e Israel, 763-65, 849, 875, 876-81
    evangeliza a los perdidos, 769
    exalta a Dios, 767-68
    forma episcopal del gobierno de la, 785
    forma presbiteriana del gobierno de la, 785
    formas congregacionales del gobierno de la, 786
    fundamento de la, 758-59, 770
    gobierno de la, 776, 784-786, 815
    invisible, 762
    líderes de la, 771-75
    membresía de la, 813-37
    metáforas bíblicas para la, 765-67
    misión única de la, 879
    no experimentará la tribulación, 919
    padres de la, 949
    persecución de la, 880
    propósitos de, 767-69
    un anticipo del cielo, 836-37
    unidad de la, 809, 811-13
    universal y local, 763
    visible e invisible, 762
    y el pecado, 464
    y el reino de Dios, 760-62, 869-74, 903
    y los ángeles, 740-41
iglesias locales, 763
Iglesia Católica Romana, 785
    catecismo de la, 596n101
    sacramentos de la, 624, 633, 797n16
    Satanás obra por medio de la, 901
    sobre el canon, 123
    sobre el sacrificio continuo de Cristo en la misa, 551
    sobre la autoridad de las Escrituras, 105
    sobre la justificación, 480, 626
    sobre la penitencia, 480
    sobre la regeneración bautismal, 596-97
    sobre los pecados mortales y veniales, 480-81
    sucesión apostólica en la, 105
Iglesia Oriental, división de la Iglesia Occidental, 211
    sobre la regeneración bautismal, 596
Ignacio, 213, 276
iluminación, 54, 398-99, 949
ilusionismo, 702
Ilustración, 109, 223, 460
imagen de Dios, 86, 409, 411, 415-24, 435, 455, 891, 949
    deteriorada y distorsionada por el pecado, 458
    punto de vista funcional, 421
    punto de vista sustantivo, 421
    y el castigo capital, 453
imaginería, en la enseñanza de Jesús, 290
imago Dei, 418-22, 949
impecabilidad, 279-80
Imperio romano, 400, 454, 759, 901, 914, 916, 925
impíos, 949
imposición de manos, 780
imputación, 543, 949
    de la justicia de Cristo, 534, 628-31, 950

del pecado a Cristo, 630
del pecado de Adán, 472
incrédulo, 950
    en el estado intermedio, 858
    en la iglesia, 792-93
        disfruta de la belleza y de la piedad en esta vida, 498
        muerte del, 856
        resurrección del, 862-63
inerrancia bíblica, declaración de Chicago sobre la (1978), 111
inerrancia limitada, 111
infalibilidad, 111-12
infierno, 863-67, 950
    como eterno, 866
    condiciones negativas en esta vida, 867
    confinamiento en el, 865
infralapsarianismo, 516n18, 950
inicuo, el, 400. *Véase también* el hombre de pecado.
inmadurez, 61
inmanencia, 166, 950
inminencia, 901, 902, 950
inmortalidad condicional, 866, 950
inscripturación, 249-50, 950
inspiración
    plenaria, 79-80, 950
    teoría conceptual de la, 78-79
    teoría del dictado de la, 77-78
    teoría natural de la, 79
    teoría parcial de la, 78-79
    verbal, 79-80, 950, 957
    y el Espíritu Santo, 250, 397-98, 950
    y el Hijo de Dios, 250
interpretación alegórica, 851, 904, 950
interpretación bíblica,
    método gramático-histórico, 850-51, 875, 947
    principio de la claridad, 26
    principio gramatical, 26
    principio histórico, 26
    principio literal, 25, 951
    principio sintético, 26
interpretación de lenguas, como don revelador/confirmatorio, 394
ipsissima verba, 116
Ireneo, 34, 213, 355, 528, 900
Islam, 153, 275, 624, 907
Israel
    como bendición a las naciones, 449, 850, 872, 891
    como reino de sacerdotes, 449, 485, 871
    el "verdadero", 764
    elección de, 505
    festividades de, 315
    juicio de, 878-79
    quebrantó el pacto mosaico, 893-94, 898
    restauración de, 872, 877
    salvación de, 49, 853, 871, 872-73, 886, 924
    y la iglesia, 763-65, 848-49, 873, 876-881

Jacob y Esaú, 504
jainistas, 446
járismá, 388, 817
Jeffery, Steve, 549n51
Jehová/Yahvé, 159-61, 950
Jenkins, Christopher, 615n123
Jerónimo, 433
Jerusalén en el 70 d.C., destrucción de, 872, 899, 900, 903, 913, 915
Jesucristo
    arresto y juicios de, 293-301
    ascensión de, 327-28, 450, 577, 868, 873, 943
    bautismo de, 246, 278, 281, 346, 532
    como Cabeza de la iglesia, 619-20, 770-71
    como fundamento de la iglesia, 619
    como hijo de Abraham, 892
    como hijo de David, 897
    como imagen de Dios, 422-23, 459
    como Juez, 332
    como primicias, 881
    como Profeta, 253, 259-61, 944
    como Rey, 253-56, 259-61, 872, 944
    como Sacerdote, 259-61, 329, 563-65, 944
    como una persona, 433
    comunión con, 481
    concepción de, 267, 281
    conocimiento limitado de, 274
    deidad de, 208, 241, 261-65, 275, 291, 944
    dependencia del Espíritu Santo, 281-82
    derrota de Satanás, 549, 718, 720-21
    dos naturalezas de, 268, 277-78, 945
    edifica su iglesia, 757-60
    encarnación de, 261-64
    encuentros con los demonios, 727-28
    en las profecías del Antiguo Testamento, 251-61
    enseñanza de, 284-91
    expiación de, 459, 464
    humanidad de, 241, 269-78, 279, 945
    humillación de, 266, 302
    impecabilidad de, 279-80, 944
    intercesión de, 577, 717, 950
    justicia de, 346
    libre albedrío de, 280
    nacimiento virginal de, 267-69, 952
    méritos de, y perseverancia del creyente, 657
    milagros de, 291-93, 390, 412, 825
    muerte de, 311-22, 486, 873
        y expiación, 311-22
    murió por el "mundo", 572-74
    obediencia de, 524, 530-33, 617, 630n140
        activa y pasiva, 629
    parábolas de, 287-89
    predicación del evangelio de, 583
    preexistencia de, 242-43, 268, 274, 945
    presencia espiritual en la Santa Cena, 805
    primera venida de, 851, 914
    posrresurrección, apariciones de la, 285, 329
    relación corporativa con, 621

relación "personal" con, 621
representativo de, liderazgo, 473
resurrección de, 282, 322-28, 577, 873, 881, 955
sacrificio de, 313-22
sacrificio sustitutivo de, 529, 534, 945
segunda venida de, 100, 330-31, 667, 847, 881, 915, 927-28
sencillez de la enseñanza de, 290
siete últimas frases desde la cruz de, 307-11
sobre la inerrancia de las Escrituras, 110-16
sufrimiento de, 301-22
su punto de vista de las Escrituras, 94-96
tentación de, 279-81, 710
transfiguración de, 246, 266, 282-85
y la escatología, 845-47
jiláskomai, 539, 540, 553
Johnston, Julia H., 489
Juan de Damasco, 34
Juan el Bautista, 278, 532
judaísmo, 624
juez civil, 453
juicio
    de Israel, 885-86
    de las naciones, 886-87
    del gran trono blanco, 333, 888
    del mundo, 922-24
    de los ángeles, 741-42
    de los demonios, 728, 734, 887
    de Satanás, 718-21, 887
    y el Hijo de Dios, 250-51
juicio, día del, 484
juicios futuros, 882-89
juicio, trono de, 332, 878, 957
justicia, 189-90, 296-97, 331
    distributiva, 189
    instruir en, 107-08
    práctica de la, 600
    rectoral, 189
justicia de Cristo, 626
    como razón de la justificación, 531, 627-31
    coraza de, 715
    imputación de la, 543, 627, 628-31
justificación, 372, 580, 581, 582, 583, 608, 622-25
    buenas obras a partir de la, 634-36
    como declaración legal, 625-27
    definición de la, 625
    por fe, 951
    razón de la, 627-28
    resulta en buenas obras, 634-36
    y el llamamiento, 580
    y la santificación, 645
    y la unión con Cristo, 615-16
Justino Mártir, 213

kafár, 539-40, 553
Kaiser, Walter, 748
Kant, Emmanuel, 153
kardía, 428

karma, 446
kénosis, 265-67, 274, 951
Kethe, William, 66
King James Version, 160
Kline, Meredith, 748
kúrios, 160

Ladd, George Eldon, 911
Larson, Gary, 849
lavamientos levíticos, 532n35
leb/lebáb, 427
legalismo, 635, 648, 761
lenguaje, 110, 115-16
    corriente y la inerrancia, 115-16
    fenomenológico, 112
lenguas
    como don revelador/confirmador, 389
    en la iglesia de hoy, 821
    hablar en, e interpretar las, 827-29
    "lenguas angélicas," 682
lesbianismo, 441
Leviatán, 694
Ley (Antiguo Testamento), 45
Ley y los Profetas, la, 251
liberalismo, 167, 640, 951
    protestante, 445
libertad compatibilista, 217n67, 951
libertad libertaria, 217n67, 518n23
Libro de Oración Común, 596n101
liderazgo/administración, don de, 395, 832-33
liderazgo federal, 473-74
llamamiento eficaz, 581, 583, 588, 589, 592, 595, 599, 951
llamamiento externo, 583-88
    general y universal, 586-88
    no eficaz, 588
    sincero, 587-88
llamamiento general. *Véase* llamamiento externo
llamamiento interno, 588-602
llamar, llamado, 951
    y la justificación, 580
    y la regeneración, 582
lógos, principio, 156
Lombardo, Pedro, 34
Lucifer, 694
luteranos, 786
    sobre la regeneración bautismal, 596
    sobre la unión con Cristo, 621
Lutero, Martín, 215, 277, 434, 460, 596n101, 614, 623, 751, 805, 901
Lyte, Henry F., 236

MacArthur, John, 613n119, 799, 827
Machen, J. Gresham, 134
madurez, 60-61
    espiritual, 60-61, 108
mal, 226-30, 589
    el problema del, 226-30, 482-84, 502-03
malák, 680
maldad natural, 483

mal ejemplo, la postura (sobre la transmisión del pecado de Adán) del, 474
maligno, el, 695, 951
mal moral, 483
mansedumbre, 386
Marción, 126, 276
marido de una sola mujer, 778-79, 787-88
Mar Muerto, rollos del, 133
Marshall, I. Howard, 569n74
Martin, Albert, 538n40
materialismo, 429, 703
matrimonio, 436-37
    y género, 437-38
McClain, Alva, 34
mediador, 951
medio de gracia, 655, 806, 949
meditación, 57
Melquisedec, 736
mente, 53-59
    equilibrada, 58-59
    redimida, 53
    probada, 55-57
    provechosa, 57-58
    renovada, 53-54
    y la regeneración, 593
merismós, 388
Merrill, Eugene, 25, 315, 420
Mesías
    como Hijo de Dios, 258
    como Mediador, 258-59
    como Profeta, Sacerdote y Rey, 259-61
    referencias trinitarias al, 258
    se le quitará la vida después de sesenta y nueve semanas, 913
metánoia, 605n110
metodismo, 785
Miguel (arcángel), 691-92, 697, 735
milagros, 221-22, 821-24
    definición de los, 221
    de Jesús, 291-93
    don de, 389-94, 819-24, 823, 825-26
    frente a la providencia, 825
mil años. *Véase* reino milenial
milenio, 929, 951
    opiniones sobre el, 903-12
    y el pacto sacerdotal, 895-96
Miley, John, 591n94
ministeriales, dones, 823, 824
ministradores, ángeles como espíritus, 683
misericordia, 187-88
    don de, 395, 833-34
misterio, 951
modalismo, 198, 213, 352, 951
modernidad, 460
modos de subsistencia (Trinidad), 196
Moisés
    como autor del Pentateuco, 84, 86
    en la transfiguración de Jesús, 283-84
    milagros de, 391
monarquianismo, 213, 275, 352, 951
    dinámico (adopcionista), 213
    modalista 213, 952
monergismo, 591, 952
monismo, 429-30, 952
monogenés, 244
monoteísmo, 200
monotelitismo, 278
mormonismo, 417
Morris, Leon, 317
Motyer, J. Alec, 321, 560n64
muerte, 443-44, 458, 854-57
    animal, 469
    como algo no natural, 855
    del creyente, 856-57
    del incrédulo, 856
    espiritual, 468-69, 480, 854, 952
    eterna, 469, 855, 856, 866, 952
    física, 469, 854, 952, 954
    segunda, 469, 952, 955
    tres formas de, 468-69, 855
    vencida por Cristo, 855
mujer
    no deben servir como ancianas o pastoras, 779
    simiente de la, 256-58, 414, 437
    tan espirituales como los hombres, 780
    y la procreación, 437
mundanalidad, 666
"mundo de las formas," 152
Muratori, canon de, 126
Murray, John, 36-37, 38, 473, 526, 541, 550n53, 561n65, 563n69, 590, 593n95, 599, 611, 616, 627n138, 629, 631n144, 647n164, 654, 667, 672, 747
musulmanes, 616

nacido de nuevo, 600-02
nacimiento espiritual, 358. *Véanse también* nuevo nacimiento; regeneración
nacimiento virginal, 267-69, 270, 952
naciones, 448-51
    bendición de las, 850
    juicio de las, 831, 886-87
Naselli, Andrew David, 555n59
naturaleza, leyes de la, 222, 223-24
naturaleza pecaminosa heredada (respecto a la transmisión del pecado de Adán), postura de la, 471-72
naturalismo secular, 408
naturalista, punto de vista, 444
Neander, Joachim, 8
néfesh, 426
negación, vía de la, 166, 170
negativismo, 703
neortodoxia, 421
nestorianismo, 277, 952
Nestorio, 277
Nicodemo, 590, 596-97
Noé, 485, 890-91
no elegidos, 516

nominalismo, 167, 703
  medieval, 167
nonatos, como personas, 442
non posse peccare, 279
normalistas, 26
notitia, 609, 611
no salvos, 938
nueva creación, 486, 593, 952
  modelo de la (escatología), 849-50
nueva Jerusalén, 451, 455, 932-33, 951
nueva tierra, 458, 484, 855, 926, 931-34, 952, 957
  como nuevo planeta, 931
  como planeta restaurado, 931-32
nuevo cuerpo, 670
nuevo hombre, 475-76
nuevo nacimiento, 368, 597, 952. *Véase también* regeneración
Nuevo Testamento, 45-46
  canon del, 125-27
  como Escrituras, 97-100
  demonios en el, 724-25, 727-28
  Espíritu Santo en el, 342, 376-78
  la Trinidad en el, 198, 205-12
  profetas del, 101-102, 772-73, 829-30
  pruebas de la inspiración del, 90-91
  reino de Dios en el, 872-74
  revelación del, 47
  Satanás en el, 697-98
  sobre el Antiguo Testamento, 100-102, 112
  sobre los ángeles, 680-81, 685
nuevos cielos y nueva tierra, 100, 592, 686, 848, 869, 930-33

obispos, 774-75, 782-83
obediencia, 137, 601, 602, 657, 663
  y la fe, 613
  y el Espíritu Santo, 399
O'Brien, John, 551n54
ofrenda de grano, 316
ofrenda de paz, 316
ofrenda por el pecado, 310, 316, 318, 320
ofrenda por la culpa, 321-22
ofrenda quemada/holocausto, 316
ojos, deseos de los, 279
opera ad extra, 196-197, 212
opera ad intra, 196-97, 212
oración, 139, 655, 795
  a Jesucristo, 262
  arsenal de la, 717
  como medio de gracia, 655, 657, 806-07
  por el perdón, 615
  y la adopción, 642
  y la seguridad, 663-64
organizaciones paraeclesiásticas, 785
Orígenes, 34, 213-14, 431, 433, 904
Oswalt, John N., 313
Ott, Ludwig, 551
ousía, 953
ovejas, como los elegidos, 558

ovejas y los cabritos, juicio de las, 886-87, 888-89
Ovey, Michael, 549n51
Owen, John, 211n56, 528, 622, 656

Pablo
  en la colina de Marte, 156, 587, 608, 640
  y el aguijón en la carne, 713, 734
Pablo de Samósata, 275
paciencia, 385, 387
Packer, J. I., 137, 561, 562
pacto, 26, 870, 881, 889-99
  abrahámico, 458, 881, 891-93, 896, 953
  como incondicional, 953
  davídico, 454, 458, 871, 879, 896-97, 953
  de gracia, 889, 893
  de obras, 474, 889
  de redención, 524n27, 889
  en la relación señor-vasallo, 524n27
  mosaico, 453, 456, 458, 485, 871, 877, 889, 893-95, 897-98, 953
  noético, 438, 455, 485, 871, 890-91
  nuevo, 459, 486, 765, 871, 885, 893-94, 897-99, 952
    como era de la iglesia, 899
  sacerdotal, 889, 895-96
  teología del, 474, 889-90
pactum salutis, 524n27
Padre, 164, 195
  amor electivo del, 511-14
  atracción del, 599
  como Dios, 205-206
  elección incondicional del, 523
  plan eterno de redención, 580
  y la santificación, 371
paidobautismo, 934
Palabra de Dios, 71-72, 953
  como Hijo de Dios, 249-50
  como medio de gracia, 655-57, 796-97
  estudiar la, 140
  preservación eterna de la, 116-17
palabra de conocimiento como don revelador/confirmador, 394
palabra de sabiduría como don revelador/confirmador, 394
panteísmo, 167, 953
papado, como el anticristo, 901
parábolas, 287-89, 873
Paracleto, 397, 831, 953
paradigma indicativo-imperativo, 648
parcialismo, 194, 198
parousía, 330
parto, dolores de, 922
Pascua, 314-17, 485, 803
Pastor de Hermas, 123, 127
pastor, don de, 395, 835
pastores, 773-75
paternidad (propiedad personal), 196, 245
patripasianismo, 213, 275, 352, 953
paz, 385, 387

pecabilidad, 279
pecado(s), 459-87
    autonomía como centro de todo, la, 463
    cancelado, 648
    como "teófugo", 314
    contra el Espíritu Santo, 349
    definición del, 461-63
    del cristiano, 481
    generalización del, 476-77
    hombre de, 481-82, 853, 902, 914, 925, 949
    imperdonable, 478-79
    imputado a Cristo, 617
    la tragedia del, 47-48
    liberación del dominio del, 647-48
    mortal, 480-81, 953
    mortificación del, 657
    origen del, 464-66
    original, 470, 953
    perdón de los, 586, 628
    purificación del, 592, 646
    que conduce a la muerte, 479-80
    refrenamiento del, 498
    teología bíblica del, 484-87
    universalidad del, 313, 953
    unos mayores que otros, 478
    veniales, 480-81, 953
    victoria progresiva sobre el, 665
    y otras doctrinas, 463-64
Pedro, negación de Cristo, 711-12
pelagianismo, 953
Pelagio, 471
penitencia, 480
Pentecostés, 359, 375-76, 380
    y el nacimiento de la Iglesia, 756
perfeccionismo, 650-51, 954
perseverancia, 583, 594n98, 657-67, 954
personalidad, 431, 445
Peshita, 133
pesimismo, 703
Phillips, Gary, 50
Pilato, Poncio, 295-301
Piper, John, 596, 630n140, 630n142, 800n20
Platón, 152-53, 275-76, 425, 445, 848
pneuma, 342, 347, 427, 430
pneumatikós, 388, 817
pneumatología, 37, 341-406, 954
Policarpo, 213
poligamia, 438, 778, 788
politeísmo, 352, 954
posesión demoníaca, 730-34, 954
posse non peccare, 279
posmilenialismo, 905-07, 954
posmodernismo, 409, 460
precondenación, 516
predestinación, 503, 511, 583, 954
    doble, 515
predicación, 134-38, 157, 776
    como prerrequisito para la salvación, 584
    del llamamiento del evangelio, 62, 583-88

    expositiva, 136
    fiel a la Palabra, 813
    permanente, como don, 394
    y el progreso de la iglesia, 759
preexistencia (origen del alma), 433
premilenialismo, 27, 875-76, 890, 904, 907-12
    dispensacional, 875
    futurista, 875-76, 890, 910
    histórico, 910-12
presbúteros, 774, 783
presente siglo malo, vencer al, 601
preterición, 516
preterismo (opinión sobre el cumplimiento profético), 899-901, 954
primeras cosas, 850
príncipe(s), ángel(es) como, 683
procesión eterna, 196-97, 210-12-
procreación, 437-38
profecía, 954
    acercamiento espiritual a la, 851
    como don revelador/confirmador, 394
    como predicación, 829-30
    cumplimiento de, 104
profetas, 79, 86
    en el Antiguo Testamento, 872, 877
    en el Nuevo Testamento, 772-73
profetas mayores (Antiguo Testamento), 45
profetas menores (Antiguo Testamento), 45
"progreso de la humanidad", argumento en favor de Dios, 154
prolegómenos, 33-64, 954
propiciación, 316, 530, 535, 538-41, 550n53, 954
propiciatorio, 538-41
protoevangelio, 258
protología, 850
providencia, 222-26, 500, 954
    especial/específica, 223
    general, 223
    y el Hijo de Dios, 248-49
    y la inspiración de las Escrituras, 84-88
    y la preservación de las Escrituras, 115, 117-119
psicopaniquia, 446
psujé, 426, 430
purgatorio, 632
purificación espiritual, 358

querubín, 465, 683, 684

Rabí Ishmael, 318
rabínica, tradición, 296
racionalismo, 702
raza humana, solidaridad de la, 415, 956
razas, multiplicidad de, 448
realismo (respecto a la transmisión del pecado de Adán), postura del, 472-73
reconciliación, 535, 541-43, 550n53
rectitud, 189, 342-43, 626
redargüir, 108
redención, 535, 543-45, 550n53

aplicación de la, 550, 577-673
como escatológica, 545
realización de la, 522-77, 580
del cuerpo y del alma, 650
plan de la, 499-522
propósito de la, 496-97
reencarnación, 446
Reforma, 460
sobre la justificación, 626
regeneración, 358-61, 400, 583, 588-602, 955
bautismal, 596, 802
como algo misterioso, 597
como principio de la santificación, 646
del cosmos, 932
medio de, 595-97
resultados de la, 600-02
y la fe, 581, 597-600
reino de Dios, 43-45, 869-74, 955
cumplimiento literal del, 760
en el Antiguo Testamento, 870-72
en el Nuevo Testamento, 872-74
y la iglesia, 760-62, 873, 904
reino espiritual, 874, 904
reino eterno, 874
reino intermedio, 261, 929. *Véase también* reino milenial.
reino mesiánico, 261, 331, 872. *Véase también* reino milenial
reino milenial, 100, 252, 331-32, 401, 454, 486, 685, 851, 874, 875, 880, 904, 909-13, 929, 955
procreación en el, 437
ángeles en el, 685, 687
dominio en el, 464
naciones y gobiernos en el, 453-55
negación del, 851
resurrección durante el, 874
y el juicio sobre Satanás, 721
reino terrenal. Véase reino milenial
relativismo moral, 460
religión del logro divino, 624
religión del logro humano, 624
religiones orientales, 409, 425, 446
rendición mutua de cuentas, 809
representante-jefe (respecto a la transmisión del pecado de Adán) postura del, 473-75
reprobación, 514-21
rescate, 319, 544-45
resistencia, 651, 656, 874, 880, 955
responsabilidad y capacidad, 650
resurrección, 322, 424-26, 447, 668-73, 861-63
de los irredentos, 882
de los santos de la iglesia, 882
de los santos del Antiguo Testamento, 882
espiritual, 359
orden de la, 882
primera, 882, 904, 905, 907
segunda, 882, 905, 907
y el Espíritu Santo, 400-401
y la unión con Cristo, 615
revelación, 955

especial, 58-59, 74, 110, 955
actos directos como, 75
sueños y visiones como, 75-76
general, 58, 74-75, 77, 151, 955
natural, 151, 584
profética moderna, 822
progresiva, 955
progreso de la, 36, 939-40
proposicional, 133
en las parábolas, 289
y la inspiración, 73-77
Reymond, Robert L., 541n44, 557
rico y Lázaro, el, 858
Ritschl, Albrecht, 166
Robinson, John A. T., 430
roca, 163-64, 758
Roe contra Wade, 442
rúaj, 342, 396, 427, 431
Ryken, Philip Graham, 294
Ryle, J. C., 374n18

sabelianismo, 213, 275, 351-52, 353, 955
Sabelio, 275
sabiduría (Antiguo Testamento), libros de, 45
sabiduría y conocimiento, don de, 830
Sach, Andrew, 549n51
sacramentalismo, 621
sacramentos, 797n16
sacrificio, 313-15, 535-38
de animales, 313
sustitutivo, 525, 529, 952
sacrificios levíticos, 313, 535-38
saduceos, 95, 296, 681
Salomón, 877
salvación, 357-67, 369, 495-678, 955
como don de Dios, 614, 607
consumación de la, 658, 668-70
del señorío, 608n113, 955
orden (*ordo salutis*) de la, 578-83, 952
personal, 906, 955
y el bautismo, 801-03
y el pecado, 463
Salvador, justicia y sustitución del, 47, 48-49
sana doctrina, 41-42, 134-36
Sanedrín, 295-96
sanidad, dones de, 389, 821, 826-27
Santa Cena, 795, 803-06
como celebración memorial, 805
santidad, 61-62, 188-89, 366, 649, 803
ética, 188-89
majestuosa, 188
y la adopción, 643
santificación, 62-63, 368-88, 459, 578, 583, 597, 645-57, 955
como completitud/perfección, 369
como obra sobrenatural de Dios, 652
dinámica de la, 655-57
medio de la, 654-55
perfeccionada, 373-74, 649-52
posicional (definitiva), 372-73, 646-48

progresiva, 370, 373, 578, 597, 648-49, 652-57
    y la unión con Cristo, 615-16
santos, los 368, 679
sarx, 430
Satanás, 690–721, 955
    ardides de, 55-56, 701-07
    atadura de, 865, 903, 904-908
    caída de, 465, 684
    carácter de, 692-96
    como Abadón, 692
    como acusador, 692
    como adversario, 692, 702
    como dios de este mundo, 692
    como el diablo, 693
    como enemigo, 694
    como engañador, 464, 696-702, 744
    como espíritu, 691
    como espíritu mentiroso, 694
    como estrella caída del cielo, 694
    como gobernador de este mundo, 695
    como hombre fuerte, 694
    como león rugiente, 694
    como mentiroso, 695
    como padre de mentira, 695, 712
    como príncipe de este mundo de maldad, 332, 546
    como príncipe de la potestad del aire, 695
    como príncipe de los demonios, 695
    como rey, 696
    como siervo de Dios, 707-14
    como tentador, 696
    empodera al hombre de maldad, 482
    en el Antiguo Testamento, 697
    en el Nuevo Testamento, 697-98
    entró en Judas, 712
    gobierna por medio del anticristo, 454
    imita a Dios, 698-99
    juicio de, 718-21, 887,
    juicio eterno de, 721
    juicio tribulacional contra, 721
    maldición de, 720
    menoscaba la Biblia, 116
    no puede leer las mentes, 743
    poder de, 699
    sublevación final de, 930
    tentaciones de Jesús, 279-81
    victoria sobre, 718
Saucy, Robert, 764n5
Saúl, posesión demoníaca de, 732
Schaff, Philip, 392
Schleiermacher, Friedrich, 167
Schreiner, Thomas, 246, 626n136, 627n137
Scougal, Henry, 654
secularismo, 907
seguridad eterna, 658, 956
Seminario Master, declaración doctrinal, 353
sensacionalismo, 702
sensualismo, 702
Señor,
    ángel del, 200-01, 203-05, 246, 250, 734-738
    temor del, 262
seol, 864
septuagésima semana (Daniel), 400-01, 687, 689, 697, 714, 721, 854, 875, 887, 902, 912-17, 922
Septuaginta, 122, 130, 133, 304
serafín, 684
sobrio, 778, 790
Sermón del Monte, 95
serpiente, 256-58, 483-85, 696, 956
servicio, 388-97, 602, 809, 832
setenta semanas (Daniel), 912-17
Sharp, Granville, 208
Shedd, William G. T., 179n23, 242
Shemá, 200
shub, 604-05
siervo, 486
    sufriente, 319-22, 533, 927
sinergismo, 225, 591n94, 598, 956
Sínodo de Toledo (589 d.C.), 214
situacionalismo, 702
Smeaton, George, 575
Smith, Walter Chalmers, 146
Snaith, Norman H., 314n55, 318n64
Snow, Lorenzo, 417
soberanistas, 26
sociedad, conflicto en la, 468
socinianismo, 352-53, 620, 956
Sócrates, 425, 445
sodomía, 440
sola fide, 631-32, 635, 636
solidaridad corporativa, 567-68
solidaridad inexplicada (sobre la transmisión del pecado de Adán), postura de la, 470
sóma, 425, 430
soteriología, 37, 495-96, 956
Spafford, Horatio G., 934-36
Spinoza, Baruch, 153, 167
Sproul, R. C., 515n17
Spurgeon, Charles H., 244, 563, 755
Stone, Samuel J., 754
Storms, Sam, 860n7
Strong, A. H., 621
subordinación funcional, 212n58, 956
subordinación funcional eterna del Hijo al Padre, 212n58
subsistencias, 195
summum bonum, Dios como, 186
sumo sacerdote, 536, 537, 538, 539, 542, 563-65
suneídesis, 429
supersesionismo, 763, 875, 890
supervisores, 741, 763, 774-76, 952
supralapsarianismo, 516n18, 956
sustitución penal, 313-15, 533-46, 549, 948
sustituto, 319, 956

tabernáculo, 535, 542, 552
talón, 257
tártaro, 864-65
taxis, en el seno de la Trinidad, 196

teísmo, 956
teísmo abierto, 168, 174, 956
Tel Dan, estela, 104
templo, 323, 766, 895, 913, 914, 924, 932-33
teocentrismo, 228, 956
teodicea, 226-30, 482-84, 502-03, 956
    compatibilista, 229-30
    y la evangelización, 230
Teódoto el Curtidor, 275
teofanía, 246-47, 735, 956
teología
    apofática, 194
    bíblica, 35, 37-38, 956
    "de abajo", 148, 154, 166
    del reemplazo, 763, 890, 910-11
    dogmática, 35
    exegética, 35, 37-38
    histórica, 35, 956
    natural, 35, 957
    negativa, 194
    pastoral, 35
    práctica, 35
    propia, 37, 147-238, 957
    reformada, 957
    sistemática, 36-39, 957
        beneficios y limitaciones de la, 39-40
        y el ministerio, 64
        y la cosmovisión, 50-53
        y la doctrina, 40-42
        y la mente, 53-59
        y la teología espiritual, 370
        y la vida personal, 59-63
teología y doxología, 577
teólogos existenciales, 421
Tertuliano, 213, 276, 434
testigos de Jehová, 446
texto masorético, 125, 130
textos universalistas, 559, 560n62, 566-77
theópneustos, 80, 82
theós, 206-207
Ticonio, 904
tierra, como relativamente joven, 220
tierra joven, 26
tipo, 48, 957
toda tribu, lengua, pueblo y nación, bendiciones universales de, 451
Tooley, Michael, 442
Toon, Peter, 204
Toplady, Augustus, 561
Torre de Babel, 449, 453, 485
traducianismo (origen del alma), 434, 941, 957
tranquilidad, 188
transexualidad, 408, 435
transformación de la mente y de los afectos, 653
transubstanciación, 805
trascendencia, 161, 166, 172, 946, 957
tribulación, 667, 868, 922-24
    y el cielo planetario, 867-68
tricotomismo, 430-31, 957
Trinidad, 193-215, 351-57, 433, 957
    acciones y relaciones en el seno de la, 242
    como misterio, 197
    comunión personal con la, 419
    consejo eterno de la, 580
    en la iglesia antigua, 212-13
    igualdad esencial en el seno de la, 195
    ilustraciones de la, 197-98
    no hay rango ni jerarquía en el seno de la, 212
    obras eternas como indivisibles, 197
    orden en el seno de la, 196
    propiedades personales de la, 196, 245
    y el Mesías, 258
    y la creación, 218
    y la impecabilidad de Cristo, 279
    y la redención particular, 555, 557-58
    y la regeneración, 358
    y la revelación, 249-50
    y la sencillez de Dios, 168
tristeza, 606
    del mundo, 606
triteísmo, 194
trompetas, siete, 923
Trueman, Carl R., 554n57, 557n60, 560n63, 564n71
tsur, 163-64
TULIP, 594n98
Turretin, Francis, 35, 528
Tyndale, William, 160, 318

últimas cosas, 847, 850. *Véase también* escatología
ultimidad desigual, con respecto a la elección y la reprobación, 515-6
ultimidad equivalente, con respecto a la elección y la reprobación, 515-6
Unger, Merrill, 317
uniformismo, 703
unión con Cristo, 365, 472, 481, 615-22, 957
    como unión espiritual, 620
    como unión legal, 620
    como unión orgánica, 620
    como unión permanente, 620
    como unión vital, 620
    y la libertad del dominio del pecado, 647
unión hipostática, 270-74, 949
unitarianismo, 200, 213, 275, 352, 957
universalismo, 702, 865-66, 957
universalistas hipotéticos (expiación), 554n57, 555n59, 565n72, 566
universo, preservación del, 224, 954
"unos a otros", mandamientos de, 768, 809

Valentino, 276
Van Gemeren, Willem, 748
vanagloria de la vida, 279
varón y hembra, 435, 439
vasos de ira, 516, 517, 519-21, 557
vasos de misericordia, 515, 519, 520, 557
verbos divinos pasivos, 517n20

verdad, 99
vía de la acción, 166
vía de la causalidad, 165, 170
vía de la intuición, 166
vía del amor, 166
vía de la necesidad, 166
vía de la negación, 166, 170
vid y pámpanos, 619, 620, 766
vida cristiana, 233
    como carrera que se corre con resistencia, 655
vida eterna, 448, 486, 957
viejo hombre, 475-76, 957
visión beatífica, 184
vivificación, 657
volición, 400, 609, 612
voluntad, (volición), 37
von Leibniz, Gottfried Wilhelm, 153

Vos, Geerhardus, 606n111
Vulgata, 125, 133

Waltke, Bruce K., 317
Walvoord, John F., 271n24
Ware, Bruce, 217n67
Warfield, Benjamin B., 64, 86, 205, 634n147
Watson, Thomas, 34
Watts, Isaac, 406
Wells, David, 34
Wesley, Carlos, 336, 494, 648n165
Wolff, Hans Walter, 421

yelmo de la salvación, 716
"Yo soy", declaraciones de, 207, 294, 805
"Yo soy el que soy", 149, 159

Zuinglio, Ulrico, 805

Índice de versículos

Génesis, libro de 36, 45, 49, 51, 60, 87, 89, 96, 125, 129, 131, 132, 317, 341, 342, 355, 378, 396, 413, 414, 415, 438, 440, 465, 510, 680, 738, 864, 939; 1 43, 182, 220, 250, 293, 410, 412, 413, 414, 415, 870; 1–2 43, 103, 121, 129, 396, 410, 412, 413, 415, 422, 434, 455, 461, 855, 890; 1–3 718; 1–5 746, 747, 748; 1–11 414, 485; 1:1 105, 106, 108, 136, 147, 148, 156, 162, 175, 176, 218, 220, 397, 415, 500, 846; 1:1-2 258, 351; 1:1-31 220, 293; 1:1–2:3 160; 1:2 197, 201, 210, 218, 220, 342, 344, 351, 397, 427; 1:3 71, 89, 202, 413, 415, 582n89, 592; 1:3-31 220; 1:5 176, 218, 354, 413; 1:6 89, 202, 248, 415; 1:9 89, 202, 248, 415; 1:11 89, 202, 219, 248, 415; 1:11-12 245; 1:12 219; 1:14 89, 202, 248, 415; 1:14-17 867; 1:14-19 219; 1:20 89, 202, 248, 415; 1:20-25 219, 747; 1:21 219; 1:21-25 245; 1:22 202; 1:24 89, 202, 219, 248, 415; 1:25 219; 1:26 89, 162, 199, 205, 242, 248, 353, 356, 396, 397, 411, 415, 416, 418, 420, 425, 455, 949; 1:26-28 417, 420, 421, 448, 459, 486, 850, 860, 870, 880, 904, 910, 929, 933; 1:26-30 219, 220, 742; 1:26a 421; 1:26b-28 421; 1:27 199, 205, 219, 409, 416, 418, 419, 421, 435, 439,; 1:27-31 219; 1:28 420, 425, 434, 437, 455, 890; 1:28-29 89; 1:31 76, 219, 416, 425, 431, 435, 483, 690, 718, 742, 850, 932; 2 415, 435, 684; 2:1-2 434; 2:4 412; 2:4-25 160; 2:7 184, 219, 220, 413, 416, 424, 426, 427, 430, 433, 435, 447; 2:8 416; 2:15 455; 2:15-17 483, 855; 2:16-17 57, 76, 89, 704; 2:17 443, 466, 468, 693, 694, 743; 2:18 416, 419, 436; 2:18-25 220; 2:19-20 419; 2:21-22 435; 2:21-23 219, 413; 2:22 409, 435; 2:22-24 419; 2:23 425, 436; 2:23-24 91, 437, 469; 2:24 200, 219, 354, 436, 619; 2:25 409, 707; 3 43, 56, 227, 419, 455, 464, 483, 484, 684, 691, 695, 696, 704, 705, 706, 707, 718, 720, 870, 926, 933, 944; 3:1 461, 465, 696, 704, 719; 3:1-5 719; 3:1-6 279, 695, 697, 702; 3:1-7 56, 742; 3:1-24 76, 700; 3:2 719; 3:4 116, 693, 696, 705, 719; 3:4-5 705, 743; 3:5 462, 465, 466, 705; 3:6 462, 465, 706; 3:7 438, 466, 707; 3:8 149, 178, 465, 466, 542; 3:8-10 438; 3:9 76, 465, 707; 3:10 466; 3:10-11 707; 3:11 76; 3:12 466; 3:12-13 707; 3:13 466, 719; 3:13-14 696; 3:13-19 89; 3:14 256, 719; 3:15 253, 256, 257, 258, 267, 269, 304, 305, 414, 437, 483, 485, 697, 719, 720, 847, 876; 3:16 438, 468; 3:16a 467; 3:16b 468; 3:17 468, 483, 568, 880; 3:17-19 455, 850; 3:18-19a 468; 3:19 413, 469; 3:19b 468; 3:21 469; 3:22 162, 199, 353; 3:22-23 353; 3:22-24 542; 3:24 469, 681, 683, 684, 933; 4 96, 455; 4:1 437, 458, 485, 510; 4:1-2 413; 4:1-16 125; 4:7 468; 4:8 468, 469; 4:14 453; 4:15 453; 4:16-17 453; 4:17 510; 4:19 438; 4:20 455; 4:21 455; 4:22 455; 4:23 468; 4:23-24 453; 4:25 413, 510; 4:26 159; 5 267, 413, 443, 469, 485; 5:1 267, 411, 414, 416; 5:1-2 409, 416, 418; 5:1-3 413, 419; 5:3 413, 419, 434; 5:5 313, 414, 468, 469; 5:8 313, 469; 5:11 313, 469; 5:14 313, 469; 5:17 313, 469; 5:20 313, 469; 5:27 313, 469; 5:28-29 437, 458, 485; 5:29 159; 5:31 313, 469; 6 747; 6–8 221; 6:1-4 738, 746, 747, 748, 749; 6:2 438, 746, 865; 6:3 201, 342, 343, 349, 401, 425, 747; 6:4 746, 747; 6:5 428, 455, 485; 6:5-7 747; 6:5-13 890; 6:6 174; 6:7 416; 6:8 187, 890; 6:11-13 485; 6:12-13 425; 6:17 342, 427; 6:18 890; 7–8 485; 7:11-12 867; 8:1 427; 8:2 687; 8:20-21 890; 8:20–9:17 485, 890; 8:21 428; 8:21-22 871; 8:22 455, 890; 9:1 438, 444, 453, 456, 890; 9:2 891; 9:3-4 891; 9:5 891; 9:5-6 453; 9:6 418, 419, 438, 891; 9:7 438, 890; 9:9 890; 9:11 890; 9:12 890; 9:13 890; 9:15 890, 891; 9:15-17 425; 9:16 890; 9:17 890; 9:18-27 448; 9:19 448; 9:20 455; 9:20-23 438; 9:21 455; 9:22 439; 9:26 159; 9:26-27 160; 9:27 253; 10 449; 10–11 448, 449, 453, 850, 876; 10:2-5 449; 10:6-20 449; 10:10 43; 10:21-31 449; 11 199, 449, 455; 11:1-9 110, 449, 453, 485; 11:3-4 456; 11:4 449; 11:5 178; 11:5-7 353; 11:5-9 456; 11:7 162, 178, 199, 242, 248; 11:27–12:3 449; 11:32 313; 12 449, 876, 953; 12–50 414; 12:1-3 89, 891; 12:2 201; 12:2-3 485, 847, 850, 871, 876, 897; 12:3 253, 312, 449, 850, 879, 892, 896, 898; 12:6-7 871, 891; 12:7 178; 12:15-19 439; 13:14-17 891; 13:16 201; 14:18 736; 14:18-22 163; 14:19 178; 14:22 159, 178; 15 891; 15:1 178, 250, 891; 15:1-16 250; 15:1-21 89; 15:5 250, 686, 687, 891; 15:6 629, 633, 635, 892; 15:7-17 891; 15:9 204; 15:13-14 250; 15:17 250; 15:18 892; 15:18-21 892; 16:4 439; 16:7 201, 242, 680, 735; 16:7-13 246; 16:7-14 737; 16:10 201; 16:11-13 201, 736, 737; 16:13 201, 246; 17 892; 17:1 105, 162; 17:2 892; 17:5 892; 17:6 453, 892; 17:7 892; 17:8 892; 17:10-14 892; 17:14 425; 17:19 253; 17:19-21 506; 18 684; 18:1 178; 18:1-3 740; 18:1–19:22 684; 18:2 682, 683; 18:12 163; 18:14 182, 183; 18:17 258,; 18:18 253; 18:19 506, 510; 18:20-33 440; 18:22-23 258; 18:23-32 174; 19 97, 439, 440; 19:1 689, 748; 19:1-2 740; 19:1-26 688; 19:5 440, 510; 19:7 440; 19:8 440, 510; 19:10-11 440; 19:12-13 689; 19:15 748; 19:23-29 440; 19:24 258; 19:36 439; 20:2 485; 20:6 461; 21:12 253, 506; 21:17 201, 735, 737; 21:19-20 201; 21:33 162, 163; 22 227; 22:1-14 191, 315, 635; 22:8 223; 22:9-18 736, 737; 22:11 201; 22:11-13 201; 22:11-18 737; 22:14 161, 201, 223; 22:15-17 201; 22:15-18 892; 22:17 892; 22:18 253, 449, 485, 850, 876, 877, 879, 892, 896; 23:2 313, 444; 23:6 163; 24:7 735, 737; 24:16 268, 510; 24:18 163; 24:40 735, 737; 24:43 268; 25:8 444; 25:17 444; 25:21-22 442; 26:4 253; 28:1-17 684;

28:3-4 162; 28:12 682, 748; 28:14 253; 29:14 425; 30:1 438; 31:11 201; 31:11-13 737; 31:13 162, 201; 31:15 627n137; 31:35 163; 32:1 748; 32:1-2 684; 32:3 680, 735; 32:5 162; 32:6 680, 735; 32:22-32 737; 32:24-30 736, 738; 34:2 439; 35:11 162; 35:16-18 438; 35:18 426, 854; 35:19 313; 37–50 51; 37:13-17 456; 37:35 604; 38:12 604; 38:15 439; 38:26 510; 39:7 439; 40:1 163; 40:1-2 456; 40:10 204; 40:16 204; 41:8 427; 41:38 375; 41:53-57 456; 42:10 163; 43:14 162; 44:7 163; 45:5-8 217, 224, 225, 501, 502; 45:8 215; 45:8-9 163; 46:3 162; 47:18 424; 48:3-4 162; 48:13-20 780; 48:15-16 201, 204, 736, 737; 48:16 259, 736, 738; 49:8-10 449; 49:8-12 876; 49:10 253, 269, 310, 876; 49:25 162; 50:1 444, 855; 50:3 855; 50:19-20 216, 225; 50:20 192, 215, 217, 225, 501, 502, 707; 50:26 313

Éxodo, libro de 87, 119, 317, 342, 375, 538, 939; 1–2 87; 1:7 453; 1:11 456; 2–14 51; 2:8 268; 2:23–25 496; 3 87, 391; 3–14 76; 3:1-7 737; 3:1-10 735; 3:1-12 250; 3:1–4:23 89; 3:2 201, 250, 259; 3:2-4 246; 3:2-5 736; 3:2-6 201, 346, 736, 737; 3:3-4 149; 3:4 201, 247; 3:5 736, 737; 3:6 95; 3:7-8 178, 496; 3:9 496; 3:13 159; 3:13-14 264; 3:13-15 159; 3:14 149, 159, 168, 173, 174, 175, 294, 610, 736; 3:14-15 160; 3:15 89, 159; 3:15-16 160; 3:16 496; 3:18 204; 4 391; 4:3-4 819; 4:8-9 221; 4:11-12 89, 224; 4:14 174; 4:19 426; 4:21 191, 519; 4:22 89; 4:30 819; 4:30-31 391; 6:1-9 496; 6:3 159, 160; 6:26 160; 7:3 428; 7:3-5 191; 7:4 161; 7:10 819; 7:11-12 744; 7:12 819; 7:13 428; 7:22 744; 8:7 744; 8:18-19 391, 744; 8:19 519; 8:22 919; 9:4 919; 9:7 519; 9:16 101, 496; 9:26 919; 10:1 225, 519; 10:13 342; 10:16 461; 10:20 225; 10:23 919; 11:7 919; 11:10 519; 12 315, 536; 12:1-14 803; 12:3 315; 12:4 314; 12:5 531; 12:12 315, 317; 12:12-13 317; 12:13 315, 536; 12:21 774; 12:23 315, 737; 12:24 537; 12:27 315, 537; 12:30 315; 12:36 456; 12:38 449; 12:41 161; 12:46 253; 13:2 253; 13:21 346; 13:21-22 736; 14:4 496, 519; 14:8 519; 14:13 291; 14:17-18 496; 14:19 736; 14:19-20 736, 737; 14:26-30 391; 14:31 391; 15:11 188, 221; 15:13 187; 15:16 187; 15:22-26 161; 15:26 161; 16:7 193; 16:10 193; 17:2-7 711; 17:5-6 819; 17:14 88, 90; 17:15 161; 18:21-22 774; 19 149, 246; 19:3 88, 894; 19:4 187; 19:5-6 893; 19:6 331, 449, 453, 485, 871, 877; 19:6-7 88; 19:7 774; 19:9 178; 19:11 178, 204; 19:17 756; 19:18 178; 19:20 178; 20:1 88; 20:1-5 739; 20:1-17 893; 20:2-3 462; 20:3-5 807; 20:5 190; 20:6 187; 20:8-11 220, 411; 20:9 412; 20:11 156, 220; 20:12 309; 20:14 439; 20:24 178; 21–23 893; 21:4-8 163; 21:22-25 443; 22:19 439; 22:21 449; 23:7 626; 23:14 204; 23:16 362; 23:20-21 201; 23:20-23 201, 736, 737; 23:21 201, 736; 23:23 735; 24:1-8 893; 24:3 124, 354; 24:4 83, 88; 24:16 193; 24:17 193; 25–26 398; 25–31 893; 25:8 178; 25:18-22 683; 25:22 538; 26:6 354; 26:31-35 766; 28:3 427; 29:42-43 313; 29:43 193; 29:45 378; 30:6 538; 30:11-16 539; 30:12-16 319; 30:36 313; 31 456; 31:1-3 348; 31:2-3 378; 31:2-6 456; 31:3 376, 378; 31:13 161; 31:15-17 220; 31:16-17 893; 31:17 220; 31:18 119; 32 222, 456; 32:1-10 739; 32:7-14 497; 32:10 539; 32:10-14 174; 32:12 174; 32:14 174; 32:19 119; 32:30 539; 32:34 201, 736; 33:2 736; 33:11 98; 33:12 187, 507, 510; 33:14 736; 33:17 187, 507, 510; 33:18 232, 656; 33:18-23 193; 33:19 227, 514; 33:20 150, 184; 34:1-2 120; 34:5-7 656; 34:6 136, 185, 187, 188; 34:6-7 187, 308; 34:7 174, 530, 541; 34:9 187; 34:14 190, 550, 739; 34:22 361; 34:27 77, 80, 88, 89, 894; 34:27-28 120; 35:5 428; 35:30-31 376; 35:31-35 379; 37:8 683; 39:30 61; 40:12-15 346; 40:34 193; 40:34-35 178; 40:34-38 535

Levítico, libro de 43, 87, 315, 318, 342, 441, 535, 553, 939; 1:1 83; 1:2-3 313; 1:3 313, 531; 1:3-4 535; 1:3-17 316; 1:4 780; 1:5 564; 1:9 314; 1:10 531; 1:11 564; 1:14 346; 2:1 313; 2:1-16 316; 2:8 314; 2:13 314; 3:1 531; 3:1-17 316; 3:2 564; 3:2-13 780; 3:6 531; 3:8 564; 3:13 564; 4:1 83; 4:1–5:13 316; 4:4-33 780; 4:6-7 564; 4:12 538; 4:17-18 564; 4:20 314, 539, 553, 560; 4:21 538; 4:25 564; 4:26 539, 553, 560; 4:30 564; 4:31 539, 553, 560; 4:34 564; 4:35 553, 560; 5:1 536; 5:7 346; 5:9 564; 5:10 553, 560; 5:13 553, 560; 5:14–6:7 316; 5:15-19 321; 5:16 553, 560; 5:17 536; 5:18 553, 560; 6:1 83; 6:1-5 321; 6:6 314; 6:7 553, 560; 6:8 83; 6:8-13 316; 6:11 538; 6:14-23 316; 6:24 83; 6:24-30 316; 7:1-10 316; 7:2 564; 7:11-36 316; 7:18 536; 7:20-27 536; 7:34-35 314; 8:14 780; 8:17 538; 8:18 780; 8:22 780; 9:6 193; 9:11 538; 9:23 193; 9:24 193, 346; 10:1-20 318; 11:44 189, 650; 12:7-8 560; 12:8 553; 13:46 538; 14:18-20 539; 14:20 553, 560; 14:29-31 539; 14:53 553, 560; 15:19-30 539; 16 315, 317, 319, 947; 16:2 150, 538; 16:5 318; 16:8-10 318, 536; 16:9 563; 16:15 563, 628; 16:15-19 536; 16:16 539; 16:17 536; 16:18-19 539, 563; 16:21 628, 780; 16:21-22 318, 536; 16:22 318; 16:24 318, 536; 16:27 538; 16:29-34 318; 16:30 539; 16:32 553; 16:32-34 536; 17:4 536; 17:6 564; 17:7 723; 17:8 313; 17:9 536; 17:10 536; 17:11 314, 319, 425, 426, 536; 17:14 536; 17:16 536; 18 441; 18:22 439, 440, 441; 18:23 439; 18:26 441; 18:27 441; 18:29 441, 536; 18:30 441; 19:2 189, 368; 19:8 536; 19:20-22 321; 19:22 539, 553, 560; 19:23 204; 19:34 450; 20 441; 20:3-6 536; 20:10 439; 20:10-16 894; 20:13 439, 441; 20:15-16 439; 20:17 536; 20:17-18 536; 20:19 536; 20:26 189; 20:27 723; 22:3 536; 22:16 536; 22:18 313; 22:18-25 531; 22:20-21 531; 22:25 313; 22:32 189; 22:32-33 317; 23 316; 23:15-17 362; 23:29 536; 24:10-23 313; 24:14 538; 24:23 538; 25 912; 25:47-55 544; 26:12 378

Números, libro de 87, 342, 939; 1:1 83; 1:53 319; 2:1 83; 6:24-27 204; 6:27 204; 8:19 319; 9:12 253; 10:10 868; 11:1 174; 11:10 174; 11:16 296, 774; 11:16-17 774; 11:17 344, 376; 11:25 376;

11:26 379; 11:29 343, 379; 12:1 449; 13:23 354; 13:33 747; 14:10 193; 14:18 174, 188; 14:22 221; 14:22-24 140; 14:41 461; 15:14-16 313; 15:30 313; 15:35 303; 16: 540; 16:5-7 505; 16:19 193; 16:45 540; 16:46 540; 16:46-50 819; 16:47-48 540; 16:48-49 540; 18:22-23 319; 19:12 204; 19:17-19 596; 20:16 201, 737; 21:6-9 529; 21:8-9 253; 21:9 612; 22:22-35 737; 22:23-41 204; 22:28-30 720; 22:31 682; 22:35 736; 23:5 736; 23:19 136, 174, 182, 185; 24:2 376, 379; 24:16 163; 24:17 312; 24:17-19 253; 25 539, 895; 25:3 540; 25:4 540; 25:7-8 540; 25:8 540; 25:8-9 540; 25:10-13 895; 25:11 319; 25:11-13 540; 25:13 895; 27:12-14 87; 27:18 375; 27:18-23 780; 28:14 868; 31:19 204; 33:55 713; 35:29-34 539; 35:30 810; 35:31-33 319

Deuteronomio, libro de 45, 87, 125, 342, 441, 711, 722, 939; 1:13-17 774; 1:37 87; 2:30 519; 3:23-25 77; 3:23-26 80, 87; 4:1-2 106; 4:2 79, 111, 119, 128, 136; 4:5-6 449, 485, 877; 4:6-8 185; 4:8 189; 4:12 150, 184; 4:15 150, 184; 4:19 683, 724; 4:24 190; 4:30 922; 4:31 185, 187; 4:34 221; 4:35 178; 4:37 186, 187, 505; 5:4 76; 5:9 190; 5:10 187; 5:23-27 259; 5:24 193; 5:26 163; 6:2 262; 6:4 107, 178, 195, 200, 205, 353, 354; 6:4-25 157; 6:6-7 107; 6:13 91, 739; 6:13-14 711; 6:15 190; 6:16 91, 711; 6:22 221; 6:24-25 157; 7:6-7 505; 7:6-8 510, 512; 7:6-9 879; 7:7 508, 527; 7:7-8 187; 7:8 186, 508; 7:9 160, 162, 185, 189; 7:12-13 189; 7:13 186; 7:25 441; 8:2 711; 8:3 73, 76, 91, 134, 140, 202, 223, 711; 8:6 262; 8:14 187; 8:17-18 187; 8:18 225; 9:5 187; 9:27 187; 10:12 262; 10:14 178, 687; 10:15 186, 505; 10:17 105, 173, 253; 10:20 91; 11:11 687; 11:16 739; 12:11 178; 12:31 441; 12:32 79, 89, 111, 119, 124, 128, 136; 13:1-5 89, 93, 124, 128, 391, 702, 772, 829; 13:13 693; 13:17 174; 14:1 747; 17:1 441; 17:2-3 724; 17:4 441; 17:6 92, 810; 17:15 505; 17:18-20 121; 18 259; 18:1-5 505; 18:9-14 441; 18:10-12 723; 18:15 253; 18:15-18 284; 18:15-22 89, 259, 287; 18:18 73; 18:18-19 253; 18:20-22 93, 772, 822, 829; 18:21-22 391; 19:6 428; 19:15 92, 810; 19:16-19 296; 21:1-9 319; 21:5 505; 21:22-23 303; 21:23 253, 531; 22:5 435; 23:5 186; 24:1-4 91; 24:16 474; 25:1 626; 25:4 83, 102; 26:15 178; 27–28 545; 27:1 774; 27:15 441; 27:21 439; 27:26 545; 28–29 893; 29:18-20 190; 29:29 40, 107, 150, 399; 30:1-6 898; 30:2 604; 30:6 593, 597; 30:17 739; 31:24-26 90, 124; 31:24-29 83; 31:26 124; 32:2 40; 32:3-4 164; 32:4 136, 163, 183, 185; 32:6 164, 576; 32:8 158, 163; 32:15 163, 185; 32:16 190; 32:17 723, 729, 742; 32:18 163, 185; 32:21 179, 185, 190; 32:30 185; 32:30-31 163; 32:37 185; 32:39 173, 178; 32:40 175; 32:47 202; 33:2 178, 687; 33:2-3 683; 33:3 187; 33:27 149; 34:5-12 124; 34:9 376, 379, 780; 34:10 98; 34:10-12 76

Josué, libro de 45, 939; 1:8 57, 124, 135; 1:8-9 89; 3:5 291; 3:10 162, 163; 3:13 173; 5:13-15 258, 736, 737; 5:14-15 263; 5:15 736; 7 473; 7:9 173, 644; 7:13 89; 7:19 232; 7:24-25 473; 9:4 704; 10:12-13 115; 10:12-14 819; 11:6 224; 11:20 191, 519; 23:8 436; 23:13 713; 24:2 89; 24:14 317; 24:19 162, 189, 190; 24:27 89

Jueces, libro de 122, 247, 342, 722, 738, 939; 2:1-4 737; 2:20 461; 3:10 344, 376; 3:25 163; 5:4 178; 6:7-18 89; 6:11 201; 6:11-16 736; 6:11-18 250, 737; 6:11-23 247; 6:11-24 740; 6:14 161, 201, 247; 6:16 201; 6:20-21 201; 6:21 201; 6:22-23 201; 6:23 201; 6:24 161; 6:34 376; 9 708; 9:1-22 708; 9:23 722, 723, 729; 9:23-24 727; 9:56-57 727, 708, 729; 11:29 376; 11:39 510; 13:2-22 737; 13:3 201; 13:6-20 740; 13:16 201; 13:17-18 736, 737; 13:18 264; 13:19-22 201; 13:20 736; 13:21-22 201; 13:21-23 736; 13:22-23 201; 13:25 348, 381; 14:6 376; 14:19 376; 15:14 376; 15:19 427; 16:20 381; 19:1-30 604; 19:22 693; 19:25 510; 20:16 461; 21:6 604; 21:11-12 510; 21:15 604

Rut, libro de 43, 122, 342, 939; 1:20-21 162; 2:13 163

1 Samuel, libro de 122, 123, 342, 722, 939; 1:8 428; 1:9-19 223; 1:15 427; 1:19 510; 1:19-20 223; 2:2 188, 758; 2:6 444; 2:12 693; 2:25 191, 501, 519; 2:27 89; 2:27-28 505; 3:1 656; 3:21 89, 656; 4:4 149, 178; 4:21 234; 7:3 604; 8:20 741; 10:10 376; 10:18 89; 10:24 505; 10:25 124; 11:3 774; 11:6 376; 12:22 173, 644; 13:1 120; 15:2 89; 15:11 174; 15:22 315; 15:22-23 313; 15:29 136, 174, 175, 182, 185; 15:35 174; 16 708, 732; 16:4 774; 16:13 346, 376; 16:14 342, 378, 381, 427, 708; 16:14-15 729, 732; 16:14-16 708, 722, 723; 16:14-23 727, 731; 16:16 732; 16:23 708, 722, 723, 732; 17:26 163; 17:26-49 708; 17:36 163; 17:45 161, 683; 18 732; 18:10 708, 722, 723, 727, 729, 731, 732; 19 732; 19:9 708, 722, 723, 727, 729, 731, 732; 19:20 376, 797; 19:23 376; 21:6 91; 22:12 163; 23:10-13 180; 24:5 428; 24:6 732; 24:10 732; 25:31 429; 26:9 732; 26:11 732; 26:16 732; 26:23 732; 28:19 732; 31:10 425; 31:12 425

2 Samuel, libro de 122, 123, 342, 939; 1:14 732; 1:16 732; 2:6 185; 2:11 708; 5:1 425; 5:4-5 708; 6:2 178; 7 896, 953; 7:9 896; 7:10 896; 7:10-11 896; 7:10-17 401; 7:11 896; 7:11-13 870; 7:12 896; 7:12-13 253, 254; 7:12-16 331, 383, 871, 892, 896, 897; 7:12-19 454, 871; 7:13 896; 7:13-16 260; 7:14-15 896; 7:16 253, 254, 896; 7:18-19 896; 7:19 896, 898; 7:25-26 253, 254; 7:28 185; 7:29 254; 8:11 420; 11–12 709; 11:11 163; 12:7 89; 12:10-12 643; 12:11 89; 12:13 606; 12:14 703; 13 709; 14–18 709; 14:20 681; 15:20 185; 16:10 191; 16:10-11 225; 16:11 225; 20 709; 22:3 163; 22:7 178; 22:14-15 163; 22:31 76, 183; 23:1-2 124; 23:2 81, 85, 89, 93, 250, 348, 398, 797; 23:3 163, 189; 24 709; 24:1 230, 501, 502, 709; 24:10 230; 24:10-17 688; 24:14 187; 24:16-17 737

1 Reyes, libro de 342, 680, 939; 3:5 89; 3:8 505; 3:9 429; 3:12 59, 428; 4:29-34 59; 7–8 457; 7:14 379; 7:40 379; 7:45 379; 8–10 454, 871, 877; 8:10-11 149, 178, 193; 8:11 193; 8:27 157, 178, 687, 868; 8:31-32 626; 8:32 178, 189; 8:35 604, 687; 8:39 179; 8:46 477, 651; 8:48 604; 10:1-10 877; 10:1-13 454; 10:4-5 457; 10:23-25 454, 871; 10:24 877; 11 454, 485, 871, 877; 11:31 89; 12:24 89; 13:1-2 89; 13:21 89; 14:3-7 89; 14:5 89; 14:22 190; 16:24 163; 17–19 51; 17:8-16 391; 17:9-24 819; 17:17-18 391; 17:24 391; 18:7 163; 18:12 375; 18:30-40 391; 18:41-45 819; 19 222; 19:4-8 737; 19:5 684; 20:13 89; 21:13 693; 21:17-19 709; 21:17-26 694; 22 708; 22:1-40 697; 22:6 708; 22:19 88, 686, 687, 724; 22:19-23 699, 729; 22:21-22 691; 22:21-23 691, 694, 708; 22:22-23 681, 694, 695, 723, 727, 731; 22:23 225; 22:37-38 694, 709

2 Reyes, libro de 342, 939; 1:2-3 692; 1:3-4 737; 1:10-12 819; 1:15-16 737; 2:3 163; 2:8 819; 2:11 682; 2:14 819; 2:16 376; 4:1-7 819; 4:16 163; 4:18-41 819; 5:1-19 819; 5:14-15 391; 6:6 819; 6:15-17 682; 6:17 682, 739, 819; 13:16 780; 13:19 180; 17:13 604; 17:16 724; 18:4 132; 19:4 163; 19:15 175; 19:16 163; 19:31 190; 19:35 686, 737; 20:1-11 191; 20:16 88; 21:3 724; 21:5 724; 22:8-10 120; 23:4-5 724; 23:10 863, 948; 23:24 124; 23:25 604; 24:13 457

1 Crónicas, libro de 342, 940; 1:1 414; 5:21 115; 6:50-53 895; 12:18 376; 15:2 505; 16:10 232; 16:26-29 193; 16:34 186; 17:11-14 253; 17:21 197; 17:23-27 253; 21 691, 709; 21:1 230, 502, 697, 703, 709; 21:1-8 701; 21:2 709; 21:3 709; 21:15-18 737; 21:27 737; 24:4 296; 28:4-6 505; 29:1 505; 29:10-11 261; 29:11-12 699; 29:16 644

2 Crónicas, libro de 342, 680, 940; 2:6 178; 2:11 186; 5:13 186; 6:14-15 189; 6:23 189; 7:14 607, 657; 12:6 189; 12:12 174; 13:5 953; 15:1 376; 16:9 179; 18 708; 18:1-34 697; 18:18 686, 687; 18:18-22 699, 727; 18:20-21 691; 18:20-22 691, 694; 18:21-22 694, 695; 18:22 723; 19:9 262; 20:6 104; 20:14 376; 21:7 253; 24:20 376; 24:20-22 125; 30:8 174; 30:9 187; 30:27 188, 687; 32:8 425; 32:21 680, 735, 737; 33:13 223; 34:14-16 120

Esdras, libro de 940; 3:2 710; 5:2 710; 6:22 225; 7:10 140; 9:4 88; 9:15 189; 10:3 88

Nehemías, libro de 342, 940; 1–2 51; 1:5 185; 2:1-8 913; 3:5 163; 8:5-6 109, 140; 8:8 776; 9:6 410, 683, 684, 686, 694, 697, 722, 724; 9:7 506; 9:8 189; 9:10 221; 9:13 314; 9:17 187, 188; 9:19 187; 9:20 398; 9:25 385; 9:26-30 189; 9:30 348, 349, 398; 9:37 424; 13:5 314

Ester, libro de 45, 342, 680, 940

Job, libro de 45, 227, 323, 342, 396, 680, 710, 714, 939; 1–2 279, 691, 693, 697, 699, 708, 743; 1:1–2:10 56; 1:1-2:13 703; 1:6 681, 683, 688, 691, 719, 722, 748; 1:6-12 699; 1:7 691, 699; 1:9-11 710; 1:12 225, 708, 744; 1:13-19 708; 2:1 681, 683, 688, 691, 719, 722, 748; 2:1-6 699; 2:2 691; 2:4-5 710; 2:6 225, 708, 744; 2:7-8 708; 2:9-10 708; 3:3 442; 5:1 683; 5:17 162; 6:4 162; 7:11 431; 8:10 428; 9:2 258; 9:2-13 191; 9:4 185; 9:15 626; 9:18 427; 9:20 627; 9:30-31 259; 9:32-33 259; 9:33 780; 9:37-38 ; 10:8-11 442; 10:9 191; 10:12 342; 11:4 40; 11:7-8 150; 11:7-9 180; 11:7-12 40; 11:10 191; 12:10 218, 444, 498; 12:13 185; 12:23 223; 14:5 180, 215, 501; 14:10 444; 15:15 683; 16:19 259, 329; 16:21 259; 18:14 443; 19:12 682; 19:13-19 669; 19:25 259; 19:25-26 447, 861; 19:25-27 253, 269, 323, 669; 19:26 184, 425; 20:3 427; 21:20 162; 22:2-3 173; 22:23 604; 23:12 140, 798; 23:13-14 216; 25:3 682; 26:6 692; 26:7 115; 26:13 197, 201, 210, 218, 351, 396; 26:14 150, 193; 27:3 427; 27:6 428; 28:3 150; 28:12-28 202; 28:22 692; 31:12 692; 32:8 197, 427; 33:4 184, 197, 218, 351, 396; 33:6 191; 33:13 190; 33:23 259; 33:24 259; 33:23-28 258; 33:24-28 259; 33:25 259; 33:27 259; 33:28 259; 33:33 259; 34:10 189; 34:13 104; 34:14-15 197, 201, 224; 34:15 425; 36:26 150, 175; 37:1-13 223; 37:5b 150; 37:6-11 501; 37:12-13 501; 37–38 185; 38–41 227; 38:1–39:30 40; 38:4-7 687, 691, 722; 38:7 681, 683, 684, 686, 688, 694, 697, 740, 741, 748; 38:17 760; 41:11 189; 42:2 182, 501, 570, 658; 42:3 606; 42:6 604, 606; 42:10 708; 42:11 191

Salmos, libro de 80, 85, 90, 94, 124, 251, 252, 342, 680, 722, 939; 1:1-3 794; 1:2 57; 1:2-3 655, 776; 1:3 62; 1:3-6 383; 1:6 511; 2 244, 245, 258, 262, 331, 459; 2:1-2 398; 2:1-3 258; 2:1-12 252, 253; 2:2 200, 269; 2:4 868; 2:4-6 258, 870; 2:6-7 200; 2:7 210, 211, 244, 245, 278; 2:7-8 525; 2:7-9 258; 2:9 486; 2:8-10 331; 2:10-12 258; 4:1 807; 4:8 223; 5:4 230; 5:5 189; 5:7 188; 5:12 223; 7:9 179; 7:11 189; 7:12-13 223; 8 182; 8:3 182, 687; 8:3-8 220, 252; 8:3-9 332, 871; 8:4 332, 408; 8:4-8 420, 458, 468; 8:5 683; 8:6 566, 880; 9:1 428; 9:2-5 163; 9:4 189; 9:13 760; 10:4 148; 10:16 870; 11:4 178; 11:5 178; 11:6 223; 11:7 178, 186, 626n136; 12:6 72, 73, 722; 14 136; 14:1 148, 743; 14:3 477; 15:2 836; 16:3 647; 16:8-10 253; 16:8-11 252; 16:9 425; 16:10 323, 324; 17:15 184; 18 182; 18:2 163, 758; 18:2-3 185; 18:25-26 174; 18:30 76; 18:31 163, 178, 758; 18:35 716; 18:46 163; 19 72, 182; 19:1 74, 411; 19:1-4 868; 19:1-6 74, 160; 19:1-7 184; 19:2 74; 19:3-4 74; 19:7 93, 109; 19:7-9 76; 19:7-11 76, 107, 655; 19:7-14 74, 107n13, 160; 19:9 93, 185; 19:10 73, 140; 19:14 163; 20:1 807; 21:5 233; 21:7 163; 22 262, 304, 306, 309; 22:1 306, 309; 22:1-31 252; 22:3 188; 22:6-8 306; 22:7-8 253; 22:8 305; 22:12-13 306; 22:14 305; 22:14-15 306; 22:15 306; 22:16 253, 257, 304, 306; 22:18 253, 306; 22:19-21 306; 22:26 428; 22:28 223, 501, 870;

22:28-29 226; 22:31 306, 311; 23 80, 85, 161, 248; 23:1 161, 264; 23:2 80; 23:4 85; 23:6 248; 24 182, 262, 323; 24:1 103, 585, 870; 24:6 657; 24:7-10 231, 323; 24:10 161, 264; 25:10 136, 185; 25:11 173; 27:4 57, 593, 657, 807; 27:8 657; 27:12 253; 28:1 163; 29 182; 29:1 683; 29:2 189, 767; 29:3 193; 29:10 870; 31:2-3 163; 31:3 173; 31:5 136, 253, 342, 427; 31:6 185, 739; 31:15 180; 32 80, 628; 32:1-2 359; 32:1-7 703; 32:5 807; 33 182; 33:4 185; 33:5 186, 498; 33:5-6 184; 33:6 201, 202, 210, 218, 220, 248, 396, 411, 582n89, 592, 683, 724; 33:9 202, 218, 411; 33:10 500; 33:10-11 173, 658; 33:11 173, 191, 216, 500; 33:13 178; 33:16-17 709; 33:21 644; 34:7 689, 736, 738; 34:8 186, 498, 664; 34:9 647; 34:20 253; 35:5-6 689, 736; 35:11 253; 35:19 253; 36:5 185; 37:23-24 703; 37:28 186; 38:11 253; 39:4 215; 39:4-5 180; 40:6-8 252, 253, 271; 40:8 593, 602; 40:11 185; 41:9 252, 253, 398; 42:1-2 593, 807; 42:2 162, 163; 42:9 163; 43:2-3 185; 43:4 162; 44:1-4 807; 45 262; 45:6-7 199, 200, 252, 253; 45:7 186; 47 226; 47:2-4 163; 48:1 188; 49 317; 49:5-9 313; 49:7-9 317, 319, 320; 49:14-15 317; 49:15 254, 317; 50:2 498; 50:5 314; 50:7-15 315; 50:9-12 157; 50:16 314; 50:16-21 178; 51 80; 51:1-2 187, 606; 51:3-4 606; 51:4 463; 51:5 106, 268, 470, 578, 854; 51:10 427; 51:11 343, 350, 369, 378, 381, 427; 51:12 606; 51:15-19 313; 51:17 606; 51:19 178; 52:1 498; 53 136; 53:1 148, 743; 54:7 185; 55:12-14 254; 57:2-3 163; 57:3 185; 57:10 187; 58:11 189; 59:13 870; 62:2 163; 62:6-7 163; 62:11 104, 182; 63:1 425; 63:1-2 807; 63:6 57; 63:8 223; 65:2 223; 66:7 223; 68:6 200; 68:14 162; 68:16 209; 68:17 682, 687; 68:18 209, 252, 254; 68:20 162; 69:4 254; 69:5 180; 69:9 254; 69:19-21 303; 69:20-21 252; 69:21 254, 310; 69:25 252, 398; 71:3 163; 71:8 232; 71:22 185, 188; 72 262, 906; 72:1-19 254; 72:2 189; 72:4 331; 72:6-17 252; 72:16 331; 72:18-19 234; 73 229; 73:15 747; 75:6-7 223; 76:10 225; 77:11 221; 77:14 162; 78 174; 78:1-2 252; 78:2 254; 78:15 252; 78:29 216; 78:35 163; 78:39 425; 78:41 349; 78:49 724; 78:58-59 190; 78:68 186; 79:1-7 190; 79:9 173; 81:12-16 180; 81:13 587; 82 94, 697; 82:6 94, 693, 697, 749; 82:6-8 163; 83:16-18 163; 84:1-2 807; 84:2 162, 163; 85:13 189; 86:5 187; 86:9 233; 86:15 187, 188; 88:3 864; 88:11 692; 89:3-4 254, 896; 89:3-37 252; 89:5 683, 688; 89:6 683; 89:7 683, 688; 89:8 683; 89:11 106; 89:18 188; 89:19 254; 89:26 163, 164; 89:27-29 254, 870; 89:33 185; 89:35-37 254; 90:1-2 184; 90:1-4 176; 90:2 106, 149, 163, 173, 175, 699; 90:4 175; 90:10 469; 91 91; 91:1 162, 163; 91:6 723; 91:9 163; 91:9-12 163; 91:11 739; 91:11-12 689, 711; 91:14 511; 92:1 163; 92:15 106, 163; 93:2 163, 175; 94:21 627; 94:22 163; 95:1 163; 95:6 767; 95:7-11 209, 398; 95:8-11 350; 96:5 179, 185, 723; 96:6 193; 96:7 182; 96:13 185; 97:7 185, 739; 97:9 163; 97:12 188; 98:1 53, 188, 189; 99:3 188; 99:4 189; 99:5 188, 767; 99:9 61, 188, 189, 767; 100:3 416; 102 208, 931; 102:16 254; 102:24-27 254; 102:25-26 931; 102:25-27 174, 208, 252, 243, 263; 102:26-27 175; 102:27 699; 103:1 188; 103:8 187; 103:8-9 188; 103:11 183; 103:12 318; 103:13 187, 642; 103:17 163; 103:17-19 226; 103:19 223, 868, 870; 103:20 683, 688; 103:20-21 688; 103:21 683, 686; 104 106, 182; 104:1-5 193; 104:1-34 185; 104:4 683; 104:7 202; 104:14 223, 501, 654; 104:14-15 498; 104:21 223; 104:24 180; 104:27 501; 104:28 223; 104:29 224; 104:30 184, 197, 201, 218, 396; 105:3 188, 189; 105:4 657; 105:21 163; 106:1 186, 498; 106:8 173, 496; 106:9 202; 106:15 216; 106:30-31 319; 106:31 627n137; 106:33 427; 106:37 723, 729; 106:37-38 742; 106:40 174; 106:47 189; 107:1 186; 107:8 498; 107:18 760; 107:20 202; 108:7 189; 109:4 254, 692; 109:6 692, 710; 109:6-19 252; 109:7-8 254; 109:8 398; 109:20 692; 109:21 173; 109:28 692; 110 93, 97, 260, 262, 927; 110:1 90, 95, 199, 200, 207, 264, 298, 324, 325, 398; 110:1-2 459, 869, 873, 927; 110:1-7 252, 254; 110:2 420, 870; 110:4 331, 736; 111:4 187, 193; 111:7 185; 111:9 189; 111:10 262; 112:4 187; 113–118 804; 113:4 193; 115:3 173, 178, 182, 190, 191, 500, 501, 509, 570, 658; 115:4-8 185; 115:16 178, 417; 116:5 187, 189; 118:1 186; 118:22-23 252, 254; 118:26 254; 119 57, 72, 88, 399; 119:7 189; 119:12 399; 119:15 57; 119:16 57; 119:18 54, 139, 399, 798; 119:23 57; 119:25 202; 119:26 399; 119:27 57, 399; 119:33 399; 119:33-34 54; 119:34 399; 119:37 655; 119:43 78, 93, 174; 119:44-45 57; 119:47-48 57; 119:48 57; 119:62 189, 314; 119:64 399; 119:66 399; 119:68 399, 498; 119:71 655; 119:73 399; 119:75 189; 119:78 57; 119:86 185; 119:89 76, 108, 112, 117, 702; 119:89-91 215; 119:93 57; 119:97 57, 602; 119:99 57; 119:102 54; 119:105 73, 107, 202, 655; 119:106 189; 119:108 399; 119:124 399; 119:125 399; 119:127 73; 119:130 54, 399; 119:135 399; 119:140 72, 76; 119:142 108, 136, 185; 119:144 399; 119:148 57; 119:151 108, 136, 185; 119:152 118; 119:160 78, 93, 108, 111, 112, 117, 136, 722; 119:169 399; 119:176 57; 121:3 223; 123:1 687; 129:4 189; 132:11 254; 132:12-18 252; 135:5 106, 699; 135:6 190, 223, 500, 501, 509, 570; 135:17 427; 136:1 186; 136:5 180; 136:26 162; 138:2 93; 138:8 174; 139 180; 139:1-3 180; 139:1-6 106, 699; 139:2 180; 139:5 780; 139:6 151; 139:7 184, 201, 343; 139:7-10 178, 218, 351, 699; 139:7-12 106, 184; 139:7-16 180; 139:8 864; 139:13 434; 139:13-16 180, 434; 139:15 434; 139:16 223, 500, 501; 139:17-18 151, 180; 143:1 185; 143:5 57; 143:10 344, 348; 143:11 173; 144:1 163; 144:4 221; 145 170; 145:3 150, 151, 183; 145:4 221; 145:5 57; 145:8 187, 188; 145:9 498; 145:11-12 221; 145:11-13 870; 145:20 178; 145:21 188; 146:6 185; 146:8 186; 147:5 151, 185; 147:8 867; 147:15-18 202; 147:18 202; 148:1-6 220; 148:2 681, 694, 688, 697, 740; 148:2-5 681, 684; 148:4 687; 148:5 218, 592, 694; 148:8 202, 501; 150:2 221; 150:3-5 457

Proverbios, libro de 80, 939; **1:1** 80; **1:7** 59; **2:1-5** 498; **2:6** 185; **3:1-2** 498; **3:11-12** 643; **3:12** 186; **3:19** 202; **3:34** 187; **4:2** 40; **4:23** 428; **6:12** 693; **6:23** 73; **8** 202, 264; **8:22-31** 185; **8:22-36** 202; **9:10** 59, 185; **10:1** 80; **11:7** 856; **11:14** 709, 783; **11:20** 174; **12:5** 833; **12:22** 174; **13:1-2** 498; **13:24** 498, 643; **14:32** 857; **15:11** 179, 180, 692; **15:13** 427; **15:22** 783; **16:4** 173, 215; **16:9** 501; **16:18** 342; **16:33** 215, 223, 226, 501; **17:15** 626, 627; **18:22** 437; **19:2** 461; **19:18** 498, 643; **19:21** 173, 216; **20:9** 651; **21:1** 190, 225, 501; **23:7** 701, 715; **24:6** 709; **25:1** 80, 124; **27:17** 655; **27:19** 701; **27:20** 692; **28:13** 807; **30:3** 188; **30:4** 254; **30:5** 72, 93, 136, 722; **30:5-6** 72, 76, 79, 106, 111; **30:6** 119, 128

Eclesiastés, libro de 75, 84, 939; **3:1-2** 443; **3:11** 75; **3:19** 427; **3:20** 413; **3:21** 427; **4:5** 425; **7:20** 651; **9:5** 446; **11:9** 417; **12:1** 198; **12:6-7** 443, 854; **12:7** 413, 427, 433, 854; **12:9** 80; **12:11** 287

Cantar de los Cantares, libro de 45, 342, 939; **1:3** 268

Isaías, libro de 45, 97, 124, 202, 258, 321, 342, 722, 939; **1–12** 267; **1:1** 124; **1:2** 71, 461; **1:11-15** 313; **1:12-17** 189; **1:13-15** 315; **1:16-17** 607; **1:16-20** 55; **1:18** 55; **1:24** 182; **2:1-4** 761; **2:2-4** 254, 331, 450, 455, 457, 850, 851, 871, 872, 876, 877, 878, 879, 880, 910, 929; **2:12** 926; **3:10-11** 189; **4:2** 260, 269; **4:4** 596, 710; **5:1-7** 766n7; **5:15-16** 189; **5:16** 188; **5:19** 500; **5:23** 626; **6** 209, 250, 684, 955; **6:1** 208, 737; **6:1-3** 208; **6:1-4** 76, 684, 687, 688, 739; **6:1-5** 161; **6:1-8** 368; **6:1-13** 141; **6:2** 684; **6:3** 61, 168, 188, 193, 204, 208, 264, 683, 684, 740; **6:4** 193; **6:5** 264; **6:6** 684; **6:6-13** 137; **6:8** 199, 209, 354, 737; **6:8-10** 350; **6:9-10** 209, 254, 398, 519, 589; **6:10** 208; **7:10-12** 268; **7:13-14** 268; **7:14** 90, 254, 264, 267, 312, 851; **8:14-15** 254; **9:1-2** 254, 312; **9:6** 242, 243, 258, 264, 268, 736; **9:6-7** 190, 272, 332, 454, 761, 770; **9:7** 161, 331, 879; **9:8** 202; **9:8-10** 202; **9:13** 604; **10:1-8** 501, 502; **10:5** 225; **10:5-7** 225; **10:15** 191; **10:20** 188, 189; **11:** 423, 457, 482, 849, 858, 878, 904, 906, 929; **11:1** 260, 383; **11:1-2** 348; **11:1-10** 254; **11:2** 201, 343, 344, 349, 383, 401; **11:2-3** 281; **11:2-16** 401; **11:4** 189, 454; **11:5** 383, 454; **11:6-9** 880; **11:6-12** 331; **11:6-16** 383; **12:6** 189; **13–23** 877; **13:6** 162, 926; **13:9** 486, 926; **13:10** 687, 852; **13:11** 486; **13:21** 723; **14** 465, 691, 738, 742; **14:1** 187; **14:4-21** 719, 719n15, 742; **14:11-12** 465; **14:12** 683, 694, 742; **14:12-13** 697; **14:12-14** 696, 697, 719n15, 742; **14:13** 694; **14:13-14** 163, 719, 742; **14:14** 462, 465; **14:24** 182, 216; **14:27** 182, 501; **16:4-5** 254; **16:5** 189; **17:10** 163; **19:16-25** 850, 929; **19:18** 331; **19:24-25** 454, 875, 877, 880; **22:21-25** 254; **24** 909, 924; **24:1** 924; **24:5** 898, 909, 924; **24:20** 931; **24:21** 721, 724, 725, 734; **24:21-22** 721; **24:21-23** 909; **24:22** 734; **24:23** 264, 323, 331, 870; **25** 849; **25:8** 254, 857, 909; **25:9** 400; **26:4** 160, 163, 185; **26:9** 427, 432; **26:19** 447, 861; **26:19-20** 667; **27:1** 693, 694, 696, 698, 728; **27:6** 451, 871, 877, 929; **28:11** 820; **28:11-12** 828; **28:16** 254; **29:13** 134; **29:16** 191; **29:18** 254; **29:23** 188; **29:24** 40; **30:1** 349; **30:20** 287, 291; **30:29** 163; **31:1** 189; **32:1** 898; **32:6** 428; **32:15** 401, 447, 596; **32:15-20** 898; **33:22** 189, 226; **34:4** 724, 725; **34:8** 922, 926; **34:8-16** 400; **34:14** 723; **34:16** 400, 401; **35** 423, 457, 872; **35:5-6** 254; **35:10** 187; **36:10** 191; **37:4** 163; **37:17** 163; **37:32** 190; **37:36** 115, 686, 737; **38:1** 191; **38:5** 191; **38:10** 760; **40** 229; **40–48** 59, 207; **40:3** 264; **40:3-5** 255; **40:6** 425; **40:8** 76, 108, 116, 118; **40:11** 255, 766n7; **40:12-13** 218; **40:13** 179, 351; **40:13-14** 180; **40:15-17** 191; **40:18** 178; **40:26** 724; **40:28** 150, 163, 165, 175, 183, 185, 353; **41:4** 149, 160, 173, 174, 175, 176; **41:8** 505; **41:14** 189; **41:20** 189; **41:22-26** 180, 181; **41:29** 179; **42:1** 258, 278, 281, 427, 505, 507; **42:1-2** 299; **42:1-3** 281; **42:1-4** 348, 401; **42:1-6** 255; **42:1-7** 497; **42:3** 331; **42:5** 156, 158, 182, 218, 433; **42:8** 231, 261, 350, 497, 550, 807; **42:8-9** 180; **42:9** 181; **42:13** 190; **43:1** 187; **43:3** 189; **43:4** 186; **43:6** 747; **43:6-7** 417, 767; **43:7** 219; **43:9** 626; **43:9-12** 180, 181; **43:10** 174, 207, 500; **43:10-11** 178; **43:11** 550; **43:14** 189; **43:14-15** 188; **43:15** 61, 187, 264; **43:21** 187; **43:25** 497; **43:26** 626; **44:1** 505; **44:2-5** 400; **44:3** 347, 401, 596; **44:6** 149, 173, 174, 176, 178, 699; **44:6-8** 180; **44:7** 181; **44:8** 163; **44:9-10** 185; **44:9-20** 179; **44:24** 182, 410, 442, 500; **44:28** 104, 708; **45:1** 708; **45:4** 505, 507; **45:5** 178, 223; **45:5-7** 173, 230, 353; **45:7** 230; **45:9** 190; **45:11** 189; **45:12** 182; **45:18** 182, 218; **45:21-25** 189; **45:22** 587; **46:9-10** 570, 658, 847; **46:9-11** 180; **46:10** 173, 181, 182, 190, 216, 500, 501, 509, 718; **46:10-11** 173, 501; **47:4** 189, 644; **47:11** 319; **48:9** 173, 497; **48:9-11** 767; **48:11** 231, 350, 497, 550, 807; **48:12** 160, 173, 174, 203, 204n47; **48:13** 182; **48:14** 186, 500; **48:16** 203, 204n47, 258, 354; **49:1** 308; **49:1-6** 450; **49:3** 767, 878; **49:3-6** 486; **49:6** 255; **49:7** 185, 188, 189; **49:13-18** 187; **50:6** 255; **50:6-7** 302; **51:1** 163; **51:17** 310; **51:22** 310; **52:10** 189; **52:13** 269, 321, 876; **52:13–53:12** 255, 315, 319, 320, 486; **52:14-15** 322; **52:15** 898; **53** 104, 313, 320, 486, 851, 853; **53:1** 208, 255, 264; **53:1-12** 761; **53:3** 266, 483; **53:3-6** 899; **53:4** 319, 533; **53:4-5** 255; **53:4-6** 320, 628; **53:5** 320, 534, 560; **53:6** 318, 319, 321, 533, 538, 549, 585, 628; **53:7** 255, 299, 387, 531; **53:8** 211n56, 293, 320; **53:9** 255, 320; **53:10** 294, 311, 320, 321, 571; **53:10-11** 310; **53:10-12** 525; **53:10b-11a** 320; **53:11** 278, 320, 321, 533; **53:11-12** 255; **53:11b** 320; **53:12** 255, 320, 322, 533, 558; **54:5** 187, 188, 198; **54:8** 187; **54:16** 173; **55:1** 587, 596; **55:3** 587; **55:4** 255; **55:5** 189, 255; **55:6-7** 587; **55:7** 187, 586, 607; **55:8-9** 55; **55:9** 151, 702; **55:10-11** 72; **55:10-13** 202; **55:11** 72, 182, 202, 798; **56** 450; **56:6-8** 313; **56:7** 92; **57:15** 149, 175, 178, 188, 582, 644; **59:2** 542; **59:16-20** 190; **59:17** 715, 716;

59:20 604; 59:20-21 255, 885, 898; 59:21 117, 398, 401, 797; 60 878; 60:1-3 255; 60:5-7 457; 60:10 187; 60:21 219; 61:1 203, 255, 258, 279, 344, 354, 376; 61:1-2 202, 255, 281; 61:1-2a 400; 61:1-3 281, 348; 61:2 926; 61:2b-3 400; 61:3 219; 61:4 331; 61:6 331; 61:8 203, 898; 61:9 203, 331; 61:10 629; 62:1-4 255; 62:12 255; 63:1-3 255; 63:4 926; 63:7-10 203, 258, 629; 63:9 186, 187, 735, 736, 737; 63:10 201, 343, 349; 63:10-11 350; 63:11 369, 398; 63:14 398; 63:15 178, 190; 63:16 164, 197; 64:6 358, 710; 64:8 164, 173, 191; 65 849; 65-66 457; 65:3 723; 65:9 255; 65:11 723; 65:16 136; 65:17 667, 930; 65:17-25 255, 457, 858, 878, 906, 908, 929; 65:20 438, 486, 882, 908, 920, 929; 65:21-22 331; 65:23 438, 882; 66 849; 66:1 157, 178; 66:2 141; 66:22 930; 66:22-23 862; 66:22-24 862; 66:24 862, 863

Jeremías, libro de 120, 122, 939; 1:1-2 124; 1:4-10 250; 1:5 86, 180, 442; 1:10 505; 2:5 179; 2:11 179; 3:4 164, 187; 3:8-10 723; 3:10 604; 3:17 331; 3:19 164, 187; 4:1-4 604; 5:14 73, 202; 6:10 589; 7:4 204; 7:11 92; 7:31-32 863; 8:6 604; 8:8-9 109; 9:23-24 52; 9:24-25 703; 10:8 185; 10:10 136, 163, 179, 185; 10:12 185; 10:14-15 179; 10:23 501; 11:20 179, 189; 12:1 626; 12:15 187; 14:7 173, 644; 14:9 644; 14:21 173; 15:15 188; 15:16 140; 16:17 180; 16:18 179; 17:9 428, 476, 498, 589; 17:9-10 179; 18:1-10 191; 18:6 173, 190; 18:8 174; 18:10 174; 18:11 604; 18:11-12 604; 18:23 180; 20:9 73; 20:12 179; 22:18 163; 23:5 161, 260, 269; 23:5-6 161, 255, 260; 23:6 161, 179; 23:14-16 772, 829; 23:23 174; 23:23-24 178; 23:24 218, 351; 23:29 73, 202; 23:36 163; 24:6-7 400; 25:5 604; 25:9 707; 25:12 912; 25:15-17 310; 25:27-29 310; 26:1-2 79; 26:2 76, 119, 136; 26:2-7 180; 26:3 174, 604; 26:18 124; 29:10 912; 30:1-4 90; 30:2 77; 30:7 879, 922, 924; 30:9 255; 30:18 187; 31:3 186; 31:9 187, 640; 31:15 255; 31:19 604, 606; 31:20 187; 31:27 899; 31:31 899; 31:31-32 893; 31:31-34 209, 255, 597, 871, 885, 897, 899; 31:32 898; 31:33 428, 898; 31:33-34 350, 398, 898; 31:35 868; 31:36 898; 31:37 868; 31:38 899; 31:40 898; 32:17 106, 410, 699; 32:19 180; 32:27 182, 183; 32:40 898; 32:41 898; 33:11 186; 33:14-22 260; 33:15 189, 260, 269; 33:15-17 255; 33:20-21 896; 34:5 163; 35:15 604; 36 120; 36:4 120; 36:23 116, 120; 36:27-28 120; 36:32 80, 120; 38:17-20 180; 43:10 707; 46:10 926; 50:5 898; 51:5 188; 51:17-18 179

Lamentaciones, libro de 122, 939; 3:20 426; 3:22 187; 3:22-23 174, 185; 4:21-22 310

Ezequiel, libro de 342, 939; 1 683; 1-24 877; 1:4-28 683; 1:5-14 684; 2:2 375, 732; 3:4-6 180; 3:12 376; 3:14 376; 3:24 375, 376, 398, 732; 3:27 398; 5:13 190; 6:13-14 160; 7:13-14 256; 7:27 160; 8:3 376; 8:13 478; 10:1-20 683; 10:15 683; 10:20-22 684; 11:1 376; 11:5 180, 376, 797; 11:10 160; 11:18-20 597; 11:19 375, 401, 589, 593; 11:23 323; 11:24 376, 797; 12:16 160; 13:3-9 772, 829; 13:5 926; 16:14 193; 16:23-43 723; 16:32 766n7; 16:42 190; 16:53-63 898; 16:60-62 898; 16:60-63 187; 17:22-24 255; 18:4 314, 499; 18:20 314, 475; 18:21 604; 18:23 191, 571, 586, 587; 18:25-30 227; 18:31-32 570; 18:32 191, 499, 571, 586, 587; 20:1-45 89; 20:4-10 317; 20:7-8 317; 20:8 317, 536; 20:9 173; 20:14 173; 20:22 173; 20:32 427; 20:33 885; 20:33-38 885; 20:34 885; 20:35-36 885; 20:37 885; 20:38a 885; 20:38b 885; 20:44 173; 21:7 427; 21:26-27 255; 23:22-30 723; 23:25 190; 23:31-34 310; 25-32 877; 27:8 833; 28 465, 691, 738, 742; 28:1-19 719n15, 742; 28:2 742; 28:6 742; 28:11-19 719, 719n15; 28:12-17 697, 742; 28:13 465, 691, 697, 719; 28:13-14 719; 28:14 465, 683, 691; 28:15 465, 682, 684, 691, 697, 719; 28:16 683, 691, 719; 28:22 189, 230; 28:24 713; 30:3 926; 33:11 191, 192, 570, 571, 586, 587; 33:19 607; 34:23-24 256; 34:25-27 898; 36:5 190; 36:5-38 190; 36:21-22 219; 36:21-23 189; 36:22-23 497; 36:23 189; 36:25-26 592; 36:25-27 591, 597, 646, 646n162; 36:25-31 400; 36:26 428, 589, 593; 36:26-27 347, 375, 401, 639, 871, 898; 36:27 593, 637; 37:1 376; 37:1-11 591; 37:9-14 347; 37:11 591; 37:12 591; 37:12-14 882; 37:13-14 160; 37:14 375, 401, 591, 631; 37:21-28 898; 37:24-28 332; 37:26 898; 37:27 160; 38:16-23 189; 38:19 190; 39:7 189, 219; 39:21-29 189; 39:25 159, 190; 39:27 189; 39:29 347, 401; 40-48 331; 43:2-5 323; 43:5 376; 43:8 189; 44:10 895; 44:15 895; 48:11 895; 48:35 161

Daniel, libro de 45, 342, 682, 683, 684, 923, 940; 1 457; 1-6 51; 2 454, 872; 2:21 501; 2:31-45 223; 2:31-46 248; 2:34-35 256; 2:44 870; 2:44-45 256; 2:46-47 391; 3 457; 3:16-18 453; 3:25 737; 3:26 163; 3:28 735, 737; 4:2 163; 4:3 870; 4:8-9 375; 4:13 683, 684; 4:17 163, 190, 191, 683, 684, 870; 4:18 375; 4:23 683, 684; 4:24-25 163; 4:25 190, 191, 870; 4:32 190, 191; 4:34 163; 4:34-35 226, 870; 4:35 163, 173, 182, 190, 191, 223, 500, 509, 658; 4:37 163, 185, 264; 5:11-14 375; 5:18 163; 5:18-21 163; 5:20 427, 428; 5:21 163; 5:23 179; 6:3 375; 6:7 453; 6:10 453; 6:20 163; 6:22 735, 737; 6:26 163; 7 872; 7-8 105; 7:7-8 925; 7:8 914, 925; 7:10 686, 687; 7:13 250, 269, 298, 331, 852; 7:13-14 256, 770; 7:18-27 647; 7:21 925; 7:23-25 925; 7:25 163; 7:26-27 910; 7:27 256; 8:1-8 724; 8:9-14 925; 8:13 683; 8:13-27 684; 8:16 683, 688, 942; 8:20-22 724; 8:23-25 925; 9:2 124, 912, 913; 9:3-19 912; 9:4 185; 9:9 187; 9:13 604; 9:14 189; 9:17-18 644; 9:18 187; 9:18-19 497; 9:19 173; 9:20-21 76; 9:20-23 682; 9:20-27 684; 9:21 683, 688, 942; 9:21-23 688; 9:24 915, 916, 924; 9:24-27 256, 765, 899, 902, 912, 913, 915; 9:25 913; 9:26 877, 913, 914, 915, 925; 9:26-27 925; 9:27 482, 852, 853, 875, 876,

879, 887, 902, 914, 916, 917, 922, 923, 924, 925; 10:1-13 682; 10:10 688; 10:10-21 684; 10:12 107; 10:13 682, 683, 688, 690, 699, 724; 10:14 688; 10:16 682; 10:18 682; 10:20 682, 683, 690, 724; 10:20-21 688; 10:21 683, 690, 699, 724; 11:2 724; 11:36 914; 11:36-45 925; 11:37 925; 11:45 926; 12:1 683, 690, 699, 724; 12:1-2 861; 12:2 412, 426, 446, 447, 667, 669, 862, 881, 882, 929; 12:3 741; 12:5-13 685

Oseas, libro de 45, 939; 1:4 870; 1:10 163, 747; 2:6 713; 2:21-23 187; 3:1-5 766n7; 3:5 256, 604; 4:6 794; 5:4 604; 5:15 657; 8:14 187; 10:2 189; 10:8 303; 11:1 186, 187, 256, 640; 11:4 186; 11:9 188, 189, 417; 12:3-4 737; 12:4 736; 14:4 173, 186

Joel, libro de 43, 342, 375, 939; 1 926; 1:15 162, 926; 2 886, 926; 2:1 926; 2:11 926; 2:12-13 604; 2:13 187, 188; 2:28-29 347, 401, 596; 2:28-32 256; 2:29 947; 2:31 926; 2:32 208, 264; 3 886, 926; 3:1-2a 886; 3:1-16 886; 3:2b-3 886; 3:11 683; 3:12 886; 3:14 926

Amós, libro de 939; 2:7 189; 3:2 505, 510; 4:13 427; 5:18 926; 5:20 926; 5:21-23 189; 7:3 174; 7:6 174; 7:8 73; 8:9 256; 9:8-15 331; 9:11-12 156, 872; 9:11-15 450, 877

Abdías, libro de 342, 939; 15 926

Jonás, libro de 124, 939; 1:17 97; 2:1-2 807; 2:9 550; 3:5-6 606; 3:9-10 174; 3:10 174, 607; 4:2 174, 187, 188

Miqueas, libro de 342, 939; 1–3 877; 2:12-13 256; 2:13 264; 3:8 379, 398; 4:1-8 256, 331; 4:3-4 331; 5:2 90, 243, 256, 263, 312, 851; 6:6-8 313, 893; 7:19 187, 318; 7:20 189

Nahúm, libro de 342, 939; 1:2 190; 1:3 188; 1:15 693

Habacuc, libro de 939; 1 191; 1:12 163, 164, 188; 1:13 189; 2:2-3 229; 2:4 615; 2:14 256; 2:16 310; 2:19 179; 3:1-18 229

Sofonías, libro de 342, 939; 1:3 331; 1:7 926; 1:14 926; 1:15 331, 922; 3:5 189; 3:8 190; 3:9 331; 3:17 186, 331

Hageo, libro de 342, 940; 1:1 710; 2:1-9 260; 2:5 398; 2:6-9 161, 331; 2:7 269; 2:23 505

Zacarías, libro de 49, 342, 722, 940; 1:9–6:5 680, 685; 1:11-12 737; 1:11-21 264; 1:12 736; 1:12-13 201, 264, 737; 1:13 736; 1:14 190; 1:20 264; 2:10-13 256; 3 691, 710; 3:1 692, 693; 3:1-2 697; 3:1-5 699, 703; 3:1-10 737; 3:2 710; 3:3-4 201, 710; 3:8 256, 260, 269, 710; 3:9 710; 4 283, 482; 4:3-6 400; 4:6 161, 284, 379; 4:11-14 400; 4:14 284; 6:12 260, 269; 6:12-13 256, 260, 331; 7:12 73, 109, 348, 398; 8:6 182, 183; 8:13 331; 8:17 189; 8:23 331; 9:9 256, 915; 9:9-10 915; 9:10 915; 10:3 174; 11:12-13 256; 12:1 182, 433; 12:10 49, 187, 256, 344, 348, 401, 761, 878, 916; 12:10–13:1 710; 13:1 596; 13:2 724; 13:7 96, 242, 256; 13:7-9 229; 14 893, 906, 909, 927; 14:1 926; 14:1-2 909; 14:1-9 879; 14:1-11 331; 14:3-4 927; 14:4 323, 885, 909; 14:5 683; 14:8-9 761; 14:8-21 761; 14:9 853, 870, 885, 897, 905, 909, 929; 14:16-17 331; 14:16-19 316, 486, 909, 929

Malaquías, libro de 45, 122, 129, 342, 355, 449, 940; 1:2 186; 1:6-7 159; 1:11-14 159; 1:14 43; 2:10 640; 2:15 342, 356; 2:16 356, 619; 3:1 201, 256, 680, 735, 737; 3:1-2 356; 3:2-3 932; 3:3 256; 3:6 174, 182; 3:8-10 314; 4:2 189, 269; 4:2-3 256; 4:3 71; 4:4-6 128; 4:5 926; 4:5-6 256, 284; 4:6 331

Mateo, libro de 46, 80, 99, 260, 267, 268, 285, 355, 362, 681, 940; 1:1 253, 254, 267, 454, 852, 872, 877, 892, 897; 1:2-3 312; 1:5 450; 1:6 43; 1:18 267, 342, 344, 347, 348, 350, 356, 369, 427, 526; 1:18-20 267; 1:18-23 267, 689; 1:18-24 685; 1:18-25 83, 242; 1:20 202, 245, 255, 279, 281, 348, 427, 680, 735; 1:21 269, 272, 552, 561, 733; 1:22 73, 356; 1:22-23 90, 124, 254, 267; 1:23 207, 254, 257, 264, 267, 268, 312; 1:24 680, 735; 1:25 83; 2:1 256, 271; 2:1-12 450; 2:2 247, 253, 254, 261, 312; 2:5 90; 2:5-6 312; 2:6 312; 2:11 247; 2:13-15 685, 689; 2:15 90, 256; 2:17-18 90, 255; 2:19-21 689; 2:19-23 685; 2:22 534; 2:23 269; 3:2 486, 761, 853, 872; 3:3 255; 3:5-6 532; 3:6 800; 3:8 607, 766; 3:8-10 383; 3:9 182, 183; 3:11 202, 532, 799, 899; 3:11-12 362; 3:12 362; 3:13-15 286; 3:13-17 279, 348, 799; 3:14 532; 3:15 278, 346, 526, 527, 533, 549, 617, 631; 3:16 209, 344, 345, 346; 3:16-17 90, 195, 207, 281, 354; 3:17 76, 246, 253, 254, 278, 346; 4 710; 4:1 195, 271, 281, 344, 348, 696; 4:1-2 272; 4:1-11 56, 91, 124, 279, 691, 697, 699, 701, 702; 4:1–Ap. 20:10 693; 4:2 271; 4:2-3 279, 710; 4:3 696, 711; 4:3-11 691; 4:4 73, 76, 134, 140, 797; 4:5-6 279, 710; 4:6 711; 4:6-7 116; 4:7 711, 797; 4:8-9 279, 710; 4:10 91, 739, 744, 797, 807; 4:10–Ap. 20:7 696; 4:11 685, 689, 740; 4:12-16 312; 4:14-16 90, 124, 254; 4:17 457, 459, 486, 581, 608, 761, 853, 872, 877; 4:19 769; 4:23 140, 761; 4:23-24 291, 770; 4:24 727, 730; 5–7 113, 872, 879; 5:1 285; 5:3 347, 427, 761; 5:4 593, 604, 606; 5:5 386; 5:6 593, 612; 5:8 184, 428; 5:10-12 666; 5:12 869; 5:13 286; 5:13-16 63, 289; 5:14-16 288; 5:16 234; 5:17 92; 5:17-18 94, 95, 852; 5:18 94, 113, 117, 118, 119; 5:18-19 92; 5:20 286, 388, 532, 623, 628, 631, 761; 5:21-22 290; 5:22 863; 5:27-28 290; 5:29-30 286; 5:31-32 290; 5:33-34 290; 5:34 178; 5:37 695; 5:38 534; 5:38-39 290; 5:42-48 419; 5:43-44 290; 5:44-45 570; 5:45 74, 164, 223, 483, 498, 501; 5:48 60, 164, 183, 186, 369, 523, 529, 532, 585,

622, 623, 629, 631, 650; **6:2** 833; **6:4** 209; **6:5-6** 806; **6:5-14** 806; **6:6** 209; **6:7** 806; **6:8** 179, 209; **6:8-9** 164; **6:9** 178, 642, 765, 868; **6:10** 332, 836, 868, 870; **6:11** 807; **6:11-12** 651; **6:12** 615; **6:13** 695, 718, 807; **6:14** 210; **6:14-15** 164; **6:16** 290; **6:18** 164; **6:26** 164, 210, 223, 501; **6:29** 96; **6:32** 164, 179; **6:33** 703; **7:2** 286; **7:6** 300; **7:7** 223; **7:11** 476, 642; **7:12** 92; **7:13** 556, 573; **7:13-14** 514; **7:15** 398, 698, 762, 772, 812, 829; **7:15-17** 772; **7:16-20** 383, 388; **7:18** 650; **7:19** 650, 864; **7:21** 164, 191, 192, 207; **7:21-23** 662, 699, 762; **7:22** 724, 726; **7:22-23** 556; **7:22–Ap. 18:2** 724; **7:23** 393, 511, 573, 636; **7:24-25** 758; **7:24-27** 288; **7:28** 40; **7:28-29** 40, 42, 92, 135; **7:29** 285, 290; **8:2-3** 826; **8:2-4** 292; **8:4** 97; **8:5-13** 292, 450; **8:11** 96; **8:12** 870; **8:14-15** 292; **8:16** 292, 427, 722, 725, 727, 730, 731; **8:16-17** 826; **8:17** 124, 255; **8:23-27** 292; **8:26-27** 209; **8:28** 726, 730; **8:28-34** 292, 727, 731; **8:29** 721, 722, 726, 729; **8:31** 722, 724, 726; **8:32** 729, 731, 770; **8:33** 730; **9:1-8** 826; **9:2-7** 292; **9:4** 266, 428; **9:5-6** 632; **9:6** 770; **9:15** 264; **9:16** 288; **9:17** 288; **9:18-19** 292; **9:20-22** 292; **9:22** 632; **9:23-25** 292; **9:25** 209; **9:27** 897; **9:27-31** 292; **9:30** 254; **9:32** 730; **9:32-33** 292, 726, 734; **9:32-34** 727, 731, 744; **9:33** 731; **9:34** 695, 726; **9:35** 761; **9:36** 187, 271; **9:37-38** 807; **10:1** 720, 722, 727, 820, 826; **10:1-2** 772; **10:1-8** 726, 729; **10:1-15** 291; **10:1–Ap. 18:2** 725; **10:5-7** 450, 872; **10:8** 727, 820; **10:14-15** 440; **10:16** 345; **10:20** 164, 209, 344, 398; **10:22** 566, 661; **10:24-25** 765; **10:28** 426, 431, 856, 863, 948; **10:29** 164, 190, 223, 501; **10:29-31** 226; **10:30** 179, 223; **10:32-33** 164, 207; **10:37-39** 612; **10:39** 286, 426; **11–12** 457; **11:2-5** 872; **11:4-5** 291; **11:5** 254; **11:10** 256, 741; **11:12** 917; **11:14** 256; **11:18** 726, 730; **11:20-24** 97, 478, 853, 872, 877; **11:21** 180, 606; **11:23-24** 440; **11:25** 226; **11:25-26** 173, 191, 519; **11:25-27** 207; **11:26-27** 164; **11:27** 179, 242, 770; **11:28** 612; **11:28-30** 287, 587; **11:29** 386, 387; **11:30** 385, 387; **12** 479; **12:1-7** 360; **12:1-8** 91; **12:1-21** 478; **12:3** 96; **12:3-4** 90; **12:8** 360, 478; **12:9-13** 360; **12:9-14** 292; **12:12** 290; **12:13** 360; **12:15-21** 281, 348; **12:17-21** 124, 255; **12:18** 269; **12:22** 254, 292, 360, 727, 730, 733, 770; **12:22-24** 478, 731; **12:22-29** 720, 731, 744, 745; **12:22-32** 853, 872; **12:23** 269, 360; **12:24** 692, 695, 696, 877; **12:25-26** 360, 478; **12:27** 360, 478; **12:28** 279, 281, 348, 351, 478, 872; **12:29** 546, 694, 917; **12:30** 286; **12:30-32** 282, 478; **12:31** 349, 360; **12:31-32** 350, 360, 478, 480, 953; **12:32** 360; **12:33** 383, 388; **12:33ss.** 605n110; **12:38-42** 97; **12:39-40** 124; **12:39-41** 96; **12:40** 97; **12:41** 606n111, 802; **12:42** 96, 287, 290; **12:43-45** 722, 726; **12:45** 724, 725, 726; **12:46-50** 643; **12:50** 164, 191, 192; **13** 285, 286, 922; **13:3** 137; **13:3-4** 701; **13:3-9** 661, 792, 873; **13:3-23** 288; **13:3-52** 761; **13:5-7** 63; **13:10-17** 853; **13:10-23** 73; **13:11** 43, 873; **13:11-12** 289; **13:11-16** 761; **13:13-15** 124; **13:14** 93; **13:14-15** 97, 254; **13:15** 589, 605, 606n111;

13:18-19 701; **13:18-22** 383; **13:18-23** 388, 661, 873; **13:19** 43, 137, 695, 696, 761, 917; **13:20-22** 63; **13:21** 792; **13:23** 383, 388; **13:24** 43; **13:24-30** 288, 702, 762, 873; **13:25** 694; **13:27-30** 689; **13:28** 694; **13:30** 922; **13:31-32** 255, 288; **13:31-33** 873, 906; **13:33** 288; **13:34** 289; **13:34-35** 254; **13:35** 124, 252; **13:36** 289; **13:36-43** 285, 689, 873; **13:38** 695, 698, 879; **13:39** 685, 694; **13:39-43** 689; **13:40** 698, 922; **13:41** 331, 685; **13:41-42** 920; **13:44** 43, 288, 606, 612; **13:44-46** 603; **13:45** 43; **13:45-46** 288, 612; **13:47** 43; **13:47-50** 288; **13:48-50** 922; **13:49** 685; **13:50** 585; **13:52** 43; **13:54** 290, 830; **13:58** 291; **14:1-12** 299; **14:13-21** 292, 412; **14:14** 187; **14:22-23** 292; **14:23** 271, 311, 806; **14:33** 207, 210, 247, 261; **15:1-11** 93; **15:2** 774; **15:2-6** 41; **15:3-7** 309; **15:3-9** 93; **15:8** 602; **15:8-9** 134; **15:13** 164, 210; **15:14** 93; **15:15** 784; **15:19** 428; **15:21-28** 727, 731; **15:22** 730, 897; **15:22-28** 292; **15:26** 286; **15:32-39** 292; **15:34-39** 412; **16** 701, 759; **16:13-23** 56; **16:15** 287; **16:16** 98, 207, 758; **16:16-17** 784; **16:16-19** 746; **16:17** 164, 210; **16:18** 757, 758, 759, 760, 763, 766, 770; **16:19** 746; **16:21** 271, 282, 873; **16:21-23** 702, 721; **16:23** 55, 257, 286, 719, 742; **16:27** 263, 322, 685, 689; **16:28** 282; **17:2** 266, 283; **17:3** 283; **17:5** 76, 207, 246; **17:5-7** 90; **17:9** 271, 325; **17:10-12** 256; **17:14-18** 733; **17:14-20** 292, 731; **17:14-21** 727; **17:15** 726; **17:20** 834; **17:22** 293; **17:24-27** 287, 292; **18** 816; **18:10** 164, 184, 687, 689, 738, 739; **18:12-14** 288; **18:14** 164; **18:15** 810; **18:15-17** 787, 810, 815; **18:15-18** 746; **18:15-20** 481, 812, 813, 836; **18:16** 810; **18:17** 713, 810, 811; **18:18-20** 811; **18:19** 164; **18:20** 209, 263; **18:21** 287, 614; **18:23-35** 288; **18:35** 164, 428; **19:3-9** 91; **19:4** 218, 413, 416, 435; **19:4-5** 96, 220; **19:4-6** 437; **19:6** 619; **19:8** 218; **19:13** 311; **19:13-14** 761; **19:18** 439; **19:22** 606; **19:23-24** 43; **19:26** 182, 183, 209; **19:28** 253, 358, 454, 592, 850, 872, 873, 878, 880, 897, 912, 929, 932; **19:28-29** 457; **20:1-16** 227, 288; **20:3** 544; **20:13-16** 191; **20:15** 190, 519, 588; **20:18** 293; **20:26-28** 792; **20:28** 430, 534, 544, 547, 558; **20:29-34** 292, 826; **20:34** 187, 254; **21:1-8** 915; **21:4-5** 124, 256; **21:5** 256; **21:9** 254, 255, 269; **21:11** 260; **21:12-13** 91, 285, 286, 727, 730, 733, 770; **21:14** 254, 826; **21:15** 897; **21:18** 271; **21:18-19** 292; **21:18-22** 287; **21:19** 209; **21:28-32** 288; **21:29-32** 606n111; **21:32** 605; **21:33-45** 288; **21:39** 320; **21:42** 252, 254; **21:43** 760, 761, 870; **21:45** 293; **21:46** 293; **22:1-14** 761; **22:2-14** 288, 587; **22:14** 514, 580, 583, 588; **22:21** 453; **22:29** 745; **22:30** 438, 682, 686, 687, 747; **22:31-32** 95; **22:32** 95, 96, 294; **22:34-40** 387; **22:36-40** 422, 423; **22:37** 426, 700, 808; **22:41-45** 95, 200, 254, 264; **22:41-46** 325; **22:43** 398; **22:43-44** 97; **22:43-45** 96, 252; **22:44-45** 90; **23:1-36** 293; **23:2** 307; **23:8** 285; **23:13** 761; **23:23** 314; **23:26** 605n110; **23:33** 863; **23:35** 96, 229; **23:37-39** 872; **23:37–25:46** 248; **23:38** 877; **23:39** 254, 255; **24** 875, 900, 901, 922; **24–25** 852, 886, 899, 901, 902, 916, 921, 922,

928; **24:3** 330, 928; **24:4-7** 923; **24:4-8** 923; **24:5** 698, 901; **24:9** 922, 923; **24:10** 923; **24:11** 698, 829, 923; **24:12** 923; **24:12-13** 661; **24:13** 583; **24:14** 761, 901, 923; **24:15** 96, 97, 482, 852, 879, 912, 914, 916, 925; **24:15-16** 93; **24:15-21** 256; **24:15-28** 887; **24:16-20** 923; **24:16-21** 852; **24:16-22** 925; **24:21** 922; **24:22** 504, 517; **24:24** 398, 698; **24:27** 330; **24:29** 256, 331, 852, 868, 901, 923; **24:29-30** 928; **24:29-31** 331; **24:30** 256, 263, 283, 322, 331, 770, 852, 901, 923; **24:31** 316, 504, 685, 689, 921, 923; **24:32-44** 288; **24:34** 900; **24:35** 76, 117, 118, 931; **24:36** 267, 687, 688, 900; **24:36-44** 331; **24:37** 330; **24:37-39** 746, 747, 748, 749; **24:38-39** 97; **24:37-41** 922; **24:39** 330; **25** 229, 887; **25:1-13** 288, 885; **25:14-30** 288, 885; **25:14-46** 332; **25:21** 189, 761, 792; **25:23** 761, 788, 792; **25:31** 250, 253, 256, 260, 322, 459, 685, 687, 689, 873, 897, 901, 922, 927, 928; **25:31-32** 210, 331, 886, 888, 921; **25:31-34** 897; **25:31-46** 331, 454, 573, 855n5, 886, 888, 919, 921, 923; **25:32** 889; **25:32-46** 900, 901; **25:34** 164, 189, 500, 765, 889, 922; **25:40** 740, 886; **25:41** 250, 345, 362, 440, 448, 682, 690, 691, 698, 699, 708, 721, 722, 724, 728, 734, 741, 863, 865, 866, 887, 889, 920; **25:45** 740, 886; **25:46** 448, 467, 514, 585, 866, 887; **26:2** 317; **26:3-4** 297; **26:4** 293; **26:14-15** 256; **26:17-29** 537; **26:18** 287; **26:26-28** 805; **26:27-29** 255; **26:28** 308, 320, 545, 558, 802; **26:31** 96, 256; **26:36-44** 311; **26:37** 271; **26:37-38** 285; **26:38** 426; **26:38-46** 806; **26:39** 164, 242, 271, 293, 310; **26:41** 672; **26:42** 164; **26:47-50** 253; **26:53** 164, 182, 183, 683, 686; **26:53-54** 295; **26:57-27:2** 297, 298; **26:59-61** 253; **26:63** 209, 286, 298; **26:63-64** 207; **26:63-66** 929; **26:64** 254, 256, 770, 928; **26:67** 255; **27:1-2** 255; **27:2** 298; **27:3** 605, 606, 774; **27:3-5** 611; **27:4** 606; **27:5** 606; **27:9-10** 256; **27:11-14** 286, 298; **27:12-14** 255, 299; **27:14** 300; **27:15-26** 298, 300; **27:18-22** 300; **27:19** 330, 883; **27:23** 300; **27:24** 301; **27:25** 293; **27:26** 255, 301; **27:28** 301; **27:30** 255; **27:31** 253, 302; **27:32** 302; **27:33-34** 303; **27:34** 252, 254; **27:35-36** 253; **27:35-46** 252; **27:38** 255; **27:39-43** 253, 306; **27:41** 774; **27:42-43** 305; **27:45** 309; **27:45-49** 253; **27:46** 273, 306, 307, 309, 310, 311, 538; **27:48** 252, 254; **27:50** 427; **27:51** 306; **27:52** 306, 647; **27:54** 306; **27:55** 253; **27:57-60** 255, 306; **28:1** 327; **28:1-2** 689; **28:1-10** 325, 685; **28:2** 687, 688; **28:5** 681; **28:5-7** 740; **28:6** 689; **28:9** 210, 247, 325; **28:9-10** 326; **28:16-20** 326; **28:17** 247; **28:18** 104, 209, 270, 770, 873; **28:18-20** 59, 108, 769, 773, 814, 820; **28:19** 204, 242, 351, 353, 354, 359, 450, 587, 737, 792, 799, 800, 802; **28:19-20** 767, 809, 831, 879, 906; **28:20** 42, 135, 136, 209, 361, 759, 805

Marcos, libro de 46, 99, 122, 260, 285, 362, 940; **1:1** 246, 264; **1:1-10** 278; **1:2** 256, 741; **1:3** 255, 264; **1:4** 605; **1:8** 362; **1:9-11** 348, 737; **1:10** 345; **1:11** 253; **1:12** 348; **1:12-13** 697;

1:13 696; **1:14-15** 581, 585, 761; **1:15** 521, 603, 608, 650; **1:16-22** 769; **1:21** 285; **1:21-28** 731; **1:22** 40; **1:23** 730; **1:23-26** 726; **1:23-28** 292, 727; **1:24** 188, 264, 722, 726, 729; **1:27** 40, 290, 824; **1:29-34** 727; **1:30-31** 292; **1:32** 730; **1:32-34** 292; **1:34** 722, 731; **1:35** 806; **1:39** 727; **1:40-45** 292; **1:42** 822, 826; **2:3-12** 292; **2:8-12** 210; **2:10** 269; **2:12** 824; **2:14** 769; **2:21** 288; **2:22** 288; **3:1-6** 292; **3:5** 271; **3:11** 726, 727; **3:13** 825; **3:13-15** 505, 720; **3:14** 771; **3:14-15** 726; **3:15** 727; **3:22** 692, 695, 726; **3:27** 694, 745; **3:28-29** 953; **3:28-30** 360; **3:29** 349, 350; **3:30** 726, 730, 744; **4:2** 42; **4:2-20** 288; **4:15** 696; **4:21-22** 288; **4:26-29** 288; **4:30-32** 288; **4:35-41** 292; **4:38** 271; **5:1-16** 729; **5:1-17** 731; **5:1-20** 292, 727; **5:2** 730; **5:4** 726; **5:5** 726; **5:7** 722, 726; **5:8** 731; **5:9** 726; **5:10** 726; **5:11-15** 209; **5:12** 726; **5:13** 731; **5:15** 726, 730, 731; **5:15-16** 730; **5:18** 730; **5:19** 263; **5:22-24** 292; **5:25-34** 292; **5:29** 425; **5:34** 632; **5:35-43** 292; **5:41-42** 770; **6:2** 290, 830; **6:7** 727; **6:7-13** 726; **6:12-13** 820; **6:13** 727; **6:21-29** 135; **6:30-44** 292; **6:45-52** 292; **6:46** 806; **6:50** 294; **7:1-13** 109; **7:3** 774; **7:5** 774; **7:13** 71; **7:15** 605n110; **7:21-23** 476; **7:24-30** 727, 731; **7:25** 730; **7:25-30** 292; **7:30** 254; **7:31-37** 292; **8:1-10** 292; **8:22-26** 292, 826; **8:38** 682, 685; **9:1-13** 81; **9:7** 90; **9:12-13** 96; **9:14-29** 292, 726, 727, 731; **9:17** 725, 726, 729, 730; **9:18** 726; **9:20** 725, 726; **9:22** 729; **9:25** 725, 733; **9:29** 640; **9:38** 726, 727; **9:43** 863, 948; **9:48** 721; **10:6** 218, 412; **10:18** 186, 498; **10:21** 263, 271; **10:37** 322; **10:42-43** 774; **10:42-45** 833; **10:43** 321; **10:43-45** 321, 775; **10:44** 321; **10:45** 321, 322, 486, 534, 544, 547, 558; **10:46-52** 292, 611; **10:52** 632, 822, 826; **11:9** 254, 255; **11:9-10** 256; **11:12-14** 292; **11:18** 41, 42; **11:20-25** 292; **11:21** 784; **11:24** 806; **12:1-12** 288; **12:10-11** 252, 254; **12:25** 682, 687, 747; **12:26** 97; **12:29** 178, 195, 205; **12:31** 768; **12:35-37** 200, 254, 264; **12:36** 93, 398, 797; **12:37** 107, 253, 286, 291; **13** 922, 928; **13:11** 398; **13:20** 504; **13:22** 698, 762; **13:27** 504; **13:28-32** 288; **13:31** 76, 117; **13:32** 274, 687; **13:33-37** 288; **14:7** 290; **14:12-25** 537; **14:17-21** 253; **14:22-24** 255; **14:24** 534; **14:25** 806; **14:27** 96; **14:34** 426; **14:36** 642; **14:49** 96; **14:53-15:1** 298; **14:57-58** 253; **14:61-62** 207, 254, 256; **14:62** 207, 294; **14:65** 255; **15:1-5** 298; **15:3-4** 255; **15:6-15** 298, 300; **15:15** 255; **15:17** 301; **15:19** 255; **15:20** 253; **15:23** 254, 303; **15:24-25** 253; **15:27** 255; **15:27-28** 255; **15:37** 444; **15:37-39** 271; **15:39** 207; **15:40** 253; **16:1-11** 325; **16:3-4** 688; **16:4-7** 740; **16:5** 682, 683, 691; **16:6** 254; **16:9** 727, 732; **16:9-11** 326; **16:9-20** 131, 801n22; **16:12-13** 326; **16:14** 326; **16:15** 587; **16:15-18** 326; **16:16** 801; **16:17** 727; **16:19** 254, 326, 328; **16:20** 820

Lucas, libro de 46, 83, 84, 122, 125, 126, 260, 362, 681, 683, 722, 928, 940; **1:1-4** 80, 84; **1:5** 278; **1:6** 189; **1:8-23** 685; **1:15** 202, 379; **1:16-17** 605, 872; **1:19** 683, 687, 688, 942; **1:26** 683, 689,

689, 942; **1:26-35** 740; **1:26-38** 83, 242, 685; **1:31-33** 254, 332; **1:31-35** 207; **1:32** 246, 253, 254, 264; **1:32-33** 450, 454, 872, 929; **1:33** 253, 256; **1:34-35** 348; **1:35** 202, 246, 254, 255, 351, 354, 526; **1:37** 182, 183, 209; **1:41** 379, 442, 532; **1:43** 207; **1:44** 442; **1:46** 426; **1:46-47** 427, 432; **1:46-55** 229; **1:49** 188, 644; **1:50-54** 187; **1:52** 223, 255; **1:54-55** 892; **1:67** 379, 892; **1:70** 137; **1:72-74** 872, 892; **1:76** 207; **1:78** 253, 256; **2:4** 256; **2:7** 272; **2:8-15** 689; **2:8-20** 685; **2:9** 207; **2:10-11** 256; **2:10-14** 740; **2:11** 207, 312; **2:13** 683, 686, 687, 724; **2:13-14** 681, 740; **2:14** 219, 232; **2:15** 207, 687; **2:22-24** 346; **2:23** 253; **2:25** 872; **2:25-35** 375; **2:26** 398; **2:31-32** 450; **2:32** 254, 255; **2:34-35** 308; **2:38** 872; **2:40** 271, 272, 379; **2:46-47** 286; **2:47** 271, 290; **2:51-52** 271; **2:52** 254; **3:1** 256; **3:3** 532, 605; **3:4-5** 255; **3:7** 846; **3:8** 581, 605, 607; **3:8-9** 383; **3:10-14** 605; **3:11** 607, 833; **3:13** 607; **3:14** 607; **3:16** 362; **3:16-17** 362; **3:21-22** 348; **3:22** 90, 242, 345, 379; **3:36** 253; **3:38** 220, 246, 267, 414; **4:1** 280, 348, 379; **4:1-2** 348; **4:1-13** 91, 697; **4:2** 696; **4:6** 870; **4:8** 739; **4:13** 696; **4:14** 281, 348; **4:14-15** 348; **4:16-21** 126; **4:17-19** 255; **4:17-21** 258, 348, 400; **4:17-22** 281; **4:18** 209, 255, 344; **4:18-19** 279, 354, 834; **4:23** 286; **4:25-26** 96; **4:27** 96; **4:28-30** 292, 298; **4:31-37** 731; **4:32** 40, 42, 290; **4:33** 730; **4:33-37** 292, 727; **4:34** 188, 263, 726; **4:36** 691, 824, 826; **4:38-39** 292; **4:38-41** 209, 727; **4:39** 787; **4:40** 292; **4:41** 726; **5:1** 71, 91; **5:1-11** 285, 292; **5:3-10** 266; **5:12-14** 292; **5:15** 291; **5:16** 806; **5:18-26** 292; **5:23** 287; **5:32** 605, 608; **5:36** 288; **5:37-38** 288; **6:6-11** 292; **6:13** 505, 771; **6:18** 727; **6:18-19** 826; **6:40** 787; **6:43-44** 383, 388; **6:45** 428; **6:47-49** 288; **7:1-10** 292; **7:11-17** 285, 292; **7:14-15** 209; **7:16** 260; **7:21** 427, 681, 722, 724, 727; **7:24** 680, 735, 741; **7:27** 256; **7:28** 392; **7:29** 627; **7:32** 544; **7:33** 726, 730; **7:35** 290; **7:41-43** 288; **8:2** 691, 724, 726, 727, 732; **8:14-15** 288; **8:10** 43; **8:12** 696; **8:15** 428; **8:16-17** 288; **8:21** 290; **8:22-25** 292; **8:26-37** 731; **8:26-39** 292, 722, 727; **8:27** 730; **8:28** 726; **8:29** 726; **8:31** 692, 721, 734, 865; **8:36** 730; **8:41-42** 292; **8:43-48** 292; **8:48** 632; **8:49-56** 292; **8:56** 824; **9:1** 720, 727, 826; **9:10-17** 292; **9:18** 806; **9:23** 586, 612; **9:26** 322, 331, 682; **9:28-29** 806; **9:28-36** 285; **9:30-31** 447; **9:32** 263; **9:35** 90, 269, 505, 507; **9:37-43** 292, 727, 731; **9:39** 725; **9:49** 727; **9:49-50** 726; **9:52** 680, 735; **10:1** 826; **10:1-15** 291; **10:7** 83, 102; **10:9** 826; **10:17** 720; **10:17-19** 826; **10:17-20** 726, 727, 729; **10:18** 720; **10:19** 694; **10:20** 725, 726, 869; **10:21** 271, 348; **10:27** 432; **10:29** 635; **10:30-37** 288; **10:40** 787; **11:1-2** 806; **11:2-4** 806; **11:5-10** 806; **11:5-13** 288; **11:9** 655; **11:9-13** 807; **11:11-13** 642; **11:13** 202, 642; **11:14** 292, 727; **11:14-23** 745; **11:14-26** 732, 744; **11:15** 692, 695, 726; **11:20** 348; **11:21** 693, 694, 699; **11:21-22** 546; **11:22** 693, 694, 699, 745; **11:26** 724, 725; **11:29-32** 96; **11:30-32** 97; **11:31** 96; **11:32** 606n111; **11:33-36** 288; **11:49** 264; **11:50-51** 125; **11:51** 96; **12:8** 687; **12:8-9** 686; **12:10** 202, 349, 350, 360, 953; **12:12** 343, 398; **12:16-21** 288; **12:20** 417, 426, 856; **12:29-30** 642; **12:30** 642; **12:32** 500, 642; **12:35-40** 288; **12:41** 784; **12:42-48** 288; **12:47-48** 478, 864; **12:48** 775; **13** 732, 733; **13:1-5** 229; **13:3** 608; **13:5** 608; **13:6-9** 288; **13:10-13** 726; **13:10-17** 292, 727, 732; **13:11** 732; **13:16** 697, 732; **13:18-19** 288; **13:20-21** 288; **13:28** 96; **13:31-33** 299; **13:32** 727; **13:33** 260; **13:35** 254, 255; **14:1-6** 292; **14:16-24** 288, 587; **14:25-33** 288; **14:26-33** 612; **15:3-7** 288; **15:3-8** 810; **15:7** 606n111, 740, 769; **15:8-10** 288; **15:10** 606n111, 681, 687, 689, 740, 769; **15:11-32** 289; **15:18** 585; **16:1-13** 289; **16:15** 179, 209; **16:17** 72, 95, 117; **16:19-31** 289, 430, 447, 689, 856, 858; **16:22** 689, 739, 858; **16:23** 858; **16:24** 311, 858; **16:25** 858; **16:27-31** 92; **16:31** 291; **17:3-4** 615; **17:4** 606n111; **17:7-10** 289; **17:8** 787; **17:10** 189; **17:11-19** 232, 292; **17:11-21** 826; **17:19** 632; **17:20-21** 761; **17:21** 870; **17:26-27** 746, 747, 748, 749; **17:28** 96; **17:28-32** 440; **17:32** 96; **18:1** 795; **18:1-6** 826; **18:1-8** 289, 806; **18:7** 504, 517; **18:7-8** 223; **18:8** 906; **18:9** 633; **18:9-14** 289, 632; **18:14** 633; **18:18-19** 387; **18:18-27** 802; **18:19** 186; **18:27** 182, 183; **18:31-33** 325; **18:35-43** 292; **18:42** 632; **19:9** 732; **19:10** 732; **19:11** 873; **19:11-27** 289, 853, 885; **19:38** 254, 255, 256; **19:41** 271; **19:41-44** 303, 872, 877, 878; **20:9-19** 288; **20:15** 320; **20:17** 96, 252, 254; **20:20-25** 299; **20:35-36** 682; **20:36** 682; **20:41-44** 124, 200; **20:42** 93; **21** 899, 922, 928; **21:20-24** 877, 878, 913; **21:24** 878, 914; **21:27** 254, 928; **21:28** 545; **21:29-30** 287; **21:29-33** 288; **21:31** 873; **21:33** 76; **22** 711; **22:3** 697, 720; **22:3-6** 703, 712; **22:7-20** 537; **22:15-20** 255; **22:19** 290, 534, 767, 804, 814; **22:19-20** 799; **22:20** 266, 534, 765, 804, 885, 894, 899; **22:21-23** 253; **22:22** 524; **22:27** 787; **22:29** 207; **22:31** 691, 696, 697, 711; **22:31-32** 279, 660; **22:31-34** 701, 703; **22:32** 606, 660, 711; **22:33** 711; **22:34** 711; **22:41** 806; **22:42** 190, 212n58, 277; **22:43** 685, 689, 740; **22:44** 271, 309, 806; **22:50-51** 292; **22:51** 295; **22:52** 774; **22:54–23:1** 298; **22:61** 286; **22:62** 711; **22:63-65** 255; **22:67-71** 207; **23:1-5** 298; **23:1-25** 255; **23:2** 299; **23:4** 299; **23:5-6** 299; **23:6-12** 298, 299; **23:9** 286, 300; **23:10** 300; **23:11** 300; **23:12** 300; **23:13-16** 300; **23:13-25** 298, 300; **23:26** 306; **23:27-31** 302; **23:29** 303; **23:32-34** 255; **23:33** 306; **23:34** 253, 254, 307, 311; **23:34a** 306; **23:34b** 306; **23:35** 306; **23:36** 254; **23:39** 305; **23:39-41** 255; **23:39-42** 308; **23:40** 306; **23:40-43** 801; **23:42** 306; **23:43** 273, 306, 307, 308, 333, 431, 447, 632, 667, 858; **23:44** 306; **23:44-46** 271; **23:46** 253, 306, 307, 310, 311; **23:48** 306; **23:49** 253; **24:1-12** 325, 685; **24:4-7** 740; **24:5-8** 689; **24:9-11** 326; **24:10-11** 711; **24:12** 711, 740; **24:13-32** 326; **24:13-35** 92; **24:19** 260; **24:20** 713; **24:25-27** 40, 90, 96, 322; **24:26** 322; **24:26-27** 93; **24:27** 94, 122, 251; **24:32** 40; **24:34** 326; **24:36-43** 326, 672, 711; **24:36-47** 92; **24:38-40** 325; **24:39** 672,

681; **24:39-40** 257, 304; **24:41-43** 325; **24:44** 122, 125, 251, 252; **24:44-46** 96; **24:44-47** 90, 93, 322; **24:44-49** 123, 326, 794; **24:45** 54, 399; **24:47** 254, 581, 587, 608, 802; **24:49** 207, 345; **24:50-53** 326; **24:51** 943

Juan, libro de 46, 99, 163, 260, 285, 294, 378, 397, 525, 526, 940; **1:1** 73, 175, 209, 242, 243, 248, 250, 263, 264, 737; **1:1-2** 218; **1:1-3** 245, 262, 263, 500; **1:1-4** 770; **1:1-5** 76; **1:2-3** 211, 250; **1:3** 197, 210, 218, 220, 243, 247, 264, 412, 742, 743; **1:4** 263; **1:4-5** 179; **1:9** 179, 256; **1:10** 197, 210, 243, 248, 250, 743; **1:10-11** 76; **1:11** 254, 760, 847, 929; **1:12** 210, 359, 579, 582, 586, 612, 638, 639, 641, 765, 802; **1:12-13** 61, 702; **1:13** 190, 359, 590, 591; **1:14** 76, 83, 187, 193, 244, 245, 259, 263, 264, 333; **1:15** 207; **1:16-17** 263; **1:17** 187, 263, 287; **1:18** 150, 179, 184, 195, 244, 247, 259, 264, 738; **1:19-31** 278; **1:21** 259, 284; **1:23** 207, 255; **1:25** 260; **1:29** 269, 278, 486, 531, 532, 533, 537, 549, 572, 944; **1:29-34** 206, 348; **1:30** 207; **1:32** 345; **1:32-34** 362; **1:34** 207; **1:36** 537, 944; **1:41** 269; **1:43** 252; **1:45** 252; **1:47** 267; **1:47-48** 209; **1:47-49** 263; **1:48-50** 209; **1:49** 43; **1:51** 682, 687, 689; **2:1-11** 285, 291, 293, 412; **2:5** 787; **2:7** 291; **2:9** 787; **2:11** 209, 291, 819, 825; **2:15** 266; **2:16** 207; **2:19-21** 255; **2:19-22** 282, 325; **2:22** 271; **2:23** 819; **2:23-25** 291; **2:24-25** 209, 272; **2:25** 267; **3:1** 572, 590; **3:1-15** 400; **3:2** 269, 611, 819; **3:3** 106, 358, 359, 360, 582, 590, 598, 599, 761, 885; **3:3-8** 590, 637; **3:5** 359, 388, 582, 591, 592, 596, 597, 601, 646, 646n162; **3:5-6** 210, 348, 639; **3:5-7** 359; **3:5-8** 107, 351; **3:6** 590, 591, 601; **3:7** 358, 359, 590; **3:7-8** 343; **3:8** 347, 348, 427, 550, 590, 591, 596, 598, 601, 639; **3:10** 285, 590, 596; **3:13** 207, 254, 272; **3:14** 96, 124, 567; **3:14-15** 253, 612; **3:14-16** 529; **3:15** 596; **3:16** 186, 195, 244, 259, 264, 419, 527, 566, 572, 581, 586, 596, 637, 640, 659, 769, 802; **3:16-17** 242; **3:16-21** 702; **3:18** 244, 264, 588, 596; **3:19** 289; **3:19-20** 593, 666; **3:21** 593; **3:29** 526, 558; **3:31** 242; **3:33** 209; **3:34** 91, 281, 348; **3:35** 242, 770; **3:36** 461, 523, 596, 702, 866, 883; **4:1-26** 285; **4:6** 271, 272; **4:7** 271; **4:13-14** 612; **4:14** 347, 612; **4:18** 437; **4:23** 210, 807; **4:23-24** 767, 808; **4:24** 179, 184, 271, 353, 422; **4:25** 269; **4:26** 295; **4:31-38** 286; **4:34** 191, 557; **4:35** 287, 362; **4:46-54** 293; **4:54** 819; **5** 97; **5:1-9** 293, 826; **5:4** 685; **5:9** 254; **5:14** 229; **5:17** 164, 272; **5:17-18** 92, 206; **5:18** 206, 244, 737; **5:19** 267; **5:19-23** 207; **5:20** 186, 419; **5:20-22** 195; **5:21** 263, 359; **5:22** 210, 770, 883, 888; **5:22-23** 251, 330; **5:24** 632, 702; **5:24-30** 327; **5:25** 280; **5:25-29** 425; **5:26** 173, 209, 211, 244; **5:26-27** 888; **5:26-29** 327; **5:26-37** 207; **5:27** 210, 251, 273, 331, 639n154, 883; **5:27-29** 770; **5:28-29** 210, 253, 426, 447, 669, 861, 862, 881; **5:29** 412, 882; **5:30** 210, 212, 251, 267; **5:31** 92; **5:33-35** 92; **5:33-47** 128; **5:36** 92, 209, 819, 825; **5:37** 184; **5:37-38** 92; **5:39** 96, 251; **5:39-47** 92; **5:40** 593, 599, 612; **5:43** 760; **5:45** 96; **5:45-46** 97;

5:45-47 93, 124; **5:46** 307; **6:1-15** 292; **6:2** 819; **6:11** 273; **6:14** 253, 819; **6:15** 806, 917; **6:16-21** 292; **6:20** 295; **6:27** 207, 347, 367; **6:31-58** 207; **6:33** 573n78; **6:35** 207, 264, 295, 612, 805; **6:37** 479, 507, 526, 558, 565, 567, 568, 658, 612, 756; **6:37-40** 525, 658; **6:38** 212, 242, 524, 526, 530, 557; **6:39** 507, 526, 558, 565, 568, 658; **6:39-40** 668; **6:40** 526, 558, 594n97; **6:41** 295; **6:44** 526, 507, 558, 565, 567, 588, 599, 599n106, 612, 668; **6:46** 150, 184; **6:48** 207, 295; **6:49** 97; **6:50-58** 612; **6:51** 295, 534, 573n78; **6:54** 668; **6:55-65** 558; **6:56** 616; **6:57** 209; **6:61** 273; **6:62** 273; **6:63** 62, 91, 359, 591, 601, 637, 639; **6:64** 588; **6:65** 507, 526, 565, 567, 582, 588, 599, 612; **6:66** 222; **6:68** 91, 784; **6:69** 263, 264; **6:70** 505; **7:7** 666; **7:12** 387; **7:16** 41; **7:17** 107, 191, 192; **7:19** 96; **7:20** 726, 730, 744; **7:31** 819; **7:33-34** 328; **7:34** 921; **7:37-38** 612; **7:38-39** 347; **7:39** 377; **7:40** 253; **7:53–8:11** 131; **8:1-2** 806; **8:12** 207, 264, 295, 805; **8:14-20** 92; **8:17** 810; **8:18** 295; **8:21** 328; **8:24** 207, 295, 610; **8:26-28** 97; **8:28** 207, 285, 295; **8:29** 530; **8:31** 661, 666, 769, 792; **8:34** 545; **8:35** 641; **8:36-38** 207; **8:38** 641; **8:42** 207, 641; **8:43** 589, 593; **8:44** 307, 395, 457, 638, 641, 666, 694, 695, 696, 700, 703, 712, 714, 720, 723, 745, 834; **8:46** 209, 610; **8:48-49** 726, 744; **8:52** 730, 744; **8:56** 96; **8:58** 207, 209, 263, 295, 737; **9** 229; **9:1-7** 293; **9:2-5** 230; **9:13-22** 222; **9:22** 802; **9:30-33** 291; **9:35-38** 254; **9:39** 251, 254; **10:3** 765; **10:7** 264, 295; **10:9** 207, 295, 805; **10:10** 482; **10:11** 207, 248, 255, 256, 264, 295, 534, 765, 805; **10:11-15** 558; **10:11-18** 387; **10:12** 917; **10:14** 207, 256, 264, 295, 507, 526, 765; **10:14-15** 525, 526, 558, 759; **10:15** 179, 511, 526, 534; **10:16** 255, 574; **10:17** 186; **10:17-18** 210, 282, 295, 311, 327, 530, 557, 629n139; **10:18** 524, 770; **10:20** 726, 730; **10:20-21** 744; **10:21** 730, 744; **10:22-30** 94; **10:25** 209, 291, 819; **10:26** 256, 558, 765; **10:27** 511, 558; **10:27-28** 618; **10:27-30** 575, 576; **10:28** 507, 526, 558, 659, 917; **10:28-29** 361, 367, 659, 717, 766; **10:29** 525, 526, 558, 565, 568, 658, 756, 917; **10:29-30** 207; **10:30** 206, 265, 738; **10:33** 206, 266, 737; **10:33-36** 693, 749; **10:34** 697; **10:34-35** 94; **10:34-36** 94; **10:35** 72, 94, 113, 953; **10:36-38** 207; **10:37-38** 291, 819; **10:38** 209, 819, 825, 826; **10:41** 392; **11:1-44** 293; **11:3** 263, 271; **11:5** 263, 271; **11:14-16** 286; **11:24** 669; **11:25** 207, 263, 264, 295, 760, 769; **11:27** 610; **11:35** 271, 855; **11:36** 271; **11:42** 610; **11:43** 592; **11:43-44** 209, 580, 770; **11:44** 592; **11:45** 291; **11:47-48** 390, 744; **11:47-53** 296; **11:47-57** 297; **11:49-52** 255, 573; **11:50** 573; **11:51-52** 574; **12:2** 787; **12:4** 575; **12:13** 43, 254, 255; **12:13-15** 256; **12:14** 96; **12:14-16** 96; **12:19** 556; **12:20-21** 567; **12:22-28** 567; **12:24** 271; **12:25** 426, 769; **12:26** 787; **12:27** 432; **12:27-30** 90; **12:28** 76; **12:31** 332, 546, 695, 696, 699, 717, 720, 721; **12:32** 567; **12:33** 271, 567; **12:34** 269; **12:35-36** 743; **12:36** 208; **12:36-41** 208; **12:37** 208, 291, 588, 819; **12:37-38** 255; **12:37-40** 519; **12:38-41** 124; **12:39-40** 252;

12:41 208, 250, 264; **12:41-42** 737; **12:42-43** 802; **12:45** 263, 738; **12:46** 256, 594n97, 743; **12:47** 251; **12:48** 290; **12:49** 249, 251, 530; **12:49-50** 98; **13** 712; **13–17** 377, 380; **13:1** 387, 419, 423; **13:2** 697, 712; **13:12-38** 98; **13:13** 287; **13:18** 96, 252, 254, 285, 505; **13:18-19** 253; **13:19** 207, 295, 610; **13:21** 252, 432; **13:27** 697, 712, 720; **13:27-30** 286; **13:34** 387, 768; **13:34-35** 419, 811; **13:35** 63, 384, 667, 768, 809; **14** 921; **14:1** 921; **14:1-3** 330, 920, 921; **14:2** 178; **14:2-3** 207; **14:3** 806, 921, 927; **14:6** 59, 112, 136, 179, 185, 209, 242, 263, 264, 295, 695; **14:7** 209, 738; **14:7-9** 184; **14:7-10** 263; **14:9** 266, 423, 738; **14:9-10** 76, 206; **14:10** 98, 197, 242, 249; **14:10-11** 610; **14:11** 242, 819, 825; **14:11-12** 207; **14:12** 290; **14:13** 232; **14:13-14** 795, 807; **14:14** 262; **14:15** 63, 139, 770, 836; **14:16** 269, 285, 348, 351, 354, 397, 831, 953; **14:16-17** 345, 361; **14:17** 112, 209, 343, 344, 348, 349, 351, 363, 377, 397, 399, 577, 761, 797; **14:17-18** 620; **14:19** 327, 328, 766; **14:21** 63, 139, 263, 657, 770; **14:21-24** 419; **14:23** 63, 139, 149, 178, 186, 207, 761, 770; **14:24** 139; **14:26** 84, 98, 195, 202, 206, 209, 212, 242, 285, 343, 344, 348, 351, 354, 397, 772, 794, 797, 820, 831, 953; **14:26-27** 379; **14:27** 385, 387; **14:28-29** 328; **14:30** 695, 696, 699; **14:31** 186, 210, 263, 530; **15:1** 264, 295, 805; **15:1-4** 792; **15:1-11** 60, 766; **15:2** 383; **15:2-6** 388; **15:4** 616; **15:4-5** 618, 619; **15:4-10** 766; **15:5** 295, 383, 477, 702; **15:6** 362, 383; **15:8** 63, 233, 384, 636; **15:8-10** 207; **15:9** 186, 419; **15:9-10** 387; **15:9-11** 263; **15:10** 655, 770; **15:11** 271, 387; **15:12** 210, 548, 768; **15:12-13** 285, 419; **15:13** 186, 384, 387, 558; **15:14** 210; **15:15** 207; **15:16** 262, 505; **15:18-21** 666; **15:18-25** 757; **15:19** 505; **15:24** 221, 291; **15:24-25** 253; **15:25** 254; **15:26** 112, 195, 206, 209, 210, 210n53, 212, 285, 343, 344, 348, 349, 351, 354, 397, 737, 831, 953; **15:26-27** 99, 397, 772; **16:7** 285, 327, 344, 348, 351, 397, 577, 831, 853, 953; **16:7-10** 354; **16:7-11** 397; **16:7-15** 206; **16:8-11** 348, 358, 401; **16:10** 207; **16:11** 546, 695, 696, 697, 699, 720, 744; **16:12** 100, 285; **16:12-13** 209, 210; **16:12-14** 99; **16:12-15** 772, 794, 820; **16:13** 99, 100, 112, 209, 210, 343, 344, 351, 397, 398; **16:13-15** 195, 797; **16:14-15** 99, 100, 354; **16:15** 206; **16:16-17** 328; **16:20-22** 385; **16:23-24** 262; **16:26-28** 207; **16:27** 186, 419, 610; **16:28-30** 207; **16:30** 209, 274, 511, 610; **16:32** 256; **16:33** 387, 922; **17** 329, 564; **17:1-3** 526; **17:1-26** 207, 806; **17:2** 266, 507, 526, 558, 565, 568, 658, 770; **17:3** 136, 148, 149, 179, 185, 195, 205, 242, 586; **17:4** 524, 526, 557, 578; **17:5** 175, 209, 218, 243, 261, 263, 322, 327, 524, 737; **17:6** 508, 526, 558, 565, 568, 658, 756; **17:6-8** 250; **17:7-8** 98; **17:8** 610; **17:9** 526, 558, 565, 568, 658, 756; **17:10** 206; **17:11** 188; **17:12** 96, 695; **17:13** 387; **17:14** 98, 250; **17:15** 695, 717; **17:17** 63, 78, 93, 94, 98, 106, 111, 112, 134, 136, 185, 197, 371, 373, 655, 797; **17:17-19** 72; **17:20** 565, 568, 717; **17:20-21** 507; **17:21** 610, 621, 622, 766, 794, 809; **17:22** 233; **17:23** 186, 419, 423, 765; **17:24** 175, 186, 242, 243, 271, 333, 419, 511, 526, 558, 565, 568, 658, 668, 756; **17:24-26** 484; **17:25** 209; **17:26** 186, 419, 808; **18:3-5** 294; **18:4** 294; **18:5** 295; **18:5-6** 294; **18:5-8** 207; **18:6** 295; **18:8** 295; **18:10** 295, 599n106; **18:12-14** 297, 298; **18:19-23** 297, 298; **18:20** 566; **18:24** 297, 298; **18:28-38** 297, 298; **18:33** 299; **18:36** 299; **18:37** 255, 299; **18:38** 134, 299; **18:39** 43; **18:39–19:16** 298, 300; **19:1** 255; **19:2** 301; **19:3** 43, 302; **19:5** 271; **19:10** 452; **19:11** 104, 452, 478, 639n154; **19:13** 330, 883; **19:17** 320; **19:18** 255; **19:19** 43; **19:21** 43; **19:23-24** 252, 253; **19:24** 124; **19:26-27** 306, 307, 308; **19:28** 271, 306, 307, 310; **19:28-30** 96; **19:29** 254; **19:30** 306, 307, 311, 552, 578, 720, 805; **19:31** 305; **19:31-32** 306; **19:31-34** 308; **19:34** 256, 306; **19:36** 253; **19:37** 256; **20:1-10** 325; **20:5** 740; **20:11** 740; **20:11-12** 682; **20:11-18** 326, 685; **20:15** 287; **20:17** 207, 325, 640; **20:19** 327, 387; **20:19-23** 123; **20:19-25** 326; **20:20** 671; **20:21** 387; **20:22** 202, 212, 379; **20:23** 746; **20:25** 304; **20:25-29** 326; **20:26-31** 326; **20:27** 671; **20:27-29** 207; **20:28** 210, 264, 266; **20:30** 40, 819; **20:30-31** 291; **20:31** 210, 581, 610; **21:1-8** 293, 581; **21:1-23** 326; **21:6** 599n106; **21:11** 599n106; **21:14** 271; **21:15** 137; **21:15-17** 712, 773; **21:17** 137, 209, 263, 511; **21:19** 232; **21:25** 40

Hechos, libro de 46, 63, 72, 81, 122, 125, 149, 258, 342, 363, 364, 365, 366, 368, 391, 397, 450, 681, 685, 722, 725, 726, 728, 730, 731, 732, 757, 784, 796, 799, 800, 802, 815, 822, 828, 829n40, 875, 940; **1** 362; **1–2** 378, 380; **1–5** 397; **1–12** 712; **1:1-3** 84; **1:1-11** 380; **1:2** 281, 348, 505, 771; **1:3** 878; **1:4** 344, 379; **1:4-5** 345, 362, 365, 380; **1:4-8** 123, 326; **1:4-11** 326; **1:5** 316, 347, 362; **1:5-8** 772; **1:6** 850, 873, 878, 912; **1:6-7** 274; **1:6-8** 450; **1:7** 878, 900; **1:7-8** 873; **1:8** 348, 363, 397, 767, 769, 773, 820, 827; **1:9** 371, 943; **1:9-11** 256, 328, 331, 900, 928; **1:10** 683; **1:10-11** 685, 740; **1:11** 323, 689, 868, 927; **1:12** 927; **1:13** 380; **1:14** 380, 795, 806; **1:15** 380, 827, 828; **1:15-16** 643; **1:15-20** 252; **1:15-26** 123, 380; **1:16** 100, 343, 398, 797; **1:16-26** 254; **1:20** 398; **1:21-25** 772; **1:22** 821, 825; **1:24** 263, 505, 771, 795; **1:24-25** 262; **1:26** 771, 825; **2** 362, 363, 365, 375, 377, 794, 797, 827, 828, 870, 911; **2:1-4** 345, 346, 362, 380; **2:1-13** 363; **2:1-21** 362, 364, 756; **2:2** 347; **2:3** 346; **2:3-4** 380; **2:4** 316, 345, 348, 379, 397, 828, 879; **2:4-11** 820, 827; **2:4-12** 380; **2:5** 828; **2:6-11** 822; **2:7** 824; **2:8** 827; **2:9-11** 828; **2:11** 828; **2:12** 824, 827, 828; **2:13** 824; **2:14** 828; **2:14-40** 380, 784, 792; **2:15-16** 100; **2:16** 829n40; **2:16-18** 828; **2:17** 774, 879; **2:17-18** 209, 829; **2:17-21** 124, 256; **2:18** 828, 947; **2:19** 828; **2:20** 256, 926; **2:21** 208, 829; **2:22** 221, 271, 390, 393, 394, 635, 820, 825, 826; **2:22-23** 217, 760; **2:22-24** 712; **2:22-31** 324; **2:23** 173, 190, 191, 192, 215, 216, 223, 225, 230, 293, 295, 311, 500,

501, 502, 524; **2:23-24** 181, 327; **2:24** 546, 670; **2:24-31** 252; **2:25-28** 124; **2:25-32** 322; **2:27** 253; **2:29-31** 90; **2:29-36** 327; **2:30** 252, 253, 254; **2:30-36** 897; **2:31** 124; **2:32-35** 324; **2:32-36** 200; **2:33** 347, 355, 397; **2:33-35** 252; **2:34-35** 124; **2:34-36** 207; **2:36** 502, 770; **2:38** 269, 389, 581, 586, 608, 800, 802; **2:38-42** 767, 814; **2:38-47** 756; **2:39** 589, 757; **2:41** 63, 363, 426, 757, 759, 792, 802, 814, 815; **2:41-47** 792; **2:42** 42, 123, 135, 763, 772, 792, 794, 795, 803, 806, 814, 820, 825, 831; **2:42-47** 767, 796; **2:43** 391, 772, 796, 820; **2:43-47** 795; **2:44-45** 796, 833; **2:46** 796; **2:47** 757, 759, 769, 796, 814, 815; **3** 378, 928; **3:4** 247; **3:6** 269; **3:8** 826; **3:12** 291; **3:12-26** 784; **3:13** 225; **3:14** 263, 264; **3:15** 263, 264, 271; **3:18** 100, 191, 853, 928; **3:18-21** 902; **3:19** 586, 605, 608, 801; **3:19-21** 928; **3:19-26** 760; **3:20** 252, 853; **3:21** 137, 438, 457, 667, 846, 849, 850, 853, 857, 932; **3:22** 124; **3:22-23** 253, 259; **3:24-25** 829n40; **3:25** 124, 850; **4:4** 63, 757; **4:8** 380, 397, 774; **4:8-12** 100, 252, 784; **4:10-12** 256; **4:11** 254; **4:11-12** 759; **4:12** 322, 702; **4:16** 744; **4:23-31** 806; **4:24** 218; **4:24-31** 795; **4:25-26** 124, 252, 253, 398; **4:27** 269, 294, 346; **4:27-28** 173, 190, 191, 215, 216, 217, 225, 230, 295, 501, 502, 524; **4:28** 294, 500; **4:29-31** 91; **4:30** 820; **4:31** 71, 380, 397; **4:32** 760; **4:32-37** 809; **4:33** 772; **4:34-36** 796; **5** 350, 712; **5:1-11** 480, 701, 702, 728, 833; **5:3** 349, 350, 382, 696, 697, 712, 728, 831; **5:3-4** 209; **5:4** 350, 796; **5:5** 712; **5:9** 209, 344, 349, 382; **5:10** 712; **5:11** 712, 810; **5:12** 391, 772, 820; **5:13** 712; **5:13-14** 792; **5:14** 63, 757, 814, 815; **5:16** 726, 728, 730; **5:19** 685; **5:20** 136, 138; **5:27-32** 137; **5:28** 42, 769; **5:29** 135, 453; **5:29-32** 784; **5:31** 255, 269, 328, 614, 767, 801; **5:32** 348, 397, 399; **5:42** 951; **6** 791, 791n14; **6:1-6** 789, 791; **6:2** 71, 774, 787; **6:2-6** 781; **6:3** 380, 630n141, 781, 791; **6:3-4** 832; **6:4** 137, 139, 773, 774, 790, 791, 794, 798, 806, 825; **6:5** 380, 790, 815; **6:6** 781; **6:7** 63, 72, 757; **6:8** 820, 826; **6:8-15** 790; **6:10** 380, 830; **7** 90; **7:1-60** 790; **7:22** 87, 456; **7:30** 250; **7:30-33** 346; **7:30-35** 735, 737; **7:35** 250; **7:35-38** 259; **7:37** 829n40; **7:38** 688, 756; **7:48-49** 178; **7:51** 343, 348, 349, 401, 580, 588, 594; **7:52** 263; **7:53** 688; **7:54-60** 42; **7:55** 380; **7:55-56** 328; **7:56** 254, 269, 869; **7:59** 427, 430, 858; **7:59-60** 262, 447; **8** 363, 365; **8:1** 815; **8:4-40** 773; **8:5-7** 820, 826; **8:5-12** 790; **8:6** 820; **8:6-7** 771; **8:7** 726, 728, 730, 826; **8:12** 761, 802; **8:13** 820, 824; **8:14** 71; **8:14-19** 363; **8:14-24** 364; **8:22** 428, 605; **8:25** 71; **8:26** 685; **8:26-40** 790; **8:28-35** 255; **8:29** 210, 343; **8:31** 137; **8:33** 211n56; **8:34-39** 802; **8:38** 802; **8:39** 344, 917; **8:39-40** 376; **9:1-6** 326; **9:1-9** 821, 825; **9:3-5** 328; **9:3-7** 90; **9:10-16** 91; **9:13** 647; **9:17** 380; **9:18** 802; **9:26** 815; **9:31** 63, 757; **9:32** 647; **9:35** 63, 605; **9:41** 647, 826; **9:41-42** 825; **9:42** 63, 757, 826; **10–11** 363, 365; **10:1–11:18** 364; **10:3-8** 685; **10:9** 806; **10:19** 343; **10:19-20** 210; **10:22** 685; **10:25-26** 739; **10:34** 209; **10:34-48** 800n19, 802; **10:38** 255, 281, 346, 348, 699; **10:39-41** 772; **10:41** 325; **10:42** 210, 251; **10:43** 255, 829n40; **10:44-46** 828; **10:44-48** 363, 801; **10:45** 389, 824; **10:46** 820, 828; **10:48** 802; **11** 362, 791n14; **11:1** 72; **11:12** 343; **11:13** 685; **11:13-18** 362; **11:14** 800n19; **11:15-17** 800; **11:17** 820; **11:17-18** 637; **11:18** 174, 233, 589, 614, 659; **11:21** 63, 605, 757; **11:24** 380, 757; **11:26** 368; **11:27-28** 102, 772, 829, 829n40; **11:28** 398, 771; **11:29-30** 774, 791n14; **11:30** 774, 783; **12:1-2** 739; **12:2** 42; **12:6-11** 738; **12:7-11** 685, 688; **12:11-16** 806; **12:12** 738; **12:13-15** 739; **12:15** 739; **12:20-23** 688; **12:24** 72; **12:25** 102; **13:1** 102, 772, 780, 829, 829n40; **13:2** 343, 782; **13:2-4** 348; **13:4** 348; **13:5** 72, 102; **13:6-12** 826; **13:7** 72; **13:9** 380; **13:9-11** 380; **13:10** 382, 695, 713; **13:12** 41, 42; **13:22-23** 253; **13:23** 254; **13:27** 829n40; **13:30-33** 246; **13:33** 211, 252, 253; **13:34-37** 324, 327, 897; **13:35** 253; **13:35-37** 252; **13:38-39** 255, 586, 660; **13:40** 829n40; **13:44** 72; **13:45** 382; **13:46-48** 764; **13:47** 255; **13:48** 234, 506; **13:48-49** 72, 757; **13:52** 380; **14** 381; **14:1** 63, 757; **14:2** 426; **14:3** 820, 825; **14:8-18** 826; **14:9-10** 826; **14:9-15** 739; **14:12** 784; **14:15** 218, 411, 605; **14:15-17** 498; **14:16** 216, 226, 230; **14:17** 74, 248, 867; **14:21** 63, 769; **14:21-22** 832; **14:22** 761; **14:23** 763, 774, 781, 782, 783, 783n11, 815; **14:27** 763; **15** 102, 784; **15:1** 764; **15:2** 774, 783; **15:3** 581, 602; **15:4** 774; **15:6** 774; **15:6-11** 362; **15:7-11** 784; **15:9** 610; **15:11** 610; **15:12** 820; **15:13-18** 451; **15:13-21** 784; **15:14-18** 879, 897; **15:15** 829n40; **15:16-18** 256; **15:19-31** 785; **15:22** 774, 776, 815; **15:28** 348; **15:29** 439; **15:32** 829, 829n40; **15:35** 831; **15:35-36** 72; **15:37-39** 102; **16:4** 774; **16:5** 63, 757, 814, 815; **16:6-7** 343; **16:7** 344, 375; **16:11-15** 800n19; **16:14** 656; **16:16** 725, 726, 730; **16:16-18** 726, 728, 732, 826, 831; **16:17** 726; **16:18** 725; **16:19** 599n106; **16:30-31** 801; **16:31** 581, 802; **16:31-33** 802; **16:32** 72; **17** 51, 156; **17:2-3** 124, 126; **17:6** 769; **17:10-11** 100; **17:11** 128, 831; **17:12** 63; **17:13** 72; **17:16** 427; **17:17** 544; **17:19** 42; **17:23-31** 74; **17:23** 156; **17:24** 156, 157, 179, 226, 416; **17:24-25** 149, 218; **17:24-28** 218; **17:25** 157, 173, 498, 640; **17:26** 157, 163, 180, 215, 223, 448, 501, 640; **17:27-28** 178; **17:28** 158, 224, 416, 498, 640; **17:29** 640; **17:30** 216, 521, 571, 587, 608, 650; **17:30-31** 251, 332; **17:31** 210, 327; **17:32** 588; **18:3** 783; **18:8** 802; **18:9-10** 326; **18:11** 72; **18:12-16** 330; **18:21** 190; **18:24-25** 831; **18:24-28** 141; **18:27** 614, 815; **18:28** 269; **19** 363, 365; **19:1-5** 802; **19:1-7** 363, 364; **19:4** 278, 603; **19:4-5** 800; **19:6** 828; **19:8** 761; **19:10** 72, 769; **19:11-12** 393, 726, 728; **19:11-17** 732; **19:12** 724; **19:13** 724, 730; **19:13-16** 726, 729; **19:13-17** 728; **19:14-16** 826; **19:15-16** 724; **19:16** 726; **19:20** 72; **19:28-29** 382; **19:32** 756; **19:41** 756; **20** 775; **20:7** 327; **20:7-12** 825; **20:10** 426; **20:17** 763, 774, 775, 783, 815; **20:19** 787; **20:21** 581, 585, 603, 608; **20:22-23** 348; **20:25** 761; **20:27** 136, 138; **20:28** 208, 271, 273, 348, 544, 553, 558, 560, 659, 756, 759, 763, 773, 774, 775, 776, 782, 785, 815;

20:28-30 776; 20:29 812; 20:29-30 762, 772, 920; 20:29-31 772; 20:32 62, 371, 372, 646, 655, 768, 798; 20:35 832; 21:8 773, 835; 21:9-11 829n40; 21:10-11 771, 829; 21:18 774; 21:30 599n106; 22:3 88; 22:6-8 328; 22:6-11 326; 22:14 263; 22:16 262, 802n23; 23:8 681; 23:10 917; 23:11 326; 24:14 829n40; 24:14-15 669; 25:23-26:32 59; 26:5 182n26; 26:12-18 326; 26:13-15 328; 26:16 825; 26:17-18 581; 26:18 371, 372, 399, 593, 594n97, 602, 603, 605, 646, 699, 720; 26:20 605, 607, 801; 26:22 829n40; 26:22-23 312; 26:23 253; 26:27 611, 829n40; 26:28 368; 27:11 832; 27:15 81; 27:17 81; 27:23-26 685; 28:23 761, 829n40; 28:25 343; 28:25-27 209, 254, 350, 398; 28:31 761, 870

Romanos, libro de 78, 84, 103, 132, 342, 393, 470, 623, 631, 632, 634, 940; 1 417, 441, 463; 1—3 462; 1:1-4 269; 1:2 72, 82; 1:2-4 254; 1:3 253, 254; 1:4 246, 264, 327, 344, 348, 350, 351, 369, 400, 635, 653; 1:6 589; 1:7 61, 164, 263, 647, 756, 765; 1:9 427; 1:11 817; 1:11-13 84; 1:13 383; 1:16 182, 360, 734; 1:16-17 52, 72, 124, 584, 623; 1:17 228, 631n144; 1:18 155, 440, 461, 467, 541, 615; 1:18-20 498, 499; 1:18-21 155; 1:18-25 74; 1:18-32 456, 540, 807, 883; 1:18–3:20 477, 486; 1:19-20 148, 584; 1:20 168, 182, 184, 411; 1:21 428, 476, 547; 1:21-22 589; 1:21-31 584; 1:23 174, 175, 463; 1:24 191, 216, 541; 1:24-27 436; 1:24-32 387; 1:25 417, 462, 698, 706, 714, 743; 1:25-28 643; 1:26 191, 216, 541; 1:26-27 439, 441, 463; 1:28 191, 216, 541, 743; 1:29-32 382; 1:32 189, 387, 584, 630n140; 2:1–3:20 540; 2:2 387; 2:4 188, 308, 385, 417, 499, 856; 2:5 417, 440, 467, 541, 856, 926; 2:5-8 881; 2:5-11 886; 2:6 189; 2:7 189, 882; 2:8 440, 541; 2:9 189; 2:12 575; 2:14-15 75, 429, 483; 2:15 429, 498; 2:16 251; 2:23 462; 2:26 189; 2:28-29 765; 3 498, 631; 3:2 100; 3:3 386; 3:4 136, 185, 517; 3:4-6 227; 3:5 541; 3:5-6 483; 3:9-20 124; 3:10 585; 3:10-11 695; 3:10-18 106, 498; 3:13 695; 3:19-20 314; 3:20 893; 3:20-26 623; 3:20-28 627; 3:21-22 190, 631n144; 3:21-26 541; 3:21-28 624; 3:21-30 802; 3:21–5:21 486; 3:22 623, 631, 802n23; 3:23 233, 268, 358, 461, 477, 498, 545, 547, 566, 585, 622, 627; 3:24 187, 190, 196, 631, 633; 3:24-25 539; 3:24-26 230, 553n55, 802n23; 3:25 188, 216, 318, 527, 530, 538, 540, 541, 553, 560, 570, 618, 628, 631, 659; 3:25-26 549; 3:26 190, 228, 229, 527, 530, 547, 627, 628, 631; 3:27-28 513; 3:28 579, 581, 607, 621, 627n137, 632, 801, 802n23; 3:30 179, 190, 206, 802n23; 4 632, 633, 892; 4:1-12 124, 359; 4:1-25 543; 4:3 627n137, 629, 633, 892; 4:3-5 480, 532, 549, 621; 4:4 187; 4:4-5 533, 627, 630, 633, 801; 4:5 190, 625, 627n137, 802, 802n23; 4:6 635; 4:6-8 574; 4:7-8 628; 4:9 627n137; 4:9-13 635; 4:10 627n137; 4:10-12 892; 4:11 627n137; 4:12 765; 4:13 319; 4:14 266; 4:16 187, 634; 4:17 218, 359, 411, 592; 4:20-21 232; 4:22 627n137;

4:23 627n137; 4:24 618, 627n137; 4:25 190, 327, 526, 577, 585; 5 474, 543, 941; 5:1 190, 543, 579, 581, 627, 628, 632; 5:2 672; 5:3-5 655; 5:4 796; 5:5 210, 342, 343, 389, 395, 419; 5:5-6 355; 5:6 271, 534, 585; 5:7-8 186; 5:8 229, 271, 497, 527, 529, 534, 549, 585; 5:8-9 228; 5:9 190, 547; 5:9-10 543; 5:10 467, 542, 548, 549, 578; 5:10-11 542; 5:11 543; 5:12 413, 414, 443, 464, 465, 470, 483, 532, 556, 620, 855; 5:12-14 220; 5:12-19 268, 473, 630; 5:12-21 414, 470, 471, 472, 473, 474, 556; 5:14 269, 414, 474; 5:15 187, 470; 5:15-16 817; 5:16 622, 630n140; 5:17-19 293; 5:18 471, 473, 556, 566, 620, 627; 5:18-19 255, 470, 476, 526, 527, 549, 620, 630; 5:19 471, 473, 532, 533, 617, 620, 630n141, 630n152, 947; 5:20 314, 893; 5:20-21 192, 228, 229; 6:1 187; 6:1-2 62; 6:1-14 636; 6:1–7:6 647; 6:1–8:17 486; 6:2 647; 6:3 365, 616, 799; 6:3-4 365; 6:3-5 647; 6:3-6 636; 6:4 210, 322, 327, 601, 617, 800; 6:4-11 618; 6:5 567, 618, 795, 799; 6:5-10 327; 6:6 425, 544, 545, 617, 949; 6:6-7 647; 6:8 567, 616, 617; 6:8-9 610; 6:9-10 647; 6:10 552, 578, 800, 804, 805; 6:11 647, 648; 6:12 648; 6:12-13 648; 6:13 359, 671; 6:14 187, 647, 648, 894; 6:14-18 665; 6:15 894; 6:16-17 545; 6:17 428; 6:18 359, 545, 647; 6:19 61, 372, 373; 6:20 359; 6:22 371, 373, 545, 636; 6:23 187, 268, 280, 389, 395, 499, 531, 545, 585, 622, 627, 629, 817; 7:1 647; 7:4 327, 618, 647; 7:5-11 314; 7:6 362, 894; 7:12 76, 189, 314, 893, 898; 7:14-25 601, 647, 665; 7:15 666; 7:15-23 150; 7:24 425, 665; 8 565, 849; 8:1 481, 554, 617, 628, 637, 658, 660, 857, 884; 8:1-5 743; 8:1-11 327, 658, 660; 8:2 209, 344, 358, 592, 601; 8:3 320; 8:3-4 355, 879; 8:4 189, 630n140; 8:5-9 593; 8:5-11 743; 8:6 349, 358; 8:7 106, 467, 477, 542, 584, 598; 8:7-8 467, 477, 523, 548, 578, 588, 650, 947; 8:8 598, 648; 8:8-9 355; 8:9 178, 209, 344, 350, 367, 375, 376, 381, 621, 649; 8:9-10 620; 8:9-11 348; 8:10 616; 8:10-11 358; 8:11 178, 197, 210, 279, 282, 343, 344, 348, 350, 351, 354, 376, 400, 425, 670; 8:12-13 601; 8:13 425, 649, 654, 657; 8:14 210, 348, 765, 797; 8:14-16 640; 8:14-17 63; 8:15 164, 348, 664; 8:15-16 641; 8:15-17 355; 8:16 348, 358, 427; 8:16-17 63, 765; 8:17 618, 640, 644, 655; 8:17-18 668; 8:18 484; 8:19 765, 931; 8:19-23 76, 568, 880; 8:19-25 580; 8:20 483, 568, 850, 931; 8:20-21 667; 8:20-22 230, 498; 8:20-23 367; 8:21 568, 641, 765, 931; 8:23 362, 367, 368, 371, 400, 412, 425, 433, 447, 486, 545, 579, 640, 644, 650, 668, 862, 931; 8:23-25 327; 8:26 343, 806; 8:26-27 348, 351, 952; 8:26-29 355; 8:27 55, 179, 343, 647; 8:28 74, 86, 182, 223, 229, 385, 500, 501, 707, 756; 8:28-29 509, 655; 8:28-30 180, 223, 369, 372; 8:28-39 565n72; 8:29 180, 182, 269, 423, 508, 509, 511, 640, 645, 657, 658, 668; 8:29-30 174, 182, 215, 504, 506, 509, 526, 557, 564, 565, 579, 581; 8:29-39 564, 565; 8:30 190, 580, 582, 583, 588, 589, 591, 628, 658, 668, 756; 8:31 565, 707; 8:31-34 327, 658; 8:31-39 367, 576;

8:32 564, 565, 565, 566n72; 8:32-33 558; 8:32-34 504, 564; 8:32-39 707; 8:33 190, 517, 557, 564, 565; 8:33-34 627, 628, 659, 699; 8:34 329, 558, 564, 565, 577, 660, 950; 8:35 658; 8:35-39 564, 565, 575, 659, 699; 8:37 186, 716; 8:37-39 658, 733; 8:38 687, 728, 729; 8:38-39 361, 481, 618, 620, 643, 766, 857; 8:39 481; 9 518, 521, 764; 9–11 764; 9:1 348, 429; 9:1-3 77; 9:3 764; 9:5 208, 264, 273; 9:6 764, 765, 875; 9:6-13 124; 9:6-18 512; 9:7 253; 9:7-9 506; 9:8 641; 9:10-13 506; 9:11 500, 513, 518; 9:11-13 504, 512; 9:13 186, 518; 9:14 483, 513; 9:14-18 660; 9:15 514; 9:15-16 190; 9:15-17 124; 9:15-18 191; 9:15-20 227; 9:16 514, 518, 550; 9:17 101, 219, 229, 518; 9:17-19 191; 9:17-24 192; 9:18 190, 191, 230, 518, 519, 588; 9:18-19 191; 9:19 173, 500, 518; 9:19-20 190; 9:19-21 173; 9:19-23 516n18, 516n19; 9:19-24 191; 9:20 483, 520; 9:20-21 191; 9:21 519, 588; 9:22 517, 518; 9:22-23 188, 499, 515, 519, 520, 557; 9:23 188; 9:23-24 767; 9:25-26 124, 255, 761; 9:27-29 124; 9:30 632; 9:30-32 513, 893; 9:31 189; 9:33 124, 254; 10 521; 10:1 807; 10:3 623; 10:3-4 631n144; 10:4 532, 586, 612, 623, 631, 632, 894; 10:5-17 75; 10:6 632; 10:9 208, 479, 586, 610; 10:9-10 264, 327, 799, 802, 802n23; 10:10 632; 10:11-21 661; 10:13 62, 208, 262, 264, 521, 584, 802n23; 10:13-17 584; 10:14 107, 610; 10:14-15 798; 10:14-17 521; 10:14-21 107; 10:17 107, 155, 595, 610; 10:18 74; 10:19 767; 10:21 521, 587; 11 878; 11:1 174, 765, 879; 11:2 181, 505, 510; 11:5 255, 764, 878; 11:5-6 187; 11:6 634, 801; 11:7 255, 506, 517; 11:11 767, 879; 11:11-12 850; 11:11-15 174; 11:11-20 761; 11:12 451, 878; 11:13-36 248; 11:15 174, 850, 878; 11:17 766; 11:25-26 761, 765; 11:25-27 256; 11:25-33 185; 11:26 316, 505, 765, 878, 893, 916; 11:26-27 255, 853, 878, 885, 898; 11:28-29 505, 879; 11:29 174, 388, 389, 817; 11:30 188; 11:31 461; 11:32 566; 11:33 151, 165, 180, 185, 522, 767; 11:33-34 151; 11:33-35 40, 173; 11:33-36 55, 106, 216; 11:34 55, 179, 180; 11:36 149, 173, 219, 501, 522; 12 388, 819, 833; 12:1 425, 643, 767, 835; 12:1-2 770, 808; 12:2 53, 191, 192, 649, 652, 653, 700, 794; 12:3 62, 818; 12:3-8 814; 12:4-5 765; 12:5 620, 622; 12:5-8 817; 12:6 388, 390, 395, 817, 823, 829, 830; 12:6-7 787; 12:6-8 187, 389, 390, 395, 816, 819, 823, 824; 12:7 395, 823, 831, 832; 12:8 394, 395, 776, 823, 831, 832, 833; 12:9 387; 12:10 768, 810, 812; 12:12 387, 795, 807; 12:15 387; 12:16 768, 809, 810, 812; 12:19 189; 12:21 387; 13:1 104, 426, 453; 13:1-2 452; 13:1-5 498; 13:1-7 401, 452, 483; 13:2 452; 13:3 452; 13:3-4 787; 13:4 452; 13:5 453; 13:7 453; 13:8 768, 810, 812; 13:11 62, 330, 370, 579; 13:12 714; 13:14 657; 14:4 765; 14:8-9 208; 14:10 883; 14:10-11 210; 14:14 768; 14:15 575; 14:17 385, 761, 870, 873; 14:19 768; 14:23 648; 15:2 768; 15:3 254; 15:4 41, 895; 15:5 768, 784, 810, 812; 15:6 164, 207; 15:7 193, 233, 768, 810; 15:13 256, 349; 15:13-14 382; 15:14 768, 810;

15:16 348, 355; 15:18-19 393, 826; 15:19 209, 391, 820, 947; 15:22-25 84; 15:25 787; 15:26-28 383; 15:30 243, 354; 15:32 190; 16:1 789, 815; 16:11 616; 16:14 643; 16:16 756, 759, 768, 810; 16:17 41, 135, 812; 16:19 345; 16:20 257, 263, 697, 720; 16:22 80; 16:25-27 185; 16:26 82; 16:27 185

1 Corintios, libro de 342, 393, 758, 804, 822, 827, 828, 940; 1:1 825; 1:1-8 381; 1:2 61, 62, 262, 371, 372, 617, 645, 646, 647, 756; 1:3 164, 206; 1:4-16 800n19; 1:7 331, 388, 395; 1:7-8 884; 1:8 615; 1:9 185, 580, 588, 589, 591, 622, 664, 760, 766, 794; 1:10 784, 812; 1:11-13 646; 1:14-17 801; 1:18 62, 72, 575, 584; 1:18-21 584; 1:18-25 702; 1:18-2:5 75; 1:20-21 59; 1:20-31 767; 1:23-24 263; 1:24 182, 202, 264, 580, 589; 1:26 580; 1:27-31 507; 1:29-30 514; 1:30 179, 197, 202, 254, 255, 372, 507, 532, 616, 617, 618, 620, 631; 2:1-2 758; 2:2-5 355; 2:4 349, 757; 2:4-5 399, 798; 2:4-16 107; 2:6 651; 2:6-13 185; 2:6-16 73; 2:7 180, 499, 500; 2:8 208, 231, 264, 283; 2:10 179, 210, 348, 398, 664; 2:10-11 209, 351, 397, 398; 2:10-13 343, 348, 351; 2:10-16 397, 794; 2:11 150, 344; 2:12 664; 2:12-13 54, 210, 229, 397; 2:13 343, 399; 2:13-14 40; 2:14 106, 469, 477, 582, 584, 588, 589, 593, 598, 650, 947; 2:14-15 388; 2:14-16 397, 399, 798; 2:15 593; 2:16 53, 55, 593; 3:1 646; 3:1-3 40, 60; 3:2 73, 140; 3:6-7 63; 3:9 759; 3:10 758; 3:10-11 766; 3:10-15 330, 920; 3:11 758, 770; 3:11-15 884; 3:12-15 481, 884; 3:13 345, 884; 3:14 884; 3:15 884; 3:16 149, 178, 209, 348, 350, 361, 376, 384; 3:16-17 174, 766; 3:20 180; 3:22 644; 3:23 759; 4:5 263, 484, 884; 4:7 189, 514; 4:9 689, 740; 4:16 786; 4:20 762, 765; 5 713, 894; 5:1 646; 5:1-13 728, 810, 816; 5:4 815; 5:4-7 785; 5:5 480, 713; 5:6 811; 5:7 316, 317, 485, 531, 537, 549, 944; 5:8 316; 5:9 812; 5:9–6:11 741; 5:11 713, 728, 811; 5:12 741; 5:13 481, 713, 728, 741, 785, 836, 894; 6:1 741; 6:1-7 646; 6:2 741, 767; 6:3 738, 741, 742; 6:9 439, 762; 6:9-10 358, 387, 439, 870; 6:10 388; 6:11 190, 344, 348, 355, 358, 368, 370, 372, 647; 6:12 556; 6:14 330; 6:15-16 620; 6:17 766, 799, 809; 6:18 654; 6:18-20 232; 6:19 178, 348, 350, 376, 384, 425, 671; 6:19-20 367, 759, 766; 6:20 544, 576, 767; 7:1-5 702; 7:2 437; 7:5 696; 7:7 395; 7:23 544, 576; 7:24 437; 7:25 84, 188; 7:29 437; 8:3 511; 8:4 206, 353; 8:4-6 179; 8:6 164, 173, 197, 200, 206, 207, 208, 210, 215, 218, 243, 743; 8:11 534, 575; 8:12 575; 9:1 772; 9:4-9 782; 9:6 783; 9:12 947; 9:13 782; 9:18 783; 9:20-21 894; 9:21 556; 9:25 386; 9:27 425; 10:1-4 164; 10:2 799; 10:4 164, 252, 758; 10:6 895; 10:11 330; 10:13 185, 696, 807; 10:16 804; 10:16-17 795; 10:20-21 699, 729; 10:21 723; 10:22 190; 10:23 556; 10:31 27, 231, 418, 767; 10:32 756, 763; 11 803; 11:1 786; 11:2 124; 11:2-16 410; 11:3 770; 11:7 418; 11:8 413, 435; 11:10 689; 11:12 413; 11:16 756; 11:18 803; 11:18-20 763; 11:20-22 646; 11:21 803; 11:22 756; 11:23-26 794,

804; **11:24** 534; **11:24-25** 805; **11:24-29** 795; **11:25** 255, 899; **11:26** 806; **11:27-32** 795, 803; **11:29-30** 480, 712; **11:30** 643; **12** 362, 819, 825; **12–13** 388; **12–14** 646, 816, 816n31, 818, 818n32, 827, 828; **12:1** 388, 817, 828; **12:3** 208, 359; **12:4** 210, 361, 390, 817; **12:4-5** 825; **12:4-6** 206, 388, 817; **12:4-7** 816; **12:4-11** 349; **12:4-27** 818; **12:4-28** 784; **12:4-29** 835; **12:4-31** 814, 817; **12:5** 787; **12:5-6** 390; **12:6** 390; **12:6-11** 817; **12:7** 381, 389, 390, 396, 655, 768, 817, 818n32, 828; **12:7-8** 210; **12:7-10** 818; **12:7-27** 817; **12:8** 394, 713, 823, 830; **12:8-10** 389, 390, 395, 819, 823, 824; **12:9** 351, 388, 394, 817, 823, 826, 834; **12:10** 394, 395, 823, 825, 826, 828, 831, 834; **12:11** 191, 209, 210, 343, 350, 351, 381, 388, 389, 395, 817, 828; **12:12** 765; **12:12-13** 620; **12:12-27** 395, 766, 809; **12:13** 347, 348, 361, 362, 363, 366, 380, 381, 620, 799, 800, 800n18, 814, 817, 943; **12:13a** 347; **12:13b** 347; **12:18** 350, 388, 389, 395, 817; **12:24** 350, 389; **12:25** 768, 810; **12:26** 622; **12:27** 620, 765; **12:28** 350, 388, 394, 395, 771, 772, 773, 780, 817, 823, 826, 829, 831, 832; **12:28-29** 823, 825, 826; **12:28-30** 389, 390, 395, 819, 821, 823, 824; **12:28-31** 825; **12:30** 394, 823, 828; **12:30-31** 388, 817; **13** 78; **13:1** 394, 682, 823, 827, 827n38; **13:1-3** 389, 390, 395, 818, 819; **13:1-7** 818; **13:2** 394, 823, 830, 834; **13:2-3** 827n38; **13:3** 395, 823; **13:4** 385; **13:4-7** 383, 384, 396; **13:6** 813; **13:8** 384, 390, 394, 395; **13:8-9** 389, 390, 819; **13:10** 822n35, 823n35; **13:12** 649, 837; **13:13** 390, 823n35; **14** 768, 828; **14:1** 388, 817; **14:1-5** 830; **14:2** 828; **14:3** 829; **14:4** 818n32, 828; **14:4-5** 390; **14:5** 818n32, 828; **14:5-17** 827; **14:6** 828; **14:6-18** 823; **14:6-19** 828; **14:12** 390, 396, 818; **14:13** 828; **14:13-15** 806; **14:14** 427; **14:15** 808; **14:17** 390; **14:18** 828; **14:19** 808, 828; **14:20** 389; **14:21** 828; **14:21-22** 828; **14:22** 820, 823, 827; **14:23** 815, 828; **14:24-25** 793; **14:26** 390, 768, 818; **14:26-27** 829; **14:26-28** 394; **14:27** 828; **14:27-28** 818n32, 827; **14:28** 829; **14:29** 772, 829; **14:37** 84, 772; **14:37-38** 101, 128; **14:39** 828; **14:40** 808, 818; **15** 414, 474, 523, 941; **15:1-4** 801; **15:1-5** 312; **15:3** 255, 481, 548; **15:3-4** 100, 322, 523; **15:4** 585; **15:5a** 326; **15:5b** 326; **15:6** 326; **15:7-8** 772; **15:7-9** 771, 825; **15:7a** 326; **15:7b** 326; **15:8** 326, 772, 821, 825; **15:8-9** 772; **15:9** 756; **15:12-19** 668; **15:13-19** 322; **15:14** 327; **15:16** 670; **15:17-18** 327; **15:18** 575; **15:19** 670; **15:19-20** 327; **15:20** 271, 327, 862; **15:20-22** 618; **15:20-24** 425, 486, 881; **15:20-28** 871; **15:21-22** 269; **15:22** 414, 473, 474, 532, 617, 620, 669; **15:22-23** 526, 650; **15:22-24** 881; **15:23** 316, 327, 447, 644, 667, 670, 672, 882; **15:23-24** 669; **15:24** 164, 207, 256, 687, 699, 728, 729, 910; **15:24-28** 106, 459, 690, 880, 929; **15:25-26** 770; **15:26** 444, 670, 855; **15:27** 421, 566; **15:27-28** 252, 333; **15:28** 212n58, 219, 910; **15:35** 861; **15:35-49** 861; **15:38** 413; **15:40-41** 322; **15:42** 862; **15:42-44** 644, 650, 671; **15:42-57** 526; **15:43** 322,862; **15:44** 862; **15:45** 414, 422, 459, 468, 472, 532, 620, 630, 669, 871, 904, 910; **15:45-46** 862; **15:45-49** 220, 269; **15:46** 388; **15:47** 414; **15:49** 414, 423; **15:50** 425, 870, 882; **15:50-57** 580; **15:50-58** 882, 921; **15:51** 412, 670; **15:51-52** 918; **15:51-53** 670, 757, 900; **15:51-57** 922; **15:51-58** 329; **15:52** 330, 667; **15:53** 670; **15:54** 254; **15:54-55** 846, 855; **15:54-57** 670, 757, 760; **15:56-57** 484; **15:57** 733; **15:58** 327, 809, 846; **16:1-2** 796; **16:2** 314, 327; **16:14** 387; **16:15** 787; **16:21** 80; **16:22** 330, 664

2 Corintios, libro de 56, 391, 713, 919, 940; **1:1** 647, 756; **1:2** 164; **1:3** 164, 187, 664; **1:3-5** 831; **1:10** 919; **1:18-20** 185; **1:20** 852; **1:20-22** 206; **1:21** 346; **1:21-22** 346, 355, 366, 733; **1:22** 342, 346, 347, 348, 367, 660; **2:5-11** 703; **2:11** 56, 691, 696, 699, 700, 718; **2:12** 947; **2:14** 59, 733; **2:15** 575; **2:17** 72; **3:1-2** 815; **3:2-11** 362; **3:3** 344; **3:3-8** 765; **3:6** 359, 591, 601, 873, 879, 899; **3:9** 627; **3:14** 743; **3:16** 605; **3:17** 641; **3:17-18** 209, 349, 797; **3:18** 193, 231, 344, 371, 373, 423, 583, 589, 645, 649, 652, 653, 655, 657, 715, 796; **4** 594; **4:1** 188, 787; **4:2** 72; **4:3** 575; **4:3-4** 150; **4:3-6** 283; **4:4** 53, 56, 155, 263, 399, 469, 546, 589, 593, 594, 598, 637, 646, 666, 693, 700, 702, 738, 743, 908; **4:4-6** 193; **4:5** 155, 759; **4:6** 53, 59, 155, 399, 413, 469, 582n89, 592, 593, 594, 598, 600, 602, 609, 637, 646, 656, 798; **4:10** 322; **4:13** 344; **4:13-14** 610; **4:14** 322; **4:14-18** 668; **4:15** 232, 234; **4:16** 856; **4:17-18** 656; **4:18** 599; **5:1** 668; **5:1-2** 859; **5:1-5** 425; **5:2** 644; **5:3** 425, 859; **5:4-5** 367; **5:5** 342, 346, 348, 366, 367, 660; **5:8** 447, 650, 667, 857, 858, 859; **5:9** 762; **5:10** 210, 251, 330, 481, 883, 884, 920; **5:11** 586, 769; **5:12** 428; **5:14-15** 567, 636; **5:15** 567; **5:16** 593; **5:17** 53, 358, 475, 486, 498, 593, 601, 616, 617, 639, 646, 765, 799, 856; **5:17-19** 359; **5:18** 542; **5:18-19** 542; **5:19** 463, 543, 574; **5:20** 586, 769; **5:21** 83, 269, 278, 310, 320, 486, 532, 535, 538, 543, 549, 578, 585, 612, 617, 623, 628, 630; **5:21a** 533; **5:21b** 534; **6:1-10** 385; **6:2** 255; **6:6** 385; **6:7** 111, 714; **6:14** 437; **6:14-15** 793; **6:14-18** 713, 813; **6:15** 693; **6:16** 378, 766; **6:18** 162, 164, 182, 645, 765; **7:1** 61, 63, 370, 371, 373, 645, 654, 810; **7:8** 605; **7:9-11** 761; **7:10** 606, 665; **7:10-11** 605; **8–9** 314; **8:2-5** 833; **8:3-4** 787; **8:9** 266, 534; **8:13-14** 796; **8:23** 771, 824; **9:1** 787; **9:6-8** 383; **9:6-15** 808; **9:7** 833; **9:13** 232, 233, 383, 947; **10:1** 386; **10:4** 56, 714; **10:4-5** 56; **10:5** 53, 56, 700, 812; **10:13** 123; **10:14** 947; **10:15-16** 123; **11:1-3** 697; **11:1-15** 42; **11:2** 619, 765; **11:3** 56, 220, 691, 695, 696, 699, 700, 719; **11:5** 771; **11:13** 698; **11:13-15** 393, 696, 698, 702, 745; **11:14** 395, 691, 695, 698, 700, 834; **11:14-15** 699; **11:15** 698, 700; **11:23-28** 713; **11:26** 661, 698; **11:31** 164; **12** 713; **12:2-3** 687; **12:2-4** 868, 917; **12:4** 40; **12:7** 696, 697, 698, 713, 724, 729, 734; **12:7-8** 262; **12:7-10** 279, 701, 703; **12:12** 390, 393, 394, 771, 772, 819, 820, 825, 826; **12:15** 426; **12:21** 605; **13:1** 810; **13:2-3** 91; **13:5** 616, 663, 762; **13:11** 387, 784; **13:14** 206, 349, 351, 353, 354, 737

Gálatas, libro de 691, 940; **1:1** 771; **1:2** 763; **1:3-4** 164; **1:4** 320, 601, 880; **1:6-7** 699; **1:6-9** 762; **1:7** 947; **1:8** 682; **1:8-9** 812; **1:9** 128; **1:13** 756; **1:15** 86; **1:15-16** 223; **1:15-17** 771, 825; **1:23-24** 233; **2:3** 764; **2:4** 661, 698; **2:9** 102; **2:11-21** 42, 131, 399; **2:16** 513, 581, 609, 624, 627, 632, 802, 802n23; **2:16-17** 190; **2:17** 617; **2:20** 186, 535, 615, 616, 617, 620, 621, 648, 664, 765, 945; **2:21** 623; **3** 545, 879; **3:1-5** 355; **3:2** 513; **3:2-3** 360, 383; **3:3-6** 349; **3:5** 342, 383, 513; **3:6** 627n137; **3:7** 733; **3:7-9** 879, 892; **3:8** 253, 312; **3:8-22** 259; **3:10** 545; **3:10-14** 313; **3:11-14** 206; **3:11** 615, 627; **3:13** 253, 269, 320, 530, 531, 534, 535, 545, 549, 553, 578; **3:14** 360; **3:15** 383; **3:16** 112, 253, 438, 459, 876, 878; **3:19** 688, 893; **3:21** 529; **3:21-22** 314; **3:21-24** 623; **3:21-26** 624, 627; **3:22** 632; **3:22-27** 529; **3:24** 190, 581, 618, 632; **3:26** 582, 617, 632, 638, 639, 641, 765; **3:27** 365, 618, 631, 799; **3:28** 451, 765; **3:29** 879, 892; **4:4** 174, 253, 257, 267, 269; **4:4-5** 197, 253, 527, 532, 545, 638, 878; **4:5** 641; **4:6** 164, 344, 371, 383, 640, 765; **4:6-7** 641; **4:7** 644; **4:8** 641; **4:9** 511; **4:13** 826; **4:22-31** 641; **4:29** 358, 383; **5** 388; **5:3-4** 187; **5:4** 627; **5:5** 383; **5:6** 583, 613, 661; **5:13** 386, 768, 810; **5:16** 348, 382, 384, 386, 475; **5:16-17** 386, 589; **5:16-18** 383, 797; **5:17** 349, 653; **5:18** 348, 384, 386, 427, 894; **5:19** 441; **5:19-21** 383, 386, 387, 884; **5:19-23** 388; **5:21** 386, 387, 388, 762; **5:22** 343, 384; **5:22-23** 348, 361, 383, 384, 386, 396, 589, 601, 653, 664, 797, 948; **5:22-24** 662, 766; **5:22-25** 383, 636; **5:23** 386, 387, 584; **5:25** 348, 382, 384, 386; **5:26** 768, 810; **6:1** 387, 481, 810; **6:1-2** 809; **6:2** 762, 768, 810; **6:7-16** 384; **6:10** 387, 765; **6:11** 80; **6:12-15** 764; **6:15** 358; **6:16** 123, 764, 764n5, 875, 878; **6:17** 425

Efesios, libro de 383, 680, 771, 940; **1** 497; **1:1** 506, 647; **1:1-12** 223; **1:2** 164, 206; **1:3** 164, 498n2, 507, 616, 637; **1:3-4** 522; **1:3-6** 355, 736; **1:3-12** 223; **1:3-14** 206, 355, 507, 559; **1:4** 191, 215, 500, 506, 507, 511, 512, 526, 617, 637; **1:4-5** 180, 504, 512, 527, 557, 580; **1:4-6** 497; **1:5** 173, 191, 500, 506, 507, 508, 512, 513, 529, 617, 639; **1:5-6** 219, 638, 767; **1:6** 216, 233, 496, 497, 507; **1:6-7** 187; **1:7** 196, 253, 255, 330, 544, 545, 576, 617, 637, 802; **1:7-8** 507; **1:7-12** 355, 497, 736; **1:9** 173, 191, 219, 524, 527, 951; **1:10** 332, 944; **1:11** 173, 191, 215, 217, 218, 223, 230, 253, 418, 499, 500, 501, 509, 524, 570, 756; **1:11-12** 190; **1:12** 216, 219, 233, 497; **1:12-14** 767; **1:13** 185, 344, 347, 361, 366, 382, 507, 947; **1:13-14** 210, 342, 348, 355, 366, 367, 497, 637, 660, 736; **1:14** 216, 219, 233, 253, 346, 348, 367, 497; **1:15-19** 807; **1:17** 59, 344; **1:17-18** 54, 399; **1:17-19** 28; **1:18** 399, 593, 655; **1:18-19** 54; **1:19-20** 327, 328; **1:19-23** 327; **1:20** 178, 254; **1:20-21** 770; **1:20-22** 873; **1:20-23** 577, 585; **1:21** 263, 687, 729; **1:22** 252, 332, 756, 759, 762, 770; **1:22-23** 620, 765, 944; **1:23** 382; **2:1** 106, 358, 469, 471, 498, 578, 589, 594, 855; **2:1-3** 361, 581, 598, 703; **2:1-6** 327;

2:1-10 63; **2:2** 332, 457, 546, 638, 641, 666, 687, 691, 694, 695, 696, 729; **2:3** 470, 578, 584, 638, 641; **2:4** 188, 497; **2:4-5** 106, 589, 591, 641; **2:4-6** 359; **2:4-9** 659; **2:5** 187, 358, 359, 469, 471, 498, 617; **2:5-6** 327, 616; **2:6** 577, 616, 617, 620; **2:7-8** 187; **2:7-9** 187; **2:8** 215, 389, 589, 599, 607, 637; **2:8-9** 614, 621, 631, 703, 801, 802n23; **2:8-10** 359; **2:9** 636; **2:10** 215, 501, 600, 601, 607, 617, 636, 765; **2:11-12** 450; **2:11-22** 850, 879; **2:11–3:6** 451; **2:12** 618; **2:13** 322, 618; **2:13-16** 451; **2:13-18** 206; **2:14-15** 894; **2:14-16** 450; **2:15** 763; **2:16** 542; **2:18** 349, 586, 799; **2:19** 765; **2:19-22** 174, 355, 618, 622; **2:20** 105, 254, 269, 770, 771, 772, 820, 821, 823n35, 825, 829, 830; **2:20-21** 255; **2:20-22** 766; **2:21-22** 766; **2:21** 619; **2:22** 178, 209, 376; **3:1-6** 763; **3:3** 830, 951; **3:4-7** 761; **3:5** 102, 137, 348, 398, 771, 821, 825; **3:6** 850, 879; **3:9** 210; **3:9-10** 219; **3:10** 180, 687, 767; **3:10-11** 185; **3:11** 176, 499, 500, 524; **3:14-19** 807; **3:16** 193, 348, 349, 652; **3:16-19** 355; **3:17** 178, 616; **3:19** 382; **3:20** 182, 183; **3:20-21** 767; **4** 388; **4:1** 756, 836; **4:2** 385, 386, 387, 768, 810; **4:3** 387, 622, 643, 784, 812; **4:3-4** 349; **4:4** 344; **4:4-6** 206, 355; **4:5** 344, 365, 795, 802; **4:5-6** 179; **4:6** 164, 207, 218, 344; **4:7** 388, 389, 390; **4:7-8** 208, 209, 388; **4:7-12** 187; **4:8** 252, 254; **4:10** 263, 687; **4:11** 388, 389, 390, 394, 395, 399, 769, 771, 773, 780, 819, 821, 823, 825, 829, 831, 834, 835; **4:11-12** 54, 108, 768, 817, 818; **4:11-13** 60, 818; **4:11-14** 390; **4:11-16** 655; **4:12** 765, 792, 809; **4:12-13** 390; **4:12-16** 767; **4:13** 264; **4:14** 134; **4:14-16** 63; **4:15** 41, 264, 765, 770, 829, 832; **4:15-16** 618; **4:17** 476, 743; **4:17-18** 155, 469, 584, 589; **4:17-19** 150; **4:18** 106, 461, 467, 476, 593, 642, 743; **4:20-24** 108; **4:21** 263; **4:22** 657; **4:22-24** 475, 601, 949; **4:23** 53, 652, 653; **4:24** 358, 593, 601, 602, 657; **4:25** 655, 765; **4:25-32** 108; **4:25–5:7** 920; **4:26-27** 703, 778; **4:27** 696; **4:28** 387, 833; **4:30** 209, 210, 343, 347, 348, 349, 366, 367, 382, 481, 545, 660, 733; **4:32** 385, 703, 768, 810; **5** 619, 620; **5–6** 383; **5:1** 644; **5:1-2** 548; **5:2** 209, 387, 535, 538, 757; **5:3-7** 383; **5:5** 388, 761, 762; **5:6** 440, 467, 638, 641; **5:8** 594n97, 641, 761; **5:8-9** 383; **5:9** 383, 385, 766; **5:11** 383, 812; **5:15** 382; **5:15-21** 63; **5:15–6:9** 382; **5:17** 382; **5:18** 348, 361, 381, 382, 384, 778, 788, 797; **5:18-19** 259; **5:18-20** 262, 355, 400, 763; **5:18-21** 380, 381, 382; **5:18–6:9** 797; **5:19** 262, 382, 768, 810; **5:19–6:9** 382; **5:20** 262, 383; **5:21** 262, 383; **5:22-24** 383; **5:22-25** 702; **5:22-33** 437, 619; **5:23** 264, 332, 617, 620, 622, 759, 765, 770; **5:23-24** 526; **5:23-32** 765; **5:25** 384, 534, 558, 617, 755, 757; **5:25-27** 73, 197, 526, 558; **5:25-33** 383; **5:26** 72, 358, 371, 373, 597, 798; **5:26-27** 759; **5:27** 193, 233, 668; **5:28** 425; **5:28-30** 620; **5:30** 765; **5:31** 619; **5:31-32** 437, 439; **5:32** 619, 763; **6:1-2** 895; **6:1-3** 383; **6:2-3** 309; **6:4** 383; **6:5-8** 383; **6:6** 426; **6:9** 383, 765; **6:10** 717; **6:10-17** 949; **6:10-18** 812; **6:10-20** 714, 745; **6:11** 53, 56, 691, 699, 700, 716, 717; **6:11-17** 696;

6:12 546, 687, 695, 699, 718, 729, 745, 817; **6:13** 716; **6:13-14** 717; **6:14** 715; **6:15** 716; **6:16** 56, 695, 700, 716; **6:17** 53, 56, 73, 400, 715, 716, 717, 794, 797; **6:18** 348, 351, 647, 717, 718, 795, 806; **6:18-19** 807

Filipenses, libro de 43, 258, 680, 691, 940; **1:1** 107, 647, 774, 783; **1:2** 164, 187; **1:3-5** 807; **1:6** 174, 346, 361, 367, 369, 481, 575, 615, 659; **1:9** 649; **1:9-11** 232; **1:11** 382, 383, 384, 636; **1:19** 344, 375; **1:20** 425; **1:22-24** 447, 857, 858; **1:23** 431, 650, 667, 859; **1:27** 426, 657, 784, 836, 947; **1:27-28** 63; **1:28** 614n121; **1:29** 614, 659, 666; **2** 266; **2:1** 349; **2:1-4** 809, 812; **2:2** 168, 784; **2:2-4** 818; **2:3** 768, 810; **2:3-7** 792; **2:5** 55, 812; **2:5-7** 265; **2:5-8** 244; **2:5-11** 242; **2:6** 168, 184, 261, 265, 267; **2:6-7** 208, 242, 652n168; **2:6-11** 262; **2:7** 55, 265, 266, 267, 711, 951; **2:8** 55, 271, 525, 531, 557, 630n140; **2:8-9** 327; **2:9** 525, 767; **2:9-11** 232, 254, 264, 525, 770, 836; **2:10** 104; **2:10-11** 261, 525; **2:11** 208; **2:12** 370, 590, 657; **2:12-13** 62, 613, 652, 654, 661; **2:13** 190, 225, 226, 500, 589, 593, 652, 653; **2:15** 345, 645, 765; **2:25** 771, 824; **2:25-30** 832; **2:27** 188, 393, 826; **3** 611; **3:1** 387; **3:2** 812; **3:3** 349, 355, 612, 765, 808; **3:4-6** 612; **3:4-9** 586; **3:7** 612; **3:8** 603, 612; **3:8-9** 612; **3:9** 255, 532, 581, 617, 621, 623, 626, 631, 634, 802, 802n23; **3:10** 857; **3:10-11** 655, 668; **3:12-14** 649, 651; **3:15** 652; **3:19** 58; **3:20** 579, 664, 756, 765, 869; **3:20-21** 330, 426, 433, 580, 644, 650, 761, 836; **3:21** 425, 447, 579, 651, 664, 667, 670, 672, 862; **4:1** 643; **4:4** 385, 387; **4:6** 385, 807; **4:6-7** 655, 807; **4:7** 385; **4:7-8** 387; **4:8** 58, 700; **4:9** 385; **4:13** 703; **4:17** 383; **4:18** 807; **4:19** 183, 223, 501, 664; **4:20** 164, 234

Colosenses, libro de 691, 940; **1:2** 164, 187, 647; **1:3** 164; **1:3-8** 206; **1:5** 111; **1:5-6** 383; **1:8** 384; **1:9** 378, 806; **1:9-10** 54, 382; **1:9-12** 807; **1:10** 59, 383, 657, 836; **1:12-13** 767; **1:13** 347, 698, 720, 733, 756, 760, 873, 897; **1:13-14** 498, 761, 765; **1:14** 308, 544, 545, 576, 617; **1:15** 76, 261, 263, 269, 423, 738; **1:15-16** 184; **1:15-17** 218; **1:15-19** 327; **1:16** 178, 210, 218, 219, 220, 248, 264, 412, 415, 681, 684, 687, 691, 694, 697, 722, 729, 742, 743, 849, 850; **1:16-17** 197, 243, 257, 770; **1:17** 210, 224, 248, 263; **1:18** 332, 762, 765, 770; **1:19** 738; **1:20** 457, 459, 484, 530, 542, 568, 847, 932; **1:20-22** 542; **1:21** 743; **1:22** 530, 560; **1:22-23** 615, 661; **1:24** 229, 765; **1:25** 72, 137; **1:26** 830; **1:26-27** 763; **1:27** 174, 616, 759, 765; **1:28** 60, 389, 651, 760, 773; **1:29** 613; **2:2** 830; **2:3** 59; **2:4** 743; **2:8** 743; **2:9** 149, 178, 208, 738; **2:9-10** 168; **2:10** 168, 263, 651; **2:12** 365, 617, 800; **2:13** 359 591, 594, 802; **2:13-14** 546; **2:14-15** 887; **2:15** 546, 547, 687, 729; **2:18** 738, 739, 743, 807; **2:19** 63, 765, 770; **2:20** 567, 616, 617, 620; **2:22** 40, 41, 135; **3:1** 616, 617, 620; **3:1-4** 327, 756; **3:2** 53, 55, 700, 743; **3:3** 567, 616, 617; **3:3-4** 273, 621; **3:4** 322, 616; **3:5-6** 467; **3:9** 768, 810; **3:9-10** 475, 649, 949; **3:9-11** 451; **3:10** 53, 358, 413; **3:11** 765; **3:12** 385, 386, 387, 504, 648; **3:12-14** 345; **3:12-17** 384; **3:12–4:6** 382; **3:13** 768, 810; **3:14** 387, 812; **3:15** 387; **3:16** 53, 60, 259, 382, 702, 762, 768, 770, 794, 797, 810; **3:16-17** 399; **3:16–4:1** 797; **3:22-24** 262, 832; **4:1** 765; **4:2** 795, 807; **4:10** 815; **4:11** 762; **4:12** 61, 774; **4:14** 88; **4:16** 125; **4:17** 27; **4:18** 80

1 Tesalonicenses, libro de 329, 680, 940; **1:1** 621, 763; **1:2-10** 793; **1:3** 164; **1:3-5** 355; **1:4** 504; **1:5** 360, 399, 757, 798; **1:6** 343, 385; **1:9** 581, 585, 603, 605, 760; **1:9-10** 918; **1:10** 330, 880, 919; **2:4** 179; **2:9** 783; **2:12** 589, 756, 761, 874; **2:13** 41, 60, 72, 84, 100, 101, 109, 128, 137, 139, 360, 772, 820; **2:13-14** 920; **2:14** 756; **2:16** 440; **2:17–3:2** 703; **2:18** 696, 697; **2:19** 331; **3:2** 718, 947; **3:5** 696, 718; **3:11** 164; **3:12** 649, 768, 810, 812; **3:13** 164, 331, 371, 373, 683; **4** 920; **4:3** 372, 373; **4:3-4** 370; **4:3-7** 62; **4:3-8** 192, 920; **4:4** 371, 373; **4:7** 370, 371; **4:7-8** 61, 368, 373; **4:8** 342, 389, 395; **4:9** 667, 768, 810, 812; **4:13-18** 329, 331, 400, 425, 469, 757, 855n5, 862, 882, 920, 921; **4:14** 322, 329, 610, 618, 862; **4:14-17** 669, 880, 881; **4:15** 331; **4:15-16** 921; **4:15-17** 922; **4:16** 330, 618, 682, 689, 862, 942; **4:16-17** 412, 667, 757, 900, 917, 918, 921; **4:17** 330, 846, 917, 921; **4:17-18** 333; **4:18** 768, 810, 921; **5:1-2** 329; **5:2** 853, 926; **5:2-3** 846; **5:8** 715; **5:8-9** 716; **5:9** 506; **5:10** 534; **5:11** 768, 810; **5:12** 776, 785, 815; **5:12-13** 771, 786; **5:13** 768, 810; **5:14** 385, 387, 831; **5:15** 768, 810; **5:17** 795, 806; **5:18** 192, 383; **5:19** 210, 346, 349, 382; **5:20-22** 772, 829, 831; **5:21** 665; **5:23** 62, 197, 331, 370, 372, 374, 431, 432, 651, 653; **5:24** 185; **5:27** 125

2 Tesalonicenses, libro de 482, 940; **1:1-2** 164; **1:3** 768, 810, 812; **1:4** 756, 920; **1:7** 331, 685, 688, 689; **1:8** 189, 440; **1:9** 227, 523, 573, 585, 743, 846, 855, 864; **1:12** 767; **2** 248, 482, 714, 899, 902, 912, 916; **2:1-2** 925; **2:1-12** 486; **2:2** 926, 927; **2:3** 482, 695, 914, 925, 929; **2:3-4** 464, 482, 853, 879, 902, 916, 923; **2:3-12** 454; **2:4** 482, 925; **2:6** 400, 482, 729; **2:6-7** 348, 714; **2:7** 482, 483, 699, 714; **2:8** 330, 482, 902, 914, 916, 925; **2:9** 400, 699, 729; **2:9-10** 482, 699, 744; **2:9-12** 714; **2:10** 575; **2:11** 191, 694, 714; **2:11-12** 41, 519, 610; **2:12** 461; **2:13** 197, 215, 348, 351, 368, 371, 373, 504, 506; **2:13-14** 355; **2:14** 595; **2:15** 124; **2:16** 164, 187; **3:1** 233, 806, 807; **3:3** 185, 695; **3:6** 811, 812, 813; **3:6-15** 810; **3:10** 703; **3:11-15** 811; **3:14** 713, 811, 812, 813; **3:16** 571n76; **3:17** 80

1 Timoteo, libro de 83, 84, 814, 940; **1:2** 188, 263; **1:3** 41, 569; **1:4** 569; **1:6** 569; **1:7** 569; **1:8-11** 41; **1:9-10** 439; **1:10** 41, 135; **1:11** 193; **1:13** 188; **1:16** 188, 387; **1:17** 43, 106, 174, 176, 184, 226, 699; **1:19** 601; **1:19-20** 810; **1:20** 713; **2** 780; **2:1** 569; **2:1-4** 807; **2:2** 569; **2:3-6** 569; **2:4** 59, 569; **2:5** 179, 196, 206, 258, 271, 332; **2:5-6** 259, 270;

2:6 544, 566, 569; **2:7** 137, 569; **2:8** 807; **2:8-15** 410; **2:11-12** 779; **2:12** 779; **2:12-14** 220; **2:13** 413, 415, 435; **2:13-14** 780; **2:14** 465, 695, 697; **2:15** 257; **3** 779, 791; **3:1** 781; **3:1-2** 785; **3:1-7** 384, 396, 775, 777, 941; **3:2** 399, 740, 773, 774, 776, 778, 779, 790, 791, 831; **3:2-7** 779, 789; **3:3** 778, 779, 790; **3:4** 778, 779, 790; **3:4-5** 776, 832; **3:5** 776, 778, 788; **3:6** 691, 701, 703, 778, 779, 790; **3:6-7** 719; **3:7** 691, 699, 700, 701, 702, 778, 779, 790; **3:8** 788, 790; **3:8-13** 787, 788, 791; **3:9** 135, 788, 790, 829; **3:10** 788, 790; **3:11** 789, 790; **3:12** 776, 788, 790, 832; **3:13** 789, 792; **3:15** 765, 812; **3:16** 262, 269, 328, 635, 659, 689; **4:1** 41, 135, 395, 398, 695, 699, 722, 724, 729, 744, 829, 834; **4:1-3** 569; **4:1-6** 41; **4:2** 429; **4:3** 610; **4:4** 498; **4:6** 41, 135, 773, 794, 829; **4:8** 425; **4:10** 499, 569, 570; **4:13** 41, 125, 126, 137, 763, 776, 794, 798, 814; **4:13-14** 823; **4:14** 776, 780, 781, 829; **4:16** 41, 134, 792, 812, 831; **5:1-2** 643; **5:2** 774; **5:9** 815; **5:14-15** 703; **5:17** 41, 773, 776, 782, 815, 832; **5:17-18** 782; **5:18** 83, 102, 125, 782; **5:19** 783, 810; **5:19-21** 786; **5:20** 811, 816; **5:21** 682, 686, 689, 740; **5:22** 780; **5:23** 393, 826; **6:1** 41, 703; **6:3** 41, 135; **6:3-4** 813; **6:3-5** 665; **6:5** 743; **6:9-10** 778, 788; **6:11** 387, 626n136; **6:14** 330; **6:15** 43, 182, 193, 226, 253, 264; **6:15-16** 174; **6:16** 150, 175, 184; **6:17-18** 768; **6:20** 812

2 Timoteo, libro de 84, 680, 814, 940; **1:1** 322; **1:2** 188; **1:5** 780; **1:7** 55; **1:9** 176, 180, 215, 499, 500, 511, 524, 580, 589, 617, 658, 756; **1:10** 322; **1:11** 831; **1:12** 611; **1:13** 135; **1:14** 210, 348, 350, 376, 621, 812; **1:16** 188; **1:18** 188; **2:2** 42, 136, 141, 781, 809, 825, 831; **2:8** 253, 254; **2:9** 699; **2:9-10** 504; **2:10** 517; **2:11** 617; **2:11-13** 767; **2:12** 874, 880; **2:13** 136, 182, 185; **2:13-14** 665; **2:15** 27, 54, 78, 107, 111, 399, 767, 774, 776, 798, 831; **2:17-18** 713; **2:19** 511; **2:21** 62, 373, 657, 765; **2:22** 387, 428, 654; **2:24** 387; **2:25** 59, 614, 637; **2:26** 691, 696, 699, 700; **3:1** 906; **3:1-9** 812; **3:8** 743; **3:10** 40, 41; **3:12** 666; **3:12-13** 906; **3:13** 461; **3:14-15** 107, 780; **3:14-17** 109, 722; **3:15** 72, 107; **3:15-17** 768; **3:16** 39, 41, 72, 73, 76, 79, 80, 82, 84, 107, 112, 135, 148, 249, 832, 894, 946; **3:16-17** 41, 42, 55, 60, 72, 107, 109, 136, 293, 386, 398, 655, 702, 767, 772, 773, 776, 798, 831; **3:16–4:2** 830; **3:17** 39, 651; **4:1** 210, 761; **4:1-2** 794, 798; **4:1-5** 771; **4:1-8** 42; **4:2** 41, 54, 109, 135, 137, 140, 387, 399, 774, 776, 814, 831; **4:2-3** 40; **4:2-4** 41; **4:3** 41, 42; **4:3-4** 134, 813, 829; **4:5** 773, 769, 835; **4:8** 189, 251; **4:11** 102; **4:14** 713; **4:16** 792; **4:18** 874; **4:20** 393, 826

Tito, libro de 43, 84, 358, 680, 691, 814, 835, 940; **1** 791; **1:1** 59, 504; **1:2** 112, 136, 176, 185, 769; **1:5** 630n141, 781, 783, 783n11, 785, 825; **1:5-7** 775; **1:5-9** 396, 941; **1:6** 779, 790; **1:6-9** 384, 775, 777, 779; **1:7** 774, 779, 785, 790; **1:8** 386, 779, 740, 790; **1:9** 40, 41, 42, 135, 776, 779, 790, 812, 831; **1:10-16** 810; **1:12** 158; **1:15** 429, 476, 605, 743; **1:16** 42, 762; **2:1** 41, 135; **2:1-4** 41; **2:2-6** 569; **2:3-4** 780; **2:5** 703; **2:7-10** 41; **2:9-10** 569; **2:10** 41, 42, 73, 135; **2:11** 389, 569; **2:13** 208, 264, 322, 330, 331; **2:13-14** 837; **2:14** 526, 535, 545, 558, 570, 607, 636, 757, 761, 770; **2:15** 109; **3:3** 498, 743; **3:3-5** 560n64; **3:4** 385, 387; **3:4-6** 355; **3:4-7** 249, 802n23; **3:5** 210, 343, 348, 351, 358, 359, 360, 368, 370, 433, 498, 531, 592, 597, 600, 601, 607, 646, 647n163, 798; **3:5-6** 347; **3:6** 266; **3:7** 187, 628, 631; **3:8** 383, 607; **3:10** 812; **3:10-11** 812, 816; **3:14** 383

Filemón, libro de 43, 342, 680, 691, 814, 940; **2** 368; **3** 164; **10** 59; **19** 80

Hebreos, libro de 60, 122, 126, 243, 258, 271, 316, 319, 391, 649, 650, 655, 663, 681, 940; **1** 244; **1–2** 689; **1–8** 254; **1:1** 72, 76, 136; **1:1-2** 210; **1:1-3** 73, 200, 283, 330; **1:2** 210, 220, 243, 248, 264, 743; **1:2-3** 197, 263; **1:3** 76, 178, 182, 209, 210, 218, 224, 248, 256, 261, 263, 423, 552, 561n65, 738, 770; **1:3-9** 328; **1:5** 211, 243, 252, 253; **1:6** 210, 261, 269, 681, 687, 739, 740; **1:7** 688; **1:8** 208, 242, 253; **1:8-9** 199, 252, 253; **1:10** 197, 218, 243, 248, 411; **1:10-12** 208, 209, 243, 252, 254, 263; **1:11-12** 174; **1:13** 252, 254; **1:14** 464, 681, 683, 689, 691, 739, 740, 741; **2:1-3** 360; **2:1-4** 391, 394; **2:2** 688; **2:3-4** 391, 479, 771, 772, 819, 820, 825, 826; **2:4** 221, 343, 388, 389, 393; **2:5-8** 458, 468, 880; **2:5-9** 420, 459; **2:5-10** 252; **2:5-14** 332, 871; **2:7** 683; **2:8** 254, 332, 468; **2:9** 242, 535, 567, 568; **2:10** 264, 529; **2:11** 765; **2:11-12** 270, 568, 640; **2:12** 252; **2:13** 568; **2:14** 253, 257, 269, 547, 699, 717, 720, 757, 760; **2:14-15** 530, 544, 546, 670, 857; **2:14-16** 682; **2:14-18** 585; **2:15** 443; **2:16** 529, 568, 529; **2:17** 187, 263, 266, 527, 529, 539, 541n44, 543, 548, 549, 563, 640, 659; **2:17-18** 271, 560; **2:18** 271, 531; **3:1** 270, 537, 563; **3:3** 287; **3:3-6** 766; **3:7** 343; **3:7-11** 209, 350, 398; **3:7-13** 066; **3:8-9** 349; **3:10** 349; **3:12-13** 655; **3:12-4:7** 575; **3:13** 768, 810; **3:14** 615, 661; **4:12** 72, 73, 108, 128, 431, 432, 655, 717, 798, 822; **4:13** 179, 180, 883; **4:14** 256, 272, 615, 687; **4:14-15** 563, 564; **4:14-16** 766; **4:15** 271, 279, 281, 531, 537, 577, 710; **4:16** 188, 655, 664, 806; **5–10** 314; **5:1** 543, 563, 630n141; **5:3** 320; **5:5** 211, 252, 253, 563; **5:5-6** 260; **5:6** 254, 736; **5:6-10** 252; **5:7** 271, 311; **5:8** 531; **5:9** 264, 531; **5:10** 563, 736; **5:11-13** 40; **5:11-14** 62; **5:12-13** 60, 776; **5:12-14** 73; **5:14** 651; **6:1** 60, 586, 603, 608; **6:4** 389, 399; **6:4-6** 360, 361, 479, 663; **6:4-10** 662; **6:6** 480; **6:7** 662; **6:8** 662; **6:9** 663; **6:13** 128; **6:14** 253; **6:17** 500; **6:17-18** 185; **6:18** 136, 182, 185, 530; **6:19** 426; **6:19-20** 563; **6:19-7:25** 316; **6:20** 252, 254, 736; **7:9-10** 472; **7:14** 260, 312; **7:16-17** 316; **7:17** 736; **7:21** 254; **7:22** 316; **7:23-24** 316; **7:24** 252; **7:25** 316, 329, 564, 577, 660, 699, 950; **7:26** 263, 531, 537, 552, 767; **7:26-27** 209, 316; **7:26-28** 551; **7:27** 316, 538, 563, 578, 629n139; **7:28** 552, 630n141; **8** 378;

8–10 319; 8:1 253, 254, 319, 537, 869; 8:1-2 256, 329; 8:1-6 563; 8:2 552; 8:3 630n141; 8:5 316; 8:6 316, 552; 8:6-7 362; 8:6-13 316; 8:7-13 765; 8:8-12 255, 899; 8:8-13 879; 8:13 316, 362, 894, 899; 9–10 526; 9:1-8 398; 9:5 683; 9:7 316; 9:8 319, 343; 9:8-10 314; 9:9 537; 9:11 552; 9:11-12 537, 551, 563; 9:11-15 316, 541; 9:11–10:18 553n55; 9:12 316, 552; 9:13-14 355; 9:14 197, 209, 281, 344, 348, 350, 538, 799; 9:15 316, 362, 545, 765, 899; 9:16 259; 9:16-18 524n27; 9:21-22 537; 9:22 308, 314; 9:23 529, 531, 535, 538, 552; 9:23-24 316, 541; 9:24 259, 329, 564, 869; 9:25 552, 563; 9:25-26 316, 803; 9:25-28 551; 9:26 316, 319, 535, 538, 795; 9:26-28 804; 9:27 469, 572, 671, 769, 855, 856; 9:28 310, 320, 534, 538, 629n139, 795, 805, 927; 10:1 316, 362, 537; 10:1-4 316; 10:1-18 313; 10:4 308, 537, 529, 552; 10:4-10 316; 10:5-7 242, 271; 10:5-9 252, 253; 10:7 524, 530, 557; 10:8 320; 10:9 530; 10:9-10 316; 10:10 371, 373, 538, 578, 805; 10:10-14 552; 10:10-18 481; 10:11-13 254; 10:11-14 316; 10:12 316, 538, 552; 10:12-13 328, 873; 10:14 370, 372, 538, 552, 646; 10:15 343, 399; 10:15-17 209, 255, 350, 398; 10:18 316, 320, 552; 10:19 316; 10:19-23 766; 10:20 316, 537; 10:22 428, 799; 10:23 185; 10:24 768, 810; 10:24-25 63, 655, 763, 794, 809, 810, 816, 831; 10:25 768, 810, 815; 10:26 320; 10:26-27 440; 10:26-31 479, 662, 663; 10:27 638; 10:28 810; 10:29 209, 210, 343, 344, 349; 10:29-31 355; 10:31 713; 10:38 615; 10:39 615; 11 61, 386, 613, 613n119, 834; 11:1 155, 582, 598, 599, 611, 656; 11:3 218, 220, 248, 411; 11:4 313, 613; 11:5 613; 11:6 136, 148, 155, 598, 610, 648; 11:7 90, 613; 11:8 613; 11:9 613; 11:10 669; 11:11 185; 11:12 686; 11:16 669, 765; 11:17-19 613; 11:18 253; 11:20-21 613; 11:22 613; 11:23 613; 11:24-26 611; 11:24-27 613; 11:26 189, 656; 11:27 184, 594n97, 599, 611, 656; 11:28 613, 737; 11:29 613; 11:30 613; 11:31 450; 12:1 657, 920; 12:1-2 834; 12:1-3 61; 12:2 253, 254, 264, 302, 328, 387, 656, 770; 12:3-11 787; 12:3-17 229; 12:4-11 61; 12:5-6 643; 12:6 481; 12:7 765; 12:7-8 643; 12:9 433, 640; 12:10 61, 369, 643, 655; 12:11 643; 12:14 61, 626n136, 643, 649, 654; 12:22 686, 687; 12:22-23 370; 12:23 427, 432, 650, 763, 837, 869; 12:24 255, 322, 537, 899; 12:26-27 930; 12:28 767; 13:2 682, 738, 740; 13:4 439, 441; 13:5 361, 805; 13:7 763, 771, 776, 786; 13:8 209, 263, 280; 13:9 41, 134; 13:11 320, 538; 13:12 303, 318, 320, 322, 538; 13:13 302; 13:15 383, 763, 807, 836; 13:15-16 767; 13:16 807; 13:17 741, 763, 771, 776, 785, 786, 815; 13:20 255, 765; 13:20-21 261, 322, 653, 762, 773; 13:21 192

Santiago, libro de 122, 125, 126, 127, 342, 940; 1:2 387; 1:2-4 60, 385, 655; 1:4 651; 1:5 185, 207, 782, 795, 807, 830; 1:6-8 58; 1:13 182, 192, 230, 279, 280, 465, 710; 1:14-15 230; 1:17 174, 182, 186, 358, 498, 501; 1:18 73, 111, 136, 155, 190, 359, 582n89, 584, 591, 595, 639, 659, 798; 1:19-20 703; 1:21 386; 1:22 832; 1:22-25 73; 1:23-25 655; 1:25 740; 2 636; 2:10 545, 585; 2:10-11 477; 2:15-16 433; 2:16 425; 2:17 581, 601, 635, 636; 2:18 635; 2:19 195, 206, 577, 585, 611, 636, 665, 722, 729; 2:20 581, 636; 2:21 635; 2:23 149; 2:24 634; 2:25 741; 2:26 426, 427, 432, 443, 581, 635, 636, 854; 3:1 478, 775, 798; 3:2 651; 3:9 164, 207, 210, 416, 418, 419; 3:14-18 812; 3:15 724; 3:17 830; 3:18 382, 383; 4:2 655; 4:4 666; 4:5 190; 4:6 187; 4:7 699; 4:7a 718; 4:7b 718; 4:8 718; 4:12 189, 270; 4:15 190; 5:4 264; 5:7-8 330; 5:7-11 385; 5:8 900; 5:13-14 806; 5:13-16 826; 5:14 776, 783; 5:16 259, 768, 806, 810; 5:16-18 834; 5:17 284

1 Pedro, libro de 126, 285, 358, 940; 1:1 517, 771, 825; 1:2 182, 187, 206, 215, 348, 351, 355, 368, 373, 504, 537, 571n76, 653; 1:3 164, 188, 327, 358, 359, 590, 591; 1:3-5 672; 1:3-7 655; 1:4 640, 644; 1:5 660, 661; 1:6-7 757; 1:7 331; 1:8 384, 593; 1:9 312; 1:10-11 327, 375; 1:10-12 107, 312, 398, 681; 1:11 312, 322, 343, 344, 797; 1:12 689, 738, 740, 741, 798; 1:13 56, 187, 331, 700; 1:13-21 63; 1:14-15 770; 1:14-16 61, 644, 707; 1:15-16 189, 368, 650; 1:15-17 803; 1:16 836; 1:17 164, 189, 644; 1:17-19 545; 1:18-19 313, 530, 531, 537, 544, 803, 944; 1:18-20 181; 1:18-21 294, 319; 1:20 269, 505, 507, 510, 511, 524, 580; 1:20-21 327; 1:22 426, 768, 810, 812; 1:23 72, 73, 358, 360, 582n89, 584, 590, 595, 601; 1:23-25 155, 597, 639; 1:24 76; 1:24-25 116; 1:25 76, 118, 582n89, 584, 595; 2:1-3 73, 797; 2:2 63, 72, 140, 649, 768, 776, 794, 798; 2:2-3 63, 763, 773; 2:4 254, 269, 505, 507; 2:4-5 622; 2:4-8 766, 770; 2:4-10 61; 2:5 255, 256, 314, 760, 766; 2:5-7 619; 2:6 254, 505, 507; 2:7 252, 766; 2:8 254, 517, 518; 2:9 165, 346, 589, 594n97, 760, 761, 767, 769; 2:9-10 762, 766; 2:10 188; 2:11 756; 2:12 926; 2:13 453; 2:13-14 452; 2:14 452; 2:21 549; 2:22 255; 2:23 255, 300, 302, 387; 2:24 255, 259, 320, 486, 527, 530, 534, 538, 547, 548, 552, 560, 578, 585, 617, 628, 659; 2:24-25 255; 2:25 264, 765, 773, 774; 3:1-5 73; 3:7 437; 3:8 784, 812; 3:11 387; 3:15 56, 63, 769; 3:17 190; 3:18 207, 229, 278, 320, 534, 535, 543, 586, 795, 804, 805; 3:19-20 747; 3:20 90, 188, 385; 3:21 799, 800; 3:22 263, 687, 729; 4 388; 4:1 210; 4:5 210; 4:8 768, 812; 4:8-10 810; 4:9 768; 4:10 388, 389, 390, 395, 396, 768, 817, 818, 819; 4:10-11 233, 389, 390, 763, 814, 816, 817, 819, 824, 835; 4:11 27, 261, 390, 396, 767, 819, 823; 4:12-14 666; 4:13 331, 387; 4:14 209, 231, 344, 350, 355; 4:15-16 232; 4:16 368; 4:17 712, 765; 4:19 196, 264; 5:1 783, 784; 5:1-2 774, 775; 5:1-3 776; 5:1-4 763, 785; 5:2 773, 776, 781, 815; 5:2-3 108; 5:2-4 765, 785, 833; 5:3-4 815; 5:4 264; 5:5 768, 810; 5:6 703; 5:6-7 713; 5:6-11 745; 5:8 457, 638, 691, 692, 694, 696, 699, 718, 721, 722, 812, 908; 5:9 610, 718; 5:10 187, 589, 664, 756, 834

2 Pedro, libro de 126, 127, 285, 691, 940; **1** 80; **1:1** 208, 263, 264, 571, 737; **1:2-3** 59, 108; **1:2-4** 52; **1:3** 55, 168, 580, 589, 798; **1:3-4** 72, 654; **1:3-5** 661; **1:4** 168, 602, 621, 640; **1:5** 654; **1:5-6** 387; **1:5-8** 590; **1:5-10** 662; **1:5-11** 383, 384; **1:6** 386; **1:8** 59; **1:10** 580, 583, 663; **1:10-11** 874; **1:12-14** 80; **1:16-18** 282; **1:16-21** 822; **1:17** 231, 254; **1:18** 81; **1:19** 73, 81, 256, 270, 830; **1:19-20** 107; **1:19-21** 771, 773; **1:20** 81; **1:20-21** 72, 73, 79, 81, 84, 107, 109, 111, 112, 137, 351, 398; **1:21** 137, 210, 343, 347, 797, 829; **2:1** 575, 576, 698, 757, 762, 772, 829, 920; **2:1-2** 812; **2:1-3** 812, 829; **2:2-3** 772, 829; **2:4** 529, 555, 570, 690, 692, 721, 722, 724, 728, 729, 734, 741, 747, 864, 887; **2:5** 90, 499; **2:6** 90, 440; **2:6-7** 440; **2:8** 440; **2:11** 688; **2:12** 812; **2:13** 803, 812; **2:14** 812; **2:16** 720; **2:17** 478, 812; **2:19** 463, 545, 778, 812; **2:20** 208, 360; **2:20-21** 361; **2:22** 812; **3** 902, 931, 932; **3:5** 413; **3:6** 932; **3:7** 224, 667, 931; **3:8** 175, 176, 571; **3:8-13** 458; **3:9** 188, 499, 570, 571; **3:10** 76, 103, 853, 926, 931, 932; **3:10-13** 412, 927; **3:11** 931; **3:11-15** 769; **3:12** 331, 931; **3:13** 255, 860, 869, 930, 957; **3:14-16** 125; **3:15** 188, 385, 387, 499, 830; **3:15-16** 101, 820; **3:16** 40, 665, 772; **3:17** 182n26, 461; **3:18** 59, 63, 262, 649, 715

1 Juan, libro de 43, 285, 663, 680, 940; **1–2** 573; **1:2** 209; **1:3** 622, 664, 766, 767, 794, 809, 836; **1:5** 168, 179, 523, 529, 585, 622, 665; **1:5–2:2** 259; **1:6-10** 573; **1:7** 255, 322; **1:8** 481, 647, 651; **1:8-10** 665; **1:9** 185, 615, 651, 655, 807; **2:1** 270, 329, 541n44, 564, 699, 831; **2:1-6** 703; **2:1-19** 335; **2:2** 320, 534, 539, 541n44, 573, 574, 659; **2:3** 665, 836; **2:3-6** 607; **2:3-11** 762; **2:6** 139; **2:9-11** 666; **2:12** 497, 802; **2:12-14** 794; **2:12-19** 665; **2:13** 717; **2:13-14** 695, 699, 733; **2:15** 666; **2:15-17** 601, 812, 837; **2:16** 279, 706, 710; **2:17** 192, 638, 931; **2:18** 698, 924, 942; **2:19** 361, 575, 576, 662, 792; **2:20** 106, 346, 348, 399, 593; **2:21** 714; **2:22** 698, 942; **2:24** 766; **2:27** 54, 106, 346, 348, 399, 593, 664, 798; **2:28** 884; **2:29** 358, 582, 599, 600, 601; **3:1** 639; **3:1-2** 765; **3:1-3** 664; **3:2** 184, 423, 649, 656, 836; **3:2-3** 369, 836, 846; **3:4** 461; **3:5** 209, 269, 279, 552, 560; **3:6** 480, 594n97, 651; **3:8** 257, 546, 665, 699, 700, 720, 743; **3:8-10** 696; **3:9** 358, 590, 601, 651, 665; **3:10** 641, 666, 695; **3:11** 768, 810, 812; **3:12** 666, 694; **3:13** 666, 757; **3:16** 529, 534, 548; **3:16-18** 602; **3:16-19** 667; **3:17** 607; **3:20** 179; **3:22** 664; **3:23** 768, 810, 812; **3:24** 61, 63, 342, 358, 389, 395; **4:1** 762, 829, 834; **4:1-3** 269, 665, 812, 920; **4:1-4** 702; **4:1-6** 829; **4:2** 355, 383; **4:3** 942; **4:4** 699, 718, 729, 733; **4:5-6** 665; **4:6** 209, 343, 344, 397; **4:7** 358, 387, 582, 600, 602, 768, 810, 812; **4:8** 168, 179, 186, 384, 527, 602; **4:9** 243, 259, 264; **4:9-10** 186, 527; **4:10** 320, 528, 529, 534, 539, 541n44, 659; **4:11-12** 768, 810, 812; **4:12** 184; **4:13** 61, 342, 389, 395, 616, 664; **4:15** 621; **4:16** 168, 179, 186, 602; **4:20** 184; **5:1** 358, 582, 599, 600, 602, 610, 664; **5:1-12** 206; **5:3** 602, 770; **5:4** 358, 582, 600, 601; **5:4-5** 717; **5:5** 610; **5:6** 112, 344, 349, 399; **5:6-8** 348; **5:7** 397; **5:7-8** 343; **5:11** 359; **5:12** 766; **5:13** 583, 663; **5:14** 664; **5:14-15** 348, 480, 807, 826; **5:16** 479, 480, 712; **5:18** 358, 602, 718, 733; **5:18-19** 695; **5:18-20** 53; **5:19** 546, 601, 666, 693, 695, 696, 908; **5:20** 185, 209, 616, 737; **5:20-21** 136, 185

2 Juan, libro de 43, 127, 285, 342, 680, 691, 940; **1** 783; **3** 188; **5** 768, 810, 812; **6** 139, 384, 770; **7** 269; **9-10** 41, 42, 135; **10** 812; **13** 368

3 Juan, libro de 43, 127, 285, 342, 680, 691, 940; **1** 783; **2** 426; **4** 139, 385; **5** 614; **9** 784

Judas, libro de 102, 122, 127, 940; **2** 188; **3** 129, 135, 647, 812, 829; **3-4** 757, 762, 772; **4** 517, 518, 576, 762, 765, 829, 920; **6** 682, 690, 692, 721, 722, 724, 728, 729, 734, 741, 747, 887; **7** 90, 227, 440; **8-10** 826; **9** 401, 682, 683, 691, 697, 699, 702, 724, 734, 942; **10** 812; **12** 803, 812; **13** 478, 812; **14** 220, 331, 683, 687; **16** 812; **17** 771; **18** 461; **19** 376; **20** 348, 351, 369, 829; **20-21** 355; **21** 188; **23** 810, 917; **24-25** 369; **25** 104

Apocalipsis, libro de 34, 36, 46, 85, 99, 125, 127, 128, 129, 131, 258, 285, 331, 341, 355, 368, 378, 393, 394, 681, 684, 685, 688, 689, 719, 722, 723, 728, 732, 759, 774, 821, 874, 897, 900, 901, 902, 903, 907, 919, 940, 954; **1** 82; **1–3** 91, 783n11, 919; **1–22** 685; **1:1** 682, 900; **1:1–22:16** 689; **1:3** 42, 54, 125, 135, 139, 821, 900; **1:4** 175, 344, 398; **1:4-5** 178, 345; **1:5** 255, 259, 270, 387, 763, 874; **1:6** 226, 766; **1:7** 256, 331; **1:8** 162, 173, 175, 182, 209, 264; **1:9-11** 80; **1:10** 398; **1:10-16** 76; **1:10-18** 100; **1:11** 125; **1:12-13** 759; **1:13** 269; **1:14-16** 283; **1:16** 717, 738, 740; **1:17** 264; **1:17-18** 263, 273, 546, 670; **1:18** 263, 857; **1:19** 125, 902; **1:20** 680, 738, 740, 759, 783n11; **2–3** 85, 100, 393, 776, 874, 905, 908; **2:1** 77, 680, 741; **2:2** 42, 136, 698; **2:5** 605; **2:6** 42, 136; **2:7** 398; **2:7–3:22** 343; **2:8** 77, 264, 680, 741; **2:9** 693, 698, 702; **2:10** 387, 699; **2:11** 398, 952, 955; **2:12** 77, 680, 717, 741; **2:13** 698, 699; **2:14** 40; **2:14-15** 42; **2:14-16** 793; **2:16** 717, 900; **2:17** 255, 398, 680, 741; **2:18** 77, 264, 680, 741; **2:19** 787; **2:20** 42; **2:20-23** 787; **2:20-24** 762; **2:23** 209; **2:24** 41, 135, 699; **2:24-25** 41; **2:26** 874; **2:26-27** 253, 454, 459, 880, 885, 905, 908, 910, 929; **2:27** 164; **2:28** 256; **2:29** 398; **3:1** 77, 344, 680, 741; **3:1-3** 793; **3:1-4** 762; **3:5** 164, 680; **3:6** 398; **3:7** 77, 254, 264, 680, 741, 897; **3:8** 109; **3:9** 693, 698, 702; **3:10** 918, 919, 924; **3:12** 255, 868, 950; **3:13** 398; **3:14** 77, 270, 680, 741; **3:19** 481, 615, 787; **3:21** 164, 260, 328, 459, 742, 874, 880, 885, 905, 929; **3:22** 398; **4** 681, 868; **4–18** 100; **4:1** 125, 328; **4:2** 868; **4:2-11** 888; **4:4** 775; **4:5** 344, 398; **4:6** 684; **4:6-11** 684, 687, 688; **4:8** 61, 162, 168, 182, 188, 683, 684, 868; **4:8-11** 836; **4:10** 768, 775; **4:11** 173, 182, 190, 191, 216, 218, 220, 262,

Índice de versículos 1007

411; **5:5** 253, 270; **5:5-6** 775; **5:6** 269, 328, 344, 398; **5:6-14** 684; **5:8** 269, 687, 775; **5:8-13** 688; **5:8-14** 739; **5:9** 449, 526, 544, 553, 560, 574, 576, 659; **5:9-10** 262, 451, 457, 459, 484, 767, 874; **5:9-13** 577; **5:10** 421, 427, 464, 468, 766, 859, 904, 905, 908, 910, 929; **5:11** 681, 682, 686, 687, 741, 775; **5:11-12** 740; **5:11-14** 740, 836; **5:12** 182, 185, 269, 531, 549; **5:12-13** 768; **5:13** 256, 269; **5:14** 775; **6** 681; **6–16** 876; **6–18** 875, 876, 901, 906, 910, 911, 919, 920; **6–19** 685, 876, 902, 922, 923; **6–20** 899, 902; **6:1** 923; **6:1-7** 684; **6:2-12** 923; **6:9** 426, 427, 432, 859; **6:9-11** 188, 400, 427, 430, 431, 856, 859, 860, 882, 905, 908, 929; **6:10** 188, 859; **6:10-11** 859; **6:11** 859; **6:12** 256; **6:12-17** 868; **6:13** 741; **6:16-17** 923; **6:17** 440; **7:1-3** 688, 690; **7:1-12** 687; **7:4-8** 851; **7:4-9** 451, 923; **7:9** 672, 851; **7:9-17** 400; **7:10** 673; **7:11** 684, 775; **7:11-12** 688, 740; **7:12** 182, 768; **7:17** 333; **8:2** 688; **8:6** 688; **8:6–11:19** 689, 690; **8:7** 923; **8:8-9** 923; **8:10-11** 923; **8:12** 923; **9** 865; **9:1** 692, 694, 741; **9:1-2** 692, 865; **9:1-3** 728; **9:1-11** 464, 734, 923; **9:3** 725; **9:11** 692, 694, 696, 723, 728; **9:13-15** 728, 734; **9:13-19** 923; **9:20** 728; **10:4** 150; **10:6** 175, 178, 218; **11–13** 912; **11:2** 916; **11:3** 284, 773; **11:3-4** 284, 400; **11:3-11** 821; **11:5-6** 284; **11:11** 427; **11:15** 43, 248, 256; **11:15-18** 923; **11:17** 162, 182; **12** 693, 725, 905; **12–13** 880; **12:1** 741; **12:1-4** 887; **12:3** 693; **12:3-4** 718; **12:4** 683, 684, 686, 694, 697, 722, 725, 734; **12:5** 917; **12:5-10** 254; **12:6** 917; **12:7** 683, 692, 693, 698, 699, 708, 724; **12:7-9** 688, 689, 734; **12:7-13** 698, 721, 728, 887; **12:8-9** 721; **12:9** 257, 691, 693, 694, 695, 696, 697, 699, 700, 714, 718, 719, 722, 724, 744, 908; **12:9-10** 699; **12:10** 691, 692, 699; **12:10-11** 710, 887; **12:11** 717; **12:12** 691, 721; **12:14** 887; **12:17** 691; **13** 454, 681, 693, 714, 905, 925; **13:1** 925; **13:1-2** 925; **13:1-10** 464, 714; **13:2** 401, 698, 699, 714; **13:2-4** 714; **13:3** 257, 744, 925; **13:4** 401, 698, 714; **13:4-5** 699, 917; **13:5** 714; **13:5-6** 925; **13:7** 699; **13:7-8** 925; **13:8** 180, 319, 508, 518; **13:10** 386; **13:11** 698; **13:11-17** 714; **13:12** 744; **13:13-14** 699, 744; **13:14** 744; **13:15** 347; **14:3** 576, 684, 687; **14:3-4** 544; **14:4** 576; **14:6** 400; **14:6-7** 689; **14:7** 768, 807; **14:9-10** 178; **14:9-11** 864; **14:10-11** 863; **14:11** 448, 585, 866; **14:12** 386; **14:13** 398, 859; **15:3** 43, 162, 189, 262; **15:4** 188, 263, 768; **15:7** 175, 684; **15:8** 193; **16** 693; **16–18** 927; **16:1-21** 688, 690; **16:2** 924; **16:3** 924; **16:4-7** 924; **16:5** 189; **16:7** 162, 189; **16:8-9** 924; **16:9** 232; **16:10-11** 924; **16:12-16** 924; **16:13** 698; **16:13-14** 698, 699, 724, 728, 729, 744; **16:14** 162, 725, 744, 926; **16:17-21** 924; **17–18** 454, 457; **17:1-5** 723; **17:8** 180, 508, 518; **17:14** 43, 253, 264; **18:2** 728; **18:17** 832; **18:20** 137; **19** 100, 903, 905, 907, 922; **19–20** 876; **19:1** 182; **19:1-6** 807; **19:2** 189; **19:4** 684; **19:6** 162, 226; **19:6-10** 920; **19:7** 526, 558, 619; **19:7-8** 765; **19:7-10** 667;

19:8 630n140, 647; **19:9** 806; **19:9-10** 739; **19:10** 241, 807; **19:11** 189, 264, 908; **19:11-15** 210, 874; **19:11-16** 283, 847; **19:11-21** 486, 721, 859, 887, 907; **19:11–20:3** 714; **19:11–20:6** 874; **19:11–21:8** 908; **19:13** 73, 255; **19:14** 885; **19:15** 162, 454, 717; **19:15-16** 253; **19:16** 43, 182, 253, 264; **19:17** 908; **19:17–20:6** 874; **19:19** 908; **19:19-21** 464; **19:20** 721, 744, 770, 926, 951; **19:20-21** 929; **19:20–20:3** 904; **19:21** 717; **20** 43, 100, 331, 685, 693, 695, 707, 860n7, 875, 903, 904, 905, 907, 909, 910, 911; **20–21** 459; **20–22** 129, 858; **20:1** 687, 746, 908; **20:1-3** 457, 685, 688, 689, 698, 699, 721, 746, 865, 874, 887, 903, 904, 905, 908, 910, 929; **20:1-6** 261, 331, 333, 438, 464, 468, 692, 761, 906; **20:1-7** 903, 907, 941; **20:1–22:21** 687; **20:2** 691, 693, 694, 696, 714, 719, 956; **20:3** 454, 695, 700, 744, 865; **20:4** 426, 427, 667, 742, 848, 860, 874, 882, 887, 903, 904, 905, 907, 908, 929; **20:4-5** 881, 889, 905; **20:4-6** 669, 714, 767, 860n7; **20:4-7** 685, 888, 889; **20:5** 882, 905, 907; **20:5-6** 400; **20:6** 206, 469, 882, 888, 952, 955; **20:7** 889, 910; **20:7-8** 455; **20:7-9** 698, 728; **20:7-10** 486, 685, 696, 699, 865, 874, 887, 903, 920, 930; **20:7–21:1** 927; **20:8** 695, 699, 700, 744; **20:9-10** 455, 744; **20:10** 464, 682, 690, 691, 693, 695, 698, 718, 721, 722, 728, 729, 734, 741, 744, 770, 887, 951; **20:11** 908; **20:11-15** 332, 388, 426, 467, 469, 686, 690, 848, 865, 882, 884, 888, 889, 930; **20:12** 908; **20:13** 858, 888, 889; **20:14** 444, 855, 882, 951, 952, 955; **20:14-15** 362, 721, 728; **20:15** 461, 518, 862, 863, 864, 888, 889, 951; **21** 849; **21–22** 43, 45, 100, 121, 461, 686, 855, 874, 876, 900; **21:1** 255, 417, 667, 690, 860, 908, 930, 931, 932, 952; **21:1-2** 869; **21:1-5** 333; **21:1-7** 865; **21:1–22:5** 224, 848, 862, 874, 907, 930, 932; **21:2** 526, 690, 932, 950; **21:3** 451, 484, 869, 932, 933; **21:3-4** 333, 487; **21:3-7** 869; **21:4** 444, 464, 855, 932; **21:5** 849; **21:5-8** 932; **21:6** 73, 173, 176, 209, 264; **21:7** 644; **21:8** 556, 573, 836, 846, 855, 866, 882, 951, 952, 955; **21:9** 526, 619, 765; **21:9-21** 458, 932; **21:10** 342, 376, 427, 868; **21:12** 683, 686, 687, 688, 690, 932; **21:16** 932; **21:17** 932; **21:18** 932; **21:19** 932; **21:22** 162, 932, 933; **21:22-23** 333; **21:23** 932, 933; **21:23-26** 256; **21:24** 256, 451, 455, 850, 933; **21:24-27** 932; **21:25** 933; **21:26** 451, 455, 850, 933; **21:27** 508, 518, 933; **22** 43, 381; **22:1** 253, 933; **22:1-2** 932; **22:1-5** 256, 455, 874; **22:2** 451, 455, 933; **22:3** 417, 693, 933; **22:3-4** 807, 846, 933; **22:3-5** 487, 757, 836, 932; **22:4** 184; **22:5** 43, 417, 459, 848, 933; **22:6** 137; **22:7** 42; **22:8-9** 739; **22:8-13** 125; **22:9** 807; **22:10** 900; **22:11** 62, 368, 371; **22:12** 809; **22:12-13** 210; **22:13** 173, 176, 209, 211; **22:14-15** 864, 836; **22:16** 253, 256, 270, 312, 680, 681, 741, 897, 919; **22:17** 73, 356, 526; **22:18-19** 79, 106, 111, 119, 128, 129, 356, 772, 821, 830; **22:20** 262, 330, 900, 933; **22:20-21** 356